Rolf Knütel
Ausgewählte Schriften

Rolf Knütel
Ausgewählte Schriften

Herausgegeben von

Holger Altmeppen
Sebastian Lohsse
Ingo Reichard
Martin Schermaier

CFM C.F. Müller

Gedruckt mit freundlicher Unterstützung der
Alfried Krupp von Bohlen und Halbach-Stiftung

Bibliografische Information der Deutschen Bibliothek
Die Deutsche Nationalbibliothek verzeichnet diese Publikation in der
Deutschen Nationalbibliothek: detaillierte bibliografische Daten sind im Internet
über <http://dnb.d-nb.de> abrufbar

ISBN 987-3-8114-5269-5

E-Mail: kundenservice@cfmueller.de
Telefon: +49 89 2183 7222
Telefax: +49 89 2183 7620
www.cfmueller.de

Satz: Strassner ComputerSatz, Heidelberg
Druck: Westermann Druck, Zwickau
Printed in Germany

Vorwort der Herausgeber

Rolf Knütel ist am 25. September 2019 wenige Monate vor Vollendung seines 80. Lebensjahres verstorben. Ursprünglich hatten seine akademischen Schüler und sein Nachfolger auf dem Bonner Lehrstuhl geplant, ihm zu diesem Jubiläum eine Auswahl aus seinen Schriften zu überreichen. Nun liegt sein 1967 einsetzendes und bis in das letzte Jahr reichendes wissenschaftliches Werk abgeschlossen vor uns. Es umfasst neben einer größeren Zahl von allein oder gemeinsam mit anderen verfassten Büchern rund 190 Beiträge, die in in- und ausländischen Zeitschriften, Festschriften und anderen Sammelwerken erschienen sind.

Rolf Knütel war noch einmal ein Repräsentant einer universellen Rechtswissenschaft, deren Gegenstand gleichermaßen die Quellen des antiken römischen Rechts und das geltende Privatrecht sind. Beides waren für ihn einander durchdringende Teile einer einheitlichen und erst so methodisch vollständigen Jurisprudenz. So wie die Arbeit am geltenden Recht das historische Argument einschließt, steht umgekehrt die Erforschung der Quellen und ihrer Wirkungsgeschichte unter einem *strictly legal aspect*.

Die Einteilung dieser Sammlung in Geltendes Privatrecht, Römisches Recht, Nachleben des Römischen Rechts, Historische Rechtsvergleichung und Biblica, zu der noch Ansprachen und Nachrufe hinzutreten, lässt die Spannweite des Œuvres, das aus der Arbeit am geltenden Recht und den Quellen hervorgegangen ist, erahnen. Umfasst sind auch weitere Bereiche wie die von ihm maßgeblich angestoßene Erforschung der Rolle des römischen Rechts bei der Entstehung eines europäischen Gemeinschaftsrechts oder die Methodologie der Übersetzung der römischen Quellen.

In die vorliegende Auswahl von vornherein nicht aufgenommen wurden die meisten in der Romanistischen Abteilung der Zeitschrift der Savigny-Stiftung publizierten Beiträge, die dort gut erreichbar sind. So finden sich hier nicht die großen Studien zur Haftung für Hilfspersonen im römischen Recht und zum Nutzungszins aus den Bänden 100 und 105 der Zeitschrift. Dasselbe gilt für einflussreiche Beiträge zum geltenden Recht wie zu § 822 BGB und den Schwächen unentgeltlichen Erwerbs, zum Zufall in § 287 S. 2 BGB oder zur Schuldrechtsreform in der Neuen Juristischen Wochenschrift der Jahrgänge 1989, 1993 und 2001. Ein vollständiges Verzeichnis der Schriften von Rolf Knütel ist diesem Band am Ende beigefügt.

Hominum causa omne ius constitutum est, um der Menschen willen ist alles Recht geschaffen (D. 1.5.2). Möge das Werk von Rolf Knütel, für den dieser Satz stets Leitbild war, der Verwirklichung dieses hohen Anspruchs auch in Zukunft dienen können.

Zu großem Dank verpflichtet sind die Herausgeber den Verlagen, die freundlicherweise der erneuten Veröffentlichung der bei ihnen erschienenen Arbeiten zugestimmt haben, sowie der Alfried Krupp von Bohlen und Halbach-Stiftung und dem Verlag C. F. Müller, die das Erscheinen des Bandes ermöglicht haben.

Holger Altmeppen, Passau

Sebastian Lohsse, Münster

Ingo Reichard, Bielefeld

Martin Schermaier, Bonn

Inhaltsverzeichnis

A
Privatrecht

B

Römisches Recht

C
Nachleben des Römischen Rechts

D
Historische Rechtsvergleichung

E
Biblica

F
Ansprachen

G
Nachrufe

A

Privatrecht

Weisungen bei Geschäftsbesorgungsverhältnissen, insbesondere bei Kommission und Spedition *

Von Privatdozent Dr. Rolf Knütel, Hamburg

ZHR 137 (1973) 285–333

Inhalt

---

*) Zeitschrift für das gesamte Handelsrecht und Wirtschaftsrecht 137 (1973) 285 – 333.

A.

Das BGB setzt als aus dem Wesen des Auftrags folgend voraus, daß der Beauftragte an die Weisungen des Auftraggebers gebunden ist[1]); das HGB hebt dies für den Kommissionär und den Spediteur ausdrücklich hervor (§§ 384 Abs. 1, 408 Abs. 1 HGB). Zum Begriff der Weisung und dem Umfang ihrer Bindungskraft fehlen gesetzliche Bestimmungen. Doch regelt § 665 BGB (vgl. § 385 Abs. 2 HGB) die Befugnis zur Abweichung von den Weisungen. Als Rechtsfolgen einer ungerechtfertigten Abweichung sieht der hinsichtlich seiner Tragweite umstrittene § 385 Abs. 1 HGB vor, daß der Auftraggeber (Kommittent) Schadensersatz verlangen und das weisungswidrig abgeschlossene Geschäft zurückweisen kann[2]). Diese Aussage wird gemeinhin auch für das BGB als einschlägig angesehen[3]).

In Anknüpfung an diese gesetzlichen Regelungen soll im folgenden der Fragenkreis, der sich um die Weisungen und die Rechtsfolgen ihrer Verletzung rankt, im Zusammenhang untersucht werden. Dabei soll aus dem Bereich der Geschäftsbesorgungsverträge vor allem auf die Kommission und — weil damit eng zusammenhängend — auf die Spedition abgestellt werden. Das empfiehlt sich schon deshalb, weil die Kommission einen Schwerpunkt der gesetzlichen Regelung bildet und in den Vorschriften der §§ 384 ff. HGB einen naheliegenden gesetzlichen Maßstab auch für das allgemeine Auftragsrecht enthält[4]). Doch soll auch der Anwaltsvertrag stärkere Berücksichtigung finden. Während dieser Vertrag nämlich in seiner normalen Ausgestaltung ein Dienstvertrag ist, der eine Geschäftsbesorgung zum Gegenstand hat (§§ 675, 611 ff. BGB)[5]), überwiegt bei der Kommission in der Mehrzahl der Fälle das werkvertragliche Element. Die Frage ist dort allerdings umstritten; doch sprechen insbesondere die Regelung des Provisionsanspruchs in § 396 HGB und der

1) Protokolle z. BGB 2 (1898) 352. — Im folgenden werden abgekürzt: *Dür.-Lehmann* = *Düringer-Hachenburg*, HGB, Bd. V 2, 3. Aufl. 1932, bearb. u. a. von *J. Lehmann*; *Heymann-Kötter* = *Heymann-Kötter*, HGB, 21. Aufl. 1971; *Larenz*, SchR I, SchR II = *Larenz*, Lehrbuch des Schuldrechts, 10. Aufl. 1970 bzw. 1972, Bd. I (Allg. Teil), Bd. II (Bes. Teil); *Makower* = *Makower*, HGB, Bd. 2, 13. Aufl. 1907; *RGRK-Denecke* = RGRK-BGB, 2. Bd. 1. Teil, 11. Aufl. 1959, bearb. u. a. von *Denecke*; *RGRK-Ratz* = RGRK-HGB, 5. Bd., 2. Aufl. 1960, bearb. von *Ratz*; *Schl.-Hefermehl* = *Schlegelberger*, HGB, 4. Bd., 4. Aufl. 1966, bearb. u. a. von *Hefermehl*; *Schmidt-Rimpler* = *Schmidt-Rimpler*, „Das Kommissionsgeschäft", in Ehrenbergs Handbuch des ges. Handelsrechts, 5. Bd. 1. Abt. 1. Hälfte, 1928, S. 477 ff.; *St.-Nipperdey* = *Staudinger*, BGB, 2. Bd. 3. Teil, 11. Aufl. 1958, bearb. u. a. von *Nipperdey*.

2) Eine vergleichbare Bestimmung in § 25 Abs. 1 DepotG, dazu u. E. V 5. Zu Limitabweichungen s. §§ 386, 387 HGB. Für den Spediteur s. § 407 Abs. 1 i. V. m. §§ 385, 386 HGB sowie § 408 Abs. 2 HGB.

3) *St.-Nipperdey*, § 665 BGB A. 19; *Palandt-Thomas*, BGB, 32. Aufl. 1973, § 665 A. 3 c sowie (der Sache nach) *RGRK-Denecke*, § 665 BGB A. 3; *Soergel-Mühl*, BGB, 10. Aufl. 1969, § 665 A. 11; *Erman-Hauß*, BGB, 5. Aufl. 1972, § 665 A. 4.

4) Vgl. *RG* WarnRspr. 1908 Nr. 464 S. 356. — Dagegen werfen die Weisungen bei den Güterbeförderungsverträgen (vgl. etwa §§ 433 f., 447, 654 HGB, 26 f., 37, 43, 46, 55 BSchG) weitgehend Sonderprobleme auf; sie werden deshalb im folgenden beiseite gelassen.

5) *RG* WarnRspr. 1926 Nr. 165 S. 245; 1930 Nr. 34 S. 68 f.; *OGH* NJW 1947/48, 586 f.; vgl. auch *BGHZ* 18, 340, 346; *St.-Nipperdey*, § 675 A. 19; § 611 Vorbem. 199.

Umstand, daß es den Parteien in erster Linie auf einen Erfolg, die Ausführung der Kommission, ankommt, dafür, den Kommissionsvertrag, wenn er auf die Besorgung eines Einzelgeschäfts gerichtet ist, als einen Werkvertrag anzusehen, der eine Geschäftsbesorgung zum Inhalt hat[6]). Es liegt nahe, daß sich diese unterschiedliche Typik innerhalb der Geschäftsbesorgungsverträge auf die Rechtsfolgen einer Weisungsverletzung auswirken kann. So erscheint es beispielsweise zweifelhaft, inwieweit bei Geschäftsbesorgungsdienstverträgen ein Zurückweisungsrecht oder gar ein Rücktrittsrecht in Betracht kommt. Doch ist zunächst überhaupt der Begriff der Weisung zu klären.

B.

I. Was man unter einer *Weisung* zu verstehen hat, ist umstritten. Einigkeit besteht allerdings insoweit, daß es sich um eine Anordnung handeln muß, die mit dem Willen getroffen wird, den Geschäftsbesorger zu binden. Darin liegt der Unterschied zur bloßen Anregung oder Empfehlung[7]). Die Abgrenzung ist Frage des Einzelfalles. Doch ist gegenüber einem gerade wegen seiner Sachkunde hinzugezogenen Geschäftsbesorger, z. B. einem Rechtsanwalt, im Zweifelsfalle lediglich eine Empfehlung anzunehmen.

Umstritten ist hingegen, ob Weisungen nur einseitig getroffene Bestimmungen sind oder ob auch Vertragsabreden unter den Begriff fallen können. Die Frage wird insbesondere bei § 385 HGB diskutiert; sie ist für das Auftragsrecht jedoch von allgemeiner Bedeutung. Dreierlei wird unterschieden: Erstens die zum Abschluß des Vertrages führenden Erklärungen, zweitens die beim Abschluß vom Auftraggeber erteilten (anfänglichen) Anordnungen und drittens die von ihm nachträglich getroffenen Bestimmungen. Während das *Reichsgericht* in einer späten Entscheidung nur die letztgenannte Gruppe zu den Weisungen rechnet[8]), nimmt Hefermehl[9]) auch die zweite Gruppe hinzu. Demgegenüber zählt eine billigenswerte dritte Lehre auch die den Vertragsabschluß bewirkenden Erklärungen zu den Weisungen[10]).

---

6) Dagegen ist ein Dienstvertrag beim Kommissionsagenten (*RGZ* 69, 363, 364) und überhaupt bei längerer Verbindung (vgl. *RG* SeuffA. 87 Nr. 147 S. 283) anzunehmen. Entscheidend ist die Gestaltung des Einzelfalles, die jedoch meist für einen Werkvertrag spricht, *Schl.-Hefermehl,* § 383 HGB A. 34; *Baumbach-Duden,* HGB, 20. Aufl. 1972, § 383 A. 2 A sowie *RGZ* 71, 76, 78; *Makower,* § 383 HGB A. A I b; *Koenige-Teichmann-Köhler,* HGB, 4. Aufl. 1936, § 383 A. 4; *Heymann-Kötter,* § 383 HGB A. 2; *Beitzke,* Nichtigkeit, Auflösung und Umgestaltung von Dauerrechtsverhältnissen (1948) 39 f. — Grundsätzlich für Dienstvertrag hingegen *RGZ* 94, 110, 112; 110, 119, 123; JW 1932, 2607, 2608; SeuffA. 87 Nr. 147 S. 283; *Schmidt-Rimpler,* 498 f.; *Ritter,* HGB, 2. Aufl. 1932, § 383 A. 8 a; *RGRK-Ratz,* § 383 A. 18, 19; *St.-Nipperdey-Mohnen-Neumann,* § 611 BGB Vorbem. 207; *Soergel-Ballerstedt,* BGB, 10. Aufl. 1969, § 631 Vorbem. 29. Zur Frage auch *Nußbaum,* Tatsachen und Begriffe im dt. KommissionsR (1917) 44 ff. — Zur Spedition s. u. A. 96. — Wie sich (insbesondere u. G II 3) zeigen wird, halten sich die praktischen Auswirkungen des Streits in Grenzen.

7) Vgl. *Planck-Lobe,* BGB, 5. Aufl. 1933, § 665 A. 1 b.

8) *RG* WarnRspr. 1940 Nr. 20 S. 38 f., ebenso *Heymann-Kötter,* § 385 HGB A. 1.

9) *Schl.-Hefermehl,* § 384 A. 13, 14, § 385 A. 3.

10) *Schmidt-Rimpler,* 664, 667; *Dür.-Lehmann,* § 384 HGB A. 32; *RGRK-Ratz,* § 384

Vor der Erörterung der Streitfrage ist jedoch eine Klarstellung geboten. Daß zwischen dem Auftragsvertrag und den späteren einseitig getroffenen Anordnungen des Auftraggebers Unterschiede bestehen, ist nicht zu leugnen. Der Auftrag ist die Grundlage, durch die dem Auftraggeber das Recht zur einseitigen Erteilung bindender Weisungen eingeräumt wird. Man kann diese Berechtigung den Gestaltungsrechten zuordnen[11]), doch muß man sich dann darüber im klaren sein, daß sie in eine besondere Kategorie fällt, die Bötticher (u. A. 12) plastisch als „ausfüllende Gestaltungsrechte" gekennzeichnet hat. Und auch innerhalb dieser Kategorie hebt sich das Weisungsrecht von anderen Gestaltungsrechten — wie etwa denen aus §§ 315, 317 BGB — dadurch ab, daß seine Ausübung den Auftraggeber nicht bindet[12]); er kann die Weisung ändern oder widerrufen und durch eine andere ersetzen und auf diese Weise den Vertrag den jeweiligen Gegebenheiten nach seinem Interesse anpassen. Wieweit diese Gestaltungsberechtigung reicht, hängt von der Einräumung im einzelnen Auftragsvertrag ab. Darauf wird alsbald (unter C) einzugehen sein. Zunächst interessiert hier jedoch die Frage nach dem Sprachgebrauch des Gesetzes. Versteht es unter Weisungen nur diese einseitigen Anordnungen oder auch die zugrundeliegenden Vertragsabreden?

Die Frage wird erleichtert, wenn man erkennt, daß der Gruppe der anfänglichen Weisungen in diesem Zusammenhang kein Eigengewicht zukommt. Denn der äußerliche und mehr oder weniger zufällige Umstand, ob eine Regelung in den Vertragswortlaut aufgenommen oder ob sie durch anfängliche Weisung festgelegt wird, kann für die Rechtsfolgen schwerlich maßgeblich sein. Außerdem gehören die anfänglichen Weisungen überhaupt zum Vertragsinhalt[13]); auch sie werden vom Konsens des Beauftragten getragen. Sofern der Beauftragte eine beim Vertragsabschluß erteilte Anordnung zurückweist, haben sich die Parteien noch nicht über alle Punkte des Auftrags geeinigt; der Vertrag ist noch nicht zustandegekommen (§ 154 Abs. 1 BGB). Ist er aber einmal zustandegekommen, so kann es sich streng genommen nur noch um nachträgliche Weisungen handeln.

Damit reduziert sich die Frage darauf, ob nur die nachträglichen Anordnungen oder auch die Vertragsabreden zu den Weisungen zählen. Zugunsten der engeren Auffassung (o. A. 8) wird zunächst der allgemeine Sprachgebrauch angeführt. In der Tat läßt dieser bei Weisungen zunächst an einseitige Anordnungen denken[14]).

HGB A. 5; vgl. auch *RGRK-Denecke*, § 665 BGB A. 2; *Larenz*, SchR I § 56 II S. 260; weitere u. A. 25.

11) So *Seckel*, Die Gestaltungsrechte d. Bürgerl. Rechts (1903, Neudr. 1954) 7 A. 6 (8) (Verfügungsrecht des Absenders gegenüber dem Frachtführer; Direktionsrecht des Dienstberechtigten).

12) Deshalb will *Bötticher*, Fschr. Dölle 1 (1963) 51 f. die Direktionsbefugnis überhaupt aus dem Kreis der Gestaltungsrechte ausscheiden. Aber auch nach dem Widerruf bleibt der Auftraggeber an die Wirkungen der früheren Weisung gebunden und muß z. B. die dafür erforderlich gewordenen Aufwendungen ersetzen. — Weiteres zu den ausfüllenden Gestaltungsrechten bei *Bötticher*, Gestaltungsrecht und Unterwerfung im PrivatR (1964) 2, 6 f., 25.

13) *RGRK-Ratz*, § 384 HGB A. 5. Eine Parallele bilden die römischen leges dictae.

14) Vgl. den *Duden*, s. h. v.: „Auftrag, Befehl".

Aber sprachlich steht auch nichts entgegen, unter „Weisungen" i. S. des § 385 Abs. 1 HGB zugleich „angenommene" Weisungen zu verstehen. Auch spricht das Gesetz in § 369 Abs. 3 beim Zurückbehaltungsrecht von einer „vor oder bei der Übergabe erteilten Anweisung". Daran dürfte immerhin deutlich werden, daß An-Weisungen — der Ausdruck ist wegen der §§ 783 ff. BGB hier wenig glücklich — nicht ohne weiteres nur nachträgliche Anordnungen sind und daß das Gesetz den nicht eindeutigen Ausdruck präzisiert, wenn das geboten ist. Dem allgemeinen Sprachgebrauch kann jedenfalls kein maßgebliches Gewicht zukommen. Entscheidend für den Gehalt des Weisungsbegriffs sind die jeweiligen sachlichen Gegebenheiten, was sich übrigens auch an der Handhabung der „Weisungen" in § 166 Abs. 2 BGB zeigt [15]).

Als Hauptargument zugunsten der einengenden Lehre wird angeführt, für die bereits im Vertrage enthaltenen Verpflichtungen sei es schon nach den allgemeinen Vorschriften über Leistungsstörungen selbstverständlich, daß ihre Verletzung zum Schadensersatz verpflichte. Dies zu wiederholen könne aber nicht der Sinn des § 385 Abs. 1 HGB sein[16]). Doch damit wird eine Absicht in das Gesetz hineingetragen, die nicht bestand. Dies zeigt ein Blick auf die Entwicklungsgeschichte des § 385 HGB. Es ist zweckmäßig, hierauf schon jetzt das Augenmerk zu richten, denn § 385 HGB bildet zusammen mit § 665 BGB die wichtigste Vorschrift für unseren Fragenkreis und wird noch des öfteren anzusprechen sein. Beide Normen verstehen den Begriff der Weisung gleichsinnig[17]). Der Aussagegehalt des § 385 Abs. 1 HGB ist jedoch nur aus der Entstehungsgeschichte dieser Norm heraus recht zu erfassen.

II. § 385 Abs. 1 HGB geht zurück auf den Art. 279 Abs. 1 des Preußischen Entwurfs: „Handelt der Kommissionär nicht gemäß dem übernommenen Auftrage, so ist er dem Kommittenten zum Ersatze des Schadens verpflichtet und der Kommittent nicht gehalten, das Geschäft für seine Rechnung gelten zu lassen." In den Motiven[18]) wird hierzu ausdrücklich hervorgehoben, auf das Kommissionsverhältnis fänden zwar die allgemeinen Bestimmungen über das Mandat Anwendung. Doch scheine es angemessen, einige der hauptsächlichen Konsequenzen aus der Mandatsnatur der Kommission zur Veranschaulichung besonders hervorzuheben. Der Inhalt des Art. 279 bedürfe hiernach keiner weiteren Rechtfertigung[19]). Dieser Art. 279 Abs. 1 wurde später nahezu wortwörtlich als Art. 362 in das ADHGB übernommen[20]).

---

15) Es ist nicht erforderlich, daß immer zur Vollmacht noch bestimmte Weisungen hinzukommen, sondern ausreichend, daß „der Bevollmächtigte im Rahmen der Vollmacht zu einem bestimmten Rechtsakt schreitet, zu dessen Vornahme ihn der Machtgeber veranlassen wollte", *BGHZ* 38, 65, 68 m. w. Rspr.

16) *RG; Heymann-Kötter* (beide o. A. 8); *Schl.-Hefermehl* (o. A. 9).

17) Erst die Anpassung an das BGB führte zur Übernahme des Begriffs in den § 385 HGB; vgl. zudem die Verweisung in § 385 Abs. 2 HGB.

18) Entwurf eines Handelsgesetzbuchs für die Preuss. Staaten nebst Motiven (1857) 150.

19) Das ist der Sache nach eine Verweisung auf das gemeine Recht, Paul. D. 17.1.5 pr., 1 (u. A. 86), worauf z. B. auch *v. Hahn,* ADHGB, 2. Aufl. 1875, Art. 362 § 2 A. 2 Bezug nimmt.

20) Zur Entstehungsgeschichte des Art. 362 ADHGB s. auch *Grünhut,* Das Recht des Commissionshandels (1879) 162 f. A. 7.

Aus dem Art. 362 ADHGB wurde dann der § 385 Abs. 1 HGB. Die Neufassung des Tatbestandes — „handelt der Kommissionär nicht gemäß den Weisungen des Kommittenten" statt vorher „... nicht gemäß dem übernommenen Auftrage" — wurde offensichtlich nur dadurch ausgelöst, daß man den durch das BGB auf unentgeltliche Verträge festgelegten Terminus „Auftrag" vermeiden wollte. Daß sachlich eine Änderung nicht beabsichtigt war, sagt die *Denkschrift* mit aller Klarheit: „Nach § 357 Abs. 1 des Entwurfes (sc. der spätere § 385 Abs. 1 HGB) ist ebenso wie nach dem bisherigen Art. 362 bei *auftragswidrigem* Handeln der Kommissionär zum Schadensersatz verpflichtet und der Kommittent nicht an das Geschäft gebunden"[21]). Die Vorschrift wurde beibehalten, weil „das BGB die Folgen einer Überschreitung des Auftrags seitens des Beauftragten nicht besonders regelt" (A. 21). Im übrigen bringen die Motive auch zu § 384 HGB zum Ausdruck, die dort angeführten Pflichten, also auch die Pflicht zur Befolgung der Weisungen, ließen sich zwar bereits dem allgemeinen Auftragsrecht entnehmen, wegen ihrer Wichtigkeit für das Kommissionsverhältnis empfehle es sich jedoch, sie noch besonders hervorzuheben (o. A. 21). Es ist demnach festzuhalten, daß § 385 Abs. 1 HGB lediglich normieren will, was bereits nach allgemeinem Mandatsrecht gilt[22]), und daß weisungswidriges Handeln hierbei gleichbedeutend mit „auftragswidrigem" Handeln[23]) gemeint ist.

III. Aber nicht nur die Entstehungsgeschichte, sondern auch die Sache spricht gegen eine Einschränkung des Weisungsbegriffs auf nachträgliche Anordnungen. Denn mittelbar gehören auch die nachträglichen Weisungen zum Vertragsinhalt, weil sich der Beauftragte durch den Vertrag verpflichtet, die künftigen Weisungen des Auftraggebers zu befolgen[24]). Zudem wäre es unverständlich, wenn ein Beauftragter bei Änderung der Sachlage nur von nachträglichen Weisungen nach § 665 BGB sollte abweichen dürfen, nicht aber von den Vertragsbestimmungen[25]). Und in § 385 Abs. 1 HGB wäre zu folgern, das Zurückweisungsrecht werde insbesondere für die Fälle einer Verletzung von durchführungsbestimmenden Weisungen gewährt[26]). Doch dort steht es nur eingeschränkt in Geltung[27]).

---

21) Entwurf eines HGB mit Ausschluß des Seehandelsrechts nebst *Denkschrift* (1896) 233 = *v. Hahn-Mugdan,* Materialien 6 (1897) 383. Sperrung von mir.

22) Die Vorschrift wird deshalb auch von *Schmidt-Rimpler* 860; *Ritter* (o. A. 6) § 385 A. 2, 3; *Schl.-Hefermehl,* § 385 HGB A. 1, 5 für überflüssig erklärt. Doch s. immerhin u. bei A. 174.

23) Zutreffend daher *RGRK-Ratz,* § 385 HGB Einl. („für alle Arten von Auftragswidrigkeiten"), zu Unrecht angegriffen von *Heymann-Kötter,* § 385 HGB A. 1.

24) *RGRK-Ratz,* § 385 HGB A. 4.

25) Daß zwischen anfänglichen und nachträglichen Weisungen insoweit kein Unterschied besteht, ist anerkannt, vgl. *Motive* z. BGB 2 (1896) 535; *St.-Nipperdey,* § 665 BGB A. 7 m. w. N.; *Erman-Hauß* (o. A. 3) § 665 A. 1; s. auch o. A. 10. Anders (für Limitabweichungen) *Heymann-Kötter,* § 386 HGB A. 1.

26) So ausdrücklich *Heymann-Kötter,* § 385 A. 1, deren weiterer Gesichtspunkt, daß Weisungen einseitig widerrufen werden können, nicht verfängt, denn auch der Auftrag insgesamt kann einseitig widerrufen werden.

27) Näheres u. E IV.

Nach alldem gehören auch die vertraglichen Abmachungen, seien sie ausdrücklich, seien sie stillschweigend getroffen[28]), zu den Weisungen; die Nichtausführung ist deshalb ebenso wie die Andersausführung eine Weisungsverletzung[29]). Daran schließt sich die gelegentlich angesprochene Frage an, inwieweit auch die Nichteinhaltung ergänzender gesetzlicher Vorschriften, etwa ein Verstoß gegen die allgemeine Interessenwahrnehmungspflicht (§§ 384 Abs. 1, 408 Abs. 1, 86 Abs. 1 HGB), noch als Weisungsverletzung aufgefaßt werden kann. Die Frage wird wegen des Zurückweisungsrechts gestellt, das nach dem Wortlaut des § 385 Abs. 1 HGB zur Voraussetzung hat, daß von einer Weisung abgewichen wurde. Je nachdem, ob und inwieweit bei der Verletzung ergänzender gesetzlicher Bestimmungen eine Zurückweisung als angemessen angesehen wird, fällt auch die Stellungnahme zum Weisungsbegriff aus[30]). Schmidt-Rimpler[31]) nimmt an, als Weisungen seien auch diejenigen Normen anzusehen, die unmittelbar den Inhalt des Ausführungsgeschäfts bestimmen. Für die allgemeine Pflicht zur Interessenwahrnehmung gelte dies nur, wenn sie in gröblicher Weise verletzt werde. Das läuft auf das Richtige hinaus. Denn die Nichtbeachtung ergänzender gesetzlicher Bestimmungen hat regelmäßig zur Folge, daß der Auftrag schlecht erfüllt wird. Wie sich zeigen wird[32]), kann aber auch bei einer Schlechterfüllung, sofern sie nicht unerheblich ist, dem Auftraggeber ein Zurückweisungsrecht zustehen. Da § 385 Abs. 1 HGB nach seiner Entwicklungsgeschichte aber das Zurückweisungsrecht allgemein als Sanktion auftragswid-

---

28) Daß Weisungen auch stillschweigend erteilt werden können, ist unbestritten, *RGZ* 110, 59, 62; *Schmidt-Rimpler* 668 f. m. w. N.; *Schl.-Hefermehl,* § 408 HGB A. 17, z. B. enthält die telegraphische Kommissionsaufgabe zumeist die Weisung zu sofortiger Ausführung, vgl. *RG* BankArch. 26, 304, 305.

29) Zur Nichtausführung s. *RG* Bolze 3 Nr. 619; JW 1932, 2607, 2608 f.; auch *RG* LZ 1926, 586 f. und *Dür.-Lehmann,* § 385 HGB A. 2; *RGRK-Ratz,* § 385 HGB A. 1 a; dagegen *Makower,* § 385 HGB A. II b; *Schl.-Hefermehl,* § 385 HGB A. 4; *Heymann-Kötter,* § 385 HGB A. 1 sowie *Schmidt-Rimpler* 868; *ders.,* JW 1932, 2607 f. — Vgl. auch u. bei A. 170. — Zur Andersausführung (Kauf von A statt B) s. *Hoeniger* (u. A. 57) 298; *Dür.-Lehmann* a. a. O.; dagegen *Schl.-Hefermehl,* § 385 A. 3.

30) Gegen die Annahme eines Weisungsverstoßes etwa *Staub,* HGB, 11. Aufl. 1921, § 385 A. 5, im Hinblick auf die Interessenwahrungspflicht auch *Dür.-Lehmann,* § 385 HGB A. 3. — Zum ADHGB hat sich insbesondere *Grünhut* (o. A. 20) 157 ff.; *ders.* in Endemanns Handbuch 3 (1885) 196 ff. gegen die Gewährung des Zurückweisungsrechts bei der Verletzung ergänzender gesetzlicher Bestimmungen ausgesprochen (so auch *v. Hahn* [o. A. 19] Art. 362 § 2). Es handele sich in diesen Fällen nur um eine allgemeine „Vertragswidrigkeit", nicht aber um die von Art. 362 ADHGB gemeinte besondere „Auftragswidrigkeit", die nur bei einem Handeln gegen den (ausdrücklich oder stillschweigend geäußerten) Willen des Kommittenten gegeben sei. Doch hat dagegen *Schmidt-Rimpler* 863 treffend eingewandt, daß der Zufall, ob der Kommittent ergänzende gesetzliche Bestimmungen noch einmal wiederholt, nicht entscheidend sein kann und daß der generelle Ausschluß des Zurückweisungsrechts bei einem Verstoß gegen besonders wichtige und gerade deshalb gesetzlich geregelte Bestimmungen nicht gerechtfertigt ist.

31) S. 860. Zur Verletzung der Interessenwahrungspflicht vgl. auch *RG* JW 1912, 910, 911, *RG* BankArch. 23 (1926/27) 303, 304.

32) S. u. E IV 3.

rigen Handelns vorsieht, sollte auch die Nichtbeachtung relevanter gesetzlicher Bestimmungen als eine Weisungswidrigkeit angesehen werden.

C.

I. Die Unterscheidung von anfänglichen und nachträglichen Weisungen ist jedoch für die Frage nach der *Bindung* an die Weisungen von Bedeutung. Da anfängliche Weisungen bereits den Inhalt des übernommenen Auftrages bilden, sind sie vom Beauftragten schon auf Grund seines Versprechens zu befolgen[33]). Nachträgliche Weisungen sind hingegen nur dann verbindlich, wenn sie nicht die Rechtsstellung des Beauftragten beeinträchtigen (II.) und wenn sie sich im Rahmen des erteilten Auftrages halten (III.).

II. Innerhalb eines jeden Auftrages besteht ein Freiraum, in den der Auftraggeber durch Weisungen nicht hineinregieren kann. Dieser Freibereich kann vertraglich ausbedungen sein, er kann sich aber auch bereits aus dem Wesen des Vertrages und der Stellung des Beauftragten ergeben. So kann der Auftraggeber keine Weisung erteilen, die darauf hinausläuft, die Rechtsstellung des Beauftragten gegenüber dem Auftraggeber auszuhöhlen[34]). Zum Beispiel kann ein Kommittent dem Einkaufskommissionär gegenüber nicht anordnen, dieser solle von seinem Pfandrecht am Kommissionsgut keinen Gebrauch machen[35]).

Besondere Bedeutung hat dieser Freiraum beim Anwaltsvertrage. Die Stellung des Rechtsanwalts ist öffentlichrechtlich beeinflußt; er ist unabhängiges Organ der Rechtspflege (§ 1 BRAO). Diese Unabhängigkeit besteht auch gegenüber dem Klienten. Doch das schließt nicht aus, daß der Mandant seinem Anwalt Weisungen erteilen kann[36]). Die bislang kaum geklärte Frage ist nur, wo die Weisungsbefugnis des Mandanten aufhört und wo der durch die Unabhängigkeitsgarantie gesicherte Freiraum des Rechtsanwalts beginnt. Eine grobe Abgrenzung läßt sich hierbei durch die Unterscheidung zwischen dem Ziel und der Verwirklichung des Auftrags gewinnen. Soweit es um das konkrete Ziel geht, liegt die volle Entscheidungsgewalt und damit auch die Weisungsbefugnis beim Mandanten. Er kann im Rahmen des rechtlich Zulässigen jedwedes Ziel verfolgen und darüber befinden, was für ihn interessegemäß ist. Im Bereich der Frage, *wie,* mit welchen prozessualen Mitteln, dieses Ziel erreicht werden kann, ist der Anwalt dagegen weitgehend frei[37]). Als unabhängiges Organ der Rechtspflege hat er über die Art und Weise des prozessu-

---

33) *Oertmann,* BGB, 5. Aufl. 1929, § 665 A. 1.

34) Vgl. *BGH* DB 1966, 375 = BB 1966, 265: Weisungen dürfen die rechtliche Selbständigkeit des Handelsvertreters nicht in ihrem Kerngehalt beeinträchtigen.

35) *Dür.-Lehmann,* § 384 HGB A. 35; *Schl.-Hefermehl,* § 384 HGB A. 15, zum Spediteur vgl. etwa *Krien-Hay,* ADSp, § 11 A. 4. Vgl. auch § 88 a Abs. 1 HGB.

36) §§ 675, 665 BGB. Das war seit jeher anerkannt, vgl. *RG* WarnRspr. 1930 Nr. 34, S. 68 f.; *RG* HRR 1931 Nr. 405; *BGH* LM § 675 BGB Nr. 28; *Esser,* Schuldrecht Bd. 2, 4. Aufl. 1971, 184, und sollte von der BRAO, auch wenn diese erstmals die anwaltliche Unabhängigkeit ausdrücklich hervorhob, nicht geändert werden; anders *Habscheid,* NJW 1962, 1987 (bei A. 21).

37) Vgl. *Kalsbach,* BRAO, 1960, 297, A. 1 IV zu § 31 der Richtlinien.

alen Vorgehens zur Verwirklichung des angestrebten Zieles selbständig zu befinden. Der Mandant kann ihn deshalb nicht anweisen, sich eine bestimmte Rechtsauffassung[38]) oder Tatsachenwürdigung[39]) zu eigen zu machen und vorzutragen. Vielmehr hat der Anwalt die zur Rechtsfindung und Rechtsverwirklichung erforderlichen Maßnahmen in eigener Verantwortung weisungsfrei zu treffen.

Doch gilt auch dies nicht ausnahmslos. Soweit z. B. die Verwirklichung des angestrebten Rechtsschutzzieles von der Ausübung eines Gestaltungsrechts abhängt oder etwa davon, ob eine Wandlung oder eine Aufrechnung erklärt oder die Einrede der Verjährung vorgeschützt wird, verbleibt die Entscheidungs- und damit auch die Weisungsbefugnis beim Mandanten als dem Rechtsinhaber[40]). Aber auch im rein prozessualen Bereich sind beschränkende Weisungsrechte nicht schlechthin auszuschließen. So kann der Mandant den Rechtsanwalt zwar nicht bindend anweisen, einen bestimmten Beweisantrag zu stellen. Doch wäre die Weisung anzuerkennen, von einem bestimmten Beweisantrag abzusehen, etwa wenn dieser zu hohe Kosten verursachen oder fernzuhaltende Dritte in den Prozeß hineinziehen würde. Denn hier handelt es sich der Sache nach um eine Bewertung des mit Hilfe des Auftrags verfolgten Zieles: Unter welchen Opfern dieses Ziel noch erstrebenswert erscheint, unterliegt der Entscheidung des Auftraggebers.

III. 1. Nachträgliche Weisungen sind des weiteren nur dann verbindlich, wenn sie im Rahmen des konkreten Auftrages bleiben. Soweit keine Vorbehalte bestehen[41]), dürfen sie nicht die wesentlichen Punkte des Auftrages neu regeln, denn darin läge eine Vertragsänderung, die nur einverständlich, nicht aber einseitig vom Auftraggeber herbeigeführt werden kann (§ 305 BGB). Nachträgliche Weisungen können daher grundsätzlich nur Nebenpunkte des Auftrags und die Art seiner Durchführung gestalten. Die Abgrenzung zwischen Haupt- und Nebenpunkten kann im Einzelfall Schwierigkeiten bereiten. Zu den Essentialia zählen insbesondere der Gegenstand des Auftrags, der Typ und die Hauptpunkte des Ausführungsgeschäfts[42]) sowie die von den Parteien als wesentlich vereinbarten Bestimmungen.

2. Die Bindungskraft einer nachträglichen Weisung ist nicht nur im Hinblick auf den Gegenstand (Nebenpunkte, Durchführungsbestimmungen) beschränkt. Gemeinhin wird des weiteren gefordert, die nachträgliche Weisung dürfe den Auftrag oder dessen Durchführung nicht oder nicht erheblich erschweren[43]). Doch das ist zu all-

---

38) Zur (verhältnismäßig) freien Bildung der anwaltlichen Rechtsanschauung vgl. *RGZ* 87, 183, 187; 89, 427, 431, s. auch *RG* JW 1926, 1668 und *BGH* VersR 58, 110, 111 (keine Verpflichtung, als offensichtlich unbegründet erkannte Rechtsmittel einzulegen); *Soergel-Wlotzke-Volze*, BGB, 10. Aufl. 1969, § 611 Vorbem. 89.

39) Vgl. *KG* OLGRspr. 33, 321 = JW 1917, 237 m. zu Unrecht abl. Anm. von *Kann* (selbständiges Befinden über die Echtheit einer Urkunde).

40) Vgl. *RGZ* 139, 358, 361 f. (Börsentermingeschäft); *RGRK-Denecke,* Vor § 611 BGB A. 2.

41) S. u. A. 42.

42) Bei einem zu besorgenden Kauf also die Ware. Die Preisfestsetzung steht allerdings regelmäßig unter dem Vorbehalt, daß der Auftraggeber die Limitierung nachträglich in einer den Abschluß erleichternden Weise ändern kann. Deshalb ist bei der Einkaufskommission eine Limitheraufsetzung und bei der Verkaufskommission eine Herabsetzung ohne weiteres zulässig, *Schmidt-Rimpler* 667 A. 3 m. w. N.

43) *RGRK-Denecke,* § 665 BGB A. 2 und, unter Abstellen auf die Erheblichkeit, *Oertmann* (o. A. 33) § 665 A. 1; *Planck-Lobe* (o. A. 7) § 665 A. 16; *Schmidt-Rimpler* 668.

gemein. Zunächst ist zwischen dem (unentgeltlichen) BGB-Auftrag und den Geschäftsbesorgungsverträgen zu unterscheiden. Für den BGB-Auftrag trifft die Richtlinie zu, soweit es sich um bereits beim Vertragsabschluß vorgesehene Bestimmungen handelt. Über diese kann der Auftraggeber sich nicht einseitig zu Lasten des Beauftragten hinwegsetzen. Da der Beauftragte unentgeltlich tätig wird, wäre es nicht gerechtfertigt, wenn er vom Auftraggeber über das Maß dessen hinaus belastet werden könnte, zu dem er sich freiwillig erboten hat. War der Punkt beim Vertragsabschluß dagegen nicht geregelt worden, so ist anzunehmen, daß der Auftraggeber eine später dazu erteilte konkretisierende Weisung re integra auch zum Nachteil des Beauftragten noch abändern kann, jedenfalls soweit die Erschwerung sich im Rahmen des vernünftigerweise Vorhersehbaren hält. Denn der Beauftragte hätte sich auf diese Anordnung ja auch einlassen müssen, wenn der Auftraggeber sie sogleich getroffen hätte.

Bei den Geschäftsbesorgungsverträgen ist dagegen eine flexiblere Sicht geboten. Diese Verträge sind — anders als die mannigfaltigen Tätigkeiten, die im Bereich des reinen Auftrags möglich sind — weitgehend eigenständig typisiert. Bei ihnen bestehen konkrete Vorstellungen darüber, welche Aufgaben in den jeweiligen Bereich des Geschäftsbesorgungsvertrages fallen. Dementsprechend rechnet ein Geschäftsbesorger damit, daß zur Abwicklung des Geschäfts die üblichen Tätigkeiten erforderlich werden können, und zwar auch dann, wenn nach den zunächst getroffenen Vereinbarungen nur einfache Tätigkeiten in Betracht kommen. Denn daß die Verhältnisse sich ändern können und dem Geschäftsbesorger infolgedessen ein Mehr an Tätigkeit abverlangt werden muß, wird hier regelmäßig vorausgesetzt. Bei den entgeltlichen Geschäftsbesorgungsverträgen ist deshalb auf die Geschäftsüblichkeit abzustellen; anders als beim reinen Auftrag kann hier der Geschäftsherr nachträglich auch eine erschwerende Weisung bindend erteilen, sofern diese sich im Rahmen des Geschäftsüblichen hält[44]).

IV. Soweit die Weisung nach dem bisher Dargelegten den Beauftragten nicht zu binden vermag, kann sie zwei unterschiedliche *Rechtsfolgen* auslösen. Entweder liegt in einer solchen „unzulässigen" Weisung der Widerruf des Auftrages verbunden mit dem Angebot auf Abschluß eines neuen Auftrags unter den geänderten Bedingungen[45]). Oder die Weisung stellt lediglich die Offerte zum Abschluß eines Schuldabänderungsvertrages dar. Der Unterschied läuft also auf die Alternative Schuldersetzung oder bloße Schuldabänderung hinaus. Er hat vor allem die Konsequenz, daß im erstgenannten Falle die aus dem früheren Auftrag herzuleitenden Einwendungen entfallen und daß die für ihn bestellten akzessorischen Sicherungs- und Vorzugsrechte erlöschen.

---

44) Vgl. (für die Spedition) *Krien-Hay* (o. A. 35) § 11 A. 4. Daß der Auftraggeber Mehraufwendungen, die infolge der erschwerenden Weisung erforderlich werden, zu erstatten hat, steht auf einem anderen Blatt.

45) *RGRK-Denecke*, § 665 BGB A. 2; *Schmidt-Rimpler* 668; *Schl.-Hefermehl*, § 384 HGB A. 13, § 408 A. 17 b.

An einen Widerruf mit dem Angebot zum Neuabschluß ist vor allem dann zu denken, wenn die Weisung den Gegenstand des Auftrags verändert[46]) oder den Gegenstand des Ausführungsgeschäfts durch einen andersartigen ersetzt[47]). Hier würde nach der Verkehrsanschauung selbst bei einer einverständlichen Änderung der Auftrag nicht mehr „derselbe" sein[48]). Da der Beauftragte auf ein solches Angebot allerdings nicht einzugehen braucht und da es dem Auftraggeber vielfach darauf ankommt, für den Fall der Ablehnung den alten Auftrag weiterlaufen zu lassen, wird häufig anzunehmen sein, daß der Widerruf stillschweigend durch die Annahme des Angebots bedingt ist[49]).

Soweit es dagegen in der Macht der Parteien steht, den vereinbarten Auftrag unter dessen Erhaltung einverständlich zu ändern, kann eine Weisung, die auf eine dem Beauftragten nachteilige Modifikation abzielt, auch als Offerte zum Abschluß eines Schuldabänderungsvertrages aufgefaßt werden. Auch bei einer Ablehnung liefe dann der alte Auftrag ohne weiteres fort.In Betracht kommt diese Deutung vor allem in den Fällen, in denen die Leistungspflicht des Beauftragten erweitert wird[50]), in denen der Gegenstand des Auftrags oder des Ausführungsgeschäfts durch einen anderen gleicher Art ersetzt wird[51]) und in denen die Weisung den Auftrag in Nebenpunkten oder in seiner Durchführung in unzulässiger Weise erschwert.

D.

I. Eine *Abweichung* von den Weisungen liegt vor, wenn sich der Beauftragte durch sein Handeln mit dem ausdrücklichen oder dem durch Auslegung zu ermittelnden Vertragswillen des Auftraggebers in Widerspruch setzt[52]). Daran fehlt es regelmäßig, wenn der Beauftragte das Geschäft zu günstigeren als den ihm aufgetragenen Bedingungen abschließt. Denn der Auftrag zur Geschäftsführung zu den weniger günstigen Bedingungen hat nach den Grundsätzen von Treu und Glauben (§§ 157, 242 BGB) zugleich zum Inhalt, daß der Beauftragte etwa mögliche bessere Konditionen selbstverständlich ausnutzen soll[53]). Andernfalls würde der Ge-

---

46) Der Beauftragte soll z. B., statt ein Gutachten zu erstellen, einen Vertrag vermitteln.

47) Der Kommissionär soll statt Aktien Obligationen kaufen.

48) Vgl. (zum Abänderungsvertrag) *Enneccerus-Lehmann*, Schuldrecht, 15. Aufl. 1958, § 42 I 1, S. 186; *Larenz*, SchR I, § 7 II S. 75 ff., jeweils m. w. N.

49) *Schl.-Hefermehl*, § 384 HGB A. 13; *Schmidt-Rimpler* 668 m. A. 6.

50) Vgl. *Siber*, Schuldrecht (1931) 80; *Enneccerus-Lehmann* (o. A. 48).

51) *Siber* (o. A. 50); *Enneccerus-Lehmann*; *Larenz* (beide o. A. 48). Der Beauftragte soll statt Aktien A nunmehr Aktien B kaufen.

52) *RG* JW 1912, 910, 911; *Oertmann* (o. A. 33) § 665 A. 2; *RGRK-Denecke*, § 665 BGB A. 3.

53) Vgl. § 387 HGB; s. daneben *Motive* z. BGB 2 (1896) 536; *Oertmann* (o. A. 33) § 665 A. 2; *Planck-Lobe* (o. A. 7) § 665 A. 2 a; *Makower*, § 385 HGB A. I; *Schmidt-Rimpler* 669, 674; *RGRK-Ratz*, § 385 A. 4. Ebenso schon die Quellen: Gai. 3. 161; Paul. D. 17.1.5.5 (melior autem causa mandantis fieri potest); Inst. 3.26.8.— Es handelt sich hierbei nicht um einen Fall des § 665 BGB, sondern um die Erfüllung der Vertragspflicht.

schäftsbesorger seine Interessenwahrungspflicht verletzen und sich schadensersatzpflichtig machen. Doch kann in Ausnahmefällen, etwa wenn eine Kursbeeinflussung bezweckt wird, auch der Abschluß zu günstigeren Bedingungen unstatthaft sein[54]). Dafür müssen im Einzelfall aber konkrete Anhaltspunkte vorliegen.

Ein Verhalten, das sich mit dem durch Auslegung zu ermittelnden Willen des Auftraggebers deckt, ist keine Abweichung[55]). Läßt die Auslegung aber nicht eindeutig auf den Willen des Auftraggebers schließen, so hat der Beauftragte sich durch Rückfrage zu vergewissern[56]); keinesfalls darf er sich ohne weiteres für die ihm zweckmäßig erscheinende Auslegung entscheiden[57]).

II. Der Beauftragte hat die Weisungen auch dann zu befolgen, wenn er sie für unzweckmäßig hält. Nach § 665 BGB ist er jedoch zur Abweichung *berechtigt*, wenn er den Umständen nach annehmen darf, daß der Auftraggeber bei Kenntnis der Sachlage die Abweichung billigen würde[58]). Doch muß der Beauftragte, auch wenn er die Abweichung für unschädlich hält[59]), zuvor dem Auftraggeber Anzeige machen und dessen Entschließung abwarten. Die innere Rechtfertigung dieser Abweichungsbefugnis liegt in der Verschiebung der Geschäftsgrundlage und in dem Gesichtspunkt, daß Recht und Leben nur denkenden Gehorsam brauchen können[60]). Anlaß zur Abweichung ist insbesondere dann gegeben, wenn sich zeigt, daß der Auftrag nicht unverändert durchführbar ist[61]) oder wenn wegen nachträglich bekannt werdender Umstände oder wegen einer Änderung der Verhältnisse zu vermuten ist, die genaue Befolgung des Auftrags werde dem Auftraggeber nicht mehr genehm sein oder ihn gar schädigen[62]). Entscheidend sind die Umstände des einzelnen Falles, vor allem auch, inwieweit der Auftraggeber den Endzweck des Auftrags offenbart hat[63]).

---

54) *Schmidt-Rimpler* 669; *Schl.-Hefermehl,* § 386 HGB A. 6 („verschärftes Limit").

55) Vgl. *RGZ* 56, 150 f.: Der Beauftragte kann Gelder, statt sie selbst aufzubewahren, bei einer als sicher geltenden Bank einzahlen (allgemein gebilligt).

56) *RG* HRR 1928, 420; *Erman-Hauß* (o. A. 3) § 665 A. 1; *Larenz* (o. A. 10). Erst recht bei zu vermutendem Irrtum des Auftraggebers, *OLG Colmar,* ZHR 44, 241.

57) *Hoeniger,* „Abweichungen des Kommissionärs von der Order des Kommittenten, insbesonders im Börsenverkehr", BankArch. 10 (1910/11) 297; *Schmidt-Rimpler* 672 f. m. A. 29.

58) Die von *Grünhut* (o. A. 20) 108 ff.; *ders.* (o. A. 30, Hdb.) 178 ff., 198 f. (zum ADHGB) entwickelte Unterscheidung von imperativen Weisungen, von denen in keinem Falle abgewichen werden dürfe, und demonstrativen, bei denen eine Abweichung möglich sei, hilft in diesem Zusammenhang nicht weiter. Denn für die Frage, wann im Einzelfall eine Abweichung strikt verboten ist und unter welchen Voraussetzungen sie im Bereich der demonstrativen Weisungen in Betracht kommt, bieten diese Begriffe keine Anhaltspunkte, vgl. *Hoeniger* (o. A. 57) 299; *Schmidt-Rimpler* 674 f.; auch *Cosack,* Lehrbuch d. Handelsrechts, 7. Aufl. 1910, 183 f. (spätere Aufl. insoweit unergiebig).

59) *RG* HRR 1931 Nr. 405 (zum Rechtsanwalt, dem eine Rückfrage regelmäßig möglich ist; vgl. *RG* WarnRspr. 1930 Nr. 34 S. 68 f.); *Erman-Hauß* (o. A. 3) § 665 A. 3.

60) *St.-Nipperdey,* § 665 BGB A. 1 (unter Berufung auf *Oertmann und Heck*).

61) *Hoeniger* (o. A. 57) 298; *RGRK-Ratz,* § 385 HGB A. 11.

62) *Oertmann* (o. A. 33) § 665 A. 2; *Schmidt-Rimpler* 673 m. w. N.

63) *Esser* (o. A. 36) § 82 II S. 186.

III. Auch eine *Pflicht* zur Abweichung kann bestehen. Sie ergibt sich gleichfalls aus der Interessenwahrungspflicht des Beauftragten[64]). Doch steht sie unter engeren Voraussetzungen als die Berechtigung zur Abweichung[65]). Auch hier kommt es auf die Umstände des Einzelfalles an, insbesondere auch auf die Kenntnis des Beauftragten vom Endzweck des Auftrags (o. A. 63). Im allgemeinen ist eine Pflicht zur Abweichung dann gegeben, wenn sich die Sachlage so verändert, daß sich dem Beauftragten der erhebliche Verdacht[66]) aufdrängen muß, daß die Ausführung des Auftrages in der ursprünglich vorgesehenen Weise dem Auftraggeber zum Schaden gereicht[67]). Dann ist die Ausführung möglichst zurückzustellen und der Auftraggeber zu warnen. Auch die Abweichungspflicht steht allerdings unter der Voraussetzung, daß die Ausführung des Auftrags nicht erheblich oder über das Geschäftsübliche hinaus erschwert wird[68]).

E.

Als Rechtsfolge einer unbefugten Abweichung von wirksam erteilten Weisungen kommt in Betracht, daß der Auftraggeber das Geschäft zurückweist und/oder Schadensersatz begehrt (F.). Doch kann er auch kündigen oder möglicherweise zurücktreten (G.). Schließlich ist auch eine Genehmigung der Abweichung möglich (J.). Die jeweilige Entscheidung wirkt sich auf den Anspruch des Beauftragten auf Ersatz seiner Aufwendungen aus (H.).

I. In Anknüpfung an § 385 Abs. 1 HGB wird der Auftraggeber allgemein für berechtigt gehalten, eine weisungswidrige Ausführung des Auftrags zurückzuweisen und Schadenseratz zu verlangen (o. A. 3). Dieses *Zurückweisungsrecht* — so soll es im folgenden bezeichnet werden[69]) — ist die Reaktion auf einen untauglichen Erfüllungsversuch. Da eine nicht schuldgerechte Leistung grundsätzlich keine Erfüllung darstellt, kann sie vom Gläubiger zurückgewiesen werden, ohne daß dieser in Annahmeverzug geriete.

---

64) *Schl.-Hefermehl,* § 385 HGB A. 12.

65) *Motive* z. BGB 2, 535.

66) Angesichts der Interessenwahrungspflicht zu eng *Hoeniger* (o. A. 57) 300 („wenn er aus den Umständen mit Sicherheit entnehmen muß . . .“).

67) Vgl. *Erman-Hauß* (o. A. 3) § 665 BGB A. 6. In der Sache ähnlich, aber weniger praktikabel ist die Formel von *Oertmann* (o. A. 33) § 665 A. 3 a, der *Planck-Lobe* (o. A. 7) § 665 A. 2 b, *Schmidt-Rimpler* 676 und *St.-Nipperdey,* § 665 A. 17 folgen: Abweichungspflicht, wenn der Auftraggeber die abweichende Ausführung selbst geradezu anordnen würde. — Beispiele: *BGH* NJW 1961, 169 (Absehen einer Bank von einer Weisung zur Aushändigung von Urkunden bei drohender Zahlungseinstellung des Empfängers); *BGH* NJW 1963, 1872 f. (keine Durchführung eines Überweisungsauftrages, wenn die Bank des Empfängers vor dem Zusammenbruch steht [wenngleich zu § 826 BGB]). Überholt ist *RGZ* 54, 329, 332 (Überweisung auch bei Zahlungseinstellung des Empfängers auszuführen), vgl. *St.-Nipperdey,* § 665 A. 4; *Erman-Hauß* a. a. O.; *Schl.-Hefermehl,* § 385 HGB A. 12.

68) *Oertmann* (o. A. 33) § 665 A. 3 b; *St.-Nipperdey,* § 665 A. 17.

69) *Schmidt-Rimpler* 862 spricht vom „Rückweisungsrecht“. Weniger plastisch wäre der mögliche (vgl. §§ 267 Abs. 2, 326 Abs. 1, 367 Abs. 2 BGB) Ausdruck „Ablehnungsrecht“.

Den Gegensatz zum Zurückweisungsrecht bildet die „Genehmigung" der abweichenden Ausführung. Sie ist als die Annahme einer Offerte zum Abschluß eines Schuldabänderungsvertrages[70]) anzusehen, kann im Ausnahmefall aber auch als Annahme an Erfüllungs Statt[71]) aufzufassen sein. Mit der Anzeige von der weisungswidrigen Ausführung gibt der Beauftragte konkludent eine derartige Offerte ab, weil er danach trachtet, mit dieser Ausführung jedenfalls von seiner Verpflichtung frei zu werden. Damit wird deutlich, daß das Zurückweisungsrecht bei weisungswidriger Ausführung im wesentlichen nichts anderes ist als die Ablehnung eines auf Schuldabänderung lautenden Angebots verbunden mit dem Beharren auf schuldgerechter Erfüllung. Als Gestaltungsrecht kann es demnach nicht angesehen werden, denn die Rechtsposition dessen, dem ein Vertragsangebot gemacht ist, stellt richtiger Auffassung nach kein Gestaltungsrecht dar[72]).

Die Einordnung des Zurückweisungsrechts als Ablehnungserklärung macht zugleich deutlich, daß die Zurückweisung eines weisungswidrig abgeschlossenen Geschäfts grundsätzlich nicht erforderlich ist. Wenn eine Erfüllungswirkung eintreten soll, muß vom Auftraggeber vielmehr umgekehrt eine Genehmigung erklärt werden[73]), was der Beauftragte notfalls zu beweisen hat[74]). Aus der Sicht des allgemeinen Auftragsrechts hätte § 385 Abs. 1 HGB korrekter gefaßt deshalb lauten müssen: „so geht das Geschäft nicht auf seine Rechnung"[75]). Für das Handelsrecht liegt der Formulierung „der Kommittent braucht das Geschäft nicht für seine Rechnung gel-

---

70) *RG* Gruchot 48, 1007, 1010 = Holdh.Mschr. 13 (1904) 250, 251, s. auch *RG* LZ 1909, 309 sowie *Puchelt-Förtsch,* ADHGB 2, 4. Aufl. 1894, Art. 362 A. 6; *Schmidt-Rimpler* 865 m. w. N.; *Ritter* (o. A. 6) § 385 A. 2 b; *RGRK-Ratz,* § 385 A. 9. Vgl. im übrigen *Schl.-Hefermehl,* § 385 A. 9; *Heymann-Kötter,* § 386 HGB A. 4 (S. 863); zweifelnd *Dür.-Lehmann,* § 385 A. 8.

71) *Schmidt-Rimpler* 865. — Daran ist zu denken, wenn der Auftraggeber seine Genehmigung mit der Einschränkung (§ 150 Abs. 2 BGB, vgl. *Ritter* [o. A. 6] § 385 A. 2 b) verbindet, daß er die durch die Abweichung entstandenen Mehraufwendungen nicht trage. Dann wird bei Einverständnis des Beauftragten ein aliud als Erfüllung des in seinem Umfang unveränderten Auftrags angenommen. Insoweit liegt es vergleichbar beim freiwilligen Ausgleichserbieten des Beauftragten (u. E. VI), das, wie *Heymann-Kötter,* § 386 A. 4 treffend hervorheben, der Anzeige von der weisungswidrigen Ausführung den Charakter der Änderungsofferte nimmt. — Auf die nicht zu teilende Lehre, die datio in solutum stelle selbst einen Fall des Schuldabänderungsvertrages dar (z. B. *Esser,* Schuldrecht Bd. 1, 4. Aufl. 1970, § 26 VII 2, S. 162), kann hier nicht eingegangen werden.

72) Grundlegend *Bötticher* (o. A. 12) 52 ff.; *ders.,* GestaltungsR u. Unterwerfung etc. (1964) 13 ff., des weiteren *Larenz,* Allg. Teil d. BGB, 2. Aufl. 1972, § 27 I c S. 437; anders aber die noch herrschende Meinung, *Seckel* (o. A. 11) 9 A.; *RGZ* 132, 6,7; *Enneccerus-Nipperdey,* Allg. Teil d. BGB, Bd. 2, 15. Aufl. 1960, § 162 IV 1, S. 993. — *Schl.-Hefermehl,* § 384 HGB A. 36 halten das Zurückweisungsrecht für vergleichbar der Einrede aus § 320 BGB. Doch auch dieser „Einrede" liegt kein eigentliches Gestaltungsrecht zugrunde, *Larenz,* SchR I § 15, S. 155 f. m. w. N.

73) *Makower,* § 385 HGB A. II c 2; *Ritter* (o. A. 6) § 385 A. 2 b; *Schmidt-Rimpler* 865; *RGRK-Ratz,* § 385 A. 9.

74) *RG* Gruchot 48, 1007, 1010 = Holdh.Mschr. 13, 251; *Makower,* § 385 HGB A. II c 2; *Weidmann,* Das Kommissionsgeschäft 1 (1908) 94; *RGRK-Ratz,* § 385 A. 9.

75) *Schmidt-Rimpler* 865; vgl. auch *Makower* und *Ritter* (beide A. 73).

ten zu lassen" jedoch insoweit eine zutreffende Vorstellung zugrunde, als längeres Schweigen des Kommittenten auf eine Ausführungsanzeige oder eine Abrechnung, aus der sich die Weisungswidrigkeit hinreichend deutlich ergibt, regelmäßig als Genehmigung (Annahme) aufzufassen ist[76]). Dieser Gedanke, für den außer der Fassung des § 385 Abs. 1 HGB auch die §§ 386 Abs. 1, 377, 378, 346 HGB sprechen, beansprucht jedenfalls unter Kaufleuten Geltung, sofern die Abweichung (abgesehen von § 386 Abs. 1 HGB) nicht so erheblich ist, daß der Kommissionär eine Genehmigung als ausgeschlossen ansehen muß. Bei Nichtkaufleuten kommt es auf die Umstände des Einzelfalles an. — Vor der weiteren Untersuchung der Voraussetzungen und der Tragweite des Zurückweisungsrechts bedarf es jedoch zunächst einer Abgrenzung von anderen denkbaren Rechtsbehelfen des Auftraggebers.

II. Im Gegensatz zu Widerruf (§ 671 Abs. 1 BGB) und Kündigung (§§ 675 i. V. m. 627 oder 649 BGB) berührt die Zurückweisung den Bestand des Vertrages nicht. Sie bedeutet lediglich, daß der Auftraggeber den konkreten Abschluß nicht als Ausführungsgeschäft gelten lassen will. Der zurückweisende Auftraggeber hält am Auftrag fest und besteht meist weiterhin auf dessen Erfüllung, sofern diese noch möglich ist. Doch kann er auch Zurückweisung und Kündigung verbinden, auch bei einem Werkvertrag, der eine Geschäftsbesorgung zum Inhalt hat. Denn mit der (gerechtfertigten) Zurückweisung steht fest, daß das Werk nicht vollendet und eine Kündigung nach § 649 BGB deshalb noch möglich ist[77]). Entsprechendes gilt für den Rücktritt, der gleichfalls den Vertrag auflöst, juristisch ex nunc und wirtschaftlich ex tunc[78]).

Abzuheben ist das Zurückweisungsrecht schließlich auch vom Anspruch auf Schadensersatz wegen Nichterfüllung. Dieser Anspruch geht inhaltlich zwar überwiegend — in den Fällen der §§ 286 Abs. 2, 326 BGB sogar ausschließlich — auf Geldausgleich. Doch ist anerkannt, daß er u. a. in den Fällen der §§ 280, 325 BGB auch auf Naturalrestitution im Sinne von § 249 Satz 1 gerichtet sein kann[79]). Es ergibt sich deshalb die Frage, ob ein Auftraggeber, etwa ein Kommittent, der das abgeschlossene Geschäft wegen dessen Weisungswidrigkeit zurückweist und Abschluß eines anderweitigen Ausführungsvertrages verlangt, sich auf den ursprünglichen Erfüllungsanspruch stützt oder ob er den Schadensersatzanspruch wegen Nichterfüllung, gerichtet auf Naturalrestitution, geltend macht. Schon von der Beweislage her bestünden Unterschiede zwischen beiden Möglichkeiten[80]).

---

76) Str.; wie hier *RG* LZ 1909, 309 und auch *RG* Gruchot 48, 1007, 1010 (die Kommittentin war Nichtkaufmann; aus dem Abdruck in Holdh.Mschr. 13, 250 f. ist das nicht erkennbar); *Makower*; *Ritter* (beide A. 73); auch *Schl.-Hefermehl*, § 385 A. 9 (Schweigen nach angemessener Frist); einschränkender dagegen (zur Genehmigung gehöre zumindest eine schlüssige Handlung) *Puchelt-Förtsch* (o. A. 70); *RGRK-Ratz*, § 385 A. 9.

77) Vgl. *Dür.-Lehmann*, § 385 A. 7; *Schl.-Hefermehl*, § 385 A. 10.

78) So die heute herrschende Auffassung, vgl. *Esser* (o. A. 71) § 30 III 1, S. 186; § 51 II 2, S. 368; *Larenz*, SchR I, § 26 a, S. 294 f.

79) *Pieper*, JuS 1962, 409 ff., 412 ff. m. w. N.; einschränkend *Larenz*, SchR I, § 22 I S. 243 A. 2

80) Im erstgenannten Falle müßte der Kommissionär beweisen, daß der von ihm herbeigeführte Abschluß auftragsgerecht ist (vgl. o. A. 74). Bei einem Schadensersatzanspruch müßte hingegen der Kommittent die Nichterfüllung beweisen, str., so jedoch die billigenswerte Auffassung, *Enneccerus-Lehmann* (o. A. 48) § 63 I, S. 259; *Erman-H. P. Westermann*, BGB, 5. Aufl. 1972, § 362 A. 13 m. Lit.

Aber eine Qualifizierung als Schadensersatzanspruch scheidet in den hier interessierenden Fällen aus. Ein solcher Anspruch ist im Bereich der Sachleistungen möglich, und zwar ganz überwiegend bei Gattungssachen[81]). Bei diesen ist der Umweg, über den Schadensersatzanspruch wirtschaftlich noch zum angestrebten Ziel zu gelangen, deshalb geboten, weil sich nach Eintritt der Konkretisierung (§ 243 Abs. 2 BGB) das Schuldverhältnis auf die einzelne Sache beschränkt, ohne daß der Erfüllungserfolg bereits eingetreten wäre. Infolge dieser Beschränkung erlischt der Erfüllungsanspruch mit dem Untergang des konkretisierten Stückes, und zwar auch dann, wenn der Schuldner den Untergang zu vertreten hat[82]). Dem Gläubiger steht deshalb nur noch der Schadensersatzanspruch wegen Nichterfüllung zur Verfügung, der sich auf die Leistung einer entsprechenden anderen Sache aus der Gattung richten kann, weil dies dem Grundsatz der Naturalrestitution und zugleich den vernünftigen Interessen beider Parteien entspricht.

In dem uns interessierenden Bereich geht es jedoch um die Leistung von Diensten oder die Herbeiführung von Erfolgen. Erbringt der Verpflichtete seine Dienste im Rahmen des Vertrages, so liegt darin bereits eine Erfüllung; für eine Konkretisierung ist kein Raum[83]). Gleiches gilt im Hinblick auf unkörperliche Erfolge; werden sie vertragsgerecht herbeigeführt, so tritt sogleich die Erfüllung ein[84]). Es kann hier also nur um die Frage gehen, ob die Tätigkeit oder das Werk im konkreten Fall eine Erfüllung des Auftrages darstellt. Wird sie verneint, so kann der Auftraggeber die Ausführung zurückweisen und Neuvornahme deshalb verlangen, weil die Erfüllung noch aussteht. Anders als beim Untergang der konkretisierten Gattungssache besteht hier, solange die Handlung noch vorgenommen bzw. das Werk noch vertragsgemäß hergestellt werden kann, der primäre Erfüllungsanspruch fort und schließt den sekundären Schadensersatzanspruch wegen Nichterfüllung aus.

III. 1. Das Zurückweisungsrecht besteht nur, wenn und solange es noch nicht zur Erfüllung gekommen ist. Das ist der Grundsatz, denn nach dem Eintritt der Erfüllung wäre eine Zurückweisung als Rücktritt aufzufassen und an dessen Voraussetzungen zu binden. Als Reaktion auf eine Weisungsverletzung ist das Zurückweisungsrecht also dann gegeben, wenn die Verletzung dazu führt, daß der Beauftragte nicht die geschuldete Leistung erbringt. Hierbei ist zweckmäßigerweise zu unterscheiden, ob das Abweichen von der Weisung eine Andersleistung oder eine Schlechtleistung zur Folge hat. Wie sich zeigen wird, richtet sich das vor allem nach dem Gegenstand, den die jeweilige Weisung regelt. Wir werden zur Abgrenzung der Fälle von rahmenbestimmenden (2.) und von (nur) durchführungsbestimmenden Weisungen (IV.) sprechen. Doch läßt sich aus der letztgenannten Kategorie noch eine dritte Gruppe der abwicklungsregelnden Weisungen (V.) absondern. Sie meint diejenigen Anordnungen, die der Auftraggeber dem Beauftragten erteilt, nachdem dieser seine Hauptpflicht schon erfüllt hat. Sachlich wird es dabei im wesentlichen um die Herausgabepflicht aus § 667 BGB gehen. Nach dem oben angeführten Grundsatz müßte eine Zurückweisung hier ausscheiden; doch wird das vor allem im Hinblick auf den Kommissionär des näheren zu überprüfen sein. Eines ist zu diesen Begriffen allerdings

81) *Erman-Battes*, BGB, 5. Aufl. 1972, § 280 A. 4; doch ist Naturalrestitution durch Neulieferung auch bei Speziesschulden denkbar, *Pieper* (o. A. 79) 412 f.

82) So die h. M., vgl. etwa *Staudinger-Weber*, BGB, 11. Aufl. 1967, § 243 A. 66; *Medicus*, JuS 1966, 298; anders *Jakobs*, Unmöglichkeit und Nichterfüllung (1969) 230 ff., doch s. *Meincke*, AcP 171 (1971) 22 ff.

83) *Medicus*, JuS 1966, 306.

84) Näheres u. nach A. 118.

von Anbeginn an klarzustellen: Sie haben vor allem beschreibende Funktion und sollen die verschiedenen Fallsituationen veranschaulichen. Denn wie die Grenzen zwischen Nichterfüllung und Schlechterfüllung fließend sind, so muß sich auch die Trennung von rahmen- und durchführungsbestimmenden Weisungen der eindeutigen Festlegung entziehen.

2. Ein aliud ist nicht geschuldet und kann daher zurückgewiesen werden[85]). Es kommt deshalb darauf an, wann das Abweichen von der Weisung dazu führt, daß eine *Andersleistung* erbracht wird. Das ist dann anzunehmen, wenn der Beauftragte den Rahmen des Auftrags überschreitet[86]) oder gar völlig außerhalb des Auftrags handelt (z. B. Aktien statt Obligationen kauft). Ein Zurückweisungsrecht ist demnach in denjenigen Fällen gegeben, in denen der Beauftragte einer rahmenbestimmenden Weisung zuwiderhandelt. Zu diesen Weisungen zählen insbesondere diejenigen Anordnungen, die das Wesentliche dessen regeln, *was* der Beauftragte tun soll, also welches tatsächliche oder rechtliche Geschäft er besorgen soll. Sofern der Beauftragte, wie etwa der Kommissionär, einen Vertrag abzuschließen hat, gehören hierher auch diejenigen Weisungen, die den Inhalt und die für den Auftraggeber wesentlichen Modalitäten des Vertrages (z. B. andere Zahlungsbedingungen, ein anderer Leistungsort) festlegen, die sogenannten „geschäftsbestimmenden" Weisungen[87]).

Mustert man die maßgeblichen Entscheidungen zum Zurückweisungsrecht, so fällt auf, daß es sich praktisch durchweg um Sachverhalte handelt, in denen rahmenbestimmende Weisungen verletzt wurden. Ganz evident ist das in RGZ 57, 392 ff. (vom 14. 4. 1904), der Leitentscheidung für unseren Fragenkreis: Ein Ersteigerungsbeauftragter hatte die ihm gesetzte Preisgrenze überschritten. — Um Akkreditive geht es in den Urteilen RGZ 105, 48 ff. (Zahlung nach Ablauf der Akkreditivfrist), RGZ 114, 26 ff. (Zahlung auf Dokumente mit abweichender Verladeadresse) und RGZ 114, 268 ff. (Zahlung auf unzulängliche Dokumente). Beim gebräuchlichen Dokumentenakkreditiv übernimmt es die vom Käufer (oder dessen Bank) beauftragte Bank (§§ 675, 631 BGB), dem Verkäufer auf Grund einer gemäß § 780 BGB einzugehenden Verbindlichkeit die Kaufpreissumme gegen Übergabe solcher Dokumente zu zahlen, die die verkaufte Ware repräsentieren und deren kaufvertragsmäßige Versendung beweisen. Der Auftrag hat also die Zahlung auf akkreditivgerechte Dokumente zum Gegenstand, d. h. auf solche Papiere, die bis ins einzelne Detail mit den vom Akkreditivsteller angegebenen Voraussetzungen übereinstimmen (sogenannte Dokumentenstrenge). Denn es ist nach der Natur dieses Geschäfts davon auszugehen, daß jede einzelne Klausel für den Auftraggeber wesentlich ist[88]). Die Akkreditivbank überschreitet folglich den Rahmen des Auftrags und erbringt ein aliud, wenn sie auf nicht ordnungsgemäße Dokumente oder gar erst nach Ablauf der Akkreditivfrist, also nach Beendigung des Auftrags[89]), zahlt. Desgleichen erbringt die Bank ein aliud, wenn sie einen Überweisungsauftrag in der Weise ausführt, daß sie den Betrag einem Konto gutschreibt, das nicht den Namen des Überweisungsempfängers trägt[90]).

85) So bereits die Leitentscheidung *RGZ* 57, 392, 395.

86) Vgl. Paul. D. 17.1.5.1: nam qui excessit (sc. fines mandati), *aliud* quid facere videtur.

87) Ausdruck nach *Schmidt-Rimpler* 862, s. auch 664 f., 863; *RGRK-Ratz*, § 385 HGB A. 5; vgl. des weiteren *Cosack*, *Makower*, *Ritter* (alle u. A. 126).

88) Demzufolge gehört die Dokumentenprüfung zu den Hauptpflichten der Bank, *Baumbach-Duden* (o. A. 6) § 406 Anh. I A. 8 E (Dokumentenstrenge); *Mormann*, WPM 1966, 464.

89) *RGZ* 105, 48, 52 f.; s. auch *Mormann* 461.

90) *BGH* NJW 1969, 320 f. (bejaht deshalb „grundsätzlich" ein Zurückweisungsrecht).

Außerhalb des Auftrages handelte schließlich auch der Spediteur in RGZ 114, 375 ff., der das Gut weiterbefördern ließ, obwohl ihm kein Auftrag zur Beförderung, sondern nur zur Aufbewahrung des Gutes bis zur Übernahme durch einen schon benannten anderen Spediteur erteilt war. Mit Recht hielt deshalb das RG (S. 378) das Zurückweisungsrecht gemäß § 407 Abs. 2, 385 Abs. 1 HGB grundsätzlich für gegeben.

IV. 1. Zweifelhafter ist, ob ein Zurückweisungsrecht auch dann in Betracht kommt, wenn eine Anordnung außer acht gelassen wurde, die die Frage regelt, *wie* der Beauftragte das Geschäft besorgen soll. Bei einer Verletzung solcher durchführungsbestimmenden Weisungen hält sich der Beauftragte regelmäßig im Rahmen des Auftrags, seine Leistung wird vom Auftrag gedeckt und stellt eine — vielfach allerdings schlechte — Erfüllung dar. Das wirft die Frage auf, ob der Gläubiger eine schlechte Ausführung des Auftrags als Erfüllung hinnehmen muß oder ob er sie zurückweisen und gegebenenfalls Neuausführung verlangen kann. Aber zunächst drei Beispiele:

1. Der mit der Berufung betraute Rechtsanwalt schließt im Termin einen bindenden Vergleich. Das *LG Dortmund*[91]) sieht hierin eine weisungswidrige Ausführung, die den Mandanten zur Zurückweisung der Dienste des Rechtsanwalts und infolgedessen zur Verweigerung der Gebühren berechtige. Doch das ist, wie sich zeigen wird, zweifelhaft. Denn angesichts des normalerweise weiten Rahmens des Anwaltsvertrages[92]) handelte der Anwalt innerhalb des Auftrages und hatte daher bereits erfüllt.

2. Der Kommissionär, der nach den Vertragsabreden in Berlin verkaufen sollte, schließt in Dresden ab, erzielt aber denselben Preis, den er in Berlin hätte erzielen können. Das *Reichsgericht*[93]) lehnt eine Zurückweisung mit Recht ab. Gegenstand des Auftrags war der Verkauf zu dem besten in Berlin erzielbaren Preise. Abgesehen von dieser Preisbemessung betraf die Ortsangabe lediglich die Frage der Durchführung, des wie. Die in diesem Punkte bestehende Abweichung rechtfertigt, da der Kommissionär den vorgesehenen Erfolg herbeigeführt hat, eine Zurückweisung jedoch nicht. Mangels Schadens scheidet auch ein Schadensersatzanspruch wegen positiver Forderungsverletzung aus. Anders wäre es, wenn durch den Verkauf gerade der Kurs in Berlin beeinflußt werden sollte. Doch müßten für diesen Ausnahmefall konkrete Anhaltspunkte bestehen.

3. Der Spediteur schließt mit einem bedenklichen Frachtführer ab. Der Versender weist den Abschluß zurück und untersagt die Übergabe des Gutes an den Frachtführer. Während Schmidt-Rimpler[94]) bei dieser (nicht unerheblichen) Verlet-

---

91) NJW 1965, 1809 f.

92) Dies folgt aus der Stellung des Anwalts als Rechtspflegeorgan und sachkundiger Berater, aus dem Umfang der (wenngleich „abstrakten") Prozeßvollmacht (§ 81 ZPO) und den weiteren sachlichen Gegebenheiten. Daher auch die Verpflichtung zu allgemeiner, umfassender und erschöpfender Belehrung über die Rechtsangelegenheit (z. B. *BGH* LM § 675 BGB Nr. 26, Bl. 733). Auch der beschränkte Auftrag, Berufung einzulegen, umschließt das Recht, einen (allerdings interessegerechten) Vergleich einzugehen, wenn dies nicht eindeutig abbedungen ist.

93) Bolze 1 Nr. 948; dazu auch *Schmidt-Rimpler* 863 f. m. A. 33.

94) 861, wenngleich zum Kommissionär. S. auch o. A. 31.

zung der Interessenwahrungspflicht eine Zurückweisung offenbar ausschließen würde, halten Schlegelberger-Hefermehl[95]) sie für gerechtfertigt. Auch hier handelt der Beauftragte im Rahmen des (Werk-)Vertrages[96]), er bringt jedoch nur einen inhaltlich schlechten Erfolg zuwege.

2. Mit der Frage, ob der Gläubiger eine Schlechtleistung als Erfüllung hinnehmen muß, sind zwei Problemkreise zugleich angesprochen: Zunächst, ob es überhaupt einer Mitwirkung des Gläubigers bedarf, damit die Erfüllung eintritt. Bejaht man dies, so kann der Gläubiger sich jeder Schlechtleistung (im Rahmen des § 242 BGB) erwehren, indem er seine Mitwirkung verweigert und die angebotene mangelhafte Leistung zurückweist. Hält man die Mitwirkung des Gläubigers hingegen nicht für erforderlich, so stellt sich die weitere Frage, inwieweit eine Schlechterfüllung noch als Erfüllung „bewertet" werden kann.

Es ist nicht möglich, hier in eine nähere Erörterung des umstrittenen und vielschichtigen Fragenkreises einzutreten, ob für die Herbeiführung des Leistungserfolges ein „Erfüllungsvertrag" oder jedenfalls eine Einigung über den Erfüllungszweck der jeweiligen Zuwendung erforderlich ist, ob es einer Tilgungsbestimmung oder wenigstens eines (erklärten oder nur innerlich bestätigten) Erfüllungswillens des Schuldners bedarf oder ob schließlich die reale Leistungsbewirkung durch den Schuldner ausreicht[97]). Die Stellungnahmen in diesem Streit, den der Gesetzgeber bewußt offengelassen hat, hängen vornehmlich davon ab, aus welchen Sachverhalten man den Grundsatz formt. Geht man von den Fällen aus, in denen der Leistungserfolg rechtsgeschäftlich herbeigeführt wird, so liegt es nahe, die Erfüllungswirkung „grundsätzlich" auf eine Vereinbarung zurückzuführen. Legt man hingegen die Tathandlungen und die Unterlassungen zugrunde, so spricht mehr für die Maßgeblichkeit der sog. „Theorie der realen Leistungsbewirkung", die im Ergebnis das meiste für sich haben dürfte. Sie kann außer praktischen Gesichtspunkten für sich immerhin in Anspruch nehmen, eine einheitliche Erklärung für die Erfüllung zu liefern, denn aus ihrer Sicht ist auch bei rechtsgeschäftlichen Leistungen die Teilnahme des Gläubigers nur eine Mitwirkung bei der „Herstellung des Leistungserfolges"[97a]), dessen Eintritt die Erfüllung dann „automatisch" nach sich zieht. Zudem stimmt zu dieser Lehre der — bei verallgemeinernder Betrachtung wesentliche — Umstand, daß das

95) § 409 HGB A. 10; vgl. auch § 408 A. 10.

96) Bei der Spedition ist das Dienstleistungselement zwar stärker ausgeprägt als bei der Kommission (o. A. 6), doch ist auch sie in der Mehrzahl der Fälle noch als Werkvertrag einzustufen, weil es den Parteien in erster Linie um den Erfolg, den Abschluß mit dem Frachtführer, geht. So auch *RGZ* 112, 149, 151 (auch *RG* LZ 1913, 63, Spedition zu festen Kosten); *Makower,* § 383 HGB A. I b, § 407 I b; *Dür.-Lehmann,* § 407 HGB Vorbem. 2; *Heymann-Kötter,* § 407 A. 1; *Baumbach-Duden* (o. A. 6) § 407 A. 2 (zu Recht differenzierend); *St.-Nipperdey,* § 675 BGB A. 24. Für Dienstvertrag hingegen *RGZ* 109, 85, 87; *Ritter* (o. A. 6) § 407 A. 6 b; *RGRK-Ratz,* § 407 A. 3, 13; *Schl.-Hefermehl,* § 407 A. 10.

97) Für einen Erfüllungsvertrag i. S. eines schuldaufhebenden Vertrags sprach sich die heute überholte „allgemeine Vertragstheorie" aus, z. B. *v. Tuhr,* Allg. Teil II 2 (1918) 82; *Lent,* Die Anweisung als Vollmacht und im Konkurse (1907) 7 ff., 30 ff.; für eine Erfüllungszweckvereinbarung *Ehmann,* NJW 1969, 1833 ff.; *ders.,* JZ 1968, 549 ff. und (grundsätzlich auch) *Rother,* AcP 169 (1969) 1 ff., 30 ff. — Zur Tilgungs-

Recht auch sonst vor allem auf die äußere Pflichtgemäßheit abstellt und die das Handeln tragenden Motive demgegenüber zurückstehen läßt. Damit ist vereinbar, daß der Verpflichtete durch eine Erklärung seiner Leistung eine besondere Zweckbestimmung verleihen kann und unter Umständen verleihen muß. Indes darf eine Vertiefung hier entbehrlich erscheinen. Denn in unserem Zusammenhang geht es vor allem um Dienst- und Werkleistungen. Daß es im Bereich derartiger Leistungen einer Erfüllungsvereinbarung regelmäßig nicht bedarf, wird nahezu einhellig anerkannt[98]).

Grundsätzlich kommt es nur dann zur Erfüllung, wenn der Schuldner eine Leistung erbringt, „die in jeder Weise der geschuldeten entspricht"[99]). Das legt den Rückschluß nahe, eine Schlechtleistung sei keine Erfüllung und könne folglich zurückgewiesen werden. Doch kann diese Konsequenz nur mit Einschränkungen gezogen werden. Wenn bei Einsetzen der Leistungshandlung des Schuldners von vornherein feststeht, daß nur mangelhaft geleistet werden wird — der Verpflichtete erscheint angetrunken zum Dienst —, dann kann der Gläubiger die Vornahme der Leistungshandlung und damit die Bewirkung einer Schlechterfüllung sogleich durch Zurückweisung hindern. Ist aber einmal geleistet worden, sei es auch schlecht, so kommt es für die Frage, ob eine Schlechtleistung — unbeschadet möglicher anderer Rechtsbehelfe — als Erfüllung hingenommen werden muß, entscheidend auf den jeweiligen Vertragstyp an. So kann der Käufer die ihm angebotene mangelhafte Sache zurückweisen[99a]); doch stellt nach seiner Annahme auch die Leistung einer mangelhaften Sache — jedenfalls beim Spezieskauf — eine Erfüllung dar; der Käufer ist auf die Gewährleistungsrechte der §§ 459 ff. BGB beschränkt[99b]). Zudem richtet sich die Abgrenzung

---

bestimmung s. insbesondere *Beuthien*, Zweckerreichung und Zweckstörung im Schuldverhältnis (1969) 281 ff. (freilich mit erheblichen Einschränkungen, 289 ff.). — Zu der im Anschluß an *Kretschmar*, Die Erfüllung 1 (1906) und insbes. an *Boehmer*, Der Erfüllungswille (1910) 41 f. pass. heute in der Lehre überwiegenden „Lehre von der realen Leistungsbewirkung" s. *Larenz*, SchR I § 18 I S. 174 ff.; *Soergel-R. Schmidt*, BGB, 10. Aufl. 1967, § 362 Vorbem. 5 (jeweils m. w. N.); *Esser* (o. A. 71) § 26 I 2, 3 S. 151; auch *Schmidt-Rimpler* 886 f.

97a) *Larenz* (o. A. 97) 174.

98) Nämlich außer von den Vertretern der hier befürworteten Theorie (z. B. *Larenz* 176) auch von denjenigen, die eine gerade insoweit „beschränkte" Vertragstheorie bejahen, z. B. *Enneccerus-Lehmann* (o. A. 48) § 60 I S. 250; *A. Blomeyer*, Allg. Schuldrecht, 4. Aufl. 1969, § 38 II 1 S. 227 f.; *Fikentscher*, Schuldrecht, 3. Aufl. 1971, § 38 II 5 S. 158 f.; *Palandt-Heinrichs* (o. A. 3) § 362 A. 1 sowie auch *Rother* (o. A. 97) 27, 30 f.; anders *Ehmann*, NJW 1969, 1836, der auch hier eine Erfüllungszweckvereinbarung fordert.

99) *Larenz*, SchR I § 18 I S. 174; vgl. auch *Esser* (o. A. 71) § 26 I S. 150 f.

99a) Darin wäre beim Spezieskauf, wenn der Verkäufer den Mangel nicht beheben kann oder will, eine Wandlung zu sehen, *Erman*, JZ 1960, 41, 42; *Soergel-Ballerstedt* (o. A. 6) § 459 Vorbem. 17. Beim Gattungskauf wäre es der Erfüllungsanspruch auf Lieferung mangelfreier Sachen mittlerer Art und Güte, den der Verkäufer geltend macht.

99b) Für den Gattungskauf wird dagegen weithin angenommen, die Leistung mangelhafter Sachen sei keine Erfüllung; der Nachlieferungsanspruch aus § 480 BGB sei der noch nicht befriedigte ursprüngliche Erfüllungsanspruch (BGH NJW 1958, 418; 1961, 117; *Enneccerus-Lehmann* [o. A. 48] § 113 I 1 S. 457 f.; *Larenz*, SchR II § 41 III S. 64;

von Nicht- und Schlechterfüllung außer nach dem jeweiligen Vertragstyp auch nach dem Grundsatz des § 242 BGB, der für jeden Einzelfall die Prüfung gebietet, ob die Schlechtleistung so erheblich ist und ob sie das Gläubigerinteresse so wenig befriedigt, daß sie einer Nichterfüllung gleichzusetzen ist.

3. Im Rahmen der Geschäftsbesorgungsverträge geht es vornehmlich um Dienst- und Werkleistungen. Es stellt sich also die Frage, inwieweit bei diesen Leistungsarten eine Schlechtleistung zur Erfüllung führen kann.

Zwar müssen ordentliche Dienste geleistet werden. Doch läßt man bei Arbeits- und *Dienstverträgen* auch schlechte Leistungen in sehr weitem Maße gelten. Das beruht vor allem auf der besonderen Natur der Dienst- und Arbeitsleistungen, die wegen ihrer engen Bindung an das zeitliche Moment mit dem Vollzug unabänderlich werden, und des weiteren letztlich auf billigenswerten Gründen des sozialen Schutzes. Wenn der Dienstverpflichtete im Rahmen und zum Zwecke der Erfüllung des Dienstvertrages tätig geworden ist, so hat er immerhin Leistungen zugunsten des Dienstherrn erbracht, seien sie auch schlecht. Das muß der Dienstherr hinnehmen. Nur wenn die Dienste insgesamt so schlecht sind, daß sie für den Dienstherrn ganz und gar ohne Interesse bleiben, ist die Schlechterfüllung als vollständige Nichterfüllung anzusehen. Für den Regelfall stellt sich dagegen lediglich die Frage, ob man die Schlechterfüllung als teilweise Nichterfüllung oder als mangelhafte Erfüllung bewertet und je nachdem die §§ 325, 326 BGB direkt[100]) oder als Rechtsfolgen einer positiven Forderungsverletzung analog[101]) anwendet. Eines näheren Eingehens auf den umstrittenen Fragenkreis der Folgen einer Schlechterfüllung beim Dienst- und Arbeitsvertrag[102]) bedarf es hier nicht. Doch sei hervorgehoben, daß die Bewertung der Schlechtleistung als positive Forderungsverletzung den Gegebenheiten besser gerecht wird, weil die Regelungen zur teilweisen Nichterfüllung mehr auf die quanti-

---

Fikentscher [o. A. 98] § 70 VII S. 398). Doch ist zweifelhaft, ob es sich nicht richtiger nur um einen Nacherfüllungsanspruch handelt, der sich aus dem ursprünglichen Erfüllungsanspruch herleitet, dazu *Ballerstedt*, Fschr. Nipperdey z. 60. Geb. (1955) 276 ff., 281 sowie *Esser* (o. A. 36) § 64 III 4 S. 48 ff. (doch s. auch *ders.* [o. A. 71] 150); *Palandt-Putzo* (o. A. 3) § 480 A. 1; *Kirchhof*, NJW 1970, 2052 f.

100) So *Esser* (A. 99) und (differenzierend) *Dietz-Wiedemann*, JuS 1961, 118 f. (vgl. u. A. 102).

101) Dafür *St.-Nipperdey-Mohnen-Neumann*, § 611 BGB A. 147; *Erman-Küchenhoff*, BGB, 5. Aufl. 1972, § 611 A. 151, 152. Die Unterscheidung wirkt sich z. B. bei der Frage der Nachbesserungspflicht (Erfüllungs- oder Schadensersatzanspruch) und der Minderung des (Zeit-)Lohnes aus. Während die §§ 325 Abs. 1 S. 3, 323 Abs. 1 BGB eine Minderung zulassen, ziehen die Befürworter der positiven Forderungsverletzung diese Konsequenz nicht (so *St.-Nipperdey* a. a. O.; *KG* JW 1935, 789, 790 [im Hinblick auf den Gebührenanspruch des Anwalts]) oder nur eingeschränkt (*Erman-Küchenhoff* a. a. O., A. 153: Nur beim Arbeitsvertrag keine Minderung). Vgl. auch *OLG Stuttgart* BB 1970, 1112 (Keine Einrede aus § 320 BGB bei Schlechterfüllung durch den Handelsvertreter).

102) Dazu insbesondere *St.-Nipperdey-Mohnen-Neumann*, § 611 BGB A. 144 ff.; *Erman-Küchenhoff*, § 611 A. 133 ff., 149 ff. sowie *Dietz-Wiedemann* (o. A. 100) 116 ff., deren Differenzierung zwischen Minderleistung (Schadensersatz aus positiver Forderungsverletzung) und Schlechtleistung (anteilsmäßiges Nichtentstehen des Entgeltanspruchs) allerdings nicht überzeugt.

tativen und weniger auf die hier einschlägigen qualitativen Mängel[103]) der Leistung zugeschnitten sind. Angesichts der Relevanz des Zeitfaktors im Dienstvertrag bedeuten einzelne Fehlleistungen des Verpflichteten keine Verringerung, sondern eine Verschlechterung der Dienstleistung.

Gegenüber erbrachten Dienstleistungen scheidet ein Zurückweisungsrecht nach alldem aus, und zwar auch dann, wenn es sich um die „unabhängigen Dienste" eines selbständig Tätigen handelt. Dieses Ergebnis wird durch die Erwägung bestätigt, daß eine nachträgliche Zurückweisung als Rücktritt aufzufassen wäre. Das Rücktrittsrecht aus den §§ 325, 326 BGB steht dem Dienstberechtigten bei einer Schlechtleistung nach der heute zu Recht herrschenden Auffassung aber nicht zu[104]).

Eine Präzisierung ist allerdings zu treffen: Der Auftraggeber darf bei der Verletzung einer durchführungsbestimmenden Weisung im Rahmen eines Geschäftsbesorgungsdienstvertrages nicht die gesamten erbrachten Dienste des Geschäftsbesorgers zurückweisen. Wenn der Beauftragte aber im Rahmen der Dienstleistung einen weisungswidrigen Geschäftsabschluß für den Auftraggeber tätigt, so kann der Auftraggeber diesen einzelnen Abschluß im Innenverhältnis[105]) mit der Wirkung zurückweisen, daß er dafür keine Provision zu zahlen und keine Aufwendungen zu erstatten hat[106]). Denn soweit es um Erfolgsvergütungen geht, braucht der Auftraggeber sich weisungswidrige Erfolge nicht zurechnen zu lassen. Wendet man diese Maßstäbe auf den Fall des *LG Dortmund* (o. A. 91) an, so kann der Mandant zwar erklären, daß er den weisungswidrigen Vergleichsabschluß nicht anerkenne, die gesamte Geschäftsbesorgung kann er jedoch nicht zurückweisen. Das bedeutet, daß er zwar nicht die Vergleichsgebühr (§ 23 BRAGO), wohl aber die Prozeß- und Verhandlungsgebühr (§ 31 BRAGO) zu zahlen hat. Sofern der Mandant durch die weisungswidrige Ausführung einen weiteren Schaden erlitten hat, kann er mit einem Schadensersatzanspruch aus positiver Forderungsverletzung gegen diese Gebührenforderung aufrechnen[107]).

3. Wenn es sich um *Werkverträge* handelt, die eine Geschäftsbesorgung zum Gegenstand haben, könnte der Auftraggeber an der „Herstellung des Leistungserfolges" (o. A. 97 a) beteiligt sein. Denn bei Werkverträgen bedarf es grundsätzlich der Abnahme des Bestellers, § 640 Abs. 1 BGB. Dieser kann ein schlechtes Werk zurückweisen und Neuherstellung, also Lieferung eines mangelfreien Werkes verlangen[108]).

---

103) *Erman-Küchenhoff*, § 611 BGB A. 154.

104) Dazu u. nach A. 182.

105) Die kraft der Vollmacht im Außenverhältnis bestehende Bindung schließt die Zurückweisung im Innenverhältnis nicht aus, *LG Dortmund*, NJW 1965, 1810; vorausgesetzt in *RG* HRR 1931 Nr. 405 a. E.

106) Näheres zum Aufwendungsersatz u. H. — Doch heilt im Falle des § 91 a HGB das Unterlassen der möglichen (!) Ablehnung im Außenverhältnis auch die Auftragsverletzung im Innenverhältnis, *Schlegelberger-Schröder*, HGB, 4. Aufl. 1969, § 91 a. A. 17.

107) *KG* JW 1935, 789, 790. *BGH* LM § 675 BGB Nr. 28 erörtert nur Schadensersatzansprüche bei weisungswidrigem Vergleichsabschluß.

108) So die auf *Korintenberg*, SächsRpflA. 1927, 321 ff.; *ders.*, Erfüllung und Gewährleistung beim Werkvertrag (1935) 214 f. pass. zurückgehende, heute herrschende Lehre,

Das gibt zu der Frage Anlaß, ob nicht auch bei Vertragsabschlüssen, die ein Beauftragter herbeiführt, eine Abnahme erforderlich ist. Der Auftraggeber könnte einen inhaltlich schlechten Abschluß dann schon über die Verweigerung der Abnahme „zurückweisen".

Zwar sind die Vorschriften über die Abnahme und die Sachmängelhaftung beim Werkvertrag vorwiegend auf körperliche Werke zugeschnitten; bei Vertragsabschlüssen handelt es sich dagegen um unkörperliche Erfolge. Aber das würde noch nicht besagen, daß eine Abnahme hier von vornherein ausscheidet. Das Gesetz trennt bewußt nicht zwischen körperlichen und unkörperlichen Werken[109]), sondern zwischen abnahme- und nicht abnahmefähigen[110]). Was unter einer Abnahme zu verstehen ist, wird uneinheitlich beantwortet; die herrschende Meinung verlangt die körperliche Entgegennahme der Leistung verbunden mit deren Billigung als einer vertragsmäßigen Erfüllung[111]). Demgegenüber ist jedoch anzunehmen, daß in manchen Fällen auch die bloße Billigung ausreicht, nicht nur weil dies der Verkehrsauffassung entspricht[112]), sondern auch deshalb, weil andernfalls über den Begriff der Abnahme gerade wieder die Unterscheidung in das Gesetz hineingetragen wird, die von diesem bewußt vermieden wurde. Auch bei Vertragsabschlüssen erscheint eine Abnahme demnach immerhin denkbar[113]).

Im Ergebnis ist bei den hier interessierenden Vertragsabschlüssen eine Abnahme jedoch nicht erforderlich[114]). Abgesehen davon, daß die werkvertraglichen Regeln auf die Geschäftsbesorgungs(werk)verträge ohnehin nur sehr behutsam angewendet werden können, vermag auch die Gleichsetzung von Abnahmefähigkeit und -bedürftigkeit nicht durchweg zu überzeugen. Die Gleichung bildet zwar nach der Anlage des Gesetzes und auch im allgemeinen den Grundsatz; aber Einschränkungen ergeben sich aus der Verkehrsauffassung: Wo eine Billigung üblicherweise nicht ausgesprochen und den Umständen nach auch nicht erwartet wird, ist statt auf die

---

Enneccerus-Lehmann (o. A. 48) § 151 I S. 647 f.; *Larenz,* SchR II § 53 II a S. 226; *Soergel-Ballerstedt,* BGB, 10. Aufl. 1969, § 633 A. 1; *Staudinger-Riedel,* BGB, 11. Aufl. 1958, § 633 A. 2 ff. mit reichen Nachweisen (auch zur Gegenauffassung, die den Besteller auf die Gewährleistungsansprüche beschränkt), s. auch *BGHZ* 26, 337, 340.

109) Der Gegensatz war dem Gesetzgeber wohlbekannt, *Motive* z. BGB 2, 506 ff., 509.

110) *Enneccerus-Lehmann* (o. A. 48) § 157 II 7 S. 652. Doch vgl. u. A. 115.

111) *RGZ* 57, 338 f.; *Staudinger-Riedel* (o. A. 108) § 640 BGB A. 3 m. w. N.; *Soergel-Ballerstedt* (o. A. 108) § 640 BGB A. 3 m. w. N.

112) *Larenz,* SchR II, § 53 III a S. 238.

113) Daran denken auch *Dür.-Lehmann,* § 385 HGB A. 8, ablehnend, jedoch ohne Begründung, *Schmidt-Rimpler* 861 A. 24.

114) Das dürfte, wenngleich ausdrückliche Stellungnahmen (außer *Schmidt-Rimpler,* o. A. 113) fehlen, der h. M. entsprechen. Denn diese geht bei der Frage der Verjährung von § 646 (mit § 638) BGB aus, vgl. *Heymann-Kötter,* § 383 HGB A. 2; *Baumbach-Duden* (o. A. 6) § 383 A. 2 A. Ebenso *Dür.-Lehmann,* § 383 HGB Vorbem. 7, die präzisieren, daß eine „Vollendung" hier erst mit der vollständigen Durchführung des Ausführungsgeschäfts einsetze. Doch s. u. A. 118.

Abnahme auf die Vollendung des Werkes (§ 646 BGB) abzustellen[115]). Das ist bei den auftragsgerechten Vertragsabschlüssen insbesondere des Kommissionärs und des Spediteurs der Fall. Dies läßt sich auch an der Regelung der Ausführungsanzeige (§ 384 Abs. 2 HGB) ablesen: Von der Ausführung, d. h. dem Vertragsabschluß, ist (lediglich) Anzeige zu machen. Diese ist, wie mit Recht allgemein angenommen wird, grundsätzlich nur eine Mitteilung[116]), nicht aber ein Angebot zur Annahme als Erfüllung[117]). Auch im Hinblick auf die Rechtsfolgen erscheint es sachgerechter, auf die Vollendung statt auf eine Abnahme abzustellen[118]).

Das Zurückweisungsrecht läßt sich hier also nicht schon als Kehrseite einer Abnahmepflicht erfassen. Hinsichtlich der Abschlußpflicht tritt der Leistungserfolg und damit die Erfüllung bereits ein, sobald der Geschäftsbesorger einen auftragsgerechten Ausführungsvertrag abschließt. Allerdings muß, wenn der Geschäftsbesorger im eigenen Namen handelt, die Fremdbezogenheit des Abschlusses erkennbar sein oder erkennbar gemacht werden[119]). Hat der Geschäftsbesorger hingegen nur einen schlechten, also einen nicht „in jeder Weise" (o. A. 99) auftragsgemäßen Abschluß zustande gebracht, so fehlt es an der Erfüllungswirkung und der Auftraggeber kann deshalb den Abschluß zurückweisen. Doch steht dies unter den oben (nach A. 99 b) erwähnten Einschränkungen aus § 242 BGB: Es würde eine zu starke Gefährdung

---

115) *Larenz* (o. A. 112). Bei den unkörperlichen Erfolgen ist das allerdings überwiegend der Fall, z. B. aber nicht bei Leistungen des Architekten, *Soergel-Ballerstedt* (o. A. 108) § 640 BGB A. 6.

116) *Schmidt-Rimpler* 729; *Schl.-Hefermehl,* § 384 A. 20; *Heymann-Kötter,* § 384 A. 3 (S. 851). Anders beim Selbsteintritt und auch bei unbefugten Abweichungen, o. A. 70.

117) Die Abnahme i. S. des § 640 BGB und die Annahme als Erfüllung i. S. des § 363 BGB sind gleichzusetzen, *BGHZ* 33, 236, 237; *Larenz* (o. A. 112); *Esser* (o. A. 36) § 79 II 2 a S. 168.

118) Zur Vergütungsgefahr s. u. V 3 d; zur Leistungsgefahr s. u. V 4 a. Bei der Verjährung (o. A. 114) ist zu differenzieren: Aus mangelhafter Kommissionsausführung erwachsende Schäden verjähren gem. §§ 646, 638 BGB in 6 Monaten beginnend von dem Zeitpunkt, an dem der Kommittent die Schadhaftigkeit erkennen kann, vielfach also ab Zugang der Ausführungsanzeige. Für den Herausgabeanspruch (§§ 384 Abs. 2 HGB, 667 BGB) und weitere Abwicklungsansprüche gilt dagegen die regelmäßige Frist des § 195 BGB, *Nußbaum* (o. A. 6) 44. Doch wird oft schon vorher Verwirkung vorliegen.

119) Insbesondere bei der Einkaufskommission besteht das schwierige Problem, ob und wann der Kommissionär mit dem Dritten nicht für eigene, sondern tatsächlich für Rechnung des Kommittenten abgeschlossen hat, so daß das aus diesem Geschäft Erlangte dem Kommittenten zusteht. Weder eine rein subjektive Theorie (so *Schmidt-Rimpler* 888 ff., der auf den inneren Willen des Kommissionärs abstellt) noch eine rein „objektive" Betrachtung (die immer eine Erklärung des Kommissionärs gegenüber dem Kommittenten verlangt, im Regelfall also erst die Ausführungsanzeige maßgeblich sein läßt; in dieser Richtung *Dür.-Lehmann* § 383 A. 7; *RGRK-Ratz* § 383 A. 11; *Baumbach-Duden* § 383 A. 3 A) vermögen befriedigende und praktikable Lösungen zu gewährleisten. Es ist deshalb von einer vermittelnden „Erkennbarkeitstheorie" auszugehen und für ausreichend zu erachten, daß ein äußeres Anzeichen vorliegt, aus dem sich entnehmen läßt, ob der Kommissionär für fremde oder eigene Rechnung abschließen wollte; *Schl.-Hefermehl* § 383 A. 23; *Heymann-Kötter* § 383 A. 4, S. 846 (die es genügen lassen, „daß das Geschäft in seinen wesentlichen Einzelheiten der Kommission entsprach").

des Beauftragten, des Kommissionärs, des Spediteurs darstellen und den ihm normalerweise zugestandenen Spielraum zu sehr einengen, wenn jede inhaltliche Schlechtleistung zur Zurückweisung berechtigen würde. Deshalb ist in diesen Fällen die Erfüllungswirkung vorbehaltlich möglicher Schadensersatzansprüche auch dann zu bejahen, wenn die Abweichung von der schuldgerechten Leistung nicht erheblich ist[120]). Ganz auf dieser Linie liegt die übliche Formel, die Ausübung des Zurückweisungsrechts sei treuwidrig, wenn das Interesse des Auftraggebers durch die ungerechtfertigte Abweichung nicht verletzt worden sei[121]).

Nach alldem ist dem Auftraggeber auch dann ein Zurückweisungsrecht zuzubilligen, wenn der Beauftragte zwar im Rahmen des Geschäftsbesorgungswerkvertrages handelt, jedoch nur einen inhaltlich schlechten Abschluß zuwege bringt[122]). Denn der Abschluß eines derartigen Ausführungsvertrages bewirkt nicht schon von selbst die Erfüllung des Auftrags, vielmehr ist bei inhaltlicher Schlechterfüllung jedenfalls eine Annahme (Genehmigung) erforderlich. In dem oben (bei A. 94) angeführten Speditionsfall wäre dem Versender deshalb ein Zurückweisungsrecht zuzubilligen.

V. 1. Nunmehr kann auch geklärt werden, welche Tragweite dem Zurückweisungsrecht in § 385 Abs. 1 HGB zukommt. Zu dieser Norm besteht Einigkeit nur darüber, daß nicht jede Verletzung der Weisungen ein Zurückweisungsrecht begründet; die Abgrenzung zwischen den Bereichen ist jedoch sehr streitig. Die Ansicht Grünhuts, der ein Zurückweisungsrecht nur bei der Verletzung imperativer und demonstrativer Weisungen, nicht aber bei der Nichtbeachtung ergänzender gesetzlicher Regelungen bejahte[123]), kann hier ebenso beseite gelassen werden wie die Lehre Weidmanns[124]), der das Zurückweisungsrecht nur bei der Verletzung imperativer Weisungen zubilligt. Denn nach den bisherigen Erörterungen sind auch die relevanten gesetzlichen Bestimmungen zu den Weisungen zu zählen (o. nach A. 29); auch besteht nach dem bisher Dargelegten für eine Einschränkung der Zurückweisung auf die seltenen Fälle einer Verletzung imperativer Weisungen kein Anhalt[125]).

Der heute noch bedeutsame Streit dreht sich im wesentlichen darum, ob das Zurückweisungsrecht nur dann gegeben ist, wenn geschäftsbestimmende Weisungen (o. A. 87) verletzt wurden[126]), oder auch dann, wenn Weisungen nicht befolgt wurden, die die Durchführung des Ausführungsgeschäfts betreffen[127]). Zugunsten der

---

120) Vgl. *Schmidt-Rimpler* 860 f. S. auch o. bei A. 32.

121) *RG* SeuffA. 85 Nr. 52 S. 85, 86 f.; *BGH* NJW 1969, 320 = MDR 69, 121; *St.-Nipperdey*, § 665 BGB A. 19; *Erman-Hauß* (o. A. 3) § 665 A. 4. Bei der Abweichung von rahmenbestimmenden Weisungen, also bei Aliudleistungen, ist gegenüber dieser Formel jedoch Zurückhaltung geboten.

122) So auch (allgemein zur Schlechterfüllung) *Dür.-Lehmann*, § 385 A. 2; *Heymann-Kötter*, § 386 A. 1 (S. 860 M.); stark einschränkend jedoch *Schmidt-Rimpler* 860 f.

123) Dazu o. A. 30 und 58.

124) (o. A. 74) 95 ff.

125) Ablehnend auch *Schmidt-Rimpler* 863 m. A. 29.

126) *Makower*, § 385 A. II b; *Cosack* (o. A. 58) 183; *Schmidt-Rimpler* 861 ff.; *Ritter* (o. A. 6) § 385 A. 2 b; *RGRK-Ratz*, § 385 A. 5; sehr einschränkend bereits auch *ROHG* 20 Nr. 79 S. 309, 322 f.; vgl. auch *OLG Breslau* OLGRspr. 41, 221 f.

127) *Dür.-Lehmann*, § 385 A. 2; *Schl.-Hefermehl*, § 385 A. 7; *Heymann-Kötter*, § 385 A. 1.

erstgenannten Lehre (A. 126) wird angeführt, die Zurückweisung eines Geschäftes rechtfertige sich nur, wenn es nicht das kommittierte Geschäft sei, ein auftragsgerechter Geschäftsabschluß könne deshalb nicht zurückgewiesen werden; die Verletzung von Weisungen, die sich auf die Durchführung des Ausführungsgeschäftes beziehen, ändere nichts mehr daran, daß der Abschluß vertragsgerecht erfolgt sei. Die Gegenauffassung (A. 127) hebt demgegenüber hervor, auch die Nichtbefolgung von Weisungen, die die Abwicklung des Ausführungsgeschäfts betreffen, könne die Belange des Kommittenten so erheblich beeinträchtigen, daß eine Zurückweisung des ganzen Geschäfts gerechtfertigt sei. Das Zurückweisungsrecht sei deshalb allein davon abhängig zu machen, ob der wirtschaftliche Erfolg des Geschäfts trotz des weisungswidrigen Verhaltens des Kommissionärs noch den Interessen des Kommittenten entspreche oder nicht.

Wie aus dem bisher Dargelegten erhellt, kann diese Streitfrage nur von einem umfassenderen Ansatzpunkt her gelöst werden, nämlich auf der Grundlage des Zusammenhangs von Zurückweisungsrecht und Nichterfüllung. Es wird also maßgeblich sein, wann eine Erfüllung des Kommissionsauftrages eintritt. Das führt in sehr streitige Bereiche des Kommissionsrechts und vor allem zu der Frage, wie die Herausgabepflicht des § 384 Abs. 2 HGB zu bewerten ist. Dafür ist zunächst ein Blick auf den (allgemeinen) BGB-Auftrag von Nutzen, denn das Kommissionsrecht ist dem allgemeinen Auftragsrecht entwachsen[127a]).

2. Nach der gesetzlichen Konzeption ist ein Auftrag, der eine Geschäftsbesorgung, etwa einen Einkauf, zum Gegenstand hat, zur Hauptsache erfüllt, wenn der Beauftragte das Geschäft abschließt. Zwar hat der Beauftragte anschließend noch das, „was er aus der Geschäftsbesorgung erlangt, herauszugeben" (§ 667 BGB). Bei diesem Anspruch handelt es sich jedoch lediglich um eine „Nebenpflicht" oder plastischer: um eine „Abwicklungspflicht"[128]), die es ermöglichen soll, eine nach der Auftragsausführung bestehende Wertverlagerung auszugleichen. Dies wird auch daran deutlich, daß § 667 BGB neben der Herausgabe des *aus* der Geschäftsführung Erlangten zugleich die Rückgabe dessen anordnet, was dem Beauftragten zum Zwecke der Ausführung überlassen worden ist, z. B. nicht verbrauchtes Geld. Denn das ist eine typische Abwicklungsregelung. Im übrigen hätte der Gesetzgeber die Herausgabe, wenn er sie als Hauptpflicht verstanden hätte, bereits in § 662 BGB und nicht erst in § 667 BGB angeführt.

Diese für den BGB-Auftrag unstreitige Trennung zwischen Erfüllungs- und Abwicklungspflicht hat Konsequenzen, die für die anstehende Betrachtung der Streitfrage im Kommis-

---

127a) Vgl. o. nach A. 18. — Daß die Kommission gemeinrechtlich als Mandat behandelt wurde, hebt auch *Heck*, Grundriß des Schuldrechts (1929) 355 hervor.

128) So *Esser* (o. A. 36) § 82 III 1 S. 187. Von einer Nebenpflicht spricht z. B. *BGHZ* 28, 123, 128, wo § 667 BGB zugleich als eine „gesetzliche Herausgabepflicht" bezeichnet wird, vgl. auch *Soergel-Mühl* (o. A. 3) § 667 A. 1. Doch läßt sich die Herausgabe in den weitaus meisten Fällen schon aus dem Auftragsvertrag herleiten, wie das bereits die römischen Juristen taten (s. insbesondere Paul. D. 17. 1. 20 pr.). § 667 BGB bekräftigt diese in den Rechten des 19. Jh. allseits anerkannte Auslegung (*Motive* z. BGB 2, 539 m. A. 1), zugleich in der Absicht klarzustellen, daß insoweit Kondiktionsansprüche ausscheiden.

sionsrecht beachtenswert sind. Die wichtigste ist, daß unabhängig von der jeweiligen Eigentumslage der Auftraggeber die Gefahr eines zufälligen Untergangs des Erlangten trägt. Für Speziessachen ist das seit je anerkannt; gehen sie beim Beauftragten infolge Zufalls unter, so wird der Beauftragte nach § 275 BGB frei. Aber auch bei Gattungssachen, insbesondere auch bei Geld, ist der Beauftragte der Leistungsgefahr enthoben; § 279 BGB findet ebensowenig Anwendung wie die Regelung des § 270 Abs. 1 BGB[129]). Allerdings müssen die Gattungssachen so weit abgesondert sein, daß erkennbar ist, daß es sich um die dem Auftraggeber herauszugebenden Gegenstände handelt. Ist dies aber der Fall, so geht die Gefahr deshalb zu Lasten des Auftraggebers, weil ihm der Erfolg der Ausführung wirtschaftlich schon dann zuzurechnen ist, wenn sich das Erlangte noch in den Händen des Beauftragten befindet[129a]). Denn anders als bei der gewöhnlichen Gattungsschuld handelt es sich hier nicht darum, daß der Beauftragte sein eigenes Vermögen mindern muß, um eine eingegangene Verpflichtung zu erfüllen. Er hat seine Hauptpflicht schon mit dem Abschluß des Ausführungsvertrages erfüllt. Im Hinblick auf dessen Abwicklung ist er nur die „Durchgangsstelle" für eine Leistung, die zwar zu seinen Händen, aber für Rechnung des Auftraggebers erbracht wird und die er ohne Inanspruchnahme seines eigenen Vermögens lediglich weiterzuleiten hat (A. 129 a). Der Beauftragte ist also schon dann der Gefahr enthoben, wenn sich die erlangten Gegenstände abgesondert bei ihm befinden. Durch eine nachträgliche Zusendung des Erlangten an den Auftraggeber kann sich diese Gefahrentlastung nicht mehr ändern. Doch zählt die Zusendung im Regelfall nicht mehr zu den Pflichten des Beauftragten; nur im Hinblick auf erlangtes Geld ist im allgemeinen anzunehmen, daß der Beauftragte die Zusendung auf Kosten und Gefahr des Auftraggebers veranlassen muß. Die Herausgabepflicht des § 667 BGB ist deshalb grundsätzlich als Holschuld anzusehen[129b]).

Beim BGB-Auftrag tritt die Erfüllung also bereits mit dem Abschluß des Ausführungsgeschäfts ein. Verletzt der Beauftragte Weisungen, welche die Herausgabe des Erlangten, also lediglich die Abwicklung des ausgeführten Auftrages regeln, so löst das nur Schadensersatzansprüche aus § 280 BGB oder aus positiver Forderungsverletzung aus. Eine Zurückweisung „des Geschäfts" ist nicht mehr möglich.

3. a) An dieser mandatsrechtlichen Konstruktion orientiert sich auch die reguläre (also nicht die im Wege des Selbsteintritts ausgeführte) Geschäftsbesorgungskommission. Nach der gesetzlichen Konzeption stehen — vorbehaltlich abweichender Vereinbarung — im Synallagma nur einerseits die Pflicht des Kommissionärs zum Abschluß des aufgetragenen Geschäfts und andererseits die Provisionspflicht des Kommittenten. Die Herausgabe des aus der Geschäftsbesorgung Erlangten (§§ 384 Abs. 2 HGB, 667 BGB) wird nur als Abwicklungsgeschäft nach Erfüllung der Kommission verstanden[130]). Bei dieser Sicht ist, zumal da § 385 HGB nur allgemeines Mandatsrecht fixiert,

129) Heute ganz herrschende Meinung, *BGHZ* 28, 123, 128; *LG Hamburg* MDR 1951, 557 f., s. auch *RGZ* 117, 127, 129 f. und jetzt insbesondere *Coing*, JZ 1970, 245 f. sowie *Achilles-Greiff*, BGB, 21. Aufl. 1958, § 667 A. 5; *Soergel-Mühl* (o. A. 3) § 667 A. 14; *Erman-Hauß* (o. A. 3) § 667 A. 5; *Palandt-Thomas* (o. A. 3) § 667 A. 3 a; *Larenz*, SchR II § 56 II S. 261 A. 1; schließlich (für Geld, das zur Ausführung gegeben wurde) *BGH* WPM 1969, 26 f. Anders freilich noch *OLG Nürnberg* NJW 1949, 111; *Staudinger-Werner*, BGB, 10./11. Aufl. 1967, § 270 A. 1.

129a) *BGHZ* 28, 123, 128, dort auch zum Folgenden; dagegen *Staudinger-Werner* (o. A. 129).

129b) *LG Hamburg* MDR 1951, 557 f.; *Achilles-Greiff* (o. A. 129); s. auch *BGHZ* 28,123,129.

130) *Denkschrift* (o. A. 21) 233, 241 f.; ebenso *RGZ* 105, 126, 128 (wenngleich zu Surrogaten; s. auch *RGZ* 82, 400, 403 zum Aufwendungsersatz); *Koenige*, HGB, 2. Aufl. 1929, § 383 A. 5, § 384 A. 7, § 396 A. 2; *RGRK-Ratz*, § 384 A. 28, 31, § 396 A. 2, § 396 A. 11; *Staudinger-Kaduk*, BGB, 10./11. Aufl. 1967, § 320 A. 1 und (den angeführten Normen zufolge) *Heymann-Kötter*, § 384 A. 5.

das Zurückweisungsrecht bei einer Verletzung abwicklungsregelnder Weisungen ausgeschlossen. Doch soll nach einer weitverbreiteten Ansicht die Herausgabe eine Hauptpflicht des Kommissionärs darstellen[131]). Da eine Erfüllung dann erst mit dem Vollzug der Herausgabe eintritt, wäre nach dieser Lehre eine Zurückweisung des Ausführungsgeschäfts nach § 385 HGB auch dann noch für möglich zu halten, wenn der Kommissionär eine Weisung verletzt, welche die Herausgabe des erlangten Gutes regelt[131a]). Aber das stößt auf Bedenken.

Die Qualifizierung der Herausgabe (§ 384 Abs. 2 HGB) als Hauptverbindlichkeit entspricht nicht der Konzeption des Gesetzes (b); die zu ihren Gunsten angeführten Argumente erscheinen nicht beweiskräftig und die durch sie erreichten Vorteile lassen sich unter Vermeidung ihrer Schwächen durchsichtiger auf andere Weise begründen (c, d). Zudem würde diese Betrachtungsweise zu einer unangmessenen Risikoverlagerung im Bereiche des Zurückweisungsrechts führen, die Spekulationen des Kommittenten auf dem Rücken des Kommissionärs ermöglicht (4).

b) Daß das Gesetz von der mandatsrechtlichen Konstruktion ausgeht, die Herausgabe also lediglich als Abwicklungspflicht versteht, wird in der *Denkschrift* (o. A. 130) deutlich zum Ausdruck gebracht; auch werden die Pflichten des § 384 HGB dort als solche des „allgemeinen Auftragsrechts" gekennzeichnet[131b]). Dies entsprach der Konzeption des Art. 361 ADHGB, dem § 384 HGB nachgeformt ist. Auch das ADHGB wollte insoweit nur die „allgemeinen Bestimmungen über das Mandat" wiederholen[132]). Freilich schließt all dies nicht aus, in Abkehr von den Motiven die Herausgabepflicht des § 384 Abs. 2 HGB als Hauptverbindlichkeit anzusehen. Denn die gesetzgeberische Grundvorstellung hat in den Vorschriften des HGB keinen so eindeutigen Niederschlag gefunden, daß eine abweichende Betrachtung schlechthin ausgeschlossen wäre. Für eine solche abweichende Betrachtung müßten aber immerhin gewichtige Gründe sprechen. Daran dürfte es jedoch fehlen.

c) Zugunsten des Hauptpflichtcharakters der Herausgabe werden insbesondere zwei Gesichtspunkte angeführt. Zunächst: wirtschaftlich gesehen komme es dem Kommissionär gerade entscheidend darauf an, das Ergebnis des Ausführungsgeschäfts zu erlangen[133]). Sodann: bei dieser Betrachtung sei es möglich, die Herausgabepflicht in das Synallagma einzubeziehen, also die §§ 320 ff. BGB auf sie anzuwenden. Diese Konsequenz wird von einer weitverbreiteten Meinung gezogen, die folglich in das Gegenseitigkeitsverhältnis einerseits die Pflicht des Kommittenten auf Entrichtung der Provision (§ 396 HGB) stellt und andererseits die Pflichten des Kommissionärs

---

131) *Dür.-Lehmann,* § 384 A. 68 (S. 725: „geradezu die typische Hauptverpflichtung des Kommissionärs"); *Schmidt-Rimpler* 848 f. Weitere Nachweise u. A. 133, 134.

131a) Vgl. die o. A. 127 angeführten Autoren.

131b) Dazu s. o. B II nach A. 21. Kennzeichnend ist der Vorwurf von *Ritter* (o. A. 6) § 384 A. 7, das Gesetz bringe den Hauptpflichtcharakter der Herausgabe „fehlerhafterweise" nicht zum Ausdruck.

132) Preuß. Entwurf (o. A. 18); *v. Hahn* (o. A. 19) Art 361 ADHGB § 1.

133) *Makower,* § 383 A. XI f. 3 S. 1347; *Schmidt-Rimpler* 848 f.; *Dür.-Lehmann* (o. A. 131); *Ritter* (o. A. 6) § 383 A. 8 a.

auf Abschluß des Ausführungsgeschäfts und (zusätzlich) auf Herausgabe des Erlangten[134]).

Gegen diese Lehre ist jedoch geltend zu machen, daß sie schon im Ansatzpunkt die Rechtslage vornehmlich aus der Sicht des Kommittenten sieht. Dabei schwächt sie die Rolle des Kommissionärs als eines Geschäftsbesorgers, als eines „Mittelsmannes", für den Regelfall zu stark ab und drängt ihn zu sehr in die Nähe eines Verkäufers[135]). Daß der Kommittent vor allem daran interessiert ist, das aus dem Ausführungsgeschäft Erlangte zu erhalten, ist nicht zu bestreiten, ändert an der Stellung des Kommissionärs aber nichts. Denn wenn der Kommittent dieses Interesse voll gewahrt wissen will, dann muß er selbst „auf den Markt gehen" und sich seinen Verkäufer suchen. Fehlen ihm jedoch die Kenntnisse über den Markt oder die Möglichkeiten, daran teilzunehmen, und wendet er sich deshalb an einen „mittelbaren Stellvertreter", den Kommissionär, so rechtfertigt es sein Interesse, das Erlangte zu erhalten, noch nicht, diesen Geschäftsbesorger gegen dessen Willen ähnlich einem Verkäufer zu behandeln. Nur wenn der Geschäftsbesorger diese Rolle übernehmen will, was er durch den Selbsteintritt zum Ausdruck bringt, ist es gerechtfertigt, ihn zugleich die Stellung eines Verkäufers erlangen zu lassen. Es hat deshalb auch nichts Unbefriedigendes, daß der Selbsteintritt (§§ 400 f. HGB) eine erhebliche Veränderung des Rechtsverhältnisses auslöst und dazu führt, nunmehr die §§ 320 ff. BGB auf die Pflicht zur Lieferung (nicht zur Herausgabe) anzuwenden[135a]).

---

134) Dabei wird vielfach auch die Pflicht des Kommittenten, die Aufwendungen zu ersetzen (§§ 396 Abs. 2 HGB, 670 BGB), als synallagmatisch angesehen. — Für die Einbeziehung der Herausgabe in das Synallagma s. *RGZ* 53, 363, 371 (ebenso zum Anspruch auf Aufwendungsersatz); *Makower*, o. A. 133 und § 384 VI f. S. 1363; *Weidmann* (o. A. 74) 231; *Koenige-Teichmann-Koehler*, HGB, 4. Aufl. 1936, § 384 A. 7; *Schl.-Hefermehl*, § 384 A. 38 ff. (die allerdings A. 32 den Schadensersatz aus §§ 280, 667 BGB herleiten); *Baumbach-Duden* (o. A. 6) § 384 A. 4 C; *RGRK-BGB-Wilde*, 11. Aufl. 1960, § 320 BGB A. 4 sowie (zugleich unter Einbeziehung des Anspruchs auf Aufwendungsersatz) *Dür.-Lehmann*, § 384 A. 68, 69 und (einschränkend) *Schmidt-Rimpler* 846 ff., 852 ff; *Ritter* (o. A. 6) § 383 A. 8a, § 384 A. 7. — Dabei kommt *Schmidt-Rimpler* das Verdienst zu, die Problematik in tiefdringender Weise analysiert zu haben. Er legt das Schwergewicht darauf, daß der Kommittent das *Ergebnis* des Ausführungsgeschäfts erlangen und nur dafür, nicht aber für den bloßen Anspruch auf Übertragung seinerseits (i. S. des Synallagmas) „etwas aufopfern" wolle. Gegenleistung für die Provision sei deshalb die Herausgabe des Erlangten zusammen mit der Abschlußtätigkeit, die deren Grundlage bilde. Der Aufwendungsersatz sei hierbei eine Modalität des Synallagmas; er sei zwar nicht die Gegenleistung für die Abschlußtätigkeit, doch modifiziere er die Herausgabepflicht in der Weise, daß das Erlangte nur „abzüglich seiner Aufwendungen" auszukehren sei. Insofern bestehe ein „Sondersynallagma" (S. 855, ausführlich 849) zwischen dem Aufwendungsersatz und (nur) dem Herausgabeanspruch. — Doch s. dazu im Text.

135) Was freilich unter dem Vorbehalt stehen muß, daß diese „Rollenverteilung" in den verschiedenen Branchen der Kommission unterschiedliches Gewicht hat.

135a) *RGRK-Ratz*, § 384 A. 31, § 400 A. 3, zugleich gegen *Dür.-Lehmann*, § 384 A. 68 (S. 724). Gegen Spekulationen des Kommissionärs ist der Kommittent auch bei einem Selbsteintritt geschützt, weil sich dadurch an der Interessenwahrungspflicht des Kommissionärs (§ 384 Abs. 1 HGB) nichts ändert.

d) Aber auch die Anwendbarkeit der §§ 320 ff. BGB auf die Herausgabepflicht bringt insgesamt besehen mehr Nachteile und Schwierigkeiten mit sich als Vorteile; sie macht ein Abgehen von der mandatsrechtlichen Konstruktion deshalb nicht erforderlich. Wir beschränken uns auf die wichtigsten Gesichtspunkte.

Ob ein Zurückbehaltungsrecht des Kommissionärs hinsichtlich des Gutes oder des Kommittenten hinsichtlich der Provision aus § 320 BGB oder aus § 273 BGB hergeleitet wird, hat (zumal angesichts des § 369 HGB) kein entscheidendes Gewicht. Wesentlicher ist dagegen die Frage nach der Anwendbarkeit des § 323 BGB: Verliert der Kommissionär seinen Anspruch auf die Provision, wenn das Erlangte durch Zufall untergeht? Wenn man die Herausgabe als Hauptpflicht ansieht, ist diese Konsequenz geboten[136]). Doch bestimmt § 396 Abs. 1 S. 1 HGB, daß der Kommissionär die Provision fordern kann, „wenn das Geschäft zur Ausführung gekommen ist". Zwar machen Düringer-Lehmann (§ 384 A. 68) geltend, der Wortlaut dieser Vorschrift belege, daß die Herausgabe im Synallagma stehe, daß der bloße Abschluß zur Erfüllung und damit zum Entstehen des Gegenanspruchs auf die Provision nicht genüge. Einleuchtender ist jedoch das umgekehrte Argument: Gerade weil schon mit dem ordnungsgemäßen Abschluß des Ausführungsgeschäfts erfüllt, der Provisionsanspruch also schon entstanden ist[137]), bedurfte es hier einer Sondervorschrift, um ihn bis zur Ausführung aufschiebend zu bedingen. Die Vorschrift wäre weithin entbehrlich, wenn die Herausgabe eine Hauptpflicht darstellen würde. Der unscharfe Ausdruck „zur Ausführung gekommen", der bewußt aus Art. 371 Abs. 2 ADHGB übernommen worden ist, damit dem Einzelfall Rechnung getragen werden kann, wird von der herrschenden Meinung zu Recht dahin verstanden, daß im Normalfall der Dritte die ihm aufgrund des Ausführungsgeschäfts obliegende Leistung erbracht haben muß[138]). Damit spitzt sich die Frage der Anwendbarkeit des § 323 BGB auf den Herausgabeanspruch im wesentlichen darauf zu, ob der Kommissionär seinen Anspruch auf die Provision dann noch verliert, wenn das vom Dritten an ihn geleistete Gut durch Zufall bei ihm untergeht,

---

136) Doch wäre bei einer Versendung durch den Kommissionär an den Kommittenten im Regelfall zumindest § 447 BGB analog als Sondervorschrift zu § 323 BGB anzuwenden; Näheres u. bei A. 143. So wird auch allgemein angenommen, die Versendung erfolge grundsätzlich auf Kosten und Gefahr des Kommittenten, *RGRK-Ratz,* § 384 A. 30 sowie (zum ADHGB) *RGZ* 20, 112, 113 f. (betr. Wechsel über den Verkaufserlös) und bereits *ROHG* 1, 76, 84. Auch diejenigen, die die Herausgabe als Hauptpflicht ansehen, teilen diese Annahme, *Makower,* § 384 V c, S. 1362; *Schmidt-Rimpler* 690 m.w.N. A. 57; *Dür.-Lehmann,* § 384 A. 67; *Ritter,* § 384 A. 7; *Baumbach-Duden,* § 384 A. 4 C.

137) Nur ist er durch die Ausführung aufschiebend bedingt; so *Heymann-Kötter,* § 396 A. 2 und (auf dem Boden der Lehre von der Hauptpflichtnatur der Herausgabe) *Ritter* § 396 A. 3; *Schl.-Hefermehl,* § 396 A. 5, 6. Anders (und auf der Grundlage der „Synallagma-Lehre" konsequenter) *Makower,* § 396 A. I a 1; *Dür.-Lehmann,* § 396 A. 5 (erst Ausführung begründet den Anspruch); so wohl auch *Baumbach-Duden,* § 396 A. 1 B („verdient bei Ausführung").

138) Zur Entstehungsgeschichte s. die *Denkschrift* (o. A. 21) 238 f.; zum Art. 371 ADHGB vgl. die Bemerkung in den (*Lutz*schen) Protokollen der Kommission zur Berathung eines ADHGB, 3 (1858) 1206: „ein Ausdruck von mehr faktischer als juristischer Bedeutung"; s. auch *v. Hahn* (o. A. 19) Art. 371 § 14. — Zur herrschenden Auslegung s. *Schmidt-Rimpler* 797 f. (zugleich zur Entstehungsgeschichte); *Dür.-Lehmann,* § 396 A. 6; *Ritter,* § 396 A. 3; *RGRK-Ratz,* § 396 A. 2, 3; *Schl.-Hefermehl,* § 396 A. 7.

ehe er es an den Kommittenten abgesandt hat (o. A. 136). Schmidt-Rimpler bejaht die Frage[139]), denn es sei ein anderes Problem, ob die Unmöglichkeit der Überführung den Provisionsanspruch (wieder) ausschließe. Dies richte sich nicht nach § 396 HGB, sondern nach allgemeinen Grundsätzen, folglich nach § 323 BGB. Aber das stößt auf Bedenken.

Nach seiner Anlage regelt § 396 HGB den Provisionsanspruch des Kommissionärs in erschöpfender Weise[140]); es erscheint deshalb unstatthaft, die Vorschrift durch eine Anwendung des § 323 BGB nachträglich noch einzuschränken. Dies gilt um so mehr, als sie dann weithin überflüssig wäre. Entsprechendes gilt im Hinblick auf § 396 Abs. 1 Satz 2 2. Halbs. HGB, wonach der Kommissionär die Provision verlangen kann, wenn die Ausführung des von ihm abgeschlossenen Geschäfts nur aus einem in der Person des Kommittenten liegenden Grunde unterblieben ist. Da das „unterblieben" auch ein „unmöglich geworden" einschließt (vgl. § 87 a Abs. 3 HGB), stellt auch diese Vorschrift eine selbständige und umfassendere Sonderregelung — hier gegenüber § 324 BGB — dar. Sie beruht auf der mandatsrechtlichen Konstruktion und enthält den Rechtsgedanken des § 162 Abs. 1 BGB[140a]): Der mit dem Abschluß entstandene, bis zur Ausführung aufschiebend bedingte (o. A. 137) Provisionsanspruch ist durchsetzbar, wenn der Kommittent den Eintritt der Bedingung grundlos vereitelt hat. Sofern der Dritte aber bereits ausgeführt hat, bedarf es des § 324 BGB nicht mehr, weil der nunmehr unbedingt bestehende Provisionsanspruch nicht mehr dadurch hinfällig werden kann, daß der Kommittent dem Kommissionär die Herausgabe in zu vertretender Weise unmöglich macht.

Zudem, und das ist entscheidend, liegt dem § 396 HGB eine Wertung zugrunde, die bei Anwendung des § 323 BGB auf die Herausgabepflicht überspielt werden würde. Die bereits von Art. 371 ADHGB vorgesehene Bindung des Provisionsanspruchs an die Bedingung, daß „das Geschäft zur Ausführung gekommen ist", wurde in den damaligen Kommissionsberatungen insbesondere deshalb befürwortet, weil „sie einen Sporn für den Kommissionär enthalte, das Geschäft auf solider Basis auszuführen"[141]). Das bedeutet, daß man den Provisionsanspruch nur deshalb noch von der Ausführung abhängig gemacht hat, weil man vermeiden wollte, daß der Kommit-

---

139) 798 f., 852; ebenso (wenngleich ohne nähere Abgrenzung gegenüber § 396 HGB) *Ritter*, § 384 A. 7; *Dür.-Lehmann*, § 384 A. 69 a; *Schl.-Hefermehl*, § 384 A. 41. — In *RGZ* 53, 363, 371 hatte sich der Kommissionär die Herausgabe in zu vertretender Weise unmöglich gemacht. — Daß der Anspruch auf Ersatz der Aufwendungen bei einem zufälligen Untergang des Erlangten unberührt bleibt, ist unstreitig.

140) *Dür.-Lehmann*, § 396 A. 15 („Es ist nicht zulässig, daneben noch Bestimmungen des BGB anzuwenden"; doch s. o. A. 139); *Schl.-Hefermehl*, § 396 A. 1.

140a) Der im BGB übrigens durch das Erfordernis „wider Treu und Glauben" eine unangemessene und der rechtshistorischen Erfahrung zuwiderlaufende Einengung erfahren hat, dazu demnächst *Knütel*, Stipulatio poenae (lt. Reg.). — Vgl. auch *Ritter*, § 396 A. 4. — Bei dieser Sicht läßt sich unter die Formulierung des § 396 Abs. 1 S. 2, 2. Halbs. auch der Fall eines zufälligen Unterganges während des Annahmeverzuges des Kommittenten (also die sonst von § 324 Abs. 2 BGB geregelte Situation) subsumieren.

141) *Protokolle* (o. A. 138) 1206; zustimmend aufgegriffen z. B. von *ROHG* 20, 309, 325; *v. Hahn* (o. A. 19) Art. 371 § 13 und (für das HGB) von *Schmidt-Rimpler* 798; *Dür.-Lehmann*, § 396 A. 6 („auch für das neue Recht maßgebend").

tent die Provision auch für den Abschluß mit einem (nicht erkennbar) leistungsunfähigen Dritten bezahlen müßte. Diese „Gefahr" scheidet aber aus, sobald der Dritte seine Leistung erbringt. Zu diesem Zeitpunkt erweist sich endgültig, daß der Kommissionär seine Pflicht zur Hauptsache erfüllt und deshalb die Provision „verdient" hat. Wenn man darüber hinaus den Provisionsanspruch mit Hilfe des § 323 BGB von dem ferneren Schicksal des Gutes, das wirtschaftlich bereits dem Kommittenten zuzurechnen ist, abhängig macht, so wird dem Kommissionär ein Risiko auferlegt, das über den Wortlaut des § 396 HGB hinausgeht, das von den Intentionen des Gesetzgebers nicht gedeckt ist und das ihn, da er Geschäftsbesorger und nicht Verkäufer ist, über Gebühr belastet.

Es zeigt sich, daß die Anwendung der §§ 320 und 324 BGB auf den Herausgabeanspruch nicht nötig ist und daß der § 323 BGB zu Ergebnissen führen würde, denen letztlich nicht gefolgt werden kann. Was den § 325 BGB anlangt, so ist es, wenn der Kommissionär sich die Herausgabe schuldhaft unmöglich macht, für den Schadensersatzanspruch unerheblich, ob er aus § 325 (u. U. mit §§ 323, 281 BGB) oder — aus mandatsrechtlicher Sicht — aus §§ 280, 281 BGB hergeleitet wird. Dagegen würde der Rücktritt aus § 325 BGB dem Kommittenten die unangemessene Möglichkeit verschaffen, seinen Spekulationsschaden auf den Kommissionär abzuwälzen. Darauf wird zurückzukommen sein (u. 4 b a. E.). Anders liegt es bei den Rechten aus § 326 BGB. Sie wären eine wirksame Waffe des Kommittenten gegenüber einem Kommissionär, der die Herausgabe hinauszögert. Hier liegt der einzig relevante Vorteil der synallagmatischen Konstruktion und zugleich die Schwäche der mandatsrechtlichen Konstruktion, nach welcher der Kommittent auf den umständlichen Weg des § 283 BGB verwiesen werden müßte. Aber diese Schwäche läßt sich überwinden, wofür das Zurückweisungsrecht des § 25 DepotG eine besondere Rechtfertigung liefert. Das wird alsbald näher auszuführen sein (u. 5). Doch ist es zweckmäßig, zuvor zu unserer Ausgangsfrage zurückzukehren und für das Zurückweisungsrecht des § 385 HGB ein Zwischenergebnis zu ziehen.

e) Die Frage, ob die Herausgabe eine Hauptpflicht des Kommissionärs darstellt, ist nach alldem zu verneinen. Das Gesetz geht von dieser Vorstellung nicht aus und das Interesse des Kommittenten an der Herausgabe vermag eine solche Qualifizierung allein nicht zu rechtfertigen. Auch erweist sich die bei einer Hauptpflichtnatur der Herausgabe mögliche Anwendbarkeit der §§ 320 ff. BGB insgesamt besehen nicht als vorteilhaft. Denn sie führt, wie sich auch im weiteren noch zeigen wird, zu einer Risikoverlagerung zu Lasten des Kommissionärs, die dessen Stellung als Geschäftsbesorger zu sehr beeinträchtigt. Die Herausgabeverbindlichkeit aus § 384 Abs. 2 HGB ist also — wie die des BGB-Beauftragten aus § 667 BGB — eine bloße Abwicklungspflicht. Die Verletzung von Weisungen, die diese Abwicklungspflicht regeln, rechtfertigt eine Zurückweisung des Geschäfts nicht mehr. Denn nach der Erfüllung scheidet eine Zurückweisung aus. Freilich schließt dieser Grundsatz die Frage nicht aus, ob es nicht „ausnahmsweise" im Kommissionsrecht gerechtfertigt ist, eine Zurückweisung auch dann noch zuzulassen, wenn der Kommissionär zwar zur Hauptsache erfüllt hat, aber eine die Herausgabe regelnde Weisung verletzt. Doch ist — abgesehen vom Verzugsfall (5.) — auch eine solche Ausnahme nicht gerechtfertigt.

4. a) Wie bereits hervorgehoben wurde (E II), bedeutet die Zurückweisung, daß der Auftraggeber (Kommittent) das konkrete Ausführungsgeschäft nicht als Erfüllung gelten lassen will, im übrigen aber am Kommissionsauftrag festhält, also einen erneuten Abschluß zum Erwerb der Ware verlangt. Wer deshalb das Zurückweisungsrecht auf die Verletzung abwicklungsregelnder Weisungen anwendet (o. A. 127), belastet den Kommissionär auch nach einem auftragsgerechten Abschluß noch mit der Leistungsgefahr: Der Kommissionär muß nochmals ausführen und das zunächst abgeschlossene Geschäft auf eigene Rechnung nehmen. Diese Konsequenz widerstreitet den im Kommissionsrecht einschlägigen Gefahrtragungsregeln. Denn wenn der Kommissionär auftragsgerecht abgeschlossen und die Fremdbezogenheit des Geschäfts erkennbar gemacht hat (o. A. 119), dann beschränkt sich seine Herausgabepflicht auf das aus diesem Geschäft Erlangte oder zu Erlangende. Sehen wir auf den für unseren Zusammenhang wichtigsten Fall, die Kommission zum Einkauf von Gattungssachen, so tritt eine gegenständliche Beschränkung der Herausgabepflicht bereits in dem Augenblick ein, in dem der Dritte die Lieferungspflicht, die aus dem für Rechnung des Kommittenten abgeschlossenen Geschäft entspringt, der Konkretisierung zuführt, meist also wenn er die Waren an den Kommissionär absendet[141a]). Im Hinblick auf die Herausgabepflicht des Kommissionärs trägt deshalb schon für diese (erste) Versendung der Kommittent die Gefahr[142]). Hat der Kommissionär jedoch die Beziehung auf den Kommittenten beim Einkauf nicht deutlich werden lassen, etwa wenn er einen größeren Posten eingekauft hat, um zugleich sich selbst einzudecken, dann tritt die Beschränkung jedenfalls in dem Augenblick ein, in dem der Kommissionär aus dem eingetroffenen Gut die für den Kommittenten bestimmte Partie erkennbar absondert, spätestens also mit der Bereitstellung zur Abholung oder zur Versendung[142a]). Insoweit weist die Herausgabepflicht Berührungspunkte mit der Gattungsschuld auf; doch hat sie — ebenso wie die Pflicht aus § 667 BGB — nicht die Rechtsnatur einer Gattungsschuld.

Mit alldem stimmt zusammen, daß die Herausgabe grundsätzlich eine Holschuld ist; Erfüllungsort für diese Pflicht ist im Regelfall der Niederlassungsort des Kommissionärs[143]). Letzteres gilt auch dann, wenn im Einzelfall eine Versendungsnebenabrede ausdrücklich vereinbart oder — was nicht selten ist — aus dem Kommissions-

141a) Vgl. *Dür.-Lehmann*, § 384 A. 65 („die durch den Einkauf spezialisierte Ware").

142) *Schmidt-Rimpler* 790. — Gleiches gilt, wenn der Kommissionär die Ware dem Kommittenten unmittelbar vom Dritten zusenden läßt, *Schmidt-Rimpler* 790 A. 5. — Noch deutlicher wird die Beschränkung auf das gekaufte Gut, wenn der Kommissionär seine Herausgabepflicht dadurch erfüllt, daß er seinen Lieferungsanspruch an den Kommittenten abtritt, was je nach Vertragsgestaltung oder dem Zeitpunkt der Beendigung der Kommission in Betracht kommt.

142a) Davon gehen auch diejenigen aus, die die Herausgabe in das Synallagma einbeziehen (o. A. 134), denn die von ihnen über § 323 BGB gelöste Frage der Vergütungsgefahr (o. A. 139) setzt das voraus.

143) Unbestritten, *RGZ* 112, 81, 82; *Makower*, § 384 V c S. 1362 m. ält. Rspr.; *Schmidt-Rimpler* 690; *Ritter*, § 384 A. 12; *Dür.-Lehmann*, § 384 A. 67; *RGRK-Ratz*, § 384 A. 30; *Schl.-Hefermehl*, § 383 A. 38; *Heymann-Kötter*, § 383 A. 2 (S. 844); *Baumbach-Duden*, § 383 A. 2 C.

vertrag herzuleiten ist. Denn auch eine solche Versendungspflicht macht die Herausgabe nicht etwa zur Gattungsschuld in dem Sinne, daß eine Konkretisierung erst mit Übergabe an die Transportperson eintritt. Vielmehr kann der Kommissionär (beim Kauf eines Gesamtpostens) die „Konkretisierung" schon vorher bewirken, wenn er die Beziehung des Ausführungsgeschäfts und des daraus Erlangten auf den Kommittenten erkennbar macht. Durch die Versendung ändert sich demnach an der Leistungsgefahr nichts mehr.

Damit zeigt sich, daß die Anerkennung eines Zurückweisungsrechts bei der Verletzung von herausgaberegelnden Weisungen darauf hinausläuft, daß der Kommittent die bereits bestehende Beschränkung der Herausgabepflicht nachträglich einseitig auflösen und dem Kommissionär eine Leistungsgefahr zuschieben kann, die dieser nicht mehr trägt. Das wäre singulär. Zwar ist streitig, ob der *Schuldner* (einer echten Gattungsschuld) die einmal eingetretene Konkretisierung einseitig wieder rückgängig machen kann, was die herrschende Meinung verneint[144]). Auch dem Kommissionär wird es im Zweifel nicht gestattet, die (konkretisierten) Stücke auszutauschen, die er aufgrund eines Gattungskaufs für die Rechnung des Kommittenten vom Dritten erlangt hat[145]). Daß aber der Gläubiger eine einmal eingetretene Konkretisierung einseitig aufheben könnte, wird gar nicht erst erwogen. Doch wäre gerade dies in unserem Falle anzunehmen: Der Kommittent als Gläubiger könnte eine spezialisierte Schuld nachträglich in eine Gattungsschuld umwandeln, denn der Kommissionär müßte nach der Zurückweisung nochmals abschließen. Diese Singularität ließe sich nur dann rechtfertigen, wenn sie durch die Interessenlage zwingend geboten wäre. Das ist jedoch nicht der Fall. Im Bereich abwicklungsregelnder Weisungen wäre das Zurückweisungsrecht eine zu scharfe Waffe in der Hand des Kommittenten, denn es würde ihm eine Spekulation auf dem Rücken des Kommissionärs erlauben. Zwar wird gerade umgekehrt der hier vertretenen Ansicht vorgeworfen, sie gebe dem Kommissionär unter Umständen die Möglichkeit, auf Kosten des Kommittenten zu spekulieren[145a]). Doch gegen diese Gefahr ist der Kommittent durch die Interessenwahrungspflicht des Kommissionärs und durch § 405 HGB hinreichend geschützt. Dem Kommittenten hingegen obliegt eine solche Pflicht gegenüber dem Kommissionär nicht.

---

144) Nachweise bei *Medicus*, JuS 1966, 299 A. 16. Doch ist nach herrschender Auffassung dem Gläubiger die Berufung auf die Konkretisierung versagt, wenn die vom Schuldner angebotene Ersatzware sein Interesse in gleicher Weise befriedigt. Dazu kritisch *Medicus* 300 ff. m. w. N. A. 24, der eine Bindung des Schuldners an die Konkretisierung verneint.

145) So *RGZ* 53, 363, 369 f. (270: Sonst „würde das sog. Depotfixen eine unverfängliche Sache sein"); 73, 244, 248 (einschränkend); *Schmidt-Rimpler* 678; *Ritter* § 384 A. 7; *Dür.-Lehmann*, § 384 A. 65; *RGRK-Ratz*, § 383 A. 32; *Schl.-Hefermehl*, § 384 A. 31; *Heymann-Kötter*, § 384 A. 5 (S. 854). Doch werden Einschränkungen (auch bei der Effektenkommission) anerkannt.

145a) *Dür.-Lehmann*, § 384 A. 68 S. 724 u. (zur Ablehnung der mandatsrechtlichen Konstruktion); dagegen *RGRK-Ratz*, § 384 A. 31. — Zu Verzug und Herausgabeverweigerung s. alsbald (u. 5).

b) Ein Beispiel: Der Kommissionär kauft auftragsgemäß aus einer Gattung zum Preise von 100. Kurz nach dem Kauf fällt der Marktpreis unvorhersehbar auf 80. Der Kommittent weist den Kommissionär an, ihm das Gut in bestimmter Weise zuzusenden. Der Kommissionär wählt jedoch eine andere Versendungsart, die sich für das Gut als nachteilig erweist und zu dessen Untergang führt. Hier hat die Abweichung von der die Abwicklung des Ausführungsgeschäfts betreffenden Weisung zur Folge, daß das abgeschlossene Geschäft für den Kommittenten uninteressant wird. Würde man jedoch dem Kommittenten deshalb das Recht zubilligen, das abgeschlossene Geschäft zurückzuweisen, so würde er auf diesem Wege den inzwischen eingetretenen Wertverlust von 20 auf den Kommissionär abwälzen können. Denn nach dem Sinken des Kurses läßt sich ein Neuabschluß zum Preise von 80 herbeiführen. Infolge der Zurückweisung würde der Kommittent das Geschäft zu 100 also auf eigene Rechnung nehmen und folglich auch den Wertverlust von 20 tragen müssen. Das aber wäre nicht gerechtfertigt, denn wirtschaftlich war das nachteilige Geschäft zu 100 seit seinem Abschluß dem Kommittenten zuzurechnen; der Wertverlust von 20 ging also bereits auf Rechnung des Kommittenten, war dessen Risiko. Die nachträgliche Vertragsverletzung des Kommissionärs betraf eine Ware, die nur noch den Wert von 80 hatte, und nur in dieser Höhe kann deshalb eine Haftung des Kommissionärs begründet sein. Statt des Zurückweisungsrechts kommt deshalb für den Kommittenten nur ein Schadensersatzanspruch aus den §§ 384 Abs. 2, 385 Abs. 1 HGB (675, 667, 280 BGB) in Betracht. Anstelle eines Geldersatzes kann der Kommittent bei Gattungssachen auch Neulieferung verlangen (§ 249 S. 1 BGB). Gerade hieran zeigt sich die Unangemessenheit des Zurückweisungsrechts einerseits und die Sachgerechtigkeit des Schadensersatzanspruchs andererseits: Der Kommissionär kann die Ware zum Kurse von 80 beschaffen und damit genau den Schaden ausgleichen, den er dem Kommittenten zugefügt hat. Bei Zubilligung eines Zurückweisungsrechts könnte der Kommittent dagegen Neuvornahme zu 80 verlangen und seinen Spekulationsschaden den Kommissionär tragen lassen.

Letzteres würde auch dann gelten, wenn man dem Kommittenten bei der Verletzung abwicklungsregelnder Weisungen ein Rücktrittsrecht nach § 325 BGB zubilligen würde (o. S. 316). Dies müssen diejenigen für möglich halten, die die Herausgabepflicht in das Synallagma einbeziehen (o. A. 134). Doch spricht auch diese Konsequenz gegen die Sachgerechtigkeit einer solchen Einordnung: Der Kommittent könnte durch einen Rücktritt den ihm zuzurechnenden Wertverlust von 20 auf den Kommissionär abwälzen und sich dann anderweitig zum Preise von 80 eindecken.

c) Gegen die von Düringer-Lehmann und Schlegelberger-Hefermehl vertretene Lehre (o. A. 127, 134), die die Herausgabepflicht als synallagmatische Hauptverbindlichkeit ansieht und — insoweit konsequent — zugleich ein Zurückweisungsrecht anerkennt, wenn Weisungen verletzt werden, welche die Herausgabe regeln, spricht also zweierlei: Erstens, daß die Herausgabe keine im Gegenseitigkeitsverhältnis stehende Pflicht ist (o. V. 3 b—d), und zweitens die Interessenlage, insbesondere die Gefahrenverteilung zwischen Kommissionär und Kommittent. Diesem zweiten Einwand enthoben sind diejenigen, die die Herausgabe zwar in das Synallagma einbeziehen, ein Zurückweisungsrecht jedoch ausschließen, wenn Weisungen nicht befolgt werden, die (nur noch) die Herausgabe regeln[146]). Aber gegen diese Ansicht ist einzuwenden, daß sie das Zurückweisungsrecht des § 385 Abs. 1 HGB als einen besonderen Rechtsbehelf auffassen muß, der nach einer nur „teilweisen Erfüllung" der Hauptpflicht[146a]) nicht mehr geltend gemacht werden

146) So *Makower*, *Schmidt-Rimpler*, *Ritter*, alle o. A. 126 und 134.

146a) So *Schmidt-Rimpler* 852, der die Abschlußleistung als eine Teilerfüllung von Seiten des Kommissionärs ansieht.

kann. § 385 Abs. 1 HGB gewährt nach seinem Zweck und nach seiner Enstehungsgeschichte jedoch keinen Spezialbehelf, sondern spricht für die Kommission lediglich den allgemeinen Rechtsgedanken aus, daß der Gläubiger eine nicht obligationsgerechte Erfüllung nicht hinzunehmen braucht und folglich zurückweisen kann.

Ein dritter Weg wird schließlich von Heymann-Kötter (o. A. 127, 130) beschritten, die die Herausgabepflicht zwar nicht in das Gegenseitigkeitsverhältnis der §§ 320 ff. BGB einbeziehen, aber ein Zurückweisungsrecht auch dann noch anerkennen, wenn Weisungen außer acht gelassen werden, die die Überführung des Erlangten auf den Kommittenten regeln. Doch steht auch dem entgegen, daß die Anwendung des Zurückweisungsrechts bei einer bloßen Abwicklungspflicht den Gefahrtragungsregeln zuwiderläuft und zu interessewidrigen Konsequenzen führt.

d) Demgegenüber liefern die gesetzlichen Regelungen auf der Grundlage der mandatsrechtlichen Konstruktion ein in sich geschlossenes und durchsichtiges Bild[147]): Der Kommissionär hat seine Hauptpflicht mit dem ordnungsgemäßen Abschluß des Ausführungsgeschäfts erfüllt. Hinsichtlich des daraus Erlangten ist er der Leistungsgefahr enthoben. Verletzt er bei der Überführung des Erlangten (abwicklungsregelnde) Weisungen des Kommittenten, so ist dieser auf Schadensersatzansprüche beschränkt. Diese Regelung vermeidet unangemessene Härten für den Kommissionär und gewährleistet im allgemeinen interessegerechte Ergebnisse. In einem Punkte bedarf sie jedoch der Korrektur, und zwar beim Verzuge des Kommissionärs.

5. In dem soeben erörterten Fall ging es darum, daß die Herausgabe nachträglich unmöglich wurde. Der Kommissionär war an sich vertragstreu oder jedenfalls abwicklungsbereit. Eine nachträgliche Zurückweisung oder der Rücktritt aus § 325 BGB würden hier zu unangemessenen Härten für den Kommissionär führen. Qualitativ anders liegt es dagegen im Verzugsfall. Wenn der Kommissionär die Überführung hinauszögert oder gar verweigert, ist der Kommittent durch den Schadensersatzanspruch des § 286 BGB zu wenig gesichert; auch ist der umständliche Weg über § 283 BGB kein hinreichendes Druckmittel, um den Kommissionär zu umgehender Auskehr des Erlangten zu zwingen und damit Spekulationen des Kommissionärs zu Lasten des Kommittenten zu vereiteln. Diese Schwäche der mandatsrechtlichen Konstruktion hat der Gesetzgeber gesehen und für den Bereich der Wertpapiereinkaufskommission, in dem der Auftraggeber den Gefährdungen aus einer verzögerten Abwicklung besonders schwer begegnen kann, in § 25 Abs. 1 DepotG eine Sonderregelung getroffen. Danach ist der Kommittent berechtigt, „das Geschäft als nicht für seine Rechnung abgeschlossen zurückzuweisen und Schadensersatz wegen Nichterfüllung zu beanspruchen", wenn der Kommissionär es unbefugt und in zu vertre-

147) Dies gilt übrigens auch im Hinblick auf das Kündigungsrecht des Kommittenten nach § 649 BGB und für das Wahlrecht des Konkursverwalters nach § 17 KO (bei der regulären Geschäftsbesorgungskommission). Diese Rechte entfallen nach herrschender Meinung bereits mit dem Abschluß des Ausführungsvertrages (vgl. etwa *RGZ* 107, 139. Für den Konkurs s. arg. § 392 Abs. 2 HGB). Das wird ganz überwiegend auch von denjenigen angenommen, die die Herausgabepflicht als eine Hauptverbindlichkeit ansehen (vgl. z. B. *Dür.-Lehmann,* § 383 A. 17, 30, 31; *Schl.-Hefermehl,* § 383 A. 45, 64, 65). Doch ist die Rechtfertigung auf dieser Grundlage von Schwierigkeiten nicht frei.

tender Weise unterläßt, dem Kommittenten binnen der Übersendungsfrist (§ 18 Abs. 1, 2 DepotG) das Stückeverzeichnis zuzusenden, und wenn er dies auch nach einer entsprechenden Aufforderung nicht binnen drei Tagen nachholt. Hier wird eine Zurückweisung also auch dann noch zugelassen, wenn der (möglicherweise völlig einwandfreie) Abschluß des Ausführungsgeschäfts bereits erfolgt ist. Es ist allerdings umstritten, ob bei Vorliegen eines Einzelauftrages die „Zurückweisung" hier wie in § 385 HGB als Ablehnung nur des konkreten Abschlusses bei Fortbestand der Kommission aufzufassen ist — so die herrschende Meinung — oder ob sie einen Rücktritt meint[148]).

Zunächst ist jedoch eine vom Wortlaut her näherliegende dritte Möglichkeit in Betracht zu ziehen: Das kumulative „und" läßt nämlich daran denken, daß der Kommittent die Zurückweisung und das Schadensersatzbegehren nur zusammen geltend machen kann. Auf dem Boden der mandatsrechtlichen Konstruktion wäre das begreiflich. Da durch den Abschluß bereits erfüllt ist, bedarf es einer (außerordentlichen) Zurückweisung, um die Kommission in den Stand der Nichterfüllung zurückzuversetzen und dann aus diesem Umstand den Schadensersatz wegen Nichterfüllung der Kommission herzuleiten. Das würde bedeuten, daß der Kommittent nur dann ein Zurückweisungsrecht hätte, wenn ihm durch den Verzug des Kommissionärs ein Schaden erwachsen ist. Ganz ungerechtfertigt wäre das nicht, denn das Risiko eines Kursverfalls würde dann (wie in dem oben zur Unmöglichkeit erörterten Beispiel) beim Kommittenten verbleiben. Doch zeigt ein Blick in die Motive, daß dem Kommittenten ein umfassenderer Schutz verschafft werden sollte. Die Regelung des § 25 DepotG lehnt sich, wie die *Amtliche Begründung* hervorhebt, an die Verzugsregelung der Artt. 354—356 ADHGB an, wonach der Käufer u. a. alternativ „Schadensersatz wegen Nichterfüllung fordern oder von dem Vertrage abgehen" konnte (Art. 355 ADHGB). Auf diese Rechte nimmt die *Amtliche Begründung*[149]) ausdrücklich Bezug und es ist — zumal in Anbetracht des „erhöhten Schutzes"[149a]), der dem Depotkunden gegenüber einem säumigen Kommissionär verschafft werden sollte — nicht erkennbar, daß das Recht, vom Vertrage abzugehen, verkürzt werden sollte. Der säumige Kommissionär ist daher auch der Gefahr ausgesetzt, daß der Kommittent eine zwischenzeitlich eingetretene Kurseinbuße auf dem Wege der „Zurückweisung" auf ihn abwälzt[150]). § 25 Abs. 1 DepotG ist deshalb in dem Sinne zu verstehen, daß der Kommittent das Geschäft zurückweisen „und gegebenenfalls" Schadensersatz wegen Nichterfüllung verlangen kann.

Ob das Zurückweisungsrecht des § 25 DepotG eine Ablehnung nur des konkreten Abschlusses bei Fortbestand des Kommissionsauftrages vorsieht oder ob es, wofür

---

148) Für einen Rücktritt *Opitz*, DepotG, 2. Aufl. 1955, § 25 A. 3, 4 d, für eine (bloße) Zurückweisung dagegen *RGZ* 65, 177, 182; *Schmidt-Rimpler* 954; *Riesser-Bernstein*, BankdepotG, 5. Aufl. 1928, § 4 A. 6, S. 191; *Quassowski-Schröder*, BankdepotG (1937) § 25 A. 8; *Dür.-Lehmann*, § 406 Anh. I A. 15; *RGRK-Ratz*, § 424 HGB Anh. II A. 168; *Schl.-Hefermehl*, § 383 HGB Anh. A. 62; *Baumbach-Duden*, § 406 Anh. V (zu § 25).

149) *Amtl. Begründung* zum DepotG von 1896 (abgedruckt bei *Opitz* [o. A. 148] 462 ff.) 481 f. zu § 4 DepotG (im Entwurf noch § 5), der nahezu unverändert in den heute gültigen § 25 DepotG von 1937 übernommen wurde (§ 4 DepotG 96 verlangte allerdings ausdrücklich den „Verzug"). — In den Beratungen zu Art. 355 ADHGB wurde übrigens zum Belege dafür, daß das Rücktrittsrecht für den Käufer wichtiger sein kann als der Anspruch auf Schadensersatz wegen Nichterfüllung, ein Beispiel angeführt, das unserem oben erörterten Fall (nachträgliches Sinken des Kurses) entspricht, Protokolle (o. A. 138) 1409 f.; *v. Hahn* (o. A. 19) Art. 355 Fußn. 8.

149a) *Amtl. Begründung* (o. A. 149) 481.

150) *Opitz* (o. A. 148) § 25 A. 3.

die Motive (A. 149) angeführt werden können, einen Rücktritt meint, ist eine Frage von mehr theoretischer als praktischer Art. Immerhin sprechen der Wortlaut und der objektive Sinngehalt mehr für die herrschende Meinung (o. A. 148), also für ein Zurückweisungsrecht, denn Schadensersatz wegen Nichterfüllung und Rücktritt schließen einander gemeinhin aus. Aber auch auf der Grundlage der herrschenden Meinung ist anzunehmen, daß die Zurückweisung regelmäßig zugleich eine Kündigung nach § 649 BGB bzw. § 627 BGB enthält[151]). Denn wenn der Kommissionär sich unwillig zeigt, das Erlangte auf den Kommittenten zu überführen, ist dieser im Regelfalle kaum noch daran interessiert, gerade diesen vertragsuntreuen Kommissionär am Auftrag festzuhalten und von ihm einen Neuabschluß zu verlangen. Man darf deshalb, soweit es um die — sogleich zu erörternde — Verallgemeinerung des in § 25 DepotG enthaltenen Rechtsgedankens geht, annehmen, daß dem Schutzbedürfnis des Kommittenten gegenüber einem säumigen Kommissionär dann Genüge getan ist, wenn ihm das Recht eingeräumt wird, sich noch vom Vertrage zu lösen oder Schadensersatz wegen Nichterfüllung zu verlangen. Der Aufrechterhaltung des Erfüllungsanspruchs unter Zubilligung eines außerordentlichen Zurückweisungsrechts bedarf es daneben nicht.

§ 25 DepotG ist eine Sondervorschrift, die dem Kommittenten ein „weitgehendes Recht" verschafft, das „für den Kommissionär zu unverhältnismäßigen Härten führen" (*Amtl. Begründung*, A. 149) kann, wenn es nicht — wie in § 25 unternommen — in seinen Voraussetzungen und seiner Dauer eingeschränkt wird. Dennoch darf die Regelung als Ausprägung eines allgemeineren Grundgedankens verstanden werden: Das erhöhte Schutzbedürfnis, das für den Kommittenten besteht, wenn der Kommissionär die Überführung (§§ 384 Abs. 2 HGB, 667 BGB) in zu vertretender Weise unterläßt, rechtfertigt es, daß der Kommittent sich ausnahmsweise auch nachträglich noch von einem für ihn getätigten Abschluß lossagen und Schadensersatz wegen Nichterfüllung verlangen kann. Konstruktiv lassen sich diese Rechte, da § 25 DepotG wegen seines engen Zuschnitts auf die Besonderheiten der Wertpapierkommission als zu speziell erscheint, am besten aus einer analogen Anwendung der allgemeinen Verzugsvorschrift des § 326 BGB herleiten[151a]). Durch die Verzugsvoraussetzung und das (bei einer Weigerung des Kommissionärs allerdings entbehrliche) Erfordernis einer angemessenen Nachfrist wird der Kommissionär hinreichend geschützt. Aus einer Analogie zu § 326 und § 325 BGB sind bekanntlich auch für den Bereich der positiven Forderungsverletzung bei gegenseitigen Verträgen die Rechte zum Rücktritt oder auf Schadensersatz wegen Nichterfüllung hergeleitet worden,

---

151) So ausdrücklich *Dür.-Lehmann*, § 406 Anh. I A. 15; ebenso der Fall *RGZ* 65, 177, 182. Offenbar setzt auch *RGZ* 104, 119 ff. aus dieser Sicht Rücktritt und Zurückweisung gleich. Auch die übrigen o. A. 148 zum Beleg für die h. M. angeführten Autoren weisen ausdrücklich auf ein Kündigungsrecht hin. — Zu Rücktritt und Kündigung s. u. G. und auch sogleich.

151a) So auch *Makower*, § 383 A. XI f. 3 S. 1346 (für den Fall, daß man den — von *M.* befürworteten [o. A. 133, 134] — Hauptpflichtcharakter der Herausgabe nicht anerkennen wollte).

die man neuerdings aber auch direkt dem § 242 BGB entnimmt[152]). Eine nach dem Abschluß des Ausführungsgeschäfts grundlos ausgesprochene Weigerung des Kommissionärs, die Abwicklungsverpflichtung zu erfüllen, wäre jedenfalls als eine positive Forderungsverletzung aufzufassen, die wegen der Gefährdung des Vertragszwecks für den Kommittenten ein Festhalten am Vertrage unzumutbar werden ließe und ihn gemäß § 326 BGB analog berechtigen würde, zurückzutreten oder Schadensersatz wegen Nichterfüllung zu verlangen. Ein zu vertretendes Unterlassen der Überführung trotz einer vorangehenden Nachfristsetzung mit Ablehnungsandrohung muß nach dem oben Ausgeführten aber die gleichen Wirkungen auslösen. Demnach ist dem Kommittenten bei der regulären Kommission ausnahmsweise auch nach dem Abschluß des Ausführungsgeschäfts analog § 326 BGB ein Recht zum Rücktritt oder auf Schadensersatz wegen Nichterfüllung noch einzuräumen, wenn der Kommissionär die Überführung verweigert oder trotz Nachfristsetzung mit Ablehnungsandrohung in zu vertretender Weise unterläßt. Der Rücktritt hat zur Folge, daß der Kommissionär das Ausführungsgeschäft auf eigene Rechnung übernehmen muß; Provisions- und Aufwendungsersatzansprüche entfallen. Faßt man die Kommission jedoch als Dienstvertrag auf (o. A. 6), so müßte man, wenn der Kommissionär trotz Mahnung und Nachfristsetzung die Überführung unterläßt, dem Kommittenten das Recht zubilligen, die Kommission aus wichtigem Grund zu kündigen (§§ 626, 628 BGB) und das bereits abgeschlossene Geschäft nachträglich noch zurückzuweisen. Da auch für zurückgewiesene Geschäfte Aufwendungen nicht zu ersetzen sind (u. A. 193), läuft das im wesentlichen auf dasselbe hinaus.

6. Zusammenfassend bleibt festzuhalten, daß auch für die reguläre Geschäftsbesorgungskommission die — zudem vom Gesetzgeber vorausgesetzte — allgemeine mandatsrechtliche Konstruktion maßgeblich ist. Danach ist die Pflicht, das Erlangte auszukehren, eine Abwicklungspflicht, die nicht im Synallagma steht. Es mag sein, daß für den Kommittenten wirtschaftlich die Herausgabe im Vordergrund steht. Aber erstens kontrahiert er mit einem Geschäftsbesorger und nicht mit einem Verkäufer und zweitens gewährleistet die mandatsrechtliche Konstruktion sachgerechtere und durchsichtigere Ergebnisse als die Lehre von der synallagmatischen Natur der Herausgabepflicht. Mit dem Abschluß des Ausführungsgeschäfts hat der Kommissionär infolgedessen seine Hauptpflicht erfüllt; danach scheidet regelmäßig eine Zurückweisung dieses Geschäfts durch den Kommittenten aus[152a]). Nur wenn der Kommissionär die Überführung verweigert oder trotz Verzuges und Nachfristsetzung unterläßt, steht dem Kommittenten gem. § 326 BGB analog auch nachträglich noch das Recht zu, vom Vertrage zurückzutreten oder Schadensersatz wegen Nichterfüllung zu verlangen.

VI. Eine *Abwendung* des Zurückweisungsrechts ist in § 386 Abs. 2 HGB vorgesehen. Danach ist eine Zurückweisung nicht gerechtfertigt, wenn der Kommissionär,

---

152) *RGRK-Wilde* (o. A. 134) Anh. zu § 326 A. 5; *Erman-Battes* (o. A. 81) § 276 A. 99, § 326 A. 67.

152a) Unberührt davon bleibt, daß Geschäfte, die zum Zwecke der Abwicklung zusätzlich abgeschlossen wurden (z. B. über die Zusendung), bei Weisungswidrigkeit zurückgewiesen werden können.

der ein Preislimit nicht eingehalten hat, sich zugleich mit der Ausführungsanzeige zur Deckung des Preisunterschiedes erbietet. Mit Recht wird diese Norm auch auf die übrigen ausgleichsfähigen Auftragswidrigkeiten des Kommissionärs und anderer kaufmännischer Geschäftsbesorger entsprechend angewendet[153]). Da hier — anders als bei den Limitabweichungen — vielfach nicht die Gefahr einer Spekulation des Kommissionärs zu Lasten des Kommittenten besteht, ist es nicht erforderlich, daß die Deckungszusage zugleich mit der Ausführungsanzeige erfolgt. Doch muß sie spätestens unverzüglich nach der Erklärung der Zurückweisung abgegeben werden[154]).

Auch für das BGB wird dieser Grundsatz allgemein anerkannt[155]). Die *Motive* (II S. 536) äußern allerdings das Bedenken, dem Auftraggeber würde damit eine Schenkung aufgedrängt werden können. In der Regel verfängt das aber nicht, denn der zum Ausgleich bereite Beauftragte hat keine Schenkungsabsicht, sondern nur den Willen, die sonst gegebene Schadensersatzpflicht von sich abzuwenden. Auch fehlt es an einer Bereicherung (§ 516 BGB), weil der Beauftragte nur das erlangt, worauf er aus dem Auftrag einen Anspruch hatte[156]). An eine Schenkung ist deshalb nur in seltenen Ausnahmefällen zu denken, etwa bei objektiv nicht einzuhaltendem Limit.

Die Unentschlossenheit des Gesetzgebers, eine dem § 386 Abs. 2 HGB entsprechende Vorschrift in das BGB aufzunehmen, rührt auch daher, daß die Frage im römischen Recht umstritten war. Das einschlägige Quellenmaterial ist sehr problematisch[157]), enthält für unseren Zusammenhang aber keine weiterführenden Argumente. Zugunsten der siegreichen sabinianischen Lehre, die auch bei Ausgleichserbieten eine Zurückweisung (schlechthin?) zuließ, wird als einzige Begründung angeführt, es sei unbillig, daß einerseits der Auftraggeber nicht klagen könne, wenn der Beauftragte dies nicht wolle, und andererseits der Beauftragte die Klage habe, wenn er nur wolle[158]). Das paßt aber nur auf den seltenen Fall, in dem das Einkaufslimit objektiv nicht einzuhalten war[159]) und trägt eine Verallgemeinerung nicht. Zudem ist die Unbilligkeit hier auch nicht in dem mehr formalen Gesichtspunkt zu sehen, wer über die Anspruchsbeziehung entscheidet, sondern darin, daß der Mandatar den Mandanten bei Ausschluß des Zurückweisungsrechts einseitig binden und ihm da-

153) H. M., vgl. *Makower,* § 385 HGB A. II c 2; *Ritter* (o. A. 6) § 385 A. 2 b; *Schmidt-Rimpler* 866; *RGRK-Ratz,* § 385 A. 10 und die Nachweise A. 154. Hauptbeispiel: Bloße Mengenunterschiede.

154) RG SeuffA. 85 Nr. 52 S. 85, 87; *Dür.-Lehmann,* § 385 A. 12; *Schl.-Hefermehl,* § 385 A. 8, anders die A. 153 Genannten. Doch warum soll der Beauftragte nicht zunächst den Weg über die Vertragsänderung versuchen dürfen (o. A. 70)?

155) *RGZ* 57, 392, 394; *St.-Nipperdey,* § 665 BGB A. 24 m. w. N.; *Soergel-Mühl, Erman-Hauß* (beide o. A. 3).

156) *Oertmann* (o. A. 33) § 665 A. 5 b.

157) Gai. 3. 161; D. 17.1.4; Paul. D. 17.1.3.2; Inst. 3.26.8, dazu reiche Lit. bei *Kaser,* Das röm. PrivatR., 2. Aufl. 1971, 580 A. 36.

158) Paul. D. 17.1.3.2. — Die *Motive* 2, 536 gehen vom justinianischen Rechtszustand aus, der auf die prokulianische Lehre (Ausschluß des Zurückweisungsrechts) zugeschnitten war.

159) *Arangio-Ruiz,* Il mandato in diritto rom. (1949) 182.

mit eine Schenkung aufdrängen[160]) oder auf seine Kosten spekulieren könnte[161]). Aber das sind seltene Ausnahmefälle. Es steht nach alldem nichts im Wege, auch im BGB das Zurückweisungsrecht bei rechtzeitigem Ausgleichserbieten des Beauftragten grundsätzlich zu versagen.

VII. Das Zurückweisungsrecht beruht darauf, so läßt sich als *Ergebnis* resümieren, daß der Beauftragte nicht vertragsgerecht und damit nicht erfüllungstauglich leistet. Das gestattet zwei Folgerungen: Erstens ist es für die Zurückweisung nicht erforderlich, daß der Beauftragte schuldhaft von den Weisungen abgewichen ist[162]), denn für die Erfüllungstauglichkeit ist das Vertretenmüssen irrelevant. Zweitens ist die Zurückweisung nur so lange möglich, wie die Erfüllung noch aussteht. Nicht jedes Abgehen von einer Weisung erlaubt daher eine Zurückweisung des Geschäfts; vielmehr ist zu differenzieren. Werden rahmenbestimmende Weisungen verletzt, so wird ein aliud geleistet, das nicht zur Erfüllung führt und vom Auftraggeber deshalb nicht hingenommen werden muß. Verbleibt der Beauftragte dagegen im Rahmen des Auftrages, verletzt er aber innerhalb desselben eine durchführungsbestimmende Weisung — Fälle, die insbesondere beim Anwaltsvertrag wegen dessen weiten Umfangs in Betracht kommen —, so hat das meist eine Schlechtleistung zur Folge. Bei Geschäftsbesorgungswerkverträgen braucht der Auftraggeber auch diese Schlechtleistung nicht als Erfüllung gelten zu lassen. Bei Dienstverträgen, die eine Geschäftsbesorgung zum Gegenstand haben, scheidet eine Zurückweisung dagegen aus, wenn die Dienste bereits erbracht wurden, sei es auch nur schlecht. Hier bleibt dem Auftraggeber nur der Schadensersatzanspruch wegen positiver Forderungsverletzung. Desgleichen entfällt das Zurückweisungsrecht, wenn nach der Erfüllung der Hauptpflicht lediglich abwicklungsregelnde Weisungen verletzt werden. Zu beachten ist hierbei jedoch, daß sich aus den Begriffen der rahmen- und der durchführungsbestimmenden sowie der abwicklungsregelnden Weisung die sachgerechte Lösung nicht herleiten läßt. Die Differenzierung soll lediglich die Abgrenzung der Fälle der Andersleistung von denen der Schlechtleistung veranschaulichen, bei welchen das Zurückweisungsrecht nur eingeschränkt in Geltung steht.

F.

I. Im Falle einer unstatthaften Abweichung von den Weisungen kann der Auftraggeber *Schadensersatz* verlangen. Das folgt bereits aus den allgemeinen Vorschriften, wird von § 385 HGB aber noch ausdrücklich bekräftigt. Da diese Norm jedoch nur allgemein Geltendes festschreiben will, soll sie zunächst zurückstehen.

1. Im einzelnen ist zu differenzieren. Ist der Beauftragte von einer rahmenbestimmenden Weisung abgewichen und eine auftragsgemäße Ausführung nicht mehr möglich, so kann der Auftraggeber das etwa abgeschlossene Geschäft zurückweisen und Schadensersatz wegen Nichterfüllung verlangen[163]), bei den Geschäftsbesor-

160) *Pringsheim*, SZ 72 (1955) 63, 65.
161) *Watson*, Contract of Mandate in Rom. Law (1961) 185 ff., 189.
162) Unstreitig, vgl. etwa *RGRK-Ratz*, § 385 HGB A. 3; *Schl.-Hefermehl*, § 385 HGB A. 10.
163) *RG* LZ 1926, 586, 590.

gungsverträgen des § 675 gemäß § 325 BGB[164]), beim reinen Auftrag nach § 280 BGB. Ist die auftragsgemäße Ausführung dagegen noch möglich, so kann der Auftraggeber, wenn er das weisungswidrig abgeschlossene Geschäft zurückweist, Neuvornahme verlangen und daneben seinen durch die Weisungsverletzung verursachten Verspätungsschaden gemäß § 286 Abs. 1 BGB liquidieren, sofern dessen Voraussetzungen im einzelnen gegeben sind. Hat eine Neuvornahme für ihn infolge der Verzögerung kein Interesse mehr, so folgt der Schadensersatz wegen Nichterfüllung aus § 326 Abs. 2 bzw. § 286 Abs. 2 BGB. Ansonsten kann der Auftraggeber bei weiterhin möglicher weisungsgemäßer Ausführung bei den Geschäftsbesorgungsverträgen auf dem Wege des § 326 Abs. 1 BGB zum Anspruch auf Schadensersatz wegen Nichterfüllung gelangen[165]). Schließlich kann er auch die weisungswidrige Ausführung als Erfüllung hinnehmen und für den aus der Abweichung erwachsenen Schaden Ersatz nach den Grundsätzen der positiven Forderungsverletzung verlangen.

Bei der Verletzung durchführungsbestimmender Weisungen folgt der Schadensersatzanspruch aus dem Gesichtspunkt der positiven Forderungsverletzung[166]). Hat die Abweichung von einer solchen Weisung jedoch zur Folge, daß die Ausführung unmöglich wird, so greifen die Unmöglichkeitsregeln ein.

2. Das für die erwähnten Schadensersatzansprüche erforderliche Verschulden ist im Regelfalle gegeben. Bei der Abweichung von ausdrücklichen Weisungen wird vielfach Vorsatz vorliegen, bei irrtümlicher Annahme einer Abweichungsbefugnis zumeist Fahrlässigkeit[167]). Damit ist vereinbar, daß der Beauftragte auch für solche Schäden haftet, die bei der Abweichung infolge Zufalls eintreten[168]). Denn dies betrifft — bei Vorliegen einer schuldhaften Weisungsverletzung — lediglich den verschuldensunabhängigen Bereich der haftungsausfüllenden Kausalität, in dem allein auf die Adäquanz abzustellen ist.

II. Im Hinblick auf § 385 Abs. 1 HGB ist gegenüber dem Voranstehenden dreierlei hervorzuheben.

1. Zunächst ist es nicht gerechtfertigt, das in § 385 Abs. 1 HGB vorgesehene Recht auf Schadensersatz auf diejenigen Fälle zu beschränken, in denen überhaupt ein — wenn auch weisungswidriges — Geschäft abgeschlossen wurde[169]). Für das Zurückweisungsrecht ist dies Voraussetzung, nicht aber für den Schadensersatzanspruch[170]). Denn auch im Hinblick auf den Schadensersatzanspruch will § 385 Abs. 1 HGB nur die allgemeinen Grundsätze fixieren. Zudem zeigt die Fassung der

---

164) *RGZ* 57, 392, 395; *Oertmann* (o. A. 33) § 665 A. 5 c.

165) Beim reinen Auftrag müßte der Auftraggeber den Weg des § 283 BGB beschreiten.

166) Vgl. *BGH* BB 1956, 771 (s. auch *BGH* VersR. 1968, 792, 794) (bei Abweichung des Architekten von einer Auflage der Baugenehmigung, §§ 675, 665, 276 BGB).

167) Eines Eingehens auf die Vorsatztheorien bedarf es hier nicht.

168) *RGRK-Denecke*, § 665 BGB A. 3; *Soergel-Mühl* (o. A. 3) § 665 A. 11; vgl. auch *St.-Nipperdey*, § 665 A. 22.

169) So jedoch *Makower*, § 385 A. II b; *Schmidt-Rimpler* 868; *ders.*, JW 1932, 2607 f.; *Schl.-Hefermehl*, § 385 A. 4, auch *Dür.-Lehmann*, § 385 A. 2.

170) *RG* Bolze 3 Nr. 619; *RG* JW 1932, 2607, 2608 f.; *RGRK-Ratz*, § 385 A. 1. Auch die Nichtausführung ist weisungswidrig, o. A. 29.

Norm (Semikolon statt „und"), daß Schadensersatz und Zurückweisungsrecht nicht parallel gegeben sein müssen[171]). Doch hat die Frage keine praktische Relevanz. Auch im Hinblick auf den Schadensersatz wegen Nichterfüllung bei weiterhin möglicher Leistung ist sie ohne Bedeutung. Nach der hier abgelehnten Lehre (A. 169) wären mangels eines Abschlusses ohne weiteres die allgemeinen Vorschriften einschlägig, der Schadensersatz also nach § 326 BGB erreichbar. Aber unabhängig davon bietet auch § 385 HGB, solange die Leistung noch möglich ist, Handhabe nur für den Ersatz des Begleitschadens. Bei weiterhin möglicher Leistung läßt sich Schadensersatz wegen Nichterfüllung deshalb nur über § 326 BGB erzielen.

2. Des weiteren ist hervorzuheben, daß sich Art, Inhalt und Umfang des in § 385 Abs. 1 gewährten Schadensersatzes weitgehend nach den allgemeinen Regeln bestimmen[172]). In den Fällen, in denen nach § 385 Abs. 1 HGB ein Schadensersatz in Betracht kommt, läßt sich dieser regelmäßig auch aus den allgemeinen Bestimmungen herleiten[173]). Nur im Hinblick auf die verzögerte Ausführung bestehen Unterschiede. Wenn eine die Leistungszeit regelnde Weisung verletzt wird, so läßt § 385 Abs. 1 HGB einen Schadensersatz zu, ohne daß die Verzugsvoraussetzungen gegeben sein müßten. Wenn z. B. der Kommissionär bei Vertragsabschluß angewiesen wird: „Kaufen Sie umgehend", und wenn er trotzdem erst nach 14 Tagen den schon vorher möglichen Abschluß tätigt, so kann der Kommittent seinen Verzögerungsschaden über § 385 Abs. 1 HGB liquidieren, ohne daß es der weitergehenden Verzugsvoraussetzungen, nämlich der Mahnung, bedürfte. Denn zum „auftragswidrigen" Handeln, das § 385 Abs. 1 HGB schlechthin erfaßt, gehört auch das verspätete Handeln[174]). Insoweit enthält die Norm also eine eigenständige Regelung.

3. Schließlich ist mit der ganz herrschenden Meinung hervorzuheben, daß der Anspruch auf Schadensersatz auch im Falle des § 385 HGB ein — regelmäßig vorliegendes — Verschulden voraussetzt[175]). Denn die Vorschrift will im wesentlichen nur den allgemeinen und damit verschuldensabhängigen Schadensersatz fixieren. Dies übersehen Heymann-Kötter[176]), die annehmen, bei jeder Weisungsverletzung werde das Verschulden unwiderleglich vermutet. Aber eine solche Gleichsetzung ist nicht gerechtfertigt; der Kommissionär kann schuldlos eine Weisung anders verstanden haben, als sie aufzufassen war, oder er kann sich ohne Verschulden für berechtigt gehalten haben, von der Weisung abzuweichen[177]). Zudem beruht diese Ansicht

---

171) Das „Geschäft" meint auch das „etwa abgeschlossene Geschäft", *RGRK-Ratz,* § 385 A. 1.

172) *Schmidt-Rimpler* 868.

173) Vgl. o. A. 22.

174) Zur Weisungswidrigkeit einer verspäteten Ausführung vgl. *RGZ* 53, 363, 372; *RG* Bank-Arch. 23 (1926/27) 304 f.; *Schmidt-Rimpler* 868; *Schl.-Hefermehl,* § 385 HGB A. 4; *RGRK-Ratz,* § 385 HGB A. 2. — Es handelt sich hier um eine positive Vertragsverletzung, die ausnahmsweise nicht von den Verzugsregeln als leges speciales verdrängt wird.

175) *Cosack* (o. A. 58) 183; *Makower,* § 385 HGB A. II c 1; *Schmidt-Rimpler* 868; *Dür.-Lehmann,* § 385 A. 5; *RGRK-Ratz,* § 385 A. 3; *Schl.-Hefermehl,* § 385 A. 5.

176) § 385 HGB A. 2 (S. 858 f.).

177) Vgl. *Dür.-Lehmann,* § 385 A. 5.

auf einer nicht überzeugenden und historisch nicht abgesicherten Einengung des Weisungsbegriffs (o. A. 8). Schließlich ist auch kein innerer Grund dafür ersichtlich, warum im Gegensatz zum Auftrag und zu den anderen Geschäftsbesorgungsverträgen gerade bei Kommission und Spedition die Exkulpationsmöglichkeit bei einer Abweichung von den Weisungen ausgeschlossen sein soll.

G.

I. Wenn der Beauftragte von einer Weisung abweicht, so vermag dieser Umstand allein ein *Rücktrittsrecht* noch nicht auszulösen. Gemeinhin wird aber angenommen, es komme je nach den Auswirkungen der Weisungsverletzung ein Rücktrittsrecht nach den allgemeinen Vorschriften in Betracht: Sei die vertragsmäßige Erfüllung infolge der Abweichung unmöglich geworden, so erwachse es aus § 325 BGB; sei sie dagegen weiterhin möglich, so leite es sich aus § 326 BGB her[178]). Dabei wird allerdings eingeschränkt, daß dies für die entgeltlichen Geschäftsbesorgungsverträge (§ 675 BGB) gelte, nicht aber für den Auftrag. Letzteres zu Recht, denn der Auftrag zählt nicht zu den gegenseitigen Verträgen. Für ihn ist § 671 BGB, der ein jederzeit ausübbares Widerrufs- und auch Kündigungsrecht gewährt, eine abschließende Sonderregelung[179]).

Aber auch bei den entgeltlichen Geschäftsbesorgungen ist das Rücktrittsrecht der §§ 325, 326 BGB nicht allgemein gegeben. Sein Vorzug gegenüber dem hier ebenfalls einschlägigen Kündigungsrecht des Auftraggebers (§ 675 mit §§ 626 ff. bzw. § 649 BGB) wird vor allem darin gesehen, daß der Zurücktretende die vom Beauftragten erbrachten Aufwendungen nicht zu ersetzen habe[180]). Das trifft zu, weil Aufwendungen nicht zu den „empfangenen Leistungen" im Sinne des § 346 Satz 1 BGB gezählt werden können[181]). Aber es ist nur die halbe Wahrheit, denn für geleistete Dienste ist der objektive Wert zu entrichten (§ 346 S. 2 BGB), gleichgültig, ob sie zu einer Bereicherung des Zurückgetretenen geführt haben oder nicht. Es ist deshalb durchaus nicht gesagt, daß der Rücktritt für den Berechtigten in jedem Falle vorteilhafter ist. Um beim Beispiel des Kommissionärs zu bleiben: Soweit es sich hierbei um einen Dienstvertrag handelt (o. A. 6), hätte der Kommittent bei einer rechtzeitigen Kündigung zwar grundsätzlich die Aufwendungen zu erstatten, nicht aber die Provision zu zahlen, weil das Geschäft noch nicht zur Ausführung gekommen ist (§ 396 HGB). Bei einem Rücktritt entfiele dagegen ein Ausgleich der Auf-

---

178) So für die Geschäftsbesorgungsverträge des § 675 BGB: *RGZ* 57, 392, 395 (o. nach A. 87) und unter Berufung darauf *Oertmann* (o. A. 33) § 665 BGB A. 5 c; *RGRK-Denekke*, § 665 A. 3; *St.-Nipperdey*, § 665 A. 25 sowie *Enneccerus-Lehmann* (o. A. 48) § 161 I, 4, S. 685 f.; zum Anwaltsvertrag *LG Dortmund* (o. A. 91); zur Kommission *Schmidt-Rimpler* 851, 854; *Koenige-Teichmann-Koehler* (o. A. 134) § 385 A. 2; *Dür.-Lehmann*, § 383 A. 17, § 385 A. 7; *Schl.-Hefermehl*, § 384 A. 40 (in *RGZ* 158, 326 steht das Gegenteil!), A. 41, § 385 A. 10; s. auch (zum Kreditauftrag) *RG* JW 1912, 910, 911.

179) S. insbes. *Beitzke* (o. A. 6) 39 sowie *St.-Nipperdey*, § 665 BGB A. 25.

180) *Dür.-Lehmann*, *Schl.-Hefermehl* (beide o. A. 178).

181) Vgl. *Erman-H. P. Westermann* (o. A. 80) § 346 BGB A. 7.

wendungen, aber es wäre der objektive Wert der Dienste zu entrichten. Zwar ist nach § 346 S. 2 BGB eine vertragliche Wertfestsetzung maßgeblich. Dazu zählen aber nur Bestimmungen, die einen Maßstab für die Wertermittlung bieten, nicht aber solche, die — wie § 396 HGB — das Entstehen der Gegenleistung regeln[182]), denn diese Vorschriften werden durch den Rücktritt gerade außer Kraft gesetzt.

II. 1. Die undifferenzierte Anwendung des Rücktrittsrechts aus den §§ 325, 326 BGB auf die Geschäftsbesorgungsverträge gründet sich auf die Leitentscheidung *RGZ* 57, 392 ff. aus dem Jahre 1904 (o. A. 178). Inzwischen hat sich jedoch die Erkenntnis durchgesetzt, daß bei in Vollzug gesetzten Dienstverträgen die ex nunc wirkende Kündigung der §§ 626, 627 BGB den jedenfalls wirtschaftlich mit ex tunc-Effekt ausgestatteten Rücktritt verdrängt, und zwar auch bei Dienstverträgen mit selbständig Tätigen[183]). Die Einschränkung des Rücktrittsrechts ist innerlich dadurch gerechtfertigt, daß die Rückabwicklung nach den §§ 346 ff. BGB bei in Vollzug gesetzten Dauerschuldverhältnissen in der Regel nicht den Interessen der Parteien entspricht und wegen der vor allem bei längerer Vertragsdauer bestehenden Durchführungsschwierigkeiten zu unangemessenen Ergebnissen führt[184]). Soweit bei in Vollzug gesetzten Dauerschuldverhältnissen ein Recht zu fristloser Kündigung aus wichtigem Grunde (z. B. §§ 626, 723 BGB) gegeben ist, übernimmt dieses unter Verdrängung des gesetzlichen Rücktritts die Funktion der Vertragsauflösung[185]). Handelt es sich im Rahmen des § 675 BGB also um Dienstverträge, wie etwa beim Anwalts- oder beim Handelsvertretervertrag, so ist das Rücktrittsrecht der §§ 325 f. BGB ausgeschlossen. Der Auftraggeber ist auf die Kündigung beschränkt und muß grundsätzlich die bis dahin erwachsenen Aufwendungen erstatten (§§ 675, 670 BGB) und die geleisteten Dienste vergüten (§ 628 Abs. 1 S. 1 BGB). Doch bestehen weitgehend Sonderregelungen[186]). Daß bei einem Auflösungsverschulden des Geschäftsbesorgers gegen dessen Vergütungs- und Aufwendungsersatzansprüche eine Aufrechnung mit einem Schadensersatzanspruch gem. § 628 Abs. 2 BGB (vgl. § 89 a Abs. 2 HGB) in Betracht kommt, sei nur erwähnt.

2. Hat das Geschäftsbesorgungsverhältnis dagegen werkvertragliche Natur, so ist nach einer Weisungsverletzung unter den Voraussetzungen der §§ 675, 636 BGB oder der §§ 325, 326 BGB auch ein Rücktritt möglich. Beim Werkvertrag greifen die Gründe, die beim Dienstvertrag gegen einen Rücktritt sprechen, nicht durch. Wird dieses Recht ausgeübt, so verliert der Geschäftsbesorger den Vergütungsan-

---

182) Deshalb wäre auch, soweit bei einem unentgeltlichen Vertrag ein vorbehaltener Rücktritt in Betracht kommt, der Wert für die „unentgeltliche" Leistung zu veranschlagen, *Beitzke* (o. A. 6) 22, 39, 44, 50.

183) *RGZ* 92, 158, 159; 105, 167, 169; *RG* SeuffA. 87 Nr. 147 S. 282 f. (Kommissionär, allerdings Dauerbezugsvertrag); *Beitzke* (o. A. 6) 21 ff.; *St.-Nipperdey-Mohnen-Neumann*, § 611 A. 146, § 626 A. 60; *Erman-Battes* (o. A. 81) § 276 A. 103, § 326 A. 5; *Erman-Küchenhoff* (o. A. 101) § 611 A. 137, 140, 151, § 626 A. 2.

184) *BGHZ* 50, 312, 315 (Mietvertrag); *Esser* (o. A. 71) 197.

185) *BGHZ* 50, 312, 315.

186) Vgl. zur Anwaltsgebühr § 32 BRAGO, s. auch § 13 Abs. 4 BRAGO; zum Provisionsanspruch des Handelsvertreters s. §§ 87 Abs. 3, 87 a HGB. Zu den Ansprüchen auf Aufwendungsersatz s. §§ 25 ff. BRAGO, 87 d HGB.

spruch. Für seine vorbereitenden Tätigkeiten kann er, weil diese nicht dem anderen Teil „geleistet“ sind, ebensowenig Ausgleich nach § 346 S. 2 BGB verlangen[187]) wie für seine Aufwendungen. Entscheidet der Auftraggeber sich dagegen für die bis zur Vollendung jederzeit mögliche Kündigung (§ 649 S. 1 BGB), so bleibt er grundsätzlich auf die Vergütung (§ 649 S. 2 BGB) und zum Aufwendungsersatz verpflichtet.

3. Im Rahmen der Geschäftsbesorgungsverträge ist vielfach schwer zu entscheiden und deshalb auch umstritten, ob ein Vertragsverhältnis als Dienst- oder Werkvertrag aufzufassen ist. Das gilt insbesondere für die Kommission (o. A. 6) und die Spedition (o. A. 96). Als Dienstverträge würden sie dem Auftraggeber nur eine Kündigung erlauben, als Werkverträge dagegen auch einen Rücktritt zulassen. Doch bleibt hervorzuheben, daß sich in den wirtschaftlichen Konsequenzen kaum Unterschiede ergeben. Zunächst sind beide Rechte grundsätzlich nur bis zum auftragsgerechten Abschluß des Ausführungsvertrages möglich (o. E. V 3—5). Werden sie ausgeübt, so regelt sich der Provisionsanspruch nach den Sondervorschriften der §§ 396, 409 HGB. Danach ist, gleichgültig ob ein Dienst- oder Werkvertrag vorliegt, vor dem Abschluß des Ausführungsvertrages der Provisionsanspruch noch nicht einmal entstanden[188]). Was dagegen den Anspruch auf Aufwendungsersatz anlangt, so würde er außer beim Rücktritt (o. A. 180) regelmäßig auch bei einer Kündigung entfallen. Denn es geht hier ja darum, daß der Auftraggeber den weisungswidrigen Abschluß zurückweist und, sofern er vom Auftrag abgehen will, damit seine Kündigung verbindet. Für ein mit Recht zurückgewiesenes Geschäft kann der Geschäftsbesorger aber keinen Aufwendungsersatz verlangen[189]).

H.

I. Zur Frage, wie sich die Abweichung von der Weisung auf den *Aufwendungsersatzanspruch* auswirkt, vermitteln die Kommentare kein klares Bild. Nach einer Auffassung kann der Beauftragte Aufwendungen nur in dem Umfang ersetzt verlangen, als sie bei einer den Weisungen entsprechenden Ausführung entstanden wären[190]). Nach einer anderen Ansicht steht dem Beauftragten dagegen nur insoweit ein Ersatzanspruch zu, als sein Handeln durch den Auftrag gedeckt ist[191]). Des weiteren wird schließlich hervorgehoben, der Auftraggeber brauche bei weisungswidriger Ausführung die Aufwendungen überhaupt nicht zu ersetzen[192]). Es besteht jedoch kein Grund, die Frage als streitig zu behandeln, denn die Aussagen betreffen unterschiedliche Fallsituationen.

---

187) *RG* JW 1911, 756 (unvollendetes Bohrloch); *RGRK-Wilde* (o. A. 134) § 346 BGB A. 9; *Soergel-R. Schmidt*, BGB, 10. Aufl. 1967, § 346 A. 3.

188) S. o. bei A. 137. — Ein Rückgriff auf § 628 Abs. 1 BGB scheidet aus.

189) S. sogleich. Vgl. im übrigen zum Aufwendungsersatz §§ 396 Abs. 2, 407 Abs. 2 HGB. Ohne Zurückweisung wären die bis zur Kündigung entstandenen Aufwendungen zu ersetzen, §§ 675, 670 BGB; *Schl.-Hefermehl*, § 396 HGB A. 29.

190) *RGZ* 114, 375, 378 (o. nach A. 90); *Soergel-Mühl* (o. A. 3) § 665 A. 11; *Schl.-Hefermehl*, § 407 HGB A. 18, § 408 A. 17 d (S. 2494), dagegen *St.-Nipperdey* (u. A. 191).

191) *St.-Nipperdey*, § 665 BGB A. 28, dagegen *Mühl* (o. A. 190).

192) *RGZ* 106, 26, 32; *Erman-Hauß* (o. A. 3) § 665 BGB A. 4, vgl. auch *St.-Nipperdey* (A. 191).

Den Grundsatz gibt die letztgenannte Formel (o. A. 192) wieder. Verletzt der Beauftragte eine rahmenbestimmende Weisung und handelt er infolgedessen außerhalb des Auftrags, so erfolgen seine Aufwendungen weder objektiv „zum Zwecke der Ausführung des Auftrags", noch darf der Beauftragte sie subjektiv den Umständen nach für erforderlich halten; der Anspruch aus § 670 BGB entsteht also gar nicht erst. Der Auftraggeber kann das Geschäft als aliud zurückweisen, und es ist gerade eine der wichtigsten Konsequenzen des Zurückweisungsrechts, daß die Aufwendungen für das zurückgewiesene Geschäft nicht ersetzt werden müssen[193]). Weicht der Beauftragte hingegen von einer durchführungsbestimmenden Weisung ab, so handelt er zwar weiterhin im Rahmen des Vertrages, die infolge der Abweichung anfallenden Aufwendungen durfte er aber nicht „den Umständen nach für erforderlich halten". Denn auch hinsichtlich der Aufwendungen muß der Beauftragte in erster Linie den Weisungen des Auftraggebers Rechnung tragen[194]).

Anders liegt es dagegen, wenn der Beauftragte bei teilbaren Geschäften den Auftragsrahmen nur teilweise überschreitet, also beispielsweise 120 statt nur 100 kauft. Hier ist er nur im Hinblick auf die 100 vom Auftrag gedeckt und kann nur im Hinblick auf diese Ersatz seiner Aufwendungen verlangen; andererseits ist dem Auftraggeber insoweit ein Zurückweisungsrecht versagt[195]). Noch anders verhält es sich schließlich, wenn der Beauftragte von einer Weisung abgewichen ist, aber dennoch den vom Auftraggeber angestrebten wirtschaftlichen Erfolg herbeigeführt hat. Der Spediteur, der das Gut per Bahn befördern lassen sollte, hat es beispielsweise auf dem teureren Luftwege an den Bestimmungsort gelangen lassen. Auch hier ist zwar vielfach ein aliud geleistet[196]), das der Auftraggeber zurückweisen kann und für das er infolgedessen die Aufwendungen nicht zu erstatten braucht[197]). Aber das heißt nicht, daß er im Genuß des Beförderungserfolges verbleibt; vielmehr muß er die Kosten tragen, die bei weisungsgemäßer Ausführung entstanden wären. Das läßt sich zwar nicht mehr dem § 670 BGB entnehmen, weil es sich nicht um Aufwendungen handelt, die der Beauftragte den Umständen nach für erforderlich halten durfte[198]). Aber es folgt aus dem Gesichtspunkt der ungerechtfertigten Bereicherung[199]). Die Beförderung ist, da sie vom Auftrag nicht gedeckt wurde, rechtsgrundlos erfolgt; der Auftraggeber ist um die ersparten Aufwendungen bereichert, und zwar ganz konkret um diejenigen Aufwendungen, die er bei weisungsgemäßer Ausführung zu entrichten hätte.

---

193) *Schl.-Hefermehl*, § 385 HGB A. 10 und die Nachweise o. A. 192.

194) *St.-Nipperdey*, § 670 BGB A. 16; *Schmidt-Rimpler* 814.

195) Vgl. *RGRK-Denecke*, § 665 BGB A. 3; *St.-Nipperdey*, § 665 A. 20.

196) Wenn nämlich der Versender eine bestimmte Beförderungsart vorgeschrieben hat.

197) *Schl.-Hefermehl*, § 407 HGB A. 18.

198) Der Gedanke, in den weitergehenden Aufwendungen seien auch die geringeren für die weisungsgemäße Ausführung enthalten, vermöchte hier nicht zu überzeugen. Da Aufwendungen unabhängig vom Erfolgseintritt zu ersetzen sind, müßte der Beauftragte bei ausnahmsweise schuldloser Abweichung immer einen Anspruch auf Ersatz bis zur Höhe der bei weisungsgemäßer Ausführung entstehenden Kosten haben, gleichgültig ob die weisungswidrige Geschäftsführung erfolglos bleibt. Das aber kann nicht rechtens sein.

199) Vgl. *Mormann* (o. A. 88) 461 (zu weisungswidriger Ausführung bei Akkreditiven).

II. Gelegentlich wird angenommen, bei einer Abweichung von den Weisungen könne ein Aufwendungsersatzanspruch nach den Regeln der Geschäftsführung ohne Auftrag in Betracht kommen[200]). Doch das trifft nicht zu. Denn erstens liegen die Voraussetzungen für den Anspruch auf Aufwendungsersatz nach § 683 S. 1 BGB nicht vor; angesichts des mit der Weisung erklärten wirklichen Willens kommt es auf den mutmaßlichen Willen des Geschäftsherrn nicht an[201]). Und zweitens ist der Rückgriff auf die negotiorum gestio bei einer Abweichung von den Weisungen systematisch überhaupt inkorrekt[202]). Ein Abgehen von der Weisung stellt, auch wenn es erheblich ist und der Beauftragte infolgedessen ein aliud erbringt, keine Geschäftsführung ohne Auftrag, sondern eine Verletzung oder eine Nichterfüllung des Auftrages dar[203]). Es kann dann nur darauf ankommen, inwieweit die Verletzung im Einzelfall gerechtfertigt ist. Das aber bestimmt sich nach § 665 BGB, der zwar zumeist gegeben sein wird, wenn bei Fehlen eines Auftrags an eine negotiorum gestio zu denken wäre. Doch ist diese Norm lex specialis gegenüber den Vorschriften der §§ 677 ff. BGB.

III. Sofern die Aufwendungen bereits mit der Vergütung abgegolten werden, was bei Geschäftsbesorgungsverträgen nicht selten ist[204]), stellen sich die soeben erörterten Fragen nicht. In solchen Fällen kann es nur darum gehen, wie sich die Abweichung von einer Weisung auf den Vergütungsanspruch auswirkt. Dafür ist entscheidend, welche Folgen die ungerechtfertigte Abweichung im Einzelfall nach sich zieht. Führt sie zur Nichterfüllung, so entfällt der Anspruch auf die Vergütung; führt sie zur Schlechterfüllung, so ist die Aufrechnung mit einem Schadensersatzanspruch wegen positiver Forderungsverletzung möglich oder auch eine Minderung zu erwägen[205]).

J.

I. Der Auftraggeber kann eine weisungswidrige Ausführung genehmigen[206]). Bei geringfügigen Abweichungen ist in der *Genehmigung* meist eine Annahme als Erfüllung i. S. des § 363 BGB zu sehen[207]). Soweit die Abweichung von der Weisung jedoch zur Folge hat, daß ein aliud erbracht wird, stellt die Genehmigung sich als Einwilligung in einen Schuldabänderungsvertrag i. S. des § 305 BGB (o. A. 70) oder (ausnahmsweise) als Annahme an Erfüllungs Statt (§ 364 Abs. 1 BGB) (o. A. 71)

200) *Schollmeyer*, Das Recht der einz. Schuldverh., 2. Aufl. 1904, 123; *St.-Nipperdey*, § 665 A. 10 a. E., doch s. auch § 677 BGB A. 11.

201) *St.-Nipperdey*, § 681 BGB A. 5, § 683 A. 10 m. w. N., s. auch *Schl.-Hefermehl*, § 384 HGB A. 14; *Heymann-Kötter*, § 384 HGB A. 2.

202) *Esser* (o. A. 36) § 98 II 2 b, S. 315; vgl. auch *Pringsheim* (o. A. 160) 64 f.

203) *Esser* (A. 202); *Hoeniger* (o. A. 57) 298.

204) *St.-Nipperdey*, § 670 BGB A. 15; § 675 A. 17, 56; *Isele*, Geschäftsbesorgung (1935) 123 f.

205) Zur Frage s. o. A. 101.

206) Vorausgesetzt in § 386 Abs. 1 HGB.

207) *Dür.-Lehmann*, § 385 HGB A. 8 denken an eine Abnahme i. S. des § 640 Abs. 2 BGB, was auf das Gleiche hinausläuft (o. A. 117). — § 683 S. 2 BGB ist nicht einschlägig, o. bei A. 201; *Ritter* (o. A. 6) § 384 A. 2 b a. E.

dar. Daraus folgt, daß der Auftraggeber das weisungswidrige Geschäft nicht durch die Genehmigung einseitig an sich ziehen kann. Vielmehr ist er davon abhängig, daß der Beauftragte ein entsprechendes Änderungsangebot macht. Daß es im übrigen grundsätzlich nicht einer Zurückweisung, sondern umgekehrt einer Genehmigung bedarf, wurde bereits hervorgehoben (o. bei A. 75). Ob das Verhalten des Auftraggebers als Genehmigung aufzufassen ist, richtet sich nach allgemeinen Grundsätzen[208]).

II. Die Genehmigung bewirkt den Ausschluß des Zurückweisungs-[209]) und eines eventuellen Rücktrittsrechts. Die Auswirkung auf Schadensersatzansprüche ist hingegen umstritten. Während die einen dem genehmigenden Auftraggeber den Schadensersatz wegen Nichterfüllung schlechthin zu versagen scheinen[210]), lassen die anderen[211]) ihn zu, wenn ein entsprechender Vorbehalt gemacht wird. Schmidt-Rimpler[212]) schließlich verneint den Schadensersatzanspruch in den Ausnahmefällen, in denen sich die Genehmigung als Annahme an Erfüllungs Statt darstelle. Im Regelfall bleibe der Schadensersatzanspruch jedoch erhalten, ohne daß ein Vorbehalt erforderlich sei, weil die Abänderung nur dahin gehe, daß der Auftraggeber das konkrete Geschäft als „für ihn bestimmt" ansehe.

Entscheidend ist, welchen Umfang die Genehmigung im Einzelfall hat. In der Regel bringt sie zum Ausdruck, daß der Auftraggeber aus der Weisungswidrigkeit keine Rechte herleiten und sich mit der Andersleistung zufrieden geben will[213]). Denn die Abänderungsofferte enthält für den Auftraggeber erkennbar regelmäßig nicht bloß den Antrag, der Auftraggeber solle den weisungswidrigen Abschluß gegen sich gelten lassen, sondern das weitergehende Angebot, er solle ihn als Erfüllung hinnehmen. Die uneingeschränkte Genehmigung ist deshalb als Annahme dieses Angebots aufzufassen; für einen Schadensersatzanspruch wegen Nichterfüllung ist danach kein Raum mehr. Der Auftraggeber muß sich deshalb, wenn er diese weitgehende Wirkung vermeiden will, den Schadensersatzanspruch bei der Genehmigungserteilung vorbehalten, worin technisch eine Ablehnung verbunden mit einem neuen Antrag i. S. des § 150 Abs. 2 BGB liegt. Ebenso ist ein Vorbehalt erforderlich, wenn der genehmigende Auftraggeber die durch die Abweichung entstandenen Aufwendungen nicht tragen will (o. A. 71).

---

208) Bejaht z. B. für die Erteilung neuer Weisungen ohne Beanstandung der früheren Schritte (*RGZ* 114, 268, 272; *Erman-Hauß* [o. A. 3] § 665 A. 4) und bei Inanspruchnahme der Vorteile aus dem weisungswidrigen Geschäft, *BGH* VersR 68, 794. Zum Schweigen s. o. bei A. 76.

209) Unstreitig, *Dür.-Lehmann*, § 385 HGB A. 10; *RGRK-Ratz*, § 385 A. 9; *Schl.-Hefermehl* § 385 A. 9.

210) *Koenige-Teichmann-Koehler* (o. A. 134) § 385 A. 2; *Schl.-Hefermehl*, § 385 A. 5; *St.-Nipperdey*, § 665 A. 23.

211) *Dür.-Lehmann*, § 385 A. 10; *RGRK-Ratz*, § 385 A. 9.

212) 896 f., vgl. auch 878 f. Auch *RG* BankArch. 26 (1926/27) 304, 305 hält einen Schadensersatzanspruch trotz vorbehaltlosen „Verzichts" auf das Zurückweisungsrecht weiterhin für möglich.

213) *BGH* VersR 68, 792, 794.

Verfallsbereinigung, nachträglicher Verfall und Unmöglichkeit bei der Vertragsstrafe

von

Privatdozent Dr. Rolf Knütel, Hamburg

A.

I. Vertragsstrafen sind gefährlich. Denn im Vertrauen auf seine Leistungsfähigkeit verspricht der Schuldner leicht eine Strafe für den Fall, daß er nicht oder nicht gehörig leistet. Doch führt das für ihn später oft zu drükkenden Nachteilen, denn die Strafe liegt in ihrer Höhe regelmäßig über dem wirtschaftlichen Wert der Leistung oder des entsprechenden Schadensersatzanspruchs. Und vor allem neigen wirtschaftlich starke Unternehmer

* Archiv für die civilistische Praxis 175 (1975) 44 – 76.

dazu, ihre Kontrahenten durch Vereinbarung erheblicher Vertragsstrafen kräftig unter Druck zu setzen. Vor den „schweren Übertreibungen und Ausschreitungen, zu welchen das Ausbedingen von Konventionalstrafen in erfahrungsgemäß nicht seltenen Fällen mißbraucht" wird, ist schon des öfteren gewarnt worden[1].

Die Vertragsstrafe zählt zum ältesten Instrumentarium des Obligationenrechts, und uralt sind auch die Bestrebungen, ihren Gefahren zu wehren und damit den Schuldner zu schützen. Das zeigt sich heute etwa daran, daß eine Vertragsstrafe grundsätzlich nur verwirkt wird, wenn der Schuldner den Verfallsumstand zu vertreten hat (§ 339 BGB)[2]. Das Schutzbestreben offenbart sich auch in der Vorschrift, daß der Gläubiger prinzipiell nur entweder die Erfüllung oder die auf die Nichterfüllung gesetzte Strafe wählen kann. Zudem wird in einigen Bereichen das Strafversprechen überhaupt für unwirksam erklärt, wie etwa das des Wohnraummieters in § 550a BGB[3]. Doch gibt es neben diesen Sicherungen noch zwei besondere Wege, um dem Schuldner auch dann noch zu helfen, wenn eine wirksam vereinbarte Vertragsstrafe bereits verfallen ist: Man kann die Strafe nachträglich auf einen angemessenen Betrag herabsetzen; man kann es dem Schuldner aber auch gestatten, durch ein nachträgliches Angebot der Leistung die Dinge einseitig wieder „ins Reine zu bringen", den Strafverfall also zu bereinigen, ohne daß es eines Einverständnisses von Seiten des Gläubigers bedürfte[4].

---

[1] In der angeführten Formulierung z. B. in den *Protokollen* z. BGB, Bd. 1 (1897) 783. Vgl. auch *Düringer-Hachenburg-Werner,* HGB, Bd. 4, 3. Aufl. 1932, § 348 A. 22.

[2] Dies nimmt die heute h. M. mit Recht auch für die Zuwiderhandlung gegen eine Unterlassungspflicht (§ 339 S. 2 BGB) an, BGH NJW 1972, 1893ff. m. zust. Anm. *Lindacher* (ebda. 2264); *Larenz,* Lehrbuch d. Schuldrechts, Bd. 1, 10. Aufl. 1970, § 24 II a, S. 276.

[3] Auch kann eine Strafvereinbarung zwar gestattet, aber in ihrer *Höhe* beschränkt sein: § 4 des Gesetzes zur Regelung der Wohnungsvermittlung (Art. 9 des Gesetzes zur Verbesserung des Mietrechts etc. v. 4. 11. 1971, BGBl. 1745) (10 % der Vermittlungsprovision, maximal DM 50.–).

[4] Daß die Parteien einverständlich die Strafverwirkung aufheben können, steht außer Streit. Dies gilt auch dann, wenn die Strafe zugunsten eines Dritten versprochen wurde. Der amüsante leading case hierzu ist eine Entscheidung des pr.ObTrib. aus dem Jahre 1778 (bei: *v. Hymmen,* Beyträge zu der jur. Litteratur in den Pr. Staaten, Bd. 3 ,1779, 38ff.): Eheleute hatten sich in einem Scheidungsvergleich wechselseitig versprochen, einander hinfort nicht zu beleidigen, und für den Zuwiderhandlungsfall eine Strafe von 500 Rtlr. zugunsten der örtlichen Armendirektion vorgesehen. Da der Mann die Frau später in einem Briefe der „dummen Bosheit" zieh, klagte sie auf die Strafe, nahm aber in der Berufungsinstanz, nachdem der Mann für künftige Zuwiderhandlungsfälle die doppelte Strafe gelobt hatte, die Klage zurück. Daraufhin klagte die Armendirektion gegen den Mann. Sie wurde (erst in dritter Instanz) vom ObTrib. abgewiesen, da man „bey erwähntem Versprechen *tacitam conditionem* voraus-

Den ersten Weg hat der BGB-Gesetzgeber nach einigem Zögern beschritten und in § 343 BGB vorgesehen, daß eine unverhältnismäßig hohe Strafe auf Antrag des Schuldners vom Richter auf den angemessenen Betrag herabgesetzt werden kann[5]. Gegenüber dieser Korrekturmöglichkeit ist die Verfallsbereinigung als der historisch ältere Weg, der Vertragsstrafe die Giftzähne zu ziehen, heute in Vergessenheit geraten. Doch wird die Verfallsbereinigung rechtlich durch § 343 BGB keineswegs ausgeschlossen. De facto wirkt sich die Möglichkeit der richterlichen Ermäßigung freilich dahin aus, daß es weniger dringlich erscheint, daneben noch eine Verfallsbereinigung anzuerkennen. Aber auch dies trifft nur teilweise zu. Denn dort, wo das Ermäßigungsrecht ausgeschlossen ist, wie in § 348 HGB oder bei einigen der funktionell verwandten Verfallklauseln (u. VIII), wo es also um Alles oder Nichts geht, bleibt die Verfallsbereinigung der einzige Weg des Schuldnerschutzes, wenn man von den ganz allgemeinen Anrufungen der §§ 138, 242 BGB einmal absieht. Dennoch widmet auch die handelsrechtliche Literatur dem Problem der Verfallsbereinigung keine Aufmerksamkeit[6]. Soweit ersichtlich haben sich überhaupt nur vier Autoren – drei davon in der stark dogmatisch ausgerichteten Frühzeit des BGB – zum Problem geäußert: *Schollmeyer, Pescatore, Siber*[7] und später

---

setzen (müsse), daß der eine Theil auf des andern Bestrafung auch würklich dringe und solche erstreite" (S. 41). Darauf gehen im Vertragsstrafenrecht des ALR die §§ 308 f. I 5 zurück (§ 309: „Der Dritte selbst kann also auf Erlegung der Conventionalstrafe, auch wenn er sie acceptirt hätte, niemals klagen"). Dieses auf die Annahme eines „unechten" Vertrages zugunsten Dritter hinauslaufende Ergebnis ist auch für das geltende Recht zu befürworten, vgl. insbesondere *Dernburg-Engelmann,* Bürgerl. Recht II 1, 4. Aufl. 1909, 268 sowie *Oertmann,* BGB, 5. Aufl. 1928, § 328 A. 3 b γ; *Düringer-Werner* (o.A.1) § 348 A. 6; *Enneccerus-Lehmann,* Schuldrecht, 15. Aufl. 1958, S. 159 A. 1, anders jedoch *Eck,* Vorträge 1 (1903) 329. – Wenn freilich der Dritte den Anspruch auf die Leistung unmittelbar erworben hat, dann steht ihm grundsätzlich auch die diesen Anspruch sichernde Vertragsstrafe zu, RGZ 96, 171, 173.

[5] Ebenso § 4 AbzG. Zur Entstehungsgeschichte des § 343 BGB s. *Pergament,* Konventionalstrafe und Interesse etc. (1896) 99 ff. und neuerdings *Schlechtriem* in: Das Haager Einheitliche Kaufgesetz und das Deutsche Schuldrecht (hrsg. von *Leser* und von *v. Marschall*) (1973) 56 f. Abgesehen vom jetzt allgemein geltenden Erfordernis des Vertretenmüssens (o.A.2) bildet § 343 BGB die wesentlichste Neuerung gegenüber dem gemeinrechtlichen Rechtszustand. Ein Ansatzpunkt findet sich freilich bereits in Lab.-Ulp.D.2.11.9.1, woran das richterliche Mäßigungsrecht bei Teilerfüllung des Art. 1231 Cc anknüpft (*Pergament* 94 ff.), ebenso Art. 1.154 span.Cc und (zusätzlich zum Mäßigungsrecht bei übermäßig hohen Strafen) Art. 1384 ital.Cc.

[6] Abgesehen von einer apodiktischen Ablehnung bei *Düringer-Werner* (o.A.1) § 348 A. 15. – Die dem § 348 HGB zugrunde liegende Wertung, Vollkaufleute wüßten die Tragweite ihres Versprechens richtig zu würdigen, hindert nicht den Rückgriff auf *andere* Möglichkeiten des Schuldnerschutzes bei der Vertragsstrafe. Dies gilt um so mehr, als gerade unter Kaufleuten weit überzogene Vertragsstrafen nicht selten sind, vgl. *Leonhard,* Allg. Schuldrecht d. BGB (1929) 405.

[7] *Schollmeyer,* Recht der Schuldverhältnisse, Bd. 1 (1900) § 340 A. 1 b; *Pesca-*

noch *Werner* im Kommentar von Düringer-Hachenburg (o. A. 6). Sie alle halten es für selbstverständlich, daß der Schuldner durch das nachträgliche Angebot der Leistung den Strafverfall einseitig nicht bereinigen kann. Wertungsgesichtspunkte führt freilich keiner der Autoren an.

II. 1. Wie bereits erwähnt wurde, ist die Verfallsbereinigung gegenüber § 343 BGB das historisch ältere Hilfsmittel. Lenkt man den Blick über das BGB hinaus zurück, so fällt er zunächst auf § 306 I 5 pr. ALR: „Ist die Strafe einmal verwirkt, so kann sie durch spätere Erfüllung des Vertrages nicht mehr abgewendet werden." Aber das ALR verstand die Vertragsstrafe als abschließende Interessefixierung (§ 293 I 5), die den doppelten Betrag des wirklich auszumittelnden Interesses nicht überschreiten durfte (§ 301 I 5). Es hatte folglich ein anderes „Bild" von der Vertragsstrafe als das BGB, und schon deshalb sind seine Regelungen in unserem Zusammenhang als Vorbild wenig geeignet. Demgegenüber lehnt das BGB sich verhältnismäßig eng an die gemeinrechtlichen, also dem römischen Recht entstammenden Regeln zur Vertragsstrafe an. Schaut man aber in die römischen Quellen, so stößt man zwar auf den Satz ‚*semel commissa poena non evanescit*' (Cels.-Ulp.D.4.8.23 pr; u. A.8) – die einmal verwirkte Strafe entfällt nicht mehr. Bei näherem Zusehen wird jedoch deutlich, daß die römischen Juristen diesen Satz erheblich eingeschränkt und dem Strafschuldner eine Verfallsbereinigung weithin ermöglicht haben. Dieses Ziel haben sie auf zweierlei Weise erreicht, entweder durch Interpretation (soweit das Strafversprechen dafür Raum ließ) oder durch Zubilligung einer *exceptio doli*.

Bei der Interpretation zeigen die Juristen eine bemerkenswerte Beweglichkeit, die geradezu widersprüchlich anmutet: Wenn der Schuldner die Leistung nachträglich noch anbietet, stellen sie sich auf den Standpunkt, der zunächst zu bejahende Verfall sei doch noch nicht eingetreten. Erfinder dieser *flexiblen Interpretation* ist Celsus d. J. (Konsul 129 n. Chr.), der gemeinhin als der originellste Kopf der römischen Jurisprudenz gilt. Er unterscheidet, wie Ulpian überliefert (D.4.8.21.12–23 pr.)[8], zwischen

tore, Die Wahlschuldverhältnisse (1905) 273, s. auch 275; *Siber*, Krit. Vjschr. 46 (1905) 541 A. 3, 548 f.; *Planck-Siber*, BGB, 4. Aufl. 1914, § 340 A. 1 (S. 445 o.).

[8] Ulp.D.4.8.21.12: *Intra quantum autem temporis, nisi detur quod arbiter iusserit, committatur stipulatio, videndum est. et si quidem dies adiectus non sit, Celsus scribit libro secundo digestorum inesse quoddam modicum tempus: quod ubi praeterierit, poena statim peti potest: et tamen, inquit, et si dederit ante acceptum iudicium, agi ex stipulatu non poterit:* Paul.D.4.8.22: *utique nisi eius interfuerit tunc solvi.* Ulp. D.4.8.23 pr.: *Celsus ait, si arbiter intra kalendas Septembres dari iusserit nec datum erit, licet postea offeratur, attamen semel commissam poenam compromissi non evanescere, quoniam semper verum est intra kalendas datum non esse: sin autem oblatum accepit, poenam petere non potest doli exceptione removendus. contra, ubi dumtaxat dare iussus est.* – Die

Strafversprechen, die einen kalendermäßig bestimmten Termin enthalten oder darauf Bezug nehmen, und solchen, die keine Zeitbestimmung aufweisen. Das wurde insbesondere beim Schiedsvertrag *(compromissum)* wichtig, denn in Rom konnte eine Bindung an den Schiedsspruch nur durch mittelbaren Zwang erreicht werden: Die Parteien versprachen sich wechselseitig Strafen für den Fall, daß sie den Schiedsspruch nicht einhalten. Hatte nun der *arbiter* ohne Zeitangabe verurteilt, so war zunächst die Frage, *wann* das – regelmäßig in der Form der selbständigen Vertragsstrafe abgegebene – Strafversprechen verfiel. Celsus nahm an, der Verurteilte müsse innerhalb eines angemessenen Zeitraums *(modicum tempus)* leisten[9]. Verstreiche diese Frist, so könne die Strafe sogleich eingeklagt werden. Doch folgt eine wichtige Einschränkung: Werde die Leistung bis zur Klagerhebung noch angeboten, so könne aus dem Strafversprechen nicht geklagt werden[10]. Der bereits bejahte Verfall wird dann also wieder geleugnet.

Diese „Widersprüchlichkeit" wird erklärlich, wenn man sich vor Augen hält, daß bei den nicht terminierten Strafzusagen ein Auslegungsspielraum bestand. Auf das Wesentliche reduziert lautet die Strafstipulation: „Versprichst Du für den Fall, daß etwas entgegen dem Schiedsspruch getan oder unterlassen wird, 100 zu zahlen?" Wenn der *arbiter* nun entschied: „Seius soll dem Gaius den Sklaven Pamphilus geben", dann ist dem reinen Wortlaut des Strafversprechens auch dann Genüge getan, wenn der Seius den Sklaven *überhaupt* übergibt. Gemeint ist zwar, daß Seius innerhalb des *modicum tempus* leisten soll. Da davon aber weder im Strafversprechen noch im Schiedsspruch die Rede ist, kann man sich auch nach dem Ablauf dieser Frist noch auf den Standpunkt stellen, gegen den Wortlaut des Strafversprechens sei nicht verstoßen, wenn der Schuldner überhaupt leiste. Das ist jedenfalls so lange möglich, wie die Klage noch nicht erhoben ist, denn der römische Richter legte seiner Entscheidung im allgemeinen den Rechtszustand zugrunde, der im Augenblick der Streitbezeugung *(litis contestatio)*[11] bestand.

Bei dieser nachträglichen Betrachtung, nach der es genügt, wenn bis zur Klagerhebung überhaupt geleistet wird, hat der Gläubiger grundsätzlich nicht die Möglichkeit, die nach Ablauf des *modicum tempus* noch an-

---

Texte sind in allen wesentlichen Punkten echt; ihre inhaltliche Aussage findet eine Bestätigung durch die Parallele bei der *purgatio morae*. Näheres dazu bei *Knütel,* Stipulatio poenae. Studien zur römischen Vertragsstrafe (im Druck) § 18 sowie (zum Problem) §§ 19–23.

[9] Wir würden heute ebenso entscheiden, wenn nicht der Analogie zu § 339 BGB der Vorzug zu geben wäre, vgl. u. A. 69.

[10] Ulp.D.4.8.21.12 i.f. (o.A.8). – *Dederit* meint hier das bloße Angebot.

[11] In etwa mit der heutigen Klagerhebung vergleichbar.

gebotene Leistung zurückzuweisen. Denn dann würde *er* die Nichtleistung bewirken und damit den Eintritt der Verfallsbedingung herbeiführen, und zwar – sofern nicht ausnahmsweise inzwischen sein Interesse weggefallen ist (Paul.D.4.8.22; Gai.D.2.11.8) – in unstatthafter Weise. Wenn aber jemand den ihn begünstigenden Eintritt einer Bedingung in zurechenbarer Weise herbeiführt, dann greift eine zivilrechtliche Fiktion ein, die in § 162 Abs. 2 BGB leicht eingeschränkt auch heute noch anerkannt ist: Die Bedingung gilt als nicht eingetreten. In unserem Falle wäre der Nichteintritt meist sogar als endgültiger Ausfall zu bewerten, weil die Zurückweisung nur den Sinn haben kann, den Strafverfall auszulösen – ohne die Zurückweisung wäre der Schuldner dieser Gefahr für die Zukunft ja mit Sicherheit enthoben gewesen. Doch ist der Gläubiger bei dieser flexiblen Sicht nicht schutzlos. Nach Ablauf des *modicum tempus* kann er ohne weiteres auf die Strafe klagen (*poena statim peti potest*, D.4.8.21.12) und so den Schuldner zur Entscheidung über Erfüllung oder Strafzahlung zwingen. Denn nach der Klagerhebung schied eine Bereinigung wegen der festlegenden Wirkung der *litis contestatio* aus. Und außerdem kann der Gläubiger eine Leistung nach Ablauf des *modicum tempus* immerhin dann zurückweisen und die Strafe verlangen, wenn sein Interesse an der Leistung inzwischen weggefallen ist (Paul.D.4.8.22).

Bei seiner flexiblen Interpretation, die den Beifall der römischen Juristen fand[12], bedient sich Celsus eines „Kunstgriffs": Der „eigentlich" bereits eingetretene Verfall wird dadurch bereinigt, daß man hernach einfach leugnet, daß es überhaupt schon zum Verfall gekommen ist. Die Zwecke dieser flexiblen Auslegung sind deutlich erkennbar: Die Unsicherheiten des nicht fest abgrenzbaren *modicum tempus* sollen ausgeglichen werden, und es soll der Schuldner vor den Folgen der Strafverwirkung geschützt werden. Man baut ihm eine „goldene Brücke", indem man ihm die Möglichkeit eröffnet, den Verfall zu bereinigen.

2. Wenn der römische Schiedsrichter dagegen in sein Urteil eine Zeitbestimmung („Leistung bis zum 1. September") aufgenommen hatte, war für die flexible Interpretation kein Raum. Nach dem fruchtlosen Verstreichen der Frist stand der Verfall fest: ein nachträgliches Angebot konnte daran nichts mehr ändern[13]. Erst in diesem Zusammenhang taucht deshalb der Satz auf ‚*semel commissa poena non evanescit*' (o.A.8). Aber die Römer haben ihm – wie auch anderen Regeln – wenig Verbindlichkeit

[12] Näheres bei *Knütel* (o.A.8).

[13] Nur wenn der Gläubiger die verspätet angebotene Leistung noch angenommen hatte, konnte der Schuldner sich gegenüber einer Inanspruchnahme aus der Strafstipulation mit der *exc. doli* schützen, Cels.-Ulp.D.4.8.23 pr. (o.A.8), dazu *Wacke*, SavZ. Rom. Abtlg. 91 (1974) 269 und *Knütel* (o.A.8) §§ 18 II 1, 22 III 1. Vgl. auch § 307 I 5 preuß. ALR.

beigemessen und eine Verfallsbereinigung bisweilen vermittels der honorarrechtlichen *exceptio doli* sogar dann anerkannt, wenn das Strafversprechen dem eindeutigen Wortlaut nach verfallen war. In diesen Fällen erscheint es regelmäßig aus einem besonderen, gelegentlich etwas gesucht wirkenden[14] Grunde unbillig, daß der Gläubiger die verfallene Strafe einklagt, obgleich der Schuldner sich nachträglich noch pflichtenkonform verhalten hatte und das Gläubigerinteresse gewahrt blieb. Doch braucht das hier nicht vertieft zu werden. Denn sicher ist: Die römischen Juristen haben die einseitige Verfallsbereinigung im Rahmen des irgend Möglichen begünstigt und dabei selbst eine widersprüchlich anmutende Auslegung in Kauf genommen.

III. Die Beobachtungen zur römischen Praxis der Verfallsbereinigung sind um so bemerkenswerter, als das römische Schuldrecht sonst im allgemeinen eher gläubigerfreundliche Züge aufweist. Und um so überraschender ist es, daß nach dem BGB, das ja wenigstens mit dem berühmten „Tropfen sozialen Öls“[15] gesalbt ist, eine Verfallsbereinigung nicht möglich sein soll. Aber das bedarf der Überprüfung. Hierbei ist zunächst und vor allem auf die *echte* (oder akzessorische) Vertragsstrafe zu sehen, und zwar diejenige, die für den Fall der *Nichterfüllung* einer bereits bestehenden Verbindlichkeit versprochen wird[16]. Die für den Fall der nicht gehörigen Erfüllung zugesagten Strafen (§ 341 BGB) sind auszuscheiden, weil sie Begleitschäden pauschalieren, die gerade durch das Faktum der nicht gehörigen, insbesondere der nicht rechtzeitigen Leistung erwachsen und durch eine nachträgliche korrekte Leistung nicht mehr ausgeglichen werden können. Das wird auch durch § 341 Abs. 3 BGB bestätigt, aus dem folgt, daß bei der Schlechterfüllungsstrafe jedenfalls das bloße Angebot nicht zu einer Bereinigung führt[17]. Desgleichen bleiben hier diejenigen Strafen außer Betracht, die Unterlassungspflichten sichern. Während nämlich eine nicht rechtzeitig vorgenommene Handlung regelmäßig, also abgesehen von den Unmöglichkeitsfällen, noch nachgeholt werden kann, läßt sich der Verstoß gegen eine Unterlassungspflicht durch nachträgliches Wohlverhal-

[14] Ein deutliches Beispiel bietet Paul.D.21.2.35: *Exceptio doli* gegen die Klage aus der *stipulatio duplae*, wenn „nur“ ein Pfandgläubiger evinziert hatte. Denn dessen (von vornherein ablösbare) Eviktion konnte durch die nachträgliche Forderungstilgung von Seiten des Verkäufer/Strafschuldners gebrochen werden. Näheres in *meiner* o.A.8 angeführten Schrift (§ 19 III).

[15] Dazu *Wieacker*, Privatrechtsgeschichte der Neuzeit, 2. Aufl. 1967, 470 m.A.7, vgl. auch 480 f.

[16] Beispiel: Ein Fabrikant verspricht für den Fall, daß er die bestellte Maschine (Wert DM 8000.–) nicht bis zum 1. März liefert, eine Strafe in Höhe von 10 000.–. Die Maschine wird am 10. März geliefert.

[17] Vgl. RGZ 94, 203, 206 f. sowie BGHZ 33, 236, 238; BGH DB 1971, 714. Für das römische Recht s. Pomp.D.45.1.5.3 a (Zinsen); *Knütel* (o.A.8) § 21 III.

ten zumeist nicht mehr rückgängig machen. Die schuldhafte Zuwiderhandlung löst hier eine (zumindest teilweise) Unmöglichkeit aus, so daß bereits ein Anspruch auf Schadensersatz entsteht, als dessen Mindestbetrag die Strafe verlangt werden kann (§ 340 Abs. 2 BGB)[18].

Weiter ist zur Verfallsbereinigung von Anfang an klarzustellen: Der von den Römern beschrittene Weg der flexiblen Interpretation ist uns zumindest bei der echten Vertragsstrafe versperrt. Denn nach heutigem Recht besteht in jedem Falle ein fester Verfallszeitpunkt, auch bei den unbefristeten Verbindlichkeiten. Nach § 339 BGB ist die Strafe verwirkt, wenn der Schuldner in Verzug kommt. Bei nicht terminierten Obligationen wird der Verzug *durch* die Mahnung begründet, wenn der Schuldner auf die Mahnung hin in zu vertretender Weise nicht alsbald leistet (§ 284 BGB)[19]. Daran läßt sich nicht rütteln. Aber daraus folgt noch nicht, daß eine Bereinigung ausgeschlossen ist[20], sondern nur, daß man sich nicht mehr wie Celsus nachträglich noch auf den Standpunkt stellen kann, der Verfall sei gar nicht erst eingetreten. Es bliebe deshalb nur der Weg, sich offen zu einer Verfallsbereinigung zu bekennen. Andererseits bietet im modernen Recht die Vorschrift des § 340 Abs. 1 S. 1 BGB einen Auslegungsspielraum. Dort heißt es: „Hat der Schuldner die Strafe für den Fall versprochen, daß er seine Verbindlichkeit nicht erfüllt, so kann der Gläubiger die verwirkte Strafe statt der Erfüllung verlangen", wohlgemerkt, er *kann* dies tun. Verlangt er die Strafe, so ist die Erfüllung ausgeschlossen (§ 340 Abs. 1 S. 2 BGB); die Pflicht zur Hauptleistung erlischt; eine Bereinigung durch nachträgliches Angebot ist dann nicht mehr möglich.

Was aber rechtens ist, wenn und solange der Gläubiger sich nicht entscheidet, steht nicht ausdrücklich im Gesetz und ist deshalb durch Auslegung zu ermitteln. Als Anknüpfungspunkt bietet die Literatur nur den unerquicklichen Streit, ob es sich im Verhältnis von Hauptforderung und

---

[18] Ausnahmen bestehen, wenn die Unterlassungspflicht den Eintritt eines konkreten Erfolges verhindern soll, z. B. beim Versprechen, eine Sache nicht an einen Dritten zu veräußern. Hier läßt sich die Verletzung der Unterlassungspflicht durch einen Rückerwerb von Seiten des Verpflichteten rückgängig machen, vgl. RGZ 70, 439, 441. Sofern die (erste) Veräußerung das Interesse des Strafgläubigers nicht beeinträchtigt hat, ist – entsprechend dem noch Auszuführenden – eine Verfallsbereinigung anzuerkennen.

[19] Die nicht zweifelsfreie Formulierung ist dahin zu verstehen, daß der Schuldner dann nicht in Verzug kommt, wenn er auf die Mahnung hin alsbald leistet oder – bei einem Hausbau etwa – mit der Leistungshandlung einsetzt. Läßt er es daran jedoch fehlen, kommt er bereits mit dem Zugang der Mahnung im Verzug, vgl. *Leonhard* (o.A.6) 521; *Staudinger-Werner*, BGB, 10./11. Aufl. 1967, § 284 A.28, abweichend *Planck-Silber*, BGB, 4. Aufl. 1914, § 284 A.7a (keine Rückdatierung).

[20] So aber die *Kommissionsvorlage* der (1.) Kommission zur Ausarbeitung des Entwurfs eines bürgerl. Gesetzbuchs, Recht der Schuldverhältnisse 1 (Red. *v. Kübel*) (1882) zu Abschn. I Tit. 2 I 2b (Konventionalstrafe) § 8 (S. 26).

Strafanspruch um eine Wahlschuld, eine Ersetzungsbefugnis *(facultas alternativa)* des Gläubigers oder um eine elektive Konkurrenz handelt. Die erste Annahme ist heute überholt[21]. Die noch herrschende Lehre[22] bejaht eine Ersetzungsbefugnis: Der Gläubiger könne den Strafanspruch an die Stelle des Erfüllungsanspruchs setzen; solange er dies nicht tue, bestehe allein der Erfüllungsanspruch. Danach müßte eine Verfallsbereinigung durch nachträgliches Angebot auf den Erfüllungsanspruch möglich sein. Doch spricht – und das ist ein Kuriosum – keiner von den Befürwortern der *facultas alternativa* diese Konsequenz aus, abgesehen von *Schollmeyer*[23], der sie aber gerade ablehnt. Dagegen nimmt *Siber* (o.A.7) eben diese Konsequenz, weil sie (angeblich) einem praktischen Bedürfnis zuwiderlaufe, zum Anlaß, sich für die dritte heute weitverbreitete Meinung auszusprechen, die der elektiven Konkurrenz[24]: Haupt- und Strafforderung seien zwei selbständige Ansprüche, zwischen denen der Gläubiger wählen könne. Für diese Auffassung spricht, daß das Recht des Gläubigers ab Eintritt der Verfallsbedingung schon zu einem – freilich noch zu aktualisierenden – Anspruch auf die Strafe geworden ist. Des weiteren ist dieser Annahme günstig, daß sie das Konkurrenzverhältnis in § 340 Abs. 1 und Abs. 2 BGB einheitlich beantworten kann[25]: § 340 Abs. 2 S. 2 zeigt, daß eine „Wahl" der Strafe (anders als bei einer *facultas alternativa)* gerade

[21] Sie wurde in den Kommissionsberatungen zunächst zugrunde gelegt, vgl. E I § 420, *Motive* z. BGB, Bd. 2, 2. Aufl. 1896, 276 (Kommissionsvorlage [o.A. 20] § 6 S. 18). Bei der hiernach möglichen Anwendbarkeit des § 264 Abs. 2 BGB (dafür noch *Cosack*, Lehrbuch d. Dt. Bürgerl. Rechts, Bd. 1, 8. Aufl. 1927, 406) müßte eine Verfallsbereinigung bis zum Ablauf der dem Gläubiger zu setzenden Frist ausscheiden.

[22] *Schollmeyer* (o.A.7); *Titze*, Die Unmöglichkeit der Leistung (1900) 144, 159, 195 A. 1; *Gernsheim*, Die Ersetzungsbefugnis etc. (1906) 59 f., 270 f.; *Kreß*, Lehrbuch des Allg. Schuldrechts (1929) 357; *Enneccerus-Lehmann* (o.A.4) S. 43; *RGRK-Nastelski*, BGB, 11. Aufl. 1960, § 262 A.7; *RGRK-Ratz*, HGB, 3. Aufl. 1968, § 348 A. 12, 15; *Rosenthal-Bohnenberg*, BGB, 15. Aufl. 1965; § 262 A. 1; *Arwed Blomeyer*, Allg. Schuldrecht, 4. Aufl. 1969, § 11 II, S. 49; *Heymann-Kötter*, HGB, 21. Aufl. 1971, § 348 A. 1; *Fikentscher*, Schuldrecht, 4. Aufl. 1973, § 28 V 2, S. 131; *Palandt-Heinrichs*, BGB, 34. Aufl. 1975, § 262 A.3 c. S. auch bereits die *Protokolle* (o.A.1) 776. – Den Begriff einer Ersetzungsbefugnis des Gläubigers halten zugunsten der elektiven Konkurrenz für entbehrlich *Staudinger-Werner* (o.A.19) § 262 Vorbem. 11, 12, s. auch *Ziegler*, AcP 171 (1971) 204 f.

[23] (o.A.7) (wegen des *ius variandi*, dazu u. V 2).

[24] So außer *Siber* auch *Endemann*, Lehrbuch d. Bürgerl. Rechts, Bd. 1, 9. Aufl. 1903, 765 A. 13; *Oertmann*, § 339 Vorbem. 3, 4 a; § 340 A.2 a; *Leonhard* (o.A.6) 401; *Düringer-Werner* (o.A.1) § 348 HGB A. 15 (S. 454); *Staudinger-Werner* (o.A.19) § 262 Vorbem. 12; *J. Erler*, Wahlschuld mit Wahlrecht des Gläubigers etc. (1964) 73 f.; *Esser*, Schuldrecht, Bd. 1, 4. Aufl. 1970, § 19 III, S. 119; *Ziegler* (o.A.22) 206, 215; *Staudinger-Kaduk*, BGB, 10./11. Aufl. 1972, § 340 A.15, wohl auch *Soergel-Siebert-Schmidt*, BGB, 10. Aufl. 1967, § 340 A.1.

[25] Differenzierend freilich *Langheineken*, Anspruch und Einrede (1903) 201, 204, der § 340 Abs. 1 als *facultas alternativa* und § 340 Abs. 2 als elektive Konkurrenz auffaßt.

nicht die Folge hat, daß der Schadensersatzanspruch wegen Nichterfüllung wegfällt. Dieser Schadensersatzanspruch ist jedoch nur der aus dem ursprünglichen Erfüllungsanspruch erwachsene Sekundäranspruch.

Aber, und das ist nachdrücklich hervorzuheben, auch die Annahme einer elektiven Konkurrenz in § 340 Abs. 1 BGB schließt – entgegen *Siber* – eine Verfallsbereinigung nicht aus. Denn erstens haben auch die Römer, die gleichfalls von einer elektiven Konkurrenz ausgingen, darin kein Hindernis für die Bereinigung gesehen[26]. Zweitens bleibt auch bei der Annahme einer elektiven Konkurrenz der Hauptanspruch vorrangig[27], der konkurrierende Strafanspruch ist demgegenüber nur „verhalten“[28], d. h., er wird erst erfüllbar, wenn der Gläubiger ihn geltend macht. Ob dieses Geltendmachen technisch die Ausübung eines Gestaltungsrechts ist, sei dahingestellt. Immerhin bedeutet die Aktualisierung eines verhaltenen Anspruchs aber eine Änderung der Rechtslage, so daß man den untechnischen Ausdruck einer „Gestaltungsbefugnis“ jedenfalls benutzen darf. Und hier berühren sich bei unserem Problem die Theorien von der Ersetzungsbefugnis und der elektiven Konkurrenz, denn für beide stellt sich gleichermaßen die Frage: Kann der Gläubiger sein Gestaltungsrecht[29] bzw. seine Gestaltungsbefugnis auch dann noch geltend machen, wenn der Schuldner die Hauptleistung anbietet? Das ist ein allgemeines Problem der Verzugsbereinigung, auf das sogleich zurückzukommen ist. Zuvor ist jedoch – drittens – noch hervorzuheben, daß es gerade im Bereich von Wahlschuld, Ersetzungsbefugnis und elektiver Konkurrenz besonders wenig überzeugt, die Lösung von der bloßen dogmatischen Zuordnung zu einer dieser Konstruktionen abhängig zu machen. Denn die drei Figuren lassen sich theoretisch zwar scheiden, doch kommt in der Praxis kaum ein Fall vor, in dem die Interessenlage mit der Einordnung in eine dieser Kategorien bereits angemessen erfaßt wäre[30]. Das Bereinigungsproblem muß also nach anderen Kriterien entschieden werden.

---

[26] Vgl. z. B. Paul.D.21.2.35 (o.A.14) *(stipulatio duplae – actio empti)*. Zur elektiven Konkurrenz, auf deren Grundlage Iul.D.19.1.28 das Vorbild für § 340 Abs. 2 S. 2 BGB wurde, s. *meine* Schrift (o.A.8) §§ 33, 35, 38.

[27] *Düringer-Werner* (o.A.1) § 348 HGB A. 15, s. auch *Schlegelberger-Vogels-Hornig*, BGB (1939) § 340 A.3 (Strafanspruch sekundär); *H. P. Westermann*, Anm. zu BAG AP § 340 BGB Nr. 1 (Bl. 902).

[28] BAG AP § 340 BGB Nr. 1; *Siber*, Krit. Vjschr. 46 (1905) 549; *Planck-Siber* (o.A.7) § 262 Vorbem. III 1 c (S. 126), 3 b (S. 128); *Erman-H. P. Westermann*, BGB, 5. Aufl. 1972, § 340 A.3; *Westermann* (o.A.27).

[29] Die Ersetzungsbefugnis des Gläubigers ist ein Gestaltungsrecht, *Erler* (o.A.24) 38 ff. m. Lit.; *Ziegler* (o.A.22) 204.

[30] Die wechselnden Theorien zu § 340 BGB (o.A.21, 22, 24, 25) liefern hierfür ein beredtes Zeugnis. Zu den Abgrenzungsschwierigkeiten und den geringen Unterschieden zwischen den erwähnten Figuren s. insbesondere *Ziegler* (o.A.22) 195, 203 ff., 214 ff., vgl. auch *Kreß* (o.A.22) 357 A. 18.

Hierbei soll zunächst erwogen werden, ob sich eine Bereinigung überhaupt mit den *Funktionen* der Vertragsstrafe verträgt (unten IV.). Die damit bereits angesprochene Interessenlage ist im weiteren durch die Untersuchung zu vertiefen, ob eine Bereinigung den Gläubiger in seinen Rechten unangemessen beschränkt (unten V.). Und schließlich bleibt zu erwägen, ob der *Schuldner* durch die Bereinigung über Gebühr bevorzugt wird (unten VI.).

IV. 1. Was die *Funktionen* anlangt, so hat die echte Vertragsstrafe nach ganz herrschender Meinung zwei Aufgaben: Sie dient als psychologisches Druckmittel, um den Schuldner verstärkt zur Erfüllung anzuhalten (sog. Beuge- oder Erzwingungsfunktion), und sie verfolgt daneben die Aufgabe, dem Gläubiger *den* Schadensersatz zu sichern und im Mindestumfang zu pauschalieren, der ihm bei einer Nichterfüllung erwächst (sog. Ersatzfunktion)[31].

Freilich leugnet neuerdings *Lindacher*[32] die Ersatzfunktion. Weil die Vertragsstrafe dem Gläubiger regelmäßig einen über den tatsächlichen Schaden hinausgehenden Ersatz verschaffe, sei sie objektiv kein angemessenes Mittel zur Realisierung des Schadensausgleichs. Denn – und das ist, wenn ich es recht sehe, der tragende Gesichtspunkt in *Lindachers* Argumentation – für das Schadensersatzrecht gelte das Gewinnabwehrprinzip: Der Geschädigte solle nach erfolgter Ersatzleistung weder ärmer noch reicher sein. Doch werden dabei die Dinge zu einseitig gesehen. Das Gewinnabwehrprinzip ist selbst vielfachen Modifizierungen unterworfen, wie sich etwa im Bereich der Vorteilsausgleichung zeigt[33] oder beim Schmerzensgeld, für dessen Bemessung sowohl der Ausgleichszweck als auch die Genugtuungsfunktion maßgeblich sind[34]. Insbesondere am Beispiel des Schmerzensgeldes wird deutlich, daß das Gewinnabwehrprinzip es nicht notwendig ausschließt, beeinträchtigte immaterielle Interessen auszugleichen. So ist denn auch anerkannt, daß aus dem Umstand, daß das Gesetz für immaterielle Schäden Geldersatz nur ausnahmsweise gewährt, keineswegs folgt, daß ein freiwillig gezahlter Ausgleich für immaterielle Schäden gesetzlich verboten sei oder sittlich mißbilligt werde[35].

---

[31] Vgl. etwa *Motive* (o.A.21) 2, 275; RGZ 103, 99; BGH GRUR 1953, 262 f.; *Oertmann,* Recht 17 (1913) 186, 187; *Enneccerus-Lehmann,* (o.A.4) S. 159 f.; *Esser* (o.A.24) § 25 II, S. 145; *Soergel-Schmidt* (o.A.24) § 339 A. 4.

[32] Phänomenologie der ‚Vertragsstrafe' (1972) 58 f., 86 pass., zustimmend *Eggert,* NJW 1974, 242. Dagegen *Palandt-Thomas,* BGB, 34. Aufl. 1975, § 339 Vorbem. 1 a, einschränkend auch *Schlechtriem,* JZ 1972, 334 f., vgl. auch *ders.* (o.A.5) 55, 57 f., 63.

[33] *Zeuner,* Gedschr. Dietz (1973) 99 ff.

[34] Das ist seit BGH (GSZ) 18, 149 ff. weithin anerkannt. Weitere Fälle einer Berücksichtigung immaterieller Schäden sind der Entschädigungsanspruch wegen Verletzung des allgemeinen Persönlichkeitsrechts (dazu etwa *Staudinger-Werner* [o.A.19] § 253 A. 7) und die Entschädigung nach § 1300 BGB.

[35] BGH JZ 1955, 581 = LM § 134 BGB Nr. 18; *RGRK-Nastelski* (o.A.22) § 253 A. 4; *Soergel-Schmidt* (o.A.24) §§ 249–253 A. 88; *Wiese,* Der Ersatz des immateriellen Schadens (1964) 12 m. w. N.

Eben dieser Gesichtspunkt ist, wie insbesondere *Oertmann*[36] dargetan hat, auch für die Vertragsstrafe maßgeblich: Sie eröffnet dem Gläubiger die Möglichkeit, sich auch für die Beeinträchtigung nicht ökonomischer Interessen einen Ausgleich in Geld zu sichern. Dies wird schon in den Gesetzesmaterialien hervorgehoben, wo die enge Fassung des § 253 BGB mit eben dieser Ausgleichsmöglichkeit innerlich gerechtfertigt wird[37], und es kommt auch in § 343 BGB deutlich zum Ausdruck. Denn nach dieser Vorschrift ist, wenn die Angemessenheit der Vertragsstrafe zu beurteilen ist, „jedes berechtigte Interesse des Gläubigers, nicht bloß das Vermögensinteresse, in Betracht zu ziehen", mithin auch das ideelle, das moralische, das Affektionsinteresse und andere „berechtigte" Interessen. Was hingegen außerhalb der berechtigten Interessen liegt, fällt nicht mehr in den „eigentlichen" Rahmen der Vertragsstrafe, und es ist nur eine Konsequenz hieraus, daß der Strafanspruch sogar „erlischt", wenn die zu schützenden Interessen des Gläubigers völlig und endgültig entfallen sind[38]. Dabei ist es nur eine Frage der rechtstechnischen Abwicklung, daß eine über den Interesseschutz hinausgehende Vertragsstrafe erst auf Antrag des Schuldners auf den angemessenen Betrag herabgesetzt wird[39], und es liegt durchaus im Ermessenbereich des Gesetzgebers, eine solche – nicht unpraktikable – Regelung zu treffen. Nach alldem läßt sich auf das Gewinnabwehrprinzip schwerlich die Annahme gründen, die Bifunktionalität der Vertragsstrafe beruhe auf einem „Anschauungsfehler"[40] des Gesetzgebers und binde deshalb den Interpreten nicht. Zugleich wird deutlich, daß der Beugezweck aus der Ausweitung des geldersatzfähigen Interesses resultiert. Daß dieser erweiterte Interesseschutz, der *auch* den materiellen Schaden abdeckt, grundsätzlich unter den üblichen Voraussetzungen des Schadensersatzes stattfinden soll, ist gesetzlich vorgeschrieben (§ 339 BGB) und mit dem Gerechtigkeitsgebot vereinbar.

Außer der Ersatz- und der Beugefunktion verfolgt die Vertragsstrafe trotz ihres Namens im allgemeinen nicht den weiteren Zweck, den Schuldner wegen der Nichterfüllung zu „bestrafen" oder ein dem Gläubiger etwa widerfahrenes

---

[36] Recht 17 (1913) 191 ff. in Anknüpfung an *Seckel,* Krit. Vjschr. 40 (1898) 404. Dort (S. 191 ff.) auch zum folgenden. *Lindacher* (o.A.32) setzt sich damit nicht auseinander.

[37] *Motive* (o.A.21) 22; *Protokolle* (o.A.1) 1, 620 ff. Vgl. auch *Wiese* (o.A.35) 11 (kritisch) und *v. Caemmerer* bei *Schlechtriem* (o.A.5) 57 A. 28, 67 A. 78 b.

[38] Zu diesem „Erlöschensgrund" des Strafanspruchs s. RG SeuffA. 61 Nr. 104 S. 183 ff. (185 f.) (wenngleich nur von „Vermögensnachteilen" sprechend); RG Arch. f. Wettbewerbsrecht 1936, 12; OLG Hamburg, OLGE 33, 235; *Staudinger-Weber,* BGB, 11. Aufl. 1961, § 242 D.237; *Erman-H. P. Westermann,* (o.A.28) § 339 A.5. Auch hierzu gibt es klassische Vorläufer: Ulp.D.2.11.2 pr. (1.Alt.); Pomp.D.4.8.40 (1. Alt.), s. auch Paul.D.21.2.71. – Zum Interessengesichtspunkt bei den Verfallklauseln s. u. bei A.79, 82.

[39] *Oertmann* (o.A.36) 191 f. Daß § 348 HGB diesen Regelungsmechanismus ausschließt, steht nicht entgegen, denn dort findet die Angemessenheitskontrolle über die §§ 242, 138 BGB statt. – Im angloamerikanischen Recht wird die Angemessenheitsfrage im Ergebnis durch die Einordnung als (anerkannte) liquidated damages oder (unwirksame) penal clause beantwortet. Doch wird damit zur Sachfrage, nach welchen Kriterien die Angemessenheit zu ermitteln ist, noch nichts ausgesagt, dazu *Schlechtriem* (o.A.5) 59 ff.

[40] So *Lindacher* 61, 86, 90. – Bei der hier vorgetragenen Sicht wird man auch nicht annehmen können, die Strafsumme liege im Regelfall über dem Betrag, der zum Schutz der „berechtigten Interessen" des Gläubigers erforderlich sei.

Unrecht zu vergelten[41]. Doch mißt jüngst *Beuthien*[42] der Vertragsstrafe eine „Sühnefunktion“ bei, die allerdings mit dem Unwerturteil der öffentlichen Strafe nichts zu tun habe. Vielmehr sei die Vertragsstrafe eine Buße für vertragswidriges Verhalten, die Strafcharakter habe. Doch folgt der Strafcharakter nicht schon daraus, daß die Vertragsstrafe nach Grund um Umfang einen (materiellen) Schaden nicht voraussetzt[43]. Denn es ist, wie sich zeigte, immer erforderlich, daß irgendein berechtigtes Interesse des Gläubigers besteht (o.A.38). Zudem muß sich *Beuthien* für eine „Buße“ aussprechen, die vom Verschulden entkleidbar und deshalb recht atypisch ist; das aber geht zu Lasten des Erkenntniswertes dieser Einordnung. – Daß jedenfalls mit der Annahme eines selbständigen Strafzwecks das Wesen der Vertragsstrafe im heutigen Recht nicht treffend erfaßt wird, dürfte sich vor allem daraus ergeben, daß die Vertragsstrafe für den Verfall nicht notwendig ein Verschulden voraussetzt, daß sie von juristischen Personen verwirkt werden kann[44], daß sie passiv vererblich ist und daß sie – anders als Geldstrafen, Geldbußen, Zwangsgelder etc. (§ 63 Nr. 3 KO) – im Konkurs Berücksichtigung findet (§ 62 Nr. 3 KO)[45]. Doch braucht das hier nicht weiter vertieft zu werden. Denn selbst wenn man entgegen der seit langem herrschenden Ansicht (o.A.41) der Vertragsstrafe eine Strafnatur zuerkennen wollte, so würde das eine Verfallsbereinigung nicht notwendig ausschließen, wenn man dem Strafaufhebungsgrund der tätigen Reue Rechnung trägt.

2. Die *Beugefunktion,* die auch dann noch andauert, wenn die Strafe bereits verfallen ist[46], gebietet es geradezu, die Bereinigung anzuerkennen: Ein Beugemittel darf nicht mehr durchgesetzt werden, wenn der Schuldner das pflichtkonforme Verhalten erbringt. Das ist für andere indirekte Zwangsmittel seit langem anerkannt. Zu verweisen ist etwa auf die funktionell verwandte „Geldstrafe“ des § 888 ZPO, die vom Prozeßgericht des ersten Rechtszuges verhängt wird, um den Schuldner zur Vornahme einer unvertretbaren Handlung anzuhalten. Nach herrschender Meinung fällt diese nur dem Erfüllungszwang dienende Strafe fort, d. h. sie darf nicht mehr beigetrieben werden, wenn der Schuldner – sei es auch nach der Straffestsetzung – noch die Handlung vornimmt[47]. Gleiches gilt

---

[41] Herrschende Meinung, vgl. *Oertmann* (o.A.36) 187ff.; *Planck-Siber* (o.A.19) § 339 A.1, § 340 A.2 a; *Soergel-Schmidt* (o.A.24) § 339 A.4; *Lindacher* (o.A.32) 63f., s. auch *Knütel* (o.A.8) § 2 (zu den „Strafzwecken“).

[42] Fschr. Larenz (1973) 495 (500).

[43] So jedoch *Beuthien* 500, der offenbar nur den Vermögensschaden im Auge hat.

[44] Ohne daß also der als Organ handelnde Vertreter „haftet“, wie das nach § 50 a StGB in Betracht käme.

[45] Vgl. auch *Oertmann* (o.A.36) 192f.

[46] BGHZ 33, 236, 238; BGH DB 1971, 714 (wenngleich zur Strafe des § 341 BGB), vgl. auch BAG NJW 1970, 1147.

[47] RGZ 24, 378, 380; *Stein-Jonas-Pohle,* ZPO, 18. Aufl. 1956, § 888, A. II 3 m. w. N.; *Baumbach-Lauterbach-Hartmann,* ZPO, 31. Aufl. 1973, § 888 A.3 B; *Thomas-Putzo,* ZPO, 7. Aufl. 1974, § 888 A.3 c, aa. – Gleiches gilt z. B. für das vom Registergericht nach § 14 HGB i. V. m. §§ 132ff. (133!) FGG festgesetzte Zwangsgeld, sogar wenn die Festsetzung rechtskräftig ist, sofern nur die Hand-

beispielsweise beim öffentlichrechtlichen Zwangsgeld, durch das der Pflichtige etwa zu polizeigemäßem Verhalten veranlaßt wird. Das Zwangsgeld wird angedroht, festgesetzt und dann beigetrieben. Doch muß dieses Verfahren, gleichgültig in welchem Stadium es sich befindet, sofort eingestellt werden, wenn der Pflichtige die durchzusetzende Handlung vorgenommen und/oder den zu erzwingenden Zustand hergestellt hat. Die Verwaltungsvollstreckungsgesetze heben dies des öfteren ausdrücklich hervor[48].

3. Aber auch die *Ersatzfunktion* steht einer Bereinigung nicht entgegen. Denn wenn dem Gläubiger nachträglich die Leistung angeboten wird, dann bekommt er das, was ihm zusteht; er erleidet also keinen Schaden, der durch die (Nichterfüllungs-)Strafe abgedeckt werden müßte. Auch ist es für die Verzugsbereinigung nicht erforderlich, daß mit der Hauptleistung zugleich ein Ersatz des begleitenden Verzögerungsschadens angeboten wird. Denn nach der Ausgestaltung im BGB sind die begleitenden Verzugsfolgen keine unselbständigen Erweiterungen der Hauptforderung mehr; sie begründen vielmehr einen selbständigen Ersatzanspruch[49]. Doch ist damit schon ein weiterer Fragenkreis angesprochen.

V. 1. Wird durch die Bereinigung der *Gläubiger* in seinen Rechten unangemessen beschränkt? Mit dem Verfall entsteht der Anspruch auf die Strafe und zugleich die Befugnis des Gläubigers, ihn zu aktualisieren. Da der Verfall seinerseits nach § 339 BGB eintritt, wenn der Schuldner in Verzug kommt, ist auch das Entstehen von Anspruch und Befugnis eine Verzugsfolge. Es geht also um das Problem der *Verzugsbereinigung.* Hierzu wird gemeinhin angenommen, daß der Schuldner durch die verspätete Offerte die einmal eingetretenen Verzugsfolgen nur für die Zukunft,

---

lungsvornahme (Anmeldung etc.) noch vor der Beitreibung erfolgt, s. insbesondere KG HRR 1929 Nr. 940 (= Pr.JMBl. 29, 86) (Gutachten) und BayObLGE 5 (1955) 124, 129ff. m. reicher ält. Rspr. sowie *Schlegelberger-Hildebrandt,* HGB, 5. Aufl. 1973, § 14 A. 16; *RGRK-HGB-Würdinger,* 3. Aufl. 1967, § 14 A. 12; *Keidel-Winkler,* FGG, 10. Aufl. 1972, § 133 A. 3–6; *Baumbach-Duden,* HGB, 21. Aufl. 1974, § 14 A. 2 A, B.

[48] Z. B. § 15 Abs. 3 BVwVG; weitere bei *Drews-Wacke,* Allg. Polizeirecht, 7. Aufl. 1961, 363.

[49] Dazu eingehend *Scherner,* JR 1971, 441ff. m. reicher Lit. und dem treffenden Hinweis auf die abweichende Rechtslage im gemeinen Recht. Aufschlußreich ist auch § 554 Abs. 2 Nr. 2 S. 1 BGB, wo der „weitere Schaden" des § 557 Abs. 1 S. 2, Abs. 2 BGB nicht angeführt ist. – Im Ansatz ebenso bereits *A. Blomeyer* (o.A.22) § 29 III, S. 156 (mit Ausnahme bei Kapital als Hauptleistung, wo übrigens eine Bereinigung ohnehin ausscheidet, vgl. o. vor A. 17); s. auch *Palandt-Heinrichs* (o.A.22) § 284 A. 6 und (im Ergebnis) *Eisenhardt* (u.A.50). – Der im Beispiel (o.A.16) denkbare Anspruch auf Ersatz des Verzugsschadens wird durch die Verfallsbereinigung also nicht beseitigt.

nicht aber rückwirkend beseitigen kann[50]. Dabei ist umstritten, ob der Gläubiger auch die durch den Verzug bereits erwachsenen Gestaltungsrechte nach der Bereinigung noch ausüben kann. Während eine ältere Lehre dies schlechthin bejaht, lehnt eine neuere Ansicht diese Möglichkeit durchweg ab[51]. Beide Auffassungen verallgemeinern jedoch zu sehr. Auch hier darf an die Autorität des Celsus erinnert werden, der im Zusammenhang mit der Verzugsbereinigung, der *purgatio morae,* hervorhob, es handle sich hier um eine Frage des *bonum et aequum* und da führe eine zu enge Dogmatik häufig zu gefährlichen Irrtümern[52]. Damit ist gemeint, daß man hier möglichst differenzierend auf den Einzelfall achten soll[53].

a) Einen Ansatzpunkt zur Differenzierung bietet § 554 BGB. Danach kann der Vermieter das Mietverhältnis fristlos kündigen, wenn sich der Mieter für zwei aufeinander folgende Termine mit der Entrichtung des Mietzinses im Verzuge befindet. Doch ist die Kündigung ausgeschlossen, wenn der Vermieter vorher befriedigt wird (§ 554 Abs. 2 S. 1 BGB). Auch das ist geronnene rechtsgeschichtliche Erfahrung und geht im Ansatz auf spätantike Quellen, vor allem aber auf das kanonische Recht zurück[54]. Der wegen seiner sozialen Abhängigkeit schützenswerte Mieter/Pächter (§§ 554 Abs. 1/581 BGB) kann also durch nachträgliches Angebot die Ausübung eines durch den Verzug bereits entstandenen Gestaltungsrechts vereiteln[55]. Darin kommt der Gedanke zum Ausdruck, daß ein durch Verzug

[50] Vgl. *Eisenhardt,* JuS 1970, 489 sowie *Planck-Siber* (o.A.19) § 284 A.10 (S. 278); *Enneccerus-Lehmann* (o.A.4) S. 233; *RGRK-Nastelski* (o.A.22) § 284 A.33; *Erman-Battes,* BGB, 5. Aufl. 1972, § 284 A. 41.

[51] Bejahend etwa *Schlegelberger-Becker,* BGB (1939) § 284 A.25; *RGRK-Nastelski* (o.A.50); *Soergel-Schmidt* (o.A.24) § 284 A.11, die jeweils als Beispiel das außerordentliche Kündigungsrecht des Vermieters anführen, ohne sich mit § 554 BGB auseinanderzusetzen. Ebenso zur Ersetzungsbefugnis *Erler* (o.A.24) 46. – Ablehnend dagegen BGHZ 34, 191, 197; *Arwed Blomeyer,* JZ 1959, 16; *Palandt-Heinrichs* (o.A.22) § 284 A. 6; *Klaus Müller,* DB 1970, 1209, jeweils zum Rücktrittsrecht des Vorbehaltsverkäufers nach Verjährung des Kaufpreisanspruchs. Doch ist auch die Erwägung, die Ausübbarkeit eines Gestaltungsrechts hänge vom Fortbestand seiner Entstehungsvoraussetzungen ab (*Müller* 1210 A.11), zu begrifflich.

[52] Cels-Paul.D.45.1.91.3: *esse enim hanc quaestionem de bono et aequo: in eo genere plerumque sub auctoritate iuris scientiae perniciose erratur.* – Eine Berufung auf Treu und Glauben bei der Verzugsbereinigung beispielsweise in RGZ 104, 29.

[53] *Paech,* Der Leistungsverzug (1902) 181 A.7; *Biondi,* Contratto e stipulatio (1953) 365.

[54] Dazu *Windscheid-Kipp,* Lehrbuch des Pandektenrechts, 9. Aufl. 1906, Bd. 1, 1119 A.10, Bd. 2, 761 A.5 (bei der Emphyteusis, einer Art Erbpacht von Staats- oder Kirchenland). Vgl. zudem *Motive* (o.A.21) 2, 417 u.

[55] Bei der Wohnraumvermietung kann sogar eine bereits erfolgte Kündigung wieder entkräftet werden, wenn der Mieter seine Leistung bis zum Ablauf eines Monats nach Rechtshängigkeit des Räumungsanspruchs nachholt, § 554 Abs. 2 S. 1 BGB.

erwachsenes Gestaltungsrecht jedenfalls dann nicht mehr ausgeübt werden darf, wenn der Schuldner den Verzug bereinigt und darüber hinaus schützenswert erscheint[56]. Das paßt auch für die Verfallsbereinigung. Denn auch bei der Vertragsstrafe ist, wie schon eingangs erwähnt, der Schuldner der schutzwürdigere Teil, weil das Strafversprechen eine zusätzliche Beschränkung seiner Freiheit darstellt. Deshalb ist auch die Rechtsprechung schon früh dazu übergegangen, Strafversprechen eng auszulegen[57]. § 554 BGB läßt für unseren Zusammenhang also deutlich werden, daß kein allgemeiner Grundsatz besteht, die durch Verzug begründeten Gestaltungsrechte oder -befugnisse könnten auch nach der Verzugsbereinigung noch ausgeübt werden. Mag aus der Sicht der Lehre von der elektiven Konkurrenz dem Gläubiger mit dem Verfall auch ein verhaltener Anspruch erwachsen sein, so bleibt es doch immerhin möglich, ihm die Aktualisierungsbefugnis nachträglich noch abzuschneiden.

b) Aufschlußreicher noch ist die Parallele der §§ 286 Abs. 2, 326 Abs. 2 BGB. Wenn infolge des Verzuges das Interesse des Gläubigers an der Leistung weggefallen ist, dann kann er unter Ablehnung der Leistung sogleich Schadensersatz wegen Nichterfüllung verlangen. Doch kann der Gläubiger auch weiterhin auf der Erfüllung bestehen. Auch hier ist streitig, ob das Verhältnis von Erfüllungsanspruch und Schadensersatzbegehren im Sinne einer elektiven Konkurrenz oder als eine Ersetzungsbefugnis des Gläubigers aufzufassen ist[58]. Und auch hier muß der Gläubiger sich jedenfalls ausdrücklich für den Schadensersatz entscheiden, also eine entsprechende Erklärung abgeben[59]. Es stellt sich hier also die vergleichbare Frage, ob

---

[56] Vgl. auch *Blomeyer* (o.A.51) („allgemeiner Rechtsgedanke"). Demgegenüber würde beispielsweise in § 25 Abs. 2 DepotG eine Verzugsbereinigung die befristeten Rechte auf Rücktritt und Zurückweisung nicht aufheben, vgl. u.A.67.

[57] ROHG 13, 387, 388; 14, 267, 269; RGZ 26, 163, 165; RG JW 1906, 736, 737; 1938, 1245, vgl. auch BGH DB 1971, 714 (für garantieähnliche Vertragsstrafe); BAG DB 1964, 1666; *RGRK-Wilde,* BGB, 11. Aufl. 1960, § 339 A. 5; einschränkend *Soergel-Schmidt* (o.A.24) § 339 A. 16 (für Berücksichtigung „des sich aus den §§ 339 ff. BGB ergebenden Schuldnerschutzgedankens"). Ablehnend jedoch BGHZ 33, 163, 164; *Düringer-Werner* (o.A.1) § 348 A. 19; *Schlegelberger-Vogels-Hornig* (o.A.27) § 339 A. 13; *RGRK-Ratz* (o.A.22) § 348 A. 7. Doch ist die einschränkende Tendenz der (älteren) Rechtsprechung, die vom BGH auch bei den Verfallklauseln des § 6 VVG praktiziert wird (u. VIII), mit der Maßgabe zu billigen, daß die Auslegung nicht dem Zweck der jeweiligen Strafabrede zuwiderlaufen darf.

[58] Für elektive Konkurrenz *Erler* (o.A.24) 73; für *facultas alternativa Oertmann* (o.A.4) § 280 A. II 6 e; vgl. auch *Planck-Siber* (o.A.7) § 262 Vorbem. III 1 b α (S. 125) und *Staudinger-Werner* (o.A.19) § 280 A. 15, 286 A. 28.

[59] Das folgt aus der Verweisung von § 286 Abs. 2 auf § 349 BGB und ist auch für § 326 BGB heute unbestritten, vgl. RGZ 106, 91, 93; RG Holdh.Mschr. 15 (1906) 278, 279; *Marcus,* Holdh.Mschr. 17 (1908) 9 f.; *Oertmann,* § 326 A. 4; *Esser* (o.A.24) § 49 IV 1, S. 354 f.

der Gläubiger auch dann noch die Erfüllung ablehnen und Schadensersatz verlangen darf, wenn der Schuldner ihm die Leistung – wenngleich verspätet – noch anbietet. Das wird mit Recht einhellig verneint[60]. Denn solange der Gläubiger nicht erklärt hat, Schadensersatz zu begehren, muß der Schuldner davon ausgehen, daß er weiterhin zur Hauptleistung verpflichtet ist, und deshalb seine Anstrengungen darauf richten, diese zu erbringen. Bei der Vertragsstrafe liegt es ganz entsprechend, denn auch sie verfolgt die Aufgabe, den Schadensersatz zu sichern (o. IV. 1.).

Ein Unterschied besteht allerdings darin, daß die Vertragsstrafe den Schadensersatz von vornherein fixiert[61]. Dem Schuldner tritt hier deshalb die Möglichkeit, daß der Gläubiger sich für den von der Strafe verkörperten Schadensersatz entschließt, deutlicher vor Augen als in den Fällen der §§ 286 Abs. 2, 326 Abs. 2 BGB. Aber dieser Unterschied ist nicht erheblich. Denn daß sich jemand eine Strafe für den Fall der Nichterfüllung versprechen läßt, rechtfertigt noch nicht die allgemeine Vermutung, er werde sich nach dem Verfall auch für die Strafe entscheiden. Auch nach dem Verfall muß der Schuldner in erster Linie davon ausgehen, daß er zur Erfüllung verpflichtet bleibt (o.A.27, 28).

Aus Gesichtspunkten der Verzugsbereinigung ist nach alldem gegen die Verfallsbereinigung nichts einzuwenden; im Gegenteil legen die ratio des § 554 BGB und die Interpretation der §§ 286 Abs. 2, 326 Abs. 2 BGB eine vergleichbare Behandlung des § 340 BGB durchaus nahe.

2. Allerdings hat der Vertragsstrafengläubiger ein durch Umkehrschluß aus § 340 Abs. 1 S. 2 BGB abzuleitendes *ius variandi*[62], d. h. er kann die Strafe auch dann noch verlangen, wenn er sich nach dem Verfall zunächst für die Erfüllung des Hauptanspruchs entschieden hatte. Aber das besagt keineswegs, daß er sogar dann noch zum Strafanspruch übergehen kann, wenn der Schuldner ihm die Erfüllung anbietet[63]. Denn dem *ius variandi* liegt außer dogmatischen Gesichtspunkten[64] insbesondere die Erwägung zugrunde, daß der Gläubiger nicht mit dem Verlust des Strafanspruchs

[60] RGZ 104, 27, 28 (mit Ausnahmen für Sonderfälle); *Oertmann*, § 326 A. 4; *Staudinger-Kaduk*, BGB, 10./11. Aufl. 1967, § 326 A. 174 a. E.; *Soergel-Schmidt* (o.A.24) § 284 A. 11; *Eisenhardt* (o.A.50) 491 und (einschränkend) *Erman-Battes* (o.A.50) § 284 A. 38.

[61] Freilich nicht abschließend: § 340 Abs. 2 S. 2 BGB.

[62] *Protokolle* (o.A.1) 776; RG SeuffA. 68 Nr. 121 S. 225; *Schollmeyer* (o.A.7); *Endemann* (o.A.24); *Düringer-Werner* (o.A.1) § 348 HGB A. 15 (S. 454); *Schlegelberger-Vogls-Hornig* (o.A.27); *Achilles-Greiff*, BGB, 21. Aufl. 1958, § 340 A. 1; *Staudinger-Kaduk* (o.A.24) § 340 A. 16.

[63] Anders insbesondere *Schollmeyer, Düringer-Werner* (beide o.A.62) und *Planck-Siber*, § 340 A. 1 (S. 445 o.).

[64] Die „Wahl" des Strafanspruchs ist bindend, weil der Gläubiger sich durch sie (ähnlich wie in § 326 Abs. 1 BGB) für die Nichterfüllungsfolgen entscheidet und damit den Erfüllungsanspruch aufgibt, vgl. *Enneccerus-Lehmann* (o.A.4) S. 162. Dagegen schließt die „Wahl" der Erfüllung einen späteren Übergang zum Sekundäranspruch (in der Form der Vertragsstrafe) nicht aus; vgl. auch *Protokolle* (o.A.1) 776.

dafür „bestraft" werden kann, daß er dem säumigen Schuldner weiterhin die Chance zu einer Erfüllung gegeben hat, die der Schuldner dann doch nicht oder nicht rechtzeitig erbringt. Ebenso verliert auch ein Gläubiger, wenn er die Erfüllungsfrist verlängert, dadurch nicht den Anspruch auf die Vertragsstrafe[65]. Das *ius variandi* soll also den Gläubiger, der zunächst an der Hauptleistung festhält, gegen das weiterhin bestehende Risiko der Nicht- oder nicht rechtzeitigen Erfüllung absichern. Da dieses aber entfällt, wenn der Schuldner die Leistung nachträglich korrekt anbietet, ist von diesem Augenblick an für das *ius variandi* kein Raum mehr; der Gläubiger kann nicht mehr die Leistung zurückweisen und zum Anspruch auf die Strafe übergehen.

VI. Eine Verfallsbereinigung ist nach alldem sowohl mit den Funktionen der Vertragsstrafe als auch mit der Rechtsstellung des Gläubigers durchaus vereinbar. Aber auch aus der Sicht des *Schuldners* ist sie zu befürworten, nicht nur, weil sie dem auch nach dem Verfall noch bestehenden Beugezweck (o.A.46) entspricht, sondern auch, weil sie einem zusätzlichen und bislang offenen Schutzbedürfnis des Schuldners Rechnung trägt. Nach herrschender Auffassung soll der Schuldner nämlich keine Möglichkeit haben, den Gläubiger zur Entscheidung darüber zu zwingen, welchen der beiden Ansprüche – Erfüllung oder Strafe – er geltend macht. Die Begründung dafür ist schwach, nämlich rein negativ: Da es sich nicht um einen Fall der Wahlschuld handele, finde § 264 Abs. 2 BGB keine Anwendung[66]. Das ist zwar richtig, besagt aber noch nicht, daß dem Schuldner überhaupt kein Mittel gegeben ist, eine Entscheidung herbeizuführen. Denn sonst könnte der Gläubiger zu Lasten des Schuldners spekulieren, indem er, wenn etwa der Kurswert der Leistung stark schwankt, seine

---

[65] RG SeuffA. 87 Nr. 1 S. 1 f.; *RGRK-Ratz* (o.A.22) § 348 A. 10. – Eine sachgerechte Differenzierung schon bei Proc.D.45.1.113 pr.: Stand zur Zeit der Fristverlängerung der (zukünftige) Verfall bereits fest, so behält der Gläubiger, der die Frist verlängert, den Anspruch auf die Strafe (vgl. heute: § 25 VertragsG der DDR und dazu *Spitzner*, Kommentar zum Kooperationsrecht [1970] § 25 A.2.2). – War die fristgerechte Erfüllung hingegen noch möglich, so verfällt die Strafe erst nach fruchtlosem Ablauf der verlängerten Frist. Näheres dazu in *meiner* Schrift (o.A.8) § 13 I 2. – Zur *purgatio morae* durch eine vom Gläubiger bewilligte Fristverlängerung s. auch *Eisenhardt* (o.A.50) 494 sowie *Gino Segrè*, Scritti giur. 1 (1930) (Rist. 1973) 634 ff., der (mit einer Entscheidung der Corte di Cassazione di Torino, Riv.dir.comm. 1920 II 485 ff.) die Zufallshaftung des Verzugsschuldners im Verlängerungszeitraum grundsätzlich als aufgehoben ansieht, aber einen „Haftungsvorbehalt" zugunsten des Gläubigers anerkennt, wenn dies bei der Verlängerung erklärt wird.

[66] *Planck-Siber* (o.A.7) § 340 A. 1 (am Anf.); *Düringer-Werner* (o.A.1) § 348 A. 15 (S. 454); *Schlegelberger-Vogels-Hornig* (o.A.27); *RGRK-Ratz* (o.A.22) § 348 A. 12; *Erman-H. P. Westermann* (o.A.28); *Staudinger-Kaduk* (o.A.24) § 340 A. 15.

„Wahl" hinauszögert – und das zu begünstigen besteht kein Anlaß[67]. Dagegen wird mit der Anerkennung der Verfallsbereinigung dem Schuldner ein angemessenes Mittel verschafft, auch seinerseits den Schwebezustand zu beenden. Der Gläubiger wird dadurch nicht über Gebühr eingeschränkt, denn er hatte es bis dahin ja in der Hand, durch einfache Erklärung die Strafe zu wählen[68].

VII. Die Funktionen der Vertragsstrafe, die Interessenlage und nicht zuletzt die rechtsgeschichtliche Erfahrung sprechen nach alldem dafür, dem Schuldner die Möglichkeit einer Verfallsbereinigung so lange zu eröffnen, bis der Gläubiger den Strafanspruch geltend macht. Jedenfalls darf dies für die echte (akzessorische) Vertragsstrafe angenommen werden. Ob es auch für die unechte (selbständige) Vertragsstrafe gilt, bei der nur die Strafe, nicht aber die Primärleistung versprochen wird, ist zweifelhaft. Soweit hier eine terminierte Handlung in condicione steht, wird – wie in Rom (o.II 2) – eine Bereinigung nach Terminablauf grundsätzlich zu verneinen sein. Sofern es dagegen um eine nicht terminierte Handlung geht, tritt der Verfall ein, wenn der Promittent nach einer Mahnung die vorgesehene Handlung in zu vertretender Weise unterläßt. Das ergibt sich aus § 339 BGB, der auf das selbständige Strafversprechen analog anzuwenden ist[69]. Da diese Anwendung aber nur eine entsprechende ist, bleibt Raum, sie zugunsten einer nachträglichen Bereinigungsmöglichkeit einzuschränken. Denn wer die Verfallsvoraussetzungen von der echten auf die unechte

---

[67] Instruktiv ist die in § 25 DepotG hergestellte „Waffengleichheit": Übersendet der Kommissionär nach einer Aufforderung durch den Kommittenten nicht innerhalb einer Nachfrist von 3 Tagen das Stückeverzeichnis, so kann der Gläubiger/Kommittent nur binnen 3 Tagen (!) das Geschäft zurückweisen und Schadensersatz verlangen oder zurücktreten (dazu *Knütel,* ZHR 137 [1973] 321 f.). Auch wenn der Kommissionär innerhalb der zweiten Dreitagefrist das Versäumte nachholt, also den Verzug bereinigt, kann der Kommittent die erwähnten Rechte dennoch bis zum Ablauf der Dreitagefrist ausüben, RGZ 48, 9; *RGRK-Ratz* (o.A.21) § 424 Anh. II A. 169; *Düringer-Hachenburg-Lehmann,* HGB, 3. Aufl. 1932, § 406 Anh. A. 13.

[68] Damit entfällt auch das in der *Kommissionsvorlage* (o.A.20) 27 angeführte und ohnehin fragwürdige (o. vor A. 12) Bedenken, es werde kein klarer, sicherer Rechtszustand geschaffen, wenn der Gläubiger bis zur Klagerhebung (!) im Ungewissen bleibe, ob er auf Erfüllung oder auf Zahlung der Strafe zu rechnen habe.

[69] RGZ 95, 199, 203; *Siber,* Der Rechtszwang im Schuldverhältnis (1903) 37; *Leonhard* (o.A.6); *Enneccerus-Lehmann,* S. 160; *A. Blomeyer* (o.A.22) § 34 II 2, S. 205; *Larenz* (o.A.6) § 24 II b, S. 279; anders *Düringer-Werner* (o.A.1) § 348 HGB A. 6 (S. 442 u.). Diese Analogie geht dem allgemeinen Gedanken vor, daß Obliegenheiten (wie das Primärverhalten bei der selbständigen Vertragsstrafe, *Reimer Schmidt,* Die Obliegenheiten, 1953, 166) bei mangelnder Zeitangabe innerhalb angemessener Frist zu erfüllen sind, vgl. dazu *Bruck-Möller,* VVG, 8. Aufl. 1961, § 6 A. 34.

Vertragsstrafe überträgt, der sollte auch bei der Verfallsbereinigung eine analoge Anwendung nicht scheuen, jedenfalls soweit ein Auslegungsspielraum besteht. Das bedeutet, daß beim selbständigen nicht terminierten Strafversprechen die strafgesicherte Handlung auch nach dem Verfall so lange noch nachgeholt werden kann, bis der Gläubiger, wiewohl ihm hier keine zwei Ansprüche zur Wahl stehen, erklärt, er verlange die Strafsumme. Mit dieser Maßgabe darf der flexiblen Interpretation des Celsus auch im geltenden Recht das Wort geredet werden.

VIII. Nur anhangsweise sei ein Blick auf die Parallele bei den *Verfallklauseln* geworfen, deren funktionale Verwandtschaft mit der Vertragsstrafe vor kurzem insbesondere *Bötticher* nachdrücklich unterstrichen hat[70]. Wegen dieser Verwandtschaft neigt man heute überwiegend dazu, auf die (allgemeinen) Verfallklauseln § 343 BGB analog anzuwenden[71]. Bei den differenzierten Verfallklauseln des Versicherungsrechts (insbesondere §§ 6 VVG, 7 AKB) steht die herrschende Meinung einer derartigen Korrektur jedoch ablehnend gegenüber, weil die in § 6 VVG enthaltene Grundentscheidung des Gesetzgebers für folgenlos gebliebene Obliegenheitsverletzungen keinen variablen Strafrahmen kenne und weil dies wegen der zu befürchtenden Rechtsunsicherheit auch wenig praktikabel sei[72]. Infolge dieses Verharrens beim Alles-oder-Nichts-Prinzip war, wie nach dem Voranstehenden (I, II) nicht wundernimmt, die herrschende Meinung im Bereich der versicherungsrechtlichen Verfallklauseln um so nachhaltiger auf den Weg verwiesen, unbillige Ergebnisse in einer der Verfallsbereinigung entsprechenden Weise zu korrigieren.

Das Problem taucht häufig auf: Ein Kraftfahrer verursacht einen Unfall und begeht Fahrerflucht. Doch bricht er diese (freiwillig oder gezwungenermaßen) schon nach kurzem ab und kehrt zum Unfallort zu-

---

70 ZfA 1 (1970) 39 f. m. w. N. – Die Entsprechung zur (selbständigen) Vertragsstrafe haben schon die Klassiker gesehen und ausgewertet, vgl. etwa Pomp.-Ulp.D.4.8.11.3; Afr.D.44.7.23 i. f.

71 *Bötticher* 39 f. m. w. N., insbesondere A. 96, dazu etwa RG SeuffA. 87 Nr. 1 S. 1, 2; *Planck-Siber* (o.A.7) § 339 A. 1 a α; *Enneccerus-Lehmann*, S. 159. – Ausdrücklich auch Artt. 162 Abs. 1, 163 Abs. 3 SchwOblR; Artt. 400, 409 griech. ZGB. – Daß sich – wie bei der Vertragsstrafe (z. B. § 550 a BGB) – auch gesetzliche Verbote der Verfallklauseln finden (z. B. § 1229 BGB), sei nur erwähnt.

72 So (recht knapp) BGH VersR 1972, 363, 364 sowie *Prölss-Martin*, VVG, 19. Aufl. 1973, § 6 VVG Anm. 9 A c, B b aa, § 7 AKB Anm. 2 D; *Hüffer*, VersR 1974, 619, für Anwendung des § 343 BGB hingegen OLG Koblenz, VersR 1972, 921, 923; OLG Düsseldorf, VersR 1973, 1157 ff. (mit nachdrücklicher Berufung auf § 242 BGB); *Bötticher* 41 ff.; *Eike v. Hippel*, NJW 1969, 1694, 1696; *Peter Schwerdtner*, Zschr. f. Verkehrs- und OrdnungswidrigkeitenR 1972, 217, 238, 241 ff. Kritisch gegenüber dem augenblicklichen Rechtszustand auch *Hauß*, Festschrift Klingmüller (1974) 145, 147 ff. (aus rechtspolitischer Sicht).

rück, wo der Hergang des Geschehens noch genau aufgeklärt werden kann. Dennoch leitet der Versicherer aus der Fahrerflucht, die von der höchstrichterlichen Rechtsprechung als eine vorsätzliche Verletzung der dem Versicherungsnehmer obliegenden Aufklärungspflicht (§ 7 Abs. 1 Nr. 2 S. 2 AKB) angesehen wird[73], den Totalverlust des Deckungsanspruchs ab (§§ 7 Abs. 5 S. 1 AKB, 6 Abs. 3 S. 1 VVG). Das erscheint in einem derartigen Fall zumeist als unbillige Härte, und man hat deshalb – abgesehen von der Anrufung des § 343 BGB (o.A. 71, 72)) – zwei Wege[74] eingeschlagen, um ihr zu entgehen:

Das OLG Düsseldorf[75] nahm an, es handle sich – gleichgültig, ob eine vollendete oder eine versuchte Unfallflucht i. S. des § 142 StGB vorliege(!) – lediglich um eine *versuchte* Obliegenheitsverletzung, die nicht zur Leistungsfreiheit des Versicherers führe. Das erinnert entfernt an die flexible Interpretation des Celsus, und zwar insoweit, als auch hier nachträglich geleugnet wird, daß es überhaupt zum Verstoß gekommen ist. Freilich verneint das Gericht, daß zuvor (eigentlich) ein Verstoß erfolgt sei; aber das ist nicht haltbar, denn wer flieht, tut eben nicht „alles, was zur Aufklärung des Tatbestandes und zur Minderung des Schadens dienlich sein kann" (§ 7 Abs. 1 Nr. 2 S. 2 AKB)[76].

Demgegenüber argumentiert der BGH ganz auf der Linie, die wir oben (II. 2.) als „honorarrechtliche Bereinigung" bezeichnet haben. Die Klassiker gingen, wenn die Verfallsbedingungen dem Wortlaut nach erfüllt waren, von dem Grundsatz aus *semel commissa poena non evanescit* und korrigierten ihn mit Hilfe der *exceptio doli*. Entsprechend nimmt der BGH an, die Unfallflucht habe „begrifflich den Verwirkungstatbestand erfüllt". Er hebt hervor: „Der einmal begangene Verstoß kann nicht wieder entfallen, weil der Versicherungsnehmer sein Fluchtziel aufgegeben hat"[77], und schränkt die Verwirkungsfolge dann unter Berufung auf § 242 BGB ein. Es ändert nichts an dieser Parallele, daß dies schon nach Art einer teleologischen Reduktion realisiert wird und nicht in der Weise, daß eine Arglisteinrede oder -replik gegen die Leistungsverweigerung des Versicherers zugelassen wird[78], wie es dem stärker prozessual gerichteten römischen Denken entspräche.

---

[73] BGH NJW 1958, 993 f.; 1969, 1385 f. m. w. N. = VersR 1969, 651 f.

[74] Vgl. *Peter Schwerdtner*, JR 1970, 20, 21, s. auch *E. v. Hippel* (o.A.72) (zu weiteren Korrekturversuchen). S. im übrigen zu den Abhilfevorschlägen insbesondere *Hauß* (o.A.72) 153 ff. und *Hüffer* (o.A.72) 617 ff.

[75] NJW 1969, 1390 f. = VersR 1969, 652 f.

[76] So mit Recht BGH NJW 1969, 1385, 1386.

[77] BGH (o.A.76), ebenso OLG Koblenz, VersR 1972, 921.

[78] Ob die Leistungsfreiheit infolge der Obliegenheitsverletzung automatisch eintritt oder dem Versicherer nur ein Leistungsverweigerungsrecht verschafft, kann hier dahinstehen, vgl. dazu etwa OLG Frankfurt, VersR 1972, 919 ff.;

Auch bei den Einschränkungskriterien kehrt Bekanntes wieder. Sie haben sich in mittlerweile ständiger Rechtsprechung zu der Formel verfestigt, daß „der Versicherer Leistungsfreiheit nur beanspruchen darf, wenn der Verstoß geeignet war, seine berechtigten Interessen ernsthaft zu gefährden, und den Versicherungsnehmer ein erhebliches Verschulden trifft“ [79]. Die Unterscheidungen im hier allein einschlägigen Bereich des Vorsatzes ergeben sich aus der zweifelhaften Annahme, daß die Verwirkungsklausel Strafcharakter habe; sie orientieren sich am Vorbild der Strafzumessungsgründe [80]. Dagegen kommt in dem Interesse-Gesichtspunkt die allgemeine und entscheidende Voraussetzung der Verfallsbereinigung zum Vorschein [81]. Freilich sieht der BGH nicht auf die konkrete Interessenbeeinträchtigung, sondern nur auf die generelle Eignung zur Interessengefährdung, was in der Sache allerdings nicht selten doch auf eine Kausalitätsprüfung hinausläuft [82]. Diese Abweichung beruht hauptsächlich auf der Besonderheit, daß die einschlägige Klausel des § 7 Abs. 1 Nr. 2 S. 2, Abs. 5 S. 1 AKB nur ein bestimmtes erfolgsgerichtetes Verhalten des Versicherungsnehmers, nicht aber den Erfolg selbst voraussetzt (o.A.76). Ob sich dieses Gefährdungskriterium auf die Dauer als praktikabel erweisen und Zufallsergebnisse ausschließen wird, ist zu bezweifeln. Diese Schwächen ließen sich jedenfalls vermeiden, wenn man – wie bei den grob fahrlässigen Obliegenheitsverletzungen (§§ 6 Abs. 3 S. 2 VVG, 7 Abs. 5 S. 2 AKB) – die Verwirkung nur insoweit eintreten läßt, als die (vorsätzliche) Obliegenheitsverletzung Einfluß auf die Feststellung des Versicherungsfalles oder auf die Feststellung oder den Umfang der dem Versicherer obliegenden Leistung gehabt hat [83]. In Österreich ist diese Lösung bereits anerkannt (o.A.83) – womit auch hier das Kriterium der Interessenbeeinträchtigung als maßgeblich hervortritt.

Man mag konstatieren, der BGH habe mit seiner erwähnten Rechtsprechung (o.A.77, 79) eine richterliche Rechtsfortbildung vorgenommen, und dem § 242 BGB sei dadurch ein neuer Einbruch in das Versicherungsrecht gelungen [84]. Doch sollte man dabei auch dessen eingedenk sein, daß sich

---

Prölss-Martin (o.A.72) § 6 VVG Anm. 9 A c. – Jedoch stellten z. B. RGZ 145, 26, 31; 152, 251, 258 darauf ab, daß die Berufung auf die Verletzung einer Verwirkungsklausel im Einzelfall treuwidrig sei.

[79] BGH VersR 1970, 561; 1972, 339, 340, 363, 364 sowie BGHZ 53, 160; *Prölss-Martin* (o.A.72) § 6 VVG Anm. 9 B b aa, § 7 AKB Anm. 2 D.

[80] Besonders deutlich BGH VersR 1972, 363, 364; doch s. auch OLG Düsseldorf NJW 1969, 1390, 1391; *Schwerdtner* (o.A.74) 21.

[81] Vgl. Paul.D.4.8.22 (o.A.8); Gai.D.2.11.8, vgl. auch o.V 1 b.

[82] *Prölss-Martin,* § 7 AKB Anm. 2 D b bb.

[83] *E. v. Hippel* (o.A.72) 1696. – Dies hält auch *Hauß* (o.A.72) 153 ff., 157 rechtspolitisch für erstrebenswert. Vgl. noch *Sieg*, ZgesVersWiss. 1973, 437, 443.

[84] So *Schwerdtner* (o.A.74) 22, 21, der in der Inhaltskontrolle Allgemeiner Geschäftsbedingungen den theoretischen Ansatzpunkt für die Heranziehung des

im Grunde genommen nur ein uraltes Anliegen auch im Versicherungsrecht Bahn gebrochen hat. Verallgemeinernd gesprochen geht es dahin, die starre Alles-oder-Nichts-Sanktion indirekter Zwangsmittel dann auszuschalten, wenn der von diesen Mitteln gesicherte Erfolg trotz des formalen Verfalls doch noch realisiert wird und das Interesse des Gläubigers damit gewahrt bleibt.

B.

I. Wie sich zeigte, besteht keine feste Regel: „Die einmal verwirkte Strafe entfällt nicht mehr." Ebenso kann auch der umgekehrte Satz: „Die einmal *nicht* verwirkte Strafe verfällt nicht mehr" keine Geltung beanspruchen. Freilich ist auch das umstritten.

Das Problem des *nachträglichen Verfalls* der einmal nicht verwirkten Strafe wird des öfteren akut, vor allem in Bausachen aufgrund der VOB. Der Schuldner hat zum Beispiel eine Strafe für den Fall versprochen, daß er bis zum 1. März nicht leistet. Wenn er es wegen unvorhersehbarer Umstände oder wegen hindernden Gläubigerverhaltens nicht zu vertreten hat, daß dieser Termin nicht eingehalten werden kann, dann gerät er nicht in Verzug; die Strafe verfällt infolgedessen nicht (§ 339 BGB). Wenn aber die Hinderungsgründe nachträglich entfallen und der Schuldner sich nunmehr leistungsunwillig zeigt, dann fragt es sich, ob jetzt nachträglich noch die Strafe verwirkt werden kann. Das OLG Hamburg und *Staub-Koenige verneinen* das[85]; dagegen hat das Reichsgericht[86] sich in zwei Entscheidungen recht zögernd auf den Standpunkt gestellt, die Strafe könne noch verfallen, wenn der Schuldner trotz einer späteren Mahnung die Leistung nicht innerhalb eines angemessenen Zeitraums nachhole. Davon geht – ohne diesen Streitstand anzuführen – grundsätzlich auch der BGH[87] aus, der einen Strafverfall nach Ablauf des Hinderungszeitraums für möglich hält, wenn es sich um nicht sonderlich ins Gewicht fallende Abweichungen vom ursprünglichen Fristplan handelt.

Eine dogmatisch befriedigende Begründung wird von keiner Seite geliefert. Das RG verschweigt seine Erwägungen; der BGH operiert mit

§ 242 BGB sieht, vgl. auch *ders.* (o.A.72) 238 f., 243. Zur Einengung der Leistungsfreiheit des Versicherers über die Inhaltskontrolle der Versicherungsbedingungen jetzt eingehend *Hüffer* (o.A.72) 621 ff.

85 OLG Hamburg SeuffA. 46 Nr. 252 S. 394 f. (aus 1890); *Staub-Koenige* (u.A.88).

86 RG, Urt. v. 29. 5. 1908 – VII 368/07 – (angeführt in der zweiten einschlägigen Entscheidung:), RG HRR 1929 Nr. 1902 = WarnRspr. 1929 Nr. 133 S. 237 ff.

87 BGH NJW 1966, 971 sowie in dem (in den Zeitschriften insoweit nicht abgedruckten) Urt. v. 12. 7. 1962 – VII ZR 22/61 –, wo die Möglichkeit eines Verfalls nach Ablauf der Hinderungszeit jedoch nicht näher begründet wird. Vgl. auch *Ingenstau-Korbion*, VOB, 7. Aufl. 1974, B § 11 Anm. 8, 10.

dem Grundsatz von Treu und Glauben und das OLG Hamburg führt für seine entgegengesetzte Auffassung Zumutbarkeitserwägungen ins Feld. *Staub-Koenige*[88] schließlich machen geltend, es handle sich zwar um eine Frage der Auslegung, aber es sei im Zweifel nicht anzunehmen, daß der Ablieferungstermin um die Ausfallzeit verlängert werde, weil man einem Termin nicht eine abstrakte Zahl von Tagen hinzurechnen könne. Diese Interpretation beschließen *Staub-Koenige* mit dem Hinweis: „Das ist keine Formaljurisprudenz." Das darf mit Schmunzeln registriert werden, nicht nur weil die Lösung dennoch begrifflich ist, sondern insbesondere deshalb, weil eben diese Auslegung vor gut 1900 Jahren von Proculus vertreten wurde, einem Juristen der frühklassischen Rechtswissenschaft, die unter anderem noch durch eine „leichte Neigung zur Begrifflichkeit"[89] gekennzeichnet ist.

II. Die prokulianische Lösung ist von dem schon wiederholt erwähnten Celsus überwunden worden, bei dem RG und BGH sich Argumentationshilfe hätten holen können. Der einschlägige Kontroversenbericht Ulpians ist in D.4.8.23.1 überliefert[90]. Es geht dort ebenfalls um die wechselseitigen Strafversprechen beim *compromissum*[91]. Die im Schiedsstreit siegreiche Partei war aufgrund gesundheitlicher oder anderer „gerechtfertigter" Gründe nicht in der Lage, die termingerecht angebotene Leistung entgegenzunehmen. Nach dem Ablauf der Leistungsfrist fällt der Hinderungsgrund weg, aber der Verurteilte findet sich zu einem erneuten Angebot nicht bereit. Damit entsteht die Frage, ob der Gläubiger noch auf das Strafversprechen zurückgreifen kann, durch das die Einhaltung des Schiedsspruchs gesichert wird. Proculus verneint sie. Die Strafe sei beim Fristablauf wegen der Hindernisse auf Seiten des Gläubigers nicht verfallen und könne nun auch nachträglich nicht mehr verwirkt werden.

Gegen diese enge, am Wortlaut haftende Auslegung macht Celsus, dem Ulpian beipflichtet, geltend, die Strafe sichere hier zweierlei, nämlich erstens, überhaupt zu leisten, und zweitens, innerhalb der Frist zu leisten.

[88] *Staub-Koenige*, HGB, 12./13. Aufl. 1926, § 348 A. 10, ähnlich noch *RGRK-Gadow*, HGB, 1. Aufl. 1941, § 348 A. 10 (wenngleich ohne die frühere Begründung), mißverständlich *RGRK-Ratz* (o.A.22) § 348 A. 10.

[89] *Kaser*, Röm. Rechtsgeschichte, 2. Aufl. 1967, 186.

[90] Ulp.D.4.8.23.1: *Idem* (sc. Celsus) *ait, si iusserit me tibi dare et valetudine sis impeditus, quo minus accipias, aut alia iusta ex causa, Proculum existimare poenam non committi, nec si post kalendas te parato accipere non dem. sed ipse recte putat duo esse arbitri praecepta, unum pecuniam dari, aliud intra kalendas dari: licet igitur in poenam non committas, quod intra kalendas non dederis, quoniam per te non stetit, tamen committis in eam partem, quod non das.* – Das Fragment ist nach Inhalt und Form nicht zu beanstanden. Näheres in *meiner* Schrift (o.A.8) § 14 I. Eine Parallele findet sich in Paul.D.13.5.17.

[91] Vgl. o. nach A. 8.

Könne das zweite Gebot nicht mehr erfüllt werden, so bleibe doch immer noch das erste. Der Promittent verwirke deshalb die Strafe, wenn er nach Beseitigung des Annahmehindernisses nicht leiste, und zwar, wie zu ergänzen ist, innerhalb des dann in Gang gesetzten *modicum tempus*. Denn es handelt sich nunmehr um eine nicht terminierte Leistung[92].

III. 1. Mit dieser Aufspaltung der strafgesicherten Verpflichtung in zwei geschützte Zusagen läßt sich auch heutzutage der Grundsatz rechtfertigen, daß eine Strafe nachträglich überhaupt noch verfallen kann[93]. Plausibel wird dies, wenn man sich vergegenwärtigt, daß die Vertragsstrafe ihrer Struktur nach ein bedingtes Versprechen ist[94]. Im Bedingungsrecht ist es eine Binsenweisheit, daß der Umstand, daß eine Bedingung einmal nicht eingetreten ist, keineswegs schon bedeutet, die Bedingung sei überhaupt ausgefallen. Nur liegen in unserem Fall die Dinge deshalb komplizierter, weil die Bedingung zugleich eine Frist aufweist. Ob diese aber im Sinne einer abschließenden Befristung zu verstehen ist, die Bedingung also derart prägt, daß sie hernach nicht mehr eintreten kann, muß durch Auslegung ermittelt werden. Für die Vertragsstrafe ist das mit dem celsinischen Argument grundsätzlich zu verneinen. Denn wer den Schuldner einer terminierten Verpflichtung in Strafzwang nimmt, bezweckt damit im allgemeinen nicht nur, sich die pünktliche Erfüllung zu sichern, sondern zugleich auch, den Erfüllungsdruck überhaupt zu verstärken.

2. Jedoch gilt auch dieser Grundsatz nicht ohne Ausnahmen. Eine erste ist aus dem Gläubigerverhalten herzuleiten. Wie die Rechtsprechung zutreffend annimmt, ist ein nachträglicher Verfall nicht schon dann ausgeschlossen, wenn der Gläubiger die Überschreitung des Termins zu vertreten hat[95]. Anders sieht es aber aus, wenn der Gläubiger die rechtzeitige Leistung in treuwidriger Weise bewußt verhindert, etwa indem er die pünkt-

---

[92] Dazu Cels.-Ulp.D.4.8.21.12 (o.A.8). Vergleichbar das RG (o.A.86).

[93] Gleiches gilt im Hinblick auf die nachträgliche Verwirkung einer Verfallklausel. Soweit ersichtlich, ist die Frage im geltenden Recht noch nicht entschieden worden. Für das römische Recht s. Lab.-Iav.D.19.1.51.1, wo die nachträgliche Verwirkung anerkannt wird, sofern kein *dolus* des Gläubigers im Spiele ist (vgl. u. A.98).

[94] Gegen diese Qualifizierung wendet freilich *Bötticher* (o.A.70) 10ff. ein, der Bedingungsbegriff sei zu instrumental, um das Wesentliche des (selbständigen) Strafversprechens, das vom jeweiligen „Geschäftszweck" geprägt werde, zu erfassen (vgl. dazu bereits eingehend *Fitting*, AcP 56 [1873] 404ff.). Doch steht das der rechtstechnischen Einordnung unter die bedingten Rechtsgeschäfte nicht entgegen (vgl. *Lindacher* [o.A.32] 78 A.38), sofern man „die Bedingung" so flexibel versteht, daß sie dem jeweiligen Geschäftszweck differenzierend angepaßt werden kann. Dafür bietet die römische Kasuistik reiches, von den §§ 158ff. BGB nur zu einem geringen Bruchteil erfaßtes Material.

[95] Davon gehen RG (o.A.86) und BGH (NJW 66, 971) aus.

lich angebotene Leistung mutwillig zurückweist. Das ist aus § 162 Abs. 2 BGB analog herzuleiten[96]. Freilich besagt diese Vorschrift, in der die treuwidrig herbeigeführte Bedingung als nicht eingetreten fingiert wird, noch nichts darüber, ob der Nichteintritt auch *endgültig*, also dem Ausfall gleichzusetzen ist[97]. Aber das ist jedenfalls dann anzunehmen, wenn der Gläubiger die Terminüberschreitung bewußt treuwidrig veranlaßt hat. Andernfalls würde der Gläubiger für seine Arglist belohnt werden, denn ohne die Hinderung wäre der (rechtzeitig leistende) Schuldner der Gefahr eines nachträglichen Verfalls enthoben gewesen[98]. Bei fahrlässig treuwidrigem Verhalten[99] bleibt demgegenüber jeweils zu prüfen, ob nach den konkreten Umständen die Berufung auf den nachträglichen Verfall gegen Treu und Glauben verstößt.

Weitere Ausnahmen vom nachträglichen Verfall sind nach den Grundsätzen über die Geschäftsgrundlage insbesondere dann zu machen, wenn die vom Schuldner nicht zu vertretende Hinderung bewirkt hat, daß der gesamte Zeitplan des Schuldners durcheinander gerät[100]. Des weiteren scheidet ein nachträglicher Verfall z. B. auch dann aus, wenn mit Fristablauf die strafgesicherte Handlung unmöglich geworden ist. Doch folgt das bereits aus der Akzessorietät der Vertragsstrafe. Es zeigt sich an alldem, daß auch keine umgekehrte Regel des Inhalts anerkannt werden kann, daß eine einmal nicht verwirkte Strafe nicht mehr verfallen kann. Im Grundsatz gilt vielmehr das Gegenteil. Doch erweist es sich auch hier als notwendig, sorgfältig zu differenzieren, wenn sachgerechte Ergebnisse gewährleistet sein sollen.

C.

I. Darf anerkannt werden, daß der Schuldner den Verfall der Vertragsstrafe durch nachträgliches Angebot bereinigen kann, so bleibt zu fragen, wie sich diese Befugnis in den Fällen auswirkt, in denen die Leistung unmöglich wird. Dies erscheint auch deshalb als zweckmäßig, weil das Pro-

---

[96] Mangels Vertretenmüssens fehlt es schon am Eintritt der Verfallsbedingung. Da das „Verschuldenserfordernis" des § 339 BGB jedoch nur dem Schutze des Schuldners dient, hindert es einen Rückgriff auf die diesem günstige Regel des § 162 Abs. 2 BGB nicht. Ebenso zur Verfallklausel: BGH WPM 1956, 950, 951.

[97] *Motive* (o.A.21) 1, 264; *Soergel-Siebert-Knopp*, BGB, 10. Aufl. 1967, § 162 A. 10.

[98] In gleicher Richtung Cels.-Ulp.D.4.8.23.3; 31; Iav.D.19.1.51.1 (o.A.93). Näheres dazu in *meiner* Schrift (o.A.8) § 14 II, III.

[99] Zu dessen Subsumtion unter § 162 Abs 2 BGB vgl. RGZ 122, 247 ff.; BGH BB 1965, 1052.

[100] BGH NJW 1966, 971; *Ingenstau-Korbion* (o.A.87); *Staudinger-Kaduk* (o.A.24) § 339 A. 36.

blem, wie sich die *Unmöglichkeit* auf den Vertragsstrafenanspruch auswirkt, bislang wenig geklärt ist[101].

Zu unterscheiden ist, ob die Unmöglichkeit vor oder nach dem Verfallszeitpunkt eintritt. Wird die Leistung *vor dem Verfall* durch Zufall oder durch Verschulden des Gläubigers unmöglich, so erlischt die Hauptverbindlichkeit und mit ihr das akzessorische (echte) Strafversprechen. Das ist unstreitig[102]. Hat hingegen der Schuldner die Unmöglichkeit zu vertreten, so ist zweifelhaft, *wann* die Strafe verwirkt ist. Vielfach wird angenommen, der Verfall trete bereits in dem Augenblick ein, in dem die Leistung unmöglich werde[103]. Aber das trifft nur in den Fällen zu, in denen die Strafe eine nicht terminierte Leistung sichert[104]. War für die Leistung hingegen eine Frist bestimmt, so wird trotz vorheriger Unmöglichkeit die Strafe erst mit dem Fristablauf verwirkt[105]. Denn das Strafversprechen steht unter einer negativen Potestativbedingung; es liegt in der Hand des Schuldners, ob und wann die Bedingung eintritt. Er kann darüber bis zum letzten Tage der Frist befinden; vorher braucht er das als Strafe versprochene Geld nicht parat zu haben. Da er sich bei seinen Dispositionen normalerweise von Anfang an darauf einstellt, muß ihm – zumal bei der gebotenen engen Interpretation (o.A.57) – die volle Frist auch dann erhal-

---

[101] Das Problem der Teilunmöglichkeit bleibt außer Betracht. Des weiteren soll das selbständige Strafversprechen hier nicht näher untersucht werden. Aus diesem wird der Promittent nach richtiger, am Geschäftszweck (o.A.94) orientierter Auslegung nicht verpflichtet, wenn die Primärleistung, ohne daß er es wußte, von Anfang an unmöglich war. Auch befreit ihn das nachträgliche nicht zu vertretende Unmöglichwerden der Primärleistung. In diesem Sinne entschieden weithin bereits die römischen Juristen, vgl. Ulp.D.45.1.69 (1. Alt., zur anfänglichen Unmöglichkeit) sowie für die nachträgliche Unmöglichkeit schon Sabinus (bei Pap.D.45.1.115.2, wenngleich ausdrücklich nur zum „Verzug“); Einzelheiten in *meiner* Schrift (o.A.8) §§ 12 III, 27 IV 1 und etwa § 31 II, III. Vgl. auch o.A.69.

[102] Der aus Art. 129 Dresdner Entw. übernommene § 423 E I sah dies ausdrücklich vor: „Ist die Verbindlichkeit, deren Nichterfüllung das Recht auf die Strafe begründen würde, erloschen, ohne daß die Strafe vorher verwirkt war, oder ist die Nichterfüllung von dem Gläubiger verschuldet, so kann die Strafe nicht verlangt werden.“ Die Bestimmung wurde später als selbstverständlich gestrichen. *Protokolle* I 787 (o.A.1). Vgl. im übrigen etwa BGH NJW 1962, 1340, 1341; BAG DB 1964, 1666.

[103] *Kreß* (o.A.22) 358 m.A.22; *Leonhard* (o.A.6) 400; *Schlegelberger-Vogels-Hornig* (o.A.27) § 339 A. 10; *Enneccerus-Lehmann*, S. 161; *Schlegelberger-Hefermehl*, HGB, 4. Aufl. 1965, § 348 A. 1; *Lindacher* (o.A.32) 87. So auch Art. 405 Abs. 1 griech. ZGB.

[104] Dabei ist trotz des Wortlauts von § 339 BGB eine Mahnung für entbehrlich zu halten; anders *Planck-Siber* (o.A.7) § 339 A. 2 a (aufgrund der nicht zu teilenden Annahme, die Nachholbarkeit der Leistung sei keine Verzugsvoraussetzung, § 284 A. 2 b), dagegen auch *Lindacher* 87 A. 71.

[105] Vgl. *Planck-Siber*, § 284 A. 2 b β (S. 260), § 339 A. 2 a. Ebenso die römischen Juristen, s. *Knütel* (o.A.8) § 12.

ten werden, wenn ihm die Leistung vorher in zu vertretender Weise unmöglich wird. Deshalb bleibt auch der hypothetische Kausalverlauf bis zum Eintritt des Termins zu berücksichtigen [106].

Damit erhebt sich die Frage, ob ein Schuldner in solchem Falle den mit Fristablauf eintretenden Strafverfall noch dadurch abwenden kann, daß er anbietet, den (meist unter der Strafsumme liegenden) materiellen Schaden zu ersetzen. Aber das wäre mit den Strafzwecken unvereinbar. Denn die Vertragsstrafe soll gerade den (Mindest-)Schadensersatz für den Fall fixieren, daß der Gläubiger nicht in den Genuß der Primärleistung kommt (o. A IV 1,3). Zudem würde sich eine derartige Abwendung des Verfalls auch mit der Beugefunktion der Vertragsstrafe stoßen. Denn eine solche Möglichkeit, den Verfall abzuwenden, würde es dem Schuldner geradezu erleichtern, sich die Leistung, etwa durch eine gewinnbringende Veräußerung an einen Dritten, unmöglich zu machen.

II. 1. Wenn die Leistung dagegen erst *nach* dem Eintritt des Strafverfalls unmöglich wird, soll das nach einer verbreiteten Meinung ohne Einfluß auf den Strafanspruch bleiben [107]. Das trifft jedoch nicht zu, denn auch nach dem Verfall verliert die Vertragsstrafe nicht ohne weiteres ihre Akzessorietät. Zur Klärung sind hierbei im Rahmen der vor allem interessierenden gegenseitigen Verträge im wesentlichen fünf Fallgruppen zu unterscheiden. Bei ihrer Erörterung ist zu berücksichtigen, daß die Bereinigungsmöglichkeit für den Schuldner eine Gleichwertigkeit von Hauptleistung und (verwirkter) Vertragsstrafe herstellt.

Ein Tauschbeispiel ist zur Veranschaulichung am besten geeignet: G vereinbart mit S, sein Gemälde (Wert DM 9000,–) gegen eine dem S gehörende antike Vase (Wert DM 8000,–) zu tauschen. Dabei verspricht S für den Fall, daß er die zur Zeit auf einer Ausstellung befindliche Vase nicht bis zum 1. März übereignet, eine Strafe in Höhe von DM 9500,–. Der Termin verstreicht, ohne daß S erfüllt hat; die Strafe ist also verfallen. – Wir bilden im folgenden zwei Hauptgruppen, je nachdem, welcher Partei die Leistung unmöglich wird, und sehen zunächst auf die Leistung des Strafgläubigers G.

---

[106] *Planck-Siber,* § 284 A. 2 b β (S. 260). Dagegen ist *nach* dem Eintritt des Strafverfalls der hypothetische Kausalverlauf belanglos, BGH NJW 1969, 461, 462 (jedoch Berücksichtigung im Rahmen des § 343 BGB); *Larenz* (o.A.2) 277 A. 4.

[107] *Windscheid-Kipp* (o.A.54) Bd. 2, S. 171; *Siber,* KritVjschr. 46 (1905) 541; *Planck-Siber,* § 262 Vorbem. III 2 c (S. 127); *Oertmann* (o.A.4) § 339 A. 3; *Dernburg-Engelmann* (o.A.4); *Düringer-Werner* (o.A.1) § 348 A. 5 (S. 441); *Schlegelberger-Hefermehl* (o.A.103); *Lindacher* (o.A.32) 70 A. 18.

2. a) Wenn dem *Strafgläubiger* die eigene Leistung (Übereignung des Gemäldes) *zufällig* unmöglich wird, verliert er den Anspruch auf die Gegenleistung (§ 323 Abs. 1 BGB); der Schuldner S wird frei, und zwar auch von der verwirkten Vertragsstrafe. Speziell auf diese Situation bezieht sich die vom BGH geprägte Formulierung, bei nachträglicher Unmöglichkeit der Vertragserfüllung entfalle der Anspruch auf eine zur Sicherung der Vertragserfüllung ausbedungene Vertragsstrafe auch dann, wenn diese bereits verwirkt sei, falls der Schuldner der Vertragsstrafe die Unmöglichkeit nicht zu vertreten habe[108].

Dieses Ergebnis folgt, wie der BGH treffend anführt, aus der Akzessorietät der Vertragsstrafe. Solange der Gläubiger die verfallene Strafe nicht verlangt hat, ist nur die Primärleistung Gegenstand des Schuldverhältnisses (o.A.27). Wenn jedoch diese Verpflichtung zur Primärleistung entfällt (§ 323 Abs. 1 BGB), kann es ihretwegen grundsätzlich auch keinen Schadensersatzanspruch mehr geben, der von der Nichterfüllungsstrafe „vertreten" werden könnte[109]. Deshalb entfällt auch die bereits verwirkte Strafe, wenn der Vertrag durch einen Rücktritt ins Auflösungsstadium versetzt wird[110]. Die nie näher begründete Gegenauffassung, nach der „das Recht auf die verwirkte Strafe ... selbständig und keineswegs von der Fortexistenz des Rechts auf die Hauptleistung oder auf Schadensersatz wegen Nichterfüllung abhängig" sein soll[111], wurzelt offensichtlich in der gemeinrechtlichen Orientierung an der *stipulatio (poenae)* des römischen

[108] BGH GRUR 1953, 262 ff. = LM § 339 BGB Nr. 2 = DB 1953, 313 (der Leitsatz betrifft den grundsätzlich gebilligten Vortrag des Klägers [GRUR 1953, 264 l.Sp.o.], der zugleich Gegenleistungsgläubiger und Strafschuldner ist); OLG Düsseldorf, MDR 1971, 217, vgl. auch BGH NJW 1958, 790, 791; 1962, 1340, 1341 sowie *Achilles-Greiff* (o.A.62) § 339 A. 1 a; *RGRK-Wilde* (o.A.57) § 339 A. 4; *Soergel-Schmidt* (o.A.24) § 339 A. 11; *RGRK-Ratz* (o.A.22) § 348 HGB A. 8; *Erman-H. P. Westermann* (o.A.28) § 339 A. 3; *Palandt-Heinrichs* (o.A.22) § 339 Vorbem. 1 b; *Staudinger-Kaduk* (o.A.24) § 339 Vorbem. 22. Ablehnend jedoch *Lindacher* (o.A.107).

[109] Dagegen bleibt eine bereits verfallene Schlechterfüllungsstrafe (etwa wegen verzögerter Lieferung) auch dann bestehen, wenn der Vertrag später aufgelöst wird, RGZ 94, 203, 206 f. m. älterer Rspr. Gleiches gilt bei Dauerschuldverhältnissen: Erfolgt eine Pflichtverletzung, die nach dem Gesellschaftsvertrag eine Straffestsetzungsbefugnis der Gesellschaft auslöst, so kann der Gesellschafter der Straffestsetzung nicht durch eine Kündigung zuvorkommen, denn der Strafanspruch hat seine Grundlage in der früheren Zugehörigkeit zur Gesellschaft, RGZ 114, 327, 332 f. (zu sehr verallgemeinert bei *Schlegelberger-Vogels-Hornig* [o.A.27] § 339 A. 9).

[110] *Planck-Siber,* § 340 A. 3; *Oertmann,* § 340 A. 2 c; *Erman-H. P. Westermann* (o.A.28) § 339 A. 5, auch *Windscheid-Kipp* (o.A.107) und *Schollmeyer* (o.A.7) § 340 A. 3. – Zum Wegfall der verwirkten Strafe bei nachträglicher Anfechtung s. RGZ 75, 333, 334 f.

[111] *Kipp* (o.A.107). – Allerdings vermöchte die Lehre *Lindachers,* der die Aufgabe der Vertragsstrafe auf den Beugezweck beschränkt, eine Begründung zu liefern, doch s. o. A IV 1.

Rechts [112]. Dieses Strafversprechen kam in der Tat durch einen selbständigen Vertrag zustande, der „abstrakt" gefaßt sein konnte; doch bestanden vielfältige Zwischenformen [113]. Für die heutigen Strafversprechen, die sich in der Mehrzahl der Fälle besser mit den Strafklauseln durch *pactum adiectum* vergleichen lassen, ist das jedoch nicht mehr maßgeblich.

Schwieriger liegen die Dinge, wenn der Gläubiger die Strafe bereits „gewählt" hat und ihm alsdann die eigene Leistung durch Zufall unmöglich wird. Hierfür ist zunächst klarzustellen, ob die Leistung des Gläubigers überhaupt noch von Belang ist, wenn er die Strafe verlangt hat: Bleibt er zur Gegenleistung verpflichtet? Das ist umstritten [114], läßt sich aber nur differenzierend beantworten. Maßgeblich ist der – vor allem von der Strafhöhe abhängende – Umstand, ob die (Nichterfüllungs-)Strafe den Ersatz für das Ausbleiben der gesamten Schuldnerleistung fixiert oder ob sie sich lediglich an der erwarteten Differenz zwischen Schadensersatz und Gegenleistung orientiert [115]. Im letztgenannten und in der Praxis wohl häufigeren Fall entfällt mit der Wahl der Strafe die Pflicht des Gläubigers zur Gegenleistung; die Parteien haben sich praktisch von vornherein auf eine Verrechnung (i. S. der Differenztheorie) geeinigt. Die Akzessorietät spielt hier keine Rolle mehr.

Sofern die Strafe dagegen – wie im Beispiel – am Interesse ausgerichtet ist, das der Gläubiger an der gesamten Schuldnerleistung hat, bleibt die Gegenleistung des Gläubigers zu berücksichtigen. In diesem Fall tritt die Strafe an die Stelle der Schuldnerleistung (§ 340 Abs. 1 S. 2 BGB). Wird jetzt dem Gläubiger die eigene Leistung durch Zufall unmöglich, so fragt es sich, ob dadurch auch die Pflicht des Schuldners zur Entrichtung der Strafe aufgehoben wird (§ 323 BGB) oder ob der Schuldner auf die um den Wert der Gläubigerleistung gekürzte Strafe (im Beispiel auf DM 500,–) verpflichtet bleibt (Verrechnung i. S. der Differenztheorie).

Auszugehen ist davon, daß die Strafe der Feststellung des Interesses gem. § 325 BGB dient [116], daß mit dem Verlangen der Strafe also eine

---

[112] Besonders deutlich *Planck-Siber* (o.A.7) § 262 Vorbem. III 3 b (S. 128): „Der Anspruch auf die Vertragsstrafe ist ein von dem Anspruch auf Erfüllung nicht nur dem Gegenstand, sondern auch dem Entstehungsgrunde nach verschiedener Anspruch, weil er auf dem Strafversprechen beruht ..."

[113] Näheres in *meiner* Schrift (o.A.8) § 6.

[114] Bejahend *Kisch*, Die Wirkungen der nachträglich eintretenden Unmöglichkeit der Erfüllung bei gegenseitigen Verträgen (1900) 42; *Oertmann*, § 340 A. 2 c; *Düringer-Werner* (o.A.1) § 348 HGB A. 15 a. E.; *Rosenthal-Bohnenberg* (o.A.22) § 340 A. 2; s. auch *Kreß* (o.A.22) 358. Für den Regelfall verneinend dagegen *Erman-H. P. Westermann* (o.A.27) § 340 A.1,5.

[115] Vgl. *Planck-Siber*, § 340 A. 2; *Adler*, ZHR 86 (1923) 39; s. auch *Heymann-Kötter* (o.A.22) § 348 A. 1 (S. 729).

[116] *Oertmann*, § 340 A. 2 c; *Planck-Siber*, § 340 A. 2. Doch bleibt zu beachten, daß dann, wenn ein *Schadensersatz*anspruch geltend gemacht wird, unabhängig

Situation geschaffen wird, die der des § 325 BGB ähnelt, wenn dort der Gläubiger den Schadenersatz wählt. Dabei ist jedoch zu berücksichtigen, daß sich aus der Festlegung der Strafe, insbesondere der Strafhöhe, in diesem Fall – anders als in der oben (nach A. 115) angesprochenen Konstellation – zugleich eine Entscheidung zugunsten der sog. Austauschtheorie ergibt[117]: Die Parteien haben von Anbeginn an vorgesehen, daß der Gläubiger, wenn er die Strafe wählt, auf die Gegenleistung verpflichtet bleiben soll; das Strafbegehren läßt folglich die Gläubigerpflicht intakt[118]. Demnach gelten für die Leistung des Strafgläubigers weiterhin die §§ 323 ff. BGB; bei zufälliger Unmöglichkeit dieser Leistung wird auch der Schuldner von seiner Verpflichtung zur Strafzahlung frei (§ 323 BGB) – was die Vertreter der Austauschtheorie bekanntlich für die Verpflichtung des Schuldners zum Schadensersatz wegen Nichterfüllung annehmen[119].

Jedoch ist auch hier eine Präzisierung zu treffen: Die soeben dargelegte synallagmatische Verknüpfung von Gläubigerleistung und Strafe gilt für den Fall, daß die Schuldnerleistung in dem Zeitpunkt noch möglich war, als der Gläubiger die Strafe verlangte. Wenn der Schuldner sich bis dahin nämlich die eigene Leistung in zu vertretender Weise unmöglich gemacht (§ 325 BGB) oder trotz einer Nachfristsetzung mit Ablehnungsandrohung nicht geliefert hatte, tritt die Strafe nicht mehr an die Stelle des Erfüllungsanspruchs (§ 340 Abs. 1 S. 2 BGB), sondern sie fungiert nur noch als Mindestbetrag des dem Gläubiger erwachsenen Schadens (§ 340 Abs. 2 S. 1 BGB). In diesem Falle, der in RG JW 1917, 597 f. gegeben war, kann der Gläubiger nach der Differenztheorie vorgehen, die mit Einschränkungen heute jedenfalls gewohnheitsrechtliche Anerkennung[120] gefunden hat. Das heißt, er kann, wenn er keinen weitergehenden Schaden geltend machen will, die Vertragsstrafe als Mindestschaden verlangen und hat von ihr den Wert seiner Leistung abzusetzen[121]. Dabei ist es dann gleichgültig, ob dem Gläubiger die eigene Leistung jetzt noch möglich ist oder ob sie zufällig oder in von ihm zu vertretender Weise untergegangen ist. Denn schon mit der zuvor eingetretenen und vom Schuldner zu verantwortenden

---

von den Erfordernissen des Strafverfalls die (strengeren) Voraussetzungen der §§ 325, 326 BGB vorliegen müssen. S. auch unten nach A. 119.

[117] Vgl. *Oertmann*, JW 1917, 597, insoweit zustimmend *Adler* (o.A.115) 39.

[118] Insoweit zutr. *Düringer-Werner* (o.A.1) § 348 A. 15 a. E. („Das Verlangen der Strafe bedeutet ... Aufrechterhaltung des Vertrages").

[119] Vgl. z. B. *Kisch* (o.A.114) 134; *ders.*, Jher. Jahrb. 44 (1902) 71, 136; *v. Mayr* in: Vhdlgen d. 27. Dt. Juristentags (1904) Bd. 2, S. 169.

[120] Vgl. z. B. *Larenz* (o.A.2) 249.

[121] So mit Recht RG JW 1917, 597 f., zust. *Adler* (o.A.115) 38 f. und (wenngleich nur im Ergebnis) *Oertmann* (o.A.117). Vgl. auch *Staudinger-Kaduk* (o.A.24) § 340 A. 26.

Unmöglichkeit der schuldnerischen Leistung war der Differenzanspruch begründet. Die Strafe bestimmt hier nur dessen Mindestumfang.

b) Bejahte der BGH (o.A.103) prinzipiell den Wegfall der bereits verwirkten Vertragsstrafe, wenn dem Strafgläubiger die eigene Leistung zufällig unmöglich wurde, so nahm er im konkreten Fall jedoch an, die Unmöglichkeit der Leistung des Gläubigers sei vom Straf*schuldner* zu vertreten[122]. Dies ist die Situation des § 324 BGB: Der Schuldner bleibt zur Leistung verpflichtet; der Gläubiger kann, solange der Schuldner nicht bereinigt, zwischen Erfüllung und Strafe „wählen" (§ 340 Abs. 1 BGB).

c) Hat hingegen der Straf*gläubiger* zu vertreten, daß ihm die eigene Leistung unmöglich wird, so kann der Strafschuldner die Rechte des § 325 BGB ausüben. Mit dem Rücktritt (o.A.110) oder dem Abstehen vom Vertrage (§§ 325 Abs. 1 S. 3, 323 Abs. 1 BGB) kann er zugleich von der verwirkten Strafe freikommen, auch wenn sie schon „gewählt" ist. Verlangt er jedoch Schadensersatz – im Beispiel die DM 1000.– Wertdifferenz zwischen Gemälde und Vase – so ist die Frage, ob bei der Anrechnung im Rahmen der Differenztheorie die verfallene Vertragsstrafe einzusetzen ist. Hier ist zu unterscheiden: Hatte der Gläubiger die Strafe noch nicht gewählt, so ist nur die Gegenleistung des Schuldners zu veranschlagen, denn nur sie ist Gegenstand des Schuldverhältnisses (o.A.27). Die innere Rechtfertigung für die Nichtberücksichtigung der Strafsumme ergibt sich auch hier aus dem Gesichtspunkt der Verfallsbereinigung. S hätte sich durch die (mögliche) Lieferung der Vase noch der Strafe entschlagen können; zu seinen Lasten darf deshalb nur der geringere Vasenwert angesetzt werden. Hatte der Gläubiger hingegen schon erklärt, daß er die Strafe verlange, und damit den Erfüllungsanspruch beseitigt (§ 340 Abs. 1 S. 2 BGB), so ist nur die Strafe in die Schadensberechnung einzubeziehen – mit der Folge, daß sich im vorliegenden Fall für den schadensersatzpflichtigen G ein Guthaben von DM 500.– ergibt[123]

3. a) Häufiger sind indes die Fälle, in denen es dem Straf*schuldner* unmöglich wird, die Hauptleistung zu erbringen. Er hat diese Unmöglichkeit regelmäßig zu vertreten, auch wenn sie durch Zufall eintritt. Denn er befindet sich im Verzug (§ 287, 2 BGB); andernfalls wäre es ja nicht zum Strafverfall gekommen[124]. Die Hauptforderung bleibt hier also in der

---

[122] Im Beispiel: S verschuldet den Untergang des Gemäldes.

[123] G könnte dieses verlangen, was – abgesehen von den Vertretern der Austauschtheorie, z. B. *Kisch*, Jher, Jahrb. 44, 71; *v. Mayr* (o.A.119) 169 f., 198; *Oertmann* (o.A.117) – auch auf der Grundlage der Differenztheorie angenommen wird, vgl. *Staudinger-Kaduk* (o.A.60) § 325 A. 45 a. E. mit Rspr.

[124] Eine Ausnahme bilden die Fälle des § 287 S. 2 a. E., vgl. *Gernsheim* (o.A.7) 270 f.; anders freilich *Planck-Siber* (o.A.107); *Pescatore* (o.A.7) 275 und *Kipp* (o.A.107).

Form eines Schadensersatzanspruchs erhalten und mit ihr die Vertragsstrafe (§ 340 Abs. 2 BGB). Im Hinblick auf diese Situation trifft es also zu, daß auch eine nachträgliche zufällige Unmöglichkeit den Strafverfall nicht berührt[125]. – Zur Frage, wie es sich mit der Gegenleistung des Gläubigers verhält, darf auf die obigen Ausführungen (nach A. 119) verwiesen werden.

b) Hat es aber der Straf*gläubiger* zu vertreten, daß die Hauptleistung des Schuldners unmöglich wird (G verursacht den Untergang der Vase), so behält der Schuldner den Anspruch auf die Gegenleistung, wird selbst aber von der Hauptpflicht (§ 324 BGB) und zugleich auch von der bereits verfallenen Strafe frei. Diese in den Materialien bereits vorausgesetzte Befreiung[126] erklärt sich wieder aus der Akzessorietät der Vertragsstrafe. Daß sie auch innerlich gerechtfertigt ist, zeigt die Überlegung, daß der Gläubiger dem Schuldner in diesem Falle in zu vertretender Weise die Bereinigungsmöglichkeit nimmt.

Allerdings gilt auch dies nur, solange der Gläubiger nicht erklärt hat, die Strafe zu verlangen. Denn dann wäre der Erfüllungsanspruch erloschen (§ 340 Abs. 1 S. 2 BGB) und die spätere Zerstörung der ursprünglichen Schuldnerleistung durch den Gläubiger für das Vertragsverhältnis irrelevant. Der Schuldner könnte nur mit seinem Schadensersatzanspruch wegen der Zerstörung der Vase gegen die Strafforderung des Gläubigers (teilweise) aufrechnen.

4. Aus alldem ergibt sich, daß die oben angeführte Formel des BGH (o.A.108) das Richtige trifft: Bei nachträglicher Unmöglichkeit entfällt eine bereits verwirkte Vertragsstrafe dann, wenn der Strafschuldner die Unmöglichkeit nicht zu vertreten hat. Präzisierend darf zweierlei hinzugefügt werden: Hat der Gläubiger die Schuldnerleistung unmöglich gemacht, gilt dies nur, sofern der Gläubiger die Strafe noch nicht gewählt hatte. Hat der Gläubiger sich seine eigene Leistung in zu vertretender Weise unmöglich gemacht, so muß der Schuldner zurücktreten oder vom Vertrage abstehen, wenn er von der verwirkten Strafe freikommen will.

---

[125] Was (verallgemeinernd) insbesondere *Siber* (Nachweise A. 107) hervorhebt. – Hat ein *Dritter* nach dem Verfall, aber ehe G die Strafe begehrt hat, die Vase zerstört, so bemißt sich der Ersatzanspruch des S nicht lediglich am (geringeren) Sachwert, sondern nach der Strafsumme. Denn der Dritte hat den S um die Bereinigungsmöglichkeit gebracht.

[126] § 423 E I (o.A.102): Die zweite Alternative deckt die Nichterfüllung sowohl vor als auch nach der Strafverwirkung.

Zur Frage der sog. Diligenzpflichten des Gläubigers gegenüber dem Bürgen[*]

Von Rolf Knütel

I. 1. Ein Gläubiger* erkennt, daß sich die Vermögensverhältnisse des in Verzug geratenen Schuldners stetig verschlechtern, ohne daß begründete Aussicht auf Besserung besteht. Kann er die Dinge treiben lassen und sich später das beim Schuldner nicht mehr zu erlangende Kapital vom Bürgen holen?

Die Frage ist grundsätzlich zu bejahen, wenn man sich an die von der Rechtsprechung stets herangezogene Formel hält, daß „aus dem Bürgschaftsvertrag als einseitig verpflichtendem Vertrag grundsätzlich Sorgfaltspflichten auch als Nebenpflichten nicht herzuleiten" sind[1]. Für eine Pflicht, den Schuldner, der in Vermögensverfall gerät, auszuklagen, würde der Bürgschaftsvertrag ebensowenig eine Grundlage bieten[2] wie für eine Pflicht, den Bürgen zumindest von der Verschlechterung der Vermögensverhältnisse oder von einem Zahlungsverzuge des Schuldners zu benachrichtigen[3]. Unbefriedigend bliebe ein solches Ergebnis allemal, und es ist sicher, daß jedenfalls vor Inkrafttreten des BGB der Bürge in einem solchen Fall insoweit frei gewesen wäre, als ihm infolge von Nachlässigkeiten des Gläubigers Schaden erwachsen ist.

---

[*] H. H. Jakobs/B. Knobbe-Keuk/E. Picker/J. Wilhelm (Hrsg.), Festschrift für Werner Flume zum 70. Geburtstag, Bd. 1, Dr. Otto Schmidt, Köln 1978, 559 – 592.

* Abkürzungen: Die Kommentare zum BGB werden in den folgenden Auflagen angeführt: Erman, Bd. 1, 6. A. 1975; Palandt, 37. A. 1978, Planck, Bd. II 2, 4. A. 1928; RGRK, Bd. II 3, 12. A. 1974; Soergel, Bd. 3, 10. A. 1969; Staudinger, Bd. II 4, 10./11. A. 1975, Std. 1959. Weitere Abkürzungen: Esser-Weyers = E.-W., Schuldrecht II 1, 5. A. 1977; Larenz, SchR I = L., Lehrbuch des Schuldrechts, Bd. I (Allg. Teil), 11. A. 1976; Mot. II = Motive z. d. Entwurfe eines Bürgerl. Gesetzbuches, Bd. 2, 1888; Prot. II = Protokolle der Kommission f. d. 2. Lesung d. Entw. d. BGB, Bd. 2, 1898; Stüven = St., Die Diligenzpflicht des Gläubigers gegenüber dem Bürgen (Diss. Hamburg 1925, mschr.). – Abkürzungen zur römischrechtlichen Lit. nach Kaser, Röm. Privatrecht, Bd. 2, 2. A. 1975, XVII sqq.– Die Urteile des BGH werden in der Regel nach den Veröffentlichungen in den „Wertpapiermitteilungen" (WM) angeführt; zu Parallelveröffentlichungen vgl. die Übersicht im Anhang (A. 178).

1 BGH (17.9.59) WM 60, 51; (5.12.62) WM 63, 24 f.; (15.12.67) WM 67, 366 f.; (13.11.68) WM 68, 1391 f.; (10.2.71) WM 71, 614 f.; (5.12.73) WM 74, 8, 10; (9.10.74) WM 74, 1129 f., vgl. auch Mormann, WM 63, 930, 933; WM 74, 962, 964. – Der BGH folgt hierin der st. Rspr. des RG, vgl. z. B. RG (24.9.14) SeuffA. 70 Nr. 103 S. 180 f.; RGZ (23.11.15) 87, 327 f.; (28.9.16) 88, 410 f.; (31.3.27) JR 27 II Nr. 1109 Sp. 651; (24.10.29) HRR 30 Nr. 212; (19.11.34) HRR 35 Nr. 582; (25.2.35) HRR 35 Nr. 926; (26.1.38) HRR 38 Nr. 510.

2 So Mot. II 680 f.; RGZ (27.9.34) 145, 167, 169; OLG München (21.1.17) JW 18, 59 f. – S. auch RG (18.3.15) SeuffA. 70, 427, 430 (zu guten Zinsen angelegtes Kapital). Grundsätzlich anders § 1364, 2 ABGB, wonach der Gläubiger bei „Saumseligkeit in Eintreibung der Schuld" dem Bürgen verantwortlich ist.

3 So RGZ (31.1.07) 65, 134, 136 f.; (17.4.16) Warn. 16 Nr. 129 S. 205 f.; OLG München (23.10.16) OLGE 34 S. 84, OLG München (o. A. 2), vgl. auch RG (14.4.30) SeuffA. 84 Nr. 174 S. 295 und (noch zu einem gemeinrechtlichen Fall) RG (2.12.09) Gruchot 54 Nr. 79 S. 965, 968. Anders Art. 505 I SchweizOR: Mitteilungspflicht bei Zahlungsrückständen von 6 Monaten (u. III 1).

2. In ihrer Sitzung vom 26. September 1883 brach die 1. Kommission zur Ausarbeitung des Entwurfs eines BGB mit einer langen Tradition. Bei der Beratung zu Art. 948 des Dresdner Entwurfs[4] verwarf sie die Ansicht, der Gläubiger habe Sorgfaltspflichten gegenüber dem Bürgen und könne diesen nur dann in Anspruch nehmen, wenn er bei der Beitreibung oder Wahrung der Forderung oder bei der Erhaltung von Sicherheiten nichts zum Schaden des Bürgen vernachlässigt habe[5]. Eine Ausnahme erkannte die Kommission allein für den Fall an, daß der Gläubiger eine Sicherheit aufgibt, gleichgültig ob diese bei Abschluß der Bürgschaft bereits bestand oder erst nachträglich erlangt wurde. Dies wurde in § 776 BGB dann Gesetz.

3. Durch diese Entscheidung wurde der Schutz des Bürgen erheblich zurückgeschnitten und eine Entwicklung unterbrochen, die auf die im Jahre 535 erlassene Novelle 4 und in Ansätzen bereits in das klassische römische Recht zurückreicht. In der ebenso von sozialpolitischen Motiven wie von Vereinfachungsbestrebungen getragenen Nov. 4 gewährte Justinian dem Bürgen das der heutigen Einrede der Vorausklage (§ 771 BGB) entsprechende sog. *beneficium excussionis (personalis)*[6]. Darüber hinaus billigte er dem Bürgen nun allgemein das zuvor nur von Fall zu Fall anerkannte Recht zu, bei der Leistung an den Gläubiger die Abtretung der Klagen gegen den Hauptschuldner zu verlangen – das sog. *beneficium cedendarum actionum*, das sich in § 774 BGB zur Legalzession fortentwickelt hat[7]. Insbesondere aus dem letztgenannten *beneficium* leiteten bereits die Glossatoren und hernach die Kommentatoren ein Leistungsverweigerungsrecht des Bürgen auch für den Fall her, daß der Gläubiger infolge Verschuldens, vor allem bei der Beitreibung, zur Klageabtretung nicht in der Lage war[8]. Im *usus modernus* und im späteren gemeinen Recht trat hingegen die Auffassung in den Vordergrund, es ergebe sich aus dem *beneficium excussionis*, daß ein Gläubiger den Bürgen nicht in Anspruch nehmen könne, wenn er infolge eigener

4 „Hat der Gläubiger durch seine Verschuldung den Übergang der im Artikel 940 bezeichneten Rechte auf den Bürgen unmöglich gemacht, insbesondere Pfandrechte oder eine sonstige Sicherheit, welche bereits zur Zeit der Bürgschaftsleistung für die Hauptschuld bestellt waren, ohne Einwilligung des Bürgen aufgegeben, oder hat er die Erfolglosigkeit der Geltendmachung der auf den Bürgen übergehenden Rechte verschuldet, so wird der letztere von seiner Verbindlichkeit insoweit befreit, als die Forderung gegen den Hauptschuldner durch die gedachten Rechte gedeckt war. Hat der Gläubiger die Erfolglosigkeit der Ausklagung des Hauptschuldners verschuldet, so wird der Bürge von seiner Verbindlichkeit insoweit befreit, als der Gläubiger ohne diese Verschuldung von dem Hauptschuldner hätte Befriedigung verlangen können."

5 Mot. II 678 ff.; eingehender in den handschriftlichen Protokollen der 1. Komm. zur Ausarbeitung des Entwurfs eines BGB (240. Sitzung v. 26.9.83) 2570 ff.

6 Auch *beneficium ordinis* genannt; die Ausdrücke sind unrömisch.

7 Zu alldem nur Kaser, Röm. PrivatR 2[2] (1975) 459 f. m. w.N.

8 Gerechtfertigt wurde dies durch Verallgemeinerung von Pap. D. 46.3.95.11 (u. A. 46; Kreditmandat). S. etwa Bartolus, Op. VI (Ven. 1590) ad D. 46.1.16 (= 15).1; 46.3.95.11. Näheres zu dieser Entwicklung bei Girtanner, Die Bürgschaft nach gemeinem Civilrechte 12 (1851) 211 ff. (212: seit Placentinus). Von den Pandektisten s. etwa Puchta, Pandekten, (1877) 585[r]. Auf dieser Tradition fußt auch S. 1 des Art. 948 DresdEntw (mit Dresd. Prot. 3474 ff.).

Nachlässigkeit keine Befriedigung vom Schuldner erlangt habe[9]. Hierbei wurde zunächst darauf abgestellt, daß nach Nov. 4 c. 1 auch die reguläre und nunmehr mit der Einrede der Vorausklage ausgestattete Bürgschaft eine bedingte sei und es am Bedingungseintritt fehle, wenn der Gläubiger durch eigene Schuld außerstande geraten sei, beim Schuldner Befriedigung zu erlangen[10]. Schließlich kam insbesondere in der zweiten Hälfte des 19. Jahrhunderts eine dritte Ansicht auf, welche die Diligenzpflichten des Gläubigers direkt aus der *bona fides* ableitete, der nunmehr auch die Bürgschaft unterworfen sei[11].

4. Es überrascht, daß die 1. Kommission in Abkehr von den bis dahin zwar nicht unbestrittenen, aber doch in Partikulargesetzgebung[12], Rechtsprechung und Literatur eindeutig vorherrschenden Auffassungen die Diligenzpflichten des Gläubigers verneinte. Zur Begründung dieser Abkehr führen die Motive (II 678 f.) an, die Diligenzpflichten widersprächen der Rechtsnatur der Bürgschaft, die dem Gläubiger an sich nur Rechte verschaffe. Auch seien sie weder aus den Rechtswohltaten des Bürgen noch aus dem allgemeinen Grundsatz von Treu und Glauben herzuleiten. Schließlich sei bei ihrer Anerkennung zu befürchten, daß der Wert der Bürgschaft beträchtlich herabgedrückt werde. Man habe daher die Diligenzpflichten „in Übereinstimmung mit dem älteren römischen Rechte und mit mehreren neueren Kodifikationen[13] gänzlich" (bis auf den späteren § 776 BGB) verneint. – All diesen Argumenten, die zu-

---

9 S. etwa B. Carpzov, Jurisprudentia Forensis (1638) II, const. 19, def. 10; J. H. Berger, Respons. Rep. (1708) Resp. I 245; Voet, Comm. ad. Pand. (II[6], 1734) 46.1.n.38 sowie Girtanner (o. A. 8) 483 ff.; Sintenis, Das pract. gem. CivilR 2[3] (1868) § 129,3 d, S. 845 f.; Vangerow, Pandekten 3[7] (1869) § 578 A. 4; Hasenbalg, Die Bürgschaft des gem. Rechts (1870) 540 ff., 545 f.; Windscheid-Kipp, PandektenR 2[9] (1906) 1096 A. 10 m. weit. Lit. – Einzelheiten bei Stüven 29 ff., der allerdings die Entwicklungen im *usus mod.* unbeachtet läßt. – Auf die weiteren Fragen, ob das *beneficium exc.* verzichtbar sei, ob es nicht lediglich eine *diligentia in exigendo* rechtfertige etc., kann hier nicht eingegangen werden. – Art. 948 S. 2 DresdEntw gründet sich auf diese Lehre; Prot. S. 3475 f.

10 Die Bedingtheit wurde abgeleitet aus den Worten der c. 1 Nov. 4... *Si vero non valuerit a debitore recipere aut in partem, aut in totum secundum quod ab eo non potuerit recipere, secundum hoc ad fideiussorem...veniat, et ab illo quod reliquum est, sumat.* So die o. A. 9 Genannten (außer Windscheid). Bei dieser Auslegung galten die Grundsätze der Ausfallbürgschaft (dazu u. IV 3 b).

11 Arndts, Pandekten[14] (1889) 695 A. 2 m. Lit. u. Rspr.; Dernburg, Pandekten 2[7] (1903) 225 A. 7; Sokolowski, Die Mandatsbürgschaft (1891) 128 f. (m. Rspr.). – Dagegen Geib, Zur Dogmatik des römischen Bürgschaftsrechts (1894) 180 sowie Mot. II 679 (s. sogleich), doch s. auch Prot. II 481 sowie die Entwicklung in der Rspr. (u. III 2).

12 Die Partikulargesetze erkannten durchweg eine Diligenzpflicht des Gläubigers an, freilich in unterschiedlichem Umfang. Sehr weitgehend vor allem §§ 301, 304, 328 ff. I 14 PrALR und § 1466 SächsBGB, vgl. § 948 Dresd. Entwurf (o. A. 4). Für das ABGB s. §§ 1360, 1364,2 (o. A. 2); enger der Cc Art. 2037 = Art. 2037 BadLR. S. auch A. 13.

13 Der Hinweis auf die „mehreren neueren Kodifikationen" ist sehr irreführend. Genannt werden in Mot. II 679 A. 1 außer dem hess. (Art. 611) der bayer. Entwurf (Art. 892; doch war auch Art. 890 Nr. 1 zu berücksichtigen) sowie § 1360 ABGB – wobei die wesentliche Vorschrift des § 1364,2 ABGB (o. A. 2) unterdrückt ist (vgl. Unger, Jher. Jahrb. 33 (1894) 303 A. 8) –; § 1802 Zürcher. GB – wo sich jedoch eine stärkere Ausprägung einzelner Diligenzpflichten findet, z. B. § 1808 – und Art. 508 des (alten) SchweizOR v. 1881. Munzinger, der Redaktor des SchwOR v. 1881, hat sich jedoch vorzugweise an den Dresd. Entw.

gleich das Fundament für die spätere Rechtsprechung abgaben[14], stehen Bedenken entgegen[15]. Doch mag es genügen, vorerst auf zwei Gesichtspunkte einzugehen.

II. 1. Gewiß ist die Bürgschaft ein den Gläubiger einseitig berechtigender Vertrag. Aber schon wenn man sich vergegenwärtigt, daß sich ein jedes Schuldverhältnis als „Organismus" oder „Gefüge" darstellt, liegt zutage, daß auch den Gläubiger eines einseitig verpflichtenden Vertrages Rechtspflichten im Verhältnis zum Schuldner treffen können, wie z. B. einen Scheckkunden[16]. Auch ein Wechselnehmer kann, obgleich ihm aus dem Wechsel „an sich" nur Rechte erwachsen, dem Geber aus positiver Forderungsverletzung schadensersatzpflichtig sein, wenn er die wechselmäßigen Diligenzpflichten, vor allem zur Protesterhebung, vernachlässigt[17]. Für die Benachrichtigungspflicht des Wechselinhabers bei Unterbleiben von Annahme oder Zahlung ist das sogar ausdrücklich in Art. 45 WG (entsprechend Art. 42 ScheckG) normiert, und zwar auch zugunsten des Wechsel- und Scheckbürgen (Artt. 45 Abs. 2 WG, 42 Abs. 2 ScheckG)[18].

Aus der stets wiederholten Prämisse, daß die Bürgschaft für den Gläubiger grundsätzlich nur Rechte, nicht aber Pflichten begründe (o. A. 1), hat das Reichsgericht ausdrücklich die Folgerung gezogen, daß der Gläubiger auch nicht unter dem Gesichtspunkt der positiven Forderungsverletzung in Anspruch genommen werden könne[19]. Doch ist das in dieser Allgemeinheit nicht mehr aufrechtzuerhalten[20]; offenbar hat es in unserem Zusammenhang besonders lange nachgewirkt, daß die vornehmlich an der Einzelobligation orientierten Verfasser des BGB die Problematik der positiven Forderungsverletzung nicht überschaut haben. Jedenfalls die allgemeinen Schutzpflichten, die im Rahmen der Durchführung eines Schuldverhältnisses *jedem* Vertragspartner gegenüber dem anderen obliegen, müssen auch den Bürgschaftsgläubiger treffen.

---

gehalten (vgl. Schneider-Fick, Das Schweizerische ObligationenR, 1882, 9),und es haben im OR v. 1881 die Diligenzpflichten wesentlich stärkere Betonung gefunden als im BGB, z. B. in Art. 493 I, wonach der einfache Bürge erst zur Zahlung angehalten werden konnte, wenn der Hauptschuldner „ohne Verschulden des Gläubigers erfolglos betrieben worden ist". Zur weiteren Entwicklung in der Schweiz s. u. III 1.

14 Ausdrückliche Bezugnahme auf die Mot. etwa in RGZ (31.1.07) 65, 134, 136; (23.3.07) 65, 396 f.; (24.9.14) SeuffA. 70 Nr. 103 S. 180 f.; (31.3.27) JR 27 II Nr. 1109 Sp. 651.

15 Kritik an der Verneinung von Diligenzpflichten äußern insbesondere Unger (o. A. 13); Marcus, Recht 1902, 456 f.; Stüven 88 ff. pass.; Ohmeyer, Zentralblatt f. d. jur. Praxis 45 (1927) 177 f.; Reichel, JW 1929, 469; Palandt-Gramm, BGB[20] (1961, danach gestr.) § 776,1, s. auch Schütz, ZAkDR 1938, 155; Staudinger-Brändl, § 776,1 sowie Esser-Weyers 310.

16 Wieacker, Sozialmodell (1953) 19; auch in: Industriegesellschaft und Privatrechtsordnung (1974) 9,24; Palandt-Heinrichs, § 320 Vorbem. 1 a. – Zum Schuldverhältnis als „Organismus" s. etwa Larenz, SchR I 23 ff.

17 Baumbach-Hefermehl, WechselG und ScheckG[11] (1973) Einl. WG Anm. 40.

18 Wobei freilich nicht zu verkennen ist, daß diese Bürgschaften mangels „materieller" Akzessorietät wesensverschieden von der BGB-Bürgschaft sind, vgl. BGHZ (6.4.61) 35, 19, 21 f.

19 RG (26.1.38) HRR 38 Nr. 510 = SeuffA. 92 Nr. 148, vgl. auch BGH (10.2.71) WM 71, 615 f. – Mit Recht gehen von der Möglichkeit eines Schadensersatzanspruchs aus pFV aus BGH (13.11.68) WM 68, 1391 f.; (11.3.70) WM 70, 551 f. (a.E.). Zu BGH (26.1.61) WM 61, 392 f. s. u. A. 112.

20 Vgl. Schütz und Esser-Weyers (beide o. A. 15), s. auch RGRK-Mormann § 765, 10; Eisenhardt, MDR 68, 541, 544.

Daß dieser aus culpa in contrahendo haftbar sein kann, steht außer Frage[21]. Ebenso sicher ist aber auch, daß er für Schutzpflichtverletzungen *nach* Abschluß des Bürgschaftsvertrages einzustehen hat, wobei es gleichgültig sein kann, ob man diese Pflichten aus dem Vertrage herleitet[22] oder sie mit einer neueren Lehre aus einem gesetzlichen Schutzpflichtverhältnis folgert[23]. Da die Haftung aus Schutzpflichtverletzung anerkanntermaßen weder die Existenz einer primären Leistungspflicht noch überhaupt einen wirksamen Vertragsabschluß voraussetzt[24], muß ihr auch der Bürgschaftsgläubiger unterworfen sein.

Die Schutzpflichten sind inhaltlich darauf gerichtet, unabhängig vom Leistungsinteresse den anderen Teil vor Schäden an seinen sonstigen Lebens- und Rechtsgütern zu bewahren. Dieser Schutz umfaßt auch das Vermögen. Im einzelnen stellen sich die Schutzpflichten etwa als Obhuts-, Fürsorge-, Aufklärungs-, Mitteilungs- und Unterlassungspflichten dar. Sie decken zum guten Teil das ab, was im Bereich des Bürgschaftsrechts unter dem Begriff der Diligenzpflichten erörtert worden ist. Jedoch betrifft die Frage nach möglichen Diligenzpflichten des Bürgschaftsgläubigers ein weiterreichendes Anwendungsfeld, etwa soweit es darum geht, ob der Gläubiger gegenüber dem (nicht lediglich auf Zeit angenommenen, § 777 BGB) Bürgen gehalten ist, den Schuldner alsbald nach Fälligkeit auszuklagen. Insoweit eine Schutzpflicht zu konstruieren, würde diese nach Funktion und Begriff überstrapazieren; hingegen ist ein derartiges Verhalten jedenfalls bei der Ausfallbürgschaft zur erforderlichen Diligenz zu rechnen[25].

Verschiedene Schutz- und Fürsorgepflichten sind allerdings gesetzlich geregelt worden (z. B. §§ 545, 618, 694 BGB), und man könnte deshalb daran denken, aus der Bestimmung des § 776 BGB den Umkehrschluß zu ziehen, daß jedenfalls ein Bürgschaftsgläubiger von Schutzpflichten frei ist. Doch wäre das hinsichtlich der Rechtsgüter des § 823 Abs. 1 BGB von vornherein verfehlt[26], und es wäre auch hinsichtlich des Vermögens unzutreffend. So ist beispielsweise anerkannt, daß der Gläubiger aus Verschulden bei Vertragsschluß haftet, wenn er dem in Aussicht genommenen Bürgen ein falsches Bild von den Verhältnissen des Schuldners gibt[27]. Ebenso darf auch nach Abschluß des Vertrages der Gläubiger dem Bürgen keine unzutreffenden Auskünfte erteilen. Auch versteht es sich – um ein anderes Beispiel zu nennen –, daß der Gläubiger die Unterlagen, die ihm der Bürge zur Überprüfung seiner ,,Tauglichkeit"

21 Vgl. etwa RG (23.9.29) Recht 29 Nr. 2347; BGH (7.3.56) WM 56, 885, 888; (28.2.68) WM 68, 398. S. auch Soergel-Schmidt, § 765, 14 und u. A. 27.

22 So die herrschende Ansicht, s. etwa A. Blomeyer, Allg. SchuldR[4] (1969) 73; Larenz 12, 104 f.; Palandt-Heinrichs, § 276, 7 a, bb, vgl. auch Huber, AcP 177 (1977) 281, 296.

23 So (mit unterschiedlichen Ausprägungen) insbesondere Canaris, JZ 65, 475 ff.; Thiele, JZ 67, 649 ff.; Gerhardt, JuS 70, 597 ff. Vgl. zur Sonderstellung der Schutzpflichten auch Jakobs, Unmöglichkeit und Nichterfüllung (1969) 38 ff.; K. Schmidt, JuS 77, 722, 724.

24 S. etwa Canaris, Thiele, Gerhardt, Jakobs (alle o. A. 23); Blomeyer (o. A. 22); Larenz 11 f., 104.

25 Vgl. u. IV 3 b, 4, V.

26 Es kann auch für einen Bürgen keinen Unterschied machen, ob er vor oder nach Vertragsabschluß in den Räumen des Gläubigers auf der Bananenschale ausrutscht.

27 RG (23.9.29) HRR 30 Nr. 213; (25.2.35) HRR 35 Nr. 926; (23.7.38) HRR 38 Nr. 1459 m. weit. Rspr.; BGH (7.3.56) WM 56, 885, 888; (5.12.62) WM 63, 24, 27; (5.12.73) WM 74, 8, 10; OLG Hamburg (12.4.65) MDR 65, 741. Vgl. o. A. 21 und Staudinger-Brändl, § 776, 11.

überlassen hat, nicht ohne weiteres Dritten zugänglich machen darf. Es steht also fest, daß dem Gläubiger überhaupt Schutzpflichten gegenüber dem Bürgen obliegen; problematisch ist allein, wieweit sie reichen.

2. Sehr gewichtig ist allerdings der Gesichtspunkt, daß „der Werth der Bürgschaft durch die Imputirung solcher Diligenzpflicht beträchtlich herabgedrückt und in der Praxis zahlreiche Streitigkeiten hervorgerufen würden"[28]. Die Streitigkeiten in der Praxis sind durch die damalige Entscheidung jedoch nicht beseitigt worden[29], und das hängt gewiß mit der zu starken Betonung der Gläubigerstellung zusammen. Die häufigen Rückgriffe auf § 242 BGB[30] lassen erkennen, daß die rigorose Verneinung von Gläubigerpflichten unserem Rechtsempfinden nicht (mehr) entspricht[31]. Es kommt hinzu, daß eine Überspannung der rechtlichen Stellung des Gläubigers und die dementsprechende Verkürzung der Interessen des Bürgen abschreckend wirken; das aber mindert gerade den Wert der Bürgschaft[32].

Vielleicht ist es kein Zufall, daß gerade im letzten Viertel des vergangenen Jahrhunderts das Pendel so stark zur Begünstigung des Bürgschaftsgläubigers ausschlug. Zwischen dem Art. 948 des Dresdner Entwurfs, der die bis dahin herrschenden Auffassungen widerspiegelt, und der Entscheidung der 1. Kommission lagen die große Wirtschaftskrise von 1871/73 (mit der anschließenden Schwächeperiode) und eine deutliche Gewichtsverlagerung im „Bankengeschäft". In der zweiten Hälfte des 19. Jahrhunderts, vor allem in den letzten drei Jahrzehnten, erlangte das Kreditgeschäft eine stetig wachsende Bedeutung und wurde zu einer der Hauptaufgaben der deutschen Banken[33]. Es ist, wenngleich kaum erweislich, so doch gut denkbar, daß dieser wirtschaftliche Hintergrund die Entscheidung gefördert hat, durch Verneinung von Diligenzpflichten die Bürgschaft zu einem schneidigen Kreditsicherungsmittel zu gestalten. Der Verdacht, daß die damalige Entscheidung in stärkerem Maße zeitbedingt

---

28 Mot. II 679. Dies heben etwa auch Mormann und Weyers (beide o. A.20) hervor.

29 Das macht schon die hohe Zahl der veröffentlichten Urteile, in denen die Diligenzpflichten angesprochen werden, deutlich. Für das RG sind gut 35 Urteile anzuführen, für den BGH zumindest 15. – Auf die Schwierigkeiten in der Praxis weist auch Laute, Bl. f. Genossenschaftswesen 1971, 197 f. hin.

30 Dazu u. A. 40.

31 Vgl. auch Esser-Weyers 310.

32 Vgl. Stötter, MDR 70, 545, 549.

33 Dazu etwa Sombart, Die deutsche Volkswirtschaft im 19. Jh.[3] (1913) 177 ff., 193 f., zugleich in: Deutsche Sozialgesch., hgg. v. Ritter und Kocka, 2 (1974) 109 ff. – Die von der Reichsbank und den privaten Notenbanken gewährten Kredite verdoppelten sich von 1876 bis 1884 und wuchsen bis 1900 auf das Dreifache an (508 – 1034 – 1609 Mio. RM); die Kreditvergabe der Aktien-Kreditbanken stieg zwischen 1883 und 1900 auf das gut Dreieinhalbfache (1809 – 6525), s. Deutsches Geld- und Bankwesen in Zahlen (1876 – 1975), hgg. v. d. Deutschen Bundesbank (1976) Übers. B I/1.05. – Vielleicht hat auch die seinerzeit außerordentlich hohe und insbesondere zu den ostelbischen Rittergütern viel diskutierte Bodenverschuldung (dazu Henning, in: Wissenschaft und Kodifikation im 19. Jh., hgg. v. Coing und Wilhelm, 3 (1976) 273 ff.), mit dazu beigetragen, das Bürgschaftsrecht insoweit gläubigerfreundlich zu gestalten.

war, läßt sich jedenfalls nicht ganz von der Hand weisen[34]. Wie dem auch sei, der rigorose Standpunkt der Gesetzesverfasser hat sich nicht zu halten vermocht.

III. 1. Neuere Gesetze sind der Entscheidung des BGB nicht gefolgt. So erkennen etwa das griechische ZGB von 1940 und der italienische Codice civile von 1942 eine Diligenzpflicht des Gläubigers an[35]. Vor allem aber ist das Schweizer Beispiel eindrucksvoll: Der schweizerische Gesetzgeber hatte im Obligationenrecht von 1911 unter Abkehr von der diligenzfreundlichen Regelung des Art. 493 (alt.) SchwOR (o. A. 13) die Gläubigerpflichten gegenüber dem Bürgen nicht unerheblich reduziert, war also in etwa auf die Linie des BGB eingeschwenkt. Doch hat er sich infolge der Mißstände und der schweren Notlage, in die Zehntausende von Personen während der Wirtschaftskrise in den dreißiger Jahren durch leichtsinniges Verbürgen geraten waren, zu einer Gesamtrevision des Bürgschaftsrechts veranlaßt gesehen[36] und in der 1942 in Kraft gesetzten Regelung die Pflichten des Gläubigers gegenüber dem Bürgen „beträchtlich vermehrt und erweitert"[37]. So hat der Gläubiger nach der – insoweit neuen – Bestimmung des Art. 505 Abs. 1 OR den Bürgen von sich aus über Zahlungsrückstände von mehr als 6 Monaten zu unterrichten und dem Bürgen auf Verlangen jederzeit über den Stand der Hauptschuld Auskunft zu erteilen. Auch hat er im Konkurs des Schuldners seine Forderung anzumelden und alles weitere vorzukehren, was ihm zur Wahrung der Rechte zugemutet werden kann; daneben hat er dem Bürgen vom Konkurs Nachricht zu geben, sobald er davon Kenntnis erlangt (Art. 505 Abs. 2 OR) – alles Pflichten, die die hiesige Rechtsprechung dem Gläubiger nicht angesonnen hat[38].

---

34 Zum Verhältnis der Pandektenwissenschaft zu den wirtschaftlichen und sozialen Forderungen der Zeit s. Wieacker, Jur. Jahrb. 9 (1968/69) 1 ff. = Industriegesellschaft (o. A. 16) 55 ff., zugleich auch zu praktisch-wirtschaftlichen Einflüssen auf die Kommissionen. Sicherungs- und Kreditbedürfnisse haben etwa die Diskussion um ein mögliches Anzeigeerfordernis bei der Zession gesteuert (22 f. = 69). – Da in unserer Frage „Quellenpurismus" (s. o. vor A. 13, u. nach A. 45) und Forderungen der Praxis gleichgerichtet waren, nimmt es nicht wunder, daß die Abkehr von den Diligenzpflichten seinerzeit kaum kritisiert wurde; zur Bejahung durch die 2. Komm. s. Prot. II 481. Zust. auch Hachenburg (vgl. die Zusammenstellung gutachtl. Äußerungen, hgg. v. Reichs-Justizamt, 2 (1890) 369); Jakubetzky, Bemerkungen z. d. Entw. eines BGB (1892) 150 f. Ablehnend dagegen O. v. Gierke, Der Entwurf eines BGB (1889) 257; Sokolowski (o. A. 11) 128 ff., 130; Unger (o. A. 15).

35 Art. 862 gr. ZGB (trad. Gogos 1951): „Der Bürge wird befreit, sofern infolge Verschuldens des Gläubigers dessen Befriedigung durch den Schuldner unmöglich wurde." – Art. 1955 it.Cc: „La fideiussione si estingue quando, per fatto del creditore, non puo avere effetto la surrogazione del fideiussore nei diritti (1949)....del creditore."

36 S. R. Gmür, Das Schweiz. ZGB verglichen m. d. Dt.BGB (1965) 177 f.; Einzelheiten zu den Mißständen und den Reformbestrebungen insbes. bei Stauffer, Zschr. f. Schweiz.R 54 (1935) 1 a ff.; 12 a ff., 17 a ff.

37 Giovanoli, Berner Komm. VI (1942) Art. 492 A. 27 (S. 11).

38 Zu den Benachrichtigungsfällen s. o. A. 3; keine Benachrichtigung von einer Zwangsversteigerung: RGZ (31.1.07) 65, 134, 136 f.; OLG Hamburg (14.1.08) OLGE 18, 46 sowie (zum Verkauf von Sicherungsgut) RG (13.1.16) Recht 1916 Nr. 670; OLG Hamburg (12.7.07) OLGE 18, 45 f. und (zum Konkurs, allerdings im Ausland) RG (11.6.06) SächsA. 2(1907) 57 f. Grundsätzlich anders LG Köln (5.6.62) BB 62, 732.

2. Jedoch hat sich auch die deutsche Judikatur inzwischen vom Standpunkt der Gesetzesverfasser entfernt und unter Rückgriff auf den Grundsatz von Treu und Glauben, § 242 BGB, großenteils angemessene Ergebnisse zu erzielen vermocht. Zwar hatte das Reichsgericht zunächst[39] eine Anwendbarkeit des § 242 abgelehnt, weil der Bürgschaftsvertrag für den Gläubiger überhaupt keine Verpflichtungen begründe, mithin auch nichts nach Treu und Glauben erfüllt werden könne. Doch ist dieses enge Verständnis des § 242 rasch überwunden und schon früh immer wieder darauf hingewiesen worden, daß der Bürgschaftsvertrag – wenn er auch keine Pflichten für den Gläubiger begründe – doch jedenfalls von dem allgemeinen Grundsatz von Treu und Glauben beherrscht werde[40]. Dies hat sich in der Rechtsprechung inzwischen so sehr zu einer stereotypen Formel verfestigt, daß der Eindruck entstehen mußte, es handle sich hierbei um ein vom Bürgschaftsvertrag losgelöstes allgemeines Problem von Treu und Glauben. Auf dieser Grundlage werden die Hinweise in der neueren Rechtsprechung zu verstehen sein, wonach eine Befreiung des Bürgen im Einzelfall nur unter dem Gesichtspunkt des Rechtsmißbrauchs möglich sein, mithin nur in Betracht kommen soll, „wenn sich der Gläubiger besonders schwerer Verstöße gegen die Belange des Bürgen schuldig gemacht oder arglistig gehandelt hat" [41]. Dies vermag jedoch aus mehreren Gründen nicht zu überzeugen. Die Mißbrauchs- oder Verwirkungsfolgen sind zu starr; es kann dabei in der Regel nur um die Versagung des *gesamten* Anspruchs gehen. Die von der Rechtsprechung in unserem Bereich nur sehr zurückhaltend herangezogene positive Forderungsverletzung (o. A. 19) ermöglicht differenziertere Lösungen. Aber auch von den Voraussetzungen hier ist der Rechtsmißbrauch, der im Einzelfall selbstverständlich vorliegen kann, zu eng und als alleiniges Entscheidungskriterium zur Lösung des hier anstehenden Interessenkonflikts weder zutreffend noch ausreichend[42]. Dies wird deutlich, wenn man sich auf den Ursprung der sog. Diligenzpflichten besinnt. Er liegt weit zurück.

IV. 1. Die Diligenzpflichten des Bürgschaftsgläubigers haben erstmals in zwei Bereichen des klassischen *römischen Rechts* Anerkennung gefunden. Im Grundsatz, nämlich bei der allgemeinen *fideiussio*, war es allerdings nicht möglich, irgendwelche Diligenzpflichten zu entwickeln. Denn dafür bot die Formel der *fideiussio* (‚*Quod Titius*

---

39 RGZ (31.1.07) 65, 134 unter Berufung auf Planck und Oertmann.

40 Erstmals RG (12.10.05) SeuffA 61 Nr. 108 S. 190 ff. (u. A. 87) sowie insbes. RGZ (22.11.15) 87, 327 f. und dann kontinuierlich seit dem Ende der zwanziger Jahre, s. etwa RG (21.5.28) Recht 28 Nr. 1833; (24.10. 29) HRR 30 Nr. 212; (14.4.30) SeuffA. 84 Nr. 174 S. 292, 295; RGZ (8.1.34) 143, 118, 123; (19.11.34) HRR 35 Nr. 582; (14.9.37) JW 37, 3104; (26.1.38) HRR 38 Nr. 510. Aus der BGH-Rspr. s. etwa BGH (16.4.59) WM 59, 1072, 1074; (17.9.59) WM 60, 51; (5.12.62) WM 63,24 f.; (15.2.67) WM 67, 366 f.; (13.11.68) WM 68, 1391 f. – In der Literatur zunächst Marcus (o. A. 15) 456 ff., kritisch demgegenüber Wacke, AcP 170 (1970) 42, 65. – Zu den Vorläufern im 19. Jh. s. o. A. 11.

41 So BGH (17.9.59) WM 60, 51; zuvor im Ansatz bereits BGH (16.4.59) WM 59, 1072, 1074, hernach sodann BGH (26.1.61) WM 61, 392 f. = BB 61, 383 f. (Ausfallbürgschaft); (5.12.62) WM 63, 24 f. (mit Urt. 15.2.67, WM 67, 366 f.); (30.1.67) WM 67, 397 f.; (13.1.68) WM 68, 1391 f. Vgl. auch (7. 2.66) WM 66, 217; (20.3.68) WM 68, 874 f. sowie Mormann, WM 63, 930, 934; Eisenhardt (o. A. 20) 543 f.; Palandt-Thomas, § 776,1. – Treffend zur Ausfallbürgschaft hingegen BGH (12.1.72) WM 72, 335, 337.

42 Näheres zu den o. A. 41 angeführten Urteilen u. V. 2,3.

mihi debet, id fide tua esse iubes? Fide iubeo.')[43], die durch Stipulation, also einseitig verpflichtenden Verbalkontrakt, begründet wurde, keinerlei Handhabe. Das bestätigt:

D.46.1.62 Scaevola 5 resp. Si fideiussor creditori denuntiaverit, ut debitorem ad solvendam pecuniam compelleret vel pignus distraheret, isque cessaverit, an possit eum fideiussor doli mali execeptione summovere? respondit non posse.

Auch wenn der Bürge den Gläubiger auffordert, den Schuldner zur Zahlung zu zwingen oder das Pfand zu verwerten, kann der Gläubiger dennoch untätig bleiben und später den Bürgen in Anspruch nehmen, ohne daß dieser eine Arglisteinrede geltend machen könnte[44]. Der Grund für Scaevolas Entscheidung ist eben der, daß die Bürgschaft ein einseitig verpflichtender Vertrag ist, aus dem für den Gläubiger nur Rechte erwachsen. Doch bleibt sehr zu beachten, daß dies zwar für die – mit einer *actio stricti iuris* auszuklagende – Stipulation des klassischen römischen Rechts gilt. Für die Herleitung und Berücksichtigung irgendwelcher Pflichten des Gläubigers fehlte hier die Grundlage und dies konnte grundsätzlich nicht durch die Gewährung einer *exc. doli* überspielt werden. Für das moderne Recht kann diese Lösung, die – um es nochmals zu betonen – vor allem auf den Gegebenheiten von Verbalkontrakt und Formularprozeß fußt, kein Vorbild mehr abgeben. Schon im gemeinen Recht war dagegen anerkannt, daß auch die Bürgschaft *ex fide bona* zu beurteilen ist[45]; die Orientierung am „älteren römischen Recht" (Mot. II 679) war daher kaum angebracht.

2. Den einen Bereich anerkannter Diligenzpflichten bildete das Kreditmandat, ein nach der *bona fides* zu beurteilendes Rechtsverhältnis: Wenn der kreditgewährende Gläubiger später aufgrund eigener Nachlässigkeit mit der Rückzahlungsklage gegen den Schuldner nicht durchdrang, dann konnte er beim Kreditmandanten keinen Rückgriff nehmen[46].

Im Zusammenhang mit der (allgemeinen) *fideiussio* konnte dieses dann bedeutsam werden, wenn der Gläubiger sich von dem Bürgen beauftragen ließ, den Schuldner zu verklagen[47]. Eine derartige Vereinbarung hatte für den Gläubiger den Vorteil, daß er gegen die Wirkung der Klagenkonsumption abgesichert war[48]. Für den Schuldner hingegen war die Beauftragung des Gläubigers von doppeltem Nutzen, erstens, weil er dadurch erreichte, daß vor ihm zunächst der Schuldner belangt wurde[49], und zweitens, weil der Gläubiger aufgrund des Auftrags nunmehr zur Diligenz verpflichtet war.

---

43 Vgl. Ulp. D. 45.1.75.6 i. f.; Gai. 3.116.

44 Dazu etwa Wacke, SZ 91 (1974) 276 f. – Entsprechend Pap. D. 46. 1.51.3 *(Creditor pignus distrahere non cogitur, si fideiussorem simpliciter acceptum omisso pignore velit convenire)*, dazu Daube, Iura 11 (1960) 144 ff., freilich mit schwerlich zu teilenden Vorbehalten gegenüber dem *simpliciter acceptus*; s. auch Ant. C.8.40.5; Diocl. eod. 19; 23.

45 Nachweise o. A. 11 (Geib 176, 179) sowie Schirmer in Puchta (o. A. 8).

46 Pap.D.46.3.95.11: *Si creditor a debitore culpa sua causa ceciderit, prope est, ut actione mandati nihil a mandatore consequi debeat, cum ipsius vitio acciderit, ne mandatori possit actionibus cedere.*

47 Paul.D.17.1.22.2, vgl. Inst. 3.26.2, Frezza, Garanzie 1 (1962) 138 f. – Möglich wäre dieses Vorgehen auch in Pap.D.27.7.7 gewesen, vgl. Frezza und Voci, Iura 20 (1969) 329 A. 59.

48 Zwar wurde mit der Klage gegen den *debitor* die gegen den *fideiussor* konsumiert, doch erwuchs dem Gläubiger aus dem Auftrag die *actio mandati* gegen den Bürgen.

49 Aus der einfachen *fideiussio* konnte der Bürge dagegen primär in Anspruch genommen werden. Immerhin bestand für den Gläubiger aber ein sittliches Gebot, sich zunächst an den

3. a) Den für uns aufschlußreicheren und insoweit bislang kaum beachteten zweiten Bereich von Diligenzpflichten im klassischen Recht bildet die Schadlosbürgschaft, die sog. ‚*fideiussio indemnitatis*'. Bei dieser verpflichtet sich der Promittent, nur auf den Betrag einzustehen, mit dem der Gläubiger beim Schuldner ausfällt: ‚*Quanto minus a Titio debitore exegissem, tantum dari spondes? Spondeo*' (vgl. Ulp. D. 46.2.6 pr.). Dieses Versprechen ist seit der Hochklassik belegt und war offenbar recht beliebt, soweit man das aus dem Umstand, daß es verhältnismäßig viele Quellen hierzu gibt[50], ableiten darf.

Für den Gläubiger war die Indemnitätsstipulation günstig, weil bei ihr keine Klagenkonsumption eintrat (Pap.–Paul. D. 45.1. 116). Dem Bürgen brachte sie sogar zwei Vorteile. Erstens sicherte sie überhaupt seine „subsidiäre" Haftung: Nach der jedenfalls in der Spätklassik durchgedrungenen Auslegung konnte er vom Gläubiger erst dann belangt werden, wenn dieser zuvor gegen den Hauptschuldner geklagt und die Zwangsvollstreckung betrieben hatte[51]. Der zweite Vorteil der Indemnitätsstipulation bestand für den Promittenten darin, daß der Gläubiger ihn aus diesem Versprechen nur dann erfolgreich in Anspruch nehmen konnte, wenn er gegen den Schuldner mit der gehörigen Sorgfalt vorgegangen war.

b) Dies beweist:

> D.46.1.41 pr. Modestinus 13 resp. Respondit, si fideiussores in id accepti sunt, quod a curatore servari non possit, et post impletam legitimam aetatem tam ab ipso curatore quam ab heredibus eius solidum servari potuit et cessante eo, qui pupillus fuit, solvendo esse desierit: non temere utilem in fideiussores actionem competere.

Ein Pfleger hatte „Ausfallbürgen" gestellt und das Vermögen hernach schlecht verwaltet. Der *minor* hätte ihn deshalb (mit der *actio negotiorum gestorum* oder aus dem – nicht novierenden – Kautionsversprechen) auf Schadensersatz in Anspruch nehmen können, sei es schon bei bestehender *cura*[52], sei es bei deren Beendigung mit Vollendung des 25. Lebensjahres. Auch nach Eintritt des letztgenannten Zeitpunkts versäumte es der geschädigte frühere *minor*, den Pfleger und dessen Erben zu belangen, obwohl er zunächst noch vollen Schadensausgleich hätte erhalten können. Später gerieten der Pfleger bzw. dessen Erben in Vermögensverfall und der frühere Mündel wandte sich, da bei ihnen nichts mehr zu holen war, nunmehr an den Bürgen. Modestin respondiert, ihm stehe schwerlich eine *actio utilis* gegen die Bürgen zu[53].

Hauptschuldner, sofern dieser zahlungsbereit war, zu halten. Eine Übertretung dieses Gebots gab dem übergangenen Hauptschuldner das Recht, den Gläubiger wegen Ehrverletzung mit der *actio iniuriarum* auf Bußzahlung zu verklagen, Gai.D.47.10.19, vgl. Cic. ad Att.16.15.2; Kaser, RP 1^2 (1971) 665 A.55 m.Lit.; Wittmann, SZ 91 (1974) 336.

50 S. die Nachweise bei Voci (o.A.47) 328 A. 57 und Pap.; Scaev. D.46.1.52 pr., 63 pr., Gord.; Phil. C.8.40.17; 18 (dazu u.c.).

51 Vgl. Paul D.45.1.116 i.f.: *a Maevio enim ante Titium excussum non recte petitur*. – Offenbar hat dieser Vorteil gegenüber der allgemeinen *fideiussio* das Aufkommen der Indemnitätsstipulation wesentlich gefördert, vgl. Frezza (o. A. 47) 136; Girard, Manuel[8] 803.

52 Vgl. Paul D.27.3.4.3; Ulp. D.46.6.4.4; Knütel, SZ 92 (1975) 155 f.m.A. 82.

53 Das verschiedentlich angegriffene Fragment ist nicht ganz intakt. Daß es ursprünglich vom *tutor* gehandelt habe (so Solazzi, Minore età (1912) 150; Valiño, Actiones utiles (1974) 308 A. 1) ist freilich unglaubhaft und auch aus *pupillus* nicht abzuleiten (Lenel, SZ 35 (1914) 180; dagegen wieder Solazzi, Curator impuberis (1917) 97 A. 2). Auffällig ist insbesondere, daß zu *desierit* das Subjekt fehlt. Es kann ein jeder der anteilmäßig haftenden Erben gemeint

Bemerkenswert ist, daß die Indemnitätspromittenten als *fideiussores* bezeichnet werden[54]. Doch wird man das für echt halten dürfen. Zwar weicht das Indemnitätsversprechen, das eine selbständige Hauptstipulation ist, von der regulären *fideiussio* ab, es bestehen aber Ähnlichkeiten in der Funktion. Die Klassiker haben im Bewußtsein dessen die Bezeichnung der Indemnitätsstipulation als *fideiussio* weithin vermieden, doch haben sie dort, wo die funktionelle Ähnlichkeit mit der *fideiussio* im Vordergrund stand, Bürgschaftsrecht angewendet[55]. Es liegt nahe, daß sie dort, wo sie sich von der Ähnlichkeit leiten ließen, bisweilen auch die Bürgschaftsterminologie verwendeten, ohne diese dabei zugleich im streng technischen Sinne zu verstehen[56]. Zu beachten bleibt im übrigen, daß die *cautio* in fr. 41 pr. von einem *curator* bestellt wurde[57]. Da es dem verwaltenden Kurator regelmäßig freistand, ob er diese Sicherheit überhaupt beibrachte (Gai. 3.200), hatte er auch die Freiheit, die Fassung der *cautio* zu verändern. Es ist deshalb verständlich, daß gerade bei der Kaution eines Kurators Indemnitätspromittenten statt der üblichen Sponsoren oder Fidejussoren erscheinen, und es ist auch begreiflich, daß Modestin diese Promittenten, die hier die Aufgaben der Bürgen wahrnehmen, schlicht als *fideiussores* bezeichnet.

Modestin begründet seine Entscheidung nicht. Sie wird jedoch verständlich, wenn man sich vor Augen hält, daß die Indemnitätsstipulation ein bedingtes Versprechen ist. Der Spätklassiker Paulus hat darauf wiederholt hingewiesen, in D.46.3.21 (12 Sab.) sowie in seiner Erläuterung zu Pap. (4 quaest.) D.45.1.116. Papinian erörtert dort den Fall, daß Titius dem Gläubiger 10 schuldet und Maevius dem Gläubiger Indemnität versprochen hat.

---

sein, sofern die Alternative der Erben überhaupt echt ist. Wenn man der (engen) Auffassung Julians (D.46.1.16.6) folgt, hätte der Ex-minor die Erben nicht zu verklagen brauchen, denn mit dem Tode des *curator* würde ja feststehen, daß der Mündel jedenfalls von diesem – und nur er war im Formular genannt – nichts erhalten hat, und das Indemnitätsversprechen müßte damit verfallen sein. – Auch springt die besonders vorsichtige Formulierung des *responsum* ins Auge (*non temere rell.*, beanstandet von Levy, Sponsio (1907) 147 A. 3; Solazzi, Min. età 150; Beseler SZ 66 (1948) 378; Valiño 308); sie mag daher rühren, daß Modestin an die Möglichkeit denkt, die Säumnis des Mündels könne entschuldbar sein.

54 Nach Levy 149 A. 3 (152) soll dies daher rühren, daß die Bürgen – wie in Pap. D.27.7.7 – bereits *rem pupilli salvam fore* kaviert hatten und nachträglich dann zusätzlich dem ehemaligen Mündel Indemnität promittiert haben. Der Wortlaut trägt diese Annahme jedoch nicht, vgl. Flume, Studien z. Akzessorietät d. röm. Bürgschaftsstipulationen (1932) 59 f., der seinerseits eine Interpolation vermutet. Doch ist auch das nicht wahrscheinlich, zumal da, wie Flume 56 ff., 59 f. dartut, die Kompilatoren eine durchgehende Änderung der Indemnitätsstipulation zur *fideiussio* offenbar nicht im Auge hatten. S. auch Alex.C.5.57.2.2 und u. A. 68.

55 Instruktiv ist etwa Papinians Begründung für die Anwendbarkeit des *beneficium divisionis* auf mehrere Indemnitätspromittenten: *quod onus fideiussorum susceptum videretur* (Pap. D.27. 7.7), dazu Levy 147 ff. (149); Flume 59; Voci (o.A. 47) 313, 328 f. – Levy 149 A. 1 weist daneben auf die ganz entsprechende Problematik bei der dem *Schuldner* geleisteten Indemnitätsstipulation hin, einerseits Pap. – Ulp.D.16.1.8.1, andererseits Afr. eod.19.4 (*prope est, ut sit intercessio*).

56 So in Pap. D.46.1.52 pr.i.f., wo es trotz Levy 152 A. um eine Indemnitätsstipulation geht, vgl. Voci 328 A.57. S. außer unserem Fragment auch Paul.D.19.2.54 pr.; Alex.C.5.57.2.2; Gord.C.8.40.17; Phil.C.8.40. 18, vgl. auch Iul.D.46.1.16.6.-D.46.2.6 pr. bleibt zweifelhaft, dazu Apathy, Animus novandi (1975) 66 f.

57 Daß die Klassiker eine der *cautio rem pupilli salvam fore* entsprechende Kaution des *curator* kannten, darf angenommen werden; Gai.1.199, Kaser, RP 1², 371 A.10.-Mit dieser (modifizierten) *cautio* rechnen in unserem fr. etwa Lenel (o. A. 53) 180 und Seiler, Negotiorum gestio (1968) 278 A.76.

D.45.1.116

...Paulus notat: non enim sunt duo rei Maevius et Titius eiusdem obligationis, sed Maevius sub condicione debet, si a Titio exigi non poterit: igitur nec Titio convento Maevius liberatur (qui an debiturus sit, incertum est) et solvente Titio non liberatur Maevius (qui nec tenebatur, cum condicio stipulationis deficit), nec Maevius pendente stipulationis condicione recte potest conveniri: a Maevio enim ante Titium excussum non recte petetur[58].

Es ist nicht etwa so, daß Maevius und Titius zwei Schuldner derselben Verpflichtung sind, sondern Maevius schuldet überhaupt nur unter der Bedingung, daß von Titius nichts eingetrieben werden kann. Wird deshalb Titius verklagt, so wird Maevius (hinsichtlich dessen noch ungewiß ist, ob er überhaupt schulden wird) nicht (schon kraft Konsumption) frei. Und auch wenn Titius zahlt, befreit er damit nicht den Maevius (der nicht schuldete, weil die Bedingung, unter der das Versprechen stand, ausfiel). Schließlich kann Maevius, solange die Bedingung des Versprechens in Schwebe ist, nicht mit Erfolg in Anspruch genommen werden: Vor der Durchführung der Zwangsvollstreckung gegen Titius bleibt die Klage gegen Maevius nämlich erfolglos.

Ist mithin davon auszugehen, daß die Indemnitätsstipulation ein bedingtes Versprechen ist, so kommt es darauf an, ob in der Situation des fr. 41 pr. die Bedingung ausgefallen ist. Modestin hat dies angenommen und sich dabei offensichtlich auf den Satz gestützt, daß eine Bedingung als nicht eingetreten anzusehen ist, wenn derjenige, zu dessen Vorteil der Eintritt gereicht, den Eintritt in zu verantwortender Weise herbeigeführt hat (vgl. § 162 Abs. 2 BGB)[59]. In den Quellen wird als Rechtssatz zwar nur die umgekehrte Regel zum Eintritt vertragswidrig vereitelter Bedingungen (vgl. § 162 Abs. 1 BGB) formuliert[60], doch ist nicht daran zu zweifeln, daß den Klassikern auch die in unserem Fall einschlägige Auslegungsmaxime zum vertragswidrig herbeigeführten Bedingungseintritt, also die Regel des § 162 Abs. 2 BGB, geläufig war[61]. Zu beachten ist, daß der Grundsatz von Treu und Glauben hierfür nicht besonders bemüht wurde. Abgestellt wurde vielmehr darauf, ob der formal (d. h. dem bloßen Wortlaut nach) zu bejahende Bedingungseintritt an demjenigen, der am Eintritt interessiert ist, gelegen hat, m. a. W. ob der Eintritt ihm „zurechenbar" ist *(si per eum fit* oder *stat* etc.). Für diesen Fall, der ein Verschulden nicht notwendig voraussetzte, nahmen die römischen Juristen an, die Bedingung sei in Wirklichkeit nicht eingetreten. Daß es sich bei dieser Frage um ein reines Auslegungsproblem handelt, ist auch von den Verfassern des BGB noch deutlich gesehen worden. Man hielt nämlich die Regelung des § 162 Abs. 2 BGB zunächst für überflüssig, weil die Frage, „ob ein unter gewissen Einflüssen verwirklichter Tatbestand nach dem wahren Sinne der Bedingung als Erfüllung derselben angesehen werden könne oder nicht", je nach Lage der Dinge durch Auslegung zu lösen sei[62].

58 Nicht zu beanstanden, Frezza (o. A. 47) 137; Santalucia, Bull. 68 (1965) 64 ff.; Apathy (o. A.56) 68 A.6, 69.

59 Vgl. Koch, Jur. Wochenschrift f.d. preuß. Staaten (1836) 319.

60 Iul.D.35.1.24; Ulp.D.50.17.161, dazu Kaser, RP I², 257 m. reicher Lit.

61 Die Quellen zur Vertragsstrafe zeigen, daß bereits Servius (Konsul 51 v. Chr.) in dieser Weise auslegte, Pomp.D.4.8.40; Ulp.D.22.2.8, dazu Knütel, Stipulatio poenae (1976) 208 ff., 212 m. Lit.

62 Mot. I (1888) 263 (zu § 136 E.I), vgl. Flume, Allg. Teil II (Rechtsgeschäft) ² (1975) 717; Knütel, Jur. Blätter 98 (1976) 616 f. – § 162 Abs. 2 wurde später nur deshalb eingefügt, um einen Umkehrschluß aus § 162 Abs. 1 auszuscheiden, Prot. VI 134.

Modestin wird in D.46.1.41 pr. mithin angenommen haben, es sei dem Stipulator zuzurechnen, daß die Bedingung – Ausfall mit der Ersatzklage beim *curator* – eingetreten sei. Aus dem *cessante eo* ergibt sich, daß Zurechnungsgrund die Saumseligkeit, der Verzug[63], des Ex-minor in der Beitreibung seiner Forderung ist. Dahinter steht die Auslegung, daß jemand, der ein Indemnitätsversprechen auf den vom Pfleger nicht zu erlangenden Betrag abgibt, nur für denjenigen Ausfall einzustehen verspricht, den der Stipulator trotz Anwendung der im eigenen Interesse gebotenen Sorgfalt erleidet. Für die Folgen einer *cessatio* oder – allgemeiner – einer Nachlässigkeit des Stipulators in der Beitreibung der Forderung geradezustehen, verspricht der Indemnitätspromittent dagegen nicht. Nach ihrem „wahren Sinn" ist die Bedingung mithin nicht eingetreten; da eine Fortdauer des Schwebezustandes ausscheidet, ist sie sogar endgültig ausgefallen. Die Indemnitätsstipulation ist folglich nicht wirksam geworden und bietet für eine *actio ex stipulatu* keine Grundlage. All dies setzt Modestin voraus; er äußert sich nur zur anschließenden Frage, ob nicht wenigstens mit einer *actio utilis*, einer analogen Klage, gegen die Fidejussoren zu helfen sei. Dabei hat er vielleicht Fälle im Auge, in denen die Säumnis des Stipulators entschuldbar ist[64].

c) War der Gläubiger bereits durch Pfänder gesichert, so wurde das Indemnitätsversprechen nicht selten so gestaltet, daß der Promittent sich nur auf dasjenige verpflichtete, mit dem der Gläubiger bei der Pfandverwertung ausfiel[65]. In diesem Fall mußte der Gläubiger, der sonst unter Außerachtlassung der Pfänder ohne weiteres den Bürgen hätte belangen können (o. A. 49), zunächst die Pfandverwertung durchführen (Gord. C. 8.40.17). Daß er hierbei mit der gebotenen Sorgfalt zu verfahren hatte, läßt sich ersehen aus

C.8.40 (41). 18 Philippus A. et Philippus C. Smyrnae, a. 244
Si, ut proponis, fundum ob debitum obligatum non iusto pretio vendidisti, residuam quantitatem, quam ex pretio eiusdem servare potuisses, refundi tibi a fideiussore non iure poscis[66].

Die Gläubigerin Smyrna hat das ihr verpfändete Grundstück unter Wert verkauft und deshalb keine volle Befriedigung erlangt. Wegen des Ausfalls, den sie durch eine mögliche wertgerechte Veräußerung hätte vermeiden können, hat sie nach Auskunft der Kanzlei keinen Anspruch gegen den Bürgen.

Von Exzeptionswirkungen ist nicht die Rede; das *non iure poscis* deutet darauf hin, daß schon nach Zivilrecht der Anspruch gegen den Bürgen nicht besteht[67]. Dies wird gut verständlich, wenn man davon ausgeht, daß der „*fideiussor*" sich nicht schlechthin

63 Auch ein nur *in condicione* stehendes Verhalten wird als *mora* bezeichnet, vgl. z. B. Iav. D.4.8.39.1; Marci.eod.52.

64 Freilich ließe sich dies auch bei der Interpretation der Bedingung berücksichtigen, doch scheint Modestin hierbei strenger verfahren zu sein. – Anders, aber ganz unglaubhaft, Valiño (o. A. 53) 308: Modestin denke an eine *actio utilis* mit der Fiktion, die Tutel (o. A. 53) sei noch nicht beendet. Damit habe der Jurist den umständlichen Mechanismus vermeiden wollen, wonach gegen die *actio ex stipulatu* eine *exceptio doli* einzurücken sei, welche wiederum durch eine *replicatio legis Laetoriae* ausgeschaltet werde.

65 Pap.D.46.1.52 pr.; Gord.C.8.40.17, auch Scaev.D.46.1.63. Zu Phil. C.8.40.18 s. sogl.

66 Das Reskript ist nicht zu beanstanden, einschließlich des *non iusto pretio*. Vgl. dazu letztens Schnebelt, Reskripte der Soldatenkaiser (1974) 44 ff. m.weit.Lit. sowie sogl. im Text.

67 Abweichend Schnebelt 43 f., der an eine *exc. doli* denkt und vermuten muß, die Kanzlei gehe von Grundsätzen der Beamtenkognition aus.

verbürgt hatte, sondern nur eine Indemnitätsstipulation eingegangen war[68]: Daß die Bedingung, unter der das Versprechen stand, formal verwirklicht wurde, lag an Smyrna und war ihr zuzurechnen. Denn sie hätte beim Pfandverkauf Befriedigung hinsichtlich der ganzen Forderung erlangen können, wenn sie die Möglichkeit einer wertgerechten Veräußerung genutzt hätte. Die Worte *quantitatem quam ex pretio ...servare potuisses* werden bei dieser Sicht ebenso bedeutsam wie der (höchstwahrscheinlich echte) Hinweis auf das *iustum pretium*: Um der Smyrna plausibel zu machen, daß sie den Ausfall sich selbst zuzuschreiben hatte, drängte es sich geradezu auf, ihr darzulegen, was sie hätte tun können und deshalb auch hätte tun müssen, um den Ausfall zu vermeiden, nämlich zu marktgerechtem Preis zu veräußern. Auch hier wird die Entscheidung von der Vorstellung getragen, daß der Gläubiger die Folgen eigener Nachlässigkeit[69] nicht auf den Ausfallbürgen abwälzen kann. Denn dieser verpflichtet sich nur für den Fall, daß der Gläubiger einen Ausfall erleidet, obwohl er in der Ausübung seiner Rechte die erforderliche Sorgfalt beobachtet hat[70].

4. Nach alldem bleibt festzuhalten: Bei der regulären *fideiussio* des römischen Rechts bestand keine Möglichkeit, dem Gläubiger eine ,,Diligenzpflicht" aufzuerlegen. Doch wird dort, wo ein Auslegungsspielraum bestand, die Ansicht der römischen Juristen erkennbar, der Gläubiger sei gehalten, seine Rechte gegen den Schuldner sorgfältig wahrzunehmen. Dies gilt im Bereiche des (Kredit-)Auftrags, der als *bonae fidei*-Kontrakt einer recht freien Auslegung zugänglich war, und es gilt besonders auch bei der Indemnitätsstipulation. Dort war es die Bedingung, die den erforderlichen Auslegungsspielraum eröffnete. Diese wurde dahin interpretiert, daß der Bürge nur für den Fall einstehe, daß der Gläubiger *trotz sorgfältigen Vorgehens* gegen den Schuldner mit seiner Klage ganz oder teilweise ausfällt. Diese Interpretation wurde seit dem Mittelalter zum Leitbild für die Auslegung auch der regulären Bürgschaft. Denn auch diese wurde aufgrund der Nov. 4 c. 1 als ein bedingtes Versprechen verstanden (o. I 3 a.E.).

V. 1. Mit der *Ausfallbürgschaft* des geltenden Rechts verhält es sich ganz entsprechend.

a) Freilich ist auch bei ihr umstritten, ob es sich nicht überhaupt schon um ein Garantieversprechen handelt. Doch ist das mit mehr Grund sogar als für das römische Recht abzulehnen. Für eine Garantie wird angeführt, daß der Ausfallbürge nicht Erfüllung dessen, was der Hauptschuldner hätte leisten sollen, schulde, sondern von vornherein nur den durch Insolvenz des Schuldners eintretenden Schaden zu ersetzen habe[71]. Aber auch dann, wenn die

---

68 Hasenbalg, Die Bürgschaft des gemeinen Rechts (1870) 538 f.; Windscheid–Kipp (o. A. 9) 1096 A. 10; Stüven 13 A. 1; s. auch RG (14.3.1895) SeuffA 51 Nr. 178 S. 277, 278. Die Bezeichnung ‚*fideiussor*' steht nicht entgegen.

69 Es ist nicht nötig, eine Kollusion zwischen Smyrna und dem Käufer zu vermuten. Anders Schnebelt 42.

70 Das Indemnitätsversprechen wird bei dieser Auslegung für Smyrna keineswegs wertlos. Mag auch die Forderung durch den Grundstückswert abgedeckt sein, so haftet der Indemnitätspromittent doch im Falle eines Untergangs oder späterer Verschlechterungen, vgl. Pap.D.46.1.52 pr.

71 So Cosack, Lehrbuch des Dt. Bürgerl. Rechts 1[8] (1927) 740; v. Tuhr, Allg. Teil II 2(1918) 176 A. 114; dagegen Dernburg, Bürgerl. Recht 2[3] (1906) § 403 A.8; differenzierend Heck, Schuldrecht (1929) 385.

Bürgschaft für eine Schuld übernommen wird, die auf eine unvertretbare Handlung gerichtet ist, geht die Verpflichtung des Bürgen auf Schadensersatz in Geld, und zwar von vornherein und nicht erst dann, wenn die Hauptschuld in einen Schadensersatzanspruch übergegangen ist[72]. Zudem ist die Ausfallbürgschaft akzessorisch; der Bürge will überhaupt nur auf den Ausfall haften und ansonsten nicht anders und keinesfalls strenger als ein einfacher Bürge[73]. Die Ausfallbürgschaft ist deshalb mit der ganz h. M. als eine „verstärkt subsidiäre" [74] Bürgschaft anzusehen[75].

b) Auch für das geltende Recht ist ausgemacht, daß die Verpflichtung des Ausfallbürgen unter einer (aufschiebenden) Bedingung steht, nämlich der, daß ein Ausfall wirklich eintritt[76]. Des weiteren wird heute allgemein angenommen, daß bei der Ausfallbürgschaft erhöhte Anforderungen an die Sorgfalt des Gläubigers zu stellen sind. Zwar bestehe keine Diligenzpflicht des Gläubigers, doch folge dies aus dem Grundsatz von Treu und Glauben (§ 242 BGB)[77]. Diese Rechtfertigung des billigenswerten Ergebnisses trifft jedoch nicht das Richtige. Es handelt sich nicht um ein allgemeines Problem von Treu und Glauben oder gar der Verwirkung, sondern um eine Frage ergänzender Vertragsauslegung, aus der die Konsequenzen nach § 162 Abs. 2 zu ziehen sind.

Es hängt von der Ausgestaltung des konkreten Vertrages ab und ist durch Auslegung zu ermitteln, ob und inwieweit die Parteien eines bedingten Rechtsgeschäfts auf die Bedingung einwirken und die in ihr gesetzte Risikoverteilung beeinflussen können oder sogar müssen. Im Grundsatz ist hier davon auszugehen, daß jedermann mit erlaubten Mitteln seinen Vorteil suchen und seine eigenen wirtschaftlichen Interessen über die der anderen Partei stellen und zu ihrer Durchsetzung auch auf den Eintritt bzw. Nichteintritt der Bedingung hinwirken kann[78]. Wenn hingegen eine Partei auf den Nichteintritt oder Eintritt der Bedingung in einer Weise eingewirkt hat, welche die andere Partei nach dem nach Treu und Glauben zu bestimmenden Sinn und Zweck des Vertrages redlicherweise nicht erwarten konnte, dann ist nach § 162 Abs. 1 der Eintritt bzw. nach Abs. 2 der Nichteintritt der Bedingung anzunehmen[79]. Dieses Verständnis des § 162 ist heute zwar weithin abgekommen, weil die meisten in dieser

72 Dazu vor allem Siber, Der Rechtszwang im Schuldverhältnis (1903) 238 f.; ders., Jher. Jahrb. 50 (1906) 106 f.; Planck-Oegg, § 765, 6a, 7; Staudinger-Brändl, § 765 Vorbem. 8 m.w.N.

73 RG (3.1.1916) Warn. 16 Nr. 50 S. 82, 83; (30.4.1919) Warn. 19 Nr. 166 S. 257, 258.

74 RGRK-Mormann, BGB[12] (1974) § 765, 21.

75 Dernburg (o. A. 71); Planck-Oegg, § 765 Vorbem. III 5; Staudinger-Brändl, § 765 Vorbem. 21; Kreß, Bes. SchuldR (1934) 276 sowie etwa (ohne Problematisierung) Soergel-Schmidt, § 765 Vorbem. 10; Palandt-Thomas, § 765 Vorbem. 2 c.

76 RGZ (22.12.1910) 75, 186, 187; Schuler, NJW 53, 1689; Enneccerus-Lehmann 787 A. 7; Staudinger-Brändl, § 765 Vorbem. 21 m.w.N. – Für das gemeine Recht s. etwa RG (14.3.1895) SeuffA. 51 Nr. 178 S. 277, 278 f.

77 RGZ (22.11.1915) 87, 327, 328 f. S.o.A. 40 und u. A. 100.

78 Vgl. BGH (11.5.64) WM 1964, 921, 922; BGH (26.9.1960) BB 1960, 1262; Knütel (o. A. 62) 619 m. A. 48. S. auch u. A. 79.

79 Flume (o. A. 62) 715 ff., 717; Knütel 613, 619. Z. B. kann ein Rückbürge, solange die wirtschaftlichen Verhältnisse des Hauptschuldners zur Besorgnis nicht Anlaß geben, darauf vertrauen, daß der Bürge den Bürgschaftsfall nicht herbeiführt, hernach jedoch nicht, vgl. BGH (20.3. 68) WM 68, 874 f. Vgl. auch u. bei A. 123.

Vorschrift – vor allem aufgrund der ganz mißverständlichen Klausel „wider Treu und Glauben" – eine Treuwidrigkeitssanktion, einen Sonderfall unzulässiger Rechtsausübung, erblicken[80]. Wie jedoch die Motive (o. A. 62), der aufschlußreiche Anwendungsfall des § 396 Abs. 1 S. 2 (2. Alt.) HGB, deutliche Ausweitungsbestrebungen in der Judikatur[81] und nicht zuletzt die Handhabung der Regel im römischen Recht[82] bestätigen, handelt es sich in Wahrheit um einen Anwendungsfall ergänzender Vertragsauslegung[83].

Ist damit klargestellt, daß die sog. „Diligenzpflicht" bei der Ausfallbürgschaft grundsätzlich ein Problem der Vertragsauslegung ist und mögliche Folgerungen nach § 162 Abs. 2 zu ziehen sind, so sind nunmehr zwei Beispiele herauszugreifen und die leitenden Wertungen aufzudecken.

2. Auch heutzutage ist es nicht selten, daß – wie im Falle der Smyrna (C.8.40.18) – jemand die Ausfallbürgschaft für eine dinglich gesicherte Forderung übernimmt[84]. Es handelt sich dann um eine eingeschränkte Ausfallbürgschaft: Der Ausfall braucht nicht wie im Normalfall durch Klage und Zwangsvollstreckung in das gesamte Vermögen[85] des Hauptschuldners ermittelt zu werden, sondern wird schon durch Verwertung nur des Sicherungsgutes bestimmt[86]. Der Bürge haftet jedoch nur für den Ausfall, den der Gläubiger trotz ordnungsgemäßer Behandlung des Sicherungsgutes und trotz sorgfältiger Verwertung erleidet.

Das Reichsgericht hatte 1905 einen Hamburger Fall zu entscheiden[87], in dem der Schuldner dem Gläubiger eine Anzahl Warenballen verpfändet hatte, die der Gläubiger bei einem Drit-

---

80 S. die Lit. bei Knütel 615 A. 14. – Die Herleitung aus der mittelalterlichen Parömie ‚*nemo auditur propriam turpitudinem allegans*' liegt dann nahe.

81 Z. B. RG (20.5.31) HRR 1931 Nr. 1905 = Warn. 31 Nr. 138 S. 277 ff. ; RG (5.4.19) JW 1919, 570 f.; RG (9.3.20) JW 1920, 638 f. = Gruch 64 Nr. 68 S. 613 ff.

82 Oben bei A. 60.

83 Für die Begründung im einzelnen sei auf meine Studie (o. A.62) 614 ff. verwiesen. Dort auch zur Entbehrlichkeit des subjektiven Erfordernisses bei § 162 (S. 615, 620 f.). Auf ein Verschulden im technischen Sinne und überhaupt einen bestimmten Verschuldensgrad ist nicht abzustellen; so auch Staudinger-Coing, § 162, 11; Soergel-Knopp, § 162, 6; Erman-Hefermehl, § 162, 2 und Larenz, Allg. Teil d. dt. Bürgerl. Rechts[4] (1977) 440. Darin liegt die Rückkehr zur Betrachtungsweise der römischen Juristen, vgl. o. nach A. 61. – Anders im Schweizer Recht, Knütel 617 A. 29.

84 S. RG (12.10.05) JW 05, 720 (Pfänder; dazu u. bei A. 87); (8.3. 34) Warn. 34 Nr. 47 S. 107; (12.4.34) HRR 34 Nr. 1105; RGZ (27.9.34) 145, 167 sowie (14.3.1895) SeuffA 51 Nr. 178 S. 277 (Grundpfandrechte), s. auch (30.4.19) Warn. 19 Nr. 166 S. 257 f. (Gesellschaftsvermögen); (21.3.32) Warn. 32 Nr. 60 S. 122, 124 (Außenstände).

85 Die Beschränkungen des § 772 BGB gelten bei der Ausfallbürgschaft nicht, Schuler, NJW 53, 1689.

86 Staudinger-Brändl, § 765 Vorbem. 21. – Darin liegt in aller Regel zugleich der Ausschluß der Vorausklage (Schuler 1691), was des öfteren auch ausdrücklich vereinbart wird, s. die Urteile vom 14.3.95; 8.3. und 12.4.34 (o. A. 84); Staudinger-Brändl aaO. – Daß eine Ausfallbürgschaft überhaupt selbstschuldnerisch übernommen werden kann, ist heute außer Streit, vgl. etwa noch RG (29.12.13) JW 14, 350 f.; (3.1.16) Warn. 16 Nr. 50 S. 82 f.; (30.4.19) Warn. 19 Nr. 166 S. 257 f.; Staudinger-Brändl aaO. Derartige Bürgschaftsversprechen können Unterschiedliches meinen, etwa daß der Bürge zunächst nur sicherungs- oder vorschußweise zahlen soll (Reichel, AcP 135 (1932) 336, 343 ff.) oder daß der Ausfall überhaupt nicht durch Klage und Vollstreckung ermittelt zu werden braucht.

87 (12.10.05) SeuffA 61 Nr. 108 S. 190 ff. = JW 05, 720.

ten eingelagert hatte. Der Schuldner hatte zu dem Lager freien Zutritt und dort auch seinerseits gleichartige Warenballen eingelagert. Im Laufe der Zeit kamen dort verschiedene Ballen abhanden und der Gläubiger, eine Bank, erlitt deshalb einen Ausfall. Der Ausfallbürge[88] verweigerte die Zahlung, weil der Gläubiger es fahrlässigerweise unterlassen habe, das Lager von Zeit zu Zeit zu revidieren und deshalb den an den verpfändeten Waren eingetretenen Verlust selbst verschuldet habe.

Das Reichsgericht gab dem Bürgen recht. Es knüpfte an die Auskunft von Sachverständigen an, daß es üblich und im Interesse eines ordentlichen Kaufmanns auch geboten sei, derartige Lombardlager ein- bis zweimal jährlich durch Revision zu kontrollieren, um eine Gefährdung des Pfandes möglichst auszuschalten. Darauf könne auch der (Ausfall-) Bürge vertrauen. Beachtenswert ist die weitere Begründung:

„Es würde gegen die Grundsätze von Treu und Glauben verstoßen, unter denen auch die Bürgschaft steht, wenn der Gläubiger sich darauf, daß er die für einen ordentlichen Kaufmann gebotene Sorgfalt auch in eigenen Angelegenheiten nicht beobachte, dem Bürgen gegenüber berufen wollte. Der Bürge hat ein erhebliches Interesse an der Erhaltung der Pfänder, er ist aber in der Regel nicht in der Lage, selbst eine Kontrolle über die nicht in seinem Gewahrsam, sondern in dem des Gläubigers oder eines von diesem beauftragten Dritten sich befindenden Pfänder auszuüben. Er darf daher erwarten, daß der Gläubiger so verfährt, wie man es von einem ordentlichen Kaufmann in seinem eigenen Interesse erwarten kann, und damit auch seine, des Bürgen, Interessen schützt. Arglistig aber würde der Gläubiger verfahren, wenn er in dem Gedanken, daß seine Forderung durch die Bürgschaft hinlänglich gesichert sei, jedwede Vorsichtmaßregel zur Erhaltung der Pfänder unterließe. Hiernach muß angenommen werden, daß die Klägerin, indem sie jede Kontrolle der mehrere Jahre auf dem Lager von K. & Kons. befindlichen Pfänder unterließ, sich eines fahrlässigen Verhaltens gegenüber dem Beklagten schuldig gemacht hat" (aaO., S. 191 = 720).

Diese Begründung enthält die drei Leitgedanken, die in den späteren Entscheidungen nicht nur zur Ausfallbürgschaft, sondern überhaupt zur Bürgschaft immer wieder angeführt werden und die sich bei einer Auslegung ohnehin aufdrängen:

(1.) Der Bürge kann darauf vertrauen, daß der Gläubiger sich so verhält, wie es in den jeweiligen Geschäftskreisen üblich und nach der Sorgfalt eines ordentlichen Kaufmanns zu erwarten ist[89]. Die Rechtfertigung für diese Erwartung liegt vor allem darin, daß diese zu erwartende Verhaltensweise schon von dem eigenen Interesse des Gläubigers her geboten ist.

(2.) Der Gläubiger gewinnt durch die Annahme eines Bürgen grundsätzlich keinen „Nachlässigkeitsspielraum" ; er darf nicht sorgloser werden und kann nicht die Folgen eigenen Verschuldens auf den Bürgen abwälzen[90]. Denn der Bürge steht für die Erfüllung der Verbindlichkeit durch den Schuldner ein, nicht aber für Verschulden des Gläubigers.

---

88 Daß es sich um einen solchen gehandelt habe, wird erst in RG (24. 9.14) SeuffA 70 Nr. 103 S. 180, 181; (31.3.27) JR 1927 II Nr. 1109; (24.10. 29) HRR 1930 Nr. 212 ausdrücklich ausgesprochen; s. auch Schuler (o. A. 85).

89 Zur Ausfallbürgschaft: RG (1.10.08) Recht 08 Nr. 3782 („sachgemäßes Vorgehen"); zur Kreditbürgschaft: BGH (16.4.59) WM 59, 1072, 1074 1. Sp.; (13.11.68) WM 68, 1391, 1393; zur Bürgschaft allgemein: BGH (7.2. 66) WM 66, 317; LG Köln (5.6.62) BB 62, 732.

90 Zur Ausfallbürgschaft: RGZ (22.11.15) 87, 326, 327 f.; (24.10.29) HRR 1930 Nr. 212; zur Kreditbürgschaft: BGH (16.4.59) WM 59, 1072, 1074 1. Sp., 1075 1. Sp.; (13.11.68) WM 68, 1391, 1393; OLG München (10.12.75) NJW 76, 1096 f.

(3.) Soweit der Bürge sich selbst zu schützen vermag, kann er nicht erwarten, daß der Gläubiger seine, des Bürgen, Interessen wahrnimmt[91].

In dem angeführten Urteil aus dem Jahre 1905 ist das Reichsgericht davon ausgegangen, daß der Ausfallbürge bereits dann frei werde, wenn der Gläubiger durch eine nur fahrlässige Verletzung seiner Sorgfaltspflicht die Pfandsicherung vermindert habe. Daß lediglich Fälle grober Fahrlässigkeit gemeint seien, läßt sich dem Urteil nach seinem Duktus schwerlich entnehmen[92]; zudem gibt eine von der gleichen Grundauffassung getragene spätere Entscheidung des RG[93] für eine derartige Einengung keine Anhaltspunkte. Vor allem aber ist die Annahme, es schade bereits eine leicht fahrlässige Sorgfaltspflichtverletzung, auch durchaus gerechtfertigt. Der Bürge darf nämlich (mangels anderer Abrede) schon deshalb erwarten, daß der Gläubiger die Pfandsachen sorgfältig erhalten wird, weil der Gläubiger hierzu bereits dem Verpfänder gegenüber aus § 1215 BGB verpflichtet ist[94]. Es liegt also sehr im eigenen Interesse des Gläubigers, hier volle Sorgfalt walten zu lassen. Wenn der Verpfänder zugleich der Schuldner ist, würde sich dies auch daran bestätigen, daß der Bürge nach § 770 Abs. 2 geltend machen könnte, der Schuldner könne mit einer Schadensersatzforderung wegen Verletzung des Pfandvertrages aufrechnen. Jedenfalls für die Ausfallbürgschaft ist deshalb anzunehmen, daß der Gläubiger dann, wenn er, sei es auch nur leicht fahrlässig, eine Verschlechterung oder ein Abhandenkommen der Pfandgegenstände verursacht hat, den Eintritt der Bedingung in einer Weise herbeigeführt hat, mit der der Bürge redlicherweise nicht zu rechnen brauchte. Eine Inanspruchnahme des Ausfallbürgen ist daher nach § 162 Abs. 2 teilweise oder sogar ganz ausgeschlossen[95].

b) Bei einer *Sicherungsübereignung* gilt Entsprechendes. Da der Gläubiger schon aus dem Sicherungsvertrag dem Sicherungsgeber zur Sorgfalt verpflichtet ist[96], kann auch der Schadlosbürge vom Gläubiger ein derartiges Verhalten erwarten. Der Bundesgerichtshof hat freilich in einer Entscheidung[97], auf die das Gericht später des öfteren Bezug genommen hat, auf andere Kriterien abgestellt:

---

91 Allg. zur Bürgschaft: RG (23.3.08) Warn. 08 Nr. 370 S. 276 = Recht 08 Nr. 1788 S. 300; RG (24.9.14) SeuffA. 70 Nr. 103 S. 180 ff.; BGH (26.1.61) WM 61, 392, 393; (5.12.62) WM 63, 24, 27; (15.2.67) WM 67, 366, 367; (11.3.70) WM 70, 551, 552 (a. E.); (10.2.71) WM 71, 614 f. – Vgl. auch RG (31.1.14) Warn. 1914 Nr. 155 S. 209, 210 u.; (14.7.16) Warn. 1916, Nr. 129 S. 205 f.; BGH (17.9.59) WM 60, 51 ; OLG Hamburg (20.11.31) HansRGZ 1932 B 181, 184.

92 Dies zu BGH (17.9.59) WM 60, 51.

93 (25.4.07) Soergel Rspr. 07 § 776 Nr. 2 = Recht 07 Nr. 1434. Nach RG (24.9.14) SeuffA. 70 Nr. 103 S. 180, 181 ging es dort um eine Ausfallbürgschaft.

94 In dessen Rahmen ist § 690 BGB bekanntlich nicht anwendbar; Erman-Hefermehl, BGB[6] (1975) § 1215,4.

95 Die Maßstäbe des dispositiven § 776 (dazu u. VII 7) stehen dem nicht entgegen. Daß ein Ausfallbürge nur bei willentlicher Aufgabe, nicht bei fahrlässiger Verringerung des Pfandes befreit werde, gibt die Vorschrift keinesfalls her. Vgl. auch Staudinger-Brändl, § 776,3.

96 Vgl. BGH (22.6.66) WM 66, 756. Der selbstschuldnerische Bürge kann sich im Rahmen des § 770 II auf den Schadensersatzanspruch des Sicherungsgebers berufen. – In BGH (11.3.70) WM 70, 551 f. (a.E.) wird ein eigener Schadensersatzanspruch des Bürgen erwogen (Verschleuderung des Sicherungsgutes).

97 (26.1.61) WM 61, 392 f. = BB 61, 383 f.

Ein Darlehensgeber hatte sich vom Schuldner zur Sicherheit Maschinen übereignen lassen und vereinbart, daß dann, wenn deren Wert unter den Darlehensbetrag sinken sollte, eine Übereignung weiterer Maschinen oder eine teilweise Darlehensrückzahlung erfolgen sollte. Später unterließ er es, die Maschinen neu schätzen zu lassen und auf weitere Sicherheit zu drängen. Er erlitt deshalb einen Ausfall und nahm den Schadlosbürgen in Anspruch.

Der Bundesgerichtshof hat der Klage stattgegeben, weil aus der ,,Nachsicherungsklausel" für den Bürgen kein Anspruch erwachse, daß der Gläubiger von seinen vertraglichen Rechten im Interesse des Bürgen Gebrauch mache. Wenngleich sich nach Treu und Glauben eine Schadensersatzpflicht des Gläubigers ergeben könne, wenn dieser arglistig gehandelt oder sich sonst besonders schwerer Verstöße gegen die Belange des Bürgen schuldig gemacht habe, so lägen diese Voraussetzungen doch nicht vor.

Diese Begründung ist jedoch drei Einwänden ausgesetzt. Zunächst ist bei der Ausfallbürgschaft grundsätzlich nicht nach einem Anspruch des Bürgen zu suchen, sondern es hat umgekehrt der Gläubiger darzutun, daß die aufschiebende Bedingung, unter der die Verpflichtung des Bürgen steht, eingetreten ist. Daran fehlt es, wenn der Bürge redlicherweise erwarten durfte, der Gläubiger werde sich rechtzeitig um zusätzliche Sicherung bemühen. Eine derartige Erwartung wäre vor allem dann berechtigt, wenn der Bürge seine Verpflichtung erkennbar unter Berücksichtigung dieser Klausel eingegangen wäre.

Des weiteren ist es nicht gerechtfertigt, bei der Ausfallbürgschaft auf Arglist oder besonders schwere Verstöße abzustellen. Vielmehr schadet hier dem Gläubiger grundsätzlich jedes vertragswidrige, also auch ein nur leicht fahrlässiges Verhalten[98]. Zudem tragen die vom BGH angeführten Urteile des RG derartige Einschränkungen nicht[99].

Von RG (12.10.05) JW 05, 720 (o. A. 87) war bereits die Rede; das Gericht stellte letztlich darauf ab, daß jedenfalls fahrlässiges Verhalten vorliege (o. S. 576). Auch in der daran anknüpfenden Entscheidung RGZ (22.11.15) 87, 327 wird im Ergebnis schon ein nachlässiges Verhalten des Gläubigers als ausreichend angesehen, um den Bürgen zu befreien[100]. Daß das RG diese Urteile auch in eben diesem Sinne verstanden hat, ergibt sich überdies aus RG (24.10.29) HRR 30 Nr. 212. Aus RG JW 37, 3104 (u. A. 106) folgt schwerlich, daß eine Befreiung nur unter den dort gegebenen Umständen möglich ist. In RG (5.5.30) Warn. 30 Nr. 136 schließlich ging es um ein Kreditmandat, zu welchem die Verletzung einer besonderen Vertragspflicht behauptet wurde.

Drittens bleibt bei der einengenden Sicht des BGH zur Ausfallbürgschaft unberücksichtigt, daß es sich hier gerade um die ,,billigste" aller Bürgschaften handelt. Der

98 Treffend hingegen zur Mietbürgschaft BGH (12.1.72) WM 72, 335, 337 (,,Anwendung gehöriger Sorgfalt"). Unter Umständen kann sogar von Fahrlässigkeit abzusehen sein, s. o. A. 83.

99 Der BGH nimmt auf RGZ 87, 327 und auf seine Entscheidungen vom 16.4.59, WM 59, 1072 (Kreditbürgschaft) und v. 17.9.59, WM 60, 51 (selbstschuldnerische Bürgschaft) Bezug. In der letztgenannten Entscheidung wird für die engen Voraussetzungen auf RG JW 05, 720; JW 37, 3104 und Warn. 30 Nr. 136 verwiesen.

100 S. 328 f.: ,,Wenn der Gläubiger im Vertrauen auf die ihm durch die Ausfallbürgschaft gebotene Sicherheit die Rechtsverfolgung gegen den Hauptschuldner nachlässig betreibt, hierin dem Bürgen gegenüber ...nach Umständen sogar ein arglistiges, für den Regelfall aber wenigstens ein vertragswidriges Verhalten des Gläubigers gefunden werden kann."

Gläubiger, der sich mit einem Ausfallbürgen zufriedengibt, muß davon ausgehen, daß dieser nur unter engen Voraussetzungen, mithin nur dann einstehen will, wenn der Gläubiger trotz Anwendung der gebotenen Sorgfalt einen Schaden erleidet.

3. a) Modestins Responsum (D.46.1.41 pr.), in dem es um die Ausfallbürgschaft für einen Vermögenspfleger ging, erinnert an die heutigen *Dienst- und Amtsbürgschaften*. Bei diesen handelt es sich um die Verbürgung für einen Schuldner, der in einem privaten Dienstverhältnis steht bzw. eine Amtstätigkeit ausübt. Die Bürgschaft wird hier für eine etwaige künftige Verbindlichkeit übernommen[101] und ist grundsätzlich als Ausfallbürgschaft aufzufassen[102]. Denn Gläubiger und Bürge gehen regelmäßig davon aus, daß die Bürgschaft nur für denjenigen künftigen, aber vermutlich nicht entstehenden Schaden geleistet sein soll, den der Dienstnehmer nicht ersetzt.

Im vergangenen Jahrhundert war streitig, ob der Dienstbürge auch dann haftet, wenn der Gläubiger den Schaden durch eigene Nachlässigkeit, insbesondere durch mangelnde Kontrolle, verschuldet hatte. In der Literatur wurde dies überwiegend bejaht[103]. Dagegen sah die Praxis in solchem Fall meist den Bürgen als befreit an, weil es im Zweifel als übereinstimmender Wille der Kontrahenten anzusehen sei, daß der Bürge nur insoweit die Haftung übernehme, als der Dienstherr trotz ordnungsmäßiger Aufsicht beschädigt werden sollte[104]. Die wesentlichen Gesichtspunkte für diese Auslegung hatte bereits das OAG Celle in einem Urteil von 1798 (o. A. 104) beigebracht, in dem es hervorhob:

„Dem Bürgen fehlt es dieserhalb an allen Mitteln, den Rechnungsführer zu controlliren, und denselben allenfalls wegen untreuer oder nachlässiger Verwaltung des Dienstes zu entlassen. Diese Mittel müßten aber doch, nach aller Billigkeit, in des Bürgen Händen seyn, wenn man annehmen wollte, daß der Cassen-Herr solche nicht fleißig anzuwenden brauche. Der Bürge verpflichtet sich zwar für dolum et culpam des Cassen-Bedienten, nicht aber für die Nachlässigkeiten des Cassen-Herrn, welche jene herbeyführen" (S. 157).

b) Demgegenüber hat das RG in seiner letzten einschlägigen Entscheidung vor Inkrafttreten des BGB[105] zwar den Vorwurf erhoben, die Praxis stütze sich „fast nur auf die allgemeinen Grundsätze der *bona fides*" (S. 143) und sie gehe zu sehr zu Lasten des Kassen-Herrn, welcher außerdem häufig nicht die Erfahrungen eines geübten Revisors habe. Deshalb sei eine Befreiung des Bürgen nur dann anzunehmen, wenn sich die Unterlassung der Kontrolle als *dolus* oder mindestens als grobes Verschulden darstelle. Später hat das RG[106] in einem krassen Fall, in dem das leitende Organ einer

101 Vgl. Staudinger-Brändl § 765 Vorbem. 27, § 776, 12.

102 Vgl. Giovanoli im Berner Kommentar VI (1942) Art. 492 OR Rdnr. 12; 503 OR Rdnr. 18 mit Lit. (Becker, Oser). Vgl. auch Ohmeyer (o. A. 15). Anders für das gemeine Recht, aber nicht überzeugend, Girtanner (o. A. 8) 392 f.

103 Nachweise in RGZ (31.5.1892) 29, 141 f. (Girtanner, Hasenbalg, Koch, Gruchot).

104 So RG (9.7.90) JW 1890, 302; zuvor OAG Celle (31.3.1798) in v. Bülow-Hagemann, Pract. Erörterungen etc. 2² (1807) 156 ff. (= Gruchot 16, 671); OAG Wolfenbüttel (24.3.1838 und 19.11.1832) SeuffA. 12 Nr. 159 S. 205 f.; ROHG (1.2.1876) 20, 47 f. (für selbstschuldnerische Dienstbürgschaft). – So zum österr. Recht auch Ohmeyer (o. A. 15) 174; ders. in Klang, Komm. z. ABGB² (1951) § 1362 A. II 2. – Vgl. Art. 869 gr. ZGB (trad. Gogos). Zu Art. 503 II OR s. u. A. 110.

105 RGZ (31.5.1892) 29, 141.

106 (14.9.37) JW 37, 3104, unter Bezugnahme auf RGZ 29, 141 und RG (14.4.30) HRR 30 Nr. 1212 = SeuffA. 84 Nr. 174 S. 292, 295 (Kreditbürgschaft).

Gemeinde trotz mehrfacher Erinnerungen des Bürgen jahrelang in gröblicher Weise gegen die Aufsichtspflicht verstoßen und dadurch Unterschlagungen ermöglicht hatte, eine Verneinung der Bürgschaftsverpflichtung für gerechtfertigt gehalten. Dabei war vermutlich an eine Verwirkung gedacht.

Beide Entscheidungen können für die Auslegung bei der Dienstbürgschaft als Ausfallbürgschaft jedoch nicht zum Vorbild genommen werden. In RGZ 29, 141 handelte es sich um eine selbstschuldnerische Bürgschaft, und das Gericht hat auch hervorgehoben, daß seine (strengeren) Anforderungen sich jedenfalls auf diese Situation beziehen (S. 143)[107]. Im Grundsatz verblieb es also bei dem noch von RG JW 1890, 302 (o. A. 104) bejahten Prinzip, daß bei der Ausfallbürgschaft jeder Mangel an ordnungsmäßiger Aufsicht zu Lasten des Bürgschaftsgläubigers geht. – Zu RG JW 37, 3104 läßt der Urteilsabdruck nicht erkennen, ob das Gericht die Möglichkeit einer Ausfallbürgschaft überhaupt näher in Betracht gezogen hat[108]. Angesichts der sehr groben Aufsichtspflichtverletzung kam es darauf im Ergebnis auch nicht weiter an; jedenfalls aber trägt das Urteil nicht die Folgerung, ein Dienst(ausfall-)bürge werde *nur* in derart krassen Fällen frei[109].

c) Der Grundsatz ist demnach weiterhin der, den die Praxis des 19. Jh. (o. A. 104) befolgt hat: Der Dienst- und Amtsbürge darf erwarten, daß der Gläubiger eine hinreichende Kontrolle ausübt, wie dies zur Sorgfalt eines ordentlichen Geschäftsmannes rechnet, in dessen eigenem Interesse liegt und durch die Existenz zahlreicher öffentlichrechtlicher und betrieblicher Kontrollbestimmungen belegt wird. Gerade weil schon das eigene Interesse des Gläubigers eine Kontrolle gebietet, darf der Bürge darauf vertrauen, daß damit zugleich seine, des Bürgen, Interessen gewahrt werden. Die Anforderungen dürfen freilich nicht überspannt werden, denn auch der Ausfallbürge kann nicht damit rechnen, daß der Gläubiger einen „Idealbetrieb" führt. Bei geringfügigen Versehen, die in jedem Betrieb vorkommen können, ist der Bürge deshalb noch nicht befreit. Treffend läßt Art. 503 Abs. 2 SchwOR hier entscheidend sein, ob der Gläubiger die „ihm zumutbare Sorgfalt" außer acht gelassen hat[110]. Das ist nach den jeweiligen Verhältnissen des konkreten Falles zu beantworten, wobei es auf einen bestimmten Verschuldensgrad nicht notwendig ankommt[111]. Unzutreffend wäre es

---

107 Nicht erwogen wurde wohl die Möglichkeit, daß die Bürgschaft, obwohl selbstschuldnerisch, eine Ausfallbürgschaft sein kann (dazu o. A. 86).

108 Daß dies nicht der Fall gewesen ist, lassen die Belege, auf die Bezug genommen wird (o. A. 106), ebenso vermuten wie die Rechtsfolge (Verwirkung); bei Annahme einer Ausfallbürgschaft wäre die Verpflichtung des Bürgen gar nicht wirksam geworden (§ 162 II BGB, vgl. Paul.D.45.1.116,2. Parenthese ,o. vor A. 58).

109 Dies zu dem Hinweis in BGH (17.9.59) WM 60, 51.

110 Nach Art. 503 II SchwOR ist bei der Amts- und Dienstbürgschaft der Gläubiger dem Bürgen „verantwortlich, wenn infolge Unterlassung der Aufsicht über den Dienstnehmer, zu der er verpflichtet ist, oder der ihm sonst zumutbaren Sorgfalt die Schuld entstanden ist oder einen Umfang angenommen hat, den sie andernfalls nicht angenommen hätte". Hierzu ist freilich str., ob auch leicht fahrlässige Verstöße eine Verpflichtung des Bürgen ausschließen, was wohl überwiegend verneint wird, s. Giovanoli (o. A. 102) Art. 503 Rdnr. 20. Dem entspricht, daß zu Art. 156 OR höhere subjektive Anforderungen gestellt werden als zu § 162 BGB, o. A. 83. – Für das österr. Recht s. die Stellungnahmen von Ohmeyer (o. A. 104).

111 S. o. A. 83, zu § 162 BGB. Besonders strenge Anforderungen sind etwa an die Kontrollobliegenheit zu stellen, wenn die Bürgschaft für einen Kassenführer übernommen wurde.

jedenfalls, den Ausfallbürgen überhaupt erst bei grober Fahrlässigkeit des Gläubigers von der Haftung zu entbinden.

4. Die Fälle der Ausfallbürgschaft sind dadurch gekennzeichnet, daß die Verpflichtung des Bürgen gar nicht erst zur *Entstehung* gelangt, soweit der Gläubiger nicht die Diligenz wahrt, die der Bürge redlicherweise erwarten darf. In diesem Bereich sind die sog. Diligenzpflichten mithin als ,,Obliegenheiten" zu qualifizieren. Schadensersatzansprüche für den Bürgen entstehen insoweit nicht[112]. Sie kommen selbstverständlich dann in Betracht, wenn der Gläubiger gegen Schutzpflichten verstoßen hat, die nicht in den ,,Obliegenheitsbereich" fallen[113].

VI. Um die Frage, ob die Schuld des Bürgen überhaupt entstanden ist, geht es meist auch bei der *Kreditbürgschaft*. Diese braucht nicht zugleich Ausfallbürgschaft zu sein, kommt dieser jedoch dann nahe, wenn es um die Gewährung künftiger Darlehen geht. Hierzu ist anerkannt, daß der Gläubiger den Bürgen nicht in Anspruch nehmen kann, wenn er dem Schuldner Kredit gewährt hat, obwohl er Anhaltspunkte dafür hatte, daß in dessen Vermögensverhältnissen eine wesentliche Verschlechterung eingetreten war[114]. Begründet wird dieses Ergebnis in verschiedener Weise. Der BGH[115] hebt darauf ab, daß in einem solchen Falle die Inanspruchnahme des Bürgen eine unzulässige Rechtsausübung darstelle. Wenn der Gläubiger von der Kredithingabe ohne erhebliche Opfer absehen könne, sei ihm dies zuzumuten. Eine Auszahlung dürfe nicht allein mit Rücksicht auf die Bürgensicherung erfolgen, zumal da dem Bürgen unter Umständen analog § 610 BGB das Recht zustehe, die Bürgschaft vor Kreditgewährung zu widerrufen.

Während hier also ein rechtsvernichtender Einwand aus § 242 BGB abgeleitet wird, begründen andere die Lösung über eine ergänzende Vertragsauslegung[116]: Bei der Verbürgung für künftige Verbindlichkeiten sei davon auszugehen, daß stillschweigend eine besondere vertragliche Sorgfaltspflicht übernommen sei, deren Verletzung zu einem auf Freistellung gerichteten Schadensersatzanspruch aus positiver Forderungsverletzung führe.

Demgegenüber wird jedoch oft schon anzunehmen sein, daß eine derartige Kreditgewährung von vornherein nicht durch die Bürgschaft abgesichert ist. Ein Kreditbürge

---

112 Treffend RGZ (27.9.34) 145, 167, 169 sowie BGH (5.12.57) WM 58, 218 f. (jeweils Ausfallbürgschaft). Die bisweilen erwogene Möglichkeit, der Ausfallbürge habe einen Schadensersatzanspruch aus pos. Forderungsverletzung auf Befreiung (BGH (26.1.61) WM 61, 392 f.; Köhler, SchuldR, Bes. Teil (PdW)[9] (1977) 145), besteht mangels Bedingungseintritts nicht.

113 Vgl. die Beisp. o. A. 26 und nach A. 27.

114 BGH (16.4.59) WM 59, 1072, 1074 f.; OLG München (10.12.75) NJW 76, 1096 f.; Staudinger-Brändl, § 776, 10, 12; § 765 Vorbem. 25.S. auch BGH (13.11.68) WM 68, 1391, 1393 a.E. sowie RG (14.4.30) SeuffA 84 Nr. 174 S. 292, 295. – Vgl. Art 1956 it. Cc: ,,Il fideiussore per un'obbligazione futura è liberato se il creditore, senza speciale autorizzazione del fideiussore, ha fatto credito al terzo, pur conoscendo che le condizioni patrimoniali di questo erano divenute tali da rendere notevolmente più difficile il soddisfacimento del credito"

115 (16.4.59) WM 59, 1072, 1074, vgl. auch Mormann, WM 63, 930, 934.

116 Staudinger-Brändl, § 776, 12 und im Anschluß daran OLG München (o. A. 114). Vgl. auch RG (14.4.30) SeuffA. 84 Nr.174 S. 292, 295 und Soergel-Schmidt, § 765, 2 (Benachrichtigungspflicht).

will erkennbar nur für diejenigen künftigen Darlehen einstehen, die dem Schuldner im Rahmen einer „ordnungsgemäßen Geschäftshandhabung"[117] eingeräumt werden, deren Vergabe den Grundsätzen vernünftiger Kreditgewährung entspricht. Dahin verstehen sich die Parteien in aller Regel beim Abschluß der Bürgschaft, mag auch der Wortlaut der Urkunde weit gefaßt sein[118]. Auf nicht zu verantwortende Kreditvergaben erstreckt sich also die Bürgschaft regelmäßig nicht, und schon deshalb kann der Bürge nicht in Anspruch genommen werden[119]. Allerdings setzt das voraus, daß sich dem Gläubiger die Verschlechterung der wirtschaftlichen Lage des Schuldners aufdrängt oder ihm unschwer erkennbar ist.

VII. 1. Bei der *regulären Bürgschaft* für eine bereits bestehende Schuld liegen die Dinge meist auf einer anderen Ebene: Hier ist davon auszugehen, daß die Bürgschaftsverpflichtung jedenfalls wirksam entstanden ist, und es kann grundsätzlich nur fraglich sein, ob der Bürge Einwendungen daraus ableiten kann, daß der Gläubiger bei der Wahrung oder Durchsetzung der Forderung oder bei der Behandlung von Sicherheiten die Belange des Bürgen außer acht gelassen hat.

2. *Eine* Fallgruppe kann freilich auch hier noch abgesondert und entsprechend den bisher erörterten „Entstehungsfällen" behandelt werden: Eine Inanspruchnahme des Bürgen scheidet auch dann aus, wenn der Gläubiger es entgegen dem Sinn und Zweck des Bürgschaftsvertrages veranlaßt hat, daß es überhaupt zum Bürgschaftsfall gekommen ist.

Der BGH hat dies unter Berufung auf den Rechtsgedanken des § 162 BGB in einem Fall angenommen, in dem der Gläubiger den Hauptschuldner veranlaßt hatte, nicht zu zahlen[120]. Zwar entsteht die Verpflichtung des (regulären) Bürgen unbedingt[121]; sie hängt in ihrer Durchsetzbarkeit jedoch von dem ungewissen Ereignis ab, daß der Bürgschaftsfall eintritt. Dies rechtfertigt die entsprechende Anwendung des § 162 Abs. 2. In einem anderen Fall hatte ein seinerseits durch Rückbürgschaft gesicherter Bürge den Bürgschaftsfall ausgelöst, um Rückgriff beim Rückbürgen nehmen zu können. Der BGH[122] hat auch hier die Möglichkeit einer Verwirkung des (Rück-)Bürgschaftsanspruchs nach dem Rechtsgedanken des § 162 bejaht. Soweit die Rückbürg-

---

117 RG (o. A. 116) 295.

118 Daß der übereinstimmende Wille Vorrang vor dem Wortlaut hat, ergibt sich aus den allgemeinen Grundsätzen (s. die Nachweise bei Wieling, AcP 172 (1972) 307, auch 316 A. 77), die, sofern das Formular überhaupt als Bürgschaftsurkunde aufgefaßt werden kann, auch für die Bürgschaft gelten, BGH (9.4.59) WM 59, 969 f. sowie – zur Wechsel- „Bürgschaft"- BGHZ (15.11.56) 22, 148, 152 f. – Im römischen Recht taucht das Problem seit der Erkenntnis, daß jeder Kontrakt eine Willenseinigung voraussetzt, bei der Stipulation auf, dazu Knütel, Fschr. Kaser (1976) 201 ff.

119 Anders verhält es sich, wenn der Bürge als Fürsprecher für den Hauptschuldner aufgetreten ist oder an der Kreditaufnahme selbst mitgewirkt hat, z.B. als GmbH-Geschäftsführer. So in den Fällen BGH (13.1.68) WM 68, 1391 bzw. (10.2.71) WM 71, 614, dazu Mormann, WM 74, 962, 964.

120 (7.2.66) WM 66, 317 = LM § 765 Nr. 10.

121 Zur abweichenden gemeinrechtlichen Auffassung s. o. A. 10. – Auch ist die Nichtleistung des Hauptschuldners nicht etwa Rechtsbedingung der Bürgschaft, vgl. Egert, Die Rechtsbedingung (1974) 127.

122 (20.3.68) WM 68, 874 f.

schaft – wie wohl meist – als Ausfallbürgschaft auszulegen ist[123], kann § 162 Abs. 2 direkt angewendet werden. Schließlich stellt auch ein unberechtigter Annahmeverzug eine vertragswidrige Herbeiführung des Bürgschaftsfalles dar, die den Bürgen analog § 162 Abs. 2 BGB befreit[124].

3. Sieht man von diesen Sonderfällen ab, so bleibt für die schlichte Bürgschaft die Frage, ob der Gläubiger bei der *Erhaltung und Durchsetzung* der Forderung dem Bürgen zur Sorgfalt verpflichtet ist. Wie bereits dargetan wurde, ist davon auszugehen, daß den Gläubiger jedenfalls überhaupt Schutzpflichten gegenüber dem Bürgen treffen (o. II 1.). Für die Ermittlung dieser Pflichten kann an die Auslegungsrichtlinien bei der Ausfallbürgschaft angeknüpft werden[125]; kennzeichnenderweise differenziert ja auch die Rechtsprechung bei diesen ohnehin ganz allgemeinen Auslegungsgesichtspunkten nicht zwischen den einzelnen Bürgschaftsformen. Unterschiede ergeben sich hierbei jedoch hinsichtlich der Existenz und des Umfanges der Gläubigerpflichten, weil der reguläre Bürge vom Gläubiger weniger erwarten kann als der Ausfallbürge, der nur die „billigste" der Bürgschaften eingeht. Daneben sind auch beim Haftungsmaßstab Milderungen in Betracht zu ziehen. Denn die Sicherung, die der Gläubiger sich durch die schlichte und insbesondere durch die selbstschuldnerische Bürgschaft verschafft, impliziert, daß er sich hinsichtlich der Hauptschuld einer gewissen Beruhigung hingeben kann und den Schuldner nicht fortlaufend zu kontrollieren braucht[126]. Andernfalls wäre der Wert der Bürgschaft (o. A. 28) in der Tat zu sehr beeinträchtigt.

Bisweilen wird überdies angeführt, eine Statuierung von Diligenzpflichten gehe zu Lasten des Schuldners, weil sie dem Gläubiger die Möglichkeit nehme, dem Hauptschuldner gegenüber Geduld und Nachsicht zu zeigen[127]. Das gilt jedoch nur mit dem Vorbehalt, daß der Gläubiger nicht zu Lasten des Bürgen Großzügigkeit üben darf; freilich darf er sich – etwa bei der Verlängerung gut verzinslichen Kredits – grundsätzlich von den eigenen Interessen leiten lassen[128].

---

123 So die Regelung der §§ 1348, 1362 ABGB. – Im Fall des BGH (o. A. 122) war eine „selbstschuldnerische Rückbürgschaft" vereinbart worden; das spricht, wenngleich nicht zwingend (o. A. 86), eher gegen diese Annahme. – Zur Frage, welche Ansprüche von der Rückbürgschaft erfaßt sein können, s. Flessa, NJW 58, 859 f. (II).

124 So auch OLG Zweibrücken (18.1.15), OLGE 34, 84 sowie z. B. Flad, LZ 1918, 543; Staudinger-Coing, § 162, 12; Staudinger-Brändl, § 776, 10 (a.E.); Soergel-Schmidt, § 776, 2; dagegen Kohler, Bürg. Recht II 1 (1906) 421. Ein entsprechender Antrag wurde in der 2. Komm. (Prot. II 482 f.) zwar verworfen, weil dies eine anomale Folge des Annahmeverzuges, der Verschulden nicht voraussetze, sei und der Gläubiger ein Interesse an der Leistung des selbstschuldnerischen Bürgen haben könne. – Doch ist es ohnehin geboten, bisweilen auf die Gründe des Annahmeverzuges abzustellen, der, wenn unberechtigt, zum Wegfall bedingter Rechte führen kann (Ausfallbürgschaft, Vertragsstrafe, anders beim Eigentumsvorbehalt). Zudem haftet auch der selbstschuldnerische Bürge subsidiär (BGH (7.2.66). WM 66, 317); das muß sich auch hier auswirken. – Vgl. auch Art. 504 II 1 SchwOR (Befreiung bei ungerechtfertigter Annahmeverweigerung).

125 S. o. A. 89 – 91.

126 Vgl. nur Reichel (o. A. 86) 344 („eine Art Ruhekissen").

127 Prot. II 478 ff.; Jakubetzky (o. A. 34) 151; Eck, Vorträge I (1903) 572 A. 3.

128 Vgl. RG (18.3.15) Recht 1915 Nr. 1323. – Der Bürge braucht eine Stundung nicht gegen sich gelten zu lassen, weil sie eine zeitliche Erweiterung seiner Haftung darstellt, §767 I 3, vgl. Staudinger-Brändl, § 767, 11 m.w.N. Er kann sich in der Weise schützen, daß er den Gläubiger befriedigt; auch soweit der Regreß dann auf die nach § 774 übergegangene Forde-

Da einerseits feststeht, daß auch den „einfachen" Bürgschaftsgläubiger Diligenzpflichten treffen, andererseits für ihn nach dem Zweck der Bürgschaft aber Milderungen bestehen müssen, ist bei der Auslegung ein Mittelweg zu verfolgen, der sowohl den berechtigten Belangen des Bürgen Rechnung trägt als auch den Wert der Bürgschaft als Kreditsicherungsmittel erhält[129].

Auch bei der schlichten Bürgschaft richtet es sich nach den Umständen des Einzelfalles, was der Bürge jeweils vom Gläubiger erwarten kann; allgemeine Grundsätze lassen sich hierfür nur begrenzt aufstellen[130]. Doch können, wie die Schweizer Rechtsentwicklung zeigt, immerhin Einzelpflichten herausgearbeitet werden. Wir müssen uns hier auf weniges beschränken.

4. Als wichtigste Gruppe der Schutzpflichten sind die *Mitteilungs- und Benachrichtigungspflichten* anzuführen. Einerseits belasten sie den Gläubiger verhältnismäßig gering, andererseits geben sie dem Bürgen wenigstens die Möglichkeit, sich selbst zu schützen.

a) In den Motiven wird die generelle Ablehnung von Diligenzpflichten u. a. damit gerechtfertigt, der Bürge könne sich im Falle der Passivität des Gläubigers gegenüber dem in eine bedenkliche Lage geratenen Hauptschuldner dadurch helfen, daß er den Gläubiger befriedige und damit dessen Rechte gegen den Hauptschuldner erwerbe (§ 774 BGB)[131]. Abgesehen davon, daß der Bürge dabei die Einrede der Vorausklage opfern muß, setzt ein solcher Ausweg aber doch immer voraus, daß der Bürge überhaupt Kenntnis von dem Vermögensverfall des Hauptschuldners hat. Eine Nachricht darf er deshalb zumindest erwarten.

In der technischen Regelung des § 774, durch Legalzession den Regreß zu erleichtern und dem Bürgen die Nebenrechte zu erhalten (§§ 412, 401 BGB), kommt die Wertung zum Ausdruck, daß das evidente Interesse des Bürgen am Rückgriff besonders geschützt sein soll[132]. Dies muß sich jedenfalls bei der Ausgestaltung der Schutzpflichten auswirken: Soweit nicht berechtigte Belange des Gläubigers entgegenstehen, muß dieser dem Bürgen die Möglichkeit erhalten, seinerseits Rückgriff zu nehmen. Dies kann weithin schon durch Benachrichtigung des Bürgen erreicht werden. Auch hier ist an die Benachrichtigungspflicht des Wechsel- und Scheckinhabers nach Artt. 45 WG, 42 ScheckG zu erinnern. Diese Pflichten sind dem Inhaber im Interesse der ih-

rung gestützt wird, kann ihm der Schuldner die nachträgliche Stundung nicht entgegenhalten (arg. § 767 I 3, zweifelnd RGZ (10.11.04) 59, 223, 231). Dem Bürgen ist im Falle einer Stundung aber auch das Recht zuzubilligen, vom Schuldner Befreiung zu verlangen. Dies folgt oft bereits direkt aus § 775 I Nr. 3, weil das dem Bürgen erwachsene Recht durch die Verzugsbereinigung nicht mehr beseitigt wird. S. im übrigen u. zu A. 136.

129 S. Esser-Weyers 310.

130 Vgl. Schütz (o. A. 15) 155; Mormann, WM 74, 964.

131 Mot. II 679. Darauf weisen etwa auch hin: RGZ (23.3.07) 65, 396 f.; RG (24.9.14) SeuffA. 70 Nr. 103 S. 180, 182; BGH (11.3.70) WM 70, 551 f. (a. E.). Kritisch dazu Dernburg, Bürgerl. Recht, Schuldverh. 2[3] (1906) 409 A. 1 unter Hinweis auf Iul.D.46.1.15 pr.

132 Art. 2037 Cc und Art. 1955 it. Cc lassen die Bürgschaft insoweit erlöschen, als es infolge des Gläubigerverhaltens nicht zum Rechtsübergang auf den Bürgen kommt. Vgl. auch o. bei A. 8.

rerseits regreßberechtigten Rückgriffsschuldner[133] auferlegt worden[134]. Es ist aufschlußreich, daß sogar im bekanntlich „strengen" Wechsel- und Scheckrecht eine derartige Schutzpflicht des „an sich nur berechtigten" Gläubigers Anerkennung gefunden hat. Einen gleichen Gedanken enthält überdies § 1166 BGB, der den (nur) persönlich haftenden Schuldner insoweit frei werden läßt, als er in seinem Regreß gegenüber dem Eigentümer dadurch verkürzt ist, daß der Gläubiger ihn nicht von der Zwangsversteigerung benachrichtigt hat[135].

Eine Nachricht ist für den Bürgen auch deshalb hochwichtig, weil er dann seinerseits den Schuldner zur Erfüllung anhalten oder aber diesem gegenüber seinen Anspruch auf Befreiung (§ 775) geltend machen kann. Des weiteren ist anerkannt, daß auch bei nicht befristeter Bürgschaft der Bürge bei Eintritt besonders wichtiger Umstände berechtigt ist, die Bürgschaft unter Einhaltung einer angemessenen Kündigungsfrist mit Wirkung für die Zukunft zu kündigen[136], oder daß er, was inbesondere bei der auf bestimmte Zeit übernommenen Bürgschaft bedeutsam ist, analog § 610 BGB ein Widerrufsrecht mit der Wirkung haben kann, daß er für später gewährten Kredit nicht mehr einzustehen hat[137]. Die gleiche Problematik besteht bei der Mietbürgschaft, für die ebenfalls eine analoge Anwendung des § 610 BGB zu befürworten ist[138]. Diese Kündigungs- und Widerrufsrechte setzen aber voraus, daß der Bürge von der Entwicklung der Verhältnisse Kenntnis erlangt. Der Gläubiger kann diese Entwicklung meist schneller und besser erkennen als der Schuldner, beispielsweise aufgrund des Ausbleibens der fälligen Raten oder der Mietzahlungen.

Eine Mitteilung an den Bürgen ist für den Gläubiger auch nicht etwa deshalb unzumutbar, weil er dem Bürgen damit die Möglichkeit schafft, sich zu seinen, des Gläubigers, Lasten von der Bürgschaft zu befreien. Denn es ist heutzutage anerkannt, daß ein Vertragspartner auch dann, wenn es zu seinem eigenen Nachteil ausschlägt, verpflichtet sein kann, den anderen Partner in dessen Interesse aufzuklären[139]. Ange-

133 Und des Ausstellers wegen seiner Rechtsbeziehung zum Akzeptanten.

134 Vgl. Quassowski-Albrecht, WechselG (1934) Art. 45,1, dort auch zur Ausweitung des geschützten Personenkreises gegenüber der früheren WechselO.

135 Weiteres dazu u. bei A. 145.

136 RG (19.3.13) Warn. 13 Nr. 289 S. 340 f.; (18.1.32) JW 32, 1655 f. (a.E.) m. zust. Anm. Jung; BGH (9.3.59) WM 59, 855 f. m. weit. Rspr., Staudinger-Brändl, § 777,8.

137 BGH (16.4.59) WM 59, 1072, 1074; Enneccerus-Lehmann, SchuldR[15] (1958) 802; Soergel-Schmidt, § 765, 18; Staudinger-Brändl, § 777,8; Esser-Weyers 313 f. In den Fällen der Kreditbürgschaft ist freilich vielfach schon nach dem Vertrage eine Haftung des Bürgen für weitere Kredite nicht mehr gegeben, s. o. vor A. 119.

138 Spruth, Bl. f. Grundstücks-, Bau- und WohnungsR 11 (1968) 201 f. Anders als bei einer Kreditvergabe kann sich der Gläubiger hier nicht durch Nichtgewährung des Gebrauchs behelfen, sondern müßte jedenfalls seinerseits kündigen, um das weitere Entstehen der Hauptforderung zu beenden.

139 Gesetzliche Ausprägungen dieses Gedankens etwa in §§ 564 a II BGB, 1 b II AbzG. Für das Versicherungsrecht, wo diese Gesichtspunkte besonders früh hervorgetreten sind, s. etwa §§ 39 I 2; 5 VVG. Zu den von der Rspr. inzwischen entwickelten „übergesetzlichen Hinweispflichten des Versicherers" s. H. Möller, Festschr. Klingmüller (1974) 301, 304 ff., 314 ff. All das ist Ausdruck des (vor allem zum Verbraucherschutz führenden) Gedankens, daß der wirtschaftlich überlegene Teil dem Vertragspartner seine bessere Kenntnis nicht vorenthalten darf. – Zu Auswirkungen im Bereich der c.i.c. s. Larenz, SchR I 98.

sichts des evidenten und gerechtfertigten Informationsinteresses des Bürgen ist es dem Gläubiger zuzumuten, dem Bürgen von den Umständen Kenntnis zu geben, die für diesen ein Kündigungs- oder ein Widerrufsrecht analog § 610 BGB auslösen können[140]. Dabei bleibt zu berücksichtigen, daß diese Rechte dem Bürgen im Einzelfall nur insoweit zustehen, wie sich das mit einer billigen Rücksichtnahme auf die Belange des Gläubigers vereinbaren läßt[141], und daß sie vor allem dann gegeben sind, wenn auch der Gläubiger sich „ohne erhebliche Opfer" von seinem Vertrag mit dem Hauptschuldner lösen kann[142]. Auch ist zu berücksichtigen, daß der Gläubiger zur Information nur insoweit verpflichtet ist, wie der Bürge sich nicht selbst zu schützen vermag. Selbstverständlich kann der Gläubiger von Mitteilungen absehen, wenn er vernünftigerweise davon ausgehen darf, daß der Bürge über die Verhältnisse des Hauptschuldners informiert ist oder sich ohne weiteres informieren kann[143].

b) Ist damit, was die Rechtsprechung bislang nur sehr zögernd getan hat[144], grundsätzlich anzuerkennen, daß der Gläubiger dem Bürgen Nachricht zu geben hat, wenn er von einer wesentlichen Verschlechterung der Vermögensverhältnisse des Schuldners erfährt oder von Umständen, die, wie längerer Zahlungsverzug, diesen Verdacht nahelegen, so stellt sich die weitere Frage, wie diese Umstände in concreto beschaffen sein müssen. Auch dies ist Frage des Einzelfalles. Die Umstände müssen bei Berücksichtigung des Sicherungszwecks der Bürgschaft erheblich sein. Deshalb kann es nicht genügen, an den (nur das Verhältnis des Bürgen zum Hauptschuldner betreffenden) § 775 BGB anzuknüpfen, wonach schon der bloße Verzug des Hauptschuldners den Befreiungsanspruch auszulösen vermöchte (§ 775 I Ziff. 3). Deshalb ist auch ein jedenfalls für den Gläubiger erheblicher Umstand nicht zugleich geeignet, eine Mitteilungspflicht auszulösen. So ist z. B. auch ein zweimonatiger Mietzinsrückstand, der zwar den Gläubiger zu einer fristlosen Kündigung des Mietverhältnisses berechtigen würde (§ 554 BGB), im Hinblick auf die Benachrichtigungspflicht noch nicht als ausreichend anzusehen. Das SchwOR erlegt in Art. 505 Abs. 1 S. 1 dem Gläubiger eine Mitteilungspflicht auf, wenn der Hauptschuldner mit der Bezahlung von Kapital, von Zinsen für ein halbes Jahr oder mit einer Jahresmortifikation sechs Monate im Rückstand ist. Dies mag immerhin als Orientierungspunkt für eine Auslegung dienen.

Ein weiterer mitteilungspflichtiger Umstand ist etwa auch, daß der Gläubiger die Zwangsversteigerung des Grundstücks des Schuldners betreibt. Das abweichende, zudem von einem überholten Verständnis des § 242 BGB ausgehende Urteil RGZ (31.1.07) 65, 134 ff. (o. A. 39), das

140 Dies ist in RG (18.1.32) JW 32, 1655 f. grundsätzlich anerkannt.

141 Vgl. RG (19.3.13) Warn. 13 Nr. 289 S. 340 f.

142 Vgl. BGH (16.4.59) WM 59, 1072, 1074.

143 z. B. Bürgschaft des Geschäftsführers für Verbindlichkeiten der GmbH; Bürgschaft unter Angehörigen. Vgl. o. A. 91.

144 RG (18.1.32) JW 32, 1655 (Änderung grundlegender Umstände), weitergehend LG Köln (5.6.62) BB 62, 732 (Zahlungsverzug); die Urteile nehmen Verwirkung an. Vgl. auch RG SeuffA 84, S. 295 (o. A. 116) sowie Marwitz in Stier = Somlo-Elster, Handwörterbuch d. Rechtswiss. 1 (1926) 860; Stüven 157 ff. – Ablehnend dagegen die (ältere) Rspr. o. A. 3 und z. B. Soergel-Schmidt, § 776, 1(s. jedoch auch ebda. 2); Palandt-Thomas, § 776,1; Schütz (o. A. 15) 155.

eine Analogie zu § 1166 BGB ablehnte[145], vermag nicht mehr zu überzeugen. Die Entscheidung stützt sich vor allem darauf, daß das BGB eine Diligenzpflicht des Gläubigers nicht anerkenne und daß der Bürge nicht, wie es § 1166 voraussetze, persönlich auf die Hauptschuld verpflichtet, sondern lediglich zu deren Sicherung angenommen sei. Demgegenüber ist eine Mitteilungspflicht jedoch schon aus dem heute anerkannten Schutz- und Fürsorgepflichtverhältnis abzuleiten. Auch spricht § 1166 keineswegs für einen Umkehrschluß, denn das Interesse des Bürgen an der Erzielung eines hohen Versteigerungserlöses und an der Regreßerhaltung liegt immer zutage[146]. Daß er nicht persönlich auf die Hauptschuld verpflichtet ist, kann nicht entscheidend sein; gerade weil er „nur zur Sicherheit" haftet, muß der Gläubiger sein Interesse berücksichtigen, es nicht erst zum Sicherheitsfall kommen zu lassen.

c) Als Gegenstück und notwendige Ergänzung zur Mitteilungspflicht ist eine *Auskunftspflicht* des Gläubigers anzuerkennen[147]. Da der Bürge derjenige ist, der das Risiko trägt, muß ihm die Möglichkeit gegeben sein, sich während der Dauer des Vertrages beim Gläubiger Kenntnis über den Stand der Hauptschuld zu verschaffen; Auskünfte allein des Schuldners wären nicht ausreichend[148]. Diese Auskunftspflicht besteht bereits während der Vertragsverhandlungen[149]; sie muß auch nach Abschluß des Vertrages gelten, zumal da es sich regelmäßig um ein Dauerschuldverhältnis handelt, bei dem gegenseitiges Zusammenwirken der Vertragspartner bekanntlich in besonderem Maße geboten ist.

5. Aufgrund der Anerkennung einer Informations- und Auskunftspflicht des Gläubigers werden viele Zweifelsfragen, die sich zu den Diligenzpflichten gebildet haben, in einer den Interessen beider Teile entsprechenden Weise entschärft. So wird etwa angenommen, der Bürge habe keinen Anspruch darauf, daß der Gläubiger seine Forderung im *Konkurse* des Schuldners anmelde[150]. Das trifft grundsätzlich zwar zu, denn auch bei der schlichten Bürgschaft entfällt mit Konkurseröffnung die Einrede der Vorausklage (§ 771 Abs. 1 S. 3 BGB), so daß der Gläubiger ohne weiteres gegen den Bürgen vorgehen kann. Aber der Bürge kann aus den oben (II 1; VI 4 a) dargelegten

145 Die h. M. ist dem kritiklos gefolgt, vgl. neben der weiteren Rspr. o. A. 3 und 38 etwa Staudinger-Brändl, § 776,1; Soergel-Schmidt, § 776,1; Soergel-Baur, § 1166,8; Palandt-Thomas, § 776,1; Palandt-Bassenge, § 1166,1; dagegen jedoch Dernburg, Bürgerl. Recht, SachenR[4] (1908) 743 A. 9; Stüven 160 ff., vgl. auch Erman-H. Westermann, § 1166,1 („bedenklich").

146 Beim (nur) persönlichen Schuldner ist das nicht der Fall und dennoch ist der Gläubiger nach § 1166 zu seiner Benachrichtigung schlechthin verpflichtet, vgl. Planck-Strecker, BGB[5] (1938) § 1166,3 b.

147 Vgl. auch hierzu das SchwOR, Art. 505 I 2: Auf Verlangen hat der Gläubiger dem Bürgen jederzeit über den Stand der Hauptschuld Auskunft zu geben.

148 Schütz (o. A. 15) 155; Staudinger-Brändl, § 765 Vorbem. 25, § 776, 10 a.E., dagegen OLG Kassel (17.12.08) Recht 1909 Nr. 257; Planck-Oegg § 765,10 (S. 1412). – Das Bankgeheimnis tritt insoweit zurück, sofern nicht der Bürge sein Auskunftsrecht mißbraucht.

149 RG (25.9.33) JW 33, 2826, 2828 f.; BGH (7.3.56) WM 56, 885, 888. Vgl. auch o. A. 21, 27.

150 Mot. II 681 (insoweit auch keine Benachrichtigungspflicht); RG (11. 6.06) SächsA 2 (1907) 57 f. (Auslandskonkurs); OLG Hamburg (20.1.31) HansRGZ 1932 B 181, 185; Staudinger-Brändl, § 776,10 (a.E.). Zu Zwangsversteigerungsfällen s. o. A. 38. Dagegen Stüven 83 f., 153 ff., zweifelnd auch Jakubetzky (o. A. 34) 151. – Anders Art. 505 II SchwOR, wonach der Gläubiger seine Forderung im Konkurs anzumelden, alles Weitere ihm zur Rechtswahrung Zumutbare vorzukehren und den Bürgen zu benachrichtigen hat. Vgl. auch Art. 1955 it. Cc.

Gründen zumindest erwarten, daß der Gläubiger, wenn er nicht selbst an dem Verfahren teilnehmen will, ihn von der Konkurseröffnung unverzüglich benachrichtigt, damit wenigstens er, der Bürge, seine Regreßforderung im Konkurse anmelden kann[151]. Freilich gilt auch dies nur, wenn der Gläubiger davon ausgehen muß, daß der Bürge nicht schon von sich aus von der Konkurseröffnung weiß. Wenn der Gläubiger jedoch erkennt, daß eine Nachricht den Bürgen nicht rechtzeitig erreichen würde, dann darf von ihm nach den Umständen regelmäßig erwartet werden, daß er seine Forderung im Konkurs wenigstens zunächst anmeldet und die weitere Rechtsverfolgung dann dem Bürgen überläßt. Hier steigert sich die Benachrichtigungspflicht zu der Fürsorgepflicht, im Rahmen des Zumutbaren Schäden vom Vertragspartner fernzuhalten, die auch aus § 776 BGB a fortiori abgeleitet werden kann[152].

6. a) Für die Pflichten des Gläubigers zur Erhaltung von *Sicherheiten* ist von § 776 BGB auszugehen. Danach wird, wenn der Gläubiger ein mit der Forderung verbundenes Vorzugsrecht, ein akzessorisches Sicherungsrecht oder das Recht gegen einen Mitbürgen aufgibt, der Bürge insoweit frei, als er aus dem aufgegebenen Recht nach § 774 BGB hätte Ersatz erlangen können. Diese Regelung war von den Gesetzesverfassern als Ausnahme gegenüber der generellen Verneinung jeglicher Diligenzpflichten gemeint[153]; die hiernach herrschende Meinung hat die Vorschrift deshalb als „eine Sonderbestimmung durchaus positiver Natur"[154] verstanden und daraus den Umkehrschluß gezogen, daß Sorgfaltspflichten des Gläubigers gegenüber dem Bürgen nicht anzuerkennen seien[155]. Für § 776 BGB hat sich dieses Verständnis in dem Bestreben ausgewirkt, die Vorschrift möglichst nicht ausdehnend auszulegen. Zwar ist die Regelung des § 776 aufgrund ergänzender Vertragsauslegung auch für Sicherungseigentum, Sicherungsabtretung und Sicherungsgrundschuld für einschlägig erachtet worden[156]; doch werden die Voraussetzungen für ein „Aufgeben" i. S. d. § 776 sehr restriktiv aufgefaßt: Es soll nur eine willentliche Verzichtserklärung[157], nur ein positives vorsätzliches Handeln, nicht eine bloße Untätigkeit[158] in Betracht kommen. Im Kontrast hierzu stehen die Bezugnahmen auf die allgemeinen Grundsätze von Treu und Glauben, nach denen der Gläubiger im Einzelfall auch bei bloßem Unterlassen,

151 Nimmt der Gläubiger nicht am Verfahren teil, kann der Bürge ohne weiteres seinen Regreßanspruch anmelden (vgl. § 67 KO), andernfalls muß er wegen § 68 KO zunächst den Gläubiger befriedigen.

152 Schärfere Anforderungen stellt Art. 505 II SchwOR (o. A. 150) auf. – Zur Bewertung des § 776 BGB s. u. nach A. 159.

153 Mot. II 679 f., s. o. nach A. 5. – In § 777 BGB geht es nicht um eine Diligenzpflicht (vgl. RGZ 65, 134, 136), sondern um eine Begünstigung des Gläubigers.

154 Staudinger-Brändl, § 776,1.

155 S. etwa RGZ (31.1.07) 65, 134, 136; (22.11.15) 87, 327 f.; BGH (17.9.59) WM 60, 51; Flad, LZ 1918, 542, 543 f.; Planck-Oegg, § 776,2; Staudinger-Brändl, § 776,1; Enneccerus-Lehmann, S. 308; Soergel-Schmidt, § 776,1, dagegen Reichel (o. A. 15); Stüven 84 f., 87 ff., 141. S. auch Wacke, AcP 170 (1970) 42, 62 f.

156 Dazu etwa Staudinger-Brändl, § 776,2; Eisenhardt, MDR 68, 541 f.; Wacke (o. A. 155) 62 f. (der zugleich die analoge Anwendung bei Entlassung eines Gesamtschuldners befürwortet).

157 Staudinger-Brändl, § 776,3.

158 BGH (17.9.59) WM 60, 51 f.; RGRK-Mormann, § 776,1; Palandt-Thomas, § 776,2; Esser-Weyers, S. 314. Bewußte Untätigkeit halten hingegen für ausreichend Kreß (o. A. 75) 275 A. 107; Eisenhardt (o. A. 156) 542 ff., dort auch Näheres. – Ebenso entscheidet die h.

wenn sich dieses als besonders schwerer Verstoß gegen die Belange des Bürgen darstellt, seine Rechte gegen diesen verlieren soll[159].

Der Vorschrift des § 776 BGB ist heutzutage jedoch ein anderer Stellenwert beizumessen. Wie sich zeigte, vermag die generelle Verneinung von Diligenzpflichten, von der die Gesetzesverfasser sich leiten ließen, jedenfalls von dem Zeitpunkt ab nicht mehr zu überzeugen, seit dem anerkannt ist, daß dem Bürgschaftsgläubiger gegenüber dem Bürgen Schutz- und Fürsorgepflichten obliegen. Wenn aber im Grundsatz davon auszugehen ist, daß den Gläubiger derartige Pflichten treffen, dann kann die Regelung des § 776 schwerlich länger als eine „Sonderbestimmung durchaus positiver Art" aufgefaßt werden; sie ist vielmehr als besondere Ausprägung einer Fürsorgepflicht zu begreifen. Man hat bereits darauf hingewiesen, daß mit der wachsenden Anerkennung des Grundsatzes von Treu und Glauben im Bürgschaftsrecht der „Ausnahmecharakter" des § 776 mehr und mehr abgeschwächt werde[160]. Die Konsequenz hieraus ist allein die, daß § 776 keine Ausnahmeregelung (mehr) ist[161].

Erkennt man in § 776 die besondere Normierung einer eigentlichen (vertraglichen) Fürsorgepflicht, so lassen sich einige Wertungswidersprüche, die mit dem Verständnis des § 776 als Ausnahmeregelung verbunden sind, einebnen: Andernfalls muß man annehmen, daß der Gläubiger dem Bürgen zwar hinsichtlich der Nebenrechte zur Diligenz gehalten sei (§ 776), nicht aber hinsichtlich des Hauptrechts. Viel näher liegt die umgekehrte Betrachtung, daß den Gläubiger auch im Hinblick auf das Hauptrecht Erhaltungspflichten treffen; nur stellen sich diese Pflichten im Interesse einer möglichst geringen Belastung des Gläubigers vor allem als Benachrichtigungs- und Auskunftspflichten dar. Auch muß man andernfalls annehmen, daß der Gläubiger zwar dem Verpfänder zur Sorgfalt gehalten ist, nicht aber dem Bürgen, wo doch das Gesetz den Bürgen offenbar besserstellen will (arg. §§ 776, 771)[162].

M. zu § 1165, vgl. RGZ (17.9.04) 58, 425, 428, dagegen jedoch Wolff-Raiser, SachenR[10] (1957) S. 597 A. 17 und Westermann, SachenR[5] (1966) § 105 IV S. 522, die bloßes Dulden der Grundstücksverschlechterung (ohne Vorgehen nach §§ 1133 ff.) für ausreichend erachten.

159 BGH (17.9.59) WM 59, 51 (im Zusammenhang mit sicherungsübereigneten Gegenständen); Staudinger-Brändl, § 776,3 (a.E.); Esser-Weyers S. 314, vgl. auch Flad (o. A. 155) 544. – Kennzeichnend ist auch, daß die Entlassung eines Gesamtschuldners zwar nicht dem § 776 subsumiert, praktisch derselbe Effekt aber sogleich aus dem Gesichtspunkt eines Verstoßes gegen Treu und Glauben oder gegen eine „stillschweigende Bedingung" der Mithaftung hergeleitet wird, vgl. RG (19.11.34) HRR 35 Nr. 582 mit RG (4.3.37) SeuffA 91 Nr. 100 S. 227 f.; Flad S. 548 f.; Staudinger-Brändl, § 765,2. Krit. zu dieser Art der Begründung auch Wacke (o. A. 156).

160 Staudinger-Brändl, § 776,1 a.E.

161 Daß der Wille der Gesetzesverfasser dieser Auslegung nicht entgegensteht, zumal wenn er von Anfang an nicht unbedenklich war, soll hier nicht weiter ausgeführt werden. Auch wenn man die „subjektive" Auslegung höher als noch üblich veranschlagt (s. neuerdings inbes. Baden in: Studien zu einer Theorie der Gesetzgebung, hgg. v. Rödig (1976) 369 ff.; Fikentscher, Methoden des Rechts IV (1977) 366 ff.), ist eine auf zeitgemäßer Bewertung basierende Interpretation nicht versperrt.

162 Ganz ließe sich die Widersprüchlichkeit nur ausräumen, wenn – wie in §§ 1204, 1215, 688 ff. (o. A. 94) dem Pfandgläubiger – auch dem Bürgschaftsgläubiger bereits leichte Fahrlässigkeit schaden würde. Das nehmen offenbar Kreß (o. A. 75) 275 A. 108 und Soergel-Schmidt, § 776,2 an, unter Berufung auf RG SeuffA 61 Nr. 108; doch geht es dort um eine Ausfallbürgschaft (o. A. 88).

b) Folgt man dem hier vorgetragenen Verständnis des § 776, dann ist die Vorschrift nicht länger restriktiv zu interpretieren. Daß auch die Fälle bewußten Untätigbleibens des Gläubigers, der den Verlust der Pfänder geradezu kommen sieht, unter den Begriff des „Aufgebens" zu bringen sind, ist schwerlich zu bestreiten[163]. Doch ist ein weiterer Schritt zu tun. Auch der Bürge, der sich nicht lediglich auf den Ausfall verpflichtet hat[164], darf erwarten, daß der Gläubiger die für die Forderung bestehenden Sicherheiten nicht einfach verkommen läßt, sondern jedenfalls ein gewisses Maß an Sorgfalt auf deren Erhaltung verwendet. Auch hier ist das Vertrauen dadurch gerechtfertigt, daß der Gläubiger die gebotenen Maßnahmen vor allem im eigenen Interesse und auch deshalb treffen wird, um Schadensersatzansprüche des Verpfänders zu vermeiden[165]. Andererseits gebietet es der Zweck der schlichten wie auch der selbstschuldnerischen Bürgschaft, keine allzu strengen Anforderungen an die Sorgfalt des Gläubigers zu stellen. Der Gläubiger will erkennbar hier nicht für jedwede Nachlässigkeit gegenüber den Sicherungen zugleich mit dem Verlust der Bürgschaftsforderung „bestraft" werden; doch muß er auch berücksichtigen, daß der Bürge darauf vertraut, er, der Gläubiger, werde den Sicherungen die im allgemeinen übliche Sorgfalt angedeihen lassen. Es ist deshalb darauf abzustellen, ob der Gläubiger sich noch in etwa im Rahmen des Üblichen gehalten hat. Trifft dies zu, so gereicht ihm, mag die erforderliche Sorgfalt auch außer acht gelassen haben, der Verlust der Sicherheiten gegenüber dem Bürgen nicht zum Nachteil. Hat der Gläubiger hingegen die üblicherweise zumindest zu treffenden Vorkehrungen nicht beachtet und dadurch den Verlust verschuldet, so ist eine analoge Anwendung des § 776 angezeigt[166]. Auf der Grundlage der herrschenden Meinung wäre in einem solchen Fall regelmäßig ein besonders schwerer Verstoß gegen Treu und Glauben und damit eine Verwirkung der Bürgschaftsforderung anzunehmen[167]. Bei Lichte besehen handelt es sich jedoch um einen Fall der positiven Forderungsverletzung, denn den Gläubiger trifft insoweit die Fürsorgepflicht, dem Bürgen die Regreßsicherung nicht zu schmälern.

---

163 Dazu treffend Eisenhardt (o. A. 156) 542 ff. Die h. M. muß auch hier in den § 242 fliehen.

164 Nur bei der *eingeschränkten* Ausfallbürgschaft (o. A. 86) kann § 776 Bedeutung gewinnen, z. B. wenn der Gläubiger, dessen Ausfall durch Verwertung des Pfandes A ermittelt werden soll, das zusätzliche Pfand B aufgibt.

165 Auch wenn von „besonders schweren Verstößen" die Rede ist, neigt die h. M. dazu, eine „Verwirkung" bereits dann zu bejahen, wenn der Gläubiger seine Sorgfaltspflicht im Hinblick auf die Sicherungen nicht unerheblich verletzt hat. Dies zeigt sich auch daran, daß die Notwendigkeit, zwischen Ausfall- und regulärer Bürgschaft zu scheiden, in diesem Bereich wenig empfunden wird; RG (12.10.05) SeuffA 61 Nr. 108 S. 190 ff. läßt eine entsprechende Klarstellung vermissen (o. A. 88); daraus hat Kreß (o. A. 162) eine Verwahrungspflicht des Gläubigers gegenüber dem Bürgen gefolgert; Soergel-Schmidt, § 776,2 gestatten insoweit die Berufung des Bürgen auch auf fahrlässiges Verhalten des Gläubigers. Auch RG (23.1.30) HRR 30 Nr. 610 scheint (im Rahmen des § 772) recht strenge Anforderungen an den Gläubiger zu stellen. – Sind Verpfänder und Schuldner identisch, so hilft dem Bürgen § 770 II schon bei leichter Fahrlässigkeit des Gläubigers, vgl. o. nach A. 94.

166 Der Gläubiger beläßt beispielsweise das Sicherungsgut ungesichert an leicht zugänglichem Orte. – Strenger auch Art. 503 I SchwOR, wonach dem Gläubiger *jedes* Verschulden bei der Erhaltung der Sicherheiten schadet, vgl. Giovanoli (o. A. 102) Art. 503 Rdnr. 13.

167 In BGH (17.9.59) WM 59, 51 war dies nicht anzunehmen, weil der Gläubiger sich selbst zu schützen vermochte.

7. Damit ist zugleich die Frage nach den *Rechtsfolgen* einer Diligenzpflichtverletzung aufgeworfen. Die Stellungnahmen hierzu sind wenig klar. Während einerseits – meist unter Hinweis auf § 776 – angenommen wird, bei den sog. Sorgfaltspflichten des Gläubigers handle es sich um Obliegenheiten, deren Verletzung lediglich zur Verwirkung des Bürgschaftsanspruchs führe[168], wird andererseits die Auffassung vertreten, es gehe um die Verletzung von echten Rechtspflichten[169]. In Wahrheit ist jedoch zu differenzieren.

Im Bereiche der Ausfallbürgschaft, wo es sich darum handelt, ob die Bürgschaftsforderung überhaupt entsteht, geht es um Obliegenheiten[170]. Gleiches ist für die Fälle anzunehmen, in denen der Gläubiger den Bürgschaftsfall in vertragswidriger Weise herbeiführt (o. VII 2). Die Beweislast trifft jeweils den Bürgen. Zwar muß der Gläubiger in der ersten Fallgruppe den Bedingungseintritt beweisen[171], also daß er einen Ausfall erlitten hat, doch muß der Bürge, der sich auf die Regelung des § 162 Abs. 2 beruft, die Vertragswidrigkeit des Bedingungseintritts, mithin vor allem die Nachlässigkeit des Gläubigers, beweisen[172].

Im übrigen aber – nämlich soweit den Gläubiger Pflichten zur Wahrung der Forderung und zur Erhaltung der Sicherheiten treffen – sind „positive" Vertragsverletzungen der Bürgschaft anzunehmen. Daran darf nicht irremachen, daß § 776 davon spricht, der Bürge werde insoweit frei, als er aus dem aufgegebenen Rechte habe Ersatz erlangen können. Denn auch § 776 regelt einen Schadensersatzanspruch[173], zu dem aus praktischen Gründen sogleich eine Naturalrestitution vorgesehen ist: Der dem Bürgen durch die Aufgabe der Sicherheit beim Regreß entstehende Schaden wird sogleich durch die entsprechende Verringerung der Bürgenhaftung ausgeglichen. Daß es bestenfalls zu einer völligen Befreiung des Bürgen kommt, erklärt sich daraus, daß das Interesse des Bürgen nicht über seine Befreiung hinausgeht[174]. Auch dann, wenn der Gläubiger bei der Wahrung der Forderung eine andere Sorgfaltspflicht, etwa die

---

168 RG (26.1.38) HRR 38 Nr. 510; BGH (5.12.62) WM 63, 24 ff.; Staudinger-Brändl, § 765 Vorbem. 2; Soergel-Schmidt, § 765, 13; Wacke (o. A. 156) 62 A. 98, 64. S. auch u. A. 173.

169 RGRK-Mormann, § 765,10.

170 S. o. V 4 m.A. 112.

171 So der Grundsatz zur aufschiebenden Bedingung, Erman–Hefermehl, § 158, 11. – Bei diesem Grundsatz bleibt zur Ausfallbürgschaft stehen RG (14.3. 1895) SeuffA. 51 Nr. 178 S. 277, 279.

172 Die Beweislast trifft denjenigen, der sich auf § 162 beruft, RG (30.1.33) JW 33, 1387; BGH (8.1.58) LM § 162 Nr. 2.

173 Flad (o. A. 155) 544 f.; Staudinger-Brändl, § 776,4; auch Siber (o. A. 72) 247, anders, für Verwirkung, Esser, SchuldR² (1960) 669, 679 f.; Soergel-Schmidt, § 765,1; Raisch, JZ 65, 703, 706; Wacke (o. A. 156) 62 A. 98, 65; ders., NJW 69, 1850. – Auch Art. 503 I SchwOR ist als Schadensersatzregelung zu begreifen, Giovanoli (o. A. 102) Rdnr. 14 (doch ist die Frage str.); für § 1360 ABGB s. Ohmeyer in Klang² (1951) § 1360,4 (wo freilich von einem selbständigen Ersatzanspruch auszugehen ist). – Im übrigen ist auch zu den Parallelvorschriften der §§ 1165 BGB, 67 I 3 VVG anerkannt, daß der persönliche Schuldner/Versicherer nur befreit wird, wenn und soweit er aus der aufgegebenen Hypothek/Schadensersatzforderung hätte Ersatz erlangen können; er muß also insoweit einen Schaden erleiden, vgl. Planck-Strecker (o. A. 146) § 1165,2 d; Soergel-Baur, § 1165,4. Mit dem Gedanken einer Verwirkung, die grundsätzlich schlechthin eintreten müßte, stimmt dieses Abstellen auf die konkrete Beeinträchtigung nicht gut zusammen.

174 S. Siber (o. A. 72) 247.

Benachrichtigungspflicht verletzt, kommt als Schadensersatz höchstens die völlige Befreiung des Bürgen in Betracht[175], selbst wenn dieser einen höheren Schaden erlitten hat, z. B. dadurch, daß er dem Hauptschuldner Kredit gewährt hat, der bei rechtzeitiger Benachrichtigung versagt worden wäre. Denn die Sorgfaltspflichten des Gläubigers sollen den Bürgen nicht im Hinblick auf derartige Schäden, sondern nur im Hinblick auf das mit der Bürgschaft selbst verbundene Risiko schützen. Die Beweislast liegt auch hier beim Bürgen[176].

VIII. Die Verfasser der BGB haben, als sie die Diligenzpflichten des Gläubigers gegenüber dem Bürgen grundsätzlich verwarfen, mit einer jahrhundertealten Tradition gebrochen; doch ist der Bruch in vielem bereits verheilt. Die generelle Verneinung von Diligenzpflichten stützte sich auf eine von Anfang an fragwürdige Begründung; spätestens seit der Anerkennung der positiven Forderungsverletzung läßt sie sich in ihrer Allgemeinheit nicht mehr aufrechterhalten. Im Gewande der vielfältigen Schutz- und Fürsorgepflichten, von denen auch der Bürgschaftsgläubiger keineswegs frei ist, sind die Diligenzpflichten inzwischen zum guten Teil wiedergekehrt; doch wird diese Erkenntnis durch das rasche Ausweichen der h. M. in den allgemeinen Grundsatz von Treu und Glauben verdunkelt. Die dadurch erweckte Vorstellung, es müsse sich notwendig um Verwirkungssituationen handeln, geht – ganz besonders bei der Ausfallbürgschaft – fehl und hat zur Folge, daß zu geringe Anforderungen an das Gläubigerverhalten gestellt werden.

Bei der Ausfallbürgschaft, bei der im wesentlichen Obliegenheitsverletzungen in Rede stehen, hat der Gläubiger grundsätzlich ein hohes Maß an Sorgfalt bei seiner Rechtsverfolgung gegen den Schuldner zu beobachten, wenn er sich die Möglichkeit einer Inanspruchnahme des Bürgen erhalten will. Bei der regulären Bürgschaft, bei der es vor allem um die Verletzung weiterer Verhaltenspflichten geht, kann der Bürge dagegen nur auf ein geringeres Maß an Sorgfalt rechnen; erwarten kann er aber vor allem, daß der Gläubiger Nachricht gibt, wenn ihm Anzeichen für eine wirkliche Krise beim Schuldner erkennbar werden; daß der Gläubiger das übliche Maß an Sorgfalt auf die Erhaltung der Sicherheiten verwendet und daß er, wenn man eine Verallgemeinerung bereits wagen darf, in Notsituationen, wenn der Bürge sich seinerseits nicht zu schützen vermag, das ihm Zumutbare und Notwendigste zur Erhaltung des Regresses veranlaßt. Mit dem Argument, die Bürgschaft gebe dem Gläubiger „an sich nur Rechte", lassen sich diese Pflichten heutzutage nicht mehr leugnen. Auch besteht insoweit kein grundsätzlicher Unterschied zwischen der schlichten und der selbstschuldnerischen Bürgschaft, denn des „Auswegs", die Diligenzpflichten aus der Einrede der Vorausklage abzuleiten, bedarf es nicht mehr. Schutz- und Fürsorgepflichten müssen, gleichgültig, ob man sie aus dem Vertrag oder einem gesetzlichen Schutzpflichtverhältnis herleitet, den Gläubiger bei beiden Ausprägungen der Bürgschaft treffen. Aufgabe bleibt es, die einzelnen Pflichten des Gläubigers, so wie das z. B. in der Schweiz geschehen ist, schärfer herauszuarbeiten. Die Befürchtung der BGB-Verfas-

---

175 Vergleichbare Begrenzungen bei Verletzung einer Benachrichtigungspflicht enthalten § 1166 und Artt. 45 VI WG, 42 VI ScheckG (wo die Tragweite des Schutzzwecks jedoch umstritten ist, vgl. Baumbach-Hefermehl (o. A. 17) Art. 45 WG, 10) sowie Art. 505 III SchwOR.

176 S. zu § 776: Flad (o. A. 155) 545; Staudinger-Brändl, § 776,4.

ser, die Anerkennung einer allgemeinen Diligenzpflicht könnte in der Praxis zahlreiche Streitigkeiten hervorrufen, würde dadurch entkräftet werden; zugleich aber würde das Bürgschaftsrecht seine Aufgabe erfüllen, ein gerechter Kompromiß zwischen Gläubigersicherung und Bürgenschonung zu sein[177],[178].

Der bewunderte Jubilar hat in besonders eindrucksvoller und fruchtbarer Weise immer wieder bewußt gemacht, wie stark die Zivilistik ihrer langen Tradition verpflichtet und wie unerläßlich deren Beachtung ist. Drängt sich nicht auch zu dem hier berührten Fragenkreis der Eindruck auf, daß wir uns nach Ablauf der ,,motivgetreuen" Jahrzehnte allmählich wieder den traditionellen Lösungen nähern?

---

177 Vgl. Heck, Grundriß des SchuldR (1929) 381 mit dem Hinweis, daß die Bürgschaft ,,Charakterkrankheit" der anständigen, hilfsbereiten Leute, der Optimisten und Leichtgläubigen und endlich der Frauen sei. Auch diese Schattenseite der Bürgschaft fordere von der Rechtsordnung Beachtung.

178 Anhang: Parallelveröffentlichungen: BGH (7.3.56) WM 56, 885 = BB 56, 640; (5.12.57) WM 58, 218 = BB 58, 169; (9.3.59) WM 59, 855 = DB 59, 789; (16.4.59) WM 59, 1072 = BB 59, 866; (17.9.59) WM 60, 51 = BB 60, 70; (26.1.61) WM 61, 392 = BB 61, 383; (5.12.62) WM 63, 24 = BB 63, 111; (7.2. 66) WM 66, 317 = LM § 765 Nr. 10 = Warn. 66 Nr. 31 = MDR 66, 498 = BB 66, 305; (22.6.66) WM 66, 756 = NJW 66, 2009 = LM § 776 Nr. 1 = Warn. 66 Nr. 137 = MDR 66, 924 = BB 66, 800; (20.3.68) WM 68, 874 = BB 68, 853; (13.11.68) LM § 765 Nr. 16 = Warn. 68 Nr. 259 = MDR 69, 475 = BB 69, 196 = JZ 69, 114; (10.2.71) WM 71, 614 f. = Warn. 71 Nr. 37; (12.1.72) WM 72, 335 = LM § 535 Nr. 50 = § 765 Nr. 18 = Warn. 72 Nr. 9 = MDR 72, 411; (5.12.73) WM 74, 8 = LM § 765 Nr. 19 = Warn. 73 Nr. 294 = MDR 74, 305 = BB 75, 153; (9.10.74) WM 74, 1129 = LM § 765 Nr. 20 = MDR 75, 135.

Die Provisionsteilung bei Mitwirkung mehrerer Makler oder Handelsvertreter *

Rückbesinnungen zur Lehre von der Mitkausalität

Von Professor Dr. Rolf Knütel, Bonn

ZHR 144 (1980) 289–329

Die herrschende Auffassung, mehrere an einem Vertragsabschluß beteiligte Makler oder Handelsvertreter hätten jeder für sich Anspruch auf die volle Provision, beruht auf unzutreffenden Ableitungen und Wertungen. Im Grundsatz ist vielmehr von einer Provisionsteilung auszugehen, wie dies dem erkennbaren Willen des Auftraggebers/Unternehmers, gutem handelsrechtlichen Herkommen und der auch im Gesetz zum Ausdruck gelangten Billigkeit entspricht.

Inhalt

* Zeitschrift für das gesamte Handelsrecht und Wirtschaftsrecht 144 (1980) 289 – 329.

A. Einführung

Der „Entwurf eines Gesetzes über finanzierte Rechtsgeschäfte und über Maklerverträge" von 1979 setzt sich zum Ziele, das allgemeine Maklervertragsrecht der seit Inkraftsetzung des BGB eingetretenen Rechtsentwicklung anzupassen[1]. An dem Problem der

1 Gesetzentwurf der Bundesregierung, BR-Drucks. 220/79 v. 11.5.79, Begründung S. 8. – Folgende *Abkürzungen* werden verwendet: Ag. = Auftraggeber; HV. = Handelsvertreter; *Baumbach-Duden* = *Baumbach-Duden*, HGB, 23. Aufl. 1978; BGE = Amtl. Slg. d. Entscheidungen des schweizerischen Bundesgerichts; *BK-Gautschi* = Berner Kommentar zum schweizerischen Zivilrecht, 2. Aufl. 1962, Bd. 6 (Das ObligationenR), 2. Abt., 6. Teilbd. (Art. 425-491 OR), bearb. v. *Georg Gautschi; Dyckerhoff* =*Rob. Dyckerhoff*, Das Recht des Immobilienmaklers, 8. Aufl. 1977; *Guggenbühl* = *Ad. Guggenbühl*, Die Liegenschaftenmäklerei, Zürcher Beitr. z. Rechtswiss. N.F. Nr. 179, 1952; *Heymann* = *Ernst Heymann*, Der Handelsmakler, in: Ehrenbergs Hdb. V 1/1, 1928, 321 ff.; *Jacusiel* I = *Kurt* u. *Alfred Jacusiel*, Das Recht der Agenten u. Makler, H. 2 (Das Recht der Makler), 3. Aufl. 1926; *Jacusiel* II = *Alfred Jacusiel*, Die Rechtsprechung des Kammergerichts in Maklersachen in den Jahren 1927–1932, DImmZ 1932, 201 ff.; *Reichel* = *Hans Reichel*, Die Mäklerprovision, 1913; *Schlegelberger-*

„Mitkausalität“, einem ausgesprochenen „Schmerzenskind“[2] aus der Praxis des Maklerrechts, geht er jedoch achtlos vorbei. Mit dem Begriff der „Mitkausalität“ wird im Makler- und Handelsvertreterrecht gemeinhin zum Ausdruck gebracht, daß die Tätigkeit des Vermittlers nicht die einzige oder hauptsächliche Ursache des Vertragsabschlusses zu sein braucht: Es genügt für die Entstehung des Provisionsanspruches, daß der Vermittler eine neben anderen Umständen nur mitursächliche Tätigkeit für den Abschluß entfaltet. Hierbei sind zwei Fallgruppen zu unterscheiden: Daß der Vermittler nur mitursächliche Tätigkeit erbringt, kann daran liegen, daß der Auftraggeber (= Ag.) *selbst* die Hauptarbeit leistet, also etwa die vom Makler in Gang gebrachten Unterhandlungen allein fortführt und zum Abschluß bringt; es kann aber auch daran liegen, daß ein anderer Makler oder sogar mehrere andere für den Abschluß ebenfalls tätig geworden sind. In diesen letztgenannten Fällen ergeben sich keine Schwierigkeiten, wenn mehrere Makler *insgesamt* nur einen einzigen Auftrag erhalten haben: Mehr als *eine* Provision kann dann nicht anfallen[3]. Problematisch ist dagegen die Rechtslage, wenn mehrere unabhängig voneinander beauftragte Makler jeweils eine ursächliche Tätigkeit entfaltet haben. Hier wird von der seit langem ganz herrschenden Meinung angenommen, der Ag. habe jedem einzelnen Makler jeweils die volle Provision zu zahlen. Mitmäklers Müh' wird reich belohnt!

Dieses Ergebnis beruht allein auf begrifflicher Deduktion und ist die Frucht einer Entwicklung, in deren Verlauf die Ursprünge und die Interessenlage ganz aus dem Blickfeld geraten sind. Das gerechtfertigte Bestreben, den Makler vor einer Verdrängung durch den selbst abschließenden[4] Ag. zu schützen, ist in eine einseitige Begünstigung des Maklers umgeschlagen. Diese Begünstigung resultiert aus der instrumentalen Anwendung des Nachweisbegriffs, der scharfen Unterscheidung zwischen Nachweis- und Vermittlungstätigkeit, der Verflachung der Kausalitätsvorstellung und der formelhaften Handhabung des Begriffs der „Mitkausalität“. Das Ergebnis, mehrere Eigenmäkler hätten, wenn sie mitursächlich tätig gewesen seien, grundsätzlich jeder für sich Anspruch auf die volle Provision, ist vor 1894 ernsthaft nicht erwogen worden und wird in ausländischen Rechtsordnungen vermieden. Eine Neubesinnung erscheint daher geboten, nicht zuletzt

---

Schröder = *Schlegelberger*, HGB, 5. Aufl. 1973, Bd. 2, bearb. v. *Georg Schröder*; *Schwerdtner* = *Peter Schwerdtner*, Maklerrecht, 2. Aufl. 1979; *Soergel-Mormann* = *Soergel-Siebert*, BGB, 10. Aufl. 1979, Bd. 3, bearb. v. *J. Mormann* (§§ 652–661) u.a.; *Tempel* = *Otto Tempel*, Das Maklerrecht, in: Vertragsschuldverhältnisse, hgg. v. *W. Gitter* u.a., 1974, 367 ff.

2 *Schwarz*, BlGBWR 1957, 163, 164.

3 Sog. Mit- oder Gesamtmakler. Sie stehen meist in einem Gesellschaftsverhältnis zueinander, sei es, daß der Ag. eine Gesellschaft von Maklern beauftragt hat, sei es, daß die Makler sich für die Bearbeitung des gemeinschaftlichen Auftrags zu einer Gelegenheitsgesellschaft zusammenschließen, s. OLG München OLGE 22, 324; s. auch OLG Braunschweig OLGE 20, 218, 219 sowie *Reichel* 186; *Jacusiel* I 152; *Soergel-Mormann*, § 652 Vorbem. 4; *Erman-Werner*, BGB, 6. Aufl. 1975, § 652 Vorbem. 15. Erging der gemeinsame Auftrag an miteinander nicht in Verbindung stehende Makler (Beisp.: BGE 34 II 47 ff.), und werden diese tätig, ohne eine Gesellschaft bilden zu wollen, so wird Gesamtgläubigerschaft anzunehmen sein, § 428 BGB, so *Reichel* 187; *Heymann* 472; *Werneburg*, ZHR 100, 1934, 209, 215 ff.; *Staudinger-Riedel*, BGB, 11. Aufl. 1958, § 652 Vorbem. 14 (a.E.); *Erman-Werner* aaO. Anders jedoch bei Einzelbeauftragung, s. u. B IV 4 b.

4 S. die erste Fallgruppe im Bereich der Mitkausalität.

auch deshalb, weil offenbar nach dem Vorgang des Maklerrechts inzwischen auch im Handelsvertreterrecht eine Meinungsumschwung einsetzt.

B. „Teilbeitragsfälle"

Bei der Untersuchung sind verschiedene Situationen in Betracht zu ziehen.

Davon sollen zuerst die *„Teilbeitragsfälle"* untersucht werden, in denen die addierten Bemühungen nebeneinander wirkender Makler zum Erfolg führen.

I. Die ursächliche Tätigkeit nebeneinander wirkender Vermittlungsmakler. Streitstand

1. Der Standpunkt der herrschenden Meinung

Der folgende Fall war zu entscheiden:

Süess hatte im Juni Achermann beauftragt, den Verkauf seines Hotels „Zum Schwanen" zu vermitteln und 2% Provision versprochen. Gleiche Aufträge erteilte er hernach den Maklern Theiler und Huwiler. Alle drei Makler gerieten im Verlauf ihrer Bemühungen an den Troxler und bearbeiteten ihn für den Kauf des „Schwanen". Ende Juli verkaufte Süess das Hotel dem Troxler für 200 000,–. Achermann klagte daraufhin auf die Vermittlungsprovision von 4000,–. Im Beweisverfahren bekundete Troxler als Zeuge, wer ihn zum Kauf bestimmt habe, sei „bös" zu sagen. Die Angaben Achermanns könnten zum Entschluß etwas mitbestimmend gewesen sein; am meisten hätten aber Huwiler, der ihn zuerst auf den „Schwanen" aufmerksam gemacht, und Theiler dazu beigetragen.

Legt man die Formeln der herrschenden Meinung zugrunde, so müßte der Klage stattgegeben werden und Süess hätte darüber hinaus auch dem Theiler und dem Huwiler jeweils 4000,– zu zahlen[5]. Der BGH bejaht die Ursächlichkeit einer Vermittlungstätigkeit, wenn der Makler beim Vertragspartner des Auftraggebers ein Motiv gesetzt hat, das für den Vertragsabschluß „nicht völlig unbedeutend" war[6].

Dies trifft für jeden der drei Makler zu. Da es nach allgemeiner Ansicht zur Begründung des Anspruchs auf die volle Provision genügt, daß die Maklertätigkeit neben anderen Bedingungen für den Vertragsabschluß mitursächlich war[7], sei – so wird gefolgert – bei Mitursächlichkeit mehrerer Makler eben auch mehrmals die volle Provision zu zahlen[8]. Ein solches Ergebnis wird dem Fall nicht gerecht, und das schweizerische Bundes-

5 So für einen Parallelfall *Reichel* 131, 184–186.

6 BGH WM 1974, 257, 258. – Weiteres u. B IV 1.

7 BGH WM 1971, 1098, 1100 = DB 71, 2058 f.; BGH WM 1974, 257, 258 sowie (jeweils m. Rspr.) *Soergel-Mormann*, § 652 A. 20; *Tempel* 391; *Schwerdtner* 104 ff. Rn. 108. – Zum Handelsvertreter: BGH BB 1960, 111 f. – Weiteres u. B IV 2.

8 Für mehrfache Verpflichtung auf die volle Provision ausdrücklich RG v. 5.7.1911 (bei *Rob. Mayer*, u. Fn. 70) sodann RG LZ 1915, 504; BGH AIZ 1975, 306, 308; KG v. 26.10.32 bei *Dykkerhoff-Rinke*, Das Recht des Immobilienmaklers, 5. Aufl. 1966, 48; KG Recht 1939 Nr. 44; OLG Hamm AIZ 1964, 220, 221 f. (grundsätzlich); LG Wiesbaden ZMR 1956, 52 f.; LG Köln BB 1963, 918 f. sowie BGH WM 1969, 885 f.; BGH NJW 1977, 41 f. (dazu u. C II 3); weitere Rspr. u. Fn. 131, 146 (Aufbaufälle). – Aus der Lit. s. *Reichel* 131, 178, 183–186 (bei mehreren Vermittlungsmaklern; „de lege ferenda" aber für Provisionsteilung, S. 184, 186); *Planck-Oegg*, BGB, 4. Aufl. 1928, § 652 A. 3 c (S. 1140); *Jacusiel* I 105; *A. Jacusiel* DImmZ 1930, 249 f.; *Raff*, DImmZ 1932 H. 22 (auch bei *Werneburg*, ZHR 100, 1934, 213 ff.); *Rust*, AIZ 1964, 222 f.; *Soergel-Mormann*, § 652 Vorbem. 4 und A. 20 („können auch mehrere Makler nebeneinander

gericht hat denn auch dem Achermann nur einen Provisionsanteil zugesprochen. Darauf wird zurückzukommen sein (u. I 4). Doch ist es zweckmäßig, zuvor noch einen Blick auf die Gegenstimmen und auf den Streitstand im Handelsvertreterrecht zu werfen.

2. Gegenstimmen

Gegen die Annahme, jeder Makler könne die volle Provision beanspruchen, haben sich nur wenige Stimmen erhoben: Bei einem Zusammenwirken mehrerer voneinander unabhängiger Maklergruppen bei der Vermittlung eines Geschäfts hat das OLG Hamburg auf § 428 BGB zurückgegriffen und ausgeführt, der Ag. sei nur einmal zur Zahlung verpflichtet[9]. Das OLG Hamm hat für den Fall, daß der zweite Makler nach dem Scheitern der Bemühungen des ersten hinzugezogen wird, auf Grund ergänzender Vertragsauslegung nach § 157 BGB eine Provisionsteilung bejaht[10]. In der Literatur hat *Oertmann* Bedenken angedeutet[11] und erstmals *Eckstein* das Ergebnis der herrschenden Meinung als „offenbar unrichtig" angegriffen; vielmehr sei eine Provisionsteilung nach Verursachungsbeiträgen vorzunehmen[12]. Ebenso hat *Heymann* hinsichtlich der Vermittlungsmakelei grundsätzlich eine Teilgläubigerschaft (§ 420 BGB) der mehreren Makler bejaht[13]. Zu dem Ergebnis, die volle Provision werde nur einmal geschuldet, ist schließlich auch *Werneburg* gelangt: Teile der Ag. jedem Mitmakler die Beauftragung der anderen Makler mit, so folge dies aus § 428 BGB; fehle den Maklern dagegen die Kenntnis von der Mitwirkung der anderen, so ergebe sich, da „begrifflich nur eine mitverursachende Erfolgsherbeiführung durch jeden Einzelmäkler denkbar" sei, „hier als praktisches Resultat", daß der Ag. jedem Makler nur eine dem Verursachungsbeitrag entsprechende Quote zu zahlen habe[14] – womit offenbar die Teilgläubigerschaft gemeint ist.

---

provisionsberechtigt sein, gleichgültig, ob sie gleichzeitig oder nacheinander tätig gewesen sind"); *Erman-Werner* (o. Fn. 3); *Dyckerhoff* 12; *Hecker*, Die allg. Geschäftsbedingungen der Immobilienmakler (Diss. Würzburg 1968) 129; *Tempel* 394; *Schwerdtner* 106, 109, Rn. 108. – Zum Handelsvertreterrecht, wo die gegenteilige Auffassung (u. Fn. 16) noch überwiegt, s. die Nachweise Fn. 17.

9 HansRGZ 1928 B 766, 768 unter Berufung auf *Reichel*, der (S. 179–181, z.T. mißverständlich) über § 428 jedoch nur die Fälle „alternativer Kausalität" (dazu u. B IV 5 b) lösen wollte. Zu § 428 s.u. B IV 4 b u. D II 2 a.

10 AIZ 1964, 220 ff. m. abl. Anm. *Rust*. Dagegen auch *Soergel-Mormann*, § 652 A. 20; *Glaser-Warncke*, Das MaklerR i.d. Praxis, 6. Aufl. 1978, 137.

11 BGB, 5. Aufl. 1929, § 652 A. 5.

12 HansRZ 1922, 233 ff., allgemein zur Vertragsvermittlung und mit der extremen Konsequenz, die bloße Mitverursachung löse *stets*, also auch bei Mithilfe durch den Ag. oder den Dritten eine anteilige Vergütungspflicht aus. Doch könnte die volle Provision dann kaum verdient werden. S. auch u. nach Fn. 77.

13 *Ehrenbergs* Hb. V 1/1, 1928, 471 f. Bei Nachweismakelei gelte dagegen Priorität. – Eine doppelte Provisionspflicht bejaht *Heymann* jedoch, wenn „die verschiedenen Makler jeder die volle Nachweis- und Vermittlungstätigkeit durchgeführt" haben. Aber solche Fälle sind schwer vorstellbar (vgl. *Werneburg*, u. Fn. 14, 216; *Guggenbühl*, 315 f.; *Carraro*, La mediazione, 2. Aufl. 1960, 298 A. 115); die Tätigkeit eines der beiden müßte überflüssig sein, vgl. *Reichel* 179 f. (alternative Kausalität). Treffend ist freilich *Heymanns* Annahme, der Anspruch des ersten Maklers werde durch eine überflüssige Beauftragung eines zweiten nicht gefährdet, dazu u. C I 3 a.

14 ZHR 100, 1934, 209, 217–220; anders – ganz wie das OLG Hamburg, o. Fn. 9 – noch *ders.*, DImmZ 1932, 161 f.

II. Die Problematik im Handelsvertreterrecht

1. Der Streitstand

Die vergleichbare Problematik besteht im *Handelsvertreterrecht*: Der Handelsvertreter (= HV.) hat Anspruch auf die Provision grundsätzlich nur für diejenigen „abgeschlossenen Geschäfte, die auf seine Tätigkeit zurückzuführen sind“ (§ 87 Abs. 1 S. 1, vgl. § 92 Abs. 3 HGB); auch hier ist für den „theoretischen Normalfall“[15] vorausgesetzt, daß der HV. eine für den Abschluß ursächliche Tätigkeit entfaltet hat. Schon zu § 88 a. F., wonach das Geschäft „durch seine (sc. des Handlungsagenten) Tätigkeit zustande gekommen“ sein mußte, stand dies fest.

Im Handelsvertreterrecht geht die überwiegende Auffassung zu unserem Problem dahin, die einzelnen mitursächlichen HV. seien Teilgläubiger (§ 420 BGB). Dies wird hauptsächlich auf die Vertragsauslegung gestützt und besonders deutlich von *Ritter* ausgesprochen: „Regelmäßig wird auch die Auslegung des Agenturvertrages begründet sein, daß der Geschäftsherr mehreren Vermittlern nur einen entsprechenden Anteil an der Provision zu gewähren hat; denn Jeder weiß, daß regelmäßig doppelte Provision auf dem Geschäft nicht stehen kann“[16].

In jüngerer Zeit hat jedoch die Gegenansicht an Boden gewonnen, die das Regel-Ausnahme-Verhältnis umgekehrt beurteilt und grundsätzlich jedem der HV. den Anspruch auf die volle Provision zubilligt[17]: Wenn nämlich im Vertrag eine bestimmte Provisions-

15 *Heymann-Kötter*, HGB, 21. Aufl. 1971, § 87 A. 3 a.A.

16 *Ritter*, Komm. z. HGB. 2. Aufl. 1932, § 88 A. 3 d ii (S. 226), ferner: *Makower*, HGB, 13. Aufl. 1906, § 88 A. I b 3 (i.Zw. Aufteilung; wohl an Gesamtgläubigerschaft denkend); *Eckstein* (o. Fn. 12); *RGRK-Würdinger*, HGB, 2. Aufl. 1953, § 87 A. 8; *Schlegelberger-Schröder*, HGB, 2. Aufl. 1950, § 88 A. 18 (anders ab 3. Aufl., vgl. u. Fn. 17); *Baumbach-Duden*, HGB, 23. Aufl. 1978, § 87 A. 2 C; *Herschel-Beine*, Hb. z. Recht d. HV., 1954, 110 f.; *N.N.*, VersWirtschaft 1971, 609; *Giefers*, Rdsch. f. VertreterR (RfVR) 1972, 33, 38–41; *Küstner*, Der Handelsvertreter, 2. Aufl. 1977, 34 sowie (zum Versicherungsvertreter) Gutachten des BAA, Vers.wiss. Arch. 1953, 131, 134 (dies sei Vertragsgrundlage des Agenturvertrages); AG Stuttgart VerBAAV 1958, 224; *Bruck-Möller*, VVG, 8. Aufl. 1961, §§ 43 – 48, Vorbem. 279 (m.w.N.; „i. Zw. hälftig“), 300; *Höft*, VersR 1967, 524, 529, vgl. a. *Rohrbeck-Durst-Bronisch*, Das Recht des Versicherungsagenten, 3. Aufl. 1950, 47 f. – Das OLG Celle, BB 1956, 61 f. = HVuHM 56, 120 = HVR Nr. 111 sieht eine stillschweigende Vereinbarung, die Provision in angemessener Weise unter die verschiedenen Vertreter aufzuteilen, auch wenn einer Bezirksvertreter ist, „mindestens dann“ als Selbstverständlichkeit an, wenn ein anderer wesentlich mit zum Abschluß des Geschäfts beiträgt, zust. *Bruck-Möller* aaO., vergleichbar bereits RG Recht 1911 Nr. 3363; LG Düsseldorf HVR Nr. 16 (1941), dagegen *Krüger* (u. Fn. 17). BGH NJW 1958, 180 = LM § 354 HGB Nr. 1 = VersR 58, 23 = HVR Nr. 175 (nicht in BB 57, 1250) hat den Grundsatz der Provisionsteilung nicht mißbilligt, das Celler Urteil aber aufgehoben, weil durch die Mitwirkung eines anderen die Provision jedenfalls des (hier beteiligten) Bezirksvertreters nicht verkürzt werde und dieser stillschweigend in eine Teilung nur bei besonderen Anhaltspunkten einwillige. Vgl. auch u. Fn. 30.

17 *Albrecht-Tentler*, Das R. der Agenten nach Dt. HandelsR, 1908, 106 m. A. 6 (mit Hinweis auf RG Bolze 23 Nr. 436/437 [1896], wo die Frage jedoch offengelassen ist); *Jacusiel*, Das R. der Agenten und Mäkler, H. 1 (Agenten), 3. Aufl. 1925, 66 sowie *Schlegelberger-Schröder*, § 87 A. 16, 16 a, 56, 61 c, § 87 b A. 2 (571 f.); *RGRK-Brüggemann*, HGB, 3. Aufl. 1967, § 87 A. 8; *Wessels*, BB 1962, 473 f.; *Ahle*, DB 1964, 611 f.; *H. Krüger*, DB 1964, 1399, 1401; *Holling*, HVuHM 1974, 477; *Knapp-Ankele*, HandelsvertreterR, 2. Bearb. 1979, § 87 A. 1 d; *Stötter*, HandelsvertreterR, 2. Aufl. 1977, 69 m. Hinweis auf OLG Karlsruhe v. 28.1.1976 (15 U 68/75); *Stötter* (*–Lindner-Karrer*), Die Provision etc., 2. Aufl. 1980, 54.

höhe festgelegt sei, dann sei mangels anderer Vereinbarung Provision in dieser Höhe in allen Fällen zu zahlen, in denen der HV. überhaupt einen Provisionsanspruch habe[18]. Für eine andere Bestimmung müßten positive Anhaltspunkte vorliegen. Sei nämlich nicht mehr erkennbar, als daß die vereinbarte Provisionsbestimmung eindeutig den Fall der Mitursächlichkeit nicht erfasse, dann liege eine Lücke des Handelsvertretervertrages vor, die nach den Grundsätzen des § 87b HGB mit der Folge zu schließen sei, daß dem HV. die übliche Provision, die der vereinbarten gleichkommen könne, zustehe.

Der Gesetzgeber hat von einer Regelung des Problems bewußt Abstand genommen, weil „auch in Zukunft diese Fälle der vertraglichen Vereinbarung überlassen bleiben" sollten[19]; an einen Grundsatz der Doppelprovision war dabei offensichtlich nicht gedacht. Auch der 1979 von der EG-Kommission vorgelegte geänderte Richtlinienvorschlag läßt insoweit eine Klarstellung nicht erwarten[20].

2. Der Grundsatz der Provisionsteilung

Mit der noch überwiegenden Auffassung ist für den Regelfall von einer Provisionsteilung auszugehen. Daß die vereinbarte Provision für alle Fälle überhaupt entstehender Provisionspflicht maßgeblich sei, ist nicht mehr als eine Auslegungsregel, die nur so weit angewendet werden kann, als dies nach Treu und Glauben dem vernünftigen Parteiwillen entspricht. Die Beteiligten sind sich aber in aller Regel darüber im klaren, daß die Provision nur einmal im Preis einkalkuliert ist und daß die Mitwirkung mehrerer HV. an einem Abschluß nicht den Sinn haben kann, das Geschäft unrentabel werden zu lassen[21]. Zudem würde die den Unternehmer benachteiligende Wirkung kumuliert werden, weil die (volle) Provision auch bei der Ermittlung der Höhe der Ausgleichsansprüche mehrfach zugrunde zu legen wäre[22]. Die Beteiligten haben deshalb regelmäßig die Vorstellung, daß es sich bei der Mitwirkung mehrerer um Sonderfälle handelt, die nicht über den Leisten der einmal vereinbarten Provisionshöhe zu schlagen sind. Oft werden sich Anhaltspunkte dafür finden, daß die – übrigens sehr häufig schon ausdrücklich in die Verträge aufgenommene[23] – angemessene Aufteilung der Provision stillschweigend vereinbart ist.

18 BGH AP § 87 HGB Nr. 3 = VersR 1971, 464; *Schlegelberger-Schröder*, § 87 b A. 2 (dort auch zum Folgenden).

19 Begründung z. Entw. d. HandelsvertrG S. 24 (III 3 zu § 87), doch s. auch § 87 III HGB und u. bei Fn. 28 sowie *Giefers* (o. Fn. 16) 39 f.

20 Änderung des Vorschlags einer Richtlinie des Rates zur Koordinierung der Rechte der Mitgliedstaaten die (selbständigen) Handelsvertreter betreffend, KOM (78) 773 endg. v. 22.1.1979 (abgedruckt auch bei *Knapp-Ankele*, o. Fn. 17, im Anhang). Art. 12 Abs. 1 b spricht (vergleichbar dem § 87 Abs. 1 S. 1, 2. Alt. HGB) dem HV. die Provision zu, „wenn das Geschäft mit einem Dr. abgeschlossen wurde, den der HV. bereits früher für Geschäfte gleicher Art als Kunden geworben hatte", wobei in der Begründung (S. 4) an Vermittlung oder Abschluß „durch eine andere Person" gedacht ist. Dabei bleibt das Problem der Doppelprovisionen ungeklärt (was – diese Konsequenz ablehnend – auch die Stellungnahme des BDI v. 27.3.79 S. 5 bemängelt). Gleiches gilt für Art. 12 Abs. 1 c (HV. mit bestimmtem Bezirk oder Kundenkreis; dazu u. bei Fn. 30).

21 Vgl. o. Fn. 16. – Eine doppelte Provision von vornherein einzukalkulieren, ist in der Regel undurchführbar; mit einer (nur bei Vermittlung möglichen) Ablehnung des Geschäfts wäre weder dem Unternehmer noch den beteiligten HV. geholfen.

22 Vgl. *Giefers* und *Küstner* (beide o. Fn. 16).

23 Vgl. OLG Celle; LG Düsseldorf (beide o. Fn. 16); *Eberstein*, Der Handelsvertreter-Vertrag, 4.

In Ermangelung dessen ist zwar nach § 87 b Abs. 1 HGB der übliche Satz als vereinbart anzusehen, doch setzt das voraus, daß überhaupt ein Satz für die Fälle der Mitverursachung besteht. Fehlt es daran[24], ist die Provision nach § 316 BGB vom Unternehmer[25] nach billigem Ermessen zu bestimmen. Dem entspricht eine Aufteilung nach dem Verhältnis der Mitwirkung, sofern diese erkennbar ist, andernfalls nach Kopfteilen (vgl. §420 BGB).

Die gegen diese grundsätzliche Teilgläubigerschaft angeführten Argumente sind, wie sich bei den Überlegungen zum Maklerrecht bestätigen wird, nicht überzeugend: Die praktischen Schwierigkeiten[26] werden – zumal bei im Zweifel gleichmäßig vorzunehmender Aufteilung – überschätzt, und die Berufung auf einen Grundsatz, nach dem es gleichgültig sei, ob Mit- oder Alleinverursachung vorliege[27], verfängt nicht, weil sich ein Grundsatz in dieser Allgemeinheit nicht aufrechterhalten läßt. Überdies wird in § 87 Abs. 2 S. 3, Abs. 3 HGB für einen praktisch wichtigen Fall der Gesichtspunkt, daß wegen ein und desselben Geschäfts nicht mehreren Handelsvertretern die volle Provision zustehen soll, über diesen „Grundsatz" gestellt[28]. Darin kommt jedenfalls insoweit ein verallgemeinerungsfähiger Gedanke zum Ausdruck[29].

3. Ausnahmen

Freilich bestehen zu dem Grundsatz wichtige Ausnahmen. HV. mit Bezirks- oder Kundenschutz erhalten die volle Provision auch dann, wenn sie an der Vermittlung nicht oder nur neben anderen mitgewirkt haben (§ 87 Abs. 2 HGB). Dies folgt aus der Besonderheit fester Gebiets- und Kundenkreiszuweisungen. Deshalb kommt es, wenn ein HV. im Bezirk eines anderen vermittelt, grundsätzlich zu doppelter Provisionspflicht des Unternehmers[30], sofern der Vermittelnde nicht dem Unternehmer gegenüber vertragswidrig

---

Aufl. 1971, 28, der in den Vertragsmustern dementsprechend Teilungen (nach Köpfen) vorsieht, 109 f., 120, 130, sowie die Muster und Vorschläge bei *Maier*, BB 1970, 1327 ff.

24 Vgl. *Krüger* (o. Fn. 17) 1400, anders *Ahle* (o. Fn. 17) 612 (für Alleintätigkeit geltender Satz). – Zu §653 BGB vgl. u. C I 3 b.

25 Entgegen der Zweifelsregelung des §316, vgl. BGH (o. Fn. 18), auch *Maier* (o. Fn. 23) 1329.

26 *RGRK-Brüggemann*, § 87 A. 8; *Schlegelberger-Schröder*, § 87 b A. 2 (S. 571 u.) ; *Ahle* (o. Fn. 17) 612, dagegen auch *Giefers* (Fn. 16) 40. Vgl. zudem die Praxis u. Fn. 30. – Zum Argument im Maklerrecht s. u. B IV 5.

27 *Schlegelberger-Schröder* (Fn. 26). Näheres dazu u. B IV 3.

28 Die entsprechende Regelung ist in Art. 13 des Richtlinienvorschlags (o. Fn. 20) vorgesehen und in §9 österr. HVertrG enthalten (mit dem Zusatz, bei Ansprüchen mehrerer – ausgeschiedener – HV. sei die Provision nach Tätigkeitsanteilen billig zu verteilen).

29 Vgl. §§659, 660 BGB (dazu u. B IV 4) sowie die Begründung z. HVG (o. Fn. 19; III 1 zu §87), die zugrundelegt, daß ein Unternehmer üblicherweise nur eine Provision zahlt, und die nur Streitigkeiten bei der Aufteilung vermeiden will. S. auch *Höft* (o. Fn. 16) 529 f.; *Kamnitzer-Bohnenberg*, HGB, 4. Aufl. 1956, §87 A. II. Den auszuschließenden (vgl. Fn. 19) Umkehrschluß ziehen jedoch BAG BB 1971, 492; *RGRK-Brüggemann*, §87 A. 8.

30 Vgl. etwa BGH (o. Fn. 16 a.E.); *Schlegelberger-Schröder*, § 87 A. 31 d, 32; *Schröder*, DB 1963, 541 f.; *Krüger* (o. Fn. 24); *Eberstein* (o. Fn. 23) 44 f.; *Küstner* (o. Fn. 16) 34 f. – Besondere Probleme bestehen bei Geschäften, die über den Vertretungsbezirk eines HV. hinauswirken, insbes. bei außerbezirklich und zentral erteilten Aufträgen. Die Hauptversammlung der Centralvereinigung Dt. Handelsvertreter- und Handelsmakler-Verbände (CDH, Köln) hat sich 1970 aufgrund der vielfachen Übung dafür ausgesprochen, in solchen Fällen die Gesamtprovision auf

handelt. Einschränkungen i. S. einer Provisionsteilung sind aber zu befürworten, wenn sich die Hinzuziehung eines zweiten HV., etwa wegen seiner Spezialkenntnisse, als notwendig erweist[31]. Auch ist – unabhängig vom Bezirks- und Kundenschutz – im allgemeinen davon auszugehen, daß die Provisionsteilung nur dann i. S. des Vertrages liegt, wenn die Mitwirkung mehrerer HV. bei der Vermittlung auf wirtschaftlich vernünftiger Planung beruht. So darf der Unternehmer eine berechtigte Aussicht des ersten HV. auf die volle Provision nicht durch grundlose Einschaltung eines zusätzlichen HV. schmälern. Er ist nicht befugt, angeworbene Kunden zu Lasten der Provision des ersten willkürlich einem zweiten HV. zuzuweisen[32] oder zusätzlich durch diesen bearbeiten zu lassen. Häufig beruht auch der Umstand, daß zwei HV. einen Abschluß vermittelt haben, auf mangelhafter Absatzplanung des Unternehmers. Es wäre nicht rechtens, wenn der HV. über die Provisionsteilung die Folgen fehlerhafter Planung des Unternehmers tragen sollte. Doch brauchen diese Ausnahmen hier nicht weiter ausgeführt zu werden. Festzuhalten bleibt jedoch, daß im Handelsvertreterrecht die überwiegende Meinung zutreffend vom Grundsatz der Provisionsteilung ausgeht und dieses Ergebnis vor allem durch Vertragsauslegung gewinnt.

III. Ausländische Lösungen des Problems im Maklerrecht

Wir kehren zurück zur Problematik im Maklerrecht und werfen einen Blick über die Grenzen.

1. Schweiz

An unserem Ausgangsfall (B. I 1) wurde bereits deutlich, daß die herrschende Ansicht zu Lösungen gelangen muß, die den Fällen nicht gerecht werden. In der *Schweiz* sprach sich deshalb das Bundesgericht, das 1935 in dem Fall zu urteilen hatte, für eine Aufteilung der Provision auf die drei beteiligten Makler aus: Achermann erhielt unter Berücksichtigung seines Verursachungsanteils (nur) 1000,– sfrs.[33]. Das Urteil bildet einen auch für das deutsche Recht beachtenswerten Wendepunkt. Denn das Gericht hatte zuvor unter Bezugnahme auf die deutsche Rechtsentwicklung eine Provisionsteilung im Falle des selb-

---

die beteiligten HV. aufzuteilen, tunlichst nach Maß ihrer Mitwirkung und Einflußnahme an Zustandekommen und Abwicklung des Auftrags, vgl. auch *Holling* (o. Fn. 17) 480. Der Hauptverband Dt. HV. f. Nahrungs- u. Genußmittel hat dementsprechend eine spezielle Empfehlung erlassen (22.1.71) und dabei auf den für diesen Bereich üblichen Teilungsmodus (1/3 : 2/3 oder 1/2 : 1/2 oder 2/3 : 1/3) Bezug genommen. – Zur Problematik s. etwa *Maier* (o. Fn. 23).

31 Daß ein Bezirksvertreter die Provision auch dann erhält, wenn er an der Vermittlung überhaupt nicht mitgewirkt hat, steht nicht entgegen, denn dies kann nur dort gelten, wo der HV. wenigstens theoretisch in der Lage ist zu vermitteln. Ihm auch dort, wo er keine Provisionserwartung haben kann, die volle Provision zuzubilligen und den Unternehmer zur Doppelprovision zu verpflichten, würde die Unterstützung bei der Bezirkspflege unwirtschaftlich machen, woran dem Bezirksvertreter nicht gelegen sein kann. S. zur Problematik insbes. die Diskussion bei *Dietz*, Denkschr. z. Entw. eines HV-Gesetzes von 1940, Arbeitsberichte der Akad. DR, H. 17, 91 f.

32 Vgl. RG HRR 1933 Nr. 940 (unter Hinweis auf §§242, 162 BGB); *Schlegelberger-Schröder*, §87 A. 69; *Rohrbeck-Durst-Bronisch* (o. Fn. 16) 48. – Vgl. auch u. Fn. 139, 140.

33 BGE 61 II 80 ff. (v. 13.3.1935).

ständigen Wirkens mehrerer Makler abgelehnt und war von der grundsätzlichen Möglichkeit mehrfacher Ansprüche auf den vollen Maklerlohn ausgegangen[34]. Zudem hatte das SchweizOR 1911 eine Revision erfahren, durch die die Vertragsvermittlungen weithin nach dem Vorbild der §§652–656 BGB bundeseinheitlich geregelt wurden[35]; Art. 413 OR stimmt seitdem mit § 652 BGB fast wörtlich überein. Das Bundesgericht hat also bei insoweit entsprechender Gesetzeslage in Abweichung von seiner früheren Haltung und von der in Deutschland herrschenden Interpretation auf eine Provisionsteilung erkannt. Zur Begründung hat es vor allem die Billigkeit angeführt und sich auf die „logische Erwägung" gestützt, wer nur einen Anteil am Erfolg habe, könne auch nur auf einen Teil anspruchsberechtigt sein. Des weiteren hat es auf das richterliche Ermäßigungsrecht des Art. 417 OR Bezug genommen, der dem § 655 BGB entspricht, jedoch auch Grundstückskäufe einbezieht. Die vom Bundesgericht inzwischen bestätigte Entscheidung ist freilich bis heute umstritten[36].

2. Österreich

Auch in *Österreich* würde der Ag. Süess die Provision insgesamt nur einmal zu zahlen haben. Der OGH hat für den Fall, daß mehrere (einzeln) beauftragte Makler bei der Vermittlung eines Geschäfts mitgewirkt haben, angenommen, daß „bei Zugrundelegung der Kausalitätstheorie jeder einzelne von den mehreren Mäklern nicht den ganzen vereinbarten Betrag, sondern nur einen solchen Teilbetrag beanspruchen könnte, der dem Anteile entspricht, den seine Tätigkeit am Zustandekommen des Geschäftes hat"[37]. Daß der Ag. nicht mehr als eine Provision zu entrichten hat, wird auch in den „Richtlinien für die Gewerbe der Realitäten-, Hypotheken-, Geschäfts- und Wohnungsvermittlung" (Geschäftsgebräuche) vorausgesetzt: „Waren mehrere Vermittler am Zustandekommen des Rechtsgeschäfts ursächlich und verdienstvoll beteiligt, so gebührt die Provision jenem Vermittler, dessen Verdienstlichkeit überwogen hat. Bei gleichwertiger Verdienstlichkeit

34 S. insbes. BGE 26 II 575, 578 f. (1900); vgl. *BK-Gautschi*, Art. 412 OR A. 15 b; *Guggenbühl*, 316 f.; *Antognazza*, Voraussetzungen der Mäklerprovision, Winterthur 1965, 55.

35 Vgl. BGE 90 II 92, 96 (1964); *BK-Gautschi*, Art. 412 OR, Vorbem. 1 b, s.a. *Kühnemann*, Rvgl. Hdwörterb. 5, 1936, 313.

36 BGE 62 II 342 ff. (1936) (vgl. dazu auch u. Fn. 138); 72 II 421 ff. (1946). Zust. *Guhl*, Das Schweiz. ObligationenR, 5. Aufl. 1956, 373; *Thilo*, Journal Trib. (JT) 97, 1949, 34, 67 ff. (anders, wenn die Makler nichts voneinander wissen können, 69); ablehnend: Bez.Ger. Zürich bei *Weber*, SJZ 50, 1954, 367; *Oser-Schönenberger*, ObligationenR, 2. Aufl. 1936, Art. 413 A. 30; *Guggenbühl* 320 ff.; *BK-Gautschi*, Art. 412 OR A. 15 b, c (Provisionsteilung aber dann, wenn die Maklerverträge durch bloße Entgegennahme der Maklerdienste „stillschweigend" zustandekommen); *Antognazza* (o. Fn. 34) 56; *v. Büren*, Schweiz. ObligationenR, Bes. Teil, 1972, 217 f. (anders, wenn der Ag. die Makler über die anderen Aufträge informiert oder wenn Hinzuziehung erforderlich, vgl. u. bei Fn. 139); *Hofstetter* in: Schweizerisches PrivatR, hgg. von *Gutzwiller* u.a., VII/2, 1979, 130. – Zu den hauptsächlichen Erwägungen s.u. B IV 3.

37 OGH SZ 16/219 S. 602, 604 (v. 6.11.1934), vgl. auch *Zedtwitz*, HandelsvertreterG, 1968, 68 Nr. 180. – Die im Urteil zuvor angestellten Erwägungen zur Möglichkeit mehrfacher Provisionspflicht, gegen die der Ag. geschützt werden müsse, soweit er sich nicht selbst absichern könne, betreffen die mehrfache Auftragserteilung unter Abbedingung des Kausalitätserfordernisses. Doch besteht auch in Österreich, wo die Regelungen des HandelsvertreterG weithin auf andere Geschäftsvermittler Anwendung finden, das (dispositive) Kausalitätserfordernis für den Provisionsanspruch des Maklers, §§29 Abs. 1, 6 Abs. 1 HVertrG.

ist die Priorität der Namhaftmachung entscheidend"[38]. Wenn allerdings ein Makler das Kaufobjekt nachgewiesen hat, wird sein Anspruch durch die spätere Hinzuziehung eines zweiten Maklers weder beseitigt noch geschmälert[39].

3. Italien

In *Italien* haben die Makler eine unserem Handelsmakler angenäherte Stellung: Sie sind grundsätzlich Vermittlungsmakler, haben die Stellung neutraler Vermittler und erhalten die Provision von jeder Partei zur Hälfte. Wenn mehrere Makler zum Zustandekommen des Geschäfts beigetragen haben, so hat nach der ausdrücklichen Vorschrift des Art. 1758 Codice civ. ein jeder Anspruch auf eine Quote der Provision[40]. Der Anwendungsbereich dieser Norm ist allerdings umstritten. Die h. M. nimmt an, es sei eine alleinige Auftragserteilung (unico incarico) vorausgesetzt, was nicht nur der Fall sei, wenn der Ag. mehrere Makler zusammen beauftrage, die dann kooperativ tätig seien, sondern auch dann, wenn die Makler aufgrund sukzessiv erteilter Aufträge autonome Tätigkeit entfalteten, und zwar in der Weise, daß jeder von ihnen auf der förderlichen, im Kausalzusammenhang stehenden Tätigkeit des oder der anderen aufgebaut habe[41]. Erhalte dagegen jeder Makler einen separaten Auftrag mit gesonderter Provisionszusage und liefere er unabhängig von anderen für den Geschäftsabschluß hinreichende Kausalbeiträge, dann habe jeder Makler Anspruch auf die volle Provision[42]. Damit ist vor allem die Situation gemeint, daß jede der Parteien für sich einen Makler beauftragt hat. Die Provisionsquote wird von den Gerichten meist nach Kausalitätsanteilen bemessen, in der Literatur dagegen überwiegend nach Kopfquoten[43].

38 A 10 I, abgedruckt bei *Zedtwitz* 114, 117. Nach der in den Richtlinien festgehaltenen Übung gebührt dem Vermittler eine Provision von beiden Parteien (A 4).

39 OGH HS IV 4536 (v. 25.6.63). Zu diesen Fällen s.u. C II.

40 Art. 1758: „Se l'affare è concluso per l'intervento di più mediatori, ciascuno di essi ha diritto a una quota della provvigione". Dabei ist (unter Ausschluß von Untermaklern) vorausgesetzt, daß die Makler mit den Parteien selbst in Verbindung gestanden haben, vgl. die Relazione al re (Gazzetta uff. 79 bis v. 4.4.42) zu Nr. 725; Cass. 26.7.1960 n. 2154, Giust. civ. Massimario 10, 1960, 805. – Vor Inkrafttreten des Cc. ging die ital. Praxis dahin, bei gleichzeitiger oder sukzessiver Kooperation der Makler auf Teilung zu erkennen, bei voneinander unabhängiger Tätigkeit dagegen dem Makler die Provision zuzusprechen, der den Abschluß zuletzt zustandegebracht hatte, vgl. *Gaddi-Paolicelli-Gagliardi* in *V. de Martino*, Comm. al Cc IV, 1971, 595.

41 Cass. 14.3.1950 n. 661, Foro it. 73, 1950, 1268; Cass. 6.10.1954 n. 3333, Massimario foro it. 23, 1954, 668; Cass. 25.5.1960 n. 1341, Repertorio foro it. 73, 1960, s.v. Mediazione, n. 28; Cass. 6.8.1964 n. 2250, Giust. civ. Massimario 13, 1964, 1050; *Azzolina*, La mediazione, 2. Aufl. 1955, 171; *Stolfi* in *Scialoja-Branca*, Comm. del Cc IV, 1956, 35; *Gaddi-Paolicelli-Gagliardi* (o. Fn. 40) 596; *Giordano-Iannelli-Santoro*, Il contratto di agenzia. La mediazione, 1974, 561 f.

42 Cass. 13.3.1942 n. 695, Temi lomb. 1942, 127 = Dir. e prat. comm. 1942, 143 = Repertorio foro it. 1942, s. v. Mediazione, n. 42; *Stolfi* 35; *Gaddi-Paolicelli-Gagliardi* 596 f.; *Giordano-Iannelli-Santoro* 563, dagg. *Manca* in *D'Amelio-Finzi*, Cc Comm. II/1, 1947, 555; *Carraro* (o.Fn. 13) 298 f. (freil. einschränkend).

43 Vgl. Cass. 12.8.1947 n. 1504, Riv. dir. comm. 46 II, 1948, 112 sowie *Carraro* 299; *Gaddi-Paolicelli-Gagliardi* 597 f.

4. England

Auch in *England* würde die deutsche Praxis auf wenig Verständnis stoßen. Dort ist das Problem der Doppelprovision hauptsächlich schon dadurch entschärft, daß an die Kausalität wesentlich höhere Anforderungen gestellt werden: Nur derjenige „agent" ist provisionsberechtigt, dessen Tätigkeit die „effective cause" des Geschäftsabschlusses bildet[44]. Damit ist praktisch gesichert, daß der Ag. die Provision nur einmal zu zahlen hat[45]. Freilich muß der Ag. es mit den Maklern ausmachen, wer die entscheidende Ursache gesetzt hat. Da es sich jeweils um verschiedene Ansprüche handelt und die Möglichkeit, die Provision zweimal zahlen zu müssen, nicht völlig ausgeschlossen ist, kann der Ag. nicht im Wege des Prätendentenstreits nach Hinterlegung der Provision die Auseinandersetzung den Maklern allein überlassen[46].

Der in § 652 BGB (noch dispositiv) formulierte Grundsatz, daß die Provision nur bei Abschluß des Vertrages mit dem Dritten verdient ist, besteht in England allerdings nicht. Das Augenmerk wird deshalb in besonderem Maße darauf gerichtet, für welchen konkreten Erfolg die Provision versprochen ist[47]. Besteht er in der bloßen Zuführung eines Dritten, der ein angemessenes Angebot unterbreitet, so kann – da es auf die Annahme des Angebots hier nicht mehr ankommt – der Ag. bei mehrfacher Auftragserteilung auch mehrfach provisionspflichtig werden. Abgesehen von diesen Sonderfällen war im Ergebnis eine mehrfache Belastung des Ag. aber auch dann möglich, wenn die Provision nur für den Fall des Abschlusses oder der Durchführung des Vertrages versprochen war. Es wurde nämlich angenommen, der Auftrag enthalte die stillschweigende Abrede, der Ag. werde den agent nicht ohne gerechtfertigten Grund daran hindern, die Provision zu verdienen. Deshalb konnte es sich ergeben, daß ein Ag., der über den einen agent (provisionspflichtig) abschloß, dem oder den anderen agents Schadensersatz bis zur Höhe der Provision zu leisten hatte. Im leading case *Luxor (Eastbourne), Ltd. v. Cooper* führten eben diese Konsequenzen zu einem overruling, zur grundsätzlichen Verneinung derartiger stillschweigender Abreden[48]. Es wurde hervorgehoben, andernfalls könne ein Ag., der sich – wie es üblich und wirtschaftlich vernünftig sei – an mehrere agents wende, allen anderen schadensersatzpflichtig werden, wenn er das Angebot des einen akzeptiere; ja, er könne auch nicht mehr direkt an einen Dritten verkaufen und er müsse sogar auf das erst-

44 *Bowstead* on Agency, 14. Aufl. 1976, hgg. v. *Reynolds* u. *Davenport*, 183 ff.; *Powell*, Law of Agency, 2. Aufl. 1961, 336 ff.; *Fridman*, Law of Agency, 4. Aufl. 1976, 146 ff., jeweils m. Rspr. – Andere Umschreibungen: Sufficient cause (früher üblich); causa causans; proximate cause; real and efficient cause, vgl. *Bowstead* 184 A. 83, 185 A. 97. Das Restatement, Second, Agency § 448 bringt nur eine Umschreibung zur „effective cause".

45 *Bowstead* 186 A. 6: „It is theoretically possible, but very unlikely, that a court might hold that there had been more than one effective cause". Vgl. auch *Powell* 345 o., doch auch 339 (wo wohl eher an die Sonderfälle u. nach A. 47 gedacht ist); *Fridman* 150 („...the principal may imploy several agents and there can only be, or ought only to be one commission") sowie *L.J. Hooker v. Dominion Factors Pty*, [1963] New South Wales Weekly Notes 126 ff. (Austral.).

46 *Greatorex v. Shackle*, [1895] 2. Q.B. 249 sowie *L.J. Hooker v. Dominion Factors Pty.* (o. Fn. 45).

47 Nachdrücklich *Lord Russell of Killowen* und *Lord Wright* im Luxor case (u. Fn. 48) 42 f., 48 ff., 53, vgl. *Powell* 344 ff.; *Fridman* 150.

48 [1941] 1 All Engl. Law Rep. 33 = [1941] A.C. 108. – Hierzulande hatte sich dies in der Kasuistik des 19. Jh. durchgesetzt, vgl. den *Vorentwurf* 197 (zu Art. 675) m.w.N.

beste Angebot eingehen, auch wenn er durch andere agents oder auf direktem Wege noch bessere Offerten erhalten könne. All das stünde mit „common sense and ordinary business understanding" sowie mit der typischen Risikoverteilung im Widerspruch[49]. „Whatever the agents may have intended, it is certain that such an effect would not have been contemplated by the principal"[50]. Daran wird deutlich, daß sich auch dort, wo im praktischen Effekt Mehrfachprovisionen möglich waren, der Gedanke durchgesetzt hat, für *einen* Abschluß falle nur *eine* Provision an.

IV. Die Lösung im deutschen Maklerrecht

1. Zur Kausalität im Maklerrecht

Im deutschen Maklerrecht ist für die Lösung von §652 BGB auszugehen: „Wer für den Nachweis der Gelegenheit zum Abschluß eines Vertrages oder für die Vermittelung eines Vertrages einen Maklerlohn verspricht, ist zur Entrichtung des Lohnes nur verpflichtet, wenn der Vertrag infolge des Nachweises oder infolge der Vermittelung des Mäklers zustande kommt." Für unsere Problem gibt die Vorschrift jedoch keinen Aufschluß. Zwar gehört es zu den Anspruchsvoraussetzungen, daß des Maklers Tätigkeit ursächlich geworden ist („infolge"), doch bleibt offen, von welcher Art die *Kausalität* sein muß. Fest steht allerdings, daß es nicht um eine naturgesetzliche Kausalität geht, sondern um eine psychologische[51]. Hierbei wird gewöhnlich unterschieden: Der Vermittlungsmakler müsse motivierend auf den Dritten einwirken; der Nachweismakler brauche dagegen seinem Ag. nur Kenntnis zu verschaffen, ohne daß es auf eine Willensbeeinflussung ankomme[52]. Als Richtlinie mag diese Differenzierung hingehen, wenngleich sie überspitzt ist. Denn die Grenzen zwischen Nachweis- und Vermittlungsmakelei sind fließend; die Vermittlung kann sich im Einzelfall auf die Zuführung oder sogar die bloße Nachweisung eines abschlußbereiten Dritten beschränken[53]. Zudem muß auch ein Nachweis motivierend wirken, sonst kann er nicht kausal werden[54]; nur ist daraus wegen der Unkontrollierbarkeit interner Vorgänge grundsätzlich nicht zu folgern, daß bei mehreren sukzessiven Nachweisen der Ag. es in der Hand hätte, von welchem er sich motivieren läßt; vielmehr gilt Priorität.

---

49 *Lord Simon* und *Lord Wright* im Luxor case aaO. S. 38 f., 54 f. – Der agent könne sich durch Alleinauftrag oder ausdrückliche Klauseln sichern.

50 *Powell* 349.

51 BGH DB 1967, 1173, 1175. – Zum HV-Recht vgl. *Dietz* (o. Fn. 31) 72. Vgl. a. *Reichel* 126 ff. (der den Kausalitätsbegriff hier überhaupt fernhalten und auf die Verdienstlichkeit des Maklers abstellen will, sich damit aber vom Wortlaut des § 652 entfernt). – Die Besonderheit der psychologischen Kausalität wird insbes. in der Schweiz betont, vgl. etwa BGE 76 II 378, 382; 84 II 542, 549; *BK-Gautschi*, Art. 412 OR, Vorbem. 3 b; *Antognazza* (o. Fn. 34) 27.

52 OLG Hamburg DJ 1938, 1159, 1160; *Reichel* 147 f., 156 f.; *Soergel-Mormann*, § 652 A. 20; *Antognazza* 45, s. a. *Schmidt-Rimpler,* Ehrenbergs Hb V 1/1, 1928, 129 ff.

53 S.u. Fn. 150.

54 Davon gehen z.B. aus RG Recht 1907 Nr. 1815; OLG Köln AIZ 1975, 29; BGE 72 II 84, 89. Daher kann es auch bei der Nachweismakelei zu einer Unterbrechung des Kausalzusammenhanges kommen. Anders freilich OLG Hamburg (o. Fn. 52); *Reichel* 156 f. (mit nicht beweisenden Beispielen); *Antognazza* 45.

Ausgemacht ist des weiteren, daß die Tätigkeit des (Vermittlungs-)Maklers nicht die letzte oder unmittelbare Ursache des Entschlusses des Dritten zu sein braucht[55]. Im übrigen sind die Abgrenzungen jedoch unbestimmt und auch innerhalb der Rechtsprechung des Bundesgerichtshofs nicht einheitlich. Die Anforderungen sind immer mehr gesenkt und offenbar der Adäquanztheorie angepaßt worden: Verlangte der BGH zunächst, der Makler müsse beim Dritten ein „wichtiges Motiv zu einem späteren Vertragsabschluß hervorgerufen" haben[56], so schwächte er später ab, der Dritte müsse „nicht ganz unerheblich, sondern irgendwie beachtlich" motiviert worden sein[57], und erachtet es heute für ausreichend, daß der Makler beim Dritten ein Motiv gesetzt hat, das „nicht völlig unbedeutend" war[58]. Diese weite Formel ist wenig geeignet, und sie wäre durch die Erwägung, im Zivilrecht „gelte" die – bekanntlich für das Schadensrecht entwickelte – Adäquanztheorie, noch keineswegs gerechtfertigt[59]. Daß ein Ag. für eine „nicht völlig unbedeutende", also immerhin noch für eine unbedeutende Förderung die Courtage verspricht, ist nicht anzunehmen; vielmehr muß es sich um eine beachtliche Motivierung handeln. Doch braucht das hier nicht im einzelnen abgewogen zu werden, denn die Präposition „infolge" in §652 BGB ist jedenfalls nicht i. S. einer bestimmten Kausalitätstheorie „besetzt"[60]. Kausalitätsbegriffe sind lediglich Zweckbegriffe; was Ursächlichkeit meint, hängt von der jeweiligen Rechtsnorm ab und ist durch deren Interpretation zu ermitteln und nicht etwa aus einem als vorgegeben erachteten naturwissenschaftlichen oder

---

55 Einzelheiten s.u. IV 2 b; anders *Schmidt-Salzer*, DB 1969, 1091, dagg. *Schwerdtner* 102 Rn. 105. – Für die Schweiz s. BGE 62 II 342, 344; 76 II 378, 382; 84 II 542, 549; *Thilo* (o. Fn. 36) 46 f.

56 BGH v. 14.12.54 bei *Schwarz*, BlGBWR 1957, 163, 164; OLG Köln AIZ 1975, 29 („wesentl. Ursache"), ebenso *Glaser*, DB 1975, 1980; *Baumbach-Duden* § 93 A. 7 F, vgl. auch *Reichel* 160 f. („gewichtig mitbestimmend"). – Ähnlich für den *Handelsvertreter*: RG HRR 1930 Nr. 606 = LZ 30, 715 = Recht 30 Nr. 591 („eine der maßgeblichen Bedingungen"; „für den Abschluß unentbehrlich"); BGH BB 1960, 111 = LM Nr. 5 zu § 87 HGB = DB 60, 85; *RGRK-Brüggemann* (o. Fn. 17) § 87 A. 8; *Kamnitzer-Bohnenberg* (o. Fn. 29) § 87 A. 2; *Finke*, WM 1969, 1122, 1125, abweichend OLG Nürnberg BB 1959, 391 = HVR Nr. 210 („irgendwie veranlaßt"); *Knapp-Ankele* (o. Fn. 17) § 87 A. 3 (ebenso) und *Gierke-Sandrock*, Handels- und WirtschaftsR, 9. Aufl. 1975, 441 f., die ohne Rücksicht auf die Kausalität jede objektive Mitwirkung des HV. beim Zustandekommen des Geschäfts genügen lassen, damit aber im Widerspruch zu Gesetzeswortlaut und -motiven stehen (vgl. Begründung, o. Fn. 19, I 1 zu § 87) und auch erfolglose Aktivitäten prämiieren.

57 BGH DB 1967, 1175, vgl. *Heymann*, Ztschr. ausl. u. int. PrivatR 13, 1940, 334. Vergleichbar ist die jüngere Rspr. des Schweiz. BG, s. BGE 72 II 84, 89; 72 II 421, 422 („wenigstens ein...mitbestimmendes Motiv"); 76 II 378, 382; *Guggenbühl* 269 ff.

58 So im Anschluß an *Mormann*, WM 1968, 954, 959 und *Soergel-Mormann*, § 652 A. 20 die neueren Urteile: BGH WM 1971, 1098, 1100 = DB 71, 2059; BGH WM 1974, 257, 258; BGH NJW 1977, 41, 42 („nicht gänzlich ungeeignet") sowie *Schwerdtner* 106, Rn. 108; *RGRK-Dehner*, BGB, 12. Aufl. 1978, § 652 A. 17, vgl. auch *Antognazza* (o. Fn. 34) 53. – Eine Begründung für die Ausweitung wird nicht angeführt. – Noch weitergehend *Gierke-Sandrock* 518 (wie o. Fn. 56, doch im Widerspruch zu § 652 BGB).

59 Auf die Adäquanz-Formel berufen sich RG Warn.Rspr. 1908 Nr. 626 S. 499 f.; RG Recht 1914 Nr. 612; OLG Köln (o. Fn. 56); *Heymann* (o. Fn. 57). – Dagegen *Schmidt-Rimpler* (o. Fn. 52) 123 ff., 129 ff.

60 Auch die Materialien lassen dies erkennen, vgl. Vorentw. zu Art. 675 S. 199; Mot. II 512 f.; Prot. II 342.

philosophischen Kausalbegriff[61]. Zu dieser Interpretation und zugleich zu unserem Problem der Mitursächlichkeit mehrerer Makler ergeben sich Aufschlüsse, wenn man sich auf die Ursprünge der Lehre von der Mitkausalität zurückbesinnt.

2. Die Ursprünge der Lehre von der Mitkausalität

a) Entstehungsvoraussetzungen

Unsere Problematik wurde im 19. Jahrhundert aktuell als Folge des Aufkommens der Zivilmakler, vor allem der Grundstücksmakler: Die wichtigsten Ursachen hierfür waren die Bodenbefreiung, die das Wirkungsfeld für die gewerbsmäßige Vermittlung von Grundstücksveräußerungen, von Verpachtungen, Vermietungen und Beleihungen schuf, und die Gewerbe- und Handelsfreiheit, die die Betätigung auf diesem Sektor ermöglichte[62]. Daß diese neu entfalteten Aktivitäten sich von der Tätigkeit der mit amtlichen Eigenschaften ausgestatteten vereidigten (Handels-)Mäkler herkömmlicher Prägung erheblich unterschieden und die Praxis vor zahlreiche Rechtsprobleme stellten, liegt auf der Hand.

b) Das Problem im 19. Jh.: Vorbild des Handelsmaklers und Schutz des Zivilmaklers

Ein sehr häufig auftretender Streitpunkt war nun, ob der (Privat-)Makler lediglich dann Anspruch auf die Vermittlungsprovision habe, wenn er auch bei Vertragsabschluß selbst noch tätig geworden war. Daß dies als problematisch empfunden wurde, lag offenbar daran, daß die Zivilistik noch bis ins letzte Viertel des 19. Jahrhunderts hinein der Vorstellung einer aufgelockerten unmittelbaren Kausalität verhaftet blieb[63]; vor allem aber beruhte es auf einem Vergleich mit der Tätigkeit der (amtlichen) Handelsmakler[64].

Diese haben die Erklärungen der Vertragsgeneigtheit auszutauschen, den Abschluß selbst herbeizuführen, Schlußnoten zu erteilen und den erfolgten Abschluß zu beurkunden. Zum Handelsmakler war die Auffassung, er müsse den Abschluß unmittelbar zustandebringen, so stark, daß bei den Beratungen zum ADHGB ein Antrag abgelehnt wurde, „nach dem Vorgange des § 27 des österr. Börsengesetzes von 1854 zu bestimmen, daß der Mäklerlohn auch dann als verdient angesehen werden sollte, wenn der (Handels-)Mäkler die Parteien einander bekannt gemacht habe und danach an demselben Tage von ihnen das Geschäft unmittelbar geschlossen worden" sei[65]. Dabei wies man darauf hin, daß dem Makler durch die Partikulargesetzgebung das Recht eingeräumt werden könne, „eine Entschädigung unter Umständen selbst dann zu verlangen, wenn der Vertrag nicht durch ihn zu Stande gekommen" sei.

---

61 *Selb*, Fg. Herdlitczka, 1972, 215 ff., vgl. auch (zu § 652) OLG Karlsruhe NJW 1966, 2169, 2171 l. Sp. – Zur Kausalität und den Kausalitätstheorien s. neuerdings *A. Peczenik*, Causes and damages (Lund 1979). – Darauf beruhen auch die unterschiedlichen Kausalitätslehren im Zivil-, Straf-, Sozialversicherungs-, Polizei-, Seerecht etc.

62 *Herm. Krause*, Fschr. E. Molitor, 1962, 383 ff. m.w.N. (zum Grundstücksmakler). In Preußen hat das Pr.EG zum ADHGB v. 24.7.1861 den 10. Abschnitt des Titels II 8 ALR aufgehoben und die Privatmakelei völlig freigegeben.

63 Dazu vgl. etwa *Selb* (o. Fn. 61) 221; *Fraenkel*, Tatbestand und Zurechnung bei § 823 Abs. 1 BGB, 1979, 72 ff., 80 ff.

64 Deutlich klingt dies etwa an in den Erwägungen des AG Celle SeuffA 34, 115 (1878) und des RG JW 1884, 284, 285; vgl. auch ROHGE 11, 198, 200.

65 *Lutz*'sche *Protokolle* der Kommission zur Berathung eines ADHGB (Ausg. Würzburg 1858) Bd 1, S. 150 (XVIII. Sitzung). – Für Österreich ist dieser Zusatz durch Gesetz vom 4.4.1875, RGBl. Nr. 68, als Absatz 2 in den Art. 82 ADHGB eingefügt worden.

Wenngleich Wissenschaft und Praxis auf die Zivilmakler in Ermangelung anderer Vorschriften vielfach die vom ADHGB für die Handelsmakler aufgestellten Grundsätze anwandten[66], so wurde doch zu unserer Frage aufgrund einer Interpretation der Zivilmaklerverträge dieses Vorbild verlassen: Weder aus dem Begriffe des Vermittelns, Zuführens etc. ergebe sich, daß der Makler auch beim Abschluß des vermittelten Vertrages noch zugegen sein und tätig werden müsse, noch liege es im Zweck des Maklervertrages, daß der Makler seinen Anspruch einfach dadurch verlieren könne, daß nach seinen vermittelnden Bemühungen der Ag. „es für gut findet, von der weiteren Theilnahme des Agenten an Abschließung des Geschäfts zu abstrahiren" und das Geschäft mit dem Kunden unmittelbar zustande zu bringen[67]. Es waren diese Fälle, an denen sich die Lehre von der „Mitkausalität" entwickelt hat, wobei erstmals RG JW 1884, 285 verallgemeinernd auf den „Begriff der Kausalität" Bezug nahm, der nicht erfordere, daß die Vermittlungstätigkeit die einzige oder letzte Ursache der das Geschäft in Vollzug setzenden Entschließungen der Parteien gewesen sein müsse[68]. Hervorzuheben ist, daß es sich ausschließlich um Situationen handelte, in denen der Auftraggeber direkt mit dem vermittelten Dritten abgeschlossen hatte, ohne den Makler (nochmals) hinzuzuziehen. An der eigenen Förderung durch den Ag., sei sie um der Sache willen, sei sie, um den Makler auszuschalten, erfolgt, sollte der Anspruch des Maklers nicht scheitern. An die Ursächlichkeit eines anderen Maklers war nicht gedacht; das Problem mehrfacher Provisionspflicht stellte sich nicht.

c) Die Fortentwicklung im 20. Jh.

Unter Berufung auf diese Urteile wurde 1894 und 1901 dann der nächste Schritt getan und, da die Tätigkeit des Maklers nicht die alleinige Ursache des Geschäftsabschlusses zu sein brauche, die Provisionspflicht auch dann bejaht, wenn unterbrochene Verhandlungen ohne Zuziehung des Maklers wieder aufgenommen und ohne seine weitere Mitwirkung zum Abschluß gebracht wurden, „sei es, daß die Vertragschließenden persönlich miteinander verhandeln *oder eine andere Person* die weitere Vermittelung übernommen hat"[69]. Den Abschluß bildeten dann zwei Entscheidungen aus 1911[70] und 1915, wo es im

66 Vgl. (BGB-)Mot. II 511; *Riesenfeld*, Gruchot 37, 1893, 63 m. reichen Nachweisen.

67 So OAG Lübeck, SeuffA 14 Nr. 28 (1858) (zum Handlungsagenten) sowie OAG Dresden ZHR 8, 186 f., Nr. 29 (1863); OAG Lübeck, Kierulff III 259 ff. (1867); OAG Lübeck, Kierulff VI 87 ff., 92 f. (1870); OG Wolfenbüttel SeuffA 26 Nr. 240 (1871); AG Celle SeuffA 34 Nr. 115 (1878) und daran anknüpfend RGZ 6, 187 f. (1882) = SeuffA 37 Nr. 306; RG JW 1884, 284 f.; RG JW 1892, 154. – Das Prinzip sprechen auch aus RGZ 6, 188 f. (1882); ObTrib. Berlin SeuffA 30 Nr. 102 (1873); OLG Celle SeuffA 52 Nr. 13 (1895), offengelassen hingegen in ROHGE 11, 198, 199 f. (1873). – Vgl. überdies den Vorentw. zu Art. 675 (S. 199); *Rocholl*, Rechtsfälle aus der Praxis des RG II, 1890, 87 f.; *Doerr*, SeuffBl. 70, 1905, 635.

68 Ebenso RG Bolze 19 Nr. 456 (1894); RG JW 1901, 90 sowie zum BGB RG WarnRspr. 1908, 499 f., Nr. 626; RG Gruchot 59, 1915, 120, 124; heute unstr.

69 RG Gruchot 38, 1894, 977, 979 = JW 1894, 131 f.; RG JW 01, 90.

70 RG v. 15.7.1911 (III 462/1910), auszugsweise wiedergegeben nur bei *Rob. Mayer*, Rechte und Pflichten aus dem Mäklervertrage (Diss. Heidelberg 1912) 38: Zwei einzeln beauftragte Makler hatten unabhängig voneinander den Abschluß gefördert und nach Auffassung des RG dadurch den Anspruch auf jeweils den vollen Maklerlohn erworben. Die Hinterlegung des Ag., der auf Grund *eines* Abschlusses auch nur einmal zu schulden meinte, wurde für unrechtmäßig erklärt. Ebenso KG Recht 1939 Nr. 44. Vgl. auch o. Fn. 46 (England).

zweiten Urteil nach der Feststellung, daß der Kläger den Vertrag vermittelt und den Provisionsanspruch erworben habe, lapidar heißt: „Ob auch ein Dritter an der Vermittlung sich beteiligt und einen Mäklerlohn zu beanspruchen hat, ist belanglos“[71]. Dies wird unbesehen auch auf die Nachweismakler angewendet. Die Formeln von der Mitkausalität und der möglichen Doppelzahlungspflicht beruhen also einzig und allein auf dem „kurzen“ Schluß: Der Makler braucht, um die volle Provision zu erlangen, nicht allein ursächlich zu sein. Also kann auch ein zweiter Makler ursächlich sein. Also kann auch der zweite Makler die volle Provision verlangen[72]. Eine Provisionsteilung wird dabei ohne weiteres abgelehnt[73].

3. Die Interessenlage

a) Der Inhalt des Provisionsversprechens

Bei der erwähnten „logischen“ Ableitung ist man, um das eine Extrem zu vermeiden, in das andere verfallen; aus dem gerechtfertigten Schutz des einen Maklers vor Verdrängung wurde eine ungerechtfertigte Begünstigung von sogar mehreren Maklern. Dabei wäre es nicht minder logisch, umgekehrt zu argumentieren, wenn erst die Summe der Tätigkeit mehrerer nebeneinander wirkender Makler geeignet sei, den Dritten nachzuweisen/vertragsgeneigt zu machen, dann hätten die Makler auch nur zusammen überhaupt *den* Nachweis / *die* Vermittlung erbracht und könnten deshalb auch nur zusammen *die* Provision erhalten[74]. Schon diese Gleichwertigkeit der „logischen“ Ableitungen zeigt, wie zweifelhaft die Grundlage der h. M. ist.

Es kommt hinzu, daß der Umstand, daß der Makler auch dann Anspruch auf die volle Courtage hat, wenn der Ag. die weiteren Verhandlungen und den Abschluß selbst in die Hand nimmt, noch keineswegs die Folgerung trägt, daß auch dort, wo die Herbeiführung des Erfolges dem Eingreifen anderer vom Ag. beauftragter Makler zu verdanken ist, ein jeder Anspruch auf die ungeschmälerte Provision habe[75]. Die übliche Gleichsetzung dieser Fallgruppen[76] ist ungerechtfertigt[77]. Da der Ag. den Erfolg für sich erstrebt, wird er durch sein ureigenes Interesse zur Mithilfe in seiner Angelegenheit veranlaßt. Daß er die Möglichkeit und die Absicht hat, je nach Können und Neigung selbstfördernd mitzuwirken, wird bei der Auftragserteilung, also auch der Provisionszusage, als selbstverständlich vorausgesetzt, und der Makler kann deshalb ohne weiteres davon ausgehen, daß

---

71 RG LZ 1915, 504, vgl. auch RG JW 1922, 164.

72 So auch die meisten der o. Fn. 8 Angeführten und die Kritiker der Schweizer Rspr. (*Oser-Schönenberger, Gautschi, Guggenbühl, v. Büren*, alle o. Fn. 36).

73 RG LZ 1915, 976; *Steinitz*, DImmZ 1930, 185, 186.

74 Vgl. *Eckstein* (o. Fn. 12) 234; *Werneburg* (o. Fn. 14) 219. Vgl. auch o. nach Fn. 35 und u. Fn. 102.

75 So treffend BGE 61 II 80, 84.

76 Zu den Fallgruppen s. o. vor Fn. 3 und nach Fn. 68. Die Gleichsetzung wird nirgends begründet; Nachweise o. Fn. 8, 69–71. – Zum Handelsvertreter: BAG BB 1969, 178 = AP § 65 HGB Nr. 5; BAG BB 1971, 492; *Schlegelberger-Schröder* § 87 A. 16; *Ahle; Holling* (beide o. Fn. 17); *Giefers* (o. Fn. 16) 35.

77 Vgl. für Versicherungsagenten: BAA VersArch. 1953, 131 f.; *Bruck-Möller* (o. Fn. 16) Vorbem. 300; *Rohrbeck-Durst-Bronisch* (o. Fn. 16) 47.

dies auf die Provisionspflicht keinen Einfluß hat[78]. Ganz anders ist es, wenn der Ag. sich der entgeltlichen Dienste eines weiteren Vermittlers bedienen muß: Hier fallen Kosten an, und zwar deshalb, weil der Makler nicht allein imstande war, den Erfolg herbeizuführen. Der Makler kann nicht davon ausgehen, daß er trotz dieser bei der Auftragserteilung nicht vorhergesehenen Kosten Anspruch auf die ungeschmälerte Provision haben soll.

Damit ist bereits die Hauptfrage angesprochen, wie nämlich das Provisionsversprechen überhaupt zu verstehen ist. Es ist kennzeichend, daß diese im Handelsvertreterrecht zu Recht im Vordergrund stehende Frage von der h. M. im Maklerrecht völlig außer acht gelassen wird: Keines der auf der Linie der h. M. liegenden Urteile bemüht sich zu unserer Frage um eine Vertragsauslegung[79]. Hinsichtlich dieser Auslegung kann aber kaum zweifelhaft sein, daß jemand, der wie Süess im Ausgangsfall kurz aufeinander drei Makleraufträge erteilt, dabei nicht entfernt auf den Gedanken kommt, er könne nun auch dreimal provisionspflichtig werden[80]. Der Ag. geht vielmehr regelmäßig[81] davon aus, daß er für den einen erstrebten Vertragsabschluß auch nur eine Courtage zahlen muß. Seine Offerte ist grundsätzlich dahin zu verstehen, daß der Makler den (vollen) Lohn erhalten soll, wenn er *allein* und nicht zusammen mit anderen vom Ag. parallel beauftragten Maklern die Vermittlung leistet oder den Nachweis erbringt.

b) Die Interessen des Auftraggebers

Dies wird zwar bestritten, aber nicht zu Recht. Vor allem wird geltend gemacht, wer mehrere Aufträge erteile, müsse auch mit mehrfacher Bezahlung rechnen[82]. Doch wird dabei schon vorausgesetzt, daß es bei der Mitwirkung mehrerer Makler für jeden schon genügt, neben anderen Maklern nur einen Teilbetrag zu leisten, um die volle Courtage zu erhalten. Eben dies steht aber in Frage, und es ist grundsätzlich nicht anzunehmen, daß ein Ag. dies verspricht. Vielmehr rechnet er auch bei mehrfacher Auftragserteilung damit, nur einmal die Courtage zahlen zu müssen, weil er davon ausgeht, daß es entweder dem einen oder dem anderen Makler gelingt, den Erfolg herbeizuführen.

Die Beauftragung mehrerer (Eigen-)Makler ist auch nicht schon für sich ein Umstand, der es rechtfertigen könnte, den Ag. das Risiko mehrfacher Provisionszahlung tragen zu lassen. Es ist häufig, ja geradezu üblich, daß der Ag. mehrere Makler einschaltet[83]. Dies

78 Anerkannt, vgl. etwa RG Recht 1913 Nr. 2563; RG Warn. 1936, 362, 364, Nr. 186 = JW 37, 222 = HRR 37 Nr. 77 = DImmZ 37, 132 (daher auch kein nachträgliches Beiseiteschieben des Maklers). – Auch Handels- u. Versicherungsvertreter dürfen davon ausgehen, daß grundsätzlich die Unterstützungstätigkeit des Unternehmers die einmal vereinbarte Provisionshöhe nachträglich nicht beeinflußt, vgl. BGH AP § 87 HGB Nr. 3 (529) = VersR 71, 464 = RfVR 71, 173; BGH NJW 1979, 651 f.; BAA VersArch. 1953, 131 f.; *Schlegelberger-Schröder* § 87 b A. 2 (S. 571 M.); *v. Gamm*, NJW 1979, 2489, 2492. Anders *Eckstein* (o. Fn. 12).

79 Anders OLG Hamm (o. Fn. 10) 222 (zur Gegenansicht).

80 Vgl. *Lord Wright* im Luxor Case (o. Fn. 48) 54; *Powell* (o. Fn. 50). Vgl. a. OLG Posen SeuffA 60, 195 f. Nr. 100 (1904).

81 Zu Ausnahmen s.u. C I 3, II 2.

82 KG v. 26.10.1932 (bei *Dyckerhoff-Rinke*, 5. Aufl. 1966, 48); OLG Hamm AIZ 1964, 220, 221 u.; *Reichel* 186; *Raff* (o. Fn. 10) 214; *BK-Gautschi*, Art. 412 OR, A. 15 b, dagegen *Guggenbühl* 321.

83 Vgl. etwa OLG Köln AIZ 1975, 29; *Knieper*, NJW 1970, 1295; *Glaser*, DB 1975, 1980 sowie BGE 72 II 421 f.; *Guggenbühl* 313 f. und o. nach Fn. 48 (*Lord Wright; Powell*).

ist wirtschaftlich sinnvoll und entspricht der Funktion des Maklerwesens in der Wettbewerbswirtschaft. Denn die Hinzuziehung mehrerer Makler gewährleistet, daß der Ag. genügend Informationen sammeln kann, um einen einigermaßen verläßlichen Überblick über den Markt zu gewinnen und auf das für ihn geeigneteste Objekt zu stoßen[84]. Es kommt hinzu, daß den Makler – von Alleinaufträgen abgesehen – eine Tätigkeitspflicht nicht trifft. Trotz des Abschlusses eines Maklervertrages kann sich der Ag. also nicht darauf verlassen, daß der Makler in seiner Angelegenheit überhaupt tätig wird, und deshalb ist er gehalten, mehrere Makler einzusetzen, wenn er vorankommen will. Zudem ist es für einen Ag. eine geradezu selbstverständliche Vorsichtsmaßnahme, daß er sich nicht blind dem Leistungsvermögen und den Angaben eines einzigen Maklers anvertraut, sondern sich mit verschiedenen Maklern in Verbindung setzt[85]. Es ist nun schwer begreiflich, daß sich der Ag. diese Selbstverständlichkeiten, um die jeder Makler weiß, mit der Gefahr doppelter Courtagezahlung erkaufen soll.

Es läßt sich auch nicht einwenden, bei Beauftragung mehrerer Makler erhalte der Ag. ein Mehr an Leistung, so daß es gerechtfertigt sei, daß er auch das Risiko mehrfacher Zahlung trage[86]. Der Ag. verspricht die Courtage nicht für das bloße Tätigwerden, sondern für den Erfolg, einen Partner vermittelt zu bekommen, mit dem er abschließt, und dieser Erfolg kann nur einmal eintreten. Deshalb liegt auch der Vergleich, wer zwei Rechtsanwälte oder zwei Ärzte einschalte, müsse ebenfalls zweimal zahlen[87], neben der Sache. Dort handelt es sich um Dienstverträge; es werden die Dienste entgolten. Beim einfachen Maklervertrag i. S. d. § 652 BGB geht es dagegen allein um den Erfolg, und es ist dabei auch gleichgültig, ob der Makler große oder nur geringe Mühe aufzuwenden hatte. Der Makler kann sich hiergegen absichern, etwa indem er sich einen Alleinauftrag erteilen läßt oder Aufwendungsersatz vereinbart (§ 652 Abs. 2 BGB).

c) Die Interessen des Maklers

Auch gebieten die Interessen der Makler nicht die Kumulierung der Provision. Daß der Makler durch die potestative Erfolgsbedingung bereits der „Willkür" des Ag. ausgeliefert ist, trifft zu. Daraus läßt sich jedoch nicht ableiten, daß es unbillig sei, wenn die Lohnerwartung darüber hinaus noch durch die Möglichkeit einer Provisionsaufteilung bei bloßer Mitkausalität verkürzt werde[88]. Denn erstens gereicht die Lehre von der fortwährend ausgeweiteten (Mit-)Kausalität dem Makler ohnehin zum Vorteil[89], und es ist schwerlich unbillig, wenn diese aus rein formalen Ableitungen erwachsene Begünstigung auf ihre gebotenen Grenzen zurückgeführt wird. Zweitens ist der Ag. durch die Potestativbedingung nicht genügend geschützt: Bisweilen weiß er beim Abschluß mit dem Dritten nichts

84 Vgl. OLG Köln; *Knieper; Glaser* (o. Fn. 83).

85 Zumal da es allgemein bekannt ist, daß sich nicht selten unseriöse Personen als Makler betätigen. Beispiele bietet die Kasuistik zu §654 BGB.

86 So jedoch *Reichel* 185.

87 So *BK-Gautschi* (o. Fn. 82). Freilich ist im Schweizer Recht der Maklervertrag im allgemeinen den Auftragsregeln unterstellt, Art. 412 Abs. 2 OR.

88 So jedoch *BK-Gautschi*, Art. 412 OR A. 15 b (S. 143).

89 Vgl. o. IV 1, 2 c; *Guggenbühl* 268.

von der Tätigkeit des Maklers[90], bisweilen schätzt er sie falsch ein oder er schließt den Vertrag in Kenntnis der Mitkausalität mehrerer Makler, weil er begreiflicherweise nicht auf den Gedanken verfällt, eine mehrfache Provisionspflicht auszulösen.

Auch ist es unrealistisch anzunehmen, ein Makler werde seine Aktivitäten wesentlich drosseln, wenn er nicht die Gewähr habe, schon bei bloßer Mitkausalität die volle Courtage erlangen zu können. Er weiß, daß der Ag. meist auch andere Makler einschaltet und daß diese ihm zuvorkommen können, so daß er schon deshalb leer ausgehen kann. Dennoch wird er tätig. Wenn nun seine allein nicht hinreichende Tätigkeit erst infolge der Mitwirkung eines anderen Maklers erfolgreich wird, dann ist seinem Interesse dadurch angemessen Rechnung getragen, daß er an der Provision beteiligt wird. Daß er die volle Provision erhalten müsse, folgt auch nicht etwa aus dem „aleatorischen Moment" des Maklervertrages[91]. Dies meint, daß dem Nachteil „Maklers Müh' ist oft umsonst" der Vorteil gegenübersteht, daß der Makler dann, wenn seine Vermittlung oder sein Nachweis einmal erfolgreich ist, einen meist unverhältnismäßig hohen Lohn erhält. Aber auch hierbei wird ohne weiteres vorausgesetzt, daß der volle Lohnanspruch schon dann gegeben ist, wenn ein Makler neben anderen nur mitkausal gewesen ist[92]. Zudem ließe sich das Argument umdrehen: Wenn der Makler ohnehin nicht darauf rechnen kann, daß seine Mühe zum Erfolg führt, dann braucht er schon gar nicht prämiiert zu werden, wenn er neben anderen zum Erfolg nur ein Teilstück beigesteuert hat. Das Richtige liegt jedoch in der Mitte – bei der Provisionsteilung. Daß diese in Maklerkreisen auch als angemessen empfunden wird, wenn der Erfolg nur dem Einsatz mehrerer verdankt wird, zeigen die Aufteilungen, die in der Praxis etwa im Verhältnis von Makler und Untermakler stattfinden[93]. Freilich geht es dabei um das bewußte Zusammenwirken mehrerer Makler, von denen in der Regel nur einer beauftragt ist und die, ohne daß dies jedoch immer geschieht,

---

90 Nach h. M. setzt die Entstehung des Anspruchs aus § 652 BGB zwar voraus, daß der Ag. Kenntnis von der Maklertätigkeit gehabt hat, s. etwa RGZ 83, 32 ff.; RG Gruchot 59, 1915, 120 ff.; RG Warn. 1936, 362 (= o. Fn. 78); BGH AIZ 1961, 108, 109, weit. Nachw. bei *Knütel*, ZHR 135, 1971, 528 ff. Eine derartige Anspruchsvoraussetzung ist jedoch nicht aufrechtzuerhalten, s. *Knütel* aaO. m.Lit. 532 Fn. 19, zust. *Tempel* 399 f., einschränkend auch *Schwerdtner* 119 ff. Rn. 120, 121. S. auch die Parallele im HV.-Recht, wo eine Kenntnis des Unternehmers von der Tätigkeit des HV. nicht erforderlich ist, vgl. OLG Nürnberg BB 1959, 391 = HVR Nr. 210; *Ritter* (o. Fn. 16) § 88 A. 3 d hh; *Düringer-Hachenburg*, HGB, 3. Aufl. 1930, § 88 A. 4; *Schlegelberger-Schröder* § 87 A. 14; *Schmidt-Rimpler* (o. Fn. 52) 124. – Auch in der Schweiz wird (im bewußten Gegensatz zur deutschen Praxis) das „Kenntniserfordernis" abgelehnt, BGE 84 II 521, 524 ff. (1958), *Oser-Schönenberger* (o. Fn. 36) Art. 413 OR A. 26; *BK-Gautschi*, Art. 412 OR Vorbem. 3 d.

91 Anders *BK-Gautschi*, Art. 412 OR A. 15 b; *Guggenbühl* 320 f.; *v. Büren* (o. Fn. 36) 217 und (früher, 1900) BGE 26 II 575, 579.

92 Vgl. BGE 61 II 80, 84.

93 Eine Aufteilung ist auch in § 10 II der Geschäftsgebräuche für Gemeinschaftsgeschäfte unter RDM-Maklern v. 1971 (*Dyckerhoff* 221; *Schwerdtner* 241) vorgesehen. Bei den Gemeinschaftsgeschäften handelt es sich jedoch darum, daß die Makler auf entgegengesetzter Auftraggeberseite tätig werden. Doch kann (selbstverständlich) auch bei Tätigkeit mehrerer Makler für denselben Ag. ein Gemeinschaftsgeschäft vereinbart werden (§ 1 IV). – In OLG Hamburg HansRGZ 1928 B 766, 768 und OLG Hamm AIZ 1964, 220, 222 (mit abl. Anm. *Rust*) wird den klagenden Maklern diese Praxis entgegengehalten. Vgl. auch BGH WM 1969, 885, 886 r.Sp. (dazu u. Fn. 166). – Zum HV. vgl. o. Fn. 30.

ihren Einsatz abstimmen können. Aber es wird durch diese Übung immerhin die Selbstverständlichkeit bestätigt, daß auch die Aussicht auf einen bloßen Provisionsanteil es noch der Mühe wert erscheinen läßt, einen Auftrag wahrzunehmen.

Als weiterer Interessengesichtspunkt wird schließlich angeführt, der Ag. müsse bei Mitkausalität schon deshalb mehrfach die volle Provision zahlen, weil er es andernfalls häufig in der Hand habe, die Provisionspflicht überhaupt zu vermeiden: Er brauche zu diesem Zweck nur mehrere Makler zu beauftragen, die allein mitursächliche Tätigkeit für das Zustandekommen des Vertrages entfalten könnten[94]. Hierbei wird jedoch vorausgesetzt, daß nur die Alternative zwischen völliger Provisionsfreiheit und Mehrfachprovision besteht. Wie sich zeigen wird (u. 4), trifft das jedoch nicht zu.

4. Die analoge Anwendung des § 660 Abs. 1 S. 1 BGB

Lassen nach alledem die Interessengesichtspunkte eine Provisionsteilung als angemessen erscheinen, so drängt sich damit eine analoge Anwendung des § 660 Abs. 1 S. 1 BGB auf[95].

a) Die Regelungslücke

Daß § 652 BGB *diese* Fälle nicht regelt, also eine *Gesetzeslücke* besteht, wurde bereits deutlich. Zwar würde der reine Wortlaut die Annahme mehrfacher Provisionspflicht decken, doch ist diese Konsequenz mit dem § 652 sicherlich nicht verbunden worden.

aa) Die Regelung im Handelsmaklerrecht

Möglicherweise ging man als selbstverständlich davon aus, daß der Ag. die Provision nur einmal zu zahlen habe – war dies doch schon zu § 1254 Sächs. BGB v. 1865, dem Hauptvorbild des § 652 BGB[96], klargestellt worden[97] und entsprach dies doch der Übung bei Beteiligung mehrerer *Handelsmakler*: In Fällen, in denen Käufer und Verkäufer je einen Handelsmakler beauftragt hatten und in denen beide den Makler der anderen Partei an ihren eigenen Makler verwiesen, war es üblich, daß die Makler sich einigten, daß der eine das Geschäft vermitteln und die Schlußnoten unterschreiben solle, daß aber beide *den* , und zwar den einzigen Maklerlohn zu gleichen Teilen erhalten sollten[98]. Der Preuß. Entwurf zu Art. 83 ADHGB (= § 99 HGB) sah im Hinblick auf diese Frage noch einen

94 *Schwerdtner* 109, Rn. 109.

95 Dagegen *Reichel* 184, 186, der die Lösung als die geeigneteste erwägt, aber verwirft, weil der Makler nichts von der Beauftragung der anderen wisse und weil der Ag. jedem die volle Courtage verspreche. Doch s.o. nach Fn. 79 u. 82.

96 Vgl. *H. Krause* (o. Fn. 62) 388. Vorbild war auch der wegen § 652 BGB dann gestrichene Art. 82 ADHGB, vgl. Denkschrift S. 83.

97 *Siebenhaar* in seinem führenden Lehrbuch des Sächs. PrivatR, 1872, 654 f.: „Dagegen kann der Fall, daß ein Vertragsschließender eine und dieselbe Mäklergebühr doppelt zu bezahlen hat, nicht vorkommen. Hat er nämlich Mehreren, jedem einzelnen besonders, die Mäklergebühr versprochen, so...können zwar Mehrere gemeinschaftlich thätig sein, der Erfolg kann aber nur einmal hervorgebracht werden." Einschränkung für den Fall, daß dem einen für die Nachweisung, dem anderen für die Vermittlung Lohn versprochen werde, vgl. dazu u. C II 1, 2.

98 *Lutz*'sche *Prot.* (o. Fn. 65) 151; vgl. auch *Anschütz-v. Völderndorff*, ADHGB, 1868, Art. 83, S. 509.

Absatz 2 vor: „Wenn jede Partei sich eines besonderen Handelsmäklers bedient hat, so entrichtet jede an ihren Mäkler die Hälfte des Maklerlohns". Diese Regelung wurde jedoch nicht in das ADHGB aufgenommen, weil man meinte, das Gesetzbuch solle sich „nicht auf die Entscheidung von Einzelfragen einlassen"[99]. Aber auch ohne eine gesetzliche Bestimmung wurde diese Regelung nach Inkrafttreten des ADHGB von den meisten als die richtige angesehen[100]. Nach 1900 setzte sich dann jedoch die Ansicht durch, in solchen Fällen schulde gem. § 652 BGB jede Partei ihrem Handelsmakler die volle Provision[101]. Die Frage, ob ein Ag. sogar doppelt provisionspflichtig werden kann, stellte sich bei alldem jedoch nicht. Sie kommt auch wegen der unmittelbaren Einschaltung des Handelsmaklers in den Geschäftsabschluß nicht in Betracht.

bb) Die Entstehung der §§659, 660 BGB

Wahrscheinlicher ist aber, daß unser Problem bei den Vorarbeiten zum BGB nicht weiter bedacht wurde. Der Fall wird in den Gesetzesmaterialien nirgends angesprochen und ist in der (zugänglichen) Rechtsprechung vor 1894 offenbar nicht entschieden worden (o. IV 2 c). Auch stützen die §§659, 660 BGB diese Vermutung: Das Problem des § 659 Abs. 2 S. 1 (Handlungsvornahme von mehreren gleichzeitig) war bei der Auslobung seit der Antike geläufig[102] und wurde auch von den BGB-Verfassern für regelungsbedürftig gehalten. Dies veranlaßte dann *Otto Bähr*, für den „wichtigsten Fall", wo zu dem „Erfolge . . . Mehrere durch ihre Handlungen beigetragen haben", eine Regelung vorzuschlagen: „In solchen Fällen kann die ausgelobte Summe nur nach billigem Ermessen unter die verschiedenen Handelnden vertheilt werden"[103]. Dies wurde als von so selbstverständlicher Richtigkeit angesehen, daß sich gegen den Antrag auf seine Aufnahme ins Gesetz von keiner Seite Widerspruch erhob[104]. Während bei der Auslobung also immerhin seit langem ein Ansatzpunkt bestand, der zur Erkenntnis und zur Regelung der Mitkausalität führte, war das Problem im Maklerrecht neu und noch nicht praktisch hervorgetreten; es wurde bei der Schaffung des §652 BGB aller Wahrscheinlichkeit nach übersehen.

---

99 Protokolle (o. Fn. 98).

100 *Anschütz-v. Völderndorff* (o. Fn. 98); *v. Hahn*, ADHGB, 3. Aufl. 1877, Art. 83 §2; *Keyßner*, ADHGB, 1878, Art. 83 A. 3. Dagegen und für Zahlung jeweils der vollen Provision, weil in diesen Fällen jeder Makler für seine Partei das ganze Geschäft abgeschlossen habe, *Puchelt*, Buschs Archiv 13, 1868, 431; *ders.*, ADHGB, 1893, Art. 83 A. 4.

101 Vgl. RG LZ 1916, 753 f.; OLG Hamburg OLGE 32, 99; *Staub-Bondi*, HGB, 11. Aufl. 1921, §99 A. 4; *Schlegelberger-Schröder* §99 A. 9; *Baumbach-Duden* §99 A. 2.

102 Chrysipp bei Plutarch, Moralia (De Stoicorum repugnantiis 1045 D), woran *Grotius*, De iure belli ac pacis libri III anknüpft (II 16. 19). Dessen Entscheidung lebt in §659 II 1 fort, *Beseler*, Jur. Miniaturen, 1929, 85 f. – Die Regelung war im *Vorentwurf* zum Allg. Schuldrecht (II 1 § 3; vgl. Mot. II 523) vorgeschlagen, nicht aber im Sächs. BGB, weil man sie für zweifelsfrei hielt, s. *Siebenhaar-Pöschmann*, Commentar 2, 1865, 74.

103 *Bähr*, Krit. Vjschr. 30, 1888, 402 (= *ders.*, Gegenentwurf, 1892, 136), vgl. die Zusammenstellung gutachtl. Äußerungen (hgg. v. Reichsjustizamt) 2, 1890, 327. – Zu O. *Bähr*, einem Manne von ganz außerordentlicher praktisch-juristischer Begabung, s. *v. Stintzing-Landsberg*, Gesch. d. dt. Rechtswissenschaft III 2, 1910, 639 ff.

104 Vgl. Prot. z. BGB 2, 348 f.

b) Die Nichtanwendbarkeit des §428 BGB

Mit der bisweilen herangezogenen Vorschrift des §428 BGB ist unser Problem nicht zu lösen[105]. Die ohnehin sehr seltene Gesamtgläubigerschaft setzt in der Regel eine enge Interessengemeinschaft unter den Gläubigern voraus[106]. Diese fehlt unter den selbständig beauftragten Eigenmäklern. Sie wird auch nicht schon durch die bloße Mitteilung von der Beauftragung auch anderer Mäkler geschaffen, weil darin noch keine Vereinbarung liegt[107]. Zudem sind die Rechtsfolgen ganz unangemessen[108]: Der Ag. könnte die gesamte Courtage beliebig an einen der Mitmakler zahlen, auch wenn dieser nur einen geringen Kausalbeitrag geleistet hat; die Makler müßten sich dann auseinandersetzen. Eine so bequeme Art, sich der eigenen Pflicht zu entledigen, kann nicht im Sinne mehrfacher Beauftragung liegen, denn dadurch würde die Rechtsstellung der übrigen Makler beschränkt werden; diese hätten nur den „schwachen Ersatz“[109] des Ausgleichsanspruchs (§ 430 BGB); ihre Forderung wäre stärker gefährdet[110], die Rechtsverfolgung erschwert und darüber hinaus wären für den Ag. unredliche Machenschaften noch erleichtert. Im übrigen würde § 428 bei verschieden hohen Provisionszusagen nicht passen.

c) Normzweck und Interessenlage in §660 Abs. 1 BGB

§ 660 Abs. 1 S. 1 BGB sieht vor, daß dann, wenn mehrere zu dem Erfolg mitgewirkt haben, für den die Belohnung ausgesetzt ist, der Auslobende die Belohnung unter Berücksichtigung des Anteils eines jeden an dem Erfolge nach billigem Ermessen unter sie zu verteilen hat. Dies ist einer modifizierten analogen Anwendung auf mehrere mitkausal gewordene Eigenmakler fähig.

Der Zweck dieser Regelung, die Ausdruck eines allgemeinen Billigkeitsgrundsatzes ist[111], besteht im gerechten Ausgleich einer Alternative: Einerseits hat keiner der Handelnden den Erfolg herbeigeführt. Sie deshalb aber leer ausgehen zu lassen, wäre unangemessen, da der Erfolg ja erreicht ist. Andererseits verbietet es sich, ihnen mehr als einen Teil der Prämie zu gewähren, weil der Auslobende sich regelmäßig nur zu einmaliger Zahlung verpflichtet hat. Auch wäre dies unbillig, weil jeder nur einen Teil zum Erfolg beigesteuert hat.

Die Interessen der Beteiligten werden bei der Quotelung nach Verursachungsbeiträgen gewahrt: Denen des Auslobenden ist durch den Erfolgseintritt entsprochen; denen der

105 Anders OLG Hamburg Hans RGZ 1928 B 766, 768 und, sofern der Ag. den einzelnen Maklern die Beauftragung der anderen mitteile, *Werneburg* (o. Fn. 14). Vgl. o. B I 2.

106 *De Boor*, Die Kollision von Forderungsrechten, 1928, 95, 99 ff. (mit der Hervorhebung, daß diese Gemeinschaft in §660 BGB gerade fehle, 121); *Larenz*, SchuldR Allg. Teil, 12. Aufl. 1979, 506; *Soergel-R. Schmidt*, BGB, 10. Aufl. 1959, §428 A. 1.

107 Jedenfalls müßten die Makler als potentielle Gläubiger zustimmen. Anders in den Situationen gemeinschaftlicher Beauftragung, o. Fn. 3.

108 Vgl. *Heymann* 471 A. 48.

109 *Larenz* (o. Fn. 106).

110 Z.B. durch die Möglichkeit des Erlasses der gesamten Forderung durch Vereinbarung mit nur einem Gläubiger, §§429 III 1 i.V.m. §423, vgl. *Weigelin*, LZ 1926, 1297, 1299.

111 Vgl. *Stammler*, Die Lehre vom richt. Rechte, 2. Aufl. 1926, 246, auch o. zu Fn. 104. Damit erledigen sich Einwände aus dem ohnehin fragwürdigen Gesichtspunkt „Singularia non sunt extendenda“.

Mitverursacher, die aufgrund der öffentlichen Bekanntmachung von vornherein mit kollidierenden Forderungsrechten zu rechnen hatten, ist dadurch Genüge getan, daß sie für ihren Verursachungsbeitrag wenigstens einen entsprechenden Anteil der Prämie erhalten. Wie oben (IV 3) dargelegt wurde, verhält es sich bei der selbständigen Beauftragung mehrerer Einzelmakler ähnlich: Der Ag. will erkennbar grundsätzlich nur *eine* Provision zahlen und jeder Makler muß davon ausgehen, daß der Ag. auch andere Makler einschaltet.

Daneben ist auf die Entsprechungen von Auslobung und Maklervertrag hinzuweisen: Wie den Auslobungsempfänger, so trifft nach dem Gesetz auch den Makler keine Ausführungspflicht, so daß es sich weder um einen synallagmatischen noch um einen unvollkommen zweiseitigen Vertrag, sondern um einen Vertrag eigener Art handelt[112]. Bei diesem „ruht juristisch der Nachdruck auf dem bedingten Versprechen der *einen* Partei: wenn du mir die Gelegenheit zum Verkaufe meines Hauses nachweisest, zahle ich dir diesen Lohn“[113]. Dieser Entsprechung trägt das Gesetz übrigens auch sprachlich Rechnung, indem es vom „Maklerlohn“ spricht[114], ähnlich der „Belohnung“ bei der Auslobung und im bewußten Gegensatz zu der „Vergütung“ bei Dienst- und Werkvertrag. Darin liegt eine Anspielung auf das „aleatorische Moment“, und es lassen sich auch deshalb mit Grund Maklervertrag und Auslobung unter dem Begriff des „Lohnversprechens“ zusammenfassen[115]. Auch diese Gemeinsamkeit läßt es angezeigt erscheinen, unser Problem durch Rückgriff auf § 660 Abs. 1 zu lösen. Dadurch werden nach dem Umfang des Verursachungsbeitrages differenzierende, die Verdienstlichkeit des jeweiligen Maklers berücksichtigende Ergebnisse ermöglicht.

Allerdings verfährt der Ag. bei der Aufteilung nicht als Preisrichter, wie das in § 660 vorausgesetzt ist[116], sondern als Schuldner. Daher ist nicht die in § 660 Abs. 1 S. 2 zum Ausdruck kommende Anlehnung an § 319 maßgeblich, vielmehr gilt insoweit § 315: Der Schuldner muß die Quotelung nach billigem Ermessen vornehmen; entspricht sie nicht der Billigkeit oder wird sie verzögert, so wird sie durch Urteil getroffen. Da es um verschiedene Forderungen geht, hat der Schuldner nicht das Recht, die ganze Provision zu hinterlegen[117].

Zwar ist nicht zu verkennen, daß Gewinnerwartung und wirtschaftliches Interesse bei einem aktiven Makler wesentlich stärker sind als bei einem Auslobungsempfänger, doch wäre auch damit nicht zu rechtfertigen, weshalb für einen halben Erfolg der volle Lohn gezahlt werden soll. Vielmehr sprechen für eine eingeschränkte Analogie sowohl der in § 660 Abs. 1 S. 1 hervortretende allgemeine Grundsatz als auch Wille und Interessen des Ag. und schließlich der Umstand, daß der Makler, der sich überdies schützen kann, nicht unbillig benachteiligt wird.

---

112 *Larenz,* SchuldR Bes. Teil, 11. Aufl. 1977, 285 f. und h. M.

113 *Endemann,* Lehrbuch d. Bürgerl. Rechts, 1, 9. Aufl. 1903, 1113.

114 Der Entwurf von 1979 (o. Fn. 1) will jedoch, weil sich die Bezeichnung überholt habe, den Ausdruck „Vergütung“ einführen. Für das HGB (§ 99) wurde dies übrigens bei den Beratungen in der Akad. DR erwogen, vgl. *Heymann* (o. Fn. 57) 329f.

115 So z. B. *Leonhard,* Schuldrecht 2, 1931, 236.

116 Prot. 2, 349f.

117 Vgl. i. Erg. o. Fn. 70, auch *Knütel,* JR 1979, 370 (bei alternativer Kausalität).

5. Praktikabilitätsgesichtspunkte

a) Die Aufteilung nach Kausalbeiträgen

Auch läßt sich der hier befürworteten Lösung mangelnde *Praktikabilität* nicht vorwerfen. Abgesehen davon, daß es ganz ungerechtfertigt wäre, lediglich aus Praktikabilitätserwägungen jedem Mitmakler die volle Courtage zuzubilligen, löst die Quotelung auch nachhaltige Schwierigkeiten nicht aus. Die italienischen und die schweizerischen Gerichte kommen mit ihr ohne weiteres zurecht, und hierzulande werden Aufteilungen nach Kausalitätsbeiträgen weithin in Handelsvertreterverträgen vorgesehen und praktiziert[118]. Die Behauptung, eine psychologische Beeinflussung lasse sich nicht in Erfolgsanteile aufteilen[119], beruht auf zu sehr naturwissenschaftlich geprägter Anschauung; zudem lassen sich Ausmaß und Auswirkung einer Einflußnahme weithin auch am äußeren Verhalten des Ag. ablesen.

Auch das Zusammentreffen von Provisionszusagen unterschiedlicher Höhe steht einer Aufteilung nicht im Wege: Das dem jeweiligen Mitmakler erteilte Versprechen ist zugrunde zu legen und nach dem Kausalitätsbeitrag zu quoteln. Sind dem Makler A 3% und dem Makler B 4% versprochen worden und haben beide in gleichem Ausmaß zu dem Abschluß über 120 beigetragen, so erhält A 3% und B 4% von jeweils 60.

b) Die Abgrenzungsschwierigkeiten zwischen kumulativer und alternativer Kausalität

Für die hier vorgetragene Lösung und ihre Praktikabilität spricht im übrigen, daß sie in den schwer voneinander abgrenzbaren Fällen kumulativer und alternativer Kausalität einheitliche Ergebnisse zu liefern vermag. Der BGH hatte vor kurzem den folgenden Fall zu entscheiden:

Eine dänische Firma F wollte ein Geschäftslokal anmieten. Ein von ihr Beauftragter suchte zunächst den Makler M^1 und sodann den nebenan wohnenden Makler M^2 auf. Er nahm deren Nachweisscheine ungelesen an sich und sichtete sie anschließend in einem Café. Jedes der Nachweisbündel enthielt das Angebot eines bestimmten Ladens. Der Beauftragte erkannte die Identität der beiden Nachweise zunächst nicht; später vermochte er nicht mehr zu sagen, welches der beiden Angebote er zuerst gelesen hatte. Die F mietete kurz darauf den nachgewiesenen Laden und zahlte dem M^1 die Provision. M^2 klagte auf die Provision und unterlag vor dem OLG Frankfurt und vor dem BGH[120].

Auszugehen war davon, daß nur einer der beiden Makler kausal geworden war, ohne daß feststand, welcher. Der BGH hat gemeint, in dieser Situation der alternativen Kausalität gelte die Vermutung nicht, die im Normalfalle für den Kausalzusammenhang streite, wenn der Ag. kurz nach Zugang eines Maklernachweises den Vertrag abschließe. Deshalb müsse M^2 die Kausalität seines Nachweises darlegen und beweisen. Weil es daran fehlte, wurde M^2 abgewiesen. Da der BGH die Situation ausgenommen hat, daß jegliche Provisionszahlung überhaupt verweigert wird, läuft das Urteil darauf hinaus, daß der Ag. es bei alternativer Kausalität in der Hand hat, welchen der beteiligten Makler er mit der Courtage beglückt. Das kann nicht richtig sein; vielmehr ist auch in diesem Falle die

118 Vgl. o. Fn. 23, 30. Daß auch die Verbände Teilungen befürworten, spricht für sich. – Derartige Aufteilungen haben sich übrigens auch in anderen Bereichen, wie etwa bei den §§ 254 BGB und 830, 840 Abs. 1, 426 BGB, 17 StVG, für die Praxis keineswegs als unlösbare Aufgabe erwiesen – wobei es freilich nicht um psychologische Kausalität geht.

119 So *BK-Gautschi*, Art.412 OR A. 15b, vgl. auch *Raff* (o. Fn. 8) 212f., dagegen *Werneburg* (o. Fn. 14) 219f. Vgl. auch o. IV 1 a.E.

120 BGH JR 1979, 368ff. m. abl. Anm. *Knütel* = NJW 79, 869 = WM 79, 439 = DB 79, 496.

Courtage aufzuteilen, und zwar in Analogie zu § 659 Abs. 2[121]. Danach hatte jeder Makler Anspruch auf die Hälfte der Provision.

Es ist nun, wie auch der BGH hervorhebt, gut möglich, daß *beide* Angebote kausal waren. Wenn in ihnen etwa auf unterschiedliche Vorzüge des Ladens hingewiesen wurde, könnten erst beide Angebote zusammen beim Beauftragten den Entschluß für das Objekt ausgelöst haben. Nach der h. M. (o. Fn. 8) hätte die F in diesem Falle mitkausaler Nachweise jedem der beiden Makler die volle Provision zahlen müssen. Doch wäre das ebenso unbillig wie in unserem Ausgangsfall, in dem es um mitkausale Vermittlung ging. Bei Kausalität beider Nachweise wäre deshalb ebenfalls eine Aufteilung vorzunehmen, und zwar analog § 660 Abs. 1 S. 1 BGB, wobei im Zweifel von gleichen Anteilen auszugehen ist[122]. Da sich oft kaum ermitteln läßt, ob alternative oder ob Mit-Kausalität vorliegt, wäre es auch sehr unbefriedigend, wenn es aufgrund einer mehr oder minder willkürlichen Einordnung zu unterschiedlichen Ergebnissen käme.

6. Kausalbeiträge mehrerer Nachweismakler

Die Lösung bewährt sich in einem weiteren Fall, der sich zugetragen haben soll[123]:

Jemand hatte ein Kaufgesuch per Zeitungsannonce bekannt gemacht und darauf mit gleicher Post von mehreren Maklern diverse Nachweise mit Offerten auf Abschluß eines Maklervertrages erhalten. Unter anderem erweckte ein Nachweis des Maklers A das Interesse des Adressaten. Danach entnahm er einem gleichzeitig zugegangenen Nachweis des Maklers B, der schlechter aufgemacht, für den Interessenten aufgrund des zuvor gelesenen Nachweises aber gut erschließbar war, ein wesentliches Detail, das ihn veranlaßte, entgegen seiner zunächst gefaßten Absicht unverzüglich aktiv zu werden. Er einigte sich noch am gleichen Tage mit dem Verkäufer, der das Grundstück tags darauf anderweit vergeben hätte.

Zwar wird bei mehreren gleichzeitig zugehenden Nachweisen grundsätzlich nur derjenige kausal, den der Empfänger zuerst liest[124]. Im vorliegenden Fall sind jedoch beide Nachweise zusammen ursächlich; für sich allein hätte keiner diesen Abschluß nach sich gezogen. Nach der h. M. müßte auch hier zweimal die volle Provision geschuldet sein[125]. Vor allem diese unbefriedigende Konsequenz hat dazu geführt, daß in solchen und ähnlichen Fällen das Zustandekommen des Maklervertrages überhaupt verneint und angenommen wurde, für die Offerte auf den Abschluß eines Maklervertrages genüge es nicht, wenn der Makler die Provision (erst) gleichzeitig mit Bekanntgabe des Nachweises verlange[126]. Das Problem liegt in der Tat beim Vertragsabschluß. Eine Offerte ist allerdings gegeben, wenn der Makler bei der Bekanntgabe des Nachweises klar und deutlich macht,

121 Näheres bei *Knütel* 370f., zust. MünchKomm-*Seiler*, BGB, zu § 659. Ebenso für den Fall alternativer Kausalität mehrerer HV. *Schmidt-Rimpler*, Ehrenbergs Hb V 1/1, 1928, 136. – Anders *Reichel* 180, der in diesen Fällen § 428 BGB anwenden will, im Ergebnis über § 430 aber gleichfalls zu einer Teilung gelangt.

122 Vgl. *Knütel* 371. S. auch sogl. u. 6.

123 Ähnlichkeiten in der Ausgangslage zeigt der Fall KG v. 12. 2. 30 bei *Jacusiel* II 212 l. Sp.

124 *Reichel* 180; *Raff*, DImmZ 1929, 234, 243.

125 Vgl. o. Fn. 8. – Einschränkend *Gautschi* (o. Fn. 36).

126 So KG NJW 1958, 64 r. Sp. (der Interessent „würde ohne seinen ausdrücklichen Willen nicht selten sogar Vertragspartei mehrerer Mäklerverträge gleichzeitig werden. Das kann nicht Rechtens sein."); KG NJW 1961, 552 l. Sp. – Vgl. auch *Schwerdtner* 27f., Rn. 23.

daß er für sich eine Vergütung vom Interessenten begehrt[127]. Die Annahme dieser Offerte erfolgt nach § 151 BGB; mit dem Ausnutzen der Maklerleistung wird der Annahmewille betätigt[128]. Soweit aber – wie in unserem Falle – mehrere Angebote zusammentreffen, ist auch bei objektiver Beurteilung nach dem Standpunkt des redlichen Verkehrs[129] zu berücksichtigen, daß der Ag. vernünftigerweise nur auf eine Courtage verpflichtet sein will. In der Ausnutzung eines nur mitkausalen Nachweises kann eine Annahme deshalb lediglich in der Weise gesehen werden, daß nach Kausalitätsbeiträgen zu bemessende Provisionsanteile versprochen werden. Von daher müssen bereits die Offerten der Makler dahin verstanden werden, daß ihnen, sollte ihr Nachweis nicht allein –, sondern nur mitursächlich werden, lediglich die anteilige Provision geschuldet werde. Da dies den Maklern günstiger ist als ein Scheitern des Vertragsabschlusses überhaupt, wird man diese Auslegung treffen dürfen. Es besteht mithin nicht die Alternative zwischen den gleichermaßen unbefriedigenden Möglichkeiten, entweder im Rahmen des § 151 BGB den Abschluß mehrerer Verträge mit durchweg voller Provisionszusage zu befürworten oder bereits die Offerten ganz exzeptionellen Anforderungen zu unterwerfen; vielmehr ist auch in den Fällen eines „stillschweigenden" Vertragsabschlusses eine Provisionsteilung anzunehmen.

7. Der Abschluß mit mehreren Dritten

Auf der Grundlage der h. M. ergeben sich Schwierigkeiten auch dann, wenn die einzelnen Makler jeweils Interessenten, die nur im Zusammenwirken das Geschäft abschließen, vermitteln oder nachweisen. Hat ein Verkäufer zwei Makler unabhängig beauftragt und bringt jeder einen Käufer bei, der eine Grundstückshälfte erwirbt, so würde der Ag. jedem Makler nur die halbe Provision zu zahlen haben. Streng genommen hat freilich keiner die provisionsauslösende Bedingung, die auf Herbeiführung des Gesamterfolges ging, erfüllt, doch ist auch für diesen Fall – diesmal zu Gunsten der Makler – eine Analogie zu § 660 Abs. 1 BGB zu befürworten. Da zwei separate Verträge geschlossen wurden und jeder Makler nur hinsichtlich des Kaufs mit dem von ihm beigebrachten Dritten provisionsberechtigt sein kann, ließe sich dieses Ergebnis unter Annahme einer Auftragsänderung wohl auch aus der Sicht der h. M. rechtfertigen[130]. Wenn aber die beiden Dritten sich zu einer Gesellschaft zusammenschließen und das Grundstück für die Gesamthand erwerben, dann hat zweifellos jeder Makler für diesen einen Vertragsabschluß wesentliche Tätigkeit entfaltet und es müßte auf der Grundlage der h. M. jedem die volle Courtage zugesprochen werden. Das könnte jedoch nicht richtig sein: Der Ag. müßte doppelt zahlen, weil keiner der Makler imstande war, den Erfolg allein herbeizuführen! Demgegenüber sprechen auch hier die Vertragsauslegung und ansonsten die analoge Anwendung des § 660 Abs. 1 für eine Provisionsteilung.

---

127 BGH NJW 1958, 298; 1959, 574; 1967, 1365; WM 1971, 1098, 1099 = DB 71, 2058 = BB 71, 1521; *Schmidt-Salzer*, MDR 1969, 182, 185 r. Sp.; *Baumbach-Duden* § 93 HGB A. 4 B; *Schwerdtner* 26–31, Rn. 21–26.

128 *Schmidt-Salzer* (o. Fn. 127) 185.

129 Zu dieser Auslegung des Empfängerverhaltens in § 151 BGB s. *Staudinger-Coing*, BGB, 11. Aufl. 1957, § 151 A. 4.

130 Vgl. *Guggenbühl* 324.

C. *„Aufbaufälle"*

Um sich ergänzende Maklertätigkeiten geht es auch in den *„Aufbaufällen"*: Auf Grund der Vermittlung oder des Nachweises eines ersten Maklers ist es zunächst zu Verhandlungen gekommen, doch sind diese dann ins Stocken geraten. Später gelingt es einem zweiten Makler, der auf der Tätigkeit des ersten aufbaut, den Abschluß zustandezubringen. Die h. M. geht dahin, daß der Ag. auch in diesen Fällen jedem der beteiligten Makler die volle Provision zu entrichten habe[131], und es läßt sich in diesem Bereich ebenfalls beobachten, daß die Rechtsprechung maklerfreundlicher geworden ist.

I. Sukzessive Tätigkeit zweier Vermittlungsmakler

1. Der enge Vermittlungsbegriff der älteren Rechtsprechung

Wir sehen zunächst auf das sukzessive Tätigwerden zweier Vermittlungsmakler.

Die ältere Rechtsprechung hat eine Doppelbelastung des Ag. verschiedentlich dadurch vermieden, daß sie von einem engen Vermittlungsbegriff ausgegangen ist.

In RG SeuffA 69, 96 ff. Nr. 52[132] hatte der Bekl. den Kl. im Februar beauftragt, einen Verkauf oder Tausch seiner Grundstücke zu vermitteln. Der Kl. brachte den G bei, der zwei Grundstücke in Tausch geben wollte, und trieb die Vermittlung zwischen den Parteien so weit voran, daß eine Einigung über den Preis der Grundstücke des G, nicht aber auch über den vom Bekl. geforderten Preis erfolgte. Auch fehlten dem G noch die für die Zuzahlung erforderlichen Gelder, die durch Beleihung eines seiner Grundstücke beschafft werden sollte. Der daraufhin vom Bekl. hinzugezogene Makler E veranlaßte den Bekl., den Preis seiner Grundstücke wesentlich zu ermäßigen, und verpflichtete sich selbst, die Hypothek von 150 000,– M auf das Grundstück des G zu gewähren. Danach kam es im Mai zum Vertragsabschluß. Zuvor hatte E dem Kl. freigestellt, seinerseits die Hypothek zu schließen und damit das Geschäft zustande zu bringen. Der Kl. hatte dies jedoch abgelehnt und sich nur bereiterklärt, sich um die Hypothek zu bemühen. – Der Kl. unterlag mit seiner Provisionsklage in allen Instanzen.

Die Tätigkeit des zweiten Maklers baute auf der des ersten auf[133]. Da der erste Makler bei dem Dritten G ein Motiv gesetzt hat, das „nicht völlig unbedeutend" (o. Fn. 58), ja sogar erheblich war, würde der Fall heute wahrscheinlich im Sinne einer doppelten Provisionspflicht entschieden werden[134]. Eben dieses Ergebnis hat das RG offensichtlich zu vermeiden gesucht und deshalb höhere Anforderungen an die Vermittlung gestellt: Wenn

---

131 RG JW 1901, 90; JW 1922, 164 m. zust. Anm. *Titze*; RG HRR 1930 Nr. 606 (zum HV., Fn. 56); OLG Schleswig AIZ 1958, 47; OLG Hamburg BlGBWR 1956, 287 = AIZ 58, 46 f. u. 47; OLG Hamm AIZ 1966, 98; OLG Hamm AIZ 1972, 8 = BlGBWR 72, 333 = MDR 72, 606 (Ls.); *Soergel-Mormann* (o. Fn. 8, „nacheinander"); *Rust* (o. Fn. 8); *Tempel* 394. Weitere Nachweise u. Fn. 146.

132 Urt. v. 8. 4. 1913 = JW 13, 685 = Recht 13 Nr. 1444.

133 Die Vorinstanz hatte dies zwar verneint, doch ganz zu Unrecht.

134 Vgl. BGH WM 1974, 257, 258 („Dagegen ist bei einer . . . vermittelnden Tätigkeit für eine Mitverursachung dann noch Raum, wenn der ohne die Mitwirkung des Maklers herbeigeführte Geschäftsabschluß in Fortführung dessen, wenn auch gescheiterter [!] Vermittlung auf der von ihm angebahnten Grundlage zustande kommt") unter Bezugnahme auf RG Warn. 1937, 169 Nr. 73, wo – wie im BGH-Fall – die Parteien allein auf der vom Makler geschaffenen Grundlage aufbauten, und auf RG LZ 1915, 976; RG HRR 1930 Nr. 606 (= o. Fn 56), wo ein zweiter Makler/HV. an die vom ersten geschaffene Grundlage anknüpfte. Wie sich o. bei A. 69, 76 zeigte, setzt die Rspr. die Fälle gleich. Vgl. auch BGH NJW 1960, 476 = MDR 60, 283 = BB 60, 150; *Rust* , AIZ 1964, 222.

die Hinzuziehung eines zweiten Vermittlungsmaklers erforderlich geworden war, wurde die Tätigkeit des ersten nicht als „Vermitteln" i. S. d. § 652 BGB anerkannt[135]. Das RG hob hervor, zwar brauche die Maklertätigkeit nicht die hauptsächliche Ursache zu sein, doch entfalle der Provisionsanspruch jedenfalls dann, wenn der Makler von einer weiteren Tätigkeit, die den Abschluß des Vertrages alsbald herbeizuführen geeignet sei, seinerseits absehe und damit den Ag. nötige, sich der Hilfe eines anderen Maklers zu bedienen, der den Vertrag wunschgerecht zum Abschluß zu bringen bereit sei[136].

Der Gedanke, daß eine Vermittlung nur gegeben sei, wenn der Makler die Dinge allein bis zum Abschluß vorangetrieben hat, kommt auch in einer oberlandesgerichtlichen Rechtsprechung zum Ausdruck, nach der der Anspruch des ersten Vermittlungsmaklers „jedenfalls dann" erhalten bleibt, wenn der Ag. einen auf dem Erreichten aufbauenden zweiten Makler hinzugezogen hat, ohne dem ersten die Möglichkeit zu geben, seinerseits den Vertrag zu den später vereinbarten Bedingungen zustande zu bringen[137]. Dem liegt als Ausgangspunkt offensichtlich die Erwägung zugrunde, daß einerseits der erste Makler, der den Abschluß allein hätte herbeiführen können, durch die Einschaltung des zweiten in seiner Provisionserwartung nicht beeinträchtigt werden darf, daß andererseits aber ein Makler, der allein nicht vorankommt und die Beauftragung eines anderen erforderlich macht, auch keine Provision beanspruchen kann.

2. Der Grundsatz der Provisionsteilung

Diese enge Betrachtungsweise beruht auf der treffenden Überlegung, daß der Ag. für einen Abschluß nur eine Provision zahlt und nicht deshalb schlechter gestellt werden darf, weil ein Makler allein den Erfolg nicht herbeizuführen vermochte. Aus der Sicht der h. M. müßte dagegen jedem Makler die volle Provision zugebilligt werden, weil jeder von ihnen den Abschluß gefördert hat. Doch ist die Alternative ebenso wie bei den Teilbeitragsfällen im Sinne einer *Provisionsteilung* aufzulösen. Die Rechtfertigung ergibt sich auch in diesen Fällen aus einer Vertragsauslegung und der Analogie zu § 660 Abs. 1 BGB[138]: Während der Ag. grundsätzlich nur eine Courtage schulden will, kann der erste

---

135 S. o. Fn. 132 u. RG DImmZ 1930, 5 (a. A.); OLG Hamburg Recht 1914 Nr. 192; OLG Hamburg SeuffA 74, 238, 239 a. E., Nr. 133 (1919); OLG Hamm DImmZ 1930, 213, 214; OLG München DJ 1938, 343, 344 r. Sp. o.

136 Zust. *Planck-Oegg* (o. Fn. 8) 1140 u.; *Jacusiel* I 103 f., 106; *A. Jacusiel,* DImmZ 1930, 249, 250; *Werneburg,* DImmZ 1932, 107, 108; *Staudinger-Riedel* (o. Fn. 3), § 652 A. 37 a. E.; *RGRK-Dehner* (o. Fn. 58) § 652 A. 17. Vgl. auch *Hecker* (o. Fn. 8) 129. Ebenso für einen entspr. Fall *Bowstead* (o. Fn. 44) 188 (zu Nr. 15). – Im gleichen Sinn zum HV.: *Jacusiel* (o. Fn. 17) 66; *Ritter* (o. Fn. 16) § 88 A. 3 d bb („Hat der Agent seine Bearbeitung eingestellt, so hat er an den Tag gelegt, daß sein Versuch mißlungen ist."). – Ob die Hinzuziehung des 2. Maklers deshalb erfolgt, weil der erste nicht vorankommen kann, oder deshalb, weil er es nicht will, ist unerheblich; der Ag. ist in beiden Fällen veranlaßt, sich anderer Hilfe zu bedienen. Auch wäre sonst der Unfähige bevorzugt.

137 KG v. 11. 10. 30 bei *Jacusiel,* DImmZ 1930, 249 f. und *Jacusiel* II 211; OLG Hamburg und OLG Hamm (beide o. Fn. 131). Vgl. auch KG v. 5. 4. 31 bei *Jacusiel* II 211 = *Dyckerhoff-Rinke* (o. Fn. 8) 47 f.; OLG München DJ 1938, 343 (Ls. 3) und *Schwerdtner* 107, Rn. 108.

138 Dazu o. B. IV 3, 4. – Für eine Provisionsteilung in den Aufbaufällen haben sich auch die schweizerische (BGE 62 II 342, 344 f., vgl. 72 II 421 ff.) und die italienische Rspr. (o. Fn. 41) entschieden. Nach der englischen Betrachtungsweise würde i. d. R. der 2. Makler die „effective cause" gesetzt und allein Anspruch auf die Provision haben (vgl. o. bei Fn. 44, auch Fn. 136).

Makler, der den Erfolg nicht allein herbeigeführt, keineswegs den vollen Lohn erwarten und auch der zweite, der erst aufgrund der Vorarbeit des ersten zum Ziele gelangt, kann dies, soweit besondere Abreden fehlen, nicht. Den ersten Makler mit dem RG ganz leer ausgehen zu lassen, ist nicht gerechtfertigt, wenn er eine für den Abschluß wesentliche Tätigkeit geleistet hat, die der Ag. sich zunutze gemacht hat. Es stand dem Ag. frei, von den Vorarbeiten des ersten Maklers abzusehen. Nur wenn der erste Makler in concreto eine Pflicht zum Tätigwerden verletzt hat, könnte der Ag. gegen die Provisionsforderung mit dem Schadensersatzanspruch aufrechnen, der ihm infolge der erforderlichen Beauftragung eines anderen Maklers erwachsen ist.

Außerdem wird durch die Provisionsteilung eine schwer erträgliche Konsequenz vermieden, zu der die h. M. gelangen müßte: Wenn der erste Makler erkennt, daß er allein nicht weiter vorankommt, und deshalb von sich aus einen zweiten hinzuzieht, müßte er sich mit diesem die Courtage teilen. Daß er aber dann, wenn er sich dieser Erkenntnis verschließt und es dem Ag. überläßt, sich für die „Restarbeit" einen zweiten Makler zu suchen, besser stehen, nämlich im Ergebnis die volle Courtage erhalten soll, wäre nicht einzusehen.

3. Einschränkungen

Zwei Einschränkungen sind freilich zu machen.

a) Die Erforderlichkeit anderweitiger Auftragserteilung

Erstens muß die Hinzuziehung des zweiten Maklers erforderlich sein[139]. Ist nämlich der erste imstande, den Erfolg allein herbeizuführen, dann kann der Ag. ihn nicht durch die „willkürliche" Einschaltung eines anderen um seine Aussicht auf Erwerb der vollen Provision bringen[140]. Andernfalls wären dem Ag. Unredlichkeiten leicht möglich. Vor der Einschaltung eines zweiten Maklers muß der Ag. deshalb dem ersten die Möglichkeit geben, innerhalb einer angemessenen Frist die Vermittlung zum Abschluß zu bringen. Versäumt der Ag. dies, so ist regelmäßig davon auszugehen, daß die Einschaltung des zweiten Maklers nicht erforderlich war (o. Fn. 137).

b) Der Vorrang der Parteivereinbarung

Zweitens ist die Regel von der Provisionsteilung dispositiv. Sie gilt, wenn der Ag. den zweiten Makler hinzuzieht und ihm den Sachstand mitteilt, ohne daß eine ausdrückliche Provisionsabrede getroffen wird. Denn auch diese Beauftragung ist meist dahin zu verstehen, daß der Ag. für die „Restarbeit" nicht die volle Provision zahlen will.

Soweit eine Vereinbarung fehlt, wäre zwar nach § 653 Abs. 2 BGB der „übliche" Lohn als vereinbart anzusehen; dieser läßt sich für die hier interessierenden Teilbeiträge jedoch kaum feststellen. Das gewöhnliche Verlangen der vollen Provision ist nicht maßgeblich, weil es auf der fehlsam verallgemeinerten Voraussetzung beruht, daß die nur mitkausale Tätigkeit eines Maklers zur Begründung des Provisionsanspruchs schlechthin schon genüge[141]. Auch müßte ein nach § 653 als „üblich" anzu-

---

139 OLG Hamm AIZ 1964, 220, 222 o.; *v. Büren* (o. Fn. 36).

140 *Heymann* 471 f. („überflüssigerweise"); *A. Jacusiel,* DImmZ 1930, 249, 250. Vgl. auch LG Aachen HVR Nr. 49 (wenngleich von Schadensersatzanspruch des ersten Maklers ausgehend). – Ebenso beim HV., s. o. Fn. 32.

141 Eher wäre an die Provisionsteilungen bei Gemeinschaftsgeschäften anzuknüpfen, o. Fn. 93.

sehender Lohn von beiden beteiligten Gruppen anerkannt werden[142]; daran würde es auf Seiten der Ag. fehlen. Führt § 653 nicht weiter, so ist die nach §§ 315 ff. BGB bestimmte Provision geschuldet[143]. Doch geht diesen Vorschriften die Sonderregelung des § 660 Abs. 1 S. 1 analog vor[144], was im Ergebnis freilich wenig Unterschied macht: Der Ag. hat die Provision unter Berücksichtigung des Anteils eines jeden am Erfolge nach billigem Ermessen zu verteilen.

Vereinbart ein Ag. mit dem hinzugezogenen zweiten Makler dagegen *ausdrücklich* eine bestimmte Provision, so ist er daran gebunden, bringt er doch damit zum Ausdruck, daß ihm das zusätzliche Tätigwerden diesen Lohn wert ist. Eine Abhilfe käme – abgesehen von § 138 BGB – allenfalls über § 655 BGB in Betracht, wenn diese Vorschrift auf alle Maklerverträge ausgedehnt werden sollte[145]. Doch ändert dies nichts daran, daß dem *ersten* Makler nur ein Teil der mit diesem vereinbarten Provision zu zahlen ist. Denn für ihn gilt unabhängig von den Abmachungen mit dem zweiten Makler, daß er vorbehaltlich ausdrücklicher anderer Abrede die volle Provision nur bei alleinkausaler Tätigkeit beanspruchen könnte. Anders als bei den „Teilbeitragsfällen" kommt es bei den Aufbaufällen also eher in Betracht, daß der Ag. zur Zahlung von mehr als einer vollen Provision verpflichtet ist. Doch ist das nicht unbillig, weil er hier seine Belastung konkret überschauen kann, wenn er unter Ausnutzung der Tätigkeit des ersten Maklers dem zweiten noch die volle Provision für die „Restarbeit" verspricht.

II. Sukzessive Tätigkeit eines Nachweis- und eines Vermittlungsmaklers

1. Die Auffassung der herrschenden Meinung

Die andere Situation ist, daß der Ag. von einem ersten (Nachweis-)Makler einen Nachweis erhalten hat und hernach einen Vermittlungsmakler hinzuzieht, dem es dann gelingt, den Vertrag mit dem nachgewiesenen Dritten zustandezubringen. Rechtsprechung und Lehre[146] nehmen an, daß der Ag. auch dem Nachweismakler die volle Provision zu zahlen habe, weil dieser schon mit der Nachweiserbringung alles Erforderliche getan habe[147] und weil der Nachweis kausal geworden sei, indem der zweite Makler darauf aufgebaut habe. Ob noch ein zweiter Makler nach der Nachweiserbringung mitgewirkt habe, sei gleichgültig. Denn es konne in dieser Beziehung keinen Unterschied ma-

---

142 Vgl. RG JW 1927, 1143f. (zu Preisfestsetzungen durch Interessentengruppen), Vgl. auch *Schlegelberger-Hefermehl,* HGB, 5. Aufl. 1976, § 346 A. 10 (nur von interessierter Seite befolgte Übungen sind kein Handelsbrauch).

143 OLG Hamburg OLGE 8, 439; *Ritter* (o. Fn. 16) § 99 A. 3c; *Staudinger-Riedel* (o. Fn. 3) § 653 A. 5b.

144 Vgl. Prot. II 349f. S. auch o. nach Fn. 116.

145 Was der Entwurf v. 1979 (o. Fn. 1) in § 653c BGB vorsieht.

146 RG Gruchot 38, 977 = JW 1894, 131f. (gemeines R.); BGH AIZ 1961, 108f.; BGH NJW 1980, 124 (dazu u. Fn. 168); OLG Rostock SeuffA 72, 119 Nr. 74; KG v. 5. 10. 29 bei *Jacusiel* II 211; OLG München BayZ 1931, 82 = DImmZ 31, 101f.; OLG Hamm AIZ 1966, 98f.; OLG Düsseldorf AIZ 1966, 16; OLG Hamburg AIZ 1972, 257; für Österreich s. OGH (o. Fn. 39). – *Reichel,* Recht 1916, 103; *Planck-Oegg* (o. Fn. 8) 1140; *Steinitz,* DImmZ 1930, 185f.; *Staudinger-Riedel* (o. Fn. 3) § 652 A. 37; *Steinitz,* DImmZ 1930, 185f.; *Tempel* 394; *Hecker* (o. Fn. 8) 129; *Guggenbühl* 323.

147 Vgl. auch RG Warn. 1936, 362, 364 Nr. 186; BGH NJW 1962, 2099; BGH NJW 1980, 123f.; *Mayer* (o. Fn. 70) 63.

chen, ob der Ag. mit dem ihm nachgewiesenen Dritten das Geschäft unmittelbar abschließe oder ob er sich hierbei eines anderen Vermittlers bediene[148].

2. Die Notwendigkeit differenzierender Betrachtung

Es ist jedoch auch hier zu unterscheiden.

a) Die Erforderlichkeit anderweitiger Auftragserteilung

Zunächst muß überhaupt ein „Nachweis“ vorliegen; dem Ag. muß also ein geeigneter Dritter (oder ein passendes Objekt) namhaft gemacht werden, der im Zeitpunkt der Nennung tatsächlich an einem Vertragsabschluß interessiert ist[149]. Aber auch wenn dies der Fall ist, kann die Hinzuziehung eines Vermittlungsmaklers erforderlich werden, z. B. wenn der Dritte ganz unrealistische Vorstellungen von den Bedingungen des zu schließenden Vertrages hat. In solchen Fällen, in denen zwar ein Nachweis erteilt wird, aber nur ein beschränkt tauglicher, ist aus entsprechenden Erwägungen wie beim ersten Vermittlungsmakler (o. I 2) auch dem Nachweismakler nur eine Teilprovision zuzubilligen.

b) Der Nachweis eines „abschlußgeneigten“ Dritten

Auch hierzu ist an die Ursprünge zu erinnern: Anders als bei den Handelsmaklern, die den Vertragsabschluß zustandebringen, also vermittelnd tätig werden, war es bei den Privatmaklern vielfach nicht vonnöten, daß mehr als die „Nachweisung“ oder „Zuführung“ eines Interessenten stattfand, weil die Parteien alles weitere von sich aus regeln konnten und wollten. Man sah deshalb vom Vorbild des Handelsmaklers ab und ließ es für die Entstehung des Provisionsanspruchs schon genügen, wenn der Makler nicht eigentlich vermittelnd, sondern nur nachweisend oder zuführend tätig geworden war. Als selbstverständlich zugrunde gelegt war dabei aber, daß es einer weiteren Mitwirkung nicht bedurfte, um den Konsens zu erzielen[150]. Ein Nachweismakler muß daher seine Hauptarbeit bereits *vor* der Nachweiserteilung erledigt, nämlich ermittelt haben, ob ein Dritter

---

148 RG Gruchot 38, 977 f.; OLG Rostock (beide Fn. 146) sowie BGH WM 1969, 885; BGH NJW 1977, 42 (zu beiden Urteilen u. 3); OLG München OLGZ 1978, 444, 447.

149 RG Bolze 3 Nr. 640 (1886); OLG Posen SeuffA 60, 195 f. Nr. 100; *Reichel* 139 f.; *Guggenbühl* 256; *Antognazza* (o. Fn. 34) 48. – Kein Nachweis, wenn der Dritte es ablehnt, sich auf Vertragsverhandlungen einzulassen, vgl. RG Recht 1914 Nr. 612 (das erst Kausalität verneint; zu Unrecht abl. *Reichel,* Recht 1916, 103); KG OLGE 28, 199, 200 a. E.; KG (u. Fn. 153); *Oser-Schönenberger* (o. Fn. 36) Art. 413 OR A. 23.

150 Kennzeichnend RGZ 6, 187 f. (1882) = SeuffA 37, 419 f. Nr. 306 (Zwar sei ein Anspruch auf Mäklergebühr nur bei Vermittlung begründet, doch meine dies nur eine kausale Tätigkeit, die auch bei Zuführung oder Zuweisung einer zum Abschluß des Vertrages geneigten Person vorhanden sein könne) sowie insbes. *Riesenfeld,* Gruchot 37, 1893, 530, 532 f. m. reichen Nachweisen; *Römisch,* Ann. Sächs. OAG Dresden 7, 1864, 337, 343 f. S. auch OLG Braunschweig OLGE 9, 1904, 6 („Zuführung“ als Vermittlung); OLG Hamburg Recht 1914 Nr. 192 (Zuführung genügend, wenn es einer weiteren Mitwirkung zur Herbeiführung der Willensübereinstimmung nicht bedarf); OLG Hamburg SeuffA 74, 238 f. Nr. 133; *Reichel* 148; *Schwerdtner* 23 Rn. 17; *Guggenbühl* 261 f. – Vgl. daneben *Staub-Pisko,* Komm. z. ADHGB (Österr. Ausg.), 2. Aufl. 1908, 1. Zusatz zu Buch I, § 14, S. 293; *Staub-Bondi,* HGB, 11. Aufl. 1921, § 93 Vorbem. 32. – RG LZ 1916, 753, 754 will auch bei Handelsmaklern „unter Umständen eine bloße Namhaftmachung des Käufers genügen“ lassen, doch kommt dann nur eine Entlohnung nach § 652 BGB in Betracht.

zum gewünschten Vertragsabschluß an sich geeignet und geneigt ist. Dafür muß er sich zumeist vorher mit dem Dritten in Verbindung gesetzt haben, wovon die beteiligten Kreise auch ausgehen[151]. An sich leistet ein Nachweismakler deshalb sogar mehr als ein Vermittlungsmakler[152]: Er präsentiert *sogleich* einen Dritten, mit dem (oder ein Objekt, hinsichtlich dessen) ein Vertragsabschluß der gewünschten Art mit hinreichend begründeter positiver Erfolgsaussicht versucht werden kann. Nicht ohne Grund war in den Vorläufern des § 652 BGB die präzisere Formulierung gewählt worden, ob jemand „für die Nachweisung einer zur Eingehung eines Vertrages *geeigneten* Person" einen Lohn versprochen habe[153].

Damit zeigt sich, daß die nicht differenzierende h. M. (Fn. 146) einer fehlsamen Wertung erliegt, wenn sie dem Makler die volle Provision selbst dann zuspricht, wenn der Vertragsabschluß mit dem nachgewiesenen Dritten sich als so schwierig erwies, daß er nur durch die Mitwirkung eines zweiten Maklers zustande gebracht werden konnte. Denn ein Makler, der einen beschränkt tauglichen Nachweis erbringt, schiebt dem Ag. die Arbeit zu, die er vor der Nachweiserteilung selbst hätte vollbringen müssen, und er wird von der h. M. dennoch mit der vollen Provision belohnt. Übergangen werden dabei der Wille und das Interesse des Ag., der – wie einst noch als selbstverständlich anerkannt war – die Provision nur für eine Nachweisung entrichten will, die so beschaffen ist, daß er allein ohne Schwierigkeiten zum Abschluß kommen kann. Dem trägt auch die Praxis, in der überhaupt die Unterscheidung zwischen Nachweis- und Vermittlungstätigkeit kaum beachtet wird[154], Rechnung, indem die Nachweismakler gewöhnlich ohne weiteres zusätzlich noch vermittelnd tätig werden, wenn der Ag. mit dem nachgewiesenen Dritten allein nicht zurechtkommt[155].

c) Ergebnis

Wenn der nachgewiesene Dritte nicht so vertragsbereit ist, wie der Ag. dies vernünftigerweise annehmen durfte, dann obliegt es dem Nachweismakler, das früher Versäumte

---

151 Vgl. die Wettbewerbsregeln des RDM für Immobilien-, Hypotheken- und Finanzmakler (bei *Dyckerhoff* 217 ff.), nach denen es wettbewerbswidrig ist, Objekte ohne Zustimmung des Verfügungsberechtigten anzubieten (Ziff. 2 Abs. 3). – Bei der Wohnraumvermittlung ist auftragsloses Anbieten unstatthaft und ordnungswidrig, §§ 6 I, 8 I Nr. 2 WoVermittG. – Vgl. auch *Guggenbühl* 256.

152 Die übliche Annahme, der bloße Nachweis sei gegenüber der Vermittlung ein Minus, ist „nicht unbedingt richtig", *Jacusiel* I 22.

153 Präzisierend etwa KG v. 3. 6. 1931 bei *Jacusiel* II 212 („muß zur Benennung der Person hinzukommen, daß diese gerade in der fraglichen Zeit auch in der Lage und bereit ist" abzuschließen); *Reichel; Guggenbühl; Antognazza* (alle Fn. 149); *RGRK-Brüggemann* (o. Fn. 17) § 93 Vorbem. 10. Vgl. auch *Powell* (o. Fn. 44) 350, 353 ff. („able, ready and willing purchaser"). – Anders *Soergel-Mormann,* § 652 A. 4 mit der Bemerkung, besondere Anforderungen an die Geeignetheit oder Geneigtheit des Dritten zu stellen, erübrige sich i. d. R., weil der Vertragsabschluß ja ausweise, daß die Person des Dritten *die* Abschlußgelegenheit gewesen sei. Doch führt gerade diese vordergründige Betrachtungsweise zur Gewichtsverschiebung zu Lasten des Ag.

154 *Schlegelberger-Schröder,* § 93 HGB A. 6; *Dyckerhoff,* 7; *J. Breiholdt,* AIZ 1977, 34. Häufig ist den Parteien überhaupt nicht bewußt, ob der Auftrag den Nachweis oder die Vermittlung umfassen soll, BGH WM 1969, 885, 886.

155 Vgl. etwa *Jacusiel* I 51; *Dyckerhoff* 8; *Hecker* (o. Fn. 8) 16 f.; *Schwerdtner* 23 Rn. 17.

nachzuholen und zusätzlich vermittelnd tätig zu werden, um den Nachweis tauglich zu machen. Der Ag. hat deshalb wie in der zuvor erörterten Fallgruppe (C I) dem Makler zunächst die Möglichkeit zu geben, durch zusätzliche Vermittlungstätigkeit „nachzubessern". Unterläßt der Makler dies oder gelingt es ihm nicht und schaltet der Ag. dann einen anderen Makler zur Vermittlung ein, so hat der Nachweismakler nur eine Teilprovision verdient. Im Ergebnis macht es also keinen Unterschied, ob der Ag. einen Vermittlungs- oder einen Nachweismakler beauftragt hatte, ehe es erforderlich wurde, noch einen Vermittlungsmakler hinzuzuziehen.

Wenn freilich der zusätzlich eingeschaltete Makler keine günstigeren Konditionen erzielt und der Ag. schließlich doch die Forderungen des Dritten akzeptiert, dann geht der zweite Makler leer aus[156] und der Anspruch des ersten bleibt unverkürzt. Meist wird sich an dem späteren Vertragsabschluß bestätigen, ob die Einschaltung des zweiten Maklers erforderlich war. Dabei sind mäßige Preisnachlässe noch nicht geeignet, die Erforderlichkeit zu erweisen.

3. Die Nachweisung eines durch Alleinauftrag gebundenen Dritten

Bisweilen weist ein Makler seinem Ag. einen Dritten nach, der durch Allein- und Festauftrag an einen anderen Makler gebunden ist. Dieser andere Makler ist gewöhnlich erst bereit, den Abschluß herbeizuführen, wenn der Ag. einen Maklervertrag (auch) mit ihm abgeschlossen hat. Der BGH spricht in diesen Fällen dem (ersten) Nachweismakler ebenfalls die volle Provision zu[157]. Nach den bisherigen Überlegungen ist dem ersten Makler jedoch nur eine Teilprovision zuzubilligen, die sich je nach den Umständen in dem Bereich zwischen bloßer Zuführungsprovision und halber Provision bewegen dürfte[158]. In dem ersten einschlägigen BGH-Urteil heißt es:

> „Ist hiernach von einem Nachweismaklervertrag auszugehen, dann bleibt es ohne rechtliche Bedeutung, daß die von der Klägerin zusätzlich eingeleiteten Vertragsverhandlungen in Folge der Bindung der Grundstückseigentümerin an einen bis zum . . . bestehenden Allein- und Festauftrag gegenüber einem anderen Makler abgebrochen und die Verhandlungen dann neu von diesem anderen Makler aufgenommen wurden. Denn hierdurch wurde der schon allein von der Nachweistätigkeit abhängige Maklerlohn nicht berührt. Eine Nachweistätigkeit ist erfüllt, wenn der Ag. durch den Makler Kenntnis von der Vertragsmöglichkeit erhält"[159].

Das geht fehl. Wie schon wiederholt deutlich wurde, ergibt eine Auslegung des Versprechens des Ag., daß die volle Provision nur für eine Tätigkeit geschuldet sein soll, die ohne Mitwirkung anderer eventuell anspruchsberechtigter Makler zum Erfolg führt. Das gilt insbesondere hier, wo der Nachweis den Ag. geradezu notwendig zur Einschaltung eines zweiten Maklers veranlaßt. Zudem muß der Nachweis so beschaffen sein, daß der

156 BGH AIZ 1960, 13, 14; *Mormann*, WM 1968, 954, 959f.; *Soergel-Mormann*, § 652 A. 20; *Tempel* 393; *Schwerdtner* 107 Rn. 108.

157 BGH WM 1969, 885 f. = LM § 652 Nr. 29 = Warn. 69, 249 Nr. 125 = DB 69, 1013 = MDR 69, 645 = BlGBWR 69, 180; NJW 1977, 41 f. = WM 76, 1313 = AIZ 77, 32 = *Dyckerhoff* 95f. sowie OLG Hamm AIZ 1966, 98f. – Vgl. auch *Schwerdtner* 21, 22f., 108 Rn. 16, 108.

158 Die bloße Zuführungsprovision wäre bei wettbewerbswidrigem Handeln (Fn. 151, 164) zu erwägen, wenn der alleinbeauftragte Makler eine Provisionsteilung oder gegenüber dem Ag. eine Ermäßigung der Provision ablehnt. Auch die Nähe zum indirekten Nachweis ließe sich anführen.

159 WM 69, 886 l. Sp., entspr. NJW 77, 42 l. Sp.

Ag. mit dem Dritten handelseinig werden kann, ohne daß es einer zusätzlichen Mitwirkung des Maklers oder (wie ohne weiteres zu ergänzen ist) erst recht eines anderen Maklers bedürfte[160]. Dagegen will der BGH die Rechtslage nur dann anders beurteilen, also dem ersten Makler die Provision versagen, wenn dieser beim Ag. den fälschlichen Eindruck erweckt hat, er sei in der Lage, entweder selbst oder mit des Ag. Hilfe mit dem Dritten ohne Einschaltung eines weiteren Maklers zu einer Einigung zu gelangen[161]. Damit wird das Regel-Ausnahme-Verhältnis jedoch auf den Kopf gestellt, denn wie früher (o. II 2 b), so ist es auch weiterhin selbstverständlich, daß ein Nachweis ebendies regelmäßig impliziert.

Die Anforderungen an die Nachweistätigkeit sind, ohne daß dies je gerechtfertigt worden wäre, immer mehr gesenkt worden. Der BGH läßt bereits eine Nachweistätigkeit genügen, die als „nicht gänzlich ungeeignet" für die Herbeiführung des Vertragsabschlusses anzusehen ist[162]. Damit wird der aus der beschränkten Tauglichkeit resultierende Nachteil ohne weiteres dem Ag. auferlegt. Der BGH geht sogar so weit, daß er dem Ag. die Obliegenheit aufbürdet, den anderen Makler zu unterrichten, daß er vom ersten Makler auf die Kaufgelegenheit hingewiesen sei. Habe der Ag. dies versäumt, so habe er sich selbst zuzuschreiben, daß er nunmehr zweimal die volle Provision zu zahlen habe[163]. Demgegenüber war es jedoch Sache des (ersten) Maklers, sich hinsichtlich der Tauglichkeit seines Nachweises und der Einschaltung anderer Makler zu vergewissern. Daß ein Makler, der die Abschlußgelegenheit bei dem Dritten nicht genügend ermittelt und meist wettbewerbswidrig gehandelt hat[164], den Ag. die Nachteile seines Versäumnisses allein tragen lassen und für den beschränkt tauglichen Nachweis die volle Provision kassieren kann, ist die Folge eines rein begrifflichen, funktionslosen Verständnisses der Nachweistätigkeit und führt zu einer einseitigen und ungerechtfertigten Begünstigung des Maklers.

Freilich muß der Ag. seinem Nachweismakler eine „Nachbesserungsmöglichkeit" einräumen und ihm deshalb Kenntnis davon geben, daß der Dritte auf einen alleinbeauftragten Makler verweist[165]. Vonnöten ist dies allerdings nur, wenn der Makler diese Kenntnis noch nicht hat. In den beiden Fällen des BGH (Fn. 157) besaß er sie jedoch und es war daher an ihm, sich mit dem anderen Makler wegen der Provisionsteilung in Verbindung zu setzen.

In BGH WM 69, 885 f. (o. Fn. 157) hatte der Nachweismakler dem Ag. geraten, der Verkäuferin ein notarielles Kaufangebot zu machen, das diese nach Ablauf ihrer noch 14 Tage währenden Bindung an den zweiten Makler annehmen könne. Den Ag. hätte dies nicht gesichert; doch hätte der Nachweismakler beim späteren Abschluß die volle Provision ganz allein erlangt, statt sich mit der Hälfte begnügen zu müssen, die ihm bei einem Zusammenwirken mit dem zweiten Makler nach der bestehenden Übung[166] nur zugekommen wäre. Daß der BGH den Ag. die Folgen daraus tragen läßt, daß der Nachweismakler offensichtlich aus seinem Provisionsinteresse heraus von der *ihm* obliegenden Einwirkung auf den zweiten Makler abgesehen hat, macht deutlich, wie sehr sich die Begriffshandhabung von den Wertungen gelöst hat.

---

160 So auch das OLG Hamburg als Vorinstanz in BGH NJW 77, 41 f.

161 BGH NJW 77, 42 a. E., vgl. a. BGH WM 69, 886 a. E., vgl. auch *Schwerdtner* 21 Rn. 21 (wohl einschränkend).

162 BGH NJW 77, 41, 42 a. E., ebenso *Schwerdtner* 21 Rn. 16.

163 BGH WM 69, 886 r. Sp. (= o. Fn. 157).

164 Nämlich durch Anbieten ohne Zustimmung des Verfügungsberechtigten (vgl. o. Fn. 151). So in BGH NJW 77, 41 f.

165 Vgl. o. C II 2 c.

166 S. BGH WM 69, 886 r. Sp.

III. Mitkausalität und Abbruch des Kausalzusammenhangs

Wenn der Ag. oder ein zweiter Makler auf der Tätigkeit des ersten aufbaut, liegt Kausalität vor; kommt der Abschluß dagegen unabhängig von der Tätigkeit des ersten Maklers zustande, so ist die von diesem in Gang gesetzte Kausalkette abgebrochen und ein Provisionsanspruch für ihn nicht entstanden. Die Abgrenzung zwischen diesen beiden Situationen erweist sich oft als schwierig. Aufgrund der geringen Kausalitätsanforderungen (o. Fn. 58) bejaht die Rechtsprechung häufiger als früher eine Mitkausalität und damit zugunsten der beteiligten Makler eine doppelte Provisionspflicht. Das ist unbefriedigend. Kennzeichend ist der Gegensatz von RG DJ 1906, 1149 und BGH NJW 1980, 123.

In dem vom RG entschiedenen Falle hatte der Kläger der Beklagten, seiner Auftraggeberin, im Januar den B als Käufer nachgewiesen („avisiert"). Die Verhandlungen zerschlugen sich, doch brachte ein zweiter Makler K von sich aus die Parteien wieder zusammen und die Bekl. verkaufte daraufhin dem B im März und April ihre Häuser. Die Vorinstanz hatte dem Kläger die Provision zugesprochen, doch hob das RG das Urteil mit der Erwägung auf:

„Wenn aber K die von dem Kläger aufgegebenen Verhandlungen mit B *selbständig* (nicht etwa lediglich auf Veranlassung der Bekl.) wieder angeknüpft habe, der schließliche Kaufabschluß also *lediglich* auf das Vorgehen des K und nicht mehr auf die – allseitig unterbrochene – Tätigkeit des Klägers zurückzuführen sei, so sei der Kausalzusammenhang zwischen dieser letzteren und dem Kaufabschluß nicht mehr vorhanden"[167].

In BGH NJW 80, 123[168] hatte ein vom Grundstückseigentümer alleinbeauftragter Makler, der spätere Kläger, mit dem Bekl. einen Nachweismaklervertrag abgeschlossen, ihm Exposés über das Grundstück zugesandt und es mit ihm besichtigt. Da der im Verlauf der Gespräche von 295 000,– auf 275 000,– DM reduzierte Preis dem Bekl., der sonst keine Einwendungen hatte, noch immer zu hoch war, brachen die Verhandlungen am 26. 7. ab. Der Bekl. wandte sich danach an den Makler X. Dieser hatte unterdessen vom Eigentümer den Alleinauftrag erhalten; er wies dem Bekl. am 2. 8. neben 27 anderen auch das erwähnte Grundstück mit einer Preisvorstellung von 260 000,– DM nach. Der Kauf kam 7 Wochen danach zu einem Preise von 255 000,– DM zustande und der Bekl. zahlte X die Courtage.

Der BGH bejahte den Provisionsanspruch des Kl. vor allem aus zwei Gründen: Erstens habe der Kl. bereits mit der Erbringung des bloßen Nachweises die Provision verdient und dieser Kausalbeitrag sei durch das Scheitern der zunächst geführten Verhandlungen nicht entfallen. Es sei nämlich grundsätzlich belanglos, ob nach der Tätigkeit des Nachweismaklers Kaufverhandlungen geführt und zunächst gescheitert seien und ob sodann erst durch neue Verhandlungen zwischen dem Ag. und der Verkäuferseite ohne Be-

---

167 DJ 06, 1149, zust. *Jacusiel* I 103. Ob das RG auf die Vorkenntnis einging, ist nicht ersichtlich. – Ebenso RG Bolze 15 Nr. 304 (1892); RG Recht 1914 Nr. 612; KG OLGE 28, 199f. (1913) sowie die Genfer Cour de la justice civile, Semaine judic. 79, 1957, 177ff., Ls. 3 (übersetzt): Der erste Makler, der seinem Ag. den Namen eines eventuellen Erwerbers genannt hatte, der aber bei seinen Bemühungen gescheitert ist, hat Anspruch auf keinerlei Lohn, wenn zu einem späteren Zeitpunkt und unabhängig von seinen Angaben und seiner Aktivität ein zweiter Makler, der nach dem Scheitern der Maßnahmen des ersten eingesetzt wurde und der die Verhandlungen ab ovo wieder aufgenommen hat, es erreicht, daß der Vertrag zwischen seinem Ag. und dem Dritten abgeschlossen wird, hauptsächlich darum, weil er es erreicht hat, daß der Ag. mit einer Ermäßigung des Verkaufspreises einverstanden war.

168 = JuS 1980, 228 f. Vgl. a. BGH AIZ 1975, 306, 308; OLG Düsseldorf AIZ 1966, 16; OLG Zweibrücken AIZ 1976, 313f.

teiligung des Maklers der Kaufvertrag zustande gekommen sei. – Dieser Grundsatz betrifft jedoch „Aufbau-Situationen", also Fälle, in denen die Kaufvertragsparteien noch aufgrund des früheren Nachweises wieder in Kontakt treten, in denen dieser weiterhin die Grundlage bildet[169]. Im zu entscheidenden Fall kam der neuerliche Kontakt jedoch nur durch den vom früheren ganz unabhängigen Nachweis des Maklers X zustande; der erste Nachweis diente hierbei nicht als Grundlage.

Zweitens könne, so nahm der BGH an, aufgrund der Vorkenntnis aller für den Kauf maßgeblichen Informationen (abgesehen vom Preis) die sonstige Nachweistätigkeit des Kl. jedenfalls als mitursächlich angesehen werden. Diese Vorkenntnis war jedoch unwesentlich. Der zweite Makler (X) hatte eine selbständige neue Kausalkette in Gang gesetzt. Denn der Bekl. hatte die Absicht, das vom Kl. nachgewiesene Grundstück zu kaufen, aufgegeben – der Abbruch der Verhandlungen mit einem alleinverkaufsberechtigten Makler läßt einen anderen Schluß kaum zu. Vielmehr hatte X das Kaufinteresse durch das erheblich günstigere Angebot neu geweckt. Darin lag die entscheidende Motivierung und X hatte infolgedessen einen Provisionsanspruch erworben. Wenn in solchen Fällen aber auch der Vorkenntnis von Objekt und Verkäufer wesentliche Bedeutung beigemessen wird, dann ist das eine Prämiierung des an sich erfolglosen ersten Maklers, die – weil den Verkauf erschwerend – den Interessen von Verkäufer und Käufer gleichermaßen zuwiderläuft. Überdies wirkt sich die Vorkenntnis hier nur insoweit aus, als sie dem Ag. sogleich die Vorstellung vom Objekt wieder verschafft und ihm unter Umständen eine erneute Besichtigung erspart[170].

Doch kann dies hinweggedacht werden, ohne daß sich an den wesentlichen Einzelheiten des Vertragsschlusses etwas ändern würde[171]. Die Vorkenntnis erleichtert nur die Individualisierung. Das ist noch keine Motivierung. Auch läßt sich aus dem Lohnversprechen des Ag. nicht ableiten, daß schon für diese Erleichterung die Courtage verdient sein soll. Es ist deshalb grundsätzlich davon auszugehen, daß der psychologische Kausalzusammenhang mit einem ersten Nachweis nicht mehr besteht, wenn die Verhandlungen abgebrochen waren und hernach die *unabhängige* Tätigkeit eines anderen Maklers den Abschluß zu einem wesentlich niedrigeren Preis bewirkte[172]. Der Kl. hatte danach nichts zu fordern.

Anders verhält es sich, wenn der zweite Nachweis hinter dem ersten zurückbleibt und der Käufer sich in Anknüpfung an seine früher gewonnenen Kenntnisse wieder für das Objekt interessiert, das er allein aufgrund des zweiten Nachweises nicht oder nicht ohne weiteres beachtet hätte. Erst wenn der Ag. auf die früher gewonnenen Kenntnisse zurückgreifen muß und diese ausnutzt, wirkt der alte Nachweis neben dem neuen motivierend fort. Allerdings ist damit der Anspruch nicht auf die volle, sondern nur auf eine anteilige Provision begründet.

169 Dies wird auch bei *Schwerdtner* 110 Rn. 111 deutlich, auf den der BGH S. 124 Bezug nimmt. Ein Aufbau-Fall ist BGH AIZ 1961, 108 = HVR Nr. 270.

170 Darin liegt entgegen OLG Hamm AIZ 1964, 220 f. kein ins Gewicht fallender Kausalbeitrag, vgl. *Soergel-Mormann*, § 652 A. 20 a. E.

171 KG v. 21. 2. 31 bei *Jacusiel* II 213; OLG Hamburg AIZ 1972, 254, 256.

172 S. außer den Nachweisen o. Fn. 167, 171 noch KG v. 29. 1. 29 bei *Jacusiel* II 212 (halbjährige Unterbrechung auch bei fortbestehendem Interesse); KG v. 30. 6. 34 bei *Dyckerhoff* 105; OLG Nürnberg AIZ 1959, 127; LG Hamburg AIZ 1972, 398 f. – Aus der Schweizer Rspr. vgl. BGE 72 II 84, 89 f.; 76 II 147, 150; Genf (o. Fn. 167).

D. *Maklerketten*

Auch für Fälle, in denen ein Makler eine *Vermittlerkette* in Gang gesetzt hat, wird angenommen, der Ag. könne verpflichtet sein, mehrfach die volle Provision zu zahlen[173]. Das trifft jedoch nicht zu, gleichgültig ob der Ag. *einen* Auftrag erteilt hat (I) oder mehrere (II).

I. Vorliegen eines einzigen Maklerauftrags

Unproblematisch sind die Fälle, in denen an der Vermittlerkette überhaupt nur ein Makler beteiligt ist, der einen Auftrag erhalten hat. Hier kann höchstens die eine Provision anfallen und es geht allein um die andere Frage, ob eine „mittelbare“ Bezeichnung des Dritten noch ein „Nachweis“ i. S. d. Vertrages ist. Das ist, obgleich grundsätzlich der Hinweis auf eine bloße Ermittlungsmöglichkeit nicht hinreicht[174], dann anzunehmen, wenn der Ag. den abschlußbereiten Dritten durch leicht zumutbare und einfache Erkundigung bei der Zwischenperson ermitteln kann[175]. Hinreichend ist es auch, wenn der Makler über Mittelsmänner, seien diese (Unter-)Makler oder nicht, einen Dritten veranlaßt, von sich aus auf den Ag. zuzugehen[176]. Doch kann auch in diesen Fällen mehr als *eine* Provisionsforderung nicht entstehen.

II. Beteiligung mehrerer selbständig beauftragter Makler

1. Indirekte Nachweise

Es besteht heute Einigkeit darüber, daß die bloße Zuführung eines anderen, demnächst erfolgreichen Maklers, der sich seinerseits vom Ag. ein Provisionsversprechen erteilen läßt, zur Begründung des Anspruchs auf den Maklerlohn nicht genügt[177]. Die abweichende Entscheidung RG Gruchot 61, 642 v. 1917 ist mit Recht vereinzelt geblieben[178]. Denn mit der Hinzuziehung eines anderen Vermittlers wird weder ein Interessent nachgewiesen noch wird auf einen Interessenten eingewirkt. Für seine Zuführung mag sich der Makler eine Zuführungsprovision von dem hinzugezogenen zweiten Makler holen[179], sofern er mit diesem nicht ein Gemeinschaftsgeschäft verabredet hat; vom Ag. kann er hingegen nichts verlangen.

2. „Emanzipation“ eines Untermaklers

a) Alleintätigkeit des Untermaklers

Nichts verlangen kann der (Haupt-)Makler auch im Falle der *„Emanzipation“* seines *Untermaklers,* wenn also der Untermakler sich vom Ag. selbständig beauftragen läßt und

173 *Soergel-Mormann,* § 652 A. 20 unter Berufung auf OLG Rostock SeuffA 78, 32 Nr. 20 (doch s. Fn. 176).

174 Vgl. etwa *Reichel* 141 ff.; *Staudinger-Riedel* (o. Fn. 3) § 652 A. 1; *Dyckerhoff* 8.

175 Z. B. beim Hausverwalter des Dritten. Vgl. auch OLG Hamm BB 1974, 202 = AIZ 74, 94 = *Dyckerhoff* 94 f. Doch kann der Ag. auch vom Makler Vervollständigung des Nachweises verlangen.

176 So lag es im Fall des OLG Rostock (o. Fn. 173). – Vgl. etwa *Reichel* 143. – Zur Vermittlung durch Mittelsmänner s. OLG Nürnberg BB 1960, 112 = *Dyckerhoff* 97.

177 BGH NJW 1977, 41, 42 (o. Fn. 157); KG HRR 1932 Nr. 115; KG v. 12. 11. 27, 3. 7. 29, 11. 4. 31, jeweils bei *Jacusiel* II 214; *Reichel* 125; *Jacusiel* I 102; *RGRK-Dehner* (o. Fn. 58) § 652 A. 7; *Dyckerhoff* 8. Doch kann anderes vereinbart sein, KG v. 3. 12. 27, 9. 1. 29 bei *Jacusiel* II 214.

178 = JW 1917, 538 f. aufgrund allgemeiner Kausalitätserwägungen. Anders in einem nahezu identischen Fall KG v. 11. 4. 31 bei *Jacusiel* II 214, vgl. auch KG HRR 1932 Nr. 115.

179 Vgl. dazu BGH DB 1963, 1215 = BB 63, 835; *Tempel* 420.

sodann den Abschluß vermittelt. Das OLG Hamburg hat in einem solchen Fall freilich angenommen, auch der Hauptmakler sei anspruchsberechtigt, allerdings nur als Gesamtgläubiger[180]. Dort hatten zwei „Unter-Unter-Unter-Makler", also durch eine dritte Unterbeauftragung in die Vermittlerkette eintretende Makler[181], sich einen eigenen Auftrag besorgt, anschließend das erwünschte Darlehen vermittelt und sich die Provision auszahlen lassen. Die (Haupt-)Maklerin, deren Unterlagen die beiden ausgewertet hatten, wurde mit ihrer Provisionsklage gegen den Ag. abgewiesen. Das OLG Hamburg nahm an, beim Zusammenwirken mehrerer voneinander unabhängiger Maklergruppen habe die Kl. gemäß der Usance im Hausmaklergewerbe nur Anspruch auf einen entsprechenden Teil der Provision; der Ag. sei nur verpflichtet, die Provision einmal zu leisten, und zwar gem § 428 BGB nach seinem Belieben an jeden der Makler. Dem ist nur im Ergebnis, nicht aber in der Begründung zuzustimmen. Die Klage war schon deshalb abzuweisen, weil die Kl. weder eine Nachweis- noch eine Vermittlungstätigkeit entfaltet hatte. Es war Sache der Kl., sich bei Weitergabe des Auftrages abzusichern. Mit einem Ausgleichsanspruch nach §§ 428, 430 BGB war ihr nicht zu helfen (o. B. IV 4 b), doch kam bei vertragswidriger Weitergabe ein Schadensersatzanspruch gegen den ersten Untermakler in Betracht. Der erste Makler hat also auch in diesen Situationen keinen Provisionsanspruch[182], und er schützt sich heutzutage deshalb durch die Abmachung, daß der Untermakler nur mit seiner Zustimmung mit dem Ag. in Kontakt treten oder das Angebot weitergeben darf[183].

b) Vermittlungstätigkeit beider Makler

Möglich bleibt schließlich, daß ein Untermakler sich den Geschäftsgebräuchen zuwider einen eigenen Auftrag erteilen läßt und später den Dritten bearbeitet, auf den auch der Hauptmakler fördernd einwirkt. Doch handelt es sich dann nicht mehr darum, ob das Ingangsetzen einer Vermittlerkette zu mehreren vollen Provisionen führen kann, sondern darum, wie es bei Erbringung bloßer Teilbeiträge um die Provision steht.

Heymann will unterscheiden: Habe der Ag. den Untermakler in Kenntnis des Untermaklerverhältnisses beauftragt, so schulde er bei Mitwirkung beider Makler jedem die volle Provision, weil das zusätzliche Versprechen bezwecke, den Untermakler zur Tätigkeit besonders anzureizen[184]. Habe der Ag. dagegen das Untermaklerverhältnis nicht gekannt, so sei bei Zusammenwirken der Makler die Provision aufzuteilen. Sofern aber jeder unabhängig vom anderen die volle Vermittlungstätigkeit erbracht habe, erhalte auch

---

180 HansRGZ 1928 B 766f., s. o. Fn. 9, 105, z. T. zust. *Werneburg* (o. Fn. 14, 105); für mehrfache volle Provision hingegen *Raff* (o. Fn. 8) 213ff.

181 Die letzte, nicht ausdrücklich genannte Unterbeauftragung dürfte nach den Gegebenheiten sicher sein.

182 Vgl. *Reichel* 125; *Heymann* 473 u. (bloße Bestellung eines Untermaklers genügt nicht).

183 Vgl. für Gemeinschaftsgeschäfte § IV, II 2 der Geschäftsgebräuche (o. Fn. 93).

184 Dafür auch *Reichel* 189. Ein Untermakler, der sich gesondert beauftragen läßt, handelt jedoch für sich, nicht für den Hauptmakler, der durch die bloße Bestellung eines Untermaklers weder nachweist noch vermittelt, vgl. *Mayer* (o. Fn. 70) 38f.

jeder die volle Provision[185]. – Nach den oben entwickelten Grundsätzen ist jedoch regelmäßig die Provision aufzuteilen[186], gleichgültig ob der Ag. vom Bestehen des Untermaklerverhältnisses wußte oder nicht. Anders liegt es freilich, wenn der Ag. im Wissen, daß der Hauptmakler auf den Dritten bereits eingewirkt hat, den Untermakler noch besonders beauftragt. Dann kommt es – wie bei den Aufbaufällen dargetan – auf die Erforderlichkeit der zusätzlichen Auftragserteilung an. Fehlt es daran, kann der Ag. beiden Maklern gegenüber voll provisionspflichtig werden.

E. Schlußbemerkung

Überschaut man die Entwicklung, so drängt sich der Eindruck auf, daß es der Rechtsprechung nicht gelungen ist, zwischen dem Schutz des Maklers vor Verdrängung und dem Schutz des Ag. vor unbilliger Belastung den gerechten Ausgleich zu finden. Vielmehr ist es zu einer Gewichtsverschiebung zu Lasten des Ag. gekommen. Dies beruht darauf, daß die während der Blütezeit der Begriffsjurisprudenz[187] aufgekommene Formel von der Mitkausalität[188] den Blick auf die Vertragsauslegung und die Interessenlage versperrt hat. Dies hat im Zusammenhang mit der allmählichen Senkung der Anforderungen an die Maklertätigkeit („nicht gänzlich ungeeignet", Fn. 162) und die Kausalität („nicht völlig unbedeutend", Fn. 58) dazu geführt, daß der oft wenig erfahrene Ag. nicht selten den Ansprüchen mehrerer Makler ausgesetzt ist, wenn er wirtschaftlich vernünftig handelnd verschiedene Makler beauftragt hat. Eine vergleichbare Entwicklung zeichnet sich im Handelsvertreterrecht ab.

Bei alldem sollte die wirtschaftliche Entwicklung nicht ganz unbeachtet bleiben. Im 19. Jahrhundert belief sich in der preußischen Praxis der Maklerlohn bei Immobiliengeschäften durchschnittlich auf 1% des Kaufpreises[189], und selbst dies wurde noch als zu hoch empfunden[190]. Bis gegen Ende des ersten Weltkrieges blieb dieser Satz in Städten allgemein üblich[191]. Die heutigen Provisionen bewegen sich dagegen zwischen 3% und 6%[192]. Gewiß ist der Aufwand für Betriebskosten bei den Maklern kontinuierlich gestie-

185 *Heymann* 473, dazu auch schon o. Fn. 13, ähnlich *Reichel* 189f. – *Oser-Schönenberger* (o. Fn. 36) Art. 413 A. 31 billigen (von Mehrfachprovision ausgehend) dem Ag., der den Untermakler in Unkenntnis des Untermaklerverhältnisses zusätzlich beauftragt hat, einen Schadensersatzanspruch gegen den Hauptmakler wegen Verletzung der Mitteilungspflicht zu.

186 Davon unabhängig ist der wegen der Vertragsverletzung mögliche Schadensersatzanspruch des Hauptmaklers gegen den Untermakler.

187 In der Rechtsprechung des RG bildet der Wasserdampf-Fall (RGZ 100, 129ff. v. 21. 9. 1920) einen der wichtigsten Wendepunkte.

188 S. o. Fn. 69, 72, vgl. 148.

189 Vgl. etwa *Riesenfeld* (o. Fn. 150) 56; *Doerr* (o. Fn. 67) 640f. – S. beispielsweise auch RG Bolze 7 Nr. 499 (1888); RG Gruchot 38, 977 (1894) (Fn. 69).

190 *Neubauer*, ArchBürgR 6, 1893, 39, 45 („erscheint z. B. das übliche eine Prozent des Kaufpreises als Maklerlohn in den bei Weitem meisten Fällen viel zu hoch") m. weit. Überlegungen.

191 Vgl. RG DJZ 1906, 1149; OLG Karlsruhe OLGE 28, 199 (1911/1913); RG JW 1916, 738 (Rostock 1913); RG JW 1917, 538, 539 = Gruchot 61, 642 (Westpreußen).

192 In Berlin, Hamburg, Hessen etwa 5%. Bei Doppeltätigkeit kommt es bisweilen zu unterschiedlichen Sätzen, z. B. zahlt in Bayern der Verkäufer 3%, der Käufer 2%–3%; in Baden-Württemberg dagegen sind für den Käufer und den Verkäufer je 3% üblich. Vgl. die Tabelle bei *Glaser-Warncke* (o. Fn. 10) 45ff. sowie *Tempel* 400f.; *Dyckerhoff* 77.

gen. Doch haben sich auch die Geschäftsmöglichkeiten erheblich erweitert, nicht nur infolge der deutlich gesteigerten Häufigkeit des Grundstücksumsatzes, die wesentlich auf der Mobilität der modernen Gesellschaft beruht, sondern auch durch das Hinzukommen neuer „Märkte", wie z. B. der Eigentumswohnungen. Zu berücksichtigen ist ferner, daß mit dem starken Ansteigen der Kaufwerte für Bauland[193] und bebaute Grundstücke auch die anteilsmäßig berechneten Maklerprovisionen nicht unbeträchtlich mitgewachsen sind. Auch insoweit haben sich die Gegebenheiten zu Lasten der Auftraggeberseite entwickelt und das Bedürfnis nach einem billigen Ausgleich der widerstreitenden Belange ist keineswegs geringer geworden.

Dieser Ausgleich ist durch Provisionsteilungen möglich. Zum Grundsatz der Provisionsteilung führen vor allem die Vertragsauslegung und die Analogie zu der Vorschrift des § 660 BGB, die Ausdruck eines allgemeinen Billigkeitsgedankens ist. Haben mehrere selbständig beauftragte Makler den Abschluß mit- oder nebeneinander herbeigeführt, so ist die Provision nach Verursachungsbeiträgen aufzuteilen. Gleiches gilt, wenn ein Makler auf der Vermittlung oder dem Nachweis eines anderen aufbauend den Vertrag vermittelt hat. Nur wenn die Einschaltung des zweiten Maklers nicht erforderlich war oder wenn ihm Provision in besonderer Höhe zugesagt worden ist, kann der Ag. auf mehr als eine volle Provision verpflichtet sein.

193 Nachweise im Statistischen Jahrbuch 1979 für die Bundesrepublik Deutschland, S. 481.

LITERATUR*

Georg W. Bandasch (Hrsg.), HGB. Gemeinschaftskommentar zum Handelsgesetzbuch, 3. Auflage. Herm. Luchterhand Verlag, Neuwied und Darmstadt, 1980. XXXVI, 1674 S.

I. Der 1960 erstmals herausgekommene und 1973 in 2. Auflage erschienene HGB-Kommentar von *Georg W. Bandasch* hat in der wissenschaftlichen Diskussion und in der Praxis der Gerichte allenfalls die Rolle eines „Mauerblümchens" zu spielen vermocht. Die Neuauflage, mit der „das inzwischen fest eingeführte Werk"[1] als Gemeinschaftskommentar vorgelegt wird, ist nur teilweise geeignet, daran etwas zu ändern. Die Kommentierung ist von eklatanten Fehlern nicht frei; bei der Benutzung ist Wachsamkeit geboten.

Das Buch wendet sich in erster Linie an den „betrieblichen Praktiker", den es in die Lage versetzen will, „die bei der praktischen Arbeit auftauchenden juristischen Probleme schnell und zuverlässig beurteilen zu können"; es will der „Aufgabe gerecht werden, vornehmlich die in der täglichen Praxis des Betriebes auftauchenden handels- und wirtschaftsrechtlichen Fragen einfach, zuverlässig und erschöpfend darzustellen"[2]. An dieser seit der 1. Auflage verfolgten Zielsetzung wird in der 3. Auflage in dem Bestreben festgehalten, „das Werk zu einem zuverlässigen Ratgeber auch für die 80er Jahre auszubauen"[3].

II. Die Anlage des Werkes ist von dem Umstand bestimmt, daß das HGB weithin nur im Zusammenhang mit den Regelungen des BGB verständlich ist. Dem Kommentar ist die Zielsetzung wesentlich, „eine Brücke zwischen rein handelsrechtlichen Bestimmungen und solchen Vorschriften zu schlagen, die zum Verständnis der ersteren notwendig sind"[4]. Es werden deshalb über 400 Paragraphen aus den drei ersten Büchern des BGB bei den einzelnen Vorschriften des HGB abgedruckt und erläutert. Des weiteren sind zahlreiche Nebengesetze, etwa das AbzG und das AGBG, insgesamt oder in Auszügen wiedergegeben und vielfach mit Erläuterungen versehen; das EKG und das EAG sind jedoch nicht berücksichtigt. Zudem finden sich handelsrechtliche Sonderbestimmungen, vor allem aus dem weitverzweigten Speditions- und Frachtbereich[5], die HGB-Änderungen durch die GmbH-Novelle (S. 1667–1674) und schließlich auch der Gesetzentwurf über finanzierte Rechtsgeschäfte und über Maklerverträge (BT-Drucks. 8/3212), dem „schon jetzt eine orientierende Kommentierung ... unter Berücksichtigung der amtlichen Begründung" beigegeben ist[6].

Zu der dem Kommentar wichtigen Einbeziehung des BGB ist zweierlei vorauszuschikken: Erstens ist die Auswahl – zumal im Hinblick auf den Praktiker – nicht die glücklichste. Weder sind die §§ 278/831; 826 oder die verschiedentlich herangezogenen §§ 780, 781 BGB abgedruckt noch überhaupt eine einzige Vorschrift des BGB-Gesellschaftsrechts. Dagegen sind so verhältnismäßig bedeutungslose Bestimmungen wie die §§ 101–103, 262–265, 657–661 BGB wiedergegeben und erläutert[7]. Zweitens erschöpft sich die Kommentierung besonders bei den BGB-Vorschriften zum guten Teil in einer umschreibenden Wiederho-

* Zeitschrift für das gesamte Handelsrecht und Wirtschaftsrecht 146 (1982) 74 – 81.

1 Vorwort S. V.

2 Vorwort der 1. Aufl., abgedr. in 3. Aufl. S. VI.

3 Vorwort S. V.

4 Vorwort S. VI.

5 Z. B. ADSp, AGBN, CMR, KVO etc., nicht aber die „eisenbahnrechtlichen" Regelungen, wie vor allem die EVO.

6 S. 491 ff. An kritischen Stellungnahmen, die beim gegenwärtigen Stand des Gesetzgebungsverfahrens förderlich sein könnten, fehlt es allerdings.

7 Zu § 90 BGB werden sogar 5 Zeilen über Leichen geboten.

lung des Gesetzestextes, die schon an sich kaum weiterhilft und bisweilen das Verständnis mehr verdunkelt als erhellt[8].

III. Während die 1. und die 2. Auflage des Kommentars von *Bandasch* allein herausgebracht wurden, haben an der im Juli 1980 gedruckten 3. Auflage fünf weitere Autoren mitgewirkt und die Bearbeitung von mehr oder weniger umfänglichen Teilabschnitten übernommen.

1. Daß dies dem Werk gut bekommen ist, erweist sich vor allem an der Kommentierung der §§ 1–58 HGB durch *Egbert Nickel*[9]. Sie erscheint als der bestgelungene Teil des Werkes. Die Erläuterungen sind informativ; sie enthalten alles Wesentliche und sind einläßlich und knapp zugleich. Rechtsprechung und neuere Literatur sind in einer für einen Handkommentar anerkennenswerten Weise berücksichtigt. Streitfragen sind regelmäßig erkennbar und werden mit ausgewogener Stellungnahme versehen[10].

2. Die Kommentierung der §§ 59–83 HGB hat mit *Gerhard Etzel*[11] ebenfalls ein ausgewiesener Fachkenner übernommen. *Etzel* bietet zu § 59 einen tour d'horizon zum allgemeinen Arbeitsvertragsrecht. Seine Kommentierung lehnt sich (auch im übrigen) an die wesentliche Rechtsprechung des BAG an; Detailfragen und Spezialliteratur sind großenteils beiseitegelassen, und die Darstellung ist insgesamt eher referierender als problematisierender Art.

3. Entsprechendes gilt für die Bearbeitung des Handelsvertreterrechts durch *Ernst H. Haumann*[12]. Zu den einzelnen Vorschriften wird freilich verhältnismäßig mehr Literatur angeführt. Verschiedentlich möchte man jedoch eine stärkere Berücksichtigung und Auswertung gerade der jüngeren (bis Ende 1979 wohl berücksichtigungsfähigen) BGH-Rechtsprechung wünschen.

So werden die Urteile BGHZ 56, 290 (24. 6. 71) und 59, 87 (22. 6. 72; Lotto/Toto I) zwar kurz angeführt (Rz. 3 vor §§ 84–92 c), die in diesen Urteilen herausgearbeiteten Bestimmungskriterien für den Handelsvertreter („wirtschaftliches Erscheinungsbild"; Maßgeblichkeit der tatsächlichen Gestaltung der Tätigkeit) aber nicht genannt. Auch der in den Urteilen unterstrichene Umstand, daß der Handelsvertreter (als Generalvertreter) nicht selbst unmittelbar bei der Vermittlung oder dem Abschluß von Geschäften mitzuwirken braucht, wäre hervorhebenswert gewesen[13].

In § 86 Rz. 14 kommt nicht heraus, daß die von H. scharf getadelte strenge Rechtsprechung zur Tätigkeit für Konkurrenzfirmen solche Fälle betrifft, in denen der Handelsvertreter von vornherein für einen Konkurrenten tätig wird[14], nicht aber solche, in denen der an-

8 Belege s. u.

9 Professor für Zivilrecht, Wirtschafts- und Arbeitsrecht an der TH Darmstadt (Personenangaben auch im folgenden nach dem Umschlagstext).

10 Stichproben geben zu Anregungen kaum Anlaß. Zu § 5 Rz. 13 (den sog. „5 a" betreffend) s. *Nickel*, JA 1980, 572 f. Fn. 74, 87; zu Rz. 23 wäre klarzustellen, daß die h. M. den Rechtsschein nicht *gegen* den vertrauenden Dritten wirken läßt; in Rz. 24 dürfte das Anwendungsgebiet der Vertrauenshaftung besser auf den Rechtsverkehr (statt auf den rechtsgeschäftlichen) zu erstrecken sein. – Daß man in Einzelfragen und -bewertungen verschiedentlich anderer Ansicht sein kann, ist selbstverständlich.

11 Richter am BAG.

12 Rechtsanwalt, stellvertretender Hauptgeschäftsführer der Centralvereinigung Deutscher Handelsvertreter- und Handelsmaklerverbände (CDH, Köln).

13 Etwa in § 87 Rz. 7, dazu noch BGH LM § 89 b HGB Nr. 48 (Lotto/Toto II).

14 S. dazu noch BGH WM 1977, 318.

dere Unternehmer erst nach Abschluß des Vertretervertrages in eine Konkurrentenrolle hineinwächst[15].

4. Die Bearbeitung des Maklerrechts (§§ 93–104 HGB) durch *Hans-Martin Zeidler*[16] ist qualitativ über den Stand der Vorauflage kaum hinausgewachsen. Schwächen der Vorauflage sind beibehalten worden und auch in den neuen Passagen finden sich Unrichtigkeiten.

So wird zu § 99 beispielsweise ausgeführt: „Widerruft der Auftraggeber vor Ausführung des Geschäfts, so entfällt der Maklerlohn, es sei denn, daß der Auftraggeber arglistig handelt (§ 162 BGB)"[17]. Das ist unrichtig, weil der Lohnanspruch nach §§ 99 HGB, 652 BGB bereits mit *Zustandekommen* des Geschäfts erwachsen ist; ein Widerruf berührt ihn nicht mehr. Selbst wenn man unterstellt, der Lohn sei durch besondere Vereinbarung von der *Ausführung* des Geschäfts abhängig gemacht worden, bleibt der Widerruf unbeachtlich; Entweder findet die Ausführung statt, dann besteht der Provisionsanspruch, oder sie unterbleibt, dann wird der Anspruch nicht wirksam, sofern nicht hinsichtlich des Unterbleibens (nicht des Widerrufs!) § 162 BGB eingreift. Zu dieser letzten Situation liest man dann aber unvermittelt 6 Zeilen nach dem obigen:

> „Ist dem Makler die Provision nur für den Fall zugesprochen worden, daß der vermittelte Vertrag ausgeführt wird, so ist ihm dann die Provision zuzubilligen, wenn die Nichtausführung des Vertrages auf einem schuldhaften Verhalten des Auftraggebers beruht (OLG Hamburg 24. 8. 1950 – 3 U 157/50 – Information v. 15. 10. 1950, Nr. 20 S. 318)"[18].

Es stehe dahin, ob der „betriebliche Praktiker" mit einem derartigen Beleg[19] etwas anfangen kann. In der Sache handelt es sich jedenfalls um das Urteil OLG Hamburg BB 1950, 658. Dieses Urteil ist durch BGHZ 2, 281 ff. aufgehoben worden. Dort wie auch später[20] hat der BGH an der ständigen Rechtsprechung des Reichsgerichts (insbes. RGZ 95, 134, 137) festgehalten und statt der analogen Anwendung des § 87 a III (= § 88 II a.F.) HGB die Einschlägigkeit der (wesentlich enger verstandenen) Maßstäbe des § 162 BGB für die Maklerprovision bejaht[21]. Vor diesem Hintergrund kann die erwähnte Bemerkung den Praktiker nur irreführen.

Später findet sich zu § 652 BGB dann die weitere Bemerkung, der an sich freie Widerruf sei nach Treu und Glauben ausgeschlossen, wenn er allein bezwecke, den Makler um den

---

15 S. *v. Gamm*, NJW 1979, 2490 f., 2494. – Einige weitere Notizen: Zur Verjährung des Anspruchs auf Gewährung von Bucheinsicht (§ 88 Rz. 1) wäre hinzuweisen auf BGH NJW 1979, 764 und BGH DB 1979, 1455; zu § 89 a (Unzumutbarkeit, Rz. 2) auf die Einschränkungen in BGH DB 1978, 1882. Zu § 89 b I 1 Nr. 3 (Rz. 16, Berücksichtigung unternehmerischer Werbung) ist die Ergänzung von BGHZ 56, 242 (3. 6. 71) durch BGHZ 73, 99 (15. 12. 78) zu beachten; das Urteil wird zwar in Rz. 21 erwähnt, doch ohne das für jenen Zusammenhang Wesentliche (§ 207 BGB analog). – Recht knapp fallen die Bemerkungen zum vieldiskutierten Problem des Ausgleichsanspruchs des Vertragshändlers aus (§ 89 b Rz. 28, dazu neuerdings BGH NJW 1981, 1961); in § 89 Rz. 4 wäre die Wirkung einer Anfechtung des Handelsvertretervertrages klarzustellen.

16 Rechtsanwalt, Dipl. rer. pol., „jahrzehntelang Hauptgeschäftsführer eines Landesverbandes der Handelsvertreter und Handelsmakler in der CDH" (Umschlagstext).

17 2. Aufl. § 99 A. 4, 3. Aufl. § 99 Rz. 3.

18 Neu in der 3. Aufl., § 99 Rz. 5.

19 Im Abkürzungsverzeichnis (XXVII sqq.) nicht präzisiert.

20 S. etwa BGH BB 1966, 516 f. = NJW 1966, 1404 f.

21 Reiche Nachweise zu dem seit RG Bolze 6 Nr. 491 (1888) diskutierten Problem bei *RGRK-Brüggemann*, HGB, 3. Aufl. 1967, § 93 Vorbem. 10, S. 874 f. – Daß die §§ 87 a III, 396 I 2 HGB nur besondere Ausprägungen des recht zu verstehenden Grundsatzes des § 162 BGB darstellen, wird in der Diskussion zu wenig beachtet.

Lohn zu bringen (§ 162)[22]. Auch das geht fehl. Denn ein Widerruf ist überhaupt nicht geeignet, den Makler, der kausale Tätigkeit entfaltet hat, noch um den Lohn zu bringen. Entscheidend ist, ob der Makler für den später erfolgenden Abschluß mit dem Dritten ursächlich geworden ist, gleichgültig, ob dieser Abschluß bei Bestehen oder nach Beendigung des Maklervertrages erfolgt[23].

Zumindest irreführend heißt es auch in § 99 Rz. 2: „Der Eintritt einer auflösenden Bedingung ist ebenfalls für den Maklerlohn unschädlich (vgl. § 95 Rz. 1)". Zwar entspricht dies im Grundsatz den herrschenden Vorstellungen, doch wird verschwiegen, daß es sehr umstritten ist, ob der Lohn bei Bedingungseintritt kondiziert werden kann[24]. Zudem mag man den Abschluß unter Vorbehalt der Aufgabe (§ 95 HGB) als dadurch auflösend bedingt ansehen, daß gegen die später benannte Partei begründete Einwendungen zu erheben sind. Daß in *diesem* Fall aber der Bedingungseintritt für den Maklerlohn gerade schädlich ist, steht ganz außer Frage.

Die Kommentierung des Zivilmaklerrechts ist sowohl hinsichtlich der Zahl der berührten Probleme als auch hinsichtlich der ausgewerteten Rechtsprechung wenig ergiebig. Das für das Maklerrecht wichtige AGBG ist offenbar nicht eingearbeitet worden[25].

5. Die Ausführungen zu den §§ 105–177 a, 325–342 HGB durch *Dieter Feddersen*[26] sind, wie Stichproben erweisen, nicht durchweg auf der Höhe der Zeit.

In den knappen Bemerkungen zur sog. Vorgesellschaft wird nach Erwähnung der §§ 11 II GmbHG, 41 I 2 AktG u. a. angeführt, ebenso wie der Handelnde hafte „derjenige, der als Geschäftsführer, Vorstandsmitglied oder Gründer der Eröffnung des Geschäftsbetriebes vor der Eintragung zustimmt"[27]. Dies war in der Tat die Auffassung von BGHZ 17, 385 (= NJW 55, 1228). Doch hat der BGH sie bereits 1967 aufgegeben und das allgemein erklärte Einverständnis zur Begründung der Handlungshaftung seither nicht mehr genügen lassen[28].

Zu § 129 III HGB wird angemerkt, der Gesellschafter habe ein Leistungsverweigerungsrecht,

> „wenn der Gläubiger, weil auch die Gesellschaft eine fällige Gegenforderung gegen ihn hat, sich durch Aufrechnung befriedigen kann. Dies gilt besonders dann, wenn die Gesellschaft an der Aufrechnung gehindert ist, weil ihre Forderung auf einer vorsätzlich begangenen unerlaubten Handlung beruht (§ 393 BGB)"[29].

Hierbei ist, wenn der zweite Satz Sinn haben soll, statt „Forderung" offenbar „Verpflich-

---

22 1. Aufl. § 104 Anh. § 652 A. 4; 3. Aufl. § 104 Anh. § 652 Rz. 12. Vielleicht durch LG Aachen NJW 1951, 657 inspiriert.

23 S. z. B. BGH bei *Schwarz*, BlGBuW 1957, 164; BGH NJW 1965, 964; 1966, 2008; *Knütel*, NJW 1979, 2050 m.w.N. – Ebenso SchweizBGE 97 II 355 (aus 1971).

24 S. schon Motive z. BGB II 513 und etwa *Erman-Werner*, BGB I, 7. Aufl. 1981, § 652 Rz. 38.

25 S. z. B. § 104 Anh. § 652 Rz. 7, 8, 14 (dazu §§ 9 II, 10 Ziff. 7 b AGBG). – Ungereimtheiten etwa noch in § 98 Rz. 6 (Gehilfenhaftung nach §§ 275, 276); § 652 Rz. 5 (Urteil zur Mitursächlichkeit als Beleg für Vollmachtsfragen); Wiederholungen von Literaturübersichten auf S. 458, 460 und 482, 491.

26 Rechtsanwalt, Lehrbeauftragter an der Universität Marburg.

27 Vorbem. vor §§ 105 ff. Rz. 5, wozu insoweit ausschließlich auf *Ganssmüller*, NJW 1956, 1186 verwiesen wird, der sich zu dieser konkreten Problematik nicht äußert. Die Vorauflage hatte für dieselbe Aussage immerhin auf „BGH NJW 1956, 1228" hingewiesen (aber 1955, s. im Text). – Am Ende der Rz. 5 ist statt „Handelsvorschriften" wohl „Haftungsvorschriften" gemeint (so auch die 2. Aufl.).

28 BGHZ 47, 25, 27 ff., bestätigt in BGHZ 51, 30, 35; 65, 378, 381.

29 Rz. 4, ebenso schon die 1. Aufl. § 129 A. 3.

tung" zu lesen. Doch geht die Aussage auch dann noch fehl, weil nach mittlerweile feststehender Interpretation § 129 III HGB insoweit teleologisch zu reduzieren ist[30].

Was den Eindruck im übrigen anbetrifft, so sind die Erläuterungen, in denen die Literatur verhältnismäßig wenig berücksichtigt worden ist, recht kurz gehalten. Sehr deutlich wird dies beispielsweise bei den skizzenhaften Ausführungen zur fehlerhaften Gesellschaft[31], zur in jüngerer Zeit vieldiskutierten Haftung des ausgeschiedenen Gesellschafters, insbesondere für Ansprüche aus Dauerschuldverhältnissen[32], oder zum Verhältnis von Gesellschafts- und Gesellschafterschuld[33].

6. Für die übrigen Partien zeichnet *Georg W. Bandasch*[34] verantwortlich. Die durchweg knappen Kommentierungen weisen eine Vielzahl geradezu erschreckender Fehler in elementaren Dingen auf.

Zu § 350 HGB werden ab Rz. 9 „formerfordernde Rechtsgeschäfte" angeführt, wobei nur solche Geschäfte gemeint sind, für deren Wirksamkeit notarielle Beurkundung einzuhalten ist. Unter Rz. 10 wird zuerst § 311 BGB genannt und dazu bemerkt, diese Form gelte „sowohl bei voller als auch bei bruchteilsweiser Vermögensübertragung", was zumindest mißverständlich ist, weil die Form für das Verpflichtungsgeschäft und nicht für die Übertragungsakte gilt. Schlimmer kommt es dann in Rz. 12, wo § 313 BGB in der bis zum 1. 7. 73 geltenden Fassung abgedruckt und mit dem Hinweis versehen ist, der Vertrag, der lediglich eine Verpflichtung zum Grundstückserwerb begründe, sei formfrei (Rz. 13). Als drittes „formerforderndes Geschäft" werden daraufhin „Grundstückserwerb und Auflassung" angeführt, wobei sich zu den abgedruckten §§ 873, 925 die „Erläuterung" findet: „Die Übereignung und Belastung eines Grundstücks bedürfen der notariellen Beurkundung" (Rz. 16). Man ist danach nicht mehr überrascht, wenn man zu Rz. 19 liest: „Für die Formbedürftigkeit der Auflassungsvollmacht gilt dasselbe wie für die Vollmacht für das Veräußerungsgeschäft (§ 313)" – wonach die unwiderrufliche Auflassungsvollmacht also der notariellen Beurkundung bedürfte[35].

Arg in die Irre geleitet wird der Leser auch durch die Kommentierung zu § 935. Unter Rz. 76 vor § 366 HGB wird § 935 BGB abgedruckt und wie folgt „erläutert":

„Ein gutgläubiger Erwerb vom Nichtberechtigten tritt bei gestohlenen, verlorenen oder sonst *abhanden gekommenen Sachen* nicht ein. Es handelt sich stets um Fälle, wo der Ei-

30 Die Gegenansicht wird heutzutage nicht mehr vertreten, s. *Schlüter*, Fs. Westermann, 1974, 509 (m.w.N. in Fn. 2), 521 f., dazu *Heymann-Kötter*, HGB, 21. Aufl. 1971, § 129 A. 3 (S. 449); *Baumbach-Duden*, HGB, 24. Aufl. 1980, § 129 A. 3 A sowie (Aufrechnungsverbot für die oHG betreffend) BGHZ 42, 396.

31 § 105 Rz. 6–8, § 133 Rz. 7 (s. etwa die Problematik der Wirkung und Geltendmachung des Fehlers).

32 § 128 Rz. 21 verweist dazu lediglich auf *Baumbach-Duden*. Erst in Rz. 4 zu § 159 wird der Leitsatz des ebenso wichtigen wie bedenklichen Urteils BAG NJW 1978, 391 = BB 78, 156 kommentarlos wiedergegeben.

33 § 128 Rz. 11, 12. Die Aussage in Rz. 16 zur Vollstreckung wegen vertretbarer und unvertretbarer Handlungen ist in ihrer Allgemeinheit unzutreffend, vgl. nur BGHZ 73, 217, 221 f.

34 Rechtsanwalt, Honorarprofessor an der Fachhochschule für Wirtschaft in Berlin, vormals (s. 2. Aufl. S. VI) Landgerichtsdirektor und Direktor beim Bundeskartellamt, Vorsitzender beim Justizprüfungsamt Berlin, Lehrbeauftragter an der FU und der Fachhochschule für Wirtschaft in Berlin.

35 Freilich ist diese fehlerhafte Gleichsetzung nicht selten anzutreffen, z. B. auch bei *Palandt-Heinrichs*, BGB, 40. Aufl. 1981, § 313 A. 7. Treffend hingegen *Staudinger-Wufka*, BGB, 12. Aufl. 1978, § 313 Rz. 125.

gentümer den unmittelbaren Besitz unfreiwillig verloren hat. Gibt er aber den unmittelbaren Besitz freiwillig auf, indem er z. B. die Sache verleiht, vermietet oder verpfändet, so bedarf er keines so großen Schutzes, wie wenn er die Sache gegen seinen Willen verliert (§ 935 Abs. 1 BGB)."

Dies muß so verstanden werden, daß der zuvor abgedruckte Satz 2 des § 935 Abs. 1 unverbindlich ist.

Deprimierend sind die Belehrungen zu § 816 BGB. Zum Begriff der Verfügung lautet eines der beiden beigebrachten Beispiele:

„Liefert ein Baustoffhändler Material auf Bestellung des Bauunternehmers an den Bauherrn, so erwirbt dieser durch den Einbau gemäß § 946 BGB Eigentum an dem Material (§ 816 Abs. 1 BGB)" (Rz. 132 vor § 343).

Es ist schon ganz ungewiß, was hiermit überhaupt gemeint ist. Man wird wohl daran zu denken haben, daß weder an den Bauherrn noch an den Unternehmer übereignet sein oder vielleicht an einen Eigentumsvorbehalt gedacht werden soll. Daß der Realakt des Einbaus schlicht als Exempel für die rechtsgeschäftliche Verfügung vorgestellt und hierbei kein Wort zu den §§ 951, 812 BGB verloren wird, muß einen nicht ganz unkundigen „betrieblichen Praktiker" verwirren. Freilich wird in der Literatur die Auffassung vertreten, § 816 Abs. 1 S. 1 könne bei Eigentumserwerb durch Einbau analoge (!) Anwendung finden, wenn bei rechtsgeschäftlichem Erwerb die Voraussetzungen gutgläubigen Erwerbs (§§ 929, 932) gegeben wären[36]. Selbst wenn diese übrigens recht umstrittene Lösung gemeint sein sollte, so wäre doch zu allermindest eine entsprechende Klarstellung und die Rechtfertigung dieser den § 951 BGB überspielenden Analogie zu erwarten.

Sogleich fortgesetzt werden die Eigenwilligkeiten in der anschließenden Rz. 133. Sieht man von unseren Klammern ab, so ist dort unter der Überschrift „Unmittelbarkeit" zu § 816 Abs. 1 zu lesen:

„Das von dem zu Unrecht Verfügenden unmittelbar Erlangte hat der Erwerber [!!] als Bereicherung an den Berechtigten herauszugeben. Unmittelbar bedeutet, daß dieselbe Verfügung die Vermögensverschiebung bewirkt. Bei Unentgeltlichkeit trifft auch [!!] den Erwerber die Herausgabepflicht (§ 816 Abs. 1 Satz 2 BGB)."

Daß die Darstellung des Bereicherungsrechts, die noch der alten Einheitstheorie mit dem Unmittelbarkeitskriterium folgt, aber den inzwischen bekanntlich wieder sehr umstrittenen neueren Leistungsbegriff anführt, auch im übrigen von deutlichen Schwächen nicht frei ist, bedarf danach keiner weiteren Ausführung mehr[37]. Diese Eindrücke nähren die Vermutung, daß auch in den übrigen Partien mit Fehlern und Ungenauigkeiten zu rechnen ist. Sie wird bei weiterem Blättern schnell bestätigt: Zu § 276 BGB werden Verschuldensmaßstab und Verschuldensfähigkeit miteinander vermengt[38]; aus § 282 BGB wird entnommen, der Schuldner habe den Beweis zu erbringen, daß (u. a.) „der Ursachenzusammenhang zwischen seiner Handlung und dem Schaden [!] nicht gegeben ist"[39]; zu § 406 BGB wird angemerkt, die Aufrechnung sei ein Einwand im Sinne des § 404 BGB; grundsätzlich könne der

---

36 S. etwa *Palandt-Bassenge*, BGB, 40. Aufl. 1981, § 951 A. 1 d m.w.N.; *Medicus*, Bürgerl. Recht, 10. Aufl. 1981, Rz. 729 und die Kritik insbes. v. *Jakobs*, JuS 1973, 153 Fn. 9, 154 ff. – Da sich das Beispiel schon in der 1. Auflage von 1960 (§ 382 Anh. D § 816 A. 1) findet, möchte man vermuten, daß an diese mehr in jüngerer Zeit diskutierte Problematik kaum gedacht war.

37 Schon in der Einleitung (Rz. 122 vor § 343) wird beispielsweise die „Vermögensminderung auf der einen Seite" als wesentlich hervorgehoben (richtig dagegen Rz. 125) und die Problematik von RGZ 130, 69 ff. (Menzelbilder) nicht angesprochen.

38 Rz. 189 vor § 373 HGB (Behandlung des § 828 beim Verschuldensmaßstab).

39 Rz. 200 vor § 373 HGB. Klammerzusatz von mir.

Schuldner daher auch mit Wirkung gegenüber dem neuen Gläubiger aufrechnen[40]; § 315 Abs. 3 BGB soll im Falle des „billigen Ermessens" nicht anwendbar sein[41]; § 265 S. 2 BGB wird falsch in ein Beispiel umgesetzt[42], und unrichtige Beispiele finden sich auch zu den §§ 162 und 677 BGB[43] – womit hinlängliche Proben geliefert sein dürften.

Zu alldem kommt hinzu, daß wichtige Bereiche, z. B. das Leistungsstörungs-, das Delikts-, das Wechsel- und das Scheckrecht, in einer auch für einen Handkommentar argen Oberflächlichkeit abgetan, daß wesentliche Streitfragen verschwiegen werden[44], daß dem „betrieblichen Praktiker", der vor allem ja an der höchstrichterlichen Rechtsprechung und am Standpunkt der jeweils herrschenden Meinung interessiert ist, bisweilen ohne weiteres bloße Außenseitermeinungen aufgetischt werden[45] und daß selbst innerhalb der Kommentierung gebotene Abstimmungen fehlen[46]. Daß man oft Verweisungen auf wichtige gesetzliche Anschlußregeln vermissen und auch terminologische Schwächen in Kauf nehmen muß, paßt in das triste Gesamtbild.

Die erwähnten Mängel hafteten weithin schon der Vorauflage an. Wirft man deshalb noch einen Blick auf die neu in das Werk aufgenommene Kommentierung des AGBG vom 9. 12. 1976[47], so ist der Eindruck gleichfalls ungünstig. In der Sache erschöpfen sich die Erläuterungen weithin, vor allem zu Verfahren und Anwendungsbereich, in umschreibenden Wiederholungen des Gesetzestextes. Zu wichtigen Streitfragen findet sich entweder gar nichts[48] oder nur eine schlichte Behauptung[49]. Überdies sind die Formulierungen bisweilen

40 Rz. 209 vor § 343 HGB. Doch betrifft § 404 nur die vor Zession erklärte Aufrechnung, § 406 hingegen die Erhaltung des Aufrechnungsgestaltungsrechts, das bei kenntnislosem Erwerb der Gegenforderung sogar *nach* der Abtretung noch erwachsen sein kann (was nach § 404 nicht möglich wäre).

41 Anh. nach § 375 HGB Rz. 6. Versehentlich statt „beliebigen"?

42 Anh. nach § 375 Rz. 4: „es sei denn, daß der Käufer die Unmöglichkeit nicht zu vertreten hat". Die Darstellung exemplifiziert am Kauf, so daß von Verkäuferwahl (§ 262) auszugehen ist; das „nicht" ist mithin falsch.

43 Zu § 162 BGB wird die Verhinderung der notwendigen behördlichen Genehmigung angeführt (vor § 343 HGB Rz. 153). – Zu § 677 wird bei Abstellen eines Autowracks im Wald dem abschleppenden Geschäftsführer der Aufwendungsersatz wegen des entgegenstehenden wirklichen Willens des Eigentümers versagt (vor § 362 HGB Rz. 74). Wegen § 679 BGB trifft dies im allgemeinen nicht zu; zur Polizeipflicht des Abstellenden s. *Knütel,* DÖV 1970, 375 ff., 379 Fn. 59; neuerdings OVG Koblenz UPR 1981, 32.

44 Z. B. zum Fehlerbegriff in den §§ 459 ff. (S. 1081 f., obwohl dies bei § 378 HGB in der Kommentierung vorausgesetzt wird, Rz. 6); zu den Rechtsfolgen bei § 378 HGB; zum Vertretenmüssen bei anfänglichem Unvermögen; zum Herstellerbegriff in § 950 BGB etc.

45 Zu § 947 BGB (Rz. 87 vor § 366 HGB) wird die Abgrenzung zwischen Haupt- und Nebensache nach dem Wertkriterium getroffen. – Zur Gleichstellung in § 366 III HGB heißt es schlicht: „Dasselbe gilt für das Besitzpfandrecht des Werkunternehmers (§ 647 BGB)." Immerhin bekennt sich der BGH (Z 34, 153) seit gut 20 Jahren zur Gegenansicht.

46 Zur Streitfrage, wie sich ein unfreiwilliger Besitzverlust auf das gesetzliche Pfandrecht auswirkt, findet sich beispielsweise zu § 397 HGB nichts, zu §§ 410, 422 wird jeweils Erlöschen, zu § 440 hingegen mit Einschränkungen ein Fortbestand bejaht.

47 Rz. 319–440 vor § 343 (S. 817–852), bearb. von *Bandasch.*

48 Beispielsweise kein Wort zur Problematik der geltungserhaltenden Reduktion (bei § 6) oder zur Beschränkung des Vorrangs der Individualabrede durch eine Schriftformklausel (bei § 4) oder der leistungsbeschreibenden Klauseln (bei § 8).

49 So z. B. zu § 8 die Bemerkung: „Nur von Rechtsvorschriften abweichende oder diese ergänzende Regelungen unterliegen der Inhaltskontrolle." – Daß gesetzlich nicht geregelte Vertragstypen der Inhaltskontrolle entzogen sind (den §§ 3 ff. ohnehin nicht), ist aber schon wegen § 9 Abs. 2 Nr. 2 AGBG nicht anzunehmen.

irreführend, beispielsweise zu § 5 der Hinweis, der Verwender habe „diese Unklarheit zu vertreten“, oder zu § 10 Nr. 4 die Erläuterung „die Annahme einer anderen Leistung hat die Unwirksamkeit der Klausel zur Folge“. – Die Literaturauswahl ist unausgewogen[50] und die 29 angeführten Urteile stammen allesamt aus der Zeit vor Inkrafttreten des AGBG.

IV. Wer den Umschlagtext liest

„Erreicht wurde eine Neubearbeitung, die wissenschaftliche Fundierung und praxisgerechte Klarheit zu verbinden versteht. Damit entspricht der Kommentar in besonderer Weise den Anforderungen des Wirtschaftslebens, der Rechtspraxis und der Handelsrechtswissenschaft“,

dem mögen alte Rechtssprichwörter, wie „ein Verkäufer lobet seine Ware“, „gute Worte feilen schlimme Ware“[51], in den Sinn kommen. Von der Erfüllung der selbstgesetzten Aufgaben ist der Kommentar jedenfalls noch weit entfernt. Sich auf seine Auskünfte zu verlassen, ist in manchen Bereichen ausgesprochen gefährlich.

Bonn Professor Dr. Rolf Knütel

---

50 Die Anmerkungen enthalten 28 Zitate, davon entfallen 19 auf den (im gleichen Verlag erschienenen) Kommentar von *Koch-Stübing* (der gewiß seine Verdienste hat).

51 S. *Graf-Dietherr*, Deutsche Rechtssprichwörter, 2. Aufl. 1869, 260.

Von Landanschwemmungen und Schätzen

Die commoda ex re vendita und § 446 BGB*

Rolf Knütel

I. Das Problem

Daß eine Kaufsache nach Kaufabschluß aber vor Übergabe an den Käufer durch zufällige Ereignisse Verschlechterungen erfährt oder sogar untergeht, ist eine dem Juristen wohlvertraute Situation. Da die Gefahr des Untergangs und der Verschlechterung bis zur Übergabe beim Verkäufer liegt (§ 446 Abs. 1 S. 1 BGB), schlägt dies zu dessen Nachteil aus: Der Käufer kann, wenn er die Sache nicht überhaupt zurückweist, Minderung des Kaufpreises verlangen[1]. Die umgekehrte Situation, daß die Kaufsache ohne Zutun des Verkäufers[2] vor Gefahrübergang *Verbesserungen* erfährt, ist leider viel seltener. Soweit die Verbesserung darauf beruht, daß Früchte heranreifen, sind die Dinge wegen der Regelung der §§ 446 Abs. 1 S. 2, 100 BGB an sich nicht problematisch. Zweifel entstehen jedoch bei nachträglichen Zuwächsen, bei qualitativen Verbesserungen und bei sonstigen Vorteilen, die nicht unter den Nutzungsbegriff fallen.

In der neueren Literatur finden sich offenbar nur zwei Stellungnahmen: *Enneccerus/Lehmann* geben dem Käufer nach Analogie des § 446 BGB ab Gefahrübergang einen Anspruch auf „dem Eigentümer zufallende Ablösungsgelder, Versicherungsgelder, die ihm gebührende Schatzhälfte, die *insula in flumine nata*“[3]. Auch *Staudinger/Köhler* stellen den Nutzungen „andere Vorteile (Versicherungsgelder, Schatz-

* G. Baumgärtel/H. J. Becker/E. Klingmüller/A. Wacke (Hrsg.), Festschrift für Heinz Hübner zum 70. Geburtstag, de Gruyter, Berlin/New York 1984, 551 – 573.

[1] §§ 459, 462, 472 BGB. – § 323 Abs. 1 gilt nicht, wenn nachträglich durch Zufall Sachmängel entstehen, s. *Heck*, Schuldrecht, 1929, 279 f; *Larenz*, Schuldrecht II[12], 1981, 63 sowie (im folg. nur mit *Verfassernamen* angeführt) *Oertmann*, BGB, II/2[5], 1929, § 459 Vorbem. 2 d (S. 587) m. w. N.; *Enneccerus/Lehmann*, Schuldrecht[15], 1958, 454 f. – Weitere Abkürzungen mit Verfassernamen: *Dernburg*, Bürgerl. Recht, II/2[4], 1915, hgg. v. *Raape; Staudinger/Ostler*, BGB, II/2 (Recht der Schuldverhältnisse)[11], 1955, sowie die entspr. 12. Aufl. 1978, bearb. v. *Köhler*. – Nach der Ausgabe von *W. Schubert* werden angeführt: Die Vorentwürfe (VorE) der Redaktoren zum BGB, 1980 ff (aus 1876–1883) (neue Seitenzählung).

[2] Die in § 450 BGB geregelten Verwendungen des Verkäufers bleiben außer Betracht.

[3] S. 420 Fn. 2 (§ 104 II). – Dies sind im wesentlichen die früher sog. Akzessionen. Der Begriff wurde im gemeinen Recht weit verstanden, Früchte, Schätze, *alluvio, insula in flumine nata* etc. umfassend, *Windscheid/Kipp*, Pandektenrecht, I[9], 1906, 710 Fn. 10.

funde, Ersatzansprüche und dergl.)" gleich und weisen zusätzlich darauf hin, daß wesentliche Bestandteile schon vom Kaufabschluß an dem Kaufgegenstand folgen[4].

II. Ein altes Beispiel: Verlandungen

1. Eine quantitative Verbesserung wird durch die allmähliche Landanschwemmung *(alluvio)* bewirkt. Nach römischem Recht führte diese für den Anlieger am öffentlichen Fluß zum sofortigen Eigentumserwerb am angeschwemmten Erdreich[5]. Auch nach den heute maßgeblichen Landesrechten (Art. 65 EGBGB) wächst „eine durch allmähliches Anlanden oder durch Zurücktreten des Wassers entstandene Verlandung an fließenden Gewässern den Eigentümern der Ufergrundstücke zu"[6]. Das Zurücktreten kann plötzlich geschehen[7], so daß unser Problem sich sogar bei kurzer Frist zwischen Kauf und Übergabe stellen kann.

Dernburg und *Oertmann* haben gemeint, Erweiterungen, die wesentliche Bestandteile der Kaufsache werden, stünden ebenso wie Anlandungen und ganze angetriebene Stücke dem Käufer zu, und zwar auch dann, wenn sie schon vor Gefahrübergang hinzugetreten seien. Dies folge daraus, daß sie zur verkauften und zu liefernden Sache gehören[8]. Das ist zwar richtig, verdeckt aber die entscheidende Frage: Soll nicht der Verkäufer, so wie er einerseits bei Verschlechterungen Abschläge hinnehmen muß, andererseits bei *Verbesserungen* auch *Aufschläge* verlangen dürfen? Die angeführten Autoren haben dies unausgesprochen verneint.

2. Für *Dernburg,* dessen Stellungnahme maßgeblich geworden ist (o. Fn. 8), erklärt sich dies aus der Tradition des preußischen Rechts. Denn § 108 I 11 ALR sprach die An- und Zuwüchse dem Käufer zu[9]. *Dern-*

[4] BGB, 12. Aufl. 1978, § 446 Rz. 14. Zu den wesentlichen Bestandteilen findet sich schon in der 7./8. Aufl. 1912 *(Kober)* der Hinweis auf *Oertmann* (u. Fn. 8). – Zu nichtwesentlichen Bestandteilen s. u. Fn. 60.

[5] Bei der Anlandung abgerissener Schollen *(avulsio)* trat der Eigentumserwerb erst mit Verwachsen ein, s. *Kaser,* Röm. Privatrecht, I², 1971, 428 (auch zum *alveus derelictus*).

[6] So § 9 WasserG NRW v. 4. 7. 1979 (GV NRW 488), wonach der Eigentumserwerb allerdings erst nach 3 Jahren ab Bildung von Pflanzenwuchs eintritt (zur „Verlandung", zum Uferabriß s. § 10); s. desweiteren etwa Art. 8 BayWasserG (Eigentumserwerb, wenn die Verlandung mit dem bisherigen Ufer zusammenhängt und sich Pflanzenwuchs bildet); § 8 Bad.-Württ. WG (mit dauernder Verlandung, aber fünfjähriges Beseitigungsrecht für den Betroffenen).

[7] Vgl. (zu Art. 8 BayWassG) *Zimniok,* Bay. Wasserrecht², 1971, Art. 8 A. 3 b.

[8] *Dernburg* S. 35 (mit Hinweis auf §§ 94, 95); danach *Oertmann,* § 446 A. 3, dem sich bereits *Staudinger/Kober,* BGB⁷/⁸, 1912, § 446 A. II 1 anschloß (vgl. Fn. 4).

[9] § 108: „Was der Substanz der Sache, nach geschlossenem Vertrage, durch natürliche An- und Zuwüchse noch beitritt, und davon, zur Zeit der Übergabe, vermöge des

burg hatte diese Bestimmung schon für das preußische Recht im weiten Sinne verstanden, nämlich dahin, daß dem Käufer *alle* nicht abgesonderten „Erweiterungen der Substanz, insbesondere was durch natürliche An- und Zuwüchse noch beitritt", gebühren[10].

Das preußische Recht kannte einen *Nachforderungsanspruch des Verkäufers* bei nachträglichen Sachverbesserungen nicht. Doch verhielt es sich dort in einem wesentlichen Punkt anders als nach dem BGB: Das ALR sah eine Aufhebung des Kaufs nur für den Fall vor, daß die Sache „noch vor der Übergabe durch einen Zufall *gänzlich* zerstört oder vernichtet" wird[11]. Erlitt sie dagegen wesentliche *Verschlechterungen,* so konnte der Käufer lediglich zurücktreten[12]; eine Minderung konnte er wegen zufälliger Verschlechterungen vor Übergabe jedenfalls nicht verlangen[13], und es bot sich deshalb auch nicht an, bei nachträglichen Verbesserungen eine Erhöhung vorzusehen. Insoweit erscheint die Regelung des ALR als ausgewogen; ihre Rezeption ins BGB, das demgegenüber eine Minderung bei Verschlechterungen vorsieht (o. Fn. 1), muß jedoch auf Bedenken stoßen.

3. Überhaupt wird der Gedanke an eine mögliche *Kaufpreiserhöhung* bei Schaffung des ALR noch ferngelegen haben. Denn nach römischem Recht war es geradezu selbstverständlich, daß nachträgliche Verbesserungen dem Käufer ohne weiteres zugute kamen. Dort galt der Grundsatz *perfecta emptione periculum ad emptorem respicit* (Paul. D. 18.6.8 pr.); bereits mit unbedingtem Abschluß des Kaufvertrages ging die Preisgefahr auf den Käufer über[14] und zugleich die ohnehin an den Vertragsschluß als Entstehungstatbestand gebundene Leistungsgefahr *(res perit creditori).* Das Risiko von Sachveränderungen muß danach ganz allein den Käufer treffen:

> D. 18.6.7 pr. (Paulus libro 5. ad Sab.):
> Id, quod post emptionem fundo accessit per alluvionem vel perit, ad emptoris commodum incommodumque pertinet: nam et si totus ager post emptionem flumine occupatus esset, periculum esset emptoris: sic igitur et commodum eius esse debet[15].

gewöhnlichen Nutzungsrechts noch nicht abgesondert ist, gehört dem Käufer, und muß ihm, mit der Sache zugleich, übergeben werden."

[10] *Dernburg,* Preuß. Privatrecht, II[4], 1889, 374. *Dernburg* versteht die „natürlichen An- und Zuwüchse" des § 108 I 11 ALR lediglich als Hauptbeispiel („insbesondere").

[11] § 100 I 11, entsprechend § 120 I 11 ALR.

[12] Dies erst nach Pr.ObTrib. 11, 239, 244, 248 ff; *Dernburg* (o. Fn. 10) 373.

[13] *Dernburg* (o. Fn. 10) 373.

[14] S. *Kaser* (o. Fn. 5) 552 f und jüngst (beachtlich zum bedingten Kauf) *Ernst,* SZ 99, 1982, 225 ff.

[15] S. dazu aus jüngerer Zeit *Miquel,* SZ 81, 1964, 146; *Harder,* Fs. Kaser, 1976, 363 ff; *Weyand,* TR 51, 1983, 241 f sowie (wenngleich mit unglaubhaften Verdächtigungen) *Betti,* SZ 82, 1965, 9; *van den Bergh,* Flores legum (Fs. Scheltema), 1971, 26 f m. Fn. 29.

Ein Zuwachs durch Anschwemmung oder ein Verlust schlägt zum Vorteil beziehungsweise zum Nachteil des Käufers aus: Denn der Käufer trüge auch die Gefahr, wenn das gesamte Grundstück nach Kaufabschluß vom Fluß überspült werden würde. Dementsprechend muß auch der Vorteil ihm zugutekommen.

Hierbei geht es nicht um das „stellvertretende *commodum*" – es tritt kein Ersatz oder Ersatzanspruch an die Stelle der geschuldeten Sache (vgl. § 281 BGB) –, sondern um das „akzessorische *commodum*", das zur unversehrten Sache hinzutritt (oder als *incommodum* diese ersatzlos verschlechtert). Daß diese Wandlungen des Kaufgegenstandes allein den Käufer treffen, beruht auf seiner Leistungsgefahr[16].

Weiterer Darlegungen zu dieser in den Quellen häufigen Verknüpfung von Vor- und Nachteil bedarf es nicht[17], denn das hier Interessierende liegt auf der Hand: Nachträgliche Verbesserungen können sich ebenso wenig wie Verschlechterungen auf den Preis auswirken, denn beide Umstände fallen allein in den Risikobereich des Käufers. Dementsprechend bilden in den Ländern, die, wie etwa die *Schweiz* (Art. 185 OR), dem römischen Gefahrtragungsprinzip folgen, zufällige Veränderungen der Kaufsache auch kein besonderes Problem[18]. Gleiches gilt wegen § 2380 BGB im Hinblick auf den Erbschaftskauf und wegen § 56 ZVG für den Zwangsversteigerungserwerb.

Ganz anders verhält es sich dagegen, wenn die Sache nach dem Kauf und damit nach Festlegung des Preises noch bis zur Übergabe oder bis zur Eintragung auf Gefahr des Verkäufers steht. Dann stellt sich die Frage, ob nicht der einmal bestimmte Preis durch nachträgliche Veränderungen der Kaufsache beeinflußt wird. Unser Problem hängt mithin aufs engste mit der jeweiligen Gefahrtragungsregelung zusammen.

4. Zur Gefahrtragung beim Kauf sind seit dem Naturrecht im wesentlichen drei Modelle zu unterscheiden, nämlich außer dem römischen das französische und das Traditionsprinzip. Nach der von *Grotius* begründeten[19] Lösung des *Code civil* geht bereits mit dem Abschluß des Kaufvertrages das Eigentum auf den Käufer über und damit auch die

[16] Vgl. *Betti* S. 9; *Harder* S. 365, abweichend freilich *Fr. Mommsen*, Erörterungen I, 1859, 16 ff und *Weyand* 242 Fn. 96.

[17] S. (ebenfalls zum Kauf) etwa Inst. 3.23.2 (i. f.: *nam et commodum eius esse debet, cuius periculum est*); Paul. D. 50.17.10; Diocl. C. 4.49.12, weitere bei *van den Bergh* S. 25 ff.

[18] Vgl. *Giger* im Berner Komm. VI/2/1/1, 1979, Art. 185 Rz. 5, 21, 68 f; *Guhl*, Schweiz. Obligationenrecht[6], 325. – Ebenso in Chile, Art. 1820 Cc. (pérdida, deterioro o mejora) und früher in Sachsen (§§ 866, 1091 SächsBGB). – Zu Ulp.-Ner. D. 19.1.13.14 (nachträgliche Erweiterung des Grundstücks auf die zugesicherte Größe) vgl. *Weyand* (o. Fn. 15) 240 f (nicht abschließend).

[19] De iure belli ac pacis libri III, 1625, II 12; vgl. etwa *Watson*, Legal Transplants, 1974, 83 f; *Hager*, Gefahrtragung beim Kauf, 1982, 40.

Gefahr (Artt. 1624, 1138, 1583, 711 Cc.). Diese ist freilich schon das *periculum rei*, und es sollte das Prinzip *res perit domino* hier auch ausdrücklich verwirklicht werden[20]. Der Unterschied zur römischen Gefahrenverteilung zeigt sich bei aufgeschobenem Eigentumsübergang: Während nach römischem Recht der Käufer selbstverständlich auch dann die Gefahr trägt, bleibt sie nach französischem beim Verkäufer als Eigentümer[21].

Demgegenüber bindet unter den neuzeitlichen Kodifikationen erstmals das *preußische ALR* v. 1794 den Gefahrübergang an die Übergabe, §§ 95, 100 I 11; 364, 365 I 5. *Suarez*, der Hauptredaktor, führte hierfür vor allem an, der frühe Gefahrübergang des römischen Rechts widerspreche der Regel *casum sentit dominus*, er sei mit der synallagmatischen Natur des Kaufs unvereinbar, und es sei unbillig, den Käufer, der mangels Besitzes noch keine Vorkehrungen zum Schutz der Sache treffen könne, mit der Gefahr zu belasten[22]. – Auch das *österreichische ABGB* v. 1811 folgt dieser Lösung (§§ 1064, 1048, 1049). Außer dem Prinzip *res perit domino* waren dafür vor allem die Beweisnot des Käufers und der erzieherische Gedanke maßgeblich, den Verkäufer durch die Gefahrbelastung zu sorgfältiger Verwahrung anzuspornen[23].

5. Für unsere Frage nach der Auswirkung von Verbesserungen der Kaufsache verheißt Ertrag hauptsächlich der Blick auf diejenigen Rechtsordnungen, die dem Traditionsprinzip folgen. Vom preußischen Recht (§ 108 I 11 ALR) war bereits die Rede. Das *ABGB* bestimmt in § 1050, in einer den Tausch betreffenden und gemäß § 1064 auch für den Kauf geltenden Regelung:

> Dem Besitzer gebühren die Nutzungen der vertauschten Sache bis zur bedungenen Zeit der Übergabe. Von dieser Zeit an gebühren sie, samt dem Zuwachse, dem Übernehmer, obgleich die Sache noch nicht übergeben worden ist.

Die ältere Literatur hielt den Verkäufer für berechtigt, den in der Zwischenzeit entstandenen Zuwachs von der Sache zu trennen und für sich zu behalten oder, sofern eine solche Trennung, „wie zum Beispiel bei dem angespülten Lande", nicht möglich sei, eine angemessen erhöhte Vergütung zu verlangen. Denn der Verkäufer müsse ja auch umgekehrt

[20] *Fenet*, Recueil complet des travaux prép. XIII, 1827, 230, 320.

[21] *Planiol/Ripert/Esmein*, Traité pratique VI², 1952, 565. So auch schon *Grotius* II 15.1.

[22] *Suarez*, Amtl. Vorträge, in: Jahrbücher f. d. preuß. Gesetzgebung etc. (ed. *v. Kamptz*) 41, 1833, 16 f, vgl. *Koch*, Recht der Forderungen, I², 1858, 216 ff. – Eingehende Darstellung und Würdigung des Traditionsprinzips im VorE (Vorlagen der Redaktoren für die 1. Komm., Red. *v. Kübel*) (ed. *Schubert*), III, 1980 (aus 1876) 1037 ff, s. noch *Hager* (o. Fn. 19) 41. – Verfehlte Einordnung des ALR bei *Watson* (o. Fn. 19) 83.

[23] *F. v. Zeiller*, Kommentar über das ABGB, III/1, 1812, 343. Vgl. auch *Hager* S. 42.

verhältnismäßige Abzüge bei „Verschlimmerungen" (bis zur Hälfte des Sachwertes) hinnehmen (§§ 1064, 1049 ABGB)[24].

Demgegenüber überwiegt heute die Auffassung, daß die Zuwächse, wie Anpflanzungen, Anspülungen, Anlandungen, am Stichtag dem Käufer zufallen, ohne daß dieser verpflichtet wäre, den Verkäufer zu entschädigen[25]. Dies beruht im wesentlichen auf einem Wortlautargument: § 1050 ABGB sehe (in Satz 1) nur für die Nutzungen eine zeitliche Aufteilung vor, nicht aber bezüglich des Zuwachses; lediglich bei Reife vor dem Stichtag dürfe dieser abgesondert werden[26] – was bei Verlandungen und ähnlichen Veränderungen ausscheiden müßte. Daß der Verkäufer aber (anders als in Preußen) auch das Risiko einer Abschwemmung mitträgt, wird nicht gewürdigt[27]. So hat die preußische Lösung trotz anderer Ausgangslage sogar in Österreich die Oberhand gewonnen.

6. a) Auf Ablehnung war die preußische Lösung jedoch schon im *Dresdener Entwurf* von 1866 gestoßen. Dieser hatte sich bereits in der Erstfassung (Art. 420) dafür entschieden, erst ab Übergabe den Käufer die Gefahr tragen zu lassen. Bei den Beratungen wurde klar erkannt, daß „nun die Frage entstehe, ob nicht der Käufer für den Zuwachs, welcher in der Zeit zwischen Kaufabschluß und *traditio* zur verkauften Sache hinzugekommen sei, dem Verkäufer eine entsprechende Vergütung zu gewähren habe"[28]. Man war sich einig, daß zum einen (mit § 108 I 11 ALR) der Verkäufer die Sache „nebst Zuwachs und Zubehörungen dem Käufer zu übergeben" habe (Art. 425 DresdE) und daß zum anderen hinsichtlich eines Ersatzanspruchs des Verkäufers wegen des Zuwachses vom ALR abzuweichen sei[29].

Die Kommission „erachtete es als dem allgemeinen Grundsatz entsprechend, daß demjenigen, welcher das *periculum* zu tragen habe, auch

[24] *Nippel*, Erläuterung des ABGB, VII, 1834, § 1050 A. 2; *Stubenrauch*, Commentar z. ABGB[8], 1903, § 1050 A. 1 c (dort der Hinweis auf die Anspülung).

[25] *Wahle* in *Klang*, ABGB, IV/2[2], 1978, §§ 1048–1051 A. 2 (S. 59 f), ebenso *Bettelheim* i. d. Voraufl. (A. IV); *Rummel*, ABGB, I, 1983, §§ 1048–1051, Rz. 21.

[26] *Wahle* S. 59, 60 unter Bezugnahme auf *E. Till*, Prawo prywatne austryackie, IV/2, 1897, 125 A. 21. *Till* bringt das Wortlautargument und hält das Ergebnis (allein deshalb) für angemessen, „weil der Zuwachs nichts von der Sache Gesondertes ist (§ 404)". Vergleichbar *Dernburg* (o. Fn. 8). Doch kann § 1050 S. 2 auch „samt dem (von dieser Zeit ab entstandenen) Zuwachs" meinen (was wohl auch *Wróblewski* bei seiner polnischen ABGB-Übersetzung angenommen hat).

[27] Auch nicht von *Till* (o. Fn. 26).

[28] Protocolle der Commission zur Ausarbeitung eines Allg. Dt. Obligationenrechtes, 1864, 1713 (122. Sitzung v. 12. 2. 1864).

[29] Prot. S. 1728 (123. Sitzung v. 13. 2. 1864).

das *commodum* zufallen müsse, für angemessen“[30], einen Entschädigungsanspruch zu begründen. Demgemäß lautet Art. 429 Abs. 2 DresdE:

> Ist die verkaufte Sache seit der Schließung des Vertrages bis zur Übergabe durch Zuwachs oder Zubehörungen vermehrt, oder durch den Verkäufer verbessert worden, so ist der Letztere berechtigt, hierfür Ersatz zu fordern[31].

b) Bei der Schaffung des BGB ist diese Lösung nicht näher diskutiert worden. Im VorE legte *v. Kübel*[32] dar, es sei unzweckmäßig, mit den meisten Gesetzen besonders hervorzuheben, daß der Verkäufer die Sache „mit Zuwachs und Zubehörungen herauszugeben habe“. Denn es ergebe sich bereits aus allgemeinen Bestimmungen, daß beides in den Kauf falle. Auch sei es „bedenklich“, mit Art. 429 Abs. 2 DresdE dem Verkäufer einen Ersatzanspruch zu gewähren. Soweit ein Bedürfnis bestehe, sei der Verkäufer durch den Verwendungsersatzanspruch (heute: § 450 BGB) gesichert.

Die Beratungen in der 1. Kommission lassen sich hier nur erahnen. In den Motiven (II 317) wird hinsichtlich der Akzessionen (o. Fn. 3) angemerkt, die Aufstellung einer allgemeinen Regel, daß der Verkäufer zu deren Mitherausgabe verpflichtet sei, erscheine bedenklich, weil die Verpflichtungen des Verkäufers „sich vorzugsweise nach dem Inhalt des Vertrages bzw. dem Parteiwillen bestimmen“. Die Hilfsarbeiter der Redaktoren geben mit diesem (bei *v. Kübel* noch nicht aufscheinenden) Gesichtspunkt wohl die Auffassung *Windscheids* wieder, der bei der Frage der Verteilung der Nutzungen den Satz *cuius periculum eius et commodum* für falsch und den vermutlichen Willen der Parteien sowie die Auslegung für entscheidend erklärt hatte[33]. Mit dem Hinweis auf den selbstverständlichen Vorrang der Auslegung ist unser Problem jedoch nicht entschieden.

Auch bestanden zu den „Nutzungen“ keine abschließenden Vorstellungen. *v. Kübel* hatte im Vorentwurf den Anspruch auf die „natürlichen und bürgerlichen Früchte“ mit der Gefahrtragung verknüpft, weil jedenfalls insoweit in Gesetzgebung und Theorie Einigkeit bestehe[34]. In der 1. Kommission wurde dies als bloße Regel angenommen; der Begriff der

[30] Prot. S. 1728.
[31] Im übrigen sprach Art. 429 Abs. 1 S. 2 DresdE bis zur Übergabe dem Verkäufer die Früchte und sonstigen Nutzungen zu, dazu u. VI 1.
[32] VorE, Schuldrecht II, 1980, 22 f.
[33] S. Prot. bei *Jakobs/Schubert,* Die Beratung des BGB, Schuldverh. II, 1980, 84 f m. A. 11 (Notizen von *Schmitt*).
[34] Schuldrecht III (o. Fn. 22) 1083.

Nutzung und deren Aufteilung wurden hierbei jedoch nicht endgültig festgelegt[35].

Die Gesetzgebungsgeschichte läßt erkennen, daß ein „Entschädigungsanspruch“ für den Verkäufer (Art. 429 Abs. 2 DresdE) schon im Vorfeld aus nicht stichhaltigen Gründen zurückgewiesen worden ist; der Verwendungsersatzanspruch des § 450 BGB erfaßt die hier interessierenden Fälle nicht.

7. a) Wertvolle Weiterentwicklungen zu unserer Problematik finden sich im lateinamerikanischen Rechtskreis. Die Zivilgesetzbücher von *Argentinien* (Art. 582 CcArg) und *Brasilien* (Art. 868 CcBras) billigen dem Verkäufer wegen der Verbesserungen eine Preiserhöhung zu. Dies geht auf den großen brasilianischen Juristen *Augusto Teixeira de Freitas* (1816–1883), den „amerikanischen Savigny“[36], zurück. Dieser hat in der Consolidação das leis civis (1858) die seinerzeit in Brasilien geltenden Zivilrechtsbestimmungen im Regierungsauftrag gesammelt, geordnet und „konsolidiert“. Dabei ging es größtenteils um die Ordonnanzen des Königs Filip II von Portugal, die Ordenações Filipinas von 1603, die – insbesondere im zivilrechtlichen Teil (Buch IV) – weithin auf römischem Recht fußen und diesem zugleich subsidiäre Geltung zuwiesen (III 64 pr.)[37]. Da diese Ordonnanzen das römische Gefahrtragungsprinzip enthielten (IV 8 pr.), hatte *Freitas* es in die Consolidação aufzunehmen (Art. 537, schon mit kritischer Anmerkung).

Die Wende brachte sein zweites Hauptwerk, der Esboço[38]. Unter ausdrücklicher Anknüpfung an das preußische und das österreichische

[35] *Jakobs/Schubert* (o. Fn. 33) 80, 84 f. – In der 2. Komm. wurden zum Kauf diese Punkte nicht mehr aufgegriffen.

[36] *H. Valladão,* Der Einfluß des deutschen Rechts auf das bras. ZGB (1857–1922), 1973, 4. – Den Vergleich zwischen *Savigny* und *Freitas* hatte schon *Velez Sarsfield* (1800–1875), der Verfasser des argentinischen Código civil, gezogen, vgl. *Rodrigo Octavio,* La codification du droit au Brésil, 1932, 27. – Näheres zu *Freitas* bei *S. Meira,* Teixeira de Freitas, O jurisconsulto do império[2], 1983.

[37] In Geltung bis zum Inkrafttreten des CcBras am 1. 1. 1917. – Zu den Ordonnanzen s. *Scholz* in *Coing,* Handbuch der Quellen, II/2, 1976, 282, 285, 289; *A. Wolf,* ebda., I, 1973, 666 ff, s. auch *Röthlisberger,* Traditionsprinzip und Konsensprinzip, 1983, 17 ff, 21 ff.

[38] Ein Vorentwurf für einen brasilianischen Código civil, mit dessen Erstellung *Freitas* 1859 von der Regierung beauftragt worden war. Zwar gab er 1867 den Auftrag zurück, und ist Grundlage des CcBras v. 1916 hernach der Entwurf von *Bevilaqua* (1899) geworden. Dennoch ist der seit 1861 publizierte Esboço von fundamentaler Bedeutung geblieben, weil *Bevilaqua* sich maßgeblich auf ihn stützte und weil schon vorher der Verfasser des CcArg v. 1869, *Dalmácio Velez Sarsfield,* sich stark von ihm beeinflussen ließ. – Übrigens werden noch heute den Ausgaben des CcArg die (offiziellen) Anmerkungen von *Velez Sarsfield* beigegeben, die zahlreiche Belege aus den römischen Quellen enthalten (Aufstellung dazu bei *Diaz Bialet,* St. Sassaresi 5, 1981, 295 ff). – Ein (2.) Nachdruck des Esboço ist soeben erschienen (Brasilia 1983, hrsg. v. Ministério da Justiça).

Recht („adoptando la buena legislación de los Códigos Prusiano y Austriaco") sprach *Freitas* sich darin für die Verbindung des Gefahrübergangs mit der Übergabe aus[39]. Diese Lösung war im damaligen lateinamerikanischen Rechtskreis völlig neu; sie hat sich in Argentinien (Artt. 578, 580 Cc v. 1869), Paraguay (Artt. 578, 580 Cc v. 1877), in El Salvador (Art. 1624 Cc, rev. 1902), Brasilien (Art. 865 Cc) und auch in Guatemala (Art. 1813 Cc v. 1964) durchgesetzt.

b) Zu dem uns interessierenden Folgeproblem löste sich *Teixeira de Freitas* jedoch vom preußischen Vorbild. Als „natürliche Konsequenzen" des Traditionsprinzips bestimmte er für den Fall einer unverschuldeten Sach*verschlechterung* vor Übergabe, daß der Käufer sich entweder vom Vertrage lösen oder eine verhältnismäßige Herabsetzung des Preises verlangen kann (Art. 903 N. 3). Dementsprechend sah er für den Fall von *Verbesserungen* oder Erweiterungen der Kaufsache vor, daß der Verkäufer eine Preiserhöhung fordern kann und daß, wenn der Käufer damit nicht einverstanden ist, der Vertrag aufgelöst wird (Art. 903 N. 5)[40]. *Velez Sarsfield* hat diese Lösung in Art. 582[41] des CcArg übernommen, und *Bevilaqua* in Art. 1014 seines Entwurfs zum CcBras, woraus der (geringfügig veränderte) Art. 868 CcBras v. 1916[42] erwuchs.

c) Davon wird in der wohl jüngsten Regelung freilich wieder abgewichen: Der *guatemaltekische Cc* v. 1964 bindet zwar dem französischen Modell folgend den Eigentumsübergang schon an den Kaufabschluß,

[39] Art. 903 Ns. 1,3 (für *dare*-Obligationen), Art. 2024 (Klarstellung für den Kauf), s. *A. Teixeira de Freitas,* Código civil (Trad. Castellana), I, 1909, S. 342, 673. Die Gründe waren (s. die Anm. zu Art. 903, S. 342 f) vor allem die Regel *res perit domino,* Billigkeitsgesichtspunkte und die mangelnde Einschlägigkeit der Regel *debitor rei certae eius interitu liberatur.* Einzelheiten dazu bei *Knütel,* „Augusto Teixeira de Freitas e il *periculum* nella compravendita", in: Atti del Congresso internazionale ‚*Augusto Teixeira de Freitas* e il diritto latinoamericano', 1983 (hrsg. v. *P. Catalano* und *S. Schipani,* im Druck).

[40] Desweiteren sollten die bis zum Stichtag gezogenen Früchte dem Verkäufer verbleiben und die *fructus pendentes* dem Käufer ohne Ausgleichspflicht zukommen, Art. 903 N. 6.

[41] „Si la cosa se hubiere mejorado o aumentado, aunque no fuese por gastos que en ella hubiere hecho el deudor, podrá éste exigir del acreedor un mayor valor, y si el acreedor no se conformase, la obligación quedará disuelta." – Nur anwendbar bei Veränderungen durch Naturkräfte (*alluvio, avulsio,* Artt. 2572, 2583) und bei gewissen notwendigen Verwendungen, *Salvat/Galli,* Tratado de der. civ. Arg., I^6, 1952, §§ 378–379 (S. 342), 368–370 (S. 339). – Zu den Früchten s. Art. 583 (wie Fn. 40).

[42] Übersetzung nach *Heinsheimer,* Zivilgesetze der Gegenwart III *(Pontes de Miranda/Gericke),* 1928, 198: Bis zur Übergabe gehört die Sache dem Schuldner samt ihren Verbesserungen und Vermehrungen, für welche der Schuldner eine Erhöhung des Preises beanspruchen kann. Geht der Gläubiger darauf nicht ein, so kann der Schuldner das Schuldverhältnis auflösen.

doch läßt er den Käufer die Gefahr erst von der Übergabe ab tragen[43]. Dennoch spricht er bereits ab Vertragsschluß die Früchte dem Käufer zu (Art. 1815) und darüber hinaus auch die Verbesserungen, welche die Sache *naturgemäß* oder durch *Zeitablauf* erfährt[44]. Dementsprechend muß der Käufer ab Kaufabschluß auch die Nachteile aus zeitbedingter Verschlechterung oder Wertverlust tragen[45].

III. Folgerungen: Die Möglichkeit von Preisanpassungen

1. Der Blick auf die lateinamerikanischen Fortbildungen macht zwei Umstände deutlich: Die von *Teixeira de Freitas* eingeführte Lösung ist diejenige über Änderungen der Geschäftsgrundlage; die des Art. 1333 CcGuat zeigt, daß zwischen den Änderungsfaktoren zu unterscheiden ist. Beide Lösungen sind nur scheinbar widersprüchlich; erst in ihrer Verbindung ergeben sie das Richtige.

Wesentliche Verbesserungen der Kaufsache vor Gefahrübergang verändern das Äquivalenzverhältnis: Der Verkäufer leistet mehr. Nachträgliche Äquivalenzstörungen bilden bekanntlich typische Anwendungsfälle der Lehre von der Geschäftsgrundlage. Es kann hier nun nicht darum gehen, die Fälle einer allgemeinen Formel der Änderung der Geschäftsgrundlage[46] zu subsumieren. Die hier interessierende Problematik weist Besonderheiten auf, die es gebieten, sie in erster Linie aus sich heraus zu lösen. So geht es nicht um Umstände mit negativer, sondern eher mit „positiver" Auswirkung auf den Vertrag[47]. Und es braucht sich, wie die Anschwemmung zeigt, auch nicht um schlechthin grundlegende Umstände zu handeln, weil der Ausgleichsgedanke von *commodum* und *periculum* im Vordergrund steht und nicht die Frage, bis zu welcher Grenze der benachteiligten Partei das Festhalten am unveränderten Vertrag noch zumutbar ist. Es kommt deshalb nur darauf

[43] Dies nach dem Vorbilde des BGB, s. Motivos CcGuat, 1975, 111 f (zu Art. 1331). – Auch nach BGB kann es vorkommen, daß der Käufer, obgleich schon Eigentümer, nicht die Preisgefahr trägt.

[44] Art. 1333 Abs. 1: „Las mejoras originadas por la naturaleza de la cosa o por el transcurso del tiempo, corresponden al acreedor."

[45] Motivos (o. Fn. 43) 112 (zu Art. 1333). – Bei anderen zufälligen Verschlechterungen vor Übergabe kann der Käufer jedoch zurücktreten oder verhältnismäßige Preisreduktion verlangen (Art. 1331 N. 3). Im Falle von „ungewöhnlichen" Verbesserungen müßte er dann einen höheren Preis entrichten, doch trifft das Gesetz dazu keine Bestimmung.

[46] S. dazu etwa *Lehmann/Hübner*, Allg. Teil des BGB[16], 1966, 292 ff; *Medicus*, Bürgerl. Recht[11], 1983, 85 Rz. 165 a.

[47] Also anders als beim Wegfall der Geschäftsgrundlage, wo es um Leistungserschwerungen für den Schuldner oder -entwertungen für den Gläubiger geht, s. etwa *Medicus*, Fs. Flume 1, 1978, 629 ff; *Horn* in: Gutachten und Vorschläge zur Überarbeitung des Schuldrechts 1, 1981, 636 f.

an zu beachten, daß unsere Frage trotz ihrer Besonderheiten in den weiten Problemkreis der Geschäftsgrundlage fällt, und daß dort gewonnene Einsichten auch die hier gebotene Lösung zu stützen vermögen.

2. Zu diesen Einsichten zählt, daß der Eintritt *vorherzusehender* Entwicklungen ein Anpassungsbegehren nicht zu rechtfertigen vermag. Dementsprechend können Sachveränderungen, die auf natürliche Weise oder durch Zeitablauf, insbesondere durch Wachstum, entstehen, zu einer Preiserhöhung nicht führen. Sie sind schon bei Vertragsabschluß abzusehen, und es ist davon auszugehen, daß sie bei der Preisbestimmung bereits Berücksichtigung gefunden haben. Offensichtlich sind diese Fälle Leitbild für den § 108 I 11 ALR (o. Fn. 9) und den Art. 1333 CcGuat (o. Fn. 44) gewesen.

Desweiteren ist die bloße Werterhöhung der Kaufsache, z. B. aus Änderungen der Marktverhältnisse oder aufgrund allgemeiner Kostensteigerungen, kein Umstand, der eine Anhebung des Kaufpreises rechtfertigen könnte[48]. Das allgemeine Risiko des Wertverlusts und der Wertsteigerung liegt ab Vertragsschluß beim Käufer. Dies wird sich im Zusammenhang mit der Leistungsgefahr bestätigen (u. IV 1 b).

3. Danach bleiben diejenigen Fälle, in denen sich der *Umfang* (wie bei den Verlandungen) oder die *Qualität der Kaufsache* nach Vertragsschluß günstig verändern[49]. Letzteres kann durch Naturereignisse geschehen – nach einem Erdbeben entspringt auf einem als Ödland verkauften Areal eine Quelle – oder eher (wie ebenfalls bei der Geschäftsgrundlage häufig) durch *Änderungen öffentlichrechtlicher Bestimmungen:* Das verkaufte Grundstück ist im Bebauungsplan als Grünfläche oder etwa als anderthalbgeschossig bebaubar ausgewiesen. Nachträglich wird eine höherrangige Norm erlassen, durch die diese Beschränkungen mit ex nunc-Wirkung entfallen[50], so daß eine (mehrgeschossige) Bebauung möglich wird. Oder lebensmittelrechtliche Bestimmungen werden gelockert[51], so

[48] So auch (zum CcArg): *Busso,* Código Civil Anotado, IV, 1958, Art. 582 A. 7 (S. 130).

[49] Veränderungen durch Verwendungen von seiten Dritter (z. B. auf Grund von Verwechslungen) müssen ebenso wie die „juristischen Akzessionen“ (z. B. Pap. D. 18.6.19 pr., Erlöschen eines Wohnrechts), da es hier nur um das Grundsätzliche geht, außer Betracht bleiben.

[50] Das Oberverwaltungsgericht stellt dann ausdrücklich die Nichtigkeit von diesem Zeitpunkt ab fest, *Redeker/v. Oertzen,* VwGO[7], 1981, § 47 Rz. 36; *Eyermann/Fröhler,* VwGO[8], 1980, § 47 Rz. 38. – Wenn der Bebauungsplan dagegen – etwa wegen Verfahrensmängeln – von Anfang an nichtig ist, könnte der Verkäufer nach § 119 Abs. 2 BGB anfechten.

[51] Zu einer lebensmittelrechtlichen Lockerung nach Gefahrübergang s. etwa RGZ 55, 201 ff (Mineralbestandteile bei Weißwein).

daß das verkaufte Erzeugnis für die Herstellung weiterer Produkte einsetzbar wird; Beschränkungen des Tierzuchtgesetzes werden aufgehoben etc. In allen diesen Fällen führen gegebenenfalls unvorhersehbare äußere Umstände dazu, daß sich Umfang oder Qualität der Kaufsache in einer für deren Bewertung wesentlichen Weise ändern.

4. Vor dem Rückgriff auf die Geschäftsgrundlage bleiben freilich mögliche spezielle Regelungen zu erwägen. Hätten die erwähnten besseren Eigenschaften bereits *bei* Vertragsschluß vorgelegen, ohne daß die Parteien davon wußten, so wäre an eine Anfechtung durch den Verkäufer nach § 119 Abs. 2 BGB zu denken. Doch scheidet ein solches Anfechtungsrecht aus, wenn die Kaufsache erst nach Vertragsschluß Verbesserungen erfährt[52]. Denn dann geht es nicht mehr darum, daß Willensmängel bestanden oder daß eine der Wirklichkeit nicht entsprechende Vereinbarung getroffen wurde, sondern darum, daß sich die Wirklichkeit gegenüber einer fehlerfreien, einmal „richtigen" Vereinbarung verändert hat. Dies auszugleichen, ist nicht die Funktion der Anfechtungsrechte[53]. Bei der nachträglichen Veränderung der Umstände geht es vielmehr um die Problematik der Erhaltung materialer Vertragsgerechtigkeit; dem dient das Institut der Geschäftsgrundlage[54].

Daß eine Anfechtung auszuscheiden hat, zeigt entscheidend auch ein Blick auf die *Leistungsgefahr.* Diese liegt bereits ab Vertragsschluß beim Käufer, der seinen Übereignungsanspruch verliert, wenn die Sache untergeht (§ 275 BGB), und den auch bei Verschlechterungen Nachteile treffen[55]. Wenn aber der Verkäufer sogar bei nachträglichen Sachverbesserungen den Vertrag ohne weiteres beseitigen könnte, dann liefe das auf eine Erweiterung der Leistungsgefahr hinaus: Der Käufer würde selbst bei Sachverbesserungen seinen Übereignungsanspruch noch verlieren. Demgegenüber muß aber gerade ihm als dem gefahrbelasteten Teil der „Verbesserungsvorteil" zugute kommen; er behält den Anspruch auf die verbesserte Sache, und dem Verkäufer kann aufgrund seiner Belastung mit der Preisgefahr nur eine proportionale Preiserhöhung zustehen.

[52] S. *Palandt/Heinrichs,* BGB[43], 1984, § 119 A. 6 b, aa (§ 119 Abs. 2 als Motivirrtum erfassend); *Soergel/Hefermehl,* BGB, I[11], 1978, § 119 Rz. 37 (S. 520) (von Erklärungsirrtum ausgehend). Erkennt man in § 119 Abs. 2 hingegen die Regelung des geschäftlichen Eigenschaftsirrtums, so ist ebenfalls in aller Regel anzunehmen, daß die Beschaffenheitsvereinbarung nur die zur Zeit des Vertragsabschlusses bestehende Beschaffenheit betrifft – was offensichtlich auch zugrundegelegt wird von *Flume,* Eigenschaftsirrtum und Kauf, 1948, Neudr. 1975, 91, 147, 171, vgl. 69 f, 86 f; ders., Allg. Teil, II[3], 1979, 488, 499 f, 507. – S. des weiteren OLG Stuttgart MDR 1983, 751; *Pohl,* AcP 177, 1977, 79.

[53] Abgesehen von den zu den §§ 2078 Abs. 2, 2281 BGB gebotenen Einschränkungen.

[54] *Wieacker,* Fs. Wilburg, 1965, 238 f, 241 f, 243 ff.

[55] Was evident wird, wenn der Käufer günstig gekauft hat, s. das Beispiel u. IV 1 b.

Auch mit einer *condictio*, wie sie vereinzelt angeregt wird, wenn der Verkäufer die Sache in Unkenntnis (bereits bestehender) werterhöhender Eigenschaften verkauft hat[56], ist unsere Problematik nicht zu lösen. Abgesehen von konstruktiven Bedenken[57] würde sie einerseits den Verkäufer benachteiligen, wenn die günstige Eigenschaft gerade für den Käufer keinen Wert hat, und sie würde andererseits den Käufer zu sehr belasten, weil er an den Kauf gebunden bleibt und noch einen zusätzlichen Bereicherungsausgleich zahlen müßte. Doch hätte er die Sache zu einem höheren Preis als dem ausgehandelten möglicherweise nie gekauft.

5. *a)* Das Problem der nachträglichen Verbesserungen bleibt mithin nach den grundsätzlichen Regeln der Geschäftsgrundlage zu lösen. Wären die Verbesserungen vor Vertragsabschluß bekannt gewesen, so wäre der Vertrag, wenn überhaupt, dann mit einem dem Verkäufer günstigeren Inhalt – also zu höherem Preis – abgeschlossen worden. Da der Käufer im Prinzip den Anspruch auf Übereignung der verbesserten Sache behalten muß[58], ist die vor Gefahrübergang eingetretene Verbesserung durch eine proportionale Erhöhung des Preises auszugleichen. Hierbei ist, weil die vertragliche Wertrelation maßgeblich bleiben muß, § 472 BGB in der Umkehrung anzuwenden; es handelt sich praktisch um eine umgekehrte „Minderung". Nur wenn der Käufer damit nicht einverstanden ist, muß dem Verkäufer das Recht zustehen zurückzutreten[59].

b) Freilich unterliegt auch dieses Rücktrittsrecht zwei Einschränkungen: Handelt es sich um nachträglich hinzugekommene *unwesentliche Bestandteile*, so bleibt der Verkäufer auf deren Wegnahme beschränkt[60]. Desweiteren wird es nicht so selten sein, daß der Käufer bereits disponiert und die Sache schon vor Erhalt *weiterverkauft* hat. In solchen Fällen könnte es ihm einerseits nicht möglich sein, die Preiserhöhung weiterzugeben, und er hätte für einen höheren Preis möglicherweise auch nicht gekauft. Andererseits würde der Rücktritt seines Verkäufers ihn Schadensersatzansprüchen seiner Abnehmer aussetzen. Daran zeigt sich, daß dem Verkäufer der Rücktritt nur um den „Preis" zustehen kann, daß er dem Käufer den *Vertrauensschaden ersetzt.* Kommt der Verkäufer mit dessen Zahlung in Verzug, so muß der Käufer das Recht

[56] *Flume*, Eigenschaftsirrtum (o. Fn. 52) 147; MünchKomm-*Kramer*, BGB, I, 1978, § 119 Rz. 95 Fn. 200.

[57] Leistung *cum causa?* § 814 BGB?

[58] S. o. bei Fn. 55.

[59] Ebenso Art. 868 CcBras (o. Fn. 42). – Man kann sich dies als (subsidiäres) umgekehrtes Wandlungsrecht vorstellen.

[60] Entgegen *Oertmann*, § 446 A. 3 c darf er sie aber nicht von vornherein wegnehmen, denn aus Gründen der Leistungsgefahr (o. bei Fn. 55) werden auch sie vom Anspruch des Käufers erfaßt. Ebenso dürfte es sich bei nachträglich von Dritten hinzugefügten Zubehörstücken (z. B. Hundehalsband) verhalten. – Anders bei nicht vereinbarten „anfänglichen" Vorzügen, *Flume* (o. Fn. 56) 40 A. 20, 147.

haben, nach § 354 BGB analog die Unwirksamkeit des Rücktritts herbeizuführen.

Der Anspruch auf Ersatz des Vertrauensschadens folgt aus § 242 BGB. Der Verkäufer ist in unseren Fällen, weil er nicht einmal „geirrt" hat, weniger schutzwürdig als bei der Anfechtung, und selbst bei dieser ist der Vertrauensschaden zu ersetzen (§ 122 BGB). Für ihn geht es nur darum, den Wert aus einer nachträglichen Verbesserung der Sache, die er wirtschaftlich aus seinem Vermögen schon ausgeschieden hat, proportional abzuschöpfen. Auch steht der maßgebliche Gedanke, daß der Verkäufer wegen der Preisgefahr am Verbesserungsvorteil beteiligt sein soll, der Belastung mit dem Anspruch auf das Vertrauensinteresse nicht entgegen. Denn die Preiserhöhungsbefugnis unterliegt stets dem Vorbehalt, daß sie gegen den Willen des Käufers, der zu höherem Preis möglicherweise nie gekauft hätte, nicht durchgesetzt werden darf. Wenn aber schon bei einer Durchführung des Vertrags, die dem Käufer immerhin die Möglichkeit erhalten würde, Gewinn zu machen, die Draufzahlung gegen den Willen des Käufers ausscheidet, dann muß eine Mehrbelastung (nämlich infolge von Ersatzansprüchen der Abnehmer) erst recht bei einer Nichtdurchführung des Vertrages ausgeschlossen sein.

IV. Andere Vorteile

1. a) Als weitere Vorteile, die nach dem Prinzip des § 446 BGB dem Verkäufer oder dem Käufer zustehen sollen, werden die *„Versicherungsgelder"* genannt[61]. Das ist jedoch nahezu durchweg unzutreffend.

b) Sofern mit dem ungewissen Ausdruck Versicherungs*entschädigungen* gemeint sind, geht das Prinzip des § 281 BGB vor: Der Käufer kann Abtretung auch des vor Übergabe entstandenen Anspruchs gegen den Versicherer verlangen[62]. Dies ergibt sich daraus, daß er bereits ab Kaufabschluß die Leistungsgefahr und damit zugleich das Risiko der Bewertung seines Übereignungsanspruchs trägt. Demgegenüber ist die Gefahr des Verkäufers (abgesehen von der Sachgefahr) auf den Preis beschränkt.

Ein Beispiel verdeutlicht dies: Jemand kauft eine Sache im Wert von 10 für 5. Beschädigt ein versicherter Dritter die Sache beim Verkäufer so, daß der Wert auf 6 sinkt, so kann dieser nicht Schadensersatz in Höhe von 4 einstreichen und den Käufer

[61] *Enneccerus/Lehmann* S. 420 Fn. 2; *Staudinger/Köhler* (o. Fn. 4, mit unzutr. BGH-Zitat, s. u. Fn. 62); *Staudinger/Ostler*, § 446 Rz. 29 sowie – zum ABGB – *Klang/Wahle* (o. Fn. 25) S. 58 f (Versicherungsentschädigung).

[62] Vgl. nur *Oertmann* (o. Fn. 1) S. 587; *W. Kisch*, Handbuch des Privatversicherungsrechts, III, 1922, 363. – Ebenso BGH LM § 281 Nr. 1 = BB 1955, 398 f m. Anm. *Reimer Schmidt* (der die mangelnde Einschlägigkeit des § 446 Abs. 1 S. 2 betont). – Dies muß auch für das *österreichische* Recht gelten, wenn man anerkennt, daß die §§ 1447, 1048 ABGB dem aus § 7 abzuleitenden Anspruch auf das stellvertretende *commodum* nicht entgegenstehen, so etwa *Pisko/Gschnitzer* in *Klang,* ABGB, VI², 1951, § 1447, S. 550 f; *Koziol/Welser,* Grundriß I⁵, 1979, 197. Dann können die §§ 1050, 1064 ABGB für Versicherungs- und Enteignungsentschädigungen nicht einschlägig sein, anders freilich *Wahle* (o. Fn. 61) mit deshalb zweifelhafter Kritik an OGH ZBl. 1916 Nr. 245 S. 593 (S. 56 Fn. 66).

auf die Minderung von 5 auf 3 verweisen. Denn dann sänke der Vertragsgewinn des Käufers von 5 auf 3, während der Verkäufer nachträglich 2 mehr erlösen würde.

Gleiches gilt bei *Enteignungen:* Ist der Grundstückswert nach Kaufabschluß erheblich gestiegen, so daß die Entschädigung den Kaufpreis übersteigt, dann steht die Entschädigungsforderung dem Käufer auch dann zu, wenn die Übergabe noch nicht erfolgt war[63]. An alldem bestätigt sich die Feststellung, daß bloße Wertsteigerungen zu einer Preiserhöhung für den Verkäufer nicht führen können.

c) Sofern mit den „Versicherungsgeldern" Ansprüche aus *technischem Überschuß* oder auf *Gewinnbeteiligung* gemeint sind, wird das Prinzip des § 446 BGB durch versicherungsrechtliche Sonderbestimmungen meist ausgeschlossen. Bei einer Veräußerung der versicherten Sache tritt der Erwerber an Stelle des veräußernden Versicherungsnehmers in die während der Dauer seines Eigentums aus dem Versicherungsverhältnis sich ergebenden Rechte und Pflichten des Versicherungsnehmers ein, § 69 Abs. 1 VVG (vgl. § 899 Abs. 1 HGB, § 49 Abs. 1 ADS). Für die Berechtigungen ist mithin grundsätzlich die Eigentumslage maßgeblich. Daran hält vor allem die Rechtsprechung fest[64].

Das betrifft zwar das Außenverhältnis. Da es sich aber stets um Veräußerungen handelt, käme bei Geltung des § 446 BGB im Innenverhältnis grundsätzlich eine andere Regelung zum Zuge; ein solches prinzipielles Auseinanderfallen der Aufteilung im Außen- und im Innenverhältnis liegt jedoch nicht i. S. des § 69 VVG. Auch im Innenverhältnis ist deshalb grundsätzlich auf den Eigentumswechsel abzustellen[65].

Nur in den seltenen Fällen, in denen die Versicherungsbeiträge sich als „Lasten" i. S. des § 446 BGB darstellen[66], sind eventuelle Rückerstattungen schon nach Maßgabe der Gefahrtragung aufzuteilen. Im übrigen ist im praktisch wichtigsten Fall des technischen Überschusses in der Kraftfahrtversicherung ein Anspruch des Erwerbers im Kalenderjahr des Vertragsübergangs ausdrücklich ausgeschlossen, weil dieser Überschußanspruch zumeist mit dem personen- und nicht sachbezogenen Schadensfreiheitsrabatt gekoppelt ist[67]. Wegen dieser Personenbezogenheit besteht hier erst recht kein Anlaß, im Innenverhältnis nach dem Zeitpunkt des Gefahrübergangs aufzuteilen.

[63] Diese Auffassung hat sich sogar dort durchgesetzt, wo die Verbesserungen bis zur Übergabe ausdrücklich dem Verkäufer zugewiesen werden, s. zum CcArg (o. Fn. 41) *Busso* (o. Fn. 48) Art. 582 A. 8 m. Rspr. und rechtsvergleichenden Hinweisen.

[64] S. etwa RGZ 84, 409, 410 ff (unter Ablehnung des Zeitpunkts des Gefahrübergangs), BGH VA 1967, 11 ff. – Weiteres zu der sehr str. Frage bei *Bruck/Möller/Sieg*, VVG, II[8], 1980, § 69 Rz. 2, 20 ff.

[65] So auch *Bruck/Möller/Sieg*, § 69 Rz. 96 (S. 873).

[66] Bei Versicherungszwang, vgl. OLG Königsberg SeuffA 59 Nr. 198 S. 350 ff.

[67] § 22 Abs. 5 VO über die Tarife in der Kraftfahrtversicherung vom 20. 11. 1967, vgl. *Bruck/Möller/Sieg*, § 69 Rz. 96.

2. Auch soweit *„Ablösungsgelder"* als andere Vorteile i. S. des § 446 Abs. 1 S. 2 BGB genannt werden[68], geht das Beispiel fehl. Die Abfindungen für abgelöste Berechtigungen stehen mangels anderer Vereinbarung ab Vertragsschluß dem Käufer zu, weil dessen Anspruch die Sache mitsamt ihren Berechtigungen erfaßt (vgl. § 96 BGB). Auch hier gilt folglich § 281 BGB – ebenso wie er bei teilweiser Unmöglichkeit, etwa bei Beschädigungen durch Dritte, Anwendung findet.

V. Der Schatz im Kaufobjekt

1. Der größten Aufmerksamkeit unter den Vorteilen, die nach dem Prinzip des § 446 BGB beurteilt werden sollen, erfreut sich der Schatzfund: Gebührt dem Käufer bei Entdeckung *nach* der Übergabe auch die dem Eigentümer gehörende Schatzhälfte des § 984 BGB[69]? Das ALR (§ 100 I 9) hat dies ausdrücklich bejaht und damit eine Jahrhunderte alte Streitfrage für das preußische Recht entschieden.

2. Solange vom römischen Gefahrtragungsprinzip auszugehen war, stellte sich die Frage dahin, ob der Käufer schon *vor* der Übergabe Anspruch auf die Schatzhälfte des Eigentümers hatte. Die im Usus modernus vorherrschende Meinung verneinte dies und zwar hauptsächlich deshalb, weil die Hälfte dem *dominus soli* gehöre (Inst. 2.1.39). Eigentümer sei bis zur Übergabe aber der Verkäufer. Die Gegner stützten sich vor allem darauf, daß dem gefahrbelasteten Käufer ab Perfektion des Kaufs *omne commodum* (Alex. C. 4.48.1) zustehe, mithin auch der Schatz[70].

3. Bei den *Pandektisten* setzte sich jedoch die Gegenauffassung voll und ganz durch.

a) Zwar hatte *Puchta*[71] die neue Idee zu unterscheiden: Entdecke der *Käufer* vor Übergabe, so gebühre ihm als *commodum ex re* auch die dem Eigentümer/Verkäufer zufallende Hälfte. Finde dagegen der *Verkäufer*

[68] So *Enneccerus/Lehmann* S. 420 Fn. 2; *Planck/Knoke,* BGB, II/2[4], 1928, § 446 A. 3 a, anders mit Recht *Dernburg* S. 35.

[69] Die Regel des § 984 BGB geht auf eine Konstitution des Kaisers Hadrian (117–138 n. Chr.) zurück, Inst. 2.1.39; Historia Augusta Hadrianus 18.6. – Zur damaligen geistesgeschichtlichen Situation s. *Nörr,* Bull. 75, 1972, 11 ff. – Nach § 984 BGB ist es unerheblich, ob der Schatz in einem Grundstück oder in einer beweglichen Sache (wie etwa unlängst in der hölzernen Buddha-Statue im Kölner Ostasiatischen Museum) entdeckt wird.

[70] Für die erstgenannte Auffassung von den Humanisten schon *Alciat* (1492–1550), Parergon libri XII (Opera omnia IV, 1617), VII cap. 1 (Käufer erwirbt erst qua Eigentümer); für die Gegenansicht *Glück,* Pandecten, 17/1, 1815, 190–193 (mit ausführlichem Kontroversenbericht).

[71] Vorlesungen, II[4], 1855, hgg. v. *Rudorff,* 110 f.

selbst den Schatz, so komme es, da Eigentümer und Finder eins seien, gar nicht erst zur Aufteilung, mithin entstehe überhaupt keine Forderung auf die Hälfte, und der Käufer könne deshalb (nämlich mangels *commodum*) auch nichts beanspruchen. Doch wurde dies mit Recht als „nur subtil, nicht consequent" zurückgewiesen[72]. Denn wenn die Eigentümerhälfte überhaupt *commodum ex re* ist, dann müßte es in diesem Falle so gesehen werden, wie wenn sie bestünde.

b) Die Wende hatte *v. Jhering*[73] mit dem Hinweis auf eine bis dahin übersehene „ganz entscheidende Stelle" herbeigeführt: Ulp. D. 24.3.7.12. Dort geht es um ein Mitgiftgrundstück. Solche Grundstücke wurden Eigentum des Mannes, doch hatte er sie mit Surrogaten und Akzessionen nach beendeter Ehe der Frau herauszugeben und für schuldhaft verursachte Schäden Ersatz zu leisten. Der Frau stand hierfür die *actio rei uxoriae* zur Verfügung. Die Nutzungen verblieben hingegen dem Manne als Ausgleich für die *onera matrimonii*. Es liegt auf der Hand, daß dieses Rechtsverhältnis zahlreiche Entsprechungen zum Nießbrauch aufweist. Das erwähnte Fragment ist denn auch Vorbild des § 1040 BGB[74], wonach das Recht des Nießbrauchers sich nicht auf den Anteil des Eigentümers am Schatz erstreckt, und es ist zugleich eine der Wurzeln des § 1039[75].

D. 24.3.7.12 (Ulpianus libro 31. ad Sab.):
... sed et si vi tempestatis ceciderunt, dici oportet pretium earum restituendum mulieri nec in fructum cedere non magis quam si thensaurus fuerit inventus: in fructum enim non computabitur, sed pars eius dimidia restituetur quasi in alieno inventi.

Ulpian befaßt sich anläßlich der Rückgabepflicht (nach der *actio rei uxoriae*) mit dem Fall, daß die Bäume auf dem Dotalgrundstück durch Windbruch fielen. Er meint, man müsse sagen, daß ihr Wert der Frau zu ersetzen sei und daß sie nicht zu den Früchten zählen – ebensowenig wie wenn ein Schatz gefunden worden wäre: Dieser wird nämlich (anerkanntermaßen) nicht zu den Nutzungen gezählt, vielmehr ist dessen[76] Hälfte vom Manne gerade so herauszugeben, als ob es die Hälfte eines auf fremdem Grundstück gefundenen Schatzes wäre – die der findende Mann dem Eigentümer ja ohne weiteres restituieren müßte.

[72] Von *Arndts*, Lehrbuch der Pandekten[14], 1889, 509 sowie von *Rudorff* (o. Fn. 71) 111 Fn. 3, desweiteren von *Jhering* (s. sogl.); *Fr. Mommsen* (o. Fn. 16) 56 Fn. 5; *Dernburg*, Pandekten, II[6], 1900, 268; *Windscheid/Kipp* (o. Fn. 3) II, S. 357 Fn. 7.

[73] Abhandlungen aus dem röm. Recht, I, 1844, 8 f m. Fn. 2. Alle o. Fn. 72 Genannten (außer *Dernburg*) führen das fr. 7.12 an.

[74] S. § 285 VorE, Sachenrecht 2, ed. 1982, 198 Fn. 3 (korr. L. 7 § 12) mit darauf beruhenden Gesetzgebungen.

[75] S. § 282 VorE, wo u. a. der Windbruch ausdrücklich angeführt wurde, Sachenrecht 1, ed. 1982, 62 f sowie Sachenrecht 3, 189 f m. Fn. 2.

[76] Sc. des Schatzes! Vgl. *Bonfante*, Corso di dir. rom., I, 1925, rist. 1963, 443 Fn. 1.

c) Das Wesentliche an dieser klassischen[77] Entscheidung liegt darin, daß der Mann, obwohl Eigentümer, die „Eigentümerschatzhälfte" der Frau herausgeben muß. Dies stand offensichtlich fest, und Ulpian zieht die Entscheidung deshalb heran, um die ihm zweifelhafter erscheinende *(dici oportet)* zum Windbruch abzustützen. Da die Stellung des Ehemannes nicht schwächer ist als die eines Verkäufers vor Übergabe[78], läßt sich das Ergebnis auf den Kauf übertragen.

Die Lösung des fr. 7.12 beruht darauf, daß der Schatz nicht zu den Früchten, sondern zu den sonstigen Vorteilen (Akzessionen) zählt – diese aber gebühren der Frau. Denn bei ihr liegt die Gefahr des Untergangs oder der Verschlechterung, Ulp. D. 23.3.10.1: *Si praediis inaestimatis aliquid accessit, hoc ad compendium mulieris pertinet: si aliquid decessit, mulieris damnum est*[79]. Und wenn ohne Verschulden des Mannes ein Dritter die Sache beschädigt hat, braucht der Mann auch nur die Klage abzutreten (Pomp. D. 24.3.18.1 i. f.) – womit wir modern gesprochen wieder bei § 281 BGB stehen. Damit findet die Selbstverständlichkeit ihre Bestätigung, daß es um den Ausgleich für die Leistungsgefahr geht, die von der Frau als Gläubigerin des (obligatorischen) Rückgewähranspruchs getragen wird.

4. a) Dies gibt Aufschluß auch für das geltende Recht. Hier sind die Auffassungen ebenfalls geteilt. *Dernburg* und *Oertmann*[80] wollen, auch wenn der Schatz *nach* Übergabe gefunden wurde, die Eigentumshälfte dem Verkäufer zusprechen, weil er sie in seiner Eigenschaft als Eigentümer erhalte und sie weder Surrogat noch Nutzung sei. Darin tritt die im Usus modernus herrschende Auffassung wieder ans Licht.

b) Demgegenüber nehmen die meisten jedoch an, daß dem Käufer die „Eigentümerhälfte" dann gebühre, wenn der Schatz nach dem Gefahrübergang (gem. § 446 BGB) entdeckt werde[81]. Als maßgeblicher Grund

[77] Grundlose Verdächtigungen bei *Albertario*, Studi 1, 1933, 383 f und *Lautner*, Fs. Hanausek, 1925, 73 Fn. 1 (allgemeinere noch im Ind.): Der erste läßt in der Sache *quasi* außer acht und verkennt die Beziehungen von *eius* (o. Fn. 76) und *inventi* auf *thensaurus;* der zweite übersieht u. a., daß bei berichtigendem *quasi* am Satzanfang die Vergleichung verkürzt sein kann. – Zweifelnd *Lauria*, Matrimonio-dote, 1952, 166; ohne Beanstandungen *Söllner*, Actio rei uxoriae, 1969, 32 f.

[78] Vgl. etwa den milderen Haftungsmaßstab, die Möglichkeiten, die *dos* u. U. zurückzubehalten, etc., *Kaser* (o. Fn. 5) 338, 340.

[79] S. auch Paul. fr. Vat. 101. – Auch zur *dos aestimata* ist die Verknüpfung von *periculum* und *commodum* (dort für den Mann) deutlich, s. z. B. Lab.-Pomp.-Iav. D. 23.3.18; 66.3; Ulp. D. 23.3.10.4, 5; eod. 14, *Miquel* (o. Fn. 15) 153 ff; *Streicher*, Periculum dotis (1973) 3 ff, passim; dazu *Wacke*, TR 43 (1975) 250 ff.

[80] Beide o. Fn. 8. – Zum ABGB ebenso *Bettelheim* in *Klang*, II/2, 1934, § 1050 A. III c.

[81] *Endemann*, Lehrbuch d. Bürgerl. Rechts, I[9], 1903, 957 Fn. 53; *Planck/Knoke* (o. Fn. 68); *Enneccerus/Lehmann* S. 420 Fn. 2; *Staudinger/Köhler*, § 446 Rz. 14 (und *Ostler* in

wird das Prinzip von *periculum* und *commodum* angeführt, das ein weites Verständnis des Begriffs der „Nutzungen“ in § 446 BGB gebiete. Das sieht danach aus, als ob sich die bei den Pandektisten herrschende Auffassung mit einer durch das Traditionsprinzip veranlaßten Modifizierung auch heute durchgesetzt habe. Doch trügt der Schein.

c) Wie sich bereits bei den „Ablösungsgeldern“ und auch den „Versicherungsgeldern“ zeigte (o. IV), führt das weite Verständnis der Nutzungen zu Konflikten mit dem Prinzip des § 281 BGB. Dies beruht darauf, daß auf die Preisgefahr unbesehen übertragen wird, was zur Leistungsgefahr gehört. In der Tat betraf die frühere Diskussion die Leistungsgefahr[82]: Der Schatz wurde dem Käufer als Akzession, als akzessorisches *commodum,* zugesprochen, weil er, der Käufer, (wie noch heute) ab Kaufabschluß die Leistungsgefahr trägt!

Stellt man auf diese ab, so wird die Lösung klar: Nehmen wir nach dem obigen Beispiel (nach Fn. 62) an, der Verkäufer habe auf dem für 5 verkauften Grundstück (im Wert von 10) vor Übergabe einen Schatz (Wert 4) gefunden. Die „Eigentümerschatzhälfte“ (Wert 2) gebührt dem gefahrbelasteten Käufer, doch kann der Verkäufer, da er seinerseits noch die Preisgefahr trägt, einen (proportional) um 1 erhöhten Preis verlangen. Liegt es umgekehrt, hat also der Käufer ein schlechtes Geschäft gemacht (10 für 5), so wäre der Preis für die „Eigentümerschatzhälfte“ auf 4 festzusetzen. Dazu wird der Käufer nicht bereit sein, und der Verkäufer kann deshalb den (von der Kaufsache ja getrennten) Miteigentumsanteil behalten[83].

d) Auszuräumen bleiben zwei Bedenken. Da der Schatz schon bei Vertragsschluß in der Kaufsache enthalten war, könnte der Gedanke an § 119 Abs. 2 hier näher liegen als bei den Verlandungen. Doch ist der Schatz keine „Eigenschaft“, und die Sache auch nicht als „schatzlose“ verkauft worden[84]. So hat denn auch noch niemand hierzu ein Anfechtungsrecht des Verkäufers erwogen. Vielmehr gilt auch heute noch *thensaurus donum fortunae creditur*[85]: Der Schatz ist ein Glücksgeschenk – allerdings aus der Sache. Er ist deshalb einer zufälligen Verbesserung der Sache gleichzusetzen. Und wie sich eine zufällige Verschlech-

der Voraufl. Rz. 29). – Ebenso zum ABGB *Nippel* (o. Fn. 24) § 1050 A. 3, 4; *Stubenrauch* (o. Fn. 24) § 1050 A. 1 b; *Klang/Wahle* (o. Fn. 25) S. 58 m. w. N. in Fn. 93.

[82] Weshalb auch durchweg vom Schuldner (nicht vom Verkäufer) und vom Gläubiger (statt Käufer) gesprochen wird, s. die Lit. o. Fn. 72. Auch zu Ulp. D. 24.3.7.12 ist dies klar.

[83] Ohne daß ein Rücktritt möglich wäre, vgl. o. Fn. 60.

[84] Immerhin kommen Vereinbarungen dazu vor, vgl. den Verkäufervorbehalt hinsichtlich des Schatzes in KGJ 24, 1902, A 244 f = RJA 3, 136 = OLGE 6, 265.

[85] Tryph. D. 41.1.63.1, vgl. *Liebs,* Lat. Rechtsregeln, 1982, 207 (T 23).

terung auf den Leistungsanspruch des Käufers (und dann entsprechend der vereinbarten Relation auf den Gegenleistungsanspruch des Verkäufers) auswirkt, so sollte auch dieser „Glücksfall“ den Leistungsanspruch beeinflussen.

Desweiteren ist der Schatz nicht zu den Nutzungen zu rechnen. Für die Definition der §§ 99, 100 BGB versteht sich das ohnehin[86]; aber es ist auch im Hinblick auf § 446 Abs. 1 S. 2 BGB anzunehmen. Denn der Schatz steht nicht der bestimmungsgemäßen Ausbeute nahe[87], sondern den Nebensachen – und für diese ist die Leistungsgefahr der Anknüpfungspunkt. Eben deshalb ist es im Prinzip auch richtig, daß Erweiterungen der Sache grundsätzlich dem Käufer zugesprochen werden[88].

VI. Folgerungen: Berichtigende Auslegung des § 446 Abs. 1 S. 2 BGB

1. Werfen wir auf der Grundlage dieser Betrachtungen den Blick noch einmal auf die Entstehungsgeschichte des § 446 Abs. 1 S. 2 BGB, so bestätigt sich, daß die herrschende Auffassung einem Fehlschluß erlegen ist.

Im Dresdner Entwurf hieß es in Art. 429 Art. 1 S. 2 noch, daß „ihm (sc. dem Verkäufer!) bis zum angegebenen Zeitpunkt die Früchte und sonstigen Nutzungen zu(kommen)“ (o. Fn. 31). Da die Sache mit ihren Veränderungen auf Gefahr des Käufers steht, müssen ihm auch grundsätzlich die *commoda* zukommen. Weil mit der Einführung des Traditionsprinzips aber dem Verkäufer gleichfalls eine Gefahr auferlegt war, mußte zu seinen Gunsten auch eine Änderung bei der Zuweisung der *commoda* vorgesehen werden. Diese besteht darin, daß ihm für seine Gefahrtragungszeit die Nutzungen zugebilligt werden. Der *Verkäufer* ist es also, der in Einschränkung des Grundsatzes begünstigt wird! Ab Übergabe kommt dagegen wieder das dann nicht mehr beschränkte Prinzip zum Tragen: *Alle commoda ex re* gebühren dem Käufer[89].

Auch im Vorentwurf war dies noch richtig gesehen worden:

> Insolange als die Gefahr bei dem Verkäufer bleibt, kommen ihm auch die Früchte und sonstigen Nutzungen der verkauften Sache zu (§ 8 Abs. 2 TE-OR)[90].

[86] *Rehbein,* BGB, I, 1899, 91; *Planck/Strecker,* BGB, I⁴, 1913, § 99 A. 2 b; *Enneccerus/Nipperdey,* Allg. Teil, I[15], 1959, 817, 819; *MK/Holch,* BGB, I, 1978, § 99 Rz. 4.

[87] S. § 1040 BGB und seit je Ulp. D. 24.3.7.12.

[88] S. *Dernburg* und *Oertmann* (o. Fn. 8); *Staudinger/Köhler* (o. Fn. 6, zu wesentlichen Bestandteilen).

[89] Natürlich sofern keine Sonderbestimmungen bestehen (wie etwa § 69 VVG, s. o. IV 1) und sofern es sich überhaupt um *commoda* handelt (wozu nach *Dernburgs* drastischem Beispiel etwa nicht der mit der verkauften Flinte gemachte Jagdgewinn zählt [o. Fn. 72] 269).

[90] VorE, Schuldrecht 2, 1980, 2 (mit 32 f); *Jakobs/Schubert,* Beratung, Schuldverh. II, 1980, 82, dort (S. 84 f) auch zum Folgenden.

2. Die Weiche zum heutigen § 446 Abs. 1 S. 2 BGB wurde dann durch einen von *Windscheid* beantragten Beschluß der 1. Kommission (16. 3. 1883) gestellt:

> Die Nutzungen der verkauften Sache kommen dem Käufer von dem Zeitpunkt an zu, wo ihm die Sache übergeben oder aufgelassen ist.

Dem lag zugrunde, daß *Windscheid* davon ausging, es entspreche an sich dem Parteiwillen, die Nutzungsberechtigung an die Übergabe zu knüpfen. *Windscheid* befürchtete, der § 8 Abs. 2 VorE könne demgegenüber zu dem Mißverständnis führen, es sei „das an sich nicht haltbare Prinzip" anerkannt worden: Wer die Gefahr trage, habe stets auch Anspruch auf die Nutzungen[91]. Desweiteren sollte ausgeschlossen sein, daß im Fall von Vereinbarungen über die Gefahrtragung aus dem Wortlaut des § 8 Abs. 2 abgeleitet würde, mit dieser Vereinbarung sei automatisch auch eine Bestimmung über das Recht auf die Nutzungen getroffen. Schließlich wollte *Windscheid* der Folgerung vorbeugen, daß der Käufer beim Versendungskauf ab Übergabe an die Transportperson ohne weiteres Anspruch auf die Nutzungen habe[92].

3. Alldies betraf ausschließlich die Nutzungen. Hinsichtlich der Tragweite des Prinzips von *periculum* und *commodum* hat man sich in diesem Bereich ausdrücklich nicht festlegen wollen[93], und es ist deshalb auch das allgemeine Prinzip keineswegs beseitigt, daß alle (übrigen) *commoda* bereits ab Vertragsschluß dem Käufer gebühren. Es beruhte auf besonderen Erwägungen, daß hinsichtlich der Nutzungen die Formulierung von der Begünstigung des Verkäufers auf die Berechtigung des Käufers umgestellt wurde. Nicht etwa sollte ein neues Prinzip (mit exemplarischer Nennung der Nutzungen) eingeführt werden; vielmehr sollte im Interesse des Verkäufers lediglich die Nutzungsberechtigung des Käufers bis zur Übergabe „aufgeschoben" sein.

Die herrschende Lehre will den § 446 Abs. 1 S. 2 BGB analog anwenden und dem Käufer (wenigstens) ab Übergabe alle aus der Sache entspringenden Vorteile zusprechen[94]. Sie wird in diesen Ausweg

[91] Was in dieser Form sicher unrichtig wäre, z. B. beim Verkäuferverzug. – Daß *Windscheid* nicht etwa die Regel schlechthin, sondern nur eine zu weitgehende Verallgemeinerung bekämpfte, zeigt sein Lehrbuch, *Windscheid/Kipp*, II[9], 356 f, § 327. – Angesichts der Konfliktlage zwischen Leistungs- und Preisgefahr sind seine Warnungen besonders gut begreiflich.

[92] Daher rührt es, daß es insoweit auch in § 447 BGB auf die Übergabe ankommt, was zu bedauern ist, weil der Käufer hier sogar beide Gefahren trägt. Kritisch etwa auch *Enneccerus/Lehmann* S. 420 (mit Mot. II, 328); *Dernburg* S. 36; *Oertmann*, § 447 A. 6; *Kreller*, Grundlehren d. Gem. Rechts, 1950, 355 Fn. 2.

[93] S. Prot. (betr. Thesis VI) bei *Jakobs/Schubert* S. 78, 80. Vgl. o. bei Fn. 34, 35.

[94] Nachweise insbes. o. Fn. 3, 4, 81.

gedrängt, weil §446 Abs. 1 S. 2 sich bei unbefangener Betrachtung als Begünstigung des Käufers liest. Doch ist, wie nunmehr feststeht, die Vorschrift mißverständlich gefaßt. Nichts steht entgegen, sie zu lesen: „*Erst* von der Übergabe ab gebühren dem Käufer *auch* die Nutzungen ..."; die anderen Vorteile aus der Sache gebühren ihm dagegen – sei es auch unter Preiserhöhung – bereits ab Vertragsschluß.

VII. Schlußbetrachtung

1. Unsere *Ergebnisse* lassen sich kurz dahin zusammenfassen, daß Zuwächse und qualitative Verbesserungen der Kaufsache bereits ab Vertragsabschluß dem *Käufer* gebühren. Dies beruht auf seiner Belastung mit der Leistungsgefahr[95]. Solange der *Verkäufer* allerdings die Preisgefahr trägt, nimmt er entsprechend der vertraglichen Wertrelation am Schicksal der Kaufsache im Schlechten wie im Guten teil: Muß er einerseits bei Verschlechterungen sich auf eine Minderung einlassen, so kann er andererseits bei Verbesserungen eine Preiserhöhung verlangen.

Dieses Erhöhungsbegehren ist in Anknüpfung an die Grundsätze zur Geschäftsgrundlage zu rechtfertigen. Es scheidet bei natürlichen und zeitbedingten Veränderungen aus, und es führt bei einer Weigerung des Käufers zu einem Rücktrittsrecht des Verkäufers, der gegebenenfalls Ersatz des Vertrauensschadens zu leisten hat[96].

Daß der in anderen Rechtsordnungen seit langem anerkannte und auch hierzulande einst geplante Erhöhungsanspruch (Art. 429 Abs. 2 DresdE) ganz in Vergessenheit geraten ist, beruht auf Ungewißheiten im frühen Gesetzgebungsverfahren[97] und auf dem irreführenden Wortlaut des §446 Abs. 1 S. 2 BGB. Das von diesem provozierte Fehlverständnis hat die Einsicht in die besondere Problematik verdunkelt[98], die mit der Entscheidung des ALR für das Traditionsprinzip aktuell geworden war – das Zusammenspiel von Leistungs- und Preisgefahr beim Kauf.

2. Daß unser Fragenkreis in den modernen deutschen Zivilrechtswerken unbeachtet geblieben ist, mag auf dem Mangel an „praktischer Relevanz" beruhen. Die heutzutage beliebte Orientierung an diesem Kriterium hat freilich ihre Schattenseiten. Dazu zählen außer der Verkürzung des Problembewußtseins und der unbedachten Preisgabe gewonnener Erkenntnis auch eine Verengung der Aufgaben der Rechtswissenschaft – hat diese doch auch für außergewöhnliche Situationen Konfliktlösungen

[95] Vgl. o. Fn. 16 sowie bei Fn. 55, 62, 68, 79, 82, 83.

[96] S. o. III 2, 3, 5.

[97] S. o. II 6 b (nach Fn. 32). Zur (insoweit wohl unbedachten) Anknüpfung an das ALR s. o. II 2.

[98] S. o. VI (nach Fn. 88).

bereitzuhalten. Und bekanntlich werfen nicht selten gerade die Ausnahmefälle Licht auf die Regelzusammenhänge.

3. Immer wieder haben unsere Überlegungen zu *Heinrich Dernburg* (1829–1907) geführt, dem ob seiner praktischen Rechtsvernunft gerühmten[99] glänzenden Dogmatiker des preußischen sowie des römischen und des bürgerlichen Rechts. 1902 schrieb er im Vorwort zur letzten Auflage seiner Pandekten:

> „Aber auch die Texte der Gesetze können nicht genügen. Man erwartet das Heil von den Präjudizien der Gerichte, welche in massenhaften Sammlungen, in zahllosen Büchern und Zeitschriften bald gewaltig anschwellen werden. Wer aber führt uns in dem Chaos der Präjudizien?
>
> Nur die leitenden Prinzipien, welche uns die geschichtliche Entwicklung des Rechts zu erkennen lehrt, können uns die Beherrschung ermöglichen[100]."

Stünde es nicht bei *Dernburg*, man könnte den Jubilar für den Urheber halten. Auch *Heinz Hübner* hat stets unbeirrt an der großen Tradition der deutschen Zivilistik festgehalten.

[99] Z. B. von *Wieacker*, Privatrechtsgeschichte der Neuzeit, 2. Aufl. 1967, 445. Näheres zu *Dernburg* insbesondere bei *Sinzheimer*, Jüdische Klassiker der deutschen Rechtswissenschaft, 1953 (1937), 73 ff.

[100] Pandekten, I^{7}, 1902, VI, VII.

Gegenstände im Grenzgelände*

Zur Reichweite des § 94 Abs. 1 BGB

ROLF KNÜTEL

I.

1. In seinen berühmten *»Meditationes ad Pandectas«*, der Dissertationensammlung, die schon *Goethe* faszinierte[1], berichtet der Reichsfreiherr *Augustin von Leyser* (1683–1752) von einem Fall zum Schatzfund, der ihm höchst bemerkenswert erschien[2]: Zur Zeit des Papstes Julius III. (1550–55, »del Monte«) wurde unter einer Gärkammer für Wein eine Marmorstatue des Pompeius (Magnus, 106–48 v. Chr.) gefunden, über deren Hals die Mitte der Grenzmauer verlief, so daß das Haupt im benachbarten Grundstück lag. Im Streit um das Eigentum an der Statue machte der Finder geltend, er sei der Entdecker und in seinem Grundstück befinde sich der größte Teil der Statue. Dem hielt der Nachbar entgegen, er sei Eigentümer der Statue, weil mit dem Kopf der edelste Körperteil in seinem Grundstück liege.[3]

Nach längerem Streit kam der *imperitus iudex* schließlich zu der Entscheidung, der eine solle den Kopf, nachdem er abgetrennt sei, der andere den Rumpf der Statue erhalten, so daß jeder den Teil erlange, der unter seinem Hause liege. Als der Kardinal *Capo di ferro* Kenntnis *tam stulti iudicii* erlangte, gebot er, die Abtrennung zu unterlassen, und trug die Sache dem Papst vor. Befremdet über das »ungeschlachte Urteil«, die *immanis sententia*, ordnete Julius III. an, die Statue sofort auszugraben und zu ihm zu schaffen. Nachdem dies geschehen war, zahlte er den Parteien 500, die sie sich teilen sollten, und schenkte die Statue dem Kardinal *Capo di ferro*.

* V. Beuthien/M. Fuchs/H. Roth/G. Schiemann/A. Wacke (Hrsg.), Festschrift für Dieter Medicus zum 70. Geburtstag, Heymanns, Köln/Berlin/Bonn/München 1999, 259 – 282.

1 Werke, Sophienausgabe, I. Abt., Bd. 27, 1889, S. 399 (Dichtung und Wahrheit, Zusatz): »... und da ich ... auch juristische Dinge gerne trieb, besonders weil sie sich auf menschliche Verhältnisse beziehen: so hatte ich Leysers Meditationen von einem Ende zum andern durchgelesen. Der Mann gefiel mir wegen seines geistreichen Menschenverstandes gar zu wohl und seine Dissertationen kamen mir so lebendig vor, daß ich wohl daraus manchen Stoff zu Romanen und Schauspielen hätte herausziehen mögen: denn die poetischen Formen waren leider die einzigen, unter denen ich mir etwas zueignen konnte.«

2 Bd. 7, Halle 1772, S. 38 f. (Spec. CCCCXLII sub III); die Schilderung des Falles hatte er aus *Montfaucon*, Diario Italico, S. 245 übernommen.

3 Vermutlich war dieses Argument durch Paul. D. 11, 7, 44 angeregt: Wenn Teile eines Leichnams an verschiedenen Stätten bestattet wurden (etwa nach einer Schlacht), ist Grabstätte nur der Platz, wo das *principale*, der wichtigste Teil, bestattet ist, und dies ist der Kopf. Vgl. auch Cicero, Oratio cum senatui gratias egit 5, 11 (*sanctissima pars corporis*).

2. *Leyser* hebt hervor, da außer Geld auch eine einzelne bewegliche Sache Schatz sein könne[4] und die Sache im Grenzstreifen gefunden worden sei, habe der Richter insoweit richtig entschieden, wie er annahm, der Schatz müsse geteilt werden. Geirrt habe er jedoch in zweierlei Hinsicht: Erstens habe er dem Nachbarn nicht den gesamten Teil zusprechen dürfen, der auf seinem Grundstück lag, sondern nur die Hälfte, weil die andere Hälfte (nach der Entscheidung des Kaisers Hadrian[5], die auch in § 984 BGB fortgilt) dem Entdecker zufalle. Und zweitens habe sich der Richter insoweit schrecklich vertan, als er die Statue für eine teilbare Sache gehalten habe; denn zweifelsfrei sei die eine unteilbare.[6] Richtigerweise hätte – so *Leyser* – der Richter das Eigentum an der Statue unter Festsetzung eines Schätzpreises dem Finder, der den größten Anteil gehabt habe, zuweisen[7] und ihn zugleich zu einer Ausgleichszahlung an den Nachbarn in Höhe eines Viertels des Schätzpreises verurteilen müssen.

Leyser wendet bei dieser Lösung treffend die (in das BGB nicht aufgenommene) *actio communi dividundo* an, die Teilungsklage, die dem Richter die Macht gab, einem Miteigentümer mit konstitutiver Wirkung das Alleineigentum zuzuweisen und ihn zugleich zu einer Ausgleichszahlung an den anderen Miteigentümer zu verurteilen.[8] Ferner pauschaliert *Leyser*: Da die eine Eigentumshälfte an den Finder als Entdecker fiel, blieb nur die Hälfte aufzuteilen, die dem Eigentümer der »Muttersache« zustand. Ohne sich mit Einzelheiten der Abmessung der Statue aufzuhalten, teilt er diese Hälfte gleichmäßig zwischen den Nachbarn auf, so daß auf den »Kopfeigentümer« ein Miteigentumsanteil in Höhe eines Viertels entfällt, nach welchem sich der Anteil am Schätzwert und damit die Höhe der Ausgleichszahlung bestimmt.

II.

1. Glücklicherweise handelte es sich bei der Statue um einen Schatz. Andernfalls wäre – jedenfalls bei Zugrundelegung der herrschenden Meinung – auch nach dem BGB so zu entscheiden, wie der *imperitus iudex* seinerzeit im frühneuzeitlichen Rom geurteilt hatte. Denn das BGB folgt dem Grundsatz *superficies solo cedit*:

4 Unter Hinweis auf C. 10, 15, 1, 1 (a. 474): ... *thesaurum (id est condita ab ignotis dominis tempore vetustiore mobilia)*...

5 Überliefert in Inst. 2, 1, 39, vgl. auch die Historia Augusta (Hadrian) 18, 6.

6 Nämlich ein *corpus quod continetur uno spiritu et Graece* ηνωμενον *vocatur, ut homo, tignum, lapis et similia*, Pomp. D. 41, 3, 30 pr.; vgl. Cassius bei Paul. D. 6, 1, 23, 5: *tota statua uno spiritu continetur.*

7 *Leyser* beruft sich hierfür auf den Rechtsgedanken von C. 8, 53 (54), 34, 2 (a. 529).

8 Vgl. *M. Kaser*, Das römische Privatrecht, Bd. 1, 2. Aufl. 1971, S. 412.

»Was auf dem Boden ›zu oberst gemacht ist‹, weicht dem Boden.«[9] Dies kommt vor allem in den §§ 94, 946, 905 BGB zum Ausdruck, und es wird in den Gesetzesmaterialien häufig klargestellt, wo zugleich darauf hingewiesen wird, daß dieser Grundsatz zwingender Natur sei.[10] Danach erfaßt das Bodeneigentum alle Bestandteile, die sich in dem von den Grundstücksgrenzen umschlossenen Gebiet auf der Erdoberfläche oder im Erdkörper unter der Erdoberfläche befinden (§ 905 BGB). Wenn der Bestandteil sich zugleich auf ein anderes Grundstück erstreckt, wird er lotrecht durch die Grenze geteilt, so daß jeder Nachbar das Alleineigentum an dem auf seinem Grundstück befindlichen Teil hat (*pars pro diviso*).

2. Einschränkungen von diesem Prinzip, die jedoch nicht die Eigentumslage betreffen, sieht das BGB[11] für die Grenzanlagen vor (§§ 921, 922 BGB), weil diese in der Regel »zu beiderseithigem Vortheile«[12] der Nachbarn bestimmt sind, sowie für die auf der Grenze stehenden Bäume und Sträucher (§ 923 BGB, soweit sie nicht schon Grenzanlagen i.S. des § 921 BGB sind), und zwar »in Folge der Eigenschaft des Baumes als eines Organismus«, den andernfalls jeder Nachbar durch Beschädigung auf seiner Seite ohne weiteres zerstören könnte.[13]

Für Steinblöcke oder andere Sachen, die fest auf der Grenze stehen, verbleibt es folglich nach herrschender Ansicht uneingeschränkt bei dem Grundsatz *superficies solo cedit*. Jeder Nachbar kann danach den auf seinem Grundstück befindlichen Teil des Steinblocks abtrennen oder zerschlagen.[14] Gleiches wird für Gebäude ange-

9 Lab.-Ulp. D. 43, 17, 3, 7; Gai. D. 41, 1, 7, 10 = Inst. Iust. 2, 1, 29; Gaius, Inst. 2, 73; Ulp. D. 9, 2, 50, vgl. auch Gai. D. 41, 1, 7, 12 = Inst. Iust. 2, 1, 30; D. 43, 18, 2. – Näheres zu diesem Rechtsgrundsatz bei *B. Schmidlin*, Die römischen Rechtsregeln, 1970, S. 87 ff.; *J. P. Meincke*, Superficies solo cedit, Zeitschr. der Savigny-Stiftung, Rom. Abt. (= SZ) 88, 1971, S. 136 ff.; *D. Nörr*, SZ 89, 1972, S. 61 f.

10 Vgl. Die Vorlagen der Redaktoren für die erste Kommission zur Ausarbeitung eines Bürgerlichen Gesetzbuchs, hgg. v. *W. Schubert*, (= VorE) Sachenrecht, Bd. 1, 1982 (aus 1876–1888; Verfasser: *R. Johow*), S. (neue Zählung) 167 f., 169 ff., 174 ff. (allgemeine Bestimmungen), 942 ff. (zur 1. Fassung des späteren § 946), S. 689 f. (zum Vorläufer der §§ 921, 922), S. 698 f. (»Bei der zwingenden Natur des Satzes ... «; zum Vorläufer des § 923) sowie (in der Sache) Motive, Bd. 3, 2. Aufl. 1896, S. 358 f.; 274 ff.; 277 f.; *H. H. Jakobs/W. Schubert*, Die Beratung des Bürgerlichen Gesetzbuchs, Sachenrecht I, 1985, S. 643 ff.; 511 ff., 517 ff.

11 Abgesehen von der Gruppe der »Scheinbestandteile«, § 95 BGB. Zur halbscheidigen Giebelmauer s.u. IV 3–6.

12 VorE Sachenrecht, Bd. 1, S. 689.

13 *Jakobs/Schubert* (o.A. 10), S. 517; Motive, Bd. 3, S. 278.

14 Diese Konsequenz wurde schon bei den Beratungen hervorgehoben, vgl. *Jakobs/Schubert*, S. 517; Motive, Bd. 3, S. 277 f. (»daß also die Eigenthümer der so [sc. durch die Grenzlinie] zugetheilten Stücke trennungsberechtigt sind«); ebenso (zum Steinblock) *Fr. Endemann*, Lehrbuch des Bürgerl. Rechts, Bd. II/1 (Sachenrecht), 8./9. Aufl. 1905, S. 459; *H. Dernburg*, Das bürgerliche Recht, Sachenrecht, 4. Aufl. 1908, S. 289 A. 3; *H. J. Wieling*, Sachenrecht, Bd. 1, 1990, S. 79; vgl. auch *Planck/Strecker*, BGB, 5. Aufl. 1933, § 923 Anm. 6; *Erman/Hagen*, BGB, 9. Aufl. 1993, § 921 Rz. 1; MünchKomm.-*Säcker*, BGB, 3. Aufl. 1997, § 921 Rz. 5;

nommen. Schon in den Gesetzesmaterialien wird zu dem Fall, daß die Grenze mitten durch ein Gebäude hindurchgeht, klargestellt, daß bei unentschuldigtem Überbau der betroffene Eigentümer die Entfernung des Gebäudeteils verlangen kann:

»Dorthin gehört auch der Fall der Errichtung eines Gebäudes auf zwei aneinanderstoßenden, verschiedenen Personen gehörigen Grundstücken. Hier sei nur bemerkt, daß ... der Eigenthümer eines jeden der betheiligten Grundstücke den auf seinem Grundstücke stehenden Theil des Gebäudes erwirbt. Die Unzuträglichkeiten, welche daraus entstehen können, daß der auf einem der Grundstücke stehende Gebäudetheil ungeeignet ist, ein selbständiges Gebäude zu bilden, sind in der Weise zu lösen, daß entweder der Gebäudetheil von dem Grundstück entfernt oder der von dem Gebäudetheil bedeckte Grund und Boden von dem Eigenthümer des übrigen Gebäudes zu Eigenthum erworben wird. Einigen sich die Betheiligten über das letztere nicht, so kann das erstere von dem Verletzten mit der Eigenthumsklage wegen Eingriffs erzwungen werden.«[15]

In diesem Sinne hat dann auch das Reichsgericht entschieden.[16]

3. Angesichts dessen wäre grundsätzlich auch eine auf der Grenze liegende Statue nicht davor gefeit, daß der eine Nachbar ihr »seinen« Kopf abschlägt – es sei denn, sie wird als »Schatz« entdeckt. Denn § 984 BGB ist eine Sonderbestimmung gegenüber § 905 BGB.[17] Da der Entdecker der Statue nach § 984 BGB einen Miteigentumsanteil hat, der die Statue insgesamt erfaßt, folgt aus den Regeln über die Gemeinschaftsteilung (§ 753 BGB), daß der Nachbar den Kopf nicht abtrennen durfte.

Nach § 984 BGB ist für den Begriff des Schatzes allerdings erforderlich, daß es sich um eine bewegliche Sache handelt. Daran könnte es fehlen, wenn die Sache

Soergel/*J. F. Baur*, BGB, 12. Aufl. 1990, § 921 Rz. 8; *Palandt/Bassenge*, BGB, 56. Aufl. 1997, § 921 Rz. 4. – Inkonsequent demgegenüber *F. Hodes*, in *Chr. Meisner/H. Stern/F. Hodes*, Nachbarrecht im Bundesgebiet, 5. Aufl. 1970; S. 265 m.A. 8 und *W. Dehner* in der 7. Aufl., Std. Febr. 1998, B § 12 S. 2 m.A. 8), die (wie bei Bäumen und Mauern) von Miteigentum ausgehen, aber hervorheben: »Der Nachbar ist befugt, den Stein bis zu seiner Grenze herauszubrechen, denn so weit gehört er ihm«. – Für Miteigentum an allen Grenzanlagen *G. Seufert*, in Staudinger, BGB, 11. Aufl. 1956, § 921 Rz. 12; *W. Beutler*, ebda., 12. Aufl. 1989, § 921 Rz. 15, 16; anders (wie die h.M.) hingegen *H. Roth*, ebda., 13. Bearb. 1996, § 921 Rz. 17. – Zur gebotenen Einschränkung s.u. V 2.

15 VorE Sachenrecht, Bd. 1, S. 945 mit einem Vorbehalt zugunsten des entschuldigten Überbaus. – Vgl. auch § 327 I 9 ALR.

16 RGZ 70, 200 ff. Im vergleichbaren Fall der Grindel-Hochhäuser schied eine entsprechende Lösung zum Wegnahmerecht (§ 997 BGB) wegen des Verbots aus, Wohnraum abzureißen, BGHZ 41, 157, 164 f.

17 *Planck/Strecker*, § 905 Anm. 2; *J. F. Baur/R. Stürner*, Lehrbuch des Sachenrechts, 16. Aufl. 1992, § 25 II 2 a, S. 244; *Staudinger/H. Roth*, BGB, 13. Bearb. 1996, § 905 Rz. 37.

fest im Erdraum unter der Oberfläche liegt. Man könnte das Verbringen in den Boden als besonders starke Form der festen Verbindung mit dem Grund und Boden ansehen[18] und die vergrabene Sache deshalb für einen wesentlichen Bestandteil des Grundstücks halten, § 94 Abs. 1 BGB. Doch setzt § 984 BGB gerade voraus, daß mit dem Vergraben eines »Schatzes« keine Grundstücksverbindung erfolgt und folglich keine Eigentumsänderung eintritt.[19] Das ist auch deshalb gerechtfertigt, weil derjenige, der eine Sache vergräbt, um sie zu verbergen, dies »nur zu einem vorübergehenden Zwecke« unternimmt (§ 95 BGB).

4. Der Grundsatz *superficies solo cedit* gilt – wie schon im römischen Recht[20] – auch für Pflanzen, §§ 94 Abs. 1 S. 2, 946 BGB. Daraus wird von der weitaus herrschenden Ansicht wie beim Steinblock die Konsequenz gezogen, daß jeder Nachbar Alleineigentum an dem auf seinem Grundstück befindlichen Teil des Baumes hat, auch der Baum also gemäß dem Verlauf der Grenzlinie vertikal in zwei juristisch selbständige Eigentumshälften geteilt ist. Hierbei wird nicht auf die Lage der Wurzeln, sondern darauf abgestellt, wo der Stamm des Baumes aus der Erde heraustritt[21], so daß Grenzbäume als »Bäume mit pro diviso gemeinschaftlicher Basis«[22] definiert werden.[23] Diese Lösung wurde im Gesetzgebungsverfahren von Anbeginn an zugrundegelegt und unter Zurückweisung der Lösung vor allem des ALR, das ein

18 Ähnlich der bekannten Argumentation zu dem Problem, ob der Tischgenosse wegen Hehlerei strafbar sein kann, weil er sich die Sache verschafft (bzw. sie i.S.v. § 259 StGB a.F. »an«/»in« sich bringt), s. dazu etwa *Schönke/Schröder/Stree*, StGB, 25. Aufl. 1997, § 259 Rz. 24; *Maurach/Schroeder/Maiwald*, Strafrecht, Bes. Teil, 1. Teilbd., 8. Aufl. 1995, S. 415.

19 In § 928 E I war dies noch in der Definition klargestellt: »Wird eine vergrabene oder sonst verborgene Sache entdeckt, welche so lange verborgen war, daß der Eigenthümer nicht mehr zu ermitteln ist (Schatz) ... «. – Die Gesetz gewordene Fassung sollte das in der Sache nicht ändern, vgl. *Jakobs/Schubert* (o.A. 10), S. 759.

20 Gai. D. 41, 1, 7, 13 = Inst. 2, 1, 31; Paul. D. 41, 1, 26, 1; Pomp. D. 47, 7, 6, 2, dazu *R. Knütel*, FS H. F. Gaul, 1997, S. 319 ff.

21 Dazu des näheren *Knütel*, S. 319 ff. Vgl. auch OLG München, NJW-RR 1992, 1369 = AgrarR 1994, 27 f.

22 Motive, Bd. 3, S. 278.

23 Zur h.M. s. *Ortloff*, ArchBürgR 17, 1900, S. 234, 285; *Fr. Endemann* (o.A. 14), S. 460 m.A. 32; *H. Dernburg* (o.A. 14), S. 289; *J. Biermann*, Sachenrecht, 3. Aufl. 1914, § 923 Anm. 1 a; *Planck/Strecker*, § 923 Anm. 1; *M. Wolff/L. Raiser*, Sachenrecht, 10. Bearb. 1957, S. 207 m.A. 8; *J. v. Gierke*, Sachenrecht, 1959, S. 76; sowie (alle o.A. 14) *Wieling*, S. 79; MünchKomm-*Säcker*, BGB, § 923 Rz. 4; *Soergel/J. F. Baur*, BGB, § 923 Rz. 1; *Palandt/P. Bassenge*, BGB, § 923, Rz. 1; *Staudinger/H. Roth*, § 923 Rz. 1, 4. – Für Miteigentum dagegen *Staudinger/G. Seufert*, § 923 Rz. 1; *Beutler*, ebda., Rz. 2; *Hodes*, S. 264 und *Dehner*, B § 12 (S. 1) (alle o.A. 14).

Bruchteilseigentum (*pars pro indiviso*) der Nachbarn am Grenzbaum vorsah[24], mit der zwingenden Natur des Satzes *superficies solo cedit* gerechtfertigt.[25]

III.

1. Wird der auf der Grenze liegende Stein jedoch gehoben oder der dort stehende Baum gefällt oder durch Naturgewalt entwurzelt, so kommt es zu einer »juristischen Metamorphose«: Mit der Mobilisierung der Sache verwandelt sich das bisherige Alleineigentum an den Teilen der Sache in einen Miteigentumsanteil (*pars pro indiviso*) an der Gesamtsache. Dies ergibt sich aus dem Grundsatz, daß an einzelnen (ungetrennten) Teilen einer beweglichen Sache ein Sondereigentum nicht möglich ist (vgl. § 93 BGB). Über diese Konsequenz besteht innerhalb der herrschenden Ansicht Einigkeit.[26]

Ein Unterschied zwischen Baum und Stein besteht nur insoweit, als nach der positiven Bestimmung des § 923 Abs. 1 BGB die Nachbarn am Grenzbaum ungeachtet des früheren Umfangs ihres Eigentums im Augenblick, in dem der Baum gefällt ist, das Eigentum zu gleichen Anteilen erlangen.[27] Mit dieser Bestimmung sollen Schwierigkeiten der Berechnung der Quoten vermieden werden, zumal da diese Quoten wegen des organischen Wachstums des Baumes ohnehin nicht konstant blieben.[28] Der letztgenannte Gesichtspunkt ist allerdings gerade in der Situation, daß der Baum gefällt wird, wenig überzeugend, weil vor Beginn des Fällens das Teileigentum am Baum in seinem wesentlichen Umfang festgestellt und damit der Schlüssel für die Miteigentumsquoten ermittelt werden kann.

Bei Steinen, Gebäudeteilen und anderen unorganischen Gegenständen setzt sich dagegen das Verhältnis der bisherigen *partes pro diviso* bei den neu entstehenden

24 § 286 I 9 ALR: »Steht der Stamm selbst auf der Grenze, so haben beide Nachbarn das Miteigenthum des Baumes«.

25 So *Johow* im VorE, Sachenrecht, Bd. 1, S. 699; s. ferner *Jakobs/Schubert* (o.A. 10), S. 517 f.; Motive, Bd. 3, S. 277 f. (zu § 855 E I; S. 278 A. 2 freilich mit irrtümlicher Einordnung des § 286 I 9 ALR).

26 S. die Nachw. o.A. 14 u. 23; ferner VorE Sachenrecht, Bd. 1, S. 699; Motive, Bd. 3, S. 42, 278; RGZ 70, 200, 201 f.

27 Dies soll auch bei zufälliger Trennung gelten, etwa bei Entwurzelung durch Sturm, s. *Jakobs/Schubert* (o.A. 10), S. 517; *Staudinger/H. Roth* (o.A. 14), § 923 Rz. 5.

28 *Jakobs/Schubert*, S. 517, vgl. auch VorE Sachenrecht, Bd. 1, S. 699; Motive, Bd. 3, S. 279. – Wegen dieser »praktischen Bedenken« wurde in der 2. Kommission ein Antrag der württembergischen Regierung abgelehnt, »das Rechtsverhältniß an dem Grenzbaum in der Art zu regeln, daß der Baum nach der Trennung vom Boden Eigenthum der Nachbarn nach dem Verhältnisse der Grundfläche werden solle, welche der Baum bei seinem Austritt aus dem Boden auf dem Eigenthume der einzelnen Nachbarn eingenommen habe«, Protokolle, Bd. 3, 1899, S. 132 f.

Miteigentumsanteilen fort[29]; was der (am Beispiel des Grenzbaums formulierten) römischen Regel *pro regione cuiusque praedii* (Marci. D. 41, 1, 8 pr.) entspricht.

2. Zur Lösung des Prinzipienkonflikts durch die Annahme der »juristischen Metamorphose« hat der spätklassische Jurist Iulius Paulus eine bemerkenswerte Begründung angeführt. Die Überlegungen finden sich nahezu gleichlautend in zwei verschiedenen Werken dieses Juristen und sind von dort parallel in die Digesten aufgenommen worden, in D. 10, 3, 19 pr. aus dem 6. Buch des Sabinuskommentars und in D. 17, 2, 83 aus dem 1. Buch des Grundrisses. Daß diese Texte die Grundlage für die einschlägigen Erörterungen im Gesetzgebungsverfahren und die noch heute herrschenden Vorstellungen bilden, ist evident.[30] Wir beschränken uns auf den etwas schwierigeren Text, dessen Übersetzung wir zum besseren Verständnis mit Klammerzusätzen versehen:

D. 17, 2, 83:

Illud quaerendum est, arbor quae in confinio nata est, item lapis qui per utrumque fundum extenditur an, cum succisa arbor vel lapis exemptus eius sit cuius fundus, pro ea quoque parte singulorum esse debeat, pro qua parte in fundo fuerat? an qua ratione duabus massis duorum dominorum conflatis[31] tota massa communis est, ita arbor hoc ipso, quod[32] separatur a solo propriamque substantiam in unum corpus redactam accipit, multo magis pro indiviso communis fit, quam massa? sed naturali convenit rationi et postea tantam partem utrumque habere tam in lapide quam in arbore, quantam et in terra habebat.

Zu untersuchen ist die Rechtslage eines Baumes, der auf dem Grenzstreifen gewachsen ist, ebenso wie die eines Steines, der sich auf beide Grundstücke erstreckt. Muß, da der gefällte Baum oder der aus dem Erdreich gelöste Stein [grundsätzlich] demjenigen gehört, dem das Grundstück gehört, er auch zu dem [körperlichen] Teil den einzelnen Nachbarn gehören, zu dem er sich auch in seinem Grundstück befand? Oder muß nicht nach demselben Grundgedanken, nach dem dann, wenn zwei Metallmassen verschiedener Eigentümer miteinander verschmolzen sind, an der Gesamtmasse Miteigentum entsteht, auch der Baum allein dadurch, daß er vom Boden getrennt wird und eine selbständige körperliche Existenz gewinnt, sich noch viel eher in Miteigentum nach

29 Motive, Bd. 3, S. 278; RGZ 70, 201 f.; *Dernburg* (o.A. 14), S. 289 A. 3 (290); *Biermann* (o.A. 14), § 923 Anm. 3; *Planck/Strecker*, § 923 Anm. 6; RGRK-BGB-*Augustin*, 12. Aufl. 1979, § 923 Rz. 1; *Wieling* (o.A. 14), S. 79.

30 Vgl. (zum Paralleltext D. 10, 3, 19 pr.) *Dernburg*, S. 289 m.A. 3; *Wieling*, S. 79 m.A. 65.

31 So die bessere Lesart des Codex Secundus gegenüber dem *flatis* der Florentina, vgl. auch D. 10, 3, 19 pr.

32 Anstelle des *quo* der Florentina, vgl. *Mommsen*, Digesta, ed. maior, Bd. 1, 1868, ad h.l.

Bruchteilen verwandeln als die Gesamtmasse? Es entspricht aber der natürlichen Vernunft, daß jeder der beiden auch später einen ebenso großen [Miteigentums-]Anteil sowohl am Stein als auch am Baum hat, wie er ihn daran auch [als Teileigentum am Stein oder Baum] im Erdreich hatte.

Die (mit *an qua ratione* einsetzende) zweite Frage impliziert bereits, daß Paulus die in ihr mitgeteilte Entscheidung des Vermischungsfalles auch auf den zur Diskussion stehenden Fall des gelösten Steines und des gefällten Baumes erstrecken will.[33] Denn nur dann wird die abschließende Erörterung der Anteile verständlich, die bei Annahme eines fortbestehenden realgeteilten Eigentums überflüssig wäre.[34]

Der bemerkenswerte Gedanke des Paulus besteht darin, daß er eine Parallele zur Vermischung zieht. So wie dort durch die Verschmelzung der beiden Metallmassen, die in verschiedenem Alleineigentum standen, eine neue einheitliche Sache entsteht, an der nur Miteigentum möglich ist, so muß es sich – erst recht – auch dann verhalten, wenn durch bloße Verselbständigung eine neue Sache entsteht, bei der die im unterschiedlichen Eigentum stehenden Teile schon von Anfang an »zusammengewachsen« sind, also von Anbeginn an eine Einheit bildeten.

IV.

1. Der Gesetzgeber des BGB hat im Hinblick auf die Eigentumslage an Sachen auf der Grenze uneingeschränkt am Grundsatz *superficies solo cedit* festgehalten. Dahinter stand das Bestreben, »bei der juristischen Konstruktion des Rechtsverhältnisses mit möglichst einfachen Mitteln zu verfahren«[35] und Unklarheiten zu vermei-

33 Solche impliziten Bejahungen sind nicht selten zu beobachten, vgl. *R. Knütel*, SZ 111, 1994, S. 385 f. Vgl. etwa auch Ulp. D. 13, 4, 2, 8.

34 Auch spricht der Jurist von *tantam partem ... quantam*, nicht von *eam partem ... quam*. Überdies ist das Fragment im Lichte von D. 10, 3, 19 pr. zu verstehen, wo die Erstreckung zweifelsfrei ist. Es handelt sich also entgegen einer verschiedentlich geäußerten Annahme (etwa von *P. Sokolowski*, Die Philosophie im Privatrecht, Bd. 1, 1907, S. 151 ff.) nicht um zwei sich widersprechende Entscheidungen desselben Juristen, vgl. *K. A. v. Vangerow*, Lehrbuch der Pandekten, Bd. 1, 7. Aufl. 1863, S. 636 f.; *P. Bonfante*, Corso di diritto romano, Bd. 2/1 (Proprietà), 1926, Nachdr. 1966, S. 115 f. (zugleich für die Echtheit); *M. Schermaier*, SZ 110, 1993, S. 143 ff. m.w.N. – Möglicherweise ist vor *sed* gekürzt worden.

35 *Johow* im VorE Sachenrecht, Bd. 1, S. 696; *Jakobs/Schubert* (o.A. 10), S. 511.

den.[36] Für Steine und Bäume wird dies, wie dargelegt, von der weitaus herrschenden Meinung bis auf den heutigen Tag befolgt. Im Hinblick auf die in der Praxis wichtigste Anlage auf der Grenze, die Giebelmauer, verweigert die inzwischen fest etablierte herrschende Meinung dagegen dem Gesetzgeber die Gefolgschaft und erkennt ein selbständiges Miteigentum an. Daraus ergibt sich eine – bislang nur selten angesprochene – Widersprüchlichkeit[37], die recht kurios erscheint: Während bei den schon in der Natur als Einheit entstandenen Sachen (den *corpora quae continentur uno spiritu*) das Prinzip der lotrechten Realteilung gilt, wird die durch Menschenhand zusammengefügte Mauer (also ein *corpus ex contingentibus*) als eine Einheit aufgefaßt, die so fest sei, daß an ihr nur Miteigentum bestehen könne.

2. Das Reichsgericht ging bei Giebelmauern und überhaupt bei Mauern auf der Grundstücksgrenze noch vom Prinzip der lotrechten Teilung (*partes pro diviso*) aus[38] und machte nur beim entschuldigten Überbau eine Ausnahme, indem es ein Alleineigentum des Überbauenden annahm.[39] Eine Miteigentumsgemeinschaft der Nachbarn hielt es für ausgeschlossen.

3. Von dieser Rechtsprechung ist der Bundesgerichtshof im Urteil vom 30. 4. 1958 (BGHZ 27, 197 ff.)[40] abgegangen. Der Kläger hatte eine gemeinsame, halbscheidig auf der Grenze angelegte Giebelmauer, die mitsamt den angebauten Häusern im Kriege weithin zerstört worden war, beim Aufbau seines Hauses wiedererrichtet. Er verlangte von den Beklagten Ersatz des halben Wertes, nachdem diese unter Verwendung der Giebelmauer auch ihr Haus wiederaufgebaut hatten. Der BGH nahm an, vor der Zerstörung habe für die beiden Grundstückseigentümer jeweils Miteigentum nach Bruchteilen an der gemeinschaftlichen Mauer bestanden, »und zwar entsprechend dem Grundgedanken des § 922 BGB zu je ein Halb« (S. 201). Mit der Wiedererrichtung sei die Giebelmauer mitsamt dem über die Grenze gebau-

36 Protokolle, Bd. 3, S. 5. Vgl. u. zu A. 75.

37 Zu *Hodes, Dehner, Seufert* und *Beutler* s.o.A. 14. – *A. Maier-Hayoz* vermutet im Berner Kommentar, Das Sachenrecht, Bd. 1/2, 3. Aufl. 1964, Art. 670 ZGB Vorbem., daß in Deutschland die Ansicht herrschend wird, an Grenzeinrichtungen entstehe Miteigentum nach Bruchteilen.

38 RGZ 53, 307, 311 (gegen das Fortbestehen eines nach ALR begründeten Miteigentums); RGZ 65, 361, 363; RGZ 70, 200, 201 ff.; RGZ 162, 209, 212 (»es besteht kein nach Bruchteilen bestimmtes Miteigentum an der ganzen Mauer«).

39 RG Warn.Rspr. 1915 Nr. 270, S. 418, 419 f.; RGZ 160, 166, 175 ff.; RGZ 169, 172, 178 f.

40 V ZR 178/56 = NJW 1958, 1180. – Ursprünglich hatte eine »mitoyenneté« nach Art. 653 des Rheinischen Bürgerl. Gesetzbuchs (= Art. 653 Code civil v. 1804), ein gemeinschaftliches Eigentum, bestanden. Während RGZ 53, 307, 311 und RGZ 63, 6, 9 (grds.) davon ausgegangen waren, mit Inkrafttreten des BGB sei lotrecht geteiltes Eigentum der Grundstückseigentümer entstanden, nahm der BGH an, es sei schon damals zu Miteigentum nach Bruchteilen gekommen. Das frühere Recht spielte für die Entscheidung allerdings keine Rolle.

ten Teil wesentlicher Bestandteil des Hauses des Klägers und damit seines Grundstücks geworden. Diese Umwandlung in Alleineigentum sei in Analogie des § 946 BGB i.V.m. § 95 Abs. 1 Satz 2 BGB anzunehmen (S. 203). Durch den späteren Anbau des Hauses der Beklagten sei wieder Miteigentum zu je ein Halb eingetreten. Die Beklagten hätten folglich einen halben Miteigentumsanteil erlangt, und zwar auf Kosten des Klägers und ohne rechtfertigenden Grund, und sie seien deshalb nach §§ 812, 818 BGB zur Vergütung des Wertes verpflichtet.

Weshalb der BGH sich für die Annahme einer grundsätzlichen Eigentumsgemeinschaft mit dem Durchgangsstadium eines Alleineigentums entschied, wird vor dem Hintergrund erkennbar, daß die Beklagten das Grundstück von der Stadt Rh. erst erworben und bebaut hatten, nachdem der Kläger sein Haus mitsamt der Giebelmauer errichtet hatte. Der BGH legt zugrunde, daß es sich um einen entschuldigten Überbau gehandelt hat (S. 203). Danach wäre zwar der Kläger Alleineigentümer der Mauer gewesen, und er wäre es nach der seinerzeit nahezu allgemeinen Ansicht auch nach dem Anbau durch die Beklagte geblieben. Mit der Eigentumsbestimmung ist jedoch nichts darüber gesagt, ob dem Kläger ein Wertausgleich gebührte. Mit der Wiedererrichtung der gesamten Giebelmauer hatte der Kläger dem Eigentümer des Nachbargrundstücks, das Baugrundstück war, den geldwerten Vorteil der Anbaumöglichkeit verschafft. Eigentümer war seinerzeit die Stadt; sie war um diesen Vorteil auf Kosten des Klägers bereichert. Die Beklagten hatten dagegen das Grundstückseigentum durch Leistung der Stadt aufgrund des Kaufvertrages erlangt, und zwar mitsamt dem Vorteil der Anbaumöglichkeit, der bei der Preisbestimmung Berücksichtigung gefunden haben mag. Sie waren also nicht auf Kosten des Klägers bereichert. Schon diese auf den Vorrang der Leistungsbeziehung gestützte Überlegung muß erhebliche Zweifel daran wecken, ob die Wertung des BGH das Richtige traf. Erforderlich war es jedenfalls nicht, mit den überkommenen Lösungen zu brechen und ein Miteigentum zu konstruieren, denn der Kläger hätte bei der Stadt Ausgleich suchen können.[41]

41 Das RG Rhein. Arch. 108, 360, 373 f., 375 hat eine Ausgleichspflicht freilich grundsätzlich verneint; das im Hinblick auf die Anbaumöglichkeit verwendete Argument, der Mauereigentümer habe das Recht, jederzeit die Beseitigung des Anbaus zu verlangen, geht jedoch schon deshalb fehl, weil eine Klage auf Zahlung des »Ablösungsanspruchs« den Verzicht auf dieses Recht impliziert. – Beim unentschuldigten Überbau käme dieselbe gegen den BGH sprechende Wertung nur dann zum Tragen, wenn der Kläger keinen Besitz am Mauerteil jenseits der Grenze hätte. Die Stadt wäre dann um den Mauerteil, der ihr nach dem Realteilungsprinzip zugefallen war, bereichert gewesen, nicht aber die Beklagten, für die der Kauf den Rechtsgrund für den Erwerb bildete. Sofern jedoch eine Vindikationslage zwischen Stadt und Kläger bestanden hatte, wäre ein Verwendungsersatzanspruch nach §§ 996, 999 Abs. 2, 1001 S. 1 gegen die Beklagten zu richten, die auf den Regreß gegen die Stadt verwiesen wären. Zur Begründung einer Ausgleichspflicht hätte es auch dann nicht der vom BGH (Z 43, 127, 129; s.u. A.79) konstruierten Umwandlung des realgeteilten Eigentums in Miteigentum bedurft.

4. a) Die Entscheidung ist vom Bundesgerichtshof seither ständig bestätigt und ausgedehnt worden.[42] Darauf ist zurückzukommen.[43] Die Auffassung des BGH ist inzwischen so sehr herrschende Meinung geworden, daß die bis 1958 kaum angefochtene Ansicht von der lotrechten Teilung als »überholt« gilt[44] – allerdings nur bei Giebelmauern, nicht auch bei freistehenden Grenzmauern. Das ist nicht nur wegen der zweifelhaften Wertung, von der die maßgebliche Entscheidung geleitet ist, bedenklich. Viel mehr noch fällt ins Gewicht, daß diese Entscheidung mit einem grundlegenden Prinzip des BGB gebrochen hat, und dies mit einer Begründung, die in keiner Weise stichhaltig ist.[45]

b) Der BGH legt zunächst die Grundsätze dar, von denen das Reichsgericht ausgegangen war, und führt an, daß sich RGZ 53, 307, 311 auf die Motive (Bd. 3, S. 274) stützt, wo »in der Tat erwogen (wird), daß ... an einem Bestandteil eines Grundstücks von dem Eigentum am Grundstück abgesonderte Rechte nicht bestehen könnten«.[46] Dazu wird dann als erstes Argument angeführt:

»Diese Erwägungen der Motive haben keine rechtlich bindende Kraft, da das Gesetz die Regelung der Eigentumsfrage für Grenzeinrichtungen völlig offen gelassen hat und der Umstand, daß das Benutzungsrecht geregelt worden ist, obwohl manche Rechtsgrundsätze der §§ 921, 922 BGB schon aus einem bestehenden Miteigentumsverhältnis (= Gemeinschaft) abzuleiten wären (beispielsweise § 743 Abs. 2 BGB = § 922 Satz 1 BGB), einen Ausschluß des Miteigentums nicht rechtfertigt. Dies vor allem deswegen, weil der Ausschluß der Aufhebung dieser Gemeinschaft aus dem Miteigentum nicht abzuleiten wäre (§ 749 BGB), aber in § 922 Satz 3 BGB ausgesprochen ist« (S. 200).

42 BGHZ 41, 177, 179 v. 26. 2. 64 = NJW 1964, 1221; BGHZ 43, 127, 131 v. 2. 2. 65 = NJW 1965, 811; BGHZ 57, 245, 247, 248 f. v. 19. 11. 71 = NJW 1972, 195; BGHZ 78, 397, 398 v. 28. 11. 80 = NJW 1981, 811.

43 S. u. Ziff. 5.

44 *Staudinger/H. Roth*, § 921 Rz. 36. – Dem BGH folgen zudem *Staudinger/Beutler* (o.A. 14), § 921 Rz. 15, 33; RGRK-BGB-*Augustin* (o.A. 29), § 922 Rz. 12; *Palandt/Bassenge* (o.A. 14), § 921 Rz. 9, 12; *Erman/Michalski*, BGB, 9. Aufl. 1993, § 94 Rz. 5; *H. Westermann/W. Pinger*, Sachenrecht, 6. Aufl. 1988, Bd. 2, S. 42 f. (»irgendeine Lösung des Problems ist notwendig«!!); *H. Glaser*, MDR 1956, 449, 450; *E. Scherer*, MDR 1963, 548, wohl auch MünchKomm.-*Säcker* (o.A. 14), § 921 Rz. 17 ff.; zuvor bereits *Hodes*, S. 143 ff., 200 ff. pass. und mit diesem *Dehner*, B § 7 III 3 (S. 16 ff.); B § 8 III 1 (S. 31 ff.) pass. (beide o.A. 14).

45 Ablehnend seinerzeit vor allem *H. Gollnick*, AcP 157, 1958/59, S. 460, 465 ff.; RGRK-BGB-*E. Pritsch*, 11. Aufl. 1959, § 921 A. 1; *Soergel/F. Baur*, BGB, 10. Aufl. 1968, § 921 Rz. 16; *M. Schmalzl*, MDR 1957, 341 f., vgl. auch *H. J. Bull*, JR 1958, 294.

46 BGHZ 27, 197, 198 f.

Mögen die Motive auch, wie das Reichsgericht gelegentlich hervorgehoben hat, »eine Privatarbeit« sein[47], so geben sie in der Regel doch wichtigen Aufschluß über die dem Gesetz zugrundeliegenden Erwägungen. Zu den Grenzanlagen sagen sie mit aller Deutlichkeit, daß die »Annahme eines Miteigenthumes« von der 1. Kommission nicht gewollt war[48], und sie bestätigen dies für die anderen »festen kohärirenden Bestandtheile der Grundstücke« und den auf der Grenze stehenden Baum.[49] Ferner wird die *superficies*-Regel zu § 783 E I, dem Vorläufer des § 94 BGB, näher dargelegt und gerechtfertigt. Zudem bestätigen die weiteren Gesetzesmaterialien den Willen des Gesetzgebers, den *superficies*-Grundsatz weitestgehend durchzuhalten und vor allem »die Grenzeinrichtung ... nicht als im wirklichen Miteigenthum der Nachbarn stehend im Gesetze« zu behandeln.[50] Mögen auch diese weiteren Materialien 1958 noch kaum verfügbar gewesen sein, so ergibt sich doch immerhin aus den (offiziellen) Protokollen der 2. Kommission zweifelsfrei dieselbe grundsätzliche Haltung mitsamt der (noch anzusprechenden) Rechtfertigung.[51]

Damit wird deutlich, daß das Gesetz keineswegs »die Regelung der Eigentumsfrage für die Grenzeinrichtungen völlig offen gelassen hat«[52]; vielmehr bringt es sie nur indirekt zum Ausdruck. Die Verfasser des BGB haben die Richtlinie befolgt, von Bestimmungen abzusehen, deren Inhalt sich von selbst versteht, weil sie in der Konsequenz einer allgemeinen Regel liegen.[53] Nachdem der Grundsatz *superficies solo cedit* in den §§ 94 Abs. 1, 905, 946 BGB festgeschrieben war, ist mangels einer positiven Bestimmung zugunsten einer Miteigentumsgemeinschaft bereits daraus die Geltung des Prinzips der lotrechten Teilung bei Grenzanlagen zu folgern. Überdies belegt – entgegen dem BGH – gerade der Umstand, daß in den § 921, 922 BGB eine gegenüber den §§ 741 ff. BGB besondere Regelung für die Benutzung und Unterhaltung der Grenzanlage getroffen ist, daß der Gesetzgeber hier nicht vom Miteigentum *pro indiviso* ausgeht, vielmehr »nur ein gemeinschaftliches Benutzungsrecht der

47 Siehe z.B. RGZ 51, 272, 274. – Dagegen entnimmt der V. Zivilsenat z.B. zu § 912 BGB den Motiven den Willen des Gesetzgebers, auch soweit es um eine mittelbare Folge der Vorschrift geht.

48 Motive, Bd. 3, S. 274.

49 Motive, Bd. 3, S. 277, 278.

50 Beschluß der 1. Kommission bei *Jakobs/Schubert*, §§ 921, 922, S. 511; s. ferner *Johow* im VorE, Sachenrecht, Bd. 1, S. 696.

51 Protokolle, Bd. 3, 1899, S. 4 f. – Siehe dazu auch u. zu A. 75.

52 BGHZ 27, 200 (s.o. nach A. 46). BGHZ 43, 127, 137 vermißt im Zusammenhang mit dem Eigentum an Grenzmauern eine allgemeine und widerspruchsfreie gesetzliche Regelung, und in BGHZ 57, 245, 248 wird konstatiert, die Beantwortung der einschlägigen Zweifelsfragen sei »nach wie vor der Auslegung allgemeiner Vorschriften und der Rechtsfortbildung durch die Rechtsprechung überlassen«.

53 Dazu *H. H. Jakobs*, Wissenschaft und Gesetzgebung im bürgerlichen Recht, 1983, S. 140 ff. mit Beispielen.

Nachbarn anerkennt«[54] In der 1. Kommission nahm man an, dies werde nicht verkannt werden.[55]

c) Als zweites Argument wird in BGHZ 27, 200 angeführt:

»In Wahrheit liegt, was die Motive übersehen, hier ein Zusammentreffen an sich unvereinbarer, also nicht gleichzeitig anwendbarer Rechtsgrundsätze vor, indem einerseits das Eigentum an einem Grundstück sich auf die mit dem Grundstück fest verbundenen Sachen erstreckt, was für reale Teilung spräche, andererseits wesentliche Bestandteile einer einheitlichen Sache, insbesondere eines Hauses, nicht Gegenstand besonderer Rechte sein können«.[56]

Dies ist deshalb unzutreffend, weil die Motive sich zum Verhältnis der Rechtsgrundsätze, die in § 93 und in § 94 Abs. 1 BGB normiert sind, sehr wohl äußern, und zwar bei den Vorgängervorschriften von § 93 (= § 782 E I) und § 94 (= § 783 E I). Dort heißt es:

»Nach der Bestimmung, welche der Entwurf in dem ersten Absatze des § 783 trifft, gelten diese Sachen als wesentliche Bestandtheile des Grundstückes. Es knüpft sich mithin an sie (sc. die Bestimmung des § 783 Abs. 1 = § 94 Abs. 1 BGB) die in dem § 782 bestimmte Rechtsfolge, gleichviel ob die Trennung des Bestandtheiles vom Grund und Boden die daselbst vorausgesetzte Wirkung hat oder nicht. Der Abs. 1 des § 783 (= § 94 Abs. 1 BGB) ist also keine bloße Konsequenz aus dem § 782 (§ 93 BGB), sondern neben demselben von selbständiger Bedeutung. Dieser schweigt ohnehin darüber, ob ein Bestandtheil dem anderen folge; jener deutet schon die Regel an, daß den an dem Grund und Boden bestehenden Rechten alle übrigen Bestandtheile des Grundstückes unterworfen sind«.[57] § 94 Abs. 1 hat folglich eine selbständige Bedeutung gegenüber § 93 BGB und ist die speziellere Bestimmung.

Der Bundesgerichtshof meint (in offenbarer Anlehnung an *Günter Seufert*) jedoch, innerhalb des § 94 BGB bestehe eine Prinzipienkollision, indem nämlich § 94 Abs. 1 S. 1 die Rechtseinheit zwischen dem Grundstück und den darüber befindlichen Bauteilen bestimme, während § 94 Abs. 2 das Gebot »der Rechtseinheit zwischen den

54 RG Rhein. Archiv 108, 373 = (zu stark gekürzt) JW 1911, 367.

55 *Jakobs/Schubert*, §§ 921, 922, S. 513 o., vgl. auch *Johow* im VorE, Sachenrecht, Bd. 1, S. 696. Das Argument des Bundesgerichtshofs aus der über § 749 BGB hinausgehenden Wirkung des § 922 S. 3 BGB geht deshalb fehl.

56 Vgl. auch BGHZ 41, 177, 179; BGHZ 57, 245, 248.

57 Motive, Bd. 3, S. 43. Dies gibt die Auffassung der 1. Kommission sehr genau wieder, s. *Jakobs/Schubert*, Beratung (o.A. 10), Allg. Teil Bd. 1, 1985, S. 438. – Auch *Gottlieb Planck*, Mitglied der 1. und Vorsitzender der 2. Kommission, hat dieses Verhältnis aufgrund seiner genauen Kenntnis der maßgeblichen Erwägungen klar zum Ausdruck gebracht, s. *Planck*, BGB, 2. Aufl. 1898, § 94 Anm. 1; *Planck/Strecker*, BGB, 4. Aufl. 1913, § 94 Anm. 1.

einzelnen Teilen eines Gebäudes« aufstelle, also die »Maßgeblichkeit des Gebäudezusammenhangs« festlege.[58]

Die für unsere Problematik von *Seufert* aufgegriffene Behauptung, zwischen § 94 Abs. 1 einer- und §§ 94 Abs. 2, 93 BGB andererseits gebe es einen »echten Widerstreit«[59], ist jedoch ohne Fundierung. Von Anfang an bestand im Gesetzgebungsverfahren Einigkeit darüber, daß der *superficies*-Grundsatz Gebäuden gegenüber ungeachtet des Umstandes, daß sie eine Einheit bilden, der stärkere ist; die Konsequenz, daß gegebenenfalls lotrecht geteiltes Eigentum am Gebäude besteht, stand außer Zweifel.[60] Im Aufbau des § 94 BGB kommt dies auch sehr deutlich zum Ausdruck, stellt sich § 94 Abs. 2 doch nur als eine Konkretisierung des Abs. 1 dar. Und nur zu diesem Zwecke ist der Abs. 2 auch in das Gesetz aufgenommen worden.[61]

Seufert hielt die Annahme eines real geteilten Eigentums an Grenzeinrichtungen für absurd. Sie stütze sich ausschließlich auf § 94 Abs. 1 S. 1, und: »Sie widerspricht jedem natürlichen Empfinden. Der Verkehr wird immer eine Mauer, ein Haus als einheitliches Ganzes ansehen und nicht begreifen, daß daran zwei voneinander unabhängige Eigentumsrechte nach realen Teilen bestehen können.«[62] Dementsprechend hielt er auch beim Grenzbaum den »Widersinn« der herrschenden Lehre für besonders augenfällig.[63] Gegenüber einer klaren dogmatischen Lösung verschlägt dies freilich wenig. Entsprechende Argumente werden seit jeher gegen das Abstraktionsprinzip angeführt, ohne daß sich Rechtsprechung und Lehre bislang für befugt gehalten hätten, von diesem Prinzip abzugehen.

Seufert bemühte zusätzlich Absurditätsargumente, die freilich nur darauf hinauslaufen, daß es in der Regel praktisch nicht möglich ist, beim Abbruch einer Mauer durch Realteilung jedem Eigentümer genau die ihm gehörenden Teile zuzuweisen. Doch ist auch das kein maßgeblicher Gesichtspunkt, zumal da an den Mauersteinen, die tatsächlich auf der Grenze liegen, mit Herauslösung Miteigentum entsteht.

Schließlich vermißte *Seufert* eine (ausdrückliche) »Norm darüber, was zu gelten hat, wenn eine einheitliche Sache mit zwei Grundstücken fest verbunden ist«, und er versuchte deshalb, die unterschiedlichen Kriterien der §§ 93 und 94 in eine Rangordnung zu bringen. Diese fand er, wie erwähnt, aufgrund einer Höherbewertung

58 BGHZ 57, 245, 249, insoweit den oben wiedergegebenen Passus aus BGHZ 27, 200 präzisierend.

59 *Seufert*, in: *Staudinger*, BGB. 11. Aufl. 1956, § 921 Rz. 12. In der 10. Aufl. war *K. Kober*, § 921 Anm. 3, dem Reichsgericht gefolgt.

60 Siehe o. nach A. 14.

61 Siehe die Erwägungen in der 1. Kommission bei *Jakobs/Schubert*, Beratung, Allg. Teil, Bd. 1, 1995, S. 438 f.

62 *Staudinger*, BGB, 11. Aufl. 1958, § 921 Rz. 12. – Doch findet sich »im Verkehr« gerade sehr häufig die Ansicht, dem Grundstückseigentümer gehöre alles, was sich innerhalb der Grenze befinde, mag diese auch Anlagen »durchschneiden«.

63 A.a.O. § 923 Rz. 1 a.

des § 93 unter Einbeziehung des § 94 Abs. 2[64], und so vermochte er das gewünschte Ergebnis auf den Vorrang dieser Normen zu stützen. Man kommt nicht umhin festzustellen, daß auf diese Weise der Interpret überhaupt erst eine Unklarheit in das Gesetz hineingetragen hat, um sie dann in dem Sinne zu bereinigen, der seinem eigenen Rechtsempfinden entspricht.

In unverhüllter Deutlichkeit ist dies von *Fritz Hodes* ausgesprochen worden, zu dessen Ausführungen zur Frage der Eigentumsverhältnisse an der Kommunmauer rühmend hervorgehoben worden ist, »wie sehr hier die Rechtsprechung der Obergerichte und des BGH befruchtet werden konnte«.[65] Während § 93 »dem gesunden Menschenverstand« entspreche, beruhe »die Vorschrift des § 94 Abs. 1 (superficies solo cedit) auf juristischer Begriffsbildung«. Der Grundsatz des § 93 »ist der leibhaftigen Natur, dem natürlichen Recht und dem wirtschaftlichen Denken entnommen. Der Grundsatz des § 94 Abs. 1 BGB ist auf einer gesetzlichen Anordnung aufgebaut, die den wahren Tatsachen Gewalt antut und deshalb nicht wurzelecht ist. Deshalb muß dem natürlichen Zusammenhang der Teile derselben Einheitssache (§ 93 BGB) der Vorzug gegeben werden ... «. Ist schon frappierend, wie leichtfertig, nämlich ohne jede Frage nach dem Sinn und Zweck der »juristischen Begriffsbildung«, die natürliche Anschauung für maßgeblich erklärt wird, so macht der zusätzliche Hinweis vollends deutlich, daß dem Gesetzgeber die Gefolgschaft verweigert werden soll: »Der Gesetzgeber hat wohl die Macht, dies anzuordnen, aber es fehlt ihm die Macht, seine Anordnung durchzusetzen.«[66] Im Hinblick auf Art. 20 Abs. 3 GG ist das kaum einzuordnen.

Zu wiederholen ist demgegenüber, daß § 94 BGB vom Gesetzgeber gewollt und auch objektiv erkennbar eine Sondervorschrift gegenüber § 93 BGB darstellt. Sie muß deshalb bei Widerspruch diesem vorgehen, und sie zwingt zur Annahme eines lotrecht geteilten Eigentums.[67]

d) Aus seinen – wie nunmehr feststehen dürfte: unzutreffenden – Prämissen folgert der Bundesgerichtshof in BGHZ 27, 200 f. sodann:

64 Dafür hatte sich zuvor vor allem *Staudinger/E. Riezler*, BGB. 7./8. Aufl. 1912, § 94 Anm. 7 ausgesprochen, und auch noch *H. Coing* hatte an dieser Kommentar-Meinung festgehalten (11. Aufl. 1957, § 94 Rz. 20), die das Reichsgericht für nicht erwähnenswert gehalten hatte.

65 So *O. R. Kissel*, NJW 1971, S. 27.

66 *Hodes* (o.A. 14), S. 56 f. (so auch bereits in der 2. Aufl. 1955, S. 33), alle Zitate gleichlautend noch bei *W. Dehner* (o.A. 14), B § 2 II (S. 11)! – *Hodes* hat zum Problem immer wieder »Rechtskonstruktion, Weltfremdheit« u.ä. beklagt und »den gesunden Menschenverstand«, die »alte deutschrechtliche Auffassung« beschworen (alles S. 210 f.) sowie »das natürliche Empfinden«, die »Macht der Tatsachen«, die »verwirklichte Zwecksetzung« (S. 141, 145, 58) etc.

67 Treffend *P. Oertmann*, BGB, 3. Aufl. 1927, § 94 Anm. 3 f. (S. 280). Vgl. o. bei A. 57.

»Aus dem Gesetz selbst, das den Konfliktfall nicht ausdrücklich regelt, ist nicht ohne weiteres zu entnehmen, welchem Grundsatz der Vorzug zu geben ist (...). Entscheidend muß daher die natürliche Betrachtung (Verkehrsauffassung) und das praktische Bedürfnis sein. In dieser Hinsicht fällt zunächst angesichts des dem Gesetz zu entnehmenden Bestrebens, wirtschaftliche Einheiten zu erhalten, ins Gewicht, daß ... das Grundstück im hier in Betracht kommenden grundbuchrechtlichen Sinn keine von Natur aus bestehende einheitliche Sache ist, während die beiden Häuser, denen die Giebelmauer gemeinsam ist, sinnlich wahrnehmbare wirtschaftliche Einheiten sind. Die gemeinsam beiderseits angebaute Giebelmauer ist ein wesentlicher Bestandteil beider Gebäude, und zwar in ihrer Gänze, nicht etwa nur jeweils der diesseits der Grenze liegende Teil. Die daraus zu ziehende Folgerung wäre, daß die Giebelmauer von dem Eigentum an jedem der beiden Häuser mit umfaßt würde. Da das nicht möglich ist, erscheint die gegebene dem gemeinsamen Zweck und dem natürlichen Gefühl entsprechende Lösung das Miteigentum (nach Bruchteilen) der beiden Grundstückseigentümer an der gemeinschaftlichen Mauer, und zwar entsprechend dem Grundgedanken des § 922 BGB zu je ein Halb«.[68]

Nach dem Bisherigen steht hingegen fest, daß das BGB, wenn auch nicht ausdrücklich, so doch zweifelsfrei implizit den Grundsatz der lotrechten Teilung auch für Gebäude und Grenzmauern normiert. Das genetische Argument, das zugleich die bewußte Ablehnung eines Miteigentums durch die Gesetzesverfasser erweist, ist insoweit eindeutig.

Das systematische Argument führt zu demselben Ergebnis: Die Sonderbestimmungen in § 94 Abs. 1 gegenüber § 93 und in §§ 921, 922 sowie in § 923 gegenüber den §§ 741 ff. erklären sich nur dadurch, daß das Gesetz insoweit, wie es um wesentliche Bestandteile von Grundstücken geht, dem spezielleren Prinzip *superficies solo cedit* folgt. Zum systematischen Argument gehört auch der Umstand, ob sich eine Lösung in die vom Gesetz befolgte Dogmatik einfügt. Es ist eine nicht zu verkennende Schwäche des Urteils BGHZ 27, 197 ff., daß das Gericht diesen Umstand ganz außer acht gelassen und sich statt dessen auf die »natürliche Anschauung« und das »natürliche Gefühl« gestützt hat – was übrigens gerade im Bereich der »wesentlichen Bestandteile« besonders leicht zu Fehlschlüssen verleitet.[69]

Wenn an der Grenzmauer ein gesondertes Eigentum bestehen soll, das von den Nachbarn als (ideellen) Bruchteilseigentümern gehalten wird, stellt sich die Frage, ob dieses Eigentum den Regeln der beweglichen oder der unbeweglichen Sachen folgt, ob es selbständig übertragbar ist, der Hypothekenhaftung unterfällt, zu An-

68 Unter Berufung auf *Staudinger/Seufert* (o.A. 14), § 921 Rz. 12.

69 Beispielsweise wäre nach dem »natürlichen Gefühl« nicht nur der Schiffs-, sondern auch der Kraftfahrzeugmotor wesentlicher Bestandteil. Dennoch ist dies auf der Grundlage des BGB mit dem BGH nur im ersten Fall anzunehmen, s. BGHZ 26, 225, 228 f. und BGHZ 18, 226, 230; ablehnend *Wieling* (o.A. 14), S. 81.

sprüchen nach § 1011 berechtigt[70] etc. In Abwehr der im 19. Jh. vorherrschenden Annahme, an Grenzanlagen bestehe Miteigentum *pro indiviso*, hat *Johow* im Vorentwurf hervorgehoben:

»Einem Miteigenthum wird durch den zwingenden Satz *superficies solo cedit* der Gegenstand entzogen. Wir würden es außerdem mit einem ganz sonderbaren Miteigenthum zu thun haben, nicht was den Ausschluß der Theilung anbelangt, sondern um deswillen sonderbar, weil die Aktivberechtigung mit dem Eigenthum an den angrenzenden Grundstücken untrennbar verbunden wäre und gar kein selbständiges Recht bildete.[71] Man lehrt ohne Widerspruch, ein Grundstück müsse in festen Grenzen gedacht werden, um Gegenstand des ... Eigenthums sein zu können. Für das Miteigenthum muß offenbar dasselbe gelten. Ist nun bei der gemeinsamen Mauer ... ein solches Stück Land ausgeschieden? ... Nirgends wird die Frage nach dem Objekt des Miteigenthums, und daß man dazu doch wohl ein selbständiges Grundstück oder eine bewegliche Sache verlangen müsse, aufgeworfen«. Und später: »Der Entwurf verfolgt das Ziel, bei der juristischen Konstruktion des Rechtsverhältnisses mit möglichst einfachen Mitteln zu verfahren. Die Annahme eines Miteigenthums stellt sich hiernach nicht als nöthig heraus ... Setzt man ein Miteigenthum, so hat man vielfache Anomalitäten bei demselben zu verzeichnen, welche dasselbe doch schließlich zu nichts anderem als zu einem Mitbenutzungsrechte machen«.[72]

Es wird sich zeigen, daß *Johow* die Situation richtig einschätzte.

Es dürfte als teleologisches Argument zu verstehen sein, wenn der BGH sich auf ein praktisches Bedürfnis beruft und in dessen Rahmen auf das Bestreben des Gesetzes verweist, wirtschaftliche Einheiten zu erhalten, wie sie auch durch die beiden Häuser mit der gemeinsamen Giebelmauer gebildet wurden. Für die Frage, ob bei der Giebelmauer Miteigentum statt Teileigentums anzunehmen oder ob § 93 höherrangig als § 94 Abs. 1 ist, gibt diese Überlegung jedoch im Hinblick auf Giebelmauern deshalb nichts her, weil das Gesetz in § 922 S. 3 BGB für die Erhaltung der Einheit »Grenzanlage« bereits eine besondere, deren Bestand sichernde Regelung getroffen und mit § 922 überhaupt den »beiderseitigen wirtschaftlichen Interessen« der Nachbarn sowie den übergeordneten volkswirtschaftlichen Interessen Rechnung getragen hat.[73] Zu fragen war vielmehr, ob nach Sinn und Zweck der §§ 921, 922 (un-

70 Etwa aus § 1004 BGB, wenn ein Dritter an der Seite des anderen Nachbarn mit oder ohne dessen Zustimmung Werbetafeln anbringt.

71 Dementsprechend Motive, Bd. 3, S. 275 (wo auch sonst *Johows* Argumentation aufgenommen wird): »Außerdem müßten die angenommenen Miteigenthumsrechte entsprechend dem Zwecke ihrer Annahme, als anomale Miteigenthumsrechte gedacht werden, welche als subjektiv dingliche Rechte mit dem Eigenthum der Nachbargrundstücke verbunden sind«. Also ein Miteigentum, das zugleich ein subjektiv dingliches Recht (§ 96 BGB) ist?

72 VorE, Sachenrecht, Bd. 1, S. 689 f., 696.

73 Vgl. Motive, Bd. 3, S. 274.

ter Einbeziehung des § 923) BGB im Gegensatz zu dem vom historischen Gesetzgeber gewählten Prinzip der Realteilung die Annahme einer Miteigentumsgemeinschaft nach Bruchteilen geboten sei. Dafür ist vor allem zu klären, welche Zwecke mit der Zugrundelegung des Realteilungsprinzips überhaupt verfolgt worden sind.

Schon aus den oben wiedergegebenen Ausführungen *Johows* ergab sich das Bestreben nach Einfachheit – einem klassischen Gesetzgebungsideal[74] – und nach dogmatischer Klarheit. Daß durch einfache und klare Gesetze die Gerechtigkeit, zugleich aber auch die Wirtschaftlichkeit gefördert wird, steht außer Frage. Die 2. Kommission hat dies speziell zu der hier interessierenden Problematik als maßgeblich angesehen und deshalb mit Nachdruck am Realteilungsprinzip festgehalten: Die Kommission »nahm vielmehr an, daß die Zulassung von Sonderrechten an allen Bestandtheilen einer Sache den größten Bedenken unterliege. Durch die Logik sei freilich ein Ausschluß von Sonderrechten an den wesentlichen Bestandtheilen nicht ohne Weiteres geboten. Es könnte aber die größte Unklarheit entstehen, wenn man solche Sonderrechte zulassen wollte, und es sei nicht allein juristische Bequemlichkeit, daß man insbesondere bei den unbeweglichen Sachen eine möglichst einfache und einheitliche Gestaltung der Rechtsverhältnisse anstrebe, sondern man entspreche damit einem dringenden Bedürfnisse des Kredits.«[75] Als weiterer Vorteil wurde die Einfachheit angeführt, daß durch bloßen Augenschein erkannt werden könne, worauf sich das Eigentumsrecht am Grundstück erstreckt.[76]

Weder in der grundlegenden Entscheidung BGHZ 27, 197 ff. noch in seinen späteren Urteilen hat sich der Bundesgerichtshof mit diesen Zwecken auseinandergesetzt; seine von »dem natürlichen Gefühl« geleitete Festlegung auf die Miteigentumsgemeinschaft hat vielmehr zu einer nicht zu verkennenden Rechtsunsicherheit geführt. Es spricht für sich, wenn ein Kommentator als Leitlinie nennt: »Der BGH sucht im Einzelfall nach einer der Verkehrsauffassung und dem praktischen Bedürfnis entsprechenden Lösung.«[77]

5. Der Verlauf, den die Rechtsprechung inzwischen genommen hat, ist denn auch geeignet, die Prophezeihung *Johows*[78] zu bestätigen.

74 Vgl. Justinian in seinen Institutionen: *In legibus magis simplicitas quam difficultas placet* (Inst. 2, 23, 7); *simplicitas legibus amica* (Inst. 3, 2, 3 a).

75 Protokolle, Bd. 3, S. 5; vgl. auch *Jakobs/Schubert* (o.A. 10), S. 511.

76 Motive, Bd. 3, S. 43.

77 *Bassenge*, in *Palandt* (o.A. 14), § 921 Rz. 5 (unter Anführung von BGHZ 27, 197 und BGHZ 27, 204). – Vgl. auch BGHZ 43, 127, 130: Es »ist zuzugeben, daß für die Eigentumsverhältnisse an Grenzmauern in der neueren Rechtsprechung und Rechtslehre in zunehmendem Maß auf den natürlichen und wirtschaftlichen Zusammenhang der Mauer mit einem Gebäude abgestellt wird«.

78 S.o. zu A. 72.

a) In BGHZ 43, 127 ff.[79] war von zwei Häusern, die eine gemeinsame halbscheidige Giebelmauer hatten, das des Beklagten im Krieg zerstört worden, die Giebelmauer aber erhalten geblieben. Als der Beklagte die seinem Grundstück zugewandte Seite der Mauer zu Werbezwecken vermietete, verlangte die Klägerin Zahlung eines Anteils der Mieteinnahmen.

Nach dem Prinzip der Realteilung wäre die Sache einfach und klar gewesen; der Streit hätte gar nicht aufkommen können. Der BGH nahm jedoch unter Bezugnahme auf BGHZ 27, 197 an, bis zur Zerstörung des Hauses auf dem Grundstück des Beklagten habe Miteigentum zu je $^1/_2$ an der Giebelmauer bestanden. Daran habe auch die Zerstörung entgegen einer gelegentlich vertretenen Ansicht, die eine Umwandlung in Alleineigentum zugunsten des Eigentümers des unzerstörten Hauses annehme[80], nichts geändert. Der Beklagte habe mithin ein »fortdauerndes Recht zur Mitbenutzung der Mauer« (S. 132). In den weiteren Ausführungen wird dieses Mitbenutzungsrecht zu einem Alleinbenutzungsrecht an der jeweiligen Mauerseite: »Eine Giebelmauer ist ... dazu bestimmt, von jedem der beiden Nachbarn in Richtung auf sein eigenes Grundstück, nicht auch in Richtung auf das Nachbargrundstück benutzt zu werden. Dem entsprechend gebühren auch die Früchte, die jeder Nachbar in Richtung auf sein Grundstück aus der Giebelmauer zieht, ihm allein und nicht anteilig auch dem Nachbarn« (S. 133). Der von der Klägerin geltend gemachte Bereicherungsanspruch wurde deshalb verneint.[81]

Man muß sich fragen, was für ein Miteigentum hierbei vorausgesetzt wird, wenn die gemeinsame Sache von Gesetzes wegen in Hälften zu ausschließlicher Nutzung durch je einen der Miteigentümer aufgeteilt wird. *Johow* hatte gewarnt: »Setzt man ein Miteigenthum, so hat man vielfache Anomalitäten bei denselben zu verzeichnen.«[82]

b) Aufgrund des (angeblichen) Vorrangs des Prinzips der §§ 93, 94 Abs. 2 BGB vor dem *superficies*-Grundsatz des § 94 Abs. 1 nimmt der BGH (vereinfacht dargestellt) an, bei entschuldigtem oder durch Zustimmung gedecktem Grenzüberbau werde der Nachbar, der die halbscheidige Giebelmauer zuerst errichte, Alleineigentümer, weil die Mauer zunächst nur der Herstellung seines Gebäudes diene; nur bei unentschuldigtem Überbau gelte das Prinzip der Realteilung. Sobald der andere Nachbar jedoch gleichfalls an die Mauer anbaue, diene diese auch der Herstellung seines Gebäudes, und das Alleineigentum an der Giebelmauer bzw. (bei unentschuldigtem

79 Urt. v. 2. 2. 1965, V ZR 247/62 = NJW 1965, 811.
80 Insbesondere *Meisner/Stern/Hodes* (o.A. 14), S. 238 f.
81 Dagegen *F. Hodes*, NJW 1965, 2088 f., weil die Klägerin Alleineigentümerin der Mauer geworden sei.
82 S.o. zu A. 72.

Überbau) das Eigentum an den beiden Mauerhälften verwandele sich in Miteigentum[83] – ein weiterer Fall einer »juristischen Metamorphose«.

Diese (durch die Abweichung von § 94 Abs. 1 bedingten) Begründungen haben in den Fällen zu Problemen geführt, in denen das eine Haus unfreiwillig zerstört oder planmäßig abgerissen wurde. In BGHZ 43, 127, 129 ff. (o.A. 79) entschied der BGH zunächst, an der Miteigentumslage ändere sich jedenfalls bei unfreiwilliger Zerstörung nichts – was nicht konsequent ist, weil die Mauer dann nur noch Bestandteil des erhalten gebliebenen Hauses sein müßte.[84]

In BGHZ 57, 245, 249 ff.[85] bejahte der Senat den Fortbestand des Miteigentums dann auch für den Fall des Abbruchs des einen Gebäudes, jedenfalls sofern der Abbruch mit dem Willen erfolge, das Haus alsbald wieder aufzubauen. Denn dann verliere die Giebelmauer nicht endgültig ihre Zweckbestimmung, nach beiden Seiten einem Hause als Bestandteil zu dienen. Diesen Ansatzpunkt erweiterte der BGH in späteren Entscheidungen dahin, daß das Miteigentum des Nachbarn, der freiwillig sein Haus abbricht, auch dann bestehen bleibt, wenn sich die Giebelmauer »in anderer Weise – etwa durch Vermietung zu Reklamezwecken – weiter nutzen läßt«.[86]

Auch hierzu bleibt zu konstatieren, daß dieses Miteigentum an einer gravierenden Anomalität krankt: Daß das Recht eines Miteigentümers davon abhängen soll, ob er die gemeinsame Sache zu nutzen gedenkt, ist eine dogmatisch nicht einzuordnende Singularität. Der Vorschlag, allein auf objektive Kriterien abzustellen und den Verlust des Miteigentumsanteils nur dann anzunehmen, »wenn ein Wiederaufbau gänzlich ausgeschlossen und eine sonstige Nutzung nicht mehr vorstellbar ist«[87], hilft nicht weiter; er macht vielmehr deutlich, in welche Sackgasse die Rechtsprechung und die ihr folgende Literatur geraten sind. Denn erstens sind derartige Situationen in praxi kaum denkbar, so daß es in aller Regel beim Miteigentum und damit bei der bereits oben hervorgehobenen Inkonsequenz in der Anwendung des § 93 verbleibt.[88] Zweitens bliebe es ein – zumal im Lichte der Eigentumsgarantie des Art. 14 Abs. 1 S. 1 GG – nicht zu rechtfertigendes novum, daß ein (Mit-)Eigentümer seines Rechtes verlustig gehen soll, wenn die Sache unbrauchbar geworden ist oder er mit ihr nichts anfangen kann. Es ist nicht zu verkennen, daß es sich bei alldem um »hausgemachte Probleme« handelt, die durch die verfehlte Annahme eines »echten Widerstreits« zwischen den §§ 93, 94 Abs. 2 und dem § 94 Abs. 1 BGB ausgelöst sind.

83 BGHZ 27, 197, 203 (vgl. o. nach A.40); 41, 177, 179; 43, 127, 129 (auch bei unentschuldigtem Überbau); 57, 245, 248 f.; 78, 397, 398; *Staudinger/H. Roth* (o.A. 17), § 922 Rz. 36 m.w.N.; eingehend *Dehner* (o.A. 14), B § 8 II, III (S. 15 ff.).

84 Dies kritisiert auch *F. Hodes*, NJW 1965, 2088, 2089.

85 Urt. v. 19. 11. 1971, V ZR 100/69 = NJW 1972, 195, dazu *F. Hodes*, NJW 1972, 900.

86 BGH WM 1975, 663; Urt. v. 22. 11. 1974, V ZR 177/73; BGHZ 78, 397, 398 = NJW 1988, 866, Urt. v. 28. 11. 1980, V ZR 148/79.

87 So *Staudinger/H. Roth* (o.A. 17), § 921 Rz. 48.

88 S.o. zu A. 84.

c) In zwei Entscheidungen ging es um das Problem, wer die Kosten einer Isolierung der halbscheidigen Giebelmauer zu tragen hat, wenn der eine Nachbar sein Haus abreißt. In BGHZ 78, 397 ff.[89] verlangte der Nachbar, der abgerissen und dann die Isolierungen angebracht hatte, vom anderen die Hälfte der angefallenen Kosten ersetzt. Der BGH ließ die Eigentumsfrage offen, weil allein von Bedeutung sei, daß die Mauer im Zeitpunkt des Hausabbruchs Miteigentum und gemeinsame Grenzeinrichtung beider Parteien gewesen sei. Er leitete dann aus dem Schutzzweck des Veränderungsverbots in § 922 S. 3 BGB ab, daß der Nachbar, der zwar berechtigt sei, sein Haus abzubrechen (§ 903), im Ausgleich geeignete Maßnahmen zu treffen habe, um die Bestands- und Funktionsfähigkeit der gemeinsamen Giebelmauer zu erhalten, so daß das Nutzungsinteresse des Nachbarn nicht beeinträchtigt werde. Da der Kläger mit der Isolierung folglich eine ihn allein treffende Pflicht erfüllt habe, könne er keinen Anteil der Kosten (die nicht unter die Unterhaltungskosten i.S. des § 922 S. 2 fielen) verlangen.

Das für den konkreten Fall gewonnene Ergebnis ist nicht unbedenklich; denn aus § 922 S. 3 BGB dürfte sich nur ableiten lassen, daß der abbrechende Eigentümer den status quo der Giebelmauer herzustellen hat.[90] In concreto hatten jedoch beide Nachbarn gleichzeitig an die Giebelmauer angebaut. Daraus ließe sich, da die Parteien damit das Problem der Außenisolierung gemeinsam und im beiderseitigen Interesse lösten, die stillschweigende Vereinbarung ableiten, die Mauer so zu erhalten, daß sie für den Gebrauch jedes der angebauten Häuser tauglich bleibt. Doch würde dies nur dazu führen, daß die Nachbarn sich die Isolierungskosten zu teilen hätten. Bei Annahme einer Miteigentumsgemeinschaft an der Mauer käme eine solche Vereinbarung umso eher in Betracht.

Wenn man die vom BGH zugrundegelegte Pflichtenzuweisung jedoch auch für diesen Fall billigt, so wird deutlich, daß die auf die ausdehnende Auslegung des § 922 S. 3 gestützte Entscheidung in der Sache darauf hinausläuft, daß jeder Miteigentümer ungeachtet des Bruchteilseigentums letztlich für den realen Teil der gemeinsamen Sache verantwortlich ist, der auf seinem Grundstück steht.

Dieser Eindruck wird durch die Entscheidung vom 21. 4. 1989 (NJW 1989, 2541 f.)[91] bestätigt. Ein Miterbe hatte das Haus auf dem Grundstück der Erbengemeinschaft bis zur Giebelmauer abreißen lassen. Da keine Isolierungen vorgenommen wurden, klagte der Nachbar auf Zahlung des hierfür erforderlichen Betrages. Der BGH bekräftigte seine weite Auslegung des § 922 S. 3 und nahm an, der klagende Nachbar habe, da er die Störung nicht beseitigt habe, zwar keinen Zahlungsan-

89 Urt. v. 28. 11. 1980, V ZR 148/79 = NJW 1981, 866.

90 Treffend *Dehner* (o.A. 14), B § 8 VI 3 (S. 58 f., zugleich gegen BGHZ 78, 397); vgl. auch *Planck/Strecker* (o.A. 14), § 922 Anm. 1 c.

91 V ZR 248/87.

spruch, aber er könne von dem Störer, hier der Erbengemeinschaft als Eigentümerin und Zustandsstörerin, nach §§ 1004, 922 S. 3 die Beseitigung der Störung durch Isolierung der freigelegten Mauer verlangen.

Der BGH hob hervor, die Zustandshaftung des Eigentümers beruhe »auf seiner gegenwärtigen rechtlichen Herrschaft über das Grundstück, von dem die Störung des Nachbargrundstückes ausgeht« (S. 2542); er stellte also entscheidend auf das Grundstückseigentum ab. Das ist inkonsequent; denn wenn Miteigentum an der Giebelmauer bestehen soll, dann muß diese als selbständige Sache erfaßt werden. Da die Feuchtigkeit aufgrund von Regen, Nebel etc. eher von oben in die Mauer ein- und zum Nachbarn hinüberdringt als aus dem Boden aufsteigt[92], gibt es für diese die gemeinsame Sache unmittelbar treffenden Witterungseinflüsse keinen Zustandsstörer. In dieser Entscheidung handelt es sich mithin nicht mehr um eine Anomalie, sondern um die Aufgabe des Miteigentumskonzepts. Geht man dagegen vom Prinzip der Realteilung aus, so ergibt sich ohne weiteres, daß die Erbengemeinschaft aufgrund ihres Eigentums am Grundstück, also auch an ihrer Mauerhälfte, als Zustandsstörerin nach § 1004 BGB passivlegitimiert ist.

6. Auch wenn im Rahmen unserer notgedrungen knappen Untersuchung die Problematik nicht annähernd ausgeschöpft werden konnte, so läßt sich doch der Schluß ziehen, daß der durch BGHZ 27, 197 eingeleitete Bruch mit einem grundlegenden Prinzip des BGB und zugleich mit der Rechtsprechung des Reichsgerichts eine ausgesprochen unglückliche Entscheidung war. Ihre Begründung ist nicht stichhaltig, und die von ihr anerkannte Miteigentumsgemeinschaft an der halbscheidigen Giebelmauer hat die Lösung der einschlägigen Probleme erschwert und unberechenbarer werden lassen; sie geht also auf Kosten der Rechtssicherheit, zugleich aber auch der Dogmatik. Denn sie hat zur Ausformung eines Miteigentums geführt, das unter vielfachen Anomalien leidet und tendenziell auf Lösungen zugeschnitten worden ist, die sich klarer und einfacher nach dem Prinzip der Realteilung finden und begründen ließen. Dies dürfte übrigens auch für das hier beiseitegelassene Problem des sog. »Ablösungsanspruchs« aus § 812 BGB gelten, der inzwischen allerdings in zahlreichen Nachbargesetzen der Länder seine Verankerung gefunden hat.[93] Denn dieser Anspruch ist auch bei Zugrundelegung des Prinzips der Realteilung gegeben, nur dient er als Ausgleich für die Erlangung des Alleineigentums an der Mauerhälfte oder jedenfalls der Anbaumöglichkeit statt für die Erlangung des Miteigentumsanteils an der gesamten Mauer. Zudem können, wie gerade der

92 Durch den Abbruch des Nachbarhauses wird die alte Grundisolierung in der Regel vermutlich nicht beseitigt.

93 Nach dem Vorbild des Hess. NachbarrechtsG, an dem *Hodes* (vgl. o. nach A. 65) maßgeblich mitgewirkt hat. Zum Ablösungsanspruch s. *Dehner* (o.A. 14), B § 8 III (S. 23 ff.) sowie etwa *Staudinger/H. Roth* (o.A. 17), § 921 Rz. 39–44. Vgl. bereits Pauli Sententiae 5, 10, 2.

Fall BGHZ 27, 197 zeigt, auf der Basis dieser Konzeption Ergebnisse gewonnen werden, die von der Wertung her überzeugender sind.

V.

1. Eine allgemeine (also grundsätzlich auch die halbscheidigen Giebelmauern erfassende) Geltung des Prinzips *superficies solo cedit* kann, wie der eingangs dargestellte Fall des Statuenfundes zeigt, allerdings nicht implizieren, daß jeder Nachbar mit seinem gegenständlichen Eigentumsteil, seiner *pars pro diviso*, ganz nach Belieben verfahren könnte. Das BGB hat für die wichtigsten Fälle in den §§ 921, 922 und in § 923 deshalb einschränkende Bestimmungen getroffen, die auch den Zweck verfolgen, sinnlose Zerstörungen zu vermeiden.[94]

Für den Baum auf der Grenze ist das Problem besonders augenfällig. Der Gesetzgeber hat hierzu gemeint: »Die obwaltende nachbarliche Interessengemeinschaft rechtfertige die Behandlung des Baumes, so lange derselbe mit dem Boden zusammenhänge, als eines der gemeinsamen Benutzung unterliegenden Gegenstands.«[95] Ferner hat er die Nachbarn, soweit es um die Trennung des Baumes vom Boden geht, einem Einigungszwang unterworfen (§ 923 Abs. 2 S. 1), damit eine unbedachte Zerstückelung des Baumes vermieden wird.

2. Diese Gedanken sind im Hinblick auf die seltenen Fälle, die nicht bereits von den §§ 921–923 und 984 BGB oder den Regeln des entschuldigten Überbaus erfaßt werden, verallgemeinerungsfähig. Zwar hat der Gesetzgeber zu unorganischen Gegenständen, insbesondere dem Stein, das Abtrennungsrecht des Nachbarn betont.[96] Aber dabei war offenbar an weniger wertvolle Gegenstände gedacht. Wenn etwa ein wertvoller Granitblock Bestandteil zweier Grundstücke ist, der durch die Abtrennung eines Teiles eine erhebliche Werteinbuße erfahren würde, drängt sich die analoge Anwendung des § 923 Abs. 2 BGB auf, der zumal im Lichte des Rücksichtsgebots aus dem nachbarlichen Gemeinschaftsverhältnis nicht als strikt zu interpretierende Sondervorschrift aufzufassen ist. Danach wäre das einseitige Abtrennungsrecht schuldrechtlich ausgeschlossen und für die Beseitigung eine Verständigung der Nachbarn erforderlich. Kommt es zu keiner anderweiten Einigung, so kann der an der Beseitigung Interessierte den Block entfernen und die mit Hebung entstandene Miteigentumsgemeinschaft durch Verkauf nach den Bestimmungen des § 753 BGB aufheben.

Dies entspricht zugleich der ratio des § 93 BGB, den hinter dieser Norm wie auch hinter den §§ 922, 923 BGB stehenden »volkswirtschaftlichen Interessen, daß Ab-

94 S.o. zu A. 13.
95 *Jakobs/Schubert* (o.A. 10), S. 517.
96 S.o. A.14.

trennungen vermieden werden«[97], und verhindert, daß das Prinzip *superficies solo cedit* des § 94 Abs. 1 im Einzelfall zu Härten führt. Statt dieses Prinzip, das aus sehr wohlerwogenen Gründen im BGB zugrundegelegt worden ist, zugunsten einer Miteigentumsgemeinschaft zu durchbrechen und damit die Klarheit sachenrechtlicher Rechtslagen und die Rechtssicherheit zu gefährden, ist diese Abhilfe über schuldrechtliche Bindungen allemal der bessere Weg.

3. Ein immer wieder beeindruckendes Charakteristikum des herausragenden Werkes von *Dieter Medicus* ist die Klarheit von Sprache und Gedankenführung. Die systematischen Zusammenhänge bleiben stets im Blick, der Appell an das »natürliche Gefühl« ist verpönt. Wir möchten deshalb hoffen, daß der verehrte Jubilar etwas Gefallen fände an unserm Weg durch's Grenzgelände.

97 *Jakobs/Schubert*, Beratung, Allg. Teil, Bd. 1, 1985, S. 436; vgl. Motive, Bd. 3, S. 41 sowie o.A. 69. Zur Bewertung der dennoch bestehenden Trennungsfreundlichkeit s. *D. Medicus*, Allg. Teil des BGB, 6. Aufl. 1994, S. 437f., Rz. 1188. – Meiner Assistentin, Frau Dr. Martina Müller-Ehlen, danke ich für Anregungen und Kritik.

Verteilungsgerechtigkeit*

von Professor Dr. Rolf Knütel, Bonn

I. Gleichheit der Anteile

Kern der Gerechtigkeit ist die Gleichheit.[1] Eine gerechte Bestimmung von Anteilen hat folglich ebenso wie die gerechte Durchführung von Verteilungen ihren Ausgang von prinzipieller Gleichheit zu nehmen: „L'égalité est l'âme des partages", wie das Sprichwort sagt.[2] Entsprechende gesetzliche Bestimmungen sind deshalb geradezu zu erwarten.

Eine Bestätigung bietet zur Gemeinschaft nach Bruchteilen § 742 BGB: „Im Zweifel ist anzunehmen, dass den Teilhabern gleiche Anteile zustehen". In den Motiven wird dazu vermerkt: „Die Auslegungsregel ... entspricht der Natur der Dinge und findet sich überall im geltenden Rechte".[3] Soweit die Bruchteilsgemeinschaft nicht rechtsgeschäftlich begründet ist, handelt es sich freilich um eine gesetzliche Vermutung. Für die Gesellschafter ergibt sich die grundsätzliche Gleichheit der Gesellschafteranteile und der Anteile am Gesellschaftsvermögen aus dem Grundsatz der gleichmäßigen Behandlung der Gesellschafter, der in mehreren dispositiven Bestimmungen zum Ausdruck kommt.[4]

Bei der Gesamtgläubigerschaft besteht mangels anderer Bestimmung eine Berechtigung im Innenverhältnis zu gleichen Anteilen (§ 430 BGB); für die Mitgläubigerschaft nach § 432 BGB ergibt sie sich, sofern dieser nicht ohnehin eine Bruchteilsgemeinschaft zugrunde liegt, im Zweifel ebenfalls aus § 742.[5] Dementsprechend sind auch bei der Gesamtschuldnerschaft die Schuldner im

---

* H. Haarmeyer/H. Hirte/H.-P. Kirchhof/F. Graf von Westphalen (Hrsg.), Verschuldung, Haftung, Vollstreckung, Insolvenz. Festschrift für Gerhart Kreft zum 65. Geburtstag, ZAP, Recklinghausen 2004, 3 – 18.

1 Vgl. *Hans Nef*, Gleichheit und Gerechtigkeit, 1940; *L. Raiser*, ZHR 111, 1948, 75 ff. – Abkürzungen der rechtshistorischen Quellen und Literatur nach *M. Kaser*, Das römische Privatrecht, 2. Aufl. 1971, Bd. 1, S. XIX – XXX.

2 *Henri Roland/Laurent Boyer*, Adages du droit français, 3. Aufl. 1992, S. 195 Nr. 100. Die Regel wird hier auf Diocl.-Max. C. 3,38,3 (aus 290) zurückgeführt. Die berühmte Maxime des *suum cuique tribuere* (Ulp. D.1,1,10,1; Tryph. D. 16,3,31,1; Inst. 1,1,3) müssen wir hier ebenso beiseite lassen wie die aristotelische Unterscheidung zwischen der *iustitia commutativa* und der *iustitia distributiva*, der ausgleichenden und der verteilenden Gerechtigkeit. S. dazu etwa *U. Manthe*, Beiträge zur Entwicklung des antiken Gerechtigkeitsbegriffes, SZ 113 (1996) 1 ff.; SZ 114 (1997) 1 ff.

3 Motive, 2. Aufl. 1896, Bd. 2, S. 875 mit Hinweis u.a. auf § 2 I 17 ALR, § 839 ABGB, § 328 Sächs. BGB; § 850 DresdEntw.

4 Vgl. §§ 706 Abs. 1, 709 Abs. 1 und 2, 711, 722 Abs. 1, 734, 735 BGB.

5 Vgl. BGH, NJW 1982, 928.

Verhältnis zueinander im Zweifel zu gleichen Anteilen verpflichtet, § 426 Abs. 1 Satz 1 BGB. Auch für die Schuldner- und die Gläubigermehrheit bei teilbaren Leistungen schließlich besteht die Verpflichtung oder die Berechtigung im Zweifel zu gleichen Anteilen, § 420 BGB.

Für das Sachenrecht lässt sich anführen, dass bei der Grenzscheidungsklage für den Fall, dass der Besitzstand nicht festgestellt werden kann, jedem der Grundstücke ein gleich großes Stück der streitigen Fläche zuzuteilen ist, § 920 Abs. 1 Satz 2 BGB. Dass die Früchte des Grenzbaumes und -strauchs und, wenn dieser gefällt wird, auch der Baum oder Strauch den Nachbarn zu gleichen Teilen (und nicht nach den zuvor durch die Grenzlinie bestimmten Teilen)[6] gehören (§ 923 Abs. 1 und 3 BGB), beruht auf wenig einleuchtenden praktischen Erwägungen.[7]

Nicht einschlägig ist für unseren Zusammenhang die berühmte Halbteilung beim Schatzfund (§ 984 BGB). Sie geht auf eine Entscheidung *Hadrians* zurück (Inst. 2,1,39) und erklärt sich nicht aus einer Gleichheit von Eigentümer und Entdecker, sondern als vermittelnde Lösung zwischen dem für den Grundstückseigentümer sprechenden Prinzip *accessio cedit principali* und dem dem Entdecker günstigen Grundsatz der freien Okkupierbarkeit von *res nullius*. Da beide Prinzipien für die Lösung des Interessenkonflikts gleichermaßen nahe liegen, beiden aber auch entgegensteht, dass der Schatz keine herrenlose Sache ist, vielmehr jemandem gehört, der freilich nicht zu ermitteln ist, bot sich als Kompromiss die Halbteilung an.[8] – Von vornherein zu ungleicher Teilung kommt es schließlich bei der *insula in flumine nata*, an der die Flächenstücke, die sich dadurch ergeben, dass die Grenzen der gegenüberliegenden Ufergrundstücke bis zur Mittellinie des Flusses verlängert werden, als *partes pro diviso* in das Eigentum derer fallen, denen die beteiligten Ufergrundstücke gehören.[9] Dies erklärt sich aus dem Ausgleichsprinzip *commodum eius esse debet, cuius periculum est* (Inst. 3,23,3), das hier dem Okkupationsprinzip oder einer Aufteilung nach Köpfen vorgeht. Da der Eigentümer des größeren Ufergrundstücks der Sachgefahr im größeren Maße ausgesetzt ist, erhält er zum Ausgleich einen größeren Anteil an der Inselfläche.[10]

---

6 Ein Miteigentum am stehenden Baum ist aus einem angeblichen Vorrang des § 93 gegenüber § 94 Abs. 1 BGB nicht abzuleiten, vgl. *R. Knütel*, Gegenstände im Grenzgelände, FS Medicus, 1999, S. 259, 263, 267, 271 ff.

7 S. die Begr. in Motive, 2. Aufl. 1896, Bd. 3, S. 279.

8 Vgl. dazu *R. Knütel*, Von schwimmenden Inseln etc., in: R. Zimmermann/R. Knütel/J.P. Meincke, Rechtsgeschichte und Privatsrechtsdogmatik (FS H. H. Seiler), 1999, S. 549, 569 ff.

9 Vgl. etwa Art. 561 Code civil, § 407 ABGB, Art. 373 Span. Código civil, Art. 1071 Griech. ZGB, Art. 1249 Bras. Cc 2002.

10 S. *M. Kaser/R. Knütel*, Römisches Privatrecht, 17. Aufl. 2003, Rn. 26.12 (S. 163).

Dass im Eherecht Teilungen hälftig, also zu gleichem Anteil erfolgen,[11] ergibt sich aus dem Wesen der Ehe. Besonders ausgeprägt ist die Berechtigung zu gleichen Anteilen im Erbrecht. Kinder erben zu gleichen Anteilen (§ 1924 Abs. 4 BGB); ebenso verhält es sich mit den gesetzlichen Erben der zweiten, dritten, vierten und fernerer Ordnungen (§§ 1925 Abs. 2, 1926 Abs. 2, 1928 Abs. 2 und 3, 1929 Abs. 2 BGB) sowie mit den Fisken der Bundesländer, denen der Erblasser zur Zeit seines Todes angehörte (§ 1936 Abs. 1 Satz 2 BGB).

Aber auch im testamentarischen Erbrecht begegnen wir dem Prinzip: „Sind mehrere Erben eingesetzt, ohne dass die Erbteile bestimmt sind, so sind sie zu gleichen Teilen eingesetzt ..." (§ 2091 BGB).[12] Nach §§ 2157, 2091 BGB gilt Entsprechendes, wenn derselbe Gegenstand mehreren Personen ohne nähere Bestimmung vermacht ist.[13] Offenbar auf diese beiden Fälle geht die Rechtsregel zurück *Ubi partes expressae non sunt, aequales sunt.*[14]

Über das gemeine Recht hinaus geht hingegen § 2073: „Hat der Erblasser den Bedachten, in einer Weise bezeichnet, die auf mehrere Personen passt, und lässt sich nicht ermitteln, wer von ihnen bedacht werden sollte, so gelten sie als zu gleichen Teilen bedacht". Nach römischem und gemeinem Recht war die Erbeinsetzung in diesem Fall unwirksam.[15] Das BGB ist hier dem § 542 I 12 ALR gefolgt, weil die Teilung dem Willen des Erblassers immerhin insoweit gerecht werde, als derjenige, den der Erblasser bedenken wollte, wenigstens etwas erhalte und nicht ganz leer ausgehe.[16] Bei näherem Hinsehen finden sich im Erbrecht weitere Bestimmungen zum Prinzip der Anteilsgleichheit.[17]

---

11 Vgl. etwa §§ 1378 Abs. 1, 1476 Abs. 1 BGB.

12 Dies entspricht dem früheren Recht, Ulp. D. 28,5,9,12 (... *si plures instituantur, dividi inter eos a testatore ius oportet; quodsi non fiat, omnes aequaliter heredes sunt*); D. 28,5,35 pr.; Inst. 2,14,6; § 261 I 12 ALR, § 555 ABGB, § 2175 Sächs. BGB.

13 Angeregt durch Ulp. D. 30,19,2 (*in legato pluribus relicto si partes adiectae non sunt aequae servantur*, bei einem mehreren hinterlassenen Vermächtnis werden, sofern die Anteile nicht bestimmt sind, gleiche Anteile angenommen); Iust. C. 6,51,1,11 (aus 534), vgl. Gai. D. 34,5,7 pr., § 2397 Sächs.BGB. Für das klassische römische Recht ist freilich zweifelhaft, ob der Fall eines Vermächtnisses desselben Gegenstandes an mehrere Personen ohne Bestimmung der Anteile nicht vielmehr bei den u. II behandelten Fällen der verhältnismäßigen Minderung von Bruchteilen einzuordnen ist. Denn ein solches Vermächtnis wurde im Ausgangspunkt möglicherweise als Vermächtnis jeweils des ganzen Gegenstandes an jeden der Vermächtnisnehmer angesehen und war dann ggf. entsprechend zu mindern. Vgl. Gaius Inst. 2,205.

14 Wo die Anteile nicht bestimmt sind, sind sie gleich, vgl. *Detlef Liebs*, Latein. Rechtsregeln und Rechtssprichwörter, 6. Aufl., 1998, U 16 (S. 232); *Edoardo Mori*, Dizionario dei termini guiridici e dei brocardi latini, 2. Aufl. 2000, Nr. 4821 (S. 447); beide ohne Herkunftsangabe.

15 Mod. D. 28,5,63,1; Alf. D. 34,8,2.

16 Protokolle, Bd. 5, 1899, S. 22 (mit weiteren Erwägungen), anders noch die 1. Kommission, Motive, 1888, Bd. 5, S. 32 f. – Bei dieser Argumentation ist es freilich nicht ganz konsequent, dass das BGB die Behandlung der alternativen Erbeinsetzung, für die Iust. C. 6,38,4 das disjunktive *aut* in ein konjunktives *et* umgedeutet und für Gültigkeit bei gleichen Anteilen entschieden hatte, offen lässt, vgl. dazu Protokolle, 1899, Bd. 5, S. 24 ff. gegen Motive, 1889, Bd. 5, S. 33 f. (§ 1769 Abs. 1 E I).

17 Z.B. § 2153 Abs. 2 Satz 1 sowie §§ 2154 Abs. 2, 2151 Abs. 3 Satz 1, 430 BGB.

II. Proportionale Änderungen

1. Dem Grundsatz, dass im Zweifel gleiche Anteile bestehen, entspricht die Regel, dass der Höhe nach feststehende Anteile sich in gleichem Maße vermindern, wenn die Masse, an der sie bestehen, zu voller Deckung nicht ausreicht. Auch dann, wenn von ungleichen Anteilen auszugehen ist, wirken Änderungen sich gleichmäßig aus, indem es zu proportionaler Verringerung oder Erweiterung der Anteile kommt (2). Nicht selten ist auch, dass in einer Rechts- oder Interessengemeinschaft unterschiedliche Anteile oder Rechte bestehen, die zur Erhebung von Leistungen berechtigen. In diesem Bereich hat in Fällen unzureichenden Leistungsangebots das an sich vorgegebene Präventionsprinzip zunehmend Einschränkungen durch das Prinzip proportionaler Verteilung erfahren (3).

2. Die Bestimmung, dass den Beteiligten im Zweifel gleiche Anteile zustehen, stellt im rechtsgeschäftlichen Bereich eine Auslegungsregel dar. Bisweilen führt freilich schon die Auslegung ohne Heranziehung der Auslegungsregel zur Annahme gleicher Anteile. Das zeigt sich bei der Auslobung; § 659 Abs. 2 ist nichts anderes als das Ergebnis einer altbewährten Interpretation: „Ist die Handlung (sc. für welche die Belohnung ausgesetzt ist) von mehreren gleichzeitig vorgenommen worden, so gebührt jedem ein gleicher Teil der Belohnung". Darin ist zugleich eine Verteilungsregel enthalten.

Hugo Grotius berichtet:

> *Tractaverat olim Chrysippus hanc quaestionem, an praemium promissum ei qui primus ad metam pervenisset debeatur utrique, si simul pervenerint, an neutri. Et sane vox primi ambigua est, nam aut eum significat, qui omnes antecedit, aut quem nemo. Sed quia virtutum praemia favorabilia sunt, verius est concursuros ad praemium; quamquam liberalius Scipio, Caesar, Iulianus his, qui pariter muros ascenderant, solida praemia tribuerunt.*[18]
>
> *Chrysipp*[19] erörterte einmal die Frage, ob eine Belohnung, die dem versprochen wurde, der als Erster das Ziel erreicht, dann, wenn zwei es gleichzeitig erreichen, beiden geschuldet werde oder keinem von ihnen. Und das Wort „als Erster" ist allerdings doppelsinnig, denn es bezeichnet entweder denjenigen, der alle anderen übertroffen, oder den-

18 De iure belli ac pacis libri tres (1625) 2,16,19, ed. de Kanter – van Hettinga Tromp, 1939, S. 418.

19 Ca. 281 – 208 v. Chr. Die Erörterung wird überliefert von Plutarch, Moralia, De Stoicorum repugnantiis 1045 D (ed. Loeb XIII/2, 1976, S. 510), vgl. *J. v. Arnim*, Stoicorum Veterum Fragmenta, Bd. 3, 1903, Nr. 699, S. 175.

> jenigen, den niemand übertroffen hat. Da aber Belohnungen für Tapferkeit begünstigt sind, ist es richtig, dass sie gleichen Anteil an der Belohnung haben, mögen auch Scipio, Caesar und Julian freigiebiger denen, die gleichzeitig die [feindlichen] Mauern erklommen hatten, jeweils die volle Belohnung entrichtet haben.

Ist es mithin möglich, dass mehrere die entscheidende Handlung „zuerst" vorgenommen haben, und gebietet ihr Interesse es, ihnen die Belohnung zu gewähren, ohne dass dem ein zu schützendes Interesse des Auslobenden entgegenstünde, so bleibt, da der Auslobende aufgrund seines Versprechens die Belohnung nur einmal zu entrichten braucht, als gerechte Lösung nur die Teilung. Auf die konkurrierenden Ansprüche wird mithin nach Maßgabe des Vorhandenen, hier der Verpflichtung des Auslobenden, die Belohnung verteilt.

Auch für diese Lösung finden sich Parallelen. Sind etwa Miterben jeweils auf einen Bruchteil der Erbschaft eingesetzt und überwiegen die Bruchteile das Ganze, so tritt eine verhältnismäßige Minderung der Bruchteile ein, § 2090 BGB.[20] Auch wenn mehreren derselbe Gegenstand vermacht ist und die ihnen zugewiesenen Bruchteile das Ganze übersteigen, sind diese verhältnismäßig zu mindern, §§ 2157, 2090 BGB.

Es ist bemerkenswert, dass die Vorläufervorschrift zu § 2157 BGB, der § 1846 E I, einen Absatz 2 mit der folgenden Bestimmung enthielt: „Als mit einem und demselben Gegenstand bedacht gelten mehrere Vermächtnisnehmer auch dann, wenn eine Forderung oder eine Menge vertretbarer Sachen Gegenstand des Vermächtnisses ist". Dies war vorgesehen, um den Gedanken an eine Realteilung nach dem Grundsatz *nomina ipso iure divisa* auszuschließen,[21] doch wurde der Absatz von der 2. Kommission als „selbstverständlich" oder jedenfalls als „entbehrlich" gestrichen.[22] Aus diesem Absatz i.V.m. § 2090 BGB hätte sich immerhin ergeben, dass dann, wenn eine Quantität vertretbarer Sachen mehreren Vermächtnisnehmern zu Bruchteilen, die das Ganze übersteigen, ausgesetzt ist, eine verhältnismäßige Minderung der Bruchteile (an dem Übereignungsanspruch) eintritt.

---

20 Vorbild für diese an sich selbstverständliche Vorschrift sind insbesondere Ulp. D. 28,5,13,4; Inst. 2,14,7; § 2177 Sächs.BGB, vgl. Motive, 1888, Bd. 5, S. 65. – Umgekehrt findet, wenn die für die Erben ausgeworfenen Bruchteile das Ganze nicht erschöpfen, nach § 2089 BGB eine verhältnismäßige Erhöhung der Bruchteile statt (also keine Aufteilung des Restbruchteils nach Köpfen), vgl. dazu Ulp. D. 28,5,13,3; Inst. 2,14,5 und 7; §§ 264, 265 I 12 ALR; Motive, a.a.O., Bd. 5, S. 65. – Entsprechendes gilt beim gemeinschaftlichen Erbteil, § 2093 BGB.

21 Motive, 1888, Bd. 5, S. 141.

22 Protokolle, 1899, Bd. 5, S. 163.

3. Bekanntlich hat das RG seit dem Zuckerrübensamen-Fall zu einer parallelen Lösung gefunden: Ein Landwirt hatte vor 1911 verschiedenen Abnehmern bestimmte Mengen des ausschließlich von ihm selbst gezüchteten Zuckerrübensamens „Wesche's zuckerreichste Elite" des Jahrgangs 1911 verkauft. Infolge einer sich als höhere Gewalt darstellenden außerordentlichen Trockenheit konnte er 1911 statt der durchschnittlich zu erwartenden 4908 Zentner nur 993 Zentner ernten. Da er im Vorwege bereits 2160 Zentner verkauft hatte, verteilte er die Gesamternte auf die einzelnen Käufer unter prozentualer Erfüllung ihrer Lieferungsansprüche. Eine Klägerin verlangte Schadensersatz wegen des nicht gelieferten Rübensamens.

Das RG wies die Klage ab und hob – die Geltung des früheren § 279 BGB im Bereich der Vorratsschuld einschränkend – hervor, wenn ausschließlich höhere Gewalt die Entstehung des unzureichenden Vorrats herbeigeführt habe, entspreche „es Treu und Glauben nicht, dass der Beklagte dem einen Käufer auf Kosten der anderen mehr leisten soll, als dem Verhältnis der ihm verkauften Menge zu dem gesamten verkauften Maße entsprechen würde. Umgekehrt forderte die Klägerin dann etwas, was dem gesunden Rechtsempfinden widerstritt". Eine denkbare Lösung im Sinne des Präventionsprinzips wies das RG zurück: „Zwischen den mehreren Käufern ergab sich, für jeden von ihnen voraussehbar, eine Interessengemeinschaft, deren Folge sich zeigen musste, wenn die Ernte zwar genügte, einen einzelnen oder mehrere zu befriedigen, nicht aber hinreichte zur Befriedigung aller. Dem Verkäufer durfte auch jetzt die Gefahr nicht aufgebürdet werden. Er konnte nicht mehr tun, als die gesamte Ernte der Gesamtheit der Käufer zur Verfügung zu stellen".[23]

Das RG hat an dieser auf § 242 BGB gegründeten Rechtsprechung zur Befriedigung nach Anteilen festgehalten und die herrschende Ansicht ist ihm bis auf den heutigen Tag gefolgt.[24]

---

23 RGZ 84, 125, 129, 128 v. 1914, dazu kritisch, insbesondere im Hinblick auf die Interessengemeinschaft der Gläubiger, *H.O. de Boor*, Die Kollision von Forderungsrechten, 1928, S. 20 ff. (S. 27: „der Gedanke der ‚Interessengemeinschaft der Gläubiger' ... würde den Rahmen des relativen Rechts sprengen. Denn er würde zu einer Pflicht gegenseitiger Rücksichtnahme, zu Rechtsbeziehungen der Gläubiger zueinander führen, die allerdings dem Forderungsrecht einen absoluten Einschlag geben müsste"), 135 ff. *De Boor* will an dem überlieferten und in den Motiven, 1888, Bd. 1, S. 276 deutlich zum Ausdruck gebrachten Grundsatz der isolierten Betrachtungsweise bei der Forderungskollision und damit am Präventionsprinzip festhalten.

24 S. etwa RGZ 91, 333 v. 1917; RGZ 95, 268 v. 1919 (w.N. bei *de Boor* [Fn. 23], S. 136 Fn. 177); *K. Larenz*, Lehrbuch des Schuldrechts, 14. Aufl. 1987, Bd. 1, S. 155 m. Fn. 10; *J. Gernhuber*, Das Schuldverhältnis, 1989, § 10 IV 8, S. 250 ff. (der statt auf eine Interessengemeinschaft auf die aus dem Schuldverhältnis entspringenden Rücksichtspflichten abstellt); Palandt/*Heinrichs*, BGB, 61. Aufl. 2002, § 243 Rn. 3. Vgl. auch *Heuer*, Unmöglichkeit der Leistung, LZ 1914, 370 ff. (Eigelb aus Hankau). – Nach Einführung des § 313 Abs. 1 BGB durch die Schuldrechtsreform dürfte sich die verhältnismäßige Herabsetzung als „Anpassung des Vertrages" rechtfertigen lassen.

Entsprechenden Lösungen begegnen wir etwa bei Sammelladung und Sammellagerung sowie in Fällen summenmäßiger Haftungsbegrenzung. Hat ein Verkäufer mehrere Gattungskäufe abgeschlossen und die für die Abnehmer bestimmten Quantitäten, etwa Getreide, Kohlen, Öl, zulässigerweise als Sammelsendung ungetrennt dem Frachtführer übergeben und tritt während des Transports ein Mengenverlust ein, so wird überwiegend unter Bejahung des Gefahrübergangs nach § 447 BGB angenommen, der Verlust treffe die Käufer nach dem Verhältnis ihrer Forderungen.[25] Nach dem früheren § 60 Abs. 2 BinnenSchG waren bei lose geladenen Gütern von gleichartiger Beschaffenheit ein Mindergewicht oder Mindermaß und ebenso ein etwaiges Übergewicht oder Übermaß unter die einzelnen Empfänger nach dem Verhältnis der für sie bestimmten Mengen zu verteilen.

Auch wenn durch einen Kraftfahrzeugunfall mehrere Personen getötet oder verletzt werden, verringern sich die Entschädigungsforderungen der Gläubiger in dem Verhältnis, in dem ihr Gesamtbetrag zu dem Haftungshöchstbetrag (von zur Zeit 3.000.000 € im Fall der Tötung oder Verletzung mehrerer Personen) steht, § 12 Abs. 2 StVG. Vergleichbare Bestimmungen zur proportionalen Verringerung der Entschädigungen, wenn deren Gesamtbetrag den Höchstbetrag überschreitet, finden sich in §§ 33, 37 Abs. 3 LuftVG, für das Seerecht in Art. 12 Abs. 1 des Londoner Haftungsbeschränkungsübereinkommens v. 1976 i.V.m. § 23 Abs. 1 SeeverteilungsVO,[26] ferner in § 10 Abs. 2 HaftpflG,[27] § 15 Satz 2 UmwelthaftpflG, § 33 Satz 2 GentechnikG, § 10 Abs. 2 ProdukthaftpflG, § 88 Satz 2 ArzneiMG, § 8 Abs. 3 BDatSchG sowie außerhalb des Bereichs der Gefährdungshaftung in § 156 VVG. Nicht zu vergessen ist schließlich der Prototyp einer verwirklichten Gefahrengemeinschaft, die auf die *Lex Rhodia* über den Seewurf (D. 14,2) zurückgehende große Haverei der §§ 700 ff. HGB, für die § 716 HGB vorsieht: „Der gesamte Schaden, welcher die große Haverei bildet, wird über das Schiff, die Ladung und die Fracht nach dem Verhältnisse des Wertes des Schiffes und der Ladung und des Betrages der Fracht verteilt".[28]

---

25 HansOLG Hamburg, Recht 1916 Nr. 654; *de Boor* (Fn. 23), S. 130 ff.; *Soergel/Huber*, BGB, 12. Aufl. 1991, § 447 Rn. 31. – Zur Sammellagerung vgl. den (aufgehobenen) § 32 OrderlagerscheinVO (Abzug eines angemessenen Hundertsatzes bei Gewichtsverlust); *A. Baumbach/K. Hopt*, HGB, 31. Aufl. 2003, § 469 Rn. 6.

26 S. dazu *D. Rabe*, Seehandelsrecht, 4. Aufl. 2000, Art. 12 LondHBÜ Rn. 1, S. 134.

27 Allerdings nur bei Schäden durch Energieanlagen. – Ebenso im Sonderfall der §§ 31 Abs. 1 Satz 2 i.V.m. § 25 Abs. 3 AtomG (wo jedoch im Regelfall die Haftung summenmäßig unbegrenzt ist).

28 Vgl. Paul. D. 14,2,2,2: Es hat sich die Meinung durchgesetzt, dass alle, die ein Interesse daran hatten, dass der Seewurf vorgenommen wurde, [zum Schadensausgleich] beisteuern müssen, weil die auf diese Weise geretteten Sachen einen Beitrag schuldeten. Daher sei auch der Schiffseigentümer anteilsmäßig [zum Schadensausgleich] verpflichtet. Der Schadensbeitrag muss entsprechend dem Geldwert der geretteten Sachen aufgeteilt werden.

III. Befriedigung in der Insolvenz

1. Dass nicht bevorrechtigte Gläubiger im Insolvenzverfahren nur eine Quote erhalten, steht nach der Insolvenzordnung von 1994 ebenso fest wie schon früher nach der Konkursordnung von 1877. Nach § 195 InsO bestimmt der Gläubigerausschuss für eine Abschlagsverteilung auf Vorschlag des Insolvenzverwalters den zu zahlenden Bruchteil. Die entsprechende Vorläufervorschrift des § 159 KO sprach von dem zu zahlenden Prozentsatz.

Ermittelt wird der Bruchteil aus dem Verhältnis der für die Verteilung zur Verfügung stehenden Barmittel (§§ 187 Abs. 2 Satz 1, 188 InsO) zu der Summe der zu berücksichtigenden Forderungen, wobei auch die noch anfallenden Masseverbindlichkeiten in Betracht zu ziehen sind.[29] Die Insolvenzgläubiger erhalten mithin den Teilbetrag, der sich aufgrund einer für alle gleich geltenden prozentualen Kürzung ihrer Forderung ergibt.

2. Dies wird heutzutage als selbstverständlich und nicht weiter begründungsbedürftig angesehen. Jedenfalls ist nicht ersichtlich, dass in der juristischen Literatur der letzten Dezennien eine nähere Begründung für diese Art der Verteilung gegeben worden ist.

Man wird nicht fehlgehen in der Annahme, dass dies darauf beruht, dass das Insolvenz- und zuvor das Konkursverfahren ein gesetzlich eingerichtetes Verfahren ist, um „die Gläubiger eines Schuldners gemeinschaftlich zu befriedigen, indem das Vermögen des Schuldners verwertet und der Erlös verteilt oder in einem Insolvenzplan eine abweichende Regelung insbesondere zum Erhalt des Unternehmens getroffen wird" (§ 1 InsO). Der Umstand gesetzlicher Festlegung des Verfahrens bietet allerdings, auch wenn dieses Verfahren an Bewährtes anknüpft, noch keine Erklärung dafür, weshalb die Masse in der genannten Weise verteilt wird.

Die Motive zum Entwurf der Konkursordnung lassen jedoch eine Erklärung erkennen: „Wohl aber treten die Gläubiger kraft Gesetzes in eine Gemeinschaft (communio incidens), in eine zufällige, denn wenn auch die Theilnahme an dem Verfahren dem Belieben eines Jeden überlassen ist, so entsteht doch unabhängig von dem Willen des Einzelnen – durch die Existenz der anderen Forderungen, das Zahlungsunvermögen des Schuldners und die Kollision aller Gläubiger – unter ihnen die rechtliche Gemeinschaft. Diese allerdings ist es, welche das Verhältnis der Konkursgläubiger zueinander und das Konkursver-

---

29 S. nur *W. Uhlenbruck* (Hrsg.), Insolvenzordnung, 12. Aufl. 2003, § 195 Rn. 5. Vgl. auch §§ 224, 226 Abs. 1 InsO.

fahren in Unterscheidung von jedem anderen Verteilungsverfahren charakterisiert. Das Befriedigungsrecht des Einzelnen erleidet durch den entstandenen Konkursanspruch eines Jeden rechtliche Beschränkung. Die Gemeinschaft hat zum Grund und Gegenstand: das Befriedigungsrecht eines jeden Gläubigers auf das gesammte, unzureichende Vermögen des Gemeinschuldners, zum Zweck und Inhalt: die gemeinschaftliche Befriedigung Aller aus diesem Vermögen. Darum darf kein Gläubiger rücksichtslos gegen die anderen sein einzelnes Befriedigungsrecht gegen den Schuldner verfolgen, darum dürfen Zwangsvollstreckungen zu Gunsten Einzelner nicht vorgenommen werden; das gleiche Recht aller verlangt, dass keiner seinen Anspruch anders als im gemeinschaftlichen Verfahren ausübe".[30]

Da sich bei der Gemeinschaft die Berechtigung der Teilhaber nach deren Anteil bemisst und im Hinblick auf den Konkurs als „Gemeinschaftsverhältnis" die Forderungen der Gläubiger als deren „Anteile" anzusehen sind, muss sich bei der Auseinandersetzung das Recht des einzelnen Gläubigers/ Teilhabers nach dem Verhältnis seines Anteils bemessen.

3. Diese gewissermaßen „privatrechtliche" Einordnung des Verhältnisses der Konkursgläubiger, die nach heutiger Auffassung „eine Interessengemeinschaft, aber keine Rechtsgemeinschaft" bilden,[31] ist ersichtlich vom römischen Recht inspiriert.

Das ordentliche Verfahren der Vermögensvollstreckung war bis gegen Ende des 3. Jh. die *venditio bonorum* (Vermögensverkauf).[32] Es begann damit, dass der Prätor den betreibenden Gläubiger in den „Besitz" des Schuldnervermögens zu dessen Erhaltung und Verwaltung einwies (*missio in bona rei servandae causa*). Die Tatsache dieser Einweisung wurde durch öffentlichen Anschlag (*proscriptio*) bekanntgegeben, um den weiteren Gläubigern die Teilnahme am drohenden Konkursverfahren zu ermöglichen. Sie hatten innerhalb der Proskriptionsfrist von grundsätzlich 30 Tagen (15 Tage beim Nachlasskonkurs) ihre Forderungen anzumelden. War die Proskriptionsfrist abgelaufen, ohne dass der betreibende Gläubiger befriedigt worden war, so wurden die Gläubiger vom Prätor zusammengerufen, um aus ihrer Mitte einen Geschäftsführer (*magister bonorum*) zu wählen, der aufgrund der Verkaufsbedingungen, die

30 Motive, S. 18, abgedr. bei *C. Hahn*, Die gesammten Materialien zur Konkursordnung, 1881, S. 47. Der auf dem Dresdener Entwurf fußende Vorentwurf folgt dem, s. *W. Schubert*, die Vorentwürfe der Redaktoren zum BGB, Recht der Schuldverhältnisse, Bd. III/2, 1980, S. 222 f. (neue Zählung).

31 BVerwG, NJW 1962, 979, 980 (mit *Mentzel/Kuhn*).

32 Näheres dazu bei *M. Kaser/K. Hackl*, Das römische Zivilprozeßrecht, 2. Aufl. 1996, S. 388 ff.

von ihm aufzustellen und vom Prätor zu genehmigen waren, den Verkauf des Schuldnervermögens im Wege öffentlicher Versteigerung durchführte. Derjenige Bieter, der den Gläubigern die höchste Quote ihrer Forderungen zusagte, erhielt den Zuschlag (Ersteher des Schuldnervermögens, *bonorum emptor*).

4. Die *missio in bona* wurde von den römischen Juristen als eine das gemeinsame Interesse aller Gläubiger wahrende Maßnahme angesehen (Ulp. D. 36,4,5,2; Paul. D. 42,5,12 pr.). Ein Gläubiger, der nach diesem Beschlagnahmezeitpunkt seine Forderung eingezogen hatte, musste sich auf seinen Anteil (*portio*) beschränken und alles darüber Hinausgehende herausgeben: ... *neque enim debuit praecipere ceteris post bona possessa, cum iam par condicio omnium creditorum facta esset*, Iul.-Ulp. D. 42,8,6,7 (er durfte nach der Beschlagnahme des Vermögens den anderen nämlich nicht vorwegnehmen, weil die Rechtslage aller Gläubiger schon gleich geworden war).[33] Machte der Gläubiger nach der *missio in bona* Verwendungen auf das Schuldnervermögen, so konnte er diese mit einer besonderen Klage von den anderen Gläubigern anteilig ersetzt verlangen. Denn die Klage aus Geschäftsführung ohne Auftrag war ebensowenig gegeben wie in dem Fall, „dass ein Miteigentümer das gemeinsame Haus (*commune aedificium*) abgestützt hat, weil auch dieser Gläubiger ersichtlich ein gemeinschaftliches, kein fremdes Geschäft (*commune non alienum negotium*) geführt hat, Ulp. D. 42,5,9,4. Diese und ähnliche Äußerungen in den Quellen lassen vermuten, dass die römischen Juristen die Gemeinschaft der Konkursgläubiger mit der Bruchteilsgemeinschaft (*communio*) verglichen haben. *Justinian* hat später ausdrücklich davon gesprochen, dass unter den Konkursgläubigern im Hinblick auf den Vermögensbesitz eine *communio* bestehe.[34]

5. Für das römische Konkursverfahren war die verhältnismäßige Befriedigung der Gläubiger selbstverständlich; der *bonorum emptor* hatte ebendies bei der Versteigerung übernommen.[35] Ob aber das Prinzip der verhältnismäßigen Verteilung aus dem römischen Recht in unser Recht gelangte, ist ungewiss. In den Quellen des deutschen Rechts wird vor wie nach der Rezeption meist das Präventionsprinzip zugrunde gelegt. Der Gläubiger, der die erste Besatzung des Schuldnervermögens erlangte, ging allen späteren vor; diese wurden nach der

---

33 Diesem Text ist das Wort von der *par condicio creditorum* entnommen.

34 C. 7,72,10 pr., 1 (aus 532). S. zu alldem *E. Eck*, Die sogenannten doppelseitigen Klagen des römischen und gemeinen Rechts, 1870, S. 132 ff. – Auch haben die Klassiker die *possessio* des betreibenden Gläubigers mit einem Pfandrecht verglichen (*Kaser/Hackl* [o. Fn. 32], S. 392); daraus ist von einem Teil der gemeinrechtlichen Doktrin eine Rechtsgemeinschaft am Pfandrecht (*communio pignoris*) der Konkursgläubiger abgeleitet worden.

35 Auch wenn es so gewesen sein sollte, dass der *bonorum emptor* den Kaufpreis bar erlegte, wäre es nicht anders; die Quotenrechte der Gläubiger würden sich am Kaufpreis fortsetzen, so *O. Behrends*, Der Zwölftafelprozeß, 1974, S. 185 f. Explizit zur Befriedigung nach festen Quoten *Theophiles*, Paraphrasis 3, 12 pr.

Reihenfolge befriedigt, in der sie ihre Forderungen gerichtlich geltend gemacht und zu deren Sicherung sie das Schuldnervermögen besetzt hatten. Seit der 2. Hälfte des 13. Jh. kam in niederdeutschen Quellen, vor allem in den Hansestädten, die verhältnismäßige Verteilung des Schuldnervermögens auf. Dazu nimmt die seit dem 19. Jh. fest etablierte herrschende Ansicht an, dies sei durch die Bedürfnisse des Handelsverkehrs ausgelöst worden, denn es habe eine Benachteiligung auswärtiger Gläubiger vermieden werden müssen, die von der Insolvenz ihres Kunden erst später Nachricht erhielten als die Kaufleute vor Ort, denen die Beschlagnahme viel früher möglich war. Auch hätten wahrscheinlich Einflüsse durch das Recht der oberitalienischen Städte die Umgestaltung des Vollstreckungsrechts begünstigt.[36] Doch dürfte dies zu einseitig gesehen sein. Beispielsweise hat sich die herrschende Ansicht entwickelt, ohne dass so beachtliche Umstände berücksichtigt worden wären wie die Tatsache, dass das Hamburger Ordeelbook von 1270, in dem das neue Verfahren vorgesehen ist, von dem Ratsnotar Magister *Jordan von Boizenburg* verfasst worden ist, der in Bologna studiert und in das Ordeelbook erkennbar römischrechtliche Bestimmungen aufgenommen hat.[37]

IV. Weitere Teilungsprinzipien

1. Die verhältnismäßige Teilung nach Anteilen ist allerdings nicht so selbstverständlich, wie sie uns erscheint. Im babylonischen Talmud findet sich ein Verteilungsverfahren, das in der modernen Spieltheorie auf höchste Anerkennung gestoßen ist. Der Traktat Kethuboth enthält fol. 93 a die folgende Mischna, die wie überhaupt die gesamte Mischna um 200 n. Chr. von Rabbi *Jehuda*, dem „Fürsten", aus dem jüdischen Traditionsstoff gebildet worden ist (in der Übersetzung von *Lazarus Goldschmidt*):

> „Wenn jemand drei Frauen geheiratet hatte und gestorben ist, und die Morgengabe der einen eine Mine,[38] der anderen zweihundert und der dritten dreihundert Zuz beträgt und nur eine Mine vorhanden ist, so teilen sie gleichmäßig; sind zweihundert vorhanden, so erhält, die eine Mine [zu bekommen hat], fünfzig, und die zweihundert und dreihun-

---

36 S. etwa *V. v. Meibom,* Das deutsche Pfandrecht, 1867, S. 457 ff.; *O. Stobbe,* Zur Geschichte des älteren deutschen Konkursverfahrens, 1888, S. 20 f. (mit Rezension von *L. Seuffert,* Krit. Vjschr. 32, 1890, 96 ff.); *J. Kohler,* Lehrbuch des Konkursrechts, 1891, S. 32 ff.; *W. Uhlenbruck,* in: W. Uhlenbruck/B. Klasmeyer/B.M. Kübler, Einhundert Jahre Konkursordnung 1877 – 1977, 1977, S. 8 ff.

37 Ausgabe: *J.M. Lappenberg,* Die ältesten Stadt-, Schiff- und Landrechte Hamburgs, 1845, Nachdr. 1966, S. 1 ff.; dazu *H. Reincke,* Das hamburgische Ordeelbook von 1270 und sein Verfasser, SZ (Germ. Abt.) 72 (1955) S. 83 ff.; *ders.,* Frühe Spuren römischen und kanonischen Rechts in Niedersachsen, FS Haff, 1950, S. 174 ff.

38 Also 100 Zuz.

> dert [zu bekommen haben], je drei Gold[denare];[39] sind dreihundert vorhanden, so erhält, die eine Mine [zu bekommen hat], fünfzig, die zweihundert [zu bekommen hat], eine Mine, und die dreihundert [zu bekommen hat], sechs Gold[denare].[40] Auch drei, die [Geld] in den Beutel getan und Verlust oder Gewinn erzielt haben, teilen ebenso."[41]

Es überrascht, dass die Verteilung unter den hier grundsätzlich gleichberechtigten[42] Frauen unterschiedlich ausfällt, je nachdem, welchen Umfang der Nachlass hat. Die A hat eine Forderung über 100, die B eine über 200 und die C über 300. Im Grundfall macht der Nachlass 100 aus. Da die drei Frauen gleichmäßig teilen, erhält jede 33 1/3; die Teilung erfolgt nach Köpfen. In der 1. Variation finden sich 200 im Nachlass: A erhält 50, B 75 und C ebenfalls 75. In der 2. Variation macht der Nachlass 300 aus: Wie zuvor erhält A 50, auf B entfallen 100 und auf C 150: Hier kommt es mithin zu proportionaler Teilung. Sind danach die Lösungen des Grundfalls und der 2. Variation für sich erklärlich, so bleibt doch fraglich, worauf die Lösung der 1. Variation beruht und wodurch sich die wechselnde Verteilung rechtfertigt.

Die 2. Variation zeigt, dass A, nachdem sie in der 1. Variation 50 und damit die Hälfte erhalten hat, bei der späteren Verteilung nicht mehr berücksichtigt wird. Aus der 1. Variation ergibt sich, dass B und C die verbliebenen 150 nach Köpfen teilen. Damit lässt sich das übergeordnete Prinzip erkennen: Die Teilung erfolgt so lange nach Köpfen, bis eine Beteiligte die Hälfte erhalten hat. Diese scheidet damit (vorerst) aus der Verteilung aus und die Verbleibenden teilen weiterhin nach Köpfen, bis die nächste in Höhe der Hälfte Befriedigung erlangt. Man kann dies als eine beschränkt gleichmäßige Verteilung bezeichnen;[43] bei Lichte besehen handelt es sich freilich nur um eine Modifikation des

---

39 Also 75 Zuz.

40 Mithin 150 Zuz.

41 Kethuboth 10,4 (fol. 93 a) bei *L. Goldschmidt*, Der babylonische Talmud, 1931, Bd. 5, S. 297. Englische Übersetzung bei *I. Epstein* (Ed.), The Babylonian Talmud, Jeder Nashim, Bd. 2, Soncino Press 1936, S. 589 f. (Trad. *I. W. Slotki*).

42 Die kethubah war ein beurkundetes Zahlungsversprechen des Ehemannes, das in erster Linie die Sicherung der Frau bei Beendigung der Ehe, insbesondere im Fall der Scheidung, bezweckte und auch die Scheidung erschweren sollte. Übliche Beträge waren 100 Zuz für eine geschiedene oder verwitwete Frau, 200 Zuz für eine Jungfrau. Bei konkurrierenden Forderungen – Polygamie war gestattet – ging die Forderung der früheren Ehefrau der der späteren vor. Im konkreten Fall müssen die Urkunden über die kethuba an einem und demselben Tage ausgestellt worden sein. S. zu alldem *G. Horowitz*, The Spirit of Jewish Law, 1973, S. 308 ff. Vgl. auch Kethuboth 10,5 (93 b).

43 Näheres dazu bei *R.J. Aumann/M. Maschler*, Game Theoretic Analysis of a Bankruptcy Problem from the Talmud, Journal of Economic Theory, Bd. 36, 1985, S. 195 ff., 196, 201 (den Hinweis verdanke ich meinem Kollegen *Werner Hildenbrand*). Diese Autoren sprechen von einer constrained equal division. S. jüngst auch *M. Balinski*, Die Mathematik der Gerechtigkeit, Spektrum der Wissenschaft 3/2004, S. 90 ff.

Prinzips der Teilung nach Köpfen. Es ist deshalb anzunehmen, dass dann, wenn der Nachlass 400 ausmacht, die über 300 hinausgehenden 100 wieder nach Köpfen geteilt werden und dass beispielsweise bei einem Nachlass von 500 die A 100, also volle Befriedigung erhält, während auf B und C jeweils 175 bzw. 225 entfallen.[44]

Im Allgemeinen wirkt sich eine verhältnismäßige Verteilung umso günstiger aus, je größer die Forderung ist, eine Aufteilung nach Köpfen hingegen umso günstiger, je geringer die Forderung ist. Die beschränkt gleichmäßige Verteilung nach Kethuboth 10,4 führt, wie sich in graphischer Darstellung gut veranschaulichen ließe, in der Regel zu Lösungen, die zwischen den Ergebnissen der verhältnismäßigen und der Verteilung nach Köpfen liegen.[45] Das könnte daran denken lassen, dieses Verteilungsverfahren sei gewählt worden, um die Witwe mit der geringsten Forderung und damit der geringsten Versorgung zu begünstigen. Diese Annahme ginge jedoch fehl; denn im Schlusssatz der Mischna wird klargestellt, dass diese Verteilung auch für den Verlust und den Gewinn gilt, wenn mehrere „[Geld] in den Beutel getan", also eine Gesellschaft abgeschlossen und Betriebskapital eingebracht haben.[46] Zwar wird das Verteilungsprinzip hier von Rabbi *Nahmann* in der Gemara auf Fälle der Veränderung des Wertes der eingebrachten Münzen beschränkt;[47] doch ändert dies nichts daran, dass die beschränkt gleichmäßige Verteilung auch außerhalb der Kethubah-Forderungen Anwendung fand.

2. In der Gemara zu unserer Mischna wird gefragt: „Wieso erhält, die eine Mine zu bekommen hat, fünfzig, ihr kommen ja nur dreiunddreißig und ein Drittel zu?"[48] Ferner wird zur 2. Variation gefragt: „Wieso erhält die [Inhaberin der] zweihundert eine Mine, ihr stehen ja nur 75 Zuz zu?"[49] Hinter diesen Fragen steht ein weiteres Verteilungsprinzip, das von *Rabad* (Rabbi *Abraham ben David*, 1125 – 1198) als das Geeignetste befürwortet wurde und das, weil in der Gemara aufscheinend, schon im 3. oder 4. Jh. bekannt gewesen sein muss.[50] Diesem Verteilungsverfahren liegt eine sehr gegenständliche Vorstellung vom

44 So sehen es auch *Aumann/Maschler* (Fn. 43), S. 200 f.

45 Für Gläubiger mit mittlerer Forderungshöhe wie B ist diese Verteilung bei mittlerer Vermögensgröße (im Beispiel zwischen 150 und 300) sogar vorteilhafter als die verhältnismäßige Verteilung und die nach Köpfen. Dies hat mir mein Mitarbeiter *Lars Thießen* nachgewiesen.

46 *Horowitz* (Fn. 41), S. 562; vgl. auch *Goldschmidt* (Fn. 41), S. 297 Fn. 67; *Slotki* (Fn. 41), S. 590 Fn. 10.

47 Kethuboth 93 b, vgl. *Goldschmidt* (Fn. 41), S. 299 Fn. 82, 83; *Slotki* (Fn. 41), S. 594 Fn. 4. Denn als Grundsatz galt, dass die Gesellschafter Gewinn und Verlust verhältnismäßig teilen.

48 *Goldschmidt* (Fn. 41), Bd. 5, S. 297; Soncino-Ausgabe (Fn. 41), Bd. 2, S. 590.

49 Kethuboth 93 a, vgl. *Goldschmidt* (Fn. 41), Bd. 5, S. 29; Soncino-Ausgabe (Fn. 41), Bd. 2, S. 597 f.

50 *Aumann/Maschler* (Fn. 43), S. 203 m. Fn. 14.

Vermögen zugrunde, das offenbar als aus Minen bestehend gedacht wird. Angenommen, das Gesamtvermögen beläuft sich auf 500 Zuz, also 5 Minen, und es bestehen Forderungen der Gläubiger G_1 – G_4 über 100, 200, 300 und 400. Da G_1 mit seiner Forderung auf 100 nur Anspruch auf eine Mine haben kann, da aber auch G_2 – G_4 Anspruch auf diese Mine haben, wird sie unter die vier Gläubiger aufgeteilt; jeder erhält 25. G_1 muss danach, da er nicht mehr als die Mine zu beanspruchen und diese mit den anderen zu teilen hat, aus der weiteren Verteilung ausscheiden.

G_2 ist i.H.v. 200 berechtigt und kann deshalb an der Verteilung der nächsten Mine teilnehmen; er erhält ebenso wie G_3 und G_4 1/3 von dieser Mine und wird im Weiteren nicht mehr berücksichtigt. Auf die dritte Mine haben G_3 und G_4 Anspruch; sie teilen, sodass jeder 50 erhält. Die vierte Mine schließlich kann nur G_4 beanspruchen; er erhält sie ganz. Daraus ergibt sich, dass G_1 25 erhält, G_2 58 1/3, G_3 108 1/3 und G_4 208 1/3. Das nach unserem Empfinden sehr befremdliche Ergebnis dieser stufenweisen Verteilung ist, dass nicht das gesamte Vermögen verteilt ist, dem Schuldner trotz seiner Überschuldung vielmehr die fünfte und letzte Mine verbleibt. Überraschend ist ferner, dass G_1, der Gläubiger mit der geringsten Forderung, nur 25 % erhält, G_4 als der größte Gläubiger dagegen 52 %. Natürlich ist sein effektiver Verlust mit 192 wesentlich höher als der des G_1; doch ist der Verlust des G_3 nicht geringer.

Auf der Grundlage dieses Verfahrens wird begreiflich, weshalb die Fragen in der Gemara voraussetzen, A dürfe nicht mehr als 33 1/3 und B nicht mehr als 75 Zuz erhalten, dürften doch beide an der Verteilung auf der jeweils nächsthöheren Stufe nicht mehr beteiligt sein. Dass für B statt der zu erwartenden 83 1/3 (33 1/3 + 50) nur 75 Zuz angesetzt werden, beruht darauf, dass in der Gemara im Anschluss an R. Samuel unterstellt wird, B habe der A die schriftliche Erklärung erteilt, sie, B, werde ihren Anteil an der 1. Mine gegenüber A nicht geltend machen. A habe deshalb nur mit C teilen müssen und daher die 50 erhalten. Da B aber nicht der C gegenüber verzichtet habe, müsse diese ihre Hälfte aus der 1. Mine mit B teilen, sodass B aus der 1. Mine 25 Zuz erhalte, zu der dann die 50 Zuz als hälftiger Anteil aus der 2. Mine hinzugenommen seien.

Der Notbehelf, einen Verzicht zu unterstellen, und die juristische Schwäche der Erklärung, die voraussetzen muss, B habe mit ihrem einseitigen Verzicht die Rechtslage der C verschlechtern, deren Anteil von 33 1/3 nämlich auf 25 Zuz schmälern können – dies beides zeigt, dass mit dem Prinzip der stufenweisen Verteilung die in der Mischna zugrunde gelegte Verteilung nicht befriedigend erklärt werden kann. Darin liegt zugleich eine Bestätigung dafür, dass die beschränkt gleichmäßige Verteilung die treffende Erklärung für das in der Mischna dargestellte Verfahren bietet.

3. Es ist bislang offenbar noch nicht gesehen worden, dass sich zur Mischna Kethuboth 10,4 eine Parallele in den Digesten findet:

D. 30,80 *Apud IULIANUM libro trigesimo secundo digestorum MARCELLUS notat:*

> Is, qui sola triginta reliquerat, Titio triginta legavit, Seio viginti, Maevio decem. Massurius Sabinus probat Titium quindecim, Seium decem, Maevium quinque consecuturos, ita tamen, ut ex his pro rata portionis Falcidiae satisfiat.

D. 30,80 Bei JULIAN im 32. Buch seiner Digesten merkt MARCELLUS an:

> Jemand, der nur 30 hinterließ, hat dem Titius 30 vermacht, Seius 20 und Maevius 10. Massurius Sabinus hält es für richtig, dass Titius 15, Seius 10 und Maevius 5 erhalten, und zwar mit der Maßgabe, dass daraus nach dem Verhältnis der Anteile der Lex Falcidia Genüge getan wird.

Marcellus hilft der Überschwerung des Nachlasses ab, indem er die Vermächtnisse proportional auf die Hälfte kürzt und dann in einem zweiten Schritt aus den gekürzten Anteilen ebenfalls in proportionaler Kürzung das Viertel herausschneidet, das dem Erben nach der *Lex Falcidia* (40 v. Chr.) erhalten bleibt und im konkreten Fall 7 1/2 ausmacht. Die Vermächtnisse belaufen sich demnach auf 11 1/4 für Titius, 7 1/2 für Seius und 3 3/4 für Maevius, insgesamt also auf 22 1/2.[51]

Die Lösung ist an sich selbstverständlich;[52] es ist kaum zu erkennen, wie sie anders sein sollte. Leider sind der Zusammenhang und insbesondere die Ausführungen *Julians,* die Marcellus zu seiner Note veranlassten, nicht mehr erkennbar. Dass *Marcellus* die Autorität des *Sabinus* (1. Hälfte des 1. Jh.) bemüht, könnte ein Indiz dafür sein, dass sich zu der Frage, wie zu verteilen sei, seinerzeit noch keine feste Auffassung gebildet hatte. Auffällig ist jedenfalls, dass der Fall ganz parallel zur 2. Variation unserer Mischna liegt: Genau im Zehntel werden die Zahlenverhältnisse wiedergegeben, drei Personen sind mit entsprechenden Forderungen beteiligt, die insgesamt das Doppelte des Nachlasses

51 S. auch *D. Schanbacher,* Ratio legis Falcidiae, 1995, S. 24 f.

52 Vgl. o. Fn. 20 (zu § 2090 BGB).

ausmachen; die Lösungen stimmen überein. Es ist deshalb gut denkbar, dass auch unter den römischen Juristen andere Verteilungsverfahren diskutiert wurden und dass ein Zusammenhang zwischen den Diskussionen der *iurisprudentes* und der Rabbinen besteht; für die Annahme, dass es bereits unter den römischen Juristen Anhänger der beschränkt gleichmäßigen Verteilung gegeben habe, bietet D. 30,80 jedoch keine hinreichende Stütze.[53] Allerdings sollte die Intensität des Gedankenaustauschs im antiken Mittelmeerraum nicht unterschätzt werden.

4. Es wird den Freund *Gerhart Kreft,* dessen kenntnisreiches Interesse an rechtshistorischen Zusammenhängen erweckt war, seit er als Student *Franz Wieacker* erlebte, nicht überrascht haben zu sehen, dass wir auch in dem hier erörterten Bereich weithin auf römischen Fundamenten stehen und dass die uns selbstverständlich gewordenen Teilungsregeln so selbstverständlich nicht sind, dass „jedes alte Weib so entscheiden könnte".[54] Vielleicht wird er aber fragen, ob auch den Forderungsteilungen, die der Haushalter in Lukas 1 – 8 von 100 auf 80 für den Herrn und 20 für den Schuldner bei Weizen und von 100 auf 50 für jeden bei Öl vornimmt, ein besonderes Prinzip zugrunde liegt. In der Tat geht es auch dort um ein Prinzip, aber weniger um Teilung als um Wiedergutmachung, und deshalb ist in der neuen Einheitsübersetzung aus dem ungerechten treffend ein kluger Verwalter geworden. Aber das ist ein anderes Feld, das wir auf einer anderen Wanderung beschreiten könnten. ■

53 Insofern ist der Bericht von *I. Kroppenberg,* SZ 120, 2003, 443 missverständlich.

54 So der indische König Phraotes (bei Philostratus, Vita Apollonii 2,39 [ed. F.C. Conybeare, 1950]) zur Halbteilung als Lösung in einem Falle, in dem ein Schatz in einer Kaufsache gefunden worden war. Apollonius bemerkt dazu, offenbar seien die Parteien keine Philosophen, denn dann würden sie sich um Gold nicht streiten, und er rät dem König, den Schatz dem zuzusprechen, der ein von Schuld freies Leben führe. Näheres dazu bei *D. Nörr,* Ethik und Jurisprudenz in Sachen Schatzfund, Bullettino dell'Istituto di diritto romano, Bd. 75 (1972) 11 ff.

Verarbeitung durch Aufzucht und Pflege?*[*]

Rolf Knütel

Inhaltsübersicht

I. Ein berühmtes Urteil

Nachgerade berühmt geworden ist das Urteil des Amtsgerichts Kamenz vom 17.3.1948[1]. Der Urteils-Tatbestand lautet: «Dem Kläger war im Juni 1945 ein Pferd gestohlen worden. Das Pferd wurde einige Wochen danach in krankem, halb verhungertem und völlig erschöpftem Zustande dem Bauern S. zum Verkauf angeboten, der es für einen geringfügigen Betrag erwarb. Nach Behandlung durch einen Tierarzt, der zunächst kaum geglaubt hatte, dass das Pferd jemals wieder arbeitsfähig werden würde, gelang es dem S. in monatelanger Mühe, das Pferd für leichtere Arbeiten wieder gebrauchsfähig zu machen. 2 Jahre später hat S. das Pferd an den Beklagten verkauft, bei dem es vom Kläger wie-

[*] E. Bucher/C.-W. Canaris/H. Honsell/Th. Koller (Hrsg.), Norm und Wirkung. Festschrift für Wolfgang Wiegand zum 65. Geburtstag, Stämpfli/C. H. Beck, Bern/München 2005, 407 – 420.

* Natürlich ist unser Themenkreis Wolfgang Wiegand, dem wir unsere herzlichen Glückwünsche entbieten, wohlvertraut, wie nicht nur seine Kommentierung im Staudinger zeigt. Doch möchten wir auf die Erfahrung vertrauen, dass sich auch auf dem Wege durch bekanntes Gelände immer wieder Neues entdecken lässt.

1 Neue Justiz (= NJ) 1948, 83. – Der Ort liegt in der Oberlausitz (Sachsen).

dergefunden wurde». Der Kläger verlangte Herausgabe; seine Klage wurde vom Amtsrichter, «einem bewährten Juristen»[2], abgewiesen.

In den Urteilsgründen wird darauf abgestellt, dass «der Bauer S. aus einem Pferd, das nach dem Gutachten des Tierarztes nahe am Verrecken war, in mühevoller Arbeit wieder ein brauchbares Arbeitstier und damit – krass ausgedrückt – aus einem toten Pferd ein lebendiges gemacht» hat. Er habe im Hinblick auf dieses Ergebnis seiner Arbeit daher Eigentum an dem Pferd nach § 950 BGB erworben (und dieses später auf den Beklagten übertragen).

Nach § 950 Abs. 1 BGB erwirbt derjenige, der «durch Verarbeitung oder Umbildung eines oder mehrerer Stoffe eine neue bewegliche Sache herstellt, ... das Eigentum an der neuen Sache, sofern nicht der Wert der Verarbeitung oder der Umbildung erheblich geringer ist als der Wert des Stoffes. Als Verarbeitung gilt auch das Schreiben, Zeichnen, Malen, Drucken, Gravieren oder eine ähnliche Bearbeitung der Oberfläche». Der Amtsrichter entnahm der Vorschrift, bei der Beurteilung des Eigentumsübergangs müsse die geleistete Arbeit entscheidende Berücksichtigung finden, und es genüge, um der Arbeit gegenüber dem Eigentum am Rohstoff den Vorrang zu geben, auch die blosse Bearbeitung der Oberfläche. Daraus leitete er als Grundsatz ab, «daß stets, also auch dann, wenn es sich um keine eigentliche Umbildung einer Sache handelt, die geleistete Arbeit und der damit erzielte Erfolg entscheidend für die Frage des Eigentums sein müssen». Ob der Richter hierbei von einer direkten oder wohl eher von einer analogen Anwendung des § 950 BGB ausging, wird nicht deutlich.

II. Eine singuläre Bestimmung

1. § 18 I 9 Preuss.ALR v. 1794

Der Gedanke, dass jemand, der ein krankes Tier gesund pflegt, an diesem Eigentum erwirbt, ist so originell nicht, wie es auf den ersten Blick erscheinen mag. Ausdruck fand er bereits im Preussischen Allgemeinen Landrecht. § 18 I 9 ALR sah vor: «Ein krankes Thier, welches der bisherige Besitzer von sich gestoßen und hilflos sich selbst überlassen

2 So die Anmerkung der Redaktion.

hat, wird das Eigenthum desjenigen, welcher für dessen Pflege und Wiederherstellung sorgt». Die Vorschrift ist singulär. Sie steht im Teil 1, und zwar im 2. Abschnitt («Von der Besitznehmung verlassener und verlorener Sachen») des 9. Titels («Von der Erwerbung des Eigenthums überhaupt, und den unmittelbaren Arten derselben insonderheit»), und sie gehört zu den Bestimmungen über «verlassene», also derelinquierte[3] Sachen. Eigentümer konnte also (auch) schon werden, wer sich das kranke Tier aneignete (vgl. § 14 I 9 ALR). Die Bedeutung des § 18 liegt deshalb darin, dass derjenige, der das Tier gesundpflegt, auch dann Eigentum erwerben soll, wenn er – etwa in der irrtümlichen Annahme, es sei nicht derelinquiert – es sich nicht aneignen will. Treffend bemerkt deshalb HEINRICH DERNBURG, die Bestimmung gehöre «eher zur Lehre vom Erwerb durch Arbeit als zur Dereliktion»[4].

Ein Eigentumserwerb **durch Verarbeitung** wäre nach preussischem Recht in derartigen Fällen jedoch nicht in Betracht gekommen. Denn er hätte vorausgesetzt, dass jemand in gutem Glauben «fremde Materialien dergestalt verarbeitet, daß dieselben dadurch ihre bisherige Form verloren und eine neue Gestalt angenommen haben», § 304 I 9 ALR.

2. Das Vorbild

Die Bestimmung des § 18 I 9 ALR «ist nach einer aus den Materialien des L.R. entnommenen Notiz des Revisors (...), der Vorschrift des R.R. nachgebildet, daß derjenige, welcher einen kranken, von seinem Herrn hülflos verlassenen Sklaven aufnahm und wieder herstellen liess, dadurch Eigenthümer desselben wurde»[5]. Dem liegt offenbar ein Versehen zugrunde. Denn nach einem Edikt des Claudius (41–54 n. Chr.) erlangte ein Sklave die latinische Freiheit, wenn er wegen Gebrechlichkeit von seinem Eigentümer derelinquiert wurde, Mod. (6 reg.) D. 40,8,2: *Servo quem pro derelicto dominus ob gravem infirmitatem habuit, ex edicto divi Claudii competit libertas.* Ausführlicher berichtet

3 Vgl. § 16 I 9 ALR.

4 H. DERNBURG, Lehrbuch des Preußischen Privatrechts, Bd. 1 (Die Allgemeinen Lehren und das Sachenrecht), 4. Aufl., Halle 1884, S. 582 Fussn. 7.

5 C. F. KOCH, Allgemeines Landrecht für die Preußischen Staaten (Kommentar in Anmerkungen), Bd. 1, 6. Aufl., Berlin 1874, S. 415 Anm. 13.

Sueton, De vita Caesarum 25,2:

Cum quidam aegra et adfecta mancipia in insulam Aesculapii taedio medendi exponerent, omnes qui exponerentur liberos esse sanxit nec redire in dicionem domini, si convaluissent; quod si quis necare quem mallet quam exponere caedis crimine teneri.	Als gewisse Leute Sklaven, die krank und ihrem Ende nahe waren, auf der Insel des Äskulap [im Tiber] aussetzten, weil es sie anwiderte, ihnen zu helfen, ordnete er [Claudius] an, dass alle, die ausgesetzt wurden, frei sein und, wenn sie gesundeten, nicht in die Gewalt ihrer [früheren] Eigentümer zurückfallen sollten. Sollte jemand es jedoch vorziehen, einen Sklaven zu töten, statt ihn auszusetzen, werde er wegen Mordes belangt.

Ob das Edikt[6] in seinem Schlussteil bereits die Strafandrohung wegen Mordes enthielt, ist nicht sicher[7], aber doch wahrscheinlich, weil sie den Eigentümern, die sich ihrer ihnen nur noch zur Last fallenden Sklaven entledigen wollten, einen bis dahin offenbar hingenommenen «Ausweg» versperrte[8].

Zwar war es möglich, dass ein Eigentümer seinen Sklaven derelinquierte, und ebenso war es, ohne dass es hier auf Einzelfragen ankäme, auch möglich, dass jemand sich diesen Sklaven aneignete[9], mochte dieser krank sein oder nicht. Der Fall, der Vorbild für die Bestimmung des § 18 I 9 ALR gewesen sein soll, kann also ohne weiteres vorgekommen sein; doch beruhte der Eigentumserwerb in solchen Fällen auf dem Ok-

6 Dazu auch Iustinianus C. 7, 6, 1, 3 u. 3a (531 n. Chr., Erteilung des römischen Bürgerrechts); Nov. 22,12 (535 n. Chr.), Dio Cassius 60, 29. Näheres zu alldem bei E. VOLTERRA, Intorno a un editto dell'imperatore Claudio, in: E. VOLTERRA, Scritti giuridici, ed. M. Talamanca, Bd. 2, Neapel 1991 (aus 1956), S. 417 ff.; C. CASTELLO, La libertà claudiana senza manomissione, in: Annali della Facoltà di Giurisprudenza dell'Università di Genova, Bd. 1, 1962, S. 213 ff.

7 Vgl. W. W. BUCKLAND, The Roman Law of Slavery, Cambridge 1908, S. 37.

8 Vgl. TH. MOMMSEN, Römisches Strafrecht, 1899, Neudr. Berlin/Darmstadt 1955, S. 616.

9 Vgl. nur BUCKLAND (o. Fussn. 7), S. 274 ff. (zum *servus pro derelicto*).

kupationsakt und nicht auf der Wiederherstellung der Gesundheit des Sklaven durch den neuen Eigentümer[10]. Überdies ist ein solcher Fall im Corpus iuris nicht überliefert. Deshalb ist zu vermuten, dass § 18 I 9 ALR durch das Fragment Mod. D. 40,8,2 inspiriert wurde[11]. Da die hier überlieferte Lösung der Erteilung personenrechtlicher Freiheit im Falle von Tieren nicht in Betracht kommen kann, mag sich der Gedanke aufgedrängt haben, einen Eigentumserwerb vorzusehen.

Nach alldem steht fest, dass § 18 I 9 ALR eine singuläre Bestimmung und nicht Ausdruck eines Prinzips war, an das möglicherweise auch im heutigen Recht noch angeknüpft werden könnte. Es kommt deshalb nicht auf die Unterschiede zum Fall des AG Kamenz an, in dem keine Dereliktion von Seiten des Eigentümers, sondern ein Diebstahl dazu geführt hatte, dass der Besitzer «Revitalisierungskosten» übernahm.

III. Verarbeitung und Sachidentität

1. Die Lehre Wielings

Das Urteil des AG Kamenz ist ganz überwiegend auf Ablehnung gestossen[12]; doch hat es auch Zustimmung gefunden, insbesondere bei H. J. Wieling[13]. Für die Frage, ob eine neue Sache im Sinne des § 950

[10] Vgl. J. A. Gruchot, Glossen zum Allgemeinen Land-Recht, in: Gruchot, Beiträge, Bd. 6 (1862) 439: «§ 18 ist nicht als eine singuläre, zum Besten eines barmherzigen Samariters gegebene Vorschrift aufzufassen, sondern enthält in der That nichts als die sich ganz von selbst verstehende Anwendung der in den vorhergehenden Paragraphen aufgestellten allgemeinen Grundsätze auf einen speziellen Fall. Denn ein krankes von seinem Eigenthümer verstoßenes Thier muß nothwendig als derelinquirt angesehen werden, und fällt daher dem Occupanten zu.»

[11] Davon geht ohne weiteres auch Dernburg (o. Fussn. 4), S. 582 Fussn. 7 aus. Unwahrscheinlich ist dagegen, dass C. 8,51 (52), 2 (374 n. Chr.) den Anlass gegeben hat. Dort geht es um die Aussetzung von Abkömmlingen.

[12] So etwa bei M. Wolff/L. Raiser, Sachenrecht, 10. Bearb., Tübingen 1957, S. 270 Fussn. 3; P. Hofmann, Zum Begriff der Neuheit in § 950 BGB, NJW 1961, 1246; G. Otte, Wesen, Verkehrsanschauung, wirtschaftliche Betrachtungsweise – ein Problem der §§ 93, 119 II, 459 und insbesondere § 950 BGB, JuS 1970, 154, 158; H. Westermann/K.-H. Gursky, Sachenrecht, 7. Aufl., Heidelberg 1998, § 53 II 3, S. 433; RGRK-H. Pikart, BGB, 12. Aufl., Berlin 1979, § 950 Rz. 58; Soergel-M. Henssler, BGB, 13. Aufl., Stuttgart 2002, § 950 Rz. 5.

[13] H. J. Wieling, Sachenrecht, Bd. 1, Berlin/Heidelberg 1990, § 11 II 4 e, S. 428 f.; *ders.*, Sachenrecht, 4. Aufl. 2001, S. 141; R. Gähler, Zum Kamenzer Urteil, NJ 1948, 156 f.

BGB entstanden ist, komme es, so meint WIELING, nicht darauf an, ob noch Identität vorliegt oder ob schon eine Wesensveränderung eingetreten sei, zumal da es keinerlei Kriterien für die Entscheidung dieser Fragen gebe. Entscheidend für die Anwendung des § 950 BGB sei vielmehr die Wertsteigerung durch Verarbeitung. WIELING folgert: «Eine neue Sache i.S.v. § 950 ist also immer dann anzunehmen, wenn an einer Sache eine Wertsteigerung durch menschliche Einwirkung zu verzeichnen ist, ausgenommen wenn die Wertsteigerung erheblich geringer ist als der Wert des Ausgangsmaterials. Die Art der Einwirkung ist gleichgültig ...», so dass «auch das Gesundpflegen eines Tieres unter § 950 fallen» kann. Überdies zeige § 950 I 2, der die Oberflächenbearbeitung dem Verarbeiten gleichstelle, dass es «nicht mehr auf Identitätsfragen ankommt»[14].

Dem ist jedoch nicht zu folgen. Blosse Wertsteigerungen, seien sie auch erheblich, können eine Sache nicht zu einer anderen machen. Das im § 950 BGB sogar wiederholt genannte Erfordernis, dass eine «neue Sache» entstanden sein muss, wenn eine Verarbeitung vorliegen soll, wird bei WIELINGS Betrachtungsweise folglich aufgegeben. Das Erfordernis ist jedoch von entscheidender Bedeutung; denn erst mit der Entstehung der neuen Sache ergibt sich, dass die alte Sache untergegangen und dadurch das Eigentümerrecht an ihr erloschen ist. Damit stellt sich das Problem, wem die neue Sache zuzuordnen ist, und erst auf dieser Grundlage kann eine Zuordnung allein an den Verarbeiter erfolgen. Käme es auf die Identität nicht an, so wäre unbegreiflich, weshalb – etwa beim Gesundpflegen eines Tieres – dem Alteigentümer nicht wenigstens Miteigentum an der in ihrer Identität fortbestehenden Sache erhalten bleibt. Auch wird, wenn man hinreichend wertsteigernde Bearbeitungen für eine Verarbeitung genügen lässt, zum Grundsatz erhoben, was nach der Bestimmung des § 950 Abs. 1 S. 2 BGB ersichtlich die Ausnahme bildet. Von Anbeginn an war zweifelhaft, ob die in diesem S. 2 angeführten Ausgangsfälle des Schreibens, Zeichnens und Malens noch unter den Eigentumserwerbsgrund der *specificatio* fallen. Das tritt am deutlichsten bei der *tabula picta* hervor, zu der auch Justinian seine Entscheidung nur mit einem *argumentum ad absurdum* zu

[14] H.-J. WIELING, Bd. 1, 1990, S. 429 mit Fussn. 35; dort auch ein Hinweis auf § 18 I 9 ALR.

begründen vermochte: «Aber uns scheint es richtiger zu sein, dass die Tafel zum Gemälde gehört. Denn es wäre doch lächerlich, wenn ein Gemälde des Apelles oder des Parrhasius als nebensächlicher Teil zu einer ganz wertlosen Tafel gehörte.»[15] Die Ausnahmebestimmung des § 950 Abs. 1 S. 2 BGB ist mithin nicht geeignet, den in Abs. 1 S. 1 festgeschriebenen Grundsatz abzuändern.

Schliesslich ist die Annahme, werterhöhende Sachverbesserungen könnten eine Verarbeitung darstellen, auch mit der Systematik des Gesetzes schwer vereinbar, werden die Fälle der Sachverbesserungen doch durch die Regeln des Verwendungsersatzes erfasst[16].

2. Die Auffassung des Bundesgerichtshofs

Der VIII. Zivilsenat des BGH hatte im Oktober 1977 im folgenden Fall zu entscheiden[17]: Ein Unternehmer hatte einem Mastkälberzüchter über 400 Jungkälber unter Eigentumsvorbehalt verkauft. Nach geraumer Zeit pfändete eine Gläubigerin des Züchters einige der inzwischen zur Schlachtreife gediehenen Tiere und verwertete sie durch freihändigen Verkauf. Den Erlös hinterlegte sie beim zuständigen Amtsgericht. Der Unternehmer verklagte die Gläubigerin, um die Herausgabe des Geldes durch die Hinterlegungsstelle an sich zu erwirken (§§ 12, 13 HinterlegungsO); er berief sich auf seinen Eigentumsvorbehalt. Die beklagte Gläubigerin machte geltend, das Vorbehaltseigentum sei bei Eintritt der Schlachtreife gem. § 950 BGB untergegangen.

Das OLG Frankfurt als Berufungsgericht hatte aufgrund einer rein wirtschaftlichen Betrachtungsweise angenommen, mit Erreichen der Schlachtreife seien die Kälber «neue bewegliche Sachen» geworden, weil der Züchter ihnen ein Spezialfutter verabreicht habe, durch das «die Tiere anämisch geworden seien und daher besonders viel, im Handel geschätztes weißes Fleisch angesetzt hätten». Folglich sei mit Ein-

[15] Inst. 2,1,34: ... *sed nobis videtur melius esse tabulam picturae cedere ridiculum est enim Apellis vel Parrhasii in accessionem vilissimae tabulae cedere.* – Zu den Verarbeitungslehren im römischen Recht vgl. M. KASER/R. KNÜTEL, Römisches Privatrecht, 17. Aufl., München 2003, S. 164 f., Rz. 26.17–19 m.w.N., dazu R. KNÜTEL, Zur Rechtsfindung der Römer, Gedächtnisschrift f. M. Heinze, München 2005 [aber 2004], S. 493 ff.

[16] Dazu sogleich.

[17] BGH, Urt. v. 26.10.1977 (VIII ZR 172/76), NJW 1978, 697 f. = JR 1978, 157.

tritt in die Schlachtreife eine «höhere Produktionsstufe» erreicht worden, was für die Entstehung einer neuen Sache i. S. des § 950 BGB genüge.

Dem hat der VIII. Zivilsenat entgegengehalten, dass für eine wirtschaftliche Betrachtungsweise kein Raum ist, «wenn sich schon bei natürlicher Anschauung – gegebenenfalls unter Berücksichtigung der Verkehrsauffassung – die Annahme verbietet, daß es sich bei dem veränderten Gegenstand um eine *neue* Sache handelt. So gesehen erscheint es abwegig, ein Tier, das sich durch bloßes Wachstum entwickelt – wenn auch beeinflußt durch einen besonderen Fütterungsvorgang ... –, als neue Sache in dem Augenblick anzusehen, in welchem es zur Schlachtung heransteht. ... Bei natürlicher Betrachtungsweise ist ein lebendes Tier in seinen verschiedenen physischen Entwicklungsstadien (hier: Kalb, Mastkalb, Schlachtkalb, Rind, Milchkuh, Zugtier usw.) stets mit sich selbst identisch und wird deshalb auch nach der Verkehrsanschauung niemals je nach dem erreichten Lebens- bzw. Wachstumsstadium als eine neue Sache angesehen.»[18] Von der herrschenden Lehre wird diese Auffassung geteilt[19].

IV. Verwendungsersatz

Der Fall des Amtsgerichts Kamenz war nicht über § 950 BGB, sondern über die Regeln des Verwendungsersatzes zu lösen[20]. Der Bauer S. war unrechtmässiger, aber redlicher Besitzer des Pferdes, das dem Kläger abhanden gekommen war. Nach § 994 Abs. 1 S. 1 BGB kann der Besitzer oder nach § 999 Abs. 1 BGB sein Rechtsnachfolger, im Fall also der Beklagte, für die auf die Sache gemachten notwendigen Verwendungen – Fütterungskosten sind dies geradezu exemplarisch – von dem Ei-

[18] BGH NJW 1978, 697 f.

[19] Zustimmung findet die Entscheidung etwa bei STAUDINGER/W. WIEGAND, BGB, 13. Bearb., Berlin 1995, § 950 Rz. 10; SOERGEL/M. HENSSLER (o. Fussn. 12), § 950 Rz. 7; BAMBERGER/ROTH/J. KINDL, BGB, München 2003, § 950 Rz. 6; Münchener Kommentar-J. T. FÜLLER, BGB, 4. Aufl., München 2004, § 950 Rz. 6; ERMAN/F. EBBING, BGB, 11. Aufl., Münster/Köln 2004, § 950 Rz. 4; PALANDT/P. BASSENGE, BGB, 63. Aufl., München 2004, § 950 Rz. 5; J. F. BAUR/R. STÜRNER, Sachenrecht, 17. Aufl., München 1999, § 53 Rz. 18 S. 628.

[20] Das haben H. D. KÖSTER und R. GÄHLER in ihren Urteilsanmerkungen (NJ 1948, 155 ff.) übersehen.

gentümer Ersatz verlangen. Zu § 994 Abs. 1 S. 2 BGB wird freilich die Einschränkung getroffen: «Die gewöhnlichen Erhaltungskosten sind ihm jedoch für die Zeit, für welche ihm die Nutzungen verbleiben, nicht zu ersetzen.» Dazu wird mit Recht allgemein angenommen, dass diese Saldierung nicht eingreift, wenn die Sache überhaupt keinen Nutzen abgeworfen hat[21]; Fütterungskosten für ein Fohlen, die angefallen sind, bevor dieses arbeitsfähig geworden ist, sind dem Besitzer folglich zu ersetzen[22]. K.-H. GURSKY[23] hält dies für bedenklich, weil nicht einzusehen sei, «warum eine minimale Nutzungsmöglichkeit den Ersatz viel höherer laufender Erhaltungskosten ausschliesst, bei völlig fehlender Nutzungsmöglichkeit aber wiederum die Ersatzpflicht aus Abs. 1 S. 1 eintritt». Es ist jedoch umgekehrt zu sehen: Nur minimale Nutzungsmöglichkeiten können die Anwendung des § 994 Abs. 1 S. 2 BGB nicht rechtfertigen, ausser bei minimalen Verwendungen. Dass das BGB sich (in Anknüpfung an das gemeine Recht) für eine Kompensation von Verwendungen und Nutzungen entschieden hat, ist durch «Gründe der Billigkeit und Zweckmässigkeit» und den Zweck, schwierige und verwickelte Rechtsstreitigkeiten abzuschneiden, veranlasst[24]. Zunächst war vorgesehen, dass auf die Verwendungen diejenigen Vorteile in Abrechnung zu bringen sind, die der gutgläubige Besitzer vor Erhebung der Klage auf die Sache aus dieser Sache gezogen hat[25]. Nur aus Vereinfachungsgründen hat die 2. Kommission später die in § 994 Abs. 1 S. 2 BGB Gesetz gewordene allgemeine Saldierung beschlossen[26], ohne dabei jedoch aus dem Auge zu verlieren, dass es sich um ein nach Billigkeit und Gerechtigkeit zu entscheidendes Problem handelt. Angesichts dessen ist von der Kompensation abzusehen, wenn der Nutzungsvorteil nicht ins Gewicht fällt – und so wird der Fall des AG Kamenz gelegen haben.

21 STAUDINGER/K.-H. GURSKY, BGB, Neubearb. 1999, § 994 Rz. 18 m.w.N. («völlig h.M.»).

22 OLG Kassel (4.6.1920) OLGE 41, 160, 162.

23 Siehe o. Fussn. 21.

24 Motive, Bd. 3, 2. Aufl., Berlin 1896, S. 413 f.

25 § 185 Abs. 4 des Vorentwurfs, in: Die Vorlagen der Redaktoren für die erste Kommission [«Vorentwurf»], Nachdr. hrsg. von W. Schubert, Sachenrecht, Teil 1, Berlin 1982, S. 45; Motive zu dem Entwurfe eines BGB, Bd. 3, 2. Aufl. 1896, S. 413 f.

26 S. H. H. JAKOBS/W. SCHUBERT, Die Beratung des BGB, Bd. Sachenrecht I, Berlin 1985, S. 820 f., 822 f.; Protokolle der Kommission für die zweite Lesung des Entwurfs des Bürgerlichen Gesetzbuchs, Bd. 3 (Sachenrecht), Berlin 1899, S. 353.

V. Antike Vorbilder

1. Verwendungen

In seinem Urteil zu den Mastkälbern hat der Bundesgerichtshof offen gelassen, wie es zu beurteilen wäre, wenn «ein Tier durch besondere Abrichtung neue, im Verkehr als wertvoll angesehene Eigenschaften erhält (Blindenhund, Turnierpferd)».[27] Doch sind auch dies seit alters typische Fälle von Verwendungen. Davon geht sogar WIELING aus, wenn er ausführt: «Wenn der Besitzer eines Blindenhundes diesen zum Jagdhund ausbilden läßt, so liegt eine objektive Wertsteigerung vor; der blinde Eigentümer aber kann davon keinen Gebrauch machen.»[28] Der Satz dient zur Veranschaulichung des Problems, ob der Eigentümer objektive Wertsteigerungen zu ersetzen hat, auch wenn sie für ihn persönlich nicht von Nutzen sind. Bei der Erörterung dieses Problems bildet das Tier, insbesondere der Hund, dem neue Eigenschaften anerzogen worden sind, ein Standardbeispiel für werterhöhende Verwendungen. Im Anschluss an ENDEMANN veranschaulicht etwa MEDICUS: «Der redliche Besitzer B dressiert den Hund des E mit hohen Kosten. Da der Hund jetzt Kunststücke auszuführen vermag, würde ein Zirkus für ihn einen hohen Preis zahlen. E ist aber Bauer und braucht den Hund zur Bewachung; die Kunstfertigkeit des Hundes nutzt E nichts. ... So mag etwa der dressierte Hund ... für den Bauern, dem er gehört, als Wachhund wertlos geworden sein: Er macht vor Einbrechern Männchen, statt sie zu beißen.»[29] Dass der Wachhund zu einem Zirkushund «verarbeitet» worden wäre – mit dem Gedanken ist, wie man mit Beruhigung registrieren darf, die Diskussion noch nicht bereichert worden. Vorbild dieser Beispiele ist der im Corpus iuris mehrfach erörterte Fall, dass ein gutgläubiger Besitzer einen fremden Sklaven hat ausbilden lassen[30], etwa zum Maler, Bücherabschreiber, Kunsttänzer

[27] BGH NJW 1978, 698.

[28] WIELING (o. Fussn. 13), S. 587 und in: Sachenrecht, 4. Aufl. 2001, S. 187.

[29] D. MEDICUS, Bürgerliches Recht, 20. Aufl. 2004, Rz. 879, 880, S. 613, 615; vgl. F. ENDEMANN, Lehrbuch des Bürgerlichen Rechts, Bd. II/1 (Sachenrecht), 8./9. Aufl., Berlin 1905, S. 603 Fussn. 26.

[30] Siehe etwa Paul.-Gai.-Pomp. D. 6,1,27,5 – Gai. D. 6,1,30; Ulp. D. 13,7,25; Paul. D. 25,1,8. Vgl. dazu H. H. JAKOBS, Die Begrenzung des Verwendungsersatzes, AcP 167 (1967) 357 ff.; R. KNÜTEL, Von befreiten Vögeln, schönen Schläferinnen und hüpfenden Hunden, JuS 41 (2001) 216 f.

etc. Die römischen Juristen haben die Bestimmung des Verwendungsersatzes in diesen Fällen der Schätzung des Richters überlassen, die sich unter anderem danach richtete, ob der Eigentümer auf den Sklaven angewiesen war oder ob er ihn zu verkaufen gedachte und wegen dessen Kunstfertigkeit einen Mehrerlös erzielen würde. Das Beispiel des Sklaven und entsprechend heute des Hundes war und ist übrigens deshalb besonders beliebt und geeignet, weil bei ihm der (freilich wenig befriedigende) Ausweg des *ius tollendi*, des Wegnahmerechts (§ 997 BGB), von vornherein ausschied. Was schliesslich unseren Zusammenhang angeht, so findet sich in den Quellen kein Indiz, das daran denken lassen könnte, eine «Verarbeitung» (*specificatio*) sei in diesen Fällen überhaupt in Betracht gezogen worden.

2. Zur Frage der Identität

Uralt ist auch das Problem, wie zu bestimmen ist, ob eine Sache dieselbe Sache geblieben ist. Dass hierfür hauptsächlich auf die Verkehrsauffassung abzustellen ist, erscheint zutreffend. Oft gibt auch der Umstand, dass sich im Verkehr ein neuer Name für die veränderte Sache gebildet hat, einen Anhaltspunkt; doch wurde im Fall der Mastkälber deutlich, dass dieses Kriterium bei Lebewesen, die sich weiterentwickeln, ungeeignet ist. Alfenus Varus, ein im 1. Jahrhundert v. Chr. lebender Jurist, hat in einem *argumentum ad absurdum* veranschaulicht, dass durch die natürliche Weiterentwicklung eine Identitätsänderung nicht eintritt. Auch wenn wir die konkrete Frage, ob ein Gericht trotz Richterwechsels dasselbe bleibt, heute anders beantworten, bleibt die rhetorisch gefärbte Argumentation des Juristen doch beachtlich.

D. 5,1,76 (Alfen im 6. Buch seiner Digesten):

Proponebatur ex his iudicibus, qui in eandem rem dati essent, nonnullos causa audita excusatos esse inque eorum locum alios esse sumptos, et quaerebatur, singulorum iudicum mutatio eandem rem an aliud iudicium fecisset. Respondi, non modo si unus aut alter, sed et si omnes iudices mutati essent, tamen et rem eandem et iudicium idem quod antea fuisset permanere: Neque in hoc solum evenire, ut partibus commutatis eadem res esse existimaretur, sed et in multis ceteris rebus: nam et legionem eandem haberi, ex qua multi decessissent, quorum in locum alii subiecti essent: et populum eundem hoc tempore putari qui abhinc centum annis fuissent, cum ex illis nemo nunc viveret: itemque navem, si adeo saepe refecta esset, ut nulla tabula eadem permaneret quae non nova fuisset, nihilo minus eandem navem esse existimari. Quod si quis putaret partibus commutatis aliam rem fieri, fore ut ex eius ratione nos ipsi non idem essemus qui abhinc anno fuissemus, propterea quod, ut philosophi dicerent, ex quibus particulis minimis consisteremus, hae cottidie ex

Es wurde vorgetragen, dass in einem Rechtsstreit nach Beginn der Verhandlungen von mehreren Richtern, die in derselben Rechtssache bestellt waren, einige entschuldigt und an ihre Stelle andere in das Gericht aufgenommen worden waren, und es wurde gefragt, ob der Austausch einzelner Richter diese Rechtssache unberührt gelassen oder zu einem anderen Verfahren gemacht hat. Ich habe gutachtlich entschieden, dass nicht nur dann, wenn der eine oder andere, sondern selbst dann, wenn alle Richter ausgetauscht worden sind, sowohl die Rechtssache dieselbe als auch das Gericht dasselbe bleibe, das es vorher gewesen ist. Und es kommt nicht nur in diesem Fall vor, sondern auch in vielen anderen Fällen, dass eine Sache auch bei Veränderung ihrer Teile als dieselbe angesehen wird. Denn man hält auch eine Legion für dieselbe, von der viele Legionäre gefallen und an deren Stelle andere getreten sind. Und ein Volk wird zum jetzigen Zeitpunkt für dasselbe gehalten, das es vor hundert Jahren gewesen ist, auch wenn von den Menschen damals heute niemand mehr lebt. Und ebenso

nostro corpore decederent aliaeque extrinsecus in earum locum accederent. Quapropter cuius rei species eadem consisteret, rem quoque eandem esse existimari.

wird ein Schiff, mag es auch so häufig ausgebessert worden sein, dass keine Planke daran ist, die nicht neu wäre, nichtsdestoweniger als dasselbe Schiff angesehen. Wenn also jemand meinen sollte,. dass durch den Austausch der Teile eine andere Sache entstehe, verhielte es sich so, dass aus demselben Grund selbst wir nicht dieselben wären, die wir vor einem Jahr gewesen sind, weil wir – wie die Philosophen sagen würden[a] – aus unendlich kleinen Teilen bestehen, die täglich unseren Körper verlassen, während andere von aussen an ihre Stelle treten. Wenn daher die Gestalt einer Sache als dieselbe bestehen bleibt, so ist sie auch als dieselbe Sache anzusehen.[b]

a. Das Beispiel des Zellenwechsels weist auf die Atomlehre Demokrits, das Schiffsbeispiel auf Aristoteles (vgl. PLUTARCH, Theseus 23). Zum Fragment 76 mitsamt seinen philosophischen und historischen Bezügen zuletzt eingehend H.-J. ROTH, Alfeni Digesta, Berlin 1999, S. 171 ff. (dazu die Rezension von D. LIEBS, SZ 117 [2000] 519 ff.).

b. Siehe auch Seneca, Epistulae morales 121, 16: *Alia est aetas infantis, pueri, adulescentis, senis: ego tamen idem sum qui et infans fui et puer et adulescens.* Jeweils anders ist das Lebensalter des Kleinkindes, des Knaben, des jungen und des alten Mannes; dennoch bin ich derselbe, der ich als Kleinkind, als Knabe und als junger Mann war. Oder: HUGO VON HOFFMANNSTHAL, Terzinen über Vergänglichkeit – Erste Terzine (Vers 3): Und dass mein eignes Ich, durch nichts gehemmt, // Herüberglitt aus einem kleinen Kind // Mir wie ein Hund unheimlich stumm und fremd.

Zur Frage, wann durch Umgestaltung die Identität einer Sache aufgehoben wird, heben Enneccerus/Nipperdey unter Hinweis auf dieses Fragment (sowie Paul. D. 45,1,83,5 und D. 46,3,98,8) hervor: «Die römisch-rechtlichen Regeln entsprechen der Natur der Sache und sind unbedenklich für das bürgerliche Recht zu verwerten.»[31] Dass dies zugleich eine allgemeine Erfahrung ausdrückt, ist dem Kenner selbstverständlich.

31 L. Enneccerus/H.C. Nipperdey, Allgemeiner Teil des Bürgerlichen Rechts, Bd. I/1, 15. Aufl., Tübingen 1959, S. 768 Fussn. 28. – In offensichtlicher Anknüpfung an D. 5,1,76 formuliert Endemann (o. Fussn. 29), S. 26 m. Fussn. 5: «Der als Typus der Einheit sich darstellende Organismus dagegen unterliegt stofflich einer fortdauernden Umgestaltung, bei ihm ist die Erscheinungsform das Wesentliche (Fussn. 5: Das Tier bleibt für die juristische Behandlung dieselbe Sache, auch wenn im Laufe der Jahre eine völlige Umbildung der stofflichen Teile des Organismus stattgefunden hat...).» – Daran ändert übrigens nichts der Umstand, dass das Steuerrecht auch hier mit Absonderlichkeiten aufwartet. In einem Schreiben des Bundesministers der Finanzen vom 30.4.1975 zur Erläuterung des Investitionszulagengesetzes 1975 (Finanz-Rundschau 1975, 249) heisst es: «Ein Tier ist fertiggestellt, wenn es ausgewachsen ist. Als Zeitpunkt der Fertigstellung gilt bei männlichen Zuchttieren der Zeitpunkt, in dem sie zur Zucht eingesetzt werden können, bei weiblichen Zuchttieren die Vollendung der ersten Geburt und bei Gebrauchstieren die erste Ingebrauchnahme, z.B. bei Reitpferden der Beginn des Zureitens.» Zur praktischen Bedeutung s. BFH, Beschl. v. 23.7.1981, BStBl. 1981 II, S. 672.

Schutz der Freiheit im deutschen Bürgerlichen Gesetzbuch von 1896*

ROLF KNÜTEL
Rheinische Friedrich-Wilhelms-Universität

1. *Vorbemerkung.* – Es war im Frühjahr 1962 in jener schönen alten Villa in Hamburgs Feldbrunnenstraße Nr. 72 – in Zeiten also, an die Gino Labruna sich gern erinnert[1]. An jenem Ort befand sich damals das von Max Kaser und Wilhelm Felgentraeger geleitete Institut für Römisches Recht und Vergleichende Rechtsgeschichte, und dort begann ich, ermutigt durch die erfolgreiche Beteiligung an Max Kasers Digestenexegese im Wintersemester 1959/60 (mit mehr als 150 Teilnehmern), mit der Arbeit an einem Referat über „Die Geschäftsführung im eigenen Interesse" für Max Kasers Seminar über die *negotiorum gestio* im bevorstehenden Sommersemester. Zu überprüfen war die von Partsch[2] entwickelte Lehre, die klassischen Juristen hätten auch dann, wenn ein Geschäftsführer in eigener Sache gehandelt, damit aber zugleich den Interessen eines Dritten gedient hatte, über *actiones utiles* auf die *negotiorum gestio* zurückgegriffen, um eine Haftung des *gestor* zu erreichen. Es ging in diesem Zusammenhang im wesentlichen um die Fragmente D. 17.1.22.10 (Paul. 32 *ad ed.*); D. 3.5.20 pr. (Paul. 9 *ad ed.*), den berühmten Fall der drei Gefangenen der Lusitaner, und um D. 27.3.1.13 (Ulp. 36 *ad ed.*). Da sich mit dem fr. 22.10 Ferrini[3] befaßt hatte, bedurfte ich, der ich in der italienischen Sprache damals noch nicht bewandert war, der Übersetzungshilfe. Dies führte zu unserem ersten Gespräch. Daß sich – was damals sehr unwahrscheinlich war – unsere weiteren Wege im Laufe der mittlerweile 45 zurückliegenden Jahre in vielfältiger Weise gekreuzt und in gemeinsamen Bemühungen verbunden haben, betrachte ich dankbar als eine sehr

* I. Buti/C. Cascione/S. di Salvo/C. Masi Doria/F. Reduzzi/F. Salerno (Hrsg.), Fides, Humanitas, Ius. Studii in onore di Luigi Labruna, Bd. 4, Editoriale Scientifica, Neapel 2007, 2643 – 2669.

[1] L. LABRUNA, *Allievi stranieri di Max Kaser*, in *ZSS*. 115 (1998) 26 ff.

[2] J. PARTSCH, *Studien zur Negotiorum Gestio* I (Heidelberg 1913) 40-46.

[3] C. FERRINI, *Appunti sulla dottrina romana della 'negotiorum gestio'*, in *BIDR*. 7 (1894) 85 ff., 99 f. [= *Opere di Contardo Ferrini* III, cur. E. ALBERTARIO (Milano 1929) 205, 217 ff.].

glückliche Fügung, die fortwähren möge. Dem Freund und Jubilar seien deshalb die besten Glückwünsche entboten: *Hunc natalem et plurimos alios quam felicissimos agas!*

Da sich Seiler[4], der seinerzeit seine große Abhandlung über die *negotiorum gestio* verfaßte, sowie in jüngerer Zeit Finazzi[5] mit der Problematik des näheren befaßt (und Vorbehalte gegen Partschs Lehre dargelegt) haben, bietet es sich nicht an, hier auf den Fragenkreis zurückzukommen. Den klaren Blick des Freundes Gino Labruna auf Werte und Prinzipien sowie seine Mahnung, der Romanist müsse auch das geltende Recht in den Blick nehmen, nehmen wir zum Anlaß, den wichtigsten Leitgedanken des BGB in seinen hauptsächlichen Konkretisierungen zu skizzieren. Überraschenderweise hat dieser in der modernen Zivilrechtswissenschaft wohl noch nie eine zusammenhängende Darstellung gefunden. Natürlich wird allgemein immer wieder die Privatautonomie beschworen; doch selbst bei dem jüngsten Streit um die (unangebrachte) Übererfüllung der Antidiskriminierungsrichtlinie, die die Große Koalition mit dem sogenannten Gleichstellungsgesetz herbeiführt[6], waren machtvolle Stimmen aus der Wissenschaft nicht zu vernehmen.

2. *Einführung*. – Das deutsche Bürgerliche Gesetzbuch von 1896 BGB gilt allgemein als die technisch perfekteste aller Zivilrechtskodifikationen. Das BGB hat deshalb bis auf den heutigen Tag Bewunderung, aber auch Kritik erfahren, vor allem wegen der Abstraktheit seiner Bestimmungen[7]. Hinter den abstrakten Paragraphen stehen jedoch Wertungen oder Leitbilder, die bei der Lektüre des Gesetz-

[4] H.H. SEILER, *Der Tatbestand der negotiorum gestio im römischen Recht* (Köln-Graz 1968) 73 ff., 80 ff., 189 ff., 192 ff., 201.

[5] G. FINAZZI, *Ricerche in tema di 'negotiorum gestio'* I. *'Azione pretoria ed azione civile'* (Napoli 1999) 82 ff., 353 ff., 411 ff.; ID., *Ricerche in tema di 'negotiorum gestio'* II/1. *Requisiti delle 'actiones negotiorum gestorum'* (Cassino 2003) 122, 146 Anm. 136, 222 ff.

[6] § 1 des Allgemeinen Gleichbehandlungsgesetzes v. 14.8.2006, BGBl. (= Bundesgesetzblatt) (2006) I 1897 lautet: „Ziel des Gesetzes ist, Benachteiligungen aus Gründen der Rasse oder wegen der ethnischen Herkunft, des Geschlechts, der Religion oder Weltanschauung, einer Behinderung, des Alters oder der sexuellen Identität zu verhindern oder zu beseitigen". Das Gesetz ist ein Versuch, die Bürger durch Beschneidung ihrer Vertragsfreiheit zu erziehen.

[7] Vgl. F. WIEACKER, *Privatrechtsgeschichte der Neuzeit*^{2} (Göttingen 1967) 477 ff.

buches nicht ohne weiteres oder zumeist nur unvollkommen erkennbar sind. Das wichtigste, ja überhaupt d a s Leitbild, das dem BGB von 1896 zugrunde liegt, ist das des freien und selbstverantwortlichen Bürgers, der sein Schicksal selbst in die Hand nimmt und frei nach seinem Willen über sich und seine Rechtsverhältnisse entscheidet[8] – „privatautonom", also nach dem Recht, das er selbst sich setzt[9].

Neben der Abstraktheit bleibt zu berücksichtigen, daß eine der (in den Gesetzesmaterialien nicht besonders ausgesprochenen) Richtlinien, die die Verfasser des BGB befolgten, diejenige war, daß in das Gesetzbuch keine Bestimmungen aufzunehmen seien, deren Inhalt sich von selbst verstehe – für einen wissenschaftlich gebildeten Juristen, wie zu ergänzen ist[10]. Zu diesen Selbstverständlichkeiten zählt das Prinzip der Privatautonomie. Es nimmt deshalb nicht wunder, daß das Wort „Freiheit" in den uns interessierenden Zusammenhängen von den Verfassern des BGB nicht verwendet worden ist. Es kommt überhaupt recht selten im Wortlaut des Gesetzes vor. Läßt man die Vorschriften, die die „Freiheit" eines (verkauften oder durch Vermächtnis zugewendeten) Grundstücks von Rechten Dritter betreffen (§§ 436 Abs. 2, 2182 Abs. 3 BGB), ebenso wie die Regelungen zu (herrenlosen) Tieren, die sich „in Freiheit" befinden (§ 960 Abs. 1 und 2 BGB), beiseite, so bleiben zwei Bestimmungen, in denen es um den Schutz der körperlichen Bewegungsfreiheit geht, nämlich § 823 Abs. 1 BGB, der die deliktische Schadensersatzpflicht desjenigen anordnet, der „vorsätzlich oder fahrlässig ... die Freiheit ... eines anderen widerrechtlich verletzt"[11], und § 230 Abs. 3 BGB, wo für den Fall, daß jemand im

[8] F. Wieacker, *Privatrechtsgeschichte* cit. 482 f.

[9] Vgl. etwa zu den Verträgen als „Privatgesetz" Art. 1134 Abs. 1 Code civil v. 1804 (Les conventions légalement formées tiennent lieu de loi à ceux qui les ont faites), was in zahlreiche Zivilgesetzbücher übernommen worden ist, etwa in Art. 1091 span. Código civil v. 1889 (Las obligaciones que nacen de los contratos tienen fuerza de ley entre las partes contratantes ...); Art. 1515 chilen. Código civil v. 1855 (Todo contrato legalmente celebrado es una ley para los contratantes ...), Art. 1197 argentin. Código civil v. 1871 (Las convenciones hechas en los contratos forman para las partes una regla a la cual deben someterse como a la ley misma).

[10] H.H. Jakobs, *Wissenschaft und Gesetzgebung im bürgerlichen Recht nach der Rechtsquellenlehre des 19. Jahrhunderts* (Paderborn 1983) 140 ff.

[11] Anknüpfungen an diesen deliktsrechtlichen Tatbestand der Freiheitsverletzungen finden sich bei der Verjährung der „Schadensersatzansprüche, die auf der

Wege der Selbsthilfe seinen der Flucht verdächtigen Schuldner festgenommen hat, angeordnet wird, daß der persönliche Sicherheitsarrest beim Amtsgericht zu beantragen ist, sofern der Schuldner „nicht wieder in Freiheit gesetzt wird". Nachdem seit Anfang 2002 auch die Überschriften der Paragraphen zum offiziellen Gesetzestext gehören[12], sind schließlich noch zum Ehevertrag in den Überschriften des § 1408 BGB die „Vertragsfreiheit" und des § 1404 BGB die „Beschränkung der Vertragsfreiheit" sowie zum testamentarischen Erbrecht in der Überschrift des § 2302 BGB die „Unbeschränkbare Testierfreiheit" Inhalt des Gesetzes geworden[13]. Auf diese ist zurückzukommen.

Der freie und selbstverantwortliche Bürger war das Leitbild des liberalen Besitzbürgertums; infolgedessen ist das BGB – wie ja auch kaum anders zu erwarten war – eine späte Frucht des Liberalismus. Das ist bekannt und bekannt ist auch, daß aus dem freien Bürger des 19. Jahrhunderts der sozial abhängige Konsument des 20. und 21. Jahrhunderts geworden ist. Doch wollen wir auf diesen Wandel und seine Ursachen hier nicht näher eingehen. Vielmehr wollen wir den Blick auf die einzelnen Bestimmungen richten, durch die das BGB die Privatautonomie zu sichern sucht. Die in Betracht kommenden Regelungen sind in vier Gruppen aufzuteilen und in dieser Reihenfolge auch zu erörtern.

Die 1. Gruppe umfaßt die fünf „Hauptfreiheiten", die das BGB kennt. Die 2. Gruppe hat Bestimmungen zum Gegenstand, die eine grundsätzliche Sicherung der Privatautonomie bezwecken. In der 3. Gruppe geht es um den Schutz der Privatautonomie in konkreten Situationen und in der 4. Gruppe schließlich um Freiheitsgewährleistungen, die mit Mitteln des Verbraucherschutzes erreicht werden, also um verhältnismäßig neue Regelungen.

3. *Die fünf Hauptfreiheiten.* – Es sind fünf Hauptfreiheiten, die im BGB mehr oder minder deutlich festgeschrieben sind, eine in

Verletzung ... der Freiheit beruhen", in § 199 Abs. 2 BGB und beim Umfang in § 253 Abs. 2 BGB, wonach der Schadensersatz „wegen einer Verletzung ... der Freiheit" auch den immateriellen Schaden umfaßt.

[12] Aufgrund von Art. 1 Abs. 2 S. 3 des Gesetzes zur Modernisierung des Schuldrechts vom 26.11.2001 (BGBl. I 3138).

[13] Als Überschriften sind ferner zu § 554a BGB die „Barrierefreiheit" und zu § 782 die „Formfreiheit bei Vergleich" Gesetzesinhalt geworden.

jedem Buch des BGB: die Vereinsfreiheit im Allgemeinen Teil, die Vertragsfreiheit im Schuldrecht, die Eigentumsfreiheit im Sachenrecht, die Ehefreiheit im Familienrecht und die Testierfreiheit im Erbrecht. Heutzutage sind diese Freiheiten in feierlicher Weise als Grundrechte in der Verfassung festgeschrieben[14]. Im 19. Jahrhundert war es politisch jedoch noch nicht möglich, die Aufnahme von Grundrechten in die Verfassung (soweit es überhaupt Verfassungen gab) durchzusetzen; die deutsche Reichsverfassung von 1871 kannte keinen Grundrechtskatalog. Die Gesetzgeber des 19. Jahrhunderts wählten deshalb den Ausweg, die Freiheiten wenigstens in den Zivilrechtskodifikationen zu verankern; so verfuhren auch die Verfasser des BGB.

3.1. *Vereinsfreiheit und Vereinsautonomie.* Die Vereinsfreiheit wird als solche nicht ausdrücklich hervorgehoben; doch wird sie in der Sache dadurch gesichert, daß das Gesetz nur sehr geringe und eher formale Voraussetzungen für die Bildung eines Vereins aufstellt. Wenn sieben Personen einen Verein gründen, der nicht darauf gerichtet ist, einen wirtschaftlichen Geschäftsbetrieb zu führen, also Geld zu verdienen, und wenn sie eine Satzung verfassen, die gewisse Mindestanforderungen erfüllt, z.B. regelt, wer Vorstand ist, dann muß der Verein in das Vereinsregister eingetragen werden. Damit erlangt er Rechtsfähigkeit (§§ 21, 25 ff. BGB; „System der Normativbestimmungen“).

In engem Zusammenhang mit der Vereinsfreiheit steht die Vereinsautonomie. Während die Vereinsfreiheit die Freiheit meint, einen Verein zu gründen oder einem Verein beizutreten, besagt die Vereinsautonomie – der Privatautonomie vergleichbar –, daß der Verein ein von der Willensbildung und Willensbetätigung seiner Mitglieder getragener Personenverband ist. Auch der Grundsatz der Vereinsautonomie ist im Vereinsrecht des BGB nicht ausdrücklich festgelegt; er ist von Lehre und Rechtsprechung aus der Gesamtheit der Bestimmungen abgeleitet worden, die die Gründung und Orga-

[14] So in Art. 2 Abs. 1 Grundgesetz (= GG) (Recht auf die freie Entfaltung der „Persönlichkeit“); Art. 6 Abs. 1 GG (Grundrecht der Eheschließungsfreiheit); Art. 9 Abs. 1 GG (Vereinigungsfreiheit); Art. 14 GG (Gewährleistung von Eigentum und Erbrecht). Zum Schutz der Vertragsfreiheit durch Art. 2 Abs. 1 GG siehe J. BUSCHE, *Privatautonomie und Kontrahierungszwang* (Tübingen 1999) 46 ff.

nisation des Vereins und die Wahrnehmung der Vereinsangelegenheiten auf den Willen der Vereinsmitglieder zurückführen[15].
Das Entscheidende ist, daß die Vereinsmitglieder in der Gestaltung der Satzung frei sind und darin alle Regelungen treffen können, die nicht gesetzlich verboten oder sittenwidrig sind. Dies, die freie Gestaltung der Satzung und über diese der Willensbildung im Verein, ist die eine Seite der Vereinsautonomie; die andere Seite ist, daß der Verein auch nach außen ein gewisses Maß an Selbstbestimmung haben muß. Wenn er beispielsweise in einen Verband, also eine Art „Oberverein", eintritt, darf das nicht dazu führen, daß der Verein und seine Mitglieder nichts mehr zu bestimmen haben[16]. Dies ist, wie wir noch sehen werden (u. 4.3), Ausdruck des Prinzips, daß niemand sich selbst entmündigen kann.

Die Sicherung der Vereinsfreiheit war ein gewaltiger Fortschritt. Denn jahrhundertelang waren aufgrund der Sorge der Kirche, es könnten sich außerkirchliche Glaubensvereinigungen bilden, und aufgrund der Befürchtungen der Staatsmacht oder der jeweiligen Herrscher, es könnten politische Vereinigungen entstehen, die Gründung von Vereinen der Konzessionierung und strengsten Beschränkungen unterworfen; erst das 19. Jahrhundert wurde das Jahrhundert des Vereinswesens[17].

3.2. *Vertragsfreiheit.* Im Schuldrecht ist die Vertragsfreiheit in § 305 und ab 2001, seit der Schuldrechtsreform also, in § 311 Abs. 1 BGB geregelt. Dort heißt es zwar nur: „Zur Begründung eines

[15] BVerfG (= Bundesverfassungsgericht), Beschluß vom 5.2.1991 – 2 BvR 263/86, in *NJW.* (= Neue Juristische Wochenschrift) (1991) 2623, 2625.

[16] BVerfG, in cit. *NJW.* 1991, 2625: „Der Grundsatz der Vereinsautonomie ... wird somit von zwei nicht notwendig parallel laufenden inhaltlichen Tendenzen geprägt: Einerseits schützt er die Autonomie in der Bildung und organisatorischen Gestaltung des Vereins nach der freien Selbstentscheidung der Mitglieder ..., andererseits bewahrt er die Selbstbestimmung des Vereins und seiner Mitglieder vor einer Entäußerung, die die eigene Willensbestimmung nahezu vollständig zum Erliegen bringt". Weiteres zur Vereinsautonomie und Mitgliedschaft insbesondere bei W. FLUME, *Allgemeiner Teil des Bürgerlichen Rechts,* I/2. *Die juristische Person* (Berlin-Heidelberg 1983) 189 ff.

[17] Vgl. nur J.W. HEDEMANN, *Die Fortschritte des Zivilrechts im XIX. Jahrhundert* I. *Die Neuordnung des Verkehrslebens* (Berlin 1910) 39 ff., 44 ff.; H. HATTENHAUER, *Die geistesgeschichtlichen Grundlagen des deutschen Rechts*[3] (Heidelberg 1983) 145 ff. (Rz 301-306).

Schuldverhältnisses durch Rechtsgeschäft sowie zur Änderung des Inhalts eines Schuldverhältnisses ist ein Vertrag zwischen den Beteiligten erforderlich, soweit nicht das Gesetz ein anderes vorschreibt«. Doch ist damit zugleich gesagt, daß jedes beliebige Schuldverhältnis durch bloßen Vertrag zustandegebracht oder geändert werden kann, sofern es nicht verboten oder sittenwidrig ist[18]. Üblicherweise unterscheidet man drei Ausprägungen der Vertragsfreiheit: die Abschlußfreiheit, also die Freiheit, ob man überhaupt einen Vertrag abschließen will; die Partnerfreiheit, nach der ein jeder selbst entscheiden kann, mit wem er einen Vertrag abschließt, und vor allem die Inhaltsfreiheit, wonach die Parteien alles zum Vertragsgegenstand machen können, was ihnen beliebt.

„Die Geschichte der Vertragsfreiheit ist die Geschichte ihrer Beschränkungen« hat Ludwig Raiser einmal gesagt[19]. Die häufigsten Beschränkungen sind aus den zahlreichen Fällen und Formen des Kontrahierungszwanges entstanden[20]. Viele Einschränkungen der Vertragsfreiheit ergeben sich allerdings gerade aus dem Zweck, die Vertragsfreiheit zu sichern. Die wichtigsten Fälle dieser Art sind angesichts der wirtschaftlichen Macht großer Unternehmen die gesetzlichen Regelungen zur Sicherung des freien Wettbewerbs[21]. Doch sind, wie wir sehen werden, auch in anderen Bereichen einschränkende Normen vonnöten, um die Vertragsfreiheit zu erhalten.

[18] Viel entschiedener ist Art. 19 Abs. 1 des Schweizerischen Obligationenrechts von 1911: „Der Inhalt des Vertrages kann innerhalb der Schranken des Gesetzes beliebig festgestellt werden«.

[19] Näheres zur Geschichte der Vertragsfreiheit bei W. SCHERRER, *Die geschichtliche Entwicklung des Prinzips der Vertragsfreiheit* (Berlin 1948); zum römischen Recht vgl. auch M. KASER, R. KNÜTEL, *Römisches Privatrecht*[18] (München 2005) 163 f. (Rz 33.2 und 3) mit Literatur.

[20] Eingehend dazu in jüngerer Zeit J. BUSCHE, *Privatautonomie und Kontrahierungszwang* (Tübingen 1999) 123 ff., 301 ff.

[21] Die wohl wichtigste Bestimmung in diesem Zusammenhang ist das in § 20 Abs. 1 GWB (= Gesetz gegen Wettbewerbsbeschränkungen) ausgesprochene Verbot der Behinderung und Diskriminierung (Abs. 1: „Marktbeherrschende Unternehmen, Vereinigungen von ... Unternehmen ... und Unternehmen, die Preise ... binden, dürfen ein anderes Unternehmen in einem Geschäftsverkehr, der gleichartigen Unternehmen üblicherweise zugänglich ist, weder unmittelbar noch mittelbar unbillig behindern oder gegenüber gleichartigen Unternehmen ohne sachlich gerechtfertigten Grund unmittelbar oder mittelbar unterschiedlich behandeln«). In § 20 Abs. 2 GWB wird diese Bestimmung auf weitere Unternehmen und Vereinigungen von Unternehmen erstreckt.

Daß die zahllosen Einschränkungen, die die Vertragsfreiheit seit dem Inkrafttreten des BGB am 1. Januar 1900 erfahren hat, sich aus den großen Umwälzungen des 20. Jahrhunderts ergaben, bedarf hier keiner näheren Ausführung. Franz Wieacker hat als den maßgeblichen Grund treffend die Entwicklung vom bürgerlich-liberalen zum sozialen Rechtsstaat genannt und als die drei wesentlichsten Merkmale dieser Wendung angeführt die Relativierung der Privatautonomie durch ihre soziale Funktion (etwa durch die Ausweitung des Mieterschutzes und die ständige Ausdehnung von Schutzpflichten in der vertraglichen Beziehung), ferner die gesteigerte sozialethische Bindung der Rechtsgenossen (beispielsweise durch den Ausbau des Vertrauensschutzes und die Ausweitung richterlicher Vertragsgestaltung) und schließlich die Abkehr vom juristischen Formalismus, die mit einer veränderten Funktion des sozialstaatlichen Gesetzes einhergehe, diene dieses doch nicht mehr wie im bürgerlichen Rechtsstaat der Abgrenzung von Rechts- und Freiheitssphären gegen andere[22], sondern einem social engineering[23].

3.3. *Eigentumsfreiheit.* Für das Sachenrecht bestimmt § 903 BGB: „Der Eigentümer einer Sache kann, soweit nicht das Gesetz oder Rechte Dritter entgegenstehen, mit der Sache nach Belieben verfahren und andere von jeder Einwirkung ausschließen". Darin sind zwei wesentliche Bestimmungen enthalten, erstens, daß das Zivilrecht das Eigentum als umfassendes Recht anerkennt – diese sog. Institutsgarantie ist verfassungsrechtlich inzwischen durch Art. 14 GG festgeschrieben – und zweitens, daß der Eigentümer – jedenfalls grundsätzlich – die volle Verfügungsmacht über die Sache hat. Beides ist alles andere als selbstverständlich, wie bei einem Blick auf das Grundstückseigentum deutlich wird. Auch wenn eine Rechtsordnung das Privateigentum an Grundstücken anerkennt, ist, wie die geschichtliche Erfahrung lehrt, noch keineswegs gesagt, daß der Eigentümer darüber auch verfügen, insbesondere das Grundstück veräußern kann.

In § 903 BGB haben die Gesetzesverfasser ihr Grundmodell vom Eigentum als dem wichtigsten subjektiven Recht deutlich zum Ausdruck gebracht: Es wird begriffen als geschützter staatsfreier

[22] Kurze Kennzeichnung dieses auf Kant zurückzuführenden Konzepts bei H. Hattenhauer, *Grundbegriffe des Bürgerlichen Rechts*² (München 2000) 290 ff.

[23] F. Wieacker, *Privatrechtsgeschichte* cit. 539 ff.

Rechtskreis, in dem und über den der Eigentümer allein bestimmungsbefugt ist[24]. Die Gerichte teilen dieses Verständnis. Das Bundesverfassungsgericht betont: „Geschichtlich und in ihrer heutigen Bedeutung ist die Garantie des Eigentums ein elementares Grundrecht, das im engen inneren Zusammenhang mit der persönlichen Freiheit steht. Ihr kommt im Gesamtgefüge der Grundrechte die Aufgabe zu, dem Träger des Grundrechts einen Freiheitsraum im vermögensrechtlichen Bereich zu sichern und ihm dadurch eine eigenverantwortliche Gestaltung seines Lebens zu ermöglichen ...“[25]. Auf derselben Linie liegt der Bundesgerichtshof, wenn er hervorhebt: „Der in den Staat eingegliederte Einzelne bedarf, um unter seinesgleichen als Person, das heißt frei und selbstverantwortlich leben zu können, und um nicht zum bloßen Objekt einer übermächtigen Staatsgewalt zu werden, also um seiner Freiheit und Würde willen einer rechtlich streng gesicherten Sphäre des Eigentums“[26]. Ohne weiteres vereinbar ist damit, daß das Eigentum nicht unbegrenzt ist; die Gesetzesverfasser haben dies durch die Einschränkung in § 903 BGB: „soweit nicht das Gesetz oder Rechte Dritter entgegenstehen“ sowie durch die Beschränkungen in §§ 904 ff. BGB zum Ausdruck gebracht[27].

3.4. *Ehefreiheit.* Die entscheidende Freiheit des Familienrechts ist die Ehefreiheit. Auch sie wird im BGB nicht als solche benannt und geregelt[28]. Vielmehr bestimmt § 1297 Abs. 1 lediglich, daß aus einem Verlöbnis nicht auf Eingehung der Ehe geklagt werden kann.

[24] Vgl. H. HATTENHAUER, *Grundbegriffe* cit. 140.

[25] BVerfG, Urteil vom 1.3.1979 – 1 BvR 352, 533/77, 419/78, 1 BvL 21/78, in *NJW.* (1979) 699, 702.

[26] BGHZ (= Entscheidungen des Bundesgerichtshofs in Zivilsachen) 6, 270, 276, Beschluß v. 10.6.1952 – GSZ 2/52.

[27] Daß das Eigentumskonzept der Gesetzesredaktoren mehr dem römischrechtlichen Eigentumsbegriff als dem der Pandektenwissenschaft entspricht, betont H.H. SEILER in STAUDINGER, *Kommentar zum Bürgerlichen Gesetzbuch*[12] (Berlin 1989), Vorbemerkungen 55, 56 vor § 903.

[28] Anders beispielsweise § 103 der Allgemeinen Grundsätze des Zivilrechts der VR China v. 12.4.1986, in *China aktuell* (1986) 303 (übersetzt von F. MÜNZEL): „Die Bürger genießen das Recht, über ihre Ehe selbst zu bestimmen. Kaufehen, Ehen nach Anweisung und andere Handlungen, die in die Ehefreiheit eingreifen, sind verboten“. Vgl. auch Art. 16 der Allgemeinen Erklärung der Menschenrechte vom 10.12.1948.

Dahinter steht die Erinnerung an eine Zeit, in der aus einem Verlöbnis erfolgreich auf Eingehung der Ehe geklagt werden und die Ehe durch Zwang – sogar unmittelbaren körperlichen Zwang – zustandegebracht werden konnte[29]. Auch ist kennzeichnend, daß § 1310 Abs. 1 BGB (entsprechend § 1317 Abs. 1 Satz 1 BGB 1900) für die Eheschließung die einfache Bestimmung enthält: „Die Ehe wird nur dadurch geschlossen, daß die Eheschließenden vor dem Standesbeamten erklären, die Ehe miteinander eingehen zu wollen". Da sich zu Unterschieden des Standes, der Religion, der Rasse etc. keine Bestimmung findet, war von Anfang an klar, daß diese Umstände die freie Wahl des Ehepartners auch nicht einschränken konnten.

3.5. *Testierfreiheit*. Im Erbrecht gilt die Testierfreiheit; der Erblasser ist mithin berechtigt, über sein Vermögen für die Zeit nach seinem Tod rechtswirksame Verfügungen zu treffen. § 2302 BGB sichert die Testierfreiheit, indem die Vorschrift einen Vertrag für nichtig erklärt, durch den sich jemand als künftiger Erblasser verpflichtet, ein Testament mit bestimmten Anordnungen zu errichten oder nicht zu errichten oder aufzuheben oder nicht aufzuheben. Damit ist zugleich die Nichtigkeit der sogenannten derogatorischen Klauseln angeordnet. In einer solchen Klausel erklärte der Testator, ein Testament, das er nach dem soeben errichteten künftig errichten werde, solle nichtig sein oder es solle das gegenwärtige Testament nur unter ganz bestimmten Umständen oder Formalien aufgehoben werden können[30]. Das ABGB v. 1811 hatte diese Klausel ursprünglich noch anerkannt; doch erklärt § 716 ABGB sie seit den Teilrechtsnovellen für „null und nichtig"[31]. Im gemeinen Recht war die Frage, nachdem der Erbvertrag Anerkennung gefunden hatte, umstritten. Die wohl überwiegende Ansicht ging dahin, der Testator

[29] Ein Beispiel einer sog. Zwangstrauung aus dem Jahre 1737 bei R. KNÜTEL, *Verlöbnis einst und heute*, in H.P. MANSEL, TH. PFEIFFER et al., *Festschrift für E. Jayme* II (München 2004) 1493 f.

[30] Für die Gesetzesredaktoren war klar, daß § 2302 BGB auch diese Klauseln erfaßt, siehe *Motive zu dem Entwurfe eines Bürgerlichen Gesetzbuchs für das Deutsche Reich* V. *Erbrecht* (Berlin-Leipzig 1888) 8 („selbstverständlich"). Ebenso das römische Recht, D. 32.22 pr. (*Hermt.* 4 *iuris epit.*): *nemo enim eam sibi potest legem dicere, ut a priore* (sc. *voluntate*) *ei recedere non liceat.*

[31] So zuvor bereits § 2211 des Sächsischen BGB; Näheres zu den Entwicklungen bei J.W. HEDEMANN, *Die Fortschritte* cit. 37 f.

könne sich durch eine *clausula derogatoria* nicht selbst binden, verliere sein Widerrufsrecht also nicht. Wurde die Klausel jedoch in einem mit dem eingesetzten Erben abgeschlossenen Vertrag vereinbart, so wirke ein solcher Vertrag nach dem (damals) „heutigen Recht" als Erbvertrag[32]. Demgegenüber ist das BGB mit § 2302 dem im antiken römischen Recht besonders klar entwickelten Prinzip gefolgt[33], schränkt es allerdings durch die Anerkennung eines Pflichtteilsrechts für die Kinder des Erblassers (und unter Umständen auch für seinen Ehegatten und seine Eltern) ein, §§ 2303 ff. BGB. Zwar erkennt auch das BGB den Erbvertrag an (§§ 1941, 2274-2302 BGB) an; doch ist damit ein Verlust der Testierfreiheit nicht verbunden, zumal da als vertragsmäßige Verfügungen bindend nur Erbeinsetzungen, Vermächtnisse und Auflagen getroffen werden können (§ 2278 Abs. 2 BGB).

4. *Grundsätzliche Sicherungen der Privatautonomie.* – In unserer zweiten Gruppe geht es um Normen, die eine grundsätzliche Sicherung der Privatautonomie bezwecken. Hier sind vor allem vier Normen oder Normenkomplexe anzuführen.

4.1. *Willenserklärung und Anfechtungsrechte.* Das Mittel des Einzelnen, um seine Rechtsverhältnisse privatautonom zu regeln, ist die Willenserklärung; sie ist bekanntlich der Grundbaustein jedes Rechtsgeschäfts. In der Willenserklärung bringt der einzelne seinen Willen zur Geltung; generell gesehen handelt er frei, wenn er eine Willenserklärung abgibt. Es ist aber nicht selten, daß jemand etwas erklärt, was er in Wirklichkeit nicht will, vor allem wenn er mit dem Wort, das er verwendet – er bestellt in Bonn oder Köln beispielsweise einen „halven Hahn" –, eine andere Bedeutung verbindet, als das Wort für den Erklärungsempfänger hat, der darunter nach der örtlichen Gewohnheit ein Käsebrötchen versteht. Wenn man in solchen Fällen – wie das BGB und die meisten anderen Kodifikationen es tun – die Erklärung in dem Sinne gelten läßt, wie der Empfänger

[32] So C.F. MÜHLENBRUCH in C.F. GLÜCK, *Ausführliche Erläuterung der Pandecten nach Hellfeld* XXXVIII (Erlangen 1870) 209 f.; B. WINDSCHEID, TH. KIPP, *Lehrbuch des Pandektenrechts*[9] III (Frankfurt/M. 1906) 296 f. (n. 5: „Es wird durch einen solchen Vertrag der Inhalt des Testamentes wiederholt und zur vertragsmäßigen Geltung gebracht").

[33] Vgl. M. KASER, R. KNÜTEL, *Römisches Privatrecht* cit. 319 f. (Rz 65.9-10).

sie verstehen konnte oder mußte, wäre der Erklärende an eine Erklärung und damit etwa an einen Vertrag gebunden, den er nicht gewollt hat; die beabsichtigte privatautonome Gestaltung der Rechtsverhältnisse wäre mißglückt. Um dies zu vermeiden, gibt das BGB in solchen Fällen dem Erklärenden unter weiteren Voraussetzungen ein Anfechtungsrecht: Er kann sich, wenn er will, von der nicht gewollten vertraglichen Bindung unter Berufung auf seinen Irrtum befreien, indem er seine Erklärung anficht. Diese fällt dann weg mit *ex tunc*-Wirkung (§ 142 Abs. 1 BGB).

Um die Freiheit des Erklärenden zu sichern, geht das BGB in der Anerkennung von Anfechtungsgründen weiter als nahezu alle anderen Kodifikationen. Die wichtigsten Anfechtungsgründe sind der Irrtum in den Formen des Inhalts- und des Erklärungsirrtums (§ 119 Abs. 1 BGB)[34], ferner die arglistige Täuschung und die Drohung (§ 123 BGB), letztere generell auch dann, wenn die Drohung nicht vom Erklärungsempfänger, sondern von einem Dritten ausgegangen ist. Hat dagegen ein Dritter durch die arglistige Täuschung den Erklärenden zur Abgabe seiner Willenserklärung veranlaßt, so ist die Erklärung gegenüber dem Erklärungsempfänger nur dann anfechtbar, wenn dieser die arglistige Täuschung kannte oder fahrlässigerweise nicht kannte. Der Unterschied beruht auf der Vorstellung, die Drohung sei sozial schädlicher, weil sie zumeist von übermächtigen Gegnern ausgeht, gegen die der Betroffene sich nicht wehren kann. Diese Vorstellung hat ihre Wurzeln in den anarchischen Verhältnissen der späten Republik und dem dadurch veranlaßten strengen *metus*-Edikt[35]. In Grenzen werden auch andere Motivirrtümer berücksichtigt, so nach noch herrschender Ansicht in § 119 Abs. 2 BGB, des weiteren insbesondere in den Fällen der durch arglistige Täuschung (oder Drohung) herbeigeführten Eheschließung (§ 1314 Abs. 2 Nr. 3 und 4 BGB) oder der durch Irrtum (oder Drohung) veranlaßten letztwilligen Verfügung (§ 2078 BGB).

[34] Beim Inhaltsirrtum (§ 119 Abs. 1, 1. Alt. BGB) weiß der Erklärende zwar, was er gesagt hat, aber nicht, was der Erklärungsempfänger nach Treu und Glauben mit Rücksicht auf die Verkehrssitte verstanden hat oder verstehen durfte oder mußte. Beim Erklärungsirrtum (§ 119 Abs. 1, 2. Alt. BGB) weiß der Erklärende dagegen nicht, was er erklärt hat, wie das etwa dann, wenn der Erklärende sich vergreift oder verspricht, der Fall ist.

[35] Vgl. M. KASER, R. KNÜTEL, *Römisches Privatrecht* cit. 62 (Rz 8.37).

4.2. *Verschuldensprinzip*. Ferner ist das sog. Verschuldensprinzip anzuführen. Danach wird eine vertragliche oder deliktische Haftung grundsätzlich nur ausgelöst, wenn der Schädiger schuldhaft gehandelt hat, also vorsätzlich oder fahrlässig (§§ 276, 280 Abs. 1, 281, 286 Abs. 4, 339, 823, 826 BGB). Auch das Verschuldensprinzip ist römisch-rechtlichen Ursprungs (s. die *lex Aquilia* v. 286 v. Chr. und das Iniurien-Edikt). 1867 hatte Rudolph v. Jhering dargelegt, die geschichtliche Entwicklung habe von einer reinen Erfolgshaftung zu einer reinen Verschuldenshaftung geführt und es entspreche geläutertem Rechtsbewußtsein, daß nicht der Schaden zum Ersatz verpflichtet, sondern die Schuld[36]. Zugleich hatte v. JHERING die maßgebliche Rechtfertigung gebracht, die ganz auf der Linie des liberalen Zeitgeistes lag und von den Verfassern des BGB als entscheidend angesehen wurde: Würde schon die bloße Verursachung eines Schadens die Schadensersatzpflicht des Verursachers begründen, so würde die Handlungs- und Bewegungsfreiheit des Einzelnen übermäßig eingeschränkt werden. Denn wer auf Schritt und Tritt damit rechnen muß, durch sein Handeln einen an Folgen und Umfang unübersehbaren Schaden auszulösen, der wird sich nicht mehr ungehemmt entfalten können. Mit anderen Worten: Das Verschuldensprinzip sichert die persönliche Handlungs- und Bewegungsfreiheit. Wer die im Verkehr erforderliche Sorgfalt beachtet, braucht nicht zu befürchten, daß er sich eine möglicherweise unübersehbare Schadensersatzhaftung zuzieht[37].

4.3. *Unzulässigkeit der Selbstentmündigung*. Weniger bekannt ist das dritte wichtige Prinzip, das wir als die „Unzulässigkeit der Selbstentmündigung" bezeichnen wollen. Es findet seinen deutlichsten Ausdruck in einer eher versteckten Norm, seit der Schuldrechts-

[36] *Das Schuldmoment im römischen Privatrecht* (Leipzig 1867).

[37] Vgl. *Protokolle der Kommission für die zweite Lesung des Entwurfs des Bürgerlichen Gesetzbuchs* II (Berlin 1898) 585 („die Regelung der Schadensersatzpflicht auf der Grundlage des Veranlassungsprinzips würde die individuelle Freiheit mit einer unberechenbaren Verantwortlichkeit belasten und ihr kein Gebiet übrig lassen, auf dem sie sich ungehemmt entfalten könnte"). Vgl. auch H.P. BENÖHR, *Zur außervertraglichen Haftung im gemeinen Recht*, in D. MEDICUS, H.H. SEILER (Hrsg.), *Festschrift für Max Kaser zum 70. Geburtstag* (München 1976) 694 ff., 706 ff., 709 ff. Etwas abfällige Kritik an dieser (auch zu anderen Kodifikationen anzutreffenden) Begründung bei J.W. HEDEMANN, *Die Fortschritte* zit. 83 ss. (der das Veranlassungsprinzip befürwortet).

reform in § 311b Abs. 2, zuvor in § 310 BGB: „Ein Vertrag, durch den sich der eine Teil verpflichtet, sein künftiges Vermögen oder einen Bruchteil seines künftigen Vermögens zu übertragen oder mit einem Nießbrauch zu belasten, ist nichtig". – Wäre eine Verpflichtung, alles künftig Erworbene auf einen anderen zu übertragen, wirksam, so würde der Verpflichtete im Ergebnis nichts mehr für sich erwerben können; er würde damit seine eigene Erwerbsfähigkeit verlieren und alles nur für seinen Vertragspartner erwerben – so wie die Sklaven in der Antike nur für ihren Eigentümer erwarben[38].

Die Fähigkeit, Vermögen (für sich selbst) zu erwerben, ist nun aber der praktisch wichtigste Ausdruck der Rechtsfähigkeit, so daß man mit Crome sagen kann: „Eine Person, die gar kein Vermögen mehr haben könnte, begäbe sich dadurch des wichtigsten Stücks ihrer Rechtsfähigkeit: würde sich selbst als Person negiren"[39]. Fehlende Erwerbsfähigkeit hätte zur Folge, daß die Person für sich kein Eigentum erwerben könnte und damit einer entscheidenden Möglichkeit, ihre persönliche Freiheit zu sichern, beraubt wäre. Damit wird klar, daß die in § 311 b Abs. 2 BGB genannten Verträge deshalb für nichtig erklärt werden, weil sie zu einer Selbstentmündigung des Verpflichteten führen würden.

Art. 27 des Schweizerischen Zivilgesetzbuchs von 1907 spricht diesen Grundsatz in aller Klarheit aus: „Auf die Rechts- und Handlungsfähigkeit kann niemand ganz oder zum Teil verzichten. Niemand kann sich seiner Freiheit entäußern oder sich in ihrem Gebrauch in einem das Recht oder die Sittlichkeit verletzenden Grade beschränken". Das BGB enthält eine solche allgemeine Bestimmung nicht, aber es bietet über seinen § 138 Abs. 1, nach dem Rechtsgeschäfte nichtig sind, die gegen die guten Sitten verstoßen, die Handhabe, Verträge für nichtig zu erklären, die – außerhalb des

[38] Näheres dazu und zu den geistesgeschichtlichen Hintergründen bei H.J. BECKER, *Vermögensfähigkeit und Freiheit der Person. Zur Rechtsgeschichte des § 310 BGB*, in P. HOFMANN, U. MEYER-CORDING, H. WIEDEMANN (Hrsg.), *Festschrift für Klemens Pleyer zum 65. Geb.* (Köln-Berlin 1986) 485, 490 ff.; ferner J.W. HEDEMANN, *Die Fortschritte* cit. 27 f., 29; K. BALLERSTEDT, *Über Zivilrechtsdogmatik*, in H.H. JAKOBS, B. KNOBBE-KEUK, E. PICKER, J. WILHELM, *Festschrift für Werner Flume zum 70. Geb.* (Köln 1978) I 257, 269 („Diese Vorschrift [sc. § 310 BGB a. F.] dürfte sogar eine der schärfsten normativen Freiheitsverbürgungen sein, die das geltende Zivilrecht kennt").

[39] C. CROME, *System des Deutschen Bürgerlichen Rechts* I. *Einleitung und Allgemeiner Theil* (Tübingen-Leipzig 1900) I. 171.

§ 311b Abs. 2 BGB – auf eine Selbstentmündigung hinauslaufen. Beispielsweise ist die Rechtsprechung dahin gelangt, Bürgschaften, die vermögenslose Kinder oder Ehefrauen für Geschäftsschulden der Väter oder Ehemänner übernommen hatten, für sittenwidrig und damit für nichtig zu erklären. Im Falle sehr hoher Schulden haben solche Bürgschaften praktisch eine Selbstentmündigung zur Folge (ungeachtet der Möglichkeit einer Restschuldbefreiung nach der Insolvenzordnung), und deshalb ist im Ergebnis der Rechtsprechung zuzustimmen, die über die Annahme grundsätzlicher Sittenwidrigkeit die Privatautonomie der Bürgen sichert[40].

Eine Selbstentmündigung darf auch nicht über Vertreter erfolgen. Es entspricht deshalb allgemeiner Auffassung, daß unwiderrufliche Generalvollmachten wegen Sittenwidrigkeit nichtig sind; durch sie würde der Vollmachtgeber sich dem Bevollmächtigten ausliefern. Im Prinzip ist auch die gesetzliche Vertretung der Eltern für ihre Kinder eine unbeschränkte, so daß die Eltern ihre Kinder durch ungünstige Verträge, die sie in deren Namen abschließen, hoch verschulden könnten. Das Bundesverfassungsgericht hat hierzu hervorgehoben, daß »das Recht auf individuelle Selbstbestimmung berührt [wird], wenn Eltern ihre minderjährigen Kinder kraft der ihnen zustehenden gesetzlichen Vertretungsmacht (§ 1629 I BGB) finanziell verpflichten können. Hierdurch können in erheblichem Maße die Grundbedingungen freier Entfaltung und Entwicklung ... junger Menschen betroffen werden«[41]. Diese Entscheidung hat dazu geführt, daß der Gesetzgeber 1998 in § 1629a BGB die Vertretungsmacht von Eltern, Vormündern und Pflegern beschränkt hat, und zwar auf den Bestand des Vermögens, das bei Eintritt des Kindes in die Volljährigkeit vorhanden ist. Die Gefahr einer »Selbstentmündigung« Jugendlicher durch das Handeln ihrer gesetzlichen Vertreter ist seitdem gebannt.

4.4. *Unbeschränkbarkeit der Verfügungsbefugnis.* Könnte ein Eigentümer oder ein sonstiger Inhaber eines veräußerlichen Rechts durch Vertrag seine Befugnis ausschließen, über dieses Recht zu verfügen, es also zu übertragen oder mit einem beschränkt dinglichen

[40] Siehe insbesondere BVerfG, Beschluß vom 19.10.1993 – 1 BvR 567/89 u.a., in *NJW*. (1994) 36 ff.

[41] BVerfG, Beschluß vom 13.5.1986 – 1 BvR 1542/84, in *NJW*. (1986) 1859, 1860.

Recht zu belasten (um nur die Hauptfälle zu nennen), so würde er sich partiell, nämlich im Hinblick auf dieses Recht, selbst entmündigen. Dies soll durch die auf den ersten Blick recht kompliziert erscheinende Bestimmung des § 137 BGB verhindert werden: „Die Befugnis zur Verfügung über ein veräußerliches Recht kann nicht durch Rechtsgeschäft ausgeschlossen oder beschränkt werden. Die Wirksamkeit einer Verpflichtung, über ein solches Recht nicht zu verfügen, wird durch diese Vorschrift nicht berührt".

Nehmen wir dazu ein Beispiel: Vereinbart ein Schuldner, der Eigentümer eines wertvollen Bildes ist, mit seinem Gläubiger, dieses Bild nicht zu verkaufen, und verkauft und übereignet er es dennoch an einen Dritten, so kann er dem Dritten das Eigentum am Bild verschaffen, denn die Berechtigung, die er als Eigentümer hat, das Eigentum auf einen anderen zu übertragen, konnte er aufgrund des § 137 Satz 1 BGB nicht wirksam abbedingen. Er konnte sich nur schuldrechtlich dazu verpflichten, das heißt, daß er seinem Gläubiger Schadensersatz zahlen muß, sofern dieser durch die Übereignung des Bildes an den Dritten einen Schaden erleidet.

Um den Zweck dieser Vorschrift zu erkennen, muß man berücksichtigen, daß das Eigentum im wesentlichen zwei Berechtigungen bietet, zum einen die tatsächliche Möglichkeit, die Sache zu besitzen und zu nutzen, zum anderen die rechtliche Befugnis, Verfügungen über die Sache zu treffen. Könnte der Eigentümer diese rechtliche Befugnis durch Vertrag aufgeben, so würde er, wie gesagt, sich damit teilweise selbst entmündigen. Man stelle sich vor, daß jemand zu all seinen Vermögensgegenständen die Vereinbarung treffen könnte, über sie nicht zu verfügen. Er würde sich dadurch, wie man gesagt hat, in vermögensrechtlicher Hinsicht in „teilweise Sklaverei" begeben[42]. Mit der Bestimmung, daß der Eigentümer seine Verfügungsbefugnis nicht abbedingen kann, schützt § 137 BGB also den Freiheitsraum des einzelnen Eigentümers[43].

[42] So F. BAUR, *Besprechung* von L. ENNECCERUS, H.C. NIPPERDEY, *Allgemeiner Teil des Bürgerlichen Rechts*[15] (Tübingen 1959), in *Juristen-Zeitung* (= JZ) (1961) 334, 335.

[43] P. OERTMANN, *Rechtsgeschäftliches Veräußerungsverbot und einstweilige Verfügung*, in *Das Recht* (1916) 58 hat diese *ratio* mit der Bemerkung gekennzeichnet, es dürfe der privaten Verfügungsfreiheit nicht gestattet sein, sich „ihr eigenes Grab zu schaufeln". Näheres zu den Funktionen des § 137 BGB bei R. LIEBS, *Die unbeschränkbare Verfügungsbefugnis*, in *AcP.* (= Archiv für die civilistische Praxis) 175 (1975) 1, 10 ff.

Der zweite Zweck des § 137 BGB wird deutlich, wenn man sich den Fall bildet, alle Ölproduzenten könnten untereinander mit dinglicher Wirkung vereinbaren, ihr Öl nicht zu veräußern. Öl wäre dann ein dem rechtsgeschäftlichen Verkehr nicht mehr zugängliches Gut, *res extra commercium*. Wenn es aber keine Güter mehr gibt, ist die Vertragsfreiheit wertlos. Die zweite Funktion des § 137 BGB liegt folglich darin, die Vertragsfreiheit dadurch zu sichern, daß die Entstehung von *res extra commercium* verhindert wird.

§ 137 BGB erklärt sich auch als Reaktion auf § 15 I 4 Preuß. ALR v. 1794, der es zuließ, Rechtsobjekte durch Privatverfügung dem Rechtsverkehr zu entziehen[44], mit der Konsequenz, daß durch eine dennoch vorgenommene Verfügung dem Dritten kein Eigentum verschafft werden konnte und daß künftige Gläubiger auch im Wege der Zwangsvollstreckung keinen Zugriff auf das Objekt hatten. Vermutlich sollten Familien-Fideikommisse durch die Bestimmung abgesichert werden. Nach gemeinem Recht hatte ein vertragsmäßiges Veräußerungsverbot dagegen keine dingliche Wirkung; eine ihm zuwiderlaufende Veräußerung war wirksam, löste aber, da die Verbindlichkeit, nicht zu veräußern, als wirksam anerkannt wurde, eine Schadensersatzpflicht aus[45]. Dem sind das Sächsische BGB von 1863/1865[46] und später das BGB gefolgt.

[44] „Nicht nur durch Natur oder Gesetz, sondern auch durch rechtliche Privatverfügungen können Sachen dem Verkehr entzogen werden". Auch im klassischen römischen Recht konnten in gewissen Fällen Verfügungsbeschränkungen mit dinglicher Wirkung vereinbart werden, etwa beim Veräußerungsverbot für den Verpfänder (D. 20.5.7.2 Marcianus *l. sing. ad formulam hypothecariam*) und insbesondere beim Familienfideikommiß (D. 30.114.14 Marcianus 8 *inst.*). Näheres dazu bei M. KASER, *Rechtsgeschäftliche Verfügungsbeschränkungen im römischen Recht*, in F. BAUR, K. LARENZ, F. WIEACKER, *Beiträge zur europäischen Rechtsgeschichte und zum geltenden Zivilrecht. Festgabe für J. Sontis* (München 1977) 11 ff.; DERS., *Der Privatrechtsakt in der römischen Rechtsquellenlehre*, in O. BEHRENDS, M. DIESSELHORST et al., *Festschrift für F. Wieacker zum 70. Geb.* (Göttingen 1978) 90, 97 ff.

[45] B. WINDSCHEID, TH. KIPP, *Lehrbuch des Pandektenrechts*⁹ I (Frankfurt 1906) 902 f.; H. DERNBURG, J. BIERMANN, *Pandekten*⁷ I (Berlin 1902) 504 (§ 217 Abs. 3), beide mit dem als maßgeblich angesehenen Fragment D. 2.14.61 (Pomp. 9 *ad Sab.*). Vgl. auch R. LIEBS, *Verfügungsbefugnis* cit. 13.

[46] § 223 Satz 2: „In anderen Fällen eines Veräußerungsverbots besteht die demselben zuwiderlaufende Veräußerung, vorbehältlich der Verbindlichkeit des Zuwiderhandelnden, den Betheiligten zu entschädigen".

5. *Schutz der Privatautonomie in einzelnen Situationen.* – Unsere 3. Gruppe bilden Normen, die die Privatautonomie in bestimmten Situationen schützen.

5.1. *Jahresgrenzen in Dauerschuldverhältnissen.* Hier sind zunächst die Bestimmungen anzuführen, die den Einzelnen davor bewahren, sich selbst durch überlange vertragliche Bindungen zu fesseln[47]. So bestimmt § 724 BGB, daß eine Gesellschaft, die für die Lebenszeit eines Gesellschafters eingegangen worden ist, gekündigt werden kann wie eine für unbestimmte Zeit eingegangene Gesellschaft. Dem liegt die Anschauung zugrunde, daß die lebenslange Bindung der Person an eine Gesellschaft ihre persönliche Freiheit zu stark einschränken würde[48].

Dienstverträge, die für die Lebenszeit einer Person oder für längere Zeit als fünf Jahre eingegangen sind, können vom Verpflichteten nach Ablauf von fünf Jahren gekündigt werden (§ 624 BGB)[49]. Mietverträge, die für längere Zeit als 30 Jahre abgeschlossen worden sind, können gemäß § 544 BGB (entsprechend § 567 BGB 1900) nach Ablauf von 30 Jahren gekündigt werden. Überdies können alle für eine bestimmte Zeit abgeschlossenen Verträge aus wichtigem Grund gekündigt werden, wenn es also während des Vertrages dahin kommt, daß dem einen Teil das Festhalten an dem Vertrag nicht

[47] Näheres dazu bei J.W. HEDEMANN, *Die Fortschritte des Zivilrechts* cit. 29 ff. (Verhinderung einer ungebührlichen Lahmlegung der Arbeitskraft).

[48] RGZ (= Entscheidungen des Reichsgerichts in Zivilsachen) 156, 129, 136 (Urteil vom 22.10.1937 – II 58/37): „Der Grund ... der entsprechenden Bestimmung des § 724 BGB für die bürgerliche Gesellschaft [ist] der, daß eine lebenslange Bindung einer Person an eine Personalgesellschaft mit den Anschauungen über die persönliche Freiheit unvereinbar ist".

[49] Die ursprünglich vorgesehene Zehnjahresgrenze wurde von der 2. Kommission vor allem im Hinblick auf ausländische Arbeiter auf fünf Jahre herabgesetzt, siehe die *Protokolle der Kommission für die zweite Lesung des Entwurfs des Bürgerlichen Gesetzbuchs* (Berlin 1898) 300: „Die Vorschrift des Entw., nach welcher der Dienstverpflichtete mindestens zehn Jahre lang gebunden sein sollte, beschränke diesen übermäßig in der persönlichen Freiheit und widerstrebe dem Gange der modernen Entwicklung, die darauf gerichtet sei, die wirtschaftliche Freiheit des Arbeiters zu erweitern ... die Bestimmung einer zehnjährigen Gebundenheit ... müsse ... bedenklich erscheinen gegenüber ausländischen, auf einer niedrigeren Kulturstufe befindlichen Arbeitern, welche von inländischen Arbeitgebern eingeführt werden. Hier pflegen sich die Arbeitgeber, um sich die Benutzung der Arbeitskräfte dauernd zu sichern, die Dienstnehmer auf längere Zeit zu verpflichten ...". Siehe ferner J.W. HEDEMANN, *Die Fortschritte* cit. 31 f.

mehr zumutbar ist (§ 314 sowie §§ 543, 626, 671 Abs. 3, 723 Abs. 1 u. 3 BGB). Die außerordentliche Kündigung ist ein spezieller Anwendungsfall der allgemeinen Rechtsfigur der *clausula rebus sic stantibus* (jetzt § 313 BGB). Sie eröffnet bei einer nachträglichen außergewöhnlichen Veränderung der Sachlage die Möglichkeit, sich von der weiteren Durchführung des Dauerrechtsverhältnisses zu befreien. Gerade weil die Parteien das Ausmaß späterer Veränderungen bei Vertragsschluß nicht überschauen können, bedürfen sie zur Sicherung ihrer Freiheit dieses Mindestschutzes – auf den *ex ante* zu verzichten sittenwidrig wäre[50].

5.2. *Teilnichtigkeit.* In unseren Zusammenhang gehört ferner die Bestimmung zur Teilnichtigkeit des § 139 BGB: „Ist ein Teil eines Rechtsgeschäfts nichtig, so ist das ganze Rechtsgeschäft nichtig, wenn nicht anzunehmen ist, daß es auch ohne den nichtigen Teil vorgenommen sein würde«. Nach § 139 BGB ist im Falle der Teilnichtigkeit also grundsätzlich Gesamtnichtigkeit anzunehmen (anders nach § 2085 BGB im Testamentsrecht). Die Verfasser des BGB haben sich damit von der Tradition des römischen Rechts und des *ius commune* abgewendet, wonach der umgekehrte Grundsatz galt: *Utile per inutile non vitiatur*, das Wirksame wird durch das Unwirksame nicht beeinträchtigt[51].

Der Grund für dieses Abgehen von der Tradition liegt darin, daß die Verfasser des BGB das Problem als ein Problem der Privatautonomie auffaßten: Nach dem Willen der Parteien sollte das Rechtsgeschäft mit all seinen Teilen gelten. Stellt sich heraus, daß ein Teil des Rechtsgeschäfts unwirksam ist, und würde der Rest für sich gültig bleiben, so wären die Parteien an ein Geschäft gebunden, das sie s o nicht gewollt haben. Das könnte sie in ihrer freien Selbstbestimmung beeinträchtigen.

Bewährt hat sich diese Lösung jedoch nicht. Daß sie unpassend ist, wenn in Allgemeinen Geschäftsbedingungen eine Klausel unwirksam ist, war von Anfang an abzusehen (vgl. heute § 306 Abs.

50 R. KNÜTEL, *Scheidungsverzicht und Scheidungsausschlußvereinbarungen*, in *FamRZ* (= Zeitschrift für das gesamte Familienrecht) 32 (1985) 1089, 1091. Dementsprechend kann auch ein Scheidungsausschluß nicht wirksam vereinbart werden.

51 Dazu H.H. SEILER, *Utile per inutile non vitiatur. Zur Teilunwirksamkeit von Rechtsgeschäften im römischen Recht*, in D. MEDICUS, H.H. SEILER, *Festschrift für Max Kaser* cit. 127 ff.

1 BGB). Aber auch abgesehen davon ist die Rechtsprechung schon früh dazu übergegangen, statt auf den (oft nicht erkennbaren) wirklichen Willen der Parteien auf deren hypothetischen Willen abzustellen, also darauf, welche Entscheidung die Parteien vernünftigerweise getroffen hätten. Diese Entscheidung fällt zumeist im Sinne einer Wirksamkeit des restlichen Geschäfts aus. Kennzeichnend ist das vom Reichsgericht zugrunde gelegte Bild des „vernünftigen Mannes, der das Geringere nimmt, wenn er das Größere nicht erreichen kann“[52]. In der Sache wird das Problem der Teilunwirksamkeit deshalb heute in der Regel wieder so gelöst wie das vor Inkrafttreten des BGB geschah und wie es auch in den meisten Zivilgesetzbüchern bestimmt ist[53].

5.3. *Geschäftsführung ohne Auftrag.* Bekanntlich sind für die Geschäftsführung ohne Auftrag zwei gegenläufige Ziele bestimmend. Einerseits soll das fremdnützige Eingreifen des Geschäftsführers veranlaßt und durch den Aufwendungsersatz begünstigt werden; andererseits muß der Geschäftsherr vor aufdringlicher Einmischung Dritter in seine Angelegenheiten geschützt sein, weil in eigenen Angelegenheiten ein jeder selbst die Entscheidungszuständigkeit hat. Sie ist wesentlicher Ausdruck privatautonomer Entfaltungsfreiheit[54]. Das BGB geht im Schutz dieser Entscheidungszuständigkeit nicht so weit wie etwa das angloamerikanische Recht, das bei unbeauftragt fremdnützigen Tätigkeiten einen Aufwendungsersatz grundsätzlich versagt, sogar dann, wenn ein nichtprofessioneller Helfer unaufgefordert zur Erhaltung des Lebens oder der Gesundheit eines anderen tätig geworden ist[55]. Vielmehr trifft es einen Kompromiß zwischen dem Freiheitsschutz des Geschäftsherrn vor aufgedrängter Einmischung (der den prinzipiellen Ausschluß eines Aufwendungsersatzes verlangen würde) und der

[52] RG in *Warneyers Jahrbuch der Entscheidungen. Ergänzungsband enthaltend die Rechtsprechung des Reichsgerichts auf dem Gebiete des Zivilrechts*, herausgegeben von O. WARNEYER, O. JÄHLER 1 (1908) 260 (Nr. 352).

[53] Vgl. H.H. SEILER, *Utile per inutile non vitiatur* cit. 144 ss.; M. KASER, R. KNÜTEL, *Römisches Privatrecht* cit. 63 (Rz 9.4).

[54] CH. WOLLSCHLÄGER, *Die Geschäftsführung ohne Auftrag. Theorie und Rechtsprechung* (Berlin 1976) 63.

[55] R. WITTMANN, *Begriffe und Funktionen der Geschäftsführung ohne Auftrag* (München 1981) 8 f.

Förderung willkommener Menschenhilfe (die zu weitreichender Anerkennung des Vermögensausgleichsinteresses des Geschäftsführers führen müßte): Wenn der Geschäftsführer interesse- und willensgemäß gehandelt hat, schuldet der Geschäftsherr vollen Aufwendungsersatz (§§ 683 Satz 1 BGB); liegen diese Voraussetzungen nicht vor, so schuldet er immerhin noch Aufwendungsersatz nach den Grundsätzen des Bereicherungsrechts (§§ 684 Satz 1, 818 Abs. 2 und 3 BGB)[56].

Demgegenüber sind dem nicht legitimierten Geschäftsführer aus dem mit der Übernahme des Geschäfts entstehenden Schuldverhältnis im Interesse des Geschäftsherrn wesentliche Pflichten auferlegt: Er hat das Geschäft im Interesse und mit Rücksicht auf den Willen des Geschäftsherrn zu führen (§ 677 BGB); bei Verletzung dieser Pflicht haftet er, und eine strenge Schadensersatzhaftung ist auch dann begründet, wenn er das Interesse und den Willen des Geschäftsherrn schon bei der Übernahme des Geschäfts schuldhaft nicht beachtet hat (§ 678 BGB). Ferner hat er das aus der Geschäftsführung Erlangte herauszugeben (§§ 681 Satz 2, 667 BGB), die Übernahme der Geschäftsführung dem Geschäftsherrn anzuzeigen (§ 681 Satz 1 BGB), Auskunft zu erteilen, Rechenschaft zu legen und im eigenen Interesse verwendetes Geld (zumindest) zu verzinsen (§§ 681 Satz 2, 666, 668 BGB). Alle diese Pflichten haben zum Ziel, daß das Geschäft möglichst so geführt wird, wie der Geschäftsherr es in eigener Entscheidungszuständigkeit geführt hätte.

5.4. *Weitere Beispiele.* Waren dies die wohl wichtigsten Einzelregelungen im klassischen Bestand des BGB, so ist damit das Material doch nicht erschöpft. Hinzugekommen ist vor allem das aus den Artt. 1 und 2 Abs. 1 GG abgeleitete und als „sonstiges Recht" nach § 823 Abs. 1 BGB deliktisch ebenso wie durch negatorische Unterlassungsansprüche (§§ 12, 862, 1004 BGB) geschützte Allgemeine Persönlichkeitsrecht, das die freie Entfaltung der

[56] CH. WOLLSCHLÄGER, *Die Geschäftsführung* cit. 64 f. Mit der Bestimmung des § 684 Satz 1 BGB hat der Gesetzgeber die Regel des gemeinen Rechts, nach der bei Zahlung entgegen einem Verbot des Geschäftsherrn keinerlei Ersatz geschuldet wurde, außer Kraft gesetzt, WOLLSCHLÄGER 65, 88. Vgl. C. 2.18(19).24.1 (Iustinianus *a.* 530; der Lehre Julians folgend).

Persönlichkeit und ihre Achtung sichert[57]. Erwähnenswert mag auch sein, daß das Gesetz die Selbstverständlichkeit klarstellt, daß ein jeder die Freiheit hat, ein ihm aufgedrängtes Recht zurückzuweisen (§§ 333, 516 Abs. 2); niemand braucht sich etwas schenken zu lassen. Doch lassen wir weitere Beispiele, die weniger wichtig sind, beiseite und wenden wir uns der vierten und letzten Gruppe zu.

6. *Sicherungen der Privatautonomie durch Verbraucherschutz.* – Es ist der Verbraucherschutz, der die jüngsten Sicherungen der Privatautonomie mit der Schuldrechtsreform zum 1. Januar 2002 in das BGB gebracht hat. Er wirkt vor allem in zwei Ebenen.

6.1. *Allgemeine Geschäftsbedingungen.* Allgemeine Geschäftsbedingungen finden heutzutage in nahezu allen Lebensbereichen Verwendung. Sie verdanken ihre Entstehung dem berechtigten Interesse der Unternehmer an einer kostensenkenden Rationalisierung der Geschäftsabwicklung. Ihre Gefahren liegen jedoch darin, daß sie den Unternehmer, der sie aufstellt, dazu verführen, die Risiken der Geschäftsabwicklung auf den Kunden abzuwälzen. Die unausgewogene Risikoverteilung, die typischerweise durch Allgemeine Geschäftsbedingungen begründet wird, führt zu erheblichen Beeinträchtigungen der Vertragsfreiheit des Kunden dadurch, daß dieser im Alltagsleben weder die Zeit noch den Sachverstand aufbringt, die Allgemeinen Geschäftsbedingungen vor dem Vertragsabschluß durchzustudieren, und daß er aufgrund seiner wirtschaftlichen Unterlegenheit auch von vornherein kaum eine Möglichkeit sieht, gegebenenfalls Änderungen durchzusetzen. Infolgedessen „unterwirft" er sich in aller Regel dem selbstgesetzten Recht des Unternehmers.

Um die auf diese Weise entstehenden Beeinträchtigungen der Vertragsfreiheit des Kunden auszugleichen, dem durch die Allgemeinen Geschäftsbedingungen gleichsam einseitig Rechte entzogen werden, die ihm nach dem am gerechten Ausgleich orientierten dispositiven Gesetzesrecht zustehen, ist zum 1. April 1977 das „Gesetz zur Regelung des Rechts der Allgemeinen Geschäftsbedingungen

[57] Siehe dazu nur H. SPRAU, in O. PALANDT, *Bürgerliches Gesetzbuch*[65] (München 2006) § 823 BGB Rz 83-125 sowie *Einführung* vor § 823 Rz 24-27.

(AGB-Gesetz)[58] in Kraft getreten. Es normierte im wesentlichen die Ergebnisse der Rechtsprechung des Bundesgerichtshofs und brachte als Neuerung die „Verbandsklage“, mit der zugelassene Verbände denjenigen auf Unterlassung in Anspruch nehmen können, der Allgemeine Geschäftsbedingungen verwendet, in denen Klauseln enthalten sind, die nach den Bestimmungen des Gesetzes unwirksam sind (§ 13 AGB-Gesetz). Der Ausgleich der Beeinträchtigung der Vertragsfreiheit des einzelnen Kunden wurde durch zwei Klauselkataloge und eine Generalklausel – sie bilden den Schwerpunkt des Gesetzes – erreicht. Sie sind ebenso wie die allgemeinen Bestimmungen der §§ 1-8 AGB-Gesetz zum 1.1.2002 in das BGB (§§ 305-309) übernommen worden[59]. In § 309 BGB (zuvor § 11 AGBG) werden Klauseln angeführt, die in Allgemeinen Geschäftsbedingungen schlechthin unwirksam sind, zum Beispiel der Vorbehalt kurzfristiger Preiserhöhungen oder das Wechseln des dem Kunden gegenüberstehenden Vertragspartners, Haftungsausschlüsse bei bestimmten Schäden oder bestimmten Pflichtverletzungen, Aufrechnungsverbote, Auferlegung von Vertragsstrafen etc. Demgegenüber enthält § 308 BGB (zuvor § 10 AGBG) einen Katalog von Klauselverboten „mit Wertungsmöglichkeit“, bei denen also aufgrund der Ausgestaltung der Klausel im Einzelfall zu prüfen ist, ob sie unangemessen und daher unwirksam ist oder nicht. Hier handelt es sich beispielsweise um Klauseln, die unwirksam sind, wenn „durch sie sich der Verwender unangemessen lange oder nicht hinreichend bestimmte Fristen für die Annahme oder Ablehnung eines Angebots oder die Erbringung einer Leistung vorbehält“ (§ 308 Nr. 1), oder wenn es geht um „die Vereinbarung eines Rechts des Verwenders, sich ohne sachlich gerechtfertigten und im Vertrag angegebenen Grund von seiner Leistungspflicht zu lösen“ (Rücktrittsvorbehalt § 308 Nr. 3 BGB).

Zum eigentlichen Herzstück der gesetzlichen Bestimmungen über die Unwirksamkeit von Allgemeinen Geschäftsbedingungen hat sich die Generalklausel des § 307 BGB (zuvor § 9 AGBG) entwickelt, die in Abs. 1 bestimmt: „Bestimmungen in Allgemeinen Geschäftsbedingungen sind unwirksam, wenn sie den Vertragspart-

[58] Vom 9. Dezember 1976, BGBl. I 317.

[59] Restbestimmungen zum Anwendungsbereich (§§ 23 ff. AGB-Gesetz) in den § 310 BGB.

ner des Verwenders entgegen den Geboten von Treu und Glauben unangemessen benachteiligen. Eine unangemessene Benachteiligung kann sich auch daraus ergeben, dass die Bestimmung nicht klar und verständlich ist«. Eine „unangemessene Benachteiligung« ist nach Abs. 2 „im Zweifel anzunehmen, wenn eine Bestimmung 1. mit wesentlichen Grundgedanken der gesetzlichen Regelung, von der abgewichen wird, nicht zu vereinbaren ist oder 2. wesentliche Rechte und Pflichten, die sich aus der Natur des Vertrages ergeben, so einschränkt, dass die Erreichung des Vertragszwecks gefährdet ist«, womit die *natura contractus* zu neuem Leben erweckt worden ist. Aufgrund der Klausel-Richtlinie der EU[60] gelten die §§ 307-309 BGB für vorformulierte Vertragsbedingungen auch dann, „wenn diese nur zur einmaligen Verwendung bestimmt sind und soweit der Verbraucher auf Grund der Vorformulierung auf ihren Inhalt keinen Einfluß nehmen konnte« (§ 310 Abs. 3 Nr. 2 BGB, zuvor § 24 a AGBG). Mit dieser Regelung ist zum einen der Verbraucherschutz ein tragender Gedanke des Rechts der Allgemeinen Geschäftsbedingungen geworden, zum anderen aber auch das Schutzarsenal des Rechts der Allgemeinen Geschäftsbedingungen aus dem Bereich der Allgemeinen Geschäftsbedingungen heraus auf Einzelverträge ausgedehnt worden: Die Vertragsfreiheit des Verbrauchers wird stärker geschützt als die des Bürgers.

6.2. *Verbraucherverträge und Widerruf.* Während es sich im Recht der Allgemeinen Geschäftsbedingungen darum handelt, den Kunden/Verbraucher dadurch zu schützen, daß der Vertrag von benachteiligenden Klauseln „gesäubert«, im übrigen aber – entgegen der Regel des § 139 BGB zur Teilunwirksamkeit (o. 5.2) – aufrechterhalten wird[61], geht es bei den typischen Verbraucherverträgen um einen Schutz in der Weise, daß der Bestand des gesamten Vertrages in die privatautonome Entscheidung des Verbrauchers gestellt wird. Zu diesem Zwecke wird ihm ein sog. Widerrufsrecht eingeräumt.

Ausgangspunkt waren die Geschäfte an der Haustür, am Arbeits-

[60] Richtlinie 93/13 EWG des Rates über mißbräuchliche Klauseln in Verbraucherverträgen v. 5. April 1993 (Amtsblatt der Europäischen Gemeinschaften Nr. L 95 vom 21.4.1993, S. 29).

[61] § 306 Abs. 1 sowie (für den Verbrauchervertrag) §§ 310 Abs. 3 Nr. 2, 306 Abs. 1 BGB.

platz oder in Verkehrsmitteln (heute § 312 BGB). Hier ist die typische Situation durch drei Umstände gekennzeichnet: Erstens geht die Initiative zu den Vertragsverhandlungen, etwa zum Kauf eines Staubsaugers, vom Gewerbetreibenden, dem Verkäufer, aus. Zweitens ist der Verbraucher auf diese Vertragsverhandlungen nicht vorbereitet; er wird überraschend angesprochen. Drittens schließlich hat er in dieser Situation in der Regel keine Möglichkeit, Qualität und Preis des Angebots mit anderen Angeboten zu vergleichen. Aus diesen drei Umständen ergibt sich ein „Überraschungsmoment", das zur Folge hat, daß der Verbraucher nicht auf gleicher Höhe mit dem Verkäufer verhandeln kann. Er ist folglich in der Ausübung seiner Vertragsfreiheit beeinträchtigt, wenn er unter dem Druck der Umstände – überrascht und bedrängt von einem Verkäufer, der über einen großen Informationsvorsprung verfügt – das Geschäft abschließt. Die Lösung, um diese Verkürzung der Vertragsfreiheit auszugleichen, ist darin gefunden worden, dem Verbraucher nachträglich eine Überlegungszeit einzuräumen, in der er die Möglichkeit hat, Vergleiche einzuholen und die Vor- und Nachteile des Geschäfts abzuwägen. Zu diesem Zwecke räumt das Gesetz dem Verbraucher ein Widerrufsrecht ein, durch dessen Ausübung binnen (früher 8, heute) 14 Tagen er sich ohne Angabe von Gründen noch von dem Vertrag lösen kann, §§ 312 Abs. 1, 355 BGB.

Der Widerruf betrifft die eigene auf den Vertragsabschluß gerichtete Erklärung des Verbrauchers. Dies geht auf die zum früheren Abzahlungsgesetz (§ 1b Abs. 1 AbzG) entwickelte Vorstellung zurück, der Vertragsabschluß mit dem Abzahlungskäufer sei bis zum Verstreichen der Widerrufsfrist noch schwebend unwirksam. Diesen Weg des „Wirksamkeitsaufschubs" statt eines Rücktrittsrechts hat man gewählt, um möglichst von vornherein eine Durchbrechung des Grundsatzes *pacta sunt servanda* zu vermeiden[62]. In der Sache handelt es sich jedoch um das Recht zum Rücktritt vom (bereits abgeschlossenen) Vertrag[63]; treffend finden

[62] Siehe dazu R. KNÜTEL, *Widerruf und Widerrufsbelehrung in § 1b AbzG*, in *AcP.* 185 (1985) 312 mit Fn. 14, 15. Man ging seinerzeit im Rechtsausschuß des Bundestags davon aus, „daß der theoretischen oder dogmatischen Frage der Konstruktion keine maßgebende Bedeutung beizumessen sei".

[63] So (schon zur Rechtslage vor dem Schuldrechtsreformgesetz) R. KNÜTEL, *Das Verbraucherkreditgesetz als mißlungenes Gesetz*, in U. DIEDERICHSEN, R. DREIER, *Das mißglückte Gesetz* (Göttingen 1997) 62, 81 ff.

deshalb gemäß § 357 Abs. 1 BGB auf das Widerrufsrecht die Vorschriften über den gesetzlichen Rücktritt „entsprechende" Anwendung.

Dieses Recht ist inzwischen – abgesichert durch Richtlinien des Europarechts – auf weitere Verbraucherverträge ausgedehnt worden, insbesondere auf Verbraucherdarlehensverträge (§ 495 BGB), Teilzahlungsgeschäfte (§ 501 BGB), Fernabsatzverträge (§ 312d BGB) und Teilzeitwohnrechtsverträge (§ 485 BGB). Das Widerrufsrecht dient in diesen Fällen vor allem dazu, dem Verbraucher die Möglichkeit zu geben, Informationsdefizite auszugleichen.

7. *Schlußbemerkung.* – Wir beschließen damit unseren Überblick. Er dürfte gezeigt haben, daß das BGB als das Basisgesetz des deutschen Zivilrechts von dem Leitbild des freien, privatautonom handelnden Bürgers ausgeht, mag dieses Bild auch inzwischen großenteils von dem des vermeintlich hilflosen und unerfahrenen Verbrauchers (§ 14 BGB) überlagert sein. Damit der Bürger in der Lage bleibt, seine Rechtsverhältnisse privatautonom zu regeln, bedarf es sichernder Rechtsbestimmungen, die ihn sowohl vor Selbstentmündigung bewahren als auch gegenüber Einschränkungen durch Dritte schützen.

Unsere Betrachtungen waren auf die Freiheit des Einzelnen in der rechtsgeschäftlichen Gestaltung seiner Lebensverhältnisse gerichtet. Durch die Sicherungen dieser Freiheit wird die freie Entfaltung der Persönlichkeit gefördert und geschützt. Dies ist ein verfassungsrechtlich abgesicherter Wert von höchstem Rang (Art. 1, 2 Abs. 1, 79 Abs. 3 GG). Doch sollte nicht übersehen werden, daß mit den Sicherungen der Privatautonomie zugleich das gemeine Beste befördert wird. Rudolph Sohm hat dies in schöner, sei es auch zeitbedingter Formulierung ausgesprochen: „Aber gerade in diesen eigennützigen Privatrechten ruht größte gemeinnützige Kraft ... Auch das Privatrecht ist, trotz seines zunächst dem Eigennutzen dienenden Inhalts, um des gemeinen Nutzens, um des Volkes willen da. ... Das Privatrecht wurzelt in der geschichtlich durchgedrungenen Wahrheit, daß die Macht des Volkes nicht bloß aus der Unterordnung, sondern in noch höherem Maße aus der Entfaltung seiner Angehörigen zu selbständig leistungsfähigen Persönlichkeiten ihre Nahrung zieht, daß die Rechtsordnung deshalb dazu bestimmt ist, nicht bloß Zwang, sondern F r e i h e i t hervorzubringen. Um der G e s a m t h e i t willen schafft die Rechtsordnung ihren Angehörigen einen eigennützigen, die Triebkräfte des Individuums zugleich befriedigenden und zu höchster Anspannung reizenden Machtkreis: die Leistungen des einzelnen werden allen zugute kommen«. Ist es überraschend, daß wir dies in einem den Institutionen des römischen Rechts gewidmeten Werk lesen?[64].

[64] Nämlich bei R. SOHM, *Institutionen. Geschichte und System des römischen Privatrechts*[14] (Berlin 1911) 26; hier zitiert nach der (auch insoweit gekürzten) Bearbeitung von L. MITTEIS und L. WENGER, 17. Aufl. (Berlin 1923, Nachdruck 1949) 21. Zustimmung bei G. BOEHMER, *Grundlagen der bürgerlichen Rechtsordnung* I. *Das bürgerliche Recht als Teilgebiet der Gesamtrechtsordnung* (Tübingen 1950) 13 f. – Anschauungsmaterial findet sich tagtäglich, heute in der Bonner Tageszeitung „General-Anzeiger« v. Montag, d. 16. Oktober 2006, S. 3 unter der Überschrift „Teufelskreis am Kap«: „Alana Bailey von der Gewerkschaft Solidarity lässt angesichts der massiven Emigrationswelle die Warnlampen leuchten. Für jede weiße Fachkraft, die geht, gehen direkt und indirekt zehn Jobs verloren«.

Neues zu althergebrachten Rechtsfiguren?*

Ausfallbürgschaft und Verwirkungsklausel

Rolf Knütel

I. Ausfallbürgschaft

Ein Dutzend Jahre liegt es zurück, daß der Bundesgerichtshof Anlaß gesehen hat, die altüberkommene dogmatische Einordnung der Ausfallbürgschaft zurückzuweisen und seiner Entscheidung eine abweichende Auffassung zugrundezulegen. Möglicherweise trifft mich daran ein „mitwirkendes Verschulden", habe ich doch in der von *Eduard Picker* und seinen „wissenschaftlichen Geschwistern" herausgebrachten Festschrift zu Ehren ihres Lehrers *Werner Flume* zur Beweislast bei der Ausfallbürgschaft eine anfechtbare Meinung vertreten, die dem Gericht nicht einleuchtete[1].

Es geht um das Urteil des 9. Zivilsenats vom 10.12.1998 (IX ZR 156/98)[2]. Der Senat legt zunächst die eigene Ansicht dar und weist dann entgegenstehende Auffassungen zurück:

„Bei der Ausfallbürgschaft begrenzt die durch eigene Nachlässigkeit des Gläubigers bewirkte Herbeiführung des Ausfalls den Anspruch aus der Bürgschaft als solchen. Dieser hängt damit bereits in seiner Entstehung davon ab, daß der Gläubiger bei dem Versuch, die Forderungen gegen den Schuldner durchzusetzen, mit der auch im Interesse des Bürgen erforderlichen Sorgfalt vorgeht. Beruft sich der Ausfallbürge auf ein nachlässiges Verhalten des Gläubigers bei der Verwirklichung des verbürgten Anspruchs, so macht er deshalb keinen diesen ausschließenden Ausnahmetatbestand geltend, sondern er leugnet damit eine der den Anspruch begründenden Voraussetzungen und damit den Anspruchstatbestand selbst. Daraus ergibt sich, daß der Gläubiger nicht nur den Verlust nachweisen muß, den er objektiv erlitten hat; seine Sache ist es vielmehr auch, darzulegen und zu beweisen, daß der Ausfall trotz Einhaltung der bei der Verfolgung des verbürgten Anspruchs gebotenen Sorgfalt eingetreten ist oder daß er auch eingetreten wäre, wenn er diese Sorgfalt angewandt hätte (*RG*, JW 1905, 720 ...).

Die dem Gläubiger obliegende Einhaltung der gebotenen Sorgfalt bei der Verfolgung des verbürgten Anspruchs ist in der Rechtsprechung und im Schrifttum freilich gelegent-

---

* Th. Lobinger/R. Richardi/J. Wilhelm (Hrsg.), Festschrift für Eduard Picker zum 70. Geburtstag, Mohr Siebeck, Tübingen 2010, 469 – 479.

1 *R. Knütel*, Zur Frage der sog. Diligenzpflichten des Gläubigers gegenüber dem Bürgen, in: H.H. Jakobs/B. Knobbe-Keuk/E. Picker/J. Wilhelm in Gemeinschaft mit K. Ballerstedt u. F.A. Mann, Fschr. Werner Flume zum 70. Geb., Bd. I, 1978, S. 559, 590.

2 Vorinstanz KG. Hier zitiert nach NJW 1999, 1467–1470. Abdruck nicht in der Amtl. Slg., jedoch u.a. auch in ZIP 1999, 230–234; WM 1999, 173–178; MDR 1999, 493–494.

lich unter rechtlichen Gesichtspunkten gesehen worden, die eine andere Beantwortung der Beweislastfrage nahelegen könnten. Das RG hat teilweise die nachlässige Rechtsverfolgung durch den Gläubiger als gegen Treu und Glauben verstoßendes, vertragswidriges Verhalten bezeichnet (*RGZ* 87, 327 [328 f.]; 145, 167 [169]). In anderen Entscheidungen hat es in dem Eintritt des Ausfalls eine Bedingung gesehen, unter der die Verpflichtung des Ausfallbürgen stehe (*RGZ* 75, 186 [187]; *RG*, SeuffA 51, 277 [279]; WarnRspr. 1932, 122 [124]; auch schon ROHG Bd. 13, 172 [174f.]). Bereits im gemeinen Recht ist der Eintritt des Ausfalls als Bedingung aufgefaßt worden, unter der der Anspruch des Gläubigers aus der „Schadloshaltungsbürgschaft" stehe (*Hasenbalg*, Die Bürgschaft des gemeinen Rechts, 1870, S. 724; *Dernburg*, Pandekten II, 5. Aufl. [1897], S. 216). Daraus ist der Schluß gezogen worden, daß die Verursachung des Ausfalls durch nachlässiges Verhalten des Gläubigers einen Fall treuwidriger Herbeiführung der Bedingung nach § 162 II BGB mit der sich daraus ergebenden Folge darstelle, daß der Ausfallbürge die Nachlässigkeit des Gläubigers zu beweisen habe (*Knütel*, in: Festschr. f. Flume 1, 1978, S. 559 [590]). Von einem vertragswidrigen Verhalten des Gläubigers durch nachlässige Verfolgung des durch die Bürgschaft gesicherten Anspruchs kann deswegen nicht gesprochen werden, weil daraus keine Schadensersatzansprüche des Bürgen erwachsen. Ob es sich um eine Obliegenheit handelt (*Knütel*, in: Festschr. f. Flume 1, S. 559 [580]), erscheint deswegen zweifelhaft, weil darunter im allgemeinen ein bestimmtes – positives oder negatives – Verhalten, nicht aber allgemein die Außerachtlassung der erforderlichen Sorgfalt verstanden wird (vgl. *Prölss/Martin*, VVG, 26. Aufl., § 6 Rdnr. 19). Schließlich dürfte die verbreitete Ansicht, die Verpflichtung des Ausfallbürgen stehe unter der aufschiebenden Bedingung, daß ein Ausfall wirklich eintrete (so auch *Knütel*, in: Festschr. f. Flume 1, S. 559 [573]), ebenfalls nicht zutreffen. Unter einer Bedingung versteht das BGB ein zukünftiges ungewisses Ereignis, von dessen Eintritt die Wirksamkeit eines Rechtsgeschäfts abhängt (158 I, II BGB; *Palandt/Heinrichs*, BGB, 57. Aufl., Vorb. § 158 Rdnr. 1).

Das Rechtsgeschäft der Ausfallbürgschaft hängt in seiner Wirksamkeit nicht davon ab, ob es zu einem Ausfall kommt. Es geht im Grundsatz bei ihr wie bei der „normalen" Bürgschaft lediglich darum, ob sich das vom Bürgen übernommene Risiko verwirklicht. Lediglich dieses ist bei der Ausfallbürgschaft enger begrenzt. Nur innerhalb der Sorgfalt, die der Gläubiger bei der Durchsetzung des verbürgten Anspruchs zu wahren hat, besteht die Einstandspflicht des Bürgen. Die Einhaltung der gebotenen Sorgfalt durch den Gläubiger markiert nach dem typischen Vertragsinhalt einer Ausfallbürgschaft von vornherein die Grenze, bis zu der das vom Bürgen übernommene Risiko reicht, und gehört deshalb zu den Haftungsvoraussetzungen, deren Vorliegen der Gläubiger zu beweisen hat. Das ist auch von der Interessenbewertung her gerechtfertigt. Der Gläubiger ist weit eher als der Bürge in der Lage, den Geschehensablauf, der zum Ausfall geführt hat, darzulegen und zu beweisen. Gelingt ihm das nicht, dann ist es nicht gerechtfertigt, die Folgen daraus den Bürgen tragen zu lassen."

Die Zurückweisung der überkommenen Lehre geht in dem für die Ausfallbürgschaft wesentlichen Kern in evidenter Weise fehl – was dessenungeachtet bislang offenbar noch nicht gesehen worden ist[3]. Ihr liegt die Verwechslung von

[3] In seinem Kurzkommentar in EWiR § 765 BGB 6/99, 555, 556 referiert *J. Nielsen* die Annahme, der Forderungsausfall stelle keine Bedingung dar, und stimmt dem Urteil zu. *St. Bultmann* erkennt in seiner Anm. (Neue Justiz 5, 1999, 267) den Fehler ebensowenig wie *P. Bydlinski* in WuB I F 1a – 7.99, S. 557f. Zu *Habersack* sogleich.

Rechtswirkung und Rechtswirksamkeit zugrunde. § 158 BGB stellt insoweit eindeutig auf die Wirkung ab: „Wird ein Rechtsgeschäft unter einer aufschiebenden Bedingung vorgenommen, so tritt die von der Bedingung abhängig gemachte Wirkung mit dem Eintritt der Bedingung ein" (Abs. 1); dementsprechend „endigt mit dem Eintritt der (auflösenden) Bedingung die Wirkung des Rechtsgeschäfts" (Abs. 2). Es ist also ganz selbstverständlich, daß mit der Einordnung der Ausfallbürgschaft als bedingtes Rechtsgeschäft nicht ausgesagt ist, das Rechtsgeschäft der Ausfallbürgschaft werde erst wirksam, wenn es zu einem Ausfall kommt. Der Senat argumentiert mithin ins Leere, indem er der Bedingung eine Wirkweise unterstellt, die sie nach dem BGB nicht hat, und es ist deshalb auch unbegreiflich, wie *Habersack* dem BGH mit der Bemerkung beipflichten kann: „dort auch zutr. Auseinandersetzung mit Positionen, die in dem Ausfall eine Bedingung sehen (RGZ 75, 186, 187) ..."[4].

Bemerkenswert ist freilich die Annahme, eine aufschiebende Bedingung habe einen Aufschub des Geschäftsabschlusses und damit des Wirksamwerdens des Rechtsgeschäfts zur Folge. Eine entsprechende Lehre war im 19. Jh. sehr verbreitet. Sie nahm an, durch die Bedingung werde der Wille und damit das Rechtsgeschäft von einem zukünftigen Ereignis abhängig gemacht[5], und sie berief sich dafür auf zahlreiche Aussagen in den römischen Quellen. Dazu paßt *Werner Flumes* Lehre, nach den Vorstellungen der Juristen sei die Bedingung als Rechtsfigur allgemein nicht auf das Rechtsverhältnis (etwa aus einer zustande gekommenen Stipulation), sondern auf den Rechtsakt (den Abschluß der Stipulation also) bezogen gewesen[6].

Durchgesetzt hat sich jedoch schon im Gemeinen Recht die insbesondere von *Bernhard Windscheid* vertretene Lehre, das von der Bedingung Abhängige sei „nicht die Existenz des Willens, sondern die Existenz der durch denselben

---

[4] MüKo BGB – *M. Habersack*, 4. Aufl. 2004, § 765 Rz 106 Fn. 469; ebenso in 5. Aufl. 2009, Rz 106 Fn. 487. Was man davon halten soll, wird auch nicht dadurch klarer, daß es gleich nach diesen Fußnoten im Text der Rz 106 heißt: „Die Bezeichnung der Bürgschaft als Ausfall- oder Schadlosbürgschaft genügt zwar idR, um den auf Übernahme einer entsprechend bedingten [!] Bürgschaft gerichteten Willen zum Ausdruck bringen".

[5] So etwa *J. Unger*, System des österreichischen allgemeinen Privatrechts, Bd. 2, 4. Aufl. 1876, § 82, S. 64 sowie 56/57 („Insofern nun der Wille das Rechtsgeschäft erzeugt und der Träger desselben ist, erscheint die Bedingung zugleich als das Abhängigmachen der Existenz oder Nichtexistenz eines Rechtsgeschäfts von der Wirklichkeit eines bestimmten Umstandes"), angeführt auch im Vorentwurf von *A. Gebhard* in: W. Schubert (Hrsg.), Die Vorlagen der Redaktoren für die erste Kommission zur Ausarbeitung des Entwurfs eines Bürgerlichen Gesetzbuches, Allgemeiner Teil, Teil 2, 1981 (aus 1876–1887), S. 228 (neue Zählung) Fn. 1. – Ferner etwa *L. Arndts*, Lehrbuch der Pandekten, 14. Aufl. (besorgt v. L. Pfaff und F. Hofmann), 1889, S. 94 mit Anm. 2 (S. 96); *A.F. Rudorff* in: *F.G. Puchta*, Pandekten, 12. Aufl. 1877 (hgg. Th. Schirmer), § 59, S. 89f. m. Fn. a.

[6] *W. Flume*, Rechtsakt und Rechtsverhältnis. Römische Jurisprudenz und modernrechtliches Denken, 1990, insbes. 120ff. (im wesentlichen bereits in: Zschr. der Savigny-Stiftung, Rom. Abt., 92, 1975, 69ff.); vgl. auch *W. Flume*, Allgemeiner Teil des Bürgerlichen Rechts, 2. Bd. (Das Rechtsgeschäft), 4. Aufl. 1992, S. 689f. – Ob diese Sichtweise in der behaupteten Allgemeinheit bestand, ist allerdings sehr zweifelhaft.

zu erzielenden Wirkung, nicht das Wollen, sondern das Gewollte"[7]. Auf der Grundlage dieser Lehre ergibt sich, daß das bedingte Rechtsgeschäft bereits ein tatsächlich und rechtlich existentes ist, und lassen sich wichtige Wirkungen, wie die mögliche Rückbeziehung und die Bindung während der Schwebezeit, am besten rechtfertigen. Sie ist denn auch bereits in *Gebhards* Vorentwurf (§ 50) zugrundegelegt worden[8], und dabei ist es in den weiteren Entwürfen bis hin zum § 158 BGB geblieben, ohne daß die grundsätzliche Frage überhaupt noch einmal des näheren erörtert worden wäre[9].

Entfällt nach alldem der Hauptgrund für die Behauptung des BGH, die Ausfallbürgschaft sei kein bedingtes Rechtsgeschäft, so bleibt nur klarzustellen, daß diese Bürgschaft von Anbeginn an als aufschiebend bedingt angesehen wurde, nämlich dadurch, daß der Gläubiger nach Klage und Zwangsvollstreckung gegen den Schuldner teilweise oder sogar ganz ausfällt. Schon zur römischen *fideiussio indemnitatis* (von der sich der Name „Schadlosbürgschaft" herleitet) stand dies fest:

D. 45,1,116
Papinianus libro quarto quaestionum

Decem stipulatus a Titio postea, quanto minus ab eo consequi posses, si a Maevio stipularis, sine dubio Maevius universi periculum potest subire. sed et si decem petieris a Titio, Maevius non erit solutus, nisi iudicatum Titius fecerit. PAULUS notat: non enim sunt duo rei Maevius et Titius eiusdem obligationis, sed Maevius sub condicione debet, si a Titio exigi non poterit: igitur nec Titio convento Maevius liberatur (qui an debiturus sit, incertum est) et solvente Titio non liberatur Maevius (qui nec tenebatur, cum condicio stipulationis deficit), nec Maevius pendente stipulationis condicione recte potest conveniri: a Maevio enim ante Titium excussum non recte petetur.

Papinian im 4. Buch der Rechtsfragen

Hast du dir zehn von Titius versprechen lassen und dir dann so viel, wie du von ihm weniger erlangen könntest, von Maevius versprechen lassen, so ist Maevius ohne Zweifel der Gefahr ausgesetzt, auf das Ganze zu haften. Aber auch wenn du die zehn von Titius einklagst, wird Maevius nicht frei, sofern nicht Titius die Urteilsschuld bezahlt. PAULUS merkt an: Maevius und Titius sind nämlich nicht Gesamtschuldner derselben Verbindlichkeit; vielmehr schuldet Maevius überhaupt nur unter der Bedingung, daß von Titius nichts eingetrieben werden kann. Wird deshalb Titius verklagt, so wird Maevius (zu dem ungewiß ist, ob er schulden wird) nicht frei. Und auch wenn Titius zahlt, wird Maevius nicht frei (der nicht haftete, wenn die Bedingung ausfiel, unter der das Versprechen stand). Und auch wenn die Bedingung des Versprechens noch in der Schwebe ist, kann Maevius nicht mit Erfolg verklagt werden. Ehe gegen Titius vollstreckt worden ist, wird Maevius nämlich erfolglos belangt werden.

---

[7] *B. Windscheid*, Lehrbuch des Pandektenrechts, 9. Aufl., bearbeitet v. *Th. Kipp*, 1906, Bd. 1, § 86 Fn. 3a, S. 452ff. m.w.N. (zu 4.), dort auch zu den fünf weiteren Einordnungsversuchen.

[8] Bei Schubert (Fn. 5), S. 11, 227ff.

[9] §§ 128, 129 E I (1889), § 128 E II (1894), § 154 E III (1896), vgl. Motive, Bd. 1, 1888, S. 251; Protokolle, Bd. 1, 1897, S. 179f.; H.H. Jakobs/W. Schubert (Hrsg.), Die Beratung des Bürgerlichen Gesetzbuchs in systematischer Zusammenstellung der unveröffentlichten Quellen. Allgemeiner Teil, 2. Teilbd., 1985, S. 827, 830, 846, 865, 868f.

Zunächst stellt Papinian in Auslegung des Wortlauts klar, daß von dem *quanto minus*, „(um) so viel weniger“, selbstverständlich auch die Haftung auf das Ganze erfaßt ist. Sodann schließt er aus, daß aufgrund einer Klage gegen Titius der Maevius frei werden könnte, was infolge der sog. Klagenkonsumption, des Verbrauchs der Klage also, im Verhältnis zwischen Schuldner und dem „einfachen“ Bürgen der Fall wäre[10] oder auch bei Gesamtschuldnern. Papinian macht insoweit also einen Unterschied zwischen dem einfachen *fideiussor* und dem Schadlosbürgen, und Paulus begründet diesen Unterschied dann näher in seiner Anmerkung, in der er die drei Fälle darlegt, in denen es zu einer Haftung des Maevius nicht kommt[11].

Auch an anderer Stelle wird die Bedingtheit der Schadlosbürgschaft ausgesprochen[12]. Im *ius commune*[13] und im Gemeinen Recht des 19. Jh. sah man es nicht anders[14]. Auch bei der gesetzgeberischen Arbeit am BGB wurde diese Einordnung zugrundegelegt[15], und sie wurde in der Literatur uneingeschränkt gebilligt[16].

Daß auch das Reichsgericht sie zugrundelegte, hebt der BGH (Fn. 2) selbst hervor[17]. Schließlich ist auch keineswegs anzunehmen, das Reichsgericht habe die Einordnung der Ausfallbürgschaft als bedingtes Rechtsgeschäft in den Entscheidungen aufgegeben, in denen es auf den Gesichtspunkt eines „vertragswidrigen Verhaltens“ des Gläubigers abstellte, um dessen Anspruch zu vernei-

---

[10] *M. Kaser/R. Knütel*, Römisches Privatrecht, 19. Aufl. 2008, Rz 57.17 (S. 203).

[11] S. dazu *Knütel* (Fn. 1), S. 559, 570 und jüngst *A. Steiner*, Die römischen Solidarobligationen, 2009, S. 31ff. m. weit. Lit., die statt der Konsumptionswirkung in Betracht zieht, Papinian erwäge eine materielle Befreiung. Doch hat offenbar Paulus schon ihn nicht in diesem Sinne verstanden. Vgl. auch *F.C. v. Savigny*, System des heutigen Römischen Rechts, Bd. 5, 1841, S. 254 m. Fn. d; ferner *R. Zimmermann*, The Law of Obligations. Roman Foundations of the Civilian Tradition, 1990, S. 140 m. Fn. 161.

[12] Vgl. Paulus D. 46,3,21.

[13] S. nur *W.A. Lauterbach(s)*, Collegii theoretico-practici ... Pars tertia, ed. Tübingen 1725, S. 785 (VII, VIII zu D. 46,1): *Ad substantian* Fidejuss<ionis> Indemnitatis ... requiritur, ut sub conditione fidejusserit ...; *Joh. Brunnemann*, Commentarius in quinquaginta libros Pandectarum, ed. Wittenberg 1714, S. 1246 (zu D. 45,1,116).

[14] S. beispielsweise *RG* v. 14.3.1885, SeuffA 51 Nr. 178, S. 277, 279 (mit D. 45,1,116 und weit. Nachw.), vgl. auch *ROHG* 13, 172, 174 (v. 22.4.1874, mit D. 45,1,116), ferner *K.A. v. Vangerow*, Lehrbuch der Pandekten, Bd. 3, 7. Aufl. 1869, S. 141; *H. Dernburg*, Pandekten, Bd. 2, 7. Aufl. 1903, S. 216. Zumeist begnügten sich die Autoren mit einem Hinweis auf D. 45,1,116, ohne die Bedingtheit noch ausdrücklich hervorzuheben.

[15] So im Vorentwurf, für den infolge der Erkrankung F.Ph. v. Kübels die Materialien zum Dresdener Entwurf (an dem v. Kübel hervorragenden Anteil hatte) herangezogen wurden, s. Schubert (Fn. 5), Recht der Schuldverhältnisse, Teil 3, 1980, S. 438, und in den Motiven, Bd. 3, 1888, S. 672.

[16] S. etwa *P. Oertmann*, BGB. Recht der Schuldverhältnisse, 5. Aufl. 1929, § 765 Vorbem. 3c; *H. Kreß*, Lehrbuch des Besonderen Schuldrechts, 1934, S. 276; *L. Enneccerus/H. Lehmann*, Recht der Schuldverhältnisse, 15. Bearb. 1958, S. 787 Fn. 7; Staudinger/*F. Brändl*, BGB, 10./11. Aufl. 1975, § 765 Vorbem. 21; Staudinger/*N. Horn*, BGB, 13. Bearb. 1997, § 771 Rz 11; s. auch *Knütel* (Fn. 1), S. 573 m.w.N.

[17] *RGZ* 75, 186, 187; *RG* WarnRspr. 1932, 122, 124.

nen[18]. Denn dort geht es um die Auslegung des Vertrags und damit bei Lichte besehen um die der Bedingung. Es ist also nicht lediglich eine „verbreitete Ansicht", sondern die bis zur Entscheidung des 9. Zivilsenats (Fn. 2) unbestrittene Ansicht, daß die Verpflichtung des Ausfallbürgen eine aufschiebend bedingte ist.

Besteht nach alldem kein Grund, von der überkommenen konstruktiven Erfassung der Ausfallbürgschaft abzugehen, so ist in der Tat entscheidend, „daß der Gläubiger beim Schuldner ausfällt". Hierzu besteht im wesentlichen Übereinstimmung, daß nur der Ausfall gemeint ist, den der Gläubiger objektiv erlitten hat, ohne daß er bei seiner Rechtsverfolgung die erforderliche Sorgfalt außer acht gelassen hat oder – anders formuliert – ohne daß den Ausfall „er selbst durch nachlässiges Verhalten verschuldet hat"[19]. Dies bedeutet, daß dem Gläubiger grundsätzlich leicht fahrlässiges Verhalten schadet[20]. Doch braucht das nicht vertieft zu werden; denn entscheidend ist für unseren Zusammenhang allein, daß es um die Auslegung der Vereinbarung geht, die in der Bedingung getroffen ist. Da der Gläubiger den Eintritt der aufschiebenden Bedingung zu beweisen hat[21], ergibt sich ohne weiteres, daß der Gläubiger (außer dem Vertragsabschluß) darlegen und beweisen muß, daß er einen Ausfall erlitten und daß er bei der Verfolgung seines Anspruchs die erforderliche Sorgfalt beachtet hat.

Ob man das den Gläubiger treffende Gebot, seinen Anspruch mit der erforderlichen Sorgfalt zu verfolgen, als Obliegenheit – also als ein in seinem eigenen Interesse bestehendes Handlungsgebot, dessen Nichtbeachtung nur ihm Nachteile (Verlust oder Verkürzung seines Anspruchs) bringt -[22] oder als eine Rechtspflicht ansieht, was freilich nur in seltenen Ausnahmefällen in Betracht kommt[23], ist in diesem Zusammenhang unerheblich. Bei der Einordnung als Obliegenheit liegt es allerdings nahe, die Rechtsfolge des Nichteintritts der Bedingung auf § 162 Abs. 2 BGB zu stützen, der als Anwendungsfall ergänzender Vertragsauslegung zu begreifen ist. Dies habe ich seinerzeit für richtig gehalten und darauf die Annahme gestützt, der Bürge müsse die Behauptung beweisen, der Ausfall des Gläubigers sei, weil durch dessen Nachlässigkeit herbeigeführt, nicht der vertraglich vereinbarte Ausfall[24]. Doch war diese Lösung noch zu

---

[18] *RGZ* 87, 327, 328f. (in Anknüpfung an *RG* JW 1905, 720 = SeuffA 61 Nr. 108 S. 190ff., dazu *Knütel* [Fn. 1], S. 574ff., 577); *RGZ* 145, 167, 169 [*Knütel*, S. 580 m. Fn.]).

[19] So *RGZ* 145, 167, 169, s. im übrigen nur BGH NJW 1989, 1484, 1485; BGH NJW 1999, 1467, 1470 (s.o. Fn. 2). Zum gemeinen Recht bereits *RG* SeuffA 51 Nr. 178, S. 277, 278 (oben Fn. 14).

[20] *Knütel* (Fn. 1), S. 576, 577; *St. Dreismann*, Bürgenschutz durch Gläubigerdiligenz?, 2001, S. 265f., 286.

[21] Unstr., vgl. nur *RGZ* 75, 186, 187; *BGH* NJW 1981, 2404.

[22] Dafür *Knütel* (Fn. 1), S. 580, 590f. – Die vom 9. Zivilsanat daran geäußerten Zweifel (zu Fn. 2) sind unbegründet. Es steht außer Frage, daß eine mit der erforderlichen Sorgfalt zu betreibende Rechtsverfolgung ein positives Handlungsgebot darstellt.

[23] Daß ein Ausfallbürge „grundsätzlich … keinen im Klagewege verfolgbaren Anspruch darauf, daß der Gläubiger gegen den Hauptschuldner vorgehe", hat, hebt etwa *RGZ* 145, 167, 169 hervor, vgl. auch Soergel-*Häuser*, BGB, 12. Aufl. 2007, § 765 Vorbem. 33.

[24] *Knütel* (Fn. 1), S. 573f., 590 m. Fn. 172.

stark an den Möglichkeiten orientiert, die sich bei der strengrechtlichen Klage aus der Indemnitätsstipulation im römischen Recht aufgrund der Bedingung für die Auslegung ergaben. Da aber die Auslegung der Bedingung dem Rückgriff auf § 162 Abs. 2 BGB vorgeht und da diese Auslegung dazu führt, daß die Einhaltung der erforderlichen Sorgfalt bei der Rechtsverfolgung Inhalt der Bedingung ist, muß die Beweislast für die Beachtung dieser Sorgfalt beim Gläubiger liegen. Damit ergibt sich, daß es aufgrund der Bedingung, unter der das Rechtsgeschäft der Ausfallbürgschaft abgeschlossen wird, zu den vom Gläubiger zu beweisenden Anspruchsvoraussetzungen dieser Bürgschaft gehört, daß er bei der Rechtsverfolgung die erforderliche Sorgfalt beachtet hat. Außer Frage stehen sollte, daß die Ausfallbürgschaft ein aufschiebend bedingtes Rechtsgeschäft ist.

II. Verwirkungsklausel

Mißverständnisse haben sich in den letzten Jahren auch zur Verwirkungsklausel breitgemacht. In § 354 BGB (vor der Schuldrechtsreform § 360 BGB) heißt es: „Ist ein Vertrag mit dem Vorbehalt geschlossen, daß der Schuldner seiner Rechte aus dem Vertrag verlustig sein soll, wenn er seine Verbindlichkeit nicht erfüllt, so ist der Gläubiger bei dem Eintritt dieses Falls zum Rücktritt von dem Vertrag berechtigt."

Zum Zweck dieser Bestimmung führt *Dieter Medicus* aus: „§ 354 (früher § 360) beabsichtigt einen Schuldnerschutz. Entgegen dem Wortlaut der Verwirkungs-(Verfall-)Klausel soll der Gläubiger der nicht (oder schlecht) erfüllten Verbindlichkeit nur ein Rücktrittsrecht haben"[25]. Ebenso betonen etwa *Reiner Schulze*[26] und *Christian Grüneberg*[27], § 354 bestimme „im Interesse des Schuldners, daß eine ... Verwirkungsklausel entgegen ihrem Wortlaut lediglich einen Rücktrittsvorbehalt darstellt." Leicht abmildernd meint *Peter Ulmer*, „in erster Linie" diene „die Vorschrift aber dem Schutz des Schuldners, indem sie ihm insbesondere für erbrachte Teilleistungen einen Rückgewähranspruch nach § 346 Abs. 1 eröffnet"[28]. Wohl überwiegend wird allerdings angenommen, Normzweck des § 354 sei es, gleichermaßen das Gläubiger- und das Schuldnerinteresse zu schützen[29].

---

[25] *Medicus* in: Prütting/Wegen/Weinreich (Hrsg.), BGB Kommentar, 4. Aufl. 2009, § 354 Rz 1; entsprechend *Medicus*, Schuldrecht I. Allgemeiner Teil, 17. Aufl. 2006, S. 196 Rz 540 („... schuldnerfreundliche Auslegung ... Wenn der Gläubiger von dem Vorbehalt Gebrauch macht, verliert er also auch seine eigenen Ansprüche und muß die schon erbrachten Leistungen an den Schuldner zurückgewähren").

[26] Hk-BGB/*Schulze*, 6. Aufl. 2009, § 354 Rz 1 (danach zit.).

[27] In Palandt, BGB, 69. Aufl. 2010, § 354 Rz 1 (ein Interesse des Schuldnerschutzes).

[28] MüKomm./*Ulmer*, 4. Aufl. 2003, § 354 Rz 1.

[29] So etwa Staudinger/*D. Kaiser*, BGB (Stand 2004), § 360 Rz 1; *Joh. Hagen* in: Dauner-Lieb/Heidel/Jung (Hrsg.), Anwaltkomm. Bd. 2/1, 2005, § 354 Rz 1; *H. Grothe* in: Bamberger/Roth, BGB, 2. Aufl. 2007, § 354 Rz 1.

Diese Deutungen überraschen. Mag der Vergleich auch hinken, aber man würde das Widerrufsrecht des Verbrauchers doch schwerlich deshalb als Schutzbestimmung für den Unternehmer verstehen wollen, weil der Verbraucher gehalten ist, den Widerruf zu erklären und die empfangene Sache zurückzusenden. Schaut man sodann in die ältere Literatur, so finden die Zweifel Nahrung. In der (noch immer wertvollen) 10./11. Auflage des Staudinger von 1972 merkte *Hubert Kaduk* an, der § 360 (a.F.) gebe einer Verwirkungsklausel die Bedeutung einer Abrede des Rücktrittsvorbehalts, und er betonte: „Eine derartige Regelung liegt durchaus im Interesse des Gläubigers, weil andernfalls der Schuldner schlechthin in der Lage wäre, das Vertragsverhältnis durch seine Nichterfüllung einfach zu beseitigen“[30]. Auch *Paul Oertmann* hob diese *ratio* des § 360 (a.F.) hervor: „... es kann also nicht der Schuldner durch seine Nichterfüllung die Gebundenheit wider Willen des Gläubigers beseitigen“[31].

Mit diesen Erläuterungen knüpfen beide Autoren an die Tradition des Gemeinen Rechts an, die auch in diesem Bereich durch das römische Recht bestimmt war[32]. Vorbild war die *lex commissoria*, die Verfallklausel beim Kauf[33], zu der sich die für § 354 (= § 360 a.F.) bestimmend gewordene Interpretation findet in[34]

D. 18,3,2

Pomponius libro trigensimo quinto ad Sabinum

Cum venditor fundi in lege ita caverit: ‚si ad diem pecunia soluta non sit, ut fundus inemptus sit‘, ita accipitur inemptus esse fundus, si venditor inemptum eum esse velit, quia is venditoris causa caveretur: nam si aliter acciperetur, exusta villa in potestate emptoris futurum, ut non dando pecuniam inemptum faceret fundum, qui eius periculo fuisset.

Pomponius im 35. Buch zu Sabinus

Wenn der Verkäufer eines Landguts in den Kaufvertrag folgende Klausel aufgenommen hat: ‚Wenn das Geld bis zum festgesetzten Termin nicht gezahlt worden ist, soll das Landgut nicht gekauft sein‘, dann wird [bei Eintritt des Zahlungsverzugs] das Landgut nur dann als nicht gekauft angesehen, wenn der Verkäufer will, daß es nicht gekauft ist, da die Vereinbarung im Interesse des Verkäufers getroffen worden ist. Denn wenn man die Sache anders beurteilte, stünde es, wenn das Hofgebäude durch einen Brand vernichtet worden ist, in der Macht des Käufers, dadurch daß er den Kaufpreis nicht bezahlt, den Kauf des Landguts, dessen Gefahr er bereits trug, rückgängig zu machen[34].

---

[30] Staudinger-*Kaduk*, BGB, 10./11. Aufl., Bd. 2/4. Teil, 1978 (die 55. Ergänzungslieferung erschien jedoch 1972), § 360 Anm. 3, auch Anm. 14: „sonst könnte das Recht des Gläubigers zu einem Freibrief für den Schuldner werden.“ Verwiesen wird dazu auf Palandt/*Heinrichs* Bem. 1 und *Wilde* in RGRK Anm. 2.

[31] *Oertmann*, BGB, Recht der Schuldverhältnisse, 1. Abt. 5. Aufl. 1928, § 360 Anm. 1.

[32] Dies wird auch im Vorentwurf klargestellt, s. Schubert (Hrsg.) (Fn. 5), Recht der Schuldverhältnisse, Teil 1, 1980, S. 362ff.

[33] Dazu *M. Kaser/R. Knütel* (Fn. 10), S. 56 (Rz 8.10), 238 f. (Rz 41.49–50) m.w.N.

[34] *O. Behrends/R. Knütel/B. Kupisch/H.H. Seiler*, Corpus Iuris Civilis, Text und Übersetzung, Bd. III, 1999, S. 479.

Der Jurist Pomponius, der bis in die späte Mitte des 2. Jh. n.Chr. lebte, interpretiert die Verfallklausel[35], die typischerweise lautete: „Wenn das Geld bis zum bestimmten Termin nicht gezahlt worden ist, soll das Landgut nicht gekauft sein." Dem Wortlaut nach handelt es sich um eine auflösende Bedingung[36]; Pomponius ordnet sie jedoch aufgrund der Interessenlage als einen Auflösungsvorbehalt ein (praktisch also als ein Rücktrittsrecht), dessen Ausübung bei Zahlungsverzug des Käufers im Belieben des Verkäufers steht. Dazu bringt er ein schlagendes Argument, indem er an die römische Regel zur Gefahrtragung beim Kauf anknüpft: *periculum est emptoris*. Danach trägt der Käufer bereits ab Kaufabschluß die Gefahr, d.h. er muß den vollen Kaufpreis auch dann bezahlen, wenn die Kaufsache ohne „Verschulden" des Verkäufers sich bei diesem verschlechterte oder sogar unterging[37]. War nun auf dem gekauften Landgut ein Brand ausgebrochen, der das Wirtschaftsgebäude vernichtete, so ging der Verlust zu Lasten des Käufers. Für diesen wäre es, wenn der Kauf mit einer *lex commissoria* abgeschlossen worden wäre und diese als eine „auflösende Bedingung" wirken würde, natürlich verlockend, durch Nichtzahlung die Auflösung des Kaufs herbeizuführen und damit den Schaden auf den Verkäufer abzuwälzen. Dem steht jedoch entgegen, daß die Verfallklausel erkennbar im Interesse des Verkäufers vereinbart wurde; sie sollte dem Käufer bewußt machen, daß er bei nicht rechtzeitiger Leistung Gefahr lief, seine Rechte aus dem Vertrag zu verlieren, sie sollte damit als Druckmittel wirken, nicht aber sollte sie dem Schuldner ein Schlupfloch bieten, sich der vertraglichen Bindung zu entziehen. Auf seiten des Gläubigers stellt sich dieses Druckmittel als eine zusätzliche Sicherung des Erfüllungsanspruchs dar, vergleichbar der Vertragsstrafe. Bei dieser Interessenlage ist es selbstverständlich, daß die Verfallklausel nur aufgrund der Entscheidung des Gläubigers in Wirkung treten kann, nicht aber gegen seinen Willen – *si emptor eum (sc. fundum) inemptum esse velit*, wie Pomponius sagt.

Wie der Vorentwurf und die Motive zeigen, haben die Mitarbeiter der 1. Kommission sich dieses Verständnis der überlieferten *lex commissoria* zu eigen gemacht, und auch die Mehrheit der Kommission für die zweite Lesung des Entwurfs des BGB hielt es für „zweckmäßig, auszusprechen, daß wenn der Vorbehalt der Rechtsverwirkung vereinbart worden sei, der Rechtsverlust nicht ohne weiteres mit der Nichterfüllung des Vertrags, sondern erst mit dem Rücktritte des Gegners eintrete"[38].

---

35 *Lex* hat hier die Bedeutung von Vertragsklausel, Geschäftsbedingung.

36 Daß nach überwiegender Ansicht die römischen Juristen die auflösende Bedingung (*condicio resolutiva*) als solche noch nicht kannten und sich statt dessen mit der Konstruktion einer aufschiebend bedingten Aufhebungsabrede behalfen (vgl. *Kaser/Knütel* [Fn. 10], S. 72 f. (Rz 10.11–13), kann hier dahinstehen.

37 Vgl. *Kaser/Knütel* (Fn. 10), S. 229ff. (Rz 41.20–24).

38 Vorentwurf (Fn. 32), S. 362ff.; Motive, Bd. 2, 1888, S. 285f.; Protokolle, Bd. 1, 1897, S. 799. – Auch wird in der älteren Lit. verschiedentlich zu § 360 (a.F.) auf D. 18,3,2 verwiesen, z.B. von *F. Endemann*, Lehrbuch des Bürgerl. Rechts, Bd. 1, 9. Aufl. 1903, S. 848 Fn. 9; Enneccerus/*Leh-*

In der konstruktiven Einordnung läßt sich, da den Römern ein Rücktrittsrecht und überhaupt die Kategorie der Gestaltungsrechte unbekannt war, die heutige Verwirkungsklausel allerdings schärfer erfassen als die antike *lex commissoria*. Zu § 354 BGB wird angenommen, es handele sich um die Kombination zweier Bedingungen, die zur Vertragsauflösung führen, einer echten, daß der Schuldner seine Verbindlichkeit nicht rechtzeitig erfüllt, und einer potestativen, daß der Gläubiger sein Rücktrittsrecht ausübt[39]. Zur Potestativbedingung ist dies zweifelhaft, ergibt sich diese doch erst als Reflex aus dem Rücktrittsrecht, das dem Gläubiger aus der Verwirkungsklausel erwächst. Kraft dieses Gestaltungsrechts ist der Gläubiger „Herr des Vertrages"; er kann nach seinem Interesse und Belieben entscheiden, ob er den Vertrag durch seine Erklärung (§ 349) auflösen oder ob er an ihm, etwa wenn der Vertragsabschluß für ihn vorteilhaft war, lieber festhalten will[40]. Der Schuldner, dem gegenüber ein Gestaltungsrecht besteht, befindet sich dagegen in „einem Zustand des *Abhängigseins*, ja des *Unterworfenseins*"[41]. Damit bleibt nur die Folgerung: Wenn das Gesetz, also § 354, in dem Fall, daß die Vertragspartner eine Verwirkungsklausel vereinbart haben, dem Gläubiger ein Gestaltungsrecht zuerkennt, damit er nach seinem Belieben über das Schicksal des Vertrages entscheiden kann, und wenn der Schuldner in seiner Rechtsstellung dieser Entscheidung unterworfen ist, dann kann es sich nur um eine allein den Gläubiger begünstigende Regelung handeln. Daß die Rückabwicklung des Vertrages dann nach den Regeln des Rücktritts (§§ 346ff. BGB) erfolgt, ist die Konsequenz der Entscheidung für das Rücktrittsrecht und gegen die automatische Vertragsauflösung (mit der Folge der §§ 812ff.). Allein diese Konsequenz macht den § 354 nicht zu einer Schuldnerschutzvorschrift.

Es ist erstaunlich, daß in verhältnismäßig kurzer Zeit ein so deutlicher und unbegründeter Auffassungswandel zur Funktion des § 360 a.F. und des § 354 n.F. eingetreten ist. Möglicherweise hängt dies mit dem schuldner- und verbraucherfreundlichen Zeitgeist zusammen, vielleicht auch mit der Annahme, daß § 354 eine „praktisch kaum noch vorkommende Abrede"[42] betrifft[43] – was zu bezweifeln ist: Derartige Abreden sind beim Kauf zwar selten geworden; doch haben sie beim Vergleich ein neues Anwendungsgebiet gefunden, wo sie allerdings, wie zu vermuten ist, häufig nicht als Verwirkungsklauseln erkannt wer-

---

mann (Fn. 16), S. 171 Fn. 1; Staudinger/*Kaduk* (Fn. 30), § 346 Vorbem. Rz 50 (der dort geäußerte Interpolationsverdacht „[tw itp]" ist nicht glaubhaft); HKK/*Chr. Hattenhauer*, Bd. 2/2, 2007, §§ 323–325 Rz 16 m. Fn. 85.

[39] *H.G. Leser*, Der Rücktritt vom Vertrag. Abwicklungsverhältnis und Gestaltungsbefugnis bei Leistungsstörungen, 1975, S. 25; HKK/*Hattenhauer* (Fn. 38), §§ 323–325 Rz 16 (zu Fn. 87) u. Rz 36 (zu Fn. 205).

[40] Vgl. *F. Leonhard*, Allgemeines Schuldrecht des BGB, 1929, S. 408 („... soll lediglich dem Gläubiger das Recht gegeben werden, über die Fortdauer des Vertrages zu entscheiden").

[41] So *E. Bötticher*, Gestaltungsrecht und Unterwerfung im Privatrecht, 1964, S. 7.

[42] So Palandt/*Grüneberg* (Fn. 27), § 354 Rz 1; Staudinger/*Kaiser* (Fn. 29), § 354 Rz 1; Jauernig/*A. Stadler*, BGB, 13. Aufl. 2009, § 354 Rz 1; Anwaltkomm./*Hager* (Fn. 29), § 354 Rz 1.

[43] Und deshalb besonderer Aufmerksamkeit des Kommentators nicht bedarf?

den[44]. – Wie dem auch sei, auch im 21. Jh. ist gut beraten, wer das Wort *Theodor Kipps* nicht ganz unbeachtet läßt: „… jede tiefere Erkenntnis des deutschen bürgerlichen Rechts wird für alle Zeiten in der Betrachtung des bisherigen gemeinen Rechts eine ihrer wesentlichsten Grundlagen zu suchen haben“[45]. Wir sind sicher, daß *Eduard Picker* dies aus dem Herzen gesprochen ist, und bringen ihm zur Illustration deshalb mit einem herzlichen Glückwunsch diese zwei Beispiele dar. *Ad multos annos*!

[44] So z.B. nicht in BGH (v. 19.12.1979) NJW 1980, 1043, dazu *R. Knütel*, Verfallklausel, verspätetes Angebot und Verzugsbereinigung, JuS 1981, 875, 876f. – Recht unklar ist die Einordnung in BGH (v. 8.7.1981) JR 1982, 19 f., wo „eine Verfallklausel Inhalt des Vergleichs der Parteien war, in der in Form einer auflösenden Bedingung … festgelegt war, daß …“, aber doch wohl eher an das Rücktrittsrecht zu denken war, s. *Knütel* in der Anm. ebda. S. 20f., zust. Staudinger/*Kaiser* (Fn. 29), § 354 Rz 5.

[45] *Th. Kipp* in der Vorrede zur 8. Aufl. von *Windscheid/Kipp* (Fn. 7), S. 6 (v. 24.3.1900).

Schädliche Stürze – Juristische Aspekte zu einem leidvollen Phänomen*

ROLF KNÜTEL

I. Einführung

Der Stürze gibt es viele an der Zahl wie in der Erscheinungsform. Überwiegend sind sie negativer Art, wie etwa Abstürze, Einstürze, Blut- und Hörstürze, Baum-, Berg-, Fels-, Schnee- und Wasserstürze, überdies Fensterstürze[1], von denen der Prager 1618 bekanntlich einen, ja sogar *den* Dreißigjährigen Krieg auslöste. Manche Stürze schmerzen die einen und erfreuen die anderen, wie Preis-, Kurs- oder Wetterstürze und auch die oft existentielle Auswirkungen zeitigenden Umstürze. Nur positiv dürfte allein der Fiebersturz, die sog. Krisis, empfunden werden, der schnelle Fieberabfall zur Normaltemperatur also.

Aus diesem weiten Feld wollen wir einige mehr oder minder eigenartige Fälle herausgreifen, in denen Personen unmittelbar durch Stürze betroffen wurden, sei es ohne Einwirkung Dritter zu diesen gekommen (II.), sei es verursacht durch Andere (III.) oder durch Stürze von Tier (IV.) oder Mensch (V.). Daß diese am Phänomen orientierte Auswahl den auch von uns seit jeher geschätzten Anforderungen dogmatischer Art nicht standhält, sei konzediert. Da heutzutage jedoch feststeht, daß „Stürze die häufigste Unfallursache in Deutschland"[2] sind, daß sie die „Unfallursache Nummer eins für Senioren"[3] darstellen, sollten wir nicht zögern darzutun, daß auch das Thema des schädlichen Sturzes in einer langen und anschauungsgesättigten Tradition steht. Terminologisch sei dazu noch klargestellt, daß – mag die ungerechte Umgangssprache auch zwischen gestürzten und gefallenen Mädchen unterscheiden – in unserem Zusammenhang kein Unterschied zwischen den Varianten besteht, daß jemand vom Dach gefallen oder daß er vom Dach gestürzt ist.

II. Stürze ohne zurechenbare Einwirkung Dritter

1. Ein über Bord Gegangener

Das Rechtsbuch von Brielle/Briel, einer an der Nordküste der Insel Voorne in Südholland gelegenen kleinen Hafenstadt, stammt aus dem Anfang des 15. Jahrhunderts; es enthält einen Bescheid an jemanden, der über Bord gegangen war:

* C. Meller-Hannich/L. Haertlein/H. F. Gaul/E. Becker-Eberhard (Hrsg.), Rechtslage, Rechtserkenntnis, Rechtsdurchsetzung. Festschrift für Eberhard Schilken zum 70. Geburtstag, C. H. Beck, München 2015, 43 – 59.

[1] Wobei natürlich nicht die oberen Abschlüsse der Fenster gemeint sind.

[2] So der Titel einer Meldung im Deutschen Ärzteblatt v. Montag, d. 29.4.2013, zu einer Studie des Robert-Koch-Instituts.

[3] Siehe z. B. die Meldung im Weser Kurier v. Freitag, d. 24.1.2014.

„Eine Frage: Es geschah, daß Einer aus dem Schiffe über Bord fiel, und ein Anderer stand dabei und nahm einen Haken, um ihn herauszufischen, und hakte in sein Auge und hielt ihn über Wasser, damit er nicht ertrinke; und als der Mann davon befreit war, hatte er sein Auge verloren, und er nahm den Andern wegen der Schmerzen in Anspruch: Ob derjenige, der ihn herausgefischt hatte, schuldig sei ihm den Verlust und die Schmerzen zu ersetzen? Die Antwort ist: Wird die Sache zum Urteil vor den Schöffenstuhl gezogen, dann sollen die Schöffen dem, der das Auge verloren und Klage erhoben hat, sagen, er möge wieder auf einem Schiff an die Stelle gehen, an der er hinausfiel, und wieder ins Wasser fallen; gelange er aus eigener Kraft allein ans Land, dann solle er wieder zu ihnen kommen und Klage erheben; sie würden ihm darauf ein Urteil finden, wie sie meinten, daß es Recht wäre.“[4]

Der Bescheid macht dem Verletzten klar, daß seine Klage aussichtlos wäre. Da er sich nicht wieder ins Meer fallen lassen wird, zeigt er, daß er sich selbst nicht hätte helfen können. Dann aber muß er zufrieden sein, wenn ein Anderer ihm das Leben, sein höchstes Gut, gerettet hat, sei es auch unter Verletzung eines geringeren Gutes. Wir kämen heutzutage zu demselben Ergebnis über § 680 BGB, der bei der Geschäftsführung ohne Auftrag, von der auszugehen wäre, eine Haftungsreduzierung auf Vorsatz und grobe Fahrlässigkeit für den Fall bestimmt, daß die Geschäftsführung die Abwendung einer dem Geschäftsherrn drohenden dringenden Gefahr bezweckt. Vermutlich hat auch dieser aus dem römischen Recht (Ulp. D. 3, 5, 3, 9) übernommene Gedanke, der „in hohem Maße billig und geeignet <ist>, Dritte zu vermögen [also in den Stand zu setzen], im Interesse der Gefährdeten helfend einzugreifen“[5], bei der Entscheidung der Verfasser des Bescheides eine Rolle gespielt.

2. *Schlafwandler*

Besonders sturzgefährdet sind die Schlafwandler, zumal wenn sie geweckt werden.

a) In seinen einst zum Bildungsgut zählenden „Jugenderinnerungen eines alten Mannes“ berichtet Wilhelm von Kügelgen (1802–1867), selbst Maler und Sohn des sehr angesehenen gravitätischen Porträtmalers Gerhard v. Kügelgen:

„Ulrich [ein Bildhauer] … hatte die Unart an sich, wenn er zur Nachtzeit durch die öden Straßen ging, sein Liedchen, wie ein Gassenjunge, vor sich hin zu pfeifen, und zwar so vernehmlich, daß die anwohnenden Leute aus dem Schlafe fuhren. Da er nun eines Abends spät von uns nach Hause schlenderte und nach seiner Gewohnheit überlaut pfeifend, die Schloßgasse [in Dresden] passierte, geschah es, daß ihm, sehr unvermutet, eine mondsüchtige Person auf den Kopf fiel, oder vielmehr in seine unwillkürlich ausgebreiteten Arme, und ihn zu Boden riß. Es sei gewesen, erzählte er, als er andern Tages krank lag, als wenn einer von einer Bombe getroffen werde, nur mit dem Unterschied, daß diese nicht krepiert wäre, und er auch nicht. Das unglückliche Mädchen hatte ganz harmlos nachtwandelnd, oben an den Dachrinnen herumgespukt und war durch den Lärm, den Ulrich mit seinem Pfeifen machte, erwacht und herabgestürzt.“[6]

---

[4] Der Text ist entnommen aus *Wilhelm Ebel*, Curiosa iuris germanici, 1968, S. 49. Ebel hat den Fall in der Ausgabe *J.A. Fruin/M.S. Pole*, Het Rechtsboek van den Briel, 1880, S. 211, entdeckt und kundig übersetzt in seine Sammlung aufgenommen.

[5] Motive zu dem Entwurfe eines Bürgerlichen Gesetzbuches für das Deutsche Reich, Bd. II, 2. Ausgabe, 1896, S. 750.

[6] *W. v. Kügelgen*, Jugenderinnerungen …, 51.-60. Tausend, 1909, S. 30.

Sollte Ulrich, möchte man fragen, da er krank lag, also wohl eine Körperverletzung davongetragen hatte, Schadenersatz wegen der Heilungskosten von dem Mädchen verlangen können? Ein Anspruch aus § 823 Abs. 1 BGB scheidet bei Annahme eines „normalen" Verlaufs aus, bei dem das Erwachen unmittelbar ein Erschrecken und mit diesem den Verlust der Fähigkeit, sich zu halten, zur Folge hat; es fehlt mithin schon an einer „Handlung". Überdies wäre in dieser Situation auch die Schuldfähigkeit (§ 827 S. 1) nicht gegeben. Eher könnte § 829 BGB weiterführen, der „nach seinem Sinn und Zweck die Fälle vorübergehender 'Bewußtlosigkeit' ohne Rücksicht darauf erfassen < will >, ob sie nur die Zurechnungsfähigkeit des Täters oder (wie Schlaf, Ohnmacht oder dergleichen) auch das Handeln mit Vorsatz oder Fahrlässigkeit oder gar jede willensmäßige Steuerung des körperlichen Verhaltens ausschließen"[7]. Doch werden wohl die weiteren Voraussetzungen der Billigkeitshaftung nicht vorliegen, mit denen v. Kügelgen sich begreiflicherweise nicht aufgehalten hat, so daß sich auch die Frage eines Mitverschuldens durch das erweckende Pfeifen (§ 254 Abs. 1 BGB) nicht stellt. Wenn auch selten zwar, aber doch immer wieder von Schlafwandlern und ihren Stürzen berichtet wird[8], so gehört es doch nicht zur im Verkehr erforderlichen Sorgfalt, bei der nächtlichen Heimkehr mit der Gefahr eines möglichen Erschreckens von Somnambulen zu rechnen.

b) Natürlich können Schlafwandler aufgrund des Sturzes, in den sie hineingelaufen sind, ihrerseits Ansprüche haben, insbesondere wegen Obhutsverletzung, wenn in Seniorenheimen oder Krankenhäusern ihre Veranlagung oder Neigung bekannt oder erkennbar waren, angemessene Sicherungsmaßnahmen aber unterblieben sind[9]. Davon abgesehen treten bei derartigen Unfällen die Krankenversicherer ein, soweit der Versicherungsschutz reicht. Beispielsweise kann dieser für Verletzungen ausgeschlossen sein, die infolge einer Bewußtseinsstörung entstanden sind. Darum ging es im Fall eines 26 Jahre alten Soldaten der Bundeswehr:

> „Während eines Manövers war der Unteroffizier nachts aufgestanden, über einen Stuhl ans offene Fenster im zweiten Obergeschoß der Kaserne geklettert und – wie ein Stubenkamerad aussagte – einfach 'hinausgegangen'. Der Schlafwandler brach <sich> beim Sturz aus sechs Metern Höhe die Wirbelsäule und einen Fuß. Er lag drei Monate im Krankenhaus."[10]

Der Soldat verklagte seine Unfallversicherung auf Zahlung von 6.000.- DM Krankenhaus-Tagegeld, wurde jedoch abgewiesen, weil das Schlafwandeln in der akuten Phase einer Bewußtseinsstörung gleichzustellen sei, für die eine Deckung in den Allgemeinen Versicherungsbedingungen ausgeschlossen war. § 5 AGBG (§ 305c II BGB n.F.) half nicht.

---

[7] BGHZ 23, 90, 98 m. w. N. (v. 1957).

[8] *V. Faust*, Psychosoziale Gesundheit, unter: www.psychosoziale-gesundheit.net/psychiatrie/schlafwandel.html

[9] Dazu etwa *M. Middendorf*, Krankenhäuser: Haftungsrisiko Sturz, http://www.aerzteblatt.de/archiv/56825/Krankenhaeuser-Haftungsrisiko-Sturz sowie *H. Landolt*, Sturzproblematik aus juristischer Sicht, in: Pflegerecht 2013, S. 14 ff. mit Fallgruppen (Sturz aus dem Bett, aus dem Rollstuhl, von unbegleiteten Personen, von begleiteten Personen, Sturz aus dem Fenster) und reichen Nachweisen aus der deutschen und der Schweizer Rechtsprechung

[10] Frankfurter Allgemeine Zeitung (FAZ) v. 5.1.1993, S. 9; Bericht zu dem am 4.1.93 veröffentlichten Urteil des LG Paderborn (Az: 5 S 165/92).

3. Sturz durch Einsturz

Im vergangenen Jahr kam es in Seffner nahe Tampa im US-Staat Florida zu einem tragischen Vorfall: Am frühen Morgen des 1. März lag Jeffrey Bush in seinem Bett, als sich plötzlich ein knapp 20 Meter tiefer Krater unter seinem Schlafzimmer auftat und mit dem Haus auch ihn in die Tiefe riß. Er konnte nicht gerettet werden[11]. Daß auch ein Grundstück „abstürzen" kann, ist ein geradezu klassischer Fall der *vis maior*, zu dem eine berühmte Erörterung des Juristen Ulpian († 223 n. Chr.) noch in unserem § 287 S. 2 BGB fortwirkt:

D. 30,47,6 Ulpian im 22. Buch zu Sabinus	
Item si fundus chasmate perierit, Labeo ait utique aestimationem non deberi: quod ita verum est, si non post moram factam id evenerit: potuit enim eum acceptum legatarius vendere.	Ferner: Zu dem Fall, daß ein [durch Damnationslegat vermachtes] Grundstück in einer sich öffnenden Erdspalte versunken ist, sagt Labeo, werde der Schätzwert auf keinen Fall geschuldet. Das ist dann richtig, wenn sich dies nicht nach Verzugseintritt ereignete. Denn der Vermächtnisnehmer hätte das Grundstück, wenn er es [vor dem Erdrutsch] schon gehabt hätte, verkaufen können[12].

Labeo weist dem Sachuntergang durchweg befreiende Wirkung zu; Ulpian (oder schon Sabinus) dagegen nur vor Verzugseintritt. Im Verzug haftet der Schuldner (hier der Erbe aufgrund des Vermächtnisses) dagegen auch für höhere Gewalt. Ulpian stellt klar, daß diese Haftung nicht einmal dann entfällt, wenn dasselbe Schadensereignis auch bei rechtzeitiger Leistung beim Gläubiger zum Untergang der Sache geführt hätte, wenn also der Verzug für den bei ihm eingetretenen Schaden nicht kausal ist. Als Begründung dient die Erwägung, der Gläubiger hätte die rechtzeitig erhaltene Sache vor Eintritt des Schadens weiter verkaufen und dadurch die (mit Perfektion des Kaufvertrages übergehende) Preisgefahr sogleich auf seinen Käufer abwälzen können. – Daß der Gläubiger/Vermächtnisnehmer die Sache hätte weiterverkaufen können, wurde unwiderleglich vermutet; das Verkaufsargument dient also nur dazu, die unbedingte Zufallshaftung zu rechtfertigen. Anders verhielt es sich im Rahmen der mit Prozeßbegründung eintretenden eigenständigen Haftung für zufälligen Untergang. Soweit man annahm, der Gläubiger sei hier zu stellen, wie er stehen würde, wenn ihm die Sache zur Zeit der Prozeßbegründung herausgegeben worden wäre (Gai. D. 6, 1, 20), kam es auf die hypothetische Entwicklung seit Prozeßbegründung an. Um dem Argument des Beklagten zu begegnen, daß die Sache auch in den Händen des Klägers untergegangen wäre, mußte der Kläger also seine Verkaufsabsicht und -möglichkeit nachweisen[13]. – In der Privatrechtsgeschichte ging man zum Verzug seit dem 16. Jh. zunehmend davon aus, die Verkaufsmöglichkeit des Gläubigers sei im Grundsatz zu unterstellen, dem Schuldner aber der Nachweis möglich, daß der Gläubiger die Sache nicht verkauft

---

[11] FAZ v. 5.3.2013, S. 7. – Mitte Februar 2014 brach in einer Ausstellungshalle des Nationalen Corvette-Museums im Staat Kentucky der Boden ein; acht Oldtimer versanken in dem aufgerissenen Erdloch. – Die Entstehung von Erdspalten ist nicht ganz selten, z. B. 2004 nahe Guadalajara (Mexiko) in ca. 2 km Länge und bis 15 m Breite.

[12] *R. Knütel/B. Kupisch/Th. Rüfner/H.H. Seiler*, Corpus Iuris Civilis. Text und Übersetzung, Bd. V (Digesten 28–34), 2012, S. 283.

[13] Vgl. Ulp. D. 6,1,15,3; D. 4,2,14,11; anders aber Paul. D. 5,3,40 pr.

haben würde. Das Fragment wurde schließlich Vorlage für § 287 S. 2 BGB (zu dem die h.M. noch heute annimmt, der Schuldner müsse beweisen, daß der Gläubiger die Sache bis zum Eintritt des hypothetischen Schadensereignisses behalten und nicht vorher veräußert hätte!)[14] und auch für Art. 103 OR.

III. Stürze durch Einwirkung Dritter

1. Sexagenarios de ponte!

Stehen wir gerade beim römischen Recht und ist der Blick auf Fälle von Dritten herbeigeführter Stürze zu richten, so kann die Gruppe feldherrlicher Stürze in das eigene Schwert, die ja in psychischer Kausalität von den siegreichen Gegnern herbeigeführt wurden, beiseite bleiben. Auch sollten wir von den anschaulichen Fällen absehen, die sich im Digestentitel 9,2 zur *lex Aquilia* (von etwa 286 v. Chr.) finden. Dieses Gesetz regelte den Klagschutz bei Verletzung von Sklaven und Sachgütern; seine Klage wurde aufgrund der engen Auslegung, wonach der Täter auf das verletzte Objekt unmittelbar körperlich eingewirkt haben mußte, von den Juristen mit einem Kranz von Analogien versehen. So wurde etwa gegen jemanden, der ein Pferd, auf dem ein fremder Sklave ritt, scheu gemacht und dadurch bewirkt hatte, daß der Sklave kopfüber in einen Fluß stürzte und umkam, nicht die direkte, sondern nur eine auf den Sachverhalt zugeschnittene Klage (*actio in factum concepta*) gewährt, Ofilius – Ulp. D. 9,2,9,3.

Wichtiger sind in unserem Zusammenhang jedoch zwei auf anderem Gebiet liegende und durchaus bedenkliche Fälle von Stürzen, deren erster mit dem Sprichwort: *sexagenarios de ponte* gekennzeichnet wird – wobei es uns schon aus freundschaftlicher Verbundenheit natürlich ganz fernliegt, unseren welterfahrenen und nunmehr ja auch zu den *septuagenarii* zählenden Jubilar zu irritieren.

In seiner Rede für Sextus Roscius aus Ameria sagt Cicero: *Habeo etiam dicere quem contra morem maiorum minorem annis LX de ponte in Tiberum deiecerit* (100) (auch kann ich noch jemanden anführen, den er[15] entgegen dem Brauch der Vorfahren als noch nicht Sechzigjährigen in den Tiber gestürzt hat). Dies läßt ebenso an eine Tötung Sechzigjähriger durch Sturz von der Tiberbrücke denken wie die Definition des Festus (2.-3. Jh. n. Chr.): *Depontani senes appellabantur, qui sexagenarii de ponte deiciebantur*[16] (*Depontani*, „Vonbrücker", werden die Greise genannt, die als Sechzigjährige von der Brücke gestürzt werden) und etwa der Hinweis bei Laktanz (um 300): *Saturno sexagenarii homines de ponte in Tiberim deiciebantur*), dem Saturn [zum Opfer] wurden sechzigjährige Männer von der Brücke in den Tiber gestürzt[17]. – Lebte man in Rom als Sechzigjähriger gefährlich?

---

[14] *M. Kaser/R. Knütel*, Römisches Privatrecht, 20. Aufl. 2014, S. 220f., Rz. 37.8; 247, Rz. 41.8; ferner HKK–*S. Lohsse*, Bd. I, 2007, §§ 286–292 Rz. 8, 9, 18, 28, 39, 43, 63, beide m. w. N.

[15] Der in das Mordkomplott gegenüber dem Vater des angeklagten Sextus Roscius verwickelte T. Roscius Capito.

[16] Sexti Pompei Festi De verborum significatu quae supersunt cum Pauli epitome, ed. W.M. Lindsay, ed. stereotypa, 1997, S. 66.

[17] Lactantius, epit. ad. Pentad. 23,2.

Drei Erklärungen sind uns aus der Antike überliefert, die sich in einem Festus-Text finden, der aus Überlieferungsbruchstücken unter Berücksichtigung paralleler Berichte anderer antiker Autoren in jahrhundertelanger Arbeit rekonstruiert und in allem Wesentlichen glaubhaft ist. Wir geben ihm eine freie, die Klammerzusätze ohne weiteres einbeziehende Übersetzung bei:

Sexagenarios [de ponte proverbium est] cuius causam Mani[lius hanc refert, quod Romam] qui incoluerint [primi –] hominem LX [annorum – immolar]e Diti patri quot[annis soliti fuerint,] quod facere eos de[stititsse adventu Her]culis; sed religio[nis observatione postea s]cirpeas hominum ef[figies de ponte in Tiberim antiquo] modo mittere [instituisse. Alii dicunt cett.] – Sunt qui dicant post urbem a Gallis liberatam ob inopiam cibatus coeptos sexaginta annorum homines iaci in Tiberim –. Sed exploratissimum illud est causae: quo tempore primum per pontem coeperunt comitiis suffragium ferre, iuniores conclamaverunt, ut 'de ponte' deicerentur sexagenarii, quia iam nullo publico munere fungerentur, ut ipsi potius sibi, quam illi deligerent imperatorem cett.[18]

„Sechzigjährige von der Brücke" ist ein Sprichwort, als dessen Grund Manilius berichtet, die Ersten, die in Rom seßhaft wurden, hätten ihrer Gewohnheit zufolge alljährlich einen Mann von 60 Jahren dem *Dis pater*[19] geopfert, ein Tun, von dem sie, seit Herkules nach Rom gekommen sei, Abstand genommen hätten; doch hätten sie danach in Befolgung religiöser Pflicht begonnen, aus Binsen geflochtene Menschengestalten von der Brücke in den Tiber zu werfen. Andere sagen ... – Es gibt einige, die sagen sollen, nach der Befreiung Roms von den Galliern habe man aufgrund des Nahrungsmangels angefangen, Sechzigjährige in den Tiber zu werfen. – Ganz sicher ausgemacht als Grund ist aber dies: Zur Zeit, als man erstmals dazu überging, die Abstimmung in der Volksversammlung über Brücken durchzuführen, haben die Jüngeren lautstark gefordert, die Sechzigjährigen sollten „von der Brücke" geworfen werden, weil sie keine allgemeine Dienstpflicht mehr zu erfüllen haben, so daß statt ihrer besser sie [die Jüngeren] sich selbst den Imperator in der Wahl bestimmen könnten.

Ob es, wie in der ersten Erklärung angenommen, in römischer Frühzeit tatsächlich Menschenopfer gegeben hat, muß dahinstehen; die Römer selbst scheinen – unabhängig von der Erklärung unseres Sprichworts – davon ausgegangen zu sein[20]. Daß die zweite Erklärung das Richtige trifft, ist, auch wenn man gelegentlich Schreckliches über den Umgang mit den Alten in der Antike lesen muß[21], nicht glaubhaft; möglicherweise hat man sich bereits Verhungerter auf diese Weise entledigt.

Demgegenüber ist die dritte Erklärung in sich stimmig. In der alten republikanischen Volksversammlung, den Zenturiatkomitien, waren die Bürger nach Vermögen in 193 Zenturien aufgeteilt, und in jeder wurde zwischen *iuniores* und *seniores* unterschieden; die Grenze bildete das 46. Lebensjahr, das letzte Pflichtjahr

[18] Sextus Pompeius Festus, De verborum significatu, s.v. Sexagenarios (F. 334); Text nach C.G. *Bruns*, Fontes iuris romani antiqui, Bd. II (Scriptores), hgg. v. *O. Gradenwitz*, 7. Aufl. 1909, S. 38f.

[19] Gemeint ist Pluto (als der Jupiter der Unterwelt, auch Hades genannt). Nach anderer Überlieferung (vgl. Fn. 17) wurde das Opfer dem Saturn dargebracht, dem beherrschenden altitalischen Gott der Saaten und Fruchtbarkeit, der später mit dem griechischen Kronos identifiziert, dadurch auch mit dessen Sagenwelt verbunden und so zum Vater des Jupiter, Pluto, Neptun, der Juno, Ceres etc. wurde. Jupiter soll das Opfer dann dem Volk auferlegt haben, vgl. etwa Ovid, Fasti 5, 621–634, dort auch kurz die dritte Erklärung, zudem der Hinweis, die Opfer seien *Leucadio modo* vollzogen, nach leukadischem Brauch. Die Leukadier pflegten jährlich einen Menschen von einem Berg ins Meer zu stoßen, doch so, daß er nicht umkam.

[20] Vgl. *J. Marquardt*, Römische Staatsverwaltung, Bd. III, 2. Aufl. 1885, S. 192ff.

[21] Vgl. etwa Aelian, Poikile historia 4, 1.

für die Dienstpflicht im Felde[22]. Die Älteren verfügten in der Zenturie jeweils über die Hälfte der Stimmen, auch wenn sie – wie in der Regel – nach Köpfen weniger waren. Mit Ende des 60. Lebensjahres, wenn man also *sexagenarius* wurde, trat mit der Befreiung von allen öffentlichen Geschäften auch die von der Dienstpflicht ein. Die Konfliktlage ist damit klar, und es „ist ganz glaublich, dass es bei den Wahlen der Feldherren, also zunächst der Consuln, die junge Mannschaft, die unter denselben in den Krieg ziehen sollte, das Mitstimmen der älteren Leute, deren Leben dabei nicht auf dem Spiele stand, insbesondere der durch ihr Alter vom Dienst gesetzlich befreiten Greise als eine Unbilligkeit empfand."[23]

Das Abstimmungsverfahren begann damit, daß der Vorsitzende die zunächst ungegliederte Bürgerschaft aufforderte, auseinander- und in die für die einzelnen Stimmabteilungen (durch Seile, später hölzerne Schranken) abgegrenzten Pferche einzutreten. Die Stimmabgabe fand dann beim Verlassen des Pferchs auf einer an dessen Ausgang errichteten Holzbrücke statt, wo der Bürger einem *rogator*, Frager, sein Votum zur Niederschrift erklärte oder – später nach Einführung der geheimen, schriftlichen Wahl – sein Stimmtäfelchen in die bereitstehende Urne warf[24].

Den *sexagenarii* wurde also nichts zuleide getan. Indem man sie in Fällen, in denen sie nicht den Kopf hinhalten mußten, von der Stimmbrücke fernzuhalten suchte, wurden sie de facto in ihrer Mitwirkung beschränkt. Für einen auch nur teilweisen Verlust des Stimmrechts mit Vollendung des 60. Lebensjahres gibt es keine Anhaltspunkte; vielmehr erweist sich das Gegenteil an „den zahlreichen Fällen, wo Greise in Comitien auftreten"[25].

2. *Der Sturz vom saxum Tarpeium*

Der Sklave Barbarius Philippus hat eine bahnbrechende Entwicklung im Recht ausgelöst und dennoch ein sehr trauriges Ende gefunden. Die beste Überlieferung zu seinem Fall bietet das Digestenfragment

D. 1,14,3 Ulpian im 38. Buch zu Sabinus	
Barbarius Philippus cum servus fugitivus esset, Romae praeturam petiit et praetor designatus est. sed nihil ei servitutem obstetisse ait Pomponius, quasi praetor non fuerit: atquin verum est praetura eum functum. et tamen videamus: si servus quamdiu latuit, dignitate praetoria functus sit, quid dicemus? quae edixit, quae decrevit, nullius fore momenti? an fore propter utilitatem eorum, qui	Barbarius Philippus bewarb sich, obwohl ein flüchtiger Sklave, in Rom um die Prätur und wurde zum Prätor gewählt. Sein Status als Sklave stand ihm aber, wie Pomponius sagt, keineswegs entgegen, so als wäre er überhaupt nicht Prätor gewesen. – Gleichwohl aber ist wahr, daß er die Prätur verwaltet hat. – Und dennoch wollen wir genau prüfen: Was sollen wir sagen, wenn ein Sklave, solange sein Status verborgen blieb, das Amt des Prätors verwaltet hat? Ist das, was er als Edikt verkündet oder als Dekret beschlossen hat, ohne rechtliche Wirkung? Oder ist es wirksam im Interesse derer, die vor ihm Rechts-

[22] *Th. Mommsen*, Römisches Staatsrecht, Bd. II/1, 3. Aufl. 1887, Nachdr. 1952, S. 409; *E. Meyer*, Römischer Staat und Staatsgedanke, 2. Aufl. 1961, S. 50.

[23] *Mommsen*, S. 408 Fn. 2, ferner S. 409.

[24] *Meyer* (Fn. 22), S. 195 f.; Einzelheiten und Abbildungen von Münzen mit abstimmenden Bürgern auf der Brücke bei *R. Selinger*, Abstimmungen und Wahlen in Athen und Rom, in: L. Carlen (Hrsg.), Forschungen zur Rechtsarchäologie und Rechtlichen Volkskunde 20 (2003) 35, 43 ff., 50 f.

[25] Treffend *Mommsen* (Fn. 22), S. 408 Fn. 2.

apud eum egerunt vel lege vel quo alio iure? et verum puto nihil eorum reprobari: hoc enim humanius est: cum etiam potuit populus Romanus servo decernere hanc potestatem, sed et si scisset servum esse, liberum effecisset. quod ius multo magis in imperatore observandum est.

handlungen im gesetzlichen Verfahren oder auf anderer Grundlage vorgenommen haben? Und ich halte es für richtig, nichts davon für ungültig zu erklären; denn das ist menschlicher, zumal da das römische Volk auch einem Sklaven diese Amtsgewalt hätte zuerkennen können und ihn sogar, wenn es gewußt hätte, daß er Sklave ist, zu einem freien Mann gemacht hätte. Dieses Recht [zur Freilassung durch Übertragung eines Amtes] ist beim Kaiser erst recht zu beachten.[26]

Wie Barbarius als (zudem flüchtiger) Sklave zur Prätur gelangen konnte, bleibt ungewiß. Doch fällt das Geschehen in die Jahre des 2. Triumvirats, als die Welt aus den Fugen geraten war und „auch bei der Auswahl der – ernannten, nicht etwa gewählten – Magistrate alle Regeln und jeglicher Anstand mißachtet" wurden[27]; das Jahr 38 v. Chr. kannte 67 Prätoren[28]. Ungeachtet dieser Ungewißheiten wird immerhin klargestellt, Barbarius habe prätorische Funktionen wahrgenommen, obwohl – wie zu ergänzen ist – ihm mangels Freiheit und Bürgerrecht jegliche Befähigung dazu fehlte.

Das Fragment stammt aus dem Zusammenhang der prätorischen Vormundsbestellung. Ulpian erörtert die Frage, ob Amtsakte, die Barbarius oder sonst ein *falsus praetor* erlassen hat, rechtswirksam sind. Wegen einer Textstörung bleibt die Aussage des Pomponius unklar, dem Barbarius habe sein Status als Sklave keineswegs entgegengestanden. Ulpian jedenfalls befürwortet entschieden die Wirksamkeit der Edikte und der Entscheidungen im Rahmen der streitigen wie der freiwilligen Gerichtsbarkeit und begründet dies mit der *utilitas* (Vertrauensschutz, Rechtssicherheit), der *humanitas* (Vermeidung von Nachteilen für die Rechtsuchenden) und der uneingeschränkten Souveränität des römischen Volkes.

Noch ein Wort zur bahnbrechenden Entwicklung, die von der *lex Barbarius*, einer der berühmtesten der Rechtsgeschichte, ausgelöst worden ist: Sie hat im kanonischen Recht eine sehr bedeutende, durch die tridentinische Reform des Eheschließungsrechts vom November 1563 noch gesteigerte Rolle gespielt, etwa zur Begründung der Wirksamkeit der vor einem vermeintlichen Priester geschlossenen Ehe. Über den im Amt handelnden, aber nicht wirksam bestellten 'Scheinstandesbeamten' ist die Lösung in das BGB (heute § 1310 Abs. 2) und das allgemeine und besondere Verwaltungsrecht gelangt. Anknüpfungen an die *lex Barbarius* und das kanonische Recht haben etwa zu den Lehren vom „fonctionnaire de fait" im französischen, vom „funzionario di fatto" im italienischen und vom „de facto officer" im anglo-amerikanischen Recht geführt, die Eingang in nahezu alle Rechtsordnungen der Welt gefunden haben. Und wo dies nicht geschehen ist, kommt es zur unmittelbaren

[26] *O. Behrends/R. Knütel/B. Kupisch/H.H. Seiler* (Fn. 12), Bd. II (Digesten 1–10), 1995, S. 151 f. – Näheres zum Text und seiner Wirkungsgeschichte bei *R. Knütel*, Barbatius Philippus und seine Spuren: Falsus praetor, parochus putativus, Scheinbeamter, in: D. Schwab u.a. (Hrsg.), Staat, Kirche, Wissenschaft in einer pluralistischen Gesellschaft, in: FS Mikat, 1989, S. 345 ff., ferner *ders.*, Barbarius Philippus in: H. Heinen u.a. (Hrsg.), Handwörterbuch der antiken Sklaverei (HAS), CD-ROM-Lieferung I-IV, 2012 (mit neuerer Lit.), danach das Folgende.

[27] *R. Syme*, Die Römische Revolution, 2003, S. 204.

[28] Cassius Dio 48,43,2 (deutsche Ausgabe: C. Dio, Römische Geschichte, übersetzt von O. Veh, Bd. III [Bücher 44–50], 2007, S. 248).

Anknüpfung an den Fall des Barbarius, wie etwa 1985 in einer griechischen Verfassungskrise[29].

Wie gesagt fand Barbarius Philippus ein trauriges Ende: Er wurde entdeckt und abgeführt. Da jede das Ansehen des römischen Gemeinwesens beeinträchtigende Tat als Majestätsverbrechen (*crimen maiestatis populi Romani imminutae*) verstanden wurde und dazu auch die Anmaßung magistratischer oder sonstiger Amtsgewalt zählte[30], ist davon auszugehen, daß Barbarius wegen Majestätsverbrechens zum Tode verurteilt wurde[31]. Zum Vollzug der Strafe erfahren wir aus dem Bericht des Cassius Dio (48, 34, 5) zum Jahr 39 v. Chr.: „doch wurde ein anderer Sklave [nämlich Barbarius Philippus], den man unter den Prätoren entdeckte, den Kapitolinischen [= Tarpejischen] Felsen herabgestürzt, nicht ohne ihn vorher freigelassen zu haben, damit seine Bestrafung mit der rechten Würde erfolge".

Die letzte Bemerkung ist nicht höhnisch gemeint, denn durch Herabstürzen vom Tarpejischen Felsen wurde die Todesstrafe grundsätzlich nur an Bürgern vollstreckt, während Sklaven der Kreuzigung unterlagen. Fälle, in denen Sklaven zunächst freigelassen wurden, um dann durch den Felssturz hingerichtet zu werden, sind verschiedentlich überliefert[32]. Die Strafe des Felssturzes war bereits in den XII-Tafeln (um 450 v. Chr.) 8, 14 u. 24 als Sanktion für manifesten Diebstahl (durch Sklaven) und die Falschaussage als Zeuge bestimmt[33]. Nach Kaiser Claudius (41–54) finden sich keine Zeugnisse für den Felssturz mehr, in der späteren Kaiserzeit muß er verboten worden sein[34].

IV. Der argentinische Pudelsturz

Daß es durch Tiere leicht zu Stürzen kommen kann, ist eine Alltagserfahrung. Man denke an den Sturz vom Pferd, der die Tierhalterhaftung des § 833 BGB ebenso auslösen kann wie etwa ungestüm anspringende Hunde. Ist allerdings jemand (um es in einem unter Juristen inflationären Sprachgebrauch auszudrücken: „vorliegend" vermutlich eine ältere Dame) „beim Anblick eines bellenden Hundes vor Schreck zu Boden gestürzt und dabei zu Schaden gekommen, so ist, wenn das Bellen von einem zahmen und gutmütigen Hunde ausging, eine Haftung des Eigentümers des Hundes nicht begründet". So hat das Reichsgericht im

[29] Vgl. N.N., Barbarius Philippus, in: DER SPIEGEL 15/1985, S. 124 f.

[30] Cicero de inventione 2,18,55 (*maiestatem minuere est aliquid de re publica, cum potestatem non habeas, administrare*, das Ansehen des Volkes beeinträchtigen heißt, irgendetwas aus dem Gemeinwesen zu verwalten/wahrzunehmen, obwohl du keine Amtsgewalt hast); Marcian D. 48, 4, 3; *Th. Mommsen*, Römisches Strafrecht, 1899, Nachdruck 1955, S. 565 mit Fn. 2. – Ein Parallelfall ist Diocl. C. 10, 33, 2 (Sklave als Ädil).

[31] So auch *Mommsen*, Strafrecht, S. 565 Fn. 2.

[32] Zum Beispiel wurde 88 v. Chr. auf Veranlassung Sullas einem Sklaven seines Gegners, des Volkstribunen Sulpicius Rufus, die Freilassung für den Verrat von dessen Aufenthaltsort zugesagt. Der verräterische Sklave wurde freigelassen, dann jedoch durch den Felssturz hingerichtet, Valerius Maximus 6,5,7; Plutarch, Vitae parallelae, Sulla 10.

[33] Zu Fällen tribunizischer Exekution (etwa schon 491 v. Chr., Coriolan) jüngst *Y. Rivière*, Eléments pour une relecture de la procédure tribunicienne, RH (Révue historique) 91 (2013), 1 ff.

[34] Mod. D. 48,15,25,1; *Mommsen*, Strafrecht, S. 933 f.

Dezember 1907 entschieden[35], und Josef Esser hat zustimmend gemeint, „sozialadäquates" harmloses Hundekläffen müsse ein nicht besonders geschützter Verkehr ungeachtet der natürlichen Kausalität hinnehmen[36]. Offenbar konnte man in Zeiten, die schon ein gutes Jahrhundert zurückliegen, bei den Verkehrsteilnehmern noch viel an Intuition erwarten, wenn es beim „Anblick" des Hundes nicht etwa auf dessen Größe, sondern auf das „Anhören" des Gebells ankam und diesem überdies entnommen werden konnte, ob der Hund ein zahmer und gutmütiger war.

Daß in unseren Tagen, in denen Bäume sterben, Häuser dagegen in den Himmel wachsen, selbst Intuitionen der genannten Art nicht schützen und die Kausalitätsfragen sich verkomplizieren, zeigt ein Geschehen, das sich im Oktober 1988 zugetragen hat:

> „Ein außergewöhnliches Unglück hat am Wochenende in der argentinischen Hauptstadt Buenos Aires zum Tod dreier Menschen geführt. Wie die Presse am Samstag berichtete, stürzte ein Pudel vom Balkon einer Wohnung im dreizehnten Stock eines Apartmenthauses auf eine 75 Jahre alte Passantin. Die Frau war sofort tot. Der Hund verendete. Kurz darauf erfaßte ein am Unglücksort vorbeifahrender Omnibus eine 46 Jahre alte Frau. Sie hatte in einer Gruppe von Schaulustigen gestanden, die über den außergewöhnlichen Unfall sprachen. Die Frau geriet unter die Räder des Busses und starb an der Unfallstelle. Ein männlicher Zuschauer erregte sich über die Ereignisse so, daß er einen Herzinfarkt erlitt und auf dem Weg in ein Krankenhaus starb."[37]

Der von Dalmacio Vélez Sársfield verfaßte argentinische Código civil von 1869, der übrigens in manchem vom Preußischen ALR von 1794 beeinflußt ist[38], regelt in den acht Artikeln 1124–1131 des Kapitels *De los daños causados por animales* die Haftung für Schäden, die von Tieren verursacht werden. Wir durchmustern rasch die in Betracht kommenden Bestimmungen. Von ihnen muß der in Art. 1131 angeordnete Ausschluß der (aus dem römischen Recht, Ulp. D. 9, 1, 1 pr., nachwirkenden) *noxae deditio*, also der Berechtigung des Eigentümers, statt der Leistung von Schadenersatz das schädigende Tier auszuliefern, in unserem Fall fraglos unmittelbar einleuchten.

Als Basisnorm bestimmt Art. 1124: „Der Eigentümer eines Tieres – Haustier oder wildes Tier – ist für den Schaden verantwortlich, den es verursacht. Dieselbe Verantwortlichkeit trifft die Person, der das Tier zum Gebrauch überlassen ist, unbeschadet ihres Rückgriffs gegen den Eigentümer". Gehen wir von dem Normalfall aus, daß der Pudel vom Balkon der Wohnung seines Eigentümers (oder seiner Eigentümerin) gestürzt ist, also nicht einer anderen Person überlassen war, so bliebe zu erwägen, ob eine Haftung nicht von vornherein dadurch ausgeschlossen sein kann, daß sich in concreto keine „spezifische Tiergefahr" verwirklicht haben könnte, ist es doch eigentlich *contra naturam* eines Pudels, von Balkonen zu springen, zumal im 13. Stock. Doch hat Vélez Sársfield auch diesen Ausweg durch Art. 1126 Abs. 2 versperrt, wonach die Verantwortlichkeit des Eigentümers auch

[35] RG Recht 1908 Nr. 311 = JW 1908, 41; anders etwa OLG Nürnberg OLGZ 1965, 152 = NJW 1965, 694.

[36] *J. Esser*, Schuldrecht, 2. Aufl. 1960, S. 245 u., 248, 249.

[37] FAZ v. Montag, d. 24.10.1988, S. 9.

[38] *R. Knütel*, Preußisches Recht im argentinischen Código civil von 1869, in: FS H. Niederländer, 1991, S. 41 ff.

nicht deshalb ausgeschlossen ist, weil der vom Tier verursachte Schaden nicht den allgemeinen Verhaltensweisen von Tieren seiner Art entsprach („porque el daño que hubiese causado el animal no estuviese en los hábitos generales de su especie").

Ein Blick ist ferner noch zu werfen auf Art. 1127[39], der die Haftung des Eigentümers ausschließt, wenn er das Tier jemandem zur Bewachung in Obhut gegeben hatte und das Tier sich ohne dessen Verschulden befreit hat oder verloren gegangen ist und dann den Schaden verursacht hat. Da wir von der Beteiligung eines Aufpassers aber nichts wissen und eher vermuten, der Pudel sei während der Arbeit oder des Einkaufens auf dem Balkon „abgestellt" worden, hängt die Eigentümerhaftung (für die auch eine deliktische aus Eigenverschulden in Betracht käme) entscheidend von der Beurteilung der Kausalität ab. Es war offenbar – wie ja auch der Hergang zeigte – „nicht ganz unwahrscheinlich", daß der Hund den Balkon verlassen und einen Unfall auf dem Bürgersteig verursachen konnte. Was die Weiterungen angeht, möchten wir annehmen, daß die durch psychische Anziehungskraft oder schlichte Neugier anfangs fortgesetzte Kausalkette aufgrund des selbstverantwortlichen und selbstgefährdenden Verhaltens der Passantin, die vermutlich nicht oder nicht ganz auf dem Bürgersteig stand, abgebrochen oder jedenfalls nicht mehr „zurechnungsgeeignet" war[40].

V. Stürze „von Mensch zu Mensch"

1. Der lübische Dachdecker

Schauen wir mit Wilhelm Ebel nochmals in das Rechtsbuch von Briel, so stoßen wir dort auf das Referat eines Urteils, das vor Anfang des 15. Jahrhunderts in Lübeck ergangen, anderweit aber offenbar nicht überliefert ist:

> „Eine Frage: Wenn Einer auf einem hohen Haus liegt, fehlgreift und ausgleitet und von oben herunterfällt und, als er zur Erde kommt, auf einen Menschen fällt und ihn tötet, und die Verwandten des Toten ihn vor Gericht ziehen und von ihm Buße fordern wegen des Toten: was wäre in der Sache Rechtens?
>
> Die Antwort mögen diejenigen, die den Verlust erlitten haben, einem Urteil entnehmen, das in einer derartigen Sache zu Lübeck gesprochen worden ist. Dort lag ein Dachdecker auf dem Rathaus, rutschte aus und fiel auf das (Glas-)Dach des Raumes, in welchem die Herren des Rates standen, und fiel durch das Dach auf einen der Ratsherren und brachte

---

[39] Art. 1127: Si el animal que causó el daño, se hubiese soltado o extraviado sin culpa de la persona encargada de guardarla, cesa la responsabilidad del dueño. – Sachverhaltsnah ließe sich „soltarse" mit „sich fallen lassen" übersetzen.

[40] Jüngst wurde in Anatolien „ein 13 Jahre alter Junge von einem Schaf erschlagen, das vom Dach eines sechsstöckigen Hauses auf das spielende Kind herabstürzte. Der Vater des Kindes habe das Schaf zum Opferfest gekauft und … auf dem Dach festgebunden", von wo es „dann jedoch herabgesprungen" sei, FAZ v. 7.10.2014, S. 7 (Hinweis M. Sch., Fn. 62). – Ende April 1997 ging die Meldung „Fliegende Kuh versenkt japanisches Fischerboot" durch die Presse. Russische Soldaten sollten auf der Insel Sachalin Kühe gestohlen und in ihrem Transportflugzeug weggebracht haben. Da die unangebundenen Tiere auf dem Flug nach Sibirien im Laderaum die Stabilität der Maschine gefährdeten, habe die Besatzung sie durch Öffnen der Heckklappe (was während des Fluges möglich war?) über dem Meer fallen gelassen. Eines der Tiere sei auf ein Fischerboot gestürzt, das gesunken sei; die Fischer seien gerettet worden. S. etwa DER TAGESSPIEGEL v. 28.4. und v. 30.4.1997; Berliner Zeitung v. 29.4.1997. Doch war die Geschichte von der Kuh eine Ente und bleibt deshalb unerörtert.

ihn zu Tode, blieb aber selber am Leben, und als er sich von dem Fall erholt hatte, sprach er sie an, grüßte und sagte: „Ihr Herren, erlaubtermaßen kam ich hier in Eure Morgensprache ungerufen", und ging weg. Die Verwandten des Toten zogen ihn vor Gericht und beschuldigten ihn wegen ihres Verwandten Tod. Das Urteil lautete: Wer gegen den Mann sein Recht begehre, der sollte so hoch klettern als der Mann geklettert war, bevor er zu fallen anfing, und der Mann sollte sich an dieselbe Stelle hinstellen, an welcher der Ratsherr zu Tode gekommen war, und wenn des Toten Verwandter so hoch geklettert sei, sollte er sich loslassen und fallen; fiele er dann denjenigen tot, der seinen Verwandten totgefallen hatte, so sollte er wegen dieser Tötung frei und unbelastet bleiben. Und keiner von des Toten Verwandten wollte das riskieren; so blieb der andere unbelastet."[41]

Die Entscheidung des Lübecker Gerichts erinnert an den Bescheid, der dem über Bord Gegangenen erteilt wurde (II.1.); dennoch ist sie nicht ohne weiteres einzuordnen. Es wird den Richtern in dem Verfahren, in dem es um Wergeld- oder Bußgeldzahlung gegangen sein dürfte, klar gewesen sein, daß es sich um eine absichtslose Tat handelte; in solchen Fällen sahen der Sachsenspiegel (um 1230) und die ihm folgenden Rechte des norddeutschen Raumes jedenfalls peinliche Strafen nicht mehr vor[42]. Dennoch ließen die Richter den Dachdecker nicht ungeschoren davonkommen, sondern erkannten auf eine Strafe, die auf die Talion hinausläuft – was im späten Mittelalter nicht selten vorgekommen sein soll[43]. Allerdings steht hinter dieser nur auf den ersten Blick für den Dachdecker bedrohlichen Lösung erkennbar das Bestreben, das bisherige strengere Recht formal zwar aufrechtzuerhalten, es in der Sache aber dadurch zu unterlaufen, daß seine Wahrnehmung an unerfüllbare Bedingungen geknüpft wird[44].

Die Entscheidung in unserem Fall des Dachdeckers hat denn auch etwas das Rechtsgefühl Beruhigendes an sich, und es kann deshalb nicht überraschen, daß sie keineswegs singulär ist. Heinrich Brunner führt einen vergleichbaren Fall aus den *Leges Henrici primi* (90,7) an und verweist dann auch auf das Lübecker Urteil aus dem Brieler Rechtsbuch:

„Wer von einem Baume fällt und herabstürzend einen Menschen tötet, soll nach den sogen. Leges Henrici primi für unschuldig gelten. Falls dennoch jemand darauf bestünde, die That zu rächen oder das Wergeld einzuklagen, so soll ihm die Rache gestattet sein, aber nur so, dass er selbst auf den Baum steigt, um den anderen tot zu fallen."[45]

Auch Josef Kohler beginnt sein bekanntes Buch „Shakespeare vor dem Forum der Jurisprudenz"[46] mit Bemerkungen zu den Problemlösungen dieser Art:

„... Die Sage von der Betörung des Bösen durch eine spitzfindige Auslegung des Vertrages oder eine gewagte Ausdeutung der Rechtslage ist ein psychologisch leicht begreifliches, namentlich für die Orientalen reizvolles Motiv, das bei ihnen unzählige Male behandelt worden ist... – Ein Hauptgebiet, in welchem sich dieses Motiv erweist, ist das Gebiet der

---

[41] *Ebel*, Curiosa (Fn. 4), S. 14f., entnommen und übersetzt aus *Fruin/Pole*, S. 212.

[42] Vgl. *R. Schröder/E. Frh. v. Künßberg*, Lehrbuch der deutschen Rechtsgeschichte, 7. Aufl. 1932, S. 841. – Übrigens kam auch nach römischem Recht eine Bestrafung nach der *lex Cornelia de sicariis et veneficiis* nicht in Betracht, wenn jemand aus der Höhe (eines Baumes?) auf einen anderen stürzte und dadurch dessen Tod herbeiführte, sei es auch mit *culpa lata* geschehen, Paul. D. 48,8,7.

[43] *Schröder/Künßberg*, S. 839 („vielfach").

[44] Vgl. *H. Brunner*, Ueber absichtslose Missethat im altdeutschen Strafrechte (aus 1889), in: *ders.*, Forschungen zur Geschichte des deutschen und französischen Rechtes, 1894, S. 492.

[45] *Brunner*, S. 492.

[46] *Kohler*, Shakespeare vor dem Forum der Jurisprudenz, 2. Aufl. 1919, S. 3f.

Wiedervergeltung bei schuldloser Schädigung: denn das alte Recht bestrafte hier prinzipiell auch den Schuldlosen; das schwere Verhängnis der Wiedervergeltung im Falle der Schuldlosigkeit aber mußte die Volksphantasie lebhaft erregen, und der Versuch, den oft entsetzlichen Folgen solcher Wiedervergeltung zu entgehen, mußte zu derartigen Mitteln greifen. Man denke an das Märchen ... Oder jemand springt, des Lebens überdrüssig, einen Abhang hinunter und tötet hierbei einen alten Mann; auf die Klage des Sohnes wird entschieden: der Täter müsse sich unten in dieselbe Position stellen, wie sie der Getötete inne hatte, damit der Sohn des Getöteten auf ihn herabspringe, ein Experiment, auf das dieser leichthin verzichtet“[47]. – Dem mag noch der Hinweis auf „Das Gebot des Kadi“ hinzugefügt werden, eine Erzählung, in der ein junger Mann, um auf dem schnellsten Weg zum Kadi zu kommen, von einem Dach gesprungen und dabei unversehens auf den Bauch eines in seinem Garten liegenden Vaters geraten war. Der Kadi gab dem Sohn das Urteil: „Der Jüngling wird sich an genau die Stelle legen, an der dein Vater gelegen hat. Du wirst von deinem flachen Dach aus hinunterspringen, auch auf genau die Bauchstelle, auf die er deinem Vater sprang.“[48]

2. *Der Sturz des Levir*

Wieder ist es ein sehr trauriger Unfall: „Beim Abmontieren einer Hausantenne ist ein Techniker südlich von Tel Aviv vom Dach gestürzt. Der 60-jährige Israeli fiel durch ein Glasdach auf ein anderthalbjähriges Kind. Das Kind starb“[49]. – Da im wärmeren Mittelmeerraum Glasdächer beliebter sind als im Norden, kommen dort auch Stürze durch das bekanntlich leicht brechende Glas von überdachten Terrassen oder Atrien wie auch von den nach innen geneigten Dächern häufiger vor, und es nimmt deshalb auch nicht wunder, daß dies zugleich die Phantasie derer beflügelt, die sich mit den Problemen des Lebens und dessen Gefahren zu beschäftigen pflegen.

Levir est uxori meae frater meus[50], mein Bruder ist für meine Frau *Schwager.* Aufgrund der Torah, d.h. der in den 5 Büchern Mosis enthaltenen Gesetze, kennt das jüdische Recht die Leviratsehe. Der Einfachheit halber geben wir die Grundlage nach der Einheitsübersetzung wieder: „5. Wenn zwei Brüder zusammen wohnen und der eine von ihnen stirbt und keinen Sohn hat, soll die Frau des Verstorbenen nicht die Frau eines fremden Mannes außerhalb der Familie werden. Ihr Schwager soll zu ihr kommen[51], sie heiraten und die Schwagerehe mit ihr vollziehen. 6. Der erste Sohn, den sie gebiert, soll den Namen des verstorbenen Bruders weiterführen. So soll dessen Name in Israel nicht erlöschen“[52]. Wollte der Schwager, gleichgültig ob er schon verheiratet war oder nicht, diese Ehe nicht eingehen und blieb er dabei auch nach einer Befragung durch den Ältestenrat seiner Stadt, so mußte er in einer sog. *halitzah*-Zeremonie vor den Ältesten seiner Schwägerin förmlich seine Weigerung, sie zu heiraten, erklären. Daraufhin mußte

[47] *Kohler*, Shakespeare (Fn. 46), S. 3 f. mit Hinweis (zu dem angesprochenen Märchen) auf *Karl Simrock*, Quellen des Shakespeare in Novellen, Märchen und Sagen, 2. Aufl. 1870, S. 183 f., S. 225 sowie auf unseren Fall des Dachdeckers.

[48] *Elsa Sophia v. Kamphoevener*, An Nachtfeuern der Karawan-Serail. Märchen und Geschichten Alttürkischer Nomaden, Bd. III, Reinbek 1982, S. 7, 19. – Ob diese Geschichte(n) auf wirkliche Erzählungen in Karawanenserails zurückgehen, ist freilich mehr als zweifelhaft; doch mögen sie von Volksmärchen inspiriert sein.

[49] General-Anzeiger (Bonn) v. 29.5.1989, S. 26.

[50] Festus s.v. *levir*, ed. Lindsay (Fn. 16), S. 102.

[51] Dies ist genauer als „sich ihrer annehmen“, vgl. u. Fn. 58.

[52] Deuteronomium (= 5. Mos.) 25,5–6.

sie ihm einen Schuh ausziehen (als Zeichen, daß sie ihm das Erbe des verstorbenen Bruders entzieht) und ihm ins Gesicht spucken (um die ihr durch die Weigerung widerfahrene Schmach auf ihn zurückzuschieben).

Im Talmud („Lehre"), der großen durch jahrhundertelange Auslegung der Torah entstandenen jüdischen Rechtssammlung, ist der Leviratsehe ein ganzer Traktat gewidmet: *Yebamoth* („Schwägerinnen"). Darin werden zum Teil höchst komplizierte Rechtsfragen erörtert. Üblicherweise erklärte der Mann der verwitweten, kinderlosen Schwägerin in einer Eheformel seinen Heiratswillen und es folgte (nach der Hochzeitsfeier) der gebotene Vollzug der Ehe. Wie es im Leben so ist, ergaben sich Schwierigkeiten, etwa dadurch, daß der Bruder zwei oder mehrere Witwen hinterließ, Wankelmütige die Dinge durcheinanderbrachten, Eheformel, Scheidungsbrief, Beischlaf und *halitzah* etc. Alle möglichen Situationen hierzu wurden in intensiven Diskussionen der Rabbinen durchdekliniert, und es ergab sich daraus vereinfachend gesagt als Grundsatz, daß einerseits schon der Beischlaf allein die Ehe begründete, andererseits dann, wenn die *halitzah*-Zeremonie stattgefunden hatte, ein Eheschluß dieser Personen für alle Zukunft ausgeschlossen war.

Begreiflicherweise war dann zu klären, wann die Ehe wirksam vollzogen war. In der Mischna („Wiederholung") – dem um 200 n. Chr. von Rabbi Jehuda, dem „Fürsten" (geb. 135 n. Chr.), aus dem Traditionsstoff zusammengestellten „Kerntext" des Talmud – wird der Vollzug sehr weit verstanden, was sich vor dem Hintergrund erklärt, daß es sich in Deut. 25,5[53] um ein Gebot handelt, das Zustandekommen der Ehe mithin so weit als möglich zu begünstigen war. Die Mischna setzt im V. Abschnitt des Traktats *Yebamoth* wie folgt ein[54]:

> „Wer seiner Schwägerin beiwohnt, ob versehentlich[1] oder vorsätzlich[2], ob gezwungen oder willig, selbst wenn er versehentlich und sie vorsätzlich, er vorsätzlich und sie versehentlich, er gezwungen und sie ungezwungen, oder sie gezwungen und er ungezwungen, ob nur angeschmiegt[3] oder [die Beiwohnung] vollendet, eignet sie sich an, auch ist zwischen Beiwohnung und Beiwohnung[4] nicht zu unterscheiden ...."
>
> [1] Ohne zu wissen, daß sie seine Schwägerin ist. [2] Zur Befriedigung des Geschlechtstriebes u. nicht in der Absicht, die Schwagerpflicht zu erfüllen. [3] Die Genitalien an einander, ohne den Coitus zu vollenden; ... [4] Ob sie auf natürliche od. widernatürliche Weise erfolgt ist.

Daß der Schwager sich die Witwe durch sein Tun „aneignet", ist eine zielsprachlich wenig glückliche Übersetzung. In der „Soncino-Edition"[55] erläutert der Übersetzer: „'he acquires her'. The widow is deemed to be his legal wife. He is entitled to the heirship of her estate, and she can be released only by a letter of divorce".

Die Mischna wurde zur verbindlichen Lehre und bildete zugleich den Ausgangspunkt der rabbinischen Lehrdebatten in den Lehrhäusern Babyloniens und Palästinas. Die Ergeb-

[53] O. nach Fn. 51.

[54] Wiedergabe nach der Übersetzung von *Lazarus Goldschmidt*, Der Babylonische Talmud, Bd. IV, Berlin 1931, S. 496; auch die Erläuterungen sind von dort übernommen. – Zum abweichenden Text im palästinensischen Talmud vgl. *J. Neusner* (Hrsg.), The Talmud of the Land of Israel. A Preliminary Translation and Explanation, Bd. 21 (*Yebamot*, transl. *J. Neusner*), Chicago 1982, S. 203 ff.

[55] *I. Epstein* (Hrsg.), The Babylonian Talmud. Seder Nashim I (*Yebamoth*, translated by *I.W. Slotki*), London (Soncino Press) 1936, S. 355 Fn. 4.

nisse dieser rund dreihundertjährigen Diskussion sind in der *Gemara* („Gelerntes", Vervollständigung) zusammengetragen, die gleichsam als Kommentar den meisten Mischna-Kapiteln oder Paragraphen beigefügt ist und den zweiten Teil des babylonischen wie des palästinensischen Talmuds bildet.

Angesichts der weitgehenden Definition all dessen, was nach der Mischna als ehebegründender Beischlaf zu gelten habe, verwundert es nicht, daß die Rabbinen eine klarere Abgrenzung zu finden suchten, wie es bei der Interpretation der „sehr praxisbezogenen Mischna" überhaupt vor allem darum ging, „über die Erörterung konkreter Fälle hinaus … allgemeingültige Prinzipien abzuleiten, um von ihnen aus die anfallenden Einzelprobleme entscheiden zu können"[56]. Nicht anders machten es die römischen Juristen (wie auch wir heute), wenn sie sich, um die Tragweite eines Prinzips zu ermitteln, bis zum Grenz- oder Extremfall durchfragten[57]. Was nun die Aktivität des Levir angeht, werden in der Gemara zwei Ausnahmefälle entwickelt, in denen ein Beischlaf nicht ehebegründend sei. Bereits Rabbi Jehuda hatte gesagt, im Schlaf könne jemand seine Schwägerin nicht zur Frau nehmen[58]. Doch wurde das offenbar aufgrund der extensiven Tendenz der Mischna (o. nach Fn. 54) nicht von allen so gesehen:

„Es wird ja aber gelehrt, ob er wach oder im Schlafe ist, ob sie wach oder im Schlafe ist. Hier wird von dem Falle gelehrt, wenn er nur eingenickt ist. Was heißt eingenickt? R. Ashi erwiderte: Halb schlummernd und halb wachend: wenn er beispielsweise, wenn man ihm etwas zuruft, antwortet, ohne jedoch eine überlegte Antwort geben zu können, und wenn man ihn erinnert, es weiß."[59]

Die Lösung war folglich, daß auch ein „Beischlaf im Halbschlaf" noch ehebegründend wirkte. So ergab es sich geradezu mit Notwendigkeit, wenigstens *einen* Fall zu finden, in dem eine Vereinigung nicht zur Begründung der Ehe führt. Und dies ist in der Tat ein überraschender Extremfall, der einem Rabbi namens Rabbah eingefallen ist:

„[Zurück zum] Haupttext. Rabbah sagte: Jemand, der von einem Dach fällt und dessen Sturz ein zufälliges Eindringen zur Folge hat, ist verpflichtet, in viererlei Hinsicht Ersatz zu leisten, und wenn die Frau seine Schwägerin ist, nimmt er sie auf diese Weise nicht zur Frau. [Er muß ihr zahlen] Ersatz wegen des Körperschadens, Schmerzensgeld, Verdienstausfall und Heilungskosten; doch ist er nicht verpflichtet, sie wegen Ehrverletzung zu entschädigen, denn der Meister sagte, man sei nur dann zur Entschädigung wegen Ehrverletzung verpflichtet, wenn sie mit Absicht geschehen sei."[60]

---

[56] *J. Maier*, Das Judentum. Von der biblischen Zeit bis zur Moderne, 3. Aufl. 1988, S. 363.

[57] Ein instruktives, wenn auch nicht gerade zu den juristischen Glanzstücken zählendes Beispiel bietet Ulpian (D. 1,6,8 pr.), der von der Frage ausgehend, ob der Hausvater mit Ausbruch einer Geisteskrankheit die väterliche Gewalt verliert, in sich steigernden Fallabwandlungen zu dem Ergebnis gelangt, daß ein Kind mit Geburt selbst dann in die Gewalt des Vaters fällt, wenn es aus einem Verkehr entstanden ist, den beide, Vater wie Mutter, im Zustand der Geisteskrankheit vollzogen haben, vgl. dazu *R. Knütel*, Zur Rechtsfindung der Römer, in: A. Söllner/W. Gitter u.a., GS M. Heinze, München 2005, S. 486 f.

[58] Da es im Deut. 25,5 „zu ihr kommen" heißt, also absichtliches Handeln gemeint sei.

[59] *Goldschmidt* (Fn. 54), S. 497 (Yebamoth Fol. 54).

[60] Yebamoth Fol 54a. Wir haben den Passus entsprechend Slotkis Übersetzung (Fn. 55) wiedergegeben.

Es bedarf einiger Phantasie, sich die Situation vorzustellen: Hat ihn der Blick vom Dach, sei es gläsern oder nicht, so „irritiert“, daß er haltlos wurde? Doch empfiehlt es sich, hier abzubrechen[61].

3. Eine unheilvolle Bergwanderung

Werfen wir noch einen kurzen Blick auf einen tragischen Sturz, der sich vor einigen Jahren zutrug. Eine Familie nahm den Abstieg von einer Bergtour über einen Wandersteig, der in Serpentinen angelegt war, steiles felsiges Gelände durchquerte und feucht und rutschig war. Die Mutter führte ihre fast vierjährige Tochter an der Hand. Da der Steig zu eng wurde, so daß sie nicht mehr neben der Tochter hätte gehen können, um diese abzusichern, ergab sich die Situation: „Die Tochter der Bekl. hielt sich an der vorhandenen Stahlkette fest, die Bekl. ging schräg zum Tal hin versetzt hinter dem Mädchen und hielt deren talseitige Hand, ohne sich dabei selbst an der Stahlkette festzuhalten. Sie verlor den Halt, rutschte mit dem talseitigen Fuß weg und stürzte den an dieser Stelle steilen Hang (Gefälle von ca. 42 Grad) hinunter. – Die Kl. war mit ihrem Ehemann weiter unten auf demselben Wandersteig als Teil einer Wandergruppe unterwegs. Die Bekl. fiel im Rahmen ihres Sturzes von oben gegen den Ehemann der Kl., der dadurch das Gleichgewicht verlor und in die Tiefe stürzte.“ Aufgrund schwerster Verletzungen verstarb er nach zehn Operationen fast vier Wochen später.

Die Berufung der verklagten Mutter gegen das Urteil des Landgerichts, das sie gem. §§ 823 Abs. 1, 253 Abs. 2 BGB zur Zahlung von 10.000 € Schmerzensgeld aus übergegangenem Recht an die Witwe verurteilt hatte, wurde vom OLG Stuttgart zurückgewiesen[62]. Das OLG Stuttgart hebt zu Recht hervor, daß die Mutter sich aufgrund der Wegverhältnisse und der Steilheit des Hanges gleichfalls an der Sicherungskette hätte festhalten müssen; sie könne sich nicht damit entschuldigen, daß es notwendig war, ihr Kind besonders zu sichern, weil „dies gerade aus der von ihr selbst zu verantwortenden Entscheidung“ resultiere, den Steig mit dem Kind zu gehen, das in seinem Alter hinsichtlich der Gefahreinschätzung und der Trittsicherheit noch der Unterstützung bedurfte.

Bemerkenswert ist schließlich, daß das Gericht entscheidend und ausführlich auf eine Verkehrspflichtverletzung der Frau abstellt, also auf die pflichtwidrige Unterlassung nach vorangehendem gefährlichen Tun statt auf die Handlung. Auch das ist zutreffend. Denn in aller Regel verliert ein Stürzender während des Sturzes die Handlungsfähigkeit, sofern er sie nicht wie ein Nachtwandler schon verloren hatte. Anders ist es nur, wenn jemand den Sturz in seine Handlung einbezieht, etwa bewußt eine Strecke geht, von der er weiß, daß er abstürzen wird – was dann auch geschieht. Dann hat er sich selbst herabgestürzt.

---

[61] Ein New Testament professor at Chicago Theological Seminary kam 1992 in Schwierigkeiten, als eine Studentin, nachdem er den Fall (wie schon seit Jahrzehnten) vorgetragen hatte, sich bei der Leitung der Institution wegen sexual harassment beschwerte, vgl. http://www.nytimes.com/1994/05/11/us/a-sexual-harassment-case-to-test-academic-freedom.html

[62] OLG Stuttgart NJW 2007, 1367 ff. Auch diesen Hinweis verdanke ich dem Freunde Martin Schermaier.

VI. Glückliches Ende: Der Sturz des Arion

Nach all den schlimmen Stürzen, auf die wir bei unseren Betrachtungen gestoßen sind, empfiehlt es sich, wenigstens einen Sturz mit glücklichem Ende einzubeziehen. Herodot, der *pater historiae*[63] (etwa 485–425 v. Chr.), berichtet in seinen Historien 1, 24:

> Nachdem Arion[64] lange bei Periandros[65] verweilt hatte, so erzählen sie, wollte er nach Italien und Sizilien hinüberfahren, und als er dort reiche Schätze erworben hatte, wünschte er wieder nach Korinth zurückzukehren. In Taras [Tarent] schiffte er sich ein, und da er zu niemandem so großes Vertrauen hatte wie zu den Korinthiern, mietete er ein korinthisches Schiff. Aber auf dem Meere verschworen sich die Schiffsleute, sie wollten ihn über Bord werfen und seine Schätze für sich behalten. Als er es erfuhr, flehte er sie an, sie möchten ihm nur das Leben schenken, die Schätze wolle er ihnen gern überlassen. Aber er konnte sie nicht erweichen, und sie befahlen ihm, sich selber das Leben zu nehmen, damit er an Land gebracht und bestattet werden könnte, oder jetzt sogleich aus dem Schiff ins Meer zu springen. In dieser verzweifelten Lage bat Arion, wenn sie es nun einmal so wollten, möchten sie ihm erlauben, in vollem Sängerschmuck auf die Ruderbank zu treten und zu singen. Er versprach, nachdem er gesungen, sich selbst den Tod geben zu wollen. Da überkam sie das Verlangen, den allerherrlichsten Sänger singen zu hören, und sie zogen sich vom Schiffsheck nach der Mitte hin zurück[66]. Und er tat den vollen Sängerschmuck an, ergriff die Kithara, trat auf die Ruderbank und sang die Hohe Weise[67]. Als das Lied zu Ende war, stürzte er sich mit dem vollen Schmuck, den er trug, ins Meer. Sie fuhren weiter nach Korinth, ihn aber, so erzählen sie, nahm ein Delphin auf den Rücken und trug ihn nach Tainaron[68]. Er ging an Land und wanderte im Sängerschmuck nach Korinth, und als er anlangte, erzählte er alles, was geschehen war. Periandros glaubte Arion nicht und ließ ihn in Gewahrsam nehmen. Er wartete, daß die Schiffsleute ankämen. Als sie da waren, rief er sie zu sich und fragte, was sie von Arion wüßten. Sie antorteten, er lebe noch in Italien; sie hätten ihn in Taras bei gutem Wohlsein verlassen. Da trat Arion vor sie hin, gekleidet wie damals, als er ins Wasser sprang. Sie erschraken, und weil sie überführt waren, konnten sie nicht mehr leugnen[69]. – So erzählt man in Korinth und in Lesbos ...[70].

Ein geglückter Rettungssturz: Arion ruft durch die Macht seines Gesangs den oder die Delphine – nach Plinius d.Ä. kamen sie, Freunde des Menschen mit Freude an harmonischem Gesang, sogar in Scharen[71] – und wird gerettet. Man möchte an das alte *ius naturale* denken als das, was die Natur alle Lebewesen gelehrt hat, *quod natura omnia animalia docuit* (Inst. 1,2 pr.), und damit auch, Hilfe in der Not zu leisten, hier sogar zwischen Tier und Mensch. Das Gute siegt. – Gewinnen wir daraus Optimismus und entbieten dem Jubilar Glück wünschend ein herzliches *ad multos annos* – und natürlich: keine Stürze!

---

[63] Cicero, de legibus 1,5.

[64] Berühmter Musiker, Sänger und Dichter aus Methymna auf Lesbos, der erstmals einen künstlerisch gestalteten Wechselgesang von Vorsänger und Chor im Dionysoskult schuf (*Dithyrambos*) und das Satyrspiel begründet haben soll.

[65] Alleinherrscher von Korinth, gest. 585 v. Chr.

[66] So daß das höher gelegene Heck als Bühne diente.

[67] Eine in hohem Ton und klangreich gesungene Melodie erhebender und tragender Art.

[68] Südspitze der Peloponnes.

[69] Sicher wurden sie hingerichtet.

[70] Herodot, Historien. Deutsche Gesamtausgabe, übersetzt von *A. Horneffer*, neu herausgegeben u. erläutert v. *H.W. Haussig*, 4. Aufl. 1971, S. 10.

[71] Plinius Naturalis historia IX 28, vgl. auch IX 24: *Delphinus non homini tantum amicum animal, verum et musicae arti, mulcetur symphoniae cantu* ... – Dort auch Weiteres zu den Erfahrungen des Menschen mit Delphinen.

B

Römisches Recht

Kauf und Pacht bei Abzahlungsgeschäften im römischen Recht*

Von *Rolf Knütel*

I. Die Typenkombination. — II. Die Rechtsstellung der Parteien. Allgemeines. — III. Die Rechtsstellung des Käufers. — 1. Die Verpflichtung zur Zahlung des Pachtzinses; die Zuständigkeit der *actio locati*. — 2. Die Auswirkung der Kaufpreiszahlung auf die Pflicht zur Entrichtung des Pachtzinses. — 3. Die Auswirkung einer Auflösung des Kaufvertrages. — 4. Der Untergang der Kaufsache. — 5. Die Rechte des Käufers. — 6. Fortsetzung: Der Ausschluß des Rücknahmerechts gegenüber dem vertragstreuen Käufer. — 7. Die Aktivlegitimation zum *interdictum quod vi aut clam*. — 8. Die Rücktrittsvorbehalte bei der Koppelung von Kauf und Pacht. — IV. Die Rechtsstellung des Verkäufers. — 1. Die Vertragsgestaltung in Paul. D. 19.2.20.2: Alternative Kombination? — 2. Fortsetzung: Kumulative Kombination. — 3. Das Fehlen der Verpächterhaftung. — 4. Die Parallele in Bas. 20.1.55 — V. Zusammenfassung.

I. Beim römischen Kauf auf Ratenzahlungsbasis[1] übernahm der *emptor* vielfach bis zu dem Zeitpunkt, in dem er den gesamten Kaufpreis erbracht hatte, die Sache als *conductor* oder als Prekarist. Auf diese Weise konnte er bereits ab Kaufabschluß die Sache nutzen; zugleich blieb der Verkäufer gesichert, denn er behielt das Eigentum und bei der *locatio conductio* auch den (juristischen) Besitz. Eine *traditio* fand nicht statt (Iav. D. 18,6,17); der Käufer erlangte kein bonitarisches Eigentum.

Zur allgemeinen Abgrenzung sei schon vorgriffsweise hervorgehoben, daß dieses „Abzahlungsgeschäft", das *pactum reservati dominii** des gemeinen Rechts[2], *eine* der drei Fallgruppen bildet, die bei der Verbindung von *emptio venditio* und *locatio conductio* hauptsachlich zu unterscheiden sind: Die Pachtabrede kann — so die erste Fallgruppe — bloße Nebenbestimmung *(pactum adiectum*)* des Kaufvertrages sein. Sie ist dann in diesen eingegliedert und teilt dessen Schicksal. Nach

* D. Medicus/H. H. Seiler (Hrsg.), Studien im römischen Recht. Max Kaser zum 65. Geburtstag gewidmet von seinen Hamburger Schülern, Hamburger Rechtsstudien 65, Duncker & Humblot, Berlin 1973, 33 – 56.

[1] Nur mit Verfassernamen werden zitiert: *Daube,* CLJ 10 (1948) 77 ff. (= *Daube* I); *Daube,* RIDA 5 (1958) 427 ff. (= *Daube* II); *Mayer-Maly,* Locatio conductio (1956); *Thomas,* Iura 10 (1959) 103 ff.; *Tondo,* Labeo 5 (1959) 157 ff. — Abkürzungen nach *Kaser,* RP I[2] (1971) XIX ff.

[2] Siehe dazu die Lit. bei *Windscheid-Kipp* § 172 A. 18. Zur Eigentumsvorbehaltsfunktion auch *Pringsheim,* SZ 50 (1930) 407; *Steinwenter,* RE 44. Halbb. (1954) 1817 s. v. *precarium; Mayer-Maly* 61 f.

durchgedrungener sabinianischer Lehre ist sie mit den Kaufklagen durchsetzbar[3]. Während die Pachtabrede in dieser, aus moderner Sicht den gemischten Verträgen zuzuordnenden Vertragsgestaltung unselbständig ist, wahrt sie in den beiden anderen Konstellationen ihre Eigenständigkeit. Sie kann — zweitens — zum Kauf im Verhältnis der „alternativen Kombination"[4] stehen, wenn die Parteien zwar gebunden sein wollen, aber nur kauf- *oder* mietrechtlich. Dies ist z. B. der Fall, wenn jemand Maultiere mit der Abrede übernimmt, daß er sie bei Gefallen kaufe, bei Nichtgefallen aber für jeden Tag der Überlassung eine bestimmte Vergütung zahle[5]. Schließlich kann auch — drittens — eine „kumulative Kombination" von Kauf und Pacht gegeben sein, wenn nämlich beide Verträge selbständig nebeneinander bestehen und — jedenfalls grundsätzlich — eigenständige Leistungsverpflichtungen begründen. Eine solche Vertragskopplung wurde offenbar bei dem uns interessierenden Kauf mit Ratenzahlung verwendet[6]: Der Käufer pachtet das Grundstück bis zur vollständigen Kaufpreiszahlung.

II. Eine allgemeine Kennzeichnung der aus dem Nebeneinander der Kontrakte erwachsenden Situation findet sich bei Paulus:

D. 19,2,20; 22 pr. (Paul. 34 ed.)

Sicut emptio ita et locatio sub condicione fieri potest: (1) sed donationis causa contrahi non potest. (2) Interdum locator non obligatur, conductor obligatur, veluti cum emptor fundum conducit, donec pretium ei solvat. (22 pr.) Item si pretio non soluto inempta res facta sit, tunc ex locato erit actio.

Der Jurist hebt im Rahmen einer einleitenden allgemeinen Kennzeichnung[7] der *locatio conductio* hervor, daß dieser Vertrag ebenso wie der Kauf bedingt abgeschlossen werden kann, nicht aber unentgeltlich. Das erste war vielleicht einmal umstritten[8], das zweite hingegen widerspricht dem Wesen dieses notwendig zweiseitig verpflichtenden Ver-

---

[3] Iav. D. 18,1,79; Paul. D. 19,1,21,4; Herm. D. 18,1,75 sowie Pomp. D. 19,1,6,1 (werkvertragliche Nebenabrede); Iul. D. 19,1,28; vgl. *Hoeniger*, Untersuchungen zum Problem der gemischten Verträge, 1. Bd. (1910) 340 ff., 346; *Daube* in: Studies in the Roman Law of Sale (ded. De Zulueta) (1959) 31 ff.

[4] Ausdruck nach *Rümelin*, Dienstvertrag und Werkvertrag (1905) 105; zustimmend *Hoeniger* (o. A. 3) 325 f.

[5] Mela-Ulp. D. 19,5,20,1, dazu etwa *Siber*, Die Passivlegitimation bei der Rei vindicatio (1907) 56 (Verhältnis zweier alternativer Vereinbarungen); *Biondi*, Contr. 110; anders *Tondo* 196 A. 58. Ein anderes Beispiel bei Gai. 3,146, vgl. *Mitteis*, RP 168 A. 3; *Hoeniger* 324; *Mayer-Maly* 73.

[6] Näheres u. IV.

[7] Vgl. *Lenel*, Paling. 1,1037, Paul. 518. Die Fragmente gehören in den Zusammenhang *de contrahenda locatione*, *Lenel*, EP 300; *Mayer-Maly*, Iura 6 (1955) 129; *Thomas* 107 A. 19.

[8] Vgl. Gai. 3,146 i. f., dazu jedoch *Mitteis* (o. A. 5); *Haymann*, SZ 48 (1928) 366.

trages[9]. Der Gesichtspunkt, die *locatio conductio* dürfe nicht unentgeltlich, also nicht einseitig verpflichtend, abgeschlossen werden, veranlaßt den Klassiker dann zu einer für seine assoziative Darstellungsweise typischen Zusatzbemerkung: Bisweilen werde allerdings doch nur eine Partei aus dem Pachtvertrag verpflichtet, nämlich der Käufer (Pächter), der das gekaufte Landgut bis zur Zahlung des Kaufpreises pachte. Vermutlich hat der Jurist hierzu noch Näheres ausgeführt[10], ehe er den noch in den Zusammenhang gehörenden Hinweis gab, daß die *actio locati* gegeben sei, wenn der Kaufvertrag wegen Ausbleibens der Kaufpreiszahlung kraft einer *lex commissoria* vom Verkäufer aufgehoben werde.

Abgesehen von der nach *solvat* zu vermutenden Kürzung erscheint das Fragment formal kaum anstößig[11]. Auf die inhaltliche Besonderheit des fr. 20,2, die Verallgemeinerung, daß aus der Pachtabrede zwar der Käufer, nicht aber der Verkäufer verpflichtet werde, soll erst nach der Erörterung der Einzelfragen zur Rechtsstellung der Parteien eingegangen werden.

III. Zu diesen Einzelfragen enthält das fr. 20,2 insoweit eine Auskunft, als es klarstellt, daß die Pacht den Käufer zur Zahlung des Pachtzinses verpflichtet. Dieser wurde vermutlich mit der *actio locati* eingeklagt.

1. *Daube*[12] nimmt allerdings an, dem Verkäufer/Verpächter habe für den Pachtzins nur die *actio venditi* zur Verfügung gestanden. Die Kompilatoren hätten eine entsprechende Bemerkung des Paulus als uninteressant gestrichen. Gegen diese Annahme spricht jedoch die Hervorhebung *conductor obligatur*, denn der Pächter/Käufer würde als *conductor* dann gerade nicht haften. Für *Daubes* Auslegung ist zudem der Kontext ungünstig, in dem es um die Gegenseitigkeit und ihre Durchbrechung bei der *locatio conductio* geht. Nach *Daubes* Deutung wäre im übrigen zu folgern, die Pachtabrede sei voll in den Kauf eingegliedert, also ein unselbständiges *pactum adiectum*[13]. Dies würde mit

---

[9] Vgl. *Michel*, Gratuité en droit rom. (1962) 256; *Tondo* 200; s. auch Ulp. D. 41,2,10,2 = 19,2,46, dazu *Michel* 254 f.; auch *Scherillo*, RIL 62 (1929) 397 A. 1,418 A. 3; *Guarino*, DPR 827 Anm.

[10] *Lenel*, Paling. 1,1037 A. 1; *Daube* II 430 (dazu jedoch u. bei A. 12); anders *Tondo* 199, 201, 203. Hierfür spricht das *item* des fr. 22 pr., das auch als Anknüpfung an fr. 21 kaum Sinn gibt (*Bechmann*, Kauf III 1 [1905] 214 A. 1; anders *Thomas* 107 ff.) und daher echt sein dürfte; für Itp. jedoch *Siber*, SZ 53 (1933) 542; *Mayer-Maly* 60; *Thomas* 107.

[11] Auch die Hervorhebung *conductor obligatur* in fr. 20,2 paßt gut in den Zusammenhang (vgl. u. IV 3, 4). Für Echtheit auch *Thomas* 107 A. 19; *Tondo* 200 A. 66; beide gegen *Mayer-Maly* 60, 61 A. 4.

[12] *Daube* II 430, 433.

[13] Gegen eine solche Annahme auch *Mayer-Maly* 61 A. 8; *Tondo* 200 A. 63 (zu fr. 21).

dem für den Eigentumsvorbehalt wichtigen Zweck, die besitzschutzlose Inhabung auf Grund einer *locatio conductio* herbeizuführen, schwerlich im Einklang stehen, denn der Käufer müßte dann — jedenfalls grundsätzlich — *pro emptore* besitzen. Auch wäre die *actio locati* in D. 19,2,22 pr. nach Auflösung des Kaufs infolge einer *lex commissoria* kaum zu begründen, denn ein *pactum adiectum* teilt das Schicksal des Vertrages, dem es beigegeben ist; es würde also bei den Kaufklagen verbleiben. Schließlich dürfte auch das von *Daube* herangezogene Fragment Iav. D. 18,1,79 für unseren Zusammenhang nicht aussagekräftig sein, denn dort geht es um eine abweichende Situation:

D. 18,1,79 (Iav. 5 ex posterioribus Labeonis)

Fundi partem dimidiam ea lege vendidisti, ut emptor alteram partem, quam retinebas, annis decem certa pecunia in annos singulos conductam habeat. Labeo et Trebatius negant posse ex vendito agi, ut id quod convenerit fiat. ego contra puto, si modo ideo vilius fundum vendidisti, ut haec tibi conductio praestaretur: nam hoc ipsum pretium fundi videretur, quod eo pacto venditus fuerat: eoque iure utimur.

Der Verkäufer hat die Hälfte eines Grundstücks mit der Bestimmung verkauft, daß der Käufer die andere Hälfte zehn Jahre lang zu einem festen Jahreszins pachte. Im Gegensatz zu Labeo und Trebaz gewährt Javolen die *actio venditi* zur Durchsetzung der Pachtabrede, sofern der Verkäufer ihretwegen billiger verkauft habe.

Das im wesentlichen unberührte Fragment[14] gibt nach herrschender Auffassung einen Schulenstreit wieder[15]. Die Prokulianer haben sich — offenbar aus dem allgemeinen Bestreben heraus, die *actio venditi* im wesentlichen auf die Einforderung des Preises zu beschränken — im vorliegenden Fall für eine *actio in factum* ausgesprochen. Javolen vertritt demgegenüber den siegreichen sabinianischen Standpunkt, daß auch hier die *actio venditi* in Betracht komme. Wesentlich für die Zubilligung dieser Klage war der auch später noch[16] betonte Gesichtspunkt, daß eine derartige Pachtabrede die Höhe des Kaufpreises beeinflusse. Dies ist in der von fr. 79 behandelten Situation meist der Fall, denn wenn ein Verkäufer einen Käufer zusätzlich auf 10 Jahre in einem Pachtvertrag — womöglich noch zu einem hohen Pachtzins — binden

---

[14] *Eoque iure utimur* mag weitere Ausführungen verdecken; *Arangio-Ruiz* (u. A. 15) vermutet, Javolen spreche im Namen der Sabinianer. Statt *videretur* ist *videtur* zu lesen, vgl. *Arangio-Ruiz,* Compr. 138 A. 1, dessen Verdächtigung von *si modo — praestaretur* allerdings nicht überzeugt.

[15] *Daube* II 430; *ders.* (o. A. 3) 31 f., 34; *ders.*, Iura 11 (1960) 99 f.; *Thomas* 106 A. 13; *ders.*, in: Studies De Zulueta (o. A. 3) 165; *ders.*, IJ 1 (1966) 125; vgl. auch *Hoeniger* (o. A. 3) 344 f.; *Arangio-Ruiz,* Iura 11 (1960) 311; *Watson,* Obl. 41 f.

[16] Paul. D. 19,1,21,4; Herm. D. 18,1,75, vgl. auch Sab.-Pap. D. 18,7,6,1; Iav. D. 18,4,24; Scaev. D. 18,7,10; *Daube,* Iura 11, 99 f.

will, dann muß er dem Käufer regelmäßig mit einem attraktiven Kaufpreis entgegenkommen. Beim Abschluß eines Pachtvertrages bis zur Kaufpreiszahlung hat dieser Gesichtspunkt jedoch kaum überzeugende Kraft. Hier wird die Abrede nicht im Interesse des Verkäufers, sondern des Käufers getroffen; sie wäre entbehrlich, wenn der Käufer den Kaufpreis bei Kaufabschluß sogleich entrichten könnte[17]. Der *venditor* hat also keinen Anlaß, den Kaufpreis herabzusetzen; er ist — wie die heutige Praxis beim Verkauf auf Raten zeigt — eher geneigt, ihn heraufzusetzen. Die in D. 18,1,79 überlieferte Kontroverse trägt deshalb nicht die Annahme, Paulus (D. 19,2,20,2) habe mit der siegreichen sabinianischen Lehre auch bei der uns interessierenden kumulativen Vertragskombination die *actio venditi* als die allein maßgebliche Klage auf den Pachtzins befürwortet.

Wie in D. 18.1.79, so ist auch in den von *Daube* gleichfalls als Parallele herangezogenen Fragmenten Paul. D. 19.1.21.4 und (daran anknüpfend)[18] Herm. D. 18.1.75 die Situation eine andere. Dort geht es darum, daß sich der Verkäufer beim Kaufabschluß ausbedingt, daß *er selbst* das verkaufte Grundstück zu einem bestimmten Pachtzins pachten dürfe[19]. Auch in diesen Fällen spricht der Gesichtspunkt *quasi in partem pretii ea res sit* (Paul. D. 19.1.21.4) dafür, die Pachtabrede mit der *actio venditi* durchzusetzen. Bei unserem Koppelungsgeschäft hat dieses Argument jedoch kein Gewicht.

Man darf demnach annehmen, daß dem Verkäufer/Verpächter als Klage auf den Pachtzins die *actio locati* zur Verfügung stand[20]. Zwar ist angesichts des weiten Beurteilungsspielraums, den die *bona fides*-Klausel eröffnet, denkbar, daß die Zinsansprüche auch mit der *actio venditi* durchgesetzt werden konnten; daß dieses aber der Regelfall gewesen sei, ist nicht wahrscheinlich.

2. Die Pflicht zur Zahlung des Pachtzinses endet, sobald der Käufer/Pächter den gesamten Kaufpreis entrichtet hat. Dies zeigt
D. 19,2,21 (Iavolenus 11 epist.)

Cum venderem fundum, convenit, ut, donec pecunia omnis persolveretur, certa mercede emptor fundum conductum haberet: an soluta pecunia merces accepta fieri debeat? respondit: bona fides exigit, ut quod convenit fiat: sed non amplius praestat is venditori, quam pro portione eius temporis, quo pecunia numerata non esset.

---

[17] Dies zeigt der Umstand, daß die Pacht nur bis zur Kaufpreiszahlung währt (u. III 2). Nicht entgegen steht, daß die konkrete Ausgestaltung der Vertragskoppelung besonders den Verkäufer begünstigt (Eigentumsvorbehalt, Zinsgewinn [u. A. 53], Kulturpflicht des Käufers).

[18] *Liebs*, Hermogenians Epitome (1964) 51.

[19] Vgl. auch Tab. Herc. 31 (Par. del pass. 8 [1953] 455), wo sich der Verkäufer vermutlich das Recht vorbehalten hat, das verkaufte Grundstück noch eine Zeit lang zinslos (!) zu nutzen; dazu *Arangio-Ruiz*, Bull. 61 (1958) 299 f.

[20] Vgl. *Tondo* 202 f.

a) Vor einiger Zeit haben *Daube* und *Thomas*[21] dieses Fragment exegetisch untersucht. Beide gehen von folgendem Sachverhalt aus: A verkauft B ein Grundstück. Dabei wird vereinbart, daß der Kaufpreis bis zu einem bestimmten Zeitpunkt, etwa fünf Jahre nach dem Kaufabschluß, — möglicherweise in Raten — entrichtet werden soll. Weiterhin wird abgemacht, daß B während dieser fünf Jahre das Grundstück zu einem bestimmten Zins pachten solle. Als B schon nach zwei Jahren den vollen Kaufpreis zahlt, erhebt sich die Frage, ob ihm der Pachtzins für die ausstehenden drei Jahre erlassen werden muß.

Daube vermutet, Javolen habe die Fallfrage mit der Begründung verneint, die *bona fides* erfordere, daß das Vereinbarte, nämlich der Pachtvertrag, eingehalten werde. Der anderslautende Schlußteil des Fragments *(sed non amplius rell.)*, wonach der Pächter nur den bereits aufgelaufenen Zins zu entrichten habe, sei unecht; er entspringe byzantinischem Billigkeitsdenken.

Thomas hingegen bezieht den Satz *bona fides exigit, ut quod convenit fiat* nicht allein auf die Pachtabrede, sondern auf die Gesamtheit der Parteivereinbarungen. Javolen habe hervorgehoben, es komme darauf an, welcher Zweck jeweils mit der Koppelung von Kauf und Pacht verfolgt werde. Sei mit der Pachtabrede eine erhöhte Verzinsung des Kaufpreises bezweckt worden, so habe die *bona fides* die Einhaltung des Pachtvertrages und damit die Zinszahlung bis zum Ablauf der fünf Jahre geboten. Habe die Pacht dagegen nur die dingliche Rechtsstellung des Verkäufers sichern sollen, so werde sie mit der Kaufpreiszahlung aufgelöst. Im vorliegenden Fall habe Javolen sich für die Auflösung ausgesprochen; *sed non amplius rell.* sei jedoch interpoliert. Das *item* des anschließenden fr. 22 lasse erkennen, daß Javolen dem Käufer/Pächter die *actio conducti* auf Befreiung vom restlichen Pachtzins zuerkannt habe.

Beide Deutungen stoßen jedoch auf Bedenken, erstens, weil der Text seinem äußeren Befund nach von durchgreifenden Interpolationsindizien frei ist[22], zweitens, weil beide Auslegungen voraussetzen müssen, daß der Käufer nach der Zahlung seine eigene Sache wirksam in Pacht

---

[21] *Daube* I 77 ff., II 433 f.; *Thomas* 103 ff.

[22] Von der Echtheit gehen aus *Horvat*, St. Arangio-Ruiz 1 (1953) 432 f.; *Mayer-Maly* 60 ff.; *Tondo* 199 f.; zu *b. f. exigit* s. auch *Meylan*, St. Riccobono 4 (1936) 306 A. 82; *Gandolfi*, Studi sull'interpretazione etc. (1966) 360; *Knütel*, SZ 84 (1967) 153; zu *persolvere Daube*, SZ 76 (1959) 231. *Respondit* ist eine Stileigenart Javolens, *Mayer-Maly* 61 A. 7; *Watson*, Synt. Arangio-Ruiz 1 (1964) 290 ff. Der von *Daube* I 82 und *Thomas* 106 gerügte Personenwechsel *(venderem — venditori)* dürfte daher rühren, daß Javolen (ebenso wie insbesondere Scaevola) den Sachverhalt in Anlehnung an die Anfrage formuliert hat, vgl. *Watson* 292. Zu radikal *Beseler*, St. Bonfante 2 (1930) 81.

haben könne[23], und drittens, weil den Vereinbarungen nicht entnommen werden kann, der Käufer sei an eine von vornherein genau bestimmte Zeit — etwa fünf Jahre — fest an den Pachtvertrag gebunden.

b) Zwar werden die Parteien ein Zahlungsziel für den Kaufpreis vorgesehen haben; *omnis* und *persolvere* sprechen für eine Ratenzahlungsvereinbarung, aus der sich durch Addition der Ratenzeiträume ein Zahlungsendtermin erschließen läßt. Die Pacht ist an diesen Termin jedoch nur in dem Sinne gekoppelt, daß er ihre Höchstdauer fixiert. Die Klausel *donec pecunia omnis persolveretur* bindet die Laufzeit des Pachtvertrages in erster Linie nicht an einen kalendermäßig bestimmten Termin[24], sondern vielmehr an das Faktum der Kaufpreiszahlung. Technisch handelt es sich darum, daß ein z. B. auf 5 Jahre befristeter Pachtvertrag unter der auflösenden Bedingung vorzeitiger Kaufpreiszahlung steht[25].

Für diese Deutung spricht außer dem Wortlaut der Abrede auch die Interessenlage. Die Klausel sieht die Kaufpreiszahlung vor dem Ablauf des Zahlungsendtermins geradezu vor; sie ist dem Umstand angepaßt, daß Zahlungstermine römischer Auffassung nach *zugunsten* des Schuldners bestehen[26]. Wenn der Käufer/Pächter unabhängig von einer Ratenvereinbarung den Kaufpreis jederzeit erbringen konnte und der Verkäufer durch dessen Zurückweisung in Annahmeverzug geraten würde, dann war es sinnvoll, die Pachtdauer nicht an einen Kalenderzeitpunkt zu binden, sondern auf die Zahlung des Kaufpreises selbst abzustellen. Nach der Zahlung erlischt das Interesse des Verkäufers am Grundstück; mit der Erfüllung des Kaufs ist auch der Zweck der nur zur Abwicklung eingeschalteten Pacht entfallen.

c) Javolens Antwort *bona fides exigit, ut quod convenit fiat* kann deshalb nicht als Anspielung auf den Pachtvertrag gedeutet werden, der fortzusetzen sei oder dessen Zinsverpflichtung jedenfalls weiterhin

---

[23] Nach *Daube* I 79 ff., II 434 und *Thomas* 104 soll die grundsätzliche Unwirksamkeit der Pacht eigener Sachen (vgl. u. A. 83) dann nicht gelten, wenn der Pächter erst durch seine Mitwirkung das Eigentum erwirbt. Doch läßt sich diese Annahme durch einen Umkehrschluß aus Ulp. D. 19,2,9,6 schwerlich stützen. Sie vermag bei der in fr. 21 gegebenen Identität von Eigentümer und Verpächter nicht zu überzeugen und erscheint auch bei einer Verschiedenheit dieser Personen wenig glaubhaft, denn wer eine fremde Sache verpachtet, handelt auf eigenes Risiko. Er muß sich — etwa durch einen (Ober)Pachtvertrag — beim Eigentümer absichern. Auch die Vertragstreue rechtfertigt es nicht, ihm die Vorteile aus einer unberechtigten Gebrauchsüberlassung zu erhalten, wenn der Pächter das Grundstück zur Vermeidung der „Eviktion" vom Eigentümer erwirbt.

[24] Andernfalls hätten die Parteien die Laufzeit vermutlich auch direkt vereinbart, vgl. etwa Iav. D. 18,1,79 (10 Jahre).

[25] Vgl. *Mayer-Maly* 61 A. 2 (62).

[26] Cels. D. 46,3,70; Ulp. D. 45,1,38,16; 41,1; 50,17,17; *Kaser*, RP 1^2, 638 m. A. 36.

bestehe. Dies wirft die Frage auf, welches Problem für die Beteiligten bestand, welchen Grund der Käufer/Pächter gehabt haben könnte, Erlaß der Pachtzinsen zu begehren. Einerseits wäre es für ihn angesichts seiner eindeutigen Zahlungsverpflichtungen aus der *locatio conductio* ein recht aussichtsloses Unterfangen, einen Erlaß der bereits aufgelaufenen Zinsen[27] zu verlangen. Andererseits besteht für ihn auch wenig Anlaß, einen Erlaß der zukünftigen, wegen der Beendigung der Pacht gar nicht erst entstehenden Pachtzinsen zu begehren. Gestützt auf das *accepta fieri* könnte man allerdings vermuten, der Verkäufer/Verpächter habe die Pachtzinsen vorsorglich bis zu dem für die Kaufpreiszahlung vorgesehenen Endtermin — vielleicht sogar abstrakt — stipuliert und der Käufer/Pächter verlange nun Vornahme der *acceptilatio*, um seine Verbindlichkeit auch formell aus der Welt zu schaffen[28]. Dieser Vermutung steht jedoch entgegen, daß kein vernünftiges Motiv des Verkäufer/Verpächters ersichtlich ist, den Erlaß zu verweigern, und daß das Problem daher mehr formaler als materiellrechtlicher Natur wäre.

Das Fragment enthält jedoch weitere Hinweise, welche die zugrundeliegende Fragestellung aufhellen. Der Käufer hat das Grundstück *certa mercede* gepachtet. Da, wie dargelegt wurde, die genaue Dauer der Pacht nicht vorhersehbar war, wird die *certa merces* nicht den Zinsbetrag für die Gesamtdauer bis zum letzten Ratenzahlungstermin, sondern den jährlichen Zinssatz meinen. Bei Grundstücken war es zudem allgemein üblich, den Zins nach Jahren zu bemessen[29]. Dies rührt vom Ernterhythmus her; für eine sinnvolle Nutzung von Agrarland bedurfte es eines (Ernte-)Jahres. Dementsprechend nahm man auch in den Fällen der *relocatio tacita* bei landwirtschaftlichen Grundstücken eine Vertragsverlängerung von jeweils einem Jahr an (Ulp. D. 19,2,13,11)[30].

Javolen entscheidet, der Käufer müsse den Pachtzins nach dem Verhältnis der Zeit entrichten, die bis zur Kaufpreiszahlung verstrichen sei. Daraus läßt sich schließen, daß der Pächter innerhalb einer Zinsperiode, also beispielsweise im Sommer eines Jahres, gezahlt hat. Damit ergab sich das Problem, ob der Verpächter für das „angebrochene" Jahr

---

[27] Daran denkt *Mayer-Maly* 61, wohl auch *Tondo* 200.

[28] Vgl. Steph. Schol. zu Bas. 20,1,21 (Hb. II 348 = Schelt. B III 1186 f.); *Meylan* (o. A. 22) 287 A. 23 (288). Sofern der jeweilige Jahreszins (dazu sogleich) stipuliert war, kommt allerdings eine (umstrittene, Gai. 3,172) Teilakzeptilation in Betracht.

[29] Vgl. Iav. D. 18,1,79; Ulp. D. 24,3,7,8; *De Ruggiero*, Bull. 20 (1908) 56 A. 2 sowie (zu den gräkoägyptischen Papyri) *Berger*, ZvglRW 29 (1913) 385 f.; *Herrmann*, Studien zur Bodenpacht etc. (1958) 112.

[30] Weitgehend echt, *Gallo*, Synt. Arangio-Ruiz 2 (1964) 1202 ff.; *Knütel*, Contrarius consensus (1968) 123.

den vollen oder einen verhältnismäßigen oder etwa gar keinen Pachtzins fordern könne.

Normalerweise müßte der ganze Jahreszins zugebilligt werden, wenn ein Pächter das Pachtverhältnis mitten im Jahr beendet, denn der Verpächter kann für die verbleibenden Monate einen Pachtzins nicht mehr erzielen. Der nachfolgende Pächter bezahlt nichts für die Restzeit, in der eine Nutzung nicht mehr möglich ist. In unserem Fall fällt es jedoch nicht ins Gewicht, daß der Verpächter/Verkäufer das Grundstück für den Jahresrest nicht zinsbringend wiederverpachten kann, denn mit der Kaufpreiszahlung erlischt sein Dauerinteresse am Grundstück. Wegen seines Verzinsungsinteresses (u. A. 53) besteht andererseits aber auch kein Anlaß, dem Käufer das Pachtgeld für die schon verstrichene Jahreshälfte zu erlassen. Es ist deshalb gerecht, auf eine anteilsmäßige Zahlung zu entscheiden — und so verfährt Javolen. Gerade weil er von einem Grundsatz abweichen will — der Zahlungspflicht für das gesamte Jahr — beruft er sich zur Begründung auf die *bona fides,* welche eine wortwörtliche[31] Auslegung der Vereinbarung gebiete *ut, donec pecunia omnis persolveretur, certa mercede emptor fundum conductum haberet.* Diese Auslegung führt zu dem von ihm anschließend ausgesprochenen Ergebnis, daß der Käufer nicht mehr und nicht weniger an Pacht zu zahlen habe, als der bis zur Kaufpreiszahlung verstrichenen Zeit entspricht[32].

3. Die Pflicht zur Zahlung des Pachtzinses endet ebenfalls, wenn der Kaufvertrag aufgelöst wird:

D. 19,2,22 pr. (Paulus 34 ed.)

Item si pretio non soluto res inempta facta sit, tunc ex locato erit actio.

a) Wenn der Kauf aufgehoben wird, so soll sich nach Paulus' Ansicht der Verkäufer/Verpächter der *actio locati* bedienen. Der Zusammenhang mit Paul. D. 19,2,20,2 (o. II) spricht dafür, daß hier der gleiche Sachverhalt wie dort zugrundeliegt, also ein Kaufvertrag verbunden mit einer Pacht bis zur vollständigen Kaufpreiszahlung[33]. Im Gegensatz zu fr. 20,2 ist dem Kaufvertrag aber vermutlich eine *lex commissoria* beigefügt[34]. Kraft dieses Vorbehalts hat der Verkäufer den Kaufvertrag

---

[31] Vgl. *Horvat* (o. A. 22) 432 f.

[32] Mit *tempus quo pecunia numerata non esset* wird die im angebrochenen Jahr bereits verstrichene Zeit gemeint sein. Mit unserer Auslegung wäre es jedoch auch vereinbar, wenn die Zeit vom Kaufabschluß bis zur Zahlung gemeint sein sollte.

[33] Zur abweichenden Auslegung durch *Wieacker* und *Levy* (alternative Kombination) s. u. IV 1.

[34] Hierfür spricht vor allem der Wortlaut des fr. 22 pr., der sich eng an die übliche Formel der *lex commissoria* anlehnt (vgl. Sab.-Paul. D. 41,4,2,3; Pomp. D. 18,3,2; weitere bei *Wesel,* SZ 85 [1968] 163 A. 221). Denkbar ist

aufgehoben, weil der Käufer den Kaufpreis oder die Raten nicht zum festgesetzten Termin gezahlt hat.

b) Man fragt sich, warum Paulus es für nötig befunden hat, den Verkäufer/Verpächter auf die *actio locati* zu verweisen. *Daube*[35] vermutet, der Jurist sei davon ausgegangen, daß die Pacht trotz der Aufhebung des Kaufvertrages bis zu dem vorgesehenen Zahlungsendtermin weiterlaufe; er habe deshalb hervorgehoben, daß nach dem Wegfall des Kaufes die vorher ausgeschlossenen Pachtklagen voll durchsetzbar seien; statt vorher mit der *actio venditi* könne der Verpächter den Pachtzins jetzt mit der *actio locati* einklagen.

Nach den oben (III 1) angestellten Überlegungen stand dem Verkäufer/Verpächter jedoch die *actio locati* als Klage auf den Zins bereits von Anfang an zu. Sie muß also, wenn Paulus sie für hervorhebenswert hielt, nunmehr auch ein anderes Klagbegehren erfaßt haben. Als solches kommt vor allem die Rückforderung des verpachteten Grundstücks in Betracht. Dieses wiederum setzt eine Beendigung der Pacht voraus. Man darf daher aus fr. 22 pr. ableiten, daß die Auflösung des Kaufvertrages auch das Pachtverhältnis erlöschen läßt. Hierfür spricht auch das meiste[36]. Wenn das Hauptgeschäft, der Kauf, entfällt, dann hat auch das nur zu dessen Durchführung dazwischengeschaltete Pachtverhältnis keine Daseinsberechtigung mehr. Da die Pacht nur solange laufen soll, *donec pretium emptor solvat,* muß sie enden, wenn mit der Auflösung des Kaufs eine Kaufpreiszahlung unmöglich wird. Schließlich entspricht diese umfassende Auflösung auch weitaus eher dem Willen der Parteien — insbesondere des hier maßgeblichen Verkäufers — als eine Fortsetzung der Pacht[37].

c) Die gleichzeitige Auflösung von Kauf und Pacht führt zu einer Konkurrenz der jeweiligen Rückabwicklungsklagen. Wenn Paulus hier der *actio locati* den Vorzug gibt, so werden ihn dazu vor allem zwei Gründe bestimmt haben. Zunächst wurde auf diese Weise der bis in die Spätklassik hineinreichende Streit zur Funktion der *actio venditi* vermieden[38]. Während die siegreichen Sabinianer diese Klage auch zur Rückabwicklung gewährten, wenn der Kauf infolge eines Rücktritts-

---

aber auch eine Aufhebung *contrario consensu. Pretio non soluto* wäre dann als Umschreibung der *res integra* zu verstehen (vgl. Pomp. D. 18,5,2); die pachtweise Überlassung berührt die *res integra* nicht, *Knütel* (o. A. 30) 24.

[35] *Daube* I 78 A. 2; II 427 ff.

[36] Vgl. *Tondo* 200 ff.; *Thomas* 107 f. Die *si* ... *tunc*-Konstruktion ist demgegenüber wenig beweiskräftig (vgl. *Tondo* 203), zumal da das vorangehende Stück fehlt (o. A. 11).

[37] Dies räumt auch *Daube* II 434 ein.

[38] Vgl. *Wieacker*, Lex commissoria (1932) 73; *Tondo* 202 f.

vorbehalts, z. B. einer *lex commissoria,* aufgelöst wurde, sprachen sich die Prokulianer für eine *actio in factum* aus[39]. Der Streit geht vielleicht darauf zurück, daß man die Rücktrittsvorbehalte zunächst als aufschiebende Bedingungen verstand. Bei dieser Betrachtung war der Kauf nicht wirksam geworden und seine Verwendbarkeit als Klaggrundlage deshalb nicht zweifelsfrei. Bei der (von einer aufschiebenden Bedingung freien) *locatio conductio* bestand dieses Problem dagegen nicht; die *actio locati* war zudem offenbar von Anfang an unbestritten auch zur Rückforderung der Sache nach Ablauf der Pachtzeit dienlich.

Daneben war die *actio locati* auch ihrem Umfang nach für die Rückabwicklung geeigneter als die Kaufklage. Die nach Ausübung eines Rücktrittsvorbehalts angestrengte *actio venditi* umfaßte grundsätzlich auch die Herausgabe der Nutzungen, die der Käufer nach Kaufabschluß gezogen hatte[40]. Wenn dagegen der mit einem Pachtvertrag gekoppelte Kauf rückgängig gemacht wurde, stand dem Verkäufer ein Anspruch auf die Nutzungen nicht zu, denn die Gebrauchs- und Nutzungsmöglichkeit wurde durch den vom Käufer/Pächter zu erbringenden Pachtzins bereits abgegolten. Es hätte für den Richter zwar nichts im Wege gestanden, den Umfang des aus der *actio venditi* Geschuldeten in einem solchen Falle einzuschränken, jedoch wurde mit der Zubilligung der *actio locati* das Problem ungleich eleganter beim Prätor schon von vornherein geregelt.

Die *actio locati* erweist sich deshalb als für die Rückabwicklung unseres Koppelungsgeschäfts geeigneter als die *actio venditi;* sie erfaßt außer den bereits aufgelaufenen Zinsen die Rückgabe der Sache sowie den Schadensersatz für die während der Pachtzeit eingetretenen Verschlechterungen. Da vor allem diese ihre typischen Klagziele für den Verkäufer/Verpächter bei der Rückabwicklung bedeutsam sind, ist ihr, wie Paulus mit Recht hervorhebt, in diesem Falle der Vorrang zu geben.

4. Ob auch ein Untergang der Kauf/Mietsache zur Befreiung von der Mietzinspflicht führte, ist zweifelhaft. Die Verpflichtung, den Kaufpreis zu entrichten, wurde durch den Untergang jedenfalls nicht aufgehoben:

D. 18,6,17 (16) (Iavolenus 7 ex Cassio):

Servi emptor si eum conductum rogavit, donec pretium solverit, nihil per eum servum adquirere poterit, quoniam non videtur traditus is, cuius possessio per locationem retinetur a venditore. periculum eius servi ad emptorem pertinet, quod tamen sine dolo venditoris intervenerit.

---

[39] *Kaser,* RP I², 561 f.

[40] Ner.-Ar. D. 18,3,5; Pap. Vat. 14; Ulp. D. 18,2,6 pr., 16; 18,3,4 pr. u. a.; *Arangio-Ruiz,* Compr. 414 ff.

Ein *emptor*, der den gekauften Sklaven bis zur vollständigen Kaufpreiszahlung mietet, kann durch diesen nicht erwerben. Uns interessiert zunächst die weitere Aussage des im Schlußteil verkürzten[41] Fragments, daß der Käufer die Gefahr eines vom Verkäufer nicht verschuldeten Unterganges des Sklaven trage.

Geht man mit der zu Recht herrschenden Meinung von der Klassizität der Maxime *perfecta emptione periculum ad emptorem respicit* (Paul. D. 18,6,6 pr.) aus[42], so fragt es sich, warum Javolen (oder Cassius) es überhaupt noch für nötig befunden hat, hier zur Gefahrtragung Stellung zu nehmen. Möglicherweise erschien es dem Juristen zweifelhaft, ob der Kauf bereits perfekt sei, wenn er — wie bei dem vorliegenden Koppelungsgeschäft — mit einer Ratenzahlungsvereinbarung behaftet ist[43].

Es bleibt allerdings fraglich, welche Gesichtspunkte hier überhaupt gegen eine Perfektion sprechen könnten. Für einen bedingten Abschluß des Kaufs bestehen keine Anhaltspunkte. *Seckel-Levy*[44] vermuten in Anknüpfung an Pap. Vat. 16, daß man darüber gestritten habe, ob der Kauf, solange der Kaufpreis gestundet sei, bereits zur erforderlichen „Abholungsreife" gediehen sei. Die Frage sei von Javolen bejaht worden, Papinian habe sie hingegen verneint. Jedoch ist eine solche Kontroverse schwer vorstellbar. Die Stundung wird in aller Regel allein zugunsten des Käufers vereinbart, so daß es interessewidrig ist, dem Verkäufer wegen dieses Entgegenkommens den zusätzlichen Nachteil einer Hinausschiebung des Gefahrübergangs aufzubürden[45]. Es ist kaum glaubhaft, daß Papinian so entschieden hat[46], zumal da er in Vat. 16 den Übergang der Verschlechterungsgefahr ausdrücklich bejaht[47]. Daß er für die Gefahr des völligen Untergangs anders entscheiden

---

[41] *Seckel - Levy*, SZ 47 (1927) 228 A. 1 = *Levy*, Ges. Schr. 2 (1963) 237 A. 49; *Hoetink*, Periculum est emptoris (1928) 146; *Benöhr*, Synallagma (1965) 90 A. 30; vgl. auch *Beseler*, TR 8 (1928) 297 und *Meylan*, Iura 6 (1955) 196. — *Scherillo*, RIL 62 (1929) 392 A. 1, 419 A. 5 vermutet, der Text habe ursprünglich vom *precarium* gehandelt (dagegen *Tondo* 197 A. 59). Zwar belegen Ulp. D. 43,26,4,4; 19,2,14 (dazu *Scherillo* 418 ff.) die Möglichkeit einer solchen Vertauschung; jedoch dürften die Singularität des *conductum rogare* und die Verkürzung im Schlußteil für diese Annahme noch nicht ausreichen. Andernfalls müßte auch das treffende *cuius possessio retinetur* verdächtigt werden. S. auch *Kaser*, SZ 89 (1972) 104 A. 36.

[42] *Kaser*, RP I², 552 f. m. Lit.; zur Deutung des fr. 17 in diesem Sinne *Seckel - Levy* (o. A. 41) 219, 228 A. 1 (231, 237 A. 49); *Hoetink, Benöhr* (beide o. A. 41); für Ausnahme vom Grundsatz eines *periculum venditoris* dagegen *Haymann*, SZ 41 (1920) 119 f.; 48 (1928) 335, 405; *Betti*, St. De Francisci 1 (1956) 152, 175 f. = Jus 5 (1964) 348, 366 f.; *ders.*, Ist. II 1 (1960) 413, 418 A. 24; *ders.*, SZ 82 (1965) 8; *Tondo* 197 A. 59; *Burdese*, Iura 17 (1966) 365.

[43] So *Seckel - Levy, Benöhr* (wie o. A. 42); vgl. auch *De Zulueta*, The Roman Law of Sale (1945) 32 f.

[44] (o. A. 41) 218 f. (231).

[45] Vgl. *Krückmann*, SZ 59 (1939) 25; 60 (1940) 54 f., 58.

[46] Vgl. *Arangio-Ruiz*, Compr. 275.

[47] Vat. 16: *Vino mutato periculum emptorem spectat, quamvis ante diem pretii solvendi vel condicionem emptionis impletam id evenerit* ... Zu den

würde, läßt sich nicht erweisen. Zudem gebietet fr. Vat. 16 schon deshalb Zurückhaltung gegenüber Verallgemeinerungen, weil es Reststück eines an konkreten Fallumständen orientierten *responsum* ist[48]. Die Annahme, es habe eine Kontroverse zur Frage der Perfektion in Fällen der Kaufpreisstundung bestanden, ist nach alldem recht unsicher. Dies würde auch dann gelten, wenn man die den Klassikern zugeschriebenen Zweifel an der Perfektion nicht auf Gesichtspunkte der „Abholungsreife“ zurückführt, sondern auf solche der Auslegung der Stundungsvereinbarung[49].

Wegen der erwähnten Ungewißheit dürfte auch die Möglichkeit erwägenswert sein, daß Javolen die Gefahrtragung deshalb erörterte, weil hierzu bei der Koppelung von Kauf und Miete unterschiedliche Regelungen in Betracht kamen[50]. Während die „Kaufpreis-Gefahr“ bereits mit der Perfektion des Kaufs auf den Käufer übergeht, ist hinsichtlich der „Mietzins-Gefahr“ zu differenzieren. Diese fällt bei einer Gebrauchshinderung durch *vis cui resisti non potest* dem Verpächter, in anderen Fällen, insbesondere bei einer Gebrauchsvereitelung durch *vitia quae ex ipsa re oriuntur,* dem Pächter zur Last[51]. Die Hervorhebung, daß der Käufer das *periculum servi* trage, könnte deshalb auch in dem Sinne zu deuten sein, daß die Gefahrenverteilung des Kaufs die der Miete verdränge. Möglicherweise ergab sich dies genauer aus dem Kontext; daß jedenfalls gekürzt wurde, zeigt der Schlußteil sowie die Bearbeitungsweise, der Javolens *libri ex Cassio* in der Nachklassik unterzogen wurden[52]. Dies würde bedeuten, daß der Käufer bei einem Untergang des Sklaven auch den Mietzins bis zur endgültigen Kaufpreiszahlung zu entrichten hätte. Ungerechtfertigt wäre dieses Ergebnis nicht, weil der Pachtzins die Funktion einer be-

---

vielfältigen Deutungen des fr. s. *Alonso Pérez,* AHDE 31 (1961) 363 ff. (der selbst allerdings Kauf mit *lex commissoria* vermutet) m. reicher Lit.; dazu noch *Meylan,* Fschr. Guhl (1950) 17 f.; *Benöhr* (o. A. 41) 92 f.

48 Vgl. *Arangio-Ruiz,* Compr. 275; *Benöhr* 92 f.

49 Die Gleichsetzung von *dies* und *condicio* in Vat. 16 läßt daran denken, daß Papinian den Anfangstermin in dem Sinne auslegte, daß die Entstehung des Forderungsrechts aufgeschoben sei (Wirkungsaufschub). Nach der von Paulus bestimmten Überlieferung hatte der Anfangstermin zwar nur die Wirkung eines Fälligkeitsaufschubs (*Kaser,* RP 1^2, 258 m. A. 68), den Klassikern war jedoch auch der Wirkungsaufschub bekannt, Iav.-Valens D. 33,1,15; *Grosso,* Bull. 64 (1961) 104 ff. = St. Biondi 1 (1965) 328 ff. Papinian könnte aus dieser Sicht den Zahlungstermin und die aufschiebende Bedingung gleichbehandelt und für beide den Gefahrübergang verneint haben. Doch müßte ihm auch dann eine interessewidrige Auslegung der *dies*-Abrede unterstellt werden.

50 In dieser Richtung auch *Hoetink* (o. A. 41) 145 f.: Javolen habe dargetan, daß mit der Vermietung die *custodia*-Pflicht des Verkäufers entfalle. Allerdings traf diese einen Mieter offenbar ohnehin, *Kaser,* RP 1^2, 508 m. A. 42.

51 *Kaser,* RP 1^2, 566 f.

52 Dazu *Schulz,* Gesch. 269 f.

sonderen Verzinsung des Kaufpreises erfüllte[53]. Ebenso wie trotz des Sachuntergangs die noch ausstehenden Kaufpreisraten zu erbringen sind, muß auch die Verzinsung fortlaufen, gleichgültig welcher Modus für sie gewählt ist. Es sei eingeräumt, daß diese Hypothese im überlieferten Text von D. 18,6,17 nicht sicher zum Ausdruck kommt; da sie aber darzutun vermag, warum Javolen sich bei dieser Vertragskombination überhaupt mit der Gefahrtragung befaßte, sollte sie in den Kreis der Möglichkeiten einbezogen werden[54].

5. Bislang war im wesentlichen von der Pflicht zur Entrichtung des Mietzinses die Rede. Iav. D. 18,6,17 gibt aber auch Anlaß, einen Blick auf die *Rechte* des Käufer/Mieters zu werfen. Diesem erwächst aus dem Mietvertrag das Recht, die Sache zu gebrauchen oder — bei der Pacht — zu nutzen. So kann der Mieter eines Sklaven dessen Arbeitskraft ausbeuten; Rechte kann er hingegen — ebenso wie der Prekarist (Ulp. D. 41,1,22) — durch den *servus* nicht erwerben. Ein Sklave kann nur seinem quiritischen Eigentümer oder, wenn es daneben einen bonitarischen Eigentümer gibt, lediglich diesem Rechte verschaffen (Gai. 2,86; 88). Da ein Käufer, dem die Sache nur mietweise überlassen ist, nicht die Stellung eines bonitarischen Eigentümers hat, bleibt ihm ein Erwerb durch den Sklaven versagt[55]. Daß dies zu Javolens oder sogar zu Cassius' Zeit nicht ganz zweifelsfrei gewesen sein mag, wird verständlich, wenn man sich das Bestreben der Juristen vergegenwärtigt, die „Anwartschaft"[56] desjenigen Käufers zu stärken, der die Sache bereits als Mieter oder Prekarist übernommen hat.

---

[53] Die Koppelung von Kauf und Miete ermöglichte eine erhöhte Verzinsung des Kaufpreises, vgl. *Mayer-Maly* 62; *Thomas* 105. Da aber bereits die vorläufige Überlassung der Kaufsache als *precarium* (ebenso wie die *traditio*) einen Anspruch auf den Maximalzins eröffnete (Ulp. D. 19,1,13,20 f.), wird das Streben nach einer erhöhten Verzinsung kaum dafür bestimmend gewesen sein, den Kauf gerade mit der *locatio conductio* zu koppeln. Beim Ratenkauf von Landgütern mußten die Raten meist aus dem Gut erwirtschaftet werden; für einen höheren Pachtzins war daneben kaum Raum. Selbst bei dem als optimal bewerteten Weinbau ließ sich günstigstenfalls „nur" eine Rendite von 18 % erzielen (Columella, De r. rust. 3,3,9; dazu *Billeter*, Geschichte d. Zinsfußes [1898] 183 f.). Günstig war allerdings, daß der Zinsbetrag bis zur letzten Ratenzahlung konstant blieb (vgl. Iav. D. 19,2,21, *certa mercede*), wogegen beim *precarium* oder bei einer *traditio* das zu verzinsende Kapital mit jeder Ratenzahlung abnahm.

[54] Siehe auch u. IV 3 nach A. 77.

[55] Vgl. *Benöhr* (o. A. 41) 90.

[56] Ein engerer „Anwartschaftsbegriff" bei *Schönbauer*, SZ 52 (1932) 234, der allerdings Ulp. D. 43,26,20 nicht auswertet.

6. Von diesem Bestreben zeugt

D. 43,26,20 (Ulpian 2 resp.)

Ea, quae distracta sunt, ut precario penes emptorem essent, quoad pretium universum persolveretur, si per emptorem stetit, quo minus persolveretur, venditorem posse consequi.

Bei einem Verkauf mit Ratenzahlungsabrede[57] hat der *venditor* dem *emptor* den Kaufgegenstand — offenbar ein Inbegriff von Sachen — bis zur vollständigen Bezahlung als *precarium* überlassen. Ulpian respondiert, der Verkäufer könne die Sachen zurückverlangen, wenn der Käufer nicht zahle und dies zu vertreten habe.

Das Fragment mag etwas verkürzt sein[58], seine Echtheit dürfte jedoch außer Zweifel stehen. Grundsätzlich kann der *precario dans* die überlassene Sache jederzeit vom Prekaristen zurückverlangen. Hierfür stand das *interdictum de precario* zur Verfügung[59]. Für unseren Fall bringt Ulpian jedoch zum Ausdruck, daß das Rücknahmerecht ausgeschlossen ist, solange der Käufer seine Ratenzahlungen pünktlich erbringt[60]. Der Grund für diesen Ausschluß liegt offenbar in der Vorrangigkeit des Kaufvertrages, welcher *precario dans* und Prekaristen bindet und eine Rücknahme so lange ungerechtfertigt erscheinen läßt, wie sich der Käufer/Prekarist vertragstreu verhält. Wenn diese Beschränkung aber sogar für einen *precario dans* anerkannt wurde, dann muß sie erst recht gegenüber einem *locator* gegolten haben. Wenn dieser vor Ablauf der Ratenzahlungsfrist die Sache zurückfordern würde, so wäre die *bona fides* in stärkerem Maße verletzt, denn der *venditor-locator* würde nicht nur dem vorrangigen Kauf-, sondern auch dem Pachtvertrag zuwiderhandeln.

7. Eine Rechtfertigung der a fortiori-Ableitung aus dem *precarium* und weiteren Aufschluß über die Rechtsstellung des Käufer/Pächters bietet

D. 43,24,11,12 (Ulpian 71 ed)

Ego, si post in diem addictionem factam fundus precario traditus sit, putem emptorem interdictum quod vi aut clam habere. si vero aut nondum traditio facta est aut etiam facta est precarii rogatio, non puto dubitandum, quin venditor interdictum habeat: ei enim competere debet, etsi res ipsius periculo non sit, nec multum facit, quod res emptoris periculo est: nam et statim post venditionem contractam periculum ad emptorem spectat et tamen

---

[57] Vgl. *pretium universum, persolvere.* — Für eine *in diem addictio* (so *Silva,* SD 6 [1940] 273 A. 85) fehlen die Anhaltspunkte.

[58] *Schulz,* Class. Rom. Law (1951) 433.

[59] Ob auch die *rei vindicatio* (so Alex. C. 4,54,3), ist zweifelhaft, vgl. *Wesel* (o. A. 34) 160 ff. m. Lit.; *F. Peters,* Die Rücktrittsvorbehalte (1973) 203 ff., 225 ff.

[60] *Cornil,* Traité de la possession (1905) 72 f.; *Pringsheim,* Kauf 53; *Daube* I 83; anders *Bechmann* (o. A. 10) 215 m. A. 5 (das *interdictum* werde erst mit Kaufpreiszahlung ausgeschlossen) und wohl auch *Ubbelohde,* AcP 59 (1876) 262. — Wie hier auch *Kaser* (o. A. 41) 112, vgl. auch *Peters* (o. A. 59) 136 f.

antequam ulla traditio fiat, nemo dixit interdictum ei competere. si tamen precario sit in possessione, videamus, ne, quia interest ipsius, qualiter qualiter possidet, iam interdicto uti possit. ergo et si conduxit, multo magis: nam et colonum posse interdicto experiri in dubium non venit. plane si postea, quam melior condicio allata est, aliquid operis vi aut clam factum sit, nec Iulianus dubitaret interdictum venditori competere: nam inter Cassium et Iulianum de illo, quod medio tempore accidit, quaestio est, non de eo opere, quod postea contigit.

Es geht um die Aktivlegitimation zum *interdictum quod vi aut clam* in einem Falle, in dem ein Grundstück mit *in diem addictio* verkauft worden ist. Der Gedankengang des nicht unberührten, von der Kritik aber zu stark verdächtigten Fragments[61] ist klar. In fr. 11,10 berichtet Ulpian zunächst, daß Julian (vgl. Ulp. D. 18,2,4,4) denjenigen als aktivlegitimiert angesehen habe, der ein rechtlich anerkanntes Interesse daran habe, daß die Anlage nicht errichtet werde. Dies sei trotz der Möglichkeit eines nachträglichen Bessergebots auch der schon im Besitz befindliche Käufer[62]. Es folgt in § 11 der Bericht, daß Aristo es zur Ausschaltung des Tatbestandsmerkmals *clam* für ausreichend gehalten habe, wenn der Nachbar dem schon vor der *traditio* auf dem Grundstück verweilenden Käufer, also einem Nichtbesitzer, vorherige Anzeige mache. Diese beiden Gesichtspunkte werden in § 12 verknüpft, wo Ulpian seine eigene Auffassung zu erläutern beginnt und sich dafür ausspricht, das Interdikt während der bis zum Bessergebot laufenden Zeit auch demjenigen Käufer zuzubilligen, der zwar nicht besitze, aber schon in eine faktische Beziehung zum Grundstück getreten sei. Der Jurist gewährt das Interdikt zunächst für den Fall, in dem das Grundstück dem Käufer als (normales) Prekarium gegeben ist[63]. Hier besitzt der Käufer zwar nicht *pro emptore*, er ist aber immerhin Interdiktenbesitzer, dem *precario dans* gegenüber allerdings *iniustus possessor*. Versagt wird das Interdikt aber einem Käufer, der noch keine faktische Beziehung zum Grundstück hat[64]. Ulpian sieht, daß man wegen der Ge-

[61] Siehe die Nachweise im Ind. itp., dazu *Arnò*, Il possesso (1936) 173 f. (dazu u. A. 63); *D'Ors*, AHDE 16 (1945) 261 f., 288; *Kaser*, Dt. Landesreferate z. 3. Int. Kongr. f. Rechtsvergl. London (1950) 16 A. 88; *Zamorani*, Precario habere (1969) 298; einschränkend jedoch bereits *Scherillo* (o. A. 41) 415; *De Fontette*, St. De Francisci 3 (1956) 554 A. 5. S. jetzt *Kaser* (o. A. 41) 110 ff.; *Peters* (o. A. 59) 149 ff.

[62] Für den Besitz sprechen die *fructus perceptos;* zu *antequam venditio transferatur s. Heumann - Seckel* 590 r. Sp. u., s. v. *transferre* 3). — Allerdings gewährt Julian nur ein (zusätzliches) *interdictum utile,* was Ulpian nicht zu teilen scheint.

[63] *Arnò* (o. A. 61) 173 streicht *precario;* doch wird *precario traditus* durch den Gegenfall *precario sit in possessione* gesichert. Noch anders *Schulz,* Krit. Vjschr. 50 (1912) 53 f., der auf Grund zu weitgehender Interpolationsannahmen an einen prekaristischen Besitz des Verkäufers denkt.

[64] Der Passus *si vero — precarii rogatio* ist nicht ganz intakt, kann als Zusammenfassung von § 10 *(traditio)* und § 12 *(precario traditus)* jedoch aufrecht erhalten werden; vor *etiam* ist sinngemäß *nondum* als wiederholt zu denken. Für Itp. von *aut etiam — rogatio* jedoch die im Ind. itp. Genann-

fahrtragung eigentlich auch in diesem Fall das von Julian geforderte Interesse und damit die Aktivlegitimation bejahen könnte[65]; er lehnt diese Auffassung jedoch mit dem mageren Hinweis ab, daß sie noch von niemandem vertreten worden sei.

Hierauf kommt der Jurist nochmals auf die erforderliche Besitzbeziehung zu sprechen. In Anknüpfung an die *precarii rogatio* wirft er die präzisierende Frage auf, ob der Käufer nicht auch dann schon das Interdikt habe, wenn ihm das Grundstück als ein auf die nur faktische Innehabung beschränktes Prekarium überlassen worden ist[66]. Wenngleich die direkte Antwort weggefallen ist, so bleibt Ulpians bejahende Stellungnahme dennoch erkennbar. Maßgeblich war für ihn, daß trotz der Möglichkeit eines Bessergebots der schon besitzende Käufer, gleichgültig wie sein Besitz zu qualifizieren ist, ein anerkennenswertes Interesse an der Durchsetzung des Interdikts hat. Für unseren Zusammenhang ist die ergänzende Bemerkung aufschlußreich, dies gelte um so mehr, wenn das Grundstück dem Käufer auf Grund eines Pachtvertrages (detentionsweise) überlassen worden sei. Für den Pächter, fügt Ulpian hinzu, werde nämlich nicht bezweifelt, daß er sich des Interdiktes bedienen könne[67].

Ergo et si conduxit könnte nach dem Zusammenhang auch bedeuten, daß der Käufer das Grundstück zugleich als Prekarist *und* als Mieter übernahm. Die Verbindung einer Pacht mit einem auf die Detention beschränkten Prekarium wird schon in der Klassik praktiziert worden sein[68]. Die mit ihr verfolgten Zwecke sind allerdings schwer erschließbar. Sie werden meist darin gesehen, daß eine Bindung an den Pachtvertrag ausgeschaltet werden sollte; der Verpächter habe einen Pachtzins erzielen, sich aber gleichzeitig die Möglichkeit sichern wollen, die Pachtsache jederzeit zurückzunehmen[69]. Im Rah-

---

ten, *D'Ors* und *Zamorani* (beide o. A. 61). Nicht annehmbar erscheint *Zamoranis* Vermutung (S. 291 ff.), das Substantiv *precarium* sei durchweg unecht.

65 *Ei enim — non sit* ist vielleicht Glossem, vgl. die Nachweise im Ind. itp.

66 *In possessione esse* kennzeichnet die (vom Interdiktenschutz entkleidete) Detention (*Kaser*, RP 1^2, 389), es knüpft an § 11 *(in fundo morari)* an und bildet den Gegensatz zum *precario traditus* des § 12; vgl. *Cornil* (o. A. 60) 69; *Scherillo* (o. A. 41) 396 m. A. 2, 415 f. Der Passus *si tamen — non venit* wird zwar gekürzt, aber echt sein, *Scherillo* 415; zu *qualiter qualiter possidet* vgl. Ulp. D. 50,16,63 (zum *interdictum de liberis exhibendis*). — Daß das *precarium* mit Detention unecht sei (so *Zamorani* 118 ff. m. Lit.), ist nicht glaubhaft, vgl. *Scherillo* 396 ff., 403; *Provera*, Index 1 (1970) 385; *Kaser* (o. A. 41) 101 ff.

67 Vgl. zur Aktivlegitimation des Pächters Sab., Cels., Ulp. D. 9,2,27,14; 43,24,19; Ven. D. 43,24,12; auch Ulp. D. 43,24,13,4; *Bonfante*, Corso II (1926) 410; *Scherillo* 415.

68 Vgl. Iul. D. 41,3,33,6 i. f.; Pomp.-Ulp. D. 41,2,10,1; dazu *Scherillo* 397 ff.; *Tondo* 185 ff., 192 ff.; für Unechtheit jedoch *Zamorani* (o. A. 61) 104 f., 142 ff., 145 ff., dagegen aber *Kaser* (o. A. 41) 104 ff.

69 In diesem Sinne, wenngleich mit Abweichungen, *Ubbelohde* (o. A. 60) 232 f.; *Tondo* 198, 203 f. Zu weiteren Deutungen s. die Berichte bei *Tondo* 193 A. 51 und *Zamorani* 145 A. 1.

men der Abwicklung eines Kaufvertrages würden sich diese Zwecke jedoch schwerlich realisieren lassen, weil der vorrangige Kaufvertrag ein freies Rücknahmerecht ausschließen würde (Ulp. D. 43.26.20). Möglicherweise sollte die erwähnte Verbindung dem Verpächter nur für den Fall der Unwirksamkeit der Pacht ein leicht realisierbares Rücknahmerecht sichern, was insbesondere bei einer Verpachtung durch Nichteigentümer von Interesse sein mochte[70]. Ein solcher Zweck könnte auch einen vorsichtigen Verkäufer bewogen haben, sich eine besondere Rücknahmemöglichkeit für den Fall der Unwirksamkeit von Kauf und Pacht zu schaffen. Doch enthält fr. 11. 12 keine näheren Hinweise für eine solche Sondergestaltung.

Bei einem Kauf mit *in diem addictio* erlangte also ein Käufer, der das Grundstück zugleich pachtete, als Pächter die Aktivlegitimation zum *interdictum quod vi aut clam,* und zwar so lange, bis von dritter Seite ein Bessergebot erfolgte. Im Hinblick auf die bislang erörterten Fälle darf man folgern, daß das Interdikt gleichfalls einem Käufer zustand, der das Grundstück unbedingt oder unter einer *lex commissoria* gekauft und bis zur endgültigen Kaufpreiszahlung gepachtet hatte.

8. Damit sind bereits die drei verschiedenen Ausgestaltungen angesprochen, denen wir bei der kumulativen Koppelung von Kauf und Pacht im Bereich des Abzahlungsgeschäfts begegnen: Der Kauf kann unbedingt oder mit einer *lex commissoria* oder einer *in diem addictio* abgeschlossen sein. Dem ist der Pachtvertrag weitgehend angepaßt. Beim unbedingten Kauf mit einer Pacht *donec pretium omne persolveretur* (Iav. D. 19,2,21; auch Iav. D. 18,6,17; Paul. D. 19,2,20,2) ist die Pacht, sofern feste Ratenperioden vorgesehen sind, bis zum Zahlungsendtermin befristet, steht aber unter der auflösenden Bedingung vorzeitiger Kaufpreiszahlung (o. III 2 b). Dies gilt grundsätzlich auch bei der Vereinbarung einer *lex commissoria,* jedoch mit der Erweiterung, daß der Verkäufer bei Nichteinhaltung der Zahlungstermine den Kauf und zugleich damit die Pacht auflösen kann (Paul. D. 19,2,22 pr.; o. III 3). Bei der Verabredung einer *in diem addictio* war dagegen die Pacht vermutlich nicht ganz so eng mit dem Bestand des Kaufs verknüpft. Um einen Pachtzins erzielen zu können, mußte der Verkäufer dem Käufer zumindest eine gesamte Nutzungsperiode einräumen, andernfalls wäre eine Pacht für den Käufer ohne Interesse. Wahrscheinlich hat man den Endtermin für mögliche Bessergebote auf den Ablauf einer Nutzungsperiode gelegt. Jedoch würde ein schon vorher abgegebenes und vom Verkäufer akzeptiertes Bessergebot bereits den Kauf auflösen, die Pacht würde hingegen noch bis zum Ablauf der Nutzungsperiode Bestand haben[71]. Dies jedenfalls ist die wirtschaftlich vernünftigste und

---

[70] So *Kaser* (o. A. 41) 106 f.

[71] Nicht einschlägig ist Paul. D. 49,14,50, denn dort hat ein Dritter das Grundstück gepachtet, nicht aber der das Bessergebot übernehmende Käufer.

daher auch wahrscheinlichste Koppelung. Aber auch diese zu vermutende Besonderheit ändert nichts an der Feststellung, daß im Rahmen des Abzahlungsgeschäfts die Pacht dem Kauf angepaßt ist; sie ist lediglich zu dessen Abwicklung dazwischengeschaltet; der Kauf ist der „regierende“ Kontrakt.

IV. Dieses Ergebnis zum Verhältnis von Kauf und Pacht trägt dazu bei, Paul. D. 19,2,20,2 aufzuhellen: *Interdum locator non obligatur, conductor obligatur, veluti cum emptor fundum conducit, donec pretium ei solvat.* Die Deutung dieses hinsichtlich seines Kontextes bereits erörterten Fragments (o. II) ist allerdings umstritten.

1. *Wieacker* und *Levy*[72] vermuten, Kauf und Pacht stünden im Verhältnis der alternativen Kombination. Der Kauf sei unter der aufschiebenden Bedingung der Kaufpreiszahlung abgeschlossen, die Pacht hingegen sei unter der entgegengesetzten Bedingung, nämlich für den Fall der Nichtzahlung des Kaufpreises vereinbart worden. Des Paulus Hinweis wäre dann so zu verstehen, daß der Verkäufer deshalb aus dem Pachtvertrag nicht verpflichtet ist, weil es bis zur Entscheidung über die Kaufpreiszahlung ungewiß bleibt, ob er überhaupt Verpächter ist. Sobald dieses aber mit dem Ausbleiben des Kaufpreises feststeht, können ihn, der das Grundstück bereits überlassen hat, für die Vergangenheit keine Verpächterpflichten mehr treffen, wohl aber den Pächter eine Zinszahlungspflicht.

Diese Auslegung dürfte jedoch zu speziell für den Zusammenhang sein, in dem es Paulus noch um eine allgemeine Kennzeichnung der *locatio conductio* geht. Auch spricht der Wortlaut der Vereinbarung *conducit donec solvat* gegen diese Annahme; *donec* deutet auf eine Befristung hin. Zudem müßte nach jener Auslegung die Möglichkeit ausgeschlossen sein, daß Kaufpreis und Pachtzinsen zu zahlen sind; gerade dies wird jedoch in Iav. D. 19,2,21 vorausgesetzt, wo vermutlich das gleiche Geschäft vorliegt. Schließlich haben auch die bislang erörterten Fragmente, in denen der Kauf über die Klausel *donec pretium solvat* mit der *locatio conductio* oder dem *precarium* gekoppelt war, keine hinreichenden Anhaltspunkte für eine alternative Kombination enthalten.

2. Es spricht daher mehr für die herrschende Meinung[73], welche auch hier von einer kumulativen Kombination von Kauf und Pacht ausgeht.

---

[72] *Wieacker* (o. A. 38) 22 A. 2; *Levy*, Symb. Lenel (1935) 132 = Ges. Schr. 2 (1963) 278; vgl. auch *Siber*, SZ 53 (1933) 542.

[73] So, wenngleich mit unterschiedlichen Ausprägungen, *Daube* I 77 ff.; II 430 ff.; *Mayer-Maly* 60 ff. (61 A. 2 [62]); *Thomas* 103 ff.; *Tondo* 200 ff. (203); vgl. auch (zu D. 19,2,21) *Hoeniger* (o. A. 3) 328.

Im Rahmen dieser herrschenden Meinung sind zwei Deutungen des fr. 20,2 zu unterscheiden.

a) *Tondo*[74] vermutet, daß der Verkäufer deshalb nicht als Verpächter gebunden sei, weil er auf Grund der Vorrangigkeit des Kaufgeschäfts das Recht gehabt habe, das überlassene Grundstück jederzeit zurückzunehmen. Ohne ein solches Rücknahmerecht hätte nach *Tondos* Auffassung die vorzeitige detentionsweise Überlassung der Kaufsache zu einer erheblichen Verschlechterung der Verkäuferposition geführt.

Doch steht dieser Annahme Ulp. D. 43.26.20 (o. III 6) entgegen; der Verkäufer hatte offenbar nicht das Recht zu jederzeitiger Rücknahme. Zudem besteht für eine besondere Privilegierung des Verkäufers auch kein Anlaß; die Verschlechterung der Verkäuferstellung, die bei einer vorzeitigen detentionsweisen Überlassung der Sache ohnehin mehr auf faktischem als auf juristischem Gebiet eintritt, wird durch die Zinspflicht des Pächters hinreichend ausgeglichen.

b) Zumeist wird der Grund für das Ausscheiden der Verpächterhaftung jedoch darin gesehen, daß die aus dem unbedingt abgeschlossenen Kauf entspringende Verkäuferstellung die aus der Pacht erwachsende Verpächterhaftung absorbiere[75]. Diese bislang kaum näher begründete Ansicht dürfte im wesentlichen das Richtige treffen; sie soll im folgenden präzisiert werden.

3. Die *actio conducti* des Pächter/Käufers entfällt, weil der Kaufvertrag gegenüber der Pacht der regierende Kontrakt ist und als solcher die ihm entgegenstehenden Pachtregeln verdrängt. Das primär von den Parteien Gewollte ist der Kauf; die Pacht tritt demgegenüber zurück. Mit ihr können zwar auch Sonderzwecke verfolgt werden, jedoch dürfen diese dem vorrangigen Kaufgeschäft nicht zuwiderlaufen. Bei dieser Betrachtungsweise ergibt sich, daß die Verpächterpflichten zum großen Teil von den Verkäuferpflichten verdrängt werden, so daß die *actio conducti* des Pächters mangels eines Klaggegenstandes weithin entfällt.

Dies macht eine Betrachtung der typischen Klagziele der *actio conducti* deutlich. Der Verpächter ist verpflichtet, die Sache dem Pächter für die Vertragszeit zu Gebrauch und Nutzung zu überlassen und sie in einem dafür tauglichen Zustand zu erhalten. Diese Erhaltenspflicht wirkt sich, wenn man die Hauptgruppen aus der Kasuistik betrachtet, dahin aus, daß der Vermieter (Verpächter) Schadensersatz leisten muß, wenn die Sache dem Mieter evinziert wird oder wenn sie durch Verschulden des Vermieters beschädigt wird oder untergeht[76]. Sofern der

---

[74] 198 ff. (203); dagegen *Zamorani* (o. A. 61) 161 A. 31.

[75] So ausdrücklich Daube II 431 (the sale overshadows all), 432; *Thomas* 108 f.; vgl. auch *Mayer-Maly* 61. Für Unbedingtheit des Kaufs auch *Haymann*, SZ 48 (1928) 336; zweifelnd hingegen *Krückmann*, SZ 59 (1939) 25; 60 (1940) 55 A. 1, 59; s. auch *Daube* I 77 f.

[76] *Kaser*, RP 1^2, 566.

Mieter daneben die Stellung eines Käufers hat, ist in diesen Fällen zugleich die *actio empti* auf Schadensersatz wegen Eviktion oder Zerstörung der Kaufsache gegeben. Dieser Schadensersatz berechnet sich in anderer Weise als der aus der *locatio conductio* entspringende. Es liegt deshalb nahe, schon wegen des unterschiedlichen Schadensumfanges der Schadensersatzregelung des regierenden Kontrakts den Vorzug zu geben, wird in ihr doch dem Dauerinteresse, das ein Käufer im Gegensatz zum Pächter an der Sache hat, Rechnung getragen. Ein weiterer Gesichtspunkt tritt hinzu: Nach jedenfalls spätklassischer Interpretation kann der Käufer den Verkäufer aus der Entwehrungshaftung nur dann in Anspruch nehmen, wenn er den Kaufpreis bereits entrichtet hat (Ulp. D. 19,1,11,2)[77]. Es widerspräche Sinn und Zweck der Koppelung von Kauf und Pacht, wenn diese den Verkäufer begünstigende Regelung durch eine auf den Pachtvertrag gestützte „Eviktionshaftung" unterlaufen werden könnte; die *actio conducti* auf Schadensersatz im Eviktionsfalle ist auch aus diesem Grunde verdrängt.

Daneben dient die *actio conducti* auch zur Rückforderung des bereits bezahlten oder zum Erlaß des promittierten Mietzinses in Fällen, in denen die Mietsache durch ein Ereignis höherer Gewalt untergeht oder gebrauchsunfähig wird. Der *locator* trägt nämlich die Gefahr einer *vis cui resisti non potest*, bei deren Realisierung er den Anspruch auf den Mietzins verliert (o. A. 51). Geht man von der zu Iav. D. 18,6,17 (16) erwogenen Möglichkeit aus, so ist der Ausschluß der *actio conducti* auch in diesem Anwendungsfall leicht erklärt: Wenn die Gefahrverteilung des Kaufs die der Pacht verdrängt, so geht die Gefahr auch in diesen Fällen zu Lasten des Pächters; damit entfällt eine *actio conducti* auf Rückzahlung bereits erbrachten Mietzinses. Vielleicht bestätigt gerade der allgemeine Ausschluß der *actio conducti* die Annahme von der Verdrängung der pachtrechtlichen Gefahrtragungsregeln. Doch muß dies ungewiß bleiben, denn die Verallgemeinerung in fr. 20,2 braucht nicht notwendig alle Anwendungsfälle der *actio conducti* zu erfassen.

Dies gilt auch für einen weiteren Anwendungsfall der *actio conducti*. Wenn der Verkäufer/Verpächter sich unter Mißachtung der vertraglichen Absprachen zwar bereitfindet, die Sache bei Kaufpreiszahlung zu tradieren, vorher dem Käufer/Pächter jedoch die tatsächliche Innehabung nicht einräumen will, so müßte eigentlich die *actio conducti* auf Überlassung bzw. auf Schadensersatz wegen der vorläufigen Nichtüberlassung gegeben sein. Nun ließe sich zwar denken, der Käufer/Pächter könne diese Klagziele auch mit der *actio empti* verfolgen. Diese geht jedoch normalerweise auf ein *vacuam possessionem tradi*, nicht aber auf die bloß detentionsweise Überlassung; sie wäre hier auch wegen der Klagenkonsumption unzweckmäßig. Vermutlich hat jedoch für Paulus hier kein Problem bestanden; ihm wird überhaupt

---

[77] Dazu *Benöhr* (o. A. 41) 45 ff.; s. auch *Thomas* 109. Vgl. auch Ulp. D. 19,1,13,8.

nur der Fall vorgeschwebt haben, in dem der Verkäufer dem Pächter das Grundstück bereits überlassen hat[78]. Dies ist der Normalfall; auch hätte andernfalls der Verkäufer keinen Pachtzinsanspruch. Von dessen Bestehen geht Paulus jedoch aus.

Aus diesen Überlegungen ergibt sich, daß die *actio conducti* in den Anwendungsfällen, die nach Überlassung der Sache noch in Betracht kommen, weitgehend verdrängt ist; verallgemeinernd gesprochen fehlt es damit an einer formellen Haftung des Verkäufers aus dem Pachtvertrag. Mit der tatsächlichen Überlassung der Sache erbringt der Verkäufer jedoch wirtschaftlich eine Gegenleistung, so daß jedenfalls der Sache nach das Erfordernis der Gegenseitigkeit bei der *locatio conductio* gewahrt ist[79]. Der Käufer, der seinerseits der *actio locati* unterliegt (o. III 1), ist durch die *actio empti* hinreichend geschützt.

4. Wie schon das *interdum* in Paul. D. 19,2,20,2 vermuten läßt, war dies nicht das einzige Beispiel einer formell einseitig verpflichtenden *locatio conductio*. Einen weiteren Fall, der zugleich unsere Auslegung zu fr. 20,2 absichert, enthält ein Basilikentext, dem es an der Entsprechung in den Digesten fehlt:

Bas. 20,1,55 (Schelt. A III 995 = Hb. II 364)

'Εὰν ὁ δανειστὴς μισθώσῃ τῷ χρεώστῃ τὸ ἐνέχυρον, αὐτὸς μὲν ἔχει κατὰ τοῦ μισθωτοῦ ἀγωγήν. ὁ δὲ χρεώστης οὐκ ἔχει κατὰ τοῦ μισθώσαντος ἀγωγήν[80].

Bei der Pfandbestellung wurde dem Gläubiger der Besitz am Grundstück überlassen und offenbar auch das Nutzungsrecht eingeräumt. Nachträglich verpachtet der Gläubiger das Grundstück an den Schuldner/Verpfänder[81]. Dann soll zwar der Gläubiger/Verpächter die *actio locati* haben, nicht aber der Verpfänder/Pächter die *actio conducti*.

Es spricht viel dafür, daß der Text einer klassischen Vorlage entstammt[82]. Mit dem Satz *locatio rei suae consistere non potest*[83] steht er nicht im Widerspruch, denn dieser galt dann nicht, wenn der Eigentümer zuvor an der Sache ein Besitzpfandrecht bestellt hatte. In diesem Ausnahmefall konnte der Eigentümer die Sache vom Pfandgläubiger

---

[78] So wohl auch *Mayer-Maly* 61 und *Daube* II 431.

[79] *Mayer-Maly* 61; auch *Tondo* 200.

[80] Si creditor locaverit pignus debitori, ipse quidem contra conductorem actionem habet, debitor autem non habet actionem contra locatorem.

[81] Zur Parallele insbesondere im babylonischen Recht s. *Petschow*, Neubabylon. Pfandrecht (1956, Abh. Sächs. Ak. 48) 106 m. Lit.; dazu noch *Kohler*, ZvglRW 29 (1913) 422.

[82] So Dig. Mil. D. 19,2,56; *Mitteis*, SZ 34 (1913) 406; *Tondo* 198 m. A. 61; vgl. *Mommsen*, Dig. D. 19,2,55 (im Apparat); *Riccobono*, Mél. Fitting 2 (1908) 479; für Unechtheit dagegen *H. Peters*, Die oström. Digestenkommentare etc. (1913) 36; *Mayer-Maly* 62 f.

[83] Ulp. D. 50,17,45 pr.; s. daneben Iav. D. 41,3,21; Iul. D. 16,3,15; (Afr.) 41,2,40,3; Ulp. D. 19,2,9,6; 43,26,4,3; Diocl. C. 4,65,20.

pachten oder ihre Überlassung als (regelmäßig auf die Detention beschränktes)[84] *precarium* erbitten[85]. Das Pfandrecht wurde durch diese Überlassung nicht beeinträchtigt, weil es sich hierbei nicht um eine *redditio* (zum Eigenbesitz) handelte. Es ist einleuchtend, daß auch in dieser Konstellation der Verpächter nach der Überlassung nicht als solcher haftet; seine Erhaltungs- und Instandsetzungspflichten treten angesichts der Eigentümerstellung des Pächters zurück; daß dieser ihn z. B. im Eviktionsfall nicht haftbar machen kann, liegt auf der Hand.

Vermutlich geht der Passus auf einen Text von Paulus oder Ulpian zurück. Seine Stellung in den Basiliken legt es nahe, ihn zwischen D. 19,2,55 (Paulus *2 sent.*) und D. 19,2,56 (*Idem 1 de off. praef. vigilum*) anzusiedeln[86]. Das *idem* des fr. 56 müßte auf Paulus zu beziehen sein, dem dann auch das aus Bas. 20,1,55 erschließbare Zwischenstück zuzurechnen wäre. Dafür könnte auch sprechen, daß die vergleichbare Verallgemeinerung ebenfalls von Paulus (D. 19,2,20,2) überliefert ist[87]. Jedoch nennen die Basiliken[88] Ulpian, der gleichfalls einen *liber sing. de off. praef. vigilum* geschrieben hat (D. 1,15,2), als Verfasser von D. 19,2,56, so daß ein vor diesem Fragment zu vermutender Passus auch auf ihn zurückgehen kann[89]. Mag die genaue Urheberschaft auch offen bleiben, so bestätigt Bas. 20,1,55 doch jedenfalls die durch Paul. D. 19,2,20,2 *(interdum)* erweckte Annahme, daß die systematisierenden Spätklassiker verschiedene Fälle einer formell einseitig verpflichtenden *locatio conductio* kannten. Es war für Paulus deshalb durchaus angebracht, hierauf zu Beginn seines Traktats über die *locatio conductio* (D. 19,2,20) hinzuweisen.

V. Aus unseren Betrachtungen ergibt sich, daß die römischen Juristen die Vertragskoppelung auf der Grundlage eines Vorrangs des Kaufvertrages sachgerecht und in einer für beide Parteien interessegemäßen Weise ausgelegt haben. Es zeigt sich bereits das Bestreben, die „Anwartschaft" des vertragstreuen Käufers zu sichern (Ulp. D. 43,26,20; o. III 6). Auch bei der Auswahl der jeweiligen Klagen haben die Klassiker sich von praktischen Gesichtspunkten leiten lassen. Von

---

84 *Scherillo* (o. A. 41) 400 A. 1.

85 Iul. D. 41,3,33,6 (hier sogar auch *precarium* mit Interdiktenbesitz, ebenso in Ulp. D. 43,26,6,4, was jedoch umstritten war und wohl mit der Frage des Besitzes beim *precarium* [*Kaser*, RP 1², 388 f.] zusammenhing); Paul. D. 13,7,37; Flor. eod. 35,1 sowie (bei vorheriger Nießbrauchsbestellung) Ulp. D. 7,4,29 pr., auch Paul. D. 9,4,19,1; zu alldem insbesondere *Albanese*, Bull. 62 (1959) 140 ff., 143 ff.; *Thomas*, Index 2 (1971) 283 ff.; *Kaser* (o. A. 41) 135 ff.

86 Vgl. die Nachweise o. A. 82.

87 Vgl. *Tondo* 198 A. 61 (199).

88 Schol. 1 zu Bas. 20,1,56 (Schelt. B III 1204 = Hb II 364).

89 *Zachariä v. Lingenthal*, SZ 10 (1889) 285.

Paulus ist als Auswahlprinzip die Formel *locator non obligatur, conductor obligatur* überliefert — eine Verallgemeinerung, die bei dem systematisierenden Spätklassiker gut ins Bild paßt. Jedoch ist es gut möglich, daß sie nicht erst von ihm geprägt worden ist[90]. Wie dem auch sei, ihre Stellung beim Abzahlungsgeschäft zeigt jedenfalls, daß sich in der Spätklassik bereits die Vorstellung verfestigt hat, daß die gekoppelten Verträge trotz ihrer formellen Selbständigkeit wirtschaftlich ein einheitliches Geschäft ausmachen. Daß man sich in der Klassik jedoch nicht — wie wir heute beim Abzahlungskauf[91] — zur Annahme eines einheitlichen Kaufvertrages entschloß, lag weniger am aktionenrechtlichen Denken, als vielmehr an den unterschiedlichen Innehabungstatbeständen. Diese ließen es zur Sicherung des Eigentumsvorbehalts als wünschenswert erscheinen, die formelle Selbständigkeit der Pacht bei der Vertragskoppelung aufrechtzuerhalten.

---

[90] Der Jurist gibt die Besonderheit als etwas bereits Feststehendes wieder, von dem es mehrere Anwendungsfälle *(interdum)* gibt.

[91] Vgl. z. B. *Serick,* Eigentumsvorbehalt und Sicherungsübereignung, Bd. 1 (1963) 149 f. Ein Überwiegen des Mietelements findet sich allerdings beim sog. „Möbelleihvertrag". Dort zahlt der Käufer lediglich „Mietzinsen", die jedoch so berechnet sind, daß sie nach der vereinbarten Zeit die volle Höhe des Kaufpreises decken (vgl. § 6 AbzG), und erlangt damit eine Option auf den (dann „unentgeltlichen") Erwerb des Eigentums. In den Quellen ist dieser heute hinter den Finanzierungsgeschäften zurückgetretene (dem sog. „Produzenten-" oder „direkten Leasing" allerdings nahekommende) Typ nicht belegt. Der Schiffsvermietung auf 60 Jahre in PLond. III 1164 h (p. 163) (212 n. Chr.) (vgl. auch BGU 1157 [10 v. Chr.] und POxy. 2136 [219 n. Chr.]) liegt kein Abzahlungszweck, sondern die Absicht zugrunde, dem Vermieter die Privilegien der *navicularii* zu erhalten, *Mitteis,* SZ 28 (1907) 383 A. 2; Näheres insbes. bei *De Ruggiero* (o. A. 29) 48 ff.; *Berger,* Die Strafklauseln etc. (1911) 148 f.; *Hunt,* POxy. XVII 250 f. — Zu den heutigen (durch Einschaltung eines Finanzierers gekennzeichneten) Finanzierungsgeschäften s. etwa *Fikentscher,* Schuldrecht[3] (1971) § 71 V 6, 7 (S. 418 ff., 422 ff.) m. Lit.; zum englischen hire-purchase agreement insbes. *Th. Raiser,* RabelsZ 33 (1969) 457 ff.

STIPULATIO UND PACTA *

Von Rolf Knütel

I.

1. *Pacta in continenti facta stipulationi inesse creduntur* heißt es in der berühmten *lex Lecta* (Paul. D. 12. 1. 40) – bei Vertragsabschluß getroffene Abreden seien als der Stipulation inhärent anzusehen. Noch vor wenigen Jahren hielten die weitaus meisten diese Aussage für eine geradezu mit Sicherheit auszumachende Interpolation,[1] und dieses Urteil lastet weiterhin auf dem Satze. Die Gründe für den Verdacht liegen auf der Hand: Die Stipulation des klassischen Rechts war ein in bestimmter mündlicher Frage und Antwort zustande gebrachter, mithin formgebundener Vertrag. Kraft seiner Formstrenge dürfte er nur das zum Inhalt gehabt haben, was in die Stipulationsformel aufgenommen wurde. Beim Vertragsabschluß getroffene formlose Abreden könnten nur honorarrechtlich *(per exceptionem)* berücksichtigt worden sein. Auch habe, so wird geltend gemacht, für eine Einbeziehung der *pacta* weder eine Notwendigkeit noch überhaupt ein Anlaß bestanden, denn die Stipulation sei jedwedem erlaubten Inhalt zugänglich gewesen und den Parteien habe die Möglichkeit offengestan-

* D. Medicus/H. H. Seiler (Hrsg.), Festschrift für Max Kaser zum 70. Geburtstag, C.H. Beck, München 1976, 201 – 228.

[1] So insbesondere und maßgeblich *Riccobono,* SZ 43 (1922) 344ff. (auch zugänglich in: *Riccobono-Kerr Wylie-Beinart,* Stipulation and the Theory of Contract [1957] 184ff.) sowie *Guarneri Citati,* APal. 11 (1923) 256; *Boháček* ebda. 372; *Viard,* Les pactes adjoints aux contrats en droit rom. class. (1929) 21ff., 25; *Stoll,* SZ 50 (1930) 553ff.; *Solazzi,* estinz. 68 m. A. 4; *Condanari-Michler,* RE 18 I (1939) 2146; *Hägerström,* Der röm. Obligationsbegriff 2 (1941) 52; *Roussier,* St. Betti 4 (1962) 3ff., 11ff.; *Riccobono jr.,* APal. 29 (1962) 443; *Grosso,* sist. 174f. Für Echtheit hingegen *Siber,* SZ 42 (1921) 82; ders. RP (1928) 171; *Biondi,* Contr. 166ff.; *Voci,* Le obbligazioni romane I 1 (1969) 107ff.; *Kaser,* RP 2^2 (1975) 364 A. 16, 597 (anders noch in RP 1^1 [1955] 407 A. 11, einschränkend bereits in RP 2^1 [1959] 249 A. 28, 267 A. 31); *Knütel,* Stipulatio poenae (im Druck) § 34 II 3. – Nur mit Verfassernamen zitiert werden im folgenden die eben angeführten Arbeiten von *Riccobono* (nach SZ); *Viard; Stoll; Roussier; Biondi; Voci* sowie *Pringsheim,* SZ 78 (1961) 1ff.

den, den Gegenstand der Nebenabreden in der Stipulation zu wiederholen oder darauf Bezug zu nehmen. Eine Durchsicht der Quellen auf etwas breiterer Grundlage zeigt aber, daß die Klassiker die Formstrenge der *stipulatio* wesentlich milder beurteilt haben als ihre modernen Kritiker. Mit Einschränkungen sind sie dazu übergegangen, die *stipulatio* im Lichte der sie begleitenden *pacta* zu interpretieren.

2. Spätestens seit der Hochklassik gehörte es zum Allgemeingut, daß auch die Stipulation eine *conventio,* eine Willenseinigung, voraussetzt.[2] Diese Erkenntnis mußte sich im Bereiche der Auslegung auswirken, und es stimmt damit zusammen, daß nach nur vereinzelten Vorläufern die Interpretation nach dem *quod actum* bei der Stipulation erst seit der Hochklassik kräftiger einsetzt.[3] Bei dieser Auslegung handelt es sich um eine vom Richter zu entscheidende *quaestio facti,* die unter Berücksichtigung aller Umstände des Einzelfalles zu beantworten ist.[4] Hierzu müßten auch und vor allem *pacta* rechnen. Der Satz von der Inhärenz der *pacta* läßt sich deshalb als Auslegungsmaxime begreifen. Darauf hat bereits *Siber*[5] hingewiesen. Daß seine Annahme kaum Widerhall fand, dürfte, abgesehen von der Überbewertung der Formstrenge, sehr wesentlich darauf beruhen, daß die Auslegungsdiskussion von dem angeblichen Gegensatz zwischen einem klassischen Abstellen (nur) auf die *verba* und einer erst byzantinischen Berücksichtigung der *voluntas* beherrscht war. Denn im Stipulationsformular nicht angezogene, im konkreten Fall aber vereinbarte *pacta* kann nur derjenige als Auslegungsmittel verwenden, der einen Rückgriff auf den individuellen Willen der Parteien überhaupt für möglich hält. Doch darf die schroffe Konfrontierung *verba – voluntas* als überwunden gelten durch die Gegenüberstellung von typischer Auslegung, bei der nur generelle und typische Erfahrungen als Interpretationsgesichtspunkte verwertet werden, und individueller, bei der auch die besonderen Verhältnisse des konkreten Falles zur Auslegung herangezogen werden können.[6]

---

[2] Ped.-Ulp. D. 2, 14, 1, 3 (unbedenklich, *Kaser,* RP I 523 m. A. 11–13), vgl. Pap. D. 2, 15, 5; Paul., Ven. D. 45, 1, 83, 2; 137, 1.

[3] *Pringsheim* 47 ff., 53, 54 ff.

[4] Dazu *Pringsheim* 11 ff.; *Wunner,* Contractus (1964) 180; *Gandolfi,* Studi sull'interpretazione degli atti negoziali nel dir. rom. (1966) 116 ff.; *Wieacker,* SZ 83 (1966) 441 f.

[5] SZ 42 (1921) 82, zustimmend *Voci* 107 f., insoweit ablehnend *Stoll* (oben A. 1) 553.

[6] *Wieacker* (oben A. 4) 438 f. (in Anknüpfung an *Betti*); *Horak,* Rationes decidendi 1 (1969) 194 f. Weiteres bei *Gandolfi* (oben A. 4) 83 ff. (eingehend zu *Betti*). – Die Grenzen

Auch im Bereich der Stipulation finden sich bei der Auslegung nach dem *quod actum* Fälle von typischer wie auch solche von individueller Interpretation. Die Tendenz geht dahin, vorrangig an konkret-individuelle Umstände anzuknüpfen und erst hilfsweise an objektiv-typische.[7] Bei beiden Auslegungsweisen ist die Einbeziehung von *pacta* möglich und, wie sich zeigen wird, auch praktiziert worden. Wir betrachten zunächst die Fälle, in denen bei typisierender Auslegung (stillschweigende) Abreden in die Stipulation einbezogen werden, und sodann Fragmente, in denen der Gehalt der Stipulation danach bestimmt wird, was die Parteien im konkreten Fall vereinbart haben. Das erstgenannte, stärker auf die Rechtsfortbildung wirkende und zur *condicio iuris* führende Verfahren wird das ältere sein, nicht nur, weil dies der Erfahrung zur Interpretationsgeschichte überhaupt entspricht,[8] sondern auch deshalb, weil die Formstrenge der Stipulation gegenüber einer objektiv-typischen Auslegung anfälliger gewesen sein wird als gegenüber einer konkret-individuellen. Bei alldem werden im folgenden unter den Begriffen *pacta* und *conventio* regelmäßig Nebenabreden in einem weiten Sinn verstanden.[9] Wenn bei der Auslegung auf die *conventio* und *quod convenit* Bezug genommen wird, kann damit eine beim Stipulationsabschluß getroffene Einzelabrede gemeint sein oder die gesamte der Stipulation überhaupt zugrunde liegende Vereinbarung, die dann freilich Nebenabreden umschließen würde. In der Sache läuft beides auf dasselbe hinaus; entscheidend ist für unsere Zwecke, daß eine nicht im Stipulationsformular enthaltene Regelung durch Rückgriff auf eine Abrede oder jedenfalls ein Einigsein, ein Übereinstimmen der Parteien erschlossen wird.

---

zwischen den beiden Interpretationsweisen sind notwendig fließend, *Wieacker*, l. c., der zugleich den heuristischen Charakter der Gegenüberstellung hervorhebt.

[7] *Pringsheim* 54ff.; *Wunner* (oben A. 4) 180; *Wieacker* (oben A. 4) 441f.

[8] Vgl. etwa *Kaser*, RP I, 234ff.

[9] Zur Mehrdeutigkeit dieser Termini s. *Kaser*, RP I 527. – Aufschlußreich für unseren Zusammenhang ist etwa Iul. D. 45, 1, 56, 1: *,Te et Titium heredem tuum decem daturum spondes?' Titii persona supervacua comprehensa est . . . et quamvis convenisse videatur, ne ab alio herede quam a Titio peteretur, tamen inutile pactum conventum coheredibus eius erit.* Aus der Nennung nur des Titius, also aus einem Teil der Stipulationsformel, schließt Julian ohne weiteres auf ein zugrunde liegendes *pactum conventum,* das hier freilich als unwirksam angesehen wird. S. auch Iul.-Afr. D. 46, 3, 38 pr. (unten bei A. 17).

II.

1. Bisweilen wird in objektiv-typischer Auslegung ein *pactum* angenommen und als *condicio tacita* zum Inhalt der Stipulation gerechnet. Auf dieser Linie liegt es beispielsweise, wenn Sabinus (bei Pap. D. 45, 1, 115, 2) sich auf die *sententia contrahentium* beruft, um den Verfall des (selbständigen) Strafversprechens schon dann zu bejahen, wenn der Promittent die Leistung in zu verantwortender Weise nicht alsbald erbringt.[10] Deutlicher zu beobachten ist dieses Verfahren bei Julian:

> D. 38, 1, 24 (Iulianus 52 dig.) ... sed operae, quas patronus a liberto postulat, confestim non cedunt, quia id agi inter eos videtur, ne ante cederent quam indictae fuissent, scilicet quia ex commodo patroni libertus operas edere debet ...[11]

Wenn der Patron sich vom Freigelassenen *operae* versprechen ließ, so wurde die Stipulation nicht, wie es bei fehlender Zeitangabe der Regel entspräche, sofort fällig,[12] sondern erst dann, wenn der Patron die Dienste anforderte. Julian begründet dies mit dem Hinweis, dahin verstünden sich die Parteien, denn der *libertus* müsse die Dienste zum Nutzen des Patrons erbringen. Der Jurist geht hierbei vom typisch Gewollten aus: Die Beteiligten einigen sich normalerweise dahin, daß

---

[10] Dazu *Knütel* (oben A. 1) §§ 15 II 1 m. A. 15 (typische Parteiabsicht, vgl. insbes. *Pringsheim* 24f., 57), 27 IV 1. In vergleichbarer Weise wird auch Servius begründet haben, daß ein Strafversprechen dann nicht verwirkt wird, wenn der Gläubiger den Verfallsumstand in zu verantwortender Weise herbeiführt, Serv.-Pomp.-Ulp. D. 4, 8, 40; 22, 2, 8, dazu ebda. § 27 I, II.

[11] Von der Echtheit gehen aus *De Robertis,* I rapporti di lavoro (1946) 217; *Cosentini,* Studi sui liberti 1 (1948) 135f., 162; *Solazzi,* Iura 1 (1950) 36 = Scr. 5 (1972) 225. *Pescani,* Le operae libertorum (1967) 58 will in *agi* ⟨ *tatum*⟩ verbessern, doch wird sich *agi* aus der bereits typisierenden Vorstellung erklären. – Nicht behandelt von *Pringsheim.*

[12] Ulp. D. 45, 1, 41, 1 *(quotiens ... dies non ponitur, praesenti die ... debetur);* Pomp. D. 50, 17, 14. – Ausnahmen bestehen, sofern *re ipsa inest obligationi tractus temporis, sicuti cum Ephesi dari stipulemur, dies continetur,* wovon Julian im ersten Teil des fr. 24 zur *promissio operarum* freier Arbeiter handelt. Wir gehen auf diese Fälle, zu denen etwa noch Cels. D. 50, 17, 186; Pomp. D. 45, 1, 14; 15; Marcell. eod. 98, 1 und Ven. eod. 137, 2, 3 zählen, nicht näher ein, weil der Gedanke, den Fälligkeitsaufschub hier aus einer stillschweigenden Abrede herzuleiten, wenig ergiebig ist (vgl. *Brasiello,* St. Bonfante 2 [1930] 548; *Troje,* SD 27 [1961] 123f.). Bemerkenswert ist allerdings, daß dieser Gedanke gerade bei Julian und Paulus anklingt; zum Ephesus-Beispiel des fr. 24 s. Ulp. D. 13, 4, 2, 6 *(quia Iulianus putat diem tacite huic stipulationi inesse)* sowie (vergleichbar dem fr. 24) Paul. D. 45, 1, 73 pr. *(tacite tempus complecti videtur, quo perveniri Carthaginem potest. item [!] si operas a liberto quis stipulatus sit, non ante dies earum cedit, quam indictae fuerint nec sint praestitae).*

die *indictio patroni* maßgeblich sein soll. Die aus dieser typischen Einigung erwachsende Fälligkeit rechnet Julian, obwohl sie im Formular keinen Niederschlag gefunden hat, zum Inhalt der Stipulation. Dies wurde die herrschende Ansicht. Gaius spielt zwar auf die Bedenken wegen des Stipulationswortlauts an, erklärt sie aber für unbeachtlich (*nec interest adiecta sint haec verba ,cum poscero' an non sint adiecta,* D. 38, 1, 22 pr.), wobei er gleichfalls auf das Interesse des Patrons abstellt. Für Ulpian (D. 38, 1, 13, 2) und Paulus (D. 45, 1, 73 pr.) gehört diese Fälligkeitsregelung zum selbstverständlichen Inhalt der *promissio liberti.*

2. Ebenso verfährt Julian bei der *stipulatio dotis causa:*

D. 2, 14, 4, 2 (Paulus 3 ed.) Huius rei argumentum etiam stipulatio dotis causa facta est: nam ante nuptias male petitur, quasi si hoc expressum fuisset, et nuptiis non secutis ipso iure evanescit stipulatio. idem Iuliano placet.

Paulus handelt im fr. 4 von der *conventio tacita*[13] und führt im § 2 die *stipulatio dotis causa facta*[14] als einen weiteren Beleg an: Denn vor der Eheschließung kann aus dieser nicht erfolgreich geklagt werden, gleichsam als sei dies in der Stipulationsformel ausdrücklich ausgesprochen. Dementsprechend erlischt die Stipulation auch *ipso iure,* wenn es nicht zur Eheschließung kommt. In diesem Sinne hat sich auch Julian ausgesprochen.

Die Bedenken wegen des Wortlauts werden gesehen *(quasi si hoc expressum fuisset),*[15] aber das *quod actum* wird über das Formular gestellt. Die Verdächtigungen gegenüber dieser Interpretation werden vor allem von der Erwägung getragen, die Formstrenge der *stipulatio* habe nur eine Entkräftung *per exceptionem (doli)* zugelassen.[16] Aber

---

[13] Vgl. *Wacke,* TR 40 (1972) 247, s. auch Paul. D. 2, 14, 2 (3 ed.), abweichend (für kompilatorische Umgestaltung des fr. 4) *Riccobono* 354; *Beseler,* SZ 52 (1932) 53; *Wolf,* Causa stipulationis (1970) 111 A. 21.

[14] An die *dotis dictio* ist schon nach der Palingenesie (*Lenel,* Pal. 1, 971, Paul. 122: *De pactis*) nicht zu denken, *Kaser,* SD 17 (1951) 182 A. 58; *Wolf* 112, 114.

[15] Für Unechtheit des Hinweises *Riccobono* 352, 355; *Sanfilippo,* ACat. 7 (1934) 141; *Kaser,* Symb. Taubenschlag (Eos 48/1, 1956) 433; *Wolf* 112, aber das ist nicht glaubhaft, *Biondi* 338; *Wacke* (oben A. 13) 247, vgl. auch *König,* SD 29 (1963) 195.

[16] *Riccobono* 352; *Hägerström* (oben A. 1) 45 A. 1, 60 A., 182 A. 5; *Wolf* 110 sowie *Beseler* (oben A. 13), s. auch *Kaden,* SZ 44 (1924) 173 A. 1; *Schulz,* ClRL 480; *Troje* (oben A. 12) 123 A. 141; *Masi,* Studi sulla condizione (1966) 86. Für Echtheit dagegen *Wacke* (oben A. 13) 246f.; *Voci* 108 A. 41; *Knütel* (oben A. 1) § 34 A. 20 sowie – unter Beziehung auf die ,,titulierte" *stipulatio dotis causa – Kaser* (oben A. 15) 433; *König* (oben A. 15) 190ff. (195) m. w. Lit. in A. 184.

abgesehen davon, daß dies gerade thema probandum ist, zeigte bereits D. 38, 1, 24, daß der Hochklassiker Julian im Stipulationswortlaut für eine Hereinnahme von vernünftigerweise Vereinbartem keine unüberwindlichen Hindernisse erblickte. Dies wird zusätzlich bestätigt durch

D. 46, 3, 38 pr. (Africanus 7 quaest.) Cum quis sibi aut Titio dari stipulatus sit, magis esse ait (sc. Iulianus), ut ita demun recte Titio solvi dicendum sit, si in eodem statu maneat, quo fuit, cum stipulatio interponeretur: ceterum sive in adoptionem sive in exilium ierit vel aqua et igni ei interdictum vel servus factus sit, non recte ei solvi dicendum: tacite enim inesse haec conventio stipulationi videtur ‚si in eadem causa maneat'.[17]

Die Leistung an den *solutionis causa adiectus* wirkt nur dann befreiend, wenn dessen Status seit Stipulationsabschluß unverändert geblieben ist. Julian gewinnt dieses Ergebnis über die Annahme einer stillschweigend in der Stipulation enthaltenen *conventio (!)* – woran zugleich die fließende Terminologie von *pactum, conventio* und *condicio* deutlich wird.

In Paul. D. 2, 14, 4, 2 paßt daher gerade die Berufung auf Julian gut ins Bild. Daß erst die Kompilatoren ihn hinzuerfunden hätten, ist jedenfalls höchst unwahrscheinlich.[18] Andererseits ist aber auch schwer vorstellbar, daß Paulus sich auf Julian berufen würde, um die – nach den Kritikern – ganz selbstverständliche Lösung zu rechtfertigen, daß die Klage aus der *stipulatio dotis causa facta* vor Vollzug der Eheschließung *per exceptionem* zu entkräften sei. Viel näher liegt es, daß Julian einen bereits bestehenden Meinungsstreit wie so oft maßgeblich entschieden hat.

Freilich läßt sich dem fr. 4, 2 nicht sicher entnehmen, ob Julian/Paulus ein bestimmtes Formular der *stipulatio dotis causa facta* vor Augen haben. In Betracht kommen eine „abstrakte" nur das Zahlungsversprechen aufweisende Fassung und eine „titulierte" mit etwa der Klausel *‚dotis causa'*.[19] Im letztgenannten Falle böte der Wortlaut immerhin

[17] Trotz *Koschaker*, Fs. Hanausek (1925) 152 A. 5; *H. Krüger*, SZ 49 (1929) 544; *Solazzi*, estinz. 68 m. A. 4 und *Troje* (oben A. 12) 123 A. 141 nicht zu beanstanden, s. schon *Lenel*, SZ 51 (1931) 32 A. 3. – Auf das Verhältnis zu Iul. D. 45, 1, 56, 2, wo der Stipulator die Emanzipation in der Hand hat, kann hier nicht eingegangen werden, dazu *Desserteaux*, Mél. Girard 1 (1912) 353ff.

[18] *Riccobono* und *Wolf* (beide oben A. 16) gehen auf das Julian-Zitat nicht ein; nach *Hägerström* (oben A. 1) 45 A. 1 soll Julian eine *exceptio pacti* zugebilligt haben. – Wie hier hingegen *Wacke* (oben A. 13) 246f.

[19] Für diese *Kaser* und *König* (beide oben A. 16), vgl. auch *Troje* (oben A. 16), abweichend wohl *Kaser*, RP I², 336 A. 41. *Wolf* (oben A. 13) 110ff., 114 spricht sich zum fr. 4.2 für ein non liquet aus.

einen Anhaltspunkt für eine „verdeckte" Bedingung *,si nuptiae fuerint secutae'*. Doch stellen sich sogleich Zweifel ein: Wenn der Unterschied bedeutsam wäre, dürfte man eine entsprechende Andeutung im fr. 4, 2 wohl erwarten. Auch die übrigen Quellen lassen nicht erkennen, daß sich die zivilrechtliche Abhängigkeit der Stipulation vom Eheschluß danach richtete, ob die Parteien eine titulierte oder eine abstrakte Fassung gewählt hatten.[20] Im Gegenteil bekundet Papinian: *cum omnis dotis promissio futuri matrimonii tacitam condicionem accipiat* (D. 23, 3, 68),[21] und Ulpian erklärt: *in stipulatione non est necessaria dotis adiectio* (D. 23, 3, 23),[22] nachdem er zuvor die Eigenart der *stipulatio dotis* dargestellt hat:

> D. 23, 3, 21 (Ulpianus 35 Sab.) Stipulationem, quae propter causam dotis fiat, constat habere in se condicionem hanc ,si nuptiae fuerint secutae', et ita demum ex ea agi posse (quamvis non sit expressa condicio), si nuptiae ⟨fuerint secutae⟩, constat: quare si nuntius remittatur, defecisse condicio stipulationis videtur.[23]

Die Bezeichnung *stipulatio quae propter causam dotis fiat* deckt auch das abstrakte Versprechen.[24] Daß der Wortlaut bei dieser feststehenden *(constat)* Auslegung überspielt wird, wird auch hier als hervorhebenswerte Besonderheit angeführt: *quamvis non sit expressa condicio*. Schließlich macht auch Paulus außer im fr. 4, 2 (3 ed.) noch an anderer Stelle darauf aufmerksam, daß die Interpretation über den Wortlaut dieses Versprechens hinausgeht und zur *ipso iure*-Wirkung führt:

> D. 23, 3, 41, 1 (Paulus 35 ed.) Sed si nuptiae secutae non fuerint, ex stipulatu agi non potest: magis enim res quam verba intuenda sunt.

Der vielangefochtene Nachsatz läßt sich durchaus halten, wenn man ihn aus dem Zusammenhang versteht: Bei dieser Stipulation schlägt die Sache gegenüber den *verba* durch.[25]

Die vielen von verschiedenen Juristen und aus unterschiedlichen Massen stammenden Hinweise auf die im Wortlaut nicht enthaltene *condicio* stützen sich gegenseitig und erwecken ganz den Eindruck, daß es sich hier um eine Besonderheit handelt, die sich bei der allmählichen „Vertypung" der *stipulatio dotis causa* herausgebildet hat; wahrscheinlich hat eine verbreitete Kautelarpraxis zur Rechtsüberzeugung ge-

---

[20] S. die eindringliche Beweisführung bei *Wacke* 245 ff. gegen *Wolf* 108 ff., der (133) – im Ergebnis wie *Kaser* und *König* (beide oben A. 15) – bei abstrakter Stipulationsfassung nur Abhilfe *per exceptionem* für möglich hält. – Für Unmaßgeblichkeit der Unterscheidung insoweit auch *Riccobono* 352 f., der freilich in beiden Fällen eine *exceptio* verlangt.

[21] Dazu *Wacke* 247 f. gegen *Wolf* 120 ff.

[22] Vergleichbar die Klarstellung des Gaius in D. 38, 1, 22 pr. (oben II 1). Für Itp. des fr. 23 zwar *Kaden* (oben A. 16); *Koschaker*, Fs. Hanausek 120 A. 4; *Kaser* (oben A. 15) 432 f.; *Wolf* 101 A. 45 und auch *König* (oben A. 15) 192, doch siehe *Wacke* 247.

[23] *Riccobono* 355 tilgt auch dieses Zeugnis (ab *fiat rell.*), ebenso *Kaden* (oben A. 16) und *Sanfilippo* (oben A. 15), vgl. auch *Troje* (oben A. 16). Dagegen und nur für Unechtheit von *et ita – constat Solazzi*, Bull. 34 (1925) 8 A. = Scr. 3 (1960) 6 A.; *Kaser* (oben A. 15) 432; *Wolf* 115. Für Echtheit hingegen, m. E. mit Recht, *König* 190 f., 215; *Wacke* 247 m. A. 50, auch *Palazzolo*, Dos praelegata (1968) 230.

[24] *Wacke* (oben A. 13) 247.

[25] Vgl. auch *Wacke* 247. Für Itp. hingegen *Riccobono* 355; *Kaden* (oben A. 16); *Brasiello* (oben A. 12); *Sanfilippo* (oben A. 15); *Kaser* (oben A. 15) 432 f.; *König* (oben A. 15) 194; *Wolf* 117.

führt.[26] Für unseren Zusammenhang ist an diesen Äußerungen zweierlei beachtenswert, erstens, daß die Juristen es als eine Besonderheit betrachten, den Wortlaut durch eine *condicio tacita* „aufzufüllen", und zweitens, daß auch die stillschweigend vereinbarte Bedingung noch in den Bereich des *pactum* fällt, wie das insbesondere aus Paul. D. 2, 14, 4, 2 (mit Kontext) erhellt.[27] Die Vermutung, typisch Vereinbartes (auch der Zweck) habe als *pactum tacitum* aufgefaßt, als *condicio tacita* in die Stipulation hineingenommen und auf diese Weise zivilrechtlicher Behandlung unterworfen werden können, gewinnt damit einigen Anhalt.

3. Beachtung verdient in diesem Zusammenhang auch

D. 12, 1, 3 (Pomponius 27 Sab.) Cum quid mutuum dederimus, etsi non cavimus, ut aeque bonum nobis redderetur, non licet debitori deteriorem rem, quae ex eodem genere sit, reddere, veluti vinum novum pro vetere: nam in contrahendo quod agitur pro cauto habendum est, id autem agi intellegitur, ut eiusdem generis et eadem bonitate solvatur, qua datum sit.[28]

Wer ein Darlehen erhalten hat, muß Sachen gleicher Art und Güte zurückerstatten. Bemerkenswert ist die Begründung. Sie wird aus dem *quod actum* im Sinne von typischerweise Vereinbartem abgeleitet, und dieses findet seinen Niederschlag als eine zu vermutende Vertragsklausel.

Die Auskunft wird regelmäßig auf das Darlehen bezogen.[29] Doch ist das nicht sicher. Das Fragment stammt aus dem Zusammenhang *de verborum obligatione,*[30] und die Fälle einer Darlehensgewährung *sine stipulatione* bildeten durchaus die Ausnahme.[31] Zudem spricht Pomponius zweimal vom *cavere.* Es ist deshalb gut möglich, daß der Jurist voraussetzt, die Darlehenshingabe sei von einer Stipulation begleitet worden, die zur Qualität der zurückzugewährenden Sachen keine

[26] So *Wacke* 251 f.

[27] So auch *Kaser,* RP 2^2 (1975) 597, der damit von der in Symb. Taubenschlag (oben A. 15) 428 gezogenen strengen Trennung zwischen *condicio tacita* und *pactum tacitum* (dagegen auch *Wacke* 246 A. 47, ders., SZ 90 [1973] 225 A. 26) abrückt. Vgl. auch Iul.-Afr. D. 46, 3, 38 pr. (oben A. 17). Anders freilich *Wolf* 119 m. A. 55, 120 A. 61, 125, der 126 f. m. A. 87 zugleich den Terminus *tacita condicio* für tribonianisch hält. Doch ist diese – auch entgegen *Riccobono* 352 ff. und *Troje* (oben A. 12) 123, 142 – nicht zu verdächtigen, *Kaser,* RP I 253.

[28] Für Echtheit *Pringsheim* 81; *Kaser,* Eran. Maridakis 1 (1963) 173.

[29] *Vassalli,* III 1 (aus StSen. 26 [1909]) 230; *v. Lübtow,* Cond. 104; *Pringsheim* und *Kaser* (beide oben A. 28).

[30] *Lenel,* Pal. 2, 136, Pomp. 731.

[31] *Kaser* (oben A. 28) 156 m. A. 7.

Klausel enthielt *(etsi non cavimus)*.[32] *Nam in contrahendo quod agitur pro cauto habendum est* würde dann einen weiteren Beleg für die Hereinnahme von typisch Vereinbartem in die Stipulation abgeben. Doch läßt sich dies ebensowenig beweisen wie die Beziehung auf das *mutuum* allein. Der Rückgriff auf typische Parteiintentionen in einem *iudicium strictum* bleibt aber in jedem Falle bemerkenswert.

4. Es liegt auf der Hand, daß das bislang beobachtete Verfahren, typische Abmachungen mit Hilfe der *interpretatio* schon zivilrechtlich zu erfassen, keine durchgehende Regel bildet und von den Juristen auch nicht konsequent beobachtet wird. In Paul. (5 resp.) D. 19, 2, 54, 1[33] hatten die Parteien wechselseitige Strafstipulationen abgeschlossen, der Pächter für den Fall, daß der Verpächter ihn vertreiben werde, und dieser für den Fall, daß jener rücken werde. Nachdem der Pächter zwei Jahre lang den Zins schuldig geblieben ist, wird er vom Verpächter vertrieben. Paulus argumentiert: *quamvis nihil expressum sit in stipulatione poenali de solutione pensionum, tamen verisimile esse ita convenisse de non expellendo colono intra tempora praefinita, si pensionibus paruerit* . . . Seine Entscheidung lautet dann, daß der Klage aus der Strafstipulation die *exceptio doli* entgegenstehe. Folgerichtiger wäre es gewesen, auf Grund der *condicio tacita* den Verfall schon nach Zivilrecht zu leugnen. Doch sind die Spätklassiker in diesem Punkt nicht immer konsequent verfahren; die Unterschiede zwischen den Rechtsschichten hatten für sie an Bedeutung verloren. Als Beleg gegen die Möglichkeit einer Inhärenz von *pacta* würde die hier bewilligte *exceptio doli* jedenfalls nicht hinreichen.

III.

Des öfteren richtet sich die Auslegung der Stipulation nach dem individuell Vereinbarten, und zwar auch dann, wenn dieses im Stipulationswortlaut keinen Niederschlag gefunden hat. Die Berücksichtigung solcher konkreter Abreden führt von der Ergänzung bis hin zur Abänderung des Stipulationswortlauts. In ungefähr dieser Reihenfolge sollen im folgenden die einschlägigen Fragmente betrachtet werden. Zunächst geht es um Fragmente, in denen eine Unklarheit daraus erwuchs, daß im Formular kein Termin angegeben war.

1. D. 45, 1, 115 pr. (Papinianus 2 quaest.) Ita stipulatus sum: ‚te sisti in certo loco: si non steteris, quinquaginta aureos dari spondes?' si dies in stipulatione per errorem omissus fuerit, cum id ageretur, ut certo die sisteres, inperfecta erit stipulatio, non secus

---

[32] Auch *Voci* 115 A. 62 hält dies für gut möglich.

[33] Näheres in Stipulatio poenae (oben A. 1) § 30 V. Man mag darüber streiten, ob es sich hier um eine typische Auslegung *(Betti)* oder um eine individuelle *(Pringsheim; Gandolfi)* handelt; beides läßt sich halten (abweichend freilich *Wieacker* [oben A. 4] 441), vgl. auch Stip. poenae § 34 A. 27. – Das Abstellen auf den Parteiwillen in fr. 54. 1 wird auch von *Frezza,* St. Biondi 1 (1965) 230 hervorgehoben.

ac si quod pondere numero mensura continetur sine adiectione ponderis numeri mensurae stipulatus essem, vel insulam aedificari non demonstrato loco, vel fundum dari non adiecto nomine. quod si ab initio id agebatur, ut quocumque die sisteres et, si non stetisses, pecuniam dares, quasi quaelibet stipulatio sub condicione concepta vires habebit, nec ante committetur, quam fuerit declaratum reum promittendi sisti non posse.[34]

Es geht um das Problem, ob die – als selbständiges Strafversprechen aufzufassende[35] – *cautio vadimonium sisti* wirksam ist, wenn sie keinen Gestellungszeitpunkt enthält. Papinian differenziert: Sei die Terminbestimmung versehentlich ausgelassen worden, obwohl die Gestellung an einem bestimmten Tage gewollt sei, dann sei die Stipulation unvollständig und deshalb unwirksam, ebenso wie wenn nur nach Gewicht, Zahl oder Maß begreifbare Leistungen ohne diese Bestimmungen stipuliert werden. Sei hingegen von Anfang an vorgesehen worden, daß der Promittent sich irgendwann gestellen solle, dann sei das Versprechen wie eine bedingte Stipulation wirksam und verfalle erst, wenn die Gestellung unmöglich werde.

In der zweiten Alternative erkennt Papinian an, daß die dem Stipulationsabschluß vorangehende Festlegung der Gestellungszeit, die als *pactum* behandelt werden kann, zur Interpretation des Versprechens dienlich ist. Freilich muß sie *ab initio* getroffen sein, was soviel wie *in continenti,* bei Stipulationsabschluß, bedeutet.[36] Papinian greift auf die Abreden aber nur insoweit zurück als sie den weitgefaßten Stipulationswortlaut klären und erkennen lassen, daß das Schweigen zu einem wesentlichen Umstand beredt ist. Denn wenn ein bestimmter Gestellungstermin vorgesehen war, soll dieser nicht in die Stipulation hineininterpretiert werden, jedenfalls dann nicht, wenn es um den Gestellungszeitpunkt beim *vadimonium* geht. Regelmäßig ist es gerade der Hauptzweck der *cautio vadimonium sisti,* die Gestellung zu einem bestimmten Zeitpunkt zu sichern; die Zeitangabe ist hier also sehr viel wesentlicher als etwa bei einem einfachen *dare*-Versprechen. Nicht umsonst bringt Papinian den Vergleich mit unbestimmten Gattungsschulden.

2. Eine ähnliche Frage bei der *cautio de damno infecto* behandelt

D. 39, 2, 15, 1 (Ulpianus 53 ed.) Si vero sine adiectione diei stipulatio fuerit interposita, si quidem ex conventione, quandoque fuerit commissa, ex stipulatu agitur, si vero per errorem, magis est illud dicendum finito die, in quem alioquin caveri solet, desiderandum esse a praetore, ut liberetur.[37]

---

[34] Nicht zu beanstanden. Näheres bei *Wolf,* Error im röm. Vertragsrecht (1961) 54f. und *Knütel* (oben A. 1) § 15 I 2 m. weit. Lit.

[35] *Knütel* § 10 II 1.

[36] Unzutreffend *Beseler,* SZ 51 (1931) 63 (*ab initio* statt ‚wirklich').

[37] *Riccobono,* TR 9 (1929) 21 hält *‚si quidem ex conventione quandoque . . .'* für unecht, weil die *cautio damni infecti* keine *conventio,* sondern eine Stipulationsformel gewesen sei. Aber das verfängt nicht. Seinen Verdacht teilen allerdings *Solazzi,* Scr. 4 (1963, aus

Mit den verschiedenen *cautiones de damno infecto* schützte der Prätor den Grundeigentümer gegen einen vom Nachbargrundstück drohenden Schaden. Dem Nachbarn wurde hierzu das Versprechen abverlangt, im Falle künftiger Schäden Ersatz zu leisten. Um eine unbegrenzte Bindung zu vermeiden, war das Versprechen nur für einen vom Prätor festzusetzenden Zeitraum abzugeben – beim *opus in flumine publico* zum Beispiel für zehn Jahre (fr. 15, 2) –, doch konnte nach dessen Ablauf unter Umständen eine Erneuerung begehrt werden (Ulp. D. 39, 2, 4 pr.; 13, 15; 15 pr.). Im fr. 15, 1 erörtert Ulpian die Frage, wie die Kaution zu behandeln ist, wenn sie keine Zeitbestimmung aufweist. Dabei hat er vermutlich eine Situation vor Augen, in der der übliche Sicherungszeitraum, etwa die erwähnten zehn Jahre, bereits verstrichen ist. Der Jurist unterscheidet: Sei vereinbart worden, wann immer der Fall auch eintrete, so könne aus der Stipulation geklagt werden. Habe man hingegen die Zeitbestimmung irrtümlich ausgelassen, dann spreche mehr für die Annahme, daß nach Ablauf der Zeit, die bei der *cautio* sonst üblicherweise vorgesehen sei, beim Prätor Befreiung begehrt werden könne.

In der ersten Alternative geht Ulpian ebenso vor wie Papinian in fr. 115 pr. (2. Alt.): Unter Rückgriff auf die Parteivereinbarungen wird ermittelt, ob das Schweigen der Stipulation zum *dies* beredt ist. Ulpian erklärt die *conventio* für maßgeblich, interpretiert also konkret-individuell. Demgegenüber war die Behandlung der irrtümlichen Auslassung des *dies* vermutlich streitig. Wenig wahrscheinlich ist, daß einige sich hier – ähnlich wie Papinian in fr. 115 pr. (1. Alt.) – für eine Nichtigkeit entschieden haben; eher werden sie für eine unbefristete Verpflichtung eingetreten sein. Ulpian spricht sich hingegen dafür aus, die Kaution so zu behandeln, als sei sie für den normalen Sicherungszeitraum bestellt *(magis est)*. Doch ergänzt auch er den Stipulationswortlaut nicht um diese Zeitbestimmung, sondern nimmt nur an, daß der Promittent nach Ablauf des Sicherungszeitraums beim Prätor auf Befreiung (durch Akzeptilation) antragen könne. Das ist begreiflich, weil es hier an einer individuellen Parteivereinbarung, aus der heraus die Stipulation ergänzt werden könnte, gerade fehlt.[38]

ANap. 59 [1939]) 135 A. 131 und *Archi,* St. Arangio-Ruiz 3 (1953) 356 A. 60. Dagegen jedoch *Voci,* L'errore nel dir. rom. (1937) 242 A. 1. Ohne Beanstandungen *Frezza* (oben A. 33) 232.

[38] Vergleichbar ist D. 46, 8, 22, 7 (Iulianus 56 dig.) *Si in stipulationem ratam rem haberi hactenus comprehensum fuerit ‚Lucium Titium ratum habiturum', cum id aperte ageretur, ut heredis ceterorumque personae, ad quos ea res pertineret, omitterentur, difficile est existimari doli clausulam committi. sane cum per imprudentiam hae personae omittantur, actio ex doli clausula competit.* Wenn die *cautio r.r.h.* nur den Berechtigten benennt, nicht aber dessen im Formular sonst üblicherweise angeführten Erben und die weiteren in Betracht kommenden Personen (dazu *Kaser,* SZ 90 [1973] 198 A. 73, auch 187 A. 14), dann spricht das *quod actum* offensichtlich dafür, daß eine bewußte Auslassung vorliegt (entsprechend interpretiert Julian in D. 45, 1, 56, 1, oben A. 9); ein Verfall der in der Kaution enthaltenen *dolus*-Klausel kommt deshalb schwerlich in Betracht. Anders verhält es sich jedoch, wenn die betreffenden Personen aus Unerfahrenheit, irrtümlich (vgl. Ulp. D. 2,

3. Insofern liegt es anders in D. 45, 1, 41 pr.: Jemand hat sich eine Leistung zum 1. 1. versprechen lassen. Ist dieser Termin in der Stipulation näher bestimmt, etwa als der nächste, übernächste oder ein anderer, besteht kein Problem. Fehlt ein solcher präzisierender Zusatz jedoch, so soll nach Ulpian der maßgebliche Zeitpunkt aus dem erschlossen werden, was der Stipulator gemeint habe, das heiße, was unter den Parteien verhandelt worden sei:

D. 45, 1, 41 pr. (Ulpianus 50 Sab.) ... si autem non addat quibus Ianuariis, facti quaestionem inducere, quid forte senserit, hoc est quid inter eos acti sit (utique enim hoc sequimur quod actum est), easque adsumemus. si autem non appareat, dicendum est quod Sabinus, primas kalendas Ianuarias spectandas ...[39]

Eine Regelung wird in die Stipulation einbezogen, die in deren Wortlaut nicht enthalten ist und die aus der individuellen Einigung erschlossen wird. Daß es zunächst heißt, *quid forte senserit,* steht nicht entgegen, denn damit wird die formlos zum Ausdruck gebrachte, vom Gegner hingenommene Meinung gekennzeichnet,[40] was Ulpian mit der anschließenden Erläuterung, das *quod actum* sei entscheidend, auch sogleich klarstellt. Die nachdrücklichen Hinweise auf die Maß-

---

1, 15 i. f.) nicht einbezogen worden sind: Dann ist die *cautio* auf Grund der *dolus*-Klausel verfallen. Denn der Promittent, dessen *dolus* selbstverständlich einbezogen ist, handelt in dieser Sache dolos, wenn er sich nach Aufdeckung des Irrtums nicht zum Abschluß der erweiterten Kaution bereitfindet, die der Gegner von vornherein hätte begehren können; er würde die Unerfahrenheit des Gegners – zumal bei einer prätorischen Stipulation – ausnutzen. Auch wir würden heute über die Geschäftsgrundlage an § 242 BGB denken. Ein Versterben des Berechtigten und eine Klage der Erben brauchen also entgegen *Mommsen,* Dig. ad h. l., der nach *omitterentur* ⟨ *si eorum quis agat* ⟩ einfügt, sowie *Scherillo,* Bull. 36 (1928) 80 f. und *Coing,* Fs. Schulz 1 (1951) 99 A. 4, 115 f., die daran ihre Interpolationsvermutungen knüpfen, nicht unterstellt zu werden. Auch Julian ermittelt folglich die Tragweite der *cautio,* indem er die zugrunde liegende Willenseinigung erforscht, doch geht er nicht so weit, die *mentio heredis* einfach zu ergänzen. Vgl. Paul. D. 45, 1, 126, 2 i. f., unten A. 89, 95. Wegen des Stipulationsformalismus ist dies für die Interpretation von *pacta* nicht ohne weiteres verwertbar, abweichend *Wacke,* SZ 90 (1973) 238 f.

[39] *Quid forte senserit, hoc est* wird getilgt von *Riccobono* 275; *Albertario,* St. Bonfante 1 (1930) 648 = St. giur. 5 (1937) 116; *Hägerström* (oben A. 1) 45, 48 f.; *Pringsheim* 49 und LQR 49 (1933) 388 (= Ges. Abh. 1 [1961] 320), der auch *easque adsumemus* verdächtigt; *Betti,* Lezioni di dir. rom. (1958/59) 383 (nach *Gandolfi* [oben A. 4] 101); *Wieacker* (oben A. 4) 441. Radikalere Verdächtigungen bei *Beseler,* Beitr. 3 (1913) 68 f. u. ö. (s. Ind.). Dagegen behandeln das fr. als echt *Haymann,* SZ 40 (1919) 295 A. 1; *Biondi* 378; *Riccobono jr.* 230; *Gandolfi* 101 f., wohl mit Recht, siehe im Text.

[40] Entsprechend verhält es sich mit dem *cogitare* bei Marcell. D. 45, 1, 94 (unten bei A. 98); dazu treffend *Wunner* (oben A. 4) 178. – Den Zusammenhang sieht auch *Hägerström* 49, obschon mit Verdacht.

geblichkeit des *quod actum* springen ins Auge; in ihnen klingen die Skrupel an, die sich sonst meist in den Bemerkungen *quasi si hoc expressum fuisset* o. ä. widerspiegeln. Sabinus hatte hier offenbar nur typisch interpretiert und den nächsten 1. 1. angenommen.[41] Ulpian läßt dies nur hilfsweise gelten; vorrangig bestimmt der gemeinsame Parteiwille die Interpretation des Formulars (oben Fn. 7).

4. Nunmehr wird auch glaubhaft

D. 2, 14, 4, 3 (Paulus 3 ed.) Ex facto etiam consultus (scil. Iulianus) ⟨respondit⟩, cum convenisset, ut donec usurae solverentur sors non peteretur, et stipulatio pure concepta fuisset, condicionem inesse stipulationi, atque si hoc expressum fuisset.

Das Fragment stammt aus Paulus' Erörterung der *conventiones tacitae* (D. 2, 14, 2; 4, o. Fn. 13). Während im vorangehenden fr. 4, 2 die Interpretation durchweg zu der Annahme führte, die *stipulatio dotis causa* enthalte die *condicio tacita ‚si nuptiae fuerint secutae'*, geht es im fr. 4, 3 um die Auslegung in einem Einzelfall *(ex facto consultus)*: Solange die Zinsen gezahlt werden, soll die Kapitalrückzahlung aufgeschoben sein. Wenngleich diese Abrede in das Formular der Stipulation nicht aufgenommen wurde, ist sie nach Julians auch hier bestätigter Auffassung *(etiam)* in dieser enthalten, wie wenn das im Wortlaut ausgesprochen wäre.

Das – hier explizit vereinbarte – *pactum* wird als *condicio tacita* in die Stipulation hineingelesen. Der Textkritik ist auch hier tragendes Argument, daß angesichts der Formstrenge der *pure* konzipierten *stipulatio* nur eine Entkräftung *per exceptionem pacti* in Betracht gekommen sei.[42] Nach unseren bisherigen Beobachtungen ist das jedoch nicht zwingend. Wahrscheinlich wurde eine Doppelstipulation abgeschlossen: Auf ein vermutlich nicht terminiertes[43] Rückzahlungsversprechen *(decem dari spondes?)* wird eine Zinsstipulation gefolgt sein.[44] In einem solchen Fall ist nicht zweifelsfrei, wann die Hauptschuld fällig sein soll.[45] Nach dem Grundsatz *quotiens dies non ponitur . . .* (oben Fn.

---

[41] *Pringsheim* 50.

[42] *Riccobono* 350, 354f. *([et stipulatio rell.]); Viard* 31 A. 2; *Stoll* 554 m. A. 2; *Beseler,* SZ 52 (1932) 53; *Hägerström* 45 A. 1; *Roussier* (oben A. 1) 9f.; *Grosso* (oben A. 1); *Bund,* Untersuchungen z. Methode Julians (1965) 168; *Wolf* (oben A. 13) 113 m. A. 29. Für Echtheit noch *Siber* (oben A. 5) und hernach *Biondi* 153, 167; *Voci* 108, s. auch *Wacke* (oben A. 13) 247; *Knütel* (oben A. 1) § 34 A. 20 sowie *Pringsheim,* Ges. Abh. 2 (1961) 211 A. 70, der den Ausweg allerdings darin sieht, das *inesse* bedeute nur, daß eine *exc. pacti* gegeben werde. Doch wäre dann die Annahme einer *condicio tacita* wertlos.

[43] Bei einer Änderung des Wortlauts durch das *pactum* hätte Paulus wahrscheinlich eingehender begründet, vgl. Paul. D. 12, 1, 40 (unten III 7).

[44] Vgl. die Formulare in Paul. D. 12, 1, 40; 45, 1, 126, 2, siehe auch Scaev. D. 45, 1, 122, 1.

[45] Vgl. *Giuffrè,* L'utilizzazione degli atti giur. mediante conversione etc. (1965) 74, der zu unserem fr. allgemein spricht von ,,manifestazioni negoziali di per sè equivoche o erronee".

12) müßte die Fälligkeit sogleich eintreten; der gleichzeitige Abschluß der Zinsstipulation spricht jedoch für einen Fälligkeitsaufschub. Die Unklarheit wird durch Rückgriff auf das *in continenti* Paktierte,[46] also individuell Gewolltes, ausgeräumt. Der Wortlaut der Stipulation wird nicht abgeändert, sondern ergänzt. Insofern ist die Lösung mit der zuvor betrachteten Entscheidung vergleichbar.

5. Hinzuweisen ist auch auf den Vorbehalt in

D. 45, 1, 135 pr. (Scaevola 5 resp.) Si ita quis promiserit: ‚decem tibi dabo, qua die petieris, et eorum usuras in dies triginta', quaero, usurae utrum ex die stipulationis an ex die, qua petita sors fuerit, debeantur. respondit secundum ea quae proponerentur ex die stipulationis deberi, nisi aliud actum manifeste probaretur.[47]

Der Schuldner hat Rückzahlung, sobald dies verlangt werde, und dazu monatliche Zinsen promittiert. Auf die Frage, ob die Zinsen vom Tage des Vertragsabschlusses oder des Rückzahlungsbegehrens an geschuldet werden, hat Scaevola respondiert, dem Vortrag zufolge müsse ab Vertragsabschluß verzinst werden, sofern nicht klar erwiesen werde, daß etwas anderes verhandelt worden sei. In dieser Einschränkung kommt zum Ausdruck, daß eine Vereinbarung, Zinsen sollten erst ab Rückzahlungsbegehren geschuldet werden, Anerkennung finden würde, und zwar zivilrechtlich, wie man dem *actum* wohl entnehmen darf, das auf eine Auslegung hindeutet. Der Wortlaut der Stipulation spricht zwar eher gegen diesen Verzinsungszeitpunkt, er ist andererseits aber auch nicht ganz eindeutig, so daß Raum für die Berücksichtigung abweichender Abreden bleibt. Von der Sache her kann der Vorbehalt *nisi rell.* also durchaus klassisch sein, doch ist es auch möglich, daß er erst von späterer Hand stammt. *Manifeste* hätte besser zu *actum* gepaßt; vor allem aber sind derartige angehängte Hinweise auf Beweisfragen weithin unecht.[48] Es muß hier deshalb bei einem non liquet bleiben.

---

[46] Nach dem Text geht das *pactum* dem Verbalkontrakt voran; außerdem entspricht es der Regel, daß derartige Abreden bei Vertragsabschluß getroffen werden. Aus dem Fehlen eines ausdrücklichen Hinweises ‚*in continenti*' ist daher entgegen *Roussier* 9 nichts herzuleiten.

[47] *Gradenwitz,* Interpolationen (1887) 200; *Segrè,* Scr. 1 (1930, aus RISG 28 [1899]) 199 A. 1 und *Kaser,* SZ 71 (1954) 238 A. 56; ders., RZ 488 A. 31 verdächtigen *nisi rell.;* für dessen Echtheit hingegen *Schirmer,* SZ 8 (1887) 160f. sowie *Donatuti* (lt. Ind. itp., mir unzugängl.).

[48] *Kaser,* SZ 71, 238f. (im Anschluß an *Donatuti);* RZ 488 m. A. 31.

6. Eine sehr großzügige Interpretation enthält

D. 46, 3, 98, 5 (Paulus 15 quaest.) Qui stipulatus ,sibi aut Titio', si hoc dicit si Titio non solveris dari sibi, videtur condicionaliter stipulari. et ideo etiam sic facta stipulatione: ,mihi decem aut quinque Titio dari' quinque Titio solutis liberabitur reus a stipulatore. quod ita potest admitti, si hoc ipsum expressim agebatur, ut quasi poena adiecta sit in persona stipulantis, si Titio solutum non esset. at ubi simpliciter ,sibi aut Titio' stipulatur, solutionis tantum causa adhibetur Titius et ideo quinque ei solutis remanebunt reliqua quinque in obligatione ...[49]

Wenn jemand *,sibi aut Titio'* stipuliert, ist Titius als *solutionis causa adiectus* anzusehen. Paulus führt jedoch eine weitere Auslegungsmöglichkeit an: Es könne hierin auch ein Versprechen erblickt werden, das unter der negativen Potestativbedingung stehe, daß an Titius nicht geleistet werde. Dementsprechend könne der Promittent bei einer Stipulation, die zu Titius einen geringeren Betrag nenne *(mihi decem aut Titio quinque)*, schon durch Zahlung der geringeren Summe an Titius frei werden. Dies lasse sich so zurechtlegen, als ob der Stipulant sich gleichsam eine Vertragsstrafe für den Fall ausbedungen habe, daß an Titius nicht geleistet werde. Freilich müsse dies ausdrücklich verhandelt sein, denn sonst sei Titius lediglich *solutionis causa adiectus* und der Promittent bleibe dem Stipulator auf den Rest verpflichtet, wenn er dem Titius den geringeren Betrag entrichte.

Daß Paulus zwei verschiedene Interpretationen erörtert hat, läßt sich kaum bestreiten.[50] Der Jurist bringt eine originelle Deutung bei, die freilich schon sehr weit geht. Er beschränkt sie deshalb auf Ausnahmefälle und verlangt ausdrückliche Anhaltspunkte. Diese werden außerhalb des Stipulationsformulars liegen,[51] denn andernfalls würde sich das Auslegungsproblem erübrigen. Dabei sind strenge Anforderungen zu stellen: *si hoc expressim agebatur*. Es genügt nicht, daß die allgemeinen Umstände die Annahme eines bedingten Versprechens nahelegen; vielmehr muß davon ausdrücklich die Rede gewesen sein, so daß an eine beim Stipulationsabschluß getroffene Vereinbarung zu denken ist.[52]

Mancher wird in der Stipulation *,mihi decem aut quinque Titio dari spondes?'* zweifelsfrei den Titius als *solutionis causa adiectus* angesehen

[49] Nicht zu beanstanden, *Talamanca,* St. Grosso 3 (1970) 164 A. 88; *Knütel* (oben A. 1) § 30 m. A. 8 u. weit. Lit.

[50] *Talamanca* (oben A. 49).

[51] Ebenso *Talamanca* l. c. (165: „valutazione dell'intento negoziale delle parti al di là di quanto di esso fosse stato versato nella forma stipulatoria"); *Vážný,* St. Riccobono 4 (1936) 268 (der gleichfalls die Bedeutung des Willensmomentes unterstreicht) sowie trotz vieler Verdächtigungen *Beseler,* Beitr. 2 (1911) 61 (der *dicit* als „meint" auffaßt und die Aussage des *dicit*-Satzes deshalb für grundfalsch hält. Einschränkend jedoch in:), Beitr. 4 (1920) 207 A.

[52] Oder jedenfalls an eine Klarstellung von Seiten des Stipulators, die der Promittent hingenommen hat.

haben. Paulus spürt in dem Formular jedoch eine Unklarheit auf: Das Versprechen könne auch so gemeint sein, daß – wie bei einem Strafversprechen – der Promittent sich mit der Leistung an Titius soll befreien können, daß also die Leistung an Ego durch die Nichtleistung an Titius bedingt sein soll.[53] Wenn die Parteien dies bei den Verhandlungen klargestellt haben, interpretiert Paulus das Versprechen im Sinne dieser Vereinbarung. Das setzt eine recht großzügige Haltung gegenüber den *verba* voraus, kommt aber dem Promittenten zugute, denn diesem wird damit die *facultas alternativa* eingeräumt, sich durch Zahlung der *quinque* zu befreien.

7. In einem berühmten Fall setzt Paulus sich sogar dafür ein, den an sich klaren Stipulationswortlaut nach Maßgabe eines *pactum* zu korrigieren:

D. 12, 1, 40 (Paulus 3 quaest.) Lecta est in auditorio Aemilii Papiniani praefecti praetorio iuris consulti cautio huiusmodi: ‚Lucius Titius scripsi me accepisse a Publio Maevio quindecim mutua numerata mihi de domo et haec quindecim proba recte dari kalendis futuris stipulatus est Publius Maevius, spopondi ego Lucius Titius, si die supra scripta summa Publio Maevio eive ad quem ea res pertinebit data soluta satisve eo nomine factum non erit, tunc eo amplius, quo post solvam, poenae nomine in dies triginta inque denarios centenos denarios singulos dari stipulatus est Publius Maevius, spopondi ego Lucius Titius. convenitque inter nos, uti pro Maevio ex summa supra scripta menstruos refundere debeam denarios trecenos ex omni summa ei heredive eius'. quaesitum est de obligatione usurarum, quoniam numerus mensium, qui solutioni competebat, transierat. dicebam, quia pacta in continenti facta stipulationi inesse creduntur, perinde esse, ac si per singulos menses certam pecuniam stipulatus, quoad tardius soluta esset, usuras adiecisset: igitur finito primo mense primae pensionis usuras currere et similiter post secundum et tertium tractum usuras non solutae pecuniae pensionis crescere nec ante sortis non solutae usuras peti posse quam ipsa sors peti potuerat. pactum autem quod subiectum est quidam dicebant ad sortis solutionem tantum pertinere, non etiam ad usurarum, quae priore parte simpliciter in stipulationem venissent, pactumque id tantum ad exceptionem prodesse et ideo non soluta pecunia statutis pensionibus ex die stipulationis usuras deberi, atque si id nominatim esset expressum. sed cum sortis petitio dilata sit, consequens est, ut etiam usurae ex eo tempore, quo moram fecit, accedant, et si, ut ille putabat, ad exceptionem tantum prodesset pactum (quamvis sententia diversa optinuerit), tamen usurarum obligatio ipso iure non committetur: non enim in mora est is, a quo pecunia propter exceptionem peti non potest. sed quantitatem, quae medio tempore colligitur, stipulamur, cum condicio exstiterit, sicut est in fructibus: idem et in usuris potest exprimi, ut ad diem non soluta pecunia quo competit usurarum nomine ex die interpositae stipulationis praestetur.[54]

---

[53] Abweichend *Vážný* (oben A. 51), der – wie *Beseler*, Beitr. 4, 206 – annimmt, Paulus habe das Versprechen für den Normalfall als bedingtes aufgefaßt.

[54] Radikale Textkritik bei *Riccobono* 345ff., der insbesondere *quia pacta – potuerat* streicht und vermutet, Paulus habe gerade die Ansicht der *quidam* vertreten, was ganz unglaubhaft ist. Fast so weit geht *Stoll* 553f., der *quia – creduntur, igitur – potuerat* sowie

Die Höhe der Zinsforderung hängt davon ab, wie die Parteivereinbarungen aufzufassen sind. Ausweislich der *cautio* haben die Parteien zwei Stipulationen und ein *pactum* geschlossen: Nach dem Anerkenntnis, vom Gläubiger Titius ein Darlehen über 15.000 Denare erhalten zu haben, hat der Schuldner Maevius in einer ersten Stipulation die Rückzahlung dieser Summe zum nächsten Ersten promittiert. In der sogleich angeschlossenen zweiten Stipulation hat er sodann versprochen, für den Fall, daß er die Summe zum angegebenen Zeitpunkt nicht zurückzahle, zusätzlich für je 30 Tage auf 100 Denare einen Denar, also jährlich 12%, als Strafzins *(poenae nomine)* zu entrichten. Hierauf folgt in der Urkunde die Mitteilung: Auch seien die Parteien übereingekommen, daß der Schuldner Maevius von dem Kapital monatlich 300 zurückzahlen solle. Nach Ablauf der fünfzigmonatigen Rückzahlungsfrist wurde streitig, was an Zinsen angefallen sei. Zunächst legt Paulus seine eigene Auffassung dar, daraufhin schildert er die – am besten zuerst zu betrachtende – Gegenansicht, mit der er sich dann kritisch auseinandersetzt.

Die leider anonym gebliebenen Gegner *(quidam)* argumentieren – jedenfalls im Ansatz – in konventionellen Bahnen: Das Paktum betreffe ausschließlich die Zahlung des Kapitals, nicht aber die der Zinsen, die im vorangehenden Teil der Urkunde uneingeschränkt *(simpliciter)* stipuliert worden seien. Deshalb würden bei dem Ausbleiben termingerechter Zahlung Zinsen auf das ganze Kapital geschuldet. Sehen wir von der Besonderheit, daß die Verzinsung bereits mit Stipulationsabschluß einsetzen soll, zunächst ab, so folgt diese Auslegung dem – auch ausdrücklich genannten – Grundsatz, daß ein einfaches *pactum* lediglich eine *exceptio* begründen, also nur honorarrechtlich wirken kann.

Paulus beurteilt die Dinge anders. Von den bei Vertragsabschluß getroffenen *pacta* sei anzunehmen, daß sie der Stipulation innewohnen. Der Jurist bestimmt deshalb den Inhalt der Hauptstipulation nach Maßgabe des *pactum,* behandelt diese also wie eine Ratenzahlungsstipulation *(perinde esse ac si . . .).* Folglich sei es so, wie wenn für die einzelnen Monate ein bestimmter Geldbetrag (von 300) stipuliert und, soweit dieser verspätet zurückgezahlt werde, das Zinsversprechen abgegeben worden sei. Die erste Stipulation wird also, wie Paulus veranschaulicht,[55] in der Weise modifiziert, daß an die Stelle der

(mit Einschränkungen [554 A. 1]) *pactumque rell.* tilgt. Schwere Verdächtigungen auch bei *Roussier* 11 ff., der u. a. *quia – creduntur* und *sed cum rell.* für unecht hält. Weiteres zur Textkritik im folgenden, insbes. A. 56, 70. Von der Echtheit gehen aus *Biondi* 167 f. und *Voci* 109 ff., der treffend mit Kürzungen im Schlußteil rechnet (unten A. 73). – *Pringsheim* (oben A. 42) 222 f. vermutet Herkunft der Urkunde aus dem hellenisierten Osten.

[55] Die praktischen Konsequenzen seiner Ansicht darzutun, war für Paulus durchaus angebracht. Für Itp. von *igitur – potuerat* außer *Riccobono* und *Stoll* (beide oben A. 54) jedoch *Viard* 25 f.

Rückzahlung des Kapitals in einer Summe eine ratenweise Rückgewähr tritt: Nach Ablauf eines Monats sind die ersten 300 Denare fällig und es beginnt (nur) für sie der Zinslauf; nach weiteren 30 Tagen wird die zweite Rate von 300 fällig und damit ihre Verzinslichkeit ausgelöst, so daß die Zinssumme entsprechend dem ratenweisen Verfall der Hauptstipulation allmählich anwächst. Andererseits können Zinsen auf das Kapital erst dann begehrt werden, wenn dieses in seinen jeweiligen Raten fällig geworden ist.

Zur Begründung für die sehr weit gehende paulinische Interpretation heißt es *quia pacta in continenti facta stipulationibus inesse creduntur.* Der in seiner Echtheit überaus umstrittene Satz[56] ist wie eine Regel formuliert; bekanntlich haben die Römer aber selbst ihren Rechtsregeln nur eine eingeschränkte Verbindlichkeit beigemessen. Deshalb ist von vornherein damit zu rechnen, daß der Satz überschießend formuliert ist und nicht jede Stipulation in jedem Fall meint. Das bestätigt eine gleichfalls von Paulus, aber aus einem anderen Werk stammende Auslegungsregel, die einen Vorbehalt aufweist:

D. 45, 1, 134, 1 (Paulus 15 resp.) Idem respondit: plerumque ea, quae praefationibus convenisse concipiuntur, etiam in stipulationibus repetita creduntur, sic tamen, ut non ex ea repetitione inutilis efficiatur stipulatio.[57]

Das, von dem erkennbar ist, daß die Parteien es in den Vorverhandlungen vereinbart haben, ist häufig als auch in den Stipulationen wiederholt anzusehen, mit der Einschränkung freilich, daß die Wiederholung nicht zur Unwirksamkeit der Stipulation führen darf. *Id quod praefationibus convenit* läuft in der Sache praktisch auf dasselbe hinaus wie die Bezeichnung *pacta in continenti facta:* Gemeint sind die im Zuge des Vertragsabschlusses getroffenen, mit diesem in relativ engem zeitlichen Zusammenhang stehenden Abreden. Bestätigt wird das etwa dadurch, daß sich in diesem Zusammenhang auch die Wen-

---

[56] Für Itp. *Riccobono, Guarneri Citati, Boháček, Viard, Stoll, Condanari-Michler, Grosso, Roussier* (alle oben A. 1); für Echtheit hingegen *Siber, Biondi, Voci, Kaser, Knütel* (alle oben A. 1), vgl. auch *Volterra,* Istituzioni (1961) 576 A. 1.

[57] Nicht annehmbare Beanstandungen von *plerumque, convenisse, etiam* und *creduntur rell.* bei *Riccobono* 350, der – offenbar wegen des *concipere,* das hier jedoch im Sinne von erkennen, begreifen zu verstehen ist – an schriftlich fixierte Vorhandlungen denkt und vermutet: *si in stipulatione repetita non sunt, omissa videntur.* Dagegen bereits *Biondi* 152f. sowie *Pringsheim* (oben A. 42) 214 m. A. 88, 89, der freilich *sic tamen rell.* für glossiert hält und eine Schlußklausel (ähnlich wie in Paul. D. 45, 1, 140 pr.) vermutet. Dann müßte das Fragment aber einen höchstwichtigen Umstand verschweigen.

dung *in initio (contractus)* findet, die den gleichen Gehalt hat.[58] Die Teilzahlungsabrede in fr. 40 fällt unter diese gleichzeitig mit dem Hauptvertrag abgeschlossenen *pacta*. Daß sie im Formular erst nach der Stipulation angeführt wird *(convenitque)*, impliziert nicht notwendig diese zeitliche Reihenfolge;[59] im Fragment wird die Abrede jedenfalls als *pactum in continenti factum* behandelt.

Daß Paulus zu systematisierender und dogmatisierender Sicht neigt, ist bekannt;[60] etwas gewagte Verallgemeinerungen wie im fr. 134, 1 überraschen bei ihm daher nicht. Das gilt um so mehr, wenn er selbst sie einschränkt, wie hier mit dem *plerumque*,[61] das bei den Juristen oft nur „häufig" oder gar „bisweilen" bedeutet.[62] Außerdem haben die bisher betrachteten Quellen manche Bestätigung dafür gebracht, daß die Stipulation nach Maßgabe der vorher getroffenen Abreden verstanden wurde. Allerdings ging es bislang um Fälle, in denen der Stipulationswortlaut mehr oder weniger unklar gefaßt war und damit Raum für eine Auslegung nach den begleitenden *pacta* bot. Das führte vielfach, z. B. bei der Hereinnahme einer Fälligkeitsregelung (Iul.-Paul. D. 2, 14, 4, 3), zu einer Ergänzung des Wortlautes. Demgegenüber ist in der *lex Lecta* der Wortlaut der Stipulation an sich klar, und die Hereinnahme des *pactum* bewirkt hier, daß das Formular nicht lediglich ergänzt, sondern im Wortlaut abgeändert wird.[63] Aber die *lex* weist noch eine andere Besonderheit auf: In der *cautio* hat der Schuldner Titius ausdrücklich erklärt, er habe die Summe, deren Rückzahlung er promittiert, darlehensweise empfangen. Vermutlich ist deshalb auch in der mündlichen Stipulationsformel auf das Darlehen Bezug genommen worden.[64] Wäre das Darlehen ohne Stipulation

---

[58] *Siber* (oben A. 5) 85 A. 4 (wenngleich mit Verdacht); *Grosso,* Efficacia dei patti etc. Patti e contratti (1928, Mem. Tor. II 3) 19f. mit weiteren vergleichbaren Wendungen. S. z. B. Pap. D. 45, 1, 115 pr., o. bei A. 36.

[59] Die freilich zumeist angenommen wird, *Perozzi,* Istituzioni 2^2 (1928) 372 A. 3 (373); *Viard* 27, 29; *Roussier* 12. Vgl. a. Scaer. D. 45, 1, 135, 2 *(deinde in continente).*

[60] Vgl. nur *Kaser,* Röm. Rechtsgeschichte^2 (1967) 196.

[61] Verdächtigt von *Riccobono* (oben A. 57); ders., SZ 35 (1914) 260, dagegen *Pringsheim* (oben A. 57) 214 A. 89. Das Wort kann, wiewohl häufig unecht, *Heumann-Seckel* 434 s. h. v., Paulus zugetraut werden, vgl. etwa Paul. eod. 126, 2 (unten A. 89), vergleichbar Paul. D. 50, 17, 153 *(fere).*

[62] *Georges,* Handwörterbuch 2^{12} (1969) 1740 s. v. plerusque.

[63] Gegen diese Möglichkeit *Stoll* 553 m. A. 1, der deshalb meint, es gehe nur um die Auslegung des *pactum,* nicht der Stipulation.

[64] Vgl. *Kaser,* Eran. Maridakis 1 (1963) 157, 159; *Apathy,* Animus novandi (1975) 50, 52, 54.

zustande gebracht worden, so hätte die bei der Darlehenshingabe vereinbarte Frist vermutlich zivilrechtliche Wirksamkeit erlangt.[65] Sollte sich durch die Stipulierung daran etwas geändert haben? Diese wirkte nach herrschender Klassikermeinung nicht novatorisch; sie hatte allerdings regelmäßig zur Folge, daß nur eine Verbindlichkeit, nämlich die aus der Stipulation, entstand.[66] Zu den Vorverhandlungen dieser Stipulation zählten die Darlehensvereinbarungen aber jedenfalls, und auf die Darlehensauszahlung war in der Stipulation wahrscheinlich Bezug genommen. Vermutlich hat es diese „Andeutung" gestattet, das *pactum* in die Stipulation einzubeziehen,[67] es der ausdrücklichen Fälligkeitsbestimmung *(kalendis futuris)* gleichzuordnen[68] und die danach im erweiterten Wortlaut enthaltene Widersprüchlichkeit nach Maßgabe des *pactum* aufzulösen. Hierbei kann auch der Grundsatz, daß die (durch Hereinnahme des *pactum* entstandene) *ambiguitas* gegen den Stipulator zu lösen ist, eine Rolle gespielt haben.

Bei dieser Sicht wird die Entscheidung des Paulus, die über den Rahmen der bisher erörterten Fragmente hinausgeht, begreiflich. Zu beachten bleibt jedoch, daß der Fall Besonderheiten aufweist. Zu diesen zählt schließlich auch – und das mag Paulus' großzügige Interpretation den Juristen im Auditorium leichter hinnehmbar gemacht haben –, daß die Gegenansicht auf der Grundlage einer bloßen Exzeptionswirkung des *pactum* zu dem gleichen Ergebnis kommen müßte. Darauf laufen die Gegenargumente des Paulus hinaus.

Der Jurist hält den *quidam* und deren Wortführer *(ille)* entgegen, wenn das Kapital kraft des *pactum* (zum Teil) gestundet sei, dann sei es konsequent, daß auch die Zinsen erst ab Verzugsbeginn hinzuträten. Und selbst wenn das *pactum* nur eine *exceptio* hervorbringen sollte, dann könne dennoch die Zinsstipulation *ipso iure* nicht verfallen, weil nämlich derjenige nicht in Verzug sei, der wegen einer *exceptio* nicht belangt werden könne. Das ist eine in sich schlüssige Argumentation. Daß bereits das Bestehen einer Einredemöglichkeit den Verzugseintritt hindert, wird grundsätzlich auch im geltenden Recht angenommen[69] und ist für das klassische Recht durchaus glaubhaft.[70]

---

[65] *Kaser* (oben A. 64) 161 ff., 172 f.

[66] Pomp. D. 46, 2, 7; Paul. D. 45, 1, 126, 2; *Pringsheim* 80; *Kaser* (oben A. 64) 159; *Apathy* (oben A. 64) 47 ff.

[67] Vgl. die Bemerkung *Kasers* (oben A. 64) 159.

[68] Vgl. *Biondi* 168.

[69] Dazu *Larenz,* Lehrbuch des Schuldrechts. Allg. Teil[10] (1970) 255 ff. m. weit. Lit.

[70] *Viard* 26 A. 2, 30 m. A. 1; *Voci* 110, zweifelnd *Stoll* 554 A. 1. Für Unechtheit hingegen – außer *Riccobono* (oben A. 54) und *Roussier* (oben A. 54) – *Guarneri Citati,* Bull. 32 (1922) 270; ders., APal. 11 (1923) 244 m. A. 7; *Koschaker* (oben A. 22) 125 f.; *Siber,* RP (1928) 252.

Denn die *mora* setzt voraus, daß der Schuldner die Nichtleistung zu verantworten hat. Wenn er sich aber durch *exceptio* schützen kann, dann läßt sich das *per debitorem stare quominus solvat* schwerlich bejahen. Dieses Verantwortlichkeitskriterium gilt, wie in der Spätklassik feststeht, grundsätzlich auch für das Strafversprechen, und zwar auch dann, wenn dieses Strafzinsen zum Inhalt hat.[71]

Paulus setzt hierbei freilich voraus, daß der Zinslauf erst mit Verzugsbeginn eintritt – und eben diese Voraussetzung werden die *quidam* geleugnet haben. Damit hatten sie grundsätzlich recht, denn vertraglich bedungene Zinsen sind regelmäßig verzugsunabhängig. Die Zinsen waren jedoch *poenae nomine* promittiert worden; Strafzinsen aber verfallen nur bei Verantwortlichkeit des Schuldners (oben Fn. 71). Wenn die *quidam* also die Gegensätzlichkeit der Parteivereinbarungen dadurch auflösen wollten, daß sie das *pactum* entsprechend seinem Wortlaut nur auf die (exzeptionsweise zu hemmende) Hauptstipulation beschränkten, die Zinsstipulation hingegen unberührt ließen, dann mußten sie die Klausel *poenae nomine* in einem von der normalen Bedeutung abweichenden Sinne interpretieren, also nur ein ,,einfaches" Zinsversprechen annehmen; die mangelnde Fälligkeit der Hauptschuld bildete dann kein Hindernis für den Zinslauf.

Die abweichende Interpretation bestand offenbar darin, daß die *quidam* in der Klausel *,poenae nomine'* eine bloße Rückverlegung des Verzinsungsbeginns erblickten:[72] Der Schuldner habe promittiert, wenn er das Geld zu den Kalenden nicht zurückzahle, dann wolle er monatlich 1% Zinsen zahlen, und zwar zur Strafe vom Tage des Stipulationsabschlusses (und des Geldempfanges) ab. Die Nichtzahlung zu den Kalenden sei also Bedingung dafür, daß die Zinsstipulation rückwirkend *ex die stipulationis* verfalle, *atque si id nominatim esset expressum*. Auch die *quidam* kommen also ohne eine Auslegung der (zweiten) Stipulation nicht aus.

Paulus hat dem im wesentlichen entgegengehalten, daß es bei Zahlungsaufschub konsequent sei, auch die Verzinsung erst ab Verzug eintreten zu lassen, und daß eine rückwirkende Verzinsung zwar möglich sei, aber eine entsprechende Stipulationsfassung voraussetze. Dieser Gesichtspunkt tritt in dem wohl verkürzten Schlußteil *(sed ⟨quemadmodum⟩ quantitatem rell.)* hervor.[73] Paulus verweist vermutlich auf die *cautio pro praede litis et vindiciarum*[74]. Diese wurde dem im Präjudizialprozeß verklagten Besitzer als Sicherheit dafür abverlangt, daß er bei Unterliegen die Sache restituiert sowie doppelten Ersatz für die Früchte leistet, und zwar für die bereits seit Erhebung der Klage aus der Präjudizialstipulation erzielten oder erzielbaren.

Ebenso könne man, fährt Paulus fort, auch in Zinsstipulationen zum Ausdruck bringen, daß bei Nichtzahlung am Fälligkeitstage Zinsen bereits vom Datum des Stipulationsabschlusses zu entrichten seien. Doch liegt dies seiner Ansicht nach im konkreten Falle nicht vor. Offensichtlich hat der Jurist darauf abgestellt, daß die für diesen Sonderfall zu fordernde klare Formelfassung der vorgelegten Zinsstipulation abgeht.[75]

8. Daß der Satz von der Inhärenz in der Tat eine bloße Auslegungsregel war, bestätigt

---

[71] *Knütel* (oben A. 1) § 28 II 2 (zu Iul.-Paul. D. 3, 5, 12 [13] u. a.), siehe auch ebda. §§ 27, 28, 31 und *Kaser,* RP 2² (1975) 599.

[72] Ähnlich *Voci* 110.

[73] *Voci* 110f. Die Einfügung von *quemadmodum* (*Lenel,* Pal. 1, 1187 A. 1, Paul. 1295) erleichtert den Anschluß, doch werden die Kürzungen umfänglicher sein.

[74] *Lenel* (oben A. 73) 1187 A. 2; ders., EP 521 A. 2; *Voci* 111 m. A. 46.

[75] *Voci* 111. Nicht beachtet von *Roussier* 12.

D. 45, 1, 135, 2 (Scaevola 5 resp.) Seia cavit Lucio Titio, quod mandante eo hortos emisset, cum pretium omne cum usuris ab eo recepisset, se in eum proprietatem hortorum translaturam: deinde in continenti inter utrumque convenit, ut intra kalendas Apriles primas universam summam mandator numeraret et hortos acciperet. quaeritur, cum ante kalendas Apriles non omne pretium cum usuris a Lucio Titio Seiae solutum sit, interposito tamen modico tempore reliquum pretium cum usuris Seiae Titius solvere paratus fuerit neque Seia accipere voluit et usque in hodiernum per Titium non stet, quo minus reliquum solveret, an nihilo minus Lucius Titius, si Seiae universam pecuniam solvere paratus sit, ex stipulatu agere possit. respondit posse, si non multo post optulisset nec mulieris quicquam propter eam moram interesset: quod omne ad iudicis cognitionem remittendum est.

Seia hatte in einer Stipulation bekannt, daß sie im Auftrage des Titius Gärten gekauft habe, und versprochen, das Eigentum auf ihn zu übertragen, sobald sie den gesamten Kaufpreis nebst Zinsen von ihm erhalten habe. Daraufhin vereinbarten beide *in continenti,* daß der Auftraggeber Titius bis zum 1. 4. die gesamte Summe erlegen und die Gärten entgegennehmen sollte. Titius bezahlte bis dahin jedoch nur einen Teilbetrag. Kurz darauf bot er zwar den Restkaufpreis nebst Zinsen an, aber Seia lehnte die Annahme nunmehr beharrlich ab. Die Frage, ob der weiterhin zahlungsbereite Titius aus der Stipulation vorgehen könne, wird von Scaevola mit der Einschränkung bejaht, daß das Angebot nicht viel später erfolgt und das Interesse der Seia durch den Verzug nicht beeinträchtigt sein dürfte.

Das Inhärenz-Problem war dem Juristen gewiß bekannt, wie aus der – wohl aus der Anfrage stammenden – Hervorhebung ‚*in continenti*'[76] erhellt. Allerdings räumt Scaevola dem *pactum* keinen Einfluß auf die Stipulation ein. Da dies hier aber ohnehin die einzig sachgerechte Entscheidung ist, läßt sich dem Fragment nicht entnehmen, daß der Jurist eine Inhärenz grundsätzlich für unmöglich gehalten habe.[77] Wahrscheinlich hat Scaevola aus der Abrede nicht einmal eine *exceptio pacti* gegen die Stipulationsklage zugebilligt.[78] Denn wenn ein Beauftragter promittiert, das Erlangte herauszugeben, sobald ihm die Aufwendungen ersetzt werden, und hernach in einem formlosen *pactum* eine Frist für den Aufwendungsersatz vereinbart, dann soll vernünftigerweise dadurch nicht nachträglich die Herausgabe auflösend bedingt oder befristet werden – was auf eine Beseitigung des Auftrages

---

[76] *Voci* 109 A. 42. – Zu Unrecht wird der Hinweis getilgt von *Riccobono* 347; *Guarneri Citati* (oben A. 70, APal.) 255 f.; *Stoll* 555; *Nardi,* Ritenzione 1 (1947) 53 und wohl auch von *Riccobono jr.* (oben A. 1) 443 f.

[77] Daß das fr. 135, 2 zum Problem kaum weiterführende Gesichtspunkte enthält, nehmen auch *Roussier* 8 (im Ergebnis) und *Voci* 109 A. 42 an. Für Verneinung der Inhärenz auch die übrigen o. A. 76 Genannten und *Knütel* (oben A. 1) § 23 A. 23, für Bejahung dagegen *Bonfante,* Corso 3^2 (1972) 371 *(respondit ⟨non⟩ posse. [-])* und *Viard* 31, der – ohne Anhalt – eine Stipulationsklausel unterstellt.

[78] Anders *Guarneri Citati, Nardi, Riccobono jr.* (alle oben A. 76), die auch deshalb den Schlußteil *si rell.* verdächtigen, auch *Stoll* 555.

hinausliefe –, sondern nur die Fälligkeit des Aufwendungsersatzanspruchs eine Regelung erfahren. Scaevola wird das *pactum* also nur auf die *actio mandati contraria* bezogen haben;[79] nach Ablauf des 1. 4. geriet Titius in Verzug und müßte beispielsweise Verzugszinsen zahlen, die mit 12% möglicherweise höher als die vorher laufenden waren. Wenn freilich Titius das Geld nebst Zinsen alsbald nach dem 1. 4. angeboten und die Seia keine anderen Schäden erlitten hat, dann war der Verzug bereinigt,[80] und die Kaution konnte verfallen. Zwar war deren Verfall davon abhängig, daß Seia das *pretium* nebst Zinsen empfangen hatte. Der Eintritt dieses Umstandes war jedoch zu fingieren. Denn wenn es in den Verantwortungsbereich einer Partei fällt, daß eine ihr nachteilige Bedingung nicht erfüllt wird, dann gilt die Bedingung als eingetreten (Iul. D. 35, 1, 24; Ulp. D. 50, 17, 161). Dies traf hier zu, weil Seia durch ihre ungerechtfertigte Annahmeverweigerung den Bedingungseintritt vereitelt hatte.[81]

9. An ein *pactum* knüpft die Stipulation an in

C. 2, 3, 27 (Diocletianus et Maximianus Aurelio Chresimo, a. 294) Petens ex stipulatione, quae placiti servandi causa secuta est, seu antecessit pactum seu post statim interpositum sit, recte secundum se ferri sententiam postulat.

Um eine formlose Vereinbarung, wohl einen Vergleich, zu sichern, haben die Parteien eine Stipulation abgeschlossen. Bei dieser kann es sich um ein Strafversprechen *(si contra placitum feceris, decem dari spondes?)*[82] oder um eine bezugnehmende Stipulation *(ea omnia dari fieri spondes?)*[83] handeln. Auf dieser Grundlage ist der Satz *seu antecessit pactum seu post statim interpositum sit* begreiflich.[84] Auf das *pactum* wird in beiden Fällen verwiesen, sei es vor oder nach Stipulationsabschluß vereinbart, und gegen die Möglichkeit, die Einhaltung eines zukünfti-

---

[79] Deren Bestand ist nicht zu bezweifeln, *Roussier* 7f. (zögernd), nicht beachtet von *Elefante*, Mnem. Solazzi (1964) 416. – Eine Novation scheidet aus, weil der Ersatz der Aufwendungen nur als Verfallsbedingung in die Kaution aufgenommen wurde.

[80] Näheres zur Verzugsbereinigung bei *Knütel* (oben A. 1) 185ff.

[81] Das übersieht *Nardi* (oben A. 76) 54f. bei seiner Annahme, ein Zurückhaltungsrecht sei hier mangels fälliger Hauptforderung nicht in Betracht gekommen. Zur entsprechenden Fiktion des Nichteintritts von Bedingungen in Fällen des Annahmeverzuges s. *Knütel* (oben A. 1) 108f., 151f., 211f.

[82] Zu dieser Annahme neigt *Roussier* 5.

[83] So *Voci* 111; *Viard* 32f. (in Anlehnung an *Cujaz*), s. auch *Roussier* 5.

[84] Für Itp. jedoch *Riccobono* 345; *Stoll* 554; *Biondi* 169; *Solazzi*, SD 23 (1957) 45 = Scr. 6 (1972) 23; *Grosso* (oben A. 1), dagegen *Viard*, *Roussier*, *Voci* (alle oben A. 83).

gen Vergleichs zu versprechen, bestehen keine nachhaltigen Bedenken.

Mit dieser Deutung, in der *placitum* und *pactum* gleichzusetzen sind, verträgt sich allerdings das *statim* nicht gut, denn es ist kaum einzusehen, warum der künftige Vergleich alsbald nach Stipulationsabschluß vereinbart werden muß. Wahrscheinlicher ist deshalb, daß es sich um eine Zusatzbestimmung zum Vergleich handelt. Wird sie vor Stipulationsabschluß getroffen, so fällt sie ohne weiteres unter die Verweisung; wird sie sogleich danach verabredet, so rechnet sie – als *in continenti* abgeschlossen – zu dem Vergleich, und da dieser insgesamt von der Stipulation gesichert wird, unterliegt auch sie noch dem Schutz aus der Stipulationsklage.[85] Doch bleibt zu berücksichtigen, daß die Stipulation im Falle der c. 27 eine Verweisung im erwähnten Sinne enthalten und die Einbeziehung von *pacta* deshalb geradezu vorgesehen haben wird. Juristen wie Paulus hätten kaum anders interpretiert.

IV.

Mögen im Vorangehenden die wohl wichtigsten Texte angesprochen sein, so ist das Material damit doch keineswegs erschöpft.[86] Einige *Ergebnisse* können aber bereits skizziert werden.

1. Der Satz *pacta in continenti facta stipulationi inesse creduntur* (Paul. D. 12, 1, 40) hat als Auslegungsmaxime nicht nur im Kognitionsverfahren – woran das fr. 40 denken läßt – seine Berechtigung, sondern auch im Bereiche des Formularprozesses. Vermutlich ist er in Anknüpfung an das wohl ältere dictum *pacta conventa (in continenti facta) bonae fidei iudiciis insunt* (Ulp. D. 2, 14, 7, 5)[87] formuliert worden. Aus dieser Anlehnung wird sich auch seine – bei den *bonae fidei iudicia* besser passende – weite Fassung erklären. Für die Stipulation ist der Satz jedenfalls in einem eingeschränkten Sinne zu verstehen: Er meint, daß die *pacta* dort zu berücksichtigen sind, wo das Versprechen für ihre

---

[85] Ähnlich *Gneist,* Die formellen Verträge etc. (1845) 250 A., vgl. auch *Viard* 32f.

[86] Ein weiteres Beispiel enthält Pap. D. 45, 1, 115, 2 (Konkurrenz von Hauptstipulation und Strafversprechen), dazu *Knütel* (oben A. 1) § 34 II; vielleicht ist auch Paul. D. 4, 8, 34, 1 (mehrfacher Verfall) einschlägig, dazu *Talamanca,* Ricerche in tema di compromissum (1958) 78f. (der an eine Stipulationsklausel denkt) und *Knütel,* SZ 92 (1975) 158.

[87] In der Sache klassisch, *Kaser,* RP I 487; *Knütel,* Contrarius consensus (1968) 64ff.

Beachtung Raum läßt, wo es unvollständig oder unklar gefaßt ist und damit eine Auslegung erforderlich macht. In der Annahme einer Unklarheit sind die Juristen allerdings sehr großzügig; auch die nur entfernte Möglichkeit, das Formular in einem abweichenden Sinne zu verstehen, erlaubt den klärenden Rückgriff auf die begleitenden *pacta*.[88] Dieser führt regelmäßig dazu, daß der Stipulationswortlaut nach den *pacta* ergänzt, erweitert wird. Die korrigierende Abänderung einer an sich klaren Stipulationsbestimmung mit Hilfe des *pactum* ist dagegen nur im Fall der *lex Lecta* zu beobachten, der jedoch Besonderheiten aufweist.

2. Die in die Stipulation einbezogenen Abreden betreffen meist die Fälligkeit oder eine *condicio;* sie haben mithin typische Nebenpunkte zum Gegenstand. Diese Beobachtung wird bestätigt durch den Schlußteil von

> D. 45, 1, 126, 2 (Paulus 3 quaest.) . . . plerumque enim in stipulationibus verba, ex quibus obligatio oritur, inspicienda sunt: raro inesse tempus vel condicionem ex eo, quod agi apparebit, intellegendum est: numquam personam, nisi expressa sit.[89]

Regelmäßig ist bei der Stipulation auf die *verba* zu sehen, das heißt, zumeist kommt man damit schon aus.[90] Bisweilen ist aber darüber hinaus aus dem *quod actum* zu erschließen, daß die Stipulation eine Fälligkeitsregelung oder eine Bedingung enthält. Das *raro inesse* meint nicht, daß *tempus vel condicio,* obwohl erschließbar, nur gelegentlich einzubeziehen seien, sondern, daß sich aus dem *quod actum* bisweilen eine – dann regelmäßig als inhärent zu behandelnde – derartige Bestimmung ergibt; zumeist werden die Formulare hierzu ja ausdrückliche Klauseln enthalten haben. Doch betrifft dies, wie gesagt, vor allem Zeitbestimmungen oder Bedingungen, denn durchaus nicht jedes *pactum in continenti factum* war als inhärent anzusehen. Für eine Einbeziehung von Abreden über Nebenleistungen finden sich keine

---

[88] Deutlich z. B. Paul. D. 46, 3, 98, 5 (oben III 6). – Daß die *verba* nicht immer allzu wörtlich zu nehmen sind, betont auch *Pringsheim* 50 (zu Paul. D. 45, 1, 126, 2, siehe sogleich).

[89] *Nisi rell.* wird itp. sein, *Eisele,* SZ 10 (1889) 321; *Riccobono* 352; *Pringsheim* 50. Hingegen darf man *plerumque* – angefochten z. B. von *Riccobono* 276 *(⟨semper⟩);* *Albertario* (oben A. 39) 648 = 115; *H. Schwarz,* SD 25 (1959) 17 und *Kaser* (oben A. 71) 85 A. 8 – bei dem im Text vorgetragenen Verständnis für echt halten, *Biondi* 382; *Pringsheim* 50.

[90] Vgl. *Biondi* 382, s. auch *Pringsheim* 50.

Anhaltspunkte;[91] insbesondere bedurften Zinsvereinbarungen grundsätzlich der ausdrücklichen Stipulierung.[92] Die Inhärenz gilt, wie sich hier bestätigt, nur für *pacta,* die bei der Auslegung des Versprechens verwertbar sind, die sich also in dessen Rahmen halten.[93]

Daß nur *pacta pro reo* einzubeziehen seien, wird nirgends gesagt.[94] Allerdings führt die Hereinnahme der *pacta* regelmäßig zu einer Begünstigung des Promittenten. Aber das liegt in der Natur der Sache, denn durch die Einbeziehung einer *condicio* kann ein unbedingtes Versprechen nur abgeschwächt werden, und durch Fälligkeitsabreden wird nur der andernfalls eingreifende, dem Promittenten nachteilige Grundsatz sofortiger Fälligkeit (oben Fn. 12) ausgeräumt. Daß aber Ausnahmen gegenüber der Begünstigung des Promittenten bestehen, die die Regel von der Maßgeblichkeit des *quod actum* bestätigen, zeigte Iul. D. 38, 1, 24 (oben II 1). Zu berücksichtigen bleibt freilich, daß im Zweifel die Auslegung ohnehin zu Lasten des Stipulators ausfällt (vgl. Ulp. D. 45, 1, 38, 18).

3. Nach fr. 126, 2 darf niemals eine Personenangabe – gemeint ist nach dem Kontext eine Person als Gläubiger einer Zinsstipulation – in das Versprechen hineininterpretiert werden.[95] Dadurch würde die Stipulation in einem Hauptpunkt geändert werden. Das legt den Gedanken nahe, daß bei den Hauptpunkten der Rückgriff auf außerhalb des Formulars liegende Umstände eingeschränkt gewesen sein könnte. Mußte der Leistungsgegenstand bestimmten Ausdruck in der

---

[91] *Voci* 111 f. sieht dies in Diocl. C. 4, 67, 27 bestätigt, doch bleibt es zu unsicher, ob die c. 27 (dazu auch *Biondi* 146) diese Ableitung trägt.

[92] Wenn die – freilich recht unsichere – Rekonstruktion zutrifft, die *Wodke* in: Christentum am Roten Meer (hgg. v. *F. Altheim* u. *R. Stiehl*) 1 (1971) 150 ff., 166, 173, 201 ff. zu PSI 55 Z. 72–78 (wohl nach 533) liefert, hat Aristo ausdrücklich ausgesprochen, daß Zinspakta im *iudicium strictum* nicht einbeziehbar seien. – Die Ausnahmen, in denen außerhalb der *bonae fidei iudicia* die Klagbarkeit nicht stipulierter Zinsabreden anerkannt wird (dazu *Kaser,* RP I 498 A. 37), finden nicht im Inhärenz-Gedanken ihre Rechtfertigung.

[93] Vgl. auch *Voci* 109, 111 u.

[94] Vgl. *Voci* 109. Nicht zutreffend daher *Biondi* 169, der *pacta pro actore* schlechthin ausschließt und C. 2, 3, 27 verdächtigt (oben A. 84), wo allerdings mit einer Bezugnahme zu rechnen ist (oben A. 83 f.). – Soweit *Wodke* (oben A. 92) 152 f., 166 f., 173, 201 ff. aus PSI 55 Z. 79–84 *pro actore* wirkende *pacta* erschließt, geht es, wenn man den selbstverständlichen Fall nachträglicher Stipulierung beiseite läßt, nicht um die Stipulationsklage.

[95] Vgl. auch Iul. D. 46, 8, 22, 7 (2. Alt.) (oben A. 38). Dort hatten die Parteien allerdings an die Erbenklausel (in der Verfallsbedingung der *cautio r.r.h.*) überhaupt nicht gedacht. S. des weiteren *Wacke* (oben A. 13) 238 (zu Iul. D. 45, 3, 1, 2).

Stipulationsformel gefunden haben, damit überhaupt ein wirksamer Verbalkontrakt bejaht werden konnte? Vermutlich bestanden hier Meinungsverschiedenheiten. Papinian scheint eine Ergänzbarkeit von Hauptpunkten nach dem *quod actum* jedenfalls dann verneint zu haben, wenn eine *stipulatio certa* beabsichtigt war, das Versprechen aber nur auf ein *incertum* lautete.[96] Seiner Ansicht nach (D. 45, 1, 115 pr., oben III 1) darf die für die *cautio vadimonium sisti* wesentliche Angabe eines bestimmten Gestellungstermins nicht aus den Vorverhandlungen ergänzt werden; die anschließenden Beispiele von unbestimmt versprochenen Gattungssachen werden in demselben Sinne zu verstehen sein.[97] Demgegenüber wird Marcellus so weit gegangen sein, die Stipulation *‚triticum dare spondes?'* als *stipulatio certa* zu behandeln, wenn sich dies aus dem *quod actum* ergab: . . .*si de aliquo tritico cogitaverit, id est certi generis certae quantitatis, id habebitur pro expresso* (D. 45, 1, 94).[98] Wir lassen es hier bei der Vermutung bewenden, daß die Frage, welche Anforderungen an die Bestimmtheit von Hauptpunkten in der Stipulationsformel zu stellen sind, nicht einheitlich beantwortet wurde.[99] Fest steht jedenfalls, daß die Interpretation nach dem *quod actum* bei der Stipulation auf Nebenpunkte nicht beschränkt blieb.

4. Nach alldem ist nicht zu bezweifeln, daß bei der Auslegung der *stipulatio* vor allem in der Spätklassik weithin Umstände beachtet wurden, die außerhalb der *verba* lagen.[100] Dazu rechnen der typisierte,

---

[96] *Wolf* (oben A. 34) 54f., der dies für allgemein gültig hält, vgl. ders., Iura 17 (1966) 294. Pap. D. 23, 3, 69, 4 ist damit vereinbar. – Vielleicht verlangte Papinian bei Weizenstipulationen als Mindesterfordernis nur eine Quantitätsangabe im Formular.

[97] Vgl. *Wolf* (oben A. 34) 55.

[98] Schwerlich zu verdächtigen, vgl. *Biondi* 334; *Wunner* (oben A. 4) 174ff. (177f.), der hierin gegen *Wolf* (oben A. 96) schlechthin den klassischen Rechtszustand erblickt. S. auch o. A. 40. Für Unechtheit des fr. 94 jedoch *Eisele,* SZ 18 (1897) 34; *Vassalli* (oben A. 29) 175; *Beseler,* Beitr. 3 (1913) 110; *Hägerström* (oben A. 1) 49, Beil. 7, 184; *Wolf* (oben A. 96) 55 A. 100; Iura 17, 295 A. 78. – In den dazwischen liegenden Fällen, in denen jemand, der mehrere tuskulanische Grundstücke besitzt, nur *‚fundum Tusculanum dari'* verspricht, handelt es sich zwar objektiv um eine *stipulatio incerta* (Iav. D. 45, 1, 106), doch ist hier der Gegenstand der Leistung schon stärker individualisiert.

[99] Vgl. auch Ulp. D. 45, 1, 75 pr. mit dem vorsichtigen *dicendum est.* Auch Cels. D. 45, 1, 99 pr. *(Quidquid adstringendae obligationis est, id nisi palam verbis exprimitur, omissum intellegendum est . . .)* (dazu etwa *Troje* [oben A. 12] 152f.) könnte hierher passen. Beachtenswert ist zudem, daß Papinian in D. 18, 1, 72 pr. – wenngleich zum Kauf und für *pacta ex intervallo* – die Streitfrage erörtert hat, ob Paktagrundsätze auch für die Hauptpunkte des Vertrages gelten, dazu *Knütel* (oben A. 87) 79f. m. Lit.

[100] Heute im wesentlichen anerkannt, vgl. etwa *Segrè,* Scr. 1 (1930) 198 A. 1; *Flume,* Fs. Schulz 1 (1951) 245; *Wolf* (oben A. 34) 52ff.; *Wunner* (oben A. 4) 174ff. m. weit. Lit.

als *pactum tacitum* faßbare, wie auch der individuelle, durch ein *pactum* verlautbare Parteiwille. In dem Mosaik, das sich zur Berücksichtigung des Parteiwillens bei der *stipulatio* abzuzeichnen beginnt, bildet die Einbeziehung der *pacta* einen wichtigen Stein. Weitere finden sich beispielsweise bei der eben erwähnten Bestimmung des Leistungsgegenstandes (oben Fn. 98), beim Irrtum,[101] bei der Abgrenzung, ob eine Novation vorliegt,[102] und bei der Einschränkung der *stipulatio Aquiliana*.[103] Die Entwicklung ist bereits in der Hochklassik nachweisbar. Paulus beruft sich für die Inhärenz der *pacta* wiederholt auf Julian, der diesen Gedanken wohl in besonderem Maße fruchtbar gemacht[104] und damit gleichzeitig der Ausweitung des *ius civile* zu Lasten des Honorarrechts einen kräftigen Impuls gegeben hat. In der spätklassischen Jurisprudenz, insbesondere bei Paulus,[105] wird dann deutlich sichtbar, daß die Stipulation in ihrer Formstrenge erhebliche Abmilderung erfahren hat.

Sein Urteil, daß für die Spätklassik mit bedeutenden Lockerungen des Stipulationsformalismus zu rechnen ist, hat *Max Kaser,* der bewunderte Jubilar und der ebenso dankbar wie herzlich verehrte Lehrer, erst jüngst bekräftigt und zu dessen weiterer Vertiefung aufgerufen.[106] Es versteht sich, daß die voranstehenden Ausführungen nur ein bescheidener Schritt auf diesem Wege sein können.

---

[101] Dazu *Flume* (oben A. 100); ders., TR 33 (1965) 109; *Wunner* (oben A. 4) 167ff.; *Kaser,* RP I 239 m. A. 32 (wenngleich umstritten).

[102] Dazu jetzt eingehend *Apathy* (oben A. 64) 47ff. (Zusammenfassung 261ff.); dort (S. 16ff.) auch ein Überblick über den heutigen Meinungsstand zur Willensberücksichtigung bei der Stipulation.

[103] Pap. D. 2, 15, 5, dazu *Sturm,* Stipulatio Aquiliana (1972) 364ff. m. weit. Lit.; *Kaser,* SZ 90 (1973) 349.

[104] Iul.-Paul. D. 2, 14, 4, 2; 3 sowie D. 18, 5, 3 *(b.f. iudicia).* Julians Betrachtungsweise und sein bestimmender Einfluß zeichnen sich deutlich ab, wenn man daneben noch Iul. D. 38, 1, 24; (Afr.) D. 46, 3, 38 pr. sowie auch D. 45, 1, 56, 1 (oben A. 9); 46, 8, 22, 7 (oben A. 38) und (Ulp.) D. 13, 4, 2, 6 (oben A. 12) berücksichtigt. *Pernice,* Labeo 2, 1^2 (1895) 183 A. 5 nimmt an, daß auch Ulpian bei seiner Darstellung der Inhärenz der *pacta* im *b. f. iudicium* (D. 2, 14, 7, 5, oben A. 87) an Julian, den er zuvor erwähnt (fr. 7, 2), angeknüpft habe. In der Sache war die Inhärenz jedoch schon vor Julian bekannt, s. Serv.-Ulp. D. 19, 1, 13, 30 *(emptio venditio),* vgl. auch *Knütel,* SZ 84 (1967) 140f.

[105] Auf seine Weitherzigkeit bei der Auslegung der Stipulation weisen etwa hin *Meylan,* St. Riccobono 4 (1936) 301; *Pringsheim* (oben A. 42).

[106] *Kaser,* RP 2^2 (1975) 364 A. 16 (zur *lex Lecta*), s. auch 597.

« IN OBLIGATIONE GENERIS QUID EST IN OBLIGATIONE? »*

ROLF KNÜTEL
Ord. Prof. an der Universität Bonn

I.

So fragt Bartolus (1), und das Problem, wie eine Verpflichtung zur Leistung nur gattungsmässig bestimmter Gegenstände zu begreifen ist, hat die mittelalterlichen Juristen viel beschäftigt (2). Es findet noch im geltenden Recht unterschiedliche Lösungen (3), und es ist bereits von den römischen Juristen diskutiert worden. In Pap. D. 31.66.3 wird das Legat eines nur gattungsmässig bestimmten Sklaven nach dem Muster der Wahlschuld erfasst, hingegen wird das Versprechen *hominem dari* in den Fragmenten Marcell. D. 46.3.72.4; 67 von der Wahlschuld abgehoben und als selbständiger Schuldtyp behandelt. Hierzu haben sich drei Hauptmeinungen gebildet. Während Vassalli (4) die in den Marcellus-Fragmenten enthaltene Lehre für die allein klassische hält, sehen Buonamici (5) und Beseler (6) die für Papinian überlieferte Anschauung als die einzig echte an, wobei den Marcellus-Fragmenten von jenem auf Grund anderer Sachverhalts-

---

(*) Studi in onore di Cesare Sanfilippo, Bd. 3, Giuffrè, Mailand 1983, 351 – 380.

(1) BARTOLUS, *Opera* (ed. 1530) IV pag. 4; 10 ad l. Stipulationum (= D. 45.1.2.1). - Abkürzungen: BESELER, *Min.* = BESELER, *Juristische Miniaturen*, 1929; GROSSO, *obbl.* = GROSSO, *Obbligazioni - Contenuto e requisiti della prestazione - Obbligazioni alternative e generiche*, 3. Aufl. 1966; KASER, *RP* = KASER, *Das römische Privatrecht*, 1. Abschnitt: *Das altröm., das vorklass. und klass. Recht*, 2. Aufl. 1971; VASSALLI I = VASSALLI, *Delle obbligazioni in genere in diritto romano*, in VASSALLI, *Studi giuridici* III 1, 1960, 131 ff. (zuerst in *St. Senesi* 26, 1909, 51 ff., 137 ff.); VASSALLI II = VASSALLI, *Miscellanea critica di diritto romano* (fasc. III), in VASSALLI, *St. giur.* III 1, 1960, 471 ff. (zuerst in *St. Cagliari*, 1916, 1 ff.).

(2) Vgl. dazu A. BLOMEYER, *Studien zur Bedingungslehre*, 1. Teil: *Über bedingte Verpflichtungsgeschäfte*, 1938, 87 ff., 93 ff.

(3) S. u. Fn. 11.

(4) VASSALLI II 472 ff. - MADDALENA, *NNDI* VII, 1961, 797 f. (*genus*) führt nur die Lehre des Marcellus an.

(5) *Riv. it. sc. giur.* 49 (1911) 39 ff.

(6) BESELER, *Min.* 34 f.; ders., *ZSS* 45 (1925) 233.

deutung die Aussagekraft abgesprochen wird, von diesem auf Grund von Interpolationsannahmen. Die herrschende Meinung geht jedoch dahin, dass zur Struktur der Gattungsschuld eine Kontroverse unter den Klassikern bestanden habe (7). Zu Gewicht und Umfang des Streits bestehen freilich unterschiedliche Ansichten. Die meisten nehmen an, die für Marcellus überlieferte Lehre sei die in der Klassik vorherrschende gewesen (8); auch wird vermutet, Papinians Ansicht beruhe auf den Besonderheiten der Legatsschuld (9). Dem gegenüber steht die Ansicht, es sei vielmehr Papinian, der die herrschenden Vorstellungen wiedergebe, die schon von Julian (D. 45.1.54 pr.) vertreten worden seien (10). Zweifelhaft ist des weiteren, ob sich die Kontroverse auf alle Gattungssachen schlechthin bezogen hat, und wie es um das Altersverhältnis der einzelnen Lehren steht. Alldas lässt es reizvoll erscheinen, der Problematik, deren Grundpositionen auch in der heutigen Zivilistik wiederkehren (11), nochmals nachzugehen.

---

(7) S. insbesondere GROSSO, *obbl.*, 236 ff.; ders. in FERRINI, *Pandette*, 4. Aufl. 1953, 430; ders., *St. Vassalli* 2, 1960, 955 f.; PESCATORE, *Die sog. alternative Obligation*, 1880, 130 ff. m. ält. Lit.; ders., *Die Wahlschuldverhältnisse*, 1905, 51 A. 12, 148; FERRINI, *Teoria generale dei legati e fedecommessi*, 1889, 617 ff.; ders., *Opere* 3, 1929 (aus *RIL* 24, 1891, 325) 408 f.; ders., *Manuale di Pandette*, 4. Aufl. 1953, 417 f.; PEROZZI, *Istituzioni di dir. rom.* 2, 2. Aufl. 1928, 128 A. 3; BONFANTE, *Corso di dir. rom.* 4 (*Obbligazioni*), rist. 1979, 182; ders., *Istituzioni di dir. rom.*, 10. Aufl., rist. 1966, 381 A. 2; KUNKEL, *ZSS* 50 (1930) 644; ALBERTARIO, *Corso di dir. rom. Parte generale delle obbligazioni*, 1940, 96 ff.; VOCI, *Diritto ereditario rom.* 2, Parte speciale, 2. Aufl. 1963, 259 A. 38; BURDESE, *Manuale di dir. rom.*, 2. Aufl. 1964, 664; KASER, *RP* 495 A. 14.

(8) FERRINI (*Pand.* 417); GROSSO; ALBERTARIO; VOCI (alle o. Fn. 7).

(9) KASER, *RP* 495 A. 14.

(10) PESCATORE, *Wahlschuldverhältnisse*, 1905, 51 A. 12, 148 f. m. A. 21. BIONDI, *Istituzioni di dir. rom.*, 4. Aufl. 1965, 401 führt nur Papinians Lehre als die römische an.

(11) Zur italienischen Zivilistik s. die Nachweise bei GROSSO, *St. Vassalli* 2, 1960, 956, zur deutschen s. einerseits A. BLOMEYER, *Allgemeines Schuldrecht*, 4. Aufl. 1969, 51, auch BESELER, *Min.* 33 (wie Papinian), andererseits H.A. FISCHER, *Jherings Jahrbücher* 51 (1907) 171 ff.; KISCH, *Gattungsschuld und Wahlschuld* (1912) 146 ff. - Papinianischer Sicht entsprechend sah § 1864 des 1. Entwurfs des BGB (1888) die Anwendung der Wahlschuldregeln auf das beschränkte Gattungsvermächtnis vor.

II.

1. Aus D. 31.66.3 ist erschliessbar, dass Papinian die Gattungsschuld wie eine erweiterte Wahlschuld behandelt hat. Die vorangehenden Überlegungen des Juristen sind:

> D. 31.66.1 (Papinianus, 17 *quaest.*): *Duorum testamentis pars fundi, quae Maevii est, Titio legata est: non ineleganter probatum est ab uno herede soluta parte fundi, quae Maevii fuit, ex alio testamento liberationem optingere, neque postea parte alienata revocari actionem semel extinctam* (12).

Zwei verschiedene Erblasser haben dem Titius den dem Maevius gehörenden Grundstücksanteil, also denselben individuell bestimmten Gegenstand, vermacht. Anerkennend referiert Papinian, hierzu sei die Ansicht vertreten worden, dass, wenn der eine Erbe den bestimmten Anteil leiste, auch der andere Erbe frei werde und dass dessen erloschene Verpflichtung auch nicht etwa dadurch wiederauflebe, dass der Legatar den (vom ersten Erben geleisteten) Anteil später veräussere.

Die Entscheidung geht höchstwahrscheinlich auf Julian zurück (13), den Papinian im vorangehenden pr. anführt und der die hier einschlägige Lehre vom sog. *concursus causarum* entscheidend fortentwickelt hat (14). In der Tat handelt es sich um diesen Erlöschensgrund, der sich aus dem Gedanken *nemini res sua deberi potest* entwickelt hat und von Julian für unseren Fall des Zusammentreffens zweier *causae lucrativae* mit der weiteren Erwägung gerechtfertigt worden ist, dass nach der (vollständigen) Leistung durch den einen Erben dem Legatar « nichts mehr fehlt », das ihm durch den anderen Erben verschafft werden könnte und müsste (15). Auch ist der Hin-

---

(12) Beseler, *Beiträge* 4, 1920, 330 korrigiert *ex* [*alio*] ⟨*altero*⟩ *testamento*, betont im übrigen aber die Echtheit, *ZSS* 45 (1925) 233.

(13) Costa, *Papiniano* 3, 1896, 93; Schulz, *ZSS* 38 (1917) 174 f., 200.

(14) Dazu insbesondere Ferrini (o. Fn. 7) *Op.* 3, 385 ff., 395 ff., 398; Schulz (o. Fn. 13) 114 ff.; 199 ff., vgl. auch Kaser, *RP* 643 f.

(15) Schulz 204, insbes. mit Iul. D. 30.108.4.

weis auf das endgültige Erlöschen der Klage gut begreiflich als Julians Abwehr einer zu vermutenden prokulianischen Neigung, die aus dem zweiten Vermächtnis entspringende Klage nach einer Weiterveräusserung durch den Legatar unter Umständen wiederaufleben zu lassen (16).

2. Die Befreiung des zweiten Erben tritt jedoch nur ein, wenn jeweils dieselbe *species* vermacht ist (Iul. D. 44.7.17). In der Fallsetzung wird daher ausdrücklich von der *pars fundi quae Maevii est* gesprochen. Dass es sich bei einer nur gattungsmässigen Bestimmung anders verhält, wird anschliessend klargestellt:

> D. 31.66.2 (Papinianus, 17 *quaest.*): *Sed si pars fundi simpliciter, non quae Maevii fuit, legetur, solutio prior non peremit alteram actionem, atque etiam hanc eandem partem aliquo modo suam factam poterit alter heres solvere: neque (namque?) plures in uno fundo dominium iuris intellectu, non divisione corporis optinent* (17).

Wenn lediglich ein Miteigentumsanteil schlechthin, also nicht der bestimmte des Maevius, vermacht worden ist, so führt die Leistung auf die eine Vermächtnisverbindlichkeit nicht zum Erlöschen der anderen. Die Regeln des *concursus causarum* kommen hier also nicht

---

(16) SCHULZ 203, 201 f.

(17) Statt *neque* wird *namque* zu lesen sein (so dett.), doch besteht ansonsten zu Beanstandungen kein Anlass. - VASSALLI II 478 f. streicht den gesamten § 2 wegen mangelnder Einschlägigkeit für den *concursus causarum* und Irrelevanz von *atque rell.*, denn es komme nur darauf an, ob jeweils dieselbe *species* vermacht sei. Doch s.u. bei Fn. 21. Auch gibt zu *simpliciter* Ulp. D. 30.71 pr. nichts her, denn es ist zu unterstellen, dass in § 2 e i n e (nicht eine ganz bestimmte) *pars dimidia* am *fundus Sempronianus* gemeint ist, vgl. VOCI (o. Fn. 7) 259 m. A. 36. - BESELER, Min. 34, 35 (für Echtheit noch *ZSS* 45, 1925, 233) verkehrt die Aussage ins Gegenteil (*at*[*que etiam*] ... ⟨*non*⟩ *poterit alter heres solvere*: *neque* ⟨*hoc ideo minus verum est, quod*⟩ *plures in uno fundo* ⟨*partes*⟩ [*dominium*] *iuris intellectu ... optinent.* § 3 [*Non*] *idem* ...). Damit wird Papinians begründete Differenzierung ausgemerzt und eine blosse Wiederholung unterstellt. Dagegen auch KUNKEL (o. Fn. 7) 644. *In uno fundo dominium* ist klassische Sprache, vgl. Seneca, *de ben.* 7.5.1.

zur Geltung (18). Doch führt Papinian den Gedanken noch weiter: Im Falle der *pars simpliciter legata* kann sogar derselbe Anteil, der dem Legatar zunächst von dem einen Erben verschafft worden ist, später noch einmal vom zweiten Erben geleistet werden, wenn dieser ihn inzwischen auf irgendeine Weise erlangt hat. Diese Besonderheit beruht auf der Eigenart des Miteigentums, das dem einzelnen nur kraft rechtlicher Vorstellung, nicht kraft körperlicher Aufteilung gegeben ist (19). Doch ist dies eine Besonderheit der *pars pro indiviso*, denn im allgemeinen kann (nach Papinian) eine nur der Gattung nach bestimmte Verpflichtung nicht durch mehrfache Lieferung desselben individuellen Stückes erfüllt werden (20). Es entspricht ganz der assoziativen Methode der Klassiker (21), die sich besonders in der Quaestionenliteratur entfaltet, dass Papinian zum Abschluss des Gedankengangs auch dieses noch hervorhebt:

> 3. D. 31.66.3 (Papinianus, 17 *quaest.*): *Non idem respondetur, cum duobus testamentis generatim homo legatur: nam qui solvente altero legatarii factus est quamvis postea sit alienatus, ab altero herede idem solvi non poterit: eademque ratio stipulationis est. hominis enim legatum orationis compendio singulos homines continet utque ab initio non consistit in his qui legatarii fuerunt, ita frustra solvitur cuius dominium postea legatarius adeptus est, tametsi dominus esse desinit* (22).

---

(18) Ebenso Marcell. D. 30.83.

(19) Vgl. auch Ulp. D. 45.3.5.

(20) Vgl. Arndts, *Lehre von den Vermächtnissen* 1, 1869, 274; Ferrini (o. Fn. 7), *Legati* 618; *Op.* 3, 409; Grosso, *obbl.* 237 A. 1.

(21) S. etwa Kaser, *Zur Methode der röm. Rechtsfindung*, 2. Aufl. 1969, 70.

(22) Haltlose Textkritik bei Vassalli II 479 f., der das fr. nach den Marcellustexten zurechtstutzt: ... [*quamvis*] (*si*) *postea sit alienatus, ab altero herede* [*idem*] *solvi* [*non*] *poterit* ... [*singulos*] (?) *homines continet.* [*rell.*]. Beseler, Min. 34 und *ZSS* 45 (1925) 233 hielt - abgesehen von [*non*], s. o. Fn. 17 - alles für echt, tilgte in *Beiträge* 5, 1931, 51 jedoch den Hinweis auf die Stipulation (wegen *ratio*) und in *ZSS* 66 (1948) 375 auch *tametsi rell.* (mit Zweifeln auch gegenüber *utque rell.*). Doch wird der Schlusspassus gestützt

a) Die Ausführungen knüpfen an die im § 2 aufgeworfene Problematik an (23). In den Testamenten zweier verschiedener Erblasser ist zugunsten desselben Vermächtnisnehmers ein ganz allgemein auf «einen Sklaven» lautendes Damnationslegat (24) ausgeworfen worden. Da es sich um die Zuwendung eines nur der Gattung nach bestimmten Gegenstandes handelt, sind die Regeln des *concursus causarum* nicht einschlägig; die Erfüllung der Verbindlichkeit des einen Erben zieht nicht das Erlöschen der Verbindlichkeit des anderen Erben nach sich. Der eine Erbe hat nun den Pamphilus geleistet. Der Legatar veräussert ihn wieder und der Sklave gelangt schliesslich in das Eigentum des anderen Erben. Kann dieser seine Vermächtnisverbindlichkeit dadurch erfüllen, dass er dem Legatar den Pamphilus übereignet? Papinian verneint und begründet dies damit, dass ein auf «einen Sklaven» schlechthin lautendes Vermächtnis kraft einer Kürze des Ausdrucks die (besser: alle) einzelnen Sklaven umschliesst. Daraus zieht er die Konsequenz, dass das Legat von Anfang an diejenigen Sklaven nicht erfasst, die bereits im Eigentum des Legatars stehen. Ebenso könne auch mit denjenigen Sklaven nicht erfüllt werden, an denen der Legatar nachträglich das Eigentum erlangt habe, möge er es hernach auch wieder veräussert haben.

b) Papinian versteht hierbei die Verpflichtung zur Leistung eines nur der Gattung nach bestimmten Gegenstandes wie eine umfassend erweiterte W a h l s c h u l d: Grundsätzlich ist jeder überhaupt existierende Sklave erfasst, doch braucht der Erbe insgesamt nur einen zur leisten. Zur Wahlschuld, der sog. *obligatio alternativa*, gehen die Klassiker davon aus, dass es sich um *eine einzige* Verbind-

---

von den §§ 1 i.f., 2, und der Hinweis auf die Stipulation war schon wegen der von Marcellus überlieferten Gegenmeinung angebracht (Stipulationsfälle). - Gegen VASSALLI und BESELER bereits ALBERTARIO (o. Fn. 7) 99 f.; GROSSO, *obbl.* 238, ders., *St. Vassalli* 2, 1960, 955 f. Vor allem bliebe unerfindlich, weshalb die Kompilatoren hier eine Kontroverse in die Quellen hineingetragen haben sollten.

(23) ARNDTS (o. Fn. 20) 274; FERRINI, *Legati* 618. Anders VASSALLI II 479 f. (Fortsetzung zu § 1), dessen Itp.-Verdacht schon deshalb fehlgeht.

(24) Vgl. PESCATORE, *Die sog. alternative Obligation*, 1880, 131 A. 13.

lichkeit handelt, die die Leistung eines der wahlweise einbezogenen Gegenstände zum Inhalt hat (25). Damit ist vereinbar, dass die Juristen von den einzelnen alternativ einbezogenen Gegenständen bisweilen sagen, diese stünden *in obligatione* (26). Denn dies meint nicht, dass im Hinblick auf jeden Gegenstand eine selbständige Verpflichtung besteht, sondern nur, dass innerhalb der einzigen Obligation jeder Gegenstand einer obligationsmässigen Gebundenheit unterliegt, welche etwa bewirkt, dass er taugliches Objekt der Erfüllung oder einer Novation sein oder dass seinetwegen unter Umständen sogar ein Ersatzanspruch entstehen kann (27).

Die isolierende Betrachtung jedes einzelnen Gegenstandes innerhalb der Wahlschuld ist auch vonnöten: Da hinsichtlich jedes einzelnen Gegenstandes die Möglichkeit bestehen soll, dass er der schliesslich geschuldete ist, muss auch jeder geeignet sein, überhaupt den Gegenstand eines Schuldverhältnisses unter diesen Beteiligten zu bilden. Dies erweist sich beispielsweise im zweiten Teil von

> D. 45.1.128 (Paulus, 10 *quaest.*): ... *eadem ratione qui Stichum aut Pamphilum stipulatur, si in unum constiterit obligatio, quia alter stipulatoris erat, etiamsi desierit eius esse, non recte solvitur, quia utraque res ad obligationem ponitur, non ad solutionem* (28).

Jemand hat sich « den Stichus oder den Pamphilus » versprechen lassen; der Stichus stand jedoch bereits in seinem Eigentum. Statt der beabsichtigten Wahlschuld kommt von Anfang an nur eine

---

(25) Siber, *Röm. Privatrecht*, 1928, 241; Lucifredi Peterlongo, *Annali Perugia* 56 (1942) 137 ff., 145; Grosso, *obbl.* 169 ff. Vor allem in der Pandektistik ist darüber viel gestritten worden.

(26) Vgl. etwa Marcell. D. 46.3.72.4 (dazu u. III 1); Pomp. D. 30.11.1 i.f.; Pap. D. 46.3.95 pr.; Paul. D 45.1.128 i.f. (dazu sogleich); 46.2.32.

(27) Pescatore (o. Fn. 10) 49 ff.; Grosso, *obbl.* 176 f. Zum Ersatzanspruch s. die *actio doli* in Pap. D. 46.3.95.1. Vgl. auch Iul. D. 40.9.5.2.

(28) Nicht zu beanstanden, vgl. etwa Siber (o. Fn. 25) 241; Grosso, *obbl.* 170, 176. Die von Beseler, *Beiträge* 5, 1931, 79 wegen *ratio* erwogene Korrektur ändert in der Sache nichts. Allgemeine Verdächtigung bei Lucifredi Peterlongo (o. Fn. 25) 143 f.

Verpflichtung auf Pamphilus zustande (29). Stichus kann wegen rechtlicher Unmöglichkeit von der Obligation nicht erfasst werden: *Nemo rem suam utiliter stipulatur* (Ulp. D. 45.1.82 pr.) (30). Auch wenn Stichus später aus dem Eigentum des Stipulators ausscheidet, kann mit ihm die Verpflichtung, die ja nur auf den Pamphilus geht, nicht erfüllt werden. Denn bei der Wahlschuld geht es darum, dass beide Gegenstände in die Verpflichtung einbezogen werden, nicht aber in die Erfüllung. Das heisst, die missglückte Vereinbarung einer Wahlschuld enthält nicht wenigstens die *facultas alternativa* für den Promittenten, statt des allein geschuldeten Pamphilus den Stichus mit Erfüllungswirkung leisten zu können (31).

c) Der isolierten Betrachtung jedes einzelnen Gegenstandes begegnen wir nicht nur bei der Wahlschuld, also bei *alternativ* gefasstem Stipulationsinhalt, sondern auch bei kumulativ gefasstem: *At si quis illud et illud stipulatus sit, tot stipulationes sunt, quot corpora* (Ulp. D. 45.1.29 pr. i.f.). Jedes einzelne der in der Stipulation enthaltenen Objekte wird so behandelt, als sei es Gegenstand einer selbständigen Stipulation, womit insbesondere die Konsumptionsgefahr vermieden wird (32). Diese Auslegung hat sich in dem Satze *tot stipulationes quot res* niedergeschlagen, der als dictum zwar erst in spätklassischen Quellen überliefert ist, in der Sache aber jedenfalls auch bei Julian, also für die Hochklassik, nachweisbar ist (33). Wenngleich es hierbei — wie erwähnt — um kumulative Leistungszusagen

---

(29) Vgl. auch Marcell. D. 46.3.72.4 (u. III 1 a); Iul.-Gai. D. 45.2.15.

(30) Vgl. Gai. 3.99; D. 44.7.1.10; Paul. D. 45.1.87 = Inst. 3.19.22; Inst. 3.19.2.

(31) Vgl. Pescatore (o. Fn. 24) 13 mit älterer Lit. in A. 8; 21, 205; Grosso 189 f.

(32) Kniep, *Präscriptio und pactum*, 1891, 37 ff.; Knütel, *ZSS* 92 (1975) 135, 138; Sturm, *IVRA* 28 (1977) 267, 273.

(33) Iul. D. 34.5.13(14).2, dazu Knütel, *Stipulatio poenae*, 1976, 85, 87. Für altzivile Regel Schmidlin, *Die röm. Rechtsregeln*, 1970, 73 f., 83; vgl. u. Fn. 94. Die weiteren Quellen: Ulp. D. 21.2.32 pr.; 45.1.1.5; 29 pr. (u. bei Fn. 63); 75.9; 86; Paul. D. 45.1.83.4; 134.3; 140 pr., vgl. auch Call. D. 21.2.72.

geht, von denen jede eine selbständige Obligation begründet, bleibt das dictum doch auch für unseren Zusammenhang instruktiv, nicht allein weil es die isolierende Betrachtungsweise bestätigt, sondern auch wegen der Grenzen, die ihm in der klassischen Auslegung gesetzt werden. Darauf wird zurückzukommen sein.

d) Nach alldem wird Papinians Ansicht in D. 31.66.3 deutlich. Die gattungsmässige Bestimmung eines Sklaven ist für ihn nur eine Kurzformel für alle einzelnen Sklaven. Sie alle sind wie bei einer Wahlschuld *in obligatione*. Dass diejenigen ausgenommen sind, die dem Legatar bereits gehören, beruht auf dem Gesichtspunkt rechtlicher Unmöglichkeit (34). Aber auch diejenigen Sklaven, an denen der Legatar nachträglich, sei es auch nur vorübergehend, das Eigentum erlangt hat, sind nach Papinian keine möglichen Erfüllungsobjekte mehr. Dies beruht ebenfalls auf rechtlicher Unmöglichkeit: Im Hinblick auf diese Sklaven wurde es unmöglich, dem Legatar das bereits erlangte Eigentum nochmals zu verschaffen; sie schieden damit nachträglich aus den *in obligatione* stehenden *homines* aus. Bei Anwendung der Wahlschuldregeln bliebe freilich zu erwägen, ob der Erbe nicht im Hinblick auf einen dieser Sklaven den Wert leisten könnte, wenn der Legatar den Sklaven seinerzeit *ex causa onerosa* erworben hatte (35). Doch kommt dies nur bei Speziesschulden in Betracht; auf Gattungsschulden fanden Julians neue Differenzierungen zum *concursus causarum* keine Anwendung, wie ja auch Papinian in D. 31.66.1, 2 deutlich macht. Wenn Papinian aber dennoch die Gattungsschuld wie eine erweiterte Wahlschuld behandelte, so muss er insoweit die ältere Lehre zugrundegelegt haben, die noch überliefert ist in

---

(34) S.o. zu Paul. D. 45.1.128. Dass sie bedingt für den Fall des Ausscheidens aus dem Eigentum des Stipulators geschuldet sein könnten, wird nicht erwogen.

(35) Daran lässt Iul. D. 30.82.6 denken, wo eine Befreiung des Erben hinsichtlich des einen der wahlweise vermachten Sklaven nur eintritt, wenn der Legatar diesen *ex causa lucrativa* erworben hat, dazu Schulz (o. Fn. 13) 168 f., zweifelnd Grosso, *obbl.* 225; unglaubhafte Harmonisierung bei Beseler, *Beiträge* 4, 1920, 329.

D. 45.1.16 pr. (Pomponius, 6 *Sab.*): *Si Stichum aut Pamphilum mihi debeas et alter ex eis meus factus sit ex aliqua causa, reliquus* (F: *reliquum*) *debetur mihi a te* (36).

Der Gläubiger einer Forderung auf «*Stichus aut Pamphilus*» hat das Eigentum an einem der Sklaven aus irgendeinem anderen Rechtsgrund erlangt. Die Schuld beschränkt sich dann auf den anderen Sklaven. Der Erwerb eines der *in obligatione* befindlichen Gegenstände führt also schlechthin (37) zum Erlöschen der im Hinblick auf ihn bestehenden obligationsmässigen Gebundenheit. Die Rechtfertigung hierfür liegt in dem Grundsatz, dass eine *obligatio* erlischt, *si in eum casum inciderit, a quo incipere non potest* (38). Auch bei seiner Lehre, das Gattungsvermächtnis könne nicht mit Gegenständen erfüllt werden, die nachträglich im Eigentum des Legatars gestanden haben, behandelt Papinian die Gattungsschuld also wie eine Wahlschuld. Doch leugnet er den Unterschied nicht ganz: Julians ausschliesslich für die *species*-Schuld entwickelten *concursus*-Regeln wird er bei der Wahlschuld (über verschiedene *species*) wohl ebenfalls gefolgt sein (39); auf die Gattungsschuld wendet aber auch er diese Regeln nicht an.

e) Für nicht näher individualisierte Miteigentumsanteile (*partes simpliciter relictae*) passt alldies nicht, wie Papinian am Ende des § 2 deutlich macht. Das Eigentum lässt sich in unendlich viele denkbare

---

(36) Ausser *reliquum* mag *aliqua* ein Schreibversehen (für *alia qua*) sein, im übrigen ist das fr. unverdächtig, vgl. Schulz 168 f., 201; Grosso, *obbl.* 224 f. (der zugleich auf den Zusammenhang mit Pap. D. 31.66.3 i.f. aufmerksam macht, S. 225 A. 2). Anders Beseler, *ZSS* 53 (1933) 3 (— ⟨*spoponderis*⟩ [*debeas*] — [*ex aliqua causa*], *reliquum* [—] *mihi a te* ⟨*deberi ait*⟩), behutsamer noch in *Beiträge* 4, 1920, 329.

(37) Nicht nur bei Zusammentreffen zweier *causae lucrativae* oder zweier *causae onerosae*, vgl. Schulz (o. Fn. 13) 169, 201; Voci (o. Fn. 7) 259 A. 38.

(38) Paul. D. 45.1.140.2, s. auch Gai. 4.78; Marcell. D. 45.1.98 pr.; Marci. D. 9.2.16; 38.8.3.2; Mod. D. 8.1.11; Inst. 2.20.14. Zu dieser Rechtfertigung in fr. 16 pr. s. Schulz 169, 201; Ferrini, *Pand.* (o. Fn. 7) 503.

(39) Zwar nicht erweisbar, aber zu vermuten ist, dass er Iul. D. 30.82.6 billigte. Immerhin folgt er Julian in Fragen des *concursus causarum* wiederholt zustimmend und lobend, s. D. 31.66 pr., 1; 31.73 (mit. Iul. D. 30.82.4).

Miteigentumshälften aufteilen (40); dem einzelnen ideellen Anteil fehlt die Konkretheit, die es erlauben würde, ihn wie auch alle anderen ideellen Anteile jeweils einer obligationsmässigen Gebundenheit zu unterwerfen.

4. *Eademque ratio stipulationis est* bemerkt Papinian in § 3 (41). Seine Auffassung ist also nicht auf das Gattungsvermächtnis beschränkt und auch nicht aus Besonderheiten der Legatsschuld heraus zu erklären (42). Auch wurde bereits deutlich, dass Papinian bei seiner Betrachtungsweise an die Wahlschuld anknüpft. Bei dieser sind zu der uns interessierenden Konstruktion aber gleichfalls keine Unterschiede zwischen Legat und Stipulation erkennbar. Zudem erweisen die Marcellus-Fragmente (D. 46.3.67, 72.4), dass unser Problem für die Stipulation diskutiert wurde, und es ist anzunehmen, dass Papinian auch bei der Stipulation an der von Marcellus verworfenen Ansicht festgehalten hat.

III.

1. Der Hochklassiker M a r c e l l u s sieht die Dinge anders als Papinian:

> D. 46.3.72.4 (Marcellus, 20 *dig.*): *Stichum aut Pamphilum stipulatus sum, cum esset meus Pamphilus: nec si meus esse desierit, liberabitur promissor Pamphilum dando: neutrum enim videtur in Pamphilo homine constitisse nec obligatio nec solutio. sed ei, qui hominem dari stipulatus est, unum etiam ex his, qui tunc stipulatoris servi erant, dando promissor liberatur: vi quidem ipsa et hic ex his dari stipulatus est, qui eius non era⟨n⟩t. fingamus ita stipulatum: hominem ex*

---

(40) Beseler, *Min.* 36.

(41) Dies zu verdächtigen, besteht entgegen Beseler (o. Fn. 22; seit *Beitr.* 5, 51) kein Anlass. Wichtigkeit misst dem Hinweis auch bei Ferrini (o. Fn. 7), *Op.* 3, 409; *Pand.* 418 A. 1.

(42) Anders jedoch Kaser, *RP* 495 A. 14.

his, quos Sempronius reliquit, dare spondes?, cum tres Sempronius reliquisset, eorumque aliquem stipulatoris fuisse: num mortuis duobus, qui alterius erant, supererit ulla obligatio, videamus. et magis est deficere stipulationem, nisi ante mortem duorum desierit esse reliquus servus stipulatoris (43).

Es geht um drei Fälle:

a) Im 1. Fall hat der Gläubiger *Stichum aut Pamphilum* stipuliert; Pamphilus gehörte ihm jedoch schon. Wegen rechtlicher Unmöglichkeit kann Pamphilus nicht in die Wahlschuld einbezogen sein; es kommt nur eine Schuld über Stichus zustande. Auch wenn der Gläubiger später den Pamphilus veräussert, kann der Promittent die auf den Stichus gerichtete Schuld nicht durch Leistung des Pamphilus erfüllen; dieser steht weder *in obligatione* noch *in solutione*. Alldas stimmt mit dem oben (II 3 b) angesprochenen Fragment Paul. D. 45.1.128 überein.

b) Im 2. Fall wendet sich Marcellus der Gattungsschuld zu, die er der Wahlschuld gegenüberstellt (*sed*) (44). Dabei tritt zugleich der Gegensatz zu Pap. D. 31.66.3 hervor: Wenn der Gläubiger *einen* Sklaven schlechthin stipuliert hat, wird der Promittent auch frei, wenn er einen von denjenigen Sklaven leistet, die seinerzeit, nämlich im Zeitpunkt des Stipulationsabschlusses (45), im Eigentum des Stipulators gestanden hatten, so dass hier anders als bei der Alternativobligation der Sklave jedenfalls *in solutione* ist.

---

(43) Beseler, Min. 35; *ZSS* 45 (1925) 233; 66 (1948) 300 verändert den 2. Fall in das Gegenteil (⟨*non*⟩ *liberatur*) und tilgt ab *vi quidem* alles. Dagegen mit Recht Kunkel (o. Fn. 7) 644; Grosso, *obbl.* 238. Auch Vassallis Verdächtigung von *vi quidem rell.* (II 481 ff.) entbehrt der Grundlage, vgl. Grosso 240 f.; ders., *St. Vassalli*, 2, 1960, 955 f. Für Echtheit auch Albertario (o. Fn. 7) 98, ausgenommen *vi - erant*, dazu u. Fn. 48. Zu *era*⟨*n*⟩*t* s. u. Fn. 47.

(44) Vgl. Grosso, *St. Vassalli* 2, 1960, 956.

(45) Dies ergibt sich aus dem Zusammenhang mit Fall 1 (*cum esset meus*; *constitisse*) und 3 sowie daraus, dass ein früherer Zeitpunkt juristisch belanglos wäre. Anders Buonamici (o. Fn. 5) 41 f., der an Sklaven denkt, die dem Stipulator zuvor irgendwann einmal gehört hatten. Dagegen auch Vassalli II 475; Albertario (o. Fn. 7) 100.

Nach dieser allgemeinen Aussage ist der Text gestört. Es folgt eine Konzession, die gerade für das Gegenteil spricht. *Vi quidem ipsa et hic ex his dari stipulatus est, qui eius non era⟨n⟩t*: Zwar habe er sich « in Wirklichkeit » auch hier versprechen lassen, dass Sklaven geleistet würden, die damals nicht in seinem Eigentum standen (46). Lesart (47) und Sinn dieser Bemerkung sind unsicher. Sie als interpoliert zu streichen (48), vermag am wenigsten zu befriedigen. Warum sollten die Kompilatoren eine sichere Aussage von sich aus in Zweifel gezogen haben, zumal in so unvollständiger Weise? Überdies zeigen Marcell D. 46.3.67 (u. III 2) und Pap. D. 31.66.3, dass die Frage streitig war. Deshalb hat Marcellus es im Fall 2 schwerlich bei der bloßen Behauptung (*liberatur*) bewenden lassen, sondern die Kontroverse dargestellt. Die Textstörung beruht daher höchstwahrscheinlich auf einer Kürzung (49). Vermutlich hat der Jurist auch eingeräumt, dass die Parteien bei Abschluss der Stipulation selbstverständlich stillschweigend davon ausgegangen sind, dass dem Stipulator Sklaven zu leisten sind, die ihm noch nicht gehören. Doch kommt es seiner Ansicht nach bei der Gattungsschuld darauf nicht an; entscheidend ist vielmehr, dass die Sklaven des Stipulators dann, wenn sie nicht mehr in dessen Eigentum stehen, wieder in die Gattung « eintauchen » und mögliche Erfüllungsobjekte werden. Insofern trifft die im Fall 1 zur Wahlschuld gebotene Formel *nec obligatio nec solutio con-*

---

(46) Vgl. VASSALLI II 481 f.

(47) F hat *erat*, KRÜGER ad h.l., s. auch VASSALLI I 162. *Si* statt *vi* zu lesen (BUONAMICI 42), führt nicht weiter; auch KRÜGERS Vorschlag (ad h.l.), *quamvis* voranzustellen, bereinigt die Widersprüchlichkeit nicht, vgl. FERRINI, *Legati* 619 A. 1.

(48) So VASSALLI II 482 (I 163 A. 2 für Glossem); PEROZZI (o. Fn. 7) 128 A. 3; BESELER (o. Fn. 43); ALBERTARIO (o. Fn. 7) 98; REGGI, *St. Parmensi* 4 (1954) 71 f.

(49) GROSSO, *obbl.* 237 ff. (239); ders. (o. Fn. 44) 955 - MOMMSEN, Dig. ed. maior, ad h.l., vermutet einen Zeilenausfall: *stipulatus est qui ⟨eius non erant: at cogitasse videtur de homine, qui nunc cum solvitur non est eius, non de eo qui tunc cum stipulabatur⟩ eius non erat.* Doch ist das unwahrscheinlich; vielmehr wird der Jurist eine Streitfrage erörtert haben. Für Intaktheit hingegen BUONAMICI (o. Fn. 5) 42, doch s. o. Fn. 45.

stitisse videtur bei der Gattungsschuld nicht das Richtige; die einzelnen Gattungsstücke sind nicht *in obligatione*.

c) Hält man es für wahrscheinlich, dass Marcellus sich im Original mit der Gegenansicht auseinandergesetzt hat, so gewinnt auch Fall 3 an Gewicht. Er lässt sich dann als Beispiel begreifen, an dem der Jurist die Vorteile und die Grenzen seiner Auffassung deutlich macht. Im Fall 3 ist das Versprechen abgegeben worden, einen von denjenigen Sklaven zu leisten, die Sempronius hinterlassen hat. Dies sind insgesamt drei Sklaven, von denen der eine, etwa Lydus, nach Sempronius' Tod aber vor Abschluss der Stipulation bereits in das Eigentum des Stipulators gelangt ist (50). Nachträglich sterben die beiden anderen Sklaven, die einem Dritten gehörten, und es stellt sich die Frage, ob nun noch irgendeine Verbindlichkeit offensteht. Marcellus hält es für richtiger, ein Erlöschen anzunehmen, sofern nicht der letzte Sklave noch vor dem Tod der beiden anderen aus dem Eigentum des Stipulators ausgeschieden ist.

Es handelt sich in dieser Variante um eine sogenannte «beschränkte Gattungsschuld» (auch: gemischt-generische Schuld). Bei dieser ist ein nur nach Gattungsmerkmalen bestimmter Gegenstand zu leisten, jedoch nur aus einer abgegrenzten Menge, einem bestimmten Vorrat. Dazu besteht im konkreten Fall noch die Besonderheit, dass der Vorrat bereits aufgelöst ist; Lydus befindet sich im Eigentum des Stipulators, die beiden anderen Sklaven stehen in dem eines Dritten. Aber das hindert die Annahme einer beschränkten Gattungsschuld nicht (51), schon gar nicht dann, wenn im Vertrag auf den

---

(50) Ferrini (o. Fn. 7), *Op.* 3, 407; Biondi (o. Fn. 10) 402. Anders wieder Buonamici (o. Fn. 5) 42: Der bei Abschluss dem Stipulator gehörende Lydus sei hernach in das Eigentum des Sempronius gelangt, der erst danach gestorben sei. Aber das wäre problemlos; auch verstösst diese Deutung gegen das Stipulationsformular (*reliquit*, Perfekt statt eines Futurs) und gegen den Schluss (*nisi rell.*), weil es für das Ausscheiden aus dem Eigentum des Stipulators dann auf den Tod des Sempronius und nicht auf den der beiden Sklaven ankommen müsste.

(51) Und führt auch nicht etwa zur Unmöglichkeit, «aus» der abgegrenzten Menge zu leisten, vgl. (zum modernen Recht) Planck-Siber, *Kommentar zum BGB*, Bd. II 1, 4. Aufl. 1914, § 243 A. 2 (S. 48).

(ehemaligen) Vorrat überhaupt erst nach dessen Auflösung Bezug genommen worden ist. Marcellus behandelt diese «beschränkte Gattungsschuld» als Gattungsschuld (52). Auch Gegenstände, die, obgleich zum Vorrat gehörend, bei Obligationsbegründung noch keine möglichen Leistungsobjekte waren, können nach Wegfall des hindernden Umstandes zur Erfüllung verwendet werden. Die Rechtslage des einzelnen Gegenstandes ist bei Begründung der Gattungsschuld also irrelevant; sie erlangt erst im Zeitpunkt der Erfüllung Bedeutung.

Gegenüber Papinians Ansicht führt diese Betrachtungsweise zu einer Besserstellung des Gläubigers; der Kreis der möglichen Erfüllungsobjekte wird durch anfängliche oder nachträgliche (juristische) Unmöglichkeit nicht dauernd eingeschränkt; die Leistungsgefahr lastet länger auf dem Schuldner. Der Sache angemessen ist diese Auslegung. Da mit dem Abschluss einer Gattungsschuld gerade bezweckt wird, im Gegensatz zur Speziesschuld und über die Wahlschuld hinausgehend die Leistungsgefahr weitestmöglich dem Schuldner aufzuerlegen, ist es nur konsequent, ihn diese Gefahr auch bei der beschränkten Gattungsschuld so weit wie möglich tragen zu lassen. Freilich gilt dies nach Marcellus nur so lange, wie überhaupt ein erfüllungstauglicher Sklave vorhanden ist. Ist der Vorrat bis auf einen Sklaven zusammengeschmolzen und steht dieser bereits im Eigentum des Stipulators, dann erlischt die Verbindlichkeit, weil sie sich auf diesen einen beschränkt und weil es rechtlich unmöglich ist, ihn dem Stipulator (jetzt) nochmals zu verschaffen (53). Doch bestanden, wie Marcellus' vorsichtiges *magis est* zeigt, in diesem Punkte Zweifel.

---

(52) Vgl. Pescatore (o. Fn. 10) 148; Vassalli I 164; Grosso, *obbl.* 240.

(53) Vgl. Grosso, *obbl.* 240 f., 257, zugleich gegen Vassalli II 483, der meint, es müsse bei Stipulationsabschluss feststehen, ob der Sklave zur vorgesehenen Gattung gehöre oder nicht, und daran könne sich nachträglich nichts ändern. Doch gilt der Erlöschensgrund der Leistungsunmöglichkeit, sofern die ganze (verbleibende) Gattung betroffen ist.

Möglicherweise betrafen diese Zweifel die Frage, ob die beschränkte Gattungsschuld nicht dann als Speziesschuld zu behandeln sei, wenn sie sich auf nur einen denkbaren Gegenstand reduziert (54), und ob die Lehre vom *concursus causarum* Anwendung finden und beispielsweise der Stipulator (*ex causa onerosa*) auf das Interesse klagen könnte, wenn er den Sklaven seinerzeit *ex causa lucrativa* erlangt hatte. Doch liegt das wohl fern, zumal wenn der Stipulator den letzten Sklaven schon bei Stipulationsabschluss zu Eigentum besass (55). Eher werden Marcellus' Zweifel wohl der Frage gegolten haben, ob nach dem Tode der anderen beiden Sklaven die Klage nicht nur «ruhe», solange Lydus im Eigentum des Stipulators steht (56). Während die Sabinianer das Erlöschen einer Forderung als endgültig ansahen, neigten die Prokulianer dazu, von diesem Grundsatz Ausnahmen zuzulassen (57). Vermutlich hat Marcellus (58) zu dieser Frage Stellung bezogen. Wie D. 31.66.1-3 zeigte, hielt ja noch Papinian es für angebracht, auf das endgültige Erlöschen hinzuweisen (59).

2. Die Lehre des Marcellus ist auch überliefert in

> D. 46.3.67 (Marcellus, 13 *dig.*): *Si quis duos homines promiserit et Stichum solverit, poterit eiusdem Stichi dominium postea consecutus* (60) *dando liberari. in nummis minor vel prope nulla dubitatio est: nam et apud Alfenum Servius eum, qui minus a debitore suo accipere et liberare*

---

(54) Dagegen Grosso, *obbl.* 258.

(55) Auch wird der Gedanke, der eigene Sklave sei auf Grund der Stipulation bedingt geschuldet — was Marcell. D. 45.1.98 pr., vgl. D. 18.1.61, entgegen anderen grundsätzlich für möglich hielt —, auszuscheiden sein. Die Bedingung müsste wenigstens vereinbart sein. Zudem käme Marcellus dann doch wieder zur isolierenden Betrachtungsweise.

(56) In diesem Sinne wohl auch Ferrini (o. Fn. 7), *Op.* 3, 407.

(57) Schulz (o. Fn. 13) 203. Vgl. o. bei Fn. 16.

(58) Er ist wohl nicht mehr zu den Sabinianern zu rechnen, Liebs, *ANRW* II, 15, 1976, 204, 217, anders Honoré, *TR* 32 (1964) 24 ff.

(59) § 1: *neque postea parte alienata revocari actionem semel extinctam*, § 3: *tametsi dominus esse disinit.*

(60) Mommsen, Dig., ad h.l., inseriert ⟨*rursus eum*⟩.

eum vellet, respondit posse saepius aliquos (61) *nummos accipiendo ab eo eique retro dando ac rursus accipiendo id efficere: veluti, si centum debitorem decem acceptis liberare creditor velit, ut, cum decem acceperit, eadem ei retro reddat, mox ab eo accipiat ac novissime retineat: etsi in dubitationem a quibusdam hoc male deducatur, quod non possit videri is qui ita accepit, ut ei a quo accepit retro reddat, solvisse potius quam decessisse* (62).

a) Das Fragment enthält zwei Fälle, einen Hauptfall und einen zur Begründung herangezogenen Parallelfall. Im Hauptfall hat sich jemand zwei Skaven versprechen lassen. Der Schuldner hat auf diese Verbindlichkeit hin zunächst den Stichus geleistet. Er kann, wenn er später erneut das Eigentum an diesem Stichus erlangt, mit dessen nochmaliger Hingabe seine Verbindlichkeit erfüllen. Nachdem Marcellus diese Feststellung getroffen hat, räumt er ein, dass sie nicht bedenkenfrei ist: Bei Geldstücken bestehe hierzu weniger oder fast gar kein Zweifel. Zum Beleg führt er sodann ein Responsum des Servius an, das er am Ende gegen spätere Einwände verteidigt.

Im Hauptfall drängt sich zunächst die Frage auf, ob der Stipulationswortlaut *duo homines* überhaupt eine Auslegung in dem Sinne zulässt, dass zweimal derselbe Sklave geleistet werden kann. Das ist bedenklich, weil die «Zweiheit» eigentlich keine Wieder-

(61) Besser *aliquot*, MOMMSEN, Dig., ad h.l.

(62) Der Schlussteil (*etsi rell.*) ist nicht ganz intakt (s.u. Fn. 75), doch ist das Fragment in der Substanz klassisch, wie die Übereinstimmung mit fr. 72.4 und — angesichts der Kontroversenindizien — der Gegensatz zu Pap. D. 31.66.3 erweisen. Unglaubhaft daher BESELER, *Min.* 35; *ZSS* 45 (1925) 233; 53 (1933) 9, auch *Beiträge* 5, 51, der auch hier eine gegenteilige Entscheidung behauptet (⟨*non*⟩ *poterit*), einen Gegensatz zum Servius-Fall konstruiert (⟨*aliud*⟩ *in nummis* ⟨*placuit*⟩ [*minor-est*]), das Beispiel und seit *St. Riccobono* 1, 1936, 311 ([*veluti rell.*]) auch den zuvor unter Änderungen aufrechterhaltenen Schlussteil tilgt. Gegen ihn bereits KUNKEL (o. Fn. 7) 644 A. 3, der den Anfang des fr. für verkürzt hält; GROSSO, *obbl.* 238; vgl. auch BEHRENDS, *ZSS* 97 (1980) 473.

Im Servius-Responsum ging es möglicherweise um die *nexi liberatio*, so SCHLOSSMANN, *Jherings Jahrbücher* 44 (1902), 388 A. 2 (390 f.), vgl. u. Fn. 69-71.

holung der « Einheit » ist, sondern zwei verschiedene « Einheiten » meint. Doch war die Stipulation in der Hochklassik bereits einer freieren Auslegung zugänglich, so dass der Wortlaut dem Marcellus keine ernsten Schwierigkeiten bereitet haben wird. Zudem war der Gläubiger mit der Leistung zunächst nur eines Sklaven einverstanden gewesen; auf die gleichzeitige Leistung beider wird es also — anders als etwa bei Sänftenträgern — nicht angekommen sein. Alldies setzt Marcellus voraus und befasst sich mit der anschliessenden Frage, ob der Gattungsschuldner sich auch durch die erneute Leistung desselben individuellen Gegenstandes befreien kann. Dies hängt davon ab, von welcher Konstruktion der Gattungsschuld man sich leiten lässt.

Nach dem Satze *tot stipulationes quot res* wären zwei Stipulationen auf *hominem dari* anzunehmen. Papinian (D. 31.66.3) würde die Dinge dann so sehen, als seien « in kurzer Rede » (*orationis compendio*) jeweils alle einzelnen Sklaven *in obligatione*. Mit erstmaliger Leistung des Stichus erlösche die eine Stipulation; zugleich scheide Stichus aus der obligationsmässigen Gebundenheit aus, in der er sich (auch) hinsichtlich der zweiten Obligation befand, so dass die zweite Obligation mit ihm nicht mehr erfüllt werden kann (*frustra solvitur, cuius dominium postea legatarius adeptus est, tametsi dominus esse desinit*). Marcellus teilt, wie schon fr. 72.4 zeigte, eine derartige Betrachtungsweise nicht, und es ist kennzeichnend, dass er im fr. 67 auch gleich die wichtigste Konsequenz anführt, die sich aus der unterschiedlichen Konstruktion ergibt: Nach seiner Lehre, nach der bei der Gattungsschuld die einzelnen der Gattung zugehörigen Gegenstände nicht *in obligatione* sind, kann dieselbe Sache wiederholt geleistet werden.

Zur Verteidigung seiner Ansicht verweist Marcellus auf die Parallele bei Münzen. Die auffällige Formulierung *in nummis minor vel prope nulla dubitatio est* erklärt sich dadurch, dass der Jurist unterschiedliche Situationen vor Augen hat: Fast überhaupt kein Zweifel wird in den Fällen bestanden haben, in denen der Stipulator das auf Grund der Teilzahlung erlangte Geld wieder ausgegeben hat und in denen es dann über diverse Dritte zufällig wieder an den

Promittenten gelangt ist. Dass der Schuldner mit diesen Münzen die Restschuld begleichen konnte, wird kaum bestritten worden sein. Denn erstens wurde der Stipulator hierbei in keiner Weise benachteiligt; er hatte sich den Wert des Geldes mit dessen Weiterveräusserung zugeführt, und an den einzelnen fungiblen Geldstücken konnte er anders als an Individualitäten vernünftigerweise kein Interesse haben. Zweitens würde es auf ganz ausserordentliche praktische Schwierigkeiten stossen, wollte man hier hinsichtlich jedes einzelnen Geldstücks eine obligationsmässige Gebundenheit mit den daraus folgenden Konsequenzen annehmen. Bei Geld ist die isolierte Betrachtungsweise denn auch als absurd verworfen worden:

> D. 45.1.29 pr. (Ulpianus, 46 *Sab.*): ... *quamvis autem placuerit tot esse stipulationes, quot summae, totque esse stipulationes quot res: tamen si pecuniam quis, quae in conspectu est, stipulatus sit, vel acervum pecuniae, non tot sunt stipulationes, quot nummorum corpora, sed una stipulatio: nam per singulos denarios singulas esse stipulationes absurdum est...* (63).

Wenn sich jemand das vor ihm liegende Geld oder einen (bestimmten) Haufen Geldes versprechen lässt, handelt es sich nur um eine einzige Stipulation und nicht etwa um so viele, wie Geldstücke vorhanden sind. Denn es wäre absurd, den Satz *tot stipulationes quot res* so weit auszudehnen. Man wird dies auf andere nach Quantitäten bestimmte vertretbare Sachen, wie Weizen, Oliven etc., erstrecken dürfen (64). Immerhin hält Ulpian es aber noch für angebracht, zur

---

(63) Insoweit nicht zu beanstanden, vgl. etwa Biondi, *Contratto e stipulatio*, 1953, 324; Wacke, *BIDR.* 79 (1976) 108 A. 253; Hasler, *Studien zu Wesen und Wert des Geldes in der röm. Kaiserzeit von Augustus bis Severus Alexander*, 1980, 26. Beseler äussert in *ZSS* 56 (1936) 68 allgemeine Verdächtigungen und streicht in *Beiträge* 3, 1913, 33 den Hinweis auf die Absurdität, weil nicht die Vernunft, sondern die Wortform entscheide. Angesichts der Beispiele (*eam pecuniam, eum acervum dari?*) geht das fehl. Zum hier ausgelassenen Anfangsteil s. Voci, *BIDR.* 68 (1965) 181.

(64) Vgl. u. IV 2 (zu D. 46.3.29) und u. V 2.

pecunia auf diese Einschränkung hinzuweisen. Dies stützt die Annahme, dass der Gedanke zur Zeit des Marcellus nicht völlig aus der Diskussion war (*prope* [!] *nulla dubitatio*).

Die Fälle, in denen nach Marcellus bei Geld immerhin noch eine gewisse Zweifelhaftigkeit besteht (*minor dubitatio*), werden die sein, in denen ohne weiteres offenbar ist, dass dieselben Münzen geleistet werden, die dem Stipulator bei oder nach Stipulationsabschluss bereits gehörten. Das war etwa gegeben, wenn der Promittent ein in einem *sacculum* enthaltenes *corpus nummorum* leistete, das zuvor im Eigentum des Stipulators gestanden hatte. Da ein solches *corpus nummorum* als *species* behandelt wurde (65), konnte auch bei diesen Geldleistungen die Frage gestellt werden, ob mit einer *species* erfüllt werden könne, die bei oder nach Stipulationsabschluss im Eigentum des Stipulators stand.

Marcellus hat dies bejaht und sich auf ein altes kautelares Responsum des Servius berufen. Dieser hat anerkannt, dass jemand, der vom Schuldner nur eine Teilleistung entgegennehmen und ihn hinsichtlich des Restes befreien will, dies in der Weise vornehmen könne, dass er wiederholt vom Schuldner einige Geldstücke annehme, sie ihm zurückgebe und dann erneut empfange. Wenn beispielsweise der Gläubiger den Schuldner von 100 nach einer Zahlung von 10 befreien wolle, so könne er, wenn er die 10 empfangen habe, ihm diese zurückgeben, hernach von ihm wieder entgegennehmen und nach den erforderlichen Wiederholungen dann schliesslich ganz behalten.

Die umstrittene Frage, w e s h a l b Servius den Parteien zu diesem auffälligen Verfahren riet, ist in unserem Zusammenhang nicht von Belang und sei deshalb nur kurz gestreift. Die verschiedenen Erklärungen gehen von zwei Hauptgesichtspunkten aus: Entweder wird das Problem darin gesehen, dass ein teilweiser Erlass *unter diesen*

---

(65) Fuchs, *Iusta causa traditionis*, 1952, 213; Kaser, *TR* 29 (1961) 179; Wacke (o. Fn. 63) 104, 108 f.; Hasler (o. Fn. 63) 26, 47 ff., 57 pass., jeweils mit Quellen.

Parteien nicht möglich oder doch nachteilig war, oder es wird vermutet, dass einem *Teilerlass* zur Zeit des Servius überhaupt noch die juristische Anerkennung versagt war. Aus dem ersten Gesichtspunkt wäre zu erwägen, dass der Gläubiger eine Frau (66) oder ein *adstipulator* (67) war oder dass auf diesem Wege vermieden werden sollte, dass der Schuldner ein infamierendes *pactum* über seine Zahlungsunfähigkeit mit seinen Gläubigern treffen musste (68).

Da von den konkreten Verhältnissen der Parteien jedoch nichts verlautet und auch Bedenken aus dem Gesichtspunkt der *circumventio* bestehen, haben die vom zweiten Ansatzpunkt ausgehenden Erklärungen mehr für sich. Hier wird in Betracht gezogen, ein Teilerlass auf dem Wege über die *solutio per aes et libram* (69) sei nicht möglich gewesen (70) oder die *solutio per aes et libram* habe zur Zeit des Servius noch zahlungsbegleitende Funktion gehabt und deshalb auch eine (Schein-) Zahlung erforderlich gemacht (71) oder es habe eine vollständige formlose Zahlung bewirkt werden müssen, um unabhängig von der *solutio p.a.e.l.* eine zivilrechtliche Erfüllung der Legatsschuld herbeizuführen (72). Sofern schliesslich — möglicherweise nach vorangehender Novation — eine Verbalobligation

---

(66) Wegen Gai. 3.171. Dagegen KOHLER, *Archiv für die civilist. Praxis* (*AcP*) 98 (1906) 356 (mangels näherer Anhaltspunkte).

(67) Wegen des 2. Kap. der *lex Aquilia*.

(68) Dafür sprechen sich unter Bezugnahme auf die *lex Iulia municipalis* Z. 114 f. (*aut cum eis* [*sc. sponsoribus creditoribusve*] *pactus est erit, se solidum solvere non posse*) (BRUNS S. 108; *FIRA* I 149) aus: DAUBE, *Roman Law*, 1969, 93 f.; WATSON, *The Law of Obligations in the Later Roman Republic*, 1965, 210 f. Doch hätte ein Erlass nach Teilzahlung keine Infamiefolgen ausgelöst und sich deshalb als einfacherer Weg angeboten.

(69) Für diese spricht die Palingenesie; Marcellus 13 dig. behandelt Legatsrecht, LENEL, *Pal.* 1, 613 f. Zur Zuständigkeit dieses Erlasses für das Damnationslegat s. Gai. 3.175.

(70) So KOHLER (o. Fn. 66) 356. Demgegenüber bleibt freilich denkbar, dass die gewünschten *decem* hätten zugewogen werden können.

(71) So SCHLOSSMANN (o. Fn. 62) 390 f. A., vgl. auch KRETSCHMAR, *Die Erfüllung*, 1906, 19 A. 24, doch ist das nicht glaubhaft, MITTEIS, *Römisches Privatrecht bis auf die Zeit Diokletians*, 1908, 263 A. 21 (mit Cic., *de leg.* 2.21.53), vgl. auch KNÜTEL, *ZSS* 88 (1971) 76.

(72) In dieser Richtung MITTEIS 263 A. 21; VÁŽNÝ, *St. Riccobono* 4, 1936, 266.

gegeben war, wäre das Verfahren dadurch zu erklären, dass eine zivilrechtliche Befreiung gesucht wurde, die unangreifbarer war als die in ihrer Wirksamkeit zu Servius' Zeit offenbar noch umstrittene Teilakzeptilation (73).

Ob sich Servius bereits mit dem Bedenken auseinandergesetzt hat, dieselben Stücke könnten nicht mehrmals geleistet werden, ist ungewiss (74). Im Gedankengang des fr. 67 erscheint das Responsum nur zum Beleg dafür, dass von der Möglichkeit wiederholter Leistung derselben Geldstücke schon die *veteres* ausgingen; ob sie insoweit überhaupt die von Marcellus bekämpften dogmatischen Bedenken hatten, bleibt offen. Marcellus geht in dem nicht ganz intakten Schlussteil (75) denn auch nur auf ein anderes Bedenken gegen das Responsum ein, die Frage nämlich, ob ein derartiges Verfahren überhaupt noch als Erfüllung angesehen werden kann, wenn die Valuta dem Gläubiger so geleistet wird, dass er sie zurückgewähren soll (76). Die Gegner haben dies verneint und vermutlich nur ein (*per exceptionem* wirkendes) Erlasspaktum über den Restbetrag

---

(73) Vgl. Gai. 3.172, s. auch Kohler (o. Fn. 66) 356 f. Zur Suche der vorklassischen Kautelarjuristen nach Wegen unbestrittener zivilrechtlicher Befreiungswirkung vgl. die Vermutungen zur Klausel *quanti ea res erit* und der *datio in solutum* bei Kaser, *ZSS* 90 (1973) 211 f., s. auch Knütel (o. Fn. 33) 63. Wie das wiederholte *liberare* sowie *solvisse* zeigen, wird in fr. 67 jedenfalls eine *ipso iure*-Befreiung angestrebt.

(74) Dafür Ferrini (o. Fn. 7), *Op.* 3, 408. - *Minor vel prope nulla dubitatio* bezieht sich aber nicht notwendig schon auf Servius. Vgl. auch u. V 3.

(75) *Etsi rell.* Offenbar fehlt etwas. Mommsen-Krüger, Dig., ad h.l. ergänzen sinngemäss *reddat* ⟨*solutum accepisse. puto tamen debitorem ita dantem*⟩ *solvisse potius quam decidisse.* Ähnlich Kohler (o. Fn. 66) 357. In der Sache ist die überlieferte Streitfrage glaubhaft, vgl. u. Fn. 76; Watson (o. Fn. 68) 209. Für Itp. hingegen Perozzi (o. Fn. 7) 128 A. 3; Beseler (o. Fn. 62, *St. Riccobono*); Reggi (o. Fn. 48) 59. Verdächtigungen auch bei Vassalli II 481 (vgl. auch I 170).

(76) Vgl. Ulp. D. 46.3.66 einerseits, Herm. D. 39.5.33 andererseits sowie die Erwägungen in Iul. D. 12.1.20, dazu Kohler (o. Fn. 66) 352 ff.; Broise, *Animus donandi* 1, 1975, 53 ff. mit eingehenden Literaturnachweisen, doch s. auch Daube (o. Fn. 68) 109 ff.; Knütel, *ZSS* 95 (1978) 488 A. 3, ferner Knobbe-Keuk, *Fschr. Flume* 2, 1978, 169 ff.

anerkannt (77). Servius und Marcellus bejahen hingegen eine wirksame Zahlung, wobei sie, wie sich auch aus dem Ausgangsfall des Marcellus ergibt, von jeweils perfekten Übereignungen ausgehen.

IV.

1. Dass die von Marcellus bekämpfte Lehre ausser von Papinian bereits von Julian vertreten wurde, soll sich nach Pescatore (78) ergeben aus:

> D. 45.1.54 pr. (Iulianus, 22 *dig.*): *In stipulationibus alias species, alias genera deducuntur. cum species stipulamur, necesse est inter dominos et inter heredes ita dividi stipulationem, ut partes corporum cuique debebuntur, quotiens autem genera stipulamur, numero fit inter eos divisio: veluti cum Stichum et Pamphilum quis stipulatus duos heredes aequis partibus reliquit, necesse est utrique partem dimidiam Stichi et Pamphili deberi: si idem duos homines stipulatus fuisset, singuli homines heredibus eius deberentur* (79).

Stipulationen haben teils *species*, teils *genera* zum Inhalt. Bedeutung erlangte dieser Unterschied unter anderem, wenn die Forderung mehreren zusteht, sei es als Eigentümern eines *servus communis*, sei es als Erben, für die der Grundsatz *nomina ipso iure divisa* gilt. Geht die Forderung auf Speziessachen, so hat jeder der Gläubiger

(77) Vgl. Kohler 357 f.

(78) (o. Fn. 10). Auf das fr. 54 pr. weist im Zusammenhang auch Ferrini (o. Fn. 7), *Op.* 3, 407 A. 3 hin.

(79) Der Wechsel der Berechtigten (*stipulamur - dominos - heredes - cuique*) und die Form *debebuntur* legen die Annahme nahe, dass der Anfang unter Kürzungen gelitten hat. Mommsen, Dig., ad h.l., schlägt die Emendation vor: *ut partes* ⟨*corporis uniuscuiusque uni cuique debeantur*⟩. Mit Beseler, *ZSS* 53 (1933) 41 alles bis einschliesslich *veluti* zu streichen, ist haltlos, dagegen auch Bund, *Untersuchungen zur Methode Julians*, 1965, 54, 55, 56. *Inter dominos* wird sich auf die Stipulation eines *servus communis* bezogen haben. Der volle Julian-Text hat offenbar Ulpian (in D. 46.3.29) vorgelegen, vgl. Pernice (Neudruck in) *Labeo* 8 (1962) [aus 1885] 387 A. 157.

Anspruch auf einen Miteigentumsanteil an den einzelnen Stücken. Bei einer Gattungsschuld findet hingegen eine zahlenmässige Aufteilung statt. Ein Beispiel verdeutlicht dies: Hat der Erblasser einer Stipulationsforderung auf *Stichus et Pamphilus* zwei Erben zu gleichen Teilen eingesetzt, so wird jedem eine Miteigentumshälfte an Stichus und an Pamphilus geschuldet. Hätte der Erblasser dagegen nur zwei Sklaven schlechthin stipuliert, so wären seinen Erben *singuli homines* geschuldet.

Dass Julian im Fall der Gattungsschuld davon ausgeht, *alle* einzelnen Sklaven seien *in obligatione*, gibt der Text nicht her. Pescatore (o. Fn. 10) versteht *singuli homines* offenbar ebenso wie im Papinian-Fragment D. 31.66.3 (*hominis legatum orationis compendio singulos homines continet*). Doch kann in fr. 54 pr. *singuli* nur distributiv gemeint sein: Den (einzelnen) Erben wird *je ein* Sklave geschuldet. Für Julian geht es, wie er vorher allgemein formuliert hat, darum, dass bei der Gattungsschuld eine zahlenmässige Aufteilung auf die einzelnen Berechtigten stattfinden kann (*numero fit divisio*), und ebendies veranschaulicht er im Beispiel. Man müsste ihm einen ganz unverhofften Gedankensprung unterstellen, wenn man seinen Hinweis dahin verstehen wollte, bei der Gattungsschuld seien den Erben jeweils alle einzelnen Sklaven wahlweise geschuldet.

2. Dass die Juristen in diesem Zusammenhang nur die Teilungsproblematik im Auge haben, wird auch in den Parallelstellen deutlich. Papinian spricht sich bei einer Stipulation über *centum homines* mit Gläubigerwahl für eine zahlenmässige Aufteilung auf die beiden Erben aus, sofern die Wahl noch aussteht. Ist die Auswahl dagegen schon erfolgt, so dass nunmehr die speziellen Sklaven geschuldet sind, so erlangen die Erben Bruchteilseigentum an 100 Sklaven (80). Weiter geht Ulpian (D. 46.3.29): Wenn ein *servus communis* eine Stipulation über *decem homines* abschliesst, ist es eine Frage des

(80) Pap. D. 45.1.117 (12 *quaest.*): *Si centum homines, quos ego heresve meus eligerem, stipulatus, duos heredes reliquero, numero dividitur stipulatio: diversum erit, si iam electis hominibus successerint.* Dazu Vassalli I 217.

quod actum, ob eine zahlenmässige Aufteilung auf die beiden Herren bestehen oder ob jeder von ihnen Anspruch auf Einräumung des Miteigentums zur Hälfte an jedem einzelnen Sklaven haben soll (81). Es ist aufschlussreich, dass Ulpian *in nummis et oleo ac frumento et similibus, quae communi specie continentur*, sich anders als bei den Sklaven ohne Zögern für die Auslegung entscheidet, hier sei typischerweise die Teilung nach der Zahl oder Menge gewollt. Die innerhalb der Gattungsschuld schon wiederholt beobachtete Unterscheidung zwischen individuellen Gegenständen und Fungibilien tritt auch hier hervor (82).

V.

1. Ziehen wir das Ergebnis aus der Betrachtung der einschlägigen Fragmente, so erweist sich die herrschende Auffassung als zutreffend: Zur Struktur der Gattungsschuld bestand im klassischen römischen Recht eine Kontroverse. Papinian behandelt, wohl einer älteren Lehre folgend, die Gattungsschuld als eine auf alle Gattungsstücke erweiterte Wahlschuld: Alle Gattungsstücke stehen *in obligatione*, unterliegen also einer obligationsmässigen Gebundenheit, doch hat der Schuldner die Wahl, mit welchem Stück er erfüllen will. Allerdings geht der Jurist nicht so weit, die Individualität der Gattungsschuld überhaupt zu leugnen; vielmehr dienen ihm die Wahlschuldregeln nur als Modell, nach dem er weithin auch die Gattungsschuld erfasst.

---

(81) Ulp. D. 46.3.29 (38 ed.): *Cum Stichus et Pamphilus communi servo promissi sunt, alteri Stichus, alteri Pamphilus solvi non potest, sed dimidiae singulorum partes debentur. idemque est, si quis aut duos Stichos aut duos Pamphilos dari promisit aut communi duorum servo homines decem dare promisit: nam ambigua vox est decem homines, quemadmodum decem denarii: atque utriusque rei dimidium duobus modis intelligi potest. sed in nummis et oleo ac frumento e similibus, quae communi specie continentur, apparet hoc actum, ut numero dividatur obligatio, quatenus et commodius promissori stipulatoribusque est.* - Näheres bei VASSALLI I 216 f.; PRINGSHEIM, *ZSS* 78 (1961) 58 f. sowie GROSSO, *obbl.* 253 f., dessen Echtheitszweifel freilich einzuschränken sind, vgl. auch TALAMANCA, *Lo schema « genus-species »* etc., in: *La filosofia greca e il dir. rom.*, Pubbl. Acc. Lincei 221, 1977, 281 m. A. 758.

(82) Vgl. VASSALLI I 218.

Dagegen versteht Marcellus die Gattungsschuld als einen gegenüber der Wahlschuld völlig verselbständigten Schuldtyp: Die Gattungsschuld ist nur darauf gerichtet, dass dem Stipulator ein der Gattung zugehöriger Gegenstand geleistet wird. Nicht alle Gattungsstücke sind *in obligatione*, sondern nur ein beliebiges aus der Gattung überhaupt; auf die Eigenschaften und rechtlichen Verhältnisse des zu leistenden Gegenstandes kommt es deshalb erst im Zeitpunkt der Leistung an.

Die unterschiedlichen Auffassungen haben praktische Auswirkungen: Lässt man sich von den Wahlschuldregeln leiten, so werden diejenigen Gattungsstücke, die bei Stipulationsabschluss dem Stipulator gehörten oder die später, sei es auch vorübergehend, in sein Eigentum gelangt sind, nicht oder nicht mehr geschuldet. Nach der Lehre des Marcellus kommt diesen Umständen dagegen keine Bedeutung zu. Umstände anfänglicher oder nachträglicher vorübergehender (rechtlicher) Unmöglichkeit schränken für ihn den Kreis der erfüllungstauglichen Gegenstände nicht ein. Nur wenn sich die Gattung auf Stücke beschränkt, die dem Gläubiger bereits gehören, erlischt die Verbindlichkeit, und zwar endgültig.

2. Die unterschiedlichen Ansichten werden am Beispiel von Sklaven diskutiert. Bei einer generell vermachten Miteigentumsquote, also einem nicht tatsächlich, sondern nur *iuris intellectu* bestehenden Gegenstand, lässt Papinian das Muster der Wahlschuld beiseite (D. 31.66.2). Auch werden die Wahlschuldregeln nicht als Vorbild gedient haben, soweit es um Geld und Fungibilien ging. Zwar argumentiert Marcellus (fr. 67), was für Geldschulden anerkannt sei, müsse auch für andere Gattungsschulden gelten. Doch zeigt schon seine Bemerkung *in nummis... prope nulla dubitatio est*, dass seine Gegner (83) ganz überwiegend differenziert haben müssen. Höchstwahrscheinlich haben sie sich von den Wahlschuldregeln nur bei individuellen der Gattung nach geschuldeten Gegenständen leiten

(83) Zu möglichen « Vorgängern » Papinians s. sogleich.

lassen, nicht aber bei vertretbaren Sachen (84). Die Unterscheidung war den Juristen im Bereiche der Gattungsschuld ohnehin geläufig. Dass sie sie auch bei unserem Problem trafen, wird durch den Umstand bestätigt, dass sie es für absurd halten, den Satz *tot stipulationes quot res*, mithin die individualisierende Betrachtungsweise, bei *nummi* anzuwenden, aber augenscheinlich auch bei *oleum*, *frumentum* etc. (85).

3. Die Kontroverse bestand, wie die Marcellus-Fragmente deutlich erkennen lassen (86), jedenfalls schon in der Hochklassik. Papinian knüpft mithin an eine bereits bestehende Lehre an (87). Es spricht einiges dafür, dass diese auch von Julian vertreten wurde. Iul. D. 45.1.54 pr. gibt insoweit freilich keine Aufschlüsse, doch ist zu vermuten, dass Papinian, der in D. 31.66.1 offenbar Julian folgt (o. Fn. 13), auch im § 3 noch von ihm inspiriert ist (88). Überdies lässt Papinian bei seiner Darstellung im § 3 nicht erkennen, dass seine Betrachtungsweise bestritten wurde. Allerdings führt er fremde Ansichten, zumal unter Namensnennung, verhältnismässig selten an, wobei er dann am häufigsten immerhin Julian zitiert (89). Aber auch wenn man diese Zurückhaltung Papinians berücksichtigt, so fallen seine Äusserungen in fr. 66.3 doch so bestimmt aus (*non idem respondetur; eademque ratio stipulationis est*), dass man spekulieren möchte, er könne sich hier auf hochangesehene Vorgänger stützen, bei denen man wieder an Julian denken möchte. Mehr zugunsten dieser Annahme fällt freilich die Beobachtung ins Gewicht, dass Marcellus in seinen *notae* zu Julian fast immer gegen diesen pole-

---

(84) Vgl. auch Grosso, *obbl.* 239.

(85) Ulp. D. 45.1.29 pr. Vgl. auch Ulp. D. 46.3.29 (o. Fn. 81).

(86) Fr. 67: *minor ... dubitatio*; fr. 72.4: *vi quidem ipsa* etc.

(87) Anders Albertario (o. Fn. 7) 100 (Papinians Ansicht sei « opinione isolata » gebieben).

(88) Dafür Costa (o. Fn. 13) 93, dort auch zur Beeinflussung des § 6 durch Julian (94 f.). S. auch o. bei Fn. 39 und Impallomeni, *SDHI* 25 (1959) 75, 86.

(89) Honoré, *Gaius*, 1962, 44 (mit weiteren Überlegungen zu Julians Einfluss auf Papinian).

misiert (90). Vermutlich hat sich diese Gegnerschaft nicht auf die *notae* beschränkt, und es ist auch von daher wahrscheinlich, dass die von Marcellus bekämpfte und später von Papinian vertretene Lehre bereits von Julian gebilligt wurde.

Wie weit der Streit zurückreicht, bleibt ungewiss. Marcell. D. 46.3.67 zeigt zwar, dass Servius die julianisch-papinianische Lehre bei Geld nicht geteilt haben kann. Damit steht freilich noch nicht fest, dass er das Problem überhaupt schon kannte, und dass sich gegebenenfalls der Streit zu seiner Zeit auch auf Geldleistungen erstreckte; möglich ist es immerhin (91). Trotz dieser Ungewissheiten wird man aber annehmen dürfen, dass die von Papinian überlieferte Lehre die ältere ist. Da die möglichen Inhalte der Obligation wahrscheinlich von der *certa pecunia* zur *certa res* (92) und dann über Alternativstipulationen des Typs « *Stichus aut decem* » und über selbständige Strafversprechen allmählich erweitert worden sind (93), erscheint die am Einzelgegenstand haftende Betrachtungsweise als die ursprünglichere (94). Des Marcellus Lehre macht demgegenüber den fortschrittlicheren Eindruck, und damit erklärt sich wohl auch, warum ihr heutzutage die meisten die grössere Sympathie entgegenbringen (95).

---

(90) Talamanca, *St. Cagliari* 43 (1962-63) 144 f.; ders., in: *Maior viginti quinque annis*, hgg. v. Spruit, 1979, 184 A. 37 (dort gegen Albanese, *APal.* 23 [1972] 411 A. 59), worauf mich M. Kaser hinweist.

(91) Dafür Ferrini (o. Fn. 74): Schon Servius habe sich nachdrücklich gegen die bei Papinian wiederkehrende Ansicht gewendet.

(92) Bei dieser blieb noch die jüngste *legis actio* (*per condictionem*) in der Erweiterung durch die *lex Calpurnia* stehen, Gai. 4.19. - Jüngst spricht sich allerdings Magdelain, *RIDA* 27 (1980) 230 ff. dafür aus, schon die *legis actio per iudicis arbitrive postulationem* habe von Anfang an auch für die Stipulationen auf *aliae certae res* (ausser Geld) und vielleicht auch auf *incertum* offengestanden. Wegen Gai. 2.17 bleibt das hypothetisch.

(93) Kaser, *ZSS* 90 (1973) 205 f.; Knütel (o. Fn. 33) 58 ff., jeweils mit weiteren Nachweisen.

(94) Weshalb Schmidlin (o. Fn. 33) 73 f., 83 auch ein hohes Alter der Regel *tot stipulationes quot res* vermutet, doch s. auch Nörr, *ZSS* 89 (1972) 52, auch o. Fn. 33.

(95) S. die Nachweise o. Fn. 8, 9. Deutlich etwa auch Dernburg-Sokolowski, *System d. röm. Rechts*, 2, 8. Aufl. 1912, § 282 A. 4: « Die Theorie des Marcellus ist vorzuziehen, die Papinians ist wenig natürlich ».

Dolus tutoris pupillo non nocet *)

Von ROLF KNÜTEL, Bonn

A. Einführung

Dem heutigen Betrachter muß dieses *vulgo dictum* (Pap. D. 26. 9. 3) schon deshalb auffallen, weil hinter ihm offenbar andere Wertungen als im geltenden Recht stehen. Denn in diesem scheint es nach den §§ 278 BGB, 1313 a ABGB unproblematisch zu sein, daß der Mündel auch für dolose Obligationsverletzungen durch den Vormund einzustehen hat[1]). Allerdings zeigt schon ein rascher Blick auf die Quellen, daß die römischen Juristen ihre gegensätzliche Richtlinie in vielfältiger Weise eingeschränkt haben. Wie diese Modifizierungen einzuordnen sind, ist freilich eine „schwierige Frage"[2]), die sehr unterschiedliche Antworten gefunden hat.

FRITZ SCHULZ[3]) war der Ansicht, es habe unter den Klassikern zwei Meinungen gegeben. Während nach der einen der Mündel insoweit gehaftet habe, als er durch den *dolus* des Vormunds bereichert worden sei, habe er nach der anderen einstehen müssen, sofern sein Regreß gegen den Tutor gesichert gewesen sei. Unecht sei allerdings die verschiedentlich überlieferte Haftung auf Zession der Klagen gegen den (insolventen) Tutor.

Danach ist SOLAZZI[4]) in einer ausführlichen Studie zu dem Ergebnis gelangt, aus seinem unrechtmäßigen Handeln habe der Vormund selbst gehaftet und der Mündel nur in Höhe des daraus Erlangten. Auch aus den vom Mündel mit *auctoritas tutoris* abgeschlossenen Verträgen habe sich bei *dolus* des Tutors nur eine Bereicherungshaftung ergeben. Doch hätten die Klassiker in diesen Fällen darüber diskutiert, ob

---

*) H.-P. Benöhr/K. Hackl/R. Knütel/A. Wacke (Hrsg.), Iuris Professio. Festgabe für Max Kaser zum 80. Geburtstag, Böhlau, Wien/Köln/Graz 1986, 101 – 126.

1) Man hielt die Haftung für das Verschulden des gesetzlichen Vertreters bei Obligationsverletzungen für so selbstverständlich, daß man zögerte, sie überhaupt ins Gesetz aufzunehmen, s. JAKOBS-SCHUBERT, Die Beratung des BGB, Schuldverh. I, 1978, 244; Motive II, 1888, 30, 31 m. A. 1. – Hingegen hat sich das Schweizerische OR einer Bestimmung zur Haftung für den gesetzlichen Vertreter enthalten, Art. 101 rev. OR v. 1911.

2) SEILER, Der Tatbestand der neg. gestio, 1968, 267.

3) SZ 37 (1906) 125ff., im folgenden: SCHULZ. – Nur mit Verfassernamen werden des weiteren angeführt: KASER, Das röm. Privatrecht, 1. Abschn., 2. Aufl. 1971; LENEL, Das Edictum perpetuum, 3. Aufl. 1927; RUDORFF, Das Recht der Vormundschaft, Bd. 2, 1833, sowie SOLAZZI, ALBERTARIO, NIEDERLÄNDER und TALAMANCA (u. A. 4–7).

4) Bull. 24 (1911) 116–169 = Scritti di dir. rom. 1, 1955, 505ff. (zit. nach Scr.); ähnlich SIBER, Röm. Privatrecht, 1928, 317 (für *pervenit*-Haftung).

nicht auch eine Haftung des Mündels dann bejaht werden könne, wenn der Regreß gesichert sei. Eine Klagenzession sei hierbei nicht befürwortet worden.

Ganz anders hat ALBERTARIO[5]) die Dinge gesehen: Während die ältere Ansicht (Cassius, Sabinus, Javolen) dahin gegangen sei, der *dolus tutoris* schade dem Mündel in keinem Falle, habe eine bei Pomponius und Ulpian hervortretende jüngere Meinung die Haftung des Mündels dann bejaht, wenn dessen Regreß gegen den Tutor sicher gewesen sei. Dagegen sei die Haftung des Mündels auf die Bereicherung erst von Justinian eingeführt worden.

Demgegenüber nimmt NIEDERLÄNDER[6]) an, anfangs habe der Mündel *ex dolo tutoris* nur dann gehaftet, wenn sein Rückgriff gesichert gewesen sei. Hingegen hätten nach einem zunächst erfolglosen Versuch des Sabinus erst die Spätklassiker es für allein richtig gehalten, den Mündel nur auf das Erlangte *(id quod ad eum pervenit)* haften zu lassen. Dabei sei eine Befreiung durch Wegfall der Bereicherung allerdings nicht in Betracht gekommen.

In Abwehr dieser Lehre hat TALAMANCA[7]) hervorgehoben, aus Geschäften, die vom Tutor selbst abgeschlossen worden seien, habe dieser allein und der Mündel nur insoweit gehaftet, wie ihm etwas zugeflossen sei[8]). Dies sei während der gesamten Klassik anerkannt gewesen. Dagegen sei bei den Geschäften, die der Mündel mit *auctoritas tutoris* eingegangen sei, seit Aristo und Pomponius eine Haftung in den Grenzen des Regresses gegen den Tutor insbesondere dann bejaht worden, wenn der Mündel nichts erlangt habe. Dieses Prinzip sei von Ulpian aufgegriffen worden, der möglicherweise die beiden Kriterien in den einzelnen Fällen bereits konkurrierend angewendet habe.

B. Die Haftung des Mündels

I. Ablehnungsfälle

1. Unproblematisch ist, daß eine Haftung des Mündels für den *dolus* des Vormunds ausschied, wenn dieser sich strafbar oder amtlichen Befehlen gegenüber ungehorsam verhielt[9]) oder wenn er außerhalb seiner *administratio* handelte. Auf diesen Fall bezieht eine ältere Auffassung[10]) Ulp. D. 26. 9. 4 (64 ed.): *At si extrinsecus aliquid tutor dolo admiserit, pupillo nihil nocere oportet.* Das wäre ziemlich banal. Andere schließen aus dem Zusammenhang, der im Urtext gleichsinnig gewesen sein müßte, das, was der Vormund

---

[5]) RIL 46 (1913) 575—590 = Studi di dir. rom. 4, 1946, 321ff. (zit. nach St.).

[6]) Die Bereicherungshaftung im klass. röm. Recht, 1953, 129ff. (= NIEDERLÄNDER).

[7]) AG 146 (1954) 33, 66ff. (= TALAMANCA).

[8]) S. 67 (insoweit mit SOLAZZI 517ff.), einschränkend 72f. zu Ulp. D. 15. 1. 21. 1, doch s. u. A. 145.

[9]) Ulp. D. 2. 3. 1. 2: *Si procurator tuus vel tutor vel curator ius dicenti non obtemperavit, ipse punitur, non dominus vel pupillus* (pönale *a° in factum* auf *quanti ea res est*, LENEL 51f.; KASER, RZ, 1966, 129; SOLAZZI 506); Ulp. D. 2. 2. 3. 1.

[10]) GLÜCK, Pandekten 31/I, 1829, 24f. (mit Gothofredus ad D. 50. 17. 198); 27 (außerhalb der *administratio* liegende Freilassungen, Pomp. D. 40. 1. 13); KELLER, Pandekten 1, 1861, 833 m. A. 19.

sich dolos zuschulden kommen lasse, schade dem Mündel dann nicht, wenn es nicht mit einer Bereicherung des Mündels verbunden sei[11]).

Da der Satz jedoch der Kommentierung des Edikts zum Schutze des *bonorum emptor* gegen *fraudandi causa* begründete Verpflichtungen des Schuldners entstammt[12]), wäre eher daran zu denken, daß der *pupillus* mit einem Schuldner kontrahiert hat, dessen fraudatorische Absicht dem Tutor bekannt war[13]). Dann könnte gemeint sein, die Klage des Mündels gegen den *bonorum emptor* dürfe nicht aufgrund des *dolus* des Tutors denegiert werden.

2. D. 43. 5. 4 (Paulus 69 ed.): Si sint tabulae apud pupillum et dolo tutoris desierint esse, in ipsum tutorem competit interdictum: aequum enim est ipsum ex delicto suo teneri, non pupillum[14]).

Mit dem Interdikt *De tabulis exhibendis* konnte jeder Interessierte den Inhaber einer Testamentsurkunde zwingen, diese vor dem Prätor vorzulegen. Das Interdikt betraf auch denjenigen, der *dolo malo* bewirkt hatte, daß sich die Urkunde nicht mehr bei ihm befand[15]). Hatte der Vormund dolos dafür gesorgt, daß die beim Mündel befindliche Urkunde verschwand, so soll nur er und nicht der Mündel der Haftung unterliegen. Da der Tutor nicht selbst Inhaber der Urkunde war, wird der Rechtsbehelf als *interdictum utile* zu verstehen sein. Der für Paulus entscheidende Grund ist, daß es unbillig wäre, den Mündel aufgrund des deliktischen Handelns des Tutors haftbar zu machen[16]).

3. Mit demselben Interdikt befaßte sich Javolen im 13. Buch ex Cassio (D. 43. 5. 5). Deshalb wird sich auf dieses auch beziehen

D. 50. 17. 198 (Iav. 13 ex Cassio): Neque in interdicto neque in ceteris causis pupillo nocere oportet dolum tutoris, sive solvendo est sive non est.

Nach Javolen darf der *dolus* des Vormunds weder bei einem Interdikt noch im übrigen dem Mündel zum Nachteil ausschlagen. Mit *neque in ceteris causis* weist der Jurist darauf hin, daß es sich um ein allgemeines Prinzip handelt[17]). Die Anspielung auf die Unerheblichkeit der Solvenz des Tutors ist als Abwehr einer uns noch begegnenden Lehre zu begreifen[18]).

4. In dem von Javolen kommentierten Zivilrechtswerk hatte schon Cassius die Maxime ausgesprochen:

---

11) G. Noodt, Opera omnia II², 1735, 564 (ad tit. 26. 9: *extrinsecus = extra rationes*); Rudorff 347 A. 25; Heumann-Seckel, Handlexikon[11] 202 s. v. extrinsecus 2.

12) Ed. D. 42. 5. 25, s. Lenel, Pal. 2, 794 Ulp. 1439 (anknüpfend an *sciente eo qui contraxerit*); ders., EP 430 A. 4.

13) Solazzi 525; ders., Concorso dei creditori 2, 1938, 187.

14) Echt, vgl. Solazzi 506, 525; Niederländer 134 A. 10; G. Longo, Delictum e crimen, 1976, 146 (gegen Albertario).

15) Ulp. D. 43. 5. 3. 6; Lenel 455 m. A. 17; auf *quanti ea res erit.*

16) Nach heutigem Recht würde anders entschieden werden, §§ 2259, 280, 278 BGB, vgl. Planck-Strecker, BGB, V⁴, 1930, § 2259 A. 4.

17) Daher wohl echt, vgl. Albertario 330, 338 (s. o. zu A. 5), anders Faber (Ind.); Solazzi 506 A. 1, 510; Schulz, SZ 43 (1922) 258 A. 4; Niederländer 134 A. 10.

18) Schulz 126 A. 2, unsubstantiierte Bedenken bei Solazzi 510 und Kübler, St. Albertoni 1, 1935, 499, 511.

D. 43. 24. 11. 6 (Ulp. 71 ed.): Si tutoris iussu aut curatoris factum sit, cum placeat, quod Cassius probat, ex dolo tutoris vel curatoris pupillum vel furiosum non teneri, eveniet, ut in ipsum tutorem curatoremque aut utilis actio competat aut etiam utile interdictum. certe ad patientiam tollendi operis utique tenebuntur pupillus et furiosus[19]).

Wenn auf Geheiß des Vormunds oder des Pflegers auf fremdem Grundstück gewaltsam oder heimlich eine Anlage geschaffen worden ist, kann der Eigentümer deren Beseitigung mit dem Interdikt *Quod vi aut clam* nicht vom Mündel bzw. vom Geisteskranken verlangen. Denn, so führt Ulpian aus, es sei mit Cassius anzunehmen, daß der *dolus* von Vormund und Pfleger eine Haftung der Pflegebefohlenen nicht begründe. Sie selbst seien deshalb mit einer *utilis actio* oder einem *utile interdictum* zu belangen.

Bemerkenswert ist, daß Labeo anderer Ansicht war. Ulpian schreibt diese Juristen (fr. 5. 13) aus in

D. 43. 24. 5. 12 (Ulp. 70[71?] ed.): Similiter quod iussu cuius factum erit, ob id non cum eo, sed cuius nomine iusserit, haec actio est. nam si procurator tutor curator duumvir municipii, quod eius nomine ageret, cuius negotium procuraret, fieri iusserit, ob id agendum erit cum eo, cuius nomine factum quid erit, non cum eo, qui ita iusserit ...[20]).

Labeo hielt bei diesem Interdikt nur denjenigen für passiv legitimiert, „in dessen Namen" die Veränderung vorgenommen worden war, und er nennt unter den Beispielen auch den Vormund und den Pfleger, aus deren Weisungen mithin für den Mündel und den Pflegling die Haftung begründet werde. Gerade für diese Personen macht Ulpian, der im Prinzip dem Labeo folgt, unter Berufung auf Cassius eine Ausnahme. Der Grund für deren Sonderbehandlung kann nur in dem Gedanken liegen, daß *pupillus* und *furiosus* auch gegenüber ihren „gesetzlichen Vertretern" zu schützen sind.

Die Schwierigkeit, daß einerseits die Haftung des *pupillus* ausschied, andererseits aber nach Labeos Grundsatz auch eine Passivlegitimation des Vormunds zu verneinen war[21]), überwindet Ulpian, indem er eine *utilis actio* oder ein *utile interdictum* gegen den Vormund bejaht. Die Lücke im Interdiktenschutz wird mithin dadurch geschlossen, daß ein Weg zur Inanspruchnahme des Vormunds eröffnet wird. Dabei geht es um die auf Beseitigung gerichtete täterschaftliche Haftung. Im Schlußteil des fr. 11. 6 *(certe rell.)*[22]) stellt Ulpian dann klar, daß *pupillus* und *furiosus* auf das *patientiam praestare* allerdings haften können. Diese Haftung knüpft an das bloße Eigentum an, und ihr unterliegt deshalb auch der geschäftsunfähige Eigentümer[23]). Sie ist gleichsam das erforderliche Minimum, das dem Eigentümer auch bei Handlungen Dritter auferlegt werden muß, um den Interdiktenschutz aufrechtzuerhalten.

---

[19]) *Curatemque = ve.* Von sachlicher Echtheit gehen SOLAZZI 520 A. 36 und ALBERTARIO 330, 338 aus, gegen die späteren Verdächtigungen von SCHULZ, V. LÜBTOW, GINTOWT, BESELER, VOCI, BERETTA überzeugend F. PETERS, SDHI 35 (1969) 203ff. — Zu *certe rell.* s. u. bei A. 22.

[20]) Dazu F. PETERS 205f. m. w. N.; für Kontroverse bereits GINTOWT, St. Albertoni 2, 1937, 281ff.; VOCI, Risarcimento e pena privata, 1939, 170f.

[21]) S. VOCI (A. 20) 171, vgl. auch PETERS 205. Nicht beachtet von LENEL 482 A. 13.

[22]) S. dazu F. PETERS 204, für Itp. GINTOWT und VOCI (beide A. 20).

[23]) Näheres bei PETERS 135ff., 204.

II. Bereicherungshaftung

1. Cassius und Javolen lehnten eine Zurechnung des *dolus* ab, ohne Vorbehalte zu machen. Doch hatte schon Sabinus für eine Einschränkung plädiert:

D. 26. 9. 3 (Papin. 20 quaest.): Dolus tutorum puero neque nocere neque prodesse debet: quod autem vulgo dicitur tutoris dolum pupillo non nocere, tunc verum est, cum ex illius fraude locupletior pupillus factus non est. quare merito Sabinus tributoria actione pupillum conveniendum ex dolo tutoris existimavit, scilicet si per iniquam distributionem pupilli rationibus favit. quod in depositi quoque actione dicendum est, item hereditatis petitione, si modo, quod tutoris dolo desiit, pupilli rationibus illatum probetur.

Von der Grundlage her, daß der *dolus* der Vormünder dem Mündel weder zum Nach- noch zum Vorteil geraten darf, rückt Papinian die Tragweite unserer Parömie zurecht[24]): Diese sei nur insoweit richtig, wie der Mündel durch des Vormunds betrügerische Machenschaft nicht bereichert sei. Dies veranschaulicht der Jurist an drei Beispielen.

a) Er billigt eine Entscheidung des Sabinus, der Mündel könne mit der *a° tributoria* wegen des *dolus* des Vormunds in Anspruch genommen werden, wenn dieser das Vermögen des Mündels durch eine ungerechte Verteilung begünstigt habe[25]).

Diese Klage dient dazu, einem Gläubiger Ausgleich zu verschaffen, wenn er bei dem Sonderkonkurs über ein Pekuliarvermögen vom Gewalthaber durch unrechtmäßige Verteilung wissentlich[26]) benachteiligt wurde. Für das fr. 3 ist danach vorauszusetzen, daß ein Sklave des Mündels das Geschäft betrieben und der Vormund hernach den Sonderkonkurs unredlich abgewickelt hat, etwa in der Weise, daß er bei der Verteilung zugunsten des Mündels nicht existente Forderungen berücksichtigt hat.

Daß die Juristen zum Ausgleich dieser Bereicherung die *a° tributoria* gegen den Mündel gewähren, ist glaubhaft. Zu beachten ist, daß Sabinus auf die Begünstigung bei der Abrechnung abhebt, also auf einen oder mehrere bestimmte Rechnungsposten. Die Frage nach einem Wegfall der Bereicherung wird sich dabei nicht gestellt haben[27]). Vielmehr ist es Papinian, der die *locupletior*-Haftung anführt, und zwar als die grundsätzliche Einschränkung unserer Maxime. Daß er dabei auf ein Beispiel zurückgreift, das zwar die Besonderheit der *locupletior*-Haftung nicht voll ausschöpft, aber in die rechte Richtung weist und seit langem anerkannt war, ist damit ohne weiteres vereinbar.

Seit dem *rescriptum divi Pii* konnte gegen den Mündel auch auf die Bereicherung geklagt werden, die ihm aus nicht autorisierten Geschäften erwachsen und bei *litis*

---

[24]) Vgl. SOLAZZI 507; MAYER-MALY, Labeo 6 (1960) 23; SCHMIDLIN, Die röm. Rechtsregeln, 1970, 112. — Nicht zu teilende Textkritik bei SIBER (o. A. 4) 317 A. 17 ([*quod — merito*]); NIEDERLÄNDER 134f. ([*quod — non est*], der *nocere* zu eng als „Schaden zufügen" versteht) und vor allem bei ALBERTARIO 329f., der die Bereicherungshaftung völlig eliminiert.

[25]) Ebenso Ulpian in D. 14. 4. 3. 1, u. bei A. 80.

[26]) *Dolo malo*, LENEL 272f.

[27]) Vgl. Ulp. D. 14. 4. 3. 1 (*pervenit*), dazu u. bei A. 81. — Insofern treffend die Hinweise von SIBER (o. A. 24) und NIEDERLÄNDER 141 A. 36, *rationibus favit* bedeute so viel wie *quid ad eum pervenit* (141 A. 36).

contestatio noch vorhanden war[28]). Es mußte sich aufdrängen, dieses begünstigende Haftungsmodell auf Bereicherungen zu übertragen, die *dolo tutoris* an den Mündel gelangt waren. Bereits Julian (D. 19. 1. 13. 7) war so verfahren. Dabei darf nicht außer acht gelassen werden, daß es nicht der Art der klassischen Juristen entsprechen würde, für alle einschlägigen Fallgruppen durchgehend und mit kompromißloser Strenge eine scharfe Trennungslinie zu ziehen zwischen einer Haftung auf das Erlangte *(quid ad pupillum pervenit)* und einer Haftung auf die noch vorhandene Bereicherung *(in quantum locupletior factus est)*[29]).

In der technischen Abwicklung wurde die *condemnatio* der *a° tributoria* auf den Vormund umgestellt und die Haftungsbegrenzung eingeschaltet. Die Rechtfertigung der *dolus*-Zurechnung wird in der Unbilligkeit liegen, aus fremdem *dolus* Gewinn zu ziehen[30]).

b) Bei der *a° depositi* geht es offenbar um die *formula in factum concepta*, deren *intentio* darauf abstellt, daß es *dolo malo* N^iN^i nicht zur Rückgabe der hinterlegten Sache gekommen ist (Gai. 4. 47). Danach ist an das Beispiel zu denken, daß der Vormund eine Sache, die der Erblasser des *pupillus* in Verwahrung genommen hatte, trotz Kenntnis der Fremdheit veräußert und den Erlös dem Mündelvermögen gutgebracht hat[31]). Nur soweit es um den Ausgleich dieser Bereicherung geht, wird der *dolus tutoris* dem Mündel zugerechnet[32]).

c) Hinsichtlich der *hereditatis petitio* ist anzunehmen, daß der Mündel Erbschaftsbesitzer ist und der Vormund bösgläubig eine Erbschaftssache vor Klagerhebung veräußert hat. An sich haftet der Erbschaftsbesitzer, der *dolo desiit possidere*, auf den Wert des veräußerten Gegenstandes[33]). *Ex dolo tutoris* soll der Mündel jedoch nur insoweit haften, wie sein Vermögen durch den Erlös bereichert ist[34]).

2. a) Die im *rescriptum Pii* vorgesehene Bereicherungshaftung hat schon Julian in einem für uns einschlägigen Fall befürwortet: Ein Verkäufer hatte im Wissen, daß das Grundstück mehreren Munizipien steuerpflichtig war, im Vertrag die Steuerpflicht

---

[28]) Ulp. D. 26. 8. 5 pr.; Marci. D. 46. 3. 47 pr., 1, vgl. auch Paul. D. 44. 1. 4, FLUME, Fs. Niedermeyer, 1953, 124f.; LABRUNA, Rescriptum Divi Pii, 1962, 52ff., 112ff. pass.; KASER 600 m. A. 72; MISERA, Der Bereicherungsgedanke etc., 1974, 187, 205.

[29]) Vgl. (zur Ambiguität von *pervenisse*) Ulp. D. 5. 3. 23 pr. — Um die *locupletior*-Haftung in unserem Zusammenhang als unklassisch zu erweisen, bedarf es, wie die Studien insbesondere von ALBERTARIO (o. A. 5) und NIEDERLÄNDER (o. A. 6, diesem insoweit zust. TALAMANCA 66 A. 84) anschaulich machen, weitreichender und größtenteils aus fragwürdigen äußeren Befunden abgeleiteter Interpolationsannahmen.

[30]) Vgl. etwa Iul. D. 2. 10. 3. 1; Paul. eod. 2 sowie (zum *dolus defuncti*) die Nachweise bei KASER 600 A. 69. Auch nicht aus eigenem *dolus*, Paul. D. 4. 3. 12.

[31]) Oder der Mündel hat *tutore auctore* den Verwahrungsvertrag geschlossen, vgl. zu beidem SOLAZZI 522f.

[32]) Zur Haftung des gutgläubig veräußernden Erben s. Ulp. D. 16. 3. 1. 47; Paul. D. 16. 3. 2 *(pervenit)*. — Nach heutigem Recht würde eine Schadensersatzpflicht des Mündels nach §§ 280, 695, 278 BGB bejaht werden.

[33]) Ulp. D. 5. 3. 20. 1, 6c (SC Iuv.), vgl. KASER 739; SCHIPANI, Responsabilità del convenuto, 1971, 180ff.

[34]) Mithin so wie ein gutgläubiger Erbschaftsbesitzer, Ulp. D. 5. 3. 20. 6c; 25. 1. — Demgegenüber würde man nach §§ 2018, 2024, 2023 Abs. 1, 989, 990, 278 BGB auch hier zu einer Schadensersatzpflicht des Mündels gelangen.

gegenüber nur einer Stadt angegeben, und er hatte danach in den Text des Kaufvertrages eine Klausel aufgenommen, nach der der Käufer leistungspflichtig sein sollte, wenn irgendwelche Steuern oder Abgaben zu entrichten seien. Julian gab dem Käufer einen Schadensersatzanspruch aus Kauf, und Ulpian stimmt dem zu (fr. 13. 6). Im konkreten Fall hatten allerdings die Vormünder diese Täuschung ins Werk gesetzt:

D. 19. 1. 13. 7 (Ulp. 32 ed.): Sed cum in facto proponeretur tutores hoc idem fecisse, qui rem pupillarem vendebant, quaestionis esse ait (sc. Iulianus), an tutorum dolum pupillus praestare debeat. et si quidem ipsi tutores vendiderunt, ex empto eos teneri nequaquam dubium est: sed si pupillus auctoribus eis vendidit, in tantum tenetur, in quantum locupletior ex eo factus est, tutoribus in residuum perpetuo condemnandis, quia nec transfertur in pupillum post pubertatem hoc, quod dolo tutorum factum est.

b) Die konkrete Anfrage[35]) erschien Julian als nicht eindeutig, weil *tutores ... vendebant* auch den Fall meinen kann, daß die Vormünder zum Verkauf durch den Mündel ihre *auctoritas* erteilt haben[36]). Wie in Responsen häufig unterscheidet er deshalb[37]): Sei der Kauf von den Tutoren selbst abgeschlossen worden, dann stehe außer Zweifel, daß sie aus dem Kauf haften. Allerdings wurden dem Geschäftsgegner aus den Tutorverträgen *actiones utiles* gegen den Mündel erteilt[38]). Bei *dolus* der Tutoren lehnte Julian dies offenbar ab[39]). Auch wird es den Tutoren, soweit der Mündel durch ihren Betrug bereichert ist, kraft ihres Verwaltungsrechts möglich gewesen sein, dies rückgängig zu machen. Wurden sie auf Schadensersatz in Anspruch genommen, so konnten sie sich über die Entnahme der Bereicherung aus dem Mündelvermögen teilweise Ausgleich verschaffen; der Mündel blieb von einer Verwicklung in die dolosen Machenschaften frei.

c) Hat der *pupillus* hingegen mit *auctoritas* der dolosen Vormünder selbst kontrahiert, so soll er nach Julian daraus haften, allerdings nur in Höhe der Bereicherung. Es ist in der Rechtsfolge so, wie wenn er den Kauf ohne *auctoritas* abgeschlossen hätte. Julian wendet mithin den Gedanken des *rescriptum Pii* an[40]). Diese Milderung gleicht er freilich dadurch aus, daß er die Tutoren auf den Rest haften läßt. Zu Unrecht gilt

---

[35]) *In facto proponeretur*, vgl. ALBERTARIO 328.

[36]) Für möglich hält dies auch SOLAZZI 526 ([*tutoribus rell.*]).

[37]) Damit entfällt das Hauptargument für die Streichung der Alternative *sed si rell.* durch ALBERTARIO 327f.; HELDRICH, Verschulden beim Vertragsschluß, 1924, 11f.; NIEDERLÄNDER 140 m. A. 33 („Die Distinktion bleibt immer unverständlich") und TALAMANCA 69 A. 95.

[38]) Pap.-Ulp. D. 21. 2. 4. 1 (dazu u. 3); Scaev. D. 36. 3. 18. 2; 26. 9. 8; Paul. D. 26. 7. 43. 1 (Sonderfall); Ulp. D. 42. 4. 3. 2. Vgl. auch Pap. D. 2. 11. 15; Scaev. D. 26. 9. 7; Ulp. D. 26. 7. 2 pr., Carac. C. 5. 39. 1. S. SOLAZZI 454ff.; TALAMANCA 66f.; KASER 361.

[39]) SOLAZZI 526f., vgl. TALAMANCA 69 A. 94. — Bei Julian ist die Tendenz, die Klagen gegen den dolosen Tutor selbst zu richten, deutlich, vgl. Ulp. D. 43. 4. 1. 6, auch D. 39. 3. 4. 3. — Pap.-Ulp. D. 21. 2. 4. 1 (kein *dolus*) und Ulp. D. 44. 4. 4. 23 (kein Anspruch) stehen nicht entgegen.

[40]) Eine andere Ausweitung in D. 26. 8. 5. 1, sofern Ulpians Zusatz (LABRUNA [A. 28] 67; KASER, SZ 80 [1963] 497) *nisi rell.* von Julian inspiriert ist.

dies seit langem als unecht[41]). Es geht um die Haftung aus der *a° de dolo*, nicht um die aus der *a° empti*[42]). Drei Bedenken waren auszuräumen.

Das erste ergab sich aus der Subsidiarität der *a° de dolo*. Offenbar haben die Vormünder durch das Verheimlichen der weiteren Steuerlasten einen Mehrpreis erzielt. Sofern sie diesen nicht an das Vermögen des Mündels abgeführt haben, ist dieser nicht bereichert und würde nicht haften. Infolgedessen wäre die *a° de dolo* gegen die Tutoren nicht gesperrt.[43]) Im fr. 13. 7 wird jedoch erwogen, daß die Tutoren nur einen Teil des Mehrgewinns an den Mündel abgeführt und den Rest behalten haben. Dann haftet der Mündel aus der *a° empti* auf Rückgewähr der Bereicherung, und es blieb die Frage, ob diese beschränkte Klage eine auf den Rest zu richtende *a° de dolo* hindert. Das wäre sehr unbillig; die Vormünder zögen Gewinn aus ihrem *dolus*. Daß Julian die *a° de dolo* gegen sie auf den Rest *(in residuum)* bejahte, ist deshalb glaubhaft, zumal da bereits Labeo diese Klage zur Ergänzung unvollständigen Ersatzes befürwortet hatte[44]).

Das zweite Bedenken betraf das Problem, ob der Mündel von den Tutoren Auskehr des gesamten Mehrgewinns verlangen und deshalb bei Solvenz der Tutoren selbst haften oder zumindest seine Klage zedieren müßte. Julian hat einen solchen Anspruch des Mündels auf „unrecht Gut" verneint. Man mag hierzu — wie heute zu den „Schmiergeldern"[45]) — geteilter Meinung sein; jedenfalls gibt es gute Gründe für die Verneinung, und gerade für Julian erscheint das konsequent: Wer den arglistigen Vormund möglichst direkt haften läßt (o. A. 39), der muß dem Mündel einen Anspruch auf die vom Tutor dolos erlangten Vorteile versagen, denn dies würde gerade dazu führen, eine Bereicherungshaftung des Mündels zu begründen. Dies klarzustellen ist der Sinn des Schlußteils *quia nec transfertur*: Bei der Endabrechnung wird dem mündig Gewordenen das nicht ausgekehrt, was durch *dolus* des Tutors gewonnen ist[46]) — *quia non debet lucrari ex alieno dolo*.

Wie *perpetuo (condemnandis)* zeigt, betraf das dritte Bedenken die Annalität der *a° de dolo*. Daß Julian in dem zu vermutenden Responsum diesen Punkt ansprach, ist begreiflich. Denn die Steuern, die auf dem Grundstück lasteten, mochten dem Käufer erst nach Jahresfrist bekannt geworden sein, vielleicht erst bei Beginn einer neuen Indiktionsperiode.

Immerhin gab es gegen den Erben des Delinquenten eine *pervenit*-Klage *post annum*[47]). Die Anerkennung dieser Klage zog die Folgerung nach sich, daß dann doch erst recht

---

[41]) *Et si rell.* streichen HAYMANN, BESELER (s. Ind.), ALBERTARIO 327f.; NIEDERLÄNDER 140, hingegen *tutoribus rell.* LENEL, EISELE, SECKEL, BETTI, LEVY (Ind.); SOLAZZI 527, 547, s. auch TALAMANCA 68 A. 94 ([*sed — tutoribus*]).

[42]) Vgl. HELDRICH (A. 37) 12, anders EISELE, SZ 13 (1892) 139 und SOLAZZI 527, auch RUDORFF 341.

[43]) Vgl. (keine Sperre bei Insolvenz des primär Verpflichteten) Ulp. D. 4. 3. 5 *(a° tutelae)*; 7. 6; 7. 9; 9. 3 *(a° praescriptis verbis)*; 17. 1. 8. 1 *(a° mandati)*. S. auch Ulp.-Pomp. D. 11. 6. 3. 2.

[44]) Ulp. D. 4. 3. 7. 6, dazu MACQUERON, Flores legum (Fg. Scheltema), 1971, 149ff.; GOODHART in Current Legal Problems 4 (1951) 224f.; MASI, St. Senesi 74 (1962) 48ff.

[45]) Hier wird überwiegend zugunsten einer Herausgabepflicht entschieden, s. nur Münch-Komm.-SEILER, BGB, III/2, 1980, § 667 Rz. 17 (ablehnend) m. w. N.

[46]) Es geht also entgegen EISELE (A. 42) 13 und SOLAZZI 527, 547f. nicht etwa um eine *a° empti utilis* des Käufers gegen den Mündel aus dem *dolus* der Vormünder.

[47]) Sab.-Paul. D. 4. 3. 29 *(in perpetuum teneri)*; Gai. D. 4. 3. 26; 28, vgl. (*metus*-Klage) Gai. D. 4. 2. 19; Ulp. eod. 16. 2. S. dazu MAIER, Prätor. Bereicherungsklagen, 1932, 35ff. (gegen

eine solche Klage gegen den Delinquenten selbst *post annum* zu gewähren sei[48]), und offensichtlich hat sich Julian in fr. 13. 7 von dieser Folgerung leiten lassen[49]). Daß die Haftung uneingeschränkt auf den Restbetrag geht, steht nicht entgegen, weil die Tutoren ebendas erlangt haben, was nicht an den Mündel gelangt ist.

Nach alldem geht die Entscheidung in fr. 13. 7 dahin, daß die betrügerischen Tutoren dem Geschädigten aus einer postannalen *dolus*-Klage haften, soweit dieser beim Mündel nichts erlangt. Die Lösung, die sich von dem anderweit zu beobachtenden Weg abhebt, den Mündel bei sicherem Regreß selbst haften zu lassen, ist gerade für Julian gut begreiflich[50]).

3. Papinian hat den Anwendungsbereich der Bereicherungshaftung des Mündels auszuweiten gesucht:

D. 21. 2. 4. 1 (Ulp. 32 ed.): Si impuberis nomine tutor vendiderit, evictione secuta Papinianus libro tertio responsorum ait dari in eum cuius tutela gesta sit utilem actionem, sed adicit in id demum, quod rationibus eius accepto latum est. sed an in totum, si tutor solvendo non sit, videamus: quod magis puto: neque enim male contrahitur cum tutoribus.

Der Tutor hat namens des noch nicht Mündigen verkauft, doch ist die Sache dem Käufer evinziert worden. Papinian hat ihm gegen den Mündel eine *a° utilis* auf das zugesprochen, was diesem gutgebracht[51]) worden sei. Ulpian hält es für richtiger, die Klage aufs Ganze zu geben, (auch) wenn der Tutor zahlungsunfähig sei: Man kontrahiere nämlich nicht zu seinem Nachteil mit Vormündern.

Die Klage aus dem Geschäft, das der Tutor abgeschlossen hat[52]), vermutlich die *a° empti*[53]), wird als *a° utilis* gegen denjenigen gegeben, dessen Vormundschaft geführt worden ist (o. A. 38). Der auffällige Umstand, daß Papinian die Haftung auf das Erlangte beschränkt, ist nicht damit zu erklären, daß der Tutor dolos gehandelt habe[54]). Weder ist im Text davon die Rede, noch hat Ulpian es so verstanden. Vielmehr ist

---

ALBERTARIO 307ff.); v. LÜBTOW, Der Ediktstitel Quod metus causa gestum erit, 1932, 299ff.; VOCI (A. 20) 197ff., 200f.; KASER 627f., s. a. 600 m. A. 69.

[48]) Gai. D. 4. 3. 28, dazu LEVY, Privatstrafe und Schadensersatz, 1915, 95, 104ff.; MAIER 41; v. LÜBTOW 306, für Unechtheit hingegen VOCI (A. 20) 152, 197, 200; G. LONGO, Contributi alla dottr. del dolo, 1937, 90, 104.

[49]) Das verkennt HELDRICH (A. 37) 12 A. 7.

[50]) Nach geltendem Recht hätte der Mündel dagegen für die Arglist der Tutoren einzustehen, sei es, daß man von einem Fall der Sachmängelhaftung ausgeht (vgl. LANDSBERG, JuS 1982, 336, 338) und § 166 BGB (STAUDINGER-HONSELL, BGB, II[12], 1978, 463 Rz. 14; Münch-Komm.-H. P. WESTERMANN, BGB, III/1, 1980, § 463 Rz. 15, krit. freilich MÜLLER-FREIENFELS, Die Vertretung beim Rechtsgeschäft, 1955, 392f.) oder § 278 BGB (ENNECCERUS-LEHMANN, Recht der Schuldverhältnisse[15], 1958, 437) anwendet, sei es, daß man *culpa in contrahendo* mit § 278 BGB bejaht (vgl. RGZ 132, 76, 79, ablehnend jedoch BALLERSTEDT, AcP 151 [1950/51] 528f., der an sich nur einen Bereicherungsanspruch gegen den Mündel befürwortet, vgl. auch u. A. 142).

[51]) *Accepto* (papinianisch!, sonst meist: *acceptum*) *ferre* meint „als Guthaben in Rechnung stellen", vgl. Pap. D. 26. 7. 39. 18, LIEBS, Sympotica Wieacker, 1970, 139 m. A. 124, 125, vgl. auch VALIÑO, Actiones utiles, 1974, 135 A. 1.

[52]) KÜBLER (o. A. 18) 500; TALAMANCA 68; VALIÑO 135f.; anders (bloße *auctoritas*-Erteilung) SOLAZZI 528f.; NIEDERLÄNDER 140 A. 33.

[53]) *Vendiderit*, vgl. TALAMANCA 68 A. 93; VALIÑO 136. Denkbar ist auch die Klage aus der *stipulatio duplae*, fernliegend die *a° auctoritatis*.

[54]) Dafür jedoch SOLAZZI 528ff. (oder *culpa*); TALAMANCA 69.

anzunehmen, daß Papinian aus Gründen des Mündelschutzes die Schadensersatzhaftung beschränken wollte. Vielleicht hat er in dem zugrunde liegenden Responsum eine ergänzende Haftung des Vormunds angesprochen und damit Ulpian zu seiner Frage veranlaßt.

Jedenfalls bekennt Ulpian sich zur entgegengesetzten Ansicht[55]). Er scheidet beide in Betracht kommenden Erleichterungen, die Haftung lediglich auf die Bereicherung, wie die Haftung allein bei sicherem Regreß, aus und läßt den ehemaligen Mündel aufs Ganze haften. Entscheidend ist für ihn, daß es nicht per se von Nachteil sein kann, mit einem Vormund abzuschließen. Es würde sonst niemand mehr mit ihm kontrahieren, und dies schlüge zu Lasten des Mündels aus. Ulpian stellt mithin auf den Zweck der Tutel und das Verkehrsinteresse ab, das die Erfüllung auch dieser Verträge gebiete[56]). Die Grenze zieht der Jurist jedoch dort, wo *dolus* des Tutors im Spiele ist. Dies zeigen seine weiteren Entscheidungen.

4. Um die *a° de dolo* geht es in

D. 4. 3. 15 pr. (Ulp. 11 ed.): Sed et ex dolo tutoris, si factus est locupletior, puto in eum dandam actionem, sicut exceptio datur[57]).

Ulpian erörtert die Frage, ob gegen einen Mündel, sofern er nicht als Erbe belangt werde, die *a° de dolo* zugelassen werden dürfe. Nach dem Beispiel des *proximus pubertati* (fr. 13. 1) nennt er in fr. 15 pr. einen weiteren Fall: Der Mündel sei aufgrund des *dolus* seines Vormunds der *a° de dolo* ausgesetzt, sofern er bereichert sei.

Das Thema der Zurechnung eines fremden *dolus* wird dann im Hinblick auf Munizipien und Geschäftsherrn weitergeführt: Sie haften aus der *a° de dolo* auf das Erlangte; daneben unterliegen die Dekurionen und die Prokuratoren selbständig der Klage[58]). Dies wird auch hinsichtlich des Tutors gelten. Ins Auge springt, daß Ulpian hinsichtlich des Mündels die *locupletior*-Haftung, hinsichtlich der Munizipien und des Geschäftsherrn dagegen die *pervenit*-Haftung bejaht. An dem Unterschied wird deutlich, daß Ulpian sich auch hier vom Gedanken des Pius-Reskripts leiten läßt (vgl. o. A. 40).

Ulpians Bedenken *(puto)* werden mit der Pönalität der *a° de dolo* zusammenhängen. Es wäre jedoch unbillig, dem Mündel die aus fremdem *dolus* erlangten Vorteile zu

---

[55]) Für Itp. von *sed rell.* freilich NIEDERLÄNDER 136; TALAMANCA 69 A. 95 und (vorsichtiger) KÜBLER (o. A. 18) 500; VALIÑO 136, 137 A. 7; für echten Kern SOLAZZI 530.

[56]) Ebenso an anderer Stelle: Ulp. (30 ed.) D. 14. 3. 17. 2 *(propter utilitatem promiscui usus)*, 3 *(non enim est imputandum ei, qui ... contrahat)*; (76 ed.) 44. 4. 4. 23 (u. C II 3, A. 125). Vgl. etwa auch Paul. D. 4. 4. 24. 1; 26. 7. 12. 1 *(inutile est pupillis, si administratio eorum non servatur, nemine scilicet emente. nec interest tutor solvendo fuerit nec ne, cum si bona fide res gesta sit, servanda sit ...)*. Vgl. KÜBLER, St. Besta 1, 1938, 79.

[57]) Für Echtheit SOLAZZI 517, 531 A. 79; v. LÜBTOW (A. 47) 312; DERS., Iura 5 (1954) 287, hingegen streichen *si — locupletior* und ergänzen ⟨*non*⟩ *puto* ALBERTARIO 313, 324; NIEDERLÄNDER 138f. (der bei seinem Hinweis auf die Subsidiarität der *a° de dolo* außer acht läßt, daß der *dolus in contrahendo* bei den strengen Klagen nicht berücksichtigt wird, WACKE [A. 107] § 23 A. 31), s. auch G. LONGO (A. 48) 109. SIBER, RP 317 m. A. 17 korrigiert in *pervenit*.

[58]) Dies paßt zu der beamtenähnlichen Stellung, in die die Dekurionen seit dem Ende des 2. Jh. allmählich gedrängt worden sind. Ihre Eigenhaftung bejaht Ulpian zögernder als die *procul dubio* stehende des Prokurators (vgl. D. 44. 4. 4. 18), wohl wegen der in Ulp. D. 43. 24. 5. 12 (o. bei A. 20) und in Pomp.-Ulp. D. 43. 16. 4 zu beobachtenden Auffassung. S. auch Ulp. D. 39. 2. 17. 2. — Zu fr. 15. 1, 2 s. BENÖHR, SZ 87 (1970) 172f.

erhalten; außerdem kann eine Verurteilung, da es sich um eine Arbiträrklage handelt, durch Restitution abgewendet werden. Zudem ist in solchen Fällen, wie Ulp. eod. 15. 3 betont, in der *intentio* der Formel klarzustellen, wer der dolos Handelnde war.

Mit *sicut exceptio datur* zieht Ulpian eine Parallele, mit der er sich in D. 44. 4. 4. 23 näher befaßt. Dort gewährt er die *exceptio* aufgrund des *dolus tutoris* auch dann, wenn keine Bereicherung des Mündels gegeben ist (u. C II 2c). Ob im fr. 15. 1 gemeint ist, die *exceptio* stehe unter dieser Voraussetzung, bleibt unsicher.[59])

5. Strenger entscheidet Ulpian hingegen zum *interdictum fraudatorium*. Mit diesem konnte ein benachteiligter Vollstreckungsgläubiger nach Durchführung der *venditio bonorum* denjenigen auf Restitution belangen, der *sciens* etwas aus fraudatorischen Handlungen des Gemeinschuldners erlangt hatte. Ulpian läßt bei Wissen des Vormunds den Mündel auf *id quod ad eum pervenit* haften:

D. 42. 8. 10. 5 (Ulp. 73 ed.): ... quid ergo, si forte tutor pupilli scit, ipse pupillus ignoravit? videamus an [actioni] ⟨interdicto⟩ locus sit, ut scientia tutoris noceat: idem et in curatore furiosi et adulescentis. et putem hactenus istis nocere conscientiam tutorum sive curatorum, quatenus quid ad eos pervenit[60]).

Ob ein Tutorgeschäft *nomine pupilli* oder ein Handeln des Mündels mit *auctoritas* zugrunde liegt, ist nicht erkennbar und war vermutlich nicht maßgeblich[61]). Ulpian spricht sich zögernd *(putem)* für die Haftung auf das Erlangte aus. Andere haben vielleicht an die volle Restitution gedacht, sofern der Tutor solvent war. Demgegenüber mag Ulpian Bedenken wegen der Pönalität des Interdikts (vgl. Ven. D. 42. 8. 25. 7) gehabt haben. In der Sache gelangt er für den Mündel von vornherein zu der gemilderten Haftung, die ansonsten erst nach Jahresablauf besteht und mit einer prätorischen Bereicherungsklage durchzusetzen war[62]).

6. Um eine Einschränkung der Mündelhaftung geht es auch in

D. 29. 4. 24 pr., 1 (Paulus 60 ed.): Si dolo tutoris omiserit pupillus causam testamenti et legitimam hereditatem possideat, danda est legatorum actio in pupillum, sed eatenus, qua-

---

[59]) Verneinend Solazzi 531 A. 79 und Niederländer 139, bejahend Wacke (A. 107) § 23 II 1. — Ulpian referiert nur *(datur)*, und im Bereicherungsfall wird die Zurechnung des *dolus tutoris* im wesentlichen anerkannt gewesen sein.

[60]) Zur Umstellung des Interdikts auf eine *a° in factum* s. Lenel 436f., 496f.; Impallomeni, Studi sui mezzi di revoca, 1958, 63f. — Solazzi, Revoca degli atti fraudolenti I³, 1945, 152ff. (für sachl. Echtheit noch in Scr. 1, 536f.) rekonstruiert: *Si tutor qui auctor est pupillo scit, interdicto locus est, ut scientia noceat* und läßt damit den Mündel auf das Ganze haften. Ähnlich Beseler, Beitr. 4, 1920, 90f., umgekehrt Albertario 331f., 335 (zust. Voci [A. 20] 196, vgl. auch Niederländer 139 A. 27), der außer den Kuratoren *hactenus rell.* streicht und den Mündel von jeder Haftung freistellt. Beide Rekonstruktionen sind nicht aufrechtzuerhalten. — Für sachl. Echtheit Lenel, SZ 35 (1914) 161; Seiler (A. 2) 267 A. 35 sowie — wenngleich mit Verdacht gegenüber der Einbeziehung der Kuratoren — Impallomeni 98 A. 82, 102 m. A. 90; X. D'Ors, El interdicto fraudatorio, 1974, 168.

[61]) Vgl. X. D'Ors 168; Lit. zur Frage bei Impallomeni 98 A. 82, s. auch o. A. 60. Entgegen Solazzi (A. 60, Rev.) konnte sich das Problem auch beim *adulescens* stellen, dem ein bösgläubiger Kurator Konsens erteilt.

[62]) Ulp. D. 42. 8. 10. 24. Die Kritik hierzu (Lenel 499f.; Maier [A. 47] 74f.; Impallomeni 109f., weit. Lit. bei X. D'Ors 175) kann hier dahinstehen. — Auch nach heutigem Recht schadet die Kenntnis des gesetzlichen Vertreters bei der Absichtsanfechtung der §§ 31 KO, 3 AnfG (§ 166 Abs. 1 BGB analog), vgl. Böhle-Stamschräder/Kilger, KonkursO¹³, 1981, §§ 31 A. 5; 30 A. 10; dies., AnfG⁶, 1984, § 3 A. I 11.

tenus hereditas ei adquisita est. quid enim, si cum alio possideat hereditatem? (1) Sed hoc et in eo qui pubes est plerique putant observandum, ut pro qua parte possideat, teneatur, quamvis praetor perinde in eum det actionem, atque si adisset hereditatem.

Für den Fall, daß ein Erbe, um sich den testamentarisch angeordneten Belastungen zu entziehen, die *ex testamento* deferierte Erbschaft ausschlug und sie *ab intestato* antrat, sah das Edikt vor, daß der Prätor *causa cognita* den Legataren fiktizische Klagen gewährte, wie wenn der Erbe *ex testamento* erworben hätte[63]). Wenn ein Mündel *dolo tutoris* in dieser Weise verfahren war, sollen nach Paulus die Vermächtnisnehmer gegen den Mündel nur insoweit klagen können, wie die Erbschaft in dessen Vermögen gelangt ist.

Bedeutsam wird dies, wenn der Mündel als gesetzlicher Erbe nicht mehr Alleinerbe ist. Zwar bejahten die meisten sogar für den Mündigen in diesem Falle eine Haftung nur zu dem Anteil, der erlangt wurde, doch gab der Prätor die Klage gegen ihn so, wie wenn er *ex testamento* das Erbe angetreten hätte. Dies konnte dazu führen, daß der gesetzliche Miterbe *in solidum* haftet. Doch ist dies nach Paulus jedenfalls für den Mündel abzulehnen (pr.). Dieser verliert infolge des *dolus tutoris* zwar die Stellung des Alleinerben; seine Verbindlichkeiten werden jedoch im gleichen Maße beschränkt wie seine Erbenstellung.

III. Die Haftung bei Solvenz des Tutors

1. Bisweilen wird die Haftung des Mündels bejaht, wenn gesichert ist, daß er beim Tutor Regreß nehmen kann. Der Gedanke ist für Aristo zuerst bezeugt:

D. 26. 9. 1 (Pomp. 29 Sab.): Ob dolum malum vel culpam tutoris Aristo ait pupillum possessorem condemnandum, sed non puto, quanti actor in litem iuraret: et tamen illud ita est, si rem a tutore pupillus servare possit.

Es geht um eine dingliche Klage, ob um die *hereditatis petitio* oder die *rei vindicatio* bleibt ungewiß[64]). Aristo läßt den Mündel als Besitzer einstehen, wenn durch *dolus* oder *culpa* des Vormunds die Sache dem Berechtigten nicht herausgegeben werden kann. Pomponius schränkt dies in doppelter Weise ein: Seiner Ansicht nach sei der Sachwert nicht — wie sonst bei *dolus* — durch *iusiurandum in litem*, sondern durch *litis aestimatio* zu ermitteln[65]). Auch verhalte sich dies nur so, wenn der Mündel das zu Leistende vom Vormund wiedererlangen könne.

Die Wendung *si servare potest*, die auch in D. 26. 7. 61 für Aristo überliefert ist, meint das Solvenzerfordernis. Vermutlich hat Aristo dieses in der Vorlage zu D. 26. 9. 1 ebenfalls beachtet[66]). Die klarstellende Form des Schlußsatzes zeigt, daß Pomponius

---

[63]) LENEL 363f. *(Si quis omissa causa ...)*.

[64]) Vgl. UBBELOHDE in Glück, Pand. 43/44, I, 1889, 416 A. 73; SOLAZZI 519 m. A. 32; LEVY, SZ 36 (1915) 65 A. 3, für *rei vindicatio* TALAMANCA 71 A. 102.

[65]) Ob es in fr. 1 entsprechend der Regel und anders als in D. 26. 7. 61 um einen *dolus post litem contestatam* (so TALAMANCA 71 A. 103) geht, steht dahin, vgl. KASER (A. 9) 260 A. 36. — Zu *vel culpam* s. MACCORMACK, Irish Jurist 5 (1970) 371f.; SCHIPANI (A. 33) 91f.

[66]) S. sogl. zu D. 26. 7. 61. — Anders SOLAZZI 519, der deshalb und wegen des Gegensatzes zu fr. 61 den Text für überarbeitet hält. — Vor dem unvermittelten *et tamen* (MO. *etiam?*) wird gekürzt sein.

insoweit ein anerkanntes — also wohl auch von Aristo vorausgesetztes — Erfordernis nennt. Um den Gegensatz zu Aristo geht es nur im vorletzten Satz *(puto)*. Im übrigen ist hervorzuheben, daß das fr. 1 kein argumentum e silentio trägt: Da der *dolus* des Vormunds zum Untergang der Sache geführt hat, ist dem Mündel nichts zugeflossen. An eine Bereicherungshaftung war daher nicht zu denken[67]).

2. Aufschlußreicher ist

D. 26. 7. 61 (Pomp. 20 epist.): Apud Aristonem ita scriptum est: quod culpa tutoris pupillus ex hereditate desiit possidere, eius aestimatio in petitione hereditatis sine ulla dubitatione fieri debebit ita, si pupillo de hereditate cautum sit: cautum autem esse videtur etiam si tutor erit idoneus, a quo servari possit id, quod pupillus ex litis aestimatione subierit, sed si tutor solvendo non est, videndum erit, utrum calamitas pupilli an detrimentum petitoris esse debeat perindeque haberi debet, ac si res fortuito casu interisset, similiter atque ipse pupillus expers culpae quid ex hereditate deminuisset corrupisset perdidisset. de possessore quoque furioso quaeri potest, si quid ne in rerum natura esset, per furorem eius accidisset. tu quid putas? Pomponius: puto eum vere dicere. sed quare cunctatus es, si solvendo non sit tutor, cuius damnum esse debeat? cum alioquin elegantius dicere poterit actiones dumtaxat, quas haberet cum tutore pupillus, petitori[68]) hereditatis praestandas esse, sicuti heres vel bonorum possessor si nihil culpa eius factum sit (veluti si fundo hereditario vi deiectus sit aut servus hereditarius vulneratus ab aliquo sit sine culpa possessoris), nihil plus quam actiones, quas eo nomine habet, praestare debeat. idem dicendum est et si per curatorem furiosi culpa vel dolo quid amissum fuerit, quemadmodum si quid stipulatus tutor vel curator fuisset aut vendidisset rem hereditariam. impune autem puto admittendum, quod per furorem alicuius accidit, quo modo si casu aliquo sine facto personae id accidisset[69]).

a) Der Mündel hatte durch Verschulden des Vormunds den Besitz an Erbschaftsgegenständen verloren. Aristo hat gemeint, der Schätzwert dieser Gegenstände werde von der *hereditatis petitio* (die der wahre Erbe inzwischen angestrengt hat) zweifelsohne erfaßt, sofern dem Mündel wegen der Erbschaft Sicherheit bestellt worden sei. Dies sei auch der Fall, wenn der Vormund solvent sei und von ihm das erlangt werden könne, was der Mündel aufgrund der *litis aestimatio* zu entrichten habe. Sei der Tutor dagegen insolvent, dann müsse es so gesehen werden, wie wenn der Gegenstand durch Zufall untergegangen wäre, ebenso wie wenn der Mündel ohne Verschulden etwas aus der Erbschaft geschmälert, zerstört oder verloren hätte.

Pomponius folgt dem und gibt seiner Verwunderung Ausdruck, weshalb der Anfragende Bedenken im Fall der Insolvenz des Tutors gehabt habe: Wo er — offenbar Aristo — doch viel eleganter wird sagen können, es seien lediglich die Klagen, die der Mündel gegen den Vormund habe, dem Kläger abzutreten, so wie auch der Erbe oder der Erbschaftsbesitzer dann, wenn er schuldlos nicht herausgeben könne, nichts außer den erlangten Klagen zu leisten habe.

Dasselbe sei anzunehmen, wenn durch den Pfleger eines Geisteskranken etwas schuldhaft oder dolos verloren gegangen sei, z. B. wenn der Vormund oder der Pfleger

---

67) Talamanca 73.

68) Edd., statt *venditori* (F), vgl. Solazzi 515; Talamanca 70 A. 100.

69) Im wesentlichen echt, Solazzi 515ff.; Talamanca 70 A. 100 (mit Bedenken zu *sicuti heres rell.*), vgl. auch Burdese, AG 150 (1956) 38, MacCormack (A. 65) 372 (zur *culpa tutoris*); ders., TR 41 (1973) 70, anders Schulz 127f. ([*cum alioquin rell.*]); Guarneri Citati; Beseler (s. Ind.; B. zuletzt in SZ 66 [1948] 286, 293), Bedenken auch bei Kübler (A. 18) 501f.

etwas stipulationsweise versprochen[70]) oder eine Erbschaftssache veräußert habe. Doch meine er, daß straflos bleiben müsse, was sich durch jemandes Geisteskrankheit ereigne, so wie wenn dieses durch irgendeinen Zufall ohne Zutun der Person geschehen wäre[71]).

b) In erster Linie machen Aristo und Pomponius die Haftung des Mündels von der Solvenz des Tutors abhängig. Sie hängen damit der von Javolen (D. 50. 17. 198) bereits bekämpften Lehre an. Die Besonderheit des Falles liegt aber wohl darin, daß die Sache nicht durch *dolus* sondern durch *culpa tutoris* verloren gegangen ist. Bei *dolus* war die *a*° *de dolo* gegen den Tutor zu erwägen, wegen deren Subsidiarität aber die *alia actio*, hier die *hereditatis petitio*, gegen den Mündel[72]) zu geben. Da dem Mündel aus dem *dolus* des Vormunds aber kein Nachteil erwachsen durfte, war seine Haftung von der Solvenz des Tutors abhängig zu machen. Vermutlich hat Aristo, der das *SC Iuventianum* noch nicht gekannt haben wird, sich an diesem Modell orientiert und die Haftung an die Voraussetzung eines gesicherten Regresses geknüpft. Die Lösung würde dann auf dem Gedanken *tenetur, quia habet actionem* beruhen[73]). Der Regreß wäre über die Stipulationsklage sicher, wenn wegen der Erbschaft eine (spezielle?) Kaution bestellt war, oder auch über die *a*° *tutelae*, wenn der Tutor solvent war.

Demgegenüber wird der bei Pomponius Anfragende daran gedacht haben, der Mündel müsse im übrigen, nämlich abgesehen vom *dolus*, für das *factum tutoris* einstehen, wie das etwa Pedius hervorgehoben hatte[74]).

Pomponius hat eine solche Einstandspflicht abgelehnt[75]) und auch für diesen Fall am Prinzip der bloßen Bereicherungshaftung festgehalten, jedoch zugrunde gelegt, daß die Bereicherung auch in einer *actio* bestehen kann. Da er das Tutorverschulden nicht zurechnet, kann er den Mündel in diesem Fall mit einem gutgläubigen Putativerben oder *bonorum possessor* gleichsetzen, und es kommt deshalb — wie bei der Ausweitung auf den *curator furiosi* deutlich wird — auch nicht mehr darauf an, ob *dolus* oder *culpa* des „Vertreters" gegeben ist.

c) Die Einordnung der Klagenzession ist allerdings sehr umstritten. SCHULZ[76]) hielt sie für unecht, weil sie nicht zu der Lehre des Aristo passe, aus der sich selbstverständlich ergebe, daß der Mündel bei Insolvenz des Tutors nicht hafte. SOLAZZI[77]) hat die Klagenzession bei Insolvenz sogar als lächerlich bezeichnet. Pomponius habe dem Anfragenden nur klarmachen wollen, daß eine Haftung des Mündels schon nach den Regeln des *SC Iuventianum* ausgeschlossen sei. Der schuldlose Erbschaftsbesitzer sei danach nämlich nur zur Klagabtretung verpflichtet. Pomponius habe gemeint, daß auch die Pflicht des schuldlosen *pupillus* nicht weiter reiche, und daß bei dieser

---

70) *Stipulari* betrifft hier die Passivstipulation (vgl. HEUMANN-SECKEL 556 r. Sp. o., s. v. stipulari), womit ein Bedenken SOLAZZIS (516, DERS., Minore età, 1912, 65) entfällt.

71) Vgl. Pomp. D. 6. 1. 60 (wie D. 26. 9. 1 aus 29 Sab.).

72) S. etwa Ulp., Paul. D. 4. 3. 3, 4 sowie 5 (Schutz des Mündels bei Insolvenz).

73) Vgl. Scaev. D. 15. 1. 51; Gai. D. 17. 2. 22; Ulp. D. 17. 1. 8. 3, 14 pr.; auch Paul. D. 3. 5. 20. (21.) pr., dazu KNÜTEL, SZ 100 (1983) 347 m. A. 26.

74) Bei Ulp. D. 21. 1. 31. 14: *Quibus administratio rerum ⟨permittitur, eorum⟩ culpam abesse praestare non inique dominum cogi* (zur *a*° *redhibitoria*, *tutor* und *curator* einbeziehend).

75) Vergleichbar ist seine Haltung bei der Haftung für Hilfspersonen, s. KNÜTEL (A. 73) 437f.

76) S. 127f. ([*cum alioquin rell.*]).

77 S. 515f.

Abtretung der Klage gegen einen Insolventen nichts herauskommen könne. Deshalb müsse der Erbschaftskläger den Schaden tragen.

Jedoch lag die Lösung nicht nur im Hinblick auf die Haftungsgrundsätze bei der *hereditatis petitio* nahe[78]). Sie ist auch bei der Problematik der Haftung für Hilfspersonen geläufig[79]). Dort hat Pomponius zur Haftung des Gesellschafters für seinen Untergesellschafter die Alternative zwischen Schadensersatz und bloßer Abtretung der Klage, richte sich diese auch gegen einen Insolventen, klar formuliert und zugleich den entscheidenden Punkt deutlich gemacht: Bei der bloßen Klagenzession liegt das Risiko der Zahlungsunfähigkeit des Schuldners beim Zessionar. Auch bei der *hereditatis petitio* wird häufig zum Ausdruck gebracht, daß es wegen dieses Risikos genüge, wenn der gutgläubige Erbschaftsbesitzer die Klage gegen den unsicheren Schuldner zediere (o. A. 78). Deshalb ist es für den Mündel fraglos günstiger und seinem Schutze angemessener, wenn er überhaupt nur die Klage abzutreten hat, statt voll zu haften und auf den Regreß verwiesen zu bleiben, mag dieser vorerst auch als sicher erscheinen.

3. Dies ist für Ulpian maßgeblich in

D. 14. 4. 3. 1 (Ulp. 29 ed.): Si servus pupilli vel furiosi sciente tutore vel curatore in merce peculiari negotietur, dolum quidem tutoris vel curatoris nocere pupillo vel furioso non debere puto, nec tamen lucrosum esse debere, et ideo hactenus eum ex dolo tutoris tributoria teneri, si quid ad eum pervenerit: idem et in furioso puto. quamvis Pomponius libro octavo epistularum, si solvendo tutor sit, ex dolo eius pupillum teneri scripsit: et sane hactenus tenebitur, ut actionem, quam contra tutorem habeat, praestet.

Die Entsprechung zu Pap. D. 26. 9. 3 ist evident[80]): Wie dort Papinian, so hebt Ulpian hier hervor, der *dolus* des Vormundes dürfe dem Mündel weder Schaden noch Vorteil bringen. Ulpian läßt deshalb, wie dies in der Sache schon Sabinus getan hatte (D. 26. 9. 3), auch die *a° tributoria* gegen den Mündel nur auf das Erlangte zu[81]). Allerdings bejaht er ohne weiteres auch eine Pflicht zur Klagenzession.

Pomponius hatte sich hingegen für eine Haftung des Mündels auf den Betrag, um den der Kläger benachteiligt worden war, ausgesprochen, jedoch nur sofern der Tutor solvent war[82]). Ob er — wie in D. 26. 7. 61 — bei Insolvenz die Pflicht des Mündels zur Klagabtretung bejahte, ist ungewiß, aber wohl zu vermuten. Das konzessiv wirkende *et sane* läßt eher daran denken, daß Ulpian einen schon bei Pomponius erwogenen Gedanken aufgreift. Vor dem etwas unvermittelt anknüpfenden Schlußsatz könnte gekürzt worden sein.

Immerhin hat Ulpian sich für die Klagenzession ausgesprochen. SCHULZ[83]) hält dies zwar für einen überflüssigen Umweg, weil der Tutor schon direkt gehaftet habe.

---

[78]) Oct.-Ulp. D. 5. 3. 18 pr.; Gai. eod. 17; Paul. eod. 30, vgl. im übrigen etwa Iul.-Ulp. eod. 31 pr. — Parallelen zu den Beispielen des Pomponius in Ulp. eod. 16. 4; 20. 17.

[79]) Pomp. in Ulp. D. 17. 2. 23 pr., vgl. auch in Ulp. D. 19. 2. 11 pr., dazu KNÜTEL (A. 73) 402ff., 424f.

[80]) PERNICE, Labeo 8, 1962 (aus 1885), 382f.

[81]) Auf die Abgrenzung zur *locupletior*-Haftung wird es hier nicht angekommen sein, vgl. o. bei A. 27.

[82]) Entgegen den Zweifeln KÜBLERS (A. 18) 501f. unverdächtig.

[83]) S. 127f. ([*et sane rell.*]). — Daß an die Zession nur bei Solvenz des Vormunds gedacht sei, trifft nicht zu.

Doch hatte die *a° de dolo* andere Voraussetzungen und war nicht durch die *cautio rem pupilli salvam fore* gesichert. SOLAZZI[84]) schneidet das Fragment so zusammen, daß es mit Pomp.-Ulp. D. 15. 1. 21. 1 (u. 4) übereinstimmt. Damit beseitigt er auch hier die Klagenzession, deren praktischen Sinn er schon zu D. 26. 7. 61 verneinte. TALAMANCA[85]) geht davon aus, die Regreßklage könne dem Mündel erst zustehen, wenn er wegen des *dolus tutoris* verurteilt worden sei. Diese Voraussetzung besteht jedoch nicht (o. A. 73).

4. Die in D. 14. 4. 3. 1 abgelehnte Ansicht des Pomponius akzeptiert Ulpian jedoch in

D. 15. 1. 21. 1 (Ulp. 29 ed.): Si dolo tutoris vel curatoris furiosi vel procuratoris factum sit, an pupillus vel furiosus vel dominus de peculio conveniatur, videndum. et puto, si solvendo tutor sit, praestare pupillum ex dolo eius, maxime si quid ad eum pervenit, et ita Pomponius libro octavo epistularum scribit. idem et in curatore et procuratore erit dicendum[86]).

Der Jurist hatte im pr. entwickelt, daß zum *peculium* hinzuzurechenen sei, was der *dominus* diesem dolos entnommen habe. Nunmehr führt er aus, daß bei doloser Verkürzung durch den Vormund, Pfleger oder Prokurator der Pflegebefohlene hafte, sofern diese Personen solvent seien. Das bedeutet, daß der Mündel sich so behandeln lassen muß, als sei das Pekulium nicht verkürzt worden.

Schwierigkeiten macht der Zusatz *maxime si quid ad eum pervenit*. Ihn als kompilatorische Zutat zu streichen[87]), verfängt nicht. Der Hinweis bringt gerade die Auffassung, die uns schon mehrfach begegnet ist. Dazu paßt, daß Ulpian selbst deutlich macht, daß die Frage streitig ist *(videndum, puto)*. Deshalb ist daran zu denken[88]), daß sich der Hinweis entweder als Reststück eines ursprünglich weiter ausgeführten Kontroversenberichts erklärt oder daß Ulpian damit klarzustellen beabsichtigte, daß kein Zweifel bestehen könne, soweit es um die Haftung auf das Erlangte gehe[89]). Immerhin hatte auch Papinian (D. 26. 9. 3) dies noch nachdrücklich unterstrichen.

Es bleibt die Frage, warum Ulpian in fr. 21. 1 mit Pomponius auf die Solvenz abstellt, während er sich in fr. 3. 1 gerade gegen diese Ansicht wendet. Vermutlich hat er wegen der Pönalität der *a° tributoria* an der Haftung nur auf das Erlangte festgehalten[90]). Im Gegensatz dazu stellt die dolose Verkürzung des *peculium* im Zusammenhang mit der *a° de peculio* kein Delikt dar; es wird dann so gesehen, wie wenn die Verkürzung nicht erfolgt wäre. Deshalb erscheint es als vereinbar, wenn Ulpian im

---

84) S. 512 ([*hactenus — quamvis*]; [*et sane rell.*]), 513 f., 517, dagegen TALAMANCA 73.

85) S. 77 A. 109. — Weitere Verdächtigungen bei BESELER (s. Ind.); ALBERTARIO 291 f., 326; G. LONGO (A. 48) 135, offengelassen von NIEDERLÄNDER 130 A. 1.

86) Zur Echtheit s. BENÖHR (A. 58) 171 f. m. w. N.; KASER 607 A. 10 (gegen NIEDERLÄNDER 130 f.) sowie im Text. Zweifelnd SEILER (A. 2) 267 A. 35.

87) So SCHULZ 127; SOLAZZI 511; ALBERTARIO 298; G. LONGO (A. 48) 136; NIEDERLÄNDER 130 f.; TALAMANCA 72.

88) Vgl. BENÖHR 171 A. 243, 172 A. 246.

89) Entsprechend Ulp. D. 4. 3. 13. 1.

90) Vgl. KARLOWA, Röm. Rechtsgeschichte 2, 1901, 1162, dort auch Näheres zur Pönalität (insbes. D. 14. 4. 7. 2, 5; 8; 9. 2), dazu auch LEVY (A. 48) 90 A., 91 A. 1; VALIÑO, SDHI 33 (1967) 125 ff.; KASER 609 A. 34. — Dementsprechend läßt Ulpian in D. 14. 4. 3. 2 den Mündel, der *doli capax* ist, ohne Einschränkungen haften.

Rahmen der Haftung *de peculio*, wo im Regelfall eine vertragliche oder vertragsähnliche Haftung zugrunde liegt, bei Solvenz des Tutors dessen *dolus* dem Mündel zurechnet.

5. D. 43. 4. 1. 6 (Ulp. [72] ⟨62⟩ ed.): Hoc edicto neque pupillum neque furiosum teneri constat, quia affectu carent. sed pupillum eum debemus accipere, qui doli capax non est: ceterum si iam doli capax sit, contra erit dicendum. ergo et si tutor dolo fecerit, in pupillum dabimus actionem, si modo solvendo sit tutor: sed et ipsum tutorem posse conveniri Iulianus scribit.

Wer als Gläubiger durch Dekret in den Besitz der *bona* des Schuldners eingewiesen war, konnte von jedem, der ihn *dolo malo* im Besitz störte, mittels einer pönalen *a° in factum* Schadensersatz verlangen[91]). Mündel und Furiosus unterliegen wegen ihrer Deliktsunfähigkeit dieser Klage nicht, der Mündel freilich nur dann nicht, wenn er noch nicht *doli capax* ist. Daß Ulpian hierfür den Grund anführt *(quia affectu carent)*, hat seinen guten Sinn[92]). Der Jurist nennt die ratio, um an sie eine teleologische Reduktion anzuknüpfen: Nur derjenige Mündel, der des *dolus* noch nicht fähig ist, sei von der Haftung frei.

Nach diesen Ausführungen ist vermutlich gekürzt worden[93]). Im Ergebnis läßt Ulpian den Mündel haften, wenn der Vormund den Besitz des Eingewiesenen beeinträchtigt hat, sofern der Vormund zahlungsfähig ist. Zugleich weist er darauf hin, daß mit Julian auch eine direkte Haftung des Tutors bejaht werden kann.

Wahrscheinlich hat Ulpian im weggefallenen Teil die Ansicht diskutiert, daß der Haftung grundsätzlich nur derjenige unterliege, *cuius nomine* die Besitzverletzung erfolgt sei[94]). Dazu paßt, daß Ulpians Zeitgenosse Paulus ebendiese Ansicht verwirft: *Item tam is tenetur, qui suo nomine quam qui alieno nomine prohibuit* (D. 43. 4. 2. 1; 59 ed.). Paulus muß danach wie Julian die direkte Haftung des Tutors bejaht haben.

6. Die vergleichbare Problematik bestand im Zusammenhang der *cautio de damno infecto*. Weigerte sich der Nachbar, auf dessen Grundstück sich gefährdende Anlagen befinden, diese *cautio* zu leisten, so konnte der Bedrohte eine *missio (ex primo decreto)* in die Detention des gefährdenden Grundstücks erwirken und, wenn der Nachbar auch dann noch die Kaution verweigerte, eine *missio (ex secundo decreto)* in den Ersitzungsbesitz[95]). Widersetzte sich der Nachbar diesen Einweisungen, so sah das Edikt eine besondere fiktizische *a° in factum* auf den Schadensersatz vor, den der Nachbar leisten müßte, wenn er die Kaution gestellt hätte[96]). Bei dieser Klage ließ Ulpian nur den Handelnden, also nur den Tutor direkt haften:

---

[91]) Ed. D. 43. 4. 1 pr.; Ulp. eod. 1. 8, Lenel 424; kein Interdikt, Kaser (A. 9) 305 A. 49; D'Ors (A. 60) 98f.

[92]) Für Itp. hingegen Niederländer 133 A. 10; Kaser, SZ 70 (1953) 174; Burdese (A. 69) 46, vgl. auch Talamanca 69 A. 97. — S. demgegenüber nur Gai. 3. 208; Ulp. (56 ed.) D. 47. 10. 3. 1 (dazu Waldstein, SZ 92 [1975] 55f.).

[93]) Damit erklären sich die auffällige Wiederholung (*ceterum si* ..., beanstandet von Kaser und Burdese, A. 92) und der unvermittelte Übergang zum *dolus* des Vormunds (*ergo*, krit. dazu Niederländer 133 A. 10).

[94]) Ulp. D. 43. 24. 5. 12 (o. bei A. 20), vgl. auch Pomp.-Ulp. D. 43. 16. 4 (*interd. De vi; pervenit*-Haftung).

[95]) Vangerow, Pandekten III[7], 1869, 558ff.; Karlowa (A. 90) 1250ff.; Kaser 408.

[96]) Lenel 371ff. mit Ed. D. 39. 2. 7 pr.

D. 39. 2. 17. 1, 2 (Ulp. 53 ed.): Quid deinde, si procurator prohibuerit, utrum in ipsum an in dominum dabimus? sed verius est in ipsum dandam. (2) Sed et in actore municipum tutore ceterisque, qui pro aliis interveniunt, idem erit dicendum.

Es ist überraschend, daß Ulpian bei dieser deliktischen Klage anders entscheidet als bei der in D. 43. 4. 1. 6 behandelten allgemeinen pönalen *a° in factum*, die alternativ auch bei den Einweisungen wegen verweigerter *cautio damni infecti* angestrengt werden konnte, Ulp. D. 43. 4. 4 pr., 1. Dort hatte Ulpian den Mündel bei Solvenz des Tutors haften lassen[97]). Immerhin weist Ulpian dort zugleich auf die mögliche Eigenhaftung des Tutors hin, und sein vorsichtiges *verius est* in fr. 17. 1 zeigt, daß auch die gegenteilige Ansicht vertreten wurde. Vermutlich ist Ulpian von seinen jeweiligen Vorlagen abhängig.

IV. Haftung ohne Einschränkungen

D. 4. 7. 10. 1 (Ulp. [12] ⟨13⟩ ed. [Paulus 12 ed.?]): Si tutor pupilli vel adgnatus furiosi alienaverint, utilis actio competit, quia consilium huius fraudis inire non possunt.

Es geht um die *alienatio iudicii mutandi causa*. Der Vormund wird eine im Besitz des Mündels befindliche Sache einem *potentior* überlassen haben, um auf diese Weise dem Eigentümer die Vindikation zu erschweren. Im Edikt war gegen denjenigen, der zu diesem Zwecke veräußerte, eine arbiträre *a° in factum* vorgesehen, die — obgleich auf Delikt beruhend — als nichtpönal (Ulp., Gai. D. 4. 7. 4. 6; 7) aufgefaßt und als Mittel eingesetzt wurde, eine *in integrum restitutio* zu bewirken[98]).

Im fr. 10. 1. wird der *dolus* des Tutors oder Kurators zugerechnet, statt der erwähnten *a° in factum* aber eine *a° utilis* gewährt. Da der Mündel bzw. der Geisteskranke nicht imstande ist, selbst den Entschluß zu einem solchen arglistigen Manöver zu fassen, war die proponierte Klagformel umzustellen und auf den *dolus* des Tutors oder Kurators abzuheben[99])

Die *a° in factum* ging auf *quanti ea res erit*[100]). Zwar bestünde bei der hier interessierenden *a° utilis* die Möglichkeit, das Klagziel einzuschränken, doch wäre eine Beschränkung der Mündelhaftung auf das Erlangte[101]) kaum hilfreich, weil in derartigen Fällen die Gegenstände dem *potentior* wohl meist „geschenkt" oder „geliehen" wurden. Da eine Klagabtretung nur zu dem unerwünschten *adversarius* führen würde, wäre es allein sinnvoll, die Verurteilung des Mündels von der Solvenz des Tutors abhängig zu machen. Doch sagt der Text davon nichts. Wenngleich dieses Schweigen keinen sicheren Rückschluß erlaubt, läßt es doch eher daran denken, daß es darauf nicht ankam. Dies

---

97) D. 43. 4. 1. 6; o. nach A. 93. Dies erstaunt auch SOLAZZI 509 A. 8, vgl. auch BRANCA, Danno temuto, 1937, 234f. (itp.). Zur dort bejahten Haftung des *doli capax* bietet hier D. 39. 2. 18. 13 die Parallele, vgl. KARLOWA 1253.

98) S. dazu KASER, SZ 94 (1977) 171 m. w. N., insbes. LENEL 125ff.; SZ 37 (1916) 104ff. und KUPISCH, In integrum restitutio, 1974, 254f. — Damit entfällt die Basis für den Itp.-Verdacht von SOLAZZI 521. — Für Beziehung auf eine *in integrum restitutio* HARTKAMP, Daube Noster, 1974, 148; VALIÑO (A. 51) 55.

99) Vgl. KASER (A. 98) 171 A. 270.

100) Gai. D. 4. 7. 3. 4, vgl. LENEL 129 A. 4; KASER, SZ 94, 171 m. w. N.

101) Dies vermutet RUDORFF 345. Dagegen schließt SOLAZZI 521 wegen des pr. und der mangelnden Passivlegitimation des Erben jede Haftung aus.

würde zu Ulpian, unter dessen Namen das fr. 10. 1 überliefert ist[102]), besser passen als zu Paulus. Ulpian ist — zumal bei nichtpönalen Klagen — eher geneigt, den *dolus* des Vormundes zuzurechnen.

C. Rechtsverluste

I. Erhaltung des Patronats

1. Es bleiben zwei Fragmente zu betrachten, in denen die Problematik nicht darin liegt, ob den Mündel eine Haftung, vor allem eine Schadensersatzpflicht treffen kann, sondern darin, ob er aufgrund des dolosen Tutorverhaltens Rechtspositionen einbüßen kann. Im Hinblick auf die Anwartschaft auf den Patronat wird dies verneint in D. 40. 5. 36 pr.

Dort geht es um das *SC Rubrianum* (103 n. Chr.). Nach diesem entschied der Prätor auf *libertatem servo ... deberi,* wenn der Erbe einen Sklaven, dem fideikommissarisch die Freiheit ausgesetzt war, nicht freiließ und trotz Ladung grundlos nicht zur Verhandlung erschienen war oder sich von vornherein einer Ladung entzogen hatte[103]). Die prätorische Feststellung bewirkte, daß der Sklave frei war, und zwar so, als ob er vom Erblasser testamentarisch manumittiert worden wäre (D. 40. 5. 26. 7). Der Erbe verlor damit das gegenwärtige Eigentum und das künftige Patronatsrecht.

Dies wurde durch das *SC Dasumianum* für die Fälle ergänzt, in denen der Erbe *ex iusta causa* fernblieb: Stellte der Prätor nach einem ladungslosen Versäumnisverfahren das gerechtfertigte Fernbleiben und das Vorliegen eines gültigen Freilassungsfideikommisses fest, so hatte seine entsprechende *pronuntiatio* zur Folge, daß der Sklave frei war, wie wenn der abwesende Erbe ihn manumittiert hätte[104]); dieser wurde folglich Patron.

2. D. 40. 5. 36 pr. (Maecianus 16 fideicomm.): Neque infantes neque furiosi neque ab hostibus capti neque hi, quos religio aut honestior causa vel calamitas aliqua vel maior res familiaris[105]) aut capitis famaeve periculum aut similis causa moretur, Rubriano senatus consulto continentur: ac ne pupilli quidem, qui tutores non habent, aut eos habeant, quos earum quae causa detinet. sed nec, si hi data opera sui potestatem non faciunt, puto pupillis libertos eripi, quia et iniquum est facto tutoris, qui forsitan solvendo non sit, pupillum damno adfici, et senatus consulto non continetur alius quis quam qui ex causa fideicommissi debet praestare libertatem. quid ergo est? Dasumiano senatus consulto subvenitur his, quo cautum est de his, qui iusta ex causa abessent, ut nec libertas impediatur nec libertus eripiatur his, qui fraude careant[106]).

---

[102]) Er behandelte freilich in 13 ed. die *alienatio i. m. c.* — LENEL 125 A. 5, Pal. 1, 988; 2, 483; DERS., SZ 37, 116 A. 1; SOLAZZI 520 A. 37; HARTKAMP (A. 98) 148 m. A. 88 denken deshalb an Urheberschaft des Paulus (12 ed.). Aber es ist unwahrscheinlich, daß die Kompilatoren, die dann „*idem*" gesetzt hätten, hier einer Verwechslung erlegen sind.

[103]) H. KRÜGER, SZ 48 (1928) 170ff., 174ff.; VOCI, Dir. er. rom. II², 1963, 412f.

[104]) Marci. D. 40. 5. 51. 4; H. KRÜGER 178ff., 181; VOCI 413f.

[105]) „Wichtigere Familienangelegenheit" (vgl. H. KRÜGER 179), nicht „Vermögen" (so HEUMANN-SECKEL 209 s. v. familiaris 3). MOMMSENS Emendation (Dig. ad h. l.: *maius rei ... periculum*) ist entbehrlich und wird durch Bas. 48. 4. 36, wo zu „häuslichem Unglücksfall" kontrahiert ist, nicht gestützt.

[106]) Die Aufzählung von Regelbeispielen zum allgemein gefaßten *SC Rubr.* (D. 40. 5. 26. 7) ist glaubwürdig, vgl. VOCI 414 A. 43, anders seinerzeit KASER, SZ 60 (1930) 137 A. 1.

Nach Beispielen für gehinderte Personen bringt der Jurist den Hinweis, daß vom *SC Rubrianum* auch Mündel, die keine Vormünder haben, auszunehmen seien, und auch solche, die zwar Vormünder haben, welche jedoch durch irgendeinen der vorher angeführten Gründe aufgehalten werden. Der Jurist setzt sie den *infantes* gleich, denn sie bedürften, sofern sie überhaupt *infantia maiores* sind, der *auctoritas* ihrer Tutoren; ohne diese wäre es ihnen unmöglich freizulassen. Gleiches gilt für den Mündel, der zwar einen Vormund hat, welcher jedoch durch irgendeinen der vorher angeführten Gründe verhindert ist.

Nach Ansicht Maecians ist darüber noch hinauszugehen: Selbst dann, wenn die Vormünder sich mit Absicht nicht finden (und laden) ließen, dürften die Freigelassenen den Mündeln durch das Verfahren nach dem *SC Rubrianum* nicht „entrissen" werden. Denn es sei unbillig, wenn ein Mündel durch das Verhalten des möglicherweise insolventen Vormunds Schaden erleide. Auch werde vom *SC Rubrianum* niemand anders erfaßt als derjenige, der aufgrund eines Fideikommisses die Freiheit gewähren müsse. Dies meint, daß nur ihn, seine *contumacia*, die Sanktion des Patronatsverlusts treffen kann.

Maecian will deshalb bei ungerechtfertigter Säumnis des Tutors das *SC Dasumianum* anwenden, das für die Fälle gerechtfertigter Abwesenheit Vorsorge dahin treffe, daß einerseits nicht die Freiheit verhindert und andererseits der Freigelassene demjenigen nicht entrissen wird, der ohne Arg ist. Im Ergebnis sind damit alle Mündel vom *SC Rubrianum* ausgenommen, gleichgültig ob sie keinen oder einen gerechtfertigt oder einen ungerechtfertigt abwesenden Tutor haben.

3. Mit seinem ersten Argument führt Maecian den uns interessierenden Grundsatz als Billigkeitsprinzip an. Daß eine Zurechnung der Säumnis des Tutors unbillig wäre, leuchtet ein: Sie würde zur Anwendung des *SC Rubrianum*, mithin dazu führen, daß entgegen der Absicht des Fideikommittenten der Mündel den Patronat verlöre und der *libertus* allein wegen der *contumacia* des Tutors die bessere Stellung eines *orcinus* (D. 26. 4. 3. 3) erhielte. Die Sanktion würde den Falschen treffen, nicht den Tutor, der die amtliche Ladung mißachtete, sondern den zu schützenden Mündel.

Maecian spielt auf die mögliche Zahlungsunfähigkeit des Vormunds an: *qui forsitan solvendo non sit*. Dies soll nicht die konkrete Entscheidung, sondern überhaupt nur die Maxime rechtfertigen, daß ein Tutorverhalten nicht zurechenbar sei. Dies liegt auf der Linie, die wir bei Cassius (D. 43. 24. 11. 6) und Javolen (D. 50. 17. 198) beobachtet haben.

II. Entkräftung von Klagen

1. Die uns geläufigen Abgrenzungskriterien kehren wieder in

D. 44. 4. 4. 23 (Ulp. 76 ed.): Illa etiam quaestio ventilata est apud plerosque, an de dolo tutoris exceptio pupillo experienti nocere debeat. et ego puto utilius, etsi per eas personas pupillis favetur, tamen dicendum esse, sive quis emerit a tutore rem pupilli sive contractum sit cum eo

---

Das gedanklich nach vorn weisende *hic (his)* kann ohne *qui fraude careant* kaum den Schluß gebildet haben (Bedenken bei Krüger-Kaser, SZ 63 [1943] 159), vgl. Ulp. D. 40. 5. 28. 5. — *Et iniquum-adfici* wird grundlos verdächtigt von Beseler, Beitr. 3, 1913, 89 und Perozzi, Ist. 2^2, 1928, 251 A. 4.

in rem pupilli, sive dolo quid tutor fecerit et ex eo pupillus locupletior factus est, pupillo nocere debere, nec illud esse distinguendum, cautum sit ei an non, solvendo sit an non tutor, dummodo rem administret: unde enim divinat is, qui cum tutore contrahit? plane si mihi proponas collusisse aliquem cum tutore, factum suum ei nocebit[107]).

Es war eine vielerörterte Frage — zu der folglich von vornherein unterschiedliche Lösungen zu erwarten sind —, ob aufgrund des *dolus* des Vormunds eine *exc. doli* gegen die Klage des Mündels gewährt werden kann. Dies würde, obwohl der Tutor gerade zum Schutze des Mündels bestellt wird, zu dessen Schaden ausschlagen. Dennoch will Ulpian die Einrede zubilligen, und zwar unterschiedslos. Hierbei weist er die einzelnen Einschränkungsversuche zurück.

2. a) Es sei nicht darauf abzustellen, ob jemand eine Sache des Mündels vom Vormund gekauft habe. Dies war wohl die engste Ansicht. Bei Verkäufen von Mündelsachen konnte die Problematik vor allem in zwei Fallgruppen auftreten. Wahrscheinlich konnte der Vormund nicht durch *mancipatio* über Mündelsachen verfügen[108]). Ob man für den Fall, daß er eine *res mancipi* verkauft und tradiert hatte, die *rei vindicatio* des Mündels durch eine *exc. ‚si non tutor vendiderit'* blockiert hat[109]), bleibt ungewiß. Doch zeigt der anschließende § 24, daß jedenfalls eine *exc. doli* zugebilligt wurde. Für den Fall, daß ein Protutor eine Mündelsache veräußert hat, entscheidet Ulpian dort: *exceptionem (doli) non nocere pupillo rem suam persequenti, etiamsi ei cautum sit*[110]). Maßgeblich ist für Ulpian (wie für Cels. D. 27. 5. 2), daß der Protutor kein Administrationsrecht hat. Dieses bietet dem Juristen die Grundlage für ein argumentum e contrario hinsichtlich des wahren Tutors: *Secundum haec magis opinor de dolo tutoris exceptionem pupillo esse obiciendam* (§ 24a). Damit wird auf den Kauf vom Tutor, also die in § 23 zuerst genannte Fallgruppe, Bezug genommen[111]).

Es mochte auch der Vormund selbst die tradierte *res mancipi* des Mündels vom Käufer zurückverlangen. Neraz hatte entwickelt, der vor *litis contestatio* geübte *dolus* des Pflegers und des Vormundes begründe keine *exc. doli* zu Lasten des materiell Berechtigten, wohl aber der danach geschehene (D. 44. 4. 11 pr.)[112]). Da die Rückforderung durch den Tutor auch nach *litis contestatio* regelmäßig noch als dolos erscheint, müßte die Klage abgewiesen werden[113]).

---

107) Itp.-Verdächtigungen insbes. bei SOLAZZI 531f., 536, 287 (alle Alternativen kritisierend); ALBERTARIO 335f. ([*utilius rell.*]); BIONDI, APal. 7, 1918, 22 ([*sive quis — factus est*]); NIEDERLÄNDER 136ff. ([*etsi — factus est*], [*unde rell.*]); MAYER-MALY, Locatio conductio, 1956, 176 sowie bei KELLER, SCHULZ, BESELER, KUNKEL und SIBER (s. Ind.). Doch geht die Kritik fehl, s. WACKE, Die exc. doli im klass. röm. Recht (ungedr. Habilitationsschr. Tübingen 1970/71) § 23 I (S. 357ff.) und im Text.

108) So im Anschluß an MITTEIS, SZ 22 (1900) 209; RP 208 insbes. BUND, St. Betti 2, 1962, 160ff. m. w. N.

109) Nach dem Vorbild der *exc. ‚si non curator (furiosi) vendiderit'* (Iul. D. 27. 10. 7. 1), s. WACKE (A. 107) § 23 I 2.

110) Dies im Anschluß an Cels. D. 27. 5. 2, wonach auch in fr. 4. 24 die Ersitzung auszuschließen ist. Vgl. KRÜGER, Dig. ad fr. 4. 24; SOLAZZI 533 A. 86.

111) WACKE (A. 107) § 23 I 2.

112) *Idem de tutore, qui pupilli nomine aget.* — Zum fr. 11 pr. s. BENÖHR (A. 58) 134ff.; BRUTTI, Dolo processuale 2, 1973, 726ff. (treffend zur *exc. post litem contestatam*), auch KNÜTEL (A. 73) 360f. (insoweit noch zu unentschieden). Vgl. auch Ulp. D. 44. 4. 4. 18.

113) Vgl. H. KRÜGER, Beiträge z. Lehre von der exc. doli, 1892, 63.

Bei Veräußerungen durch den Tutor war folglich ohne die *exc. doli* nicht auszukommen. Bliebe der Erwerber von *res mancipi* ungeschützt, wäre die Funktionsfähigkeit der Tutel auch zu Lasten des Mündels beeinträchtigt. Käufer würden sich nur noch auf den faktisch nicht immer begehbaren Weg einlassen, vom Mündel, dem der Vormund die *auctoritas* erteilen müßte, direkt zu erwerben.

Zudem war die *exc. doli* auch dann unentbehrlich, wenn der Vormund Mündelgrundstücke veräußert hatte, ohne die Anforderungen nach der *oratio Severi* (195 n. Chr.) zu beachten. Zwar war die Veräußerung nichtig, so daß der Mündel vindizieren konnte. Doch bedurfte es der *exc. doli*, um dem Käufer bis zur Erstattung des Kaufpreises (nebst Zinsen) ein Retentionsrecht zu verschaffen[114]). Danach ist gut begreiflich, daß eine Meinung dahin ging, daß jedenfalls bei Verkäufen durch den Tutor aus dessen Verhalten — das nicht notwendig arglistig zu sein brauchte [115])— eine *exc. doli* gegen die Klage des Mündels vorzusehen war.

b) Ulpian (§ 23) will es auch darauf nicht ankommen lassen, ob über eine Mündelsache kontrahiert worden ist. Dies gilt vermutlich einer Lehre, die immer dann, wenn der Tutor selbst kontrahiert hatte, die *exc. doli* gegeben haben wird — offenbar gegenüber den *actiones utiles* des Mündels. Wäre der Tutor aus dem abgeschlossenen Kontrakt selbst vorgegangen, hätte ihm die Einrede entgegengesetzt werden können. Die Umleitung der Klagen auf den Mündel stellt diesen nicht besser[116]).

c) Des weiteren weist Ulpian die Ansicht zurück, die *exc. doli* gegen den Mündel sei nur zu gewähren, wenn dieser bereichert sei[117]). Man hat dieses Bereicherungserfordernis für verwunderlich gehalten: „Wie kann der Pupill schon bereichert sein, da er jetzt erst als Kläger fordert?“[118]) Doch sind einschlägige Fälle gut vorstellbar, etwa wenn der Schuldner geleistet hat, ohne eine Erfüllung zu erreichen. Hat der Vormund den Schuldner veranlaßt, die Schuldsumme einem Sklaven des Mündels auszuhändigen, so müßte dem Mündel, wenn er klagt, obwohl das Geld in sein Vermögen geflossen ist, die *exc. doli* entgegenstehen[119]). Daneben kommen Bereicherungen durch Handlungen des Tutors in Betracht, soweit dessen Geschäfte unwirksam sind. Auch hier ist an die Grundstücksveräußerungen unter Verstoß gegen die *oratio Severi* zu denken: Über die *exc. doli* wird der vindizierende Mündel gezwungen, die Bereicherung zu restituieren, die ihm aufgrund des unwirksamen Geschäfts zugeflossen ist[120]).

---

[114]) Pap.-Paul. D. 27. 9. 13. 1; Ulp. D. 27. 9. 7. 5, 6; Diocl. C. 5. 71. 14; 16, dazu WACKE § 23 II 2—6; BÜRGE, Retentio, 1979, 113 ff.

[115]) Das betont WACKE (A. 114).

[116]) Freilich wird gerade die *exc. doli* nur ausnahmsweise gegen Klagen Dritter zugelassen, Ulp. D. 44. 4. 2. 1. Den Tutor rechnet Ulpian zu diesen Personen. Vgl. auch Ulp. eod. 4. 33 (KASER [A. 98] 131 f.), entsprechend D. 4. 5. 15. 3.

[117]) *Sive doli — factus est* gehört zusammen und kennzeichnet eine Lehre. Deshalb ist weder *si* für *sive* zu setzen noch eine Verbindung mit den vorangehenden Lehren herzustellen. Anders SOLAZZI 532 und NIEDERLÄNDER 137 m. A. 19, die deshalb keinen Sinn in der Darstellung finden. — Es mag sein, daß Ulpian auf diese als solche wohl kaum bestrittene Ansicht in D. 4. 3. 15 pr. anspielt (o. A. 57), doch hält er selbst sie für zu eng.

[118]) KELLER (A. 10) 836 A. 34; SOLAZZI 531 f. („un vero miracolo“); NIEDERLÄNDER 137, 139.

[119]) Vgl. Gai. 2. 84. Eine *auctoritas* läge nicht vor. Oder der Tutor bewirkt arglistig, daß ein Dritter Verwendungen auf eine Mündelsache macht; der Mündel vindiziert.

[120]) S. WACKE § 23 II und o. A. 114.

d) Nach der vierten Ansicht war schließlich darauf abzustellen, ob der Tutor kaviert hatte oder solvent war. Auch dies entspricht einer Einschränkung, die bereits bei der Haftung des Mündels deutlich wurde[121]). Hierbei ist an Fälle zu denken, in denen das Verhalten des Vormunds Rechte des Mündels beeinträchtigt hat. Er hat beispielsweise die Annahme ordnungsgemäß angebotener Gattungssachen verweigert. Diese sind hernach beim Schuldner untergegangen, so daß fraglich wird, ob dem Schuldner die *exc. doli* zusteht (vgl. Marcell. D. 46. 3. 72 pr.)[122]). Oder der Tutor hindert bei einer zu Gunsten des Mündels bestehenden Strafstipulation den Schuldner, die strafgesicherte Leistung rechtzeitig zu erbringen. Kann dem Mündel, der dadurch Schaden erleidet[123]), die *exc. doli* entgegengesetzt werden, wenn er auf die Strafe klagt? Dies liegt jedenfalls dann nahe, wenn der Mündel beim Tutor Regreß nehmen kann.

3. Ulpian will die *exc. doli* hingegen ohne alle diese Einschränkungen zulassen. Als am ehesten diskutabel wird ihm die letztgenannte Ansicht erschienen sein, zumal da der Vormund zum Schutz des Mündels bestellt wird[124]), nicht aber zu dessen Schaden. Der Jurist nennt hier deshalb sein Gegenargument: Woher soll der andere Teil diese Interna erkennen? Damit weist er ebenso wie mit der Anspielung auf die *utilitas* auf den Verkehrsschutz hin, dem er hier den höheren Rang einräumt[125]). Bei kollusivem Zusammenwirken mit dem Tutor fehlt dem Gegner ein schützenswertes Vertrauen, und es ist deshalb folgerichtig, daß der Jurist für diesen Fall eine Ausnahme macht.

Demnach hat Ulpian es für eher hinnehmbar gehalten, daß der Mündel durch den *dolus tutoris* in seinen Rechten (über die *exc. doli*) verkürzt wird, als daß er durch diesen Schadensersatzansprüchen ausgesetzt wird. Doch wird es eine herrschende Ansicht in diesem Sinne auch in der Spätklassik noch nicht gegeben haben. Der Jurist macht deutlich, daß er in dieser vielverhandelten Frage seine persönliche Ansicht bekundet *(et ego puto;* § 24a: *magis opinor)*. Freilich hatte auch Scaevola für den Fall der bewußten Nichteinhaltung eines *pactum* durch Tutoren eine *exc. doli* gegen die Klage des Mündels auf eine Vertragsstrafe befürwortet, ohne Einschränkungen vorzusehen[126]).

D. Ergebnisse

I. Zur Funktion unseres Sprichworts

Die Vollgewalt, die der Tutor im altrömischen Recht an Person und Vermögen des Mündels hatte, ist bekanntlich im Laufe der vorklassischen und der klassischen Periode immer mehr verblaßt[127]). Bei dieser Entwicklung wird das *vulgo dictum ,dolus tutoris*

[121]) Wie in D. 14. 4. 3. 1 sind auch in fr. 23 die Bereicherungshaftung und die Haftung bei Solvenz des Tutors auseinanderzuhalten. Fehlgehende Kritik deshalb bei Keller (A. 10) 836 A. 34 und Solazzi 531f.

[122]) Beispiel nach Wacke (A. 107) § 23 I 1 a. E.

[123]) Etwa wenn er die Sache selbst unter Strafzwang schuldet. Vgl. die Situation in Paul. D. 2. 10. 2, dazu Knütel (A. 73) 367ff.

[124]) Fr. 4. 23: *etsi per eas personas pupillis favetur.*

[125]) Vgl. auch o. zu A. 56.

[126]) D. 45. 1. 122. 3, vgl. dazu H. Krüger (A. 113) 63 A. 76; Wacke, § 23 II 6 (S. 371f.), s. auch Knütel, Stipulatio poenae, 1976, 255f.

[127]) Kaser 85ff., 360f. — Zum Prinzip *tutor domini loco habetur* s. Iul. D. 41. 4. 7. 3; 47. 2. 57. 4; Paul. D. 26. 7. 27, vgl. Serv.-Paul. D. 26. 1. 1 pr.

pupillo non nocet' als eine Leitlinie zu verstehen sein, die vermutlich schon in der Vorklassik[128]) zur Begrenzung der ursprünglich sehr weit reichenden Vormundsgewalt entwickelt worden ist. Diese Leitlinie überschneidet sich mit einer anderen Begrenzung, die dahin geht, die *potestas* des Vormunds überhaupt auf Handlungen zu beschränken, die dem Mündel nicht schädlich sind[129]). Ein als dolos zu qualifizierendes Verhalten liegt nicht ohne weiteres außerhalb der vormundschaftlichen Gewalt.

II. Die Ansichten der Klassiker

1. Heutzutage werden die Einstandspflichten für den „gesetzlichen Vertreter" und für den „Erfüllungsgehilfen" gleichgesetzt (§§ 278 BGB, 1313a ABGB). Im römischen Recht sind die Entwicklungen in beiden Bereichen allerdings gegensätzlich verlaufen. Während es bei der Tutel, die heute einen Hauptanwendungsfall der gesetzlichen Vertretungsmacht bildet, darum ging, die Haftung des Mündels für die *facta tutoris* einzuschränken, handelte es sich bei der Haftung für „Erfüllungsgehilfen" darum, eine Einstandspflicht für die *facta* der Hilfspersonen überhaupt erst zu begründen. Hier sind die klassischen Juristen im Prinzip bei der *culpa in eligendo vel instruendo* stehen geblieben[130]).

Trotz dieser Unterschiede finden sich bei den Klassikern tendenzielle Gleichmäßigkeiten in der Beurteilung der beiden Problemkreise. Bei der Haftung für Hilfspersonen stehen die der sabinianischen Schule zugehörigen Juristen einer Zurechnung von *facta aliena* ablehnender gegenüber als die Prokulianer, die eher bereit waren, das *culpa*-Prinzip einzuschränken[131]).

2. Der Befund für unseren Bereich ist vergleichbar. Während bei Labeo die Tendenz erkennbar wird, die *facta tutoris* dem *pupillus* allgemein zuzurechnen[132]), halten die sabinianischen Autoren am Satze *dolus tutoris non nocet* am strengsten fest und lassen als Einschränkung offenbar nur die *locupletior*-Haftung zu: Für Cassius ist der Satz nur einschränkungslos überliefert (D. 43. 24. 11. 6); Javolen weist das Solvenzkriterium zurück (D. 50. 17. 198), und auch Maecian will es darauf nicht ankommen lassen (D. 40. 5. 36 pr.)[133]). Sabinus läßt den Mündel nur auf die Bereicherung haften[134]);

---

[128]) Der Frühklassiker Sabinus (Pap. D. 26. 9. 3) hat bereits zu seiner Tragweite Stellung bezogen. Die Einschränkung durch das Bereicherungsverbot stammt nicht erst von Papinian (so MAYER-MALY [A. 24] 23), s. Iul. D. 19. 1. 13. 7.

[129]) Iul. D. 41. 4. 7. 3; Ulp. D. 47. 2. 33, s. dazu KÜBLER (A. 56) 75ff. (mit unglaubhaften Verdächtigungen). S. auch Ulp. D. 26. 9. 4, o. zu A. 10.

[130]) Dazu KNÜTEL (A. 73) 340ff., 364ff., 435ff.

[131]) KNÜTEL 437ff.

[132]) Ulp. D. 43. 24. 5. 12, wo zwar vom *dolus* gesondert nicht die Rede ist, doch schränkt erst Ulpian eod. 11. 6 insoweit ein. S. zudem Lab.-Ulp. D. 40. 12. 22. 5 (Tutorkenntnis schadet), doch s. auch D. 4. 3. 13. 1 (*a° de dolo* nur *causa cognita*). — Zu Labeos Haltung bei der Hilfspersonenproblematik s. KNÜTEL 438. — Weiteres Material zu Prokulianern fehlt.

[133]) Vgl. o. C I 3. — Maecian war wohl Schüler Julians, vgl. FITTING, Alter und Folge der Schriften röm. Juristen², 1908, 43f.; KUNKEL, Herkunft und soz. Stellung², 1967, 174 A. 299.

[134]) Pap. D. 26. 9. 3, o. B II 1 m. A. 27. Zu seiner strengen Haltung bei den Hilfspersonen s. KNÜTEL 437. S. auch Sab. bei Paul. D. 42. 8. 9, dazu HARTKAMP (A. 98) 148 (prokulianische Gegenansicht), 155.

Julian bejaht lediglich die *locupletior*-Haftung[135]) und verweist den Geschädigten möglichst auf die direkte Inanspruchnahme des Tutors[136]). Von den Spätklassikern scheinen Papinian[137]) und Paulus[138]) ungefähr dieser Linie zu folgen.

Demgegenüber hat Pomponius im Anschluß an Aristo die Haftung des Mündels auch dann bejaht, wenn der Vormund solvent war, und im übrigen auf die Möglichkeit der Klagenzession hingewiesen[139]). Ulpian schließlich verwendet alle erwähnten Einschränkungskriterien. Teils spricht er sich für die *locupletior*-Haftung aus (D. 4. 3. 15 pr.), teils für die *pervenit*-Haftung (D. 42. 8. 10. 5; 14. 4. 3. 1), teils für die Haftung bei Solvenz des Vormunds (D. 15. 1. 21. 1; 43. 4. 1. 6); er kennt die Haftung ohne diese Beschränkungen (D. 39. 2. 17. 2; 4. 7. 10. 1) ebenso wie die völlige Verneinung einer Einstandspflicht (D. 43. 24. 11. 6). Seine Haltung ist jedoch, ebenso wie das bei der Hilfspersonenproblematik erkennbar war[140]), nicht einheitlich[141]); vermutlich ist er von seinen Vorlagen abhängig. Im übrigen ist er bei der Zurechnung im Rahmen der *exc. doli* großzügiger als bei der Schadensersatzhaftung (D. 44. 4. 4. 23).

III. Das Prinzip und seine Einschränkungen

1. In unseren Texten wird das heute nicht mehr beachtete[142]) Anliegen deutlich, den Mündel auch gegenüber Schadenszufügungen durch den Vormund zu schützen. Es würde die Vormundschaft ihrer Funktion berauben und damit auch dem Mündel nur schaden, wenn er von den Auswirkungen aller nachteiligen Maßnahmen des Tutors freigehalten werden würde, und es kann deshalb nur um einen Mindestschutz gehen. Die römischen Juristen haben diesen jedenfalls dort für erforderlich gehalten, wo *dolus* des Vormunds im Spiele war[143]).

2. Diese Abgrenzung bedurfte allerdings der Korrektur. Die offenbar ältere Einschränkung ist die, daß der Mündel die *dolo tutoris* erlangte Bereicherung herauszugeben hat; dies ist ein Gebot der Gerechtigkeit. Auch die Klagenzession ist gewissermaßen eine Haftung auf das Erlangte[144]). Im übrigen hängt die Bereicherungshaftung

---

[135]) Ulp. D. 19. 1. 13. 7. Mit der Bemerkung, auf das bei den Tutoren Verbliebene bestehe kein Anspruch des Mündels (o. bei A. 45), wird zugleich der Gedanke an eine Klagabtretung zurückgewiesen.

[136]) S. Ulp. D. 19. 1. 13. 7 sowie D. 43. 4. 1. 6, vgl. auch D. 39. 3. 4. 3 *(procurator)*; 43. 24. 14.

[137]) D. 26. 9. 3, ausweitend in Ulp. D. 21. 2. 4. 1, s. o. bei A. 54.

[138]) D. 43. 5. 4, vgl. D. 43. 4. 2. 1; 29. 4. 24 pr., eng wie bei den Hilfspersonen, Knütel 438.

[139]) Pomp. D. 26. 9. 1; 26. 7. 61; Ulp. D. 14. 4. 3. 1; 15. 1. 21. 1. Vgl. auch o. A. 75.

[140]) Dazu Knütel 439f.

[141]) S. die Abweichungen zwischen D. 14. 4. 3. 1 und D. 15. 1. 21. 1 sowie zwischen D. 43. 24. 11. 6 und D. 43. 4. 1. 6 sowie D. 39. 2. 17. 2. Vgl. o. A. 97. Bei pönalen Klagen scheint er in geringerem Maße zuzurechnen, D. 4. 3. 15 pr., 14. 4. 3. 1 (o. A. 90), anders D. 43. 4. 1. 6 (o. A. 91).

[142]) Vgl. o. A. 1. Einschränkungen nur bei Ballerstedt (o. A. 50) 528ff., der die Regreßmöglichkeit und einen Bereicherungsanspruch als ein „Gebot der Gerechtigkeit“ erwägt.

[143]) Ausweitungen bei Aristo-Pomp. D. 26. 7. 61 *(culpa)* und bei Pap. D. 21. 2. 4. 1. Zur Zurechnung der nicht dolosen Handlungen s. im übrigen die Quellen o. A. 56, 74.

[144]) Auf die Zession wird vielfach dort zurückgegriffen, wo jemand ohne Eigenverschulden wegen eines *factum alienum* in Anspruch genommen wird. Vgl. außer Pomp. D. 26. 7. 61 auch Ulp. D. 17. 2. 23 pr., 19. 2. 11 pr.; Paul. D. 3. 5. 20 pr. und o. A. 73, 79. — Solvenz des Vormunds ist hierbei nicht vorausgesetzt (anders Schulz 127).

nicht davon ab, wie das Geschäft zustande gekommen ist. Sie ist auch für Fälle belegt, in denen der *pupillus* mit *auctoritas* des Tutors kontrahiert hat[145]).

Vermutlich jünger ist die Lösung, die Haftung des Mündels dann zu bejahen, wenn der Regreß gegen den Vormund gesichert ist. Aristo nimmt die Kautionsbestellung noch zum Ausgangspunkt (Pomp. D. 26. 7. 61: *si cautum sit*), und Ulpian (D. 44. 4. 4. 23) nennt nebeneinander die möglichen Kriterien *cautum sit ei an non, solvendo sit an non tutor*. Daß auf die Kaution abgestellt wird, könnte darauf beruhen, daß gewisse Tutoren wirksam überhaupt nur dann zu handeln vermochten, wenn sie Kaution gestellt hatten[146]). Fehlte es daran, so konnten ihre Handlungen dem Mündel nicht zugerechnet werden. War die Satisdation hingegen erfolgt, so war der Regreß im wesentlichen gesichert. Angesichts dieser Sicherung wird man die Haftung des Mündels auch für den *dolus tutoris* bejaht und die nur subsidiäre *a° de dolo* gegen den Tutor versagt haben. Daran mag man sich bei den nicht kautionspflichtigen testamentarischen Tutoren orientiert und die *a° de dolo* dementsprechend bei Solvenz dieser Vormünder verneint haben. Der Gedanke könnte dann dahin verallgemeinert worden sein, daß überhaupt maßgeblich sei, ob der Mündel einen sicheren Regreß habe (vgl. Aristo in D. 26. 7. 61). Vielleicht neigten die Prokulianer zu dieser Ansicht[147]). Dann würde sich erklären, weshalb Javolen (D. 50. 17. 198) und Julian[148]) das Solvenzkriterium ablehnen: Zum einen wohl wegen der Gefahr, daß auch ein zunächst solventer Tutor bis zum Ende der Vormundschaft, wenn die *a° tutelae* zu erheben ist, in Vermögensverfall geraten kann, zum anderen aber auch deshalb, weil sie mit Sabinus (D. 42. 8. 9) den Grundsatz für höherrangig hielten: *dolus ei dumtaxat nocere debet, qui eum admisit.*

---

145) Iul. D. 19. 1. 13. 7 (2. Alt.), vgl. Pap. in D. 21. 2. 4. 1, anders TALAMANCA, o. nach A. 8. Andererseits kam eine Klagabtretung auch dann vor, wenn der Tutor den Vertrag abgeschlossen hatte, Pomp. D. 26. 7. 61 (*si quid stipulatus tutor fuisset aut vendidisset*, vgl. o. bei A. 70).

146) Gesetzliche und von Munizipalmagistraten bestellte Tutoren, s. Pap. D. 26. 3. 5; 26. 5. 13. 1; Ulp. D. 26. 1. 6. 1; Diocl. C. 5. 42. 3 pr. (C. 2. 40. 4), Const. eod. 5 pr., vgl. Iul. D. 27. 10. 7. 1, 2, RUDORFF 221 ff.; SOLAZZI, Scritti 3, 1960 (1925), 106 A. 14.

147) Zwar fehlen Belege, doch fällt auf, daß Pomponius, der entscheidend auf das Solvenz-Kriterium abstellt (o. A. 139), zur Subsidiarität der *a° de dolo* stark von Labeo beeinflußt ist, Ulp. D. 4. 3. 1. 6–8; 5; 7 (LENEL, Pal. 2, 466f., Nr. 385). Vgl. auch o. A. 134.

148) D. 19. 1. 13. 7, vgl. auch o. A. 39 und nach A. 43.

Mitteilungen*)

Präsentation des 1. Bandes einer Neuübersetzung des Corpus Iuris Civilis

Am 11. Mai 1990 fand im Festsaal der Rheinischen Friedrich-Wilhelms-Universität Bonn eine Feier zur Präsentation einer Neuübersetzung der justinianischen Institutionen, dem ersten Band einer neuen Übersetzung des Corpus Iuris Civilis, statt. In Anwesenheit des Alt-Bundespräsidenten Professor Dr. Carstens, des italienischen Botschafters Exzellenz Guidi, des Universitätsrektors Professor Dr. Fleischhauer, des Vorsitzenden der Alfried Krupp von Bohlen und Halbach-Stiftung, Professor Dr. h. c. Beitz, und zahlreicher Gäste aus dem Universitätsleben, der Justiz, der Ministerien und der Anwaltschaft wurde das erste Exemplar dem Bundesjustizminister H. A. Engelhard überreicht. Die aus diesem Anlaß gehaltenen Ansprachen geben zugleich nähere Aufschlüsse über das Übersetzungsvorhaben und seine Bedeutung.

Professor Dr. Rolf Knütel, Bonn
Begrüßung:
„Es gibt nach unserer Überzeugung", sagt Gottfried Wilhelm Leibniz[1]), „kein Gesetzbuch auf der Welt, das mehr Zweifelsfragen klärt und an Gedankenfülle, verbunden mit unglaublich schnellem Vordringen zum Kern des Problems, reicher ist als die Sammlung des römischen Rechts, insbesondere die Digesten, und es ist nicht verwunderlich, daß die bedeutendsten Völker Europas sich seit langem der Herrschaft dieses Rechts gebeugt haben." Aus heutiger Erfahrung darf ergänzt werden, daß nach den Völkern Europas überhaupt die Völker der Welt vom römischen Recht und seiner Methode mehr oder minder stark beeinflußt worden sind. Und wenn wir heute an eine Rechtsvereinheitlichung in Europa denken, so ist nachdrücklich daran zu erinnern, daß das aus dem römischen Recht erwachsene *ius commune* jedenfalls bis zum Ende des 18. Jahrhunderts überhaupt als das gemeinsame Recht Europas verstanden wurde.

Die Sammlung des römischen Rechts, das *Corpus iuris civilis*, geht auf den oströmischen Kaiser Justinian zurück, der die drei Hauptteile in den Jahren 533 und 534 als Gesetze verkündete, die Institutionen, also das Anfängerlehrbuch, die Digesten — Auszüge aus den Schriften von Juristen aus den ersten drei Jahrhunderten — und schließlich den Codex Iustinianus, eine Sammlung von Er-

---

*) Zeitschrift der Savigny-Stiftung für Rechtsgeschichte, Romanistische Abteilung 108 (1991) 700 – 706.

[1]) In einem aus etwa 1670 stammenden, hier in Ubersetzung wiedergegebenen Brief, s. Leibniz, Sämtl. Schriften und Briefe (AdW Berlin), 2. Reihe, Bd. 1, 1926, 50.

lassen der römischen Kaiser (ab Hadrian). Dazu traten ab 535 dann Reformgesetze, die Novellen.

Diese Sammlung ist Grundlage unseres heutigen Rechts geworden. In einem Jahrhunderte währenden, im späten 15. und 16. Jahrhundert kulminierenden Prozeß erlangte sie in den deutschen Territorien allmählich Geltung. Für den unermeßlichen Wert, den man seinerzeit der Übernahme des römischen Rechts beimaß, mögen zwei Zitate von Zeitgenossen stehen. Frei übersetzt sagt Melanchthon[2], der selbst eine Institutionen-Vorlesung gehalten hat (Wittenberg 1518):

„Möge Gott den Sinn der Fürsten und der Mächtigen auf die Bewahrung dieser Rechtswissenschaft lenken, was ein guter und verständiger Mensch nur wünschen kann. Denn wird sie beseitigt, so kann niemand sagen, eine wie große Tyrannei an den Höfen, Barbarei an den Gerichten und damit Verwirrung des gesamten bürgerlichen Rechts daraus entspringen würde — was zu verhindern wir Gott mit ganzer Seele bitten."

Ortholf Fuchsberger, der zweite deutsche Übersetzer der Institutionen, hebt 1538 im Vorwort seiner Übersetzung schlicht und drastisch hervor[3]):

„Dann wann dises rechtens wissenhait und handhabung/ von den menschen aufgehebt/ wurden wir weder inn noch ausser unsern heußlichen wonungen/ bey unserm haab und gutt/ geliebten freunden/ eltern/ ja weyb unnd kindern/ mit frydlicher und frölicher ainikait mögen leben. Nyeman wurd erkhennen/ was sein/ was ains andern/ was seyn vätterlich erb/ oder was seiner khinder gebürender tail wäre. Alle gütte und billichhait wurd auffgehebt/ und die erst vyhisch wildhait/ darinn die menschen einsam inn den wälden/ sich mit aichel speysten/ ein yeder sterkher den schwechern bezwang/ widerumb fürher brechen. Wer wolt als dann inn den stetten oder auff dem land tugentlich mögen leben? seydmal durch gewalt unnd tyranney/ vor der kain unschuldiger sicher/ all zucht und künst wurden verwüstet."

Die Beispiele ließen sich vermehren, etwa um Goethes Anspielung im Götz, wo im 1. Akt der Bischof von Bamberg den Doktor Olearius fragt:

„Und was das Schönste ist, so könnte, wie ihr sagt, ein Reich in sicherster Ruhe und Frieden leben, wo es [sc. das Corpus iuris] eingeführt und recht gehandhabt würde."

Das römische Recht wurde in vielfältiger — durch einheimische Rechte, Kirchenrecht und Gerichtsgebrauch begründete — Umgestaltung zum gemeinen Recht. Nach gemeinem Recht lebten am 31. 12. 1899 noch 16,5 Millionen Einwohner, ein Drittel der damaligen Reichsbevölkerung[4]). Doch hatte gemeines Recht auch in den Reichsteilen, in denen es schon vorher durch die Territorialgesetzgebung außer Kraft gesetzt worden war, bestimmenden Einfluß. Und schlechthin prägenden Einfluß hat es auch auf unsere wichtigste Kodifikation, das BGB von 1900, ausgeübt. Doch droht die Kenntnis vom römischen Recht und damit von den Grundlagen unseres Rechts heute aus vielen, vor allem aber sprachlichen Gründen verloren zu gehen.

---

[2]) *De Irnerio et Bartolo Iureconsultis oratio* (recit. a S. Munstero), in: Declamationum D. Philippi Melanthonis Tomus II (ed. Joh. Richardius), Straßburg 1570, 606ff. (607), zit. auch bei Savigny, Beruf, 1814, 162.

[3]) Fuchsberger, Justinianischer Instituten wahrhaffte dolmetschung etc., 1538.

[4]) Denkschrift zu dem Entwurf eines BGB, 1896, Anl. 1, 450ff. (452).

Abhilfe erscheint bei den heutigen Gegebenheiten nur möglich durch eine Übersetzung, die dem Juristen und überhaupt dem juristisch Interessierten den Zugang zu diesem einzigartigen und höchststehenden Thesaurus juristischer Erfahrung offenhält. Aus dieser Erkenntnis sind in den letzten Jahren Übersetzungen der Digesten in Spanien und in den Vereinigten Staaten erschienen und der Institutionen in Italien, Spanien, mehrfach in England und jüngst auch in China, wo der Unterricht im römischen Recht vor wenigen Jahren wieder aufgenommen worden ist. Die bislang einzige deutsche Übersetzung des Corpus iuris aus den Jahren 1830/32 ist aus vielen Gründen überholt.

Bekanntlich führt aber die Einsicht selbst in Notwendigkeiten nicht notwendig auch zur Tat. Den Entschluß zu unserem Handeln verdanken wir dem Drängen unseres germanistischen, uns freundschaftlich verbundenen Kollegen Hans Hattenhauer, den ich mit großer Freude begrüße.

Ein Vorhaben wie die Übersetzung des Corpus iuris übersteigt angesichts des Umfangs und der Kompliziertheit der Materie die Kräfte eines Einzelnen. Wir, Hans Hermann Seiler, Berthold Kupisch, Okko Behrends und ich, haben deshalb zu viert mit der Übersetzung des ersten und auch einfachsten Teils begonnen, mit den Institutionen, die heute präsentiert werden können. Jeder hat zu je einem der vier Bücher eine Rohübersetzung vorgelegt, die sodann in gemeinsamen Sitzungen Satz für Satz überarbeitet worden ist. Zu dieser Fassung hat uns Herr Professor Fuhrmann, den ich unter Erneuerung unseres Dankes herzlich willkommen heiße, durch Rat und Anerkennung unterstützt und ermuntert. Später haben wir den Text noch einer weiteren Durchsicht unterzogen.

Daß viele Köche den Brei verderben, wird sich, wie wir hoffen, hier nicht bestätigen; vielmehr glauben wir, die Wahrheit des Luther-Wortes erfahren zu haben: „*Translatores non debent esse soli*, denn einem einzigen fallen nicht allezeit gut *et propria verba* zu".

Außer dieser Erfahrung haben wir die weitere gemacht, daß es sich mit der sprachlichen Erschließung juristischer Texte ganz so wie mit dem Jura-Studium überhaupt verhält. Daniel Nettelbladt (1719—1791), ein sehr um die Vermittlung einer praktischen Jurisprudenz bemühter Schüler Christian Wolffs, hebt 1759 in seinen Allgemeinen Vorüberlegungen, den *Praecognita iurisprudentiae positivae generalia*, hervor, solle das Studium der Rechte *feliciter* absolviert werden, so müsse der Student verfügen über ein *ferreum caput, plumbeos nates et auream crumenam*[5]), über einen eisernen Schädel, bleiernes Sitzfleisch und über einen goldenen Beutel. Die beiden ersten Qualitäten hoffen wir, mitzubringen und auch bewahren zu können. Daß wir der dritten Anforderung genügen können, verdanken wir der wahrhaft großzügigen Förderung durch die Alfried Krupp von Bohlen und Halbach-Stiftung, und es ist mir ein Bedürfnis und eine sehr große Freude, Ihnen, sehr geehrter Herr Professor Beitz, als dem Vorsitzenden des Kuratoriums dieser Stiftung anläßlich der heutigen Präsentation des ersten Arbeitsergebnisses öffentlich den allergrößten Dank auszusprechen. Diesen Dank, der auch dem heute leider verhinderten Herrn Professor Mikat gilt, möchte ich überdies für die Bereitschaft sagen, mit der Sie und das Kuratorium unseren Bitten entsprochen haben, die bewilligten Mittel umzuschichten — werden die

---

[5]) Praecognita, 1759, 40.

Mittel doch künftig vor allem für Arbeitssitzungen verwendet werden müssen. Ohne Ihre Förderung wäre unsere Arbeit nicht möglich!

Was die künftige Arbeit anbetrifft, so haben sich zur Mitwirkung an der Übersetzung der Digesten 20 Fachkollegen aus der Bundesrepublik, aus Österreich und der Schweiz bereit erklärt[6]), von denen ich die Mehrzahl mit Freude und mit Dank begrüßen darf[7]).

Der Mithilfe von Kolleginnen müssen wir, um eine üblich gewordene Frage vorwegzunehmen, vorerst entraten, obwohl gerade das römische Recht ihnen seit Beginn der Neuzeit schönste Möglichkeiten eröffnete. Beispielsweise wird bei Hilarion de Coste[8]) von Beltysia Godsatina berichtet, die, nachdem sie anstelle von Faden und Nadel die Wissenschaft und die Beschäftigung mit dem Recht gewählt hatte, 1535 in der berühmten Universität Bologna die höchsten Würden der juristischen Fakultät erlangte, dann öffentlich ein internationales Auditorium in Bologna in den Institutionen unterrichtete und mehrere unter fiktiven Namen erschienene Bücher schrieb. Sie starb in größtem Ansehen im Jahre 1546.

Dank der Hilfe unserer Kollegen liegt uns die Rohübersetzung zu den ersten 20 Büchern der Digesten zum weitaus größten Teil vor, und wir dürfen hoffen, bei Einhaltung des augenblicklichen Arbeitstempos etwa gegen Ende des kommenden Jahres die Arbeit an den ersten 10 Büchern und damit am 2. Band abschließen zu können.

Heute geht es jedoch um die Institutionen, deren Bedeutung nicht selten etwas unterschätzt wird. Sie sind die juristische Elementargrammatik überhaupt. Kein anderes Lehrbuch auf der Welt ist in so vielen verschiedenen Druckausgaben — inzwischen mehr als 1000 — erschienen, ist so häufig abgeschrieben und so oft auswendig gelernt worden wie die Institutionen. Sie zu beherrschen, gehörte einst zum allgemeinen Bildungsgut; die Studenten der philosophischen Fakultäten, der sog. Artistenfakultäten, besuchten freiwillig oder ihren Studienordnungen folgend die Institutionen-Vorlesungen, um am Prestige und am Wissen eines Rechtsstudenten teilzuhaben. Um den Stoff der Institutionen zu erlernen und zu behalten, verfiel man auf alle möglichen mnemotechnischen Hilfen: Um 1486 erscheint in Paris ein Wiegendruck mit dem französischen Text in Versen[9]), 1618 eine Übersetzung in freien Versen ins Toskanische[10]),

---

[6]) An der Übersetzung der ersten 20 Bücher, die zunächst in Angriff genommen worden sind, beteiligen sich: B. Huwiler (L. 3 Tit. 3—6); H. Wieling (L. 5 Tit. 2—6); F. Horak (L. 7); E. Bund (L. 8); F. Peters (L. 11); H. Hausmaninger (L. 12 Tit. 4—7; L. 13 Tit. 1—4); R. Zimmermann (L. 13 Tit. 5—7); H. Honsell (L. 18 Tit. 1; L. 19 Tit. 1); weitere s. Fn. 7.

[7]) F. Raber (L. 1 Tit. 8—22; L. 10 Tit. 4); M. Harder (L. 2 Tit. 2—12; L. 5 Tit. 1); Chr. Krampe (L. 2 Tit. 13—15; L. 3 Tit. 1, 2); G. Schiemann (L. 2 Tit. 1; L. 4 Tit. 5—9); Chr. Wollschläger (L. 6); P. Apathy (L. 9); W. Simshäuser (L. 14); K.-H. Ziegler (L. 15); H.-P. Benöhr (L. 16); K. Misera (L. 17 Tit. 2, L. 18 Tit. 7, L. 19 Tit. 3—5); K. Luig (L. 18 Tit. 2—4; L. 19 Tit. 2); A. Wacke (L. 20) sowie die Herausgeber H. H. Seiler (L. 1 Tit. 1—4, L. 12 Tit. 2—3); B. Kupisch (L. 4 Tit. 1—4); O. Behrends (L. 10 Tit. 1—3); R. Knütel (L. 1 Tit. 5—7, L. 17 Tit. 1, L. 18 Tit. 5, 6).

[8]) Histoire catholique etc., 1625, I, part. 3, S. 526, zit. nach Hommel, Litteratura iuris, 2. Aufl. 1779, 314.

[9]) Iustiniani Institutiones, trad. Richard d'Annebaut (Paris, um 1486).

[10]) Institutioni Imperiali del Sacratiss. Prencipe Giustiniano, tradotte in volgare in verso sciolto da Filippo Mengarello, Venedig 1618.

und den Vogel schießt 1518 Thomas Murner mit seinem Chartiludium ab, einer Darstellung des Institutioneninhalts in Form einer Anleitung zum Kartenspiel[11]). — Es ist deshalb auch nicht überraschend, daß Vater Goethe seinem hoffnungsvollen Knaben die Lektüre der Institutionen auftrug, erstmals im Sommer 1762, und Goethe berichtet[12]), daß er — knapp 13 Jahre alt — darin „auf das vollkommenste bewandert war", und aus 1765, der Zeit vor der Abreise nach Leipzig, erfahren wir von ihm:

„Meinem Vater zu Liebe repetierte ich fleißig den kleinen Hopp [ein Institutionenkompendium] und konnte mich vorwärts und rückwärts darin examinieren lassen, wodurch ich mir denn den Hauptinhalt der Institutionen vollkommen zu eigen machte".

Der Geist Goethes wird übrigens an einem Lieblingsort der Natur besonders wach gehalten, in der Villa Mylius/Vigoni am Comer See. Dies rührt daher, daß der Kaufmann Heinrich Mylius, der diesen wundervollen Besitz zu Beginn des letzten Jahrhunderts erwarb, sich seine Frau Friederike aus Weimar, aus der mit Goethe gut bekannten Familie Schnauß, geholt hatte.

Heute besteht dort eine Begegnungsstätte, die vor allem der Pflege des deutsch-italienischen Kulturaustauschs dient. Dank der Mithilfe und der — auch finanziellen — Unterstützung der italienischen Botschaft konnten wir dort bislang über Probleme unserer Übersetzung zwei ertragreiche Tagungen mit italienischen Kollegen durchführen[13]), wie uns überhaupt die Kontakte zu den vielen italienischen Kollegen bei der Arbeit an unserem gemeinsamen Erbe von größtem Wert sind. In großer Freude, Sie, Exzellenz Guidi, bei uns begrüßen zu dürfen, möchten wir Ihnen unseren Dank bekunden, auch für die besondere Aufmunterung, die wir zu unserem Vorhaben durch Ihren Herrn Staatspräsidenten Cossiga, der zugleich Ehrensenator dieser Universität ist, erfahren haben.

Als Ehrensenator unserer Universität mit einer besonderen Wertschätzung für die Rechtsgeschichte darf ich auch Sie, sehr verehrter Herr Professor Carstens, ansprechen und mit besonders großer Freude begrüßen. Sie haben als unser Staatsoberhaupt 1978 in Ihrer Ansprache im Reichstagsgebäude[14]), die vielen hier im Saale gut erinnerlich sein wird, mit großem Nachdruck auf die Unentbehrlichkeit rechtsgeschichtlicher Arbeit hingewiesen und deren besondere Bedeutung hervorgehoben, den Erfahrungsschatz vergangener Epochen in den Lösungsprozeß gegenwärtiger Probleme einzubringen; Sie haben gesprochen über Ulpians berühmte Definition der Gerechtigkeit, die zugleich den Anfang des Institutionentextes bildet, und Sie haben auf das von Goethe aufgegriffene

---

[11]) Chartiludium Institute summarie doctore Thomas Murner memorante et ludente, Straßburg 1518.

[12]) Dichtung und Wahrheit, 4. und 6. Buch, Ausg. letzter Hand, 1829, Bde. 24, 229f.; 25, 5.

[13]) Im April 1987 (Verständnis und Bedeutung von Justinians Institutionen) mit F. Bona, R. Bonini, C. A. Cannata, R. Quadrato, S. Schipani, T. Spagnuolo Vigorita sowie mit H. Honsell und A. Wacke; im September 1988 (Digesten: Inskriptionen und allg. Übersetzungsprobleme) mit F. Bona, M. Bretone, C. A. Cannata, R. Quadrato, T. Spagnuolo Vigorita, L. Vacca sowie mit H. Honsell und F. Horak.

[14]) Zur Aufgabe der Rechtsgeschichte, in: K. Carstens, Zusammenleben in Freiheit (Reden und Schriften), 1979, 290ff. (zuvor in: Bulletin der Bundesregierung, Nr. 112 vom 5. 10. 78, 1053f.).

berühmte Bild vom römischen Recht hingewiesen, „das, gleich einer untertauchenden Ente, sich zwar von Zeit zu Zeit verbirgt, aber nie ganz verlorengeht und immer einmal wieder lebendig hervortritt“[15]. Wir denken, Ihre Zustimmung zu finden, wenn wir mit unserer Übersetzungsarbeit die Ente auf dem Wasser halten wollen.

Es gibt noch eine spezielle Beziehung, die Sie mit dem römischen Recht und mit Bonn verbindet: Sie haben in Hamburg bei Leo Raape gehört und promoviert, der als Bonner Privatdozent nach Hamburg gezogen war. Dessen hinreißende Vorlesungen haben auch mein Interesse für das Römische Recht erweckt, der ich später als Hamburger Privatdozent nach Bonn berufen wurde. Hier nun kann mit der heutigen Feier zugleich an eine besondere Institutionen-Tradition angeknüpft werden: Von Niebuhr, der 1816 den Gaius wiederentdeckte, die Hauptquelle von Justinians Institutionen, und der Textausgabe Böckings reicht die Kette auf Paul Krüger, der hier den heute maßgeblichen Text rekonstruierte, bis hin zu Werner Flumes Ehrenrettung der großen Leistung des Gaius.

Daß Paul Krüger sich bei seiner Textherstellung wesentlich auf eine Kölner Handschrift aus dem 12. Jahrhundert aus der früheren Wallraff-Bibliothek stützte, sei hervorgehoben. Mit großem Dank an die Verantwortlichen kann ich davon Kenntnis geben, daß diese außerordentlich wertvolle Handschrift nebenan im Senatssaal zu besichtigen ist. Ich danke zugleich sehr den Verantwortlichen unserer Bonner Universitätsbibliothek für die Überlassung wertvoller Exemplare für unsere Ausstellung, darunter zweier Wiegendrucke als besondere Raritäten, und für förderliche Hilfe und Beratung.

Ein Buch ist ein Wagnis — ein geistiges für den Autor, ein wirtschaftliches für den Verleger. Für die spontane Bereitschaft des C. F. Müller-Verlages, das verlegerische Wagnis unseres Vorhabens einzugehen, danken wir Herrn Dr. Windsheimer, den eine heute Nacht eingetretene gesundheitliche Attacke betrüblicherweise am Erscheinen hindert. Ihm unsere besten Genesungswünsche zu übermitteln, bitte ich seinen Vertreter, Herrn Dr. Cramer, dem wir zugleich für viele Bemühungen um die bestmögliche Gestaltung des heute präsentierten Buches danken. Mir scheint, der Weg des Verlages zu dieser Edition war vorgezeichnet: Begann er 1797 mit dem Privileg für die Sammlung der Landrechte der Markgrafschaft von Baden-Baden, so folgten alsbald der Code Napoléon und das fast deckungsgleiche Badische Landrecht, also sehr stark auf dem römischen Recht aufbauende Gesetze. Mit der *Corpus-iuris*-Ausgabe findet der Verlag nun den Weg zu dieser allgemeinen Grundlage, und wir möchten ihm wie auch uns wünschen, daß 1997 zum 200jährigen Jubiläum der größte Teil davon vorliegt.

Doch stehen wir heute noch am Ende des Anfangs. Wenn wir Ihnen, sehr verehrter Minister Engelhard, mit unserem Dank für Ihre Bereitschaft, an dieser Feier teilzunehmen, heute den 1. Band dieser Sammlung der geschriebenen Rechtsvernunft überreichen, so wenden wir uns an Sie als den für Recht und Rechtspflege unserer Republik in erster Linie Verantwortlichen. Wir denken, daß die Arbeit in Ihrem Hause vor allem bei tiefergreifenden Reformen im Privatrechtsbereich nicht ganz selten die Beachtung dieser jahrtausendealten

---

[15]) Eckermanns Gespräche mit Goethe, Gespr. v. 6. 4. 1829.

Rechtserfahrung erforderlich macht. Wir vermuten, daß Ihnen als Liebhaber der lateinischen Sprache die synoptische zweisprachige Ausgabe persönlich Freude bereiten könnte, und wir sehen einen besonderen Reiz darin, Ihnen als unserem Justizminister das Werk Ihres weltweit berühmtesten Vorgängers in unserer Sprache zu überreichen. Denn führender Kopf bei Justinians Gesetzgebungswerk war und den maßgeblichen Anteil an all dessen Teilen hatte Tribonianus, der zunächst Justizminister war und dann — was eine gute Ämterfolge sein dürfte — zum Kanzler aufstieg.

Tribonians Arbeitsplan hat übrigens Friedrich Bluhme, später Lehrstuhlinhaber hier in Bonn, mit seiner berühmten Massentheorie genial erschlossen. Wenn ich damit am Ende noch einmal bei der Wissenschaft stehe, so möchte ich in die Begrüßung in ganz herzlicher Freude und mich bewegender Dankbarkeit unsere verehrten großen Lehrer Franz Wieacker, Max Kaser wie Werner Flume einbeziehen: Ich denke, wir dürfen Ihre Teilnahme an dieser Veranstaltung schon jetzt als konkludente Zustimmung zu unserem nicht ungefährlichen Unternehmen und als Ermutigung, daran weiterzuarbeiten, verstehen. Sie, sehr verehrter Herr Wieacker, werden uns zudem die Ehre Ihres Wortes geben, wofür ich — wenngleich des Ausgangs ungewiß — schon jetzt von Herzen danke. Sie dem Auditorium vorzustellen, ist wahrlich entbehrlich. Ich darf dies auch zu den weit über die Grenzen ihrer Länder hinaus bekannten Herren Professoren Spruit aus Utrecht und Birks aus Oxford sagen, und zwar auch deshalb, weil die Themenstellung für ihre Ansprachen es wohl unvermeidlich machen dürfte, daß sie von ihren eigenen Taten berichten. Beide Kollegen sind zugleich die besonders herzlich begrüßten Zeugen für die Internationalität unserer gemeinsamen Arbeit am antiken Erbe, unserer gemeinsamen Suche nach der *iustitia* und unser aller Bemühungen um die *iuris prudentia*.

Einzelne Probleme bei der Übersetzung der Digesten*)[*]

Von

Rolf Knütel

I. Übersetzungsprinzipien:

1. Ein jedes Übersetzungsunternehmen hat sich zunächst die Methodenfrage zu stellen: Soll ‚zielsprachenorientiert' oder ‚ursprungssprachenorientiert' übersetzt werden[1])? Die von uns, Okko Behrends, Berthold Kupisch, Hans Hermann Seiler und mir, im Zusammenwirken mit zahlreichen Fachkollegen in Angriff genommene Übersetzung folgt – wie die durchaus meisten Übersetzungen in diesem Jahrhundert – der zielsprachenorientierten Methode. Sie soll dem deutschen Leser möglichst natürlich und unmittelbar verständlich erscheinen. Diese Entscheidung ergibt sich aus dem verfolgten Zweck: Die Übersetzung will die Inhalte des *Corpus Iuris Civilis,* der prägenden, noch heute hochbedeutsamen Grundlage unserer Rechtskultur, einem möglichst breiten Publikum zugäng-

[*] Zeitschrift der Savigny-Stiftung für Rechtsgeschichte, Romanistische Abteilung 111 (1994) 376 – 402.

*) Ergänzte Fassung eines auf dem 29. Deutschen Rechtshistorikertag in Köln vorgetragenen Referats. Es handelt sich bei den im 1. Teil behandelten Fragen weithin um (bisweilen durchaus schlichte) Einsichten und Erfahrungen, die Hans Hermann Seiler, Berthold Kupisch, Okko Behrends und ich bei der gemeinsamen Übersetzungsarbeit gewonnen haben und zu denen wir verschiedentlich durch die Beiträge der mit uns zusammenarbeitenden Kollegen (vgl. die Übersicht in SZ 108, 1991, 703 Fn. 6, 7) angeregt worden sind. – Okko Behrends wird die in seinem Referat auf dem Rechtshistorikertag vorgetragenen Erkenntnisse im Rahmen einer breiter angelegten Studie publizieren.

[1]) Zur Problematik s. M. Fuhrmann in diesem Bande S. 363 ff. Vgl. etwa auch ders., Vom Übersetzen aus dem Lateinischen, 1986 (Sdr. der Stiftung ‚Humanismus heute' des Landes Baden-Württemberg); ders., in: Die Antike in der europäischen Gegenwart (Veröffentlichungen der Joachim-Jungius-Gesellschaft Nr. 72, hgg. von W. Ludwig), 1993, 22 ff. sowie die klassischen Beiträge in der von J. Störig herausgegebenen Anthologie Das Problem des Übersetzens, 2. Aufl. 1969.

lich machen, insbesondere dem Allgemeinjuristen und überhaupt dem am antiken Recht interessierten Leser. Es wäre wirklichkeitsfremd, bei diesem Adressatenkreis heute oder in Zukunft das Maß an Kenntnissen zu erwarten, das für eine ursprungssprachenorientierte Übersetzung vonnöten ist. Denn es geht nicht allein um die Sprachkenntnisse, sondern auch um das Ausmaß der vorauszusetzenden Sachkenntnis vom römischen Recht, das bei einer Ursprungssprachenorientierung jedenfalls höher angesetzt werden müßte; beispielsweise müßte die römischrechtliche Fachterminologie viel weitergehend beibehalten werden.

Gegenüber der schon bei der Institutionenübersetzung[2]) befolgten zielsprachenorientierten Methode ist eingewandt worden, das ‚Ideal' sollte ‚in einer Übersetzung liegen, die sich um eine weitmöglichst konvertible Textgestaltung bemüht, um einen Text also, der gleichermaßen jederzeit die Rekonstruktion der Übersetzung aus dem Original und des Originals aus der Übersetzung erlaubt'[3]). Ein solches Ideal zu erreichen, ist jedoch unmöglich. Sehr treffend beschreibt Wilhelm von Humboldt in einem Brief vom 23. Juli 1796 an August Wilhelm Schlegel die Alternative:

> ‚Alles Übersetzen erscheint mir schlechterdings ein Versuch zur Auflösung einer unmöglichen Aufgabe. Denn jeder Übersetzer muß immer an einer der beiden Klippen scheitern, sich entweder auf Kosten des Geschmacks und der Sprache seiner Nation zu genau an sein Original oder auf Kosten seines Originals zu sehr an die Eigentümlichkeiten seiner Nation halten. Das Mittel hierzwischen ist nicht bloß schwer, sondern geradezu unmöglich'[4]).

Es kann also nur darum gehen, in welchem Ausmaß und mit welchen Kompromissen die grundsätzliche Entscheidung zugunsten einer der beiden Methoden in die Tat umgesetzt wird.

2. Vor näheren Erläuterungen ist doch zunächst noch eine Klarstellung zum Ausgangsverständnis des Originals geboten. Sie betrifft die seit den Humanisten geläufige Problematik der *interpretatio duplex*[5]). Der Digestentext hat seine Fassung durch die Kommissionen Justinians erfahren, und er ist in dieser Gestalt Gegenstand der Übersetzung. Das bedeutet zugleich, daß er als Monument dieser Zeit übersetzt werden sollte, daß also grundsätzlich

---

[2]) Behrends/Knütel/Kupisch/Seiler, Corpus Iuris Civilis (Text und Übersetzung), Bd. 1 (Institutionen), 1990. Vgl. dort S. 265f.

[3]) Meincke, Zschr. f. Hist. Forschung 18 (1991) 203.

[4]) Zitiert bei W. Koller, Einführung in die Übersetzungswissenschaft, 3. Aufl. 1987, 134, dort (S. 134ff.) auch Weiteres zum Problem der Übersetzbarkeit.

[5]) Berger, Encyclopedic Dictionary of Roman Law, 1953, 514 s. h. v.; Riccobono, Bull. 49/50 (1947) 6ff., vgl. auch u. Fn. 20.

das justinianische und nicht das klassische Textverständnis zugrundezulegen ist. Diese Entscheidung hat zugleich praktische Bedeutung. Da das justinianische Recht Gegenstand der Rezeption war und infolgedessen später zur wesentlichen Grundlage der Kodifikationen wurde, kann die zu erarbeitende Übersetzung von Nutzen sein, wenn vom geltenden Recht her ein Rückgriff auf das gemeine Recht wertvoll oder sogar geboten ist[6]).

Die Problematik der Doppelinterpretierbarkeit hat in den ersten zehn Büchern der Digesten verhältnismäßig wenig Schwierigkeiten bereitet. In Fällen klarer Interpolationen bietet sich gelegentlich, wenn nämlich die Gefahr sachlicher Unklarheit besteht, ein Fußnotenhinweis auf das klassische oder sogar das vorklassische Recht an, etwa bei der *plena pubertas* von 18 Jahren in D. 1, 7, 40, 1 (Mod. 1 diff.), um die der Adoptierende älter sein muß als der Adoptierte[7]), oder zu D. 2, 14, 48 (Gai. 3 leg. XII tab.), wo die bei der *traditio* getroffenen formlosen Vereinbarungen anerkannt werden, ursprünglich aber von den Nunkupationen bei der Manzipation die Rede gewesen sein muß[8]).

Insbesondere wirkt sich das Problem der Doppelinterpretierbarkeit bei der Übersetzung von Fachbegriffen aus, die Justinian festgelegt oder geändert hat. ‚Justinianisch‘ und zugleich zielsprachlich ist beispielsweise der *impubes* als ein noch nicht siebenjähriges Kind[9]) zu übersetzen oder etwa die für die Rückgabe der *dos* nach der Scheidung geltende Bestimmung *tempore statuto dilationis* (D. 2, 14, 7, 5) als ‚bei Ablauf der bestimmten Frist‘ (gemäß C. 5, 13, 1, 7a, a. 530) wiederzugeben und nicht als ‚zu den gesetzlich bestimmten Herausgabeterminen‘[10]).

Auch bei der Übersetzung von Katenen wird die Problematik deutlich; die Übersetzung muß dem systematischen Zusammenhang Rechnung tragen, in den die Fragmente in der Kompilation gestellt sind. Vermutlich haben die Kompilatoren des öfteren einen zitierten Autor herausgesucht und das Originalzitat in den – meist ulpianischen – Grundtext eingeschaltet. In dem

---

[6]) Vgl. zu diesen Zusammenhängen zuletzt Knütel, in: Die Antike in der europäischen Gegenwart (o. Fn. 1) 43ff. – Eine Einschränkung ergibt sich freilich daraus, daß der Übersetzung keine Vulgatausgabe, sondern der (gelegentlich verbesserte) Text von Mommsens *editio maior* zugrundegelegt wird.

[7]) Dazu Knütel, in: Familienrecht in Geschichte und Gegenwart (Symp. F. W. Bosch, hg. v. H. F. Gaul), 1992, 4ff. = Index 22 (1994) 249ff.

[8]) S. Lenel, Pal. 1, 244 Fn. 2 (Gaius 430); Biondi, Contratto e stipulatio, 1953, 142; Grosso, Il sistema rom. dei contratti, 3. Aufl. 1963, 187, 194.

[9]) Vgl. nur Kaser, Röm. Privatrecht 2, 2. Aufl. 1975, 116.

[10]) Was der klassischen Regelung entspräche, vgl. Ulp. reg. 6, 8 (*annua bima trima die*).

Stück, mit dem der Grundtext nach dem Zitat wieder einsetzt, bedarf es gelegentlich einer (auch durch Klammerzusätze zu bewerkstelligenden) Anpassung, um die Abfolge des Gedankenganges, so, wie die Kompilatoren ihn sich vorgestellt haben werden, deutlich zu machen[11]).

Eher größere Unsicherheiten als bei der juristischen Terminologie treten in Zusammenhängen auf, in denen der seit der Klassik bis auf Justinian eingetretene Wechsel der Staatsverfassung, der wirtschaftlichen und gesellschaftlichen Verhältnisse und nicht zuletzt der Religion von Bedeutung sein kann. Ein recht einfaches Beispiel ist

D. 4, 8, 32, 4 (Paulus 13 ed.) Sacerdotio obveniente videbimus an cogatur arbiter sententiam dicere: id enim non tantum honori personarum, sed et maiestati dei indulgetur, cuius sacris vacare sacerdotes oportet. ceterum si postea suscepit, iste quoque omnimodo sententiam ferre debet[12]).

Die Frage ist, wie die *maiestas dei* zu verstehen ist: So, wie es der Jurist Paulus im beginnenden 3. Jh. gemeint haben wird, also als ‚Majestät der Gottheit' oder ‚Hoheit des Gottes', nämlich des jeweiligen Gottes, dessen Kult der Priester/*arbiter* übernommen hat, – oder so, wie es Justinian im frühen 6. Jh. gemeint haben wird, also als ‚Majestät Gottes' oder ‚Hoheit Gottes'?

Die erste Lösung hat Geoffrey MacCormack in der englischen Übersetzung gewählt[13]). Daß demgegenüber Otto (in Otto/Schilling/Sintenis) sich für die zweite Alternative entschieden hat[14]), kann schon deshalb nicht überraschen, weil er einen Text seinerzeit geltenden Rechts zu übersetzen hatte – wie es auch ohne weiteres begreiflich ist, daß in damaligen Textausgaben *Dei* groß geschrieben wird. Auf dieser ‚justinian-orientierten' Linie liegen auch die spanische Übersetzung, die freilich etwas offener von

---

[11]) Beispielsweise wird in Ulp. D. 8, 3, 5 pr. der Grundtext nach Ulp. D. 8, 3, 3, 3 fortgesetzt; der Sinn der Aussage ist aber nur in Anknüpfung an Pap. D. 8, 3, 4 zu erschließen. – Unabgestimmtheiten sind allerdings nicht einzuebenen (vgl. etwa D. 8, 3, 21: *mihi ... per fundum tuum*, Pomp. eod. 22: *eius fundi*), um den Text nicht besser zu machen, als er ist.

[12]) Zum Text s. Ziegler, Schiedsgericht, 1971, 87f.

[13]) The Digest of Justinian, Latin Text ed. by Th. Mommsen with the Aid of P. Krueger, English Translation ed. by A. Watson, Bd. 1 (Pennsylvania 1985) 156 d: "For a concession should be made not only to the honor attained by the individual but also to the majesty of the god for whose rites the priest ought to be free."

[14]) C. E. Otto/B. Schilling/C. F. F. Sintenis, Das Corpus Juris Civilis in's Deutsche übersetzt, 7 Bde., Leipzig 1830–1833 (Bd. 1, 2. Aufl. 1839); Otto übersetzt Bd. 1, 1. Aufl., 523: „denn dies wird nicht nur der Würde [solcher] Personen, sondern auch der Heiligkeit Gottes, dessen Verehrung die Priester sich weihen müssen, willfahret".

,majestad divina' spricht[15]), sowie Lenel und Heumann/Seckel; Lenel, indem er vermutet, *dei* sei für *deorum* und *cuius* für *quorum* interpoliert[16]), und Heumann/Seckel, indem sie unter *,maiestas'* zu unserem Fragment erklären: ,die Heiligkeit der Götter bzw. Gottes'[17]).

Zwar ist es sehr gut möglich, daß eine Interpolation vorliegt; doch kommt es für die Übersetzung des Textes darauf nicht an. Denn daß in Justinians Augen die *maiestas dei* hier die Majestät Gottes, unseres christlichen Gottes, meint, darf man für jedenfalls sehr wahrscheinlich halten. Es erscheint in diesem Zusammenhang beispielsweise als kennzeichnend, daß in dem Demosthenes-Zitat in Marci. D. 1, 3, 2 der Genitiv Plural ϑεῶν in den Singular ϑεοῦ gesetzt worden ist[18]).

Sicherheit ist freilich auch zu diesem Fragenkreis kaum zu gewinnen. Beispielsweise wird in D. 1, 1, 2 die Singularform *deus* schon im Originaltext gestanden haben: (D. 1, 1, 1, 4: ... *hoc solis hominibus inter se commune sit.*) *Veluti erga deum religio...*[19]). Doch ist auch hier aufgrund einer *duplex interpretatio* anzunehmen, daß Justinian den Text auf den Gott der Christenheit bezogen wissen will[20]), so daß in *fr.* 2 ,Wie zum Beispiel die Verehrung Gottes...' zu übersetzen ist. Doch bleibt hervorzuheben, daß bei einer Ummünzung antiker Begriffe in die christliche Terminologie Vorsicht geboten und sehr auf den Sachzusammenhang zu achten ist. So beruft sich Justinian in der *,In nomine Domini Dei nostri Ihesu Christi'* ergangenen Einführungskonstitution Tanta (und entsprechend in der Const. Dédoken) mehrfach auf Jesus und Gott[21]). Dennoch ist der lateinische Text sprachlich

---

15) A. D'Ors/F. Hernandez-Tejero/P. Fuenteseca/M. García-Garrido/ J. Burillo, El Digesto de Justiniano, 3 Bde., Pamplona 1968–1975; Bd. 1, 230.

16) Pal. 1, 990 Fn. 1, 2 (Paul. 251), zust. Nicholas, Synt. Arangio-Ruiz, Bd. 1, 1964, 153 Fn. 19, entsprechend Biondi, Dir. rom. cristiano, Bd. 3, 1954, 380 ([*id enim – sacerdotes oportet*]).

17) Handlexikon zu den Quellen des röm. Rechts, 11. Aufl. 1971, 328 s. v. *maiestas* a.

18) Das hat schon Haloander gesehen, vgl. Brenkmann bei Gebauer-Spangenberg (ed. Göttingen 1776) ad h. l. – Vgl. die Parallele in Cicero, Tusc. 1, 64: *philosophia ... quid est aliud nisi, ut Plato, donum, ut ego, inventum deorum?*

19) Cicero, de legibus 1, 8, 24 zeigt, daß es sich um einen – auch in dieser Form – geläufigen Gedanken handelt: ... *ex tot generibus nullum est animal praeter hominem quod habeat notitiam aliquam dei ...*

20) So bereits Jac. Gothofredus, vgl. mit weiteren Nachweisen Schulting-Smallenburg, Notae ad Digesta seu Pandectas, Bd. 1, 1804, 17 (zum *fr.*), wo auch auf Jan. Valckenaer, Dissert. de Duplici Legum quaerundam in Pand. interpretatione, Leiden 1781, hingewiesen wird.

21) C. Tanta pr., § 1 (*favor summae trinitatis*); § 21 (*deo adnuente,* insoweit nicht in C. Dédoken); § 23.

nichtchristlich; er bedient sich nicht der von den christlichen Schriftstellern in Anlehnung an die Bibel entwickelten Ausdrucksweisen, sondern ist noch im vorchristlichen profanen Sprachgebrauch abgefaßt[22]). Dementsprechend bot sich als Übersetzung der *divinae humanitatis providentia* (Tanta pr.) die Fürsorge der Menschenliebe Gottes an[23]), und dementsprechend war zu D. 4, 8, 32, 4 die Mehrheit auch der Ansicht, der offenen Formulierung mit dem Genitiv-Artikel den Vorzug zu geben, also zu übersetzen: „Diese Rücksicht gilt ... auch der Hoheit des Gottes, dessen Dienst sich die Priester widmen müssen". Die entsprechende Problematik besteht übrigens zur *aedes sacra,* für die einerseits die Übersetzung mit ‚heiliger Tempel', andererseits die mit ‚Gotteshaus' in Betracht kommt und bei der es sich empfiehlt, jeweils der Alternative den Vorzug zu geben, die dem Kontext gemäßer erscheint (vgl. etwa Inst. 1, 8, 2; 2, 1, 8; D. 10, 2, 5).

3. Was nun das Ausmaß der Zielsprachenorientierung – um diese Frage wieder aufzunehmen – der hier zu erörternden Übersetzung angeht, so ergibt es sich aus einigen Grundsätzen, die wir zu befolgen suchen.

Eine zielsprachenorientierte Übersetzung verlangt eine möglichst weitgehende Eindeutschung der Termini technici. Wir sind bestrebt, in diesem Bereich dem Ideal möglichst nahe zu kommen, ohne jedoch allgemein üblich gebliebene Begriffe zu beseitigen, wie etwa die gängigen Lehnwörter Edikt, Prätor, Stipulation, Adoption, Eviktion, Konsens, Vindikation etc., eingeschränkt – nämlich nur in klaren Zusammenhängen – auch Emanzipation (sonst: Entlassung aus der Hausgewalt) und – nur im Bereicherungs- und Darlehensrecht – Kondiktion (sonst: Erfüllungsklage) sowie – nur im öffentlichen Recht – Kurator (sonst: Pfleger)[24]). Vielfach ist es aus stilistischen wie aus Verständnisgründen aber auch möglich, mit dem deutschen Analogon zu variieren, so daß etwa neben Eviktion auch

---

[22]) Darauf hat uns dankenswerterweise Herr Prof. Ekkehard Mühlenberg (durch briefliche Mitteilung vom 5. 5. 93 an Okko Behrends) aufmerksam gemacht. – Vergleichbar ist die Beobachtung Waldsteins (Ius naturale, in diesem Band, bei Fn. 234 und 252, 253), daß in der Novellengesetzgebung die stoische Philosophie stark hervortritt, nicht aber die christliche Sittenlehre.

[23]) Keine Entsprechung in C. Dédoken. – Im NT kommt eine *divina humanitas* überhaupt nicht und die *humanitas* (als Übersetzung von *philanthropia*) nur in der Epistula ad Titum 3, 4 vor (nach freundlichem Hinweis von Herrn Prof. William Hoye, Münster). Erwogen waren: die Fürsorge Gottes in seiner Menschenfreundlichkeit und: des menschengewordenen Gottes. – Zur *humanitas* in der Gesetzgebung der christlichen Kaiser s. Hiltbrunner, RAC 16 (1992) 737f.

[24]) Nicht mehr: Legat (statt dessen: Vermächtnis), Kaution (Sicherheitsleistung), Konstitut (Erfüllungszusage).

‚Entziehung‘, neben Adoption auch ‚Annahme an Kindes Statt‘ oder ‚... als Kind‘ Verwendung finden kann.

4. *a)* Einschränkungen der Zielsprachenorientierung ergeben sich vor allem aus zwei Gesichtspunkten. Erstens ist es oft gleichwertig oder nahezu gleichwertig, ob man den zu übersetzenden Satz in der Wortfolge wiedergibt, wie sie sich im Deutschen spontan aufdrängt, oder ob man der lateinischen Syntax folgt.

Beispielsweise neigt man im Deutschen dazu, erst die Folge klarzustellen und dann die Voraussetzung zu nennen. In Paul. D. 9, 4, 4, 2, wo der Sklave *sciente domino* gehandelt hat, kann der erste Satz (*Cum dominus ob scientiam teneatur, an servi quoque nomine danda sit actio, videndum est*) deshalb gut übersetzt werden: ‚Zu klären ist, ob die Klage nicht auch wegen des Sklaven erteilt werden muß, wenn der Eigentümer wegen seiner Kenntnis [schon unmittelbar] haftet‘. Doch läßt sich durch Einfügung eines ‚dann‘ die lateinische Wortfolge recht weitgehend beibehalten und damit die sprachlich gewiß nicht schlechtere Version gewinnen: ‚Zu klären ist, ob dann, wenn der Eigentümer wegen seiner Kenntnis [schon unmittelbar] haftet, die Klage nicht auch wegen des Sklaven erteilt werden muß‘.

Auf diesen Gesichtspunkt der tunlichen Anlehnung an die lateinische Syntax hat uns Manfred Fuhrmann hingewiesen; wir sprechen deshalb von der ‚Fuhrmannschen Regel‘. Für ihre Berechtigung lassen sich drei Gründe anführen: Der im Latein etwas bewanderte Leser vermag das Original rascher zu erschließen. Zudem kann auf diese Weise oft eine im Originaltext, etwa in der Sachverhaltsdarstellung, vermittelte Spannung gewahrt werden. Und schließlich ist an den zyklischen Argumentationsstil der römischen Juristen zu erinnern, die ihren Gedankengang weniger in deduktiven Schlüssen entfalten als vielmehr in Problemkreisen; „der Gedankengang ... kann logische Stufen als vorausgesetzt andeuten oder auch überspringen, mehrsträngig verlaufen, zu seinen Ausgangspunkten zurückkehren“[25]). Die Beachtung der genannten Regel bewahrt vor der Gefahr, Gleichklänge in der Ausgangsformulierung und der späteren anknüpfenden Formulierung zu verdecken[26]). Daß es sich bei dieser Regel um eine bloße

[25]) Wieacker, Vom röm. Recht, 2. Aufl. 1961, 152.

[26]) Beispielsweise stehen *is qui pignori accepit* in D. 9, 4, 22, 1 (Paul. 18 ed.) und *cui pignoris nomine obligatus est* in D. 9, 4, 26, 6 (Paul 18 ed.) im Zusammenhang. Statt der naheliegenden Übersetzung in fr. 26, 6: ‚Dasselbe muß auch einem Nießbraucher oder einem Pfandgläubiger‘ zugestanden werden, empfiehlt sich deshalb die Erhaltung des Relativsatzes: ‚jemandem, dem der Sklave verpfändet worden ist‘.

Leitlinie handelt und es sich häufig anbietet, von ihr abzuweichen, liegt auf der Hand[27]).

b) Die zweite Regel nennen wir, da der sachliche Vorschlag von Hans Hermann Seiler stammt, die Seilersche. Sie besagt, daß Edikts- und Formelzitate und möglichst auch Vertragsklauseln nicht zielsprachlich zu umschreiben, sondern wörtlich wiederzugeben sind, beispielweise *interdictum ‚Uti possidetis'* mit Interdikt ‚Wie ihr besitzt', *possessio ‚Contra tabulas'* mit Nachlaßbesitz ‚Entgegen dem Testament' sowie – etwas erweiternd – *actio ‚Quod metus causa'* mit Klage ‚Was infolge von Furcht geschehen ist'.

Auch die römischen Juristen müssen die Besonderheit dieser auch mnemotechnisch wertvollen Begriffsschöpfungen zur Identifizierung von Klagen und sonstigen Rechtsinstituten empfunden haben. Die wörtliche Wiedergabe vermag dem heutigen Leser ein ähnliches Empfinden zu vermitteln und kommt damit dem entgegen, was die Übersetzungswissenschaftler als die anzustrebende ‚kommunikative Äquivalenz' bezeichnen[28]).

c) Bei einer anderen Eigenart – das sei anhangsweise eingeflochten – erscheint die Herstellung kommunikativer Äquivalenz besonders reizvoll, nicht selten juristisch jedoch anfechtbar. Bei den Klassikern wird verschiedentlich ein ‚figuratives Denken' erkennbar, zu dem das Bild möglichst gewahrt werden sollte, auch wenn es juristisch ungenau ist.

So spricht Gaius von dem Fall, daß eine *emptio ... per plures personas ambulaverit* (D. 4, 4, 15), was sich noch mit einem ‚Kauf, der über mehrere Personen gelaufen ist' wiedergeben läßt. Bei Ulpian in D. 7, 1, 25, 2 wandert der Anspruch aus der Stipulation zum Erben und kehrt dann zum Nießbraucher zurück. Wenn aber Ulpian den Fall erörtert *si per multos ambulaverit possessio* (D. 5, 3, 25, 8), dürfte es sich empfehlen, das Bild vom Fuß auf die Hände umzustellen: ‚Wenn der Besitz (an der Erbschaft) durch viele Hände ging'.

Gaius erklärt, gegen Bürgen, die vom Gläubiger Befreiung erlangt haben, weil dieser vom Schuldner in Furcht versetzt worden war, könne darauf geklagt werden *ut se reponant in obligationem,* daß sie sich in die Verbindlichkeit zurückversetzen (D. 4, 2, 10 pr.). Das ist etwas ungenau, weil die

---

[27]) So werden in D. 1, 18, 6 pr. – 6 konkrete Amtspflichten des Provinzstatthalters genannt, zu denen jeweils am Satzende betont wird, daß der Statthalter sich darum zu kümmern hat. Im Deutschen wird die Einschärfung von Pflichten dagegen deutlicher, wenn das gebietende Verb vorangestellt wird.

[28]) Vgl. Koller (o. Fn. 4) 187, der selbst ‚pragmatische Äquivalenz' bevorzugt.

Verbindlichkeit durch die *acceptilatio* vollständig aufgehoben war; besser ist deshalb zu sagen, daß ‚sie ihre Verbindlichkeit wiederherstellen'. – Sehr bildhaft ist auch Papinian (D. 8, 3, 34, 3), wenn er formuliert, daß der *fons ... post constitutum tempus ad suas venas redierit* – die Quelle nach Ablauf der gesetzlichen Frist zu ihren Adern zurückkehrt. Im Deutschen einprägsamer dürfte es jedoch sein, daß ‚ihre Wasseradern wieder zu fließen beginnen'.

5. Drei weitere Regeln, die wir bei der Übersetzung befolgen, seien nur kurz genannt. Sie sind sehr naheliegend; doch sollte man sie sich bewußt machen.

a) So sind Ausgangsbegriffe, insbesondere im Edikt verwendete Begriffe, wörtlich und möglichst eng zu übersetzen. Beispielsweise bestimmt der Prätor im Vadimonienedikt, daß in Noxalsachen der Beklagte Sicherheit zu leisten hat, daß er den Sklaven *in eadem causa* vor Gericht vorführen wird, Ulp. D. 2, 9, 1 pr.[29]). Es liegt nahe, dies zu übersetzen: ‚in derselben tatsächlichen und rechtlichen Lage'; der Leser wäre dann sogleich im Bilde. Doch wäre damit schon das Ergebnis der interpretativen Bewältigung dieses Begriffs durch die Juristen vorweggenommen; die Kommentierungen zu diesem Merkmal würden banal erscheinen. Diese Fälle sind häufig[30]).

Einschränkungen sind allerdings zu machen, wenn der Begriff außerhalb des Hauptzusammenhangs auftritt; dann kann es zielsprachlich geboten sein, bei der Übersetzung etwa des Begriffs *praedo* das Wort Räuber zumindest in Anführungszeichen zu setzen oder interpretierend ihn sogleich als ‚bösgläubiger Eigenbesitzer' wiederzugeben. Umgekehrt kann es dort, wo im Original von Anfang an gesagt wird, daß ein Begriff sehr allgemein, also weit zu verstehen ist, angezeigt sein, diese Weite im Deutschen durch eine Begriffshäufung zum Ausdruck zu bringen und damit zugleich die Freiheit zu späterer abwechselnder Verwendung zu gewinnen. So empfiehlt sich in Ulp. D. 2, 14, 1, 3, *Conventionis verbum generale est ad omnia pertinens* ... mit: ‚Das Wort *conventio,* Übereinkommen, Einigung, Vertrag, ist ein allgemeines ...' zu übersetzen. In der Regel sollte allerdings bei *conventio* der wörtlichsten Übersetzung mit ‚Übereinkommen' der Vorzug gegeben werden.

---

[29]) Vgl. dazu Lenel, Das Edictum Perpetuum, 3. Aufl. 1927, Neudr. 1974 (= EP³), 82.

[30]) Beispielsweise sollte *parens* im Edikt zur in *in ius vocatio* (Lenel S. 68f., vgl. D. 3, 1, 1, 11; 2, 4, 4) nicht mit ‚Vorfahr' o. ä., *glans* im *interdictum De glande legenda* (Lenel 487) nicht mit ‚Frucht' übersetzt werden.

b) Nicht selten bestehen Unklarheiten, weil zwei oder sogar mehrere Deutungen des Textes in Betracht kommen. In solchen Fällen geht das Bestreben dahin, auch die Übersetzung so offen zu halten, daß sie die beiden oder mehreren Deutungen zuläßt. Wo dies nicht möglich ist oder die eine Übersetzung näherliegt oder überwiegend anerkannt ist, die andere aber dennoch einiges für sich hat, geben wir einen Hinweis in einer Fußnote. Doch kommt das verhältnismäßig selten vor[31]).

c) Bisweilen empfiehlt es sich auch, die Übersetzung zielführend zu gestalten, also etwas anzureichern, damit der deutsche Leser nicht am Ende zu überrascht oder gar ratlos ist. Dies ist vor allem dann von Bedeutung, wenn der Text weithin aus Fragen besteht und am Ende mit *itaque* oder *ideoque* plötzlich das Ergebnis genannt wird[32]). Dabei gewinnt man den Eindruck, daß dies ein Argumentationsstil des jeweiligen Juristen sein kann, daß also nicht etwa die eigentliche Begründung von den Kompilatoren gestrichen worden ist.

Ein Beispiel ist

D. 8, 6, 11 pr. (Marcellus 4 dig.) Is cui via vel actus debebatur, ut vehiculi certo genere uteretur, alio genere fuerat usus: videamus ne amiserit servitutem et alia sit eius condicio, qui amplius oneris quam licuit vexerit, magisque hic plus quam aliud egisse videatur: sicuti si latiore itinere usus esset aut si plura iumenta egerit quam licuit aut aquae admiscuerit aliam. ideoque in omnibus istis quaestionibus servitus quidem non amittitur, non autem conceditur plus quam pactum est in servitute habere.

Jemand hat einen ihm durch Dienstbarkeit gesicherten Weg mit anderen als den vorgesehenen Fahrzeugen benutzt. Dies führt zu der Frage, ob die Dienstbarkeit durch *non usus* innerhalb von zwei Jahren erloschen ist. Das Problem wird in der Weise erfaßt, daß hinsichtlich des Gebrauchs ein Gegensatz zwischen *aliud* und *plus* gebildet wird: Ein *aliud*-Gebrauch würde bedeuten, daß die in der Bestellung vorgesehene Benutzung nicht erfolgt ist, er wäre also *non usus,* ein bloßer Mehrgebrauch wäre dagegen immer noch Gebrauch (vgl. D. 8, 5, 9, 1). Die aus dem erwähnten Grund etwas angereicherte Übersetzung lautet:

Jemand, dem ein Wege- und Viehtriftrecht des Inhalts geschuldet wurde, daß er nur mit Wagen einer bestimmten Art fahren dürfe, benutzte Fahrzeuge einer anderen Art. Überlegen wir, ob er die Dienstbarkeit *doch nicht* verloren hat und ob die Rechtslage

---

[31]) Beispielsweise in D. 1, 18, 6 pr. (*cautiones* als Schuldversprechen oder Quittung); 2, 14, 7, 6 i. f. (*decreta edicta principum* oder *edicta decreta principum*); 2, 14, 47, 1 (*summa aureorum tacita*). Zu D. 9, 2, 27, 34 s. u. nach Fn. 60.

[32]) Vgl. etwa Paul. D. 9, 4, 4 pr., wo die anschaulichen Fragen das mit *itaque* eingeführte Ergebnis vorbereiten.

eines Berechtigten, der eine schwerere Ladung als erlaubt beförderte, *wirklich* eine andere ist, und *ob nicht* anzunehmen ist, daß jener eher mehr als etwas anderes getan hat, genauso wie wenn jemand einen breiteren Durchgang in Anspruch genommen, mehr Zugvieh, als er durfte, über das Grundstück getrieben oder neben der zulässigen Wassermenge noch anderes beigemischtes Wasser geleitet hätte. Und *aus diesen Erwägungen* geht in allen diesen Fällen die Dienstbarkeit nicht verloren. Es wird dadurch aber auch nicht mehr an Rechten eingeräumt, als bei der Bestellung der Dienstbarkeit vereinbart wurde.

II. Textgestaltung:

1. War bislang von methodischen Aspekten der Übersetzung die Rede, so sollen nunmehr konkrete Schwierigkeiten angesprochen werden, mit denen eine Übersetzung zurechtkommen muß. Aus der Fülle der Probleme seien nur zwei Gruppen ausgewählt, in denen trotz der jahrhundertelangen Arbeit an den Quellen überraschend häufig Ungewißheiten auftreten, die einer Klärung bedürfen. Dies gilt zum einen für die Strukturierung der Texte, zum anderen für die tatsächlichen Umstände.

Um einem Text Struktur zu geben, bedient man sich heutzutage der Zeichensetzung. Die Römer kannten allerdings noch kein Interpunktionssystem; die Zeichensetzung in unseren Texten ist erst die Frucht späterer Bearbeitungen. Unserer Übersetzung liegt der Text aus Mommsens *editio maior* zugrunde[33]). Gegenüber der von Mommsen gewählten Interpunktion finden sich jedoch in der Stereotypausgabe von Krüger/Mommsen verschiedentlich Abweichungen, die offenbar in der Mehrzahl darauf beruhen, daß Paul Krüger zur Tradition der Vulgatausgaben zurückgekehrt ist. Des öfteren geht es bei diesen Abweichungen um recht schwierige Interpretationsfragen[34]).

---

[33]) Die Entscheidung beruht auch darauf, daß aufgrund der von Dr. Josef Menner, Linz, betreuten Computer-Einspeicherung dieses Textes eine kostengünstige Reproduktion in Kolumnen möglich ist.

[34]) Außer den im Text dargelegten Beispielen seien etwa genannt: D. 5, 3, 5 pr. (wo hinter *coeptam* ein Punkt zu setzen ist, weil die Möglichkeit, auch nach Prozeßbeginn *causa cognita* Veräußerungen noch zuzulassen, offenbar im Reskript des Antoninus Pius angeführt wurde, vgl. Lenel, EP^3 136ff. m. Fn. 7; ders., Pal. 2, 492; dementsprechend Kinsey in der englischen Übersetzung, wogegen die spanische Übersetzung der Interpretation Mommsens folgt) sowie D. 5, 3, 25, 17 (wo Mommsen ein Fragezeichen erst hinter *distraxit* setzt, ebenso Dig. Mil., während Krüger es m. E. zutreffend bereits hinter *earum* stellt, denn es wird – nachdem die gegenüber der Einzelklage grundsätzlich bestehende dilatorische Einrede *quod praeiudicium* mit dem Hinweis erledigt ist, daß sie wirkungslos ist, weil der Gegenwert für die Sachen mangels Bereicherung offensichtlich nicht von der Erbschaftsklage erfaßt wird – mit *quamquam* ein neues Bedenken eingeführt: ‚Jedoch – *quamquam*, Georges s. h. v. 2133 –

2. Ein erstes Beispiel ist D. 2, 8, 8 pr. (Paulus 14 ed.). Im ersten Satz dieses Fragments heißt es, über den Termin, der in die Stipulation aufzunehmen ist, pflege man sich unter den Prozeßparteien zu einigen. Im zweiten Satz geht es dann um die Frage, wie es sich verhält, wenn man sich nicht einigen kann. Nach Mommsens Interpunktion, in der der Doppelpunkt hinter *spatio* steht, hat der Gläubiger ein moderates Entscheidungsrecht:

Si non conveniat, Pedius putat in potestate stipulatoris esse moderato spatio: de hoc a iudice statuendum[35]).

Demgegenüber setzt Krüger der älteren Tradition entsprechend den Doppelpunkt hinter *esse*[36]), woraus sich ergibt, daß der Richter insoweit eine angemesene Frist festzusetzen hat[37]).

... Pedius putat in potestate stipulatoris esse: moderato spatio de hoc a iudice statuendo.

In der Kompilation betrifft der Text die *cautio iudicio sisti,* mit der der Beklagte sein Verbleiben oder sein Wiedererscheinen vor Gericht verspricht (Inst. 4, 11, 2). Demgegenüber muß es im klassischen Text um das Verfahren vor dem Prätor und um den *vindex* oder um die *cautio vadimonium sisti* gegangen sein.

Der *vindex* hat aber vermutlich kein förmliches Versprechen abgegeben, den Beklagten vor Gericht zu gestellen[38]). Auch ist im pr. nur von den Streitparteien – *litigatores* – die Rede; erst § 1 handelt von der *satisdatio* und damit dem Dritten als *sponsor.* Eher dürfte deshalb an die *cautio vadimonium sisti* (bei einem Vertagungsvadimonium) zu denken sein. Dazu

---

werden die unterliegenden Käufer gegen den, der veräußert hat, Regreß nehmen', vgl. dazu Windscheid[-Kipp], Lehrbuch des Pandektenrechts, Bd. 3, 9. Aufl. 1906, 534 Fn. 15). – Kaum Schwierigkeiten bereiten dagegen etwa D. 4, 4, 25 pr. (wo das Komma nicht mit Mommsen hinter, sondern mit Krüger vor *danda* zu setzen ist) sowie D. 5, 1, 52, 2 (wo der Zusammenhang von Ehrerbietungszweck und Geringfügigkeit der Zuwendung dafür spricht, *tam modica fideicommissa* zu *reliquit* in den Relativsatz zu ziehen – so Mommsen und Krüger – und nicht zu *praestari voluisse,* wie das ältere Ausgaben haben, die das Komma hinter *reliquit* einfügen).

[35]) Ebenso Lenel, Pal. 1, 992 (Paul. 259), der freilich ab *moderato* alles für itp. hält.

[36]) Die Vulgatausgaben haben hier freilich ein Komma, etwa Gothofredus (ed. Frankfurt/M. 1663); Fratres Kriegelii (ed. Leipzig 1856). Ebenso die von P. Bonfante/C. Fadda/C. Ferrini/S. Riccobono/V. Scialoia herausgegebenen Digesta, Mailand, (1931 und) 1960 (= Dig. Mil.), wo Fn. 3 zu *statuendo* vermerkt: *sic recte fortasse ex interpolatione* und dann auf Mommsens *recensio* hingewiesen wird.

[37]) In diesem Sinne auch die spanische Übersetzung (o. Fn. 15) Bd. 1, 101.

[38]) Lenel, SZ 2 (1881) 46f., 53; 25 (1904) 249f.; ders., EP[3] S. 67f.; Kaser, Bull. 65 (1962) 102f.; ders., Das röm. Zivilprozeßrecht, 1966, 50.

paßt, daß die Einigung über den Termin unter den Streitparteien erfolgt und daß bei mangelnder Einigung der Kläger das Bestimmungsrecht hat. Setzt er einen angemessenen Termin fest, so zwingt der Prätor den Beklagten, auf die entsprechende *cautio* einzugehen.

Wie aber hat man sich die Sache bei Justinian vorzustellen? Soweit Äußerungen zu unserem Text vorliegen, erschöpfen sie sich nahezu ausschließlich in der Hervorhebung, der Passus ab *moderato spatio* sei interpoliert. Dies ist von Cujaz bis zu Seckel und der Mailänder Digestenausgabe (o. Fn. 36) die allgemeine Ansicht[39]), die auch Lenel (o. Fn. 35) teilt, wenngleich er wie Mommsen interpungiert. Und in der Tat liegt es für Justinians Zeit nahe, daß der Richter bestimmt, was der Kläger gegebenenfalls dem Beklagten auferlegen darf.

Dies machen auch die sprachlichen Indizien wahrscheinlich: Mommsen hat den Doppelpunkt offenbar bis hinter *spatio* verschoben, weil der Satz, falls er hinter *in potestate stipulatoris esse* endet, abgebrochen wirkt; man erwartet noch eine Präzisierung, was in der Gewalt des Klägers liegen soll. Diese Präzisierung wird durch die Verschiebung von *moderato spatio* zum Kläger jedoch nicht erreicht; denn man erwartet immer noch das Verb, etwa *diem ponere*[40]). Vor allem aber sprechen ein textgeschichtliches und ein grammatisches Bedenken gegen Mommsens Interpunktion.

Was den textgeschichtlichen Aspekt angeht, so stützt Mommsen sich auf die *lectio primitiva* des Parisinus (spätes 11. oder frühes 12. Jh.), die allein die Form *statuendum* hat. Aber bemerkenswerterweise hat schon die *lectio emendata* dieser Handschrift *statuendo,* und dies entspricht der klaren Überlieferung in der Florentina und im Patavinus (U; 12. Jh.). Damit ist *statuendo* die mit Abstand bestbeglaubigte Lesart, von der auszugehen ist. Daran knüpft sich das grammatische Bedenken: *moderato spatio statuendo* stellt sich als Ablativus absolutus dar. Zieht man *moderato spatio* aber in den von *putat* abhängigen AcI, so steht *statuendo* ohne Bezugsnomen da, was ungewöhnlich wäre. Das Subjekt beim Ablativus absolutus kann nur in ganz bestimmten Fällen fehlen, die hier nicht gegeben sind[41]). Hält man also an dem besser überlieferten *statuendo* fest, so erweist sich die von Krüger

[39]) Vgl. den Index itp. m. Suppl. ad h. l.

[40]) Es ist kennzeichnend, daß in der englischen Übersetzung (o. Fn. 13) Geoffrey MacCormack, der Mommsen folgt, in eckigen Klammern beim Kläger ergänzt: to fix the day.

[41]) Kühner-Stegmann, Ausführl. Grammatik der lat. Sprache, Bd. II/1, 2. Aufl. 1912 (Nachdr. 1966), 773 Anm. 7.

wiederaufgenommene Textaufstellung grammatikalisch als geboten, und sie sollte deshalb zugrundegelegt werden[42]).

2. Einfacher liegt es in

D. 3, 1, 1, 9 (Ulpianus 6 ad ed.)

[Mommsen:] Deinde adicit praetor: ,Qui ex his omnibus, qui supra scripti sunt, in integrum restitutus non erit, eum.' ,Qui ex his, qui supra scripti sunt' sic accipe:	[Krüger:] Deinde adicit praetor: ,Qui ex his omnibus, qui supra scripti sunt, in integrum restitutus non erit.' ,eum qui ex his, qui supra scripti sunt' sic accipe:

si fuerit inter eos, qui tertio edicto continentur et nisi pro certis personis postulare prohibentur: ceterum si ex superioribus, difficile in integrum restitutio impetrabitur.

Es geht um das 3. Edikt zu den Postulationsverboten, das die beschränkt postulationsfähigen Personen betrifft. Diese dürfen zwar in eigener Sache vor dem Prätor auftreten, in fremder jedoch nur für einen eng bestimmten Personenkreis (Eltern, Freilasser etc.). Dieses Edikt enthielt, wie § 9 zeigt[43]), auch die Klausel, daß die Beschränkung, nur für bestimmte Dritte auftreten zu dürfen, mit einer Wiedereinsetzung in den vorigen Stand entfällt. Ulpian erklärt hierzu, welche Personen von dieser Wiedereinsetzung profitieren, nämlich nur die vom 3. Edikt erfaßten.

Nach Mommsens Interpunktion ist *eum* als Einleitung einer ediktalen Rechtsfolgeanordnung zu verstehen. Nach der Interpunktion von Krüger, der auch hier zur Tradition der älteren Ausgaben zurückkehrt[44]), freilich den Anführungsstrich zu Unrecht vor statt hinter *eum* setzt, gehört *eum* nicht zum Ediktswortlaut, sondern zu Ulpians Kommentierung.

Für Mommsen spricht auf den ersten Blick die Grammatik: *Eum* verlangt einen Singular, der nur im vorangehenden Satz mit *qui restitutus non erit* zu finden ist. Dennoch hat Mommsen keinen Anhang gefunden[45]) – wie mir scheint, mit Recht; denn eine Fortsetzung mit *eum* paßt nicht in das Edikt[46]).

---

[42]) Damit vereinbar ist Bas. 7, 14, 8 pr. (Hb. I 303 = Schelt. A I 374), wonach der Richter darauf achten soll, daß der Kläger den Tag richtig festsetzt.

[43]) Vgl. Lenel (o. Fn. 29) 78.

[44]) S. etwa Gothofredus und Fratres Kriegelii (o. Fn. 36) ad h. l.; wie Krüger auch Lenel, Pal. 2, 445 (Ulp. 289); Zilletti, St. Grosso 2, 1968, 47 Fn. 47. – Dig. Mil. (o. Fn. 36) setzt vor *eum* den Punkt, aber keine weiteren Markierungen.

[45]) Auch nicht bei T. Kinsey in der englischen Übersetzung (o. Fn. 13): The words 'him who out of those mentioned above' must be taken to mean ... Entsprechend auch die spanische Übersetzung.

[46]) S. Lenel, EP^3 S. 77f.

Überwiegend rechnet man mit einer Textstörung[47]). Doch ist auch gut möglich, daß wir es mit einer lässigen Zitierweise von Ulpian zu tun haben, ähnlich wie bei den erwähnten Zitierverbindungen wie etwa *interdictum ‚Quod vi aut clam‘* etc. Man muß also hinter dem zweiten *scripti sunt* sinngemäß ergänzen: *restitutus non erit*, und man findet einen Singular damit auch im zweiten Satz. Für die Übersetzung steht man damit vor der Alternative, *eum* gar nicht wiederzugeben (‚Wer von denen, die oben angeführt werden‘ ist wie folgt zu verstehen) oder den Satz im genannten Sinne aufzufüllen.

3. Schwierigkeiten bereitet auch der bei Mommsen im Anfangsteil ohne Interpunktion wiedergegebene Sachverhalt zum durchgehenden Maultier in

D. 9, 2, 27, 34 (Ulpianus 18 ed.) Si quis servum conductum ad mulum regendum commendaverit ei mulum ille ad pollicem suum eum alligaverit de loro et mulus eruperit sic, ut et pollicem avelleret servo et se praecipitaret,
Mela scribit, si pro perito imperitus locatus sit, ex conducto agendum cum domino ob mulum ruptum vel debilitatum, sed si ictu aut terrore mulus turbatus sit, tum dominus eius, id est muli, et servi cum eo qui turbavit habiturum legis Aquiliae actionem ...

a) Mommsen will unter Weglassung vermuteter Glossen (*conductum; ei; suum eum; et*) den Text des Sachverhalts wie folgt emendieren:

Si quis servum ad mulum regendum commendaverit, mulum ille ad pollicem alligaverit, de loro mulus eruperit rell[48]).

Das ergibt zwar einen glatten Text, in dem übrigens *commendare* nur die Bedeutung von ‚empfehlen‘ haben kann, ist im Grunde aber sehr anfechtbar. Denn es ist kaum begreiflich, wie und weshalb ein Glossator oder gar mehrere den Text um die für sich genommen törichten Zusätze angereichert haben sollten; wer würde etwa *suum eum* nachträglich dazusetzen? Viel wahrscheinlicher ist, daß sich die Umständlichkeit der Darstellung daraus erklärt, daß ein altes Responsum zugrundeliegt. Die verschlungenen Formulierungen alter Responsen beruhen wohl nicht selten darauf, daß mehr oder weniger an die Sachverhaltsdarstellung des Anfragenden angeknüpft wurde.

b) Bleibt man deshalb zunächst beim überlieferten Text, so hat man sich für die Übersetzung mit hauptsächlich zwei Lösungen auseinander-

---

[47]) Lenel, SZ 2 (1881) 61; ders., Pal. 2, 445 Fn. 1 (Ulp. 289); Zilletti (o. Fn. 44) 50 Fn. 60, s. auch Huschke, SZ 9 (1888) 348, zurückhaltender H. Krüger, SZ 37 (1916) 259f.

[48]) Dig. ed. maior, zustimmend Lenel, Pal. 2, 531 Fn. 1.

zusetzen, die den Text durch unterschiedliche Interpunktion strukturieren. Den älteren Ausgaben ist, wie es scheint, gemeinsam, daß sie ein Komma hinter dem zweiten *mulum* setzen, mithin *commendaverit ei mulum* als zusammengehörig ansehen[49]). *Commendare* muß dann die Bedeutung von ‚anvertrauen' oder ‚übergeben' haben: Das Maultier ist dem Sklaven anvertraut worden.

Auf den ersten Blick paßt das vorangehende Stück *Si quis servum conductum ad mulum regendum* damit zwar nicht gut zusammen; doch geht der Satz auf, wenn man zu *conductum* das Partizip Präsens *habens* ergänzt. Der Codex Vaticanus aus dem späten 11. oder dem frühen 12. Jahrhundert hat diese Version, die Basiliken geben ihr eine Stütze[50]), und Haloander hat sie in seiner Ausgabe zugrundegelegt[51]). Wie aus Gebauer-Spangenberg ersichtlich, hat Brenkmann dazu angemerkt: ‚Hal. *conductum habens. Idem supplementum agnoscunt omnes scripti codices, praeterquam illum S. Cruc. malim tamen illam vocem subaudire*'[52]).

Davon, daß *habens* im Zusammenhang mitzuverstehen ist, gehen offensichtlich auch diejenigen Editoren aus, die – wie etwa Gothofredus – schon hinter *regendum* ein (erstes) Komma setzen[53]) und damit signalisieren, daß das separierte Anfangsstück eine selbständige Aussage enthält. Daß im übrigen die Junktur *conductum habere* nicht ungebräuchlich ist, bedarf keiner weiteren Ausführung[54]).

Gewichtig ist die weitere Beobachtung, daß eine sehr alte Überlieferung statt *servum conductum* die Lesart *servo conducto* hat; sie ist in der *lectio emendata* des Parisinus und des Lipsiensis (12. Jh.) sowie in der (nicht weiter emendierten) *lectio primitiva* des Patavinus (12. Jh.), also in drei der vier ältesten Vulgathandschriften überliefert. Hinter der Lesart des Vaticanus (*servum conductum habens*) und der Florentina steht sie kaum zurück;

---

[49]) Etwa Gothofredus; Fratres Kriegelii (beide o. Fn. 36). – Ferrini, Dig. Mil. App. will *et* einschieben, was auf dasselbe hinausläuft, ebenso Arnò, Per il XIV Centenario della Codificazione Giustinianea (hg. v. P. Ciapessoni), 1934, 52; Kaser, SZ 74 (1957) 162 Fn. 27; v. Lübtow, Untersuchungen zur lex Aquilia, 1971, 154.

[50]) Bas. 60, 3, 27, 34 (Hb. V 299 = Schelt. A VIII 2759): *Ἐὰν μισθωσάμενος τὸν δοῦλόν μου ποιήσῃς αὐτὸν μουλίωνα.*

[51]) Beispielsweise bringt die (freilich unzuverlässige) Ausgabe von Petrus ab Area de Baudoza Cestius (Baudoche), Lyon 1593, unter Hinweis auf Haloander im Text *habens.*

[52]) Gebauer-Spangenberg (ed. Göttingen 1776) ad h. l. (im Text ohne *habens*), zustimmend Schulting (o. Fn. 20), Bd. 2, Leiden 1809, 406.

[53]) So auch Dig. Mil. ad h. l.

[54]) Vgl. nur Ulp. D. 3, 2, 4, 2 (*conducta habens*); 9, 3, 5, 3 (*conductum habebat*).

vielfach wird sie sogar als die bessere angesehen[55]). Danach würde es sich um einen Ablativus absolutus handeln, der in der Übersetzung durch einen Relativsatz wiedergegeben werden kann. Freilich läßt die attributive Stellung des präpositionalen Ausdrucks *ad mulum regendum* eher an einen Gräzismus denken; dem lateinischen Sprachgebrauch entspräche es mehr, ihn zwischen das Substantiv und das Partizip Perfekt zu setzen.

Für unseren Zusammenhang ergibt sich aus alldem der seltene Umstand, daß die unterschiedlichen Formulierungen aller handschriftlichen Überlieferungen von einer einzigen Übersetzung erfaßt werden können. Als solche bietet sich an: „Hat jemand, der einen Sklaven zum Maultiertreiben gemietet hat, diesem ein Maultier anvertraut, dieser es an seinem Daumen angebunden etc."

c) Den zweiten Lösungsweg geht Paul Krüger in der *editio stereotypa*. Er setzt bereits hinter *commendaverit ei* das erste Komma (das zweite dann nach *sic*), und zieht damit das Verb *commendaverit* zu *ad mulum regendum*. Danach würde die Aussage dahin gehen, daß jemand einen gemieteten Sklaven zum Maultiertreiben ‚empfohlen' hat[56]). Störend bleibt bei dieser Auslegung freilich das Demonstrativpronomen *ei*. Man müßte es auf den Mieter beziehen, von dem – mag seine Existenz auch schon aus dem Partizip *conductum* ableitbar sein – jedoch noch nicht die Rede war. Da *ei* als Demonstrativum bei dieser Interpretation in der Luft hängt, bleibt als Ausweg nur, es mit Mommsen als Glosse zu streichen oder – besser – (unter Weglassung des Kommas) in *et* zu emendieren[57]).

Da jede der beiden Lösungen, die ältere wie die zuletzt genannte, ihre Schwäche hat (einerseits das zu subintellegierende *habens*, andererseits *ei⟨et⟩*), beide aber doch ernsthaft in Betracht kommen, bleibt zu prüfen, ob sich aus dem weiteren Textzusammenhang Entscheidendes ableiten läßt. Dafür ist letzten Endes maßgeblich, wie *commendaverit* aufzufassen ist. Versteht man es im Sinne von ‚empfehlen', so wird sogleich auf den möglicherweise entscheidenden Punkt hingewiesen, daß der Sklave, dem die

---

[55]) So Ferrini, Dig. Mil. ad h. l.; dafür auch Arnò (o. Fn. 49) 52; Kaser, SZ 74 (1957) 162 Fn. 27; v. Lübtow (o. Fn. 49) 154.

[56]) So übersetzt auch Zitelmann, Digestenexegese, 1925, 52; in diesem Sinne wohl auch Cannata, Per lo studio della responsabilità per colpa nel dir. rom. class., 1969, 252, der u. a. *conductum* und *ei* streicht. – Zwar ist denkbar, *commendaverit* auch in diesem Zusammenhang mit ‚übergeben' oder ‚anvertrauen' zu übersetzen. Dagegen spricht jedoch, daß es hier inhaltlich eine ganz wertlose Mitteilung wäre. Daß der zum Zwecke des Maultiertreibens gemietete Sklave dem Mieter übergeben worden ist, folgt ohne weiteres aus dem weiteren Sachverhalt.

[57]) So auch Zitelmann (o. Fn. 56) 51.

Fähigkeit, mit Maultieren umzugehen, ja nicht anzusehen ist, vom Vermieter als für die Aufgabe tauglich bezeichnet worden ist, ein Umstand, der auch für die Bemessung der Miethöhe von Bedeutung ist[58]). Dazu paßt zudem, daß auch Mela darauf abstellt, ob ein unerfahrener Sklave als erfahrener vermietet wurde (*si pro perito imperitus locatus sit*).

Doch läßt sich auch umgekehrt sagen, daß Mela die (übrigens schiefe) Alternative, ob ein erfahrener Maultiertrieber vermietet oder das Tier durch einen Schlag scheu gemacht wurde, nicht hätte zu bilden brauchen, wenn nach dem Sachverhalt schon klar gewesen wäre, daß der Sklave als erfahrener Treiber vermietet worden war; denn ein Fachmann würde ein Maultier von vornherein nicht an seinem Daumen festbinden[59]).

Fraglich bleibt zudem, ob *commendare* überhaupt die Bedeutung einer Zusicherung hat; in D. 4, 3, 37 bezeichnet Ulpian damit eine unverbindliche Äußerung des Verkäufers. Überdies hätte es, wenn der Vermieter das Subjekt von *commendaverit* wäre, zumindest näher gelegen, vom *servum locatum* statt *conductum* zu sprechen. Schließlich ist es auch keine belanglose Aussage, wenn mit der älteren Interpretation im Sachverhalt hervorgehoben wird, daß das Maultier dem Treibersklaven ‚anvertraut' wurde. Es kann gemeint sein, daß ihm allein das Tier überlassen wurde, er also nicht zusammen mit dem Mieter (und vielleicht auch anderen Treibern) tätig war – womit der Gedanke an eine *culpa*-Kompensation aufgrund mitwirkenden Verschuldens des Mieters von vornherein ausscheidet.

Nach alldem dürfte mehr für die ohne Textänderung auskommende ältere Lösung mit der Auffassung des *commendare* als ‚anvertrauen' sprechen[60]). Die Mehrheit der an der Entscheidung Beteiligten hat freilich die andere Lösung für besser gehalten. Da jedoch beide als nahezu gleichwertig angesehen wurden, wurde der – im übrigen nur äußerst selten beschrittene – Ausweg gewählt, auf das hier befürwortete Textverständnis in einer Anmerkung hinzuweisen.

III. Unklarheiten in tatsächlicher Hinsicht:

1. Vielfältige Ungewißheiten ergeben sich auch bei Eigennamen, deren korrekte Fassung möglichst mitgeteilt werden sollte[61]). Bisweilen ist unklar, ob es sich überhaupt um eine historische Persönlichkeit handelt, des öfteren dagegen ist ungewiß, welche von mehreren in Betracht kommenden

---

[58]) Vgl. Flor. D. 18, 1, 43 pr.

[59]) Vgl. Haymann, SZ 42 (1921) 385; v. Lübtow (o. Fn. 49) 154 Fn. 107.

[60]) So auch die Übersetzung von Sintenis (o. Fn. 14) sowie die englische (o. Fn. 13; Kolbert): entrust, und die spanische Übersetzung (o. Fn. 15): confiado.

[61]) Z. B. in Ulp. D. 1, 14, 3 statt Barbarius höchstwahrscheinlich Barbatius, vgl.

gemeint ist. So verleitet in § 9 der Const. Dédoken die unzutreffende Großschreibung des zweiten *patríkion* in Mommsens *editio maior*[62]) zu der Annahme, es sei von zwei Männern mit dem Namen Patrikios die Rede[63]); zugleich steht man bei den drei in demselben Paragraphen genannten Leontii vor der Frage, ob es neben dem Anwalt Leontius, dem Mitglied der Digestenkommission[64]), nur um eine weitere Person dieses Namens oder vielmehr – was zutrifft – um zwei verschiedene Leontii geht[65]). Zu den Namen der alten Juristen häufen sich bekanntlich die Schwierigkeiten in der Rechtsgeschichte des Pomponius[66]); doch bestehen auch im übrigen zu den Juristen nicht wenige Unklarheiten[67]).

Von besonderer Wichtigkeit sind natürlich die Kaisernamen, bei denen es gelegentlich schwierig ist, den wahren Kaiser zu identifizieren. Als Beispiel sei angeführt

D. 3, 1, 8 (Papinianus 2 quaest.) Imperator Titus Antoninus rescripsit eum, cui advocationibus in quinquennio interdictum esset, post quinquennium pro omnibus postulare non prohiberi. divus quoque Hadrianus rescripserat de exilio reversum postulare posse ...

Man fragt sich, wer der Kaiser Titus Antoninus ist. Die Übersetzungen von Schneider in Otto/Schilling/Sintenis und von MacCormack in der englischen Übersetzung belassen es bei Titus Antoninus. Die spanische Übersetzung entscheidet sich für Caracalla und versteht *rescripsit* korri-

---

Cassius Dio 48, 34 (um 39 v. Chr.). – Zu Versuchen einer übersichtlichen Erfassung der Eigennamen in den Digesten s. Meinhart, Fg. Kaser, 1986, 183ff.

[62]) S. außer § 9 Dédoken auch die Insertion zu § 9 C. Tanta; ebenso noch Dig. Mil., zutreffend demgegenüber die *ed. stereotypa* von Mommsen/Krüger.

[63]) So die spanische Übersetzung. Die englische Übersetzung (o. Fn. 13) ist insoweit unergiebig, weil sie der C. Dédoken als Übersetzung nur die Übersetzung der C. Tanta beigibt, die den einschlägigen Passus jedoch nicht aufweist. – Zur Frage s. Berger, Byzantion 17 (1944/45) 4f.; ders., RE Suppl. VII (1940) 375 s. v. Leontios 7; RE 18/4 (1949) 2247 s. v. Patrikios m. w. N.

[64]) Vgl. zu ihm Berger, RE Suppl. VII (1940) s. v. Leontios 8.

[65]) Zu ihnen Berger (o. Fn. 63, Byz.) 1ff.; ders., RE VII S. 374f. s. v. Leontios 6, 7.

[66]) Vgl. in D. 1, 2, 2 etwa §§ 37 (zu Gaius Scipio Nasica; Quintus Mucius); 38 (Publius Atilius); 40 (Lucius Crassus Munianus); 43 (Gaius); 44 (Publicius); 45 (Quintus Mucius Volusius); s. zu alldem nur Wieacker, Röm. Rechtsgeschichte 1 (1988).

[67]) Etwa zu Saturninus in D. 1, 9, 1, 1 (Venuleius?, vgl. nur Karlowa, Röm. Rechtsgeschichte 1, 1885, 729) oder zu Quintus in D. 4, 3, 7, 7 (Quintus Venuleius Saturninus oder Quintus Cervidius Scaevola). – Zu Caecilius s. jüngst Liebs, SZ 107 (1990) 371f.

gierend als: bestimmte in einem Edikt (dispuso en un ⟨edicto⟩). Nach Heumann/Seckel ist dagegen an Commodus zu denken[68]). Überwiegend wird jedoch angenommen, es handele sich um Antoninus Pius[69]).

An Caracalla, der ja meist schlechthin als Antoninus oder als Antoninus Augustus angeführt wird, ließe sich denken, weil – anders als bei dem anschließend genannten Hadrian – das Konsekrationsprädikat fehlt. Bei der spanischen Übersetzung wird die Vermutung hinzugekommen sein, Papinian referiere den Teil des Edikts Caracallas vom 10. Juli 212 – sofern Papinian dann überhaupt noch lebte[70]) –, der in C. 10, 61, 1 überliefert ist[71]). Auch zu Commodus, der den Namen Antoninus in seinen Kaisernamen (seit 17. 3. 180) aufgenommen hat, ließe sich auf den fehlenden Divinationsvermerk verweisen.

Dennoch sind beide Kaiser sicher auszuschließen. Es muß sich um Antoninus Pius handeln; insbesondere aus drei Gründen: Erstens ist nach unserer Überlieferung Antoninus Pius der einzige Kaiser, der zu Antoninus das Praenomen Titus geführt hat[72]). Zweitens beruft Papinian sich in D. 36, 1, 57, 1 (20 quaest.) auf ein Reskript des Imperators Titus Antoninus, in dem es um die Problematik des Erbschaftsantritts und die Herausgabe einer fideikommissarisch vermachten Erbschaft an einen Sklaven geht, dem die Freiheit aufschiebend befristet erteilt war[73]). Marcian berichtet in D. 36, 1, 32, 1 von demselben Reskript und schreibt es dem *divus* Pius zu[74]).

Diese Doppelüberlieferung führt drittens auf eine Besonderheit Papinians. Schon Mommsen hat beobachtet, daß Papinian sich in den Quaestionen nicht an die Regeln des Kurialstils hält, wonach ein verstorbener und

---

[68]) Handlexikon[11] S. 35 s. v. Antoninus c) Titus (Commodus) Antoninus (mit Hinweisen auf D. 1, 5, 8; 12, 6, 3; 36, 1, 57, 1). Dem entspricht, daß zu den Einzelfragmenten verschiedentlich Commodus als der reskribierende Kaiser angesehen wird, so zu D. 1, 7, 32, 1 von Bergmann, Beitr. zum röm. Adoptionsrecht, 1912, 86 Fn. 1 und zu D. 12, 6, 3 von Vassalli, Studi giur. III/1, 1960 (aus 1914), 454 Fn. 3 und Donatuti, Studi di dir. rom. 2, 1977 (aus 1950), 781, doch s. Müller-Eiselt (u. Fn. 74) 113 Fn. 107, 141 Fn. 27.

[69]) Cujaz, Opera omnia (ed. Prato 1837) IV, 589; Mommsen, Ges. Schriften, Bd. 2 2. Aufl. 1965, 158 Fn. 13 (aus ZRG 9, 1870, 97, 100 Fn. 13); Kaser, RZ 182 Fn. 28.

[70]) Immerhin wurde Geta am 27. 2. 212 ermordet.

[71]) *Quibus posthac ordine suo vel advocationibus ad tempus interdicetur, post impletum temporis spatium non prorogabitur infamia.*

[72]) Kienast, Röm Kaisertabelle, 1990, 134 (Name: T. Aurelius Fulvus Boionius (Arrius) Antoninus; Kaisername: IMP. CAES. AELIUS HADRIANUS ANTONINUS AUG. PIUS).

[73]) Buckland, The Roman Law of Slavery, 1908 (Repr. 1969), 512.

[74]) Vgl. auch Müller-Eiselt, Divus Pius constituit, 1982, 113 Fn. 107.

konsekrierter Kaiser das Prädikat *divus* führt, während der regierende Kaiser die Bezeichnung *imperator*, seltener *Augustus* oder *princeps* führt[75]).

In den Quaestionen wird der längst verstorbene Antoninus Pius von Papinian insgesamt neun mal als *imperator* Titus Antoninus bezeichnet[76]); daneben steht in den späteren Büchern zweimal *divus* Pius[77]); in drei weiteren Fällen, in denen nur der *imperator* Antoninus genannt wird, muß offenbleiben, ob Mark Aurel oder Pius gemeint ist[78]). In den jüngeren Responsen befolgt Papinian dagegen bei der Bezeichnung der konsekrierten Kaiser – von einer Ausnahme abgesehen – den üblichen Stil[79]).

Die unterschiedliche Zitierweise in beiden Werken erklärt Mommsen damit, daß Papinian ‚bei seinem ersten schriftstellerischen Auftreten sich an die Regeln des Curialstils nicht gekehrt hat, während er späterhin sich demselben fügte'[80]). Gut möglich ist auch, daß Papinian die Kaisernamen einfach aus den Werken von Juristen entlehnt hat, die unter Pius schrieben, insbesondere aus Julian, den Papinian in den Quaestionen am häufigsten zitiert und benutzt hat[81]).

Wie dem auch sei, es steht fest, daß die Zitierform *imperator* Titus Antoninus in Papinians Quaestionen auf einer Eigenwilligkeit dieses Juristen beruht, die sich erst bei einem Blick in die Quaestionen und die Kaiserlisten[82]) klar erschließt. Das *cognomen* Antoninus gibt allerdings auch in anderen Zusammenhängen Anlaß zu Mißverständnissen[83]).

---

[75]) Mommsen (o. Fn. 69) 156–158 (= 98 ff.).

[76]) D. 1, 5, 8 (3 quaest.); 1, 7, 32, 1 (31 quaest.); 3, 1, 8 (2 quaest.); 12, 6, 3 (28 quaest.); 36, 1, 12; 36, 1, 57, 1 (20 quaest.); 36, 3, 5, 3 (zweimal, 28 quaest.); 50, 1, 11 pr. (2 quaest.).

[77]) D. 46, 1, 49, 1 (27 quaest.); 48, 5, 39, 8 (36 quaest.).

[78]) D. 31, 70 pr. (20 quaest.); 40, 7, 34, 1 (21 quaest.); 22, 1, 6 pr. (29 quaest.), vgl. Mommsen (o. Fn. 69) 158 Fn. 13; Müller-Eiselt (o. Fn. 74) 22 Fn. 72; dagegen neigt Fitting, Alter und Folge der Schriften röm. Juristen, 2. Aufl. 1908, 74 zu der Annahme, Pius sei gemeint; Wacke, SZ 91 (1974) 272 denkt in D. 22, 1, 6 pr. ohne weiteres an Mark Aurel.

[79]) Mommsen (o. Fn. 69) 158 m. Fn. 12 (dort zur Ausnahme D. 20, 2, 1: Auch hier entschuldigt die Erzählform die Abweichung einigermaßen).

[80]) Mommsen S. 158.

[81]) So Müller-Eiselt (o. Fn. 74) 113 Fn. 107. Daß auch Julian Pius mit dem Namen *imperator* Titus Antoninus gekennzeichnet hat, zeigt D. 4, 2, 18. – Zur Benutzung der früheren Literatur in den Quaestionen s. Fitting (o. Fn. 78) 75 f.

[82]) Sehr hilfreich Kienast (o. Fn. 72), auch U. Schillinger-Häfele, Consules, Augusti, Caesares, Datierung von röm. Inschriften und Münzen, 1986.

[83]) Zu Gai. D. 2, 1, 11 pr. und Paul. D. 5, 3, 43 nimmt die spanische Übersetzung (o. Fn. 15) an, mit *imperator* Antoninus sei Caracalla gemeint, während die deutsche und die englische es bei Antoninus belassen. Zu fr. 11 pr. ergibt sich jedoch aus der

2. Größere Schwierigkeiten noch bereiten die Realien, zu deren Kennzeichnung gelegentlich Worte in singulärer Bedeutung verwendet werden. Hier wird es bisweilen erforderlich, die wesentliche Anschauung zu dem tatsächlichen Umstand dem juristischen Text selbst abzugewinnen.

a) Ein recht einfaches Beispiel läßt sich entnehmen aus

D. 1, 18, 6, 5 (Ulpianus 1 opin.) Ne tenuis vitae homines sub praetextu adventus officiorum vel militum, lumine unico vel brevi suppellectili ad aliorum usus translatis, iniuriis vexentur, praeses provinciae providebit.

Der Provinzstatthalter wird auch Vorkehrungen treffen, daß in einfachen Verhältnissen lebende Menschen nicht unter dem Vorwand, es seien Amtspersonen oder Soldaten ‚eingetroffen', mit ungerechten Maßnahmen drangsaliert werden, indem etwa ihr einziges *lumen* oder ihr geringer Hausrat anderen zum Gebrauch übergeben wird.

Die Frage ist, was *lumen* in diesem Zusammenhang bedeuten kann. Die englische Übersetzung (D. Neil MacCormick) denkt an die einzige Leuchte (‚their single lamp'), wovon auch Biondi ohne weiteres ausgegangen war[84]). Eine solche Übersetzung krankt jedoch daran, daß für eine Hervorhebung des einzigen Leuchters kaum Anlaß bestanden haben dürfte; dieser wäre ohne weiteres von der *brevis suppellex* erfaßt. Zudem wird *adventus* nicht nur allgemein die Ankunft[85]), sondern ganz konkret die drohende Einquartierung meinen[86]).

Offenbar aus diesen Gründen geben die übrigen Übersetzungen *lumen* hier mit ‚Zimmer' wieder[87]), und auch Heumann/Seckel heben zu *lumen* unter Hinweis auf unser Fragment hervor, es bedeute ‚s. v. a. [so viel als?] Zimmer mit einem Fenster'[88]). Die übrigen Lexika tragen die Bedeutung von ‚Zimmer' freilich nicht; sie führen insoweit nur die Bedeutung von ‚Fensteröffnung, Fenster, Türöffnung' an[89]), die nicht passen würde. Die Basiliken

---

Inskription (Gaius) und zu fr. 43 aus dem in D. 34, 9, 5, 1 angeführten Reskript, daß Antoninus Pius gemeint ist. Um diesen Kaiser geht es auch in D. 1, 19, 3, 1 (Pius), wo ein offenbares Versehen die englische Übersetzung (o. Fn. 13, D. N. MacCormick) auf einen ‚Pius Julius' führt.

[84]) (o. Fn. 16) Bd. 2, 1951, 197 (si priva dell'unica lucerna), insoweit von Santalucia, I ‚libri opinionum' di Ulpiano, Bd. 2, 1971, 20 nicht beanstandet.

[85]) In diesem Sinne Sintenis (o. Fn. 14) Bd. 1, 267 und Biondi, S. 197 (l'approssimarsi).

[86]) So auch MacCormick (o. Fn. 83) 35 d.

[87]) Sintenis, Bd. 1, 267 (ihres einzigen Zimmers ... beraubte); die französische Übersetzung von H. Hulot (/J. F. Berthelot/P. A. Tissot/A. Béranger), Bd. 1, 1803 (Neudr. 1979), 100 hat habitation, ebenso die spanische (su única habitación).

[88]) Handlexikon[11] S. 324 s. h. v. lit. a) i. f.

[89]) So Georges, Ausführl. lat.-dt. Handwörterbuch, 12. Aufl. o. J. (Nachdr. 1969),

sind unergiebig. Vor diesem Hintergrund wird verständlich, warum Hotmann in *homine* emendieren wollte – doch liegt das fern[90]) – und andere in *limine unico*[91]). *Limen* – Schwelle, Türschwelle – meint im übertragenen Sinne auch ‚Wohnung, Behausung'[92]) und würde den zu erwartenden Sinn treffen. Doch spricht gegen diese Emendation, daß offenbar alle Handschriften *lumen* haben und sich für eine Textstörung keine Anhaltspunkte finden. Hält man deshalb an *lumen* fest, so bleibt als befriedigende und hinreichend offene – denn ob das Licht durch ein Fenster oder den Eingang fällt, ist gleichgültig – Übersetzung die als ‚Raum mit Tageslicht'. Wir müssen nach alldem in unserem Fragment mit einer singulären Bedeutung von *lumen* rechnen[93]).

b) Ein ganz ähnliches Beispiel ist die Bedeutung von *lapis* in dem bekannten Alfen-Fall, in dem der *tabernarius* dem Lampendieb ein Auge ausschlägt. Der Eingangssatz von D. 9, 2, 52, 1 (Alfenus 2 dig.) lautet:

Tabernarius in semita noctu supra lapidem lucernam posuerit:

Ein Schankwirt hatte während der Nacht an einem Fußweg eine Laterne auf einen *lapis* gestellt.

Hierzu hat Spruit[94]) jüngst unter Hinweis auf Horaz, bei dem sich wenigstens ein konkreter Anhaltspunkt findet[95]), hervorgehoben, daß *lapis* die Bedeutung einer Steinplatte (als Tisch) haben kann, und die Vermutung geäußert, es handele sich um ‚een toonbank van een

---

Bd. 2, 724, entsprechend Klotz, Handwörterbuch der lat. Sprache, 7. Aufl. 1879 (7. Abdruck 1963), Bd. 2, 304; das Oxford Latin Dictionary (ed. P. G. W. Glare), 1982 (Repr. 1985) sowie Lewis-Short (wo aber nur Stellen mit Plural nachgewiesen werden).

[90]) Dagegen auch Biondi (o. Fn. 16) 197 Fn. 7.

[91]) Vgl. Brenkmann in Gebauer-Spangenberg ad h. l. sowie die Nachweise bei Schulting (o. Fn. 20) 208f.

[92]) Georges (o. Fn. 89) 658 s. h. v. B 1.

[93]) Vgl. bereits Brissonius, De verborum significatione (ed. Magdeburg 1743) 757 s. v. *lumen* zum fr. (*id est, coenaculo vel cubiculo unico, quod modico lumine lucem a caelo accepit*); Brenkmann bei Gebauer-Spangenberg ad h. l. Fn. 17 m. w. N. – Gothofredus (o. Fn. 36) ad h. l. nimmt zwar an: *hoc sensu (sc. domuncula) lumen sumi videtur in oratione Ciceronis pro Milone.* Von den drei Passagen mit *lumen* kommt aber allenfalls Mil. 33 in Betracht. Dort wird *lumen curiae* im Hinblick auf Sext. Clodius jedoch als doppelsinnige Anspielung auf dessen Beteiligung am Brand des Senatsgebäudes zu verstehen sein.

[94]) in: Rechtsuitgang (Fschr. N. E. Algra), Groningen 1992, 312, 317.

[95]) Sat. 1, 1, 116 (*lapis albus*); der Hinweis auf Carm. 3, 1, 41 ist nicht ergiebig. – Zur Deutung von *lapis* in diesem Sinne vgl. Georges (o. Fn. 89) 561 s. h. v. II 4.

aan die kant open taveerne'. Das leuchtet unmittelbar ein, wenn man an die zur Straße geöffneten antiken Tavernen denkt, und es macht begreiflich, warum der Wirt den Diebstahl sofort bemerken konnte. *Lapis* sollte im *fr.* 52, 1 deshalb übersetzt werden mit ‚die [zum Weg offene] Steintheke'.

c) Als drittes Beispiel zu Unklarheiten bei den Realien ist der *mensor machinarius* zu nennen. Er kommt nur vor in

D. 11, 6, 7, 1 (Ulpianus 24 ed.) Et si mensor machinarius fefellerit haec actio dabitur.

Es geht um die Erstreckung der ediktalen *actio in factum* gegen den dolosen Agrimensor[96]) auf den *mensor machinarius*. Sintenis hatte diesen ganz allgemein als ‚Werkmeister' übersetzt. Georges und gleichlautend auch Heumann/Seckel (jeweils mit Hinweis auf das *fr.* 7, 1) verstehen ihn dagegen als einen ‚Feldmesser, der sich besonderer Meßinstrumente bedient'[97]). Dem folgen die spanische Übersetzung: 'un agrimensor con instrumentos' und H. Hine in der englischen: 'a surveyor who uses mechanical instruments'. Etwas pointierter und wohl den Gehalt von *machinatio* einbeziehend spricht Tissot vom ‚agrimensor, qui s'était servi des faux instruments'[98]).

Das Richtige treffen diese Übersetzungen jedoch nicht. Schon der unmittelbare inhaltliche Zusammenhang spricht dagegen: Im vorangehenden Textabschnitt in Ulpians Ediktskommentar (D. 11, 6, 5, 2) und im gesamten dazugehörigen fr. 7 geht es darum, daß die Klage aus dem ursprünglich auf Landvermesser beschränkten Edikt als *utilis* auch gegen andere Sachverständige gegeben wird[99]). Sollte in diesem Zusammenhang der *mensor machinarius* ein ‚Feldmesser, der sich besonderer Meßinstrumente bedient', sein, so bedürfte das zweier ganz unglaubhafter Voraussetzungen.

Erstens müßte es innerhalb der *agrimensores* eine Sondergruppe gegeben haben, die sich ‚besonderer Meßinstrumente' bediente. Doch ist anzunehmen, daß alle Feldmesser mit Meßinstrumenten gearbeitet haben, vor allem natürlich mit der *groma*. Zweitens dürfte diese Sonder-

---

[96]) Lenel, EP³ S. 219.

[97]) Georges (o. Fn. 89) 879 s. v. *mensor* II a (zugl. mit CIL VI 9626); Heumann/Seckel 325 s. v. *machina* 1.

[98]) P. de Tissot, Ètudes historiques et juridiques sur la condition des Agrimensores dans l'ancienne Rome, Paris 1879, 149.

[99]) Karlowa, Röm. Rechtsgeschichte, Bd. 2, 1901, 1352.

gruppe, obwohl aus ‚Feldmessern' bestehend, nicht von vornherein vom Feldmesser-Edikt erfaßt, sie müßte vielmehr erst über eine *actio utilis* der einschlägigen Haftung unterworfen worden sein. Beides ist, wie gesagt, ganz unglaubhaft. Der inhaltliche Zusammenhang spricht vielmehr dafür, daß es sich um einen ‚Messer' handelt, der für andere Dinge als für Grund und Boden zuständig war und dem, wie fr. 5, 2 sagt, die *alterius rei mensura* oblag.

Höchstwahrscheinlich ist dieser *mensor machinarius* ein Getreidemesser[100]). Das wird positiv belegt durch drei epigraphische Zeugnisse; diese machen wahrscheinlich, daß der *mensor machinarius* ein Getreidemesser im Rahmen des staatlichen Getreidewesens (*annona*) war[101]). Die *mensores frumentarii* als dem *praefectus annonae* unterstehende Mitarbeiter der *annona,* die in Ostia und in Rom jeweils einen festen Verband bildeten[102]), sind inschriftlich[103]) und archäologisch[104]) vielfältig belegt.

---

[100]) So auch Fabricius, RE XV/1, 1931, 958 s. v. *mensor* (unter Hinweis auf CIL VI 85, 9626, 33883), der den *mensor machinarius* in fr. 7, 1 als ‚Wägemeister' versteht; Chantraine, Kl. Pauly III, 1969, 1226 s. v. *mensor;* C. R. Beul, Si mensor falsum modum dixerit (Diss. Bonn 1984) § 5 XI 3 c, aa, vgl. auch Oxford Latin Dict. (o. Fn. 89) 1100 s. v. *mensor* c (mit CIL VI 33883).

[101]) In der Inschrift C.I.L. VI 33883 auf einem vielleicht aus Ostia stammenden Gedenkstein erscheinen MESORES MACHINARI FRVMENTI PVBLICI. – In der stadtrömischen Weihinschrift C.I.L. VI 85 (193 n. Chr.) ist ebenfalls von MESORIB(us) MACH(inariis) F(rumenti) P(ublici), QVIB. EX S.C. COIRE LICET samt ihrem RECT(or) IMM(unis iterum) HON(oratus tertium) die Rede. – Die ebenfalls stadtrömische Stiftungsinschrift C.I.L. VI 9626 betrifft eine Stiftung zugunsten eines CORPVS MENSORVM MACHINARIORVM; der Zusammenhang – Bezeichnung des FISCVS STATIONIS ANNONAE als Empfänger des DVPLM im Falle der Nichterfüllung der Auflage – zeigt, daß es sich um eine Körperschaft von Getreidemessern handelt.

[102]) Nach Fabricius (o. Fn. 100) 958 mit eigenen Beamten und eigener Kasse.

[103]) Nachweise etwa bei De Martino, Wirtschaftsgeschichte des alten Rom, 1985, 642 Fn. 61 und bei Frank, An Economic Survey of Ancient Rome, Bd. 5, 1940, 248 Fn. 78 – jeweils die Mehrzahl aus Ostia –, nach dem es die drei Gruppen der *mensores adiutores, acceptores* und *nauticarii* gegeben haben soll. – Erwähnenswert sind noch die Inschriften AE 1922 Nr. 12 (Numidien; der Stein enthält drei Höhlungen, eine die Stadt RVSIC(ade) und zwei die Stadt LAMBIRID(i) betreffend und die Mitteilung, daß zwei namentlich genannte MAGISTRI diese öffentlichen Getreidemaße auf ihre Kosten haben anfertigen lassen); AE 1986 Nr. 736 (wozu erwogen wird, einen auf einem – nicht zu identifizierenden – Forum tätigen MECHINARIUS als Fabrikanten von ‚Maschinen' anzusehen, die dem *machinarius mensor* in C.I.L. VI 9626 und 85 zuzuordnen sein sollen); AE 1899 Nr. 99 (Bologna, wo die Wiedergabe eines *modius* und eines kleinen Stabes zum Glätten der Kornoberfläche, *rutellum,* vermuten läßt, daß es sich

Auch der *mensor* in D. 49, 16, 12, 2 dürfte ein Getreidemesser sein, dort jedoch im Rahmen der militärischen *annona*.

Wie sich zeigt, kommt die Kennzeichnung *machinarius* nur im Zusammenhang mit der Getreideversorgung vor. Es ist zu vermuten, daß die *machina*, nach der diese Mensoren benannt werden, ein besonderes Gerät zum Wägen und Messen der Getreidemassen war[105]). Der *mensor machinarius* ist nach alldem als ‚Getreidemesser' zu übersetzen.

III. Schlußbemerkung:

Der Zweck der voranstehenden Ausführungen ist ein bescheidener. Zum einen sollten Grundsätze unseres methodischen Vorgehens vorgestellt werden. Zum anderen sollten an einigen Beispielen konkrete Schwierigkeiten veranschaulicht werden, die sich bei der Übersetzung ergeben, die zu mancher Wiederentdeckung, gelegentlich zu einer vielleicht neuen Beobachtung führen und die natürlich auch nicht ganz ohne Auswirkung auf die zeitliche Bewältigung der Aufgabe sind. Daß mannigfache Schwierigkeiten in zahlreichen anderen Zusammenhängen bestehen, ist jedem evident, der auch nur einen Blick in die Digesten geworfen hat; der Bogen spannt sich von philologischen Details bis zu den juristischen Sachfragen, zu denen beispielsweise die überlieferte Antwort nicht selten dadurch in ihr Gegenteil verkehrt wird, daß der Wegfall eines *non* oder dessen Einfügung postuliert wird; gelegentlich steht und fällt mit der schlichten Konjunktion *et* eine ganze Theorie[106]). Bei besonderen Schwierigkeiten oder in problematischen Fällen geben wir, sofern es zweckmäßig erscheint, in einer Fußnote einen knappen Hinweis, freilich ohne daß wir daraus die Pflicht ableiten, insoweit konsequent verfahren zu müssen.

---

bei dem Verstorbenen um einen *mensor frumentarius* handelt) sowie AE 1987 Nr. 837 (Dakien, wo die Aufschrift LOC(us) MENSO[ris?...] mit dem Büro eines *mensor frumentarius* in Verbindung gebracht wird). – *Mensores frumentarii* in AE 1988, 375 (Index) ist eine Falschangabe.

[104]) S. etwa Rostovtzeff, The Social and Economic History of the Roman Empire, 2. Aufl., rev. P. M. Fraser, Bd. 1, 1957 (Nachdr. 1971), 160 m. Abbildung (Fresko auf einem Grabdenkmal in Ostia, auf dem ein *mensor frumentarius* erscheint), s. auch S. 161.

[105]) Fabricius (o. Fn. 100) 958.

[106]) So in D. 5, 1, 65, wo Mommsen (nach der *scriptura primitiva* des Parisinus) das *et* tilgen will, aus dem Savigny, System des heutigen Röm. Rechts, Bd. 8, 1849, 214ff., 226 eine wesentliche Stütze für die Lehre vom Vertrags- und Erfüllungsort abgeleitet hat, vgl. auch Voci, Le obbligazioni rom., Bd. I/1, 1969, 308f. Fn. 42.

Bonfante, Fadda, Ferrini, Riccobono und Scialoja beschließen ihr Vorwort zur Mailänder Digestenausgabe mit der folgenden captatio benevolentiae:

> Vitiis autem quae hic reperientur facile ignoscent viri docti tantique operis aestimatores. Etenim Digestorum libri tam assidue omnibus aetatibus exculti et pervolutati in dies tamquam nova forma induuntur semperque novas difficultates afferunt, neque unquam eorum quaelibet recensio perfectionem atque absolutionem optimi assequi poterit.

Man wird hinzufügen dürfen: *Quae, quod translationes attinet, non minus observanda.*

LA *CAUSA* NELLA DOTTRINA DEI PATTI*

ROLF KNÜTEL

I. Se si intende esaminare la problematica relativa a "Causa e contratto nella prospettiva storico-comparatistica", non si può omettere un sia pur rapido accenno alla funzione della causa nel titolo *De pactis* del Digesto, anche in relazione alle *conventiones* ed ai *pacta*. Infatti, da un lato, si potrà in questo campo rilevare il compimento di un decisivo passo in avanti, allorché i giuristi romani – in particolare Aristone (probabilmente sviluppando uno spunto di Labeone) – hanno aperto una breccia a favore della libertà negoziale nella barriera costituita dalla tipicità nel diritto romano [1]. Dall'altro lato, ci imbattiamo qui – ciò che costituisce un punto importante, anche nell'ottica del diritto comparato – nelle origini di una famosa teoria, che domina il campo della contrattualistica negli ordinamenti anglo-americani, quella della consideration [2].

II. Il discorso riguarda il famoso e molto discusso trattato sulle *conventiones* e sui *pacta* nel quarto libro del Commentario edittale di Ulpiano, e cioè, più precisamente, i passi inseriti all'inizio del fr. 7. Nel fr. 7 § 2 si trova:

Sed et si in alium contractum res non transeat, subsit tamen causa, eleganter Aristo Celso respondit esse obligationem …

---

* L. Vacca (Hrsg.), Causa e contratto nella prospettiva storico-comparatistica, G. Giappichelli Editore, Turin 1997, 131 – 144 (aus dem Deutschen übersetzt von Antonio Saccoccio).

[1] GALLO, in *Atti del Seminario sulla problematica contrattuale in dir. rom.*, Milano, 1987, 1; 1988, 57.

[2] Per maggiori dettagli su tale teoria, cfr. il contributo di SERIO in questo stesso volume, 385. Che anche in Inghilterra si fosse consapevoli delle sue origini nel diritto romano, risulta chiaro da BLACKSTONE, *Commentaries on The Laws of England*, 2 (ed. Portland, 1807) cap. 30, 443 ss. – Per gli ulteriori sviluppi della teoria della *causa* nel diritto contrattuale bassomedioevale e comune v., per tutti, SÖLLNER, in *ZSS RA* 77 (1960), 182, 212 ss.; COING, *Europäisches Privatrecht*, 1 (*Älteres gemeines Recht*), 1985, 398 ss., 402 ss.; in proposito cfr. anche MAYER-MALY, in *Festschr. f. E. Seidl*, 1975, 118, 124 ss.; ZIMMERMANN, *The Law of Obligations (Roman Foundations of the Civilian Tradition)*, 1990, 549 ss.

mentre nel § 4:

Sed cum nulla subest causa, propter conventionem hic constat non posse constitui obligationem: igitur nuda pactio obligationem non parit, sed parit exceptionem.

Il nostro proposito sarà quello di chiarire il significato e la funzione della parola *causa* in questo contesto, laddove l'indeterminatezza o l'incertezza della dottrina emergono in maniera palese, come dimostra un rapido sguardo alle traduzioni già esistenti. Infatti, le traduzioni spagnole di García del Corral (1889) e di D'Ors/Hernandez-Tejero/Fuenteseca/García-Garrido e Burrillo (1968) lasciano in entrambi i passi il problema aperto, poiché costoro sfruttano la possibilità di tradurre la parola latina *causa* con lo spagnolo "causa". Lo stesso avviene per le traduzioni italiane di Foramiti del 1836 e di Vignali del 1856 in entrambi i passi (fr. 7,2 e 7,4).

Nella sua traduzione inglese del 1932, Scott dimentica completamente di tradurre la parola nel § 2, mentre nel § 4 traduce le parole: *sed cum nulla subest causa* con: "but where there is no ground for an agreement" – cosa che suscita dei dubbi. La traduzione di Charles Henry Monro (1904) del fr. 7,2 recita: "even if the matter does not come to be assigned to some special class of contract, still if there is a sufficient additional ground (*causa*), then, according to Aristo's well expressed reply to Celsus there is an obligation formed". Conformemente a ciò, egli ha nel fr. 7,4 tradotto: "if there is no additional ground (*causa*) ...". La nuova traduzione anglo-americana di Geoffrey MacCormack, nella edizione Mommsen/Krueger/Watson, *The Digest of Justinian* (1985) rende *causa* semplicemente con "a ground". Altrettanto fa la nuova traduzione olandese di Schuurmans e Spruit del 1994, utilizzando "rechtsgrond" nel § 2 e "grond" nel § 4.

Sicuramente errata era la traduzione tedesca di G.E. Heimbach nella edizione di Otto/Schilling/Sintenis del 1830, che rende *subsit tamen causa* con "wenn ... aber die wesentlichen Merkmale davon (sc. eines Vertrages) vorliegen", cioè "quando sono presenti i caratteri essenziali (sc. di un contratto)"; lo stesso si trova nel § 4. Più audace era, al contrario, la vecchia traduzione francese di Hulot (1803), dove *subsit tamen causa* era inteso come esecuzione della *conventio* da parte di uno dei contraenti: "mais qu'elle (sc. la convention) ait été exécutée par une des parties". Tale affermazione corrisponde all'opinione ancora oggi più diffusa, secondo cui *causa* in questo contesto deve intendersi come il fatto che una delle parti abbia dato una cosa o abbia compiuto una prestazione[3], conformemente al-

[3] In particolare tale problema è stato esaminato a fondo da André Giffard, in relazione a D.2,14,7, in un contributo molto concentrato, che purtroppo ha incontrato finora scarsa attenzione in dottrina, in *RH* 35 (1957), 337 ss. = GIFFARD, *Études de droit romain*, 1972, 194 ss. (da

la spiegazione che già la Glossa dava della parola *causa: id est datio vel factum.* Ciò costituirà per noi un ottimo punto di partenza.

III. Innanzitutto è opportuno chiarire l'andamento della esposizione ulpianea. Ulpiano usa, l'uno di seguito all'altro, i termini *pactum, pactio* e *conventio* (fr. 1 pr.-1,3) e riporta, in relazione alla *conventio*, il famoso *dictum* di Pedio, secondo il quale non esiste alcun contratto, alcuna *obligatio* che non sia fondata sull'accordo: *nullum esse contractum, nullam obligationem, quae non habeat in se conventionem, sive re sive verbis fiat.* Da ciò si potrebbe immediatamente rilevare come Pedio con il termine *contractus* intenda chiaramente la *ultro citroque obligatio* nel senso di Labeone (D.50,16,19), dunque i contratti sinallagmatici, mentre con il termine *obligatio* identifichi i "rapporti obbligatori unilaterali". Poiché è chiaro che il discorso non può riguardare le *obligationes* da delitto o da quasi-delitto, l'unica possibile alternativa è riferirlo ai "rapporti obbligatori contrattuali unilaterali". A favore di tale interpretazione, sta il fatto che Ulpiano a questo scopo cita i contratti reali e verbali, e, tra questi ultimi, pone particolarmente l'accento sul caso più rilevante, la *stipulatio,* la quale, benché si concluda *verbis,* richiede un *consensus*, e perciò una *conventio*: *nam et stipulatio quae verbis fit, nisi habeat consensum, nulla est.*

Ulpiano, immediatamente di seguito nel fr. 1,4 richiama l'attenzione sul fatto che la maggior parte delle *conventiones* cadono sotto un determinato nome (*in aliud nomen transeunt*), nel cui ambito egli, da un lato (tra i *contractus*), nomina *emptio* e *locatio*; dall'altro (tra le *obligationes*), nomina *pignus* e *stipulatio.*

---

ora in poi citato come GIFFARD, *Études*). Cfr., inoltre, BIONDI, *Contratto e stipulatio*, 1953, 90 ss.; MAGDELAIN, *Le consensualisme dans l'édit du préteur*, 1958, 32, 40 s.; GROSSO, *Il sistema romano dei contratti*, 3 ed., 1963, 51, 87, 151, 164 s., 168 s.; GALLO, in *SDHI* 55 (1989), 165 s. = GALLO, in BELLOCCI (a cura di), *Le teorie contrattualistiche nella storiografia contemporanea*, 1991, 52; GALLO, *Synallagma e conventio nel contratto*, 2, 1995, 96 ss., 109 (il quale nella traduzione sceglie una via intermedia, mantenendo il termine *causa,* ma introducendo altresì un accenno al suo sviluppo: v. 41 nt. 2 [al fr. 7,2]: «e tuttavia esiste [è stata posta in essere] la '*causa*'...», cfr. anche 95 nt. 13); TALAMANCA in MILAZZO (a cura di) *Contractus e pactum*, 1990, 101. Contrario è invece SANTORO, in *AUPA* 37 (1983), 5, 207 ss., 222 ss., come pure in questo stesso volume, 85, il quale identifica la *causa* come: «una convenzione diretta ad uno scopo obbligatorio» (*loc. cit.*, 226 s.); analogamente CANNATA, in *Mél. Ankum*, 1995, 68 ("*causa subest*, d.h. wenn jede Partei ein Interesse am Geschäftsabschluß hat, d.h. endlich, wenn das abzuschließende Geschäft nicht zum Gebiet der Unentgeltlichkeit gehört"); – MELILLO, *Contrahere, pacisci, transigere*, 2. ed., 1994, 213, 215 intende *causa* come espressione di "valore più generale, sostanzialmente riferito all'equilibrio economico nel negozio". Contro l'opinione dominante, v. anche HANARD, in *RIDA* 41 Suppl. (1994), 115 s., il quale ipotizza una relazione con la *iusta causa* riconosciuta di volta in volta dal pretore.

Il filo della esposizione viene di nuovo ripreso – nel fr. 5 del testo a noi pervenuto – con il termine *conventio,* in particolare con la differenziazione tra le *conventiones ex publica causa* e quelle *ex privata causa,* cioè per uno scopo di diritto pubblico o uno di diritto privato. Tra queste ultime, si dovrà di nuovo distinguere tra le *conventiones legitimae* e le *conventiones iuris gentium,* e queste ultime costituiscono l'oggetto del fr. 7, che risulta per noi il punto più complesso. All'interno di esse – *conventiones iuris gentium* – saranno prima di tutto esaminate quelle che fondano una azione, e poi, di seguito, quelle che procurano soltanto una eccezione.

Nel § 1, a proposito delle *conventiones* che fondano una azione, viene chiarito che esse (di regola) non rimangono fisse nel loro (generico) nome – cioè come *conventio* –, ma si trasferiscono in un particolare tipo contrattuale, sotto il quale esse sono trattate nell'Editto, e per mezzo del quale esse si staccano dal campo dei *pacta: ut emptio venditio, locatio conductio, societas, commodatum, depositum et ceteri similes contractus.* In ciò si deve vedere il legame con la dichiarazione del fr. 1 § 4. I contratti reali sono qui sicuramente annoverati tra i *contractus* in senso ampio, a differenza che in fr. 1 § 3, dove essi sono riferiti probabilmente alla *obligatio.*

IV. Rivolgiamoci adesso più da vicino all'esame dei passi del fr. 7, D.2,14.

1. Per le *conventiones* che passano in un determinato tipo contrattuale, non c'é problema, perché le relative azioni si trovano senz'altro nell'Editto. A tale riguardo, queste – come dimostra anche Papiniano D.19,5,1 pr. a proposito dei *iudicia* con un *proprium nomen* – non creano alcun problema. Più problematiche sono invece le convenzioni del § 2, che a noi interessano più da vicino, cioè quelle dove non si trova alcun particolare nome o tipo, ma soltanto una causa. Ulpiano (*4 ed.*) ci dimostra come la discussione rimonti alla prima età classica, adducendo due esempi:

D.2,14,7,2

Sed et si in alium contractum res non transeat, subsit tamen causa, eleganter Aristo Celso respondit esse obligationem. ut puta dedi tibi rem ut mihi aliam dares, dedi ut aliquid facias: hoc συνάλλαγμα esse et hinc nasci civilem obligationem. et ideo puto recte Iulianum a Mauriciano reprehensum in hoc: dedi tibi Stichum, ut Pamphilum manumittas: manumisisti: evictus est Stichus. Iulianus scribit in factum actionem a praetore dandam: ille ait civilem incerti actionem, id est praescriptis verbis sufficere: esse enim contractum, quod Aristo συνάλλαγμα dicit, unde haec nascitur actio.

2. Nel primo caso Ulpiano riporta la risposta che Aristone aveva dato a Celso, e ci offre due esempi. Aristone rispose a Celso che se un negozio (*res*) non assume

il nome di un contratto nominato (cioè tipico), ma ci sia comunque una *causa* dell'operazione economica, si avrebbe un'obbligazione, uno "*Schuldverhältnis*" [4]. Per esempio, ti do una cosa affinché tu ne dia un'altra a me (primo caso), oppure ti do una cosa affinché tu faccia qualcosa (secondo caso). Questo sarebbe – Ulpiano sta citando Aristone – un συνάλλαγμα, e da questo nasce una obbligazione civile.

a) Il primo dei due esempi rientra nel concetto di permuta: una cosa viene data con il patto che come controprestazione ne venga data un'altra. In questo caso Celso, se la controprestazione mancava, aveva verosimilmente concesso soltanto la *condictio ob rem* per la restituzione della cosa data, elemento caratteristico della quale è appunto che una prestazione sia stata fatta in vista di una controprestazione. Tale soluzione di Celso emerge da D.12,4,16 (*Cels., 3 [8] dig.*)[5]. È vero che in questo caso *Ego* dà a *Tu* non una cosa qualunque, ma del denaro, affinché *Tu* trasferisca ad *Ego* lo schiavo Stico (*dedi tibi pecuniam, ut mihi Stichum dares),* ma la differenza non è decisiva. Di fronte alla domanda *utrum id contractus genus pro portione emptionis et venditionis est, an nulla hic alia obligatio est quam ob rem dati re non secuta?* Celso si pronuncia a favore della seconda alternativa. Egli sistema questo accordo che accompagna la dazione di denaro, secondo il quale l'accipiente deve procurare alla controparte non il semplice *habere licere*, ma la proprietà dello schiavo, come un negozio non assimilabile alla vendita, e quindi, di conseguenza, esclude l'applicabilità della regola *periculum est emptoris*: anche se Stico muore prima che colui che ha ricevuto la somma di denaro lo abbia consegnato, il *dans* può nondimeno esperire la *condictio* per il denaro dato. La medesima *condictio* viene concessa da Celso anche per il caso simile dello schiavo evitto presso l'accipiente. Degno di rilievo sembra comunque il fatto che, in ogni caso, egli si serva – chiaramente attraverso una interpretazione aderente alla *bona fides* – di nozioni proprie della compravendita, poiché egli considera l'accipiente in qualche modo "obbligato" a garantire per il caso di evizione, incorrendo egli, in caso contrario, nella sanzione consistente nella possibilità per il *dans* di *condicere* il denaro.

b) Il secondo esempio riguarda la fattispecie che con terminologia moderna definiremmo "contratto misto", cioè la dazione di una cosa con il patto che il rice-

---

[4] Per la sostituzione di *obligationem* con *actionem* SANTORO (*supra*, nt. 3), 207, 213 s., 263 nt. 250; v. anche GALLO, *Synallagma e conventio nel contratto*, 2, 1995, 98 s.; ma v. anche *infra*, nt. 21.

[5] Cfr. GIFFARD, *Études*, 196 s., ma anche GALLO (*supra*, nt. 4), 171 s.; CANNATA, in *Mél. Ankum*, 1995, 67 presume, al contrario, che Celso abbia concesso una *actio in factum*. Al contrario KRANJC, in *ZSS RA* 106 (1989), 453 limita la decisione di Celso soltanto al caso particolare. – V. anche *Ulp.* D.12,5,6.

vente faccia qualcosa (cd. *do ut facias*). Si può presumere che Celso anche in questo caso abbia concesso solamente la *condictio ob rem*, nel caso in cui l'*accipiens* avesse omesso di compiere il *facere*.

Aristone, invece, compie un passo avanti, riconoscendo in entrambi gli esempi un συνάλλαγμα ed una obbligazione, quella cioè di compiere la controprestazione. Ciò riveste una notevole importanza, soprattutto nel caso in cui la cosa prestata fosse andata distrutta all'accipiente, nel caso in cui difettino i presupposti della *perpetuatio obligationis*. In questo caso la *condictio* viene esclusa [6] e colui che ha adempiuto la sua prestazione non avrebbe più – sulla base dell'opinione di Celso – alcun mezzo per costringere l'accipiente a compiere il *facere* da lui promesso. Al contrario, secondo Aristone egli avrebbe una azione per ottenere la controprestazione: per questi, infatti, era essenziale che ci fosse stata una *datio*. Questo si può desumere, oltre che dal nostro fr. 7,2, anche dal frammento di Pomponio in D.19,5,16,1, dove si tratta del seguente caso: *permisisti mihi, ut sererem in fundo tuo et fructus tollerem: sevi nec pateris me fructus tollere*. Pomponio ci informa sulla opinione in proposito di Aristone: *nullam iuris civilis actionem esse Aristo ait. An in factum dari debeat, deliberari posse*. Pomponio inoltre aggiunge: *sed erit de dolo*. In questo caso Aristone ha negato la *civilis actio,* e quindi anche la *civilis obligatio*, ed ha preso in considerazione solamente un'*actio in factum:* la ragione di ciò consisterebbe nella mancanza della *datio*, non avendo *Ego*, il soggetto che semina, reso *Tu* proprietario delle sementi attraverso la consegna [7].

c) Molto significativo è anche il frammento D.39,5,18,1, dove Ulpiano concorda con l'opinione di Aristone, seguita poi anche da Pomponio, secondo i quali la consegna di un servo con patto di manomissione farebbe nascere una obbligazione [8].

d) L'opinione di Celso per entrambi i casi citati viene superata nel diritto tardoclassico. Ulpiano, come mostra il fr. 7,2, la rifiuta, preferendo quella di Aristone.

---

[6] Inoltre l'accipiente risponderebbe riguardo alla cosa soltanto *si culpa* oppure *mora intervenerit*, cfr. KASER, *Röm. PrivatR.*, 1, 2 ed., 598.

[7] GIFFARD, 191 s., 197; BIONDI (*supra*, nt. 3), 93; GALLO (*supra*, nt. 4), 110 nt. 49; *contra* SANTORO (*supra*, nt. 3), 231 s. Cfr. anche BURDESE, *Miscellanea romanistica*, 1994, 244.

[8] Cfr. GIFFARD, 197. Che Pomponio, in contrasto con Aristone, nel caso *si servum tibi [tradidero] <mancipavero> ad hoc, ut eum post quinquennium manumittas* operi una differenziazione secondo il *quod actum,* è irrilevante ai nostri fini. Entrambi i giuristi concedono anche in questo caso una azione a colui che abbia effettuato la consegna.

Dal canto suo, anche Paolo mostra di volerla respingere. Infatti, con riferimento al primo caso, quello relativo alla permuta, ciò emerge in primo luogo da D.19,4,1,2 (*33 ed.*): ... *permutatio autem ex re tradita initio obligationi praebet: alioquin si res nondum tradita sit, nudo consensu constitui obligationem dicemus, quod in his dumtaxat receptum est, quae nomen suum habent ut in emptione venditione, conductione, mandato.* Nello stesso tempo, il passo mostra chiaramente – come anche il § 4 di D.19,4,1 – come il momento decisivo per la nascita della "obbligazione" fosse la *traditio*, cioè il fatto che una parte avesse compiuto una prestazione nei confronti dell'altra.

In secondo luogo, l'opinione (contraria a quella di Celso) di Paolo si può desumere da:

D.19,5,5,1 *Paulus, 5 quaest.*

Et si quidem pecuniam dem, ut rem accipiam, emptio et venditio est: sin autem rem do, ut rem accipiam, quia non placet permutationem rerum emptionem esse, dubium non est nasci civilem obligationem, in qua actione id veniet, non ut reddas quod acceperis, sed ut damneris mihi, quanti interest mea illud de quo convenit accipere: vel si meum recipere velim, repetatur quod datum est, quasi ob rem datum re non secuta. sed si scyphos tibi dedi, ut Stichum mihi dares, periculo meo Stichus erit ac tu dumtaxat culpam praestare debes...

Preliminarmente è opportuno sottolineare come, poiché il termine *accipiam* non necessariamente significa che colui che ha dato il denaro diventi proprietario della cosa data in controprestazione, la situazione risulta non totalmente coincidente con il caso esaminato da Celso.

Nella situazione iniziale Paolo afferma senz'altro l'esistenza di una vendita; per tale giurista, di conseguenza, doveva in tal caso valere anche la ripartizione del rischio propria di tale contratto. Una eco delle controversie del I e II secolo d.C. si può facilmente riconoscere nel richiamo alla permuta, e precisamente nella possibilità di riconoscere senza dubbio (*dubium non est*) una *civilis obligatio* a compiere la controprestazione in seguito alla dazione di una cosa.

Con riferimento al secondo caso, il superamento dell'opinione celsina da parte di Paolo emerge dal paragrafo conclusivo:

D.19,5,5,2 *Paulus, 5 quaest.*

At cum do ut facias, si tale sit factum, quod locari solet, puta ut tabulam pingas, pecunia data locatio erit, sicut superiore casu emptio: si rem do, non erit locatio, sed nascetur vel civilis actio in hoc quod mea interest vel ad repetendum condictio ...

Rilevante è che Paolo in entrambi i casi conceda in alternativa la *condictio ob rem*: ciò, però, non dovrebbe destare sospetti [9], poiché sottesa a tale ragionamento si trova chiaramente l'idea che la protezione tendenzialmente migliore, offerta dal riconoscimento della *civilis obligatio,* non deve essere imposta al soggetto da proteggere, in ottemperanza alla regola *invito beneficium non datur* (D.50,18,69) [10]. In verità si deve ammettere come non risulti affatto chiaro se Paolo abbia voluto dilatare la tutela del soggetto che deve adempiere fino a concedere la *condictio ob rem* per la restituzione anche nella "situazione di ripartizione del rischio", quando cioè, dopo la dazione della cosa, l'oggetto della seconda prestazione sia perito all'accipiente a seguito di un caso fortuito.

3. Ma ritorniamo al fr. 7,2 del titolo *De pactis,* ed esaminiamo il secondo esempio addotto da Ulpiano. Il giurista riporta una controversia tra Mauriciano e Giuliano, riguardante il caso in cui: *dedi tibi Stichum ut Pamphilum manumittas. Manumisisti: evictus est Stichus.* In tale fattispecie Giuliano aveva ritenuto che il pretore dovesse concedere una *actio in factum.* Mauriciano fa un passo avanti, concedendo una *actio civilis incerti,* una azione di diritto civile con oggetto indeterminato, cioè con una formula in cui viene indicato nelle parole iniziali il rapporto giuridico dedotto. In sostanza si dovrebbe considerare come esistente un *contractus,* che Aristone denomina συνάλλαγμα, dal quale trarrebbe consistenza tale azione.

a) Mauriciano prende spunto da Aristone, ma ne supera le conclusioni. Lo schiavo Stico consegnato era stato evitto, e per questo motivo non sussisteva una dazione, o almeno una dazione valida ed efficace. Possiamo ipotizzare che questa fosse la causa per la quale Giuliano aveva rifiutato la *civilis actio* [11], mentre invece Mauriciano la concede: sembra chiaro che lo scopo era quello di soccorrere l'accipiente *Tu,* il quale non solo aveva perso lo schiavo Stico, evitto dal vero proprietario, ma aveva altresì perso anche Panfilo, che ovviamente non poteva essere ricondotto in servitù [12]. In altre parole, è vero che la *datio* fatta da *Ego* era inefficace, ma se guardiamo alla situazione dell'accipiente *Tu,* risulta chiaro che egli in realtà aveva adempiuto alla sua prestazione, cioè il *facere* consistente nella manomissione. Siamo quindi di fronte ad un patto (*do ut facias*), ed abbiamo come minimo una

---

[9] Diversamente ritengono MITTEIS, in *Jherings Jahrb.* 39 (1898) 154 nt. 3; COLLINET, in *Festschr. Koschaker,* 1, 1939, 76 s.

[10] Su questa regola e sulle altre ad essa corrispondenti (come la analoga D.50,17,156,4: *quod cuique pro eo praestatur, invito non tribuitur*) v., da ultimo, ALTMEPPEN, *Disponibilität des Rechtsscheins,* 1993, 4-18. Cfr. anche immediatamente di seguito nel testo (per D.19,5,9).

[11] GIFFARD, 198.

[12] *Factum condici non potest,* cfr. GIFFARD, 198.

prestazione valida, che consiste nel caso di specie in un *facere*. Ciò sembrerebbe fornire un argomento a favore della tesi che concede all'accipiente, che ha compiuto anticipatamente la sua prestazione, la possibilità di esperire l'*actio incerti civilis*. Una volta chiarito questo punto, il passo da fare è ormai molto piccolo, per riconoscere anche nei casi di *do ut des* e di *facio ut facias* il fondamento di una *civilis obligatio*.

b) Che poi sia stato Ulpiano a compiere tale passo, lo dimostra, per il caso di *facio ut des,* la sua classificazione della *pactio ob indicium fugitivi,* cioè la promessa del proprietario dello schiavo di dare ad un terzo un *certum,* se questi gli riveli il luogo dove si trova lo schiavo fuggitivo e, di conseguenza, gli permetta di catturarlo, in D.19,5,15 (*42 Sab.*): ... *videamus an possit agere. Et quidem conventio ista non est nuda, ut quis dicat ex pacto actionem non oriri, sed habet in se negotium aliquod: ergo civilis actio oriri potest, id est praescriptis verbis*[13]. Inoltre in Papiniano, nel frammento D.19,5,9, si trova l'*actio incerti* per il caso di *facio ut facias,* cioè *acceptilatio* contro *delegatio*. Dice in proposito Papiniano: *si fidem contractus non impleat* (sc. *debitor liberatus*) *incerti actione tenebitur,* ed esclude, poi, con le parole *non vetus obligatio restaurabitur,* una *condictio acceptilationis*, cioè il ripristino della obbligazione rimessa. La circostanza che Papiniano consideri ormai acquisita la mancata concessione della *condictio*, è, nel contempo, un buon indizio per ipotizzare l'esistenza altresì anche di una opinione diversa, cioè quella tradizionale che si trova in Ulpiano, D. 12,4,4. Tale indirizzo, come vedremo, sarà difeso anche da Paolo.

c) Infatti, anche Paolo ha trattato lo stesso caso che costituisce l'esempio principale per Ulpiano, nel fr. 7,2:

D.19,5,5,2 *Paulus 5 quaest.*

... *sed si dedi tibi servum, ut servum tuum manumitteres, et manumisisti et is quem dedi evictus est, si sciens dedi, de dolo in me dandam actionem Iulianus scribit, si ignorans in factum civilem.*

Non è rilevante per il nostro argomento la prima puntualizzazione, costituita soltanto dal fatto che Paolo ci dà notizia della distinzione, risalente a Giuliano, tra il trasferire uno schiavo conoscendone o meno l'altruità. Più significativa è, al contrario, la seconda puntualizzazione: sembra infatti quasi che Paolo voglia soltanto riferire l'opinione di Giuliano, secondo il quale si dovrebbe concedere una *actio civilis in factum*. Ma tale ricostruzione non è da accogliere. Infatti, come risulta dal

---

13 GIFFARD, 199; per altri esempi, *ibidem*, 198 (D.10,3,23; 19,3,1).

racconto di Ulpiano in D.2,14,7,2, Giuliano propendeva per la concessione dell'*actio in factum* [14]: per questo possiamo presumere che nel fr. 5,2 le argomentazioni in cui Paolo (come nei passaggi precedenti) concedeva una *actio civilis* siano state accorciate e così, a causa della presa di posizione di Paolo, la soluzione di Giuliano risulti cambiata, tramite l'aggiunta dell'appellativo di *civilis* all'*actio in factum* [15].

4. Se a questo punto ritorniamo al frammento 7 del titolo *De pactis*, allora riusciamo a comprendere più chiaramente perché Ulpiano tratta di seguito il seguente caso:

D.2,14,7,3 *Ulpianus 4 ed.*
Si ob maleficium ne fiat promissum sit, nulla est obligatio ex hac conventione.

L'esegesi di questo testo è piuttosto difficile e discussa, soprattutto perché è incerto il significato di *promissum* [16]. In proposito, due diverse soluzioni sono ugualmente plausibili.

a) Da un lato, si potrebbe intendere *promissum* in senso tecnico, come la conclusione di una stipulazione astratta [17]. Allora con il termine *promissio* sarebbe indicata una sorta di *datio*, una prestazione [18], che sarebbe collegata con il *non facere* dell'altra parte (il supposto creditore della stipulazione). Tale stipulazione è però nulla, e, di conseguenza, anche la prestazione – così come la *datio* del *servus alienus* – è invalida. In ogni caso la controparte, il supposto creditore, ha adempiuto alla sua prestazione, il *maleficium non fieri*, che – così come la liberazione di Panfilo nel § 2 – non può più essere restituita. Si potrebbe perciò ipotizzare che sia stata concessa contro il promittente, sulla base della *conventio* (avente ad oggetto

---

[14] Cfr. KUNKEL-HONSELL, *Röm. Recht*, 4 ed., 1987, 343; GALLO (*supra*, nt. 4), 180 s.

[15] Analogamente, a grandi linee, CANNATA (*supra*, nt. 5), 68 nt. 35, il quale ipotizza la caduta di una riga nel testo del Digesto, nella quale era riprodotta l'opinione di Paolo, abbreviata dai compilatori (*in factum <: sed ego puto omni modo dandam in factum> civilem).*– KRANJC, in *ZSS RA* 106 (1989), 455, 458 concorda sul fatto che Giuliano si sarebbe pronunciato per l'*actio in factum civilis*. La maggioranza della dottrina propende per una interpolazione: cfr. SANTORO (*supra*, nt. 3), 95 s.; IDEM, in *Studi Sanfilippo*, 4, 1983, 684 nt. 2, 704 s.; BURDESE (*supra*, nt. 7), 240, 245; GALLO, *Synallagma e conventio nel contratto*, 1, 1992, 234 s.; 2, 1995, 57, 180 ss.

[16] Per l'ambiguità, cfr. *Ulp.* D.21,1,19,2. Inattendibile è la spiegazione di SIBER, in *Studi Bonfante*, 4, 1930, 110, il quale, senza osservare l'originario contesto, ritiene conclusa una stipulazione *maleficium non fieri* (analogamente PASTORI, *Appunti in tema di sponsio e stipulatio*, 1961, 273 s.) e propone di cancellare *ex hac conventione*.

[17] In proposito v. GALLO, in *SDHI* 55 (1989), 172 s. (= 61 s., cfr. *supra*, nt. 3).

[18] Così anche la *promissio dotis* è già una forma di costituzione della *dos*. Cfr. *Ulp. reg.* 6,1.

una promessa di pagamento contro un comportamento omissivo) almeno una *actio incerti*. L'immoralità, però, rende nulla tale *conventio*, ed è irrilevante il fatto di aver comunque compiuto una prestazione (*non facere*).

b) È però possibile che *promittere* abbia qui soltanto il significato generale di una semplice (non formale) promessa. Allora si presenterebbero due diverse spiegazioni. Secondo la prima, si tratterebbe di un contratto (*non) facio ut des*, cioè di un attuale comportamento omissivo di un *maleficium* contro la promessa informale di una ricompensa futura. Tale patto sarebbe dunque *ipso iure* invalido; a colui che per primo ha adempiuto al suo comportamento omissivo, sarebbe negata l'*actio praescriptis verbis*[19].

Il secondo tentativo di spiegazione si basa sul fatto che Ulpiano presupponga che il soggetto che ha promesso in maniera informale abbia, nello stesso tempo, compiuto la sua prestazione. Infatti, poiché nei precedenti esempi del § 2 si tratta sempre il caso in cui una convenzione informale sia stata adempiuta soltanto da una parte, Ulpiano potrebbe aver premesso tale circostanza anche al § 3. Allora ci troveremmo in presenza di una *causa*, nel senso inteso da Aristone: questa, però, sarebbe invalida, e, di conseguenza, difetterebbe l'*actio praescriptis verbis*. Il vero nucleo del problema consisterebbe dunque nella possibilità per colui che ha adempiuto di far ricorso alla *condictio ob rem*, che deve essere negata nel caso di *par turpitudo*, ma non nel caso di *turpitudo solius accipientis*[20]. Poiché però di tutto ciò nel testo non si trova alcun accenno, questa teoria finisce per avere pochi argomenti dalla sua parte.

5. A questo punto, in conclusione del suo ragionamento relativo alle *conventiones* che possano dar fondamento ad una azione, Ulpiano rileva nel § 4 che se manca una *causa*, è comunque certo che non c'é neanche una obbligazione; si tratterebbe dunque di una *nuda pactio*, la quale, in tali circostanze, non può fondare alcuna *obligatio*, alcun rapporto obbligatorio[21], ma soltanto una *exceptio*.

---

[19] In questo senso KASER, *Über Verbotsgesetze und verbotswidrige Geschäfte im römischen Recht*, 1977, 88 nt. 34.

[20] Cfr., ad esempio, *Ulp.* D.3,6,5,1; D.12,4,1 pr.; D.12,5,2 pr.; *Paul.* D.12,5,1,2; D.12,5,3.

[21] Con la dottrina a suo tempo prevalente, avevo anch'io ritenuto, in *Contrarius consensus*, 1968, 62 s. e ntt. 8 e 9, che il testo classico suonasse *nuda pactio [obligationem] <actionem> non parit* ...; analogamente SANTORO (*supra*, nt. 3), 263 e nt. 250. Oggi, al contrario, sono più propenso a ritenere come classica in tutti i suoi punti essenziali (compresa la *natura contractus*, fr. 7,5; cfr. MAYER-MALY, in *Mél. Ankum* 1, 1995, 291, 294 s.) la esposizione ulpianea della teoria dei patti (D.2,14,1 e 7) ed a non vedere – sebbene la regola sulla *nuda pactio* si riferisca in linea di

V. Le osservazioni finora svolte ci consentono di comprendere meglio il senso della parola *causa* nei §§ 2 e 4 del frammento 7.

1. Aristone

Per Aristone, il quale, oltepassando le conclusioni di Labeone, aveva per primo sviluppato l'idea di un riconoscimento di una *civilis obligatio* in questo campo[22], era decisivo che la *d a t i o* fosse accompagnata da un p a t t o, nel quale fosse precisato lo scopo della dazione stessa. Papiniano, in D.19,5,8 *i. f.*, descrive tale situazione con le parole*: nec videri nudum pactum, quotiens certa lege dari probaretur* (il *pactum* non deve intendersi come *nudum*, se si prova che una *datio* è accompagnata da una determinata pattuizione). Analoghe conclusioni si trovano in una costituzione di Giustiniano, C.4,64,6 (*s. a.*): *rebus certa lege traditis, si huic non pareatur, praescriptis verbis incertam civilem dandam actionem iuris auctoritas demonstrat*[23].

Possiamo in quest'ambito anche notare una stretta connessione con la struttura del contratto reale, poiché tutto ruota in ogni caso intorno ad una dazione accompagnata da un patto o da una *conventio* che fissa la posizione dell'accipiente. Possiamo dunque presumere – come hanno già fatto per esempio il Giffard, il Biondi, il Gallo[24] ed altri – che Aristone abbia voluto dare alla sua dottrina il senso di una estensione della forza obbligatoria dei contratti reali. Tale estensione avrebbe comportato che, fatta una dazione *certa lege*, si potesse agire con l'azione civile anche per la controprestazione[25]. In accordo con ciò è la circostanza che l'*actio civilis incerti* si atteggia come *condictio incerti*. Se tali premesse sono corrette, la parola *causa* in questo contesto non può significare altro che dazione per uno scopo fissato o, più in generale, "prestazione per uno scopo fissato".

principio all'*actio* –, anche nella formulazione riguardante il lato giuridico-materiale, alcuna ragione per ulteriori critiche; la parola *obligationem* può ben essere stata ispirata dai testi di un altro giurista, sul quale Ulpiano si appoggiava, e dalla citazione tratta da Aristone. Cfr. anche GALLO (*supra*, nt. 4), 95 nt. 13. Nessuna critica anche in GIFFARD, 197; GROSSO (*supra*, nt. 3), 171 s.

[22] Cfr. GALLO, in *SDHI* 55 (1989), 167 (*supra*, nt. 3, 55); IDEM (*supra*, nt. 4), 100 ss.

[23] Cfr. GIFFARD, 197 s. Il testo di *Aristo-Paul.* D.19,4,2 (*qui ex causa daretur*) non costituisce un ostacolo decisivo; *contra* v. SANTORO, (*supra*, nt. 3), 224 ss., ma v. anche GALLO (*supra*, nt. 4), 107 ss.

[24] GIFFARD, 198 (Aristone «partait de la *datio ob rem*»); BIONDI (*supra*, nt. 3), 90 s.; GALLO (*supra*, nt. 4), 106 ss.

[25] Invece che per la restituzione della stessa cosa o (nel mutuo) di cose fungibili.

2. Mauriciano

Giuseppe Grosso era dell'avviso che esistesse una differenza tra i contratti reali e i contratti innominati; egli afferma[26]: «La prestazione non assurgerebbe a elemento da cui scaturisce l'obbligazione, come nelle *obligationes re contractae*, in cui la stessa obbligazione ne risulta qualificata; essa verrebbe a dar forza all'accordo, a renderlo vincolante».

Tale opinione mi sembra discordante con il pensiero di Aristone, ma ben adeguata a quello di Mauriciano. Infatti, mentre Aristone prendeva come punto di partenza la *datio ob rem*, Mauriciano ha preso le mosse dalla *conventio*, da lui classificata come *contractus*, adottando la denominazione συνάλλαγμα di Aristone (D.2,14,7,2)[27]. L'accento è dunque qui posto sul fatto che esiste una convenzione contrattuale, che è divenuta vincolante tramite la prestazione efficace effettuata da una delle due parti (ad esempio con la manomissione dello schiavo Panfilo). Appare qui l'idea che i contratti innominati siano accostabili ai contratti in cui si ha uno scambio: come abbiamo visto, Papiniano ed Ulpiano seguono quest'ultima concezione[28]. In Ulpiano ciò si può notare altresì da D.2,14,7,4, dove il rilievo finale *sed cum nulla subest causa* si riallaccia a tutti i precedenti esempi, e quindi anche alla controversia tra Giuliano e Mauriciano. Poiché però anche Mauriciano afferma che risulta decisivo l'essere stata eseguita una p r e s t a z i o n e – che non necessariamente deve essere una *datio* –, e, più precisamente, una prestazione oggetto di un patto (la *conventio*), si deve concludere che anche secondo questa concezione la parola *causa* significa più di "Rechtsgrund", di "Grund", di "einsichtiger Grund der Verpflichtung"[29] o, infine, di una pattuizione avente uno scopo obbligatorio[30]. Fondandosi su tale base teorica, *causa* deve all'incirca riferirsi alla situazione ricorrente allorché, eseguita una *datio* o compiuto un *factum*, questi risultano nello stesso tempo collegati con un patto in cui ne viene precisato lo scopo: ciò è particolarmente chiaro nel fr. 7,4[31]. Per riassumere il concetto in un'uni-

[26] *Sistema*, 3 ed., 1963, 87.

[27] GIFFARD, 198; 200.

[28] V. *supra*, IV 3 b, come anche GIFFARD, 198 s.; 200.

[29] Così MAYER-MALY, *Römisches Privatrecht*, 1991, 87.

[30] Così SANTORO (*supra*, nt. 3).

[31] Cfr. GALLO (*supra*, nt. 4), 96 s.; ZIMMERMANN (*supra*, nt. 2), 550. Anche SANTORO (*supra*, nt. 3), 260 concorda che il termine *causa*: «deve essere inteso in D.2,14,7,4 nel senso di *datio* o di *factum*» e quindi, di conseguenza, è portato a vedere un glossema in questo passo, e precisamente nell'ultimo periodo del § 4, ciò che costituisce un punto debole decisivo della sua teoria. – In proposito già BRISSONIUS, *De verborum significatione* (ed. Halle, Magdeburg 1743) 170 s. v. *caussa*, n. 2, rilevava come *causa* nei giuristi può avere il significato di *res*, adducendo, come

ca formulazione, potremmo parlare di "prestazione per uno scopo fissato", cioè di "zweckbestimmte Leistung", formulazione da noi adottata anche nella nuova traduzione tedesca del Digesto[32]. Naturalmente ciò è frutto di una scelta interpretativa. Ma "Grund" o "Rechtsgrund" avrebbero finito per dare al lettore dei nostri tempi insufficienti informazioni. Se invece si accoglie il termine nel particolare significato che esso ha in dipendenza della teoria sui *pacta,* da esso possiamo trarre un insegnamento, che appare particolarmente chiaro nello sviluppo della teoria dei contratti innominati, essendo, tra l'altro, nello stesso tempo una delle principali e più affascinanti caratteristiche dello studio del diritto romano, e che possiamo riassumere in una sola parola: *pedetemptim*![33]

---

primo esempio, il fr. 7,4, dal quale egli derivava che senza *causa = res,* quindi senza dazione di una cosa, non può darsi una *obligatio.*

[32] BEHRENDS/KNÜTEL/KUPISCH/SEILER (KRAMPE), *Corpus Iuris Civilis* II (*Digesten* 1-10), 1995, (con riferimento a D.2,14,7,2 e 4); *contra,* in maniera critica, MAYER-MALY, in *ZSS RA* 113 (1996), 453 ("allzuviel Interpretation").

[33] Ringrazio il dott. Antonio Saccoccio per la collaborazione prestatami nella traduzione del testo.

ROLF KNÜTEL

Von schwimmenden Inseln, wandernden Bäumen, flüchtenden Tieren und verborgenen Schätzen[*]

Zu den Grundlagen einzelner Tatbestände originären Eigentumserwerbs*

---

[*] R. Zimmermann/R. Knütel/J. P. Meincke (Hrsg.), Rechtsgeschichte und Privatrechtsdogmatik (Festschrift für H. H. Seiler zum 70. Geburtstag), C. F. Müller, Heidelberg 1999, 549 – 577.

* Es war am 16. Juni 1986. Hans Hermann Seiler, Berthold Kupisch, Okko Behrends und ich waren zu einer ersten Besprechung über sachliche und technische Fragen der *Corpus-Iuris*-Übersetzung in Münster zusammengekommen und hatten beschlossen, zunächst Justinians Institutionen zu übersetzen. Über die Verteilung der Bücher sollte das Los entscheiden. Hans Hermann Seiler erloste sich das 2. Buch, dessen erster Titel *De rerum divisione* einer der schönsten der Institutionen überhaupt ist. Als wir später die von ihm vorgelegte Rohübersetzung auf unseren Arbeitssitzungen durchsprachen, haben die gerade in diesem Titel nicht seltenen „merkwürdigen" Situationen, wie etwa der „Wanderbaum" in Inst. 2, 31, die im Meer oder im Fluß entstehende Insel (Inst. 2, 1, 22) oder die gezähmten Hirsche, die in den Wald laufen und zurückkehren (Inst. 2, 1, 15), uns zu den verschiedensten Mutmaßungen angeregt. Wie mir inzwischen immer klarer geworden ist, werden diese ungewöhnlichen Fälle zu besonderem Zweck in die Erörterung einbezogen. Dies läßt es verlokkend erscheinen, Hans Hermann Seiler in dieser kleinen Studie wieder einmal zu „seinen" Texten zurückzuführen, zugleich in Erinnerung an interessante und lehrreiche Übersetzergespräche, in denen sich Senecas „plurimum proficit sermo, quia minutatim inrepit animo" bestätigt hat.

I. Meeres-, Fluß- und Treibinseln

1. *Miracula terrae*

Der *lacus Cutiliae* (*lago di Contigliano*), ein auf sabinischem Gebiet nahe dem heutigen Rieti gelegener See, war in der Antike berühmt. Er galt als der Mittelpunkt (*umbilicus*) Italiens, und auf ihm schwamm eine Insel mit Baumbestand. Davon berichtet der ältere Plinius[1]. An anderer Stelle – im Zusammenhang der *miracula terrae*, der Wunder der Erde – nennt Plinius gleich mehrere Gebiete, auf denen schwimmende Inseln anzutreffen waren oder sind[2]. Auch Seneca führt in seinen naturwissenschaftlichen Untersuchungen mehrere Beispiele an und sucht, Erklärungen für dieses Phänomen zu geben, etwa daß es sich um poröses, aufschwimmendes Gestein oder um eine durch Pflanzenwerk verdichtete Verflechtung von schwimmenden Baumstämmen und Zweigwerken handelt[3].

2. *Insula in mari nata* und *occupatio*

Heutzutage ist der ‚Nabel' Italiens, der *lacus Cutiliae*, zwar ausgetrocknet, das Naturphänomen verschwunden. Geblieben ist jedoch die juristisch interessante Frage: Wem gehört eine schwimmende Insel? Dazu hat der spätklassische Jurist Paulus Stellung genommen in

1 *Plinius*, Naturalis Historia, 3, 109 (nach *Varro*); vgl. auch *ders.*, Naturalis Historia, 2, 209 sowie *Varro*, De lingua Latina, 5, 71; *Seneca*, Naturales Quaestiones, 3, 25, 7 sowie *Festus*, De verborum significatu s.v. Cutiliae (hrsg. von Wallace M. Lindsay, S. 44). – Vorveröffentlichungen dieser Studie in: Revista de Estudios historico-jurídicos (Valparaiso) 19 (1997), 15-45 (in spanischer Sprache); Revue Historique de Droit Français et Etranger (Paris) 76 (1998), 187-214 (in französischer Sprache).

2 *Plinius* (Fn. 1) 2, 209.

3 *Seneca* (Fn. 1) 3, 25, 7-10, wo die schwimmenden Inseln in Lydien (unter Berufung auf Theophrast) genannt werden sowie die im See von Cutiliae und die im vulkanischen Vadimonsee (im Süden Etruriens bei Bomarzo). Zum letztgenannten siehe auch *Plinius* (Fn. 1) 2, 209 und *Plinius der Jüngere*, Epistulae 8, 20, 4 ff., nach dem es sich um mehrere Inseln aus Treibgut handelte, auf denen Vieh zu weiden pflegte. – Auch heutzutage kommt es auf tropischen Strömen, etwa am oberen Nil, infolge der Bildung von Gras- und Pflanzenbarrieren bisweilen zur Entstehung von Treibinseln.

D. 41, 1, 65, 2 (Labeo im 6. Buch der von Paulus ausgewählten Überzeugenden Rechtssätze)

Si qua insula in flumine publico proxima tuo fundo nata est, ea tua est. PAULUS: videamus ne hoc falsum sit de ea insula, quae non ipsi alveo fluminis cohaeret, sed virgultis aut alia qualibet levi materia ita sustinetur in flumine, ut solum eius non tangat, atque ipsa movetur: haec enim propemodum publica atque ipsius fluminis est insula.

Wenn eine Insel in einem öffentlichen Fluß ganz nahe an deinem Grundstück entstanden ist, so gehört sie dir. PAULUS: Überlegen wir, ob dies nicht im Hinblick auf eine Insel unzutreffend ist, die mit dem Flußbett nicht verbunden ist, sondern durch Zweigwerk oder irgendwelches anderes leichtes Material [gebildet] derart im Fluß schwimmt, daß sie dessen Grund nicht berührt und sich selbst bewegt. Diese Insel ist nämlich gewissermaßen öffentlich und Bestandteil des Flusses.

Die Aussage des Paulus geht dahin, daß eine schwimmende Insel eine öffentliche Sache ist. Wir müssen allerdings zweierlei von vornherein berücksichtigen: Erstens, daß die dauernd wasserhaltigen Flüsse (*flumina perennia*) nach römischem Recht im öffentlichen Eigentum stehen[4], und zweitens, daß Paulus seine Lösung auf die ‚Treibinsel' beschränkt, im übrigen aber, das heißt für den Regelfall der im Fluß entstehenden Inseln, dem kommentierten Juristen Labeo nicht widerspricht, also ebenfalls Privateigentum des nächsten Anliegers annimmt.

Auch diese Lösung ist auf den ersten Blick überraschend. Denn entsteht eine Flußinsel und damit eine neue Sache, so müßte sie grundsätzlich dem gehören, der sie sich als erster aneignet, sie also okkupiert. Von diesem Okkupationsgrundsatz müssen wir ausgehen, wenn wir die Lösungen zur schwimmenden und zur festen Flußinsel verstehen wollen. Dies zeigt ein in den Digesten und in den Institutionen (2, 1, 22) überlieferter Text aus den *res cottidianae* des (vermutlich nach 161 n. Chr. gestorbenen) Juristen Gaius:

D. 41, 1, 7, 3 (Gaius im 2. Buch ‚Alltägliche Dinge')

Insula quae in mari nascitur (quod raro accidit) occupantis fit: nullius enim esse creditur. in flumine nata (quod frequenter accidit), si quidem mediam partem fluminis tenet, communis est eorum, qui ab utraque parte fluminis prope ripam praedia possident, pro modo latitudinis cuiusque praedii, quae latitudo prope ripam sit: quod si alteri parti proximior sit, eorum est tantum, qui ab ea parte prope ripam praedia possident.

Eine Insel, die – was selten geschieht – im Meer entsteht, wird Eigentum dessen, der sie sich [als erster] aneignet. Man nimmt nämlich an, daß sie vorher niemandem gehört. Ist sie aber – was häufiger geschieht – in einem Fluß entstanden, dann wird sie, wenn sie in der Flußmitte liegt, gemeinschaftliches Eigentum derer, denen auf beiden Seiten des Flusses die Ufergrundstücke gehören, und zwar im Verhältnis zu der Breite, die jedes Grundstück am Ufer hat. Ist die Insel aber der einen Seite des Flusses näher als der anderen, dann wird sie nur Eigentum derer, die auf dieser Seite Grundstücke am Ufer haben.

4 Siehe nur *Max Kaser*, Das römische Privatrecht, Erster Abschnitt, 2. Aufl., 1971, S. 381.

Danach sollen also unterschiedliche Lösungen für die Meeresinsel, die Flußinsel und die Treibinsel gelten. Von diesen Lösungen leuchtet allein die zur Insel, die im Meer entsteht, unmittelbar ein. Sie beruht auf dem erwähnten Grundsatz, dem naturrechtlichen Prinzip, daß an herrenlosen Sachen und damit auch an den ganz neu entstandenen derjenige Eigentum erwirbt, der sie sich zuerst aneignet: „Quod enim nullius est, id ratione naturali occupanti conceditur“ (Gai. D. 41, 1, 3 pr. = Inst. 2, 1, 12)[5]. Die Aneignung *(occupatio)* ist der natürlichste und vermutlich älteste Tatbestand des Eigentumserwerbs.

3. *Insula in flumine nata*

Die Lösung zur *insula in flumine nata* ist dagegen nicht ohne weiteres zu verstehen. Zwar ist sie in die meisten Zivilgesetzbücher aufgenommen worden, beispielsweise in Art. 561 C.c. („Les îles et atterrissements qui se forment dans les rivières non navigables et non flottables appartiennent aux propriétaires riverains du côté où l'île s'est formée: si l'île n'est pas formée d'un seul côté, elle appartient aux propriétaires riverains des deux côtés, à partir de la ligne qu'on suppose tracée au milieu de la rivière.“)[6]. Dennoch wird viel darüber gerätselt, wie sich diese merkwürdige Eigentumszuweisung erklärt. Rudolph v. Jhering hat sich über diesen „Leckerbissen für den Pandektisten“ amüsiert, „nicht wegen der praktischen Aussichten, die sich daran heutzutage knüpfen ließen – leider ist es damit nichts!“, und im Scherz und Ernst die folgende Erklärung angeboten: „Beiläufig: haben Sie wohl einmal darüber nachgedacht, warum die Römer ..., da es sich hier doch um herrenlose Sachen handelt, nicht die Konsequenz der herrenlosen Sachen: das freie Occupationsrecht zugelassen haben? Malen Sie sich die Scene aus, welche die Ausübung desselben hervorrufen würde: die Balgereien im Wasser, bevor noch die Insel völlig aus dem Wasser heraus – ich möchte sagen: während die Natur noch in den Wehen liegt! –, die Versuche, die langsame Geburt auf natürlichem Wege durch eine Zangengeburt zu ersetzen, und Sie werden wissen, warum die Römer so verständig gewesen sind, in diesem Verhältnisse die Occupation auszuschließen“[7].

Natürlich ist der wahre Grund ein anderer. Er scheint in Vergessenheit geraten zu sein; doch haben die Väter des *Code civil* ihn noch erkannt. Jean-Etienne Portalis hat in seiner *Présentation au Corps Législatif* (zu den Gründen des Eigentumserwerbs) im Hinblick auf die Alluvionen, also die Anschwemmungen, durch die die Ufergrundstücke im Laufe der Zeit allmählich vergrößert werden, hervorgehoben „que les alluvions doivent appartenir au propriétaire riverain, par cette maxime naturelle que le profit appartient à celui qui est exposé à souffrir le dommage. Des propriétés riveraines sont menacées plus qu'aucune

5 So noch heute, vgl. z.B. (zu beweglichen Sachen) § 958 BGB, Art. 2525 argentinischer *Código civil*.

6 Die Bestimmung ist aufrechterhalten von Art. 102 *Code rural*. Entsprechende Regelungen enthalten z.B. § 407 ABGB, Artt. 561 belgischer *Code civil*; 373 spanischer *Código civil*; 1071 griechisches Zivilgesetzbuch; 656 chilenischer *Código civil*; 537 brasilianisches Zivilgesetzbuch.

7 *Rudolph v. Jhering*, Scherz und Ernst in der Jurisprudenz, 4. Aufl., 1891, S. 132 f. (mit dem Leitspruch: *Ridendo dicere verum*). – Zur *insula in flumine nata* in der Literatur seit der Rezeption, siehe *P. Zirndorfer*, Zur Lehre von der insula in flumine nata, ZSS (RA) 4 (1883), 233 ff.

autre. Il existe pour ainsi dire une sorte de contrat aléatoire entre le propriétaire du fonds riverain et la nature, dont la marche peut à chaque instant ravager ou accroître ce fonds"[8].

Für die Flußinseln gilt demnach statt des allgemeinen Okkupationsprinzips ein engeres Prinzip, nämlich daß derjenige, der die Gefahr trägt, auch den Vorteil haben soll („commodum eius esse debet, cuius periculum est", Inst. 3, 23, 3)[9]. Die Gefahr ist hier die Sachgefahr, die den Eigentümer trifft: „casum sentit dominus"[10]. Die Anlieger eines Flusses sind der besonderen Gefahr ausgesetzt, daß sie durch Abschwemmung oder Veränderungen des Flußlaufs ihr Eigentum teilweise oder sogar ganz verlieren. Zum Ausgleich für diese Gefahr erlangen die Flußanlieger das Eigentum an Anschwemmungen (Alluvionen).

Hinsichtlich der Flußinseln liegt es nun so, daß beide Ufer des Flusses dessen Gefahren gleichermaßen ausgesetzt sind. Dies muß zu der weiteren Regel führen, daß die Mitte des Flusses die Grenze bilden muß für das, was dem einen oder anderen Ufer zuzuteilen ist, daß also eine *insula nata*, welche die Mitte gar nicht erreicht, dem Ufer, an dessen Seite sie liegt, zufallen muß. Ferner ist anzunehmen, daß nur die unmittelbar am Flußufer gelegenen Grundstücke ohne Rücksicht darauf, daß sie in größerer Nähe des zu verteilenden lagen oder nicht, anteilsberechtigt sein konnten, denn sie alle, aber auch nur sie, waren unmittelbar den Unbilden des Flusses ausgesetzt[11].

Daß dies die treffende Erklärung ist, wird durch die Ausnahme zu der (bei der *insula in flumine nata* bestehenden) Ausnahme vom Okkupationsprinzip bestätigt. Handelte es sich um *agri limitati*, also durch Landvermessung mathematisch exakt abgegrenzte, Kolonisten zugewiesene Parzellen aus dem *ager publicus*, so wurden deren – zugleich in der *forma*, dem öffentlichen Verteilungsplan, festgelegte – Grenzen durch Veränderungen des Flußlaufs nicht verschoben. Derartige Parzellen konnten wegen ihrer Limitation nicht erweitert werden. Verlief zwischen ihnen ein (von der Landzuweisung nicht erfaßter) Fluß und entstand in diesem eine Insel, so blieb es – da eine Erweiterung dieser Grundstücke, mithin ein Eigentumserwerb der Anlieger auszuscheiden hatte – bei dem allgemeinen Okkupationsgrundsatz[12]. In diesem Fall gehört also, wie D. 43, 12, 1, 6 bestätigt, auch die im Fluß entstan-

---

8 *P. Antoine Fenet*, Recueil complet des travaux préparatoires du Code civil, Band 11, 1828, Nachdruck 1968, S. 128. Die Erklärung hat beispielsweise der *Louisiana Supreme Court* in *Morgan v. Livingstone*, 6 Mart. O.S. 19 (1819) übernommen, vgl. *Shael Herman*, Der Einfluß des römischen Rechts auf die Rechtswissenschaft Louisianas vor dem amerikanischen Bürgerkrieg, ZSS (RA) 113 (1995), 319.

9 Vgl. auch D. 50, 17, 10. Dieses Prinzip ist eine berühmte (sich in vielen Zusammenhängen auswirkende) Rechtsregel geworden, vgl. etwa *Henri Roland, Laurent Boyer*, Adages du droit français, 3. Aufl., 1992, S. 994 ff.; *Herbert Broom*, A Selection of Legal Maximes, 10. Aufl., 1939 (ed. R.H. Kersley), S. 485 („Qui sentit onus sentire debet commodum"). – Zu den römischen Quellen siehe *Friedrich Mommsen*, Erörterungen über die Regel: Commodum eius esse debet, cuius periculum est, Erörterungen aus dem Obligationenrecht, Heft 1, 1859 (der die Regel jedoch zu eng sieht); *Gouvert van den Bergh*, Qui habet commoda ferre debet onera, in: Robert Feenstra und andere (Hg.), Flores legum, Festschrift für Hermann J. Scheltema, 1971, S. 25 ff.

10 Diocl. C. 4, 24, 9 („res perit suo domino"); vgl. *Detlef Liebs*, Lateinische Rechtsregeln und Rechtssprichwörter, 5. Aufl., 1991, R 32, 49; *Roland/Boyer* (Fn. 9) 819 ff.

11 *Otto Karlowa*, Römische Rechtsgeschichte, Band 2, 1901, S. 431 (in Anknüpfung an *Magnus F. Ennodius*, Vita B. Epiphani, hrsg. von G. Hartel, 1882, S. 336).

12 Vgl. *Carl Georg v. Wächter*, Pandekten, Band 1, 1880, S. 281. Daher findet dort auch kein Eigentumserwerb durch Alluvion statt, Flor. D. 41, 1, 16, und entsteht kein Recht am *alveus derelictus* (der folglich okkupierbar war), Ulp. D. 43, 12, 1, 7, vgl. *Adolf A. Fr. Rudorff*, Gromatische Institutionen, in: F. Blume, K. Lachmann, A. Rudorff, Die Schriften der römischen Feldmesser, Band 2, 1852, Nachdruck 1967, S. 451 f.

dene Insel dem, der sie sich zuerst aneignet („... illa enim insula aut occupantis est, si limitati agri fuerunt ...").

4. Schwimmende Inseln

Kehren wir nach alldem zu unserer schwimmenden Insel zurück, so muß sich bei ihr die Lösung daraus erklären, daß sowohl das allgemeine Okkupationsprinzip als auch das engere Prinzip von *commodum* und *periculum*, das zur Flußinsel einschlägig war, durch ein anderes spezielleres Prinzip verdrängt werden. Da die Insel schwimmt, kann sie nicht den jeweiligen Uferanliegern gehören; mangels fester ‚Verankerung' gibt es keinen Grund, die Anlieger Eigentum erlangen zu lassen. Gegen das Okkupationsprinzip spricht, daß die Treibinseln gewissermaßen ein Nebenprodukt des Wassers sind und zu ihm gehören. Deshalb kommt hier der Rechtsgedanke zur Anwendung: *accessio cedit principali* oder: *accessorium sequitur principali* – die Nebensache folgt [in ihrer Rechtslage] der Hauptsache[13]. Die Treibinseln sind demnach öffentliche Sachen. Bei einem Privatgewässer würde die schwimmende Insel also dem Eigentümer des Gewässers gehören.

5. Zur Methode der römischen Juristen

An alldem wird etwas besonders deutlich, das kennzeichnend ist für die Art der römischen Juristen, das Recht zu entwickeln und die Rechtsordnung auszugestalten. Sie folgen nicht oder jedenfalls im Ausgangspunkt nicht, wie man gemeint hat, ihrem Sachgefühl, ihrer genialen Intuition[14], sondern sie lassen sich von gesunden, aus praktischer Anschauung gewonnenen und der Natur der Sache entsprechenden Prinzipien leiten, wobei sie allgemeine Prinzipien, wie hier das Okkupationsprinzip, durch engere Prinzipien, hier die Regel von *commodum* und *periculum*, einschränken und an Extremfällen, hier am Beispiel der Treibinsel, die Tragweite auch dieser engeren Prinzipien überprüfen.

II. Bäume

1. *Superficies solo cedit*

Entsprechendes können wir bei den – wie wir sie nennen wollen – „wandernden Bäumen" beobachten. Auch sie bilden einen Extremfall, an dem die Juristen die Tragweite eines Prinzips geprüft haben, nämlich des Satzes *superficies solo cedit:* Was am Boden „zu oberst gemacht ist", weicht dem Boden[15]. Nach diesem Prinzip gehören Bäume dem Eigentümer

13 Die Regel findet Ausdruck vor allem in Ulp. D. 34, 2, 19, 13; Gai. D. 33, 8, 2 sowie auch in Paul. D. 50, 17, 129, 1; D. 50, 17, 178.

14 So insbesondere *Max Kaser*, in seiner faszinierenden Studie: Zur Methode der römischen Rechtsfindung, in: Nachrichten der Akademie der Wissenschaften in Göttingen, philosophisch-historische Klasse, 1962, 2. Aufl., 1969, S. 47 ff.

15 Näheres zu diesem Rechtsprinzip bei *Jens Peter Meincke*, Superficies solo cedit, ZSS (RA) 88 (1971), 136 ff.

des Grundstücks, in dem sie verwurzelt sind[16]. Gelangen Bäume durch einen Erdrutsch auf ein anderes Grundstück, so gehören sie demnach dem Eigentümer dieses Grundstücks, sobald sie dort Wurzeln geschlagen haben: „nec arbor potest vindicari a te quae translata in agrum meum cum terra mea coaluit", Alf.-Ulp. D. 39, 2, 9, 2[17]. Ist dies die Ausgangslage, so bleibt doch die Frage, auf welchen weiteren Umstand für diesen Eigentumserwerb durch *implantatio* abzustellen ist: Kommt es darauf an, wo der Stamm aus dem Boden heraustritt (sogenanntes *Stammprinzip*) – wie dies im heutigen französischen Zivilrecht (zu Art. 673 C.c.) und im deutschen (zu § 923 BGB) angenommen und im österreichischen (in § 421 Satz 1 ABGB) ausdrücklich bestimmt wird[18] – oder kommt es darauf an, wo die Wurzeln liegen (sogenanntes *Wurzelprinzip*)?[19]

Das Problem wird akut bei Bäumen, die an der Grundstücksgrenze stehen; dort stellt sich die Frage, ob der Grundsatz *superficies solo cedit* auch dann gilt, wenn zwar der Stamm auf dem Boden des Eigentümers steht, die Hauptwurzeln aber in das Nachbargrundstück eingedrungen sind. Die Frage war im römischen Recht und dementsprechend auch im 19. Jahrhundert umstritten.

2. Stammprinzip

Für das Stammprinzip spricht allein

D. 47, 7, 6, 2 (Pomponius im 20. Buch zu Sabinus)

Si arbor in vicini fundum radices porrexit, recidere eas vicino non licebit, agere autem licebit non esse ei ius (sicuti tignum aut protectum) inmissum habere. si radicibus vicini arbor aletur, tamen eius est, in cuius fundo origo eius fuerit.

Wenn der Baum seine Wurzeln in das Grundstück des Nachbarn ausgestreckt hat, darf der Nachbar sie nicht abschneiden; doch kann er darauf klagen, der andere habe nicht das Recht, [die Wurzeln] (vergleichbar einem [hinüberragenden] Balken oder Vordach) [in

16 Siehe Diocl. C. 3, 32, 11 (a. 293), ferner Gai epit. 2, 1, 4 (FIRA II, 242): „Item regulariter constitutum est, ut superposita inferioribus cedant ... vel si aliquis in agro nostro arbores aut vineas vel plantas quascumque posuerit, similiter superficies solo cedat"; siehe zudem die im folgenden genannten Quellen.

17 „Auch kann ein Baum von dir nicht vindiziert werden, der durch Erdrutsch auf mein Grundstück gelangt ist und in meinem Erdreich Wurzeln geschlagen hat" (der Kontext bestätigt, daß an einen Erdrutsch zu denken ist). – Vgl. auch Ulp. D. 6, 1, 5, 3 (wo schon die älteren Juristen Alfenus und später Nerva dem früheren Eigentümer gegen den neuen Eigentümer, auf dessen Boden der Baum angewachsen ist, eine *rei vindicatio utilis* gaben; abweichend die Übersetzung von *Okko Behrends, Rolf Knütel, Berthold Kupisch, Hans Hermann Seiler [Christian Wollschläger]*, Corpus Iuris Civilis, Text und Übersetzung, Band II (Digesten 1-10), 1995, S. 557, mit der Annahme, es gehe um die dem Bodeneigentümer während der Phase des Anwachsens gegen Dritte zustehende Klage; doch siehe *Carl Georg v. Wächter*, Pandekten, Band 2, 1881, S. 127).

18 Zu Art. 673 C.c. alter Fassung heben das die älteren Autoren noch hervor, z.B. *Alexandre Duranton*, Cours de droit français suivant le Code civil, Band 3, 4. Aufl. 1841, S. 139, Nr. 380; weiteres dazu und zum deutschen Recht mit Nachweisen zu § 923 BGB siehe bei *Rolf Knütel*, Von Wurzeln und Stämmen, Festschrift für Hans Friedhelm Gaul, 1997, S. 319, 326 f. 328 ff. Dort auch zum Folgenden.

19 Eine dritte Situation ist die, daß der Baum nach dem Austritt aus der Erde sogleich auf das Nachbargrundstück wächst. Das Amtsgericht Nordenham (NJW-RR 1992, 1368) ist in einem solchen Falle, in dem eine Weide unmittelbar nach dem Austritt aus der Erde auf das Nachbargrundstück „gekrochen" war und sich dort erst nach 1,50 Meter in die Schräglage erhob, offenbar davon ausgegangen, daß in Modifizierung des Stammprinzips Eigentümer der Nachbar sei, auf dessen Grundstück die Weide gekrochen war.

das Nachbargrundstück] hineinragen zu lassen. Ernährt sich der Baum des [anderen] Nachbarn durch die [auf das Nachbargrundstück getriebenen] Wurzeln, so gehört er dennoch demjenigen, in dessen Grundstück er seinen Ursprung hat.

Der Text, der in den Titel „Über die Klage wegen heimlich gefällter Bäume" (D. 47, 7) eingerückt ist[20], versagt dem Nachbarn das Recht, die eingedrungenen Wurzeln abzuschneiden, und verweist ihn stattdessen auf die *actio negatoria*. Dahinter steht vermutlich der Gedanke, daß der betroffene Nachbar durch die Kappung der möglicherweise lebenserhaltenden Wurzeln nicht von sich aus über die Existenz des Baumes sollte entscheiden dürfen.

Der Hinweis im zweiten Satz rundet den Gedanken ab: Der Umstand, daß die nahrungssichernden Wurzeln in das Grundstück des betroffenen Nachbarn eingedrungen sind, macht diesen nicht zum Baumeigentümer und – wie daraus zu folgern ist – gibt ihm deshalb nicht das Recht, *qua* Baumeigentümer über den Baum zu bestimmen und dessen Wurzeln abzuschneiden, womit der Abwehrklage von vornherein der Boden entzogen wäre.

Dieser Text ist der einzige, der auf das Stammprinzip schließen läßt. In ihm kommt bereits zum Ausdruck, daß es eine andere Meinung gegeben haben muß. Diese Gegenmeinung ist häufiger belegt und war offenbar die herrschende.

3. Wurzelprinzip

a) D. 41, 1, 7, 13

Besonders aussagekräftig ist ein Text, der sowohl in Justinians Institutionen (2, 1, 31) als auch mit leichten Abweichungen in den Digesten überliefert ist. Wir blicken zunächst auf den Digestentext und heben die wesentlichen Abweichungen vom Institutionentext hervor.

D. 41,1,7,13 (Gaius im 2. Buch „Alltägliche Dinge oder Goldene Worte")

Si alienam plantam in meo solo posuero, mea erit: ex diverso si meam plantam in alieno solo posuero, illius erit: si modo utroque casu radices egerit: antequam *enim* radices ageret, illius permanet, cuius et fuit. *his conveniens est, quod <quidam? putant>*[21]*, si vicini arborem ita terra presserim,* ut in meum fundum radices egerit, meam effici arborem: rationem enim non permittere, ut alterius arbor intellegatur, quam cuius fundo radices egisset. et ideo prope confinium arbor posita, si etiam in vicinum fundum radices egerit, communis *est.*

Wenn ich eine fremde Pflanze auf meinem Grundstück eingepflanzt habe, wird sie mein Eigentum, und wenn umgekehrt ich meine eigene Pflanze auf einem fremdem Grundstück einpflanze, wird sie Eigentum von dessen Eigentümer, in beiden Fällen allerdings nur, wenn sie Wurzeln geschlagen hat. Bevor sie nämlich Wurzeln geschlagen hat, verbleibt sie im Eigentum dessen, der Eigentümer war. *Hiermit steht im Einklang, daß – wie einige annehmen – dann, wenn ich einen Baum des Nachbarn derart mit einer Erdanschüttung*

20 Einzelheiten zum Text bei *Alessandra Bignardi*, Actio, interdictum, arbores. Contributo allo studio dei rapporti di vicinato, Index 12 (1983/84), 465, 485 ff.

21 So oder ähnlich wird man mit *Paul Krüger*, Digesta, Editio stereotypa, 15. Aufl., 1928, zu ergänzen haben.

versehe, daß er Wurzeln in mein Grundstück treibt, dieser Baum in mein Eigentum übergeht: Denn die Rechtsvernunft läßt es nicht zu, einen Baum als Eigentum eines anderen anzusehen als desjenigen, auf dessen Grundstück er seine Wurzeln geschlagen hat. Und daher steht ein nahe der Grenze gepflanzter Baum in gemeinschaftlichem Eigentum, wenn er seine Wurzeln auch in das Grundstück des Nachbarn getrieben hat.

Drei Fälle werden erörtert, und in ihnen allen kommt es aufgrund menschlicher Tätigkeit zu einer Änderung des Eigentums an der Pflanze. Die Grundaussage wird in den ersten beiden Fällen klar: Eine Pflanze wird mit Verwurzelung Bestandteil des Grundstücks, gleichgültig ob jemand eine fremde Pflanze auf eigenem oder eine eigene auf fremdem Grundstück pflanzt. Das ist eine natürliche Konsequenz des Grundsatzes *superficies solo cedit.* Dieses Prinzip ist, wenngleich es keine zwingende juristische Wahrheit darstellt, eine bestimmende Regel des römischen Rechts geworden, die auch in die meisten modernen Kodifikationen übernommen worden ist[22]. Der dritte Fall ist der Extremfall: *Ego* versieht den Baum seines Nachbarn dergestalt mit einer Erdanschüttung (*si vicini arborem ita terra presserim*[23]), daß er sich „umorientiert" und seine Wurzeln nunmehr in das Grundstück des *Ego* treibt. Dem Sinnzusammenhang nach müssen alle wesentlichen Wurzeln, die Hauptwurzeln, gemeint sein, so daß sich die Frage stellt, was für das Eigentum am Baum entscheidend ist, die Lage der Wurzeln oder der Stand des Stammes. Das Digestenfragment enthält hierzu eine entschiedene Aussage zugunsten des Wurzelprinzips.

b) Inst. 2, 1, 31

Dasselbe zeigt der im entscheidenden dritten Fall allerdings abweichende Paralleltext in den Institutionen:

Inst. 2, 1, 31

Si Titius alienam plantam in suo solo posuerit, ipsius erit: et ex diverso si Titius suam plantam in Maevii solo posuerit, Maevii plan-

Wenn Titius eine fremde Pflanze auf seinem Grundstück gepflanzt hat, wird sie sein Eigentum, und wenn umgekehrt Titius eine eigene

22 Vgl. Art. 552 Abs. 1 C.c.; §§ 417-420 ABGB; §§ 94, 946 BGB (zur Maßgeblichkeit dieses Grundsatzes für das BGB siehe *Rolf Knütel*, Gegenstände im Grenzgelände, Festschrift für Dieter Medicus, 1999, S. 259, 260 ff.). – Zum schweiz. ZGB siehe Artt. 667 Abs. 2 sowie 671 Abs. 1 und 678 Abs. 1, jeweils i.V.m. 642 Abs. 1; doch ist der Grundsatz verschiedentlich durchbrochen, vgl. Art. 675 und Artt. 673, 678 Abs. 1 ZGB (wonach der Boden der *superficies* weicht, gegebenenfalls also dem Baumeigentum, vgl. nur *Fabio Flavio Forni*, La superficie delle piantagioni, Lugano 1946, S. 110 ff.). – Auch im englischen Recht sind die Maximen „quidquid plantatur [vel fixatur] solo, solo cedit" und „aedificatum solo cedit" grundsätzlich anerkannt, vgl. *Broom* (Fn. 9) 257, 262 ff. – Unter dem Gesichtspunkt der *coalito* erörtert die Fälle des Anwachsens *M.L. Blanco Rodríguez,* Revista critica de derecho inmobiliario 68 (1992), 1201, 1230 ff.

23 *Terra premere* kann sogar die Bedeutung von „einpflanzen" haben, siehe Oxford Latin Dictionary, hrsg. von P.G.W. Glare, Nachdruck 1985, S. 1452, s.v. *premo* 14 d („to bury in the ground, to plant", mit Hinweis auch auf unseren Text, S. 1453).

ta erit, si modo utroque casu radices egerit. antequam *autem* radices egerit, eius permanet, cuius et fuerat. *adeo autem ex eo, ex quo radices agit planta, proprietas eius commutatur, ut, si vicini arborem ita terra Titii presserit,* ut in eius fundum radices ageret, Titii effici arborem *dicimus:* rationem etenim non permittere, ut alterius arbor esse intellegatur, quam cuius in fundum radices egisset. et ideo prope confinium arbor posita, si etiam in vicini fundum radices egerit, communis *fit*.

Pflanze auf dem Grundstück des Maevius gepflanzt hat, wird sie Eigentum des Maevius, in beiden Fällen allerdings nur, wenn sie Wurzeln geschlagen hat. Bevor sie aber Wurzeln geschlagen hat, verbleibt sie im Eigentum dessen, der Eigentümer war. *Daß das Eigentum an der Pflanze sich ändert, wenn sie Wurzeln geschlagen hat, geht sogar so weit, daß wir folgendes sagen: Wenn Erde des Titius einen Baum des Nachbarn so ‚drückt'*, daß er auf dem Grundstück des Titius Wurzeln schlägt, wird der Baum Eigentum des Titius. Denn die Rechtsvernunft läßt es nicht zu, einen Baum als Eigentum eines anderen anzusehen als desjenigen, in dessen Grundstück er Wurzeln geschlagen hat. Und darum wird ein nahe der Grenze gepflanzter Baum gemeinschaftliches Eigentum, wenn er seine Wurzeln auch in das Grundstück des Nachbarn getrieben hat.

Hier wird der dritte Fall als reiner Naturvorgang wiedergegeben: Die Erde des Titius drückt einen Baum derart, daß seine Wurzeln – auch hier ist an die Hauptwurzeln zu denken [24] – in das Grundstück des Titius „hinüberwandern".

c) Hinüberwandernde Hauptwurzeln

Es bereitet gewisse Schwierigkeiten, sich dies vorzustellen. Paul Krüger [25] hat gemeint, eigentlich erwarte man, daß es (statt „arborem ita terra Titii presserit") heiße „ita terram Titius presserit", daß also Titius den Baum des Nachbarn so fest mit Erde bedeckt habe, daß er seine Wurzeln in sein Grundstück getrieben habe. Dafür verweist Krüger (außer auf das *presserim* im Digestentext, das das menschliche Handeln bestätige) auf Plinius, Historia naturalis 17, 13, wo es aber um abgerissene oder abgeschnittene, also verselbständigte Stecklinge geht, die in den Boden gesteckt werden und Wurzeln schlagen, und auf das Fragment Ven. D. 43, 24, 22 pr. Dort wird jedoch ein Weinstock vom Nachbarn auf das eigene Grundstück herübergezogen. Mit dem überlieferten Wortlaut des Institutionentextes läßt sich all das nicht vereinbaren.

J.E. Spruit und K.E.M. Bongenaar haben in ihrer neuen Institutionenübersetzung ins Niederländische [26] den Text im folgenden Sinn wiedergegeben: „Wenn ein Baum vom Nachbarn so dicht an den Grund des Titius angelehnt ist (*zo dicht tegen de grond van Titius anstaat*), daß er in dessen Parzelle Wurzeln getrieben hat ..." [27]. Dabei wird offenbar voraus-

24 So auch *Heinrich Robert Göppert*, Über die organischen Erzeugnisse, 1869, S. 153; *Thomas Collett Sandars*, The Institutes of Justinian, 10. Aufl., 1900, S. 108 (zu § 31).
25 In der Anmerkung zu Inst. 2, 1, 31 seiner Institutionen-Ausgabe, 4. Aufl., 1921, S. 39, Fn. 2.
26 *J.E. Spruit, K.E.M. Bongenaar*, Corpus Iuris Civilis, Tekst en Vertaling, Band I, Instituten, 1993, S. 63.
27 Zustimmend *Robert Feenstra*, ZEuP 4 (1996), 186.

gesetzt, daß der Eigentümer den Baum neu eingepflanzt hat und daß dieser von vornherein seine Wurzeln in das Nachbargrundstück getrieben hat. Dagegen spricht jedoch, daß es nicht *arbor terram presserit* heißt, sondern *arborem terra presserit*; die Erde ist Subjekt, der Baum Objekt, und für *premere* ist die Bedeutung eines ‚Sich-Anlehnens' wohl auch nicht bezeugt.

Bei unserer Institutionen-Übersetzung haben wir seinerzeit Kurzgutachten verfaßt und sind dann zu dem Ergebnis gekommen, es lasse sich kaum aufklären, welchen tatsächlichen Vorgang der Jurist vor Augen gehabt habe. Wir haben deshalb *arborem ita terra presserit* möglichst wortnah übersetzt: „Erde einen Baum ... so fest bedeckt ..." und in einer Fußnote unserer Verwunderung Ausdruck gegeben: „Wie der ausgewachsene Baum auf das Nachbargrundstück gelangt ist, ob durch Umpflanzen (vgl. D. 41, 1, 7, 13), durch Herüberwachsen des Wurzelwerks oder auf andere Weise, bleibt ungewiß"[28].

Bei erneuter Überprüfung gewinne ich den Eindruck, daß man den Text beim Wort nehmen kann. Karl Adolph v. Vangerow[29] war der Ansicht, es werde vorausgesetzt, „daß der Baum sich selbst allmählig auf das andere Grundstück herübergezogen hat, was bei abschüssigem Boden sehr leicht möglich ist". Vangerow geht also davon aus, der Stamm sei auf das andere Grundstück „gewandert". Zwar kann es bei einer Hanglage ohne weiteres geschehen, daß ein Baum mit einem Erdrutsch auf das Nachbargrundstück geschoben wird[30]; die Aussage von Inst. 2, 1, 31 reicht jedoch nicht so weit. Sie besagt nur, daß die Wurzeln in das Nachbargrundstück eingedrungen sind, was natürlich auch bei einer Hanglage gut möglich ist. *Premere* kann außer „drücken" unter anderem auch die Bedeutung haben, daß jemand unter Druck gesetzt, zu einem Verhalten gedrängt oder angetrieben wird. In diesem Sinne könnte man sich vorstellen, daß der bessere Boden des Unterliegers den Baum veranlaßt hat, gerade dorthin seine Hauptwurzeln zu treiben.

Im Salzburger ‚Haus der Natur' ist übrigens eine Fichte ausgestellt, die im Alter von über 90 Jahren in etwa drei Metern Höhe des Stammes nochmals voll Wurzeln ausgetrieben hat; während die alten verdorrten[31]. Der neue Wurzeltrieb wurde durch einen Erdrutsch veranlaßt, durch den das alte Wurzelwerk weitgehend aus dem Boden gerissen worden war. Hier kann man sich gut vorstellen, daß der Stamm mit dem abgestorbenen alten Wurzelstock noch auf dem Grundstück des Oberliegers festhängt, seine neuen Wurzeln aber beim Unterlieger geschlagen hat[32].

---

28 *Behrends/Knütel/Kupisch/Seiler* (Fn. 17) Band 1, Institutionen, 1990, S. 53 (= Taschenbuch-Ausgabe, 1993, S. 53). In der 2. Auflage von 1997 wird stattdessen in der Fußnote auf den Paralleltext Gai. D. 41, 1, 7, 13 und das entgegenstehende Fragment Pomp. D. 47, 7, 6, 2 verwiesen.

29 Lehrbuch der Pandekten, Band 1, 7. Aufl., 1863, S. 635.

30 Vgl. D. 39, 2, 9, 2 und oben bei Fn. 17.

31 Darauf hat mich Herr *Bernd Classen*, Bonn, aufmerksam gemacht.

32 Wenngleich in unseren Texten an die Wurzeln im Erdreich gedacht ist, könnte sich das Problem auch dadurch ergeben, daß bei Luftwurzelbäumen, wie etwa dem Banyon Tree in Hemingways Garten in Key West oder der großartigen Mörderfeige *(ficus magnolia)* vor dem Palazzo Steri Chiaramonte in Palermo oder überhaupt bei den Bäumen der Mangrovenwälder, aus den Luftwurzeln Stämme werden, die von sich aus weitere Wurzeln schlagen, während der alte Stamm abstirbt. – Die „springenden Alleebäume" müssen wir von alldem freilich fernhalten. Sie springen mit besonderer Vorliebe solchen Autofahrern in den Weg, die – etwa nach dem Besuch des Münchener Oktoberfestes – viel langsamer reagieren als andere, die also gegen die Tücken der Alleebäume so gut wie wehrlos sind, wie *Hans Rosendörfer,* Die springenden Alleebäume, 1996, S. 1 ff. ergründet hat.

d) Theophilus 2, 1, 31

Die in den Institutionen vorausgesetzte Situation ist also keine so unwahrscheinliche, wie man auf den ersten Blick annehmen möchte. Ob sie erst von den Verfassern der Institutionen (Tribonian, Dorotheus und Theophilus, vgl. *Constitutio Imperatoriam*, § 3) in den Gaius-Text gebracht worden ist, ob also der Digestentext dem Original nähersteht, ist eine schwierige, für das rechtliche Problem aber nicht maßgebliche Frage. Immerhin stellt Theophilus in seiner griechischen Institutionenparaphrase die Situation ebenfalls als Naturvorgang dar. Der interessierende Passus läßt sich wie folgt übersetzen: „... Sobald aber die besagte Pflanze Wurzeln geschlagen hat, geht das Eigentum an ihr auf den Eigentümer des Grundstücks über, auf dem sie steht. Natürlich kam im Anschluß daran die folgende Frage auf: Mein Grundstücksnachbar hatte am Ende seines Grundstücks in der Nähe meines Grundstücks einen Baum. Es ereignete sich, daß die Wurzeln dieses Baumes allmählich unter der Erdoberfläche vorankrochen und mein Grundstück erreichten, meine Erde ergriffen und sich aus ihr ernährten. Zu der insoweit aufgekommenen Streitfrage setzte sich die Ansicht durch, daß der Baum in mein Eigentum übergegangen ist. Denn die natürliche Vernunft läßt es nicht zu, daß der Baum einem anderen gehört als demjenigen, in dessen Grund und Boden er seine Wurzeln hat ..."[33].

Theophilus und damit den Institutionenverfassern könnte, wie die zusätzlichen und offensichtlich zutreffenden Informationen vermuten lassen, eine ausführlichere Version der *res cottidianae* vorgelegen haben als der Digestenkommission. Überhaupt lassen die Abweichungen, die sich zwischen den aus den *res cottidianae* entnommenen Digestenfragmenten und den entsprechenden Paragraphen der Institutionen ergeben, die Vermutung aufkommen, daß unterschiedliche Manuskripte der *res cottidianae* im Umlauf waren[34]. Wie dem auch sei: Beide Variationen des dritten Falles erscheinen reizvoll. Die Digestenversion mag, weil der Nachbar selbst durch seine lenkende Hand die Umorientierung der Wurzeln auf sein Grundstück und damit seinen Eigentumserwerb veranlaßt hat, noch problematischer erschienen sein als die der Institutionen[35]; doch läßt sich nicht einmal ausschließen, daß der ursprüngliche Gaius-Text sogar beide Beispiele enthielt[36].

33 *Theophilus*, Institutionum Graeca paraphrasis Theophilo antecessori vulgo tributa, hrsg. von Contardo Ferrini, 1884 (Nachdruck 1967), Band 1, S. 111 (nach Inst. 2, 1, 31).

34 So *Contardo Ferrini*, Opere, Band 2, hrsg. von Emilio Albertario, Mailand 1929 (aus 1889), S. 200 f. (der die Institutionenvorlage für die schlechtere hält); *Vincenzo Arangio-Ruiz*, Ancora sulle *res cottidianae*, in: Studi Bonfante, Band 1, Mailand 1930, S. 493, 508 f., 511, 520 *passim* (mit der umgekehrten Annahme); dagegen allerdings *Hein Leopold W. Nelson,* Überlieferung, Aufbau und Stil von Gai institutiones, Leiden 1981, S. 311 ff., 319 ff., der (eine seit langem diskutierte Streitfrage klärend) darlegt, daß die *res cottidianae* auf Gaius zurückgehen werden (zustimmend etwa *Max Kaser,* Ius gentium, 1993, S. 93 ff.), sich zur Frage unterschiedlicher Versionen der (schon in den Digesten unter verschiedenen Titeln zitierten) *res cottidianae* jedoch auf nicht zwingende allgemeine Erwägungen stützt. Zurückhaltend demgegenüber auch *Franz Wieacker*, Rez. von H.W.L. Nelson, Aufbau und Stil von Gai Institutiones, ZSS (RA) 100 (1983), 636 ff.

35 Den Institutionentext hält für die bessere Version *Göppert* (Fn. 24) 152 f. mit Fn. 9 unter Hinweis auf die Überlieferung in den Basiliken 50, 1, 6, 13 (Herman J. Scheltema und andere [Hg.], Basilicorum libri LX, A VI 2320; Gustav E. Heimbach und andere [Hg.], Basilicorum libri LX, V 38), wo es aber lediglich abgekürzt heißt, daß der Baum, der seine Wurzeln in das Nachbargrundstück treibt, dem Nachbarn gehört.

36 So *Ferrini* (Fn. 34) 358 (aus 1901).

e) Zur *ratio* des Wurzelprinzips

Jedenfalls enthalten die beiden Texte, D. 41, 1, 7, 13 und Inst. 2, 1, 31 eine entschiedene Aussage zugunsten des Wurzelprinzips, und sie führen zugleich als dessen Rechtfertigung die *ratio* an, die juristische Vernunft. Sie erschöpft sich nicht in der schlichten Erwägung, die sich zunächst aufdrängt, daß nämlich eine Pflanze, wenn sie im Boden erst einmal verwurzelt ist, durch die Trennung in der Regel so sehr Schaden nimmt, daß sie eingeht. Vielmehr ist für sie maßgeblich, daß die Pflanze, sobald sie verwurzelt ist, ihre Kraft aus dem Boden gewinnt und diesen gegebenenfalls aussaugt. Doch ist auch dieser Gesichtspunkt noch nicht der juristisch wesentliche. Für die juristische Betrachtung ist vielmehr entscheidend, daß diese dem Bodeneigentümer nachteilige Einwirkung auf sein Eigentum die Anwendung des Ausgleichsprinzips gebietet[37]: „Secundum naturam est, commoda cuiusque rei eum sequi, quem sequentur incommoda" (Paul. D. 50, 17, 10), es entspricht der natürlichen Gerechtigkeit, daß die Vorteile einer jeden Sache dem zufallen, dem auch die Nachteile zufallen[38]. Oder, wie die (von Dinus in Anknüpfung an die römischen Quellen formulierte) Regel des Kirchenrechts es faßt: „Qui sentit onus, sentire debet commodum, et contra"[39], wer die Last verspüren muß, muß den Vorteil auch verspüren, und umgekehrt.

4. D. 41, 1, 26, 1

Eine zusätzliche Stütze des Wurzelprinzips findet sich bei dem Spätklassiker Paulus:

D. 41, 1, 26, 1 (Paulus im 14. Buch zu Sabinus)

Arbor radicitus eruta et in alio posita priusquam coaluerit, prioris domini est, ubi coaluit, agro cedit, et si rursus eruta sit, non ad priorem dominum revertitur: nam credibile est alio terrae alimento aliam factam.

Ein Baum, der mit den Wurzeln aus der Erde herausgerissen und auf anderem Boden eingepflanzt wird, gehört, solange er nicht angewachsen ist, dem früheren Eigentümer; sobald er angewachsen ist, weicht das Eigentum [am Baum] dem Eigentum am Boden, und wenn er erneut herausgerissen wird, kehrt es nicht zum früheren Eigentümer zurück. Denn es ist glaubwürdig, daß der Baum kraft der anderen Ernährung aus der Erde [des zweiten Grundstücks] ein anderer geworden ist.

a) *Arbor alio terrae alimento alia facta*

Auffällig ist der begründende Schlußsatz. Denn es erscheint banal, daß der Bodeneigentümer mit Verwurzelung am neuen Standort das Baumeigentum erlangt und dieses durch

37 Vgl. den Hinweis bei *Johann Gottlieb Heineccius*, Recitationes in Elementa iuris civilis secundum ordinem Institutionum, Band 1, Neapel 1824, S. 329. – Siehe auch sogleich zu Paul. D. 41, 1, 26, 1.

38 Der Grundsatz ist in verschiedenen Ausprägungen überliefert (vgl. etwa Inst. 3, 2, 7 a.E.), vgl. insbesondere Inst. 3, 23, 3 „nam et commodum eius esse debet, cuius periculum est" („denn wer die Gefahr trägt, der muß auch den Vorteil haben"). Weitere Versionen bei *Liebs* (Fn. 10) Q 46, R 7 und U 8.

39 Liber Sextus 5, 13, 55.

den Realakt erneuten Herausreißens (und gegebenenfalls der Rückverpflanzung an den alten Platz vor nochmaliger Verwurzelung) nicht wieder verliert. Fritz Schulz hat zu unserem Text denn auch gemeint: „an almost incredible piece of academic pedantry“[40]. Frage und Antwort werden jedoch vor dem Hintergrund der Regel zum eingebauten Balken (*tignum iunctum*) verständlich. Nach einer Regel des Zwölftafelgesetzes von 450 (6, 8) konnten fremde Balken, selbst gestohlene, so lange nicht vindiziert werden, wie das Gebäude stand, in das sie eingefügt waren. Das während dieser Zeit ruhende Eigentum am Balken lebte bei Abbruch oder sonstiger Zerstörung wieder auf; der (frühere) Eigentümer konnte sodann vindizieren[41]. Kraft extensiver Interpretation des Begriffs *tignum* galt dies für alles Baumaterial (*omnis materia*, Ulp. D. 47, 3, 1, 1). Vermutlich hat Paulus in unserem Fragment einen entsprechenden Gedanken für die Fälle der ‚Verbindung' eines fremden Baumes mit dem Grundstück zurückweisen wollen.

b) Philosophische Hintergründe

Allgemein ist anzunehmen, daß eine Sache dieselbe bleibt, solange sie ihre Gestalt nicht wesentlich ändert. Für Lebewesen gilt dies in besonderem Maße, wie Servius, ein Zeitgenosse Ciceros, mit einem *argumentum ad absurdum* begründet hat: „Wenn also jemand meinen sollte, daß durch den Austausch der Teile eine andere Sache entstehe, würde daraus folgen, daß aus demselben Grund selbst wir nicht dieselben wären, die wir vor einem Jahr gewesen sind, weil wir, wie die Philosophen sagen würden, aus unendlich vielen kleinen Teilen bestehen, die täglich unseren Körper verlassen, während andere von außen an ihre Stelle treten. Wenn daher die Gestalt einer Sache als dieselbe bestehen bleibt, muß sie auch als dieselbe Sache angesehen werden“ (bei Alf. D. 5, 1, 76)[42].

Der Hinweis auf die Philosophen in D. 5, 1, 76 betrifft die Atomlehre Demokrits und Epikurs[43]. Nach der Ansicht des Paulus soll dies bei Bäumen jedoch nicht gelten. Auch dahinter steht, wie Paul Sokolowski[44] dargetan hat, griechische Philosophie, nämlich die Naturphilosophie des Aristoteles, der in der Meteorologie (IV 8, 384 b 30) feststellt: „Aus Wasser und Erde nun bestehen die homogenen Körper, nämlich (die Gewebe) in Pflanzen und animalischen Wesen ...“[45]. Da die Pflanze sich nach Aristoteles aus dem Boden ohne jeglichen Verdauungsprozeß nährt, erhält sie ihre Substanz unmittelbar aus dem Erdreich,

40 Classical Roman Law, Oxford 1951 (Nachdruck Aalen 1992), S. 364 mit S. 367. – *Schulz* meint, man müsse sich darüber hinaus vorstellen, daß der erste Eigentümer zum Ausgleich der Bereicherung nicht einmal eine *condictio* gegen den verpflanzenden Neueigentümer habe; nur bei Bösgläubigkeit des Verpflanzenden habe es die *actio furti* gegeben. Doch gaben vermutlich schon die alten Juristen (Alfenus Varus, später Nerva) dem früheren Eigentümer des Baumes die *rei vindicatio* in analoger Anwendung gegen den neuen Eigentümer, Ulp. D. 6, 1, 5, 3 (vgl. oben Fn. 17) sowie *Contardo Ferrini, Giuseppe Grosso,* Manuale di Pandette, 4. Aufl., Mailand 1953, S. 295, Fn. 6; *Kaser* (Fn. 4) 431; *Emilio Valiño*, Actiones utiles, 1974, S. 228; *Hans Wieling,* JZ 1985, 512. – Vgl. zum Fragment im übrigen *Rolf Knütel*, Zum methodologischen Vermächtnis Max Kasers, ZSS (RA) 115 (1998), 61 ff.

41 Ulp. D. 47, 3, 1 pr., vgl. *Kaser* (Fn. 4) 138 f., 430 jeweils mit weiterer Literatur; *Wieling* (Fn. 40) 512 f.

42 Zur stoischen Herkunft des Textes, der auch das Schiff als Paradigma der Sachidentität trotz Wechsels der Teile enthält, siehe *Franz Wieacker,* Römische Rechtsgeschichte, Band 1, 1988, S. 649.

43 Vgl. *Cicero*, De finibus bonorum et malorum, 1, 17/18.

44 Die Philosophie im Privatrecht, Band 1, 1907, S. 150, 543 f.

45 *Aristoteles*, Meteorologie. Über die Welt, übersetzt von Hans Strohm, 1970, S. 104.

sobald sie ihre nahrungsvermittelnden Wurzeln geschlagen hat, und es läßt sich hieraus schließen, daß sie „durch die Einwurzelung dem Erdboden, auf welchem sie steht, homogen wird"[46]. Es ist deshalb anzunehmen, daß Paulus gestuft in der Weise argumentiert, daß erstens das Eigentum mit der Verwurzelung auf den Bodeneigentümer übergeht und daß zweitens dieses Eigentum (bis zu einer anderweiten Verwurzelung) schon deshalb nicht auf einen früheren Eigentümer zurückfallen kann, weil der Baum nicht mehr der alte ist: der dem früheren Eigentümer gehörige existiert nicht mehr. Für dieses zweite Argument führt der Jurist Erkenntnisse einer anderen Wissenschaft an, zu deren Überprüfung er – wie das leicht distanzierende *credibile est* erkennen läßt – sich keine volle Sachkenntnis beimißt oder die er nicht durchweg für sicher hält[47].

5. Zusammenfassung

Wir können nach alldem festhalten, daß die Eigentumslage an Bäumen sich im römischen Recht prinzipiell nach der Regel *superficies solo cedit* bestimmte. Die Grenzen dieses Prinzips wurden an dem offensichtlich gesuchten Extremfall veranschaulicht, in dem der Stamm auf dem einen Grundstück aus dem Erdreich trat, seine Hauptwurzeln aber im Nachbargrundstück lagen. Nach überwiegender Ansicht war Eigentümer des Baumes in diesem Falle derjenige, in dessen Grundstück die Hauptwurzeln lagen. Zugunsten seines Eigentums sprach das Ausgleichsprinzip, nach dem der, den die Nachteile treffen, auch die Vorteile haben muß. Auch hier wird also die Tragweite des einen Prinzips dadurch ermittelt, daß ein ungewöhnlicher Fall gebildet wird, in dem ein anderes Prinzip den Vorrang hat.

6. Naturrechtliche Lösungen

Zweifel, ob man an diesen römisch-rechtlichen Lösungen auch in aufgeklärten Zeiten noch festhalten sollte, ergaben sich insbesondere bei den Beratungen zum *Code civil* von 1804. Die Zweifel waren veranlaßt durch Hugo Grotius. Dieser hatte in seinem Werk ‚Vom Recht des Krieges und des Friedens' gemeint, das von den römischen Juristen für entscheidend gehaltene Argument, daß die Pflanzen ihre Kraft aus dem Boden ziehen, sei zu einseitig. Denn es betreffe nur den einen Umstand, lasse aber den anderen außer Betracht, daß bereits eine Sache existent sei, die nach Einpflanzung weiterhin ernährt werde. Wenn auch dem Bodeneigentümer aufgrund dieser Nahrungsaufnahme durch den Baum ein dingliches Recht erwachse, so verliere doch allein deswegen naturrechtlich *(naturaliter)* der Eigentümer des Baumes sicherlich nicht sein Eigentum. Es müsse deshalb Miteigentum eintreten (*quare ... communio locum habebit*)[48].

---

46 *Sokolowski* (Fn. 44) 148 f. mit weiteren Aristoteleszitaten in Anm. 365 (S. 542); vgl. auch *Heinrich Dernburg, Paul Sokolowski*, System des Römischen Rechts, Band 1, 8. Aufl., 1911, S. 354, Fn. 9.

47 Vgl. *Sokolowski* (Fn. 44) 150, 543 f.

48 *Hugo Grotius*, De iure belli ac pacis libri tres, 1625 (zitierte Ausgabe Amsterdami 1712), II 8 § XXII. In seinem (andere Ziele verfolgenden) Standardwerk Inleiding tot de Hollandsche Rechts-Geleerdheid, 1631 (zitierte Ausgabe hrsg. von Folke Dovring, Herman Frederik W.D. Fischer, Eduard Maurits Meijers, Leiden 1952) stellte er vorbehaltlos die Wurzeltheorie dar (II 10, 10). – Grotius folgten „quelques autres publicistes

Die Kommission wies diese Lehre jedoch unter Berufung auf den nicht minder berühmten Naturrechtler Samuel Pufendorf zurück. Dieser hatte dargelegt, die den römischen Rechtsregelungen eigene *ratio* habe Bestand: Es sei in ihnen nämlich nicht darum gegangen, dem Pflanzeneigentümer den Schaden des Sachverlustes aufzubürden, denn jedenfalls der Gutgläubige erhalte Ersatz seiner Verwendungen. Vielmehr hätten sie es vermeiden wollen, jemanden zu zwingen, ohne seine Kenntnis oder gegen seinen Willen mit einem anderen in einer Miteigentumsgemeinschaft zu verbleiben, ließen diese Sachverbindungen doch angemessene Teilungen (der Früchte etc.) kaum zu. Es sei deshalb nur die Frage, wem von beiden Eigentum an der gesamten Sache (verbunden mit der Ausgleichspflicht) zuzuerkennen gerechter sei, dem Bodeneigentümer oder dem Pflanzeneigentümer. Da es nun sehr häufig so sei, daß im Boden fest Verwurzeltes nicht gut herausgegeben werden und ohne den Boden auch keineswegs am Leben erhalten werden könne und da es in der Tat unangemessen sei, wenn der unveränderlich bestehende Boden einer nur auf Zeit existierenden Pflanze weichen müsse, sei im Ganzen entschieden worden, daß Eingepflanztes dem Eigentum am Boden (unbeschadet der Ausgleichspflicht) weiche[49].

Diese Argumentation bestärkte den französischen Gesetzgeber, am römisch-rechtlichen Prinzip *superficies solo cedit* festzuhalten[50], das zugleich als (wichtigster Fall des) *droit d'accession* verstanden und gekennzeichnet wird. Überhaupt ist bemerkenswert, mit welcher Nachdrücklichkeit die Verfasser des *Code civil*, die in guten Regeln zum Eigentum das größte Ruhmesblatt staatlicher Gesetzgebung erblickten[51], hervorgehoben haben, wie sehr sie sich im Titel *De la propriété* auf das Wissen und die Maximen der Römer hätten stützen können; der Tribun Grenier hat dies damit begründet, man habe hier die Entscheidungen aus der *équité naturelle*, der natürlichen Gerechtigkeit, gewinnen müssen, und dies habe am besten das römische Volk vermocht[52].

III. Herrenlose res se moventes

1. Fragestellung

Es ist die Frage, *in welchem Augenblick* der Eigentumserwerb durch Okkupation eintritt. Dies ist insbesondere bei den *res se moventes* problematisch und von den römischen Juri-

---

célèbres", wie *Jean Etienne Marie Portalis* in dem *Exposé des motifs* zum Titel *De la Propriété* in einer Sitzung des *Corps législatif* vorgetragen hat, siehe *P. Antoine Fenet*, Recueil Complet des Travaux Préparatoires du Code civil, Band 11, 1828 (Nachdruck Osnabrück 1968), S. 111, 125 f. = *Jean Guillaume Locré*, Législation civile, commerciale etc., Band 4, 1836, S. 81, Nr. 20.

49 *Samuel Pufendorf*, De Jure Naturae et Gentium libri octo, hrsg. von Gottfried Mascovius, Frankfurt-Leipzig 1759, Band 2, S. 114 f. (IV 2 § 5).

50 Was *Portalis* (bei Fenet [Fn. 48] 126 f.) klar ausgesprochen („nous sommes remontés au droit romain") und auch zur Regelung des Verwendungsersatzes hervorgehoben hat („nous avons suivi l'esprit des lois romaines"). Vgl. auch *Tribun Faure* in der *Communication Officielle au Tribunat*, in: Fenet (Fn. 48) 138 f., 141 f.

51 Ausdrücklich *Tribun Faure* (Fn. 50) 152; siehe auch *Grenier* in seinem *Discours* vor dem *Corps Législatif*, in: Fenet (Fn. 48) 158.

52 Bei Fenet (Fn. 48) 164.

sten am Beispiel des Tierfangs diskutiert worden. Auch bei dieser Frage geht es darum, die Tragweite eines Prinzips – hier des Okkupationsprinzips – zu ermitteln, und wir sehen auch hier, daß unterschiedliche Kriterien diskutiert worden sind – was übrigens bei der Frage, ob etwas „schon ist" (oder „nicht mehr ist") von vornherein naheliegt[53]. Von den unterschiedlichen Meinungen, die sich dazu gebildet haben, hat Justinian zwar der engsten durch seinen kaiserlichen Machtspruch den Vorzug gegeben; doch hat sich auch die von ihm zurückgewiesene Ansicht bis auf unsere Tage in vielen Gesetzbüchern erhalten. Der Fragenkreis bietet zugleich ein anschauliches Beispiel dafür, daß wir den Lösungen des römischen Rechts noch heute in aller Welt begegnen.

2. Erwerbswahrscheinlichkeit oder Gewalterrichtung (Inst. 2, 1, 13)

Zwei Ansichten werden zusammen mit der justinianischen Entscheidung in den Institutionen überliefert:

Inst. 2, 1, 13

Illud quaesitum est, an, si fera bestia ita vulnerata sit, ut capi possit, statim tua esse intellegatur. quibusdam placuit statim tuam esse et eo usque tuam videri, donec eam persequaris, quodsi desieris persequi, desinere tuam esse et rursus fieri occupantis. alii non aliter putaverunt tuam esse, quam si ceperis. sed posteriorem sententiam nos confirmamus, quia multa accidere solent, ut eam non capias.

Man hat gefragt, ob ein wildes Tier, wenn es so verwundet ist, daß es gefangen werden kann, sofort als dein Eigentum anzusehen ist. Manche haben gemeint, es gehöre sofort dir und bleibe solange dein Eigentum, wie du es verfolgst; wenn du aber die Verfolgung aufgebest, höre es auf, dein Eigentum zu sein, und werde Eigentum dessen, der es sich als nächster aneigne. Andere haben angenommen, das Tier werde erst dann dein Eigentum, wenn du es fängst. Wir entscheiden uns für die letztgenannte Ansicht, weil oft mancherlei dazwischenkommt und du das Tier doch nicht fängst.

Aus der ausführlicheren Vorlage, die sich in den Digesten (D. 41, 1, 5, 1) findet[54], ergibt sich, daß die erste Ansicht vor allem von Trebatius, einem Freunde Iulius Caesars, vertreten wurde, mit der Konsequenz, daß derjenige einen Diebstahl *(furtum)* beginge, der das verwundete Tier dem Jäger während der Verfolgung „wegschnappen" würde. Die meisten *(plerique)* haben sich jedoch für die Ansicht ausgesprochen, die Justinians Zustimmung

53 Vgl. etwa die in den *quaestiunculae symposiacae* bei dem Philosophen Taurus verhandelte Frage *quando moriens moreretur*, von der *Gellius*, Noctes Atticae 7, 13, 5 f. berichtet.

54 Aus Gai. lib. 2 *rerum cottidianarum*: „Illud quaesitum est, an fera bestia, quae ita vulnerata sit, ut capi possit, statim nostra esse intellegatur. Trebatio placuit statim nostram esse et eo usque nostram videri, donec eam persequamur, quod si desierimus eam persequi, desinere nostram esse et rursus fieri occupantis: itaque si per hoc tempus, quo eam persequimur, alius eam ceperit eo animo, ut ipse lucrifaceret, furtum videri nobis eum commisisse. plerique non aliter putaverunt eam nostram esse, quam si eam ceperimus, quia multa accidere possunt, ut eam non capiamus: quod verius est."

fand, daß nämlich der Eigentumserwerb erst mit dem tatsächlichen Ergreifen des Tieres eintritt[55].

3. Zum Nachleben der römisch-rechtlichen Lösungen

Diese Lösung gilt heutzutage beispielsweise in Deutschland[56], während in Frankreich die Rechtsprechung auf der Linie der Ansicht des Trebatius liegt[57]. In den Vereinigten Staaten finden wir dagegen beide Lösungen. Berühmt geworden ist die Fuchsjagd von Long Island, der Fall *Pierson v. Post*, der 1805 vom *Supreme Court of New York* unter Berufung auf die Institutionen entschieden wurde. In einem Lehrbuch wird die Bedeutung des Falles mit dem Hinweis unterstrichen: „... he is to the law of Property what ‚*Gallia est omnis divisa ...*' is to Latin"[58]. In der Klagschrift hieß es: „... that Post, while hunting, chasing, and pursuing a fox with his dogs, and when in view of the animal, Pierson, knowing the fox was so hunted and pursued, did, in sight of Post, kill and carry it off"[59]. Die Richter des *New York Supreme Court* wiesen die Klage ab. Sie ließen es nicht genügen, daß jemand das Tier in Reichweite mit Aneignungsabsicht verfolgt oder daß er „a reasonable prospect" hat, es zu ergreifen. Vielmehr folgten die Richter „for the sake of certainty, and preserving peace and order in society"[60], also weil es auf klare Verhältnisse ankomme, der justinianischen Lösung und sie beriefen sich dafür auf Inst. 2, 1, 13 und auf Autoritäten der europäischen Rechtsgeschichte, wie Fleta, Bracton, Pufendorf und Bynkershoek. Übersehen haben die Richter freilich, daß dies nur die halbe Lösung war, die sich nach justinianischem Recht ergab. Denn nach römischem Recht hätte Post immerhin mit der *actio iniuriarum* wegen Persönlichkeitsverletzung gegen Pierson erfolgreich auf Bußzahlung klagen können[61].

In dem Fall *Liesner v. Wanie* hat demgegenüber der *Supreme Court of Wisconsin* im Jahre 1914 im Sinne der von Justinian zurückgewiesenen Lehre des Trebatius entschieden. Die

55 Mit *nos confirmamus* spricht Justinian, wie durch Theophilus (siehe unten vor Fn. 64) bestätigt wird, vgl. *Salvatore Di Marzo*, I *„libri rerum cottidianarum sive aureorum"*, Bullettino dell'Istituto di diritto romano 51/52 (1948), 32, Fn. 41 (zugleich zur Verkürzung gegenüber D. 41, 1, 5, 1); *Andreas Bertalan Schwarz*, Die justinianische Reform des Pubertätsbeginns, ZSS (RA) 69 (1972), 362 f. – Zur Parallele beim Schatzfund siehe unten bei Fn. 81, 82.

56 § 958 BGB, vgl. (mit Hinweis auf Inst. 2, 1, 13 und D. 41, 1, 5, 1) *Friedrich Endemann*, Lehrbuch des Bürgerlichen Rechts, Band II/1, 8./9. Aufl., 1905, S. 195 mit Fn. 7, 562 mit Fn. 13; *Heinrich Dernburg*, Das bürgerliche Recht, Band 3 (Sachenrecht), 4. Aufl., 1908, S. 62 („Ansichnahme ..., mindestens Erlegung"); *Hans Wieling*, Sachenrecht, Band 1, 1990, S. 475 mit Fn. 16.

57 Juris Classeur Civil (1977) zu Art. 715, Nr. 104, 106 – 108, 110.

58 *Andrew James Casner, Walter Barton Leach*, Cases and Texts on Property, 2. Aufl., 1969, S. 10. – Eingehende Erörterung des Falles und seiner historischen Verwurzelung bei *Charles Donahue jr.*, Animalia ferae naturae: Rome, Bologna, Leyden, Oxford and Queen's County, N.Y., in: Roger S. Bagnall und andere (Hg.), Studies in the Roman Law in Memory of A. Arthur Schiller, 1986, S. 39 ff.; *ders.*, Noodt, Titius, and the Natural Law School: The Occupation of Wild Animals and the Intersection of Property and Tort, in: Hans Ankum und andere (Hg.), Satura Roberto Feenstra Oblata, 1985, S. 609 ff. Siehe ferner *Gerhard Kegel*, Von wilden Tieren, zerstreuten Leuten und versunkenen Schiffen, in: Festschrift für Ernst v. Caemmerer, 1978, S. 149, 151 ff.

59 *Pierson v. Post*, 3 Caines 175 (N.Y. Sup. Ct.) 1805 = 7 Am. Dec. 264 (1886), wonach hier zitiert ist.

60 Vgl. das Zitat bei *Casner/Leach* (Fn. 58) 12.

61 Vgl. Ulp. D. 47, 10, 13, 7 sowie *Donahue*, Animalia (Fn. 58) 48 ff. – Dieser Ausgleich gegenüber der engen von Justinian übernommenen Lösung wäre auch im deutschen Recht über den Deliktsanspruch des § 826 BGB zu befürworten, vgl. (zum Fundrecht) *Dernburg* (Fn. 56) 402, Fn. 10; *Martin Wolff, Ludwig Raiser*, Sachenrecht, 10. Bearb., 1958, S. 306, Fn. 5.

Kläger hatten einem Wolf eine tödliche Verletzung beigebracht und waren ihm recht nahe auf der Spur, so daß es unwahrscheinlich, wenn nicht gar unmöglich war, daß er ihnen noch entgehen konnte. Der Beklagte war jedoch dazwischengekommen, hatte das Tier mit einem gezielten Schuß zur Strecke gebracht und an sich genommen. Das Gericht entschied zugunsten der Kläger: „When a wild animal is brought under the control of a person, so that actual possession is practically inevitable, a vested property interest accrues, which cannot be divested by another intervening and killing it; and hence, where plaintiffs had mortally wounded a wolf, were in vigorous pursuit thereof, and would in a few moments have had actual possession, when defendant interfered firing the shot which ended its life, the ownership of the wolf was in plaintiffs".

Zwar nahm das Gericht an, diese Entscheidung sei die des *common law* und nicht die des römischen Rechts[62]; doch sahen wir, daß auch das römische Recht diese Lösung kannte und daß Trebatius sie favorisierte.

Es ist bemerkenswert, daß sich diese Lehre (außer in Frankreich) auch im alten Italien und im spanischen Rechtskreis erhalten und praktisch überall in Lateinamerika die Oberhand gewonnen hat, etwa in Art. 617 des *Código civil* von Chile. Danach ist der Jäger Eigentümer des verletzten Tieres von dem Augenblick an, in dem er es so schwer verletzt, daß es ihm nicht leicht entkommen kann, allerdings nur solange er es verfolgt[63]. Die Wurzeln dieser Lösung liegen in einer gewohnheitsrechtlich begründeten Abweichung von den *Siete Partidas* aus dem 13. Jahrhundert. Diese waren zwar ganz der Lösung von Inst. 2, 1, 13 gefolgt (§ 21 *Siete Partidas* III, tit. 28); doch hat sich diese Lösung gegenüber dem offenbar älteren Gewohnheitsrecht, auf das schon frühe Glossen zu § 21 verweisen, nicht durchzusetzen vermocht. Auch hier werden wir von Lateinamerika her folglich wieder auf die europäische Tradition zurückgeführt, in der wir die letztlich entscheidenden Ansätze finden.

4. Manifestierter Erwerbswille (Theophilus 2, 1, 13)

Noch bemerkenswerter und bislang auch in der romanistischen Literatur kaum beachtet ist der Umstand, daß im römischen Recht sogar drei einschlägige Lehren entwickelt wor-

62 „Such is the law of the chase by common law principles, differing from the more ancient civil law which postponed the point of vested interest to that of actual taking", *Liesner v. Wanie*, Northwestern Reporter 145, 374, 375.

63 Art. 617 chilenischer *Código civil*: „Se entiende que el cazador o pescador se apodera del animal bravío y lo hace suyo, desde el momento que lo ha herido gravemente, de manera que ya no le sea fácil escapar, y mientras persiste en perseguirlo; o desde el momento que el animal ha caído en sus trampas o redes, con tal que las haya armado o tendido en paraje donde le sea lícito cazar o pescar. – Si el animal herido entra en tierras ajenas donde no es lícito cazar sin permiso del dueño, podrá éste hacerlo suyo". Art. 618: „No es lícito a un cazador o pescador perseguir al animal bravío que es ya perseguido por otro cazador o pescador; si lo hiciere sin su consentimiento, y se apoderare del animal, podrá el otro reclamarlo como suyo". – Eine eigenartige Variation dieser schon in der römischen Republik vertretenen Lösung findet sich in der ältesten Gesetzessammlung der Langobarden, im *Edictus Rothari* (von 643 n. Chr.) in cap. 312. Danach durfte derjenige, der ein Tier, das ein anderer verwundet, getötet oder in einer Schlinge gefangen hatte, diesem anderen ablieferte, sich von dem Tier das rechte Vorderbein mit sieben Rippen nehmen („liceat eum de ipsa fera tollere dextro armo cum septem costas"). Das ist praktisch der „Finderlohn" für die Sicherstellung der fremden Beute.

den sind. Dies ergibt sich aus der Paraphrase des Theophilus zu Inst. 2, 1, 13: „Es kam folgende Frage auf: Ein Hirsch oder ein wilder Eber wurde von mir so verwundet, daß er leicht zu fangen war. Einige sagen, daß dieses Tier sofort mein Eigentum wird. Andere waren demgegenüber der Ansicht, daß das von mir getroffene Tier im Augenblick der Zufügung der Hauptwunde mein Eigentum wird, freilich nur, solange ich das Tier verfolge. Wenn ich aber von seiner Verfolgung ablasse, hört es wieder auf, mein Eigentum zu sein, und gehört demjenigen, der es [dann] ergreift. Es kam eine dritte Meinung auf von einigen, die sagten, daß ich nach der Verwundung des Tieres nur dann dessen Eigentümer werde, wenn ich es ergreife. Und diese dritte Meinung bestätigt unser Kaiser, indem er folgenden Entscheidungsgrund noch hinzufügt: Er sagt nämlich, daß in der Zwischenzeit viel geschehen kann, das mich daran hindert, das besagte Tier zu fangen: Denn es kann geschehen, daß mir ein wildes Tier in die Quere kommt und mich daran hindert, die Verfolgung [des gejagten Tieres] fortzusetzen, oder das von mir verwundete Wild raubt, oder auch daß ich bei der Verfolgung in unwegbares Gelände gerate und deshalb das [gejagte] Tier nicht [weiter] suchen kann“[64].

Theophilus veranschaulicht, welche Situationen mit der Begründung „quia multa accidere solent, ut eam non capias“ gemeint sind[65]. Zudem nennt er gleich zu Anfang eine Lehre, die vermutlich die älteste ist. Sie ließ die Zufügung einer Hauptwunde genügen, wenn diese so beschaffen war, daß das Tier leicht gefangen werden konnte. Dem liegt wohl die Vorstellung zugrunde, daß der Jäger das Tier mit der Zufügung der schweren Wunde als „das seine“ gekennzeichnet hat und daß er sich mit der Verfolgung Zeit lassen kann, weil die Blutspur ihn schon zu dem Tier führen wird. Dahinter steht vermutlich aber auch eine andere Vorstellung von dem, was überhaupt als Besitz einer Person anzusehen ist. Durchgesetzt hat sich im römischen Recht und bei uns heute grundsätzlich eine an die Fakten anknüpfende Betrachtung: Nur das, was man faktisch beherrscht, hat man in Besitz – wie das in der von Justinian für maßgeblich erklärten dritten Lehre ja auch sehr klar ausgesprochen wird. Demgegenüber dürfte der ältesten Ansicht eine „personenbezogene“ Vorstellung vom Besitz zugrundeliegen, eine Vorstellung, nach der all das als Besitz einer Person angesehen wird, was sie für sich „markiert“ und damit „reserviert“ hat und was man ihr nicht, ohne sie in ihrem sozialen Geltungsanspruch zu beeinträchtigen, also nicht ohne Persönlichkeitsverletzung, streitig machen kann.

Bei dieser Sicht erscheint die von Trebatius verfochtene zweite Lehre als eine Mittellösung; sie verlangt zusätzlich, daß der Jäger das Tier weiterhin verfolgt und damit erkennbar macht, daß er die Sache beherrschen will. Das bietet für Außenstehende klarere Anhaltspunkte zu erkennen, was bereits in die Sphäre eines anderen fällt. Zugleich prämiiert diese Lehre denjenigen, der das Tier aufgestöbert und es verwundet hat, der also – abstrak-

64 *Theophilus* (Fn. 33) 101 f. (nach Inst. 2, 1, 13).

65 Vgl. dazu *Schwarz* (Fn. 55) 363, Fn. 45. – Ein Beispiel aus der französischen Rechtsprechung: *Tribunal civil* Rouen, Urt. vom 10. 1. 1882, Jurisprudence Générale, Receuil Dalloz 1882, 5. Teil, Sp. 77 (*sub* Chasse) Nr. 29: Der durch die Hetze ermattete Hirsch stürzt sich einen Abhang hinab und verendet. Der Jäger unterbricht wegen Einbruchs der Dunkelheit die Verfolgung. Ein Dritter konnte sich das auf seinem Grundstück verendete Tier aneignen.

ter formuliert – die Anfangsinvestition erbracht hat und der deshalb auch „näher daran ist“, den Gewinn zu machen[66].

5. Zwischenbemerkung

Es ist für unsere Beobachtungen nicht wichtig, daß die Jagdfälle heutzutage dadurch sehr an Bedeutung verloren haben, daß in vielen Staaten besondere Regelungen zum Jagdrecht getroffen worden sind oder daß – vor allem in den Vereinigten Staaten – viele Gattungen wilder Tiere zu deren Schutz in staatliches Eigentum übernommen und damit der freien Okkupation entzogen worden sind[67]. Wichtig ist für uns vielmehr, daß sich auch hier die Beobachtung bestätigt, daß die römischen Lösungen uns grundsätzliche Einsichten erlauben wie hier zum Besitzerwerb[68], daß wir ihnen noch heute weltweit in sehr unterschiedlichen Rechtsordnungen begegnen und – das ist das Faszinierende – daß wir nicht selten in den römischen Quellen sogar noch mehr an Rechtsgedanken und rechtlichen Lösungen finden (wie in unserem Zusammenhang die wohl älteste Lehre), als in den neuzeitlichen Rechtsordnungen noch präsent ist.

IV. Schätze

1. *Mediae sententiae*

Nicht immer läßt sich allerdings die Lösung rechtlicher Probleme so wie in den Fällen der Inseln und der Bäume dadurch finden, daß man eine Regel oder ein engeres Ausnahmeprinzip zugrundelegen kann. Bisweilen kommen unterschiedliche Prinzipien in Betracht, von denen keines vollkommen paßt, die rechtlich gesehen aber gleichwertig sind. In solchen Fällen können wir oft beobachten, daß sich eine vermittelnde Ansicht, eine *media sententia*, herausbildet oder daß eine Entscheidung des Gesetzgebers – im Rom der Prinzipatszeit also des Kaisers – erforderlich wird. Ein Beispiel könnte etwa die Frage des Eigentumserwerbs durch Verarbeitung, die *specificatio*, bilden, zu der sich vielleicht schon in der Hochklassik eine *media sententia* gebildet hat, der später Justinian gefolgt ist[69]. Doch wollen wir uns auf das nicht weniger berühmte Beispiel des Schatzfundes beschränken.

66 Für diese zweite Ansicht spricht sich (zum modernen Recht) prononciert *Kegel* (Fn. 58) aus; gegen ihn *Wolfgang Ernst*, Anmerkung zu BGH, Urt. vom 24. 6. 1987, VIII ZR 379/86, JZ 1988, 360 mit Literatur.

67 Zur Entwicklung des nordamerikanischen Jagdrechts, siehe *Thomas A. Lund*, British Wildlife Law Before the American Revolution, (1975) 74 Michigan Law Review 49 ff.; *ders.*, Early American Wildlife Law, (1976) 51 New York University Law Review 703 ff.

68 Daß „für die Entscheidung von Einzelfragen [sc. zum Besitz] die reiche Kasuistik des römischen Rechts auch jetzt noch bleibenden Wert“ hat, hebt etwa *Erich Brodmann*, in: Planck's Kommentar zum Bürgerlichen Gesetzbuch, Band III/1, 5. Aufl., 1933, § 854, Anm. 2 hervor; im gleichen Sinne auch *Dernburg* (Fn. 56) 61: „wobei das römische Recht leiten kann“.

69 Siehe insbesondere Gai. D. 41, 1, 7, 7 (gegenüber Gai. II, 79, wo die *media sententia* noch fehlt) und Inst. 2, 1, 25 sowie Paul. D. 41, 1, 24 und 26 pr.; D. 32, 78, 4; Ulp. D. 6, 1, 5, 1, dazu aus jüngerer Zeit etwa *Martin Schermaier*, Materia, 1992, S. 191 ff.; *Okko Behrends*, Die Spezifikationslehre, ihre Gegner und die media sententia in der römischen Jurisprudenz, ZSS (RA) 112 (1995), 195 ff., 233 ff.

2. Hadrians Konstitution (Inst. 2, 1, 39)

Nahezu alle Gesetzbücher Kontinentaleuropas, wie etwa der *Code civil* (Art. 716), das BGB (§ 984) und der *Codice civile* (Art. 932 Abs. 2)[70], ebenso wie die Lateinamerikas[71] und etwa Japans (Art. 241) und Koreas (§ 254 koreanisches BGB) treffen die Bestimmung, daß ein Schatz, der auf fremdem Grund und Boden gefunden wird, zur einen Hälfte dem Entdecker und zur anderen dem Grundstückseigentümer gehört. Diese Lösung geht auf eine Entscheidung des Kaisers Hadrian zurück, die später im wesentlichen durch eine Konstitution der Kaiser Leo und Zeno (C. 10, 15, 1, a. 474) bestätigt worden ist[72]. Von Hadrians Entscheidung wird in der *Historia Augusta*[73] berichtet, ausführlicher und genauer ist sie jedoch bezeugt in

Inst. 2, 1, 39

Thesauros, quos quis in suo loco invenerit, divus Hadrianus naturalem aequitatem secutus ei concessit qui invenerit. idemque statuit, si quis in sacro aut in religioso loco fortuito casu invenerit. *at si quis in alieno loco non data ad hoc opera, sed fortuitu invenerit, dimidium domino soli concessit.* et convenienter, si quis in Caesaris loco invenerit, dimidium inventoris, dimidium Caesaris esse statuit. cui conveniens est, ut, si quis in publico loco vel fiscali invenerit, dimidium ipsius esse, dimidium fisci vel civitatis.

Schätze, die jemand auf seinem Grundstück findet, hat der vergöttlichte Kaiser Hadrian, der natürlichen Gerechtigkeit folgend, demjenigen zugesprochen, der sie gefunden hat. Und dasselbe hat er bestimmt, wenn jemand an einem sakralen oder religiösen Ort zufällig einen Schatz gefunden hat. *Hat er ihn dagegen auf fremdem Grundstück gefunden, und zwar ohne danach gesucht zu haben, sondern zufällig, dann hat der Kaiser die Hälfte dem Grundeigentümer zugesprochen.* Demgemäß hat er bestimmt, daß von einem Schatz, der auf einem kaiserlichen Grundstück gefunden wird, die eine Hälfte dem Finder gehört, die andere dem Kaiser. Dementsprechend gehört, wenn jemand einen Schatz auf einem öffentlichen oder fiskalischen Grundstück findet, die eine Hälfte ihm selbst, die andere der Gemeinde oder dem Fiskus.

Auf eigenem Grundstück gefundene Schätze darf der Finder behalten. Der Fund auf *loci sacri* und *loci religiosi* wird dem gleichgestellt, weil diese Stätten dem Privatrechtsverkehr

70 Siehe ferner §§ 399, 401 (in der Fassung Hofkanzleidecret Justizgesetzsammlung 1846/970) ABGB; Art. 351 Abs. 2 spanischer *Código civil*; Art. 716 Abs. 1 belgischer *Code civil*; Art. 1093 griechisches ZGB, vgl. auch Art. 723 Abs. 3 schweiz. ZGB (wonach der Finder einen Anspruch auf angemessene Vergütung hat, die jedoch die Hälfte des Wertes des Schatzes nicht übersteigen darf).

71 Siehe z.B. Art. 607 brasilianischer *Código civil*.

72 Vgl. dazu, zudem zum Reskript der *divi fratres* in Call. D. 49, 14, 3, 10-11 sowie zu Constantinus CTh. 10, 18, 1 (315); Grat.-Val.-Theod. CTh. 10, 18, 2 (380); 3 (390) etwa *Theo Mayer-Maly*, Der Schatzfund in Justinians Institutionen, in: Peter G. Stein, Andrew D.E. Lewis (Hg.), Studies in Justinian's Institutes in Memory of J.A.C. Thomas, 1983, S. 109 f.; ferner *Wolfgang Waldstein*, Ius naturale im nachklassischen römischen Recht und bei Justinian, ZSS (RA) 111 (1994), 26 f., 43.

73 Hadrian 18, 6 („de thesauris ita cavit ut si quis in suo repperisset, ipse potiretur, si quis in alieno, dimidium domino daret, si quis in publico, cum fisco aequabiliter partiretur").

entzogen sind, an ihnen also kein Privateigentum besteht[74], das dem Finder gegenüber zu berücksichtigen wäre. Voraussetzung für den Eigentumserwerb an Sachen, die an diesen Stätten gefunden werden, ist aber, daß es sich überhaupt um einen Schatz im technischen Sinne handelt[75] und nicht etwa um Gegenstände, die den Gottheiten geweiht sind.

Für unseren Zusammenhang ist jedoch die Aussage des hervorgehobenen dritten Satzes die wichtigste: Wer auf einem fremden Grundstück zufällig einen Schatz gefunden hat, muß die Hälfte dem Grundstückseigentümer abgeben. Es ist höchstwahrscheinlich, daß Hadrian mit dieser Regelung eine *neue* Lösung festgelegt hat; daran läßt schon die Erwähnung seiner Entscheidung in der *Historia Augusta* denken[76]. Wir sind allerdings nicht genau darüber informiert, wie derartige Fälle *vor* Hadrian entschieden wurden.

In der Hauptsache sind drei Aspekte zu berücksichtigen: Erstens spricht ein Digestentext, nämlich D. 41, 2, 3, 3, für ein Eigentum des Bodeneigentümers am Schatz; zweitens geben literarische Quellen Anhaltspunkte dafür, daß der Schatz dem Finder gehörte; und drittens ist in Betracht zu ziehen, daß die Kaiser Schätze für das Aerar oder den Fiskus in Anspruch nahmen.

3. Bodenbestandteil oder selbständige Sache

Sehen wir zunächst auf den berühmten Digestentext:

D. 41, 2, 3, 3 (Paulus im 54. Buch zum Edikt)

Neratius et Proculus et[77] solo animo non posse nos adquirere possessionem, si non antecedat naturalis possessio. ideoque si thensaurum in fundo meo positum sciam, continuo me possidere, simul atque possidendi affectum habuero, quia quod desit naturali possessioni, id animus implet.

Neratius und Proculus sagen, allein durch den Willen könnten wir Besitz nur dann erwerben, wenn zuvor bereits ein ‚natürlicher Besitz' gegeben sei. Deshalb erlange ich, wenn ich wisse, daß in meinem Grundstück ein Schatz vergraben ist, an diesem ohne weiteres Besitz, sobald ich den Willen fasse, ihn zu besitzen, weil nunmehr der Besitzwille das ausfülle, was neben dem ‚natürlichen Besitz' noch fehle [um ihn zum ‚juristischen Besitz' zu machen].

ceterum quod Brutus et Manilius putant eum, qui fundum [longa possessione] <usu> cepit, etiam thensaurum cepisse, quamvis nesciat in fundo esse, non est verum: is enim qui nescit non possidet thensaurum, quamvis fundum possideat. sed et si sciat, non capiet

Wenn übrigens Brutus und Manilius annehmen, daß jemand, der das Eigentum am Grundstück ersessen habe, auch das Eigentum am Schatz ersessen habe, selbst wenn er gar nicht wußte, daß dieser im Grundstück verborgen ist, so ist das unzutreffend. Wer

74 Ulp. D. 8, 5, 1 („Sepulchra autem nostri dominii non sunt"); *Max Kaser*, Zum römischen Grabrecht, ZSS (RA) 95 (1978) 15, 34 f.; *Georg Klingenberg*, Grabrecht, Reallexikon für Antike u. Christentum, Band 12, 1983, S. 590 ff.

75 Näheres dazu sogleich.

76 Vgl. *Dieter Nörr*, Ethik von Jurisprudenz in Sachen Schatzfund, Bullettino dell'Istituto di diritto romano 75 (1972), 11, 15.

77 Das in der *Florentina* nach Proculus stehende *et* ist, wie schon der Korrektor F2 gesehen hat, zu streichen.

[longa possessione] <usu>[78], quia scit alienum esse.

nämlich keine Kenntnis hat, ist nicht Besitzer des Schatzes, mag er auch das Grundstück besitzen. Aber auch wenn er [vom Schatz] weiß, ersitzt er diesen nicht, weil er dann ja Kenntnis von der Fremdheit hat.

quidam putant Sabini sententiam veriorem esse nec alias eum qui scit possidere, nisi si loco motus sit, quia non sit sub custodia nostra: quibus consentio.

Einige nehmen an, die Ansicht des Sabinus sei die richtigere, daß nämlich jemand, der Kenntnis hat, nur dann Besitz am Schatz erlange, wenn der Schatz ausgegraben sei, weil er [vorher noch] nicht in unserer Obhut sei. Diesen stimme ich zu.

Das Fragment handelt, wie von vornherein klarzustellen ist, vom Besitzerwerb, meint diesen aber im Zusammenhang des Eigentumserwerbs durch Okkupation[79]. Die Darstellung zerfällt in drei Teile: Im ersten Teil legt Paulus die Ansicht der Prokulianer dar, die – wenn wir gleich auf den Schatzfund sehen – es für den Eigentumserwerb am Schatz genügen ließen, daß jemand, der ein Grundstück im Besitz hat, Kenntnis davon erlangt, an welcher Stelle des Grundstücks[80] der Schatz verborgen ist. Im dritten Teil schildert Paulus die Ansicht der Sabinianer, der er folgt. Danach genügte nicht die Kenntnis vom Schatz und seiner Lage; vielmehr mußte der Schatz auch gehoben sein[81]. Das bedeutet, daß er tatsächlich ergriffen sein mußte – und damit zeigt sich, daß die Sabinianer hier zur Okkupation eine Ansicht vertraten, die der entspricht, die beim Tierfang die überwiegende und die von Justinian gebilligte war; auch das Tier mußte man ja – tot oder lebendig – in die Gewalt *(custodia)* bekommen[82]. Daß beim Schatzfund in D. 41, 2, 3, 3 von der hadrianischen Teilung nicht die Rede ist, beruht darauf, daß der Grundstückseigentümer selbst es ist, der von dem Schatz erfährt und ihn hebt[83].

Ehe wir auf den zweiten Teil, das Mittelstück, eingehen, bedarf es der Klarstellung, daß wir in den Quellen den Begriff des Schatzes *(thensaurus)* in zwei unterschiedlichen Bedeutungen finden[84]: Zum einen ist mit *thensaurus* irgendeine bewegliche Sache (meist Geld) gemeint, die jemand in der Absicht, sie zu verbergen, vergraben oder anderweit versteckt

---

78 Zur Beziehung auf die *usucapio* vgl. Iust. C. 7, 31, 1 (a. 531); Inst. 2, 6 pr. sowie *Otto Lenel*, Palingenesia iuris civilis, Band 1, 1889 (Nachdruck 1960), Sp. 1065, Paulus Nr. 658, Fn. 1.

79 Siehe *Lenel* (Fn. 78). – Näheres zum Fragment etwa bei *Friedrich Carl v. Savigny*, Das Recht des Besitzes, 6. Aufl., 1837, S. 260 ff.; *David Daube*, Furtum proprium and furtum improprium, in: Collected Studies, Band 1, 1991, S. 25 ff. (aus 1938); *Mario Lauria*, Dal possessore del tesoro all'*inventor*, Labeo 1 (1955), 21 ff.; *Carlo Augusto Cannata,* Dalla nozione di *animo possidere* all'*animus possidendi*, Studia et Documenta Historiae et Iuris 27 (1961), 46, 78 f.; *Theo Mayer-Maly,* Studien zur Frühgeschichte der Usucapio III., ZSS (RA) 79 (1962), 104 ff.; *Ralph Backhaus*, Casus perplexus, 1981, S. 146 ff.

80 Vgl. *Ferrini/Grosso* (Fn. 40) 248, Fn. 3.

81 Das war auch nach talmudischem Recht erforderlich, siehe *Rolf Knütel*, Der Schatz im Acker und die bösen Weingärtner, JuS 1986, 950, 953 = Index 15 (1987), 111, 116.

82 Siehe oben bei Fn. 55 sowie (zum Schatz) Pap. D. 41, 2, 44 pr., vgl. auch Pomp. D. 10, 4, 15.

83 Vgl. *in fundo meo*. – Daß von der *naturalis possessio* die Rede ist, steht nicht entgegen; dies betrifft den Schatz, der sich „natürlich" gesehen im Herrschaftsbereich des Grundstückseigentümers befindet.

84 Vgl. dazu nur *Ferrini/Grosso* (Fn. 40) 280 f.; *Theo Mayer-Maly*, Thensaurus meus, in: Acta Juridica (Universitatis Szegediensis) 33/19 (Studia E. Pólay), 1985, S. 285 ff.

hat; der Eigentümer des Schatzes steht in diesen Fällen fest[85]. Zum anderen ist *thensaurus* technisch eine Sache oder eine Gesamtheit von beweglichen Sachen, die vor sehr langer Zeit von unbekannten Eigentümern verborgen worden ist: „id est condita ab ignotis dominis tempore vetustiore mobilia“, Leo-Zeno C. 10, 15, 1[86]. Hiernach kommt es darauf an, daß der Eigentümer nicht bekannt ist; es mag einen Eigentümer geben, aber jedenfalls ist er nicht zu ermitteln. Der Spätklassiker Paulus hat diesen technischen Begriff des *thensaurus* noch enger verstanden[87] und sich für eine Definition ausgesprochen, die überliefert ist in

D. 41, 1, 31, 1 (Paulus im 31. Buch zum Edikt)

Thensaurus est vetus quaedam depositio pecuniae, cuius non exstat memoria, ut iam dominum non habeat: sic enim fit eius qui invenerit, quod non alterius sit ... .

Ein Schatz ist eine in alten Zeiten erfolgte Art der Aufbewahrung von Geld, an die man sich nicht erinnern kann, so daß es für sie auch keinen Eigentümer mehr gibt. Und so wird das, was einem anderen nicht gehört, Eigentum dessen, der es findet[88] ... .

Danach müßte Paulus den Schatz bereits als eine herrenlose (das heißt in niemandes Eigentum stehende) Sache angesehen haben.

Im zweiten Teil des Fragments D. 41, 2, 3, 3, im Mittelstück, flicht Paulus eine Entscheidung der *fundatores iuris civilis* Brutus (Prätor 142 v. Chr.) und Manilius (Konsul 148 v. Chr.) ein, die den Schatz offenbar als unselbständigen Bestandteil des Grundstücks angesehen und eine Ersitzung des Grundstücks mitsamt dem Schatz bejaht haben. Paulus lehnt dies ab, weil der Schatz selbständig ersessen werden müsse. Er sieht – das ist für unseren Zusammenhang wichtig – den Schatz, mag dieser auch im Erdreich vergraben sein, als eine selbständige Sache an, und dies ist auch bei den im ersten und im dritten Teil geschilderten Lehren der Prokulianer und der Sabinianer vorausgesetzt[89].

Paulus gerät mit dieser Voraussetzung zugleich in ein Dilemma: Solange der Grundstückseigentümer keine Kenntnis vom Schatz hat, hat er keine *possessio civilis* und kann deshalb nicht ersitzen; erlangt er dagegen Kenntnis, so kann er zwar die *possessio* begründen; doch fehlt ihm dann der gute Glaube *(bona fides)*, der beim Besitzerwerb erforderlich ist[90]. Denn er weiß dann, daß der Schatz jemand anderem gehört („quia scit alienum esse“).

Hierzu ergibt sich die zusätzliche Schwierigkeit aus der Definition, die Paulus zum Schatz gegeben hat. Wenn er vorausgesetzt hat, der Schatz sei herrenlos, hätte er in D. 41, 2, 3, 3 schwerlich die Begründung „quia scit alienum esse“ bringen können. Es mag sein, daß er hier – vielleicht auch aufgrund seiner bekannten Neigung, fremde Aussagen durch bisweilen etwas spitzfindig gebildete Fälle einzuschränken oder zu widerlegen – den untech-

85 So in Pomp. D. 10, 4, 15 („thensaurus meus in fundo tuo est“); Pap. D. 41, 2, 44 pr.

86 Vgl. auch Grat.-Val.-Theod. CTh. 10, 18, 2 (380). In Scaevola D. 6, 1, 67 wird der technische Begriff verwendet.

87 Vgl. *Wieacker* (Fn. 42) 589, Fn. 92; kritisch gegenüber dieser Definition *Schulz* (Fn. 40) 362; weiteres bei *Mayer-Maly* (Fn. 84) und *George Hill*, Treasure Trove, Oxford 1936 (Nachdruck Aalen 1980), S. 5 ff.

88 Vgl. auch *Cassiodor*, Variae 6, 8 („depositivae quoque pecuniae, quae longa vetustate competentes dominos amiserunt“), dazu etwa *Pietro Bonfante*, Corso di diritto romano, Band II/2, Nachdruck Mailand 1968, S. 127 ff. und *Mayer-Maly* (Fn. 84) 283 f.

89 Vgl. auch Pap. D. 41, 2, 44 pr. und Pomp. D. 10, 4, 15.

90 Dazu *Backhaus* (Fn. 79) 148 f.

nischen allgemeinen Begriff des Schatzes verwendete[91]. Doch wäre damit keineswegs gesagt, daß Brutus und Manilius oder auch nur die im ersten und dritten Teil genannten Prokulianer und Sabinianer den Begriff des Schatzes untechnisch verstanden hätten[92]. Vielmehr ist im Gegenteil in diesen Partien die technische Bedeutung zugrunde zu legen; andernfalls würde die Möglichkeit des Eigentumserwerbs ja von vornherein ausscheiden[93].

Halten wir nach alldem das Zwischenergebnis fest, daß im Prinzipat ein Schatz als eine selbständige Sache angesehen wurde, an der der Grundstückseigentümer, wenn er vom Schatz nichts wußte, keinen Besitz hatte. Darin waren Prokulianer und Sabinianer sich einig.

4. Eigentumserwerb des Finders

Mehrere literarische Quellen aus der Republik[94] und vor allem seit dem frühen Prinzipat sprechen demgegenüber dafür, daß ein Schatz dem Finder gehörte. Am eindrucksvollsten dürfte sein:

Horaz, Satirae 2, 6, 10-13[95]

O si urnam argenti fors quae mihi monstret, ut illi,	Zeigte ein Glücksfall mir doch einen Krug mit Silber wie jenem,
thesauro invento qui mercennarius agrum illum	der für den Schatz, den er fand als Knecht, den Acker sich kaufte,
ipsum mercatus aravit, dives amico Hercule!	den er dann pflügte als Herr, nun reich durch des Herkules Gnade![96]

Anders als in dem Bibel-Gleichnis vom Schatz im Acker[97] hat hier offenbar der Tagelöhner mit dem gefundenen Geld den Acker gekauft. Horaz müßte demnach vorausgesetzt haben, daß ein Schatz, auch wenn er auf fremdem Grundstück gefunden wurde, dem Finder gehört[98].

91 Vgl. *Backhaus* (Fn. 79) 149 mit Fn. 52; dagegen *Mayer-Maly* (Fn. 84) 286, 289.

92 So jedoch *Herbert Hausmaninger*, Besitzerwerb solo animo, in: Festgabe für Arnold Herdlitczka, 1972, S. 113 mit Fn. 4; dagegen *Mayer-Maly* (Fn. 84) 286, 289.

93 Auch *Savigny* (Fn. 79) 263, Fn. 1 nimmt an, daß in D. 41, 2, 3, 3 *thensaurus* in beiden Bedeutungen verwendet wird.

94 *Plautus*, Trinummus, 177 ff., Aulularia, 760 ff., dazu *Bonfante* (Fn. 88) 132 f.; siehe auch *Karlowa* (Fn. 11) 439.

95 Siehe ferner *Petronius*, Satyrica 88, 8; *Persius*, Saturae 2, 10 ff. („o si sub rastro crepet argenti mihi seria dextro Hercule!" – „Oh, gäbe doch der glückbringende Herkules, daß unter meiner Hacke ein Krug voll Silber zerbreche!"); *Calpurnius Siculus*, Eclogae 4, 117 ff. (unten Fn. 109, dazu insbesondere *Pietro Bonfante*, Scritti giuridici vari, Band 2, 1918, S. 906 ff.; *ders.*, Corso [Fn. 88] 134) sowie *Cassiodor*, Variae 6, 8 (vgl. Fn. 88).

96 Nach der Übersetzung von *Rudolf Helm*, Q. Horatius Flaccus, Satiren und Briefe, 1972, S. 174/175.

97 *Matthäus* 13, 44; dazu vgl. oben Fn. 81.

98 *Ferrini/Grosso* (Fn. 40) 281, Fn. 2; vgl. auch *Kaser* (Fn. 4) 427, Fn. 16 (mit der Zeit tritt der Finder an die Stelle des Grundstückseigentümers); abweichend – jedoch kaum zu Recht – *Bonfante* (Fn. 88) 133, der beide Situationen (Kauf mit dem Schatzgeld und Kauf, um den Schatz zu heben) für möglich hält.

5. Grundlagen der *media sententia* Hadrians

Diese Beobachtungen dürften genügen, um die Entscheidung Hadrians erklärlich zu machen. Offenbar waren es zwei Prinzipien, zwischen denen Hadrian, sicherlich beraten durch sein *consilium*, die Entscheidung zu treffen hatte.

Das eine Prinzip war das Okkupationsprinzip. Es sprach zugunsten des Finders: Wenn ein Schatz eine selbständige Sache war und, solange er unerkannt verborgen war, in niemandes Besitz stand, dann mußte es sich aufdrängen, von dem allgemeinen Okkupationsgrundsatz auszugehen und dem Finder das Eigentum am Schatz zuzusprechen. Die Schwäche lag nur darin, daß der Schatz „eigentlich" keine *res nullius*, sondern eine *res aliena* war, deren Eigentümer aber nicht mehr zu ermitteln war. Da die Fälle aber sehr nahe beieinander liegen – Paulus (D. 41, 1, 31, 1) wollte sie sogar in eins setzen –, rechtfertigt der Unterschied kein Abgehen vom Okkupationsgrundsatz.

Zugunsten des Grundstückseigentümers sprach, wenn der Schatz schon kein Bestandteil des Grundstücks war, doch immerhin das Prinzip *accessio cedit principali*[99]. Daß der Schatz als eine Nebensache *(accessio)* des Grundstücks angesehen wird[100], zeigt sich etwa in Ulp. D. 24, 3, 7, 12. Danach muß der Ehemann, wenn auf einem Mitgiftgrundstück ein Schatz gefunden ist, im Fall der Scheidung der Frau außer dem Grundstück auch die Schatzhälfte herausgeben, obwohl diese ihm als vorherigem Eigentümer des Grundstücks gehörte[101]. Dahinter steht wieder der Ausgleichsgedanke: Da die Frau im Hinblick auf die *actio rei uxoriae* die Gefahr der Verschlechterung oder sogar des Untergangs des Grundstücks trägt, war es gerecht, ihr auch die Vorteile zuzusprechen.

Zugunsten des Eigentümers ließ sich also das Akzessionsprinzip ins Feld führen[102], das in diesem Falle allerdings an derselben Schwäche litt wie das Okkupationsprinzip: Sachen, die „eigentlich" im fremden Eigentum stehen, sind keine Akzessionen. Doch gebot hier wie dort die praktische Vernunft, diesen Umstand für nicht entscheidend anzusehen.

Wir haben es demnach mit der Kollision von zwei Prinzipien zu tun, für die beide jeweils gute Gründe ins Feld zu führen waren und die auch in der rechtlichen Tradition bereits beim Schatzfund Anerkennung gefunden hatten: Einerseits – nach der Auffassung der *veteres* (D. 41, 2, 3, 3) – der Erwerb sogar als Bestandteil durch den Bodeneigentümer, andererseits der Erwerb durch den okkupierenden Finder. Vor einem solchen Hintergrund, in dem die Argumente für beide Lösungen gleichwertig sind, entspricht es der *naturalis aequitas*, der natürlichen Gerechtigkeit, beiden Beteiligten ihren Anteil zuzusprechen, also zu teilen. Zwar wird in Inst. 2, 1, 39 die vermutlich schon von Hadrian angeführte[103] *naturalis aequitas* ausdrücklich nur bei der Aussage angeführt, daß derjenige alleiniges Eigentum am Schatz erlangt, der diesen auf seinem Grundstück findet. Doch ist nicht anzunehmen, daß der

---

99 Dazu schon oben bei Fn. 13.

100 *Bernhard Windscheid, Theodor Kipp*, Lehrbuch des Pandektenrechts, 9. Aufl., 1906, Band 1, S. 710, Fn. 10.

101 Vgl. dazu *Rolf Knütel*, Von Landanschwemmungen und Schätzen, Festschrift für Heinz Hübner, 1984, S. 567 f.

102 Vgl. *Karlowa* (Fn. 11) 439. Dies hält auch *Bonfante* (Fn. 88) 133, 147 f. für maßgeblich; doch sieht er ohnehin den Eigentümer als denjenigen an, dem gerechterweise ohne weiteres das Eigentum am Schatz zustehen müsse, 131 ff., 149. Dies hängt mit seiner These vom Vorbild der Belohnungen für Delatoren zusammen.

103 Vgl. *Mayer-Maly* (Fn. 79) 110 f., 116 f.

Kaiser bei den Entscheidungen zu den weiteren Situationen des Schatzfundes (nämlich dem auf den verschiedenen Arten fremden Geländes) vom Leitbild der *naturalis aequitas* abgerückt sei; vielmehr erklären sich die weiteren Regeln gerade aus der natürlichen Gerechtigkeit[104].

Demgegenüber hat Bonfante die Ansicht vertreten, Hadrians Entscheidung erkläre sich vor dem Hintergrund der augusteischen Ehegesetze, der *leges Iulia de maritandis ordinibus* (18 v. Chr.) und *Papia Poppaea* (9 n. Chr.)[105]. Durch diese wurde bekanntlich Unverheirateten im heiratsfähigen Alter die Fähigkeit genommen, Erbschaften oder Vermächtnisse zu erwerben; Verheiratete, die kinderlos waren oder weniger als drei (bei Freigelassenen vier) Kinder hatten, wurden in der erbrechtlichen Erwerbsfähigkeit eingeschränkt. Alles, was nach diesen Gesetzen nicht erworben werden konnte, verfiel der Staatskasse (sogenannte *bona caduca*)[106]. Wer von solchen *bona* Anzeige machte, erhielt eine Prämie aus diesem Vermögen, die vor Nero über einem Viertel gelegen haben wird[107]. Überdies bestimmte die *lex Iulia*, daß Nachlässe, für die sich kein Erbe gefunden hatte (sogenannte *bona vacantia*), dem Aerar (also der Staatskasse) „anzubieten" waren[108].

Bonfantes Annahme geht dahin, daß der Schatz zu den *bona vacantia* gerechnet worden sei und daß die Schatzhälfte, die Hadrian dem Finder zugesprochen habe, sich als Nachahmung der Prämie, die dem Anzeigenden zustand, erkläre. Ferner leitet Bonfante aus einem Text aus den „Eclogae" des Calpurnius Siculus ab, daß Nero auf derartige Rechte des Aerars am Schatz verzichtet und dem Finder das Eigentum am Schatz belassen habe; Hadrian habe diesen Verzicht erneut ausgesprochen[109].

Zwar spricht vieles dafür, daß die Kaiser schon im frühen Prinzipat Aufsehen erregende Funde an sich zu bringen suchten oder daß ihre *inquisitores* ihnen diese zu verschaffen suchten, so daß manche Bürger es vorzogen, schon von sich aus dem Kaiser den Fund zu schenken. Sehr anschaulich ist der von Juvenal geschilderte Fall vom Fang eines riesenhaften Steinbutts, den der Fischer – weil ohnehin alles Seltene und Schöne aus dem ganzen Ozean dem Fiskus gehöre – lieber „freiwillig" dem Kaiser Nero schenkt[110]. Doch ist von entsprechenden rechtlichen Bestimmungen zur Ablieferung von Schätzen nirgends die

104 Abweichend *Nörr* (Fn. 76) 16, der aus dem Wortlaut („statuit") ableitet, Hadrian habe die „Notwendigkeit einer ‚Dezision'" gesehen. Doch schließt „statuit" keineswegs aus, daß die *aequitas* Entscheidungsgrundlage ist.

105 *Bonfante,* Scritti (Fn. 95) 904 ff.; *ders.*, Corso (Fn. 88) 134 ff.; zustimmend *Hill* (Fn. 87) 19 f.; erweitert wird dieser Ansatz von *Nörr* (Fn. 70) 16 ff.

106 Siehe *Kaser* (Fn. 4) 724 f.

107 Vgl. *Tacitus*, Annales 3, 25; 3, 28; *Sueton*, Nero 10, 1 („praemia delatorum Papiae legis ad quartas redegit"); Trajan bei Paul. D. 49, 1, 4, 13 pr. -1; Maur. D. 49, 14, 15, 1; *Riccardo Astolfi*, La Lex Iulia et Papia, 1970, S. 311 ff.

108 Gai. II, 150; UE 28, 7; vgl. *Kaser* (Fn. 4) 702 f.

109 *Bonfante*, Scritti (Fn. 95) 904 ff.; *ders.* (Fn. 88) 134 f.; ihm folgend *Hill* (Fn. 87) 21. *Calpurnius Siculus*, Eclogae 4, 117-120: „Iam neque damnatos metuit iactare ligones / fossor et invento, si sors dedit, utitur auro / nec timet, ut nuper, dum iugera versat arator / ne sonet offenso contraria vomere massa / iamque palam presso magis et magis instat / aratro". – „Und es fürchtet weder der Ackersmann länger, die verdammten Hacken zu schwingen, und er macht Gebrauch, wenn das gütige Schicksal es gewährt, vom gefundenen Gold, noch befürchtet, wie noch vor kurzem, der Bauer, wenn er auf den Feldern plügt, daß widriges Metall von der Pflugschar getroffen erklirre, und schon arbeitet er offen mehr und mehr mit tief eingedrücktem Pfluge".

110 *Iuvenal*, Saturae 4, 54 f. („quidquid conspicuum pulchrumque est aequore toto, res fisci est").

Rede, und angesichts des großen Interesses, auf das der Schatzfund in der Antike sogar mehr noch als heute stieß, wird man hier *e silentio* folgern dürfen, daß es solche Ablieferungspflichten vor Hadrian nicht gab[111].

Zudem ist schwer vorstellbar, daß die Zeugnisse von Horaz, Persius und Petronius allesamt an der Wirklichkeit vorbeigehen[112]. Überdies läßt sich aus dem Gedanken der Delatoren-Prämien nicht gut erklären, weshalb der Finder gerade die Hälfte erhalten sollte. Schließlich bleibt zu wiederholen, daß die Berufung auf die *naturalis aequitas*, mit der Hadrian seine Entscheidung sehr wahrscheinlich gerechtfertigt hat, ganz unglaubhaft wäre, wenn er den Finder nur deshalb am Schatzfund beteiligt hätte, weil er einem historischen und eher nebensächlichen Umstand, nämlich den Delatoren-Prämien, Rechnung tragen wollte[113]. Vielmehr handelt es sich bei Hadrians Entscheidung um einen exemplarischen Fall einer *media sententia*, die zwischen zwei gleichwertigen Prinzipien einen gerechten Ausgleich findet. Es wird letztlich diese materielle Rechtfertigung und nicht unreflektiertes Festhalten am Überkommenen auch der Grund dafür sein, daß Hadrians Entscheidung noch in den Kodifikationen unserer Zeit Bestand hat.

V. Schlußbemerkung

Die Beispiele von vier Problemkreisen aus dem Bereiche des originären Eigentumserwerbs vermitteln einen Eindruck davon, wie die römischen Juristen ihr Recht entwickelt haben. Sie haben sich von vernünftigen Prinzipien leiten lassen, die sie nach den Besonderheiten der Situation durch andere Prinzipien modifiziert oder zwischen denen sie einen Ausgleich gesucht haben. Dabei haben sie ihr Augenmerk auch auf seltene Sonderfälle gerichtet, um an diesen die Tragweite ihrer Prinzipien auszuloten. So sind sie zu Lösungen gelangt, die ausgewogen und gerecht erscheinen und die deshalb zum großen Teil die Lösungen der neuzeitlichen Kodifikationen geworden sind.

Die Übernahme in das heutige Recht ist sehr bewußt geschehen. Die Redaktoren des *Code civil* haben dies bei der Präsentation des Titels *De la propriété*, dessen Regelungen sie als die Krone einer guten Zivilgesetzgebung angesehen haben, offen ausgesprochen: „N'hésitons point à le dire, c'est aux Romains que nous aurons le plus d'obligations pour le perfectionnement de notre législation. Nous sommes devenus riches de leur science, forts de leurs maximes: ils ont recouvré par là une partie de leur empire"[114].

111 Auch *Nörr* (Fn. 76) 18 hält es für möglich, daß es Delatoren-Prämien beim Schatzfund nie gegeben hat. – Aus dem bei Tacitus, Annales 16, 1 und 16, 33 sowie bei Sueton, Nero 31 berichteten Fall von der Suche nach dem Schatz der Königin Dido in Karthago läßt sich nichts ableiten, vgl. *Hill* (Fn. 87) 18 f.

112 Siehe oben Fn. 94 und 95. Bonfante spielte die Bedeutung des Horaz-Textes zu sehr herunter, oben Fn. 98.

113 Anders *Bonfante* (Fn. 88) 149 („Probabilmente la ragione è storica e accidentale ...").

114 *Tribun Faure*, in: Fenet (Fn. 48) 152. Vgl. auch oben zu Fn. 51, 52.

DAS GUTACHTEN DES NERAZ BEI ULPIAN D. 19,2,19,2*

ROLF KNÜTEL

Bonn, Rheinische Friedrich-Wilhelms-Universität

I. Vor allem wegen der auf den ersten Blick wenig klar erscheinenden Realien ist reizvoll das Fragment

D. 19,2,19,2 (Ulpianus *libro trigesimo secundo ad edictum*): *Illud nobis videndum est, si quis fundum locaverit, quae soleat instrumenti nomine conductori praestare, quaeque si non praestet, ex locato tenetur. et est epistula Neratii ad Aristonem dolia utique colono esse praestanda et praelum et trapetum instructa funibus, si minus, dominum instruere ea debere: sed et praelum vitiatum dominum reficere debere. quod si culpa coloni quid eorum corruptum sit, ex locato eum teneri. fiscos autem, quibus ad premendam oleam utimur, colonum sibi parare debere Neratius scripsit: quod si regulis olea prematur, et praelum et suculam et regulas et tympanum et cocleas*[1] *quibus relevatur praelum dominum parare oportere. item aenum*[2]*, in quo olea calda aqua lavatur, ut cetera vasa olearia dominum praestare oportere, sicuti dolia vinaria, quae ad praesentem usum colonum picare oportebit. haec omnia sic sunt accipienda, nisi si quid aliud specialiter actum sit*[3].

* M. Zabłocka/J. Krzynówek/J. Urbanik/Z. Sluzewska (Hrsg.), Au-delà des frontières, Mélanges de droit romain offerts à Witold Wołodkiewicz, Liber, Warschau 2000, 391 – 407.

1 F: *tumpanum et procleas.*

2 F: *aeneum.*

3 Der Text wird gleichlautend wiedergegeben in TH. MOMMSENS *editio maior*, 1868, in TH. MOMMSENS – P. KRÜGERS *editio stereotypa*, 15. Aufl. 1928, und in der Mailänder Ausgabe von 1908, wo C. FERRINI *tenetur* in *teneatur* zu emendieren vorschlägt (dazu u. Anm. 70). Auch O. LENEL, *Palingenesia Iuris Civilis*, II, Lipsiae 1889, Sp. 641, Ulp. Nr. 951, legt sie zugrunde. — Nur mit V e r f a s s e r n a m e n werden zitiert: H. BLÜMNER, *Technologie und Terminologie der Gewerbe und Künste bei Griechen und Römern*, I, Leipzig 1912; A.G. DRACHMANN, *Ancient Oil Mills and Presses*, Kopenhagen 1932; B.W. FRIER, *Law, Technology, and Social Change*:

Die Frage ist, was ein Verpächter dem Pächter[4] an Inventar zu überlassen hat. Dafür kommt es selbstverständlich darauf an, als was oder zu welchem Zwecke die Sache verpachtet ist. In der *epistula* des Neraz geht es um ein Landgut, auf dem Olivenöl produziert wird, nicht etwa um ein Weingut[5]. Dies ergibt sich daraus, daß nur von Instrumenten und Gerätschaften die Rede ist, die für die Gewinnung von Olivenöl gebraucht werden. Es ist deshalb erforderlich, den Blick vor allem auf die antiken Ölpressen zu richten. Hierfür kann insbesondere an die einläßlichen Darlegungen von Jüngst und Thielscher angeknüpft werden, die — von der rechtshistorischen Forschung bislang unbemerkt — auch unser Fragment D. 19,2,19,2 im Lichte ihrer Erkenntnisse besprochen haben[6].

II. Nach der Olivenernte wurde das Öl in zwei Arbeitsgängen gewonnen. Im ersten wurde das Fruchtfleisch von den Kernen getrennt, im zweiten wurde es ausgepreßt. Für die Trennung von Fruchtfleisch und Kernen verwendete man das *trapetum*. Diese technisch heute als Kollergang bezeichnete Maschine[7] ist eine Ölquetsche[8].

The Equipping of Italian Farm Tenancies, ZSS 96 (1979), 204 ff.; E. JÜNGST – P. THIELSCHER, *Catos Keltern und Kollergänge. Ein Beitrag zur Geschichte von Öl und Wein*, «Bonner Jahrbücher des Rhein. Landesmuseums Bonn u. des Vereins von Altertumsfreunden im Rheinlande» 154 (1954), 32 ff. [= E. JÜNGST – P. THIELSCHER I]; E. JÜNGST – P. THIELSCHER, *Catos Keltern und Kollergänge (Schluß des Aufsatzes in Bonner Jahrbuch 154)*, «Bonner Jahrbücher» 157 (1957), 53 ff. [= E. JÜNGST – P. THIELSCHER II]: H. SCHNEIDER, *Einführung in die antike Technikgeschichte*, Darmstadt 1992.

[4] Daß es um die Verkäuferpflichten nach einem Verkauf der Oliven auf dem Stamm gegangen sei, wie J.-P. BRUN, in: M.-C. AMOURETTI – J.-P. BRUN, *La production du vin et de l'huile en Méditerranée*, «Bulletin de Correspondance Héllenique», Suppl. 26 (1993), 544 annimmt, ist mit der Parteibezeichnung *colonus* nicht vereinbar.

[5] Daran hat, vermutlich wegen der *dolia vinaria*, von denen am Ende des Briefes die Rede ist (dazu u. V. 4), G. BESELER gedacht, ZSS 66 (1948), 602 (*fundum <vinearium>*). Gegen ihn etwa TH. MAYER-MALY, *Locatio conductio*, Wien 1956, 122 Anm. 58; B.W. FRIER, 207 mit Anm. 12.

[6] E. JÜNGST – P. THIELSCHER II, 111 f. — Im übrigen hat vor allem B.W. FRIER, 204 ff. die Details unseres Fragments aufgearbeitet und seine Ausführungen zur Form des Textes und zur Ausrüstung des von Neraz beurteilten Landguts mit näheren Betrachtungen zu den sozialen Hintergründen und den Entwicklungen der Landpacht im Prinzipat verbunden. In einigen Punkten, vor allem in einem sehr wesentlichen, nämlich seiner Annahme: "Neratius' press is different from any press known elsewhere" (211), ist seinen Ausführungen jedoch nicht zu folgen.

[7] Nähere Beschreibungen mit Abbildungen geben H. BLÜMNER, 330 ff.; A. NEUBURGER, *Die Technik des Altertums*, 1919 (Nachdr. Leipzig 1977), 114 f.; M. BESNIER, in: CH.V. DAREMBERG – E. SAGLIO, *Dictionnaire des antiquités grecques et romaines*, IV.1, 166, s.v. *olea*; J. HÖRLE,

In der Hauptsache besteht sie aus einer steinernen, runden Wanne in Gestalt einer Kugelschale (*mortarium*), in deren Mitte eine den Rand überragende Steinsäule (*miliarium*) belassen ist. In diese ist lotrecht ein runder eiserner Zapfen (*columella*) eingelassen, auf den die *cupa*, ein drehbarer in seinem Mittelstück rechtkantiger Balken ("Tummelbaum"), gesetzt ist. Die jeweils etwa 300 kg schweren Kollersteine sind auf ihrer äußeren Seite kugelartig ausgebaucht, auf ihrer Innenseite dagegen flach. Sie werden auf die *cupa* von deren beiden Enden her oder auf zwei in die *cupa* eingefügte Achsen so geschoben, daß sie mit der runden Außenseite gegen die Innenwand der Wanne gerichtet sind, ohne aber diese oder das *miliarium* zu berühren; sie können sich auf der *cupa* oder den Achsen um ihre eigene Achse drehen.

Zum Zerquetschen werden die Oliven in den Raum zwischen der Innenwand der Wanne und den Kollersteinen gefüllt. Dieser Zwischenraum war so schmal, aber immerhin so groß, daß die Kerne der Oliven beim Drehen nicht zerbrochen wurden, was die Qualität des Öls beeinträchtigt hätte[9]. In der Regel ergriffen zwei Männer die Enden der *cupa* oder der Achsen, auf denen die Kollersteine saßen, und drehten sie, indem sie um die Wanne herumgingen. Durch die doppelte Bewegung der Kollersteine, die in der Wanne gedreht wurden und sich dabei gleichzeitig um die eigene Achse drehten, wurden die Oliven in der Weise zerquetscht, daß die Kerne aus dem Fleisch herausgedrückt wurden.

III. *Praelum* oder *prelum* ist die Ölpresse insgesamt[10] oder auch ihr Hauptbestandteil, der Preßbaum. Zu Lebzeiten des Neraz waren ungeachtet mancher Variationen im wesentlichen vier Typen von Ölpressen in Gebrauch, zwei Formen einer Balkenpresse und eine Balken-Schrauben-Presse sowie eine (direkte) Schraubenpresse.

RE VI A 2, Stuttgart 1937, Sp. 1727, 1733 ff., s.v. *Torcular* ; A. G. DRACHMANN, 7 ff. u. 137-145 (Abbildungen); E. JÜNGST – P.THIELSCHER II, 113 ff.; H. SCHNEIDER, 63 f., 229.

[8] Unzutreffend H. HEUMANN – E. SECKEL, *Handlexikon zu den Quellen des römischen Rechts*[11], Graz 1971, 592, s.v. *trapetum*: "Olivenpresse, Oelkelter" (mit Hinweis auf D. 19,2,19,2), sowie die Übersetzungen des Wortes in fr. 19,2 durch C.F.F. SINTENIS, in: OTTO – SCHILLING – SINTENIS, *Das Corpus Juris Civilis in's Deutsche übersetzt*, II, Leipzig 1831, 440 ("Oelpresse") und durch S.P. SCOTT, *Corpus Juris Civilis. The Civil Law*, V, Cincinnati 1932 (Nachdr. New York 1973), 85 ("olive-press"). — Die Olivenpresse ist das *praelum*, dazu sogleich.

[9] Columella, *De re rustica* 12,52,6.

[10] Unzutreffend übersetzt S.P. SCOTT, (o. Anm. 8) *praelum* in fr. 19,2 mit "wine-press".

1. Die älteste dieser Pressen ist die von Cato, *De agricultura* 18-19 beschriebene sog. catonische Presse[11]. Bei ihr war der Preßbaum oder Preßbalken an dem einen Ende zwischen zwei senkrecht in den Boden eingelassenen Holzpfeilern (*arbores*) befestigt; dort hatte er seinen Drehpunkt. Das andere Ende befand sich ebenfalls zwischen zwei starken Pfosten (*stipites*), die oben durch einen Querbalken verbunden waren. Unter diesem anderen Ende war zwischen den beiden *stipites* eine Seilwinde (Haspel, *sucula*) angebracht, deren Walze in der Weise gedreht wurde, daß jeweils lange Stangen (Handspeichen, Haspelarme, *vectes*) in vorgefertigte Löcher der Walze gesteckt und dann herabgedrückt wurden. An dem Querbalken über den *stipites* oder über einer darauf errichteten Belastungsmauer[12] war ein Flaschenzug (*trochlea, troclea*) angebracht, mit dem der Preßbaum gehoben wurde. Zum Pressen wurde die Olivenmasse (*sampsa*) unter den Preßbaum nahe den *arbores* gelegt; das Auspressen wurde dann nach Absenken des Preßbaums zunächst durch dessen Eigengewicht und später durch den Zug der Winde bewirkt, deren Seil um das Ende des *prelum* geschlungen war. Da sich mit fortschreitender Dauer des Preßvorgangs die Gefahr ergab, daß die Olivenmasse durch eine Schräglage des abgesenkten *prelum* nach hinten aus der Presse herausgedrückt wurde, konnte die Höhe der Verankerung des Preßbaums zwischen den *arbores* verstellt werden[13].

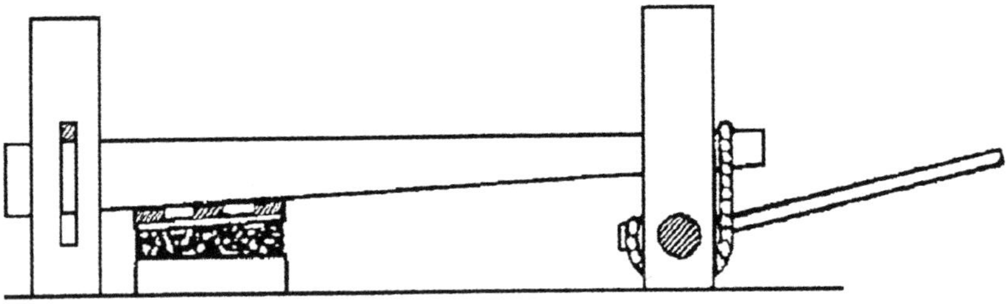

Catonische Presse (nach Drachmann)

Neben dem Umstand, daß die catonische Presse viel Raum beanspruchte, bestand einer ihrer wesentlichen Nachteile darin, daß man, um den Druck auf die Olivenmasse aufrechtzuerhalten, die Seilwinde andauernd bedienen mußte[14].

---

[11] Näheres zu ihr bei H. BLÜMNER, 337 ff.; A. G. DRACHMANN, 50 f.; 99 ff.; E. JÜNGST – P. THIELSCHER I, 41 ff., 61 ff.; II, 100 ff. Eine knappe und klare Darstellung der verschiedenen Typen der Presse gibt A. G. DRACHMANN, *Große griechische Erfinder*, Zürich 1967, 31-37.

[12] Vgl. einerseits H. BLÜMNER, 338; andererseits E. JÜNGST – P. THIELSCHER I, 54, 85.

[13] E. JÜNGST – P. THIELSCHER II, 82, 103.

[14] H. SCHNEIDER, 64.

2. In einer Fortentwicklung dieses Typs der Balkenpresse, in der "Hebel- und Gewichtspresse", wurde dieser Nachteil dadurch beseitigt, daß das mittels der *sucula* aufzurollende Seil den Preßbalken nicht mehr direkt hinabzog, sondern über einen am Preßbaum befestigten Flaschenzug zur Anhebung eines schweren Gewichtes diente[15]. Einmal angehoben übte dieses Gewicht dann einen kontinuierlichen Zug am Preßbalken aus. Um ein Zurückdrehen der Haspel zu verhindern, konnte diese sowohl bei dieser Presse als auch bei der catonischen Presse festgestellt werden, indem die an der Haspel in Löchern steckenden Handspeichen so weit durchgestoßen wurden, daß eine von ihnen den Boden berührte und so die rückläufige Bewegung der Haspel aufhielt[16].

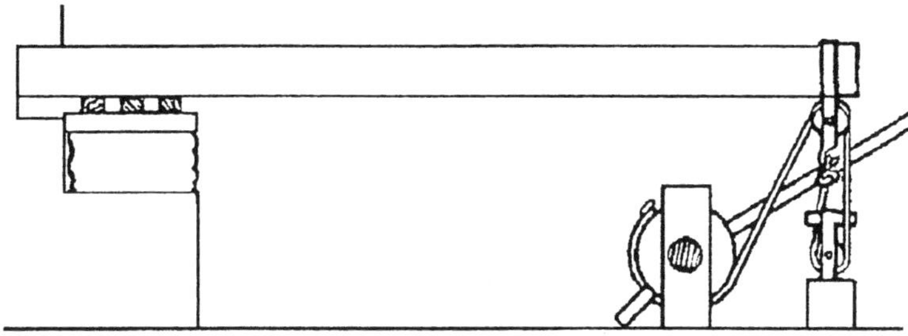

Hebel- und Gewichtpresse (nach Drachmann)

Trotz dieser Verbesserung verblieben jedoch weitere gravierende Nachteile dieses Pressentyps. So berichtet Heron vom häufigen Brechen einzelner Handspeichen, was das plötzliche Herabstürzen des Gewichtssteins und zahlreiche Unglücksfälle zur Folge hatte[17]. Auch erhöhten die Handspeichen durch ihre große Länge den Raumbedarf für eine solche Presse. Diese Nachteile wurden in den Schraubenpressen vermieden.

3. Bei der älteren der beiden gebräuchlichen Schraubenpressen, einer Balken-Schrauben-Presse[18], wurde die bisher zum Herabziehen des *prelum* verwendete Winde oder der Flaschenzug mit dem Gewicht durch eine

[15] Beschrieben in Heron, *Mechanik* 3,13 ff., dazu A. G. DRACHMANN, 63 ff., Abb. 151.

[16] E. JÜNGST – P. THIELSCHER II, 80.

[17] Heron, *Mechanik* 3,15, dazu A. G. DRACHMANN, 64 f., vgl.auch E. JÜNGST – P. THIELSCHER I, 76, 80.

[18] Ebenfalls beschrieben von Heron, *Mechanik* 3,15 ff., dazu eingehend E. JÜNGST – P. THIELSCHER II, 105 ff.; A. G. DRACHMANN, 70 ff. mit Abb. 154.

Schraube, *coclea*[19], ersetzt, die mit dem Preßbaum fest verbunden war. Am unteren Ende der Schraube befand sich eine mit großem Gewicht beschwerte relativ lange Schraubenmutter, die mittels kreuzförmig eingesteckter Holzstäbe gedreht werden konnte und so die Schraube in sich hineinzog. Damit konnte sowohl die Auf- als auch die Abwärtsbewegung des Preßbaums gelenkt werden, so daß auch der in den früheren Typen zum Anheben des *prelum* benötigte Flaschenzug nun entfiel.

Eine Balken-Schrauben-Presse wird auch von Plinius (*Naturalis historia* 18, 317) beschrieben. Unklar und umstritten ist allerdings, ob Plinius von derselben Presse spricht wie Heron[20] oder ob er eine leicht veränderte Presse vor Augen hat[21]. Nach der letztgenannten Ansicht behandelt Plinius eine Schraubenpresse, bei der nicht die Schraubenmutter, sondern die Schraube selbst gedreht wurde: Die Schraubenmutter befand sich im Preßbaum, während die Schraube mit dem Gewicht beschwert war. War das Gewicht durch Drehen der Schraube einmal vom Boden abgehoben, so konnte es danach kontinuierlich auf den Preßbaum einwirken[22]. Plinius bezeichnet diese Pressen als *Graecanica*; erfunden wurden sie seinem Bericht zufolge um die Mitte des 1. Jhdts v.Chr.[23]

4. Etwa um die Mitte des 1. Jahrhunderts n.Chr. wurde die sog. direkte Schraubenpresse entwickelt[24]. Sie beseitigte den größten Nachteil aller bisherigen mit einem Preßbaum arbeitenden Pressen, den großen Platzbedarf, indem die Schraube nunmehr dazu benutzt wurde, starke

---

[19] Als *coclea* wird zuweilen allerdings auch die Schraubenmutter bezeichnet, so z.B. H. BLÜMNER, 340 Anm. 1; E. JÜNGST – P. THIELSCHER II, 109; dagegen A. G. DRACHMANN, 53.

[20] So E. JÜNGST – P. THIELSCHER II, 107 ff.; offenbar auch R. J. FORBES, *Studies in Ancient Technology*, III, Leiden 1955, 135 f. (mit der Annahme, die Schraube habe sich am Boden befunden).

[21] So A. G. DRACHMANN, 54; H. SCHNEIDER, 65.

[22] So die Darstellung bei H. SCHNEIDER, 65 (Abb. 230). A. G. DRACHMANN, 52 ff. interpretiert dagegen *Nat. hist.* 18,317 so, als ob Plinius von zwei verschiedenen Pressen spreche, zum einen von der soeben beschriebenen, daneben aber auch noch von einer, bei der die Schraube in Boden und Decke drehbar verankert war, so daß durch Drehen der Preßbalken herab- und hinaufgezogen werden konnte (Abb. 146). Gegen diese Interpretation E. JÜNGST – P. THIELSCHER II, 109 Anm. 54.

[23] Dies wird bestätigt durch Vitruv., *De architectura* 6,6,3.

[24] Beschrieben von Plinius, *Nat. hist.* 18,317 und Heron, *Mechanik* 3,15. Näheres dazu bei H. BLÜMNER, 340; A. G. DRACHMANN, 57 ff., 73 ff.; R.J. FORBES, (o. Anm. 20), 136; H. SCHNEIDER, 65.

Bohlen, die über der zu pressenden Olivenmasse lagen, herunterzudrehen und damit den Druck direkt auf die Olivenmasse wirken zu lassen. Anders als Plinius waren Heron zwei Arten dieser direkten Schraubenpresse bekannt, und zwar neben der von Plinius angeführten Presse mit einer Schraube in der Mitte der obersten Bohle noch eine solche mit zwei Schrauben an den Seiten der Bohle[25].

IV. Nach ihrer zeitlichen Einordnung kommen für das Gutachten des Neraz in D. 19,2,19,2 alle vier hier beschriebenen Typen von Pressen in Betracht. Auch haben die fortschrittlichen Schraubenpressen die Pressen älteren Typs keineswegs verdrängt. Überhaupt sind die Preßbaum-Pressen in der gesamten römischen und römisch beeinflußten Welt der weitaus häufigste Typ von Ölpressen geblieben[26]. Das wird u.a. mit der langen Lebensdauer antiker Ölpressen und mit den hohen Kosten ihrer Herstellung zusammenhängen[27]. Die in fr. 19,2 angeführten Teile der Presse zeigen jedoch, daß Neraz in seinem Gutachten keine Schraubenpresse und keine Balken-Schrauben-Presse behandelt hat, sondern einen der beiden älteren Typen von Ölpressen.

1. Hierfür spricht von Anfang an, daß die *sucula* genannt wird. Denn die Winde wäre überflüssig, wenn zur Erzeugung des Zuges am Preßbalken eine Schraube verwendet worden wäre[28].

Ferner steht der Annahme einer Balken-Schrauben- oder einer (direkten) Schraubenpresse entgegen, daß Neraz die Ausrüstung der Presse mit Seilen hervorhebt[29]. Die Seile waren nur bei der catonischen Presse und bei ihrem fortentwickelten Typ der Hebel- und Gewichtspresse (o. III 2) erforderlich, zum Hinabziehen des Preßbalkens oder zum Anheben des daran hängenden Gewichtes einerseits und zum Anheben des Preßbaumes andererseits.

Zu den Seilen bestehen allerdings zwei Zweifelsfragen, die sich jedoch klären lassen. Erstens betont Neraz, der Verpächter habe zu stellen *et praelum et trapetum instructa funibus*. Auf den ersten Blick läßt dies

---

[25] Abbildung bei A. G. DRACHMANN, 156 u. 158.

[26] D.J. MATTINGLY – R.B. HITCHNER, in: M.-C. AMOURETTI – J.-P. BRUN, (o. Anm. 4), 440.

[27] H. SCHNEIDER, 65; E. JÜNGST – P. THIELSCHER II, 103, 105; vgl. auch H. BLÜMNER, 339 Anm. 3.

[28] E. JÜNGST – P. THIELSCHER II, 112 Anm. 60.

[29] H. BLÜMNER, 339 Anm.3.

daran denken, daß auch die Kollergänge mit Seilen ausgestattet sein müßten. Das ist jedoch nicht der Fall. Frier[30] verweist zwar darauf, daß Cato, *agr.* 22,1 den Rat erteilt, wenn der Zwischenraum zwischen Steinsäule und Kollersteinen zu groß sei, müsse man das *miliarium* mehrmals mit einem Seil fest umwickeln, um den übermäßigen Spielraum auszufüllen. An eine solche an sich irreguläre Verwendung eines Seiles wird Neraz jedoch schwerlich gedacht haben, schon weil der Verpächter einen intakten Kollergang zur Verfügung zu stellen hat. Es erscheint aber auch sprachlich nicht bedenklich, daß Neraz die beiden Neutra *praelum* und *trapetum* — zudem im Konjunktionspaar *et...et* — als die Hauptsachen, die zur Ölgewinnung erforderlich sind, zusammenfaßt und dann die sachlich nur für das *praelum* benötigten Seile auf diese pluralische Einheit bezieht, zumal da er damit zugleich einen besseren Satzrhythmus erreicht.

Zweitens nennt Neraz die Seile nicht im Zusammenhang mit den anderen Teilen oder Zubehörstücken der Presse, sondern schon zu Beginn seiner Ausführungen. Doch macht das keinen Unterschied. Mit dem *quod si* wird nicht etwa die Beschreibung einer zweiten Presse eingeleitet. Vielmehr bezieht sich diese Adversativpartikel lediglich auf die unterschiedliche Art des Auspressens durch Verwendung von Kelterbeuteln (*fisci, fiscinae*) einerseits und Holzlatten (*regulae*) andererseits. Die *fisci* können keinem anderen Pressentyp zugeordnet werden als die *regulae*; beide wurden nebeneinander zum Auspressen verwendet[31]. Es geht also lediglich um den Hinweis, daß *regulae,* nicht aber *fisci* vom Verpächter zu stellen sind. Der Grund hierfür wird der hohe Verschleiß an Kelterbeuteln beim Pressen gewesen sein[32]. Die zu Beginn des Neraz-Zitats genannten Seile sind nach alldem ebenso Teile der von Neraz beschriebenen Presse wie die später aufgeführten Einzelteile.

2. Schwierigkeiten ergeben sich bei dieser Deutung des Textes allerdings mit *cocleas.* Wäre hiermit tatsächlich die Schraube einer Schraubenpresse gemeint, so ließe sich nicht mehr sagen, welchen Typ einer Ölpresse Neraz behandelte oder ob er überhaupt eine konkrete Vorstellung von den verschiedenen Typen hatte[33]. Sehr beachtenswert ist

---

[30] B.W. FRIER, 208, ebenso V. SCARANO USSANI, *Empiria e dogmi,* Turin 1989, 27.

[31] Vgl. Heron, *Mechanik* 3,15; Columella, *De re rust.* 12,52,10; Plinius, *Nat. hist.* 15,5 (dazu H. SCHNEIDER , 65; H. BLÜMNER, 338; E. JÜNGST – P. THIELSCHER II, 110 f.). Daß die *regulae* erst später erfunden wurden, ändert daran nichts.

[32] E. JÜNGST – P. THIELSCHER II, 88.

[33] Insofern ist die Annahme B.W. FRIERS, (o. Anm. 6) verständlich.

jedoch, daß die Florentina *procleas* überliefert (o.Anm.1), ein Wort, das es nicht gibt. Th. Mommsen hat *cocleas* emendiert und die Mailänder Ausgabe sowie die rechtshistorische Literatur sind ihm darin gefolgt[34]. Mommsen führt zugunsten seiner Emendation an[35], daß Kyrillos im einschlägigen Scholion (zu Bas. 20,1,19) *kai kochlious* hat[36] und daß Vitruv., *De architectura* 6,[4]<6>,3 die Kelterpresse mit Schraube von der mit Handspeichen und Preßbaum abgrenzt: *torcular, si non cocleis torquetur sed vectibus et prelo premetur.* Das hilft aber schon deshalb nicht weiter, weil Vitruv mit der Schraubenpresse einen anderen Typ meinen muß als den, an den Neraz denkt, wie dessen Hinweise auf das *praelum* und die *sucula* zeigen. Auch Kyrillos kann nicht maßgeblich sein, weil unklar bleibt, ob er die verschiedenen Typen der Pressen kannte und gegebenenfalls sie im überlieferten Neraz-Zitat auseinanderzuhalten wußte.

Es drängt sich daher auf, die *procleas* von F in *trocleas* zu emendieren, wie das schon Haloander befürwortet hat und wozu G.C. Gebauer – G.A. Spangenberg vermerken: *et fieri debeat: trochleas, ut omnes habent*[37], und wie das auch in der technikgeschichtlichen Literatur befürwortet wird[38].

---

[34] H. HEUMANN – E. SECKEL, (o. Anm. 8), 73 führen zu *Coclea* aus: "Schnecke, Hebemaschine (l. 19 § 2 D. 19,2)"; doch sind die Schrauben keine (selbständigen) Maschinen. — S. ferner B.W. FRIER, 208 ("screws"); DERS. in der Übersetzung des fr. 19,2 in: A. WATSON (Hrsg.), *The Digest of Justinian*, I, Philadelphia 1985, 563; J.E. SPRUIT – P.J. VERDAM in der Übersetzung in: J.E. SPRUIT – R. FEENSTRA – K.E.M. BONGENAAR, *Corpus Iuris Civilis*, III, Zutphen's-Gravenhage 1996, 536 ("schroeven waarmee de pers wordt opgetild", Schrauben, mit denen die Presse [?] gehoben wird); J. KÖHN, in: K.-P. JOHNE – J. KÖHN – V. WEBER, *Die Kolonen in Italien und den westl. Provinzen des röm. Reiches*, Berlin 1983, 167, 199; V. SCARANO USSANI, (o. Anm. 30), 26 ("viti"). Vgl. auch o. Anm. 1. — Zu weiteren Übersetzungen siehe u. Anm. 37.

[35] *Editio maior*, 1868, 563 App.

[36] Hb. II, 347; Schelt. B III 1148 Nr. 4. – Der irreguläre Akkusativ müßte (mit HEIMBACH) in *kochlias* berichtigt werden.

[37] *Corpus Iuris Civilis*, I, Göttingen 1776, ad fr. 19,2. – Dementsprechend verweist BRISSONIUS, *De verborum quae ad ius civile pertinent significatione*, ed. J.G. HEINECCIUS, Halle-Magdeburg 1743, 1328, s.v. *Trochlea* auf D. 19,2,19,2, und haben noch die Übersetzungen von I.L. GARCÍA DEL CORRAL, Barcelona 1889, 957 (aufgrund der Edition der Gebrüder Kriegel) und von S.P. SCOTT, (o. Anm. 8), 85 (aufgrund der Editionen von Gothofredus und den Gebr.Kriegel) die Wiedergabe mit "Flaschenzug" ("las poleas"; "pulleys"); ebenso sogar die Übersetzung von A. D'ORS – F. HERNANDEZ-TEJERO – P. FUENTESECA – M. GARCÍA-GARRIDO – J. BURILLO, *El Digesto de Justiniano*, I, Pamplona 1968, 717, obwohl sie die Stereotypausgabe (o. Anm. 3) zugrundelegt. — Jedenfalls unrichtig C.F.F. SINTENIS, (o. Anm. 8), 440 ("Haspel").

[38] H. BLÜMNER, 339 Anm. 3; E. JÜNGST – P. THIELSCHER II, 111 mit Anm. 60. — A. G. DRACHMANN spricht die Frage nicht an; auf D. 19,2,19,2 weist er lediglich im Zusammenhang mit den *regulae* hin, 60.

Dafür sprechen in der Tat drei gute Gründe: Erstens liegt *trocleas* sprachlich näher an *procleas*, macht einen Hörfehler also glaubhafter. Zweitens paßt sachlich *trocleas* (Flaschenzüge) voll und ganz zu den beiden oben zuerst genannten Typen von Pressen, war bei ihnen doch für das Anheben des schweren Preßbaums vor und nach dem Pressen und beim zweiten Typ auch zu dessen Belastung ein Flaschenzug erforderlich[39]. Drittens schließlich wird zu *trocleas* auch der Relativsatz *quibus relevatur praelum* begreiflicher: "mit dem der Preßbaum hochgezogen wird". Bezöge er sich auf eine Schraube, so wäre diese Erläuterung unzutreffend, denn Hauptaufgabe der Schraube ist nicht das Anheben, sondern das Herunterziehen des Preßbaumes. Daß die Schraube durch Drehen in entgegengesetzter Richtung gleichzeitig auch dazu diente, den Preßbaum wieder anzuheben, ist eher ein Nebeneffekt ihrer Erfindung. Dagegen diente der Flaschenzug bei der catonischen Presse allein zum Hochziehen des Preßbaumes.

3. Nach alldem kann es sich bei der von Neraz beschriebenen Presse nur entweder um die catonische oder aber um ihre fortschrittlichere Form der Hebel- und Gewichtspresse gehandelt haben. An welchen dieser beiden Pressentypen Neraz gedacht hat, läßt sich allerdings nicht mit Sicherheit feststellen. Die Tatsache, daß er weder einen Flaschenzug zum Heraufziehen eines Gewichtes noch ein Gewicht selbst erwähnt, macht es jedoch wahrscheinlicher, daß er noch die im wesentlichen unveränderte catonische Presse vor Augen hatte[40].

V. 1. Was das übrige Zubehör angeht, so versteht man unter den *fisci* gemeinhin "Körbe"[41]. Da Körbe aus biegsamen Stäbchen, wie Weidenruten, Zweigen, Rohr, Stroh, Binsen etc., geflochtene Behälter sind, führt diese Einordnung zu Vorstellungsschwierigkeiten: Da die *fisci ad premendam oleam* verwendet, also unter den Preßbaum gelegt werden, müßten sie durch

---

[39] S.o. III 1 u. 2, ferner E. JÜNGST – P. THIELSCHER II, 111 f. Anm. 60.

[40] Dafür uneingeschränkt auch H. BLÜMNER, 339 Anm. 3; E. JÜNGST – P. THIELSCHER II, 112 f. — F. KIECHLE, *Sklavenarbeit und techn. Fortschritt im röm. Reich*, Wiesbaden 1969, 32 nimmt (offenbar aufgrund von *coclea*) an, es sei "zunächst an Pressen mit Seilwinden und erst in zweiter Linie auch an die Hebelschraubenpresse gedacht". – Zu B.W. FRIER siehe o. Anm. 6. — Mit der Feststellung, daß es um einen bestimmten Typ der Olivenpresse geht, entfällt zugleich die Grundlage für die Ableitungen V. SCARANO USSANIS, (o. Anm. 30), 27 f., Neraz habe sich von der Vorstellung leiten lassen, Altes und Neues zu verbinden.

[41] Siehe etwa H. BLÜMNER, 338.

dessen ungeheuren Druck sogleich plattgedrückt und damit zerstört werden. Unter den *fisci*, für die sich auch die Bezeichnungen *fiscinae, fiscellae* und *fiscelli* finden, sind jedoch, wie Jüngst und Thielscher gezeigt haben[42], Kelterbeutel zu verstehen. Aller Wahrscheinlichkeit nach wurden sie aus Leinen[43], Spartgras (Pfriemengras; von der Atochapflanze) oder aus Palmenbast hergestellt[44]. Damit wird auch begreiflich, daß die Beutel wiederverwendungsfähig waren[45]. Vermutlich wurden diese mit dem Olivenfleisch gefüllten Beutel zugebunden und durch den Kelterdeckel abgedeckt zum Auspressen unter den Preßbaum gelegt[46].

2. Statt der Kelterbeutel konnten *regulae* verwendet werden. Plinius berichtet, daß deren Erfindung erst jüngeren Datums war[47]. Bei den *regulae* handelt es sich um mit Rillen versehene Holzlatten oder -platten, die so eingerichtet waren, daß sie mit dem Keltergut in den Zwischenräumen kastenförmig auf dem Preßbrett (*area*) aufgeschichtet werden konnten. Sie wurden oben mit dem *orbis olearius*, dem aus starkem Holz zusammengesetzten, sechs Finger dicken Kelterdeckel abgedeckt, der die gleichmäßige Verteilung des vom Preßbaum erzeugten Drucks sicherte[48].

3. Unklar ist, welches Gerät mit dem *tympanum* gemeint ist. Da Neraz von den wesentlichen Gerätschaften der Balkenpressen die *vectes* (Handspeichen) noch nicht genannt hat, könnte das *tympanum* ein Gerät sein, das deren Funktion übernommen hat; es könnte aber auch den von Neraz gleichfalls noch nicht angeführten Kelterdeckel bezeichnen. Dementsprechend sind die Meinungen geteilt. Die überkommene, vor allem in den Lexika

---

42 I, 87 ff, vgl. auch II, 110.

43 Vgl. (zum Auspressen von Myrtenbeeren) Columella, *De re rust.* 12,38,6 (*fiscello lineo*); 12,38,7 (*per lineum fiscum ... exprimunt*).

44 Columella, *De re rust.* 11,2,90 (*fiscinae sportaeque* aus *palma spartumve*, dagegen *corbes* [= Körbe!] aus *vimen* [Weidenrute]).

45 Vgl. Cato, *agr.* 13 (*fiscinas novas, veteres*); 67,2.

46 E. JÜNGST – P. THIELSCHER I, 90.

47 *Nat. hist.* 15,5: *sive in sportis prematur sive, ut nuper inventum est, exilibus regulis pede incluso*; sei es, daß die Oliven in Kelterbeuteln ausgepreßt werden, sei es, wie man es neuerdings erfunden hat, durch dünne Latten mit eingelegtem Keltergut. Auch Heron, der wohl wenig älter als Plinius war, beschreibt das neue Verfahren, *Mechanik* 3, 16 und 17; A. G. DRACHMANN, 60; E. JÜNGST – P. THIELSCHER II, 110 f.

48 Näheres bei E. JÜNGST – P. THIELSCHER I, 78 f. (zu Cato, *agr.* 18,9); H. BLÜMNER, 338 f.

tradierte Ansicht geht in die erstgenannte Richtung. Beispielsweise gibt Klotz die Information: "ein ohne Speichen aus Einem Stück Holz gemachtes Rad, ein Klotz- oder Tellerrad, als Wagenrad Virg. *Georgica* 2,444. als Maschinenrad, um Lasten herab- u. herauszulassen, d. Heberad, Lucr. 4,905. Plin. 18,34 (77). bei den Mühlen, Wasserorgeln, Vitr. 10,4. bei der Presse Dig. 19,2,19."[49]. Jüngst –Thielscher[50] übersetzen "Wellrad" und nehmen an, dieses sitze auf der Achse der Winde (dem Haspelbaum); es ersetze die *vectes* ("Haspelarme") und werde von Hand gedreht.

Eine Durchsicht der einschlägigen Quellen ergibt[51], daß es sich bei Lukrez, *De rerum nat.* 4,905 sowie bei Vitruv., *De architectura* 10,2,5 und 10,11,1 um Seiltrommeln handelt, in 10,4,1 um ein Wasserrad. Vergil., *Georgica* 2,444 betrifft dagegen ein Wagenrad, bei Plinius geht es um Scheiben[52]. Da Neraz die Winde (*sucula*) bereits angeführt hat, ist schwer erkennbar, wozu eine zusätzliche Trommel gedient haben sollte. Insofern ist es sicherlich plausibel, wenn Jüngst –Thielscher an den Bedeutungsgehalt von "Rad" (zum Drehen der Winde) anknüpfen. Wenn dieses Rad allerdings schon auf der Achse der Winde sitzt, bleibt zweifelhaft, weshalb Neraz es neben der Winde noch gesondert erwähnt haben sollte; zu einer funktionsfähigen Winde (die möglicherweise keine Einstecklöcher für die *vectes* mehr hat) müßte das Wellrad ohne weiteres gehören. Zudem hätte es dann nahegelegen, *sucula* und *tympanum* unmittelbar nacheinander zu nennen und nicht dazwischen die *regulae* anzuführen.

Ein zweites Bedenken kommt hinzu: Zur Schraubenpresse kennzeichnet Plinius den Preßvorgang mit den Worten: *tympana inposita vinaceis superne*

[49] *Handwörterbuch der lat. Sprache*[3], II, Braunschweig 1879, (7. Nachdr. Graz 1963), 1688 s.v. *tympanum* 3a: praktisch identisch GEORGES, *Handwörterbuch*[12], II, Hannover 1968, Sp. 3274 s.v. *tympanum* II 1; ferner CH.T. LEWIS – CH. SHORT, *A Latin Dictionary*, Ausg. Oxford 1975, 1921, s.v. *tympanum* II A ("a drum or wheel, in machines for raising weights, in water-organs, etc.", u.a. mit D. 19,2,19); *Oxford Latin Dictionary* (ed. P.G.W. GLARE),1982, (Nachdr. Oxford 1985), 1998, s.v. *tympanum* 2a, (u.a. mit D. 19,2,19,2); in gleicher Richtung, aber schwer Vorstellbares beschreibend H. HEUMANN – E. SECKEL, (o. Anm. 8), 599, s.v. *Tympanum* 2: "eine Maschine zum Heben der Pressen [?] in Gestalt eines speichenlosen, aus einem Holz gemachten Rades (l. 19 § 2 D. 19,2)". — Von den Übersetzungen folgen dieser Richtung I.L. GARCÍA DEL CORRAL sowie die neuere spanische Übersetzung von A. D'ORS u. Kollegen (beide o. Anm. 37) ("el torno"); S.P. SCOTT, (o. Anm. 8), 85 ("the wheel") und C.F.F. SINTENIS, (o. Anm. 8), 440 ("Räderwerk" [?]).

[50] II, 112 Anm. 60.

[51] Vgl. dazu auch K. SCHNEIDER, RE VII, A 2, Stuttgart 1948, Sp. 1752 f., s.v. *Tympanum*[3], der D. 19,2,19,2 allerdings außer Betracht läßt.

[52] Dazu sogleich.

toto pondere uguere et super prela construere congeriem (*Nat. hist.* 18,317) — "wobei über die Trester gelegte runde Scheiben mit ihrem ganzen Gewicht von oben drücken und man über der Presse noch schwere Gewichte anbringt"[53]. Es ist bemerkenswert, daß Plinius mit den *tympana* jedenfalls Scheiben, "starke Bohlen"[54] oder Bretter bezeichnet[55], die unmittelbar beim Pressen verwendet werden. Dies gibt der Vermutung einigen Anhalt, daß das Substantiv die Sonderbedeutung von Preßscheiben als Zubehörstücke von Pressen gehabt hat. Bei dieser Annahme dürfte mehr dafür sprechen, daß Neraz, da er mit den *regulae* bereits die Holzplatten angeführt hat, mit dem gleich anschließend genannten *tympanum* den dazugehörigen und wegen seiner Bedeutung erwähnenswerten Kelterdeckel (*orbis olearius*) bezeichnet hat — was der in jüngerer Zeit überwiegenden Ansicht entspricht[56].

4. Was die weiteren Gegenstände angeht, so handelt es sich bei dem *aenum* um einen bronzenen Kessel[57], der, wie von Neraz hervorgehoben wird, dazu diente, die Oliven in heißem Wasser zu reinigen[58]. Dem entspricht es, daß Cato, *De agricultura* 10,2 zum Inventar eines Ölguts zwei *ahena* rechnet — ein größeres mit Deckel, das 30 Quadrantalia (= 786 l), und ein kleineres, das 5 Quadrantalia (= 131 l) faßt[59] — und daß er rät (agr. c. 65,1), die vom Boden aufgelesenen Oliven von Laub und Dung zu reinigen; offenbar wurde im Ölberg auch Vieh geweidet.

Unter den *cetera vasa olearia* versteht man zumeist "die anderen Gefäße für das Öl"[60]. Doch dürfte das zu eng sein. *Vasa* kann im weiten Sinn

---

[53] So die Übersetzung des am Ende wenig klaren Passus durch R.KÖNIG – K.BAYER, *Plinius Naturkunde (Lat.-deutsch)*, Buch XVIII, München 1995, 193.

[54] So H. BLÜMNER, 340.

[55] Auch in *Nat. hist.* 18,332 ist mit *tympanum exiguum* eine schmale Holzscheibe (als Grundlage eines Geräts zur Windbeobachtung) gemeint. — Nach H. SCHNEIDER, (o. Anm. 51), Sp. 1752 soll es sich dort um den Preßdeckel handeln; doch paßt dazu der Plural nicht.

[56] So zu fr. 19,2 H. BLÜMNER, 339 Anm. 1; B.W. FRIER, 209; DERS., in: A. WATSON, (o. Anm. 34); J.E. SPRUIT – P.J. VERDAM, (o. Anm. 34) ("persblad"); V. SCARANO-USSANI, (o. Anm. 30), 26 ("piastra"),s. ferner H. SCHNEIDER, (o. Anm. 51), Sp. 1752; A. G. DRACHMANN, 57; R.J. FORBES, (o. Anm. 20), 136 u.

[57] Siehe dazu K. D. WHITE, *Farm Equipment of the Roman World*, Cambridge 1975, 117 ff.

[58] Bei Plinius, *Nat. hist.* 15,23 ist es kochendes Wasser.

[59] Für dieses nennt Cato den Deckel (*orbem aheneum)* in 15,1.

[60] So E. JÜNGST – P. THIELSCHER II, 112 in ihrer Übersetzung; C. F.F. SINTENIS, (o. Anm. 8), 440 ("die übrigen Oelgefässe"); B.W. FRIER, 209 ("oil vessels"); J. KÖHN, (o. Anm. 34), 200,

die Bedeutung von "Ausrüstung", "Gerätschaften" haben. So präzisiert Ulpian in D. 33,7,8 pr. im Zusammenhang mit dem Zubehör eines Landguts den Begriff der *vasa utilia culturae* mit dem Hinweis: *quae sunt aratra, ligones, sarculi, falces putatoriae bidentes*, und gleich anschließend führt er *vasa torcularia*[61] an, mit denen Keltergerätschaften gemeint sein dürften. Bei Cato, *agr.* 10,2 und c. 145 sind mit *vasa olearia* sogar Ölpressen gemeint[62]. Zu ihnen führt Cato als empfehlenswertes Zubehör in c. 10,2[63] an: verschiedene Haken, Wasserkrüge, Trichter, Öl-Amphoren, Schüsseln, Schalen, Krüge, Schöpflöffel, Waschbecken, Gießkanne, Leuchter, Sextarmaß (= 0,54 l) sowie — Cato hat ein Ölgut von 240 Morgen Land vor Augen — Pflüge mit Pflugscharen und Wagen mit Ochsengeschirren. Von den zunächst genannten Gegenständen fällt jedenfalls nur ein Teil unter den Begriff des "Ölgefäßes"; will man die Gegenstände insgesamt erfassen, so müßte man Begriffe wie "Gerätschaften zum Keltern" oder "Keltergerät" o.ä. wählen. Ebendies wird Neraz mit den *cetera vasa olearia* gemeint haben.

Es wäre auch nicht gut begreiflich, daß Neraz gedacht haben sollte, dem Pächter müßten nur "Ölgefäße" zur Verfügung gestellt werden, nicht aber das übrige für die Ölgewinnung erforderliche Zubehör. Wollte man an der Einordnung der *vasa olearia* im engen Sinn als "Ölgefäße" festhalten, so ließe sich diese Folgerung nur durch die Annahme vermeiden, die Aufzählung des Neraz sei eben nicht vollständig[64]. Viel näher liegt jedoch die Annahme, daß Neraz mit den *cetera* (!) *vasa olearia* zusammenfassend das restliche Zubehör gemeint hat.

Dafür spricht schließlich auch, daß danach nur noch von *dolia vinaria* die Rede ist. *Dolia* sind die regelmäßig in den Fußboden oder sonst in die Erde eingelassenen großen ausgebauchten, tönernen Gefäße mit schmalem Fuß und enger Öffnung, die zumeist zwischen 1200 und 2000 l aufzunehmen

---

210; ferner I.L. GARCÍA DEL CORRAL u. A. D'ORS u. Kollegen (beide o. Anm. 37), die beide "las demás vasijas para el aceite" übersetzen; anders und wie hier offenbar J.E. SPRUIT – P.J. VERDAM, (o. Anm. 34), 536 ("het overige vaatwerk voor de verwerking van de olie"). — Unzutreffend B.W. FRIER, in: A. WATSON, (o. Anm. 34), 563, der *cetera vasa olearia* nicht übersetzt und stattdessen *aenum* im Plural wiedergibt ("cauldrons").

[61] Vgl. zu dem Begriff auch Iul. D. 50,16,206 (offenbar aus einem legatsrechtlichen Zusammenhang).

[62] So auch E. JÜNGST – P. THIELSCHER II, 86,

[63] Weiteres für ein *torcularium in usu* in 15,1.

[64] So B.W. FRIER, 209 unter Hinweis auf Cato, *agr.* 10-13.

vermochten und zur Aufbewahrung von Wein, Öl oder Korn dienten[65]. Es verstand sich geradezu von selbst, daß ein Ölgut mit derartigen Fässern, den *dolia olearia*, ausgestattet war[66] und daß diese in gebrauchstauglichem Zustand dem Pächter überlassen wurden. Neraz stellt dies deshalb schon gleich zu Anfang klar: *dolia (sc. olearia) utique colono esse praestanda.*

Die Weinfässer *(dolia vinaria)* dagegen, um die es am Ende des Textes geht, haben mit der Ölproduktion direkt nichts zu tun. Frier meint, da Ölpressen und Weinpressen praktisch identisch gewesen seien, habe Neraz das Inventar eines Weinguts durch den bloßen zusätzlichen Hinweis auf die Fässer für die Weinvorräte beschreiben können[67]. Das ist jedoch nicht glaubhaft. Weinfässer werden — ebenso wie Getreidefässer — auch auf einem Olivengut gebraucht. Wie Cato, *agr.* 10,4 zeigt, gehören sie zu dessen Ausstattung; dies erklärt sich daraus, daß der Wein zu den Grundnahrungsmitteln zählt. Wie der Eigentümer für sich und seine Leute für die Weinvorräte *dolia vinaria* benötigt (*agr.* 57), so auch der Pächter.

Der Verpächter muß folglich nicht nur die für die Ölproduktion erforderlichen Maschinen und Geräte zur Verfügung stellen, sondern auch die Grundausstattung, die für das Leben auf dem Ölgut erforderlich ist. Der Pächter hat die Weinfässer jedoch selbst für den jeweiligen Gebrauch von innen mit Pech abzudichten (und zu verschließen)[68]. Demgegenüber wurden Ölfässer mit dem ungekochten schaumigen Fruchtwasser der Oliven (*amurca*) abgedichtet[69].

VI. Nach alldem bietet es sich an, unser fr. 19,2 wie folgt zu übersetzen:

Wenn jemand ein Landgut verpachtet, müssen wir überlegen, was nach der Verkehrsanschauung ein Verpächter an Inventar dem Pächter gewähren

[65] Dazu etwa K.D. WHITE, (o. Anm. 57), 144 ff.

[66] Sie gehörten zum Grundstück, vgl. Ulp. D. 32,7,8 pr.; D. 32,93,4; D. 33,6,3,1.

[67] 209; dementsprechend übersetzt B.W. FRIER, 206 *sicuti* mit "analogously" und in: A. WATSON, (o. Anm. 34) mit "by analogy". — Daß Weinpressen zwei Fuß höher sind als Ölpressen, zeigt Cato, *agr.* 19,1.

[68] Vgl. Cato, *agr.* 23,1 (*dolia, quae opus sunt, picentur*), 39,1; Plinius, *Nat. hist.* 14,134; 15,61; 31,68,113.

[69] Cato, *agr.* 69; 100. — Dies bestätigt, daß sich der Relativsatz *quae — oportebit* nicht auch auf die *cetera vasa olearia* beziehen kann; unzutreffend deshalb J. KÖHN, (o. Anm. 34), 200, 210.

muß und was, wenn er es nicht gewährt, seine Haftung aus Pacht begründet[70]. Und aus einem Brief des Neraz an Aristo ergibt sich [für den Fall eines Ölguts], daß dem Pächter auf jeden Fall [Öl-]Fässer und eine Ölpresse nebst Kollergang mitsamt den erforderlichen Seilen zum Gebrauch überlassen werden müssen; wenn [diese Geräte] nicht [vorhanden sind], müsse der Eigentümer das Landgut damit ausstatten. Der Eigentümer müsse aber auch eine schadhafte Presse wieder instandsetzen. Werde jedoch eines dieser Geräte durch Verschulden des Pächters beschädigt, so hafte dieser mit der Verpächterklage. Aber die Kelterbeutel, die man zum Auspressen der Oliven braucht, muß, wie Neraz geschrieben hat, der Pächter sich selbst besorgen. Wenn die Olivenmasse jedoch mit Holzplatten ausgepreßt werde, müsse der Eigentümer sowohl den Preßbaum als auch die Seilwinde, die Holzplatten, einen Kelterdeckel und den Flaschenzug, mit dem der Preßbaum [nach dem Pressen] wieder emporgehoben wird, bereitstellen. Ferner müsse der Eigentümer einen bronzenen Kessel zur Verfügung stellen, in dem die Oliven mit heißem Wasser gereinigt werden, ebenso wie die übrigen Gerätschaften zum Keltern, wie auch Weinfässer, die der Pächter für den jeweiligen Gebrauch vorher mit Pech abdichten muß. All das gilt jedoch nur, wenn nicht etwas anderes ausdrücklich vereinbart worden ist.

VII. Da zu Lebzeiten des Neraz (um 55-60 bis nach 133 n.Chr.) alle vier Haupttypen von Ölpressen bekannt waren[71], ist es auffällig, daß Neraz sich gerade an dem zumindest in das 2. Jh. v.Chr. zurückreichenden[72] ältesten (oder zweitältesten) dieser Typen orientiert. Steinwenter hat gemeint, wenn man nicht glauben wolle, daß die Juristen aus eigener landwirtschaftlicher Erfahrung schöpften, so blieben wohl nur die Agrarschriftsteller als Quelle übrig[73]. Daß Neraz sich nur an Catos *agricultura* orientiert hätte, wäre jedoch sehr unwahrscheinlich, und bei einem Blick in das zeitgenössische Schrifttum wären ihm die Balken-Schrauben- oder direkten Schraubenpressen sicher nicht entgangen. Aber es ist überhaupt anzunehmen, daß Neraz als Jurist mit

---

[70] Mit Haloander und C. FERRINI, *Dig. Mil.*, ist *tenetur* in *teneatur* zu emendieren. — ED. FRAENKEL, «Hermes» 60 (1925), 423 will demgegenüber *quaeque* in *quae* verbessern (so gleichfalls schon Haloander), zustimmend TH. MAYER-MALY, (o. Anm. 5), 122 Anm. 58. Doch wird *que* durch das Scholion 3 zu Bas. 20,1,19 bestätigt (Hb. II 347; Schelt. B III 1184), vgl. auch B.W. FRIER, 205 Anm. 5.

[71] Siehe o. unter III.

[72] Cato wird *De agricultura* um 154 v.Chr. geschrieben haben, Plinius, *Nat. hist.* 14,45.

[73] A. STEINWENTER, *Fundus cum instrumento*, «AkdW Wien, Phil.-hist. Kl.», 221 (1942), 34; im Hinblick auf die zweite Alternative zustimmend TH. MAYER-MALY, (o. Anm. 5), 122.

einem besonderen Blick für die praktischen Gegebenheiten[74] über eigene Anschauung von Ölpressen verfügte[75], zumal da er aus Saepinum, einer kleinen Munizipalstadt in Samnium, stammte.

Geht man deshalb davon aus, daß Neraz seine *epistula* in der Kenntnis formulierte, daß es verschiedene Typen von Ölpressen gab, so läßt sich der Umstand, daß sich seine Erörterung nur auf einen einzigen Typ bezieht, am besten wohl damit erklären, daß es um ein konkretes Ölgut ging, auf dem Vorkehrungen für eine derartige catonische Presse getroffen waren oder auf dem diese Presse bereits eingerichtet und vielleicht nicht mehr ganz intakt war, möglicherweise infolge des Verschuldens des Pächters oder seiner Leute[76]. Das wiederum macht es wahrscheinlich, daß ein *responsum* des Neraz zugrundeliegt[77], von dem dieser dem Aristo in seiner *epistula* Kenntnis gegeben hat. So hat es wohl auch Ulpian gesehen, der uns die *epistula* weniger wegen der interessanten technischen Details überliefert hat als vielmehr deshalb, weil der hinter ihnen stehende allgemeine Gedanke hier besonders deutlich hervortritt: Der Verpächter hat dem Pächter die verpachtete Sache in einem zur vertragsmäßigen Nutzung geeigneten Zustand zu überlassen und zu erhalten; sie muß deshalb mit den erforderlichen Inventarstücken versehen sein mit Ausnahme der nicht haltbaren[78]. Daß dieser Rechtsgedanke Eingang in die neuzeitlichen Kodifikationen gefunden hat, beruht nicht zuletzt auf dem Gutachten des Neraz.

---

74 Vgl. R. KNÜTEL, «Iura» 25 (1974), 162.

75 Vgl. B.W. FRIER, 206; V. SCARANO USSANI, (o. Anm. 30), 26 f.

76 Zur *culpa conductoris* vgl. I. MOLNÁR, ANRW II. 14, Berlin-New York 1982, 624 f.; G. MAC CORMACK, ZSS 89 (1972), 198.

77 Ein Gutachten des Neraz nehmen auch an E. JÜNGST – P. THIELSCHER II, 117; U. V. LÜBTOW, *Catos leges venditioni et locationi dictae*, «Eos» 48.3 (1957), [= *Symbolae R. Taubenschlag dedicatae*, III], 281; B.W. FRIER, 206. — Für eine "Rechtsbelehrung unter Freunden" dagegen TH. MAYER-MALY, (o. Anm. 5), 122 Anm. 61 unter Berufung auf W. KUNKEL, *Herkunft und soziale Stellung der römischen Juristen*², Graz-Wien-Köln 1967, 283 Anm. 598, der (320) hieraus zugleich ein Argument für die Annahme abzuleiten sucht, Aristo habe das *ius respondendi* nicht gehabt. — Auch die Vermutung V. SCARANO USSANIS, (o. Anm. 30), 28, Neraz habe "un regolamento generale" treffen wollen, ist demnach nicht zu teilen; von einem allgemeinen Grundsatz hat Neraz sich allerdings leiten lassen,s. im Text.

78 Vgl. I. BUTI, s.v. *Scorte* (*storia*), in: *Enciclopedia del diritto*, XLI, Milano 1989, 793 f. — Herrn cand.iur. SEBASTIAN LOHSSE, Bonn, danke ich für förderliche Mitarbeit.

PAPINIAN D.33,2,24 PR.*

Rolf Knütel

Bonn

D.33,2,24 pr. Papinianus *libro septimo responsorum*
Uxori fructu bonorum legato faenus quoque sortium, quas defunctus collocavit, post impletam ex senatus consulto cautionem praestabitur. igitur usuras nominum in hereditate relictorum ante cautionem interpositam debitas velut sortes in cautionem deduci necesse est. non idem servabitur nominibus ab herede factis: tunc enim sortes dumtaxat legatario dabuntur aut, quod propter moram usuras quoque reddi placuit, super his non cavebitur.

I. 1. Einer Ehefrau ist der Nießbrauch an einem Vermögen – vermutlich am Nachlaß ihres verstorbenen Ehemannes – vermacht worden, offenbar durch ein einziges einheitliches Vermächtnis, das ein Damnationslegat[1] sein müßte. Für die unterschiedlichen Vermögensgegenstände mußte der Nießbrauch durch das jeweils zuständige Geschäft, insbesondere die *in iure cessio*, bestellt und durch Kaution abgesichert werden. Papinian geht es um den Nießbrauch an den Forderungen, die sich in der Erbschaft befinden. Ihn interessiert in diesem Zusammenhang die Frage, was Gegenstand der Kaution sein muß; zur Bestellung des Nießbrauchs macht er keine Bemerkung.

2. Die einschlägige Kaution ist hier nicht die *cautio usufructuaria*, sondern die Kaution nach einem Senatsbeschluß aus der späten Republik oder dem frühen Prinzipat[2]. Dieser Senatsbeschluß bestimmte, daß auch an Sachen, die durch Gebrauch verbraucht oder vermindert werden, ein Nießbrauch vermacht werden kann, mithin auch an Geld und, wie im Wege der Auslegung anerkannt wurde, auch an Forderungen (Ulp. D.7,5,3). Es ist dies der sog. uneigentliche oder *Quasi*-Nießbrauch.

Der Senatsbeschluß sah vor, daß der Nießbraucher in diesen Fällen gleichfalls Sicherheit zu leisten hatte, und zwar dafür, daß im Falle seines Todes oder einer Statusänderung – nur diese beiden Fälle waren genannt[3] – Sachen derselben Qualität wie die empfangenen dem Erben zurückgewährt werden würden. Doch konnte auch Sicherheit dafür geleistet werden, den Schätzwert der empfangenen Sachen in Geld zurückzugeben (Gai. D.7,5,7; Inst.2,4,2).

---

* J. Sondel/J. Reszczyński/P. Scislicki (Hrsg.), Roman Law as Formative of Modern Legal Systems. Studies in Honour of Wiesław Litewski, Bd. 1, Jagiellonian University Press, Krakau 2003, 237 – 245.

[1] Cuiaz, *Opera omnia*, ed. Neapel 1722, VII, 307 E. Siehe dazu auch unten vor Fn. 25.

[2] Cicero kannte ihn offenbar nicht, dem 33 n.Chr. gestorbenen Nerva pater war er dagegen bekannt (D.7,5,3), vgl. E. Volterra, *Senatus Consulta*, in *Scritti giuridici*, M. Talamanca (Hrsg.), V, Napoli 1993, 248 f.

[3] D.7,5,9 (Paul. 1 *ad Ner.*); D.7,9,7,1(Ulp. 79 *ad ed.*); Inst.2,4,2. Die *cautio usufructuaria* erfaßte dagegen die weiteren Erlöschensgründe, wie etwa *rei mutatio, non usus, confusio*, vgl. D.7,9,3 (Ulp. 79 *ad ed.*).

3. Für Papinian ging es, wie gesagt, darum, wie das Rückgewährversprechen bei Forderungen, an denen ein Nießbrauch vermacht war, zu fassen war. Er unterscheidet zwei Fälle.

II. Die erste Fallgruppe bilden die Forderungen, die der Erblasser durch Darlehensvergabe bereits begründet hatte. Zu ihnen stellt Papinian klar, daß außer den Hauptforderungen auch die Forderungen auf ausstehende Zinsen dem Nießbraucher zu überlassen sind. Die Zinsforderungen fallen wie die Hauptforderungen, deren Annex sie sind[4], in die Erbschaft und gehören damit zu den Nießbrauchsgegenständen. In einem zweiten Schritt zieht der Jurist daraus den Schluß, daß diese Zinsforderungen hinsichtlich der Kaution wie Hauptforderungen anzusehen sind, mithin wie bei den Hauptforderungen so auch bei ihnen für die Rückgewähr Sicherheit zu leisten ist[5]. Mit anderen Worten: Bis zum Abschluß des Sicherheitsversprechens stehen dem Nießbraucher nicht die Zinsen als solche zu, sondern nur als Kapital, aus dem er seinerseits künftig Zinsen als Früchte ziehen kann.

III. 1. Dem setzt Papinian als zweite Fallgruppe die Forderungen entgegen, die erst der Erbe begründet hat, und zwar – wie nach dem Zusammenhang ohne weiteres zu unterstellen ist – mit Erbschaftsmitteln. Zu denken ist etwa daran, daß er Erbschaftsgelder Dritten als Darlehen überlassen oder daß er eine Erbschaftssache verkauft und den Kaufpreis zur Darlehensgewährung verwendet hat. In dieser Fallgruppe sind der Ehefrau als Nießbrauchsvermächtnisnehmerin nur die Hauptforderungen zu überlassen, im Gegensatz zur ersten Fallgruppe aber nicht die vom Erben dazu begründeten Zinsforderungen. Wie sich dieser Unterschied erklärt, ist zweifelhaft.

Im Hinblick auf die Hauptforderungen, die der Erbe mit Erbschaftsmitteln begründet hat, geht Papinian offenbar davon aus, daß sie Surrogate der Erbschaftsmittel, mithin der Erbschaft zuzuordnen sind und deshalb auch dem Nießbrauch unterfallen müssen. Die Surrogation wirft in diesem Zusammenhang keine Probleme auf, weil der Erbe einerseits Eigentümer des Nachlasses ist und andererseits ohnehin Inhaber der Forderungen wird, die er mit den Nachlaßmitteln begründet. Anders verhält es sich, wenn ein Erbschaftsbesitzer durch Vergabe von Nachlaßgeldern Darlehensforderungen begründet; denn in solchen Fällen haben die römischen Juristen angenommen, daß zwar der Erbschaftsbesitzer Forderungsinhaber bleibt, eine dingliche Surrogation also nicht eintritt, daß die Forderungen aber zur Erbschaft gehören und deshalb in die *hereditatis petitio* fallen[6]. Im uns interessierenden Fall, in dem der Erbe selbst die Darle-

---

[4] Zu den Möglichkeiten der unterschiedlichen Gestaltung der Zinsstipulationen, s. R. Knütel, in *'Iurisprudentia universalis', Festschrift Th. Mayer-Maly*, M. J. Schermaier – J.M. Rainer – L.C. Winkel (Hrsg.), Köln 2001, 341 f. Vgl. auch unten Fn. 31.

[5] Treffend hervorgehoben in der spanischen Übersetzung von A. D'Ors – F. Hernandez-Tejero – P. Fuenteseca – M. García-Garrido – J. Burillo, II, Pamplona 1972, 529 („es necessario que entren como capital <garantizado por> la caución").

[6] D.5,3,30 (Iul.-Paul. 20 *ad ed.*), s. dazu und zur Surrogationsproblematik R. Leonhard, *Der Erbschaftsbesitz*, 1899, 10, 65 f.; M. Kaser, ZSS 98 (1981) 117 m. Fn. 147; A. Welle, *In universalibus pretium succedit in locum rei, res in locum pretii*, Berlin 1987, 26 ff.; M. Müller-Ehlen, *'Hereditatis petitio'. Studien zur Leistung auf fremde Schuld und zur Bereicherungshaftung in der römischen Erbschaftsklage*, Köln 1998, 8 m. Fn. 20, 126.

hensforderungen begründet hatte, kann angesichts dessen von vornherein nicht zweifelhaft sein, daß die Forderungen zum Nachlaß gehören und der Nießbraucherin deshalb zur Nutzung zu überlassen sind.

2. Es bleibt die Frage, weshalb der Erbe in der zweiten Fallgruppe die Zinsforderungen, die bis zur Bestellung des Nießbrauchs entstanden sind, der Nießbraucherin nicht zur Nutzung zu verschaffen hat. Offenbar hat Papinian angenommen, diese Zinsforderungen seien nicht wie etwa Früchte von selbst aus den Nachlaßgeldern erwachsen, sondern erst kraft eines besonderen Rechtsgeschäfts des Erben entstanden, nämlich durch die von ihm abgeschlossenen Zinsstipulation; sie seien also, um mit der berühmten Unterscheidung des Paulus (D.18,4,21) zu sprechen, *non ex re, sed propter negotiationem* gewonnen worden.

Auch ist nicht anzunehmen, daß der Erbe insoweit als *negotiorum gestor* der Nießbraucherin gehandelt und die Zinsforderungen begründet hat, damit die Nießbraucherin sie nutzen kann. Denn es liegt an der Vermächtnisnehmerin, die erst mit Bestellung des Nießbrauchs das Nutzungsrecht erwirbt, die Erfüllung des Vermächtnisses, also die Bestellung des Nießbrauchs, zu verlangen. Solange sie dies nicht tut, kann der Erbe die Möglichkeit nutzen, das im Nachlaß brachliegende Geld für sich, den Erben, arbeiten zu lassen. Eine vergleichbare Entscheidung des Marcellus ist in D.36,1,46 (44),1 *i.f.* überliefert.

IV. Im Hinblick auf die vom Erblasser begründeten Forderungen geht Papinian, wie aus der Hervorhebung *post impletam ex senatus consulto cautionem* abzuleiten ist, offenbar davon aus, daß der Nießbrauch erst entsteht, wenn die Sicherheit geleistet wird[7]. Für die vom Erben begründeten Forderungen kann schwerlich anderes gelten. Zwar zeigt Ulp. D.7,5,5,1[8], daß der uneigentliche Nießbrauch auch ohne Kautionsleistung bestehen konnte; doch mußte der durch Damnationslegat ausgeworfene Nießbrauch jedenfalls bestellt sein. Für den Nießbrauch an Forderungen erfolgt die Bestellung durch eine „Abtretung" der Forderungen[9], durch die der Nießbraucher in den Stand versetzt wird, die Forderungen gegebenenfalls einzuziehen und anderweit zu besserem Zins anzulegen. Vermutlich hat Papinian angenommen, daß diese Bestellung für die Forderungen zugleich mit der Sicherheitsleistung erfolgt ist, weil in dieser zugleich die (formlos mögliche) Bestellung des Nießbrauchers zum *procurator in rem suam*[10] gesehen werden kann.

---

[7] So Accursius bei Cuiaz (o. Fn. 2), VII, 306 C. Die Interpolationsbehauptungen von G. v. Beseler, TR 10 (1930) 167 [*faenus – igitur*] sind mit den Erwägungen, die Aussage sei selbstverständlich und *cautionem implere* komme im Bereiche des VIR sonst nicht vor, nicht zu rechtfertigen. Von der Itp. von *post impletam – cautionem* geht auch aus L. Boyer, RHD 43 (1965) 385 Fn. 81; Echtheitszweifel zudem bei G. Grosso, BIDR 43 (1935) 237, 244 Fn. 1 (245) = *Scritti storico giuridici*, II, Torino 2001, 96 Fn. 1 (97); ders., *Usufrutto e figure affini nel diritto romano*[2], Torino 1958, 423 (dazu sogl. Fn. 11).

[8] Vgl. auch D.10,4,9,4 (Ulp. 24 *ad ed.*).

[9] A. Brinz, *Pandekten*[2], I, Erlangen 1873 (Ndr. Goldbach 1997), 779 mit Hinweis auf die Zessionen in Diocl. C.6,37,18 (a. 294) und Diocl. C.4,59,8 (s.a.). Andernfalls wäre nicht verständlich, weshalb der Nießbraucher hinsichtlich der Hauptforderung die Kaution nach dem Senatsbeschluß leisten muß, wie es in fr. 24 pr. sowie in D.7,5,3 u. 4 (Ulp. 18 *ad Sab.*, Paul. 1 *ad Ner.*) und Sev. C.3,33,1 (a. 199) vorausgesetzt wird, vgl. A. Brinz, *loc. cit.*; E. Cuq, *Manuel des Institutions juridiques des Romains*, Paris 1917, 340.

[10] Dazu M. Kaser – K. Hackl, *Das römische. Zivilprozeßrecht*[2], München 1996, 213 (§ 29 III).

V. 1. Im Schlußteil stellt Papinian klar, daß der Nießbraucher für mögliche verzugsbedingte Zinsen keine Sicherheit zu leisten braucht. Der Passus ist zwar des öfteren für unecht erklärt worden; doch nur aufgrund sehr pauschaler Behauptungen[11], die zurückzuweisen sind. Denn die Ausführungen enthalten nicht nur eine von der Sache her ohne weiteres einleuchtende Abgrenzung, sondern auch einen entwicklungsgeschichtlich bemerkenswerten Hinweis zu den Zinsen, und sie sind – zumal angesichts der sprachlichen Eigenwilligkeiten Papinians – auch von der Formulierung her akzeptabel.

2. Der Schlußsatz (*aut, quod propter moram usuras quoque reddi placuit, super his non cavebitur*) ist allerdings wenig klar. Es überrascht deshalb nicht, daß er in unterschiedlicher Weise aufgefaßt wird, freilich ohne daß die einzelnen Interpreten oder Übersetzer auf abweichende Auslegungsvarianten eingingen. Jedenfalls im Grundsatz kommen drei verschiedene Möglichkeiten in Betracht, die sich freilich nicht notwendig ausschließen.

a) Die erste, allerdings unwahrscheinlichste Möglichkeit ist, daß Verzugszinsen gemeint sind, die der Schuldner, der sich im Verzug befinden mag, dem Erben zahlt. Die Aussage ginge dann dahin, daß der Erbe diese Zinsen dem Vermächtnisnehmer herausgeben (*reddere*) muß[12].

Bei dieser Sicht bliebe jedoch unverständlich, weshalb der Erbe die erlangten Verzugszinsen herausgeben sollte, wenn er sich nicht selbst in Verzug befindet. Auch paßt zu dieser Auslegung nicht die Hervorhebung, daß der Erbe in dieser Fallgruppe, also bei den von ihm selbst mit Mitteln der Erbschaft begründeten Forderungen, dem Vermächtnisnehmer lediglich die Forderungen (*sortes dumtaxat*) zur Nutzung zu überlassen hat.

---

[11] C. Ferrini, Rendiconti dell'Istituto Lombardo di Scienze e Lettere 33 (1900) 1213, 1223 = *Opere*, IV, Milano 1930, 217, 229; F. Messina Vitrano, *Il legato d'usufrutto nel dir. rom.*, Palermo 1912 (Ndr. Rom 1972), 82 f.; P. Krüger, *Digesta*[15], 1928, ad h.l.; G. v. Beseler, TR 10 (1930) 167. G. Grosso, *Usufrutto* (o. Fn. 7), 423 verweist lediglich auf den Ind. itp. und hält den Passus für „*alquanto deturpata*". Ferner beanstandet er, daß im Text über die Art, in der die Übertragung des Kapitals zu erfolgen habe und über den Inhalt der *cautio* nichts gesagt werde, und er schließt, da auch in C.3,33,1 nicht von den Forderungen, sondern nur von den Beträgen die Rede sei, die von den Schuldnern gezahlt wurden, daraus, daß D.33,2,24 pr. „sia stato rimaneggiato" und daß das Insistieren auf einem Abschluß der *cautio* unecht oder zumindest nur Reststück aus einer umfänglicheren Diskussion sei. Insgesamt vermutet er (S. 424), das Vermächtnis eines Nießbrauchs an Forderungen sei zwar nach Zweifeln und unterschiedlichen Betrachtungsweisen anerkannt und auf verschiedene Weise verwirklicht worden. Vergleichbar schon G. Grosso, BIDR 43 (1935) 244 Fn. 1 (245), s.o. Fn. 7. – Zurückzuweisen ist auch die Behauptung von H. Siber (*Römisches Privatrecht*, II, Berlin 1928, 116) zu D.33,2,24 pr., das Vermächtnis des Nießbrauchs an einer verzinslichen Forderung sei unwirksam gewesen und nur als Vermächtnis der vom Schuldner an den Erben zu zahlenden Zinsen aufrechterhalten worden. – Einschränkend demgegenüber M. Kaser, *Römisches Privatrecht*[2], I, München 1971, 454 Fn. 70 („im wesentlichen klassisch"); anders noch in ZSS 67 (1950) 346 Fn. 45 (347).

[12] So scheint S.P. Scott, *The Civil Law*, VII, Cincinnati 1932 (Ndr. New York 1973), 171 die Dinge zu sehen („for in this case, only the principal must be paid to the legatee, or whatever interest is found to be due on account of default of payment...") und vielleicht auch die spanische Übersetzung von A. D'Ors – F. Hernandez-Tejero – P. Fuentesecca – M. García-Garrido – J. Burillo, *op. cit.* (Fn. 5), 529 („pues en este caso sólo se deben dar al legatario los capitales o lo que se debe abonar como intereses moratorios de los mismos..."; denn in diesem Fall [sc. bei den vom Erben begründeten Forderungen] sind dem Vermächtnisnehmer nur die Kapitalforderungen zu überlassen oder das, was man darauf als Verzugszinsen zu zahlen hat). In der Sache wäre in einer Situation doppelten Verzuges freilich anzunehmen, daß der Erbe, sobald er in Verzug kommt, dem Vermächtnisnehmer neben dem Kapital auch diejenigen Verzugszinsen auszukehren hat, die er vom Schuldner aufgrund von dessen Verzug erlangt. Vgl. unten V 7.

b) Als zweite Möglichkeit kommt in Betracht, daß der Erbe dann, wenn er in Verzug kommt, außer den von ihm begründeten Forderungen dem Vermächtnisnehmer auch die Zinsen herausgeben muß, die er mit dem Schuldner durch Stipulation oder *pactum adiectum* vereinbart hat. In diesem Sinne wird der Schlußsatz ganz überwiegend aufgefaßt; beispielsweise führt Glück aus: „Der Haupterbe genießt sie (*sc.* die von ihm „ausgeliehenen Capitalien"), und restituiert sie erst von der Zeit an, da er selbst in *mora* ist"[13].

Für diese Interpretation spricht zwar, daß sie eine plausible Parallele zur ersten Fallgruppe bildet, in der es um die Zinsen der vom Erblasser gewährten Darlehen geht, und daß sie das Verb *reddere* in der Primärbedeutung von „herausgeben" verstehen kann. In der Sache bleibt jedoch bedenklich, weshalb der Erbe, wenn er beispielsweise die Gelder nur für 6% angelegt hat, im Falle seines Verzuges lediglich diese 6% herausgeben und nicht einen höheren, möglicherweise die Höchstgrenze der *centesimae usurae* erreichenden Verzugszins entrichten müßte.

c) Die dritte Auslegungsmöglichkeit vermeidet dieses Bedenken. Sie legt ebenfalls zugrunde, daß es um die *mora* des Erben und nicht des Forderungsschuldners geht; sie unterscheidet sich von der zweiten aber darin, daß sie die Zinsen als die Verzugszinsen versteht, die der Erbe wegen seines Verzuges zu zahlen hat. Das Verb *reddere* bereitet dieser Interpretation keine Schwierigkeiten, weil es auch die Bedeutung von „geben", „leisten" oder „zahlen" haben kann[14].

Von dieser dritten Auslegungsvariante gehen ohne weiteres F. Steinberger[15] und G. Cervenca[16] aus sowie L. de Ligt und J.E. Spruit in der niederländischen Übersetzung, die den Passus wie folgt wiedergeben: „en zal, voor zover hierbij volgens de heersende leer wegens verzuim ook rente betaald moet worden, betreffende díe rente [door de vruchtgebruikster] geen garantieverklaring afgelegd behoeven te worden"[17] (und es braucht, soweit nach der herrschenden Lehre wegen Verzugs auch Zinsen bezahlt werden müssen, im Hinblick auf diese Zinsen [vom Nießbraucher] kein Sicherheitsversprechen abgegeben zu werden).

3. Zweifelhaft bleibt, ob eine von den beiden Deutungen vorzugswürdig ist, ob also der Erbe im Verzugsfalle auch „die (erlangten) Zinsen h e r a u s z u g e b e n hat" (Variante 2) oder ob er „(Verzugs-)Zinsen zu z a h l e n hat" (Variante 3). Bemerkenswert ist

[13] C.F. Glück, *Ausführliche Erläuterung der Pandecten*, IX, Erlangen 1808, 489; ferner Cuiaz, *op. cit.* (Fn. 1), 308 A; R. Pothier, *Le Pandette di Giustiniano, Versione italiana*, IV, Prato 1834, 318 sowie die Übersetzungen von Jungmeister in C.E. Otto – B. Schilling – C.F.F. Sintenis, *Das 'Corpus Juris Civilis' in's Deutsche übersetzt*, III, Leipzig 1831, 431 („oder, wird auch angenommen, dass wegen des Vorzugs [irrtümlich statt: Verzugs] des Erben die Zinsen zurückgegeben werden müssen [!], so braucht doch dafür keine Sicherheit bestellt zu werden") und von I.L. García del Corral, *Cuerpo del derecho civil romano*, II *Digesto*, Barcelona 1892 (Ndr. Valladolid o.J.), 606.

[14] D.50,16,94 (Cels. 20 *dig.*) = D.31,21; H. Heumann – E. Seckel, *Handlexikon zu den Quellen des röm. Rechts*[11], Graz 1971, 496; *Oxford Latin Dictionary*, P.G.W. Glare (Hrsg.), Oxford 1982, 1588 *s.v. reddo* Nr. 8 (To pay [money due]) u.a. mit Hinweis auf Plaut., *Mostellaria* 575: *quin mihi faenus redditur.*

[15] F. Steinberger, (Lindes) Zeitschrift für Civilrecht und Prozeß 11 (1854) 172 („sofern nicht ein ganz besonderer Grund vorliegt, aus welchem auch er [*sc.* der Erbe] z.B. in Folge seiner *mora*, seinerseits Zinsen zahlen muß").

[16] G. Cervenca, *Contributo allo studio delle 'usurae' c.d. legali nel diritto rom.*, Milano 1969, 178 m. Fn. 307.

[17] In J.E. Spruit – R. Feenstra – K.E.M. Bongenaar, *'Corpus Iuris Civilis'. Tekst en Vertaling*, IV, Zutphen-'s-Gravenhage 1997, 712.

hierzu, daß Papinian zur Herausgabe oder Zahlung der Zinsen den Hinweis gibt: *placuit*. Im allgemeinen kann mit *placere, placuit* eine rechtsgeschäftliche Bestimmung[18], gerade auch im Hinblick auf Zinsen, gemeint sein[19]. Für den vorliegenden Fall scheidet die Annahme, Erbe und Vermächtnisnehmerin könnten eine Vereinbarung (in Stipulationsform?) über Verzugszinsen getroffen haben, jedoch ebenso aus wie die Unterstellung einer entsprechenden testamentarischen Bestimmung – beides ließe Papinians Ausführungen als bloße Banalität erscheinen. *Placuit* meint deshalb – wie bei Papinian geradezu regelmäßig – eine „Ansicht, die sich durchgesetzt hat, jetzt unbestritten“[20] oder jedenfalls herrschend ist.

4. Bei diesem Verständnis wird begreiflich, weshalb Papinian es für angebracht hält, besonders darauf hinzuweisen, die Pflicht zur Entrichtung von Zinsen sei jetzt anerkannt. Denn bei den Vermächtnissen wurde im Gegensatz zu den Fideikommissen bis in die Hochklassik hinein die Entstehung von Verzugszinsen ausgeschlossen. Dies zeigt

> Gai.2,280: *Item fideicommissorum usurae et fructus debentur, si modo moram solutionis fecerit qui fideicommissum debebit; legatorum vero usurae non debentur; idque rescripto divi Hadriani significatur. Scio tamen Iuliano placuisse, in eo legato quod sinendi modo relinquitur idem iuris esse quod in fideicommissis; quam sententiam et his temporibus magis optinere video.*
>
> „Ferner werden bei Fideikommissen Zinsen und Nutzungsherausgabe geschuldet, sofern derjenige, der das Fideikommiß schuldet, mit der Erfüllung in Verzug kommt; bei Vermächtnissen werden dagegen Zinsen nicht geschuldet. Dies wird in einem Reskript des vergöttlichten Kaisers Hadrian ausgesprochen. Doch weiß ich, daß Julian der Ansicht war, bei einem Duldungsvermächtnis sei dasselbe rechtens wie bei den Fideikommissen, und ich sehe, daß diese Meinung heutzutage vorherrschend ist“.

Nach dieser Aussage, die zu Beanstandungen keinen Anlaß gibt[21], könnte man zunächst erwägen, daß es auch in unserem Papinian-Fragment um das *legatum sinendi modo* ging[22]. Zwar konnte dieses Legat bei entsprechender Formulierung ohne weiteres verwendet werden, um einen Nießbrauch zu vermachen (*heres meus damnas esto sinere Lucium Titium uti frui*)[23]; doch galt dies nur im Hinblick auf Speziessachen; für gattungsmäßig bestimmte Sachen und besonders für Geld war es offensichtlich nicht geeignet, denn daß der Erblasser dem Vermächtnisnehmer einen nur der Menge nach bestimmten Zugriff auf beliebige Gattungssachen oder Geldstücke beim Erben hätte eröffnen können, ist kaum vorstellbar[24]. Erst recht nicht vorstellbar ist aber, daß über das Duldungsvermächtnis ein Nießbrauch an Forderungen hätte ausgeworfen werden können: Ein Duldungsvermächtnisnehmer könnte durch einseitiges Handeln keinerlei

---

[18] Möglicherweise denkt daran R. Seager, in *The Digest of Justinian*. Latin Text ed. Th. Mommsen – P. Krueger, English Translation ed. A. Watson, III, Philadelphia Penns. 1985, 110, wenn er übersetzt: „or, where it has also been decided that on account of delay the interest too should be paid over…“.

[19] Vgl. etwa D.20,1,1,3 (Pap. 11 *resp.*) (*pacto placuit, ut ad diem usuris non solutis…*); D.22,1,41,2 (Mod. 3 *resp.*) (*cum… usuris placitis inter nos*).

[20] So H. Heumann – E. Seckel, *op. cit.* (Fn. 14), 432 *s.v. placere*.

[21] Vgl. etwa M. David – H.L.W. Nelson, *Gai Institutionum Commentarii IV*, 3. Lieferung, Leiden 1968, 436 f. (ad h.l.) m.w.N.; G. Cervenca, *op. cit.* (Fn. 16), 170 ff., 173 ff.

[22] Erwogen von M. Kaser, ZSS 67 (1950) 346 Fn. 45 (347), freilich mit der Annahme, der Schluß sei interpoliert.

[23] Vgl. D.33,2,14 (Cels. 18 *dig.*); D.33,1,2 (Pomp. 6 *ad Sab.*); Ulp. FV.85; G. Grosso, *Usufrutto* (o. Fn. 7), 17 f., 344.

[24] M. Kaser, *op. cit.* (Fn. 22), 332.

„Verfügungsmacht“ über die zwischen dem Erben und dem Schuldner bestehende Obligation erlangen.

5. Papinian muß folglich in D.33,2,24 pr. von einem Damnationslegat ausgegangen sein, und es war deshalb für ihn sehr angebracht, darauf hinzuweisen, daß inzwischen, also zu Anfang des 3. Jahrhunderts[25], auch für das Damnationslegat anerkannt wurde, daß bei *mora* des Erben Zinsen zu entrichten waren[26]. Daß die Kompilatoren einen derartigen Hinweis eingeschoben haben sollten, ist ganz unwahrscheinlich; sie hätten überdies nicht mehr als *et propter moram usuras* zu schreiben brauchen.

6. Das Fragment Pap. D.33,2,24 pr. zeigt demnach, daß auch hinsichtlich der Verzugszinsen eine Angleichung von Fideikommiß und Damnationslegat schon in der Spätklassik erreicht wurde. Grundlage hierfür war sicherlich der Beurteilungsspielraum, der dem Richter durch die *incertum*-Klausel der (strengrechtlichen) *actio ex testamento* eingeräumt war[27].

Damit wird zugleich wahrscheinlich, daß die entsprechenden Aussagen der auf Papinian folgenden Juristen, insbesondere des Paulus (D.30,23) und des Ulpian (D.22,1,34; D.30,39,1), wonach der Erbe auch beim Damnationslegat Verzugszinsen zu zahlen hatte, echt sind und daß auch die Paulus-Sentenzen insoweit den spätklassischen Rechtszustand wiedergeben, PS.3,8,4: *Ex mora praestandorum fideicommissorum vel legatorum fructus et usurae peti possunt: mora autem fieri videtur, cum postulanti non datur*[28].

7. Vor diesem Hintergrund spricht bei der Abwägung zwischen den Auslegungsvarianten 2 und 3[29] die Wahrscheinlichkeit dafür, daß Papinian nicht lediglich eine Pflicht zur Herausgabe der vom Erben erlangten Zinsen vor Augen hatte, sondern die Pflicht des Erben, Verzugszinsen zu zahlen, sogar dann, wenn er selbst keine Zinsen vom Schuldner erhielt. Der Richter wird diese Verzugszinsen in Höhe der *centesimae usurae* (12%) festgesetzt haben, soweit nach dem Ortsgebrauch sich nichts Abweichendes ergab[30], und er wird dem Vermächtnisnehmer in der Regel zumindest die Zinsen zugesprochen haben, die der Erbe selbst erlangt hatte.

Im Rahmen des richterlichen Beurteilungsspielraums, zu dessen Ausweitung es in der Spätklassik auch bei der *actio ex testamento* gekommen war, ließen sich also die Möglichkeiten 2 und 3 verbinden: Wenn anerkannt wurde, daß der Erbe dem Ver-

---

[25] Zur Entstehungszeit von Papinians Responsen s. P. Krüger, *Geschichte der Quellen und Litteratur des Römischen Rechts*[2], München-Leipzig 1912, 222 f. (ab Buch 4 nicht vor dem Jahre 206).

[26] Aus D.22,1,8 (Pap. 7 *resp.*) = FV.65, einem ebenfalls aus dem (dem Legatsrecht gewidmeten) 7. Buch der Responsen stammenden Text, läßt sich nichts Gegenteiliges ableiten. Zum parallelen Modestin-Fragment D.22,1,39 ist C. Ferrinis Rekonstruktion: *Equis per fideicommissum <relictis vel sinendi modo> legatis* (*Opere*, IV [o. Fn. 11], 227, dem zuneigend M. Kaser, ZSS 75 [1958] 196 Fn. 185) ebenso wenig glaubhaft wie die entgegengesetzte Annahme P. Krügers, *op. cit.* (Fn. 11) ad fr. 39: *per [fideicommissum] <damnationem> legatis.*

[27] Vgl. M. Kaser, *Römisches Privatrecht* (o. Fn. 11), 516 m. Fn. 24, 743 m. Fn. 12; W. Kunkel – H. Honsell – Th. Mayer-Maly – W. Selb, *Römisches Recht*[4], Berlin-Heidelberg 1987, 247 m. Fn. 25.

[28] Vgl. schon G. Cervenca, *op. cit.* (Fn. 16), 177 ff. m. weiteren Quellen.

[29] Siehe oben V 2 b und c.

[30] Vgl. D.30,39,1 (Ulp. 21 *ad Sab.*), dazu M. Kaser, *'Restituere' als Prozeßgegenstand*[2], München 1968, 51 ff., 203 (mit unglaubhafter Beziehung auf das *legatum sinendi modo*) sowie allgemein ders., *op. cit.* (Fn. 11), 497 i.V.m. 516 m. Fn. 24.

mächtnisnehmer Verzugszinsen zu zahlen hatte, dann drängte es sich auf, daß er ihm ab Verzugseintritt auch die Verzugsfrüchte, mithin die vom Schuldner an ihn gezahlten Zinsen herauszugeben hatte, ganz so, wie das bei den Fideikommissen anerkannt war. Denn mit der Hauptforderung mußte der Erbe dem Vermächtnisnehmer zugleich die Zinsansprüche überlassen[31], und ohne Verzug des Erben hätte deshalb der Vermächtnisnehmer die Zinsen vom Schuldner erlangt.

Allerdings wird die Einschränkung beachtet worden sein, daß derartige Verzugsfrüchte nicht mit dem Verzugszins kumuliert wurden. Entsprachen dem *mos regionis* beispielsweise Zinsen in Höhe von 8%, hatte der Erbe vom Schuldner jedoch 10% stipuliert, so werden dem Vermächtnisnehmer ab Verzug des Erben Zinsen nur in Höhe der 10% geschuldet worden sein.

8. Der abschließende Hinweis *super his non cavebitur* ist unserer Auffassung günstig, nach der Papinian sowohl die vom Schuldner gezahlten Zinsen, die Verzugsfrüchte, als auch die vom Erben zu entrichtenden Verzugszinsen gemeint hat. Der Hinweis wäre, wenn er sich allein auf die Verzugszinsen bezöge, nur eine sehr banale Klarstellung; denn es liegt auf der Hand, daß für Verzugszinsen, die der Erbe aufgrund seines Verzuges zu entrichten hat, eine Rückgewähr nicht in Betracht kommt. Betrifft der Hinweis jedoch auch die vom Schuldner an den Erben gezahlten Zinsen, so hat er erkennbar mehr Gewicht und macht den Gegensatz deutlich, der gegenüber den Zinsen der ersten Fallgruppe besteht, also gegenüber den Zinsen für die vom Erblasser begründeten Forderungen.

VI. Zwei Fragen ergeben sich schließlich noch für die Übersetzung des Schlußsatzes.

Daß die Konjunktion *aut* hier nicht im disjunktiven Sinn zu verstehen ist, sondern die Bedeutung von „oder auch“ oder kürzer von „und“ hat, ist weithin anerkannt[32] – dies mit Recht, denn die Verzugszinsen können nur hinzukommen zur Hauptforderung, die dem Nießbrauchsvermächtnisnehmer jedenfalls zur Nutzung (gegebenenfalls durch Einziehung[33] und anderweite Anlage des Geldes) zu überlassen ist.

Die zweite Frage betrifft das Verständnis der Konjunktion *quod*. Wollte man sie im kausalen Sinne auffassen, so würde das Objekt zu *dabuntur* fehlen und müßte ergänzt werden: „dann sind nur die Forderungen dem Vermächtnisnehmer zu überlassen und, weil inzwischen anerkannt ist, daß wegen Verzugs auch Zinsen zu zahlen sind, <auch diese Zinsen>; für diese ist keine Sicherheit zu leisten.“ Eine solche Ergänzung wäre jedoch bedenklich.

Es bedarf ihrer aber auch nicht. Denn *quod* wird hier in der Bedeutung von „was den Umstand anbelangt, daß“ verwendet[34]. Bei diesem Gebrauch des *quod* besteht eine sprachliche Besonderheit: Im Deutschen „schieben wir die Imperative: wisse, höre, vernimm ein und machen davon die übrige Rede abhängig; die lateinische Sprache

[31] Vgl. D.32,34 pr. (Scaev. 16 *dig.*) sowie (wenngleich zum Kauf) D.18,4,23 pr. (Herm. 2 *iuris epit.*).
[32] Haloander hat *aut*] *et* emendieren wollen; doch ist das nicht nötig.
[33] Vgl. zu dieser Befugnis des Forderungsnießbrauchers Sev. C.3,33,1 (a. 199).
[34] In diesem Sinne auch die niederländische Übersetzung (o. bei Fn. 17).

hingegen enthält sich der Einschiebsel *scito, scitote* und spricht den Gedanken in unabhängiger Rede aus"[35]. Daß Papinian den Nachsatz *super his non cavebitur* unmittelbar an den Vordersatz anschließt, ist mithin gutes Latein.

Mit dieser Beobachtung bestätigt sich zugleich die für Papinian typische gedrängte Kürze der Darstellung. Der Jurist führt nicht ausdrücklich aus, daß der Erbe gegebenenfalls Verzugszinsen zu zahlen hat; vielmehr verknüpft er die wichtige Klarstellung zur anerkannten Möglichkeit, daß auch beim Legat Verzugszinsen entstehen können sogleich mit dem Hinweis, daß diese in die Kaution nicht aufzunehmen sind.

VII. Nach alldem hoffen wir, daß unsere Übersetzung vor dem kritischen Auge des Jubilars bestehen möge, des Jubilars, dem wir aufgrund alter Verbundenheit die besten Wünsche für eine lange Fortsetzung seiner so ertragreichen wissenschaftlichen Arbeit entbieten:

> „Einer Ehefrau, der der Nießbrauch am gesamten Vermögen vermacht worden ist, sind auch die Zinsen aus den Darlehen zu überlassen, welche der Erblasser [Dritten] gewährt hat, sobald sie die im Senatsbeschluß bestimmte Sicherheit [durch Versprechen in Stipulationsform] geleistet hat. Deshalb müssen die Zinsen, die vor der Sicherheitsleistung aus den Erbschaftsforderungen geschuldet werden, wie Kapitalforderungen in das Sicherheitsversprechen aufgenommen werden. Dies gilt nicht, wenn die Forderungen vom Erben [mit Erbschaftsmitteln] begründet worden sind. Dann sind nämlich nur die Forderungen dem Vermächtnisnehmer zu überlassen, und was den Umstand anbetrifft, daß nach inzwischen herrschender Ansicht wegen Verzugs [des Erben] auch Zinsen zu zahlen sind, muß man wissen, daß für diese keine Sicherheit zu leisten ist".

[35] R. Kühner – C. Stegmann, *Ausführliche Grammatik der lateinischen Sprache*[5], II.2, Hannover 1976 (Ndr. Darmstadt 1992), 233 i.V.m. 278; vgl. auch H. Menge, *Repetitorium der latein. Syntax und Stilistik*[11], bearbeitet v. A. Thierfelder, Wolfenbüttel 1953 (Ndr. Darmstadt 1993), 250.

Aus den Anfängen des Vermieterpfandrechts*)

ROLF KNÜTEL

Inhaltsübersicht

I. Ursprünge

Die Ursprünge des Vermieterpfandrechts (§§ 562 ff n. F.; §§ 559 ff a. F. BGB) werden in dem um 160 bis 150 v. Chr. entstandenen Werk „Über die Landwirtschaft" des berühmten Cato Censorius greifbar. Darin überliefert Cato u. a. zweckmäßige Vertragsklauseln, die er dem Gutsherrn für die branchentypischen Verträge empfiehlt, darunter auch Klauseln, in denen die Verpfändung eingebrachter Gegenstände bestimmt ist. Ein Beispiel ist:

De agri cultura 146[1])

Lex oleae pendentis, clausula 5:

Recte haec dari fierique satisque dari domino, aut cui iusserit, promittito, satisque dato arbitratu domini. donicum solutum erit aut ita satis datum erit, quae in fundo inlata erunt, pigneri sunto. ne quid eorum de fundo deportato. si quid deportaverit, domini esto.

(Verkaufs-)Bestimmungen für Oliven auf dem Stamm

Dass dies richtig gegeben, geschehen und Sicherheit durch Bürgen geleistet wird, soll er dem Gutsherrn oder dessen Beauftragtem durch Stipulation versprechen und er soll die Sicherheit durch Bürgen nach dem Ermessen des Gutsherrn leisten. Bis gezahlt oder auf diese Weise Sicherheit geleistet worden ist, soll das, was [vom Käufer] in das Landgut eingebracht worden ist, als Pfand dienen. Nichts davon darf er vom Landgut wegtragen. Wenn er etwas wegträgt, soll es dem Gutsherrn gehören.

---

*) E. Schilken/G. Kreft/G. Wagner/D. Eckardt (Hrsg.), Festschrift für Walter Gerhardt, RWS, Köln 2004, 457 – 472.

1) Text bei *Bruns/Gradenwitz*, Fontes iuris romani antiqui, Scriptores, 7. Aufl., 1909, S. 49; *Schönberger*, Marcus Porcius Cato, Vom Landbau. Fragmente (lat.-dt.), 1980, S. 150 f. Näheres bei *v. Lübtow*, Catos leges venditioni et locationi dictae, EOS 48/3 [Symbolae Taubenschlag], 1957, S. 227, 307 ff; demnächst bei *Krämer*, Die Entwicklung des besitzlosen Pfandrechts im römischen Recht, § 8 m. w. N.

Es handelt sich um Versteigerungsbedingungen. Seit dem Übergang zur Latifundienbewirtschaftung im 3. und 2. Jh. v. Chr. pflegten die Gutsherren sich für ihre Verkäufe ebenso wie für ihre Aufträge, etwa zum Pressen der Oliven (Cato, agr. 145), der Auktion zu bedienen. Die Vereinbarung eines Pfandrechts an den eingebrachten Sachen (*invecta et illata*) geschieht in unserem Text (agr. 146,5) zwar im Rahmen eines Kaufvertrages; doch kann man ohne weiteres davon ausgehen, dass entsprechende Klauseln seinerzeit ebenso in Verträgen verwendet wurden, bei denen vergleichbare Verhältnisse bestanden, also auch in Pachtverträgen.[2]

Dies gilt umso mehr, als ursprünglich die Verpachtung noch als Verkauf aufgefasst wurde, nämlich als Verkauf der künftigen Früchte.[3] So führt auch Cato (agr. 149) ein Muster dafür an, nach welchen Bestimmungen die Winterweide „verkauft" werden soll (*qua lege pabulum hibernum venire oporteat*), obwohl es in der Sache um die Überlassung zur Nutzung für die Zeit vom 1. September bis längstens 1. März geht, nach unseren Vorstellungen also um eine Pacht.[4] Auch hier ist eine Verpfändung vorgesehen :

agr. 149,7

Donicum pecuniam <solverit aut> satisfecerit aut delegarit, pecus et familia, quae illic erit, pigneri sunto.	Bis er [der „Käufer"] das Geld gezahlt oder Sicherheit durch Bürgen geleistet oder seinen Schuldner angewiesen hat [an den „Verkäufer" zu leisten], sollen das Vieh und das Sklavengesinde, das sich dort befindet, verpfändet sein.

Die von Cato überlieferten „Verkaufs-" und Versteigerungsklauseln sind Allgemeine Geschäftsbedingungen. Dass sie als *leges* und nicht als *pacta* oder *conventiones* bezeichnet werden, ist kennzeichnend, hat doch das Substantiv *lex* als eine seiner Hauptbedeutungen die einer Vertragsbe-

---

2) Vgl. *Kunkel*, Hypothesen zur Geschichte des röm. Pfandrechts, SZ 90 (1973), 150, 152 Fußn. 2; *Kaser*, Das römische Privatrecht, Bd. 1, 2. Aufl., 1971, S. 464 Fußn. 15.

3) *Festus*, De verborum significatu, ed. (ster.) Lindsay, 1997, S. 516: *Venditiones...dicebantur censorum locationes; quod vel ut fructus locorum publicorum venibant* (die Verpachtungen durch die Zensoren wurden einst als Verkäufe bezeichnet, wenn etwa die Früchte öffentlicher Grundstücke verkauft wurden).

4) Vgl. *v. Lübtow* (Fußn. 1), S. 227, 342 ff; *Ziegler*; Kompetenzvereinbarungen im röm. Zivilprozessrecht, in: Festschrift Kaser, 1976, S. 557, 558.

stimmung oder -bedingung, vor allem einer solchen, die eine Vertragspartei der anderen auferlegt hat.[5)]

Dass den Pfandklauseln in diesen Allgemeinen Geschäftsbedingungen einzelvertragliche Abreden über die Verpfändung eingebrachter Sachen zeitlich vorangegangen sind, steht außer Zweifel. Wir können deshalb davon ausgehen, dass die formlose Bestellung eines besitzlosen Pfandrechts aller Wahrscheinlichkeit nach bereits im 3. Jh. v. Chr. möglich war. Noch älter ist allerdings das Besitzpfand, das durch Vereinbarung und Übergabe in den Interdiktenbesitz des Gläubigers bestellt wurde. An die Stelle der Übergabe ist bei den in unserem Zusammenhang interessierenden Verpfändungen die Einbringung in das Grundstück getreten, die freilich nichts daran änderte, dass der „Käufer"/Pächter Besitzer der eingebrachten Gegenstände blieb. Das „reine Vertragspfand", das ohne Besitzübergabe und Einbringung zustande kam, fand demgegenüber erst später Anerkennung, frühestens seit der Mitte des 1. Jh. v. Chr.[6)]

II. Kaiserzeit

1. Leges horreorum

Es liegt auf der Hand, dass die Praxis, durch Allgemeine Geschäftsbedingungen ein Pfandrecht an den eingebrachten Sachen zu begründen, auf die Raummiete übergriff. Für die Speichermiete verfügen wir über zwei inschriftliche überlieferte *leges horreorum* mit zwar defekten, aber recht verlässlich rekonstruierbaren Pfandklauseln. In der einen, die in die Regierungszeit der Kaiser Nerva (96–98) oder Hadrian (117–138) fällt, lautet die Klausel:[7)]

---

5) Vgl. etwa die *lex commissoria*, mit der der Verkäufer sich die Auflösung des Kaufs vorbehielt, wenn der Käufer nicht fristgerecht zahlte, siehe den Digesten-Titel D.18,3, insbesondere Pomp. D.18,3,2 (worauf § 354 BGB zurückgeht). Davon zu unterscheiden ist die *lex commissoria* beim Pfand, dazu unten bei Fußn. 15.

6) Zu alldem s. *Kaser*, Studien zum römischen Pfandrecht, 1982, S. 5 ff, 222 f; *Kaser/Knütel*, Römisches Privatrecht, 17. Aufl., 2003, S. 189 f; demnächst *Krämer* (Fußn. 1), §§ 11–16.

7) *Bruns/Gradenwitz* (Fußn. 1), Leges et negotia, S. 371 f, Nr. 166 = *Arangio-Ruiz*, Fontes iuris romani antejustiniani (FIRA), III (Negotia), 2. Aufl., 1969, S. 455 f, Nr. 145 a, dort auch die zweite, zeitlich nicht hinreichend bestimmbare Inschrift, S. 457 Nr. 145c.

Quae in his horreis invecta inlata <erunt, pignori erunt horreario, si quis pro pensionib>us satis ei <non fece>rit.

Was in diesen Speicher eingebracht – wörtlich: gefahren, getragen – sein wird, ist dem Vermieter verpfändet, wenn man ihm wegen des Mietzinses nicht Sicherheit leistet.

Nach römischem Verständnis blieb der Speichermieter juristisch zwar Besitzer (*possessor*) seiner Sachen, die in der Regel aber in dem abgetrennten gemieteten Raum (*cella*) unter dem Verschluss des Vermieters (*horrearius*) standen. Dieser war nur tatsächlicher Inhaber (*detentor*), kontrollierte aber den Zugang des Mieters zum Lagerraum[8)] und konnte deshalb bei Pfandreife ohne weiteres auf die Pfandsachen zugreifen.

Zur Zeit Hadrians hätte es der Pfandklausel in den Geschäftsbedingungen des *horrearius* allerdings nicht mehr bedurft. Denn zu dieser Zeit war bei der Speichermiete eine stillschweigende Verpfändung der eingebrachten Sachen bereits anerkannt. Dies ergibt sich aus einer Mitteilung Ulpians, der sich auf Neraz beruft, einen Juristen, der Mitglied des *consilium* Hadrians und wohl auch schon Trajans war:

D. 20,2,3 (Ulpian im 73. Buch zum Edikt)[9)]

Si horreum fuit conductum vel devorsorium vel area, tacitam conventionem de invectis illatis etiam in his locum habere putat Neratius: quod verius est.

Wurde ein Lagerhaus, eine Herberge oder ein unbebautes Grundstück gemietet, so ist nach Meinung des Neraz auch in diesen Fällen eine stillschweigende Verpfändung der eingebrachten Sachen anzunehmen; dies ist ganz richtig.

2. *Wohnungsmiete*

Im übervölkerten Rom der Kaiserzeit – man rechnet mit rund 46 600 Mietskasernen (*insulae*)[10)] – wird kaum ein Eigentümer eines Wohnblocks ohne die Pfandklausel vermietet und kaum einer der durchweg sehr armen Mieter nicht mit ihr gerechnet haben. Daher ist begreiflich, dass Neraz dieser Klausel schon gewohnheitsrechtliche Geltung beimaß:

---

8) Zur Organisation des römischen Speichers (*horreum*) s. *Alzon*, Problèmes relatifs à la location des entrepôts en droit romain, 1965, S. 103 ff, 108 ff, 116 ff, 123 ff.

9) Übersetzung (auch der weiteren Digestentexte) in der Regel nach Behrends/Knütel/Kupisch/Seiler-*Wacke*, Corpus Iuris Civilis, Text und Übersetzung, Bd. III (Digesten 11–20), 1999, S. 628.

10) *Salmon*, Population et dépopulation dans l'Empire romain, 1974, S. 13.

D. 20,2,4 pr. (Neraz im 1. Buch der ‚Blätter')

Eo iure utimur, ut quae in praedia urbana inducta illata sunt pignori esse credantur, quasi id tacite convenerit: in rusticis praediis contra observatur.	Es ist bei uns geltendes Recht, dass Sachen, die auf städtischen Grundstücken eingebracht worden sind, als verpfändet gelten, so als habe man dies stillschweigend vereinbart; bei ländlichen Grundstücken wird das Gegenteil angenommen.

Es kommt für Neraz nicht mehr darauf an, ob die Mietvertragsparteien tatsächlich eine stillschweigende Vereinbarung getroffen haben; vielmehr knüpft er in objektiv-typisierender Interpretation an das an, was Parteien bei der Wohnungsmiete üblicher- und vernünftigerweise vereinbaren, und liest dies als gleichsam stillschweigend vereinbarte Nebenbestimmung (*condicio tacita*) in den Vertragsinhalt hinein. Diese im Ausgangspunkt ergänzende und sich dann verstetigende Auslegung ist sehr oft zu beobachten; sie hat zur Herausbildung der jeweiligen vertragstypischen Bestimmungen ebenso wie zur Entstehung neuer Rechtsfiguren geführt[11] und damit die Grundlage für den Kernbestand des heutigen dispositiven Gesetzesrechts geschaffen – wie sich ja auch am Vermieterpfandrecht bestätigt.

Auch von den späteren Klassikern wird die stillschweigende Verpfändung der Sachen bestätigt, die der Wohnungsmieter eingebracht hat, etwa zu Anfang des 3. Jh. n. Chr. von Paulus:

D. 2,14,4 pr. (Paulus im 3. Buch zum Edikt)[12]

Item quia conventiones etiam tacite valent, placet in urbanis habitationibus locandis invecta illata pignori esse locatori, etiamsi nihil nominatim convenerit.	Weil Übereinkommen auch stillschweigend zustande kommen, ist ferner anerkannt, dass in städtischen Mietwohnungen an den [vom Mieter] eingebrachten Sachen dem Vermieter ein Pfandrecht bestellt ist, auch wenn man nichts ausdrücklich vereinbart hat.

Justinian dehnt dieses *in utraque Roma*, also in Rom und in Konstantinopel als dem „neuen Rom", geltende Recht durch einen Erlass vom 18. Oktober 532 (C. 8,14[15],7) aus:

11) Beispiele zur Verwendung der *condicio tacita* im Bereich der Stipulation bei *Knütel*, Stipulatio und pacta, in: Festschrift Kaser (Fußn. 4), S. 201, 204 ff.

12) Weitere Quellen: Pomp. D. 20,2,7,1; Pomp.-Marci. D. 20,2,2; Ulp. D. 20,2,6; C.4, 65,5.

Tali enim iusta praesumptione etiam omnes nostros provinciales perpotiri desideramus.

Denn Wir wünschen, dass auch alle Einwohner Unserer Provinzen solch eines wohlbegründeten Rechts teilhaftig werden.

3. Landpacht

Bei ländlichen Grundstücken, der Pacht also, galten die eingebrachten Sachen nicht ohne weiteres als verpfändet. Dies hatte schon Neraz betont (D. 20,2,4 pr., o. II.2), und auch Justinians Erlass von 532 änderte daran nichts. Der Unterschied gegenüber den Sachen, die in Mietwohnungen eingebracht werden, könnte sich daraus erklären, dass bei der Pacht die *invecta et inlata* in erster Linie die Arbeitsgeräte des Pächters sind und man nicht annehmen kann, dass der Pächter bereit ist, diese zu verpfänden, um die Pacht zu erhalten. Vielmehr waren Pächter schon in der Kaiserzeit gesucht, und die Verpächter verfielen deshalb auf die verschiedensten Mittel, ihre Pächter auch nach Vertragsablauf am Weggang zu hindern.[13)] Zu unserer Deutung dürfte zudem passen, dass – wenn auch erst kraft späterer Konstitutionen – die Pfändung von Ackergerät verboten war.[14)]

Der Verpächter, der nicht durch ausdrückliche Pfandvereinbarungen Vorsorge getroffen hatte, war jedoch durch ein Früchtepfandrecht gesichert:

D. 20,2,7 pr. (Pomponius im 13. Buch der Lesefrüchte)

In praediis rusticis fructus qui ibi nascuntur tacite intelleguntur pignori esse domino fundi locati, etiamsi nominatim id non convenerit.

Bei ländlichen Grundstücken gelten die dort erzeugten Früchte als dem Eigentümer des verpachteten Landguts stillschweigend verpfändet, auch wenn dies nicht ausdrücklich vereinbart worden ist.

---

13) Vgl. *Kaser/Knütel* (Fußn. 6), S. 277. Die weitere Entwicklung führte in den spätantiken Kolonat, in dem die kleinen Landpächter (*coloni*) an die Scholle gebunden waren.

14) *Constantin* C. 8, 16 (17), 7 (aus 315; Pflügersklaven, Pflugochsen, Pfluggerät); *Honorius/Theodosius* C.8, 16 (17), 8 (aus 414; alles, was zum Ackerbau gehört).

III. Zum Perklusionsrecht des Vermieters

1. Pfandverwertung und Perklusion

Die „Verwertung“ des Pfands geschah seit alters dadurch, dass das Pfand dem Pfandgläubiger zu Eigentum verfiel. Da die Verfallabrede (*lex commissoria*), für die unser Ausgangstext (Cato, agr. 146) ein Beispiel enthält, eine wucherische Ausbeutung des Pfandschuldners ermöglichte, wurde sie jedoch 320 von Konstantin dem Großen verboten.[15)] Neben der Verfallabrede war noch in der jüngeren Republik als andere Form der Verwertung die Vereinbarung aufgekommen, dass der Gläubiger seine Befriedigung durch einen Pfandverkauf erreichen soll. Dieses *pactum de vendendo* wurde so üblich, dass es im Laufe des Prinzipats als stillschweigend vereinbarter Vertragsinhalt angesehen wurde.[16)]

Um das Pfand verkaufen zu können, musste der Vermieter sich in dessen Besitz setzen. Wenn es nicht zu einer gütlichen Abwicklung kam, griffen die Wohnungsvermieter zu dem recht unfreundlichen Mittel der Perklusion: Sie verschlossen das vermietete Haus oder die Wohnung mitsamt den eingebrachten Sachen und gestatteten dem Mieter lediglich, mit wertlosen Habseligkeiten das Haus zu verlassen. Ein anschauliches Beispiel bietet

Martial, Epigramme 12,32:[17)]

O Iuliarum dedecus Kalendarum:	Welch schändlicher Anblick an den Juli-Kalenden:
vidi, Vacerra, sarcinas tuas, vidi;	Ich sah, Vacerra, deine Habseligkeiten, ich sah sie;
quas non retentas pensione pro bima	soweit man sie nicht einbehielt für zwei Jahresmieten,
portabat uxor rufa crinibus septem...	trug sie deine Frau mit ihren sieben roten Haarlocken ...

15) CTh. 3,2,1 = C. 8, 34 (35), 3. Auf dieses Edikt gehen die §§ 1149, 1229 BGB zurück.

16) Ulp.D.13,7,4 (*sed etsi non convenerit de distrahendo pignore hoc tamen iure utimur, ut liceat distrahere;* aber auch wenn eine Pfandveräußerung nicht vereinbart worden ist, so ist gleichwohl geltendes Recht, dass die Pfandsache veräußert werden darf).

17) Übersetzung nach *Barié/Schindler*, Martial, Epigramme, 1999, S. 870 f; vgl. auch *Walter*, M. Valerius Martialis Epigramme, 1996, S. 261 f.

Hier hatte der Vermieter sein Perklusionsrecht ausgeübt[18] und den Mieter Vacerra hinausgeworfen, wozu er bei einem Zahlungsrückstand für zwei Jahre sicher berechtigt war.[19]

In der Kaiserzeit wurde die Perklusion, eine Art der Selbsthilfe, staatlicher Aufsicht unterworfen; zuständig war der Präfekt der Feuerpolizei (*praefectus vigilum*), bei dem möglicherweise schon die Gestattung erwirkt werden musste.[20]

Unabhängig davon konnte sich aber auch der Mieter, wenn er ausziehen wollte, gegen eine unberechtigte Ausübung der Perklusion oder Zurückbehaltung einzelner eingebrachter Sachen zur Wehr setzen, indem er beim Prätor das Interdikt ‚Über den Auszug des Mieters' (*De migrando)* beantragte. Dieses war auf die Freigabe der Sachen gerichtet. Der Prätor verbot darin, den Mieter an der Fortschaffung derjenigen Sachen zu hindern, die entweder von der Pfandhaftung ausgenommen waren oder die ihr zwar unterlagen, für die sie aber durch Zahlung der Mietschuld entfallen war (Ulp. D. 43,32,1 pr. – 5).

2. *Perklusion und Freilassung*

Unser wichtigstes Zeugnis zum Perklusionsrecht des Vermieters ist das Fragment

18) Vgl. *de Churruca*, La pignoración tácita de los invecta et illata en los arrendamientos urbanos en el derecho romano clásico, RIDA 24 (1977), 189, 206; *Frier*, Landlords and Tenants in Imperial Rome, 1980, S. 121.

19) Vgl. *Antoninus* C. 4,65,3 (214), wo übrigens die Vertreibung des Mieters auch wegen Eigenbedarfs gestattet wird. – Der 1. Juli war üblicher Termin für den Abschluss oder die Verlängerung von Mietverträgen.

20) Vgl. die Inskription von Paul. D.20,2,9 (Text sogl.); Paul. D.19,2,56 (kontrolliertes Aufbrechen von Wohnungen bei längerer Abwesenheit der Mieter) sowie *Dell'Oro*, I libri de officio, 1960, S. 253 f; *de Churruca*, RIDA 24 (1977), 189, 218; *Kaser* (Fußn. 6), S. 138 m. Fußn. 39.

D. 20,2,9 (Paulus in der Einzelschrift über das Amt des Präfekten der Feuerpolizei)

Est differentia obligatorum propter pensionem et eorum, quae ex conventione [manifestari] <manifesta> pignoris nomine tenentur, quod manumittere mancipia obligata pignori non possumus, inhabitantes autem manumittimus, scilicet antequam pensionis nomine percludamur: tunc enim pignoris nomine retenta mancipia non liberabimus: et derisus Nerva iuris consultus, qui per fenestram monstraverat servos detentos ob pensionem liberari posse.

Es unterscheiden sich die [stillschweigend] wegen des Mietzinses verpfändeten Sklaven von den durch ausdrückliche Abrede als Pfand haftenden, weil wir [ausdrücklich] verpfändete Sklaven nicht freilassen können; bei uns wohnende [und nur dem Pfandrecht an eingebrachten Sachen unterliegende Sklaven] können wir dagegen freilassen, natürlich nur, solange uns nicht [vom Vermieter] wegen des [rückständigen] Mietzinses der Zugang verschlossen ist. Pfandweise [vom Vermieter] in Gewahrsam gehaltene Sklaven können wir nämlich nicht mehr freilassen, und der Rechtsgelehrte Nerva wurde ausgelacht, weil er meinte, man könne wegen Mietschulden festgehaltene Sklaven durch das Fenster freilassen.

Es geht um die Frage, ob verpfändete Sklaven freigelassen werden können. Sie war von Bedeutung: Einerseits waren Sklaven ein wertvolles Gut und für den Vermieter ein wichtiger Pfandgegenstand; andererseits war für den Mieter auch ein Freigelassener noch wertvoll. Denn dieser schuldete ihm nach der Freilassung nach Maßgabe der jeweils festgelegten Versprechen „Tagewerke" (*operae*), die von erheblichem Wert sein konnten; zudem hatte der Freilasser ein Erbrecht am Nachlass seines Freigelassenen, das auch dann nicht vollständig verdrängt war, wenn der Freigelassene eigene Abkömmlinge hinterließ.[21] Überdies kamen nicht notwendig materielle Interessen in Betracht: Der Mieter mochte etwa seine Sklavin freilassen wollen, um sie heiraten zu können (vgl. Lic. Ruf. D. 23,2,51 pr. – 1); die Fälle waren nicht selten.

Wie Ulpian (D. 20,2,6) berichtet, vertrat Pomponius, ein etwa bis 165 n. Chr. wirkender Jurist, die Ansicht, das aus stillschweigender Abrede abgeleitete Vermieterpfandrecht sei kein Hindernis für eine Freilassung:

21) Näheres dazu in Gai Inst. 3,39 ff; Iust. Inst. 3,7 pr. – 4.

ait enim manumissioni non officere ob habitationem obligatum.	er [Pomponius] sagt nämlich, einer Freilassung stehe nicht entgegen, dass der Sklave wegen der Wohnungsmiete als Pfand haftet.

Ob Paulus, der bis in die zwanziger Jahre des 3. Jh. nachzuweisen ist, in unserem Text D. 20,2,9 an diese Aussage anknüpft, ist nicht sicher. Paulus unterscheidet zwei Fälle, verwendet jedoch schon in der Ausgangssituation vier unterschiedliche Bezeichnungen, nämlich

a) *obligata [sc. mancipia] propter pensionem*

b) *ea, quae ex conventione manifesta*[22] *pignoris nomine tenentur*

c) *mancipia obligata pignori*

d) *inhabitantes.*

Die meisten Interpreten verbinden wie bei einem Chiasmus die Bezeichnungen b und c zu dem Fall der ausdrücklichen Verpfändung und die Bezeichnungen a und d zu dem Fall der stillschweigenden Begründung des Vermieterpfandrechts, so wie dies auch in unserer Übersetzung zugrunde gelegt ist.[23] Danach steht das aus stillschweigender Abrede abgeleitete Vermieterpfandrecht einer Freilassung nicht entgegen; doch wäre es bei einer ausdrücklichen Verpfändung, die freilich die Sklaven konkret bestimmen müsste, anders.

Dabei bleibt allerdings unklar, für welche Forderung die ausdrückliche Verpfändung stattgefunden hat. Sollte sie, wie der Zusammenhang nahe legt, für die Mietzinsforderung erfolgt sein und sollten, wofür ebenfalls

---

22) *Manifestari* würde ein Adjektiv *manifestarius,-um* (verlorenes Genitiv-i) voraussetzen (was singulär wäre) und ebenso wie die Emendation *manifestati (Mommsen)* die Beiordnung zu *pignoris* herstellen. Dann wäre ein Faustpfand gemeint, und es ergäbe sich ein recht banaler Gegensatz. Vorzugswürdig ist die heute überwiegend gebilligte Emendation *manifesta*, die durch die Basiliken sowie gute Handschriften (Parisinus, Patavinus) abgesichert ist und eine sinnvolle Beiordnung zu *conventione* schafft. Vgl. nur *Wagner*, Zur Freiheitserteilung an den einem Generalpfandnexus unterliegenden Sklaven, SDHI 33 (1967), 163, 166 f.

23) Behrends/Knütel/Kupisch/Seiler-*Wacke* (Fußn. 9), S. 630, ebenso Spruit/Feenstra/Bongenaar-*Spruit/Verdam*, Corpus Iuris Civilis. Tekst en Vertaling, Bd. III (Digesten 11–24), 1996, S. 594; *de Churruca*, RIDA 24 (1977), 189, 213 ; *X. d'Ors*, La manumisión del esclavo hipotecado en derecho romano, AHDE 47 (1977), S. 69, 76 f; *Biscardi*, Minima de iure civili, Sodalitas (Studi in onore di A. Guarino), Bd. 4, 1984, S. 1525, 1528 f.

der Zusammenhang spricht, die ausdrücklich Verpfändeten ebenfalls im Hause leben, so wäre der Gegensatz zu den *inhabitantes* schief. Überdies wird mit dem *pignus obligatum* typischerweise die besitzlose Pfandbindung bezeichnet,[24)] so dass es an sich nahe liegt, die Bezeichnungen a und c miteinander zu verbinden.

Danach kommt auch die Auslegung in Betracht, in den *obligata propter pensionem* (a) Sklaven zu sehen, die ausdrücklich (!) und konkret als Pfand für die Mietzinsforderung bestellt worden sind. Mit *quod manumittere mancipia obligata pignori non possumus* (c) wäre klargestellt, dass ihre Freilassung nicht möglich ist. Bei denen, die *ex conventione manifesta pignoris nomine tenentur* (b), muss es sich dann um solche Sklaven handeln, die aufgrund einer ausdrücklichen mietvertraglichen Klausel über die Pfandhaftung der *invecta et illata*, also der eingebrachten Sachen schlechthin, der Pfandhaftung unterliegen.

Dass die aufgrund einer derartigen Vereinbarung zum Pfandobjekt gewordenen Sklaven als *inhabitantes* (d) bezeichnet werden können, leuchtet unmittelbar ein und stellt diese Sklaven den ausdrücklich als spezielles Pfandobjekt bestellten Sklaven auch sinnvoll gegenüber: *Inhabitantes* sind nur die aufgrund des Pfandrechts an den eingebrachten Sachen verpfändeten Sklaven; dagegen hängt die Pfandhaftung der speziell als Pfand – und sei es auch für eine Mietzinsforderung – bestellten Sklaven in keiner Weise davon ab, ob sie in einer räumlichen Beziehung zur Mietsache stehen.

Bei dieser Interpretation[25)] bietet das Fragment eine zusätzliche Aussage: Eine Freilassung ist nicht nur bei dem stillschweigend begründeten generellen Vermieterpfandrecht an den *invecta et illata* möglich – dies wird vorausgesetzt –,[26)] sondern selbst dann, wenn dieses generelle Pfandrecht auf einer *manifesta conventio*, einer ausdrücklichen Vereinba-

24) *Kaser* (Fußn. 6), S. 5.

25) Auf sie hat mich dankenswerterweise mein Mitarbeiter Ref. *Sebastian Lohsse* aufmerksam gemacht. Diese Interpretation ähnelt der von *Frier* (Fußn. 18), S. 119 f, angedeuteten, die jedoch daran krankt, dass *Frier* unter die *conventio manifesta* sowohl das ausdrücklich als auch das stillschweigend begründete Vermieterpfandrecht fassen will.

26) Die Einordnung im Digesten-Titel D. 20,2, der von der stillschweigenden Verpfändung handelt, wäre folglich gerechtfertigt.

rung, beruht. Mithin steht nur das spezielle Pfandrecht einer Freilassung entgegen.[27]

Die Freilassungsbefugnis des Sklaveneigentümers erlischt beim Vermieterpfandrecht jedoch in dem Moment, in dem der Vermieter sein Perklusionsrecht ausübt: *inhabitantes autem manumittimus, scilicet antequam pensionis nomine percludamur.* Probleme bereitet daran auf den ersten Blick das Verb *percludamur.* Das Wort, von dem der Begriff des Perklusionsrechts abgeleitet ist, findet sich einzig in unserem Text, und es wird deshalb seit langem vermutet, dass es anstelle von *praecludere* verschrieben ist. Dies bedeutet „vorn zuschließen, verschließen“ und wird vor allem im Zusammenhang mit Türen *(portae)* und Haustüren *(fores)* verwendet; im übertragenen Sinne meint es „jemandem etwas verschließen, versperren, den Zutritt nehmen“.[28]

Unabhängig davon, ob man an *percludere* festhält oder *praecludere* liest, steht jedoch fest, dass der Vermieter dem Mieter den Zugang zur Wohnung versperrt und ihn damit hindert, die Sklaven zu entfernen.

Dass der Mieter vom Vermieter aus seiner Wohnung ausgeschlossen worden ist, zeigt auch der Schlusspassus, in dem Paulus von der Entscheidung des Juristen Nerva (*pater,* gest. 33 n. Chr.) berichtet: Man könne, so Nerva, die wegen der Mietzinsen eingeschlossenen Sklaven durch das Fenster freilassen. Wie diese Freilassung in tatsächlicher Hinsicht vorgenommen wurde, wird aus dem Text leider nicht deutlich. *Frier* stellt sich die Situation so vor: „The tenant was actually standing outside his dwelling and looking in through a window“ und die Freilassung sei dann erfolgt „by calling through a window“.[29] Häufig wird demgegenüber angenommen, dass der „Herr auf den eingeschlossenen Sklaven durch das Fenster zeige“.[30] Dies liegt auf der Linie der von *Paul*

27) Vgl. auch Ulp. D. 40,9,4.

28) *Klotz,* Handwörterbuch der lat. Sprache, Bd. 2/7. Abdr., 1963, S. 856. – Sofern man *percludere* im Sinne von „unter Verschluss/in Gewahrsam nehmen“ verstehen will, können schwerlich die Mieter selbst Subjekt sein; auf dieser Überlegung beruht die bisweilen vorgeschlagene Verbesserung in *percludantur,* etwa bei Behrends/Knütel/Kupisch/Seiler-*Wacke* (Fußn. 9), S. 630: Der Vermieter übt sein Perklusionsrecht aus, indem er die Sklaven unter Verschluss nimmt.

29) *Frier* (Fußn. 18), S. 120.

30) So etwa *Wacke,* Das Relief-Fragment Nr. 26 aus Mariemont: Zirkus-Szene oder manumissio vindicta?, in: Studi in onore di A. Biscardi, Bd. 1, 1982, S. 117, 129.

Krüger vorgeschlagenen Textverbesserung, statt *monstraverat* sei zu lesen *monstrando putaverat*, so dass die Freilassung dadurch bewirkt wird, dass man durch das Fenster auf die festgehaltenen Sklaven zeigt.[31] Bei *Frier* müsste das Fenster geöffnet sein; bei *Krüger* könnte es auch geschlossen sein. Allerdings müsste es dann ein Glasfenster sein. Doch stand die Glasproduktion, die immerhin Scheiben bis zur Größe von 70 x 100 cm hervorzubringen vermochte, zu Zeiten des Nerva pater in Rom noch in den Anfängen,[32] und dass eine *insula*, ein Wohnblock, woran man situationsbedingt in erster Linie zu denken hat, seinerzeit damit ausgestattet gewesen wäre, ist alles andere als nahe liegend.

Noch aus einem anderen Grund muss das Fenster offen gewesen sein: Aller Wahrscheinlichkeit nach hat Nerva eine förmliche, nach Zivilrecht die Freiheit begründende Freilassung vor Augen, denn die nicht förmlichen Freilassungen, die in der späten Republik aufkamen, führten zunächst nur zu faktischer Freiheit, die allein durch prätorischen Schutz gesichert war. Der Prätor wird aber jemanden, der sich nur tatsächlich in Freiheit befand (*qui in libertate est* oder *moratur*), gegenüber einem älteren Pfandgläubiger nicht geschützt haben.[33] Nerva müsste deshalb an die *manumissio vindicta* (‚Freilassung durch Stab') gedacht haben, bei der der Eigentümer mit dem Stab (*vindicta*) den Freizulassenden berührt, formelhaft dessen Freiheit erklärt und der Prätor seinen Zuspruch erteilt. In klassischer Zeit war diese Freilassung auch außerhalb des Forums möglich und konnte „im Vorübergehen" (*in transitu*) erfolgen, „etwa wenn der Prätor ins Bad oder ins Theater geht".[34]

Der Mieter/Eigentümer müsste also durch das offene Fenster den freizulassenden Sklaven mit dem Stab berühren und in Gegenwart des Prätors die Freilassungsformel aussprechen. Man stelle sich die Szene situationstypisch wieder vor einem Wohnblock vor: War die *insula*, die etwa fünf oder sechs Stockwerke haben konnte, ein Wohnhaus, so wohnte im

---

31) *Mommsen/Krüger*, Corpus Iuris Civilis, Band I, Institutiones, Digesta, 15. Aufl., 1928, S. 298 Fußn. 12; dem folgend Behrends/Knütel/Kupisch/Seiler-*Wacke* (Fußn. 9), S. 630; in der Sache ebenso, freilich ohne die Übernahme der Textverbesserung Spruit/Feenstra/Bongenaar-*Spruit/Verdam* (Fußn. 23), S. 594 („[door aanwijzing] via een venster").

32) Vgl. *Schneider*, Einführung in die antike Technikgeschichte, 1992, S. 118.

33) *Dernburg*, Das Pfandrecht nach den Grundsätzen des heutigen römischen Rechts, Bd. 2, 1864, S. 12 f; *Biscardi* (Fußn. 23), S. 1525, 1529.

34) So Gai Inst. 1,20 = Iust. Inst. 1,5,2; Gai. D. 40,2,7.

Erdgeschoss zumeist eine begüterte Familie, vielfach die des Hauseigentümers; das übrige Haus war in kleine Wohnungen (*cenacula*) aufgeteilt, die vermietet wurden.[35] Sollte der Mieter seinen Sklaven im ersten oder zweiten Stockwerk durch das Fenster statt mit einem Stab mit einer Stange berühren? Wie dem auch sei, gut vorstellbar ist jedenfalls, dass schon den Zeitgenossen eine Freilassung durch das Fenster recht skurril erscheinen musste.

Möglich muss eine Freilassung durch das Fenster immerhin gewesen sein, Nerva hätte den Fall sonst nicht anführen können. Hält man (entgegen *Krügers* Emendation) an dem überlieferten *monstraverat* fest, so ergibt sich aus dem Text auch die Aussage, dass Nerva – vielleicht unter Hinweis auf ein tatsächliches Vorkommnis – gezeigt oder dargelegt hat, man könne auch nach einer Perklusion auf diese Weise noch freilassen.[36] Rechtlich wird sich die Auffassung Nervas dadurch erklären, dass der Jurist in der Perklusion durch den Vermieter nur ein faktisches Hindernis für eine Freilassung sah, so dass diejenigen, denen die Fenster offen stehen, sich noch nicht im Besitz eines Vermieters befinden, der nur die Tür versperrt hat.[37] Das Pfandrecht war ein nur prätorisch geschütztes Recht, zu dem es, wie Nervas Ansicht zeigt, noch zu Anfang der Kaiserzeit eine Auffassung gegeben haben muss, die diesen Schutz für nicht stark genug hielt, dem vom Standpunkt des Zivilrechts weiterhin vollberechtigten Eigentümer die Befähigung zur Freilassung zu entziehen.[38] Dass aber der Prätor durch seine Mitwirkung bei einer solchen *manumissio vindicta per fenestram* dazu beitragen würde, das nach prätorischem, also seinem Recht geschützte Pfandrecht dem Vermieter zu entziehen, werden schon die Zeitgenossen Nerva nicht abgenommen haben.

Es kommt hinzu, dass die *Lex Aelia Sentia* von 4 n. Chr. die Freilassungen erheblich einschränkte und unter anderem Freilassungen (zivilrechtlich) für nichtig erklärte, die eine Benachteiligung der Gläubiger des

---

35) Vgl. *Stützer*, Kunst und Leben im antiken Rom, 1994, S. 16.

36) Vgl. *Biscardi* (Fußn. 23), S. 1525, 1529.

37) *Dernburg* (Fußn. 33), S. 14; vgl. schon *Cuiaz*, Opera omnia, ed. Neapel 1732, Bd. 9, Sp. 756 (*quasi non plane detinerentur quibus patent fenestrae*).

38) *Dernburg* (Fußn. 33), S. 12 f; *Mitteis*, Römisches Privatrecht, Bd. 1, 1908, S. 60 f m. Fußn. 61.

Freilassers bezweckten.[39] Da eine Benachteiligungsabsicht wohl regelmäßig besteht, wenn ein Mieter nach der Perklusion noch Freilassungen vornimmt, muss Nerva einen recht komischen Sonderfall vor Augen gehabt haben.

3. Perklusion und Pfandrückgabe

Dass römische Mieter, wenn der Vermieter von seinem Perklusionsrecht Gebrauch gemacht hatte, sich manches einfallen ließen, um die eine oder andere Sache wieder ihren Besitz zu bekommen, liegt auf der Hand. Gelegentlich wird angenommen,[40] um einen solchen Fall sei es gegangen in:

D.13,7,3 (Pomponius im 18. Buch zu Sabinus)

Si quasi recepturus a debitore tuo comminus pecuniam reddidisti ei pignus isque per fenestram id misit excepturo eo, quem de industria ad id posuerit, Labeo ait furti te agere cum debitore posse et ad exhibendum: et, si agente te contraria pigneraticia excipiat debitor de pignore sibi reddito, replicabitur de dolo et fraude, per quam nec redditum, sed per fallaciam ablatum id intellegitur.	Wenn du deinem Schuldner ein Pfand in der Erwartung zurückgibst, von ihm sofort den geschuldeten Geldbetrag zu erhalten, und der Schuldner das Pfand durch das Fenster jemandem zuwirft, um es von ihm, den er absichtlich dort aufgestellt hatte, auffangen zu lassen, dann kannst du, wie Labeo sagt, mit der Diebstahlsklage gegen den Schuldner vorgehen und auch mit der Klage auf Vorlegung; und macht der Schuldner gegenüber deiner Pfandgegenklage einredeweise geltend, ihm sei das Pfand zurückgegeben worden, so kannst du dich im Wege der Replik auf Arglist und Betrug berufen, derzufolge das Pfand nicht als zurückgegeben, sondern als mittels Betruges weggenommen angesehen wird.

Der Schuldner ist offenbar in das Haus des Gläubigers gekommen und hat sich von diesem das Pfand unter dem Vorwand, es auslösen zu wollen, aushändigen lassen. Statt zu zahlen, wirft er jedoch die Pfandsache aus dem Fenster, wo sie von einem vor dem Haus postierten Gehilfen aufgefangen wird. Dazu führt der Schuldner dreist als Rechtfertigung an, mit der Rückgabe an ihn sei – wie das noch heute in § 1253 Abs. 1 BGB

39) Gai Inst. 1,37 u. 47; Ulpiani regulae 1,15.

40) So von Daremberg/Saglio-*Cuq*, Dictionnaire des Antiquités, Bd. III/1, 1900, S. 362 m. Fußn. 26; so auch schon die Glosse *fenestram* zu D.13,7,3.

bestimmt ist – das Pfand erloschen.[41] Es versteht sich, dass er damit keinen Erfolg haben kann.

Dem Fragment lässt sich freilich nicht entnehmen, dass es sich speziell um ein Vermieterpfandrecht gehandelt hat und dass der Gläubiger durch Perklusion in dessen Besitz gelangt sei.[42] Auch weist die juristische Problematik des Textes, die vor allem die möglichen Formen des Klagschutzes für den geprellten Gläubiger betrifft,[43] nichts für das Vermieterpfandrecht Typisches auf. Ebenso wenig geht es um eine Ausübung des Vermieterpfandrechts in dem Fall von Ulp. D. 19,2,19,5, wo der Mieter eine bronzebeschlagene Truhe in das Haus gebracht und der Vermieter später den Zugang zum Haus verkleinert hat.

Wir beschließen unseren Streifzug durch die römischen Quellen, indem wir Walter Gerhardt in herzlicher kollegialer Verbundenheit unsere Glückwünsche entbieten: *Hunc natalem et plurimos alios quam felicissimos agas!*

---

41) Nach römischem Verständnis liegt in der vorbehaltlosen Rückgabe der Pfandsache an den Schuldner ein Verzicht auf das Pfandrecht, der vom Schuldner durch eine *exceptio pacti* oder *doli* geltend gemacht werden kann, vgl. *Kaser* (Fußn. 2), S. 469 m. Fußn. 78.

42) Vgl. *Biscardi* (Fußn. 23), S. 1530 f Fußn. 13.

43) Einzelheiten dazu insbesondere bei *Kaser* (Fußn. 6), S. 91 f.

BETRACHTUNGEN ZUR RECHTSFINDUNG DER RÖMISCHEN JURISTEN*

Rolf Knütel
Bonn

I. Einführung

1. Schon seit längerem, aber doch nur allmählich ist das Fieber der Interpolationenkritik gewichen. Neben gesicherten Ergebnissen[1] hat es nicht wenige Spuren hinterlassen, die weiterhin der Überprüfung bedürfen. Dazu zählt unter anderem das Bild, das wir uns von den klassischen Juristen zu machen haben. Daß die Interpolationenkritik zugrundelegte, die Klassiker hätten sich eines höchst puristischen Lateins befleißigt, ist bekannt;[2] heute teilt diese Annahme niemand mehr. Aber auch das geistige Profil der Klassiker ist von der Interpolationenkritik enger und strenger beurteilt worden: Als «geniale Praktiker» hätten sie sich von theoretischen Spekulationen ferngehalten; ihre Entscheidungen hätten sie «nicht in

---

* J. L. Linares/T. de Montagut/E. Ricart/V. Sansón (Hrsg.), Liber amicorum Juan Miquel. Estudios romanísticos con motivo de su emeritazgo, Universitat Pompeu Fabra, Barcelona 2006, 523 – 555.

1. S. insbes. M. Kaser, Zur Methodologie der röm. Rechtsquellenforschung, 1972, sowie ders., Ein Jahrhundert Interpolationenforschung an den röm. Rechtsquellen (1979), in: M. Kaser, Römische Rechtsquellen und angewandte Juristenmethode, 1986, S. 112 ff.; F. Wieacker, Römische Rechtsgeschichte, Bd. 1, 1988, S. 154 ff. Hervorzuheben ist auch P. Kretschmar, Kritik der Interpolationenkritik, SZ 59 (1939) 102 ff.

2. Extrem G. v. Beseler, Beiträge zur Kritik der röm. Rechsquellen, Heft 3, 1913, S. 3: «die klassischen Rechtsschriftsteller waren Attizisten strenger Observanz...», dagegen (nicht ohne Ironie) O. Lenel, Kritisches und Antikritisches, SZ 49 (1929) 23, vgl. auch Kretschmar (o. Fn. 1), S. 187.

entwickelten, diskursiven Gedankenfolgen» gefunden,[3] und «typische Schultraktate» zu verfassen, sei ihre Sache nicht gewesen.[4] Bei einer solchen Leitvorstellung liegt es nahe, ein anderes Moment der Rechtsfindung in den Vordergrund zu rücken. Es ist deshalb kein Zufall, daß man in der hohen Zeit der Interpolationenkritik und noch unter dem Eindruck der von ihr erzielten Ergebnisse das für die römischen Juristen Kennzeichnende in ihrer genialen Intuition gefunden hat.[5] Mittlerweile hat diese Ansicht Widerspruch,[6] aber auch philosophisch fundierte Unterstützung erfahren.[7]

Da es nicht möglich ist, die Problematik an dieser Stelle im Detail aufzuarbeiten, beschränken wir uns darauf, einige Texte vorzustellen, die schwerlich Zeugnis für eine intuitive Art der Rechtsfindung sein, aber auch nicht als Produkte einer unmaßgeblichen Schulrichtung beiseitegelassen werden können. Dabei hoffen wir auf das geneigte Interesse des Jubilars und Freundes Juan Miquel, der uns so Wesentliches zur Logik der römischen Juristen erschlossen hat[8] und dessen «logische Bäume« auch in Japan ihre Wurzeln geschlagen haben,[9] obwohl wir uns sicher sind, daß wir mit unserem bescheidenen Versuch hinter den Anforderungen zurückbleiben, die er an sich selbst in dieser Sache stellen würde.

---

3. F. Wieacker, Vom römischen Recht, 2. Aufl. 1961 [aus 1939], S. 152 f.
4. S. noch Kaser, Methodologie (o. Fn. 1), S. 93.
5. Wieacker (o. Fn. 3), S. 151 f.; einschränkend ders., Römische Rechtsgeschichte, Bd. 1, 1988, S. 572 Fn. 1, 576 Fn. 16; F. Schulz, Prinzipien des röm. Rechts, 1934 (Neudr. 1954), S. 24 Fn. 71; ders., Geschichte der röm. Rechtswissenschaft, 1961, S. 72 (arationaler, autoritärer Charakter); Kaser (s. sogleich).
6. Insbesondere von F. Horak, Rationes decidendi, 1969, S. 17 ff., 43, 149, 169 f., 293 f., 296 f.; einschränkend etwa auch W. Kunkel-M. Schermaier, Römische Rechtsgeschichte, 13. Aufl. 2001, S. 135.
7. Mehrfach von Wolfgang Waldstein, s. etwa: Topik und Intuition in der röm. Rechtswissenschaft, Fg. Herdlitczka, 1972, S. 237, 248 ff.; ders., Entscheidungsgrundlagen der klassischen röm. Juristen, ANRW, Bd. II/15, 1976, S. 3 ff.; ders., Max Kasers Beitrag zur Erkenntnislehre, SZ 115 (1998) 203 ff.; ders. in: Dulckeit-Schwarz-Waldstein, Römische Rechtsgeschichte, 9. Aufl. 1995, S. 251.
8. Dies vor allem in seinem berühmten Aufsatz «Stoische Logik und römische Jurisprudenz», SZ 87 (1970) 85-122, dazu zuletzt (kritisch) B. Kupisch, Julian. lib. sing. de ambig. D. 34,5,13(14),2-3, Fschr. Mayer-Maly, 2002, S. 363 ff.
9. Siehe M. Igimi, Zu Problemen der renuntiatio mandati bei Gaius, in: D. Nörr-S. Nishimura, Mandatum und Verwandtes, 1993, S. 142, vgl. auch die Beispiele, die der Jubilar in seinem Derecho privado romano, 1992, S. 205, 243 gibt.

2. Am entschiedensten vertrat Max Kaser die Ansicht, die Intuition sei für die Rechtsfindung der römischen Juristen von entscheidender Bedeutung gewesen, und an dieser Auffassung hielt er, sei es auch mit leichten Modifikationen, zeitlebens fest. In seinem Handbuch schreibt er zu den vorklassischen Juristen: Sie «treiben keine Theorie, sondern gehen von den Einzelfällen aus, in denen sie die Parteien und die Organe der Rechtspflege gutachtlich beraten. Ihre schöpferische Leistung ist in diesen Fallgutachten enthalten. Damit empfängt das römische Privatrecht wie das heutige englische Recht den Charakter eines F a l l r e c h t s, den es bis zum Ausgang der Antike behalten hat». Und hinsichtlich der klassischen Jurisprudenz fährt er fort: «Sie hält an der praktischen Aufgabe der Rechtsfindung fest, die Fälle des Lebens richtig zu entscheiden, und begnügt sich mit bloßen Ansätzen zu einer theoretischen Begriffsbildung im Dienst dieser Kasuistik. Vor allem die in der rechtsschöpferischen Praxis tätigen Meister der juristischen Klassik finden den Weg zur richtigen Rechtserkenntnis vornehmlich mit ihrer genialen Intuition, die sie ihrer sicheren Lebensanschauung verdanken. Die Deduktion, die sich häufiger auf die Erfahrungen der bisherigen Fallpraxis stützt als auf die Rechtsbegriffe, dient ihnen dabei als bloßes Hilfsmittel».[10]

Von dieser Kennzeichnung verdienen zwei Stichworte unsere Aufmerksamkeit, die «geniale Intuition» und die Charakterisierung als «Fallrecht». Mit der Intuition meint Kaser, der dazu eine faszinierend schöne, mich heute aber nicht mehr überzeugende Studie verfaßt hat,[11] «die Gewinnung der richtigen Entscheidung durch ein unmittelbares Erfassen, das des rationalen Argumentierens nicht bedarf»; er versteht die Intuition als das «spontane Erschauen der richtigen Lösung», das auf geschultem Sachgefühl und gründlicher Erfahrung beruht.[12]

---

10. Kaser, Das röm. Privatrecht, Bd. 1, 2. Aufl. 1971, S. 2, 3 (im weiteren abgekürzt: Kaser, RP 1²).
11. M. Kaser, Zur Methode der römischen Rechtsfindung (Nachrichten der Akademie der Wissenschaften in Göttingen, Phil.-Hist. Klasse), 1962, S. 47 ff., s. auch ders. (o. Fn. 1, Rechtsquellen), S. 26 (aus 1978; die «klassischen Juristen, die das Recht nicht konstruktiv, sondern intuitiv finden»), S. 86 (aus 1978), 265 (aus 1980; «Begründungsweise, die ihren Schwerpunkt nicht in der deduktiven und induktiven Logik hat, sondern in der i n t u i t i v e n Erfassung der Fallprobleme. Mit ihr gewinnt der römische Jurist die von ihm für richtig gehaltene Lösung...»); Einschränkungen in RP 1², S. 212, s. auch R. Knütel, Zum methodologischen Vermächtnis Max Kasers, SZ 115 (1998) 64 f.
12. Kaser, Zur Methode (o. Fn. 11), S. 54 f.

Diese Deutung muß uns von vornherein etwas in Verlegenheit setzen. Denn es gilt seit langem als ausgemacht, daß wir —die Juristen seit den Glossatoren bis auf den heutigen Tag— von den Römern die Methode der rationalen Rechtsfindung übernommen oder vielleicht besser: «ererbt» haben.[13] Wie sollte dies möglich sein, wenn die römischen Juristen selbst weniger durch rationale Ableitung als vielmehr durch intuitives Erfassen zu ihren Entscheidungen gelangt wären? Und wie sollte es möglich gewesen sein, daß alle großen Zivilrechtskodifikationen, die ja jeweils S y s t e m e des Zivilrechts darstellen, im wesentlichen aus dem Material des römischen Rechts gebildet worden sind?

Das zweite Stichwort war: «Fallrecht - wie das heutige englische Recht«, mithin das case law. Dicke Bücher sind über das case law geschrieben worden, ohne daß aber genau definiert würde, was case law eigentlich ist. Gesagt wird gemeinhin, die Regeln des case law würden induktiv von Fall zu Fall entwickelt, während im (kontinentaleuropäischen) Gesetzesrecht der Fall deduktiv aus der im Gesetz formulierten Regel zu entscheiden sei.[14] Der Unterschied ist freilich nicht groß, denn im case law wird die Regel (rule) weithin schon im ersten Fall ermittelt und die späteren Fälle sind dann, soweit nicht Differenzierungen geboten sind, nach dieser rule zu entscheiden (*stare decisis*). Ein beachtlicher Unterschied dürfte aber darin bestehen, daß das englische case law aus Urteilen, also wirklichen und richterlich entschiedenen Fällen besteht, das römische Fallrecht dagegen weit überwiegend aus nur theoretisch gebildeten Fällen.[15] Daß

---

13. F. Wieacker, Privatrechtsgeschichte der Neuzeit, 2. Aufl. 1967, S. 69: Die Glossatoren haben zuerst in Europa den großen römischen Juristen die Kunst abgelernt, die vitalen Konflikte des zwischenmenschlichen Lebens nicht mehr im Bann irrationaler Lebensgewohnheiten oder durch Gewalt zu entscheiden, sondern durch intellektuelle Diskussion des autonomen juristischen Sachproblems und nach einer aus dieser Sachproblematik begründeten allgemeinen Regel. Dieser neue Anspruch des Juristen hat das öffentliche Leben in Europa für immer juridifiziert und rationalisiert; unter allen Kulturen der Erde ist durch ihn die europäische die einzige legalistische geworden«. Vgl. auch T. Giaro, Geltung und Fortgeltung des röm. Juristenrechts, SZ 111 (1994) 84: «Die Rationalität der europäischen, wie bereits der römischen Jurisprudenz war aber stets besser als ihr Ruf».

14. So z.B. Philip S. James, Introduction to English Law, 10. ed., 1979, S. 17.

15. Siehe W.W. Buckland-A.D. McNair, Roman Law and Common Law, 2. ed. 1965, S. 9 f.: «...the Roman common law was built up like ours by argument from case upon case, with the difference that ours are decided cases and theirs are discussed cases.» S. auch H. Sumner Maine, Ancient Law, Ausgabe London 1959, S. 31 ff.; H.H. Jakobs, De similibus ad similia bei Bracton und Azo, 1996, S. 64 ff. mit Fn. 183.

auch die römischen Juristen ihre Gutachten zu konkreten Fällen und Anfragen aus der täglichen Praxis erstattet haben, ist nicht zu bestreiten; doch war das nur ein Teil ihres Wirkens. In der literarischen Produktion der römischen Juristen seit der späten Republik bilden diese konkreten Fälle, soweit es sich nicht um reine Gutachtensammlungen, wie etwa die Responsen Scaevolas, handelt, meist nur den Ausgangspunkt für daran anknüpfende theoretische Erörterungen. In der Quaestionen-Literatur geht es meist von vornherein um die Lösung abstrakter Rechtsfragen und selbst in den großen Kommentaren zum Edikt und zu Sabinus werden über weite Strecken theoretische Fragen erörtert und an Fällen demonstriert, die weithin künstlich gebildet sind und bisweilen recht absonderlich ausfallen. Sehr bemerkenswert ist auch, daß die Digesten Julians, also des genialen Praktikers par excellence, «keineswegs der eigentlich praktischen Gutachtenlitteratur, sondern vielmehr dem Gebiete der dogmatischen Erörterung angehören, welche wohl gelegentlich einzelne Rechtsfälle berücksichtigt, aber in der Hauptsache doch ausgeht auf zusammenhängende und doctrinelle Darlegung des Systems«, und man wird auch davon ausgehen dürfen, daß in den julianischen Digesten Responsen im eigentlichen Sinne «überhaupt nicht vorkommen».[16]

Zur allgemeinen Kennzeichnung der Problematik mögen diese notgedrungen knappen Bemerkungen genügen. Da der größere Reiz für uns nicht in der theoretisch-methodologischen Auseinandersetzung, sondern in der kasuistischen Analyse liegt, wollen wir den Blick auf einige Texte der römischen Juristen werfen. Zunächst wollen wir uns an zwei Beispielen vor Augen führen, daß die Juristen sich bei der Lösung von Rechtsfragen von Rechtsregeln oder Prinzipien leiten ließen (II.). Sodann wollen wir betrachten, wie sie an und mit diesen Prinzipien arbeiteten, wie sie sich bis zum «Grenzfall» durchfragen (III.) und wie sie durch vielfache Abwandlungen des Falles die juristische Problematik ausloten (IV.). Am Ende wollen wir uns dann —gleichsam zur Bestätigung— klarmachen, wie die römischen Juristen die «Welt der Inseln» juristisch erfaßt haben. Das hat praktisch zwar kaum Bedeutung, ist jedoch methodisch hochinteressant (V.).

---

16. Th. Mommsen, Ueber Julians Digesten, Gesammelte Schriften, Bd. II/2, 1905, Neudr. 1994, S. 9 f.

II. Rechtsprinzipien

1. Ein recht einfaches Beispiel bietet

D. 24,3,54 (Paulus in der Einzelschrift über Ausnahmerecht)

Maritus facere posse creditur nullo deducto aere alieno, item socius, item patronus parensve: at is, qui ex donatione convenietur, omni aere alieno deducto facere posse intellegitur.	Man nimmt an, daß der Ehemann leistungsfähig ist, ohne daß [von seinem Aktivvermögen] die Schulden abgezogen worden sind, ebenso der Gesellschafter, der Freilasser und der Hausvater. Dagegen hält man denjenigen, der aus einem Schenkungsversprechen in Anspruch genommen wird, nur dann für leistungsfähig, wenn [von seinem Aktivvermögen] alle Schulden abgezogen worden sind.

Der Ehemann haftete seiner Frau, wenn er ihr nach der Scheidung die Mitgift zurückzugeben hatte, nur beschränkt auf das, was er zu leisten imstande war (*in id quod facere potest*).[17] Soll diese Haftungsbeschränkung verwirklicht werden, so müßten eigentlich, sobald die Frau den Mann verklagt, vom Vermögen des Mannes zunächst alle Schulden abgezogen werden, die er bei anderen Gläubigern hat. Doch geschieht das gerade nicht, wie der Paulus-Text zeigt. Der Grund dafür liegt in dem ganz allgemeinen Umstand, daß ein Gläubiger, der rechtzeitig seine Forderung einzieht und anderen Gläubigern zuvorkommt, seine volle Bezahlung erhält, ungeachtet einer möglichen Überschuldung des Schuldners. Dies ist eine Erfahrung, die unter die Maxime *melior est causa possidentis* fällt - und ebendiese Maxime führt Paulus an anderer Stelle auch zur Rechtfertigung dafür an, daß unter mehreren gleichberechtigten Gläubigern derjenige besser dasteht, der «okkupiert», seine Forderung also eingezogen hat: *Inter eos, quibus ex eadem causa debetur, occupantis melior condicio est nec deducitur, quod eiusdem condicionis hominibus debetur* (bei einer Mehrheit von Gläubigern, denen aufgrund gleicher Rechtslage[18] geschuldet

17. Zunächst im Rahmen der actio rei uxoriae, seit Antoninus Pius aber bei allen Klagen, die die Frau aus Rechtsgeschäften gegen den Mann erhebt, Mod. D. 42,1,20, vgl. Kaser, RP 1^2, S. 323.
18. Nämlich, daß sie nur auf das klagen können, was der Schuldner zu leisten imstande ist, vgl. E. Levy, Nachträge zur Konkurrenz der Aktionen und Personen, 1962, S. 89; W. Litewski, Das bene-

wird, ist die Lage dessen besser, der das Geschuldete zuerst erlangt, und es wird nicht abgezogen, was anderen geschuldet wird, die sich in der gleichen Rechtslage befinden), D. 42,1,19 pr.

Der Aussage unseres Ausgangstextes liegt also ein Prinzip zugrunde, das dort freilich nicht ausgesprochen wird. Und wenn dort für den aus einem Schenkungsversprechen Verpflichteten eine Ausnahme von diesem Prinzip gemacht wird, so liegt auch dem ein allgemeiner Gedanke zugrunde: Der unentgeltliche Erwerber soll seine Forderung nicht zu Lasten der anderen Gläubiger durchsetzen können. Dieser allgemeine Gedanke hat im Mittelalter zu dem Rechtssprichwort *nemo liberalis nisi liberatus* geführt: Niemand ist freigiebig, wenn er nicht schuldenfrei ist.[19]

2. Sehr häufig geht es darum, unter verschiedenen in Betracht kommenden Prinzipien das sachnächste zu bestimmen. Selten ist es allerdings, daß der Jurist die Rechtsgrundsätze konkret benennt, die er bei der Abwägung vor Augen hat. Ein solcher Ausnahmefall ist

D. 6,2,9,4 (Ulpian im 16. Buch zum Edikt)

Si duobus quis separatim vendiderit bona fide ementibus, videamus, quis magis Publiciana uti possit, utrum is cui priori res tradita est an is qui tantum emit. et Iulianus libro septimo digestorum scripsit, ut, si quidem ab eodem non domino emerint, potior sit cui priori res tradita est, quod si a diversis non dominis, melior causa sit possidentis quam petentis. quae sententia vera est.

Wenn jemand eine Sache unabhängig voneinander an zwei gutgläubige Käufer verkauft hat, ist zu prüfen, wer eher zur publizianischen Klage berechtigt ist: derjenige, dem sie zuerst übergeben wurde, oder derjenige, der sie zunächst nur gekauft hat. Und Julian schreibt im 7. Buch seiner Digesten, wenn beide von demselben Nichteigentümer gekauft haben, sei derjenige besser berechtigt, dem die Sache zuerst übergeben wurde. Hätten sie aber von verschiedenen Nichteigentümern gekauft, sei die Lage des Besitzers besser als die des Klägers. Diese Ansicht ist richtig.

---

ficium competentiae, St. Volterra, Bd. 4, 1971, S. 486 mit Fn. 70. Vgl. auch A. Bürge, Occupantis melior est condicio, SZ 106 (1989) 273 f.

19. Vgl. J. Gildemeister, Das beneficium competentiae im klassischen röm. Recht, 1986, S. 43, 46; Bürge (o. Fn. 18), S. 274.

Es geht um die *actio Publiciana*. Diese Klage diente in erster Linie dem Ersitzungsbesitzer dazu, vom «schlechteren» Besitzer den Besitz an der Sache zurückzuerlangen. In unserem Fall sind zwei Ersitzungsbesitzer beteiligt. Nennen wir sie A und B. Beide haben dieselbe Sache von einem Verkäufer gekauft, dem sie nicht gehörte. Dieser hatte sie zunächst dem A übergeben, dann auf nichtkriminelle Weise wieder in seinen Besitz bekommen und nunmehr dem B (verkauft und) übergeben. Für die Frage, wer von beiden die stärkere Stellung gegenüber Dritten und untereinander hat, A oder B, zieht Julian zwei Grundsätze in Betracht, das Prioritätsprinzip (*prior tempore potior iure*) und die Regel *melior est condicio (causa) possidentis*. Diese zweite Maxime sieht er als grundsätzlich für die Entscheidung maßgeblich an. Da beide Ersitzungsbesitzer hier aber von demselben Verkäufer erworben haben, hält er für diesen besonderen Fall das Prioritätsprinzip für einschlägig. Daß dies richtig ist, zeigt die folgende Erwägung: Als der Verkäufer nach der Veräußerung an A wieder in den Besitz der Sache gelangt war, hätte A sich ihm gegenüber mit der *actio Publiciana* durchsetzen können; A hatte also seinem Verkäufer gegenüber die stärkere Stellung. Wenn dem so ist, dann kann —da für das römische Recht ein gutgläubiger Erwerb ausscheidet— B von dem Verkäufer keine stärkere Rechtsstellung erworben haben, als dieser selbst hatte. A muß sich also wie gegenüber dem Verkäufer so auch gegenüber dessen Rechtsnachfolger durchsetzen können. Nach all dem bleibt für unseren Zusammenhang festzuhalten: Der Jurist läßt sich von Prinzipien leiten.

III. Prinzip und Grenzfall

Interessanter noch dürfte die nächste Gruppe sein: Immer wieder ist zu beobachten, daß die Juristen einen Grundsatz anführen und dann seine Tragweite ausloten bis hin zum Grenzfall, bei dem dann möglicherweise ein anderes Prinzip eingreift.

1. Ein erstes Beispiel bietet

D. 18,1,8 (Pomponius im 9. Buch zu Sabinus)

pr. Nec emptio nec venditio sine re quae veneat potest intellegi. et tamen fructus et partus futuri recte emuntur, ut, cum editus esset partus, iam tunc, cum contractum esset negotium, venditio facta intellegatur: sed si id egerit venditor, ne nascatur aut fiant, ex empto agi posse.	Ohne eine Sache, die verkauft werden soll, kann ein Kauf weder von seiten des Käufers noch von seiten des Verkäufers angenommen werden. Dennoch ist der Kauf von künftigen Früchten und künftigen Sklavenkindern wirksam, und zwar in der Weise, daß man, wenn das Kind geboren ist, annimmt, der Verkauf sei schon im Zeitpunkt des Geschäftsabschlusses zustandegekommen. Wenn aber der Verkäufer darauf hingewirkt hat, daß nichts an Früchten entsteht oder nichts geboren wird, könne aus Kauf geklagt werden.
1. Aliquando tamen et sine re venditio intellegitur, veluti cum quasi alea emitur. quod fit, cum captum piscium vel avium vel missilium emitur: emptio enim contrahitur etiam si nihil inciderit, quia spei emptio est: et quod missilium nomine eo casu captum est si evictum fuerit, nulla eo nomine ex empto obligatio contrahitur, quia id actum intellegitur.	1. Manchmal ist ein Verkauf jedoch auch ohne eine Sache anzunehmen, z.B. wenn gewissermaßen ein «Würfel» [also eine Gewinnaussicht] gekauft wird. Das ist der Fall, wenn ein [künftiger] Fang von Fischen gekauft wird oder von Vögeln oder von [Sachen, die der Verkäufer aus den] unter das Volk geworfenen Geschenken [erlangt]. Hier kommt nämlich, selbst wenn später nichts dabei herauskommt, ein wirksamer Kauf zustande, weil es sich um den Kauf einer Hoffnung handelt. Und wenn das, was jemand von den bei einem bestimmten Ereignis unter das Volk geworfenen Geschenken erlangt hat, [von einem Dritten beim Käufer] evinziert wird, entsteht daraus keine Verbindlichkeit aus dem Kauf, weil dies als vereinbart anzusehen ist.

Ausgangspunkt ist der Satz, daß ohne eine Sache, die verkauft werden soll, ohne eine *res quae veneat*, ein Kauf nicht möglich ist. Dabei ist zunächst an eine Sache zu denken, die beim Kaufabschluß präsent ist – die typische Situation beim römischen Kauf. Daran schließt sich die Frage an, ob es nicht auch genügen kann, wenn die Sache künftig präsent sein wird, etwa die Frucht der künftigen Ernte oder das Fohlen der trächtigen Stute. Die Juristen bejahen dies, indem sie zum Kauf einer künftigen Sache *(emptio rei speratae)* die gute «Ausweichlösung» finden, der Kauf sei in diesem Fall aufschiebend bedingt.

Eine «Ausweichlösung», nämlich ein Ausweichen in das Bedingungsrecht, ist dies deshalb, weil sich am Erfordernis des Vorhandenseins der Kaufsache nichts ändert: Entsteht keine Kaufsache, so ist die Bedingung ausgefallen und ein Kauf nicht zustandegekommen. Bemerkenswert ist nur, daß die Bedingung, wenn sie denn mit Entstehung der Sache eintritt, auf den Zeitpunkt des Kaufabschlusses zurückwirkt.

Wie aber, wenn die Stute noch nicht trächtig, ja noch gar nicht gedeckt ist, der Käufer aber auf jeden Fall das Fohlen kaufen will, wenn sie einmal eines wirft? Es ist bemerkenswert, daß dieser Fall in der deutschen Zivilrechtsliteratur von den einen als ein Beispiel für die *emptio rei speratae* angeführt wird, von den anderen dagegen als ein Beispiel für die *emptio spei*, den Hoffnungskauf. Dies zeigt, daß die Grenze zwischen dem Kauf der künftigen Sache und dem Kauf der erhofften Sache fließend ist, und aller Wahrscheinlichkeit nach hat deshalb schon in Rom die Anerkennung des Kaufs der künftigen Sache, der *res sperata*, die Anerkennung des Kaufs der Hoffnung (*spes*) nach sich gezogen. Die Römer hatten, wie im fr. 8.1 ja auch dargelegt wird, zudem ein besonders schönes Beispiel für den Hoffnungskauf, die *missilia*, also die Geschenke, die bei besonderen Anlässen —Kaisergeburtstage, Triumphzüge etc.— unter das Volk geworfen wurden und die zum Teil von ungewöhnlich hohem Wert waren: goldene Becher, kostbare Gewänder, Tiere, Sklaven, Häuser, Schiffe, Landgüter.[20] Das lockte viele. Da der feine Mann sich aber nicht in das lebensgefährliche Getümmel stürzte, fand man den Ausweg, kräftige und sicher auch trainierte Männer zu engagieren, die bereit waren, sich beim Kampf um die *missilia* einzusetzen, die aber —wie Fischer vor dem Fischzug— zunächst nichts anderes zu bieten hatten als die Hoffnung, etwas zu fangen. Daß diese und überhaupt die Hoffnung als Kaufgegenstand anerkannt wurde, ist geradezu ein Musterbeispiel für einen Grenzfall. Denn eine *spes* ist eigentlich keine *res*, auch keine unkörperliche, und doch hat die juristische Auslegung sie noch zur Kaufsache gemacht.

---

20. Näheres dazu bei Knütel, Hoffnungskauf und Eviktionshaftung, SZ 117 (2000) 445, 448 f.

2. Bemerkenswert ist auch

D. 4,4,3,3 (Ulpian im 11. Buch zum Edikt)

Minorem autem viginti quinque annis natu videndum, an etiam die natalis sui adhuc dicimus ante horam qua natus est, ut si captus sit restituatur? et cum nondum compleverit, ita erit dicendum, ut a momento in momentum tempus spectetur. proinde et si bissexto natus est, sive priore sive posteriore die Celsus scripsit nihil referre: nam id biduum pro uno die habetur et posterior dies bissexti kalendarum intercalatur.

Können wir sagen, daß ein Mündiger auch an seinem [fünfundzwanzigsten] Geburtstag vor seiner Geburtsstunde immer noch als jemand angesehen werden muß, der jünger als fünfundzwanzig Jahre ist, so daß er bei Benachteiligung in den vorigen Stand wiedereinzusetzen ist? Und da er das fünfundzwanzigste Lebensjahr noch nicht vollendet hat, muß dies tatsächlich gesagt werden, so daß die Zeit [der Minderjährigkeit] vom Augenblick [der Geburt] bis zum Augenblick [des Eintritts der Volljährigkeit] zu bestimmen ist. Auch wenn jemand an einem «doppelten 24. Februar» geboren ist, macht es, wie Celsus geschrieben hat, ebenso keinen Unterschied, ob am ersten oder am zweiten Tag; denn dieser Doppeltag gilt als ein Tag, und der zweite Tag des doppelten 24. Februar wird eingeschaltet.

Bekanntlich hat eine *lex Laetoria* von etwa 200 v. Chr. die neue Altersstufe der noch nicht 25jährigen, der *minores viginti quinque annis*, eingeführt. Danach wird der Minor gegenüber dem, der ihn benachteiligt hat, durch eine Strafklage geschützt. Der Prätor hat diesen Schutz ausgebaut, vor allem dadurch, daß er dem benachteiligten Minor eine *in integrum restitutio* gewährte (und daß er dem Minor auf dessen Antrag einen *curator* bestellte).

In unserem Text geht es nun um die Frage, wie lange dieser Schutz besteht, genauer darum, wann das 25. Lebensjahr vollendet ist. Im Grundsatz befolgten die Römer die sog. Zivilkomputation, d.h. sie berechneten Fristen nach ganzen Tagen à 24 Stunden. Dies ist in zwei Texten auch für die Altersberechnung überliefert. Danach kann jemand, der beispielsweise an einem 1. Januar um 15 Uhr geboren ist, an seinem 14. Geburtstag schon nach der Mitternacht vom 31.12. auf den 1.1. ein Testament errichten; er braucht also nicht etwa bis 15 Uhr zu warten (Ulp. D. 28,1,5), und ebenso verhält es sich, wenn er mit Vollendung seines 20. Lebensjahres (bei Justinian seines 17. Lebensjahres) eine Freilassung vornimmt; es genügt die Überschreitung der Endmitternacht des 31.12. (Ulp. D. 40,1,1).[21]

---

21. Dazu zuletzt M. Schmitz, Die Fristberechnung nach römischem Recht, 2002, S. 154 ff., 164 ff.

Daß hierbei zugleich der Tag der Geburt in die Frist der 14 oder 20 Jahre einbezogen wird (*dies a quo computatur*), sei angemerkt (ebenso § 187 Abs. 2 S. 2 BGB).

In unserem Text D. 4,4,3,3 verhält es sich jedoch anders: Nicht die Zivilkomputation wird zugrundegelegt, sondern die sog. Naturalkomputation, d. h. die Berechnung vom Augenblick zum Augenblick (*a momento ad momentum*, Ulp. D. 41,3,6), hier also vom Augenblick der Geburt an. Der um 15 Uhr Geborene verliert den Schutz gegenüber benachteiligenden Geschäften mithin erst an seinem 25. Geburtstag ab 15 Uhr.

Die Abweichung gegenüber der Regel der Zivilkomputation erklärt sich dadurch, daß es dort um den Erwerb von Fähigkeiten (Testierfähigkeit, Manumissionsfähigkeit) ging, um rechtliche Vorteile also. In unserem Text geht es dagegen um den Verlust des Schutzes durch eine mögliche Wiedereinsetzung in den vorigen Stand (*in integrum restitutio*).[22]

Bemerkenswert ist, daß Ulpian diese Ausnahme gegenüber der Zivilkomputation noch durch den Grenzfall des *bissextum* erweitert. Die Römer kannten keinen 29. Februar; sie bewältigten das Problem vielmehr dadurch, daß sie jedes 4. Jahr den 6. Tag vor dem 1. März zweimal (daher *bissextum*) rechneten. Nach der inklusiven römischen Zählung war dies der 24. Februar; dieser Doppeltag galt als ein Tag. Ulpian hebt unter Berufung auf Celsus hervor, der zweite Tag werde eingeschaltet, d.h., daß jemand, der an einem 24. Februar in einem normalen dritten Jahr um 15 Uhr geboren wurde, an seinem 25. Geburtstag, der dann in ein viertes, in ein Schaltjahr fällt, bis um 15 Uhr des zweiten Tages des *bissextum* geschützt sei. Der Schutz wird folglich bis zum letzten vertretbaren Zeitpunkt ausgedehnt, bis zum Grenzfall also. Wir würden heute nicht anders entscheiden.

3. Wie der Jurist sich bis zum Grenzfall «durchfragt», ist sehr schön erkennbar auch in dem folgenden Text, der nicht gerade zu den Glanzstücken römischer Rechtsweisheit gezählt werden kann:

Die umstrittene Frage, ob möglicherweise schon auf die Überschreitung der Anfangsmitternacht des 31.12. abzustellen ist, kann hier dahinstehen.

22. So bereits C. F. v. Savigny, System des heutigen Römischen Rechts, Bd. 4, 1841, S. 406f., ebenso Schmitz (o. Fn. 21), S. 89f.

D. 1,6,8 pr. (Ulpian im 26. Buch zu Sabinus)

Patre furioso liberi nihilominus in patris sui potestate sunt: idem et in omnibus est parentibus, qui habent liberos in potestate. nam cum ius potestatis moribus sit receptum nec possit desinere quis habere in potestate, nisi exierint liberi quibus casibus solent, nequaquam dubitandum est remanere eos in potestate. quare non solum eos liberos in potestate habebit, quos ante furorem genuit, verum et si qui ante furorem concepti in furore editi sunt. sed et si in furore agente eo uxor concipiat, videndum an in potestate eius nascatur filius: nam furiosus licet uxorem ducere non possit, retinere tamen matrimonium potest: quod cum ita se habeat, in potestate filium habebit. proinde et si furiosa sit uxor, ex ea ante conceptus in potestate nascetur: sed et in furore eius conceptus ab eo qui non furebat sine dubio in potestate nascetur, quia retinetur matrimonium. sed et si ambo in furore agant et uxor et maritus et tunc concipiat, partus in potestate patris nascetur, quasi voluntatis reliquiis in furiosis manentibus: nam cum consistat matrimonium altero furente, consistet et utroque.

Wenn ein Vater geisteskrank wird, bleiben die Kinder nichtsdestoweniger in seiner väterlichen Gewalt. Dasselbe gilt bei allen Voreltern männlichen Geschlechts, die Kinder in ihrer väterlichen Gewalt haben. Denn da das Recht der väterlichen Gewalt als Gewohnheitsrecht anerkannt ist und [nach seinen Regeln] ein Gewalthaber die Kinder nur dann aus seiner väterlichen Gewalt verlieren kann, wenn sie in den gewohnheitsrechtlich anerkannten Fällen aus dieser herausgelangen, läßt sich keineswegs bezweifeln, daß sie in der väterlichen Gewalt verbleiben. Deshalb behält er nicht nur diejenigen Kinder in seiner Gewalt, die ihm vor Ausbruch der Geisteskrankheit geboren wurden, sondern auch diejenigen, die vor der Geisteskrankheit gezeugt und nach ihrem Ausbruch geboren worden sind. Aber auch wenn er während seiner Geisteskrankheit Verkehr hat und seine Ehefrau schwanger wird, ist ebenfalls zu überlegen, ob der Sohn mit der Geburt in seine väterliche Gewalt fällt. Denn obgleich ein Geisteskranker nicht heiraten kann, so kann er doch eine schon bestehende Ehe fortsetzen. Da es sich nun so verhält, fällt der Sohn in seine väterliche Gewalt. Demgemäß fällt, wenn die Ehefrau geisteskrank wird, auch das von ihr vorher empfangene Kind mit der Geburt in die väterliche Gewalt. Aber auch wenn sie während der Geisteskrankheit von ihrem nicht geisteskranken Ehemann empfangen hat, fällt das Kind mit der Geburt ohne Zweifel in die väterliche Gewalt, weil die Ehe fortgesetzt wird. Aber auch wenn beide, Ehefrau wie Ehemann, im Zustande der Geisteskrankheit miteinander verkehren und die Frau empfängt, fällt das Kind mit der Geburt in die Gewalt des Vaters, wie wenn den Geisteskranken Reste freien Willens geblieben sind. Denn da die Ehe fortbesteht, wenn einer der Ehegatten geisteskrank wird, muß sie auch fortbestehen, wenn beide es werden.

Ganz so skurril, wie er auf den ersten Blick anmutet, ist der Fall vielleicht nicht; erwähnenswert ist, daß der deutsche Bundesgerichtshof Ende 2001 entschieden hat, daß auch dann, wenn ein Ehegatte aufgrund geistiger Behinderung jedes Verständnis für die Ehe verloren hat, die Ehe weder automatisch beendet noch notwendigerweise zu scheiden sei.[23] Ausgangspunkt ist, daß in einer gültigen Ehe (*iustum matrimonium*) geborene Kinder in die väterliche Gewalt ihres *paterfamilias* fallen. Ulpian erörtert die Frage, wie sich eine Geisteskrankheit des *paterfamilias* oder auch seiner Ehefrau auf die *patria potestas* auswirkt.[24] Der kaum problematische Ausgangspunkt ist, daß der Vater über Kinder, die bereits in der väterlichen Gewalt stehen, die Gewalt auch dann nicht verliert, wenn er geisteskrank wird; denn dies ist kein anerkannter Beendigungsgrund. Ulpian prüft dann in kleinen Schritten weiter: Wie, wenn der Vater bei der Zeugung noch gesund, bei der Geburt dagegen geisteskrank oder wenn er schon bei der Zeugung geisteskrank war? Da die Ehe —so die Antwort— auch im Falle seiner Geisteskrankheit bestehen bleibt,[25] wird das Kind ehelich geboren und fällt damit in die *patria potestas*. Die entsprechenden Situationen geht der Jurist dann für die Frau bei Gesundheit des Mannes durch: gesund bei Empfängnis, krank bei Geburt oder schon krank bei der Empfängnis – mit demselben Ergebnis.

Der Grenzfall ist dann, daß beide schon bei Zeugung und Empfängnis geisteskrank sind. Auch hier ist das Ergebnis nicht anders: Die Ehe besteht fort, so daß das Kind ehelich und damit in die *patria potestas* hinein geboren wird. Die Begründung ist eine doppelte: Da die Ehe fortbesteht, wenn der Mann geisteskrank wird oder wenn die Frau es wird, wenn die Krankheit also von keiner Seite her schadet, dann muß die Ehe auch fortbestehen, wenn beide geisteskrank werden. Schwieriger ist die zweite begründende Bemerkung: *quasi voluntatis reliquiis in furiosis manentibus*, «wie wenn (oder: weil) den Geisteskranken Reste des Willens geblieben sind.» Vermutlich ist damit die für den Fortbestand der römischen Ehe unerläßliche *affectio maritalis* gemeint,[26] deren Fortdauer

23. BGH, Urt. v. 7.11.2001, BGHZ 149, S. 140 ff. = NJW 2002, S. 671 f.

24. S. zum Fragment auch E. Volterra, Bull. 78 (1975) 245, 247, 255 ff. = E. Volterra, Scritti giuridici, Bd. 3, 1991, S. 355, 357, 365 ff.

25. Vgl. auch Paul. D. 23,2,16,2; Pauli Sententiae 2,19,7.

26. So auch Volterra (o. Fn. 24), S. 256 f. = 366 f., der auf die Parallele beim Besitz hinweist, Proc. D. 41,2,27. G. v. Beseler (o. Fn. 2), Heft 2, 1911, S. 2 und Heft 3, 1913, S. 139 hält dies für itp., geht auf die vom Leser erwartete Frage, ob der Text eines Klassikers würdig ist, jedoch nicht ein.

darin gesehen werden kann, daß die Ehegatten zusammenleben und miteinander verkehren.[27]

Auch hier wird, wie festzuhalten bleibt, ein Prinzip —Fortdauer der Ehe bei Geisteskrankheit— bis zum Grenzfall durchdiskutiert, und zwar in insgesamt sechs Stufen.[28] Als intuitive Lösung läßt sich das wahrlich nicht bezeichnen.

IV. *Fallabwandlungen*

1. Ein anschauliches Beispiel für Fallabwandlungen ist

D. 23,4,7 (Pomponius im 15. Buch zu Sabinus)

Cum dos filiae nomine datur, optimum est pactum conventum cum utroque generum facere, quamquam initio dotis dandae legem quam velit etiam citra personam mulieris is qui dat dicere possit. si vero post datam pacisci velit, utriusque persona in paciscendo necessaria est, quoniam iam adquisita mulieri dos tum esset. quo casu si solus pater pactus esset sine filia, sive solus agat sive adiuncta filiae persona, ei soli nocebit et proderit pactum conventum nec, si sola filia aget, neque proderit neque nocebit ei. si vero filia sola pacta fuerit, quo pacto melior condicio patris fiet, proderit et patri, quoniam per filiam patri adquiri potest, per patrem filiae non potest. si vero sic pacta sit filia, ut noceat, ipsi quandoque filiae

Wenn für die Tochter eine Mitgift bestellt wird, ist es am besten, der Schwiegersohn schließt formlose Vereinbarungen mit beiden [Vater und Tochter], obwohl im Zeitpunkt der Mitgiftbestellung derjenige, der sie bestellt, jede beliebige Bestimmung auch ohne Beteiligung der Frau treffen kann. Will er jedoch nach der Bestellung Vereinbarungen treffen, müssen beide Personen an der Vereinbarung beteiligt werden, weil die Ehefrau dann die Mitgift schon erworben hat. Hatte in diesem Fall der Vater allein, ohne seine Tochter, Vereinbarungen getroffen, so wird, mag er allein oder unter Hinzuziehung seiner Tochter klagen, die formlose Vereinbarung nur ihm nützen oder schaden; klagt die Tochter allein, so wird die Vereinbarung ihr weder nützen noch schaden. Hat dagegen die Tochter allein eine Vereinbarung getroffen, durch welche die Rechtslage des Vaters verbessert wird, so nützt die Vereinbarung auch dem Vater, weil der Vater durch die Tochter erwerben kann, nicht aber die Tochter durch den Vater. Hat jedoch die Tochter eine Vereinbarung getroffen, die ungünstig ist, so wird die Vereinbarung allein

27. Der Satz *non enim coitus matrimonium facit, sed maritalis affectio* (nicht der Beischlaf begründet die Ehe, sondern die eheliche Zuneigung, Ulp. D. 24,1,32,13) steht dem nicht notwendig entgegen.
28. Volterra, S. 256 = 366.

agenti nocebit pactum, patri vero nullo modo nocebit, nisi adiecta quoque filiae persona experiatur. dicendum est paciscendo filiam patris condicionem deteriorem facere non posse eo casu, quo mortua ea in matrimonio dos ad patrem reversura est.

der Tochter schaden, wenn sie irgendwann klagt, dem Vater aber in keinem Fall, falls er nicht unter Hinzuziehung seiner Tochter klagt. Man muß also sagen, daß die Tochter durch eine Vereinbarung die Rechtslage des Vaters in dem Fall nicht verschlechtern kann, in dem die Mitgift an den Vater zurückfallen soll, wenn die Tochter in der Ehe stirbt.

Pomponius erörtert die Wirkung von Abreden über die Mitgift. Ausgangspunkt ist, daß der Vater für seine Tochter eine Mitgift bestellt hat (*dos profecticia*). Da der Jurist zugrunde legt, daß der Vater gegebenenfalls mit Hinzuziehung der Tochter (*adiuncta filia*) auf Rückgabe der Mitgift klagt, setzt er voraus, daß die Tochter sich noch in der *patria potestas* befindet (UE 6,6) und daß die Scheidung erfolgt ist. Denn wäre die Tochter gewaltfrei, hätte sie allein die Klage auf Rückgabe der Mitgift (*actio rei uxoriae*, UE 6,6); wäre sie in der Ehe verstorben, so könnte der Vater allein auf Rückgewähr der Mitgift klagen (UE 6,5).

Auf dieser Grundlage prüft Pomponius die Auswirkung von Vereinbarungen über die Mitgift (*pacta dotalia*). Ausgangspunkt ist, daß vor der Bestellung der Mitgift der Vater als Besteller allein entscheiden kann, welche Vereinbarungen er trifft; die *bona fides*-Natur der *actio rei uxoriae* erlaubt die Berücksichtigung aller dieser Einreden.[29] Mit der Bestellung der Mitgift erlangte die Tochter aber schon ein Anrecht, eine Anwartschaft auf Rückgabe der Mitgift bei Auflösung der Ehe an sie, die Tochter. Deshalb müssen nachträgliche Vereinbarungen mit dem Ehemann grundsätzlich auch mit ihr, also von Vater und Tochter gemeinsam getroffen werden. Für unseren Zusammenhang ist nun bemerkenswert, daß Pomponius anschließend alle sechs Möglichkeiten durchdekliniert, die sich ergeben, wenn der Vater oder die Tochter einseitig mit dem Ehemann Vereinbarungen über die Rückgewähr der Mitgift trifft und später dann entweder der Vater allein oder der Vater *adiuncta filia* oder schließlich die Tochter allein klagt. Bild 1 veranschaulicht dies:

29. S. Kaser, RP 1^2, S. 341.

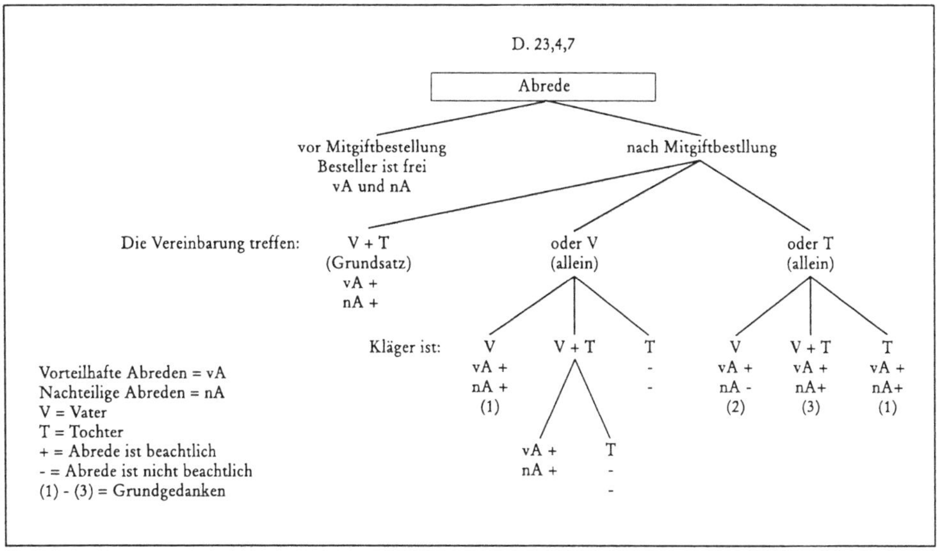

Es treten drei Grundgedanken hervor:

1. Grundsätzlich nützen oder schaden einseitig getroffene Abreden mit dem Ehemann nur dem, der sie getroffen hat, also entweder dem Vater oder der Tochter.
2. Von der Tochter vereinbarte Verbesserungen der Rechtslage der *dos* kommen dem Vater zugute, weil ein *paterfamilias* durch seine gewaltunterworfene Tochter Rechte erwerben kann.
3. Zum 3. Punkt ist vorauszuschicken, daß zu Lebzeiten der Tochter eine Klage auf Rückgabe der Mitgift nur im Falle der Scheidung in Betracht kommt. Der Vater kann, solange die Tochter in seiner *patria potestas* steht, aber nur *adiuncta filia*, unter Hinzuziehung der Tochter, klagen. In dieser Konstellation stehen seiner Klage aber auch die ungünstigen Vereinbarungen entgegen, die die Tochter getroffen hat.[30] Dies dürfte darauf beruhen, daß die Tochter Teilhaberin am Klagerecht des Vaters ist.[31]

---

30. Die Echtheit dieser Aussage (*nisi adiecta quoque filiae persona experiatur*) wird freilich in Zweifel gezogen, etwa von A. Bechmann, Das römische Dotalrecht, Bd 2, 1867, S. 387 Fn. 1; H. J. Wolff, Zur Stellung der Frau im klassischen röm. Dotalrecht, SZ 53 (1933) 311 Fn. 3; A. Burdese, In tema di convenzioni dotali, Bull. 62 (1959) 178 f.; ders., Dos patris et filiae communis, Labeo 5 (1959) 301 Fn. 70 (302).
31. Iul. D. 46,3,34,6: *particeps et quasi socia obligationis*. Vgl. auch A. Söllner, Actio rei uxoriae, 1969, S. 152 f.

Pomponius kann deshalb am Ende resümieren: Der Vater allein kann nach all dem nur klagen, wenn die Tochter in der Ehe verstorben ist (vgl. UE 6,4; Pomp. D. 24,3,10 pr.), und in diesem Fall steht ihm ein nachteiliges *pactum*, das die Tochter einseitig vereinbart hatte, nicht entgegen.

Auch dieses «Durchdeklinieren» aller in Betracht kommenden Varianten ist für die Klassiker keineswegs untypisch; geradezu berühmt sind die Unterscheidungen des Proculus zum Fall des Ebers in der Schlinge (D. 41,1,55), wo am Ende ebenfalls das Fazit gezogen wird: *summam tamen hanc puto esse, ut ...*[32] Auch hier stehen wir vor einer durchaus rationalen Art und Weise der Rechtsfindung.

2. Dies gilt auch im Hinblick auf die bei den römischen Juristen beliebte assoziative Methode, die in die Erörterung eines Problems vergleichbare Probleme einbezieht und durch den Blick auf Parallelfälle zur Lösung einer Frage gelangt. Im Grunde genommen ist dies eine Art von Analogie, indem aus den Parallelfällen das Prinzip, die *ratio decidendi*, erschlossen wird, woraus sich dann die Lösung des in Frage stehenden Problems ergibt. Ein Beispiel ist:

D. 30,70 (Gaius im 18. Buch zum Provinzialedikt)

Si servus Titii furtum mihi fecerit, deinde Titius herede me instituto servum tibi legaverit, non est iniquum talem servum tibi tradi, qualis apud Titium fuit, id est ut me indemnem praestes furti nomine, quod is fecerit apud Titium. 1. Nam et si fundus, qui meo fundo serviebat, tibi legatus fuerit, non aliter a me tibi praestari debeat, quam ut pristinam servitutem recipiam. 2. Nec dissimile est ei qui mandato alicuius servum emit, vel ei qui ser-	Hat der Sklave des Titius mich bestohlen, Titius mich dann zum Erben eingesetzt und den Sklaven dir [durch Damnationslegat] vermacht, so ist es nicht ungerecht, daß dir der Sklave so übergeben wird, wie er bei Titius war, das heißt, daß du mich wegen des Diebstahls schadlos hältst, den er [mir gegenüber] begangen hat, als er bei Titius war. 1. Denn auch wenn dir ein Grundstück, das mit einer Dienstbarkeit zugunsten meines Grundstücks belastet war, vermacht worden ist, brauche ich es dir nur so zu leisten, daß ich die frühere Dienstbarkeit wiedererlange. 2. Das ist ganz ähnlich wie bei demjenigen, der im fremden Auftrag einen Sklaven gekauft hat,

32. Zu denken ist auch an Systematisierungen, wie etwa Ulpians Traktat zu den Verträgen und pacta, D. 2,14,1, eod. 5 u. 7 oder die Abhandlung des Paulus zur Leistung um einer Gegenleistung willen (datio ob rem) in D. 19,5,5 pr.-5.

vum redhibet, qui omnes non aliter restituere servum coguntur, quam ut ratio habeatur furti, quod ab eo servo factum fuerit vel antequam negotium contraheretur vel postea. 3. Quare et si post aditam hereditatem servus legatus heredi furtum fecerit, ita praestari debebit, ut ob hoc delictum quasi litis aestimatio a legatario sufferatur heredi.

oder wie bei dem, der einen Sklaven im Wege der Wandlung zurückgibt, die beide nämlich allein dazu gezwungen sind, daß sie den Sklaven so herausgeben, daß dem Diebstahl Rechnung getragen wird, mag der Sklave ihn vor dem Abschluß des Geschäfts begangen haben oder danach. 3. Daraus folgt: Auch wenn der vermachte Sklave den Erben erst nach Erbschaftsantritt bestohlen hat, braucht er nur in der Weise geleistet zu werden, daß dem Erben wegen dieses Diebstahls vom Vermächtnisnehmer gleichsam der Schätzwert des Streitgegenstandes entrichtet wird.

Im Ausgangsfall war Ego von einem Sklaven des Titius bestohlen worden; daraus war dem Ego die *actio furti noxalis* gegen Titius erwachsen. In der Folge stirbt Titius; Ego wird sein Erbe. Nach sabinianischer Lehre, der Gaius folgt, erlischt damit die Diebstahlsklage *(actio furti)* durch Konfusion.[33]

Der Erblasser hatte den diebischen Sklaven jedoch dem Tu vermacht, offenbar durch Damnationslegat, denn bei einem Vindikationslegat wäre der Täter mitsamt der Noxalhaftung aus dem Eigentum des Erblassers direkt in das des Tu übergegangen (Ner. D. 47,2,65). Gaius entscheidet, der Erbe Titius brauche den vermachten Sklaven dem Tu nur zu übereignen, wenn dieser ihn wegen des Diebstahls schadlos stelle. Als Grund führt er die Auslegungsregel an, es sei gerecht, daß der Erbe den Sklaven so übereigne, wie er beim Erblasser gewesen sei,[34] mithin belastet durch die Noxalhaftung. Im § 1 bringt Gaius zur zusätzlichen Begründung den Vergleichsfall, daß der Erblasser ein Grundstück, das mit einer Grunddienstbarkeit zugunsten eines herrschenden Grundstücks des Erben belastet war, dem Tu vermacht. Auch hier war es durch den Erbgang zu einer *confusio* gekommen und die Grunddienstbarkeit des Erben erloschen, und es war hierzu anerkannt, daß der Erbe mit der *exceptio doli* gegenüber der *actio ex testamento* des Vermächtnisnehmers zu schützen ist, wenn der Vermächt-

33. Gai. 4,78 (*quia in eum casum deducta sit* (sc. *actio*), *in quo consistere non potuerit*, weil die Klage in eine Lage versetzt worden ist, in der sie nicht hätte entstehen können); die Prokulianer nahmen dagegen an, die Klage ruhe nur, solange der Dieb in der Gewalt des Bestohlenen stehe. Vgl. auch Paul. D. 47,2,18; Tryph. D. 9,4,37. Justinian folgt der sabinianischen Lehre, Inst. 4,8,6. S. dazu sowie zu D. 30,70 P. Kieß, Die confusio im klassischen römischen Recht, 1995, S.80 ff., 83-85.

34. Vgl. Flor. D. 30,116,4 *(talis dari debet, qualis relictus est)*.

nisnehmer nicht bereit ist, die erloschene Dienstbarkeit wieder zu bestellen.[35] Es handelt sich also um einen treffenden Parallelfall.

Im § 2 erweitert Gaius die Vergleichsbasis durch zwei Fälle. Im ersten ist jemand, der als Beauftragter eines Dritten einen Sklaven gekauft hatte, von diesem Sklaven bestohlen worden. Gaius hebt hervor, der Auftraggeber müsse für diesen Schaden einstehen, gleichgültig ob der Sklave den Diebstahl vor dem Geschäftsabschluß, dem Kauf also, oder danach begangen habe. Damit folgt Gaius auch hier der sabinianischen Sicht. Die Prokulianer nahmen an, der Auftraggeber hafte dem Beauftragten zwar aus der *actio mandati contraria*, aber mit noxaler Beschränkung. Nur wenn dem Auftraggeber Verschulden zur Last falle, etwa weil er den Beauftragten nicht vor der Neigung des Sklaven zum Diebstahl gewarnt habe, hafte er ohne diese Beschränkung.[36]

Dieser Lehre hatte Julian entgegengehalten: «Denn wenn man es sonst als gerecht ansieht, daß durch einen Sklaven niemandem ein größerer Schaden entstehen darf, als der Sklave selbst wert ist, ist es dennoch viel mehr gerecht, daß niemandem ein Geschäft Schaden bringt, das er zum Vorteil des Vertragspartners, nicht zum eigenen Vorteil übernommen hat» (Iul.-Afr. D. 47,2,62,5). Bei dieser Sicht kann es nicht darauf ankommen, wann der Diebstahl erfolgte. War er vor dem Kauf des Sklaven geschehen, so erlosch die Diebstahlhaftung zwar durch Konfusion, als der Beauftragte das Eigentum am Sklaven erwarb; doch mußte der Auftraggeber aus der genannten Gerechtigkeitserwägung heraus diesen Nachteil ausgleichen.

Erfolgte der Diebstahl dagegen erst, nachdem der Beauftragte Eigentümer des Sklaven geworden war —dies ist gegenüber dem Ausgangsfall nun die neue Situation—, so konnte eine Diebstahlsklage gar nicht erst entstehen[37] (und deshalb auch nicht mehr durch *confusio* erlöschen). Dennoch verfängt auch hier das Gerechtigkeitsargument, daß dem Beauftragten aus der Tätigkeit im fremden Interesse kein Schaden erwachsen darf, so daß auch der Schaden aus diesen «nachträglichen» Diebstählen vom Auftraggeber auszugleichen ist.

Als zweiten Erweiterungsfall führt Gaius im § 2 an, daß ein Käufer den gekauften Sklaven im Wege der Wandlung zurückgibt, der ihn vor oder nach

35. Flor. D. 30,116,4; Paul. D. 8,1,18, vgl. auch Iul. D. 30,84,4; s. Kieß (o. Fn. 33), S. 52 ff.

36. Neratius bei Paul. D. 17,1,26,7, vgl. Proculus bei Ulp. D. 9,2,27,11 = Coll. 12,7,9, dazu R. Knütel, Die Haftung für Hilfspersonen im röm. Recht, SZ 100 (1983) 392 ff.

37. Ulp. D. 47,2,17 pr., vgl. Paul. eod. 16.

dem Kauf, genauer: der Übereignung, bestohlen hat. Bei einem Diebstahl vor dem Kauf ist nicht zweifelhaft, daß der Verkäufer aus der *actio furti* noxal haftet. Geschah der Diebstahl dagegen nach dem Kauf, so konnte daraus keine Diebstahlsklage für den Käufer entstehen. Da aber der Käufer bei der *redhibitio* die Vorteile dem Verkäufer herauszugeben hat, die er aus der Sache gewonnen hat (Früchte, Akzessionen etc.), müssen ihm —so entscheidet Julian—[38] auch die Nachteile ausgeglichen werden, so daß der Verkäufer entweder den Vergleich über die Diebstahlsbuße abschließen oder den Sklaven im Wege der *noxae deditio* dem Käufer auszuliefern hat, welcher zwar keine Diebstahlsklage hat, in der Sache aber durch einen Diebstahl geschädigt ist (was Julian hier genügen läßt). Auch insoweit folgt Gaius Julian.

Im § 3 kehrt Gaius dann zum Ausgangsfall zurück und zieht aus den beiden Vergleichsfällen des § 2 die Konsequenz: Auch wenn der durch Damnationslegat dem Tu vermachte Sklave den Erben erst nach Erbschaftsantritt bestohlen hat, braucht der Erbe ihn erst zu übereignen, wenn Tu ihm den Schätzwert leistet. Unterläßt Tu dies, so behält der Erbe den Sklaven, und dies kommt in der Wirkung einer *noxae deditio* gleich.

Auch in dieser Situation entsteht für den Erben, da er Eigentümer des Sklaven ist, keine *actio furti*. Daß es dennoch gerecht ist, daß der Vermächtnisnehmer den Nachteil aus dem Diebstahl trägt, leitet Gaius aus den beiden in § 2 genannten Parallelfällen ab: Dort ist in beiden Fällen der vom Diebstahl Betroffene nur Zwischeneigentümer, praktisch eine bloße Durchgangsstation; er hat das Eigentum nicht oder (bei der Wandlung) nicht mehr im eigenen Interesse inne, und es ist deshalb nicht gerechtfertigt, ihn den Nachteil aus dem Diebstahl tragen zu lassen. Da es sich bei einem Erben, der nach Erbschaftsantritt von einem vermachten Sklaven bestohlen wird, ganz entsprechend verhält, löst Gaius diesen Erbenfall durch einen Analogieschluß.[39] Er gelangt damit auf sabinianischem Weg zu einer Lösung, die sich im Ergebnis nicht von der der Prokulianer unterscheidet, welche ein Aufleben der Diebstahlsklage im Zeitpunkt der Übereignung an den Legatar annahmen.[40]

---

38. Iul.-Afr. D. 47,2,62,2; Iul.-Paul. D. 21,1,23,8.
39. Im Ergebnis so auch Kieß (o. Fn. 33), S. 85.
40. S. o. Fn. 33.

V. Ein Problemfeld: Die Inselwelt

Wir beschließen unsere Beispiele mit einem Bereich, den die römischen Juristen offenbar nicht im Zusammenhang erschlossen haben, zu dem aber dennoch gut erkennbar wird, daß sie sich bei den jeweiligen Einordnungen und bei ihren Differenzierungen offenbar sehr bewußt von Prinzipien haben leiten lassen, so daß sich ein stimmiges Gesamtbild ergibt. Es geht um die juristische Erschließung der Inselwelt, in der wir auf überraschende Besonderheiten treffen.

1. D. 41,1,7,3 (Gaius im 2. Buch der alltäglichen Dinge) (= Inst. 2,1,22)

Insula quae in mari nascitur (quod raro accidit) occupantis fit: nullius enim esse creditur. in flumine nata (quod frequenter accidit), si quidem mediam partem fluminis tenet, communis est eorum, qui ab utraque parte fluminis prope ripam praedia possident, pro modo latitudinis cuiusque praedii, quae latitudo prope ripam sit: quod si alteri parti proximior sit, eorum est tantum, qui ab ea parte prope ripam praedia possident.

Eine Insel, die —was selten geschieht— im Meer entsteht, wird Eigentum dessen, der sie sich [als erster] aneignet. Man nimmt nämlich an, daß sie vorher niemandem gehört. Ist sie aber —was häufiger geschieht— in einem Fluß entstanden, dann wird sie, wenn sie in der Flußmitte liegt, gemeinschaftliches Eigentum derer, denen auf beiden Seiten des Flusses die Ufergrundstücke gehören, und zwar im Verhältnis zu der Breite, die jedes Grundstück am Ufer hat. Ist die Insel aber der einen Seite des Flusses näher als der anderen, dann wird sie nur Eigentum derer, die auf dieser Seite Grundstücke am Ufer haben.

Danach gelten unterschiedliche Lösungen für die Meeresinsel und die Flußinsel. Von ihnen ist die zur Meeresinsel unmittelbar einleuchtend; sie beruht auf dem Okkupationsprinzip, also dem naturrechtlichen Grundsatz, daß an herrenlosen Sachen und damit auch an den ganz neu entstandenen derjenige Eigentum erwirbt, der sie sich zuerst aneignet. «Was nämlich niemandem gehört», sagt der Jurist Gaius, «wird nach natürlicher Vernunft demjenigen überlassen, der es sich aneignet».[41] Die Aneignung (*occupatio*) ist der natürlichste und vermutlich älteste Tatbestand des Eigentumserwerbs. Seine Geltung wird in den meisten der heutigen Zivilgesetzbücher bestätigt.[42]

41. Gai. D. 41,1,3 pr. = Inst. 2,1,12.

42. Etwa (für bewegliche Sachen) in § 958 BGB; Art. 610 CcSpanien. Ungeachtet der Artt. 539, 713 CcFrankreich ist an herrenlosen beweglichen Sachen auch in Frankreich die Aneignung möglich.

2. a) Nicht ohne weiteres zu verstehen ist dagegen die Lösung zur Flußinsel:

Danach erstreckt sich das Eigentum an den Ufergrundstücken auf die in der Flußmitte entstandene Insel. Man kann das wie folgt veranschaulichen (Bild 2):

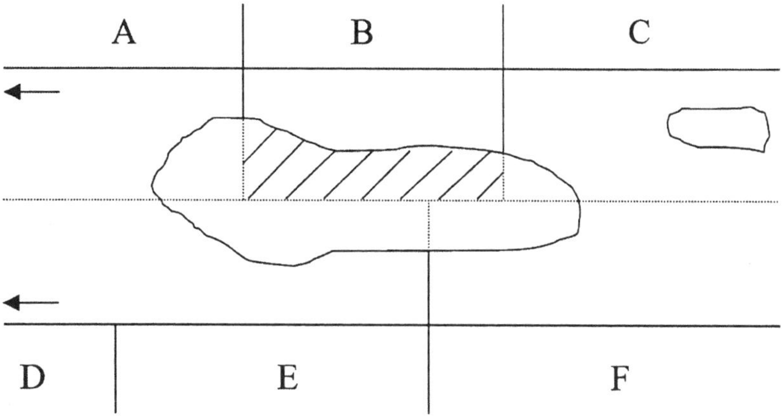

Die Grundstücksgrenzen werden bis zur Flußmitte verlängert, wo sie auf die Ideallinie stoßen, die der Flußmitte folgend gezogen wird. Die dadurch entstehenden Teilflächen gehören als *partes pro diviso*, also als körperlicher Anteil zu alleinigem Eigentum dem Eigentümer des jeweils gegenüber liegenden Grundstücks (im Bild 2 also zum Beispiel der schraffierte obere Teil der Insel in der Flußmitte dem B). Die nur in der oberen Hälfte des Flusses entstandene kleine Insel gehört dagegen allein dem C.

Zwar ist diese römische Regelung in die meisten Zivilgesetzbücher aufgenommen worden;[43] dennoch wird viel darüber gerätselt, wie sich diese merkwürdige Eigentumszuweisung erklärt. Rudolph v. Jhering hat sich über diesen «Leckerbissen für den Pandektisten» amüsiert, «nicht wegen der praktischen Aussichten, die sich daran heutzutage knüpfen ließen —leider ist es damit nichts!», und im Scherz und Ernst die folgende Erklärung

43. Siehe z.B. Art. 561 Cc (aufrechterhalten von Art. 102 Code rural), § 407 ABGB; Artt. 561 CcBelgien; 373 CcSpanien; 1071 CcGriechenland; 656 CcChile; 1242 CcBrasilien (2002).

angeboten: «Beiläufig: haben Sie wohl einmal darüber nachgedacht, warum die Römer..., da es sich hier doch um herrenlose Sachen handelt, nicht die Konsequenz der herrenlosen Sachen: das freie Occupationsrecht zugelassen haben? Malen Sie sich die Scene aus, welche die Ausübung desselben hervorrufen würde: die Balgereien im Wasser, bevor noch die Insel völlig aus dem Wasser heraus —ich möchte sagen: während die Natur noch in den Wehen liegt!—, die Versuche, die langsame Geburt auf natürlichem Wege durch eine Zangengeburt zu ersetzen, und Sie werden wissen, warum die Römer so verständig gewesen sind, in diesem Verhältnisse die Occupation auszuschließen».[44]

Natürlich ist der wahre Grund ein anderer. Er scheint in Vergessenheit geraten zu sein; doch hatten die Väter des *Code civil* ihn klar vor Augen. Jean-Etienne Portalis hat in seiner *Présentation au Corps Législatif* (zu den Gründen des Eigentumserwerbs) im Hinblick auf die Alluvionen, also die Anschwemmungen, durch die die Ufergrundstücke im Laufe der Zeit allmählich vergrößert werden, hervorgehoben, «daß die Alluvionen dem Ufereigentümer nach dem natürlichen Rechtsgrundsatz gehören müssen, wonach der Gewinn demjenigen zusteht, der auch den Verlust zu tragen hat. Ufereigentum ist mehr als jedes andere bedroht. Es besteht sozusagen eine Art Glücksvertrag zwischen dem Eigentümer eines Ufergrundstücks und der Natur, die in ihrer Entwicklung dieses Grundstück jeden Augenblick vernichten oder vergrößern kann».[45]

Für die Flußinseln gilt demnach statt des allgemeinen Okkupationsprinzips ein engeres Prinzip, nämlich daß derjenige, der die Gefahr trägt, auch den Vorteil haben soll (*commodum eius esse debet, cuius periculum est*; Inst. 3,23,3).[46] Die Gefahr ist hier die Sachgefahr, die den Eigentümer trifft: *casum sentit domi-*

44. Rudolph v. Jhering, Scherz und Ernst in der Jurisprudenz, 4. Aufl. 1891, S. 132 f.

45. P. Antoine Fenet, Recueil complet des travaux préparatoires du Code civil, Bd. 11, 1828, Neudr. 1968, S. 128.

46. Vgl. auch D. 50,17,10. Dieses Prinzip ist eine berühmte (sich in vielen Zusammenhängen auswirkende) Rechtsregel geworden, vgl. etwa Henri Roland-Laurent Boyer, Adages du droit français, 3. Aufl. 1992, S. 994 ff.; Herbert Broom, A Selection of Legal Maxims, 10. Aufl. 1939 (ed. R.H. Kersley), S. 485 (*Qui sentit onus sentire debet commodum*). Zu den römischen Quellen siehe Friedrich Mommsen, Erörterungen über die Regel: Commodum eius esse debet, cuius periculum est. Erörterungen aus dem Obligationenrecht, Heft 1, 1859 (der die Regel jedoch zu eng sieht); G. van den Bergh, Qui habet commoda ferre debet onera, in: R. Feenstra und andere (Hg.), Flores legum, Fschr. für Hermann J. Scheltema, 1971, S. 25 ff.

nus.[47] Die Anlieger eines Flusses sind der besonderen Gefahr ausgesetzt, daß sie durch Abschwemmung oder Veränderungen des Flußlaufs ihr Eigentum teilweise oder sogar ganz verlieren. Zum Ausgleich für diese Gefahr erlangen die Flußanlieger das Eigentum an Anschwemmungen (Alluvionen).

Hinsichtlich der Flußinseln liegt es nun so, daß beide Ufer des Flusses dessen Gefahren gleichermaßen ausgesetzt sind. Hier bedarf es deshalb einer allen gerecht werdenden Verteilungsformel. Dies muß zu der weiteren Regel führen, daß die Mitte des Flusses die Grenze bilden muß für das, was dem einen oder anderen Ufer zuzuteilen ist, daß also eine *insula nata*, welche die Mitte gar nicht erreicht, dem Ufer, an dessen Seite sie liegt, zufallen muß. Ferner ist anzunehmen, daß nur die unmittelbar am Flußufer gelegenen Grundstücke ohne Rücksicht darauf, daß sie in größerer Nähe des zu Verteilenden lagen oder nicht, anteilsberechtigt sein konnten, denn sie alle, aber auch nur sie, waren unmittelbar den Unbilden des Flusses ausgesetzt.[48]

b) Daß dies die treffende Erklärung ist, wird bestätigt durch den Text

D. 43,12,1,6 (Ulpian im 68. Buch zum Edikt)

Si insula in publico flumine fuerit nata inque ea aliquid fiat, non videtur in publico fieri. illa enim insula aut occupantis est, si limitati agri fuerunt, aut eius cuius ripam contingit, aut, si in medio alveo nata est, eorum est qui prope utrasque ripas possident.

Ist eine Insel in einem öffentlichen Fluß entstanden und wird auf ihr etwas errichtet, so wird nicht angenommen, daß dieses [Bauwerk] im Fluß errichtet wird [was nach dem Edikt verboten wäre]. Jene Insel gehört nämlich entweder demjenigen, der sie sich [als erster] aneignet, wenn es sich nämlich um Grundstücke handelt, die [von Feldvermessern] abgegrenzt worden sind, oder sie gehört demjenigen [von den Flußanliegern], zu dessen Ufer sie am nächsten ist, oder, sofern sie mitten im Flußbett entstanden ist, denen, die in der Nähe [der Insel] auf beiden Seiten die Ufergrundstücke haben.

---

47. Diocl. C. 4,24,9 *(res perit suo domino)*; vgl. Detlef Liebs, Lateinische Rechtsregeln und Rechtssprichwörter, 5. Aufl., 1991, R 32, 49; Roland-Boyer (o. Fn. 46), S. 819 ff.

48. Otto Karlowa, Römische Rechtsgeschichte, Bd. 2, 1901, S. 432 f. (in Anknüpfung an Magnus F. Ennodius, Vita B. Epiphani, hrsg. von G. Hartel, 1882, S. 336).

Es war verboten, in einem öffentlichen Fluß oder an dessen Ufern Anlagen zu errichten, die zu einer Beeinträchtigung der Schiffahrt führen könnten. Der Jurist Ulpian hebt hervor, daß zu den möglichen Anlagen, die im Fluß errichtet werden, nicht solche gehören, die auf einer Flußinsel gebaut werden, und er begründet dies damit, daß diese Inseln im Privateigentum stehen. Wer auf ihnen baut, baut folglich nicht im öffentlichen Fluß.

Als ersten der beiden Fälle, in denen die Insel in Privateigentum gelangt, nennt Ulpian das Okkupationsprinzip, das gilt, sofern die Ufergrundstücke *agri limitati* waren. Dies waren durch Landvermessung mathematisch exakt abgegrenzte und Kolonisten zugewiesene Parzellen aus dem Staatsland (*ager publicus*). Die in der *forma*, dem öffentlichen Verteilungsplan, festgelegten Grenzen dieser Parzellen konnten durch Veränderungen des Flußlaufs nicht verschoben werden. Abschwemmungen änderten die Grundstücksgrenzen nicht; kam es zur Abschwemmung, so umschloß die Grenze den neu entstandenen Teil des Flußbetts. Rein juristisch gesehen trug der Eigentümer insoweit also keine Gefahr, so daß auch für die Gewährung des Vorteils kein Anlaß stand. Verlief zwischen derartigen Parzellen ein (von der Landzuweisung nicht erfaßter) Fluß und entstand in diesem eine Insel, so blieb es —da eine Erweiterung dieser Grundstücke, mithin ein Eigentumserwerb der Anlieger, auszuscheiden hatte— bei dem allgemeinen Okkupationsgrundsatz.[49] In diesem Fall gehört also, wie D. 43,12,1,6 bestätigt, auch die im Fluß entstandene Insel dem, der sie sich zuerst aneignet. Stellte der Eigentumserwerb der Uferanlieger bei der Flußinsel die Ausnahme vom Okkupationsgrundsatz dar, so haben wir es hier bei den *agri limitati* mit der Ausnahme von der Ausnahme zu tun. Sie führt zum Grundsatz zurück.

c) Doch damit nicht genug! Von dem Prinzip, daß die Ufereigentümer auch das Eigentum an den Flußinseln erlangen —man nennt dies den «Erwerb nach Uferrecht»—, ist auch im Falle der «wachsenden Insel» eine Ausnahme zu machen:

49. Vgl. Carl Georg v. Wächter, Pandekten, Bd. 1, 1880, S. 281. Daher findet dort auch kein Eigentumserwerb durch Alluvion statt, Flor. D. 41,1,16.

D. 41,1,56 pr. (Proculus im 8. Buch der Briefe)

Insula est enata in flumine contra frontem agri mei, ita ut nihil excederet longitudo regionem praedii mei: postea aucta est paulatim et processit contra frontes et superioris vicini et inferioris: quaero, quod adcrevit utrum meum sit, quoniam meo adiunctum est, an eius iuris sit, cuius esset, si initio ea nata eius longitudinis fuisset. Proculus respondit: flumen istud, in quo insulam contra frontem agri tui enatam esse scripsisti ita, ut non excederet longitudinem agri tui, si alluvionis ius habet et insula initio propior fundo tuo fuit quam eius, qui trans flumen habebat, tota tua facta est, et quod postea ei insulae alluvione accessit, id tuum est, etiamsi ita accessit, ut procederet insula contra frontes vicinorum superioris atque inferioris, vel etiam ut propior esset fundo eius, qui trans flumen habet.

Im Fluß hat sich gegenüber der Uferkante meines Grundstücks eine Insel dergestalt gebildet, daß sie in ihrer Länge nicht über den Bereich meines Grundstücks hinausgeht. Später hat sie sich durch Anschwemmung allmählich vergrößert und sich auch längs der Ufergrundstücke meines oberen und unteren Nachbarn erstreckt. Ich frage, ob, was angewachsen ist, mir gehört, weil es mit meinem Eigentum verbunden ist, oder ob es sich nach dem Recht bestimmt, nach dem es sich bestimmen würde, wenn die Insel von Anfang an in dieser Länge entstanden wäre. Proculus hat den Bescheid erteilt: Wenn für den Fluß, in dem, wie du schreibst, die Insel sich gegenüber der Uferkante deines Grundstücks derart gebildet hat, daß sie in ihrer Länge nicht über den Bereich deines Grundstücks hinausgeht, das Recht des Eigentumserwerbs durch Anschwemmung gilt und die Insel zu Anfang näher an deinem Grundstück lag als an dem desjenigen, der sein Grundstück am anderen Ufer hat, dann ist sie dein Eigentum geworden, und was dieser Insel nachträglich durch Anschwemmung angewachsen ist, das gehört dir, auch wenn es dergestalt angewachsen ist, daß die Insel sich längs der Ufergrundstücke des oberen und des unteren Nachbarn erstreckt oder auch dergestalt, daß sie [nunmehr] näher bei dem Grundstück dessen liegt, der am anderen Ufer der Eigentümer ist.

Bild 3:

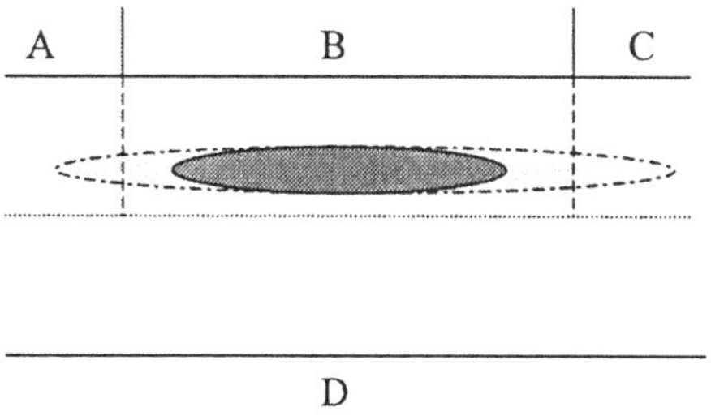

Machen wir uns die Situation an Bild 3 klar: Zunächst gehörte die Insel nur dem B, weil sie allein in der Flußhälfte gegenüber dem Grundstück des B entstand. Später wuchs sie, so daß sie auch in die Flußhälfte gegenüber den Grundstücken des A und C hineinragte. Der Jurist Proculus entscheidet, daß hier nicht zugunsten von A und C das «Uferrecht» gilt. Vielmehr bleibt B Eigentümer der gewachsenen Insel in ihrem vollen erweiterten Umfang. Denn hier kommt ein sachnäheres Prinzip zur Anwendung: *accessio cedit principali*, die Nebensache folgt der Hauptsache. Der Begriff *accessio* ist weit zu verstehen;

er erfaßt sowohl Zuwächse und Erweiterungen der Hauptsache als auch selbständige Nebensachen, wie etwa Zubehörstücke. Daß bei der wachsenden Insel dieses Prinzip das sachnähere ist, ergibt sich wieder aus dem Gedanken, daß derjenige, der die Gefahr trägt, auch den Vorteil haben muß.[50] Denn im Hinblick auf sein Eigentum an der Insel trug B die Sachgefahr (das *periculum rei*). Derartige Fälle kommen übrigens auch heute noch vor. 1903 hatte der österreichische Oberste Gerichtshof (OGH) und 1984 der deutsche Bundesgerichtshof (BGH) einen solchen Fall zu entscheiden; beide Gerichte urteilten wie Proculus.[51]

d) Einer Ausdehnung des «Uferrechts» begegnen wir dagegen im nächsten Sonderfall: Auch eine Insel kann das «Uferrecht» begründen.

D. 41,1,65,3 (Labeo im 6. Buch der von Paulus ausgewählten Überzeugenden Rechtssätze)

Paulus: Si insula in flumine nata tua fuerit, deinde inter eam insulam et contrariam ripam alia insula nata fuerit, mensura eo nomine erit instruenda a tua insula, non ab agro tuo, propter quem ea insula tua facta fuerit: nam quid interest, qualis ager sit, cuius propter propinquitatem posterior insula cuius sit quaeratur?

Paulus: Gehört eine im Fluß entstandene Insel dir und entsteht dann zwischen dieser Insel und dem gegenüberliegenden Ufer eine zweite Insel, so ist im Hinblick darauf die Vermessung [zur Eigentumsabgrenzung] von deiner Insel aus vorzunehmen, nicht von deinem Ufergrundstück aus, um dessentwillen die [erste] Insel dein Eigentum geworden ist. Denn was tut es zur Sache, von welcher Beschaffenheit das Grundstück ist, zu dem [allein] aufgrund seiner Nachbarlage fraglich ist, wem die zweite Insel gehört?

50. Siehe o. zu Fn. 46.
51. OGH in Glaser-Unger N.F. Nr. 2262 (Urteil v. 18.2.1903); BGHZ 92, 326, 332 ff. = NJW 1985, 1289 (Urteil v. 25.12.1984). Es ist deshalb amüsant, wenn T. Honoré, TR 40 (1972) 563 zu den Fällen in den Epistulae des Proculus meint: «none of the cases...can be shown to be taken from real life, and many of them are self-evidently not, for example the acrobatic island in D. 41,1,56». Auch Chr. Krampe, Proculi epistulae, 1970, S. 17 ff., 21 f., 26 f. vermutet, Proculus erörtere in D. 41,1,56 keinen praktischen Fall.

Bild 4:

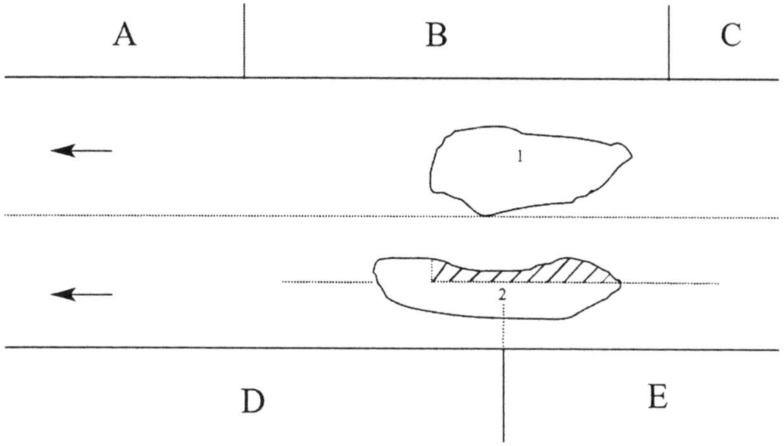

Zuerst war in der Flußhälfte vor dem Grundstück des B eine Insel entstanden. An ihr erlangte B kraft des «Uferrechts» das Alleineigentum. Danach bildete sich in der gegenüberliegenden Flußhälfte vor den Grundstücken des D und des E eine zweite Insel. Grundsätzlich müßten daran allein D und E jeweils Teileigentum erwerben. Der Jurist Paulus betont jedoch, daß das «Uferrecht» in dieser Situation anders bestimmt werden muß. Die Ideallinie ist nicht in der Flußmitte, sondern in der Mitte zwischen dem Inselufer und dem gegenüberliegenden Ufer zu ziehen und danach ist dann zu bestimmen, welche Teilflächen in wessen Eigentum fallen. Legen wir die Situation von Bild 4 zugrunde, so zeigt sich, daß B das Eigentum an der schraffierten oberen Teilfläche erlangt, die entsteht, wenn man von den Endpunkten (als den Grenzen) seiner Insel Grenzlinien bis zur genannten Ideallinie zieht.

Die Besonderheit ergibt sich daraus, daß Paulus die erste Insel wie ein Ufergrundstück behandelt, auch für sie also ein «Uferrecht» anerkennt. Seine Begründung, daß es für das «Uferrecht» auf die Beschaffenheit des jeweiligen Grundstücks nicht ankommt, überzeugt: Entscheidend ist nämlich, daß den Inseleigentümer die Sachgefahr ebenso trifft wie den Eigentümer eines Ufergrundstücks und sich bei ihm wahrscheinlich sogar noch eher verwirklicht als bei diesem. Auch hier geht es also darum, die Tragweite eines Rechtsgrundsatzes zu ermitteln, nämlich des «Uferrechts».

3. Daß die römischen Juristen in ihrem Bestreben, die Tragweite eines Prinzips auszuleuchten, auch auf Raritäten zurückgreifen, zeigt die schwimmende Insel. Sie ist der Grenzfall, dem wir begegnen in:

D. 41,1,65,2 (Labeo im 6. Buch der von Paulus ausgewählten Überzeugenden Rechtssätze)

Si qua insula in flumine publico proxima tuo fundo nata est, ea tua est. PAULUS: videamus ne hoc falsum sit de ea insula, quae non ipsi alveo fluminis cohaeret, sed virgultis aut alia qualibet levi materia ita sustinetur in flumine, ut solum eius non tangat, atque ipsa movetur: haec enim propemodum publica atque ipsius fluminis est insula.

Wenn eine Insel in einem öffentlichen Fluß ganz nahe an deinem Grundstück entstanden ist, so gehört sie dir. PAULUS: Überlegen wir, ob dies nicht im Hinblick auf eine Insel unzutreffend ist, die mit dem Flußbett nicht verbunden ist, sondern durch Zweigwerk oder irgendwelches anderes leichtes Material [gebildet] derart im Fluß schwimmt, daß sie dessen Grund nicht berührt und sich selbst bewegt. Diese Insel ist nämlich gewissermaßen öffentlich und Bestandteil des Flusses.

Schwimmende Inseln gab es in der Antike und gibt es noch heute. Berühmt war im Altertum ein (mittlerweile verlandeter) See in Mittelitalien nahe dem heutigen Rieti: Auf ihm schwamm eine Insel mit Baumbestand;[52] auf einigen schwimmenden Inseln konnte sogar Vieh weiden. Heute entstehen auf tropischen Strömen, etwa am oberen Nil, bisweilen schwimmende Inseln, wenn sich Gras-oder Pflanzenbarrieren bilden, in denen sich Baumstämme und Zweigwerk verfangen, die dann durch Schlingpflanzen zusammengehalten werden.

Zur juristischen Einordnung der schwimmenden Inseln zeigt unser Text, daß sowohl das Okkupationsprinzip als auch das engere Prinzip von *commodum* und *periculum*, das dem «Uferrecht» der Anlieger zugrundeliegt, durch ein anderes Prinzip verdrängt werden. Da die Insel schwimmt, kann sie nicht den jeweiligen Uferanliegern gehören; mangels fester Verbindung mit dem Flußbett gibt es keinen Grund, bestimmte Anlieger Eigentum erlangen zu lassen. Gegen das Okkupationsprinzip spricht, daß schwimmende Inseln gewissermaßen ein Nebenprodukt oder ein Teil des Gewässers sind. Deshalb kommt hier das Prinzip *accessio cedit principali* zur Anwendung, die Nebensache folgt (in ihrer Rechtslage) der Hauptsache.[53] Die schwimmende Insel in einem öffentlichen

52. Dieser See (*lacus Cutiliae*) galt als der Mittelpunkt Italiens. Von ihm und anderen schwimmenden Inseln wird des öfteren berichtet, etwa vom älteren Plinius, Naturalis Historia 3,10, auch 2,209; von Seneca, Naturales Quaestiones 3,25,7-10; Varro, De lingua Latina 5,71 und Plinius dem Jüngeren, Epistulae 8,20,4 ff.

53. Vgl. oben vor Fn. 50.

Fluß ist also eine öffentliche Sache; entstünde sie in einem Privatgewässer, so würde sie dem Eigentümer des Gewässers gehören.

4. Das Problemfeld der Inseln ist damit nicht ausgeschöpft. Beispielsweise wird auch der Fall erörtert, daß eine Insel dadurch entsteht, daß der Fluß sich an einer Stelle teilt, um sich weiter unterhalb wieder zu vereinigen. Es liegt auf der Hand, daß der bisherige Eigentümer des Grundstücks sein Eigentum nicht dadurch verliert, daß sein Grundstück ganz oder teilweise zur Flußinsel wird (Gai. D. 41,1,7,4; Inst. 2,1,22 am Ende). Doch haben wir die wohl interessantesten Fälle betrachtet.

Bei dieser Betrachtung wurde etwas besonders deutlich, das kennzeichnend ist für die Art der römischen Juristen, das Recht fortzuentwickeln und die Rechtsordnung auszugestalten. Sie verlassen sich bei der Entwicklung ihrer Lösungen weniger auf ihre geniale Intuition, sondern sie lassen sich von gesunden, aus praktischer Anschauung gewonnenen, der Natur der Sache entsprechenden Prinzipien leiten. Dabei schränken sie allgemeine Prinzipien durch engere Prinzipien ein und überprüfen an Grenzfällen die Tragweite auch dieser engeren Prinzipien.

VI. Schlußbemerkungen

Daran können wir für die kurze Zusammenfassung unserer Ergebnisse anknüpfen: Es ist eine vor allem in den Geisteswissenschaften oft zu beobachtende Strategie, daß komplexe Aufgaben und Probleme, für deren Lösung ein bestimmendes Prinzip oder ein leitender Plan noch nicht bekannt ist, dadurch bewältigt werden, daß man die Alternativen, die sich auf den jeweiligen Gedankenebenen stellen, an Beispielen durchspielt und damit den Suchraum für die richtige Lösung kontinuierlich einschränkt, bis das einschlägige Prinzip ermittelt ist. Entsprechendes gilt, wenn zwar das möglicherweise einschlägige Prinzip oder Gesetz bekannt ist, nicht aber dessen Tragweite. Ganz in diesem Sinne verfahren die römischen Juristen, wenn sie —wie wir sahen und wie überhaupt in den Quellen immer wieder zu sehen ist— ihren Ausgangsfall variieren,[54] wenn sie Parallelfälle bilden[55] oder Gegenfälle[56] oder wenn sie allgemeine

54. Siehe die Beispiele Ulp. D. 1,6,8; Pomp. D. 23,4,7.

55. Siehe Gai. D. 30,70; ein anschauliches Beispiel ist auch der Fall der Käseräucherei Aristo-Ulp. D. 8,5,8,5.

56. Siehe Lab.-Paul. D. 41,1,65,2.

Aussagen anhand von Beispielen einschränken oder ausdehnen.[57] Daß sie hierbei sogar verwunderlichste Beispielsfälle einbeziehen, wurde an der schwimmenden Insel deutlich. Diese ist freilich kein Einzelfall, stoßen wir in den Quellen doch auch auf Raritäten, wie wachsendes Marmorgestein,[58] wandernde Bäume[59] oder etwa Gebäude, die den Lichteinfall für Nachbargebäude verbessern.[60]

Man wird dem nicht gerecht, wenn man dies als «practicably unimportant, speculative and academic questions» abtut.[61] Denn es geht den Juristen weniger darum, auch für diese seltenen Fälle eine Lösung vorzuschlagen, als vielmehr —wie schon hervorgehoben— darum, an den merkwürdigsten Erscheinungen oder Situationen zu testen, wie weit die Tragweite eines Prinzips oder Gedankens reicht und ab wann ein anderes Prinzip oder eine andere Erwägung maßgeblich wird. Dies hat zur Folge, daß die römischen Juristen sich nicht in Abstraktionen verlieren, sondern in ihren Überlegungen durchweg anschaulich bleiben.

Dieses Verfahren ist ein durchaus rationales, ohne daß in ihm freilich die Intuition ausgeschlossen wäre. Das Erkennen des Problems, die Aufdeckung von Zusammenhängen, die bisweilen verblüffenden Variationen des Themas und auch zahlreiche Antworten auf die einzelnen Rechtsfragen beruhen, so elegant, wie sie uns erscheinen, sicherlich oft auf Intuition. Doch war diese Intuition rational kontrolliert; sie konnte die logische und eine sachliche Begründung verlangende Rechtsfindung der Römer beflügeln, nicht aber ersetzen. Es bietet sich deshalb an, mit Franz Horak[62] zu unterscheiden zwischen dem «Entdeckungszusammenhang», in dem die Intuition eine bedeutende Rolle spielt, und dem «Begründungszusammenhang», in dem nur rational begründete Aussagen und Ergebnisse Anerkennung finden können - mögen diese zunächst auch intuitiv erkannt worden sein. Das war in Rom kaum anders; unsere Beispiele dürften eine Anschauung davon vermittelt haben, wie rational die römischen Juristen ihre Ergebnisse begründet haben.

---

57. Vgl. dazu etwa Pomp. D. 18,1,8; Ulp. D. 4,4,3,3.

58. Lab.-Iav. D. 23,5,18 pr.; Ulp. D. 24,3,7,13, s. auch Plinius, Naturalis Historia 36,24,125, dazu etwa R. Lambertini, Lapis crescere potest, Archivio Giuridico 204 (1984) 97, 121 ff.

59. Inst. 2,1,31; Gai. D. 41,1,7,13, dazu R. Knütel, Von Wurzeln und Stämmen, Fschr. H.F. Gaul, 1997, S. 317, 320 ff.

60. Ulp. D. 8,2,17,2.

61. So etwa Maitland, Bracton and Azo (Selden Society), 1895, XXI, s. auch XXVII (der unter anderem «islands arising in midstream» anführt), angeführt bei Jakobs (o. Fn. 15), S. 16 f.

62. Franz Horak, Rationes decidendi, 1969, S. 17 ff.

Man wird dann auch leichter die berühmte Kennzeichnung verstehen, die Friedrich Carl von Savigny 1814 in seinem «Beruf» gegeben hat. Nach der Hervorhebung, «daß in unserer Wissenschaft [der Jurisprudenz also] aller Erfolg auf dem Besitz der leitenden Grundsätze beruhe», fährt er fort: «und gerade dieser Besitz ist es, der die Größe der Römischen Juristen begründet. Die Begriffe und Sätze ihrer Wissenschaft erscheinen ihnen nicht wie durch ihre Willkühr hervorgebracht, es sind wirkliche Wesen, deren Daseyn und deren Genealogie ihnen durch langen und vertrauten Umgang bekannt geworden ist».[63] Wir möchten erläuternd hinzufügen: weil die römischen Juristen die Sätze ihrer Wissenschaft —wir haben sie die Prinzipien genannt— durch fortwährendes Überprüfen, Ausloten und geradezu durch ein «Abtasten» in ihren Konturen erkannt und sich mit ihnen vertraut gemacht haben. Und wenn Savigny fortfährt: «Darum eben hat ihr ganzes Verfahren eine Sicherheit, wie sie sich sonst außer der Mathematik nicht findet, und man kann ohne Uebertreibung sagen, daß sie mit ihren Begriffen rechnen»,[64] so macht er damit sehr anschaulich, wie rational die von den römischen Juristen praktizierte Methode der Rechtsfindung war. Ohne daß wir uns auf die Formel vom «Rechnen mit den Begriffen» festlegen müßten,[65] gehen unsere Eindrücke in dieselbe Richtung. Wir können deshalb auch verstehen, weshalb dieses Recht als *ratio scripta* verstanden worden ist[66] und weshalb seine Rechtssätze von so vielen und so unterschiedlichen Völkern unseres Erdballs rezipiert worden sind.

---

63. F.C. v. Savigny, Vom Beruf unserer Zeit für Gesetzgebung und Rechtswissenschaft, 1814, S. 28/29.

64. Savigny, S. 29.

65. Beispielsweise nehmen die Juristen, wenn es um besondere Wertungen oder Leitprinzipien geht, wie etwa die Begünstigungen von Freiheit (*favor libertatis*), Erblasserwillen (*favor testamenti*), Mitgift (*favor dotis*) etc., auch logische Inkonsequenzen in Kauf, wofür Ulp. D. 23,3,9,1 (sofern echt) ein krasses Beispiel bieten würde. Auch F. Schulz (o. Fn. 5), S. 24 Fn. 71 stimmt Savigny im Grundsatz zu, meint aber, die Formel werde «der intuitiven Art der Klassiker nicht gerecht»; das wird im Sinne des oben zu Fn. 62 Angeführten zu verstehen sein.

66. Nachweise bei P. Koschaker, Europa und das römische Recht, 4. Aufl. 1966, S. 108 f., siehe auch S. 222 f.; vgl. ferner Schulz (o. Fn. 5), S. 25.

Pamphilus inter fanaticos*

Rolf Knütel

I. Einführung

„Wann kommt das 21. Buch?" So hat Ulrich Huber mich vor einigen Jahren des öfteren gefragt. Gemeint war das 21. Buch der Digesten, das sedes materiae der römischen Sach- und Rechtsmängelhaftung ist und dessen Wiedergabe in Text und Übersetzung für den Band IV der Corpus Iuris-Edition vorgesehen war, an der ich mitarbeite. Der Band ist, nachdem Band III mit den Büchern 11–20 im Jahre 1999 herausgekommen war, im Jahr 2005 endlich erschienen. Er umfaßt die Bücher 21–27 der Digesten[1].

Es hat also seine Zeit gebraucht, bis das 21. Buch gekommen ist. Abgesehen von anderen „Ablenkungen" ist das nicht unwesentlich durch die Schwierigkeiten bedingt, die die römischen Rechtstexte bereiten. Die Schwierigkeiten reichen von singulären Wortbedeutungen – etwa ob die *taberna casiaria,* die bei Ulpian D. 8,5,8,5 den Nachbarn so stört, eine Käseräucherei ist oder eine Gewürzproduktion[2] – über höchste juristische Komplikationen, die den jeweiligen Texten das Prädikat einer *lex damnata* eingetragen haben[3], eigenwillige grammatikalische Konstruktionen und sprachliche Manieriertheiten, zu denen insbesondere der geniale Spätklassiker Papinian neigt, Aussagevarianten, die sich aufgrund der (in der Antike noch unbekannten) Interpunktion, aufgrund möglicher Verschreibungen oder Abkürzungen erge-

* Th. Baums/M. Lutter/K. Schmidt/J. Wertenbruch (Hrsg.), Festschrift für Ulrich Huber zum 70. Geburtstag, Mohr Siebeck, Tübingen 2006, 41 – 50.

1 Corpus Iuris Civilis. Text und Übersetzung, Band IV, 2005. – Abkürzungen: SZ = Zeitschrift der Savigny-Stiftung für Rechtsgeschichte, Romanistische Abteilung; RAC = Reallexikon für Antike und Christentum; Bömer = *F. Bömer*, Kybele in Rom, Mitteilungen des Deutschen Archäologischen Instituts (Römische Abteilung) 71 (1964) S. 130.

2 Vgl. *D. van den Bergh*, Cheese or Lavender? Elegantiae circa D. 8.5.8.5, Essays in Honour of Ben Beinart, Bd. III, Kapstadt 1979, S. 185ff. – Vermutlich ist das nur hier überlieferte Wort *casiaria* verschrieben für *casearia*; die Beziehung auf Käse (*caseus*) wäre dann klar.

3 So etwa Paulus D. 18,4,21 (wo allein die Bedeutung von *actionem praestare* im Kreise der Herausgeber eine Korrespondenz von über 130 DIN A 4-Seiten ausgelöst hat) oder Julian-African D. 12,6,38, die berühmte *lex Frater a fratre* (auf deren „Schönheit" *Walter Jellinek* einmal angespielt hat: „Das öffentliche Recht teilt nicht den Reichtum des Privatrechts an künstlerisch vollendeten Rechtsfällen; seine Streitigkeiten erregen selten einen ästhetischen Genuß; einmal aber, im Jahre 1885, hat sich ein Ereignis abgespielt, das an Kompliziertheit und Schönheit für die Rechtsverhältnisse des fehlerhaften Staatsakts das ist, was die lex Frater a fratre dem römischen Rechte war", Der fehlerhafte Staatsakt und seine Wirkungen, 1908, S. 168. Gemeint war PrOVGE 13,408).

Corrigenda

S. 45	2. Abs.	5. Z.:	Vers 10,220
		10. Z.:	*Cybebe*
S. 46	2. Abs.	1. Z.:	*crebrius*
	Fn. 20	1. Z.:	di-
S. 48	3. Abs.	3. Z.:	*deum <mater>*

ben[4], bis hin zu der häufigen Schwierigkeit, die tatsächlichen Verhältnisse zu erkennen, die bei der weithin abstrahierenden Falldarstellung der römischen Juristen als bekannt vorausgesetzt werden oder sich aus dem Zusammenhang im Werk des Juristen ergeben[5].

Daß es oft sehr wichtig ist, Kenntnis von den tatsächlichen Verhältnissen zu haben, um den juristischen Gehalt eines Textes zu erfassen, liegt auf der Hand und läßt sich auch an zahlreichen Beispielen zeigen. Die bisweilen etwas mühselige, aber doch immer wieder spannende Suche, um diese jeweils erforderliche Kenntnis zu gewinnen, kann in die unterschiedlichsten antiken Lebensbereiche führen, in Wirtschaft und Verwaltung bis hin zu den zivilrechtlichen Folgen kaiserlicher Propaganda oder in die Philosophie, Technik, die Religion und vieles mehr[6]. Auf einen interessanten religionsgeschichtlichen Zusammenhang sind wir gleich am Anfang des 21. Buches gestoßen. In der Annahme, daß dies Ulrich Hubers ohnehin ungewöhnlich weitgreifendes Interesse finden könnte, wollen wir die kleine Wiederentdeckung etwas näher schildern.

II. Das ädilizische Edikt und die *vitia animi*

Die Ädilen hatten in ihrem Edikt über den Verkauf von Sklaven angeordnet: ‚Diejenigen, die Sklaven verkaufen, müssen die Käufer darüber aufklären, was jeder Sklave an Krankheiten oder Mängeln hat (*quid morbi vitiive cuique sit*), wer zur Flucht neigt oder ein Herumtreiber ist oder von einer Schadenstat nicht befreit ist. Und sie müssen all dies, wenn solche Sklaven zum Verkauf kommen, öffentlich und wahrheitsgemäß anzeigen ...‘[7]. Für den Fall der Nichtanzeige gewährten die Ädilen unabhängig von einem Verschulden des Verkäufers dem Käufer bekanntlich nach dessen Wahl die Wandlungsklage (*actio redhibitoria*) oder die Minderungsklage (*actio quanti minoris [sc. emisset emptor]*). Was als eine diese Rechtsbehelfe auslösende Krankheit zu verstehen war, wurde von den römischen Juristen höchst einläßlich diskutiert.

---

4 So wird in Gaius D. 1,2,1 pr. *prius* aus *P(opuli) R(omani) ius* verschrieben sein, vgl. Isidor, Etymologiae 1,23,1 (*De notis iuridicis*): *Scribebatur enim ... per P et R ‚populus Romanus‘.*

5 Weiteres bei *R. Knütel*, Einzelne Probleme bei der Übersetzung der Digesten, SZ 111 (1994) 376ff.

6 Vgl. etwa Pomp. D. 18,1,8 zum Hoffnungskauf im Hinblick auf die *missilia*, die bei staatlichen Festakten unter das Volk geworfenen Geschenke – dazu *R. Knütel*, Hoffnungskauf und Eviktionshaftung, SZ 117 (2000) 445 –, und Ulpian D. 19,2,19,2 zu den für die Produktion von Olivenöl notwendigen Instrumenten, insbesondere zu den unterschiedlichen Typen von Ölpressen, dazu *ders.*, Das Gutachten des Neraz bei Ulpian D. 19,2,19,2, Mélanges de droit romain offerts à Witold Wołodkiewicz, Bd. 1, Warschau 2000, S. 391ff. (span. Version in Seminarios Complutenses de Derecho Romano 16 [2004] 29ff.).

7 D. 21,1,1,1. – Diese und die weiteren Übersetzungen sind entnommen dem Band IV (2005) der von Berthold Kupisch, Hans Hermann Seiler, Okko Behrends und mir herausgebrachten Edition Corpus Iuris Civilis. Text und Übersetzung.

In seiner Kommentierung des Edikts hebt der (im Jahre 223 bei einem Prätorianeraufstand ermordete) Jurist Ulpian hervor, daß Geringfügigkeiten nicht genügen, um einen Sklaven als krank oder mangelbehaftet anzusehen, und er veranschaulicht deshalb an Beispielen, wann Sklaven als krank oder mangelbehaftet anzusehen sind. Das erste Beispiel übernimmt er von Vivian, einem Juristen, der gegen Ende des 1. und Anfang des 2. Jh. lebte:

D. 21,1,1,9–10 Ulpian im 1. Buch zum Edikt der kurulischen Ädilen

9. Apud Vivianum quaeritur, si servus inter fanaticos non semper caput iactaret et aliqua profatus esset, an nihilo minus sanus videretur. et ait Vivianus nihilo minus hunc sanum esse: neque enim nos, inquit, minus animi vitiis aliquos sanos esse intellegere debere: alioquin, inquit, futurum, ut in infinito hac ratione multos sanos esse negaremus, ut puta levem superstitiosum iracundum contumacem et si qua similia sunt animi vitia: magis enim de corporis sanitate, quam de animi vitiis promitti. interdum tamen, inquit, vitium corporale usque ad animum pervenire et eum vitiare: veluti contingeret φρενητικῷ, quia id ei ex febribus acciderit. quid ergo est? si quid sit animi vitium tale, ut id a venditore excipi oporteret neque id venditor cum sciret pronuntiasset, ex empto eum teneri. 10. Idem Vivianus ait, quamvis aliquando quis circa fana bacchatus sit et responsa reddiderit, tamen, si nunc hoc non faciat, nullum vitium esse. neque eo nomine, quod aliquando id fecit, actio est, sicuti si aliquando febrem habuit: ceterum si nihilo minus permaneret in eo vitio, ut circa fana bacchari soleret et quasi demens responsa daret, etiamsi per luxuriam id factum est, vitium tamen esse, sed vitium animi, non corporis, ideoque redhiberi non posse, quoniam aediles de corporalibus vitiis loquuntur: attamen ex empto actionem admittit.

9. Bei Vivian wird gefragt, ob ein Sklave, *der unter religiösen Schwärmern gelegentlich den Kopf hin und her geworfen und irgendwelche Weissagungen von sich gegeben hat*, dennoch als gesund anzusehen sei. Und Vivian sagt, er sei dennoch gesund. Wir dürfen nämlich, sagt er, manch einen, der psychisch-geistige Mängel hat, nicht schon deswegen als nicht gesund ansehen. Sonst käme es dahin, sagt er, daß wir aus dieser Erwägung ohne Einschränkung von vielen sagen müßten, sie seien nicht gesund, wie zum Beispiel, wenn jemand leichtsinnig, abergläubisch, jähzornig oder widerspenstig ist und was dergleichen psychisch-geistige Mängel mehr sind. Denn die Zusicherung [des Verkäufers] beziehe sich vielmehr auf die Gesundheit des Körpers statt auf psychisch-geistige Mängel. Gelegentlich greift jedoch, wie er sagt, ein Mangel des Körpers auf Psyche oder Geist über und verursacht eine Störung. So liege es zum Beispiel bei demjenigen, der an Phrenesie, Wahnvorstellungen, leidet, weil dies bei ihm durch Fieber verursacht worden ist. Was gilt also? Wenn ein psychisch-geistiger Mangel der Art vorliegt, daß der Verkäufer ihn ausdrücklich von der Gewährleistung hätte ausschließen müssen, und er den Mangel nicht angezeigt hat, obwohl er ihn kannte, hafte er aus Kauf. 10. Vivian sagt ferner, auch wenn jemand irgendwann einmal bei den Tempeln *in Schwärmerei geraten war und Orakel erteilt hat*, liege gleichwohl kein Mangel vor, wenn er dies jetzt nicht mehr tut. Und es gibt auch nicht etwa deswegen eine Klage, weil er dies früher einmal getan hat, ebensowenig wie wenn er früher einmal Fieber gehabt hat. Wenn er aber unvermindert *in diesem Fehlverhalten verharre, derart, daß er bei den Tempeln in Schwärmerei zu geraten pflege und wie ein Geisteskranker Orakel erteile*, so liege, auch wenn dies nur aus *Übermut* geschehe, dennoch ein Mangel vor, aber ein psychisch-geistiger Mangel, kein körperlicher. Und deswegen könne nicht gewandelt werden, da die Ädilen nur von körperlichen Mängeln sprechen. Die Klage aus Kauf läßt Vivian jedoch zu.

Die kursiv gedruckten Passagen geben die Übersetzung wieder, auf die wir, Hans Hermann Seiler, Berthold Kupisch und ich, uns in der ersten Beratung auf der Grundlage der von Berthold Kupisch vorgelegten Erstübersetzung verständigt hatten. Vivian und Ulpian gehen anhand des Beispiels vom Sklaven, der sich unter die *fanatici* begibt, auf den Unterschied zwischen den *vitia corporis*, den körperlichen Mängeln, und den *vitia animi*, den psychisch-geistigen Mängeln, ein[8]. Beide Juristen bekennen sich zu der Ansicht, daß das ädilizische Edikt den Käufer nur im Falle körperlicher Mängel schütze; doch sei es möglich, daß ein *vitium animi* ein *vitium corporis* verursacht, das dann zur Wandlung oder Minderung berechtige.

Motiv der Beschränkung der Mängel im Sinne des ädilizischen Edikts auf die *vitia corporis* ist für Vivian und Ulpian, daß anderenfalls die Verkäuferhaftung ausuferte[9]. Etwas überraschend ist es dann allerdings, daß Vivian, dem Ulpian offenbar auch hier zustimmt, im Falle von *vitia animi* den Käufer mit der Käuferklage, der *actio empti*, schützen will, so daß es im Ergebnis doch zu einer Verkäuferhaftung kommt[10]. Nicht zuletzt wegen dieser vermeintlichen Inkonsequenz haben manche die Gewährung der *actio empti* als justinianische Interpolation angesehen[11]. Immerhin bestehen Unterschiede zwischen den Klagen: Das ädilizische Edikt begründet eine strenge verschuldensunabhängige Haftung des Verkäufers, allerdings nur mit der Rechtsfolge der Wandlung oder Minderung, während mit der *actio empti* Schadensersatz verlangt werden konnte, sofern der Verkäufer den Mangel bewußt verschwiegen und den Käufer getäuscht hatte. Doch war in Ulpians Zeit (ob auch schon in Vivians, ist fraglich) anerkannt, daß bei Sachmängeln mit der *actio empti* ebenfalls Minderung oder Wandlung verlangt werden konnte, selbst wenn der Verkäufer keine Kenntnis von den Mängeln gehabt hatte[12]. Es hat insoweit eine Rezeption honorarrechtlicher Haftung in das Zivilrecht stattgefunden.

Wurde demnach der Käufer mit der *actio empti* über die Fälle der körperlichen Mängel hinaus auch bei *vitia animi* des gekauften Sklaven geschützt, so mußten diese Mängel doch über das hinausgehen, was als geringfügig noch hinzunehmen war. Daß jemand sich im Kreise „religiöser Schwärmer" aufhält und kopfschüttelnd weissagt, erscheint nicht ohne weiteres als ein psychisch-geistiger Mangel von solchem Gewicht, daß er zu einer Wandlung aufgrund der *actio empti* berechtigen würde. Doch sieht Vivian (§ 10) es anders, wenn der Sklave sich von diesem Mangel nicht frei macht (*si permanet in ẹo vitio*). Es muß deshalb mehr dahinterstehen.

---

[8] Für die Übersetzung der *vitia animi* haben wir erwogen: geistige Mängel, seelische Mängel, Gemüts-, Verhaltens- oder Charaktermängel; doch schien uns dies alles die Eigenart der Mängel, die von den Juristen als *vitia animi* eingeordnet werden, nicht recht zu treffen.

[9] Vgl. *A. Wacke*, Zur Folgen-Berücksichtigung bei der Entscheidungsfindung, besonders mittels deductio ad absurdum, Mél. F. Sturm, Bd. 1, 1999, S. 562f.

[10] §§ 9 und 10 jeweils am Ende.

[11] S. z.B. *G. Beseler*, Beiträge zur Kritik der röm. Rechtsquellen, Band 3, 1913, S. 37; *F. Schulz*, Einführung in das Studium der Digesten, 1916, S. 33, 35.

[12] Vgl. Jul.-Ulp. D. 19,1,13 pr.; *M. Kaser/R. Knütel*, Römisches Privatrecht, 18. Aufl. 2005, Rz 41.45–47.

III. *Fanatici* und *Galli*

Setzt man bei dem Wort *fanaticus* an, so führen *Heumann/Seckel* unseren Text im Handlexikon als einzigen Beleg in den juristischen Quellen an und übersetzen „religiöser Schwärmer“[13]. Das klingt für den heutigen Leser vergleichsweise harmlos. Informativer ist die Auskunft von *Georges* zum Adjektiv *fanaticus*: „von einer Gottheit in Entzückung, rasende Begeisterung, Raserei versetzt, begeistert, schwärmerisch, fanatisch, rasend ... v. Pers.: Galli f(anatici) ...“[14]. Das Wort wird sich von *fanum*, heiliger, der Gottheit geweihter Ort; Heiligtum, herleiten, das seinerseits von *fas*, göttliches Gebot, inspiriert ist. Der religiöse Kontext ist bei den *fanatici* unübersehbar.

Für den Sklaven, der sich nach unserem Text unter die *fanatici* begibt – er heiße Pamphilus –, ist des weiteren kennzeichnend, daß er den Kopf hin und her wirft oder hin und her bewegt und Prophezeiungen von sich gibt. Daß damit eine typische Verhaltensweise beschrieben wird, ergibt sich aus einem Kommentarvermerk des Grammatikers Servius[15] zu Vers 220 von Vergils Aeneis. Dort beschreibt Vergil, wie dem aus Etrurien heimkehrenden Aeneas nächtens die Meeresnymphen durch die redebegabte Cymodocea den Sieg über die Rutuler prophezeien und sich offenbaren als der Pinienwald vom heiligen Berg Ida, aus dem das Geschwader des Aeneas gebaut und aus dessen Schiffen sie wiederum in Meerfrauen und Nymphen verwandelt wurden: *nymphae quas alma Cybele / numen habere maris nymphasque e navibus esse iusserat*, sind Meerfrauen, welche der hehren / Mutter, der Cybele Wort aus Naun in Nymphen gewandelt[16].

Zu Cybele alma merkt Servius an: *mater deum, dicta Cybele vel ἀπο τοῦ κυβίσαι τὴν κεφαλήν, id est capitis rotatione, quod semper Galli, per furorem motu capitis comam rotantes, ululatu futura praenuntiabant*[17], „Göttermutter, Cybele genannt, besonders apo tou kybisai ten kephalen[18], das heißt aufgrund der Drehung des Kopfes, weil die *Galli* immer, indem sie im Wahn durch Kopfbewegungen ihr Haar herumfliegen lassen, mit schrecklichem Geheul Künftiges voraussagen“. Es handelt sich also um den Kult der Göttin Kybele, die als phrygische Göttin gilt, obwohl ihre Heimstatt sich auf dem Gargaros im Ida-Gebirge befinden soll, das südöstlich der Troas liegt, also in Mysien. Doch werden die Kulte im phrygischen Pessinus weiter zurückreichen und ihrerseits auf eine altanatolische Muttergottheit zurückgehen[19].

---

13 *H. Heumann/E. Seckel*, Handlexikon zu den Quellen des röm. Rechts, 11. Aufl. 1971, S. 209; ebenso *F. Schulz* (o. Fn. 11), S. 33, Fn. 1, vgl. auch *Wacke* (o. Fn. 11), S. 562.

14 *K.E. Georges*, Ausführl. Lat.-Dt. Handwörterbuch, 12. Aufl., Bd. 1, 1969, Sp. 2686.

15 Maurus Servius Honoratus, 4. Jh. n. Chr.

16 Wie *Rudolf Alexander Schröder* hübsch übersetzt, Vergils Aeneis, 1963, S. 213. – Nauen sind kleine Schiffe (oberdt.).

17 Servii Grammatici qui feruntur in Vergilii Carmina commentarii, ed. G. Thilo/H. Hagen, Bd. 2, 1961, S. 415f.

18 Wegen der Drehung des Kopfes.

19 Vgl. *W. Fauth*, Art. Kybele, Der kleine Pauly, Bd. 3, 1969, Sp. 383ff.

Die von Servius genannten *Galli* (oder *Galloi*) waren ihre Priester. In Ovids Fasten fragt der Kalendererklärer: „Warum werden als Galli bezeichnet, die sich selbst verschnitten, wo doch das gallische Land so weit von Phrygien entfernt?" Und die Muse Erato entgegnet ihm: „Zwischen dem grünen Kybele und dem hohen Celaenas verläuft ein Fluß ungesunden Wassers mit Namen Gallus. Wer aus ihm trinkt, wird verrückt"[20].

Wird hier schon erkennbar, daß der Umgang eines Pamphilus mit den *Galli* – sie wurden auch *Galli fanatici* oder in einem engeren Sinne einfach *fanatici* genannt[21] – eine keineswegs unbedenkliche Sache war, so bleibt doch auch zu berücksichtigen, daß der Kult der Kybele in Rom offiziell eingeführt worden ist, was, wie *Franz Bömer* unterstreicht, „eines der einschneidendsten Ereignisse in der römischen Religion in den vorchristlichen Jahrhunderten" darstellt, „insofern als hier zum ersten Mal ein Kult des Orients nach dem Westen kam und im Zentrum der sich konstituierenden Weltmacht, auf dem Palatin, seine Heimstätte fand"[22].

IV. Kybele im republikanischen Rom

Livius berichtet für das Jahr 205, da es häufiger Steine geregnet habe (*propter cebrius eo anno de caelo lapidatum*), sei die Bürgerschaft in religiöse Erregung geraten. Die *decemviri sacris faciundis* hätten deshalb die Sibyllinischen Bücher eingesehen und den Spruch gefunden, daß dann, wenn ein Feind aus fremdem Land den Krieg in das italische getragen habe, er aus Italia vertrieben und besiegt werden könne, sofern die ideaeische Mutter aus Pessinus nach Rom gebracht werde[23]. Alsbald – man stand im 2. Punischen Krieg – wurde dies mit Hilfe des Königs Attalos von Pergamon in die Tat umgesetzt, und 204 wurde das Symbol der Göttin, ein kleiner schwarzer Meteorstein, aus Kleinasien mit viel Pomp nach Rom verbracht[24]. Noch im selben Jahr wurde Hannibal nach Karthago zurückberufen[25]; Zama war nicht mehr fern.

---

[20] Fasti, 4,361–365: Cur igitur Gallos, qui se excidere, vocamus / cum tanto a Phrygia Gallica destet humus? / Inter, ait, viridem Cybelen altasque Celaenas / amnis it insana, nomine Gallus, aqua./ qui bibit inde, furit ... – Daß diese Ableitung umstritten ist, kann hier dahinstehen. Vgl. dazu *F. Bömer*, P. Ovidius Naso. Die Fasten, herausgegeben, übersetzt und kommentiert, Bd. 2, 1958, S. 223.

[21] *B. Brissonius*, Opera minora varii argumenti, hgg. v. A.D. Trekel, Leiden 1749, S. 52 (Antiquitatum ex iure civili selectarum l. II, 13), der annimmt, daß in unserem Fragment mit den *fanatici* die *Galli* gemeint sind.

[22] *Bömer*, S. 130.

[23] Liv., Ab urbe condita 29,10,4–5.

[24] Näheres dazu vor allem bei Livius 29,10,4–11,8; 29,14,5–14 und bei Ovid, Fasti 4,179,251–348 (der mit Kybele den Troja-Mythos verbindet, deutlich in Z. 272, indem er den Attalos sagen läßt, Rom führe seine Urväter ohnehin auf die Phrygier zurück); s. ferner *C. Colpe*, Einführung in die Geschichte, in: M.J. Vermaseren (Hrsg.), Die orientalischen Religionen im Römerreich, Leiden 1981, S. 5f.; *F.K. Dörner*, Kleinasien. Herkunftsland orientalischer Gottheiten, ebda., S. 84f.

[25] Und gleich in Kybeles Einzugsjahr fiel die Getreideernte reicher aus als in den zehn Jahren vorher, Plinius, Naturalis historia 18,4,16.

Kybele erhielt den amtlichen Namen *Magna Deorum Mater Idaea* (M.D.M.I.); 191 wurde ihr Tempel auf dem Palatin geweiht. Sie war Gottheit der vornehmen Kreise. Doch müssen eben diese Kreise schon bald entsetzt gewesen sein, als erkennbar wurde, was man mit der Einführung dieses Kultes angerichtet hatte. Denn schnell wurde es in Rom für rund 100 Jahre still um die M.D.M.I.[26].

Allzu fremdartig war der Kybele-Kult. Die *Galli* waren bis in den frühen Prinzipat ausschließlich Phryger. Sie hatten lange Haare; häufig gebärdeten sie sich wie Frauen und trugen Frauengewänder. Mit fremdartigem Schmuck behängt und in ungewöhnlicher Kleidung veranstalteten sie Umzüge mit dem Bild der Göttin, um bei aufreizender lärmender Musik Gaben für ihre Göttin einzusammeln. Das schreckliche Geheul, unter dem sie mit wilden Kopfbewegungen Prophezeiungen ausstießen, ist oft bezeugt[27]. Auf ihren kultischen Veranstaltungen feierten sie ihre Göttin mit ekstatischen Tänzen bei orgiastischer Musik, stachelten sich und die Teilnehmer zu rasender Begeisterung an und geißelten oder entmannten sich gar in diesem Zustand.

Zurückgeführt wird diese Selbstverstümmelung auf die Legende vom schönen phrygischen Knaben Attis, der – wie Ovid es die Muse schildern läßt – aufgrund seiner Unberührtheit die Liebe der Göttin gewonnen und ihr versprochen haben soll, sich diese zu bewahren. Eine Liebe, mit der er die Göttin betrüge, solle ihm die letzte sein. Doch bleibt er bei der Nymphe Sagaris nicht mehr, was er war. Daß er die Verfehlung büße, verlangt die Göttin, und sie vernichtet mit dem Baum der Nymphe auch diese. Attis verflucht den Teil seines Leibes, dem er sein Elend verdankt, und trennt ihn ab. *Venit in exemplum furor hic*, dieser Wahn machte Schule[28].

Der Senat reagierte typisch römisch: Die einmal inaugurierte Gottheit wurde mitsamt ihrem Fest, den am 4. April (später bis zum 10. April) gefeierten Megalesien, denen allerdings alle Beziehungen auf den Mythos des Attis und alles Ekstatische fehlt, beibehalten. Der Senat versuchte jedoch, den Kult möglichst zu isolieren. Er erließ ein Verbot für römische Bürger, in das Priesterkollegium der Kybele einzutreten und sich an den Prozessionen oder an den Zeremonien zu beteiligen[29]. Und er sorgte dafür, daß Selbstentmannungen nicht ungeahndet blieben. Zwei Fälle sind überliefert: Um 101 v. Chr. wurde ein Sklave, der sich zu den *Galli* bekannt und im Dienst der Göttin entmannt hatte, deportiert, mit dem Verbot jemals nach Rom zurückzukehren[30]. Im Jahre 77 v. Chr. wurde ein Testamentserbe Genucius, vermutlich ein Freige-

[26] *Bömer*, S. 132ff.; vgl. auch *K. Latte*, Römische Religionsgeschichte, 1960, S. 259f.

[27] Vgl. *Brissonius* (o. Fn. 21), S. 52f. – Quintilian, Institutionis oratoriae libri XII, bemerkt, es sei *fanaticum*, den Kopf hin und her zu werfen, so daß die Haare herumfliegen (11,3,71).

[28] Ovid, Fasti 4,223ff. – Doch bestehen sehr unterschiedliche Versionen zum Mythos von der Verbindung der Kybele und des Attis, vgl. *G. M. Sanders*, Art. Gallos, RAC 8, Sp. 999ff.; *ders.*, Kybele und Attis, in: M.J. Vermaseren (o. Fn. 24), S. 269ff. – Catulls großes Attis-Gedicht (Carmen 63) gerät zu nachdrücklichster Warnung vor Kybele und dem mit ihr verbundenen Wahn: Der zum Ida geeilte Attis erkennt in den Armen der Göttin Pasithea, was ihm fehlt. Kybele verhindert jedoch seinen Ausbruchsversuch, so daß er sinnverwirrt als der Göttin dienende Magd in der Wildnis des Ida sein Leben fristen muß.

[29] Dionysius v. Halikarnaß, 2,19,4–5. Vgl. *Bömer*, S. 35ff.

[30] Obsequens 44 (104): *Servus Q. Servilii Caepionis Matri Idaeae se praecidit et trans mare exportatus, ne unquam Romam reverterertur.*

lassener, der Priester der M.D.M.I. geworden war, zwar vom Prätor in den Besitz des Nachlasses eingewiesen; doch hinderte die Interzession des angerufenen Konsuls Mamercus Aemilius Lepidus den Vollzug der Einweisung, so daß Genucius leer ausging. Mamercus hatte seine Entscheidung damit begründet, daß *Genucius amputatis genitalibus corporis partibus* weder Mann noch Frau (und damit nicht erbfähig) sei[31].

An diesen wie an weiteren Umständen wird deutlich, daß Kybele und ihr Kult schon bald nach der Überführung nach Rom in den Kreisen der Aristokratie und offensichtlich auch des Bürgertums alle Anerkennung verloren hatten und im Gegenteil zunehmend Ablehnung und Mißachtung hervorriefen. Nur in den niedrigsten sozialen Schichten, unter Sklaven und Freigelassenen, konnte der Kult sich halten. Daß die bei archäologischen Grabungen am Palatintempel der Kybele gefundenen Votivgaben der republikanischen Zeit von äußerster Ärmlichkeit und Schlichtheit sind, stimmt damit zusammen[32].

V. Kybele im Rom des Prinzipats

Mit Augustus setzt jedoch eine neue Entwicklung ein. Unter ihm erfährt Kybele eine bedeutende Aufwertung, aber auch eine erhebliche Wandlung. Sie wird zur gewaltigen, aber zugleich gütigen asiatischen Mutter Erde, und als solche zur *magna deum materque ferarum et nostri genetrix corporis una*, zur großen Mutter der Götter, zur Mutter des Wildes und zugleich zur Schöpferin unseres Leibes, wie sie von Lukrez schon gekennzeichnet worden war, der zugleich ihr Bild vermittelte, wie sie geschmückt von der Mauerkrone und machtvoll die Löwen im Doppelgespann lenkend aus den Höhen von Phrygiens Bergen durch die Lande und Städte zieht[33]. Von Vergil wird sie mit der *Dea Roma* auf eine Stufe gesetzt[34]; der unentbehrlichen Hilfe, mit der sie Aeneas beschützt, wird mehrmals gedacht[35]. Das wird kein Zufall sein, ebensowenig wie die einläßliche und durchaus positiv gehaltene Darstellung der Ereignisse um die Überführung des Steins nach Rom in den Jahren 205 und 204 bei Li-

---

[31] Valerius Maximus, Factorum et dictorum memorabilium libri novem, 7,7,6. Vgl. *Th. Mommsen*, Röm. Staatsrecht, Bd. 1, 3. Aufl. 1887, Nachdr. 1952, S. 270 m. Fn. 1; *F. Leifer*, Die Einheit des Gewaltgedankens im röm. Staatsrecht, 1914, S. 209ff.; *A. H. M. Jones*, Studies in the Roman Government and Law, 1960, S. 73f.

[32] Zu alldem *Bömer*, S. 133ff. m. Fn. 28.

[33] Lukrez (ca. 94–55 v. Chr.), De rerum natura 2, 598ff.

[34] Zu dieser, deren Kult in Kleinasiens Städten begründet und von Augustus – mit dem eigenen Kult verbunden – in die westliche Reichshälfte übernommen wurde, s. *U. Knoche*, Vom Selbstverständnis der Römer, 1962, S. 145, 163ff., zur Gleichstellung s. S. 165f.

[35] Etwa gewährt sie Aeneas ihren Pinienwald zum Flottenbau, erwirkt von Juppiter, ihrem Sohn(!), den Schutz der Schiffe bis zur Landung bei Laurentum und deren Verwandlung in die Nymphen, die sie dann in einer ganz außergewöhnlichen Szene durch ihre *vox horrenda*, ihr Entsetzen bereitendes Wort, aus den Lüften selbst bewirkt. Vgl. Aeneis 6,781ff.; 9,77ff., 107ff. sowie 10,217ff. zur Begegnung mit den Nymphen (o. Fn. 17), nach der Aeneas von der *alma parens Idaea deum* betend den Sieg erfleht (10,252–255).

vius und Ovid[36]. Dahinter wird augusteische Religionspolitik stehen, die vermutlich den Troja-Mythos zu festigen suchte[37]. Jedenfalls wurde Kybele erst ab Augustus voll in den römischen Götterhimmel integriert. Unter Claudius (41–54) wurde zu ihren Gunsten ein weiteres Fest zum 15. März eingeführt mit Fortsetzungen am 22., 24., 26. und 27. März, das in der Sache vor allem dem Kult des Attis diente, der als Sonnengott komplementär zur Kybele als Erdgöttin verstanden wird[38].

Ungefähr zu dieser Zeit war auch das Verbot, das Römern den Eintritt in das Priesterkollegium der Kybele untersagte, außer Anwendung geraten; auf Inschriften werden römische Bürger als Priester der Göttin genannt[39].

Domitian (81–96) verbot für Freie wie für Sklaven die Entmannung, gleichgültig ob sie von dem Täter an sich selbst oder ob sie mit seinem Willen oder dem seines Gewalthabers vorgenommen wurde[40]; Nerva und Hadrian wiederholten das Verbot. Unter Hadrian (117–138) schließlich erscheint Kybele erstmals in der Kaiserzeit auf römischen Münzen.

Trotz all dieser Förderung und Begünstigung durch die Kaiser blieben Oberschicht und Bürgertum doch erkennbar reserviert gegenüber der Gottheit, die ungeachtet ihrer offiziellen Verwandlungen fremdartig geblieben war. Bis in die Mitte des 2. Jahrhunderts besteht die Hauptmasse ihrer Anhängerschaft weiterhin aus Sklaven und Freigelassenen[41]. Erst danach hat sich das offenbar im Zusammenhang mit dem *Taurobolium*, dem Stieropferritual im Kult der Kybele[42], allmählich geändert.

VI. Fanatismus als Sachmangel

Sehen wir vor diesem Hintergrund zurück auf unser Digestenfragment, so zeigt sich, daß Vivian und auch Ulpian noch deutliche Vorbehalte gegenüber dem Kybele-Kult erkennen lassen. Das bestätigt das soeben gezeichnete Bild von den Reserviertheiten, die auch im Prinzipat noch bestanden.

Überdies ist sehr wesentlich zu beachten, daß in der römischen Wirklichkeit nicht nur der kaiserlich geförderte Staatskult der M.D.M.I. bestand, sondern daß daneben im niederen Volk die alten Riten des wilden phrygisch orgiastischen Kybele-Kultes real fortexistierten[43] – und einen diesem Kult verfallenen Pamphilus nicht eben als

---

[36] S.o. Fn. 24.

[37] Dies vermutet *Bömer*, S. 143f. Vgl. o. Fn. 24.

[38] Macrobius, Saturnalia 1,21,7–10. Zu Näherem noch immer wertvoll *J. Marquardt*, Römische Staatsverwaltung, Bd. 3, 2. Aufl. 1885, hgg. v. G. Wissowa (Nachdruck 1957), S. 370ff.

[39] *Bömer*, S. 145.

[40] *Th. Mommsen*, Röm. Strafrecht, 1899, Nachdr. 1955, S. 637. Die Strafe ergab sich aus der *lex Cornelia de sicariis et veneficis* (D. 48,8): Durchgängig Vermögenskonfiskation und Verbannung, unter Umständen die Todesstrafe.

[41] *Bömer*, S. 145f.

[42] Näheres bei *Sanders*, RAC 8, Sp. 1007f. Daneben wurde offenbar auch ein Widderopferritual (*Criobolium*) praktiziert, s. *M. Oppermann*, Thrakische und Danubische Reitergötter, in: M.J. Vermaseren (o. Fn. 24), S. 525f.

[43] *Sanders*, RAC 8, Sp. 999f. mit reichen Lit.-Nachweisen.

Leistungsträger auswiesen. Vivian und Ulpian hatten Pamphilus offenbar als einen derartigen aktiven Kybele-Anhänger vor Augen, der nicht nur bei den Festen der Göttin in Ekstase gerät, sondern gewöhnlich, wenn er den Tempelbezirk aufsucht – den er eben deswegen auch aufsuchen wird. Zwar wird die Gefahr, daß er sich bei einem seiner Besuche im Tempel selbst entmannen könnte – was ebenso wie ein Selbstmordversuch ein die Gewährleistungshaftung auslösender Mangel wäre[44] –, seit Domitians Verbot gering gewesen sein. Größer war gewiß die Wahrscheinlichkeit, daß er sich im ekstatischen Zustand unfreiwillig oder freiwillig Verletzungen zuzog. Aber auch davon ganz abgesehen gewinnen die beschriebenen Verhaltensweisen, die für sich genommen vielleicht als noch hinzunehmende Verrücktheiten erscheinen, im Lichte des Kybele-Kults und seiner Riten das Gewicht einer religiösen Obsession. Da diese sich auf Arbeitsleistung und Integrierbarkeit des von der Obsession Ergriffenen in der Regel nachteilig auswirken, überdies die Gefahr von Missionierungsversuchen gegenüber den Mitsklaven begründen, ist es sachgerecht, wenn Vivian und Ulpian ein *vitium* annehmen, das jedenfalls über die *actio empti* Wandlung oder Minderung im Hinblick auf den Pamphilus rechtfertigt – dem wir diesen sklaventypischen Namen gegeben haben, weil er von einem Sklavenmarkt des reichen Pamphylien, etwa aus Aspendos, Perge, Side oder Attaleia (dem heutigen Antalya) gekommen und schon dort von Kybele in ihren Bann gezogen worden sein mag.

VII. Ars poetica 139?

Es war das Wort *fanaticus*, das erst bei der abschließenden Durchsicht der Übersetzung unsere Aufmerksamkeit auf sich zog. Was sich eröffnete, ist hier nur in knappen Strichen skizziert. Was sich ergab, sind leichte Änderungen der Übersetzung, von denen zu hoffen ist, daß sie den Leser einen kleinen Schritt näher an das Phänomen heranführen. So beginnt § 9 nunmehr: „Bei Vivian wird gefragt, ob ein Sklave, der im Kreise religiöser Fanatiker manchmal den Kopf hin und her geworfen und wilde Prophezeiungen ausgestoßen hat" – hierzu bringt eine Fußnote den Hinweis auf die Riten der Kybele-Priester – und § 10 lautet gegen Ende: „Wenn er aber unvermindert in diesem gestörten Zustand bleibe und im Tempelbezirk gewöhnlich in Ekstase gerate und wie von Sinnen Prophezeiungen von sich gebe, so liege, auch wenn dies nur aus Zügellosigkeit geschehe, ein Mangel vor ...".

Sicherlich könnte man es besser machen – wenn wir, wie Justinian es wohl formuliert hätte, bei diesem *opus desperatum* nicht noch im tiefen Meere schritten.[45] Dem Septuagenarius entbieten wir einen herzlichen Glückwunsch. Möge er lange noch unsere Wissenschaft vom Recht befördern und möge auch unsere weitere Wanderung durch das tiefe Meer sein waches Interesse finden!

[44] S. den vermutlich jüngeren Abschnitt des Edikts bei Ulp. D. 21,1,1,1 a.E.

[45] Vgl. Constitutio Imperatoriam, § 2.

Rechtsfragen zu den Freilassungsfideikommissen*

Rolf Knütel

I. Einführung

Oh, süßer Name Freiheit! Oh, unvergleichliches Recht unseres Gemeinwesens! So der Ausruf Ciceros in den Verrinen[1]. Die Digesten überliefern das Wort des Paulus: *Libertas inaestimabilis res est* (D. 50, 17, 106). In der Freiheit sehen die Römer ihr höchstes Gut[2]. Deutlich zutage tritt diese Wertschätzung auch in dem Leitprinzip des *favor libertatis*, zu dessen Gunsten die Juristen nicht selten die Dogmatik zurücksetzen und logische Ableitungen durchbrechen. Im Recht der Freilassungsfideikommisse finden sich dazu anschauliche Beispiele. Wir müssen uns auf eine kleine Auswahl beschränken.

1. Fideikommisse und Legate

Zunächst empfehlen sich einige Vorbemerkungen zu den Rechtsinstituten, denen wir begegnen werden. Ein Fideikommiß ist die formlose Bitte, mit der ein Erblasser es der Treue, der *fides*, eines anderen, zumeist des Erben, anvertraut (*commendare*), eine Handlung vorzunehmen. Beispielsweise hat der Erblasser dem Erben in einem Brief geschrieben: „Ich überlasse es Deiner Gewissenhaftigkeit, meinem Freunde Quintus 10.000 Sesterzen zu bezahlen". *Fidei tuo committo Quinto amico meo decem milia sestertiorum dare.* Solche formlosen Bitten fanden seit Augustus rechtliche Anerkennung, das heißt, Quintus konnte auf Zahlung der 10.000 HS klagen. Dies hatte im Verfahren der außerordentlichen Gerichtsbarkeit, *extraordinaria cognitio*, Inst. 2, 23, 1, zu geschehen, zunächst vor den Konsuln, seit Claudius (41–54) auch vor einem besonderen *praetor fideicommissarius*[3], in den Provinzen vor dem Statthalter (Gaius 2, 278).

Zu unterscheiden ist das Fideikommiß vom *legatum*, dem Vermächtnis. Das Vermächtnis ist die Zuwendung eines Vermögensvorteils, und zwar im Grundsatz ohne daß der Zuwendungsempfänger als Erbe eingesetzt

---

* Th. Finkenauer (Hrsg.), Sklaverei und Freilassung im römischen Recht. Symposium für Hans Josef Wieling zum 70. Geburtstag, Springer, Berlin/ Heidelberg 2006, 131 – 151.

1 Cicero, In Verrem 2, 5, 163: *O nomen dulce libertatis! o ius eximium nostrae civitatis!*

2 Vgl. F. Schulz, Prinzipien des römischen Rechts, München 1934 (ND 1954), 95 ff.

3 Claudius setzte zwei *praetores fideicommissarii* ein; seit Titus blieb es nur einer, Pomponius D. 1, 2, 2, 32.

wird, so wie es heutzutage § 1939 BGB definiert: „Der Erblasser kann durch Testament einem anderen, ohne ihn als Erben einzusetzen, einen Vermögensvorteil zuwenden (Vermächtnis)". Die Anordnung eines Vermächtnisses war strengen Formen unterworfen; im Laufe der Klassik erfuhren diese jedoch deutliche Abmilderungen. Lassen wir diese Abmilderungen beiseite, so mußte für das Vermächtnis der Erblasser bestimmte Worte verwenden. Bei dem dinglich wirkenden Vermächtnis, dem sog. Vindikationslegat, mußte er mit den Worten *do lego* anordnen, also etwa: *Titio hominem Stichum do lego*, dem Titius gebe und vermache ich den Sklaven Stichus. In diesem Fall erlangte der Vermächtnisnehmer das Eigentum unmittelbar vom Erblasser. Bei dem anderen Haupttyp, dem schuldrechtlich wirkenden sog. Damnationslegat, mußte der Erblasser die Worte *damnas esto* verwenden, also beispielsweise: *Heres meus Lucio Titio Stichum servum meum dare damnas esto*, mein Erbe soll verpflichtet sein, dem Lucius Titius meinen Sklaven zu geben. Bei diesem Vermächtnis hatte der Vermächtnisnehmer nur einen schuldrechtlichen Anspruch gegen den Erben auf Übereignung des Sklaven. Die Vermächtnisse konnte der Erblasser nur in einem Testament gewähren oder auf einem im Testament schon angekündigten Nachzettel, einem sog. konfirmierten Kodizill.

Die Fideikommisse waren demgegenüber formfrei, jedwede Formulierung konnte genügen, sogar bloße Gebärden[4]. Fideikommisse konnten deshalb ohne weiteres auch außerhalb von Testamenten errichtet werden.

Vermächtnisse und Fideikommisse konnten jeden erlaubten Inhalt haben und damit selbstverständlich auch Freilassungen, *manumissiones*[5]. In diesem Bereich, bei den Freilassungen, zeigt sich besonders deutlich, daß das formfreie Fideikommiß dem Vermächtnis den Rang abgelaufen hat. Justinian schließlich hat die Vermächtnisse und Fideikommisse einander völlig gleich gestellt (C. 6, 43, 2 [531]; D. 30, 1; Inst. 2, 20, 3).

2. Fideikommissarische Freilassungen

Grundsätzliches zu den fideikommissarischen Freilassungen wird in Justinians Institutionen 2, 24, 2 ausgeführt. Zum Abschluß unserer einführenden Bemerkungen bietet sich eine kurze Lektüre des Textes an.

---

[4] M. Kaser, Das römische Privatrecht I, 2. Aufl., München 1971, 758.

[5] Bei den Freilassungsvermächtnissen handelt es sich vor allem um solche, die mit einer Bedingung oder einem *modus*, die Freilassung vorzunehmen, verbunden sind, z. B. *Titio centum do lego ita ut Stichum manumittat*, vgl. G. Impallomeni, Le manomissioni mortis causa, Padova 1963, 57 f.

Inst. 2, 24, 2

Libertas quoque servo per fideicommissum dari potest, ut heres eum rogetur manumittere vel legatarius vel fideicommissarius. nec interest, utrum de suo proprio servo testator roget, an de eo qui ipsius heredis aut legatarii vel etiam extranei sit. itaque alienus servus redimi et manumitti debet: quod si dominus eum non vendat, si modo nihil ex iudicio eius qui reliquit libertatem percepit, non statim extinguitur fideicommissaria libertas, sed differtur, quia possit tempore procedente, ubicumque occasio redimendi servi fuerit, praestari libertas. qui autem ex causa fideicommissi manumittitur, non testatoris fit libertus, etiamsi testatoris servus sit, sed eius qui manumittit: at is, qui directo testamento liber esse iubetur, ipsius testatoris fit libertus, qui etiam orcinus appellatur. nec alius ullus directo ex testamento libertatem habere potest, quam qui utroque tempore testatoris fuerit, et quo faceret testamentum et quo moreretur. directo autem libertas tunc dari videtur, cum non ab alio servum manumitti rogat, sed velut ex suo testamento libertatem ei competere vult.

Auch die Freiheit kann einem Sklaven durch Fideikommiß gewährt werden, indem der Erbe, der Vermächtnisnehmer oder der Fideikommissar gebeten wird, ihn freizulassen. Und es kommt nicht darauf an, ob der Erblasser wegen seines eigenen Sklaven bittet oder wegen eines Sklaven, der dem Erben selbst, einem Vermächtnisnehmer oder sogar einer fremden Person gehört. Ein fremder Sklave muß daher erworben und dann freigelassen werden. Wenn aber sein Eigentümer ihn nicht verkauft und auch nichts aus dem Testament dessen erhalten hat, der die Freilassung angeordnet hat, erlischt die fideikommissarische Anordnung der Freilassung nicht sofort, sondern sie wird aufgeschoben, weil ja im Laufe der Zeit, sobald sich eine Gelegenheit zum Erwerb des Sklaven ergibt, die Freiheit gewährt werden kann. Wer aber aufgrund eines Fideikommisses die Freiheit erhält, wird nicht Freigelassener des Erblassers, auch wenn er Sklave des Erblassers war, sondern Freigelassener dessen, der ihn freiläßt. Wer dagegen unmittelbar durch Testament frei wird, wird Freigelassener des Erblassers selbst; er wird auch der aus dem Totenreich Freigelassene [*orcinus*] genannt. Und es kann niemand die Freiheit unmittelbar durch Testament erlangen, der nicht dem Erblasser zu den beiden Zeitpunkten gehört, dem der Testamentserrichtung und dem seines Todes. Unmittelbar aber wird die Freiheit, wie man annimmt, dann erteilt, wenn der Erblasser nicht einen anderen bittet, den Sklaven freizulassen, sondern wenn er als seinen Willen erklärt, daß ihm die Freiheit gewissermaßen noch aus dem eigenen Testament zustehen soll[6].

---

6 Die Vorlage ist Gaius 2, 263–267. – Theophilus nennt zu Inst. 2, 24, 2 auch die vom Erblasser typischerweise verwendeten Formeln, s. C. Ferrini, Institutio-

Die am Ende getroffene Unterscheidung erinnert an die zu den Legaten angeführte. Der unmittelbare Erwerb der Freiheit durch ein Fideikommiß – etwa des Wortlauts: „Ich will, daß mein Sklave Stichus frei ist" – ist dem Vindikationslegat vergleichbar. Aufgrund des Fideikommisses: *Fidei committo heredis mei, ut Stichum servum manumittat* (UE 2, 7), ich überlasse es der Gewissenhaftigkeit meines Erben, also: Ich bitte meinen Erben, den Sklaven Stichus freizulassen, ergab sich dagegen ein mittelbarer Erwerb der Freiheit, was dem Damnationslegat entspricht. Bei dem obligatorisch wirkenden Freilassungsfideikommiß bleibt natürlich die Besonderheit zu beachten, daß wir einerseits in dem Erben einen Verpflichteten, einen Freilassungsschuldner, haben, andererseits aber keinen Berechtigten, keinen Gläubiger, weil der Sklave ja nicht rechtsfähig ist. Bliebe es dabei, so hätte das Fideikommiß dann, wenn es auf Freilassung gerichtet ist, im Gegensatz zum Regelfall nur eine sanktionslose Verbindlichkeit begründet, wäre mithin ineffektiv. Dem Sklaven wurde deshalb ausnahmsweise – hier unsere erste Irregularität – die Fähigkeit zugestanden, die außerordentliche Gerichtsbarkeit (zunächst des Konsuls, später) des *praetor fideicommissarius* gegen seinen Eigentümer anzurufen; er war insoweit partiell rechtsfähig.

> D. 40, 5, 44 (Pomponius 7 ad Sab.)
> *De libertate fideicommissaria praestanda servus cum domino recte contendit.*
>
> Zur Vornahme einer fideikommissarischen Freilassung belangt ein Sklave in rechtmäßiger Weise seinen Eigentümer.

Dazu enthielt das *SC Rubrianum* von 103 n. Chr. die Regelung, daß dann, wenn das Fideikommiß wirksam und der Eigentümer/Erbe *contumax*, also der Ladung des *praetor fideicommissarius* nicht gefolgt war, dieser Prätor die Feststellung verkündete, dem Sklaven stehe die Freiheit zu. Aus dieser Feststellung ergab sich nach einer Bestimmung des *SC Rubrianum*, daß der Sklave als ein vom Erblasser direkt Freigelassener anzusehen war, also als ein *libertus orcinus*[7]. Der Erbe erwarb folglich nicht die Patronatsrechte.

---

num Graeca paraphrasis Theophilo Antecessori vulgo tributa I, Berlin 1884 (ND Aalen 1967), 250. – Übersetzung nach O. Behrends/R. Knütel/B. Kupisch/H. H. Seiler, Corpus Iuris Civilis. Text und Übersetzung I: Institutionen, 2. Aufl., Heidelberg 1997, 128.

[7] *SC Rubrianum* bei Ulpianus D. 40, 5, 26, 7: '*si hi, a quibus libertatem praestari oportet, evocati a praetore adesse noluissent, si causa cognita praetor pronuntiasset libertatem his deberi, eodem iure statum servari, ac si directo manumissi essent.*' Vgl. M. Kaser/K. Hackl, Das römische Zivilprozeßrecht, 2. Aufl., München 1996, 452 f.; P. Voci, Diritto ereditario romano II, 2. Aufl., Milano 1963, 412 f.

Das ist eine angemessene Sanktion. Denn der Erbe hatte ohne rechtfertigenden Grund die Freilassung ja gerade zu verhindern gesucht.

II. Mängel der testamentarischen Anordnung

Es gibt viele Umstände, die geeignet sind, eine fideikommissarische Freilassung zu verhindern oder nicht wirksam werden zu lassen. Diese Umstände können sich aus dem Testament ergeben, ferner aus der Sphäre des Erblassers oder auf Seiten des fideikommissarisch Beschwerten – im Ausgangsfall also des Erben – oder schließlich aus der Situation des Sklaven. In allen diesen Bereichen stoßen wir auf Entscheidungen, in denen der *favor libertatis*, in unserem Zusammenhang also das Bestreben, die Wirksamkeit der Freilassung herbeizuführen oder zu begründen, mit Händen zu greifen ist, mögen diese Entscheidungen Senatsbeschlüsse sein (wir haben soeben das *SC Rubrianum* kennengelernt), Kaiserreskripte oder Rechtsgutachten oder Rechtsmeinungen der Juristen.

1. Ulpianus D. 40, 5, 26, 6

Beginnen wir mit einem sehr eindrucksvollen Beispiel, bei dem der Unwirksamkeitsgrund in der testamentarischen Anordnung liegt!

> D. 40, 5, 26, 6 (Ulpianus 5 fideicomm.)
> *Si pro non scripto habitus sit servus alicui legatus, cui servo per fideicommissum libertas adscripta est, quaestionis est, num fideicommissa libertas debeat intercidere et an, si servus petat fideicommissam libertatem ab eo, penes quem remansisset pro non scripto habito legato, quod erat relictum ei qui eum rogatus fuerat manumittere, vel si ipse servus, ut supra dictum est, fuit legatus, an libertas non debeat intercidere. et putem debere dici fideicommissam libertatem salvam esse, licet ad eum nihil pervenerit, qui eum rogatus erat manumittere: cogetur igitur libertatem praestare is ad quem pervenit legatum, quia libertas fideicommissa nullum impedimentum pati debet.*
>
> Ist das einem Dritten ausgesetzte Vermächtnis eines Sklaven, dem die [zu gewährende] Freiheit durch Fideikommiß erteilt worden ist, als nicht geschrieben anzusehen, so ist die Frage, ob nun nicht auch die durch das Fideikommiß begründete Freilassungspflicht erlöschen muß oder ob dann, wenn der Sklave die durch Fideikommiß erteilte Freilassung nun von dem verlangt, bei dem er deshalb geblieben ist – weil das Vermächtnis, das demjenigen hinterlassen war, der gebeten worden war, ihn freizulassen, als nicht geschrieben

> anzusehen war –, oder wenn der Sklave selbst, wie oben gesagt, durch Vermächtnis zugewendet worden ist: ob nicht dann die Freilassungspflicht nicht erlöschen darf. Und ich möchte meinen, daß man sagen muß, die durch Fideikommiß angeordnete Freilassungspflicht habe Bestand, auch wenn derjenige nichts erlangt hat, der gebeten worden war, den Sklaven freizulassen. Es wird also derjenige, an den das Vermächtnis gelangt ist, gezwungen, die Freilassung vorzunehmen. Denn die fideikommissarische Freilassung darf kein Hindernis dulden.

Der Fall an sich ist einfacher als seine überlieferte Darstellung. Der Erblasser hat einem Legatar den Sklaven Stichus vermacht. Das Vermächtnis ist jedoch als *pro non scripto*, also als unwirksam anzusehen, etwa weil der Vermächtnisnehmer vor dem Erbfall zur Bergwerksstrafe verurteilt worden war oder weil er sich als Schreiber des Testaments des Erblassers selbst das Vermächtnis ausgesetzt hat, sei es auch mit Zustimmung des Erblassers[8]. Da das Vermächtnis unwirksam war, der Legatar also nichts erhalten hatte, mußte auch das an das Vermächtnis anknüpfende Fideikommiß unwirksam sein. Ein Fideikommiß hatte immer zur Voraussetzung, daß der Erblasser dem Fideikommissar (also dem von ihm Gebetenen) eine Zuwendung machte, sei es im Testament, sei es schon vor dem Erbfall, etwa durch Schenkung von Todes wegen[9]. Daran fehlt es beim Vermächtnisnehmer, wie auch Ulpian hervorhebt: *licet ad eum nihil pervenerit.* Der Erbe aber, bei dem und in dessen Vermögen der Sklave wegen der Unwirksamkeit des Vermächtnisses verblieb, war zur Freilassung aus dem Fideikommiß nicht verpflichtet. Zwar hatte er mit der Erbschaft vom Erblasser etwas erhalten; doch hatte der Erblasser die fideikommissarische Freilassungsbitte nicht an ihn gerichtet, sondern an den Legatar.

An sich hätte Stichus deshalb seine Freilassung deshalb nicht begehren können. Ulpian spricht sich jedoch für die gegenteilige Lösung aus, daß der Sklave von demjenigen freizulassen ist, an den das Vermächtnis gelangt. Im Fall der Unwirksamkeit der Anordnung zugunsten des Legatars ist das der Erbe. Ulpians Argumentation ist nicht voll durchschaubar, weil das Mittelstück, in dem er die Alternative zur Nichtigkeit des Fideikommisses nennt (*et an, si servus petat fideicommissam libertatem ab eo, pe-*

---

[8] Vgl. Marcianus D. 34, 8, 3, 1 sowie Iulianus D. 34, 8, 1; Paulus D. 34, 8, 5 (*SC Libonianum*). – Wäre der Legatar nach Testamentserrichtung, aber vor dem Erbfall verstorben oder hätte er das Vermächtnis ausgeschlagen, so wäre Kaduzität eingetreten, vgl. P. Voci, Diritto ereditario romano I, 2. Aufl., Milano 1967, 457 (Ausschlagung), 458 (Tod); Kaser, Privatrecht I (Anm. 4), 725, 753. In diesen Fällen war das Legat dem Erben zugefallen, sofern er nach den Kaduzitätsbestimmungen der *lex Papia Poppaea* erwerbsfähig war.

[9] Siehe etwa Ulpianus D. 32, 1, 6; Ulpianus D. 32, 3 pr.; Paulus D. 32, 6, 1.

nes quem remansisset pro non scripto habito legato, quod erat relictum ei qui eum rogatus fuerat manumittere, vel si ipse servus, ut supra dictum est, fuit legatus, an libertas non debeat intercidere), gestört ist; es wird wohl allgemein als unecht angesehen[10].

Immerhin klingen in diesem Mittelstück zwei Gedanken an. Der erste geht dahin, daß der Sklave von seinem Eigentümer, in dessen Eigentum er wegen der Unwirksamkeit des Vermächtnisses verblieben ist, die Freilassung verlangen könnte. Ein Erblasser, der seinen Sklaven einem Dritten vermacht und diesem ein Freilassungsfideikommiß auferlegt, will zweierlei erreichen, in erster Linie, daß der Sklave frei wird, und in zweiter Linie, daß der Dritte aufgrund der Freilassung die Patronatsrechte erwirbt. Wenn der zweite Zweck, der Nebenzweck, aus Gründen, die offenbar bei dem Dritten liegen, nicht erreicht wird, so bleibt doch der Hauptzweck. Und wenn der Erbe, der nach dem Erblasserwillen das Eigentum am Sklaven ohnehin verlieren sollte, ihn nun selbst freizulassen hat, erlangt er sogar noch die Patronatsrechte.

Der zweite Gedanke geht vermutlich dahin, daß der Sklave, der wegen der Unwirksamkeit des angeordneten Vermächtnisses im Eigentum des Erben bleibt, in gewisser Weise als dem Erben vermacht angesehen werden kann. Das könnte auf die Begründung hinauslaufen, die im Schlußstück des Textes gegeben wird.

Jedenfalls im Schlußstück finden sich neue Argumente, mit denen Ulpian – von dessen Urheberschaft wir hier ausgehen sollten – seine Ansicht *et putem debere dici fideicommissam libertatem salvam esse* begründet: Es werde derjenige zur Freilassung gezwungen, an den das Vermächtnis gelangt ist, hier also der Erbe, bei dem der Sklave verbleibt[11]. Die Unwirksamkeit des dem Dritten zugewendeten Legats wirkt sich zum Vorteil des Erben aus, und deshalb soll dieser auch den Nachteil tragen, daß er den Stichus freilassen muß; die fideikommissarische Freilassungspflicht – eine Verbindlichkeit! – hing gleichsam als Last an dem Gegenstand. Das ist,

---

[10] Vgl. O. Lenel, Palingenesia iuris civilis II, Leipzig 1889 (ND Graz 1960), Sp. 921 Anm. 2; P. Krüger, in: Corpus Iuris Civilis, 15. Aufl., Berolini 1928, 669 *ad h. l.*; E. Bund, Die Fiktion 'pro non scripto habetur', in: W. G. Bekker/L. Schnorr von Carolsfeld (Hrsgg.), Sein und Werden im Recht. Festgabe für Ulrich von Lübtow zum 70. Geburtstag am 21. August 1970, Berlin 1970, 378. – Th. Mommsen, Digesta, *ed. maior* II, Berolini 1870 (ND 2001), 445 *ad h. l.* will *et* vor *an* streichen und *manumittere, <ipse> vel si ipse* emendieren.

[11] Vgl. nur K. L. Arndts, in: C. F. v. Glück, Ausführliche Erläuterung der Pandecten, Bd. 47, Erlangen 1871, 271; Voci, DER II (Anm. 7), 422 f.; Bund (Anm. 10), 378 f.

wie auch Justinian hervorhebt[12], ein höchst seltener Fall. Gerechtfertigt ist er aus dem *favor libertatis*, wie Ulpian unmißverständlich klarstellt: Weil die fideikommissarisch erteilte Freiheit nicht behindert werden darf.

Halten wir uns vor Augen: Die dem Vermächtnisnehmer auferlegte Freilassungs-„Bitte" ist unwirksam und der Erbe ist nicht gebeten worden. Daß Ulpian es dennoch so zurechtlegt, als sei die unwirksame Bitte gegenüber dem Nichtgebetenen wirksam, daß Ulpian ungeachtet der Nichtigkeit der Hauptverfügung die akzessorische „Last" wirksam werden läßt, das zeigt, daß wir es mit einer ganz ungewöhnlichen Entscheidung zu tun haben[13]; der *favor libertatis* steht über strenger juristischer Logik.

2. Paulus D. 34, 8, 5

Die Entscheidung ist allerdings nicht singulär. Von Ulpians Zeitgenossen Paulus ist dieselbe Lösung in verallgemeinerter Form überliefert, bei der es also nicht oder nicht notwendig um ein Freilassungsfideikommiß geht:

> D. 34, 8, 5 (Paulus 12 quaest.)
> *Quod quis sibi adscripserit, si alii restituere a testatore iussus est, cum onere fideicommissi*[14] *id apud heredem remanet, quamvis pro non scripto esset. Idem est et in testamento militis.*
>
> Was jemand sich selbst [als Vermächtnis in einem fremden Testament] ausgesetzt hat, das verbleibt, wenn ihm vom Erblasser [durch Fideikommiß] auferlegt war, es einem Dritten herauszugeben, mitsamt der fideikommissarischen „Last" bei dem Erben, obwohl es als nicht geschrieben angesehen wird. Dasselbe gilt beim Soldatentestament.

Die Nichtigkeit des Legats ergab sich, was auch schon bei Ulpian D. 40, 5, 26, 6 möglich war, aus dem *SC Libonianum* (16 n. Chr.)[15]. Die Parallele ist evident; freilich geht es hier nicht oder nicht notwendig um Freilassungsfideikommisse. Möglicherweise ist die Lösung bei Paulus, in der keine

---

[12] C. 6, 51, 1, 3 (534): *In primo itaque ordine, ubi pro non scriptis efficiebantur ea, quae personis iam ante testamentum mortuis testator donasset, statutum fuerat, ut ea omnia maneant apud eos a quibus fuerant derelicta, nisi ... nullo gravamine nisi perraro in hoc pro non scripto superveniente.*

[13] Vgl. Voci, DER II (Anm. 7), 422: "Una disposizione eccezionale in favore della libertà fedecommissaria".

[14] *fideicommissum] fideicommissi.*

[15] Danach wurde der vom Testator hinzugezogene Schreiber, der gegen den Willen des Testators sich zu seinen eigenen Gunsten eine Zuwendung zuschrieb, wegen *crimen falsi* bestraft; die Zuwendung war nichtig. Vgl. Kaser, Privatrecht I (Anm. 4), 691 mit Anm. 6.

Argumente angeführt werden, aber von Ulpians Fall inspiriert. Im übrigen findet sich ein Vorläufer dieser Lösung schon bei Celsus *pater* in D. 31, 29 pr.[16].

III. Hindernisse auf Seiten des Beschwerten

Betrachten wir nun zwei Fälle, in denen die fideikommissarische Freilassung auf Hindernisse aus dem Bereich des fideikommissarisch Beschwerten stößt.

1. Ulpianus D. 40, 5, 30, 6

D. 40, 5, 30, 6 (Ulpianus 5 fideicomm.)
Si plures heredes sunt instituti et inter eos is[17] *qui fari non potest, sed non ipse rogatus sit servum manumittere, non oportere intercidere libertatem ob hoc, quod coheredibus suis vendere eum infans non possit: et exstat quidem senatus consultum Vitrasianum, sed et divus Pius Cassio Dextro rescripsit ita rem explicari, ut partes servorum, quibus per fideicommissum libertas data est, iusto pretio aestimentur atque ita servus ab his qui rogati sunt manumittatur. hi autem, qui eos manumiserunt, pretii nomine perinde fratribus et coheredibus suis obligati erunt, atque si ob eam rem ex iudicati causa cum his agi possit.*

Wenn mehrere Erben eingesetzt sind und unter ihnen einer, der noch nicht in der Lage ist, Formelworte zu sprechen [also ein Kind], der selbst aber nicht durch Fideikommiß gebeten worden ist, den Sklaven freizulassen, dann dürfe die Freilassung nicht daran scheitern, daß das Kind ihn an seine Miterben nicht veräußern kann. Und es gibt zwar das *Senatusconsultum Vitrasianum*, aber auch der vergöttlichte Kaiser Antoninus Pius hat dem Cassius Dexter auf Anfrage den Bescheid erteilt, die Angelegenheit sei so abzuwickeln, daß die Miteigentumsanteile an den Sklaven, denen durch Fideikommiß die Freilassung gewährt ist, zu ihrem gerechten Preis geschätzt werden und daß der Sklave dann von denen freigelassen wird, die durch Fideikommiß darum gebeten worden sind. Diejenigen, die die Sklaven freigelassen haben, werden ihren Geschwistern und Miterben wegen des Preises jedoch so verpflichtet sein, wie wenn man wegen dieser Sache aus einer Urteilsschuld gegen sie klagen könnte.

---

16 Dazu etwa Voci, DER I (Anm. 8), 452 f.
17 *Inserendum*, F^2.

Nehmen wir zum Sachverhalt an, der Erblasser habe vier Miterben eingesetzt, A, B, C und D. D ist noch *infans*. A und B sind vom Erblasser mit dem Fideikommiß beschwert worden, den Sklaven Pamphilus, der sich offensichtlich in der Erbschaft befand, freizulassen. Hieraus ergeben sich drei Probleme:

a) Erstens: Es ist für eine wirksame Freilassung Voraussetzung, daß der Freilasser das Eigentum am Sklaven hat[18]; A und B hatten jedoch nur Bruchteilseigentum zu je einem Viertel; die römische Miterbengemeinschaft war in sachenrechtlicher Hinsicht eine Bruchteilsgemeinschaft[19]. A und B konnten den Pamphilus folglich nicht ohne weiteres freilassen.

Der Wirksamkeit des Fideikommisses, das A und B auferlegt war, stand dieser Umstand jedoch nicht entgegen. In einem *SC Iuncianum* von 127 n. Chr.[20], also unter Hadrian, war bestimmt worden, daß ein Erblasser durch Fideikommiß auch die Freilassung von Sklaven anordnen konnte, die ihm bei seinem Tode nicht gehörten, mithin nicht in die Erbschaft fielen, die vielmehr im Eigentum des Erben, des Vermächtnisnehmers oder eines Fideikommissars standen. In diesen Fällen mußte der Erblasser diesen Beteiligten etwas anderes zugewendet haben, wenn er sie wirksam mit dem Fideikommiß beschweren wollte, ihre eigenen Sklaven freizulassen – dem Erben die Erbschaft, dem anderen etwa ein Vermächtnis oder ein Fideikommiß auf einen bestimmten Geldbetrag. War dies der Fall und stellte der *praetor fideicommissarius* die Wirksamkeit des Fideikommisses fest, so entschied er – ohne Rücksicht darauf, ob der Beschwerte zugegen war –, daß dem Sklaven die Freiheit zustehe. Der Sklave galt dann als Freigelassener des Beschwerten[21].

---

18 Dazu W. W. Buckland, The Roman Law of Slavery, Cambridge 1908 (ND 1969), 464 f., 558 f.

19 Kaser, Privatrecht I (Anm. 4), 727.

20 Überliefert von Ulpianus D. 40, 5, 28, 4 (*Aemilio Iunco et Iulio Severo consulibus*); Marcianus D. 40, 5, 51, 8.

21 Buckland, Slavery (Anm. 18), 613; Voci, DER II (Anm. 7), 418 f. Es kam vermutlich nicht darauf an, ob der Beschwerte anwesend war; erst durch ein Reskript des Antoninus Pius (D. 26, 4, 1, 3) wurde in Ergänzung des *SC Iuncianum* bestimmt, daß das Patronatsrecht (oder auch nur das Recht auf die *hereditas legitima* nach dem Freigelassenen) verliert, wer sich versteckt hält, um die Freilassung des eigenen Sklaven zu vereiteln, vgl. Voci, DER II (Anm. 7), 419; Impallomeni, Manomissioni (Anm. 5), 82, 101 ff.; K. P. Müller-Eiselt, Divus Pius constituit, Berlin 1982, 321.

Wie Julian in D. 40, 5, 47, 1 ausführt[22], verfuhr der *praetor fideicommissarius* in ausdehnender Auslegung nach dem *SC Iuncianum*[23] auch dann, wenn der Erblasser den Erben mit dem Fideikommiß beschwert hatte, einen fremden Sklaven freizulassen oder einen, an dem der Erbe nur einen Miteigentumsanteil hatte – das ist unser Fall –, oder einen eigenen, an dem ein Dritter einen Nießbrauch hatte. Das heißt: Wenn der Erbe sich versteckt hielt (oder jedenfalls abwesend war) und der Eigentümer, Miteigentümer oder Nießbraucher bereit war, sein Recht am Sklaven dem Erben zu einem gerechten Preis auf Kredit zu verkaufen (die unmittelbare Zahlung konnte von einem Abwesenden ja nicht erlangt werden), dann verkündete der Prätor, dem Sklaven stehe die Freiheit zu[24].

Damit können wir zu unserem Ausgangstext zurückkommen. Die Miterben A und B müssen also die Miteigentumsanteile, die C und D an Pamphilus haben, erwerben und ihn dann freilassen. Für C und D bestand eine Pflicht, ihre Anteile zu diesem Zweck an A und B zu veräußern, schon weil jeder Erbe den Freilassungswillen des Erblassers zu respektieren und gegen sich gelten zu lassen hatte[25].

b) Das zweite Problem bestand darin, daß der zur Veräußerung verpflichtete D, der *infans*, rechtlich nicht in der Lage war, seinen Anteil auf A und B zu übertragen. Dazu hätte es des förmlichen Übertragungsgeschäfts der *mancipatio* oder der *in iure cessio* bedurft, und diese Geschäfte konnte ein *infans* nicht vornehmen. Zwar hatte D sicherlich einen *tutor*. Doch konnten Vormünder Manzipationen und *in-iure*-Zessionen nicht selbständig vornehmen[26]; sie konnten lediglich ihre *auctoritas* zu diesen Akten erteilen; aber diese Akte müßten dann von einem dem Kindesalter Entwachsenen *impubes*, verallgemeinert: von einem über sieben Jahre alten Unmündigen,

---

[22] *Si cum alienum servum heres rogatus sit manumittere, item communem vel eum, in quo usus fructus alienus est, latitet, non inique senatus consulto libertatibus succurrentur.*

[23] O. Lenel, Palingenesia iuris civilis I, Leipzig 1889 (ND Graz 1960), Sp. 431 Anm. 3 (Iulianus Nr. 592); Buckland, Slavery (Anm. 18), 613 mit Anm. 7; Voci, DER II (Anm. 7), 419 mit Anm. 72, zugleich (420 Anm. 77) gegen H. Krüger, Das Versäumnisverfahren um die libertas fideicommissa, SZ 48 (1928), 190 mit Anm. 1 (*Vitrasianum*).

[24] Vgl. Paulus D. 40, 5, 31, 4; Voci, DER II (Anm. 7), 419 mit Anm. 73.

[25] Vgl. Krüger, SZ 48 (1928), 190 f.

[26] Gerade unser Fragment D. 40, 5, 30, 6 ist das Hauptargument für diese Annahme, vgl. L. Mitteis, Ueber die Manumissio vindicta durch den Haussohn, SZ 21 (1900), 209 f.; ders., Römisches Privatrecht bis auf die Zeit Diokletians, Leipzig 1908, 208 f. mit Anm. 17; H. Siber, Römisches Privatrecht, Berlin 1928, 316; Voci, DER II (Anm. 7), 470 Anm. 76.

vorgenommen werden. Müßte man nun warten, bis D dieses Alter erreicht hat?

Das hätte die Freiheit für Pamphilus zu lange hinausgezögert. Um dem abzuhelfen, erging unter Hadrian – vielleicht erst 138 – das nur in unserem Fragment genannte *SC Vitrasianum*, dessen genauen Inhalt wir leider nicht kennen und deshalb auch von dem hier zugleich mitgeteilten Inhalt des Pius-Reskripts an Cassius Dexter nicht hinreichend abgrenzen können[27]. Vermutlich war es aber so, daß das *Vitrasianum* die grundsätzliche Regelung traf, daß die nicht durch ein Freilassungsfideikommiß belasteten Miterben, auch wenn sie noch unmündige *infantes* sind, ihren Miteigentumsbruchteil am freizulassenden Sklaven auf die beschwerten Miterben zu übertragen haben, damit die Freilassung erfolgen kann[28]. In dem Pius-Reskript werden dann die Einzelheiten des Verfahrens vor dem Prätor dargelegt worden sein.

Es kam also zu einem „eigentümlichen Versäumnisverfahren“[29]. Der Prätor läßt den angemessenen Wert (*iustum pretium*) des Anteils, den der *infans* am Sklaven hat, durch einen *arbiter* schätzen und verkündet dann in seiner *pronuntiatio*, daß der Anteil am Sklaven Pamphilus als zu diesem Schätzbetrag von den (aus dem Fideikommiß verpflichteten) Miterben A und B als gekauft und erworben gilt. A und B nehmen daraufhin die Freilassung vor, bei Anwesenheit des Sklaven in aller Regel wohl durch *manumissio vindicta*.

c) Das dritte Problem in diesem Zusammenhang ist, wie unser *infans* D zu seinem Geld kommt. Der Text enthält dazu den Hinweis, daß die Freilasser ihren Miterben wegen des Preises so verpflichtet sind, wie wenn man wegen dieser Sache aus einer Urteilsschuld gegen sie klagen könnte. Das heißt, in Höhe des Kaufpreises besteht eine Urteilsschuld der Freilasser, und wegen dieser Schuld kann nach Ablauf der 30-tägigen Urteilserfüllungsfrist die *actio iudicati* erhoben werden, an die sich, wenn daraus die Verurteilung erfolgt ist (oder der Beklagte vor dem Prätor die Judikatsschuld anerkannt hat), die Gesamtvollstreckung anschließt.

---

[27] Vgl. Voci, DER II (Anm. 7), 419 f. – Cassius Dexter war übrigens ca. 143 n. Chr. *praetor fideicommissarius*, ca. 149–151 Statthalter von Kilikien; 151 *cos. suff. in absentia*.

[28] So sieht es vermutlich auch E. Volterra, Senatus consulta, in: Scritti giuridici V, hrsg. von M. Talamanca, Napoli 1993, 280 Nr. 147.

[29] Krüger, SZ 48 (1928), 191.

2. Pauli sententiae 4, 13, 3

Als zweiten Fall, in dem die fideikommissarische Freilassung auf Hindernisse aus dem Bereich des Beschwerten stößt, betrachten wir

> PS 4, 13, 3
> *Decedens servis suis libertatem ita dedit: ILLUM ET ILLVM LIBEROS ESSE VOLO EOSQVE FILIIS MEIS TVTORES DO: impeditur fideicommissa libertas, quia pupilli sine tutoris auctoritate manumittere non possunt et habentibus tutores tutor dari non potest. sed interim vice absentium pupilli habebuntur, ut ex decreto amplissimi ordinis primum libertas ac deinde tutela competere possit*[30].
>
> Jemand hat bei seinem Tod seinen Sklaven wie folgt die Freiheit erteilt: „Ich will, daß dieser und jener frei sind, und ich bestelle sie meinen Kindern zu Vormündern". Der fideikommissarisch erteilten Freiheit steht ein Hindernis entgegen, weil Mündel ohne förmliche Zustimmung des Vormunds nicht freilassen können und denen, die einen Vormund haben, ein Vormund nicht bestellt werden kann. Aber einstweilen werden die Mündel so angesehen wie Abwesende, so daß nach dem Senatsbeschluß [den Sklaven] zuerst die Freiheit und dann die Vormundschaft zukommen kann.

a) Das Problem

Hier besteht eine Art *circulus vitiosus.* Die unmündigen Kinder können die freizulassenden Sklaven nur mit förmlicher Zustimmung ihrer Vormünder freilassen; Vormünder können die Sklaven aber erst werden, wenn sie freigelassen worden sind. Ein anderer Vormund kann den unmündigen Erben nicht bestellt werden, weil dem die Maxime *tutorem habenti tutor dari non potest*[31] entgegensteht, die sich wohl daraus erklärt, daß die Tutel nicht nur ein fremdnütziges, sondern auch ein eigennütziges Herrschaftsrecht war

---

[30] Die IP 4, 12, 3 zu PS 4, 13, 3 lautet: *Si quis moriens servis suis libertatem dandam filiorum fidei commiserit eosque filiis suis tutores esse praeceperit, hoc ordine fideicommissa libertas aliquatenus impeditur, quia nec pupilli sine tutoris auctoritate servos manumittere possunt et, qui tutores a patre nominatim relictos habent, alios tutores habere non possunt. Sed in tali casu ordinis consilio et ratione prospectum est, ut pupilli velut absentium vice, dum libertas servis tribuitur, habeantur, ut data his a iudice secundum formam testamenti primitus libertate etiam tutores esse praevaleant.* – Zu den Abweichungen s. M. Conrat, Der westgothische Paulus, Amsterdam 1907 (ND Wiesbaden 1967), 93 ff.

[31] Vgl. außer PS 4, 13, 3 etwa Tryphoninus D. 26, 2, 27 pr.; Diocletianus C. 5, 31, 9 (293); C. 5, 34, 9 (294); Inst. 1, 23, 5.

und deshalb gegen den Willen des bestellten Vormunds nicht durch Einsetzung anderer Vormünder eingeschränkt werden durfte[32].

Nicht ganz einsichtig ist allerdings, weshalb im vorliegenden Fall für die Freilassung nicht die Bestellung eines Interimtutors (oder vielleicht auch eines Kurators)[33] in Betracht gekommen sein sollte, wie dies von den *leges Atilia* und *Iulia et Titia* für die Fälle vorgesehen war, in denen der testamentarische Vormund aufschiebend bedingt oder befristet ernannt war, ferner für die Zeit bis zum Erbschaftsantritt oder für die der Kriegsgefangenschaft des Vormunds[34]. Für diese Maßnahmen wären jedoch andere Magistrate zuständig, außer dem (allgemeinen) Prätor und dem *consilium* der Volkstribunen seit Claudius die Konsuln und seit Mark Aurel ein besonderer *praetor tutelarius*[35], also nicht der *praetor fideicommissarius*.

b) Die Lösung

Jedenfalls fand man für das Problem unseres Falles eine andere und zugleich einfacher und schneller umzusetzende Lösung dadurch, daß der Prätor die Mündel[36] denen gleichsetzt, die nicht anwesend sind und deshalb der ihnen auferlegten Freilassungspflicht nicht nachkommen können. Wir hatten schon gehört, daß der Prätor schon die Freiheit eines Sklaven nach dem *SC Rubrianum* verkünden konnte, wenn der Eigentümer der Ladung des Prätors zur Verhandlung über das Freilassungsfideikommiß böswillig oder ohne rechtfertigenden Grund nicht gefolgt war[37]. Ergänzt wurde diese Regelung des *SC Rubrianum* durch das vor 123, also unter Hadrian ergangene *SC Dasumianum*. Dieses bestimmte für die Fälle einer *absentia ex iusta causa* des durch das Freilassungsfideikommiß beschwerten Erben[38], daß der Sklave am Forum seines Aufenthaltsortes um die Gewährung der ihm ausgesetzten Freiheit nachsuchen konnte und daß der Prätor, wenn er feststellte, daß das Fideikommiß wirksam und der Erbe aus gerechtfertigtem Grund nicht anwesend war, die *pronuntiatio* zu treffen hatte, daß dem

---

32 Auch hätte ein Nebeneinander unterschiedlicher Vormünder, etwa bei Hinzutreten eines vom Magistrat ernannten zu einem durch Testament bestellten, angesichts der uneinheitlichen Ausformung dieser Vormundschaften zu Unzuträglichkeiten führen können.

33 Vgl. Paulus D. 26, 7, 24 pr.; Pomponius D. 26, 1, 13 pr. 1; Inst. 1, 23, 5–6.

34 Gaius 1, 186–187, vgl. Kaser, Privatrecht I (Anm. 4), 359.

35 Kaser, Privatrecht I (Anm. 4), 357.

36 Vgl. die IP 4, 12, 3 zu PS 4, 13, 3 (oben Anm. 30); abweichend jedoch Buckland, Slavery (Anm. 18), 515 ("absent *tutores*").

37 Siehe oben vor Anm. 7.

38 Oder jeder anderen Person, die wirksam durch ein Freilassungsfideikommiß beschwert war, vgl. Marcianus D. 40, 5, 51, 4–6.

Sklaven die Freiheit so zusteht, wie wenn er ordnungsgemäß aufgrund des Fideikommisses freigelassen worden wäre (*...perinde libertas competat, atque si, ut oportet, ex causa fideicommissi manumissus esset*, Marcianus D. 40, 5, 51, 4). Patron wurde konsequenterweise der Erbe.

Das *SC Dasumianum* regelte ferner den Fall, daß sich unter den durch Freilassungsfideikommiß beschwerten Erben ein *infans* befand. Auch in diesem Fall, der einer *absentia ex iusta causa* vergleichbar ist, sollte den begünstigten Sklaven die Freiheit mit der Folge des Patronats der Erben zuerkannt werden[39].

Die Lösung unseres Falles aus den Paulus-Sentenzen, die hier aller Wahrscheinlichkeit nach eine klassische Vorlage wiedergeben[40], bestand nach alldem darin, daß in ausdehnender Auslegung des *SC Dasumianum*[41], welches nicht den Fall regelte, in dem der Erbe oder alle Erben *infans* oder *infantes* waren[42], die *infantes* denen gleichgesetzt wurden, die *ex iusta causa* abwesend waren, und daß deswegen ohne zeitliche Verzögerung die prätorische Freilassung durchgeführt werden konnte.

IV. Hindernisse auf Seiten des Sklaven

1. Erwerbspflicht des Erben

Im Hinblick auf den Sklaven läßt sich als wichtigster Hinderungsgrund für eine fideikommissarische Freiheitserteilung der Umstand ansehen, daß der Sklave nicht im Eigentum des Erblassers steht. Zum Damnationslegat einer fremden Sache, dem Vermächtnis im technischen Sinne also, hatte sich aufgrund einer Konstitution des Antoninus Pius[43] die – auch heute noch der herrschenden Ansicht zu § 2169 BGB entsprechende[44]– Lösung erge-

---

39 Erschließbar aus Ulpianus D. 40, 5, 30, 1 in Verbindung mit Marcianus D. 40, 5, 51, 4; Maecianus D. 40, 5, 36 pr., vgl. Voci, DER II (Anm. 7), 415.

40 Vgl. M. Kaser, Das römische Privatrecht II, 2. Aufl., München 1975, 230 Anm. 9.

41 Daß dieses mit dem *decretum amplissimi ordinis* gemeint ist, nehmen u. a. ebenfalls an Buckland, Slavery (Anm. 18), 513 mit Anm. 3; Voci, DER II (Anm.7), 415; J. E. Spruit/K. E. M. Bongenaar, Gaius en Paulus, Zutphen 1984, 164 f. Anm. 41.

42 Vgl. Ulpianus D. 40, 5, 30, 2.

43 Inst. 2, 20, 4, vgl. Papinianus D. 31, 67, 8. Vorbereitet vermutlich von Neraz (bei Papinianus D. 31, 67, 8; vgl. auch Paulus D. 33, 7, 24).

44 Vgl. etwa J. v. Staudinger/K. Seybold, BGB, 11. Aufl., Berlin 1954, § 2169 Rn. 3; J. v. Staudinger/G. Otte, BGB, 13. Aufl., Berlin 1996,

ben, es sei zu unterscheiden: Wußte der Erblasser, daß er eine fremde Sache vermachte, so war das Vermächtnis wirksam; der Erbe mußte sie erwerben und dem Vermächtnisnehmer übereignen. Wußte der Erblasser es nicht, so war das Vermächtnis unwirksam, sofern nicht ein abweichender Wille des Erblassers erweisbar war[45]. Vor diesem Hintergrund ist bemerkenswert das Fragment

> D. 40, 5, 39 pr. (Paulus 13 quaest.[46])
> *Paulus respondit, etsi alienus inveniatur servus quem ut suum testator ab uno ex heredibus voluerit manumitti, tamen cogendum eum, qui rogatus est, redimere eum et manumittere, quoniam non putavit similem esse causa libertatis et fideicommissi pecuniarii.*
>
> Paulus hat das Rechtsgutachten erteilt: Auch wenn sich herausstellt, daß der Sklave, um dessen Freilassung der Erblasser in der Annahme, er gehöre ihm [dem Erblasser], einen der Erben durch Fideikommiß gebeten hat, in fremdem Eigentum steht, ist dennoch der fideikommissarisch Gebetene gezwungen, den Sklaven zu erwerben und freizulassen. Denn er [Paulus] war nicht der Meinung, die Rechtslage einer [fideikommissarischen] Freiheitsgewährung sei der eines Fideikommisses in Geld gleich.

Nach der oben zu den Legaten angeführten Unterscheidung, die auf die Fideikommisse übertragen wurde[47], hätte das Freilassungsfideikommiß unwirksam sein müssen, weil der Erblasser nicht wußte, daß der freizulassende Sklave ihm nicht gehörte. Die Unterscheidung beruht auf der vernünftigen Erwägung, daß der Erbe nicht gezwungen sein soll, etwas zu erwerben, das der Erblasser in der Annahme, es gehöre ihm, vermacht hat. Der Wille von Erblassern neigt nämlich, wie Papinianus D. 31, 67, 8 zur Begründung hervorhebt, mehr dazu, eigene Sachen zu vermachen als fremde, die gekauft werden und die Erben belasten müssen. Davon geht auch Paulus in unserem Text aus. Doch macht er für die Freilassungsfideikommisse eine Ausnahme, weil sie Geldfideikommissen nicht vergleichbar seien. Das Geldfideikommiß hat man sich so vorzustellen, daß der Erblasser irrtümlich davon ausging, ein bestimmter Geldbetrag, etwa in einem *sacculum* oder in einer *arca*, gehöre ihm, und daß er deshalb dem Erben die Auszahlung an den Fideikommissar auferlegte. Daß der Erblasser bei Aufdeckung seines Irrtums das Legat, das dem Erben möglicherweise er-

---

§ 2169 Rn. 11; G. Schlichting, in: Münchener Kommentar zum BGB, 4. Aufl., München 2004, § 2169 Rn. 10.

45 Zur *ratio* (Papinianus D. 31, 67, 8) s. sogleich.

46 Möglicherweise im 15. Buch.

47 Siehe oben zu Anm. 45. Die grundsätzliche Übertragung der Unterscheidung wird in fr. 39 pr. bereits vorausgesetzt.

hebliche Mittel entzogen hätte, nicht ohne weiteres aufrechterhalten hätte, ist zu vermuten. An sich müßte diese Erwägung auch für das Freilassungsfideikommiß gelten; der Kauf des fremden Sklaven könnte erhebliche Kosten verursachen. Daß Paulus in diesem Fall dennoch eine Ausnahme von der etablierten Unterscheidung macht, kann sich nur aus dem *favor libertatis* erklären: Wenn jemand bereit ist, die Freiheit zu gewähren, dann ist er, da Freiheit das höchste Gut ist, vermutlich auch bereit, sie zu gewähren, wenn dem Erben damit ein erhebliches „Geldopfer" abverlangt wird. Empirisch absichern läßt sich eine solche Einschätzung kaum; aber sie paßt sehr gut in das Bild der stoischen Ethik, die im frühen und hohen Prinzipat geradezu die Modephilosophie in Rom war.

2. Mangelnde oder eingeschränkte Verkaufsbereitschaft des Eigentümers

Wir beschließen unsere Betrachtungen mit einem Blick auf die Problematik, die sich zwangsläufig ergibt, wenn man anerkennt, daß auch einem fremden Sklaven durch Fideikommiß die Freiheit ausgesetzt werden kann: Wie verhält es sich, wenn der Eigentümer nicht oder nur zu überhöhtem Preis bereit ist, den Sklaven an den Erben zu verkaufen, damit dieser ihn freilassen kann? Darum geht es in:

D. 40, 5, 31, 4 (Paulus 3 fideicomm.)
Si is cuius servus est nolit eum vendere, ut manumitteretur, nullae praetoris partes sunt: idem est et si pluris iusto vendere velit. sin autem certo quidem pretio, quod non prima facie videtur esse iniquum, dominus servum vendere paratus est, is vero, qui rogatus est manumittere, immodicum id esse nititur, praetoris partes erunt interponendae, ut iusto pretio volenti domino dato libertas ab emptore praestetur. quod si et dominus vendere paratus sit et servus velit manumitti, cogendus est heres redimere et manumittere, nisi dominus velit servum manumittere, ut actio sibi pretii in heredem detur: idque faciendum est etiam, si heres latitet: et ita imperator Antoninus rescripsit.

Wenn der, dem der Sklave gehört, ihn nicht zu dem Zweck, daß er freigelassen wird, verkaufen will, wird der Prätor nicht tätig. Dasselbe gilt auch dann, wenn er nur für mehr verkaufen will, als wertgerecht ist. Ist aber der Eigentümer bereit, zu einem bestimmten Preis, der dem ersten Anschein nach nicht als unangemessen anzusehen ist, zu verkaufen, versucht jedoch der durch Fideikommiß um die Freilassung Gebetene nachzuweisen, daß der Preis übermäßig hoch ist, so muß der Prätor seines Amtes walten, damit nach Zahlung des gerechten Preises mit Einverständnis des Eigentümers die

> Freilassung vom Käufer vorgenommen wird. Wenn aber der Eigentümer verkaufsbereit ist und auch der Sklave freigelassen werden will, ist der Erbe zu zwingen, ihn zu kaufen und freizulassen, sofern nicht der Eigentümer den Sklaven freilassen will, so daß ihm die Klage auf den Preis gegen den Erben erteilt wird. Und in dieser Weise ist auch dann zu verfahren, wenn der Erbe sich verborgen hält; und so hat der Kaiser Antoninus [Caracalla] auf Anfrage entschieden.

Das Fragment läßt gut erkennen, wie pragmatisch und zugleich sachgerecht die Problematik gelöst wurde. Auszugehen war davon, daß einerseits der außenstehende Eigentümer nicht gezwungen werden konnte, den Sklaven zum Zweck der Freilassung überhaupt zu verkaufen oder sogar zum angemessenen Preis. Daß es sich bei Miterben anders verhält, haben wir oben in D. 40, 5, 30, 6 beim *infans* gesehen.

Andererseits war auch der Erbe nicht verpflichtet, jeden Preis zu zahlen, um den Sklaven für die Freilassung zu erwerben und seine Verpflichtung aus dem Fideikommiß zu erfüllen[48]. War der Preis evident zu hoch oder wollte der Eigentümer überhaupt nicht verkaufen, so wurde der Erbe nicht etwa frei; vielmehr blieb – wie wir im Institutionentext 2, 24, 2 (Mitte) sahen – die Erfüllung aufgeschoben, gestundet also, bis sich im Laufe der Zeit eine Gelegenheit zum Erwerb des Sklaven ergab.

Zwischen diesen beiden Polen: keine Verkaufspflicht einer- und keine Erwerbspflicht zu jedem Preis andererseits liegt die wohl in den meisten Fällen gegebene Situation, daß der Eigentümer bereit ist, zu einem aus seiner Sicht angemessenen Preis zu verkaufen, daß der fideikommissarisch belastete Erbe diesen Preis jedoch als überhöht ansieht. Der Erbe ist schon deshalb in Versuchung, den Preis als zu hoch zu bezeichnen, weil er – wenn dies zutrifft – im Augenblick nicht verpflichtet wäre, den Sklaven zu kaufen. In dieser Situation, in der die Preisvorstellungen des verkaufsbereiten Eigentümers nicht auf den ersten Blick als unrealistisch erscheinen, besteht eine gute Aussicht, daß der Kauf zustande gebracht und damit die Freilassung erreicht werden kann, und deshalb kann der *praetor fideicommissarius*, wie Paulus darlegt, angerufen werden, um auf den Abschluß eines Kaufs zum gerechten Preis – gegebenenfalls auf Grundlage der Schätzung durch einen *arbiter* – und die Freilassung hinzuwirken. Auch in der Anerkennung einer solchen Amtspflicht ist die Begünstigung der Freiheit erkennbar.

Im Schlußstück des Fragments (*quod si et dominus rell.*) geht es um den Fall, daß der Eigentümer bereit ist, zum angemessenen Preis zu verkaufen, und auch der Sklave auf seine Freilassung anträgt, daß der Erbe dennoch

[48] Buckland, Slavery (Anm. 18), 531 (unter Hinweis auf fr. 31, 4).

nicht kaufen will. Dann ist die nächstliegende Sanktion, daß der Prätor ihn zur Erfüllung seiner Pflicht aus dem Fideikommiß zwingt. Viel eleganter und deshalb zunächst zu versuchen ist jedoch Lösung, den Erben als jemanden anzusehen, der *sine iusta causa* abwesend ist, wie das in dem parallel angeführten Fall, daß der Erbe sich verbirgt, ja erst recht gegeben ist.

Das *SC Rubrianum* paßte hier nicht, denn bei ihm ging es darum, daß den Erben die Freilassungspflicht, der er sich zu entziehen trachtete, im Hinblick auf einen Erbschaftssklaven traf. Doch konnte man an das *SC Iuncianum* anknüpfen. Dort war vorausgesetzt, daß der Sklave sich im Eigenvermögen des Erben, eines Vermächtnisnehmers oder eines Fideikommissars befand, der jeweils durch Freilassungsfideikommiß verpflichtet war. In diesen Fällen konnte der Prätor statt des verpflichteten Eigentümers die Freilassung vornehmen. In unserem Fall war der außenstehende Eigentümer nicht der aus dem Fideikommiß Verpflichtete; aber er war der Eigentümer, von dem der Erblasser erwartete, daß er durch den Verkauf zur Freilassung beitragen würde. Angesichts dessen bot es sich an, daß der Prätor ihn, den Eigentümer, statt des nicht mitwirkungsbereiten verpflichteten Erben (Vermächtnisnehmers oder Fideikommissars) die Freilassung vornehmen ließ und ihn dadurch absicherte, daß er ihm gegen den Erben eine Klage auf den Wert des Sklaven gewährte, die nicht die *actio venditi* war, weil ein Kauf ja nicht zustande gekommen war. Der Vorteil für den Eigentümer war, daß aufgrund der von ihm vorgenommenen Freilassung er der Patron wurde und damit die Patronatsrechte erlangte. Das Ergebnis ist mithin: Der durch das Fideikommiß begünstigte Sklave wird frei; der Eigentümer wird sein Patron und der unkooperative Erbe zahlt den „Preis". Die elegante Lösung ist, wie Paulus am Ende sagt, in einem Antoninus-Reskript – es ist wohl Caracalla gemeint[49] – getroffen worden, vermutlich für den Fall des *latitans*.

Bemerkenswert ist im übrigen, daß auch auf den Willen des Sklaven geachtet wird, ob er freigelassen werden will. Doch ist dies nur folgerichtig: Wenn man dem Sklaven schon das Recht zubilligt, wegen der Durchführung der fideikommissarischen Freilassung seinen Eigentümer zu belangen (Pomponius D. 40, 5, 44), dann muß man es ihm auch gestatten, eine ihm von dritter Seite angetragene Freilassung auszuschlagen.

---

[49] Da die Titulatur *divus* fehlt; doch ist die Folgerung unsicher. Für Caracalla Th. Mommsen, Die Kaiserbezeichnung bei den römischen Juristen, in: ders., Juristische Schriften II, 1905 (= 3. unveränd. Aufl. 1994), 170 Anm. 62; Buckland, Slavery (Anm. 18), 531; Impallomeni, Manomissioni (Anm. 6), 102 mit Anm. 155; V. Giodice-Sabbatelli, La tutela giuridica dei fedecommessi fra Augusto e Vespasiano, Bari 1993, 233; für Antoninus Pius hingegen Voci, DER II (Anm. 7), 419.

V. Schlußbemerkung

Wir haben einige wenige Quellen aus der recht großen Menge der Überlieferung zum Freilassungsfideikommiß betrachtet, einem spannenden Gebiet, das auch für einen Dogmatiker, als den wir unseren Freund Hans Wieling wohl rühmen dürfen, von eigenartigem Reiz ist. Unsere Betrachtungen haben kursorisch ausfallen müssen. Zahlreiche Details hätten der Hervorhebung bedurft, so etwa der in zwei Fragmenten – in D. 40, 5, 30, 6 von Ulpian und in D. 40, 5, 31, 4 von Paulus – mit Selbstverständlichkeit zugrunde gelegte Umstand, daß bei der Schätzung eines aufgrund Fideikommisses freizulassenden fremden Sklaven das *iustum pretium* zu ermitteln ist, der angemessene, gerechte Preis. Daß dies klassischem Recht entspricht, dürfte außer Zweifel stehen; denn welchen Wert sollte der *praetor fideicommissarius* bei dieser Sachlage schätzen, wenn nicht das *pretium iustum*? Aber mögen zu den Details auch Defizite bleiben, so dürfte das Entscheidende doch sehr deutlich geworden sein: Um den Erwerb der Freiheit zu begünstigen, haben Juristen, Kaiser und Senat praktisch an einem Strang gezogen, zahlreiche Sonderregelungen geschaffen und auch Inkonsequenzen (wie etwa in Ulpian D. 40, 5, 26, 6; Paulus D. 34, 8, 5) in Kauf genommen. Daß dies ganz bewußt geschehen ist, wäre ohne weiteres anzuerkennen, wird verschiedentlich aber auch ausdrücklich gesagt, von Ulpian etwa in D. 40, 5, 26, 6: *quia libertas fideicommissa nullum impedimentum pati debet* oder in D. 40, 5, 24, 10: *nec enim ignotum est, quod multa contra iuris rigorem pro libertate sint constituta*. Auch Justinian weist darauf hin, wenn er in den Institutionen (2, 7, 4) zur *libertas* einflicht: *cuius favore et antiquos legislatores multa et contra communes regulas statuisse manifestissimum est*, die Freiheit, zu deren Gunsten die alten Gesetzgeber, wie allseits bekannt, vieles auch gegen die allgemeinen Regeln bestimmt haben. Natürlich sind das nicht die einzigen Äußerungen.

Unter den Gründen für dieses nachdrückliche Bekenntnis zum *favor libertatis* und für dessen entschiedene Verwirklichung dürften Zweckmäßigkeitserwägungen allenfalls eine Nebenrolle gespielt haben. Selbstverständlich hat eine großzügige Freilassungspraxis für das System eine stabilisierende Wirkung, wird ein Sklave, der günstige Aussichten auf seine Freilassung hat, es sich doch sehr überlegen, ob er aufsässig wird, Fluchtversuche wagt oder sich umbringt. Aber wenn derartige Zweckmäßigkeitserwägungen von Bedeutung gewesen wären, dann hätte es sich doch aufgedrängt, zunächst die gesetzlichen Freilassungsbeschränkungen, etwa der *lex Fufia Caninia* oder der *lex Aelia Sentia*, zum Teil oder ganz zurückzunehmen, oder vielleicht sogar gesetzlich Tatbestände zu schaffen, um Sklaven, die sich verdient gemacht hatten, das Recht zu geben, ihre

Freilassung zu verlangen. Ganz undenkbar wird das nicht gewesen sein, hatten Sklaven im Prinzipat doch vor allem in den Städten gute Chancen, zwischen dem dreißigsten und vierzigsten Lebensjahr freigelassen zu werden, wie aus dem epigraphischen Material erschlossen worden, den Sklaven der Zeit aber gewiß bekannt gewesen ist. Hält man es für möglich, daß derartige allgemeine Maßnahmen bei einer konsequenten Stabilisierungspolitik in Betracht gekommen wären, so ist schwer vorstellbar, daß die seinerzeit maßgeblichen Akteure sich von der ja durchweg nur im konkreten Fall möglichen Verwirklichung des *favor libertatis* stabilisierende Effekte versprochen hätten, mag diese Verwirklichung auch nicht selten geschehen sein. Übrigens betreffen auch die einschlägigen Senatsbeschlüsse, von denen wir dem *Rubrianum*, *Iuncianum*, *Vitrasianum* und dem *Dasumianum* begegnet sind, nur besondere Sachverhalte.

Gegenüber diesen spekulativen Betrachtungen hat alle Wahrscheinlichkeit für sich die Annahme, daß der *favor libertatis* sich aus dem das damalige Geistesleben beherrschenden Einfluß der stoischen Ethik erklärt. Deren grundlegende soziale Postulate waren Gerechtigkeit und Menschenliebe, und zwar für alle Menschen, Barbaren und Sklaven inbegriffen. Der erstmals von den Stoikern entwickelte Humanitätsgedanke ist umfassend; sein Anliegen ist eine Völker- und Standesgrenzen überschreitende allgemeine Liebe unter den Menschen – womit dem Christentum der Boden vorbereitet wurde. Und sicher ist der *favor libertatis* ein edler Ausdruck römischen Freiheitsempfindens. „Es ist“, sagt der Philosoph Georg Simmel, „ein Symptom der Freiheit des Menschen, daß er anderen Freiheit gibt“[50].

---

[50] G. Simmel, Logos 11 (1923), 25, zitiert nach Schulz, Prinzipien (Anm. 2), 97.

EIN VORSICHTIGER SCHENKER*
—Scaev. D. 32,37,3—

POR
ROLF KNÜTEL
Universidad de Bonn

I. Der Fall ist schnell erzählt: Ein Vater schenkt seinem aus der väterlichen Gewalt entlassenen Sohn sein gesamtes Vermögen mit Ausnahme zweier Sklaven, läßt sich für den Fall, daß er, der Schenker, dies will oder der Sohn vorverstirbt, in einer sorgfältig formulierten Stipulation die Rückgewähr versprechen und belastet unmittelbar vor seinem Tod den Sohn mit einigen Geldfideikommissen und einem Freilassungsfideikommiß. Da der Sohn weder nach Zivilrecht Erbe noch nach prätorischem Recht Nachlaßbesitzer geworden ist, hält er sich nicht für verpflichtet, die Fideikommisse zu erfüllen. Der unter Mark Aurel wirkende, hochangesehene Jurist Quintus Cervidius Scaevola [1] erteilt dazu

* Seminarios complutenses de derecho Romano 20/21 (2007/2008) 257 – 278.

[1] *Praefectus vigilum* 175 n. Chr. (CIL XIV 4502), Konsiliar des Mark Aurel (Historia Augusta, vita Marci 11,10; Tab. Banasitana, Année épigr. 1971, Nr. 534 Z. 51; Ulp. D. 36,1,23 pr.). *Abkürzungen:* C. FERRINI, Teoria generale dei legati e dei fedecommessi secondo il diritto romano, 1889 (= FERRINI); M. KASER, Das römische Privatrecht, 1. Abschnitt, 2. Aufl. 1971 (= KASER, RP I²), 2. Abschnitt, 2. Aufl. 1975 (= KASER, RP II²); TH. KIPP in: B. WINDSCHEID, Lehrbuch des

das Gutachten, der Sohn könne sowohl aus der Stipulation als auch aus den Fideikommissen in Anspruch genommen werden.

II. Der oft angesprochene, aber doch seit langem in seiner Gesamtheit nicht behandelte Fall bietet einige beachtliche Informationen, insbesondere zu Entwicklungen im Recht der Fideikommisse. Wir geben ihn mitsamt der Übersetzung wieder, auf die wir uns bei der Arbeit an Band V der Übersetzung des Corpus iuris verständigt haben[2]:

D. 32,37,3 Scaevola im 18. Buch seiner Digesten

Pater emancipato filio bona sua universa exceptis duobus servis non mortis causa donavit et stipulatus est a filio in haec verba: «Quae tibi mancipia quaeque praedia donationis causa tradidi cessi, per te non fieri dolove malo neque[a)] per eum ad quem ea res pertinebit, quo minus ea mancipia quaeque ex his adgnata erunt eaque praedia cum instrumento, cum ego volam vel cum morieris, quaequae eorum exstabunt neque[b)] dolo malo aut fraude factove tuo eiusque ad quem ea res pertinebit in rerum natura aut in potestate esse desissent, si vivam mihi aut cui ego volam reddantur restituantur, stipulatus est Lucius Titius pater, spopondit Lucius Titius filius». Idem pater decedens epistulam fideicommissariam ad filium suum scripsit in haec verba: «Lucio Titio filio suo salutem. certus de tua pietate fidei tuae committo, uti des praestes illi et illi certam pecuniam: et Lucrionem servum meum liberum esse volo». Quaesitum est, cum filius patris nec bonorum possessionem acceperit nec ei heres exstiterit, an ex epistula fideicommissa et libertatem praestare debeat. Respondit, etsi neque hereditatem adisset neque bonorum possessionem petisset et nihil ex hereditate possideret, tamen nihilo minus et ex stipulatu ab heredibus patris et[c)] fideicommisso ab his quorum interest quasi debitorem conveniri posse, maxime post constitutionem divi Pii, quae hoc induxit.

[a] fieri <fraude> dolove malo <tuo> neque
[b] neque] quaeve
[c] et <ex> fideicommisso

Pandektenrechts, bearb. von Th. Kipp, Bd. 2, 9. Aufl. 1906 (= Kipp); P. Voci, Diritto ereditario romano, Bd. 1, 2. Aufl. 1967 (= Voci, I^2), Bd. 2, 2. Aufl. 1963 (= Voci, II^2); G. Wesenberg, Verträge zugunsten Dritter, 1949 (= Wesenberg).

[2] R. Knütel, B. Kupisch, T. Rüfner, H. H. Seiler, auf der Grundlage einer von B. Kupisch vorgelegten Übersetzung von Buch 32.

Ein Vater schenkte – ohne daß dies von Todes wegen geschah – seinem aus der Hausgewalt entlassenen Sohn sein gesamtes Vermögen mit Ausnahme zweier Sklaven und ließ sich von seinem Sohn durch Stipulation folgendes versprechen: «Zu den Sklaven und den Grundstücken, die ich dir schenkweise übertragen und übereignet habe: Daß weder durch dich aufgrund von Betrug oder Arglist noch durch denjenigen, den diese Sache betreffen wird, verhindert wird, daß, wenn ich will oder wenn du stirbst, die Sklaven und deren Abkömmlinge sowie die Grundstücke mit Inventar – [und zwar] alles, was von den Sklaven und Grundstücken noch vorhanden sein wird oder was aufgrund von Arglist oder Betrug oder sonstigen Handelns deinerseits oder von seiten desjenigen, den die Sache betreffen wird, nicht mehr vorhanden ist oder nicht mehr in der Eigentümergewalt steht – an mich, wenn ich lebe, oder an den, den ich benenne, herausgegeben und zurückgewährt werden, [all das] hat sich Lucius Titius der Vater versprechen lassen, hat Lucius Titius der Sohn versprochen». Auf dem Sterbebett hat der Vater seinem Sohn einen Fideikommisse enthaltenden Brief folgenden Wortlauts geschrieben: «Lucius Titius grüßt Lucius Titius, seinen Sohn. Deiner Ehrerbietung sicher, vertraue ich deiner Gewissenhaftigkeit an, diesem und jenem einen bestimmten Geldbetrag zu zahlen und zu leisten. Und ich will, daß mein Sklave Lucrio frei ist». Da der Sohn weder den Nachlaßbesitz des Vaters angenommen hat noch Erbe des Vaters geworden ist, wurde gefragt, ob er aufgrund des Briefes die Fideikommisse erfüllen und die Freiheit gewähren muß. Scaevola hat entschieden: Auch wenn der Sohn weder die Erbschaft angetreten noch den Nachlaßbesitz beantragt hat und somit nichts aus der Erbschaft besitzt, könne er dennoch sowohl aus der Stipulation von den Erben des Vaters als auch aus dem Fideikommiß von denjenigen, die ein Interesse daran haben, als Schuldner verklagt werden, insbesondere seit der Konstitution des vergöttlichten Kaisers Antoninus Pius, die dies zur Anwendung gebracht hat.

III. Bemerkenswert ist die sorgfältig und sachkundig redigierte Stipulationsurkunde. Sie enthält in subjektiver Stilisierung die von Lucius Titius pater beim Vertragsabschluß gesprochene Stipulation und statt der abschließenden Frage *spondesne?* und der Antwort des Sohnes *spondeo* die objektive Formel: *Stipulatus est Lucius Titius pater, spopondit Lucius Titius filius.* Diese Verknüpfung war nicht unüblich[3]. Vermutlich erklärt

---

[3] Vgl. etwa Scaev. D. 45,1,122,2; Flor. D. 46,4,18,1; Paul. D. 45,1,126,2 (wo *scripsi* zu lesen ist); donatio Syntrophi (FIRA III n. 94, S. 298, 300).

sich die objektive Schlußformel aus einer Schreiberpraxis, die sich an die allgemeine Stipulationsklausel anlehnte, welche sich in den Fällen entwickelt hatte, in denen die Parteien ihre verschiedenen Vereinbarungen schriftlich fixiert und die Stipulation dann durch bloße Bezugnahme auf den Urkundeninhalt, also ohne dessen mündliche Wiederholung in der Stipulationsfrage, abgeschlossen hatten, etwa: *haec sic recte dari fieri praestarive stipulatus est Licinius Timotheus, spopondit Statia Irene* ... [4]. Im Haupttext der Stipulation dürfte statt *tradidi cessi* ursprünglich *mancipio dedi in iure cessi* gestanden haben [5]; Justinian hat die schon gegen Ende des Prinzipats abgestorbenen Übereignungsgeschäfte der *mancipatio* und *in iure cessio* aus den Quellen tilgen und durch die *traditio* ersetzen lassen [6]. Gewisse Schwierigkeiten macht im ersten Satz freilich das Kolon *per te non fieri dolove [!] malo neque per eum ad quem ea res pertinebit*, wo *dolo malo* nicht ursprünglich sein kann. Denn es wäre unerklärlich, wie die Variante *dolove* hätte entstehen sollen, die sich in die Grammatik des Satzes nicht einfügen läßt. Es muß sich, da eine bewußte Veränderung auszuschließen ist, um eine mechanisch zustande gekommene Korruptel handeln, ein Begriff ausgefallen sein, an den *dolove* angeschlossen war. Als solcher drängt sich die wenigen Zeilen später genannte (*dolo malo aut fraude factove tuo*) und überhaupt mit dem *dolus malus* oft verbundene *fraus* [7] auf, so daß unter Einbeziehung der von Mommsen (offenbar aufgrund dieser Parallele) vorgeschlagenen Emendation *dolove malo* <*tuo*> zu lesen ist: *per te non fieri* <*fraude*> *dolove malo* <*tuo*> *neque* [8]. Damit ergibt sich zugleich die Alliteration *fieri fraude*, die auch bei der Wiederaufnahme dieses Kolons mit *fraude factove* wieder hervortritt.

---

[4] Donatio Statiae Irenes (FIRA III n. 95, S. 301, 303), vgl. Paul. D. 17,1,71 pr.; Ulp. D. 2,14,7,12. Weiteres bei D. SIMON, Studien zur Praxis der Stipulationsklausel, 1964, S. 26 ff.

[5] Vgl. die Nachweise im Index interpolationum, Bd. 1, 1929, Sp. 266 ad h.l., dazu etwa P. FREZZA, Le garanzie delle obbligazioni, Bd. 2, 1963, S. 40.

[6] Vgl. C. 7,31,1,5 (a. 531).

[7] Vgl. etwa Mod. D. 48,10,32,1 (*aut emptor corruperit dolove malo fraudem fecerit*) sowie Val. Probus 5,5 (FIRA II, S. 456: D.M.F.V.C. *dolo malo fraudisve causa*); Livius 1,53,3 u. 22,23,4 (*fraude ac dolo*); Caesar, bell. civ. 2,14,1 (*fraudis ac doli*); Tacitus, hist. 2,24,2 (*fraudem et dolum*) u.a.m.

[8] Diese Erkenntnis verdanke ich ebenso wie weitere Belehrung zur sprachlichen Struktur der Stipulation in fr. 37,3 meinem geschätzten Kollegen, dem Bonner Altphilologen Prof. Dr. Otto Zwierlein.

Eine weitere Auffälligkeit im Stipulationstext bildet die wenig passende Partikel *neque* nach *praestabunt*. Nimmt man sie wörtlich, so ergibt sich, daß der Sohn alles zurückzugeben hätte, was noch vorhanden sein wird und nicht [9] infolge von Arglist oder Betrug des Sohnes nicht mehr existiert. Demgegenüber soll der Sohn gegebenenfalls jedoch gerade dasjenige (in Form des Ersatzes) zurückgewähren, was infolge seines Fehlverhaltens unter- oder verlorengegangen ist. Es ist deshalb evident plausibel, wenn Mommsen *neque* in *quaeve* zu emendieren vorschlägt [10], zumal da die Satzkonstruktion *quae – quaeve* gut belegt ist [11]. Zu lesen ist folglich: *quaequae eorum exstabunt quaeve dolo malo … esse desissent.* Im restlichen Text bleibt im Rahmen der Wiederholung der kopulativen Bindewörter *et … et* schließlich auch die anschließende Präposition zu wiederholen, so daß im *responsum* mit Mommsen zwischen *et fideicommisso* noch *ex* einzufügen ist [12].

IV. 1. Einen Widerruf von Schenkungen wegen groben Undanks kennt das klassische Recht nicht. Zwar entwickelt sich im Kaiserrecht ein Widerruf der Freilassung wegen groben Undanks des Freigelassenen (*revocatio in servitutem*), was mit der selbstverständlichen Folge verbunden war, daß das Vermögen des *revocatus* dem Patron zufiel. Überhaupt waren Schenkungen des Patrons an seine Freigelassenen relativ instabil; Philippus betont im Jahre 249: *tamen omnis donatio mutata patronorum voluntate revocanda sit* [13]. Davon abgesehen wird jedoch bis in die Nachklassik der Grundsatz betont, daß vollzogene Schenkungen trotz Undanks des Beschenkten nicht widerrufen werden können, etwa von Diokletian und Maximian in einer Konstitution von 286 unter Hinweise auf eine „ständige Rechtsprechung“: *Perfectam*

---

[9] So in der Übersetzung von J. E. SPRUIT UND J. M. TEVEL, in: J. E. SPRUIT – R. FEENSTRA – K. E. M. BONGENAAR, Corpus Iuris Civilis, Tekst en vertaling, Bd. IV, 1997, S. 639 (en niet).

[10] Editio maior, Bd. 2, 1870, S. 81 ad h.l., vgl. die Mailänder Digestenausgabe (hgg. von P. BONFANTE - C. FADDA - C. FERRINI - S. RICCOBONO - V. SCIALOJA), Bd. 2, 1931, S. 789 ad h.l.; G. BESELER, ZRG RA 45 (1925) 264; G. WESENBERG (o. Fn. 1), S. 59.

[11] Vgl. etwa Val. Max. 7,7 pr.; Seneca, benef. 1,3,2; Plinius, Hist. Nat. 34,122.

[12] Ed. maior (o. Fn. 10); mit allgemeiner Zustimmung.

[13] Fragmenta Vaticana 272 (FIRA II, S. 522) = C. 8,55,1. Doch wird vorausgesetzt, daß der Freigelassene seine Gehorsamspflicht gegenüber dem Patron nicht befolgt.

donationem mutata voluntate donatoris, etsi parum gratus existet, cui dono res data est, minime rescindi posse saepe rescriptum est[14]. Konstantin d. Gr. brachte dann die Wende, indem er in einer Konstitution von 330 den Widerruf der *emancipatio* gestattete, wenn Kinder sich ihrem Vater gegenüber unter Verletzung dessen, was die *humanitatis ratio* verlangt, anmaßend und grausam (*superbe crudeliterque*) benehmen, und indem er zugleich bestimmte, daß die Geschenke, die der Vater den Kindern gemacht hatte, wieder in dessen Eigentumsgewalt zurückzugeben seien[15].

2. Vor diesem Hintergrund wird verständlich, weshalb in unserem Fall der Vater bei der schenkweisen Übertragung seines nahezu gesamten Vermögens auf den Sohn Anlaß sah, sich von diesem durch Stipulation die bedingte Rückgabe förmlich versprechen zu lassen. Er erlangte damit die *actio (incerti) ex stipulatu*, die Stipulationsklage, die er jederzeit „aktivieren" konnte, indem er den Bedingungseintritt herbeiführte[16]. Dies war für ihn ein Leichtes, stellt sich die erste der beiden in der Klausel '*cum ego volam vel cum morieris*' verbundenen Bedingungen doch als eine reine Potestativbedingung dar, deren Verwirklichung allein von seinem Willen abhing. Wohlverhalten gegenüber dem Vater war für den Sohn mithin durchaus angezeigt. Funktional wirkt die in das Belieben des Vaters gestellte Bedingung wie ein latentes Widerrufsrecht und damit als Mittel indirekten Zwangs.

Auch im übrigen engt die Stipulation den Sohn in seinen Möglichkeiten nicht unerheblich ein: Er muß im Fall des Widerrufs die empfangenen Sklaven nebst ihren bei ihm geborenen Kindern sowie alle Grundstücke mit Inventar zurückgewähren, und er hat sich gemäß der ersten *dolus*-Klausel im Stipulationsformular jeder betrügerischen oder arglistigen Maßnahme zu enthalten, durch die die Herausgabe ganz oder zum Teil vereitelt werden könnte. Die Bedeutung dieser Klausel liegt jedoch nicht allein in dem Verbot von *fraus* und *dolus*, sondern

---

[14] Fragmenta Vaticana 275.

[15] Fragmenta Vaticana 248, vgl. Const.-Const. CTh. 8,13,2 (a. 349) sowie zu Justinians Regelung C. 8,55,10 (530). Weiteres zu alldem bei M. KASER, RP II^2, S. 399 m.w.N.

[16] Übrigens könnte zwar der Vater den (emanzipierten) Sohn vor den Prätor laden und verklagen, nicht aber (ohne besondere prätorische Erlaubnis) der Sohn den Vater, vgl. das Edikt in D. 2,4,4,1, ferner Ulp. D. 2,4,4,2; Paul. D. 2,4,6.

zugleich darin, daß sie im Prozeß dem Richter die Möglichkeit eröffnet, das Verhalten des Sohnes (als des Beklagten) im Hinblick auf dessen Rückgabepflicht freier zu beurteilen, als er das bei der strengrechtlichen *stipulatio* nach den hergebrachten Grundsätzen sonst hätte tun können [17].

Überdies beschränkt sich aufgrund der Stipulation die mögliche Herausgabepflicht des Sohnes nicht auf das, was von dem Empfangenen und dem Zuwachs noch existent oder vorhanden ist; vielmehr hat er auch Ersatz für das zu leisten, was durch sein arglistiges, betrügerisches oder sonstiges Handeln oder das seines Rechtsnachfolgers [18] unter- oder verlorengegangen ist. Die eigentliche und wesentliche Beschränkung ergibt sich für den Sohn aber aus der Einstandspflicht für das *factum suum*. Sie bedeutet, daß er mit dem geschenkten Eigentum nicht nach Belieben verfahren kann, sondern stets bedenken muß, daß er die geschenkten Sachen möglicherweise herauszugeben und im Rahmen der *actio ex stipulatu* einzustehen hat, «wenn es an ihm liegt, daß er nicht leistet» (*si per eum stat quominus det/faciat/praestet*). Dies läuft auf eine tendenziell strenge Verschuldenshaftung hinaus [19].

An alldem wird deutlich, daß wir es mit einem sehr geschickt, kenntnisreich und dicht formulierten Stipulationsformular zu tun haben [20], das sicherlich in der Praxis entwickelt worden ist [21]. Frezza vermutet, die Klausel *cum ego volam vel cum morieris ... si vivam mihi aut cui ego volam reddantur restituantur* sei entsprechenden Formulierungen eines typischen *pactum* der *fiducia cum amico* nachgebildet [22]; doch lassen sich Belege dafür

---

17 Vgl. dazu H. COING, Fschr. F. Schulz, Bd. 1, 1951, S. 97, 122; M. BRUTTI, La problematica del dolo processuale nell'esperienza romana, Bd. 1, 1973, S. 205 ff., ferner (zur „rechtserweiternden" Kraft der *dolus*-Klausel) M. KASER, ZRG RA 90 (1973) 195 ff. und (zum Kaufrecht) D. NÖRR, ZRG RA 121 (2004) 174 f., 176 ff.

18 *Is ad quem res pertinebit* meint in erster Linie den Erben.

19 Denn *culpa* ist nicht notwendig Voraussetzung, vgl. M. KASER-R. KNÜTEL, Röm. Privatrecht, 18. Aufl. 2005, S. 180 f. (Rz. 36.18); P. VOCI, SDHI 46 (1990) 44 ff.

20 Daß die Übersetzung etwas „sperrig" ausfällt, ergibt sich aus dem Grundsatz, Edikts- und Formelzitate wie auch Vertragsklauseln möglichst wörtlich wiederzugeben, vgl. R. KNÜTEL, ZRG RA 111 (1994) 383.

21 H. KRÜGER-M. KASER, ZRG RA 63 (1943) 165.

22 FREZZA (o. Fn. 5), S. 40 f. – Daß Lucius Titius pater sich statt durch eine Rückgewährstipulation auch durch eine *fiducia cum amico* hätte sichern können (zu dieser s. etwa W. ERBE, Die Fiduzia im röm. Recht, 1940, S. 121 ff., 182 f.), ist nicht zu bestreiten.

nicht finden. Jedenfalls sind Stilisierung und Klauseln des in fr. 37,3 überlieferten Versprechens stipulationstypisch[23].

V. 1. Daß der Vater gut beraten war, sich gegenüber dem Sohn durch die bedingte Rückgewährstipulation abzusichern, zeigt die weitere Entwicklung. Vom Sterbebett aus bittet er seinen Sohn, einige Fideikommisse zu erfüllen. Fideikommisse sind formlose Bitten des Erblassers, mit denen er es der Gewissenhaftigkeit (*fides*) des Erben anvertraut (*committere*), einem Dritten eine Leistung zu erbringen. Augustus machte die Fideikommisse verbindlich (Inst. 2,23,1; 2,25 pr.); sie konnten in dem besonderen Verfahren der *extraordinaria cognitio* ausgeklagt werden, zunächst (und die größeren Sachen auf Dauer) vor den Konsuln, seit Claudius vor dem *praetor fideicommissarius*. Sie blieben formfrei und hatten lediglich obligatorische Wirkung, gaben dem Bedachten mithin eine Forderung, die auf ein *incertum* gerichtet ist und nach ähnlich freien Grundsätzen beurteilt wird wie die Leistungspflicht bei den *bonae fidei iudicia*[24]. Die für die Fideikommisse entwickelten Regeln sind in vielem denen der formstrengen Vermächtnisse (Legate) angenähert. Die in nachklassischer Zeit weiter fortschreitende Annäherung hat dazu geführt, daß Justinian die beiden Vermächtnisarten ausdrücklich einander völlig gleichgestellt hat[25].

2. Durch Fideikommiß beschwert werden konnte, und damit nähern wir uns dem Problem des Falles, von Anbeginn an der Erbe, der testamentarische wie der gesetzliche. Eine erste Ausdehnung ging dahin, daß auch Vermächtnisnehmern und Fideikommissaren durch Fideikommiß auferlegt werden konnte, das, was sie empfangen hatten, zum Teil oder zur Gänze einem (Unter-)Fideikommissar herauszugeben. Voraussetzung war jedoch, daß die Beschwerten aufgrund des Erbfalls etwas erlangt hatten, Ulp. D. 32,1,6: *Sciendum est autem eorum fidei committere quem posse ad quos aliquid perventurum est morte eius, vel dum eis datur vel dum eis non adimitur*[26]. Die Entwicklung führte zu einer

---

[23] Vor allem die Fassung der *dolus*-Klauseln, vgl. auch oben nach Fn. 6.

[24] Vgl. Gaius 2,246 ff., 260 ff.; KASER, RP I², S. 757 ff. m.w.N.

[25] C. 6,43,2 (a. 529), vgl. D. 30,1.

[26] Man muß aber wissen, daß jemand denjenigen ein Fideikommiß auferlegen kann, denen mit seinem Tod etwas zufallen wird, sei es, daß ihnen etwas gegeben, sei es, daß ihnen nichts [durch Enterbung] genommen wird. Vgl. auch Gaius 2,260; 271; Ulp. D. 30,78.

weiteren Ausdehnung, nämlich auf den Empfänger einer Schenkung von Todes wegen (*donatio mortis causa*); ohnehin wurde diese in manchem den Vermächtnisvorschriften unterworfen [27]. In einer Konstitution aus dem Jahre 238 bestätigt Gordian den damit erreichten Rechtszustand: *Ab eo, qui neque legatum neque fideicommissum neque hereditatem vel mortis causa donationem accepit, nihil per fideicommissum relinqui potest* [28].

3. Die *donatio mortis causa* war – wie noch heute (§ 2301 BGB) – eine Schenkung unter der Bedingung, daß der Beschenkte den Schenker überlebte [29]. Sie ist in drei Erscheinungsformen überliefert (Iul.-Ulp. D. 39,6,2). In den beiden Hauptfällen macht der Schenker die Zuwendung in Todesgefahr, und zwar entweder so, daß der Beschenkte sofort erwirbt (der Schenker aber, wenn er überlebt, das Zugewendete mit der *condictio ob rem dati* zurückverlangen kann), oder so, daß der Rechtserwerb des Beschenkten bis zum Tod des Schenkers aufgeschoben ist (so daß der Schenker bei Überleben vindizieren kann). In der dritten Erscheinungsform wird die Zuwendung sofort vollzogen, doch nicht in Todesgefahr, sondern in bloßem „Gedenken an die Sterblichkeit" des Schenkers (*sola cogitatione mortalitatis*) [30].

Da auch in unserem Fragment 37,3 die Überlebensbedingung (im zweiten Glied der Bedingungsklausel) getroffen und die Schenkung vollzogen war, wird gelegentlich angenommen, es könne sich hier um einen weiteren Fall der *donatio mortis causa* handeln [31]. Dem steht jedoch nicht nur der ausdrückliche Hinweis

---

[27] Vgl. Pap. D. 31,77,1; Ulp. D. 32,3,3.

[28] Jemand, der weder ein Vermächtnis noch ein Fideikommiß noch die Erbschaft oder eine Schenkung von Todes wegen empfangen hat, kann mit keinem Fideikommiß beschwert werden. – Vgl. zu diesen Fällen und weiteren Sonderfällen (*pater familias*, der das militärische Sondergut des ohne Testament verstorbenen Sohnes erbt, Marci. D. 30,114 pr.; Fiskus als Erbe, Marci. D. 30,114,2; Empfänger bedingungshalber [*mortis causa capio*], Iul. D. 30,96,4; Hausvater oder Eigentümer bei entsprechendem Erwerb durch ein Hauskind oder einen Sklaven, Pap. D. 30,11) K. L. ARNDTS in GLÜCK, Ausführliche Erläuterung der Pandecten, Bd. 47/1, Ausg. 1871, S. 178 ff.; VOCI, II^2, S. 239 f.; KASER, RP I^2, S. 758 f.

[29] Marci, D. 39,6,1 pr. = Inst. 2,7,1 i.f.

[30] KASER-KNÜTEL (o. Fn. 19), S. 361 (Rz. 79.1).

[31] FERRINI (o. Fn. 1), S. 84 Fn. 1 im Anschluß an MANNA, Delle sostituzioni fedec., S. 51 ff. (mir nicht zugänglich) und der Bemerkung «e forse con ragione», ferner S. 85. W. W. BUCKLAND, The Roman Law of Slavery, 1908, S. 528 m. Fn. 3 geht (jedenfalls) im Hinblick auf den Sklaven Lucrio von einer *donatio m. c.* aus. G. GROSSO, I legati nel diritto romano, 2. Aufl. 1962, S. 152 Fn. 4 hält es für

non mortis causa in der Anfrage entgegen, der schwerlich unecht ist; auch die Bestimmungen zu Widerruf und Haftung mit der Einbeziehung Dritter zeigen, daß eine gegenüber der *donatio mortis causa* eigenständige Regelung gewollt war. Im übrigen geht auch Scaevola in seinem *responsum* nicht davon aus, daß der Sohn durch Schenkung von Todes wegen erworben habe[32].

VI. 1. Damit ergibt sich, daß der Sohn an sich nicht die Voraussetzungen erfüllte, um durch ein Fideikommiß beschwert zu werden: Er war weder Vermächtnisnehmer oder Fideikommissar noch hatte er durch Schenkung von Todes wegen erworben noch hatte er die Stellung als Erbe nach Zivilrecht (*heres*) oder die des Nachlaßbesitzers nach prätorischem Recht (*bonorum possessor*) erlangt. Es ist bemerkenswert, daß Scaevola zu Anfang seines *responsum* nochmals hervorhebt, daß der Sohn die Erbschaft nicht angetreten und auch den Nachlaßbesitz nicht beantragt hat. Das läßt daran denken, daß der Sohn als Erbe (wohl mit Ersatzerben) eingesetzt war und die Erbenstellung durch Antritt der Erbschaft (*aditio hereditatis*) hätte erlangen können[33]. Es läßt sich der Verdacht deshalb nicht von der Hand weisen, daß er von der *aditio* abgesehen hat, um die Fideikommisse nicht erfüllen zu müssen —das nahezu gesamte väterliche Vermögen (die *bona universa*) hatte er ja bereits aufgrund der Schenkung erhalten—, und vielleicht war sogar er es gewesen, der für die Klarstellung gesorgt hatte, daß die Schenkung nicht von Todes wegen erfolgte. Wie dem auch sei; es ist jedenfalls wahrscheinlich, daß er sich weigerte, den Fideikommißbitten des Vaters nachzukommen, und daß Scaevola deshalb um sein Gutachten gebeten wurde.

Scaevola entscheidet, der Sohn sei in zweifacher Hinsicht verpflichtet, aus Stipulation und aus Fideikommiß. Lassen wir die

möglich, daß Scaevolas Entscheidung von der *donatio mortis causa* beeinflußt worden ist.

[32] Im Ergebnis ebenso WESENBERG, S. 59; FREZZA (o. Fn. 5), S. 40; VOCI II², S. 448 Fn. 41 (der mißverständlich von einer «*donatio* dedotta in stipulatione» spricht); P. SIMONIUS, Die Donatio Mortis Causa im klass. röm. Recht, 1958, S. 175 (eine Rückgabestipulation wäre auch bei der *donatio m. c.* möglich; doch ist kein Fall überliefert, S. 174); A. WACKE, TR 39 (1971) 263.

[33] Die *aditio hereditatis* war erforderlich, weil er nach der Entlassung aus der väterlichen Gewalt „Außenerbe" geworden war. – An welche Möglichkeiten, den Nachlaßbesitz zu beantragen, Scaevola gedacht haben könnte, mag dahinstehen.

Freilassung des Lucrio zunächst beiseite und auch die (zumindest zwei) auf Geldzahlung gerichteten Fideikommisse. Daß es sich um solche handelt, ergibt sich klar aus dem auch hier sehr sachkundig formulierten Wortlaut des Briefes und steht auch nach dem Kontext außer Frage.

2. Zur Stipulation stellt sich als erste Frage die, ob aus ihr überhaupt noch eine Forderung bestehen kann. Der Erblasser müßte die Stipulation noch zu seinen Lebzeiten „aktiviert" haben. Denn nach der Klausel «*cum ego volam*» war eine Rückgewährpflicht (abgesehen vom vorzeitigen Tod des Sohnes) nur dann gegeben, wenn der Vater die Rückgabe verlangt hatte. Ausdrücklich hat er dies zwar nicht getan. Wenn Scaevola aber dennoch vom Bestand einer Rückgewährpflicht aus der Stipulation ausgeht, muß er das Rückgabeverlangen aus dem Verhalten des Erblassers erschlossen haben, und dieses kann nur in den Fideikommißbitten liegen. Hierzu drängt sich die Auslegung auf, daß ein Erblasser, der Fideikommisse anordnet, auch, soweit es in seiner Macht liegt, die Voraussetzungen dafür schaffen will, daß die Fideikommißbitten erfüllt werden. Die in der *epistula fideicommissaria* getroffenen Anordnungen enthalten deshalb zugleich einen Schenkungswiderruf [34]. Ob dieser Widerruf die gesamte Schenkung oder nur einen Teil erfaßt, wird im Fragment nicht erörtert. Da für den Vater kein Anlaß bestanden haben dürfte, dem Sohn alle geschenkten Gegenstände zu entziehen, wird man davon ausgehen müssen, daß er einen Widerruf nur insoweit erklären wollte, wie es zur Erfüllung der Fideikommisse erforderlich sein würde, also etwa im Hinblick auf zwei Grundstücke oder Sklaven, deren Wert dem Betrag der Fideikommisse entsprach. Auf Bedenken stößt ein solcher nur partieller Widerruf jedenfalls nicht, weil die Rückgabestipulation nach der Regel *tot stipulationes quot res* [35] ohnehin als die Zusammenfassung einer Vielzahl von Einzelstipulationen, die selbständig ausgeklagt werden könnten, zu verstehen ist.

Auch über die Frage, ob eine derartige Rückgewährstipulation

---

[34] Vgl. KIPP (o. Fn. 1), S. 297 Fn. 4a (298). Nicht beachtet wird dies von BESELER (o. Fn. 10), S. 265 («Seit dem Tode des Vaters ist der Sohn auch schon ohne Rücksicht auf den letzten Willen des Vaters nicht mehr debitor ex stipulatu»), vgl. auch u. Fn. 38.

[35] Vgl. nur KASER-KNÜTEL (o. Fn. 19), S. 63 (Rz. 9.4), 202 (Rz. 40.13).

überhaupt auf die Erben des Vaters übergehen könnte, geht Scaevola hinweg. Die auf «*per te non fieri fraude dolove malo tuo … quo minus ea mancipia … eaque praedia … si vivam mihi aut cui ego volam reddantur restituantur*» gerichtete Stipulation hat ein *facere* zum Gegenstand. Zum aktiven wie passiven Übergang auf Dritte bestanden vor allem bei diesen Stipulationen unter den Klassikern Kontroversen, die nur schwer geklärt werden können, weil Justinian diese *veteris iuris altercationes* aufgehoben und den Übergang zugunsten wie zu Lasten der Erben von Gläubiger oder Schuldner angeordnet hat [36]; dies hat sicherlich Texteingriffe durch die Kompilatoren nach sich gezogen. Für unseren Zusammenhang genügt jedoch die Beobachtung, daß ein Übergang auf die Erben dann anerkannt wurde, wenn diese im Stipulationsformular ausdrücklich oder in einer unpersönlichen, sie aber erfassenden Bezeichnung genannt waren [37]. Das ist hier der Fall, weil von der Klausel «*aut cui volam*» auch die eingesetzten Erben (und Ersatzerben) erfaßt werden [38].

Bestehen insoweit keine Bedenken gegen Scaevolas Entscheidung, die Erben könnten den Sohn aus der Stipulation verklagen, so bleibt vor dem Hintergrund des klassischen Rechts doch das mögliche Ziel einer solchen Klage problematisch. Kipp meint, es gehe um «ein Klagerecht auf Leistung an die Dritten, denen Geld gezahlt werden sollte» [39]. Das ist an sich die einzig sinnvolle Lösung; sie setzt allerdings grundsätzlich voraus, daß der Stipulator ein besonderes Interesse an der Leistung an den Dritten hat und daß dieser im Wortlaut der Stipulation genannt ist [40]. Daß

---

[36] C. 8,37,13 (a. 530), bedenklich dazu K.-H. SCHINDLER, Justinians Haltung zur Klassik, 1966, S. 305 f. Siehe jetzt CHR. EMUNDS, Solvendo quisque pro alio liberat eum, 2007, S. 298 ff.

[37] VOCI, I², S. 225 ff. Vgl. etwa auch die zu vermutende Formelfassung der *stipulatio habere licere* bei KASER (o. Fn. 17), S. 194 Fn. 57, ferner ebda. S. 200 Fn. 82. – Nähere Aufklärung zu diesem Problemfeld ist aus der Trierer Habilitationsschrift von Thomas Finkenauer zu erwarten.

[38] Verstanden im Sinne von: Wenn ich lebe, mir oder *sonst* an den, den ich benenne. – Die Interpolationsbehauptung von BESELER (o. Fn. 10), S. 265 ([et ex stipulatu ab heredibus patris et], [maxime rell.]), zustimmend WESENBERG, S. 60, ist folglich nicht zu teilen.

[39] KIPP, S. 298, im Anschluß an K. HELLWIG, Die Verträge auf Leistung an Dritte, 1899, S. 10 Fn. 14; 11f.

[40] Vgl. Ulp. D. 45,1,38,22 (*Si quis ergo stipulatus fuerit, cum sua interesset ei dari, in ea erit causa, ut valeat stipulatio*); 23; Pap. D. 45,1,118,2; dazu D. MEDICUS, Id quod interest, 1962, S. 217 ff.

aber der Bestimmungsvorbehalt («*aut cui ego volam*») mit der nachträglichen Benennung bereits einer namentlichen Nennung im Stipulationswortlaut entsprechen könnte, wird ebensowenig anzunehmen sein wie ein besonderes Interesse der Erben daran, daß Fideikommissaren, denen sie qua Erben nicht schuldeten, die Fideikommisse geleistet werden. Demgegenüber bleibt jedoch zu berücksichtigen, daß es in der Sache um das Problem geht, daß ein Beschenkter die Erwartungen enttäuscht, die der Schenker nach den getroffenen Vereinbarungen hegen durfte. Zu dieser Problematik haben sich im spätklassischen und im frühnachklassischen Kaiserrecht Entwicklungen ergeben, die auf einen stärkeren Schutz des Schenkers und seiner weiteren Dispositionen hinausliefen. Hinzuweisen ist auf

> C. 8,53,22 Impp. Diocletianus et Maximianus AA. et CC. Diomedi
>
> Cum res filio emancipato ea condicione, ut creditoribus tuis solveret, te donasse proponas, si stipulatione vel in continenti habito pacto huic rei prospexisti, creditoribus quidem non contra eum ex placito vestro, sed adversus te competit actio. < tibi autem adversus filium ex stipulatu competit actio >. § 1 Eum autem, cui certa lege praedia donasti incerta civili actione ad placitorum obsequium urgueri secundum legem donationibus dictam convenit. [a. 294]
>
> Wie Du vorträgst, hast du deinem aus der Hausgewalt entlassenen Sohn Sachen unter der Auflage geschenkt, daß er deine Gläubiger auszahle. Wenn du durch eine Stipulation oder durch eine beim Geschäftsabschluß getroffene Abrede in dieser Angelegenheit vorgesorgt hast, haben die Gläubiger ihre Klage zwar nicht gegen ihn aufgrund eurer Vereinbarung, sondern gegen dich. <Du aber hast aus der Stipulation die Klage gegen deinen Sohn. > § 1. Aber denjenigen, dem du die Grundstücke unter einer bestimmten Auflage geschenkt hast, drängst du zweckmäßigerweise mit der auf unbestimmte Leistung gerichteten zivilrechtlichen Klage dazu, die Vereinbarungen gemäß der Bestimmung zu befolgen, unter der die Schenkungen erfolgt sind.

Bemerkenswert für unseren Zusammenhang ist, daß der Vater als Schenker vom Sohn die Erfüllung der Auflage, also die Zahlung an die Gläubiger *ex stipulatu*, verlangen kann, wenn er sich durch Stipulation abgesichert hat. Die Stipulationsklage wird im überlieferten Text zwar nicht ausdrücklich genannt; ein entsprechender Hinweis dürfte jedoch im Original-Reskript gestanden haben [41]. Auch wenn wir den Wortlaut der Stipulation nicht kennen, ist doch davon auszugehen, daß die Klage zu einer Verurteilung auf Ersatz der Schäden führte, die dem Schenker infolge der Nichterfüllung der Auflage durch den Sohn entstanden. Nicht minder bemerkenswert ist der Hinweis in § 1, daß der Schenker bei unterbliebener Stipulation mit einer *incerta civilis actio*, die die *actio praescriptis verbis* meinen wird [42], Erfüllung der Schenkungsauflage verlangen kann. Auch das ist glaubhaft [43], zumal da bereits Papinian zu dieser Lösung vorgedrungen war:

D. 39,5,28 Papinianus 3 resp.
Hereditatem pater sibi relictam filiae sui iuris effectae donavit: creditoribus hereditariis filia satisfacere debet, vel, si hoc minime faciat et creditores contra patrem veniant, cogendam eam per actionem praescriptis verbis patrem adversus eos defendere.

Ein Vater hat seiner aus der Hausgewalt entlassenen Tochter eine ihm angefallene Erbschaft geschenkt. Die Tochter muß die Erbschaftsgläubiger befriedigen oder sie muß, wenn sie das nicht tut und die Gläubiger den Vater gerichtlich belangen, durch eine Klage mit vorgeschalteten Formelworten gezwungen werden, sich für den Vater in der Beklagtenrolle auf den Prozeß einzulassen.

Wer ein Vermögen, wie hier die Erbschaft, verschenkt, versteht sich mit dem Beschenkten in aller Regel dahin, daß aus den Aktiva dieses Vermögens die daran hängenden Schulden zu begleichen sind. Diese Annahme findet ihre Begründung in der Vorstellung, daß als *bona*, Vermögen, nur das angesehen wird, was nach Abzug der Schulden übrig bleibt [44]. Papinian entnimmt der Schenkung folglich die Nebenabrede, daß die Tochter die Erbschaftsgläubiger befriedigen wird [45].

---

[41] Vgl. P. KRÜGER, Codex Iustinianus, Berlin 1877 (große Ausgabe) sowie in der Stereotypausgabe (12. Aufl. 1959), jeweils ad h.l. unter Berufung auf Bas. 47,1,55 mit Isidorus-Scholion, Hb. IV, 1846, S. 583 = Schelt. A VI, S. 2138; B VII, S. 2773.

[42] So bereits Isidorus im Scholion zu Bas. 47,1,55 (o. Fn. 41); vgl. auch J. KRANJC, ZRG RA 106 (1989) 448 Fn. 40; 462.

[43] Vgl. C. FERRINI – G. GROSSO, Manuale di Pandette, 4. Aufl., Mailand 1953, S. 524 Fn. 3; vorsichtiger noch KASER, RP I^2, S. 581 Fn. 6 (vielleicht schon klassisch).

[44] Paul. D. 50,16,39,1: *«Bona» intelleguntur cuiusque, quae deducto aere alieno supersunt.*

[45] Vgl. dazu etwa F. C. v. SAVIGNY, System des heutigen Römischen Rechts, Bd. 4, 1841, S. 140 ff.; A. v. SCHEURL, Zur Lehre von den Nebenbestimmungen

Zwar werden die Gläubiger aus dieser Abrede nicht berechtigt[46], in der Entscheidung geht es jedoch auch nur um den sog. unechten Vertrag zugunsten Dritter[47], das heißt, daß der Vater von der Tochter verlangen kann, die Gläubiger auszuzahlen. Daß Papinian dem Vater dafür die *actio praescriptis verbis* zubilligt, ist das Wesentliche der Entscheidung und zeugt von der Originalität dieses Juristen[48]. War aber die Entwicklung in der Spätklassik bereits so weit gediehen, dann paßt es ohne weiteres ins Bild, daß Scaevola zuvor in einem Fall, in dem sogar eine Rückgewährstipulation mit dem ausdrücklichen Vorbehalt, einen dritten Empfänger zu benennen, abgeschlossen war, die Stipulationsklage der Erben des Schenkers auf Leistung an den Dritten befürwortete.

Nur ein Seitenblick sei noch geworfen auf die zu unserem fr. 37,3 des öfteren angeführte Konstitution

> Fragmenta Vaticana 286 = C. 8,54,3
> Impp. Diocletianus et Maximianus AA. Iuliae Marcellae
> Quotiens donatio ita conficitur, ut post tempus id quod donatum est alii restituatur, veteris iuris auctoritate rescriptum est, si is in quem liberalitatis compendium conferebatur stipulatus non sit, placiti fide non servata[a], ei qui liberalitatis auctor fuit vel heredibus eius condicticiae actionis persecutionem competere. § 1 Sed cum postea benigna iuris interpretatione divi principes ei qui stipulatus non sit utilem actionem iuxta donatoris voluntatem decernendam esse[b] admiserint, actio, quae sorori tuae, si in rebus humanis ageret, potuit decerni[c], tibi accommodabitur. [a. 290]
>
> [a] C. 8,54,3: impleta
> [b] C. 8,54,3: competere
> [c] C. 8,54,3: competebat

bei Rechtsgeschäften, 1871, S. 256. – Eine Parallele bietet Paul. D. 23,3,72 pr., dazu SAVIGNY, S. 137 ff.

[46] Ulp. D. 45,1,38,17; Inst. 3,19,4; 3,19,19; KASER-KNÜTEL (o. Fn. 19), S. 168 (Rz. 34.6).

[47] Hier in der Form der „Erfüllungsübernahme", vgl. § 329 BGB.

[48] Nicht aufrechtzuerhalten sind deshalb die häufigen Verdächtigungen, etwa durch L. MITTEIS, Römisches Privatrecht bis auf die Zeit Diokletians, 1908, S. 202 Fn. 32; B. BIONDI, Successione testamentaria e donazioni, 2. Aufl. 1955, S. 719 Fn. 4. – Für Echtheit M. ARTNER, Agere praescriptis verbis, 2002, S. 220 ff.

> In den Fällen, in denen eine Schenkung in der Weise abgeschlossen wird, daß das Geschenk nach einiger Zeit an einen Dritten herausgegeben werden soll, ist nach den Bestimmungen des alten Rechts auf Anfrage entschieden worden: Wenn der [Dritte], dem der Vorteil dieser Freigiebigkeit zukommen sollte, sich [die Herausgabe] nicht durch Stipulation hat versprechen lassen und wenn die Vereinbarung nicht eingehalten wurde, stehe demjenigen, von dem die Schenkung ausging, oder seinen Erben die Rechtsverfolgung mit einer *condicticia actio* zu. § 1 Da die vergöttlichten Kaiser später aber in wohlwollender Auslegung anerkannt haben, daß dem, der keine Stipulation abgeschlossen hat, eine zweckdienliche Klage gemäß dem Willen des Schenkers gewährt werden muß, wird die Klage, die deiner Schwester gewährt werden konnte, als sie noch am Leben war, dir erteilt werden.

Anders als in unserem Ausgangstext fr. 37,3 wird in dem Reskript die Möglichkeit angesprochen, daß statt des Schenkers der Begünstigte Dritte sich die Herausgabe der Schenkung stipulationsweise versprechen läßt. Das wäre unproblematisch [49]. Daß nach älterem Recht der Schenker gegen einen Beschenkten, der sich nicht an die Auflage hielt, nur mit einer *condicticia actio* vorgehen konnte, fügt sich in die zu vermutende Entwicklung; es wird, auch wenn dies seit jeher umstritten ist, an eine *condictio (ob rem dati)* zu denken sein [50]. Glaubhaft ist auch, daß die *divi principes* [51] einen Schritt in die Richtung des (echten) Vertrags zugunsten Dritter getan und dem durch Schenkungsauflage begünstigten Dritten eine *actio utilis* gewährt haben; mit dieser wird eine *actio praescriptis verbis* gemeint sein [52]. Scaevola hätte in

---

[49] Vgl. nur F. C. v. SAVIGNY (o. Fn. 45), S. 284 f.

[50] Vgl. HELLWIG (o. Fn. 39), S. 25; H. SIBER, Römisches Recht, 1928, S. 428; F. SCHULZ, *Classical Roman Law,* 1951, Nachdr. 1992, S. 569, 571.

[51] Die Vermutung HELLWIGS (o. Fn. 39), S. 26, es könne sich um Aurel und Verus handeln, ist ohne Anhalt, vgl. KIPP, S. 299. E. VALIÑO, Actiones utiles, 1974, S. 206 denkt insbesondere an Gordian (III?).

[52] So bereits Eudoxius und Theodorus im Scholion zu Bas. 47,1,72 (Hb IV, 1846, S. 53 = Schelt B VII, S. 2783 f.); ferner H. SIBER (o. Fn. 50), S. 175, 428; A. GIFFARD, Études de droit romain, 1972 (aus 1934), S. 185 f. (eigentlich *condictio incerti*), ders., in: Atti Congr. Roma II, Pavia 1935, S. 137, 139 f. (der hier jedoch die dem Dritten gegebene *actio utilis* mit der dem *dans* gewährten *condictio* vermengt); H.-J. LÉGIER, in: Varia, Études de droit romain, Bd. 3, 1958, S. 155, 226 ff.; KASER, RP I^2, S. 491 A. 32; R. SANTORO, in: N. BELLOCCI (Hrsg.), Le teorie contrattualistiche romane nella storiografia contemporanea, 1991, S. 88 ff. (dort auch weiteres zur Konstitution); M. ARTNER (o. Fn. 48), S. 160 Fn. 478. – Zur Diskussion unter den Pandektisten s. KIPP, S. 299 Fn. 5.

unserem fr. 37,3 schwerlich so weit gehen können; doch bestand für ihn auch keine Notwendigkeit, weil die begünstigten Dritten schon mit der Klage aus dem Fideikommiß geschützt werden konnten.

VII. Wie sich bereits zeigte, erfüllte der Sohn an sich nicht die Voraussetzungen, um durch Fideikommiß beschwert zu werden (o. V. 3, VI. 1). Dennoch bejaht Scaevola eine Haftung des Sohnes *ex fideicommisso*. Drei Ansätze kommen dafür in Betracht.

1. Die ältere Lösung ergibt sich aus

> D. 30,108,13 Africanus 15 quaestionum
> Qui margarita Titio pignori dederat, filium heredem instituit et filiam exheredavit, deinde ita cavit: «te, Titi, rogo fideique tuae committo, uti margarita, quae tibi pignori dedi, vendas et deducto omni debito tuo quod amplius erit id omne filiae meae restituas». ex ea scriptura filiam a fratre fidei commissum petere posse, ut is actiones suas adversus debitorem ei praestaret: hoc enim casu eum, qui creditor fuisset, debitorem intellegendum eius scilicet, quod pretium pignoris summam debiti excedat. § 14 Non autem mirandum, si, cum alius rogatus sit, alius fidei commisso obstringatur ...
>
> Jemand, der dem Titius Perlen zum Pfand gegeben hatte, setzte seinen Sohn als Erben ein, enterbte seine Tochter und bestimmte dann folgendes: «Ich bitte dich, Titius, und vertraue es deiner Gewissenhaftigkeit an, daß du die Perlen, die ich dir zum Pfand gegeben habe, verkaufst und nach Abzug von allem, was dir geschuldet wird, den gesamten Überschuß meiner Tochter auskehrst». Aus dieser testamentarischen Anordnung könne die Tochter [beschied Julian] von ihrem Bruder ein Fideikommiß des Inhalts verlangen, daß er ihr seine Klagen gegen den Schuldner abtrete. In diesem Fall sei nämlich derjenige, der zuvor Gläubiger war, als Schuldner anzusehen, und zwar des Betrages, um den der Wert des Pfandes die Schuldsumme überschreitet. § 14 Es sei auch nicht verwunderlich, daß, obgleich der eine durch fideikommissarische Anordnung gebeten wird, der andere aus Fideikommiß verpflichtet wird ...

Da der Sohn als Erbe Eigentümer der verpfändeten Perlen geworden war, stand ihm die *actio pigneraticia* auf das *superfluum* zu. Doch soll nach der fideikommissarischen Anordnung die

Tochter diesen Überschuß erhalten; folglich ist der Sohn als Erbe derjenige, der die aus dieser Anordnung erwachsende Belastung zu tragen hat. Julian gewährt deshalb gegen ihn die *actio ex fideicommisso* und hebt dazu hervor, es sei nicht verwunderlich, wenn der fideikommissarisch Gebetene und der fideikommissarisch Beschwerte nicht identisch sind[53]. Inhaltlich geht das der Tochter ausgesetzte Fideikommiß nur auf Abtretung der Klage gegen den Schuldner Titius. Infolgedessen trägt der Erbe nicht das Risiko der Zahlungsunfähigkeit des Titius.

2. Ein zweiter Ansatz ergibt sich aus der Anknüpfung an die *donatio mortis causa*. Wie sich zeigte (o. V 2,3), konnte ein von Todes wegen Beschenkter durch Fideikommiß belastet werden. Von dieser Regelung aus war es nur ein kleiner Schritt, die Möglichkeit fideikommissarischer Beschwerung auch auf den Fall der gewöhnlichen Schenkung zu erstrecken, sofern diese durch Vertrag widerruflich gemacht war[54]. Denn durch die Unterlassung des Widerrufs erlangt der Beschenkte einen Vorteil, den ihm der Schuldner bis zu seinem Tod noch hätte entziehen können, der also wie bei der Schenkung von Todes wegen erst mit dem Tod des Schenkers endgültig wird. Bei dieser Sicht ergäbe sich also in fr. 37,3 ein direkter Anspruch der Fideikommissare gegen den emanzipierten Sohn des Erblassers, der haften würde, weil er mit dem Erbfall etwas erlangt hätte, nämlich die Befreiung von dem Widerrufsvorbehalt und damit von der bedingten Rückgewährstipulation.

3. Der dritte Ansatz ergibt sich aus

D. 30,77 Ulpianus 5 disputationum

Si pecunia fuit deposita apud aliquem eiusque fidei commissum, ut eam pecuniam praestet, fideicommissum ex rescripto divi Pii debebitur, quasi videatur heres rogatus remittere

---

[53] Fr. 108,14, ferner etwa Pap. D. 31,69 pr.; Ulp. D. 32,11,4; PS 4,1,5. – Vgl. zu alldem FERRINI, S. 83 ff.; R. ASTOLFI, Studi sull'oggetto dei legati in diritto romano, Bd. 1, 1964, S. 69f. (der den Anfangssatz des § 14 freilich African zuschreiben und in fr. 108,13 zu Unrecht *ut is actiones rell.* streichen will), auch B. SANTALUCIA, I legati ad effetto liberatorio nel dir. rom., 1964, S. 155 ff.

[54] So SAVIGNY (o. Fn. 45), S. 275; ARNDTS in GLÜCK (o. Fn. 28), S. 196 f.; FERRINI, S. 87, vgl. auch GROSSO (o. Fn. 31). – Gegen Savigny zwar HELLWIG (o. Fn. 39), S. 10 f., der die Möglichkeit dieses Ansatzes aber zu Unrecht unter Berufung auf Ulp. D. 30,77 leugnet.

id debitori: nam si conveniatur debitor ab herede, doli exceptione uti potest: quae res utile fideicommissum facit. quod cum ita se habet, ab omni debitore fideicommissum relinqui potest.

Wurde Geld bei jemandem hinterlegt und ihm durch Fideikommiß auferlegt, das Geld [an einen Dritten] auszuzahlen, dann wird aufgrund eines Reskripts des vergöttlichten Kaisers Antoninus Pius das Fideikommiß geschuldet, weil anzunehmen sei, daß der Erbe fideikommissarisch gebeten worden ist, dem Schuldner dies zu erlassen. Denn wenn der Schuldner vom Erben verklagt wird, kann er die Einrede der Arglist geltend machen; dieser Umstand macht das Fideikommiß wirksam. Da es sich nun so verhält, kann jeder Schuldner durch Fideikommiß beschwert werden.

Nach dem Pius-Reskript sind in der fideikommissarischen Bitte, mit der der Erblasser seinem Schuldner aufgibt, an einen Dritten zu leisten, zwei Fideikommisse enthalten; ein Oberfideikommiß zu Lasten des Erben und zugunsten des Schuldners, der kraft dieses Fideikommisses vom Erben Befreiung verlangen oder sich jedenfalls gegen eine Inanspruchnahme mit der *exceptio doli* schützen kann, und ein Unterfideikommiß zu Lasten des Schuldners/Oberfideikommissars und zugunsten des Dritten, des Unterfideikommissars. Da der Schuldner/Oberfideikommissar mit dem Tod des Erblassers etwas aus der Erbschaft erlangt hat, den Anspruch auf Schuldbefreiung, praktisch also den Wert der Forderung, konnte er seinerseits wirksam mit einem Unterfideikommiß (bis zur Höhe dieses Wertes) beschwert werden [55]. Auch hier zeigt sich [56], daß der fideikommissarisch Beschwerte (im Fall: der Erbe) in der Fideikommißbitte nicht genannt zu werden braucht. Die von Ulpian sehr klar geschilderte Konstruktion der zwei Fideikommisse, die dem Pius-Reskript zugrunde liegt [57], führt im Gegensatz zu der offenbar älteren Lösung Julians in D. 30,108,13

---

[55] Vgl. o. V. 2. Darauf wird in fr. 77 auch ausdrücklich hingewiesen: *quae res utile fideicommissum facit*, was F. WIEACKER, Studi Grosso 5, 1972, S. 15 m. Fn. 43 als „lehrhaft-plump" beanstandet.

[56] Wie in Afr. D. 30,108,13-14; vgl. Fn. 53.

[57] HELLWIG (o. Fn. 39), S. 5ff. sieht dies als einen nicht geglückten Konstruktionsversuch an; wesentlich sei vielmehr, daß die Verpflichtung des Depositars zugunsten des Dritten «aufgrund der getroffenen Vereinbarung» mit dem Erblasser entstanden sei; dagegen treffend KIPP, S. 298.

dazu, daß der (als Unterfideikommissar) begünstigte Dritte sich ohne den Umweg der Klagenzession direkt an den Schuldner halten kann [58]. Die Lösung ist, wie im Schlußsatz auch hervorgehoben wird, ohne weiteres verallgemeinerungsfähig; dem Erblasser bleibt es freilich vorbehalten, für welche Konstruktion er sich entscheidet [59].

4. Es bleibt die Frage, welchem der genannten Ansätze Scaevola in D. 32,37,3 gefolgt sein wird. Nicht zugrundegelegt hat er vermutlich die julianische Lösung aus D. 30,108,13. Denn es sieht ganz danach aus, daß er eine *actio ex fideicommisso* der interessierten Dritten vor Augen hat, die direkt gegen den Sohn gerichtet ist [60]. Auch findet sich kein Anhaltspunkt für eine Klagabtretung von seiten der Erben; vielmehr sollen diese aus der Stipulation selbst vom Sohn die Zahlung an die Fideikommissare verlangen.

Demgegenüber wird im Schlußsatz explizit auf das Pius-Reskript Bezug genommen: *maxime post constitutionem divi Pii, quae hoc induxit.* Die Echtheit dieses Hinweises ist zwar des öfteren bezweifelt worden [61]; in der Sache paßt er jedoch, und die Redaktion von Scaevolas Digesten ist bekanntlich nicht sonderlich sorgfältig ausgefallen. Denkbar ist im übrigen, daß der Passus von Tryphonin, der Scaevolas Digesten mit Noten versehen und hin und wieder ergänzt hat, hinzugefügt worden ist [62]. Hält man daran

---

[58] Doch ist dies nicht der einzige Unterschied. Beispielsweise müßte im Fall von D. 30,108,13 ein Verzicht der Tochter auf das *superfluum* nach Julians Konstruktion dem Erben, nach der Konstruktion des Pius-Reskripts grundsätzlich dem Pfandgläubiger/Schuldner zugute kommen, vgl. ARNDTS (o. Fn. 28), S. 187f.; FERRINI, S. 84f.

[59] Weiteres zum fr. 77 und den unterschiedlichen Konstruktionen bei ASTOLFI (o. Fn. 53), S. 68f., 70ff.; A. WACKE (o. Fn. 32), S. 258 ff. – Wenig ergiebig WESENBERG, S. 56ff., der *nam si – potest* und auch den Schluß *quod cum rell.* als Glosseme ansieht. Vgl. auch WIEACKER (o. Fn. 55), S. 18f. (mit Vorbehalten gegenüber *quae res rell.*).

[60] Vgl. VOCI II^2, S. 820 Fn. 55 (der an eine *actio utilis* denkt).

[61] WESENBERG, S. 59f.; ARCHI, Fschr. Rabel, Bd. 2, 1954, S. 17 Fn. 61 = ARCHI, Scritti di dir. rom., Bd. 2, 1981, S. 941 Fn. 61; ältere Literatur bei ASTOLFI (o. Fn. 53), S. 71f. Fn. 69, 70, der selbst von der «genuità sostanziale» des fr. 37,3 ausgeht; auf derselben Linie WACKE (o. Fn. 32), S. 264 Fn. 32 («allenfalls formal überarbeitet»).

[62] In Scaev. 7 dig. D. 18,7,10 hat Tryphonin beispielsweise eine von Scaevola noch nicht berücksichtigte Konstitution von Mark Aurel und Commodus nachgetragen, vgl. P. KRÜGER, Geschichte der Quellen und Litteratur des Römischen Rechts, 2. Aufl. 1912, S. 217.

fest, daß der Schlußsatz möglicherweise Frucht einer Be- oder Überarbeitung, in der Substanz aber klassisch ist, so läßt doch der Umstand, daß dieser Satz als ein Anhängsel erscheint, die Vermutung aufkommen, daß Scaevola zu seiner Lösung auch ohne die Absicherung durch das Pius-Reskript gelangt wäre. Dieser Annahme, die sich wegen *maxime* aufdrängt, steht der Hinweis, daß die Konstitution *hoc induxit*, nicht entgegen. Von den mit *hoc* verbundenen Unsicherheiten abgesehen kann *inducere* auch im Sinne von „voranbringen" oder „zur Anwendung bringen" zu verstehen sein. Sollte die genannte Vermutung zutreffen, so läge die Annahme nahe, daß Scaevola sich von Überlegungen, wie wir sie oben im zweiten Ansatz skizziert haben, hat leiten lassen. Auf diesem Weg und insbesondere (*maxime*) auf der Grundlage des Pius-Reskripts ließ sich der direkte Anspruch der Fideikommissare gegen den Sohn rechtfertigen.

VIII. Die Freilassung des Lucrio

In seiner *epistula fideicommissaria* hatte der Erblasser überdies angeordnet: *et Lucrionem servum meum liberum esse volo.* Darin liegt ein Freilassungsfideikommiß zugunsten des Lucrio, dessen Name auf Geschäftstüchtigkeit hindeutet [63]. Nimmt man die Anordnung wörtlich, so stand Lucrio noch im Eigentum des Erblassers, war also einer der beiden Sklaven, die er zurückbehalten hatte [64]. Er müßte mit der Erbschaft in das Eigentum der Erben übergegangen sein. Die Freilassungsanordnung war jedoch an den Sohn gerichtet, von dem der Erblasser offensichtlich angenommen hatte, dieser werde sein Erbe werden. Scaevolas Auskunft, diejenigen, die ein Interesse daran haben, könnten vom Sohn Erfüllung verlangen, wäre dann dahin zu verstehen, daß der Sohn gehalten ist, den Lucrio von den Erben (käuflich) zu erwerben, um ihn dann freizulassen [65]. Der Sohn würde damit Patron des Lucrio werden.

Nach dem Zusammenhang dürfte es jedoch näherliegen, daß Lucrio bereits im Eigentum des Sohnes stand [66]. Die Bezeichnung

---

[63] Vgl. den Lucrio bei Petronius, Sat. 60,8, ferner Festus s.v. cercopa (Linds. 49): einer, der auf Gewinn aus ist.

[64] Vgl. KIPP, S. 299 Fn. 4.

[65] Vgl. Gaius 2,264-265; Inst. 2,24,2; Ulp. ep. 2,10-11.

[66] So auch KIPP, S. 299 Fn. 4. – Widersprüchlich WACKE (o. Fn. 32), S. 263 f., der meint, die Freilassung sei «unproblematisch, wenn der Freizulassende aus dem Vermögen des Erblassers stammt» (wie hier), und der Sohn könne sich

als *servus meus* könnte sich dann daraus erklären, daß der Erblasser aufgrund seines jederzeitigen Rückforderungsrechts den Lucrio als faktisch ihm gehörig ansah. Im Wortgebrauch könnte aber auch nachwirken, daß Lucrio vor der Schenkung an den Sohn dem Erblasser gehörte.

Geht man vom Eigentum des Sohnes aus, so ist nach dem Modell der Pius-Konstitution anzunehmen, daß der Erblasser mit der Freilassungsbitte zugleich aus der Stipulation die Rückgewähr des Lucrio verlangt hat, um eine Verbindlichkeit des Sohnes zu begründen. Damit wurde es möglich, dem Sohn zu Lasten der Erben durch Oberfideikommiß die Schuldbefreiung zuzuwenden und zugleich den Sohn als Fideikommissar mit dem Unterfideikommiß zugunsten des Lucrio zu beschweren. Aufgrund dieses Freilassungsfideikommisses [67] konnte Lucrio den *praetor fideicommissarius* anrufen, um seine Freilassung zu erwirken; er war insoweit partiell rechtsfähig, vgl. Pomp. D. 40,5,44: *De libertate fideicommissaria praestanda servus cum domino recte contendit.*

Die der Pius-Konstitution zugrunde liegende Konstruktion ist mithin auch zur Durchsetzung von Freilassungsfideikommissen tauglich. Zwar hätte sich im konkreten Fall auch über den oben [68] dargelegten zweiten Ansatz eine Pflicht des Sohnes zur Freilassung des Lucrio begründen lassen; doch bietet die in der Konstitution entwickelte Konstruktion, da sie grundsätzlich im Hinblick auf jeden Schuldner [69] und nicht nur auf den aus widerruflicher Schenkung (und die Erwerber von Todes wegen) [70] anwendbar ist, die überlegene Lösung.

«nach Ausführung der Fideikommisse .... gegen die Erben mit der *exc. doli* verteidigen». Nach der ersten Aussage müßte Lucrio im Eigentum der Erben, nach der zweiten im Eigentum des Sohnes gestanden haben.

[67] *«Lucrionem servum meum liberum esse volo»* klingt zwar wie eine direkte Freilassung (vgl. Gaius, 2,267; Ulp. ep. 2,7); sie wäre jedoch nur durch testamentarische Verfügung möglich. Da es daran fehlt, ist die Freilassungsanordnung als Freilassungsfideikommiß und damit als indirekte Freilassung einzuordnen. Ein direkt wirkendes Freilassungsfideikommiß gab es nicht (mißverständlich R. KNÜTEL in: TH. FINKENAUER, Hrsg., Sklaverei und Freilassung im römischen Recht, Fschr. H. J. Wieling, 2006, S. 134, wo es in der zweiten Zeile Legat statt Fideikommiß heißen muß).

[68] Siehe o. VII 2.

[69] Was Ulpian in D. 30,77 i.f. treffend hervorhebt.

[70] Siehe o. V 2, 3.

Zur Auslegung und Entwicklung der Stipulation im klassischen römischen Recht*

Rolf Knütel

I. Einführung

Die Stipulation war einer der wichtigsten Verträge im römischen Rechtsverkehr. Sie kam nach klassischem Recht bekanntlich unter Wahrung bestimmter Förmlichkeiten zustande: Der künftige Gläubiger richtet an den künftigen Schuldner die förmliche Frage, ob dieser ihm die (näher bezeichnete) Leistung verspreche. Der künftige Schuldner bejaht die Frage. Beide Parteien müssen beim Vertragsabschluß anwesend sein; Frage und Antwort müssen mündlich ausgetauscht werden, unmittelbar aufeinander folgen, sich auf denselben Inhalt beziehen und das in der Frage verwendete Verbum muß in der Antwort wiederkehren.[1]

Fest steht ferner, daß Kaiser Leo im Jahre 472 alle Förmlichkeit der Worte aufhob und zur Begründung der Stipulation jeden *consensus* der Vertragschließenden genügen ließ, mit welchen Worten dieser auch ausgedrückt sein mochte.[2] Justinian ist dem gefolgt.[3] Auf der Grundlage dieser Daten hat sich die Streitfrage entwickelt, ob die Einschränkungen und Abmilderungen des Stipulationsformalismus, die uns in den Digesten begegnen, bereits auf die klassischen Juristen zurückgehen oder ob sie später in die Texte eingearbeitet wurden,[4] sei es durch Justinians Kompilatoren, sei es durch unbekannte Nachklassiker.

* M. Avenarius/R. Meyer-Pritzl/C. Möller (Hrsg.), Ars Iuris. Festschrift für Okko Behrends zum 70. Geburtstag, Wallstein, Göttingen 2009, 223 – 257.

1 Siehe Gaius Inst. 3,92-93; Pomp. 26 ad Sab. D. 45,1,5,1; Ulp. 48 ad Sab. D. 45,1,1 pr. – Nur mit Verfassernamen werden abgekürzt: U. Babusiaux, Id quod actum est. Zur Ermittlung des Parteiwillens im klassischen röm. Zivilprozeß, München 2006; B. Biondi, Contratto e stipulatio, Milano 1953; M. Kaser, Das römische Privatrecht, Bd. 1, 2. Aufl., München 1971 (= Kaser, RP I^2); M. Kaser / R. Knütel, Römisches Privatrecht, 19. Aufl., München 2008 (= Kaser/Knütel, RP^{19}); R. Knütel, Stipulatio und pacta, in: Festschrift für Max Kaser, München 1976, S. 201 ff.; zu Riccobono I, II s. Fn. 4; G. Sacconi, Ricerche sulla stipulatio, Napoli 1989; A. Staffhorst, Die Teilnichtigkeit von Rechtsgeschäften im klassischen röm. Recht, Berlin 2006; M. Talamanca, ›Conventio‹ e ›stipulatio‹ nel sistema dei contratti romani, in: H. Kupiszewski / W. Wołodkiewicz (Hrsg.), Le droit romain et sa reception en Europe, Varsovie 1978, S. 194 ff. (= Talamanca I); ders., Conventio e stipulatio, in: N. Bellocci (Hrsg.), Le teorie contrattualistiche romane nella storiografia contemporanea. Atti del Convegno di Diritto romano – Siena 14-15 aprile 1989, Napoli 1991, S. 163 ff. (= Talamanca II); J. G. Wolf, Error im röm. Vertragsrecht, Köln 1961; S. E. Wunner, Contractus, Köln 1964; R. Zimmermann, The Law of Obligations. Roman Foundations of the Civilian Tradition, Cape Town u.a. 1990.

2 C. 8,37,10 (a. 472).

3 C. 8,37,10; Inst. 3,15,1.

4 Für sehr weitgehende Interpolationen insbesondere S. Riccobono in seiner einflußreichen Studie Stipulatio ed instrumentum nel diritto giustinianeo, SZ 35 (1914) 214-305 (= Riccobono I) und SZ 43 (1922) 262-397 (= Riccobono II) (auch zugänglich in: S. Riccobono / J. Kerr

In einer Untersuchung, die jetzt gut 30 Jahre zurückliegt, habe ich es unternommen, die Klassizität der Regel *pacta in continenti facta stipulationi inesse creduntur* (Paul. 3 quaest. D. 12,1,40) nachzuweisen.[5] Aus den einschlägigen Quellen ergibt sich, daß die genannte Regel als ein Auslegungsgrundsatz zu verstehen ist: Für die Interpretation der Stipulation wurde auf das *quod actum* abgestellt, und zu dessen Ermittlung wurden auch Umstände herangezogen, die außerhalb des Wortlauts der Stipulation lagen. Zu diesen Umständen gehörte in erster Linie die *conventio*, also die Vereinbarung, auf die die Parteien sich vor dem Abschluß der Stipulation verständigt hatten, die folglich dieser zugrunde liegt und in der Regel mehrere Abreden, *pacta*, umschloß.[6] Da die Auslegungszweifel zumeist Einzelfragen betreffen, war es naheliegend, daß die klassischen Juristen zur Klärung der Zweifel auf die einschlägige Einzelabrede zurückgriffen, die als vernünftigerweise in der *conventio* getroffen anzunehmen oder sogar konkret vereinbart worden war. Solche Abreden wurden in objektiv-typisierender Auslegung in den Stipulationswortlaut hineingelesen, nämlich durch die Annahme, es liege insoweit eine *condicio tacita* vor. Darüber hinaus wurden, soweit der Stipulationswortlaut Unklarheiten oder Unvollständigkeiten aufwies, im Wege konkret-individueller Interpretation *pacta*, die von den Parteien im konkreten Fall vereinbart worden waren, in die Stipulation einbezogen.[7]

Beobachten läßt sich dies im wesentlichen seit der Hochklassik, deutlich vor allem bei Julian. Eine solche Interpretation, die sowohl das maßgeblich sein läßt, was die Parteien vernünftigerweise gewollt haben oder gewollt hätten, wenn sie an das jeweilige Problem gedacht hätten, als auch das, was die Parteien im konkreten Fall im Zusammenhang mit dem Stipulationsabschluß wirklich verabredet haben – eine solche Interpretation setzt voraus, daß der Wille der Kontrahenten bei der Auslegung der Stipulation überhaupt beachtlich ist. Dies ist in der Tat der Fall, allerspätestens seit dem Dictum des Pedius *nullum esse contractum, nullam obligationem, quae non habeat in se conventionem, sive re sive verbis fiat: nam et stipulatio, quae verbis fit, nisi habeat consensum, nulla est* (bei Ulp. 4 ad ed. D. 2,14,1,3). – Die Erkenntnis ist von großer Tragweite. Spätestens seit ihr wurde die Willenseinigung Geltungsgrund der *stipulatio*,[8] wie dies auch die zu Unrecht oft verdächtigten Begründungen in Ven. 1 stip. D. 45,1,137,1 (*nam stipulatio ex utriusque consensu perficitur*) und Paul. 72 ad ed. D. 45,1,83,1 (*nam stipulatio ex utriusque consensu*

Wylie / B. Beinart, Stipulation and the Theory of Contract, Amsterdam 1957, S. 1 ff., 91 ff.).

5 Knütel, S. 201 ff.

6 Zum Verhältnis von *stipulatio* und *conventio* sei auf die einläßlichen Untersuchungen Talamancas verwiesen (o. Fn. 1).

7 Zu diesen beiden Wegen der Einbeziehung von *pacta* in die Stipulation s. Knütel, S. 204 ff.; 209 ff.

8 Siehe nur Kaser, RP I², S. 239; F. Sturm, Stipulatio Aquiliana, München 1972, S. 368; Knütel, S. 202.

valet) zeigen.[9] Diese Erkenntnis löste die Vorstellung von der »Wirkform« ab, nach der Geltungsgrund der Stipulation der Umstand war, daß die Parteien sich der Form der Stipulation bedient oder besser: unterworfen hatten.[10]

Selbstverständlich enthält die Erkenntnis, daß der *consensus* Geltungsgrund der Stipulation ist, zugleich die Aussage, daß Frage und Antwort beim Abschluß der Stipulation auf dem Willen der Beteiligten beruhen.[11] Hierzu ergibt sich das vieldiskutierte und berühmte *verba-voluntas*-Problem.[12] Quintilian berichtet für seine Zeit, also das erste Jahrhundert n. Chr., von der unter den Juristen überaus häufig behandelten Frage nach dem Wortlaut und dem Willen, eine Frage, von der ein großer Teil des kontroversen Rechts abhänge.[13] Das findet seinen Niederschlag in unseren Texten. Insgesamt gesehen können wir heute davon ausgehen, daß die Auslegung der Stipulation sich zunächst streng am formgebundenen Wortlaut orientierte, seit dem 1. vorchristlichen Jahrhundert und im Verlauf der Klassik aber zunehmend den Willen der Vertragschließenden und weitere außerhalb des Wortlauts liegende Umstände berücksichtigte, und dies nicht »nur in engen Grenzen«.[14] Dies bestätigt sich bei der Betrachtung von Texten, in denen es nicht wie in der früheren Untersuchung um Nebenpunkte, sondern um die Bestimmung der Hauptleistung geht.

In Erinnerung an viele Jahre ertragreicher gemeinsamer Arbeit an den Quellen ergreife ich gern die Gelegenheit, auf den Fragenkreis zurückzukommen, um dem Freund und frischen maior septuaginta annis Okko Behrends nach schon antiker Gepflogenheit aus Anlaß seines *dies natalis* ein selbstverfaßtes *libellum* zu überreichen. *Tibi gratulor, mihi gaudeo.*

9 Für Echtheit schon Biondi, S. 231, 287, 319; Sturm (o. Fn. 8), S. 368; Talamanca I, S. 223. – Zu den Texten u. IV.3.

10 Daß dies allein noch die klassische Auffassung gewesen sei, nahmen unter anderem an F. Schulz, Die Lehre vom erzwungenen Rechtsgeschäft im antiken röm. Recht, SZ 43 (1922) 212 f.; E. Seckel / E. Levy, Die Gefahrtragung beim Kauf im klassischen röm. Recht, SZ 47 (1927) 151 Fn. 4; E. Levy, Rez. Studi Bonfante, SZ 51 (1931) 556 f.; J. G. Wolf, S. 55 ff.

11 Vgl. Inst. 3,19,23.

12 Vgl. dazu die Hinweise und Literatur bei Kaser, RP I², S. 235 f.

13 Inst. or. 7,6,1: *Scripti et voluntatis frequentissima inter consultos quaestio est, et pars magna controversi iuris hinc pendet.* Das umschließt auch die Stipulation, deren Wortlaut überdies häufig protokolliert wurde.

14 Wie Kaser, RP I², S. 541 und W. Litewski, Rez. Sacconi, SDHI 56 (1990) 545 meinen.

II. Falschbezeichnung im Stipulationsformular

Als Ausgangspunkt nehmen wir zwei Fälle der Falschbezeichnung:

Ulpianus libro quadragensimo septimo ad Sabinum D. 45,1,32

Si in nomine servi, quem stipularemur dari, erratum fuisset, cum de corpore constitisset, placet stipulationem valere.	Ist bei dem Namen des Sklaven, dessen Übereignung wir uns durch Stipulation versprechen ließen, ein Irrtum vorgekommen, während über den Sklaven selbst Übereinstimmung bestand, so ist die Stipulation anerkanntermaßen wirksam.

Beide Parteien befinden sich im gemeinsamen Irrtum[15] über den Namen des Sklaven, sie stimmen aber im Hinblick auf die Person des Sklaven überein. Zwar ist der Wortlaut *si in nomine servi erratum fuisset* nicht ganz klar. Sollte aber eine einseitige Fehlvorstellung gegeben sein, etwa auf Seiten des Stipulators A, der Pamphilus erwerben will, ihn in der Frage aber irrtümlich als Stichus bezeichnet, so wäre vorauszusetzen, daß der Promittent B die Situation durchschaut; anderenfalls wäre eine Übereinstimmung hinsichtlich des *corpus* nicht denkbar. Erklärt B aber sein *spondeo* in Kenntnis des Mißverständnisses des A, dann läßt er sich auf dessen Irrtum ein – und das ist gleichwertig mit einem gemeinsamen Irrtum.[16]

Ulpian erklärt die gemeinsame Falschbezeichnung für unbeachtlich, weil der übereinstimmende Wille auf den konkreten Sklaven als Leistungsgegenstand gerichtet war. Das ist unter zwei Aspekten zu erklären. Zum einen ist in irrtumsrechtlicher Hinsicht anzuführen, daß ein Irrtum unschädlich ist, wenn feststeht, was wirklich gemeint ist; dies würden wir heutzutage mit der (aus dem römischen Testamentsrecht inspirierten) Regel *falsa demonstratio non nocet* kennzeichnen.[17] Irrtumsrechtlich wird unser Fall den römischen Juristen keine Schwierigkeiten bereitet haben. Für sie war maßgeblich *id quod actum est*, das, was wirklich ge-

15 Ebenso H. Siber, Röm. Recht, Bd. 2, Berlin 1928, Neudr. 1968, S. 249; W. Flume, Irrtum und Rechtsgeschäft im Römischen Recht, Festschrift Fritz Schulz, Bd. 1, Weimar 1951, S. 246; Biondi, S. 322; Kaser, RP I^2, S. 239; J. D. Harke, Si error aliquis intervenit – Irrtum im klassischen röm. Vertragsrecht, Berlin 2005, S. 125. An einen einseitigen *error in nomine* des Stipulators scheint R. Zimmermann, S. 600 zu denken; unklar S. E. Wunner, Contractus, 1964, S. 174.

16 Vgl. Harke (o. Fn. 15), S. 125, der auf Mentalreservation abstellt. Anders verhält es sich bei einem wirklichen Irrtum, vgl. Inst. 3,19,23 (mit dem Beispiel *si hominem Stichum a te stipulatus quis fuerit, tu de Pamphilo senseris, quem Stichum vocari credideris*).

17 Siehe dazu nur Kaser, RP I^2, S. 240 m. Fn. 40; H. J. Wieling, Falsa demonstratio, condicio pro non scripta, condicio pro impleta im römischen Testament, SZ 87 (1970) 197 ff. *Falsa demonstratio* bedeutet ursprünglich eine »falsche Begründung«; erst in der Schuljurisprudenz erhielt sie die Bedeutung »falsche zusätzliche Kennzeichnung« (Wieling).

meint ist. War dies zu erkennen, so war eine irrtümlich falsche Benennung ohne jede Bedeutung, zumal bei Sklaven, deren Eigennamen leicht und häufig verändert wurden.[18]

Der zweite Aspekt betrifft das Formproblem, die Frage also, ob die erforderliche Form der Stipulation gewahrt ist, wenn der Leistungsgegenstand unrichtig bezeichnet ist und deshalb objektiv nicht bestimmt werden kann. Daß Ulpian aus diesem Grund die Unwirksamkeit der Stipulation in D. 45,1,32 bejaht habe, das Fragment mithin interpoliert sei, wurde von vielen Interpreten angenommen.[19] Doch ist dies gerade *thema probandum*. Denkt man an die oben angeführte Berücksichtigung der *pacta* bei der Auslegung der Stipulation,[20] so drängt sich die Annahme auf, daß Ulpian auch in unserem Fall zur Konkretisierung des Wortlauts auf den gemeinsamen Willen zurückgriff und damit zugleich im Sinne der Auslegungsregel *potius valeat actus quam pereat*[21] verfuhr.[22] Die heutige Rechtsprechung macht es übrigens nicht anders, indem sie die Regel *falsa demonstratio non nocet* auch bei formbedürftigen Geschäften anwendet.[23]

Es ist zu unserem Problemkreis bislang kaum beachtet worden, daß Ulpians Lösung bei Labeo und Javolen ein Vorbild hat:

Iavolenus libro sexto ex posterioribus Labeonis D. 24,3,66,4

Mulier, quae centum dotis apud virum habebat, divortio facto ducenta a viro errante stipulata erat. Labeo putat, quanta dos fuisset, tantam deberi, sive prudens mulier plus esset stipulata sive imprudens: Labeonis sententiam probo.

Einer Frau, die hundert als Mitgift bei ihrem Mann hatte, hatte sich nach der Scheidung von ihrem sich irrenden Mann zweihundert stipulationsweise versprechen lassen. Labeo ist der Ansicht, geschuldet werde so viel, wie die Mitgift betragen habe, gleichgültig ob

18 Bei Sklavenverkäufen wurde deshalb oft der Vorbehalt gemacht, der Sklavenname könne anders lauten (*sive is qui alio nomine est*), vgl. die Kaufurkunden FIRA III, 87-89, 132 sowie (*mancipatio*) 91; W. Eck, Neue pompejanische Geschäftsurkunden, SZ 9 (1888) 81 f.

19 G. v. Beseler, Miscellanea critica, SZ 43 (1922) 416; G. Dulckeit, Zur Lehre vom Rechtsgeschäft im klassischen röm. Recht, Festschrift Fritz Schulz, Bd. 1, Weimar 1951, S. 173 Fn. 8 (174) mit S. 165 und Fn. 2; Flume (o. Fn. 13), S. 246; wohl auch Siber (o. Fn. 15), S. 433.

20 Siehe oben nach Fn. 5, vgl. ferner Quintilians Hinweis o. Fn. 13.

21 Gebildet in Anlehnung an die Regel *quotiens in stipulationibus ambigua oratio est, commodissimum est id accipi, quo res, qua de agitur, in tuto sit* (Ulp. 74 ad ed. D. 45,1,80). Im common law lautet sie *ut res magis valeat quam pereat*, vgl. zum Beispiel Langston vs. Langston (1834) 6 Eng. Rep. 1128, 1147 (nach Iul. 50 dig. D. 34,5,12).

22 Für Echtheit im Ergebnis auch Harke (o. Fn. 15), S. 124 ff., der die Bedeutung des *consensus* jedoch herunterspielt, indem er annimmt, dieser sei kein eigenständiges Erfordernis, sondern bereits in den *verba* der Stipulation enthalten; die Stipulation trage, wenn sie abgeschlossen werde, den *consensus* schon in sich (S. 128, 139). Doch ist das mit dem Wesen des *consensus* schwerlich vereinbar, vgl. Kaser/Knütel, RP[19], S. 60, Rz. 8.23.

23 BGHZ 87,150 v. 25.3.1983 = NJW 1983, 1610 (in Abkehr von BGHZ 74, 116 = NJW 1978, 1350).

die Frau sich wissentlich oder unwissentlich mehr habe versprechen lassen. Die Ansicht Labeos billige ich.

Nach der Scheidung stand im Regelfall der Frau die *actio rei uxoriae* auf Rückgewähr der Mitgift zur Verfügung;[24] diese Klage würde in unserem Fall auf 100 gehen. Die Frau hatte sich jedoch durch Stipulation vom früheren Ehemann »200« versprechen lassen. Labeo und Javolen nehmen dazu an, entscheidend sei, wieviel die Mitgift betragen habe, so daß ungeachtet des Wortlauts »200« aus der Stipulation nur 100 geschuldet werden, und zwar nach Zivilrecht (*deberi*).[25] Anschaulich hat Reinhard Zimmermann dazu bemerkt: »This decision must seem either very strange or astonishingly ›progressive‹ to anybody who would assume this stipulation to have been something like ›Ducenta mihi dari spondes?‹ ›Spondeo‹. For how could a clear and unambiguous promise of ducenta be held to mean centum by any classical lawyer, let alone by an early classical writer such as M. Antistius Labeo?«[26] Um die Entscheidung vor der Charakterisierung als »very strange or astonishingly progressive« zu bewahren, nimmt Zimmermann – wie auch andere Autoren – an, die Stipulation sei kausal formuliert worden, etwa *›Ducenta mihi dotis causa dari spondes?‹ ›Spondeo‹*; als solche habe sie novatorische Wirkung gehabt und nur so viel als Leistungsgegenstand aufnehmen können, wie wirklich geschuldet war.[27]

Im Text ist von einer kausalen Fassung der Stipulation jedoch nicht die Rede. Man wird deshalb davon ausgehen müssen, daß es für Labeo und Javolen auf die kausale oder abstrakte Fassung der Stipulation nicht ankam.[28] Die Unterschei-

24 Anders nur, wenn der Besteller sich die Rückforderung vorbehalten hat, *dos recepticia*, Gai. 8 ad ed. prov. D. 39,6,31,2; Ulp. reg. 6,5.

25 Vgl. Biondi, S. 321. Es bedarf also nicht der Aufnahme der (honorarrechtlichen) *exceptio doli* in die Klagformel, wenn die Frau auf 200 klagen wollte; anders P. Voci, L'errore nel diritto rom., Milano 1937, S. 261.

26 Obligations, S. 92.

27 Zimmermann, S. 92 f.; ders., Richterliches Moderationsrecht oder Totalnichtigkeit?, Berlin 1979, S. 133. – Sacconi, S. 87,92 vermutet eine *conceptio verborum*: *›quanta pecunia dotis nomine ad me venit ducenta mulieri promitto‹* (?). – Riccobono II, S. 279-281 behauptet dagegen, Labeo habe die Stipulation auf 200 anerkannt: *putat <non> quanta dos fuisset, [tantam – imprudens] <sed ducenta deberi>*; Javolen habe dagegen wegen des Irrtums des Mannes Nichtigkeit der Stipulation angenommen. Doch läßt sich das aus Lab.-Iav. (2 post a Iav. ep.) D. 33,4,6 nicht rechtfertigen. Im übrigen ist Riccobonos Interpolationsbehauptung dekouvrierend: Behauptet man noch für die Frühklassik eine strenge Wortlautinterpretation für die Stipulation, so muß das entgegenstehende Zeugnis des fr. 66,4 als unecht ausgeschieden werden. Dagegen auch Sacconi, S. 87 ff. – Vergleichbar ist der Interpolationsverdacht von P. Koschaker, Bedingte Novation und pactum im röm. Recht, Festschrift F. G. Hanausek, Graz 1925, Neudr. 1979, S. 120 mit Fn. 4, der unterstellt, der Hinweis *dotis causa* habe in der Formel der Stipulation gestanden. Vgl. auch zu Fn. 30.

28 Vgl. S. E. Wunner, S. 207 (»Ob in der Stipulation gesagt war, daß damit die dos zurückerstattet werden sollte, ist nicht entscheidend.«), offenbar auch Biondi, S. 321, 343. Von ab-

dung zwischen diesen beiden Fassungen der Stipulation darf ohnehin nicht überbewertet werden.

Beispielsweise wird allgemein angenommen, bei der Verpflichtungsanweisung (*delegatio ad promittendum*) sei die Stipulation, durch die der Angewiesene (Delegat) sich dem Anweisungsempfänger (Delegatar) gegenüber verpflichtet habe, kausal gefaßt worden (›*Decem quae Titio* [= Delegant] *debes, mihi dari spondesne?*‹).[29] Doch ist in Cels. 5 dig. D. 12,1,32 ein Fall überliefert, in dem diese Vollzugsstipulation nur eine abstrakte Fassung gehabt haben kann[30] und in dem dennoch die novatorische Wirkung der Stipulation bejaht wird, also das Erlöschen der Forderung des Anweisenden gegen den Angewiesenen (die *prior obligatio*). Die Bezugnahme der Vollzugsstipulation auf diese *prior obligatio* muß folglich aus dem *quod actum*, also den Umständen und den formlosen Abreden der Parteien, erschlossen worden sein.[31]

Es kommt hinzu, daß Labeo und Javolen in D. 24,3,66,4 ihre in der Tat sehr bemerkenswerte Entscheidung zu einer *stipulatio dotis* treffen. Deshalb bleibt zu berücksichtigen, daß die römischen Juristen wegen der Wichtigkeit der Mitgift sich bei den damit zusammenhängenden Problemen stark vom *favor dotis* haben leiten lassen und, wie auch Justinian betont, die strengen Konsequenzen des Rechts recht häufig abgemildert haben.[32] Möglich ist deshalb auch, daß wir es in fr. 66,4 mit einem Sonderfall zu tun haben.[33] Dieser Sonderfall könnte gleichsam »Vorreiter« und der freien Auslegung, wie sie uns in Ulp. 47 ad Sab. D. 45,1,32 begegnet ist, ein Vorbild gewesen sein.

Nach alldem ist glaubhaft, daß schon Labeo und Javolen in D. 24,3,66,4 bei einer abstrakten Fassung der *stipulatio dotis* den Wortlaut »200« im Sinne von 100 interpretiert haben. In der Alternative, daß die Frau *imprudens* war, besteht die Parallele zu Ulp. 47 ad Sab. D. 45,1,32: Labeo und Javolen gehen davon aus, daß

strakter Fassung geht aus E. Betti, Bewußte Abweichung der Parteiabsicht von der typischen Zweckbestimmung (causa) des Rechtsgeschäfts, in: Festschrift P. Koschaker, Bd. 1, Weimar 1939, S. 324 (err. D. 24,3,64,4), der bei Irrtum der Parteien die *exceptio doli* als gegeben ansieht.

29 Siehe Kaser, RP 1^2, S. 651 f.; Wolf, S. 88 Fn. 27 mit S. 87 Fn. 26.

30 Dies zeigt I. Reichard, Zum Formular der Delegationsstipulation. Celsus D. 12.1.32, in: Fides, Humanitas, Ius, Studi L. Labruna, Bd. 7, Napoli 2007, S. 4725 ff.; s. auch ders. in seiner noch unveröffentlichten Habilitationsschrift »Delegation und Novation im klassischen röm. Recht«, Bonn 1998, Manuskript S. 219, 224 ff.

31 So treffend Reichard (o. Fn. 30), S. 4737.

32 Iust. C. 4,29,25,1 (a. 531): *cum enim scimus favore dotium et antiquos iuris conditores severitatem legis saepius mollire …*

33 Riccobono II, S. 281 meinte sogar: »La riduzione parziale applicata nel fr. 66.4 cit. è fuori le norme del ius civile«. Doch geht es gerade darum, ob schon Labeo eine so kühne Entscheidung zuzutrauen ist. Mit dem Text ist das anzunehmen. So auch J. F. Stagl, Favor dotis. Über die Sonderstellung der Mitgift im System des klassischen röm. Rechts, Habilitationsschrift Bonn 2007 (im Druck), § 27 (zugleich zur Abgrenzung gegenüber Lab.-Iav. (2 post a Iav. ep.) D. 33,4,6 pr. und Proc.-Pomp. (15 ad Sab.) D. 45,1,21).

die Beteiligten einverständlich den tatsächlichen Wert der Mitgift zum Leistungsgegenstand machen wollten, und sie interpretieren deshalb »200« als eine Fehlbezeichnung von 100. Daß die Frau in der Alternative nicht besser stehen kann, in der sie sich unter Ausnutzung des Irrtums des Mannes wissentlich (*prudens*) zu viel versprechen läßt, ist begreiflich.

Wir lassen den anders gelagerten Fall von Pomp. 15 ad Sab. D. 45,1,21 beiseite[34] und betrachten zwei Texte zur *causa*.

III. Nichtangabe der causa

Vorauszuschicken ist ein Hinweis auf die grundsätzliche Lage: Verschweigt eine Stipulation ihren Rechtsgrund (*causa*), also die materiale Zweckbestimmung, derentwegen sie abgeschlossen wird, wird sie also *abstrakt* formuliert, zum Beispiel »*centum milia sestertiorum dari spondes?*«, dann entsteht die Obligation auf hunderttausend Sesterzen auch dann, wenn die *causa* nicht gültig zustandegekommen oder weggefallen ist. Der Schuldner kann diesen Mangel nur mittels *exceptio doli* geltend machen.[35] Es gibt jedoch Ausnahmen.

Daß die Rechtsnatur einer Stipulation auch dann bestimmt und berücksichtigt werden konnte, wenn die *causa* der Stipulation im Formular nicht angegeben war, zeigen die Fragmente:

Ulpianus libro trigesimo quinto ad Sabinum D. 23,3,21

Stipulationem, quae propter causam dotis fiat, constat habere in se condicionem hanc ›si nuptiae fuerint secutae‹, et ita demum ex ea agi posse (quamvis non sit expressa condicio), si nuptiae <fuerint secutae>, constat: quare si nuntius remittatur, defecisse condicio stipulationis videtur.

Anerkanntermaßen enthält eine Stipulation, die zum Zweck einer Mitgiftbestellung abgeschlossen wird, die folgende Bedingung: ›falls die Ehe geschlossen ist‹, und deshalb kann aus ihr (obwohl die Bedingung nicht ausdrücklich erklärt ist) nur dann geklagt werden, wenn die Ehe geschlossen ist. Wird daher ein ›Scheidebrief‹ übersandt, so ist die Bedingung für die Stipulation ersichtlich nicht eingetreten.

34 Dort wissen die *beiden* Geschiedenen, daß der Mann mehr verspricht, als er tatsächlich aufgrund der *actio rei uxoriae* schuldet. Näheres zum fr. 21 bei E. Betti, in: Festschrift P. Koschaker 1, Weimar 1939, 323 ff.; M. Kaser, Zwei Exegesen aus dem Dotalrecht, in: Festschrift H. Lewald, Basel 1953, S. 72 ff.; Sacconi, S. 88 f. und Stagl (o. Fn. 33).

35 Gaius Inst. 4,116 = Inst. 4,13 pr. und 2; Iul. 51 dig. D. 46,1,15 pr.; Ulp. 76 ad ed. D. 44,4,2,3; vgl. nur Kaser/Knütel, RP[19], S. 219 (Rz 40.4).

Ulpianus libro trigesimo quinto ad Sabinum D. 23,3,23

Quia autem in stipulatione non est necessaria dotis adiectio, etiam in datione tantundem dicimus.	Da in dem stipulationsweise erteilten Versprechen [einer Mitgift] das Wort Mitgift aber nicht verwendet werden muß, sagen wir dasselbe für die Mitgift, die unmittelbar durch Übereignung der Sache bestellt wird.

Im fr. 21 führt Ulpian eine Besonderheit der *stipulatio dotis* an: Sie steht unter der *condicio tacita*, daß es zum Eheschluß kommt. Solange es daran fehlt, kann aus der Stipulation nicht mit Erfolg geklagt werden, und zwar schon nach Zivilrecht, ohne daß es also einer *exceptio* bedürfte. Auf diese Besonderheit wird in den Quellen des öfteren hingewiesen; sie ist ein Beispiel für die oben angeführte objektiv-typisierende Auslegung, die zur Einbeziehung solcher *pacta* in die Stipulation führt, die die Parteien bei dieser Stipulation vernünftigerweise zu vereinbaren pflegen.[36]

Wir führen das fr. 21 nur wegen des für uns wichtigen fr. 23 an, das ihm wahrscheinlich auch im Textzusammenhang bei Ulpian gefolgt war.[37] Das fr. 23 besagt nach dem überlieferten Wortlaut, daß es für die Mitgiftbestellung durch Stipulation der Aufnahme des Wortes *dos* in das Stipulationsformular nicht bedarf. Das bedeutet, daß auch eine abstrakt formulierte Stipulation, etwa ›*Centum dari spondes?*‹, als Mitgiftversprechen zu verstehen sein konnte. Durch Auslegung nach dem *quod actum* konnte also, auch wenn der Wortlaut keinen Anhaltspunkt bot, die Rechtsnatur der Stipulation bestimmt werden.

Seit Cuiaz wird freilich vielfach, im wesentlichen auch von Mommsen in der editio maior, eine Emendation zu fr. 23 vorgeschlagen, nämlich zu lesen: *in stipulatione dotis non est necessaria adiectio huius condicionis.*[38] Danach wäre die Aussage in Fortsetzung des fr. 21 die, daß es bei einem ausdrücklich als *stipulatio dotis* gekennzeichneten Versprechen einer besonderen Anführung der Bedingung *si nuptiae fuerint secutae* nicht bedarf und demzufolge auch nicht bei der Mitgiftbestellung durch bloße *datio*.

36 S. o. zu Fn. 7; insbesondere Paul. 3 ad ed. D. 2,14,4,2; Paul. 35 ad ed. D. 23,3,41,1; Pap. 10 quaest. D. 23,3,68; zur Parallele bei der *acceptilatio* s. Ulp. 3 disp. D. 23,3,43 pr. Eine Unterscheidung danach, ob die Stipulation »kausal« oder »abstrakt« gefaßt war, ist hier nirgends zu erkennen, vgl. A. Wacke, Zur causa der Stipulation, TR 40 (1972) 245 ff., 251 f.; Knütel, S. 206 f.; M. Dobbertin, Zur Auslegung der Stipulatio im klassischen Röm. Recht, Zürich 1987, S. 72.

37 Vgl. O. Lenel, Palingenesia iuris civilis, Bd. 2, Lipsiae 1889, Neudr. Graz 1960, Sp. 1150, Ulp. Nr. 2796.

38 J. Cuiacius, Opera, ed. Neapoli 1722, Bd. 3, Sp. 377. Auch Koschaker (o. Fn. 27), S. 120 Fn. 4 versteht unter der *dotis adiectio* die Bedingung ›*si nuptiae secutae fuerint*‹.

Dem Emendationsvorschlag ist jedoch nicht zu folgen. Er ist durch die Basiliken inspiriert, die insoweit allerdings nicht eindeutig sind.[39] Vor allem führt der Vorschlag zu einer teilweisen Wiederholung des fr. 21 und zu einer Reduzierung der Aussage des fr. 23; Ulpian hätte dann besser direkt gesagt, daß auch zur *dotis datio* die genannte *tacita condicio* anzunehmen sei. Hält man dagegen am überlieferten Wortlaut fest, so ergibt sich ein plausibler Gedankengang: Ulpian sagt zuerst, das Versprechen *propter causam dotis* ist bedingt, auch wenn die Bedingung nicht ausgesprochen ist (fr. 21). Anschließend hebt er hervor, daß es auch nicht notwendig ist, überhaupt die Mitgiftbestellung, die *causa dotis*, im Stipulationsformular ausdrücklich anzuführen, und deshalb auch nicht bei der *dotis datio*.[40] Auch im Hinblick auf die fehlende Angabe der *causa dotis* im Stipulationswortlaut gilt mithin: *magis enim res quam verba intuenda sunt.*[41]

IV. Konkretisierung des Leistungsgegenstands

War der Leistungsgegenstand im Wortlaut der Stipulation nicht hinreichend bestimmt, so war die Stipulation dennoch nicht nichtig, sofern der Leistungsgegenstand nach dem *quod actum* bestimmt werden konnte.

1. Auslegung als Gattungsschuld

Wenig problematisch ist:

Iavolenus libro sexto epistularum D. 45,1,106

Qui ex pluribus fundis, quibus idem nomen impositum fuerat, unum fundum sine ulla nota demonstrationis stipuletur, incertum stipulatur, id est eum fundum stipulatur, quem promissor dare voluerit. tamdiu autem voluntas promissoris in pendenti est, quamdiu id quod promissum est solvatur.

Wer sich von mehreren Grundstücken, denen derselbe Name gegeben worden war, ein Grundstück ohne irgendeinen kennzeichnenden Zusatz durch Stipulation versprechen läßt, der läßt sich eine unbestimmte Leistung versprechen, das heißt, daß er sich das Grundstück versprechen läßt, das der Promittent künftig übereignen will. Der Wille

39 In Bas. 29,1,19 (Schelt. A IV 1449 = Hb. III 365), der Paraphrase von Ulp. 35 ad Sab. D. 23,3,23, scheint auf die in Bas. 29,1,17 (Schelt. A IV 1448 = Hb. III 364; umschreibt Ulp. 35 ad Sab. D. 23,3,21) wiedergegebene Bedingung Bezug genommen zu sein. Näheres dazu und zur Unergiebigkeit des von Mommsen angeführten Stephanos-Scholions (Schelt. B V 2006 = Hb. III 364) bei Reichard (o. Fn. 30), S. 206 f.

40 So A. Bechmann, Das Röm. Dotalrecht, 2. Bd., Erlangen 1867, S. 135; Reichard (o. Fn. 30), S. 207 f.; im gleichen Sinne auch Wacke (o. Fn. 36), S. 247.

41 Paul. 35 ad ed. D. 23,3,41,1 (im Hinblick auf die Bedingung ›*si nuptiae secutae non fuerint*‹).

des Promittenten ist aber solange in der Schwebe, bis das geleistet wird, was versprochen ist.

Die Stipulation hat einen *fundus Tusculanus* zum Gegenstand; doch gibt es mehrere Grundstücke, die diese Bezeichnung tragen. Javolen versteht die Stipulation im Sinne einer Gattungsschuld, so daß der Promittent wählen kann, mit welchem *fundus Tusculanus* er erfüllt. Das ist auf der Grundlage der Regel *ambiguitas contra stipulatorem* sachgerecht;[42] der Stipulator hatte es in der Hand, den Leistungsgegenstand genauer zu bestimmen. Javolen wird also nicht den Fall vor Augen gehabt haben, daß die Parteien sich auf ein bestimmtes dieser Grundstücke verständigt hatten (etwa wenn der Promittent nur einen dieser *fundi* hatte) und daß der Stipulator dies in seiner Frage nicht verdeutlicht hatte.

2. *Auslegung als Speziesschuld*

Hatten sich die Parteien jedoch auf einen bestimmten Leistungsgegenstand geeinigt, diesen in der Stipulation aber nur in ungenügender Allgemeinheit bezeichnet, so wurde die Stipulation im Sinne des übereinstimmend Gewollten interpretiert. Dies zeigt:

Paulus libro quarto decimo ad Plautium D. 34,5,21(22) pr., 1

Ubi est verborum ambiguitas, valet quod acti est, veluti cum Stichum stipuler et sint plures Stichi, vel hominem, vel Carthagini, cum sint duae Carthagines. 1. Semper in dubiis id agendum, ut quam tutissimo loco res sit bona fide contracta, nisi cum aperte contra leges scriptum est.

Wenn der Wortlaut mehrdeutig ist, gilt das, was gemeint ist, z.B. wenn ich mir ›Stichus‹ versprechen lasse und es mehrere Sklaven namens Stichus gibt, oder ›den Sklaven‹ oder Leistung ›in Karthago‹, wo es doch zwei Karthagos gibt. 1. In Zweifelsfällen muß man [bei der Auslegung] immer darauf bedacht sein, daß ein nach Treu und Glauben abgeschlossenes Geschäft möglichst unangreifbar ist, sofern der Vertragstext nicht offen gegen die Gesetze verstößt.

42 Das Fragment ist nicht zu beanstanden, vgl. etwa Wunner, S. 176; B. Eckardt, Iavoleni epistulae, Berlin 1978, S. 163 ff.; Sacconi, S. 23; Babusiaux, S. 77 f. – Eckardt rügt allerdings, Javolen verwechsle Ursache und Wirkung in seiner Begründung, die *voluntas promissoris* sei so lange in Schwebe, bis der Promittent eines der versprochenen Grundstücke leiste (S. 164); dagegen bereits K. Misera, SZ 98 (1981) 465 mit dem treffenden Hinweis, daß der Schuldner bis zur tatsächlichen Leistung an Willensbekundungen, welches Grundstück er zu leisten beabsichtigt, nicht gebunden ist.

Paulus formuliert wie eine Regel: Wo der Wortlaut mehrdeutig ist, gilt *quod acti est*, was von den Parteien wirklich gewollt ist. Der Jurist exemplifiziert dies an dem Fall, daß der Stipulator sich »Stichus« versprechen läßt, es aber mehrere Sklaven mit Namen Stichus gibt, die in Betracht kommen können, etwa weil der Verkäufer mehrere hat. Haben die Parteien beim Abschluß der Stipulation von diesen Stichi einen bestimmten gemeint, so ist allein dieser Gegenstand der Stipulation. Der Wortlaut wird mithin nach dem Parteiwillen konkretisiert.[43]

Ebenso verhält es sich mit dem oder den weiteren Beispielen. Der Text ist allerdings gestört. Nimmt man ihn beim Wort, so könnte gemeint sein, daß lediglich »ein Sklave« stipuliert worden ist, die Parteien aber einen bestimmten im Auge hatten.[44] Das dritte Beispiel wäre dann, daß die Leistung »in Karthago« versprochen wird, es aber zwei Karthagos gibt.[45] Allerdings wirkt *vel hominem* gegenüber den anderen klar beschriebenen Beispielen nur als eine Andeutung, die zudem gegenüber dem ersten Beispiel kaum Neues bringt. Es ist deshalb besser mit Mommsen zu emendieren: *Stichi hominemve Carthagini*,[46] so daß sich nur zwei Beispiele ergeben. Im zweiten Beispiel, in dem »ein Sklave in Karthago« übereignet werden soll, bestimmt sich gleichfalls nach den Parteiwillen, welches Karthago gemeint ist.

Es wird kein Zufall sein, daß Paulus (vermutlich schon im ursprünglichen Zusammenhang) sogleich im Anschluß hervorhebt, daß man es in Zweifelsfällen immer so handhaben soll, daß eine nach Treu und Glauben vertraglich geregelte Angelegenheit an möglichst sicherem Ort, also wirksam ist (fr. 21,1).[47] Denn es entspricht, wie sich bereits zu Ulp. 47 ad Sab. D. 45,1,32 zeigte, gerade diesem Grundgedanken, eine vom Wortlaut her zu unbestimmte Stipulation durch Ermittlung des wirklich Gewollten zu konkretisieren und aufrechtzuerhalten.

3. Exkurs: Unwirksamkeit als Auslegungsergebnis

Selbstverständlich konnte die Auslegung nach dem *quod actum* auch ergeben, daß eine Stipulation nicht wirksam zustande gekommen war. Davon handelt:

43 Vgl. Wunner, S. 176; Talamanca I, S. 220 (la difficoltà viene superata ricorrendo, come ad elemento integrante, all'accordo fra le parti, alla *conventio*); ders. II, S. 196 f.; Chr. Krampe, Die ambiguitas-Regel: Interpretatio contra stipulatorem, venditorem, locatorem, SZ 100 (1983) 222; Sacconi, S. 22 f.

44 Zu diesem Fall alsbald bei Ven. 1 stip. D. 45,1,137,1.

45 Nämlich das eine in Afrika, das andere in Spanien: Carthago (nova), das heutige Cartagena.

46 *Stichi hominemve Carthagini*, Mommsen, Editio maior; Mommsen/Krüger, Ed. stereotypa; Dig. Mil., alle ad h. l.; Talamanca I, S. 220, vgl. auch ders. II, S. 196 Fn. 122 (*vel hominem [vel] Carthagini*).

47 Vgl. Iul. 50 dig. D. 34,5,12; Iul. 87 dig. D. 50,17,67; vgl. Ulp. 74 ad ed. D. 45,1,80. Sog. Grundsatz der konservierenden Auslegung, auch *favor negotii*. – Vgl. § 2084 BGB.

Venuleius libro primo stipulationum D. 45,1,137,1

Si hominem stipulatus sim et ego de alio sensero, tu de alio, nihil acti erit: nam stipulatio ex utriusque consensu perficitur.	Habe ich mir einen Sklaven versprechen lassen und selbst den einen gemeint, du einen anderen, so ist nichts zustandegebracht; denn die Stipulation kommt nur aufgrund beiderseitiger Übereinstimmung zustande.

Der Fall erscheint eigenartig: Der Stipulator läßt sich einen »Sklaven« versprechen, wobei er an den Sklaven A und der Promittent an den Sklaven B denkt. Venuleius erklärt die Stipulation für unwirksam, weil eine Stipulation durch den Konsens der beiden Parteien zustandekomme; der Jurist geht also von einem Dissens aus.

Man könnte meinen, dem Wortlaut nach sei immerhin eine Gattungsschuld kontrahiert worden. Doch wäre dies ersichtlich vom Willen keines der Beteiligten gedeckt. Als Gattungsschuld, also als *stipulatio incerti*, wäre die Stipulation deshalb von vornherein unwirksam. Der Gedanke an ein Gattungsversprechen führt aber überhaupt in die Irre. Die Schwierigkeit ergibt sich daraus, daß das Latein keinen Artikel hat und wir deshalb ohne weiteres mit dem unbestimmten Artikel übersetzen, womit wir bisweilen den Sinn verfehlen. So ist in unserem Fall kaum vorstellbar, daß jemand, der an einen bestimmten Sklaven denkt, die Stipulationsfrage stellt: »Versprichst du, mir *einen* Sklaven zu übereignen?« Er wird vielmehr fragen: »Versprichst du, mir *den* Sklaven zu übereignen?« und damit Bezug nehmen auf den Sklaven, der Gegenstand der vorausgehenden Verhandlungen war. In eben diesem Sinne ist das *si hominem stipulatus sim* in unserem Text zu verstehen. Gemeint ist also eine *stipulatio certa*, zu der die Auslegung jedoch ergibt, daß der Stipulator und der Promittent an unterschiedliche *certae res* dachten, so daß ein geradezu klassischer Dissens vorliegt. Mit dieser Deutung setzen wir uns freilich in Widerspruch zu einer Lehre, die wir schon zu Ulp. 47 ad Sab. D. 45,1,32 kurz zurückgewiesen haben.[48]

Es ist die Lehre, die davon ausgeht, die römischen Juristen hätten bis zum Ende der klassischen Zeit den Geltungsgrund der *stipulatio* in der Einhaltung der Wortform erblickt; die formale Wechselrede sei der autonome Verpflichtungsakt gewesen. Zwar habe die klassische Jurisprudenz darin zugleich ein Willensmoment erkannt, jedoch lediglich als sekundäres Element, das nur auf Umwegen, etwa über eine *exceptio*, Berücksichtigung gefunden habe, keineswegs aber als Geltungsgrund der Stipulation verstanden worden sei.[49]

Auf der Grundlage dieser Ansicht gewinnt die Unterscheidung zwischen der *stipulatio certa*, die den Leistungsgegenstand in ihrer Formel konkret bezeichnet,

48 Oben bei Fn. 19, 22. – Als Fall eines Dissenses versteht das fr. 137,1 auch Talamanca II, S. 198. Vgl. ferner u. Fn. 56.

49 So in der Kennzeichnung durch Levy (o. Fn. 10), S. 557; kritisch gegenüber dieser Berücksichtigung des Willensmoments Wolf, S. 57 f.

und der *stipulatio incerta*, die den Leistungsgegenstand nur allgemein, in der Regel nach Gattungsmerkmalen benennt, zusätzliche Bedeutung: Es handelt sich um unterschiedliche Formen der Stipulation,[50] und wenn die Einhaltung der Wortform maßgeblicher Obligierungsgrund ist, dann muß die Auslegung ihre Grenze dort finden, wo die jeweilige abgeschlossene Stipulationsform verlassen und im Ergebnis eine andere Stipulationsform bejaht werden würde. Ist deshalb eine Stipulation wie in fr. 137,1 der Form nach als *stipulatio incerta* gefaßt, stellt sich aber heraus, daß die Parteien eine *stipulatio certa* wollten, dann kann die *stipulatio incerta* auch nicht unter Berücksichtigung des Parteiwillens als eine *stipulatio certa* interpretiert und damit aufrechterhalten werden. Sie bleibt, wie J. G. Wolf in seiner Arbeit über den *error* ausgeführt hat,[51] als *stipulatio imperfecta* unwirksam, mit anderen Worten: Durch Auslegung könnte eine *stipulatio imperfecta* nicht gerettet, nicht *perfecta* werden.[52] Wolf folgert daraus, nur bei einer *stipulatio certa* könne ein Dissens der Parteien überhaupt problematisch geworden sein,[53] und es müsse – da es in fr. 137,1 ersichtlich um einen Dissens geht – dort »*hominem* anstelle von *Stichum* eingefügt oder *Stichum* gestrichen worden sein.«[54]

Es ist, um mit dem letzten Punkt zu beginnen, jedoch schwer vorstellbar, daß jemand das Wort *Stichum* aus dem Text gestrichen haben sollte, zumal da *hominem dare* auch »*den* Sklaven übereignen« bedeuten kann. Welchen Zweck sollte der Bearbeiter mit dem behaupteten Eingriff verfolgt haben? Es kommt hinzu, daß die Ansicht, Geltungsgrund der *stipulatio* sei auch in der Klassik noch die Einhaltung der Wortform gewesen, mit zahlreichen Interpolationen rechnen muß, so im fr. 137,1 mit der Unechtheit der Begründung *nam stipulatio ex utriusque consensu perficitur.* Das ist beim heutigen Stand unserer Erkenntnis zur Textkritik kaum plausibel zu machen. Vielmehr lassen die Texte in unserem Zusammenhang wie auch schon bei der Frage der Einbeziehung der begleitenden *pacta* in den Stipulationswortlaut[55] erkennen, daß die Formstrenge der Stipulation während der Klassik ganz erhebliche Einschränkungen erfuhr, vor allem aufgrund der sehr weitgehenden Berücksichtigung des Willens der Parteien. Das wird sogleich

50 Vgl. Ulp. 22 ad ed. D. 45,1,75,9.

51 S. 54 f.

52 Wolf, S. 55.

53 Offenbar, weil eine *stipulatio incerta* schon wegen der mangelnden Bestimmtheit des Leistungsgegenstandes nichtig sein soll. Doch ist das bedenklich: Beispielsweise stipuliert jemand einen Anteil des Ertrages, den der Promittent im kommenden Jahr auf seinem Landgut erwirtschaften wird, und er denkt dabei an dessen Landgut in Latium, während der Promittent an sein anderes in Kampanien denkt. Hätten beide an das Landgut in Latium gedacht, so wäre die Stipulation wirksam, aber weiterhin *incerta.* Da aber nicht beide an dasselbe Landgut dachten, ist die Unbestimmtheit nicht zu heilen, allerdings wegen des Dissenses.

54 Wolf, S. 55 mit Hinweis auf Siber (o. Fn. 15), S. 409, der vermutlich *hominem* <*Stichum*> *stipulatus* nur deshalb ergänzt hat, weil es ihm unsinnig erschien, dass jemand, der an einen bestimmten Sklaven denkt, sich in der Stipulationsfrage »einen Sklaven« versprechen lassen will.

55 Siehe oben I.

näher auszuführen sein; doch ist zuvor noch ein rascher Blick auf einen Text zu werfen, der in dem hier wiedergegebenen Teil im wesentlichen dem fr. 137,1 entspricht:

Paulus libro septuagesimo secundo ad edictum D. 45,1,83,1

Si Stichum stipulatus de alio sentiam, tu de alio nihil actum erit. quod et in iudiciis Aristo existimavit: sed hic magis est, ut is petitus videatur, de quo actor sensit. nam stipulatio ex utriusque consensu valet, iudicium autem etiam in invitum redditur et ideo actori potius credendum est: alioquin semper negabit reus se consensisse.	Wenn ich mir Stichus habe versprechen lassen und dabei den einen gemeint habe, du einen anderen, ist nichts zustandegebracht. Das hat Aristo auch für Klagen angenommen. Aber dort spricht mehr dafür anzunehmen, daß derjenige eingeklagt wird, den der Kläger gemeint hat. Denn die Stipulation wird aufgrund beiderseitiger Übereinstimmung wirksam; eine Klage wird dagegen auch gegen jemanden erteilt, der [mit dem Gegenstand der Klage] nicht einverstanden ist, und deshalb ist es besser, dem Kläger zu folgen. Andernfalls würde der Beklagte immer bestreiten, einverstanden gewesen zu sein.

Die *stipulatio* ist als *certa* formuliert; doch ist sie in Wirklichkeit unbestimmt, weil mehrere Stichi in Betracht kommen. Eine Konkretisierung durch Auslegung nach dem, was sie Parteien übereinstimmend gewollt haben, scheidet aus, weil jede Partei an einen anderen Stichus dachte, mithin ein Dissens bestand.

Insofern liegt es anders als in dem Grundstücksfall Iav. 6 ep. D. 45,1,106, wo Javolen die Stipulation als Gattungsschuld auffaßte und dem Promittenten die Wahl einräumte, mit welchem Grundstück er erfüllte. Zur Erklärung des Unterschieds kommt in Betracht, daß im Javolen Fall der Wille des Stipulators nicht auf ein bestimmtes Grundstück aus dem Kreis der verschiedenen in Betracht kommenden Grundstücke gerichtet war. Das ist bei parzellierten Grundstücken denkbar, wenn die Parzellen im Wesentlichen gleich geschnitten sind. Lebensnäher dürfte jedoch die Annahme sein, auch im Javolen-Fall habe der Stipulator ein bestimmtes der gleichnamigen Grundstücke erwerben wollen. Javolens Entscheidung wäre dann damit zu erklären, daß der Jurist in strenger Anwendung der *interpretatio contra stipulatorem* einen in der Stipulationsfrage nicht verlautbarten Willen des Stipulators unbeachtet ließ.[56]

56 Voci (Fn. 25), S. 112 streicht zu Unrecht *sed hic magis* rell. Näheres zum fr. 83,1 bei Talamanca I, S. 219 f., 222 f. (mit der Annahme, in Ven. 1 stip. D. 45,1,137,1 und Paul. 72 ad ed. D. 45,1,83,4 gehe es um »la medesima fattispecie che viene esemplificata in I. 3,19,23«; in der Tat handelt es sich um Dissens-Fälle); ders. II, S. 196; Babusiaux, S. 101 f.

4. Fortsetzung: Auslegung als Speziesschuld

Eine sehr weitgehende Interpretation findet sich in:

a) Marcellus libro tertio digestorum D. 45,1,94

Triticum dare oportere stipulatus est aliquis: facti quaestio est, non iuris. igitur si de aliquo tritico cogitaverit, id est certi generis certae quantitatis, id habebitur pro expresso: alioquin si, cum destinare genus et modum vellet, non fecit, nihil stipulatus videtur, igitur ne unum quidem modium.	Jemand hat sich versprechen lassen, daß ihm [der?] Weizen geleistet werden muß. Es handelt sich um eine Tatsachenfrage, nicht um eine Rechtsfrage. Hat er also an bestimmten Weizen gedacht, das heißt von bestimmter Art und bestimmter Menge, dann gilt das als [in der Stipulationsfrage] ausdrücklich ausgesprochen. Im anderen Fall, wenn er Art und Ausmaß bestimmen wollte, dies aber nicht getan hat, hat er sich ersichtlich nichts versprechen lassen, also auch nicht einen einzigen Scheffel.

Jemand hat stipuliert, daß ihm Weizen geliefert werden muß. Daß ein so unbestimmtes Versprechen überhaupt abgegeben wird, ist auffällig und verlangt geradezu eine Erklärung. Marcellus stellt klar, daß es zunächst um eine *quaestio facti* geht, nicht um eine Rechtsfrage, und er bildet die vernünftigerweise in Betracht kommende Alternative: Hatte der Stipulator eine bestimmte Weizengattung und auch eine bestimmte Quantität im Sinne (*cogitaverit*), dann gilt dies als in der Stipulation zum Ausdruck gebracht. Mit *cogitaverit* ist nicht eine innere Tatsache gemeint, sondern der formlos zum Ausdruck gebrachte Wille,[57] auf den der Promittent sich bereits in den Verhandlungen und spätestens in dem Augenblick einläßt, in dem er sein ›*spondeo*‹ erklärt.

Die andere von Marcellus angesprochene Möglichkeit ist, daß der Stipulator es in den Verhandlungen entgegen seiner Absicht versäumt hat, Gattung und Maß zu bestimmen. Dann fehlen Anhaltspunkte, an die die Interpretation zum Zwecke der Konkretisierung anknüpfen könnte, und die Stipulation ist wegen Unbestimmtheit des Gegenstandes unwirksam: Nichts ist versprochen, kein einziger

57 Treffend Wunner, S. 178; zustimmend Knütel, S. 212 Fn. 40; Talamanca I, S. 218 f. (»Il *cogitare* ha dunque trovato un'espressione nel mondo esterno, e ciò non può esser ragionevolmente avvenuto che nella *conventio*«); Sacconi, S. 25. Demgegenüber will Wolf, S. 55 mit Fn. 100 dem fr. 94, das er für stark überarbeitet hält, entnehmen, das Versprechen »Weizen zu liefern«, sei unwirksam, »wenn der Promittent verpflichtet werden sollte, eine bestimmte Menge einer bestimmten Weizensorte zu liefern«; doch entscheidet Marcellus gerade umgekehrt. – Ganz entsprechend will Ulpian bei einer Lücke im Stipulationswortlaut die quaestio facti danach beantworten *quid forte senserit* (sc. *reus stipulandi*), 50 ad Sab. D. 45,1,41 pr., dazu Knütel, S. 212 f.

Scheffel, wie Marcellus am Ende hervorhebt, offenbar in Abwehr einer Ansicht, die bei Unbestimmtheit der Leistung eine Verpflichtung im geringstmöglichen Umfang befürwortete, also eine Konkretisierung auf das Minimum.[58]

Das Fragment ist früher des öfteren für interpoliert erklärt worden,[59] wird jedoch heute offenbar allgemein als echt angesehen.[60] Es zeigt mit aller Deutlichkeit, daß auch der Leistungsgegenstand in der Stipulation durch Umstände ermittelt werden konnte, die außerhalb des Stipulationswortlauts lagen, vor allem durch die Parteiabreden in den Vorverhandlungen. Im Deutschen wird dies bei dem Verständnis deutlich, daß »der« bestimmte Weizen in den Verhandlungen Gegenstand der Stipulationsfrage war.

b) Auf derselben Linie liegt:

Papinianus libro quarto responsorum D. 23,3,69,4

Gener a socero dotem arbitratu soceri certo die dari non demonstrata re vel quantitate stipulatus fuerat: arbitrio quoque detracto stipulationem valere placuit, nec videri simile, quod fundo non demonstrato nullum esse legatum vel stipulationem fundi constaret, cum inter modum constituendae dotis et corpus ignotum differentia magna sit: dotis etenim quantitas pro modo facultatium patris et dignitate mariti constitui potest.

Ein Schwiegersohn hatte sich von seinem Schwiegervater durch Stipulation versprechen lassen, daß die Mitgift nach dem Ermessen des Schwiegervaters an einem bestimmten Tag geleistet werden sollte, ohne daß sie nach Gegenstand und Umfang bezeichnet worden war. Selbst wenn [in einer Mitgiftstipulation] das Ermessen nicht genannt worden ist, ist nach allgemeiner Meinung die Stipulation wirksam, und dieser Fall ist nicht dem gleichzusetzen, daß anerkanntermaßen das Vermächtnis oder die Stipulation eines Grundstücks nichtig ist, wenn das Grundstück nicht bezeichnet wurde. Denn zwischen einer inhaltlich näher zu bestimmenden Mitgift und einem [Vermächtnis oder Versprechen mit einem] unbekannten Gegenstand besteht ein

58 Der Gedanke klingt an in Bas. 29,1,81 (Schelt. A IV 1465).

59 Beginnend mit F. Eisele, Beiträge zur Erkenntniss der Digesteninterpolationen, SZ 18 (1897) 34 (der aber die Entscheidung, daß der Stipulationsinhalt nach den Vorverhandlungen bestimmt wird, nicht angriff), sodann Vassalli, Beseler, Hägerström und J. G. Wolf (Nachweise bei Knütel, S. 227 Fn. 98).

60 Siehe etwa Biondi, S. 334; Wunner, S. 117 f.; Knütel, S. 227; Talamanca I, S. 218 f.; ders. II, S. 203 (Rückgriff auf die *conventio*); Sacconi, S. 25 f. (Wunner ausschreibend); W. Ernst, Gattungskauf und Lieferungskauf, SZ 114 (1997) 299; Harke (o. Fn. 15), S. 66 f.; Babusiaux, S. 78 f.

großer Unterschied, weil der Umfang einer Mitgift nach den Vermögensverhältnissen des Vaters und dem Rang des Ehemannes festgesetzt werden kann.

Der offenbar recht zurückhaltende Schwiegersohn hatte sich von seinem Schwiegervater in einer Mitgiftstipulation lediglich versprechen lassen, daß ihm nach dem Ermessen des Schwiegervaters an einem bestimmten Tag die Mitgift gegeben wird. Weder war der Gegenstand der Mitgift bestimmt noch der Umfang.

Papinian berichtet von einer Entscheidung (*placuit*), die möglicherweise er selbst in einem *responsum* getroffen hat. Danach ist die Mitgiftstipulation wirksam, und sie wäre es auch, wenn in ihr vom Ermessen des Schwiegervaters nicht die Rede gewesen wäre.[61] Der Grund liegt darin, daß der Leistungsgegenstand durch Auslegung bestimmt werden kann: Der Umfang einer *dos* läßt sich nach den Vermögensverhältnissen des Schwiegervaters und dem Rang des Ehemannes festlegen.

Sehr bestimmt sind diese Maßstäbe zwar nicht, aber immerhin sind es Maßstäbe.[62] Darin liegt, wie Papinian betont, der entscheidende Unterschied, die *magna differentia*, gegenüber dem Fall, daß »ein Grundstück« ohne weitere Kennzeichnung durch Stipulation oder Legat versprochen oder vermacht wird; diese Geschäfte beträfen einen unbekannten Gegenstand und seien deshalb nichtig.[63]

Es ist etwas überraschend, daß Papinian nicht in Betracht zieht, daß sich auch zu dem Grundstück Konkretisierendes aus den Verhandlungen der Stipulationsparteien, aus Äußerungen des Erblassers oder aus sonstigen Umständen ergeben könnte.[64] Vielleicht setzt er zu Zwecken des Beispiels voraus, daß in seinem Fall diese Möglichkeiten nicht gegeben sind. Es könnte aber auch eine grundsätzliche Haltung dahinterstehen, nach der Unklarheiten zu Hauptpunkten des Leistungs-

61 Vgl. Gord. C. 5,11,3 (a. 240): *videtur enim boni viri arbitrium stipulationi* (sc. *dotis*) *insertum esse.*

62 Labeo hatte mit ihnen keine Schwierigkeiten: *ait, id non esse difficile ex dignitate, ex facultatibus, ex numero liberorum testamentum facientis aestimare*, Cels. 15 dig. D. 32,43.

63 Von der Echtheit des Textes ist auszugehen; für die Kompilatoren bestand, da im justinianischen Recht der Vater gesetzlich verpflichtet war, seiner Tochter eine Mitgift zu geben, kein Anlaß, sich näher auf die Argumentation zur Gültigkeit der Stipulation einzulassen, s. F. Gallo, Nuovi spunti nell'interpretazione di C. 5,11,1, Studi Volterra, Bd. 4, Milano 1971, S. 583 (gegen Albertario); S. Riccobono, Le mie colpe, Bull. 49/50 (1947) 40 (nei suoi elementi essenziali ... senza dubbio genuino); Biondi, S. 334 f.; R. Astolfi, Studi sull'oggetto dei legati in diritto rom., Bd. 1, Padova 1964, S. 270 f. (zugleich zur Parallele Tubero-Labeo-Cels. (15 dig.) D. 32,43: *si filiae pater dotem arbitratu tutorum dari iussisset* ...); Wunner, S. 176 f.; Sacconi, S. 23 f.; jüngst Stagl (o. Fn. 33), § 10 A I, II, V. – Anders insbesondere G. v. Beseler, Einzelne Stellen, SZ 45 (1925) 443; ders., Bull. 53/54 (1948) 352.

64 Ulpian 51 ad ed. D. 30,71 pr. unterscheidet im vergleichbaren Fall (*domus simpliciter legata*): Die Erben können aus den Häusern des Erblassers eines auswählen; habe dieser jedoch kein Haus gehabt, so sei das Legat nicht wirksam, sondern lächerlich (*derisorium*).

versprechens nicht durch Umstände beseitigt werden dürfen, die im Vertragsformular keinen Anhaltspunkt finden. Ehe wir dem nachgehen, bleibt hervorzuheben, daß jedenfalls der *favor dotis* in fr. 69,4 deutlich erkennbar ist.

c) Daran, daß Papinian an der Formstrenge der Stipulation mehr als die bisher betrachteten Juristen festgehalten hat, könnte denken lassen:

Papinianus libro secundo quaestionum D. 45,1,115 pr.

Ita stipulatus sum: ›te sisti in certo loco: si non steteris, quinquaginta aureos dari spondes?‹ si dies in stipulatione per errorem omissus fuerit, cum id ageretur, ut certo die sisteres, inperfecta erit stipulatio, non secus ac si quod pondere numero mensura continetur sine adiectione ponderis numeri mensurae stipulatus essem, vel insulam aedificari non demonstrato loco, vel fundum dari non adiecto nomine. quod si ab initio id agebatur, ut quocumque die sisteres et, si non stetisses, pecuniam dares, quasi quaelibet stipulatio sub condicione concepta vires habebit, nec ante committetur, quam fuerit declaratum reum promittendi sisti non posse.

Ich habe mir durch Stipulation versprechen lassen: ›Wirst du dich an einem bestimmten Ort stellen? Wenn du dich nicht stellen wirst, daß 50 Aurei gezahlt werden, gelobst du das?‹ Wenn der Gestellungszeitpunkt irtümlich ausgelassen wurde, während gewollt war, daß du dich zu einem bestimmten Zeitpunkt stellst, ist die Stipulation unvollständig, nicht anders als wenn ich mir etwas, das nach Gewicht, Zahl oder Maß erfaßt wird, ohne die Angabe von Gewicht, Zahl oder Maß hätte versprechen lassen oder den Bau eines Mietshauses, ohne den Bauplatz anzugeben, oder die Übereignung eines Grundstücks, ohne dabei dessen Namen zu nennen. Wenn jedoch beim Abschluß der Stipulation gewollt war, daß du dich an irgendeinem Tag stellen solltest und, wenn du dich nicht gestellt hättest, das Geld zahlen würdest, dann wird die Stipulation wie eine jede unter einer Bedingung abgeschlossene wirksam und sie verfällt erst, wenn bewiesen wird, daß der Promittent sich nicht stellen kann.

Es geht um die *cautio vadimonium sisti*, also eine Stipulation, durch die sich ein Beklagter dem Kläger gegenüber verpflichtet, zur Fortsetzung des Prozesses wieder vor Gericht zu erscheinen; in der Regel hatte diese *cautio* die Gestalt einer Vertragsstrafe.[65] Papinian erörtert die Frage, ob diese *cautio* wirksam ist, wenn sie den Zeitpunkt nicht enthält, zu dem der Beklagte sich vor Gericht stellen soll.

65 Siehe R. Knütel, Stipulatio poenae, Köln u.a. 1976, S. 71 ff. Ob es sich um eine echte oder eine unechte Vertragsstrafe handelte, ist zweifelhaft, s. u. V. 4, Fn. 117.

Daß dieser Zeitpunkt ein *essentiale* dieser *cautio* ist, liegt auf der Hand. In seiner Antwort differenziert der Jurist: Habe man irrtümlich die Festlegung des Zeitpunkts vergessen, so sei das Strafversprechen unvollständig und daher unwirksam. Sei der Termin hingegen bei Abschluß der Stipulation (*ab initio*) bewußt weggelassen worden, weil der Promittent sich irgendwann einfinden sollte, so sei das Versprechen wie jede bedingte Stipulation wirksam. Eines näheren Eingehens auf diese Lösung bedarf es in unserem Zusammenhang nicht.[66]

Bemerkenswert für unseren Zusammenhang ist jedoch die Parallele, die Papinian in der ersten Alternative zieht, zur irrtümlich ausgelassenen Terminangabe also: Es liege dann »nicht anders, als wenn ich mir etwas versprechen ließe, das man nach Gewicht, Zahl oder Maß bestimmt, ohne dazu Gewicht, Zahl oder Maß anzugeben, oder die Errichtung eines Mietshauses ohne Angabe des Baugrunds oder die Übereignung eines Grundstücks ohne Angabe von dessen Bezeichnung.« In all diesen Fällen soll die Stipulation nach Papinians Ansicht also wegen Unbestimmtheit des Leistungsgegenstandes unwirksam sein. Dazu stellt sich die Frage, ob der Jurist, ehe er das Unwirksamkeitsurteil fällt, auf die Vorverhandlungen, die *conventio*, zurückgreifen würde, um daraus Anhaltspunkte für eine Konkretisierung des Leistungsgegenstands zu gewinnen. Beim *vadimonium sine die* hat er dies getan. Dazu ergab sich, daß der Termin irrtümlich nicht festgelegt worden war; die Parteien hatten also vermutlich überhaupt nicht daran gedacht, sich auf einen Termin zu verständigen.

Wenn Papinian bei der unvollständigen Vadimoniumsstipulation auf die Vorverhandlungen zurückgreift, dann müßte er dies konsequenterweise auch dann tun, wenn es um eine Stipulation geht, durch die eine Gattung versprochen wird, ohne daß zum Gewicht, zur Zahl oder zum Maß die erforderlichen Angaben im Stipulationsformular getroffen worden sind. Es kommt hinzu, daß Papinian auch im weiteren Zusammenhang, nämlich in 2 quaest. D. 45,1,115,2, auf *id quod actum* und auf die *voluntas* der Beteiligten abstellt.[67] Überdies hatte sich schon Marcellus zum Fall des Hausbaus *non demonstrato loco* geäußert:

d) Marcellus libro quinto digestorum D. 45,1,95

Qui insulam fieri stipulatur, ita demum adquirit obligationem, si apparet, quo in loco fieri insulam voluerit: si et ibi insulam fieri interest eius.	Wer sich durch Stipulation den Bau eines Mietshauses versprechen läßt, erwirbt eine Forderung, wenn sich klar ergibt, auf welchem Bauplatz das Mietshaus nach seinem Willen errichtet werden soll, und wenn es in seinem Interesse liegt, daß das Mietshaus dort gebaut wird.

66 Näheres dazu bei Knütel (o. Fn. 65), S. 121 f.

67 Näheres zu diesem Teil des fr. 115,2 bei R. Knütel (o. Fn. 65), S. 284 ff. (auch zur Echtheit).

Marcellus geht von einer Stipulation aus, in der der Promittent *insulam fieri* versprochen hat, ohne daß in der Stipulation das zu bebauende Grundstück angegeben worden war[68]. Der Jurist führt dazu aus, der Gläubiger erwerbe dann eine Forderung, mit anderen Worten: die Stipulation sei dann wirksam, wenn sich ergibt (*apparet*), wo nach seinem Willen das Haus gebaut werden soll. Auch hier ist mit *velle* nicht der innere, sondern der bei der Vorverhandlung, in der *conventio* verlautbarte Wille des Stipulators gemeint, den der Promittent mit Abschluß der Stipulation anerkannt hat.[69] Marcellus greift also auch hier auf den Parteiwillen zurück, um die sich aus dem Wortlaut der Stipulation ergebende Unbestimmtheit zu überwinden. Wenn aber schon Marcellus, der eine Generation vor Papinian lebte,[70] in diesem Fall eine Ergänzung des Stipulationswortlauts aus dem Parteiwillen vornahm, dann ist es sehr unwahrscheinlich, daß Papinian dahinter zurückgeschritten sein sollte.

In dem schwierigen und offenbar gekürzten Schlußstück des fr. 95, zu dem beispielsweise Jhering bekannt hat, er habe es früher »gründlich missverstanden«,[71] geht es um das Erfordernis, daß die versprochene Leistung auch an dem durch die Auslegung ermittelten Ort für den Gläubiger von Interesse sein muß: *si et ibi insulam fieri interest eius*. Die Worte gehören vermutlich in einen speziellen Zusammenhang. Denkbar ist, daß es um den Fall einer Stipulation mit einem *solutionis causa adiectus* ging.[72] Doch braucht das in unserem Zusammenhang nicht vertieft zu werden; denn jedenfalls läßt sich aus dem Schlußsatz nichts ableiten, was die Echtheit des uns interessierenden Teils in Zweifel ziehen könnte.

Nach alldem ist anzunehmen, daß auch Papinian keine Bedenken gehabt haben wird, auf den Willen der Parteien zurückzugreifen, wenn es um die nähere Bestimmung des Leistungsgegenstandes, also um den Hauptpunkt der Stipulation ging.[73]

68 Andernfalls spräche Marcellus nur eine Selbstverständlichkeit aus. Vgl. auch Talamanca I, S. 219; ders. II, S. 203 m. Fn. 146; Babusiaux, S. 78 f.

69 Vgl. bei Fn. 57 zu Marcell. D. 45,1,94; Talamanca I, S. 218 f.; ders. II, S. 203 Fn. 146.

70 Er gehörte dem *consilium* des Antoninus Pius (Historia Augusta, vita Pii 12,1) und des Mark Aurel an (Marcell. 29 dig. D. 28,4,3; das dort wiedergegebene Urteil Mark Aurels führt auch Papinian 16 quaest. D. 34,9,12 an).

71 R. v. Jhering, Ein Rechtsgutachten, betreffend die Gäubahn, Jherings Jahrbücher 18 (1880) 84. Vgl. Fn. 72.

72 In diesem Sinne mit Differenzierungen P. Voci, Le obbligazioni romane, Bd. 1,1, Milano 1969, S. 241 f. – Bei Marcellus ging es im 7. Buch der Digesten, wie O. Lenel, Palingenesia, Bd. 1, Sp. 596 (Marcell. Nr. 44) annimmt, um eine Frage zum Edikt: *De eo quod certo loco dari oportet*. – Jhering (o. Fn. 71), S. 85 f. denkt an den Fall, daß jemand, der ein großes Areal in bisher nicht bebauter Umgebung parzelliert und die Parzellen als Baugrundstücke verkaufen will, den Käufern eine Bebauungspflicht durch Stipulation auferlegt, weil jeder, der dort ein Haus baut, den Wert der noch unverkauften Parzellen steigert.

73 Anders noch in Fs. Kaser, 1976, S. 227 in Anlehnung an J. G. Wolf, S. 53 ff., freilich ohne hinreichende Beachtung des Umstandes, daß Papinian in 2 quaest. D. 45,1,115 pr. für die Frage, ob das Schweigen der Vadimonium-Stipulation zum Termin beredt war, das für maßgeblich hielt *quod ab initio agebatur*. – Den bemerkenswerten Einfluß des *id quod*

V. Zustandekommen der Stipulation

1. Ausgangsfrage

Aus unserer Betrachtung der bisher erörterten Quellen ergibt sich als Gesamteindruck, daß sich nach einigen Vorläufern jedenfalls in der Hochklassik eine sehr freie Auslegung der Stipulationen durchsetzte: Der Stipulationswortlaut wurde nach dem, was die Parteien bei Vertragsabschluß erkennbar oder vernünftigerweise gewollt oder vereinbart hatten, interpretiert,[74] präzisiert[75] oder auch korrigiert.[76] Wenn es sich so verhielt, dann ist zu vermuten, daß die Juristen ihre recht freien Auslegungsmaßstäbe nicht nur bei der Frage anwendeten, was der genaue Inhalt der zustandegekommenen Stipulation war, sondern auch bei der Frage, ob die Stipulation wirksam zustandegekommen war. Wir wollen deshalb unseren Blick auf einige Fragmente richten, in denen es darum geht, ob die Stipulation überhaupt abgeschlossen worden ist.

2. Korrespondenz von Frage und Antwort

Mit Problemen, die sich aus dem Erfordernis ergeben, daß sich Frage und Antwort entsprechen müssen, befaßt sich Ulpian in einem Traktat, der am Anfang des Digestentitels 45,1 überliefert ist. Eine erste Einschränkung ergibt sich aus

Ulpianus libro quadragesimo octavo ad Sabinum D. 45,1,1,2

Si quis ita interrogatus[77] *›dabis?‹ responderit ›quid ni?‹, et is utique in ea causa est, ut obligetur: contra si sine verbis adnituisset. non tantum autem civiliter, sed nec naturaliter obligatur, qui ita adnuit: et ideo recte dictum est non obligari pro eo nec fideiussorem quidem.*

Wenn jemand auf die Frage: ›Wirst du geben‹ antwortet: ›Warum nicht?‹, gelangt auch er jedenfalls in die Rechtslage, daß er verpflichtet wird. Anders, wenn er wortlos genickt hat. Aber es entsteht für den, der so genickt hat, nicht nur keine zivilrechtliche, sondern auch keine natürliche Verbindlichkeit. Und deshalb ist treffend gesagt worden, daß auch ein Bürge für ihn nicht verpflichtet wird.

actum est (e cioè la *conventio*) auf die Wirkungen der *verborum obligatio* betont auch Talamanca I, S. 217; ders. II, S. 203; s. ferner Babusiaux, S. 77 ff.

74 Vgl. Ulp. 47 ad Sab. D. 45,1,32.

75 S. etwa Marcell. 3 dig. D. 45,1,94.

76 Vgl. Lab.-Iav. (6 ex post. Lab.) D. 24,3,66,4.

77 Das *interrogat* der Florentina paßt nicht; Mommsen emendiert: *interroganti*; doch dürfte eher mit Dig. Mil. *interrogatus* zu lesen sein (wie in § 3), ebenso Riccobono I, S. 247 Fn. 3, 255. Brenkmann in Gebauer/Spangenberg verweist auf das *interrogetur* des Codex Rehdigeranus.

Danach genügt es zum Abschluß der Stipulation, wenn der Promittent auf die Frage: »Wirst du geben?« lediglich antwortet »Warum nicht?« Bei Gaius (Inst. 3, 92-93) wird dagegen noch in allen Beispielen in Frage und Antwort dasselbe Verb verwendet.[78] Doch ist daraus nichts gegen die Echtheit der Lösung Ulpians abzuleiten.[79] Denn Ulpian legt in seinem Traktat später in § 6 dar:

Ulpianus libro quadragesimo octavo ad Sabinum D. 45,1,1,6

Eadem an alia lingua respondeatur, nihil interest. proinde si quis Latine interrogaverit, respondeatur ei Graece, dummodo congruenter respondeatur, obligatio constituta est: idem per contrarium. sed utrum hoc usque ad Graecum sermonem tantum protrahimus an vero et ad alium, Poenum forte vel Assyrium vel cuius alterius linguae, dubitari potest ex scriptura Sabini. sed et verum putatur[a)], *ut omnis sermo contineat verborum obligationem, ita tamen, ut uterque alterius linguam intellegat sive per se sive per verum interpretem.*

a) F hat: *potest et scriptura Sabini sed et verum patitur ....*

Es kommt nicht darauf an, ob in derselben oder in einer anderen Sprache geantwortet wird. Wenn also jemand auf Latein gefragt hat und ihm auf Griechisch geantwortet wird, ist eine Verbindlichkeit zustandegekommen, sofern sich die Antwort inhaltlich mit der Frage deckt. Dasselbe gilt umgekehrt. Bezweifeln kann man aber nach dem, was Sabinus schreibt, ob wir dies nur auf die griechische Sprache erstrekken können oder sogar auf eine andere, die phönizische etwa oder die aramäische oder auf Formulierungen in irgendeiner anderen Sprache. Als richtig ist aber anerkannt, daß jede Sprache eine wortförmliche Verbindlichkeit erfassen kann, vorausgesetzt jedoch, daß jeder die Sprache des anderen versteht, sei es aus eigener Kenntnis, sei es mithilfe eines zuverlässigen Dolmetschers.

Es war zu Ulpians Zeit danach möglich, auf eine in lateinischer Sprache formulierte Stipulationsfrage in griechischer, punischer, aramäischer[80] oder irgendeiner anderen Sprache zu antworten, solange die Antwort »kongruent« ist[81] und sofern jeder die Sprache des anderen versteht, sei es allein, sei es vermittels eines »wirklichen«, also eines sprachkundigen, zuverlässigen Dolmetschers. Die letztgenannte Voraussetzung wird auch von Gaius (Inst. 3,93) aufgestellt, wenn zwei Römer auf griechisch oder zwei Griechen in lateinischer Sprache stipulieren: *si modo Graeci / Latini sermonis intellectum habeant.*

78 Ebenso in PS 2,3,1.

79 Für Interpolation jedoch Riccobono I, S. 247, 255; ders., La forma della stipulatio, Bull. 31 (1921/22) 35 ff., ferner H. Siber (o. Fn. 15), S. 178; aus jüngerer Zeit Zimmermann, S. 73 f. (»not credible at all«).

80 Dies ist mit dem *sermo Assyrius* gemeint, siehe U. Manthe, Assyrius sermo: Ulp. D. 45,1,1,6, Mélanges Fritz Sturm, Bd. 1, Liège 1999, S. 357 ff.

81 Dazu sogleich.

Es ist also, wie sich daran zeigt, entscheidend, daß die Parteien einander verstehen[82] und in diesem Verständnis über den Leistungsgegenstand einig sind. Auch hier wird deutlich, daß der Wille über der Form steht[83]. Vermutlich hat man dies immer deutlicher erkannt und hat deshalb von Gaius bis Ulpian eine Entwicklung stattgefunden[84], die durch die *constitutio Antoniniana* von 212 begünstigt worden sein mag[85]. Wenn es also glaubhaft ist, daß zu Ulpians Zeit unterschiedliche Sprachen für die Frage und die Antwort bei der Stipulierung verwendet werden konnten, dann ist es ebenso glaubhaft, daß auch beim Stipulationsabschluß in lateinischer Sprache die Antwort nicht mehr unter Verwendung desselben Verbs, mithin anders formuliert werden konnte, sofern sie jedenfalls ausgesprochen wurde – das war unerläßlich für eine *verbis obligatio*[86] – und in der Sache als Bejahung der Stipulationsfrage aufzufassen war. Dies trifft bei einer Antwort ›*quid ni*‹ auf die Frage ›*dabis?*‹ ohne weiteres zu. Ulpians Ausführungen in den §§ 2 und 6 stützen sich folglich wechselseitig, und es besteht kein Anlaß, sie für interpoliert zu halten[87].

3. Kongruenz von Frage und Antwort

Die korrespondierende Antwort muß sich inhaltlich mit der Frage decken, den Leistungsgegenstand also in Übereinstimmung mit der Frage festlegen. Dies ist das Thema der §§ 3- 5 in Ulpians Traktat. Beginnen wir mit:

82 Vgl. auch Inst. 3,15,1. Deshalb kann auch der Taube nicht stipulieren, Gai. 2 aur. D. 44,7,1,15; Inst. 3,19,7.

83 Vgl. Biondi, S. 296 (i giuristi parlano di *intelligere* e *intellectum*, alludendo alla comprensione piuttosto che alla espressione delle parole); ferner A. Wacke, Gallisch, Punisch, Syrisch oder Griechisch statt Latein?, SZ 110 (1993) 25 (Die Zulassung eines Sprachenwechsels bildet somit einen bemerkenswerten Schritt von äußerlicher Konsonanz zu inhaltlicher Kongruenz der Stipulation unter Betonung ihres Willenselements).

84 So auch H.L.W. Nelson / U. Manthe, Gai. Institutiones III 88-181, Berlin 1999, S. 110, 469 (im Hinblick auf Ulp. 48 ad Sab. D. 45,1,1,2).

85 In deren Sinn dürfte es auch gelegen haben, daß jeder Bürger sich im Privatrechtsverkehr der ihm vertrautesten Sprache, also der Muttersprache, bedienen konnte. Vgl. auch H. Ankum, Was acceptilatio an Informal Act in Roman Law?, in: J. W. Cairns / O. Robinson (Hrsg.), Critical Studies in Ancient Law, Comparative Law and Legal History, Oxford 2001, S. 9.

86 Wie Ulpian in § 2 mit der Zurückweisung einer Antwort durch konkludentes Handeln klar zum Ausdruck bringt. Vgl. auch Wacke (o. Fn. 83), S. 25 f.

87 Anders jedoch auch im Hinblick auf § 6 Riccobono I, S. 248, 256 f., dem F. Pringsheim, Rez. Siber, SZ 46 (1926) 354 Fn. 7 = Ges. Abh., Bd. 1, 1961, S. 372 Fn. 34 sowie im wesentlichen auch noch W. Kunkel / H. Honsell, Röm. Recht, 4. Aufl., Berlin u.a. 1987, S. 107 m. Fn. 9 (nachklassisches Recht) und Kaser, RP 2^2, 1975, S. 381 m. Fn. 54 folgen. Von Echtheit geht demgegenüber aus Wacke (o. Fn. 83), S. 24 f.

a) Grundsatz

Ulpianus libro quadragesimo octavo ad Sabinum D. 45,1,1,3

Si quis simpliciter interrogatus responderit: ›si illud factum erit, dabo‹, non obligari eum constat: aut si ita interrogatus: ›intra kalendas quintas?‹ responderit: ›dabo idibus‹, aeque non obligatur: non enim sic respondit, ut interrogatus est. et versa vice si interrogatus fuerit sub condicione, responderit pure, dicendum erit eum non obligari. cum adicit aliquid vel detrahit obligationi, semper probandum est vitiatam esse obligationem, nisi stipulatori diversitas responsionis ilico placuerit: tunc enim alia stipulatio contracta esse videtur.

Wenn jemand auf eine uneingeschränkte Stipulationsfrage antwortet: ›Wenn das und das getan ist, werde ich geben‹, wird er nicht verpflichtet; das steht fest. Oder wenn er auf die Frage: ›Vor dem fünften Monatsersten?‹ antwortet: ›Ich werde am 13. [oder: am 15.] des [fünften] Monats geben‹, so wird er gleichfalls nicht verpflichtet; denn er hat nicht so geantwortet, wie er gefragt worden ist. Und wenn er umgekehrt mit einer Bedingung gefragt worden ist und bedingungslos geantwortet hat, wird man sagen müssen, daß er nicht verpflichtet wird. Wenn er die [vorgesehene] Verbindlichkeit um etwas erweitert oder einschränkt, muß man durchweg annehmen, daß die Verbindlichkeit nicht wirksam geworden ist, sofern nicht der Stipulator mit der Abweichung in der Antwort sofort einverstanden ist. Denn dann ist anzunehmen, daß die andere Stipulation abgeschlossen worden ist.

1) Zu den ersten beiden Beispielen ergibt sich eine Divergenz daraus, daß der Promittent auf eine unbedingte Frage mit einer nur bedingten Leistungszusage antwortet[88] oder daß er auf die Frage mit Erfüllungsfrist bis zu den Kalenden des 5. Monats[89] die Antwort mit Erfüllungsfrist bis zu den Iden erteilt – was im Sinne der Iden des 5. Monats auszulegen sein dürfte. In beiden Fällen wird, wie Ulpian hervorhebt, der Promittent nicht verpflichtet, denn er hat nicht so geantwortet, wie er gefragt worden ist.

2) Die mangelnde Kongruenz soll auch im umgekehrten Fall zur Unwirksamkeit führen, wenn also der Promittent auf eine bedingte Frage ohne Bedingung geantwortet hat.[90] Ulpian drückt sich hier etwas vorsichtiger aus: *dicendum erit* gegenüber dem *constat* bei der ersten Alternative. Die vorsichtigere Ausdrucksweise läßt

88 Dieses Beispiel bringen auch Gaius Inst. 3,102 und Inst. 3,19,5.

89 Kalendas quintas, s. Schulting ad h. l. (mit Gothofredus).

90 Ebenso Inst. 3,19,5.

daran denken, daß es eine Gegenansicht gegeben haben könnte. Ein mögliches Gegenargument wird nicht gewesen sein, daß auch eine unbedingte Antwort auf eine bedingte Frage als Einverständnis mit der Bedingung ausgelegt werden kann.[91] Vielmehr ist daran zu denken, daß der Promittent in der zweiten Alternative den Stipulator günstiger stellt als dessen Frage entspricht: Ein bedingtes Versprechen ist weniger als ein unbedingtes, so daß sich sagen ließe, wer als Promittent ein unbedingtes Versprechen abgibt, hat zugleich den Willen, für den Fall, daß das unbedingte Versprechen nicht zustandekommt, sich zumindest bedingt zu verpflichten. Bei dieser Sicht könnte ein *consensus* über die bedingte Verpflichtung angenommen und die zusätzliche Bedingung in der Antwort *pro non dicta* angesehen werden. Ulpian hält dies nicht für richtig, vermutlich nicht allein wegen der Wortform und des Kongruenz-Erfordernisses, sondern auch deshalb, weil er eine klarere Lösung vor Augen hat.

Ulpian formuliert danach als Grundsatz: Wenn der Promittent, der (in der Stipulationsfrage vorgesehenen) Obligation in seiner Antwort etwas hinzufügt oder an ihr etwas verkürzt, sei beifallswürdig (*probandum est*) immer die Annahme, daß die Verpflichtung ungültig ist.

b) Erste Ausnahme: Stipulatori ilico placet

Es folgt dann jedoch eine bemerkenswerte Einschränkung: sofern nicht der Stipulator mit der Abweichung in der Antwort sofort einverstanden ist. Die Einschränkung wirkt überraschend, zumal da sie im Nachsatz folgt und im Gegensatz zum *semper probandum* des Grundsatzes steht; sie ist deshalb schon früh als unecht verdächtigt worden.[92] Der Gedanke liegt nahe, die Kompilatoren könnten die Einschränkung aufgrund der Konstitution Leos (C. 8,37,10) eingefügt haben, welche den in jedweden Worten geäußerten Konsens genügen ließ. Allerdings hätten die Kompilatoren dann besser gleich die Ausführungen Ulpians zum Kongruenz-Erfordernis gestrichen, denn ebendieses war durch die Konstitution beseitigt worden. Ferner fällt ins Auge, daß im Text Grundgedanken der – wie wir heute sagen können: klassischen – Pacta-Lehre hervortreten. *Cum adicit aliquid vel detrahit obligationi* enthält eine deutliche Anspielung auf die *pacta quae detrahunt* und diejenigen *quae adiciunt* (Pap. 10 quaest. D. 18,1,72 pr.).[93] Und die weitere Voraussetzung, der Stipulator müsse *ilico*, also auf der Stelle, sofort, sein Einverständnis bekunden, entspricht dem (im Bereich der *bonae fidei iudicia* ent-

91 Bei der Frage ›*Si Titius consul factus fuerit, decem dari spondes?*‹ kann die Antwort ›*decem dari spondeo*‹ ohne weiteres im Sinne der Begründung einer bedingten Zahlungspflicht gemeint sein, was durch Auslegung zu ermitteln wäre. Doch geht Ulpian von der Situation aus, in der die mangelnde Kongruenz feststeht. – Die Problematik wird in Inst. 3,19,5 angesprochen (s.u. Fn. 100).

92 O. Lenel, Pal. 2, 1889, Sp. 1986 Fn. 4; Riccobono I, S. 248, 256; II, S. 268 f.; Bonfante, Perozzi, Girard (alle nach Ind. Itp.), s. auch Beseler, Miszellen, SZ 45 (1925) 477 (*diversitas*).

93 Vgl. auch Ulp. 4 ad ed. D. 2,14,7,5.

wickelten) Erfordernis, die *pacta* müßten *ex continenti*, im unmittelbaren Zusammenhang mit dem Vertragsabschluß vereinbart worden sein, um geeignet zu sein, die Klage zu gestalten, Ulp. 4 ad ed. D. 2,14,7,5. Der Gedanke findet sich auch bei der Stipulation. Von Paulus, dem Zeitgenossen Ulpians, ist die regelartige Formulierung überliefert *pacta in continenti facta stipulationi inesse creduntur.*[94] Überdies fehlt es nicht an Belegen dafür, daß als ein *pactum ex continenti factum* auch eine Abrede angesehen wird, die unmittelbar *nach* dem Abschluß der Stipulation zustandegekommen ist.[95] Nimmt man dies alles zusammen, so wird es wahrscheinlich, daß Ulpian auf den »Ausweg« hingewiesen hat, mangelnde Kongruenz könne durch ein unmittelbar folgendes (und ausgesprochenes) Einverständnis des Stipulators geheilt werden. Der begründende Hinweis *tunc alia stipulatio contracta esse videtur* könnte dann meinen, kraft des Einverständnisses werde es so gesehen, als habe der Stipulator schon die geänderte Stipulationsfrage gestellt;[96] doch wird wohl eher gemeint sein, es sei eine Stipulation anderen Inhalts zustandegekommen, bei der die veränderte Antwort als die Stipulationsfrage zu verstehen ist.

c) Zweite Ausnahme: *In maiore minus*

Ging es bislang darum, daß die Kongruenz wegen mangelnder Übereinstimmung in Nebenpunkten grundsätzlich entfiel, so wendet sich Ulpian im Folgenden der Divergenz im Hauptpunkt zu:

Ulpianus libro quadragesimo octavo ad Sabinum D. 45,1,1,4

Si stipulanti mihi ›decem‹ tu ›viginti‹ respondeas, non esse contractam obligationem nisi in decem constat. ex contrario quoque si me ›viginti‹ interrogante tu ›decem‹ respondeas, obligatio nisi in decem non erit contracta: licet enim oportet congruere summam, attamen manifestissimum est viginti et decem inesse.

Es steht fest, daß dann, wenn du auf meine Stipulationsfrage über ›zehn‹ mit ›zwanzig‹ antwortest, eine Verbindlichkeit nur über zehn zustandegekommen ist. Auch umgekehrt, wenn ich ›zwanzig‹ frage und du ›zehn‹ antwortest, kommt eine Verbindlichkeit nur über zehn zustande. Denn obwohl die Summe [in Frage und Antwort] übereinstimmen muß, ist doch mehr als klar, daß in den zwanzig auch die zehn enthalten sind.

94 Paul. 3 quaest. D. 12,1,40, dazu Knütel, S. 216 ff., vgl. o. zu Fn. 5. – Für Echtheit, jedoch ohne dem Sinn des Satzes gerecht zu werden, auch Sacconi, S. 167.

95 Paul. 3 quaest. D. 12,1,40 (*stipulatus est Publius Maevius, spopondi ego Lucius Titius ... convenitque inter nos ...* Daß dies die tatsächliche Reihenfolge wiedergibt, ist nicht sicher, aber wahrscheinlich); Scaev. 5 resp. D. 45,1,135,2 (*Seia cavit Lucio Titio ... deinde in continenti inter utrumque convenit ...*), dazu Näheres bei Knütel, S. 222 f.

96 Ein Beispiel für entsprechende »Korrekturen« enthält Paul. 7 ad Plaut. D. 38,1,39 pr. Dazu unten V 4.

Die Stipulationsfrage lautet auf »zehn«; der Promittent antwortet jedoch mit »zwanzig«. Ulpian meint, eine Obligation sei nicht zustandegekommen, es sei denn, auf »zehn«. Gleiches bejaht er im umgekehrten Fall, in dem die Frage auf »zwanzig« geht, die Antwort dagegen nur auf »zehn«. Auch dann sei die Obligation nicht zustandegekommen, es sei denn auf zehn. Als Begründung führt er an, zwar müsse hinsichtlich der Summe Kongruenz bestehen; doch sei es mehr als klar (*manifestissimum*), daß in den zwanzig auch zehn enthalten sind.

Bis noch vor rund fünfundzwanzig Jahren wurde die Entscheidung, in beiden Varianten könne eine Obligation auf zehn zustandegekommen sein, als interpoliert angesehen,[97] vor allem wegen des Verstoßes gegen das Kongruenzerfordernis. Doch hat Ralph Backhaus 1983 dargelegt, daß der Text aller Wahrscheinlichkeit nach die Auffassung Ulpians wiedergibt, was von Andreas Staffhorst vor kurzem nachdrücklich bestätigt worden ist.[98] Als Begründung ist (in leicht geänderter Gewichtung gegenüber Backhaus) auszuführen:

1) Wie wir soeben sahen und noch sehen werden, stellen Verstöße gegen das Kongruenzerfordernis in spätklassischen Texten nicht per se einen Verdachtsgrund dar; der Stipulationsformalismus erfuhr insbesondere seit der Hochklassik zunehmend Einschränkungen. Beispielsweise hebt Florentin in 8 inst. D. 45,1,65,1 – einem in unserem Zusammenhang wohl noch nicht beachteten Text – hervor, es sei anerkannt (*placet*), daß unterschiedliche Bezeichnungen des Leistungsgegenstandes oder der Person der Wirksamkeit der Stipulation nicht entgegenstehen: Wenn also die Frage auf 250 Denare geht und die Antwort auf (wertgleiche) 1000 Sesterzen oder wenn einem Sklaven, der für seinen Eigentümer Lucius stipuliert, das Versprechen zugunsten seines Eigentümers Titius erteilt wird – wobei der Eigentümer Lucius Titius heißt –, sei die Stipulation wirksam.[99] Die Wortkongruenz ist also zugunsten der sachlichen Kongruenz aufgegeben, und dies ist auch bei dem Problem der *decem* und *viginti* anzunehmen.

97 Nachweise bei Backhaus, SZ 100 (1983) 152 Fn. 83, 84, dazu etwa Voci (o. Fn. 25), S. 105 f.; C. Ferrini / G. Grosso, Manuale di Pandette, 4. Aufl. Milano 1953, S. 514 Fn. 5; Kaser, RP I², S. 239 Fn. 28 (wohl itp.), 540 Fn. 22; Zimmermann, S. 74 (may well have been interpolated); A. Guarino, Diritto privato romano, 12. Aufl., Napoli 2001, S. 832 Fn. 71.2; A. Bürge, Röm. Privatrecht, Darmstadt 1999, S. 116 A. 8 (stark verändert). Für Echtheit dagegen P. Kretschmar, Kritik der Interpolationenkritik, SZ 59 (1939) 186 f.; Biondi, S. 299 f.; in der Tendenz auch H. H. Seiler, Utile per inutile non vitiatur, Festschrift Max Kaser, München 1976, S. 131 f.

98 SZ 100 (1983) 152 ff. Zustimmend etwa M. Schermaier, Auslegung und Konsensbestimmung, SZ 115 (1998) 254 A. 87; Nelson/Manthe, Gai Institutiones III 88-181, Berlin 1999, S. 134; Kaser/Knütel, RP[19], S. 56 f. (Rz. 8.10); Staffhorst, S. 37 ff., 79 ff. m. w. N.

99 Flor. 8 inst. D. 45,1,65,1: *Sed et si in re quae promittitur aut personae appellatione varietur, non obesse placet: nam stipulanti denarios eiusdem quantitatis aureos spondendo obligaberis: et servo stipulanti Lucio domino suo, si Titio, qui idem sit, daturum te spondeas, obligaberis.* – Statt von *aurei* sprach Florentin von *sestertii*, vgl. Inst. 3,7,3.

2) Zwar ist in Gaius' (Inst. 3,102) und in Justinians Institutionen (3,19,5) die gegenteilige Entscheidung, also die zugunsten gänzlicher Unwirksamkeit überliefert.[100] Doch schließt Gaius die Möglichkeit einer Klassikerkontroverse keineswegs aus,[101] zumal wenn sie für einen späteren Juristen als Gaius überliefert ist. Darüber hinaus ist der Umstand, daß Justinians Institutionen der Lösung des Gaius folgen, geradezu ein Echtheitsindiz: Hätte für die Kompilatoren Anlaß bestanden, den Ulpian-Text so zu ändern, wie er überliefert ist, so hätten Theophilus, Dorotheus und Tribonian nicht die gegenteilige Lösung in die Institutionen aufgenommen, die ja unmittelbar nach Abschluß der Digesten zusammengestellt worden sind.
3) Auf den Topos *in maiore minus inest* haben die klassischen Juristen recht häufig zurückgegriffen, in der Regel um einem »verunglückten« Rechtsgeschäft wenigstens noch zu teilweiser Wirksamkeit zu verhelfen.[102] Auf eben dieser Linie liegt unser fr. 1,4.[103]

Wir können deshalb Ulp. 48 ad Sab. D. 45,1,1,4 als einen weiteren Fall ansehen, in dem das Kongruenz-Prinzip eine Einschränkung erfährt. Diese rechtfertigt sich aufgrund einer stärkeren Berücksichtigung des wirklichen oder des hypothetischen Willens der Parteien.[104]

100 Gaius Inst. 3,102: *Adhuc inutilis est stipulatio, si quis ad id, quod interrogatus erit, non responderit, velut si sestertia x a te dari stipuler, et tu sestertia v milia promittas, aut si ego pure stipuler, tu sub condicione promittas*; Inst. 3,19,5: *Praeterea inutilis est stipulatio, si quis ad ea quae interrogatus erit non responderit, veluti si decem aureos a te dari stipuletur, tu quinque promittas, vel contra: aut si ille pure stipuletur, tu sub condicione promittas, vel contra, si modo scilicet id exprimas, id est si cui sub condicione vel in diem stipulanti tu respondeas: praesenti die spondeo. nam si hoc solum respondeas promitto, breviter videris in eandem diem aut condicionem spopondisse: nec enim necesse est in respondendo eadem omnia repeti, quae stipulator expresserit.*

101 Siehe außer Backhaus, S. 153; Nelson/Manthe (o. Fn. 97), S. 134; Staffhorst, S. 39 f.

102 Dazu eingehend Backhaus, S. 136 ff., 154. Für das vergleichbare Problem, daß auf die Frage ›*decem aut viginti dari spondes?*‹ die Antwort ›*decem dari spondeo*‹ erteilt wird, führt Paulus zur Rechtfertigung der Lösung, daß eine Obligation auf zehn entstanden ist, aus: *quia semper in summis id, quod minus est, sponderi videtur*, Paul. 72 ad ed. D. 45,1,83,3. Hier dürfte es sich freilich eher um eine spezielle Auslegungsregel zur Alternativstipulation, bei der eine maius-minus-Relation ja nicht besteht, handeln, vgl. Backhaus, S. 159 f.

103 Backhaus, S. 154 f. führt als Echtheitsindiz auch den Umstand an, daß Ulpian mit *non … nisi in decem* »außerordentlich behutsam« formuliere, es komme »allenfalls eine Obligation über 10 zustande«. Mehr spricht jedoch dafür, daß die Formulierung entschiedener gemeint ist, daß eine Verbindlichkeit »nur über 10« zustande kommt, s. Staffhorst, S. 38 m. w. N.

104 Diesen Umstand betonen auch P. Kretschmar (o. Fn. 97), S. 186 f.; Biondi, S. 299 f.; Backhaus, S. 153-155.

d) Dritte Ausnahme: *Tot stipulationes quot res*

Eine weitere Einschränkung des Kongruenz-Erfordernisses bringt Ulpian:

Ulpianus libro quadragesimo octavo ad Sabinum D. 45,1,1,5

Sed si mihi Pamphilum stipulanti tu Pamphilum et Stichum spoponderis, Stichi adiectionem pro supervacuo habendam puto: nam si tot sunt stipulationes, quot corpora, duae sunt quodammodo stipulationes, una utilis, alia inutilis, neque vitiatur utilis per hanc inutilem.

Aber wenn du mir, der ich mir Pamphilus versprechen lassen will, Pamphilus und Stichus angelobst, ist meiner Ansicht nach die Beifügung des Stichus als überflüssig anzusehen. Denn wenn es so viele Stipulationen sind wie Gegenstände, handelt es sich gewissermaßen um zwei Stipulationen, eine wirksame und eine unwirksame, und die wirksame wird durch diese unwirksame nicht ungültig gemacht.

Die Stipulationsfrage enthielt »Pamphilus« als Leistungsgegenstand; der Promittent erteilte die Antwort jedoch auf »Pamphilus und Stichus«. Ulpian hält die zusätzliche Aufnahme des Stichus in die Antwort für überflüssig, bejaht also das Zustandekommen einer Stipulation allein über Pamphilus. Zur Begründung führt er die Auslegungsregel *tot stipulationes quot corpora* an, so viele Stipulationen wie Gegenstände. Danach wäre, wenn die Frage auf »Pamphilus und Stichus« gelautet hätte, anzunehmen, daß in Wirklichkeit zwei Stipulationen abgeschlossen waren. Da es im Hinblick auf Stichus jedoch an der Stipulationsfrage fehlte, war die ihn betreffende Stipulation nicht zustandegekommen, während die Stipulation über Pamphilus wirksam war.[105] Den umgekehrten Fall entscheidet im gleichen Sinne:

Paulus libro septuagensimo secundo ad edictum D. 45,1,83,4

Item si ego plures res stipuler, Stichum puta et Pamphilum, licet unum spoponderis, teneris: videris enim ad unam ex duabus stipulationibus respondisse.

Wenn ich mir mit der Stipulationsfrage zwei Gegenstände versprechen lassen will, zum Beispiel Stichus und Pamphilus, haftest du, auch wenn du nur einen zu leisten gelobst. Es ist nämlich anzunehmen, daß du auf eine von zwei Stipulationen geantwortet hast.

105 Näheres zum fr. 1,5 bei Staffhorst, S. 27 f.; 35 f. pass. – Die entsprechende Entscheidung trifft zur *acceptilatio* Pomp. 27 ad Sab. D. 46,4,15: *Si is qui Stichum promisit ita interroget: ›quod Stichum promisi, Stichum et Pamphilum habesne acceptos?‹, puto recte accepto latum et pro supervacuo Pamphili mentionem factam, quemadmodum si is qui decem promisit ita interroget: ›quod tibi decem promisi, viginti habesne accepta?‹, etiam decem nomine erit liberatus.*

Hier umschließt die Stipulationsfrage zwei Gegenstände »Stichus und Pamphilus«; doch wird in der Antwort nur einer benannt. Paulus interpretiert die Einzelfrage auf zwei Gegenstände als Doppelfrage auf je einen Gegenstand und kann deshalb das Zustandekommen jedenfalls *einer* Stipulation über den in die Antwort aufgenommenen Gegenstand bejahen. Es ist offensichtlich, daß er sich hierbei auf die Regel *tot stipulationes quot res* stützt.[106]

Die genannte Regel gehört zum festen Bestand der Auslegungsregeln des Stipulationsrechts.[107] Sie ist im Prozeßrecht von Bedeutung, indem sie die Gefahren der Klagenkonsumption einschränkt;[108] doch liegt ihre wichtigste Funktion in der Beschränkung des Stipulationsformalismus, indem sie die teilweise Aufrechterhaltung eines unwirksamen Stipulationsgeschäfts ermöglicht. Dies entspricht in der Regel dem hypothetischen Parteiwillen, der also auch in diesem Bereich gegenüber dem Stipulationsformalismus Anerkennung gefunden hat. Es nimmt nicht wunder, daß Ulpians Erläuterung in 48 ad Sab. D. 45,1,1,5 *neque vitiatur utilis (sc. stipulatio) per hanc inutilem* den Anknüpfungspunkt für die Rechtsregel des *ius commune: utile per inutile non vitiatur* geboten hat und damit eine der wesentlichen Grundlagen der heutigen Gesetzesregelungen zur Teilnichtigkeit geworden ist.[109]

e) Vierte Ausnahme: *Supervacua non nocent*

In D. 45,1,1,5 trennte, wie wir sahen, Ulpian aufgrund der Regel *tot stipulationes quot res* eine wirksame Stipulation von einer unwirksamen, die er als überflüssig (*supervacua*) ansah und der er die Kraft absprach, die wirksame Stipulation zu »infizieren«: *neque vitiatur utilis per hanc inutilem.* Das Überflüssige wird isoliert und als unbeachtlich ausgeschieden. Der Jurist verfährt mithin nach der Regel *supervacua non nocent*, die auch als *superflua non nocent* überliefert ist.[110] Daß diese Regel auch beim Stipulationsabschluß einschlägig ist, wird klar ausgesprochen von Florentin:

106 Vgl. Backhaus, S. 161; Staffhorst, S. 37. – Bei einer Frage ›*Stichum **aut** Pamphilum*‹ würde eine nur den Stichus umschließende Antwort dagegen keine Verbindlichkeit begründen. Da die alternative Verknüpfung eine Anwendung der Regel *tot stipulationes quot res* nicht zuläßt, führt die Verletzung des Kongruenz-Erfordernisses zur Nichtigkeit, Paul. 72 ad ed. D. 45,1,83,2 (*constat*).

107 Die Quellen etwa bei Knütel (o. Fn. 65), S. 78 Fn. 57.

108 Dazu R. Knütel, Der mehrfache Verfall von Kautionen, SZ 92 (1975) 130, 135 ff.

109 Vgl. Seiler (o. Fn. 97), S. 133. Vgl. etwa § 878 ABGB, Art. 20 II SchweizOR; Art. 1419 II itCc; Art. 2.092 MexCc.

110 So PS 3,4a,10; Arcadius C. 6,23,17 (a. 396) (zum Testament); Augustin, De civitate Dei 4,27 (*solet enim et a iuris peritis dici: superflua non nocent*).

Florentinus libro octavo institutionum D. 45,1,65 pr.

Quae extrinsecus et nihil ad praesentem actum pertinentia adieceris stipulationi, pro supervacuis habebuntur nec vitiabunt obligationem, veluti si dicas: ›arma virumque cano: spondeo‹, nihilo minus valet.	Was Du außer dem Zusammenhang und nicht zum anstehenden Geschäft gehörend zur Stipulation hinzufügst, wird als überflüssig angesehen und steht der Wirksamkeit der Verbindlichkeit nicht entgegen, zum Beispiel wenn du sagst: ›Waffen besing ich und den Mann. Ich gelobe‹, ist sie dessenungeachtet gültig.

Ehe der Promittent auf die Stipulationsfrage antwortet, zeigt er etwas Bildung, indem er die drei Anfangsworte der Aeneis zitiert, denen er sein *Spondeo* folgen läßt. Genau genommen wird dadurch die Kontinuität des Geschäftsabschlusses (*continuitas actus*) eingeschränkt,[111] die eines der Erfordernisse war, die für die Wirkform des Stipulationsabschlusses bestanden.[112] Man stelle sich nur vor, der Promittent rezitiere statt der ersten drei Worte die ersten drei Bücher der Aeneis, bis hin zum vs 718: *conticuit tandem factoque hic fine quievit.*

Jedenfalls ist für die Hoch- und Spätklassik belegt, daß *aliquod momentum naturae intervenire potest* (Ven. 1 stip. D. 45,1,137 pr.) oder daß ein *modicum intervallum* (Ulp. 48 ad Sab. D. 45,1,1,1) unschädlich ist, das allerdings eine Tageslänge nicht erreichen darf (Ven. D. 45,1,137 pr.).[113] Doch braucht das nicht weiter vertieft zu werden, denn es liegt auf der Hand, daß die Auflockerungen der *continuitas actus* und die Regel *supervacua non nocent* teilweise auf dasselbe hinauslaufen und daß sie beide zur Aufweichung des einstmals strengen Stipulationsformalismus führten.

4. *Korrektur der Stipulationsfrage*

Die Lektüre des Ulpian-Traktats in 48 ad Sab. D. 45,1,1,2-6 hat deutlich werden lassen, daß die Strenge der Wortform in der Spätklassik bereits sehr erhebliche Einschränkungen oder Abmilderungen erfahren hatte. In dieses Bild paßt, daß gelegentlich sogar die Stipulationsfrage korrigiert worden ist. Dies zeigt:

111 Für Unechtheit daher Schulz, Classical Roman Law, Oxford 1951, S. 473 f., 482. – Zum *continuus actus* bei der Stipulation siehe A. Wacke, Ex post facto convalescere, in: Au-delà des frontières, Mélanges W. Wołodkiewicz, Band 2, Varsovie 2000, S. 1049 f.

112 Ven. 1 stip. D. 45,1,137 pr.: *Continuus actus stipulantis et promittentis esse debet (ut tamen aliquod momentum naturae intervenire possit) et comminus responderi stipulanti oportet: ceterum si post interrogationem aliud acceperit, nihil proderit, quamvis eadem die spopondisset.* Dazu Biondi, S. 297; für Interpolation etwa Riccobono I, S. 247, 252 ff.; Schulz, S. 473 f., 482, auch noch Kaser, RP I^2, S. 540 m. Fn. 21; Zimmermann, S. 73.

113 Vgl. ferner Iul. 52 dig. D. 45,2,6,3; Ven. 2 stip. D. 45,2,12 pr.

Paulus libro septimo ad Plautium D. 38,1,39 pr.

Si ita stipulatio a patrono facta sit: ›si decem dierum operas non dederis, viginti nummos dare spondes‹? videndum est, an nec viginti actio danda sit, quasi onerandae libertatis gratia promissi sint, nec operarum, quae promissae non sint? an vero operae dumtaxat promissae fingi debeant, ne patronus omnimodo excludatur? et hoc praetor quoque sentit operas dumtaxat promissas.

Ist die Stipulation vom Freilasser wie folgt gefaßt worden: ›Gelobst du, wenn du die zehn Tagewerke nicht leistest, zwanzig Münzen zu zahlen?‹, so ist zu überlegen, ob eine Klage weder auf die zwanzig zu gewähren ist, weil diese in Beschränkung der Freiheit versprochen sind, noch auf die Tagewerke, die nicht versprochen sind. Oder sind wenigstens die Tagewerke als versprochen zu fingieren, damit der Freilasser nicht völlig ausgeschlossen wird? Und das nimmt auch der Prätor an, daß allein die Dienstleistungen versprochen sind.

Der Patron hat sich vom Freigelassenen stipulationsweise zwanzig Münzen für den Fall versprechen lassen, daß der Freigelassene nicht zehn Tagewerke leistet. Nach feststehender Interpretation stellte es jedoch eine unerlaubte Freiheitsbeschränkung dar, wenn sich der Patron vom Freigelassenen Geld statt der Dienste versprechen ließ; dies war durch die *lex Aelia Sentia* (4 v. Chr.) ausdrücklich verboten.[114]

In unserem Fall geht das Leistungsversprechen des Freigelassenen ausschließlich auf Zahlung von zwanzig; die Erbringung der Tagewerke steht nur *in condicione*. Es handelt sich also um ein selbständiges Strafversprechen oder auch um eine sogenannte unechte Vertragsstrafe[115] – unecht deshalb, weil das Strafversprechen keine vertragliche Verbindlichkeit sichert. Paulus kennzeichnet die Situation folglich sehr treffend: Die zwanzig können nicht verlangt werden, weil das Versprechen als unerlaubte Freiheitsbeschränkung nichtig ist, und die Tagewerke können nicht verlangt werden, weil sie nicht versprochen sind. Der Patron müßte also leer ausgehen.

Paulus erklärt, daß dieses Ergebnis durch die Annahme vermieden werden kann, es seien nur die Tagewerke versprochen, und auch der Prätor habe dies angenommen. Es wird also die nur in die Bedingung aufgenommene und damit unter indirekten Zwang gestellte Handlung zum Gegenstand des Stipulationsversprechens und damit direkt erzwingbar gemacht; aus der Stipulationsfrage: ›*Si decem dierum operas non dederis viginti nummos dare spondes*?‹ wird die Frage:

114 Ter. Clem. 8 ad leg. Iul. et Pap. D. 40, 9,32,1; Iul. 65 dig. D. 38,1,25; Einzelheiten bei P. Jaubert, La lex Aelia Sentia et la locatio conductio des operae liberti, RH 43 (1965) 1, 8 ff., 13 ff.; W. Waldstein, Operae libertorum, Stuttgart 1986, S. 175 ff.

115 Vgl. Knütel (o. Fn. 65), S. 76 f.; W. Waldstein, Operae libertorum, 1986, S. 249 f., 355, auch S. 160 f.; jeweils mit weiterer Lit.

›*Decem dierum operas dare spondes*?‹ Der Wortlaut der Stipulationsfrage wird mit Hilfe einer Fiktion korrigiert (*an ... fingi debeant*).

Das ist ein sehr kühner Schritt. Der Prätor hat ihn vermutlich aufgrund der Beratung durch die Juristen seines Konsiliums getan. Dieser Schritt erlaubte es, im Streitfall die etablierte *actio operarum* zu erteilen.[116] Doch hätte der Prätor auch ohne die Fiktion über eine *actio in factum* Klagschutz gewähren können. Daß er dennoch den anderen Weg wählte, läßt den Rückschluß zu, daß er und seine beratenden Juristen dem Stipulationsformalismus wesentliche Bedeutung kaum noch beimaßen. Im übrigen ist es gut möglich, daß diese Entscheidung Vorläufer und Parallelen hat.[117]

VI. Ergebnisse

Unsere Ergebnisse wollen wir in vier Punkten kurz zusammenfassen:

1) Durchmustern wir die Handbuch- und die Lehrbuchliteratur, so ergibt sich ein Gesamteindruck, wie ihn Fritz Schulz ausgedrückt hat: »Thus few rules had to be observed in the making of this contract (i. e. the stipulation), but those few had to be observed scrupulously.«[118] An dieser strengen Wahrung der *Form* soll bis an das Ende der Klassik festgehalten worden sein[119]. Mit den Quellen steht diese »idealistische« Betrachtungsweise jedoch nicht im Einklang. Die Quellen lassen vielmehr eine allmähliche Demontage der Stipulationsform erkennen, die bei den Hochklassikern deutlich wird und bei den Spätklassikern ein so fortgeschrittenes Stadium erreicht, daß der Boden für die Auflösung der Form in der Nachklassik bereitet ist.

116 Sie war eine *actio civilis*, die die beiden Fälle erfaßte, in denen die Verpflichtung auf Leistung der *operae* entstand, den Fall des *iusiurandum liberti* wie den der *stipulatio operarum*, O. Lenel, Das Edictum perpetuum, 3. Aufl., Leipzig 1927, S. 338 f.

117 Möglicherweise in Cels. 26 dig. D. 45,1,97 pr., verstanden im Sinne von M. Kaser, Die Stipulationsklausel ›quanti ea res erit‹, SZ 90 (1973) 209 Fn. 118; Knütel (o. Fn. 65), S. 74 ff. (dagegen etwa F. Sturm, Rez. Knütel, SZ 97 [1980] 422). Dies hängt von der schwer zu beantwortenden Frage ab, ob die *cautio vadimonium sisti* als Doppelstipulation oder als selbständiges Strafversprechen gefaßt war oder ob zwischen beiden Formen variiert wurde. Beachtlich dazu aus jüngerer Zeit J. Platschek, Vadimonium factum Numerio Negidio?, ZPE 137 (2001) 281 ff. – Immerhin ist nicht erkennbar, daß aus der *cautio* auf etwas anderes als auf die Strafe geklagt wurde (also nicht auf das Interesse, abgesehen von Kautionen *sine poena*).

118 Classical Roman Law, Oxford 1951. S. 473. Dem entspricht die Darstellung bei M. Kaser, RP I², S. 540 und auch bei Zimmermann, S. 72 ff. Anders etwa P. F. Girard / F. Senn, Manuel élémentaire, 8. Aufl., Paris 1929, S. 519.

119 Zimmermann, S. 74 (Throughout the classical period, however, he had to use the same verb as the stipulator); Riccobono, Bull. 31 (1921/22) 37 meinte: »La stipulatio invece non subí alcuna alterazione fino alla riforma di Leone.« Weshalb aber sollte Kaiser Leo aus dem Nichts heraus eine Änderung eingeführt haben?

2) Auch für die *Auslegung* der *stipulatio* läßt sich schwerlich erweisen, daß »im ganzen strenge, durch den formgebundenen Wortlaut bestimmte Grundsätze«[120] gegolten hätten. Die Stipulation wird im Lichte der vorangegangenen Abreden interpretiert, die zuweilen selbst dann berücksichtigt werden, wenn sie im Stipulationswortlaut keinen Anhaltspunkt finden, wenn sie aber erkennen lassen, welche Leistungspflicht die Parteien unter welchen Modalitäten begründen wollten.[121] Dies gilt nicht nur im Hinblick auf Nebenpunkte, sondern auch hinsichtlich der stipulationsweise versprochenen Hauptleistung. Die klassischen Juristen gehen damit zum Teil über das hinaus, was wir heute bei der Interpretation formgebundener Erklärungen aufgrund der sogenannten »Andeutungstheorie«[122] für möglich halten.
3) Die Demontage des Stipulationsformalismus und die das Gewicht des Wortlauts immer mehr zurücksetzende Auslegung stehen im Zusammenhang. Beide erklären sich aus der zunehmenden Berücksichtigung des Parteiwillens, dessen Bedeutung auch für die Stipulation spätestens bei den Hochklassikern allgemeine Anerkennung gefunden hatte.
4) Im Recht der Stipulation, deren Grundstruktur klar und einfach ist, läßt sich besonders gut verfolgen, wie die Juristen sachgerechte Auslegungsregeln entwickelt und angewendet haben. Wir sind bei unserer Betrachtung der Texte vielen dieser Auslegungsregeln begegnet. Allen voran stehen die Auslegung nach *id quod actum est*, nach dem wirklich oder dem vernünftigerweise Gewollten, und der *favor negotii*, die Auslegung also, *ut res magis valeat quam pereat*. Daneben sind wir auf die Regeln *falsa demonstratio non nocet, supervacua non nocent, tot stipulationes quot res, utile per inutile non vitiatur* und auf die *interpretatio contra stipulatorem* gestoßen. Alle diese Regeln sind deutlicher Ausdruck praktischer Rechtsvernunft; sie haben deshalb nahezu durchweg Eingang in die heutigen Rechtsordnungen gefunden.[123] In ihrer praktischen Rechtsvernunft sind die römischen Juristen für uns bis auf den heutigen Tag Vorbild.

120 So Kaser, RP I², S. 541, s. o. zu Fn. 14.

121 So etwa bei der *falsa demonstratio* (Lab.-Iav. (6 ex post. Lab.) D. 24,3,66,4; Ulp. 47 ad Sab. D. 45,1,32).

122 Danach müssen Umstände, die bei der Interpretation einer beurkundeten Erklärung Berücksichtigung finden sollen, in der Urkunde zumindest angedeutet sein, siehe etwa BGHZ 80, 242 und 80, 246; D. Medicus, Allgemeiner Teil des BGB, 8. Aufl., München 2002, S. 128 f. (Rz 328-331).

123 Für die aufgrund des Stipulationsformalismus entstandenen Regeln *tot stipulationes quot res* und *pacta in continenti facta stipulationi inesse creduntur* läßt sich das natürlich nur insoweit sagen, als ihre Grundgedanken – die separierende Betrachtungsweise und die Einbeziehung der Nebenabreden in den Vertrag – uns in der allgemeinen Vertragslehre selbstverständlich geworden sind, mögen auch andere Faktoren dafür wesentlicher gewesen sein.

Sanctus Cassius Praetor? *

Bemerkungen zu Pomp. D. 29.2.99

Rolf Knütel – Rheinische Friedrich-Wilhelms-Universität Bonn

1. Einleitung

Eine Besonderheit, die schon viele Erklärungsversuche und Verbesserungsvorschläge ausgelöst hat, findet sich im fr. 99 des Digestentitels *De adquirenda vel omittenda hereditate.*

> D. 29.2.99 *Pomponius libro primo senatus consultorum* Aristo in decretis Frontianis ita refert. Cum duae filiae patri necessariae heredes exstitissent, altera se paterna abstinuerat hereditate, altera bona paterna vindicare totumque onus suscipere parata erat. sanctum Cassium praetorem causa cognita actiones hereditarias utiles daturum recte pollicitum ei, quae ad hereditatem patris accesserat denegaturumque ei quae se abstinuerat.

2. Das juristische Problem

Die Frage, vor die der Prätor Cassius sich gestellt sah, betraf die Rechtsfolgen der Ausschlagung einer Erbschaft. Ein Hausvater hinterließ bei seinem Tod zwei Töchter, die in seiner Hausgewalt gestanden hatten. In dieser Eigenschaft als Haustöchter waren sie *heredes necessarii*, Zwangserbinnen, das heißt sie wurden, gleichgültig ob sie *ab intestato* oder testamentarisch berufen waren, mit dem Tod des Erblassers ohne ihr Zutun Erbinnen nach Zivilrecht.[1] Zwar gab es nach Zivilrecht keine Möglichkeit, sich dieser Erbenstellung zu entschlagen, im Honorarrecht hatte sich jedoch zugunsten der Zwangserben eine „Rechtswohltat, sich der Erbschaft zu enthalten" (*beneficium abstinendi*), herausgebildet.[2] Die eine Schwester hatte von diesem Recht Gebrauch gemacht, damit ihre zivilrechtliche Erbenstellung aber nicht

---

* J.H. Dondorp/J.J. Hallebeek/T. Wallinga/L.C. Winkel (Hrsg.), Ius romanum, Ius commune, Ius hodiernum. Studies in honour of Eltjo J. H. Schrage on the occasion of his 65th birthday, Scientia, Amsterdam/Aalen 2010, 237 – 247.

1 Vgl. Gaius 2.156: „Sui autem et necessarii heredes sunt velut filius filiave ... qui modo in potestate morientis fuerunt. ... 'Necessarii' vero ideo dicuntur, quia omni modo, velint < nolint, tam > ab intestato quam ex testamento heredes fiunt." Ebenso Inst. 2.19.2.

2 Gaius 2.158; Inst. 2.19.2 *i.f.* Die Rechtswohltat führte im Zusammenhang mit der prätorischen Einweisung in den Besitz eines Vermögens, und zwar für die Fallgruppe eines erbenlosen Nachlasses (*Cui heres non extabit*), zu näherer Regelung im Edikt, s. O. Lenel, *Das Edictum perpetuum*, Leipzig 1927, S. 418 ff., 420.

verloren. Zu einer Anwachsung ihres Erbteils bei der anderen Schwester, wie dies beim zivilrechtlichen Wegfall eines Miterben geschehen würde, konnte es deshalb nicht kommen. Es bedurfte folglich prätorischer Maßnahmen, um die alleinige Berechtigung und Verpflichtung der am Erbe festhaltenden Schwester sicherzustellen. Cassius führte dies als Prätor in der Weise herbei, daß er in einem Beschluß einerseits dieser Tochter zusagte, er werde ihr die Erbschaftsklagen als *actiones utiles* gewähren, also mit einer zusätzlichen Klausel[3], und daß er andererseits gegenüber der Tochter, die die Ausschlagung erklärt hatte, festlegte, die ihr zivilrechtlich *pro parte* zustehenden Erbschaftsklagen zu denegieren. Und auch umgekehrt wird er dafür Sorge getragen haben, daß den Erbschaftsgläubigern Klagen nur gegen die Tochter erteilt wurden, die die Erbschaft übernommen hatte.[4]

3. Die beteiligten Juristen

Sextus Pomponius: Im Hinblick auf die Personen, ihre angeführten Werke und die zeitliche Einordnung ergeben sich in unserem Zusammenhang keine Schwierigkeiten zu Sextus Pomponius, den bekannten Hochklassiker, dessen sehr produktives literarisches Wirken von Hadrian bis in die Regierungszeit der *divi fratres* fällt. Über seine Lebensumstände ist Näheres nicht bekannt. Offenbar hat er sich hauptsächlich der literarischen Tätigkeit auf dem Gebiet des Privatrechts gewidmet; wahrscheinlich aber auch als Rechtslehrer gewirkt. – Seine Schrift *De senatus consultis libri V* ist vermutlich unter Hadrian entstanden.[5]

Lenel vermutet, das fr. 99 entstamme Erörterungen zum *SC Vellaeanum*, und er beruft sich dafür auf einen möglichen Zusammenhang mit Pomp. D. 16.1.32pr. sowie auf den Umstand, daß von zwei Töchtern und nicht von Söhnen die Rede ist.[6] Dazu paßt zwar nicht recht, daß die Prätur des

3 Denkbar wäre die Fiktion, daß ihr der Anteil der Schwester angewachsen ist. – Die Annahme, daß eine Aufteilung stattfinden müßte, wonach sie hinsichtlich ihres Erbteils mit der zivilrechtlichen, hinsichtlich des Erbteils der Schwester mit einer *actio utilis* vorzugehen hätte, würde dem Wortlaut des fr. 99 ebenso wie der praktischen Vernunft zuwiderlaufen. Vgl. P. Voci, *Diritto ereditario romano*, Bd. 1, Mailand 1967, S. 583, ferner W. Selb, *Formulare Analogien in actiones utiles und actiones in factum vor Julian*, in: Studi Sanfilippo, Bd. 5, Mailand 1984, S. 727–759, dort S. 751 ff.

4 Vgl. Gai. D. 29.2.57pr; Scaev. D. 29.2.98.

5 Denn im 2. Buch wird es um das *SC Tertullianum* (Pomp. D. 38.17.10) gegangen sein (zu dessen zeitlicher Einordnung s. M. Meinhart, *Die Datierung des SC Tertullianum, mit einem Beitrag zur Gaiusforschung*, ZRG Rom. Abt. 83 [1966], S. 100–141), vgl. O. Karlowa, *Römische Rechtsgeschichte*, Bd. 1, Leipzig 1885, S. 717 (dort auch zu Pomp. D. 40.12.43), O. Lenel, *Palingenesia iuris civilis*, Bd. 2, Leipzig 1889, Neudr. Graz 1960, Sp. 148 Fn. 107; vgl. auch P. Krüger, *Geschichte der Quellen und Litteratur des Römischen Rechts*, München–Leipzig 1912, S. 194 m. Fn. 22.

6 Lenel (oben Fn. 5), Sp. 149 Fn. 1, zustimmend Voci (oben Fn. 3), S. 583 Fn. 26, vgl. auch (referierend) P. Pescani, *Il piano del Digesto e la sua attuazione*, BIDR 77 (1974), S. 221–405, dort S. 370.

Cassius, um dessen Entscheidung es ja geht, wie sich zeigen wird[7], in die Jahre 26 oder 27 n. Chr. fällt, während das *SC Vellaeanum* gewöhnlich auf 46 n. Chr. datiert wird[8], möglicherweise aber noch einige Jahre später[9] anzusetzen ist.[10] Andererseits ist es keine Seltenheit, daß bei der Erörterung jüngerer Gesetze Entscheidungen zu älteren Rechtszuständen herangezogen werden. Ein Zusammenhang der in fr. 99 behandelten Problematik mit dem *SC Vellaeanum* wird, wie Lenel treffend gesehen hat, zudem auch deutlich beim Blick auf Pomp. (1 *senatus consultorum*) D. 16.1.32pr., wo für den Fall *si mulier hereditatem alicuius adeat, ut aes alienum eius suscipiat*, der Schutz des *SC Vellaeanum* von Pomponius grundsätzlich ausgeschlossen wird. Es ist gut vorstellbar, daß Pomponius in diesem Zusammenhang auf das *decretum* des Prätors Cassius hingewiesen hat, aus dem sich ergibt, daß diese Rechtslage schon vor der Geltung des *SC Vellaeanum* anerkannt war; das fr. 99 wäre demnach in der Palingenesie unmittelbar hinter D. 16.1.32pr einzuordnen.[11]

Titius Aristo: In die Generation vor Pomponius fällt Titius Aristo, auf dessen Bericht in den *decreta Frontiana* Pomponius sich stützt. Neben Javolen und Neratius war er der bedeutendste Jurist um die Wende vom ersten zum zweiten Jahrhundert n. Chr.[12] Vermutlich war er Mitglied im Konsilium Trajans (Pap. D. 37.12.5). Er war ein häufig vor Gericht auftretender Advokat und ein sehr gefragter Gutachter. Zu dieser durchaus praktischen Orientierung paßt gut die Herausgabe einer vermutlich mit Anmerkungen versehenen Entscheidungssammlung, als die wir die *decreta Frontiana* ansehen dürfen.[13] Aus einem Brief des Plinius, der den Juristen sehr bewunderte und als *peritissimus et privati iuris et publici* ansprach, ist zu schließen, daß Aristo nach 108 oder 109 verstorben sein muß.[14] Im übrigen ergibt sich aus

7 Siehe u. *Cassius Longinus* mit Fn. 18, 20.

8 Siehe nur Th. Mommsen, *Digesta*, ed. maior, Berlin 1868, Neudr. Frankfurt 2009, S. 459 (ad Tit. 16 I R.) Fn. 2; Krüger (oben Fn. 5); E. Volterra, *Senatus consulta*, in: M. Talamanca (Hg.), Scritti giuridici, Bd. 5, Neapel 1993, S. 193–297, dort S. 257 (aus NNDI XVI, 1969, S. 1066).

9 Nach D. Medicus, *Zur Geschichte des Senatus Consultum Velleianum*, 1957, S. 14 spätestens 64 n. Chr.; P. Buongiorno & F. Ruggio, *Per una datazione del senatus consultum Velleianum*, Rivista di Diritto Romano 5 (2005) vermuten 54 n. Chr.

10 Entschieden gegen Lenels Vermutung deshalb A. Metro, *La denegatio actionis*, Mailand 1972, S. 93 Fn. 63.

11 Vgl. auch das *suscipere* durch die Erbin in beiden Fragmenten, ferner U. Robbe, *Il diritto di accrescimento e la sostizione volgare etc.*, Mailand 1953, S. 163f.; abweichend Selb (oben Fn. 3), S. 752 Fn. 63.

12 Vgl. W. Kunkel, *Herkunft und soziale Stellung der römischen Juristen*, Graz–Wien–Köln 1967, Nachdr. Köln–Weimar–Wien 2001, S. 141; Mommsen bezeichnet ihn als „eine der ersten, wenn nicht die erste juristische Autorität der trajanischen Zeit". S. Th. Mommsen, *Sextus Pomponius*, Zeitschrift für Rechtsgeschichte 7 (1868), S. 474–479, dort S. 475, 477 [= ders., Gesammelte Schriften, II.2, Berlin 1905, Nachdr. Zürich–Hildesheim 1994, S. 21, 24].

13 Weiteres siehe 4. 4b (u. nach Fn. 54).

14 Ep. 8.14, vgl. auch 1.22; Krüger (oben Fn. 5), S. 179; Karlowa (oben Fn. 5), S. 700.

Pomp. D. 4.8.40, daß Aristo Hörer des Cassius war. Damit stehen wir bei dem dritten hier anzuführenden Juristen.

Cassius Longinus: Der für die Aussage des fr. 99 maßgebliche Jurist ist der Prätor Cassius. Nach weit überwiegender Ansicht handelt es sich bei diesem um das bekannte und hochangesehene Schulhaupt der Sabinianer Gaius Cassius Longinus.[15] Von den Juristen wird er meist nur als Cassius zitiert, des öfteren auch als Gaius Cassius.[16] Deshalb hätte Aristo, sollte es im Fall des fr. 99 um einen anderen Cassius gegangen sein, dies sicherlich klargestellt.[17] Auch steht fest, daß Gaius Cassius Longinus Prätor war.[18] Da belegt ist, daß er in der zweiten Hälfte des Jahres 30 *Consul suffectus* war[19], fällt die Prätur aller Wahrscheinlichkeit nach in die Jahre 26 oder 27 n. Chr.[20] Nero ließ Cassius im Jahre 65 nach Sardinien deportieren; bald nachdem Vespasian ihn zurückgerufen hatte, verstarb er.[21]

4. Sanctum

1. Die größte Unklarheit des fr. 99 besteht in der Literatur zu dem Wort *sanctum*.

a) Vielfach wird es als Adjektiv zu Cassium aufgefaßt und dann teils enger im Sinne einer besonderen Erhabenheit begriffen, wie etwa von Alvaro D'Ors[22] und in der niederländischen Übersetzung von Jop Spruit und

15 Krüger (oben Fn. 5), S. 168 m. Fn. 4; P. F. Girard, *La date de la loi Aebutia*, ZRG Rom. 14 (1893), S. 26 Fn. 2 (27) = ders., *Mélanges de droit romain*, Bd. 1, Paris 1912, S. 85 Fn. 1; A. Pernice, *Labeo*, Bd. II/1, Halle 1895, Neudr. Aalen 1963, S. 199 Fn. 7 (200, zweifelnd); E. Weiß, *Vorjulianische Ediktsredaktionen*, ZRG Rom. Abt. 50 (1930), S. 249–271, dort S. 268 ff.; R. Martini, *Il problema della 'causae cognitio pretoria'*, Mailand 1960, S. 106; A. Metro, *La denegatio actionis*, Mailand 1972, S. 93 Fn. 63; E. Valiño, *Actiones utiles*, 1974, S. 191; Selb (oben Fn. 3), S. 751; D. Nörr, *C. Cassius Longinus: Der Jurist als Rhetor*, Historiae iuris antiqui, Bd. 3, Goldbach 2003, S. 1585–1620, dort S. 1616 = ders., in: Althistorische Studien H. Bengtson dargebracht, Wiesbaden 1983, S. 187–222, dort S. 218. – Anders diejenigen Autoren, die *sanctum* in fr. 99 so oder emendiert als Namensbestandteil ansehen, s.u. 4.1c zu Fn. 29–35.

16 Dies erweisen die von Lenel (oben Fn. 5), Sp. 109 ff. zu C. Cassius Longinus zusammengestellten Fragmente, vgl. zudem Krüger (oben Fn. 5), S. 168 Fn. 53.

17 Vgl. Weiß (oben Fn. 15), S. 268 Fn. 4.

18 Vgl. Ulp. D. 4.6.26.7 sowie unten Fn. 20.

19 CIL X 1233; Pomp. D. 1.2.2.51 (wo statt Quartino zu lesen ist Surdino); Stein in: E. Groag & A. Stein (Hg.), *Prosopographia imperii Romani*, Pars II, Berlin–Leipzig 1936, S. 118.

20 Vgl. Girard (oben Fn. 15), S. 26 Fn. 2 (27) = Mél. 1, S. 85 Fn. 1 (vor 28 n. Chr.); P. Jörs, s.v. *Cassius*, RE 3, 1899, Sp. 1736 Nr. 60 (a. 27); Stein (oben Fn. 19), S. 118 (ca. a. 27); F. d'Ippolito, *Ideologia e diritto in Gaius Cassio Longino*, Neapel 1969, S. 35 (a. 27); Nörr (oben Fn. 15), S. 1616 = S. 218; ders., *Zur Biographie des Juristen C. Cassius Longinus*, in: Sodalitas (Scritti in onore di A. Guarino), Bd. 6, Neapel 1984, S. 2957–2978, dort S. 2962 m. Fn. 21 = Historiae, Bd. 3, S. 1658 (a. 26); M. Bretone, *Geschichte des römischen Rechts*, München 1992, S. 296 n. 81 (a. 27).

21 Vgl. nur Krüger (oben Fn. 5), S. 168.

22 *Varia romana*, AHDE 20 (1950) 780 vor dem Hintergrund von Ulp. D. 50.13.1.5 (*est quidem res sanctissima civilis sapientia*); D. 1.8.9.3; Marci. D. 1.8.8 und unter Hinweis auf die herausragende Stellung des Cassius, der *ceteros praeminebat peritia legum* (Tacitus, Ann. 12.12).

Karel Bongenaar („De doorluchtige pretor Cassius“)[23]; teils wird das Wort in einer allgemeineren Bedeutung zur Kennzeichnung des Cassius „als integre moralische Erscheinung“ verstanden[24]. Dieser Einordnung folgen auch die Übersetzungen von Scott („The venerable Praetor Cassius“)[25] sowie Alvaro D´Ors und Kollegen („el justo pretor Casio“).[26]

b) Demgegenüber hält D. Gothofredus statt des *sanctum* die in einigen Handschriften überlieferte Lesart *secundum* für die richtige. Er geht also davon aus, daß eine Präposition verschrieben ist. Daß er das Wort in der Fußnote (y) mit großem S schreibt, erklärt sich daraus, daß er im Text davor, also nach *parata erit*, einen Doppelpunkt setzt.[27] Danach wäre es Cassius, der die Entscheidung eines ungenannten Prätors billigend referiert hat. In diese Richtung geht auch, allerdings ohne daß ein Anhaltspunkt im Text deutlich gemacht wäre, die Übersetzung von W.M. Gordon in der von Alan Watson edierten Ausgabe: „Cassius ordained that the praetor rightly promised ...“.[28] Die genannte Verschreibung hat jedoch ebenso wie die Voraussetzung, daß Cassius einen Prätor ohne Namensangabe anerkennend (*recte*) referiert haben sollte, wenig Wahrscheinlichkeit für sich.

c) Von der überwiegenden Zahl der Autoren wird *Sanctum* jedoch als Namensbestandteil aufgefaßt. Unterschiede bestehen auch in dieser Gruppe, je nachdem, ob man diesen Namen als richtig oder als entstellt ansieht. Für die Richtigkeit eines Namens *Sanctus* hat sich C. van Bynkershoek ausge-

23 J.E. Spruit & R. Feenstra & K.E.M. Bongenaar, *Corpus Iuris Civilis. Tekst en Vertaling*, Bd. 4, Zutphen–‘s-Gravenhage 1997, S. 414.

24 So O. Behrends, *Rezension* V. Scarano Ussani, Valori e storia nella cultura giuridica etc., Gnomon 55 (1983), S. 235. – Daß dieses Verständnis erwägenswert ist, zeigen beispielsweise die Belege bei R. Klotz, *Handwörterbuch der lateinischen Sprache*, Bd. 2, Braunschweig 1879, Neudr. Graz 1963, S. 1224 s.v. sanctus 2b; Ch. T. Lewis & Ch. Short, *A Latin Dictionary*, Oxford 1879, Neudr. Oxford 1975, S. 1625 s.v. sancio II B2.

25 Samuel P. Scott, *Corpus Iuris Civilis. The Civil Law ... in Seventeen Volumes*, Bd. 5, Cincinnati 1932, Neudr. New York 1973, S. 305.

26 A. D’Ors & F. Hernández Tejero & P. Fuenteseca & M. García Garrido & J. Burillo, *El Digesto de Justiniano*, Bd. II, Pamplona 1972, S. 385.

27 *Corpus Juris Civilis in quattuor partes distinctum* Dionysio Gothofredo auctore, Frankfurt 1663, ad h.l. – Die Lesart findet sich in verschiedenen Handschriften, s. Th. Mommsen, *Digesta*, ed. maior, Bd. 1, Berlin 1868, Neudr. Frankfurt/M. 2009, S. 889 Fn. zu l. 3. – Daß dies auch die *Vulgata lectio* ist, führt H. Brenkman in der Fn. 72 ad h.l. in der Ausgabe von G.Chr. Gebauer & G.A. Spangenberg, *Corpus Iuris Civilis*, Bd. I, Göttingen 1776, an. Ebenso in erster Linie auch Haloander.

28 *The Digest of Justinian*. Latin Text Edited by Theodor Mommsen with the Aid of Paul Krueger, English Translation Edited by Alan Watson, Bd. II, Philadelphia, Penns. 1985, S. 889/2 ad h.l. Eine Emendation zu *Sanctum* wird (wie überhaupt zu den Übersetzungen dieser Ausgabe) nicht angeführt. – Eine Liste der Übersetzer der einzelnen Bücher ebda. Bd. I, S. XII/XIII. – Gegen diese Übersetzung in fr. 99 D.E.L. Johnston in seiner Rezension im Cambridge Law Journal 46 (1987), S. 153 („The text is corrupt: for *sanctum Cassium praetorem* read Gaium Cassium praetorem ...“), dazu unten. – Unbeachtet bleibt *sanctum* auch in der französischen Übersetzung von H. Hulot & J.-F. Berthelot, *Corps de droit civil Romain en latin et en français*, Bd. I (*Digeste*)/4, Metz 1804, Neudr. Aalen 1979, S. 258.

sprochen: „*Sancti nomen in Republica Romana satis fuit frequentatum*".[29] Dieser Auffassung folgen die Gebrüder Kriegel in ihrer Digestenausgabe „*... parata erat, Sanctum Cassium Praetorem ...*".[30] In der alten deutschen Übersetzung ist der Text dieser seinerzeit neu erscheinenden Ausgabe bis einschließlich Buch 38 zugrundegelegt worden, „jedoch mit steter Berücksichtigung auch der ebenfalls sehr verbreiteten trefflichen Ausgabe" von Joh. Ludwig Wilhelm Beck.[31] Bei diesem war die Präposition bereits zum Namensbestandteil mutiert: „*... parata essent, Secundum Cassium Praetorem*".[32] Danach ist es nicht verwunderlich, daß Carl Hunger „unter der Redaction" von C.E. Otto in der deutschen Übersetzung unseres Fragments, von der wir zweckmäßigerweise den gesamten Schlußteil wiedergeben, einen Prätor kennt, der einen nach römischen Maßstäben mehr als eigenwilligen Namen führte:

> [In diesem Falle] habe nun der Prätor Sanctus [Secundus] Cassius nach geschehener Untersuchung der die analogen Erbschaftsklagen zu geben, und zwar mit Recht versprochen, welche ihres Vaters Erbin bleiben wollte; der aber, welche die Erbschaft abwies, versagte er sie.[33]

Die meisten Autoren in dieser Gruppe halten jedoch eine Emendation für geboten. Haloander hatte erwogen, *Sanctum* durch *Statium* zu ersetzen[34]; van Bynkershoek hatte hilfsweise[35] in Betracht gezogen, (nach dem Namen einer römischen *gens*) *Scantium* zu lesen. Die meisten Anhänger hat jedoch die zuerst von Cuiaz vorgeschlagene und an sich nächstliegende Verbesserung von *Sanctum* in *Gaium* gefunden.[36] Damit bestünde zwar eine noch größere Wahrscheinlichkeit, daß es um Gaius Cassius Longinus ging; doch führt auch diese Emendation in die Irre.

29 *Observationum Juris Romani libri quatuor*, Leiden 1735, L. III, C. VII, S. 241 ff.

30 A. und M. Fratres Kriegelii & A. Herrmann & E. Osenbrueggen, *Corpus Juris Civilis brevibusque adnotationibus criticis instructum*, Pars prior, ed. stereotypa, Leipzig 1868, S. 486 ad h.l. (insoweit seit der 1. Ausgabe wohl unverändert). Ebenso (auf der Grundlage der Kriegelschen Edition) die spanische Übersetzung von Ildefonso L. García del Corral, *Cuerpo del derecho civil Romano*, 1a Parte: *Digesto*, Bd. 2, Barcelona 1892, S. 442 ad h.l. (el Pretor Santo Cassio).

31 Sintenis in: C.E. Otto, B. Schilling & C.F.F. Sintenis, *Das Corpus Juris Civilis in's Deutsche übersetzt von einem Vereine Rechtsgelehrter*, Bd. 1, Leipzig 1830, S. XVIII (dort das Zitat); 4. Bd., Leipzig 1832, S. V/VI.

32 J.L.W. Beck, *Corpus Iuris Civilis*. Ed. stereotypa ex officina Caroli Tauchnitii, Leipzig 1829, S. 396 ad h.l.

33 Hunger in Otto & Schilling & Sintenis (oben Fn. 31), 3. Band, Leipzig 1831, S. 176. Die Berücksichtigung des Beckschen Textes findet dort in Fn. 195 eine Bestätigung.

34 Dig. ad h.l. (mir nicht zugänglich); doch siehe A. Schulting, *Notae ad Digesta*, hrsg. v. N. Smallenburg, Bd. 5, Leiden 1825, Neudr. Frankfurt/M. 2004, S. 153.

35 Vgl. oben zu Fn. 29 und bei Schulting (oben Fn. 34), S. 154.

36 J. Cujacii *Opera ad Parisiensem Fabrotianam Editionem ... exacta*, Bd. VI, Prato 1838, Sp. 407f.; zustimmend etwa Girard (oben Fn. 15), S. 26 Fn. 2 (28) = Mél., S. 85 Fn. 1; Jörs, (oben Fn. 20), Sp. 1736; Stein (oben Fn. 19), S. 118; Johnston (oben Fn.28), S. 153.

2. In seiner editio maior merkt Theodor Mommsen, dessen Überlegenheit auch hier hervortritt, zu *in decretis frontianis]* (Zeile 42) im Apparat an: *decreta haec ab Aristone composita sine dubio imperatoria fuerunt: nam eo ducit et collectorum a Paulo decretorum comparatio et sanciendi vocabulum et omnino quod decernitur ex appellatione a praetoris sententia* [...].[37] Wesentlich für unseren Zusammenhang sind drei Umstände, die Mommsen treffend hervorhebt. Erstens handelt es sich bei Aristos *Decreta Frontiana* oder *Frontiniana* um eine Entscheidungssammlung. Zweitens weist das Verb *sancire*, von dem sich das part. perf. *sanctum* (gleichwertig mit *sancitum*) herleitet, auf eine Entscheidung hin. Drittens geht es überhaupt darum, daß über die Berufung gegen eine Entscheidung des Prätors geurteilt wurde.

Daß diese Hinweise nahezu durchweg übersehen worden sind, mag darauf beruhen, daß bei der täglichen Arbeit in der romanistischen Wissenschaft Mommsen-Krügers editio stereotypa weitaus häufiger benutzt wird als die editio maior, die, wie unser fr. 99 zeigt, auch wegen ihres Apparats unentbehrlich ist. Aber Mommsen hatte seine Interpretation des Fragments zusätzlich und gleichzeitig mit dem Erscheinen von Band 1 der ed. maior in einem Artikel über „Sextus Pomponius" publiziert, in dem er zu fr. 99 anmerkte: „Also wurde der Spruch des Prätors Cassius, der den fraglichen Prozess in erster Instanz entschieden hatte, vom Appellationsgericht im Namen des Kaisers bestätigt. Wunderlicher Weise sieht man durchgängig *Sanctum* als Eigennamen an, der dann bald vertheidigt, bald emendirt wird".[38] Doch ist auch das nahezu unbeachtet geblieben.

In der Tat kann, wie überdies im Handlexikon von Heumann/Seckel unter Hinweis auf D. 29.2.99 als Beleg angeführt wird, *sancire* die Bedeutung von „in letzter Instanz bestätigen" haben[39], und so muß es sich hier verhalten. Dazu ist auch die Wortstellung von *causa cognita* bemerkenswert: Es heißt nicht *actiones hereditarias utiles causa cognita daturum recte pollicitum*, wonach die Voruntersuchung die Erteilung der jeweiligen analogen Erbschaftsklage beträfe, sondern *causa cognita actiones hereditarias utiles daturum recte pollicitum*; die Voruntersuchung hat bereits stattgefunden.[40] Sie hatte die Feststellung von Nichtausschlagung und Ausschlagung

37 Mommsen, *Digesta Iustiniani Augusti*, ed. maior, Bd. 1, Berlin 1868, Neudr. Frankfurt/M. 2009, S. 888.

38 Mommsen (oben Fn. 12), S. 475f. Fn. 5 = Schr. II/2, S. 22 Fn. 5.

39 H. Heumann & E. Seckel, *Handlexikon zu den Quellen des römischen Rechts*, Jena 1907, S. 525 s.v. sancire. – Das Lexikon ist übrigens von der 6. Aufl. (1884) ab nach den Mommsen-Krügerschen Ausgaben des *Corpus iuris* nicht unerheblich umgestaltend bearbeitet worden. – Von der Entscheidung einer Appellationsinstanz – nach ihrer Ansicht des Senats – gehen auch Karlowa (oben Fn. 5), S. 700; Lenel (oben Fn. 5), Sp. 59 Fn. 1; F. Arcaria, *Senatus censuit*, Mailand 1992, S. 199 und wohl auch G. Beseler, *Romanistische Studien*, ZRG Rom. Abt. 54 (1934), S. 22 aus.

40 Treffend Metro (oben Fn. 15), S. 93f. Fn. 64 (zugleich gegen Martini [oben Fn. 15]); ebenso R. Sotty, *Recherche sur les utiles actiones*, Grenoble 1977 (1978), S. 384 und die Übersetzung von Spruit und Bongenaar (oben Fn. 23).

und deren rechtliche Bewertung zum Gegenstand[41] und mündete in das *decretum*[42], das dann Gegenstand der *appellatio* wurde. Überdies: Wollte man *causa cognita* auf die Erteilung der jeweiligen Klage (*daturum*) beziehen, so käme in Betracht, diese Beziehung auch für die Klagenverweigerung (*denegaturum*) anzunehmen, was unsinnig wäre, weil die direkten erbrechtlichen Klagen, nicht aber *utiles actiones* denegiert werden.[43]

Es ist auch keineswegs zu beanstanden, daß der Prätor eine generelle Verheißung von *actiones utiles* zugunsten der verbliebenen Erbin im konkreten Erbfall aussprach und zugleich der anderen Erbin, die von der Erbschaft Abstand genommen hatte, die Erbschaftsklagen generell verweigerte, ging es doch darum, die Rechtswirkungen der Ausschlagung mit honorarrechtlichen Mitteln abzusichern[44]. Zudem war dies der prozeßökonomisch sinnvollste Weg, denn der Erbin, die ausgeschlagen hatte, wurde damit de facto Möglichkeit versperrt, in dieser Erbschaftssache aufgrund ihrer fortbestehenden zivilrechtlichen Miterbenstellung künftig Klagen beim Prätor zu beantragen und überhaupt in den Verfahrensabschnitt *apud iudicem* zu gelangen. Es mögen diese Konsequenzen gewesen sein, die zu der Berufung den Anlaß gaben.

3. Mit der Erkenntnis, daß es sich in fr. 99 um ein prätorisches Dekret handelt, ist den oft geäußerten Annahmen die Grundlage entzogen, Cassius Longinus habe in diesem Fall eine Ergänzung des Edikts vorgenommen, die von seinen Nachfolgern aber nicht beibehalten worden sei.[45]

4. a) Auf die Frage, welche Instanz den Beschluß über die *appellatio* gegen das Dekret des Prätors Cassius Longinus faßte, ist eine sichere Antwort

41 Vgl. M. Lemosse, *Cognitio*, Paris 1944, Neudr. Rom 1971, S. 189; Selb (oben Fn. 3), S. 752, anders (für die Beziehung der *cognitio* auf die einzelnen Klagen) Martini (oben Fn. 15), S. 106f., der von einem *edictum repentinum* ausgeht, s. dazu sogleich.

42 Vgl. F. Wieacker, *Römische Rechtsgeschichte*, Bd. 2, München 2006, S. 401 (prätorisches Denegationsdekret).

43 Vgl. Metro (oben Fn. 15), S. 94 m. Fn. 65; Sotty (oben Fn. 40), S. 384, 611; Selb (oben Fn. 3), S. 752 m. Fn. 65, alle gegen S. Solazzi, *Diritto ereditario romano*, Bd. 2, Neapel 1933, S. 238 Fn. 1 und Beseler (oben Fn. 39), S. 22, die aus der Möglichkeit eines derartigen Mißverständnisses einen Verdacht gegen die Echtheit der Aussage in Betracht zogen. Pernice (oben Fn. 15), S. 200 Fn. 7 versieht *sanctum* mit einem Fragezeichen und zieht in Zweifel, ob der Satz von Gaius Cassius stammt.

44 Selb (oben Fn. 3), S. 752.

45 So Girard (oben Fn. 15), S. 26 Fn. 2 (27/28) = Mél. 1, S. 85 ff; Weiß (oben Fn. 15), S. 269; G. Pugliese, NNDI 3 (1959), S. 432 s.v. cognitio = Ders., Scritti giuridici scelti, Bd. I, Neapel 1985, S. 283 („in clausole dell'Editto promettenti un'azione"); Martini (oben Fn. 15), S. 106 („editto repentino"); Selb (oben Fn. 3), S. 752, ferner die spanische Übersetzung von D'Ors u.a. (oben Fn. 26), [<en su edicto>]), wohl auch Lenel (oben Fn. 2), S. 418 Fn. 3. Doch gehen alle diese Autoren auf *sanctum* nicht ein. – Für nicht einschlägig für die Frage von Änderungen des Edikts sehen das fr. 99 an A. Watson, *The Development of the Praetor's Edict*, JRS 60 (1970), S. 110–119, dort S. 118 Fn. 188 und Bretone (oben Fn. 20), S. 296; ohne Stellungnahme Valiño (oben Fn. 15), S. 192 Fn. 2.

nicht möglich. Wie bereits dargetan, war es für Mommsen zweifelsfrei, daß der Kaiser die Entscheidung traf[46]. Demgegenüber hielt Karlowa es für richtiger, an den Senat zu denken, worin ihm Lenel, Arcaria und wohl auch Beseler gefolgt sind.[47] Karlowa machte geltend, das Fragment 99 stamme aus dem Werk *De senatusconsultis* des Pomponius und es sei „von den Gerichten Roms, insbesondere also von den Dekreten des Prätors, ... die Appellation von Rechtswegen an Konsuln und Senat" gegangen. Auch passe das für die Entscheidung gebrauchte Wort *sancire* auf die Entscheidungen des Senats ebensogut wie auf solche des Kaisers – was außer Frage steht.[48]

Geht man von der Prätur des Cassius Longinus um 26/27 n. Chr. aus, so muß über die Appellation zwischen 26 und 28 entschieden worden sein, also unter Tiberius (14-37). Bereits in jener Zeit war eine Appellation an den Kaiser grundsätzlich möglich, war doch schon 30 v. Chr. dem Augustus bei der Verleihung der *tribunicia potestas* auch die Befugnis „auf Anrufen als Richter zu entscheiden" eingeräumt worden[49], die zumindest eine reformatorische Appellation gegen magistratische Dekrete erlaubte[50], sich im Zusammenhang mit den tribunizischen und prokonsularischen Gewalten des Augustus aber schon bald zu einer allgemeinen Jurisdiktionskompetenz entwickelte. Da sich unter Tiberius insoweit Einschränkungen nicht ergaben, ist es möglich, daß das Dekret des Cassius von Tiberius bestätigt wurde.

Eine genuine Zuständigkeit des Senats, über Appellationen entweder konfirmatorisch oder kassatorisch zu entscheiden, ergab sich schon nach dem Rechtszustand der Republik in den Fällen, in denen gegen einen magistratischen Akt, insbesondere ein prätorisches Dekret, die Interzession eines Konsuls, Prätors oder – in praxi am häufigsten – eines Volkstribunen erfolgt war, etwa auf Veranlassung einer Partei, die vom Prätor durch *denegatio actionis* zurückgewiesen worden war.[51] Doch konnten auf diese Weise nicht Urteile des Geschworenengerichtes vor den Senat gebracht werden, sondern nur Entscheidungen, die vom Prätor getroffen worden waren, *in iure* also. Da es in fr. 99 um ebendiese Entscheidungen des Prätors Cassius geht, könnte es auf diesem Wege zu einer Entscheidung des Senats gekommen sein.

46 Siehe oben zu Fn. 37, 38. Vgl. auch Bretone (oben Fn. 20), S. 152 m. Fn. 23 (S. 310).

47 Nachweise oben Fn. 39. – V. Wankerl, *Appello ad Principem*, München 2009, geht auf das fr. 99 nicht ein.

48 Vgl. nur Heumann & Seckel (oben Fn. 39), S. 525 s.v. sancire.

49 Dio Cassius 51.19.7 (*appellatum iudicare*), siehe dazu M. Kaser/K. Hackl, *Das römische Zivilprozeßrecht*, München 1996, S. 446f. m. Fn. 7 (Lit.). – Daß Augustus Dekrete über die *bonorum possessio* erlassen hat, die möglicherweise nach einer prätorischen Denegation ergangen sind, zeigen die beiden von Val. Max. 7.7.3–4 überlieferten Fälle; zu § 4 jüngst J.F. Stagl, *Favor dotis. Die Privilegierung der Mitgift im System des römischen Rechts*, Wien 2009, S. 36.

50 W. Kunkel, *Rez. J. Bleicken, Senatsgericht und Kaisergericht*, in: ZRG Rom. Abt. 81 (1964), S. 374 m. Fn. 11 = ders., Kleine Schriften, hrsg. v. H. Niederländer, Weimar 1974, S. 339.

51 Vgl. dazu nur Arcaria (oben Fn. 39), S. 34 ff. m. Lit.

In Betracht zu ziehen ist jedoch auch eine Kompetenz des Senats kraft kaiserlicher Delegation, die möglicherweise schon von Augustus im Jahre 8 n. Chr. angeordnet[52] und unter Tiberius bereits ausgeweitet worden ist.[53] Bei dieser Kompetenz würde es sich um eine „reformatorische" Appellation handeln, was freilich für den Fall unseres fr. 99 ohne Belang ist.

Es kommen demnach als Revisionsinstanz in fr. 99 Kaiser und Senat gleichermaßen in Betracht. Für die Frage, welches dieser Organe in concreto entschieden hat, bleibt als einziger Punkt, der einen wenn auch nur geringen Anhalt liefert, die Inskription des Fragments. Danach dürfte es sich eher um eine Entscheidung des Senats handeln[54].

b) Von der soeben genannten Entscheidung hängt die Einordnung der *decreta Frontiana* des Aristo ab: Wer in fr. 99, dem einzigen Exzerpt aus dieser Sammlung, wie Mommsen ein kaiserliches Dekret sieht, nimmt an, es habe sich um eine Sammlung solcher Entscheidungen in der Appellationsinstanz gehandelt[55]; wer mit Karlowa an einen Senatsbeschluß denkt, schließt auf eine Sammlung derartiger Beschlüsse in der Berufungsinstanz.[56] Schwierigkeiten mit dem Namen der Sammlung haben beide Lehren: Mommsen bekennt offen: „Was die Bezeichnung der *decreta* als *Frontiana* bedeutet, weiss ich nicht"; er vermutet, Aristo habe die Sammlung von Entscheidungen aus der Epoche Domitians wegen dessen *damnatio memoriae* nicht nach diesem, sondern nach dem „als Staatsmann und Schriftsteller gleich ausgezeichneten Sex. Iulius Frontinus" benannt, der erstmals unter Domitian Konsul (und wohl auch dessen Consilium zugehörig) war, und dann in den Jahren 97 und 100 zum zweiten und dritten Mal[57]. Demgegenüber denkt Karlowa an eine Benennung nach dem Konsul, unter dessen Leitung die Senatsentscheidungen in der Appellationsinstanz ergingen und zieht den Konsul des Jahres 100 Cornelius Fronto in Betracht[58]. Für unseren

52 Dio Cassio 55,34,2, Näheres dazu, insbesondere zur Frage, ob die Anordnung den Senat als Appellationsinstanz betraf, bei Arcaria (oben Fn. 39), S. 47 ff.

53 Arcaria (oben Fn. 39), S. 54–63.

54 Zum möglichen Zusammenhang mit dem *SC Vellaeanum* s.o. nach Fn. 5.

55 Mommsen (oben Fn. 37), S. 888 ad l. 42; ders. (oben Fn. 12), S. 475 = Schr. II/2, S. 22; ihm folgt F. Schulz, *Geschichte der römischen Rechtswissenschaft*, Weimar 1961, S. 181; Wieacker, (oben Fn. 42), S. 59 (freilich mit der widersprüchlichen Zusatzbemerkung in Fn. 156 [S. 401]: „ein Bezug auf ein kaiserliches Dekret ist nicht ersichtlich"). Nur referierend Krüger (oben Fn. 5), S. 179 Fn. 160; B. Kübler, *Geschichte des Römischen Rechts*, Leipzig–Erlangen 1925, S. 265.

56 Karlowa, ihm folgend Lenel, Arcaria und grundsätzlich wohl auch Beseler (alle o. Fn. 39).

57 Mommsen (oben Fn. 38), S. 476 Fn. 5 = Schr. II/2, S. 22 Fn. 5. – In der ed. maior ad h.l. erwägt Mommsen demgemäß (?) wie schon andere eine Emendation in: Frontinianis.

58 Karlowa (oben Fn. 5), S. 700. – Gemeint ist offensichtlich A. Cornelius Palma Frontonianus (cos. 99) und nicht Sext. Iulius Frontinus (III cos. 100, s. zu Fn. 57), vgl. dazu I. König, *Der römische Staat*, Stuttgart 2007, S. 372f. – Bei ihrer Emendation Frontianis] Frontonianis knüpfen Haloander und ihm folgend Gothofredus (oben Fn. 27) ad h.l. Fn. t. (dafür auch Brenkman in Gebauer & Spangenberg ad h.l.) vermutlich gleichfalls an den Erstgenannten an.

Zusammenhang mag es mit dem Hinweis auf diese Hypothesen sein Bewenden haben.

5. Schlußbemerkung

Der Freund Eltjo Schrage wird längst vermutet haben, daß die kleine Studie, die wir ihm hier mit den besten Wünschen für das nun vor ihm liegende fortwährende Forschungssemester entbieten, eine Frucht der Arbeit an der deutschen Übersetzung des Corpus Iuris ist. In der Tat verhält es sich so. Am Ende der gemeinsamen Erörterung der von Berthold Kupisch vorgelegten Übersetzung des Titels D. 29.2 gerieten wir, Thomas Rüfner, Berthold Kupisch und ich, in fr. 99 über das uns auffällig erscheinende *sanctum* in die Diskussion, denn daß es eine besondere Bedeutung haben mußte, war uns schnell klar. Es währte nicht lange, bis wir bei dem Blick in Heumann/Seckels Handlexikon zum Verb *sancire* erkannten, daß wir auf dem richtigen Wege waren[59], und daß wir damit wieder einmal die Wahrheit von Luthers *nec translatores debent esse soli* betätigt fanden. Zugegebenermaßen ist das Verfahren, im Prinzip jeden Satz jedes Fragments in gemeinsamer Erörterung durchzugehen, sehr zeitraubend; doch verbessert es wesentlich die Möglichkeiten, den Dingen auf den Grund zu kommen und vor allem auch die juristischen Probleme schärfer zu erfassen, bei denen in unseren Texten die crux allen Übersetzens wohl am häufigsten zutage tritt; Michael Grant hat diese vor einiger Zeit wie folgt beschrieben: „the crux of the matter is that the translator ... must first know exactly *what it means*“[60]. Vielleicht kann im Hinblick auf gut begreifliche Ratschläge, es sollte mit dem Übersetzen schneller vorangehen – was natürlich ureigenster Wunsch aller Beteiligten ist – das hier erörterte Fragment als ein bescheidenes Beispiel zugunsten unseres Verfahrens dienen.

59 Siehe oben zu Fn. 39.

60 M. Grant, *Translating Latin Prose*, in: W. Radice & B. Reynolds (Hg.), The Translator's Art, Essays in honour of Betty Radice, Harmondsworth 1987, S. 81–91, dort S. 89/90 (weggelassen im Text ist die Hervorhebung: „especially if he is going to try to improve on his original“); vgl. auch W.J. Zwalve, *Tekst & Uitleg XI*, Groninger Opmerkingen 26 (2009), S. 151–159, dort S. 158 Fn. 35. – Th. Mommsen soll gesagt haben, man könne einen Text am besten übersetzen, wenn man weiß, was darin steht; vgl. B. Kupisch, *D. 34.4.27pr: Schwieriger Paulus und kein Ende*? in: W. Wiegand & Th. Koller & H.P. Walter (Hg.), Tradition mit Weitsicht, Festschrift Eugen Bucher zum 80. Geb., Bern 2009, S. 480 Fn. 1.

Papinian D. 31,77,31*

Von *Rolf Knütel*

I. Vorbemerkung

Die wenn auch langsamer als erhofft, aber doch unverdrossen fortgeführte neue deutsche Übersetzung des *Corpus iuris civilis* wird von Detlef Liebs, dem wir uns seit langem in freundschaftlicher Kollegialität verbunden wissen, mit wacher Aufmerksamkeit und, wie seine sehr eingehende Rezension im letzten Jubiläumsband unserer Zeitschrift zeigt, mit förderlicher Kritik und bedenkenswerten Anregungen verfolgt[1]. Dies ist Anlaß, in die Reihe der Gratulanten mit einer kleinen Frucht zu treten, die sich bei der Arbeit für Band V ergeben hat und für die bislang zurückgestellte Diskussion dieses letzten Textes aus Buch 31 eine Grundlage bieten soll.

II. Der Gläubiger als Erbe

Wie die Quellen überliefern, kam es gelegentlich und dann eher unter Verwandten vor, daß ein Schuldner seinen Gläubiger zum Erben einsetzte – oder ihm ein Vermächtnis zuwendete – und ihm zugleich auferlegte, seine Forderung mit der Erbschaft zu verrechnen. Papinian, der sich mit diesem Sachverhalt mehrfach befaßt hat, stellt ihn zum Beispiel in D. 31,77,7 wie folgt dar: *Cum pater fideicommissum praediorum ex testamento matris filiae deberet, eandem pro parte ita heredem instituit, ut hereditatem fideicommisso conpensaret* …[2].

Soweit ersichtlich hat sich mit dieser Fallgruppe, die er als „erbrechtliche Kompensationen“ bezeichnet, bislang im Zusammenhang und in angemessener Einläßlichkeit zuletzt Gustav Kretschmar befaßt, in einer gehaltvollen,

* K. Muscheler (Hrsg.), Römische Jurisprudenz – Dogmatik, Überlieferung, Rezeption. Festschrift für Detlef Liebs zum 75. Geburtstag, Duncker & Humblot, Berlin 2011, 321 – 330.

1 *Detlef Liebs*, Besprechung zu Corpus Iuris Civilis. Text und Übersetzung, Bd. IV (Digesten 21–27), Heidelberg 2005, SZ 125 (2008) 714–721. Daß die Herausgeber dennoch an manchen ihrer Erkenntnisse und Gewohnheiten festzuhalten (und z.B. weiterhin den Geburtsvorgang bei Stuten und Kühen – mit *G. Wahrig*, Deutsches Wörterbuch, Gütersloh 1996, S. 1745 s.v. werfen [„Die Kuh hat ein Kalb geworfen“] – mit Werfen zu bezeichnen) geneigt sind, versteht sich.

2 Vgl. Phil. C. 6,24,6 (a. 246): *Si compensandi debiti gratia uxor maritum fecit heredem* …; Ter. Clemens D. 31,53 pr. Weitere im Folgenden.

aber nicht sonderlich übersichtlichen und wohl auch wegen des Publikationsortes leider nahezu unbekannt gebliebenen Abhandlung von 1892[3]. Ihm boten die noch heute maßgeblichen Ausführungen des Cujaz zum fr. 77,31 die wesentliche Grundlage[4]. Bei unserem Versuch, Papinians auch in diesem Fall sehr eindrucksvolle und lehrreiche Entscheidung in D. 31,77,31 darzulegen, können wir weitgehend an die Untersuchungen dieser Autoren anknüpfen.

Daß der Gläubiger seine Forderung mit der Erbschaft verrechnen, sich aus oder mit dieser bezahlt machen soll, läßt sich als Auflage, *modus*, einordnen[5], die mit dem Erwerb der Erbschaft, sei es durch Erbantritt, sei es (beim Hauskind) durch Unterlassung des *abstinere*, der Ausschlagung, erfüllt wird. Auch mag man mit Dernburg den Vorgang dadurch veranschaulichen, daß der Gläubiger „die Erbschaft gleichsam an Zahlungs Statt" annimmt[6]; wichtiger ist jedoch, daß die Forderung in dem Augenblick durch Konfusion erlischt, in dem der Gläubiger Erbe wird.

III. Das Gutachten Papinians

D. 31,77,31 Papinianus libro octavo responsorum

Titio fratri suo Maevius hereditatem Seii, a quo institutus erat, post mortem suam restituere rogatus eodem Titio herede scripto petit, ut moriens Titius tam suam quam Seii hereditatem Sempronio restitueret. cum ex fructibus medio

Maevius wurde gebeten, nach seinem Tod die Erbschaft des Seius, der ihn zum Erben eingesetzt hatte, seinem Bruder Titius herauszugeben. Maevius setzte den Titius zum Erben ein und verlangte von ihm, bei seinem Tod sowohl seine Erbschaft wie auch die des Seius dem Sempronius herauszugeben. Da Titius in der Zwischenzeit aus den gezogenen Nutzungen den aus dem Fideikommiß ge-

[3] *Gustav Kretschmar*, Erbrechtliche Kompensationen. Ein Beitrag zur Lehre von den Vermächtnissen und der Lex Falcidia, in: Festgabe für Rudolf von Jhering zum 6. August 1892 gewidmet von der Giessener Fakultät, Leipzig 1892, Neudruck Aalen 1973, S. 1–108; im folgenden zitiert als *Kretschmar*. Er war zuletzt (ab 1877) Ordinarius für römisches Recht in Gießen und ist nicht zu verwechseln mit seinem Sohn Paul Kretschmar, der (als Extraordinarius) von 1903–1909 ebenfalls in Gießen wirkte und auch mit einer Studie zur Kompensation hervorgetreten ist (Über die Entwicklung der Kompensation im römischen Rechte, Leipzig 1907); zu ihm s. den Nachruf von *Heinrich Siber*, SZ 63 (1943) 528 ff.

[4] Cujaz hat zwei weithin übereinstimmende Exegesen zu fr. 77,31 verfaßt, s. *Jacobi Cuiacii*, Opera ad Parisiensem Fabrotianam Editionem, Prato 1836 ff., Bd. 4, 1837, Sp. 2347–2350 (im Kommentar zu Papinians Responsen) und Bd. 7, 1839, Sp. 2015–2019 (in den Recitationes solemnes zum 31. Buch der Digesten).

[5] *Kretschmar*, S. 21.

[6] *Heinrich Dernburg*, Die Einrechnung in den Antheil des Erben bei der quarta Falcidia und Trebelliana, AcP 47 (1864), 298; *Andreas Wacke*, Die Rechtswirkungen der lex Falcidia, in: D. Medicus/H. H. Seiler (Hrsg.), Studien im römischen Recht (Max Kaser zum 65. Geburtstag), Berlin 1973, S. 229 Fn. 108.

tempore perceptis fideicommissi debitam quantitatem Titius percepisset, aeris alieni loco non esse deducendum fideicommissum respondi, quoniam ratione conpensationis percepisse debitum videbatur. plane si ea lege Maevius Titium heredem instituat, ne fideicommissum ex testamento Seii retineat, Falcidiam compensationi sufficere, sed iniquitate<m>[7] occurrere. prudentius autem fecerit, si ex testamento fratris hereditatem repudiaverit et intestati possessionem acceperit: nec videbitur dolo fecisse, cum fraudem excluserit.

schuldeten Betrag erlangt hatte, habe ich gutachtlich entschieden, das Fideikommiß dürfe nicht als Schuld abgezogen werden, weil anzunehmen sei, daß Titius das Geschuldete im Wege der Verrechnung erlangt hatte. Setzt Maevius freilich Titius mit der Bestimmung zum Erben ein, daß er das Fideikommiß aus dem Testament des Seius nicht abziehen soll, so stehe zur Verrechnung das falzidische Viertel zu Gebote; dies laufe jedoch auf eine Unbilligkeit hinaus. Er würde aber klüger handeln, wenn er die testamentarische Erbfolge nach seinem Bruder ausschlagen und den Nachlaßbesitz aufgrund gesetzlicher Erbfolge annehmen würde. Er würde dadurch auch ersichtlich nicht arglistig gehandelt haben, weil er damit eine Benachteiligung vereitelt.

Der Text, in dem ein Gutachten Papinians wiedergegeben wird, besteht aus drei Teilen, dem Grundfall und zwei Erweiterungen. Im Ausgangsfall sind zwei Erbfälle eingetreten. Zunächst setzte Seius, dessen Erbschaft wir mit 160 veranschlagen wollen, als Alleinerben den Maevius ein, belastete ihn aber mit einem nach seinem Tod zu erfüllenden Erbschaftsfideikommiß zugunsten von dessen Bruder Titius. Später machte Maevius, dessen eigene Erbschaft ohne die des Seius 600 wert sein möge, Titius zum Alleinerben, erlegte ihm jedoch ein Universalfideikommiß sowohl hinsichtlich der Erbschaft des Seius als auch hinsichtlich der eigenen auf, wonach Titius die Erbschaften nach seinem Tod dem Sempronius herausgeben sollte. Nach Papinian hat Titius den wegen des Fideikommisses geschuldeten Betrag durch die zwischenzeitlich gezogenen Früchte erhalten. Das Fideikommiß sei als Schuld nicht mehr abzuziehen, denn Titius habe das Geschuldete *ratione compensationis* erlangt. – Auf die beiden Erweiterungen (*plane si* rell.) werden wir später eingehen (VI, VII).

IV. Die Befriedigung des mit Universalfideikommiß beschwerten Gläubigers im Normalfall

Der geschuldete Betrag ergibt sich aus dem von Seius angeordneten Fideikommiß, dessen Erfüllung Titius von Maevius verlangen konnte. Mit dem Erbantritt des Titius müßte diese Schuld allerdings durch Konfusion

[7] So die Hss. D, E, I, C, K bei *Theodor Mommsen*, Digesta, ed. maior, ad h.l.

erloschen sein (Paul. D. 36,1,61 pr.; Scaev. D. 36,1,82). Dessen ungeachtet spricht Papinian von einem geschuldeten Betrag (*debita quantitas*; *debitum*). Dies erklärt sich daraus, daß die erloschenen Forderungen, die der Erbe gegen den Erblasser hatte, gegenüber Ansprüchen von Legataren und Fideikommissaren als Abzugsposten weiterhin berücksichtigt wurden[8]. Für die Ermittlung der falzidischen Quart war dies sehr wichtig, wie sich alsbald erweisen wird. Ihren Grund wird diese Berücksichtigung darin finden, daß der Erbe für die Forderungen der Gläubiger des Erblassers als dessen Gesamtrechtsnachfolger ebenso wie dieser einzustehen hat. Die Vermächtnisse und Fideikommisse schuldet er hingegen nicht als Gesamtrechtsnachfolger – den Erblasser trafen diese Verbindlichkeiten ja nicht –, sondern aufgrund des Erbschaftserwerbs[9] und deshalb grundsätzlich auch nur, soweit nach der Tilgung der Schulden, mithin auch seines „Schuldpostens“, noch Mittel zur Erfüllung der freigiebigen Zuwendungen des Erblassers übrig sind[10].

Was den Umfang des genannten Schuldpostens angeht, ist davon auszugehen, daß Maevius von der Erbschaft des Seius die falzidische Quart, die nach dem *SC Pegasianum* auch bei Universalfideikommissen einbehalten werden konnte (Gai. 2,254), vereinnahmt hat. Demzufolge beliefe sich der Betrag nach unserem Beispiel auf 120. Da Maevius keine Kompensationsanordnung getroffen hat[11], müßte Titius nach der gewöhnlichen Berechnung von der Erbschaft des Maevius[12] zunächst diesen Schuldposten abziehen und von den verbleibenden 480 die Quart absetzen[13], so daß er insgesamt 240 hätte und Sempronius 360 erhielte. Zu dieser Abwicklung kommt es jedoch nicht.

V. Der Sonderfall: Befriedigung aus den Nutzungen

Eine Komplikation ergibt sich daraus, daß Titius von Maevius mit dem weiteren Fideikommiß beschwert worden ist, auch die Erbschaft des Seius dem Sempronius herauszugeben, mithin ihm einen Betrag in Höhe des

---

8 Vgl. etwa *Bernhard Windscheid/Theodor Kipp*, Lehrbuch des Pandektenrechts, 9. Aufl., Frankfurt/M. 1906, Bd. 3, § 665 Fn. 4a, S. 705.

9 Inst. 3,27,5 führt als Verpflichtungsgrund an: *quasi ex contractu debere intellegitur*, was nicht mehr als ein durch den Systematisierungsversuch veranlaßter Notbehelf ist.

10 Vgl. *Kretschmar*, S. 44 ff.

11 Wie in dem vergleichbaren Fall Pap. D. 35,2,15,3, dazu *Kretschmar*, S. 17 ff., 30 f., 35 f. – s. zudem u. VI.

12 Also 600; darin mag das Viertel aus der Erbschaft des Seius enthalten sein.

13 Vgl. Alex. C. 6,50,6 pr. (a. 223); C. 6,50,8,1 (a. 233), vgl. *Cujaz*, Bd. 4, Sp. 2348; Bd. 7, Sp. 2016.

Rechnungspostens von 120 auszuzahlen (wenn man die Möglichkeit beiseite läßt, daß Titius konkrete Gegenstände der Erbschaft des Seius herausgeben könnte). Für die Beschwerung des Titius mit dem Fideikommiß ist jedoch Voraussetzung, daß ihm vom Erblasser Maevius aus dem Nachlaß oder auch durch Schenkung von Todes wegen etwas hinterlassen worden ist, mit oder aus dem er die fideikommissarische Bitte erfüllen kann[14].

Eine Zuwendung, die eine Grundlage für die fideikommissarische Bitte des Maevius bieten könnte, liegt grundsätzlich nicht darin, daß Maevius mit der Erbeinsetzung dem Titius auch die Erbschaft des Seius verschafft hat. Denn diese Erbschaft schuldete er dem Titius bereits aus dem von Seius angeordneten Fideikommiß. Die Erfüllung einer bestehenden und im Todeszeitpunkt des Maevius auch fälligen Verbindlichkeit wäre mithin keine besondere Zuwendung und erlaubte keine Beschwerung des Gläubigers mit einem Fideikommiß[15]. Allerdings konnte Maevius, wie dargetan, von der Erbschaft des Seius die Quart einbehalten. Er hätte demnach dem Titius nur in Höhe eines Viertels dieser Erbschaft ein Fideikommiß zugunsten des Sempronius auferlegen können.

Für alldas ist jedoch Voraussetzung, daß die Verbindlichkeit des Maevius aus dem Fideikommiß noch nicht erfüllt war, und eben diese Voraussetzung verneint Papinian. Er nimmt also nicht an, dadurch daß Titius die Erbschaft des Maevius angetreten und damit zugleich die des Seius erlangt hat, sei die Verbindlichkeit oder (wegen der Konfusion besser) der Schuldposten gleichsam durch Zweckerreichung getilgt. Das wird sich daraus erklären, daß Titius einen Anspruch auf die uneingeschränkte Überlassung der (um die Quart verkürzten) Erbschaft des Seius hatte, Maevius sie ihm aber, wie sich aus seinen testamentarischen Anordnungen ergab, nur unter Beschwerung des Titius mit dem Fideikommiß zugunsten des Sempronius, also nur auf Zeit verschaffen wollte. Infolgedessen müßte der Schuldposten bis zum Tod des Titius bestehen geblieben sein und erst von diesem Zeitpunkt oder vom Antritt der Erbschaft des Titius ab erlangte die Frage praktische Bedeutung, ob der Erbe des Titius das dem Titius von Maevius hinsichtlich der Erbschaft des Seius auferlegte Fideikommiß zu erfüllen hatte. Bis zu diesem Zeitpunkt hatte Titius offensichtlich schon lange Jahre die Früchte aus der Erbschaft des Maevius (mitsamt der des Seius) ziehen können. Dazu war er als Erbe und Eigentümer zwar berechtigt;

14 s. etwa Gai. 2,261 (*sed hoc solum observandum est, ne plus quisquam rogetur aliis restituere quam ipse ex testamento ceperit*); Ulp. D. 32,1,6; Inst. 2,24,1.

15 *Cujaz*, Bd. 7, Sp. 2016 verweist für die Aussage: *debitor creditori frusta legat aut frustra eum heredem instituit in eo quod debet* auf Pap. D. 31,67 pr. (*non constituit quod datur, quasi creditori relictum*); vgl. auch *dens.*, Bd. 4, Sp. 2348 sowie Paul. D. 31,82 pr.; Inst. 2,20,14.

doch lag es in der Hand des Erblassers zu bestimmen, ob sie ihm auch unentgeltlich zustehen sollten.

Ohne einen begründenden Hinweis zu geben, geht Papinian davon aus, daß die Früchte dem Titius nicht unentgeltlich zufallen sollen, jedenfalls insoweit nicht, wie der zu seinen Gunsten bestehende Schuldposten reicht. Da die von Titius in der Zeit bis zu seinem Tod gezogenen Nutzungen in ihrem Wert den aus dem Fideikommiß geschuldeten Betrag erreicht hatten – ein Umstand, der sich vermutlich aus der Gutachtenanfrage ergab –, konnte der Jurist annehmen, Titius habe in Form der Nutzungen *ratione compensationis* den ihm geschuldeten Betrag erhalten. Die aus dem eher formalen Grund der Konfusion aufgehobene Forderung war damit auch materiell erloschen, und zwar schon vor dem Erbfall, wie sich aus dem Plusquamperfekt *percepisset* ergibt. Da die Forderung des Titius zur Zeit des Erbfalls nicht mehr bestand, Titius kein Fideikommissar mehr war, liegt in seiner Erbeinsetzung eine letztwillige Zuwendung, die es rechtfertigt, ihn als den Empfänger durch Fideikommiß zu beschweren, im konkreten Fall also mit der Pflicht zur Herausgabe des Zugewendeten, mithin der Erbschaft des Maevius, die die von Seius stammende umschließt.

Mit dieser Lösung gelingt es Papinian, den letztwilligen Anordnungen des Maevius zur Wirksamkeit zu verhelfen und zugleich die Interessen des Titius oder seines Erben zu berücksichtigen. Bleibt man bei unseren Beispielszahlen, so erweist sich die Lösung auch für Titius als die günstigere: Als bloßer Fideikommissar hatte er Anspruch auf 120, als Erbe des Maevius erlangt er ein Gesamtvermögen von 720 (600+120). Zwar muß er dieses bei seinem Tod dem Sempronius restituieren; doch kann er in seiner Eigenschaft als Erbe davon die Quart einbehalten[16], so daß seinem Erben 180 verbleiben.

Um eine *compensatio* im technischen Sinn handelt es sich, wie klarzustellen bleibt, in unserem Fall nicht. Denn es wird nicht etwa gegen die Forderung des Titius mit einer Forderung des Maevius aufgerechnet; vielmehr dient eine Zuwendung dazu, dem Empfänger zum Ausgleich eine Forderung zu nehmen. In erbrechtlichen Zusammenhängen ist diese Sonderform einer *compensatio* nicht selten[17].

VI. Die erste Erweiterung: Verrechnung mit der Quart

In der ersten Variation weist Papinian auf die Rechtslage für den Fall hin, daß Maevius den Titius mit der Bestimmung zum Erben einsetzt, daß er das

---

[16] Was ein Gesamtfideikommissar, der mit der Herausgabe der Erbschaft beschwert ist, nicht könnte, Ulp. D. 35,2,47,1; D. 36,1,23,5; Maec. D. 35,2,32,4.

[17] Sie bildet den Gegenstand von *G. Kretschmars* Abhandlung (s. o. Fn. 1).

Fideikommiß aus dem Testament des Seius nicht „retinieren" soll: Dann stehe die [Quart nach der *lex*] *Falcidia* für die Verrechnung zu Gebote[18]. Doch ergebe sich, schränkt Papinian ein, eine Ungerechtigkeit[19].

Der Schlüssel zum Verständnis dieser Hinweise liegt im Verb *retinere*, das in diesem Zusammenhang die Bedeutung von „abziehen", „einen Abzug vornehmen" hat[20]. Papinian hat also, wie schon seine Eröffnung mit *plane si* vermuten läßt, eine andere Art von „Kompensation" vor Augen. Da Maevius dem Titius in der testamentarischen Nebenbestimmung untersagt hat, seine Forderung aus dem Erbschaftsfideikommiß des Seius abzuziehen, ist die gewöhnliche Abrechnung, wie sie oben (IV.) dargelegt wurde, verschlossen: Titius kann nicht vorweg seine Forderung abziehen und dann die Quart einbehalten; vielmehr muß er seine Verrechnung im Rahmen der Quart

[18] So zur Übersetzung des Verbs *sufficere Hermann Gottlieb Heumann/Emil Seckel*, Handlexikon zu den Quellen des römischen Rechts, 11. Aufl., Graz 1971 (= Nachdr. der 10. Aufl., Jena 1907), S. 567 s.v. *sufficere* 3 zum fr. 77,31 mit dem Hinweis: „interp.?".

[19] Wegen des unpassenden Ablativs *iniquitate* will *Mommsen*, ed. maior ad h.l., emendieren: *sed iniquitate] et iniquitati*; er versteht den Hinweis also dahin, es werde mit der Verrechnung im Rahmen der *Falcidia* der Ungerechtigkeit begegnet, sie werde verhindert. So auch die Mommsen folgende niederländische Übersetzung, Bd. 4, 1997, S. 593 (*L. de Ligt/J. E. Spruit*). Aber das wird der Sache nicht gerecht (s. im Text). Mit den bei Mommsen zu Z. 30 angeführten Hss. sowie *Haloander*, *Cujaz* (Bd. 4, Sp. 2350; Bd. 7, Sp. 2018); Dig. Mil. u. a. empfiehlt sich die Verbesserung in *iniquitatem*, die wohl auch paläographisch näher liegt, weil ein Strich über dem e übersehen worden sein könnte. – Die heftigste Interpolationenkritik zu *plane si* rell. hat (sich an der Verwendung von *lex* in diesem Zusammenhang störend) überraschenderweise ein so besonnener Forscher wie *Alfred Pernice* geübt in: Labeo. Römisches Privatrecht im ersten Jahrhundert der Kaiserzeit, Bd. 3 Abt. 1 in 1. Aufl. [Teil E], Halle 1892, Neudr. Aalen 1963, S. 19 Fn. 2: „Diese Erweiterung und Verschiebung des Rechtsfalles gegenüber dem Anfange des Gutachtens ist nicht im Stile der Responsen Papinians. Die Ausdrucksweise ist so ungeschickt, dass man durch die verschiedensten Konjekturen zu helfen versucht hat. Es soll gesagt werden: nur die *Falcidia* kann abgezogen werden und das ergibt eine Unbilligkeit. Es wird gesagt: die *Falcidia* steht für die Aufrechnung zu Gebote, aber (sie) tritt der Unbilligkeit entgegen. Daraus wäre nun der Schluss: so verstösst der Erbe nicht [S. 20] gegen das Edikt *si quis omissa causa*, wenn er ausschlägt und als gesetzlicher Erbe antritt. Tatsächlich wird indes gesagt: er wird aber klüger handeln auszuschlagen. Freilich ist das wahr; darauf kommt es aber nicht an. Das Ganze ist Gerede der Kompilatoren". Auf diese Weise wird der Text jedoch geradezu mutwillig mißverstanden. Überdies ist es auch in Responsen keineswegs selten, daß Variationen erwogen und Verfahrenshinweise gegeben werden, sei es wegen Unklarheiten in der Anfrage, sei es um die Problematik (zumal in einer publizierten Version) auszuleuchten. – Fehl geht die Verdächtigung bei *Hugo Krüger/Max Kaser*, SZ 63 (1943) 167: „wohl [quoniam –], …" unter Berufung auf *Gerhard v. Beseler*, SZ 51 (1941) 61, dem es um fr. 77,33 (nicht 31) geht.

[20] Vgl. nur *H. G. Heumann/E. Seckel*, Handlexikon, S. 516 s.v. *retinere* 3, ferner *Kretschmar*, S. 66.

vornehmen[21] und darf seine Forderung auch nicht mit sonstigen Vorteilen der Erbschaft zum Ausgleich bringen; von den Früchten ist in dieser Variation deshalb nicht mehr die Rede. Greifen wir auf die Zahlen unseres Beispiels zurück, so erlangt Titius nicht insgesamt 240 (wie bei der gewöhnlichen Abrechnung), sondern das Viertel von den 600, also 150, und nicht mehr, denn mit diesen 150 ist seine Forderung auf 120 verrechnet. Dies ist offenbar die Situation, die Papinian vor Augen hat und zu der er treffend bemerkt, daß sich eine Ungerechtigkeit ergibt; denn mit dieser „Kompensation“ wird Titius um seine Forderung gebracht oder – anders gesehen – die Quart wird ihm nahezu genommen.

Demgegenüber könnten sich Zweifel daraus ergeben, daß die *Lex Falcidia* zugunsten des Erben zwingendes Recht war. Zu einem Fall, in dem der Erblasser dafür gesorgt hatte, daß seine Schwester, die Erbin, einem Dritten eine Vertragsstrafe versprach, wenn sie von der *Falcidia* Gebrauch machen würde, sagt Papinian selbst im 13. Buch seiner Responsen: *privatorum cautione legibus non esse refragandum constitit et ideo sororem iure publico retentionem habituram et actionem ex stipulatu denegandam* (D. 35,2,15,1)[22]. Die zwingende Natur schloß es jedoch nicht aus, daß der Erbe auf die Quart an einer ihm angefallenen Erbschaft verzichtete[23], und sie hinderte den Erblasser auch nicht, dem Erben auf indirektem Wege die Quart zu kürzen oder sogar ganz zu nehmen, wie das soeben in der ersten Abwandlung unseres fr. 77,31 deutlich wurde und wie es sich auch zeigt in

D. 35,2,15,4 Papinianus libro nono responsorum

Cum fideicommissum, ex voluntate matris a patre moriente debitum, filio pater hereditate sua, quam in filium conferebat, compensari voluit: quod filio debetur, si ratio Falcidiae poni coeperit, fini quadrantis, quem ex bonis patris cum effectu percepit, compensabitur atque ita superfluum aeris alieni dodranti tantum detrahetur.	Nach dem letzten Willen der Mutter schuldete der Vater bei seinem Tod dem [dann gewaltfreien] Sohn ein Fideikommiß. Der Vater bestimmte, daß es mit seiner Erbschaft, die er dem Sohn zuwendete, verrechnet werden sollte. Wenn man damit beginnt, die Berechnung der *Falcidia* anzustellen, wird das, was dem Sohn geschuldet wird, bis zur Grenze des Viertels, das er aus dem Nachlaß des Vaters tatsächlich erlangt hat, verrechnet und dann wird das, was von der Schuld darüber hinausgeht, von den drei Vierteln abgezogen werden.

[21] Ebenso *Christian Friedrich Glück/Christian Friedrich Mühlenbruch*, Pandecten, Bd. 43, Erlangen 1843, S. 468 Fn. 22; *Kretschmar*, S. 66. – Zu einer über die Quart hinausgehenden Forderung s. sogleich bei Pap. D. 35,2,15,4.

[22] Dazu etwa *Max Kaser*, Über Verbotsgesetze und verbotswidrige Geschäfte im römischen Recht, Wien 1977, S. 90; s. ferner Pap. D. 35,2,15,8; Scaev. D. 35,2,27; Gord. C. 6,50,11 (a. 243) sowie Marcell. D. 39,5,20,1, dazu *Andreas Wacke*, Die Rechtswirkungen der lex Falcidia, in: Dieter Medicus/Hans Hermann Seiler (Hrsg.), Studien im römischen Recht (Max Kaser zum 65. Geb.), Berlin 1973, S. 227, 229.

[23] *A. Wacke*, S. 227 ff.

Auch hier liegt eine Kompensationsanordnung des Erblassers vor, die von Papinian in ihrer Wirksamkeit nicht angezweifelt, vielmehr ohne weiteres in ihrer Wirkweise dargestellt wird: Nur soweit die Forderung des Erben über seine Quart hinausgeht, kann sie von den drei Vierteln abgezogen werden. Der Erbe erhält folglich den vollen Betrag seiner Forderung aus dem (zureichenden) Nachlaß, hat jedoch nichts von seiner Quart, die zur Kompensation verwendet worden ist[24].

Hinzuweisen ist auch auf D. 35,2,12 Papinianus libro trigesimo quaestionum

Si debitor creditore herede instituto petisset ne in ratione legis Falcidiae ponenda creditum suum legatariis reputaret, sine dubio ratione doli mali exceptionis apud arbitrum Falcidiae defuncti voluntas servatur.	Hatte der Schuldner bei der Erbeinsetzung seines Gläubigers verlangt, er solle gegenüber den Vermächtnisnehmern seine Forderung nicht zur Anrechnung bringen, wenn die Berechnung nach der *Lex Falcidia* angestellt wird, so wird ohne Zweifel aufgrund der Einrede der Arglist der Wille des Verstorbenen bei dem über die *Falcidia* erkennenden Richter gewahrt.

Das Fragment gibt zugleich Hinweise zum Verfahren. Bei dem *arbiter* wird es sich um einen vom Magistrat auf Antrag eingesetzten (Hilfs-)Richter handeln, der den Bestand und Wert des Nachlasses zu ermitteln, die in Betracht kommenden Abzugsposten festzustellen und die Quart zu errechnen hatte – wozu sich offensichtlich häufig Streit ergab[25]. Die *exceptio*, von der Papinian spricht, ist schwerlich im technischen Sinn zu verstehen, sondern eher als Hinweis auf das weitreichende richterliche Ermessen, dem Einwendungen nach Art der *exceptio doli* inhärent sind[26]. Als dolos wurde die Widersprüchlichkeit angesehen, daß der Erbe, obwohl er die Erbschaft übernommen hatte, sich nicht gewillt zeigt, dem ihn verpflichtenden Wunsch des Erblassers zu entsprechen.

In der Sache zeigt auch das fr. 12, daß der Erblasser in den Kompensationsfällen den Erben auf die – als solche immerhin unangetastete – Quart beschränken[27] und ihm damit seine Forderung nehmen konnte. Überdies bestätigt der Text, daß es in der Hand des Erblassers lag zu bestimmen, auf welchem der beiden unterschiedlichen Wege die Verrechnung der Forderung des Erben erfolgen sollte. Selbstverständlich wurde seine Entscheidung auch dadurch beeinflußt, ob er den Vermächtnisnehmern oder Fideikommissaren möglichst viel zuwenden wollte. Demgegenüber blieb es dem Erben unbe-

---

24 Weiteres zu fr. 15,4 bei *Kretschmar*, S. 20 ff.

25 Vgl. *Kretschmar*, S. 70 f. (der auf Ulp. D. 35,3,1,6; Marcell. D. 35,2,55; Carac. C. 6,47,2,2,a. 212, und Pauli sent. 3,8,2 hinweist); *A. Wacke*, S. 222; *Peter Kieß*, Die confusio im klassischen römischen Recht, Berlin 1995, S. 124.

26 Vgl. *Kretschmar*, S. 71 f.; *A. Wacke*, S. 229 A. 108; *P. Kieß*, Confusio, S. 124.

27 Vgl. *H. Dernburg* (o. Fn. 6), S. 298.

nommen, die Erbschaft (als Hauserbe) auszuschlagen oder (als Außenerbe) nicht anzutreten.

Ist damit dargetan, wie die gegenüber dem Ausgangsfall abweichende Kompensation in der ersten Fallabwandlung des fr. 77,31 zu verstehen ist, so ist auch ohne weiteres begreiflich, daß Papinian diese Verrechnung als ungerecht bezeichnet: Sie hat die Aushöhlung der Quart und damit eine Verkürzung des Erbenschutzes zur Folge.

VII. Die zweite Erweiterung

Damit wird auch der Schlußteil des § 31 ohne weiteres verständlich. Papinian weist darauf hin, der Erbe würde klüger handeln, wenn er (als Bruder des offenbar kinderlosen Maevius)[28] die testamentarische Erbfolge zurückwiese und den Nachlaß nach der gesetzlichen Erbfolge annähme. An sich würde ihm dies nicht helfen, weil der Prätor mit seinem Edikt *Si quis omissa causa …* (D. 29,4) der List, *calliditas*, derjenigen entgegentritt, die nach Ablehnung des testamentarischen Erwerbs die Erbschaft als gesetzliche Erben in Besitz nehmen, *ad hoc, ut eos circumveniant*, um also diejenigen zu hintergehen, denen nach dem Willen des Verstorbenen etwas geschuldet werden könnte, wenn die Erbschaft nicht ohne Testament in Besitz genommen worden wäre (Ulp. D. 29,4,1 pr.). Danach würde Sempronius auch in diesem Falle von Titius die Herausgabe der Erbschaft des Maevius (mitsamt der des Seius) mit einer *utilis actio* verlangen können.

Papinian schließt diese Möglichkeit jedoch aufgrund einer teleologischen Reduktion der ediktalen Anordnung, wie sie sich auch bei Celsus und Marcellus findet[29], aus: Der Prätor will einem arglistigen Handeln die Wirkung nehmen, das darauf zielt, Vermächtnisnehmer und Fideikommissare zu schädigen. Von Titius wäre jedoch nicht anzunehmen, daß er in dieser Weise arglistig gehandelt hat, weil es ihm nur darum ging, die ungerechte Benachteiligung auszuschließen, die Maevius ihm zuzufügen gedachte. Damit wird zugleich deutlich, weshalb Papinian in der ersten Erweiterung die Ungerechtigkeit der dort erörterten Kompensation betont hat, bildete dies doch die Grundlage für die elegante Argumentation, mit der er seine Erörterung des Falles abschließt[30].

---

28 Vgl. *Cujaz*, Bd. 4, Sp. 2550.

29 Celsus-Ulp. D. 29,4,6,8 i.f. (*neque enim interdictum est, ut quis omittat hereditatem, si sine fraude id fiat*); Marcellus-Ulp. D. 29,2,42 pr. (*nec enim videtur voluisse fraudare edictum, qui sibi prospicit, ne oneribus patris pupilli hereditas implicaretur*), vgl. auch *Cujaz*, Bd. 7, Sp. 2019; *Kretschmar*, S. 67 ff.

30 P.S. Mein Manuskript hat Berthold Kupisch veranlaßt, sein Bemühen um ein besseres Verständnis der „nicht besonders kompliziert<en>" Rechtsfragen diskussionslos zu publizieren, SZ 128 (2011) 381 ff. – Hiob 13,5.

Rolf KNÜTEL

Von Virius Lupus und seinem Kaiser, Abergläubischem im Testament und denen, die Letzte und Erste zugleich sind – Betrachtungen zu Ulp. D. 28.6.2.4; Pap. D. 28.6.41.8; Afr. D. 28.6.34 pr –*

I.

Ungewißheiten bestehen nicht selten im Hinblick auf die Kaiser, die in den Digesten genannt werden[1]. Recht einfach läßt sich allerdings ermitteln, wer der *imperator noster* ist, von dem in Ulp. D. 28.6.2.4 die Rede ist. Ulpian referiert dort die Meinung Julians, man müsse zunächst für sich selbst den Erben bestimmen und könne erst danach für seinen unmündigen Haussohn einen Erben einsetzen; bei umgekehrter Reihenfolge seien die Erbeinsetzungen nichtig. Dem läßt Ulpian den Hinweis folgen: *quae sententia rescripto imperatoris nostri ad Virium Lupum Brittanniae praesidem comprobata est, et merito* (…)

Sofern die (juristischen) Autoren auf die Frage eingehen, wer der *imperator noster* ist, geben sie zumeist wie selbstverständlich Antoninus [Caracalla] an[2]. Seit geraumer Zeit ist die Frage jedoch mit Sicherheit aus der Person des Reskriptadressaten Virius Lupus zu entscheiden. In seiner Römischen Geschichte berichtet Cassius Dio, daß Lupus als einer der Heerführer des Septimius Severus in einer Schlacht gegen Clodius Albinus eine schwere Niederlage erlitt, und zwar vor der Schlacht von

* E. Chevreau/D. Kremer/A. Laguerrière-Lacroix (Hrsg.), Carmina iuris. Mélanges en l'honneur de Michel Humbert, De Boccard, Paris 2012, 407 – 418.

1. Vgl. etwa die Beispiele bei R. KNÜTEL, *Einzelne Probleme bei der Übersetzung der Digesten*, in *ZSS* 111 (1994), 394ff.; DERS., in *ZSS* 117 (2000), 714; DERS., in *ZSS* 125 (2008), 728ff. – Wertvolle Auskünfte vermittelt TH. MOMMSEN, *Die Kaiserbezeichnung bei den römischen Juristen*, in *ZSS* 9 (1870), 97ff. = *Gesammelte Schriften* II/2 (Juristische Schriften), 1905, Nachdr. Zürich-Hildesheim 1994, 155ff.

2. So die spanische Übersetzung von A. D'ORS, F. HERNÁNDEZ-TEJERO, P. FUENTESECA, M. GARCÍA-GARRIDO, J. BURILLO, *El Digesto de Justiniano* II, Pamplona 1972, 337; die niederländische von E. SLOB und J.E. SPRUIT, HRSG. v. J.E. SPRUIT, R. FEENSTRA, K.E.M. BONGENAAR, *Corpus Iuris Civilis, Tekst en Vertaling* IV, Zutphen Gravenhage 1997, 313; P. VOCI, *Diritto ereditario romano* II², Milano 1963, 220; T. HONORÉ, *Ulpian*², Oxford 2002, 177 f., 191 (zu diesem unten Fn. 13). – Für Septimius Severus dagegen mit Recht J.P. CORIAT, *Le prince législateur*, Roma 1997, 85 (mit Hinweis auf PIR¹ III nr. 479, BARBIERI und BIRLEY, s.u. Fn. 13), 526 (wo *et divi Severi nostri* zu tilgen ist), vgl. auch 372 (a. 197).

Lugdunum[3], in der Septimius Severus am 18./19. Februar 197 den Albinus besiegte und damit (nach der vorangehenden Überwindung des Pescennius Niger) unangefochtener Alleinherrscher wurde[4]. Vor allem aufgrund seines Militärkommandos wird heute allgemein vermutet, Virius Lupus sei 195/196 Statthalter (*legatus Augusti pro praetore*) von Germania inferior gewesen[5]. Wohl nicht zuletzt wegen seines ersten Widerstandes gegen Clodius Albinus erhielt Virius Lupus im Jahr 197/198 die Provinz *Britannia*,[6] deren Teilung in die konsularische Provinz *Britannia superior* und in die prätorische *Britannia inferior*[7] wahrscheinlich unter seiner Statthalterschaft vollzogen wurde[8]. Wie lange er seine Provinz verwaltete, ist unsicher, doch gewiß nicht über das Jahr 202 hinaus[9].

Sicheres Zeugnis von der Statthalterschaft des Virius Lupus in *Britannia* und einen wesentlichen Hinweis zur zeitlichen Einordnung geben überdies zwei Inschriften. Die erste ist die vor 1600 in Bowes (Yorkshire) aufgefundene

RIB 730 = *CIL* VII, 273[10]:

D(e)ae Fortunae | Virius Lupus | leg(atus) Aug(usti)
pr(o) pr(aetore) | balineum ui | ignis exust|um coh(orti) Ī
Thr|acum resti|tuit curan|te Val(erio) Fron|tone prae-
f(ecto) | eq(uitum) alae Vetto(num)

Danach hat Virius Lupus, *Legatus Augusti pro praetore*, das durch Feuer zerstörte Bad für die 1. Kohorte der Thraker durch Valerius Fronto, den Kavalleriepräfekten der Schwadron der Vettonier, wiederherstellen lassen.

Die zweite, ebenfalls vor 1600 gefundene, inzwischen aber verloren gegangene Inschrift wurde in Ilkley (West Yorkshire), dem antiken Olicana, entdeckt. Ihre überlieferte Version ist nach RIB 637 = *CIL* VII, 210:

3. Dio 76.6.2 (epitome), vgl. auch Capitolinus, *H.A. Clodius Albinus* 9.1; Spartianus, *H.A. Severus* 10.7; 11.1 (nach diesem fand die Schlacht bei Tinurtium, eher wohl Trinurtium, Trevoux bei Lyon, statt).

4. Severus hatte zunächst einen Ausgleich dadurch gesucht, daß er Albinus die Würde eines *Caesar* antrug. Nach dem Sieg des Severus über Niger (Ende 194) ließ Albinus sich im Herbst 195 in Britannien von seinen Truppen zum Kaiser ausrufen und fiel Mitte Dezember in Gallien ein, wo er vermutlich seinen ersten Gegner in Virius Lupus fand. Näheres bei J. HASEBROEK, *Untersuchungen zur Geschichte des Kaisers Septimius Severus*, Heidelberg 1921, 96; R. HANSLIK, s.v. *Virius* Nr. 8, in *RE* II/17, Stuttgart 1961, 236f.; G. BARBIERI, *L'albo senatorio da Settimio Severo a Carino (193-285)*, Roma 1952, 122 (Nr. 528).

5. Hasebroek, *Untersuchungen* cit., 96 (mit *CIL* XIII, 6800 [42]); Hanslik, s.v. *Virius* cit., 236; W. ECK, *Die Statthalter der germanischen Provinzen vom 1.-3. Jahrhundert*, Köln-Bonn 1985, 188; DERS., s.v. *Virius 4*, in *Der Neue Pauly* 12/2, Stuttgart 2003, 245f.

6. Barbieri, *L'albo* cit., 122.

7. Davon berichtet Hdn. 3.8.2.

8. Hasebrock, *Untersuchungen* cit. 100; Hanslik, s.v. *Virius* cit., 237 (bis 200); RIB 730 (u. Fn. 10) bis 202.

9. Vgl. Hanslik, s.v. *Virius* cit., 237 (200); R.G. COLLINGWOOD, R.P. WRIGHT, *The Roman Inscriptions of Britain, I (Inscriptions on stone)*, Oxford 1965, 245; danach wiedergegeben. 245 (c. 202).

10. Collingwood, Wright, *The Roman Inscriptions* cit., 245; CIL *VII*: *Inscriptiones Britanniae Latinae*, hrsg. v. E. HÜBNER, Berlin 1873, Nr. 273.

IM. SEVERVS | AVG. ET ANTONINVS | CAES. DESTINATVS RES | TIT-VERVNT CVRANTE VIR | IO LVPO LEG EORVM PR·PR

Aus der Bauinschrift, deren Kopfteil offenbar gefehlt hat[11], ergibt sich, daß der Kaiser Septimius Severus sowie Antoninus Caesar [Caracalla] als zum Kaiser Ausersehener durch Virius Lupus als ihrem Legaten *pro praetore* ein Bauwerk haben restaurieren lassen. Bemerkenswert ist, daß Caracalla als (*imperator*) *destinatus* genannt wird. Diese *destinatio* erfolgte vor dem 7. Mai (am 4. April?) 197 und die Erhebung zum Augustus wahrscheinlich bereits im Herbst 197[12]. Da in der ersten Inschrift (*RIB* 730 = *CIL* VII, 273) Caracalla noch nicht genannt wird, Virius Lupus aber bereits Statthalter war und er mit dem Reskript-Adressaten in D. 28.6.2.4 fraglos identisch ist[13], kann als sicher angesehen werden, daß Ulpian mit dem *imperator noster* einzig und allein Septimius Severus bezeichnet hat[14], ganz wie es dem feststehenden Sprachgebrauch entspricht, daß der zur Zeit regierende Kaiser die Bezeichnung *imperator* führt[15]. Überdies muß das Reskript demgemäß in der Zeit zwischen der Ernennung des Virius Lupus zum Statthalter im Jahre 197 und dem 7. Mai dieses Jahres ergangen sein.

Hervorhebenswert ist dieses Ergebnis auch im Hinblick darauf, daß überwiegend angenommen wird, Ulpian habe seinen (unvollendet gebliebenen) Sabinus-Kommentar von 51 Bänden unter Caracalla verfaßt, *libri LI Caracalla imperante conscripti*, wie Otto Lenel anmerkt[16], oder er habe das Werk unter Caracalla jedenfalls publiziert[17]. Demgegenüber erweist unser Fragment D. 28.6.2.4 aus dem 6. Buch *ad Sabinum*, daß Ulpian schon unter der Alleinherrschaft des Septimius Severus an dem Sabinus-Kommentar gearbeitet haben muß.

In § 3 i.f. der *Const. Cordi* berichtet Justinian allerdings, es habe eine zweite Ausgabe (*repetitae praelectionis*, wie die *veteres* sie genannt hätten) von Ulpians *libri ad*

11. Auch ist die Zeilenfolge in der Überlieferung nicht gesichert. Hübner in *CIL* VII, 210 hat die Ergänzung erwogen: *im[p. Caes. L. Septimius] Severus* ..., näherliegend *RIB* 637: [*Imp(erator) Caes(ar) L(ucius) Sept*] | *im*[*ius*] *Severus* ...

12. D. Kienast, *Römische Kaisertabelle*, Darmstadt 1990, 162; für den 3. Mai 198 dagegen Collingwood, Wright, *The Roman Inscriptions* cit., zu *RIB* 730.

13. Hübner in *CIL* VII, 210; H. Dessau in *PIR*¹ III, Berlin 1898, Nr. 479, 446; Hasebroek, *Untersuchungen* cit., 100; Barbieri, *L'albo* cit., Nr. 528, 122; A.R. Birley, *Roman Governors in Britain*, in *Epigraph. Studien* 4 (1967), 75f. (Nr. 32a), vgl. auch Hanslik, s.v. *Virius* cit., 237.

14. Vgl. Coriat, *Prince législateur* cit., 85.

15. Mommsen, *Kaiserbezeichnung* cit., 99 = 156.

16. O. Lenel, *Palingenesia iuris civilis* 2, Leipzig 1889, vermehrter Neudr. Graz 1960, 1019 Fn. 3 (mit Hinweis auf D. 24.1.23 [6. Buch: *divi Severi*] sowie auf D. 12.6.23.1 und D. 46.3.5.2 [jeweils 43. Buch: *imperator Antoninus cum divo patre suo*]); ferner P. Krüger, *Geschichte der Quellen und Litteratur des Römischen Rechts*², München-Leipzig 1912, 245: „geschrieben ... mindestens bis zu Buch 43 unter Caracalla" (mit dem Hinweis in Fn. 174, „daß der häufig vorkommende *imperator noster* ... Caracalla ist", und Belegen, freilich ohne auf D. 28.6.2.4 einzugehen); Th. Kipp, *Geschichte der Quellen des römischen Rechts*⁴, Leipzig-Erlangen 1919, 138 m. Fn. 62 (D. 38.17.1.3; D. 30.37 pr; D. 24.1.32).

17. So H. Fitting, *Alter und Folge der Schriften römischer Juristen von Hadrian bis Alexander*², Halle a.d. Saale 1908, 112 („nach dem Tode des Severus, aber vor dem Tode des Caracalla, also zwischen 211 und 217, veröffentlicht ..."); O. Karlowa, *Römische Rechtsgeschichte* I, Leipzig 1885, 744; P. Jörs, s.v. *Domitius Ulpianus*, in *RE* V, Stuttgart 1905, 1441, 1508. – Nichts zur Frage bei F. Schulz, *Geschichte der römischen Rechtswissenschaft*, Weimar 1961, 264 ff. und F. Wieacker, *Römische Rechtsgeschichte* II, München 2006, 133 f.

Sabinum gegeben. Vermutlich ist diese Ausgabe noch unter Caracalla publiziert worden, denn mit *imperator noster* wird in ihr nahezu durchweg Caracalla bezeichnet, während Severus überwiegend der Konsekrationsvermerk *divus* beigegeben ist[18].

Wahrscheinlich haben die Kompilatoren diese zweite Ausgabe benutzt. Im Hinblick auf D. 28.6.2.4 würde dies bedeuten, daß die Umstellung von *imperatoris nostri* auf *divi Severi* in der Neuausgabe versehentlich unterblieben ist. Andernfalls bliebe die Annahme, im Falle des fr. 2.4 sei bei der Zusammenstellung des Titels D. 28.6 ausnahmsweise die erste Version verwendet worden. Wie dem auch sei, jedenfalls gibt der *imperator noster* in D. 28.6.4.2 der Annahme von Fitting und Krüger eine Stütze, die erste Version von Ulpians *libri ad Sabinum* sei älter als die *libri ad edictum* dieses Juristen[19].

II.

1. Um die Auslegung einer Erbeinsetzung geht es in Pap. *6 resp.* D. 28.6.41.8:

> *Non videri cum vitio factam substitutionem his verbis placuit: 'ille filius meus si (quod abominor) intra pubertatis annos decesserit, tunc in locum partemve eius Titius heres esto', non magis quam si post demonstratam condicionem sibi heredem esse substitutum iussisset: nam et qui certae rei heres instituitur coherede non dato, bonorum omnium hereditatem optinet.*

Der Testator hatte sich in der Formulierung vertan. In den Worten *in locum partemve eius* kommt zum Ausdruck, daß der Ersatzerbe (nur) in der Erbfolge nach dem Vater an die Stelle des Sohnes treten soll, wenn dieser vor Erreichen der Mündigkeit stirbt. Der Ersatzerbe müßte aber zugleich auch Erbe des nach dem Vater unmündig verstorbenen Sohnes werden; denn die Vermögen von Vater und Sohn

18. Vgl. Jörs, s.v. *Domitius Ulpianus* cit., 1441, 1508; Krüger, *Geschichte* cit., 245 Fn. 174 sowie die Übersicht bei Fitting, *Alter und Folge* cit., 111 f., die mit unserem fr. 2.4 beginnt, jedoch ohne die entscheidende Angabe des Reskript-Adressaten. Bei Erscheinen von Fittings 2. Aufl. 1908 lag *PIR*[1] III (nr. 479) bereits zehn Jahre vor (1898). Auch Honoré, *Ulpian*[2] cit., 177 ff., 181 unterdrückt den Namen des Virius Lupus bei der Wiedergabe des entscheidenden Passus in D. 28.6.2.4 und gelangt so unter Außerachtlassung nicht nur der prosopographischen Literatur (vgl. oben Fn. 13) aufgrund bloßer Pauschalerwägungen zur Annahme, die Bücher 1 (oder ab 6)-43 *ad Sab.* seien unter Caracalla geschrieben worden, davon die Hälfte bis Buch 26 Mitte in 213/214. Alldies mitsamt der Annahme, Ulpian habe die Kommentare *ad ed.* und *ad Sab.* jeweils blockweise alternierend verfaßt (180 f., vgl. auch D. LIEBS, *Jurisprudenz*, in K. SALLMANN HRSG. IV, München 1997, 179), bleibt spekulativ.

19. Fitting, *Alter und Folge* cit., 113 („gleich den vorbildlichen libri ad Sabinum des Pomponius"); Krüger, *Geschichte* cit., 245 („ist wohl anzunehmen, daß die erste Ausgabe vor oder neben dem Ediktkommentar bearbeitet worden") m. Fn. 177, ferner Jörs, s.v. *Domitius Ulpianus* cit.,1508, der auch aus dem *imperator Severus* in D. 49.14.25 (*19 Sab.*) einen Rückschluß auf die Entstehungszeit der älteren Auflage zieht. – Zwar gibt Ulpians Äußerung im 33. Buch *ad Sab.*: *sed est verius, quod Labeoni videtur et a nobis et a Papiniano libro decimo quaestionum probatum est* (D. 24.1.32.27) im Hinblick auf seine Stellungnahme zu demselben Problem im 35. Buch seines Kommentars zum Edikt in D. 23.1.9 (*et semper Labeonis sententiam probavi existimantis … quam sententiam Papinianus quoque probat*) einen Anhalt für die Annahme, sein Kommentar zum Edikt sei älter als der *ad Sab.*; doch wird die Äußerung erst der zweiten Ausgabe entstammen, vgl. Fitting u. Krüger cit.; Jörs, s.v. *Domitius Ulpianus* cit., 1441, zugleich gegen Karlowa, *Rechtsgeschichte* cit., 744.

waren seit dem Erbschaftserwerb des Sohnes miteinander verbunden (Ulp. D. 28.6.10.2; Gai. 2.180). Papinian stört sich jedoch nicht an der verunglückten Formulierung im Testament des Erblassers und meint, sogar wenn der Erblasser den Ersatzerben noch deutlicher als seinen Erben eingesetzt hätte, etwa *si filius meus intra pubertatis annos decesserit, Titius heres mihi esto*, sei es nicht anders. Als Argument führt er den Vergleich mit einer Erbeinsetzung *ex certa re* an: So wie sich diese bei Fehlen eines Miterben auf den gesamten Nachlaß erstreckt, so erweitere sich auch die Einsetzung auf die väterliche Erbschaft zu einer Einsetzung auf die aus beiden Vermögen gebildete Gesamterbschaft[20].

2. Auffällig an der von Papinian wiedergegebenen Testamentsklausel ist die parenthische Formel *quod abominor*. Das Verb *ominari* (von *omen*) hat die Bedeutungen von „vorhersagen, weissagen" und – im Zusammenhang mit Glück oder Unglück verheißenden Umständen – von „sprechen", auch von „wünschen"[21]. Dementsprechend ist, wie aus dem Präfix leicht erschließbar, die Aussage von *abominari*: „etwas Ungünstiges ... von sich hinwegwünschen, von sich abgewendet wünschen, dah. auch verabscheuen"[22].

Man begegnet der Formel *quod abominor* nicht selten, etwa bei Ovid[23], Plinius[24] und Curtius Rufus[25]; gleichbedeutende Wendungen finden sich beispielsweise bei Cicero (*quod di omen avertant*, Phil. 3.35), Livius (*quod omnes di omen avertant*, 28.41.13), Tacitus (*et omen quidem dii prohibeant*, *Ann.* 16.35). In der Alltagssprache wird die Formel oft verwendet worden sein, je nachdem wie abergläubisch der Sprecher war. Es kann nicht überraschen, daß sich Entsprechendes im griechischen Sprachraum beobachten läßt, etwa in den Testaments-Papyri und – nach dem Bericht des Diogenes Laertius – im Testament des Aristoteles, dort gleich zweimal: ὅ μὲ γένοιτο ἢ πρὸ τοῦ λαβεῖν, „was nicht geschehen möge und was nicht stattfinden wird"[26].

Im Corpus iuris stoßen wir viermal auf die Formel *quod abominor*, in unserem Text Pap. *6 resp.* D. 28.6.41.8 sowie bei Scaevola *2 resp.* D. 28.5.86 und *3 resp.* D. 31.88.9, ferner in einem Reskript des Alexander Severus von 225 in C. 6.26.4. In allen vier Fällen findet sie sich kennzeichnenderweise im Wortlaut testamentari-

20. Julian *24 dig.* D. 37.11.8.1 hatte dieselbe Lösung durch die Fiktion erreicht, das Wort *mihi* sei in der Erbeinsetzung nicht geschrieben. Vgl. dazu etwa *VOCI*, *Diritto ereditario* cit., 171 ff.; D. SCHANBACHER, *Ratio legis Falcidiae*, Berlin 1995, 71 f.

21. Vgl. nur K.E. GEORGES, *Ausführliches lateinisch deutsches Handwörterbuch* II^{8}, 1913 – Nachdruck Hannover 1969, 1342; R. KLOTZ, *Handwörterbuch der lateinischen Sprache* II^{3}, Braunschweig 1879, 7; Nachdruck Graz 1963, 595 – jeweils s.v. *ominor*.

22. Georges, *Ausführliches* I cit., 24, auch Klotz, *Handwörterbuch* I cit., 33 – jeweils s.v. *abominor*.

23. *Met.* 9.676; *Pont.* 3.1.105.

24. *Ep.* 6.22.7.

25. Curt. 7.4.12.

26. D.L. 5.12, vgl. C.G. BRUNS, *Philosophen-Testamente*, in ZSS 1 (1880) 12 = *Kleine Schriften* II, Weimar 1982, 192 ff.; D. BAIN, *Nikeratos' Will (Menander, Samia 727-28)*, in *ZPE* 51 (1983), 36; U. MANTHE, *Votum parentium: Pap. D. 29,4,26*, in U. MANTHE, CHR. KRAMPE (HRSG.), *Quaestiones Iuris* (*Fschr. f. Joseph Georg Wolf z. 70. Geb.*), Berlin 2000, 180 Fn. 71, sowie L. Mitteis, U. Wilcken, *Grundzüge und Chrestomathie der Papyruskunde* II/2, Leipzig-Berlin 1912, Nr. 301 l. 25 (v. 225 v. Chr.), Nr. 303 l. 2 ff.; P.Oxy 27 (London 1962), Nr. 2474 l. 25 (1. Hälfte 3. Jh. n. Chr., im Zusammenhang der Ersatzerbeneinsetzung), vgl. R. MERKELBACH, *Das Testament des Nikeratos (Samia 726-728)*, in ZPE 19 (1975), 86.

scher Anordnungen, die von den Petenten vorgetragen und im *Responsum* oder Reskript wörtlich wiedergegeben sind[27]; wir treffen insoweit also auf „Volkes Stimme".

In der Übersetzung von Pap. D. 28.6.41.8 wie überhaupt wird *quod abominor* im deutschen Sprachraum mit „was Gott verhüten wolle!" wiedergegeben[28]. Die Formel erscheint damit als ein Appell an den einen Gott der Christenheit. Eine solche Aktualisierung mag hinnehmbar gewesen sein, solange das römisch-gemeine Recht noch unmittelbar oder subsidiär geltendes Recht war, also bis 1900, wie ja auch in den meisten Textausgaben seinerzeit *Deus* groß geschrieben wurde[29]. Heutzutage jedenfalls muß eine solche Übersetzung als unpassend erscheinen, denn der Testamentsverfasser bei Papinian hat bei der Verwendung der Floskel gewiß nicht unseren christlichen Gott im Sinn gehabt.

Allerdings ist der Digestentext, da er seine Fassung durch die Kommission Justinians erhalten hat, grundsätzlich auch als Monument dieser Zeit zu übersetzen und nicht das klassische Textverständnis zugrundezulegen[30]. Justinian dachte natürlich christlich, und er wollte auch die Digesten im christlichen Sinn verstanden wissen, auch wenn deren Text sprachlich nicht christlich gefaßt ist[31]. Doch geht das keineswegs so weit, daß auch allgemeine Floskeln oder Redewendungen im christlichen Sinne aufgeladen werden müßten. Im übrigen haben auch die ausländischen Übersetzer unseres Textes Formulierungen gewählt, die den Gedanken an den christlichen Gott nicht aufkommen lassen[32].

Nach alldem bleibt als Übersetzung der Floskel zu erwägen etwa „was, wie ich wünsche, abgewendet werden" oder: „... nicht geschehen möge"; doch wäre das zu blaß, weil es nicht den apotropäischen, das mögliche Unheil (*omen*) abwendenden Sinn von *abominari* anklingen läßt. Eine Wiedergabe mit „was ich als böses Vorzeichen von mir weise"[33], trüge dem Rechnung, ist sprachlich aber doch recht schwer. Es dürfte sich deshalb eher anbieten, in Anknüpfung an die äquivalenten Formulierungen auf den gelegentlich verwendeten Ausdruck „was die Götter verhüten

27. Irrtümlich deshalb Manthes Annahme, kein anderer Jurist als Papinian habe eine solche Formulierung in ein juristisches Werk aufgenommen, *Votum* cit., 180 Fn. 71.

28. So zu fr. 41.8 H. HEUMANN, E. SECKEL, s.v. *abominari*, in *Handlexikon zu den Quellen des römischen Rechts*[11], Graz 1971, 4; C. HUNGER, in C.E. OTTO, B. SCHILLING, C.F.F. SINTENIS (HRSG.), *Das Corpus Juris Civilis in's Deutsche übersetzt* III, Leipzig 1831, 100; allgemein auch Georges, *Ausführliches* I cit., 24; Klotz, *Handwörterbuch* I cit., 33 („was Gott verhüte!"); vgl. auch C.T. LEWIS, CH. SHORT, s.v. *abominor*, in *A Latin Dictionary* I, 1879 – Nachdruck Oxford 1975, 9 („which may God avert").

29. Zum Beispiel (siehe etwa D. 4.8.32.4: *maiestas Dei*) noch von G.C. GEBAUER, G.A. SPANGENBERG, *Corpus Iuris Civilis* I, Göttingen 1776, und Fratres KRIEGELII, *Corpus Iuris Civilis* I[12], Leipzig 1868.

30. Vgl. R. KNÜTEL, *Einzelne Probleme bei der Übersetzung der Digesten*, in *ZSS* 111 (1994), 377 f. mit Beispielen zur *duplex interpretatio*.

31. Vgl. auch dazu Knütel, *Einzelne Probleme* cit., 379 ff.

32. Vgl. jeweils ad h.l. H. HULOT, J.F. BERTHELOT, *Corps de droit civil romain en latin et en français* IV, Metz 1804 – Nachdr. Aalen 1979, 186 (contre mon attente); I.L. GARCÍA DEL CORRAL, *Cuerpo del Derecho Civil Romano* II, Barcelona 1892, 397 (lo que no suceda); S.P. SCOTT, *Corpus Iuris civilis* V, Cincinatti 1932, Nachdruck New York 1973, 253 (which I trust will not be the case); A. D'ORS et ALII cit., 346 (que no lo deseo); W.M. GORDON, in Th. Mommsen, P. Krueger, A. Watson, *The Digest of Justinian* II, Philadelphia Penns., 1985, 858a ([a thought] which I abominate); E. SLOB, J.E. SPRUIT in *Corpus Iuris Civilis* cit., 333 (wat de goden mogen verhoeden [was die Götter verhüten mögen], womit an die oben aufgeführten Äquivalenzen angeknüpft wird, Cic. *Phil.* 3.35; Liv. 28.41.13).

33. So Manthe, *Votum parentium* cit., 180 Fn. 71.

mögen!" zurückzugreifen. Üblicher sind im deutschen Sprachgebrauch jedoch die Interjektionen „unberufen", „unbeschrien" und ähnliche Wendungen. Sie „haben sich als ursprünglich magische Abwehrformeln des Volksglaubens auch heute noch im gesamten deutschen Sprachgebiet erhalten. Sie werden der Erwähnung glückhafter Umstände hintangestellt, um das Gegenteil (*sc.* das Unglück) nicht heraufzubeschwören"[34]. Verblaßt ist allerdings der Zusammenhang mit einem vorangehenden Lob oder einer Erwähnung glücklicher Umstände; vielmehr werden die Wendungen „unberufen", „unbeschrien" auch schon dann eingeflochten, um „von einer Sache vorsichtshalber nicht <zu> sprechen (damit sie nicht schiefgeht) (Aberglaube)"[35], also um ein unglückliches Geschehen nicht herbeizureden. *Quod abominor* also schlicht: „ – unberufen – unbeschrien"?[36]

III.

1. Auf eine für die Pupillarsubstitution geradezu typische Auslegungsfrage, zu der sich verschiedene Juristen geäußert haben, stößt man erstmals in:

> Afr. *4 quaest.* D. 28.6.34 pr: *Ex duobus impuberibus ei, qui supremus moreretur, heredem substituit. si simul morerentur, utrique heredem esse respondit*[37]*, quia supremum non is demum qui post aliquem, sed etiam post quem nemo sit, intellegatur, sicut et e contrario proximus non solum is qui ante aliquem, sed etiam is ante quem nemo sit intellegitur.*

Jemand hat in seinem Testament einen Ersatzerben für denjenigen seiner beiden unmündigen Söhne benannt, der als letzter versterben würde. Wenn die Söhne zusammen (*simul*)[38], das heißt durch dasselbe Unglück, umgekommen sind, werden nach der Rechtsauskunft Julians sie beide von dem Ersatzerben beerbt.

Das Problem lag auf der Hand: Da beide Söhne in gemeinsamer Gefahr umgekommen sind, läßt sich nicht klären, wer der zuletzt ums Leben Gekommene ist, so daß nur bleibt, von einer Gleichzeitigkeit des Todes auszugehen[39]. Fehlt es mithin an einem *qui supremus mortuus est*, so ist die Bedingung für den Eintritt der Ersatzerbfolge nicht erfüllt. Julian weist diese Lösung zurück, indem er sich unter einer Blickverschiebung auf die Wortbedeutung von *postremus* beruft: Als „Letzter" sei nicht nur zu verstehen, wer sich nach einem anderen, sondern auch der, nach dem sich kein anderer mehr befindet, so wie auch umgekehrt als „Nächster" (*proximus*)

34. L. Röhrich, s.v. *unberufen*, in *Lexikon der sprichwörtlichen Redensarten* V², Freiburg-Basel-Wien, 1995, 1659.
35. G. Wahrig, s.v. *unberufen*, in *Deutsches Wörterbuch*, Ausgabe Gütersloh 1996, 1622.
36. Vgl. auch E. Rösch in der Übersetzung des *quod abominor* in *Met.* 9.677 in N. Holzberg (Hrsg.), *Ovidius Naso, Metamorphosen*, Darmstadt 1996, 353: „Darum – nicht berufen! – sollte dein Schoß ...".
37. Mit der in der Regel besseren Korrektur von F² ist *respondit* (sc. *Iulianus*) statt *respondi* (F) zu lesen. Vgl. Pap. D. 37.11.11 pr (Text unten nach Fn. 46).
38. Vgl. Klotz, *Handwörterbuch* I cit., 1349 s.h.v.
39. So auch die meisten heutigen Gesetze, vgl. z.B. Art. 32 II Schweiz. ZGB; Art. 4 ital. Codice civile; § 11 dt. Verschollenheitsgesetz, österr. Todeserklärungsgesetz §11; differenzierend dagegen Art. 720-722 Code civil. – Der Tod zweier Unmündiger ist im übrigen kein Fall der sog. Kommorientenpräsumption.

nicht nur derjenige verstanden werde, der sich vor einem anderen, sondern auch der, vor dem sich kein anderer mehr befindet.

Die Begründung wirkt rhetorisch; sie klingt besser als sie ist. Denn man könnte sie auch umdrehen und behaupten, weil keiner vor dem anderen zu Tode gekommen ist, seien sie beide als Erste verstorben – und dies erfülle nicht die Bedingung der Ersatzerbschaft. Logisch sind beide Begründungen gleichwertig. Dennoch ist Julians Entscheidung die richtige, aus Erwägungen, die der Jurist nicht nennt (was bei den römischen Juristen ja keineswegs ungewöhnlich ist). Maßgeblich dürfte sein, daß der Wille des Testators ersichtlich dahin ging, bei Vorversterben des einen Sohnes den anderen vor allen Dritten erben zu lassen[40], und für den Fall von dessen Tod eher den Ersatzerben als die gesetzlichen Erben. Für diese Bevorzugung des Ersatzerben wäre es nach dem zu vermutenden Willen des Erblassers unerheblich, ob die Söhne nacheinander oder miteinander vom Tod ereilt werden[41]. Es versteht sich, daß diese Erwägungen auf der Linie des *favor testamenti* liegen[42]. Hält man diese Motive für entscheidend, so wird die überlieferte Begründung Julians damit nicht etwa entbehrlich, macht der Jurist mit ihr doch deutlich, daß der Wortlaut der testamentarischen Verfügung der gebotenen Lösung zugunsten des Ersatzerben nicht entgegensteht.

2. Daß Julians Definitionen zum *supremus* und *proximus* Beifall fanden, zeigt – außer Tryph. D. 34.5.9 pr[43] – auch Paulus *7 quaest.* D. 50.16.92: *'Proximus' est, quem*[44] *nemo antecedit: 'supremus' est, quem nemo sequitur.*

Lenel vermutet, der Passus stamme aus einem Zusammenhang der Ediktsrubrik *De bonorum possessione secundum tabulas*[45]. Dazu paßt, daß auch die Bestätigung, die sich zu Julians Entscheidung bei Papinian findet, diesem Ediktstitel zuzuordnen sein dürfte[46]:

> Pap. *13 quaest.* D. 37.11.11 pr: *'Qui ex liberis meis impubes supremus morietur, ei Titius heres esto.' duobus peregre defunctis si substitutus ignoret, uter novissimus deces-*

40. Zur Frage der Erbberechtigung unter den Söhnen s. Fn. 50.

41. Treffend bereits C.F. MÜHLENBRUCH in C.F. GLÜCK, *Ausführliche Erläuterung der Pandecten* XL², Erlangen 1938, 466 („Man konnte die Entscheidung vielmehr ... stützen ... auf eine interpretatio secundum voluntatem testatoris; denn, was auch aus einer blos buchstäblichen Interpretation folgen mochte, so gieng doch der Wille des Testirers ganz entschieden dahin, daß der Substitut Beider Vermögen haben sollte, wenn keiner von ihnen die Pubertät erlebte", zu D. 34.5.9 pr), 467 f., 470 (auch zu fr. 34 pr.); ferner R. LAMBERTINI, *La problematica della commorienza nell'elaborazione giuridica romana*, Milan 1984, 40; hingegen geht A. D'ORS, *Las Quaestiones de Africano*, Roma 1997, 125 ff. auf diese „Hinter-Gründe" nicht ein.

42. Dieser Gedanke liegt vermutlich der Bemerkung von MÜHLENBRUCH in GLÜCK, *Pandecten* XL, 466 f. zugrunde, man hätte zur Begründung auch anführen können, „daß im Zweifel eine Bedingung für erfüllt anzunehmen ist", unter Hinweis auf Ulp. *6 disp.* D. 34.5.10.1, wo bei Unklarheit, ob bei der Geburt von Zwillingen die Sklavin zuerst den Knaben zur Welt gebracht hat (womit die Bedingung für die Erlangung der Freiheit eingetreten wäre) oder das Mädchen, die Entscheidung für den Knaben als Erstgeborenen getroffen wird – was sich aus dem *favor libertatis* erklärt.

43. Dazu unten nach Fn. 53.

44. F¹ hat *qui*, was archaisierend für *cui* verwendet worden sein könnte, vgl. R. RÖHLE, *Neue Lesarten zum Text des Codex Florentinus*, in *ZSS* 122 (2005), 83f.

45. O. LENEL, *Palingenesia iuris civilis* I, Leipzig 1889, 1202 (Nr. 1349) unter Hinweis auf Pomp. *2 Sab.* D. 50.16.162 pr; Ulp. *39 ed.* D. 37.11.1.1.

46. Lenel, *Palingenesia* I cit., 840 (Nr. 221).

serit, admittenda est Iuliani sententia, qui propter incertum condicionis etiam prioris posse peti possessionem bonorum respondit.

Es ist sehr wahrscheinlich, daß Papinian den Fall vor Augen hat, von dem auch African in D. 28.6.34 pr berichtet. Julians *responsum* war vermutlich an anderer Stelle ausführlicher oder sogar in vollem Wortlaut überliefert; daher mag Papinian die Formel der Ersatzerbeneinsetzung übernommen haben. Jedenfalls sind zwei Unmündige *peregre*, außer Landes oder auf Reisen, vielleicht bei einem Schiffbruch oder Raubüberfall[47], umgekommen, ohne daß der Ersatzerbe, der den Eintritt der Bedingung für den Ersatzerbfall nachweisen müßte, (und auch sonst niemand) aufzuklären vermöchte, wer als Letzter sein Leben verlor. Es war also vom gleichzeitigen Tod auszugehen. Papinian referiert zustimmend die Entscheidung Julians, der angesichts der sich aus der Bedingung ergebenden Ungewißheit (*propter incertum condicionis*) entschied, der Ersatzerbe könne auch die *bonorum possessio* nach dem zuerst ums Leben gekommenen Sohn beanspruchen. Das wird so zu verstehen sein, daß zwar de facto aller Wahrscheinlichkeit nach der eine vor dem anderen gestorben ist, wegen der Bedingung aber der zuletzt Verstorbene ermittelt werden müßte und, da dies nicht möglich sei, juristisch ein gleichzeitiger Todeseintritt und infolgedessen eine Beerbung beider Söhne anzunehmen sei, mithin auch des tatsächlich zuerst gestorbenen. Die Argumentation zum Wortlaut (*supremus*) kann ohne weiteres in diesen Zusammenhang passen und von Papinian weggelassen worden sein.

3. Wenn Papinian in fr. 11 pr von der *prioris possessio bonorum* spricht, geht er offenbar davon aus, der Ersatzerbe erlange (honorarrechtlich gesichert) die Erbschaft jedes Einzelnen, also zwei Erbschaften. Mit aller Deutlichkeit sagt der Jurist dies in

> Pap. *1 def.* D. 28.6.42: *Qui duos impubes filios heredes reliquerat, ita substituit, si ambo mortui essent: deinde pueri post mortem patris simul perierunt: duae hereditates substituto deferuntur. sed si diversis temporibus ita decedant, in hereditate novissimi pueri eius fratris, qui ante mortuus est, hereditatem substitutus inveniet. sed in ratione Falcidiae pueri prioris hereditas non veniet nec substitutus amplius quam sescunciam iure testamenti desiderabit: legata quoque, quae a substituto eius filii data sunt, qui prior intestato decessit, ad irritum reccidunt.*

Auch hier geht es um einen Fall, der den bislang erörterten entspricht, auch wenn die Bedingung für den Eintritt der Ersatzerbschaft abweichend formuliert ist: *si ambo mortui essent.* Doch tritt das erst mit dem Tod des länger lebenden Sohnes ein, läuft insoweit also auf dasselbe hinaus wie die Klausel *qui … supremus morietur* (Pap. D. 37.11.11 pr).

Man könnte daran denken, daß Papinian Julians Definition des *postremus* für wenig hilfreich gehalten hat, weil er sie weder in fr. 11 pr noch hier im fr. 42 anführt. Immerhin aber macht er Ernst mit der Konsequenz, die sich aus der Definition ergibt: Wenn *postremus* auch der ist, hinter dem sich niemand befindet, sind die beiden Unmündigen *postremi*, ohne daß unter ihnen ein Erbgang stattgefunden hat. Der Ersatzerbe erlangt folglich das Antrittsrecht für zwei gesonderte Erb-

47. Der Gedanke, die Unmündigen seien in Feindeshand gefallen und die *fictio legis Corneliae* sei einschlägig, so G. Finazzi, *La sostituzione pupillare*, Napoli 1997, 215 Fn. 21, führt nicht weiter.

schaften zugleich[48] und kann als Außenerbe entscheiden, ob er beide, nur eine oder keine erwerben will.

Daß es sich anders verhält, wenn die unmündigen Söhne zu unterschiedlichen Zeiten gestorben sind, stellt Papinian im Anschluß klar: Dann erhält der Ersatzerbe die Erbschaft des zuletzt gestorbenen, in der sich die des erstverstorbenen befindet[49]. Im weiteren beschränkt Papinian sich darauf hervorzuheben, daß bei der Berechnung der falzidischen Quart die vom zuerst verstorbenen Sohn herrührende Erbschaft außer Ansatz bleibt und daß der Ersatzerbe hinsichtlich der ihm auferlegten Beschwerungen kraft des (väterlichen) Testaments von dem übrigen Erbe ein Achtel einbehalten kann – offenbar weil der Vater die Erbschaft bereits geteilt hatte, von der nur die Hälfte auf testamentarischem Weg an den Ersatzerben gelangte[50]. Konsequenterweise entfallen jedoch auch die Vermächtnisse, die dem Ersatzerben nach dem zuerst und testamentslos verstorbenen Sohn auferlegt waren.

4. Pomponius, wohl eine halbe Generation jünger als Julian, steuerte zum *supremus*, nach dessen Tod gemäß der Anordnung des Testators ein Ersatzerbe berufen sein sollte, eine andere Erklärung bei:

> Pomp. *2 Sab.* D. 50.16.162 pr: *In vulgari substitutione, qua substitutus etiam unico intellegitur, exemplo duodecim tabularum ex quibus 'proximus' adgnatus et solus habetur.*

Die Bedingung, es müsse jemand „als Letzter" von denen, die ein Erblasser eingesetzt hat[51], gestorben sein, setzt nicht voraus, daß es tatsächlich mehrere Erben gegeben hat; die eingesetzten Personen können durch Vorversterben (vor dem Erbfall), Nichtantritt oder aus anderen Gründen mit Ausnahme einer einzigen, die dann Alleinerbe wurde, weggefallen sein. Daß auch der Tod eines Alleinerben zugleich der des *postremus* ist, begründet Pomponius mit einem *argumentum ex exemplo* zum *proximus adgnatus* der Zwölftafeln (5.4), der auch dann, wenn er der einzige Adgnat ist, als (grad-) "nächster" Seitenverwandter anerkannt werde[52].

48. Vgl. Mühlenbruch in Glück, *Pandecten* XL cit., 470 f.

49. Das ist, wie Justinian in C. 6.26.10 pr (a. 531) berichtet, die Lösung, die Sabinus in einer Streitfrage unter den *antiqui legum auctores* zu der Bedingung '*si uterque impubes decesserit*' entwickelte; der Ersatzerbe wird nicht sogleich Erbe des Erstverstorbenen: *placuit Sabino substitutionem tunc locum habere, cum uterque decesserit: Cogitasse enim patrem primo decedente fratrem suum in eius portionem succedere. § 1 Nos eiusdem Sabini veriorem sententiam existimantes non aliter substitutionem admittendam esse censemus, nisi uterque eorum in prima aetate decesserit.* Dazu K.-H. SCHINDLER, *Justinians Haltung zur Klassik*, Köln-Graz 1966, 154f., der mit Recht hervorhebt, daß Sabinus seine Entscheidung nach dem Willen des Erblassers traf (*cogitasse*).

50. Vgl. D. SCHANBACHER, *Ratio legis Falcidiae*, Berlin 1995, 179 f.; Finazzi, *Sostituzione pupillare* cit., 354, auch D'Ors, *Africano* cit., 126. – Der Überlebende erlangte den Anteil des Erstverstorbenen als gesetzlicher Erbe, vgl. Tryph. D. 34.5.9 pr; I. 2.16.6. Zur Frage s. auch Mühlenbruch in Glück, *Pandecten* XL cit., 469 f. mit älterer Literatur.

51. Sonst hätte er schwerlich *supremus* gesagt oder geschrieben. Tryphonin nennt als Beispiel freilich einen Erblasser, der nur einen Sohn hat (D. 34.5.9 pr, dazu sogleich); dann wäre daran zu denken, daß der Testator sich an einem nicht ganz passenden Formular orientiert hat.

52. Vgl. auch Inst. 3,2,5; zum fr. 162 pr. s. auch D. NÖRR, *Pomponius oder „Zum Geschichtsverständnis der römischen Juristen"*, in *D. Nörr, Historiae Iuris Antiqui* II, hgg.v. T.J. CHIUSI, W. KAISER, H.D. SPENGLER, Goldbach 2003, 1071 f. (aus *ANRW* II/15 1976, 583 f.).

5. Auch Tryphonin, Mitglied im *consilium* des Septimius Severus[53], hat unser Problem diskutiert. Er war offensichtlich bestrebt, alle Argumente zusammenzutragen.

Tryph. *21 disp.* D. 34.5.9 pr: *Qui duos impuberes filios habebat, ei qui supremus moritur, Titium substituit; duo impuberes simul in nave perierunt: quaesitum est, an substituto et cuius hereditas deferatur. dixi, si ordine vita decessissent, priori mortuo frater ab intestato heres erit, posteriori substitutus: in ea tamen hereditate etiam ante defuncti filii habebit hereditatem. in proposita autem quaestione ubi simul perierunt, <utrum utrique substitutus heres erit>*[54]*, quia, cum neutri frater superstes fuit, quasi utrique ultimi decessisse <nec successisse> sibi videantur? an vero neutri, quia comparatio posterioris decedentis ex facto prioris mortui sumitur? sed superior sententia magis admittenda est, ut utrique heres sit; nam et qui unicum filium habet, si supremum morienti substituit, non videtur inutiliter substituisse: et proximus adgnatus intellegitur etiam qui solus est quique neminem antecedit: et hic utrique, quia neutri eorum alter superstes fuit, ultimi primique obierunt.*

Es ist der bekannte Fall[55]: Der Erblasser hat seine beiden unmündigen Söhne als seine Erben benannt und für den, der als letzter stirbt, Titius als Ersatzerben eingesetzt. Die Unmündigen kommen gemeinsam bei einem Schiffbruch ums Leben. Die Frage ist, ob und, wenn ja, zu wessen Erbschaft Titius berufen ist.

In Umkehrung der von Papinian in D. 28.6.42 gewählten Reihenfolge setzt Tryphonin an: Hätten die Söhne nacheinander ihr Leben verloren, so hätte der überlebende seinen testamentslos verstorbenen Bruder beerbt und hätte seinerseits den Titius zum Erben. Dieser hätte mit der Erbschaft des später gestorbenen Sohnes auch die des zuerst verstorbenen erlangt.

Sodann kommt Tryphonin zum Problem, zu dem er die Alternative in zwei Fragen darlegt: Wird im vorliegenden Fall, in dem beide zusammen umgekommen sind, der Ersatzerbe nun Erbe von beiden, weil man, da keiner der Brüder länger gelebt hat, annehmen könnte, jeder von beiden sei als Letzter verstorben und habe den anderen nicht beerbt? Oder wird Titius Erbe von keinem der beiden, weil ein zuletzt Verstorbener [den Titius beerben könnte] nur aus dem Umstand ermittelt werden kann, daß ein anderer zuvor gestorben ist[56]? Tryphonin entscheidet, der erstgenannten Ansicht sei der Vorzug zu geben, nach welcher Titius Erbe von beiden wird, und er führt zur Begründung das von Pomponius (D. 50.16.162 pr) beigebrachte Argument an: Auch wenn jemand, der nur einen Sohn hat, einen Ersatzerben für den „zuletzt Verstorbenen" einsetzt (*si supremum morienti substituit)*, sei die Einsetzung nicht als unwirksam anzusehen. Und als „nächster" Agnat (*proximus adgnatus*) gelte auch ein Verwandter, der der einzige ist und der – was an Julians *non solum is qui ante aliquem ... sit* (D. 28.6.34 pr) erinnert – keinem ent-

53. Vgl. Liebs, *Jurisprudenz* cit., 125.
54. So nach dem einleuchtenden Vorschlag von Arndts die Editionen von Mommsen (ed. maior), Mommsen, Krüger; und Bonfante, Fadda, Ferrini, Riccobono, Scialoja (ed. Mil.), jew. ad h.l. – Nach diesen Angaben auch die von P. Krüger erkannte Verbesserung <*nec successisse*>. Vgl. auch Lambertini, *Commorienza* cit., 41 Fn. 6.
55. Erörtert auch von Mühlenbruch in Glück, *Pandecten* XL cit., 463 ff.; Paulus, *Postmortale Persönlichkeit* cit., 41 f.
56. Mit anderen Worten: weil Überleben ein relativer Begriff ist? Vgl. Mühlenbruch in Glück, *Pandecten* XL cit., 464.

fernteren Verwandten vorgeht. Und hier seien, so beschließt Tryphonin die Erörterung in rhetorischer Zuspitzung, weil keiner den anderen überlebt habe, beide als letzter und als erster gestorben: *et hic utrique … ultimi primique obierunt.*

7. Nicht nur in dem betrüblichen Zusammenhang der Kommorienten, sondern auch in erbaulicherem Kontext ergibt sich das Problem, ob zwei zugleich „der Erste" sein können. So hat Chrysipp, der große Theoretiker der Stoa, die Frage erörtert, was ein Schiedsrichter tun sollte, wenn eine Prämie für den ausgesetzt ist, der im Wettkampf als Erster ins Ziel kommt, und sich ein totes Rennen ergibt. Chrysipp bildet die Alternative, ob der Schiedsrichter die Prämie, wie wenn sie seine eigene Sache wäre, nach Belieben und Zuneigung einem der beiden gewähren könne oder ob man davon ausgehen müsse, beide hätten gemeinsames Eigentum erlangt, so daß er nur so, als ziehe er ein Los, nach zufälliger Eingebung die Prämie einem von ihnen geben sollte[57].

Hugo Grotius hat den Fall im 2. Buch der *De iure belli ac pacis libri tres* v. 1625[58] aufgegriffen, zur Frage, wer *primus* sei, sich der Definition Julians bedient und sich unter Berufung auf einen *favor virtutum* für eine Teilung unter den Siegern ausgesprochen, nicht ohne an eine römische Praxis, den Kampfeseifer anzustacheln, zu erinnern:

> *Et sane vox primi ambigua est, nam aut eum significat qui omnes antecedit, aut quem nemo. Sed quia virtutum praemia favorabilia sunt, verius est concursuros ad praemium, quanquam liberalius Scipio, Caesar, Iulianus his qui pariter muros ascenderant solida praemia tribuerunt.*

Wenden wir uns von hier der Gegenwart zu, so nicht eigentlich, um zu sagen, daß des Grotius Entscheidung Eingang zum Beispiel in § 659 Abs. 2 Satz 1 *BGB* gefunden hat und über diesen in Art. 1.515 § 1° Código civil Bras. von 1916 = Art. 858 Novo Código civil Brasileiro von 2002 übernommen worden ist, sondern vor allem deshalb, um dem verehrten Jubilar herzliche Glückwünsche zu entbieten, vor allem für eine fortwährende *vita activa in artibus gerendis.*

---

57. Plu., *Moralia, De stoicorum repugnantiis* 1045 D, E (ed. Loeb) XIII/2, Cambridge/Mass.-London 1976, 510; J.V. ARNIM, *Stoicorum Veterum Fragmenta* III, 1903 (ed. stereotypa), Stuttgart 1979, 175 (Nr. 699).
58. II.16.19, ed. B.J.A. DE KANTER-VAN HETTINGA TROMP, Leiden 1939, Nachdruck, Aalen 1993, 418.

Constitutio Imperatoriam § 3: *fabulis* oder *tabulis*?*

Rolf Knütel

Rheinische Friedrich-Wilhelms-Universität Bonn

I.

Justinians Einführungsgesetz zu den Institutionen, die Constitutio Imperatoriam vom 21. November 533, enthält im § 3 eine Merkwürdigkeit: Justinian, der sich mit dieser Konstitution an die *cupida legum iuventus* wendet, verheißt dieser Jugend, sie brauche hinfort die Anfangsgründe des Rechts nicht mehr aus *antiquae fabulae* zu erlernen, sondern könne sie einem glänzenden kaiserlichen Werk entnehmen*: ut liceat vobis prima legum cunabula non ab antiquis fabulis discere, sed ab imperiali splendore appetere*. Zur Frage, was mit den *antiquae fabulae* in diesem Zusammenhang gemeint ist, besteht seit langem Unklarheit und infolgedessen eine Vielfalt der Meinungen[1].

II.

Blickt man in einige der Institutionenausgaben, so ergibt sich, daß Haloander (Nürnberg 1529) und Miraeus (Paris 1552) zu *fabulis* nichts anmerken; Contius (Paris 1560) bringt hingegen in einer Fußnote *o* den Hinweis: *id est obsoleto iure, ut frag. Ulpiani et Gaii institutionum* – was schon deshalb kaum verfängt, weil Justinian in § 6 der Const. Imperatoriam die Institutionenwerke der alten Juristen, vor allem des *Gaius noster*, als die Grundlage seiner, der justinianischen Institutionen anerkennend anführt. Cuiaz (Paris 1585) merkt in einer Fußnote 13 zu *fabulis* an: '*ab ipso ore principis, non ab antiquorum iuris auctorum responsis*', wofür er in erster Linie auf C. 7, 40, 1d (530) verweist. Dort wird im Hinblick auf die Verjährung gesagt, daß eine persönliche Klage *non iteratis fabulis saepe recreata,* also ohne häufige Neubelebungen durch wiederholte Geschichtserzählungen, nach 30 Jahren ihr Ende finden soll. Das kann Versuche von Advokaten betreffen, durch wiederholte „Vorstellungen" eine bereits „beerdigte Klage wiederzuerwecken"[2]. Zur Erhellung der *antiquae fabulae* in § 3 der Const. Imp. trägt das jedoch nichts bei[3].

* F. Sturm/Ph. Thomas/J. Otto/H. Mori (Hrsg.), Liber amicorum Guido Tsuno, Vico Verlag, Frankfurt a. M. 2013, 169 – 183.

1 Eine informative Darstellung findet sich bei G. Chr. Gebauer, G. A. Spangenberg, Corpus Iuris Civilis, Göttingen 1776, Fußn. 19 zu § 3 (S. 5f.).

2 In diesem Sinne Scipio Gentilis (u. Fußn. 21), Sp. 1345; U. Huber (u. Fußn. 26), S. 8.

3 Siehe auch Falcone (u. Fußn. 40), S. 292 Fußn. 19.

Enttäuschend bleibt auch Vinnius, der sich zu *antiquis fabulis* auf die Note beschränkt: *Jus antiquum et absoletum intelligit, quo referti erant veterum Jurisconsult. libri*[4]. Denn auch diese Erklärung verträgt sich – ebenso wie die auf gleicher Linie liegende des Contius – nicht gut mit der folgenden Berühmung, die Institutionen seien auf der Grundlage aller Institutionenwerke der alten Juristen verfaßt worden, und sie paßt auch nicht recht zum Klassizismus Justinians[5]. Schaut man für das 19. Jh. noch in die Institutionenausgabe des fleißigen Eduard Schrader (Berlin 1836), so findet sich zu *fabulis* lediglich der Hinweis (in Fußnote 18): „Gellius V. 18. in f. Ammian. Marcell. XXX, 4“[6]. Bei Gellius geht es um den Unterschied zwischen den Begriffen *historia* und *annales*. Gellius referiert dazu aus Sempronius Asellio, der *annales* verstand als Berichte bloßer Fakten ohne Ausführungen etwa dazu, *quo consilio quaque ratione gesta essent*, als Berichte folglich, die niemanden zur Nachahmung anzuspornen oder emotional zu bewegen vermöchten. Das Zitat schließt mit dem Beispiel eines Berichts bloßer Fakten von einem Krieg, um zu veranschaulichen: *id fabulas pueris est narrare, non historias scribere* (§ 9). Man mag daraus schließen, daß es vielleicht eine Redewendung in dem Sinne gab, man könne kleinen Jungen Geschichten erzählen; aber gefördert wird das Verständnis der *antiquae fabulae* in § 3 der Const. Imp. dadurch keineswegs.

III.

Die Glosse *fabulis* brachte die Erklärung: *quia in antiquis Institutionibus erant fabulae: quae fabulae nec vera, nec verisimilia continebant, secundum Tullium lib. I de inventione*[7]. Cicero definiert in de inv. 1, 19, 27: *Fabula est, in qua nec verae nec veri similes res continentur, cuiusmodi est:*

---

4 A. Vinnius, In quattuor libros Institutionum Imperialium commentarius, rec. G. Heineccius, Venedig 1793, Bd. I, S. 3.

5 Siehe dazu nur M. Kaser, Zur Methodologie der römischen Rechtsquellenforschung, Sitzungsberichte der Österreichischen Akademie der Wissenschaften, Phil.-hist. Klasse (277. Bd., 5. Abh.), Wien 1972, S. 16 ff., 104 f.

6 Imperatoris Justiniani Institutionum libri IV, Berlin 1836, S. 6 Fußn. 18. Der zusätzliche Hinweis auf „Amm. Marcell. XXX, 4“ ist nicht ergiebig.

7 Institutionum seu primorum iurisprudentiae elementorum libri quatuor (Ausgabe Venedig 1592 [Vgl. E. Spangenberg, Einleitung in das Römisch-Justinianische Rechtsbuch oder Corpus juris civilis Romani, Hannover 1817 [im folgenden = Spangenberg], S. 853, Nr. 341], Bd. 5, col. 7). Dem folgt etwa die insbesondere von Sylvester Aldobrandini glossierte Institutionenausgabe, Venedig 1593 [Spangenberg, S. 856, Nr. 343, vgl. Nr. 194, 205].

Angues ingentes alites, iuncti iugo[8]. Entsprechend heißt es beim Auctor ad Herennium, der vermutlich aus derselben Quelle wie Cicero geschöpft hat, freilich ein anderes Beispiel anführt: *Fabula est, quae neque veras neque veri similes continet res, ut eae sunt, quae tragoediis traditae sunt* (1, 8, 13).

Cicero und der Auctor verwenden das Wort *fabula* im Kontext einer Einführung in die Rhetorik. Dafür sind anfangs die Begriffe zu klären. Es werden drei Arten der *narratio*, der Darlegung des Sachverhalts, unterschieden und innerhalb der dritten sodann zwei Arten, je nachdem ob die *narratio* sich auf *negotia*, Handlungen, oder auf *personae* gründet. Die auf Handlungen beruhende Sachverhaltsdarlegung wiederum wird in drei Arten gegliedert, die jeweils definiert werden, in die *fabula* mit der oben angeführten Begriffsbestimmung, die *historia*, bei der es um zurückliegende tatsächlich geschehene Taten geht, und das *argumentum*, ein frei erfundenes Geschehen (*ficta res*), das sich jedoch hätte zutragen können, wie beispielsweise das Geschehen oder die Handlung in Komödien.

Von der Glosse wird diese Definition der *fabula* aus dem Zusammenhang gerissen und zugleich unterstellt, Justinian habe nach mehr als einem halben Jahrtausend auf das Wort im Sinne des terminus technicus der Rhetorik zurückgegriffen. Macht man Ernst mit dem, wofür diese Definition stehen soll, so müßte Justinian erklärt haben, die Studienanfänger sollten nicht aus alten erdichteten Geschichten lernen, die weder richtige noch wahrscheinliche Sachen enthalten. Da das jedoch evident ausscheidet, schwächt die Glosse die Aussage ab: Es habe in den alten Institutionenlehrbüchern erdichtete Geschichten mit unrichtigen oder unwahrscheinlichen Aussagen gegeben. Belege werden nicht angeführt, so daß die „Erklärung" nichts anderes ist als das Produkt der Ableitung aus einem Begriff, und zwar aus einem zum Zwecke rhetorischer Systematisierung auf eine spezielle Aussage verengten Begriff. Der Einfluß der Scholastik ist unverkennbar. Hinzu kommt, daß bei dieser „Erklärung" um so stärker der Widerspruch zum folgenden § 6 hervortritt, in dem Justinian mit ersichtlicher Genugtuung hervorhebt, alle Institutionenwerke der alten Juristen ausgewertet zu haben.

8 Eine erdichtete Geschichte ist die, welche weder wahre noch wahrscheinliche Sachen enthält, etwa von der Art: sehr große, geflügelte Schlangen, in das Joch gespannt.

IV.

Es lag nicht an der Unzulänglichkeit der Glosse allein, daß auch nach anderen Erklärungen gesucht wurde. Galvanus etwa verfiel auf die Deutung, Justinian habe das Recht im Blick, das noch vor den XII Tafeln galt, die Gesetze der Königszeit also; *ab antiquis fabulis* habe er nämlich vor allem wegen Numa Pompilius geschrieben, *qui fabulatus est se leges ab Ægeria nympha didicisse*[9].

Schon früh wurde die Vermutung geäußert, mit *antiquis fabulis* könnten die XII Tafeln gemeint sein, sei es schon mit dieser Bezeichnung[10], sei es aufgrund eines Schreibfehlers aus *tabulis*[11]. Doch ist diese Vermutung nahezu einhellig auf Ablehnung gestoßen. Das dürfte sich hauptsächlich aus der Institutionen-Paraphrase des Theophilus erklären. In sieben der zwölf wichtigsten Handschriften aus der Zeit vom späten 11. bis zum späten 15. Jahrhundert steht am Anfang der Paraphrase, deren erster Titel durchweg fehlt, eine griechische Version der Const. Imp.[12]. Die *editio princeps* von Viglius von Aytta[13] kam 1534 in Antwerpen heraus, und schon 1536 erschien die lateinische Übersetzung von Iacobus Curtius[14], die aufgrund ihrer zahlreichen Auflagen[15] – zumeist im handlichen Sedez-Format eines

9 M.A. Galvanus, De usufructu dissertationes variae, Genf 1676, S. 49 unter Berufung auf Livius 1, 19, 5; 1, 21, 3 und Andere (Plutarch, Numa 13; Ovid, Fasti 3, 275 f.; Dion. Hal. 2, 60, 4-5).

10 So etwa Iacobus Raevardus, Opera, Frankfurt 1601, S. 77 f. (Coniectan. Lib. III, Cap. II): *per antiquas igitur fabulas duodecim tabulas, et legis actiones … arbitramur intellexisse Iustinianum.*

11 So Cornelius van Bynkershoek, Praetermissa ad L. 2 D. de origine juris § 38, in seinen Opuscula varii argumenti, 3. Aufl., Leyden 1752, S. 65 (*ab antiquis tabulis, sic enim, non Fabulis legendum videri posset in prooemio Institutionum*) und andere Autoren, die von ihren Gegnern lediglich als *quidam* oder *illi interpretes* (so Ev. Otto, Thesaurus [u. Fußn. 24], Bd. III, Praef., S. XXVII) oder ähnlich bezeichnet werden.

12 Theophili Antecessoris Paraphrasis Institutionum, hrsg. v. J.H.A. Lokin, Roos Meijering, B.H. Stolte, N. van der Wal (with a translation by A.F. Murison), Groningen 2010, S. XXVI, zu den Handschriften S. XXVIII-XXXVI.

13 Aus Swichum in Friesland, daher auch: Zuichemus.

14 Institutionum iuris civilis libri quatuor. Olim a Theophilo Antecessoris in Graecum … translati et nunc nuper in gratiam eorum quibus operam Graecis literis dare non admodum vacat aut libet, e Gr. in Lat. per D. Jac. Curtium Brugensem JC. conversi… Antverpiae ap. Jo. Steelsium An. 1736 mense Septemb. (voller Titel bei G.O. Reitz, Theophili Antecessoris Paraphrasis graeca, Bd. 2, Den Haag 1751, S. 1114).

15 Bis 1598 zehn Auflagen, weitere zwölf bis 1738, vgl. die Übersicht bei G.O. Reitz, S. 1110, auch Spangenberg, S. 586 ff.

kleinen Taschenbuchs – sozusagen zur 'Vulgata' wurde[16]. Das Werk wurde also schnell bekannt.

In der griechischen Version der Const. Imperatoriam findet sich eine bemerkenswerte Erläuterung:

ὥστε τοῖς νέοις ἐξεῖναι τὰ πρῶτα τῶν νόμων προοίμια οὐκ ἐξ ἀρχαίων μύθων παραλαμβάνειν (τὰ γὰρ πάλαι μὲν κρατήσαντα, νῦν δὲ τῆς χρήσεως ἐκβεβλημένα ἀναγινώσκοντες ἐοίκασι τοῖς ἐντυγχάνουσι μύθοις) ... Curtius übersetzte dies: *prima Iuris exordia non ab antiquis fabulis discere (nam qui ea legunt, quae olim obtinebant, et nunc ab usu reiecta sunt, similes videntur iis, qui in fabulas incidere)*[17]; näher am Wortlaut blieb Reitz: ... *(namque ea quae olim obtinebant, at nunc ab usu rejecta sunt, legentes, similes sunt iis qui fabulas legunt)*[18].

Die Folgerung liegt auf der Hand: Sollte Theophilus, der Mitverfasser von Justinians Institutionen (Const. Imperatoriam § 3), diese Erläuterung in die griechische Version eingeflochten haben, so wäre der Annahme, durch einen Schreibfehler sei *fabulis* aus *tabulis* geworden, die Grundlage entzogen.

V.

Wie gesagt ist die genannte Lehre – ebenso wie die gleichwertige, mit den *fabulae* seien überhaupt die XII-Tafeln gemeint – nahezu einhellig zurückgewiesen worden: '*Non nauci ratio illa*', schreibt Theodor Marcilius in der Laudatio, die seinen *Legis XII. Tabularum Collecta* vorangestellt ist[19]. Theophilus habe die *antiquae fabulae* zutreffend wie folgt interpretiert: *Quae viguere olim leges, hodie autem nullo usu, hae similes fabellis*. Gemeint sei mit den *fabulae* alles, was dem justinianischen oder dem zeitgenössischen Recht widerstreite, obsolet geworden oder keine gewohnheitsrechtliche Geltung mehr habe und auch im täglichen Gerichtsgebrauch keine Anwendung mehr finde[20]. – Auch Scipio Gentilis hatte in seinen

16 Vgl. Lokin, Meijering, Stolte, van der Wal (o. Fußn. 12), S. XXXVIII.

17 Vgl. etwa die Ausgabe Lyon 1558 (apud Ioannem Frelonium).

18 Reitz (o. Fußn. 14), Bd. 1, 1751, S. 6. – E.C. Ferrini, Institutionum graeca Paraphrasis Theophilo Antecessori vulgo tributa, Bd. 1, Berlin 1884, Neudr. Aalen 1967, hat die Version: (*quae enim olim optinebant nunc vero in desuetudinem abierunt legentes similes iis sunt qui fabulas nanciscuntur*), S. 2.

19 2. Aufl., 1603, in: Everardus Otto (Hrsg.), Thesaurus Juris Romani, continens Rariora meliorum Interpretum Opuscula etc., Bd. IV, Leyden 1729, Sp. 225/226. – Zu Marcilius s. Otto in der Praefatio des Bandes, S. VI f.

20 Unter Berufung auf Const. Imp. § 3; Inst. 4, 11, 6; Ulp. D. 1, 6, 8 und mit der Folgerung: *Tali autem contemplatione, et aliqua capita Legis XII. Tabularum, et magnam partem iurisprudentia media sive jus civile, et aliquammulta plebiscita,*

Parergorum ad Pandectas libri II[21] zustimmend ('*Recte Theophilus*') die Erläuterung aus dem Klammerzusatz in der Übersetzung von Curtius wiedergegeben und dazu angemerkt, aus der Lektüre (sc. von Fabeln) werde kein anderer Nutzen gezogen als eine gewisse Vergnügung und substanzlose Unterhaltung. Was man aber ohne Nutzen lese, das werde mit Sueton, Mythengeschichte, *fabularis historia*[22], oder mit Theophilus und Asellio[23] *fabula* genannt. Rat und Weisheit könne man dagegen aus den *historiae* und den *institutiones* erwerben. Offen bleibt bei Gentilis, was die nutzlosen Materien gewesen sein könnten, vor denen Justinian die Studienanfänger bewahren wollte.

Viel einläßlicher widmete sich Eberhard Otto der Problematik[24]. Er weist die Annahme zurück, es seien mit *antiquis fabulis* die XII Tafeln gemeint, sei es auch infolge eines Schreibfehlers. Seine Hauptgründe sind:

1. So mutig sei nicht einmal der *doctissimus Theophilus* gewesen, einen solchen Zusammenhang herzustellen; er habe vielmehr unter den *fabulae* das *ius vetus* verstanden – wofür Otto den Klammerzusatz der griechischen Version der Const. Imperatoriam (in der Übersetzung von Curtius) zitiert.
2. Auch könne er, Otto, sich nicht zu der Annahme durchringen, der Kaiser habe sich so geringschätzig über das Gesetz der Decemvirn geäußert, das er an anderer Stelle wegen seiner Einfachheit doch gerade preise (Inst. 3, 2, 3a; C. 6, 58, 14 pr. [531]; Nov. 22 cap. 2 [536]).
3. Sodann läßt Otto einige rhetorische Fragen folgen, die Nebenapekte betreffen, z.B. wer in aller Welt hätte durch Schreibversehen jene Tafeln, die sonst so oft doch vorzugsweise *leges* genannt würden, zu Fabeln machen können, und wie erkläre es sich, daß Codex und Digesten im Aufbau gewisse Ähnlichkeiten mit den XII Tafeln aufweisen und der Codex, wie Harmenopoulos sage, in Nachahmung der XII Tafeln in zwölf Bücher gegliedert sei?

---

et SCta, et constitutiones principum antiquae fabulae sunt, Sp. 225 f. Ungenau der Bericht von N.H. Gundling, Gründlicher Discours über die Institutiones D. Iustiniani, 3. Aufl., Franckfurt am Mayn 1739, S. 29 Fußn. 34 „Theodor Marcilius …, dessen Notae ad Institutiones beim Acosta [J. A Costa] zu finden sind / hat *pro antiquis fabulis* gelesen: *antiquis tabulis*, und versteht darunter die Leges XII. Tabb., welche auch *jus vetustum, obsoletum, tabulis obumbratum referiren*".

21 1588, Buch 2, cap. XXVI (*Quae dicantur in Jure Civili fabulae*), bei E. Otto, Thesaurus (o. Fußn. 19), Bd. IV, Sp. 1344 f.

22 Vgl. Sueton, Tiberius 70, 3.

23 Vgl. oben nach Fußn. 6.

24 Thesaurus (o. Fußn. 19), Bd. III, Leyden 1727, Praef., S. XXVII/XXVIII.

4. Auch aus vielen anderen Gründen bleibe den XII Tafeln ihr Ruhm gewahrt; denn auch Historiker, Poeten und Grammatiker brächten sie zum Leuchten.

Auf die Darlegung dieser Ablehnungsgründe läßt Otto die eigene Ansicht folgen: Der Haß Justinians habe sich nicht gegen die XII Tafeln gerichtet, sondern gegen die imaginären Geschäftsformen, die Theaterdarstellungen gleichkämen (Inst. 1, 12, 6; C. 7, 25, 1 [530-531][25]; C. 8, 47, 11 [530], C. 8, 48, 6 [531]; C. 8, 53, 37 [Iustinian.]). Diese habe Justinian mit den *fabulae* gemeint. Zu eben diesem Ergebnis war auch Ulricus Huber gelangt[26], und es dürfte dies auch die Auffassung der Mehrheit gewesen sein. Huber hielt es für unglaubhaft, daß Justinian zum Ausdruck bringen wollte, die *veteres iurisconsulti* hätten erfundene Rechtsbestimmungen überliefert; das sei schon angesichts ihres wissenschaftlichen Gewichts ganz fernliegend. Auch bezeichne das Wort *fabula* nicht immer Erfundenes (*res fictae*); denn auch *pro actu gestuque inepto et simulato, quales in scena; ubi dramata, quae aguntur, Fabulas appellamus*[27]. In diesem Sinne habe Justinian das *ius antiquum* mit der Bezeichnung *fabulae* gemeint, weil ja von der *vetus iurisprudentia* törichte Weitschweifigkeiten überliefert seien, was auch Cicero in Pro Murena [26] mit einem sehr witzigen Beispiel bezeuge und was zudem der Emanzipationsritus deutlich mache.

---

25 C. 7, 25 (*De nudo ex iure Quiritium tollendo*), 1: *Iustinianus A. Iuliano pp. Antiquae subtilitatis ludibrium per hanc decisionem expellentes nullam esse differentiam patimur inter dominos, apud quos vel nudum ex iure Quiritum vel tantummodo in bonis reperitur, quia nec huiusmodi esse volumus distinctionem nec ex iure Quiritum nomen, quod nihil aenigmate discrepat nec umquam videtur neque in rebus apparet, sed est vacuum et superfluum verbum, per quod animi iuvenum, qui ad primam veniunt legum audientiam, perterriti ex primis eorum cunabulis inutiles legis antiquae dispositiones accipiunt. sed sit plenissimus et legitimus quisque dominus sive servi sui sive aliarum rerum ad se pertinentium* [a. 530-531]. – Auch Reitz (o. Fußn. 18), S. 6 Fußn. N sieht in dieser Konstitution diejenige, welche *rem totam nobis aperit* und zeige, was Justinian mit *fabulae antiquae* meine. Vgl. auch u. Fußn. 42.

26 Digressiones Justinianeae … Quibus Varia et in primis Humaniora Juris continentur, 3. Aufl., Franecker 1696, Lib. I cap. 4, S. 7-10. – Otto führt ihn als Gewährsmann an, S. XXVIII. Im Ergebnis ebenso Gundling (o. Fußn. 20), S. 29 Fn. 34 („so bedeuten hier *fabulae* die alten Ceremonien und viele Formuln, womit das Römische Recht angefüllet gewesen") unter Berufung auf Edm. Merillius.

27 Mit Hinweis auf Properz II 32 (err. II 23); C. 7, 40, 1d (530; oben II.) und Cicero, Ad Atticum 4, 2 (*et Cornicinus ad suam veteram fabulam rediit*, und Cornicinus wieder sein altes Rührstück spielte).

VI.

An den verschiedenen Erklärungsversuchen zu den *antiquae fabulae* wird deutlich, wie unklar der Ausdruck ist. Befriedigend sind die am Wortlaut festhaltenden Erklärungen allesamt nicht. Zwar wendet Justinian sich des öfteren gegen die Umständlichkeiten der Libralgeschäfte; aber daß ein Erstsemester an dem in weniger als fünf Minuten abzuwickelnden Emanzipationsritus verzweifeln könnte, läßt sich nicht behaupten. Das zeigt schon die Paraphrase, in der Theophilus zu 1, 12, 6 das Verfahren bei diesem Geschäft erläutert. Zudem ist auch in den Institutionen die Rede von der *emancipatio ... quae per imaginarias venditiones et intercedentes manumissiones celebrabatur*, was geradezu eine Einladung an den Dozenten ist, das Geschäft zu erläutern. In Inst. 2, 10, 1 heißt es, damit nicht alles aus alter Zeit in Vergessenheit gerät, sollte man wissen, daß früher zwei Arten von Testamenten in Gebrauch waren (*ut nihil antiquitatis penitus ignoretur, sciendum est olim quidem duo genera testamentorum in usu fuisse*), und es wird danach das *testamentum per aes et libram* und damit erneut der Manzipationsritus angesprochen. Inst. 2, 1, 41 betrifft den Eigentumserwerb des Käufers nach den XII Tafeln erst mit Kaufpreiszahlung. In Inst. 2, 22 pr. werden die XII Tafeln und ihre Bestimmung '*uti legassit suae rei, ita ius esto*' zum Ausgangspunkt der Erörterung der *Lex Falcidia* genommen. Das gesetzliche Erbrecht nach Zwölftafelrecht wird in Inst. 2, 13, 5; 3, 1, 1; 3, 1, 9 u. 15; 3, 2 pr.; 3, 2, 3a und b; 3, 2, 5; 3, 5, 1 angesprochen und das des Freilassers in 3, 7 pr. u. 3. In 4, 4, 7 wird die Talion nach dem Zwölftafelgesetz erwähnt und in 4, 9, 1 u. 4 die Herkunft der Noxalklage aus diesem Gesetz; doch gibt es noch zehn weitere Hinweise[28]. Damit findet zugleich die Ankündigung in § 5 der Const. Imp. eine Bestätigung, es werde in kurzer Form dargelegt, was seit jeher gegolten hat.

Angesichts dieser Inhalte kann es in der Const. Imp. schwerlich um eine Geringschätzung der XII Tafeln und nicht ohne weiteres der alten Geschäftsformen gegangen sein. Auch ist nicht an eine Herabsetzung der klassischen und vorklassischen Jurisprudenz zu denken, werden in den Institutionen doch zahlreiche Juristen von Cato und Quintus Mucius bis hin zu Paulus und Marcian zitiert, am häufigsten Julian und Papinian[29]. Es wäre auch schwer verständlich, schon den Studienanfängern gegenüber die Leistungen der *iuris prudentes* schlechtzureden, und dies, nachdem unmittel-

---

28 Inst. 1, 15 pr.; 1, 17; 1, 23, 3; 1, 26 pr.; 2, 1, 29; 2, 6, 2; 3, 3 pr.; 3, 4, 2; 3,9, 2; 3, 10 pr.

29 Siehe dazu die Liste in O. Behrends, R. Knütel, B. Kupisch, H.H. Seiler, Corpus Iuris Civilis. Die Institutionen, 3. Aufl. 2007, S. 296. Justinian nimmt sich also kein Beispiel an Theodosius, der in seinem Zitiergesetz (CTh. 1, 4, 3 [426]) mit Ausnahme von Sabinus grundsätzlich nur die Juristen aus der Zeit nach der Festlegung des *edictum perpetuum* berücksichtigt.

bar zuvor (§ 2) die Ruhmestat verkündet war, das aussichtslos erscheinende Unternehmen, die *immensa prudentiae veteris volumina* zu erfassen, sei soeben abgeschlossen worden[30]. Die in der Literatur der früheren Jahrhunderte vorgetragenen Vermutungen zu dem, was mit den *antiquae fabulae* gemeint ist, erweisen sich damit zu den drei Bereichen der Libralgeschäfte, der XII Tafeln und der Literatur der *iuris prudentes* als nicht tragfähig.

VII.

1. Nach dem kurzen Referat des Streitstandes in Gebauer, Spangenberg (o. Fußn. 1) kam allem Anschein nach die Diskussion der uns interessierenden Frage zum Erliegen. Die führenden Textausgaben des 19. Jahrhunderts halten kommentarlos an der Überlieferung *antiquis fabulis* fest, insbesondere Emil Herrmann in den Ausgaben der Gebrüder Kriegel[31] und Paul Krüger in allen Ausgaben sowohl der editio stereotypa[32] als auch in der des Separattextes[33]. Auch andere Herausgeber, die später Paul Krügers Standardtext nicht ohne gelegentliche Verbesserungshinweise zugrunde legten, nahmen an den *fabulae* der Const. Imp. keinen Anstoß[34]. In der Literatur steht es nicht anders; es werden – wenn überhaupt[35] – nur knappe Hinweise darauf gegeben, was mit den *antiquae fabulae* gemeint sein dürfte: Bernhard Kübler ging von „veralteten, geschwätzigen Lehrbüchern" aus[36], und Fritz Schulz nahm an, der Hinweis betreffe Textpartien, insbesondere in Institutionen, aus denen zu Justinians Zeit das geltende Recht nicht ohne weiteres mehr abzulesen war, wie etwa die Darstellung des Formular-, ja

---

30 Überdies mit einer *successio prudentium* schon im 2. Titel des 1. Buches der Digesten. – G. G. Archi, Giustiniano e l'insegnamento del diritto, in Scritti di dir. rom., Bd. 3, Mailand 1981 [aus 1976], S. 1933 nimmt an, in den Institutionen "si persegue solo il rispetto del principio del *nihil antiquitatis penitus ignoretur* (Inst. 2,10,1)", anders dagegen in den Digesten.

31 A. et M. Fratres Kriegelii, Corpus Juris Civilis, ed. stereotypa, Bd. I, 12. Aufl., Leipzig 1868, ad h.l.

32 Th. Mommsen, P. Krüger, Corpus Iuris Civilis, Bd. I, 1. Aufl., Berlin 1872 bis zur 15. Aufl., Berlin 1928, jeweils ad h.l.

33 P. Krüger, Iustiniani Institutiones, 4. (letzte) Aufl., Berlin 1921, ad h.l. Ebenso auch Ph. Ed. Huschke, Imp. Iustiniani Institutionum libri quattuor, Leipzig 1899.

34 Siehe z.B. V. Arangio-Ruiz, A. Guarino, Breviarium iuris Romani, 4. Aufl., Mailand 1967, S. 210; J.A.C. Thomas, The Institutes of Justinian. Text, Translation and Commentary, Amsterdam, Oxford 1975, S. 1.

35 Ohne Erklärungsversuch etwa R. Bonini, Introduzione allo studio dell'età giustinianea, 4. Aufl., Bologna 1985, S. 48.

36 Geschichte des Römischen Rechts, Leipzig, Erlangen 1925, S. 412. Vgl. auch H. Heumann, E. Seckel, Handlexikon zu den Quellen des römischen Rechts, Jena 1907, s. v. fabula 2 („unnütze Rede, Geschwätz", zu Const. Imp. § 3).

selbst des Legisaktionen-Prozesses, die man (wie die Veroneser Handschrift zeige) nicht aus den Gaius-Institutionen herausgestrichen habe, obwohl das alles doch vollständig veraltet gewesen sei: „Man hat auch diesen Teil der Institutionen in den Vorlesungen interpretiert, wie man aus dem Gaius-Kommentar von Autun ersieht. Das meint Justinian, wenn er sagt, in der Rechtsschule sei den Studenten so viel 'Unnützes' (*inutilia*), so viele 'alte Geschichten' (*antiquae fabulae*) vorgetragen worden"[37].

2. Unlängst hat jedoch der Bonner Altphilologe Otto Zwierlein in einer textkritischen Studie gemeint, es „wäre erstaunlich, wenn Justinian nicht *ab antiquis tabulis* geschrieben, also sich nicht auf das altertümliche Zwölftafelgesetz bezogen haben sollte! Darauf verweist das antithetische Kolon *sed ab imperiali splendore*; denn die Diktion der Zwölftafelgesetze galt als holprig und obsolet"[38]. Die Lektüre von *fabulae* sei demgegenüber nach antiker Vorstellung mit Genuß verbunden[39].

Zur gleichen Zeit wie Zwierlein widmete Giuseppe Falcone dem § 3 der Const. Imp. eine nähere Untersuchung[40]. Darin hält er an der überkommenen Leseart *fabulis* fest und weist die Konjektur *tabulis* vor allem unter Berufung auf die Theophilus-Überlieferung zurück. Es sei „inverosimile che l´antecessore non conoscesse bene e non riproponesse fedelmente il significato di una così importante affermazione imperiale 'programmatica', che riguardava direttamente il senso e la portata del lavoro compilatorio che egli stesso era stato chiamato a compiere. E, d´altra parte, questa interpretazione si coordina ottimamente con la contrapposta idea di 'trovare riscontro nelle cose', 'esistere nella realtà' e simili, espressa con le parole

---

37 F. Schulz, Geschichte der römischen Rechtswissenschaft, Weimar 1961, S. 357.

38 O. Zwierlein, Textkritisches zu den Digesten Justinians, in: H. Altmeppen, I. Reichard, M. J. Schermaier in Verbindung mit W. Ernst, U. Manthe, R. Zimmermann (Hrsg.), Festschrift für Rolf Knütel zum 70. Geb., Heidelberg 2009, S. 1493, 1515 mit Hinweisen auf Cic. de oratore 1, 193 (*... plurima est et omni iure civili et in pontificum libris et in XII tabulis antiquitatis effigies, quod et verborum vetustas prisca cognoscitur ...*); 3, 98 (*cum eidem nos in antiquis tabulis illo ipso horrido obsoleto teneamur*); Gellius N.A. 16, 10, 8 (*omnisque illa duodecim tabularum antiquitas*); Augustin de civ. Dei 8, 19 (*in duodecim tabulis, id est Romanorum antiquissimis legibus*), ferner auf Caesius Bassus poet. 265, 22 (zu Triumphalakten: *in tabulis antiquis*).

39 S. 1515 Fn. 86 mit Cic. de fin. 5, 52 (*quid cum fictas fabulas, e quibus utilitas nulla elici potest, cum voluptate legimus?*) und Servius in ecl. 6, 41 (*... nam fabulae causa delectationis inventae sunt ...*).

40 'Legum cunabula' e 'antiquae fabulae' (Cost. Imperatoriam 3), in: C. Russo Ruggieri (Hrsg.), Studi in onore di Antonino Metro, Bd. II, Mailand 2010, S. 283 ff. – Die Studie ist mir erst bekannt geworden, nachdem ich mein Manuskript für schon abgeschlossen hielt.

'*quod in ipsis optinet rerum argumentis*' [sc. del § 3] ...'*Fabulae'*, dunque, sono gli antichi testi istituzionali nella misura in cui contengono nozioni, concetti e terminologia riguardanti istituti e regimi che non esistono (più) nella realtà giuridica, essendo usciti dall'uso. La connotazione negativa, peraltro, appare rafforzata dallo stesso aggettivo '*antiquae'*, nel quale è da scorgere anche una sfumatura di presa di distanza ..."[41]. Falcone führt (wie schon die ältere Literatur) mehrere Texte zum Beleg für das Bestreben Justinians und seiner Mitarbeiter an, in die Gesetzgebung nur Regelungen aus der überlieferten Rechtsmasse aufzunehmen, die noch praktiziert werden (*in usu esse*), und die jungen Studenten nur mit diesen vertraut zu machen[42]. Daß sich dennoch verschiedentlich Hinweise auf früheres Recht in den Institutionen finden, erkläre sich daraus, daß die Kenntnis von solchem Recht zum besseren Verständnis des seinerzeit geltenden Rechts dienlich erschienen sei[43].

VIII.

1. Daß die Überlieferung *antiquis fabulis* die zutreffende sei, ist keineswegs so sicher, wie es seit gut zwei Jahrhunderten angenommen wird. Schon die Junktur *antiquae fabulae* ist in juristischen Zusammenhängen singulär, und ihr Aussagegehalt im Kontext des § 3 Const. Imp. ist, wie an den unterschiedlichen Erklärungsversuchen deutlich wird, alles andere als klar. Zwar hat, wenn man an den *fabulae* festhält, die Annahme, es seien überholte Überlieferungen aus den alten Institutionen-Werken gemeint, das meiste für sich; daß aber die *cupida legum iuventus*, an die Justinian sich mit seiner Konstitution wendet, diese Bedeutung ohne weiteres verstanden hätte, darf bezweifelt werden, zumal da das Wort *fabula* nicht von vornherein nur negativ besetzt ist (Fußn. 39). Demgegenüber wäre die Aussage *antiquae tabulae* sehr konkret, die Beziehung auf dic XII Tafeln wäre evident, und man wird davon ausgehen dürfen, daß – mag auch schon Cicero den Rückgang der einschlägigen Kenntnisse beklagt haben[44] – auch zu Justinians Zeit noch eine Vorstellung davon, daß es in uralten Zeiten jedenfalls diese grundlegende Gesetzgebung gegeben hat, zur Allgemeinbildung der nach Rechtskenntnis verlangenden Jugend gehörte, die sich ja in aller Regel aus den höheren Schichten rekrutierte.

41 S. 287 Anm. 7, 295 ff., Zitat S. 296.

42 Const. Omnem § 1; C. 7, 5, 1 (530); C. 7, 6, 1a (531); C. 7, 25, 1 (530-531; o. Fußn. 25); C. 8, 33, 3 (530); Inst. 4, 11, 6; Const. Tanta § 11. Vgl. FALCONE, S. 292 ff.

43 Vgl. S. 294 f.

44 de leg. 2,23,59 (*discebamus enim pueri XII ut carmen necessarium, quas iam nemo discit*).

Auch fiele das Eigenlob des Kaisers kaum weniger deutlich aus, wenn man davon ausgeht, er verheiße den Studenten, sie könnten die Anfangsgründe des Rechts statt aus den alten Gesetzestafeln nunmehr aus seinem glänzenden kaiserlichen Werk erlernen. Der Fortschritt läge auf der Hand, denn ist ohne weiteres einleuchtend, daß sich zu alten Gesetzestafeln manches an *inutilia et perperam posita* gebildet hat und deshalb die Belehrung über das, was im Rechtsleben wirklich gilt, als große Wohltat empfunden wird.

Eine Konjektur zugunsten von *tabulis*, die durch einen umstandsbedingten Hörfehler oder ein Schreibversehen technisch leicht zu erklären wäre, sieht sich allerdings zwei Hürden gegenüber, die von der „Theophilus-Überlieferung“ und von der Notwendigkeit gebildet werden zu erklären, weshalb im Hinblick auf den Studienanfang von Gesetzestafeln oder konkreter von den XII Tafeln die Rede sein kann. Die Hürden lassen sich jedoch überwinden.

2. Seit dem Bekanntwerden der Theophilus-Paraphrase stand für die Interpreten außer Frage, daß auch die griechische Version der Const. Imp. mitsamt dem Zusatz von Theophilus[45] stammt, und Reitz war (mit Fabrot)[46] offenbar der Meinung, der Zusatz gebe Justinians Ansicht wieder. Es ist freilich nicht gut vorstellbar, daß Justinian eine solche Erklärung in sein Einführungsgesetz aufgenommen hat[47]; der Zusatz wirkt vielmehr wie eine Zwischenbemerkung im Lehrvortrag.

Vor allem aber ist, wie vor kurzem Jan Lokin, Roos Meijering, Bernard Stolte und Nicolaas van der Wal in den Prolegomena ihrer vorzüglichen Ausgabe der Theophilus-Paraphrase[48] überzeugend dargelegt haben, davon auszugehen, daß die Übersetzung der Const. Imperatoriam nicht von Theophilus stammt. Das zeigt sich vor allem aufgrund sprachlicher Eigenarten. Theophilus als Rechtsprofessor würde beispielsweise nicht *suasionibus* in § 3 mit der sprachlich zwar möglichen, aber für juristische Leser oder Hörer ganz mißverständlichen Übersetzung ὑποθήκαις wiedergeben, die an einen pfandrechtlichen Zusammenhang denken läßt; er als Rechtslehrer würde zur Studienzeit schwerlich der Verwechslung von *quadriennium* (in

45 Zu den Fragen um die Urheberschaft des Theophilus vgl. G. Falcone, La formazione del testo della parafrasi di Teofilo, Tijdschrift voor Rechtsgeschiedenis 68 (2000) 417 ff.

46 Bd. I (o. Fußn. 18), S. 6 Fn o.

47 *Lex iubeat, non disputet*, Seneca, Epistulae 94, 38.

48 Oben Fußn. 12, S. XXVI-XXVII.

§ 3) und τριετῆ χρόνον erliegen[49]; auch würde er nicht in seinem letzten Satz (§ 7) die *constitutio* zunächst treffend als διάταξις und danach irrig als ἀντιγραφὴ bezeichnen, was technisch ein *rescriptum* wäre[50]. Die Herausgeber weisen ferner darauf hin, daß in allen Handschriften der Paraphrase der erste Titel fehlt und daß nach dessen Verschwinden die griechische Version der Const. Imp. an seine Stelle gesetzt worden ist. Dies könne „some time around 600" geschehen sein; die Paraphrase selbst sei jedoch vermutlich noch unter der Herrschaft Justinians entstanden. Die lateinische Vorlage der Const. Imp. müßte bereits die fehlerhafte Version *fabulis* enthalten haben. Entfällt damit die Autorschaft des Theophilus, so kann er auch nicht für die Erklärung der ἀρχαίων μύθων in § 3 verantwortlich sein. Der Zusatz ist deshalb ohne Bedeutung für das Verständnis der *antiquae fabulae* in der (lateinischen) Const. Imp.

3. In der Const. Omnem v. 16.12.533, mit der Justinian den juristischen Studiengang neu ordnete, gibt der Kaiser Auskünfte über den zuvor üblichen Studienverlauf (§ 1). Danach sollen im ersten Studienjahr sechs Bücher durchgenommen worden sein, und zwar *sex libri[s] Gaii nostri institutiones et libri singulares quattuor, primus de illa vetere re uxoria, secundus de tutelis et tertius nec non quartus de testamentis et legatis* .... Daß die Auskunft, wie sich schon an der Zahl der Bücher zeigt, sehr unklar ist, kann hier dahinstehen[51]; es genügt festzuhalten, daß es um Materien des Zivilrechts ging. Justinian nennt zwar weder diesen noch einen anderen kennzeichnenden Oberbegriff; doch gibt eine 1901 in der Nähe von Pécs/Fünfkirchen in Ungarn gefundene Bronzetafel weiteren Aufschluß. Es handelt sich um die aus Distichen bestehende Weihe-Inschrift für Valerius Dalmatius, den Statthalter der *provincia Lugdunensis tertia*[52]; sie wurde ihm wahrscheinlich vom Patronat der Provinz bei seiner Verabschiedung als Ehrung überreicht.

---

49 Die umstrittene Frage, ob vor Justinians Reform das juristische Studium mit dem vierten Jahr sein Ende fand (Const. Omnem § 1) oder ob sich ein den Kaiserlichen Konstitutionen gewidmetes fünftes Jahr anschloß (vgl. Const. Imp. § 3 und die Weihe-Inschrift für Valerius Dalmatius [unten nach Fußn. 53]), kann hier dahinstehen. Vgl. dazu etwa P. Collinet, Histoire de l'École de Beyrouth, 1925, S. 234 ff.; L. Wenger, Die Quellen des römischen Rechts, 1953, S. 634 f.; F. Wieacker, Römische Rechtsgeschichte, Bd. 2, hgg. v. J.G. Wolf, 2006, S. 270 f., 441 mit weiteren Nachweisen.

50 Siehe dazu und zu weiteren Unstimmigkeiten Lokin u. Kollegen (o. Fußn. 12), S. XXVI-XXVII.

51 Siehe dazu die oben in Fußn. 49 angeführte Literatur sowie etwa B. Kübler (o. Fußn. 36), S. 429 ff.

52 Bretagne und Touraine mit Tours als Hauptstadt.

Theodor Mommsen[53] hat die wesentlichen Einzelheiten zu dieser Inschrift geklärt; danach ist sie in die ersten Dezennien des 5. Jahrhunderts zu setzen. Die beiden ersten Distichen lauten:

> *Ius ad iustitiam revocare aequmque tueri*
> *Dalmatio lex est, quam dedit alma fides.*
> *Bis sex scripta tenet praetorisque omne volumen,*
> *Doctus et a sanctis condita principibus.*

Mit den *bis sex scripta* sind fraglos die Zwölftafeln gemeint; es folgen in der Aufzählung des von Valerius Beherrschten das prätorische Recht und die Kaiserkonstitutionen. Diese Dreiteilung der Rechtsmaterien ist sehr auffällig. Da sie in der juristischen Literatur nur einmal aufscheint[54], liegt es nicht fern, sie mit dem Rechtsunterricht der Zeit des Valerius in Verbindung zu bringen. Auf dieser Grundlage folgert Mommsen: „Wenn man das juristische Studium unseres *doctus* (Z. 4) sich vergegenwärtigt, so weit dies an der Hand der justinianischen Studienordnung möglich ist, so finden wir hier in dem fünfjährigen Studiencursus die Rechtsbeflissenen des zweiten Jahres *edictales* benannt, und scheint das letzte Studienjahr schon damals vorzugsweise den Constitutionen gewidmet gewesen zu sein. Danach dürfte wohl vermuthet werden, dass das erste Studienjahr zunächst für das *ius civile*, die folgenden drei dem Edictal- und das letzte dem Kaiserrecht bestimmt waren“[55].

Damit ergibt sich: Wenn der Stoff des ersten Studienjahres mit *bis sex scripta* gekennzeichnet werden konnte[56], dann sicherlich auch mit *XII tabulae* oder *ius civile*. Das gibt der Annahme, in § 3 der Const. Imp. sei *fabulis* verschrieben für *tabulis,* entscheidenden Anhalt. Wie schon erwähnt ist

---

53 Juristische Schriften, Bd. 2, 3. Aufl. 1905, Nachdr. 1994, S. 150-154 (Die Weihe-Inschrift für Valerius Dalmatius) aus SB der AdW Berlin 35 (1902) 836-840. Abdruck der Inschrift auch bei C. G. Bruns, Fontes iuris Romani antiqui, 7. Aufl., hgg. v. O. Gradenwitz, 1909, Nr. 128, S. 327 u. H. Dessau, Inscriptiones latinae selectae, Bd. III/2, 1916, Nr. 8997. – Zu Dalmatius s. auch A.H.M. Jones, J. R. Martindale, J. Morris, The Prosopography of the Later Roman Empire, Bd. I (A.D. 260-395), Cambridge 1971, S. 241.

54 Auf „das einzige unanfechtbare Seitenstück, das die Rechtsquellen zu der Dreitheilung unserer Inschrift geben“, nämlich Inst. 2, 10, 3 (*ut hoc ius tripertitum esse videatur*), machte Ludwig Mitteis aufmerksam, SZ 23 (1902) 443 f. (auch dort die Inschrift), vgl. auch Mommsen, S. 154.

55 Mommsen, S. 154, zustimmend B. Kübler, Rechtsunterricht, in: RE I A, 1920, Sp. 402, ferner B. Kübler (o. Fußn. 36), S. 431 m. Anm. 4; L. Wenger (o. Fußn. 49), S. 635 m. Anm. 426; G. G. Archi (o. Fußn. 30), S. 1928 f. Anm. 38.

56 Dafür ließe sich auch Sidonius, Carmina 23, 446-448 anführen: *sive ad doctiloqui Leonis aedes / quo bis sex tabulas docente iuris / ultro Claudius Appius lateret*, vgl. auch Mommsen, S. 154 Anm. 1.

freilich zugleich anzunehmen, daß der Übersetzer der griechischen Version ein lateinisches Exemplar vor sich hatte, in dem sich die leicht erklärbare Buchstabenverwechslung bereits befand.

4. Legt man dies zugrunde, so ergibt sich eine klare Aussage, ohne die herabsetzende Konnotation der *fabula*. Justinian verweist darauf, daß die Studenten als Anfänger nicht mehr mit dem sprachlich wie sachlich schwierigen und zuweilen dunklen Zwölftafelrecht – als dem anschaulichen Synonym des Zivilrechts – konfrontiert werden, sondern ihr Studium mit dem Institutionen-Lehrbuch in der hohen Qualität einer kaiserlichen Konstitution aufnehmen können, mit einem Lehrbuch, in dem der Kaiser selbst das für die Studenten Brauchbare und Nützliche zusammengestellt hat und sie – wie die Studenten dann in Inst. 1, 1, 2 erfahren – fürsorglich damit *primo levi ac simplici ... interpretatione,* zunächst in leichter und einfacher Fassung, vertraut macht[57].

57 Zugrundegelegt ist die Emendation *fabulis*] *tabulis* neuerdings in: Corpus Iuris Civilis. Die Institutionen, begründet von O. Behrends, R. Knütel, B. Kupisch, H. H. Seiler, in 4., überarbeiteter Aufl. fortgeführt von R. Knütel, B. Kupisch, Th. Rüfner, S. Lohsse, Heidelberg 2013.

Personen und Orte: Zu einigen unklaren Realien in testamentarischen Anordnungen*

Rolf Knütel (Bonn)

I.

Bei den Arbeiten an der neuen deutschen Digesten-Übersetzung ergeben sich außer zu den rechtlichen Problemen immer wieder Zweifel und Unklarheiten zu tatsächlichen Umständen, die in den Texten zugrunde gelegt werden. Die Übersetzer und Herausgeber sind zunehmend bestrebt, auch in diesem Bereich möglichst mehr an Klarheit zu gewinnen. Das sei an sechs Beispielen zu Namen oder Bezeichnungen von Personen und Orten veranschaulicht, die sich - neben anderen - bei den Arbeiten am V. Band der Übersetzung (D. 28 – 34) ergeben haben[1]. Wir hoffen, dafür das Interesse des geschätzten Jubilars zu finden, der ja auch durch seine wertvolle Mitarbeit an der niederländischen Vertaling der Digesten hervorgetreten ist.

II.

1. Beginnen wir mit einer schlichten Namensfrage. In D. 34,1,18,3, einem Fragment aus dem 18. Buch von Scaevolas Digesten, hatte ein Erblasser in einem Kodizill folgendes bestimmt: „Wenn ich in dem Testament, das ich vor dieser Zeit gemacht habe, ein Vermächtnis ausgesetzt oder angeordnet habe, daß jemandem etwas gegeben wird, so verlange ich von diesen [Begünstigten], daß sie den dritten Teil meiner Tochter *Petina* geben". Es geht also um ein Fideikommiß zugunsten der Tochter.

In der Florentina, bei Mommsen in der editio maior und in älteren Digesten-Ausgaben, etwa bei den Gebrüdern Kriegel, bei Gebauer/Spangenberg und bei Gothofredus, wird *Petina* geschrieben. So halten es auch die spanischen Über-

* J. Hallebeek/M. Schermaier/R. Fiori/E. Metzger/J.P. Coriat (Hrsg.), Inter cives necnon peregrinos. Essays in honour of Boudewijn Sirks, V & R unipress, Göttingen 2014, 385 – 397.

1 R. KNÜTEL/B. KUPISCH/TH. RÜFNER/H.H. SEILER, Corpus Iuris Civilis. Text und Übersetzung, Bd. V (Digesten 28 – 34), Heidelberg 2012.

setzungen, die ältere von García del Corral[2] und die neuere von Alvaro D'Ors und Kollegen[3] sowie die niederländische von Jop Spruit und Kollegen[4]. Demgegenüber findet sich in Mommsen/Krügers editio stereotypa schon seit der 1. Auflage v. 1877 und in der Mailänder Digesten-Ausgabe (1930) die Schreibweise *Paetina*. Dies wird in der von Alan Watson veranstalteten Übersetzung von Shelagh Jameson akzeptiert[5] und auch sonst gelegentlich in der Literatur[6].

Als möglicher Anknüpfungspunkt kommt in Betracht nur das Adjektiv *paetus*, wozu wir im Handwörterbuch von Georges die Erklärung finden: „verliebt mit den Augen blinzelnd, schmachtend und zärtlich im Blick ..., wovon strabo, schielend, das Übermaß ist, bes. als Beiwort der Venus ... dah. übertr. als mildernde Benennung für strabo..."[7]. Daß diese Eigenschaft des minder ausgeprägten Schielens einen namensgebenden Effekt hat, sehen wir schon daran, daß *Paetus* ein nicht ganz seltenes Cognomen ist[8], auf das wir etwa bei dem Verfasser der Tripertita, Sextus Aelius Paetus, stoßen (Gai. D. 1,2,2,38) , dem es aufgrund seiner Intelligenz oder Schlauheit, also seiner geistigen Eigenschaft, gelungen ist, die Anknüpfung an die körperliche in den Hintergrund treten zu lassen, wurde er doch ‚Catus', „der Schlaue" oder „der Gewitzte", genannt. In der *Ars amatoria* rät Ovid denen, die die Gunst einer *puella* gewinnen möchten, Mängel des Mädchens niemals zu kritisieren; vielmehr sollten diese in Euphemismen verhüllt werden, und als eines von mehreren Beispielen führt er an: *Si paetast, Veneri similis*, wenn sie etwas schielt oder - seien wir hier schon euphemistisch - wenn sie einen Silberblick hat, dann sei sie „der Venus ähnlich" (Ov. ars. 2,659). Wir können uns also lebhaft vorstellen, daß ein liebevoller Vater sein Töchterchen im Diminutiv Paetina nennt, „die Kleine mit dem Silberblick" oder auch nur „mit dem zärtlichen Blick". Und schließlich fehlt es auch nicht an

2 I.L. García del Corral, Cuerpo del Derecho Civil Romano a doble texto, traducido al castellano del latino, Bd. II (Digesto 20 - 36), Barcelona 1892, Nachdruck Valladolid o. J., 660.

3 A.D'Ors/F. Hernández-Tejero/P. Fuenteseca/M. García-Garrido/J. Burillo, El Digesto de Justiniano, Bd. II (Libros 20 - 36), Versión castellana, Pamplona 1972, 577, obwohl der Text der editio stereotypa von Th. Mommsen/P. Krüger in der 16. Aufl. von 1956 (= 12. Aufl. von 1911) zugrundegelegt wird.

4 J.E. Spruit/R. Feenstra/K.E.M. Bongenaar, Corpus Iuris Civilis. Tekst en Vertaling, Bd. IV (Digesten 25 - 34), Zutphen- 's-Gravenhage 1997, 810.

5 Th. Mommsen/P. Krueger/A. Watson, The Digest of Justinian, Latin Text, English Translation, Bd. III, Philadelphia/Penns. 1985, 147a (im Gegensatz zu dem zugrunde gelegten Text der editio maior).

6 Etwa bei M. Meinhart, Möglichkeiten der Erfassung der Eigennamen in den Digesten, in: H.P. Benöhr/K. Hackl/R. Knütel/A. Wacke, Iuris Professio, Fg. M. Kaser, Wien-Köln-Graz 1986, 187. - In den Basiliken 44,14,18 wird der Name nicht genannt.

7 Th. Baier (Hrsg.), Der Neue Georges. Ausführliches lateinisch-deutsches Handwörterbuch, ausgearbeitet von K.-E. Georges, 8. verbesserte u. vermehrte Aufl. v. H. Georges, Hannover-Leipzig 1913, Bd. I, Darmstadt 2013, 3473 s.h.v.

8 Vgl. Plinius, Nat.hist. 11,150.

einer Bestätigung für unsere Annahme: Kaiser Claudius (24.1.41 - 13.10.54) war in zweiter Ehe verheiratet mit Aelia Paetina[9].

2. Aufmerksamkeit erweckt ein Name auch in D. 28,5,54 (53), wo ein Gutachten des Marcellus aus seinem *liber singularis responsorum* überliefert ist: Ein Erblasser hatte Seius und Sempronius - vermutlich zwei seiner Söhne - je zur Hälfte als Erben eingesetzt, alle übrigen enterbt, die beiden Erben füreinander als Ersatzerben eingesetzt, sodann Vermächtnisse und Freilassungen angeordnet und schließlich hinzugesetzt: ‚*Cornelius et Sallustius et Varro aequis partibus heredes sunto, quos invicem substituo*', ‚Cornelius, Sallust und Varro sollen zu gleichen Teilen Erben sein; ich setze sie füreinander als Ersatzerben ein'. Marcellus nimmt dazu an, die drei zuletzt Genannten seien zusammen als Erben (auf der ersten Stufe) auf ein weiteres Ganzes eingesetzt, und er liegt damit, wie sich aus Ulp. D. 28,5,17,4 erschließen läßt, grundsätzlich auf einer Linie mit Labeo, Celsus und Ulpian.

Die Namen der drei weiteren Erben, die möglicherweise ebenfalls Söhne des Erblassers waren[10], sind evident Spielnamen, wie man sie ja auch heute vielfach im Unterricht verwendet. Cujaz hält für bemerkenswert, daß in der Florentina *Salustius* überliefert ist, ebenso wie in Ulp. 1 Sab. D. 30,39,8 (*Salustianos hortos*)[11]. Doch handelt es sich offenbar um Fehler desselben unkundigen Schreibers, der überdies auch den Namen des dritten der drei hier interessierenden Erben unrichtig *Varo* schrieb[12]. Die Fehler sind ohne weiteres zu berichtigen[13].

Es versteht sich von selbst, daß wir bei Varro an Marcus Terentius Varro (116 - 27 v.Chr.) zu denken haben, den *doctissimus Romanorum*[14], einen Mann von

9 Vgl. nur D. Kienast, Römische Kaisertabelle, 5. Aufl. (= unveränd. Nachdruck der 2. Aufl. 1996), Darmstadt 2011, 91.

10 Davon gehen C. Hunger und C.E. Otto in: C.E. Otto/B. Schilling/C.F.F. Sintenis, Das Corpus Juris Civilis in's Deutsche übersetzt von einem Vereine Rechtsgelehrter, Bd. III, Leipzig 1831, 69 (dort fr. 53) aus.

11 J. Cuiacius, Opera ad Parisiensem Fabrotianam editionem diligentissime exacta, Bd. IV, Prato 1837, 426.

12 Die Fehler in der Florentina wiederholen sich bei der Wiedergabe im *responsum: ... Salustium et Varonem ...* (D. 28,5,54).

13 S. nur Th. Mommsen, Digesta Iustiniani Augusti, Berlin 1868 - 70, (letzter) Nachdruck (mit den Übersetzungen der *praefationes* v. 1866, 1868 und 1870 von G. Hillner) Frankfurt/M. 2009, ad h.l. - Daß schon Haloander und die Vulgataausgaben berichtigten, vermerkt Brenkmann in G.C. Gebauer/G.A. Spangenberg, Corpus Iuris Civilis, Göttingen 1776, in den Fußnoten zu D. 28,5,53.

14 Seneca ad Helviam matrem 8,1. - Vgl. auch Augustin civ. 6,2: „Dieser Mann also von solch hervorragender, einzigartiger Wissensfülle, von dem auch Terentianus Maurus in einem Kurzvers sagt: ‚Varro, weit und breit der allergelehrteste', der so viel gelesen hat, daß man sich wundert, wie er noch Zeit zum Schreiben fand, so viel geschrieben, daß man glauben möchte, kein Mensch könnte es lesen, dieser Mann, so groß an Geist und Gelehrsamkeit, ..."

enzyklopädischer Bildung, der ein Werk von staunenswerter Universalität hinterließ[15]. Ebenso liegt auf der Hand, daß mit Sallustius auf den Historiographen und Politiker Gaius Sallustius Crispus (86 – 34 v. Chr.) angespielt wird, nach Tacitus[16] der bedeutendste Geschichtsschreiber Roms (*rerum Romanarum florentissimus auctor*), vielgerühmt in der Zeit der Antoninen und von Augustin als „Geschichtsschreiber von anerkannter Wahrheitsliebe" bezeichnet[17].

Angesichts dieser Berühmtheiten wird aller Wahrscheinlichkeit nach auch mit dem Namen des Dritten, Cornelius, an eine bedeutende Persönlichkeit angeknüpft. Bei dieser dürfte es sich um Publius Cornelius Scipio Aemilianus Africanus minor Numantinus (185?-129 v. Chr.) handeln (Sohn des Lucius Aemilius Paullus, adoptiert von dem kränklichen Sohn des Publius Cornelius Scipio Africanus maior, des Siegers von Zama 202). Er wurde, obgleich zu jung, Konsul 147 und 134, Zensor 142, eroberte 146 Karthago und 133 die keltiberische Festungsstadt Numantia (im altkastilischen Hochland); beide Städte wurden zerstört. Er war Gegner der gracchischen Politik, ohne sich von den Optimaten vereinnahmen zu lassen. Von Jugend an mit griechischer Kultur vertraut, gewann er den rund zwanzig Jahre älteren Historiker Polybios, der nach Pydna (168) mit den 1000 Geiseln des achäischen Bundes nach Rom überstellt worden war, als Mentor und lebenslangen Freund[18]. Mit ihm und dem später hinzugekommenen Philosophen Panaitios aus Rhodos entstand im Hause der Scipionen ein Diskussionskreis, in dem ein intensiver Gedankenaustausch zwischen griechischem und römischem Denken stattfand und über den die Stoa den Weg in die römische Oberschicht fand. Cicero hat insbesondere in *De re publica* davon einen Eindruck zu vermitteln gesucht, indem er dort Scipio als den maßgeblichen Teilnehmer in der Diskussion über die *res publica* am Beispiel des römischen Staates sprechen läßt. In diesem wie auch in seinen weiteren philosophischen und rhetorischen Werken[19] stilisiert Cicero ihn „zu dem Idealbild eines griechisch gebildeten römischen Aristokraten"[20].

Nach alldem ist P. Cornelius Scipio Aemilianus offenbar der berühmteste

---

(Übersetzung nach W. Thimme in: Aurelius Augustinus, Vom Gottesstaat, Bd. I, 2. Aufl., Zürich-München 1978, 286).

15 Konzentrierte Darstellung etwa bei K. Sallmann, Der Kleine Pauly, Bd. V, München 1979, 1131 – 1140, s.v. Varro.

16 Ann. 3,30,2.

17 civ. 1,5, vgl. Thimme (Fn. 14) 10, ferner Eisenhut in: W. Eisenhut/J. Lindauer, Sallust Werke, Lateinisch und deutsch, Darmstadt 1994, 396.

18 Das Kennenlernen und Scipios erste Schritte, durch Tugenden sich auszuzeichnen, schildert Polybios in den Historien 31,22 – 30.

19 Vgl. etwa Cic. Laelius 3,10 – 4,15; 19,69; Cato 6,19; 9,29.

20 M. Deissmann-Merten, Der Kleine Pauly, Bd. V (Fn. 15), 50 s.v. Scipio 12. – Zu seiner Person und seinem Schicksal s. Th. Mommsen, Römische Geschichte (mit einer Einleitung von St. Rebenich), Darmstadt 2010, Bd. I, darin Band 3, 91 ff., 108 ff. (= in der Seitenzählung seit der 6. Aufl., 1874, Bd. 2, 82 ff., 99 ff.).

Cornelius der römischen Geschichte; alle Wahrscheinlichkeit spricht deshalb dafür, daß auf ihn in Marcell. D. 28,5,54 (53) angespielt wird. Es bleibt die Frage, weshalb die beiden ersten Erben im Anfang des Fragments mit den schlichten Blankettnamen Seius und Sempronius bezeichnet werden und die drei auf das restliche Drittel eingesetzten Erben mit den großen Namen. Möglicherweise ist das aus mnemotechnischem Grund veranlaßt, lassen sich in der Fallerörterung die drei doch leichter von Seius und Sempronius unterscheiden als wenn sie ebenfalls mit Blankettnamen, etwa Maevius, Titius, Lucius, genannt worden wären. Auch mag es, da ein Responsum des Marcellus zugrundeliegt, das zu einem konkreten Fall erteilt wurde, opportun erschienen sein, bei der Edition der *responsa* die Namen der großen Drei einzusetzen, um die Identität der beteiligten Personen besser zu verschleiern.

In einem Responsum des Scaevola (3 resp. D. 34,3,31) sind die Namen der Beteiligten – was ja auch der Regelfall ist – gleichfalls durch Blankettnamen anonymisiert: ‚*rationem tutelae meae, quam egit Publius Maevius cum Lucio Titio, reposci ab eo nolo*'. Dagegen finden sich in den posthum veröffentlichten Digesten Scaevolas, in der *lex geminata* D. 34,3,28,5 (16 dig.), kombinierte Spielnamen für die beteiligten Vormünder: ‚*rationem tutelae, quam egit Iulius* (F: *Iulianus*), *Paulus cum Antistio Cicerone, posci ab eo nolo …*'. Bei dem zweiten Namen handelt es sich um die Verquickung des Gentilnamens des Juristen Marcus Antistius Labeo (oder seines Vaters Pacuvius Antistius Labeo) mit dem Cognomen des großen Redners, bei dem ersten, wenn ebenfalls eine Kombination gemeint sein sollte (so F), um die Juristen Julian und Paulus, oder – bei der Emendation in Iulius – allein um den Juristen und Schüler Scaevolas. Mit der Veränderung hat sich vielleicht der Herausgeber der Digesten Scaevolas, möglicherweise Tryphonin, einen Scherz erlaubt[21]. Daß bei Marcellus in D. 28,5,54 ebenfalls die Namen berühmter Größen angeführt werden, ist jedenfalls auch in scherzhafter Absicht geschehen.

3. Eine Klarstellung ist angebracht zur Person des *imperator noster*, von dem bei Ulpian in D. 28,6,2,4 (aus dem 6. Buch des Sabinuskommentars) die Rede ist (wenn auch nicht in einer testamentarischen Verfügung). Dort hebt der Jurist im Zusammenhang der Pupillarsubstitution hervor, der Erblasser müsse zuerst seinen Erben einsetzen und erst danach einen Ersatzerben für den *pupillus*. Das sei die Meinung Julians, und diese Auffassung sei auch durch ein Reskript unseres Kaisers an Virius Lupus, den Statthalter von Britannien, bestätigt worden: *quae sententia rescripto imperatoris nostri ad Virium Lupum Brittanniae praesidem comprobata est.*

21 Vgl. R. Knütel, Das Ende einer Entdeckungsreise, TR 80 (2012) 548 f. mit weiteren Nachweisen.

In der juristischen Literatur wird nahezu einhellig als selbstverständlich zugrundegelegt, Ulpians *imperator noster* sei Antoninus Severus, Caracalla also[22]. Demgegenüber hat Coriat die Urheberschaft von Septimius Severus angenommen[23], und dies habe auch ich wegen des Reskriptadressaten Virius Lupus in den Mélanges en l'honneur de Michel Humbert näher zu begründen versucht[24]. Darum beschränke ich mich an dieser Stelle auf einige kurze Bemerkungen.

Virius Lupus wurde frühestens im Februar 197, nachdem Septimius Severus den Clodius Albinus am 18./19. Februar 197 bei Lugdunum vernichtend geschlagen hatte, Statthalter der Provinz Brittannia, die erst während der nicht über das Jahr 202 hinausgehenden Regentschaft des Lupus geteilt wurde. Zu seinen Aktivitäten haben sich in England (Yorkshire) zwei Bauinschriften gefunden. Nach der ersten hat *Virius Lupus als legatus Augusti pro praetore* das durch Feuer zerstörte Bad für die 1. Kohorte der Thraker wiederherstellen lassen (RIB 730 = CIL VII, 273). Auch aus der zweiten ergibt sich die Wiederherstellung eines Bauwerks. Sie lautet: *Imperator Severus Augustus et Antoninus Caesar destinatus restituerunt curante Virio Lupo legato eorum pro praetore* (RIB 637 = CIL VII, 210). Bemerkenswert ist erstens, daß Virius Lupus in der ersten Inschrift als *legatus Augusti* (im Singular) angeführt wird und daß in der zweiten Caracalla als *Caesar destinatus* genannt wird. Caracallas Erhebung zum Caesar dürfte allerdings schon 195 oder 196 erfolgt sein, so daß möglicherweise *Caesar* und *Imperator* verwechselt oder eher nach *Caesar* die Einfügung *Imp.* vergessen wurde. Die *destinatio* zum Imperator erfolgte vor dem 7. Mai 197 (am 4. April?) und die Erhebung zum Augustus (und Imperator) vielleicht schon im Herbst 197[25].

Wenn wir von dem feststehenden Sprachgebrauch bei der Wiedergabe von Reskripten ausgehen, daß der zur Zeit regierende Kaiser die Bezeichnung *Imperator* führt[26], ferner daß Virius Lupus schon vor der Erhebung Caracallas zum Imperator Statthalter nur eines *Augustus* war, dann kann Ulpian, wenn er in 6. Sab. D. 28,6,2,4 nur *imperator noster* geschrieben hat, allein Septimius Severus

22 P. Voci, Diritto ereditario romano, Bd. II, 2. Aufl., Mailand 1963, 220; T. Honoré, Ulpian, 2. Aufl., Oxford 2002, 177 f., 191; D'Ors u. Kollegen (Fn. 3) 337; Spruit (mit E. Slob) (Fn. 3) 313.

23 J.P. Coriat, Le prince législateur, Rom 1997, 85, 526 (Rescrits de Septime Sévère ... rescripto imperatoris nostri et divi Severi nostri ...).

24 R. Knütel, Von Virius Lupus und seinem Kaiser etc., in: E. Chevreau/D. Kremer/A. Laguerrière-Lacroix, Carmina iuris, Mél. M. Humbert, Paris 2012, 407 – 410.

25 D. Kienast (Fn. 9) 162; für den 3. Mai 198 dagegen R.G. Collingwood/R.P. Wright, The Roman Inscriptions of Britain, Bd. I (Inscriptions on Stone), Oxford 1965, 245 (zu RIB 730).

26 Th. Mommsen, Die Kaiserbezeichnung bei den römischen Juristen, Zeitschrift für Rechtsgeschichte 9 (1870) 99 = Gesammelte Schriften Bd. II/2 (Juristische Schriften), 1905, Nachdr. 1994, 156.

gemeint haben. Sollte dies zutreffen, so wäre die in der Literatur ganz überwiegend vertretene Ansicht, Ulpian habe seinen (unvollendet gebliebenen) Sabinus-Kommentar unter Caracalla verfaßt, der durchweg der *imperator noster* sei, zumindest erschüttert.

Diesen Überlegungen hält Detlef Liebs entgegen: „Insbesondere berücksichtigt Knütel nicht, dass Ulpian, ebenso übrigens wie Paulus und Tryphonin, im Laufe der Arbeit, nach Honoré im Laufe des Jahres 213, dazu überging, Konstitutionen des Septimius Severus, die dieser zur Zeit seiner Samtherrschaft mit Caracalla erlassen hatte, entgegen den historischen Tatsachen zu zitieren, als sei Caracalla, sein *imperator noster* als er den Großteil seiner Werke verfasste, der wahre Urheber, und lediglich *cum patre, cum divo patre eius* oder Ähnliches hinzuzufügen[27]. Veranschlagt man auch das, dann liegt es näher, dass im fraglichen Digestentext hinter *imperatoris nostri* ein *et patris eius* oder Ähnliches ausgefallen ist“[28].

Daß die Konstitution auf Septimius Severus zurückgeht, ist nicht zu bestreiten und wird auch von Liebs nicht bezweifelt. Überdies bleibt es möglich, daß Ulpian selbst nach Caracallas Erhebung zum Mitregenten im Herbst 197 oder Mai 198 *imperator noster* geschrieben und damit Septimius Severus gemeint hat, so wie er im 15. Buch des Ediktskommentars die in das Jahr 204 fallende Konstitution der *Imp. Severus et Antoninus A. A.* (C. 6,35,1) als *epistula* nur des *imperator Severus* zitiert, D. 5,3,20,12. Überhaupt wird „in den unter Severus geschriebenen Erlassen nicht selten die – der Sache nach nur nominelle – Mitregentschaft des Sohnes mit Stillschweigen übergangen“[29]. So könnte Ulpian auch bei den *libri ad Sabinum* verfahren sein. Aber auch wenn man in Betracht zieht, es sei in fr. 2,4 nachträglich ein Zusatz *cum patre* oder *et divi Severi* weggefallen, bleibt doch die Frage, wer ein Interesse an solcher Verfälschung gehabt haben sollte, die sich in den zugänglichen[30] kaiserlichen Archiven immer hätte aufklären lassen. Wie Fitting und Mommsen hervorheben, finden sich in Ulpians Ediktskommentar elf Belege, in denen Severus mit vorgesetztem *imperator* erhalten geblieben ist, was Mommsen plausibel damit erklärt, daß hier Reste der für die Zeit der Herausgabe des Kommentars nicht mehr passenden Titulatur erhalten geblieben sind[31]. So könnte es sich auch mit unserem Text aus dem Sabinus-Kommentar verhalten. Angesichts all dieser Ungewißheiten haben

27 Mit Hinweisen auf Mommsen (Fn. 26) 101 f. = 159 und Honoré (Fn. 22) 26, 158–205, bes. 166 f.

28 D. Liebs, Die zweite Auflage von Ulpians Sabinuskommentar, SZ 130 (2013) 416; vgl. auch Coriat (Fn. 23) 526.

29 Mommsen (Fn. 26) 102 = 159.

30 Dazu L. Wenger, Die Quellen des römischen Rechts, Wien 1953, 429 m. Fn. 43.

31 H. Fitting, Alter und Folge der Schriften römischer Juristen von Hadrian bis Alexander, 2. Aufl., Halle a. d. Saale 1908, 101 ff.; Mommsen (Fn. 26) 101 f. = 158 f.

wir in unserer Übersetzung zu *imperatoris nostri* keinen Zusatz im Text eingefügt, sondern in einer Fußnote nur das vermerkt, was jedenfalls richtig ist: „Das Reskript stammt von Septimius Severus“[32].

III.

1. Auch im Hinblick auf Orte oder Örtlichkeiten ergeben sich des öfteren Fragen. In D. 30,96 pr., einem Text aus dem 39. Buch von Julians *digesta*, hat der Erblasser einer Pamphila 400 Aurei vermacht, die die Erben wie folgt zusammenbringen sollten: ‚*ab Iulio actore aureos tot et in castris quos habeo tot et in numerato quos habeo tot*‘, ‚von meinem Verwalter soundso viele Aurei und soundso viele, die ich im Lager (?) habe, und soundso viele, die ich in bar habe‘. Als der Testator nach vielen Jahren gestorben war, ohne seinen letzten Willen geändert zu haben, hatten die genannten Geldbeträge längst eine andere Verwendung gefunden. Julian erteilte dazu die Rechtsauskunft, das Fideikommiß werde der Pamphila geschuldet, weil es sehr wahrscheinlich sei, daß der *paterfamilias* den Erben nur zeigen wollte, wie sie die 400 Aurei zusammenbringen könnten, statt das Fideikommiß von einer Bedingung (sc. daß er über die genannten Gelder nicht anderweit verfüge) abhängig zu machen.

Zur Angabe *in castris* fragt man sich, ob der Erblasser seinerzeit bei der Testamentserrichtung wirklich eine erhebliche Menge an Goldmünzen, selbst wenn es nicht ein Drittel der 400 Aurei war, im Militärlager liegen hatte. Das ist, weil doch sehr unklug, nicht gerade wahrscheinlich, und deshalb bietet die von Mommsen vorgeschlagene Emendation von *castris* in *Castoris*[33] eine unmittelbar einleuchtende Alternative.

In Juvenals *Saturae* ist die Rede von den *ad vigilem ponendi Castora nummi*, die beim wachsamen Castor zu hinterlegenden Gelder. *Castora* ist bei den Dichtern die Akkusativform von *Castor*[34]. Und im Tempel des Castor und des Pollux deponierte man Gelder, weil dieser Tempel bewacht wurde und weil auf dem Forum die Bankgeschäfte abgewickelt wurden, man bei diesen also ohne Schwierigkeiten auf die Gelder zugreifen konnte. Hat man dies (wie Mommsen) erkannt, so wird die Annahme, daß der Erblasser *in Castoris* geschrieben hat, geradezu verlockend[35]. In unserer Übersetzung haben wir deshalb die Emendation zugrunde gelegt.

32 S.o. (Fn. 1), Bd. V, S. 97.
33 Editio maior (Fn. 13) ad h.l., ebenso die ed. stereotypa.
34 GEORGES (Fn. 7) s.h.v. mit weiteren Nachweisen, etwa Cic. Quinct. 17 (*ad Castoris quaerere* – eine Schatzkammer im Tempel des Castor); Cic. Milone 91 (*ad Castoris sc. aedem*).
35 Mommsens Emendation folgen die Übersetzung von D'ORS und Kollegen (Fn. 3) ad h.l. und etwa CHR. PAULUS, Die Idee der postmortalen Persönlichkeit im römischen Testamentsrecht,

Bedenken ergeben sich allerdings, wenn man die Organisation der ständigen römischen Legionslager betrachtet, die in der Kaiserzeit weithin übereinstimmend nach einem Muster angelegt waren. Jedes dieser Lager hatte ein Forum, das zum Teil oder ganz „von verschiedenen Bauten umgeben war, die – zu einem Ganzen gefügt – das Principia-Gebäude ergaben"[36]. Auf der dem Eingang gegenüberliegenden Seite wurde das Forum (wohl seit Nero) meist durch eine quergerichtete Basilika oder ein anderes größeres Gebäude begrenzt. An der Rückseite dieses Gebäudes oder der Basilika fand sich „das Lagerheiligtum, aedes, das etwa seit flavischer Zeit unterkellert war. Im Keller waren eine oder mehrere Kassen untergebracht. Es ist nicht geklärt, ob hier nur die Ersparnisse der Soldaten, deposita, oder auch Gelder der Legion aufbewahrt wurden. Geld war unter dem Heiligtum nicht nur durch höhere Macht geschützt, sondern auch durch eine ständige Wache, die vor der Aedes stand"[37]. Wir begegnen hier also einer vom Militär organisierten Sonderform der Verwahrung, die an die Hinterlegung oder Verwahrung beim Tempelschatz erinnert. Damit ist vereinbar, daß, was den (nach jeweils vier Monaten anfallenden) Sold angeht, dieser nicht ausgezahlt wurde, sondern nach Abzug der Kosten für Verpflegung, Kleidung, Bettstatt etc. in der Kasse der Legion oder Kohorte verblieb und dem einzelnen Soldaten nur in den *brevia* als *depositum* gutgeschrieben wurde (*habet in deposito* oder *reliquias deposuit* oder ähnlich)[38]. Der Testator in D. 30,96 pr. konnte demnach gute Vorstellungen davon haben, wie umfänglich sein Guthaben war, und er konnte dies auch mit ‚*aureos ... et in castris quos habeo tot*' bezeichnen,

Berlin 1992, 266. An *in castris* halten dagegen fest T. Brown in der von A. Watson (Fn. 5) herausgegebenen Übersetzung sowie K.M. Bongenaar/J.E. Spruit in der niederländischen (Fn. 4), jew. ad h.l.

36 H. v. Petrikovits, Die Innenbauten römischer Legionslager während der Prinzipatszeit, Opladen 1975, 68; dort auch zum Folgenden. Vgl. auch Macer D. 49,16,12,2.

37 Petrikovits (Fn. 36) 73, s. auch S. 173 Fn. 72. S. ferner Y. Le Bohec, Die römische Armee, Stuttgart 1993 (L'armée romaine, Übersetzung der 2. Aufl., Paris 1990), 179 (Keller der *aedes signorum*, darin „das Vermögen der Einheit und die von den Soldaten pflichtgemäß hinterlegten Depots, die die Geldbeträge enthielten, die sie zum Zeitpunkt ihrer Rückkehr ins Zivilleben wiedererlangten"). – Wahrscheinlich wurden hier auch sonstige Gelder verwahrt, wie etwa die Kassen der *collegia militum* (soweit sie seit den Severern erlaubt waren), sofern die *collegia* nicht in ihrer *schola* selbständig die Verwahrung besorgten, vgl. z.B. die Inschriften CIL VIII 2557; FIRA III n. 34, L. Schnorr v. Carolsfeld, Geschichte der juristischen Person, Bd. I, München 1933, 391 ff. mit weiteren Inschriften.

38 P. Gen. lat. 1, dazu Th. Mommsen, Ägyptische Legionare, Hermes 35 (1900) 443, 449 ff. = Gesammelte Schriften, Bd. VI, Berlin 1910, 118, 124 ff. (der dies als ‚das eigentliche *peculium castrense*' ansieht). Vgl. auch F. Schulz, The Postclassical Edition of Papinian's ‚Libri quaestionum', Scr. Ferrini Mil., Bd. IV, Mailand 1949, 225 f. – S. ferner die Empfangsquittungen *pro deposito tironum Asianorum* in dem Papyrus v. 117 n. Chr. PSI IX (Florenz 1929) 1063 (edd. H. Vitelli/M. Norsa) = FIRA III n. 126 sowie J.F. Gilliam, The Deposita of an Auxiliary Soldier (P. Columbia inv. 325), Bonner Jahrbücher 167 (1967) 233 ff. (Empfangsquittung der Mutter über die *deposita* des verstorbenen Soldaten).

selbst wenn in den *brevia* eine andere Währungseinheit angeführt war. Nach alldem gibt es gute Gründe, im fr. 96 pr. an der Überlieferung *in castris* festzuhalten.

2. In D. 32,41,5, einem Text aus dem 42. Buch von Scaevolas Digesten, hat ein Erblasser seiner Konkubine folgendes Vermächtnis ausgesetzt: ‚*fundum in Appia cum vilico suo et contubernali eius et filiis dari volo*', ‚ich will, daß [ihr] das Landgut in Appia mit seinem Verwalter, dessen Gefährtin und ihren Kindern gegeben wird'. Man fragt sich: Wo liegt Appia? In der alten deutschen Übersetzung gibt Robert Schneider dies wieder als „das Landgut in Appien", entsprechend Tom Brown in der englischen Übersetzung („my farm in Appia") sowie Spruit und Tevel in der niederländischen („het perceel grond in Appia")[39]. Ein Städtchen mit Namen Appia ist allerdings nur für das ferne Phrygien bezeugt[40], und daß dieses gemeint ist, dürfte unwahrscheinlich sein.

Pothier bringt zum *fundus in Appia* die Anmerkung: *Id est, ad Appiam viam situm* ...[41]. Auch Gothofredus hatte zu Appia schon angemerkt: *via scilicet*[42]. Zwar konnte die *via Appia* auch einfach als *Appia* bezeichnet werden[43]; doch läßt die Präposition *in Appia* eher an ein Gebiet als an den Straßenstreifen denken. Dazu hilft (auch hier) eine Bemerkung Theodor Mommsens weiter, daß nämlich die *praefecti alimentorum* unter Trajan noch „nicht, wie die späteren des Alimentarwesens auf einen durch die italische Wegeordnung gegebenen Sprengel (vgl. Dig. 32,41,5: *fundum in Appia*) beschränkt gewesen seien"[44]. Unter Hadrian wurden Verwaltungsbezirke für die Alimentationsstiftungen geschaffen, die sich zum größeren Teil nach den Straßen ausrichteten[45]. Das ergab sich offenbar daraus, daß, wenn auch nicht durchweg, „die *cura viarum* mit der *praefectura alimentorum* gekoppelt war und dementsprechend auch der Administrationsbezirk sich nach den großen italischen Staatsstraßen ausrichtete"[46]. Die Ali-

39 R. Schneider in: C.E. Otto/B. Schilling/C.F.F. Sintenis, Das Corpus Juris Civilis in's Deutsche übersetzt von einem Vereine Rechtsgelehrter, Bd. III, Leipzig 1831, 377; T. Brown (Fn. 5) 85a; J.E. Spruit/J.M. Tevel (Fn. 4) 649; ferner J. Menner, D. 33,7,18,4 – vilicus und vilica als Objekte eines Erbschaftsstreites, in: Th. Finkenauer (Hrsg.), Sklaverei und Freilassung im römischen Recht (Symposium H.J. Wieling), Berlin/Heidelberg 2006, 176 (Anwesen in Appia).

40 Plin. nat. hist. 5,105 (*Appiani*); Cic. ad fam. 3,8 [7],2 (*legati Appiani*).

41 Pandectae Justinianeae, Bd. II, 9. Aufl., Lyon 1782, 301 Fn. c.

42 Corpus iuris civilis, ed. Frankfurt/M. 1663, ad h.l.

43 R. Klotz, Handwörterbuch der lateinischen Sprache, 7. Abdruck der 3. verbesserten Auflage von 1879, Graz 1963, 466 s.h.v. Nr. 1 m.w.N.

44 Th. Mommsen, Zur Lebensgeschichte des jüngeren Plinius, Hermes 3 (1869) 124 f. Fn. 2 = Ges. Schriften, Bd. IV/1, Berlin 1906, 456 Fn. 2.

45 W. Eck, Die staatliche Organisation Italiens in der hohen Kaiserzeit, 1979, 167.

46 Eck (Fn. 45) 167, 177, s. auch schon O. Hirschfeld, Die kaiserlichen Verwaltungsbeamten bis auf Diocletian, 3. Aufl., Berlin 1963, 215 ff.

mentationsstiftungen – das sei eingeflochten – wurden in der Weise finanziert, daß von der kaiserlichen Verwaltung nicht oder nicht ohne weiteres künd- oder ablösbare Darlehen gewährt und zu deren Sicherung Hypotheken auf Grundstücke des Empfängers gelegt wurden. Die Zinserträge daraus flossen den Stiftungen zu, die damit die Alimentation nebst der Erziehung von Waisenkindern bestreiten konnten. Daß die Organisation für dieses „umfassendste langfristig angelegte Unterstützungsprogramm der gesamten Antike"[47] eine flächendeckende Verwaltungsorganisation erforderlich machte (sowohl hinsichtlich der Ermittlung der zu belastenden Grundstücke als auch im Hinblick auf die an den verschiedensten Orten angesiedelten Heime für die Waisenkinder) und daß dies eine Aufteilung in regionale Distrikte nach sich ziehen mußte, liegt auf der Hand. Ein solcher Alimentationsbezirk ist jedenfalls für die Zeit von Hadrian bis ca. 260/270 n. Chr. der der *via Appia*[48], also der das Umfeld dieser großen Staatsstraße umschließende. Daß dieser Bezirk auch als *Appia* bezeichnet wurde, ist anzunehmen und wird bestätigt durch die von dem Erblasser in fr. 41,5 verwendete Kennzeichnung seines Landguts als *in Appia* gelegen. Man könnte demnach im fr. 41,5 übersetzen: „das Landgut in [dem Bezirk] Appia". Wir haben es jedoch vorgezogen, zwar nicht „Landgut an der via Appia", aber – etwas unbestimmter – „bei der via Appia" zu sagen.

3. Aus dem 17. Buch von Scaevolas Digesten ist ein Vermächtnis überliefert, das ein Patron seinen namentlich genannten Freigelassenen ausgesetzt hatte, D. 32,35,2: ‚*Fundum Trebatianum, qui est in regione Atellata, item fundum Satrianum, qui est in regione Niphana, cum taberna dari volo*'. Dem Erblasser gehörte zwar ein satrianisches Grundstück, das jedoch nicht im Bezirk Niphana lag. Scaevola repondierte: Wenn es sicher sei, daß der Erblasser das satrianische Grundstück gemeint habe, das irgendwo anders liegt, dann werde es geschuldet, mag sich der Erblasser auch bei der Angabe des Bezirks geirrt haben – eine überflüssige *falsa demonstratio* also[49].

Natürlich fragt man sich, wo sich die *regiones* Atellata und Niphana befanden. Bremer hat 1868 dazu bemerkt: „Sehr zu bedauern ist, dass die Lage der regio Atellata und der regio Niphana, wovon in einem von Scävola bruchstückweise mitgetheilten Testament die Rede ist" (D. 32,35,2 ...), „sich aus Mangel an anderen Zeugnissen nicht nachweisen lässt. Natürlich ist man unter diesen Umständen mit Emendationen bei der Hand; so will Haloander statt Atellata Arelatia und Menagius statt Niphana Aliphana lesen. Ich denke, wir haben die

47 Eck (Fn. 45) 146.

48 Eck (Fn. 45) 167.

49 Vgl. Ulp. D. 50,17,94: *Non solent quae abundant vitiare scripturas*, auch Ulp. D. 33,4,1,8.

betreffenden Orte nicht in Italien oder in Gallien, sondern gleichfalls[50] in Kleinasien zu suchen“[51].

So hat es 1870 auch Mommsen gesehen, wenn er schreibt: „Regio in der Bedeutung von Stadtbezirk ... begegnet übrigens in Italien selten, aber häufig in den östlichen Provinzen ... Auch die *regiones Atellata* und *Niphana* (D. 32,35,2 vgl. 32,41,9) des Juristen Scaevola, die man sehr mit Unrecht durch gewaltsame Emendationen nach Italien hat versetzen wollen, führen, wie alle ähnlichen Angaben bei diesem Schriftsteller, nach dem Orient“[52].

Demgegenüber bleibt zu berücksichtigen, daß die Angaben aus dem Testament eines – übrigens lateinisch sprechenden – Privatmanns stammen, der den Begriff *regio* keineswegs zwingend in der Bedeutung von „Stadtbezirk“ verwendet haben muß; eher ist daran zu denken, daß er den Begriff in seiner allgemeinen Bedeutung von „Gegend, Gebiet, Landschaft“ verstanden hat. Zudem ist immerhin auffällig, daß es in Kampanien eine uralte Stadt der Osker mit Namen Atella gab, die später römische Munizipalstadt wurde, aufgrund ihres Übertritts zu Hannibal nach der Schlacht von Cannae aber später (im Jahre 211) von den Römern (auch rechtlich) zerstört wurde und nur als ein von römischen Bauern bewohntes Dorf fortbestand[53]. Diese Bewohner wurden als die *atellani* in der römischen Komödie zu den Schildbürgern; es entwickelte sich eine besondere Gattung von Komödien, die *fabula Atellana* oder einfach nur die *Atellana*, ein „Schildbürgerstück“ oder eine „Krähwinkeliade“, ein Volkspossenspiel. Das Adjektiv für aus, in oder von Atella ist *atellanus*[54]; dagegen ist *atellatus* nicht belegt. Auffällig ist aber, daß dem Schreiber der Florentina die Form *Atellatata* aus der Feder geflossen ist, wovon der Korrektor das letzte t getilgt hat[55]. Daraus ergibt sich, daß der Schreiber jedenfalls nicht ganz bei der Sache war; vielleicht hat er sich verhört. Es ist deshalb immerhin denkbar, daß – gleich ob substantivisch oder adjektivisch – die *regio Atellana* zu lesen ist. Immerhin hat bereits Emil Seckel diese Vermutung geäußert, und zwar in seinem Nachtrag zum Handlexikon, wo er zu *Atellata regio* mit Hinweis auf das fr. 35,2 bemerkt: „ein Distrikt in Italien (nach der Stadt Atella in Kampanien

50 Dies nimmt Bezug auf Bremers Annahme: „Unzweifelhaft hat also Scaevola eine Zeit lang in einer griechisch redenden Provinz gelebt und zwar als Respondent“ (u. Fn. 51) 91.

51 F.P. Bremer, Die Rechtslehrer und Rechtsschulen im Römischen Kaiserreich, Berlin 1868, 92 Fn. 408.

52 Th. Mommsen, Das Edict des Kaisers Claudius über das römische Bürgerrecht der Anauner vom J. 46 n. Chr., Hermes 4 (1870) 99, 108 Fn. 1 = Gesammelte Schriften IV/1, 291, 300 Fn. 1.

53 Vgl. dazu Th. Mommsen, Römische Geschichte, Bd. II, Darmstadt 2010, 438 m. Fn. 7, Bd. I, 452.

54 Vgl. etwa Klotz und Lewis/Short s.h.v.

55 So in der von A. Corbino und A. Metro herausgebrachten photographischen Ausgabe.

benannt?)“[56]. – Zu Niphana fehlt es an ausbaufähigen Anhaltspunkten, bleibt also weiter zu suchen. Da Atella zwischen Capua und Neapel liegt, wir uns also im Bereich der *Magna Graecia* befinden, könnte es sich um eine untergegangene Ortschaft in dieser Gegend handeln.[57] So wird ein weiteres Mal deutlich, daß es in den Digesten auch außerhalb der juristischen Fragen noch manches zu klären gibt.

56 H. Heumann/E. Seckel, Handlexikon zu den Quellen des römischen Rechts, 9. Aufl., Jena 1907, 637 s.v. Atellata.

57 M. Talamanca, I clienti di Q. Cervidio Scevola, Bull. 103/104 (2000/01) 586 vermutet die Ortschaft aufgrund des Namenskerns (*niphas*, Schneeflocke) eher im armenisch-kaukasischen Umfeld, wo eine Bergkette und eine Bergspitze verwandte Namen tragen.

PAULUS UND DER ERWERB DES KÄUFERS *EX CAUSA LUCRATIVA* *

Rolf Knütel
(Rheinische Friedrich-Wilhelms-Universität Bonn)

I.

In drei vielerörterten Texten hat der Spätklassiker Iulius Paulus sich mit der Rechtslage eines Käufers befaßt, der die Kaufsache von einem nichtberechtigten Verkäufer erhalten hatte, später, aber noch vor Ablauf der Ersitzungsfrist, jedoch durch Erbgang in den Rechten verkürzt wurde, die ihm für den Fall der Eviktion zustanden. Auch wenn die Fragmente, deren Echtheit noch vor nicht allzu langer Zeit bezweifelt worden ist, durch viele wertvolle Beiträge als weithin erschlossen angesehen werden dürfen, lassen sich zu ihnen, wie wir hoffen zeigen zu können, doch noch einige Aspekte aufhellen, bei denen sich zugleich Eigenart und juristisches Können des großen Spätklassikers erweisen.

II.

D. 21,2,9 *Paulus* im 76. Buch zum Edikt

Si vendideris servum mihi Titii, deinde Titius heredem me reliquerit, Sabinus ait amissam actionem pro evictione, quoniam servus non potest evinci: sed in ex empto actionem decurrendum est.

Wenn du mir den Sklaven des Titius verkauft hast, Titius mich alsdann als Erben hinterläßt, gehe, sagt Sabinus, die Klage wegen Eviktion verloren, weil der Sklave nicht mehr evinziert werden kann. Doch kann auf die Klage aus Kauf zurückgegriffen werden.

Die auffällige *actio pro evictione* verdeckt offenbar die *actio auctoritatis*, um die es bei Paulus gegangen sein muß. Dies ist insbesondere aus der ersicht-

* A. Castresana (Hrsg.), Defectos en el cumplimiento de la prestación: Derecho Romano y Derecho Privado Europeo, Ratio Legis, Salamanca 2014, 109 – 124.

lich kompilatorischen Erläuterung in Ven. (17. stip.) D. 21,2,76[1] sowie aus der Palingenesie des fr. 9[2] erschließbar und heutzutage auch fast allgemein anerkannt[3].

Demnach erörterte Paulus um den Fall, daß Tu dem Ego einen Sklaven des Titius verkauft und manzipiert hatte und der Käufer Ego später Erbe des Eigentümers Titius wurde. Sabinus nahm dazu an, aufgrund des Eigentumsübergangs infolge des Erbfalls verliere Ego die *actio auctoritatis*, weil ihm der Sklave nun nicht mehr im Prozeßweg mit Erfolg streitig gemacht werden könne. Der Eintritt des Sicherungsfalls, für den die auf den doppelten Kaufpreis gerichtete *actio auctoritatis* den Manzipationskäufer schützt, war folglich ausgeschlossen.

Für Sabinus war das Problem damit erledigt. Der erbrechtliche Eigentumserwerb (mit dem Besitztitel *pro herede*) war dem kaufrechtlichen über eine mögliche Ersitzung (*pro emptore*) zuvorgekommen, und das einmal erlangte Eigentum konnte nicht aufgrund einer anderen Erwerbs-*causa* zusätzlich er-

---

1 *Si alienam rem mihi [tradideris] <mancipaveris> et eandem pro derelicto habuero, amitti auctoritatem [id est actionem pro evictione] placet.* Vgl. nur *O. Lenel*, Palingenesia iuris civilis (= *Lenel*, Pal.), II, Leipzig 1889, col. 1223 Venuleius Nr. 74. – Nur mit Verfassernamen werden im folgenden zitiert: *H. Ankum*, Concursus causarum, Seminarios Complutenses (= SC) 8 (1996) 57ff. = Mélanges Magdelain, Paris 1998, S. 9ff.; *W. Ernst*, Rechtsmängelhaftung, Tübingen 1995; *P. Kieß*, Die confusio im klassischen römischen Recht, Berlin 1995; *S. Pfeil*, Der concursus duarum causarum im klassischen römischen Recht, Frankfurt/M. 1998. – Die Übersetzungen sind entnommen aus *R. Knütel/B. Kupisch/H.H. Seiler/O. Behrends*, Corpus Iuris Civilis. Text und Übersetzung, Bd. IV (Digesten 21-27), Heidelberg 2005, zu D. 35,2,48 aus dem Manuskript für Bd. VI. – Weitere Abkürzungen grundsätzlich nach *M. Kaser*, Das römische Privatrecht, Bd. I, 2. Aufl. 1971, S. XVIII-XXX.

2 *Lenel*, Pal. I, col. 1094 (Paul. 826); *ders.*, Das Edictum perpetuum (= EP³), 3. Aufl. Leipzig 1927, S. 545 f.

3 *A. Wacke*, Los presupuestos de la responsibilidad por evicción etc., SC 4 (1992) 176 = Die verschuldete Eviktion, Fschr. H. Niederländer, 1991, S. 157; *Ernst*, S. 45; *Ankum*, S. 62f., 68 = S. 13, 17; *Pfeil*, S. 109; *R. Brägger*, Actio auctoritatis, Berlin 2012, S. 148f. Vgl. auch *Girard* (u. Fn. 6), S. 176 Fn. 2; 205 Fn.1; 261 Fn. 1; *S. Solazzi*, L'estinzione dell'obbligazione nel diritto romano, Bd. I, 2. Aufl. 1935, S. 295 Fn. 2. – Unglaubhaft ist dagegen die Annahme von *V. Arangio-Ruiz*, La compravendita in diritto romano, II, Neapel 1954, S. 351 Fn. 2; *M. Sargenti*, L'evinzione nella compravendita romana, Mailand 1960, S. 74, 79, 109 und *A. Calonge*, Evicción, Salamanca 1968, S. 113 Fn. 308, im Original könne *actionem ex stipulatu* gestanden haben. Dazu bliebe jedoch unerklärlich, weshalb es zu einer Interpolation gekommen sein sollte. Mit der dogmatischen Präzision des Paulus ist auch die Annahme von *P. Lambrini*, Il problema del concursus causarum, Padua 2000, S. 135 = *dies.*, Compravendita e acquisto 'ex alia causa' del bene comprato, in: *L. Garofalo*, Hrsg., La compravendita e l'interdipendenza delle obbligazioni nel diritto romano, Bd. I, Padua 2007, S. 768f., schwerlich zu vereinbaren, der ungenaue Ausdruck sei gewählt worden, um alle möglichen Eventualitäten zu erfassen.

worben werden. Diese Regel zum Zusammentreffen zweier Erwerbsgründe, der sog. *concursus causarum*, bestand noch in der frühen Klassik, mithin zur Zeit des Sabinus. Sie wurde erst in der Hochklassik durch Julian im Grundsatz dahin modifiziert, daß die Forderung (auf eine Speziessache) bestehen blieb, wenn ihre *causa* entgeltlich, die andere dagegen unentgeltlich war. Demgemäß gingen einem Gläubiger oder Käufer, der die Sache aus einem unentgeltlichem Erwerbsgrund erlangt hatte, dadurch nicht die Klagen aus dem entgeltlichen Erwerbsgeschäft verloren, so wie umgekehrt auch derjenige, der die Sache aus entgeltlichem Erwerbsgrund erlangt hatte, nicht gehindert war, sie auch aus dem unentgeltlichen Erwerbsgrund einzuklagen[4]. Beim Zusammentreffen zweier unentgeltlicher Erwerbsgründe (*concursus duarum causarum lucrativarum*) sah man jedoch die Forderung auch weiterhin als erloschen an[5].

Für unseren Zusammenhang ist wichtig der Schlußsatz von Paul. D. 21,2,9: *sed in ex empto actione<m> decurrendum est.* Es ist hochumstritten, ob dieser Hinweis von Paulus stammt oder von späterer Hand hinzugefügt ist. Offenbar als erster hat *Pernice* Anstoß genommen: „Aber die abscheulichen Schlussworte: *sed in ex empto actione decurrendum est* gehören doch sicher den Kompilatoren: es war gar kein Anlass bei der *a. auctoritatis* auf die Kaufklage hinzuweisen“[6]. Mit „abscheulich“ sind offenbar formale Mängel gemeint. Doch ist *actione* ohne weiteres mit den Vulgatausgaben in *actionem* zu verbessern[7]; zudem fehlt es, mag *decurrere ad* auch die häufigere Junktur

---

4 Iul. (73. dig.) D. 44,7,19: ...*cum creditor vel emptor ex lucrativa causa rem habere coeperit, nihilo minus integras actiones retinent, sicut ex contrario qui non ex causa lucrativa rem habere coepit, eandem non prohibetur ex lucrativa causa petere.* S. dazu aus der neueren Lit. etwa *Ernst*, S. 49 ff.; *Ankum*, S. 80ff. = S. 26ff.; *Pfeil*, S. 136ff.; *Lambrini* (o. Fn. 3), S. 104, 129f., vgl. *dies.* in: *Garofalo* (o. Fn. 3), S. 757, 763f.

5 Iul. D. 44,7,17; D. 30,82 pr./1; Inst. 2,20,6, anders jedoch Ulp. D. 30,34,2.

6 *A. Pernice*, Labeo. Römisches Privatrecht im ersten Jahrhundert der Kaiserzeit, Bd. II/1, Halle 1895, S. 268 Fn. 2; zustimmend *Ernst*, S. 45 m. Fn. 193 („Grundlegend“); auch Paul Krüger hatte sich seit der 11. Aufl. der Stereotypausgabe (1908) Pernices Verdacht angeschlossen; ferner *S. Di Marzo*, Appunti sulla dottrina della causa lucrativa, Bull. 15 (1903) 116; *C. Ferrini*, Manuale di Pandette, 4. Aufl., hgg. von *G. Grosso*, Mailand 1953, S. 532 Fn. 5 („Che questo [sc. sed rell.] sia emblema non è arduo dimostrare”, so auch schon in 3. Aufl. 1908); *Lenel*, EP^{3}, S. 545f.; *P.F. Girard*, Mélanges de droit Romain, Bd. II, Paris 1923, S. 261 („l'interpolation ... certaine“); *V. Arangio-Ruiz*, Compravendita (o. Fn. 3), S. 351 („anche grammaticalmente spropositata“); auch *Sargenti* (o. Fn. 3), S. 109 (ohne es klar auszusprechen).

7 Offenbar ein Schreibversehen; man sollte die Lateinkenntnisse der Kompilatoren nicht unterschätzen. Vgl. etwa die Ausgaben *J.E. Spruit/R. Feenstra/K.E.M. Bongenaar*, Corpus Iuris Civilis. Tekst en Vertaling, Bd. III, Zutphen 1996, ad h.l.; *R. Knütel/B. Kupisch/H.H. Seiler/ O. Behrends*, Corpus Iuris Civilis. Text und Übersetzung, Bd. IV, Heidelberg 2005, ad h.l.

sein, an Gründen, um Paulus in diesem Zusammenhang den Gebrauch von *decurrere in* (*actionem*) abzusprechen[8].

Etwas überraschend ist Pernices zweiter Kritikpunkt, es habe kein Anlaß bestanden, auf die Kaufklage hinzuweisen. Dem ist entgegenzuhalten, daß gerade die Möglichkeit, diesen Hinweis zu geben, Paulus den Anlaß geboten haben kann, den Fall und die Lösung des Sabinus überhaupt aufzugreifen. Es ist immer wieder zu beobachten, daß die Juristen und mit ihnen Ulpian und Paulus auch in ihren Kommentaren Hinweise auf weitere Klagmöglichkeiten oder sonstige Rechtsbehelfe einflechten, die den Beteiligten in der jeweiligen Situation von Nutzen sein können[9]. Im Fall von D. 21,2,9 bestand sogar besonderer Anlaß, auf die *actio empti* hinzuweisen. Denn es hatte sich, wie oben dargelegt, durch Julians Fortentwicklung der Lehre vom *concursus causarum* gegenüber der Rechtslage zur Zeit des Sabinus eine neue Situation ergeben, indem der Käufer, der das Eigentum an der Sache aufgrund einer *causa lucrativa* erlangt hatte, vom Verkäufer mit der *actio empti* jedenfalls[10] die Rückgewähr des Kaufpreises verlangen konnte.

Es kommt hinzu, daß ein Schutz des Käufers durchaus geboten war. Während der Erblasser noch vom Käufer den Sklaven vindizieren und damit den „richtigen" Umfang des Nachlasses hätte herstellen können und zugleich der Käufer über die *actio auctoritatis* guten Ausgleich gefunden hätte, trifft ihn mit dem Erbschaftserwerb ein Verlust nach beiden Seiten: Er erlangt eine um den Wert des Sklaven verkürzte Erbschaft, ohne daß dies an seiner Haftung für die Nachlaßschulden etwas ändern würde, und er könnte diesen Verlust auch nicht mehr durch einen Regreß beim Verkäufer ausgleichen, weil die Voraussetzungen der *actio auctoritatis* (ebenso wie die der Klage aus einer der *stipulatio duplae*) entfallen waren. Der durch den Erbgang bewirkte Eigentumserwerb würde sich also zu Lasten des Erben auswirken, der zu schützen

---

8 Vgl. etwa Ulp. D. 2,14,1,3 (*in unam sententiam decurrunt*); jedenfalls ist die Verwendung von *decurrere* mit *ad* oder *in* und Akkusativ gesichert, auch im Sinne von „zu etw. übergehen, seine Zuflucht nehmen" (*Georges*, Handwörterbuch, Neubearbeitung der 8. Aufl. 1913, hgg. v. *Th. Baier*, Darmstadt 2013, Bd. I, 1496 s.v. *decurro* II). Die Verdächtigung aller Verwendungen von *decurrere ad* (und *in*) im übertragenen Sinne von *procedere* oder *pervenire ad aliquid* durch *G. Beseler*, Beiträge zur Kritik der römischen Rechtsquellen, 2. Heft, Tübingen 1911, S. 92-95 ist haltlos.

9 Vgl. z.B. Ulp. 32 ed. D. 19,1,11,6, wo gegenüber Julian, der die *actio empti* auf Rückgewähr der *arra* nach Erfüllung des Kaufvertrages befürwortete, Ulpian sich auch für die Gewährung der *condictio* (*ob causam finitam*) ausspricht, vgl. dazu *R. Knütel*, Contrarius consensus, Köln, Graz 1968, S. 37ff., 42ff. Von den textkritischen „Nebenbemerkungen" nehme ich Abstand.

10 Siehe o. Fn 4.

wäre, und dies zu Gunsten des Verkäufers, dessen Bereicherung aus fremdem Gut nicht schützenswert ist. Daß gegenüber der für den Käufer/Erben harten Lösung des Sabinus mit der seit Julian möglichen *actio empti* ein gerechteres Ergebnis zu erreichen war, ist folglich ein wichtiger Zusatz, dessen Urheberschaft formal wie sachlich Paulus nicht abgesprochen werden sollte[11] – sofern sich nicht aus weiteren, sogleich anzusprechenden Zusammenhängen etwas anderes ergibt. Im Lichte des bisher Erörterten dürfte es aber kennzeichnend sein, daß Fritz Schulz sich seinerzeit auf die Bemerkung beschränkte: „Der entscheidende Schlußsatz ist längst als interpoliert erkannt, wenn er auch sachlich durchaus dem klassischen Recht entspricht"[12]. Es waren, wie sich zeigte, letztlich Pernices unabgesicherte Behauptungen, die aufgegriffen und als gesicherte Interpolation tradiert wurden.

III.

Zu D. 21,2,9 findet sich eine Parallelaussage in einem ebenfalls dem Ediktskommentar des Paulus entnommenen Fragment. Sollte sich zu diesem ein begründeter Interpolationsverdacht ergeben, so könnte das Rückschlüsse auf unsere Beurteilung von D. 29,2,9 aufdrängen. Es geht um

D. 21,2,41 pr. u. 1 PAULUS im 2. Buch zum Edikt der kurulischen Ädilen[13]

Si ei cui vendidi et duplam promissi, cum ipse eadem stipulatione mihi cavisset, heres exstiterim, evicto homine nulla parte stipulatio committitur: neque enim mihi evinci videtur, cum vendiderim eum, neque ei cui me promissorem praestarem, quoniam parum commode dicar ipse mihi

Wenn ich Erbe desjenigen geworden bin, dem ich einen Sklaven verkauft und [für den Fall der Eviktion] den doppelten Kaufpreis stipulationsweise versprochen habe, während er selbst mir [bei einem früheren Verkauf an mich] durch eine derartige Stipulation Sicherheit [für den Fall der Evik-

11 Von der Echtheit des Schlußsatzes gehen aus *Wacke* (o. Fn. 3), S. 176 = S. 157; *L. Vacca*, Sulla responsabilità ex empto del venditore nel caso di evizione secondo la giurisprudenza tardo-classica, in: Collatio iuris Romani, Études H. Ankum, II, Amsterdam 1995, S. 555f.; *Kieß*, S. 74 Fn. 10; *Ankum*, S. 63 = S. 13; vgl. auch *ders.*, Das Ziel der actio empti nach Eviktion, in: Sodalitas. Scritti A. Guarino, Bd. 7, Neapel 1984, S. 3220 m. Fn. 18; *Pfeil*, S. 109ff.; *Lambrini* (o. Fn. 3), S. 136 (trotz der „forma piuttosto scoretta") = S. 769f.; *D. Nörr*, Probleme der Eviktionshaftung im klassischen römischen Recht, SZ 121 (2004) 186, ferner *Calonge* (o. Fn. 1), S. 113 A. 308 und wohl auch *Brägger* (o. Fn. 3), S. 149 f., 220 m. Fn. 211.

12 *F. Schulz*, Die Lehre vom Concursus causarum im klassischen und justinianischen Recht, SZ 38 (1917) 126 (unter Hinweis auf Pernice, Beseler, Di Marzo sowie Lenel und Rabel).

13 Zugleich 80. Buch des Ediktskommentars, vgl. den Index auctorum Paulus Nr. 1; *Lenel*, Pal. I, col. 1097 Nr. 847.

duplam praestare debere. 1. Item si domino servi heres exstiterit emptor, quoniam evinci ei non potest nec ipse sibi videtur evincere, non committitur duplae stipulatio. His igitur casibus ex empto agendum erit.

tion] geleistet hatte, dann verfällt bei Eviktion des Sklaven auf keiner Seite die Stipulation; denn ersichtlich ist der Sklave weder mir entzogen worden, weil ich ihn ja verkauft habe, noch demjenigen, dem ich die Haftung für Eviktion versprochen habe, weil ja schwerlich gesagt werden kann, ich müsse mir selbst den doppelten Kaufpreis leisten. 1. Desgleichen verfällt die Stipulation des doppelten Kaufpreises nicht, wenn der Käufer Erbe des Eigentümers des [verkauften] Sklaven geworden ist, weil der Sklave dem Käufer nicht evinziert werden kann und auch nicht anzunehmen ist, daß der Käufer sich selbst den Sklaven evinziert. In diesen Fällen kann also nur aus Kauf geklagt werden.

Vergegenwärtigen wir uns den Handlungsablauf in zeitlicher Reihenfolge, so hat zunächst der Verkäufer A dem Ego den Sklaven Stichus verkauft und übergeben und zugleich die *stipulatio duplae* erteilt. Später verkaufte Ego den Stichus wieder an A, tradierte ihn und leistet seinerseits dem A mit der *stipulatio duplae* Sicherheit für den Fall der Eviktion. Sodann verstarb A und Ego wurde sein Erbe. Am Ende vindiziert der wahre Eigentümer des Stichus erfolgreich seinen Sklaven, so daß der Eviktionsfall eingetreten ist.

Der Fall erscheint etwas „eigenwillig“, was aber für Paulus nicht gerade untypisch ist; doch geht es im Grunde nur um einen Wiederkauf[14] mit den üblichen Sicherungsstipulationen und um die Besonderheit, daß der Wiederverkäufer Erbe seines Verkäufers wird und den von ihm (Ego) verkauften und geerbten Sklaven aufgrund einer Eviktion verliert. Daß er sich für diesen Verlust weder aufgrund der ihm ursprünglich von A erteilten Stipulation noch als Erbe aufgrund des von ihm dem Wiederverkäufer/Erblasser geleisteten Sicherungsversprechens Regreß verschaffen kann, begründet Paulus damit, daß Ego als Käufer den Sachbesitz nicht unfreiwillig verloren, sondern durch den Verkauf auf A übertragen habe – so daß die Verfallsvoraussetzungen nicht gegeben sind –, und daß aus dem von Ego erteilten Versprechen schon deshalb nicht geklagt werden könne, weil Ego dann als Verkäufer an sich selbst als Erben des A den doppelten Kaufpreis entrichten müßte – was unsinnig wäre und schon dadurch ausgeschlossen ist, daß die Stipulationsforderung mit Erbschaftserwerb durch Konfusion erloschen ist[15] und auch In-sich-Prozesse ausgeschlossen sind.

[14] *Ernst*, S. 43.

[15] *Ernst*, S. 43, 46.

In unserem Verständnis des *principium* sind wir (mit der neuen deutschen Übersetzung) dem überlieferten Wortlaut gefolgt[16]; doch ist dieses Verständnis nicht unbestritten. Die Streitfrage erklärt sich aus dem Zusammenhang mit dem § 1 unseres fr. 41. Dort bringt Paulus, wie schon gesagt, den Parallelfall zu D. 21,2,9, allein mit dem Unterschied, daß der Käufer, der nachträglich den Eigentümer des Sklaven beerbt, durch die *stipulatio duplae* (statt durch die *actio auctoritatis*) gegen die Eviktionsgefahr gesichert war. Paulus kommt auch hier zu dem Ergebnis, daß nach dem Erbschaftserwerb der Sklave dem Käufer/Erben nicht mehr (von dritter Seite) evinziert werden kann und daß auch auszuschließen ist, daß der Käufer (qua Erbe) sich selbst den Sklaven evinziert. Es folgt dann der umstrittene Schlußsatz, daß Abhilfe über die Kaufklage zu erreichen ist: *his igitur casibus ex empto agendum erit.*

Die Schwierigkeit des Schlußsatzes liegt in dem Plural *his casibus*, ist im § 1 doch nur von *einem* Fall die Rede. Es lag nahe, bei der Suche nach einem weiteren Fall auf das Vorangehende zu blicken. Da das *principium* nach seinem Wortlaut aber keinen weiteren Fall hergibt, fand *Ernst Eck*[17] den Ausweg darin, im *pr.* einen vierten Mann zu entdecken, indem er den *cum*-Satz leicht variierend las: *cum ipse eadem stipulatione mihi cavissem – (sc. ab extraneo venditore)*, so daß gemeint ist: „während ich selbst mich mit derselben Stipulation bei dem anderen Verkäufer [also dem Vormann des Ego] abgesichert hatte“[18]. Danach wäre es in der Tat so, daß Ego mit Eintritt in die Erbenstellung von der Haftung aus der von ihm (dem A) geleisteten *stipulatio duplae* frei geworden ist und damit auch die Berechtigung verloren hat, seinen Verkäufer (den „vierten Mann“) aus der ihm erteilten Stipulation zu belangen[19]; eine Abhilfe über die *actio empti* wäre mithin angebracht.

---

16 Auf dieser Linie liegen (begreiflicherweise) auch die niederländische Übersetzung (*Spruit* u. Kollegen, o. Fn. 7), die spanische (*A. D'Ors* u. Kollegen, 1972) und die italienische von *S. Schipani*, Iustiniani Augusti Digesta seu Pandectae, Bd. IV, Mailand 2011, ad h.l., ferner *Ernst*, S. 43f.

17 Die Verpflichtung des Verkäufers zur Gewährung des Eigenthums etc., Fschr. im Auftrag der Juristen-Fakultät Halle-Wittenberg, Halle 1874, S. 28f. Fn. 4.

18 Zustimmend *A. Bechmann*, Der Kauf nach gemeinem Recht, Bd. III/2, hgg. v. P. Oertmann, Leipzig 1908, Neudruck Aalen 1965, S. 45 Fn. 4 („mit der m.E. unabweislichen Textesverbesserung“); gleichsinnig *Kieß*, S. 73 m. Fn. 7 sowie *G. Beseler*, Confestim-Continuo, SZ 51 (1931) 190 (mit eigener, den Text mißachtender Rekonstruktion). – Zu *Schulz* s.u. Fn. 28.

19 Vgl. zu dieser Einschränkung der Verkäuferhaftung aus der *stipulatio duplae* bei Weiterverkauf von Seiten des Käufers *M. Kaser*, Die römische Eviktionshaftung nach Weiterverkauf, Fschr. U. v. Lübtow, Berlin 1970, S. 485ff. sowie (im Zusammenhang mit dem veränderten Text des fr. 41 pr.) *Kieß*, S. 74f.

Dennoch vermag diese Lösung nicht zu überzeugen[20]. Sie beruht auf einem sinnändernden Eingriff in den Text des *pr.*, an dem gerade auffällig ist, daß kein Wort darüber verloren wird, wie A als der erste Verkäufer zu dem Besitz an dem Sklaven gekommen ist. Die Besonderheit der wechselseitigen Stipulationssicherung wird damit beseitigt[21], und auch die Begründung des Paulus, weshalb Ego nicht aus der ursprünglich von A erteilten Stipulation klagen kann, wäre unzureichend, weil es ja maßgeblich darauf ankäme, daß Ego aus der von ihm eingegangenen Stipulation nicht mehr haftet. Im übrigen ließe sich für den Fall, daß der Plural *in his casibus* unerklärlich bleibt, keineswegs ausschließen, daß vor dem Schlußsatz des § 1 ein Textstück durch kompilatorische Kürzung ausgefallen ist[22].

Es bleibt die Frage, ob der Plural sich anders erklären läßt. *Laurens Winkel* nahm an, er sei mit „in solchen Fällen" zu übersetzen[23]. Zielsprachlich würde das zwar passen, weil man (jedenfalls) im Deutschen die Situation, daß *ein* Fall mehrfach vorkommt, mit dem Plural „in solchen Fällen" ausdrücken kann. Im Text wird mit *his* jedoch das bestimmte Demonstrativpronomen „in diesen Fällen" verwendet; für „solche" wäre dagegen eher das indefinit verwendete *talis* zu erwarten.

Erweisen sich diese Erklärungsversuche zu *his casibus* als nicht tragfähig, so liegt es nahe, eine Textstörung aufgrund des Eingriffs „eines nachklassischen Bearbeiters"[24] anzunehmen oder eines Glossators, „der sich des vielleicht etwas verwickelten Kontextes nicht genau genug vergewissert hat"[25]. Diese Annahme und die Echtheitszweifel am Schlußsatz von Paul. D. 21,2,9 (o. Fn. 6) führen *Wolfgang Ernst* zu der Folgerung, die Kritik an dem einen bedenk-

---

20 Ablehnend auch *Ernst*, S. 43 Fn. 190, 46 m. Fn. 197.; *Winkel* (u. Fn. 23), S. 483 Fn. 5; *Pfeil*, S. 107 mit Fn. 313, 314, ferner (ohne Ecks Lösung anzuführen) *Sargenti* (o. Fn. 3), S. 125; *Calonge* (o. Fn. 3), S. 114 Fn. 311 und *Lambrini* (o. Fn. 3), S. 137f. = S. 770f.

21 Vgl. *Ernst*, S. 46.

22 Vgl. unten Fn. 29.

23 *L. Winkel*, Bemerkungen zu Paulus D. 21,2,41,2, SZ 102 (1985) 483 Fn. 5. Entsprechend bereits *Sargenti* (o. Fn. 3), S. 125 (*his casibus* habe „il valore di un generico 'in questi casi' (cioè in casi come questo)", dem zustimmend *Calonge*, S. 114 Fn. 311.

24 So *Pfeil*, S. 107, die die Klassizität des Klagrechts *ex empto* aber nicht in Zweifel zieht. – Für kompilatorische Interpolation bereits *A. De Medio*, Il patto di non praestare l'evizione e il dolo del venditore etc., Bull. 16 (1904) 77.

25 So *Ernst*, S. 46. Ähnlich schon *G. Beseler*, Beiträge (o. Fn. 8), 4. Heft, Tübingen 1920, S. 335 („Der Schluß sagt Richtiges. Aber man läse lieber ex empto tamen agi poterit ... gehören sie [die Worte] nicht Paulus sondern einem älteren Juristen und sind fälschlich von Trib<onian> unter den Namen des Paulus gestellt worden"), vgl. auch *Beseler* (o. Fn. 18), S. 190. – Zu Schulz s. zu Fn. 28.

lichen Schlußsatz stütze die an dem ebenfalls bedenklichen anderen, und es seien deshalb beide „nicht mehr als textursprünglich" vorauszusetzen[26].

Mit der Erklärung durch die Annahme nachklassischer Textveränderungen ist allerdings nichts gewonnen, solange nicht ein Motiv für den Texteingriff plausibel gemacht werden kann. Insofern ist es auch zu fr. 41,1 signifikant, daß alle Kritiker des Schlußsatzes die sachliche Richtigkeit der in ihm getroffenen Aussage betonen, *Beseler, Pfeil* und, wie sich zeigen wird, am Ende auch *Ernst*[27]. Und *Fritz Schulz* hatte bei seinem kritischen Blick auf das fr. 41,1 bereits erklärt, er wisse dagegen „nichts Entscheidendes vorzubringen"[28].

Da die gesamte Kritik ihre tragende Stütze in dem Plural *his casibus* sieht, könnte man eher wohl daran denken, daß vor dem Schlußsatz von den Kompilatoren gekürzt worden ist[29]. Es ist durchaus möglich, daß Paulus auf Parallelfälle hingewiesen hat. Nicht minder wahrscheinlich ist jedoch, daß er allein mit *his casibus* zum Ausdruck gebracht hat, daß die Abhilfe mit der *actio ex empto* selbstverständlich auch in den Fällen oder Variationen geboten ist, die von der erörterten Grundkonstellation miterfaßt werden. Bekanntlich dient bei den juristischen Erörterungen, soweit es um dingliche Rechtspositionen geht, in der Regel das Eigentum als Demonstrationsobjekt, denn im Grundsatz hat das, was für das Eigentum als das umfassendste Sachenrecht gilt, auch für die beschränkten Sachenrechte Gültigkeit, soweit nicht deren Besonderheiten Abwandlungen erfordern. So kann beispielsweise ein Pfand vindiziert[30] werden, und auch für die Dienstbarkeiten und den Nießbrauch besteht der Klagschutz durch eine *vindicatio servitutis* und *usufructus*. Konsequenterweise können auch diese Rechte eine Eviktionshaftung über die *stipulatio dupla*e (des entsprechenden Anteils am Kaufpreis) auslösen. Wir können uns also vorstellen, daß der Sklave Stichus, an dem P ein Pfandrecht (zur Sicherung einer Forderung gegen einen Vierten) hat, in Unkenntnis dessen von V an E unter Abschluß der *stipulatio duplae* verkauft und tradiert wird. Bevor P bei Fälligkeit der Forderung kraft seines Pfandrechts Stichus mit der *actio Serviana* herausverlangt, verstirbt er und hinterläßt den Käufer E als

---

26 *Ernst*, S. 46, ferner S. 47 („Es mag sich um eine noch im Zuge der nachklassischen Überlieferung des paulinischen Ediktskommentars angefügte Glosse handeln oder um eine justinianische Kompilation"), 54, 57 m. Fn. 250, 59 (Einfügung bei der justinianischen Kodifikation); dagegen *Ankum*, S. 65 = 15.

27 Siehe Fn. 24, 25 sowie unten Fn. 42.

28 SZ 38 (1917) 126. *Schulz* geht davon aus, daß sich der Schlußsatz des § 1 (*his casibus*) auf das *pr.* mitbezieht, S. 126 Fn. 2.

29 Daran denken auch *Sargenti*, S. 125 und *Lambrini* (o. Fn. 3), S. 138 = S. 771.

30 Ausdrucksweise etwa bei Paul. D. 20,1,28 u. 29 pr.

Erben. Das Pfandrecht erlischt durch *confusio*[31], so daß es zur Pfandvindikation und zum Verfall der *stipulatio duplae* nicht mehr kommt. Dem E bleibt deshalb nur die *actio empti* gegen V.

Ein möglicher Einwand ist freilich auszuräumen. Die *actio Serviana* setzt nach ihrem Wortlaut nur voraus, daß das Pfandrecht einmal wirksam entstanden war und (negativ), daß die gesicherte Forderung nicht erfüllt oder infolge einer Sicherheitsleistung ungefährdet ist und daß Gläubiger sich nicht in Annahmeverzug befindet[32]. Da das Erlöschen des Pfandrechts durch Konsolidation nicht zu ihren Voraussetzungen zählt, gewährte Paulus in dem Sonderfall von D. 44,2,30,1 die Klage auf Herausgabe der Pfandsache auch einem Pfandgläubiger, dessen Recht auf diese Weise untergegangen war. Dort ging es jedoch darum, daß dieser Gläubiger das Pfand von einem nachrangigen Pfandgläubiger herausverlangte (der es ihm zuvor, als das vorrangige Recht noch unbekannt war, mit der Pfandklage entzogen hatte). Daß Paulus dieses Verlangen billigte, war wertungsmäßig richtig; denn nur das einmal entstandene, aus bloßer juristischer Notwendigkeit erloschene „Pfandrecht gewährt den Vorrang vor einem späteren Pfandgläubiger, das Eigentum dagegen nicht, obwohl es doch im Vergleich zum beschränkt dinglichen Recht ein ‚Mehr' an Befugnissen verleiht. Es wäre unbillig, wenn dieser ‚Rechtsüberschuß' [sc. durch den nachträglichen Erwerb des Eigentums, an dem das Pfand bestand] des nunmehrigen Eigentümers ihm zum Nachteil gereichen würde"[33]. Dies ist jedoch eine völlig andere Situation als in unserem Beispielsfall, in dem nur der einzige Pfandgläubiger die *actio Serviana* aufgrund seines Pfandrechts gegen den Käufer hätte anstrengen können – eine Möglichkeit, die mit dessen Erbschaftserwerb infolge der Konsolidation entfiel.

Ein weiterer Fall, der von *his casibus* in fr. 41,1 erfaßt sein kann, wäre, daß der Eigentümer V sein Grundstück an E mit der Zusage, daß es sich „im besten und vorzüglichsten Zustand" befinde[34], und unter Erteilung der *stipulatio duplae* veräußert. An dem Grundstück hat P eine Grunddienstbarkeit. E beerbt den P, noch ehe dieser die Vindikation der Servitut betrieben hat. Dann ist die Dienstbarkeit gleichfalls durch Konsolidation erloschen[35]; die Stipula-

---

31 Vgl. etwa Iul. D. 13,7,29 (nach Verpfändung durch den Ersitzungsbesitzer); Ulp. D. 50,17,45 pr., dazu *Kieß*, S. 57ff.; *M. Zimmermann*, Der Rechtserwerb hinsichtlich eigener Sachen, Berlin 2001, S. 19ff.

32 *Lenel*, EP³, S. 494.

33 *M. Zimmermann* (o. Fn. 31), S. 31; ferner *Kieß*, S. 57ff., beide mit Hinweis auf die Klagformel und Näherem zu fr. 30,1.

34 Vgl. Ven. D. 21,2,75. Für unser Beispiel bedarf es keines weiteren Eingehens auf das Fragment; Näheres dazu bei *R. Backhaus*, Die Einstandspflicht des Verkäufers eines mit einer Servitut belasteten Grundstücks, Fschr. R. Knütel, Heidelberg 2009, S. 57ff.

35 Vgl. etwa Gai. D. 8,6,1; Paul. D. 8,2,30 pr.; Ulp. D. 8,4,10 sowie *Kieß*, S. 36.

tion kann nicht mehr verfallen; der Käufer muß auf die *actio empti* zurückgreifen.

Nach alldem werden wir sagen dürfen, daß Paulus in D. 21,2,41,1 eine Grundkonstellation anhand des Eigentums erörtert, deren Lösung auch in anderen Fällen zugrundegelegt werden kann, nämlich grundsätzlich auch beim Verkauf von Sachen, die durch beschränkt dingliche Rechte belastet sind. Da eine Einbeziehung dieser Fälle, wenn die Grundkonstellation einmal geklärt ist, nicht gerade fernliegt, nehmen wir an, daß Paulus bei dem Plural *his casibus* zugleich diese Fälle im Auge gehabt hat. Für einen Interpolationsverdacht fehlt damit ebenso die Grundlage wie für die angebliche Notwendigkeit, wegen des Plurals in § 1 den Fall des *principium* abzuändern.

IV.

Weiteren Aufschluß zu unserer „Grundkonstellation" gibt ein Passus aus den Pauli sententiae:

PS 2,17,8

Fundum alienum mihi vendidisti: postea idem ex causa lucrativa meus factus est: competit mihi adversum te ad pretium recuperandum actio ex empto.	Du hast mir ein fremdes Grundstück verkauft. Später ist es aus einem unentgeltlichen Erwerbsgrund in mein Eigentum gelangt. Mir steht gegen dich die Klage aus Kauf auf Rückgewähr des Kaufpreises zu.

Nur leicht verändert ist die Aussage in den Digesten für Ulpian überliefert:

D. 19,1,13,5 Ulpian im 32. Buch zum Edikt

Si fundum mihi alienum vendideris et hic ex causa lucrativa meus factus sit, nihilo minus ex empto mihi adversus te actio competit.	Wenn du mir ein fremdes Grundstück verkaufst und dieses Grundstück aus einem unentgeltlichen Rechtsgrund mein Eigentum wird, dann steht mir gegen dich gleichwohl die Klage aus Kauf [auf Rückzahlung des Kaufpreises] zu[36].

Beide Texte bestätigen die Lösung durch Gewährung der *actio empti*, die wir zu den Fragmenten D. 21,2,9 und D. 21,2,41,1 als Aussage des Spätklassikers Paulus auffassen können. Damit steht freilich nicht schon fest, daß auch der

36 Wie auf der Hand liegt, haben wir bei der Übersetzung das im Klammerzusatz wiedergegebene Klagziel der *actio ex empto* aus PS 2,17,8 übernommen.

in den Pauli sententiae überlieferte Auszug von Paulus stammt. Wie *Detlef Liebs* nachgewiesen hat, bestehen die Sentenzen im wesentlichen aus vereinfachenden Auszügen aus den Schriften der Spätklassiker, allen voran aus Ulpian, rund dreimal so viel wie aus Paulus, ferner aus Marcian, Papinian und Modestin[37].

Zu PS 2,17,8 vermutet Liebs, daß der Text aus Ulpian 32 ed. entnommen ist, wir es also mit einer Doppelüberlieferung zu tun haben[38]. Das ist sehr wahrscheinlich, auch wenn die Formulierungen nicht identisch sind, was sich aber ohne weiteres aus der vereinfachenden Bearbeitung durch den Sentenzenverfasser erklärt. Denkbar, aber nicht erweisbar bleibt, daß Ulpian zu seiner Aussage in D. 19,1,13,15 durch die Überlegungen des Paulus angeregt worden ist.

Auffällig an PS 2,17,8 ist allerdings die gegenüber fr. 13,15 zusätzliche Konkretisierung *ad pretium recuperandum*, die sich vermutlich nicht bei Ulpian fand, aber aller Wahrscheinlichkeit nach (spät-)klassischem Material entnommen ist. Daß sie in den Fällen unserer „Grundkonstellation" in der Sache grundsätzlich richtig ist, sollte außer Frage stehen[39]. Anderes läßt sich auch nicht aus dem Umstand ableiten, daß Paulus (D. 21,2,9; D. 21,2,41,1) und offenbar auch Ulpian in D. 19,1,13,15 von dieser Konkretisierung abgesehen haben. Sie dürften dieses Klagziel für selbstverständlich gehalten, zugleich aber auch berücksichtigt haben, daß angesichts des richterlichen Beurteilungsspielraums bei der *actio ex empto* sich abweichende Verurteilungen ergeben konnten[40].

Im übrigen stimmen wir – auf der Grundlage, daß die römische Eviktionshaftung als eine Haftung für den Bestand des *habere licere* im deutlichen Gegensatz zu dem heutigen System der Haftung für mangelnde Rechtsverschaffung steht[41] – mit *Ernst* ganz überein, daß die Gewährung der

---

37 *D. Liebs*, Römische Jurisprudenz in Africa mit Studien zu den pseudopaulinischen Sentenzen, 2. Aufl., Berlin 2005, S. 59-110, Zusammenfassung S. 110f. – Hinzu kommen Entlehnungen aus den Codices Gregorianus und Hermogenianus.

38 S. 75 (mit Lauria); zustimmend *Ernst*, S. 53f., zweifelnd *Ankum*, S. 66 = 16.

39 Dafür lassen sich auch die Julian-Fragmente D. 19,1,29 und D. 30,84,5 anführen, in denen der Jurist die Kaufklage auf Rückzahlung des Kaufpreises demjenigen zuspricht, der vom Erben eine Erbschaftssache in Unkenntnis des Umstands gekauft hatte, daß sie ihm vermacht war. Zu diesen Texten s. etwa *Ernst*, S. 34ff., 39ff.; *Ankum*, S. 83ff., 86ff. = S. 27ff., 29ff.

40 Etwa wenn der Käufer/Erbe oder Käufer/Vermächtnisnehmer schon vor dem erbrechtlichen Erwerbszeitpunkt Nutzungen gezogen hat.

41 *M. Kaser-R. Knütel*, Römisches Privatrecht, 20. Aufl., München 2014, S. 245 (Randnr. 41.47).

actio empti auf Rückzahlung des Kaufpreises nicht als Sanktion mangelnder Rechtsverschaffung durch den Verkäufer, mithin nicht als Folge einer Nichterfüllung, zu verstehen ist, sondern als ein Mittel „zur Verwirklichung des unentgeltlichen Erwerbs des Käufers", der um die lukrative Zuwendung gebracht würde, wenn er dem Verkäufer den Kaufpreis belassen müßte. Auch erscheint uns sehr treffend der Hinweis: „Besonders deutlich wird die Funktion der Kaufpreisrückforderung, dem Käufer die von diesem unentgeltlich erworbene Position ungeschmälert zu erhalten, im Kontext von D. 21.2.41.1 und D. 21.2.9"[42] – und gerade auch dies spricht nach unserer Auffassung für die Urheberschaft des Paulus. Sehr wesentlich bei alldem ist, wie festzuhalten bleibt, der Umstand, daß es um den Schutz in Fällen lukrativen Erwerbs geht; die Interessenlage ist eine andere, wenn der Käufer sich die Sache durch onerosen Selbsterwerb vom wahren Eigentümer beschafft[43].

V.

Kehren wir nochmals zu Paulus zurück und schauen auf einen Text, der seinem 2. Buch zum Edikt der kurulischen Ädilen (zugleich dem 80. Buch seines Ediktskommentars) und damit dem Zusammenhang unserer „Grundkonstellation" entstammt[44]:

D. 35,2,48 PAULUS im 2. Buch zum Edikt der kurulischen Ädilen

Cum emptor venditori vel contra heres exstitit, evicto homine utrum duplum in aes alienum deducere vel computare debeat an simplum? duplum enim esset, si alius heres exstitisset. et benignius est eodem herede existente simplum ei imputari.

Hat der Käufer den Verkäufer beerbt oder umgekehrt, muß er dann, wenn der [verkaufte] Sklave vindiziert wird, den doppelten oder den einfachen Kaufpreis als Schuld [vom Nachlaßwert] abziehen oder [als Forderung] hinzuzurechnen? Denn wenn ein Dritter Erbe [des Verkäufers oder des Käufers] wäre, müßte der doppelte Kaufpreis veranschlagt werden. Und es ist menschenfreundlicher, ihm, wenn er selbst Erbe wird, den einfachen Preis anzurechnen.

42 *Ernst*, S. 54, im Hinblick auf die abweichenden Auffassungen insbesondere von *Eck* (o. Fn. 17), S. 31ff. und – im Grundsatz, nicht jedoch in der hier interessierenden Konstellation – von *E. Rabel*, Die Haftung des Verkäufers wegen Mangels im Rechte, Leipzig 1902, S. 79f. mit Fn. 1.

43 *Ernst*, S. 55ff.

44 *Lenel*, Pal. I, col. 1097 Nr. 848 stellt den Text nach das Fragment D. 21,2,41.

Im Unterschied zu den Fällen von D. 21,2,9 und 41,1 beerbt der Käufer in der Situation, auf die wir uns konzentrieren wollen, hier nicht den Eigentümer, sondern den Verkäufer, und es kommt auch tatsächlich zur Eviktion, allerdings erst nach der Beerbung des Verkäufers[45]. Die Frage ist, ob dieser Käufer/Erbe, der, wenn es nicht zum Erbfall gekommen wäre, den Verkäufer nach der Eviktion aus der (vorausgesetzten) *stipulatio duplae* auf den doppelten Kaufpreis hätte belangen können, diesen Betrag auch bei der Berechnung nach der *lex Falcidia* in Abzug bringen kann oder nur den einfachen Betrag, den Kaufpreis also. Wenn Paulus dazu hervorhebt, das *duplum* wäre anzusetzen, wenn ein Anderer Erbe geworden wäre, so spricht er damit nicht nur eine Selbstverständlichkeit aus; vielmehr bringt er zum Ausdruck, daß sich das Problem allein aufgrund des Erbgangs ergeben hat, mithin aufgrund der Konfusion, die sich als dessen Konsequenz ergab und die auch aufschiebend bedingte Forderungen erfaßt[46]. Der Jurist hält es im Fall, daß der Käufer Erbe wird, für die wohlwollendere Lösung, den einfachen Preis als Schuld bei der Ermittlung des Erbschaftswerts für die Quart des Erben abzusetzen.

In der jüngsten Erklärung dieser Entscheidung hat *Tobias Kleiter* gemeint, Paulus richte sich nach dem Willen des Erblassers. Denn dieser habe dadurch, daß er den Käufer zum Erben machte, eine möglichst geringe Kürzung erreichen, nämlich durch Herbeiführung der Konfusion die Eviktionshaftung aufheben wollen. Paulus entscheide sich daher dafür, daß der Erbe nur „den einfachen Kaufpreiswert abziehen darf. Dies entspricht dem tatsächlichen Schaden, den er als Erbe auch dann hätte hinnehmen müssen, wenn der Sklave vom Erblasser nicht verkauft worden ist“[47]. Es ist jedoch nicht glaubhaft, daß Paulus aus dem Umstand der Erbeinsetzung den Willen des Erblassers abgeleitet haben soll, seinen Erben um die Rechte aus einer Eviktion zu bringen, die überdies bei der Testamentserrichtung kaum absehbar war.

Paul Kretschmar sah die Erklärung darin, „daß das *duplum* sich als Strafgeld darstellt, während ein solches zwischen den beiden *einem* Herrn zuständigen (sc. gehörenden) Vermögensmassen nicht zur Abrechnung kommen soll“[48]. An die Funktion der Eviktionsstipulation oder der (von ihm auch in fr. 48 für möglich gehaltenen) *auctoritas*-Haftung knüpft auch *Kieß* an: Sie liege in der

---

45 Vgl. *F. Wubbe*, Benigna interpretatio als Entscheidungskriterium, Fg. A. Herdlitczka, München-Salzburg 1972, S. 313 = *ders.*, Ius vigilantibus scriptum, herausgegeben v. P. Pichonnaz, Freiburg/Schweiz 2003, S. 439f.

46 Die Eviktion erfolgte nach dem Erbgang.

47 Entscheidungskorrekturen mit unbestimmter Wertung durch die klassische römische Jurisprudenz, München 2010, S. 60ff., Zitat S. 61.

48 Die Theorie der Confusion, Leipzig 1899, S. 143. Dazu neigt auch *Ernst*, S. 43.

Pauschalierung des Schadensersatzes und befreie den Käufer davon, im Prozeß seinen konkreten Schaden nachzuweisen. In der Regel falle das *duplum* aber höher aus als der konkrete Schaden. Träfen jedoch Verkäufer und Käufer in einer Person zusammen, so sei es nicht geboten, den Schadensersatz höher anzusetzen, als er tatsächlich war, und dieser Schadensersatz belaufe sich „allenfalls auf den Kaufpreis des Sklaven"[49].

Gegenüber diesen Erklärungen muß man sich allerdings fragen, worin die besondere *benignitas* liegen soll, auf die Paulus sich stützt, um im Ergebnis dem Käufer/Erben gerade das nicht zu gewähren, was bei der Berechnung der Falzidischen Quart regelmäßig gewährt wurde. Denn zu den Schulden, die bei der Berechnung abgezogen wurden, gehörte auch das, was der Erblasser dem Erben schuldete, obwohl diese Forderungen mit Eintritt in die Erbenstellung erloschen waren[50]. Die Begründung muß deshalb eine andere sein.

Felix Wubbe nahm an, die *benigna interpretatio* habe den Versuch gekennzeichnet, eine vernünftige Interessenabwägung zu erzielen. Einerseits hätten sich die Legatare die Anrechnung des *duplum* gefallen lassen müssen, wenn ein Anderer Erbe geworden wäre oder der Eviktionsfall vor dem Erbfall abgewickelt (das Vermögen des Erblassers also schon vorher vermindert) worden wäre. Warum sollte dann der für die Legatare rein zufällige Umstand, daß „ihr" Erbe und der aufgrund der Eviktion berechtigte Käufer eine und dieselbe Person sind, zu Gunsten der Legatare ausschlagen? Andererseits bliebe die Frage, weshalb der Erbe aus einer Anrechnung Vorteil ziehen solle, da der Nachlaß ja nicht wegen der Eviktion in Anspruch genommen werde und der wirkliche Schaden nur der Wert der evinzierten Sache sei. „Warum sollte nun nicht *benignius* entschieden werden, daß der Erbe nur das *simplum* anrechnen darf?"[51]. Danach wäre anzunehmen, daß Paulus zum Ausgleich der widerstreitenden Interessen einen Mittelweg gewählt hat.

Vermutlich spielt aber ein anderer Gedanke hinein. In keiner der Erklärungen ist bislang der palingenetische Zusammenhang näher berücksichtigt worden. Es kann aber kein Zufall sein, daß Paulus auf die Problematik zur *ratio legis Falcidiae* an dem für diese *lex* an sich recht entlegenen Ort im 2. Buch zum

49 *Kieß*, S. 129f., zugleich in Fn. 38 gegen *B. Bergsma-vam Krimpen*, The complications of a double role, RIDA 20 (1973) 276ff.

50 Vgl. Alex. C. 6,50,6 pr.: *In ponenda ratione legis Falcidiae omne aes alienum deducitur, etiam quod ipsi heredi mortis tempore debitum fuerit, quamvis aditione hereditatis confusae sint actiones. a.* 223. – Entsprechendes galt für den umgekehrten Fall: Forderungen des Erblassers gegen den Erben wurden ungeachtet der Konfusion zu den Aktiva der Erbschaft gerechnet, Paul. D. 35,2,1,18. – S. dazu *Kieß*, S. 123, 125.

51 *Wubbe* (Fn. 45), S. 313 = 439.

Edikt der kurulischen Ädilen zu sprechen kam[52]; der eviktionsrechtliche Zusammenhang muß für ihn der wesentliche Anlaß gewesen sein. In diesem Kontext und vor dem Hintergrund dessen, was sich aus D. 21,2,9 und 41,1 ergab, liegt es nahe, das *simplum* ähnlich wie dort und zu PS 2,17,8 zu verstehen, nämlich als den Gegenstand der *actio ex empto ad pretium recuperandum*. War es in den genannten Fällen die *confusio*, die eine Eviktion und damit die Geltendmachung der Stipulationsklage auf das Doppelte verhinderte, so verhinderte im Fall des fr. 48 die *confusio* zwar nicht die Eviktion, aber doch die Durchsetzung der Klage auf das *duplum* und damit deren Berücksichtigung im Rahmen der Ermittlung der Quart. Daß der Käufer/Erbe des Verkäufers/Erblassers deshalb aber ganz ohne Anrechnung seines Eviktionsverlusts bleiben sollte, wäre nicht einzusehen, zumal da er in den anderen Fällen des Verlusts dieser Ansprüche durch *confusio* immerhin mit der *actio ex empto* den Kaufpreis zurückverlangen konnte. Und eben deshalb bot es sich im Fall der Beerbung des Verkäufers in der Alternative „alles (sc. das *duplum*) oder nichts" an, zugunsten des Käufer/Erben das *simplum*, also die bei wohlwollender Betrachtung als „an sich" mit der Käuferklage durchsetzbare Rückgewähr des Kaufpreises[53], bei der Berechnung nach der *Lex Falcidia* abzusetzen[54]. Was für den „Eviktionsausgleich" des Käufers, der den *verus dominus* beerbt, Recht ist, muß auch für den Eviktionsausgleich des Verkäufer/Erben Recht sein.

---

52 S. dazu *Lenel*, Pal. I, Paulus Nr. 847.

53 Entgegen *Wubbe* (o. Fn. 45), S. 313 = S. 439 geht es also nicht um den Wert der Sache.

54 Dementsprechend muß das *simplum*, wenn der Verkäufer den Käufer beerbt, den Wert der Erbschaft erhöhen.

Zum *pactum de lucranda dote* im klassischen römischen Recht[*]

ROLF KNÜTEL[*]

I. Einführung: 1. Die römische *dos*; Funktion und Bedeutung; 2. Das *pactum ne omnino dos reddatur*. II. Das *pactum de lucranda dote*: 1. Kennzeichnung; 2.Ulp. D. 33,4,1; 3. Paul. D. 23,4,16. III. Scheidung: 1. Scheidung ohne Verschulden des Mannes 2. Zum Verschuldenskriterium. IV. Tod des Ehemanns: 1. Nochmals: Ulp. D. 33,4,1,1; 2. Ulp. D. 23,4,2; 3. Gordian C. 5,14,3. V. Tod der Ehefrau: 1. Mitgiftbestellung durch den Vater der Frau a) Ausgangslage; b) *Dos profecticia*; c) *Dos profecticia* und *pacta filiae*; d) Übergang der Rückgewähranspruchs auf die Tochter; 2. Mitgiftbestellung durch die Frau oder Dritte; a) Ausgangslage; b) Rückgewährstipulation; c) Mitgifterwerb des Mannes nach Rückgewährstipulation; d) Rückgewährstipulation und fideikommissarische Zuwendung; e) Paktum über den Verbleib der *dos* beim Mann. VI. Zusammenfassung: 1. Eheauflösung durch Tod des Manns; 2. Eheauflösung durch Tod der Frau; 3. Eheauflösung durch Scheidung.

I. *Einführung.*

1. Die römische *dos*; Funktion und Bedeutung.

Vereinbarungen zur Mitgift wurden im antiken Rom sehr häufig getroffen. Es ist kein Zufall, daß ihnen in Digesten und Codex ein ganzer Titel gewidmet worden ist[1]; doch findet sich auch außerhalb dieser Titel viel Einschlägiges. In diesen Quellen werden schnell zwei kennzeichnende Züge erkennbar, zum einen erhebliche Einschränkungen der Vertragsfreiheit, zum anderen der bei der Auslegung durch die Juristen hervortretende *favor dotis*, also der Grund-

[*] P.-I. Carvajal/M. Miglietta (Hrsg.), Estudios Jurídicos en Homenaje al Profesor Alejandro Guzmán Brito, Bd. 3, Edizioni dell'Orso, Alessandria 2014, 47 – 78.

* Rheinische Friedrich Wilhelms-Universität Bonn.

[1] D. 23,4: *De pactis dotalibus*; C. 5,14: *De pactis conventis tam super dote quam super donatione ante nuptias et paraphernis*. Vgl. auch Bas. 29,5. Abkürzungen: Nur mit Verfassernamen werden zitiert: A. BECHMANN, *Das Römische Dotalrecht*, Bd. 1, 1863; Bd. 2, 1867 (= Bechmann I, II); J. CUIACIUS, *Opera ad Parisiensem Fabrotianam editionem*, ed. Prato, voll. IV, 1837; V, 1838; VII, 1839 (= Cuiaz IV, V, VII); K. CZYHLARZ, *Das römische Dotalrecht*, 1870 (= Czyhlarz); M. MAGAGNA, *I patti dotali nel pensiero dei giuristi classici*, 2002 (= Magagna); A. SÖLLNER, *Zu Vorgeschichte und Funktion der actio rei uxoriae*, 1969 (= Söllner); J.F. STAGL, *Favor dotis. Über die Sonderstellung der Mitgift im System des klassischen römischen Rechts* (Forschungen zum Römischen Recht, Bd. 53), 2009 (= Stagl); P. VOCI, *Diritto ereditario romano*, Bd. 1 (Introduzione, Parte generale), 2. Aufl. 1967 (= Voci); A. WACKE, *Die letztwillige Befreiung vom Mitgiftrückgabeversprechen*, in: K. SLAPNICAR (Hrsg.), *Festschrift zum 90. Geburtstag von Ulrich von Lübtow*, 1991, S. 63-75 (= Wacke).

satz, das Zustandekommen, die Sicherung und Erhaltung einer Mitgift möglichst zu begünstigen – sei es sehr oft auch unter Aufweichung fester Rechtsbestimmungen, wie Justinian anerkennend berichtet[2].

Beide kennzeichnenden Züge erklären sich aus dem öffentlichen, seit Augustus dezidiert bevölkerungspolitischen Interesse daran, daß Frauen eine Mitgift haben, sowie aus den Zwecken der Mitgift, die bekanntlich als Beitrag der Frau diente, um die ehelichen Lasten (*onera matrimonii*) zu tragen, die ferner nach Auflösung der Ehe die Versorgung und die Möglichkeit einer Wiederverheiratung für die Frau sichern sollte und deshalb vom Mann zurückzugewähren war, und die, wie sich aus dieser Rückgewährpflicht ergibt, auch eine ehestabilisierende Funktion hatte: Denn bei einer umfänglichen *dos* wird der Mann es sich sehr überlegt haben, ob er es zur Scheidung und damit zur Herausgabe der Mitgift kommen ließ[3].

Das öffentliche Interesse betont

D. 24,3,1 Pomponius 15 Sab.

Dotium causa semper et ubique praecipua est: nam et publice interest dotes mulieribus conservari, cum dotatas esse feminas ad subolem procreandam replendamque liberis civitatem maxime sit necessarium.

Das Rechtsverhältnis der Mitgift ist immer und überall von außerordentlicher Bedeutung; denn es liegt auch im öffentlichen Interesse, Frauen die Mitgift zu sichern, da es besonders wichtig ist, daß Frauen mit einer Mitgift ausgestattet sind, damit sie Nachkommen haben und für das Gemeinwesen Kinder großziehen können.[4]

Die vorrangige Bedeutung der *dos* ergibt sich aus dem öffentlichen Interesse daran, daß Frauen heiraten und damit nach den Vorstellungen der Zeit die Voraussetzungen dafür schaffen, daß Kinder geboren werden. Denn die Bereitschaft und in der römischen Lebenswirklichkeit überhaupt erst die Möglichkeit, eine Ehe einzugehen, wird durch die *dos* und die durch sie begrün-

[2] Iust. C. 4,29,25,1: *Cum enim scimus favore dotium et antiquos iuris conditores severitatem legis saepius mollire, merito et nos ad huiusmodi venimus sanctionem.* Siehe M. KASER - R. KNÜTEL, *Römisches Privatrecht*, 19. Aufl. 2008, S. 320 (Rz 59.9) und insbesondere jetzt die erhellende und weiterführende Untersuchung von J. F. STAGL, der in der augusteischen Ehegesetzgebung die „Kraftquelle des favor dotis" erkennt, auch wenn das Bestreben, die Mitgift zu begünstigen, schon älter ist.

[3] Siehe nur KASER - KNÜTEL (Fn. 2), S. 320 (Rz 59.8).

[4] Zugrundegelegt wird hier wie im folgenden mit gelegentlicher Modifizierung die Übersetzung in R. KNÜTEL - B. KUPISCH - H.H. SEILER - O. BEHRENDS, *Corpus Iuris Civilis, Text und Übersetzung*, Bd. IV (Digesten 21-27), 2005; zu fr. 3,1 siehe S. 208 f.

dete finanzielle Absicherung geschaffen oder jedenfalls wesentlich gefördert[5]. Vergleichbare Äußerungen finden sich auch an anderer Stelle[6].

Es paßt in dieses Bild, daß auch von seiten des Kaisers Eingriffe und Schenkungen erfolgten, um eine Dotierung herbeizuführen. So sorgte Tiberius im *SC de Cn. Pisone patre* (Z. 103-105) dafür, daß nach dem Selbstmord des Cn. Calpurnius Piso *pater* dessen Vermögen an die Söhne nur unter der Bedingung herausgeben würde, daß die Tochter Calpurnia daraus eine Million Sesterzen als Mitgift (und vier Millionen als *peculium*) erhielt. Und die Tochter des Senators Fonteius Agrippa, die bei der Wahl zur *virgo Vestalis* der Tochter des Domitius Pollio unterlegen war, tröstete der Kaiser durch die Zuwendung einer Mitgift in Höhe von ebenfalls einer Million Sesterzen[7]. Es sieht ganz danach aus, daß dieser Betrag in der Oberschicht des frühen Prinzipats den Mindestumfang einer Mitgift ausmachte.

2. Das *pactum ne omnino dos reddatur.*

Angesichts dieser – hier nur skizzierten – Situation mußte eine Abrede, wonach der Ehemann im Falle der Auflösung der Ehe die *dos* nicht zurückzugeben brauchte, auf erhebliche Bedenken stoßen. Dies wird schon bei der allgemeinen Abgrenzung deutlich, die sich findet in

D. 23,4,12,1 Paulus 35 ed.

Ex pactis conventis, quae ante nuptias vel post nuptias interponi solent, alia ad voluntatem pertinent, <velut> ut mulier dote promissa se alat et donec nupta sit, dos ab ea non petatur, aut certam summam viro praestet et ab eo alatur, et his similia: alia ad ius pertinent, veluti quando dos petatur, quemadmodum reddatur, in quibus non semper voluntas contrahentium servatur. ceterum si convenerit, ne omnino dos petatur, indotata erit mulier.

Von den formlosen Vereinbarungen, die gewöhnlich vor oder nach der Eheschließung getroffen werden, beziehen sich einige auf den Bereich, in dem die Vertragspartner frei entscheiden können, zum Beispiel darauf, daß die Ehefrau aus der ver-

[5] Wenn KASER, SZ 103 (1986) 42 Fn. 166 den Verdacht äußert, das Stück *ad subolem procreandam replendamgue liberis civitatem* könne aus anderem Zusammenhang in das fr. 1 verpflanzt worden sein, „weil es das öffentliche Interesse an der Dotierung nicht unmittelbar zu beweisen vermag“, so ist dem entgegenzuhalten, daß es angesichts des ohne weiteres plausiblen Gesamtzusammenhangs eines „unmittelbaren“ Beweises schwerlich bedarf. Daß der Verdacht in der Sache nichts ändert, bringt Kaser selbst zum Ausdruck. Vgl. auch SÖLLNER, S. 113 und jetzt STAGL, S. 47, 321 f.

[6] Paul. D. 23,3,2 *(Rei publicae interest mulieres dotes salvas habere, propter quas nubere possunt)*; D. 42,5,18 (*Interest enim rei publicae et hanc* [sc. *sponsam impuberem*] *solidum consequi, ut aetate permittente nubere possit, zur Anwendung des privilegium exigendi*), dazu STAGL, S. 322 ff. mit Literatur.

[7] Tacitus, Ann. 2,86. Vgl. W. ECK - A. CABALLOS - F. FERNÁNDEZ, *Das senatusconsultum de Cn. Pisone patre*, 1996, S. 218 f.

sprochenen Mitgift ihren Unterhalt bestreitet und deshalb, solange sie verheiratet ist, die Mitgift gegen sie nicht eingeklagt werden darf oder daß sie [statt der Mitgift] einen bestimmten Betrag an den Ehemann zu zahlen hat und damit von ihm unterhalten wird und ähnliches mehr. Andere Vereinbarungen beziehen sich auf rechtliche Regelungen, zum Beispiel darauf, wann die Mitgift eingeklagt werden kann oder wie sie zurückzugeben ist; bei diesen Vereinbarungen wird die freie Entscheidung der Vertragspartner nicht immer anerkannt. Sonst würde, wenn vereinbart wird, die Mitgift könne überhaupt nicht eingeklagt werden, die Ehefrau ohne Mitgift sein.

Paulus trennt und veranschaulicht zwei Bereiche: denjenigen, in dem die Parteien Abreden über die Mitgift frei treffen können, und den, in dem sie sich eng an die rechtlichen Vorgaben halten müssen[8]. In diesen zweiten Bereich fallen Abreden darüber, wann und wie die Mitgift zurückzugeben ist, womit die Fälligkeitstermine der Rückgewährforderung sowie die Regelungen zu den Zurückbehaltungs- und Abzugsrechten des Ehemanns gemeint sein dürften[9]. Paulus bleibt recht unklar, wenn er lediglich die Bemerkung hinzufügt, daß in diesem zweiten Bereich *non semper voluntas contrahentium servatur*. Wie sich zeigen wird, ist damit vor allem gemeint, daß die Parteien nicht zum Nachteil der Frau von den Rechtsbestimmungen zur *dos* abweichen können, regelmäßig, wenn auch nicht durchweg, aber zu ihrem Vorteil[10].

Im Schlußsatz (*ceterum* rell.) führt Paulus als ein Beispiel, in dem die *voluntas contrahentium* keine rechtliche Anerkennung findet, die Abrede *ne omnino dos petatur* an. Welcher Fall damit genau gemeint ist, bleibt zweifelhaft. Einerseits kann Paulus die Abrede im Auge haben, daß bei Auflösung der Ehe die Mitgift nicht zurückverlangt werden darf, andererseits kann er an die Abrede denken, daß die *dos* überhaupt nicht eingeklagt werden darf[11], daß also die Mit-

[8] Der von P. KOSCHAKER, *Studi Bonfante*, Bd. 4, 1930, S. 23 f. m. Fn. 82 vorgetragene Verdacht, das gesamte fr. 12,1 sei unecht, beruht auf zu strengen und den Besonderheiten des Textes nicht gerecht werdenden Maßstäben; für Echtheit dagegen F. HORAK, *Rationes decidendi*, 1969, S. 254; MAGAGNA, S. 14 ff., 15 Fn. 9; ohne Beanstandungen auch STAGL, S. 328 f.

[9] Siehe CUIAZ, V, col. 893; GLÜCK, *Pandecten*, Bd. 25/2, 1824, S. 366; vgl. auch A. BURDESE, Bull. 62 (1959) 170 Fn. 41. Dagegen bezieht MAGAGNA, S. 20 ff. (was ebenfalls möglich ist) den Passus *quando dos petatur* auf die Einklagung der promittierten *dos* durch den Ehemann und sieht im Schlußsatz eine Präzisierung hierzu; so wohl auch schon P. BONFANTE, *Corso di diritto rom.*, I (Diritto di famiglia), 2. Aufl. 1963, S. 439 m. Fn. 3.

[10] Proc. D. 23,4,14 (*pacto existimo meliorem condicionem mulieris fieri posse, deteriorem non posse*); Paul. D. 23,4,16 (siehe unten I 3); D. 4,4,48,2; Scaev. D. 23,4,29 pr.; Ulp. fr. Vat. 120 (unten III 1). Eine Ausnahme gilt etwa für die Abrede, der Ehemann solle, wenn auf die Rückgabe der Mitgift geklagt werde, nicht nur *in id quod facere potest* verurteilt werden können, sondern auf das Ganze. Obwohl dieses *pactum* die Frau begünstigt, wird es von Pomponius und Ulpian wegen Verstoßes gegen die guten Sitten für unwirksam erklärt, weil es die dem Mann herkömmlicherweise gebührende Achtung verletze, D. 24,3,14,1.

[11] In diesem Sinne etwa die Glosse, die *petatur* als *repetatur* versteht, und CUIAZ, V, col. 892 (*ne omnino dos reddatur*).

gift durch *dotis dictio* oder *promissio* bereits bestellt ist, dazu jedoch vereinbart wird, während der Ehe dürfe der Mann sie nicht einklagen[12]. Nicht entgegen steht diesem Verständnis, daß Paulus bei den Beispielen zum ersten Bereich ein *pactum* anerkennt, wonach die Mitgift gegen die Frau bei bestehender Ehe nicht eingeklagt werden darf. Denn dort ist das *pactum* mit dem Zusatz verknüpft, daß die Frau aus der versprochenen Mitgift ihren Unterhalt bestreitet. Die *dos* dient mithin als Beitrag, die ehelichen Lasten zu tragen[13]. Umgekehrt spricht zugunsten der zweiten Auslegung der Zusammenhang mit dem anschließend in § 2 erörterten Fall, in dem die Frau vereinbart hat, es dürfe nicht mehr als die Hälfte der Mitgift von ihr verlangt werden[14].

Folgt man deshalb der zweiten Auslegung, so sind die Schlußworte des fr. 12,1 *indotata erit mulier* dahin zu verstehen, daß die Frau, die nach *dotis dictio* oder *promissio*, nach Bestellung der Mitgift also (vgl. Ulp. reg. 6,1), das *pactum ne omnino dos petatur* trifft, sich damit mitgiftlos stellen würde. Denn eine *dos*, die in keiner Weise dazu beiträgt, die ehelichen Lasten zu bestreiten, wäre funktions- und damit für den Mann wertlos (vgl. Tryph. D. 23,3,76 i.f.: *quia, nisi matrimonii oneribus serviat, dos nulla est*)[15]. Eine Abrede aber, durch die sich eine Ehefrau aus einer dotierten zu einer nicht dotierten machen könnte, wäre als eine dem *favor dotis* kraß zuwiderlaufende und deshalb rechtlich nicht hinnehmbare Selbstschädigung unwirksam[16].

Aus Paul. D. 23,4,12,1 ergibt sich, wie nach alldem festzuhalten ist, zu unserem Fragenkreis der *pacta de lucranda dote* zwar keine direkte Auskunft. Aufgrund der Unterscheidung des Paulus drängt sich aber die Annahme auf, daß, wenn schon Abreden über das Wann und das Wie der Rückgewähr der Mitgift in den Bereich

[12] So die herrschende Ansicht, vgl. unten Fn. 16.

[13] Zur Verknüpfung der beiden Bestimmungen in dem *pactum* s. CUIAZ, V, col. 892; CZYHLARZ, S. 89 m. Fn. 5; MAGAGNA, S. 16 Fn. 10, 17; irrig dagegen GLÜCK, *Pandecten*, Bd. 25/2, 1824, S. 365.

[14] Näheres dazu bei R. KNÜTEL, *Stipulatio poenae*, 1976, S. 291 ff.; STAGL, S. 154.

[15] Siehe dazu etwa R. BACKHAUS, *Casus perplexus*, 1981, S. 91. Vgl. ferner Ulp. D. 23,4,11 (mit der Konstitution des *divus Severus*).

[16] Vgl. R. POTHIER, *Pandectae Justinianeae*, Paris 1818, Bd. 2, Art. 1 Fn. 3 zu D. 23,4, S. 402 (*lex autem non patitur, ut mulier, quae dotata fuit, fiat indotata ... unde concludendum reliquit, tale pactum non valere*); C. F. GLÜCK, *Pandecten*, Bd. 25/2, 1824, S. 366 f.; A.F.J. THIBAUT, *System des Pandecten-Rechts*, 9. Aufl., hgg. v. A.A. v. BUCHOLTZ, 1846, Bd. 2, § 766, S. 98 m. Fn. z.; C.F.F. SINTENIS, *Das praktische gemeine Civilrecht*, 3. Aufl., Bd. 3, 1869, S. 63 m. Fn. 6; MAGAGNA, S. 18 ff. (mit o. Fn. 9); STAGL, S. 328 f. Abweichend B. WINDSCHEID, *Lehrbuch des Pandektenrechts*, 9. Aufl., hgg. v. TH. KIPP, 1906, Bd. 3, § 506, S. 42 Fn. 9 (der einen Vertrag, „durch welchen dem Manne das Recht auf Einforderung des Kapitals ganz oder teilweise genommen wird", für wirksam hält); ferner BECHMANN II, S. 80 f., 87 f., 231 Fn. 1, 249 Fn. 2 und CZYHLARZ, S. 88 f. m. Fn. 5, 429 f., die jedoch weder der Konstitution des Septimius Severus in Ulp. D. 23,4,11 gerecht werden, noch die Entwicklung nach Julian (bei Paul. D. 23,2,20) beachten (B. I, S. 28 ff.; C., S. 89 ff.). Näheres an anderer Stelle.

der *pacta quae ad ius pertinent* fallen, erst recht die Abreden darüber, ob die Mitgift überhaupt zurückzugeben ist, dorthin gehören, und daß folglich diese letztgenannten Abreden nur unter engen Voraussetzungen als wirksam angesehen wurden.

3. Paul D. 23,4,16.

Eine Bestätigung findet diese Annahme in Paul. D. 23,4,16. In D. 23,4,14 führt Paulus aus, für den Fall, daß die Mitgift zurückzugeben sei, könne vereinbart werden, an welchem Tag die Rückgabe zu erfolgen habe, sofern nur die Rechtslage der Frau nicht verschlechtert wird (*dum ne mulieris deterior condicio fiet*). Die Kompilatoren haben hierzu eine Erläuterung aus Gai. (11 ed. prov.) D. 23,4,15 eingeschoben, dies heiße, daß die Mitgift zu einem früheren Termin (als dem von Rechts wegen festgelegten)[17] zurückzugeben sei. Darauf geht es weiter mit

D. 23,4,16 Paulus 35 ed.

ut autem longiore die solvatur dos, convenire non potest, non magis quam ne omnino reddatur.

daß die Mitgift aber zu einem späteren Termin geleistet werden darf, kann man nicht vereinbaren, ebensowenig, daß sie überhaupt nicht zurückgegeben wird.

Es ist evident, daß die Ausführungen im Zusammenhang mit dem ebenfalls aus dem 35. Buch zum Edikt stammenden Fragment Paul. D. 23,4,12,1 stehen. Paulus bringt das erwartete *argumentum a fortiori*: Erst recht kann die Rückgewähr der *dos* nicht gänzlich ausgeschlossen werden. Der Grund liegt zutage: Mit dem öffentlichen Interesse an der Erhaltung der *dos* und den mit ihr verfolgten Zwecken wäre ein genereller Ausschluß der Rückgabe nicht in Einklang zu bringen.

II. *Das* pactum de lucranda dote.

1. Kennzeichnung.

Demgegenüber waren jedoch Fallgruppen anerkannt, in denen der Mann bei einer Auflösung der Ehe berechtigt war, die Mitgift zu behalten, zu „lukrieren“. Eine dieser Fallgruppen war die, daß dem Mann diese Berechtigung durch Vereinbarung eingeräumt wurde. In Anlehnung an einen Sprachgebrauch, der in den Quellen insbesondere im Zusammenhang mit der *actio funeraria* überliefert ist (weil der Ehemann, der die Mitgift behalten darf, die Ko-

[17] Ursprünglich in drei Jahresraten, Ulp. reg. 6,8; nach Iust. C. 5,13,1,7a (530) in einem Jahr (außer bei Grundstücken).

sten des Begräbnisses der Frau zu tragen hat)[18], wird die diese Fallgruppe bestimmende Vereinbarung als *pactum de lucranda dote* bezeichnet. Inwieweit ein solches *pactum* im klassischen römischen Recht anerkannt wurde, wollen wir im folgenden untersuchen mit einem Seitenblick auf Nebenwege, auf denen sich erreichen ließ, daß dem Mann auch ohne *pactum* ein *dotem lucrari* nach Auflösung der Ehe möglich wurde.

Auch wenn diese Untersuchung kaum mehr ist als eine Illustration zu der konzentrierten Darstellung im § 263 seines reichhaltigen und umfassenden Derecho privado romano, hoffen wir doch, daß sie das Interesse des Jubilars finden möge. Ihm entbieten wir ein freundschaftliches *hunc natalem et plurimos alios quam felicissimos agas!* und dies in dem Wunsche, daß er die zwischen den vielen *dies natales* liegenden Jahre bei ungebrochener Schaffenskraft mit Freude an der Arbeit auf dem Feld der von ihm so eindrucksvoll bereicherten rechtshistorischen Forschung verbringen möge.

2. Ulp. D. 33,4,1 pr., 1.

Eine allgemeine Auskunft gibt

D. 33,4,1 pr. und § 1 Ulpianus 19 Sab.

Cum dos relegatur, verum est id dotis legato inesse, quod actione de dote inerat. § 1 *Et ideo si inter virum et uxorem convenerat, ut morte viri soluto matrimonio filio communi interveniente dos apud mariti heredem remaneret, et maritus decedens dotem relegaverit, stari pacto non debet ob hoc quod dos relegata est. verum et citra relegationem hoc probari debet: nam quod est admissum posse deteriorem condicionem dotis fieri intervenientibus liberis, totiens locum habet, quotiens ipsa in matrimonio decedit vel divortium intervenit.*

Wird die Mitgift [der Ehefrau] durch Vermächtnis zurückgewährt, so trifft es zu, daß das Mitgiftvermächtnis das umfaßt, was die Klage auf Rückgabe der Mitgift umfaßte. § 1 Daraus folgt: Wenn Mann und Frau für den Fall, daß die Ehe durch den Tod des Mannes aufgelöst wird und ein gemeinsames Kind vorhanden ist, vereinbart hatten, daß die Mitgift bei dem Erben des Mannes verbleiben sollte, und der Mann auf dem Sterbebett die Mitgift [seiner Frau] zurückvermacht, dann darf man die Vereinbarung schon deshalb nicht aufrechterhalten, weil die Mitgift zurückvermacht wurde. Aber selbst ohne Rückvermächtnis muß das gebilligt werden. Denn auch wenn es zulässig ist, daß sich [für die Frau] die Rechtslage im Hinblick auf die Mitgift verschlechtern kann, wenn Kinder vorhanden sind, so gilt das doch immer nur dann, wenn die Frau in der Ehe stirbt oder es zur Scheidung kommt.

[18] Vgl. Ulp. D. 11,7,20,1; eod. 27,2; Gai. eod. 29 pr.; Pomp. eod. 30,1; ferner etwa Proc.-Pomp. D. 24,3,10,1; Ulp. D. 27,6,11,4; Ven. D. 35,2,6.

Ausgangspunkt ist, daß das Rückvermächtnis[19] der Mitgift bewirkt, daß die Frau jedenfalls das erhält, was sie grundsätzlich, nämlich wenn ihr das Vermächtnis nicht ausgesetzt worden wäre, mit der *actio rei uxoriae*[20] von dem Erben verlangen könnte – denn in der Regel war, wie oben bereits hervorgehoben, nach Auflösung der Ehe die *dos* der Frau zurückzugeben. Wie Ulpian anschließend in fr. 1,2-3 darlegt, ist das Rückvermächtnis gegenüber der *actio rei uxoriae* für die Frau sogar in gewissen Punkten vorteilhafter, etwa dadurch, daß das Rückvermächtnis sofort fällig ist, während die Mitgift sonst in drei Jahresraten zu leisten wäre (vgl. Fn. 17).

Im Anschluß an diese grundsätzliche Klarstellung[21] hebt Ulpian hervor, das Rückvermächtnis mache ein *pactum* unbeachtlich, wonach, sofern ein gemeinsames Kind vorhanden sei, die Mitgift bei Tod des Mannes an dessen Erben – vermutlich meist das gemeinsame Kind – fallen sollte. Das sei „juristisch unmöglich" wendet Beseler[22] ein, weil man „durch ein Legat ... ein Dotalpactum" nicht aufheben könne. Doch geht das fehl, nicht nur, weil der Mann, selbst wenn er nicht Eigentümer der Mitgift wäre, seinen Erben mit einem Verschaffungsvermächtnis zugunsten der Frau beschweren könnte, sondern auch deshalb, weil die Frau, wenn sie mit der *actio ex testamento* aus dem Rückvermächtnis klagt und der Erbe ihr aufgrund der Abrede eine *exceptio pacti* entgegensetzen wollte, ohne weiteres von der Frau mit einer *replicatio doli* zurückgeschlagen werden könnte, da der Erbe sich mit dem (späteren) Willen des Erblassers nicht in Widerspruch setzen darf[23]. Bemerkenswert ist, daß Ulpian sodann darauf hinweist, daß selbst ohne das Rückvermächtnis die Frau Rückgewähr ihrer Mitgift verlangen könnte – dann natürlich mit der *actio rei uxoriae* und ohne die sich aus dem Rückvermächtnis ergebenden Vorteile. Ein Dotalpaktum, das die Rechtslage der Mitgift ungünstiger stelle, sei nämlich nur dann anerkannt, wenn Kinder vorhanden seien und die Frau in der

[19] Im Zusammenhang mit der Mitgift werden die Wörter *praelegare* (vorausvermachen), *relegare* (zurückvermachen) und *legare* (vermachen) weithin synonym verwendet. Der Versuch von R. RÖHLE, SZ 94 (1977) 306 ff., den unterschiedlichen Sprachgebrauch durch „Lesefehler", nämlich die Verwechslung der einander ähnlichen Siglen für die Präfixe *prae* und *re*, zu erklären, überzeugt nicht, wie etwa an der sehr gezwungenen Begründung der vorgeschlagenen Korrekturen in Scaev. D. 33,4,17 (RÖHLE, S. 314) deutlich wird. Der Sprachgebrauch wird sich aus den Besonderheiten des Mitgiftvermächtnisses bei der Erbauseinandersetzung erklären.

[20] Ob *actio de dote* für die *actio rei uxoriae* interpoliert ist, bleibt, zumal in einem spätklassischen Text, zweifelhaft, vgl. M. KASER, *Das römische Privatrecht*, Bd. 1, 2. Aufl. 1971, S. 337 Fn. 2.

[21] Ob *et ideo* eine unechte Anknüpfung ist, nachdem vorher Text gestrichen wurde (so M. KASER, SZ 87 [1970] 543 Fn. 11, zuvor bereits G. v. BESELER, SZ 52 [1933] 49), kann dahinstehen.

[22] SZ 52 (1932) 49.

[23] Ungerechtfertigt ist deshalb auch die Kritik, die BESELER, S. 49 in diesem Zusammenhang an Ulp. D. 30,28 übt.

Ehe versterbe oder es zur Scheidung komme. Auf den ersten Blick ist das sehr überraschend, denn im Fall der Scheidung müßte die Frau auf die Mitgift besonders angewiesen sein, um daraus ihren Unterhalt zu bestreiten und um sich die Möglichkeit einer Wiederverheiratung zu erhalten. Und im Fall ihres Versterbens müßte die *dos* grundsätzlich ja ohnehin beim Mann verbleiben – warum sollte es dann einer Abrede bedürfen, zudem mit dem zusätzlichen Erfordernis *intervenientibus liberis*?

Interpolationsvermutungen sind denn auch nicht ausgeblieben. Zwar hat die radikale Streichung des gesamten Passus *verum et* rell. durch Beseler[24] keinen Beifall gefunden; doch ist die erstmals von Czyhlarz vorgetragene Annahme, die Alternative *ipsa in matrimonio decedit vel* sei von den Kompilatoren eingefügt worden, inzwischen offenbar allgemein anerkannt[25]. Der Hauptgrund für diesen Verdacht liegt darin, daß ein *pactum* für den Fall, daß die Frau in der Ehe verstirbt, im klassischen Recht überflüssig, im justinianischen dagegen sinnvoll gewesen sei. Denn Justinian hatte in seiner Reformkonstitution vom 1. November 530 (C. 5,13 un.) die *actiones rei uxoriae* und *ex stipulatu* zu einer einheitlichen modifizierten Stipulationsklage verschmolzen und beim Tod der Frau in der Ehe diese Klage zugunsten der Erben der Frau vererblich gestellt, ohne daß es – anders als zuvor bei der *actio rei uxoriae* (Ulp. reg. 6,7) – auf einen Verzug des Ehemannes noch angekommen wäre[26]. Bei dieser Rechtslage bedurfte es, wenn der Mann die Mitgift behalten sollte, eines entsprechenden *pactum*, worauf in Justinians Konstitution (§ 6) auch hingewiesen wird. Es ist durchaus möglich, daß diese Veränderung der Rechtslage bei der Kompilation zur Einfügung des beanstandeten Passus in D. 33,4,1,1[27] geführt hat. Allerdings hatte das dort überlieferte *pactum* auch schon zu Ulpians Zeit ein Anwendungsgebiet. Da es aber überhaupt erstaunlich erscheint, daß die beiden *pacta de lucranda dote* und nur sie als wirksam angesehen wurden, durchmustern wir das zu diesen *pacta* wesentliche Material.

[24] Beiträge zur Kritik der römischen Rechtsquellen, Heft 2, 1911, S. 44; ders., SZ 52 (1932) 49.

[25] CZYHLARZ, S. 433 f., zustimmend P. KRÜGER in der editio stereotypa ad h.l. (zuletzt in der 15. Aufl., 1928); O. LENEL, *Palingenesia iuris civilis*, Bd. 2, 1889 (Neudr. 1960), Sp. 1076 Fn. 5; H. DERNBURG, *Pandekten*, Bd. 3, 7. Aufl. 1903, S. 33 Fn. 7 u. 8; P.E. CORBETT, *The Roman Law of Marriage*, 1930, S. 192 Fn. 5; A. BURDESE, Bull. 62 (1959) 176; vgl. auch H. SIBER, *Römisches Recht*, Bd. 2 (Röm. Privatrecht), 1928 (Neudr. 1968), S. 307; M. HUMBERT, *Le remariage à Rome*, 1972, S. 277 Fn. 34. Für Echtheit spricht sich zwar MAGAGNA, S. 270 f. m. Fn. 59, 275 Fn. 67 aus, freilich (wenn ich sie recht verstehe) mit pauschalen Erwägungen und ohne nähere Auseinandersetzung mit den Gründen des Verdachts.

[26] C. 5,13,1,6: *Illud procul dubio in ex stipulatu actione servando, ut, si decesserit mulier constante matrimonio, dos non in lucrum mariti cedat nisi ex quibusdam pactionibus sed ad heredes mulieris ex stipulatu actio secundum sui naturam transmittatur…*

[27] Vgl. oben zu Fn. 25.

III. *Scheidung.*

1. Scheidung ohne Verschulden des Mannes.

In D. 33,4,1,1 hatte Ulpian (19 Sab.), wie wir sahen, allgemein erklärt, daß auf den Fall der Scheidung die *condicio dotis* durch Vereinbarung ungünstiger gestaltet werden kann, sofern Kinder vorhanden sind. Im 33. Buch seines Ediktskommentars äußert er sich konkreter:

Fragmenta Vaticana 120[28] Ulpianus 33 ed.

Inter cetera de reddenda *dote pacta praeter legitimam* ut retentionum ratio habeatur si quidem convenit, *eo pacto verendum est, ne* non deterior dotis causa fiat, nisi in eum casum, quo *filii extent, convenerit*; hoc enim iure utimur et Iulianus scribit et est rescriptum. *Tum igitur et universa* dos retineri uno filio interveniente potest, si modo non culpa *viri divortium factum est.* Quod si nihil convenit, exercendae retentiones non sunt *nisi legitimae.*

Wird bei den Absprachen über die Rückgewähr der Mitgift unter anderem vereinbart, daß über das gesetzliche Zurückbehaltungsrecht hinaus auch andere Zurückbehaltungsrechte Berücksichtigung finden sollen, so muß bei einer derartigen Vereinbarung darauf geachtet werden, daß die Rechtslage der Mitgift nicht verschlechtert wird, sofern das Übereinkommen nicht für den Fall geschlossen wird, daß Kinder vorhanden sind. Das ist bei uns nämlich geltendes Recht und Julian schreibt dies und es ist durch Reskript bestimmt. Es kann dann also, auch wenn nur ein Kind vorhanden ist, die gesamte Mitgift zurückbehalten werden, es sei denn, daß es durch Schuld des Mannes zur Scheidung gekommen ist. Ist aber nichts vereinbart, so können allein die gesetzlichen Zurückbehaltungsrechte ausgeübt werden.

Daß der Ehemann Zurückbehaltungsrechte an der *dos* geltend machen konnte, war grundsätzlich schon in der späten Republik anerkannt[29]. Die *retentio propter liberos* erlaubte es ihm, bei einer Scheidung für jedes Kind aus der Ehe ein Sechstel der Mitgift einzubehalten, die *retentio propter mores (graviores)* gab ihm bei einer durch Ehebruch der Frau veranlaßten Scheidung das Recht, gleichfalls ein Sechstel einzubehalten (vgl. Ulp. reg. 6,9-12)[30]. Wurde jedoch, ohne daß Kinder in der Ehe geboren waren, vereinbart, daß über die rechtlich anerkannten Retentionsrechte hinaus der Mann in weiteren Fällen zur Zurückbehaltung berechtigt sein solle, so wäre dieses Paktum als ein die *condicio dotis* verschlechterndes unwirksam.

[28] Text nach der (auf MOMMSEN, *Collectio Librorum Iuris Anteiustiniani*, Bd. 3, 1890, S. 20 ff. aufbauenden) Ausgabe von G. BAVIERA, FIRA III, S. 463, 493.

[29] Siehe alsbald zu Cic. Top. IV, 19.

[30] Dazu H. STIEGLER, *Mél. Sturm*, Bd. 1, 1999, S. 435 ff.; M. AVENARIUS, *Der pseudoulpianische liber singularis regularum*, 2005, S. 252 ff.

Für unseren Zusammenhang ergibt sich aus dem Fragment Vat. 120 die Bestätigung zu Ulp. D. 33,4,1,1, daß für den Fall der Scheidung bei Vorhandensein eines ehelichen Kindes (oder mehrerer) wirksam vereinbart werden konnte, daß die Mitgift bei dem Mann verblieb. Wichtig ist die zusätzliche Information, daß die Scheidung nicht vom Mann verschuldet sein durfte[31]. Eine Schuld des Mannes war sicherlich auch dann anzunehmen, wenn er sich grundlos geschieden hatte; Entsprechendes wird bei grundloser Scheidung von seiten der Frau gegolten haben[32]. In der Sache läuft das darauf hinaus, daß die Frau den endgültigen Verbleib ihrer Mitgift bei dem Mann vereinbaren konnte für den Fall, daß sie in der Ehe zumindest ein Kind geboren hat und daß es durch ihre Schuld zur Scheidung gekommen ist. Auf den ersten Blick sieht es danach aus, daß es sich um Erweiterungen der *retentiones propter liberos* und *propter mores* handelt. Doch ist eine Beurteilung erst nach der Betrachtung der Eheauflösung durch den Tod des Mannes oder der Frau sinnvoll.

2. Zum Verschuldenskriterium.

Leuchtet es demnach ein, daß ein *pactum*, wonach im Fall der Scheidung *liberis intervenientibus* die *dos* beim Mann verbleiben soll, nur anerkannt wurde, wenn der Mann die Scheidung nicht verschuldet hatte, so bleibt nur noch darauf hinzuweisen, daß dieser Rückgriff auf das Verschuldenskriterium zweifelsfrei echt ist und schon in der ausgehenden Republik etabliert war. Dies zeigt Cicero, *Topica* IV, 19

> *Si viri culpa factum est divortium, etsi mulier nuntium remisit, tamen pro liberis manere nihil oportet.*

> Wenn es durch Schuld des Mannes zur Scheidung kam, darf, auch wenn die Frau den Scheidebrief übersandte, dennoch für die Kinder nichts [von der Mitgift bei dem Mann] verbleiben.

Im Gefolge des Aristoteles erläutert Cicero die *scientia inveniendi argumentum* und demonstriert, wie aus bestimmten *sedes argumenta promuntur*. Diese „Sitze" teilen sich in solche *loci*, die im Gegenstand selbst enthalten sind, und solche, die von außen herangeholt werden. Zur ersten Gruppe rechnet er auch solche Sachverhalte, die zu dem Gegenstand in gewisser Weise in Beziehung stehen (*res adfectae*, § 8). Einen Unterfall dieser Art bilden die

[31] Vgl. STIEGLER (Fn. 30), S. 438 f.

[32] Für die von keiner Seite verschuldete Scheidung leitet STIEGLER, S. 439 ff. aus fr. Vat. 106, 107 ab, daß vereinbarte *retentiones liberorum nomine* wirksam waren. Anders noch die Vermutung von CZYHLARZ, S. 433 Fn. 2.

Sachverhalte *ex antecedentibus*, und zu diesen führt Cicero das hier wiedergegebene Beispiel an.

Aus diesem Beispiel ergibt sich, daß, auch wenn nicht der Mann es war, der sich geschieden hat, doch die vorangehende Schuld des Mannes Anlaß für die Scheidung ist und die Konsequenz nach sich zieht, daß er die Mitgift herausgeben muß, ohne für die Kinder etwas einbehalten zu können. Da von einem *pactum* zu einer Einbehaltung nicht die Rede ist, kann sich der Hinweis *tamen* rell. nur auf die im Scheidungsfall dem Mann zustehenden Zurückbehaltungsrechte, hier die *retentiones propter liberos* beziehen[33] (die also schon vor den *leges Iuliae* bekannt waren). Das konnte ebenso wie viele andere Beispiele, die Cicero in den Topica (bisweilen auch in Anknüpfung an die *veteres*) anführt, nur einleuchten (zumal einem Adressaten wie Trebatius Testa), wenn es nach der damaligen Rechtslage realistisch war.

In dem nur unvollständig überlieferten Kommentar des Boethius zu den Topica ist uns im übrigen ein Fragment aus den Institutionen des Paulus erhalten:

> *De qua re Paulus Institutionum libri secundi titulo De dotibus ita disseruit: Si divortium est matrimonii, et hoc sine culpa mulieris factum est, dos integra repetetur. Quod si culpa mulieris factum est divortium, in singulos liberos sexta pars dotis a marito retinetur usque ad mediam partem dumtaxat dotis*[34].

Nach alldem bleibt vorerst festzuhalten, daß Vereinbarungen des Inhalts, daß die *dos* im Falle einer Scheidung bei dem Mann verbleiben sollte, nur dann als wirksam anerkannt wurden, wenn Kinder aus der Ehe hervorgegangen waren und die Schuld an der Scheidung nicht beim Mann lag.

IV. *Tod des Ehemanns.*

1. Nochmals: Ulp. D. 33,4,1,1.

Aus Ulp. D. 33,4,1,1 i.f. war bereits zu ersehen, daß ein *pactum* nicht anerkannt wurde, wonach die Mitgift bei dem Erben des Mannes verbleiben sollte, und zwar auch dann, wenn aus der Ehe ein gemeinsames Kind hervorgegangen war[35].

[33] Näheres dazu bei STIEGLER, S. 433 f. sowie (auch zu Boethius) S. 444 ff.

[34] Text bei J.C. ORELLI, *M. Tullii Ciceronis opera quae supersunt omnia*, Bd. 1, 1826, S. 508 Fn. 3, vgl. auch C.G. BRUNS, *Fontes*, II (Scriptores), 7. Aufl. 1909, S. 74; O. LENEL, *Pal.* (Fn. 25), I, Sp. 1114 (Paul. 891).

[35] Siehe oben nach Fn. 21. Vgl. auch HUMBERT (Fn. 25), S. 276 f.

2. Ulp. D. 23,4,2.

Bestätigt wird dies in

D. 23,4,2 Ulpianus 19 Sab.

Si convenerit, ut, quoquo modo dissolutum sit matrimonium, liberis intervenientibus dos apud virum remaneret, Papinianus Iuniano praetori respondit morte mariti finito matrimonio neque convenisse videri dotem remanere, et, si convenisset, non esse servandum pactum contra dotem, cum mariti mortalitas intervenit.

Papinian hat dem Prätor Iunianus das folgende Gutachten erstattet: Ist vereinbart worden, die Mitgift solle – auf welche Weise auch immer die Ehe aufgelöst wird – dann beim Ehemann bleiben, wenn Kinder vorhanden sind, so darf die Vereinbarung nicht dahin verstanden werden, die Mitgift verbleibe auch in dem Fall auf seiten des Ehemannes, daß die Ehe durch den Tod des Ehemannes beendet wurde. Falls dies aber vereinbart sein sollte, ist die gegen die [Rückgabe der] Mitgift gerichtete Vereinbarung nicht zu beachten, wenn der Ehemann gestorben ist.

Papinian hatte in seinem Gutachten in zwei Schritten argumentiert: Erstens dürfe eine solche Vereinbarung *quoquo modo dissolutum erit matrimonium* von vornherein nicht so ausgelegt werden, daß sie auch die Eheauflösung durch Tod des Mannes erfasse, und zweitens sei, sofern dies dennoch vereinbart, also von den Parteien bei Abschluß des *pactum* gewollt gewesen sei, die Vereinbarung *contra dotem*[36] unbeachtlich. Zugrunde liegt offensichtlich, daß durch eine solche Abrede die *condicio dotis* für die Frau und damit die Möglichkeiten für eine nach den *leges Iuliae et Papia* gebotene Wiederverheiratung (innerhalb von zwei Jahren) und die Umstände ihrer Versorgung verschlechtert werden.

Czyhlarz[37] meint: „Das ‘quoquomodo’ dieser Stelle bedeutet nicht, die Ehe mag in welcher Weise immer aufgelöst sein, sondern es bedeutet nur, sie mag in welcher Weise immer g e s c h i e d e n sein“. Doch ist das weder dem Text von vornherein zu entnehmen, noch ist damit das Auslegungsergebnis Papinians exakt wiedergegeben. Denn Papinian äußert sich zur Frage der Unwirksamkeit nur im Hinblick auf den Tod des Mannes. Es bleibt also wahrscheinlich, daß er, soweit es um den Tod der Ehefrau geht, da auch Kinder aus der Ehe hervorgegangen sind, die Vereinbarung aufrechterhalten hätte. Wir hätten dann eine Bestätigung für die entsprechende Aussage Ulpians in D. 33,4,1,1, die Czyhlarz für interpoliert erklärte.

[36] Mit Czyhlarz, S. 433 Fn. 13 ist anzunehmen, der Ausdruck bedeute „lediglich, daß das Pactum gegen die dotalrechtliche Stellung der Frau gerichtet ist, indem dadurch ihre Dotalforderung ganz oder theilweise ausgeschlossen wird“. Die Verdächtigung durch Beseler (Fn. 21), S. 49, der eine „Phantasie-Rekonstruktion“ anbietet, ist unbegründet.

[37] S. 432 Fn. 11.

Als unecht angegriffen wird auch der Schluß *cum mariti mortalitas intervenit*, der auf den ersten Blick als überflüssig erscheint[38]. Doch handelt es sich um eine sinnvolle Klarstellung: Das *pactum* ist nicht etwa insgesamt nichtig, sondern nur in des Mannes „Todesfall" nicht zu beachten.

3. Gordian C. 5,14,3.

Eine weitere Bestätigung liefert

C. 5,14,3 Gordianus [III] A. Torquatae

Quamvis pater tuus, cum te nuptui collocaret, pactus sit, ut, si maritus tuus superstitibus filiis communibus in matrimonio decessisset, pars dotis liberorum nomine retineatur, eiusmodi tamen conventio, quominus actionem integrae dotis habeas, proficere non potest. [a. 239]

Mag auch Dein Vater, als er dich verheiratete, vereinbart haben, wenn dein Mann unter Hinterlassung gemeinsamer Kinder in der Ehe verstürbe, solle wegen der Kinder ein Teil der Mitgift einbehalten werden, so kann eine solche Vereinbarung doch nicht die Wirkung haben, daß du nicht die Klage auf die gesamte Mitgift hast.

Es handelt sich um eine *dos profecticia*, zu der der Brautvater ein *pactum* über die nur eingeschränkte Rückgewähr vereinbarte *cum filiam nuptui collocaret.* In dieser Zeitangabe liegt eine Unbestimmtheit, die in der Literatur (auch in der älteren) offenbar noch nicht problematisiert worden ist. Denn bei unbefangener Lektüre ist davon auszugehen, daß der Vater die Mitgift bei der Eheschließung bestellt und zugleich die Vereinbarung getroffen hat. Er hätte dann auch ohne Hinzuziehung der Tochter jede beliebige Bestimmung treffen können (Pomp. D. 23,4,7). Doch auch wenn er die Mitgift schon vorher (nicht voll wirksam) bestellt haben sollte, hätte er noch bis zur Eheschließung das überlieferte *pactum* vereinbaren können (arg. Ulp. D. 24,3,29 pr.). Dennoch versagt die Kanzlei dem *pactum* die Anerkennung. Es bleibt deshalb nur die Alternative, daß Gordians Kanzleijuristen entweder Anhaltspunkte dafür hatten, daß das *pactum* nach Eheschluß vereinbart wurde, oder daß die Juristen zugunsten der Frau die Freiheit des Vaters in der Vereinbarung nachteiliger Abreden über das bis dahin Anerkannte hinaus einschränken wollten[39]. – Jedenfalls steht fest, daß auch Abreden, wonach nur Teile

[38] So von TH. MOMMSEN, ed. maior; P. KRÜGER, ed. stereotypa (Fn. 25); LENEL, *Pal.* (Fn. 25), Sp. 1076 (Ulp. 2596); BONFANTE (Fn. 9), S. 440 Fn. 4; BESELER (Fn. 21), S. 49; F. WIEACKER, Textstufen klassischer Juristen, 1959, Neudruck 1975, S. 324 („auch aus sachlichen Gründen"?); MAGAGNA, S. 271. Auf das Wort *mortalitas* läßt sich eine Verdächtigung nicht stützen, vgl. U. MANTHE in: *Quaestiones Iuris, Festschrift J. G. Wolf*, 2000, S. 178 mit Fn. 67.

[39] Die im Fall der Scheidung möglichen Retentionsrechte waren bei einer Auflösung der Ehe durch Tod des Mannes nicht anwendbar, KASER (Fn. 20), S. 339. Möglicherweise ist dieser Umstand die Grundlage für BESELERS Behauptung: „Auch C (5.14) 3 Gord 239 ist verfälscht", SZ

der Mitgift zugunsten gemeinsamer Kinder zurückbehalten werden sollten, bei einer Auflösung der Ehe durch Tod des Mannes ohne Wirkung blieben.

V. *Tod der Ehefrau.*

1. Mitgiftbestellung durch den Vater der Frau.

a) Ausgangslage

Wir betrachten zunächst die Fälle, in denen die Mitgift vom Vater der Frau bestellt worden ist. In den Vereinbarungen, die bei dieser Bestellung für den Fall des Todes der Frau getroffen werden, wird ein Verbleib der *dos* ganz oder in Teilen beim Mann oft davon abhängig gemacht, ob Kinder aus der Ehe hervorgegangen sind. Nach der beanstandeten Aussage in Ulp. D. 33,4,1,1 war eine solche Vereinbarung der Eheleute überhaupt nur *liberis intervenientibus* wirksam[40]. Auch nach Papinians *responsum* in Ulp. D. 23,4,2 ist dies wahrscheinlich[41].

Eine *dos adventicia* verblieb grundsätzlich beim Mann, wenn die Frau in der Ehe starb[42]. Eine *dos profecticia* fiel dagegen an den Vater der Frau zurück[43], *ne et filiae amissae et pecuniae damnum sentiret,* wie Pomponius (14 Sab. D. 23,3,6 pr.) erläutert. War der Vater jedoch verstorben, so behielt der Mann die Mitgift[44]. Um die Rechtsfolge des Verbleibs beim Mann zu vermeiden, wurde offenbar recht häufig vereinbart und oft durch Stipulation gesichert, daß der Mann die Mitgift herauszugeben habe, wenn die Frau in der Ehe sterbe[45]. Den Beschränkungen durch Abzugs- und Retentionsrechte des Mannes wurden auch diese Stipulationen unterworfen[46]. Bei der *dos* (*profecticia*) bedurfte es der Stipulation freilich nur, wenn der Vater der Frau den Rückgewähranspruch vererblich stellen wollte, denn

52 (1932) 49. Wie A. PEREZIUS in seinem Codex-Kommentar (Antwerpen 1738), Bd. 1, S. 379, Anm. 5 zu C. 5,14 berichtet, machte Augustin Barbosa in seinen Ausführungen zu D. 24,3,2 (Nr. 143; mir nicht zugänglich) einen Zusatz: addit, quod quamvis extraneus dotem promittat pro muliere, adhuc non subsistat pactio, ut mortuo marito, ipsa autem viva, dos ad alium pertineat vel remaneat penes mariti haeredes.

[40] Siehe oben zu Fn. 25.

[41] Siehe oben IV. 2.

[42] Ulp. reg. 6,5; Paul. fr. Vat. 100.

[43] Ulp. reg. 6,4; fr. Vat. 108 (Paulus 8 resp. *titulo de re uxoriae*), ferner etwa Pomp. D. 23,4,7 i.f.; D. 24,3,10 pr. Dies jedoch bei einem Deduktions- (nicht Retentions-)Recht von einem Fünftel pro Kind für den Witwer. Die Klage des Vaters war offenbar die *actio rei uxoriae*, CZYHLARZ, S. 48; KASER (Fn. 20), S. 339 Fn. 23.

[44] Ulp. reg. 6,4 (*quod si pater non sit, apud maritum remanet*); vgl. BECHMANN II, S. 427.

[45] Vgl. etwa Pomp. D. 23,4,9; Pap. D. 23,4,26,2 u. 5; Scaev. D. 23,4,29,2; D. 31,89,5; Tryph. D. 23,4,30; Ulp. D. 45,1,70, vgl. SÖLLNER, S. 104.

[46] Vgl. Paul. D. 24,3,56 sowie SÖLLNER, S. 104.

die ihm zur Verfügung stehende *actio rei uxoriae*[47] erlosch mit seinem Tod, sofern der Mann nicht mit der Herausgabe im Verzug war[48].

b) *Dos profecticia*

Da der Vater der Braut bei der Bestellung der *dos* (*profecticia*) jede beliebige Bestimmung treffen konnte (Pomp. D. 23,4,7, siehe V. 1c), war die Vereinbarung wirksam, daß die Mitgift beim Ehemann bleiben soll, wenn die Frau in der Ehe stirbt. Zweifelhaft war allerdings, ob die Wirksamkeit der Vereinbarung nicht davon abhing, daß Kinder in der Ehe geboren waren. Paulus sah davon ab:

D. 23,4,12 pr. Paulus 35 ed.

Si pater dotem dederit et pactus sit, ut mortua in matrimonio filia dos apud virum remaneret, puto pactum servandum, etiamsi liberi non interveniant.

Wenn ein Vater eine Mitgift bestellt und vereinbart hat, die Mitgift solle beim Ehemann bleiben, falls die Tochter in der Ehe stirbt, muß meiner Ansicht nach die Vereinbarung eingehalten werden, auch wenn keine Kinder vorhanden sind.

Das vorsichtige *puto* bestätigt, daß die Frage streitig war. Offenbar war es in der Vertragspraxis üblich, den Verbleib der Mitgift insgesamt oder in Teilen beim Ehemann von der Voraussetzung *liberis intervenientibus* abhängig zu machen[49]. Paulus hält sich jedoch an den Grundgedanken, daß der Vater bei der Bestellung der *dos profecticia* das Schicksal dieser Mitgift nach seinem Belieben gestalten kann, und sieht davon ab, die Voraussetzung – etwa unter Berufung auf *id quod actum est* – in das *pactum* hineinzulesen. Denn es ist nicht ohne weiteres zu vermuten, daß die Parteien bei einem so wichtigen Rechtsakt einen so wesentlichen Punkt nicht hinreichend bedacht haben; eher ist das Schweigen zu einer Voraussetzung *liberis intervenientibus* beredt.

Andere Juristen sind dem gefolgt, und im Jahre 293 haben die Kaiser Diokletian und Maximian hervorgehoben, es sei *explorati iuris*, daß der Vater sich mit dem Ehemann in dieser Weise über den Verbleib der Mitgift einigen kann.

C. 5,14,6 Diocletianus et Maximianus AA. et CC. Rufo

Si convenit, ut in matrimonio uxore defuncta dos penes maritum remaneret, profecticiae dotis repetitionem huiusmodi pactum inhibuisse explorati iuris est, cum

[47] Siehe Fn. 43.

[48] Die für die *actio rei uxoriae* der Frau geltende Regelung (Ulp. reg. 6,7; Marcell. D. 24,3,57) ist auch für die entsprechende Klage des Vaters zu vermuten.

[49] Vgl. Pap.-Ulp. D. 23,4,2 (s.o. IV. 2); Afr. D. 23,4,23; Flor. D. 23,4,24 (u. V. 2d); Pap. D. 23,4,26 pr.; D. 23,4,26,4; Tryph. D. 23,4,30; Scaev. D. 31,89,5. Wenn Vater und Schwiegersohn vereinbart hatten, die Mitgift sei zurückzugeben, wenn die Tochter kinderlos in der Ehe versterbe, war das dahin zu verstehen, daß der Mann die Mitgift zurückbehalten könne, wenn die Tochter Kinder hinterlassend in der Ehe gestorben war, Pap. D. 23,4,26,2.

deteriorem causam dotis, in quem casum patri soli repetitio competit, pacto posse fieri auctoritate iuris saepissime sit responsum. [a. 293]

Zu der Vereinbarung, die Mitgift solle bei dem Mann verbleiben, wenn die Frau in der Ehe stirbt, ist anerkannten Rechts, daß eine solche Abrede die Rückforderung der „Mitgift väterlicherseits" ausgeschlossen hat, denn es ist in Gutachten der Rechtsgelehrten sehr oft nach den Grundsätzen des Rechts entschieden worden, daß in dem Fall, in dem die Rückforderung dem Vater allein zusteht, die Rechtslage der Mitgift durch Abrede ungünstiger gestaltet werden kann.

Daß es um eine vor dem Eheschluß zustandegekommene Vereinbarung des Brautvaters mit dem Schwiegersohn geht, ist nicht zu bezweifeln[50]. Von einer Voraussetzung, daß Kinder aus der Ehe hervorgegangen sein müßten, ist nicht die Rede.

Es ist bemerkenswert, daß sich in den Sententiae Syriacae eine Paraphrase zu Paul. D. 23,4,12 pr. wie zu C. 5,14,6 findet. Bei diesen Sententiae handelt es sich um eine Rechtssammlung aus dem Osten des Reiches, die „rein römisches Recht, zumeist in einer frühnachklassischen Entwicklungsstufe der Zeit Diokletians" enthält, „entweder gleich in griechischer Sprache aufgezeichnet oder ins Griechische übersetzt und ... später vom Griechischen ins Syrische"[51].

Sententiae Syriacae §18:

Ein Mann kann mit seinem Schwiegervater die Vertragsbindung machen, daß für den Fall, daß das Mädchen in der Ehe ohne Kinder stirbt, ihre ganze Mitgift (*pherne*) bei ihm bleibe.

Der Text bringt eine Klarstellung zu dem Punkt, der einmal streitig war: Es kommt nicht darauf an, ob es eheliche Kinder gab. Überdies läßt der Text nach seiner Anlage erkennen, daß nach dispositivem Recht oder jedenfalls nach der Vertragspraxis eine andere Regel galt, vermutlich die, daß der Mann die Mitgift beim Tod der Frau dem Besteller der Mitgift oder dem Erben der Frau herauszugeben hatte[52]. Darauf wird zurückzukommen sein.

c) *Dos profecticia* und *pacta filiae*

Hatte der Vater die Mitgift zugunsten seiner Tochter bestellt, so konnte die Tochter die von ihm vereinbarten Bedingungen allenfalls verbessern, wenn sie nämlich Haustochter geblieben war (vgl. Ulp. reg. 6,6) – weil ein *pater familias* durch seine gewaltunterworfene Tochter Rechte erwerben kann –, nicht aber zum Nachteil des Vaters verändern. Dies führt Pomponius in einem Traktat zu den Wirkungen von Abreden über die Mitgift in logischen Einzelschritten aus.

[50] GLÜCK, *Pandecten*, Bd. 25/2, 1824, S. 372 ff.; BURDESE (Fn. 25), S. 175 Fn. 53; W. SELB (Fn. 51), S. 110; MAGAGNA, S. 276 ff.

[51] W. SELB (in der von ihm edierten, übersetzten und kommentierten Ausgabe), *Sententiae Syriacae*, 1990, S. 16, zum § 18 dort S. 41, 109 f.

[52] Treffend SELB, S. 109 f.

D. 23,4,7 Pomponius 15 Sab.

Cum dos filiae nomine datur, optimum est pactum conventum cum utroque generum facere, quamquam initio dotis dandae legem quam velit etiam citra personam mulieris is qui dat dicere possit. si vero post datam pacisci velit, utriusque persona in paciscendo necessaria est, quoniam iam adquisita mulieri dos tum esset. quo casu si solus pater pactus esset sine filia, sive solus agat sive adiuncta filiae persona, ei soli nocebit et proderit pactum conventum nec, si sola filia aget, neque proderit neque nocebit ei. si vero filia sola pacta fuerit, quo pacto melior condicio patris fiet, proderit et patri, quoniam per filiam patri adquiri potest, per patrem filiae non potest. si vero sic pacta sit filia, ut noceat, ipsi quandoque filiae agenti nocebit pactum, patri vero nullo modo nocebit, nisi adiecta quoque filiae persona experiatur. dicendum est paciscendo filiam patris condicionem deteriorem facere non posse eo casu, quo mortua ea in matrimonio dos ad patrem reversura est.

Wenn für die Tochter eine Mitgift gegeben wird, ist es am besten, der Schwiegersohn schließt formlose Vereinbarungen mit beiden [Vater und Tochter], obwohl im Zeitpunkt der [Bestellung durch] Übereignung der Mitgift derjenige, der sie übereignet, jede beliebige Bestimmung auch ohne Beteiligung der Frau treffen kann. Will er jedoch nach der Bestellung Vereinbarungen treffen, müssen beide Personen an der Vereinbarung beteiligt werden, weil die Ehefrau dann die Mitgift schon erworben hat. Hatte in diesem Fall der Vater allein, ohne seine Tochter, Vereinbarungen getroffen, so wird, mag er allein oder unter Hinzuziehung seiner Tochter klagen, die formlose Vereinbarung nur ihm nützen oder schaden; klagt die Tochter allein, so wird die Vereinbarung ihr weder nützen noch schaden. Hat dagegen die Tochter allein eine Vereinbarung getroffen, durch welche die Rechtslage des Vaters verbessert wird, so nützt die Vereinbarung auch dem Vater, weil der Vater durch die Tochter erwerben kann, nicht aber die Tochter durch den Vater. Hat jedoch die Tochter eine Vereinbarung getroffen, die ungünstig ist, so wird die Vereinbarung allein der Tochter schaden, wenn sie irgendwann klagt, dem Vater aber in keinem Fall, sofern er nicht unter Hinzuziehung seiner Tochter klagt. Man muß also sagen, daß die Tochter durch eine Vereinbarung die Rechtslage des Vaters in dem Fall nicht verschlechtern kann, in dem die Mitgift an den Vater zurückfallen soll, wenn die Tochter in der Ehe stirbt.

Im Anfangsstück wird die in unserem Zusammenhang schon wiederholt bedeutsame Freiheit des Vaters hervorgehoben, bei der Bestellung, die hier durch *datio* erfolgt[53], Vereinbarungen nach seinem Belieben zu treffen. Im übrigen treten drei Grundgedanken hervor. Außer dem bereits genannten, daß die Frau die Stellung ihres *paterfamilias* nur verbessern kann, ist der zweite, daß einseitig getroffene Abre-

[53] Ulp. reg. 6,1. Vgl. MAGAGNA, S. 187 ff., dort in Fn. 61 auch zur Frage, ob es sich um eine *lex mancipio dicta* handelt (mit Sev.-Ant. C. 5,14,1 [206] und Lit.); siehe auch (in methodischer Hinsicht) R. KNÜTEL, in: A. SÖLLNER - W. GITTER - R. WALTERMANN - R. GIESEN - O. RICKEN (Hrsg.), *Gedächtnisschrift für M. Heinze*, 2005, S. 488 ff., insoweit gleichfalls in: J.W. LINARES - T. DE MONTAGUT - E. RICART - V. SANSÓN (Eds.), *Liber amicorum Juan Miquel*, 2006, S. 537 ff.

den mit dem Ehemann grundsätzlich nur demjenigen nutzen oder schaden, der sie getroffen hat, also entweder dem Vater oder der Tochter. Zum dritten Grundgedanken ist vorauszuschicken, daß eine Klage auf Rückgewähr der Mitgift zu Lebzeiten der Tochter nur im Falle der Scheidung in Betracht kommt. Der Vater könnte, solange die Tochter in seiner *patria potestas* steht, in diesem Fall vermutlich nur unter Hinzuziehung der Tochter, *adiuncta filia*, klagen[54]. In dieser Konstellation stehen seiner Klage aber auch die ungünstigen Vereinbarungen entgegen, die die Tochter getroffen hat[55]. Nach alldem kann Pomponius resümieren, daß der Vater allein auf Rückgewähr der *dos* nur klagen kann, wenn die Tochter in der Ehe verstorben ist.

d) Übergang des Rückgewähranspruchs auf die Tochter

Hatte der Vater zur *dos profecticia* die Rückgabe vereinbart und stipuliert, so erwuchs ihm daraus ein Klagerecht, das vererblich war. Setzte er dann seine Tochter zur Erbin ein, so könnte diese den bedingten Rückgewähranspruch auf ihren Erben übertragen. Entsprechendes würde gelten, wenn der Vater sich bei der *dotis datio* durch eine *lex rei suae dicta* die Rückgewähr bei Tod der Tochter vorbehalten und damit eine vererbliche *condictio* erlangt hätte[56]. In beiden Fällen könnte die Frau als Erbin des bedingten Rückgewähranspruchs aber auch mit ihrem Mann die Vereinbarung treffen, daß die Mitgift bei ihm verbleiben soll, wenn sie vor ihm stirbt, sei es mit oder ohne Hinterlassung von Kindern.

2. Mitgiftbestellung durch die Frau oder durch Dritte.

a) Ausgangslage

Auch eine (gewaltfreie) Frau konnte für sich selbst eine (als *dos adventicia* einzuordnende) Mitgift bestellen und zu dieser Vereinbarungen treffen, am besten sogleich bei der Bestellung und noch vor der Ehe, denn damit waren mögliche Verstöße gegen das Schenkungsverbot unter Ehegatten von vornherein vermieden. Zwar fiel diese *dos* bei Tod der Frau an den Mann (o. Fn. 42); doch kam es immer häufiger dazu, daß Frauen sich durch *pactum* oder Stipulation ausbedungen, daß bei ihrem Tod die Mitgift zurückzugeben sei, um über diese von Todes wegen verfügen zu können – was ihnen durch einen von Hadrian veranlaßten Senatsbeschluß wesentlich erleichtert worden war (Gai. 1,115a; 2,112; Ulp. reg. 20,15).

[54] Vgl. BECHMANN II, S. 387 Fn. 1. Ein Interpolationsverdacht (so H.J. WOLFF, SZ 53 [1933] 297, 311 Fn. 3; BURDESE [Fn. 25], S. 178; ders., Labeo 5 [1959] 301 Fn. 70) ist nicht gerechtfertigt, vgl. auch MAGAGNA, S. 195 ff. mit Fn. 71, 72; 202 f.

[55] Dies dürfte darauf beruhen, daß die Tochter als Teilhaberin am Klagerecht des Vaters angesehen wird, vgl. Iul. D. 46,3,34,6 (*particeps et quasi socia obligationis*); Tryph. D. 23,3,75; Ulp. D. 4,4,3,5; D. 11,7,16; SÖLLNER, S. 152 f.; MAGAGNA, S. 193 ff.

[56] Vgl. Sev.-Ant. C. 5,14,1 (206).

Wegen des Grundsatzes *ab heredis persona obligatio incipere non potest*[57] stieß dies allerdings auf Schwierigkeiten, denn danach war eine Stipulation '*post mortem meam dari spondes?*' nichtig[58]. Man fand deshalb zunächst den Ausweg, daß der Stipulator, in unseren Fällen also die Frau, einen *adstipulator* hinzuzog. Nachdem sie mit der Frage '*dotem post mortem meam dari spondes?*' (unwirksam) stipuliert hatte, ließ sich der *adstipulator* auf die Frage '*eandem dotem post mortem mulieris dari spondes?*' vom Mann die Herausgabe geloben, um die *dos* dann seinerseits, wenn die Frau ihn durch Mandat dazu verpflichtet hatte, an ihre Erben weiterzugeben[59]. Daneben entstand, wie sich alsbald (unter d) zeigen wird, die Übung, daß sich auf Veranlassung der Frau ein Dritter allein die Herausgabe der *dos* auf den Fall des Todes der Frau durch Stipulation vom Mann versprechen ließ.

b) Rückgewährstipulation

Offenbar jünger ist die wohl erst in der Spätklassik durchgedrungene Lösung, daß die Frau sich die Rückgabe der Mitgift auf den Zeitpunkt ihres Todes geloben ließ: '*cum moriar dotem dari spondes?*' Die Klausel *cum moriar* wurde dahin verstanden, *ut in novissimum vitae tempus stipulatoris ... obligatio conferatur*, auf den allerletzten Augenblick im Leben der Frau also. Erst in dieser letzten Sekunde gelangte die Verpflichtung des Mannes zur vollen Entstehung und noch in dieser Sekunde fiel sie in das Vermögen der Frau und damit in ihre Erbschaft[60]. Auf diese Weise ergab sich für die Frau die (bei der grundsätzlich unvererblichen *actio rei uxoriae* verschlossene) Möglichkeit, ihren Erben durch Vererbung der stipulierten Forderung das Recht auf die *dos* zukommen zu lassen, sei es durch testamentarische Verfügung, sei es im Wege gesetzlicher Erbfolge, in der seit dem *SC Orfitianum* v. 178 n. Chr. die Kinder vor allen Agnaten berufen waren. Das entsprach einem wachsenden Interesse, das sich infolge der starken Verbreitung der gewaltfreien Ehe ergeben hatte, und sieht ganz nach einer Erfindung der Formularjurisprudenz aus.

Fragmenta Vaticana 98 Paulus 7 resp.

Paulus respondit stipulationem quidem in hunc casum conceptam 'cum moriar dari?' utilem esse, etiamsi mixti casus non intervenirent; ut autem de dote sua, quam apud maritum habet, mulieri testari liceat, inutiliter convenisse videri.

[57] Gai. 3,100; 3,158; Ep. Gai. 2,9,7; P. VOCI (Fn. 1), S. 250 ff.

[58] Gai. 3,100; 117; 119; Ep. Gai. 2,9,7. Justinian beseitigte die Regel, C. 4,11,1 (531); vgl. C. 8,37,13 (530); Inst. 3,19,13; VOCI, S. 251.

[59] Siehe zu alldem Gai. 3,117; dazu VOCI, S. 253 ff.; H.L.W. NELSON - U. MANTHE, *Gai Institutiones* III 88-181, 1999, S. 130 f.

[60] Gai. 3,100; vgl. auch Gai. 2,232. Näheres bei VOCI, S. 251 ff.; R. BACKHAUS, *Casus perplexus*, 1981, S. 83 ff.; NELSON - MANTHE (Fn. 59), S. 131.

Paulus hat das Gutachten erteilt, eine Stipulation, deren Wortfassung den Fall betreffe 'daß gegeben wird, wenn ich sterbe', sei zwar wirksam, auch wenn 'gemischte Fälle' [im Wortlaut der Stipulation] nicht vorkommen; daß es der Frau aber gestattet sein soll, über ihre Mitgift, die sie bei ihrem Mann hat, testamentarisch zu verfügen, sei ersichtlich nicht wirksam vereinbart worden.

Paulus erkennt die Rückgewährstipulation mit der Klausel '*cum moriar*' mit einer sehr dunklen Begründung, die vermutlich durch eine Besonderheit der Anfrage veranlaßt ist[61], an, weist aber zugleich darauf hin, daß der Frau durch einen weiteren Zusatz in der Stipulation das Recht, über die Mitgift letztwillig zu verfügen, nicht eingeräumt werden konnte. Denn die Testierfähigkeit steht der (gewaltfreien) Frau von Rechts wegen zu und kann ihr nicht durch Rechtsgeschäft verschafft werden[62].

Auf der Linie des Paulus liegt auch ein Responsum Ulpians, auf das Alexander Severus sich in einem Reskript vom 31. März 222 stützt:

C. 8,37 (38), 4 Alexander A.Sabinae

Secundum responsum Domitii Ulpiani praefecti annonae iurisconsulti amici mei ea, quae stipulata est, cum moreretur, partem dimidiam dotis cui velit relinquere, reddi sibi, cum moreretur, eam partem dotis stipulata videtur. [a. 222]

Nach einem Gutachten des Präfekten für das Getreidewesen, des Rechtsgelehrten Domitius Ulpian, meines Freundes, hat eine Frau, die sich durch Stipulation ausbedungen hat, bei ihrem Tod die Hälfte ihrer Mitgift wem sie wolle zu hinterlassen, sich ersichtlich versprechen lassen, daß ihr dieser Teil der Mitgift zurückgegeben wird, wenn sie stirbt.

Die Stipulation der Frau war wenig glücklich gefaßt; Ulpian legt den Wortlaut deshalb so aus, daß sich die Voraussetzungen ergeben, unter denen der

[61] Vielleicht sind mit den *casus mixti* die Situationen gemeint, daß dem zufälligen Umstand (Tod) eine Handlung vorausgeht, die hier in der Testamentserrichtung oder in einer Schenkung von Todes wegen liegen würde (in diesem Sinne wohl HUSCHKE in der Ausgabe E. SECKEL - B. KÜBLER, *Jurisprudentiae antejustinianeae reliquiae*, Bd. 2, 6. Aufl. 1911 [Neudr. 1988], S. 242 Fn. 3 mit Hinweis auf C. 5,12,25; C. 8,37,4 [dazu sogleich], vgl. auch VOCI, S. 286 f.). Th. MOMMSEN will stattdessen lesen: *mortis causa non interveniret.* Offen gelassen wird die Erklärung von WACKE, S. 63 Fn. 3.

[62] Vgl. CZYHLARZ, S. 366 Fn. 6, 7; BONFANTE (Fn. 9), S. 476 Fn. 3; VOCI, S. 286 f.; SELB (Fn. 51), S. 99. Irrtümlich SÖLLNER, S. 105, der aus dem Schlußstück des Responsums eine Unwirksamkeit der Stipulation ableitet: „Damit wäre aber der Rechtssatz, daß beim Tode der Frau hinsichtlich ihrer Mitgift keine Erbfolge stattfindet, so deutlich umgangen worden, daß jedenfalls die Klassiker Stipulationen dieser Art nicht zuließen". Vielleicht ist dies inspiriert durch den unzutreffenden Hinweis zu fr. Vat. 98 bei F. SCHWARZ, SZ 63 (1943)360 („Die Frau kann über die *dos* auch nicht letztwillig verfügen"). Siehe jedoch den Senatsbeschluß oben vor Fn. 57. WACKE, S. 64 (vor Fn. 7), 73 nimmt dagegen an, hinsichtlich der Testierbefugnis sei ein bloßes *pactum* abgeschlossen worden; aus '*convenisse*' folgt dies jedoch nicht, s. etwa Pedius bei Ulp. D. 2,14,1,3.

Wille der Frau, über die Hälfte ihrer Mitgift testieren zu können, rechtlichen Erfolg haben kann, also dahin, daß sich die Frau die Rückgewähr der Hälfte ihrer Mitgift mit der Klausel '*cum moriar*' hat versprechen lassen[63]. Einer vergleichbaren Stipulation begegnen wir auch in

C. 5,12,25 Diocletianus et Maximianus A.A. et C.C. Eutychiano

Si mulier dotem a viro dari stipulatur, ut de ea testari possit, cum ordinationis testamenti cogitatio morti[s] *antecedens tempus significat nec condicionem, sed causam continet, intestata quoque muliere defuncta stipulationem committi proficiet.*

Ließ eine Frau sich von ihrem Mann durch Stipulation versprechen, daß ihr die Mitgift zurückgegeben wird, damit sie darüber testamentarisch verfügen kann, so kommt es auch dann, wenn die Frau ohne Testament stirbt, dahin, daß die Stipulation [zugunsten ihrer gesetzlichen Erben] wirksam wird, denn bei dem Vorhaben, ein Testament zu errichten, denkt man an die Zeit vor dem Tod und nicht an eine Bedingung; es bringt vielmehr den Beweggrund zum Ausdruck.

Es ist nicht sicher, aber doch wahrscheinlich, daß auch in diesem Fall im Wortlaut der Stipulation nicht allein die Rückgabe der Mitgift, sondern auch das Vorhaben der Frau, ein Testament zu errichten, genannt war. Wie die Texte fr. Vat. 98 und C. 8,37,4 (222) vermuten lassen, wird es ein entsprechendes Formular in der Praxis gegeben haben, und es läßt sich auch eher an eine *condicio* denken, wenn das Vorhaben, letztwillig zu verfügen, im Formular zum Ausdruck kam. Jedenfalls war in der Sache auch hier aus dem von den Parteien verfolgten Plan, der Frau letztwillige Verfügungen über die Mitgift zu ermöglichen, abzuleiten, daß das Rückgabeversprechen auf den Tod der Frau abgestellt war, und dazu ergab sich das Problem, ob auch die Testamentserrichtung Bedingung für die Entstehung des Anspruchs aus der Stipulation war oder nur Anlaß für den Abschluß der Stipulation. Die Entscheidung fällt zugunsten der zweiten Möglichkeit und damit zugunsten der gesetzlichen Erben der Frau aus, was ersichtlich den Vorstellungen der Frau entsprach[64].

In den Sententiae Syriacae, die – wie gesagt – Recht der diokletianischen Zeit wiedergeben, findet sich auch hierzu ein Seitenstück:

Sententiae Syriacae § 7

Es ist der Frau erlaubt, eine diatheke zu machen, auch über ihre pherne.

[63] Die vom *favor negotii* getragene Auslegung dürfte WACKES Tadel (S. 74), bei dürftigem Inhalt definiere die Konstitution „fast nur *idem per idem*", schwerlich verdient haben.

[64] In diesem Sinne auch CZYHLARZ, S. 366 Fn. 7; VOCI, S. 287 Fn. 249; SELB (Fn. 51), S. 98 f. S. ferner WACKE, S. 74, der freilich für die Zeit Diokletians ausschließt, daß die Frau überhaupt ein ziviles Testament hätte errichten können (s. auch S. 63 f.), sowie (zum Verständnis des Reskripts in der Glosse) SÖLLNER, SZ 77 (1968) 199 f.

Da auch für die Zeit Diokletians noch davon auszugehen ist, daß die für die Frau oder die von der Frau bestellte *dos* von Rechts wegen nach ihrem Tod grundsätzlich beim Mann verblieb, läßt sich die Regelung des § 7 nur so erklären, daß in ihr vorausgesetzt ist, daß die Frau sich die Rückgewähr der Mitgift vertraglich ausbedungen hat[65]. Sie verfügt dann testamentarisch entgegen dem Wortlaut des § 7 nicht über die Mitgift, sondern über ihren Anspruch auf Herausgabe der Mitgift – wie das auch in den drei Texten der Fall war, die wir zuletzt betrachtet haben[66].

c) Mitgifterwerb des Mannes nach Rückgewährstipulation

Wir haben diese Texte herangezogen, weil aus ihnen deutlich wird, daß schon in der Spätklassik eine Übung entstanden war, nach der sich (gewaltfreie) Frauen die Herausgabe der von ihnen bestellten *dos* auf ihren Todesfall durch Stipulation versprechen ließen. Dahinter steht die Vorstellung, die Mitgift sei so sehr Gut der Frau, daß sie auch darüber zu bestimmen habe, was damit nach ihrem Tod geschieht. Es spricht viel dafür, daß diese Vorstellung und diese Übung durch Einflüsse aus dem Ostteil des Reiches verstärkt wurden, wo die Rechtsanschauung verwurzelt war, die *dos* sei Eigentum der Frau, an dem der Mann nur eine Nutzungsbefugnis habe[67].

Hatte sich mithin eine solche Übung gebildet, so wird es auch nicht ganz selten gewesen sein, daß die Frau nachträglich von der Stipulation wieder abgehen und die Mitgift doch lieber bei ihrem Mann belassen wollte. Dies ließ sich schon zu Lebzeiten durch *acceptilatio* oder *pactum de non petendo* herbeiführen, abgesehen also von der Möglichkeit letztwilliger Verfügungen bis hin zum bequemen Fideikommiß. Eine verbotswidrige Ehegattenschenkung wird man in einer solchen *acceptilatio* oder einem *pactum* nicht gesehen haben, zumal da auf diese Weise die Mitgift gewissermaßen wieder in den ihr eigenen Rechtszustand zurückversetzt wird[68]. Um einen Erlaß der Rückgabestipulation geht es in

D. 32,3 pr. Ulpianus 1 fideicommissorum

Si mulier dotem stipulata fuerit et accepto tulit marito in hoc dotem, ut fideicommissum det, dicendum est fideicommissum deberi: percepisse enim aliquid a

[65] So auch SELB (Fn. 51), S. 98 f.

[66] SELB, S. 98; W. SELB - H. KAUFHOLD, *Das Syrisch-römische Rechtsbuch*, Bd. 3, 2002; nach dieser Ausgabe auch der Text des Syr. Röm. Rechtsbuchs [= SRR], Bd. 2, 2002), S. 72 (zu § 16 Abs. 2 SRR, in dem die Testierfähigkeit der gewaltfrei gewordenen Frau klargestellt wird: „Wenn diese aber sterben und sie von der Gewalt ihrer Väter frei wird, dann kann sie mit [Hilfe] einer Klausel der Abmachung über ihre Mitgift für den, welchen sie will, [etwas] schreiben und geben", allerdings verkürzt um die *retentiones* des Mannes), S. 244.

[67] Vgl. etwa L. MITTEIS, *Reichsrecht und Volksrecht in den östlichen Provinzen des röm. Kaiserreichs*, 1891, S. 230 ff.; Einschränkungen bei M. KASER (Fn. 20), Bd. 2, 2. Aufl. 1975, S. 185 Fn. 1 mit Literatur.

[68] Vgl. Ulp. D. 2,14,27,2 i. f.

muliere videtur. haec ita, si mortis causa donatura mulier marito fecit acceptum. sed et si mortis causa auxerit marito dotem vel in matrimonium eius mortis causa redierit, potest dici fideicommissum ab eo deberi.

Hat eine Frau sich die Rückgabe der Mitgift versprechen lassen und dem Ehemann die Schuld, die Mitgift herauszugeben, förmlich zu dem Zweck erlassen, um [zu Lasten des Mannes einem Dritten] ein Fideikommiß zuzuwenden, so ist zu sagen, daß das Fideikommiß geschuldet wird; denn es ist anzunehmen, daß der Ehemann [durch den Erlaß] etwas von seiner Frau erlangt hat. Ebenso verhält es sich, wenn die Frau dem Ehemann den Erlaß gewährt, um [ihm] von Todes wegen zu schenken. Aber auch wenn sie von Todes wegen zugunsten des Mannes die Mitgift vermehrt hat oder, den eigenen Tod vor Augen, in die [geschiedene] Ehe zurückgekehrt ist, kann man sagen, daß [da die Mitgift beim Mann verbleibt] das Fideikommiß von ihm geschuldet wird.

Die Stipulation enthielt wahrscheinlich die Klausel '*cum moriar*'; doch führte das nicht zur Unwirksamkeit der (bedingungs- und befristungsfeindlichen) *acceptilatio* (Paul. D. 50,17,77), sondern nur dazu, daß es zur Wirkung dieses Erlasses erst mit Eintritt der „Bedingung" *cum moriar* kommt[69]. Auch aus dem Gesichtspunkt der Schenkung unter Ehegatten ergibt sich nichts anderes[70]. Denn Ulpian geht im Ausgangsfall ersichtlich davon aus, daß keine Schenkung vorliegt: Die Frau nimmt den Erlaß nicht unentgeltlich vor, sondern *ut fideicommissum det*, um dem Mann ein Fideikommiß auferlegen zu können. Die *acceptilatio* erfolgt mithin *ob causam*. Über diesen Zweck wird sie sich mit dem Mann verständigt haben. Bei dieser Sicht wird auch begreiflich, weshalb Ulpian sich etwas vorsichtig ausdrückt (*dicendum est*) und eine Begründung für etwas gibt, das im Falle einer wirklichen Schenkung eine banale Selbstverständlichkeit wäre. Ferner wird begreiflich, weshalb Ulpian anschließend klarstellt, dies gelte auch für die Schenkung von Todes wegen[71].

[69] Vgl. dazu L. MITTEIS, *Römisches Privatrecht bis auf die Zeit Diokletians*, Bd. 1, 1908, S. 170 Fn. 13, 175, 177; W. FLUME, *Rechtsakt und Rechtsverhältnis*, 1990, S. 122 f.; WACKE, S. 71, bei diesem auch Weiteres zum fr. 3 pr.

[70] Die *oratio Severi* von 206, die nicht widerrufene Schenkungen unter Ehegatten mit dem Tod des Schenkers wirksam werden ließ, wäre nicht einschlägig, weil sie nur körperliche Sachen zum Gegenstand hatte, Pap.-Ulp. D. 24,1,23.

[71] Demgegenüber nimmt WACKE, S. 71 schon zur ersten Aussage an, der von der Frau vorgenommene Erlaß wirke „ipso iure wie eine Schenkung von Todes wegen an den Mann", und er muß deshalb (weil Ulpian ja schwerlich zweimal dasselbe gesagt hat) zu der in Satz 2 explizit genannten *donatio mortis causa* in die Behauptung ausweichen, die Frau habe hier bei dem Erlaß die Absicht, „aus ihrer Mitgift Dritte *mortis causa* zu beschenken". Das ist schwer einzuordnen, denn nach den allgemeinen Grundsätzen könnte sie durch Beschwerung des Mannes Dritte dann nicht durch *donatio m.c.*, sondern nur durch Fideikommiß begünstigen. Ähnlich zuvor auch P. SIMONIS, *Die Donatio Mortis Causa im klass. Röm. Recht*, 1958, S. 265 Fn. 3, 284, mit der

Denn zu dieser stand bereits fest, daß sie es rechtfertigte, den Beschenkten fideikommissarisch zu belasten[72].

In den letzten beiden von Ulpian angesprochenen Fällen – die Frau vergrößert die Mitgift mit Mitteln ihrer *paraphema*; sie kehrt nach der Scheidung zu dem Mann in die Ehe zurück, bei dem sich die herauszugebende Mitgift noch befindet – geht es nicht mehr um den Erlaß der Forderung auf Rückgewähr der *dos*, sondern nur noch um die Frage, welche Art von Zuwendungen *mortis causa* Belastungen des Zuwendungsempfängers durch Fideikommiß rechtfertigen[73].

d) Rückgewährstipulation und fideikommissarische Zuwendung

Der Fall von D. 32,3 pr. zeigt im übrigen, daß es in der Lebenswirklichkeit für einen Mann, wenn er sich darauf einließ, die Rückgabe der *dos* beim Tod der Frau stipulationsweise zu versprechen, nicht bedeutete, daß er von diesem Zeitpunkt ab die Mitgift endgültig verlor. Außer der Möglichkeit, daß ihm schon während der Ehe die Herausgabeschuld erlassen wurde, hatte er Aussichten, über eine Erbeinsetzung, über ein Vermächtnis und insbesondere über ein Fideikommiß von seiner Herausgabepflicht ganz oder zum Teil befreit zu werden, vor allem natürlich, wenn die Ehe glücklich verlaufen war.

Abgesehen von den Fällen, in denen die Frau einen *adstipulator* hinzuzog (oben V.2a), wurde dies, wie mehrere Texte zeigen, technisch in der Weise umgesetzt, daß die Frau, wenn sie die *dos* bestellte, mit dem Mann vereinbarte, daß dieser einer ihr nahestehenden und in der Regel durch Auftrag verpflichteten[74] Person durch Stipulation versprach, an sie die Mitgift nach dem Tod der Frau herauszugeben. Über die nach dem Stipulationsabschluß bei ihrem Beauftragten liegende bedingte Herausgabeforderung konnte die Frau dann letztwillige, in der Regel fideikommissarische Anordnungen treffen und auf diese Weise dem Ehemann im Ergebnis die Mitgift ganz oder (sicherlich häufiger) zum Teil wieder zuwenden.

Drei Beispiele[75]:

1) In Paul. (7 resp.) D. 33,4,11 wird Paulus mit der folgenden Anfrage konfrontiert: „Als Seia den Lucius Titius heiratete, gab sie als Mitgift hundert Aurei und zog [dabei] den Quintus Mucius hinzu[76], der nichts zahlte, der

Annahme, für „Ulpian lag im Verzicht auf die Dosrückgabe wohl eher auf jeden Fall eine Dmc" (= *donatio m. c.*), und *haec ita* und das Folgende sei „sicher eine spätere Zutat".

[72] Vgl. Pap. D. 31,77,1 sowie Ulp. D. 32,3,3; Alex. C. 8,56 (57), 1 (223); Gord. C. 6,42,9 (238).

[73] Vgl. dazu WACKE, S. 71 f.

[74] Vgl. nur Pap. D. 17,1,10,6; Scaev. D. 32,37,4 (siehe sogleich).

[75] Weitere Fälle sind etwa Pap. D. 31,77,2; Ant. C. 5,12,2 (213); Diocl. C. 5,12,19,1 (294); zu den Konstitutionen WACKE, S. 68 f.

[76] Möglicherweise als *adstipulator*, so G.G. ARCHI, in: W. KUNKEL - H. J. WOLFF (Hrsg.), *Festschrift f. Ernst Rabel*, Bd. 2, 1954, S. 12, 21 ff. = ARCHI, *Scritti di diritto rom.*, Bd. 2, 1981,

sich aber [von Lucius Titius] die [Rückgabe der] Mitgift durch Stipulation für den Fall versprechen ließ, daß die Ehe durch den Tod der Frau aufgelöst würde. Auf dem Sterbebett bestimmte Seia in ihrem Testament folgendes: 'Ich will, daß meinem Ehemann Lucius Titius, dem ich größten Dank abstatte, außer der Mitgift, die ich ihm bestellt habe, noch so und so viele Aurei gezahlt werden'. Da Quintus Mucius begonnen hat, gegen Lucius Titius mit der Klage aus der Stipulation vorzugehen, frage ich, ob der Ehemann ihn gestützt auf den Testamentswortlaut abwehren kann". Paulus hat in seinem Gutachten [im Ergebnis zugunsten des Ehemanns] entschieden: Habe Quintus Mucius sich die Mitgift im Auftrag der Seia und nicht als Geschenk versprechen lassen, so hafte er den Erben der Frau, und deshalb sei er aufgrund der Einrede [des Ehemannes] abzuweisen. Habe aber Seia ihm gestattet, sich die Mitgift versprechen zu lassen, um ihn zu beschenken, dann habe er sich das Versprechen ersichtlich gerade für den Fall, der mit dem Tod der Frau eingetreten sei, von Todes wegen geben lassen. Und daher werde man sagen müssen, daß ihm für diesen Fall ein Fideikommiß [zugunsten des Ehemanns] auferlegt werden konnte[77].

2) Scaev. (18 dig.) D. 32, 37, 4: Eine Frau, die sich wieder verheiraten wollte, hatte ihren beiden Söhnen, die sie von ihrem früheren Mann hatte, den Auftrag erteilt, sich für jeden Fall einer Auflösung der Ehe die [Rückgabe der] zwanzig, die sie [dem neuen Ehemann] als Mitgift gegeben hatte, in der Weise versprechen zu lassen, daß auch nur einem von beiden die ganze Mitgift zurückzuzahlen ist. Nachdem einer der Söhne während der Ehe gestorben war, verlangte die Ehefrau in einem Brief von dem überlebenden Sohn, dereinst nur die Hälfte der Mitgift zu fordern und damit zufrieden zu sein; bezüglich des anderen Teils aber zuzugestehen, daß er beim Ehemann verbleibt. Später, als die Frau in der Ehe gestorben war, ist gefragt worden, ob sich der Mann, falls er von dem Sohn auf die Herausgabe der ganzen Mitgift verklagt werden würde, mit der Einrede der Arglist verteidigen könne und ob ihm andererseits kraft des Fideikommisses eine Klage darauf zustehe, daß ihm seine Verpflichtung zur Hälfte förmlich erlassen wird. Scaevola hat das Gutachten erteilt, die Einrede werde erfolgreich sein, und es könne andererseits auch aus dem Fideikommiß geklagt werden…[78].

3) Nur einige Mitgiftsachen schließlich bleiben dem Mann aus der durch *dotis datio* von der Frau bestellen Mitgift in Scaev. (2 resp.) D. 23,4,29,2: Eine Ehefrau hat über die Mitgift, die sie gegeben hat, die Abrede getroffen, falls

S. 923, 933 ff.; VOCI (Fn. 1), Bd. 2 (Parte speciale), 2. Aufl. 1963, S. 457 Fn. 69. Aber von einer Stipulation der Seia wird nichts berichtet. Ablehnend auch WACKE, S. 68.

[77] Näheres dazu bei R. ASTOLFI, *Studi sull'oggetto dei legati in diritto rom.*, 1964, S. 223 ff.; WACKE, S. 67 f.

[78] Auch dazu Näheres bei ARCHI (Fn. 76), S. 9 ff. = 919 ff.; WACKE, S. 65 f.

sie in der Ehe sterbe, sei die Mitgift ihrem Bruder zurückzugeben, und der Bruder hat sich das für diesen Fall stipulationsweise versprechen lassen. Die Frau hat auf dem Sterbebett einige Mitgiftsachen ihrem Mann und anderen Personen vermacht sowie einige der Mitgiftsklaven [fideikommissarisch] mit der Freilassung bedacht. Es wurde gefragt, ob der Ehemann wegen der Sachen, die die Frau vermacht hat, und wegen der Sklaven, die sie mit der Freilassung bedacht hat, ihrem Bruder haftet. Ich habe gutachtlich entschieden, es sei nichts dafür vorgebracht, warum er nicht haften sollte, weil die Erben der Verstorbenen sowohl den Vermächtnisnehmern haften als auch hinsichtlich der Freilassungen verpflichtet sind[79].

e) Paktum über den Verbleib der *dos* beim Mann

Natürlich konnte die Frau sich mit dem Mann durch formlose Abrede über das künftige Schicksal ihrer Mitgift verständigen:

D. 23,4,24 Florentinus 3 institutionum

Si inter virum et uxorem pactum est, ut certa pars dotis vel tota ob unum vel plures liberos intervenientes retineatur, etiam eorum liberorum nomine, qui ante nati sunt, quam dos daretur aut amplietur, conventio rata est: nam sufficit eos ex eo matrimonio nasci, in quod dos data est.

Ist zwischen einem Ehemann und seiner Frau vereinbart worden, ein bestimmter Teil der Mitgift oder die ganze Mitgift dürfe [vom Mann] zurückbehalten werden, wenn ein oder mehrere Kinder vorhanden sind, so ist die Vereinbarung auch hinsichtlich derjenigen Kinder wirksam, die geboren worden sind, bevor die Mitgift bestellt oder erweitert wurde. Denn es genügt, wenn die Kinder in der Ehe geboren sind, für welche die Mitgift gegeben worden ist.

Die Frau bestellte sich selbst – offenbar erst in der Ehe – die Mitgift und vereinbarte wahrscheinlich schon bei dieser Gelegenheit, bei ihrem Tod in der Ehe solle die Mitgift ganz oder zum Teil beim Mann verbleiben, sofern sie ein Kind oder mehrere hatten. Es handelt sich also um den ersten der beiden Fälle, für die Ulpian in D. 33,4,1,1 ein die Rechtslage der *dos* verschlechterndes *pactum* als anerkannt zulässig anführte.

Zwar wäre die Mitgift als *dos adventicia* nach dem dispositiven Recht ohnehin beim Tod der Frau dem Mann endgültig zugefallen; über das *pactum* konnte diese Folge jedoch ausgeschlossen oder verändert werden. Die Vereinbarung des fr. 24 wird dahin gegangen sein, daß für jedes Kind eine bestimmte Quote vom Mann einbehalten werden konnte und ab einer bestimmten Kinderzahl die

[79] Dazu WACKE, S. 69 f. mit Literatur; zu den Freilassungen auch W.W. BUCKLAND, *The Roman Law of Slavery*, 1908 (Repr. 1969), S. 584.

gesamte Mitgift. Das mußte die von Florentin angesprochene Frage nach sich ziehen, wer bei der Ermittlung des Mannesanteils als Kind zählt. Gegen eine Einbeziehung der schon vor der Mitgiftbestellung geborenen Kinder ließ sich anführen, daß dies zum Wortlaut der Klausel *ob unum vel plures liberis intervenientes* nicht paßt, weil es bei Abschluß des *pactum* ja schon Kinder gab, und zwar mehr als eins. Dem steht jedoch entgegen, daß sich die genannte Formulierung anbietet, wenn Quoten an der Mitgift bestimmt werden sollen, und vermutlich hielten sich die Eheleute bei ihrer Abrede an ein übliches Formular. Vielleicht war auch bedacht worden, daß von ursprünglich mehreren Kindern aus der Zeit vor der Mitgiftbestellung nur eins beim Tod der Frau noch am Leben war. Erlaubt der Wortlaut deshalb keinen sicheren Schluß, so bleibt es bei dem Grundsatz. Danach kommt es für die (bei Tod der Frau möglichen) Abzugsrechte *propter liberos*[80], auf die Florentin Bezug nimmt, nur darauf an, daß die Kinder in der Ehe geboren sind, für welche die *dos* bestellt wurde. Bei alldem setzt Florentin als selbstverständlich voraus, daß ein solches Paktum über den Verbleib der Mitgift beim Mann wirksam ist.

Verständigte sich die Frau bei der Bestellung der Mitgift durch formlose Abrede mit dem Mann darüber, daß bei ihrem Tod die Mitgift an ihren Erben oder auch an einen Dritten herauszugeben sei, so hing die Erfüllung dieser Abrede vom guten Willen des Mannes ab. Denn zur Erfüllung gezwungen werden konnte er nicht, weil das *pactum* im Hinblick auf den Dritten wegen Verstoßes gegen die Regel *nec paciscendo nec legem dicendo nec stipulando quisquam alteri cavere potest*[81] unwirksam war und weil es für den Erben gemäß der typischen Schwäche einfacher *pacta* kein Klagrecht begründete[82]. Dennoch war es für den Mann nicht ganz ohne Risiko, wenn er sich auf den Abschluß des *pactum* über die Herausgabe der Mitgift beim Tod der Frau einließ. Dies zeigt ein Gutachten Papinians, das ebenfalls Lob verdient, wie es seine Entscheidung in dem ähnlichen Fall in D. 2,14,40,3[83] gefunden hat[84].

D. 23,4,26,4 Papinianus 4 resp.

Filia cum pro se dotem promitteret, pepigit, ut, si in matrimonio sine liberis decessisset, matri suae dos solvatur. pacto filiae nulla matri quaeritur actio: si ta-

[80] Paul. fr. Vat. 108; Ulp. reg. 6,4 (ein Fünftel für jedes Kind).

[81] Qu. Muc. D. 50,17,73,4, vgl. Diocl. C. 5,12,19 (294): *ex alieno pacto nec prorsus ei ulla competit action.*

[82] Ulp. D. 2,14,7,4 (nuda pactio obligationem non parit, sed parit exceptionem), 5 (ne ex pacto nascatur actio).

[83] Dazu R. KNÜTEL, SZ 111 (1994) 483, 442 f.

[84] CUIAZ IV, col. 1841 (*Papin. eleganter respondet*); VOCI, S. 244 Fn. 135 (bella interpretazione papinianea); F. PRINGSHEIM, SZ 78 (1961) 41 (die Papinians würdige, ebenso kluge und zurückhaltende, aber doch auch wieder mutige Entscheidung).

men heres puellae matri pecuniam dotis solverit, viro contra placita petenti dotem obstabit exceptio.

Als eine Tochter für sich selbst eine Mitgift durch Schuldversprechen bestellte, vereinbarte sie, falls sie kinderlos in der Ehe sterben sollte, sei die Mitgift ihrer Mutter zurückzugeben. Aufgrund der Abrede ihrer Tochter erwirbt die Mutter keine Klage. Hat jedoch der Erbe der Tochter den Betrag der Mitgift an die Mutter ausgezahlt, so wird dem Ehemann, wenn er entgegen der Absprache die Mitgift einklagt, die Einrede entgegenstehen.

Die Frau hatte die Mitgift durch ein auf Geldzahlung gerichtetes Schuldversprechen bestellt, das Versprechen aber offensichtlich bis zu ihrem Tod nicht erfüllt[85]. An sich müßte deshalb der verwitwete Ehemann vom Erben der Frau den promittierten Geldbetrag einklagen können. Dagegen stehen jedoch zwei Bedenken. Erstens hätte der Mann, wenn er sich an die Vereinbarung hielte, das Geld sogleich wieder hergeben, nämlich der Mutter der Frau auszahlen müssen, und zweitens hat der Erbe mit der Auszahlung an die Mutter den in der Vereinbarung vorgesehenen Erfolg bereits auf direktem Wege herbeigeführt. Angesichts dieser Umstände wäre es treuwidrig, wollte der Mann die Forderung, die ihm bei redlicher Einhaltung des *pactum* keinen Vorteil brächte, einklagen und müßte der Erbe den der Mutter bereits entrichteten Betrag nochmals an den Mann zahlen[86]. Der Mann würde mit der Klage folglich, wie Papinian in für ihn typischer Formulierung[87] begründet, dem zuwiderhandeln, was zuvor beiden übereinstimmend beliebte. Der Erbe kann der Klage aus dem Mitgiftversprechen deshalb eine Einrede entgegensetzen, wobei an die *exceptio pacti*[88] oder wohl eher noch an die *exceptio doli*[89] zu denken ist. – Paul van Warmelo merkt zu Papinians Entscheidung an: „Il nous semble que les juristes romains et le droit romain, pour une raison d´équité et pour les besoins de la vie sociale, étaient prêts à abandonner des principes fondamentaux qui réglaient certaines prohibitions formelles en faveur de solutions jugées utiles et en conformité avec l´institution de la dot dans leur communauté ...“[90] – womit sich der Kreis unserer Betrachtungen schließen mag.

[85] Vgl. CUIAZ IV, col. 2073 f.; SÖLLNER, S. 95 (der die Abrede unzutreffend als *pactum de non petendo* einordnet); MAGAGNA, S. 221.

[86] Gleichgültig, ob er *bona fide* oder im Wissen, daß er der Mutter nicht verpflichtet war, ihr das Geld ausgezahlt hat, so CUIAZ IV, col. 2074.

[87] Vgl. Pap. D. 8,1,4 pr. (contra placita vindicanti); D. 46,3,96,2 (contra placitum petere).

[88] Dafür KNÜTEL - KUPISCH - SEILER - BEHRENDS (Fn. 4), S. 214 (wegen *placita*).

[89] So CUIAZ IV, col. 2074; VOCI, S. 210 Fn. 18; MAGAGNA, S. 222.

[90] In: J.A. ANKUM - J.E. SPRUIT - F.B.J. WUBBE (Hrsg.), *Satura Roberto Feenstra oblata*, 1985, S. 209.

VI. *Zusammenfassung.*

1. Eheauflösung durch Tod des Mannes.

Ein *pactum de lucranda dote* wurde generell als unwirksam angesehen, wenn es für den Fall abgeschlossen war, daß die Ehe durch den Tod des Mannes aufgelöst wurde. Dies galt nach Gord. C. 5,14,3 offenbar auch für die vom Vater der Frau bestellte *dos (profecticia)*. Auch kam es nicht darauf an, ob Kinder aus der Ehe hervorgegangen waren. In dieser Lösung kommt die Begünstigung des Wiederverheiratungs- und des Versorgungsinteresses der oft gewiß jungen Witwe deutlich zum Ausdruck.

2. Eheauflösung durch Tod der Frau.

Auf den Fall des Todes der Frau konnte ihr Vater als Besteller der *dos* ein *pactum de lucranda dote* zugunsten des Mannes wirksam vereinbaren, nach zunächst bestrittener, seit Paulus (D. 23,4,12 pr.; Diocl. C. 5,14,6) aber anerkannter Ansicht auch dann, wenn die Ehe kinderlos geblieben war. Für die von der Frau oder einem Dritten bestellte *dos (adventicia)* war der Verbleib beim Mann schon von Rechts wegen vorgesehen. Dennoch finden sich *pacta de lucranda dote* zugunsten des Mannes (Flor. D. 23,4,24: *certa pars dotis vel tota*) wie auch zugunsten der „Frauenseite" (Pap. D. 23,4,26,4). Bei den *pacta* zugunsten des Mannes wird es sich in der Regel weniger um die bloße Bekräftigung des schon von Rechts wegen Geltenden gehandelt haben als vielmehr darum, Modifizierungen dieses Rechtszustandes zu vereinbaren, den Verbleib der *dos* beim Mann einer Bedingung zu unterwerfen oder ihn auf einen Teil der Mitgift zu beschränken; vor diesem Hintergrund wird der Interpolationsverdacht gegenüber der Alternative *(quotiens) ipsa in matrimonio decedit vel* zweifelhaft.

Zumeist wurden jedoch, wenn die *dos adventicia* nicht beim Mann bleiben sollte, Rückgabestipulationen abgeschlossen. Ungeachtet dieser Stipulation konnte die Frau es noch zu Lebzeiten dem Mann durch *pactum* oder – wenn sie selbst stipuliert hatte oder Erbin der Rückgabestipulation ihres Vaters war – durch *acceptilatio* ermöglichen, die Mitgift zu behalten; zudem konnte sie dies durch letztwillige Verfügung, regelmäßig durch Fideikommiß, erreichen. Vermutlich kamen, nachdem die Rückgabestipulationen immer üblicher geworden waren, nochmalige Zuwendungen der Mitgift oder mehr wohl von Teilen der Mitgift an den Mann nicht selten vor.

An alldem zeigt sich, daß den Beteiligten, soweit es um Vereinbarungen zur Mitgift nach dem Tod der Frau in der Ehe geht, größere Freiheiten eingeräumt waren. Das erklärt sich daraus, daß ein Wiederverheiratungs- und ein Versorgungsinteresse der Frau hierbei außer Betracht blieb.

3. Eheauflösung durch Scheidung.

Eine für den Fall der Scheidung getroffene Vereinbarung, daß die Mitgift ganz oder zum Teil bei dem Ehemann verbleiben sollte, wurde nur dann als wirksam anerkannt, wenn die Schuld an der Scheidung nicht beim Mann lag und zumindest ein Kind vorhanden war. Das Verschuldenskriterium wird in Ulp. (19 Sab.) D. 33,4,1,1 zwar nicht ausdrücklich genannt, ergibt sich aber mit Sicherheit aus Ulp. (33 ed.) fr. Vat. 120 und Cic. Top. IV, 19. Überdies war Wirksamkeitsvoraussetzung für ein derartiges *pactum*, daß jedenfalls ein Kind aus der Ehe hervorgegangen war. Ulpian hebt dies als Besonderheit hervor: *tum igitur et universa dos retineri uno filio interveniente potest*, und beruft sich im Zusammenhang auf Julian und ein oder mehrere Reskripte (fr. Vat. 120). Es handelt sich in der Tat um eine Besonderheit, denn bei dieser Lösung bleiben das Wiederverheiratungs- ebenso wie das Versorgung-sinteresse der Frau gänzlich unberücksichtigt. Es würde zu kurz greifen, wollte man die Rechtfertigung darin sehen, daß sich die Frau mit dieser Konsequenz in dem *pactum* einverstanden erklärt hat, was sie vermutlich ohne hinreichende *parapherna* oder anderweitige Absicherung schwerlich getan hätte. Denn in der Sache läuft die Lösung auf eine Scheidungsstrafe für die Frau hinaus. Die Vereinbarung oder Stipulierung einer *poena* für den Fall der Scheidung wurde jedoch, weil dem Wesen der Ehe widerstreitend, als nichtig angesehen[91] oder, sofern die Voraussetzungen gegeben waren, nur insoweit aufrechterhalten, wie es die Retentionen *propter mores* und *propter liberos* rechtfertigten[92]. Da die Widersprüchlichkeit, die zwischen dieser Lösung und der Anerkennung des *pactum de lucranda dote* bei einer vom Mann nicht verschuldeten Scheidung besteht, nicht übersehen worden sein kann[93], muß es für die Anerkennung des genannten Dotalpaktum einen besonderen Grund gegeben haben.

Dieser Grund könnte aus dem Umstand erschließbar sein, daß das *pactum* schon als wirksam angesehen wurde, wenn nur ein Kind in der Ehe geboren war. Denn daraus ergab sich, daß diese Ehe zur Erfüllung des „bevölkerungspolitischen Auftrags" der augusteischen Ehegesetze tauglich war; aus einer solchen Ehe auszubrechen, lief dem staatlichen Interesse zuwider[94]. Es kommt hinzu, daß der Hauptfall einer nicht vom Ehemann verschuldeten Scheidung ein

[91] Alex. C. 8,38,2 (Libera matrimonia esse antiquitus placuit. ideoque pacta, ne liceret divertere, non valere et stipulationes quibus poenae inrogarentur ei qui divortium fecisset, ratas non haberi constat); Diocl. C. 5,4,14; Paul. D. 45,1,134 pr.

[92] Pomp. 15 Sab. D. 45,1,19 (zur Strafstipulation: *Si culpa tua divortium factum fuerit, dari?*) mit schol. Sinaitica ad Ulpiani lib. ad Sabin. § 7, dazu etwa SÖLLNER, S. 124 ff.; HUMBERT (Fn. 25), S. 131 ff.

[93] Was Pomp. D. 45,1,19 mit schol. Sin. § 7 evident machen.

[94] Vgl. HUMBERT (Fn. 25), S. 278.

Ehebruch (*adulterium*) der Frau gewesen sein wird. Dieser zog nach der *lex Iulia de adulteriis* von 18 v. Chr. ein Scheidungs- und Anklagegebot für den Ehemann nach sich; die schuldige Frau wurde mit dem Verlust der Hälfte ihrer Mitgift, eines Drittels ihres sonstigen Vermögens und der Verbannung auf eine Insel bestraft (Pauli sent. 2,26,14); darüber hinaus traf sie das Verbot der Wiederverheiratung[95]. Angesichts dieser Sanktionen bestand kein Wiederverheiratungsinteresse mehr, das es gerechtfertigt hätte, ihr die Mitgift zu sichern; im übrigen war es Zweck der Strafe, die Frau in Mitgift und Vermögen zu treffen, womit auch einer Sicherung ihres Versorgungsinteresses die Grundlage entzogen war. Wenn aber für den Hauptfall einer Scheidung aus Verschulden der Frau schon von Gesetzes wegen derart einschneidende Sanktionen bestanden, werden Braut und Brautvater keinen größeren Widerstand gegen das Paktum aufgebracht haben, wonach die Mitgift bei einer Scheidung ohne Verschulden des Mannes bei diesem verbleiben sollte.

Die auffällige Lücke im Schutz der Frau bei einem *pactum de lucranda dote* für den Scheidungsfall erklärt sich mithin aus den Besonderheiten der augusteischen Ehegesetzgebung, zu deren Intention es gewiß paßte, wenn durch das Dotalpaktum vom Beginn der Ehe an Druck auf die Frau ausgeübt wurde, um ihr ehegemäßes Verhalten zu sichern[96]. Die Lösungen, die von den römischen Juristen, hauptsächlich den Spätklassikern, für die drei typischen Fälle des *pactum de lucranda dote* entwickelt worden sind, fügen sich damit zu einem stimmigen Gesamtbild zusammen.

[95] Vgl. Pap. D. 48,5,12 (11), 13; Ulp. D. 25,7,1,2; D. 48,5,30 (29),1; Alex. C. 9,9,9 (224); Val. C. 9,9,17,1 (257). Zur *publicatio* der Hälfte der *dos* siehe auch die Inskription von Pap. D. 48,20,4 und Paul. D. 24,3,36.

[96] Daß dies keine theoretische Überlegung ist, kommt zum Ausdruck bei Horaz, Sat. 1,2,129-131, wo der erste Gedanke der im Ehebruch überraschten Frau dem Verlust der Mitgift gilt. Die Satire mag noch aus der Zeit kurz vor den *leges Iuliae* stammen und seinerzeit der gänzliche Verlust der Mitgift eine der Sanktionen gewesen sein, vgl. SÖLLNER, S. 114 f.

UXORES CONSTRICTAE [*]

Rolf Knütel*

1. Das Prinzip: *Libera matrimonia*

Ein Reskript des Alexander Severus stellt als Grundlage der Rechtsauskunft an den Anfang das berühmte Prinzip der Ehefreiheit: *Libera matrimonia esse antiquitus placuit*, daß Ehen frei sind, ist seit alters anerkannt, C. 8,38,2 (a. 223)[1]. Daraus werden vom Kaiser zwei unmittelbare Folgerungen gezogen: *ideoque pacta, ne liceret divertere, non valere et stipulationes, quibus poenae inrogantur ei qui divortium fecisset, ratas non haberi constat*, und deshalb steht fest, daß Vereinbarungen, die eine Scheidung ausschließen, ungültig sind[2] und daß Stipulationen als unwirksam anzusehen sind, durch die demjenigen, der die Scheidung vollzieht, Vertragsstrafen auferlegt werden.

An anderer Stelle finden sich zusätzliche Begründungen des Prinzips. Paulus berichtet im 15. Buch seiner Gutachtensammlung von dem folgenden Fall: Als sie ihre Ehe eingingen, wurden die Frau, die von einem Dritten einen Sohn hatte, und der Mann, der eine Tochter mitbrachte, sich darin einig, die Tochter dem Sohn anzugeloben. Die Eheleute setzten darüber eine Urkunde auf mitsamt einem Strafversprechen für den Fall, daß einer von ihnen den Eheschluß verhindere. Nach dem Tode ihres Vaters weigerte sich die Tochter, den Sohn zu heiraten.

> D. 45,1,134 pr., *Paulus 15. Resp.*: … respondit ex stipulatione, quae proponeretur, cum non secundum bonos mores interposita sit, agenti exceptionem doli mali obstaturam, quia inhonestum visum est vinculo poenae matrimonia obstringi sive futura sive iam contracta. (Paulus erteilte das Gutachten, demjenigen, der aus der vorgelegten Stipulation klage, werde, da diese nicht im Einklang mit den guten Sitten abgeschlossen sei, die Einrede der

[*] R. van den Bergh/G. van Niekerk/P. Pichonnaz/Ph. Thomas/D. Klein/F. Lucrezi/J. Mutton (Hrsg.), Meditationes de iure et historia. Essays in honour of Laurens Winkel, Bd. 1 (= Fundamina. Editio specialis 2014 [20-1]), Unisa Press, Pretoria 2014, 467 – 477.

1 Zu diesem Prinzip s. etwa *G. Marcours*, Libera matrimonia esse antiquitus placuit, in J.E. Spruit, M. van de Vrugt, Brocardia in honorem G.C.J.J. van den Bergh, Deventer 1987, S. 55.

2 Daß es im heutigen Recht ebenso ist, hat der Bundesgerichtshof mit Urteil vom 9. April 1986 entschieden, BGHZ (= Entscheidungen des Bundesgerichtshofs in Zivilsachen), Bd. 97, S. 304ff., im wesentlichen im Anschluß an *R. Knütel*, Scheidungsverzicht und Scheidungsausschlußvereinbarungen, FamRZ (Zeitschrift für das gesamte Familienrecht) 32 (1985) 1089ff.

* Professor emeritus, Rheinische Friedrich-Wilhelms-Universität Bonn.

Arglist entgegenstehen, denn man halte es für sittenwidrig, wenn Ehen durch die Fessel einer Strafe zusammengehalten werden, seien es künftige oder bereits geschlossene.)

Vergleichbar wird in den sog. Scholia Sinaitica, einem nur in lückenhaften Bruchstücken erhaltenen griechischen Kommentar unter anderem zu den *responsa* des Paulus und Ulpians *libri ad Sabinum* sowie *ad edictum*, im § 6[3] erklärt, es sei *atopos*, widersinnig, unziemlich, daß die Ehe, in der dauerhafte Eintracht vonnöten sei, aufgrund [der Furcht vor] einer Strafe und nicht aus freiem Willen bestehen sollte.

Vereinbarungen, welche die Freiheit einschränken, eine Ehe einzugehen oder eine Ehe zu beenden, sind mithin sittenwidrig und schon deshalb nichtig. Darüber hinaus können Abreden oder testamentarische Bestimmungen, die auf ein Heirats- oder Wiederverheiratungsverbot hinauslaufen, wegen Gesetzesverstoßes nichtig sein, begründeten doch die *leges Iulia et Papia* Ehepflichten für Männer von 25-60 und Frauen von 20-50 Jahren[4].

Die weiteren Belege für das Prinzip der Ehefreiheit[5] bedürfen in unserem Zusammenhang keiner Erörterung; doch sei ein Blick noch auf die allgemeine Aussage Diokletians und Maximinians geworfen, die aus einem Reskript überliefert ist in:

> C. 5,4,14: Neque ab initio matrimonium contrahere neque dissociatum reconciliare quisquam cogi potest. unde intellegis liberam facultatem contrahendi atque distrahendi matrimonii transferri ad necessitatem non oportere (*sine anno*). (Niemand kann dazu gezwungen werden, erneut eine Ehe zu schließen oder eine geschiedene Ehe wiederzubegründen. Deshalb siehst du ein, daß die Freiheit, eine Ehe einzugehen oder aufzulösen, keinem Zwang ausgesetzt werden darf.)

Die Aussage ist klar. Die Ehefreiheit umschließt die Scheidungsfreiheit, und auch diese darf durch Zwänge nicht eingeschränkt werden. Die Frage ist allerdings, ob das die ganze historische Wahrheit ist. Dafür werden wir uns einem sehr sensiblen Punkt der römischen Ehe zuwenden müssen, der *dos*.

2. Ehestabilisierende Vereinbarungen

2.1 Zuvor ist jedoch darauf hinzuweisen, daß Vereinbarungen zur Sicherung ehegemäßen Verhaltens rechtliche Anerkennung fanden. Im Fall von D. 45,1,121,1 hatte sich eine Frau im Zusammenhang mit dem Eheschluß in der Absicht, ein wirkungsvolles Stipulationsversprechen zu erlangen, von dem Mann 200.000 HS für den Fall versprechen lassen, daß er während der Ehe erneut den Umgang mit der Konkubine aufnehme (*si concubinae tempore matrimonii consuetudinem repetisset*). Papinian (11. *Resp.*) sieht keinen Grund, weshalb die Frau bei Eintritt der Bedingung nicht „*ex stipulatione,*

3 *E. Seckel, B. Kübler*, Iurisprudentiae anteiustinianae reliquias, II/2, 6. Aufl., Leipzig 1927, S. 469; FIRA II, S. 640.

4 Vgl. nur *M. Kaser, R. Knütel*, Römisches Privatrecht, 20. Aufl., München 2014, S. 339ff. (Randziffern [= Rz] 58.25-28) mit weiterer Literatur.

5 Vgl. etwa Pap. D. 35,1,71,1; zu unerlaubten Bedingungen testamentarischer Verfügungen s. die Nachweise bei *P. Voci*, Diritto ereditario romano, II, 2. Aufl., Mailand 1963, S. 797ff.

quae ex bonis moribus concepta fuerat" das Geld sollte erlangen können. Immerhin: Die Strafsumme ist wahrhaft beträchtlich, im konkreten Fall zwar keine hinreichende; bedenkt man aber, daß die Frau die Erneuerung der *consuetudo concubinae* zugleich zum Anlaß für die Scheidung genommen haben dürfte, so wird deutlich, daß die Stipulation mit ihrer massiven Strafandrohung zugleich scheidungserschwerende Funktion hatte.

Es ist bemerkenswert, daß das Reichsgericht in einem Urteil vom 3. November 1938 sehr klar im gegenteiligen Sinne entschied[6]. Dort hatte die Ehefrau sich in einem notariellen Vergleich verpflichtet, die Scheidungsklage zurückzunehmen, und sich im Gegenzug verschiedene Pflichten des Ehemannes ausbedungen, unter anderem, daß er „in Zukunft keinerlei Geschäfts- oder Vergnügungsreisen allein … unternehmen" werde. Für jeden Fall der Zuwiderhandlung gegen die übernommenen Pflichten sollte er der Frau eine Vertragsstrafe in Höhe von 3.000 Reichsmark zahlen – ein seinerzeit sehr hoher Betrag. Das Reichsgericht hielt „eine solche Einschränkung der persönlichen und geschäftlichen Bewegungsfreiheit des Ehemannes" für „mit dem sittlichen Wesen der Ehe unvereinbar" und erklärte die Strafklausel für nichtig, „weil es dem Wesen der Ehe widerspricht, die … aus ihr fließenden familienrechtlichen Verpflichtungen durch Vereinbarung von Vertragsstrafen zu sichern" (S. 300). Auch angesichts dieser Entscheidung muß Papinians Meinung, das rechtlich oder sittlich Gebotene könne in einer Ehe durch Vertragsstrafe gesichert werden, uns heute sehr fraglich erscheinen[7]. Ob sie zu seinen Zeiten überwiegend für richtig gehalten wurde, bleibt zweifelhaft, dies auch im Hinblick auf unseren anschließenden Text.

2.2 D. 45,1,19, *Pomponius 15. Sab.*:

> Si stipulatio facta fuerit: „Si culpa tua divortium factum fuerit, dari", nulla stipulatio est, quia contenti esse debemus poenis legum comprehensis: nisi si et stipulatio tantundem habeat poenae, quanta lege sit comprehensa. (Wurde die Stipulation abgeschlossen: „Wenn es durch deine Schuld zur Scheidung gekommen ist, wird gezahlt", so ist die Stipulation nichtig, weil wir uns mit den in den Gesetzen[8] bestimmten Strafen zufriedengeben müssen, es sei denn, daß auch die Stipulation ebendas an Strafe enthält, was vom Gesetz bestimmt wird.)

Bestätigt wird der Grundsatz, daß Stipulationen, die Strafen für den Fall der Ehescheidung vorsehen, unwirksam sind. Die Nichtigkeit *ipso iure* (statt einer Entkräftung über die *exceptio doli*) ist glaubhaft, ergibt sich doch schon aus dem Wortlaut, daß es sich um eine sittenwidrige Vereinbarung handelt. Auch leuchtet der Grundgedanke ein, daß im öffentlichen Interesse vorgesehene Sanktionen durch Vereinbarungen Privater prinzipiell

6 RGZ (= Entscheidungen des Reichsgerichts in Zivilsachen), Bd. 158, S. 294ff.

7 Günstiger beurteilt die Lösung *F.C. v. Savigny*, System des heutigen Röm. Rechts, Bd. III, Berlin 1840, S. 174.

8 Statt *legum* findet sich in der handschriftlichen Überlieferung auch *lege*, wofür der Schlußsatz und Bas. 43,1,19 sprechen, und *legibus*. Aller Wahrscheinlichkeit nach geht es um die *lex/leges Iulia et Papia Poppaea*, die die Klassiker als Einheit verstehen.

nicht abgeändert werden können[9]. Diese Regel wird jedoch nicht verletzt, wenn die Eheleute die Sanktionen, ohne über sie hinauszugehen, durch Stipulationen auch vertraglich für sich verbindlich machen[10].

Im Zusammenhang des fr. 19 bedeutet das (ebenso wie in § 7 Scholia Sin.), daß der Mann die Beträge, die sich im Scheidungsfall aufgrund der *retentio propter mores* (gegebenenfalls zusammen mit der *propter liberos*) ergeben, zum Gegenstand einer Strafstipulation machen[11] und die Frau demgegenüber sich die Rückgewähr der Mitgift, je nach den Umständen vollständig und unter verkürzten Fristen versprechen lassen kann. Das kann für beide Teile von Vorteil sein, etwa im Hinblick auf die prozessuale Durchsetzbarkeit der Rechte oder die Erleichterung einer Sicherung durch Bürgschaften, auch wenn diese eine Stipulationsschuld nicht voraussetzen.

3. *Pacta dotalia*

3.1 (a) Aus dem weiten Feld der Ehevereinbarungen[12] sind für unseren Zusammenhang nur diejenigen *pacta* von Interesse, die für den Fall getroffen sind, daß die Frau Anlaß zur Scheidung gibt. Nach der Rechtlage, die schon vor dem Inkrafttreten der *lex Iulia de adulteriis* (17 v. Chr.) sowie der *leges Iulia de maritandis ordinibus* (18 v. Chr.) und *Papia Poppaea* (9 n. Chr.) bestand[13] und in dieser Gesetzgebung festgeschrieben wurde, konnte der Ehemann bei einer von der Frau verschuldeten Scheidung, wenn Kinder aus der Ehe hervorgegangen waren, eine *retentio propter liberos* ausüben, und zwar für jedes Kind ein Sechstel der Mitgift einbehalten, insgesamt aber nicht mehr als die Hälfte der *dos* (UE 6,9 u. 10). Ferner hatte er das Recht, wahrscheinlich kumulativ mit der *retentio propter liberos*[14], eine *retentio propter mores* vorzunehmen, bei der zu unterscheiden war: Soweit es sich um leichtere Sittenverstöße (*mores leviores*) handelte, konnte ein Achtel einbehalten werden, bei schwereren (*mores graviores*), die in der Spätklassik nur im Falle des Ehebruchs bejaht wurden, dagegen ein Sechstel (UE 6,9 u. 12).

9 Vgl. Paul. D. 23,4,5 pr. (*Illud convenire non potest, ne de moribus agatur vel plus vel minus exigatur [retineatur?] ne publica coercitio privata pactione tollatur*); Consultatio 4,3 *(Functio dotis pacto mutari non potest, quia privata conventio iuri publico nihil derogat*) sowie allgemein Pap. D. 2,14,38 (*Ius publicum* [Rechtsregeln von besonderem öffentlichem Interesse] *privatorum pactis mutari non potest*); dazu und zu fr. 19 *M. Kaser*, Über Verbotsgesetze und verbotswidrige Geschäfte im röm. Recht, Wien 1977, S. 91 mit Literatur.

10 Der Gedanke wird – möglicherweise zu einem Passus aus Ulpians Sabinuskommentar – in den Scholia Sinaitica § 7 ausgesprochen (wo *ob mortem* in *ob mores* zu verbessern ist).

11 Daß es sich dabei um die Novation eines „debito legale futuro" handelt, wie *P. Voci*, Le obbligazioni romane, I/1, Mailand 1969, S. 175 annimmt, ist ungewiß, bei Abschluß einer Doppelstipulation (vgl. Paul. D. 44,7,44,6) aber denkbar. – Es beruht offenbar auf der Abschaffung der *retentiones ex dote* durch Justinian (C. 5,13,1,5; a. 530), daß der Schlußteil von fr. 19 (ab *quia*) nicht ganz intakt ist, s. *Voci*; *Kaser* (Fn. 9), S. 91.

12 Dazu bald, *R. Knütel*, Zum pactum de lucranda dote im klassischen römischen Recht, Homenaje A. Guzmán, III, 2014 (?), S. 51ff.

13 Vgl. nur *M. Kaser*, Das römische Privatrecht, I, 2. Aufl., München 1971, S. 338.

14 *A. Bechmann*, Das Röm. Dotalrecht, I, Erlangen 1863, S. 98f.; *K. Czyhlarz*, Das röm. Dotalrecht, Gießen 1870, S. 343f.; *P.E. Corbett*, The Roman Law of Marriage, Oxford 1930, S. 193; *H. Stiegler*, Divortium, culpa und retentio propter liberos, Mélanges Fritz Sturm, I, Lüttich 1999, S. 435, 437.

(b) Diese Bestimmungen konnten durch formlose Vereinbarung abgeändert werden, freilich nur in Grenzen. Paulus (*35. ed.*) D. 23,4,12,1 unterscheidet bei den *pacta dotalia* einen Bereich, in dem die Parteien frei entscheiden können, und einen anderen, in dem die Gestaltungsfreiheit durch das Recht eingeschränkt ist; zu diesem schreibt er: *alia [sc. pacta] ad ius pertinent, veluti quando dos petatur, quemadmodum reddatur, in quibus non semper voluntas contrahentium servatur*, andere Vereinbarungen beziehen sich auf rechtliche Regelungen, zum Beispiel darauf, wann die Mitgift eingeklagt werden kann oder wie sie zurückzugeben ist; bei diesen Vereinbarungen wird die freie Entscheidung der Vertragspartner nicht immer anerkannt. – Diese Auskunft ist ziemlich unklar (*non semper*); eine Durchsicht der Quellen zeigt jedoch, daß in dem zweiten Bereich, in dem es um die Rückgabe der *dos* geht, die Tendenz besteht, daß die Parteien von den gesetzlichen Bestimmungen zur *dos* grundsätzlich nicht zum Nachteil der Frau abweichen dürfen, regelmäßig, wenn auch nicht durchweg, aber zu ihrem Vorteil[15]. Dementsprechend hebt Paulus (35. *ed.*) in D. 23,4,16 im Kontext seiner Ausführungen zu D. 23,4,12,1 zum Rückgabetermin hervor: *ut autem longiore die solvatur dos, convenire non potest, non magis quam ne omnino reddatur*, daß die Mitgift aber zu einem späteren Termin geleistet werden darf, kann man nicht vereinbaren, ebensowenig, daß sie überhaupt nicht zurückgegeben wird. Dazu liegt auf der Hand, daß ein genereller Ausschluß der Rückgabe der *dos* mit dem öffentlichen Interesse an der Erhaltung der *dos* und den mit ihr verfolgten Zwecken[16] schwerlich in Einklang zu bringen ist.

3.2 Nach diesen allgemeinen Beobachtungen ist es etwas überraschend zu sehen, daß Vereinbarungen anerkannt waren, die die Rechtslage der Frau gravierend verschlechterten:

> D. 33,4,1,1, *Ulpianus 19. Sab.*: Et ideo si inter virum et uxorem convenerat, ut morte viri soluto matrimonio filio communi interveniente dos apud mariti heredem remaneret, et maritus decedens dotem relegaverit, stari pacto non debet ob hoc quod dos relegata est. verum et citra relegationem hoc probari debet: nam quod est admissum posse deteriorem condicionem dotis fieri intervenientibus liberis, totiens locum habet, quotiens ipsa in matrimonio decedit vel divortium intervenit. (Daraus folgt: Wenn Mann und Frau für den Fall, daß die Ehe durch den Tod des Mannes aufgelöst wird und ein gemeinsames Kind vorhanden ist, vereinbart hatten, daß die Mitgift bei dem Erben des Mannes verbleiben sollte, und der Mann auf dem Sterbebett die Mitgift [seiner Frau] zurückvermacht, dann darf man die Vereinbarung schon deshalb nicht aufrechterhalten, weil die Mitgift zurückvermacht wurde. Aber selbst ohne Rückvermächtnis muß das gebilligt werden. Denn auch wenn es zulässig ist, daß sich [für die Frau] die Rechtslage im Hinblick auf die Mitgift verschlechtern kann, wenn Kinder vorhanden sind, so gilt das doch immer nur dann, wenn die Frau in der Ehe stirbt oder es zur Scheidung kommt.)

Der Mann hat in seinem Testament dem für seine Frau nachteiligen *pactum* durch das Rückvermächtnis der *dos* die Wirkung genommen. Ulpian erkennt diese Möglichkeit

15 Proc. D. 23,4,17 (*pacto existimo meliorem condicionem mulieris fieri posse, deteriorem non posse*); Paul. D. 4,4,48,2; D. 23,4,14 u. 16; Scaev. D. 23,4,29 pr. sowie Ulp. fr. Vat. 120 (dazu unten). Näheres zu Paul. D. 23,4,12,1 bei *Knütel* (Fn. 12), S. 53ff.

16 Vgl. Pomp. D. 24,3,1; Paul. D. 23,3,2.

an, was überzeugt[17]. Denn würde die Frau mit der *actio ex testamento* aus dem Rückvermächtnis klagen und der Erbe des Mannes ihr die *exceptio pacti* entgegensetzen, so würde die Frau ihm mit der *replicatio doli* erwidern können, er dürfe sich nicht mit dem Willen seines Erblassers in Widerspruch setzen. Wichtiger für unseren Zusammenhang ist jedoch, daß Ulpian das *pactum* für unwirksam hält, es solle nach dem Tod des Mannes, wenn ein Kind vorhanden sei, die Mitgift (in der Erbschaft und damit) beim Erben des Mannes verbleiben. Als Begründung führt der Jurist an, es seien – unter der Voraussetzung, daß Kinder aus der Ehe hervorgegangen sind – überhaupt nur zwei Fälle anerkannt, für die wirksam vereinbart werden könne, daß die Mitgift bei dem Mann verbleibe, der Tod der Frau in der Ehe und die Scheidung.

(a) Der erste Fall (*ipsa in matrimonio decedit*) wird, seitdem erstmals Czyhlarz den Verdacht äußerte, nahezu allgemein als kompilatorischer Zusatz angesehen, weil ein *pactum* für den Fall, daß die Frau in der Ehe verstirbt, im klassischen Recht überflüssig, im justinianischen dagegen sinnvoll gewesen sei[18]. Denn Justinian hatte in der Reformkonstitution vom 1. November 530 (C. 5,13 *un.*) die *actiones rei uxoriae* und *ex stipulatu* zu einer einheitlichen modifizierten Stipulationsklage verschmolzen und diese beim Tod der Frau in der Ehe zugunsten ihrer Erben vererblich gestellt, ohne daß es (anders als zuvor bei der *actio rei uxoriae*, UE 6,7) auf einen Verzug des Mannes noch angekommen wäre. Nach Justinians Änderung bedurfte es also eines *pactum*, wenn die Mitgift beim Mann verbleiben sollte, worauf Justinian in C. 5,13,1,6 auch hinweist. Danach ist es gut möglich, daß der beanstandete Passus in D. 33,4,1,1 eingefügt worden ist. Andererseits ist nicht zu übersehen, daß es für das beanstandete *pactum* auch schon zu Ulpians Zeit Anwendungsfälle gab, etwa bei der *dos profecticia*, die dem Mann vom *paterfamilias* der Frau bestellt wurde, oder bei der von einer gewaltfreien Ehefrau dem Mann überlassenen *dos adventicia*, die bei dem Tod der Frau zwar ohnehin beim Mann verbliebe, zu der über das *pactum* aber Bedingungen für diesen Verbleib festgelegt werden könnten[19]. Der in D. 33,4,1,1 (i.f.) zuerst genannte Fall kann demnach gut auch von Ulpian schon angeführt worden sein.

(b) Überraschender ist der zweite Fall. Denn bei einer Scheidung ist die Frau in besonderem Maße auf die Mitgift angewiesen, um ihren Unterhalt zu bestreiten und sich die Chancen einer Wiederverheiratung zu erhalten, zu der sie nach den augusteischen Ehegesetzen grundsätzlich auch verpflichtet war. Zudem wird das *divortium* uneingeschränkt genannt, so daß ein *pactum*, die *dos* solle beim Ehemann bleiben, auch

17 Anders *G. Beseler*, Textkritische Studien, SZ 52 (1932) 49 („… juristisch unmöglich: durch ein Legat kann man weder ein Dotalpactum noch eine exceptio aufheben“).

18 *Czyhlarz* (Fn. 14), S. 433f., zustimmend *P. Krüger*; *O. Lenel*; *H. Dernburg*; *P.E. Corbett*; *A. Burdese*, auch *H. Siber*; *M. Humbert* (Nachweise bei *Knütel* (Fn. 12), S. 59 Fn. 25); anders, aber ohne nähere Auseinandersetzung, *M. Magagna*, I patti dotali nel pensiero dei giuristi classici, Padua 2002, S. 270f. mit Fn. 59, 275 Fn. 34.

19 Siehe etwa Paul. D. 23,4,12 pr.; Diocl. C. 5,14,6 (a. 293) sowie Flor. D. 23,4,24; dazu und zu weiteren Einzelheiten s. *Knütel* (Fn. 12), S. 65ff., 70ff., 78ff.

in dem Fall als wirksam anerkannt worden sein müßte, in dem den Mann die Schuld an der Scheidung traf. Das ist kaum vorstellbar, würde das doch auf eine Prämiierung ehewidrigen Verhaltens des Mannes hinauslaufen, was der Prätor nicht zulassen würde[20]. Es ist deshalb anzunehmen, daß Ulpian es für selbstverständlich gehalten hat, daß diese Situation von seinem Hinweis in D. 33,4,1,1 i.f. nicht erfaßt ist[21].

Das findet eine Bestätigung in Fragmenta Vaticana 120, *Ulpianus 33.ed.*:

Inter cetera de reddenda *dote pacta praeter legitimam* ut retentionum ratio habeatur si quidem convenit, *eo pacto verendum est, ne* non deterior dotis causa fiat, nisi in eum casum, quo *filii extent, convenerit*; hoc enim iure utimur et Iulianus scribit et est rescriptum. *tum igitur et universa* dos retineri uno filio interveniente potest, si modo non culp*a viri divortium factum est*. Quod si nihil convenit, exercendae retentiones non sunt *nisi legitimae*. (Wird bei den Absprachen über die Rückgewähr der Mitgift unter anderem vereinbart, daß über das gesetzliche Zurückbehaltungsrecht hinaus auch andere Zurückbehaltungsrechte Berücksichtigung finden sollen, so muß bei einer derartigen Vereinbarung darauf geachtet werden, daß die Rechtslage der Mitgift nicht verschlechtert wird, sofern das Übereinkommen nicht für den Fall geschlossen wird, daß Kinder vorhanden sind. Das ist bei uns nämlich geltendes Recht, und Julian schreibt dies, und es ist durch Reskript bestimmt. Es kann dann also, auch wenn nur ein Kind vorhanden ist, die gesamte Mitgift zurückbehalten werden, es sei denn, daß es durch Schuld des Mannes zur Scheidung gekommen ist. Ist aber nichts vereinbart, so können allein die gesetzlichen Zurückbehaltungsrechte ausgeübt werden.)

Das Blatt des Manuskripts ist von rechts so beschnitten worden, daß die Textzeilen nahezu zur Hälfte weggefallen sind. Die kursiv gekennzeichneten Ergänzungen Mommsens sind einleuchtend und haben weit überwiegend Zustimmung gefunden[22]. Der Text kann daher als Beleg dafür genommen werden, daß Vereinbarungen zum Schicksal der *dos* nach Auflösung der Ehe zum Nachteil der Frau wirksam nur dann getroffen werden konnten, wenn zumindest ein Kind in der Ehe geboren ist und wenn im Falle der Auflösung durch Scheidung der Mann nicht der schuldige Teil war.

War demnach Voraussetzung, daß die Scheidung nicht vom Mann verschuldet war, so bleiben die drei Möglichkeiten, daß beide Ehegatten gleiches Verschulden trifft, daß der Frau das Verschulden anzulasten ist und daß auf keiner Seite Verschulden anzunehmen ist.

20 Vgl. etwa Ulp. D. 4,8,31 pr.

21 Vgl. auch *Stiegler* (Fn. 14), S. 442 (zu fr. Vat. 107: „Denn *culpa viri* durfte nie vorliegen").

22 Nach der Ausgabe *P. Krüger, Th. Mommsen, W. Studemund*, Collectio librorum iuris anteiustiniani, III, Berlin 1890, S. 1ff. (54), die zugrundegelegt wird auch von *G. Baviera*, FIRA II, S. 464ff. (493); *J.E. Spruit, K.E.M. Bongenaar*, Zutphen 1987, S. 13ff. (56); *A. d'Ors, A. Castresana Herrero*, Madrid 1988, S. 1ff. (58). Die Abweichungen in der Lesart von *E. Seckel, B. Kübler*, Iurisprudentiae anteiustinianae reliquias, II/1, Leipzig 1911, S. 207 (250: rescrip*tum itaque a marito etiam tota* dos … non culp*a eius divortium* …), und von *O. Lenel*, Palingenesia iuris civilis, II, Leipzig 1889, Sp. 646 (Ulp. Nr. 963) weisen keine für die Sache wesentlichen Abweichungen auf.

(1) Bei beiderseitigem Verschulden läßt sich nicht sagen, den Mann treffe kein Verschulden; dasselbe gilt im Hinblick auf die Frau. Es kommt deshalb zur *culpa*-Kompensation, was durch Papinian[23] bestätigt wird[24].

Folglich liegen die Voraussetzungen des Dotalpaktums über den Verbleib des *dos* nicht vor, so daß die Mitgift der Frau innerhalb der gesetzlichen Fristen in drei Jahresraten vollständig zurückzugeben ist. Da der Mann von Verschulden nicht frei ist, entfallen auch die *retentiones propter liberos* und *propter mores*.

(2) Fällt nur der Frau *culpa* zur Last, so verliert sie aufgrund des *pactum* die gesamte Mitgift. Das ist, zumal wenn es sich um ein leichteres Verschulden handelt, eine sehr harte Sanktion. Nicht minder schwer, aber verständlicher sind die Konsequenzen im Fall, daß die Scheidung wegen Ehebruchs der Frau erfolgt.

(3) Kommt es ohne Verschulden der Frau oder des Mannes zur Scheidung und liegt auch in dem Umstand, daß ein Teil die Scheidung herbeigeführt hat, kein Verschulden[25], so ergibt sich schon aus dem Wortlaut des *pactum*, daß der Mann die Mitgift behält. Eine Bestätigung findet diese Annahme in Fragmenta Vaticana 106-107, *Paulus 8. Resp.*:

> Convenit in pacto dotali, ut divortio facto sextae liberorum nomine retinerentur: quaero, an discidio interveniente sextae retineri possint. Paulus respondit secundum ea quae proponuntur posse. 107 item quaesitum est, si vir repudium misit et eandem reduxit eaque mulier absente viro de domo eius discesserit, an eaque sextae retineri possint ex priore pacto. Paulus respondit, si verum divortium intercessit et ad eundem rursum reversa non renovato pacto man*en*te dote divortit, sextas liberorum nomine ita demum retineri posse, si culpa mulieris divortium intercessit. (In einer Mitgiftabrede wurde vereinbart, daß im Fall einer Scheidung die Sechstel wegen der Kinder einbehalten würden. Ich frage an, ob nach Vollzug der Scheidung die Sechstel einbehalten werden können. Paulus hat die Auskunft gegeben, nach dem, was vorgetragen werde, könne man das. 107. Des weiteren wurde gefragt: Wenn der Mann einen Scheidebrief schickte, dann die Frau wieder heiratete und sie während einer Abwesenheit ihres Mannes sein Haus verließ – könnten dann diese Sechstel aufgrund der früheren Abrede einbehalten werden? Paulus hat das Gutachten erteilt: Ist es zu einer wirklichen Scheidung gekommen und hat die Frau nach der Rückkehr zu demselben Mann die Mitgift fortbestehen lassen, ohne die Abrede zu wiederholen, und dann die Scheidung vollzogen, so können die Sechstel wegen der Kinder nur unter der Bedingung einbehalten werden, daß die Schuld an der neuerlichen Scheidung bei ihr liege.)

Offensichtlich geht es um einen einheitlichen Fall[26]. Der Petent richtet zwei Fragen an Paulus. Die erste betrifft das Grundsätzliche, ob eine *retentio propter liberos* überhaupt

23 (11. *quaest.*) D. 24,3,39: Viro atque uxore mores invicem accusantibus causam repudii dedisse utrumque pronuntiatum est. id ita accipi debet, ut ea lege, quam ambo contempserunt, neuter vindicatur: paria enim delicta mutua pensatione dissolvuntur.

24 Vgl. *A. Söllner*, Zur Vorgeschichte und Funktion der actio rei uxoriae, Köln, Wien 1969, S. 118; *Stiegler* (Fn. 21), S. 438.

25 Vgl. Cic., topica 4,19.

26 Vgl. *O. Lenel*, Palingenesia iuris civilis, I, Leipzig 1889, Sp. 1235, Paul. Nr. 1513; *J.H. Wolff*, Dos und erneuerte Ehe, SZ 66 (1948) 40f.; *R. Yaron*, De divortio varia, TR 32 (1964) 540; *Stiegler* (Fn. 14), S. 440 („vielleicht“).

generell für den Fall der Scheidung vereinbart werden kann, also auch wenn die Frau kein Verschulden trifft – was eine Verschlechterung der *condicio mulieris* ist[27]. Paulus bejaht die Frage und damit wird es erforderlich, auf die zweite Frage einzugehen, aus der sich der konkrete Sachverhalt ergibt: Für die erste Ehe war die Mitgift mit der genannten Dotalabrede bestellt worden. Es kam zur Scheidung und später zur Wiederaufnahme der Lebensgemeinschaft mit *affectio maritalis* und unter Belassung der *dos* beim Mann. Doch erlosch die eheliche Gesinnung auf Seiten der Frau, die mit Verlassen des Hauses die zweite Scheidung vollzog.

Paulus stellt sein Gutachten unter den (sich bei der Wiedervereinigung von Ehegatten immer aufdrängenden) Vorbehalt, daß die erste Ehe durch eine wirkliche Scheidung aufgelöst wurde, und betont die weitere Voraussetzung, daß, auch wenn die Mitgift beim Ehemann verblieb[28], das Dotalpaktum nicht erneuert wurde. Daß er nicht davon ausgeht, die *quasi renovatio* der *dos* erfasse auch die Abrede, erklärt sich wahrscheinlich aus dem anerkannten Auslegungstopos des *favor dotis*[29], wird mit dieser Auslegung doch das die Frau benachteiligende *pactum* in Grenzen gehalten.

Aus dem Wegfall des *pactum* folgt, daß die gesetzliche Regelung anzuwenden ist, eine *retentio propter liberos* also nur bei *culpa mulieris* ausgeübt werden kann (UE 6,10). Mit dieser Hervorhebung bestätigt Paulus zugleich die für unseren Zusammenhang entscheidende und schon aus fr. Vat. 106 erschlossene Annahme, daß dann, wenn das *pactum* erneut vereinbart worden wäre, die Sechstel auch unabhängig von einer Schuld der Frau hätten einbehalten werden können[30]. Daß es sich bei den Dotalpacta zur Einbehaltung der *gesamten dos* bei einer Scheidung ohne Verschulden des Mannes ganz entsprechend verhält, die Frau also ohne ihr Verschulden die Mitgift verlieren kann, ergibt sich aus fr. Vat. 120.

Bei Lichte besehen kann sich das *pactum* also als eine die gesamte Mitgift erfassende verschuldensunabhängige Verfallklausel zu Lasten der Ehefrau erweisen. Bedenkt man, daß die *dos* den nachehelichen Unterhalt der Ehefrau sichern und ihre Wiederverheiratungschancen wahren sollte, so wird klar, daß sich das *pactum* in dieser Situation für die schuldlose Frau geradezu existenzvernichtend auswirken und sie von einer Scheidung abschrecken würde. Mit dem Prinzip *libera matrimonia esse antiquitus placuit* steht das in einem bislang kaum beachteten[31] krassen Widerspruch.

3.3 Eine Erklärung für diese noch in der Spätklassik fortbestehende Widersprüchlichkeit dürfte im römischen Traditionalismus liegen. In Zeiten, die über das 2. Jahrhundert v. Chr. zurückreichen, war es in Fällen des Ehebruchs und eines anderen als gravierend

27 Vgl. o. Fn. 15.

28 Das bedarf hier keiner Vertiefung. Zur Möglichkeit einer stillschweigenden Neubestellung s. *A. Wacke*, Zur Lehre vom pactum tacitum, SZ 91 (1974) 251ff. mit Mod. D. 23,3,13; Iav. D. 23,3,64; Sev.-Ulp. D. 23,3,40 (*quasi renovata dote*).

29 Zu diesem *J.F. Stagl*, Favor dotis, Wien, Köln 2009, freilich ohne Berücksichtigung von fr. Vat. 107.

30 Ebenso *Wolff* und *Yaron* (beide Fn. 26); *Stiegler* (Fn. 14), S. 442.

31 Wohl nur *Söllner* (Fn. 24), S. 124 hat bislang die allgemeine „Vorstellung einer freien, jederzeit ohne Rechtsnachteil aus freien Stücken lösbaren Ehe" als ein „zumindest unvollständiges Bild" kritisiert. Siehe etwa *Kaser* (Fn. 13), S. 326 („Im ganzen aber gilt die Freiheit der Scheidung als unantastbares, aus dem Wesen der Ehe folgendes Prinzip").

aufgefaßten Fehlverhaltens der Frau, etwa heimlichem Weingenuß, dem Mann erlaubt, bei der Scheidung die Mitgift zu behalten, ganz abgesehen von dem (von der *lex Iulia de adulteriis* beseitigten) Recht, die beim Ehebruch angetroffene Frau zu töten[32]. Hier tritt deutlich hervor, daß die Einbehaltung der *dos* eine Strafe für den Ehebruch darstellt. Dieses Verständnis hat sich auch zu den *retentiones* in deren Fassung durch die l*ex Iulia de adulteriis* von 17 v. Chr. erhalten, die deshalb *morum graviorum nomine* mit einem Sechstel höher ausfallen als die ein Achtel ausmachenden *leviorum nomine* und die deshalb *propter liberos* eine *culpa* der Frau an der Scheidung voraussetzen[33].

Die überkommene Rechtslage hat offenbar auch nach Erlaß der augusteischen Ehegesetze noch die Vorstellungen der maßgeblichen Kreise in dem Sinne beeinflußt, daß man über die Sanktionen der Gesetze hinaus zur Sicherung der ehelichen Treue der Frau am Herkömmlichen festhalten sollte, freilich auch in Anpassung an diese Gesetze. Denn das Erfordernis, daß zumindest ein Kind in der Ehe geboren ist, dürfte erst durch sie begründet worden sein, ergab sich aus diesem Umstand doch, daß die Ehe zur Erfüllung des „bevölkerungspolitischen Auftrags" der augusteischen Ehegesetze tauglich war; aus einer solchen Ehe auszubrechen, lief dem staatlichen Interesse zuwider[34]. Es kommt hinzu, daß der „Leitfall" einer nicht vom Ehemann verschuldeten Scheidung ein Ehebruch der Frau gewesen sein wird. Dieser zog nach der *lex Iulia de adulteriis* ein Scheidungs- und Anklagegebot für den Ehemann, der andernfalls als Kuppler (*leno*) bestraft werden würde, nach sich; die schuldige Frau wurde mit dem teilweisen Verlust ihrer Mitgift aufgrund der *retentiones propter liberos* und *propter mores* bestraft[35]; darüber hinaus traf sie das Verbot der Wiederverheiratung[36]. Hinzu traten in der strafgerichtlichen *quaestio de adulteriis*, die durch die *lex Iulia* von 17 v. Chr. eingeführt wurde, die Relegation der Frau und des Ehebrechers auf verschiedene Inseln und für die Frau die Konfiskation der Hälfte ihrer Mitgift und eines Drittels der *parapherna*[37]. Angesichts dieser Sanktionen bestand kein Wiederverheiratungsinteresse mehr, das es gerechtfertigt hätte, ihr die Mitgift zu sichern; im übrigen war es Zweck der Strafe, die Frau in Mitgift und Vermögen zu treffen, womit auch einer Sicherung ihres Versorgungsinteresses die Grundlage entzogen war. Wenn aber für den Hauptfall einer

32 Dionysios v. Halikarnass 2,25; Plutarch, Romulus 22; Plinius, N.H. 14,90 und vor allem Gellius, N.A. 10,23,4-5 (aus der Rede des Cato Censorius *de dote*: „vir … cum divortium fecit mulieri iudex pro censore est. imperium quod videtur habet. si quid pervorse taetreque factum est a muliere, multatur; si vinum bibit, si cum alieno viro probri quid fecit, condemnatur … in adulterio uxorem tuam si prehendisses, sine iudicio impune necares … "); dazu Näheres bei *W. Kunkel*, Das Konsilium im Hausgericht, SZ 83 (1966) 234ff., der aus *vir ... iudex pro censore* folgert, es gehe in der ersten Fallgruppe um ein Multierungsrecht des Mannes, nach Art zensorischen Sittengerichts Abzüge *propter mores* zu machen.

33 Vgl. auch UE 6,13: *Mariti mores puniuntur …* .

34 Vgl. *M. Humbert*, Le remariage à Rome, 1972, S. 278.

35 Vgl. o. zu Fn. 14.

36 *Kaser* (Fn. 13), S. 319 Fn. 10. Ein Mann, der sie in Kenntnis ihrer Verurteilung wegen Ehebruchs heiratete, unterlag einer Bestrafung wegen *lenocinium*, Ulp. D. 48,5,30,1.

37 *Th. Mommsen*, Römisches Strafrecht, Leipzig 1899, S. 698f. (mit Pauli sent. 2,26,14); *B. Santalucia*, Diritto e processo penale, 2. Aufl., Mailand 1998, S. 204 mit Fn. 57. In Homenaje Guzmán (Fn. 12), S. 83 ist mir leider eine (lucubrationsbedingte) Vermengung der privatrechtlichen und der strafrechtlichen Scheidungssanktionen der *lex Iulia* unterlaufen.

Scheidung aus Verschulden der Frau schon von Gesetzes wegen derart einschneidende Sanktionen bestanden, werden Braut und Brautvater keinen größeren Widerstand gegen das Paktum aufgebracht haben, wonach die Mitgift bei einer Scheidung ohne Verschulden des Mannes bei diesem verbleiben sollte.

Im übrigen wird es sich bei der an sich selbstverständlichen Einschränkung *si modo non culpa viri divortium factum est* (fr. Vat. 120) um eine feste Klausel der Vereinbarung, die *dos* solle im Scheidungsfall beim Mann verbleiben, handeln, die sich in der Formularpraxis gebildet hat und bei der der eher seltene Fall einer von keiner Seite verschuldeten Scheidung außer acht gelassen wurde. Heutzutage würde man durch teleologische Reduktion zu dem Ergebnis kommen, daß dieser Fall von der Vereinbarung nicht erfaßt sei. Für die Klassik bleibt jedoch der ungelöste Widerspruch zum Prinzip der *libera matrimonia.* Und es bleibt der Eindruck, daß die römischen Ehefrauen durch die sehr bedrohlichen Konsequenzen von Dotalpakta, die ihre Hausväter für sie abgeschlossen oder auf die sie selbst sich möglicherweise in einer gewissen *levitas animi* eingelassen hatten, an ihre Ehe gefesselt werden konnten.

Gegen Ende seiner 1. Satire bei Ratschlägen für einen Liebe suchenden Mann – Passagen, die Wieland in seiner vorzüglichen Ausgabe ausließ, denn es würden „weder unsre Sitten noch unsre Ohren ... diesen Grad von altrömischer Freyheit, und die etwas cynische Laune, welcher Horaz hier den Zügel schiessen läßt, ertragen können“[38] – trifft Horaz den Punkt, wenn er die Frau, die während des Abenteuers mit einem Liebhaber von dem Ruf aufgeschreckt wird, ihr mann Mann nähere sich dem Hause, als erste Reaktion an den Verlust ihrer Mitgift denken läßt[39].

Abstract

As becomes apparent if one studies *pacta dotalia*, the principle *libera matrimonia esse antiquitus placuit* did not apply quite as unrestrictedly as commonly assumed. These *pacta* could involve discrimination against women in the sense that a subsequent divorce would threaten their subsistence.

38 *M.C. Wieland*, Horazens Satiren, 2. Aufl. 1804, Nachdruck Nördlingen 1985, S. 46.

39 Horaz, Sat. 1,2,131.

Ulpians Katalog unentgeltlicher Zuwendungen*

ROLF KNÜTEL

I. Zuwendungen eines Freigelassenen: Erbeinsetzung und Pflichtteil des Freilassers

In einem wenig beachteten Zusammenhang geht der spätklassische Jurist Ulpian († 223 n.Chr.) im 41. Buch seines Ediktskommentars auf die typischen Fälle unentgeltlichen Erwerbs ein, um zu klären, ob einem Pflichtteilsberechtigten das ihm Zustehende zugewendet worden ist. Die Erörterung betrifft das über das prätorische Edikt eingeführte „gesetzliche" Erbrecht des Freilassers, dem als *debita portio* grundsätzlich ein Anspruch in Höhe der Hälfte des Nachlasses seines Freigelassenen zugestanden wurde.[1] Die innere Rechtfertigung dieses Erbrechts ergab sich aus einer Übung, nach der sich Freilasser auszubedingen pflegten, als Gesellschafter am Vermögen des Freigelassenen beteiligt zu sein, sofern dieser es ihnen gegenüber am dienstbeflissenen Gehorsam fehlen lassen würde.[2] Das Pflichtteilsrecht des Freilassers entfiel jedoch, wenn der Freigelassene einen Hauserben oder jedenfalls ein leibliches Kind hinterließ und sein Nachlass weniger als 100.000 Sesterzen wert war.[3]

Am besten wäre es natürlich, wenn ein kinderloser Freigelassener seinen Freilasser testamentarisch zum Erben auf die Hälfte einsetzte. Selbstverständlich stand nichts entgegen, neben eigenen Kindern auch den Freilasser einzusetzen. Wurde der Freilasser nicht in Höhe des Pflichtteils bedacht, so konnte er beim Prätor die Einweisung in den Nachlassbesitz „Entgegen dem Testament" (*bonorum possessio contra tabulas*) beantragen und wurde mit der Bewilligung „Erbe nach prätorischem Recht".[4]

* K. Muscheler/R. Zimmermann (Hrsg.), Zivilrecht und Steuerrecht, Erwerb von Todes wegen und Schenkung. Festschrift für Jens Peter Meincke zum 80. Geburtstag, C. H. Beck, München 2015, 207 – 217.

1 Justinian beschränkte das Erbrecht des Freilassers nach einem kinderlosen Freigelassenen auf ein Drittel des Nachlassvermögens, C. 6, 4, 4, 15–16 (531); Inst. Iust. 3, 7, 4; vgl. *Max Kaser*, Das römische Privatrecht, Band II, Die nachklassischen Entwicklungen, 2. Aufl. 1975, 522. – Für *dimidia pars* (oder *portio*) ist in der Kompilation deshalb meist, aber nicht durchweg *debita pars* gesetzt worden.

2 Vgl. Ulp. D. 38, 2, 1, 1.

3 Näheres in Gai. 3, 40–42 und Inst. Iust. 3, 7 pr. und 1. Probleme der Nachlassbewertung, denen der Jubilar seine grundlegende Abhandlung „Das Recht der Nachlassbewertung im BGB", 1973, gewidmet hat, stellten sich mithin in der Antike ebenfalls, natürlich auch in erbrechtlichen Zusammenhängen einschließlich der Erbschaftsteuer; zu dieser vgl. *Sven Günther*, Vectigalia nervos esse rei publicae, 2008, 32 ff., 83 f.

4 Vgl. Ulp. D. 38, 2, 3, 10.

II. Weitere Formen unentgeltlicher Zuwendungen

1. Vermächtnisse und Fideikommisse

Der hier interessierende Teil der Ausführungen Ulpians beginnt mit D. 38, 2, 3, 15, Ulpian im [41.] <42.> Buch zum Edikt:

Si debita patrono portio legata sit, etsi scriptus heres non fuerit, satis ei factum est.	Ist dem Freilasser der Pflichtteil durch Vermächtnis zugewendet, so ist er hinreichend berücksichtigt, auch wenn er nicht als Erbe eingesetzt ist.[5]

Die Lösung ähnelt dem § 2307 BGB. Entscheidend ist, dass der Freilasser wertmäßig aus dem Nachlass des Freigelassenen so viel erhält, wie seinem Pflichtteil entspricht. Vor dem Hintergrund der Entwicklung des Freilasser-Erbrechts aus dem Gedanken eines Gesellschafteranteils am Vermögen des Freigelassenen leuchtet das ohne Weiteres ein.

Im Folgenden geht es dann um die Pflichtteilsergänzung: D. 38, 2, 3, 16

Sed et si institutus sit ex parte minore quam ei debetur residua vero pars suppleta est ei legatis sive fideicommissis, et ita satisfactum ei videtur.	Aber auch wenn er auf einen geringeren Anteil eingesetzt ist als den, der ihm zusteht, ihm der restliche Teil aber durch Vermächtnisse oder Fideikommisse ergänzt wird, ist der Freilasser ersichtlich auch so hinreichend berücksichtigt.

Der Text enthält zwei Aussagen, die ausdrückliche, dass die Erbeinsetzung des Freilassers auf einen zu geringen Anteil durch zwei andere Erwerbsgründe von Todes wegen, nämlich Legat oder Fideikommiß, ergänzt werden kann, sowie die mit „satisfactum ei videtur" nur angedeutete Auskunft, dass der Freilasser im Fall einer solchen Lösung die *bonorum possessio contra tabulas* nicht erlangen kann. Dies bestätigt D. 37, 14, 21, 1, Hermogenian im 3. Buch der Auszüge aus dem Recht:

Excluditur contra tabulas bonorum possessione patronus et si ex uncia heres instituatur et id, quod deest ad supplendam debitam portionem, per servum iudicio liberti sine condicione et dilatione ei, hereditate vel legato sive fideicommisso quaeri potest.	Der Freilasser wird vom Nachlassbesitz 'Entgegen dem Testament' auch dann ausgeschlossen, wenn er zu einem Zwölftel zum Erben eingesetzt ist und das, was zur Ergänzung des Pflichtteils fehlt, nach dem letzten Willen des Freigelassenen über einen [dem Freilasser gehörenden] Sklaven ohne hinderliche Bedingung oder Frist aufgrund einer Erbeinsetzung oder eines Vermächtnisses oder Fideikommisses für ihn erworben werden kann.

Zuwendungen an den Freilasser waren – wie überhaupt an einen Dritten – auch in der Weise möglich, dass man einen Sklaven oder ein Hauskind des Erwerbers bedachte, fiel doch der Erwerb Gewaltunterworfener im Grundsatz ohne Weiteres

[5] Die Übersetzung von D. 38, 2, 3 wie auch von D. 38, 2, 8, 3–4 gibt den Text wieder, der aufgrund einer Vorlage von Thomas Rüfner vom Herausgebergremium der neuen deutschen Übersetzung erarbeitet wurde.

dem Gewalthaber zu.[6] Es muss sich im Fragment 21, 1 also um einen Sklaven des Freilassers handeln, der zum Miterben möglicherweise auf die restlichen 11/12 eingesetzt war. Sklaven waren passiv erbfähig;[7] bei ihrer Einsetzung bedurfte es für den Erbschaftserwerb freilich einer Genehmigung ihres Herrn, die dadurch erteilt wurde, dass dieser dem Sklaven die Weisung (*iussum*) erteilte, die Erbschaft anzutreten.[8] Doch änderte dieses – schon wegen der Erbenhaftung sachgerechte – Erfordernis nichts daran, dass der Freilasser durch diese von seinem Freigelassenen letztwillig verfügten Zuwendungen hinreichend berücksichtigt wird und deshalb zur *bonorum possessio contra tabulas* nicht berechtigt ist.[9] Es genügt für die Pflichtteilsergänzung, dass dem Freilasser die uneingeschränkte Erwerbsmöglichkeit verschafft wird („quaeri potest").

2. *Schenkungen von Todes wegen*

D. 38, 2, 3, 17

Sed et mortis causa donationibus poterit patrono debita portio suppleri: nam mortis causa donationes vice legatorum funguntur.

Der Pflichtteil des Freilassers kann aber auch durch Schenkungen von Todes wegen ergänzt werden, denn Schenkungen von Todes wegen wirken wie Vermächtnisse.

Von den Vermächtnissen und Fideikommissen macht Ulpian den Schritt zu den Schenkungen von Todes wegen. Auch sie sollen zur Ergänzung des Pflichtteils Berücksichtigung finden.

Aussage und Begründung sind des Öfteren als interpoliert angesehen worden.[10] Wesentlich dafür ist, dass Justinian in seiner Reformkonstitution C. 5, 56, 4 (530) zur *donatio mortis causa* anordnete, diese solle, wenn sie wenigstens vor fünf Zeugen zustande gekommen sei, ausgestattet sein mit „omnes effectus ... quos ultimae habent liberalitates". In Inst. 2, 7, 1 bekundet Justinian freilich, die Schenkung von Todes wegen werde „in fast jeder Hinsicht zu den Vermächtnissen gezählt" („per omnia fere legatis connumeretur").[11] Entscheidend für die Echtheit dürfte jedoch

---

[6] Vgl. nur *Max Kaser/Rolf Knütel*, Römisches Privatrecht, 20. Aufl. 2014, 82 Rn. 11.4; 99 Rn. 15.9; 334 Rn. 60.13.

[7] Vgl. Pomp. D. 28, 1, 16 pr. („obwohl sie nämlich kein Testament errichten können, können sie doch aus einem Testament für sich oder andere erwerben"); Inst. Iust. 2, 19, 4; Näheres bei *Wolfram Buchwitz*, Servus alienus heres. Die Erbeinsetzung fremder Sklaven im klassischen römischen Recht, 2012.

[8] Entsprechendes gilt für den Erwerb von Legaten und Fideikommissen, vgl. nur Iul. D. 30, 81, 1 (Legat); Ulp. D. 38, 2, 8, 2 (*aliquid relictum*).

[9] Vgl. *Burkhard Wilhelm Leist* in Christian Friedrich von Glück, Ausführliche Erläuterung der Pandecten nach Hellfeld, Bd. 54 (Serie der Bücher 37 und 38, V. Theil), 515; *Carla Masi Doria*, Bona libertorum, 1996, 242 f.; 263 Fn. 82 (zugleich gegen die nicht haltbaren Interpolationsbehauptungen von *Giorgio La Pira*, La successione ereditaria intestata e contro il testamento in diritto romano, 1930, 471, 483.

[10] *Paul Krüger*, Supplementa in der editio stereotypa, 15. Aufl. 1928, 978; *Gerhard von Beseler*, Romanistische Studien, TR 10 (1930) 237; *La Pira* (Fn. 9) 386 (mit unzutreffender Berufung auf *Mancaleoni*); *Santi Di Paola*, Donatio mortis causa, 1950, 231; *Pascal Simonius*, Die Donatio Mortis Causa im klassischen römischen Recht, 1958, 64 (dazu unten Fn. 13); *Schindler* (siehe Fn. 12), vorsichtiger *Masi Doria* (Fn. 9) 267 f., die es nicht ausschließen will, dass „nam seqq." von einem Glossator oder den Kompilatoren herrührt.

[11] Vgl. *Pasquale Voci*, Diritto ereditario romano, Band 2, 2. Aufl. 1963, 471; *Kaser* (Fn. 1) 566 mit Fn. 20.

sprechen, dass Justinian in C. 8, 56, 4 (530) ebenso wie in Inst. 2, 7, 1 hervorhebt, es sei unter den Rechtsgelehrten zweifelhaft gewesen, ob man die Schenkung von Todes wegen einer Schenkung oder einem Vermächtnis gleichstellen müsse, da sie ja Merkmale von beiden Rechtsverhältnissen aufweise.[12] Wenn aber unter den Klassikern Zweifel bestanden, dann musste es sich für Ulpian geradezu aufdrängen, einen begründenden Hinweis einzuflechten. Er tat das, indem er die funktionale Vergleichbarkeit von *donatio mortis causa* und Legat anführte.[13] Im Übrigen finden sich Hinweise auf die Nähe der *donatio mortis causa* auch an anderer Stelle bei Ulpian[14] wie auch bei Julian[15], Papinian[16] und Paulus.[17]

3. *Schenkungen unter Lebenden*

Wenn eine *donatio mortis causa* zur Ergänzung des Erblasser-Pflichtteils dienen kann, liegt es nahe zu erwägen, ob zu diesem Zweck nicht auch eine *donatio inter vivos* in Betracht kommen kann. Dem gilt dann auch Ulpians nächste Überlegung: D. 38, 2, 3, 18

Sed et si non mortis causa donavit libertus patrono, contemplatione tamen debitae portionis donata sunt, idem erit dicendum: tunc enim vel quasi mortis causa imputabuntur, vel quasi adgnita repellent patronum a contra tabulas bonorum possessione.

Aber auch wenn der Freigelassene seinen Freilasser nicht von Todes wegen beschenkt hat, jedoch Geschenke mit Rücksicht auf den Pflichtteil gemacht hat, muss man dasselbe sagen. Denn die Geschenke werden dann entweder als von Todes wegen erfolgt angerechnet oder führen als [vom Pflichtteilsberechtigten] angenommene Zuwendungen [des Erblassers] dazu, dass der Antrag des Freilassers auf Erteilung des Nachlassbesitzes 'Entgegen dem Testament' zurückgewiesen wird.

---

12 Dass es die – möglicherweise auch mit den unterschiedlichen Erscheinungsformen der *donatio mortis causa* zusammenhängenden (Iul.-Ulp. D. 39, 6, 2; Paul. D. 39, 6, 35, 4, vgl. *Detlef Liebs*, Die Schenkung von Todes wegen im römischen Recht in Festschrift für Dieter Leipold, 2009, 1014 ff.; *Kaser/Knütel* [Fn. 6] 426 f. Rn. 79.1) – Meinungsverschiedenheiten nicht unter den Klassikern gegeben habe, vielmehr ein entsprechender Streit erst unter den Juristen zu Justinians Zeit bestanden habe, wie *Karl-Heinz Schindler*, Justinians Haltung zur Klassik, 1966, 13–19 (Fn. 16: Fragment 3, 17 sei interpoliert) behauptet, ist unhaltbar. Schon der Ausgangspunkt Schindlers, dass „es nicht die Klassiker gewesen sein können, die über die Anwendung der Konstantinischen Schenkungsvorschriften [Fragmenta Vaticana 249], streiten konnten" (S. 13), ist verfehlt; es geht in der Konstitution vielmehr darum, ob die *donatio mortis causa* wegen ihrer Nähe zu den Legaten erbrechtlichen Formvorschriften zu unterwerfen ist, und nicht zufällig knüpft Justinian, indem er „eigene Formen der Errichtung vor fünf Zeugen" schafft (*Schindler*, S. 13), an die fünf Zeugen des zivilrechtlichen Testaments an, das sich aus dem Manzipationstestament entwickelt hatte.

13 Demgegenüber ist zur Annahme einer Interpolation von „nam seqq." ersichtlich ungeeignet der bloße Hinweis: „Zur Rechtfertigung dieser billigen Regel bedarf es keiner generellen Gleichsetzung von Dmc. [Donatio mortis causa] und Legat", so jedoch *Simonius* (Fn. 10) 64.

14 35 *ad legem Iuliam et Papiam*, D. 39, 6, 37 pr.: „Illud generaliter meminisse oportebit donationes mortis causa factas legatis comparatas: quodcumque igitur in legatis iuris est, id in mortis causa donationibus erit accipiendum"; ferner: 79 ed. D. 7, 9, 1, 2 (*exemplo legatorum*).

15 D. 39, 6, 17.

16 D. 31, 77, 1 (*exemplo legatorum*).

17 19 *ad edictum* D. 6, 2, 2 sowie in der Anmerkung zu Julian/Marcellus in Iul. D. 39, 6, 15. – Vgl. auch Marcellus D. 39, 6, 38.

a) Mit Rücksicht auf den Pflichtteil

Demnach soll sogar eine Schenkung unter Lebenden zur „Anrechnung" auf den Pflichtteil führen, sofern sie *contemplatione debitae portionis* zustande kam. Diese Ausweitung wird größtenteils als eine kompilatorische Einfügung angesehen, um der von Justinian in C. 3, 28, 35, 2 (531) getroffenen Bestimmung Rechnung zu tragen,[18] dass es auch zu beachten ist, wenn ein Vater seinen Sohn auf weniger als den gesetzlichen Erbteil eingesetzt oder ihm eine Zuwendung gemacht hat, sei es durch Schenkung von Todes wegen, sei es durch eine Schenkung unter Lebenden, sofern diese mit der Maßgabe erfolgt sei, dass sie ihm auf das (ihm gebührende) Viertel angerechnet werde. In einem solchen Fall soll der Sohn an eine nach dem Tod des Vaters gezeigte einfache Anerkennung des ihm Hinterlassenen oder Zugewendeten („si filius post obitum patris hoc quod relictum vel datum est simpliciter agnoverit") nicht gebunden sein und die Ergänzung seines Pflichtteils verlangen können. Habe er jedoch schriftlich in einer Quittung oder einer Vergleichsurkunde besonders erklärt oder vereinbart, dass er, zufrieden mit dem ihm hinterlassenen oder zugewendeten Teil, sich hinsichtlich dessen, was fehlt, nicht im Streit befindet, dann bleibe ihm jedwede Klage (auf Ergänzung des Pflichtteils) versagt, und er sei gezwungen, den letzten Willen seines Vaters anzuerkennen.

Doch vermag auch die auf C. 3, 28, 35, 2 gestützte Verdächtigung des § 18 nicht recht zu überzeugen. Denn dass Justinian dort mit Vorbehalten lebzeitige Schenkungen auf den Pflichtteil anrechnet, schließt keineswegs aus, dass schon Ulpian diese Anrechnung bei einer Vornahme *contemplatione debitae portionis* bejaht hat.[19] Dass auch in diesem Bereich mit Streitfragen unter den Klassikern zu rechnen ist, zeigt der Hinweis Justinians, er habe *vetere iurgio exploso* (oder *expulso*) ein *pactum*, das zwischen Vater und Sohn bei einer Zuwendung an den Sohn getroffen wurde, wonach der Sohn das Testament des Vaters nicht durch Erhebung der *querela inofficiosi testamenti* anfechten werde, für nicht bindend erklärt, wenn der Sohn nach dem Tod des Vaters es nicht gelten lassen wolle. Er, Justinian, habe sich dabei von einem Gutachten Papinians leiten lassen, in dem dieser als Leitlinie bestimmte, Söhne seien durch Wohltaten dahin zu lenken, den Vätern Gehorsam zu erweisen, nicht aber durch knebelnde Abreden („secundum Papiniani responsum, in quo definivit meritis <magis> filios ad paterna obsequia provocandos quam pactionibus adstringendos": C. 3, 28, 35, 1 *in fine*).[20] Ob diese den Haussohn schützende *ratio* aber auch im Hinblick auf einen Freilasser passt, der sich auf den Anrechnungszweck eingelassen hat, darf man bezweifeln.

Auch in der Frage einer Anrechenbarkeit von *donationes inter vivos contemplatione dimidiae portionis* auf den Pflichtteil des Freilassers hatte Ulpian also Anlass zu präzisieren. Abgesehen davon, dass die Kompilatoren, hätten sie hier das Wort ergrif-

---

18 *Flaminio Mancaleoni*, Le donazioni tra vivi e la legittima del patrono in diritto romano classico in Studi Scialoja, Band II, 1905, 612 ff.; ihm folgen *Beseler* (Fn. 10) 237; *La Pira* (Fn. 10) 386, 387 sowie *Voci* (Fn. 11) 746 Fn. 41, vgl. 732 f. mit Fn. 14, ferner *Masi Doria* (Fn. 9) 270 f.

19 Bemerkenswert ist, dass Paulus im Zusammenhang der *querela inofficiosi testamenti* eine entsprechende Einbeziehung befürwortet, *2 disputationum* D. 5, 2, 25 pr., was freilich ebenfalls oft verdächtigt wird, z. B. von *Mancaleoni* (Fn. 18) 611 f.; *La Pira* (Fn. 10) 387; *Voci* (Fn. 11) 733 mit Fn. 14.

20 Vgl. die Überlieferung in den *Pauli Sententiae* 4, 5, 7.

fen, schwerlich weitere Erwägungen eingeflochten hätten, führt Ulpian gleich zwei Aspekte an, die in Justinians Konstitution nicht erkennbar sind. Der eine ist, dass die Schenkung als eine *quasi donatio mortis causa* zur Anrechnung kommt. Eine der Erscheinungsformen der *donatio mortis causa* ist: „cum quis nullo praesentis periculi metu conterritus, sed sola cogitationis mortalitatis donat," wenn also jemand, ohne durch eine unmittelbare Gefahr in Furcht versetzt zu sein, allein im Hinblick auf des Menschen Schicksal schenkt (Iul.-Ulp. D. 39, 6, 2). Ob der Schenker nun sagt: „Ich schenke schon jetzt; denn einmal muss ich ja doch sterben" oder: „Ich schenke, bei meinem Tod fällt es aber in deinen Erbteil", beides liegt nahe beieinander. Ulpian hat bei diesem Argument offenbar eine Analogie vor Augen.

b) Befolgung des Erblasserwillens

Ulpians zweiter Hinweis geht dahin, dass derjenige, der sich auf den Anrechnungszweck einlässt, sein Einverständnis mit dieser Form der Berücksichtigung seines Pflichtteilsrechts bekundet und damit dem Willen des künftigen Erblassers folgt. Die Befolgung des Erblasserwillens führt jedoch regelmäßig zur Versagung der *bonorum possessio contra tabulas*.[21] Es war diese Konsequenz, die für Mancaleoni den Hauptgrund bildete, das Fragment 3, 18 als interpoliert anzusehen: Es könne nicht sein, dass Ulpian eine *adgnitio* des Erblasserwillens (in diesem Falle eine *adgnitio donationis*) schon von einem Zeitpunkt ab bejaht habe, bevor der Erbfall überhaupt eingetreten war, und dies mit der Folge eines Ausschlusses von der *bonorum possessio contra tabulas* sogar dann, wenn der Freilasser mit der Schenkung nicht einmal den Wert der ihm zustehenden Hälfte des Nachlasses seines Freigelassenen erhalten habe.[22]

Mit dieser Betrachtungsweise wird man dem Text jedoch nicht gerecht. Denn darin ist mit Selbstverständlichkeit zugrunde gelegt, dass der Prätor nach pflichtgemäßem Ermessen über die Erteilung der *bonorum possessio contra tabulas* zu befinden hat. Dies impliziert, dass er dem Patron nach Möglichkeit dazu verhilft, das ihm Gebührende zu erlangen. So hebt Ulpian beispielsweise hervor, wenn ein Freilasser dem letzten Willen des Erblassers folgend die Erbschaft (als Miterbe) in der Annahme angetreten habe, er sei im Umfang des Pflichtteils eingesetzt, und sich dann herausstelle, dass er einen geringeren Anteil als erhofft hat, müsse ihm der gebührende Rechtsschutz (durch Erteilung des Nachlassbesitzes) gewährt werden.[23] Es ist also keineswegs anzunehmen, dass ein Freilasser, der den Willen des Freigelassenen

---

[21] Nachweise im folgenden, vgl. insbesondere Ulp. D. 38, 2, 8, 3–4 (unten III.2).

[22] *Mancaleoni* 613–616. Überdies beanstandet Mancaleoni in formaler Hinsicht, dass in dem Paragraphen das Subjekt fehle, so dass man nicht wisse, welche Sachen verschenkt seien. Dem ist freilich entgegenzuhalten, dass der Subjektsbegriff „oft ... aus dem ganzen Zusammenhange zu ergänzen" ist und „in speziellen Fachschriften häufig das Subjekt als selbstverständlich weggelassen wird, sobald es sich um die Person oder Sache handelt, mit der sich das ganze Buch beschäftigt" (*Raphael Kühner/Carl Stegmann*, Ausführliche Grammatik der lateinischen Sprache, 2. Teil: Satzlehre, Bd. 1, Nachdruck der 2. Aufl. 1914 mit Zusätzen und Berücksichtigungen, 1992, 6). *Dona* (oder *munera*) *donata sunt* wäre doch sehr unbeholfen.

[23] Ulp. D. 38, 2, 8 pr., vgl. Paul. D. 38,2,46, ferner Paul. D. 5, 2, 19. – Entsprechend zu dem Fall, dass das (statt der Erbeinsetzung) erteilte Vermächtnis vom Freilasser angenommen, ihm später aber teilweise evinziert wurde, Ulp. D. 38, 2, 8, 1.

im Hinblick auf die Erfüllung seines Pflichtteils anerkannt hat, damit schlechthin von der *bonorum possessio contra tabulas* ausgeschlossen gewesen wäre.

Im Übrigen erklären sich Ulpians abschließende Hinweise im § 18 des Fragments 3 passend aus dem Kontext. Der Jurist meint nicht etwa, es stehe im Belieben des Prätors, entweder die lebzeitige Schenkung auf den Pflichtteil anzurechnen oder in ihrer Entgegennahme eine Anerkennung des Willens des künftigen Erblassers zu sehen und deshalb die Erteilung der *bonorum possessio contra tabulas* zu verweigern. Vielmehr weist der Jurist darauf hin, wie bei einer Anerkennung schon lebzeitiger Schenkungen als erklärten Leistungen auf den Pflichtteil in den beiden typischen Situationen (vom Prätor) zu verfahren ist: Entweder deckt die Schenkung in ihrem Wert den Pflichtteilsanspruch nur zum Teil ab, dann wird sie wie eine Schenkung von Todes wegen auf den Pflichtteil angerechnet, oder sie deckt ihn voll ab oder geht sogar darüber hinaus, dann wird dem Freilasser wie einem Anerkennenden die Erteilung des Nachlassbesitzes verweigert.

Zu beachten bleibt schließlich, dass Ulpian sich in diesem Zusammenhang, in dem es ihm darum geht, welche unentgeltlichen Zuwendungen überhaupt im Hinblick auf das Pflichtteilsrecht Berücksichtigung finden können, darauf beschränkt, die einzelnen Fälle aufzuzählen. Selbstverständlich schließt dies nicht aus, dass er in der weiteren Kommentierung auf Einzelfragen zu diesen berücksichtigungsfähigen Zuwendungen näher eingeht.

4. Zuwendungen zur Erfüllung einer Bedingung

Eine weitere Ausdehnung der Leistungen, die als unentgeltliche Zuwendungen bei der Erfüllung des Pflichtteils angerechnet werden können, führt Ulpian an im anschließenden Fragment D. 38, 2, 3, 19:

Si patrono condicionis implendae causa quid datum sit, in portionem debitam imputari debet, si tamen de bonis sit liberti profectum.[24]	Wird dem Freilasser etwas zur Erfüllung einer Bedingung geleistet, so muss es auf den Pflichtteil angerechnet werden, jedoch nur, wenn es aus dem Vermögen des Freigelassenen stammt.

Hinter der abstrakten Kennzeichnung dieses letzten Beispiels der unentgeltlichen Zuwendung steht als maßgeblicher Fall der des *statuliber*, des bedingt Freigelassenen. Da es sich um eine aus dem Vermögen des Freigelassenen stammende Zuwendung handeln muss, die mit dem Erbfall zusammenhängt, ist anzunehmen, dass der Freigelassene seinerseits einen seiner Sklaven testamentarisch unter der Bedingung freigelassen hat, dass dieser an den Patron seines Freilassers eine bestimmte Summe zahlt. Die Bedingung, Geld an den Erben oder einen Dritten zu zahlen, war die häufigste und ökonomisch wichtigste Freilassungsbedingung.[25] Wenn das Geld *ex bonis liberti* an den Patron des Freilassers gelangen musste, dürfte regelmä-

[24] Nicht tragfähige Verdächtigungen bei *Beseler* (Fn. 10) 237 und *dems.*, Fruges et Paleae II, Festschrift für Fritz Schulz, Band I, 1951,3 28. Dagegen *Masi Doria* (Fn. 9) 271 Fn. 97, die freilich nicht erkennt, dass es sich um die Leistung eines *statuliber* aus dem *peculium* handelt, und deshalb „si tamen seqq." tilgen will, S. 272 f.

[25] *William Warwick Buckland*, The Roman Law of Slavery, 1908, Nachdruck 1969, 496.

ßig vorausgesetzt sein, dass dem bedingt Freigelassenen mit der Freilassung zugleich „sein“ *peculium* in dem Umfang vermacht war, den es beim Erbfall hatte.[26]

Wirtschaftlich stammte das Geld, das in einem solchen Fall vom Freigelassenen aus dem *peculium* an den Patron seines Freilassers gezahlt wurde, mithin aus dem Vermögen, das dieser Freilasser zur Zeit seines Todes hatte, und dies rechtfertigte es, die Zahlung zur Erfüllung der Freilassungsbedingung als eine anrechnungsfähige unentgeltliche Zuwendung des verstorbenen Freigelassenen an seinen Patron einzuordnen.

III. Zuwendungen des Freigelassenen und adgnitio patroni

Wie bereits angedeutet kommt Ulpian auf die unentgeltlichen Zuwendungen des Freigelassenen in anderem Zusammenhang zurück, nämlich bei der Frage, wann im Einzelnen eine *adgnitio*, eine Anerkennung des letzten Willens des Freigelassenen durch den Patron, mithin ein Verhalten *secundum tabulas* vorliegt, das die Möglichkeit ausschließt, die *bonorum possessio contra tabulas* zu erlangen. Während Ulpian im 42. Buch seines Ediktskommentars die Aufzählung der Fälle des unentgeltlichen Erwerbs brachte,[27] kommt er auf die Fragen zur *adgnitio* im 43. Buch zu sprechen.[28] Wir betrachten daraus nur den in D. 38, 2, 3–4 überlieferten Auszug, der des Öfteren als Beleg für die Behauptung herangezogen wird, die oben besprochenen Ausführungen Ulpians in D. 38, 2, 3, 18–19 seien interpoliert.

D. 38, 2, 8, 3–4, Ulpian im 43. Buch zum Edikt:

Sed et si mortis causa donationem adgnoverit, dicendum est repelli eum a contra tabulas bonorum possessione, sic tamen, si post mortem liberti adgnovit. ceterum si ei vivus libertus donavit,[29] ille accepit, non idcirco erit repulsus a contra tabulas bonorum possessione, quia potest dicere sperasse quod in testamento quoque gratus circa eum fieret, remittique ei debet ab eis decedere vel ea compensare in portionem pro rata. 4. Quare dicitur et si condicionis implen-

Aber auch wenn er eine Schenkung von Todes wegen angenommen hat, muss man sagen, dass er mit seinem Antrag auf Erteilung des Nachlassbesitzes ‘Entgegen dem Testament’ abgewiesen wird, jedoch nur, wenn er die Schenkung nach dem Tod des Freigelassenen angenommen hat. Hat der Freigelassene dem Freilasser hingegen noch zu Lebzeiten geschenkt und dieser die Schenkung erhalten, so wird er deswegen nicht mit seinem Antrag auf Erteilung des Nachlassbesitzes ‘Entgegen dem Testament’ abgewiesen, weil er sagen kann, er habe gehofft, dass sich der Freigelassene ihm gegenüber auch im Testament dankbar erweisen werde; und es muss ihm gestattet werden, das Geschenkte wieder aufzu-

26 In diesem Fall wurde es bei Zahlung an den Erben in die Falcidische Quart eingerechnet, Gai. D. 35, 2, 76 pr. – Vgl. *Buckland* (Fn. 25) 497.

27 *Otto Lenel*, Palingenesia iuris civilis, Band II, 1889, Neudruck 1960, 709 f., Ulpian Nr. 1151. Die in der *Florentina* überlieferte Angabe *libro quadragesimo primo* beruht auf einem Versehen.

28 So die *Florentina*, vgl. auch *Lenel* (Fn. 27) 711, Ulpian Nr. 1158.

29 *donavit, <et> ille.*

dae causa quid fuerit datum patrono post mortem liberti, repelli eum a contra tabulas bonorum possessione, quasi adgnoverit iudicium.

geben oder es rechnerisch mit dem Erbteil in Ausgleich zu bringen. 4. Daher sagt man, dass der Freilasser auch dann, wenn ihm nach dem Tod des Freigelassenen etwas zum Zweck der Erfüllung einer Bedingung geleistet wurde, mit seinem Antrag auf Erteilung des Nachlassbesitzes 'Entgegen dem Testament' abgewiesen wird, weil er gewissermaßen den letzten Willen [des Freigelassenen] anerkannt hat.

1. Schenkungen von Todes wegen

Zunächst geht es um die *donatio mortis causa*. Während Ulpian im Fragment 3, 17 einerseits für den Freigelassenen die Möglichkeit anerkannte, durch Schenkung von Todes wegen den Pflichtteil des Patrons zu ergänzen, macht er im Fragment 8, 3 deutlich, dass andererseits der Freilasser darüber befinden kann, ob er diese Schenkung, die er vor dem Erbfall (gleichgültig, ob als Eigentümer oder vorerst als bloßer Besitzer)[30] nur entgegennahm, auch annehmen und damit den Ausschluss von der *bonorum possessio contra tabulas* akzeptieren will. Da diese Entscheidung vernünftigerweise nur zu treffen ist, wenn der Freilasser sich ein Bild vom Umfang des Nachlasses und damit vom Wert seines Pflichtteils machen kann, verlangt der Jurist, dass die Annahme der Schenkung erst nach dem Erbfall bekundet wird.

Dass diese Lösung wegen der erst nach dem Erbfall zu treffenden Entscheidung über die Annahme unecht sei,[31] ist kaum glaubhaft. Bemerkenswert ist allerdings, dass Ulpian im Fragment 3, 16 bei der Ergänzung des Pflichtteils durch Legate oder Fideikommisse sagt: „et ita satisfactum ei videtur," was dafür spricht, dass der Freilasser diese Ergänzungen hinzunehmen hatte. Bei der *donatio mortis causa* spricht der Jurist dagegen in 3, 17 nur von der Möglichkeit: „poterit patrono debita portio suppleri." Der unterschiedliche Sprachgebrauch dürfte sich jedoch daraus erklären, dass die *donatio mortis causa* trotz ihrer Nähe zu den Legaten vertraglicher Natur ist, so dass ihre Berücksichtigung bei der Pflichtteilsergänzung und bei der Versagung der *bonorum possessio* das Einverständnis des Patrons erfordert.

Im Übrigen wird es auf das Erfordernis einer nachträglichen *adgnitio*, von dem in Fragment 3, 17 noch nicht die Rede zu sein brauchte, in den Fällen nicht angekommen sein, in denen die Schenkung von Todes wegen den Wert des Pflichtteils erreichte oder übertraf. Der Prätor müsste einen Antrag auf die *bonorum possessio contra tabulas* dann schon deshalb zurückweisen, weil dem Freilasser bereits Genüge getan ist.

---

30 Vgl. Iul.-Ulp. D. 39, 6, 2; *Liebs* (Fn. 12) 1016.

31 So *Mancaleoni* (Fn. 18) 616 ff. (auch wegen des [angeblichen] Widerspruchs gegenüber Ulp. D. 38, 2, 16, 5 und 6); *Di Paola* (Fn. 10) 235 Fn. 83; *Simonius* (Fn. 10) 65 f. (der einen Widerspruch zu Fragment 3, 17 darin sieht, dass die *donatio mortis causa* die *portio debita* nur auffüllen dürfe, und der *adgnoscere* weder in der Bedeutung von annehmen noch von genehmigen für begreiflich hält; gegen ihn schon *Masi Doria* [Fn. 9] 268 Fn. 91).

2. *Schenkungen unter Lebenden*

Es folgt im Fragment 8, 3 dann etwas unvermittelt („ceterum si ...")[32] ein Hinweis zu den Schenkungen unter Lebenden. Sie werden nicht berücksichtigt und stehen der Erteilung des Nachlassbesitzes *contra tabulas* deshalb auch nicht entgegen, weil der Patron anführen durfte, er habe gehofft, dass der Freigelassene ihm seine Dankbarkeit (durch Einsetzung wenigstens auf den Pflichtteil) auch im Testament erweisen werde. Da der Patron diese *spes* nur gehabt haben kann, wenn die Schenkung nicht in dem Einverständnis gemacht wurde, dass sie auf den Pflichtteil angerechnet werden sollte, handelt es sich anders als im Fragment 3, 18 um eine einfache Schenkung unter Lebenden, bei der der Gedanke an eine *adgnitio* des Erblasserwillens und an den Ausschluss der *bonorum possessio* von vornherein fernliegen musste.[33] Überraschend ist deshalb der Hinweis, es sei dem Patron nachzulassen, nachträglich auf die Geschenke des Freigelassenen zu verzichten[34] oder sie rechnerisch mit dem Erbteil in Ausgleich zu bringen. Dies wird zumeist für interpoliert gehalten.[35] Allerdings ist „decedere ab aliqua re" schwerlich kompilatorischer Sprachgebrauch.[36] Vermutlich ist zu stark gekürzt; möglicherweise ging es um Kondiktionen im Fall, dass der Freigelassene die Schenkungen in der Annahme, sie wurden angerechnet, erbracht hatte. Wie dem aber auch sei, ein Rückschluss auf eine Interpolation des Fragments 3, 18 lässt sich daraus nicht ziehen.

3. *Zuwendungen zur Erfüllung einer Bedingung*

Der anschließende § 4 von D. 38, 2, 8 bildet das Seitenstück zum Fragment 3, 19. Ulpian weist darauf hin, dass auch dann eine Anerkennung des Erblasserwillens vorliege, wenn der Freilasser nach dem Erbfall eine Leistung annehme, die *condicionis implendae causa* erbracht werde; die Erteilung der *bonorum possessio* werde dadurch ausgeschlossen.[37] Dass die Leistung erst nach dem Tod des Freigelassenen angenommen wird, erklärt sich bei der Annahme, dass sie durch einen testamentarisch bedingt Freigelassenen erfolgt, zu einer Zeit also, in der der Patron den Umfang der Erbschaft abzuschätzen vermochte.

IV. Der Katalog in den Institutionen

Es liegt auf der Hand, dass die von Ulpian durchdeklinierten Fälle unentgeltlichen Erwerbs sich in vielen anderen Zusammenhängen des *Corpus Iuris Civilis* finden. Davon ist in unserem Kontext hervorhebenswert die Parallele im allgemei-

---

32 Vielleicht ist ein Zwischenstück ausgefallen.

33 So auch *Masi Doria* (Fn. 9) 270.

34 Vgl. *Hein L.W. Nelson/Ulrich Manthe*, Gai Institutiones III 1–87, 1992, 161.

35 *Mancaleoni* (Fn. 18) 616 ff.; *Voci* (Fn. 11) 746 Fn. 41; *Di Paola* (Fn. 10) 235 Fn. 83; *Simonius* (Fn. 10) 64 f.; *Masi Doria* (Fn. 9) 270, vgl. auch *Hans Kreller*, Rezension Sanfilippo, Studi sull' hereditas, ZRG (RA) 59 (1939) 663 Fn. 6.

36 Außer in Fragment 8, 3 in den Digesten nur bei Cels. D. 31, 22; vgl. *Kreller* (Fn. 35) und *Nelson/Manthe* (Fn. 34).

37 Das ist entgegen *Beseler* (Fn. 10) 237 („unecht") nicht zu beanstanden. – *Masi Doria* (Fn. 9) 272 nimmt an, es handele sich um eine bedingte Verfügung des Freigelassenen zugunsten des Patrons, vgl. dazu o. Fn. 24.

nen Pflichtteilsrecht, das mit der *querela inofficiosi testamenti*, der Klage wegen pflichtwidrigen Testaments,[38] geltend gemacht wurde. Zu diesem Pflichtteilsrecht ist hinsichtlich der Pflichtteilsergänzung zu verweisen auf Inst. Iust. 2, 18, 3 sowie (zur Schenkung *inter vivos contemplatione, ut in quartam* [sc. *Falcidiam*] *habeatur*) auf Paul. D. 5, 2, 25 pr.[39] Besonders anzuführen ist jedoch die Zusammenfassung in Inst. Iust. 2, 18, 6:

Igitur quartam quis debet habere, ut de inofficioso testamento agere non possit: sive iure hereditario sive iure legati vel fideicommissi, vel si mortis causa ei quarta donata fuerit, vel inter vivos in his tantum modo casibus, quorum nostra constitutio mentionem facit, vel aliis modis qui constitutionibus continentur.	Man muss also das Viertel erhalten haben, um daran gehindert zu sein, wegen pflichtwidrigen Testaments zu klagen, mag man das Viertel nach dem Recht der Erbfolge, des Vermächtnisses oder des Fideikommisses erhalten haben oder mag einem das Viertel von Todes wegen oder unter Lebenden geschenkt sein – Letzteres aber nur in den Fällen, die unsere Konstitution[40] erwähnt – oder mag man es auf irgendeine andere Art erlangt haben, wie sie in den Konstitutionen[41] geregelt ist.[42]

Vermutlich hat der Jubilar, dem diese bescheidene Studie in der Erinnerung an alte, schöne und hoffnungsvolle Zeiten im Hamburger Institut für Römisches Recht und vergleichende Rechtsgeschichte in herzlicher Verbundenheit gewidmet sei, in unserem Zusammenhang diesen Text schon längst erwartet, ist er doch mit den Institutionen, diesem berühmtesten aller juristischen Lehrbücher, vertraut wie kaum ein anderer. Evident ist der Text im Schlussstück interpoliert, aber nicht schon ab „vel si mortis causa,"[43] sondern vielleicht ab „inter vivos" oder erst ab der Einschränkung „in his tantummodo casibus", die an die Stelle einer Abrede über die Anrechnung auf die Quart gesetzt sein könnte. Jedenfalls führt der § 6, mag ihm auch das „i-Tüpfelchen" der Zuwendung *condicionis implendae causa* fehlen, parallel zu D. 38, 2, 3, in entwicklungsgeschichtlich wie sachlich treffender Reihenfolge die Fälle unentgeltlicher Zuwendung an, und es wird an der Erörterung bei Ulpian, die vom Generellen zum Speziellen fortschreitet, zugleich deutlich, wie unbefriedigend es ist, das römische Recht pauschal als „Fallrecht" zu kennzeichnen.[44]

---

38 Zu dieser vgl. nur *Kaser/Knütel* (Fn. 6) 397 ff., Rn. 70.1–9.

39 Vgl. oben Fn. 19.

40 Vgl. C. 3, 28, 35, 2 (531), dazu oben nach Fn. 18.

41 Vgl. etwa C. 3, 28, 29 (479).

42 Übersetzung nach *Okko Behrends/Rolf Knütel/Berthold Kupisch/Hans Hermann Seiler*, Corpus Iuris Civilis. Die Institutionen, 3. Aufl. 2007, 102 f. = 4. Aufl. 2013, 103.

43 Was *Contardo Ferrini*, Opere, Band II, 1929, 370 f. (in seiner Untersuchung Sulle fonti delle Istituzioni di Giustiniano aus dem Jahre 1901) annahm.

44 Kritisch zu dieser Beschreibung etwa auch Franz Wieacker, Römische Rechtsgeschichte, 2. Abschnitt, herausgegeben von Joseph Georg Wolf, 2006, 47.

Zwei Paulus-Fragmente zum Freilassererbrecht nach einem *libertus communis**

Rolf Knütel
Rheinische Friedrich-Wilhelms-Universität Bonn

I. *Grundlagen.*

1. *Entwicklungen des Freilassererbrechts.* – Wird ein Sklave, der im Eigentum zweier Herren steht, von beiden freigelassen[1] und im Regelfall damit *civis Romanus*, so werden die Miteigentümer seine Patrone. Als solche hatten sie schon nach dem Recht der XII Tafeln ein Erbrecht an der Erbschaft des Freigelassenen, freilich nur wenn der *libertus*, der in seinem Testament einen Patron nicht zu berücksichtigen brauchte, ohne Testament gestorben war und ohne Haussohn, selbst wenn dieser adoptiert war, und ohne Ehefrau (Gai. 3.40). Da diese Zurücksetzung der Freilasser im Lauf der Zeit als *aperte iniquum* erschien, wurde durch prätorische Rechtsschöpfung ein Pflichtteilsrecht des oder der Freilasser eingeführt, das die Hälfte des Nachlasses ihres Freigelassenen umfaßte. Hatte der *libertus* dies in seinem Testament nicht berücksichtigt, so erteilte der Prätor dem oder den Freilassern auf Antrag in Höhe der Hälfte des Nachlasses die *bonorum possessio* (= *b.p.*), und zwar in der Regel *contra tabulas* ('Entgegen dem Testament'). Entsprechend verfuhr der Prätor, wenn der Freigelassene ohne Testament gestorben war[2]. Die innere Rechtfertigung dieses Erbrechts ergab sich aus einer Übung, nach der sich Freilasser auszubedingen pflegten, als Gesellschafter am Vermögen des Freigelassenen beteiligt zu sein, wenn dieser es ihnen gegenüber am

* I. Piro (Hrsg.), Scritti per Alessandro Corbino, Bd. 4, Libellula, Tricase 2016, 67 – 84.

[1] Dagegen erlangte bei Freilassung durch nur einen der Eigentümer der andere durch Anwachsung des derelinquierten Miteigentumsanteils Alleineigentum. Justinian hat diese Regelung aufgehoben (I. 2.7.4; C. 7.7.1), wahrscheinlich unter dem Einfluß der Lehre des Rabbi Schammaj (Talmud, Traktat Gittin IV fol. 41a/41b), vgl. M. KASER-R. KNÜTEL, *Römisches Privatrecht*[20], München-C.H. Beck 2014, 137.

[2] Gai. 3.41 = I. 3.7.1, vgl. Tit. Ulp. 29.1. Zu den Grundlagen des Freilassererbrechts s. Näheres bei P. VOCI, *Diritto ereditario romano* II[2], Milano-Giuffrè 1963, 25 ff.

dienstbeflissenen Gehorsam fehlen lassen würde, D. 38.2.1.1-2 (Ulp. 32 *ad ed.*)[3].

Eine wesentliche Einschränkung dieses Pflichtteilsrechts lag aber darin, daß der Patron durch leibliche Kinder des Freigelassenen ausgeschlossen wurde, sofern diese bei dessen Tod in der Hausgewalt standen oder, wenn emanzipiert oder in Adoption gegeben, zu irgendeinem Anteil zu Erben eingesetzt waren oder, falls übergangen, nach dem Edikt die *b.p. contra tabulas* (erfolgreich) beantragt hatten[4]. Verstärkt wurde das Freilassererbrecht später durch die *lex Papia* v. 9 n. Chr., die dem Freilasser an Nachlässen im Wert von mindestens 100.000 Sesterzen auch neben (bis zu zwei) leiblichen Kindern des *libertus* einen Kopfteil zuerkannte, neben einem Kind also die Hälfte, neben zwei Kindern als Erben ein Drittel[5].

2. *Freilassererbrecht und Sukzession.* – Was die Berufung des Freilassers zum Erbrecht angeht, lehnt der Prätor sich an das Vorbild der agnatischen Sukzession an[6], so daß dann, wenn ein Mitfreilasser unter Hinterlassung eines Sohnes vor dem *libertus communis* gestorben war, nur der überlebende Freilasser als *proximus quisque* erbte und den Sohn des vorverstorbenen Patrons ausschloß und ebenso nach dem Tod beider Patrone der Sohn des einen Freilassers die Enkel des anderen (Gai. 3.60). Ferner waren zwei oder mehrere Patrone jeweils zu gleichen Teilen berechtigt, selbst wenn sie vor der Freilassung unterschiedlich große Miteigentumsanteile hatten (Gai. 3.59). Die Teilung *in capita* setzt sich in den weiteren Ordnungen fort, so daß etwa bei drei Söhnen des einen und einem des anderen verstorbenen Freilassers ein jeder in Höhe eines Viertels am Nachlaß des *libertus* berechtigt war.

---

[3] Hatte der Patron sich vom *libertus* allerdings *operae* erbringen lassen, entfiel sein Erbrecht, D. 37.14.20 (Paul. 1 *sent.*) = PS. 3.2.5.

[4] Dagegen verdrängten sie als Enterbte den Freilasser in keiner Weise, Gai. 3.41. Auch Ehefrauen und Adoptivkinder des *libertus* schlossen das Pflichtteilsrecht folglich nicht aus.

[5] Gai. 3.42 = I. 3.7.2.

[6] Vgl. VOCI, *Diritto ereditario* cit. (n. 2), 26 f.

Voraussetzung für den Erwerb des Nachlasses oder eines Anteils daran ist nicht nur, daß der Erbanwärter den Freigelassenen überlebt, sondern grundsätzlich auch, daß er sein Erbrecht durch *agnitio*, einen (begründeten) Antrag auf Erteilung der *b.p.*, beim Prätor geltendgemacht hat. Zu beachten bleibt schließlich, daß die Erbfolge nach dem oder den Freigelassenen selbständig neben der allgemeinen zivil- oder honorarrechtlichen Erbfolge nach den Freilassern steht, so daß die Enterbung eines Kindes durch den Patron dieses nicht notwendig von einem Erbe nach dessen Freigelassenen ausschloß, wie auch andererseits ein Haussohn die väterliche Erbschaft ausschlagen konnte, ohne damit seine Rechte gegenüber den väterlichen *liberti* zu verlieren[7].

II. *D. 37.1.6 pr. (Paul. 41 ad ed.).*

Im allgemeinen bleibt im Zusammenhang des Erbrechts von Mitfreilassern ein Text unbeachtet, der nähere Betrachtung verlangt:

D. 37.1.6 pr. (Paul. 41 *ad ed.*): *Sed cum patrono quidem contra tabulas certae*[8] *partis bonorum possessionem praetor polliceatur, scripto autem heredi secundum tabulas alterius partis: convenit non esse ius adcrescendi. igitur non petente scripto secundum tabulas alterius quoque partis nominatim patrono possessionem pollicetur, cum ceteri, quibus adcrescendi ius est, semel debent adgnoscere bonorum possessionem.*

Eine erste Übersetzung fällt nicht schwer:

Soweit aber der Prätor dem Freilasser den Nachlaßbesitz 'Entgegen dem Testament' [des Freigelassenen] zu einem festen

---

[7] S. einerseits Gai. 3.58; D. 38.2.12.1 u. 12.7 (Ulp. 44 *ad ed.*); D. 38.4.1.5 u. 1.6 (Ulp. 14 *ad Sab.*), andererseits D. 37.14.9 pr. (Mod. 9 *reg.*) sowie etwa P. VOCI, *Diritto ereditario romano* I[2], Milano-Giuffrè 1967, 334 f.

[8] Nach der Vermutung von TH. MOMMSEN, *Dig. ed. maior ad h.l.*, ebenso O. LENEL, *Das Edictum perpetuum*[3], Leipzig-Tauchnitz 1927, 352, hatte Paulus *alterius* statt *certae* geschrieben. J. CUIACIUS, *Recitationes solemnes ad Tit. I. De bonorum possessionibus in Opera*, Prato-Giachetti 1838, VI col. 852 vermutet *dimidiae*. Unbeanstandet in *Dig. Mil. ad h.l.*

Anteil verheißt, dem eingesetzten Erben dagegen 'Dem Testament folgend' zum anderen Teil, besteht Einigkeit, daß kein Anwachsungsrecht gegeben ist. Für den Fall, daß der eingesetzte Erbe den Nachlaßbesitz 'Dem Testament folgend' nicht verlangt, verheißt der Prätor deshalb dem Freilasser ausdrücklich auch den Nachlaßbesitz des anderen Teils, während sonst diejenigen, denen ein Anwachsungsrecht zusteht, den Nachlaßbesitz nur einmal zu beantragen brauchen[9].

Schwierigkeiten bereitet jedoch die Frage, wie dies zu verstehen ist. So hebt beispielsweise Gothofredus als unklar hervor: *Quo iure, scripto herede repudiante, patronus totum petet? An per unde legitimi? An secundum tabulas? An extraordinario quodam iure?*[10]

Adolf Schmidt gab die Erklärung: «Die *contra tabulas bonorum possessio* ist begründet, sobald der *scriptus heres* die Erbschaft antrat; daß er die *secundum tabulas* gebeten habe, wird keineswegs verlangt. Wenn nun der *institutus heres* der Erbschaft sich nachträglich wieder entschlägt durch *in integrum restitutio*, so ist in der Regel der Patron der *ab intestato* Berufene. Hat aber dieser die *contra tabulas bonorum possessio* schon erhalten des Pflichttheils wegen, so ist ihm folgeweise die *intestati bonorum possessio* versagt: diese Unbilligkeit beseitigte eine eigene Ediktsstelle»[11]. Es wird sich zeigen, daß diese Deutung den wesentlichen Punkt verfehlt.

---

[9] Vergleichbar fallen praktisch alle modernen Übersetzungen aus, vgl. z.B. die Übersetzung von A. D'ORS-F. HERNÁNDEZ-TEJERO-P. FUENTESECA-M. GARCÍA-GARRIDO-J. BURILLO, *El Digesto de Justiniano*, III (Libros 37-50), Pamplona-Aranzadi 1975, 14: Como el pretor ofrece ciertamente al patrono la posesión contra testamento de una parte <legítima> de los bienes <de su liberto> y al que éste haya instituído heredero la posesión conforme a testamento del resto de la herencia, se admite que el patrono no tiene derecho de acrecer, y por eso, en el caso de que el instituído heredero no pida la posesión conforme a testamento, promete el pretor expresamente esa otra parte también al patrono, siendo así que los herederos que tienen derecho de acrecer, no tienen más, <para que se dé el acrecimiento,> que aceptar la posesión de los bienes. – Unzutreffend ist die adverbiale Übersetzung von *certae*.

[10] D. GOTHOFREDUS, *Corpus Iuris Civilis cum Notis*, ed. Frankfurt/M. 1663, ad h.l. nt. l., mit dem abschließenden Hinweis: *prior sententia placet Bartolo*. – Eher dürfte an die *b.p.c.t.* zu denken sein.

[11] A. SCHMIDT, *Das Pflichttheilsrecht des Patronus und des Parens*

Wohl zuletzt hat Carla Masi Doria in ihrer wertvollen Monographie über die *bona libertorum* die folgende Interpretation entwickelt[12]: Berücksichtige man, daß in den unmittelbar vorangehenden Fragmenten mehrere Personen zur *b.p.* berufen sind, und bedenke man mögliche Eingriffe in den Text, so lasse sich annehmen, daß im Original ausdrücklich von der Einsetzung zweier Erben die Rede gewesen sei. Nach Beantragung der *b.p. secundum tabulas* durch den einen Erben habe der offensichtlich übergangene Patron die *b.p. contra tabulas* begehrt, während der andere *heres scriptus* davon abgesehen habe, das Erbe anzutreten. Infolgedessen hätte eine Anwachsung zugunsten desjenigen Erben, der den Nachlaßbesitz beantragt hatte, vorgesehen werden können; doch habe der Prätor sozusagen auf dem Wege der *aequitas* entschieden, dem Patron den Anteil des Erben zuzuweisen, der das Erbe anzutreten verschmäht habe. Der Schlußsatz des ersten Teils (*convenit non esse ius adcrescendi*), der auf wirtschaftliche Erfordernisse im Rechtsverkehr anzuspielen scheine, sei interessant: «non era conveniente l'applicazione del principio di accrescimento». Bei dieser Interpretation lasse sich vielleicht der zweite Teil des Passus ab *igitur* als eine weitere Klarstellung begreifen. Hier werde ausdrücklich auf den zweiten Erben Bezug genommen, dessen „negatives" Verhalten den Prätor veranlasse, die *b.p.* dem Patron zu erteilen, was in generalisierender Art gerechtfertigt werde: *cum ceteri rell.* Die *ceteri* blieben also ausgeschlossen, wenn sie sich nicht um die Erteilung der *b.p.* bemühten.

An der Erklärung werden die Schwierigkeiten des Textes offenbar. Wie sich zeigen wird, dürfte ihr im Ausgangspunkt, daß es nicht um nur zwei Personen gehen kann, jedoch zuzustimmen sein.

Treffend fand Otto Lenel[13] in unserem Text den Anhaltspunkt für eine Ediktsklausel; er hielt für wahrscheinlich, daß es in D.

Manumissor, Heidelberg-Bangel & Schmitt 1868, 41, 89 nt. 151.

[12] C. MASI DORIA, *Bona libertorum*, Napoli-Jovene 1996, 283 mit nt. 117; 285.

[13] *Edictum* cit. (nt. 8), 352 nt. 2,3. Dem folgt VOCI, *Diritto ereditario* II^2 cit. (nt. 2), 750 mit nt. 62 – Auch G. LA PIRA, *La successione ereditaria intestata e contro il testamento in diritto romano*, Firenze – Vallecchi 1930, 455 vermutet einen Zusammenhang von D. 38.5.4.1 und fr. 6 pr.

38.5.4.1 (Ulp. 43 *ad ed.*) und D. 38.2.21 (Iul. 26 *dig.*) um deren Erläuterung geht[14]:

D. 38.2.21 (Iul. 26 *dig.*): *Ex tribus patronis uno cessante bonorum possessionem petere duo aequas partes habebunt.*

D. 38.5.4.1 (Ulp. 43 *ad ed.*): *Etsi plures patroni sint, omnes unam partem habebunt: sed si qui*[15] *viriles non petent, portio ceteris adcrescet. …*

Die allgemeine Geltung des Anwachsungsprinzips (auch) im Bereich der *b. p.*, die Ulpian (39 *ad ed.*) in den unmittelbar vor unser Paulus-Fragment gesetzten Auszügen D. 37.1.3.9 und h.t. 5 erörtert, wird durch die beiden Texte für die Anteile bestätigt, die mehreren Freilassern an der *b.p. contra tabulas* zustehen. In D. 38.5.4.1 geht es zwar um die Anteile an Gut, das vom Freigelassenen in Verkürzung des Pflichtteils der Freilasser weggegeben worden war, den Erwerbern von den Freilassern mit Hilfe der *actio Fabiana* (wenn der *libertus* testiert hatte) oder der *actio Calvisiana* (nach einem *intestatus*) jedoch wieder entzogen werden konnte, soweit die Verkürzung reichte. Diese Klagen setzten aber voraus, daß die Patrone sich gegen den Willen des Erblassers gestellt und die *b.p. contra tabulas* erlangt hatten[16]. Auch zu fr. 21 läßt sich vermuten, daß es um die *b.p. contra tabulas* ging[17].

In den beiden Fragmenten D. 38.2.21 und D. 38.5.4.1 findet sich kein Anhaltspunkt für die Annahme, es müsse für den angewachsenen Teil zusätzlich die *b.p. contra tabulas* beantragt

---

[14] MASI DORIA, *Bona* cit. (nt. 12), 283 nt. 116 nimmt demgegenüber an, es handele sich in diesen Texten um eine andere Situation als in fr. 6 pr.

[15] MOMMSEN, *ed. maior* ad h.l.: *qui ins.*

[16] D. 38.5.3 pr. (Ulp. 44 *ad ed.* mit Papinian 14 *quaest.*) mit der Ausnahme in D. 38.5.3.2 (Ulp. 44 *ad ed.*), vgl. B.W. LEIST in C.F. GLÜCK-B.W. LEIST-K.L. ARNDTS V. ARNESBERG, *Ausführliche Erläuterung der Pandecten nach Hellfeld. Ein Commentar.* Serie der Bücher 37. und 38. Fünfter Theil, Erlangen-Palm & Enke 1879; Neudruck Frankfurt/M.-Vico 2005, Bd. 54, 539 f., 455 m. Fn. 55, ferner MASI DORIA, *Bona* cit. (nt. 12), 191 f.

[17] Vgl. LEIST, *Ausführliche Erläuterung* cit. (nt. 16), 455 m. nt. 55; LA PIRA, *La successione* cit. (nt. 14), 455.

werden. Der den erwerbenden Freilassern zustehende Teil der *b.p.* zieht den vakant werdenden also von selbst nach sich. Es ist deshalb offensichtlich der Regelfall, auf den Paulus in unserem Text D. 37.1.6 pr. i.f. hinweist: *cum ceteri quibus adcrescendi ius est semel debent adgnoscere bonorum possessionem*[18]. Wenn Paulus diesen Hinweis aber in einem Zusammenhang gibt, in dem einem Patron ausnahmsweise zusätzlich eine *b.p.* zu erteilen ist, dann drängt sich die Annahme auf, daß auch der Ausgangspunkt des Juristen einen Fall betrifft, in dem eine Lösung wie im Regelfall immerhin denkbar wäre.

Zieht man deshalb in Betracht, daß Paulus ein Problem unter Freilassern erörtert, so werden seine Ausführungen klar: Ein Freilasser – nennen wir ihn P – erhält die *b.p. contra tabulas*; offensichtlich ist er im Testament des *libertus* übergangen worden. Die Erteilung dieser *b.p.* an einen Freilasser setzt allerdings voraus, daß ein Erbe die Erbschaft angetreten oder die Gewährung der *b.p.* beantragt hat:

D. 38.2.3.5 (Ulp. 41 *ad ed.*): *Ut patronus contra tabulas bonorum possessionem accipere possit, oportet hereditatem aditam esse aut bonorum possessionem petitam: sufficit autem vel unum ex heredibus hereditatem bonorumve possessionem petisse*[19].

Damit stellt sich die Frage, ob es in fr. 6 pr. der *scriptus heres* (= H) ist, der diesen Antrag gestellt hat[20]. Träfe dies zu, so müßte H als Erbe des gesamten Nachlasses eingesetzt gewesen und für diesen die *b.p. secundum tabulas* erlangt haben. Demgegenüber setzt das Anwachsungsproblem, um das es hier geht, voraus, daß H sich mit P etwas teilt, das dem Anteil des P anwachsen kann. Es wäre jedoch sehr überraschend, wenn der Prätor im Edikt

---

[18] LEIST, *Ausführliche Erläuterung* cit. (nt. 16), 455. – Vgl. auch D. 38.2.24 (Iul. 65 *dig.*).

[19] Siehe auch D. 37.4.4 pr. (Paul. 41 *ad ed.*): ... *et hoc est quod dicimus contra ipsum testamentum liberis competere bonorum possessionem: quod in patrono contra est.* Vgl. ferner D. 37.4.19 (Tryph. 15 *disp.*) und D. 5.2.8.10 (Ulp. 14 *ad ed.*): ... *quoniam ante aditam hereditatem non nascitur querella.*

[20] Daß er die Erbschaft angetreten habe, nimmt SCHMIDT, *Das Pflichttheilsrecht* cit. (n. 11), 89 nt. 151 an.

einem übergangenen Patron bei Wegfall eines eingesetzten Erben (H) ganz ohne Rücksicht auf mögliche andere Erben verheißen haben sollte, ihm, dem Patron, den Besitz am gesamten übrigen Nachlaß als „quasi angewachsenen“ Anteil zu gewähren. Überdies heißt es im Text *non petente scripto secundum tabulas alterius ... partis* (sc. *possessionem*). Da die Erbschaft aber angetreten oder die *b.p.* erlangt worden sein muß, damit P die *b.p. contra tabulas* überhaupt erhalten kann, bleibt nur die Annahme, daß für den *scriptus non petens* H lediglich ein Erbanteil reserviert war, der zur *b.p. secundum tabulas* berechtigte.

Für P als Freilasser kann es deshalb allein darum gehen, daß ihm außer dem Viertel, auf das er bei Erteilung der *b.p. contra tabulas* aufgrund der Existenz des eingesetzten Mitfreilassers H beschränkt war, nach Wegfall dieses Mitberechtigten[21] der Nachlaßbesitz in Höhe des frei gewordenen zweiten Viertels zuerkannt wird. Im Hinblick auf die in D. 38.2.3.5 und D. 37.4.4 pr. überlieferte Voraussetzung muß Paulus mithin zugrundegelegt haben, daß ein als zweiter Erbe Eingesetzter die Erbschaft angetreten oder daran die *b.p. secundum tabulas* erlangt hat[22]. Alldies spricht dafür, H und P als Mitfreilasser anzusehen, wie das schon Leist als geradezu selbstverständlich angenommen hatte[23].

Da dem H mit der Einsetzung auf seinen Anteil am Freilasserpflichtteil vollauf Genüge getan wäre, könnte ihm nur die *b.p. secundum tabulas* erteilt werden. Den übergangenen Patron weist der Prätor hingegen zum anderen Anteil am Freilasserpflichtteil in die *bonorum possessio contra tabulas* ein. Einigkeit bestand nun darüber, daß diese beiden Anteile ihren Patronen kein Anwachsungsrecht vermittelten, offenbar weil sie auf ganz gegensätzlichen Berufungsgründen zur Erbfolge beruhen

---

21 Daß dieser Wegfall aufgrund einer *in integrum restitutio* erfolgt sei, setzt SCHMIDT, *Das Pflichttheilsrecht* cit. (nt. 11), 89 nt. 151 voraus, offenbar im Anschluß an die von Accursius und Bartolus begründete Tradition; gegen diese A. FABER, *De erroribus pragmaticorum et interpretum iuris* II², Coloniae Allobrogum [Genf]-Crispini 1612, 1284.

22 Aus diesem Grund dürfte auch MASI DORIA, *Bona* cit. (nt. 12), 285 in Kenntnis der genannten Voraussetzung (p. 228 ff.) zu der Annahme zweier Erben gelangt sein.

23 LEIST, *Ausführliche Erläuterung* cit. (nt. 16), 455 f., wahrscheinlich mit der Unterstellung eines Erbantritts oder der Erteilung der *b.p.*

oder, wie Leist es ausdrückt, «kein gemeinsamer Rechtsboden» besteht[24]. Damit ergab sich das Problem, wie zu verfahren ist, wenn einer der beiden Patrone ausfällt. Da der verbleibende (übergangene) Freilasser (P) in seinem Pflichtteilsrecht nur deshalb auf ein Viertel statt auf die Hälfte des Nachlasses beschränkt ist, weil der eingesetzte Patron (H) mitberechtigt ist, mußte es sich als Gebot der Gerechtigkeit aufdrängen, bei dem Wegfall dieses Patrons dem anderen Freilasser zur Erlangung der Hälfte zu verhelfen. Der Prätor sah für diesen Fall deshalb in einer Ediktsklausel ausdrücklich vor, er werde, wenn ein eingesetzter Patron die ihm zustehende *b.p. secundum tabulas* nicht verlange, dem übergangenen Freilasser den Nachlaßbesitz auch zum anderen Teil (der Freilasserhälfte) erteilen, selbstverständlich auf einen zusätzlichen Antrag hin, wie sich auch im Umkehrschluß aus dem *semel* des Schlußsatzes ergibt[25].

Zu diesen Auffassungen sind wir, die Freunde Thomas Rüfner, Sebastian Lohsse, Berthold Kupisch und ich, bei den Erörterungen im Rahmen der Digestenübersetzung gelangt, die – verbunden mit einer Anmerkung, daß es einen weiteren Testamentserben gibt, der die Erbschaft angetreten oder den Nachlaßbesitz erlangt hat – zu fr. 6 pr. lauten soll:

Soweit allerdings der Prätor einem [übergangenen] Freilasser den Nachlaßbesitz 'Entgegen dem Testament' [des Freigelassenen] zu einem bestimmten Teil [des Pflichtteils für die Freilasser] verheißt, einem zum Erben Eingesetzten [Mitfreilasser] dagegen 'Dem Testament folgend' zum übrigen Teil [des Pflichtteils], ist man sich einig, daß kein Anwachsungsrecht besteht. Verlangt demnach der als Erbe Eingesetzte den Nachlaßbesitz 'Dem Testament folgend' nicht, so verheißt der Prätor dem [übergangenen] Freilasser ausdrücklich [auf Antrag] auch den Nachlaßbesitz des anderen Teils, während

[24] LEIST, *Ausführliche Erläuterung* cit. (nt. 16), 455.

[25] Unsicher bleibt, ob dies auch für den umgekehrten Fall galt, wenn also der übergangene Patron von einer *agnitio* abgesehen hatte. Da Paulus nur den anderen Fall anführt, in welchem der Eingesetzte dem Willen des Testators gemäß nur den Antrag auf Erteilung des Nachlaßbesitzes *secundum tabulas* stellen konnte, sah der Prätor für diese Situation vermutlich keine Abhilfe vor. Dafür spricht auch die Entscheidung Papinians in D. 38.5.3 pr. (Ulp. 44 *ad ed.*).

sonst diejenigen, zu deren Gunsten ein Anwachsungsrecht besteht, den Nachlaßbesitz nur einmal zu beantragen brauchen.

III. *D. 38.2.42 pr. (Pap. 13 quaest.).*

Auf ein Problem des Freilassererbrechts nach der *manumissio* durch Miteigentümer stoßen wir auch in einer Anmerkung des Paulus zu einer von Papinian entschiedenen Rechtsfrage:

D. 38.2.42 pr. (Pap. 13 *quaest.*): *Filius, qui patri heres exstitit, fratrem exheredatum adrogavit atque ita herede eo relicto defunctus est: bonorum possessionem libertorum*[26] *patris naturalis exheredatus non habebit: nam cui non exheredato talis adoptio noceret, nocere debet exheredato, quoniam poena, quae legibus aut edicto inrogaretur, adoptionis remedio non obliteraretur. PAULUS notat: ei, qui alio iure venit quam eo, quod amisit, non nocet id quod perdidit, sed prodest quod habet: sic dictum est patrono eodemque patronae filio non obesse, quod quasi patronus deliquit, si ut patronae filius venire possit.*

Ein Freilasser hatte von seinen beiden Söhnen den einen zum Erben eingesetzt (H) und den anderen (E) enterbt. Als er gestorben war, adoptierte der Erbe H durch Arrogation seinen mit dem Tod des Vaters ebenfalls gewaltfrei gewordenen Bruder E und setzte ihn zu seinem Erben ein. Nach dem Tod des H stellte sich die Frage, ob E gegenüber den Freigelassenen seines leiblichen Vaters das Pflichtteilsrecht hat, mithin die Erteilung der *b.p. contra tabulas* an den Nachlässen der Freigelassenen seines leiblichen Vaters verlangen kann. Papinian verneint die Frage wegen des Fortwirkens der Enterbung.

Sehen wir zunächst von Papinians Begründung ab, so ergibt sich als erste und bislang kaum erörterte Frage, ob die Arrogation des E durch H überhaupt wirksam war. Papinian geht darauf nicht ein; er trifft seine Entscheidung ersichtlich aber unter Annahme der Wirksamkeit. Denkt man an die Leitvorstellung *adoptio naturam imitatur* und deren Präzisierung, daß der Arrogierende

[26] Die Florentina hat *libertum*, offenbar aufgrund eines Hörfehlers, einer falschen Siglenauflösung o.ä.

um eine *plena pubertas*, das heißt um 18 Jahre, älter als der Adoptivsohn sein muß[27], so ist es zwar möglich, angesichts der damaligen Lebensverhältnisse aber doch nicht gerade wahrscheinlich, daß Papinian diesen Altersabstand ohne weiteres unterstellt. Eher dürfte daran zu denken sein, daß ein solcher Abstand um die Wende vom 2. zum 3. Jahrhundert zivilrechtlich nicht bindend war[28].

---

[27] Diese Voraussetzung wird in I. 1.11.4 aufgestellt und findet sich ebenfalls in Mod. D.1.7.40.1, wo der Schlußpassus (*et utique plenae pubertatis: id est decem et octo annis eum praecedere debet*) wahrscheinlich infolge der justinianischen Festlegung der *plena pubertas* interpoliert ist. Damit ist vereinbar, daß Justinian mit dieser Bestimmung an ein altrömisches Mündigkeitsalter mit Vollendung des 17. Lebensjahres anknüpft, vgl. R. KNÜTEL, *Skizzen zum römischen Adoptionsrecht: Plena pubertas, Annahme an Enkels Statt, Erhaltung der Mitgift*, in *Index* 22, 1994, 249 ss., 253 ss. Demgegenüber meint A.M. SEELENTAG, *Ius pontificium cum iure civili coniunctum. Das Recht der Arrogation in klassischer Zeit*, Tübingen – Mohr Siebeck 2014, 365 die Echtheit des Schlußsatzes mit dem Hinweis verteidigen zu können: «Ein Rückgriff auf altrömisches Recht hätte allerdings vorausgesetzt, daß Justinian über Quellen verfügte, die über diese Altersstufe berichteten – just eine solche Quelle nun für interpoliert zu erklären, erscheint wenig plausibel und führt in einen Zirkelschluß». Daß Modestin aber in seinen *Differentiae* altrömisches Recht erörtert und in diesem Recht eine *plena pubertas* entdeckt haben sollte, ist bei allen Vorbehalten gegenüber vorschnellen Interpolationsbehauptungen eine doch recht unbedachte Annahme, schon weil eine *plena* (!) *pubertas* die Existenz einer anderen *pubertas* (*parum plena*? *imperfecta*?) voraussetzt, was für die ganz alte Zeit, in der sich Anhaltspunkte für eine Mündigkeit mit Vollendung des 17. Lebensjahres finden, wohl sicher auszuschließen ist. Und wie sollte Modestin berechtigt gewesen sein, einen Abstand von 18 Jahren als bindend anzuordnen (*debet*)?

[28] SEELENTAG, *Ius pontificium* cit. (nt. 27), beachtet Pap. D. 38.2.42 pr. offenbar nicht (ein Quellenverzeichnis hat die Verfasserin sich erspart). Sie vermutet, nach der aufsehenerregenden Clodius-Arrogation (Cic., *de dom*, insbes. 34-41) sei im Pontifikalrecht als Regel ein Altersabstand in Form „einer mit 18 Jahren bezifferten *plena pubertas*“ gebildet worden, die „in klassischer Zeit die pontifikale Prüfung und damit die Arrogationspraxis“ bestimmt habe (S. 373, vgl. S. 375). Die Verfasserin legt sich darauf fest, die 18 Jahre hätten mit natürlichen Gegebenheiten nichts zu tun (vgl. z.B. S. 364 f.; 368; 397 ff.); vielmehr habe dieser Altersabstand sich aus den Arrogationszwecken, nämlich der „Beschaffung eines filius und heres“ und „Einhegung des Rechtsinstituts“, ergeben (S. 368-374). Weshalb diese Zwecke aber zu (doch wohl vollen) 18 Jahren führen, bleibt trotz des Begründungsaufwands der Verfasserin und ungeachtet ihres Hinweises auf

Papinian kommt zu dem Ergebnis, der arrogierte E sei nicht zur *b.p. contra tabulas* nach den Freigelassenen seines leiblichen Vaters zuzulassen. Er geht mithin davon aus, daß die einmal vom leiblichen Vater wirksam angeordnete Enterbung auch die Nachfolge in die Patronatsrechte erfaßte und fortwirkt. Sieht man von der Enterbung ab, so hat der mit dem Tod des Vaters gewaltfrei gewordene E infolge der Arrogation durch seinen Bruder H zwar eine *capitis deminutio minima* (Gai. 1.162; I. 1.16.3) erlitten. Dazu kann dahinstehen, ob er durch die Arrogation in eine fremde Familie ein ererbtes Freilasser-Pflichtteilsrecht verlieren würde[29]; bei der Arrogation in die eigene Familie verlöre er es jedenfalls nicht; Papinian hätte das Problem dann vermutlich gar nicht erst aufgegriffen.

Zwar weist Gaius darauf hin, daß die Erbschaft eines Freigelassenen den Haussöhnen des Patrons zusteht, selbst wenn diese enterbt sind[30]; doch ging die Entwicklung dahin, daß sich Freilassern auf verschiedenen Wegen Möglichkeiten eröffneten, ihre Hauskinder von der Nachfolge in die Patronatsrechte auszuschließen. Dies brachte es mit sich, daß auch der Wille des Patrons anerkannt wurde, über die Enterbung hinsichtlich des eigenen Nachlasses hinaus seinen Hauskindern den Eintritt in die Patronatsrechte zu versagen, was durch die Beifügung einer entsprechenden *nota exheredationis* klargestellt wurde[31].

Es kam also auf die Wirkungen der Enterbung an. Leider ist die für Papinian überlieferte Begründung *nam cui non exheredato talis adoptio noceret, nocere debet exheredato* nicht begreiflich. Wohl die meiste Zustimmung hat die von Cujaz inspirierte Emendation gefunden, die zu einer Vertauschung von *adoptio*

---

die Eintragung in die Zensusliste „im Laufe des 18. Lebensjahres" (S. 374) ungewiß. Auf die naheliegende Annahme, das alte Mündigkeits- und Heiratsalter von 17 Jahren sei wegen der Schwangerschaft um ein Jahr erweitert worden (KNÜTEL, *Skizzen* cit. (nt. 27), 254, vgl. die neue deutsche Übersetzung zu D. 1.7.40), hat die Verfasserin sich nicht eingelassen.

[29] Dagegen sprechen D. 38.2.39 (Ter. Clem. 10 *leg. Iul.*); D. 38.2.50.5 (Tryph. 17 *disp.*), deren Echtheit freilich nicht gesichert ist, vgl. VOCI, *Diritto ereditario* II² cit. (nt. 2), 745 nt. 31.

[30] Gai. 3.58, vgl. nt. 7.

[31] Vgl. etwa D. 38.2.47 pr. (Paul. 11 resp.): *exheredatio … notae gratia.* – Näheres zur Entwicklung bei LEIST, *Ausführliche Erläuterung* cit. (nt. 16) 466 ff.

und *exheredatio* führt: *nam cui non adoptato talis exheredatio noceret, nocere debet adoptato*[32]. Das wäre freilich nur die behauptende Vorwegnahme dessen, was in der anschließenden Begründung *quoniam poena … adoptionis remedio non obliteraretur* konkreter gesagt wird. Aussagekräftiger und mit einem geringeren Texteingriff verbunden ist die von HUSCHKE vorgeschlagene Einfügung eines *non*: *nam cui non exheredato talis adoptio* <*non*> *noceret, nocere debet exheredato* (besser wohl: *exheredatio*), «denn wem, wenn er nicht enterbt worden wäre, eine solche Adoption nicht schaden würde, dem muss sie schaden, wenn er enterbt ist»[33]. Dazu paßt Papinians Begründung: Denn die Strafe (nämlich der Verlust des Freilasser-Pflichtteilsrechts), die durch Gesetze oder das Edikt verhängt wird, könne schließlich ja nicht durch bloße Adoption ausgelöscht werden.

Talis adoptio ist eine solche, die den Adoptierten in die väterliche Familie zurückbringt, ihm damit die Vorteile, wie die *b.p.* nach den väterlichen oder großväterlichen Freigelassenen, wahrt, ihn zu seinem Nachteil aber auch nicht von Sanktionen entbindet, die ihm aufgrund eines mißbilligten Fehlverhaltens mit Recht auferlegt worden sind. Der Hinweis auf Gesetze und Edikt stellt klar, daß die Enterbung des Sohnes, der zur zivilen wie zur prätorischen Erbfolge berufen wäre, nicht als pflichtwidrig angreifbar, sondern durch anerkannte Gründe gerechtfertigt war.

Papinian nimmt also an, daß die Enterbung dem Sohn E anhaftet[34] und daß die Wiederaufnahme in den Hausverband

---

[32] J. CUIACIUS, *Observationum et emendationum lib. I cap. 38; ders., Commentaria in libros Quaestionum Aemilii Papiniani Ad L. XLII de Bon. libert.* in *Opera* (Prato-Giachetti) I 1836, col. 38; IV 1837, col. 1095, zustimmend LEIST, *Ausführliche Erläuterung* cit. (nt. 16) 460 f.; LA PIRA, *La successione* cit. (nt. 13), 406; zweifelnd MASI DORIA, *Bona* cit. (nt. 12) 355.

[33] PH. E. HUSCHKE, *Studien des Römischen Rechts I*, Breslau-J.F. Korn 1830, 55 f.; SCHMIDT, *Das Pflichttheilsrecht* cit. (nt. 11), 47 f. nt. 40. – Liest man am Ende mit F^1 und Schmidt *exheredatio*, so ließe sich, wie in der neuen deutschen Übersetzung geplant, auch sagen: «denn obgleich ihm eine solche Adoption nicht schädlich gewesen wäre, wenn er nicht enterbt worden wäre, muß ihm die Enterbung doch schaden». Vgl. auch MASI DORIA, *Bona* cit. (nt. 12), 357 (in Auseinandersetzung mit G. LAVAGGI, *La bonorum possessio intestati liberti* in *Studi Cagliari* 30, 1946, 94 ff.).

[34] Gleichsam: *exheredatio ossibus inhaerit*. Vgl. auch SCHMIDT, *Das*

durch Arrogation an dieser Rechtslage nichts geändert hat. Kennzeichnend für diese Sicht ist ein Paralleltext aus dem vorangehenden 12. Buch seiner Quaestionen[35], wo der Jurist anführt, er habe gesagt, daß einem Sohn eine früher angeordnete Enterbung schade, wenn ihn der Vater, nachdem er ihn aus der Hausgewalt entlassen hatte, durch Arrogation wieder adoptierte. Denn man sei sich einig, fast in der gesamten Rechtsordnung so zu verfahren, daß ein Sohn niemals als Adoptivsohn seines wahren Vaters angesehen wird, damit nicht die Wahrheit durch eine Nachahmung der Natur verdunkelt wird (*ne imagine naturae veritas adumbretur*). Es sei also anzunehmen, der Sohn habe sich nicht (erstmals) in die Hausgewalt begeben, sondern sei in sie zurückgegeben. Und was den (seinerzeit) vorliegenden Fall angehe, habe er gemeint, daß es nicht viel ausmacht, daß der Vater den enterbten Sohn an Enkels Statt durch Arrogation adoptierte, D. 28.2.23 pr. (Pap. 12 *quaest.*)[36].

Hätte der Vater den enterbten emanzipierten Sohn als Enkel arrogiert, so würde sich an der Enterbung nichts ändern, wie Papinian am Ende des fr. 23 pr. klarstellt. Dort ist freilich nicht sicher, aber wahrscheinlich, daß der Enterbte als Enkel nach einem vor ihm erbberechtigten Sohn arrogiert wurde[37]. In

---

Pflichttheilsrecht cit. (nt. 11), 48 nt. 40.

[35] D. 28.2.23 pr. (Pap. 12 *quaest.*): *Filio, quem pater post emancipationem a se factam iterum adrogavit, exheredationem antea scriptam nocere dixi: nam in omni fere iure sic observari convenit, ut veri patris adoptivus filius numquam intellegatur, ne imagine naturae veritas adumbretur, videlicet quod non translatus, sed redditur videretur: nec multum puto referre, quod ad propositum attinet, quod loco nepotis filium exheredatum pater adrogavit.* Vgl. auch die Nebenüberlieferung in D. 37.4.8.7 (Ulp. 40 *ad ed.*): *Si quis emancipatum filium exheredaverit eumque postea adrogaverit, Papinianus libro duodecimo quaestionum ait iura naturalia in eo praevalere: idcirco exheredationem nocere.*

[36] Vgl. zur Wiedergabe R. KNÜTEL-B. KUPISCH-TH. RÜFNER-H.H. SEILER, *Corpus Iuris Civilis. Text und Übersetzung V*, Heidelberg-C.F. Müller 2012, 21. Verwiesen sei auf die eingehende Erörterung des Textes durch A. WACKE, *Im Zweifel enterbt? Vom Vorrang der Blutsverwandtschaft vor der Adoptivkindschaft*, in: *Liber amicorum Christoph Krampe zum 70. Geburtstag*, Berlin-Duncker&Humblot 2013, 335 ff., dessen Vorbehalte gegen die Enkeladoption den damaligen Verhältnissen wohl nicht gerecht werden, vgl. auch KNÜTEL, *Skizzen* cit. (nt. 27), 255 ff.

[37] Wie etwa in D. 1.7.10 (Paul. 2 *ad Sab.*); doch war das nicht notwendig

unserem Text D. 38.2.42 pr. hat H, der Sohn und Erbe, den enterbten E arrogiert und ihn damit nachträglich in die Stellung eines Enkels nach dem Vater gebracht. Papinian orientiert sich auch hier an der *veritas*, den natürlichen Gegebenheiten, ohne die grundsätzliche Wirksamkeit der Arrogation als Sohn/Enkel in Frage zu stellen; doch führt er ein zusätzliches Argument für das Fortwirken der *exheredatio* an, die Straffunktion dieser Verfügung.

Wenden wir uns nun dem Widerspruch des Paulus zu, der es wie regelmäßig in seinen Anmerkungen besser weiß. Er stellt als Regel voran den Satz: Wer aufgrund eines anderen Rechtes zum Zuge kommt als desjenigen, das er verloren hat, dem schadet nicht, was er verloren hat; vielmehr nützt ihm, was er hat. Dem läßt der Jurist ein Beispiel zu Mitfreilassern folgen: So sei (vermutlich in einem *responsum* oder einer *sententia*[38]) gesagt worden, daß es jemandem, der zugleich Freilasser und Sohn der Freilasserin (desselben Freigelassenen) war, nicht entgegensteht, was er sich als Freilasser hat zuschulden kommen lassen, soweit er als Sohn der Freilasserin zum Zuge kommen kann.

Vorausgesetzt ist also, daß Mutter und Sohn einen in ihrem Miteigentum stehenden Sklaven gemeinsam freigelassen haben. Der Sohn hat später durch sein Verhalten seine Patronatsrechte verwirkt, etwa dadurch, daß er dem *libertus* das eidliche Versprechen abgenommen hat, nicht zu heiraten[39], oder daß er von ihm anstelle der *operae* Geld eingefordert hat[40], beides durch die *lex Aelia Sentia* v. 4 n. Chr. sanktionierte Verbote. Infolgedessen wurde die Mutter die alleinige Patronin und als solche seit der *lex Papia Poppaea* v. 9 n. Chr. zur *b.p. contra tabulas* nach ihren Freigelassenen berechtigt. Damit ergab sich nach dem Gesetz zugleich, daß sie einem Sohn (mit Einkindsrecht) – gleichgültig ob ehelich oder nichtehelich[41], ob *sui* oder *alieni*

so, vgl. D. 1.7.43 (Pomp. 20 *ad Quint.Muc.*); I. 1.11.5.

[38] LEIST, *Ausführliche Erläuterung* cit. (nt. 16), Bd. 53, 365 mit nt. 57 übersetzt *dictum est* mit: es ist „anerkannten Rechtens geworden“.

[39] Vgl. D. 38.16.3.5 (Ulp. 14 *ad Sab.*); D. 40.9.31 (Ter. Clem. 5 *ad leg. Iul. et Pap.*).

[40] *Mercedes exigere*, *capere*. Vgl. D. 25.3.5.22 (Ulp. 2 *de off. proc.*); D. 38.1.25 pr. (Iul. 65 *dig.*).

[41] D. 38.2.18 (Paul. 43 *ad ed.*)

iuris[42]– die Rechte eines Patrons vermittelte, sogar in deutlich größerem Umfang, als sie diese selbst innehatte[43].

Das Beispiel ist von Paulus sehr geschickt gewählt. In Verbindung mit der vom Juristen zuvor angeführten Regel kann es gegenüber Papinians Entscheidung nur besagen, daß Paulus der Ansicht ist, E müsse als Erbe des H die vererbbaren Patronatsrechte am Ende doch erlangen[44].

Ob aber Regel und Beispiel des Paulus den Kern der Sache treffen, bleibt fraglich. Ein erster Unterschied ergibt sich schon daraus, daß im Beispiel des Paulus der Sohn die verlorenen Rechte, die ihm aus der eigenständig erworbenen Stellung als Freilasser erwachsen waren, erneut erlangte, nämlich aus der ihm durch die *lex Papia* aus der Rechtsstellung der Mutter als *patrona* eröffneten[45]. In dem von Papinian erörterten Fall waren Quelle der Patronatsrechte allein die Freilassungen durch den Vater, und die daraus hervorgegangenen Freigelassenen bleiben, auch wenn schon *in XII tabulis patroni appellatione etiam liberi patroni continentur* (Fragm. Vat. 308), auch immer eigentlich *liberti patris*. Besonders deutlich wird dies daran, daß der Freilasser mehr an Patronatsrechten hat, als seinen Kindern zukommt[46].

---

[42] Vgl. D. 37.14.22 (Gai. 1 *de cas.*).

[43] Gai. 3.53: *Eadem lex patronae filio liberis honorato ... (filiae?) ... patroni iura dedit*; zu den komplizierten Einzelheiten s. H.L. NELSON-U. MANTHE, *Gai Institutiones III 1-87. Text und Kommentar*, Berlin-Duncker & Humblot 1992, 140 ff.

[44] So auch SCHMIDT, *Das Pflichttheilsrecht* cit. (nt. 11), 48 nt. 40; LEIST, *Ausführliche Erläuterung* cit. (nt. 16), 461; LA PIRA, *La successione* cit. (nt. 13), 406. Demgegenüber meinte HUSCHKE, *Studien* cit. (nt. 33), 58, Paulus billige „die gewiss auch unwiderlegbare Entscheidung des Papinian, doch macht er noch einen Zusatz, um sie vor einer falschen Anwendung zu bewahren".

[45] Auch zu einem Parallelfall, in dem ein Erbe die Patronatsrechte verliert, wenn er es unternimmt, die Potestativbedingung zu vereiteln, unter der ein Erbschaftssklave frei werden soll, hebt Paulus hervor: *amittit libertum heres ... etsi filius defuncti sit, quamvis* <*is*, Mo.> *alio iure habiturus sit libertum,* D. 40.5.33.1 (3 *fideicomm.*), cf. O. LENEL, *Palingenesia iuris civilis I*, Leipzig-Tauchnitz 1889, 1102, Paulus 871.

[46] So zum Beispiel das Recht der *adsignatio libertorum* (D. 38.4.8 Mod. 7 *diff.*), die Besserstellung beim Unterhaltsanspruch (D. 25.3.5.20 Ulp. 2 *de off. proc.*) sowie die besonderen Rechte des Freilassers, seinen Kindern das Pflichtteilsrecht *in bonis libertorum* wegen Unwürdigkeit strafweise zu entziehen (*nota exheredationis*); zu diesem Recht Näheres bei LEIST, *Ausführliche Erläuterung* cit. (nt. 16), 466 ff., 471 ff.

Da es der Freilasser ist, der durch die Freilassung die Patronatsrechte in der jeweiligen Ausgestaltung etwa hinsichtlich der *operae*, überhaupt erst begründete, ist es verständlich, daß ihm besondere Rechtsmacht auch hinsichtlich des weiteren Schicksals des Patronatsverhältnisses zugestanden wurde. Nicht zuletzt konnte dies auch im Interesse seiner *liberti* liegen, denen gegenüber dem Patron gewisse Schutzpflichten oblagen[47]. So wird es gut begreiflich, daß Entscheidungen eines Freilassers, ein Hauskind aus gerechtfertigten Gründen von der Erbfolge nach seinen Freigelassenen durch *exheredatio* auszuschließen, Anerkennung fanden[48]. Dem entspricht das in der Entscheidung Papinians hervortretende Bemühen, die vom Vater und Freilasser strafweise verfügte Enterbung mit den durch sie verfolgten Zielen dagegen zu sichern, daß sie *adoptionis remedio obliteraretur*.

Man wird annehmen dürfen, daß Papinian mit seiner Lösung auf der von der Mehrheit vertretenen Linie lag. Vermutlich wäre auch Julian zu dem Ergebnis gekommen:

D. 38.2.10.1 (Ulp. 44 *ad ed.*): *Iulianus ait eum, qui avo suo exheredatus est, a bonis libertorum eius summoveri, a patris vero sui libertorum bonis non excludi…*

Daß Julian es für rechtens hält, wenn der Großvater im Hinblick auf das Freilassererbrecht den Enkel enterbt, wird auch in einem Satz seines Schülers Afrikan deutlich: *Vivo filio si nepos exheredatur, nocebit ei exheredatio ad bona libertorum avitorum* (D. 38.2.27 Afr. 4 *quaest.*). Wenn aber die Verfügung schon zu Lebzeiten des Sohnes getroffen werden kann, der Enkel also noch in der Hausgewalt des Sohnes steht, der vor ihm erbberechtigt sein wird, dann läßt das den Rückschluß zu, daß es nicht darauf ankam, ob der Enkel den Großvater direkt, also bei Vorversterben des *pater*, beerben würde oder ob ihm die Patronatsrechte erst durch Erbgang nach seinem Vater zufallen würden. Handelt es sich aber um einen vom Erblasser/Patron bereits enterbten Sohn, der erst durch Arrogation zum Enkel des Patrons wird, müßte

[47] Vgl. nur M. KASER, *Das römische Privatrecht* I^2, München-C.H. Beck 971, 118, 298.

[48] Vgl. oben nach nt. 30.

Julian erst recht so entscheiden wie in fr. 10.1, kam es doch nicht darauf an, ob der zum Enkel gewordene die Patronatsrechte über den (Bruder als) *pater adoptivus* erlangen würde.

Schließlich kann auch angeführt werden, daß Terentius Clemens in D. 38.2.38 pr. es ausschließt, daß ein enterbter *filius* über die in seiner Hausgewalt stehenden (nicht enterbten) Enkel die *b.p. liberti* erlangt *ne qui suo nomine a bonorum possessione summoventur per alium eam consequantur*. Erst wenn sie *sui iuris* geworden seien, konnten die Enkel den Nachlaßbesitz erlangen[49]. Wenn aber der Jurist, so läßt sich folgern, einen Erwerb der *b.p.* durch den enterbten Sohn über dessen Haussöhne ausschließt, um die Enterbungszwecke zu sichern, dann müßte er auch umgekehrt enterbte Enkel von einem Erwerb über ihren Hausvater ausschließen.

Nach alldem wird man sagen dürfen: So geschickt Paulus mit dem Beispiel der Doppelberechtigung eines Mitfreilassers auch argumentiert, zu einer besseren Lösung des von Papinian erörterten Falles ist er nicht gelangt.

Abstract

The death of a former *servus communis* who had been manumitted frequently raised issues with respect to the co-manumissors' hereditary rights. Typical for these issues are two texts that have not found great attention so far: Difficult problems of accrual seem to arise in Paul. D. 37.1.6 pr. These problems, however, dissolve once it is realised that there are three persons involved two of which are co-manumissors. In his nota in Pap. D. 38.2.42 pr. Paulus refers to a skilfully chosen example dealing with the reacquisition of lost manumissor's rights, yet without proving the criticised solution chosen by Papinian to be wrong.

Keywords

Libertus communis – Mitfreilasser – Erbrecht des Freilassers – Akkreszenz – *bonorum possessio contra tabulas* – *adoptio naturam imitatur*.

---

[49] Vgl. auch D. 38.2.11 (Iul. 26 *dig*.).

Zur Haftung bei der «actio quod metus causa»

Rolf Knütel [*]

1. Der Digestentitel *Quod metus causa gestum erit* besteht zum weit überwiegenden Teil aus längeren Fragmenten, die dem 11. Buch des ulpianischen Ediktskommentars entstammen. Dies erlaubt es, die Einzelaussagen des kommentierenden Juristen aus ihrem ursprünglichen Kontext heraus zu erfassen, auch wenn man Kürzungen oder Interpolationen nicht ausschließen kann. Bei der Durchsicht des langen Fragments Ulp. D. 4.2.14 fällt nun auf, dass Ulpian auf den Haftungsmaßstab des Passivlegitimierten in der *actio quod metus causa* zweimal zu sprechen kommt und im ersten Fall fehlenden *dolus malus* für maßgeblich hält (§ 5), im zweiten dagegen wiederholt hervorhebt, dass sich die Situation *sine dolo malo et culpa* des Beklagten verändert habe (§ 11). Zu beiden Textstücken haben sich zahlreiche, auch schwer zu klärende Streitfragen ergeben, insbesondere zum § 11, den seinerzeit schon Antonius Faber als gänzlich von Tribonian verfasst ansah und den beispielsweise auch ein textkritisch so besonnener Mann wie Otto Lenel als „zum Teil stark interpoliert" brandmarkte[1].

[*] Index, Quaderni camerti di studi romanistici 45 (2017) 594 – 613.

* *Significat, quod hi, qui cum armis decem praeceptorum dimicant, ad octo beatitudines perveniant* erklärt Honorius Augustodunensis die allegorische Bedeutung der Ordnungszahl *octoginta*; die christliche Zahlenallegorese leitet daraus den Übergang von der *vita activa* zur *vita contemplativa* ab, und wir nehmen das zum Anlass, dem Freunde Gino Labruna in alter und herzlicher Verbundenheit mit dem Wunsch, zu gratulieren, ihm möge eine lange glückliche Verbindung der schönen Seiten beider Viten zugleich beschieden sein. Unser Thema hängt mit einer vor vielen Jahren in der Übersetzerrunde diskutierten Frage zusammen; es werden Erinnerungen wach an den 2. Juni einem 1995 in Schloss in Berlin, den 22. März 1996 in der Sala Grande in Neapel, an den Lehrer …

[1] A. Faber, *Coniecturarum iuris civilis libri XX* (Coloniae Allobrogum 1663) 664 f. (16.19); O. Lenel, *Das Edictum Perpetuum*[3] (Leipzig 1927) 2 nt. 7; ders., *Palingenesia iuris civilis* II (Leipzig 1889) 462 nt. 5-8. – Weitere reiche Nachweise zur Interpolationenkritik im *Index interpolationum*, hgg. v. E. Levy, E. Rabel (Weimar 1929) 46 u. Suppl. I (Weimar 1929) 57 f. – Abkürzungen: E. Calore, *Actio quod metus causa. Tutela della vittima e azione in rem scripta* (Milano 2011) = Calore, *Metus*; A.S. Hartkamp, *Der Zwang im römischen Privatrecht* (Amsterdam 1971) = Hartkamp, *Zwang*; M. Kaser, *Restituere als Prozeßgegenstand. Die Wirkungen der litis contestatio auf den Leistungsgegenstand im römischen Recht*[2] (München 1968) = Kaser, *Restituere*[2]; ders., *Das römische Privatrecht. Erster Abschnitt*[2] (München 1971) = Kaser, *RP.* I[2]; ders., *Zur in integrum restitutio, besonders wegen metus und dolus*, in *ZSS.* 94 (1977) 101 ff. = Kaser, *ZSS.* 94; ders., *Nochmals über Besitz und Verschulden bei den 'actiones in rem'*, in *ZSS.* 98 (1981) 77 ff. = Kaser, *ZSS.* 98; M. Kaser, K. Hackl, *Das römische Zivilprozessrecht*[2] (München 1996) = Kaser, Hackl, *RZ.*[2]; S. Lohsse, *Aequitas Martiniana. Zum Umgang mit den römischen Quellen in der frühen Glossatorenschule. Zugleich ein Beitrag zu den Grundlagen von Zufallshaftung und Bereicherungsschuld* (noch unveröffentlichte Habilitationsschrift Bonn 2011) = Lohsse I; ders., *Die Zufallshaftung bei Ulp. 16 ad ed., D. 6.1.15.3 und Paul. 20 ad ed. D. 5.3.40 pr.*, in P. Buongiorno, S. Lohsse (Hrsg.), *Fontes Iuris. Atti del VI Jahrestreffen Junger Romanistinnen und Romanisten, Lecce, 30-31 marzo 2012* (Napoli 2013) 161 ff. = Lohsse II.

Von einer Erörterung vieler Einzelheiten müssen wir hier absehen; es geht uns um Erwägungen zu der genannten Haftungsfrage, bei denen im übrigen die Erkenntnisse zugrundegelegt werden sollen, die beim augenblicklichen Stand der Dinge wohl überwiegend anerkannt sind.

2.1. Bei seiner Erläuterung der *metus*-Klage kommt Ulpian auf deren Erstreckung auf Dritte zu sprechen. Er hebt nochmals[2] hervor, dass die Klage wegen *metus*, Furchterregung, worunter auch gewaltsames Handeln (*vis*) fällt[3], eine *actio arbitraria* ist, der Richter also, ehe er das Urteil spricht, dem Beklagten die Möglichkeit einräumt, dass er die Sache dem Kläger restituiert, um daraufhin freigesprochen zu werden und der andernfalls drohenden Verurteilung auf das Vierfache des Zurückzugewährenden zu entgehen. Zu diesem normalen Ablauf bringt Ulpian sodann die Einschränkung:

D. 4.2.14.5 (Ulp. 11 *ed.*). Aliquando tamen et si metus adhibitus proponatur, arbitrium absolutionem adfert. quid enim si metum quidem Titius adhibuit me non conscio, res autem ad me pervenit, et haec in rebus humanis non est sine dolo malo meo: nonne iudicis officio absolvar? aut si servus in fuga est, aeque, si cavero iudicis officio me, si in meam potestatem pervenerit, restituturum, absolvi debebo. unde quidam putant bona fide emptorem ab eo qui vim intulit comparantem non teneri nec eum qui dono accepit vel cui res legata est. sed rectissime Viviano videtur etiam hos teneri, ne metus, quem passus sum, mihi captiosus sit. Pedius quoque libro octavo scribit arbitrium iudicis in restituenda re tale esse, ut eum quidem qui vim admisit iubeat restituere, etiamsi ad alium res pervenit, eum autem ad quem pervenit, etiamsi alius metum fecit: nam in alterius praemium verti alienum metum non oportet[4].

[2] Ulp. 11 *ed.* D. 4.2.9.7; D. 4.2.14.1. [3] Vgl. Ulp. 11 *ed.* D. 4.2.1 u. 3. [4] (Zuweilen jedoch führt das Urteil zu einem Freispruch, auch wenn vorgetragen wird, es sei Furcht erregt worden. Was nämlich, wenn ohne mein Wissen zwar Titius Furcht erregt hat, die [entzogene] Sache aber an mich gelangt und dann, ohne daß bei mir Vorsatz gegeben wäre, untergegangen ist? Muß ich nicht vom Richter von Amts wegen freigesprochen werden? Oder wenn der Sklave entflohen ist, werde ich ebenso freigesprochen werden müssen, sofern ich auf Anordnung des Richters Sicherheit dahin leiste, den Sklaven zurückzugewähren, wenn er wieder in meine Gewalt gelangt ist. Und daher meinen einige Juristen, ein Käufer, der in gutem Glauben von dem kauft, der Gewalt angewendet hat, hafte nicht und ebensowenig derjenige, der die [entzogene] Sache als Geschenk angenommen hat oder dem sie vermacht worden ist. Aber Vivianus ist sehr zu Recht der Meinung, daß auch diese haften, damit mir die Furcht, die ich erlitten habe, nicht zum Schaden gereicht. Auch Pedius schreibt im 8. Buch [zum Edikt], das richterliche Ermessen hinsichtlich der Rückgewähr der Sache sei so beschaffen, daß der Richter demjenigen, der selbst Gewalt angewendet hat, befiehlt, die Sache zurückzugewähren, obwohl sie an einen anderen gelangt ist, und andererseits demjenigen, an den die Sache gelangt ist [dasselbe befiehlt], obwohl ein anderer die Furcht erregt hat; denn die von dem einen erregte Furcht darf für den anderen nicht zu einem Gewinn ausschlagen). Die Übersetzung ist ebenso wie die zu den §§ 10-11 übernommen aus O. Behrends, R. Knütel, B. Kupisch, H.H. Seiler, *Corpus iuris civilis. Text und Übersetzung* II (Heidelberg 1995) 352 ff.

Zur *actio quod metus causa* hat sich die Besonderheit entwickelt, dass sie auch gegen Dritte angestrebt werden konnte, die die Sache, ohne an der Erpressung beteiligt zu sein oder von ihr Kenntnis zu haben, direkt vom Opfer erlangt hatten, ferner diejenigen, die sie vom Erpresser erworben hatten, und vermutlich auch gegen weitere Nacherwerber. Im zweiten Teil unseres § 5 gibt Ulpian, wie wir sehen werden, wichtige Informationen zu dieser Klagausweitung gegen Dritte.

Um den zweiten der genannten Fälle, die Haftung des Dritten, der vom Erpresser erworben hat, geht es im § 5, dem insoweit einzigen Beleg in den Digesten[5]. Der Dritte hat die Sache in Unkenntnis der Erpressung vom Täter erlangt, und sie ist bei ihm untergegangen, ohne dass er sich dolos verhalten hätte. Wenn Ulpian dazu die rhetorische Frage aufwirft, ob es in dieser Situation nicht die richterliche Amtspflicht gebiete, ihn freizusprechen, bringt er damit inzident zum Ausdruck, dass die Frage zu bejahen ist.

Damit ist zugleich gesagt, dass bei Vorliegen eines *dolus malus* zu verurteilen wäre, und man fragt sich, wie sich überhaupt eine *dolus*-Haftung des gutgläubigen Eigenbesitzers erklärt[6] und – damit verbunden – weshalb anders als in § 11 von *culpa* nicht die Rede ist. Emanuela Calore denkt an die folgende Situation: «Potremmo immaginare che questi (sc. il terzo) abbia scoperto, probabilmente nel momento in cui veniva convenuto in giudizio, che la res era stata estorta e così l'abbia consumata»[7]. Das ist gut möglich, stößt jedoch auf die Schwierigkeit, dass die Verfasserin zugleich wohl davon ausgeht, dass die Sache nach *litis contestatio* untergegangen ist[8]. Dann aber müsste die *restituere*-Haftung gelten und Ulpian, der es in diesem Zusammenhang doch recht genau nimmt, wie in § 11 so auch hier allgemein *sine dolo malo meo et culpa mea* gefragt haben.

Auch Max Kaser ging offenbar von einem Untergang nach *litis contestatio* aus und merkte zu unserem fr. 14.5 an, auch der redliche Erwerber werde (sc. bei der *metus*-Klage) «nicht anders behandelt als sonstige Beklagte ... *post litem contestatam*, die regelmäßig für *dolus* und *culpa* haften»[9]. Ließ Kaser an dieser Stelle noch unbeantwortet, weshalb im § 5 von *culpa* nicht die Rede ist, so gelangte er im weiteren Verlauf seiner Studie doch zu der, wie ihm schien, «zwingend gebotenen Annahme» einer Begünstigung des Dritterwerbers: «Wenn der Prätor schon bereit ist, dem Beklagten bei dieser Klage die außergewöhnliche Vergünstigung zu gewähren, daß er sich durch Befriedigung des Klägers vor der Geldkondemnation in die hohe Buße bewahren kann, dann wäre es eine ebenso unfolgerichtige wie unbillige Härte gewesen, einerseits sogar den Gewalttäter nach geschehener Restitution zu absolvieren, andererseits aber den

[5] Vgl. G. Maier, *Prätorische Bereicherungsklagen* (Berlin-Leipzig 1932) 132. Daneben ist zu verweisen auf C. 2.19.3 (a. 238) und C. 2.19.4 (a. 294). [6] Vgl. M. Kaser, *RP.* I^2, 436 («Für die Durchsetzung einer Haftung für vor der *lit. cont.* eingetretene Schäden ist in der Vindikation kein Raum»). [7] Calore, *Metus* 337 nt. 81. [8] Vgl. Calore, *Metus* 344. [9] Kaser, *ZSS.* 94, 118 nt. 57.

vielleicht gutgläubigen Dritterwerber, der durch bloße *culpa* zur Restitution außerstande ist, in die *poena quadrupli* zu verurteilen»[10].

Das vermag auch angesichts des richterlichen Ermessens bei der *metus*-Klage zwar einzuleuchten; doch wird schwerlich anzunehmen sein, dass Ulpian in seinem Beispiel in § 5 eine solche Haftungsbeschränkung stillschweigend vorausgesetzt und deshalb von einer bloßen Erwähnung der *culpa* abgesehen hat. Es dürfte deshalb näherliegen, einem anderen Ansatzpunkt nachzugehen[11].

Zwar ist evident, dass Ulpian einen Prozess vor Augen hat, in dem wegen *metus* geklagt wird; doch ist damit noch keineswegs gesagt, dass es zum Untergang der Sache erst nach der *litis contestatio* gekommen ist. Nehmen wir an, der Eigentümer habe erfahren, dass die ihm abgepresste, wertvolle Vase sich bei dem Dritten befindet. Doch ist sie dort infolge eines Versehens bereits zerbrochen. Der Eigentümer glaubt dies nicht und vermutet, der Dritte habe die Vase beiseitegeschafft, um sie nicht herausgeben zu müssen. In der Befragung vor dem Prätor stellt sich heraus, dass der Dritte den Besitz erlangt hat; den Untergang der Vase kann er jedoch weder beweisen noch glaubhaft machen. Der Erpresste behauptet dagegen, der Dritte habe den Besitz vor der Prozessbegründung arglistig aufgegeben. In einer solchen Situation bot es sich für den Prätor an, eine *litis contestatio* mit Erteilung der *actio quod metus causa* (mit Umstellung der Formel auf den Dritten) herbeizuführen und dem *iudex* die weitere Klärung durch die Beweisaufnahme und die sich daraus ergebende Entscheidung zu überlassen, wie der Prätor ja auch bei der *rei vindicatio*, wenn der Besitz fraglich blieb, den Prozess zuließ und dem Richter aufgab, das Besitzerfordernis zu prüfen und den nichtbesitzenden Beklagten zu absolvieren[12].

Zugunsten eines solchen Verfahrens lässt sich anführen, dass für die *hereditatis petitio* die Passivlegitimation von Erbschaftsbesitzern, die sich bösgläubig in den Besitz eines Nachlasses gesetzt und diesen Besitz vor Prozessbegründung vorsätzlich wieder aufgegeben hatten, im *SC Iuventianum* von 129 n. Chr. «gesetzliche» Anerkennung gefunden hat[13]. Es kommt hinzu, dass sich für die Erstreckung des Gedankens *dolus pro possessione est*[14] auf die *rei vindicatio* in der Spätklassik mit Paul. 21 *ed.* D.

[10] Kaser, *ZSS.* 94, 134. [11] Hartkamp, *Zwang* 232 nt. 10, leitet aus *pervenit* ab, der Beklagte müsse zur Zeit der *litis contestatio* die Sache noch in seiner Gewalt gehabt haben. Doch ist das zu eng gesehen; *pervenire* kann nicht durchweg bedeuten, dass die Sache bei *litis contestatio* wirklich in der Gewalt des Beklagten war, zumal da dies vor dem Prätor nicht notwendig zu beweisen war, vgl. sogl. zu nt. 14. In der Klagformel der *actio quod metus causa* war das Verb nicht enthalten. – B. Kupisch, *In integrum restitutio und vindicatio utilis bei Eigentumsübertragungen im römischen Recht* (Berlin 1974) 208 ff., geht auf die hier interessierenden Fragen nicht ein. [12] Kaser, *ZSS.* 94, 97. [13] Ulp. 15 *ed.* D. 5.3.20.6c (*Item eos qui bona invasissent, cum scirent ad se non pertinere, etiamsi ante litem contestatam fecerint, quo minus possiderent, perinde condemnandos, quasi possiderent*); Ulp. 15 *ed.* D. 5.3.25.2. Näheres dazu bei M. Müller-Ehlen, *Hereditatis petitio* (Köln-Weimar-Wien 1998) 322 ff.; 335 ff.; 340 ff.; 371 ff. *pass.* [14] Paul. 22 *ed.* D. 50.17.131: *Qui dolo desierit possidere, pro possidente damna-*

6.1.27.3 ein zwar sehr angefochtenes, aber doch nicht unbeachtliches Zeugnis findet[15]. Für eine darüber hinausgehende Erstreckung des Gedankens auch auf die *actio quod metus causa* spricht nicht nur, dass Ulpian (11 *ed.* D. 4.2.9.8) mit seiner Kennzeichnung der Klage als *actio in rem scripta* auf Ähnlichkeiten mit den Vindikationen anspielt, sondern vor allem auch die Funktion der Klage, die darauf angelegt ist, das Restitutionsinteresse des Erpressungsopfers möglichst weitgehend zu schützen[16]. Bei dieser Sicht kann sich auch umgekehrt aus fr. 14.5 ein Argument zugunsten der Echtheit von Ulp. 21 *ed.* D. 6.1.27.3 ergeben. Und schließlich ist hervorzuheben, dass Ulpian im § 11 unseres fr. 14 ausführlich und mit Variationen den Fall erörtert, in dem der Sklave, den der Beklagte unter Gewaltanwendung an sich gebracht hatte, nach der *litis contestatio* zu Tode kommt, sei es *sine dolo et culpa* des Beklagten schon vor dem Urteil, sei es danach, aber vor Erhebung der *actio iudicati*. Demgegenüber steht in § 5 nicht die Haftungsfrage im Vordergrund, sondern der Umstand, dass jemand freigesprochen wird, ohne dass es zu einem Restitutionsbefehl gekommen ist.

Nach alldem möchten wir annehmen, dass sich der Ausschluss nur eines dolosen Verhaltens in fr. 14.5 daraus erklärt, dass Ulpian einen Sachuntergang vor der *litis contestatio* vor Augen hatte; denn eine *culpa* im Umgang mit der vermeintlich eigenen Sache kommt vor der *litis contestatio* nicht in Betracht. Anders verhält es sich bei dem Verdacht eines vorprozessualen *dolus* des Besitzers einer erpressten Sache. Ließ sich der *dolus* im Verfahren der *metus*-Klage nicht erweisen, so musste der *iudex* auf Freispruch erkennen, auch wenn der Kläger durch Erpressung oder Zwang um seine Sache gebracht worden war.

2.2. Ulpian erweitert sein Beispiel dahin, dass es sich bei der erpressten Sache um einen Sklaven handelt, der dem gutgläubigen Dritten entflohen ist, ohne dass diesem (vorprozessualer) *dolus* vorzuwerfen sei. Da die Sklavenflucht überdies als ein Fall der *vis maior* eingeordnet wird[17],

tur, quia pro possessione dolus est. – Dass diese Regel das Problem der Passivlegitimation bei vorprozessualem *dolus* betrifft, vermutet M. Wimmer, *Besitz und Haftung des Vindikationsbeklagten* (Köln-Weimar-Wien 1995) 14.

[15] Vgl. auch Marcian. *l. sing. ad formulam hyp.* D. 20.1.16.3. Zur Problematik s. etwa S. Schipani, *Responsabilità del convenuto per la cosa oggetto di azione reale* (Torino 1971) 113 ff. sowie 163 ff., dazu M. Kaser, *Il convenuto nelle azioni reali*, in *Labeo* 18 (1972) 364 f., unter Bezugnahme auf seine Studie *Die Passivlegitimation zur hereditatis petitio* in *ZSS.* 72 (1955) 103 ff. (Anerkennung der Besitzfiktion bei vorsätzlicher Besitzaufgabe schon vor dem *SC Iuventianum*). Kaser hat sich des öfteren mit der Problematik befasst und ist am Ende zu der Ansicht gelangt, die Erstreckung der Besitzfiktion auf die *rei vindicatio* gehe erst auf Justinian zurück, s. Kaser, *ZSS.* 98, 110 ff., 146; Kaser, Hackl, *RZ.*² 252. – Für die Echtheit von Paul. 21 *ed.* D. 6.1.27.3 hingegen Wimmer (o. A. 14) 39 f.; M. Kaser, R. Knütel, S. Lohsse, *Römisches Privatrecht*²¹ (München 2017) 164 f. Rz. 27.11. [16] Vgl. Ulp. 11 *ed.* D. 4.2.14.5 (Vivian); D. 4.2.16.2 (auch gegen Erben des Erpressers, s. auch nt. 20). [17] Gai. 9 *ed.* D. 13.6.18 pr.; Ulp. 29 *Sab.* D. 50.17.23 *i.f.*; M. Kaser, *Die actio furti des Verkäufers*, in *ZSS.* 96 (1979) 110.

muss der mit der *metus*-Klage belangte Dritte auch in diesem Fall freigesprochen werden, allerdings mit der Einschränkung, dass er dem Kläger die *cautio de restituendo* leistet, also das Versprechen, den Sklaven herauszugeben, wenn dieser wieder in seine Gewalt gelangt (*si in meam potestatem pervenit*)[18]. Dies erklärt sich daraus, dass der Besitzer eines flüchtigen Sklaven seinen Besitz an ihm (*solo animo*) behält, solange nicht ein anderer ihn in Besitz genommen hat[19]. Der Dritte hat folglich eine – auch im Hinblick auf eine denkbare *usucapio* – nicht unbeachtliche Rechtsposition, deren möglichen Vorteil, das wohl regelmäßig vorausgesetzte *lucrum*, er, obwohl er an sich nicht haftet, dem Kläger als dem Erpressungsopfer restituieren muss[20].

3. Im zweiten und mit der «rätselhaften Verbindung»[21] *unde* anschließenden Teil geht Ulpian auf die Rechtfertigung der extensiven Handhabung der *actio quod metus causa* ein, die in der Einbeziehung auch von Nachmännern zutage tritt, die etwas von dem erpressten Gut erlangt haben. Er, der im ersten Teil den Rechtsgrund des gutgläubigen Besitzers außer Betracht gelassen hatte, weist im zweiten Teil nun darauf hin, einige Juristen (*quidam*) hätten sich dafür ausgesprochen, Personen, die die gewaltsam entzogene Sache vom Täter erworben hätten, wie etwa ein gutgläubiger Käufer, ein durch Schenkung Begünstigter oder ein Vermächtnisnehmer, müssten «von daher» auch von einer Haftung verschont bleiben.

Dass Ulpian von dieser Lehre nichts hält, wird sofort erkennbar: Zu den *quidam* wird kein Name genannt, zwei der drei Beispiele betreffen den unentgeltlichen Erwerb, der gegenüber einem Opfer von Gewalt und Erpressung wenig schützenswert erscheint, sodann die Solidarisierung mit Vivian und das Zitat der treffenden Sentenz des Pedius.

Es kann in unserem Zusammenhang dahinstehen, ob die Begründung der *quidam* mehr den Schutz der Gutgläubigen und damit des Rechtsverkehrs betraf oder eher den Umstand, dass die genannten Personen einen gültigen Rechtsgrund für ihren Erwerb haben. Jedenfalls haben Vivian und Pedius, mit denen wir in der Hochklassik stehen, diese Lehre erfolgreich zurückgewiesen, jener mit der Begründung, dass derjenige, der schon unter Furcht gelitten habe, nicht auch noch den Schaden haben dürfe, und Pedius in pointierter Formulierung unter Rückgriff auf das richterliche Ermessen: Dem, der Gewalt anwendete, müsse der Richter

[18] Zur weiterreichenden Kaution in fr. 14.11 s.u. – Zur entsprechenden Lage bei der *rei vindicatio* s. Paul. 21 *ed.* D. 6.1.21 (Julian), dazu J.U. Wacke, *Actiones suas praestare debet* (Berlin 2010) 73 ff. [19] Paul. 54 *ed.* D. 41.2.1; Ulp. 72 *ed.* D. 41.2.13 pr.; Gai. 26 *ed. prov.* D. 41.2.15. [20] Zu den Zusammenhängen von *metus*-Klage und Haftung in *id quod pervenit* s. Maier (o. A. 5) 162 f.; 164 ff.; Hartkamp, *Zwang* 232 ff. – Gegen den Erben des Erpressers war eine prätorische Bereicherungsklage auf *id quod pervenit* gegeben, vgl. Ulp. 11 *ed.* D. 4.2.16.2, dazu Hartkamp, *Zwang* 257 ff.; kritisch demgegenüber Kupisch (o. A. 11) 211 nt. 377. [21] Maier (o. A. 5) 133, anders Calore, *Metus* 337 nt. 83 (kein «salto logico»).

die Restitution auferlegen, obwohl die Sache an einen anderen gelangt sei, und ebenfalls dem, an den die Sache gelangt sei, obwohl ein anderer Furcht erregt habe.

Diese mittlerweile nicht mehr angefochtene Aussage ist sicherer Beleg dafür, dass seit der Hochklassik die Auffassung die Oberhand gewann, dass die *metus*-Klage auch die Haftung Dritter einschloss, die in den Besitz erpressten Guts gelangt waren. Es ist gut möglich, dass schon Pedius zur Begründung den von Ulpian im Schlusssatz angeführten Schutzzweck betont hatte, die Furchterregung dürfe auch nicht zum Vorteil eines anderen ausschlagen, kurzum: sie dürfe sich nicht lohnen[22].

Da die Haftung Dritter, die ja auch die Kennzeichnung der Klage als *actio in rem scripta* durch Ulpian und vielleicht schon durch Marcellus verständlicher macht[23], abgesehen von Einzelfragen, insbesondere zu ihrer Entwicklung, – da diese Haftung heutzutage allgemein anerkannt sein dürfte[24], belassen wir es bei diesen Bemerkungen und kommen zum zweiten wichtigen Text.

4.1. Im § 11 hat jemand gewaltsam einen fremden Sklaven in seinen Besitz gebracht. Dieser ist bei ihm umgekommen. Den Täter trifft an seinem Tod keine Schuld, weder *dolus* noch *culpa*, wie Ulpian ausdrücklich klarstellt. Dies bildet die Ausgangslage, von der aus der Jurist die Haftung des Täters durch Unterscheidungen zu klären unternimmt; die Hauptunterscheidung erfolgt danach, ob der Sklave nach oder vor der Verurteilung gestorben oder – in zusätzlicher Abwandlung – geflohen ist.

D. 4.2.14.10-11 (Ulp. 11 *ed.*). Quatenus autem diximus quadruplo simplum inesse, sic hoc disponendum est, ut in condemnatione quadrupli res quidem omnimodo contineatur et eius restitutio fiat, poenae autem usque ad triplum stetur. 11. Quid si homo sine dolo malo et culpa eius, qui vim intulit et condemnatus est, periit? in hoc casu a rei condemnatione ideo relaxabitur, si intra tempora iudicati actionis moriatur, quia tripli poena propter facinus satisfacere cogitur. pro eo autem, qui in fuga esse dicitur, cautio ab eo extorquenda est, quatenus et persequatur et omnimodo eum restituat: et nihilo minus in rem vel ad exhibendum vel si qua alia ei competit actio ad eum recipiendum integra ei qui vim passus est servabitur, ita ut, si dominus eum quoquo modo receperit, is qui ex stipulatione convenitur exceptione tutus fiat. haec si post condemnationem: si autem ante sententiam homo sine dolo malo et culpa mortuus fuerit, tenebitur, et hoc fit his verbis edicti 'neque ea res arbitrio iudicis restituetur'. ergo si in fuga sit servus sine dolo malo et culpa eius cum quo agetur, cavendum est per iudicem, ut eum servum persecutus reddat. sed et si non culpa ab eo quocum agitur aberit, si tamen peritura res non fuit, si

[22] Vgl. auch Ulp. 11 *ed.* D. 4.2.16.2 *i.f.* [23] Ulp. 11 *ed.* D. 4.2.9.8 (*adversus omnes*). [24] Kaser, *RP.* I², 244 («gegen jeden Dritterwerber»); ders., *Das römische Privatrecht* II² (München 1975) 581 (zu III[25]); ders., *ZSS.* 94, 122 ff., 131; Kupisch (o. A. 11) 208 ff.; Calore, *Metus* 327 ff., 336 ff.

metum non adhibuisset, tenebitur reus: sicut in interdicto unde vi vel quod vi aut clam observatur. itaque interdum hominis mortui pretium recipit, qui eum venditurus fuit, si vim passus non esset[25].

4.2. Der Sklave ist nach dem Urteil umgekommen.

a) Ulpian setzt bei der besonderen Situation an, dass der Beklagte bereits aufgrund der *actio quod metus causa* verurteilt und der Sklave innerhalb der dreißigtätigen Erfüllungsfrist (XII *tab.* 3.1) ums Leben gekommen ist. Nach Ablauf dieser Frist konnte der Kläger mit Erhebung der *actio iudicati* die Vollstreckung aus dem Urteil beginnen. Es muss also im voraufgehenden Verfahren der *metus*-Klage dem Beklagten vom Richter die Befugnis eröffnet worden sein, die Verurteilung auf den vierfachen Wert durch Rückgewähr des Sklaven an den Kläger zu vermeiden. Der Beklagte muss diese Möglichkeit ausgeschlagen haben und infolgedessen auf Zahlung des *quadruplum* verurteilt worden sein. Nach dem Tod des Sklaven soll nach Aussage des Textes im Verfahren der *actio iudicati* das voraufgegangene Urteil um ein Viertel herabgesetzt, aufgrund der Judikatsklage also auf den dreifachen Wert verurteilt werden. Die Begründung ergibt sich aus § 10, wonach in der Verurteilung auf das Vierfache

[25] (Insofern wir aber gesagt haben, daß im Vierfachen das Einfache enthalten ist, ist dies so einzuordnen, daß in der Verurteilung auf das Vierfache die Sache auf jeden Fall enthalten ist und damit zugleich ihre Rückgewähr erfolgt, daß aber die Strafe nur auf das Dreifache geht. 11. Was, wenn ein Sklave ohne Vorsatz oder Fahrlässigkeit desjenigen, der Gewalt angewendet hat und verurteilt worden ist, umgekommen ist? In diesem Fall wird die Verurteilung des Beklagten um den Wert der Sache gemindert, sofern der Sklave während der Frist bis zur Erhebung der Klage aus dem Urteil stirbt, und zwar deshalb, weil der Täter mit der Strafe des Dreifachen [in ausreichender Weise] gezwungen ist, für sein Vergehen Genugtuung zu leisten. Aber in bezug auf einen Sklaven, von dem vorgetragen wird, er sei geflohen, muß dem Verurteilten eine Sicherheitsleistung dafür abverlangt werden, daß er ihn verfolgt und auch auf jeden Fall zurückgibt. Und dessenungeachtet bleibt die dingliche Klage oder die Klage auf Vorführung oder, wenn irgendeine andere Klage auf Wiedererlangung des Sklaven gegeben ist, diese Klage demjenigen ungeschmälert erhalten, der Gewalt erlitten hat, allerdings mit der Maßgabe, daß dann, wenn der Eigentümer [und Stipulationsgläubiger] den Sklaven auf irgendeine Weise zurückerlangt hat, derjenige, der aus der Sicherheitsstipulation verklagt wird, durch eine Einrede geschützt wird. Dies gilt für die Zeit nach der Verurteilung. Wenn er aber vor dem Urteil ohne Vorsatz oder Fahrlässigkeit des Beklagten gestorben ist, haftet der Beklagte, und das beruht auf den folgenden Worten des Edikts: 'Und wenn die Sache nicht nach dem Ermessen des Richters zurückgewährt wird'. Wenn dementsprechend ein Sklave ohne Vorsatz oder Fahrlässigkeit desjenigen, gegen den geklagt wird, entflohen ist, muß auf Anordnung des Richters durch ein Versprechen Sicherheit dafür geleistet werden, daß der Beklagte diesen Sklaven nach erfolgreicher Verfolgung zurückgibt. Aber auch wenn der Sklave ohne Verschulden des Beklagten nicht mehr bei diesem ist, die Sache [also der Sklave] jedoch nicht untergegangen wäre, wenn er keine Furcht erregt hätte, haftet der Beklagte dennoch, ebenso wie dies für das Interdikt 'Von wo mit Gewalt' oder 'Was gewaltsam oder heimlich' gilt. Deshalb erhält zuweilen derjenige den Wert eines gestorbenen Sklaven, der ihn verkauft hätte, wenn er nicht Opfer einer Gewaltanwendung geworden wäre).

das Einfache enthalten ist, somit der Wert des Sklaven. Mit dessen Tod ergab sich eine neue Situation, die in der Weise berücksichtigt werde, dass das Judikatsurteil nur noch auf die drei Viertel als den Strafzuschlag wegen der üblen Tat ergehe.

Seit langem wird dies als interpoliert angesehen. Lenel etwa hat gemeint, das alles sei Werk der Kompilatoren, zu deren Zeit außer auf die Strafe auf die Sache selbst verurteilt worden sei, und er hat dafür auf den § 10 verwiesen, der gänzlich von den Kompilatoren stamme[26].

Doch können derart weitreichende Verdächtigungen nicht überzeugen. Nicht wenige Belege erweisen, dass der Beklagte im Judikatsverfahren vor allem über eine *exceptio doli* erfolgreich Umstände geltendmachen konnte, die es nach dem Urteil über die vorangegangene Klage unbillig erscheinen ließen, wenn dem Vollstreckungsbegehren des Klägers entsprochen werden würde, und es konnte sich, wenn etwa das *beneficium competentiae*, die *lex Falcidia* oder die Haftung *de peculio* zu berücksichtigen waren, ergeben, dass die Vollstreckungssumme hinter der des Urteils im früheren Prozess zurückblieb[27]. Insgesamt gesehen lässt sich sagen, dass im Rahmen der *actio iudicati* eine gewisse Überprüfung und in Ausnahmefällen sogar eine Berichtigung des vorangegangenen Urteils erfolgen konnte[28]. Von dem angesprochenen Verfahren her dürfte demnach gegen eine Reduzierung der Urteilssumme im Prozess der *actio iudicati* nichts einzuwenden sein.

Auch aus der Aufteilung der Urteilssumme bei der *metus*-Klage lässt sich ein Verdachtsmoment nicht herleiten. Ulpian – seine Urheberschaft ist kaum zu bezweifeln – referiert in fr. 14.9, Julian habe die Auffassung vertreten, einem Täter, der unter Gewaltanwendung etwas stipuliert hatte und später auf das Vierfache verurteilt worden war, müsse, wenn er später aus der Stipulation klage, gegen die *exceptio* des Beklagten über eine *replicatio* geholfen werden, und der Jurist habe dies begründet: *cum in quadruplo et simplum sit reus consecutus*. Demgegenüber habe Labeo gesagt, die Klage des Täters müsse ungeachtet seiner Verurteilung auf das Vierfache durch eine *exceptio* entkräftet werden. Weil dies aber hart (*durum*) erscheine, spricht Ulpian sich dann für den «Mittelweg» aus, der Täter sei durch eine Verurteilung auf das Dreifache zu bestrafen und zu zwingen, dem Opfer die Schuld durch *acceptilatio* zu erlassen. Dass nun diese Kontroverse mit der Deutung des *quadruplum* durch Julian als An-

[26] Lenel, *Palingenesia* II (o. A. 1) 464 nt. 4-6 (der *in hoc casu – mortuus fuerit* athetiert); ders., *Edictum* (o. A. 1) 112 nt. 7, ferner (außer den im *Index itp.* cit. 46 u. Suppl. [o. A. 1] 57 f. Genannten) etwa Hartkamp, *Zwang* 220 m.w.N. – Dass sich aus § 10 eine Verurteilung in *rem ipsam* ergeben soll (so Lenel, *Palingenesia* cit. 464 nt. 4), leuchtet nicht ein. Die *metus*-Klage bleibt arbiträr, auch wenn sie auf das *simplum* geht, vgl. Ulp. 11 ed. D. 4.2.14.1. [27] Kaser, Hackl, *RZ.*^{2} 385 mit nt. 15, 20 in Anknüpfung an D. Medicus, *Zur Urteilsberichtigung in der actio iudicati des Formularprozesses*, in *ZSS.* 81 (1964) 233 ff., 240 ff., 280 ff. [28] Kaser, Hackl *RZ.*^{2} 386 mit Medicus (o. A. 27) 233 ff., 277 ff., vgl. auch Medicus, *Rez.* F. La Rosa, *L'actio iudicati*, in *ZSS.* 81 (1964) 465.

gelpunkt von den Kompilatoren erfunden sein könnte, ist mit dem Bild, das wir uns heute von ihrem Wirken machen, nicht vereinbar.

b) Kehren wir wieder zum Anfangsstück des § 11 zurück und fragen uns, wie sich die Lösung Ulpians erklären lässt. In ihrer Exegese unseres Textes[29] knüpfte Anna Maria Giomaro zur Erklärung an die Noxalklagen an. In diesen wird dem verklagten Gewalthaber im Urteil neben der Geldkondemnation alternativ das Recht eingeräumt, den Sklaven, der das Delikt begangen hatte, dem Geschädigten auszuliefern[30], und dies war bis zur *litis contestatio* zur *actio iudicati* möglich. Die Autorin meint, so könne es sich auch bei der *actio quod metus causa* verhalten haben und bei dieser Annahme könne der Untergang einer der aus dem Urteil geschuldeten Leistungen nicht ohne Auswirkung auf die Verpflichtung aus dem ja noch nicht erfüllten Urteil geblieben sein. Diesem Lösungsversuch steht jedoch entgegen, dass im *metus*-Prozess der verklagte Täter sich vor dem Urteil entscheiden muss, ob er restituiert[31], und dass es erst danach zur Verurteilung auf Zahlung des *quadruplum* kommt. Ein nachträgliches einseitiges Angebot des Erpressers, die Sache zurückzugewähren, könnte daran nichts ändern.

Betrachtet man den Zusammenhang in der Darstellung, so wird deutlich, dass der Jurist hier entsprechend seinem «Mittelweg» in § 9 verfährt: Wie dort der Gegenstand 'Forderung' ist hier der Gegenstand 'Sklave' weggefallen und in beiden Fällen verliert der Täter die *res* und das Opfer den Sachwert. Das erscheint auf den ersten Blick als ausgewogen und gerecht, wird jedoch zweifelhaft, vor allem wenn man auf die Variante des umgekommenen Sklaven schaut. Der verklagte Täter hatte es im *metus*-Prozess für richtig gehalten, die ihm vom Richter eröffnete Restitution abzulehnen, und dem Kläger wurde das zum Schutz der Opfer von *metus* und *vis* in der Klage vorgesehene *quadruplum* zugesprochen. Damit könnte, wenn der Kläger bislang Eigentümer war, nunmehr der Beklagte bonitarischer Eigentümer des Sklaven geworden sein und für diesen das *periculum* tragen, vergleichbar einem Käufer, wie ja auch die Klassiker dem Vindikationsbeklagten, der auf das (durch *iusiurandum in litem* ermittelte) *aestimatum* verurteilt wurde, einen Ersitzungsbesitz *pro emptore* zubilligten[32]. Mit der von Ulpian befürworteten Lösung würde mithin entgegen einer solchen Zuordnung die Gefahr des zufälligen Untergangs des Sklaven wieder dem Kläger zugeschoben werden. Nachdem der Sklave praktisch bereits aus seinem Vermögen ausgeschieden war,

[29] A.M. Giomaro, *D. 4,2,14,11: Sul valore della clausola restitutoria nell'actio quod metus causa e sull'officium iudicis*, in *Atti del II Seminario romanistico Gardesano 12-14 giugno 1978* (Milano 1980) 196-200. [30] Vgl. Kaser, Knütel, Lohsse (o. A. 15) 465 (Rz. 83.21). [31] Vgl. Ulp. 11 *ed.* D. 4.2.14.4 (*licentiam usque ad sententiam ab arbitro datam*), worauf die Autorin erst später hinweist (S. 201). [32] Kaser, *RP.* I², 437. Die Streitfrage, ob dieser Besitz erst mit der Zahlung des Schätzwerts begründet wird (Iul. 19 *dig.* D. 25.2.22 pr., vgl. Iul.-Ulp. 16 *ed.* D. 6.2.7.1 mit Zahlungsofferte), was in concreto nicht der Fall wäre, oder *statim* (Paul. 10 [13?] *Sab.* D. 6.1.46), kann hier dahinstehen.

würde der Kläger infolge des Todes nachträglich noch ein Viertel einbüßen.

Es dürfte vergeblich sein, die überlieferte Entscheidung aus Gesichtspunkten der Gefahrtragung erklären zu wollen[33]. Eher zu denken ist deshalb an die *aequitas* als die Grundlage des Urteils im Verfahren der *actio iudicati*. Wie sich zeigte, folgte Ulpian im Fall der erzwungenen Stipulation in § 9 Julians Erklärung des *quadruplum* und legte sie seiner Lösung im Sinne eines «Mittelweges» zugrunde. Wenn Ulpian dort Labeos Meinung, auch nach Zahlung des Vierfachen dürfe der Täter aus der gewaltsam erlangten Stipulation nicht klagen, als zu hart kritisiert (*cum durum videtur*) und von einer Milderung spricht (*ita temperandum est*), so wird deutlich, dass er sich von Billigkeitserwägungen leiten lässt und ebendiese Haltung tritt auch im § 11 offen zutage, nicht nur in der Formulierung *a rei condemnatione ideo relaxabitur*, dass die Verurteilung zu mindern oder zu erleichtern sei, sondern auch in der Begründung *quia tripli poena propter facinus satisfacere cogitur*, die wir deshalb mit der Verdeutlichung übersetzt haben «weil der Täter mit der Strafe des Dreifachen [in ausreichender Weise] gezwungen ist, für sein Vergehen Genugtuung zu leisten».[34] Nach alldem ging Ulpian vermutlich davon aus, es habe sich nach dem Urteil im *metus*-Prozess eine neue Lage ergeben, in der es unbillig erscheine, dem Vollstreckungsbegehren des Klägers im Judikatsprozess uneingeschränkt stattzugeben[35].

c) Anschließend wandelt Ulpian den Fall dahin ab, dass der Sklave sich dem Besitzer, der ihn gewaltsam an sich gebracht hatte, durch Flucht entzogen hat, und dies ohne dass dem Besitzer insoweit *dolus* oder *culpa* vorzuwerfen ist. Vorauszusetzen ist des weiteren, dass der Besitzer zuvor im *metus*-Prozess auf das *quadruplum* verurteilt worden war und der Judikatsprozess bevorstand[36]. Schließlich ist davon auszugehen, dass es sich um einen nicht bewachungsbedürftigen Sklaven handelt, es also auf *vis maior* beruht[37], dass der Beklagte nicht zu restituieren vermag.

In diesem Fall hält Ulpian es für geboten, dass der Richter im Judikatsprozess dem Beklagten die weitreichendere *cautio de re persequenda et restituenda* zugunsten des von der Gewalt betroffenen und im *metus*-Prozess erfolgreichen Klägers und Tatopfers leistet und sich damit verpflichtet, alle gebotenen Maßnahmen zur Verfolgung und Ergreifung des Flüchtigen zu ergreifen[38] und ihn dann dem Kläger herauszugeben.

Da im § 5 der gutgläubige Eigenbesitzer Sicherheit nur für die Restitution zu leisten hatte, könnte man zunächst daran denken, dem Täter

[33] Vgl. auch Calore, *Metus* 282 nt. 52 («soluzione ... strana»). [34] Behrends, Knütel, Kupisch, Seiler (o. A. 4) 353. [35] Vgl. o. zu A. 27, 28. [36] Von dieser Situation gehen auch aus Giomaro (o. A. 29) 203; G. Klingenberg, *Servus fugitivus*, in J. Filip-Fröschl, J.M. Rainer, A. Söllner, *Corpus der römischen Rechtsquellen zur antiken Sklaverei* (*CRRS*) X. 6, (Stuttgart 2005) 40 f. – Irrtümlich legt H. Ankum, *Eine neue Interpretation von Ulpian Dig. 4.2.9.5-6. Über die Abhilfe gegen metus*, in *Fs. H. Hübner z. 70. Geb.* (Berlin-New York 1984) 12, den *metus*-Prozess zugrunde. [37] S. oben A. 17. [38] Manche Einzelheiten zur Verfolgung finden sich im Titel D. 11.4 *De fugitivis*.

werde im § 11 in der Kaution deshalb mehr abverlangt, weil er gewaltsam und damit bösgläubig in den Besitz des Sklaven gelangt sei. Allerdings stellt sich auch die Frage, ob der verklagte Täter mit der Verurteilung auf das *quadruplum* nicht schon eine bonitarische Besitzposition erlangt hatte. Berücksichtigt man jedoch den Zusammenhang mit dem zuvor erörterten Fall, so drängt sich die Erklärung auf, dass Ulpian eine entsprechende Lösung auch im Fall des *fugitivus* befürwortet: Wenn der Beklagte über die *cautio* sicherstellt, alles Erforderliche zu tun, um des Sklaven wieder habhaft zu werden und ihn in jedem Fall dann auszuliefern, sei dies der Rückgewähr des *simplum* gleichzuachten. Im Gegenzug müsste dann die Urteilssumme auf das pönale *triplum* reduziert werden[39]. Freilich ergeben sich auch gegen dieses Ergebnis Bedenken, vor allem wenn man es so verstehen sollte, dass der Beklagte, obwohl er sich im Vorprozess lieber auf das Vierfache verurteilen ließ, statt den Sklaven zurückzugeben, nunmehr über die *cautio ab eo extorquenda* gezwungen werde, den Sklaven nach dessen Ergreifung zu restituieren, um die Herabsetzung der Urteilssumme um nur ein Viertel des damaligen Wertes zu erreichen.

5. Sodann wendet sich Ulpian der Situation zu, dass der Sklave nach der *litis contestatio* und vor dem Urteil im *metus*-Prozess umgekommen ist. Zunächst erörtert der Jurist den Fall im Grundsätzlichen, danach geht er auf zwei Besonderheiten ein, die sich in dieser Situation zuweilen ergeben können, zum einen wieder die Flucht des Sklaven und zum anderen die Möglichkeiten eines Freiwerdens des Beklagten und entsprechender Abhilfe für den Kläger.

5.1. a) War es zum Tod des Sklaven ohne Vorsatz oder Fahrlässigkeit des verklagten Täters gekommen, so soll dieser dennoch haften, weil im Edikt bestimmt sei '*neque ea res arbitrio iudicis restituetur*'. Mommsen hat demgegenüber von *tenetur* ein *non* eingefügt[40] und damit einige Zustimmung gefunden[41], auch in unserer Übersetzung[42]. Dem lag vor allem unsere Annahme zugrunde, der Richter berücksichtige bei der Ausübung seines Ermessens den Umstand, ob den Beklagten ein Verschulden am Tod des Sklaven traf. Denn erst die genannte Klausel, die sich aller Wahrscheinlichkeit nach nicht nur im Edikt, sondern auch in der Klagformel der *actio quod metus causa* fand, und die im fr. 14.11 ersichtlich gemeint

[39] Für dieses Ergebnis sprechen sich ebenfalls aus Giomaro (o. A. 29) 203; Klingenberg (o. A. 36) 41 (zur gänzlichen *absolutio* komme es natürlich nicht); anders Hartkamp, *Zwang* 220 (anscheinend keine Zahlungspflicht nach Rückgabe, jedoch unklassisch); für Interpolation auch Kaser, *ZSS*. 94, 119 nt. 59 (vgl. auch unten A. 73); Calore, *Metus* 282 f. nt. 52. [40] Mommsen, *Digesta ed. maior, ad h.l.* (zugleich gegen B. 10.2.14) unter Hinweis auf den am Ende des § 11 behandelten Fall *sed et si non culpa ...* [41] Lenel, *Palingenesia* II (o. A. 1) 464 nt. 7; A. Pernice, *Labeo. Römisches Privatrecht im ersten Jahrhundert der Kaiserzeit* II/2/1[2] (Halle 1900) 141 nt. 1 (weil auch mit der anschließenden Folgerung, *ergo* müsse der Beklagte Kaution stellen, die Haftung verneint werde). [42] Behrends, Knütel, Kupisch, Seiler, *Corpus iuris* II (o. A. 4) 353 f.

ist[43], habe es dem Richter ermöglicht, auf das Verschulden abzustellen, weil der Beklagte andernfalls ja schon als Deliktstäter der Haftung für Zufall unterliegen würde.

Die herrschende Meinung lehnt die Insertion des *non* jedoch ab[44]. Sie dürfte das Richtige treffen. Die Schwierigkeit ergibt sich daraus, dass bei der *litis contestatio* zwei verschiedene Haftungsordnungen zusammentreffen, zum einen die Verzugshaftung, zum anderen die *restituere*-Haftung. Nach der erstgenannten ergibt sich mit Eintritt des Verzugs eine Haftung des Schuldners auch im Fall des zufälligen Untergangs der zurückzugewährenden Sache; einen Deliktstäter trifft diese Haftung also mit Vollendung der Tat.

Mit der *restituere*-Haftung verhält es sich komplizierter. Sie ist – jedenfalls im Grundsatz – darauf gerichtet, den Kläger im Fall, dass der Beklagte während des Prozesses die im Streit befindliche Sache verliert, so zu stellen, wie wenn der Beklagte sie ihm im Zeitpunkt der *litis contestatio* restituiert hätte. Bei Klagen deliktischen Ursprungs wurde der Zeitpunkt auch im Rahmen der *restituere*-Haftung vorverlegt, indem der Kläger so zu stellen war, als wäre das Delikt nicht begangen worden[45].

Mit der *restituere*-Haftung hat Max Kaser sich in seinen Forschungen immer wieder beschäftigt, und er ist am Modell der *actiones in rem* zu einem «dreistufigen Schema» gelangt, von dem wir ausgehen wollen[46]. Voraussetzung einer Verurteilung im Vindikationsprozess war der Besitz des Beklagten. Dazu war eine Schulkontroverse entstanden. Während die Sabinianer Besitz im Zeitpunkt der *litis contestatio* und des Urteils (*utroque momento*) verlangten, ließen die Prokulianer es genügen, wenn der Beklagte zur Zeit des (End-)Urteils im Besitz war[47]. Sie setzten sich mit dieser Lehre durch. Zur Haftung des Beklagten ergab sich dann die erste Frage, wie es sich verhalte, wenn die im Streit stehende Sache nach der *litis contestatio* infolge höherer Gewalt unter- oder sonst verlorengegangen war. Die Prokulianer beschränkten sich dazu auf eine 'prozessuale' Lö-

[43] Zur Frage s. Lenel, *Edictum* (o. A. 1) 112; D. Mantovani, *Le formule del processo privato romano*[2] (Padova 1999) 70 m. nt. 274 ('*edicti*' interpolato per '*formulae*'); ferner etwa L. Wenger, *Institutionen des römischen Zivilprozessrechts* (München 1925) 139 nt. 32; Maier (o. A. 5) 102 nt. 1; Hartkamp, *Zwang* 193 ff.; Kaser, *ZSS*. 94, 114 f.; Calore, *Metus* 278 ff. [44] S. etwa Kaser, *Restituere*[2] 85 nt. 1 (sie erfolge «sicher zu Unrecht»); Maier (o. A. 5) 136; Hartkamp, *Zwang* 220 (wahrscheinlich müsse der Beklagte das *triplum* zahlen); Giomaro (o. A. 29) 205 f.; Calore, *Metus* 285 f. nt. 55, ferner S. Lohsse II, § 14 II 1 nt. 563. – Dass die anderen neuen Übersetzungen von einer Insertion absehen, liegt nahe; uns ging es um ein plausibles Verständnis des Textes. [45] Vgl. etwa Gai. 7 *ed. prov.* D. 6.1.20; Kaser, *RP*. I[2], 518; zur Vorverlegung bei Delikten auch Lohsse II, S. 172 f. Auf die *perpetuatio obligationis* kommt es nicht an, anders J.D. Harke, *Mora debitoris und mora creditoris im klassischen römischen Recht* (Berlin 2005) 14 ff., 29; dagegen Lohsse (u. A. 60) 1322 nt. 40. [46] Kaser, *ZSS*. 98, 77 ff., 102 ff., vgl. auch ders., *Römische Rechtsquellen und angewandte Juristenmethode* (Wien-Köln 1986) 221 nt. 29a, ferner ders., *Restituere*[2] 205 ff. Aus jüngerer Zeit auch Lohsse II, 169 f. mit neuerer Lit. [47] Vgl. Proc.-Paul. 21 *ed.* D. 6.1.27.1: Ulp. 24 *ed.* D. 10.4.7.4, dazu nur Kaser, *ZSS*. 98, 97 ff.

sung, also auf die Feststellung, dass der Beklagte die von der Restitutionsklausel *neque ea res arbitrio iudicis restituetur* eröffnete Rückgewähr nicht vorgenommen hatte und deshalb zu verurteilen sei[48].

Bei den Sabinianern stieß diese strenge Haftung des Beklagten jedoch auf Ablehnung; anerkannt wurde von ihnen allerdings, dass ein Beklagter, der den Besitz vor der Verurteilung dolos aufgegeben hatte, nach der schon oben angesprochenen Regel *dolus pro possessione est*[49] dennoch verurteilt werden konnte. Daraus entwickelte sich in der zweiten Entwicklungsstufe die Lehre, der verklagte Besitzer hafte bei Sachverlust während des Prozesses für *dolus*.

In einem dritten Schritt schließlich wurde offenbar in Anlehnung an die deliktische Haftung nach der *lex Aquilia* von den Sabinianern auch die *culpa*-Haftung in die Haftung des Prozessbesitzers einbezogen[50], weil der Beklagte von der *litis contestatio* an damit rechnen muss, dass er gegebenenfalls die Sache herauszugeben oder ihren Schätzwert zu zahlen hat[51]. Damit ergaben sich zwei unterschiedliche Fälle, nämlich einerseits solche, in denen das Urteil darauf beruht, dass der Beklagte den Besitz dolos aufgegeben oder verloren hat – dann haftet er, auch wenn die Sache unversehrt geblieben ist, wie etwa bei Sklavenflucht – und andererseits solche, in denen der Beklagte infolge von *dolus* oder *culpa* verursacht hat, dass er die Sache nicht oder nicht unbeschädigt restituieren kann – dann trifft ihn die entsprechende Schadenshaftung[52]. Die sabinianische Lehre zur Haftung des verklagten Besitzers wurde in der Hochklassik ganz überwiegend befolgt, mögen sich auch Spuren der prokulianischen Ansicht von der unbedingten Zufallshaftung noch bei Paulus (20 *ed.* D. 5.3.40 pr.) finden[53].

b) Auf dieser Grundlage fassen wir wieder den dritten Fall des fr. 14.11 mit der Frage nach dem Verhältnis dieses Haftungssystems gegenüber der Verzugshaftung ins Auge[54]. Nach den Grundsätzen der Verzugshaftung müsste den durch Delikt in den Besitz gekommenen Täter sogleich die strenge Haftung für den zufälligen Untergang treffen, sei es durch *vis maior*, sei es durch einfachen *casus*. Im Umfang würde diese Haftung bei einer Vindikation auf *quanti ea res est* im Zeitpunkt der Besitzergreifung gehen.

Auch im Rahmen der *restituere*-Haftung könnte den Beklagten, obwohl ihm im Hinblick auf den Tod des Sklaven weder *dolus* noch *culpa* vorzuwerfen waren, im Fall des zufälligen Untergangs die Haftung treffen. Diese wäre dann aber auf den gegebenenfalls vervierfachten Schätz-

[48] Vgl. das Proculus-Zitat in Paul. 20 *ed.* D. 5.3.40 pr., auch Alfen. 6 *dig.* D. 6.1.57; Ner. 7 *membr.* D. 5.3.57; Kaser, *ZSS.* 98, 102 ff. mit S. Schipani, *Responsabilità del convenuto* (o. A. 15) 23 f. [49] S. oben A. 14. [50] Kaser, *ZSS.* 98, 103, 127. [51] Kaser, *ZSS.* 98, 135. [52] Kaser, *ZSS.* 98, 108 f. [53] Vgl. auch Paul. 5 *Plaut.* D. 42.1.8; Lohsse I, §14 II 1 (Zufallshaftung als Folge der *litis contestatio*); Lohsse II, 173 ff. m. nt. 44; 178. [54] Zu den Unterschieden der uneingeschränkten Verzugshaftung und der eingeschränkten Zufallshaftung im Rahmen des *restituere*-Prinzips weiterführend bereits M. Kaser, *Perpetuari obligationem*, in *SDHI.* 46 (1980) 139 ff.

wert gerichtet, der sich ergäbe, wenn die Sache dem Kläger im Zeitpunkt des Delikts restituiert worden wäre, und bei der Ermittlung dieses Schadens wäre (im Gegensatz zur Verzugshaftung) der hypothetische weitere Verlauf zu berücksichtigen, mithin zu prüfen, ob der Sklave bei rechtzeitiger Rückgewähr nicht auch beim Kläger gestorben wäre. Dass Ulpian im dritten Fall des fr. 14.11 diese restitutorische Zufallshaftung vor Augen hat, zeigt sich daran, dass er sich auf die Restitutionsklausel beruft. Diese wurde zu seiner Zeit allerdings nicht mehr in der ursprünglichen Strenge der prokulianischen Lehre aufgefasst, sondern mit der Einschränkung, dass «nicht mehr ohne zusätzliche Voraussetzungen für Zufall gehaftet werden sollte»[55]. Als diese weitere Voraussetzung legt Ulpian den Verzug zugrunde, in dem sich der Beklagte bereits vor der *litis contestatio* befand, und bejaht deshalb die Haftung des Beklagten.

5.2. Als erste Besonderheit gegenüber der Ausgangslage schiebt Ulpian den offenbar nicht selten vorkommenden Fall ein, dass der durch Gewaltanwendung erlangte Sklave nach der *litis contestatio*, also während des Prozesses, geflohen ist, und entscheidet konsequent (*ergo*), dass der Richter dem Beklagten die drückendere *cautio de persequendo et restituendo* aufzuerlegen hat. Die Erschwerung dürfte sich daraus ergeben, dass der Beklagte den Besitz durch Delikt an sich gebracht hatte und deshalb auch nach der *restituere*-Haftung für Zufall einzustehen hatte. Klingenberg und zögerlich zuvor Giomaro meinen, wenn diese *cautio* geleistet werde, ende der *metus*-Prozess mit einer *absolutio*[56]. Das ist allerdings die Regel[57], aber doch recht bedenklich. Erwägt man etwa, dass der Sklave unauffindbar verschwunden und möglicherweise umgekommen ist, so würde die *absolutio* dazu führen, dass der Kläger ungeachtet feststehender Gewalttat des Beklagten weder Ersatz des Sachwerts noch die dreifache *poena* erhält; ein freisprechendes Urteil würde also die Gefahr für den beim Beklagten geflohenen Sklaven gänzlich dem Geschädigten zuschieben. Es hätten deshalb Absicherungen des Klägers auch für den Fall in der *cautio* vorgesehen werden können, dass die Verfolgung des Flüchtigen erfolglos blieb. Angesichts des dem Richter eingeräumten Ermessens wäre das kaum auf Schwierigkeiten gestoßen[58], ob es aber praktiziert wurde, ist zweifelhaft.

Dass dem Kläger und Gewaltopfer seine weiteren Klagerechte auf Wiedererlangung des *fugitivus* durch die Annahme der Sicherheitsleistung

[55] Dies entwickelt Lohsse I, §14 II in der Erörterung von Ulp. 16 *ed.* D. 6.1.15.3 und Paul. 20 *ed.* D. 5.3.40 pr. (Zitat vor nt. 552), dessen weitere Klärungen zur *restituere*-Haftung wir hier zugrundelegen; Näheres auch bei Lohsse II, 171 ff. – Anders Giomaro (o. A. 29) 206; dies., *'Cautiones iudiciales' e 'officium iudicis'* (Milano 1982) 85 nt. 19 *i.f.* Sie meint, es bleibe «rimesso all'apprezzamento discrezionale del giudice», ob er die Haftung des Beklagten bejahe. Das geht an der Problematik des Textes völlig vorbei. [56] Giomaro (o. A. 29) 210; Klingenberg (o. A. 36) 41. [57] Vgl. etwa Ulp. 11 *ed.* D. 4.2.14.5 (oben II); Ulp. 29 *Sab.* D. 21.2.21.3; Ulp. 22 *Sab.* D. 30.47.2. [58] Vgl. z. B. die Variationen in Ulp. 22 *Sab.* D. 30.47.2 (*aut ipse* [sc. *fugitivus*] *aut aestimatio*); I. 3.18.1 (*persequendo servo qui in fuga est restituendove pretio*).

nicht verlorengehen, wie Ulpian ausdrücklich einflicht, sollte sich eigentlich von selbst verstehen und ändert nichts an den angeführten Bedenken. Darüber hinaus betont der Jurist, dass der Kläger, wenn er auf irgendeine Weise den Geflohenen wiedererlangt habe, aus der Sicherheitsstipulation nicht mehr vorgehen könne, weil der Beklagte dann über eine *exceptio* (wohl *doli*) geschützt werde. Der *poena* auf das *triplum* geht er mithin auch dann verlustig. Die verschiedentlich zu beobachtende «milde Behandlung des Täters»[59] im Rahmen der *metus*-Klage wird auch in diesem Zusammenhang deutlich.

c) Mit dem Hinweis auf eine weitere Besonderheit schließt Ulpian den Gedankengang ab: Der Sklave ist zwar während des Prozesses ohne Verschulden des Beklagten – jetzt eines Erpressers – gestorben, dazu wäre es jedoch nicht gekommen, wenn der Beklagte die Erpressung nicht begangen hätte. Auch dann müsse der Beklagte haften. Dazu verweist Ulpian auf Entscheidungen zu zwei Interdikten, und er resümiert, deshalb erlange bisweilen jemand den Wert eines Sklaven, der diesen verkauft hätte, wenn ihm nicht Gewalt widerfahren wäre.

Auch in dieser Variation bejaht der Jurist die Haftung des Beklagten. Die Begründung mit dem Verkaufsargument ist auffällig, denn auf sie kann es nur ankommen, soweit es um die *restituere*-Haftung geht. Mit der Tat entstand jedoch die Verzugshaftung, die ihrer Anlage nach nicht eigentlich eine Haftung auf Schadensersatz, sondern auf Wertersatz begründete[60]. Jedenfalls führte ein *metus*-Delikt eo ipso zu einer Verzugshaftung auf den Sachwert des erpressten Gegenstandes. Für diese Haftung kam es darauf nicht an, ob der Erpresste die Sache später verkauft hätte oder ob er Begleitschäden erlitt. Ulpian muss folglich einen Wechsel des Haftungsregimes angenommen haben, und dieser Wechsel kann nur mit der *litis contestatio* eingetreten sein, denn vor diesem Zeitpunkt bestand keine Alternative zur Verzugshaftung.

Der Wechsel der Haftungsregime ist sehr bemerkenswert, zumal da er für den Kläger eine Einschränkung mit sich brachte: Spielte das weitere Schicksal des ihm abgepressten oder abgezwungenen Sklaven in der Verzugshaftung des Täters ihm gegenüber zuvor keine Rolle, so war nach der *litis contestatio* nun auch der hypothetische Verlauf bei rechtzeitiger Restitution zu berücksichtigen, ob etwa der Sklave im Fall seiner Herausgabe auch bei dem Kläger gestorben wäre[61]. Ulpians Hinweis im abschließenden Fall *si tamen peritura res non fuit, si metum non adhibuisset* hat folglich den Sinn klarzustellen, dass Umstände hypothetischer Kausalität, die für die *restituere*-Haftung beachtlich wären, nicht gegeben sind.

Ulpian gibt zudem den Hinweis, es werde bei den Interdikten *Unde vi* oder auch *Quod vi aut clam* ebenso gehalten. Zum erstgenannten Interdikt ist ein Bericht Ulpians zur Lehre Julians überliefert in

[59] Kaser, *RP*. I^2, 245. [60] S. dazu S. Lohsse, in M. Schmoeckel, J. Rückert, R. Zimmermann (Hrsg.), *Historisch-kritischer Kommentar zum BGB* II/1 (Tübingen 2007) §§ 286-292, Rz. 6-11, S. 1317-1323; ders., I, §14 pr. [61] Vgl. nur Lohsse II, 172 f.

D. 43.16.1.35 (Ulp. 69 *ed.*). Denique scribit Iulianus eum qui vi deiecit ex eo praedio, in quo homines fuerant, propius esse, ut etiam sine culpa mortuis hominibus aestimationem eorum per interdictum restituere debeat, sicuti fur hominis etiam mortuo eo tenetur. huic consequens esse ait, ut villae quoque et aedium incendio consumptarum pretium restituere cogatur: ubi enim quis, inquit, deiecit, per eum stetisse videtur, quo minus restitueret[62].

Es handelt sich um einen klaren Fall der Deliktsmora[63]. Das restitutorische Interdikt *Unde vi*, das bei Nichtbefolgung des vom Prätor erteilten Befehls zumeist in der jüngeren Form mit einer *formula arbitraria* durchgeführt wurde[64], ist einschlägig, aber offensichtlich noch nicht zur Rechtshängigkeit gelangt. Daher stehen die unbedingte Haftung des Täters und die entsprechende *aestimatio* als Gegenstand der Verpflichtung fest, und es ist kein Raum für das restitutorische Haftungsregime[65].

Damit ergibt sich, dass die Verzugshaftung maßgeblich bleibt, wenn die erpresserisch oder gewaltsam erlangte Sache dem Täter vor der Litiskontestation verlorenging, dagegen die *restituere*-Haftung zur Anwendung kam, wenn der Verlust nach der *litis contestatio* eintrat, selbst wenn die Haftung vor diesem Zeitpunkt durch Verzug bestimmt war und mit dem Wechsel in das andere Regime die Haftung des Beklagten gemildert wurde. Mit Sebastian Lohsse[66], der diese Zusammenhänge überzeugend herausgearbeitet hat, wird man die in ihnen zutage tretenden Eigenarten damit erklären können, dass aus der Sicht einer Mehrheit unter den römischen Juristen – uns geht es hier allein um Ulpian – die Haftung für Sachverluste und -veränderungen während (des mit der *litis contestatio* beginnenden Prozesses bis hin zum Urteil im Judikatsprozess) sich zu einem eigenständigen und speziellen Regime verfestigt hatte. Dabei hat gewiss auch der Umstand eine Rolle gespielt, dass mit der *litis contestatio* aus zivilrechtlichen *actiones in personam* eine neue *obligatio* entstand, die nunmehr das *condemnari oportere* zum Gegenstand hatte[67]. Zudem ergab sich

[62] (So schreibt Julian, wenn jemand die gewaltsame Vertreibung aus einem Landgut, auf dem sich Sklaven befanden, unternommen hat, sei es angebracht, dass er auch dann, wenn die Sklaven ohne sein Verschulden zu Tode gekommen seien, kraft des Interdikts ihren Schätzwert restituieren muss, so wie auch der Dieb eines Sklaven haftet, wenn dieser gestorben ist. Dementsprechend, sagt er, muss er auch gezwungen werden, den Wert des Gutshauses und der Gebäude zu restituieren, die durch das Feuer vernichtet wurden. Wo nämlich jemand vertrieben hat, sagt er, nimmt man an, es habe an ihm gelegen, dass er nicht restituierte). [63] Dies zeigt schon die Parallele zum *fur*, der *semper in mora* (Tryph. 15 *disp.* D. 13.1.20; Ulp. 27 *ed.* D. 13.1.8.1). S. auch Lohsse I, § 14 II 2 (bei nt. 567). [64] Vgl. Gai 4.162-163. [65] Lohsse I, § 14 II 2. – Zu verweisen ist auch auf den Parallelfall Paul. 13 *Sab.* D. 43.16.15, wo *damnandus* noch nicht beweist, dass eine *litis contestatio* stattgefunden hat. [66] I, § 14 («Berücksichtigung hypothetischen Sachuntergangs beim Gläubiger nach römischem Recht?»); s. auch Lohsse II, 172 f. [67] Die *actio quod metus causa* als prätorische Klage wurde von dieser Klagenkonsumption allerdings nicht erfasst; ihr Zweck, ein erneutes Prozessieren auszuschließen, wurde bei dieser Klage über die *exceptio rei iudicatae* erreicht, vgl. Kaser, Hackl, *RZ.*², 301 f.

ein grundlegender Unterschied: Bei einem Untergang im Verzug vor Litiskontestation trat der Sachwert an die Stelle der Sache, und für diesen Wert war die hypothetische Entwicklung beim Gläubiger irrelevant; bei einem Untergang nach *litis contestatio* stellte sich dagegen die Frage, ob und unter welchen Voraussetzungen dann noch ein Urteil ergehen konnte und zur Antwort auf diese Frage wurde das *restituere*-Regime entwickelt.

5.3. Unter etwas merkwürdiger Anknüpfung mit *itaque* findet der Gedankengang mit dem Hinweis auf eine weitere Besonderheit seinen Abschluss: *Itaque interdum hominis mortui pretium recipit, qui eum venditurus fuit, si vim passus non esset.* Das hier angeführte Verkaufsargument findet sich des öfteren in den Digesten. In der Mehrzahl der Fälle ist damit nur die abstrakte Verkaufsmöglichkeit gemeint, die der Kläger bei rechtzeitiger Restitution gehabt hätte; sie wird angeführt, um die auch im *restituere*-Regime weithin und insbesondere bei Verzug bestehende Zufallshaftung des Beklagten zu rechtfertigen[68]. Doch geht es in einigen wenigen Fällen auch um die konkrete Verkaufsmöglichkeit für den Kläger, und zwar immer dann, wenn der Beklagte im Prozess nachweisen kann, dass – um beim Beispiel zu bleiben – der unter Gewaltanwendung erlangte Sklave auch bei ordnungsgemäßer Restitution beim Kläger gestorben wäre. Für den Kläger eröffnete sich dann die «Replik», dass er den Sklaven vor dessen Tod tatsächlich hätte verkaufen und damit den Schaden hätte vermeiden können, was von ihm natürlich zu beweisen war. In D. 6.1.15.3 hat Ulpian (16 *ed.*) diesen Fall aller Wahrscheinlichkeit nach im Blick[69] und ebenso in unserem fr. 14.11[70], und er liefert uns damit eine eindrucksvolle Bestätigung für die sich *interdum* ergebende Möglichkeit für einen deliktisch geschädigten Kläger, sein Klagbegehren zu verteidigen. Allerdings passt die für das Verkaufsargument vorauszusetzende Lage nicht zu dem zuvor erörterten Sachverhalt, in dem der Sklave gerade nicht gestorben wäre, wenn er beim Kläger hätte bleiben können. Doch wird sich diese Unstimmigkeit aus einer Textkürzung erklären. Schon *itaque* lässt vermuten, dass an eine andere Fallvariante angeknüpft wurde, und diese müsste – wie soeben dargelegt – dahin gegangen sein, dass der Sklave auch nach rechtzeitiger Restitution beim Kläger verstorben wäre. Der Umstand, dass mit der Verkaufsvariante der genau entgegengesetzte Fall vorausgesetzt wird, ist die wohl stärkste Stütze für den Kürzungsverdacht.

6.1. Auch wenn sich zu allen Punkten mehr sagen ließe, drängt sich aufgrund unserer Betrachtungen doch die Erkenntnis auf, dass unser

[68] Einlässlich zu dem Fragenkreis Harke (o. A. 45) 17 ff.; Lohsse II, 161 ff.
[69] ... *Sed est verius, si forte distracturus erat petitor si accepisset, moram passo debere praestari: nam si ei restituisset, distraxisset et pretium esset lucratus.* – Vgl. Harke (o. A. 45) 17; Lohsse II, 165 (mit Nachweisen in nt. 11); 171. [70] Kaser (o. A. 54) 144 nt. 245; Harke (o. A. 45) 17.

Fragment wesentlich mehr Vertrauten verdient, als ihm bislang entgegengebracht wurde. Der Gedankengang des Juristen ist nicht so wirr, wie es auf den ersten Blick erscheinen könnte.

Zunächst klärt Ulpian, dass die *metus*-Klage gegen jeden gerichtet werden kann, der aus einer Erpressung oder aus gewalttätiger Handlung ein *lucrum* erlangt hat (fr. 14.3). Nach dem Hinweis auf den Mechanismus von Restitutionsklausel und Kondemnation auf das Vierfache (§ 4) geht der Jurist dann auf Modalitäten einer Verurteilung ein, zu denen er vorwegnimmt, dass zuweilen das Urteil auch auf Freispruch lauten kann, und er bringt dazu das Beispiel des gutgläubigen Besitzers, bei dem die Sache, die sein Vormann durch Erpressung erlangt hatte, untergegangen war. Dies muss vor der *litis contestatio* geschehen sein (§ 5). Bei der Erörterung weiterer Verurteilungsmodalitäten kommt Ulpian in der Folge (in § 11) des näheren auf die Verurteilung in Fällen des Sachverlusts nach der *litis contestatio* zu sprechen. Hierbei tritt ein deutliches Interesse des Juristen zutage, auf Besonderheiten aufmerksam zu machen. An sich möchte man denken, dass mit der Verurteilung auf das *quadruplum* im *metus*-Prozess, also auf einen Geldbetrag, das weitere Schicksal des Sklaven, den der Beklagte erpresserisch oder gewaltsam an sich gebracht hatte, unerheblich sei. Ulpian hebt jedoch hervor, dass es bis zur *litis contestatio* zur *actio iudicati* noch zum Tod oder zur Flucht des Sklaven kommen kann, und entwickelt unter der einzig interessanten Voraussetzung, dass den Beklagten kein Verschulden trifft, zu den beiden Fällen die Lösungen. Entsprechend verfährt er, indem er anschließend die Situation, dass der Sklave nach *litis contestatio* hinsichtlich der *metus*-Klage und vor dem Urteil zu Tode kommt oder flieht, und er bringt (nach einer entfallenen Zwischenbemerkung am Ende) einen – man möchte fast sagen: für die Praxis nützlichen – Tipp, wie sich der Kläger gegen den Einwand schützen kann, bei rechtzeitiger Restitution wäre der Sklave auch bei ihm gestorben.

6.2. Aber nicht nur von der Plausibilität des Aufbaus, sondern auch von den juristischen Fragen und Erwägungen her passen die von uns betrachteten Teile des Fragments D. 4.2.14 in das Bild, das wir uns von dem Spätklassiker Ulpian machen dürfen. Seine Ausführungen im Schlussteil des § 11 finden eine Bestätigung in seiner Darstellung in 16 *ed.* D. 6.1.15.3 (zur *rei vindicatio*) und die zum Verständnis dieser Darstellung wesentliche Erörterung des Paulus in 20 *ed.* D. 5.3.40 pr.[71] (zur *hereditatis petitio*) ließe sich auch für unseren § 11 zu Abgrenzungen gegenüber dem *restituere*-Regime heranziehen, das Ulpian zugrundelegte.

Überdies: Welches Motiv sollten die Kompilatoren gehabt haben, die schon in der Nachklassik kaum noch aktuelle Frage einer Urteilsberichtigung über die *actio iudicati* in den Text einzufügen, war doch längst das Kognitionsverfahren mit der Möglichkeit der *appellatio* an die Stelle des Formularprozesses getreten?[72] Bei allem Respekt für die große Lei-

[71] Zu Zusammenhängen und Divergenzen beider Fragmente s. Lohsse I, § 14 II; ders. II, S. 165 ff., 174 ff. Vgl. o. A. 55. [72] Vgl. Medicus (o. A. 27) 238 ff.

stung der Kompilatoren wird man eher den Verdacht haben, dass sie es vorzogen, sich zur *actio quod metus causa* nicht auf die zahlreichen Einzelheiten einzulassen, und dass sie sich deshalb damit begnügten, wie schon mit Fragment 9 so auch mit fr. 14 eine längere Passage aus Ulpians Ediktskommentar am Stück zu übernehmen, sei es auch unter gelegentlicher Kürzung.

Es bleiben Vorbehalte gegenüber den Lösungen, die Ulpian zum Untergang der Sache vor Rechtshängigkeit der *actio iudicati* und in den beiden Fällen der Sklavenflucht in § 11 vorträgt[73]; sie mögen sich in den Fluchtfällen aus der Tendenz zu milder Behandlung der *metus*-Täter erklären, die oft einflussreiche Personen von Stand waren. Auch liefert Ulpians Festlegung auf den Mittelweg in § 9 eine Erklärung. Insgesamt gesehen gewinnen wir jedoch, soweit es die betrachteten Ausführungen angeht, den Eindruck, dass die informative und in die Details gehende Darstellung Werk des berühmten Spätklassikers ist.

Bonn. ROLF KNÜTEL

[73] Kaser bekundete bereits in *ZSS*. 94, 119 nt. 58, die Partie *Quid si – arbitrio iudicis restituetur* verdiene Vertrauen und die ab *sed et si* rell. entsprechen der «klassischen Handhabung». Auch akzeptierte er den 2. Fall der Sklavenflucht (*ergo si* …), den ersten (*pro eo autem – restituat*) erklärte er jedoch für unecht (nt. 59).

Papinian D. 46,3,95 pr.–1 (28 *quaest.*)* [*]

Rolf Knütel

I.

1. Art. 1193 Code civil français von 1804 lautete:

> Art. 1193. – L'obligation alternative devient pure et simple, si l'une des choses promises périt et ne peut plus être livrée, même par la faute du débiteur. Le prix de cette chose ne peut pas être offert à sa place.
>
> Si toutes deux sont péries, et que le débiteur soit en faute à l'égard de l'une d'elles, il doit payer le prix de celle qui a péri la dernière[1].

Die Redaktoren des Code wußten genau, was die *ratio* dieser Norm war – worauf zurückzukommen ist – und an welches römischrechtliche Vorbild sie anknüpften. Doch ist im Lauf der Zeiten das Verständnis geschwunden; denn mit Ablauf des 30. September 2016 ist Art. 1193 Cc ersatzlos außer Kraft gesetzt worden.

2. Es steht fest, daß sich die maßgebliche Grundlage des Art. 1193 findet im § 1[2] des (wegen des Zusammenhangs mitsamt dem *principium*) zu erörternden Fragments

[*] Th. Finkenauer/A. J. B. Sirks (Hrsg.), Interpretationes iuris antiqui. Dankesgabe für Shigeo Nishimura, Harrassowitz, Wiesbaden 2018, 135 – 149.

* Das in verschiedenster Weise weltweit und insbesondere auch in seinem Vaterland nachwirkende römische Recht, wertvolles Erbe der Antike, in Wort und Schrift zu erschließen und seinen rechtskulturellen Wert im Bewußtsein zu halten hat Shigeo Nishimura sich mit viel Erfolg zur Lebensaufgabe gemacht. Daß er in Gesundheit und Glück auf diesem Feld weiterhin so tatkräftig forschen und wirken möge, ist unser herzlicher Wunsch, den wir ihm in alter und bewährter Freundschaft aussprechen und mit allen guten Wünschen für seine liebenswerte Gattin, der viel zu verdanken ist, verbinden. In bester Erinnerung an von ihm so glänzend organisierte Tagungen, wie etwa das Symposium 'Hundert Jahre Japanisches Zivilgesetzbuch im Lichte der vergleichenden Privatrechtsgeschichte' im Jahre 1998, sei ihm unser kleiner Versuch gewidmet, einst und jetzt am Beispiel zu verbinden.

1 In dem Werk (eines unbekannten Herausgebers): Die fünf französischen Gesetzbücher in deutscher Sprache nach den besten Übersetzungen, Zweibrücken 1829, 159 ist dies eingedeutscht: Eine alternative Verbindlichkeit wird unbedingt und einfach, wenn eine der versprochenen Sachen zu Grunde geht, und nicht mehr geliefert werden kann, selbst wenn auf den Verpflichteten die Schuld fällt. Der Werth dieser Sache kann statt ihrer nicht angeboten werden. – Sind beide zu Grunde gegangen und fällt in Rücksicht einer von ihnen die Schuld auf den Verpflichteten, so muß er den Werth derjenigen zahlen, die zuletzt zu Grunde gegangen ist.

2 Vgl. nur *Henri J. B. Dard* in: Chr. D. Erhard (Hrsg.), Napoleons I bürgerliches Gesetzbuch, 1808 (Nachdr. 2001), 319 Fn. 1; *O. Le Clercqu*, Le droit romain dans ses rapports avec le droit français etc., Bd. IV, 1811, 314 f.

D. 46,3,95 pr., 1 (Pap. 28 *quaest.*) *'Stichum aut Pamphilum, utrum ego velim, dare spondes?' altero mortuo qui vivit solus petetur, nisi si mora facta sit in eo mortuo, quem petitor elegit: tunc enim perinde solus ille qui decessit praebetur, ac si solus in obligationem deductus fuisset.* § 1. *Quod si promissoris fuerit electio, defuncto altero qui superest aeque peti poterit. enimvero si facto debitoris alter sit mortuus, cum debitoris esset electio, quamvis interim non alius peti possit, quam qui solvi etiam potest, neque defuncti offerri aestimatio potest, si forte longe fuit vilior, quoniam id pro petitore in poenam promissoris constitutum est, tamen, si et alter servus postea sine culpa debitoris moriatur, nullo modo ex stipulatu agi poterit, cum illo in tempore, quo moriebatur, non commiserit stipulationem. sane quoniam impunita non debent esse admissa, doli actio non immerito desiderabitur: aliter quam in persona fideiussoris, qui promissum hominem interfecit, quia tenetur ex stipulatu actione fideiussor, quemadmodum tenebatur, si debitor sine herede decessisset.*

‚Gelobst du, Stichus oder Pamphilus, wen von ihnen ich will, zu übereignen?' Wenn [danach] der eine gestorben ist, kann nur der, der noch lebt, verlangt werden, sofern nicht im Hinblick auf den Verstorbenen, nachdem der Gläubiger ihn gewählt hatte, Verzug eingetreten war; denn dann wird nur der geleistet, der gestorben ist, so wie wenn er allein zum Gegenstand der Obligation gemacht worden wäre. § 1. Wenn aber die Wahl beim Stipulationsschuldner lag, kann nach dem Tod des einen gleichfalls der noch Lebende verlangt werden. Wenn der eine allerdings durch Zutun des Schuldners zu Tode gekommen ist, während die Wahl beim Schuldner lag, dann kann, – obwohl vorerst niemand anders verlangt werden kann als der, der auch geleistet werden kann, und auch der Schätzwert des Gestorbenen, etwa wenn dieser wesentlich weniger wert war, nicht angeboten werden kann, weil dies zugunsten des Gläubigers zur Bestrafung des Stipulationsschuldners eingeführt worden ist –, wenn ohne Verschulden des Schuldners später auch der andere Sklave stirbt, dennoch keinesfalls aus der Stipulation geklagt werden, weil zu der Zeit, zu der er starb, der Schuldner nicht die Rechtsfolgen der Stipulation ausgelöst hat. Da Übeltaten allerdings nicht ungestraft bleiben dürfen, kann mit gutem Grund die [Erteilung der] Klage wegen Arglist verlangt werden, anders als bei einem Bürgen, der den stipulationsweise versprochenen Sklaven getötet hat, weil der Bürge aufgrund der Stipulationsklage haftet, so wie er haften würde, wenn der Schuldner ohne Erben gestorben wäre.

II.

Papinian erörtert die Auswirkungen nachträglicher Unmöglichkeit auf eine stipulationsweise begründete Wahlschuld, die zwei Sklaven zum Gegenstand hat. Er unterscheidet zwei Ausgangssituationen danach, bei wem das Wahlrecht liegt, und behandelt davon zunächst die einfachere, in der sich der Gläubiger das Wahlrecht ausbedungen hat: Ist der eine – nehmen wir an, es sei Stichus – eines natürlichen Todes gestorben, was als ein Fall höherer Gewalt (*vis maior*) angesehen wird[3], so beschränkt sich das Schuldverhältnis grundsätzlich auf den verbliebenen Pamphilus. Dies ist der Normalfall. Hat der Schuldner jedoch für den Untergang einzustehen, so ergibt sich für den Juristen eine weitere Unterscheidung danach, ob der Gläubiger seine Wahl bereits getroffen hatte. Sobald das geschehen war, hatte die Wahlschuld sich auf den gewählten Sklaven Stichus beschränkt, so wie wenn von Anfang an nur er allein stipuliert worden wäre. Wenn der Tod des gewählten Stichus eintrat, während der Stipulationsschuldner sich im Verzug befand, haftete dieser aufgrund der *perpetuatio obligationis*, die nach der sog. *constitutio veterum* eintrat, wenn dem Schuldner infolge seiner *culpa* oder während seiner *mora* die Erfüllung unmöglich wurde[4], und die zur Folge hatte, daß der Gläubiger weiterhin auf Leistung des Sklaven klagen konnte: *ut adhuc homo peti possit* (Paul. D. 45,1,91,6). Daraus erklärt sich die auf den ersten Blick überraschende Schlußbemerkung des *principium*, der gestorbene Sklave sei weiterhin Klaggegenstand. Das Urteil ergeht dann natürlich auf Zahlung des Schätzwerts.

Die Frage der Bindung des Gläubigers an die Wahl wird im pr. nicht angesprochen. Sie hängt von den Umständen des Einzelfalles ab, und es ist deshalb manches umstritten[5]. Allgemein gesagt tritt eine Bindung mit ernsthafter Geltendmachung des Anspruchs auf eine der geschuldeten Sachen ein, selbstverständlich auch mit Herbeiführung der Litiskontestation[6], ferner etwa mit Entgegennahme der Leistung[7]. Auch kann sich die Antwort schon durch Auslegung des Stipulationsformulars ergeben. Pomponius unterscheidet, ob der Gläubiger gefragt hat: *quem voluero an quem volam* und interpretiert die erste Version (wen ich gewollt haben werde) dahin, daß nach einmal erklärter Wahl keine Möglichkeit besteht, den Willen nachträglich zu ändern, und demgegenüber die zweite (wen ich wählen werde) dahin: *donec iudicium dictet, mutandi potestatem habebit*, also bis zur *litis contestatio* (D. 45,1,112 pr.).

3 *M. Kaser/R. Knütel/S. Lohsse*, Römisches Privatrecht, 21. Aufl., 2017, 228 Rz. 36.26. – Wir führen im folgenden nicht nur aus Platzgründen, sondern vor allem deshalb die interpolationskritische Literatur nicht an, weil nach deren Durchsicht und unserem Eindruck das hier zu erörternde Fragment in keinem nennenswerten Punkt unter Eingriffen gelitten hat, was man angesichts der für Papinian nicht untypischen sehr verdichteten Darstellung schon von vornherein vermuten möchte. – Sehr weitgehende Verdächtigungen etwa bei *G. Grosso*, Obbligazioni, 3. Aufl., 1966, 220 f.

4 Paul. D. 45,1,91,3–4. – Vor dem Druck steht eine zu neuen Erkenntnissen gelangende, sehr eingehende Studie von *G. Albers*, Perpetuatio obligationis (die uns Anlaß gibt, von der ‚sog. *constitutio veterum*' zu sprechen).

5 Näheres dazu bei *G. Pescatore*, Die Wahlschuldverhältnisse, 1905, 80 ff.

6 Pomp. D. 45,1,112 pr.

7 Pomp. D. 30,13 (zur Gattungsschuld). Im Vermächtnisrecht wird die Wahl des Legatars als unwiderruflich angesehen, Paul. D. 30,5 pr.; Cels. D. 31,19; Lab.-Iav. D. 33,5,20 (weil das *ius legati prima testatione* verbraucht ist).

III.

1. Im § 1 wendet Papinian sich der schwierigeren Situation zu, daß der Stipulationsschuldner das Wahlrecht hat. In der Ausgangslage ergibt sich keine Abweichung: Ist der eine Sklave gestorben, wird nur der andere geschuldet; denn mit dem Tod ist die jenen erfassende Stipulationsverbindlichkeit aufgrund nachträglicher nicht zu vertretender Unmöglichkeit erloschen. Demgegenüber nimmt *Ulrike Babusiaux*, die sich in ihrer Abhandlung zu Papinians Quaestionen näher mit unserem Text beschäftigt hat, zum Fall des vom Schuldner nicht zu vertretenden Untergangs an: „Liegt das Wahlrecht dagegen beim Schuldner, kann der Gläubiger weiterhin (mit der *actio incerti ex stipulatu*) auf beide Sklaven klagen. Der Schuldner wird dann auf wahlweise Leistung des Schätzwertes eines Sklaven verurteilt"[8].

Es ist nicht ganz klar, ob die Verfasserin wirklich den Fall meint, daß der Sklave eines natürlichen Todes gestorben ist, oder den, daß der Schuldner den Tod schuldhaft herbeigeführt hat. Im letztgenannten Fall könnte man aus dem Umstand, daß dem Schuldner die Möglichkeit versagt wird, den Schätzwert anzubieten, weil dies nur *pro petitore in poenam promissoris* eingeführt worden ist, den Umkehrschluß ziehen, es müsse der Gläubiger verlangen können, daß die *aestimatio* anstelle des Toten alternativ neben dem verbliebenen Sklaven Schuldgegenstand sei, wie das in den Basiliken wohl angenommen wird, wenn dort gesagt wird, es sei zur Bestrafung des Schuldners bestimmt worden, daß der Wert des Toten verlangt werden kann[9]. Ob der Schuldner dann aber die *aestimatio* wählen würde, wäre eine andere Frage.

Jedoch ist eine solche Ableitung nicht glaubhaft, auch dann nicht, wenn man sie für den Fall in Betracht ziehen wollte, daß der erste Sklave durch Zufall zu Tode kam[10]. Denn in den Quellen wird, abgesehen von dem schwierigen Fragment Ulp. D. 30,47,3 (u. Fn. 16), durchweg die Beschränkung auf den verbliebenen Leistungsgegenstand überliefert, ohne daß alternativ die Zahlung des Wertes des untergegangenen erwogen wird[11]. Und auch in unserem fr. 95 pr., 1 bringt Papinian ja deutlich zum Ausdruck, daß mit dem Tod des ersten ausschließlich eine Beschränkung der Wahlschuld auf den zweiten Sklaven eintritt.

2. Komplizierter ist dann die Situation, in der – parallel zur Verzugshaftung des Schuldners im *principium* – eine Haftung des Schuldners wegen Verschuldens[12] am Tod des zuerst umgekommenen Stichus in Betracht kommt. Papinian stellt zunächst klar, daß auch in diesem Fall Konzentration der Wahlschuld auf den noch vorhande-

8 *U. Babusiaux*, Papinians Quaestiones, 2011, 115 mit Hinweisen auf Ulp. D. 45,1,75,8 (zur Klageart) und D. 30,47,3.

9 Bas. 26,5,95 (Schelt. A IV 1285; Heimbach, III 126).

10 Demgegenüber denkt *Albers*, Perpetuatio (Fn. 4), IV 2 c, bb. insoweit an eine Kontroverse.

11 Vgl. Afr. D. 23,5,9,2; Pomp. D. 45,1,16 pr.; Ulp. D. 13,4,2,3 sowie zum Kauf Paul. D. 18,1,34,6.

12 Nur das wird mit dem *factum debitoris* zum Ausdruck gebracht.

nen Sklaven eingetreten ist, der noch geleistet und deshalb vorerst[13] allein auch verlangt werden kann. Zugleich wendet er sich der Frage zu, die, weil *culpa intervenit debitoris*, naheliegt, ob nämlich eine *perpetuatio* der auf den Stichus gerichteten Obligation eingetreten (vgl. Paul. D. 45,1,91,3) und infolgedessen statt seiner der Schätzbetrag geschuldet sein könnte. Ebendies schließt er in dem gedrängt, bei ihm aber nicht überraschend formulierten Mittelstück elegant im Wege einer teleologischen Reduktion aus: *neque defuncti offeri aestimatio potest, si forte longe fuit vilior, quoniam id pro petitore in poenam promissoris constitutum est*[14]. Den Schätzbetrag für den durch Verschulden des Promittenten zu Tode gekommenen Stichus anzubieten, kann nur sinnvoll sein, wenn insoweit eine Verpflichtung besteht, mit deren Wahl und Erfüllung die Wahlschuld erlöschen würde. Papinian verneint die Existenz einer solchen Verpflichtung, die sich kraft der *perpetuatio* nach der sog. *constitutio veterum* ergeben müßte, indem er hervorhebt, daß dies nach Sinn und Zweck zum Schutz des Klägers und als Strafsanktion zulasten des Schuldners eingeführt worden ist[15]. Dem liefe es zuwider, wenn der Schuldner sich mit dem Schätzwert eines Sklaven von wesentlich geringerem Wert der Haftung auf den verbliebenen wertvolleren Sklaven entziehen könnte, und gerade auf diesen wertvolleren würde sich die Wahlschuld beschränken, wenn man die Perpetuierungsregel beiseiteläßt, die den anderen Zweck hat, dem Gläubiger trotz des Untergangs des Leistungsgegenstandes die Klage zu erhalten: *ut adhuc homo peti possit*, Paul. D. 45,1,91,6.

3. Es kommt hinzu, daß mit der Wahlschuld ein Zweck verfolgt wird, der dem der Perpetuierungsregel vergleichbar ist: Wer sich wahlweise zwei oder mehrere Sachen versprechen läßt, schützt sein Leistungsinteresse dadurch, daß er es bei Wegfall der einen oder anderen Sache hinsichtlich der verbliebenen Gegenstände durchsetzen kann. Wenn aber jemand über die Wahlschuld – und viel mehr noch über die Gattungsschuld – sein Leistungsinteresse gesichert hat, dann kann der Schutz über die *perpetuatio obligationis* zurückstehen.

Angesichts dieser funktionalen Entsprechungen könnte man zögern anzunehmen, Papinian habe eine feste Regel aufstellen wollen. Die vom Schutzzweck geleitete Interpretation könnte anders ausfallen, wenn über die Perpetuierungsregel ein besserer Gläubigerschutz erreicht werden kann. Bemerkenswert ist in diesem Zusammenhang, daß Ulpian (22 *Sab.*) zu einem Wahlvermächtnis von *Stichus aut Pamphilus*, bei dem die Wahl in der Regel beim Erben liegt, hervorhebt, es sei anerkannt, daß,

13 *Interim*; gemeint ist offenbar: bis zur Änderung der Rechtslage durch den Tod des Pamphilus.

14 Treffend dazu auch *A. Wacke*, Zum *dolus*-Begriff der *actio de dolo*, RIDA 3. ser. 27 (1980), 365 f. mit Fn. 43. Demgegenüber hält *P. Ziliotto*, Studi sulle obbligazioni alternative nel diritto romano, 2004, 42 f. Fn. 39, 48 Fn. 44 *pass.* den Satz für unecht. Die Verfasserin kommt an zahlreichen Stellen ihrer Abhandlung auf das fr. 95,1 zurück; das erschwert die Lektüre.

15 Vgl. PS 5,7,4: *Cum facto promissoris res in stipulatum deducta intercidit, perinde agi ex stipulatu potest, ac si ea res extaret: ideoque promissor aestimatione eius punitur ...*

wenn der eine gestorben ist, zumindest der andere zu leisten ist oder möglicherweise der Wert, den der zu Tode gekommene Sklave hatte[16]. Auch können Vorstellungen des Erblassers zu berücksichtigen sein. Es bliebe zu prüfen, ob eher an eine Auslegungsfrage als an eine von prinzipiellen Erwägungen geleitete Kontroverse zu denken ist[17].

IV.

1. Mit dem natürlichen Tod des verbliebenen Sklaven Pamphilus ändert sich die Rechtslage. Papinian unterstreicht, daß aus der die Wahlschuld begründenden Stipulation nun in keiner Weise mehr geklagt werden kann. Denn am Tod des Pamphilus, auf den sich die Wahlschuld bereits beschränkt hatte, traf den Promittenten kein Verschulden, und der schuldhaft herbeigeführte Tod des Stichus hatte seinerzeit nicht zum Verfall der ihn erfassenden Stipulation geführt, erstens weil dem Schuldner kraft seines Wahlrechts die Möglichkeit erhalten blieb, seine Verpflichtung durch Leistung des Pamphilus zu erfüllen[18], und zweitens weil angesichts dieser Möglichkeit, wie Papinian dargelegt hatte, auch eine Haftungsbegründung über die *perpetuatio obligationis* ausschied.

Nach der Rechtslogik kommt es damit zu dem sehr unbefriedigenden Ergebnis, daß der Schuldner von der vertraglichen Haftung aus der Stipulation nach Zivilrecht frei geworden ist. Zwar hat er sich auch selbst dadurch geschädigt, daß er den Tod des Sklaven schuldhaft herbeiführte; doch bleibt das Faktum, daß seine *culpa* die Ursache dafür war, daß der Gläubiger am Ende leer ausging. Papinian bringt sein Unbehagen über dieses Ergebnis mit kräftigen Worten zum Ausdruck: Übeltaten dürften nicht ungestraft bleiben[19], und er hält es deshalb für sehr angebracht, dem Gläubiger eine *actio de dolo*[20] gegen den Schuldner zu gewähren. Offenbar wird diese honorarrechtliche Deliktsklage hier in ihrer Aushilfsfunktion[21] verwendet. Auf Näheres zu dieser Lösung des Problems ist sogleich zurückzukommen.

16 D. 30,47,3: *qua ratione placuit et, si alter decesserit, alterum omnimodo praestandum, fortassis vel mortui pretium*. Zu dem schwierigen Text s. *Pescatore*, Wahlschuldverhältnisse (Fn. 5), 61 ff.

17 *M. Kaser*, Das römische Privatrecht, Bd. I, 2. Aufl., 1971, 495 Fn. 1 will (in Zurückweisung der Interpolationsverdächtigungen von *Scialoja* und *Schulz* gegenüber der Zahlung des Wertes durch den wahlberechtigten Schuldner) eine Kontroverse unter den Klassikern nicht ausschließen; ebenso *Wacke*, *dolus*-Begriff (Fn. 14), 365 Fn. 43 (366).

18 Vgl. nur *Wacke*, *dolus*-Begriff (Fn. 14), 366, ferner *L. Mitteis*, Römisches Privatrecht bis auf die Zeit Diokletians, 1908, 319 („keine Rechtswidrigkeit gegen den Gläubiger").

19 Auch das sollte bei Papinian nicht überraschen, vgl. Iul. D. 9,2,51,2: *neque impunita maleficia esse oporteat* (ebenfalls im Kontext der Tötung eines Sklaven), ferner PS 5,7,4 (o. Fn. 15), dazu *Wacke*, *dolus*-Begriff (Fn. 14), 366 m. Fn. 47.

20 Als *doli actio* (so hier) oder *actio doli mali* (so Paul. D. 44,7,35 pr.) wird sie nur sehr selten bezeichnet.

21 Diese ist gelegentlich zu beobachten, vgl. insbesondere die von *Wacke*, *dolus*-Begriff (Fn. 14), 383 ff. in der Zusammenfassung gewürdigten Fälle. *Grosso*, Obbligazioni (Fn. 3), 222 spricht von „l'elasticità che ha assunto *l'actio doli*). – Für Echtheit der Klage auch *Ziliotto*, Studi (Fn. 14), 48 ff. („un'ipotesi di abuso del suo diritto", 49).

2. Papinian beschließt seine Erörterungen zu diesem Fragenkreis mit einem Seitenblick auf die Haftung eines Bürgen, der den vom Hauptschuldner promittierten Sklaven tötete. Bei dem Bürgen verhalte es sich anders, denn er hafte aus der Stipulationsklage, so wie er auch haften würde, wenn der Hauptschuldner gestorben wäre, ohne einen Erben zu hinterlassen.

Der Exkurs erklärt sich wohl aus der Literaturgattung der *quaestiones*. Da die Wahlschuld, wie bereits angesprochen (III. 3), dem Gläubiger eine zusätzliche Sicherheit verschafft – der Promittent ist sowohl Schuldner hinsichtlich des Stichus als auch des Pamphilus[22] – könnte eine Parallele zu einem Schuldner, der einen Bürgen gestellt hat, gezogen worden sein. Es mag, da mehrfach überliefert, ein Schulfall gewesen sein, daß der Bürge die geschuldete Sache zerstört hat, und zu diesem Fall wird sich die Auffassung durchgesetzt haben, daß der Bürge aus der Bürgenstipulation ‚*quod Maevius mihi debet id fide tua esse iubes?*' nicht frei wird. Wie Papinian, so geht auch sein Assessor Paulus davon aus, daß die Bürgenhaftung aus der Stipulation fortbesteht[23]. Das könnte zivilrechtlich über den Gedanken einer Vereitelung des Bedingungseintritts begründet worden sein[24]. Es ist also denkbar, daß in der Diskussion Rückschlüsse von einem Bürgen, der den Untergang des Leistungsgegenstands der Haupt-, also der anderen Obligation herbeiführt und nicht von seiner eigenen Verbindlichkeit frei wird, erörtert wurden im Hinblick auf den Schuldner einer Alternativobligation, der den Gegenstand der einen Obligation zerstört hat. Doch muß das alles – auch wegen der wesentlichen Unterschiede, insbesondere infolge des Schuldnerwahlrechts –, bloße Spekulation bleiben. Allerdings wird es, wenn man sich in die Diskussion einschließlich des Schulfalles einzudenken versucht, sehr unwahrscheinlich, daß Papinian – wie des öfteren vermutet[25] – im Schlußpassus von einem *sponsor* gehandelt hat.

Schließlich führt Papinian zur Abrundung noch an, daß ein Bürge ja auch dann aus der Bürgenstipulation haften würde, wenn der Schuldner ohne Erben gestorben

22 Vgl. auch u. bei Fn. 53.

23 Paul. D. 45,1,88; D. 45,1,91,4. Der weitere Auszug aus dem 37. Buch von Papinians Quaestionen in D. 4,3,19, wo dieser berichtet, Neraz und Julian hätten in dem Fall die *actio de dolo* befürwortet (Einigkeit der Schulhäupter), ist ersichtlich aus dem Zusammenhang gerissen und enthält keine eigene Stellungnahme Papinians. – Der BGB-Gesetzgeber hat die Frage der Wissenschaft überlassen, vgl. Motive zu dem Entwurf eines Bürgerlichen Gesetzbuches etc., Bd. II, 2. Aufl., 1896, 666. – *H. H. Jakobs/W. Schubert*, Die Beratung des Bürgerlichen Gesetzbuchs, Recht der Schuldverhältnisse, Bd. III, 1983, 506 f.

24 Vgl. Ulp. D. 50,17,161 = D. 35,1,24. Das *quod* des Formulars enthält zugleich die Aussage: „Wenn er überhaupt schuldet". – Diese Lösung wird auch für das heutige Bürgschaftsrecht nach § 162 Abs. 2 BGB befürwortet, z. B. von *P. Oertmann*, Bürgerliches Gesetzbuch, Bd. II/2 (Recht der Schuldverhältnisse), 5. Aufl., 1929, § 767 Anm. 2c (S. 1230) mit fr. 95,1 u. weiteren Nachweisen.

25 *W. Flume*, Studien zur Akzessorietät der röm. Bürgschaftsstipulationen, 1932, 100 f.; *ders.*, Zu den römischen Bürgschaftsstipulationen, SZ 113 (1996), 112 f. (wegen D. 4,3,19, doch s.o. Fn. 23); *Ziliotto*, Obbligazioni (Fn. 14), 252 ff.

ist. Dies findet in Ulp. D. 16,3,1,14 *i. f.* eine Bestätigung[26] und wird durch die Parallele gestützt, daß der Bürge auch dann haftet, wenn das Vermögen des Hauptschuldners konfisziert wurde[27]. Papinian gibt mit seinem Hinweis zu erkennen, daß es zwar Fälle gibt, in denen ein Wegfall des Schuldners nicht notwendig den Wegfall der Bürgenhaftung zur Folge hat, was in der Sache schon deshalb nahe liegt, weil es gerade der Zweck der Bürgschaft ist, daß der Bürge belangt werden kann, wenn der Hauptschuldner ausfällt. Doch läßt sich diese in Einzelfällen anerkannte Lösung einer fortwährenden Stipulationshaftung des Bürgen nicht auf die Haftung aus der Wahlschuld übertragen, bei der es deshalb des Rückgriffs auf die *actio de dolo* bedarf. Auch dieser abrundende Hinweis wird sich daraus erklären, daß es um die Erörterung einer *quaestio* geht.

V.

Wir haben bislang die Frage zurückgestellt, weshalb Papinian über die *actio de dolo* den Ausweg zu einer Haftung des zivilrechtlich frei gewordenen Wahlschuldners gewählt hat. *Ludwig Mitteis* hat dazu treffend bemerkt, die Zerstörungshandlung des Schuldners enthalte „keine Rechtswidrigkeit gegen den Gläubiger …, sondern nur eine Erhöhung seines Risiko“[28]. Dies läßt sich etwas präzisieren, wobei wir nicht annehmen, daß wir Papinians Erwägungen „pandektisieren“, zeigt sich doch des öfteren, daß er, wie insbesondere auch Julian und Paulus, subtile dogmatische Überlegungen anstellt[29]. Es geht um die sog. Leistungsgefahr, also aus Gläubigersicht die Gefahr, die Leistung nicht zu bekommen, und aus Schuldnersicht die Gefahr, noch einmal leisten zu müssen, wenn die zur Leistung vorgesehene Sache vor der Erfüllung untergeht. Bei der Gattungsschuld trägt der Schuldner diese Gefahr: Gehen die Gattungsstücke unter, mit denen er erfüllen wollte, so muß er sich andere besorgen und diese dem Gläubiger liefern. *Genus perire non censetur*. Bei der Speziesschuld trägt dagegen der Gläubiger die Leistungsgefahr (*res perit creditori*). Wird also das allein geschuldete Stück vernichtet, so wird grundsätzlich der Schuldner frei und der Gläubiger geht leer aus. Zwischen diesen beiden Schuldarten liegt die Wahlschuld: Hier trägt zunächst der Schuldner die Leistungsgefahr. Erst wenn nur noch eine Sache übrig ist, geht die Leistungsgefahr auf den Gläubiger über. Hier gilt also: *Res ultima perit creditori*[30].

26 Dagegen bleibt wegen des *spoponderit* in Ulp. D. 27,3,7,1 zweifelhaft, ob es im Text ursprünglich statt um die *fideiussio* um die *sponsio* ging.

27 Vgl. etwa C. 8,40,15,1 (239); C. 8,40,20 (293).

28 *Mitteis*, Röm. Privatrecht (Fn. 18), 319; vgl. auch *K. A. v. Vangerow*, Lehrbuch der Pandekten, Bd. III, 7. Aufl., 1869, 22: Da der Schuldner „aber doch wenigstens mittelbar insoferne obligationswidrig gehandelt hat, daß er dem Gläubiger die Gefahr näher brachte.“

29 Etwa zur Gattungsschuld (17 *quaest.* D. 31,66,3) oder zum Nutzungszins (3 *resp.*, fr. Vat. 2).

30 Vgl. zum Kauf von ‚*Stichus aut Pamphilus*‘ Paul. D. 18,1,34,6: ... *sicut in stipulationibus ... prioris periculum ad venditorem, posterioris ad emptorem respicit*.

Der Grund für Papinians Entscheidung liegt mithin bei der Leistungsgefahr: Wenn der Schuldner es bei der Alternativobligation verschuldet, daß Stichus untergeht, so schiebt er – weil sich das Schuldverhältnis jetzt auf Pamphilus konzentriert, also zur Speziesschuld wird – dem Gläubiger die Leistungsgefahr zu, die dieser mit der Festlegung auf die Wahlschuld in der Stipulationsfrage tunlichst vermeiden wollte. Da er es verschuldet hat, daß dieser Nachteil der Gefahrtragung auf den Gläubiger überging, darf er dann, wenn sich diese Gefahr hernach verwirklicht, daraus nicht den Vorteil der Befreiung ziehen. *Dolus* im Sinne der *actio de dolo* liegt demnach dann vor, wenn der Schuldner angesichts dieser Gefahrverschiebung dem Gläubiger nicht Ersatz leistet[31].

Dazu ist an Ersatz in Höhe des Wertes des zuletzt Verstorbenen zu denken, weil sich die Wahlschuld auf diesen beschränkt hatte, oder an den Wert des ersten bis zur Höhe des Wertes des später Verstorbenen[32]. Die Frage braucht hier nicht im einzelnen geklärt zu werden.

VI.

1. Der Grund, den wir demnach für Papinian als entscheidend ansehen, hat seinerzeit auch die Redaktoren des Code civil bewogen, die oben wiedergegebene Regelung des Art. 1193 Abs. 2 in das Gesetzbuch aufzunehmen. In den einschlägigen Motifs[33] wird dazu ausgeführt:

> „Le débiteur doit alors payer le prix de la chose qui est périe la dernière, dans le cas même où il ne serait pas en faute à l'égard de cette chose, mais seulement à l'égard de celle qui est périe la première, parce que cette faute causerait un préjudice évident au créancier, si cette seconde chose étant périe, il n'avait aucun recours. En donnant à celui-ci le prix de la dernière chose périe, on maintient à la fois la règle suivant laquelle la convention, d'alternative qu'elle était, est devenue pure et simple, et la règle qui rend chacun responsable de sa faute."

In den Vorträgen tritt deutlich hervor, daß die Redakteure sich bei ihrer Arbeit stark am römischen Recht orientiert und sich mit seinen Regelungen auseinandergesetzt haben. Beispielsweise hat der Tribun Faure bei der Präsentation des Titels De la propriété offen ausgesprochen: „N'hésitons point à le dire, c'est aux Romains que nous aurons le plus d'obligations pour le perfectionnement de notre législation.

31 *Mitteis*, Röm. Privatrecht (Fn. 18), 319 meint, der Schuldner müsse „wenigstens für einen der beiden Gegenstände Ersatz" leisten.

32 Vgl. *Kaser/Knütel/Lohsse*, Röm. Privatrecht (Fn. 3), 214 Rz 35.13. – S. auch Ulp. D. 9,2,55 (wo der Gläubiger den Sklaven geringeren Werts tötete, ehe der andere umkam).

33 *Bigot-Préameneu*, Exposé des motifs du titre III, livre III, du code civil etc. in: Motifs et Discours prononcés lors de la publication du Code civil, par les divers orateurs du Conseil D'État et du Tribunal, 1841, 436.

Nous sommes devenues riches de leur science, forts de leurs maximes: ils ont recouvré par là un partie de leur empire“[34].

2. In zahlreichen Ländern hat man die Lösung von Art. 1193 Cc a.F. übernommen, teils mit Modifikationen[35]. In Deutschland sieht § 265 BGB nur eine Regelung vor, die dem Art. 1193 Abs. 1 Cc a. F. entspricht:

> § 265 Unmöglichkeit bei der Wahlschuld. Ist eine der Leistungen von Anfang an unmöglich oder wird sie später unmöglich, so beschränkt sich das Schuldverhältnis auf die übrigen Leistungen.
> Die Beschränkung tritt nicht ein, wenn die Leistung infolge eines Umstands unmöglich wird, den der nicht wahlberechtigte Teil zu vertreten hat.

Praktisch die gleiche Aussage enthält Art. 410 des japanischen Zivilgesetzbuchs von 1898. Es ist sehr bemerkenswert, daß in der deutschen Rechtsliteratur nach Inkrafttreten des BGB zunächst die Meinung aufkam, der Wahlschuldner müsse nach dem Wortlaut des § 265 BGB in dem uns interessierenden Fall nunmehr entgegen dem früheren Gemeinen Recht, frei geworden sein[36] . Doch hat sich schon früh die Gegenansicht durchgesetzt, der Schuldner müsse ungeachtet des Gesetzeswortlauts Schadensersatz leisten[37], so daß in Deutschland in der Sache weiterhin gilt, was in D. 46,3,95,1 und in Art. 1193 Abs. 2 Cc a.F. bestimmt war. Der Jubilar wird wissen, ob sich in Japan eine entsprechende Auslegung ergeben hat.

34 *P. Antoine Fenet*, Recueil Complet des Travaux Préparatoires du Code civil, Bd. 11, 1828, Nachdruck 1968, 152.

35 Zum Beispiel Art. 1193 al. 2 Cc Belg.; Art. 1290 Cc ital.; Art. 311 griech. ZGB; Art. 886 CcBras. 1916 = Art. 254 CcBras. 2002; Art. 639 Cc Argent.; Art. 1814 Cc Louisiana 1984 (= Art. 2021 Cc Louis. 1870).

36 *W. Kisch*, Die Wirkungen der nachträglich eingetretenen Unmöglichkeit beim gegenseitigen Vertrag, 1900, 234 f. („die ausdrückliche unzweideutige Bestimmung des § 265 BGB“); *H. A. Fischer*, Konzentration und Gefahrtragung bei Gattungsschulden, Jherings Jahrbücher 51 (1907), 207 f.; *K. Adler*, Der Übergang der Gefahr beim Handelskauf, Zeitschrift für das gesamte Handelsrecht 72 (1912), 427 (ausdrücklich gegen D. 46,3,95,1); differenzierend später *H. Kreß*, Lehrbuch des allgemeinen Schuldrechts, 1929, 262 Fn. 52 (der nur für gegenseitige Verträge an dieser Lösung festhält).

37 *F. Kleineidam*, Unmöglichkeit und Unvermögen, 1900, 102 ff.; *C. Crome*, System des Deutschen Bürgerlichen Rechts, Bd. II, 1902, 98 Fn. 60; *H. Rehbein*, Bürgerliches Gesetzbuch, Bd. II, 1902, 76 f.; *H. Boethke*, Die Wahlschuld im deutschen bürgerlichen Rechte, Gruchots Beiträge 48 (1904), 427; *T. Kipp* in: *B. Windscheid*, Lehrbuch des Pandektenrechts, Bd. II, 9. Aufl., 1906, 26 Fn. 5, 31 Fn. 14 mit S. 39; *P. Oertmann*, Bürgerliches Gesetzbuch, Bd. II/1 (Recht der Schuldverhältnisse), 5. Aufl., 1928, § 265 Anm. 5a; *L. Enneccerus, H. Lehmann*, Recht der Schuldverhältnisse, 15. Aufl., 1958, 41, 201 Fn. 9 (alle mit D. 46,3,95,1) sowie *F. Litten*, Die Wahlschuld im deutschen bürgerlichen Rechte, 1903, 196 f., 203; *H. Siber* in: Planck's Kommentar zum Bürgerlichen Gesetzbuch, Bd. II, 1. Teilband, 4. Aufl., 1914, § 265 Anm. 3, 138; *F. Leonhard*, Allgemeines Schuldrecht des BGB, 1929, 133; *A. Blomeyer*, Studien zur Bedingungslehre, Teil 1, 1938, 99; *A. Werner* in: Staudingers Kommentar zum Bürgerlichen Gesetzbuch, Bd. II, 1. Teilband, c, 10./11. Aufl. 1967, 265 Rn. 9; *J. Gernhuber*, Das Schuldverhältnis, 1989, 275 f.

VII.

Wir beenden unsere Betrachtung mit der Frage nach dem heutigen Umgang mit dem Fragment Pap. D. 46,3,95,1: Verkannt, verborgen, verschwunden?

1. Verkannt werden die Aussagen unseres Fragments von *Ulrike Babusiaux*. Sie ist in ihrer Habilitationsschrift über Papinians Quaestionen auf eine ebenso überraschende wie ob ihrer Unbedachtheit erschreckende und auch besorgniserregende Interpretation unseres fr. 95,1 verfallen, indem sie die *poena* im Text als eine Strafstipulation versteht, die römische Vertragsstrafe also. Dafür muß sie Papinian unterstellen: „Der Stipulator kann mithin allenfalls aus einer Strafstipulation vorgehen. Letztere setzt Papinian einfach voraus, wenn er darauf verweist, dass es dem Schuldner verwehrt ist, die Schätzsumme anstelle des verstorbenen Sklaven anzubieten: *quoniam id pro petitore in poenam promissoris constitutum est*"[38].

Daß die Verfasserin hier einen bislang unbekannten Fall der Vertragsstrafe „entdeckt" hat, beruht auf einem evidenten Übersetzungsfehler: Sie übersetzt den angeführten Passus: „weil das zugunsten des Klägers in der versprochenen Strafe festgelegt worden ist"[39], also so, als ob im Text stünde *in poena promissa* – sofern man diese Form überhaupt akzeptiert. Man wird dieses arge Mißverständnis nicht als bloßes Versehen bemänteln können, findet sich doch kurz zuvor ein weiteres Mißverständnis des Ausgangstextes, wo die Verfasserin den Passus *quamvis interim non alius peti possit, quam qui solvi etiam potest* übersetzt: „könnte der andere … gleichwohl nicht eingeklagt werden, wie sehr mit ihm auch erfüllt werden kann." Damit verkehrt sie die Aussage der Junktur *non alius ... quam qui* in das Gegenteil[40].

Im weiteren erkennt *Babusiaux* dann, daß die Strafstipulation nicht weiterhilft, wenn auch der zweite Sklave verstirbt, weil mangels Verschuldens die Strafstipulation nicht verfalle[41]. Es folgt eine weitere Unterstellung: „Welche Zuspitzung diese Fallvariante bezweckt, wird erst einsichtig, wenn man voraussetzt, dass der Schuldner sein Wahlrecht nach dem Tod des zweiten zugunsten dieses Sklaven ausgeübt hat: Da insgesamt nur ein Sklave geschuldet sei, könne der Gläubiger weder aus der Strafstipulation (mit Blick auf den ersten Sklaven) noch auf den nunmehr durch Zufall untergangenen (sic) zweiten Sklaven klagen. Erst mit dieser Rekonstruktion wird deutlich, worin das verwerfliche Verhalten des Schuldners liegt …: Der

38 *Babusiaux*, Quaestiones (Fn. 8), 114 ff.

39 *Babusiaux*, Quaestiones (Fn. 8), 114.

40 S. 114, s. auch: „ist dem Gläubiger die Klage auf den übriggebliebenen Sklaven verwehrt" (S. 115). – Daß sich in dem Buch eine ungewöhnliche Vielzahl von Übersetzungsfehlern findet, sei hier nur angemerkt. Näheres womöglich an anderer Stelle.

41 Das ist übrigens deshalb nicht selbstverständlich, weil die Frage, ob der Strafverfall eine Verantwortlichkeit des Promittenten voraussetzte, nicht einheitlich beantwortet wurde, mag sich auch im allgemeinen das Erfordernis einer Zurechenbarkeit durchgesetzt haben, vgl. *R. Knütel*, Stipulatio poenae, 1976, 257 ff.

Schuldner profitiert davon, dass einer der Sklaven durch sein Verschulden untergegangen ist und er nun gar nicht mehr leisten kann!"[42]

Am Ende ihrer Ausführungen verliert *Babusiaux* sich in eine haltlose Spekulation. Sie meint, der Satz *quoniam id pro petitore in poenam promissoris constitutum est* lese „sich als Hinweis auf den Verfall der Vertragsstrafe bei schuldhafter Nichtleistung. Die außergewöhnliche Wortwahl *constitutum* assoziiert aber zusätzlich die *constitutio* der *veteres* zur *perpetuatio obligationis*. Die Anwendung dieses Grundsatzes im Rahmen der *actio incerta*[43] … wäre auch deshalb empfehlenswert, weil sie dem Parteiwillen, das heißt der ohnehin abgeschlossenen Strafstipulation[44], entspricht. Entgegen dem ersten Anschein verfolgen die Ausführungen pr.–§ 1 mithin eine rechtliche Innovation: Auch beim Wahlrecht des Schuldners soll dieser dem Gläubiger für die schuldhafte Vernichtung einer wahlweise geschuldeten Sache einstehen. Die *perpetuatio obligationis* soll mithin auch in der *actio incerti ex stipulatu* Anwendung finden".[45] Es soll also Papinian die Konkretisierung auf den verbliebenen Pamphilus ebensowenig ernstgemeint haben wie den Hinweis *nullo modo ex stipulatu agi poterit*, sondern eigentlich eine unausgesprochene Neuerung einzuführen beabsichtigt haben. Bei aller Dunkelheit, die Papinian bisweilen vorgeworfen wird, können spekulative Ableitungen solcher Art einer Erhellung jedenfalls nur abträglich sein.

2. Verborgen bleibt Papinians Fragment, das die wohl berühmteste Lösung eines mit der Wahlschuld verbundenen Problems enthält[46], in einer breit angelegten zivilrechtlichen Habilitationsschrift zur „Alternativität in Schuldverhältnissen"[47]. Darin widmet sich der Autor *Volker Wiese* insbesondere der Alternativobligation des geltenden Rechts.

In einem Kapitel ‚Historische Grundlage' erörtert er zunächst den ‚Streitstand im gemeinen Recht des 19. Jahrhunderts' und richtet dabei den Blick auch besonders auf die haftungsrechtlichen Konsequenzen und die Rechtsnatur der Formel *duae res in obligatione una in solutione*[48].

Erstmals zum Problem unseres Fragments gelangt *Wiese* über ein Zitat aus *Vangerow*: „Wenn der Untergang des Objekts durch Kulpa des Schuldners herbeigeführt

42 S. 116. Die Verfasserin merkt dazu an: „Anders die Bewertung von *Kaser/Knütel*, § 34 Rn. 21", ohne zu lesen oder zu verstehen, daß dort (auch in der 19. Aufl. 2008) der von ihr als entscheidend angesehene Sachgrund in dogmatisch klarer Einordnung angeführt wird, zudem ohne die Unterstellungen der Verfasserin. Warum es einer „Wahl" des zweiten Sklaven noch nach der Konkretisierung bedurft haben soll, bleibt unerklärt.

43 Vgl. oben Fn. 8.

44 Die sich die Verfasserin jetzt offenbar als Regelfall vorstellt.

45 *Babusiaux*, Quaestiones (Fn. 8), 118.

46 Vgl. *Kaser/Knütel/Lohsse,* Röm. Privatrecht (Fn. 3), 214 Rz. 35.13.

47 *V. Wiese*, Alternativität in Schuldverhältnissen, 2017.

48 S. 43–89. Insbesondere 50–58.

ist ..., so muß dann, wenn nur e i n Objekt vernichtet, das andere aber noch vorhanden ist, dieses andre noch vorhandene als der einzige Gegenstand der *obligatio* angesehen werden, und auch das im Falle kasuellen Untergangs dem Schuldner zustehende Benefizium, den Werth der zu Grunde gegangenen Sache zahlen zu dürfen, ist in unsrem Falle nur dann zuzulassen, wenn die vernichtete Sache keinen geringeren Werth hat, als die noch vorhandene"[49].

Vangerow verweist auf der einschlägigen Seite dreimal auf die „l. 95. § 1. *De solut.* (46,3)"; doch nimmt *Wiese* das nicht zur Kenntnis, wie er überhaupt nur ein einziges Digestenfragment in seiner Abhandlung anführt[50]. Das Kernproblem von Papinians Fall wird auf den folgenden Seiten dann noch dreimal kurz angesprochen[51].

Bei seiner Untersuchung der Literatur zum Gemeinen Recht kommt *Wiese* zu dem Ergebnis, die „Formel" *duae res in obligatione, una in solutione* sei „inhaltsleer"; es hätten überzeugende Modelle gefehlt, „die widerspruchsfrei erklären konnten, warum ein Schuldner zum Beispiel in eine Schadensersatzpflicht geraten konnte, obgleich einer der alternativ versprochenen Gegenstände noch nicht zum alleinigen Objekt der Alternativobligationen erhoben worden war"[52]. Doch sind solche Erkenntnisse kaum brauchbar, solange man außer acht läßt, daß die wesentliche Grundlage des Gemeinen Rechts Justinians *Corpus iuris civilis* ist und in diesem den Schwerpunkt die Digesten bilden, in denen ein kontroversenreiches Juristenrecht überliefert ist, das nicht mit den Maßstäben moderner, auf Widerspruchsfreiheit angelegter Gesetzesinterpretation gemessen werden kann. Aussagen zum Gemeinen Recht können deshalb letztlich nur unter Einbeziehung der Texte, die ja Basis der gemeinrechtlichen Literatur des 19. Jahrhunderts waren, gewonnen werden.

Überdies ist sich der Verfasser bei seiner Suche nach einem „widerspruchsfreien Modell" nicht darüber im klaren gewesen, daß es für die römischen Juristen in der flexiblen Handhabung ihrer Begriffe keinen Widerspruch bedeutete, einerseits die sog. *obligatio alternativa* als eine einzige Verbindlichkeit zu verstehen, andererseits aber auch die obligationsmäßige Gebundenheit der von der Wahlschuld erfaßten Gegenstände als *obligatio* zu bezeichnen. Diese Einordnung erleichterte es, Fragen zu klären, wie etwa die, ob hinsichtlich dieser obligationsmäßigen Gebundenheit eine Novation möglich oder sogar ein Ersatzanspruch gegeben sein kann, ob eine Sicherung durch Bürgen in Betracht kommt oder ob eine konkrete Sache überhaupt

49 *V. Vangerow*, Pandekten III (Fn. 25), 22; *Wiese*, Alternativität (Fn. 47), 51 f.

50 S. 45 f., nämlich Venuleius D. 45,1,138,1 zum Problem der Bindung an die Wahlerklärung.

51 *Wiese*, Alternativität (Fn. 47), 52, 56, 58.

52 S. 53, vgl. auch S. 54 (zu *A. Brinz*, Lehrbuch der Pandekten, Bd. II/1, 2. Aufl., 1879, 103 ff.: es werde „kein in sich widerspruchsfreies Modell beschrieben." – Vermutlich hat den Verfasser auch das Resumé von *G. Pescatore*, Die sogenannte alternative Obligation, 1880, 15 f. („Die Regel '*duae res in obligatione* [...]' ist vollständig werthlos") beeinflußt; doch hat *Pescatore*, Wahlschuldverhältnisse (Fn. 5), 49 Fn. 5 diese Kritik modifiziert.

Gegenstand der Alternativobligation sein oder bleiben konnte. So konnte wegen juristischer Unmöglichkeit kein Objekt Gegenstand der Wahlschuld sein, das dem Stipulator bei Vertragsschluß gehörte oder es konnte wegen Erlöschen der Gebundenheit nicht länger Gegenstand der Wahlschuld bleiben, wenn der Stipulator es nachträglich von anderer Seite, etwa durch ein Vindikationslegat, erworben hatte[53].

Im übrigen betont *Wiese* nachdrücklich die Wahlschuld sei „aufs engste verwandt mit der Gattungsschuld" und es werde „sich die Wahlschuld letztlich als nichts anderes erweisen als ein der Gattungsschuld äußerst ähnlicher Mechanismus zur Gefahrverteilung"[54]. Dazu sei angemerkt, daß einen Zusammenhang auch die römischen Juristen beachtet und ihre größten Köpfe, wohl schon Julian und jedenfalls Papinian, die Gattungsschuld als eine grundsätzlich auf alle existenten Exemplare der Gattung erstreckte Wahlschuld aufgefaßt [55] und daraus Konsequenzen gezogen haben. Durchgesetzt hat sich allerdings die jüngere Lehre des Marcellus[56], der die Gattungsschuld als einen gegenüber der Wahlschuld völlig verselbständigten Schuldtyp ansah, nur darauf gerichtet, daß dem Stipulator ein der Gattung zugehöriger Gegenstand geleistet wird.

Was schließlich den von Papinian erörterten Fall angeht, kommt *Wiese* für das geltende Recht zur gegenteiligen Lösung, der Schuldner sei frei geworden[57]. Seine Begründung beruht freilich auf einer zu einseitigen Beurteilung der Schuldnerposition. Er leitet, nachdem er einen „Versicherungscharakter" und eine „latente Schadensersatzhaftung" als Wesensmerkmale der Wahlschuld verneint hatte, aus dem Umstand, daß der Schuldner sich das Wahlrecht vorbehalten hat, die Folgerung ab, daß „sich ohne dahingehende Abrede auch das *periculum* des Vertrages bei einer Wahlschuld nicht zuungunsten des Schuldners verschieben soll", und konstatiert, ein Wahlschuldner verhalte „sich nicht nur dann pflichtgemäß, wenn er wählt, sondern auch dann, wenn er mit gleicher Wirkung die Konzentration durch Zerstörung eines der Gegenstände herbeiführt (§ 265 S. 1 BGB)"[58]. Dabei wird jedoch völlig außer acht gelassen, daß ein Gläubiger, der sich eine Wahlschuld ausbedingt, damit den Zweck verfolgt, die Leistungsgefahr zu seinen Gunsten zu verschieben, und sich dies im Einzelfall auch etwas kosten läßt. Mit dem Schuldnerwahlrecht ist keineswegs die Rechtsmacht verbunden, den genannten Zweck durch Zerstörung eines

53 Paul. D. 46,1,34, dazu *Ziliotto*, Studi (Fn. 14), 265 ff. Zu alldem s. *R. Knütel*, In obligatione generis quid est in obligatione?, in Studi in onore di Cesare Sanfilippo, Bd. III, 1983, 351, 358 ff.; ferner *Pescatore*, Wahlschuldverhältnisse (Fn. 5), 49 f.

54 S. 36 (dort das Zitat), 277 sowie 305 ff. und 417 ff. (zu den Gefahrtragungsregeln).

55 Pap. D. 31,66,3 (*hominis enim legatum orationis compendio singulos homines continet*); vgl. *Knütel*, In obligatione generis (Fn. 53), S. 355 ff.; *Kaser/Knütel/Lohsse*, Röm. Privatrecht (Fn. 3), 215 Rz. 35.15 sowie aus der älteren Literatur etwa *Brinz*, Pandekten III (Fn. 52), 104 Fn. 9; *Pescatore*, Wahlschuldverhältnisse (Fn. 5), 51 Fn. 12, 148 ff.

56 Marcell. D. 46,3,72,4; D. 46,3,67.

57 Alternativität (Fn. 47), 399–410.

58 *Wiese*, Alternativität (Fn. 47), 405.

Gegenstandes der Wahlschuld zu vereiteln. Natürlich ist es eine Frage der Auslegung, ob das Wahlrecht des Schuldners im Einzelfall deckt, daß er einen der Gegenstände an einen Dritten veräußert. Ist dem Schuldner z. B. bekannt, daß die Produktion des Großbetriebes des Gläubigers davon abhängt, daß dieser jedenfalls eine der vereinbarten Leistungen erhält, so wird er nach Veräußerung des einen Leistungsgegenstandes an einen Dritten bei nachträglichem zufälligen Untergang des anderen die Konsequenzen der Risikoverschiebung tragen müssen – so wie es der oben angeführten und von *Wiese* kaum registrierten herrschenden Meinung im geltenden Zivilrecht entspricht[59].

3. Verschwunden: Wir sahen bereits, daß Art. 1193 al. 2 Cc gestrichen worden ist. Überhaupt sind an die Stelle der früheren Wahlschuldartikel sehr schlichte Bestimmungen getreten. In Artikel 1307 n. F. wird die Wahlschuld neu definiert, indem nicht mehr auf „deux choses" als Leistungsgegenstände abgestellt wird, sondern auf „plusieurs prestations", so daß etwa auch alternative Beförderungsmittel von der Wahlschuld erfaßt werden; doch war das zum Teil zuvor in Art. 1196 Cc a. F. klargestellt worden. Art. 1307-1 al. 1er weist das Wahlrecht dem Schuldner zu, sieht in al. 2 bei Verzug mit der Wahl einen Übergang des Rechts auf die andere Partei vor, und nach al. 3 ist die einmal getroffene Wahl definitiv. Von Art. 1307-2 bis Art. 1307-5 geht es dann um die durch höhere Gewalt herbeigeführte Unmöglichkeit: Sie befreit den Schuldner, der gewählt hatte; vor der Wahl des Schuldners führt sie zur Beschränkung auf die verbliebenen Gegenstände, ebenso vor der Wahl des Gläubigers. Wird schließlich die Leistung aller von der Wahlschuld erfaßten Gegenstände infolge höherer Gewalt unmöglich, so wird der Schuldner frei, auch wenn er die Wahl noch nicht erklärt hatte (Art. 1307-5).

Man darf sich fragen, ob die vereinfachenden neuen Artikel wirklich einen Fortschritt darstellen, und mehr noch muß man sich fragen, weshalb die ausgewogene und altbewährte Regelung des Art. 1193 al. 2 weggefallen ist. Sollte sie vergessen oder sollte sie von den vereinfachenden Modernisierern nicht mehr verstanden worden sein? Eine pauschale Antwort findet sich im Journal officiel de la République Française v. 11. Februar 2016: „Par ailleurs, les articles 1192 à 1195 du code civil relatifs à l'obligation alternative sont inutilement longs et complexes et il est donc proposé une simplification de ces textes"[60]. Der Geist unserer Zeit? Wer sprach von den terribles simplificateurs?

59 Oben Fn. 37. Von den dort genannten Autoren hebt etwa *Blomeyer*, Studien, 81 ff., 93 ff., 98 ff. Parallelen und Unterschiede von Gattungs- und Wahlschuld unter Einbeziehung von Autoren der Privatrechtsgeschichte hervor. – Zur Vereinbarkeit der Lösung mit dem Wortlaut des § 265 BGB vgl. ebenfalls die in Fn. 37 Angeführten.

60 Texte 25 sur 113, Ministère de la Justice, Rapport au Président de la République relatif à l'ordonnance n° 2016-131 du 10 février 2016 portant réforme du droit des contrats etc.: Livre troisième, Titre IV, Section III (L'obligation plurale), Sous-section 1 (La pluralité d'objets). Vgl. noch zu Fn. 34.

Geschenkt und gekränkt
Papinians Gutachten in D. 39.5.31.1*[*]

Rolf Knütel

Université rhénane Frédéric-Guillaume de Bonn

I

A. In einem der interessantesten Texte des Digestentitels *De donationibus* berichtet Papinian von einem *responsum*, das er in Sachen einer gekränkten Mutter erteilt hatte, die Rückgewähr verschenkter Sachen begehrte. Von vornherein bemerkenswert sind die sehr unterschiedlichen Einschätzungen, die der Text erfahren hat. Während Gerhard Beseler ihn als nahezu vollständig unecht ansah[1], betrachtet Franz Wieacker ihn als eine „fesselnde Stelle“[2].

D. 39.5.31.1 *Papinianus 12. responsorum*

> *Species extra dotem a matre filiae nomine viro traditas filiae quae praesens fuit donatas et ab ea viro traditas videri respondi nec matrem offensam repetitionem habere vel eas recte vindicare, quod vir cavisset extra dotem usibus puellae sibi traditas, cum ea significatione non modus donationis declaretur nec ab usu proprietas separetur, sed peculium a dote puellae distingueretur. Iudicem tamen aestimaturum, si mater iure contra filiam offensa eas revocare velit, et verecundiae maternae congruam bonique viri arbitrio competentem ferre sententiam.*

Die Mutter hat im Namen der Tochter und in deren Gegenwart bestimmte Sachen getrennt von der Mitgift dem Ehemann übergeben. Papinian hebt hervor,

[*] E. Chevreau/C. Masi Doria/J.M. Rainer (Hrsg.), Liber amicorum. Mélanges en l'honneur de Jean-Pierre Coriat, Éditions Panthéon Assas, Paris 2019, 421 – 436.

* In bester Erinnerung an die schönen Begegnungen auf den von Michael Rainer so glänzend organisierten Treffen unseres Erasmus- und Sokrates-Kreises entbieten wir dem Freunde Jean-Pierre Coriat sehr herzliche Glückwünsche und hoffen, da die Exegese das eigentlich Schönste am Römischen Recht ist, daß unsere Studie zu dem vermeintlich dunklen Papinian sein Interesse finden möge.

1. G. Beseler, *Et ideo – Declarare – Hic*, SZ 51 (1931) 56 s. Er möchte für *species* lieber *res* setzen (mit ?) und er hält ab *nec matrem* alles für unecht; schonende Distanzierung davon bei M. Kaser, *Zum heutigen Stand der Interpolationenforschung*, *SZ* 69 (1952) 119 n. 43 („bedenklich!“). Abkürzungen: Kaser, *RP* I = M. Kaser, *Das römische Privatrecht*, I, 2 1971; Kaser – Hackl, *RZ* = M. Kaser – K. Hackl, *Das römische Zivilprozeßrecht*, II, 1996; Wieacker, *Textst.* = F. Wieacker, *Textstufen klassischer Juristen*, 1975.

2. Wieacker, *Textst.*, s. 346.

das sei so zu verstehen, als habe die Mutter der anwesenden Tochter die Sachen geschenkt und diese seien von ihr dann dem Mann übergeben worden. Später verlangt die Mutter wegen einer ihr widerfahrenen Verletzung Rückgabe der Geschenke. Papinian verneint die Voraussetzungen zweier Klagen. Den Abschluß bildet ein Hinweis, der Richter werde unter Beachtung des einer Mutter gebührenden Respekts ein Urteil sprechen, das dem Ermessen eines redlichen Mannes entspricht.

B. Daß in einer Übergabehandlung bei juristischer Betrachtung zwei Übergaben enthalten sein können, steht außer Frage, wie insbesondere Celsus in dem bekannten Fall zur „juristischen Sekunde" bei Ulpian in D. 24.1.3.12 erweist[3]. Auch war in der Klassik anerkannt, daß eine Übergabe ohne Ergreifungshandlung des Erwerbers dadurch erfolgen konnte, daß der Besitzer sich mit dem Erwerber im Umfeld der (meist nur schwer zu bewegenden) Sache über den Besitzübergang einigte[4]. Im Anschluß etwa an Riccobono und Schulz können wir mit Wieacker den Handlungsablauf folglich einordnen „als Doppeltradition: eine Übergabe an den Tochtermann als *detentor* der (anwesenden!) Frau[5]; sodann eine Übergabe durch die Tochter an den Mann *ad utendum*"[6]. Wenn Wieacker diese zweite Übergabe präzisiert: „*ad utendum* mittels *longa manu traditio* (durch die Mutter als Botin der Tochter)", dürfte angesichts der fortbestehenden Präsenz der Sachen in der Tat an die *longa manu traditio* zu denken, die Stellung der Mutter jedoch besser als die einer „Geheißperson auf Seiten des Besitzübertragenden" zu verstehen sein[7], einer Person also, die auf Geheiß der Tochter dem Schwiegersohn den Besitz oder jedenfalls die faktische Gewalt verschafft.

II

A. Fraglich bleibt, wie diese zweite Übergabe einzuordnen ist. Dazu ist zunächst klarzustellen, daß die der Tochter von der Mutter *extra dotem* geschenkten Gegenstände ein Sondergut bilden, das seiner Herkunft aus den griechischen Rechten gemäß zumeist als *parapherna* (Nebengut) bezeichnet wird, von Papinian in unserem fr. 31,1 und Ulpian in D. 23.3.9.3 der sich dafür auf gallischen[8] Sprachgebrauch beruft, dagegen als *peculium*. Im Gegensatz zur Mitgift, die

3. Dazu F. Wieacker, *Die Juristische Sekunde. Zur Legitimation der Konstruktionsjurisprudenz*, *Fschr. Erik Wolf*, 1962, 421 = F. Wieacker, *Kleine juristische Schriften*, 1988, 71, v. auch M. Kaser – R. Knütel – S. Lohsse, *Römisches Privatrecht*, 21, 2017, 330 Randziffer (= Rz.) 54.10 m. Lit.

4. Neraz-Paul. D. 41.2.1.21; v. C.F. v. Savigny, *Das Recht des Besitzes*, VI, 1837, 241 s., 247 s.; Kaser, *RP* I , 392 m. n. 18.

5. Auf den diese Übereignung betreffenden Passus (*species – donatas*) in fr. 31,1 geht Pauli sententiae 5,11,1 zurück: *Species extra dotem a matre in honorem nuptiarum praesente filia genero traditae donationem perfecisse videntur*. V. F. Schulz, *Einführung in das Studium der Digesten*, 1916, 67, 69; M. García Garrido, *Ius uxorium. El régimen patrimonial de la mujer casada en derecho romano*, 1958, 44 s.; D. Liebs, *Römische Jurisprudenz in Africa*, 1993, 45.

6. S. Riccobono, *Traditio ficta*, *SZ* 34 (1913) 204 s.; Schulz (n. 5), 67, 69; Wieacker, *Textst.*, 346.

7. So Kaser, *RP* I , 392 m. n. 19 zu unserem fr. 31,1 („Übergabe an Dritte auf Geheiß des bei der Sache anwesenden Erwerbers").

8. Ob *Galli* des Textes zu korrigieren ist (z.B. Mommsen, ed. maior ad h.l.: *alii*?), ist umstritten; Näheres bei J. Platschek, *Das Nebengut der Ehefrau in D. 23,3,9,3*, *Quaderni Lupiensi* 5 (2015) 125 s., der für *Gaiae* plädiert.

(gewissen Bindungen unterworfenes) Eigentum des Ehemannes wird, steht die *parapherna*, das Nebengut, grundsätzlich im Eigentum der Frau. Daß die beiden Vermögen in Umfang und Bedeutung sehr unterschiedlich gewesen sein können, zeigt schon für den frühen Prinzipat das erst Ende der 1980er Jahre aufgefundene *SC de Cn. Pisone patre* von 20 n. Chr., wonach es vom Senat als angemessen angesehen wurde, daß von den Söhnen des zum Tode verurteilten Piso aus dem ihnen zurückgewährten väterlichen Vermögen ihrer Schwester Calpurnia eine Million als Mitgift sowie als *peculium* vier Millionen Sesterzen zu zahlen waren[9]. Natürlich ist das ein Fall aus der oberen Oberschicht und natürlich war das Verhältnis von *dos* und *parapherna/peculium* im allgemeinen sicher umgekehrt, sofern die Frau überhaupt ein Nebengut hatte. Doch wird deutlich, wie wichtig für die Stellung der Frau ein Nebengut sein konnte.

B. In seiner Erklärung unseres Textes geht Manuel García Garrido davon aus, daß Papinian sich bemüht habe, eine aus provinzialrechtlichen Einflüssen erwachsene Praxis, nach der die Frau über eine *parapherna* verfügen kann, mit den Regeln des römischen Rechts zu erfassen. Zu diesem Zweck habe der Jurist auf das alte Regime der *manus*-Ehe zurückgegriffen, unter dem der Ehemann im Rahmen der *conventio in manum* aus seinem Vermögen der Frau Sachen und Geldmittel für den eigenen Bedarf, wie etwa Kleidung und Gegenstände des täglichen Gebrauchs, eingeräumt habe. Papinian habe dies auf die zu seiner Zeit längst üblich gewordene gewaltfreie Ehe übertragen; er müsse also, wie wir zu ergänzen haben, davon ausgegangen sein, daß der Mann zunächst Eigentümer der Sachen geworden war, die ihm von der beschenkten Frau tradiert worden waren. Zugleich hebt García Garrido allerdings auch – und dies mit Recht – hervor, daß es sich bei diesem *peculium* um eines im untechnischen Sinn handelt[10].

C. Diese Deutung vermag jedoch nicht zu überzeugen. Von vornherein ist klarzustellen, daß *et ab ea viro traditas* nicht notwendig eine Übergabe zum Zweck der Übereignung meint; *tradere* kann auch die Überlassung an einen bloßen Detentor ausdrücken. Vielmehr kam es darauf an, was jeweils vereinbart worden war. Dies zeigt:

9. *Ita ut ex omnibus bonis, quae decreto senatus publicata et concessa iis essent, n(ummum) (decies centena milia) dotis nomine Calpurniae Cn. Pisonis filiae, item peculi nomine n(ummum) (quadragies centena milia) daretur*, s. W. ECK – A. CABALLOS – F. FERNÁNDEZ, *Das senatus consultum de Cn. Pisone patre*, 1996, 44-47 (ll. 103-105 des SC).

10. García Garrido (n. 5), 45 s. – F. DUMONT, *Les donations entre époux en droit romain*, 1928, 167 s. nimmt offenbar an, die Schenkung der Mutter an die Tochter sei nichtig; doch habe man den Vorgang als eine leihweise Überlassung der Pekuliarsachen an die Tochter und eine Hinterlegung seitens der Tochter bei dem Ehemann aufgefaßt, alldies für die Dauer der Ehe. Dem steht jedoch entgegen, daß Papinian von der Wirksamkeit der Übereignung an die Tochter ausgeht, wie bei seinen Ausführungen zur Vindikation deutlich wird (dazu u. III.C).

D. 23.3.9.3 *Ulpianus 31. ad Sabinum*

Ceterum si res dentur in ea, quae Graeci παράφερνα *dicunt quaeque Galli peculium appellant, videamus, an statim efficiuntur mariti. et putem, si sic dentur ut fiant, effici mariti, et cum distractum fuerit matrimonium, non vindicari oportet, sed condici, nec dotis actione peti, ut divus Marcus et imperator noster cum patre rescripserunt. plane si rerum libellus marito detur, ut Romae volgo fieri videmus (nam mulier res, quas solet in usu habere in domo mariti neque in dotem dat, in libellum solet conferre eumque libellum marito offerre, ut is subscribat, quasi res acceperit, et velut chirographum eius uxor retinet res quae libello continentur in domum eius se intulisse): hae igitur res an mariti fiant, videamus. et non puto, non quod non ei traduntur (quid enim interest, inferantur volente eo in domum eius an ei tradantur?), sed quia non puto hoc agi inter virum et uxorem, ut dominium ad eum transferatur, sed magis ut certum sit in domum eius illatas, ne, si quandoque separatio fiat, negetur: et plerumque custodiam earum maritus repromittit, nisi mulieri commissae sint....*

Wenn aber Sachen [von der Frau dem Mann] für dasjenige Vermögen gegeben werden, das die Griechen parapherna, Frauengut, nennen und die Gallier als peculium, Sondergut, bezeichnen, müssen wir prüfen, ob die Sachen sogleich Eigentum des Ehemannes werden. Und ich möchte annehmen, daß sie Eigentum des Ehemannes werden, wenn sie so gegeben werden, daß sie es werden sollen; und wenn die Ehe aufgelöst worden ist, darf nicht vindiziert, sondern muß kondiziert werden, und es kann auch nicht die Klage auf Rückgabe der Mitgift geltend gemacht werden, wie der vergöttlichte Kaiser Mark Aurel und unser Kaiser [Caracalla] mit seinem Vater [Septimius Severus] auf Anfrage entschieden haben. Wenn allerdings Sachen gemäß einem Verzeichnis dem Ehemann übergeben werden, was, wie wir sehen, in Rom tagtäglich geschieht – denn die Ehefrau pflegt die Sachen, die sie im Haus des Mannes üblicherweise im Gebrauch hat und die sie nicht in die Mitgift gibt, in einem Verzeichnis zusammenzustellen und dieses Verzeichnis dem Ehemann zu übergeben, damit dieser es unterschreibt, als habe er die Sachen empfangen, und die Ehefrau behält es gleichsam als sein Empfangsbekenntnis darüber, daß sie die Sachen, die im Verzeichnis enthalten sind, in sein Haus eingebracht hat –, müssen wir überlegen, ob diese Sachen Eigentum des Ehemannes werden. Und ich bin nicht dieser Ansicht, und zwar nicht deshalb, weil sie ihm nicht übergeben worden wären (denn worin besteht der Unterschied, ob sie mit seinem Willen in sein Haus eingebracht oder ihm übergeben werden?), sondern weil ich annehme, daß es zwischen Mann und Frau nicht darum geht, daß das Eigentum auf ihn übertragen wird, sondern vielmehr darum, daß feststehen soll, daß die Sachen in sein Haus eingebracht worden sind, damit dies nicht geleugnet werden kann, wenn später einmal eine Trennung stattfindet. Und meistens verspricht der Ehemann [durch Stipulation] die Bewachung der Sachen, falls diese nicht der Ehefrau belassen worden sind...[11]

11. Übersetzung nach R. Knütel – B. Kupisch – H.H. Seiler –O. Behrends, *Corpus Iuris Civilis*, IV (21-27), 2005, 169 s. – Der unsubstantiierte Interpolationsverdacht zu dieser „celebre legge“, den P. Bonfante, *Corso di diritto romano*, I, 1925, Rist. 1963, 510 s. geäußert hat, ist überholt.

Ulpians Meinung ist klar: Natürlich könne vereinbart werden, daß auch das Nebengut in das Eigentum des Mannes übergehen soll; doch sei das nicht schon anzunehmen, wenn die Sachen dem Mann ohne eine solche Vereinbarung lediglich übergeben und in sein Haus eingebracht werden. Denn mit diesen Handlungen seien regelmäßig keine Übereignungen beabsichtigt[12]. Ziel sei vielmehr, daß der Mann die Sachen zur Bewachung (*custodia*) in seine Obhut nimmt. Damit ist regelmäßig, soweit es sich nicht um Gegenstände des persönlichen Bedarfs der Frau handelt, die Verwaltung der in Obhut genommenen Sachen durch den Mann verbunden[13], freilich nicht gegen den Willen der Frau.

Für eine Verwaltung ist es nicht erforderlich, daß der Ehemann Eigentümer der Paraphernalsachen wird, denn die Frau kann ihm von vornherein Verfügungsmacht erteilen, sogar eine *libera administratio*, oder die Geschäfte nachträglich genehmigen (*ratum habere*)[14]. Jedoch behielt sie als Eigentümerin die volle Entscheidungsbefugnis über die Gegenstände der Parapherna und das Recht auf die daraus durch die Verwaltung des Mannes erwirtschafteten Erträge[15]. Die günstige und ihre Selbständigkeit sichernde Eigentümerstellung der Frau haben spätere Kaiser nachdrücklich gegen Vereinnahmungsversuche von Ehemännern geschützt. Im Jahre 450 bestimmten Theodosius II. und Valentinian III.:

> *Hac lege decernimus, ut vir in his rebus, quas extra dotem mulier habet, quas Graeci parapherna dicunt, nullam uxore prohibente habeat communionem nec aliquam ei necessitatem imponat. ... nullo modo, ut dictum est, muliere prohibente virum in paraphernis se volumus immiscere*[16].

D. Was nun Papinians *responsum* in D. 39.5.31.1 angeht, können wir nach alldem davon ausgehen, daß die Tochter die ihr geschenkten Sachen als Paraphernalgut ihrem Ehemann übergeben, nicht aber übereignet hat[17]. Diese Annahme wird im übrigen auch dadurch wahrscheinlich, daß die Mutter, wie erst im Schlußsatz deutlich wird, die Tochter und nicht den Mann auf Rückgewähr in Anspruch nimmt, was recht ungewöhnlich wäre, wenn der Mann das Eigentum an den geschenkten Sachen erlangt hätte.

Wie der Mann in einer *cautio* bestätigte, erfolgte die Übergabe *usibus puellae*, zum Nutzen der jungen Frau. Dies bedeutet, daß ihr die Früchte und Gebrauchsvorteile zustehen sollten. Ob diese durch ihre Tätigkeit oder durch Verwaltungshandlungen des Mannes, der die Sachen in seine Obhut übernommen hatte, erzielt wurden, wird gleichgültig gewesen sein. Auch kommt es nicht darauf an, ob die von der Mutter geschenkten Sachen die *parapherna* der Frau bildeten oder nur einen Teil der *res extra dotem* ausmachten[18].

---

12. V. C.F. GLÜCK, *Ausführliche Erläuterungen der Pandecten*, XXV, 2. Abt., 1824, 259; P.E. CORBETT, *The Roman Law of Marriage*, 1930, Nachdr. 1979, 203.
13. V. Kaser, *RP* I, 330.
14. V. Kaser – Knütel – Lohsse (n. 3), 88 s. (Rz. 11.15).
15. V. Scaevola D. 35.2.95pr.
16. C. 8.14.8 V. auch Iustinian C. 8.14.11 (a. 530).
17. So schon CUJAS, *Opera omnia*, ed. Prato 1837, IV, Sp. 2594 s., ferner etwa G. CASTELLI, I *Parapherna nei papiri greco-egizii e nelle fonti romane*, in. E. Albertario (ed.), *Ders., Scritti giuridici*, 1923, 82.
18. Letzteres vermutet E. GERNER, *Beiträge zum Recht der PARAPHERNA*, 1954, 65 mit n. 3 mit der weiteren Annahme, mit *peculium* seien vielleicht nur die dem persönlichen Gebrauch der Frau dienenden Sachen gemeint.

Schließlich ergibt sich aus den Umständen mit Selbstverständlichkeit, daß die Frau *sui iuris*, der Zeit entsprechend also eine gewaltfreie Ehe eingegangen war[19].

III

A. Die Mutter verlangt von der Tochter Rückgabe der Geschenke. Zur Begründung wird angeführt, sie sei *offensa*, was Heumann/Seckel hier mit „beleidigt, aufgebracht" zu übersetzen vorschlagen[20]. Jedenfalls muß sie sich verletzt oder gekränkt gefühlt haben durch ein Verhalten der Tochter, das sie möglicherweise als Undank empfand. Zu ihrem Rückgabeverlangen zieht Papinian zwei erwägenswerte Klagen in Betracht, hält deren Voraussetzungen jedoch für nicht gegeben. Als einziger Anhaltspunkt zur Begründung der einen oder der anderen Klage erscheint ihm die *cautio*, die hier als schriftliche Bestätigung des Mannes zu verstehen ist, daß ihm die Sachen als Nebengut zum Nutzen der jungen Frau übergeben wurden (*quod vir cavisset extra dotem usibus puellae sibi traditas, sc. species*)[21].

B. Die erste mit *nec repetitionem habere* angesprochene Klage muß, schon weil Papinian als zweite Klage die *vindicatio* prüft, schuldrechtlicher Natur sein. Aus der Ablehnung dieser Klage mit den Worten *cum ea significatione non modus donationis declaretur* (weil mit dieser Kennzeichnung der Übergabe keine der Schenkung beigefügte „Auflage" zum Ausdruck gebracht wird) ergibt sich, daß Papinian eine *condictio ob rem/causam dati* vor Augen gehabt hat[22]. Sie ist nach seiner Ansicht jedoch nicht gegeben, weil die Schenkung nicht in Erwartung eines Erfolges vollzogen ist, der ausgeblieben ist, sondern zum Nutzen der Sachen für die Frau, was bereits selbstverständliche Folge der Eigentumsverschaffung ist und woran sich auch nichts nachträglich geändert hat. Es ist mit der *donatio* also keine Beschränkung in dem Sinne verbunden, daß die verschenkten Sachen unter Umständen zurückgefordert werden können[23].

Bemerkenswert ist überdies, daß von einem *modus donationis* die Rede ist. Es entspricht heute herrschender Ansicht, daß die Bezeichnung *modus* klassischen Ursprungs ist[24], und es steht auch fest, daß den Klassikern der sachliche Unterschied zwischen dem, was technisch eine Auflage und was Bedingung ist, bekannt war[25]. Doch wird *modus* erst bei Justinian zu einem *terminus technicus* und, weil

---

19. V. etwa Castelli (n. 17), 78 s. (unter Hinweis auf Ulp. *46. Sab. Vat.* 269); Wieacker, *Textst.*, 345 ; Platschek (n. 8), 129.

20. H. Heumann – E. Seckel, *Handwörterbuch zu den Quellen des röm. Rechts*, XI, 1971, 387 *s.v. offendere* (mit Seckels Zusatz: l. 31 §1 D. 39.5 interp.).

21. V. zu derartigen Bestätigungen nur den *libellus* und das *chirographum* in Ulp. D. 23.3.9.3 (oben zu n. 11) und A. Pernice, *Labeo. Röm. Privatrecht im ersten Jahrhundert der Kaiserzeit*, Teil E, Bd. 3 Abt. 1, 9. Buch, 1892 (Neudr. 1963), 16 („einen Schein ausgestellt"); ebenso Schulz (n. 5), 69.

22. V. Pernice (n. 21), 16.

23. V. Pernice (n. 21), 16.

24. V. Pernice (n. 21), 12 s.; L. Mitteis, *Römisches Privatrecht bis auf die Zeit Diokletians*, 1908, 194 s., 200 s.; Schulz (n. 5), 70 n. 1; Kaser, *RP* I, 259 m. n. 74; Id., *Das römische Privatrecht*, II, 2, 1975, 98 n. 27; P. Voci, *Diritto ereditario romano*, II, 2, 1963, 620 n. 2.

25. Deutlich etwa die Unterscheidung bei Scaevola (8. *quaest.*) D. 35.1.80: *nec enim parem dicemus eum cui ita datum sit, si monumentum fecerit, et eum cui datum est, ut monumentum faciat*; sonst haben von den Juristen nur Gai. D. 35.1.17.4 und Ulp. D. 37.5.3.6 *modus* verstanden im Sinne

mit Auflagen vielfach fromme Zwecke verfolgt werden, wird ihre Erfüllung zu seiner Zeit regelmäßig erzwingbar[26]. In unserem fr. 31,1 wird aus justinianischer Sicht *modus* mithin technisch verwendet. Für den Übersetzer, der in erster Linie so übersetzen sollte, wie es dem justinianischen Verständnis entspricht[27], ergibt sich damit das Problem, ob er *modus* im Sinne der von Justinian mit dem Begriff verbundenen Bedeutung mit „Auflage" wiedergibt oder die allgemeinere Verwendung durch Papinian im Sinne eines Maßes oder einer Beschränkung der Schenkung[28] zum Ausdruck bringt, was den juristischen Leser vor Mißverständnissen bewahren dürfte.

C. Als zweite Klage zieht Papinian die Vindikation in Betracht. Dann müßte die Mutter Eigentümerin geblieben sein; sie hat es jedoch durch die oben dargelegte *traditio longa manu* verloren. Die schriftliche Bestätigung des Mannes ändert daran nichts, denn mit der Bestimmung „zum Nutzen der jungen Frau" sollte nicht das Eigentum vom bloßen Gebrauch getrennt, der Mutter vorbehalten und der Tochter allein ein Gebrauchsrecht (*usus*) eingeräumt werden; vielmehr sollte lediglich das Nebengut von der Mitgift der jungen Frau deutlich unterschieden werden[29].

IV

A. Im Schlußteil des Fragments wird der Mutter dann doch ein Weg eröffnet, auf dem Abhilfe geschaffen werden kann: Es soll der zuständige Richter, wenn die Mutter von der Tochter sehr gekränkt worden ist und die verschenkten Sachen zurückhaben will, eine Abwägung vornehmen und ein Urteil erlassen, das der einer Mutter gebührenden Achtung (*verecundia*) angemessen ist und dem Ermessen eines redlichen Mannes entspricht.

B. Nach der präzisen Prüfung der beiden Klagen muß diese allgemeine Verweisung auf den kompetenten Richter, der wohl zugunsten einer Rückforderung entscheiden wird, sehr überraschen. Es kommt hinzu, daß sich in der allerdings überaus lückenhaften Parallelüberlieferung in Fragmenta Vaticana 254 von dem Schlußstück *Iudicem tamen rell.* von fr. 31,1 kein Wort findet. Den meisten Interpreten genügen diese Gründe, um den Schluß für interpoliert zu erklären[30]. Demge-

von Auflage, außerdem Antoninus C. 6.45.1 (a. 211) und Gordian C. 6.45.2.1 (a. 240), Mitteis (n. 24), 194 n. 1. Gelegentlich findet sich die Bezeichnung *condicio* für das, was eigentlich eine Auflage ist, z. B. in Iul. D. 39.5.2.7.

26. Kaser (n. 24, RP II), 98 mit Lit. und die in n. 24 Genannten.

27. V. O. BEHRENDS – R. KNÜTEL – B. KUPISCH – H.H. SEILER, *Corpus Iuris Civilis. Text und Übersetzung*, II (1-10), 1995, XI-XII.

28. Schulz (n. 5), 70 n. 1; C. FERRINI – G. GROSSO, *Manuale di Pandette*, IV, 1953, 151 n. 3.

29. V. auch Pernice (n. 21), 16; Schulz (n. 5), 69.

30. V. die Nachweise im Index interpolationum ad h.l. (Faber, Savigny, Pernice (n. 21), 88 n. 1; Ascoli, Costa, Schulz [n. 5], 70, Levy, Dumont [n. 10], 167 n. 2, Betti); O. GRADENWITZ, *Interpolationen in den Pandekten*, *SZ* 7 (1886) 59, O. LENEL, *Palingenesia iuris civilis*, I, 1889, Sp. 937 (Pap. 687), ferner F. PRINGSHEIM, *Bonum et aequum*, *SZ* 52 (1932) 94 n. 2, 100; etwa García Garrido (n. 5), 45; Ferrini/Grosso (n. 28), 671 m. n. 9; B. BIONDI, *Successione testamentaria e donazioni*, II, 1955, 700 n. 3 sowie Wieacker, *Textst.*, 346 mit n. 71 (Der Text „ist wirklich ein Muster 'sentimentaler Rhetorik', die sich aber auch hier des papinianischen Leitworts *verecundia* bedient; das dürfte ausnahmsweise kompilatorisch sein") und (letztlich wegen des Abschwenkens in eine andere Lösung) Th. MAYER-

genüber weisen Schulz und Levy darauf hin, daß es sich auch um eine vorjustinianische Textänderung handeln kann, die durch das nachklassische Widerrufsrecht der Mutter wegen Undanks des beschenkten Kindes veranlaßt wurde[31]. Darauf ist zurückzukommen.

C. Überraschend ist allerdings auch, daß der Schlußpassus Besonderheiten aufweist, die gerade für Papinian als typisch erscheinen können. Das zeigt sich zunächst an dem Rückgriff auf die *verecundia materna*, die einer Mutter gebührende Achtung. Papinian ist dafür bekannt, daß er in bisweilen ungewöhnlicher und unmittelbarer Weise ethische Gebote in die juristische Argumentation eingeführt hat[32]. Das erklärt sich sicherlich aus einer besonderen Sensibilität und Aufgeschlossenheit des Juristen für die Werte der seinerzeit das Geistesleben beherrschenden Stoa. Es ist bemerkenswert, daß für keinen anderen Juristen so viele Bezugnahmen auf die *verecundia* überliefert sind wie für ihn in seinen Quaestionen und Responsa. In den insgesamt sechs Fällen geht es ganz überwiegend um Nähebeziehungen, also verwandtschaftliche oder patronatsrechtliche Bindungen[33], die besondere Achtung, Ehrfurcht oder Rücksichtnahme dem Anderen gegenüber gebieten, wie in unserem fr. 31,1 die *verecundia materna*[34]. Die Betonung der mütterlichen *verecundia* kann in unserem Text demnach kein Interpolationsindiz sein[35].

D. Eine weitere Besonderheit zeigt sich darin, daß nach sorgfältiger und genauer juristischer Argumentation eine andere Lösung im unmittelbaren Zugriff auf eine Wertung bejaht wird. Dies tritt ebenfalls zutage in dem Fragment D. 49.17.14.1 das – anders als unser aus den *responsa* gezogenes fr. 30,1 – dem 27. Buch der Quaestionen entnommenen ist. Dort hat ein Sklave, der zum *peculium* eines in der Kriegsgefangenschaft verstorbenen Haussohns gehört, während der Überlegungsfrist der Erben Erwerbsgeschäfte getätigt. Papinian führt aus, daß dieser Erwerb gegenüber dem Hausvater, sollte das Sondergut bei ihm verbleiben, als nicht erfolgt gilt. Darauf folgt eine gegenteilige Entscheidung: *sed paterna verecundia nos movet, quatenus et in illa specie, ubi iure pristino apud patrem peculium remanet, etiam adquisitio stipulationis vel rei traditae per servum fiat* – aufgrund der ihm gebührenden Achtung erhält der Hausvater also das vom Sklaven Erworbene.

Es liegt auf der Hand, daß auch diese Entscheidung seit jeher unter Interpola-

---

Maly, *'Verecundia' in der Rechtssprache*, in *Estudios en homenaje Juan Iglesias*, I, 1988, 376 s., jüngst auch D. Liebs, *Wenn Fachliteratur Gesetz wird*, *SZ* 135 (2018) 432.

31. Schulz (n. 5), 70 mit Hinweis auf CTh. 8.13.1 = C. 8.55.7 (a. 349), CTh. 8.13.2 (a. 349); 4 (a. 358); E. Levy, *Weströmisches Vulgarrecht. Das Obligationenrecht*, 1956, 247.

32. U. Manthe, *Votum parentium: Pap. D. 29,4,26*, in *U. Manthe – Chr. Krampe, Quaestiones Iuris, Fschr. J.G. Wolf*, 2000, 178 mit Quellen zur *pietas, verecundia, reverentia* und *paterna obsequia* in n. 65 und Ausführungen zu Papinians berühmtesten Satz [...] *quae facta laedunt pietatem existimationem verecundiam nostram et* [...] *contra bonos mores fiunt, nec facere nos posse credendum est* (16 *quaest.* D. 28.7.15) in n. 69; vgl. ferner Th. Mayer-Maly (n. 30), 378 s., 384 s.; H. Ankum, *Papiniano, un jurista oscuro?*, *Seminarios Complutenses* (SCDR) 1 (1990) 38 s.

33. Mayer-Maly (n. 30), 376.

34. Die weiteren Fälle: 8. *quaest.* D. 13.5.25.1; 27. *quaest.*; D. 18.7.6pr.; 16. *quaest.* D. 28.7.15 (s. o. n. 32); 5. *resp.* D. 38.1.41; 27. *quaest.* D. 49.17.14.1, dazu sowie zu Vorkommen bei den anderen Juristen und in den Kaiserkonstitutionen s. Mayer-Maly (n. 30), 375 s. Einläßlich zu den *verecundia*-Texten auch A. Sicari, *Leges venditionis. Uno studio sul pensiero giuridico di Papiniano*, 1996 (mit D. 18.7.6 pr. als Basistext).

35. So schon W. Kalb, *Roms Juristen nach ihrer Sprache dargestellt*, 1890, Neudr. 1975, 108.

tionsverdacht steht[36]; doch genügt es für uns, auf die Parallele hinzuweisen. Denn sie dürfte nicht die einzige sein. Vergleichbar ist jedenfalls eine ähnliche Entscheidung, die Papinian nicht abgesprochen werden kann. In D. 46.3.95.1 ist in einem Auszug aus dem 28. Buch der Quaestionen Papinians Erörterung des bekannten Problems überliefert, daß bei einer Alternativobligation mit Schuldnerwahlrecht der Schuldner den Untergang der einen Sache fahrlässig herbeiführt und später die verbliebene andere Sache durch Zufall zerstört wird. Papinian führt aus, das Schuldverhältnis habe sich mit dem Untergang des ersten Sklaven auf die Leistung des zweiten beschränkt und nach dessen Tod *nullo modo ex stipulatu agi poterit*. Danach setzt der Jurist mit einer allgemeinen Wertung neu an und befürwortet eine Haftung des Schuldners aus der *actio de dolo*, der im Lauf der Zeit eine „Aushilfsfunktion“ und damit eine Ausweitung ihres Anwendungsbereichs zugewachsen ist[37]: *sane quoniam impunita non debent esse admissa, doli actio non immerito desiderabitur …*[38]. Auch hier haben wir es also mit einer Wertung zu tun[39], die ein unmittelbares Abschwenken in eine andere Lösung mit sich bringt. Es bliebe zu überprüfen, inwieweit diese „Methode“, zur Lösung juristischer Probleme zu finden, für Papinian typisch ist[40]. Allerdings ist sie im Grunde genommen nichts Besonderes; denn auch die Juristen unserer Tage gehen bei der Lösung eines Rechtsfalles regelmäßig so vor, daß sie zunächst die Möglichkeiten untersuchen, die sich aus den gesetzlichen Regelungen ergeben, ehe sie, wenn dies zu keinem befriedigenden Ergebnis führt, auf Generalklauseln zurückgreifen, die es erlauben, allgemeine Wertungen durchzusetzen.

E. Nach alldem sollte das Schlußstück unseres fr. 31,1 weder deshalb verdächtigt werden, weil es in fr. Vat. 254 fehlt[41], noch deshalb, weil es eine abweichende Lösung bringt: Im übrigen entspricht der Schlußpassus nach Wortwahl, Satzbildung und der konzentriert knappen und rhetorisch gefärbten Sprache papiniani-

36. Diesen teilt auch Mayer-Maly (n. 30), 376 s. (wegen des Abschwenkens in eine andere Lösung und wohl auch, weil die *verecundia paterna* hier nicht im Verhältnis zwischen Vater, Sohn und Sklaven zur Geltung kommt, sondern in der Haltung des Juristen zur Rechtslage des Hausvaters); krit. dazu M. Talamanca in seiner Literaturschau in *BIDR* 91 (1988) 796 s., der an mögliche Textkürzungen denkt oder daran, daß Papinian sich mit einem Kaiserreskript auseinandersetzt, vgl. dazu auch das Referat bei Sicari (n. 34), 261 u. 110.

37. S. dazu A. Wacke, *Zum dolus-Begriff der actio de dolo*, *RIDA*^{3} 27 (1980) 383 s.; „l'elasticità che ha assunto l`actio doli“ hat auch G. Grosso, *Obbligazioni*, III, 1966, 222 hervorgehoben.

38. Zwar sind auch zu diesem Passus und dem gesamten Schlußstück des fr. 95,1 Interpolationsbehauptungen nicht ausgeblieben (Index interpolationum s.h.l.; dagegen schon früh Mitteis (n. 24), 319 n. 14); doch lassen sie sich nach unseren heutigen Maßstäben nicht aufrechterhalten. – Näheres zum Fragment bei R. Knütel, *Papinian D. 46,3,95 pr.-1 (28 quaest.)* in T. Finkenauer – B. Sirks (Hrsg.), *Interpretationes Iuris Antiqui, Dankesgabe für S. Nishimura*, 2018, 135 s. Die bislang letzte Erörterung des Textes durch U. Babusiaux, Papinians Quaestiones, 2011, 114 s. ist aufgrund der Übersetzungsfehler der Verfasserin unbrauchbar.

39. Dies bestätigt Iul. 86. dig. D. 9.2.51.2: *Cum neque impunita maleficia esse oporteat …*

40. Dazu bereits B. Kübler, Geschichte des Römischen Rechts, 1925, s. 277 : “Papinians Methode ist dabei gewöhnlich folgende: Der Rechtsfall wird mit Ausscheidung alles Unwesentlichen genau formuliert und die Frage präzisiert. Dann kommt häufig eine Bemerkung, daß die Sache für den Fragesteller übel steht, da der Rechtssatz ihm ungünstig ist. Es wird dann aber untersucht, ob die anzuwendende Regel bei genauerer Prüfung nicht einzuengen ist, so daß sie für den vorliegenden Fall nicht zur Verwendung gelangen kann, oder ob die Rechtsfrage nicht noch genauer zu fassen, in verschiedene Punkte zu zerlegen ist”.

41. Das räumen auch Gradenwitz (n. 30), 59; Mayer-Maly (n. 30), 377 und zu Pap. D. 49.17.14.1 Talamanca (n. 36) ein.

scher Sprachgewohnheit. Auch ist daran zu erinnern, daß sich erst aus diesem letzten Satz klar ergibt, daß die Mutter von der Tochter und nicht etwa vom Ehemann die Rückgabe verlangt.

V

A. Bedenken ergeben sich jedoch aus anderen Gründen. Man sollte erwarten, daß Papinian einen Hinweis darauf gibt, mit welcher Klage sich die Mutter an den zuständigen Richter wenden sollte. An den Formularprozeß ist von vornherein nicht zu denken, und unter den anerkannten Gegenständen der *extraordinaria cognitio* findet sich kein Beleg zur Rückforderung von Geschenken. Es kommt hinzu, daß in dem Schlußsatz das richterliche *arbitrium* so allgemein angeführt wird, daß man annehmen muß, der *iudex* könne auch ein Urteil auf Herausgabe der Sachen an die Mutter erlassen.

Man denkt deshalb an den nachklassischen Prozeß, der aus dem verallgemeinerten Kognitionsverfahren und der zu Amtsverfahren entwickelten Provinzialgerichtsbarkeit entstanden, seit Konstantin als neues Verfahren erkennbar geworden[42] und von Justinian weiter ausgeformt worden ist[43]. Daß in diesem nachklassischen Verfahren die Sachkondemnation wohl schon in nachdiokletianischer Zeit, also lange vor Justinian, neben die Verurteilung in Geld getreten war, wird ganz überwiegend angenommen und insbesondere auf Inst. 4.6.32 die ersichtlich unklassischen Bestimmungen in Ulp. D. 6.1.68 und auf Justinians Reformkonstitution C. 7.4.17 (a. 530) gestützt[44]. Legt man dies zugrunde, so drängt es sich auf, die Entstehung des Schlußpassus unseres fr. 31,1 mit Schulz und Levy etwa in die Mitte des vierten Jahrhunderts zu verlegen[45].

B. Bei alldem stellt sich jedoch ein Unbehagen gegenüber den Hauptvoraussetzungen der herrschenden Ansicht ein. Denn erstens wirkt das Responsum, wenn man es wegen fr. Vat. 254 ohne den Schlußsatz liest, merkwürdig unvollständig. Daß die Mutter in einem solchen Fall weder Vindikation noch Kondiktion hat, dürfte das Gutachten kaum zu einer Leistung machen, die Papinian zur Aufnahme in die Sammlung seiner Responsen veranlaßt hätte. Es würde das Besondere fehlen, das man bei ihm erwarten möchte – und dies müßte hier gerade ein „papinianisierender Nachklassiker“ beigesteuert haben.

---

42. Außerkraftsetzung des Formularverfahrens durch Constantinus C. 2.57.1 (a. 342).

43. V. die Kennzeichnungen bei M. Kaser – K. Hackl, *RZ*, 517 s.

44. L. Wenger, *Institutionen des römischen Zivilprozeßrechts*, 1925, 294 s. mit n. 13; H. Kreller, *Ipsam rem condemnare*, *SZ* 58 (1938) 56 s., 59 s. (zu C. 7.4.17); M. Kaser – K. Hackl, *RZ*, 609 s. mit n. 28; Kaser (n. 24, RP II), 343 s. mit n. 7; D. Liebs, *Die Klagenkonkurrenz im römischen Recht*, 1972, 57 (zu C. 7.4.17); ferner K.H. Schindler, *Justinians Haltung zur Klassik*, 1966, 283 s. Zu C. 7.4.17 wo Justinian sich in § 1 über den Unverstand des Richters wundert, der in einem (nach unserem Eindruck) weit zurückliegenden Fall einer dem Legatar fideikommissarisch auferlegten Freilassung den sich weigernden Erben auf den Streitwert statt auf Leistung des Sklaven verurteilt hatte, abweichend L. Wenger, *Zu drei Fragen aus dem römischen Zivilprozeßrechte*, *SZ* 59 (1939) 326 s. und aus jüngerer Zeit L. Winkel, *L'execution réelle dans le droit romain classique et post classique*, in C. Russo Ruggiero (Hrsg.), *Studi A. Metro*, VI, 2010, 485, dessen Annahme, es sei Justinian um den *favor libertatis* gegangen, zutrifft, damit die Frage der Einordnung im Kondemnationsstreit freilich nicht löst.

45. Siehe oben n. 31. V. auch M. Kaser – K. Hackl, *RZ*, 610 m. n. 36.

Zweitens ist nochmals darauf hinzuweisen, daß das Gutachten ohne den Schlußsatz auch deshalb unvollständig wäre, weil erst in diesem klargestellt ist, daß die Mutter von der Tochter Rückgewähr verlangt. Überdies gewinnt die Information aus dem ersten Teil, daß die *mater offensa* ist, nur im Schlußsatz Bedeutung[46]. Der Nachklassiker müßte also auch diese gedankliche Verknüpfung erfaßt haben.

Drittens drängt sich bei der Lektüre unseres fr. 31,1 der Eindruck auf, daß es sich in der Sache um einen Widerruf wegen Undankbarkeit handelt. Savigny hat gemeint:

> In dieser beschränkten Gestalt aber (sc. nämlich nur bei wirklicher Undankbarkeit) wurde der Widerruf, wie es scheint sehr frühe, auch für Schenkungen der Eltern an ihre Kinder zugelassen.", und er hat in der Fußnote K hinzugefügt: „L. 31 § 1 *de don.* (39.5) ... In der angeführten Digestenstelle wäre es möglich, daß die Erwähnung der Revocation auf einer Interpolation beruhte; nur kann Dieses aus den wenigen in Fragm. Vatic. § 254 erhaltenen Worten nicht gefolgert werden[47].

Nach wohl weit überwiegender heutiger Lehre hat es ein Widerrufsrecht des Schenkers wegen Undankbarkeit in klassischer Zeit nur für den Patron hinsichtlich der Schenkungen an seinen Freigelassenen gegeben, wofür als frühester Beleg das Philippus-Reskript von 249 angeführt wird, dessen Wiedergabe in C. 8.55.1 die Voraussetzung *si ingratus sit* enthält[48], die sich in der Überlieferung durch fr. Vat. 272 jedoch nicht findet[49]. Jedenfalls verfestigt sich die Bezeichnung des Widerrufgrundes dahin, daß der Beschenkte sich als *ingratus* erwiesen habe[50]. Demgegenüber wird in unserem fr. 31,1 die Verletzung der *verecundia materna* für maßgeblich erachtet. Das macht in der Sache kaum einen Unterschied; dennoch hätte es für einen nachklassischen Bearbeiter wohl näher gelegen, die Tochter als *ingrata* zu bezeichnen.

Viertens ist keineswegs ausgemacht, daß Papinian sich nicht so, wie in den Digesten überliefert, hatte äußern können. Schon Augustus hatte eine Gerichtsbarkeit begründet, die sich in verhältnismäßig kurzer Zeit als das klassische Kognitionsverfahren etablierte. Es wurde als ein kontradiktorisches Verfahren mit der Entscheidungsfindung durch einen staatlichen Amtsträger für Ansprüche geschaffen, für die es nach den jeweils gegebenen Umständen im ordentlichen Verfahren des Formularprozesses keinen Rechtsschutz gab, die aber als (*extra ordinem*) schutzwürdig von den Kaisern anerkannt wurden, wie etwa Fideikommisse, Alimentenansprüche unter Verwandten, Honorarforderungen der gehobenen Stände, zum Beispiel für anwaltliche Tätigkeiten. Im Lauf der Zeit kam es zu erheblichen Ausweitungen der Gegenstände der *cognitio extra ordinem*,

46. Biondi (n. 30), 700 n. 3 führt hingegen zur Begründung seines Interpolationenverdachts an: „però l'elemento della *mater offensa* risulta fuori posto nel quaesito giuridico e se ne prescinde nella decisione".

47. C.F. v. SAVIGNY, *System des heutigen Römischen Rechts*, IV, 1841, 230.

48. Entsprechend Bas. 47,2,1 mit Theodorus-Scholion, Heimb. IV, 1846, 595 = Scheltema A VI 2147 u. B VII 2786.

49. So mit der Undankbarkeitsklausel: Kaser, *RP* I, 604 m. n. 45; ID. (n. 24, RP II), 399 mit n. 47; R. ZIMMERMANN, *The Law of Obligations*, 1990, 497 sowie in der Annahme erst späterer Ergänzung der Klausel: Savigny (n. 47), 229 s.; Levy (n. 31), 245; ID., *West-östliches Vulgarrecht und Justinian*, *SZ* 76 (1959) 15 s. – Diocl. fr. Vat. 275 (a. 286) hatte noch reskribiert: *Perfectam donationem mutata voluntate donatoris, etsi parum gratus existet, cui dono res data est, minime rescindi posse saepe rescriptum est.*

50. So noch Iustinian C. 8.55.10.

unter anderem auf eine Reihe familienrechtlicher Fälle[51]. So hat beispielsweise Trajan einen Vater gezwungen, seinen Sohn, den er mißhandelt hatte, zu emanzipieren, und ihm, als dieser später gestorben war, den einem Freilasser zustehenden Nachlaßbesitz wegen des Erfordernisses, die Vaterpflichten zu erfüllen (*propter necessitatem solvendae pietatis*), auf Anraten von Neraz und Aristo verweigert (Pap. 11. quaest. D. 37.12.5)[52]. Ferner hebt Ulpian 5. *fideicomm.* D. 35.1.92 hervor, er sei der Meinung, daß im außerordentlichen Verfahren zu entscheiden sei, wer dasjenige angenommen habe, was ihm in der Erwartung hinterlassen wurde, daß er seine Kinder aus der Hausgewalt entläßt, müsse gezwungen werden, sie zu emanzipieren. Zu nennen ist überdies der Machtspruch des Kaisers Septimius Severus, mit dem gegenüber Trebatius Marinus entschieden wurde, daß sein Vater sich aus gutem Grund weigert, ihm Unterhalt zu gewähren, weil er seinen Vater angezeigt und damit, wie sich versteht, die dem Vater gebührende Ehrerbietung grob verletzt hatte[53].

Für die Durchsetzung eines Verlangens der Rückgabe von Geschenken enthält unsere Überlieferung aus klassischer Zeit zwar keinen ausdrücklichen Beleg; angesichts der genannten Beispiele und dem nicht nur in unserem fr. 31,1 erkennbaren Bestreben, *obsequium* und *verecundia*, Gehorsam und Achtung der Kinder gegenüber ihren Eltern zu sichern[54], liegt jedoch die (bislang offenbar noch nicht erwogene) Annahme sehr nahe, daß im Schlußsatz von fr. 31,1 der Kognitionsprozeß der klassischen Zeit als selbstverständlich vorausgesetzt wird. Dazu ist hervorzuheben, daß in diesem Verfahren der Richter bereits den Inhalt seines Urteils nach freiem Ermessen dem Sachbedürfnis anpassen konnte. Vor allem war er nicht an die *condemnatio pecuniaria* gebunden, mithin konnte er den Beklagten auch direkt auf Restitution der eingeklagten Sache verurteilen und auch, wenn diese sich als unmöglich erwies, in Anlehnung an das Verfahren bei den *actiones arbitrariae* des Formularprozesses ein weiteres Urteil auf einen Geldbetrag folgen lassen[55].

Fünftens wird bei dem Blick auf den Kognitionsprozeß auch deutlich, wer mit dem *iudex competens* gemeint ist, der nach dem Ermessen eines redlichen Mannes entscheiden soll. Grundsätzlich gesehen, kann es sich um Hoheitsträger, wie etwa Konsuln (insbesondere bei Fideikomißangelegenheiten), Sonderprätoren, Statthalter oder vom Kaiser ernannte Amtsträger handeln. Sie können, soweit ihnen das Recht zur Richtererteilung vom Kaiser gewährt ist, ihrerseits die Gerichtsgewalt delegieren, also Richter zur vollständigen oder teilweisen Durchführung des Prozesses einsetzen. An einen solchen *iudex delegatus* wird man im fr. 31,1 denken müssen.

Für diesen Richter würde sich auch gut erklären, daß ihm die Entscheidung des Rückgabestreits zwischen Mutter und Tochter mit der allgemeinen Maßgabe zugewiesen wurde, unter Berücksichtigung der einer Mutter gebührenden Achtung nach dem Ermessen eines redlichen Mannes zu urteilen. Angesichts des weiten

51. V. zu alldem M. Kaser – K. Hackl, *RZ*, 451 s., 459, dort auch die folgenden und weitere Beispiele.

52. V. auch Pap. *6. resp.* D. 38.6.8 i. s.

53. Ulp. *2. de off. cons.* D. 25.3.5.11.

54. V. den Digestentitel D. 37.15 (*De obsequis parentibus et patronis praestandis*) und C. 6.6 Tit., ferner etwa Ulp. D. 1.16.9.3; Ulp. D. 36.1.17.12 i. s. sowie Constantinus C. 3.28.28 (a. 321).

55. M. Kaser – K. Hackl, RZ, 495 s. mit Nachweisen in n. 12.

Ermessens, über das die Richter des Kognitionsprozesses verfügten, bedurfte es keiner besonderen *actio*, war die Kognition doch gerade an Fällen entstanden, in denen es am Klagschutz fehlte. Kaser merkt zu unserem Text allerdings bei der Schilderung des nachklassischen Verfahrens an: „Bisweilen wird dem Richter einfach aufgegeben, das anzuordnen, was im vorliegenden Fall sachgerecht ist“[56]. Diese Zuordnung beruht ersichtlich aber darauf, daß Kaser den Schlußpassus wegen seines Fehlens in fr. Vat. 254 als interpoliert ansieht und schon deshalb seinen Inhalt in das nachklassische Verfahren einordnen muß. Mit der Erkenntnis, daß dieses Fehlen keinen zwingenden Rückschluß erlaubt, entfällt die Grundlage der Zuordnung.

VI

A. Nach alldem ergibt sich, daß die nahezu durchweg geäußerten Verdächtigungen des entscheidenden Schlußsatzes unseres fr. 31,1 nicht fundiert sind. Man braucht keinen papinianisierenden Anonymus zu bemühen, sondern kann auch in diesem Responsum den echten Papinian wiedererkennen. Wie sich zeigte, ist für ihn der unmittelbare Rückgriff auf ethische Postulate geradezu kennzeichnend, und auch in unserem fr. 31,1 findet er mit der Berufung auf die Verletzung der *verecundia* eine Grundlage für seine Entscheidung, die den sittlichen und auch dem rechtlichen Empfinden seiner Zeit entsprach[57].

B. Daß und inwieweit Dankbarkeit für Wohltaten, *beneficia*, ethisch geboten ist, was Wohltaten überhaupt sind, ob für sie Dankbarkeit unter Umständen eingeklagt werden kann, wenn ja, in welchen Fällen, aufgrund welcher Gesetze, in welchem Verfahren, vor welchem Richter, mit welchen Rechtsfolgen – mit all diesen Fragen setzt sich Seneca (phil.) in seinen sieben Büchern *De beneficiis* auf der Grundlage einer stoisch begründeten praktischen Ethik in extenso und in allen möglichen Variationen auseinander. So wirft er unter anderem die Frage auf, ob das hassenswerte Fehlverhalten (*invisum vitium*) der Undankbarkeit überhaupt ungestraft bleiben könne und ob nicht besser das Gesetz, das in den Schulen eingeübt werde, auch im Gemeinwesen einzuführen sei, das nämlich eine *actio ingrati* gewähre und von allen als gerecht angesehen werde. Dazu weist er zunächst darauf hin, daß die *maiores* gegenüber keinem Volk mit Ausnahme der Makedonen eine *actio adversus ingratum* zugelassen hätten[58]. Sodann führt er verschiedene Argumente dafür an, weshalb das *crimen* der Undankbarkeit einer gesetzlichen Regelung nicht unterworfen werden dürfe, und dies vor allem deshalb, weil das Beste an einer Wohltat verloren gehe, wenn eine besondere Klage wie etwa die *actio certae pecuniae aut ex conducto et locato* gewährt würde; denn das Allerschönste an einer Wohltat sei, daß wir geben, selbst wenn wir verlieren werden, was wir ganz dem Gutdünken des Empfängers überlassen haben. Wenn

56. M. Kaser – K. Hackl, RZ, 610 mit n. 36, ebenso in Kasers I, 1966, 498 m. n. 36.

57. V. die Hinweise bei Levy (n. 31), 254 s.

58. *Hoc tamen invisum vitium an impunitum esse debeat quaeritur, et an haec lex, quae in scholis exercetur, etiam in civitate ponenda sit, qua ingrati datur actio; quae videtur aequa omnibus. ... Nostri maiores, maximi scilicet viri, ab hostibus tantum res repetierunt, beneficia magno animo dabant, magno perdebant; excepta Macedonum gente non est in ulla data adversus ingratum actio. ... De benef.* 3,6,1-2.

ich dagegen mahne, wenn ich vor Gericht lade, handelt es sich nicht mehr um eine Wohltat, sondern um ein Forderungsrecht[59].

Überhaupt ist Senecas generelle Linie, die *beneficia* mit keinen Rechtsfolgen, geschweige denn Strafsanktionen zu verknüpfen[60]. Für Eltern macht er freilich Einschränkungen. Ihnen seien gewisse Privilegien eingeräumt und ihre Stellung sei unverletzlich gemacht worden, weil es zum Besten gereicht, wenn Kinder großgezogen werden[61]; zu dieser Mühe müßten sie ermutigt werden. Sie könnten anders als Wohltäter sich nicht aussuchen, wer ihrer Hilfe wert ist. Vielmehr müßten sie mit größerem Gleichmut das Wagnis der Kindererziehung auf sich nehmen, und ihnen habe deshalb *eine* gewisse Hausgewalt gegeben werden müssen. Schließlich habe es bei allen Eltern eine Wohltat insgesamt gegeben, die nur insgesamt gewürdigt werden könne, ganz im Unterschied zu anderen Wohltaten[62].

Man darf davon ausgehen, daß Papinian Kenntnis von Senecas Schriften und den *libri de beneficiis* hatte. Es ist deshalb vielleicht kein Zufall, daß er in dem uns überlieferten Responsum sich nicht ausdrücklich auf eine in der Verletzung der Mutter zutage getretene *ingratitudo* der Tochter stützte, war doch die Undankbarkeit nach Seneca zwar ein erheblicher menschlicher Fehler, an den sich von Rechts wegen jedoch keine Folgen knüpfen sollten. Demgegenüber war die Betonung der Verletzung der mütterlichen *verecundia* auch angesichts der Sonderstellung von Eltern bei den *beneficia* ein sicherer Weg, einen Schutz der Belange der Mutter zu rechtfertigen. Und wenn Papinian zugleich auf die Maßstäbe hinweist, nach denen der Richter die Entscheidung treffen sollte, so finden sich auch dazu Überlegungen bei Seneca[63].

C. Mag es auf den ersten Blick auch als spekulativ erscheinen, derartige Zusammenhänge in Betracht zu ziehen, so bleibt doch zu berücksichtigen, daß Papinian schon in jungen Jahren in freundschaftlicher Beziehung zu dem späteren Kaiser Septimius Severus stand und mit diesem möglicherweise durch dessen zweite Frau Iulia Domna verschwägert war[64]. Sie entstammte einer hochangesehenen, mächtigen Priesterfamilie in Emesa (heute Homs), war sehr tatkräftig und hochgebildet, verfügte über großen Einfluß am kaiserlichen Hof, pflegte philosophische und religiöse Interessen und hatte einen Kreis von Gelehrten, zumeist Philosophen, um sich geschart, die sie förderte[65]. Es dürfte außer Zweifel stehen, daß Papinian zu diesem Kreis gehörte, und man wird auch vermuten dürfen, daß diese Zugehörigkeit seiner oben erwähnten Neigung förderlich war, juristische Entscheidungen durch den Rückgriff auf ethische Gebote zu begründen oder abzusichern[66].

---

59. *De benef.* 3,7,1.

60. In *De benef.* 4,37-38 berichtet er einen Fall wahrlich empörender Undankbarkeit eines Geretteten. Dieser hatte Philipp, den König der Makedonen, veranlaßt, das Gut seines Lebensretters zu konfiszieren und es ihm, der seine Rettung verschwieg, zu schenken. Nach der Aufklärung und sofortigen Rückerstattung ließ Philipp zornentbrannt ihn mit der Aufschrift *ingratus homo* an den Schandpfahl stellen, wo er es doch wert war, meint Seneca, mit diesen Worten gebrandmarkt zu werden.

61. V. etwa Pomp. D. 24.3.1; Ter. Clem. D. 35.31.64.1.

62. Seneca, *De benef.* 3,11 (hier nur skizziert).

63. *De benef.* 3,7,5 – 3,8,1.

64. V. A. Spartianus, *Historia Augusta, Caracalla* 8,2-3.

65. Näheres bei E. Kornemann, *Große Frauen des Altertums*, 1958, 252-273.

66. V. oben zu n. 32.

VII

A. Gehen wir davon aus, daß der Schlußsatz des fr. 31,1 Teil des papinianischen Responsums ist, so bleibt die Frage, wie sich sein Fehlen in fr. Vat. 254 erklärt. Es ist bemerkenswert, daß diese Frage in der Literatur offenbar durch die Festlegung, die Fragmenta Vaticana gewährleisteten die bessere Überlieferung, verstellt worden ist[67].

Das gleiche Bild zeigt sich bei dem voranstehenden *principium* des fr. 31. Dies endet mit dem Satz *neque enim tabulas facere matrimonium*. Dagegen fehlt dieser Schluß in der Parallelüberlieferung von fr. Vat. 253b, die zwar viele Lücken aufweist, nach der das *spatium* zu fr. Vat 254 aber zu klein ist, als daß der Satz dort gestanden haben könnte[68]. Auch zu diesem Schlußsatz ist man sich ziemlich sicher, daß der Satz in der Digestenüberlieferung unecht sein muß[69].

B. Andererseits ist schon seit langem anerkannt, daß „die Fassung der papinianischen Responsen ... offenbar vielfach nicht die originale der ursprünglichen Erteilung ist, sondern eine überarbeitete“[70]. Näheres dazu hat Franz Wieacker herausgearbeitet, dessen Ergebnisse wir kurz referieren[71]. Aus Konstantins Konstitution vom 28. September 321 (CTh. 1.4.1) ergibt sich, daß Ulpian und Paulus offenbar unabhängig voneinander *notae* zu Papinians Responsen verfaßt haben, die vom Kaiser aufgehoben wurden. Die Responsen müssen folglich noch in spätklassischer Zeit in zwei Ausgaben erschienen sein. An den Berliner und Pariser Papinianfragmenten aus dem 5. Jh.[72] wird erkennbar, daß es eine weitere gab, in der die *notae* beider Papinianschüler zusammengefaßt waren; diese lag vermutlich Konstantin vor, wie Wieacker daraus folgert, daß der Kaiser in der Konstitution Paulus und Ulpian in einem Atemzug nennt[73]. Daneben muß nach 321 eine weitere Ausgabe getreten sein, jetzt ohne die Noten der beiden Spätklassiker. Sie könnte dem Sammler der Fragmenta Vaticana vorgelegen haben, weil dessen Ausgabe keine Spur von *notae* erkennen läßt. Doch werden auch nach 321 noch Abschriften der Ausgaben mit *notae* entstanden sein, und deren Verbreitung dürfte durch das 426 publizierte Zitiergesetz der Kaiser Theodosius und Valentinian noch gefördert worden sein.

Legt man diese Rekonstruktion, auch wenn manches unsicher bleibt, zugrunde, so wäre in erster Linie daran zu denken, daß der Sammler der notenfreien Ausgabe nach 321 den in seiner Vorlage stehenden und später in D. 39.5.31.1 überlieferten Schlußpassus weggelassen hat, vielleicht in der Annahme, es sei

67. V. oben n. 30.

68. Wieacker, *Textst.*, 349.

69. V. E. LEVY, *Der Hergang der römischen Ehescheidung*, 1925, 72 s. n. 4 („gegen die Schlußworte ... sachlich ... gar nichts einzuwenden. Aber aus formalen Gründen ... ein in den Text geratenes Randglossem“); Wieacker, *Textst.*, 349 mit n. 84 (unter Bedenken wegen der parallelen Gedankenfolge bei Quintilian, Inst. or. 5.11.32); Lenel (n. 30), Sp. 936, Pap. 687 n. 1 (zweifelnd).

70. O. KARLOWA, *Römische Rechtsgeschichte*, I, 1885, 737; F. SCHULZ, *Geschichte der römischen Rechtswissenschaft*, 1961, 30.

71. Wieacker, *Textst.*, 340 s.; ID., *Römische Rechtsgeschichte*, II (aus dem Nachlaß herausgegeben von J.G. Wolf), 2006, 129 s.

72. Zu diesen Wieacker, *Textst.*, 366 s.; Schulz (n. 70), 299.

73. Wieacker, *Textst.*, 341; Wieacker denkt an eine Entstehung etwa um 300 im Zuge der Umschrift aus der Rolle in den Codex.

eine Note; und dies könnte auch für den Schluß von fr. 31 pr. gegeben sein. Aber auch davon abgesehen ist jedenfalls die Wahrscheinlichkeit, daß den Kompilatoren ein besserer Text vorlag als der in den fr. Vat. 253b, 254 überlieferte deutlich größer als die gegenteilige Annahme der noch immer herrschenden Ansicht, die ihre Entstehung längst überholten textkritischen Maßstäben und unzuverlässigen Gehilfen verdankt, wie dem „papinianisierenden Nachklassiker" oder dem „papinianisierenden Bearbeiter", der auch in Wieackers (dennoch weiterhin wichtigen und wertvollen) Textstufen kein ganz seltener Gast ist[74].

VIII

Nach alldem bietet sich die folgende Übersetzung des fr. 31 an, die auf einer ersten Besprechung im Übersetzertrio und auf nachträglichen Verbesserungen beruht:

Bestimmte Sachen, die von der Mutter im Namen der Tochter dem Mann neben der Mitgift übergeben wurden, sind, wie ich gutachtlich erklärt habe, so anzusehen, als seien sie der Tochter, die anwesend war, geschenkt und von ihr dem Mann übergeben worden, und die Mutter, die gekränkt wurde, habe kein Rückforderungsrecht noch könne sie deshalb mit Recht die geschenkten Sachen vindizieren, weil der Mann schriftlich bekundet hatte, die Sachen seien ihm neben der Mitgift zum Nutzen der jungen Frau übergeben worden. Denn mit dieser Kennzeichnung wird nicht eine Beschränkung der Schenkung [auf den Besitz] zum Ausdruck gebracht noch wird das Eigentum [der Mutter vorbehalten und] vom bloßen Gebrauch getrennt, sondern es sollte nur das Nebengut von der Mitgift der jungen Frau unterschieden werden. Jedoch werde der Richter, wenn die Mutter, die von der Tochter in rechtlich erheblicher Weise gekränkt worden war, die geschenkten Sachen zurückverlangen will, abwägen und ein Urteil erlassen, das der einer Mutter gebührenden Achtung angemessen ist und dem Ermessen eines redlichen Mannes entspricht.

74. V. nur 359 s.; kritisch auch D. Liebs in seiner Rezension des 2. Bandes von Wieackers Rechtsgeschichte, in GGA 260 (2008) 112 s.

C

Nachleben des Römischen Rechts

Barbatius Philippus und seine Spuren*

Falsus praetor, parochus putativus, Scheinbeamter

Von Rolf Knütel

I. Der Fall

Ein entlaufener Sklave hat Geschichte gemacht[1]: Um 39 v. Chr. wurde ein Barbatius Philippus, der in den Wirren des Bürgerkrieges als Gefolgsmann des Triumvirn Mark Anton zu Einfluß gelangt war, zum Prätor gewählt. Bald nach Aufnahme der Amtsgeschäfte wurde er entdeckt. Man stürzte ihn vom Tarpejischen Felsen – nicht ohne ihn vorher freigelassen zu haben, „damit die Strafe an ihm mit rechter Würde vollzogen werde"[2]. Spätere Zeiten verdrängten diese harte Bestrafung. Zehn Jahrhunderte später ging man in Byzanz davon aus, Bárbios Philippikós sei während seines Wirkens auf dem Forum von seinem Herrn erkannt worden und habe sich dessen Schweigen und seine Freiheit mit einer großen Summe Geldes erkaufen können[3]. In Byzanz stand man seinerzeit vor dem Problem, wie es mit entlaufenen Sklaven zu halten sei, die zum Priester geweiht oder Mönch oder sogar Bischof geworden waren[4].

* D. Schwab/D. Giesen/J. Listl/H.-W. Strätz (Hrsg.), Staat, Kirche, Wissenschaft in einer pluralistischen Gesellschaft. Festschrift zum 65. Geburtstag für Paul Mikat, Duncker & Humblot, Berlin 1989, 345 – 365.

[1] Nur mit Namen werden abgekürzt: *Heinr. Apelt,* Die Urteilsnichtigkeit im röm. Prozeß (o.J., 1937); *Luigi Aru,* Una congettura su D.1.14.3: ‚Barbarius Philippus', in: St. E. Volterra 3, 1971, S. 653ff.; *Pietro Cerami,* Problemi storico-dogmatici in tema di funzionario di fatto, in: St. G. Scaduto 3, 1970, S. 377ff. (*Cerami* I); *ders.,* Rez. *Lucifredi Peterlongo,* Iura 17 (1966), S. 370ff. (= *Cerami* II); *Pio Fedele,* Il funzionario dei fatto nel diritto canonico, St. F. Scaduto 1, 1936, S. 321ff.; *Jacobus Gothofredus,* De electione magistratus inhabilis seu incapacis per errorem facta, Dissertatio (publ. 1654), in: Opera juridica minora etc., hrsg. von Christian H. Trotz, 1733, Sp. 521ff. (zit. Kap. u. Sp.); *Giannetto Longo,* Utilitas publica, Labeo 18, 1972, S. 7ff.; *Maria E. Lucifredi Peterlongo,* Barbarius Philippus etc., in: *Lucifredi Peterlongo / Lucifredi,* Contributi allo studio dell'esercizio di fatto di pubbliche funzioni, 1965, S. 1ff.; *Theodor Mommsen,* Römisches Staatsrecht, 3 Bde. (in 5), 3. Aufl. 1887 (Nachdr. 1952); *Pasquale Voci,* D.1.14.3 – Note in tema di esercizio di fatto di pubbliche funzioni, in St. E. Guicciardi 1, 1975, S. 59ff. = *Voci,* Studi di diritto rom. 1, 1985, S. 623ff. (wonach zit.).

[2] Der Fall ist aus den Berichten von Dio Cassius, Hist. rom. 48.34; Appian, Bell. civ. 5.4.31 und dem Suidaslexikon (u. Anm. 3) erschließbar, vgl. *Gothofredus* (Fn. 1), VII 532; *Heinrich E. Dirksen,* Hinterlassene Schriften (hrsg. von Sanio) 1, 1871, S. 281, 288ff.; *Mommsen* (Fn. 1), Bd. I, S. 484 Anm. 2; *ders.,* Dig. ad D.1.14.3; *Voci* (Fn. 1), S. 627ff. m.w.N. – Weitere Belege zu flüchtigen Sklaven in öffentlichen Ämtern, z.B. C.10.33.2 (Sklave als Ädil), bei *Lucifredi Peterlongo* (Fn. 1), S. 46f. Anm. 145. – Philippus hatte sich vielleicht von einem gutgläubigen Barbatius an Kindes Statt (unwirksam) annehmen lassen.

[3] Suidae Lexicon s.v. Βάϱβιος (ed. Ada Adler), 1928, S. 454.

[4] Nov. Leon. 9 - 11 (zwischen 886 und 911).

II. Die lex Barbarius Philippus, D.1.14.3

1. Der Text

Berühmt geworden ist der Fall wegen seiner juristischen Problematik; sie war thema illustre schon für die römischen Juristen. Von deren Diskussion ist in der lex Barbarius Philippus – wie der offenbar verschriebene Name in den Digesten lautet – ein Zeugnis überliefert:

D.1.14.3 Ulpianus libro 38 ad edictum

Barbarius Philippus cum servus fugitivus esset, Romae praeturam petiit et praetor designatus est.

sed nihil (enim?) ei servitutem obstetisse ait Pomponius, quasi praetor non fuerit:

atquin verum est praetura eum functum. et tamen videamus: si servus quamdiu latuit in dignitate praetoria, functus sit[5], quid dicemus? quae edixit, quae decrevit, nullius fore momenti? an fore propter utilitatem eorum, qui apud eum egerunt vel lege vel quo alio iure? et verum puto nihil eorum reprobari: hoc enim humanius est: cum etiam potuit populus Romanus servo decernere hanc potestatem, sed et si scisset servum esse, liberum effecisset. quod ius multo magis in imperatore observandum est.

Barbarius Philippus, ein entlaufener Sklave, bewarb sich in Rom um die Prätur und wurde (von der Volksversammlung) zum Prätor gewählt.

Sein Status als Sklave stand aber nicht (freilich?) entgegen, wie Pomponius sagt; so als ob er nicht Prätor war.

Allerdings bleibt wahr, daß er die Prätur ausgeübt hat. Und prüfen wir demgegenüber, was wir sagen müssen, wenn ein Sklave gehandelt hat, solange er die prätorische Würde unerkannt innehatte: Soll nichtig sein, was er angeordnet und was er entschieden hat? Oder soll es im Interesse derer wirksam sein, die mit seiner Hilfe Angelegenheiten der freiwilligen Gerichtsbarkeit oder sonstige Rechtsakte durchgeführt haben? Und ich halte es für richtiger, nichts von all dem als nichtig zu verwerfen; das ist nämlich humaner. Zumal da das römische Volk diese Amtsgewalt auch einem Sklaven erteilen konnte; aber auch wenn es gewußt hätte, daß er Sklave ist, hätte es seine Freilassung erwirkt. Viel mehr noch ist dieses Recht zugunsten des Kaisers zu beachten.

2. Zur Echtheitsfrage

Der Text ist gestört, vor allem wohl durch spätere Kürzungen[6]. Details der Textkritik können hier dahinstehen, denn es ist schwerlich zu bezweifeln,

[5] So nach den meisten Hss., insbes. der Florentina, die *in*dignitate haben, s. etwa *D. Gothofredus,* Dig. ad h.l., sowie jüngst *Pescani,* Bull. 82, 1979, S. 170f. – *Mommsen, Krüger / Mommsen, Bonfante* lesen dagegen mit dem Vaticanus: Si servus, quamdiu latuit, dignitate praetoria functus sit.

[6] Vermutlich durch die Kompilatoren, *Voci* (Fn. 1), S. 632, 643. Dagegen rechnet *Franz Wieacker,* Textstufen klass. Juristen, 1975, S. 319f. wegen der rhetorischen Fragen mit einer frühnachklassischen Bearbeitung; ablehnend dazu *Lucifredi Peterlongo* (Fn. 1), S. 57f. Anm. 164; *Aru* (Fn. 1), S. 658 Anm. 6.

daß der Text in der Substanz klassisch ist[7]. Auch ist jedenfalls der maßgeblich gewordene Standpunkt Ulpians klar erkennbar.

3. *Pomponius*

Zweifelhaft ist dagegen, welcher Ansicht Pomponius, ein Jurist aus der frühen Mitte des 2. Jh., war. Sein Kommentar zu Sabinus (1. Hälfte des 1. Jh. n. Chr.) bildete die Vorlage für den Text Ulpians, eines Juristen, der 223 n. Chr. bei einem Prätorianeraufstand ums Leben kam. Früher wurde weithin angenommen, schon Pomponius habe so entschieden wie Ulpian. Von den älteren Schriftstellern hat J. Gothofredus diese Ansicht mit der eleganten Lesart: „sed nihil ei servitutem obstetisse ait Pomponius: qua, si Praetor non fuerit, adquin verum est, Praetura eum functum" abzusichern versucht[8]. Zwar spricht dafür der Anfang der überlieferten Formulierung (nihil). Doch ist kaum vorstellbar, daß Pomponius derart allgemein hat sagen können, der Sklavenstatus bilde kein Hindernis. Unerläßliche Voraussetzung für die Übernahme eines öffentlichen Amtes waren der status libertatis et civitatis, die Freiheit und das römische Bürgerrecht[9]. Überdies würden die späteren Ausführungen im Text kaum passen, weder der dann widersprüchlich anmutende Passus quasi praetor non fuerit, noch der Umstand, daß Ulpian das Problem erst anschließend mit Formulierungen, die auf einen Gegensatz hindeuten (atquin; et tamen; et verum puto), breit aufrollt. Wahrscheinlicher ist deshalb, daß Pomponius Wahl, Amtseinsetzung und offenbar auch die von Barbarius Philippus erlassenen Amtsakte für unwirksam hielt[10]. Das bei dieser Sicht unzutreffende nihil müßte sich dann als versehentliche Verkürzung eines nihilominus erklären[11] oder als

---

[7] *Lucifredi Peterlongo* (Fn. 1), S. 40 m. Anm. 133 (ält. Lit.), S. 49 ff.; *Cerami* I (Fn. 1), S. 387 f. u. II, S. 373; *Voci* (Fn. 6), vgl. auch, wenngleich mit erheblichen Eingriffen rechnend, *Apelt* (Fn. 1), S. 40 ff.; *Longo* (Fn. 1), S. 21, 24 und *Aru* (Fn. 1), S. 660 ff., der annimmt, Ulpian habe nur den Fall einer datio tutoris durch Barbarius sowie die einschlägigen prozessualen Behelfe erörtert (doch s. u. Fn. 25). Nicht haltbar *Carcaterra*, Il possesso dei diritti, 1942, 59, der ab atquin (bis auf quae-momenti) alles streicht.

[8] IV, Sp. 529, dagegen *Lucifredi Peterlongo* (Fn. 1), S. 27. In jüngerer Zeit vertreten diese Ansicht *Fedele* (Fn. 1), S. 332 und insbes. *Cerami* I (Fn. 1), S. 388 f. u. II, S. 374 (zust. *Longo* [Fn. 1], S. 23 f.), der die Wendung quasi praetor non fuerit nicht als Gegensatz, sondern als bloße Erläuterung des Vorangehenden verstehen will: Der Status als Sklave habe nicht in dem Sinne, als sei er überhaupt nicht Prätor gewesen, der Ausübung der prätorischen Funktionen entgegengestanden. Barbarius sei also Prätor gewesen. Aber das ist sprachlich und sachlich schwerlich akzeptabel, dagegen auch *Voci* (Fn. 1), S. 630.

[9] Siehe nur *Mommsen* (Fn. 1), Bd. I, S. 483 ff.

[10] *Apelt* (Fn. 1), S. 40 f. sowie die u. Fn. 11, 12 Genannten. Daß auch die Amtsakte erfaßt sind, ist wahrscheinlich, weil sie das Hauptproblem bilden; designatus steht nicht entgegen. Vgl. *Apelt*, S. 41; *Lucifredi Peterlongo* (Fn. 1), S. 44 f. Anm. 144; *Cerami* I (Fn. 1), S. 388 Anm. 18, 394 Anm. 32 u. II, S. 374, dagegen *Aru* (Fn. 1), S. 656 m. Anm. 5, 661 Anm. 10, 662, 667.

[11] So *Carcaterra* (Fn. 7) und *Lucifredi Peterlongo* (Fn. 1), S. 50 f.

irrtümliche Auflösung einer Sigle, wurden doch für enim und nihil sehr ähnliche Siglen benutzt[12]. Eine verläßliche Entscheidung hierzu ist kaum zu treffen[13].

4. *Ulpian*

a) Ulpian arbeitet das Problem klar heraus. Er geht davon aus, daß der Sklave nicht Prätor geworden ist[14], de facto aber dessen Amtstätigkeit ausgeübt hat. Der Jurist steht damit vor der Frage, ob beispielsweise die allgemeinen Anordnungen (Edikte) und die tagtäglich zu treffenden konkreten Entscheidungen (Dekrete) nichtig sind. Die Gegenfrage nach möglicher Wirksamkeit der Amtsakte betrifft demgegenüber einen engeren Bereich.

Mit lege agere wird in der klassischen Zeit, in der der Legisaktionsprozeß abgeschafft ist, die Vornahme von Rechtsgeschäften bezeichnet, die aus nachgeformten Prozeßhandlungen erwachsen sind, wie die in iure cessio (eine bestimmte Art der Rechtsübertragung) sowie die Entlassung aus der väterlichen Gewalt, die Freilassung und die Adoption, Geschäfte also, die zur freiwilligen Gerichtsbarkeit zählen[15]. Auch die magistratische Vormundsbestellung gehört dazu, und es stimmt damit gut zusammen, daß unser Fragment aus dem Zusammenhang vormundschaftsrechtlicher Ausführungen stammt[16]. Doch rechtfertigt diese Beobachtung nicht die Annahme, Ulpian habe nur den Fall der Vormundsbestellung durch den falsus praetor behandelt; offensichtlich hat der Jurist den Anlaß zur allgemeinen Erörterung des Problems genutzt[17].

Welche Akte mit dem weiteren Hinweis vel quo alio iure gemeint sind, bleibt ungewiß. Vermutlich wurden bei der Kürzung des Textes ursprünglich detailliertere Ausführungen in dieser Weise zusammengefaßt[18]. Denn

---

[12] So *Mommsen*, Dig. ad h.l.; *Otto Lenel*, ZRG RA 39 (1918), S. 122; *Apelt* (Fn. 1), S. 40 (kompilatorischer Eingriff zur Beseitigung einer Kontroverse); *Voci* (Fn. 1), S. 630f. – Sed enim kommt verschiedentlich vor.

[13] So auch *Aru* (Fn. 1), S. 656, 662. – Immerhin ist das stilistisch auffällige sed nihil i. S. von ‚aber nicht' (Graezismus?) für Ulpian auch in D.33.8.6.1 belegt, nicht aber für Pomponius.

[14] Das Prinzip magistratus vitio creatus nihilo setius magistratus (Varro, De ling. lat. 6.30) wird, da sakralrechtliche Verstöße betreffend (vgl. *Mommsen* [Fn. 1], Bd. III/1, S. 364 m. Anm. 1), von Ulpian nicht beachtet, vgl. *Apelt* (Fn. 1), S. 41; *Lucifredi Peterlongo* (Fn. 1), S. 5f.; abweichend zu Pomponius *Cerami* I (Fn. 1), S. 395ff. u. II, S. 372f.

[15] Vgl. *Max Kaser*, Röm. Zivilprozeßrecht, 1966, S. 134; *ders.*, Röm. Privatrecht I, 2. Aufl. 1971, S. 348 m. Anm. 46 und (zum fr.14.3) *Voci* (Fn. 1), S. 632.

[16] Im 38. Buch zu Sabinus behandelte Ulpian die Materie De tutelis; *Lenel*, Palingenesia iuris civ. 2, 1899, Sp. 1158, Ulp.2842 (De tutoribus a magistratu datis), vgl. auch schon *Gothofredus* (Fn. 1), VI, Sp. 531f.

[17] Quae edixit, quae decrevit . . ., vgl. *Lucifredi Peterlongo* (Fn. 1), S. 61f., anders *Aru* (Fn. 1), S. 656ff. (vgl. o. Fn. 7).

[18] Für Interpolation *Lenel* (Fn. 12), S. 122; *Apelt* (Fn. 1), S. 41 Anm. 90; *Voci* (Fn. 1), S. 632. Vel lege – iure streichen *Lucifredi Peterlongo* (Fn. 1), S. 64 und *Longo* (Fn. 1), S. 21, 24.

wahrscheinlich wurde auch eine Unterscheidung nach den verschiedenen Arten der Amtsakte diskutiert, nach den an die Allgemeinheit gerichteten Edikten, den Akten der streitigen Gerichtsbarkeit und denen der freiwilligen, bei denen die Mitwirkung des Prätors kaum mehr als eine Formalität darstellte[19]. Daß sich gerade bei diesen eine Entscheidung zugunsten der Gültigkeit aufdrängt, liegt auf der Hand.

b) Ulpian bejaht einschränkungslos die Gültigkeit der Amtshandlungen: et verum puto nihil eorum reprobari. Daß er dies als eigene Ansicht ausweist (puto), zeigt, daß die Problematik noch in der Spätklassik umstritten war. Damit erklärt sich auch, daß mehrere Gründe angeführt werden.

Grundlage der Entscheidung ist die utilitas eorum qui apud eum egerunt, das Interesse der Beteiligten[20]. Diesem entspricht sicherlich eine Aufrechterhaltung der Rechtsgeschäfte und Verfahren, die abgeschlossen und durchgeführt wurden, ohne daß die mangelhafte Bestellung des Magistrats, der notwendigerweise mitzuwirken hatte, erkennbar war. Mit der Wahrung dieses Interesses wird das Vertrauen der Beteiligten geschützt und damit zugleich die Rechtssicherheit[21] gewährleistet, deren Schutz auch im öffentlichen Interesse liegt[22].

Des weiteren beruft der Jurist sich auf die humanitas[23]. Das ist als Ergänzung zur utilitas zu verstehen: Es entspricht wohlwollender menschlicher Beurteilung, die Parteien, die zu dem Nichtigkeitsgrund keinen Anlaß gegeben haben, ihn nicht einmal vermeiden konnten, vor dem Schaden zu bewahren, den sie erlitten, wenn die Amtsakte und damit die von ihnen abhängenden Geschäfte und Verfahren als unwirksam angesehen würden[24].

---

[19] *Voci* (Fn. 1), S. 632f.

[20] Was an Ulpians „Interessentheorie" zur Abgrenzung von öffentlichem und privatem Recht nach den publice utilia und der utilitas singulorum (D.1.1.1.2 = Inst.1.1.4) erinnert.

[21] Vgl. *Apelt* (Fn. 1), S. 41.

[22] Von daher wird begreiflich, daß die utilitas in fr.14.3 entgegen dem Wortlaut weithin als utilitas publica verstanden wird, vgl. *Lucifredi Peterlongo* (Fn. 1), S. 19, 23, 68ff.; *Cerami* I (Fn. 1), S. 399 u. II, S. 375f., krit. *Longo* (Fn. 1), S. 25. Dagegen *Voci* (Fn. 1), S. 633ff. unter Ablehnung von Auffassungen, die an den bloßen Besitz des status libertatis (vgl. *Carcaterra* [Fn. 7], S. 60), an die utilitas publica als Fundament von Recht und Gerechtigkeit (*Cerami,* a.a.O.) und an das Vertrauen (bona fides) anknüpfen. Doch wird der Vertrauensschutz nicht dadurch verdrängt, daß die Parteien auf die Mitwirkung des Prätors angewiesen sind. Zu weiteren Deutungen s. *Cerami* I (Fn. 1), S. 394ff.

[23] Was heute nach Überwindung der Blickverengung auf die humanitas christiana als echt hingenommen werden darf, vgl. *Lucifredi Peterlongo* (Fn. 1), S. 65ff. m.w.N.; *Cerami* I (Fn. 1), S. 407 (verkürzt); *Voci* (Fn. 1), S. 633; anders *Apelt* (Fn. 1), 41; *G. Longo* (Fn. 1), S. 21, 25f.; *Aru* (Fn. 1), S. 666. – Zur praktischen Maßgeblichkeit der humanitas bei den röm. Juristen s. insbes. *Fritz Schulz,* Prinzipien des röm. Rechts, 1934, S. 128ff.

[24] Vgl. *Voci* (Fn. 1), S. 633ff.

c) Das Schlußstück wird Ulpian meist abgesprochen, doch kaum zu Recht[25]. Der Jurist versucht, das Ergebnis argumentativ abzusichern. Zunächst hebt er hervor, das römische Volk habe nämlich auch einem Sklaven prätorische Amtsgewalt erteilen können, wobei er für diesen Fall voraussetzt, daß die Sklaveneigenschaft bekannt ist[26]. Dadurch wäre der Sklave zwar nicht Prätor geworden, aber er hätte prätorische Amtsgewalt ausüben dürfen. Seine Amtsakte wären wirksam – eben weil das Volk kraft seiner Souveränität sogar Sklaven Amtsbefugnisse übertragen kann[27].

Bei Barbarius Philippus hat die Volksversammlung (comitia centuriata) jedoch *nicht* gewußt, daß er Sklave war. Damit stellt sich die Frage, ob dieses Wissen erheblich ist. Das ist dann, aber auch nur dann der Fall, wenn es hinsichtlich der Amtsakte zu einem anderen Ergebnis führen würde. Ulpian bringt deshalb den Vergleichsfall: „Aber auch, wenn das Volk gewußt hätte, daß er Sklave ist, hätte es seine Freilassung[28] erwirkt." Dann wäre Barbarius Prätor geworden und seine Amtsakte wären von vornherein wirksam gewesen. Wenn es aber überhaupt möglich ist, daß ein Sklave wirksame Amtsakte setzen kann und wenn es sogar bei Kenntnis des Volkes zur Wirksamkeit der Akte käme, dann kann das Ergebnis bei Unkenntnis des Volkes nicht anders sein.

Die Ableitung ist zwar für Ulpian begreiflich, aber weder sachlich zwingend, noch den Rechtszuständen der späten Republik angemessen. Denn erstens haben die Volksversammlungen der Republik trotz ihrer Souveränität nie Ausnahmegesetze beschlossen, um den Status von Bewerbern um öffentliche Ämter zu ändern, geschweige denn um bewußt einen Sklaven wählen zu können[29]. Und zweitens war für die Bekleidung einer Magistratur Ingenuität erforderlich; Freigelassene waren folglich überhaupt nicht wählbar[30].

---

[25] Für Unechtheit: *Apelt* (Fn. 1), S. 41; *Carcaterra* (Fn. 7); *Longo* (Fn. 1), S. 21; *Lucifredi Peterlongo* (Fn. 1), S. 75f. (ält. Lit.), 81f.; *Aru* (Fn. 1), S. 667f. (Pomponius! habe cum etiam ‹non› . . . ‹non› effecisset geschrieben); für verkürzende Überarbeitung: *Cerami* II (Fn. 1), S. 377, vgl. I, S. 387f.; S. 393 Anm. 31; *Voci* (Fn. 1), S. 637, 643. Doch s. D.42.1.57 (vor Fn. 34) und das im Text Auszuführende. Vgl. auch *Dirksen* (Fn. 2), S. 294.

[26] Vgl. *Voci* (Fn. 1), S. 637.

[27] Die mangelnde Rechtsfähigkeit würde die erforderliche Handlungsfähigkeit nicht ausschließen. Von der Wahrnehmung des Richteramts waren Sklaven (wie Frauen) nur moribus ausgeschlossen, non quia non habent iudicium, sed quia receptum est, ut civilibus officiis non fungantur, Ulp.D.5.1.12.2 i.f. Vgl. auch u. III 1.

[28] Ob auf direktem oder indirektem Wege (Freikauf), bleibt ungewiß, vgl. *Voci* (Fn. 1), S. 642. Siehe etwa D.40.9.17; C.7.11.3.

[29] *Voci* (Fn. 1), S. 639 m. Anm. 45; vgl. *Mommsen* (Fn. 1), Bd. I, S. 481f. (zu Barb. Phil. S. 482 Anm. 1). Im übrigen wurde für Dispensationen der Senat als zuständig angesehen.

Im Prinzipat stand es dagegen in der rechtlichen Macht des Kaisers, über die Qualifikationen zu befinden – über die der kaiserlichen Beamten ohne weiteres und über die der Bewerber um die entmachteten republikanischen Ämter kraft seines Kommendationsrechts, das sich im 3. Jh. zur unmittelbaren Ernennung durch den Kaiser auswuchs. So konnte der Kaiser Befreiung von den Altersgrenzen oder von der gesetzlichen Ämterfolge gewähren oder über das „Goldringerecht" (ius aureorum anulorum) die Ingenuität verleihen. Davon wurde unter den Severern, also in Ulpians Zeit, sehr häufig Gebrauch gemacht[31].

Für diese Zeit trifft es also zu, daß der Souverän einen Kandidaten unter Überwindung der juristischen Schranken in ein Amt bringen kann[32]. Und in dieser Zeit drängt sich auch der Gedanke auf, daß der Kaiser, wenn er ein Amt mit jemandem besetzen will, der noch Sklave ist, diesen vorher freiläßt, und zwar mit Selbstverständlichkeit. Denn wem ein Amt gegeben wird, dem wird zugleich die erforderliche Qualifikation, der sprichwörtliche „Verstand", zuerkannt[33].

Einen vergleichbaren Gedanken bringt Ulpian zu dem Fall, daß ein Mündiger unter fünfundzwanzig als Prätor oder Konsul Recht spricht: princeps enim, qui ei magistratum dedit, omnia gerere decrevit, D.42.1.57 i.f. Doch geht der Jurist in D.1.14.3 nicht so weit zu sagen, wenn das Volk einen Sklaven in Kenntnis seiner Rechtsstellung zum Prätor wähle, werde er inzident frei[34]. Vielmehr wird der Gedanke, daß auch die erforderliche Qualifikation geschaffen werden müßte, ihn nur zu der Annahme geführt haben, daß es vor einer Wahl *sicher* zur Freilassung käme.

Für die Republik passen die Erwägungen jedoch nicht. Offenbar hat Ulpian den Rechtszustand seiner Zeit in die Zeit des Barbarius Philippus, also in die Republik mit dem Volk als Souverän, zurückprojiziert[35]. Das ist historisch zwar falsch, angesichts der ahistorischen, dogmatischen Denkweise der römischen Juristen und ihrer historischen Naivität[36] aber nicht

---

[30] Auch darüber scheinen sich die Volksversammlungen nicht hinweggesetzt zu haben. Das Hindernis war vermutlich nicht durch Annahme an Kindes Statt zu umgehen, s. *Mommsen* (Fn. 1), Bd. I, S. 483, 485, 487ff.

[31] *Mommsen* (Fn. 1), Bd. I, S. 561, 574ff.; Bd. II/2, S. 945 (Befreiungen); Bd. II/2, S. 893f.; Bd. III/1, S. 518f. (Ingenuität).

[32] *Lucifredi Peterlongo* (Fn. 1), S. 78ff.; *Voci* (Fn. 1), S. 641.

[33] Belege zu den einschlägigen Sprichwörtern bei *Graf / Dietherr,* Deutsche Rechtssprichwörter, 2. Aufl. 1869 (Nachdr. 1975), S. 517f. – Zu dem (im röm. Dienstbarkeitsrecht manche Anwendungsfälle aufweisenden) Grundsatz cui conceditur aliquid, intelliguntur concessa omnia, sine quibus explicari non potest s. *Detlef Liebs,* Lat. Rechtsregeln und Rechtssprichwörter, 4. Aufl. 1985, C 100, vgl. auch J 178, L 48, Q 33, 83, U 12.

[34] So jedoch schon *Accursius,* Glossa in Dig. vet., 1488 (Nachdr. 1969) gll. fecisset, multo magis ad l. Barb. De off. praet., auch *Mommsen* (Fn. 1), Bd. I, S. 482 Anm. 1, dagegen *Lucifredi Peterlongo* (Fn. 1), S. 79f. m. Anm. 231.

[35] Vgl. *Voci* (Fn. 1), S. 641, 643.

verwunderlich. Da im Prinzipat die kaiserliche Gewalt als vom Volk abgeleitete verstanden und gerechtfertigt wird[37], dient der Rückgriff auf die Souveränität des Volkes zugleich dazu, die umfassenden Ausnahmebefugnisse zu legitimieren, die dem Kaiser bei der Besetzung von Ämtern zustehen[38]: quod ius multo magis in imperatore observandum est.

III. Weitere Zeugnisse

1. C.7.45.2

In die Zeit Ulpians gehört auch ein Reskript Caracallas, in dem es darum geht, daß unerkannt ein Sklave ein Urteil gefällt hat:

C.7.45.2 Imp. Antoninus A. Sextilio

Si arbiter datus a magistratibus, cum sententiam dixit, in libertate morabatur, quamvis postea in servitutem depulsus sit, sententia ab eo dicta habet rei iudicatae auctoritatem.

Ein Sklave kann nicht Richter sein (o. Fn. 27). Wird er dennoch zum iudex bestellt, so übt er mit dem Urteilsspruch (abgeleitete) Hoheitsgewalt aus. Daß das Urteil bestehen bleibt, wenn sein Status nachträglich aufgedeckt wird, stimmt mit Ulpians Lösung in D.1.14.3 überein[39].

2. C.6.23.1, Inst.2.10.7

Hinzuweisen ist auch auf eine Konstitution Hadrians:

C.6.23.1 Imp. Hadrianus A. Catonio Vero

Testes servi an liberi fuerunt, non oportet in hac causa tractari, cum eo tempore, quo testamentum signabatur, omnium consensu liberorum loco habiti sunt nec quisquam eis usque adhuc status controversiam moverit.

Eine Testamentserrichtung erforderte die Anwesenheit von 5, später 7 Zeugen, die mündige römische Bürger sein mußten. Zu dem Fall, daß einer von ihnen Sklave, aber noch nicht in den Freiheitsprozeß verwickelt war und von allen Beteiligten für frei gehalten wurde, entscheidet Hadrian, der unerkannte Status des Sklaven sei kein Nichtigkeitsgrund für das Testament. Auch die Institutionen berichten von diesem Reskript und heben

---

[36] Dazu weiterführend *Giaro*, Bull. 90 (1987), S. 1ff., 44ff., 47ff., 85ff.

[37] Siehe Ulpian D.1.4.1 (= Inst.1.2.6): Quod principi placuit, legis habet vigorem: utpote cum lege regia, quae de imperio eius lata est, populus ei et in eum omne suum imperium et potestatem conferat. Vgl. auch Gai.1.5 sowie die Praxis der leges de imperio.

[38] Vgl. *Voci* (Fn. 1), S. 641, 643.

[39] Vgl. *Lucifredi Peterlongo* (Fn. 1), S. 69f. Anm. 201; *Cerami* I (Fn. 1), S. 404 Anm. 52; *Voci* (Fn. 1), S. 636. – Mit dem arbiter ist hier nicht der Schiedsrichter gemeint.

zusätzlich hervor, daß Septimius Severus und Caracalla ebenso entschieden haben (Inst. 2.10.7). Das Vertrauen wird hier bereits seit der Hochklassik bei einem Privatrechtsakt geschützt, zu dessen Vornahme es keiner amtlichen Mitwirkung bedurfte.

IV. Spätere Entwicklungen

Seit der Wiederentdeckung des römischen Rechts im hohen Mittelalter hat die lex Barbarius Philippus zu allen Zeiten bei den Juristen wegen ihrer rechtlichen Problematik, wegen der Schwierigkeiten eines richtigen Verständnisses des gestörten Textes und auch wegen der tatsächlichen Umstände des antiken Vorfalls besondere Aufmerksamkeit gefunden. Schon früh ist sie als verallgemeinerungsfähig verstanden worden – was Jacobus Gothofredus (gest. 1652) mit Beispielen aus weltlichem und kirchlichem Recht zusammenfassend hervorheben kann[40]. Sie hat zusammen mit den oben (III) genannten Quellen die Grundlage für die Regel (circa factum) error communis facit ius abgegeben[41]; sie hat bestimmend auf die Interpretation geltenden Rechts eingewirkt und sie hat moderne Gesetzesbestimmungen inspiriert. Einige notwendigerweise nur grob skizzierende Hinweise mögen dies veranschaulichen.

V. Zur Problematik im kanonischen Recht

1. Legisten und Kanonisten

Bei den Legisten und bei den Kanonisten hat das fr. 14.3 eine bedeutende Rolle gespielt[42]. Dazu liegt auf der Hand, daß sich die Bemühungen der Glossatoren im wesentlichen auf die Erschließung der Aussagen des Textes

---

[40] Nam etsi hypothesis ejus versetur circa servum, atque adeo his hodie moribus inutilis ea videatur, attamen definitio ejus latissime porrigitur, & vero a Doctoribus ac Pragmaticis ad alias similes species complurimas & nobilissimas traducitur: quodque de Incapaci ob servilem statum, rite tamen electo, hac l. definitur, ad alias Incapacitatis & Incapacium species argumentatione trahitur; veluti ad Excommunicatos, Judaeos, Paganos, Gibellinos, Simoniacos, per errorem rite tamen, electos: Porrigitur & ad Notarios seu Tabelliones, Consules mercatorum, Episcopos, Praelatos, Imperatores, quascunque tandem dignitates, saeculares, Ecclesiasticas, per errorem rite tamen collatas; II, Sp. 527.

[41] *Accursius* (Fn. 34), gl. reprobari. Dazu noch D.33.10.3.5 i.f. (error ius facit); C.5.37.25; vgl. *Liebs* (Fn. 33), C 45; zur Kanonistik s. *Fedele* (Fn. 1), S. 338ff., 376ff. pass., s. auch u. bei Fn. 48 und vor Fn. 55. – Für Frankreich s. *Henri Roland / Laurent Boyer,* Locutions latines et adages du droit français contemporain, 2, 1978, S. 277 - 284; für England vgl. *Herbert Broom,* A Selection of Legal Maxims, 10. Aufl. 1939 (Nachdr. 1985), S. 86f.

[42] Einzelheiten in der grundlegenden („con grande amore dopo lungo studio" geschriebenen, S. 337) Studie *Fedeles* (Fn. 1), S. 338 - 374 sowie bei *Lucifredi Peterlongo* (Fn. 1), S. 12 - 28, 101ff.

beschränken und erst die Kommentatoren das Blickfeld auf zeitgenössische Parallelen erweitern, z.B. auf den vermeintlichen Notar (tabellio)[43].

Die Kanonistik konnte daran anknüpfen, daß Gratian die Hadrian-Konstitution C.7.45.2 (o. III 1) praktisch wörtlich in sein Diktum ad can. 1 causa III qu. 7[44] übernommen hat. Dazu stellt die lex Barbarius sich als die ganz selbstverständliche Ergänzung und Bestätigung des verallgemeinerungsfähigen Rechtsgedankens dar, so daß später der Hl. Alfons von Liguori ihre subsidiäre Geltung im Kirchenrecht konstatieren konnte: Et probatur ex leg. Barbarius ... qui textus etsi civilis, tamen, cum non sit reprobatus a iure canonico, vim habet etiam in illo[45]. Überhaupt ist unser Problemkreis geradezu ein Musterbeispiel für das so häufige Faktum, daß eine aus dem antiken römischen Recht überlieferte Lösung später parallel im kirchlichen und im bürgerlichen Recht weiterentwickelt wurde.

2. *Entscheidungsmuster und Anwendungsfälle*

Für die Entwicklung unseres Problems in der Kanonistik war wesentlich, daß in Anknüpfung an die Regula I des liber Sextus (Beneficium ecclesiasticum non potest licite sine institutione canonica obtineri, V 12) detaillierte Regeln über die rechtmäßige Erlangung kirchlicher Ämter (durch provisio canonica) herausgearbeitet wurden. Sie haben in den Grundsätzen der can. 147ff. Cod. iur. can. (= CIC) 1917 und heute der can. 146ff. CIC 1983 ihren Niederschlag gefunden.

Damit ergab sich die Frage nach der Wirksamkeit der Amtshandlungen bei Mängeln der kanonischen Amtsübertragung. In schwankender Terminologie unterschied man den praelatus intrusus (i.e.S.), der sich auf überhaupt keine provisio stützen kann[46], und den praelatus putativus, bei dem die provisio von Anfang an fehlerhaft ist oder es später wird; doch wurden auch beide Fälle unter dem Begriff des praelatus intrusus (i.w.S.) zusammengefaßt[47]. Für die differenzierenden Regeln, die hierzu entwickelt wurden, kann als ungefähre Richtlinie gelten, daß die Handlung bei Vorliegen eines titulus coloratus wirksam ist, wenn also der Handelnde als legitim eingeführter Amtsinhaber erscheint. Dabei war freilich streitig, ob eine duplex ratio zu

[43] So Bartolus und Baldus, s. *Lucifredi Peterlongo* (Fn. 1), S. 101f. m. Anm. 287, 288.

[44] Verum, si servus dum putaretur liber, ex delegatione sententiam dixit, quamvis postea in servitutem depulsus sit, sententia ab eo dicta rei iudicatae firmitatem tenet.

[45] *San Alfonso de Ligorio* (1696 - 1787), Opera moral. (hrsg. von Gaudé), 3, 1909, S. 586 n. 572 (zum error communis). Dies nach der Lehre, daß leges civiles non reprobatae videntur tacite approbatae a jure canonico, s. *ders.*, Op. 1, 1905, S. 89 n. 106. Vgl. *Fedele* (Fn. 1), S. 333 Anm. 42 m.w.Zit., auch S. 334, 336.

[46] Mag er das Amt aus eigener oder aus kirchenfremder Macht an sich gebracht haben.

[47] *Fedele* (Fn. 1), S. 329f.

fordern war, d.h., noch der error (actualiter) communis hinzukommen mußte, oder ob nicht allein auf die utilitas abzustellen war[48]. Späteren Lehren folgend hat der CIC 1917 in can. 209 den bloßen error communis genügen lassen, also ohne daß es auf eine Gewaltübertragung ankäme; der CIC 1983 hat dies in can. 144 beibehalten (u. VI 1).

Die Bedeutung unseres Problems im Kirchenrecht wird daran augenfällig, daß sich gut zwanzig typische Fallgruppen aus der kirchlichen Praxis zusammenstellen lassen[49]. Dabei geht es von Fällen der electio valida mit anschließender confirmatio nulla (und umgekehrt) über Beispiele des praelatus excommunicatus, haereticus, suspensus, des Schismatikers, des Simonisten etc. oder über solche des Priesters, der ohne potestas iurisdictionis in foro conscientiae Beichten abnimmt, oder über solche eines Bischofs de facto consecratus, der die Priesterweihe vornimmt, bis hin zu dem Fall des Papa intrusus oder sogar dem, daß eine Frau in das Amt des Papstes gewählt wird – was auf eine wunderliche Fabel zurückgeht, die jahrhundertelang Glauben gefunden hat: Nach dem Tode Leos IV. (855) habe eine Päpstin Johanna zwei Jahre lang den Stuhl Petri innegehabt[50]. Doch müssen wir uns auf einen Fall aus dem Eherecht, den des parochus putativus, beschränken.

VI. Vom parochus putativus zum Scheinstandesbeamten

1. Kirchenrecht

Das Problem wurde akut, seit am 11. November 1563 auf dem Tridentiner Konzil die heimlichen Eheschlüsse, weil sie zu schweren Mißständen geführt hatten, künftig für null und nichtig erklärt wurden. Hinfort wurde eine Ehe nur dann als wirksam anerkannt, wenn sie, nachdem die Aufgebote an drei aufeinanderfolgenden Sonn- oder Festtagen durch den Pfarrer der Brautleute verkündet waren, in facie ecclesiae vor dem Pfarrer oder einem anderen Priester (praesente parocho vel alio sacerdote) und zumindest zwei Zeugen geschlossen wurde[51].

Von nun an wird die Frage: utrum matrimonium initum coram parocho communiter existimato, non tamen habenti verum titulum sit validum?

---

[48] *Fedele* (Fn. 1), S. 335, 340ff., 351ff., 365f. pass.

[49] Siehe die Aufzählung bei *Fedele* (Fn. 1), S. 336f.

[50] Dazu *Gregorovius,* Geschichte der Stadt Rom im Mittelalter (hrsg. von Kampf) 1, 1978, 518f. – Das Beispiel wurde oft angeführt, s. *Gothofredus* (Fn. 1), II, Sp. 527 m.w.N., dazu *Gottfried Wilh. Leibniz,* Flores sparsae in tumulum Papissae, in: Bibliotheca Historica Goettingensis, 1758, S. 297 - 392.

[51] C.1 De reform. matrimonii (XXIV. Sess.). – Zur langwierigen Entstehungsgeschichte s. etwa *Emil Friedberg,* Das Recht der Eheschließung, 1865 (Nachdr. 1965), S. 101ff.

(Sanchez) zum festen Bestandteil aller Traktate zum Eherecht. Das maßgebliche Modell hierfür geht auf *Thomas Sanchez* zurück[52], und es ist kennzeichnend, daß er in seinem grundlegenden Werk über die Ehe die Erörterung des oben formulierten Problems mit der Bemerkung einleitet: Tota huius disputationis difficultas pendet ex intellectu l. Barbatius[53]. Seine in 7 Quästionen ausführlich entwickelte Lehre geht dahin, daß die vor einem parochus putativus (nicht intrusus) geschlossene Ehe wirksam ist, wenn dieser einen (sei es auch fehlerhaften) titulus collatus a legitimo superiori hat und ein communis error besteht[54].

Daß letzterer nicht genügt, erläutert er an einem von ihm begutachteten Fall (n. 63): Ein Stadtrat hatte den abwesenden Pfarrer durch einen simplex sacerdos ersetzt, der während seiner zweijährigen Amtsführung von allen als verus parochus angesehen wurde. Die Ehen seien ungültig und neu einzugehen quia defuit titulus in parocho illo praesumpto collatus a legitimo superiore Ecclesiastico; doch seien die Kinder wegen des guten Glaubens der Eltern ehelich.

Durchgesetzt hat sich freilich die im 16. Jh. aufgekommene Lehre, wonach der communis error genügt, weil die Kirche für den inneren und äußeren Bereich die fehlende Leitungsgewalt durch Delegation ersetzt. Sie wurde durch can. 209 CIC 1917 offiziell in Geltung gesetzt und gilt heute nach can. 144 CIC 1983, wobei die schwierige Verweisung auf can. 1111, § 1 ihre Anwendbarkeit auch in Fällen fehlender Trauvollmacht sichert. Zu beachten bleibt jedoch, daß auch diese Lehre auf den alten Fundamenten fußt: *Suarez,* der sie zur Beichte erstmals entwickelte, hat als wesentlich hervorgehoben: ... re vera illam (sc. jurisdictionem ad ministrandum hoc sacramentum) habere ex tacita Ecclesiae concessione. Hoc autem ita esse, fundari potest, quia est hoc principium jure receptum, ut qui communi existimatione et opinione magistratum gerit, licet in re ipsa munus illud vero titulo non obtineat, nihilominus gesta ejus valeant, propter commune bonum, juxta l. Barbatius, ff. de Offic. Praetoris[55].

---

[52] *Fedele* (Fn. 1), S. 363ff.

[53] *Thomas Sanchez,* Disputationum de Sancto matrimonii sacramento, 1619, Lib. III, disp. XXII n. 1 - 65 (S. 279ff.). Er gibt den Text (ohne den Pomponius betreffenden Teil) wieder und weist u.a. auf C.7.45.2 hin.

[54] Qu. 7 n. 60: Si autem titulum habuit a legitimo superiori, invalidum tamen ob vitium occultum, valet matrimonium. Quia dum adest communis illa ignorantia, veram parochi in utroque foro iurisdictionem habet . . . (61) Et hoc quidem verum est, quamvis contrahentib. notum sit illum vero parochi titulo carere: quia . . . etiam respectu scientium tituli nullitatem valent gesta, dum adest communis error.

[55] *Francisco Suarez* (gestorben 1617), Opera omnia (hrsg. von Berton), 22, 1856, S. 555 (De sacramentis confessionis, disp. XXVI, sect. VI n. 7). Vgl. dazu *Fedele* (Fn. 1), S. 368ff.

2. *Frankreich*

Im Jahre 1792 wurde in Frankreich die obligatorische Zivilehe eingeführt; der Code civil [Cc] von 1804 hat sie übernommen, Art. 74ff., 165ff. Cc[56]. Seitdem muß die Ehe nach einem mindestens zehn Tage vorangehenden Aufgebot am Wohnsitz oder Aufenthaltsort eines der Partner vor dem zuständigen Standesbeamten im Beisein von mindestens zwei Zeugen öffentlich geschlossen werden, Art. 75, 165 Cc.

Die berühmte affaire des mariages de Montrouge brachte das Problem: Der als Standesbeamter zuständige Bürgermeister von Montrouge hatte sich von einem Gemeinderat mehrfach vertreten lassen. Dieser hatte im Februar 1882 die Eheleute B und E und im August die Eheleute P getraut. Es stellte sich heraus, daß er wegen Verletzung der Reihenfolge der Vertreter im Amt nicht der zuständige Standesbeamte gewesen war. Die vom Staatsanwalt erhobene Nichtigkeitsklage war in erster Instanz erfolgreich, was heftige Diskussionen auslöste. Die Eheleute B erreichten die Aufhebung des sie betreffenden Urteils in der Berufungsinstanz. Dagegen ließen die Eheleute E und P die gegen sie ergangenen Urteile rechtskräftig werden; doch wurden diese Ehen auf die Kassationsbeschwerde hin, die der Generalstaatsanwalt auf Weisung des Justizministers einlegte, für gültig erklärt[57].

Die Schwierigkeit des Falles bestand in folgendem: Art. 192 Cc sieht für Verstöße gegen wesentliche Bestimmungen zum Aufgebot und zur Dispenserteilung Geldstrafen gegen die Beteiligten vor. Art. 193 Cc erstreckt diese Sanktion auf Verstöße gegen die in Art. 165 Cc festgesetzte Öffentlichkeit des Eheschlusses vor dem Standesbeamten des Wohn- oder Aufenthaltsorts, sofern diese Verstöße nicht als so schwer zu beurteilen sind, daß sie zur Vernichtbarkeit der Ehe führen. Demgegenüber bestimmt Art. 191 Cc schlechthin die Vernichtbarkeit jeder Ehe, die nicht öffentlich vor dem officier compétent geschlossen ist. Doch leitet die Rechtsprechung aus Art. 193 Cc entgegen dem Wortlaut der Vorschrift die Befugnis ab, auch in den Fällen des Art. 191 Cc (Kompetenzmängel) die Vernichtbarkeit von einer Würdigung des jeweiligen Einzelfalles abhängig zu machen[58]. Die noch heute viel zitierte und allgemein gebilligte Entscheidung des Kassationshofs zu den Ehen von Montrouge stellt einen entscheidenden und charakteristischen

56 *Friedberg* (Fn. 51), S. 558ff., 569ff. (510, 535, 541, 543 zu früheren Ansätzen, 1787 fakultativ für Protestanten); *Hermann Conrad,* ZRG GA 67 (1950), S. 336, 353ff.

57 Cass. civ. 7. 8. 1883 Sir. 1884, I S. 5; 1. Instanz: Trib. civ. de la Seine 23. 2. 1883 ebd., S. 10; 2. Instanz: Cour de Paris 20. 8. 1883 ebd., II S. 20. – Bericht schon bei *Otto Fischer* (u. Fn. 68), S. 266f.

58 *Gabriel Marty / Pierre Raynaud,* Droit civil, I/2, 2. Aufl. 1967, S. 129f.; *Marcus Lutter,* Das Eheschließungsrecht in Frankreich, Belgien, Luxemburg und Deutschland, 1963, S. 167f., 181f., zugleich (S. 171f., 182f.) zu den Fällen der Überschreitung der Bezirksgrenzen, in denen man den Eheschluß als gültig ansieht, sofern die Verlobten nicht bewußt gegen die gesetzliche Regelung verstießen.

Schritt auf diesem Wege dar: Die Verletzung von öffentlichrechtlichen Bestimmungen zur Bestellung des Vertreters im Amt wurde für nicht so gewichtig erachtet, daß sie die Nichtigkeit der Amtshandlungen nach sich ziehen müßte.

„Il n'est pas discutable que la décision soit directement inspirée du principe Error communis facit jus" bemerken *Roland / Boyer*[59] dazu. In der Tat hat der conseiller rapporteur seinerzeit mit allem Nachdruck hervorgehoben: „Vous vous rappelez la célèbre loi 3 . . ., la loi Barbarus Philippus. Ulpien y a érigé en principe de droit la maxime de bon sens et de nécessité sociale: error communis facit ius". Es folgen Ausführungen zu dieser lex, Hinweise auf Inst. 2.10.7 (o. III 2) und jurisconsultes les plus éminents, die sich für die aktuelle Geltung der Regel aussprechen; später wird die lex Barbarius nebst der Glosse im Wortlaut wiedergegeben, und der Schlußappell lautet: „Interpreter la loi dans un sens large, humain, suivant la belle expression romaine, c'est une grande mission, c'est celle de la Cour suprême"[60].

3. *England*

Auch in England hatten die klandestinen Ehen zu schweren Übelständen geführt[61]. Zur Sicherung der Publizität bestimmte deshalb 1753 der Lord Hardwicke's Act, die Ehe könne grundsätzlich nur nach dreimaligem Aufgebot in der Gemeindekirche einer der Parteien vor einem Geistlichen und in Gegenwart zweier Zeugen nach anglikanischem Ritus wirksam geschlossen werden. Damit konnte das hier interessierende Problem auch in England auftreten. Da überdies für noch nicht einundzwanzigjährige Brautleute das Erfordernis der elterlichen Einwilligung festgeschrieben wurde, wichen die Paare in der Folgezeit immer häufiger nach Schottland aus, wo das vortridentinische Eherecht (bis 1940) weitergalt. Allerdings mußte der Konsens vor einem Zeugen erklärt werden.

Die starke Zunahme der „Gretna Green Marriages", benannt nach der ersten Ortschaft hinter dem Hadrianswall, wo meist der Schmied als Trauzeuge fungierte, löste den Marriage Act von 1823 aus. Dieser erhielt zwar die

---

59 *Roland / Boyer* (Fn. 41), S. 281.

60 Sir. 1884, I S. 10, 13, 16f. – Auch *Labbé* stützt sich in seiner Urteilsanmerkung (ebd., S. 5, 8) auf die Quellen und die Rechtsregel, meint aber, sie gingen nicht weit genug, weil sie keine Sicherheit für die Zukunft gäben. Er hebt am Ende hervor: „Il faut traiter humainement les choses humaines". – Zu den Entwicklungen bei der Putativehe (Art. 201 Cc) s. *Ulrich Steding,* Der rechtl. Schutz nichtstandesamtlich geschlossener Ehen, 1985, S. 91ff.

61 *Friedberg* (Fn. 51), S. 335ff., 444ff. – Zur englischen Rechtsentwicklung eingehend vgl. S. 39ff., 47ff., 309ff., 346ff., 370ff., 409ff., dazu *Dieter Giesen,* Grundlagen und Entwicklung des engl. Eherechts in der Neuzeit, 1973, S. 311ff., 561ff., 567ff. und etwa *Bromley's* Family Law, 6. Aufl. 1981, S. 35ff.

Formerfordernisse für den Eheschluß im wesentlichen aufrecht, ließ die harte Nichtigkeitssanktion aber nur bei Kenntnis eingreifen, wenn beide Parteien „knowingly and wilfully" die Ehe vor einer person not in holy orders eingegangen waren. Auch durch die Einführung der fakultativen Zivilehe (1836), die Gestattung des Eheschlusses vor einer authorised person (1898) und die spätere Gesetzgebung bis hin zu den Reformen von 1969/70 änderte sich daran nichts mehr. Daß diese klare Lösung zugunsten des Vertrauensschutzes von den römischen Quellen und den kanonistischen Lehren beeinflußt ist, wird man vermuten dürfen[62].

4. Deutschland

In Preußen wurde 1874, in Deutschland 1875 die obligatorische Zivilehe eingeführt[63]. Das Problem des „Scheinstandesbeamten" wurde von Anbeginn an bedacht. Über zwei Fallgruppen bestand schon zu Anfang Einigkeit: Wenn der Standesbeamte, weil keiner der Verlobten den Wohnsitz oder gewöhnlichen Aufenthaltsort in seinem Bezirk hat, zwar nicht zuständig ist, die Ehe aber vor ihm geschlossen wird, so steht das der Wirksamkeit nicht entgegen. Dies ist über §§ 42 Abs. 2 PersStG 1875, 1320 Abs. 1 BGB 1900 und § 19 Abs. 1 EheG 1938 zur Aussage des heutigen § 15 Abs. 1 EheG geworden. Des weiteren bestand Einigkeit darüber, daß in Fällen wie denen der Ehen von Montrouge eine formgültige Ehe zustandekommt, also wenn „eine als Stellvertreter eines Standesbeamten für einen bestimmten Bezirk ernannte Person innerhalb dieses Bezirks bei einer Eheschließung mitwirkt, obgleich eine Veranlassung, als Stellvertreter einzutreten, nicht vorlag"[64].

Ungewißheiten bestanden dagegen vor allem beim Handeln außerhalb des Amtsbezirks, aber auch bei dem zunächst kaum diskutierten (vom intrusus her aber geläufigen) Fall fehlender Bestellung. Zur ersten Fallgruppe bestimmte § 1245 Abs. 1 E I (im Anschluß an § 28 Abs. 2 VorE): „Wenn ein Standesbeamter außerhalb seines Amtsbezirks . . . als Standesbeamter handelt, so gilt er nicht als Standesbeamter". Zugrunde lag dem der Gesichts-

---

[62] Die bei *Jos. Jackson*, The Formation and Annulment of Marriage, 2. Aufl. 1969, S. 167 Anm. 3 aus der Zeit vor 1823 angeführten Urteile sind insoweit unergiebig. Doch wird die Annahme schon durch die seit langem etablierte Doktrin vom de facto officer (vgl. dazu unten Fn. 81; Bericht der einschlägigen Rechtsprechung seit 1431 in State v. Carroll [1871] [38 Conn. 449] 9 American Reports, S. 409, 415 ff.) gestützt.

[63] § 41 PersonenstandsG v. 6.2.1875 (RGBl. S. 23); § 24 Preuß. G. v. 9.3.1874 (GS. 95), dazu *Hermann Conrad*, in: Festschrift H. Lehmann 1, 1956, S. 113 ff.; zum Kampf um die Übernahme ins BGB s. *Conrad*, Hist. Jahrb. 72 (1953), S. 474 ff.

[64] So schon (im Anschluß an *Petersen*, Hausers Zeitschrift für Reichs- u. Landesrecht 3, 1877, S. 8 f.) § 28 Abs. 2 Vorentwurf, s. Vorentwürfe der Redaktoren zum BGB, hrsg. von *Werner Schubert*, Familienrecht 1, 1983 (aus 1875 - 1888), S. 292 (neue Zählung); sodann 1. Komm. bei *Horst Heinrich Jakobs / Werner Schubert*, Die Beratung des BGB, §§ 1297 - 1563 (1987), S. 97; Motive IV, S. 37 (zit.).

punkt, daß der für einen bestimmten Bezirk bestellte Beamte außerhalb seines Bezirks nur die Eigenschaft eines Privatmannes hat[65].

Doch setzten sich gegenüber dieser doktrinären Erwägung die historischen Erfahrungen wieder durch. Die 2. Kommission schuf den § 1319 BGB 1900, indem sie einen Antrag *Struckmanns* übernahm und durch das Erfordernis mangelnder Kenntnis ergänzte: „Als Standesbeamter im Sinne des § 1317 gilt auch derjenige, welcher, ohne Standesbeamter zu sein, das Amt eines Standesbeamten öffentlich ausübt, es sei denn, daß die Verlobten den Mangel der amtlichen Befugnis bei der Eheschließung kennen"[66]. Dies ist in Art. 113 ital. Cc übernommen worden. Im § 15 Abs. 2 EheG 1938 wurde allerdings das subjektive Erfordernis mit der Begründung, die unbefugte Amtsausübung müsse ihren Niederschlag in den Registern finden, durch das objektive Tatbestandsmerkmal ersetzt, daß der Scheinstandesbeamte die Ehe in das Familienbuch (jetzt Heiratsbuch) eingetragen hat; dies gilt nach § 11 Abs. 2 EheG noch heute[67].

Den entscheidenden Schritt hatte jedoch die 2. Kommission getan – offensichtlich unter dem Einfluß einer Studie *Otto Fischers*. Dieser hatte auf die lex Barbarius, den parochus putativus, die Ehen von Montrouge und auf mehrere bedenklich entschiedene Fälle der jüngeren Praxis hingewiesen, in denen Standesbeamte außerhalb ihres Bezirks oder vor ihrer Bestellung gehandelt hatten, und er hatte daraufhin gefordert: „Noch nothwendiger ist aber die Aufstellung des Rechtssatzes, daß eine Eheschließung nicht nichtig ist, wenn sie ein Nichtstandesbeamter, der öffentlich für den Standesbeamten gehalten wurde, vorgenommen hat"[68].

Daß die 2. Kommission hieran anknüpfte, ist an ihrer Diskussion, in der auch der parochus putativus aufscheint, gut erkennbar[69]. Das Ergebnis ist, daß mit dem Abstellen auf die öffentliche Ausübung des Amtes eines Standesbeamten nunmehr der Vertrauensschutz auch auf die beiden verbliebe-

---

[65] VorE zu § 28 Abs. 2, s. Vorentwürfe (Fn. 64), S. 291; Motive IV, S. 36. Vgl. *Petersen* (Fn. 64), S. 7f. (mit ablehnendem Hinweis auf die französische Praxis, dazu o. Fn. 58). Demgemäß hat das KG angenommen, eine Ehe, die vor einem außerhalb seines Bezirks handelnden Standesbeamten geschlossen war, sei ungültig, Beschl. v. 5. 4. 1882, KGJ 4, 349f. = *Anton Reger,* Entscheidungen 4, S. 418f.

[66] Im gleichen Sinne wurde § 8 des Gesetzes betr. die Eheschließung . . . von Bundesangehörigen im Auslande v. 4.5.1870 (BGBl. 599) durch Art. 40 EGBGB neu gefaßt, vgl. Prot. VI, S. 588f.; *Karl F. Reatz,* 2. Lesung, S. 23.

[67] Begründung DJ 1938, 1104, dazu *Heinrich Lange,* AcP 145 (1939), S. 155f. – Ebenso § 15 Abs. 2 österr. EheG. – Es handelt sich um eine einschränkende Konkretisierung der öffentlichen Amtsausübung.

[68] Jher. Jahrb. 29 (1890), S. 248, 251ff., 266f., 282ff., 289ff. (S. 290 zit.). – Kurzbericht dazu in: Zusammenstellung der gutachtl. Aeußerungen, hrsg. vom Reichsjustizamt, IV, 1890, S. 33, was Prot. IV, S. 43 ausdrücklich zur Grundlage nimmt. – Siehe auch *Enneccerus / Wolff,* Lehrb. d. Bürgerl. Rechts, II/2/1 (Familienrecht), 1./2. Aufl. 1912, S. 67 Anm. 10: „Entscheidend dürfte der Aufsatz Fischers . . . gewirkt haben".

[69] Prot. IV, S. 43 - 47. Vgl. auch *Jakobs / Schubert* (Fn. 64), S. 106, 108.

nen Zweifelsfälle erstreckt wurde, den der fehlenden Bestellung und den des Handelns außerhalb des Amtsbezirks. Damit kann Ulpians Bilanz gezogen werden: Nihil eorum reprobari.

Ein Einzelfall ist das nicht. Beispielsweise sind Beurkundungen nicht deshalb unwirksam, weil der Notar sie außerhalb seines Amtsbezirkes vorgenommen hat, §§ 2 BeurkG, 11 Abs. 3 BNotO. Eine vergleichbare, allerdings die erhebliche Einschränkung eines allgemeinen Irrtums über die Distriktsgrenzen aufweisende Bestimmung enthält der Art. 981 des argentinischen Código civil von 1869. Daß diese Bestimmung in Anknüpfung an die lex Barbarius geschaffen ist, hat der Gesetzesredaktor *Vélez Sarsfield* ausdrücklich hervorgehoben[70]. Doch stehen wir damit schon vor einem weiteren Bereich.

VII. Weitere Spuren

1. Scheinbeamter

Daß in der lex Barbarius, wie insbesondere *Gothofredus*[71] hervorgehoben hatte, ein verallgemeinerungsfähiges Prinzip zum Ausdruck kommt, hat sich mit der fortschreitenden Verselbständigung des öffentlichen Rechts seit dem ausgehenden 19. Jh. erneut erwiesen. Häufig ist in der einschlägigen öffentlichrechtlichen Literatur auf die §§ 1319 a.F. BGB, 11 Abs. 2 EheG Bezug genommen worden, freilich meist im Hinblick auf deren weitestgehenden Anwendungsfall, daß ein Privatmann in der Rolle des Scheinstandesbeamten eine rechtswirksame Amtshandlung vornimmt[72]. Denn es versteht sich, daß grundsätzlich Handlungen von Privatpersonen, wie etwa die des Schusters Voigt als Hauptmann von Köpenick, keiner Verwaltungsbehörde zugerechnet werden können und damit „Nicht-Verwaltungsakte" sein müssen. Dies sind die klassischen Fälle des usurpator und des intrusus i.e.S., an die das ALR anknüpft[73] und denen man kennzeichnenderweise nur in Zeiten revolutionärer Umstürze die Anerkennung nicht versagt[74]. Doch

---

[70] In der nota zu Art. 981. Die Anmerkungen werden noch heute den Gesetzesausgaben beigefügt.

[71] Siehe oben Fn. 40; daneben etwa *Suarez* (Fn. 55).

[72] So etwa *Walter Jellinek,* Der fehlerhafte Staatsakt etc., 1908, S. 55 (mit deutlichem Unbehagen gegenüber dem „abnormen Rechtssatz"); *ders.,* Verwaltungsrecht, 3. Aufl. 1931, S. 271; *Julius Hatschek,* Lehrb. d. dt. u. preuß. Verwaltungsrechts, 5./6. Aufl. 1927, S. 98f.; *Ernst Forsthoff,* Verwaltungsrecht Allg. Teil, 10. Aufl. 1973, S. 234; *Hans-Uwe Erichsen / Wolfgang Martens,* Allg. Verwaltungsrecht, 8. Aufl. 1988, S. 180 Anm. 55.

[73] §§ 76, 77 II 10 ALR: „Niemand soll sich eigenmächtig der Verwaltung eines Amts anmaßen, wozu er von der vorgesetzten Behörde nicht angewiesen worden. – Wer dieses thut, und vermöge eines solchen Amts Handlungen vornimmt, zu welchen er nach den Gesetzen überhaupt nicht qualificirt ist, dessen Handlungen sind unkräftig".

[74] *W. Jellinek,* Verwaltungsrecht (Fn. 72), S. 272; *Forsthoff* (Fn. 72), S. 235 Anm. 1.

ist dies nicht mehr der Fall der lex Barbarius, in der es darum ging, daß eine unerkannt unwählbare Person mit Willen des Volkes in das Amt eingesetzt wurde. Ganz entsprechend bilden die Fälle fehlerhafter Bestellung den Hauptbereich der §§ 1319 a.F. BGB, 11 Abs. 2 EheG[75].

Der Gedanke des Vertrauensschutzes hat sich auch im heutigen Verwaltungsrecht durchgesetzt[76]. Reichsrechtlich bestimmte erstmals § 34 des Deutschen BeamtenG v. 1937, daß, wie es in der Amtlichen Begründung heißt, „aus Gründen der allgemeinen Rechtssicherheit . . . die Amtshandlungen von solchen, nach außen als Beamte erscheinenden Personen bis zu einem erkennbaren Zeitpunkt in der gleichen Weise gültig sein sollen, wie wenn sie ein Beamter ausgeführt hätte“[77]. Im Anschluß daran läßt § 14 BBG 1953/1977 bei nichtiger oder zurückgenommener Ernennung die Amtshandlungen des Ernannten bis zum Verbot der Führung weiterer Dienstgeschäfte oder bis zur Zustellung der Rücknahmeerklärung in gleicher Weise gültig sein, wie wenn sie ein Beamter ausgeführt hätte. Die Landesbeamtengesetze enthalten entsprechende Regelungen, z.B. § 14 LBG NW, und die einschlägigen Kommentierungen betonen übereinstimmend, daß dies im Interesse der Rechtssicherheit und des Schutzes betroffener Dritter gelte. Darüber hinaus ist man sich darüber einig, daß überhaupt, auch soweit ausdrückliche Regelungen wie § 14 BBG fehlen, die Rechtsunwirksamkeit der Bestellung des handelnden Amtsträgers in der Regel kein Nichtigkeitsgrund ist[78].

Eine der komplexen Ursachen auf diesem Wege hin zum „Scheinbeamten“ wird durch den „Scheinstandesbeamten“ des § 1319 a.F. BGB gesetzt sein[79]. Eine andere wird in dem schon in der Weimarer Zeit herausgebildeten haftungsrechtlichen Beamtenbegriff liegen, für den es ebenfalls nur darauf ankommt, daß „jemand in Ausübung eines ihm anvertrauten öffentlichen Amtes die ihm einem Dritten gegenüber obliegende Amtspflicht“ verletzt (Art. 34 S. 1 GG). Neben weiteren Gründen, etwa der Überwindung absolutistischer Staatsvorstellungen, wird eine der Ursachen schließlich auch in der Anknüpfung an fremde Rechtsordnungen, insbesondere an das

[75] Was auch in der verwaltungsrechtlichen Lit. gesehen wird, vgl. *W. Jellinek* (Fn. 72), S. 271, 272.

[76] Maßgeblich seinerzeit *Jellinek* (Fn. 72); *Ernst v. Hippel,* Untersuchungen zum Problem des fehlerhaften Staatsaktes, 1924, 2. Aufl. 1960, insbes. S. 72ff. – Vgl. etwa auch *Hatschek* (Fn. 72), S. 99.

[77] Abdr. bei *Schneider / Eggerdinger / Schubnell,* Deutsches Beamtengesetz 1937, 2. Aufl. 1942, S. 402.

[78] Woran die Verwaltungsverfahrensgesetze nichts geändert haben, s. *Ferdinand Kopp,* VerwaltungsverfahrensG, 4. Aufl. 1986, § 44 Rz. 13 m.w.N.

[79] Auch bei einem aufsehenerregenden Fall, der sich 1914 ereignete, wurde die Norm diskutiert: Ein steckbrieflich gesuchter Hochstapler war unter dem Namen Dr. jur. Alexander zum 2. Bürgermeister der Stadt Köslin gewählt worden; man stritt um die Wirksamkeit seiner Amtshandlungen. Doch war seine Bestellung in formell richtiger Weise erfolgt. Siehe dazu BAmt f. d. Heimatwesen, DJZ 1914, S. 884f.; *Gerhard v. Buchka* ebd., S. 851ff.; *Jellinek* (Fn. 74), S. 272 m. Anm. 4.

französische Verwaltungsrecht, zu erblicken sein, wo sich mit dem „fonctionnaire de fait“[80] (vergleichbar wie im anglo-amerikanischen Recht mit dem „de facto officer“ und im italienischen mit dem „funzionario di fatto“[81]) schon früh eine unzweifelhaft vom römisch-kanonischen Recht inspirierte Figur entwickelt hatte, die die weitreichende Aufrechterhaltung von Handlungen unwirksam bestellter Amtspersonen impliziert.

Wie zum Beamten stellt sich das Problem auch zum Notar, und es findet sich auch hier die schon beim praelatus intrusus i. w. S. beobachtete Abgrenzung (o. nach Fn. 47): Gleichgültig ob die Ernennung erschlichen oder von unrechtmäßiger Staatsgewalt bewirkt ist, „der Billigkeit entspricht es, daß in diesen beiden Fällen, in denen der Notar doch von der Staatsgewalt tatsächlich ernannt ist und von der Bevölkerung als öffentlicher Notar angesehen werden *mußte,* die Beteiligten geschützt werden müssen . . . Anders ist die Rechtslage, wenn sich jemand fälschlich für einen Notar ausgibt. Die Beurkundung eines solchen Scheinnotars ist *nichtig*“[82]. Aufgrund des § 50 BNotO von 1961 steht heute fest, daß ein einmal bestellter Notar bis zu seiner Amtsenthebung wirksam beurkundet, mag es auch an wesentlichen Voraussetzungen für die Ernennung gefehlt haben. Anders soll es nur sein, wenn nicht einmal die Bestallungsurkunde ausgehändigt worden sei, weil der Bewerber dann überhaupt nicht Notar werde[83].

---

[80] Deutlich *v. Hippel* (Fn. 76), insbes. S. 73ff. pass., der hier vor allem an *Jèze* anknüpft und auch die Ehen von Montrouge erwähnt. *Jèze,* Les principes généraux du droit administratif, 3. Aufl. 1926, bringt das Beispiel des fehlerhaft bestellten Standesbeamten und weist nachdrücklich auf die verschiedenen zivilrechtlichen Wurzeln hin. – Cour d'Alger 22.2.1858: „La capacité putative d'un fonctionnaire supplée la capacité réelle“ (bei *Roland / Boyer* [Fn. 41], S. 282).

[81] S. *K. Richard Wallach,* De facto office, in: Political Science Quarterly 22 (1907), S. 460ff. (S. 463 m. w. N.: „Thus it is seen that the courts of England and of the United States both lay down the rule that in determining whether a man is a usurper, whose official acts are absolutely null and void, or a de facto officer, whose acts have the force of de jure acts in all except direct proceedings, dependence is placed simply upon the sufficiency of the color of title to his office“; überall evidente Anlehnungen an das Kirchenrecht); *H. W. R. Wade,* Administrative Law, 4. Aufl. 1977, S. 287ff. Vgl. auch oben Fn. 62. Für Italien s. *Lucifredi* (Fn. 1), S. 117ff.; *Miele,* NNDI 7, 1961, S. 685 s. v. Funzionario pubblico. – Die lex Barbarius taucht z.B. in einer Entscheidung des Consiglio di Stato v. 3.10.1919 auf, Giurispr. It. 1920, III, S. 31, 33 (in einem Zitat aus *Voet*).

[82] *Hermann Oberneck,* Das Notariatsrecht der deutschen Länder, 8./10. Aufl. 1929, S. 14, unter Berufung auf *Karl F. Rietsch,* Hdb. der Urkundwissenschaft, 2. Aufl. 1904, S. 233, der auf D.1.14.3 hinweist und § 1319 BGB 1900 verallgemeinern will. Übrigens nennt schon *Gothofredus* (Fn. 40) den Notar. – In Frankreich gilt für den Fall der incompétence und der incapacité der Urkundsperson, daß die ausgestellten Urkunden als private aufrechterhalten werden, sofern sie von den Parteien unterschrieben sind, Art. 1318 Cc, ebenso Art. 1223 span. Cc, Art. 987 argentin. Cc. Hierzu ist unter Berufung auf die lex Barbarius angenommen worden, wenn die fehlerhafte Bestellung vom Staat veranlaßt sei, müsse die Urkunde als öffentliche anerkannt werden, *García Goyena* (Fn. 86), S. 637f.

[83] Vgl. *Herbert Arndt,* Bundesnotarordnung, 2. Aufl. 1982, § 5 A. II 1, § 50 A. II 1.2. – Für den theoretischen Fall, daß ein Bewerber dennoch von der Landesjustizver-

2. *Putativzeuge*

Weiterverfolgen lassen sich verschiedene andere Spuren, etwa zum Putativvormund, zu dem das BGB einer klaren Entscheidung ausgewichen ist[84], bis hin zum Putativzeugen. Nach C.6.23.1 und Inst.2.10.7 (o. III 2) führte es nicht zur Nichtigkeit des Testaments, wenn unerkannt ein Sklave als Zeuge hinzugezogen war. Das vergleichbare Problem stellte sich in Frankreich durch Art. 980 Cc, wonach die beiden Testamentszeugen volljährige französische Staatsbürger sein müssen. Unter Berufung auf die erwähnten Quellen nebst der lex Barbarius und auf die daraus gebildete und schon im ancien droit geltende Parömie error communis facit ius wird dazu in feststehender Rechtsprechung entschieden, daß die Hinzuziehung eines Ausländers oder eines Minderjährigen nicht schadet, sofern dieser nur allgemein als französischer Staatsbürger oder Volljähriger angesehen werde[85]. Daß man daran unter Einbeziehung der antiken Quellen in Spanien und in Lateinamerika angeknüpft hat, zeigt sich auch hier[86]. Der deutsche Gesetzgeber hat das Problem, das früher insbesondere hinsichtlich derer bestand, denen die bürgerlichen Ehrenrechte aberkannt waren, dadurch überwunden, daß er den Ausschluß untauglicher Testamentszeugen nur durch eine Sollvorschrift angeordnet hat[87].

3. *Entscheidungskonstanz*

Seit Ulpians Entscheidung zum Fall des Barbatius Philippus hat sich als Konstante herausgebildet, daß Mängel bei der Bestellung einer Amtsperson die Wirksamkeit ihrer Amtsakte nicht beeinträchtigen. Die Bestellung bildet – wie die Veranlassung bei den zivilrechtlichen Rechtsscheintatbestän-

---

waltung zur Aufnahme der Amtstätigkeit veranlaßt wird, wird jedoch die Gültigkeit der Amtshandlungen zu bejahen sein. – Vgl. zum Notarvertreter § 44 Abs. 2 BNotO.

[84] Siehe immerhin §§ 115 Abs. 1 S. 2 BGB, 32 FGG. Vgl. dazu Vorentwurf Familienrecht 2 (Fn. 64), S. 1058ff.; 3, S. 716ff., 814; Mot. IV, S. 1081; Prot. IV, S. 753f. Zum Problem s. BGH FamRZ 1956, S. 379 (zu § 47 JWG a.F., jetzt § 1791a BGB): § 32 FGG analog. – In Frankreich ist der unrechtmäßig bestellte tuteur putatif einer der Hauptanwendungsfälle der Regel vom error communis, s. *Roland / Boyer* (Fn. 41), S. 282.

[85] Siehe etwa *M. Merlin,* Répertoire de jurisprudence 33, 5. Aufl. 1828, S. 65ff., s. v. Témoin instr. § 2 III 26 m. ält. N.; Cass. civ. 6.5.1874 Dalloz 1874, S. 412ff. (cons. *Conelly* m.w.N.) [jeweils v. fr. 14.3 ausgehend]; Cass. civ. 20.10.1970 Dalloz 1971, S. 201 (cons. *Dedieu*), Cass. civ. 16.5.1979 Dalloz 1980, S. 141.

[86] Siehe nur *García Goyena* Concordancias, motivos y comentarios del Código civil español, 1852 (Nachdr. 1974), zu Art. 590 (vgl. Art. 681 span. Cc), S. 319, und Art. 3697 argentin. Cc („Un testigo incapaz debe ser considerado como capaz, si ségun la opinión común, fuere tenido como tal") mit nota.

[87] Siehe zum § 2237 BGB 1900 Mot. V, S. 266ff., weitergehend Prot. V, S. 335 (zum Schutze der Sicherheit der Testamente), VI, S. 570f., sodann zusätzlich erweiternd § 10 TestG v. 1938 (u.a. auch bei geisteskranken oder des Deutschen nicht hinreichend mächtigen Zeugen), § 2237 BGB i.d.F. von 1953, nunmehr § 26 BeurkG v. 1969 (mit Einschränkung für den Schreibzeugen).

den – den Zurechnungsgrund. Beim Eheschluß, einem Fall existentieller Entscheidung, hat dieser Zurechnungsgrund Einschränkungen erfahren, wie ja auch bei den Rechtsscheintatbeständen, etwa bei der Anscheinsvollmacht, das Kriterium der Veranlassung ersetzt werden kann. Doch können diese und weitere Entsprechungen hier dahinstehen.

VIII. Schlußbemerkung

Rechtsentwicklungen verlaufen nicht geradlinig. Rechtsgedanken gelangen oft erst auf Umwegen zur Anerkennung. Unter veränderten Verhältnissen inspirieren sie neue Lösungen und Institute. Diese entwickeln im weiteren ihr Eigenleben. Je stärker eine Rechtsordnung alle Einzelmaterien regelt, desto mehr gilt dies. Den Überblick kann nur wahren, wer das leitende Prinzip erkennt. Aus der Entwicklung läßt es sich erschließen.

Rechtliche Wertungen sind durch Traditionen geprägt. Ererbtes muß erworben werden, wenn es besessen sein soll. Erst auf gesichertem Fundament kann Rechtspolitik sinnvoll sein.

Beispielhaftes in diesem Sinne hat der hochverehrte Jubilar in seinem weitgespannten wissenschaftlichen Werk geleistet, vor allem zum Verhältnis von Kirche und Staat, zur Rechtsgeschichte, Rechtstheologie und Rechtspolitik. Dafür ist der Dank ihm gewiß. Sicher ist er ihm auch für vielfaches anderes Wirken. Dazu zählt die tatkräftige Mithilfe bei dem Vorhaben, die römischen Rechtsquellen in neuer Übersetzung auch den Heutigen zugänglich zu machen – bleiben diese doch unersetzlich: Gratius ex ipso fonte bibuntur aquae[88].

---

[88] Ovid, Ex Ponto 3.5.18.

Literatur*

Friedrich Ebel — Andreas Fijal — Gernot Kocher, Römisches Rechtsleben im Mittelalter (Miniaturen aus den Handschriften des Corpus iuris civilis). Müller, Heidelberg 1988. 212 S.

I. Der Titel erweckt Neugier: Ist — wenn man unbefangen ein Genetivverhältnis von Bestimmungs- und Grundwort vermutet — ‚Römisches Leben des Rechts im Mittelalter' gemeint? Das wäre sonderbar. Eher möchte man deshalb annehmen, es handle sich um ‚Römisches Recht im Leben des Mittelalters', also in der damaligen Rechtspraxis. Doch trifft auch das nicht zu. Die
[658] Autoren erklären den Titel vielmehr wie folgt: „Das Corpus iuris civilis war der wichtigste Gegenstand der mittelalterlichen Rechtswissenschaft, der Lehre und Literatur, so daß ein Buch, welches illuminierte Handschriften des justinianischen Werkes vorstellt, wohl nicht ganz zu Unrecht den Titel ‚Rechtsleben im Mittelalter' in Anspruch nehmen darf ..." (S. 8/9).

II. Es ist ein ausgezeichneter Gedanke, mit den Möglichkeiten der modernen Drucktechnik Miniaturen aus den mittelalterlichen Handschriften zum Corpus iuris einem breiten Publikum zugänglich zu machen, und die wesentlich vergrößernden Reproduktionen sind, wie von vornherein zu unterstreichen ist, so vorzüglich gelungen, daß sie eine Augenweide für den Betrachter darstellen.

Die Autoren haben ihren Gedanken in der Weise verwirklicht, daß sie zunächst eine sehr gedrängte Einführung „Zur Geschichte und Bedeutung der Kodifikation Justinians" (S. 7—9) und in „Bedeutung und Typologie der Miniaturen" (S. 10/11) geben. Es folgen dann Miniaturen zu den Digesten[1]), zum Codex[2]), zu den Institutionen[3]), zum Authenticum[4]) und am Ende je eine zu den libri Feudorum (einen Belehnungsakt wiedergebend) und zur Summa Codicis des Azo (den Rechtsunterricht darstellend). Die rechtsseitig abgebildeten Miniaturen werden auf der linken Seite durch Ausführungen zu den einschlägigen Rechtsinstituten und -problemen sowie durch Beschreibungen erläutert. Den Abschluß des Werkes bildet ein Anhang, der aus der Zusammenstellung und Beschreibung der Handschriften, denen die Miniaturen entnommen wurden (S. 192, 193—196), besteht sowie aus einer Auflistung der einzelnen Miniaturen mit Größenangaben, aus einer Literaturübersicht und einem Glossar (S. 204—211) der lateinischen Fachausdrücke.

---

*) Zeitschrift der Savigny-Stiftung für Rechtsgeschichte, Romanistische Abteilung 107 (1990) 657 - 663.

[1]) Const. *Omnem* und zum jeweiligen Anfangstitel der 50 Bücher sowie zu D. 24, 3 *(Infortiatum)* und D. 35, 2, 82 *(Tres partes)* (S. 13—123).

[2]) Const. *Haec* und zum jeweils ersten (im Buch 11 zum zweiten) Titel der 12 Bücher (S. 125—153).

[3]) Const. *Imperatoriam* und zu den Eingangstiteln der Bücher 2—4 (S. 155 bis 163).

[4]) Jeweils zum Anfangstitel der neun Collationes (S. 166—183).

III. 1. Das Buch wendet sich offensichtlich an das breite juristisch interessierte Publikum. Dem Rechtshistoriker und — angesichts der Materie — insbesondere dem Romanisten vermittelt es deshalb außer der erwähnten Augenweide und gelegentlich einem interessanten Detail aus den Beschreibungen von Personen und Handlungen in den jeweiligen Miniaturen keine weiterführenden Erkenntnisse. Das ist bei einem populärwissenschaftlichen Werk auch kaum zu erwarten und auch nicht zu beanstanden. Freilich trägt, wer das Fach der allgemeinen Öffentlichkeit nahezubringen unternimmt, eine Verantwortung, die — soll (außer dem des Autors) das Ansehen des Fachs nicht Schaden nehmen — nicht auf die leichte Schulter zu nehmen ist. Die Dinge sollten leicht verständlich und sie müssen vor allem korrekt dargestellt werden. In dieser Hinsicht weist das Werk leider sehr erhebliche Defizite auf. Drei Bereiche sind hervorzuheben, Mängel in der Sprache, in der Sache und in der Zuordnung.

2. Die Fehler in der lateinischen Rechtssprache sind nach Art und Umfang erschreckend. Es genügt eine Auswahl: Auf S. 34 ist von *peridia rustica* (statt *praedia*) die Rede, ebenso im Glossar (S. 210), wo dazu die ‚Erläuterung' gegeben wird: ‚auf Grundstücke bezogene Eigentumsklage'. Auf S. 66 wird eine *lex Iulia de fundo ‚dotalis'* (ebenso S. 208) auf ‚italienische' Grundstücke bezogen (S. 208 generell auf ‚Dotalsachen'). Als Legatsformeln werden (S. 78) angeführt: *Titio ‚nominem' Stichum do lego; heres meus Lucio Titio Stichum servum meum dare damnas esto*. Dazu wird auf S. 207 die Übersetzung geboten: „Mein Erbe soll verpflichtet sein, Lucius Titius meinem Sklaven Stichus zu geben"! [659]

Auf S. 112 lernt man eine *‚actio ex stipulatio'* kennen, wozu sich im Glossar (statt der quellenmäßigen *actio ex stipulatu*) immerhin eine *actio ex stipulatione* findet, freilich mit der überraschenden Verallgemeinerung ‚in den Digesten auch *actio dotis* genannt' (S. 204)[5]). Das 47. und 48. Buch werden auf S. 118 dem Leser zweimal als die *‚libri terribles'* vorgestellt (ebenso S. 208). Der Titel C. 2, 1 soll sich auf die *‚actiones editio'* beziehen (S. 130), der Titel C. 3, 5 soll *ne quis in sua causa ‚iudicat', vel ‚in suis' dicat* (statt *iudicet vel sibi ius dicat*) lauten (S. 132).

Auf S. 156 wird zu den Institutionen wiederholt die Einführungskonstitution *‚Imperatioram'* genannt (ebenso S. 206, dort mit der Kennzeichnung: Titel der Einleitung der Institutionen). Offenbar ist durch die vorgestellte Miniatur auch der Finalsatz im pr. dieser Const. *(ut utrumque tempus et bellorum et pacis recte possit gubernari)* beeinflußt: „damit zu beiden Seiten — Krieg und Frieden — richtig regiert werden kann". Schließlich unterläuft auf derselben Seite (ebenso S. 208) noch ein Lapsus zur berühmten Definition der Rechtswissenschaft *(‚humanorum' rerum notitia)*. Auf S. 158 (und S. 209) ist von allen Tieren *quae in ‚terri' mari caelo nascuntur* die Rede, S. 160 (zu Inst. 3, 1, 1) davon, daß *‚Intestarum' hereditates ‚et' lege duodecim tabularum primum ad suos heredes pertinent*, und von einer „Intestarerbfolge". *Furtum manifestum* ist „öffentlicher Diebstahl" (S. 162, 207). Der Titel von Nov. 89 *(Quibus modis naturales efficiuntur sui ...)* wird S. 178 übersetzt: „Auf welche Art natürliche Kinder ‚Freie'

[5]) Korrekter wird der Zusammenhang auf S. 66 (zur *actio rei ‚uxoria'*) dargestellt.

werden ..." Zugleich wird zu Nov. 91[6]) der Titel *De immensis donationibus in ‚filibus‘* vorgestellt. Im Glossar finden sich unter anderem eine *actio publicana*, ein *arbor actionus*, eine *pars legitia*, verringert Zinnober *(minium)* sich zu *minimum* und wird (S. 208 l. Sp.) die Sigle dni (= *domini*) mit ‚würdig‘ übersetzt, also als *digni* aufgelöst.

3. Die sachlichen Mängel beruhen teils auf fehlerhaften oder unkundigen Übersetzungen, teils auf Mißverständnissen, teils auf inkorrekter Darstellung. Fehlerhaft übersetzt sind viele der Titel, etwa D. 7, 1 (Nießbrauch „und auf welche Art man diesen zieht", S. 28); Nov. 46 (Die Veräußerung und „Bezahlung" kirchlicher Grundstücke statt: Erfüllung mit kirchlichen Grundstücken, S. 174); Nov. 118 (Die gesetzlichen Erben und „die Nachfolger der Seitenverwandten" statt: Aufhebung des Erbrechts der Seitenverwandten im Mannesstamm, S. 182)[7]).

[660] Argen Mißverständnissen begegnet der Leser etwa auf S. 26, wo von „amtlichen Eigentumsformen" die Rede ist (amtsrechtlichen?), und auf S. 106, wo man erfährt: „Nach Festlegung des Streitgegenstandes in der Prozeßformel ... erteilt der Magistrat den Parteien ein Gerichtsurteil *(iudicium dare)*, dem sich diese im voraus unterwerfen *(litis contestatio)*". Sodann wird aus der *exc. rei iudicatae* eine *exc. rei vindicatae* gebildet, zu der im Glossar (S. 207) die Erklärung ‚Einrede der bereits verfolgten Sache‘ beigesteuert wird. — Von Unverständnis zeugt auch die Erklärung: Der Erbe war wegen des *fideicommissum hereditatis* verpflichtet, dem Nachfolger die Erbschaftsgegenstände herauszugeben „und die Erbschaft mit den *stipulationes emptae et venditae hereditatis* zu verkaufen" (S. 92)[8]). — Auf S. 156 wird erklärt, die Institutionen seien „vergleichbar mit dem heutigen ‚allgemeinen Teil‘ moderner Gesetzbücher". Zwar ist das akzeptabel, soweit es um das System geht[9]) (doch wird das nicht gesagt); im übrigen aber ist dieser Vergleich verfehlt, wie ein Blick in die Institutionen oder auf die §§ 4, 5 Const. *Imperatoriam (totius legitimae scientiae prima elementa)* zeigt.

Mangelnde Vertrautheit mit der Materie tritt dem Leser auch im Glossar entgegen, wenn ihm als Erklärungen etwa angeboten werden: „Authenticum, Teil des Volumen ...; *bonae fidei iudicium,* Urteil nach bestem Wissen[10]); *fictus possessor*, erdachter Besitzer; *iudicium stricti iuris,* Urteil streng nach dem Recht; *mancipium,* förmliche Übereignung ...; *mandati vel contra,* Gegenansprüche aus dem Auftrag; *noxae dedere,* Übergeben von Schadensersatz; *stipulatio,* ... förmliche Schuldfrage; *vindicatio servitutis,* Anspruch auf eine Dienstbarkeit" usw.[11]).

---

[6]) Nach der S. 9, 200 zugrunde gelegten Ausgabe von Schöll/Kroll aber Nov. 92.

[7]) S. des weiteren etwa D. 10, 1 (S. 34); 11, 1 (S. 36); 15, 1 (S. 44); C. 6, 1 (S. 138); Nov. 7 (S. 168); Nov. 74 (S. 176); Nov. 89 (S. 178); Nov. 98 (S. 180).

[8]) Die Formulierung bei Kaser, RP 1, 2. Aufl. 1971, 762, an den sich die Ausführungen anlehnen, ist nicht mißverständlich.

[9]) Vgl. Wieacker, Privatrechtsgeschichte der Neuzeit, 2. Aufl. 1967, 487f.

[10]) Besser S. 82: Freiere Klagen.

[11]) Etwas Rührendes hat, daß *homo* nur mit ‚Mensch‘ wiedergegeben (S. 207) und demgemäß die Formel des Vindikationslegats übersetzt wird: ‚Ich gebe und wende dem Titius letztwillig den (Menschen) Stichus zu‘ (S. 211).

Inkorrekte Darstellungen liegen etwa darin, daß zum *patrimonium* nur „persönliches Privateigentum des Herrschers" und zum *peculium* nur das Sondergut des Sklaven angeführt werden (S. 210)[12]). Zum „Kauf nach Juristenart" heißt es S. 50: „Verpflichtung und Verfügung waren abstrakt", was wohl nur mit Nichtwissen um die *traditio* zu erklären ist, und: „Die Preisgefahr ging regelmäßig beim mündlichen Vertrag auf den Käufer über", was den Leser fragen läßt, ob es sich denn bei einem schriftlichen Abschluß anders verhielt.

In der sehr schlichten Einführung (S. 7) ist zu erfahren, daß „zunächst das Zwölftafelgesetz (451/450 v. Chr.) die Grundlage des *ius civile* (bildete), neben welchem die Volksgesetzgebung *(leges)* und das *ius honorarium* der Magistrate standen" — als ob die *leges* nicht *ius civile* geschaffen hätten. Und weiter: „Die Blüte des Juristenrechts hängt eng mit der Verleihung des *ius respondendi* im Namen des Kaisers an hervorragende Juristen zusammen" — wobei „im Namen" wohl *ex auctoritate* wiedergeben und fälschlich auf den Verleihungsakt bezogen sein soll[13]). Die Verwunderung schlägt in Erheiterung um, wenn der Leser dann [661]
zur klassischen Jurisprudenz erfährt, daß „zu deren Vertretern u. a. die berühmten Juristen Sabinus, Pomponius, Salvius, Julianus, Papinianus, Modestinus, Paulus und Ulpianus gehört hatten". Mag auch nur ein Komma dem Juristen Salvius zur Existenz verhelfen, so muß nach allem Bisherigen das Versehen doch signifikant erscheinen. Im übrigen würde man bei einer (auf die Zitierjuristen ja nicht beschränkten) Aufzählung auch Labeo und Celsus erwarten. Aber vielleicht sollte man es umgekehrt sehen und anerkennend hervorheben, daß immerhin der berühmte *Idem* oder der kürzlich entdeckte ‚Inozenz' ausgelassen sind.

Einiges ist überhaupt unverständlich, etwa daß „der Mann der Frau auf deren *actio rei uxoriae* gewisse Rechte — offenbar ohne *exceptio* der Frau (...) — entgegenhalten konnte" (S. 68), daß, nachdem das erste Buch der Institutionen das Personenrecht behandelt, sich „das zweite mit dem dazugehörigen dritten Punkt, den Klagen" befaßt (S. 158) oder daß Azo „als Lehrer des römischen Rechts in Bologna (ab 1191) ... eine zweite Fassung (sc. der Codexsumme erstellte), die 1508/10 in Bologna vorlag" (S. 188)[14]).

4. a) Sogar bei der Zuordnung der Miniaturen sind Fehler unterlaufen. Auf S. 157 findet sich als Miniatur[15]) ein Doppelbild über der Const. *Imperatoriam.* Die Verfasser beziehen das obere Bild auf diese Konstitution, dies mit Recht. Das untere Bild — nach ihrer Beschreibung zeigt es „Geistliche mit Büchern vor der Mutter Gottes mit dem Jesuskind auf dem Schoß. Am rechten Bildrand der Kaiser mit Krone und Zepter" — beziehen die Autoren dagegen auf

---

[12]) Auf S. 44 findet sich zwar auch die Gleichsetzung Sklave/Gewaltunterworfener, doch ohne Präzisierung. Sonderbar dort die Assoziation: „Im gemeinen Recht wurde das römische *peculium* rezipiert, Sondervermögen waren Erbschaft und Mitgift".

[13]) Siehe S. 208: „wurde im Namen des römischen Kaisers an hervorragende Juristen verliehen".

[14]) Nach Weimar in Coing, Handbuch der Quellen und Literatur etc., 1, 1973, 202, woraus vermutlich geschöpft ist, ‚seit 1208—1210'.

[15]) Nds StuB Göttingen, Ms Jurid 27, f. 1r. (13./14. Jh.). Diese und die weiteren Angaben zu den Hss. nach den Angaben der Autoren.

den Institutionentitel 1, 1. Ein Anhaltspunkt ist dafür schwer erkennbar. Zumindest viel näherliegend ist die Annahme, daß in Anlehnung an den Bericht in Const. Imp. § 3 mit den drei „Geistlichen" die Verfasser der Institutionen gemeint sind, der im grünen Gewand Hervorgehobene also Tribonian sein soll. Daß sie das Werk dem Jesuskind, dessen Gebärde zu deuten bleibt, hinhalten, wird sich daraus erklären, daß die *Imperatoriam* ergangen ist *In Nomine Domini Nostri Jhesu Christi.*

b) Die auf S. 97 abgebildete Miniatur[16]) wird von den Autoren generell auf den Titel D. 38, 1 *(De operis libertorum)* bezogen und als Illustrierung der *actio operarum* verstanden. Auf dem Bild sitzt links der Richter. „Vor ihm stehen die Prozeßparteien. Der Kläger (Freilasser) deutet mit dem Zeigefinger der rechten Hand auf den rotgewandeten Beklagten (Freigelassenen mit weißer Haube), der bittend ... die Hände gefaltet hat. Hinter diesem eine blau gekleidete Person als weiterer Freizulassender ... Die Szene am rechten Bildrand ... den vom *libertus* versprochenen Dienst, Baumfällen, zeigt"[17]). — Die Miniatur steht
[662] jedoch nicht am Anfang des Titels D. 38, 1, sondern — wie der darüber befindliche Text erkennen läßt — offenbar unter einer Marginalglosse: *Quia aliae operae,* die zu D. 38, 1, 12 gehört. Aus diesem mit D. 38, 1, 10, 1 zu verbindenden Fragment ergibt sich, daß bei *operae officiales* ein *solutionis causa adiectus* (Lucius Titius) nicht wirksam bestellt werden konnte; leistet der *libertus* an ihn, wird er nicht frei, weil die dem Lucius Titius erbrachten Dienste andere sind als die dem Patron zu leistenden[18]). Danach ließe sich die Miniatur dahin deuten, daß der Patron[19]) die *actio operarum* anstrengt und der Freigelassene sich demgegenüber mit der Unschuldsgeste der gefalteten Hände auf die dem Lucius Titius erbrachten Tagewerke beruft. Es ist wohl kennzeichnend, daß dieser ganz dicht hinter ihm steht, ihm geradezu den Rücken stärkt. Mit dem Baumfäller könnte demgegenüber ein Beispiel für *operae fabriles* gegeben sein, für die die Bestellung eines *solutionis causa adiectus* anerkannt wurde (D. 38, 1, 23 pr.). Es käme also auf die Art der *operae* an — wozu die wohl fragende Gestik des Richters passen könnte.

c) Eine auf S. 25 abgebildete Miniatur[20]) ist ohne weiteres dem Titel D. 5, 1 *(De iudiciis: Ubi quisque agere vel conveniri debeat)* zugeordnet worden, obwohl sie in der Handschrift unmittelbar über dem ersten Fragment *(Post actiones ...)* des Titels 6, 1 *(De rei vindicatione)* plaziert ist. Dargestellt ist ein Richter, der zwischen zwei (stehenden) Geistlichen sitzt und die Handflächen nach außen gewendet vor die Brust hält. Die zunächst einleuchtend erscheinende Deutung der Autoren, der Richter erkläre seine Unzuständigkeit, kann angesichts dieser Plazierung nicht glaubhaft sein.

5. Die abgebildeten Vorgänge mit ihren vielen Einzelheiten, zum Beispiel der Gebärdensprache, zu deuten, bildete den schwierigsten, aber auch

---

[16]) Badische LB Aug. memb. XI, f. 227v. (um 1300).

[17]) S. 96. Am rechten Bildrand fällt oder glättet eine fünfte Person mit weißer Haube einen Baum *(putator?)*.

[18]) Vgl. Waldstein, Operae libertorum, 1986, 237.

[19]) Er berührt mit überlangem Zeigefinger den Beklagten, womit vielleicht auf die *indictio* angespielt wird.

[20]) Bay. StB Clm 20, f. 73r. (12./13. Jh., mit Datum 1314).

interessantesten Teil des Unternehmens. Leider erschöpfen sich die Erläuterungen häufig in bloßen Beschreibungen. Im fachübergreifenden Zusammenwirken, auch mit Kunsthistorikern und Volkskundlern, ließe sich gewiß wesentlich mehr gewinnen. Angesichts der Materie liegt wohl auch die Annahme nicht ganz fern, daß von romanistischer Seite Förderliches beigesteuert werden könnte. Beispielsweise drängt sich dem Romanisten der Eindruck auf, daß es in der Miniatur zu D. 21, 1[21]) nicht um einen ‚Streit vor dem Richter' geht, sondern um die Verhandlung vor dem Ädil, dessen auffällige Sitzgelegenheit offenbar die *sella curulis* darstellen soll. Auch wird die Miniatur zu D. 39, 1 *(De operis novi nuntiatione)*[22]) auf der linken Seite nicht den „Prozeß mit einem stehenden Juristen/Richter" (ohne Kläger?) zum Gegenstand haben, sondern den symbolischen Widerstand gegen einen Überbau im Luftraum, wobei der am überbauten Teil befindliche Klumpen wohl den geworfenen *lapillus* darstellen soll. Die Beispiele ließen sich auch in diesem Bereich vermehren.

IV. Dem Fachmann springen die Mängel des Buches schon bei flüchtiger Betrachtung ins Auge; er erkennt, daß vieles auf Druckfehlern und Versehen beruht, sehr vieles aber auch nicht, und er weiß, was er davon zu halten hat. Der [663]
nichtfachmännische Leser, an den sich das Buch in erster Linie wendet, hat es insoweit zwar schwerer, aber er ist nicht ohne Chance. Denn Art und Umfang der so auffälligen Lateinfehler werden ihm Anlaß geben, auch den Sachaussagen nicht unbesehen zu vertrauen und sicherheitshalber die Fachliteratur zu befragen. Gleichgültig, ob er dafür etablierte Handbücher konsultiert oder ob er „Lehrdarstellungen, die versuchen, die gesamte Rechtsgeschichte zu erfassen"[23]), zur Hand nimmt, entdecken wird er viel.

Bonn Rolf Knütel

[21]) S. 57, StB Preuß. KulturBes. Berlin Ms. lat. 332, f. 332r. (14. Jh.). Zu dem sehr auffälligen Umstand, daß die als Käufer/Kläger gekennzeichnete Person die Augen geschlossen hat, wird nichts gesagt.

[22]) S. 101; ÖNB Wien Cod. 2252, d. 1r. (1. Hälfte 14. Jh.).

[23]) Dazu Landau, Rechtshist. Journal 8 (1989) 421ff. (auch zu ‚Inozenz').

Römisches Recht und deutsches Bürgerliches Recht*

ROLF KNÜTEL

I. Einführung

1. Ein Beispiel: *D.* 1,14,3

Um 39. v. Chr. wurde Barbatius Philippus, ein Gefolgsmann des Triumvirn Mark Anton, zum Prätor gewählt, also zu einem der für die Rechtspflege zuständigen römischen Oberbeamten. Nach kurzer Zeit stellte sich heraus, daß er in Wirklichkeit ein entlaufener Sklave war. Man stürzte ihn daraufhin vom Tarpejischen Felsen, nicht ohne ihn vorher freigelassen zu haben – damit die Strafe an ihm mit der rechten Würde vollzogen werde, wie es bei Dio Cassius heißt[1].

Der Fall bot ein interessantes und schwieriges Problem: Sind Amtsakte, wie etwa Freilassungen, Rechtsübertragungen und Prozeßeinsetzungen, gültig oder nichtig, wenn sie von jemandem in Ausübung eines ihm übertragenen[2] öffentlichen Amtes erlassen worden sind, und zwar von jemandem, der selbst nicht wirksam zum Amtsinhaber bestellt werden konnte?

Von den Überlegungen, welche die römischen Juristen zu diesem Fall angestellt haben, erfahren wir Näheres aus einem nicht ganz intakten und offenbar gekürzten Text des um 223 n. Chr. bei einem Prätorianeraufstand ums Leben gekommenen Juristen und praefectus praetorio Ulpian. Der Text ist die berühmt gewordene Lex Barbarius Philippus, wie der offenbar verschriebene Name in den Digesten lautet:

---

* H. Ludwig (Hrsg.), Die Antike in der europäischen Gegenwart. Referate gehalten auf dem Symposium der Joachim Jungius-Gesellschaft der Wissenschaften Hamburg am 23. und 24. Oktober 1992, Veröffentlichung der Joachim Jungius-Gesellschaft der Wissenschaften Hamburg Nr. 72, Vandenhoeck & Ruprecht, Göttingen 1993, 43 – 70.

[1] Dio Cassius, *Hist. rom.* 48, 34, vgl. auch Suidae Lexicon (ed. A. Adler), 1928, S. 454 s. v. Bárbios. - Abkürzungen: BGHZ = Entscheidungen des Bundesgerichtshofs in Zivilsachen; *C.* = Codex Iustinianus; *D.* = Digesta; *Inst.* = Institutiones; JR = Juristische Rundschau; JZ = Juristen-Zeitung; NJW = Neue Juristische Wochenschrift; RGZ = Entscheidungen des Reichsgerichts in Zivilsachen; SZ = Zeitschrift der Savigny-Stiftung für Rechtsgeschichte, Romanistische Abteilung.

[2] Insofern also anders als beim Hauptmann von Köpenick.

D. 1,14,3

Ulpianus libro trigensimo octavo ad Sabinum

Barbarius Philippus cum servus fugitivus esset, Romae praeturam petiit et praetor designatus est. sed nihil[3] ei servitutem obstetisse ait Pomponius, quasi praetor non fuerit: atquin verum est praetura eum functum. et tamen videamus: si servus quamdiu latuit, dignitate praetoria functus sit, quid dicemus? quae edixit, quae decrevit, nullius fore momenti? an fore propter utilitatem eorum, qui apud eum egerunt vel lege vel quo alio iure? et verum puto nihil eorum reprobari: hoc enim humanius est: cum etiam potuit populus Romanus servo decernere hanc potestatem, sed et si scisset servum esse, liberum effecisset. quod ius multo magis in imperatore observandum est.

Ulpian im 38. Buch des Kommentars zu Sabinus

Barbarius Philippus, ein flüchtiger Sklave, bewarb sich in Rom um die Prätur und wurde (von der Volksversammlung) gewählt. Doch stand sein Status als Sklave ihm allerdings entgegen, wie Pomponius sagt; so als wäre er nicht Prätor gewesen. Gleichwohl bleibt wahr, daß er die Prätur ausgeübt hat. Und prüfen wir demgegenüber, was wir sagen müssen, wenn ein Sklave, solange sein Status verborgen blieb, das Amt des Prätors ausgeübt hat: Soll nichtig sein, was er angeordnet und was er entschieden hat? Oder soll es im Interesse derer wirksam sein, die mit seiner Hilfe Angelegenheiten der freiwilligen Gerichtsbarkeit oder sonstige Rechtsakte durchgeführt haben? Und ich halte es für richtiger, nichts von alldem als nichtig zu verwerfen. Das ist nämlich humaner; zumal da das römische Volk diese Amtsgewalt auch einem Sklaven hätte zuerkennen können und ihn sogar, wenn es gewußt hätte, daß er Sklave ist, zu einem freien Mann gemacht hätte. Viel mehr noch ist dieses Recht zugunsten des Kaisers zu beachten.

Ulpian schildert die (schwer rekonstruierbare aber) wohl verneinende Antwort des Juristen Pomponius und bekennt sich selbst zu der Lösung, die Amtsakte seien als wirksam zu behandeln, und zwar wegen der *utilitas eorum, qui apud eum (sc. falsum praetorem) egerunt,* und aus Gründen der *humanitas*[4]. Wir würden die in der *utilitas* enthaltene Wertung heute mit den Begriffen ‚Vertrauensschutz' und ‚Rechtssicherheit' kennzeichnen und in der *humanitas* die Begünstigung derer erblicken, die den möglichen Nichtigkeitsgrund nicht veranlaßt haben und ihn nicht einmal vermeiden konnten.

Das entsprechende Ergebnis findet sich in einem Reskript Caracallas zu dem Fall, daß jemand, der als freier Mann erschien, in Wirklichkeit aber

[3] *Nihil* wird infolge falscher Siglenauflösung an die Stelle von *enim* geraten sein, vgl. Th. Mommsen, Digesta (ed. maior) ad h. l.

[4] Näheres zum Fragment bei R. Knütel in: Staat, Kirche, Wissenschaft in einer pluralistischen Gesellschaft (Fschr. P. Mikat), 1989, 345 ff. m. w. N. (dazu A. Guarino, Frustula Iuris Romani V, in: Atti dell'Accademia di Scienze Morali e Politiche, Neapel, 99, 1988 [1989] 273 ff.). Dort auch zum Folgenden.

Sklave war, von den zuständigen Beamten zum Richter bestellt worden war: Das von ihm erlassene Urteil bleibt wirksam[5].

Am 11. November 1563 wurden auf dem Tridentiner Konzil klandestine Eheschlüsse, weil sie zu schweren Mißständen geführt hatten, für künftig null und nichtig erklärt. In Zukunft war die Ehe nach vorangehenden Aufgeboten *in facie ecclesiae* vor dem Pfarrer oder einem anderen Priester und im Beisein von mindestens zwei Zeugen einzugehen. Alsbald stellte sich die Frage, ob eine Ehe gültig war, wenn sie vor einem Scheinpfarrer *(parochus putativus)* abgeschlossen worden war. Die Frage wurde bejaht, und man stützte sich zur Begründung auf die Lex Barbarius Philippus sowie auf das erwähnte Caracalla-Reskript. *Tota huius disputationis difficultas pendet ex intellectu l(egis) Barbatius,* leitet THOMAS SANCHEZ[6] seine für lange Zeit maßgebliche Lehre hierzu ein, die zusätzlich vor allem einen *communis error* verlangte, also die allgemeine Annahme rechtmäßiger Amtsausübung. Von der Lex Barbarius ging auch FRANCISCO SUAREZ[7] aus, dessen Lehre, wonach bei einem *communis error* die Kirche für den inneren und äußeren Bereich die fehlende Leitungsmacht ersetzt, sich später auf Dauer durchsetzte und zu den *canones* 144[8] und 1111 § 1 des heutigen Codex Iuris Canonici v. 1983 geführt hat.

1874 wurde in Preußen, 1875 in Deutschland die obligatorische Zivilehe eingeführt. Die Problematik des Scheinstandesbeamten wurde von Anfang an bedacht, in § 42 Abs. 2 des Personenstandsgesetzes von 1875 aber nur unvollkommen gelöst. Das am 1. 1. 1900 in Kraft getretene Bürgerliche Gesetzbuch (BGB) brachte dann in § 1319 die allgemeine Regelung:

> ‚Als Standesbeamter im Sinne des § 1317 gilt auch derjenige, welcher, ohne Standesbeamter zu sein, das Amt eines Standesbeamten öffentlich ausübt, es sei denn, daß die Verlobten den Mangel der amtlichen Befugnis bei der Eheschließung kennen'[9].

Es ist klar erwiesen, daß diese Bestimmung durch die Lex Barbarius und den *parochus putativus* inspiriert ist sowie durch die französische Praxis,

---

[5] C. 7,45,2 (Imp. Antoninus A. Sextilio) *Si arbiter datus a magistratibus, cum sententiam dixit, in libertate morabatur, quamvis postea in servitutem depulsus sit, sententia ab eo dicta habet rei iudicatae auctoritatem*). - Gratian übernimmt dies nahezu wörtlich für das Dekret (ad can. 1 causa III qu. 7), Corpus Iuris Canonici (ed. E. Friedberg), Bd. 1, 1879, 524.

[6] Disputationum de Sancto matrimonii sacramento, 1619, Lib. III, disp. XIII n. 1–65 (279 ff.).

[7] Opera omnia (ed. Berton) XXII, 1856, 555.

[8] C. 144 § 1: *In errore communi de facto aut de iure, itemque in dubio positivo et probabili sive iuris sive facti, supplet Ecclesia, pro foro tam externo quam interno, potestatem regimimis exsecutivam.*

[9] Dieser Vorschrift nachgebildet ist Art. 113 des italienischen Codice civile von 1942.

die 1883 in der berühmten ‚affaire des mariages de Montrouge' gegen den Wortlaut der Art. 181, 193 Code civil in einer vergleichbaren Situation zur Aufrechterhaltung der Ehen gelangt war und dabei von der Lex Barbarius und der daraus abgeleiteten Parömie *communis error facit ius* entscheidend beeinflußt war. Aus dem § 1319 BGB entwickelte sich später (über § 15 Abs. 2 EheG 1938) der heutige § 11 Abs. 2 EheG:

> ‚Als Standesbeamter im Sinne des Absatzes 1 gilt auch, wer, ohne Standesbeamter zu sein, das Amt eines Standesbeamten öffentlich ausgeübt und die Ehe in das Familienbuch eingetragen hat'.

In Anlehnung an die §§ 1319 a. F. BGB, 15 Abs. 2 EheG a. F.; 11 Abs. 2 EheG wurde der Rechtsgedanke der Lex Barbarius in das Verwaltungsrecht übernommen, erstmals in § 34 Deutsches BeamtenG von 1937; heute findet er sich in § 14 BundesbeamtenG von 1953/77 sowie in den entsprechenden Landesgesetzen, und er ist überhaupt ein allgemein anerkanntes Prinzip geworden.

Hervorzuheben ist, daß der Rechtsgedanke der Lex Barbarius im Laufe der Jahrhunderte außerdem für die Lösung zahlreicher Fallkonstellationen fruchtbar gemacht wurde. Allein im Kirchenrecht unterschied man gut zwanzig typische Fallgruppen, bis hin zu der Frage, wie es sei, wenn unerkannt eine Frau in das Amt des Papstes gelange[10]. Und wenn man etwa den heutigen Lösungen zum Notar, dessen Bestellung unter Mängeln leidet, bis hin zum Putativvormund und zum Putativzeugen auf den Grund geht, stößt man immer wieder auf die Lex Barbarius und das aus ihr abgeleitete Rechtssprichwort *communis error facit ius.*

Auch ist hervorzuheben, daß der Rechtsgedanke im Ausland auf ebenso fruchtbaren Boden fiel wie in Deutschland. In Italien hat sich aus der Lex Barbarius und ihren Anknüpfungen im Kirchenrecht die Lehre vom ‚funzionario di fatto' entwickelt, in Frankreich die vom ‚fonctionnaire de fait' und im anglo-amerikanischen Rechtskreis die vom ‚de facto officer' bis hin zum ‚king in fact and not in law' (‚en fait et nient en droit')[11].

Das Beispiel veranschaulicht, wie eine Vielzahl von Fallgruppen aufgrund hauptsächlich e i n e s Textes des römischen Rechts gelöst worden ist, wie

---

[10] Der Fall geht auf einen jahrhundertelang für wahr gehaltenen Bericht zurück, nach dem Tode Leos IV (855) habe eine als Mann angesehene Päpstin Johanna zwei Jahre lang den Stuhl Petri innegehabt, vgl. F. Gregorovius, Geschichte der Stadt Rom im Mittelalter (hrsg. v. W. Kampf) Bd. 1, 1978, 518 f.

[11] So in einem Parlamentsbeschluß v. 1461 anläßlich der Thronbesteigung durch Edward IV, V und VI, die als Usurpatoren angesehen wurden, vgl. Wade, Administrative Law, (4. Aufl.) 1977, 277. Eine Übersicht findet sich in State v. Carroll (1873) 9 American Reports, 409, 415 ff. (aus 38 Conn. 449). S. des weiteren etwa A. Rubinstein, Jurisdiction and Illegality, 1965, 205 ff.

aus dieser Quelle unter entscheidendem Einfluß des Kirchenrechts ein allgemeines Prinzip entwickelt worden ist, das in unserer heutigen Rechtsordnung an verschiedenen Stellen Ausdruck gefunden hat, das aus dem bürgerlichen Recht ins öffentliche Recht hinübergewachsen ist und das überhaupt heute weltweit gelten dürfte. Für das Nachleben der im römischen Recht entwickelten Lösungen ist all das nicht untypisch. Doch bedarf es zunächst einer kurzen Klarstellung dazu, was das römische Recht überhaupt ist.

2. Was ist das römische Recht?

Das römische Recht ist das Recht des antiken römischen Staatswesens[12]. Es wird ab 451/449 v.Chr. einigermaßen faßbar, weil es in dieser Zeit mit dem ‚Zwölftafelgesetz' zu der einzigen umfassender angelegten Kodifikation im antiken Rom gekommen ist. Leider besitzen wir nur Bruchstücke dieser Kodifikation. Die weitere Entwicklung wurde dadurch bestimmt, daß es in Rom nur verhältnismäßig wenige Einzelgesetze zu regelmäßig begrenzten Fragen gab, so daß die Rechtsentwicklung vor allem durch die Interpretation der Zwölftafelgesetze bestimmt wurde. Diese Interpretation lag zunächst in Händen von Priester-Juristen, seit dem 3. Jahrhundert geht sie allmählich auf Laienjuristen über, die eine erste in Sammlungen von Prozeßformeln, Geschäftsformularen und Fallentscheidungen bestehende juristische Literatur entfalten. Im 2. Jahrhundert v.Chr. gewinnt die römische Jurisprudenz ihren Charakter als eigentliche Rechtswissenschaft durch die Übernahme der dialektischen Methode aus der griechischen Wissenschaftslehre. Ihren Höhepunkt erreicht die römische Rechtswissenschaft dann in der Zeit von Augustus bis zum Tode des Alexander Severus, also etwa von 27 vor bis 235 nach Chr.[13].

Seiner Natur nach ist das römische Recht Juristenrecht; die maßgeblichen Texte entstammen den Kommentaren, den Gutachten- und Entscheidungssammlungen sowie den Lehrwerken, die vor allem in der soeben genannten Periode von praktisch tätigen Juristen verfaßt wurden. Auszüge aus diesen Texten sind in den Digesten zusammengefaßt, dem Hauptstück des *Corpus iuris civilis.* Das *Corpus iuris* besteht aus vier Teilen, zunächst den Institutionen, einem Anfängerlehrbuch von 533 n.Chr., das allerdings weitgehend auf einer Vorlage aus der Mitte des 2. nachchristlichen Jahrhunderts beruht.

---

[12] Zu den Ursprüngen und den einzelnen Phasen der Entwicklung umfassend F.Wieacker, Römische Rechtsgeschichte, Bd.1 (Einleitung, Quellenkunde, Frühzeit und Republik), 1988.

[13] Zur anschließenden Zeit s. insbes. D.Liebs, Die Jurisprudenz im spätantiken Italien (260–640 n.Chr.), 1987.

Den zweiten Teil des *Corpus iuris* bilden die Digesten, in denen nach Sachmaterien geordnet Auszüge aus den erwähnten Werken der klassischen Juristen zusammengestellt sind. Den im Jahre 533 in Kraft gesetzten Digesten folgt 534 der *Codex Iustinianus,* eine Kollektion von Entscheidungen der römischen Kaiser. Als vierter Teil kommen schließlich die ab 535 verkündeten neuen Gesetze, die Novellen, hinzu. Das gesamte Gesetzgebungswerk ist von dem oströmischen Kaiser Justinian veranlaßt und durchgesetzt worden. Das römische Recht umspannt also von den Zwölftafeln hin bis zum *Corpus iuris* eine Zeitspanne von rund 1000 Jahren, in der es selbstverständlich vielfältige Veränderungen erfahren hat. Für die weitere Entwicklung maßgeblich geworden ist der im *Corpus iuris* festgeschriebene Rechtszustand, der uns in Institutionen und Digesten freilich zumeist auf die Rechtslage des römischen Prinzipats zurückführt.

3. Römisches Recht in Mittelalter und Neuzeit

Das Recht des *Corpus iuris* erlangte in den deutschen Territorien aufgrund sehr komplexer Vorgänge seit dem hohen Mittelalter allmählich Geltung[14]. Zwar hat das römische Recht den Untergang des weströmischen Reiches überlebt, doch kam nur ein Teil seiner Institute und Regeln weiterhin zur Anwendung und dies nur in groben Vereinfachungen und in unterschiedlichsten Verformungen durch die Gesetze der einzelnen Nachfolgereiche. Erst vom 11. Jahrhundert an kommt es in Bologna erstmals wieder dazu, daß das ganze *Corpus iuris* zum Gegenstand juristischer Studien gemacht wird, und dies alsbald auf allerhöchstem Niveau. Studenten aus allen europäischen Nationen kamen nach Bologna, wo im 13. Jahrhundert etwa 500 Deutsche studiert haben, im 14. Jahrhundert schon über 1600. Mit dem Aufkommen der Universitäten wurde das Rechtsstudium an allen Universitätsorten Europas möglich; überall wurde das *Corpus iuris* zugrundegelegt, daneben das vom römischen Recht stark beeinflußte *Corpus iuris canonici.*

In Europa ging es in jenen Zeiten um den Aufbau der Territorialherrschaften, um den Ausbau der Kirche und um die Selbstorganisation der Städte. Für all das brauchte man Juristen, und daß diese Juristen in ihren Heimatländern angesichts der großen Rechtszersplitterung, die sie vor allem

---

[14] Näheres zur Rezeption und den weiteren Entwicklungen bei F. Wieacker, Privatrechtsgeschichte der Neuzeit, (2. Aufl.) 1967, 97 ff., 133 ff., 143 ff. (doch s. auch u. nach Fn. 61); G. Wesenberg/G. Wesener, Neuere deutsche Privatrechtsgeschichte, (4. Aufl.) 1985, 80 ff. sowie in den von H. Coing herausgegebenen Bänden des ‚Handbuchs der Quellen und Literatur der neueren europäischen Privatrechtsgeschichte' (ab 1973).

in deutschen Territorien vorfanden, bei Unklarheiten über das anwendbare Recht dazu neigten, auf das umfassende Regelungen bietende, ausgereifte, verhältnismäßig gut erschließbare und ihnen vertraute römische Recht zurückzugreifen, liegt auf der Hand[15]. Hinzu kommt die tiefe Krise im damaligen Gerichtswesen, in dem die Urteile durch Laienrichter gefunden wurden, die den am römischen Recht geschulten Juristen spätestens dann hoffnungslos unterlegen waren, als man in Anlehnung an den kirchlichen Prozeß dazu überging, den Prozeß im Wege eines schriftlichen Verfahrens zu führen. Für das Gebiet des Heiligen Römischen Reiches Deutscher Nation spielte zusätzlich eine Rolle, daß die deutschen Kaiser sich als Nachfolger der römischen Kaiser ansahen; das römische Recht erschien mithin als das Kaiserrecht. Daß man es in Frankreich anders sah, liegt auf der Hand. Dort erlangte römisches Recht nicht *ratione imperii* Geltung, sondern *imperio rationis,* also kraft der ihm innewohnenden Rechtsvernunft.

Wir lassen es bei diesen dürftigen Andeutungen zu dem Bündel von Ursachen, die zur Rezeption, der Aufnahme des römischen Rechts in den deutschen Landen und überhaupt in Europa geführt haben, bewenden und weisen nur noch darauf hin, daß man gemeinhin als den Höhepunkt der Rezeption den § 3 der Reichskammergerichtsordnung von 1495 ansieht, in welchem die Richter dieses Gerichtes angewiesen werden, ‚nach des Reichs gemeinen Rechten' zu urteilen, sofern nicht vorrangiges örtliches Recht nachgewiesen wird. Mit dem gemeinen Recht ist das römische Recht mitsamt den Verformungen, die es während der Rezeptionszeit erfahren hatte, gemeint; es galt also immer dann, wenn nicht anderes Recht als anwendbar bewiesen wurde – was in praxi oft schwer war.

Die fernere Entwicklung ist dadurch bestimmt, daß der Stoff des römischen Rechts durch vielfältige Uminterpretationen, Fortentwicklungen und Durchbrechungen den praktischen Erfordernissen der damaligen Zeit angepaßt wurde, und daß er, als die Nationalstaaten darangingen, ihre eigenen Zivilgesetzbücher zu schaffen, in mehr oder minder abstrakte Regeln gefaßt die Hauptmasse der jeweiligen Gesetzbücher bildete. Dies gilt für das preußische Allgemeine Landrecht von 1794, das man als ‚die erste kodifikatorische Übersetzung des römischen Rechts in die deutsche Sprache' be-

[15] Für Hamburg mag auf den Stadtschreiber Magister Jordan von Boizenburg (ca. 1210–1274) und den gelehrten Juristen Hermann Langenbeck (1452–1517) verwiesen werden, die zur Ausgestaltung des Hamburgischen Schiffsrechts verschiedentlich auf römischrechtliche Bestimmungen zurückgegriffen haben (eindrucksvoll etwa *D.* 7,1,12,1 und Art. 24 des Schiffsrechts im Ordeelbook von 1270), dazu insbes. H. Reincke, Fschr. Haff, 1950, 176 ff.; G. Landwehr, Die Havarei in den mittelalterlichen deutschen Seerechtsquellen, 1985, 14 ff., 101 ff., vgl. auch bei R. Knütel, SZ 100 (1983), 432 m. Fn. 393.

zeichnet hat[16], ebenso wie für den französischen Code civil von 1804, das Allgemeine Bürgerliche Gesetzbuch Österreichs von 1811, wie auch am Ende des Jahrhunderts für das deutsche Bürgerliche Gesetzbuch von 1896.

Für das BGB wurde maßgeblich, daß der Stoff des rezipierten römischen Rechts, das gemeine Recht, im 19. Jahrhundert unter veränderten methodischen Voraussetzungen einer neuen und sehr tiefdringenden wissenschaftlichen Erschließung und Systematisierung unterzogen und damit so aufbereitet worden war, daß er die Grundlage für das neue Gesetzbuch bilden konnte. Erwähnenswert ist, daß am Ende des 19. Jahrhunderts, also vor dem Inkrafttreten des BGB, noch rund 16,5 Millionen Einwohner, ein Drittel der damaligen Reichsbevölkerung, nach gemeinem Recht lebten[17].

II. Römisches Recht im heutigen Bürgerlichen Recht

1. EGBGB und BGB

Wenn wir uns im folgenden mit dem Fortwirken des römischen Rechts im deutschen Zivilrecht, dem Bürgerlichen Recht, befassen, dann doch nicht ohne die Vorbemerkung, daß sich römischrechtliche Einflüsse auf allen Rechtsgebieten nachweisen und fruchtbar machen lassen, etwa im Handels- und Seerecht, im Internationalen Privatrecht, im Arbeitsrecht, im Prozeßrecht, Vollstreckungs- und Konkursrecht und überhaupt im öffentlichen Recht einschließlich des Strafrechts[18]. Doch liegt der Schwerpunkt im Bürgerlichen Recht.

Das Bürgerliche Recht ist allerdings nicht vollständig im Bürgerlichen Gesetzbuch erfaßt. Vielmehr sind im Einführungsgesetz zum BGB (EGBGB) einzelne Privatrechtsmaterien aufgeführt, in denen das BGB das Landesrecht mehr oder weniger unberührt gelassen hat, wie etwa das Wasser-, das Deich- und Sielrecht, das Bergrecht, das Fischerei-, das Nachbar- und das Anerbenrecht. In diesen Bereichen und teilweise bei vor 1900 begründeten Rechten gilt das gemeine Recht dort, wo es vor 1900 in Kraft war, grundsätzlich weiter, und wir haben hier in inzwischen freilich selten

[16] H. Hattenhauer in der Einführung (35, vgl. auch 20) zu der Textausgabe ‚Allgemeines Landrecht für die Preußischen Staaten von 1794', 1970.

[17] Denkschrift zum Entwurf eines Bürgerlichen Gesetzbuchs, (4. Aufl.) 1896, 450 ff.

[18] Beispielsweise geht das Umladeverbot der §§ 565 HGB, 44 BinnSchG auf *D.* 14,2,10,1; 19,2,13,1 zurück. § 528 HGB (Vertretungsmacht des Kapitäns) ist durch *D.* 14, 1,7 pr. zu präzisieren, H. Wüstendörfer, Ehrenbergs Handbuch Bd. VII/2, 1923, 593 f. m. Fn. 38. – Zu arbeitsrechtlichen Fragen s. etwa R. Trinkner/M. Wolfer, Betriebs-Berater (BB) 1986, 4 ff.; A. Wacke, Recht der Arbeit (RdA) 1987, 321 ff. – Zum öffentlichen Recht sei nur an die Lex Barbarius Philippus (o. I 1) und an die Interessentheorie (*D.* 1,1,1,2 = *Inst.* 1,1,4) erinnert.

gewordenen Fällen die Lösung eines Rechtsfalles noch aus den römischen Rechtstexten abzuleiten. Denn das gemeine Recht ist inzwischen weitestgehend durch neues Landesrecht ersetzt worden, das in der Sache jedoch weithin nur das alte Recht neu formuliert hat.

Daß in diesen Bereichen bisweilen bis auf römisches Recht zurückzugehen ist, wurde beispielsweise 1984 deutlich, als der Bundesgerichtshof zu entscheiden hatte, wem eine ca. 6000 m^2 große Fläche gehört, die einer Moselinsel in den Jahren zwischen 1849 und 1905 durch Anschwemmung allmählich angewachsen war. Das Gericht erkannte zugunsten des Inseleigentümers, nicht des Flußeigentümers, der Bundesrepublik[19]. Dies leitete es aus dem französischen Code civil von 1804 ab, der in den linksrheinischen Gebieten als Rheinisches Recht bis zum Inkrafttreten des BGB galt.

Art. 560 Cc bestimmt, daß Inseln und Anwüchse, die sich im Bette schiffbarer Flüsse bilden, dem Staat gehören, und Art. 556 Cc sieht vor, daß Anschwemmungen und Vergrößerungen, die sich nach und nach unmerklich an Grundstücken bilden (Alluvionen), dem angrenzenden Eigentümer zum Vorteil gereichen. Im Gegensatz zur Vorinstanz, dem Oberlandesgericht Koblenz, das den Art. 560 Cc angewendet hatte, sah der Bundesgerichtshof den Art. 556 Cc als entscheidend an, weil ‚Grundstück' i. S. dieses Artikels auch eine einmal entstandene Insel sei. Für diese Auslegung berief der Bundesgerichtshof sich auf zwei Texte aus dem römischen Recht, in denen der Gedanke, daß die entstandene Insel ein selbständiges Grundstück ist, klar ausgesprochen wird[20]. Zutreffend hob der Bundesgerichtshof hervor, daß der einschlägige Artikel 556 Cc nur den römischrechtlichen Rechtszustand festschreiben sollte und daß er deshalb auch im Lichte des römischen Rechts zu interpretieren sei.

2. Strukturen und Begriffe

Soweit es um das BGB geht, auf das wir uns im folgenden beschränken, sind dessen Strukturen und Grundbegriffe sehr weitgehend durch das römische Recht geprägt. Schon das System des BGB, das in einen Allgemeinen Teil, das Schuldrecht, das Sachenrecht, das Familienrecht und das Erbrecht

---

[19] BHGZ 92, 326 ff. = NJW 1986, 1289 ff., dazu B. Kupisch, JZ 1987, 1017 ff. – Vgl. des weiteren BGHZ 108, 110, 121 f. = NJW 1989, 2464, 2467 (Hohwachter Bucht); BGH NJW 1990, 3263, 3265 (Travemünde, § 3 BWasserstrG, gemeines Recht: *D.* 43,12,1,7); BGHZ 114, 183, 189 ff. = NJW 1991, 2880, 2773 (linksrhein. NRW, § 115 WassG NRW, *actio aquae pluviae arcendae*).

[20] *D.* 41,1,56 pr. (... *et quod postea ei insulae alluvione accessit, id tuum est* – was dieser Insel nachträglich durch Anschwemmung anwächst, ist dein; sc. das des anfragenden Inseleigentümers); *D.* 41,1,65,3.

zerfällt, hat seine älteste Wurzel in dem System des Juristen Gaius, der um 161 n.Chr. den Stoff seines Lehrbuchs (Institutiones) nach *personae, res, actiones* gliederte, wobei *res* Sachen und Forderungen umfaßt.

Die heutigen Unterscheidungen zwischen relativen Rechten (Forderungen) und absoluten (zu denen insbesondere das Eigentum zählt), die zwischen Verbindlichkeiten aus Vertrag und Delikt (nebst Quasivertrag und Quasidelikt), die zwischen Eigentum und beschränkt dinglichen Rechten (etwa Dienstbarkeiten, Nießbrauch, Pfandrecht), die zwischen gesetzlicher Erbfolge und testamentarischer – all das ist aus dem römischen Recht übernommen. Auch das berühmte Abstraktionsprinzip, wonach Verpflichtungs- und Verfügungsgeschäfte selbständig und grundsätzlich voneinander unabhängig sind, hat seine Wurzeln bei der römischrechtlichen *mancipatio* und der im 19. Jahrhundert durchgedrungenen Auffassung des Übergabeakts der *traditio*[21].

Bei vielen Rechtsinstituten wird schon vom Namen her deutlich, daß sie dem römischen Recht entstammen[22], gleichgültig ob das BGB dessen Begriffe noch verwendet, wie Familie, Fiskus, Hypothek, Inventar – mögen in der Sache auch sehr erhebliche Abweichungen bestehen –, oder ob die Begriffe in der Fach- und Umgangssprache fortleben, wie Kontrakt, Adoption, Kondiktion, Delegation, Vindikation, Obligation, Zession, Kaution, Servitut, Legat, Synallagma etc. Oft gibt der Begriff noch Anschauung von ursprünglichen Wesenszügen, wie das Testament von *testari,* was auf die *testes,* Zeugen, hinweist, oder die Obligation von *ligare,* binden, zusammenziehen, was auf die uralte Zwangsvollstreckung zurückführt: Diese erfaßte die Person des Schuldners, der nach der Verurteilung vom Gläubiger gefesselt in dessen Privathaft abgeführt werden durfte.

Auch sind die heutigen Fachbegriffe zum großen Teil bloße Lehnübersetzungen aus der lateinischen Rechtssprache, etwa Verbindlichkeit von *obligatio,* Gläubiger von *creditor,* Schuldner von *debitor,* Beweislast von *onus probandi,* Dienstbarkeit von *servitus,* Nießbrauch von *ususfructus* etc. Eigenartig ist die Lehnübersetzung ‚Faustpfand' für *pignus* aufgrund der vulgäretymologischen Ableitung von *pugnus* (in *D.* 50,16,238,2). Es versteht sich, daß sich hinter dem durch Lehnübersetzung gewonnenen deutschen Begriff und seinen Regelungen in der Sache weithin römischer Rechtsstoff verbirgt.

---

[21] Zur Erfassung der *traditio* s. F.C.v.Savigny, System des heutigen römischen Rechts, Bd. 3, 1840, 312 ff.; weiteres etwa bei G. Landwehr, in: Rechtsdogmatik und Rechtspolitik (hrsg. v. K. Schmidt), 1990, 173 ff., 178 ff., R. Knütel in: Vendita e trasferimento della proprietà nella prospettiva storico-comparatistica (hrsg. v. L. Vacca), 1991, Bd. 1, 292 ff.

[22] Zu ‚Lateinisch und Deutsch als Rechtssprachen in Mitteleuropa' s. A. Wacke, NJW 1990, 877 ff.

3. Gesetzliche Regelungen

Was nun die gesetzlichen Regelungen im einzelnen angeht, so sind die römischrechtlichen Einflüsse am stärksten im Schuldrecht, im Recht der beweglichen Sachen und im Erbrecht; doch finden sich auch im Allgemeinen Teil und im Familienrecht, insbesondere bei der Vormundschaft, stark römischrechtlich geprägte Stücke. Es sind also ganze Sachkomplexe weithin nach dem Vorbild des römischen Rechts geregelt, und es ist kein Zufall, daß man den ersten Entwurf zum BGB von Ende 1887 als ‚in seinem letzten Kern ein in Gesetzesparagraphen gegossenes Pandektenkompendium' kritisiert hat[23].

Zur Veranschaulichung seien nur wenige einfache Beispiele angeführt. Geradezu wie eine Übersetzung des römischen Originals: *Inpossibilium nulla obligatio est* (*D.* 50,17,185) liest sich § 306 BGB: ‚Ein auf eine unmögliche Leistung gerichteter Vertrag ist nichtig.' – § 276 Abs. 2: ‚Die Haftung wegen Vorsatzes kann dem Schuldner nicht im voraus erlassen werden' knüpft an *D.* 2,14,27,3 an: *Illud nulla pactione effici potest, ne dolus praestetur* (vgl. auch *D.* 16,3,1,7).

Die *diligentia quam in suis rebus adhibere solet* (*D.* 17,2,72) ist beim Haftungsmaßstab des § 277 BGB übersetzt worden: ‚Wer nur für diejenige Sorgfalt einzustehen hat, welche er in eigenen Angelegenheiten anzuwenden pflegt, ist von der Haftung wegen grober Fahrlässigkeit nicht befreit'. Bemerkenswert ist, daß der deutsche Jurist aufgrund dieser Vorschrift die *diligentia quam in suis* nur als einen Fall der Haftungerleichterung versteht. Dieser Aspekt findet sich zwar ebenfalls im römischen Recht, vor allem bei der Gesellschaft (*D.* 17,2,72; *Inst.* 3,25,9, vgl. § 708 BGB) und bei Miterben (*D.* 10,2,25,16); daneben begegnet die *diligentia quam in suis* dort aber auch als Fall der Haftungsverschärfung: Ein Verwahrer haftete nur für *dolus*. Behandelte er die ihm anvertrauten fremden Sachen aber schlechter, als er seine eigenen zu behandeln pflegte, so wurde dies als bewußte Treupflichtverletzung verstanden und dem *dolus* subsumiert. Auf dem Wege über die *diligentia quam in suis* wurden mithin auch grobe Nachlässigkeiten der *dolus*-Haftung zugeordnet; diese wurde damit ausgedehnt (*D.* 16,3,32)[24]. Es ist interessant, daß dieser Aspekt der Haftungsverschärfung vom englischen Recht aufgenommen wurde[25].

Daß das römische Recht mehr an Aspekten bietet als das geltende Recht,

---

[23] O. v. Gierke, Der Entwurf eines Bürgerlichen Gesetzbuchs und das deutsche Recht, 1889, 2.

[24] Dazu jüngst F. Mercogliano, Index 19 (1991) 379 ff., zum Haftungsmaßstab s. auch A. Wacke, Jurist. Arbeitsbläter (JA) 1981, 400 ff.

[25] S. H. Hausmaninger, Fschr. Baltl (1978), 283 ff.

zeigt sich oft. Nicht selten beruht dies darauf, daß bei einer Vereinheitlichung des Rechtsstoffes im Gesetz vieles notwendigerweise beiseite bleiben muß. Beiseite bleiben muß in einem Gesetz in der Regel auch die Begründung der jeweiligen Bestimmungen[26], obwohl diese für die Interpretation sehr wichtig ist. Auch insoweit bietet das römische Recht mehr. Ein einfaches Beispiel ist § 271 BGB:

> Abs. 1: ‚Ist eine Zeit für die Leistung weder bestimmt noch aus den Umständen zu entnehmen, so kann der Gläubiger die Leistung sofort verlangen, der Schuldner sie sofort bewirken.' – Abs. 2: ‚Ist eine Zeit bestimmt, so ist im Zweifel anzunehmen, daß der Gläubiger die Leistung nicht vor dieser Zeit verlangen, der Schuldner sie aber vorher bewirken kann'.

Auch diese Norm ist nahezu eine Übersetzung, nämlich von *D.* 45,1,41,1:

Ulpianus libro quinquagensimo ad Sabinum	Ulpian im 50. Buch des Kommentars zu Sabinus
Quotiens autem in obligationibus dies non ponitur, praesenti die pecunia debetur, nisi si locus adiectus spatium temporis inducat, quo illo possit perveniri. verum dies adiectus efficit, ne praesenti die pecunia debeatur: ex quo apparet diei adiectionem pro reo esse, non pro stipulatore.	Wenn in Schuldverhältnissen eine Leistungszeit nicht bestimmt ist, wird das Geld sofort geschuldet, sofern sich nicht aus der Angabe des Leistungsortes der Zeitraum ergibt, in dem man dorthin gelangen kann. Die Bestimmung einer Leistungszeit bewirkt jedoch, daß das Geld nicht sofort geschuldet wird. Daraus erhellt, daß die Bestimmung der Leistungszeit zugunsten des Schuldners wirkt, nicht zugunsten des Gläubigers.

Was der innere Grund für die bei uns und auch fast weltweit geltende Regelung ist, daß der Schuldner grundsätzlich schon vor dem Termin leisten kann, wird in den heutigen Lehrbüchern und Kommentaren nicht mehr ausgesprochen, offenbar weil dies uns als selbstverständlich gilt. Doch ist es nicht selbstverständlich. Insbesondere das peußische Recht (§§ 241 I 5; 758 I 11; 56 I 16 ALR) entschied grundsätzlich anders und ihm folgt noch heute der argentinische Código civil von 1869 (Art. 570).

Die Rechtfertigung für das bei uns geltende Prinzip findet sich im römischen Recht, wo – wie so oft – zugleich der common sense und die ganz einfachen Grundgedanken deutlich werden, die zu den überkommenen Rechtsregeln geführt haben. Den einen Grundgedanken formuliert der Jurist Gaius (*Inst.* 3,113 = *Iust.Inst.* 3,20,5): *Plus est enim statim aliquid dare, minus est post tempus dare*[27], und auch das ist nur eine juristische Formulierung der allgemeinen auf Publilius Syrus zurückgehende Sentenz: *Bis dat qui cito dat.*

---

[26] Seneca, *Ep.* 94,38: *Lex iubeat, nec disputet.*

[27] Es ist nämlich mehr, etwas sofort zu geben, und weniger, etwas erst nach einiger Zeit zu geben.

Der zweite hier einschlägige Grundsatz ist die heute vor allem im Recht der Allgemeinen Geschäftsbedingungen (§ 5 AGBG) verankerte ‚Unklarheitenregel‘: *Cum quaeritur in stipulatione quid acti sit, ambiguitas contra stipulatorem est* (*D.* 34,5,26)[28]. Die Regel ist vor allem für die Stipulation entwickelt worden, also den Schuldvertrag, der dadurch zustandekommt, daß der Gläubiger in seiner förmlichen Frage an den Schuldner den Vertragswortlaut formuliert. Hat der Gläubiger nun nicht zum Ausdruck gebracht, daß er die Leistung nicht vor dem Eintritt des Termins haben will, so ist anzunehmen, daß es dem Schuldner freigestellt ist, nach seinem Belieben innerhalb des Zeitraums zwischen Obligationsbegründung und Leistungstermin zu erfüllen.

Mögen auch heutzutage die Voraussetzungen des zweiten Prinzips, die Terminfestsetzung durch den Gläubiger, oft nicht gegeben sein, so bleibt für die Auslegung doch immer noch das zuerst genannte Prinzip. Selbstverständlich ist bei alldem zu berücksichtigen, daß es sich um ein Auslegungsproblem handelt; die Auslegung nach dem Parteiwillen und den Parteiinteressen kann im Einzelfall ohne weiteres ergeben, daß der Schuldner vor der Zeit überhaupt nicht oder jedenfalls in bestimmten Situationen nicht leisten darf[29].

Ein weiteres schlichtes Beispiel: § 266 BGB bestimmt: ‚Der Schuldner ist zu Teilleistungen nicht berechtigt‘. Der Grund für diese Regel wird heutzutage darin gesehen, daß der Gläubiger nicht dadurch belästigt werden soll, daß der Schuldner ihn mehrfach mit Teilleistungen behelligt. Und daß nach § 267 BGB grundsätzlich ein Dritter für den Schuldner leisten kann, gilt als von selbstverständlicher Richtigkeit: Der Gläubiger bekommt, was ihm zusteht, und der zahlende Dritte mag sich für seinen Regreß an den Schuldner halten.

Der Blick auf die Ursprünge dieser Regelungen eröffnet eine ganz andere Dimension und führt auf die uralte Zwangsvollstreckung in die Person des Schuldners zurück, von der noch unser Rechtssprichwort inspiriert ist: ‚Wer nichts im Beutel hat, muß mit der Haut bezahlen‘[30]. Wie schon zur *obligatio* erwähnt, konnte der Gläubiger den verurteilten und ihm zugesprochenen Schuldner gefesselt in seiner Privathaft halten. Aus dieser Gewalt konnte der Schuldner sich nicht mehr selbst befreien, sondern nur von Dritten

---

[28] Wenn bei einer Stipulation fraglich ist, was wirklich gemeint ist, geht eine Unklarheit zu Lasten des Stipulators (also des Gläubigers). Vgl. auch u. II 5c a.E.

[29] Damit erledigen sich im wesentlichen die Beispiele, von denen sich G. Suarez für das ALR (Zahlung in belagerter Stadt, auf See bei Sturm) und D. Vélez-Sarsfield für den argentinischen Código civil haben leiten lassen. – Überdies bleibt § 299 BGB zu beachten.

[30] J. F. Eisenhart, Grundsätze der deutschen Rechte in Sprüchwörtern, 1759, 392 f.

ausgelöst werden. Hier liegt der Ursprung der Leistung durch Dritte, und hier wird ohne weiteres begreiflich, warum Teilleistungen von vornherein nicht in Betracht kamen: Um den Schuldner aus der Gewalt des Gläubigers lösen zu können, mußte der volle Lösungsbetrag angeboten werden. Zugleich wird deutlich, warum die Römer die Erfüllung mit *solvere* und *solutio* kennzeichneten: Es ging um die Lösung aus der Gewalt und den Fesseln des Gläubigers. Später, nach der Abschaffung der Personalvollstreckung durch die Lex Poetelia von 326 v. Chr. haben die römischen Juristen die Möglichkeit der Drittleistung damit gerechtfertigt, daß es der natürlichen wie der zivilrechtlichen Vernunft entspricht, daß man die Rechtslage eines anderen auch ohne dessen Wissen oder gegen seinen Willen verbessern kann (*D.* 3,5,38; *Inst.* 3,29 pr.)

Die Beispiele ließen sich in größtem Umfange vermehren. Nicht selten weist das BGB fünf, sechs, ja bisweilen fast ein Dutzend Vorschriften nacheinander auf, die allesamt in ihren wesentlichen Aussagen bereits im römischen Recht angelegt sind und deren Grundgedanken sich am besten dort erkennen lassen.

Daß zur Veranschaulichung hier nur sehr einfache Beispiele angeführt wurden, darf nicht darüber hinwegtäuschen, daß der Rückgriff auf das römische Recht dort natürlich besonders wichtig ist, wo es sich um schwierige Normen oder komplexe Probleme handelt. Beispielsweise ist die innere Rechtfertigung des § 452 BGB, wo es um den Nutzungszins beim Kauf geht, dem Gesetzgeber zugegebenermaßen selbst nicht ganz klar gewesen[31]. Oder: Die vom römischen Recht angeregte Überprüfung einer versteckten Detailregelung im Ersitzungsrecht fördert ein grundlegendes Mißverständnis zum mittelbaren Besitz zutage und führt damit zu erheblichen Konsequenzen bei der Sicherungsübereignung und damit für die Praxis der Kreditsicherung[32]. Oder: Eine Überprüfung unseres Privatrechts am evidenten Rechtsgrundsatz *invito beneficium non datur* (*D.* 50,17,69)[33] vermag grundlegende Fehlverständnisse zu unseren heutigen Rechtsscheintatbeständen und der Handhabung des gutgläubigen Erwerbs aufzudecken.

Nach alldem liegt auf der Hand, daß für ein vertieftes Verständnis und für eine sachgerechte Handhabung der Vorschriften des Bürgerlichen Gesetzbuchs Kenntnisse vom römischen Recht vonnöten sind. Bei Inkrafttreten

---

[31] Dazu R. Knütel, SZ 105 (1988) 515 f. – Die Schuldrechtsreformkommission hat kürzlich die Streichung der Norm (und damit die Preisgabe einer europa-, ja weltweit anzutreffenden Rechtsregel) vorgeschlagen (Abschlußbericht der Kommission zur Überarbeitung des Schuldrechts, hrsg. v. Bundesminister der Justiz, 1992, 241), freilich aufgrund einer Fehlbewertung.

[32] S. zu *D.* 44,3,11 und §§ 943, 857 BGB R. Knütel, Fschr. H. Lange, 1992, 903 ff.

[33] *D.* 50,17,69 (eine Rechtswohltat wird niemandem aufgedrängt), dazu demnächst H. Altmeppen, Disponibilität des Rechtsscheins (§ 3).

des BGB hat THEODOR KIPP im Vorwort zur 8. Auflage (1900) des Pandektenlehrbuchs von WINDSCHEID sehr treffend hervorgehoben: ‚In der Tat: jede tiefere Erkenntnis des deutschen bürgerlichen Rechts wird für alle Zeiten in der Betrachtung des bisherigen gemeinen Rechts eine ihrer wesentlichsten Grundlagen haben‘[34]. Leider liegt es damit heute sehr im argen, und man muß mit Sorge beobachten, daß beispielsweise schon so elementare Dinge, wie der Begriff des Zufalls oder die Funktion einer Verfallklausel, im meistverbreiteten Praktikerkommentar und in renommierten Lehrwerken falsch dargestellt werden[35].

4. Die Auslegung des Gesetzes

Auf der Hand liegt ebenfalls, daß nicht nur das Verständnis von der Aussage sowie von Sinn und Zweck einer Norm weithin aus dem römischen Recht erschlossen werden kann, sondern daß auch die Auslegung der Normen entscheidend durch das römische Recht geprägt ist[36]. Auch zu diesem relativ wenig untersuchten Bereich beschränken wir uns auf schlichte Beispiele.

Nach § 276 Abs. 1 S. 1 BGB haftet der Schuldner, sofern nichts anderes bestimmt ist, für Vorsatz und Fahrlässigkeit, also *dolus* und *culpa,* wie die Römer sagen. Es besteht nahezu Einhelligkeit darüber, daß die Fahrlässigkeit hier objektiv zu verstehen ist, also nicht an der dem individuellen Schuldner möglichen, sondern an der berufstypischen Sorgfaltspflicht zu messen ist. Diese Auslegung ist nichts anderes als die Übernahme der Regel *imperitia culpae adnumeratur* (*D.* 19,2,9,5; 9,2,8,1). Auch hier ist übrigens – wie schon oben bei § 271 – zu beobachten, daß der Gedanke in der Antike auch außerhalb der Jurisprudenz geläufig war[37].

---

[34] B. Windscheid/Th. Kipp, Lehrbuch des Pandektenrechts, Bd. 1 (9. Aufl.) 1906, S. VI.– Entsprechend J. E. Portalis, der bedeutendste Jurist unter den Redaktoren des Code civil: ‚On ne saura jamais le Code civil, tant qu'on n'étudiera que ce code‘, Oeuvres de Pothier, ed. Siffrein, Bd. 1, 1821, S. V.

[35] Zum Zufall in § 287 S. 2 BGB vgl. H. Heinrichs in Palandt, BGB, 51. Aufl. 1992, §§ 287 Rz. 2, 276 Rz. 135; W. Fikentscher, Schuldrecht, (8. Aufl.) 1992, 245 Rz. 368, dazu R. Knütel, NJW 1993, 900 f. – Daß die *lex commissoria* des § 360 BGB das Interesse des Schuldners schützen soll (so H. Heinrichs a. a. O. § 360 Rz. 1; M. Vollkommer in Jauernig, BGB, (6. Aufl.) 1991, Anm. 1 a geht fehl, vgl. R. Knütel, Juristische Schulung (JuS) 1981, 876 f.; ders., JR 1982, 20.

[36] Gelegentlich lesen sich Passagen in älteren Lehrbüchern wie Übersetzungen, z. B. M. Wolff/L. Raiser, Sachenrecht, 10. Bearb. 1957, 298 o. (nach Inst. 2,1,12); 290 f. (nach *D.* 41,1,5).

[37] Persius, *Saturae* 5, 98/99: *publica lex hominum naturaque continet hoc fas, ut teneat vetitos insitia debilis actus* (‚offenes Menschengesetz und Natur schließt dieses Gebot ein: Daß der Schwäche und mangelnden Kenntnis das Wirken verwehrt sei‘, übersetzt von O. Seel).

In *Inst.* 2,20,11 heißt es:

Si quis rem suam quasi alienam legaverit, valet legatum: nam plus valet, quod in veritate est, quam quod in opinione ...	Hat jemand seine eigene Sache in der Meinung vermacht, sie sei eine fremde, so ist das Vermächtnis wirksam. Denn die Wirklichkeit gilt mehr als die Vorstellung ...

Diese Lösung gehört heute zum festen Bestand der Kommentierungen zu § 2169 BGB, und es ist klar erkennbar, auf welchem Wege sie es geworden ist: Windscheid hatte sie unter Berufung auf *Inst.* 2,20,11 als die nach gemeinem Recht maßgebliche Lösung dargelegt. Darauf stützte sich die 1. Kommission zur Schaffung des BGB; auf deren ‚Motive' haben sich die älteren Kommentare berufen und auf diese verweisen die jüngeren Kommentierungen[38], allerdings ohne eine weitere Begründung zu liefern. Diese ergibt sich jedoch aus der antiken Quelle.

Daß auch die Auslegung nicht speziell juristischer Begriffe vom römischen Recht beeinflußt ist, zeigt sich bisweilen. So fällt beispielsweise unter den Begriff des ‚Haustiers', der bei der Tierhalterhaftung des § 833 BGB von wesentlicher Bedeutung ist, nicht die Biene[39]. Sie ist vielmehr – zum Leidwesen der Imkerverbände – ‚ein wilder Wurm', wie das Sächsische Weichbildrecht (2. Hälfte des 13. Jahrhunderts) formulierte. Dies geht auf die Einordnung der römischen Juristen zurück: *apium natura fera est* (*D.* 41,1,5,2 = *Inst.* 2,1,14). Außerhalb der Jurisprudenz ordnete man die Biene dagegen, wie Plinius (*N. H.* 8,220; 11,12) zeigt, in einer Zwischenkategorie zwischen wilden Tieren und Haustieren ein.

Besonders interessant sind die Fälle, in denen die heute herrschende oder jedenfalls überwiegende Ansicht eine gegen den Wortlaut des Gesetzes oder gegen seine strenge Logik verstoßende Lösung befürwortet. Hier wird oft deutlich, daß sich nach Ablauf einer ersten Orientierungsphase ungeachtet des Gesetzeswortlauts auch nach 1900 die altüberkommene Lösung durchgesetzt hat, und man stößt in diesen Fällen in der Regel auf nachdrückliche Bezugnahmen auf das gemeine Recht, etwa beim sogenannten Rückerwerb des Nichtberechtigten: Ein ungetreuer Mieter hat die Mietsache einem gutgläubigen Dritten verkauft und übereignet. Der Dritte erwirbt, weil er gutgläubig ist, das Eigentum. Macht er nun, weil die Sache einen Mangel aufweist, den Kauf rückgängig, so muß er dem Mieter/Verkäufer das zurückverschaffen, was er von diesem erlangt hat. Der Mieter selbst war zwar

[38] B. Windscheid (o. Fn. 34) § 654 Fn. 1 (in 9. Aufl., Bd. 3, 673); Motive zu dem Entwurfe eines Bürgerlichen Gesetzbuches, Bd. 5, 1888, 145 m. Fn. 2; K. Seybold in Staudinger, Kommentar z. BGB (11. Aufl.) 1954, § 2169 Rz. 2. Vgl. auch H. Wieling, Sachenrecht, Bd. 1, 1990, 279 Fn. 10.

[39] RGZ 158, 388 (v. 1938).

nicht Eigentümer, doch konnte er dem gutgläubigen Erwerber das Eigentum verschaffen. Dieses müßte ihm also zurückübertragen werden. Daß der ungetreue Mieter auf diese Weise nun Eigentümer werden soll (mag er auch die Sache seinem Vermieter herausgeben müssen), erscheint zwar von der Logik her geboten, verstößt aber doch sehr gegen das Rechtsempfinden.

Im römischen Recht galt dazu: *in pristinam causam res redit resoluta venditione* – mit Auflösung des Kaufs fällt die Sache in ihre frühere Rechtslage zurück (*D.* 20,6,10,1). Der Mieter wird danach nur Besitzer, der Vermieter dagegen wieder Eigentümer. Das nehmen auch heute die meisten an, und sie berufen sich auf diesen Text, wie etwa Wolff/Raiser: ‚So war es im römischen und im gemeinen Recht (*D.* 20,6,10,1), und es ist nicht anzunehmen, daß das BGB dahinter zurückschreiten wollte'[40]. Ganz ähnlich äußert sich jüngst Wieling: ‚Es ist in der Tat nicht konstruierbar, doch sollte man aus diesem Grund nicht die gerechtere Lösung zugunsten einer anderen aufgeben. Die römischen und gemeinrechtlichen Juristen jedenfalls haben nicht gezögert, ohne jeden Konstruktionsversuch das richtige Ergebnis als geltendes Recht anzuerkennen. Es besteht für uns kein Grund, davon abzuweichen'[41].

5. Besondere Einbruchstellen

Im Rahmen der Gesetzesauslegung sind als Schwerpunkte besondere Einbruchstellen zu beobachten, in denen römisches Recht im heutigen Recht nachwirkt[42].

a) Generalklauseln

Dies sind zum einen die Generalklauseln, wie etwa die des § 242 BGB (‚Der Schuldner ist verpflichtet, die Leistung so zu bewirken, wie Treu und Glauben mit Rücksicht auf die Verkehrssitte es erfordern'), die sich von der *bona fides* des römischen Rechts herleitet[43]. Zur Konkretisierung der Ge-

---

[40] Wolff/Raiser (o. Fn. 36) 257, s. auch G. v. Beseler, (u. Fn. 60) 124; G. Jahr in G. Jahr/W. Maihofer, Rechtstheorie, 1971, 310; W. Lorenz in Staudinger, Komm. z. BGB (12. Aufl.) 1979, § 816 Rz. 22 (alle in Anknüpfung an *D.* 20,6,10,1).

[41] H. Wieling (o. Fn. 38) 397. – Übrigens hat auch Blackstone diese Lösung, Commentaries on the Laws of England II chap. 30 (ed. E. Christian, Portland 1807, 450).

[42] Sie hängen eng mit den Richtlinien zusammen, die die Verfasser des BGB bei ihrer Arbeit befolgt haben, dazu H. H. Jakobs, Wissenschaft und Gesetzgebung im bürgerlichen Recht; 1983, 136 ff.

[43] Hervorhebenswert ist, daß der bestgelungene Versuch zur rechtstheoretischen Präzisierung des § 242 BGB (s. die gleichnamige Schrift von F. Wieacker, 1956, jetzt in F. Wieacker, Kleine juristische Schriften, 1988, 43 ff.) in Anknüpfung an *D.* 1,1,7,1 (*adiuvandi vel supplendi vel corrigendi iuris civilis gratia*) drei Funktionsschichten des § 242 BGB unterscheidet.

neralklauseln wird in besonderem Maße auf Rechtsregeln und Rechtssprichwörter[44] zurückgegriffen, in denen rechtliche Erfahrung vielfältigen Ausdruck findet. Sie tradieren in leicht merkfähiger Form alte Rechtsvorstellungen. Ihre einst außerordentliche Bedeutung ist freilich seit dem Ende des 18. Jahrhunderts vor allem infolge des Aufkommens der Kodifikationen und des rechtsstaatlichen Gesetzbegriffs kontinuierlich zurückgegangen.

Sie haben jedoch weiterhin ihren Wert und können, soweit sie sich in das geltende System einfügen, als Richtlinie zur Gesetzesauslegung dienen, wenn sie nicht überhaupt schon gewohnheitsrechtliche Geltung erlangt haben. Aus vielen Beispielen seien etwa die vielzitierten Parömien zu den zeitlos gültigen Anforderungen an das Parteiverhalten herausgegriffen: *dolo facit qui petit quod redditurus est* (*D.* 50, 17, 173, 3 = 44, 4, 8 pr); *nemo auditur propriam turpitudinem allegans* sowie das *venire contra factum proprium*.

b) Bewußt offengelassene Fragen

Die Verfasser des BGB haben davon abgesehen, dort Festlegungen zu treffen, wo Probleme und Begriffe für eine gesetzliche Regelung oder Präzisierung noch nicht reif waren; dies blieb, wie es in den Gesetzesmaterialien geradezu stereotyp heißt, Wissenschaft und Praxis zur Lösung überlassen. Es liegt auf der Hand, daß man in diesem Bereich auch nach dem Inkrafttreten des BGB von dem ausgegangen ist, was früher galt. Das Reichsgericht hat denn auch zu dem Hinweis, die Entscheidung bleibe Wissenschaft und Praxis überlassen, ausdrücklich bemerkt, daraus sei ‚zunächst ersichtlich, daß eine grundsätzliche Änderung des bisherigen Rechts nicht beabsichtigt' sei[45].

In der Frage, ob der Beauftragte vom Auftraggeber Ersatz der Schäden verlangen kann, die er bei der Ausführung des Auftrages (unfreiwillig) erlitten hat, hat der Gesetzgeber eine Festlegung vermieden. Er hat das Problem Wissenschaft und Rechtsprechung zur Entscheidung überlassen und in § 670 BGB nur oder immerhin den Anspruch auf den Ersatz der ‚Aufwendungen', also der vom Beauftragten freiwillig erbrachten Vermögensopfer, festgeschrieben[46]. Das war ein Rückschritt, denn im gemeinen Recht bot die *actio mandati contraria* die Möglichkeit, auch Ersatz der Schäden zuzubilligen; streitig war nur, in welchen Fällen. Die Richtlinie war, zwischen auftragstypischen und auftragsunabhängigen Schäden zu unterscheiden (*D.* 17,1,26,6: ... *nam haec magis casibus quam mandato imputari oportet*);

[44] Eine Sammlung bietet insbesondere D. Liebs, Lateinische Rechtsregeln und Rechtssprichwörter, (5. Aufl.) 1991.

[45] RGZ 57, 392 (v. 1904).

[46] Motive (vgl. o. Fn. 38), Bd. 2, 541; Protokolle der Kommission für die 2. Lesung eines Entwurfs des BGB, Bd. 2, 1898, 367 ff.; vgl. RGZ 167, 85, 89 (v. 1941).

doch wurden die einschlägigen Quellen im 19. Jahrhundert offenbar aus liberalen Grundvorstellungen heraus (wie dem Verschuldensprinzip) überwiegend restriktiv interpretiert. Erst nach vielen Diskussionen und dem Ausweichen in Hilfskonstruktionen, wie in den stillschweigenden Garantievertrag, ist die Rechtsprechung seit den dreißiger Jahren im wesentlichen wieder dahin gelangt, die Ersatzfähigkeit von Schäden anzuerkennen, soweit sie sich nicht als bloße Verwirklichungen des allgemeinen Lebensrisikos des Beauftragten darstellen. Über die methodisch richtige Begründung besteht noch heute Streit.

c) Sätze doktrinärer Natur

Die Verfasser des BGB haben auch die Richtlinie befolgt, in das Gesetz keine Sätze doktrinärer Natur aufzunehmen. Aus diesem Grund sind beispielsweise allgemeine Auslegungsregeln nur in sehr begrenzter Zahl in das BGB aufgenommen worden. Die Gesetzesverfasser sahen darin bloße ‚Denkregeln ohne positiv rechtlichen Gehalt' und ‚Belehrungen über praktische Logik', denen in Wirklichkeit oft eine allgemeine Bedeutung nicht zukomme[47]. Diese Enthaltsamkeit hat dazu geführt, daß sich in der Auslegungslehre ein weiterer Schwerpunkt des Rückgriffs auf die vor dem BGB bestehende Übung gebildet hat. Hinzuweisen ist etwa auf Regeln wie: *falsa demonstratio non nocet* (vgl. *D.* 35,1,17 pr./1; 33 pr.; 34 pr.); *quod in favorem alicuius introductum est non debet in eius laesionem retorqueri* (vgl. *D.* 1,3,25; *C.* 5,9,5,6 = *C.* 1,14,6); *quotiens in stipulationibus ambigua oratio est, commodissimum est id accipi, quo res, qua de agitur, in tuto sit* (*D.* 45,1,80) oder *ambiguitas contra stipulatorem* (*D.* 34,5,26). Die letztgenannte Regel ist – wie oben bei § 271 erwähnt – inzwischen in § 5 AGBG v. 1976 wieder Gesetz geworden; das Reichsgericht hatte sie, obwohl sie bewußt nicht in das BGB aufgenommen worden war, auch nach dessen Inkrafttreten als allgemeinen Grundsatz weiterhin angewendet.

d) Juristische Selbstverständlichkeiten

Auch von juristischen Selbstverständlichkeiten haben die BGB-Gesetzgeber das Gesetz freihalten wollen. So sind manche Rechtseinrichtungen, wie etwa die Novation oder der *contrarius consensus*, sowie gewisse Rechtsregeln (z. B. *casum sentit dominus*[48]; *quod initio vitiosum est non potest tractu temporis convalescere*, *D.* 50,17,29[49]) beiseite gelassen worden. Doch ändert das nichts

[47] Motive, Bd. 1, 155.

[48] Den Zufallsschaden trägt der Eigentümer, vgl. §§ 644 Abs. 1 S. 3, 732, S. 2 BGB.

[49] Was von Anfang an fehlerhaft ist, kann durch bloßen Zeitablauf nicht geheilt werden (nicht uneingeschränkt gültig, vgl. §§ 121, 124, 1954, 2082 BGB, 35 EheG).

daran, daß sie weiterhin gelten, sei es auch mit Modifizierungen. Noch aus dem ersten Entwurf des BGB sind rund 500 Regelungen gestrichen worden, weil sie für selbstverständlich gehalten wurden; doch scheinen diese Selbstverständlichkeiten heutzutage gelegentlich in Vergessenheit zu geraten[50].

e) Kasuistik

Auch mit kasuistischen, also nur seltene Einzelfälle betreffenden Entscheidungen sollte das BGB nicht befrachtet werden. Auch in diesem Bereich wiederholt sich unübersehbar vieles. Dies geht so weit, daß beispielsweise zu den beiden Problemen des Digestenfragments *D.* 21,3,3 zwei höchstrichterliche Parallelentscheidungen ergangen sind[51], zum *principium* die Entscheidung RGZ 105, S. 19–24 (v. 1922), in der noch offen an das römische Recht angeknüpft wird, und zum § 1 die Entscheidung BGHZ 90, S. 269–273 (v. 1984), wobei zugleich die gedrängte Kürze römischer Rechtserörterung ins Auge springt: Eine Kolumne von knapp 7 Zeilen im *Corpus Iuris* gegenüber gut 7 Seiten einschlägiger Urteilstexte!

Doch sei für den Bereich der Kasiuistik, in dem so überaus vieles wiederkehrt, nur ein etwas skurriles Beispiel näher dargelegt: Nach § 950 BGB erwirbt derjenige, der ‚durch Verarbeitung oder Umbildung eines oder mehrerer Stoffe eine n e u e bewegliche Sache herstellt, (unter weiteren Voraussetzungen) das Eigentum an der neuen Sache‘. Das Amtsgericht Kamenz hat 1948 angenommen, wer ein krankes, arbeitsunfähiges Pferd in monatelanger mühevoller Pflege wieder für leichte Arbeiten tauglich mache, erwerbe daran gemäß § 950 BGB das Eigentum; er habe ‚– kraß ausgedrückt – aus einem toten Pferd ein lebendiges gemacht‘[52]. – 1976 hat das Oberlandesgericht Frankfurt aufgrund tiefsinniger Überlegungen zu anämisch wirkendem Spezialfutter und zum Eintritt in höhere Produktionsstufen entschieden, ein Landwirt, der Jungkälber unter Eigentumsvorbehalt erworben hatte, habe ‚durch Verarbeitung der Jungkälber, nämlich durch deren planmäßige Mästung, eine neue Sache hergestellt‘ und damit Eigentum an den ‚schlachtreifen Kälbern‘ nach § 950 BGB erworben. Der BGH hat das Urteil aufgehoben und in seiner nicht ganz kurzen Begründung u. a. betont, es erscheine ‚abwegig, ein Tier, das sich durch bloßes Wachstum entwickelt,

---

[50] Vgl. BGH NJW 1983, 929 ff. (zum Surrogationsprinzip), dazu R. Knütel, JR 1983, 355 ff.

[51] Eindrucksvoll ist etwa auch, daß zur Problematik des nachträglichen Verfalls der Vertragsstrafe zwei Urteile des Reichsgerichts, zwei des Bundesgerichtshofs und eine Oberlandesgerichtsentscheidung hinter dem von Celsus bei Ulpian *D.* 4,8,23,1 erreichten Stand erkennbar zurückbleiben, s. dazu R. Knütel, Archiv v. d. civilist. Praxis (AcP) 175 (1975) 66 ff.

[52] AG Kamenz, Neue Justiz (NJ) 1948, 83, dagegen G. Otte, JuS 1970, 154, 158; Wolff/Raiser (o. Fn. 36) S. 270 Fn. 3; dafür jedoch H. Wieling (o. Fn. 38) S. 429.

... als neue Sache in dem Augenblick anzusehen, in welchem es zur Schlachtung heransteht'[53].

Das Problem ist uralt. Alfenus Varus, ein im 1. Jahrhundert v. Chr. lebender Jurist, spricht sich in *D.* 5,1,76 dafür aus, daß ein Gericht trotz Richterwechsels dasselbe bleibe. Auch wenn wir diese konkrete Frage im Grundsatz heute anders beantworten würden, bleibt doch die Argumentation beachtlich:

Alfenus libro sexto digestorum ... neque in hoc solum evenire, ut partibus commutatis eadem res esse existimaretur, sed et in multis ceteris rebus: nam et legionem eandem haberi, ex qua multi decessissent, quorum in locum alii subiecti essent: et populum eundem hoc tempore putari qui abhinc centum annis fuissent, cum ex illis nemo nunc viveret: itemque navem, si adeo saepe refecta esset, ut nulla tabula eadem permaneret quae non nova fuisset, nihilo minus eandem navem esse existimari. quod si quis putaret partibus commutatis aliam rem fieri, fore ut ex eius ratione nos ipsi non idem essemus qui abhinc anno fuissemus, propterea quod, ut philosophi dicerent, ex quibus particulis minimis consisteremus, hae cottidie ex nostro corpore decederent aliaeque extrinsecus in earum locum accederent. quapropter cuius rei species eadem consisteret, rem quoque eandem esse existimari.

Alfen im 6. Buch seiner Digesten... Und es kommt nicht nur in diesem Fall vor, sondern auch in vielen anderen Fällen, daß eine Sache auch bei Veränderung ihrer Teile als dieselbe angesehen wird. Denn man hält auch eine Legion für dieselbe, von der viele Legionäre gefallen und an deren Stelle andere getreten sind. Und ein Volk wird zum jetzigen Zeitpunkt für dasselbe gehalten, das es vor hundert Jahren gewesen ist, auch wenn von den Menschen damals heute niemand mehr lebt. Und ebenso wird ein Schiff, mag es auch so häufig ausgebessert worden sein, daß keine Planke daran ist, die nicht neu wäre, nichtsdestoweniger als dasselbe Schiff angesehen. Wenn also jemand meinen sollte, daß durch den Austausch der Teile eine andere Sache entstehe, verhielte es sich so, daß aus demselben Grund selbst wir nicht dieselben wären, die wir vor einem Jahr gewesen sind, weil wir – wie die Philosophen sagen würden[54] – aus unendlich kleinen Teilen bestehen, die täglich unseren Körper verlassen, während andere von außen an ihre Stelle treten. Wenn daher die Gestalt einer Sache als dieselbe bestehen bleibt, so ist sie auch als dieselbe Sache anzusehen.

Die conclusio zeigt, daß das Problem, das das OLG Frankfurt zu sehen meinte, keines mehr war. Treffend heben ENNECCERUS/NIPPERDEY in ihrem Lehrbuch zur Frage, wann durch Umgestaltung die Identität einer Sache aufgehoben werde, unter Hinweis auf *D.* 5,1,76; 45,1,83,5; 46,3,98,8 hervor:

---

[53] BGH NJW 1978, 697 f. = JR 1978, 157.

[54] Das Beispiel des Zellenwechsels weist auf die Atomlehre Demokrits, das Schiffsbeispiel auf Aristoteles (vgl. Plutarch, Theseus 23). Vgl. dazu OLG Hamburg Verkehrsrechts-Sammlung (VRS) 1949, 320: Totalreparatur eines Schiffs bedeute Schaffung einer neuen Sache.

‚Die römisch-rechtlichen Regeln entsprechen der Natur der Sache und sind unbedenklich für das bürgerl. Recht zu verwerten‘[55].

6. Zusammenfassung

Unsere Betrachtungen dürften nicht nur gezeigt haben, daß unser Bürgerliches Gesetzbuch außerordentlich stark vom gemeinen und damit weitestgehend vom römischen Recht geprägt worden ist; sie dürften darüber hinaus anschaulich gemacht haben, daß dieses Recht ungeachtet aller theoretischen Überlegungen zum Kodifikationsprinzip (Art. 55, 218 EGBGB), zur objektiven und subjektiven Theorie bei der Gesetzesauslegung, zur Zulässigkeit eines Rückgriffs auf ‚historische Argumente‘ etc. sehr erheblichen Einfluß auf die Auslegung des BGB gewonnen hat. Die Rechtsprechung hat nach 1900 ohne Bedenken auf die früheren Entscheidungen zurückgegriffen; das Reichsgericht hat sich beispielsweise in der erwähnten Entscheidung im 105. Band unter anderem darauf gestützt, daß ‚diese Gesichtspunkte ... bereits von den römischen Juristen erkannt worden‘ sind (S. 23 f.).

Die Erhaltung der Rechtskontinuität lag, wie schon im Gutachten der ‚Vorkommission‘ von 1874 zum Ausdruck gebracht wurde, ganz im Sinne des Gesetzgebers[56]. Die späteren Kommissionen haben daran festgehalten; gelegentlich wurde klargestellt, daß das römische Recht in seiner Bedeutung als Erkenntnisquelle und als Auslegungshilfe unberührt bleibe[57]. Dementsprechend wurde noch gegen Ende der zwanziger Jahre hervorgehoben, ‚daß überhaupt im Zweifel für eine tunlichst geringe Abweichung des alten vom neuen Recht zu vermuten sei. Zutreffend legen daher die meisten Lehrbücher und Kommentare des BGB das bisherige Recht als Ausgangspunkt der Auslegung zugrunde‘[58].

Es ist nach alldem nicht etwa so zu sehen, als sei das Bürgerliche Recht seit Eintritt des 1. Januar 1900 einzig und allein aus den Normen des BGB

---

[55] L. Enneccerus/H. C. Nipperdey, Allgemeiner Teil des Bürgerlichen Rechts, Bd. I/1, (15. Aufl.) 1959, 768 Fn. 28. – An das römische Recht knüpfen insoweit auch an F. Endemann, Lehrbuch des Bürgerl. Rechts, (8./9. Aufl. 1903/05) Bd. 1, 236 f.m. Fn. 1, Bd. II/1, 26 m. Fn. 5 (Identität bei Tieren); H. Wieling (o. Fn. 38) 54 m. Fn. 32 (Auswechselung von Bestandteilen), doch s. auch o. Fn. 52.

[56] Bundesrats-Drucks. 1874 Nr. 54, abgedruckt bei H. H. Jakobs/W. Schubert, Die Beratung des BGB, Bd. 1, 1978, 170.

[57] Vorentwürfe der Redaktoren zum BGB, Allg. Teil, Bd. 1, 1881, hrsg. v. W. Schubert, 1981, 102 neu.

[58] P. Oertmann, BGB, Allg. Teil, (3. Aufl.) 1927, IX.

gewonnen worden[59]; vielmehr stellen die Normen des BGB ein mehr oder weniger stark regulierendes Gitter dar, durch das die in Jahrtausenden gewonnenen Rechtserfahrungen auf uns gelenkt und gelangt sind, und wir können feststellen, daß unser heute geltendes Recht die Impulse für seine Konkretisierung sowie für seine Korrektur und Fortentwicklung in wesentlichem Maße einer Auslegung verdankt, die sich in der Sache als eine ergänzende Auffüllung aus dem römischen und gemeinen Recht darstellt[60].

III. Ursachen des Fortlebens des römischen Rechts

Nach dieser Bestandsaufnahme bleibt die Frage, worauf es denn eigentlich beruht, daß das römische Recht noch heute in unserem Recht wirkt und dieses weiterhin zu beeinflussen vermag.

Eine nicht unbedeutende Lehre geht dahin, das Wesentliche der Rezeption des römischen Rechts habe weniger an den Inhalten dieses Rechts gelegen, es habe also nicht eigentlich eine Überfremdung mit Rechtsinhalten stattgefunden, die seinerzeit in deutschen Landen ungeläufig waren; entscheidend sei vielmehr der Wandel des Denkstils gewesen, die Verwissenschaftlichung. Die Rezeption habe diese Verwissenschaftlichung und die Professionalisierung des Juristenstandes herbeigeführt, die aber ohnehin im Zuge der Neuzeit gelegen hätten. Bestimmend seien nicht die individualistisch-materialistischen Inhalte, sondern letztlich nur die Methode des römischen Rechtsdenkens geworden[61].

Daß diese Lehre das Wesentliche trifft, ist jedoch zu bezweifeln. Es ist wohl kein Zufall, daß sie freirechtlich inspiriert und insbesondere in der Zeit des Nationalsozialismus entwickelt worden ist, dem der Kampf gegen das römische Recht Programm war[62]. Der entscheidende Umstand, der zugleich erklärt, warum man auch in den Jahrhunderten nach der Rezeption immer wieder auf den römischen Rechtsstoff zurückgekommen ist, dürfte

[59] Entsprechend dem berühmten Postulat J. Benthams (1802): ‚Whatever is not in the code of laws, ought not to be the law.‘

[60] Vgl. insbes. zu oder in Fn. 18 (Wüstendörfer), 36, 38, 40, 41, 45, 55, 32, 33. S. auch G. v. Beseler, Juristische Miniaturen, 1929, 124: ‚Es ist keine seltene Erscheinung, daß sich das lückenhafte moderne Gesetz eine Ergänzung aus dem gemeinen Rechte gefallen lassen muß‘. – Daß für die Entscheidung von Einzelfragen die reiche Kasuistik des römischen Rechts auch jetzt noch bleibenden Wert hat, betont zum Besitzrecht etwa E. Brodmann in Planck's Kommentar z. BGB, (5. Aufl.) 1933, § 854 Anm. 2 (S. 39). Vgl. auch A. Wacke, Fschr. H. Hübner, 1984, 669 m. Fn. 4. Weiteres an anderer Stelle.

[61] F. Wieacker (o. Fn. 14) S. 20 Fn. 19, 131 ff., prägnante Darstellung bei M. Stolleis, Geschichte des öffentlichen Rechts in Deutschland, Bd. 1, 1988, 60 f.

[62] Parteiprogramm v. 1920 Punkt 19.

bei den Inhalten liegen. Das römische Recht ist eine Rechtsordnung, in der die meisten Regeln ohne störende gesetzgeberische Eingriffe aus vernünftiger und natürlicher Anschauung unter Beachtung leitender Prinzipien aus der Sachproblematik heraus entwickelt werden konnten; die römischrechtlichen Regeln und Lösungen haben daher oft etwas evident Richtiges. Zu den erwähnten leitenden Prinzipien gehören insbesondere die *bona fides* und die Freiheit des *civis Romanus.* Sie führen zur Durchsetzung von Vertragstreue und Verläßlichkeit sowie zum Schutz der Person wie der Persönlichkeit – ein Bereich, in dem die Römer erkennbar sensibler waren als wir, die wir erst unter Rückgriff auf das Grundgesetz mit der Anerkennung des allgemeinen Persönlichkeitsrechts in der Sache zu einer Wiederbelebung der *actio iniuriarum* gelangt sind –, und sie führen des weiteren zu dem in Rom so prononciert entwickelten Schutz des Eigentums, das ja ebenfalls der Sicherung von Freiheit und Unabhängigkeit des Bürgers dient. Dazu gehören ferner der Besitzschutz zur Wahrung der allgemeinen Friedensordnung, die Bekämpfung von Gewalt und Arglist, die Begünstigung der Freiheit (der *favor libertatis*), der Schutz unmündiger und minderjähriger Personen und vieles mehr.

Es kommt hinzu, daß die römische Rechtsordnung kein geschlossenes System darstellt; vielmehr ergibt sich durch die verschiedenen Rechtsschichten des Zivilrechts, des Völkergemeinrechts (ius gentium), des Amtsrechts wie des Sakralrechts ein Geflecht wechselseitiger Verschränkungen und Beschränkungen, die sich zugunsten des Individuums auswirken. Außer Frage steht zwar, daß im Rom der Prinzipatszeit, aus der die weitaus meisten der uns überlieferten Texte stammen, diese Segnungen der Rechtsordnung nicht von jedem Bürger in gleicher Weise tatsächlich genutzt und gewahrt werden konnten. Doch interessieren in unserem Zusammenhang nicht die damaligen sozialen Verhältnisse, sondern die Möglichkeiten und Sicherungen, die das so hochentwickelte römische Recht mit seiner rationalen Erfaßbarkeit und Berechenbarkeit für den wirtschaftenden neuzeitlichen Bürger wie für den Aufbau des modernen Staates bot.

Dafür, daß diese Inhalte in ihrer praktischen Auswirkung noch heute in unserem Wirtschaftsleben bewußt sind, mögen die Bemerkungen ein Indiz sein, die vor einiger Zeit im Wirtschaftsteil einer sehr angesehenen Tageszeitung zu lesen waren: ‚Das Geheimnis unseres Erfolges liegt in unserer Wirtschaftsverfassung: Vor allem in der Rechtsfigur des Eigentums und im Vertragsrecht ... Wer wie selbstverständlich in der Tradition des römischen Rechts steht, der weiß oft gar nicht, über welchen Schatz er verfügt. Ohne die bewährten Figuren des Vertrags- und Gewerberechts, ohne den eingespielten Verlaß auf den allseitigen Respekt vor den Grundsätzen von Treu und Glauben funktioniert die Marktwirtschaft nicht ... Im Überlebenswettbewerb der zivilisatorischen Evolution gibt uns der Besitz dieses Regelwerks (sc. des Vertragsrechts) gegenüber denjenigen einen Vorteil, die die Regeln nicht praktizieren dürfen oder es noch nicht können'[63].

IV. Ausblick

Auch für den Ausblick, mit dem wir unsere Betrachtungen beschließen wollen, bietet sich ein Zitat an. Ein Abgeordneter mit dem bedeutungsvollen Namen Römer hat 1876 in der Debatte zum Gerichtsverfassungsgesetz im Deutschen Reichstag die anschauliche Metapher gebracht: ,Und wenn Sie Civilgesetzbücher machen, so viel Sie wollen, so ruhen diese Civilgesetzbücher alle auf dem römischen Recht und ohne Zurückgehen auf das römische Recht können sie gar nicht gehandhabt werden. Sie kommen immer wieder, auch wenn Sie das römische Recht zur Thüre hinausgeworfen haben, auf dasselbe zurück, es kommt zum Fenster hinein'[64]. Diese Rückkehr durch das Fenster läßt sich in drei Bereichen beobachten.

1. Wiederkehr von Rechtsfiguren

Erstens setzt sich im geltenden Recht nicht selten eine Regelung des früheren Rechtes wieder durch, auch wenn der spätere Gesetzgeber von ihr abgegangen war. Man hat dies treffend als eine ,Wiederkehr von Rechtsfiguren' gekennzeichnet und unter anderem damit begründet, daß das rechtliche Instrumentarium und der Vorrat an rechtlichen Regeln und Lösungsmöglichkeiten überhaupt begrenzt ist[65]. So ist die von den BGB-Verfassern hinsichtlich des Persönlichkeitsschutzes verworfene *actio iniuriarum* in dem verfassungsrechtlich begründeten Schadensersatzanspruch wegen Verletzung des allgemeinen Persönlichkeitsrechts seit 1958 zum guten Teil in das geltende Recht zurückgekehrt[66]. Auch ist etwa der auf die Severer zurückgehende Anspruch des Pächters auf Herabsetzung des Zinses bei nachhaltiger Änderung der maßgeblichen Verhältnisse, die *remissio mercedis,* bewußt nicht in das BGB aufgenommen worden. Doch tauchte sie schon in der

---

[63] H.D. Barbier (,Was uns reich macht') , Frankfurter Allgemeine Zeitung v. 31.12.1990 Nr. 303 S. 13.

[64] G. Hahn, Die gesamten Materialien zu den Reichs-Justizgesetzen, Bd. I/1 (Gerichtsverfassungsgesetz) 1879, 1100 (Reichstag, Sitzung v. 17.11.1876 Sten.Ber. 157).

[65] Grundlegend Th. Mayer-Maly, JZ 1971, 1 ff. (mit vielen hier nicht zu wiederholenden Beispielen).

[66] BGHZ 26, 349 ff.; BVerfGE 34, 269. Dabei erleben auch die mittelalterlichen Bußtaten in der Form der heutigen Schmerzensgeldtabellen eine Wiedergeburt.

Pachtschutzordnung von 1920 wieder auf; über die Landpachtgesetze von 1940 und 1952 gelangte sie 1985 als § 593 n. F. schließlich in das BGB[67].

2. Rechtsvergleichung

Ein zweiter Weg, auf dem römischrechtliches Gedankengut ‚reimportiert' wird, ist die Rechtsvergleichung. Da das römische Recht um die Welt gegangen ist und nahezu alle Rechtsordnungen beeinflußt hat, wirkt es auch vom Ausland her auf unser Recht ein. Ein hübsches kleines Beispiel bietet das Fragment

*D.*19,2,19,7:

Ulpianus libro trigensimo secundo ad edictum

Si quis mulierem vehendam navi conduxisset, deinde in nave infans natus fuisset, probandum est pro infante nihil deberi, cum neque vectura eius magna sit neque his omnibus utatur, quae ad navigantium usum parantur.

Ulpian im 32. Buch seines Kommentars zum Edikt

Wenn eine Frau gegen Entgelt zu Schiff befördert wird und auf dem Schiff niederkommt, braucht für das Kind nicht bezahlt zu werden, weil seine Beförderung nicht ins Gewicht fällt und es von alldem, was für den Bedarf der Passagiere bereitet wird, keinen Gebrauch macht.

Der Sachverhalt erscheint uns, die wir an schnelle Transportmittel gewöhnt sind, als etwas entlegen, ergab sich aber noch in der Zeit der Dampfschiffahrt nicht ganz selten. Heutzutage wird in den Zeitungen oft berichtet, daß Kinder im Flugzeug – meist im Jumbo-Jet – geboren wurden.

Der berühmte französische Jurist Pothier (1699–1772), dessen Arbeiten vor allem das Vertragsrecht des Code civil entscheidend bestimmt haben, hob zu dieser Entscheidung hervor, es mache keinen Unterschied, ob der Schiffer die Schwangerschaft kenne oder nicht. Danach war eine entsprechende Vorschrift im Projekt der Regierungskommission für den Code civil vorgesehen. Da dieses Projekt mit späteren Erweiterungen im Staate Louisiana als Civil Code in Kraft gesetzt wurde (1808, 1825, 1870), erscheint die erwähnte Bestimmung in diesem Gesetzbuch als Art. 2753. Der chilenische Código civil von 1857, das noch heute geltende und sprachlich eleganteste Gesetzbuch des ibero-amerikanischen Rechtskreises, hat sie von dort in seinen Art. 2017 übernommen. Hierauf wird nun wieder in einem deutschen Seerechtslehrbuch zum Beleg für die Ansicht hingewiesen, daß, wenn ‚eine Mitreisende auf der Reise von einem Kind entbunden wird, ohne Abrede für dasselbe nicht besonders Überfahrtgeld zu zahlen sein wird'[68].

---

[67] Dazu W. Ernst, SZ 105, 1988, 567 ff., 583 ff.

[68] W. Lewis/E. Boyens, Das Deutsche Seerecht, Bd. 2, 1901, § 664 HGB Anm. 2 (zugleich mit *D.*19,2,19,7). – Zum Schicksal des Textes im Lateinunterricht s. A. Wacke, SZ 109 (1992) 577.

Das, was kraft *D.* 19,2,19,7 bis 1900 galt, ist auch im Zweifel für die Beförderung zu Wasser, zu Lande oder in der Luft anzunehmen, und es sind die früher in den Eisenbahn-Betriebs-Reglements getroffenen Bestimmungen, daß für Kinder, die getragen werden, nichts zu zahlen ist, und die daraus erwachsenen heutigen Bestimmungen zur unentgeltlichen Mitbeförderung von Kindern offenbar durch die antike Rechtsquelle inspiriert. Soweit das einfache Beispiel. Zu vermuten ist, daß in Zeiten wachsender Informationsdichte und zunehmender internationaler Zusammenarbeit diese durch die Rechtsvergleichung beförderte Rückkehr römischrechtlicher Lösungen ‚zum Fenster hinein' an Bedeutung gewinnen wird.

3. Europäische Rechtsvereinheitlichung

Durch Beschluß vom 26. Mai 1989 hat das Europäische Parlament die Mitglieder der EG aufgefordert, ihr gesamtes Privatrecht zu vereinheitlichen, also ein für alle Mitgliedsstaaten geltendes Zivil- und Handelsrecht zu schaffen[69]. Dies läuft auf die Entwicklung eines europaweit in Geltung zu setzenden Bürgerlichen Gesetzbuchs und eines Handelsgesetzbuchs hinaus. Dazu ist sicher, daß die Artikel solcher Gesetzbücher weitgehend und letzten Endes aus dem Stoff des römischen und gemeinen Rechts gebildet werden, gleichgültig ob sie etwa in Anlehnung an den französichen Code civil oder das deutsche Bürgerliche Gesetzbuch oder den italienischen Codice civile formuliert werden.

Doch ist unabhängig davon schon heute zu beobachten, daß einzelne Gerichte der EG auf die vom römischen Recht geprägte Rechtstradition zurückgreifen, soweit diese in allgemein gebilligten und hinreichend konkreten Regeln, also zumeist in Rechtssprichwörtern, in einfacher Weise erfaßbar ist. So hat die Große Beschwerdekammer des Europäischen Patentamts in ihrem Urteil vom 27. Januar 1989[70] entschieden, daß dann, wenn jemand gegen ein Patent Einspruch eingelegt und auf die Mitteilung von der Änderung des Patents geschwiegen hatte, ein Einverständnis des Einsprechenden nicht angenommen werden kann. Das Gericht hat sich mit der Regel *Qui tacet consentire videtur* (Wer schweigt, scheint zuzustimmen)[71] auseinandergesetzt und dazu unter Hinweis auf *D.* 19,2,13,11 klargestellt, daß die Regel nur für den Fall *ubi loqui debuit* (wo er hätte sprechen

---

[69] Dok. A 2 - 157/89, Amtsblatt der EG v. 26.6.1989 Nr. C 158/499.

[70] Entscheidungen der Beschwerdekammern des Europ. Patentamts, Bd. 14, 1989, 1 ff.

[71] Das aus dem Kirchenrecht (*Liber sextus* 5,13,43; Bonifaz VIII.) überlieferte Rechtssprichwort geht auf römisch-rechtliche Vorbilder zurück, etwa *D.* 50,17,142 (*Qui tacet, non utique fatetur: sed tamen verum est eum non negare*); *D.* 19,2,13,11.

müssen) gilt. Im weiteren hat es sich dann wesentlich auf das Argument gestützt: Ein ‚Rechtsverzicht darf aber nicht ohne weiteres vermutet werden: *A jure nemo recedere praesumitur*'[72].

Dies ist kein Einzelfall. Ein Praktiker resümiert: ‚Lateinische Rechtsregeln aus gemeinsamer Rechtsgeschichte haben bisher innerhalb der Beschwerdekammern des Europäischen Patentamts eher zu einem Konsens geführt als Orientierung am nationalen Recht', und er bekennt, daß er damit begonnen hat, die nationalstaatlichen Kodifikationen der letzten drei Jahrhunderte zu vergessen und das gemeinsame, alte europäische Recht neu zu lernen[73].

Hier wird also bereits das praktiziert, was in jüngerer Zeit verschiedentlich als die ‚lateinische Lösung' für die Zukunft der europäischen Gemeinschaft vorgeschlagen wird, daß nämlich Europa auf der Basis des römischen Rechts zu einer rechtlich bestimmten Einigung finden möge, zur Rechtsunion, die nicht minder wichtig sei als die Wirtschaftsunion[74].

Es mehren sich die Anzeichen, daß dem römischen Recht eine neue Bewährungsprobe bevorsteht: *Multa renascentur quae iam cecidere, cadentque quae nunc sunt in honore*[75].

---

72 Die im *ius commune* gebildete Regel wurzelt ebenfalls im römischen Recht, vgl. *D.* 2,15,5 (*liberalitatem captiosam interpretatio prudentium fregit*), *D.* 2,14,47,1; 2,15,12; 12,6,67,3; C. 4,29,21.

73 O. Bossung in: Lohn der Leistung und Rechtssicherheit, Fschr. A. Preu, 1988, 219.

74 M. Stolleis, Frankfurter Allg. Zeitung (FAZ) v. 24. 8. 92 Nr. 196 S. 23; R. Dahrendorf, vgl. FAZ v. 28. 9. 92 Nr. 226 S. 33.

75 Horaz, *Ars poectica* 70 f.

Rechtseinheit in Europa und römisches Recht*

von *Rolf Knütel,* Bonn

I. Römisches Recht und ius commune

1. *Rezeption des römischen Rechts*

„Dreimal hat Rom der Welt Gesetze diktiert, dreimal die Völker zur Einheit verbunden, das erstemal, als das römische Volk noch in der Fülle seiner Kraft stand, zur Einheit des S t a a t s, das zweitemal, nachdem dasselbe bereits untergegangen, zur Einheit der K i r c h e, das drittemal infolge der Rezeption des römischen Rechts, im Mittelalter zur Einheit des R e c h t s; das erstemal mit äußerm Zwange durch die Macht der Waffen, die beiden andern Male durch die Macht des Geistes".

Dies sind die berühmten Einleitungsworte eines hochberühmten Werkes, Rudolf v. Jherings „Geist des römischen Rechts"[1]. Es ist in der Tat ein höchst erstaunliches Phänomen, daß das antike römische Recht, das im Prinzipat, also innerhalb der ersten zweieinhalb Jahrhunderte unserer Zeitrechnung, seine Hochblüte erreicht hatte und in den Jahren 533/534 von dem oströmischen Kaiser Justinian in der bereinigten Sammlung des Corpus iuris civilis zusammengefaßt worden war, im hohen Mittelalter zu neuem Leben erwachte. In Europa ging es in jenen Zeiten um den Aufbau der Territorialherrschaften, um den Ausbau der Kirche und um die Selbstorganisation der Städte. Für all das brauchte man Juristen, und es liegt auf der Hand, daß diese Juristen angesichts der großen Rechtszersplitterung, der Unklarheit, Unvollständigkeit oder mangelnden „Vernunft", auf die sie in ihren heimischen Rechten stießen, bei Zweifeln dazu neigten, auf das umfassende Regelungen bietende, ausgereifte, aus praktischer Vernunft erwachsene römische Recht zurückzugreifen, also auf die moderner erscheinende, gut erschließbare und vom Universitätsunterricht her vertraute Sammlung des Corpus iuris civilis. Für das Gebiet des Heiligen Römischen Reiches Deutscher Nation kam als einer von weiteren Umständen hinzu, daß sich die deutschen Kaiser als Nachfolger der römischen Kaiser ansahen; das römische Recht erschien mithin als das *ratione imperii* anwendbare Kaiserrecht. Außerhalb des Reiches sah man es natürlich anders; dort, etwa in Frankreich, erlangte das römische Recht *imperio rationis* Geltung, also kraft der ihm innewohnenden Rechtsvernunft.

Weiterer Ausführungen zu den einzelnen Gründen und Stadien der Rezeption bedarf es in unserem Zusammenhang nicht. Hervorzuheben bleibt allein, daß es im Ergebnis dazu kam, daß seit der frühen Neuzeit das römische Recht weithin in Kontinentaleuropa hinter den Landesgesetzen und örtlichen Gewohnheiten subsidiäre Geltung erlangte, insbesondere

* Zeitschrift für Europäisches Privatrecht 2 (1994) 244 – 276.

[1] *Rudolf v. Jhering,* Geist des römischen Rechts, Band I, 5. Auflage, 1891, S. 1.

etwa in Italien, Deutschland, in Spanien, Portugal und Schottland, mit geringen Einschränkungen in Frankreich und Polen; auch in England machten sich, zunächst vermittelt durch das Kirchenrecht, römisch-rechtliche Einflüsse geltend und noch Skandinavien wurde von dessen Ausläufern berührt[2].

2. Entstehung des ius commune

Die weitere Entwicklung wurde vor allem durch zwei Umstände bestimmt. Erstens wurde der Stoff des römischen Rechtes – vielfach im Lichte der Regeln des selbst wieder stark vom römischen Recht beeinflußten Kirchenrechts oder der einheimischen Rechte – uminterpretiert, verallgemeinert oder durchbrochen, um ihn den praktischen Erfordernissen der sich wandelnden Zeiten anzupassen. Auf diese Weise entstand ein *ius commune,* zu dem einerseits in ganz Europa im Universitätsunterricht ein einheitlicher Rechtsstoff, nämlich nahezu ausschließlich das *Corpus iuris civilis* und das *Corpus iuris canonici,* zugrundegelegt wurde, das andererseits jedoch in seiner tatsächlichen Geltung und in der forensischen Praxis der einzelnen Territorien sehr deutliche Unterschiede aufwies. Ungeachtet dieser Unterschiede erlangte die hauptsächlich an der Arbeit an den *Corpora iuris civilis* und *canonici* ausgerichtete Wissenschaft in allen europäischen Ländern hervorragenden Einfluß.

Autoritäten, wie etwa Accursius, Bartolus, Baldus, Cujaz, Donellus, Dumoulin, Grotius, Pufendorf, Pothier, Voet, Vinnius, Heineccius und Leyser fanden allerorten größte Beachtung; von der *communis opinio doctorum* pflegten die Gerichte nicht abzuweichen[3].

An dieser seit dem ausgehenden Mittelalter entstandenen gemeinsamen Tradition hielt man auch beim Aufkommen neuer Richtungen fest, wie der humanistischen Jurisprudenz des 16. Jahrhunderts und des rationalen Naturrechts des 17. und 18. Jahrhunderts. Die Rechtsentwicklungen wurden in einer in ganz Europa gemeinsam geführten und europaweit verfolgten Diskus-

---

2 Näheres zur Rezeption und den weiteren Entwicklungen bei *Franz Wieacker,* Privatrechtsgeschichte der Neuzeit, 2. Auflage, 1967, S. 97ff., 133ff., 143ff.; *Gerhard Wesenberg/Gunter Wesener,* Neuere deutsche Privatrechtsgeschichte, 4. Auflage, 1985, S. 80ff. sowie in Helmut Coing (Hg.), Handbuch der Quellen und Literatur der neueren europäischen Privatrechtsgeschichte, Bände I-II (1973–76).- Von besonderem Interesse ist in diesem Zusammenhang das Werk des Engländers *Arthur Duck,* De Usu et Authoritate Juris Civilis Romanorum in dominiis principum Christianorum, libri duo (erstmals London 1653), das im 2. Buch eine rechtsvergleichende Darstellung der damaligen Anwendung des römischen Rechts in den einzelnen Nationen Europas bietet. Dazu liegen neuerdings vor der unveränderte Nachdruck der Ausgabe Leipzig 1668, Focke Tannen Hinrichs (Hg.), 1990, sowie die von *Hinrichs* besorgte Übersetzung: *Arthur Duck,* Über Gebrauch und Geltung des ius civile der Römer, 1993; vgl. auch *Norbert Horn,* Römisches Recht als gemeineuropäisches Recht bei Arthur Duck, in: Walter Wilhelm (Hg.), Studien zur europäischen Rechtsgeschichte, 1972, S. 170ff.

3 Sehr pointiert *Duck* (Fn. 2) I, 8,8 (S. 129 = Übers. S. 73): *Judices omnes Communi Opinioni debeant adhaerere* (alle Richter müssen sich nach der *communis opinio* richten).

sion vorbereitet und verwirklicht; die Rechtswissenschaft war und blieb eine europäische[4].

Diese Rechtswissenschaft hat – oft im Wege „kreativen Mißverständnisses" durch Verallgemeinerung einer Einzelaussage der antiken Quellen – neue Rechtsfiguren geschaffen, wie etwa einen Firmenschutz durch Ableitung aus dem Besitzrecht oder das Rücktrittsrecht über die Maxime *frangenti fidem fides frangitur eidem*[5]; sie hat fundamentale Rechte des Einzelnen entwickelt, beispielsweise dessen Schutz durch das Prinzip *nulla poena sine lege*[6] und dessen politische Beteiligung nach der Maxime *quod omnes tangit debet ab omnibus approbari*[7], und sie hat in Anknüpfung an die Schlußtitel der Digesten (D.50,16; D.50,17) weiterentwickelnd, umformulierend oder überhaupt neu schaffend zahllose allgemein gültige Argumente und Rechtsregeln herausgearbeitet, zu denen die Sammlung im Schlußtitel der Dekretalen Bonifaz' VIII. (Liber sextus 5,12), in Spanien die in den Siete Partidas (34 VII) und in England vor allem die Maxims of the Law von Francis Bacon[8] besonders wichtig wurden. Jahrhundertelang kam diesen Topoi und Maximen eine hervorragende Bedeutung zu; sie verblaßte erst mit dem Aufkommen der Gesetzbücher seit dem ausgehenden 18. Jahrhundert. Beispiele werden uns alsbald begegnen.

Mit allen diesen Leistungen hat die Wissenschaft des *ius commune* aus den Fundamenten des römischen Rechts und des Kirchenrechts heraus die noch heute in Europa in allem Wesentlichen einheitlichen Vorstellungen von Recht, seinen Werten und seiner Methode geprägt[9]. Zugleich hat sie, was ebenfalls von nicht zu unterschätzender Bedeutung ist, den wissenschaftlich geschulten, rational und methodisch arbeitenden Juristen, kurzum den uns

---

[4] Vgl. nur *Helmut Coing,* Die Bedeutung der europäischen Rechtsgeschichte für die Rechtsvergleichung, in: Dieter Simon/Helmut Coing (Hg.), Gesammelte Aufsätze zu Rechtsgeschichte, Rechtsphilosophie und Zivilrecht, Band II, 1982, S. 157, 161 f.

[5] In Anknüpfung an Liber sextus 5,12,75 (*Frustra sibi fidem quis postulat ab eo servari, cui fidem a se praestitam servare recusat),* vgl. dazu *Henri Roland/Laurent Boyer,* Locutions Latines et Adages du droit français contemporain, Band I, 1978, S. 334 ff.– Hier liegen die Wurzeln des Rücktrittsrechts des Art. 1184 Cc sowie der §§ 325, 326 und 273, 320 BGB.

[6] In Anknüpfung an D.50,16,131,1; 11,7,14,14 (*poenam enim in eum statutam non esse*).

[7] Liber sextus 5,12,29 in Anknüpfung an C.5,59,5,2 (anno 531; zur Zustimmung bei Mitvormündern), vgl. dazu *Gaines Post,* Studies in Medieval Legal Thought, 1964 (aus 1946), S. 163 ff.; *Yves Congar,* Droit ancien et structures ecclésiales, 1982, S. II und Nr. III (aus 1958); *Hans Hattenhauer,* Das Recht der Heiligen, 1976, S. 92 ff.– Die Bedeutung des *ius commune* für die Entwicklung fundamentaler Rechtswerte, wie die von Freiheit und Eigentum hebt auch hervor *Govaert van den Bergh,* Ius Commune, a History with a Future?, in: Bruno de Witte/Caroline Forder (Hg.), The common law of Europe and the future of legal education, 1992, S. 593, 601 ff.

[8] Dazu nur *Peter Stein,* Regulae Iuris, 1966, S. 170 ff.

[9] Über Einzelheiten und weiterführende Literatur informieren etwa *Wieacker* (Fn. 2); *Wesenberg/Wesener* (Fn. 2) sowie *Helmut Coing,* Europäisches Privatrecht, Band I (Älteres Gemeines Recht), 1985, auch Band II (19. Jh.), 1989 (ein Werk, das trotz mancher Defizite – vgl. *Wilhelm Brauneder,* Europäisches Privatrecht – aber was ist es?, Zeitschrift für Neuere Rechtsgeschichte [ZNR] [15] 1993, 225 ff. – die Orientierung erkennbar erleichtert) und *Hans Hattenhauer,* Europäische Rechtsgeschichte, 1992.

seit Jahrhunderten selbstverständlich gewordenen gelehrten Juristen hervorgebracht[10].

3. Kodifizierungen

Der zweite Umstand, der die Entwicklung in besonderem Maße bestimmt hat, ist die Entstehung der neuzeitlichen Kodifikationen. Sie setzt nach einem Vorläufer, dem *Codex Maximilianeus Bavaricus civilis* von 1756, mit den drei großen Gesetzgebungen des späten Naturrechts ein, dem preußischen Allgemeinen Landrecht von 1794, dem Code civil von 1804 (Cc) und dem österreichischen Allgemeinen Bürgerlichen Gesetzbuch (ABGB) von 1811. Von diesen hat der Code civil in Europa, beispielsweise für den italienischen Codice civile (CcIt.) von 1865 oder den spanischen Código civil von 1889 (CcSpan.), wie überhaupt weltweit den größten Einfluß erlangt.

Zwar vermochte im Verlaufe des 19. Jahrhunderts der erneut und mit starker systematischer Orientierung bei den justinianischen Quellen ansetzende Pandektismus noch einmal eine gewisse Einheit in der europäischen Rechtswissenschaft herbeizuführen; doch fand diese mit der zweiten bestimmenden Gesetzgebungsphase, die durch die Schaffung des BGB von 1896 sowie des Schweizerischen Zivilgesetzbuchs und Obligationenrechts von 1907 und 1911 begründet wurde, ihr Ende. Ob es ihr endgültiges Ende ist oder ob nicht durch Wiederanknüpfung an die gemeinsame Tradition des *ius commune* innerhalb der Europäischen Union eine Rechtsvereinheitlichung erreicht werden kann – das ist die Frage, vor der wir heute stehen[11].

II. Zur Wiederanknüpfung an das ältere Recht

Daß sich an dieser Frage die Geister scheiden, verwundert nicht, geht es doch im Kern zugleich um die Frage, worin die Aufgaben, aber auch die Aussichten rechtshistorischer Forschung liegen. Da unser Anliegen nur dahin geht, einige Gesichtspunkte zur Leistungsfähigkeit des *ius commune* und seiner römisch-rechtlichen Basis für die Rechtsvereinheitlichung beizusteuern, be-

[10] Dazu etwa *Filippo Ranieri,* Vom Stand zum Beruf, Ius Commune (13) 1985, 83 ff.

[11] Zur Bejahung von rechtshistorischer wie von rechtsvergleichender Seite vgl. nur *Helmut Coing,* Europäisierung der Rechtswissenschaft, Neue Juristische Wochenschrift (NJW) 1990, 937 ff. sowie *derselbe* (Fn. 4) 100; *Hein Kötz* (Fn. 100) sowie *Reinhard Zimmermann* in vielen Beiträgen, insbesondere: Das römisch-kanonische ius commune als Grundlage europäischer Rechtseinheit, Juristen-Zeitung (JZ) 1992, 8 ff.; *derselbe,* Heard melodies are sweet, Archiv für die civilistische Praxis (AcP) 193 (1993), 121, 169 ff.; *derselbe* Römisches Recht und europäische Rechtseinheit, in: Walther Ludwig (Hg.), Die Antike (Fn. 79) 151 ff.; *Reiner Schulze,* Vom Ius Commune bis zum Gemeinschaftsrecht, in: Reiner Schulze (Hg.), Europäische Rechts- und Verfassungsgeschichte, Ergebnisse und Perspektiven der Forschung, 1991, S. 3 ff.

schränken wir uns hinsichtlich der allgemeinen Aspekte auf drei knappe und notwendigerweise allgemeine Bemerkungen.

1. Zur Forschungsaufgabe

Die Rechtsgeschichte hat sich, seit sie sich aus ihrer bisweilen beklagten Rolle als einer „Magd der Zivilistik" entlassen sieht, zu einer historischen Disziplin entwickelt; die Debatte darüber sei, so wird gesagt, „eigentlich mit einem eindeutigen Resultat abgeschlossen"[12]. Auch wer dem folgt, wird sich damit schwerlich zufriedengeben dürfen. Denn angesichts der geschilderten Grundlagen der europäischen Zivilrechtssysteme ist das Bemühen, das geltende Recht aus dem früheren heraus zu verstehen und möglichst organisch weiterzuentwickeln, und zwar auch im gesamteuropäischen Zusammenhang, allemal eine wissenschaftliche Aufgabe, gleichgültig ob man ihren Schwerpunkt in der modernen zivilrechtlichen, der rechtsvergleichenden oder der rechtsgeschichtlichen Forschung erblickt. Praktische Verwendung und antiquarische Erforschung des römischen Rechts haben schon in früheren Jahrhunderten nebeneinander bestanden.

2. Zur Frage eines „Bedarfs"

Ein zweites Bedenken wird wegen angeblich mangelnden Bedarfs erhoben. Bislang seien, wird gesagt, die „fortbestehenden Verschiedenheiten der nationalen Privatrechte . . .von den Beteiligten offenbar nicht als spürbares Hindernis empfunden" worden, wozu wesentlich wohl auch beigetragen habe, „daß die Volkswirtschaft der Mitgliedstaaten im wesentlichen übereinstimmend durch Gewerbefreiheit, Marktwirtschaft und unternehmerische Einzelinitiative geprägt war"[13]. Der eigentliche Bedarf an Rechtsvereinheitlichung bestehe in der Wirtschafts- und Marktverfassung, wozu zentral natürlich auch der Schutz des Verbrauchers gehöre. Ihm aber helfe die EG durch Schaffung gemeinsamer rechtlicher Rahmenbedingungen ab[14].

Man sollte jedoch nicht außer acht lassen, daß das Funktionieren des Gemeinsamen Marktes und die Überwindbarkeit der Unterschiede in den nationalen Privatrechtsordnungen gerade die Frucht der geschilderten langen einheitlichen Tradition der europäischen Rechtswissenschaft ist. Daß dies auch im heutigen Wirtschaftsleben nicht ganz aus dem Blick geraten ist, zeigt der Umstand, daß der Zusammenhang vor einiger Zeit im Wirtschaftsteil einer angesehenen Tageszeitung hervorgehoben wurde: „Wer wie selbstverständlich in der Tradition des römischen Rechts steht, der weiß oft gar nicht, über welchen Schatz er verfügt. Ohne die bewährten Figuren des Vertrags- und Gewerberechts, ohne den eingespielten Verlaß auf den allseitigen Respekt vor den Grundsätzen von Treu und Glauben funktioniert die Marktwirtschaft nicht"[15].

Überdies zeichnen sich im heutigen – jedenfalls im deutschen – Wirtschaftsrecht und seiner wissenschaftlichen Bearbeitung ein besorgniserregender Verlust dogmatischer Konturen und eine starke Tendenz ab, über den Einzelfall die Prinzipien zurückzusetzen. Signifikant sind die qualvollen Entwicklungen des sogenannten qualifiziert-faktischen Konzerns, zu dessen Bewältigung von wissenschaftlicher Seite allen Ernstes vorgeschlagen worden ist, abzuwarten, bis die Praxis Lösungen

---

[12] *Wolfgang Wiegand,* Back to the future?, Rechtshistorisches Journal (RJ) 12 (1993), 277, 278. Wir gehen nur auf diesen Beitrag ein. Die Einwände sind für eine gewisse Richtung repräsentativ und erklären sich wohl auch vor einem (von Frankfurter Seite konstatierten) „Hintergrund großer Verlegenheit mit dem gesamten Fach", die sich in Symptomen äußert wie „die Publikationen nehmen an Umfang zu, aber Hörer und Leser nehmen ab" (Frankfurter Allgemeine Zeitung [FAZ] vom 5. 1. 1994 Nr. 3 S. N3). Daß manch anderer Ort bei seinen Hörern noch immer Zunahme statt Abmagerung konstatieren muß, liegt wohl daran, daß dort noch zu schwere römische Kost geboten und genossen wird.

[13] So *Wiegand,* RJ 1993, 283, der insoweit *Peter Ulmer,* Vom deutschen zum europäischen Privatrecht, JZ 1992, 1, 2f. wörtlich wiedergibt und meint, dem sei „eigentlich nichts hinzuzufügen". Daß die Sachaussage zu optimistisch ist, zeigen etwa die Probleme des grenzüberschreitenden Eigentumsvorbehalts.

[14] *Wiegand,* RJ 1993, 283.

[15] *Hans D. Barbier,* Was uns reich macht, FAZ vom 31. 12. 1990 Nr. 303 S. 13.

an die Hand gebe[16]. Angesichts dessen darf ein Wissenschaftszweig, in dem das Rüstzeug präsent ist, Entwicklungslinien, dogmatische Zusammenhänge und zeitbedingte Wertungswandlungen in langfristigen Dimensionen zu erschließen, sich nicht in die Kontemplation zurückziehen. Mehr noch gilt dies im Hinblick auf die von der Europäischen Union betriebene Rechtsvereinheitlichung, zu der auch die deutsche Zivilrechtswissenschaft es an kritischer Begleitung weithin fehlen läßt. Daß etwa die Richtlinien schon untereinander wenig abgestimmt sind und ihre Integration in die nationalen Rechtsordnungen des öfteren zu schweren Friktionen führt, ist bekannt. Daß mit ihnen im Verbraucherschutzbereich ein Regelungswerk heranwächst, das an die Grundlagen nicht allein unserer Privatrechtsordnung rührt, indem es für diesen Bereich die Privatautonomie erstickt, wird offenbar erst langsam erkannt. Auch insoweit ist die Wissenschaft gegenüber einem in seiner demokratischen Legitimation nicht unanfechtbaren Richtlinien-Geber auf den Plan gerufen.

3. Zur Erschließung des älteren Rechts

Ein drittes Bedenken ist schließlich das ernsteste: „Was wäre es denn für ein Recht, zu dem wir zurückfinden müßten?“[17]. Daß hierauf eine Antwort in Einheitsformeln nicht zu finden ist, versteht sich angesichts all der zeitlichen, lokalen und inhaltlichen Unterschiedlichkeiten, die das *ius commune* aufweist.

Immerhin ist das Problem nicht ganz neu, haben doch auch die Gerichte und Autoren des *ius commune* sich damit auseinandersetzen müssen und können. Arthur Duck[18] nennt für die Entscheidung der zahlreichen Kontroversen eine sechsstufige Rangfolge. Diese reicht von der Bindung an die *communis opinio doctorum* über die Bevorzugung der Majorität, sodann der einläßlich Argumentierenden (gegenüber den nur übernehmenden Autoren), der Kommentatoren (gegenüber den Gutachtern) und der Kanonisten in kirchenrechtlichen, der Legisten in den restlichen Fällen bis zur Bevorzugung der reinen Wissenschaftler vor denen, die nach Würden und Vermögen streben, und schließlich zum Übergewicht der späteren vor den früheren Autoren. Fraglos wäre das, zumal heutzutage, nicht praktikabel.

Doch könnte eine Interpretation, die seinerzeit von der *communis opinio doctorum* oder von einer Majorität oder jedenfalls von anerkannten Autoritäten vertreten wurde, gegebenenfalls eine Entscheidung tragen, soweit sich nicht vorrangige Lösungsmöglichkeiten anbieten.

Insoweit ist der Umstand wesentlich, daß die Zivilgesetzbücher der Staaten der Europäischen Union sehr weitgehend aus dem im römischen Recht begründeten, im *ius commune* fortentwickelten sowie (überwiegend) aus dem im Pandektismus aufbereiteten Stoff geschaffen sind und daß allgemeine Interpretationstopoi, wie etwa der Schutz des Schwächeren, ohnehin nicht an Landesgrenzen haltmachen. Übertreibend, doch im Kern treffend ist es, wenn Charles Sherman in der Einleitung des 2. Bandes seines breit angelegten Roman Law in the Modern World hervorhebt: „In all the codifications of the

---

16 So *Peter Hommelhoff,* Empfiehlt es sich, das Recht faktischer Unternehmensverbindungen neu zu regeln?, Gutachten für den 59. Deutschen Juristentag, in: Verhandlungen des 59. Dt. Juristentages, Band I, 1992, S. G 79f.- Daran ändert nichts die Akzeptanz der einschlägigen Rechtsprechung des Bundesgerichtshofs (BGHZ 115, 187, Video) durch das Bundesverfassungsgericht, Zeitschrift für Wirtschaftsrecht (ZIP) 1993, 1306, das sich der Problematik in ihrer wahren Dimension verschlossen hat, vgl. auch *Jan Wilhelm,* Konkursantragspflicht des GmbH-Geschäftsführers und Quotenschaden, ZIP 1993, 1833, 1837, Fn. 17.

17 *Wiegand,* RJ 1993, 280.

18 *Duck* (Fn. 2) Band I, 8,8–16 (S. 128ff. = Übersetzung, S. 73ff.).

19th and 20th centuries there is a unity: The Modern Codes may be regarded as republications, to a large extent, of Justinian's monumental codification of Roman Law – but adapted to modern times and garbed in modern linguistic dresses"[19]. Aus der vergleichenden Analyse der Einzelbestimmungen in den Gesetzbüchern der Europäischen Union unter Einbeziehung der maßgeblichen Interpretationen – insbesondere dort, wo es wie in England an einem Zivilgesetzbuch fehlt –, wird sich oft bereits eine Lösung ergeben, die innerhalb der Europäischen Union als die sachnächste und gerechteste anzusehen ist.

Nehmen wir das B e i s p i e l, jemand habe eine nicht rechtsfähige Vereinigung mit über 1000 Mitgliedern als Miterbin eingesetzt. Als Erbeinsetzung wäre diese Verfügung unwirksam; doch wäre anzunehmen, daß den einzelnen Mitgliedern Vermächtnisse zugewendet sind, wobei es dann von der Struktur der Vereinigung abhinge, wie die Gebundenheit dieser Vermächtnisse umgesetzt wird[20]. Die Rechtfertigung dieser „konservierenden" Auslegung ergibt sich aus dem Auslegungstopos des *favor testamenti* (§ 2084 BGB) und allgemeiner noch aus der für die Auslegung von Rechtsgeschäften überhaupt geltenden Maxime *quotiens in stipulationibus ambigua oratio est, commodissimum est id accipi, quo res, qua de agitur, in tuto sit* (D.45,1,80), kürzer: *potius valeat actus quam pereat*[21]. Diese Regel und ihre Parallelen[22] liegen z.B. den Artt. 1157 Cc[23], 1157 CcBelg., 1284 CcSpan., 1367 CcIt.[24] zugrunde; die Regel ist Bestandteil des common law[25], und sie findet in Deutschland (auch neben der Konversionsregel des § 140 BGB) Anerkennung[26]. Angesichts dieses Befundes ist es nicht zu bezweifeln, daß es sich um eine in der Europäischen Union anerkannte Regel handelt, die von einem Gericht dieser Union angewendet werden könnte.

Schließlich bleibt im Zusammenhang der Frage nach dem Beitrag der Rechtsgeschichte zur europäischen Rechtsvereinheitlichung zu betonen, daß man die Hindernisse nicht höher bauen sollte als sie sind. In der Praxis finden

---

[19] *Charles Sherman,* Roman Law in The Modern World, Band II, 2. Auflage, 1924, S. 5.

[20] Bei einem nicht rechtsfähigen Verein wäre anzunehmen, die Vermächtnisse seien sogleich gesamthänderisch gebundenes Vereinsvermögen geworden (so *Theodor Kipp/Helmut Coing,* Erbrecht, 14. Auflage, 1990, S. 147 mit Rechtsprechung), andernfalls wären die Vermächtnisse als mit der Auflage verbunden anzusehen, das zugewendete für die Zwecke der Vereinigung zu verwenden, vgl. nur *Emil Strohal,* Das deutsche Erbrecht, Band I, 3. Auflage, 1903, S. 131. Der Streit um eine mögliche Erbfähigkeit des nicht rechtsfähigen Vereins kann hier dahinstehen, siehe dazu nur *Dieter Reuter,* in: Münchener Kommentar zum BGB, Band I, 2. Auflage, 1984, § 54, Rn. 13.

[21] Ist bei Stipulationen der Wortlaut unklar, so ist am besten die Auslegung zu treffen, bei der das Geschäft wirksam ist; ein Rechtsgeschäft soll eher gelten als zunichte werden, vgl. *Detlef Liebs,* Lateinische Rechtsregeln und Rechtssprichwörter, 5. Auflage, 1991, P 81.

[22] Vgl. D.34,5,12 (*Quotiens in actionibus aut in exceptionibus ambigua oratio est, commodissimum est id accipi, quo res de qua agitur magis valeat quam pereat*) sowie D.34,5,21,1.

[23] Vgl. *0. Le Clerque,* Le droit romain dans ses rapports avec le droit français et les principes des deux législations, Band IV, 1811, S. 282; *Alexandre Duranton,* Cours de droit français, Band VI, 4. Auflage, 1841, S. 182 (n. 511).

[24] Vgl. *Salvatore Di Marzo,* Le basi romanistiche del Codice civile, 1950, S. 250; *Italo Bellina,* Salvis Iuribus, 1992, S. 81.

[25] Langston v. Langston (1834) 6 Eng. Rep. 1128, 1147 (*Ut res magis valeat quam pereat* is a rule of common law and common sense). Weitere Hinweise bei *Herbert Broom,* A Selection of Legal Maxims, 10. Auflage, 1939, S. 361.

[26] Bezugnahmen auf D.45,1,80 etwa bei *Werner Flume,* Allgemeiner Teil des Bürgerlichen Rechts, Band II, 4. Auflage, 1992, S. 317; *Ludwig Enneccerus/Hans Carl Nipperdey,* Allgemeiner Teil des Bürgerlichen Rechts, Band II, 15. Auflage, 1960, S. 1263 mit Fn. 43.

sich bereits Wiederanknüpfungen an Rechtsgrundsätze aus der Zeit vor Inkrafttreten der Kodifikationen. Die Aufgabe der Wissenschaft ist es, den Boden dafür zu bereiten. Damit verbindet sich die Frage, zu welchem Zwecke dieser Boden wiederaufzubereiten ist. Seine Früchte können, wie im folgenden an möglichst einfachen Beispielen veranschaulicht werden soll, vor allem für die Interpretation bestehenden, die Entwicklung und Ausfüllung geplanten Gemeinschaftsrechts, aber auch für konkrete Einzelentscheidungen von Bedeutung sein. Doch ist zunächst der soeben eingeflochtene Hinweis auf die Praxis auszuführen.

III. Rückgriffe auf tradierte Rechtsregeln

1. Vorbemerkung

Daß wir oben einen sprichwörtlich gewordenen Auslegungsgrundsatz als Beispiel gewählt haben, stellt gewiß eine Vereinfachung dar. Wie aber schon dargelegt wurde, haben zahlreiche der im römischen Recht und im *ius commune* entwickelten Wertentscheidungen Ausdruck in Rechtssprichwörtern gefunden; darüber hinaus sind auch überaus viele technische Sätze, wie *prior tempore potior iure; dies interpellat pro homine* oder *actor sequitur forum rei* zu Rechtsregeln geworden. Die naheliegende Vermutung, daß diese Maximen besonders geeignet sind, eine gewisse Vereinheitlichung und Harmonisierung der Rechtsordnung in der Europäischen Union herbeizuführen[27], bestätigt sich auf einem unerwarteten, weil sehr technischen Gebiet.

2. Drei Beispiele

a) In ihrer Entscheidung vom 20. 7. 1987 hebt die Juristische Beschwerdekammer des Europäischen Patentamts hervor, daß das Europäische Patentamt „aus Gründen der Billigkeit und nach dem Grundsatz *Tu patere legem quam fecisti* die von ihm einmal aufgestellten Verfahrensregeln durchweg einheitlich anwenden sollte, selbst wenn sie eindeutig im Gegensatz zum (Europäischen Patent-)Übereinkommen stehen“[28].

Der Grundsatz: „Du mußt das Gesetz befolgen, das du gemacht hast“ wird auf die Überlieferung zurückgeführt, wonach der hochberühmte Konsul T. Manlius Imperiosus Torquatus im Latinerkrieg im Jahre 340 v. Chr. seinen Sohn hinrichten ließ, weil dieser zwar siegreich, aber in befehls-

---

[27] *Coing* (Fn. 4) 173 ff.; eingehend jüngst *Reiner Schulze,* Allgemeine Rechtsgrundsätze und europäisches Privatrecht, ZEuP 1993, 443 ff.- Auf den allgemeinen Grundsätzen des Verwaltungsrechts basiert dementsprechend die Darstellung von *Jürgen Schwarze,* Europäisches Verwaltungsrecht, 2 Bände, 1988.- Vgl. die Parallele in China, wo über 155 „Allgemeine Grundsätze des Zivilrechts“ der Aufbau einer mit marktwirtschaftlichen Erfordernissen zu vereinbarenden Rechtsordnung angestrebt wird (Übersetzung von *Frank Münzel,* China aktuell 1986, 288 ff.).

[28] Entscheidungen des Europäischen Patentamts (EPA) 12, 164, 167.

widrigem Einzelkampf mit einem feindlichen Anführer gefochten hatte[29]. Die juristische Verankerung des Grundsatzes ist jedoch in der *lex Cornelia de iurisdictione* zu erblicken, einem Plebiszit von 67 v. Chr., durch das ausdrücklich festgelegt wurde, daß die Prätoren an die Bestimmungen, die sie in ihrem Edikt getroffen hatten, auch selbst gebunden waren[30].

Im übrigen enthalten die Digesten einen Titel *Quod quisque iuris in alterum statuerit, ut ipse eodem iure utatur* (das Recht, das jemand einem anderen gegenüber festgesetzt hat, das muß er auch selbst befolgen). Zu diesem wird das entsprechende Edikt aus dem 1. Jahrhundert v. Chr. wiedergegeben und kommentiert; der Jurist Ulpian hebt einleitend hervor, daß dieses Edikt in höchstem Maße der Gerechtigkeit entspricht: Denn wer wird es von sich weisen wollen, daß ihm dasselbe Recht gesprochen wird, das er selbst anderen gesprochen hat oder hat sprechen lassen?[31] Die *summa aequitas* dieses Prinzips, das die gleichmäßige Rechtsanwendung sichert und das Verbot willkürlicher Rechtsfindung enthält, ist heutzutage im Lichte des allgemeinen Gleichheitssatzes mit eher größerem Nachdruck noch zu betonen[32], und es steht außer Frage, daß die Juristische Beschwerdekammer für ihre Lösung auf ein Rechtssprichwort zurückgegriffen hat, das im vollen Einklang mit gemeineuropäischem Rechtsdenken steht.

b) In der Entscheidung vom 24. 6. 1987[33] legt die Große Beschwerdekammer Art. 122 Abs. 1 des Europäischen Patentübereinkommens (EPÜ) dahin aus, daß der Einsprechende zwar bei Versäumung der zweimonatigen Frist für die Beschwerde gegen ein erteiltes Patent nicht in den vorigen Stand wiedereingesetzt werden kann; daß aber bei Versäumung der Viermonatsfrist (des Art. 108 EPÜ) für die Einreichung der Beschwerdebegründung eine Wiedereinsetzung in den vorigen Stand möglich sei. Der *ratio* des Art. 122 EPÜ, die Ungewißheit des Patentinhabers darüber zu beseitigen, ob das erteilte Patent endgültig aufrechterhalten bleibt, sei mit fristgerechter Einlegung einer förmlichen Beschwerde Rechnung getragen; der Patentinhaber dürfe sich dann nicht in Sicherheit wiegen. Wenn der Zweck, ihn in seinem Vertrauen zu schützen, aber in diesen Fällen nicht mehr erreicht werden könne, dann dürfe das Wiedereinsetzungsverbot des Art. 122 Abs. 1 auch nicht dahin ausgelegt

---

[29] Livius 8,6,16–8,7,22.- Vgl. *Roland/Boyer* (Fn. 5) Band II, 1979, S. 560.- Offenbar hierauf bezieht sich im „Prinz von Homburg“ der Kommentar des siegreichen Prinzen: „Und wenn er mir in diesem Augenblick wie die Antike starr entgegenkömmt, tut er mir leid und muß ich ihn bedauren“ (2. Akt, 10. Auftritt).

[30] Siehe dazu *Francesco De Martino,* Storia della costituzione romana, Band III, 2. Auflage, 1973, S. 150 mit Nachweisen. – Zuvor kam es, wenn ein Prätor *aliter atque ut edixerat decrevit,* zur Interzession durch den Kollegen, vgl. *Cicero,* In Verrem 2,1,46,119.

[31] D.2,1,1 pr.: *Hoc edictum summam habet aequitatem . . .: quis enim aspernabitur idem ius sibi dici, quod ipse aliis dixit vel dici effecit.* Dahinter steht die Goldene Regel.

[32] Zum Gleichheitssatz und Diskriminierungsverbot in den nationalstaatlichen Rechten und im Europarecht siehe *Jürgen Schwarze* (Fn. 27) Band I, 529ff. mit Nachweisen, der in Anknüpfung an Aristoteles und an Ulpians *suum cuique tribuere* (D.1,1,10,1) darlegt, daß der Gleichheitssatz im Sinne materialer Rechtsgleichheit zu verstehen ist und in der Mehrzahl der europäischen Staaten auch so verstanden wird.

[33] EPA 10, 185ff.

werden, daß es sogar für die Frist der Beschwerdebegründung noch gelte. Diese einschränkende Auslegung stützt das Gericht auf den „Auslegungsgrundsatz *Cessante ratione legis cessat ipsa lex* (Digesten 35. 1. 72. § 6)“[34].

Trotz des Digestenzitats entstammt die Rechtsregel nicht dem antiken römischen Recht. Ihre Wurzel findet sich vielmehr in einem von Papst Innozenz I. im Jahre 414 an die mazedonischen Bischöfe gerichteten Brief, in dem hervorgehoben wird, eine Ausnahmeregelung dürfe bei Wegfall des Notstandes, der sie veranlaßt habe, nicht weiter angewendet werden[35]. Gratian hat daraus für den Canon 41 C 1 qu. 1 die Rubrik gewonnen *Quae pro necessitate conceduntur, eadem cessante cessabunt* (was aus Notwendigkeit zugelassen wird, muß mit deren Wegfall entfallen).

Daran hat vor allem die Glosse *Non cohaeret* zu D.35,1,72,6 angeknüpft, welche die wesentliche Grundlage der weiteren Entwicklung wurde: *secus autem est in ratione legis, nam ea cohaeret in tantum, ut ea cessante cesset lex* (anders ist es dagegen beim Sinn und Zweck des Gesetzes, denn diese hängen mit ihm derart zusammen, daß bei ihrem Wegfall auch das Gesetz entfällt). Die daraus gebildete Regel *cessante ratione legis* . . . fand bei den Kommentatoren, im usus modernus und im Naturrecht breite Anerkennung, stieß dann im späten Absolutismus und im strengen Gesetzesdenken des 19. Jahrhunderts jedoch auf starke Ablehnung. Heute findet sie wieder größere Akzeptanz, zwar vorsichtiger, soweit es die völlige Außerkraftsetzung eines Gesetzes angeht, für die eine Evidenz des Wegfalls der *ratio* gefordert wird[36]; ohne weiteres wird sie jedoch anerkannt als Rechtfertigung restriktiver Interpretation, insbesondere von Ausnahmeregelungen[37]. In ebendiesem Sinne hat die Große Beschwerdekammer die Regel angewendet.

c) Ein drittes Beispiel: Die Technische Beschwerdekammer führt in einer Entscheidung vom 23. 1. 1987[38] aus, daß ein Schweigen, wenn gegenteiliges Handeln nach den Umständen erwartet werden kann, als Zustimmung gewertet werden kann. Dafür beruft sich die Kammer auf den – wie sie sagt – „Satz des römischen Rechts *Qui tacet consentire videtur*“ (wer schweigt, scheint zuzustimmen)[39].

Dieser Grundsatz wird auch in einer späteren Entscheidung der Großen Beschwerdekammer aufgenommen und präzisiert[40]. Im wesentlichen ging es um die Frage, ob dann, wenn jemand gegen ein Patent Einspruch eingelegt

---

[34] EPA 10, 185, 189.

[35] Dazu und zum Folgenden *Hermann Krause,* Cessante causa cessat lex, Zeitschrift der Savigny-Stiftung (SZ) Kanonistische Abteilung, Band 46 (1960), 81 ff.; *Wolfgang Löwer,* Cessante ratione legis cessat ipsa lex, 1989, S. 5 ff., 9. ff., 22 ff.

[36] *Löwer* (Fn. 35) 35.

[37] *Krause* (Fn. 35) 108 f.; *Karl Engisch,* Einführung in das juristische Denken, 7. Auflage, 1977, S. 83, 179, 237, 308 f.; *Löwer* (Fn. 35) 9 ff., 12, 14 (mit Hinweis auf das grundgesetzliche Gebot einer Gesetzesanwendung nur im Rahmen des Gesetzeszwecks).- Beispiele aus der restriktiven englischen Rechtsprechung bei *Broom* (Fn. 25) 97 ff. und *Löwer* (Fn. 35) 25 ff.; Anschauungsmaterial aus Frankreich bei *Roland/Boyer* (Fn. 5) 127 ff.

[38] EPA 11, 305 ff.

[39] EPA 11, 305, 309.

[40] EPA 14, 1 ff.

und auf die Mitteilung von der Änderung des Patents geschwiegen hatte, ein Einverständnis des Einsprechenden angenommen werden kann. Die Große Beschwerdekammer hat sich mit der – aus dem Kirchenrecht überlieferten[41], aber auf römisch-rechtliche Vorbilder[42] zurückgehenden – Regel *qui tacet consentire videtur* auseinandergesetzt und dazu unter Bezugnahme auf D.19, 2, 13, 11 klargestellt, daß die Regel nur für den Fall *ubi loqui debuit* (wo er hätte sprechen müssen) gilt[43]. Im weiteren hat die Kammer sich dann wesentlich auf die Regel gestützt: Ein „Rechtsverzicht darf aber nicht ohne weiteres vermutet werden: *A jure nemo recedere praesumitur*“[44], und ist so zu dem Ergebnis gekommen, daß ein Einverständnis des Einsprechenden nicht anzunehmen ist.

2. *Subsidiäre Geltung*

Alldas sind keine Einzelfälle. Man stößt in der Rechtsprechung der Beschwerdekammern unter anderem noch auf den – insbesondere in Frankreich und England anerkannten – Grundsatz *error communis facit ius*[45], auf das Prinzip *nemini licet venire contra factum proprium*[46] und auf die Regel *accessio cedit principali*[47]. Daß dies Methode hat, hat ein Richter der Beschwerdekammern des Europäischen Patentamts auch mit aller Deutlichkeit (und mit juristentypischer Selbstironie) ausgesprochen: „Lateinische Rechtsregeln aus gemeinsamer Rechtsgeschichte haben bisher innerhalb der Beschwerdekammern des Europäischen Patentamts eher zu einem Konsens geführt als Orientierung am nationalen Recht. Auch die Große Beschwerdekammer greift zu den Digesten“, und er fährt fort: „Wer sich also vor den Kammern Erfolg erhofft, sollte die nationalstaatlichen Kodifikationen der letzten drei Jahrhunderte vergessen und auf das gemeinsame, alte europäische Recht zurückgreifen, wie es – im-

---

[41] Liber sextus 5,12,43.

[42] D.50,17,142 (*Qui tacet non utique fatetur: sed tamen verum est eum non negare*); D.19,2,13,11; 24,3,2,2; 50,1,2 pr.- Vgl. schon *Cicero,* De inventione 1,32,54 (*taciturnitas imitatur confessionem*).- Zu alldem und älteren Wurzeln siehe *Andreas Wacke,* Keine Antwort ist auch eine Antwort, in: Juristische Analysen (JA) 1982, 184 f.; *Roland/Boyer* (Fn. 5) 362 ff.; *Christoph Krampe,* Qui tacet consentire videtur, in: Dieter Schwab und andere (Hg.), Festschrift für Paul Mikat, 1989, S. 367 ff.

[43] D.19,2,13,11 spricht diese (von der Sache her gebotene) Einschränkung freilich nicht aus.

[44] Die Regel des *ius commune* geht zurück auf D.2,15,5 (*liberalitatem captiosam interpretatio prudentium fregit*); D.2,14,47,1; 2,15,12; 12,6,67,3; C.4,29,21.

[45] Gemeinsamer Irrtum schafft Recht; EPA 12, 144, 145, 151. – Zu Frankreich vgl. *Roland/Boyer* (Fn. 5) 277 ff.; zu England *Broom* (Fn. 25) 86 ff. Vgl. auch *Liebs* (Fn. 21) C 45.- Eine der Wurzeln liegt in der *lex Barbarius Philippus* (D.1,14,3), vgl. *Rolf Knütel,* Barbatius Philippus und seine Spuren, in: Schwab (Fn. 42) 353, 358.

[46] Niemandem ist es erlaubt, sich mit dem eigenen Verhalten in Widerspruch zu setzen; EPA 12, 144 ff., 151.

[47] Zubehör folgt der Hauptsache; EPA 15, 95, 97. – Grundlage ist D.34,2,19,13, auch D.33,8,2 sowie Liber sextus 5,12,42. Vgl. auch *Liebs* (Fn. 21) A 13; *Roland/Boyer* (Fn. 5) 31 ff.- Beispiele aus dem modernen Recht sind etwa Artt. 696, 1018, 1615, 1692 Cc; §§ 314, 401, 926, 947 Abs. 2, 2164 BGB; Artt. 644 I SchweizZGB; 818 CcIt.; englisches Recht bei *Broom* (Fn. 25) 317 ff.

mer noch weit verständlich – in lateinischer Sprache formuliert ist“[48]. Dem folgen läßt der Autor das Bekenntnis, er selbst habe bereits begonnen, zu vergessen und neu zu lernen.

Daß dies Methode hat, ist dahin zu präzisieren, daß die Beschwerdekammern des Europäischen Patentamts bei der Auslegung des Europäischen Patentübereinkommens bestimmte Grundsätze befolgen, die in einer von der Großen Beschwerdekammer am 5.12. 1984 getroffenen Entscheidung näher dargelegt werden[49]. Danach ist das Übereinkommen als internationaler Vertrag nach den im Völkerrecht geltenden Grundsätzen auszulegen. Im einzelnen werden die Auslegungsgrundsätze des Wiener Übereinkommens über das Recht der Verträge vom 23. Mai 1969 entsprechend angewendet. Nach den Artt. 31 und 32 dieses Übereinkommens hat die nach Treu und Glauben vorzunehmende Auslegung – vereinfacht gesagt – den Text des Patentübereinkommens mitsamt den darauf bezüglichen Vereinbarungen sowie die späteren einschlägigen Vereinbarungen der Vertragsstaaten, die praktischen Handhabungen des Übereinkommens und die einschlägigen Völkerrechtssätze zur Grundlage zu nehmen, des weiteren, wenngleich mit Einschränkungen, die Materialien und die Umstände beim Abschluß des Übereinkommens. Darüber hinaus, so hebt die Große Beschwerdekammer hervor, müsse „auch die Frage der Harmonisierung nationaler und internationaler Vorschriften in Betracht gezogen werden“, was beim Europäischen Patentübereinkommen von besonderer Wichtigkeit sei, weil Bestimmungen dieses Übereinkommens in nationale Gesetzgebungen übernommen worden sind. Deshalb müßten auch die Rechtsprechung und die Rechtsauffassungen der Gerichte und Patentämter in den Vertragsstaaten berücksichtigt werden[50]. Aus diesem Harmonisierungszweck heraus wird zur Auslegung auch der Vergleich der nationalen Rechte der Mitgliedstaaten herangezogen[51]. Die Auslegung aufgrund eines solchen Vergleichs erweist sich jedoch oft als schwierig, zumal da die nationalen Verfahren der Patenterteilung im Kontext der einzelnen Rechtsordnungen wesensverschieden gestaltet sind[52]. Unter diesen Umständen bleibt als Ausweg nur der Rückgriff auf die Rechtsprinzipien des *ius commune,* die das Rechtsbewußtsein in den Vertragsstaaten noch heute bestimmen und hier wieder zu subsidiärer Geltung gelangen.

Hier wird also bereits das praktiziert, was in jüngerer Zeit verschiedentlich als die „lateinische Lösung“ für die Zukunft der Europäischen Union vorgeschlagen wird, daß nämlich Europa auf der Basis der alten *ius commune* und damit letztlich aus den Wurzeln des römischen Rechts schöpfend zu einer rechtlich bestimmten Einigung finden möge, die nicht minder wichtig sei als die Wirtschaftsunion[53]. Das Verfahren, hierbei an allgemeine Rechtsgrundsätze anzuknüpfen, ist typisch[54].

---

[48] *Otto Bossung,* Über den Irrtum des Anmelders im europäischen Patenterteilungsverfahren, in: Manfred Bohlig und andere (Hg.), Festschrift für Albert Preu, 1988, S. 219.

[49] EPA 6, 22, 24 f.

[50] EPA 6, 25.

[51] So etwa in EPA 10, 185, 187 f.- Im Hinblick auf das Verfahrensrecht gebietet übrigens Art. 125 EPÜ die hilfsweise Berücksichtigung der „in den Vertragsstaaten allgemein anerkannten Grundsätze des Verfahrensrechts“ (Bundesgesetzblatt 1976 II S. 888).

[52] *Bossung* (Fn. 48) 219 f.

[53] *Michael Stolleis,* FAZ vom 24.8. 1192, Nr. 196, S. 23; *Ralf Dahrendorf,* vgl. FAZ vom 28.9. 1992, Nr. 226, S. 33. Weitere Nachweise oben Fn. 11.

[54] Vgl. oben Fn. 27.

IV. Rechtsangleichungen

1. Ausgangslage

Auf zahlreichen Gebieten des Privatrechts ist es bereits heute durch Verordnungen, Richtlinien, Empfehlungen und Stellungnahmen von Kommission und Ministerrat zu Rechtsangleichungen gekommen. Dies ist zwar insbesondere im Handels- und Gesellschaftsrecht zu beobachten, doch gilt es in beachtlichem Maße auch für das Bürgerliche Recht, vor allem für das Schuldrecht; man denke etwa an die EG-Richtlinien zu Haustürgeschäften, Produkthaftung, Verbraucherkredit, Pauschalreisen oder an die Richtlinien-Vorschläge zu mißbräuchlichen Klauseln in Verbraucherverträgen, zu Zahlungsfristen und Verzugszinsen etc.[55]

2. Die Kommissionsempfehlung zu Vertragsstrafen

a) Beispielsweise besteht seit Anfang 1978 eine von Unidroit vorbereitete Empfehlung der Kommission zu Vertragsstrafen im Zivilrecht[56]. Schon auf den ersten Blick ist erkennbar, daß fast alle acht Artikel dieser Empfehlung weitgehend Regelungen enthalten, die bereits im klassischen römischen Recht entwickelt oder zumindest angelegt sind, wenngleich die römisch-rechtlichen Lösungen naturgemäß wesentlich differenzierter ausfallen. So entspricht der Art. 2, wonach der Gläubiger nur alternativ entweder die Hauptleistung oder die für den Fall der Nichterfüllung versprochene Strafe verlangen kann, dem römisch-rechtlichen Grundsatz[57], und so ist die Bestimmung des Art. 4, daß die Strafe nur verfällt, wenn der Schuldner die Nichterfüllung zu vertreten hat, letztlich die Frucht intensiver Diskussionen der römischen Juristen[58]. Daß der Richter, wie Art. 7 vorsieht, übermäßig hohe Vertragsstrafen herabsetzen kann, insbesondere bei Teilerfüllung, wird erstmals in dem Fragment D.2,11,9,1 ausgesprochen, das zum Beispiel dem Art. 1231 Cc (schon in der früheren Fassung) sowie dem Art. 1384 des CcIt. von 1942 als Vorbild gedient hat[59]. Auch zu der Bestimmung des Art. 5, wonach der Gläu-

---

[55] Dazu etwa *Peter-Christian Müller-Graff,* Privatrecht und Europäisches Gemeinschaftsrecht, 2. Auflage, 1991, S. 13, 22 ff., 43 ff.; *Oliver Remien,* Illusion und Realität eines europäischen Privatrechts, JZ 1992, 277, 278 f.

[56] Résolution (78) 3 du Comité des Ministres du Conseil de l'Europe relative aux clauses pénales en droit civil/Resolution (78)3 of the Committee of Ministers of the Council of Europe relating to penal clauses in civil law, Revue de droit uniforme/Uniform Law Review 1978 II, 222–229.

[57] Vgl. etwa C.2,3,14 (strafgesicherte Stipulation); D.2,14,7,1; 23,4,12,2 (*pacta*); D.19,1,28; 21,2,18 (*bonae fidei iudicia*), dazu *Rolf Knütel,* Stipulatio poenae, 1976, S. 274 ff., 291 ff., 320 ff.

[58] Vgl. insbesondere D.45,1,115,2; 44,7,23; 4,8,23,1,2; 4,8,52, zu alldem *Knütel* (Fn. 57) 195–261; *Mario Talamanca,* pena privata, in: Enciclopedia del Diritto (ED), Band 32, 1982, 720 ff.; *Reinhard Zimmermann,* The Law of Obligations, 1990, S. 105 f.

[59] Zur Herabsetzung der Vertragsstrafe bei Teilerfüllung. Darüber hinaus wurde seit 1975 in Art. 1152 Cc eine allgemeine richterliche Billigkeitskontrolle eingeführt, vgl. dazu *Detlev Fischer,*

biger im Falle der Nichterfüllung darauf beschränkt ist, die Strafsumme zu verlangen, finden sich römisch-rechtliche Wurzeln. Allerdings sind die römischen Juristen am Ende dahin gelangt, dem Gläubiger die Geltendmachung eines höheren Schadens zu gestatten, und dies muß angesichts der Erzwingungsfunktion der Vertragsstrafe auch als die bessere Lösung erscheinen[60].

b) Damit ist bereits ein weiterer Aspekt angesprochen: Zur Kritik und zur Interpretation von Normen oder Empfehlungen, die von der Europäischen Union ergehen, kann aus der Erfahrung des römischen Rechts manches beigesteuert werden. So ließe sich, um beim Beispiel der Empfehlung zu Vertragsstrafen zu bleiben, etwa fragen, warum nach der Definition des Art. 1 als Vertragsstrafe nur Versprechen auf Geldzahlung gelten und nicht auch das Versprechen von *alia res vice poena* (D.4,8,11,2). Läßt sich in Zeiten einer Warenknappheit jemand von einem Bauunternehmer für den Fall, daß dieser den Bau nicht errichtet, als Strafe ein Quantum Baumaterial versprechen, so müssen jedenfalls die meisten Regelungen zur Vertragsstrafe Anwendung finden.

Oder es ließe sich fragen, ob der Schuldner nicht auch die (in der Kommissionsempfehlung nicht vorgesehene) Befugnis hat, den bereits eingetretenen Verfall einer Vertragsstrafe nachträglich noch dadurch zu bereinigen, daß er die Hauptleistung erbringt, ehe der Gläubiger die Zahlung der Strafe verlangt. Angenommen, jemand hat seinem Käufer eine Vertragsstrafe in Höhe von 20.000,- DM für den Fall versprochen, daß er ihm die verkaufte Erntemaschine bis zum 1.7. nicht liefert. Infolge eines Versehens kann er die Lieferung erst am 8.7. vornehmen. Wenn der Käufer bis dahin noch nicht Zahlung der Strafe verlangt hat und wenn feststeht, daß die Ernte ohnehin erst Mitte Juli beginnen, die Maschine also erst dann eingesetzt werden kann – soll unter solchen Umständen der Verkäufer mit der wenngleich verspäteten Lieferung nicht noch erreichen können, daß die Strafe von ihm nicht mehr verlangt werden kann?

Die römischen Juristen haben dies unter Einschränkung der Regel *semel commissa poena non evanescit* (eine einmal verfallene Vertragsstrafe wird nicht wieder unwirksam) dann bejaht, wenn das Interesse des Gläubigers durch die Verspätung der Leistung nicht beeinträchtigt worden war[61]. Auch im heutigen Recht ist die in Anknüpfung an die römischen Quellen entwickelte Lehre, daß der Schuldner den Verfall der Strafe noch bereinigen kann, sofern das In-

---

Vertragsstrafe und vertragliche Schadenspauschalierung, 1981, S. 132ff.- Zu den Grundlagen siehe *Le Clerque* (Fn. 23) 340; *Duranton* (Fn. 23) 382 sowie *Di Marzo* (Fn. 24) 254.- Zu D.2,11,9,1 siehe *Knütel* (Fn. 57) 82f., 167ff.; *Zimmermann* (Fn. 58) 112f.- Die Entwicklungsgeschichte stellt dar *Ralf-Peter Sossna,* Die Geschichte der Begrenzung von Vertragsstrafen, 1993.

[60] Siehe D.19,1,28; 17,2,42, dazu *Knütel* (Fn. 57) 262ff., 320ff., 335ff.; *Zimmermann* (Fn. 58) 100ff.

[61] Siehe insbesondere D.4,8,21,12–23 pr.; 4,8,52; 2,11,8; 45,1,122,2, dazu *Knütel* (Fn. 57) 144ff., 181ff.; *Zimmermann* (Fn. 58) 110f.

teresse des Gläubigers an der Hauptleistung nicht entfallen ist, herrschende Ansicht[62].

Im Grunde genommen handelt es sich hierbei um eine den Wortlaut zurücksetzende Konkretisierung des Grundsatzes von Treu und Glauben. Es ist sehr bemerkenswert, daß in einem der leading cases der englischen Equity in genau diesem Sinne entschieden wurde, und zwar unter Edward II (1308–1309), also in einer sehr frühen Zeit, in der auch in England römisch-rechtliche Einflüsse greifbar sind. Im Fall Umfraville v. Lonstede war die Strafe verfallen, weil eine auszuhändigende Urkunde zu dem im Strafversprechen bestimmten Zeitpunkt nicht angeboten worden war; doch bot der Beklagte sie alsbald an. Bereford CJ begründete die Klagabweisung mit den folgenden Worten: „What equity would it be award you the debt when the document is tendered and you cannot show that you have been damaged by the detention?“[63]

c) Die Problematik tritt in anderem Gewande sehr häufig auf, nämlich bei den Kautionen im Agrarrecht der Europäischen Wirtschaftsgemeinschaft. Diese Kautionen müssen von Händlern von vornherein als „Garantie“ dafür beigebracht werden, daß sie mit den Marktordnungswaren im Sinne der ihnen hernach erteilten Lizenz verfahren werden. Die Kautionen sollen mithin die Durchführung der vorgesehenen Warenbewegung (Import, Export) oder des vorgesehenen Verfahrens mit der Ware (Einlagerung, Verarbeitung zu bestimmten Produkten etc.) sichern. Die Rechtsnatur dieser Kautionen ist umstritten; vielfach, insbesondere auch von der Kommission, werden sie als Vertragsstrafen angesehen, wofür in der Tat vieles spricht[64].

In den einschlägigen Verordnungen ist bestimmt, daß die Kaution verfällt, wenn die jeweils gesicherte Pflicht nicht oder nicht fristgerecht erfüllt wird. Grundsätzlich wird nur dann, wenn eine Verpflichtung aufgrund höherer Gewalt nicht eingehalten werden konnte, ein Kautionsverfall verneint, eine Rückgewähr also anerkannt. Der EuGH mildert diese Härte des Kautions-

---

62 *Rolf Knütel,* Verfallsbereinigung, nachträglicher Verfall und Unmöglichkeit bei der Vertragsstrafe, AcP (175), 1975, 44 ff.; zustimmend etwa *Karl Larenz,* Lehrbuch des Schuldrechts, Band I, 14. Auflage, 1987, S. 380; *Walter Lindacher,* in: Soergel, Kommentar zum Bürgerlichen Gesetzbuch, Band II, 12. Auflage, 1990, § 339, Rn. 22; *Alfred Söllner,* in: Münchener Kommentar zum Bürgerlichen Gesetzbuch, Band II, 2. Auflage, 1985, § 339, Rn. 18, dagegen *Joachim Gernhuber,* Das Schuldverhältnis, 1989, S. 773 f., der freilich sowohl dem Beugezweck der Vertragsstrafe als auch dem Grundsatz von Treu und Glauben zu enge Grenzen setzt.

63 „Quel equité serra de agarder à vous le dette de pus que l'escrit est prest, si vous ne porriez monstrer que vous fustes endamagé par la detenue?“, Y. B. 2/3 Edw. II (Selden Soc.) 58, vgl. auch *H. D. Hazeltine,* in: Paul Vinogradoff (Hg.), Essays in Legal History, 1919, S. 268; *Zimmermann* (Fn. 58) 112, Fn. 108.

64 Schriftliche Erklärungen zur Rechtssache (Rs.) 117/83 (Könecke v. BALM), *EuGH,* Sammlung der Rechtsprechung des EuGH (Slg.) 1984, 3291, 3296 f. (vgl. auch die Schlußanträge des Generalanwalts *Verloren van Theemat* S. 3313 ff.: Mögliche Ausgestaltung); und zur Rs. 137/85 (Maizena v. BALM), Slg. 1987, 4587, 4592.– Das Bundesverfassungsgericht läßt es bei der Einordnung als „eine der Privatrechtsordnung bekannte Rechtsfigur“ bewenden, BVerfGE 37, 271, 288. Entsprechungen bestehen auch zu der (der Vertragsstrafe ohnehin wesensverwandten) Verfallklausel.

rechts, indem er es dem Grundsatz der Verhältnismäßigkeit unterwirft[65]. Die zuständige Stelle kann demnach „die Kaution je nach der Schwere der Vertragsverletzung für ganz oder für teilweise verfallen erklären“[66].

In Anwendung dieses Prinzips hat der EuGH in einem Fall, in dem die kautionsgesicherte Verpflichtung dahin ging, Ausfuhrlizenzen bis zu einem bestimmten Tag um 12.00 Uhr zu beantragen, in der Sache eine Verfallsbereinigung anerkannt. Infolge eines geringfügigen Organisationsmangels versäumte die verpflichtete Firma die rechtzeitige Antragstellung; doch brachte sie die Anträge knapp vier Stunden später ein. Der EuGH hebt dazu hervor, daß die (in der einschlägigen Verordnung vorgesehene) „pauschale und automatische Sanktion des Verfalls der Kaution, die bei einem Verstoß eintritt, der eindeutig weniger schwer ist als die Nichterfüllung der Hauptpflicht, deren Erfüllung die Kaution selbst gewährleisten soll, im Verhältnis zur Funktion der ordnungsgemäßen Verwaltung, die dem System der Ausfuhrlizenzen zuerkannt werden kann, als zu streng anzusehen ist“[67]. Dies läuft, wie gesagt, darauf hinaus, daß eine Verfallsbereinigung anerkannt wird, weil die Interessen des „Gläubigers“ nicht ernsthaft beeinträchtigt sind. Damit stimmt überein, daß dann, wenn übergeordnete Ziele der Gemeinschaft die strikte Einhaltung der Frist gebieten, schon eine geringfügige Fristüberschreitung zum Verfall der gesamten Kaution führt, wenn also – zivilrechtlich gesprochen – die Interessen des Gläubigers beeinträchtigt sind[68].

Auch hier zeigt sich, daß eine im Zivilrecht vorgeformte Lösung ein verwaltungsrechtliches Seitenstück findet, wobei die Funktion des Grundsatzes von Treu und Glauben vom Verhältnismäßigkeitsprinzip übernommen wird[69]. Und man wird – zugleich im Lichte dieser Parallele – annehmen dürfen, daß die Verfallsbereinigung als eine in der europäischen Rechtstradition wurzelnde Konkretisierung des Prinzips von Treu und Glauben Bestandteil eines gemeineuropäischen Zivilrechts ist.

3. Europäisches Übereinkommen über die Adoption von Kindern

Ein weiteres Beispiel sei zu einem völlig anderen Bereich angeführt, dem Europäischen Übereinkommen über die Adoption von Kindern[70]. Art. 8

---

[65] Zur Entwicklung dieser Rechtsprechung siehe *Schwarze* (Fn. 27) Band II, 709 ff.

[66] *EuGH* 21.6. 1979 (Rs. 240/78) Slg. 1979 II, 2137, 2151, 2152 (Atalanta Amsterdam BV v. Produktshap voor Vee en Vles), vgl. *Schwarze* (Fn. 27) 717.

[67] *EuGH* 24.9. 1985 (Rs. 181/84) Slg. 1985, 2889, 2905, vgl. S. 2896 (Fa. Man v. IBAP), vgl. *Schwarze* (Fn. 27) 722 ff.

[68] So im Hinblick auf den Grundsatz der Gemeinschaftspräferenz in dem in Fn. 66 angeführten Fall, in dem die Frist für die Verarbeitung von Rindfleisch geringfügig überschritten worden war.

[69] Vergleichbar der Situation zu oben Fn. 36, 37.- Zu den Grundlagen des Verhältnismäßigkeitsprinzips siehe *Franz Wieacker*, Geschichtliche Wurzeln des Prinzips der verhältnismäßigen Rechtsanwendung, in: Marcus Lutter/Walter Stimpel/Herbert Wiedemann (Hg.), Festschrift für Robert Fischer, 1979, S. 687 ff.

[70] Bundesgesetzblatt 1980 II, S. 1094 ff.

Abs. 3 dieses Übereinkommens bestimmt, die zuständige Behörde dürfe die Adoptionsvoraussetzungen „in der Regel . . .nicht als erfüllt ansehen, wenn der Altersunterschied zwischen dem Annehmenden und dem Kind geringer ist als der gewöhnliche Altersunterschied zwischen Eltern und Kindern“. Diese Bestimmung ist Ausfluß der Regel *adoptio naturam imitatur* (D.1,7,40,1; Inst.1,11,4)[71], die Adoption ahmt die Natur nach.

Im römischen Recht war es ursprünglich juristisch möglich, daß ein Jüngerer einen Älteren adoptierte. Aus den fünfziger Jahren des 1. Jahrhunderts v. Chr. ist aus Cicero, De domo sua (34–37) der berühmte Fall bekannt, daß der patrizische Senator Publius Claudius Pulcher sich von dem noch nicht zwanzigjährigen Plebejer Publius Fonteius adoptieren ließ, um als Plebejer Volkstribun werden zu können. Man hielt die Adoption zwar seinerzeit für wirksam; doch setzte sich im Laufe der Zeit, spätestens im 3. Jh., die Auffassung durch, der Adoptierende müsse älter sein. Justinian bestimmte als erforderlichen Altersabstand die Zeit einer vollen Mündigkeit (*plena pubertas*), die er auf 18 Jahre festlegte (Inst.1,11,4). Diese Zahl ergibt sich aus der Anknüpfung an eine für die altrömische Zeit zu vermutende Volljährigkeit von 17 Jahren, zu der im Hinblick auf die Adoption wegen der Schwangerschaftszeit ein Jahr hinzugerechnet wurde[72].

Diese Differenz von 18 Jahren hat sich bis in die Moderne erhalten. Sie gilt noch heute etwa in Österreich (§ 180 ABGB), Griechenland (Art. 1574 ZGB) und Italien (Art. 6 Ges. v. 4. 5. 1983; Art. 291 CcIt.); in der Schweiz ist sie von 18 auf 16 Jahre herabgesetzt (Art. 265 ZGB); in Frankreich und Belgien sind es 15 Jahre (Art. 344 Cc); in Spanien jetzt 14 (Art. 157 CcSpan.). In der Bundesrepublik galt die Differenz der 18 Jahre bis zum 31. 12. 1961 (§ 1744 a. F. BGB); danach ist sie in der allgemeinen Voraussetzung aufgegangen, daß „zu erwarten ist, daß zwischen dem Annehmenden und dem Kind ein Eltern-Kind-Verhältnis entsteht“ (§ 1741 Abs. 1 BGB).

Dieser Verlust an klaren Maßstäben, der durch Art. 8 Abs. 3 des Europäischen Adoptionsübereinkommens ermöglicht ist, hat inzwischen zu der höchst bedenklichen Konsequenz geführt, daß das Amtsgericht Bielefeld 1982 durch rechtswirksam gewordenen Beschluß eine Adoption ausgesprochen hat, mit der jemand einen um 11 Jahre älteren (in concreto zweiundvierzigjährigen) Mann als Kind annahm[73] – was in den Vereinigten Staaten übrigens inzwischen ebenfalls vorkommt[74]. Zwar soll der Adoptierte Zwei-

[71] Inst.1,11,4: Anerkannt ist, daß ein Jüngerer nicht einen Älteren adoptieren kann. Die Adoption ahmt nämlich die Natur nach, und es wäre ungeheuerlich, wenn der Sohn älter ist als derVater. Deshalb muß, wer einen Sohn durch Arrogation oder durch Adoption bekommen will, um eine volle Mündigkeit, das heißt um 18 Jahre, älter sein.

[72] *Rolf Knütel,* Zur Adoption im römischen Recht, in: Hans Friedhelm Gaul (Hg.), Familienrecht in Geschichte und Gegenwart, 1992, S. 3, 4 ff. = Index 22, 1994 (Neapel), S. 249 ff.

[73] *Amtsgericht Bielefeld,* Zeitschrift für das gesamte Familienrecht (FamRZ) 1982, 961.

[74] In: Matter of Adoption of Adult Anonymus 435 N. Y. S. 2 d 198 (A. D. 1982) adoptierte ein 22jähriger seinen 26jährigen homosexuellen Partner; vgl. auch Matter of Adoption of Elizabeth

undvierzigjährige seinem geistigen Entwicklungszustand nach einem zehn- bis zwölfjährigen Kind gleichgekommen sein; doch ändert das nichts an den biologischen Gegebenheiten und nichts daran, daß es ungeheuerlich bleibt, wenn der Sohn älter ist als der Vater[75]. Der Fall zeigt, daß der Begriff „Eltern-Kind-Verhältnis" die Bildung unterschiedlicher Auffassungen dazu ermöglicht, was die Stellung von Eltern und Kindern ausmacht. Die historisch bewährte Festlegung eines festen Altersabstandes – mag dieser auch unter 18 Jahren liegen – hätte es sicher unmöglich gemacht, daß es im genannten Fall zu dem Mißbrauch der Institution Adoption gekommen wäre.

V. Einheitliches Privatrecht

1. *Zur Schaffung eines europäischen Zivilgesetzbuchs*

Der dritte Bereich, in dem römisches Recht und *ius commune* heute wertvollste Dienste leisten können, liegt bei der Entwicklung eines vereinheitlichten Privatrechts. Durch Beschluß vom 26. Mai 1989 hat das Europäische Parlament die Mitglieder der EG aufgefordert, ihr gesamtes Privatrecht zu vereinheitlichen, also ein für alle Mitgliedsstaaten geltendes Zivil- und Handelsrecht zu schaffen[76]. Dies läuft auf die Entwicklung eines europaweit in Geltung zu setzenden Bürgerlichen Gesetzbuchs und eines Handelsgesetzbuchs hinaus. Inzwischen sind bereits aufgrund sehr unterschiedlicher Initiativen Vorarbeiten aufgenommen worden, um diesem Ziele näher zu kommen; sie reichen von der Erarbeitung der Grundsätze eines Vertragsrechts über die Schaffung allgemeiner Regeln des handelsrechtlichen Vertragsrechts und über die umfassende rechtshistorische und rechtsvergleichende Aufbereitung einzelner Sachkomplexe, wie etwa Kauf und Übereignung[77], bis hin zur Entwicklung eines einheitlichen Zivilgesetzbuchs auf der Grundlage des italienischen Codice civile von 1942[78]

P. S., 509 N. Y. 2 d 746 (Fam. Ct. 1986), wo eine 49jährige eine geistig zurückgebliebene 48jährige adoptierte (10 Monate Altersunterschied). Siehe dazu (mit billigenswerter Kritik) *Alexander Lüderitz,* Das Ärgernis Erwachsenenadoption, in: Hermann Lange (Hg.), Festschrift für Joachim Gernhuber, 1993, S. 713, 716 f.- Günstigere Bewertung bei *Erik Jayme,* Erwachsenenadoption und Internationales Privatrecht, NJW 1989, 3069, 3070, der (in Fn. 4) auch darauf hinweist, daß der Supreme Court of Minnesota einem 29jährigen Sohn gestattet habe, seine 53jährige Mutter zu adoptieren, um ihr die Vorteile eines trust zu verschaffen (In: re Adoption of Berston, 206 N. W. 2 d 28 [Minn. 1973]), vgl. 862 MinnLR 58 II 1974 – eine völlige Perversion der Adoption und ein eklatanter Institutsmißbrauch.

[75] Inst. 1,11,4: *et pro monstro est, ut maior filius sit quam pater* (Fn. 71).

[76] Dok. A 2–157/89, Amtsblatt der EG vom 26. 6. 1989, Nr. C 158/400.

[77] Siehe das reiche Material bei Letizia Vacca (Hg.), Vendita e trasferimento della proprietà nella prospettiva storico-comparistica, 2 Bände, 1991.

[78] Informationen geben etwa *Remien,* JZ 1992, 277, 280 f.; *Fritz Sturm,* Bemühungen um ein einheitliches europäisches Vertragsrecht, JZ 1991, 555; *Winfried Tilmann,* EG-Kodifikation des wirtschaftsnahen Zivilrechts, JZ 1991, 1023, Piero Gaggero, Il Convegno di Pavia sulla futura codifica-

Es kann dahinstehen, ob die Zeit für die Schaffung umfassender Gesetzbücher der Europäischen Union überhaupt reif ist oder ob es nicht viel sinnvoller ist, zunächst nur Teilbereiche zu regeln, etwa das Kreditsicherungs-, das Haftungs-, das allgemeine Vertrags- und das Gesellschaftsrecht. Immerhin könnten dabei einheitliche Konzepte verfolgt werden, statt daß durch den fortwährenden Erlaß von Richtlinien eine nicht abgestimmte, unübersichtliche und nicht mehr beherrschbare Unmenge von Stückwerk zusammenkommt. Sicher ist jedenfalls, daß die Artikel gesamteuropäischer Gesetzbücher letzten Endes sehr weitgehend aus dem Stoff von *ius commune* und römischem Recht gebildet werden, gleichgültig ob sie etwa in Anlehnung an den Code civile, an das Bürgerliche Gesetzbuch oder an den Codice civile formuliert werden. Zudem sind die Möglichkeiten, juristische Probleme zu lösen, überhaupt recht beschränkt, und es ist das Faszinierende gerade am römischen Recht, daß es weithin bereits eine optimale Lösung juristischer Konflikte entwickelt hat. Sicher ist überdies, daß die Frage, welche der überlieferten rechtlichen Regelungen in ein neues Gesetz oder Gesetzbuch aufzunehmen sind, nicht ohne Kenntnis der Grundgedanken getroffen werden kann, auf denen die jeweils in Frage stehende Regelung beruht. Dies muß in allen zweifelhaften Fällen ins ältere Recht und damit oft bis in die Antike zurückführen.

2. Erschließung geltenden Rechts aus dem römischen Recht: Drei Beispiele

Kodifikationen enthalten gewöhnlich Bestimmungen von unterschiedlicher Tragweite. Einige Normen bringen die Prinzipien zum Ausdruck, andere stellen Generalklauseln dar, andere enthalten konkrete, auf eine typische Situation zugeschnittene Regeln, wieder andere treffen kasuistische, seltene Einzelfälle erfassende Bestimmungen, noch andere geben bloße Definitionen. Es liegt auf der Hand, daß prinzipielle Regelungen, wie etwa zur Ausgestaltung des Verhältnisses von Verpflichtungs- und Verfügungsgeschäften, bei einer Rechtsvereinheitlichung größere Schwierigkeiten bereiten werden als konkrete und daß die Entscheidungen in wesentlich stärkerem Maße von den heutigen Bedürfnissen und Erfahrungen bestimmt werden als die Entscheidung zu etablierten konkreten Regeln, wie etwa der, daß der Schuldner grundsätzlich schon vor Fälligkeit leisten darf (*diei adiectio pro reo*)[79]. Zwar wird man auch bei der Abgrenzung zwischen dem Abstraktionsprinzip, dem Prinzip der kausalen Übergabe und dem reinen Vertragsprinzip nicht außer acht lassen dürfen, daß alle diese drei wesentlichen Modelle aus den römischen Quellen abgeleitet worden sind; doch sind es in besonderem Maße die zahllosen konkreten und die kasuistischen Bestimmungen, deren Grundgedanken letztlich aus dem römischen Recht zu erschließen sind.

a) Ein einfaches erstes Beispiel mag sein, daß der gutgläubige Besitzer Eigentümer der Früchte wird, die er aus der Sache zieht: *Bonae fidei possessor fructus suos facit.* Die Rechtfertigung dieser nahezu überall geltenden Regel findet

---

zione europea in terma di obbligazioni e contratti, Giurisprudenza italiana (144/IV) 1992, 44 ff., jüngst *Peter Schlechtriem,* Rechtsvereinheitlichung und Schuldrechtsreform, ZEuP 1993, 217, 219 f.

[79] Nach D.45,1,41,1; 45,1,38,16; 46,3,70; 50,17,70. Dies gilt europa- und weltweit, vgl. etwa Artt. 1187 CcBelg.; 1127 CcSpan.; 1184 CcIt.; 81 SchweizOR; 324 ZGBGriech.; §§ 271 BGB, 1584 ZGBLett. sowie etwa Artt. 1497 CcChile; 136 ZGBJap., anders jedoch Art. 570 CcArg. (nach §§ 241 I 5, 758 I 11, 56 1 16 preuß. ALR). Zu den Wertungen (*bis dat qui cito dat; ambiguitas contra stipulatorem*) siehe *Rolf Knütel,* Römisches Recht und deutsches Bürgerliches Recht, in: Walther Ludwig, (Fn. 11) 54 f.

sich im römischen Recht, Inst.2,1,35: *Naturali ratione placuit fructus, quos percepit, eius esse pro cultura et cura:* kraft natürlicher Vernunft ist anerkannt worden, daß die Früchte, die er gezogen hat, als Ausgleich für die Bearbeitung und Pflege des Bodens ihm gehören[80]. Diese unmittelbar einleuchtende *ratio,* zu der überdies gehört, daß die Bearbeitung und Pflege des Bodens auch dem Eigentümer zugute kommt, ist bekannt; man findet sie in den modernen Lehrwerken und bräuchte dafür nicht auf die antiken Quellen zurückzugreifen. Aber es ist nicht immer so einfach, die *ratio* einer fast überall anzutreffenden Norm zu ermitteln.

b) Schwieriger liegt es beispielsweise bei der berühmten und zugleich merkwürdigen Regel zur *insula in flumine nata.* Knüpfen wir beim Code civil an: Im Gegensatz zu Art. 560 Cc, der das Eigentum an Inseln, die in schiffbaren Flüssen neu entstehen, dem Staate zuweist[81], bestimmt Art. 561 Cc für Inseln und Anschwemmungen, die sich in nicht schiffbaren Flüssen neu bilden, daß sie den „angrenzenden Eigentümern der Seite, wo die Insel sich gebildet hat, gehören; hat sich die Insel nicht ganz auf einer Seite gebildet, so gehört sie den angrenzenden Eigentümern der beiden Seiten von der Linie angerechnet, welche man sich durch die Mitte des Flusses gezogen denkt"[82]. Entsprechende Bestimmungen finden sich in zahlreichen Gesetzbüchern[83].

Es wird viel darüber gerätselt, warum diese merkwürdige Eigentumszuweisung gilt, die aus dem römischen Recht übernommen ist. Rudolf v. Jhering hat sich über diesen „Leckerbissen für den Pandektisten" amüsiert, „nicht wegen der praktischen Aussichten, die sich daran heutzutage knüpfen ließen – leider ist es damit nichts!", und im Scherz und Ernst die folgende Erklärung angeboten:

> „Beiläufig: haben Sie wohl einmal darüber nachgedacht, warum die Römer . . ., da es sich hier doch um herrenlose Sachen handelt, nicht die Konsequenz der herrenlosen Sachen: das freie Occupationsrecht zugelassen haben? Malen Sie sich die Scene aus, welche die Ausübung desselben hervorrufen würde: die Balgereien im Wasser, bevor noch die Insel völlig aus dem Wasser heraus . . . – ich möchte sagen: während die Natur noch in den Wehen liegt! – die Versuche, die langsame Geburt auf natürlichem Wege durch eine Zangengeburt zu ersetzen, und Sie werden wissen, warum die Römer so verständig gewesen sind, in diesem Verhältnisse die Occupation auszuschließen"[84].

Da die Regelung typisch für die römische Art ist, rechtliche Lösungen zu entwickeln, darf sie noch einen Augenblick ernsthafterer Betrachtung in Anspruch nehmen, zumal da ihre Grundlage unbekannt zu sein scheint. In ei-

---

[80] Inst.2,1,35 sowie D.22,1,25,1; 41,1,48 pr.-2. Danach etwa Artt. 549 Cc; 549 CcBelg.; 451 CcSpan.; 938 SchweizZGB; 1066 ZGBGriech.; 1148 CcIt.; §§ 330 ABGB, 950 BGB sowie 907 CcChile; 2423 CcArg.; 510 CcBras.; 189 ZGBJap.

[81] Die von Art. 10 Code du domaine public fluvial aufrechterhaltene Regelung dürfte insbesondere auf *Hugo Grotius,* De iure belli ac pacis libri III, 1625, II, 8, 9 zurückgehen.

[82] Die Bestimmung ist aufrechterhalten von Art. 102 Code rural.

[83] Vgl. § 407 ABGB; Artt. 561 CcBelg.; 373 CcSpan.; 1071 CcGriech.; 656 CcChile; 537 CcBras.

[84] *Rudolf v. Jhering,* Scherz und Ernst in der Jurisprudenz, 4. Auflage, 1891, S. 132f. (mit dem Leitspruch: *Ridendo dicere verum*).

nem sowohl in den Digesten (D.41,1,7,3) als auch in den Institutionen (2,1,22) wiedergegebenen Text, der evident die Vorlage des Art. 561 Cc bildet, heißt es:

„Eine Insel, die, was selten geschieht, im Meer entsteht, wird Eigentum dessen, der sie sich als erster aneignet. Denn man nimmt an, daß sie vorher niemandem gehört. Entsteht die Insel aber, was häufiger geschieht, in einem Fluß, dann wird sie, wenn sie in der Flußmitte liegt, gemeinschaftliches Eigentum derer, die auf beiden Seiten des Flusses Grundstücke am Ufer besitzen, und zwar im Verhältnis zu der Breite, die jedes Grundstück am Ufer hat. Ist die Insel der einen Flußseite näher als der anderen, dann wird sie nur Eigentum derer, die auf dieser Seite Grundstücke am Ufer besitzen".

Dabei leuchtet die Lösung zur Insel, die im Meer entsteht, unmittelbar ein: Sie beruht auf dem naturrechtlichen Prinzip des Eigentumserwerbs durch Aneignung (Okkupation, § 958 BGB). Warum aber soll dieses Prinzip bei Flußinseln nicht gelten? Der Grund ist ein ganz einfacher: Es gilt ein engeres Prinzip, nämlich daß derjenige, der die Gefahr trägt, auch den Vorteil haben soll (*commodum eius esse debet, cuius periculum est,* Inst.3,23,3)[85]. Die Gefahr ist hier die Sachgefahr, die den Eigentümer trifft: *Casum sentit dominus*[86]. Die Anlieger eines Flusses sind der besonderen Gefahr ausgesetzt, daß sie durch Abschwemmung oder Veränderungen des Flußlaufs ihr Eigentum teilweise oder sogar ganz verlieren. Zum Ausgleich für diese Gefahr erlangen die Flußanlieger auch das Eigentum an Anschwemmungen (Alluvionen).

Hinsichtlich der Flußinseln liegt es nun so, daß beide Ufer des Flusses dessen Gefahren gleichermaßen ausgesetzt sind. Dies muß zu der weiteren Regel führen, „daß die Mitte des Flusses die Grenze bilden müsse für das, was dem einen oder andern Ufer zuzuteilen sei, daß also eine *insula nata,* welche die Mitte gar nicht erreichte, dem Ufer, an dessen Seite sie lag, zufallen müsse. Ferner war anzunehmen, daß die unmittelbar am Flußufer gelegenen Grundstücke ohne Rücksicht darauf, ob sie in größerer Nähe des zu verteilenden lagen oder nicht, anteilsberechtigt sein konnten, denn sie alle, aber auch nur sie, waren unmittelbar den Unbilden des Flusses ausgesetzt"[87].

Daß dies die treffende Erklärung ist, wird durch die Ausnahme zu der (bei der *insula in flumine nata* bestehenden) Ausnahme vom Okkupationsprinzip bestätigt. Handelte es sich um *agri limitati,* also durch Landvermessung mathematisch exakt abgegrenzte, Kolonisten zugewiesene Landstücke, so wurden deren – zugleich in der *forma,* dem öffentlichen Verteilungsplan, festgelegten

---

[85] Vgl. auch D.50,17,10. Auch dieses Prinzip ist eine berühmte (sich in vielen Zusammenhängen auswirkende) Rechtsregel geworden, vgl. etwa *Roland/Boyer* (Fn. 5) 142 ff.; *Broom* (Fn. 25) 485 (*Qui sentit onus sentire debet commodum*).- Zu den römischen Quellen siehe *Friedrich Mommsen,* Erörterungen aus dem Obligationenrecht, Heft 1, 1859 (der die Regel jedoch zu eng sieht); *Govaert van den Bergh,* Qui habet commoda ferre debet onera, in: Robert Feenstra und andere (Hg.), Festschrift für Hermann J. Scheltema, 1971, S. 25 ff.

[86] Diocl. C.4,24,9 (*res perit suo domino*); vgl. *Liebs* (Fn. 21) R 32, 49; *Roland/Boyer* (Fn. 5) II, 448.

[87] *Otto Karlowa,* Römische Rechtsgeschichte, Band II, 1901, S. 431 (in Anknüpfung an Ennodius, Vita B. Epiphani [ed. G. Hartel 1882] S. 336).

– Grenzen durch Veränderungen des Flußlaufs nicht verschoben. Verlief zwischen solchen limitierten Grundstücken ein (von der Landzuweisung nicht erfaßter) Fluß und entstand in diesem eine Insel, so blieb es – da das engere Prinzip von *periculum* und *commodum* nicht eingreift – bei dem allgemeinen Okkupationsgrundsatz: In diesem Fall gehört also, wie D.43,12,1,6 bestätigt[88], auch die im Fluß entstandene Insel dem, der sie sich zuerst aneignet.

Die Liebe der römischen Juristen zu Detail und Fallabwandlung ist motiviert durch die Suche nach der sachgerechten Lösung, dem einschlägigen Prinzip. Dafür kann auch die entfernteste Einzelheit auf den Prüfstand gebracht werden: Wem gehört eine schwimmende Insel? Mit dem Flußbett nicht verbundene ‚Treibinseln' entstehen besonders auf tropischen Strömen infolge der Bildung von Gras- und Pflanzenbarrieren, am oberen Nil etwa dadurch, daß Ambak und Papyrus durch verschiedene Wasserpflanzen verflochten werden. Der Jurist Paulus meint in D.41,1,65,2, eine solche Insel sei gewissermaßen eine öffentliche Sache und gehöre zum Fluß, der ja ebenfalls eine *res publica* ist (*haec enim propemodum publica atque ipsius fluminis est insula*). Hier wird ein drittes Prinzip für maßgeblich gehalten: Dem Eigentümer der Hauptsache fallen auch die Akzessionen (Nebensachen) zu (*accessio cedit principali*)[89]; dahinter steht zumindest auch das Ausgleichsprinzip von *periculum* und *commodum*.

Der Faden der Detailfragen ließe sich weiterspinnen, etwa dahin, ob sich ein Nießbrauch am Ufergrundstück auf eine Insel erstreckt, wenn diese im Fluß entsteht. Die römischen Juristen verneinen das, weil die Insel ein selbständiges neues Grundstück sei (D.7,1,9,4). Zwar haben die modernen Kodifikationen davon abgesehen, dieses Detail zu regeln; doch sind sie etwa bei der Bestimmung, daß der Nießbrauch am Grundstück auch die durch Alluvion entstandene Vergrößerung erfaßt, ebenso den Quellen (D.7,1,9,4) gefolgt[90] wie bei der Regelung, daß das Recht des Nießbrauchers sich nicht auf den auf dem Grundstück gefundenen Schatz erstreckt[91]. Hier sind die zugrunde liegenden Prinzipien mit Händen zu greifen.

c) Eine andere ganz kasuistische Regelung bestätigt nicht nur den bisherigen Eindruck, sondern gibt zugleich ein Beispiel dafür, daß die deutsche Zivilrechtswissenschaft an einer in der gemeinsamen Tradition gefundenen Lösung auch gegen den Wortlaut des BGB festgehalten hat. Es geht um die merkwürdig, weil inkonsequent erscheinende Lösung eines berühmten Falles.

Art. 1193 Cc bestimmt zur Wahlschuld für den Fall, daß der Schuldner die Wahl hat, in Absatz 1: „Die Wahlschuld wird eine unbedingte und einfache Verbindlichkeit, wenn eine der versprochenen Sachen untergeht und nicht mehr geliefert werden kann, selbst wenn der Schuldner dies zu vertreten hat . . ." und in Absatz 2: „Sind beide untergegangen und hat der Schuldner dies im Hinblick auf eine von ihnen zu vertreten, so muß er Ersatz für diejenige leisten, die zuletzt untergegangen ist". Man bilde sich dazu den Fall, daß jemand einem Dritten eines von seinen beiden Reitpferden A und B nach Wahl des Erben vermacht hat. Durch Verschulden des Erben geht bald nach dem Erbfall das Tier A ein; wenig später wird B von Unbekannten gestohlen.

---

[88] *Illa enim insula . . .occupantis est, si limitati agri fuerunt.*

[89] Siehe dazu bereits Fn. 47.

[90] Vgl. z. B. Artt. 596 Cc; 941, 983 CcIt.

[91] So – nach D.24,3,7,12 – Artt. 598 Cc; 471 CcSpan.; 988 CcIt.; 1151 ZGBGriech.; §§ 511 ABGB, 1040 BGB; Artt. 786 CcChile; 2868 CcArg.; 727 CcBras.

Nach Art. 1193 Cc kann der Vermächtnisnehmer Schadensersatz für B verlangen. Die Lösung ist überraschend. Denn mit dem Tod von A hat sich die Wahlschuld auf B konzentriert; nur B wurde noch geschuldet, was auch Art. 1193 Abs. 1 Cc besagt. Da den Erben am Untergang des allein noch geschuldeten B kein Verschulden traf, müßte er nach dem Grundsatz *res perit creditori* wegen nicht zu vertretender nachträglicher Unmöglichkeit frei geworden sein.

Das deutsche BGB enthält in § 265[92] nur eine Regelung, die dem Art. 1193 *Abs. 1* Cc entspricht. Nach Inkrafttreten des BGB ist deshalb zunächst argumentiert worden, der Erbe müsse in einem solchen Fall frei geworden sein[93]. Doch hat sich schon bald die Ansicht durchgesetzt, ungeachtet des Gesetzeswortlauts müsse der Erbe Schadensersatz leisten[94], so daß heute in Deutschland dasselbe gilt wie in Frankreich nach Art. 1193 *Abs. 2* Cc und überdies in Italien (Art. 1190 Cc); Griechenland (Art. 311 ZGB) und leicht verändert auch in Spanien (Art. 1135 Cc)[95].

Zugunsten dieser (über § 265 BGB hinausgehenden) Lösung hat man sich in Deutschland auf die „Billigkeit" und darauf berufen, es gelte insoweit weiterhin die Lösung des gemeinen Rechts. Gemeint war das Digesten-Fragment D.46,3,95,1, das die Grundlage aller soeben angeführten Gesetzesbe-

---

[92] § 265 BGB: Ist eine der Leistungen von Anfang an unmöglich oder wird sie später unmöglich, so beschränkt sich das Schuldverhältnis auf die übrigen Leistungen. Die Beschränkung tritt nicht ein, wenn die Leistung infolge eines Umstandes unmöglich wird, den der nicht wahlberechtigte Teil zu vertreten hat.- Ebenso Art. 410 ZGBJap.- Daß die Bestimmung wenig geglückt ist und oft ein anderer Parteiwille gegeben ist, kann hier dahinstehen.

[93] *Wilhelm Kisch,* Die Wirkungen der nachträglich eingetretenen Unmöglichkeit beim gegenseitigen Vertrag, 1900, S. 234 f. („die ausdrückliche unzweideutige Bestimmung des § 265 BGB"); *Hans Albrecht Fischer,* Konzentration und Gefahrtragung bei Gattungsschulden, Jherings Jahrbücher (51), 1907, 207 f.; *Karl Adler,* Der Übergang der Gefahr beim Handelskauf, Zeitschrift für das gesamte Handelsrecht (ZHR) (72) 1912, 427 (ausdrücklich gegen D.46,3,95,1); differenzierend später *Hugo Kreß,* Lehrbuch des allgemeinen Schuldrechts, 1929, S. 262 Fn. 52 (der nur für gegenseitige Verträge an dieser Lösung festhält).

[94] *Feodor Kleineidam,* Unmöglichkeit und Unvermögen, 1900, S. 102 ff.; *Carl Crome,* System des Deutschen Bürgerlichen Rechts, Band II, 1902, S. 98, Fn. 60; *H. Rehbein,* Bürgerliches Gesetzbuch, Band II, 1902, S. 76 f.; *Boethke,* Die Wahlschuld im deutschen bürgerlichen Rechte, Gruchots Beiträge, (48), 1904, 427; *Theodor Kipp,* in: Bernhard Windscheid, Lehrbuch des Pandektenrechts, Band II, 9. Auflage, 1906, S. 26, Fn. 5, 31, Fn. 14 mit S. 39; *Paul Oertmann,* Bürgerliches Gesetzbuch, Band II, 1. Teilband, 5. Auflage, 1928, § 265 Anm. 5 a; *Ludwig Enneccerus/Heinrich Lehmann,* Recht der Schuldverhältnisse, 15. Auflage, 1958, S. 41, 201, Fn. 9 (alle mit D.46,3,95,1) sowie *Fritz Litten,* Die Wahlschuld im deutschen bürgerlichen Rechte, 1903, 196 f., 203; *Heinrich Siber,* in: Planck's Kommentar zum Bürgerlichen Gesetzbuch, Band II, 1. Teilband, 4. Auflage, 1914, § 265, Anm. 3, S. 138; *Franz Leonhard,* Allgemeines Schuldrecht des BGB, 1929, S. 133; *Arwed Blomeyer,* Studien zur Bedingungslehre, Teil 1, 1938, S. 99; *Alfred Werner,* in: Staudingers Kommentar zum Bürgerlichen Gesetzbuch, Band II, 1. Teilband, c, 10./11. Auflage, 1967, 265, Rn. 9; *Gernhuber* (Fn. 62) 275 f.- Der Gesetzgeber hat davon abgesehen, eine kasuistische Regelung zu treffen und die Frage Wissenschaft und Rechtsprechung überlassen, Motive zum BGB, Band II, 1888, S. 9 f.

[95] Zu den Niederlanden vgl. Artt. 1113 S. 3 BW; 6.1.4.4 NWB.- Vgl. auch Artt. 639 CcArg. (mit *nota* zu Art. 641); 886 CcBras. sowie (unbefriedigend modifiziert) Art. 1502 Abs. 2 CcChile, dazu *Rolf Knütel,* Normativas paralelas en el derecho de obligaciones, in: Oscar Sambrano Urdaneta (Hg.), Andrès Bello y el derecho latinoamericano, Caracas 1987, S. 465 ff.

stimmungen ist. Dort entscheidet der Jurist Papinian am Beispiel von Sklaven, dem Schuldner sei das schuldhafte Verhalten bezüglich des A zuzurechnen und er müsse deshalb Ersatz leisten[96]. Diese Lösung ist auch heute noch grundsätzlich die sachlich richtige. Sie erklärt sich aus der Gefahrtragung. Bei der Speziesschuld trägt der Gläubiger die sogenannte „Leistungsgefahr“: *Res perit creditori*. Bei der Wahlschuld gilt dagegen: *Res u l t i m a perit creditori*[97]. Zunächst lastet die Leistungsgefahr auf dem Schuldner. Geht A unter, so muß er B leisten. Erst wenn nur noch ein Gegenstand übrigbleibt, geht die Leistungsgefahr auf den Gläubiger über.

Wenn der Schuldner es verschuldet, daß die Sache A untergeht, so schiebt er damit dem Gläubiger die Leistungsgefahr zu. Da es der Schuldner jedoch zu vertreten hat, daß der Nachteil der Gefahrtragung auf den Gläubiger überging, darf er dann, wenn sich diese Gefahr hernach verwirklicht, daraus nicht den Vorteil der Befreiung ziehen[98]. Dabei wirkt sich der Umstand, daß der Schuldner die Sache B von Anfang an hätte wählen können (und durch ihren zufälligen Untergang dann frei geworden wäre), nur insoweit aus, daß er nicht mehr zu zahlen braucht als den Wert von B, worauf sich die Schuld beschränkt hatte. Auch wäre es absurd, wenn der Schuldner darauf nur dann haften würde, wenn er auch die zweite Sache schuldhaft zerstört hätte.

Es zeigt sich also auch hier, daß eine auf den ersten Blick sehr kompliziert erscheinende Detailregelung, die ob ihrer Besonderheit Eingang in mehrere europäische Zivilgesetzbücher gefunden hat, sich letztlich aus sehr einfachen Prinzipien, hier der Gefahrtragung, erklärt.

3. Folgerungen

Wir haben uns mit den Beispielen etwas länger aufgehalten, um anschaulich zu machen, daß die Lösungen des römischen Rechts, auch wenn sie kompliziert erscheinen, letztlich zumeist auf sehr einfache, klare und vernünftige Grundgedanken zurückzuführen sind. Überaus viele Lösungen haben sich jahrhundertelang bewährt, finden sich weltweit in den Gesetzbüchern wieder und könnten ohne weiteres in ein europäisches Zivilgesetzbuch aufgenommen werden[99]; bei der zuvor nötigen Klärung ihrer Wertungen und Grundgedanken kann man auf das Erkenntnismaterial der Rechtsgeschichte nicht verzichten.

Die Beispiele dürften ein weiteres deutlich machen: Ob etwa kasuistische Regelungen, wie die zur *insula in flumine nata* oder zur Unmöglichkeit bei der

---

[96] Dazu aus der jüngeren Literatur *Andreas Wacke*, Zum dolus-Begriff der actio de dolo, Revue internationale des droits de l'antiquité (RIDA) (27), 1980, 365ff.; *Zimmermann* (Fn. 58) 666f.

[97] Vgl. D. 18,1,34,6 (*prioris periculum ad venditorem, posterioris ad emptorem respicit*).

[98] Zu dem Gefahrtragungszusammenhang findet sich in der deutschen Literatur nur eine Andeutung bei *Gernhuber* (Fn. 62) 276.

[99] Insbesondere die konkreten Regeln, vgl. die Beispiele zu Fn. 79, 80.

Wahlschuld, in ein Gesetzbuch aufgenommen werden, ist eine sekundäre Frage. Praktisch wären diese Normen nahezu bedeutungslos; doch haben sie einen nicht zu unterschätzenden Erkenntniswert. Für die Schulung im juristischen Denken und für die Erkenntnis wesentlicher rechtlicher Regelungen und Zusammenhänge, die die nationalen Rechtsordnungen und zugleich die europäische Rechtskultur geprägt haben, behalten sie auch dann ihre Bedeutung, wenn sie nicht in einem gesamteuropäischen Zivilgesetzbuch festgeschrieben sind.

Eine Rechtsvereinheitlichung ist keineswegs auf das Verfahren einer einheitlichen Normfeststellung beschränkt[100]. Gewißlich wäre Entscheidendes auf dem Wege zu einer Rechtsvereinheitlichung gewonnen, wenn die europäischen Juristen sich wieder auf der Basis allgemein akzeptierter Grundbegriffe und -prinzipien in einheitlichen Methoden und Formen der Behandlung und Darstellung des juristischen Stoffes zu verständigen vermöchten[101] Über diese Aufgabe für Wissenschaft und Unterricht ist hier nichts weiter auszuführen; klarzustellen ist lediglich, daß die Anlehnung an ein Gesetzbuch, etwa als Leitkodifikation, hierbei ausscheiden muß. Dabei würde ein verhältnismäßig geschlossenes System an die Stelle der offenen und flexiblen Rechtsordnungen gesetzt werden, die seit Rom bis zum Inkrafttreten der Naturrechtskodifikationen bestanden. Von vornherein wäre unendlich viel von den Fragen und Lösungen ausgeschieden, die die alten Juristen uns hinterlassen haben und die, weil sie weniger aus der Orientierung an vorgegebenen Gesetzestexten, sondern viel stärker aus der Erörterung der juristischen Sachproblematik heraus erwachsen sind, die beste Grundlage für die Wiederherstellung der übernationalen Rechtseinheit bieten.

VI. Zur Lage nach einer Wiedergewinnung der Rechtseinheit

Damit ist zugleich die anschließende und augenblicklich noch recht fernliegend erscheinende Frage von vornherein verneint, ob nämlich römisches Recht und *ius commune* vielleicht dann „ausgedient" haben, wenn es einmal zu einem oder mehreren gesamteuropäischen Gesetzbüchern gekommen ist. Der soeben skizzierten Arbeit an den Grundlagen würde dadurch nicht der Boden entzogen. Drei Gesichtspunkte sind hervorzuheben.

---

[100] *Hein Kötz,* Rechtsvergleichung und gemeineuropäisches Privatrecht, in: Peter-Christian Müller-Graff (Hg.), Gemeinsames Privatrecht in der Europäischen Gemeinschaft, 1993, S. 99 f., *Helmut Coing* zitierend.- Zu weiteren Formen nicht legislativ begründeter Rechtsvereinheitlichung siehe die Beiträge in Rabels Zeitschrift 56, 1992, 215 ff.

[101] *Kötz* (Fn. 100) 102 und öfter, z. B. *derselbe,* A Common Private Law for Europe, in: de Witte (Fn. 7) 31 ff.; *derselbe,* Europäische Juristenausbildung, ZEuP 1993, 268 ff.

1. Gesetzesanwendung

Erstens werden auch gemeineuropäische Gesetzbücher der Maxime folgen: *Lex iubeat, non disputet* (Seneca, Ep. 94,38) – ein Gesetz soll befehlen, nicht räsonnieren. Sie werden Lösungen geben, aber nicht Begründungen. Doch kann mit den Lösungen verantwortlich nur arbeiten, wer ihre Gründe kennt. Und da auch die Lösungen künftiger europäischer Gesetzbücher weitgehend aus dem Material des römischen Rechts – sei dieses auch durch die heutigen Gesetzbücher vermittelt – gebildet sein werden, wird es für denjenigen, der das juristisch Richtige wirklich erfassen und der den Dingen auf den Grund gehen will, auch künftig unerläßlich bleiben, sich das römische Recht zu erschließen.

Überdies wird die Erfahrung des früheren Rechts nicht nur für das Verständnis der einzelnen Artikel und für die Konkretisierung der Generalklauseln solcher europäischer Gesetzbücher ihre Bedeutung behalten. Es ist nicht unwahrscheinlich, daß in den klassischen Privatrechtsmaterien auch zur Auffüllung und Ergänzung des Gesetzes auf römisches Recht und *ius commune* zurückgegriffen werden wird und daß sich damit ein Vorgang wiederholen wird, der sich für das BGB – und deutlich auch für den Code civil[102] – beobachten läßt: Obwohl für das BGB das Kodifikationsprinzip gelten und damit zu den geregelten Materien jede Lösung nur noch aus diesem Gesetz abgeleitet werden sollte (Art. 55 EGBGB), haben Rechtsprechung und Literatur in sehr weitgehender Weise das vor 1900 geltende Recht und damit zum größten Teil das römisch-gemeine Recht zum Ausgangspunkt für die Auslegung des BGB gemacht[103]; der Kranz der Interpretationen zu den einzelnen Normen ist weithin aus dem Zweigwerk des früheren Rechts geflochten worden, wofür die dargelegte Auslegung zur Wahlschuld (Fn. 94) ein anschauliches Beispiel bietet. Dahinter stand das Bestreben, die Rechtskontinuität zu wahren, und noch gegen Ende der zwanziger Jahre hob Oertmann in seinem Großkommentar hervor, „daß überhaupt im Zweifel für eine tunlichst geringe Abweichung des alten vom neuen Recht zu vermuten sei"[104]. Auch wurde bisweilen zugunsten einer Lösung argumentiert, so sei es bereits im römischen und im gemeinen Recht gewesen, und es sei „nicht anzunehmen, daß das BGB dahinter zurückschreiten wollte"[105]. Zwar sind diese Zusammenhänge wenig erforscht, doch zeigt sich bei näherem Hinsehen, daß seit 1900 das Privatrecht keineswegs nur noch aus den Normen des BGB abgeleitet wurde; vielmehr bildeten die Normen des BGB nur das mehr oder weniger stark re-

---

102 Dazu eindrucksvoll *Jean Carbonnier,* Usus hodiernus pandectarum, in: Ronald H. Graveson (Hg.), Festschrift für Imre Zajtay, 1982, S. 107 ff.

103 Beispiele und Einzelheiten bei *Knütel* (Fn. 79) 43, 51 ff., 64 f.

104 *Paul Oertmann* (Fn. 94) Band I, 3. Auflage, 1927, S. XIX.

105 *Martin Wolff/Ludwig Raiser,* Sachenrecht, 10. Auflage, 1957, S. 257 (zum Rückerwerb des Nichtberechtigten mit D.20,6,10,1), vgl. auch *Knütel* (Fn. 79) 58 f.

gulierende Gitter, durch das der Strom der in Jahrtausenden gewonnenen Rechtserfahrungen auf uns gelangt ist.

Zu einer ähnlichen Entwicklung könnte es nach dem Inkrafttreten eines gemeineuropäischen Bürgerlichen und Handels-Gesetzbuchs kommen. Wenn für die Auslegung oder Ergänzung dieser Gesetzbücher im Einzelfall mehrere gut zu begründende Lösungen in Betracht kommen und auch die heutigen nationalen Rechtsordnungen unterschiedliche Lösungen enthalten, dann wird es sich anbieten, im Zweifel der Lösung den Vorzug zu geben, die der gemeinsamen Rechtstradition entspricht. Insoweit könnte es zu einer subsidiären Geltung des *ius commune* kommen.

2. Rechtsvergleichung

a) Zweitens wird die aus dem römischen Recht gewonnene Rechtserfahrung auch auf Umwegen die Auslegung eines künftigen Zivilgesetzbuchs und die Kritik daran beeinflussen. Ein Abgeordneter mit dem bedeutungsvollen Namen Römer hat 1876 in der Debatte zum Gerichtsverfassungsgesetz im Deutschen Reichstag eine sehr anschauliche Metapher gebracht: „und wenn Sie Civilgesetzbücher machen, so viel Sie wollen, so ruhen diese Civilgesetzbücher alle auf dem römischen Recht und ohne Zurückgehen auf das römische Recht können sie gar nicht gehandhabt werden. Sie kommen immer wieder, auch wenn Sie das römische Recht zur Thüre hinausgeworfen haben, auf dasselbe zurück, es kommt zum Fenster hinein“[106] – was offensichtlich eine Variation zu Horazens *naturam expellas furca, tamen usque recurret*[107] ist. Das Fenster ist die Rechtsvergleichung. Da das römische Recht um die Welt gegangen ist, wird es auch von den anderen Kontinenten her auf die künftige europäische Rechtswissenschaft einwirken. Diese Rückwirkung ist schon heutzutage in den nationalen Rechtsordnungen zu beobachten.

b) Ein anschauliches Beispiel ist die Fuchsjagd von Long Island[108]. Der 1805 vom Supreme Court of New York entschiedene Fall wird in der Klagschrift wie folgt geschildert:

> „Post fand und scheuchte auf einem bestimmten wilden und unbewohnten, unbesessenen und öden Land, genannt der Strand, eines dieser schädlichen Tiere, genannt ein Fuchs, auf und als er es

[106] *C. Hahn,* Die gesamten Materialien zu den Reichs-Justizgesetzen, Band I, 2. Teilband (Gerichtsverfassungsgesetz), 1879, S. 1100 (Reichstag, Sitzung v. 17. 11. 1876, Sten. Bericht S. 17).

[107] Epistulae 1,10,24 (Treib' die Natur mit dem Knüppel nur aus; stets kehrt sie doch wieder).

[108] Pierson v. Post, 3 Caines 175 (N. Y. Sup. Ct.) 1805. Der Fall eröffnet amerikanischen Erstsemestern den Zugang zu den Eigentumslehren; „he is to the law of Property what ‚Gallia est omnis divisa . . . is to Latin'“, *A. James Casner/W. Barton Leach,* Cases and Text on Property, 2. Auflage, 1969, S. 10, dort auch der Fall.- Eingehende Erörterung des Falles und seiner historischen Verwurzelung bei *Charles Donahue jr.,* Animalia ferae naturae: Rome, Bologna, Leyden, Oxford and Queen's County, N. Y., in: Roger S. Bagnall und andere (Hg.), Studies in the Roman Law in Memory of A. Arthur Schiller, 1986, S. 39 ff.; *derselbe,* Noodt, Titius, and the Natural Law School: The Occupation of Wild Animals and the Intersection of Property and Tort, in: Johann A. Ankum und andere (Hg.), Satura Roberto Feenstra oblata, 1985, S. 609 ff.

dort mit seinen Hunden und Jagdhunden jagte, hetzte und verfolgte und als er es vor Augen hatte, erlegte Pierson, wohl wissend, daß der Fuchs in dieser Weise gejagt und verfolgt wurde, vor Posts Augen das Tier und trug es fort".

Die Vorinstanz hatte Post Schadensersatz zugebilligt; die Richter des Supreme Court wiesen die Klage ab. Es ging um das Problem, ob für den Eigentumserwerb durch Aneignung (occupancy) das tatsächliche Ergreifen des herrenlosen Tieres erforderlich ist, es also seiner Freiheit beraubt werden muß oder ob es für den Eigentumserwerb schon genügt, daß jemand das Tier in Reichweite mit Aneignungsabsicht verfolgt oder a reasonable prospect hat, es zu ergreifen. „For the sake of certainty, and preserving peace and order in society" schloß sich das Gericht der ersten Auffassung an und berief sich dafür auf Autoritäten der europäischen Rechtsgeschichte, wie etwa Bracton, Pufendorf und Barbeyrac, vor allem aber auf Justinians Institutionen (Inst.2,1,13), also römisches Recht. Dort heißt es (entlehnt aus D.41,1,5,1):

„Man hat gefragt, ob ein wildes Tier, wenn es so verwundet ist, daß es gefangen werden kann, sofort als dein Eigentum anzusehen ist. Manche haben gemeint, es gehöre sofort dir und bleibe solange dein Eigentum, wie du es verfolgst; wenn du aber die Verfolgung aufgebest, höre es auf, dein Eigentum zu sein, und werde Eigentum dessen, der es sich als nächster aneigne. Andere haben angenommen, das Tier werde erst dann dein Eigentum, wenn du es fängst: Wir entscheiden uns für die letztgenannte Ansicht, weil oft mancherlei dazwischenkommt und du das Tier doch nicht fängst (. . .*sed posteriorem sententiam nos confirmamus, quia multa accidere solent, ut eam non capias*)".

Nach römischem Recht hätte Post demnach kein Eigentum am Fuchs gehabt; freilich hätte er mit der *actio iniuriarum* wegen Persönlichkeitsverletzung auf Bußzahlung gegen Pierson klagen können (vgl. D.47,10,13,7)[109]. Das New Yorker Gericht hat dies übersehen, weil es allein auf die Eigentumsfrage abgestellt hat. Daß es sich überhaupt entscheidend auf römisches Recht gestützt hat, beruht ebenso auf romanophilen Tendenzen in der damaligen Oberschicht wie auf dem Bestreben, mit der staatlichen Unabhängigkeit Selbständigkeit auch dem englischen Recht gegenüber zu gewinnen – ein Bestreben, das bis in das erste Drittel des 19. Jahrhunderts hinein zu Beeinflussungen durch das römische Recht führte[110].

Der Fall ist von Gerhard Kegel in einer eleganten Studie vor einiger Zeit zum Ausgang genommen worden, um die rechtspolitischen Wertungen zu erschließen, die sich mit dem Begriff des Besitzes, der Sachherrschaft, des Besitzerwerbs etc. verbinden, wozu das common law wie immer reiche Anschauung gebe[111]. Das ist sicherlich begrüßenswert. Doch sollte man sich des-

---

[109] Vgl. *Donahue* (Fn. 108) Studies Schiller S. 48 ff.- Entsprechend zum geltenden Recht bereits *Heinrich Dernburg*, Das bürgerliche Recht des Deutschen Reichs, Band III, 4. Auflage, 1908, S. 379, Fn. 15.

[110] Vgl. *Donahue* (Fn. 108) 40 mit Literatur – Zu Teilbereichen informativ *R. J. Hoffmann*, Classics in the Courts (1790–1800), (1978) 22 American Journal of Legal History 55 ff.

[111] *Gerhard Kegel*, Von wilden Tieren, zerstreuten Leuten und versunkenen Schiffen, in: Hans Claudius Ficker und andere (Hg.), Festschrift für Ernst v. Caemmerer, 1978, S. 149, 150 („In den deutschen Lehrbüchern herrscht Verzweiflung"), 151 ff.

sen bewußt bleiben, daß hier zur Erschließung unserer abstrahierten Gesetzesbegriffe (Besitz, Aneignung), von deren Definition der Gesetzgeber bewußt abgesehen hat, aus den Vereinigten Staaten im Grunde genommen nur etwas entlehnt wird, was in der europäischen Rechtstradition reichhaltiger noch begründet ist. Justinians Lösung galt im Deutschen Reich – abgesehen von Preußen – bis Ende 1899, und mit Recht wird bisweilen darauf hingewiesen, daß nach BGB nicht anders zu entscheiden ist[112]. Daß sich das Problem aufgrund des heutigen Jagdrechts und des Reviersystems nur selten noch stellt, steht auf einem anderen Blatt und ändert nichts an der Möglichkeit, aus ihm besitzrechtliche Wertungen zu erschließen.

Kegel plädiert für die andere Lösung: „Geschützt werden nicht Körper, sondern *Kraftfelder*"[113]. Das läuft auf die von Justinian (Inst.2,1,13) zurückgewiesene Lehre hinaus. Genau besehen waren es sogar zwei Lehren, die zurückgewiesen wurden[114] und die allerdings beide eine „Markierung" durch Verwundung des Tieres verlangten. Die erste ließ es für den sofortigen Eigentumserwerb genügen, daß der Jäger das Tier so verwundet hatte, daß es leicht gefangen werden konnte; sie stellte also auf die Aussicht der unmittelbar bevorstehenden Erlangung ab. Die zweite gab dem Jäger das Eigentum, wenn er dem Wild die entscheidende Wunde zugefügt hatte und ihm jedenfalls auf der Spur blieb; sie ließ es also nicht auf den unmittelbar zu erwartenden Zugriff ankommen. Nach tödlicher Verwundung kann der Jäger geruhsamer verfolgen; das Wild wird ihm nicht mehr entgehen. Daß hinter diesen beiden Lehren eine (auch beim Schatzfund aufscheinende, D.41,2,3,3) an die Wirkungsmöglichkeiten der Person anknüpfende und viel weitergehende Besitzkonzeption steht als die, die sich bei Justinian und bei uns durchgesetzt hat, wir also auch hier auf unterschiedliche Prinzipien stoßen, liegt zutage. Beide Prinzipien wirken bis in die Gegenwart. Das bei Justinian unterlegene hat in Süd- und Mittelamerika die Oberhand gewonnen, insbesondere in Art. 617 CcChile, wo sich die zweite Lehre wiederfindet[115]. Ihre Wurzeln liegen in ei-

---

[112] Berufungen auf Inst.2,1,13 und D.41,1,5,1 etwa bei *Friedrich Endemann,* Lehrbuch des Bürgerlichen Rechts, Band II, 1. Teilband, 8./9. Auflage, 1905, S. 195, Fn. 7; 562, Fn. 13; *Dernburg* (Fn. 109) 62, Fn. 5, vgl. 379; *Wolfgang Ernst,* Anmerkung, JZ 1988, 360.- Überhaupt ist hervorzuheben, daß „für die Entscheidung von Einzelfragen (zum Besitz) die reiche Kasuistik des römischen Rechts auch jetzt noch bleibenden Wert" hat, *E. Brodmann,* in: Planck's Kommentar (Fn. 94), Band III, 1. Teilband, 5. Auflage, 1933, § 854, Anm. 2, vgl. auch *Dernburg* (Fn. 109) 61.

[113] *Kegel* (Fn. 111) 153, dagegen *Ernst,* JZ 1988, 360 mit Literatur.

[114] Erschließbar aus Theophilus 2,1,13, Ausgabe: *E. Contardo Ferrini,* Institutionum graeca paraphrasis Theophilo antecessori vulgo tributa, Band I, 1967 (Nachdruck), S. 101 f.

[115] Siehe des weiteren Artt. 2541 CcArg. („Solange der Jäger das Tier verfolgt, das er verwundet hat, muß derjenige, der es ergriffen hat, es ihm übergeben"; ausweislich der *nota* von *Vélez Sarsfield* im bewußten Gegensatz zu Inst.2,1,13 und L. 21, Tit. 28, Part. 3[a]); 595 CcBras.; 714 CcUrug.; 859–861 CcMex.- Auch nach § 12 I 9 preuß. ALR konnte, wer einen anderen in seinen zur Besitzergreifung gemachten Handlungen störte, die Sache selbst nicht in Besitz nehmen.- Eine ganz andere Lösung hatte das langobardische Recht: Wer ein von einem anderen schon verwundetes Tier tötet und davon Kunde gibt, durfte das rechte Vorderbein mit 7 Rippen abtrennen, Ed.Rothari Cap. 312.

ner gewohnheitsrechtlich begründeten (schon von der Glosse hervorgehobenen) Abweichung von den kastilischen Siete Partidas (13.Jahrhunderts), welche in der ley 21, III 28 ganz Inst.2,1,13 gefolgt waren. Auch hier werden wir folglich auf die europäische Tradition zurückgeführt, in der wir die letztlich entscheidenden Ansätze finden.

c) An weiteren und wichtigeren Beispielen fehlt es nicht: Die „contemplation rule", die den Schadensersatz aus Vertragsverletzungen auf denjenigen Verlust begrenzt, den der Schuldner bei Vertragsschluß als mögliche Folge einer Vertragsverletzung voraussehen konnte oder mußte, ist in Anknüpfung an die Justinian-Konstitution C.7,47,1, welche den Schadensersatz auf die *dupli quantitas* beschränkte, von Dumoulin und Pothier entwickelt worden. Mit dem Urteil Hadley v. Baxendale wurde sie 1854 nach England übernommen. Die sich daraus im angloamerikanischen Recht ableitende Lehre ist das Vorbild für Art. 82 des EKG sowie für Art. 74 des CISG von 1980 geworden und über diese Normen in das Gebiet des früheren *ius commune* und in unser Recht zurückgekehrt[116].- Für das öffentliche Recht sei etwa daran erinnert, daß der wesentliche Bestand unserer Grundrechte bereits im *ius commune* entwickelt worden ist, daß er sich in der französischen Revolution politisch Bahn brach, für unser heutiges Rechtsdenken aber erst nach dem Umweg über Nordamerika maßgeblich geworden ist[117].

3. Schiedsgerichtsbarkeit

a) Wir lassen das Phänomen der „Wiederkehr von Rechtsfiguren", das auch im Rahmen einer einheitlichen Rechtsordnung Wiederanknüpfungen an vergangenes Recht mit sich bringt[118], beiseite und wenden uns einem letzten Bereich zu, in dem insbesondere das römische Recht eine überraschende Lebenskraft bewahrt hat und aller Wahrscheinlichkeit nach auch gegenüber gesamteuropäischen Gesetzbüchern bewahren wird: die Schiedsgerichtsbarkeit. Daß nicht selten vereinbart wird, die Entscheidung solle nach der (im römischen Recht und im *ius commune* verwurzelten) *lex mercatoria*[119] oder sogar nach römischem Recht getroffen werden, erklärt sich daraus, daß die Parteien sich keiner staatlich festgesetzten Rechtsordnung unterwerfen, sondern ihren

---

[116] Ähnlich freilich bereits Art. 1150 Cc.- Siehe etwa *Detlef König,* Voraussehbarkeit des Schadens als Grenze vertraglicher Haftung, in: Hans G. Leser/Wolfgang Frhr. Marschall von Bieberstein (Hg.), Das Haager Einheitliche Kaufgesetz und das Deutsche Schuldrecht, 1973, S. 76ff.; *Reinhard Zimmermann,* Der Einfluß Pothiers auf das römisch-holländische Recht in Südafrika, SZ Germanist. Abt., Band 102, 1985, 178ff.; *Schlechtriem,* ZEuP 1993, 230f.

[117] Vgl. *Richard Tuck,* Natural Right Theories; their Origin and Development, 1979; *van den Bergh* (Fn. 7) 602ff. Vgl. oben nach Fn. 5.

[118] Dazu *Theo Mayer-Maly,* Die Wiederkehr von Rechtsfiguren, JZ 1971, 1ff. und etwa *Knütel* (Fn. 79) 67f.

[119] Zu dieser, ihrem Standort im Kontext der europäischen Rechtstradition und ihrer universalistischen Ausrichtung weiterführend jüngst *Rudolf Meyer,* Bona fides und lex mercatoria in der europäischen Rechtstradition, 1994.

Streitfall aufgrund einer übergeordneten, aus den Sachstrukturen entwickelten und damit „neutralen" Rechtsordnung entscheiden lassen wollen. Dies gilt insbesondere in der internationalen Schiedsgerichtsbarkeit, für die Art. 28 des UNCITRAL Model Law on International Arbitration hinsichtlich der anzuwendenden Normen an dritter Stelle vorsieht: „The arbitral tribunal shall decide *ex aequo et bono* or as amiable compositeur only if the parties have expressly authorized it to do so".

Im Rahmen der *lex mercatoria* kommt es zur Anwendung von international anerkannten Rechtsregeln und -prinzipien, die ganz überwiegend in der romanistischen Tradition stehen[120]; die oben beobachtete Rechtsvereinheitlichung durch Maximen und Rechtsregeln findet hier ein Seitenstück.

b) Zwei besonders anschauliche Fälle aus dem Bereich der Schiedsgerichtsbarkeit seien genannt.

„Of all international arbitrations the Venezuelan Preferential Claim case of 1903 is, perhaps, the most instructive instance of the invocation of Roman and private law by the contesting States"[121]. Da Venezuela, hochverschuldet, seinen Verpflichtungen nicht nachkam, verhängten Großbritannien, Deutschland und Italien eine Blockade gegen venezolanische Häfen. Nachdem Venezuela in einem förmlichen Protokoll diesen Mächten gegenüber die Befriedigung ihrer Forderungen aus den Zöllen zweier venezolanischer Häfen zugesagt hatte, stellten sich sieben andere Gläubigerstaaten (Belgien, Frankreich, Mexiko, Norwegen, Spanien, Schweden und die Niederlande) auf den Standpunkt, es müsse gleichmäßige Befriedigung erfolgen. Zur Schlichtung wurde ein Schiedsgericht am Internationalen Gerichtshof in Den Haag eingesetzt, vor dem man sich auf Zugrundelegung der „rules of civil and Roman Law, the ius gentium ‚par excellence'" einigte. Der für die blockierenden Staaten erfolgreiche Streit wurde mit breiten Argumentationen aus dem römischen Pfandrecht, der *negotiorum gestio,* der *cessio bonorum* (Konkurs) sowie aus dem Estoppelprinzip geführt.

„A striking feature ... was the unanimity with which both parties turned to Roman Law for guidance on nearly all contested questions"[122].- Mag im ausgehenden 20. Jahrhundert auch unwahrscheinlich sein, daß sich ein derart unmittelbarer Rückgriff auf das römische Recht wiederholt, so bleibt doch mit einer Verständigung dahin zu rechnen, daß die Entscheidung nach allgemein anerkannten Prinzipien getroffen werden soll – was auf eine maßgebliche Einbeziehung des römischrechtlichen Gedankenguts hinausliefe.

In Indian Oil Corp. Ltd. v. Greenstone Shipping S. A.[123] hatte die Beklagte Greenstone Shipping S. A. die Verfrachtung von 508.000 Barrel (bar.) russischen Rohöls für die (Wider-)Klägerin von Novorossisk nach Madras übernommen. Bei der Beladung enthielt ihr Tanker aus früheren Transporten maximal 15.600 bar. ihr gehörendes qualitätsgleiches iranisches Öl, das ohne Zustimmung der Klägerin mit deren russischem Öl vermischt wurde. In Madras

---

[120] Siehe *Meyer* (Fn. 119) passim. Am häufigsten sind die Bezugnahmen auf *bona fides* und *pacta sunt servanda*.- Weitere Beispiele ebenda Fn. 8 (unter anderem zu *magis valeat quam pereat,* vgl. oben bei Fn. 21).

[121] *Hersch Lauterpacht,* Private Law Sources and Analogies of International Law, 1927, S. 250, dort auch Näheres zu den Argumenten. Zum Fall siehe *Ludwig v. Bar,* Der Streitfall zwischen dem Deutschen Reich etc., in: Walther Schücking (Hg.), Das Werk vom Haag, Band I, 1. Teilband, 1917, S. 248 ff.

[122] *Lauterpacht* (Fn. 121) 251.

[123] (1987) 3 All ER (= All England Law Reports) 893 (QBD), dazu *Peter Stein,* (1987) 46 Cambridge Law Journal 369 ff.

wurden 504.000 bar. gelöscht; an Bord verblieben 9.500 bar. Es bestanden starke Anhaltspunkte für die Annahme, daß die Vermischung auf vorsätzlicher unerlaubter Handlung der Beklagten beruhte. Für derartige Fälle hatte sich in der englischen Gerichtspraxis aus einer Regel zur Beweisvereitelung eine Eigentumsvermutung entwickelt, nämlich die Maxime: Hat B schuldhaft Sachen des A mit seinen eigenen Sachen so vermengt, daß A nicht beweisen kann, wieviel nach Umfang oder Wert von seinem Eigentum vermengt worden ist, so ist A in dem nach den Umständen größtmöglichen Umfang berechtigt; er kann folglich Alleineigentum haben[124]. Hauptsächlich auf diese Regel stützte die Indian Oil ihr Begehren: Sie sei Eigentümerin auch der nicht gelöschten 9.500 bar. gewesen, für die ihr Ersatz in Höhe von 342.000 $ zustehe.

Das Schiedsgericht, das in dem Fall zu entscheiden hatte, knüpfte an Goff and Jones on Restitution[125] an. Dort heißt es, bei Vermengung und Vermischung bejahe das common law die Entstehung von Miteigentum aufgrund der Regeln zur *commixtio* und *confusio,* die denen des römischen Rechts entsprächen. Bei einer auf unerlaubter Handlung beruhenden Vermengung habe es dagegen den Anschein, daß das englische Recht aus Strafzwecken heraus in signifikanter Weise von der römischen Doktrin abweiche, indem es der unschuldigen Partei das Eigentum an der Gesamtmenge zuspreche. Die Schiedsrichter entnahmen dieser Äußerung, es bestehe insoweit eine gewisse Unklarheit im englischen Recht, die es ihnen erlaube, eigene Wege zu gehen. Hierbei gaben sie ihrer „preference for the Roman law in plain terms" Ausdruck. Nach römischem Recht entstand bei der Vermischung von Flüssigkeiten (*confusio*) grundsätzlich Miteigentum im Verhältnis der in die Gesamtmenge eingegangenen Stoffanteile (Inst.2,1,27; D.6,1,3,2). Das Schiedsgericht verneinte dementsprechend, also auf der Grundlage des römischen Rechts, einen Anspruch der Indian Oil auf Ersatz wegen der auf dem Tanker verbliebenen 9.500 bar.; die Gesellschaft habe im wesentlichen die ihrem Anteil entsprechende Menge erhalten.

Die Berufung, die die Indian Oil gegen den Schiedsspruch am High Court einlegte[126], blieb erfolglos. Staughton, J. bezweifelte zwar, daß das Schiedsgericht die Rechtslage nach römischem Recht ganz korrekt wiedergegeben habe[127]; doch sah auch er die Regel zur unrechtmäßigen Vermengung nicht als

124 *Anon* (oder: Stock v. Stock) (1594) Poph 38, 79 ER (English Reports) 1156 (at 1156/7, zitiert im Urteil (Fn. 123) 894, vgl. S. 899 ff., dort auch ausführlich zu späteren precedents.

125 3. Auflage, 1986, S. 65, vgl. das Urteil S. 905.

126 Das ist aufgrund der Arbitration Acts von 1950, 1975, 1979 (mit der Rüge klaren Rechtsirrtums, der Willkür oder der Unzuständigkeit des Schiedsgerichts) möglich; Gesetzesauszüge und Literatur bei *Karl-Heinz Böckstiegel,* Handelsschiedsgerichtsbarkeit in England und der Bundesrepublik Deutschland, 1987, S. 155 ff., 5 ff.

127 Zu Unrecht, weil er den Unterschied zwischen Kornvermengung (Parathesis; die Körper behalten ihre Identität) und Ölvermischung (Synthesis; die Mischungsbeiträge gehen ineinander auf) verkennt, wie sein Hinweis auf Inst. 2,1,28 (S. 902) zeigt.

bindend an. Sie sei eine rohe und primitive Regel mit Straffunktion, die in früheren Zeiten für die Heu- und Kornvermengung brauchbar gewesen, angesichts der hochentwickelten modernen Meßtechniken aber überholt sei und zu höchst ungerechten Ergebnissen, im vorliegenden Fall zu der gravierenden Strafe von 342.000 $, führen könne. Er sei deshalb frei „to apply the rule which justice requires". Diese sei: Vermengt B unrechtmäßig Sachen des A mit eigenen, die im wesentlichen von gleicher Art und Qualität sind, so daß sie praktisch nicht mehr voneinander unterschieden werden können, so steht die Gesamtheit in Miteigentum und A kann verlangen, daß er daraus eine seinen Sachen entsprechende Menge erhält. Mögliche Schadensersatzansprüche bleiben unberührt.

Es ist evident, daß diese „rule which justice requires" eben die Regelung des römischen Rechts ist, für das überdies die Trennung von Eigentumslage und Deliktsschutz kennzeichnend ist. Darüber hinaus wird deutlich, daß das englische Recht mit dieser Hinwendung zur römischrechtlichen Lösung insoweit zugleich zur Rechtseinheit mit dem findet, was auf dem Kontinent weithin gilt[128].

VII. Schlußbemerkung

Überdies bietet der zuletzt betrachtete Fall ein eindrucksvolles Beispiel für die sich immer aufs neue bestätigende Erfahrung, daß die vom römischen Recht entwickelte Lösung eben dem entspricht, was die Gerechtigkeit gebietet. Frühere Jahrhunderte, die sich das *Corpus iuris civilis* in aller Intensität erschlossen, haben darin die geschriebene Rechtsvernunft gesehen, die *ratio scripta. Romanae leges, ut ratio naturalis, omnibus imperant*[129]. So sicher es ist, daß Rom durch die Macht des Geistes die Völker Europas auf dem Wege zu neuerlicher Einigung entscheidend zu fördern vermag, so sicher ist auch, daß schwerere Wege gehen muß, wer nicht imstande ist, diese Macht zu erkennen, die weiterhin wirken wird. *Multa renascentur quae iam cecidere, cadentque quae nunc sunt in honore*[130].

---

[128] Vgl. etwa Art. 573, 574 Cc; 727 ZGBSchweiz, 1058, 1059 ZGBGriech.; 939 CcIt.; §§ 414, 415 ABGB; 948 BGB.- Art. 382 Abs.2 CcSpan. enthält dagegen eine der bisherigen englischen Linie entsprechende Regel.

[129] *Baldus de Ubaldis* ad C.7,45,13.

[130] *Horaz,* Ars poetica 70f.

Ius commune und Römisches Recht vor Gerichten der Europäischen Union*

Professor Dr. Rolf Knütel, Bonn

Nahezu unbemerkt entwickelt sich in der Rechtsprechung des EuGH ein Komplex auch privatrechtlicher Rechtssätze, die vor allem in die Bereiche des Allgemeinen Teils und des Allgemeinen Schuldrechts fallen. Diese Rechtssätze finden Anwendung, weil sie gemeinsamer Bestandteil der Rechtsordnungen der Mitgliedstaaten sind. In der Sache handelt es sich weithin um Rückgriffe auf bewährte Maximen aus der Zeit des vorkodifikatorischen ius commune.

I. Einführung

Das Zusammenwachsen der verschiedenen Nationalstaaten zur Europäischen Union hat sein Fundament in den internationalen Vertragswerken vom Vertrag zur Gründung der Europäischen (Wirtschafts-)Gemeinschaft vom 25.3.1957 bis hin zum Vertrag über die Europäische Union vom 7.2.1992, dem sogenannten Maastricht-Vertrag. Des näheren wird diese Integration bekanntlich dadurch bewirkt, daß die europäischen Organe Verordnungen, Richtlinien und Entscheidungen – in einer inzwischen kaum noch übersehbaren Zahl – erlassen oder Empfehlungen und Stellungnahmen abgeben (Art. 189 EG-Vertrag). Doch zeigt sich, daß darüber hinausgehend europäische Organe in ihrem täglichen Wirken zu einheitlichen rechtlichen Lösungen finden und daß sich auf diese Weise jedenfalls auf Teilgebieten sozusagen aus der Praxis heraus Gemeinschaftsrecht entwickelt und damit die Integration verwirklicht.

Dies wird vor allem in der Rechtsprechung des *Europäischen Gerichtshofs* in Luxemburg (*EuGH*) deutlich, aber beispielsweise auch in der Rechtsprechung der Beschwerdekammern beim Europäischen Patentamt in München. Hierbei wird Gemeinschaftsrecht zum guten Teil dadurch gewonnen, daß die Gerichte auf Prinzipien und Rechtsgedanken zurückgreifen, die sich in der langen Tradition des alten *ius commune* herausgebildet haben und die – jedenfalls was privatrechtliche und methodische Zusammenhänge angeht – überwiegend im römischen Recht wurzeln. Daß die von ihren verschiedenen Rechtsordnungen her kommenden Richter und Generalanwälte sich offenbar ohne größere Schwierigkeiten über die Geltung solcher Maximen einig sind, erklärt sich sicherlich daraus, daß die jahrhundertealte gemeinsame Rechtstradition Kontinentaleuropas, die auch auf das Vereinigte Königreich und auf Skandinavien nicht ohne Auswirkung geblieben ist, mit dem Aufkommen der nationalen Kodifikationen nicht abgebrochen ist. Mögen diese Kodifikationen auch durch zahlreiche besondere Lösungen den gemeinsamen Nenner der Rechtsüberlieferung verkleinert haben, so haben sie dennoch – da sie ja alle sehr weitgehend vom *ius commune* und vom römischen Recht geprägt sind[1] – das gemeinsame Fundament nicht verlassen.

---

* Juristische Schulung 36 (1996) 768 – 778.

1 Vgl. hierzu etwa für den Code civil von 1804 *Dard*, Code civil des Français avec des notes indicatives des lois romaines, coutumes, ordonnances, édits et declarations etc., 1805 (zu dem in der Vorrede hervor-

II. Grundlagen der außervertraglichen Haftung im EG-Recht

Einen Ausgangspunkt bilden die gleichlautenden Art. 215 II EGV (bis zum Maastricht-Vertrag v. 1992: EWGV), 188 II EuratomV: „Im Bereich der außervertraglichen Haftung ersetzt die Gemeinschaft den durch ihre Organe oder Bediensteten in Ausübung ihrer Amtstätigkeit verursachten Schaden nach den allgemeinen Rechtsgrundsätzen, die den Rechtsordnungen der Mitgliedstaaten gemeinsam sind“. Die hier normierte Haftung ist nach ständiger Rechtsprechung des *EuGH* davon abhängig, daß drei Hauptvoraussetzungen vorliegen, nämlich daß die dem Organ oder dem Bediensteten der Gemeinschaft vorgeworfene Handlung (oder Unterlassung) rechtswidrig ist, daß ein tatsächlicher Schaden eingetreten ist und daß zwischen der behaupteten Handlung (oder Unterlassung) und dem behaupteten Schaden ein ursächlicher Zusammenhang besteht[2]. Das erinnert stark an die Hauptvoraussetzungen des 3. Kapitels der *lex Aquilia*, der alten Deliktsklage von ca. 286 v. Chr., wonach es auf ein *damnum iniuria datum*, also eine unrechtmäßig zugefügte Schädigung, ankam. Während die römischen Juristen aus dem Begriff der *iniuria* im Laufe der Zeit auch das Erfordernis der *culpa*, des Verschuldens, abgeleitet haben, hat der *EuGH* sich zunächst zwar am Prinzip der Verschuldenshaftung orientiert, ist davon allmählich aber immer mehr abgerückt. Doch läßt er, wo es angezeigt ist (also etwa nicht in Fällen der Gefährdungshaftung), in die Prüfung der Rechtswidrigkeit des Handelns von Organen der EU Elemente einfließen, die – wenn es um die persönliche Haftung ginge – der Verschuldensfrage zuzuordnen wären, wie etwa die Voraussehbarkeit der weiteren Entwicklung[3].

Da die *lex Aquilia* in der Ausgestaltung, die sie durch die Interpretation der antiken Juristen bis hin zu den Juristen des neuzeitlichen *ius commune* erfahren hat, das Deliktsrecht der kontinentaleuropäischen Kodifikationen beeinflußt hat, finden sich in diesem Bereich verhältnismäßig viele „gemeinsame Rechtsgrundsätze“[4]. Exemplarisch sind die Fälle Grifoni I und II: Im Oktober 1985 stürzte der Handwerker *Alfredo Grifoni* bei Vermessungen für die Vorbereitung eines Kostenvoranschlags vom Terrassendach der Wetterstation in Ispra, die von der Europäischen Atomgemeinschaft betrieben wird. *Grifoni* verklagte diese, vertreten durch die Europäische Kommission, vor dem *EuGH* auf Schadensersatz wegen seiner Erwerbsausfälle und seiner unfallbedingt verbliebenen teilweisen Erwerbsunfähigkeit.

---

gehobenen Zweck, zu zeigen 'que la plupart des dispositions du Code civil ont été puisées dans les lois anciennes, et principalement dans les lois romaines'); *Le Clercq*, Le droit romain dans ses rapports avec le droit français et les principes des deux législations, 8 Bde, 1810–1812; für den spanischen Código civil von 1888/89 vgl. (wenngleich zu einem früheren Entwurf) *Garcia Goyena*, Concordancias, motivos y Comentarios del Código civil Español, 1851; für den italienischen Codice civile von 1942 vgl. *Di Marzo*, Le basi romanistiche del Codice civile, 1950. – Für das BGB bereite ich eine Zusammenstellung vor.

2 *EuGH*, Slg. 1971, 337; Slg. 1980, 569, 580; Slg. 1989, 3633, 3636 sowie das hier erörterte Urt. des *EuGH*, Slg. 1990, I, 1225.

3 Vgl. *Gilsdorf/Oliver*, in: *Groeben/Thiesing/Ehlermann*, EWGV, 4. Aufl. (1991), Art. 215 Rdnrn. 43–44 m. w. Nachw. Vgl. auch *Cahier*, in: Mélanges offerts à P. Reuter, Paris 1981, S. 127, 140–145.

4 Eine frühe Untersuchung dazu bietet *Heldrich*, Die allg. Rechtsgrundsätze der außervertraglichen Schadenshaftung im Bereich der EWG, 1961.

Der *EuGH* erließ zunächst ein Zwischenurteil über den Grund des Anspruchs. Er verurteilte die Europäische Atomgemeinschaft, dem Kläger 50 % des entstandenen Schadens zu ersetzen, und behielt sich für den Fall, daß die Parteien sich innerhalb von sechs Monaten über den Schadensbetrag nicht einigen könnten, die eigene Entscheidung über den Betrag vor[5]. Da innerhalb der Frist eine Einigung nicht zustandekam, verurteilte der EuGH mit Endurteil vom 3.2.1994 die Beklagte auf Ersatz des Vermögens- und des Nichtvermögensschadens in Höhe von rd. 268 000 000 Lire[6]. Dazu sind drei Punkte hervorhebenswert.

1. Die Urteile stützen die Haftung auf den oben angeführten Art. 188 II EuratomV, indem sie die erwähnten drei Hauptvoraussetzungen der Haftung bejahen. Sie folgen grundsätzlich den Schlußanträgen des Generalanwalts *Tesauro*, auch hinsichtlich der Bestimmung der Rechtswidrigkeit. Dieser hatte bei der Rechtswidrigkeit Schwierigkeiten und gemeint, „daß – unbeschadet der Notwendigkeit, den Haftungsfall und seine Folgen anhand der allgemeinen Rechtsgrundsätze, die den Rechtsordnungen der Mitgliedstaaten gemeinsam sind, zu beurteilen gese-[769]hen … – mindestens eine der Haftungsvoraussetzungen, die der Rechtswidrigkeit, *vor allem* anhand der Normen des anwendbaren nationalen Rechts festgestellt werden muß, deren Verletzung geltend gemacht wird“[7]. Dies führte zur Anknüpfung an das italienische Recht, und zwar an die Generalklausel des Art. 2043 Cod. c., an die Zustandshaftung des Gewahrsamsinhabers nach Art. 2051 Cod. c. (mit Schuldvermutung und Beweislastumkehr [*res ipsa loquitur*]) und an die Haftung des Unternehmers bei Nichtbeachtung der Unfallverhütungsvorschriften (Art. 2087 Cod. c.). Daß der Generalanwalt zu Art. 2043 gleich zweimal hervorhebt, die Norm beruhe auf dem Grundsatz des *alterum non laedere*[8], beruht aller Wahrscheinlichkeit nach auf dem Bestreben, damit zum Ausdruck zu bringen, daß Art. 2043 einen allgemeinen Rechtsgrundsatz enthält, der auch in den Rechtsordnungen der anderen Mitgliedstaaten anerkannt ist, handelt es sich bei dem Prinzip des *alterum non laedere* doch um ein elementares *iuris praeceptum*, das von *Ulpian* (D. 1,1,10,1 = Inst. 1,1,3) aus der Stoa übernommen ist und etwa auch von Kant[9] zu den grundlegenden Rechtspflichten gerechnet wird.

Es ergab sich, daß die einschlägigen Unfallverhütungsvorschriften nicht eingehalten waren und daß nach allen drei Artikeln des Codice civile (den Art. 2043, 2051, 2087) eine Haftung der Europäischen Atomgemeinschaft gegeben wäre. Der Generalanwalt versäumte nicht, am Ende hervorzuheben, daß die „… angeführten Vorschriften, namentlich die allgemeinen Vorschriften über die zivilrechtliche Haftung, ebenso vielen allgemeinen Rechtsgrundsätzen entsprechen, die den Rechtsordnungen der Mitgliedstaaten gemeinsam sind“[10] – womit von den drei Haftungsvoraussetzungen auch die Rechtswidrigkeit zu bejahen war.

5 *EuGH*, Slg. 1990 I, 1203 ff.
6 *EuGH*, Slg. 1994 I, 341 ff.
7 Slg. 1990 I, 1216.
8 Slg. 1990 I, 1216 f. („den anderen nicht verletzen“).
9 Die Metaphysik der Sitten, in: *Kant*, Werke in zehn Bänden, hrsg. v. *Weischedel*, 5. Nachdr. der Ausgabe 1956 (1983), Bd. 7, S. 344.
10 Slg. 1990 I, 1221.

2. Hinsichtlich der Kausalität berücksichtigte der *EuGH* (im Gegensatz zum Generalanwalt) ein erhebliches Mitverschulden *Grifonis* und gelangte deshalb zu dem Ergebnis, daß beide Parteien die Schadensfolgen zu gleichen Teilen tragen müßten[11]. Der *EuGH* folgte damit einer in der Aufklärungsphilosophie *Christian Wolffs* entwickelten Lösung, die bei konkurrierendem Verschulden den Schaden nach einer Abwägung der Verursachungs- und Verschuldensbeiträge zwischen dem Schädiger und dem Geschädigten aufteilt[12], statt in einem solchen Falle den Ersatz völlig auszuschließen, wie es dem römischen Recht entsprochen hätte[13]. Diese moderne Lösung ist (außer von § 1304 öst. ABGB und Art. 44 SchweizOR v. 1911) von § 254 BGB und Art. 300 griech. ZGB übernommen worden; sie gilt aufgrund des Art. 1227 Cod. civile[14], und sie hat sich im Bereiche des Art. 1384 I, Alt. 2 des frz. Code civil im Prinzip auch bei der Haftung des „Sachhalters" durchgesetzt[15]. Man kann also auch insoweit von einem gemeinsamen allgemeinen Rechtsgrundsatz sprechen.

3. Im Endurteil ging es dann um die Bestimmung des Schadens. Auch hier war auf die allgemeinen Rechtsgrundsätze zurückzugreifen, und zwar hinsichtlich *der Arten von Schäden*, für die ein Ersatz geleistet werden kann, sowie hinsichtlich der bei der Vornahme der entsprechenden *Berechnung* anzuwendenden Methode. Zwar erkennen alle nationalen Rechtsordnungen an, daß für einen Verdienstausfall Schadensersatz zu leisten ist; doch bestehen erhebliche Unterschiede in der Berechnungsmethode. Während insbesondere in Deutschland der Schaden „in concreto" bestimmt wird, findet in den Ländern des common law die Berechnung nach einem Multiplikator statt, und in wieder anderen Ländern, wie etwa in Italien, wird er aus versicherungsmathematischen Tabellen erschlossen, die vor allem auf dem Grad der Arbeitsunfähigkeit und einem Koeffizienten beruhen, der die Lebenserwartung des Geschädigten widerspiegelt. Eine Möglichkeit, zu einer gemeinsamen Lösung zu gelangen, bestünde darin, die Berechnung nach den in jedem einzelnen Mitgliedstaat angewandten Kriterien vorzunehmen und dann den Durchschnitt der zwölf Ergebnisse zu ermitteln. Mit Recht meinte der Generalanwalt, daß dies ein etwas paradoxes Vorgehen wäre und eine Lösung brächte, die mit keinem der in den Rechtsordnungen bestehenden allgemeinen Rechtsgrundsätze übereinstimmen würde. Er plädierte deshalb dafür, bei der Berechnung die im

---

11 Slg. 1990 I, 1227.

12 S. zur Entwicklung dieser Lösung *Aumann*, Das mitwirkende Verschulden in der neueren juristischen Dogmengeschichte, Diss. 1964, S. 38 ff.; *Luig*, Ius commune 2 (1969), 187 ff.; *Mayer-Maly*, in: Festschr. f. Kaser, 1976, S. 229 ff., 262 ff.; *Wollschläger*, SavZRG (rom. Abt.) 93 (1976), 115 ff.; s. auch *Th. Honsell*, Die Quotenteilung im Schadensersatzrecht. Historische und dogmatische Grundlagen der Lehre vom Mitverschulden, 1977, S. 4 ff.

13 Vgl. Pomp. D. 50,17,203 sowie als Beispiel etwa den Speerwerfer-Fall Ulp. D. 9,2,9,4 (der übrigens eine modernrechtliche Parallele in § 1777 des Zivilgesetzbuchs von Lettland vom 28.1.1937 findet: „Der Geschädigte kann nicht Ersatz desjenigen Schadens verlangen, den er dadurch erlitten hat, daß er sich während militärischer Schießübungen an dem Schießplatz befunden hat, sofern das Militär die für diese Fälle herausgegebenen Spezialverordnungen befolgt hat"). – Vgl. auch *Enneccerus/Lehmann*, SchuldR, 15. Aufl. (1958), S. 76 m. Fußn. 1.

14 Die Norm erfaßt auch deliktische Ersatzansprüche, Art. 2056 I Cod. c.

15 Vgl. *Ferid/Sonnenberger*, Das franz. ZivilR II, 2. Aufl. (1986), S. 506. – S. auch Art. 106 (6.1.9.11) niederländ. NWB.

Land des Schadensereignisses angewandte Methode zu befolgen[16], und der *EuGH* hat sich dem angeschlossen. Bemerkenswert ist das Bestreben, auch unter so divergierenden Bestimmungsmethoden die Möglichkeiten einer gemeinsamen Lösung auszuloten.

Einfacher lag es beim Nichtvermögensschaden. Zwar wäre nach italienischem Recht im konkreten Fall ein Ersatz des immateriellen Schadens in Geld ausgeschlossen[17]; doch wird in den Rechtsordnungen der anderen Mitgliedstaaten in aller Regel schon bei Vorliegen einer deliktischen Haftung ein Schmerzensgeld gewährt[18]. Generalanwalt und *EuGH* hatten deswegen keine Schwierigkeiten anzuerkennen, daß nach den gemeinsamen allgemeinen Rechtsgrundsätzen im Falle einer Körperverletzung Schadensersatz für den Nichtvermögensschaden, also Schmerzensgeld, auch dann zu zahlen ist, wenn nicht zugleich eine Straftat gegeben ist[19].

III. Gemeinsame allgemeine Rechtsgrundsätze

In dem geschilderten Fall ging es zwar nicht speziell um Regeln des römischen Rechts oder des *ius commune*, sondern um allgemeine Grundsätze des heutigen und eines sich entwickelnden europäischen Zivilrechts. Immerhin wurde deutlich, daß diese Grundsätze ihre Wurzeln weithin im *ius commune* und im römischen Recht haben. Wir haben den Fall dennoch an den Anfang gestellt, weil er anschaulich macht, wie der *EuGH* die Klausel der Art. 215 II EGV, 188 II EuratomV versteht, daß „nach den allgemeinen Rechtsgrundsätzen, die den Rechtsordnungen der Mitgliedstaaten gemeinsam sind", Schadensersatz im Bereiche der außervertraglichen Haftung geleistet wird.

Nach herrschender, aber nicht unbestrittener Ansicht sind diese gemeinsamen allgemeinen Rechtsgrundsätze im Wege [770] einer „wertenden Rechtsvergleichung" zu ermitteln, bei der nicht der kleinste gemeinsame Nenner, sondern die (gegebenenfalls behutsam weiterzubildenden) bestgeeigneten „gemeinsamen" Grundsätze den Ausschlag geben müssen – eine Methode, zu der sich der *EuGH* auch mehr und mehr bekannt hat[20]. Auch hierzu bietet der Fall *Grifoni* ein Beispiel, indem in den Fragen, in denen – wie bei der Rechtswidrigkeit und der Berechnungsmethode – ein gemeinsamer Grundsatz nicht oder nicht ohne weiteres zugrundegelegt werden konnte, an die Regelungen angeknüpft wurde, die am *forum delicti commissi* zu beachten wären. Wertungsmäßig ist dies die bessere Lösung; denn das Unfallopfer erhält dadurch (im Bereich fehlender

16 Slg. 1994 I, 345 f.

17 Ein Schmerzensgeld hätte nur bei Vorliegen einer Straftat zugebilligt werden können, Art. 2059 Cod. c, Art. 185,2 C. penale.

18 So die französische Praxis schon im 19. Jhdt. in Auslegung des Art. 1382 Cc (s. dazu etwa *Coing*, Europ. PrivatR II, 1989, S. 294 f., 514 f.; zur heutigen Situation s. etwa *Weill/Terré*, Droit civil [Les obligations], 4. Aufl. [Paris 1986], no. 611, 612, vgl. auch no. 391) und im Anschluß daran sowie an das ältere gemeine Recht (*Coing* aaO, S. 296, 512, 518 f.) § 847 BGB; außerdem etwa § 932 griech. ZGB; Art. 106 (6.1.9.11) b Niederländ. NBW. Vgl. im übrigen § 1325 östABGB; Art. 47 SchweizOR.

19 Slg. 1994 I, 345, 351 f. (Generalanwalt *Tesauro*); 359, 366 (*EuGH*).

20 *Oppermann*, EuropaR, 1991, S. 158, Rdnr. 405; *Gilsdorf/Oliver* (o. Fußn. 3), Art. 215 Rdnr. 12, sowie etwa Generalanwalt *Roemer* zu Rs. 5/71 (*Schöppenstedt*), Slg. 1971, 990, und die gehaltvolle Studie von *Pescatore*, Revue int. de droit comparé 32 (1980), 337 ff., 353 ff. Abw. *Grabitz*, Komm. z. Europäischen Union II, 1994, Art. 250 Rdnrn. 10–13, wonach die allgemeinen Rechtsgrundsätze nur den Rang einer hilfsweisen Rechtsquelle für die Entwicklung eines europäischen Haftungsstandards haben sollen.

Gemeinsamkeit) jedenfalls den Schutz, den es bei Anwendung seiner eigenen Rechtsordnung erhielte[21].

Man ist sich heutzutage darüber einig, daß im Wege „wertender Rechtsvergleichung“ solche „allgemeinen Rechtsgrundsätze“ überall im Europarecht „gefunden“ werden können[22]. Das ist nicht überraschend. Denn in nicht oder nur unvollkommen geregelten Rechtsgebieten erweist es sich zumeist als der sachgerechteste Weg, den Rahmen der bestehenden Normen durch Rückgriff auf die allgemeinen Rechtsprinzipien aufzufüllen. So waren für das Gebiet des Völkerrechts schon in Art. 38 Nr. 3 des Statuts von 1920 für den früheren *Ständigen Internationalen Gerichtshof* und sind in Art. 38 I lit. c des Statuts des heutigen *Internationalen Gerichtshofs* (*IGH*) unter den anzuwendenden Rechtsquellen die „von den zivilisierten Staaten (heute: von den Kulturvölkern) anerkannten allgemeinen Rechtsgrundsätze“ genannt – was im Ergebnis bedeutet hat, „that those general principles of law are for the most practical purposes identical with general principles of private law“, und damit sehr weitgehend solche des römischen Rechts[23]. Des weiteren sei etwa auf § 7 östABGB von 1811 verwiesen, wonach ein Rechtsfall, wenn er nicht nach den Gesetzen entschieden werden kann, letztlich „nach den natürlichen Rechtsgrundsätzen“ zu entscheiden ist.

Inzwischen sind im Europarecht bereits zahlreiche „allgemeine Rechtsgrundsätze“ herausgearbeitet worden, die zwar überwiegend mit den Strukturprinzipien der Europäischen Union, wie Demokratie, Rechtsstaatlichkeit, Sozialstaatlichkeit, Schutz von Grund- und Menschenrechten etc. eng zusammenhängen – etwa der Grundsatz der Verhältnismäßigkeit[24], der Rechtssicherheit[25], der Rechtsklarheit[26], des rechtlichen Gehörs[27], des *ne bis in idem*[28], des Vertrauensschut-

---

21 Die Zuständigkeit des *forum delicti commissi* auch für Zivilklagen *ex delicto* ist schon früher mit der Erwägung gerechtfertigt worden, daß die „Einheimischen ... sonst gegen Frevel der Fremden nur unvollkommen geschützt“ gewesen wären, vgl. *v. Bethmann-Hollweg*, Der röm. Civilprozeß II, 1865, S. 130.

22 *Oppermann* (o. Fußn. 20), S. 158 Rdnrn. 404, 405; *Bleckmann*, EuropaR, 5. Aufl. (1990), S. 141 ff.

23 Dazu – und zur deutlichen Tendenz der (damaligen) anglo-amerikanischen Völkerrechtswissenschaft, „to attribute to Roman law the quality of general principles of law“ – des näheren *Lauterpacht*, Private Law Sources and Analogies of International Law, 1927 (Repr. 1970), S. 1 ff., 63 ff., 67 ff. pass. (Zitate S. 71, 178).

24 Zu den Grundlagen s. *Wieacker*, in: Festschr. f. R. Fischer, 1979, S. 687 ff.

25 Vgl. etwa Ner. D. 1,3,21; D. 22,6,2.

26 Vgl. etwa Inst. 2,23,7 (*in legibus magis simplicitas quam difficultas placet*); Inst. 3,2,3 a (*simplicitas legibus amica*); Valentinian-Marcian C. 1,14,9 (*Leges ... intellegi ab omnibus debent*).

27 S. etwa *EuGH*, Slg. 1974, 1063, 1081 mit den rechtsvergleichenden Darlegungen in den Schlußanträgen des Generalanwalts *Warner*, ebda. S. 1090–1091; *EuGH*, Slg. 1979, 461 („fundamentaler Grundsatz des Gemeinschaftsrechts“); Slg. 1986, 2321, 2348 f. – Zu *Audiatur et altera pars*, vgl. Seneca, Medea 199 f. (*Qui statuit aliquid inaudita altera, aequum licet statuerit, haud aequus fuit*); Sept. Severus-Antoninus [Caracalla] bei Marci. D. 48,17,1 pr. (*neque enim inaudita causa quemquam damnari aequitatis ratio patitur*); Ulp. D. 48,8,2; eingehend *Wacke*, in: Festschr. f. Waldstein, 1993, s. 369 ff.

28 *EuGH*, Slg. 1966, 153, 178; Generalanwalt *Roemer*, ebda., S. 189, 191, 197 ff.; Generalanwalt *Trabucchi*, Slg. 1973, 1461 (dort auch zum Verbot der *reformatio in peius*); Generalanwalt *Mischo*, Slg. 1987, 4595, 4599 ff. – Vgl. *Pescatore*, Les droits de l'homme e l'integration européenne, Cahiers de Droit Européen (CDE), 1968, S. 629, 644. – Vgl. zu den Ursprüngen *H. D. Meyel*, SavZRG (rom. Abt.) 95 (1978), 138 ff. (zur *lex Acilia repetundarum*), S. 155 Fußn. 28; *Landau*, SavZRG (kan. Abt.) 87 (1970), 124 ff.

zes[29] oder des Begründungszwangs bei Rechtsakten[30]. Schon diese wenigen Beispiele machen deutlich, daß diese allgemeinen Grundsätze zumeist ihre – hier in den Fußnoten nur angedeuteten – tiefen historischen Wurzeln haben. Sieht man, daß *EuGH* und Generalanwälte darüber hinaus zu den allgemeinen Grundsätzen etwa auch die Einstandspflicht für Hilfspersonen[31], die Entlastung durch *vis maior*[32], die Rechtfertigung durch Notwehr[33] oder Notstand[34], ja überhaupt „die allgemeinen Grundsätze des Schuldrechts"[35], das Verbot des *venire contra factum proprium*[36], und natürlich den Grundsatz von Treu und Glauben[37] und das Bereicherungsverbot[38] rechnen, so wird evident, daß die im römischen Recht begründeten und in jahrhundertelanger Tradition weiter ausgeformten Regeln und Institute nicht unwesentlich zur Bildung eines (neuen) europäischen Rechts beitragen. Angesichts dessen liegt auch auf der Hand, daß dann, wenn es darum geht, die „gemeinsamen Grundsätze" nach ihrem Sinn und Zweck zu verstehen, oft ohne eine Rückbesinnung auf deren Ursprünge schwer auszukommen ist.

IV. Fristbestimmung

In dem Fall ‚*Rudolf Misset gegen Rat der Europäischen Gemeinschaften*'[39] ging es um eine der so häufigen Klagen eines Beamten der EG: Der beim Rat tätige Beamte *Misset* erfuhr am 20.2.1986, daß der Generalsekretär dieses Organs eine von ihm, *Misset*, eingelegte Beschwerde zurückgewiesen hatte. Nach dem Beamtenstatut der EG hatte

29 Vgl. etwa Ulp. D. 1,14,3 (Putativmagistrat [funzionario di fatto]; cf. *error comunis facit ius*); Pap. D. 2,15,17 etc. Vgl. auch unten Fußn. 116. – Zu *pacta sunt servanda* s. Generalanwalt *Darmon*, Slg. 1989, 1311, 1314.

30 Nachw. zu diesen Grundsätzen in der Rechtsprechung des *EuGH* etwa bei *Gündisch*, in: *Schwarze* (Hrsg.), Das WirtschaftsR des gemeinsamen Marktes in der aktuellen Rechtsentwicklung, 1983, S. 103 ff., 108 ff., 110 ff.; *Oppermann* (o. Fußn. 20), S. 158 f., Rdnrn. 406, 407. – Zu den Grundrechten s. auch u. bei Fußn. 126.

31 Generalanwalt *Capotorti*, Slg. 1979, 3723 f. (unter Hinweis auf Art. 1228 it. Cod. c.; § 278 BGB; Art. 1384 Cc, Art. 1403 niederländ. BW). – Zu den Ursprüngen, insb. Gai. D. 19,2,25,7 (*columna transportanda*); Ulp. D. 50,17,149 (*Ex qua persona quis lucrum capit, eius factum praestare debet*) s. *Knütel*, SavZRG (rom. Abt.) 100 (1983), 340 ff., 419 ff., 441 ff.

32 S. etwa *EuGH*, Slg. 1979, 3703, 3716 ff., Generalanwalt *Capotorti*, Slg. 1979, 3723 ff.; *EuGH*, Slg. 1980, 907 ff., 910, 1022; Generalanwalt *Caportorti*, Slg. 1980, 1067 f.

33 *EuGH*, Slg. 1980, S. 907, 910; Generalanwalt *Capotorti*, ebda., S. 1068 f. – Vgl. Cass.-Ulp. D. 43,16,1,27 (*vim vi repellere licet*); *Wacke*, SavZRG (rom. Abt.) 106 (1989), 469 ff.

34 *EuGH*, Slg. 1980, 907, 910, 968, 1022 f.; Generalanwalt *Capotorti*, ebda, S. 1069. – Vgl. Cels.-Ulp. D. 9,2,49,1; 43,24,7,4; Lab.-Cels.-Ulp. D. 47,9,3,7; *Schipani*, Responsabilità ‚ex lege Aquilia', 1968, S. 153 ff.; 206 ff.; 310 ff.; *Wacke*, SavZRG (rom. Abt.) 106 (1989), 489 ff.

35 *Capotorti*, Slg. 1979, 3722, 3724.

36 *EuGH*, Slg. 1966, 654,672,674 f.; Generalanwalt *Warner*, Slg. 1977, 2216, 2226 (Verbot, sich auf sein eigenes-Unrecht zu berufen), vgl. auch *Pescatore*, L'effet des directives communautaires – une tentative de démythification, Rec. Dalloz Sirey, 1980, 23e Cahier, Chron. XXV, S. 171, 176; *ders.* (o. Fußn. 28), S. 644. – Vgl. dazu bereits Ulp. D. 1,7,25 pr. (*adversus factum suum ... pater movere controversiam prohibetur*) und u. Fußn. 117.

37 *EuGH*, Slg. 1960, S. 970, 989 f.; Generalanwalt *Roemer*, ebda, S. 1012; *EuGH*, Slg. 1960, 1120, 1139 (alles im Hinblick auf Kündigungen öffentlichrechtlicher Anstellungsverträge) sowie etwa *EuGH*, Slg. 1976, 1851, 1861; Generalanwalt *Trabucchi*, Slg. 1976, 1012 („Beachtung des Grundsatzes von Treu und Glauben, der auch die Gemeinschaft bei der Erfüllung ihrer internationalen Verpflichtungen bindet"). – Doch s. auch Generalanwalt *Darmon*, in Rs. 190/87 (dazu u. VII.).

38 *EuGH*, Slg. 1990 I, 2845, 2846. – Vgl. Pomp. D. 50,17,206 (*Iure naturae aequum est, neminem cum alterius detrimento et iniuria fieri locupletiorem*); D. 12,6,14 sowie Liber Sextus 5,13,48.

39 *EuGH*, Slg. 1987, 223 ff. – Auf dieses und das folgende Urteil hat auch *Herberger* in einem Vortrag auf dem 30. Dt. Rechtshistorikertag 1994 hingewiesen, vgl. *Reichard*, SavZRG (rom. Abt.) 112 (1995), 791 f.

er das Recht, gegen diesen Bescheid innerhalb einer Frist von drei Monaten Klage einzureichen. *Missets* Klage ging am 21.5.1986 beim *EuGH* ein, und damit ergab sich die Frage, wie sich nach Gemeinschaftsrecht die Zeitspanne von drei Monaten berechnet. *Misset* trug im wesentlichen vor, der Fristablauf habe einen Tag nach dem [771] Bekanntgabetag begonnen, also am 21.2. Die Frist von drei Monaten reiche bis zum 21.5.; erst dann sei die Frist abgelaufen[40].

Der *EuGH* hatte den Rat, die Kommission und das Europäische Parlament ersucht, ihre Praxis bei der Berechnung der Frist für die Verwaltungsbeschwerde darzustellen. Er hatte daraufhin sehr unterschiedliche Antworten erhalten. Der Generalanwalt *Mancini* resümiert: „Alles in allem ein schönes Durcheinander ... Man muß also ab ovo anfangen". Dies tut er, indem er an den Wortlaut der Verfahrensordnung des *EuGH* (Art. 81 § 1) anknüpft: „Die Fristen für die Erhebung von Klagen gegen Maßnahmen der Organe beginnen am Tag nach der Bekanntgabe an den Betroffenen". *Mancini* hebt hervor, diese Regelung übernehme „den althergebrachten Grundsatz *dies a qua non computatur in termino*"[41]. Der *dies a quo*, der Anfangstag, in den das Ereignis fällt, wird nicht in die Frist einberechnet. Im Fall wäre folglich der 20.2. nicht einzurechnen; die Frist begann also erst am 21.2. Steht der Anfang der Frist fest, so ist aber auch das Ende sicher. Der letzte Tag der Frist, der *dies ad quem*, muß bei einer Berechnung nach Monaten auf den Ablauf des Tages fallen, der im späteren Monat dem entspricht, in den das Ereignis gefallen war, hier bei drei Monaten also auf den 20.5. Mit ihm vollendet sich der Ablauf einer früher an einem 21. angelaufenen Monatsfrist. Der Generalanwalt findet diese Berechnung bestätigt in der Regel: *dies ad quem computatur in termino*; der Endtermin wird also eingerechnet.

Bemerkenswert ist, wie der Generalanwalt im einzelnen argumentiert: Er setzt – wie gesagt – beim Wortlaut des Art. 81 § 1 der Verfahrensordnung des *EuGH* an, erkennt in ihr den Ausdruck eines althergebrachten Grundsatzes, erklärt diesen von der ratio her als der Billigkeit entsprechend[42] und betrachtet dann die verschiedenen nationalen Rechtssysteme. Hier erkennt er, daß die Regel in der französischen Zivilprozeßordnung von 1975 (Art. 641 I, II), im deutschen BGB (§§ 187 I, 188 II) und im griech. ZGB (Art. 243) festgelegt ist, daß sie aber auch in Belgien, Dänemark, Spanien, Italien, Portugal, Luxemburg, den Niederlanden und sogar dem Vereinigten Königreich gilt[43]. Das Fazit ist also, daß ein althergebrachter Rechtsgrundsatz, der praktisch in allen Mitgliedstaaten Geltung erlangt hat, die Auslegung der gemeinschaftsrechtlichen Norm bestimmt. Der *EuGH* ist dem gefolgt; *Missets* Klage wurde als unzulässig abgewiesen.

---

40 Dafür berief sich *Misset* auch auf Art. 3 II c der Verordnung 1182/71 des Rates vom 3.6.1971. Dort wird der Monatstag für maßgeblich erklärt, der dieselbe Zahl wie der Tag des Fristbeginns trägt. Doch gilt dies für „Fristen des Inkrafttretens, des Wirksamwerdens und des Ablaufs der Wirksamkeit von Rechtsakten des Rats und der Kommission" – was etwas ganz anderes ist als die Klagfrist zur Ausübung eines ‚Grundrechts', nämlich des Rechts, zum Schutz des eigenen Interesses vor Gericht zu klagen, vgl. Generalanwalt *Mancini* in seinen Schlußanträgen zu diesem Fall, Slg. 1987, 230.

41 Slg. 1987, 228. – *In termino* ist ‚Neulatein'; *terminus* ist eigentlich der Grenzstein.

42 Dazu sogleich.

43 Irland folgt diesem Grundsatz nicht, rechnet dafür aber den letzten Tag nicht ein, so daß sich dieselbe Frist ergibt.

Es bleibt die Frage, wie es zu dieser Regel gekommen ist. Zwei grundsätzliche Möglichkeiten der Fristenbestimmung kommen in Betracht: Entweder stellt man auf den konkreten Moment des Anfangstages ab, etwa 15.00 Uhr, und läßt die Frist bis zu diesem Moment des Endtages laufen. In den Quellen wird dies *a momento ad momentum computare* genannt (D. 4,4,3,4), was man als ‚Naturalkomputation' bezeichnet. Diese Methode hat den Vorteil der Genauigkeit, empfiehlt sich aber nicht für den gewöhnlichen Verkehr. Denn bei Ereignissen pflegt man – abgesehen von ganz außergewöhnlichen – zwar den Tag, nicht aber die Stunde oder gar die Minute festzuhalten[44]. Schon die Römer sind deshalb dazu übergegangen, bei der Berechnung von Fristen als kleinste Zeiteinheit grundsätzlich den Tag festzusetzen[45], was gewöhnlich als ‚Zivilkomputation' bezeichnet wird. Was nun im Rahmen dieser Berechnung nach Tagen den Fristbeginn angeht, so sind die römischen Quellen uneinheitlich; in manchen wird der *dies a quo* einbezogen – und überwiegend nimmt man an, die Römer hätten ihn im Regelfall einbezogen –[46], in manchen wird er dagegen (wie heute) nicht einbezogen. Zu diesen letztgenannten Texten gehört das Fragment D. 50,17,101. Dort heißt es:

D. 50,17,101 (Paulus in der Einzelschrift über außerordentliche Gerichtsverfahren) „Wo das Gesetz zwei Monate nennt, muß auch der gehört werden, der am 61. Tage auftritt: So hat nämlich der Kaiser Antoninus (Caracalla) mit seinem vergöttlichten Vater (Septimius Severus) entschieden."

Aus diesem Text haben die Kommentatoren des 14. und 15. Jahrhunderts – zumal da er im Titel der Rechtsregeln steht – den Grundsatz *dies a quo non computatur* abgeleitet[47]. Denn wenn ein 61. Tag hinzukommt, wird der erste Tag offenbar nicht mitgezählt[48]. – Die letzte und entscheidende Frage ist, warum sich die Regel *dies a quo non computatur* so allgemein durchgesetzt hat. Der Generalanwalt *Mancini* sagt, eine andere Entscheidung wäre unbillig[49]. Aber worin liegt die Billigkeit der Regel? Sie ergibt sich aus der Festlegung auf den Grundsatz der Zivilkomputation: Wenn mit ihr der Tag als ein stets in gleicher Weise begrenzter Zeitraum von Mitternacht zu Mitternacht maßgeblich ist, dann ergibt sich mit Notwendigkeit das Folgeproblem, wie man es bei Eintritt des Ereignisses – etwa um 15.00 Uhr – mit dem Resttag, den letzten neun Stunden, halten soll. Rechnet man diesen Resttag schon ein, so wird die Frist um ein Stück, hier um 15 Stunden, verkürzt; rechnet man ihn nicht ein, so wird die Frist um den Resttag, hier um neun Stunden, verlängert. Bei der Wahl dieser Alternative erscheint es evident billiger und gerechter, der verlängernden Berechnungsweise

---

44 *Regelsberger*, Pandekten I, 1893, S. 456.

45 Vgl. D. 50,16,134 (*Quia annum civiliter non ad momenta temporum, sed ad dies numeramus*), *Windscheid/Kipp*, PandektenR, 9. Aufl. (1906), S. 533 m. Fußn. 6.

46 *Regelsberger* (o. Fußn. 44), S. 458; *Windscheid/Kipp* (o. Fußn. 45), S. 534; dies wird in den Kommentaren zu § 187 BGB noch heute als die (also die einheitliche) römische Lösung bezeichnet, zuletzt etwa von *Staudinger/Werner*, BGB, 13. Aufl. (1995), § 187 Rdnr. 2. – Anders insb. *Savigny*, System des heutigen Röm. Rechts IV, 1841, S. 347 ff., 364 ff.

47 *Roland/Boyer*, Locutions latines et adages du droit français contemporain I, 1978, S. 207.

48 Vgl. *Windscheid/Kipp* (o. Fußn. 45), S. 535 Fußn. 12. – Hier wird deutlich, daß auch unsere Bestimmung, den Monat als Zeitraum von 30 Tagen zu verstehen, auf die Römer zurückgeht, *Windscheid/Kipp* aaO, S. 538 m. Fußn. 20.

49 Slg. 1987, 229.

den Vorzug zu geben[50]. Unsere Regel beruht nach alldem darauf, daß ein vernünftiger Grundsatz, die Zivilkomputation, durch eine Billigkeitsregel konkretisiert wird.

V. Irrtum, Auslegungsmaximen

Es ist allerdings die Ausnahme, daß die „allgemeinen Rechtsgrundsätze, die den Rechtsordnungen der Mitgliedstaaten gemeinsam sind“, so sorgfältig ermittelt werden wie in den Fällen ‚*Grifoni*‘ und ‚*Misset*‘. Im Regelfall wird ein Prinzip seinem Wortlaut nach wiedergegeben und dazu lediglich bemerkt, daß es ein (allgemeiner) Grundsatz sei. Man gewinnt den Eindruck, daß dies insbesondere dann zutrifft, wenn der Grundsatz in lateinischer Sprache formuliert ist[51]. [772]

Im Fall ‚*Friedrich Binder GmbH & Co. KG gegen Hauptzollamt Bad Reichenhall*‘[52] hatte die deutsche Firma *Binder* Anfang 1983 tiefgefrorene Sauerkirschen aus (dem ehemaligen) Jugoslawien über Bad Reichenhall in das Gebiet der Europäischen Gemeinschaft eingeführt. Der Zollsatz betrug 13%, sollte nach einem Vorschlag der Kommission aber auf 10,4 % gesenkt werden. Die Bundesrepublik Deutschland hatte in vorauseilendem Gehorsam im „Deutschen Gebrauchszolltarif“ – also dem Nachschlagewerk für die deutschen Zollbehörden – ab 1.1.1983 bereits den Zollsatz von 10,4 % ausgewiesen. Dieser wurde der Firma *Binder* abverlangt. Der Rat lehnte später den Steuersenkungsvorschlag jedoch ab, so daß es nach Gemeinschaftsrecht bei dem Satz von 13 % verblieb. Das Hauptzollamt Bad Reichenhall forderte daraufhin von *Binder* nachträglich weitere 8000 DM Zoll.

Die Firma *Binder* legte dagegen Einspruch ein, weil sie auf den geringen Zollsatz vertraut und ihre Kalkulation eingerichtet habe – eine Abwälzung des zusätzlichen Zolls auf ihre Kunden sei nicht möglich – und weil ihr nicht zugemutet werden könne, über Zollsätze besser informiert zu sein als die zuständigen deutschen Zollstellen. Daraufhin beantragte die Bundesrepublik Deutschland – was verfahrensmäßig möglich ist[53] – bei der Kommission eine Entscheidung darüber, ob es gerechtfertigt sei, im konkreten Fall von einer Nacherhebung der Eingangsabgabe nach dem (noch anzuführenden) Art. 5 II der Rats-Verordnung Nr. 1697/79 abzusehen.

Die Kommission lehnte den Antrag ab, weil der Deutsche Gebrauchszolltarif – das genannte Nachschlagewerk – nur deklaratorische Bedeutung habe und Gemeinschaftsrecht (wonach 13% zu erheben waren) nicht ändern könne. Zudem werde die direkte und einheitliche Anwendung des Gemeinsamen Zolltarifs in allen Mitgliedstaaten in Frage gestellt, wenn man die irrtümliche Praxis in einem Mitgliedstaat für beachtlich hielte. *Binder* habe die Möglichkeit gehabt, sich im Amtsblatt der Europäischen Gemeinschaften zu informieren, auch wenn dieses im Bereich von Bad Reichenhall nicht verfügbar gewesen sei. Daraufhin verlangte das Hauptzollamt

50 Vgl. etwa *Gebhard* im Vorentwurf (= Vorlagen der Redaktoren für die 1. Kommission zur Ausarbeitung des Entwurfs des BGB, 1876-1887), hrsg. v. *Schubert*, Bd. I/II (Allg. Teil), 1981, S. 292 (neue Zählung).

51 Allerdings wird zu der Regelung des Art. 16 Nr. 1 des EWG-Gerichtsstands- u. Vollstreckungsabk. v. 1968 vom Generalanwalt *Mancini*, Slg. 1987, 3791, 3797, 3798 besonders betont, die gerichtliche Zuständigkeit folge hier „dem jahrhundertealten Grundsatz des *forum rei sitae* (‚*ne contra situs legem in immobilibus quidquam decerni possit privato consensu et par est sic iudicari*‘, schrieb bereits *d'Argentré*, De Statutibus personalibus et realibus …, Paris 1614, Sp. 676)“. – Daß bekannte lateinische Termini ohne weiteres verwendet werden und verwendet werden können, steht außer Frage, z. B. Generalanwalt *Lenz*, Slg. 1994 I, 119, 134 (*actio iudicati*); Generalanwalt *Trabucchi*, Slg. 1975, 148, 150 (*condicio iuris*).

52 *EuGH*, Slg. 1989, 2415 ff.

53 Wir befinden uns hier im Bereich der Exekutive.

erneut die Nachzahlung der Abgabe. Diese Entscheidung focht *Binder* vor dem *FinG München* an. Dieses legte den Fall dem *EuGH* mit der Frage vor, ob die Entscheidung der Kommission in dieser Sache gültig sei. – Eine solche Vorlagepflicht besteht, wenn es bei einem Rechtsstreit auf die Gültigkeit einer Handlung eines Gemeinschaftsorgans – hier der Kommission – ankommt.

Der *EuGH* bestätigte die Entscheidung der Kommission; er schloß sich im wesentlichen der Argumentation von dem Vorrang und der Bedeutung der einheitlichen Anwendung des Gemeinschaftsrechts, hier in Form des Gemeinsamen Zolltarifs, an. Daran ändere auch Art. 5 II der Ratsverordnung 1697/79 nichts. Dieser Absatz 2 lautet:

„Die zuständigen Behörden können von einer Nacherhebung von Eingangs- oder Ausfuhrabgaben absehen, deren Nichterhebung auf einen Irrtum der zuständigen Behörden zurückzuführen ist, sofern dieser Irrtum vom Abgabenschuldner nicht erkannt werden konnte und letzterer gutgläubig gehandelt und alle geltenden Bestimmungen betreffend die Zollerklärung beachtet hat".

Das Gericht folgte bei der Interpretation des Abs. 2 den Schlußanträgen des Generalanwalts *Darmon*, der hervorgehoben hatte: Dieser Art. 5 II stellt „unbestreitbar eine Ausnahme vom Grundsatz ‚*nemo censetur ignorare legem*' und vom Grundsatz des Vorrangs des Gemeinschaftsrechts dar. Daher ist diese Ausnahme einschränkend auszulegen"[54]. Wir haben es hier gleich mit zwei Sätzen des *ius commune* zu tun, dem lateinisch formulierten, daß Rechtsunkenntnis schadet[55], und dem deutsch formulierten (sehr fragwürdigen) Auslegungsgrundsatz: *Singularia non sunt extendenda:* Sonderbestimmungen dürfen nicht ausdehnend ausgelegt werden. Überdies wird vom Berichterstatter in dieser Sache auf den Rechtsgrundsatz *dolo petit qui petit quod statim redditurus est* hingewiesen[56]: Arglistig handelt, wer einfordert, was er alsbald zurückgeben muß.

Der letztgenannte Satz stammt bekanntlich von *Paulus* D. 44,4,8 pr. = D. 50,17,173,3; der Satz von den *singularia non extendenda* findet sich im wesentlichen bei *Papinian* (D. 40,5,23,3)[57] angelegt, und der Satz zur Schädlichkeit des Rechtsirrtums ist nach wechselvollen Handhabungen im römischen Recht später vor allem im Kirchenrecht formuliert worden. Doch kann es uns hier nicht darum gehen, diese einzelnen Rechtsregeln sowie ihre Entstehung und Tragweite näher zu analysieren. Wir führen sie nur als Beispiele dafür an, wie für die Entscheidungsfindung beim *EuGH* ohne irgendwelche Vorbehalte Rechtssätze herangezogen werden, die im römischen Recht wurzeln,

54 Slg. 1989, 2431; s. auch die Gründe des Urteils v. 12.7.1989: „... und niemand kann sich auf dessen Unkenntnis berufen" (sc. auf die Unkenntnis des im Amtsblatt veröffentlichten positiven Gemeinschaftsrechts). – Die Rechtspflicht, sich mit (nicht schon von Natur aus einsichtigen) staatlichen Anordnungen vertraut zu machen, ist erst im Dominat statuiert worden: Val.-Theodos.-Arcad. CTh. 1,1,2 (391 n. Chr.) = C. 1,18,12: ... *Constitutiones (principum) nec ignorare quemquam nec dissimulare permittimus.*

55 Auf die „Grundregel einer jeden Rechtsordnung, daß *nemo censetur ignorare leges*", hatte in der Rs. 169/73 auch der Generalanwalt *Trabucchi* Bezug genommen, Slg. 1975, 149, 151. – S. auch: *error iuris nocet; ignorantia legis neminem excusat* oder: *ignorantia facti, non iuris excusat* (Liber Sextus 5,13,13). – Dazu etwa *Mayer-Maly*, in: Festschr. f. Verdroß, 1980, S. 147 ff.; *Winkel*, Error iuris nocet: Rechtsirrtum als Problem der Rechtsordnung, 1985.

56 Generalanwalt *Slynn*, Slg. 1989, 2423 (irrtümlich: *redditurum*).

57 Vgl. auch Pap. D. 41,2,44,1 und Inst. 1,2,6. – Daß diese Regel bedenklich ist, hebt etwa *Engisch*, Einführung in das juristische Denken, 7. Aufl. (1977), S. 102 f. hervor. – Zu den Schwierigkeiten, zu denen etwa die enge Auslegung des Art. 36 EGV als Ausnahmeregelung führt, s. nur *W.-H. Roth*, Freier Warenverkehr und staatl. Regelungsgewalt etc., 1977, S. 19 ff., 43 f., 47, 52 f.

im *ius commune* zumeist verallgemeinert worden sind und ungeachtet der nationalstaatlichen Kodifikationen auch heute das gemeineuropäische – ja oft das weltweite – Rechtsbewußtsein prägen.

Exemplarischer Ausdruck dieses gewachsenen gemeinsamen Rechtsbewußtseins ist zugleich die Selbstverständlichkeit, mit der die Maxime, Ausnahmebestimmungen seien eng auszulegen, vorgetragen und akzeptiert wird. Entsprechendes ist häufig zu beachten. Beispielsweise hebt der *EuGH* in seinem Urteil vom 14.12.1976[58] hervor, daß „der Verzicht einer Partei auf den Rechtsvorteil der im Übereinkommen vorgesehenen Gerichtsstände nicht vermutet werden“ kann. Das ist eine Anwendung der Rechtsregel *a iure recedere nemo praesumitur*, die ihre Hauptwurzel in Papinians Aussage findet: *liberalitatem enim captiosam interpretatio prudentium fregit* – die Auslegung der Rechtsgelehrten nimmt nämlich einer dem Versprechenden nachteiligen Freigebigkeit die Spitze (D. 2,15,5)[59]. Auch die Große Beschwerdekammer des Europäischen Patentamts hat sich übrigens auf die Regel *a iure recedere nemo praesumitur* gestützt, und zwar explizit, und in ihr das entscheidende Argument für ihre Entscheidung gesehen[60]

VI. Kasuistik: Bona fides und Verhältnismäßigkeitsprinzip

Auch in der Kasuistik der Entscheidungen des *EuGH* ist zu beobachten, daß Lösungen wiederkehren, zu denen bereits die römischen Juristen gelangt waren. Zwar dürfte auszuschließen sein, daß insoweit direkte Abhängigkeiten bestehen, aber man wird in dem Umstand, daß heutige Richter in vergleichbaren Situationen zu vergleichbaren Lösungen finden wie einst die römischen Juristen, eine weitere Bestätigung dafür erblicken dürfen, wie nachhaltig römisches Recht und *ius commune* unser gemeinsames Rechtsbewußtsein geprägt haben.

Ein Beispiel bietet die Verfallsbereinigung bei der Vertragsstrafe. Die römischen Juristen gingen von dem (auch heute geltenden) Grundsatz aus: *semel commissa poena non evanescit* – eine einmal verwirkte Vertragsstrafe fällt nicht wieder weg; das heißt, sie ist auch dann zu bezahlen, wenn der Schuldner sich nachträglich noch pflichtenkonform verhält oder verhalten will. Die römischen Juristen haben diese Maxime jedoch in verschiedener Weise eingeschränkt. Eine Einschränkung be-[773]stand darin, daß sie im Falle, daß der Schuldner die durch die Vertragsstrafe gesicherte Pflicht wenigstens teilweise erfüllt hat, angenommen haben, zwar sei die Strafe dem Wortlaut nach verfallen, doch stehe dem Gläubiger die Einrede der Arglist entgegen, wenn er sich nicht mit einem verhältnismäßigen Anteil der Strafe zufrieden gebe (Lab.-Ulp. D. 2,11,9,1)[61]. Damit wurde über die *exceptio doli* dem Richter ein Beurteilungsspielraum nach der *bona fides* ermöglicht. Daraus hat sich die Regelung der heutigen Zivilgesetzbücher entwickelt, daß der Richter eine unverhältnismäßig hohe Vertragsstrafe herabsetzen kann[62].

---

58 Slg. 1976, 1851, 1860 f. – Zur selbstverständlichen Anwendung der Regel *Nemo auditur* s. u. Fußn. 75.
59 Vgl. auch D. 2,14,47,1; D. 2,15,12; D. 12,6,67; C.4,29,21.
60 Entsch. v. 27.1.1989, EPA (= Entscheidungen des Europäischen Patentamts) Bd. 14, S. 1, 5.
61 Vgl. dazu *Knütel*, Stipulatio poenae, 1976, S. 167 f.
62 Vgl. z.B. Art. 1231 Cc; 1384 Cod. c.; 1154 span. Cc; 163 III SchweizOR; 924 bras. Cc; § 343 BGB.

Eine andere Einschränkung des Verfalls der Vertragsstrafe wurde durch eine flexible Interpretation des Strafversprechens, soweit dessen Wortlaut es zuließ, in der Weise erreicht, daß man den eigentlich schon eingetretenen Strafverfall nachträglich verneinte, wenn der Schuldner die geschuldete Leistung noch erbracht hatte und das Interesse des Gläubigers durch die Verspätung nicht beeinträchtigt war (Cels.-Ulp. D. 4,8,21,12; Paul. D. 4,8,22). Selbst wenn diese Interpretation wegen des Wortlauts des Strafversprechens nicht möglich war, etwa wenn die Strafe wegen Nichteinhaltung eines bestimmten Termins verfallen war, haben die Juristen in Einzelfällen dem Schuldner noch die *exceptio doli* gewährt, also die alsbald nachgeholte Leistung genügen lassen, um ihn vor der Inanspruchnahme aus dem Strafversprechen zu schützen (vgl. etwa Gai. D. 2,11,8; Ulp. D. 4,8,21,9)[63]. In eben diesem letztgenannten Sinne wurde 1308/1309 auch in einem der leading cases der englischen Equity entschieden[64].

Eine entsprechende Problematik tritt im Europarecht sehr häufig bei den Kautionen auf. Diese müssen von Händlern von vornherein als „Garantie" dafür beigebracht werden, daß sie mit den Marktordnungswaren im Sinne der ihnen hernach erteilten Lizenz verfahren werden. Die Kautionen sollen mithin die Durchführung der vorgesehenen Warenbewegung (Import, Export) oder des vorgesehenen Verfahrens mit der Ware (Einlagerung, Verarbeitung zu bestimmten Produkten etc.) sichern. Die Rechtsnatur dieser Kautionen ist umstritten; vielfach, insbesondere auch von der Kommission, werden sie als Vertragsstrafen angesehen, wofür in der Tat vieles spricht[65]. Der *EuGH* steht auf dem Standpunkt, daß sie jedenfalls keinen strafrechtlichen Charakter haben[66]. In den einschlägigen Verordnungen ist bestimmt, daß die Kaution verfällt, wenn die jeweils gesicherte Pflicht nicht oder nicht fristgerecht erfüllt wird. Grundsätzlich wird nur dann, wenn eine Verpflichtung aufgrund höherer Gewalt nicht eingehalten werden konnte, ein Kautionsverfall verneint, die Kaution also zurückgezahlt. Der *EuGH* mildert die Härte des Kautionsrechts jedoch über den Grundsatz der Verhältnismäßigkeit[67]: Die zuständige Stelle kann demnach „die Kaution je nach der Schwere der Verletzung für ganz oder für teilweise verfallen erklären"[68].

Die Anwendung des Verhältnismäßigkeitsprinzips erlaubt es auch, eine zwar dem Wortlaut (der einschlägigen Verordnungen) nach verfallene Kaution gleichwohl für nicht verfallen zu erklären. Im Fall ‚*Fa. Man gegen* IBAP'[69] ging die kautionsgesicherte Verpflichtung dahin, Ausfuhrlizenzen bis zu einem bestimmten Tag um 12.00 Uhr zu beantragen. Infolge eines ge-

63 Zu alldem s. *Knütel* (o. Fußn. 61), S. 148 ff., 159 ff.; *ders.*, AcP 175 (1975), 44 ff.

64 *Umfraville v. Lonstede*, Y. B. 2/3 Edw. II (Selden Society), S. 58, dazu *Hazeltine*, in: Essays in Legal History (ed. *Vinogradoff*), 1919, S. 261, 268 f.; *Knütel*, ZEuP 2 (1994), 258.

65 Schriftliche Erklärungen zur Rs. 117/83 (*Könecke/BALM*), Slg. 1984, 3291, 3296 f. (s. auch die Schlußanträge des Generalanwalts *Verloren van Theemat*, S. 3313 ff.: mögliche Ausgestaltung), und zur Rs. 137/85 (*Maizena/BALM*), Slg. 1987, 4592 f. – Dagegen meint Generalanwalt *Mischo* (in Rs. 137/85, Slg. 1985, 4596 mit Lit.), die Kaution zur Sicherung von Einfuhr- oder Ausfuhrlizenzen sei zwar einer Vertragsstrafe im zivilrechtlichen Sinne nicht vollkommen vergleichbar; doch räumt er ein, daß sie ihr sehr ähnlich sei.

66 *EuGH*, Slg. 1987, 4587 f., 4607 (Rdnr. 13).

67 Zur Entwicklung dieser Rechtsprechung ausführlich *Schwarze*, Europ. VerwR II, 1988, S. 709 ff.

68 *EuGH*, Slg. 1979, 2137, 2151 f.; vgl. *Schwarze* (o. Fußn. 67), S. 717. Dies erinnert an D. 2,11,9,1 (teilweiser Verfall, o. bei Fußn. 61).

69 *EuGH*, Slg. 1985, 2889, 2905, vgl. S. 2896; dazu auch *Schwarze* (o. Fußn. 67), S. 722 ff.

ringfügigen Organisationsmangels versäumte die Klägerin die rechtzeitige Antragstellung, doch brachte sie die Anträge knapp vier Stunden später ein. Der *EuGH* hebt dazu hervor, daß die (in der einschlägigen Verordnung vorgesehene) „pauschale und automatische Sanktion des Verfalls der Kaution, die bei einem Verstoß eintritt, der eindeutig weniger schwer ist als die Nichterfüllung der Hauptpflicht, deren Erfüllung die Kaution selbst gewährleisten soll, im Verhältnis zur Funktion der ordnungsgemäßen Verwaltung, die dem System der Ausfuhrlizenzen zuerkannt werden kann, als zu streng anzusehen ist“[70]. Dies läuft darauf hinaus, daß eine Verfallsbereinigung anerkannt wird, weil die Interessen des „Gläubigers“ nicht ernsthaft beeinträchtigt sind. Damit stimmt überein, daß dann, wenn übergeordnete Ziele der Gemeinschaft die strikte Einhaltung der Frist gebieten, schon eine geringfügige Fristüberschreitung zum Verfall der gesamten Kaution führt, wenn also – zivilrechtlich gesprochen – die Interessen des Gläubigers beeinträchtigt sind[71]. Auch hier zeigt sich, daß eine im Zivilrecht vorgeformte Lösung ein verwaltungsrechtliches Seitenstück findet, wobei die Funktion des Grundsatzes der *bona fides* vom Verhältnismäßigkeitsprinzip[72] übernommen wird.

VII. Fehlsame Einordnung allgemeiner Rechtsgrundsätze

Bisweilen unterläuft freilich auch ein Mißgeschick bei der Einordnung der allgemeinen Grundsätze. In der Rechtssache 190/87 ‚*Oberkreisdirektor des Kreises Borken … gegen Handelsonderneming Moormann BV*‘[73] ging es um die Kontrolle von importiertem Geflügelfleisch. Der Rat hatte 1971 eine Richtlinie erlassen, in der unter anderem vorgesehen war, daß im Versandland eine Genußtauglichkeitsbescheinigung erteilt wird, die die Fleischsendung bis zum Bestimmungsort im anderen Mitgliedstaat begleiten muß. In einer späteren Richtlinie von 1983 waren die Mitgliedstaaten verpflichtet worden, die erforderlichen Maßnahmen zu treffen, daß im Laufe einer Beförderung die verschiedenen Kontrollen und Formalitäten mit dem geringsten erforderlichen Aufwand erfolgen.

Da die Bundesrepublik Deutschland in ihren Verordnungen zur Geflügelfleischuntersuchung diesen Maßgaben noch nicht voll Rechnung getragen hatte, entstanden dem niederländischen Unternehmen Moormann BV, das Geflügelfleisch in die Bundesrepublik exportierte, aufgrund der Grenzkontrollen zusätzliche Kosten und zeitliche Nachteile. Es klagte deshalb gegen die Erhebung der Kontrollgebühren bis zum Bundesverwaltungsgericht. Dieses ersuchte den *EuGH* um eine Vorabentscheidung. Eine der vorgelegten Hauptfragen war, auf welche Rechtsgrundlage sich ein Bürger der EG bei der Berufung auf Gemeinschaftsrichtlinien gegenüber den nationalen Rechtsvorschriften stützen könne: auf die Art. 189 und 5 EGV und/oder auf den Grundsatz von Treu und Glauben, wie er im § 242 BGB seinen Ausdruck gefunden habe.

Der *EuGH* stellte sich auf den Standpunkt, das Recht eines Gemeinschaftsbürgers, sich gegenüber einem Mitgliedstaat, der eine Richtlinie nicht oder nicht ordnungsgemäß umgesetzt hat,

70 *EuGH*, Slg. 1985, 2889, 2896, 2905.

71 So im Hinblick auf den Grundsatz der Gemeinschaftspräferenz in dem in Fußn. 68 angeführten Fall (*Atalanta/Produktshap*), in dem die Frist für die Verarbeitung von Rindfleisch geringfügig überschritten worden war; *EuGH*, Slg. 1979, 1397; vgl. auch *Schwarze* (o. Fußn. 67), S. 718.

72 Vgl. o. Fußn. 24.

73 *EuGH*, Slg. 1988, 4728, 4745.

auf genaue Befolgung der Richtlinie zu berufen, finde seine Rechtsgrundlage in Art. 189 III i. V. mit Art. 5 EGV. Im Zusammenhang mit dieser Problematik hatte der Generalanwalt *Darmon* in seinen Schlußanträgen hervorgehoben, der Grundsatz von Treu und Glauben des § 242 BGB sei für die Ermittlung der Tragweite der gemeinschaftsrechtlichen Bestimmungen bedeutungslos; maßgeblich sei vielmehr, daß der Art. 5 (Vertragstreuepflichten der Mitgliedstaaten) eine Manifestation des „Estoppel"-Grundsatzes und der Ausdruck der Rechtsregeln „*non* [774] *contra factum proprium*", ja sogar „*nemo auditur ...*" darstelle[74]. Das geht deshalb fehl, weil der Grundsatz von Treu und Glauben (*bona fides*), mag er auch in einzelnen Rechtsordnungen ausgesprochen sein, schon für sich ein selbstverständlicher Grundsatz des Gemeinschaftsrechts ist (o. Fußn. 37) und den Grundsatz des Estoppel sowie die Regeln *non contra factum proprium* und *nemo auditur propriam turpitudinem allegans* (niemand findet mit der Berufung auf die eigene Schandtat Gehör) ohne weiteres umschließt. Insofern hätte man einfacher zum Ziel gelangen können. – Übrigens hat die Regel *nemo auditur ...* dem *EuGH* in der Sache bereits in älteren Fällen die Grundlage für die Entscheidung geboten, daß ein Mitgliedstaat, der die in einer Richtlinie vorgeschriebenen Durchführungsmaßnahmen nicht fristgemäß umgesetzt hat, dem einzelnen Bürger nicht entgegenhalten kann, daß er – der Staat – die aus dieser Richtlinie erwachsenen Verpflichtungen nicht erfüllt hat[75].

VIII. Nulla poena sine culpa?

Daß die Legalitätsgrundsätze *nullum crimen sine lege*[76] und *nulla poena sine lege*[77] zu den allgemeinen Rechtsgrundsätzen zählen, ist selbstverständlich[78]. Dagegen ist zweifelhaft, inwieweit auch die Maxime *nulla poena sine culpa* gilt. Zwar hat der *EuGH* von dem „typisch strafrechtlichen Grundsatz *nulla poena sine culpa*" gesprochen[79] – er erkennt ihn also offenbar an –; doch hat er bislang noch keinen Verstoß gegen diesen Grundsatz bejaht.

In drei Fällen ist das auch gut begreiflich. Im ersten war eine Klägerin mit einer Geldbuße belegt worden, weil sie ihre Erzeugungsquote für Stahl überschritten hatte.

---

74 *Darmon*, Slg. 1988, 4708, 4710 unter Hinweis auf *Pescatore* (o. Fußn. 36), S. 176. – Krit. dazu offenbar auch *Herberger* bei *Reichard* (o. Fußn. 39), S. 791 f.

75 *EuGH*, Slg. 1979, 867, 882 (Rdnr. 27); Slg. 1979, 1629, 1630, 1642 (Rdnr. 22); vgl. dazu *Pescatore* (o. Fußn. 20), S. 351 Fußn. 44 („le lecteur latin y verra l'application du vénérable adage *nemo auditur ...*"). – Zur Entstehung dieser Maxime, die entgegen verbreiteter Annahme nicht vom Kirchenrecht, sondern von den Legisten aus den Texten des Corpus Iuris, insbesondere dem Codex, abgeleitet worden ist (Diocl. C. 2,4,30; C. 8,55,4; Alex. Sev. C. 7,8,5; Carac. C. 7,16,1), s. etwa *Sturm*, Mémoires de la Société pour l'Histoire du Droit 30 (1970/71), 289 ff.; *Feenstra*, in: Brocardia in honorem G.C.J.J. van den Bergh, 1987, S. 31 ff.; *Liebs*, Lateinische Rechtsregeln und Rechtssprichwörter, 5. Aufl. (1991), N 32, S. 128 f., jeweils m. Lit.

76 *EuGH*, Slg. 1962, 580, 592; Generalanwalt *Mischo*, Slg. 1987, 4598 f.

77 *EuGH*, Slg. 1984, 2195, 2209 f.

78 Beide Maximen haben sich in dieser Formulierung bekanntlich seit *A. v. Feuerbach* (Lehrbuch des gemeinen in Deutschland gültigen peinliches Rechts, 1. Aufl. [1801], § 20) im 19. Jhdt. durchgesetzt, reichen gedanklich aber über Menschenrechtsdeklarationen und Aufklärung bis in die Antike zurück, vgl. Ulp. D. 50,16,131,1 (*poena non irrogatur, nisi quae quaque lege vel qua alio iure specialiter huic delicto imposita est*); Paul. D. 50,16,244. S. etwa *H. L. Schreiber*, Ges. und Richter. Zur geschichtlichen Entwicklung des Satzes ‚nullum crimen' (etc.), 1976; w. Lit. bei *Liebs* (o. Fußn. 75), N 161, S. 144; vgl. auch *Roland/Boyer*, Locutions latines et adages du droit français contemporain, II, 1979, S. 164 ff., 173 ff.

79 *EuGH*, Slg. 1987, 4607.

Ihrer Behauptung, sie habe an ihrer Quotenberechnungsmethode keine Zweifel hegen können und sei deshalb frei von *culpa*, hielt der *EuGH* entgegen, sie habe bewußt das Risiko eines möglichen Irrtums in Kauf genommen, so daß ihr Irrtum nicht entschuldigt sei[80].

Im zweiten Fall war einem Unternehmen die Rückzahlung von Denaturierungsprämien auferlegt worden, weil ein Dritter, dem das Unternehmen die denaturierte Ware veräußert hatte, diese zu einem Zweck verwendet hatte, zu dem sie nach der Prämienregelung nicht verwendet werden durfte. Daß hier die Einstandspflicht des Prämienempfängers für das Verhalten Dritter mit dem Grundsatz *nulla poena sine culpa* nichts zu tun hat[81], liegt auf der Hand, wenn man nur an die Parallele zu einer *condictio causa data causa non secuta* denkt.

Im dritten Fall hatte die Klägerin Kautionen gestellt, um damit die Verpflichtungen zu sichern, die sich aus beantragten Lizenzen für die Ausfuhr bestimmter Mengen von Maisstärkemehl innerhalb bestimmter Zeiträume ergaben. Aufgrund eines besonderen Verfahrens wurden die Kautionen schon vor der Durchführung der Ausfuhr freigegeben. Später ergab sich, daß die Klägerin bei einem Teil der Waren die Ausfuhrfristen nicht einhalten konnte. Daraufhin hatte die Beklagte die Kautionsfreigabe zum Teil widerrufen und Zahlung des entsprechenden Geldbetrages gefordert. Das zuständige *VerwG Frankfurt* erblickte in dieser nachträglichen Einforderung des anteiligen „Kautionsbetrages“ eine Sanktion strafrechtlichen Charakters und ersuchte den *EuGH* um eine Vorabentscheidung, ob eine derartige Sanktion nicht gegen den höherrangigen Grundsatz des Gemeinschaftsrechts *nulla poena sine culpa* verstoße. Der *EuGH* verneinte dies, weil die Kaution nicht den Charakter einer Strafsanktion habe[82]. Erkennt man, daß die Kaution eine Art von Vertragsstrafe ist, die ja auch im Zivilrecht unterschiedlicher Ausgestaltung zugänglich ist, so wird man auch das für zutreffend halten.

Problematischer lag es dagegen im Fall *Hansen*[83]. In der sog. Fahrtenschreiber-Verordnung des Rates (543/69 v. 25.3.1969) werden sowohl dem Fahrpersonal eines Transportfahrzeuges (Fahrer, Beifahrer, Schaffner) als auch den Arbeitgebern dieser Personen bestimmte Pflichten auferlegt, zum Beispiel zur Einhaltung der Lenk- und Ruhezeiten. Die Überwachung und die Ahndung von Verletzungen dieser Pflichten können von den Mitgliedstaaten selbständig geregelt werden. Dänemark hat hierzu ein System der objektiven strafrechtlichen Verantwortlichkeit eingeführt. Danach kann ein Arbeitgeber auch dann mit einer Geldbuße belegt werden, wenn einer der Arbeitnehmer gegen die Verordnung verstößt, dem Arbeitgeber selbst aber insoweit kein Verschulden nachgewiesen werden kann. In einem entsprechenden Strafverfahren hatte das zuständige dänische Gericht dem *EuGH* die Frage vorgelegt, ob dies mit den Grundsätzen des Gemeinschaftsrechts vereinbar sei. Der *EuGH* hat das bejaht, weil eine solche objektive Verantwortlichkeit nur ein Mittel darstelle, um die Einhaltung der durch die Fahrtenschreiber-Verordnung festgelegten Grenzen sicherzustellen[84]. Der Generalanwalt *van Gerven* hatte in seinen Schlußanträgen zuvor herausgearbeitet, daß durch die objektive Verantwortlichkeit

80 *EuGH*, Slg. 1984, 2195, 2213 f.

81 Generalanwalt *Reischl*, Slg. 1982, 697, 706.

82 *EuGH*, Slg. 1987, 4587 f., 4603, 4607 (Rdnr. 13, 14), ebenso Generalanwalt *Mischo*, ebda, S. 4596 f. (zugleich gegen *Tiedemann*, NJW 1983, 2727 ff.).

83 *EuGH*, Slg. 1990 I, 2911, 2930 ff.

84 *EuGH*, Slg. 1990 I, 2934 (Rdnr. 11).

ein besonders wirksamer Ansporn für die Arbeitgeber begründet wird, die Bestimmungen über Lenk- und Ruhezeiten einzuhalten, daß die Regelung also sachgerecht ist[85], und daß die objektive Verantwortlichkeit auch nicht im Widerspruch zu den „gemeinsamen Verfassungsüberlieferungen der Mitgliedstaaten und den völkerrechtlichen Verträgen über den Schutz der Menschenrechte" steht. Die Regel *nulla poena sine culpa* gelte zwar als Grundsatz; doch werde in einer Reihe von Ausnahmen davon abgewichen[86]. In der Tat entspricht dies der gemeinsamen Tradition. Denn die Regel *nulla poena sine culpa* ist nur die abgekürzte Version der 23. Regel des Titel 5,13 im Liber Sextus (Bonifaz VIII)[87]. Und diese kirchenrechtliche Regel sah Ausnahmen durchaus vor: *Sine culpa, nisi subsit causa, non est aliquis puniendus* – ohne Schuld darf jemand nur bestraft werden, wenn ein besonderer Grund gegeben ist. Bei der Ausnahme ist an Fälle gedacht, in denen im öffentlichen Interesse liegende Maßnahmen einem Unschuldigen Nachteil bringen[88].

IX. Patere legem quam fecisti

Um den Rechtsgrundsatz *patere legem quam fecisti* (Befolge das Gesetz, das du gemacht hast!) ging es in zwei Verfahren vor dem *EuGH*. Im ersten[89] finden sich nähere Ausführungen dazu in den Schlußanträgen des Generalanwalts *Warner*. Nach [775] § 65 des Beamtenstatuts überprüft der Rat jährlich das Besoldungsniveau der Beamten anhand eines gemeinsamen Berichtes der Kommission, dem bestimmte statistische Angaben zugrunde zu legen sind, und beschließt dann auf Vorschlag der Kommission. Im März 1972 beschloß der Rat versuchsweise während eines Zeitraums von drei Jahren eine „Regelung zur Anpassung der Dienstbezüge"; darin wurde ein bestimmtes Verfahren unter Zugrundelegung bestimmter Indikatoren vorgesehen. Im September 1972 unterbreitete die Kommission dem Rat einen Verordnungsvorschlag, in dem dieses Verfahren mit seinen Indikatoren durchgeführt wurde und aus dem sich ein Kaufkraftzuwachs von 3,75% ergab, der in der Gehaltstabelle zu berücksichtigen war. Der Rat erließ jedoch im Dezember 1972 eine Verordnung, in der die dem Kaufkraftzuwachs entsprechende Anhebung der Bezüge auf 2,5% festgelegt war. Das im März 1972 vorgesehene Verfahren war hierbei nicht eingehalten worden. Die Kommission verklagte daraufhin den Rat auf teilweise Nichtigerklärung der Verordnung vom Dezember 1972.

Die eine Hauptfrage war, ob der Beschluß des Rates vom März 1972 als eine rein politische Maßnahme oder bereits als Rechtsnorm zu qualifizieren war. Der *EuGH* entschied in Auslegung des Art. 65 des Statuts zugunsten der Normqualität. Die anschließende Frage war, ob der Rat, dem nach Art. 65 ein weiter Ermessensspielraum

---

85 Das ist angesichts der notorischen Mißstände auf diesem Gebiet und der schwer nachweisbaren Praktiken vieler Arbeitgeber evident.

86 Generalanwalt *van Gerven*, Slg. 1990 I, 2926 f.

87 Vgl. *Liebs* (o. Fußn. 75), N 160, S. 144, S 37, S. 198 f.

88 *Joh. Andreae*, Questiones mercuriales, Paris, 1509, p. CLIII führt unter Berufung auf *Dinus* (den vermutlichen Verfasser des Titels 5,13 des L. Sextus, gest. nach 1298) u.a. die dem römischen Recht entnommenen Beispiele an, daß ein Zeuge der Folter unterzogen wird, um eine fremde schwere Straftat aufzuklären, oder daß jemand ohne Verschulden das Eigentum an seinem Sklaven verliert, wenn dieser dadurch die Freiheit erlangt, daß er ein Verbrechen aufgedeckt hat.

89 *EuGH*, Slg. 1973, 575 ff.

eingeräumt ist, an diesen Beschluß gebunden war. Der Vertreter der Kommission hatte zugunsten dieser Annahme die Maxime *patere legem quam fecisti* angeführt. Demgegenüber hatte der Generalanwalt *Warner*[90] in seinen Schlußanträgen hervorgehoben, nach englischem, schottischem und wohl auch irischem Recht bestehe der Grundsatz, daß ein Organ, dem ein Ermessen eingeräumt ist, sich nicht im voraus festlegen kann, wie es von seinem Ermessen Gebrauch machen wird; in den Rechten Frankreichs und Belgiens seien Behörden ebenfalls nicht daran gehindert, ihre Übung zu ändern. Der *EuGH* nahm an, der Rat sei an seinen Beschluß vom März 1972 gebunden, und begründete dies damit, daß das berechtigte Vertrauen der Betroffenen auf die Einhaltung derartiger Verpflichtungen durch den Hoheitsträger zu schützen sei, zumal da sich gegenüber den im März 1972 zugrundegelegten Umständen keine bedeutsamen Veränderungen ergeben hätten[91]. Diese Begründung ist eine deutliche Anlehnung an die Maxime: *Patere legem quam fecisti*[92].

Im zweiten Fall[93] hatte der Rat im Zuge von Antidumping-Maßnahmen eine Grundverordnung (Nr. 459/68) erlassen; doch war er im Hinblick auf die japanischen „Großen Vier“ der Kugellagerbranche in einer späteren Verordnung (Nr. 1778/77) von den Regeln der Grundverordnung abgewichen. Der Generalanwalt *Warner* hob hervor, hier komme der Grundsatz *patere legem ...* zum Tragen, und er kennzeichnete ihn wie folgt: „Nach diesem Grundsatz darf eine Behörde, die im Wege des Erlasses allgemeiner Rechtsvorschriften die auf eine bestimmte Fallgruppe anzuwendenden Regeln festgelegt hat, diese Regeln zwar jederzeit durch den Erlaß weiterer Rechtsvorschriften ändern, sie darf jedoch bei der Behandlung von zu dieser Gruppe gehörenden Einzelfällen nicht von ihnen abweichen“[94]. Es geht also um den Grundsatz der einheitlichen Rechtsanwendung. Der *EuGH* hat die der Grundverordnung widersprechenden Bestimmungen der späteren Verordnung wegen Verstoßes gegen diesen Grundsatz für nichtig erklärt[95].

Auf den Rechtsgrundsatz *patere legem quam fecisti* hat sich auch die Juristische Beschwerdekammer des Europäischen Patentamts (= EPA) gestützt und in ihrer Entscheidung vom 20.7.1987 hervorgehoben, daß das EPA „aus Gründen der Billigkeit und nach dem Grundsatz *Tu patere legem quam fecisti* die von ihm einmal aufgestellten Verfahrensregeln durchweg einheitlich anwenden sollte, selbst wenn sie eindeutig im Gegensatz zum (Europäischen Patent-)Übereinkommen stehen“[96].

Die genannte Maxime wird auf die Überlieferung zurückgeführt, wonach der hochberühmte Konsul *T. Manlius Imperiosus Torquatus* im Latinerkrieg im Jahre 340 v. Chr. seinen Sohn hinrichten ließ, weil dieser entgegen dem vorherigen Befehl des Vaters, niemand dürfe außerhalb seiner Formation gegen den Feind kämpfen, im Einzelkampf einen feindlichen Anführer

90 Slg. 1973, 592 ff.
91 *EuGH*, Slg. 1973, 575 f., 584 f.
92 Vgl. *Schwarze* (o. Fußn. 67), I, 1988, S. 301.
93 *EuGH*, Slg. 1979, 1185 ff.
94 Generalanwalt *Warner*, Slg. 1979, 1249 f.
95 *EuGH* (o. Fußn. 93), Slg. 1979, 1185 ff., 1211.
96 Entscheidungen des Europäischen Patentamts (= EPA) Bd. 12, 164, 167.

getötet hatte[97]. Die juristische Verankerung unseres Grundsatzes ist jedoch in der *Lex Cornelia de iurisdictione* zu erblicken, einem Plebiszit von 67 v. Chr., durch das ausdrücklich festgelegt wurde, daß die Prätoren an die Bestimmungen, die sie in ihrem Edikt getroffen hatten, auch selbst gebunden waren[98].

Im übrigen enthalten die Digesten einen Titel *Quod quisque iuris in alterum statuerit, ut ipse eodem iure utatur* (das Recht, das jemand einem anderen gegenüber festgesetzt hat, das muß er auch selbst befolgen). In diesem Titel wird das entsprechende Edikt aus dem 1. Jhdt. v. Chr. wiedergegeben und kommentiert; der Jurist *Ulpian* hebt in seiner Kommentierung hervor, daß dieses Edikt in höchstem Maße der Gerechtigkeit entspricht: Denn wer wird es von sich weisen wollen, daß ihm dasselbe Recht gesprochen wird, das er selbst anderen gesprochen hat oder hat sprechen lassen[99]? Die *summa aequitas* dieses Prinzips, das die gleichmäßige Rechtsanwendung sichert und das Verbot willkürlicher Rechtsfindung enthält, ist heutzutage im Lichte des allgemeinen Gleichheitssatzes mit eher größerem Nachdruck noch zu betonen[100], und es steht außer Frage, daß der *EuGH* wie auch die Juristische Beschwerdekammer für ihre Lösungen auf eine Maxime zurückgegriffen haben, die im vollen Einklang mit gemeineuropäischem Rechtsdenken steht.

X. Die Rechtsprechung der Beschwerdekammern beim Europäischen Patentamt (EPA)

Wie bereits wiederholt deutlich wurde[101], finden sich auch in der Rechtsprechung der *Beschwerdekammern* beim EPA häufig Rückgriffe auf Rechtsregeln des *ius commune*. Wir nennen drei weitere Beispiele:

a) In der Entscheidung vom 24.6.1987[102] legt die *Große Beschwerdekammer* den Art. 122 I des Europäischen Patentübereinkommens (EPÜ) dahin aus, daß der Einsprechende zwar bei Versäumung der zweimonatigen Frist für die Beschwerde gegen ein erteiltes Patent nicht in den vorigen Stand wiedereingesetzt werden kann, daß aber bei Versäumung der Viermonatsfrist (des Art. 108 EPÜ) für die Einreichung der [776]

97 *Livius* 8,6–8,7,22. – Vgl. *Roland/Boyer* (o. Fußn. 78), S. 560. – Offenbar hierauf bezieht sich in *Kleists* „Prinz von Homburg" der Kommentar des siegreichen Prinzen: „Und wenn er mir in diesem Augenblick wie die Antike starr entgegenkommt, tut er mir leid und muß ich ihn bedauren" (2. Akt, 10. Auftritt).

98 S. dazu *De Martino*, Storia della costituzione romana III, 2. Aufl. (1973), S. 150 m. Nachw. – Zuvor kam es, wenn ein Prätor *aliter atque ut edixerat decrevit*, zur Interzession durch den Kollegen, vgl. *Cicero*, in Verrem II, 1, 46, 119.

99 D. 2,2,1 pr.: *Hoc edictum summam habet aequitatem ...: quis enim aspernabitur idem ius sibi dici, quod ipse aliis dixit vel dici effecit?* Vgl. auch die Maxime *leges suum ligent latorem*. – Dahinter steht die Goldene Regel: *Quod tibi fieri non vis, alteri ne feceris*, die nach der Historia Augusta, Alexander Severus 51, 8 Leitspruch dieses Kaisers war; doch siehe schon *Seneca*, Epistulae morales 94, 43 sowie Tobias 4, 16. – Die positive Fassung der Regel im Jesus-Wort bei *Matthäus* VII 12 bildet den Grundsatz des kirchlichen Naturrechts und steht deshalb am Anfang des Decretum Gratiani.

100 Zutreffend hat der *EuGH* deshalb im zweiten der genannten Urteile (o. Fußn. 93) auf die Verletzung des Gleichheitsgrundsatzes hingewiesen, Slg. 1979, 1209. – Zum Gleichheitssatz und Diskriminierungsverbot in den nationalstaatlichen Rechten und im Europarecht s. *Schwarze* (o. Fußn. 92), S. 529 f. m. Nachw., der in Anknüpfung an Aristoteles und an Ulpians *suum cuique tribuere* (D. 1,1,10,1) darlegt, daß der Gleichheitssatz im Sinne materialer Rechtsgleichheit zu verstehen ist und in der Mehrzahl der europäischen Staaten auch so verstanden wird.

101 S.o. zu Fußn. 60 und 96.

102 EPA Bd. 10, 185 ff. = Europ. Patentamt ABl 1987, S. 447 ff.

Begründung für die Beschwerde eine Wiedereinsetzung in den vorigen Stand möglich sei. Der *ratio* des Art. 122 EPÜ, die Ungewißheit des Patentinhabers darüber zu beseitigen, ob das erteilte Patent endgültig aufrechterhalten bleibt, sei mit fristgerechter Einlegung einer förmlichen Beschwerde Rechnung getragen; der Patentinhaber dürfe sich dann nicht in Sicherheit wiegen. Wenn der Zweck, ihn in seinem Vertrauen zu schützen, aber in diesen Fällen nicht mehr erreicht werden könne, dann dürfe das Wiedereinsetzungsverbot des Art. 122 I auch nicht dahin ausgelegt werden, daß es sogar für die Frist der Beschwerdebegründung noch gelte. Diese einschränkende Auslegung stützt das Gericht auf den „Auslegungsgrundsatz *Cessante ratione legis cessat ipsa lex* (Digesten 35.1.72. § 6)“[103].

Trotz des Digestenzitats entstammt die Rechtsregel nicht dem antiken römischen Recht. Ihre Wurzel findet sich vielmehr in einem von Papst *Innozenz I.* im Jahre 414 an die mazedonischen Bischöfe gerichteten Brief, in dem hervorgehoben wird, eine Ausnahmeregelung dürfe bei Wegfall des Notstandes, der sie veranlaßt habe, nicht weiter angewendet werden[104]. *Gratian* hat daraus für den Canon 41 C. 1 qu. 1 die Rubrik gewonnen *Quae pro necessitate conceduntur, eadem cessante cessabunt* (was aus Notwendigkeit zugelassen wird, muß mit deren Wegfall entfallen). Daran hat vor allem die Glosse *Non cohaeret* zu D. 35,1,72,6 angeknüpft, welche die wesentliche Grundlage der weiteren Entwicklung wurde: *secus autem est in ratione legis, nam ea cohaeret in tantum, ut ea cessante cesset lex* (anders ist es dagegen beim Sinn und Zweck des Gesetzes, denn diese hängen mit ihm derart zusammen, daß bei ihrem Wegfall auch das Gesetz entfällt). Die daraus gebildete Regel *cessante ratione legis* … fand bei den Kommentatoren, im Usus modernus und im Naturrecht breite Anerkennung, stieß dann im späten Absolutismus und im strengen Gesetzesdenken des 19. Jahrhunderts jedoch auf starke Ablehnung. Heute findet sie wieder größere Akzeptanz, zwar vorsichtiger, soweit es die völlige Außerkraftsetzung eines Gesetzes angeht, für die eine Evidenz des Wegfalls der *ratio* gefordert wird[105]; ohne weiteres wird sie jedoch anerkannt als Rechtfertigung restriktiver Interpretation, insbesondere von Ausnahmeregelungen[106]. In eben diesem Sinne hat die *Große Beschwerdekammer* die Regel angewendet.

b) Ein zweites Beispiel: Die Technische Beschwerdekammer führt in einer Entscheidung vom 23.1.1987[107] aus, daß Schweigen, wenn gegenteiliges Handeln nach den Umständen erwartet werden kann, als Zustimmung gewertet werden kann. Dafür stützt sie sich auf den „Satz des römischen Rechts *Qui tacet consentire videtur* (wer schweigt, scheint zuzustimmen)“[108]. Dieser Grundsatz wird auch in einer späteren Entscheidung der *Großen Beschwerdekammer* vom 27.1.1989 aufgenommen und präzisiert[109]. Im

---

103 EPA Bd. 10, 185, 189.

104 Dazu und zum folgenden *Krause*, SavZRG (kan. Abt.) 46 (1960), 81 ff.; *Löwer*, Cessante ratione legis cessat ipsa lex, 1989, S. 5 ff. pass.

105 *Löwer* (o. Fußn. 104), S. 35.

106 *BAGE* 13, 1, 15 ff.; *Krause* (o. Fußn. 104), S. 108 f.; *Engisch* (o. Fußn. 57), S. 83, 179, 237; *Löwer* (o. Fußn. 104), S. 9 ff., 12, 14 (m. Hinw. auf das grundgesetzliche Gebot einer Gesetzesanwendung nur im Rahmen des Gesetzeszwecks). – Beispiele aus der restriktiven englischen Rechtsprechung bei *Broom*, A Selection of Legal Maxims, 3. Aufl. (1939) (hrsg. v. *Kersley*), S. 97 ff. und *Löwer* (o. Fußn. 104), S. 25 ff.; Anschauungsmaterial aus Frankreich bei *Roland/Boyer* I (o. Fußn. 47), S. 127 ff.

107 EPA Bd. 11, 305 ff.

108 EPA Bd. 11, 309.

109 EPA Bd. 14, 1 ff. – Europ. Patentamt ABl 1989, 189 ff.

wesentlichen ging es um die Frage, ob dann, wenn jemand gegen ein Patent Einspruch eingelegt und auf die Mitteilung von der Änderung des Patents geschwiegen hatte, ein Einverständnis des Einsprechenden angenommen werden kann. Die *Große Beschwerdekammer* hat sich mit der – aus dem Kirchenrecht überlieferten[110], aber auf römisch-rechtliche Vorbilder[111] zurückgehenden – Regel *Qui tacet consentire videtur* auseinandergesetzt und dazu unter Bezugnahme auf D. 19,2,13,11 klargestellt, daß die Regel nur für den Fall *ubi loqui debuit* (wo er hätte sprechen müssen) gilt[112]. Im weiteren hat die Kammer sich dann wesentlich auf die Regel gestützt: Ein „Rechtsverzicht darf aber nicht ohne weiteres vermutet werden: *A jure nemo recedere praesumitur*"[113], und ist so zu dem Ergebnis gekommen, daß ein Einverständnis des Einsprechenden nicht anzunehmen ist.

c) Ein letztes Beispiel: Im Fall der Entscheidung der *Großen Beschwerdekammer* vom 24.4.1989 hatte ein Maschinenbauunternehmen beim EPA einen Einspruch im Namen seines Unternehmensbereichs „Nutzfahrzeuge" eingelegt. Später übertrug das Unternehmen den Bereich „Nutzfahrzeuge" auf eine andere Gesellschaft. Damit ergab sich die Frage, ob mit der Übertragung dieses Unternehmensbereichs auf die erwerbende Gesellschaft zugleich das „Bündel von Verfahrensrechten" übergegangen war, das mit Einlegung des Einspruchs zugunsten des Einsprechenden erwächst (z. B. das Recht auf mündliche Verhandlung, das Beschwerderecht etc.).

Da der Erwerber der wirtschaftlich interessierte Teil ist, drängt es sich auf, einen Übergang der Verfahrensrechte zu bejahen; die Situation ist mit dem Fall der Veräußerung der streitbefangenen Sache (*alienatio rei litigiosae*) nicht vergleichbar. Die *Große Beschwerdekammer* faßt sich denn auch kurz. Sie sieht den (eingelegten) Einspruch als ein untrennbares Zubehör des übertragenen Vermögensbestandteils an und zieht, ohne sich mit den nationalen Rechtsordnungen (die im Prinzip zu demselben Ergebnis führen müßten) noch aufzuhalten, die Folgerung: „Wenn also dieser Vermögensbestandteil nach dem nationalen Recht übertragen oder abgetreten werden kann, muß auch der Einspruch, der Zubehör dieses Vermögensteils ist, nach dem Grundsatz ‚*accessio cedit principali*' mit diesem zusammen übertragen oder abgetreten werden können"[114]. – In der Tat handelt sich bei *accessio cedit principali* (die Nebensache teilt das Rechtsschicksal der Hauptsache) um einen allgemeinen Grundsatz, der aus dem römischen Recht übernommen ist und vielfältigen Ausdruck in den Einzelregelungen der modernen Zivilgesetzbücher gefunden hat[115]. Plausibler noch wird der Rückgriff auf diese Maxime, wenn man berücksichtigt, daß *accessio* (über Zubehör hinausgehend) die allgemeine Bedeutung von Nebensache oder auch Nebenrecht hat.

---

110 Liber Sextus 5,12,43.

111 D. 50,17,142 (*Qui tacet non utique fatetur: sed tamen verum est eum non negare*); D. 19,2,13,11; 24,3,2,2; 50,1,2 pr. – Vgl. schon *Cicero*, De inventione 1,32,54 (*taciturnitas imitatur confessionem*). – Zu alldem und älteren Wurzeln s. *Wacke*, JA 1982, 184 f.; *Roland/Boyer* (o. Fußn. 78), S. 362 ff.; *Krampe*, Festschr. f. Mikat, 1989, S. 367 ff.

112 D. 19,2,13,11 spricht diese (von der Sache her gebotene) Einschränkung freilich nicht aus.

113 Die Regel des *ius commune* geht auf die o. Fußn. 59 angeführten Quellen zurück.

114 EPA Bd. 15, 95, 97 = Europ. Patentamt ABl 1989, 480.

115 Ulp. D. 34,2,19,13 (*Semper enim cum quaerimus, quid cui cedat, illud spectamus, quid cuius rei ornandae causa adhibetur, ut accessio cedat principali*); vgl. auch Gai. D. 33,8,2; für das kanonische Recht die *regula* 42 im Titel 5,12 des Liber Sextus; für das moderne Recht etwa: Art. 696, 1018, 1615 Cc; 818 Cod.c.; 644 I SchweizZGB; §§ 314, 401, 926, 2164 BGB; für das englische Recht vgl. *Broom* (o. Fußn. 106), S. 317 ff.

4. All das sind keine Einzelfälle. Man stößt in der Rechtsprechung der Beschwerdekammern des EPA etwa noch auf den – insbesondere in Frankreich und England (mit verschiedenem Gehalt) anerkannten – Grundsatz *error communis facit ius*[116] und auf das Prinzip *nemini licet venire contra factum proprium*[117]. Selbstverständlich werden darüber hinaus den Entscheidungen altüberkommene Maximen auch ohne lateinische Formulierung zugrundegelegt. Beispielsweise beruft sich die *Juristische Beschwerdekammer* in ihrer Entscheidung v. 25.9.1984 darauf, daß es „bei der Auslegung von Verträgen den festen Grundsatz (gibt), daß Auslegungen, die zu einem angesichts des Zieles und Zweckes des betreffenden Vertrages offenkundig unsinnigen oder unangemessenen Ergebnis führen, nach Möglichkeit zu vermeiden sind“[118]. Das Auslegungskriterium „Wert des Ergebnisses“ hat verschiedene anti-[777]ke Wurzeln, u. a. die Regel aus D. 50,17,67: Wenn derselbe Wortlaut unterschiedlichen Sinn zum Ausdruck bringt, ist ihm vornehmlich der Sinn zu entnehmen, der für die Durchführung des Geschäfts geeigneter ist[119].

XI. Zur methodischen Einordnung

Daß der Rückgriff auf altüberkommene Rechtsregeln Methode hat, ist von einem Richter der Beschwerdekammern mit aller Deutlichkeit (und mit juristentypischer Selbstironie) ausgesprochen worden: „Lateinische Rechtsregeln aus gemeinsamer Rechtsgeschichte haben bisher innerhalb der Beschwerdekammern des Europäischen Patentamts eher zu einem Konsens geführt als Orientierung am nationalen Recht. Auch die *Große Beschwerdekammer* greift zu den Digesten“, und er fährt fort: „Wer sich also vor den Kammern Erfolg erhofft, sollte die nationalstaatlichen Kodifikationen der letzten drei Jahrhunderte vergessen und auf das gemeinsame, alte europäische Recht zurückgreifen, wie es – immer noch weit verständlich – in lateinischer Sprache formuliert ist“[120]. Dem folgen läßt der Autor das Bekenntnis, er selbst habe bereits begonnen, zu vergessen und neu zu lernen. Daß dies Methode hat, ist dahin zu präzisieren, daß die *Beschwerdekammern* bei der Auslegung des Europäischen Patentübereinkommens (EPÜ) bestimmte Grundsätze befolgen, die in einer von der Großen Beschwerdekammer am 5.12.1984 getroffenen Entscheidung näher dargelegt werden[121]: Das EPÜ ist als internationaler Vertrag nach den im Völkerrecht geltenden Grundsätzen auszulegen. Im einzelnen werden die Auslegungsgrundsätze des Wiener Übereinkommens über das Recht der Verträge vom 23.5.1969 entsprechend angewendet. Nach den Art. 31, 32

---

116 Zu Frankreich vgl. *Roland/Boyer* (o. Fußn. 47), S. 277 ff.; zu England *Broom* (o. Fußn. 106), S. 86 ff. Vgl. auch *Liebs* (o. Fußn. 75), C 45, S. 41. – Eine der Wurzeln liegt in der *lex Barbarius Philippus* (D. 1,14,3), vgl. *Knütel*, in: Festschr. f. Mikat, 1989, S. 353, 358, vgl. auch *Spiro*, Zschr. f. Schweizer Recht, 1950, 137, 145. Vgl. auch o. Fußn. 29.

117 Niemandem ist es erlaubt, sich mit dem eigenen Verhalten in Widerspruch zu setzen; EPA Bd. 12, 144 ff., 151. – Vgl. dazu auch o. Fußn. 36.

118 EPA Bd. 6, 92.

119 *Quotiens idem sermo duas sententias exprimit, ea potissimum excipiatur, quae rei gerendae aptior est.* Vgl. auch D. 45,1,8 sowie *Flume*, Allg. Teil II (Das Rechtsgeschäft), 4. Aufl. (1992), S. 316 f.

120 *Bossung*, in: Festschr. f. Preu, 1988, S. 219.

121 EPA Bd. 6, 22, 24 f.

dieses Übereinkommens hat die nach Treu und Glauben vorzunehmende Auslegung – vereinfacht gesagt – den Text des Patentübereinkommens mitsamt den darauf bezüglichen Vereinbarungen sowie die späteren einschlägigen Vereinbarungen der Vertragsstaaten, die praktischen Handhabungen des Übereinkommens und die einschlägigen Völkerrechtssätze zur Grundlage zu nehmen, des weiteren, wenngleich mit Einschränkungen, die Materialien und die Umstände beim Abschluß des Übereinkommens. Darüber hinaus, so hebt die *Große Beschwerdekammer* hervor, müsse „auch die Frage der Harmonisierung nationaler und internationaler Vorschriften in Betracht gezogen werden". Deshalb müßten auch die Rechtsprechung und die Rechtsauffassungen der Gerichte und Patentämter in den Vertragsstaaten berücksichtigt werden[122]. Aus diesem Harmonisierungszweck heraus wird zur Auslegung auch ein Vergleich der Rechte der Mitgliedstaaten herangezogen[123]. Die Auslegung aufgrund eines solchen Vergleichs erweist sich jedoch oft als schwierig, weil die nationalen Verfahren der Patenterteilung im Kontext der einzelnen Rechtsordnungen wesensverschieden gestaltet sind[124]. Unter diesen Umständen bleibt als Ausweg nur der Rückgriff auf die Rechtsprinzipien des *ius commune*, die das Rechtsbewußtsein in den Vertragsstaaten noch heute bestimmen und hier wieder zu subsidiärer Geltung gelangen. In der Sache entspricht dies ganz dem Vorgehen des *EuGH* bei dem Rückgriff auf die „allgemeinen Rechtsgrundsätze, die den Rechtsordnungen der Mitgliedstaaten gemeinsam sind".

XII. Schlußbemerkungen

In der Rechtsprechung des *EuGH* bildet sich seit längerem eine Art „Allgemeiner Teil" des Gemeinschaftsrechts heraus. Dies geschieht durch eine wertende und mehr oder minder offengelegte Ermittlung der allgemeinen Rechtsgrundsätze, die den Rechtsordnungen der Mitgliedstaaten gemeinsam sind. Diese Rechtsgrundsätze dienen vor allem dazu, die Lücken des geschriebenen Gemeinschaftsrechts auszufüllen. Mit ihnen treten – bisweilen in aller Deutlichkeit – die Maximen des alten *ius commune* zutage, die teils direkt den römischrechtlichen Quellen entnommen, teils in Anlehnung an diese und an kirchenrechtliche Quellen gebildet worden sind und die nicht immer ohne Berücksichtigung dieser Quellen voll erfaßt werden können. Sehr klar und knapp hat der Generalanwalt *Trabucchi* in seinen Schlußanträgen in der Rs. 4/73, in der der *EuGH* hervorgehoben hat, daß die Grundrechte zu den allgemeinen Rechtsgrundsätzen gehören, die Dinge auf den Punkt gebracht:

„Die Achtung der Freiheit und des Eigentums, die Bekräftigung des Gleichheitsgrundsatzes, des Grundsatzes der Nichtdiskriminierung und der Verhältnismäßigkeit … sind Bestandteil der Rechtsauffassung, die dem gesamten Gemeinschaftssystem den Rahmen gibt und für es bestimmend ist … Dem Wesen nach handelt es sich immer um jene Grundsätze, *quarum causa*

122 EPA Bd. 6, 25.

123 So etwa in EPA Bd. 10, 185, 187 f. – Im Hinblick auf das Verfahrensrecht gebietet übrigens Art. 125 EPÜ die hilfsweise Berücksichtigung der „in den Vertragsstaaten allgemein anerkannten Grundsätze des Verfahrensrechts" (BGBl 1976 II, 888).

124 *Bossung* (o. Fußn. 120), S. 219 f.

omne ius constitutum est[125]. Wir finden sie in den antiken Rechtsordnungen als ratio scripta des menschlichen Zusammenlebens, wir finden sie in den Kodifizierungen des 19. Jahrhunderts, die gerade konzipiert wurden, um die Gültigkeit solcher Aussagen in Artikeln festzulegen; wir finden sie heute in noch feierlicherer Form in den modernen Verfassungen vor … Vor diesen Grundsätzen muß die Tätigkeit der Gemeinschaftsorgane respektvoll innehalten …"[126]

Auf diese Weise kommt es allmählich zu einer gewissen Wiederherstellung der (variationsreichen) Rechtseinheit, die sich in Kontinentaleuropa seit dem Hohen Mittelalter aus den Quellen des römischen und des kanonischen Rechts heraus entwickelt hatte (*ius commune*), die erst seit dem Aufkommen der nationalen Gesetzbücher vor 200 Jahren schrittweise zerbrochen ist, aber dennoch in wesentlichen Punkten weiterhin unser gemeinsames Rechtsbewußtsein bestimmt. Da diese Entwicklungen Auswirkungen auch in Dänemark, in Irland und im Vereinigten Königreich (dort vor allem in Schottland) gehabt haben, wird seit dem Beitritt dieser Staaten (1970–1972) die Erschließung der allgemeinen Rechtsgrundsätze zwar im Einzelfall gelegentlich erschwert[127], in der Sache aber nie gefährdet[128]. Die Entwicklung findet ihre Parallelen in der Rechtsprechung der Beschwerdekammern beim Europäischen Patentamt. Auch dort zeigt sich, daß die Anknüpfung an die gemeinsame Rechtstradition den von ihren nationalen Rechtsordnungen geprägten Richtern die Entscheidungsfindung verschiedentlich erleichtert.

Die Ursachen für diese Wiederherstellung der Rechtseinheit, deren Umfang wesentlich größer ist als aus unserer naturgemäß unvollständigen Studie erhellt[129], liegen nicht etwa in nostalgischen Trends gebildeter Richter und Generalanwälte; vielmehr erklären sie sich aus den sachlichen Gegebenheiten. Im Zusammenhang mit der unterschiedlichen tariflichen Einstufung des Fleisches der Arten *rangifer tarandus, rangifer tarandus arcticus* und *rangifer tarandus caribou* – von denen nur [778] die letztgenannte Rentierart, die Karibous, unter die wilden Tiere fällt – hebt der Generalanwalt *Trabucchi* treffend hrervor: „Die Bezugnahme auf die Natur, die für das antike Recht den Ausgangspunkt bildete, bleibt der Anknüpfungspunkt auch für eine objektive Eintarifierung der Tiere, auf deren Fleisch Zoll erhoben werden soll"[130], und er legt in seinen elegant gefaßten Schlußanträgen, denen der *EuGH* gefolgt ist, dar, daß die antiken Unterscheidungen zwischen den wilden Tieren (*ferae bestiae*), den gezähmten und den zahmen (vgl. Inst.2,1,12–16) bis auf den heutigen Tag – auch für das Zollrecht – maßgeblich geblieben sind. Es ist die Orientierung des römischen Rechts am Sachproblem, an der Natur der Dinge, die weltweit immer wieder zum Rückgriff auf dieses Recht Anlaß gibt.

---

125 Es handelt sich um ein Zitat von D. 1,5,2: *Hominum causa omne ius constitutum est.*

126 Slg. 1974, 509, 513 f., zu *EuGH*, Urt. v. 14.5.1974 (*Nold/Kommission*).

127 Beispiele etwa o. zu Fußn. 74, 90; vgl. auch *Pescatore* (o. Fußn. 20) s. 350 ff.

128 Naturgemäß geringere Probleme ergaben sich insoweit durch den Beitritt Griechenlands, Spaniens und Portugals wie auch Österreichs, wogegen Finnland und Schweden weniger stark in die gemeinsame Tradition eingebunden sind.

129 Weiteres Material bei *Gori*, in: Scritti in onore di Cesare Grassi, Prato 1994, 69 ff.

130 Slg. 1973, 1595 f. (zu Rs. 149/73; *Witt/Hauptzollamt Hamburg-Ericus*).

All das ist den meisten Juristen zwar kaum bekannt, in der Sache aber nur Ausdruck der uralten Erkenntnis, daß Neues grundsätzlich im Lichte des Alten zu verstehen ist. Seinem Urteil vom 25.2.1968 hat der EuGH[131] den Leitsatz vorangestellt: „Nach einem den Rechtsordnungen der Mitgliedstaaten gemeinsamen, auf das römische Recht zurückgehenden Grundsatz ist bei Änderungen der Gesetzgebung, soweit der Gesetzgeber nicht einen entgegenstehenden Willen zum Ausdruck gebracht hat, der Auslegung der Vorzug zu geben, welche die Kontinuität der Rechtsstrukturen gewährleistet". Zum römischen Recht wird in einer Fußnote hingewiesen auf D. 1,3,26 und 28. *Paulus* hebt dort hervor: *Non est novum, ut priores leges ad posteriores trahantur* sowie *Sed et posteriores leges ad priores pertinent, nisi contrariae sint, idque multis argumentis probatur*[132].

131 Rs. 23/68 (*J. G. Klomp/Inspektie der Belastingen*), Slg. 1969, 43, vgl. 51. – Vgl. auch *Bleckmann* (o. Fußn. 22), S. 146 Rdnr. 305.

132 Es ist nichts Neues, daß frühere Gesetze in spätere einbezogen werden. – Aber auch spätere Gesetze wirken auf frühere ein, wenn sie ihnen nicht entgegenstehen, und das wird durch zahlreiche Beispiele bestätigt. – Ein bemerkenswertes Beispiel aus der jüngeren englischen Rspr. ist *Webb v EMO Air Cargo Ltd* (No 2) [1995] 4 All ER 577 (Auslegung des Sex Discrimination Act von 1975 im Lichte der GleichbehandlungsRiLi 76/207 v. 9.2.76 ungeachtet der Vorstellungen des britischen Parlaments bei Erlaß des Sex Discrimination Act).

Frauenforschung im 18. Jahrhundert: Karl Ferdinand Hommels Studie *De Foeminis iuris notitia imbutis* Über juristisch gebildete Frauen*

Rolf Knütel/Ulrike Malmendier

I.

Karl Ferdinand Hommel (6. 1. 1722–16. 5. 1781) zählt zu den bedeutendsten Juristen der Aufklärung[1]. Nachdem er 1744 in Leipzig den Magister der Philosophie erlangt hatte, promovierte er dort noch in demselben Jahr zum Doktor beider Rechte. 1750 wurde er zum Extraordinarius für Staatsrecht an der Leipziger Juristenfakultät bestellt, 1752 zum ordentlichen Professor für Lehnsrecht, Anfang 1756 zum o. Professor der Digestentitel *De verborum significatione* und *De diversis regulis iuris antiqui*[2] und unmittelbar darauf zum o. Professor der Institutionen, 1763 schließlich zum Ordinarius der Fakultät, womit die Professur der Dekretalen[3] und der erste Platz auf der Gelehrtenbank des Leipziger Oberhofgerichts verbunden waren. Im selben Jahr wurde er überdies zum Rektor der Universität gewählt.

Er war ein sehr vielseitiger und geistig regsamer Mann. Seine Studien sind zunächst von philosophischen, insbesondere dem Naturrecht zugewandten Interessen bestimmt; es folgt eine Phase philologisch-rechtsgeschichtlicher Untersuchungen, zu denen sich (nach Übernahme der Lehnsrechtsprofessur) germanistisch-deutschrechtliche Abhandlungen gesellen, aber auch eine in die rabbinische Rechtsliteratur einführende Schrift (1762) und ein die Jurisprudenz auf Münzen, Wappen, Illustrationen etc. behandelnder Versuch (1765). Beachtliche Auswirkungen auf die Verbesserungen der Gerichtssprache erlangte seine Anleitung zur Abfassung von Urteilen[4]. Seit der Mitte der Sechziger Jahre verlagerte sich Hommels Interessenschwerpunkt auf das Gebiet des Strafrechts; die hier

* W. Schön (Hrsg.), Gedächtnisschrift für Brigitte Knobbe-Keuk, Dr. Otto Schmidt, Köln 1997, 861 – 877.

1 Näheres zu seinem Leben und seinen Werken berichtet *C. G. Rößig* (sein Schwiegersohn) in *C. F. Hommel,* Rhapsodia quaestionum (u. FN 7), Bd. 7, S. 41 ff.; ferner *E. Landsberg* in: *R. Stintzing/E. Landsberg,* Geschichte der Deutschen Rechtswissenschaft, Bd. 3/1, 1898 (Nachdr. 1957), Text, S. 386 ff., Noten, S. 253 ff. sowie *H. Hof* in: *G. Kleinheyer/J. Schröder,* Deutsche und Europäische Juristen aus neun Jahrhunderten, 4. Aufl. 1996, S. 194 ff. m. weit. Lit. (S. 198) und *Eb. Schmidt,* Einführung in die Geschichte der dt. Strafrechtspflege, 3. Aufl. 1965, S. 219 f., 222 ff.

2 Es handelt sich um die beiden letzten Titel der Digesten (D. 50,16 u. 50,17).

3 Also für die Papsterlasse außerhalb des *Decretum Gratiani.*

4 Teutscher *Flavius,* d.i. Anleitung sowohl bei bürgerlichen als peinlichen Fällen Urtheil abzufassen, Bayreuth 1763; 4. Aufl. 1800 (hgg. v. *E. F. Klein).*

einschlägigen Schriften sind die bedeutsamsten seiner Arbeiten geworden. In der Streitschrift *Principis cura leges* (1765) verficht er – unabhängig von den zeitgleichen Gedanken Beccarias – Thesen, die ein erstes Programm zur Strafrechtsreform in Deutschland darstellen und die Bekämpfung der Ursachen der Kriminalität ebenso zum Gegenstand haben wie die Abwendung von den altüberkommenen, zum Teil noch mosaischen Strafgesetzen zugunsten neuer Gesetze, welche für das jeweilige Delikt je nach Sozialschädlichkeit das gerechte Maß und die vernünftige Strafart vorsehen. Er setzte sich für die Trennung von Kriminalstrafen und bloßen Ordnungs- und Polizeistrafen ein (1770), entwickelte die erste deterministische Begründung des Strafrechts[5] und verfocht im Anschluß an *Beccaria* eine von Sünde und Vergeltung absehende rationale Straftheorie, nach der sich „Grund und Endzweck" aller Strafgesetze nach dem bemessen, was erforderlich ist, um „die Störer der öffentlichen und Privatsicherheit in Schranken" zu halten[6].

Zur Verbreitung und praktischen Veranschaulichung seiner Gedanken brachte er ab 1766 eine breit angelegte Sammlung heraus, in welcher er zu allen Rechtsgebieten, die von ihm stark beeinflußten Rechtssprüche der Leipziger Juristenfakultät, soweit sie zu neuen oder interessanten Fragen Anlaß boten, ebenso wie kleinere Studien, Programmschriften und Disputationen publizierte[7], etwa die berühmte *Observatio* 439 zur Rechtfertigung der richterlichen Befugnis, veraltete Gesetzesbestimmungen in eigener rechtsschöpferischer Arbeit zu verbessern und notfalls zu überwinden[8]. Zu alldem kommen ein mutiges Buch zum Kirchenrecht, in dem Hommel sich für eine freie Kirche im freien Staat und die Duldung aller Religionen einsetzte[9], mehrere Werke zum Zivilrecht, unter denen vor allem ein anspruchsloses, aber sehr zuverlässiges Buch über die Pertinenz- und Erbsonderungs-Register weite Verbreitung erlangte[10], sowie – in der Spätzeit – mehrere prozessuale Schriften hinzu.

---

5 Unter dem Pseudonym: *Alexander von Joch,* Ueber Belohnung und Strafe nach Türkischen Gesetzen, Bayreuth und Leipzig 1770.

6 Hommels philosophische Gedanken über das Criminal-Recht (hgg. von *C. G. Rößig),* 1784; vorbereitet in *Hommel,* Marquis de Beccaria, Werk von Verbrechen und Strafen, aus dem Italienischen übersetzt und mit durchgängigen Anmerkungen versehen, Breslau 1778.

7 *C. F. Hommel,* Rhapsodia quaestionum in foro quotidie obvenientium neque tamen legibus decisarum, seit 1766; 4. Aufl. hgg. v. *C. G. Rößig,* 7 Bde., Bayreuth 1782–1787.

8 *Observatio* CCCCXXXIX mit den Leitsätzen: *Iurisconsulti recte leges insulsas interpretatione emendant et in melius provehunt. Hoc iis nullus legislator interdixerit* (Bd. 3, 1782, S. 37 ff.).

9 Unter dem Pseudonym: *Curtius Antonius,* Epitome Iuris canonici, Leipzig 1768, sowie unter seinem Namen mit dem Titel Epitome sacri Iuris, Leipzig 1777.

10 Pertinenz- und Erbsonderungs-Register, worinnen alle Pertinenz-Stücken eines Hauses, Landguths, Gartens, Schiffes, Weinbergs und dergleichen, auch alle Inventarien-Stücke etc., 1757, 3. Aufl. 1782.

Aus den philologisch-rechtsgeschichtlichen Studien der früheren Jahre, die sich mit antiquarischen literaturgeschichtlichen Interessen verbanden, erwuchs ein Lehrbuch, das erstmals 1761 in Leipzig und in zweiter Auflage dort 1779 erschien, die *Litteratura iuris*. Sie vor allem hat seinerzeit Hommels Ruf als „eleganter“ Jurist begründet, in der Nachwelt hinsichtlich ihres Wertes allerdings recht kritische Würdigungen erfahren. Gegenüber der Kritik von Gustav Hugo, das Werk „des komischen Hommel“ sei „mehr unterhaltend als unterrichtend“ verweist Landsberg zur Entschuldigung des witzelnden Tones auf die zeitgenössische schöne Literatur[11] und hebt seinerseits hervor: „Ein merkwürdiges Werk, wegen seiner sprunghaft dreinfahrenden Auffassung sowie wegen seines gezwungen geistreichelnden Tones viel getadelt, aber reich an trefflichen Einzelheiten und doch auch lobenswerth als der erste Versuch seit Stolle[12], wieder einmal die juristische Literärgeschichte als ein Ganzes darzustellen. Dabei geht freilich Hommel aus von einem kritischen Standpunkte, der uns als unzureichend und geschmacklos erscheint, der aber doch viel höher steht, als die sonst übliche Methode kritiklos mechanischer Aufzählung; nicht selten stößt man auf Lücken, aber einzelne Kapitel geben Uebersichten, welche noch heute förderlich oder bequem zu benutzen sind“[13].

In Hommels *Litteratura iuris* findet sich ein Kapitel über juristisch gebildete Frauen[14], in dem Nachrichten zusammengetragen sind, die inzwischen weitestgehend in Vergessenheit geraten sind. Dieser Umstand mag es rechtfertigen, den Text ungeachtet der uns vielleicht, vor allem zu Anfang, etwas befremdlich erscheinenden Darstellung mitsamt einer Übersetzung wiederzugeben und einige Erläuterungen und Nachweise beizufügen, die bisweilen nicht leicht zugänglich sind. Den Schlußteil, in dem Hommel in die amourösen Abenteuer der Tochter Susanna des Jacques Cujas, des führenden Vertreters der französischen eleganten Jurisprudenz (1520–1590), abgleitet, lassen wir beiseite.

II.
DE FOEMINIS IURIS NOTITIA IMBUTIS
Über juristisch gebildete Frauen

§. 1.

Propugnavit Vitebergae Franciscus Henricus Hoeltigius disputationem iuridicam, quae inscribitur:

§ 1

Es verteidigte zu Wittenberg Franciscus Henricus Hoeltigius seine juristische Abhandlung mit dem

11 *Landsberg* (o. FN 1), Noten S. 256.

12 *G. Stolle*, Historie der juristischen Gelahrtheit, hgg. v. *Chr. G. Buder*, 1745, dazu *Landsberg* (o. FN 1), Text S. 134 f.; Noten S. 79 f.

13 *Landsberg* (o. FN 1), Texte S. 388.

14 2. Aufl., 1779, S. 310–317. Der im folgenden wiedergegebene (lateinische) Text ist dieser Ausgabe entnommen.

Foemina non est homo. Vix hoc contumeliosum puto; foeminas enim

Qui negat esse homines, innuit esse Deas.

Titel: *Die Frau ist kein Mensch.* Dies ist meiner Ansicht nach kaum schimpflich. Denn Frauen,

Wer sagt, daß Menschen sie nicht seien, im Sinn nur hat, daß Göttinnen sie sind.

Vetus illa et puerilis quaestio, opprobrium iam dudum exsibilatum, cuius iam meminit Cuiacius libro sexto Observatione XXI. Id cum serio defendisset Tostus quidam, in hunc versiculi exiere:

Alt und kindisch ist jene Frage, eine Beschimpfung, die man schon seit langem äußert und derer schon Cujaz im sechsten Buch der Observationen im Kap. 21 Erwähnung tut[15]. Als ein gewisser Tostus diese [Beschimpfung] im Ernst verteidigt hatte, ist man ihm mit diesem Verslein entgegengetreten:

Cum sit homo tibi TOSTE *pater, sit bestia mater,*

Te monstrum dici cur, Cacophanta, doles?

Da ein Mensch, TOSTUS, *dein Vater, ein Tier aber deine Mutter ist,*

warum empfindest es als schmerzhaft du, daß man Cacophantal[16] dich nennt?

Hoc vero mirum, quod tu, cum caetera monstra

Monstra alia haud pariant, tantaque totque paris!

Wahrhaft erstaunlich ist, daß, während Mißgeburten sonst

keine anderen Mißgeburten zeugen, du davon[17] so viele und auch so oft erzeugst!

Ille deinde TOSTUS cum ipse uxorem duxisset, hoc ei epithalamium cecinerunt:

Proh facimus dirum! et non illo dogmate dignum!

Als jener TOSTUS später selbst geheiratet hatte, besang man sein Schlafgemach so:

Ach, was für eine unheilvolle Tat! Und jener Theorie nicht würdig!

---

15 *Cuiacius, Jacobus* (Jacques Cujas), Opera omnia (ed. Neapoli 1722), Bd. 3, Sp. 152/153. – Es geht um den Digestentext Paul. D. 48,19,38,5 (= Pauli Sententiae 5,23,14): Wer einen Becher zur Abtreibung oder zum Liebestrank reicht, wird, selbst wenn er es nicht vorsätzlich getan hat, weil dies ein schlechtes Beispiel ist, dennoch – sofern er niederen Standes ist – zur Bergwerksstrafe verurteilt, wenn aber höheren Standes, unter Verlust der Hälfte seines Vermögens auf eine Insel verbannt. Stirbt aber die Frau oder der *homo* daran *(quod si eo mulier aut homo perierit)*, so wird der Täter hingerichtet. – Übersetzt man *homo* mit „Mensch", so ergibt sich ein Gegensatz zwischen Frau und Mensch. Doch wird schlechthin ein Mann (und auch nicht allein ein Sklave) gemeint sein, s. *Heumann – Seckel,* Handlexikon zu den Quellen des röm. Rechts, 11. Aufl. 1971, 237 (zu Homo 2). – Es war ein rhetorisches Schulthema, ob der Liebestrank *(amatorium)* zu den Giften *(veneficia)* gehöre, s. *Th. Mommsen,* Römisches Strafrecht, 1899, S. 637 FN 2.

16 Mißgeburt.

17 *Monstra* meint hier die geistigen Erzeugnisse.

Bestia nupta tibi est. O Sodomita cave!

At tu animo sis TOSTE *bono. Nam bestia cum tu*

Sis ipsus, nubit bestia iure tibi.

Mit einem Tier bist du verheiratet. Du Sodomit, nimm dich in acht!

Doch kannst du, TOSTUS, *guten Mutes sein. Denn da ein Tier du*

selbst bist, heiratet zu Recht ein wildes Tier auch dich.

Sed ne inscriptionis huius capitis obliviscar, de foeminis iuris notitia claris dicere debeo. Scilicet, ne locus rei litterariae celeberrimus, in quo libenter solent et diu commorari, qui iuventuti placere student, omnino vacuus relinquatur, foeminarum aliquas, forsitan recusaturas, si viverent, violentius huc pertrahere cogimur, et exempla, ut haberi possunt, conquirere, quorum si aliqua, ut iam monui, nimis e longinquo arcessita videantur, id vitium putes fere omnibus commune, qui de doctis mulieribus aliquid litteris consignarunt.

Aber damit ich die Überschrift dieses Kapitels nicht vergesse, sollte ich nun über Frauen sprechen, die ob ihrer Rechtskenntnis berühmt geworden sind. Es versteht sich, daß – damit dieser in der Literatur sehr berühmte Gegenstand, bei dem mit Vergnügen und des längeren alle zu verweilen pflegen, die der Jugend zu gefallen trachten, nicht gar zu schmal ausfällt –, wir uns hier gezwungen sehen, einige Frauen, die dem vielleicht widersprechen würden, wenn sie lebten, ein wenig gewaltsam hierher zu ziehen und die Beispiele zusammenzusuchen, wie sie denn zu finden sind. Und wenn davon einige, wie gesagt, aus allzu großer Ferne herbeigeholt erscheinen, so magst du mir glauben, daß diese Schwäche sich wohl bei allen findet, die über gelehrte Frauen irgendetwas zu Papier gebracht haben.

§. 2.

Nihil hic dicam de Themide, de Cerere legifera, de Egeria nympha, quae Numae coniux consiliumque fuit, nihil de Apolline iuris perito, aliisque, quas haud dubie maiori

§ 2

Nichts werde ich hier vortragen über Themis[18], über die Gesetze gebende Cares[19], über die Nymphe Egeria, die Numas Geliebte und Beraterin war[20], nichts über den

18 Göttin von Sitte und Ordnung, Beschützerin des Gastrechts und der Bedrängten (Tochter des Uranos und der Gaia).

19 Göttin des Ackerbaus und der Ehe (griech. Demeter; Tochter des Saturn und der Ops).

20 Italische Quellnymphe; Gattin oder Geliebte des römischen Königs Numa Pompilius; im Schmerz um dessen Tod zerfließt sie in Tränen und wird in eine Quelle verwandelt, vgl. Ovid, Metamorphosen 15, 547 ff. Näheres etwa bei *G. Wissowa* in: *Roscher,* Ausf. Lexikon der griech. u. röm. Mythologie, Bd. I/1, 1884–86, Sp. 1216 ff.

numero collegisse puto OELRICHSIUM in sua Oratione inaugurali Stettini habita de foeminis iuris peritis, nec *Afraniam,* quae tempore Iulii Caesaris vixit, commemorabo, cuius etiam, licet corrupto nomine, meminit Speculum Saxonicum his verbis:

rechtskundigen Apoll[21] und andere, die, wie ich glaube, OELRICHSIUS in sicher noch größerer Zahl zusammengetragen hat, und zwar in seiner Inauguralrede zu Stettin über rechtsgelehrte Frauen. Noch werde ich auf Afrania[22] näher eingehen, die zur Zeit Julius Caesars lebte und auf die auch, wenngleich

21 Der abschweifende Hinweis ist vermutlich inspiriert durch eine von *Hommel* verfaßte Dissertation: De Apolline iuris perito, qua ostenditur oracula primis temporibus non de futuris, sed de iure consulta fuisse, Leipzig 1748, 18 S. (s. Werkverzeichnis o. FN 1, Rhapsodia, Bd. 7, S. 79). Dem Titel zufolge hat *H.* nachzuweisen versucht, daß Apoll als delphischer Orakelgott ursprünglich rechtliche ‚Gutachten' offenbart habe. Dies versteht sich vermutlich vor dem Hintergrund, daß Apoll der große, nie irrende Wahrheitskünder ist, der die Menschen zur Erkenntnis führt (*L. Huber* in: Lexikon der Alten Welt, 1965 [Nachdr. 1994], Sp. 213 s.v. Apollon 3).

22 Zu Gaia Afrania findet sich der ausführlichste Bericht bei Valerius Maximus (1. Hälfte des 1. Jh. n. Chr.) in den (dem Kaiser Tiberius gewidmeten) *Facta et dicta memorabilia* (s. auch sogl. im Text). *D. Friedr. Hoffmann* gibt den einschlägigen § 2 (Buch 8, Kap. 3) in seiner Übersetzung (Stuttgart 1828) wie folgt wieder: „Gaja Afrania, die Ehefrau des Senators Licinius Buccio, eine wahre Prozeßkrämerin, führte ihre Angelegenheiten immer selbst vor dem Prätor, nicht etwa, weil es ihr an Rechtsbeiständen gebrach, sondern weil sie eine Fülle von Frechheit besaß. Da sie nun die Gerichte unaufhörlich mit ihrem argen Gebelfer behelligte, galt sie allgemein für ein Muster weiblicher Ränkesucht, so daß (noch jetzt) der Name der Gaja Afrania gebraucht wird, wenn man ein Weib von schlimmem Charakter bezeichnen will. Sie lebte bis in die Zeit des zweiten Konsulates von Gajus Cäsar, und des Konsulates von Publius Servilius. Es verdient nämlich in der Geschichte eher bemerkt zu werden, wann ein solches Ungeheuer gestorben, als wann es geboren worden ist". – Der in den Digesten überlieferte Name Carfania ist vermutlich aufgrund einer Verknüpfung der Abkürzung ihres Vornamens (C. = Gaia) verschrieben (allerdings gab es eine *gens Carfania* etruskischer Herkunft); Ulpian (umgek. 223 n. Chr.) erläutert dort (D. 3,1,1,5) das im prätorischen Edikt ausgesprochene Verbot für Frauen, in fremden Rechtsangelegenheiten aufzutreten, wie folgt: „Und zwar liegt der Sinn dieses Verbots darin, daß Frauen sich nicht entgegen der ihrem Geschlecht angemessenen Schamhaftigkeit in fremde Rechtsangelegenheiten einmischen und nicht die Aufgaben des Mannes wahrnehmen sollen; seine Einführung aber ist durch Carfania veranlaßt worden, eine ganz üble Person *(improbissima femina),* die in ungehöriger Weise vor dem Prätor auftrat und diesen Magistrat belästigte" (Übersetzung nach *Behrends/Knütel/Kupisch/Seiler [Krampe],* Corpus Iuris Civilis, Text und Übersetzung, Bd. II, 1995, S. 266).– Ob die bei Juvenal, Satiren 2, 69 als Ehebrecherin genannte Carfania (nach anderer Überlieferung auch Carfinia und Corfinia) hierher gehört, bleibt ungewiß (dafür etwa *E. Courtney,* A Commentary on the Satires of Juvenal, London 1980, S. 133, freilich mit der Einschränkung: „But her *improbitas* consisted in impudence, not immorality", anders etwa *J. Adamietz,* Juvenal Satiren, 1993, S. 332: beliebig gewählter Frauenname). – Weiteres zu Afrania/Carfania bei *L. Labruna,* Adminicula, 2. Aufl., Neapel 1991, S. 55 ff.

Ez en muz nich ein wib vorspreche sin, noch ane vormunden clagen. Daz verlos in allen Calefurnia, die vor dem riche missebarte von zorne, da ir wille ane vorsprechen nicht muste volgen. Plura diceremus de ea, nisi otium fecisset Ienichenius in observatione de C. Afrania, quae ultimo volumini Meditationum Leyseri adiecta est.

Grave videbatur Romanis foeminas in tribunali audire, quibus

verborum tanta cadit vis,

Ut pariter pelues et tintinnabula dicas

Pulsari.

Cum poeta quondam in concione amicorum versus recitaret, quos in Angeli Politiani tumulum scripserat, sequentes:

Politianus in hoc tumulo iacet Angelus, unum

mit falsch zitiertem Namen, der Sachsenspiegel wie folgt Bezug nimmt:

Ez en muß nich ein wib vorspreche sin, noch ane vormunden clagen. Daz verlos in allen Calefurnia, die vor dem riche missebarte von zorne, da ir wille ane vorsprechen nicht muste volgen[23]. Wir würden sicher mehr über sie sagen, wenn sich nicht Jenichen damit in einer Abhandlung über Gaia Afrania befaßt hätte, die dem letzten Band von Leysers Meditationes beigefügt ist[24]. Schwer erträglich erschien es den Römern, Frauen vor Gericht Gehör zu geben, da ihnen

eine solche Macht der Worte zufällt,

daß man sagen könnte, daß gleichsam Schüsseln und Schellen

hin- und hergeschlagen werden.

Als ein Dichter einst in einer Versammlung von Freunden die folgenden Verse vortrug, die er auf das Grab des Angelus Politianus hatte schreiben lassen:

Angelus Politianus liegt in diesem Grab,

---

23 Sachsenspiegel Landrecht (zwischen 1215 und 1235) II 63 § 1 (hgg. v. *K. A. Eckhardt*, 1955/56): *It ne mach nen wif vorspreke sin noch ane vormunde klagen; dat verlos en allen Calefurnia, de vor deme rike missebarde vor torne, do er wille ane vorsprekene nicht ne muste vordgan:* Eine Frau kann weder vorsprechen [d.h. Wortführer der Partei im Rechtsstreit] sein noch ohne Vormund klagen. Dies hat Calefurnia für alle Frauen verloren, die sich vor dem Kaiser ungebührlich aufführte aus Zorn darüber, daß ihr Wille ohne Vorsprecher nicht durchgehen durfte (so die Übertragung von *R. Schmitt – Wiegand* in: *K. Schott* (Hrsg.), Eike von Repgow – Der Sachsenspiegel, 2. Aufl., Zürich 1991, S. 151. – In der Dresdener Bilderhandschrift des Sachsenspiegels (um 1350; hgg. v. *K. v. Amira*, Bd. 1, 1902; vgl. Bd. 2/1 [Erläuterungen], 1925, S. 435 f.) findet sich eine Illustration, die zeigt, daß dem Illustrator die Erzählung bekannt war, daß die sog. Calpurnia *den Kunig beschalt und den Kunig die hinder schamme lie sehen* (wie es im Schwabenspiegel Landrecht 245 [von 1275/76] heißt).

24 Der Traktat ‚De C. Afrania' von *Gottlob August Jenichen* findet sich in: *Augustin Leyser*, Meditationes ad Pandectas, Ausg. Leipzig – Braunschweig – Wolfenbüttel, Bd. 11, 1772, Anhang S. 14–24 (Supplementum speciminis LI).

Qui caput et linguas, res nova! tres habuit.

Heus tu, unus ex amicis acclamavit, hoc foeminae est, non viri, elogium! Cui poeta: verum diceres, si praeter tres linguas etiam tria capita dedissem. Neque vero C. Afrania solum, verum etiam HORTENSIA, deinde IULITTA, et AMAESIA SENTIAREA causas, si non alienas, attamen suas orarunt. Sed Sentiarea haec mulier, ut mihi videtur, non satis recte dicitur, cum in Valerii Maximi libro octavo capite tertio, quod *de mulieribus, quae causas apud magistratus egerunt* inscribitur, rectius legatur: *Amaesia Sentia, rea.* Ea tamen res omni

der ein Haupt und – das ist neu – drei Zungen hatte[25],

rief ihm einer der Freunde zu: „He du, diese Grabinschrift gehört zu einer Frau, nicht zu einem Manne!" Darauf der Dichter: „Wahr sprächest du, wenn ich außer drei Zungen auch drei Häupter [ihm] gegeben hätte". Aber nicht nur C. Afrania, sondern auch HORTENSIA[26], hierauf IULITTA[27] und AMAESIA SENTIAREA trugen, wenn auch nicht fremde, so doch ihre eigenen Fälle vor. Doch wird Sentiarea, wie mir scheint, so nicht hinlänglich korrekt benannt, weil man im achten Buch des Valerius Maximus im dritten Kapitel, das die Überschrift trägt: *Über Frauen, die Fälle vor Magistraten vertreten haben,* die bessere Lesart findet: *Amaesia Sentia, Beklagte*[28]. Doch erschien

25 Anspielung auf den großen italienischen Humanisten Angelo Ambrogini Poliziano (1454–1494, Erzieher der Söhne Lorenzos de Medici, seit 1480 Professor des Griechischen und des Lateinischen an der Universität Florenz), der sich als Dichter in lateinischer, griechischer und italienischer Sprache betätigt, griechische Schriftsteller ins Lateinische übertragen und bedeutungsvoll gewordene Notizen, vor allem textkritischer Natur, zu den Digesten hinterlassen hat. Näheres zu ihm bei *F. C. v. Savigny,* Geschichte des römischen Rechts im Mittelalter, Bd. 6, 2. Aufl. 1850 (Nachdr. 1961), S. 435–446 („Philolog im großartigsten Sinn").

26 Hortensia, die Tochter des hochberühmten Redners Quintus Hortensius Hortalus (114–50 v. Chr.) erlangte dadurch Berühmtheit, daß sie 42 v. Chr. als Rednerin auf dem Forum vor den Triumvirn Antonius, Octavian, Lepidus auftrat und sich gegen die bevorstehende Besteuerung der 1400 reichsten Frauen (zur Finanzierung der Feldzüge gegen die Caesarmörder) aussprach, als kein Mann es mehr wagte, sich der Sache der Frauen anzunehmen. Sie hatte den Erfolg, daß ein Großteil der in Betracht gezogenen Steuern nicht erhoben wurde. Näheres berichteten Valerius Maximus (o. FN 22) 8,3,3 *(. . . nec quisquam virorum patrocinium eis accomodare auderet, causam feminarum apud triumviros et constanter et feliciter egit: repraesentata enim patris facundia impetravit ut maior pars imperatae pecuniae his remitteretur);* Appian, Bellum civile 4,32 (dort die Wiedergabe der Rede); Quintilian, Institutiones oratoriae 1,1,6.

27 Zu Iulitta bleibt ungewiß, wen *Hommel* meint. Eine Beziehung auf die S. Iulitta, die Märtyrerin aus der Zeit der diokletianischen Christenverfolgungen, liegt jedenfalls fern; zu ihr etwa *Zedler* (u. FN 31), Bd. 14, 1735, Sp. 1579 ff.

28 Valerius Maximus 8,3,1 berichtet zu *Maesia Sentinas rea* (in der Übersetzung von *D.F. Hoffmann* [o. FN 22]): „Die angeklagte Amäsia [Sentia] <Sentinas>

tempore insolens Romanis visa, ut etiam Plutarchus in Numa referat, Senatum, cum aliquando pro se mulier postulasset in foro, consuluisse deos: *acquid hoc exemplum urbi portenderet?*

den Römern so etwas zu allen Zeiten als ihren Gewohnheiten zuwiderlaufend, so daß, wie auch Plutarch in seiner Lebensbeschreibung Numas berichtet, der Senat, immer wenn eine Frau für sich vor Gericht auftrat, die Götter befragte: *Wohin würde ein solches Beispiel in der Stadt führen*[29]?

Quid de PLOTIANA dicam? quae cum Celso litterarum commercium habuit, ut ex *L. 18. ff. de iur. codicill.* apparet, si modo, quae illic extat, ipsa epistolam scripsit. Quendam etiam inter has sibi locum vindicat, Belini Britannorum regis filia, CAMBRA FORMOSA, quae Antenoro secundo Francico regi nupsit, et leges Sicambrorum uno libro scripsisse dicitur. Neomagum condidit, in quo anno orbis 3590.

Was soll ich über PLOTIANA sagen? Diese stand mit Celsus im Briefwechsel, wie sich aus D. 29,7,18 ergibt, sofern diejenige, die dort erscheint, den Brief tatsächlich selbst geschrieben hat[30]. Einen gewissen Glanz unter diesen beansprucht auch die Tochter des Belinus, des Königs der Briten, CAMBRA FORMOSA, die den Frankenkönig Antenor den Zweiten geheiratet hat und die Gesetze der Sicambrer in einem einzigen Buch abgefaßt haben soll. Sie gründete Nimwegen, wo sie im Jahre des Erd-

führte vor dem Gericht des Prätors Lucius Titius unter einem ungeheuren Volkszulauf ihre Sache und trug ihre Verteidigung nach allen Punkten und Theilen nicht blos mit Sorgfalt, sondern auch mit Entschlossenheit vor, so daß sie schon bei der ersten Verhandlung, und zwar fast einstimmig losgesprochen wurde. – Sie erhielt den Namen Androgyne (Mannweib), weil sie einen männlichen Geist unter der Gestalt des Weibes barg". – Es handelte sich um einen Strafprozeß vor der Volksversammlung, *Mommsen* (o. FN 15), S. 376 FN 1.

29 Plutarch, Numa 25.

30 Plotiana fragt bei dem großen Juristen Publius Iuventius Celsus (Konsul 115? und 129 n. Chr.) wegen einer Testamentsklausel an: *Si quid tabulis aliove quo genere ad hoc testamentum pertinens reliquero, ita valere volo* (Wenn ich auf Wachstafeln oder auf irgendeinem anderen Gegenstand im Zusammenhang mit diesem Testament etwas vermachen werde, so soll dies nach meinem Willen gültig sein). Fraglich war, ob diese Klausel ungeachtet des Futurs auch Kodizille erfaßt, die schon *vor* der Errichtung dieses Testaments geschrieben waren. Celsus bescheidet die Anfrage dahin, daß auch ältere Kodizille von der Klausel erfaßt seien. Da die nicht weiter bekannte Plotiana (vgl. *Klass*, RE 41, 1951, Sp. 470) Celsus möglicherweise in fremder Angelegenheit um sein Gutachten gebeten hat, ist denkbar, daß sie sich rechtsberatend betätigt hat (so wohl *J. W. Tellegen*, The Roman Law of Succession in the Letters of Pliny the Younger, 1982, S. 39: Celsus rate der Plotiana, wie sie die Klausel zu interpretieren habe).

vivere desiit. Facit autem illa, ut mihi MARTIA PROBA, Guithelini uxor, Britannorum regina, in memoriam veniat, quae leges proprio ingenio patrias conscripsit, si vera sunt, quae in Legibus Connubialibus Tiraquellus his verbis tradit: *Marcia Proba omnibus propemodum artibus liberalibus doctissima, quae condidit et scripsit leges patrias, quas Marcianas vocant, easque Alphredus in Saxonicam linguam transtulit.* In latinam vero linguam translatas esse a Gilda sapiente Pitseus refert, in libro de Scriptoribus Angliae. Vixit haec Marcia tribus, ac propemodum quatuor, ante seculis, quam Christus nasceretur.

kreises 3590[31] starb. Sie läßt mich auch an MARTIA PROBA[32] denken, die Gattin Jocelyns, Königin der Briten, welche die Gesetze ihrer Heimat mit den ihr eigenen Fähigkeiten abfaßte, wenn denn wahr ist, was Tiraquellus in den Leges Connubiales mit diesen Worten überliefert: *Marcia Proba, in nahezu allen freien Künsten höchstgelehrt, die ihrer Heimat die Gesetze gab und die niederschrieb, welche die Marcianischen heißen und diese hat Alphredus in die angelsächsische Sprache übersetzt*[33]. Daß sie aber in die lateinische Sprache übersetzt wurden von dem weisen Gildas, berichtet Pitseus in seinem Buch über die Schriftsteller

---

31 *Hommel* hat dies dem am Ende des § 3 zitierten Werk entnommen: *Ioannis Pitsei,* Relationum Historicarum de Rebus Anglicis, Bd. 1, Paris 1619 (Nachdr. 1969), S. 65. Vgl. auch *J. H. Zedler,* Großes vollständiges Universallexikon aller Wissenschaften und Künste, welche bishero durch menschlichen Verstand und Witz erfunden und verbessert worden, 5. Bd., Leipzig–Halle 1733, S. 357: „Cambra Formosa wurde wegen ihrer Schönheit also genennet, sie war des Britannischen Königs, Belini, kluge und gelehrte Tochter. Ihr Gemahl hieß Antenor, der Francken König. Sie ging nicht allein dem Könige, und denen vornehmsten des Reichs, mit heilsamen und klugen Rathschlägen an die Hand, sondern schrieb auch ein Buch unter dem Titel *Leges Sicambrorum.* Nachdem sie sich vorher ihr eigenes Begräbniß auferbauet, so starb sie A. M. 3590". – Die Datierung richtet sich vermutlich nach der jüdischen Weltära, nach der die Weltschöpfung auf den 7. 10. 3761 vor Christus festgelegt ist. Die Anwendung der christlichen Ära auch auf die Zeit vor Christi Geburt bürgerte sich erst seit dem 18. Jh. ein, vgl. *Kaletsch* in: Lexikon der Alten Welt, 1965, Sp. 3307, 3322 f.

32 Martia Proba wird bei *Pitseus* im Anschluß an Cambra genannt (S. 66). Vgl. *Zedler* (o. FN 31), Bd. 19/20, 1739, S. 1231: „Marcia Proba, eine Königin der alten Britten in Engeland, anbey aber auch eine überaus kluge, und denen gelehrten Wissenschafften, insonderheit aber derer Rechte, zugethane Dame, regierte noch vor der Geburt Christi, und zwar im Jahre der Welt 3615 (. . ., nach *Pitseus* sieben Jahre lang, bis 3620), und war des Königs Guithelindi Gemahlin. Nachdem sie ihren Gemahl frühzeitig verlohren, bemühte sie sich, die Republick in einen guten Stand zu bringen. Sie gab auch Gesetze, die von ihr *Marcianae* genennet, und von Gildas dem Klugen in die Lateinische, ingleichen von dem König Alfredo, in die Sächsische Sprache übersetzet worden".

33 *Andrea Tiraquellus,* Opera, Bd. 2 (continens ex commentariis in Pictonum Consuetudines Sectionem De Legibus Connubialibus, et Iure maritali), Frankfurt 1616, S. 189 (Martia Proba, mit dem zusätzlichen Hinweis: *Vixit ante Christum natum ann. 348).*

Englands. Diese Martia lebte drei und beinahe vier Jahrhunderte vor Christi Geburt.

§. 3.

Sed mittamus vetera, et Bononiam migrantes ACCURSII binas filias salutemus, quae in ea urbe, ut Albericus *ad L. qui filium ff. ubi pupill. educ. deb.* attestatur, ius publice docuerunt. Unam harum Andreas Westphal in Programmate: *De doctoratu mulierum* Gryphisvaldae 1734. emisso, ex libris Caroli Antonii Machiavelli iurisconsulti Bononiensis docet, in Bononiensi urbe summa doctoris dignitate exornatam fuise. Imbuit etiam doctrina sua IOHANNES ANDREAE par filiarum doctissimum, unam NOVELLAM, alteram Iohanni a S.

§ 3

Aber lassen wir Altes auf sich beruhen, und entbieten wir, indem wir nach Bologna gehen, den beiden Töchtern des Accursius[34] unseren Gruß, die in dieser Stadt, wie Albericus [in seiner Glosse] zu der Lex *qui filium* des Digestentitels *Ubi pupillus educari . . . debeat* . . .[35] bezeugt hat, öffentlich Recht gelehrt haben. Eine von diesen – so hat Andreas Westphal in seiner Programmschrift *Über das Doktorat der Frauen*, erschienen 1734 zu Greifswald, nach den Büchern des Bologneser Rechtsgelehrten Antonius Machiavellus berichtet[36] – sei in Bologna mit der höchsten Würde, dem Doktorgrad, ausgezeichnet worden[37]. Mit seiner Gelehrsamkeit hat auch der hochgelehrte JOHANNES ANDREAE[38] seine beiden Töchter erfüllt, NOVELLA die eine

34 Der letzte der großen Glossatoren (1185–1263?), zu ihm etwa *Savigny* (o. FN 25), Bd. 5, S. 262 ff.; *F. Wieacker,* Privatrechtsgeschichte der Neuzeit, 2. Aufl. 1967, S. 63 pass.

35 Zu D. 27,2,4, wo jedoch nur von einer Tochter die Rede ist (ed. 1545: *audivi quod dominus Acc. habuit unam filiam quae actu legebat in jure* bonon.). S. auch u. FN 37.

36 Es wird sich um die u. FN 48 angezeigte Schrift von C. A. Macchiavelli aus dem Jahre 1722 handeln.

37 Vgl. *Zedler* (o. FN 31), Bd. 1, 1732, S. 286: „Accursia, eine Italienerin des berühmten Glossatoris und Jure-Consulti Accursii gelehrte Tochter. Diese hat eine solche Wissenschaft in der Jurisprudenz gehabt, daß sie nicht nur denen Studiosis Privat-Collegia über das Jus gehalten, sondern selbiges auch öffentlich von dem Catheder zu Bononien dociret. *Pancirollus, Tiraquellus* und *Albericus* gedencken ihrer in Schriften, wie auch *Dahlmann* in einem Schauplatz der masquierten und demasquierten Gelehrten p. 15". – Da es aber keine anderweiten alten Nachrichten als die Glosse des Albericus gibt, spricht, zumal von seinen Söhnen oft die Rede ist, das meiste dafür, daß es sich bei der Tochter oder gar den Töchtern des Accusius um eine bloße Erfindung handelt, so *Savigny* (o. FN 25), Bd. 5, S. 273.

38 Geb. bald nach 1270, gest. 1348; hochberühmter Kanonist, der auch für das Prozeßrecht wichtig geworden ist. Näheres bei *Savigny,* Bd. 6, S. 98 ff.

Georgio, Bononiensi decretorum interpreti, nuptam, nomine BETTINAM, quam Hilarius Costa iuris adeo peritam asserit, ut, si maritus forte negotiis turbatus praelectiones differre noluisset, haec summo cum plausu vicaria verba ad auditores faceret. Idem de altera ANDREAE filia, nempe NOVELLA, quam iuris consulto consummatissimo Iohanni Calderino in matrimonium dederat, Baylius in Dictionario et ipsa docta mulier Christina de Pisa laudant, eamque eodem modo

sowie die andere, die – verheiratet mit Johannes di S. Georgio, einem Bologneser Interpreten der Dekretalen[39] –, BETTINA hieß und nach Hilarius Costa[40] im Recht so bewandert war, daß sie, wenn ihr Mann beispielsweise durch Geschäfte verhindert war, seine Vorlesungen jedoch nicht verschieben wollte, unter größtem Beifall den Hörern stellvertretend den Vortrag hielt. Dasselbe berichten von ANDREAS anderer Tochter, nämlich NOVELLA, die der Vater dem ganz hervorragenden Rechtsgelehrten Johannes Calderinus zur Frau gab, Baylius in seinem Lexikon und Christine de Pizan[41]. Und sie tei-

---

39 Vgl. *Savigny*, Bd. 6, S. 109, s. auch o. FN 3.

40 *Hilarion de Coste*, Les Eloges et les vies de reynes, des princesses, et des dames illustres en pieté, en courage & en doctrine qui ont fleury de nostre temps, & du temps de nos pères etc., Paris 1647, S. 521: Avec l'explication de leurs deuises, emblémes, hieroglyphes, & symboles, etc. tom. Sebastien Cramoisy & Gabriel Cramoisy, Paris 1647:

L'une des plus iustes & plus belles loüanges qu'on puisse donner à la ville de Boulogne en Lombardie, se peut prendre non seulement de son antiquité, mais principalement d'une chose qui luy est singulière, d'avoir produit de temps en temps des hommes, & ce qui est de plus rare, des femmes tres-illustres, & tres recommandables en toutes sortes de sciences . . .

Nous lisons quelques chose presque semblable de Bettina Calderina, & Betthisia Gozzadina, qui ont honoré la mesme ville de Boulogne de leur naissance, & fleury ès siecles precedens: la premiére desquelles, à sçavoir Bettina Calderina, fut fille de Iean André, ce fameux Iurisconsulte, qui pour sa grande cognoissance du Droict Canon, & les beaux livres qu'il a escrit en cette matiere, cogneus à tous ceux qui se messent de cette science, fut appellé Vaisseau des Canons. Et comme il estoit de fort basse naissance, Iean Calderini Gentil-homme Boulonnois, grand amateur des hommes lettrez, l'adopta pour son fils, d'où de là en avant il porta le nom & les armes de la Maison des Calderins, illustre & celebre dans l'Estat de Boulogne la Grasse, qui passa à ses enfans, qui furent deux, un fils unique, lequel fuit Docteur ès Loix, & composa le Traité *De appellationibus:* & une fille nommée Bettina, dont nous faisons icy mention, laquelle s'adonna aussi à l'estude des bonnes lettres, & à la profession des Loix & y reüssit si bien, qu'estant mariée à un Docteur tres-renommé de la mesme Université de Boulogne, nommé Iean de S. George, lequel fut gagé pour lire à Padouë; quand ou par maladie, ou par quelque autre empeschement legitime il ne pouvoit faire les leçons, elle montoit en chaire, & suppleoit au defaut de son mary, lesant publiquement avec un grand concours d'escholiers. On voit encore auiourd'huy son epitaphe en l'Eglise saint Antoine.

41 *Christina de Pisa dans le Tresor de la cité des dames* (Zitat bei *Hommel*).

referunt, patre aegrotante e suggestu iura praelegisse scholaribus, velamine vultum operiente, ne Cupido ex auditorum pectoribus Minervam propelleret.

len mit, daß diese in gleicher Weise, wenn der Vater krank war, vom Katheder aus den Studenten Rechtsvorlesungen hielt, ihr Gesicht hinter einem Vorhang verborgen, damit nicht Cupido die Minerva aus dem Herzen der Zuhörer vertriebe[42].

Adeo autem ille Iohannes Andreae iuris doctrina domum impleverat omnem, ut etiam dominam suam, ita uxorem vocat, MILANCIAM, in rebus arduis consuleret, ut ipse fatetur *ad cap. 16. X. de praebend. et dignit. et in cap. 54. de reg. iur. in 6.* Nec maritus tantum, verum etiam Cinus iureconsultus ab hac MILANCIA responsa petiit. Fuit enim,

Johannes Andreae hatte sein ganzes Haus aber so sehr mit der Rechtslehre erfüllt, daß er auch seine Herrin – so nannte er seine Frau MILANCIA – in schwierigen Fragen zu Rate zog, wie er selbst bekennt [in seinem Kommentar] zu Kapitel 16 zum Titel *de praebendis et dignitatibus* des *Liber Extra* (von 1234) sowie zu Kapitel 54 des Titels *de regulis iuris* im *Liber Sextus* (von 1298)[43]. Aber nicht nur ihr Ehegatte, sondern auch der Rechtsgelehrte Cinus[44] bat diese MILANCIA um Rechtsgutachten. Sie hatte nämlich, wenn

42 Der Bericht bei *Christine de Pizan*, Le Livre de la cité des Dames, Paris 1405, lautet (in der Übertragung aus dem Mittelfranzösischen durch *Margarete Zimmermann* in: Christine de Pizan, Das Buch von der Stadt der Frauen, 1986, S. 184 = dtv klassik 2220, 4. Aufl. 1995, S. 184): „. . . so war etwa vor knapp sechzig Jahren der berühmte Jurist Giovanni Andreae aus dem reichen Bologna keineswegs der Auffassung, Bildung sei für Frauen von Nachteil, und ließ deshalb seine schöne, gutherzige Tochter Novella, die er über alle Maßen liebte, das Schrifttum und die Gesetze studieren. Sie war darin so beschlagen, daß der Vater sie damit beauftragte, an seiner Statt die Studenten vom Katheder aus zu unterrichten, wenn er selbst aus irgendwelchen Gründen verhindert war, Kolleg zu halten. Damit ihre Schönheit ihre Zuhörer nicht ablenkte, stand sie hinter einem kleinen Vorhang. Auf diese Weise vertrat und unterstützte sie ihren Vater in seiner Tätigkeit. Dieser liebte sie so sehr, daß er seiner berühmten Interpretation eines Gesetzeswerkes den Namen seiner Tochter, *Novella*, verlieh". Die Erzählung hört sich zwar an wie ein Märchen, ist aber doch sehr glaubhaft, zumal da der Vater der Christine, Thomas de Pizan, Bologneser und Zeitgenosse des Johannes Andreae war, s. *Savigny*, Bd. 6, S. 109 m. FN d. Vgl. auch *Th. Mayer-Maly*, Einführung in die Rechtswissenschaft, 1993, S. 103 (der Novella freilich für die einzige Juristin im Mittelalter zu halten scheint).

43 Vgl. *Savigny*, Bd. 6, S. 108: „Seine Frau, Milancia, wurde von ihm sehr geehrt, und selbst in wissenschaftlichen Dingen zu Rath gezogen". – Nach *Macchiavelli* (u. FN 48) soll sie sogar die Doktorwürde in Bologna erlangt haben.

44 Geb. 1270, gest. 1336; zu ihm s. *Savigny*, Bd. 6, S. 71–96 (S. 84: Joh. Andreä war sein vertrauter Freund).

si non iusti, tamen aequi peritissima, quemadmodum Ghilinus in Theatro Italico refert.

auch nicht im Juristischen, so doch im Gerechtigkeitsdenken größte Erfahrung, wie Ghilinus im Theatrum Italicum berichtet.

Illae vero omnes nullae sunt, si ad BELTIZIAM GOZADINAM, Amatoris Gozzadini, nobilis Bononiensis filiam anno 1500. natam, cui Ladvocati Lexicon Baptistae nomen praefixit, comparentur, quae, et teste Hilario Costa, in libro de vitis illustrium foeminarum iuris utriusque doctrix solenniter creata, primum institutiones Iustiniani privatim, deinde salario constituto et ad professionem anno 1539. vocata etiam publice interpretata est. Verba Hilarii haec sunt: *Beltysia Godsatina filia Bononiensis Nobilis Amatoris Godsatini, cum pro colo et acu litteras et iuris studium elegisset, anno milesimo ducentesimo trigesimo secundo, aetate viginti trium annorum docta et latina oratione memoriam Ludovici Frattae, Episcopi Bononiensis celebravit, triennio post, in celebri Bononiensi Academia supremos in iure honores a collegio iuridico impetravit, publice deinceps ex variis nationibus auditorio Institutiones Bononiae explicavit et libros plures, qui sub fictis nominibus lucem adspexerunt, conscripsit.* Mortua est anno 1546.

Sie alle aber sind nichts, wenn man sie mit BELTISIA GOZZADINA vergleicht, der Tochter des Bologneser Adligen Amator Gozzadini, die im Jahre 1500 geboren wurde und der das Lexikon des Ladvocatus noch den Vornamen Baptista gegeben hat. Wie Hilarius Costa in seinem Buch mit den Lebensbeschreibungen berühmter Frauen[45] bezeugt, hat sie, nachdem sie feierlich zur Doktrix[46] beider Rechte promoviert worden war, die justinianischen Institutionen zuerst privat, sodann, nachdem ihr ein Gehalt ausgesetzt und sie im Jahre 1539 in das Lehramt berufen worden war, auch im öffentlichen Unterricht erklärt. Der Wortlaut bei Hilarius ist wie folgt: *Beltysia Godsatina, die Tochter des Bologneser Adligen Amator Godsatini ehrte, nachdem sie sich statt für Faden und Nadel für die Wissenschaft und das Studium des Rechts entschieden hatte, im Jahre 1232[47] im Alter von 23 Jahren in gelehrter lateinischer Rede feierlich das Andenken des Ludovico Frattas, des Bischofs von Bologna, erlangte drei Jahre danach an der berühmten Universität Bologna von der juristischen Fakultät die höchsten Würden, erklärte dann öffentlich einem internationalen Auditorium in Bologna die Institutionen und schrieb mehrere Bü-*

45 Siehe zur französischen Ausgabe o. FN 40, S. 522 f. (die Darstellung ist dort etwas reicher an Details).

46 An sich viel passender als die verunglückte Feminisierung „Doktorin".

47 Die irrtümliche Vorverlegung um drei Jahrhunderte findet sich bei Hilarion, nach dessen Angaben Beltisia von 1209 bis 1261 gelebt haben soll.

cher, die unter fiktiven Namen herauskamen. Sie starb 1546.

Westphalius in laudato programmate, his verbis, de illa commentatur: *Funus Ludovici Frattae episcopi oratione magnifica atque excelsa cohonestavit. Postquam privatis scholis Institutiones iuris summa cum laude dederat expositas, munus docendi publicum ipsi demandabatur. Provinciam sibi traditam summo cum diligentiae, vigilantiae et assiduitatis decore administrabat, studiosorum proinde, qui variis ex gentibus ad Academiam confluxerant, applausum promerita.*

Westphalius äußert sich über sie in dem erwähnten Programm wie folgt: *Sie ehrte das Begräbnis des Bischofs Ludovico Fratta mit einer großartigen und hervorragenden Rede. Nachdem sie im Privatschulunterricht die Institutionen des Rechts unter höchstem Lob dargelegt hatte, wurde ihr ein öffentliches Lehramt übertragen. Das ihr übertragene Gebiet betreute sie mit glänzender Sorgfalt, Wachsamkeit und Ausdauer und verdiente sich dadurch den Beifall der Studenten, die aus verschiedenen Nationen an der Universität zusammengekommen waren.*

Fuerunt Bononiae quidem nostra memoria, qui stantem illam per aliquot secula gloriam Gozzadinae impugnare et subvertere sunt conati, cum comes illustrissima MARIA VICTORIA DELPHINA DOSIA *supremos in iure honores ambiret. Enim vero innocentiae eius, in fama ista calamitosa, subvenit Carolus Antonius Machiavellus in tractatu, qui nomen in fronte gerit praefixum:* Bitisia Gozzadina, seu de mulierum Doctoratu, apologetica legalis historica dissertatio. *Ad eundum in iure honoris gradum* DOSIA, *quam diximus, quae Musas et Themidem arctissimo societatis vinculo sibi obstrinxit, aditum parare contendit, edito Bononiae specimine publico, de quo Acta Eruditorum Lipsiensia anni 1724. pag. 239. possunt consuli.*

Allerdings gab es nach unserer Erinnerung in Bologna Personen, die jenen über mehrere Jahrhunderte andauernden Ruhm der Gozzadina zu verdrängen oder zu untergraben suchten, als ihre hochberühmte Kollegin MARIA VICTORIA DELPHINA DOSIA *sich um die höchsten Ehren in der Jurisprudenz bemühte. Gegenüber diesem schädlichen Gerede kam ihr in ihrer Schutzlosigkeit jedoch Carolus Antonius Machiavellus in einem Traktat mit dem Titel:* Bitisia Gozzadina oder Über das Frauendoktorat, eine apologetische rechtshistorische Abhandlung *zu Hilfe. Um Zugang zu demselben ehrenvollen [Doktor-]Grad in der Rechtswissenschaft bemühte sich die genannte* DOSIA, *die sich die Musen und Themis mit einem äußerst engen gesellschaftlichen Band verpflichtete, mit einer in Bologna gehaltenen öffentlichen Probevorlesung, worüber man in den Leipzi-*

ger Gelehrten Anzeigen des Jahrgangs 1724, S. 239 nachlesen kann[48].

---

48 Acta Eruditorum, anno MDCCXXIV publicata, S. 239 f. Dort wird zu der (uns nicht zugänglichen) Schrift von *Carolus Antoninus Macchiavelli, BITISIA GOZZADINA, seu de mulierum Doctoratu Apologetica Legalis Historica Dissertatio . . . Ad illustrissimam Comitissam Juriumque Cultricem clarissimam, MARIA VICTORIAM DELPHINAM DOSIAM, Bononiae . . . typis Jo. Baptistae Blanchi, 1722,* . . . ausgeführt: Quum comes Maria Victoria Delphina Dosia, matrona doctrinis humanioribus & Juris scientia egregie peruncta, honores Doctoris Juris, edito Bononiae sub auspiciis ipsius Hispaniarum Reginae Elisabethae Farnesiae inque consessu doctissimorum Virorum specimine publico, iret capessitum; non deerant, qui Doctoris titulum mulieri convenire negarent, atque effatis Apostoli I Corinth. XIV, 34 & I Timoth. II, 12, multisque aliunde conquisitis rationibus innixi, inter cetera etiam exemplum Bitisiae Gozzadinae, quae & ipsa Anno 1236, quum aetatis ageret vigesimum septimum, Juris utriusque Doctoris titulum adepta fuisse fertur, in dubium vocarent. Contra Ill. Auctor illis refellendis operam hac Dissertatione impendit, aequum censens & gloriosum, sexum quoque sequiorem dignitate ista potiri. Et id quidem primo omnium Bitisiae illius Gozzadinae exemplo firmat, quam vere creatam Doctorem fuisse, Sectione I & II historiarum fide comprobat, jureque & divino, & canonico, & civili *[S. 240]*
creari potuisse, a Sect. III ad V adversus negantes suse defendit, tum quod ad naturales facultates, mulieres honorum doctoralium, capaces esse, Sect. VI & VII probat, ac denique Sect. VIII & sequentibus exempla foeminarum Juris peritarum & Doctorum plurima, maxime quae in Italia inclaruerunt, recenset, e quibus tantum sequentia hic adnotabimus. Familiam ex sacris paginis ducit *Debbora*, uxor Lapidoth, *Jud. IV & V*, populum Israeliticum judicans. Mox quaedam *Justina de Rocha*, Tranensis, arbitri officio maxima cum laude fuisse functa laudumque dixisse memoratur. Postea *Helena Lucretia Cornelia Piscopia*, in Patavino Collegio Doctoris & Professoris titulum nacta, celebratur. *Accursia* quoque, filia Accursii glossatoris legum, Juris utriusque Doctoris gradu Bononiae donata laudatur: itemque *Milantia*, Bononiensis Doctor, uxor Joannis Andreae, Jurisconsulti: nec non *Bettina*, filia Joannis Andreae & Milantiae, pariter Bononiae Juris utriusque Doctor renunciata, Patavii deinceps e cathedra publice docuit, ibique A. 1355 fato concessit. Ceterum Auctor passim & scriptores plurimos memorat, qui foeminas Bononienses & Italicas eruditione illustres literarum monumentis consecrarunt, inter quos eminent Angelus Claudius Ptolemaeus, Senensis, in libello edito Bononiae 1514 & inscripto: *Laude delle Donne Bolognesi;* Catonellus in *Celeste Trionfo in lode delle Donne Bolognesi*, Bononiae 1550; Fontana in *Amorose fiamme in lode delle Gentildonne Bolognesi*, Bononiae 1674; Ludovicus de Dominicis in libro: *della nobiltà delle donne della chiesa;* Anon. in Teatro *delle donne letterate;* Mutius Manfredus in *cento donne illustri*, & alii.
Danach hat *Macchiavelli* in den Abschnitten I und II die Karriere von Beltisia Gozzadina als exemplarischen Fall dargelegt, in den Abschnitten III und IV die Gegner einer Frauen-Promotion, die u.a. mit 1. Korinther 14,34 und 1. Timotheus 2,12 argumentierten, bekämpft, in den Abschnitten VI und VII die Fähigkeit der Frau des näheren begründet, die Doktorwürde zu erlangen, und in den Abschnitten VIII ff. weitere Beispiele für rechtskundige wie für promovierte Frauen angeführt, u.a. das der Prophetin und Richterin *Debora* des Alten Testaments (Richter 4,4 ff.; 5,1 ff.) oder der *Helena Lucretia Cornelia Piscopia*,

III.

Savigny hat zu Hommels *Litteratura iuris* gemeint, es seien „bloß zusammengefaßte, mit Späßen vermischte Notizen“[49]. Unser Kapitel über juristisch gebildete Frauen bestätigt diesen Eindruck. Doch enthalten die Notizen, bei denen Vollständigkeit von vornherein nicht zu erwarten war[50], immerhin manche Information, die uns davor bewahren kann, die früheren Verhältnisse allzu einseitig zu sehen. Brigitte Knobbe-Keuk wäre zwar aufgrund ihres historischen Wissens dieser Gefahr von vornherein nicht ausgesetzt gewesen; möglicherweise hätte sie in den Notizen aber eine Bestätigung ihrer Überzeugung gefunden, daß tüchtige Frauen in unserer Zeit umso eher ihren Weg gehen können, ohne der Stütze durch Gleichstellungsgesetze, Quotenregelungen etc. zu bedürfen; sicherlich aber hätte sie sich über die vermischten Notizen des Herrn Hommel amüsiert.

die in Padua den Doktor- und den Professorentitel erlangt hatte. – An den abschließenden Literaturhinweisen wird (wie schon bei Christine de Pizan, 1405, und Hilarion de Coste, 1647) deutlich, daß auch die Frauenforschung kein so neues wissenschaftliches Feld ist, wie man das heutzutage anzunehmen geneigt ist.

49 *Savigny*, Juristische Methodenlehre nach der Ausarbeitung des Jacob Grimm, hgg. v. *G. Wesenberg*, 1951, S. 54. Darauf weist auch *H. Hof* zu Hommel hin in: *G. Kleinheyer/J. Schröder*, Deutsche und Europäische Juristen aus neun Jahrhunderten, 4. Aufl. 1996, S. 198.

50 Vgl. die weiteren Hinweise in der Anzeige o. FN 48, ferner den Hinweis bei *Heinr. Joh. O. Königs*, Lehrbuch der allgemeinen jurist. Litteratur, Bd. 1, Halle 1785, S. 234: „Das neueste Beyspiel einer Rechtsgelehrtin ist eine gewisse Maria Pellegrina Amoretti, von der Herr Prof. Schott, in seiner Unpartheyischen Critik über die neuesten jurist. Schriften Band 8, S. 568 n. 5. meldet, daß sie am 25. Junius 1777 zu Pavia nach ausgestandenen gewöhnlichen Prüfungen und gehaltener öffentlichen Disputation über hundert juristische Sätze die Doktorwürde in beyden Rechten erhalten habe“. – Im Zusammenhang mit Cambra Formosa und Martia Proba (o. FN 31, 32) hätte wegen ihres beträchtlichen Einflusses auf Justinians Gesetzgebung auch dessen Gattin (und Mitregentin) Theodora (497 [?]–548) genannt werden können; Justinian weist auf ihren Rat in der Novelle 8 c. 1 (v. 535) ausdrücklich hin; seine Konstitutionen über die Würde der Ehe, die Erschwerung von Scheidungen, die Hebung der sozialen Stellung von Schauspielerinnen sind sicherlich stark von ihr beeinflußt worden. Überhaupt wird die große Rücksichtnahme und Milde der justinianischen Gesetzgebung gegenüber Frauen in gedrückter Lage von ihr inspiriert worden sein (vgl. *E. Kornemann*, Große Frauen des Altertums, 2. Ausg. 1958, S. 387). – Erwähnenswert ist zudem, daß schon der Komödiendichter Titinius (2. Jh. v. Chr., dazu *St. Weinstock*, Art. Titinius in: *Pauly/Wissowa*, Real-Encyclopädie, Bd. VI A, 1937, Sp. 1539, 1543) ein leider nicht erhaltenes Stück verfaßt hat mit dem Titel *‚Iurisperita‘*.

Roms Recht - „und erstaunlich ist es nicht, daß die bedeutendsten europäischen Völker sich der Herrschaft dieses Rechts gebeugt haben“*

von *Rolf Knütel*

I. Einführung

„Und wenn er mir, in diesem Augenblick,
Wie die Antike starr entgegenkömmt,
Tut er mir leid,und ich muß ihn bedauren!“

So läßt Kleist den Prinzen von Homburg sprechen,[1] als dieser ungeachtet des Sieges in der Schlacht zu Fehrbellin (1675) auf Befehl des Großen Kurfürsten den Degen abzugeben hat und gefangen gesetzt wird. Die Anspielung betrifft einen berühmten Vorfall aus dem Latinerkrieg: Im Jahre 340 v.Chr. ließ der Konsul T. Manlius Imperiosus Torquatus seinen eigenen Sohn hinrichten, weil dieser entgegen dem vorherigen Befehl des Vaters, niemand dürfe außerhalb seiner Formation gegen den Feind kämpfen, sich auf einen Einzelkampf mit einem feindlichen Anführer eingelassen hatte, siegreich zwar, doch befehlswidrig.[2] Man findet in diesem Ereignis den ersten Fall, in dem ein Grundsatz zur Anwendung kam, der später in das Rechtssprichwort gekleidet wurde: *Tu patere legem quam fecisti!*[3] Befolge das Gesetz, das du gemacht hast!

Die erste juristische Verankerung dieses Grundsatzes ist jedoch in der *Lex Cornelia de iurisdictione* zu erblicken, einem Plebiszit von 67 v.Chr., durch das ausdrücklich festgelegt wurde, daß die Prätoren an die

---

* K. Rosen (Hrsg.), Das Mittelmeer – die Wiege der europäischen Kultur, Bouvier, Bonn 1998, 130 – 173.

[1] Zweiter Akt, 10. Auftritt.- Es werden die folgenden A b k ü r z u n g e n verwendet:
AcP=Archiv für die civilistische Praxis;
BGB=Bürgerliches Gesetzbuch;
BGHZ=Entscheidungen des Bundesgerichtshofs in Zivilsachen;
C.=Codex Iustinianus;
D.=Digesten;
Gai.=Gai Institutiones;
FIRA=Fontes Iuris Anteiustiniani;
JZ=Juristen-Zeitung;
NJW=Neue Juristische Wochenschrift;
RGZ=Entscheidungen des Reichsgerichts in Zivilsachen;
Slg.=Sammlung der Entscheidungen des Europäischen Gerichtshofs;
SZ=Zeitschrift der Savigny-Stiftung für Rechtsgeschichte, Romanistische Abteilung;
ZEuP=Zeitschrift für Europäisches Privatrecht.

[2] Livius 8,6-8,7,22.

[3] H. Roland - R. Boyer, Adages du droit français, Paris 1992[3], 925.

Bestimmungen, die sie in ihrem Edikt getroffen hatten, auch selbst gebunden waren.[4] Im übrigen enthalten die Digesten einen Titel *quod quisque iuris in alterum statuerit, ut ipse eodem iure utatur* (das Recht, das jemand einem anderen gegenüber festgesetzt hat, das muß er auch selbst befolgen). In diesem Titel wird das entsprechende Edikt aus dem 1. Jh. v.Chr. wiedergegeben und kommentiert; der Jurist Ulpian, der 223 n.Chr. bei einem Prätorianeraufstand ermordet wurde, hebt in seiner Kommentierung hervor:

D. 2,2,1 pr. - 1

Ulpianus libro tertio ad edictum
Hoc edictum summam habet aequitatem, et sine cuiusquam indignatione iusta: quis enim aspernabitur idem ius sibi dici, quod ipse aliis dixit vel dici effecit? 1. 'Qui magistratum potestatemve habebit, si quid in aliquem novi iuris statuerit, ipse quandoque adversario postulante eodem iure uti debet. si quis apud eum, qui magistratum potestatemque habebit, aliquid novi iuris optinuerit, quandoque postea adversario eius postulante eodem iure adversus eum decernetur': scilicet ut quod ipse quis in alterius persona aequum esse credisset, id in ipsius quoque persona valere patiatur.

Ulpian im 3. Buch zum Edikt
Dieses Edikt entspricht in höchstem Maße der Gerechtigkeit, und wenn sich jemand darüber entrüstet, geschieht das ohne Grund. Denn wer wird es von sich weisen wollen, daß ihm dasselbe Recht gesprochen wird, das er selbst anderen gesprochen hat oder hat sprechen lassen? 1. „Wer als Magistrat oder sonst als Inhaber von Amtsgewalt irgend jemandem gegenüber neues Recht festgesetzt hat, muß dasselbe Recht auch selbst befolgen, wann immer sein Gegner es verlangt. Wenn jemand bei einem Magistrat oder sonst einem Inhaber von Amtsgewalt irgendein neues Recht durchgesetzt hat, wird ihm gegenüber nach demselben Recht entschieden, wann immer später sein Gegner es verlangt"; damit er nämlich

[4] Siehe dazu F. De Martino, Storia della costituzione romana, Bd. III, Napoli 1973², 150 mit Nachweisen.- Zuvor kam es, wenn ein Prätor *aliter atque ut edixerat decrevit,* zur Interzession durch den Kollegen, vgl. Cicero, In Verrem II 1,46,119.

das, was er selbst in bezug auf eine andere Person für gerecht gehalten hat, auch in bezug auf sich selbst als gültig hinnehmen muß.[5]

Das Prinzip, daß jemandem dasselbe Recht gesprochen wird, das er selbst anderen gesprochen hat oder hat sprechen lassen, ist Ausdruck der sogenannten „Goldenen Regel“, die zuerst offenbar von Konfuzius ausgesprochen wurde,[6] sich später etwa bei Seneca[7] findet und Leitspruch des Kaisers Alexander Severus (222-235) gewesen sein soll: *Quod tibi fieri non vis, alteri ne feceris*[8] - was du nicht willst, das man dir tu, das füg’ auch keinem anderen zu! Der Kaiser hatte diese Maxime von Juden oder Christen vernommen, und in der Tat wird sie von Tobias (4,34) ausgesprochen, von den Rabbinen[9] und vor allem natürlich von Jesus, von ihm bemerkenswerterweise in positiver Fassung: „Alles nun, was ihr wollt, daß euch die Leute tun sollen, das tut ihr ihnen auch. Das ist das Gesetz und die Propheten“.[10] Diese positive Version bildet den Grundsatz des kirchlichen Naturrechts und steht deshalb am Anfang des *Decretum Gratiani*, des ersten Teils des *Corpus iuris canonici.*

Kommen wir zurück zu unserer Regel *Patere legem quam fecisti,* so liegt deren *summa aequitas* auf der Hand: Sie gebietet die gleichmäßige und verbietet damit zugleich die willkürliche Rechtsanwendung. Ihre fundamentale Bedeutung steht in unserer Zeit im Lichte der Geltung des allgemeinen Gleichheitsgrundsatzes außer jedem Zweifel. Von der Sache her ist es deshalb nicht überraschend, daß sich heutzutage Gerichte der Europäischen Union auf die Maxime *patere legem quam fecisti* stützen.[11]

---

[5] Text und Übersetzung nach O. Behrends - R. Knütel - B. Kupisch - H. H. Seiler [M. Harder], Corpus Iuris Civilis, Text und Übersetzung, Bd. II (Digesten 1-10), Heidelberg 1995, 178. Darauf sei auch für die weiteren Texte und Übersetzungen aus den ersten 10 Büchern der Digesten verwiesen.

[6] Konfuzius (551 - 579 v.Chr.), Lunyu-Yanyuan.

[7] Epistulae morales 94,43 (nach Publilius Syrus, Sent. 2).

[8] Historia Augusta (Lampridius), Alex. Severus 51,7-8; dazu J. Straub, Die Goldene Regel, in: J. Straub, Regeneratio imperii, Darmstadt 1972, 314-321.

[9] Hillel in Sabbath, Fol. 31 a: „Was dir nicht lieb ist, das tue auch deinem Nächsten nicht. Das ist die ganze Tora und alles andere ist nur die Erläuterung“ (nach der Übersetzung von L. Goldschmidt, Der Babylonische Talmud, Bd. 1, Berlin 1930, 522).

[10] Matth. 7,17: *Omnia ergo, quaecumque vultis, ut faciant vobis homines, ita et vos facite eis; haec est enim Lex et Prophetae.* Siehe auch Lukas 6,31: *Et prout vultis, ut faciant vobis homines, facite illis similiter.*

[11] Siehe R. Knütel, Ius commune und Römisches Recht vor Gerichten der Europäischen Union, JuS (=Juristische Schulung) 36, 1996, 768; 774-775.

In dem vom Europäischen Gerichtshof in Luxemburg (EuGH) entschiedenen Fall *NTN Toyo Bearing Comp. / Rat*[12] ging es darum, daß der Rat im Zuge von Antidumping-Maßnahmen eine Grundverordnung (Nr. 459/68) erlassen hatte; doch war er im Hinblick auf die japanischen „Großen Vier" der Kugellagerbranche in einer späteren Verordnung (Nr. 1778/77) von den Regeln der Grundverordnung abgewichen. Der Generalanwalt Warner hob hervor, hier komme der Grundsatz *patere legem...* zum Tragen, und er kennzeichnete ihn wie folgt: „Nach diesem Grundsatz darf eine Behörde, die im Wege des Erlasses allgemeiner Rechtsvorschriften die auf eine bestimmte Fallgruppe anzuwendenden Regeln festgelegt hat, diese Regeln zwar jederzeit durch den Erlaß weiterer Rechtsvorschriften ändern, sie darf jedoch bei der Behandlung von zu dieser Gruppe gehörenden Einzelfällen nicht von ihnen abweichen".[13] Es geht also um den Grundsatz der einheitlichen Rechtsanwendung. Der EuGH hat die der Grundverordnung widersprechenden Bestimmungen der späteren Verordnung wegen Verstoßes gegen diesen Grundsatz für nichtig erklärt.

Beispielsweise hat auch die Juristische Beschwerdekammer des Europäischen Patentamts in München in einer Entscheidung aus dem Jahre 1987 hervorgehoben, daß das Europäische Patentamt „aus Gründen der Billigkeit und nach dem Grundsatz *Tu patere legem quam fecisti* die einmal von ihm aufgestellten Verfahrensregeln durchweg einheitlich anwenden sollte, selbst wenn sie eindeutig im Gegensatz zum Übereinkommen (sc. dem Europäischen Patentübereinkommen) stehen".[14]

Von der Sache her ist dies, wie gesagt, nicht überraschend, allerdings von der Form her: Berufungen auf lateinischen Rechtsregeln, die in der Formulierung oder jedenfalls in der Sache bis in das antike römische Recht und zum Teil noch weiter zurückführen, finden sich, was selbst unter Juristen wenig bekannt ist, nicht selten in Urteilen von Gerichten der Europäischen Union.[15]

---

[12] EuGH Urteil v. 29.3.1979, Rechtssache 113/77, Slg. 1979, 1185.

[13] GA Warner, Slg. 1979, 1249-1250.

[14] Entscheidungen des Europäischen Patentamts (= EPA) Bd. 12, 164; 166.

[15] Zu Einzelheiten vgl. R. Knütel a.O. (Anm. 11) 768-778 sowie unten unter IV. 3.

II. Was ist das römische Recht?

Das römische Recht ist das Recht des antiken römischen Staatswesens.[16] Es wird ab 451/449 v.Chr. einigermaßen faßbar, weil es in dieser Zeit mit dem 'Zwölftafelgesetz' zu der einzigen umfassender angelegten Kodifikation im antiken Rom gekommen ist. Leider besitzen wir nur Bruchstücke dieser Kodifikation. Die weitere Entwicklung wurde dadurch bestimmt, daß es in Rom nur verhältnismäßig wenige Einzelgesetze zu regelmäßig begrenzten Fragen gab, so daß die Rechtsentwicklung vor allem durch die Interpretation des Zwölftafelgesetzes bestimmt wurde. Diese Interpretation lag zunächst in Händen von Priester Juristen, seit dem 3. Jahrhundert geht sie allmählich auf Laienjuristen über, die eine erste in Sammlungen von Prozeßformeln, Geschäftsformularen und Fallentscheidungen bestehende juristische Literatur entfalten. Im 2. Jahrhundert v.Chr. gewinnt die römische Jurisprudenz ihren Charakter als eigentliche Rechtswissenschaft durch die Übernahme der dialektischen Methode aus der griechischen Wissenschaftslehre. Ihren Höhepunkt erreicht die römische Rechtswissenschaft dann in der Zeit von Augustus bis zum Tode des Alexander Severus, also etwa von 27 vor bis 235 nach Chr.[17]

Seiner Natur nach ist das römische Recht Juristenrecht; die maßgeblichen Texte entstammen den Kommentaren, den Gutachten- und Entscheidungssammlungen sowie den Lehrwerken, die vor allem in der soeben genannten Periode von praktisch tätigen Juristen verfaßt wurden. Auszüge aus diesen Texten sind in den Digesten zusammengefaßt, dem Hauptstück des *Corpus iuris civilis*. Das *Corpus iuris* beteht aus vier Teilen, zunächst den *Institutiones*, einem Anfängerlehrbuch von 533 n.Chr., das weitgehend auf einer Vorlage aus der Mitte des 2. nachchristlichen Jahrhunderts beruht und zu den zehn bis zwölf wichtigsten Büchern der Welt gerechnet wird.[18] Den zweiten Teil des *Corpus iuris* bilden die *Digesta*, in denen nach Sachmaterien geordnet Auszüge aus den erwähnten Werken der klassischen Juristen zusammengestellt sind. Den im Jahre 533 in Kraft gesetzten Digesten folgt 534 der *Codex Iustinianus*, eine Kollektion von Entscheidungen der römischen Kaiser. Als vierter Teil kommen schließlich die ab 535 verkündeten neuen Gesetze, die *No-*

---

[16] Zu den Ursprüngen und den einzelnen Phasen der Entwicklung umfassend F. Wieacker, Römische Rechtsgeschichte, Bd. 1 (Einleitung, Quellenkunde, Frühzeit und Republik), München 1988.

[17] Zur anschließenden Zeit vgl. insbes. D. Liebs, Die Jurisprudenz im spätantiken Italien (260-640 n.Chr.), Berlin 1987.

[18] Siehe dazu B. Kupisch in: O. Behrends - R. Knütel - B. Kupisch - H. H. Seiler a.O. (Anm. 5), 289 mit weiteren Nachweisen.

vellae, hinzu. Das gesamte Gesetzgebungswerk ist von dem oströmischen Kaiser Justinian veranlaßt und durchgesetzt worden. Das römische Recht umspannt also von den Zwölftafeln hin bis zum *Corpus iuris* eine Zeitspanne von rund 1000 Jahren, in der es selbstverständlich vielfältige Veränderungen erfahren hat. Für die weitere Entwicklung maßgeblich geworden ist der im *Corpus iuris* festgeschriebene Rechtszustand, der uns in Institutionen und Digesten freilich zumeist auf die Rechtslage des römischen Prinzipats zurückführt.

III. Nachleben und Wirkungen des römischen Rechts

Unsere nächste Frage ist, wie es sich erklärt, daß dieses Recht noch unser heutiges Recht und unser heutiges Rechtsdenken entscheidend bestimmt - in einem Ausmaß, von dem übrigens auch der heutige Durchschnittsjurist überhaupt keine Vorstellung mehr hat.

1. Ein Beispiel: Die Lex Barbarius Philippus, D. 1,14,3

Nehmen wir ein Beispiel dafür, wie sich aus hauptsächlich nur einem Text ein Prinzip herauskristallisiert hat, dem wir in verschiedenen Anwendungsfällen heute weltweit begegnen können. Dem im 1. Buch, Titel 14, Fragment 3 der Digesten, dem Herzstück des *Corpus iuris*, überlieferten Text liegt eine Begebenheit zugrunde, die in der späten Republik für Aufsehen gesorgt hatte. Um 39 v.Chr. wurde Barbatius Philippus, ein Gefolgsmann des Triumvirn Mark Anton, zum Prätor gewählt, also zu einem der für die Rechtspflege zuständigen römischen Oberbeamten. Nach kurzer Zeit stellte sich heraus, daß er in Wirklichkeit ein entlaufener Sklave war. Man stürzte ihn daraufhin vom Tarpejischen Felsen, nicht ohne ihn vorher freigelassen zu haben - damit die Strafe an ihm mit der rechten Würde vollzogen werde, wie es bei Dio Cassius heißt.[19]
Der Fall bot ein interessantes und schwieriges Problem: Sind Amtsakte, wie etwa Freilassungen, Rechtsübertragungen und Prozeßeinsetzungen, gültig oder nichtig, wenn sie von jemandem in Ausübung eines ihm übertragenen öffentlichen Amtes erlassen worden sind, und zwar von jemandem, der selbst nicht wirksam zum Amtsinhaber bestellt werden konnte?

Von den Überlegungen, welche die römischen Juristen zu diesem Fall angestellt haben, erfahren wir Näheres aus einem nicht ganz intakten und offenbar gekürzten Text des oben bereits genannten Juristen und *prae-*

[19] Vgl. Dio Cassius 48,34; Appian, De bello civili 5,4,31.

fectus praetorio Ulpian. Der Text ist die berühmt gewordene Lex Barbarius Philippus, wie der offenbar verschriebene Name in den Digesten lautet:

D. 1,14,3

Ulpianus libro trigensimo octavo ad Sabinum

Barbarius Philippus cum servus fugitivus esset, Romae praeturam petiit et praetor designatus est. sed nihil ei servitutem obstetisse ait Pomponius, quasi praetor non fuerit: atquin verum est praetura eum functum. et tamen videamus: si servus quamdiu latuit, dignitate praetoria functus sit, quid dicemus? quae edixit, quae decrevit, nullius fore momenti? an fore propter utilitatem eorum, qui apud eum egerunt vel lege vel quo alio iure? et verum puto nihil eorum reprobari: hoc enim humanius est: cum etiam potuit populus Romanus servo decernere hanc potestatem, sed et si scisset servum esse, liberum effecisset. quod ius molto magis in imperatore observandum est.

Ulpian im 38. Buch zu Sabinus

Barbarius Philippus bewarb sich, obwohl ein flüchtiger Sklave, in Rom um die Prätur und wurde zum Prätor gewählt. Sein Status als Sklave stand ihm aber, wie Pomponius sagt, keineswegs entgegen, so als wäre er überhaupt nicht Prätor gewesen.- Gleichwohl aber ist wahr, daß er die Prätur verwaltet hat.- Und dennoch wollen wir genau prüfen: Was sollen wir sagen, wenn ein Sklave, solange sein Status verborgen blieb, das Amt des Prätors verwaltet hat? Ist das, was er als Edikt verkündet oder als Dekret beschlossen hat, ohne rechtliche Wirkung? Oder ist es wirksam im Interesse derer, die vor ihm Rechtshandlungen im gesetzlichen Verfahren[20] oder auf anderer Grundlage vorgenommen haben? Und ich halte es für richtig, nichts davon für ungültig zu erklären; denn das ist menschlicher, zumal da das römische Volk auch einem Sklaven diese Amtsgewalt hätte zuerkennen können und ihn sogar, wenn es gewußt hätte, daß er Sklave ist, zu einem freien Mann gemacht hätte. Dieses Recht [zur

[20] Wahrscheinlich der freiwilligen Gerichtsbarkeit.

Freilassung durch Übertragung eines Amtes] ist beim Kaiser erst recht zu beachten.

Ulpian schildert die (schwer rekonstruierbare, aber) wohl doch bejahende Antwort des Juristen Pomponius und bekennt auch sich selbst zu der Lösung, die Amtsakte seien als wirksam zu behandeln, und zwar wegen der *utilitas eorum, qui apud eum (sc. falsum praetorem) egerunt*, und aus Gründen der *humanitas*.[21] Wir würden die in der *utilitas* enthaltene Wertung heute mit den Begriffen 'Vertrauensschutz' und 'Rechtssicherheit' kennzeichnen und in der *humanitas* die Begünstigung derer erblikken, die den möglichen Nichtigkeitsgrund nicht veranlaßt haben und ihn nicht einmal vermeiden konnten.

Am 11. November 1563 wurden auf dem Tridentiner Konzil heimliche, die sog. klandestinen Eheschlüsse, weil sie zu schweren Mißständen geführt hatten, für künftig null und nichtig erklärt. In Zukunft war die Ehe nach vorangehenden Aufgeboten *in facie ecclesiae* vor dem Pfarrer oder einem anderen Priester und im Beisein von mindestens zwei Zeugen einzugehen. Alsbald stellte sich die Frage, ob eine Ehe gültig war, wenn sie vor einem Scheinpfarrer *(parochus putativus)* abgeschlossen worden war. Die Frage wurde bejaht, und man stützte sich zur Begründung in erster Linie auf die Lex Barbarius Philippus. *Tota huius disputatonis difficultas pendet ex intellectu l(egis) Barbatius*, leitet Thomas Sanchez[22] seine für lange Zeit maßgebliche Lehre hierzu ein, die zusätzlich vor allem einen *communis error* verlangte, also die allgemeine Annahme rechtmäßiger Amtsausübung. Von der Lex Barbarius ging auch Francisco Suarez[23] aus, dessen Lehre, wonach bei einem *communis error* die Kirche für den inneren und äußeren Bereich die fehlende Leitungsmacht ersetzt, sich später

[21] Näheres zum Fragment bei R. Knütel in: D. Schwab (Hrsg.), Staat, Kirche, Wissenschaft in einer pluralistischen Gesellschaft, Festschrift P. Mikat, Berlin 1989, 345-365 mit weiteren Nachweisen (dazu noch A. Guarino, Frustula Iuris Romani V, in: Atti dell'Accademia di Scienze Morali e Politiche, Neapel, 99, 1988 [1989], 273ff.). Dort auch zum Folgenden.

[22] Disputationum de Sancto matrimonii sacramento, Venedig 1619, Lib. III, disp. XIII n. 1-65 (279ff.).

[23] Opera omnia (ed. Berton), Bd. XXII, Paris 1856, 555.

auf Dauer durchsetzte und zu den *canones* 144[24] und 1111 § 1 des heutigen *Codex Iuris Canonici* v. 1983 geführt hat.
1874 wurde in Preußen, 1875 in Deutschland die obligatorische Zivilehe eingeführt. Die Problematik des Scheinstandesbeamten wurde von Anfang an bedacht, in § 42 Abs. 2 des Personenstandgesetzes von 1875 aber nur unvollkommen gelöst. Das am 1.1.1900 in Kraft getretene Bürgerliche Gesetzbuch (BGB) brachte dann in § 1319 die allgemeine Regelung:

„Als Standesbeamter im Sinne des § 1317 gilt auch derjenige, welcher, ohne Standesbeamter zu sein, das Amt des Standesbeamten öffentlich ausübt, es sei denn, daß die Verlobten den Mangel der amtlichen Befugnis bei der Eheschließung kennen."[25]

Es ist klar erwiesen, daß diese Bestimmung durch die Lex Barbarius und den *parochus putativus* inspiriert ist sowie durch die französische Praxis, die 1883 in der berühmten 'affaire des mariages de Montrouge' gegen den Wortlaut der Art. 181, 193 Code civil in einer vergleichbaren Situation zur Aufrechterhaltung der Ehen gelangt war und dabei von der Lex Barbarius und der daraus abgeleiteten Parömie *communis error facit ius* entscheidend beeinflußt war. Aus dem § 1319 BGB entwickelte sich später (über§ 15 Abs. 2 EheG 1938) der heutige § 11 Abs. 2 EheG:

„Als Standesbeamter im Sinne des Absatzes 1 gilt auch, wer, ohne Standesbeamter zu sein, das Amt eines Standesbeamten öffentlich ausgeübt und die Ehe in das Familienbuch eingetragen hat."

In Anlehnung an die §§ 1319 a.F. BGB, 15 Abs. 2 EheG a.F.; 11 Abs. 2 EheG wurde der Rechtsgedanke der Lex Barbarius in das Verwaltungsrecht übernommen, erstmals in § 34 Deutsches BeamtenG von 1937; heute findet er sich in § 14 BundesbeamtenG von 1953/77 sowie in den entsprechenden Landesgesetzen, und er ist überhaupt ein allgemein anerkanntes Prinzip geworden.

Hervorzuheben ist, daß der Rechtsgedanke der Lex Barbarius im Laufe der Jahrhunderte außerdem für die Lösung zahlreicher Fallkonstellationen fruchtbar gemacht wurde. Allein im Kirchenrecht unterschied man gut zwanzig typische Fallgruppen, bis hin zu der Frage, wie es sei, wenn unerkannt eine Frau in das Amt des Papstes gelange.[26] Und wenn man

---

[24] C. 144 § 1: *In errore communi de facto aut de iure, itemque in dubio positivo et probabili sive iuris sive facti, supplet Ecclesia, pro foro tam externo quam interno, potestatem regiminis exsecutivam.*

[25] Dieser Vorschrift nachgebildet ist Art. 113 des italienischen Codice civile von 1942.

[26] Der Fall geht auf einen jahrhundertelang für wahr gehaltenen Bericht zurück, nach dem Tode Leos IV. (855) habe eine als Mann angesehene Päpstin Johanna zwei Jahre

etwa den heutigen Lösungen zum Notar, dessen Bestellung unter Mängeln leidet, bis hin zum Putativvormund und zum Putativzeugen auf den Grund geht, stößt man immer wieder auf die Lex Barbarius und das aus ihr abgeleitete Rechtssprichwort *communis error facit ius*.

Hervorzuheben ist ferner, daß der Rechtsgedanke im Ausland auf ebenso fruchtbaren Boden fiel wie in Deutschland. In Italien hat sich aus der Lex Barbarius und ihren Anknüpfungen im Kirchenrecht die Lehre vom 'funzionario di fatto' entwickelt, in Frankreich die vom 'fonctionnaire de fait' und im anglo-amerikanischen Rechtskreis die vom 'de facto officer' bis hin zum 'king in fact and not in law' ('en fait et nient en droit').[27]

Das Beispiel veranschaulicht, wie eine Vielzahl von Fallgruppen aufgrund hauptsächlich *eines* Textes des römischen Rechts gelöst worden ist, wie aus dieser Quelle unter entscheidendem Einfluß des Kirchenrechts ein allgemeines Prinzip entwickelt worden ist, das in unserer heutigen Rechtsordnung an verschiedenen Stellen Ausdruck gefunden hat, das aus dem bürgerlichen Recht ins öffentliche Recht hinübergewachsen ist und das überhaupt heute weltweit gelten dürfte. Für das Nachleben der im römischen Recht entwickelten Lösungen ist all das nicht untypisch.

Das Beispiel führt uns zu der weiteren Frage, wie es sich erklärt, daß das antike römische Recht so maßgeblich unser Recht bestimmt, ja weltweit die modernen Rechtsordnungen beeinflußt hat.

Wir müssen bei alldem zweierlei unterscheiden: Erstens die historische Entwicklung, also den bloßen Gang der Dinge, und zweitens die Gründe dafür, weshalb man zu so verschiedenen Zeiten an so verschiedenen Orten sich vom römischen Recht hat leiten lassen. Diese zweite Frage ist die nach den Qualitäten des römischen Rechts; doch bleiben wir zunächst bei der ersten.

2. Römisches Recht in Mittelalter und Neuzeit

Das Recht des *Corpus iuris* erlangte in den deutschen Territorien aufgrund sehr komplexer Vorgänge seit dem hohen Mittelalter allmählich

---

lang den Stuhl Petri innegehabt, vgl. F. Gregorovius, Geschichte der Stadt Rom im Mittelalter (hrsg. v. W. Kampf) Bd. 1, München 1978, 518-519.

27 So in einem Parlamentsbeschluß v. 1461 anläßlich der Thronbesteigung durch Edward IV, V und VI, die als Usurpatoren angesehen wurden, vgl. H. W. R. Wade, Administrative Law, Oxford 1977[4], 277. Eine Übersicht findet sich in State v. Carroll (1873) 9 American Reports, 409, 415ff. (aus 38 Conn. 449). Vgl. des weiteren etwa A. Rubinstein, Jurisdiction and Illegality, Oxford 1965, 205ff.

Geltung.[28] Zwar hat das römische Recht den Untergang des weströmischen Reiches überlebt; doch kam nur ein Teil seiner Institute und Regeln weiterhin zur Anwendung und dies nur in groben Vereinfachungen und in unterschiedlichsten Verformungen durch die Gesetze der einzelnen Nachfolgereiche. Erst vom 11. Jahrhundert an kommt es in Bologna erstmals wieder dazu, das das ganze *Corpus iuris* zum Gegenstand juristischer Studien gemacht wird, und dies alsbald auf allerhöchstem Niveau. Studenten aus allen europäischen Nationen kamen nach Bologna, wo im 13. Jahrhundert etwa 500 Deutsche studiert haben, im 14. Jahrhundert schon über 1600. Mit dem Aufkommen der Universitäten wurde das Rechtsstudium an allen Universitätsorten Europas möglich; überall wurde das *Corpus Iuris* zugrundegelegt, daneben das vom römischen Recht stark beeinflußte *Corpus Iuris Canonici*.

In Europa ging es in jenen Zeiten um den Aufbau der Territorialherrschaften, um den Ausbau der Kirche und um die Selbstorganisation der Städte. Für all das brauchte man Juristen, und daß diese Juristen in ihren Heimatländern angesichts der großen Rechtszersplitterung, die sie vor allem in deutschen Territorien vorfanden, bei Unklarheiten über das anwendbare Recht dazu neigten, auf das umfassende Regelungen bietende, ausgereifte, verhältnismäßig gut erschließbare und ihnen vertraute römische Recht zurückzugreifen, liegt auf der Hand.[29] Hinzu kommt die tiefe Krise im damaligen Gerichtswesen, in dem die Urteile durch Laienrichter gefunden wurden, die den am römischen Recht geschulten Juristen spätestens von der Zeit ab hoffnungslos unterlegen waren, als man in Anlehnung an den kirchlichen Prozeß dazu überging, den Prozeß im Wege eines schriftlichen Verfahrens zu führen. Für das Gebiet des Heiligen Römischen Reiches Deutscher Nation spielte zusätzlich eine Rolle, daß die deutschen Kaiser sich als Nachfolger der römischen Kaiser ansahen; das römische Recht erschien mithin als das Kaiserrecht. Daß man es in Frankreich anders sah, liegt auf der Hand. Dort erlangte römisches Recht

[28] Näheres zur Rezeption und den weiteren Entwicklungen bei F. Wieacker, Privatrechtsgeschichte der Neuzeit, Göttingen 1967[2], 97-203; 204-248; G. Wesenberg - G. Wesener, Neuere deutsche Privatrechtsgeschichte, Wien u.a. 1985[4], 80-111; 112-138.

[29] Für Hamburg mag auf den Stadtschreiber Magister Jordan von Boizenburg (ca. 1210-1274) und den gelehrten Juristen Hermann Langebeck (1452-1517) verwiesen werden, die zur Ausgestaltung des Hamburgischen Schiffsrechts verschiedentlich auf römischrechtliche Bestimmungen zurückgegriffen haben (eindrucksvoll etwa D.7,1,12,1 und Art. 24 des Schiffsrechts im Ordelbook von 1270), dazu insbes. H. Reincke in: K. Bussmann (Hrsg), Festschrift Haff, Innsbruck 1950, 176ff.; G. Landwehr, Die Haverei in den mittelalterlichen deutschen Seerechtsquellen, Göttingen-Hamburg 1985, 14ff.; 101ff.

nicht *ratione imperii* Geltung, sondern *imperio rationis*, also kraft der ihm innewohnenden Rechtsvernunft.

Wir lassen es bei diesen dürftigen Andeutungen zu dem Bündel von Ursachen, die zur Rezeption, der Aufnahme des römischen Rechts in den deutschen Landen und überhaupt in Europa geführt haben, bewenden und weisen nur noch darauf hin, daß man gemeinhin als den Höhepunkt der Rezeption den § 3 der Reichskammergerichtsordnung von 1495 ansieht, in welchem die Richter dieses Gerichtes angewiesen werden, „nach des Reichs gemeinen Rechten“ zu urteilen, sofern nicht vorrangiges örtliches Recht nachgewiesen wird. Mit dem gemeinen Recht ist das römische Recht mitsamt den Verformungen, die es während der Rezeptionszeit erfahren hatte, gemeint; es galt also immer dann, wenn nicht anderes Recht als anwendbar bewiesen wurde - was in praxi oft schwer war.

Für den unermeßlichen Wert, den man seinerzeit der Übernahme des römischen Rechts beimaß, mögen zwei Zitate von Zeitgenossen stehen.[30] Frei übersetzt sagt Melanchthon,[31] der selbst eine Institutionen-Vorlesung gehalten hat (Wittenberg 1518):

„Möge Gott den Sinn der Fürsten und der Mächtigen auf die Bewahrung dieser Rechtswissenschaft lenken, was ein guter und verständiger Mensch nur wünschen kann. Denn wird sie beseitigt, so kann niemand sagen, eine wie große Tyrannei an den Höfen, Barbarei an den Gerichten und damit Verwirrung des gesamten bürgerlichen Rechts daraus entspringen würde - was zu verhindern wir Gott mit ganzer Seele bitten“.

Ortholf Fuchsberger, der zweite deutsche Übersetzer der Institutionen, hebt 1536 im Vorwort seiner Übersetzung schlicht und drastisch hervor:[32]

„Dann wann dises rechtens wissenhalt und handhabung/ von den menschen aufgehebt/ wurden wir weder inn noch ausser unsern heußlichen wonungen/ bey unserm haab und gutt/ geliebten freunden/ eltern/ ja weyb unnd kindern/ mit frydlicher und frölicher ainikait mögen leben. Nyeman wurd erkhennen/ was sein/ was ains andern/ was seyn vätterlich erb/ oder was seiner khinder gebürender tail wäre. Alle gütte und billichhait wurd auffgehebt/ und die erst vyhisch wildhait/ darinn die menschen einsam

[30] Siehe dazu R. Knütel, Präsentation des 1. Bandes einer Neuübersetzung des Corpus Iuris Civilis, SZ 108, 1991, 701.

[31] *De Irnerio et Bartolo Iureconsultis oratio* (recit. a S. Munstero), in: Declamationum D. Philippi Melanthonis Tomus II (ed. Joh. Richardius), Straßburg 1570, 607 zit. auch bei F.C. v. Savigny, Vom Beruf unserer Zeit für Gesetzgebung und Rechtswissenschaft, Heidelberg 1814, 162.

[32] O. Fuchsberger v. Dithmoning, Justinianischer Instituten wahrhaffte dolmetschung etc., Augsburg 1536.

inn den wälden/ sich mit aichel speysten/ ein yeder sterkher den schwechern bezwang/ widerumb fürher brechen. Wer wolt als dann inn den stetten oder auff dem land tugentlich mögen leben? seydmal durch gewalt und tyranney/ vor der kain unschuldiger sicher/ all zucht und künst wurden verwüstet".

Die Beispiele ließen sich vermehren.
Die fernere Entwicklung ist dadurch bestimmt, daß der Stoff des römischen Rechts durch vielfältige Uminterpretationen, Fortentwicklungen und Durchbrechungen den praktischen Erfordernissen der damaligen Zeit angepaßt wurde. So bildete sich in Kontinentaleuropa eine auf dem römischen Recht aufbauende und vom Kirchenrecht ergänzte Rechtsmasse heraus, die - sei es auch mit Variationen in den einzelnen Ländern - in ganz Westeuropa und über das Heilige Römische Reich Deutscher Nation hinaus bis zum Baltikum sowie in Polen und Ungarn und überdies in Schottland Geltung erlangte. Dies war das sogenannte *ius commune*. Ein Grundbestand gemeinsamer Rechtstexte, nämlich das *Corpus Iuris Civilis* und das *Corpus Iuris Canonici*, wurde überall zugrundegelegt; Lehrbücher, Kommentare und Gutachtensammlungen juristischer Autoritäten wurden europaweit benutzt und die gerichtlichen Entscheidungen in den genannten Ländern stützten sich darauf. Dieses Recht konnte in Bologna, Perugia, Prag oder Paris ebensogut studiert werden wie etwa in Köln, Coimbra, Krakau, Oxford oder Leiden. Die Studenten zogen auf ihrer *peregrinatio academica* quer durch Europa, Professoren konnten von jeder Universität Europas an jede andere berufen werden.
Zerbrochen ist diese vom *ius commune* gebildete Rechtseinheit erst vor ziemlich genau 200 Jahren, als die Nationalstaaten darangingen, ihre eigenen Zivilgesetzbücher zu schaffen, Preußen das Allgemeine Landrecht von 1794, Frankreich den Code Napoléon von 1804, den späteren Code civil, Österreich das Allgemeine Bürgerliche Gesetzbuch (ABGB) von 1811, um die wichtigsten zu nennen. Mag das *ius commune* auch die Hauptmasse dieser Gesetzbücher bilden oder - wie beim ALR, das man als „die erste kodifikatorische Übersetzung des römischen Rechts in die deutsche Sprache" bezeichnet hat, - gebildet haben, so ändert das doch nichts daran, daß die Geltung des Rechts nunmehr an den jeweiligen Landesgrenzen ihr Ende fand - ein beklagenswerter Zustand, den wir heute wieder zu überwinden suchen.

Für Deutschland wurde maßgeblich, daß der Stoff des rezipierten römischen Rechts, das hierzulande sog. gemeine Recht, im 19. Jahrhundert unter veränderten methodischen Voraussetzungen einer neuen und sehr tiefdringenden wissenschaftlichen Erschließung und Systematisierung unterzogen und damit so aufbereitet worden war, daß er die Grundlage für das neue Gesetzbuch, das Bürgerliche Gesetzbuch (BGB), bilden konnte. Erwähnenswert ist, daß am Ende des 19. Jahrhunderts, also vor dem Inkrafttreten des BGB am 1.1.1900, noch rund 16,5 Millionen Einwohner, ein Drittel der damaligen Reichsbevölkerung, nach gemeinem Recht gelebt hatten.[33]

IV. Römisches Recht und heutiges Recht

1. BGB vom 18.8.1896

a) Werfen wir nun einen Blick auf das Fortleben des römischen Rechts in unserer Zeit, so empfiehlt es sich, beim deutschen Recht anzusetzen. Hier zeigen sich römischrechtliche Einflüsse auf allen Rechtsgebieten, etwa im Handels- und Seerecht, im Internationalen Privatrecht, im Arbeitsrecht, im Prozeßrecht, im Vollstreckungs- und Konkursrecht und überhaupt im Öffentlichen Recht einschließlich des Strafrechts.[34] Doch liegt der Schwerpunkt im Bürgerlichen Recht.

Das Bürgerliche Recht ist allerdings nicht vollständig im Bürgerlichen Gesetzbuch erfaßt. Vielmehr sind im Einführungsgesetz zum BGB (EGBGB) einzelne Privatrechtsmaterien aufgeführt, in denen das BGB das Landesrecht mehr oder weniger unberührt gelassen hat, wie etwa das Wasser-, das Deich- und Sielrecht, das Bergrecht, das Fischerei-, das Nachbar- und das Anerbenrecht. In diesen Bereichen und teilweise bei vor 1900 begründeten Rechten gilt das gemeine Recht dort, wo es vor 1900 in Kraft war, grundsätzlich weiter, und wir haben hier in inzwischen freilich selten gewordenen Fällen die Lösung eines Rechtsfalles noch aus den römischen Rechtstexten abzuleiten. Denn das gemeine Recht ist inzwischen weitestgehend durch neues Landesrecht ersetzt worden, das in der Sache jedoch weithin nur das alte Recht neu formuliert hat.

Daß in diesen Bereichen bisweilen bis auf römisches Recht zurückzugehen ist, wurde beispielsweise 1984 deutlich, als der Bundesgerichtshof zu entscheiden hatte, wem eine ca. 6.000 m^2 große Fläche gehört, die einer Moselinsel in den Jahren zwischen 1849 und 1905 durch Anschwemmung allmählich angewachsen war. Das Gericht erkannte zugunsten des Inseleigentümers, nicht des Flußeigentümers, der Bundesrepublik.[35] Dies

[33] Denkschrift zum Entwurf eines Bürgerlichen Gesetzbuchs, Berlin 1896[4], 450-452.

[34] Siehe R. Knütel, Römisches Recht und deutsches Bürgerliches Recht, in: W. Ludwig (Hrsg.), Die Antike in der europäischen Gegenwart (Veröffentlichung der Joachim Jungius-Gesellschaft der Wissenschaften Hamburg), Göttingen 1993, 50, dort (50-64) auch Näheres zu den hier gekürzt wiedergebenen Ausführungen.

[35] BGHZ 92, 326ff. = NJW 39, 1986, 1289ff., dazu B. Kupisch, JZ 42, 1987, 1017ff.- Vgl. des weiteren BGHZ 108, 110; 121f. = NJW 42, 1989, 2464; 2467 (Hohwachter

leitete es aus dem französischen Code civil von 1804 ab, der in den linksrheinischen Gebieten als Rheinisches Recht bis zum Inkrafttreten des BGB galt.

Art. 560 Cc bestimmt, daß Inseln und Anwüchse, die sich im Bette schiffbarer Flüsse bilden, dem Staat gehören, und Art. 556 Cc sieht vor, daß Anschwemmungen und Vergrößerungen, die sich nach und nach unmerklich an Grundstücken bilden (Alluvionen), dem angrenzenden Eigentümer zum Vorteil gereichen. Im Gegensatz zur Vorinstanz, dem Oberlandesgericht Koblenz, das den Art. 560 Cc angewendet hatte, sah der Bundesgerichtshof den Art. 556 Cc als entscheidend an, weil „Grundstück" i.S. dieses Artikels auch eine einmal entstandene Insel sei. Für diese Auslegung berief der Bundesgerichtshof sich auf zwei Texte aus dem römischen Recht, in denen der Gedanke, daß die entstandene Insel ein selbständiges Grundstück ist, klar ausgesprochen wird.[36] Zutreffend hob der Bundesgerichtshof hervor, daß der einschlägige Artikel 556 Cc nur den römischrechtlichen Rechtszustand festschreiben sollte und daß er deshalb auch im Lichte des römischen Rechts zu interpretieren sei.

b) Das BGB ist das Herzstück des deutschen Privatrechts. Seine Strukturen und Grundbegriffe sind sehr weitgehend durch das römische Recht geprägt. Schon das System des BGB, das in einen Allgemeinen Teil, das Schuldrecht, das Sachenrecht, das Familienrecht und das Erbrecht zerfällt, hat seine älteste Wurzel in dem System des Juristen Gaius, der um 161 n.Chr. den Stoff seines Lehrbuchs (Institutiones) nach *personae, res, actiones* gliederte, wobei *res* Sachen und Forderungen umfaßt.

Die heutigen Unterscheidungen zwischen relativen Rechten (Forderungen) und absoluten (zu denen insbesondere das Eigentum zählt), die zwischen Verbindlichkeiten aus Vertrag und Delikt (nebst Quasivertrag und Quasidelikt), die zwischen Eigentum und beschränkt dinglichen Rechten (etwa Dienstbarkeiten, Nießbrauch, Pfandrecht), die zwischen gesetzlicher Erbfolge und testamentarischer - all das und anderes mehr ist aus dem römischen Recht übernommen.

Bei vielen Rechtsinstituten wird schon vom Namen her deutlich, daß sie dem römischen Recht entstammen,[37] gleichgültig ob das BGB dessen

---

Bucht); BGH NJW 43, 1990, 3263; 3265 (Travemünde, § 3 BWasserstrG, gemeines Recht: D. 43,12,1,7); BGHZ 114; 183; 189ff. = NJW 44, 1991, 2880; 2773 (linksrhein. NRW, § 115 WassG NRW, *actio aquae pluviae arcendae).*

[36] D. 41,1,56 pr. (... *et quod postea ei insulae alluvione acessit, id tuum est* - was der Insel nachträglich durch Anschwemmung anwächst, ist dein; sc. das des anfragenden Inseleigentümers); D. 41,1,65,3.

[37] Siehe dazu A. Wacke, Lateinisch und Deutsch als Rechtssprachen in Mitteleuropa, NJW 43, 1990, 877-886.

Begriffe noch verwendet, wie Familie, Fiskus, Hypothek, Inventar - mögen in der Sache auch sehr erhebliche Abweichungen bestehen -, oder ob die Begriffe in der Fach- und Umgangssprache fortleben, wie Kontrakt, Adoption, Kondiktion, Delegation, Vindikation, Obligation, Zession, Kaution, Servitut, Legat, Synallagma etc. Oft gibt der Begriff noch Anschauung von ursprünglichen Wesenszügen, wie das Testament von *testari*, was auf die *testes*, Zeugen hinweist, oder die Obligation von *ligare*, binden, zusammenziehen, was auf die uralte Zwangsvollstreckung zurückführt: Diese erfaßte die Person des Schuldners, der nach der Verurteilung vom Gläubiger gefesselt in dessen Privathaft abgeführt werden durfte.

Auch sind die heutigen Fachbegriffe zum großen Teil bloße Lehnübersetzungen aus der lateinischen Rechtssprache, etwa Verbindlichkeit von *obligatio*, Gläubiger von *creditor*, Schuldner von *debitor*, Beweislast von *onus probandi*, Dienstbarkeit von *servitus*, Nießbrauch von *usus fructus* etc. Eigenartig ist die Lehnübersetzung „Faustpfand" für *pignus* aufgrund der vulgäretymologischen Ableitung von *pugnus* (in D. 50,16,238,2). Es versteht sich, daß sich hinter dem durch Lehnübersetzung gewonnenen deutschen Begriff und seinen Regelungen in der Sache weithin römischer Rechtsstoff verbirgt.

c) Was nun die gesetzlichen Regelungen im einzelnen angeht, so sind die römischrechtlichen Einflüsse am stärksten im Schuldrecht, im Recht der beweglichen Sachen und im Erbrecht; doch finden sich auch im Allgemeinen Teil und im Familienrecht, insbesondere etwa bei der Vormundschaft, stark römischrechtlich geprägte Stücke. Es sind also ganze Sachkomplexe weithin nach dem Vorbild des römischen Rechts geregelt, und es ist kein Zufall, daß man den ersten Entwurf zum BGB von 1887 als „in seinem letzten Kern ein in Gesetzesparagaphen gegossenes Pandektenkompendium" kritisert hat.[38]

Zur Veranschaulichung seien nur wenige ganz einfache Beispiele genannt: Geradezu wie eine Übersetzung des römischen Originals: *Inpossibilium nulla obligatio est* (D. 50,17,185) liest sich § 306 BGB: 'Ein auf eine unmögliche Leistung gerichteter Vertrag ist nichtig'.- § 276 Abs. 2: „Die Haftung wegen Vorsatzes kann dem Schuldner nicht im voraus erlassen werden" knüpft an D. 2,14,27,3 an: *Illud nulla pactione effici potest, ne dolus praestetur* (vgl. auch D. 16,3,1,7). Die *diligentia quam in suis rebus adhibere solet* (sc. *debitor)* (D. 17,2,72) ist beim Haftungs-

[38] O. v. Gierke, Der Entwurf eines Bürgerlichen Gesetzbuchs und das deutsche Recht, Berlin 1889, 2.

maßstab des § 277 BGB übersetzt worden als: „diejenige Sorgfalt..., welche er in eigenen Angelegenheiten anzuwenden pflegt, ...“.

Die Beispiele ließen sich in größtem Umfange vermehren. Nicht selten weist das BGB fünf, sechs, ja bisweilen fast ein Dutzend Vorschriften nacheinander auf, die allesamt in ihren wesentlichen Aussagen bereits im römischen Recht angelegt sind und deren Grundgedanken sich am besten dort erkennen lassen. Daß zur Veranschaulichung hier nur sehr einfache Beispiele angeführt wurden, darf nicht darüber hinwegtäuschen, daß der Rückgriff auf das römische Recht dort natürlich besonders wichtig ist, wo es sich um schwierige Normen oder komplexe Probleme handelt. So fördert beispielsweise die vom römischen Recht angeregte Überprüfung einer versteckten Detailregelung im Ersitzungsrecht ein grundlegendes Mißverständnis zum mittelbaren Besitz zutage und führt damit zu erheblichen Konsequenzen bei der Sicherungsübereignung und damit für die Praxis der Kreditsicherung.[39] Nach alldem liegt auf der Hand, daß für ein vertieftes Verständnis und für eine sachgerechte Handhabung der Vorschriften des BGB Kenntnisse vom römischen Recht vonnöten sind. Leider liegt es damit heute ziemlich im argen, und es sind beispielsweise schon so elementare Dinge, wie der Begriff des Zufalls (*casus*), im meist verbreiteten Praktikerkommentar und in einem renommierten Lehrwerk falsch dargestellt worden.[40]

d) Auf der Hand liegt ebenfalls, daß nicht nur das Verständnis von der Aussage sowie von Sinn und Zweck einer Norm weithin aus dem römischen Recht erschlossen werden kann, sondern daß auch die Auslegung der Normen entscheidend durch das römische Recht geprägt ist. In diesem Bereich sind besonders interessant die Fälle, in denen die heute herrschende oder jedenfalls überwiegende Ansicht eine gegen den Wortlaut des Gesetzes oder gegen seine strenge Logik verstoßende Lösung befürwortet. Hier wird oft deutlich, daß sich nach Ablauf einer ersten Orientierungsphase ungeachtet des Gesetzeswortlauts auch nach 1900 die altüberkommene Lösung durchgesetzt hat, und man stößt in diesen Fällen in der Regel auf nachdrückliche Bezugnahmen auf das gemeine Recht, etwa beim sogenannten Rückerwerb des Nichtberechtigten: Ein ungetreuer Mieter hat die Mietsache einem gutgläubigen Dritten verkauft und übereignet. Der Dritte erwirbt, weil er gutgläubig ist, das Eigentum. Macht er

---

[39] Zu D. 44,3,11 und §§ 943, 857 BGB vgl. R. Knütel, Bösgläubiger Erblasser - gutgläubiger Erbe, Festschrift H. Lange, Stuttgart u.a. 1992, 903-937, jüngst G. Krämer, Bernsteinzimmer-Mosaik: Ersitzung durch den gutgl. Erben?, NJW 50, 1997, 2580f.

[40] Siehe dazu R. Knütel, Zum „Zufall“ in § 287 S.2 BGB, NJW 46, 1993, 900-901.

nun, weil die Sache einen Mangel aufweist, den Kauf rückgängig, so muß er dem Mieter/Verkäufer das zurückverschaffen, was er von diesem erlangt hat. Der Mieter selbst war zwar nicht Eigentümer, doch konnte er dem gutgläubigen Erwerber das Eigentum verschaffen. Dieses müßte ihm also zurückübertragen werden. Daß der ungetreue Mieter auf diese Weise zum Eigentümer werden soll (mag er auch die Sache seinem Vermieter herausgeben müssen), erscheint zwar von der Logik her geboten, verstößt aber doch sehr gegen das Rechtsempfinden.

Im römischen Recht galt dazu: *in pristinam causam res redit resoluta venditione* - mit Auflösung des Kaufs fällt die Sache in ihre frühere Rechtslage zurück (D. 20,6,10,1). Der Mieter wird danach nur Besitzer, der Vermieter dagegen wieder Eigentümer. Das nehmen auch heute die meisten an, und sie berufen sich auf den einschlägigen Digestentext, wie etwa Wolff/Raiser: „So war es im römischen und im gemeinen Recht (D. 20,6,10,1), und es ist nicht anzunehmen, daß das BGB dahinter zurückschreiten wollte.“[41] Ganz ähnlich äußert sich Wieling: „Es ist in der Tat nicht konstruierbar, doch sollte man aus diesem Grund nicht die gerechtere Lösung zugunsten einer anderen aufgeben. Die römischen und gemeinrechtlichen Juristen jedenfalls haben nicht gezögert, ohne jeden Konstruktionsversuch das richtige Ergebnis als geltendes Recht anzuerkennen. Es besteht für uns kein Grund, davon abzuweichen.“[42]

e) Im Rahmen der Gesetzesauslegung sind als Schwerpunkte überdies besondere Einbruchstellen zu beobachten, in denen römisches Recht im heutigen Recht nachwirkt.[43]Dies sind zum einen die *Generalklauseln* wie etwa die des § 242 BGB („Der Schuldner ist verpflichtet, die Leistung so zu bewirken, wie Treu und Glauben mit Rücksicht auf die Verkehrssitte es erfordern“), die sich von der *bona fides* des römischen Rechts herleitet. Zur Konkretisierung der Generalklauseln wird in besonderem Maße auf Rechtsregeln und Rechtssprichwörter[44] zurückgegriffen, in denen

[41] M. Wolff - L. Raiser, Sachenrecht, 10. Bearb., Tübingen 1957, 257, vgl. auch G. v. Beseler, Juristische Miniaturen, Leipzig 1929, 124; G. Jahr - W. Maihofer, Rechtstheorie, Frankfurt a.Main 1971, 310; W. Lorenz in Staudinger, Komm. z. BGB 1979[12], § 816 Rz. 22 (alle in Anknüpfung an D. 20,6,10,1).

[42] H. Wieling, Sachenrecht, Bd. 1, Berlin u.a. 1990, 397- Übrigens hat auch Blackstone diese Lösung, Commentaries on the Laws of England II chap. 30 (ed. E. Christian, Portland 1807, 450).

[43] Sie hängen eng mit den Richtlinien zusammen, die die Verfasser des BGB bei ihrer Arbeit befolgt haben, dazu H. H. Jakobs, Wissenschaft und Gesetzgebung im bürgerlichen Recht, Paderborn u.a. 1983, 136-158.

[44] Eine Sammlung bietet insbesondere D. Liebs, Lateinische Rechtsregeln und Rechtssprichwörter, München 1991[5].

rechtliche Erfahrung vielfältigen Ausdruck findet. Sie tradieren in leicht merkfähiger Form alte Rechtsvorstellungen; ihre einst außerordentliche Bedeutung ist freilich seit dem Ende des 18. Jahrhunderts vor allem infolge des Aufkommens der Kodifikationen und des rechtsstaatlichen Gesetzbegriffs kontinuierlich zurückgegangen.

Sie haben jedoch weiterhin ihren Wert und können, soweit sie sich in das geltende System einfügen, als Richtlinie zur Gesetzesauslegung dienen, wenn sie nicht überhaupt schon gewohnheitsrechtliche Geltung erlangt haben. Aus vielen Beispielen seien etwa die vielzitierten Parömien zu den zeitlos gültigen Anforderungen an das Parteiverhalten herausgegriffen: *dolo facit qui petit quod redditurus est* (D. 50,17,173,3 = 44,4,8 pr.); *nemo auditur propriam turpitudinem allegans* sowie das Verbot eines *venire contra factum proprium.*

Die Verfasser des BGB haben davon abgesehen, dort Festlegungen zu treffen, wo Probleme und Begriffe für eine gesetzliche Regelung oder Präzisierung noch nicht reif waren; dies blieb, wie es in den Gesetzesmaterialien geradezu stereotyp heißt, Wissenschaft und Praxis zur Lösung überlassen. Es liegt auf der Hand, daß man in diesem Bereich auch nach dem Inkrafttreten des BGB von dem ausgegangen ist, was früher galt. Das Reichsgericht hat denn auch zu dem Hinweis, die Entscheidung bleibe Wissenschaft und Praxis überlassen, ausdrücklich bemerkt, daraus sei „zunächst ersichtlich, daß eine grundsätzliche Änderung des bisherigen Rechts nicht beabsichtigt" sei;[45] auch insoweit ist die Auslegung mithin weitgehend vom gemeinen (römischen) Recht bestimmt worden.

Ferner haben die Verfasser des BGB die Richtlinie befolgt, in das Gesetz keine Sätze doktrinärer Natur aufzunehmen. Aus diesem Grund enthält das BGB beispielsweise allgemeine Auslegungsregeln nur in sehr begrenzter Zahl. Diese Enthaltsamkeit hat dazu geführt, daß sich in der Auslegungslehre ein weiterer Schwerpunkt des Rückgriffs auf die vor dem BGB geltenden römischen Regeln gebildet hat. Hinzuweisen ist etwa auf Regeln wie: *falsa demonstratio non nocet* (vgl. D. 35,1,17 pr./1; 33 pr.; 34 pr.); *quod in favorem alicuius introductum est non debet in eius laesionem retorqueri* (vgl. D. 1,3,25; C. 5,9,5,6 = C. 1,14,6); *quotiens in stipulationibus ambigua oratio est, commodissimum est id accipi, quo res, qua de agitur, in tuto sit* (D. 45,1,80) oder *ambiguitas contra stipulatorem* (D. 34,5,26). Die letztgenannte Regel ist inzwischen in § 5 AGBG v. 1976 wieder Gesetz geworden; das Reichsgericht hatte sie, obwohl sie bewußt nicht in das BGB aufgenommen worden war, auch nach dessen Inkrafttreten als allgemeinen Grundsatz weiterhin angewendet.

---

45 RGZ. 57, 392 (v. 1904).

Schließlich haben die BGB-Gesetzgeber das Gesetz auch von juristischen Selbstverständlichkeiten und von kasuistischen, also nur seltene Einzelfälle betreffenden Entscheidungen freihalten wollen. Das hat aber nichts daran geändert, daß man die alten Rechtssätze, die juristische Selbstverständlichkeiten formulieren, auch unter der Herrschaft des BGB beibehält, wie etwa den Satz *casum sentit dominus.*[46] Auch zur Kasuistik wird bei näherem Hinsehen deutlich, daß überaus viele Einzelaussagen des römischen Rechts in den heutigen Kommentierungen oder in Urteilen wieder auftauchen, wie etwa zu § 959 BGB (Dereliktion) der Hinweis, daß derjenige, der in Seenot zur Leichterung eines Schiffes Sachen über Bord wirft, nicht die Absicht hat, das Eigentum an ihnen aufzugeben.[47] Oder es wird zu § 950 (Verarbeitung) zu der Frage, wann die Identität einer Sache durch Verarbeitung aufgehoben werde, hervorgehoben: „Die römischrechtlichen Regeln entsprechen der Natur der Sache und sind unbedenklich für das bürgerliche Recht zu verwerten."[48]

Die nähere Betrachtung zeigt also, daß wir tagtäglich mit einem Gesetzbuch arbeiten, das in seiner Ausgestaltung und in seiner Auslegung entscheidend und in einem Ausmaße vom römischen Recht geprägt ist, von dem auch der heutige Durchschnittsjurist nicht entfernt eine Vorstellung hat. Dies gilt freilich nicht nur für das BGB, sondern praktisch für alle westeuropäischen und lateinamerikanischen Kodifikationen und mit gewissen Einschränkungen auch für die Gesetzbücher Japans und Koreas. Dieser Umstand legt einige Bemerkungen zur Verbreitung des römischen Rechts in der Welt nahe.

2. Römisches Recht in der Welt

Die Rezeption des römischen Rechts hat nicht nur - wie beschrieben - die deutschen Territorien erfaßt, sondern ganz Westeuropa und etwa das Baltikum, Polen, Ungarn und Schottland. Für England und Skandinavien kann man zwar nicht von einer Rezeption sprechen; doch sind auch in diesen Ländern römischrechtliche Einflüsse - zum guten Teil vermittelt durch das Kirchenrecht - deutlich erkennbar.

Von Europa aus ist das römische Recht um die Welt gegangen. Die Niederländer brachten es in seinen Ausformungen als *ius commune* seit

---

[46] Den Zufallsschaden trägt der Eigentümer, vgl. §§ 644 Abs. 1 S. 3, 732 S. 2 BGB.

[47] So bereits D. 14,2,8; Inst. 2,1,48.- Art. 624 Abs. 4 des chilenischen Código civil bestimmt dies ausdrücklich (No se presumen abandonadas por sus dueños las cosas que los navegantes arrojan al mar para alijar la nave).

[48] So beispielsweise L. Enneccerus - H. C. Nipperdey, Allgemeiner Teil des Bürgerlichen Rechts, Bd. I/1, Tübingen 1959[15], 768 Anm. 28 mit Hinweis auf D. 5,1,76; D. 45,1,83,5 und D. 46,3,98,8.- Zu D. 5,1,76 vgl. R. Knütel a.O. (Anm. 34), 62-63.

1652 nach Südafrika, wo es mit dem seit 1806 allmählich hinzugekommenen englischen Recht zu einer Mischrechtsordnung zusammenwuchs und noch heute von Bedeutung ist.[49] Ähnliches gilt für Sri Lanka (Ceylon).

Vor allem aber hat der französische Code civil von 1804 das römische Recht in die Welt getragen. Seine Artikel sind zum größten Teil in Gesetzesform gegossene Lösungen des römischen Rechts,[50] und seine Verfasser haben dies wiederholt zum Ausdruck gebracht, wie etwa der Tribun Grenier vor dem Corps législatif in seinem Discours über den Entwurf des Abschnitts, in dem das Eigentum geregelt ist:

„Dans ce titre du Code civil, plus peut-être que dans aucun autre, on remarque des traces de la législation romaine, parce que cette matiere a été moins soumis qu'aucun autre objet de législation aux préjugés et aux habitudes. On a dû en puiser les decisions dans l'équité naturelle; et le peuple romain est celui de tous qui a su le mieux en déduire les principes."[51]

Der Code civil ist das weltweit einflußreichste Gesetzbuch geworden. Mit Ausnahme von Brasilien ist er in ganz Lateinamerika zum Vorbild genommen worden. Die ersten dort in Kraft gesetzten Zivilgesetzbücher modifizierten ihn nur geringfügig, wie der Code civil von Haiti (1825), oder waren geradezu wörtliche Übersetzungen, wie der Código Santa Cruz (1830) und der Código General von Costa Rica (1841). In Nordamerika sind die Einflüsse des Code civil sehr stark in kanadischen Gebieten (Montreal und Quebec) und vor allem in Louisiana, wo dem Civil Code von 1825 zum weit überwiegenden Teil der ausführlichere erste Entwurf des Code civil zugrundegelegt wurde. Ferner orientieren sich fast alle Gebiete des ehemaligen französischen Kolonialreichs in Afrika

---

49 Näheres bei R. Zimmermann, Das römisch-holländische Recht in Südafrika, Darmstadt 1983.- Einen repräsentativen Fall aus jüngerer Zeit (*Butgereit v. Transvaal Canoe Union* 1988 [1] SA 759 [A]) erörtert G. Dolezalek, Krokodilfluß, Kanufahrer und Corpus Iuris, in: St. Buchholz - P. Mikat - D. Werkmüller (Hrsgg.), Überlieferung, Bewahrung und Gestaltung in der rechtsgeschichtlichen Forschung, Paderborn u.a. 1993, 105-123.

50 Vgl. etwa O. Le Clercq, Le droit romain dans ses rapports avec le droit français et les principes des deux legislations, 8 Bde., Lüttich 1810-1812, sowie etwa die (nur auf die Institutionen beschränkte) Synopse „Institutionen und heutige Gesetze" in: O. Behrends - R. Knütel - B. Kupisch - H. H. Seiler, a.O.(Anm. 5), Bd. 1, Institutionen, Heidelberg 1997², 304-326.

51 P. A. Fenet, Recueil Complet des Travaux Préparatoires du Code Civil, Bd. 11, Paris 1828 (Nachdruck Osnabrück 1968), 164, vgl. etwa auch Tribun Faure, ebd. 152 („c'est aux Romains que nous aurons le plus d'obligations pour le perfectionnement de notre législation").

und Ostasien am Code civil. Auch das japanische Gesetzbuch hat aus ihm mehr als ein Drittel seiner Bestimmungen übernommen; der Rest lehnt sich vor allem an den ersten Entwurf des deutschen BGB an.

Später hat auch das - wie wir sahen - entscheidend vom römischen Recht geprägte deutsche BGB wesentliche Einflüsse im Ausland entfaltet, mit seinem ersten Entwurf von 1888 vor allem auf das japanische Zivilgesetzbuch von 1896 und als Gesetzbuch sodann auf den brasilianischen Código civil von 1916, auf das koreanische Zivilgesetzbuch von 1958, ferner auf das griechische Zivilgesetzbuch von 1940 und - schwächer - auf den italienischen Codice civile von 1942 sowie in jüngerer Zeit noch auf den Código civil von Paraguay von 1987.[52]

Deutliche Anlehnungen an das deutsche BGB wies - angeregt durch das japanische Zivilgesetzbuch und die japanische Rechtswissenschaft - auch das chinesische Zivilgesetzbuch von 1933/34 auf,[53] das wegen der Eroberung des Landes durch Japan, des anschließenden Bürgerkrieges und der Machtübernahme durch die Kommunisten allerdings nie Wirkung zu entfalten vermochte. Augenscheinlich hat man aber, ohne daß dies jedoch verlautbart wäre, bei der Bildung der „Allgemeinen Grundsätze des Zivilrechts der Volksrepublik China" von 1986 an dieses Gesetzbuch angeknüpft. Die 155 „Allgemeinen Grundsätze"[54] sind eine Art „Allgemeiner Teil" des Zivilrechts; sie müssen einem im römischen Recht bewanderten Juristen ausgesprochen vertraut vorkommen, insbesondere soweit es um schuldrechtliche Zusammenhänge geht. Beispielsweise gibt § 60 („Ist ein Teil der Zivilhandlung [des Rechtsgeschäfts] unwirksam, ohne daß sich das auf die anderen Teile auswirkt, so bleiben die anderen Teile wirksam") die Regel *utile per inutile non vitiatur* (D. 45,1,1,5)[55] wieder oder § 88 Abs. 1 („Die Vertragsbeteiligten müssen gemäß dem im Vertrag Vereinbarten ihre eigenen Pflichten im vollen Umfang erfüllen") das Prinzip *bona fides exigit, ut quod convenit fiat* (D. 19,2,21).[56]

---

[52] Nach dem argentinischen Código civil von 1869 und dem italienischen Codice civile, vgl. D. Nelle, Der neue Código civil von Paraguay, Zeitschrift f. Vergleichende Rechtswissenschaft 90, 1991, 25; 40-41.

[53] Übersetzung von K. Bünger, Zivil- und Handelsgesetzbuch sowie Wechsel- und Scheckgesetz von China, Marburg 1934, 101-278; zu den Einflüssen des deutschen Rechts ebd. 16; 22 sowie bei der Darstellung der Grundzüge des Gesetzbuchs (24-94) und in den Anmerkungen zu den einzelnen Paragraphen.

[54] Übersetzung von F. Münzel, in: China aktuell, 1986, 288-308.

[55] Dazu H. H. Seiler, Utile per inutile non vitiatur in: D. Medicus - H. H. Seiler (Hrsgg.), Festschrift M. Kaser, München 1976, 127-144.- § 139 BGB enthält die umgekehrte Zweifelsregelung.

[56] Weitere Beispiele bei R. Knütel, Derecho Romano y codificación del Derecho Civil, Revista de Derecho Privado, Bd. 6 Nr. 16, Mexico 1995, 65; 72-73.

Zu beachten bleibt, soweit es um die Verbreitung römischen Rechtsdenkens geht, überdies die eigenständige Ausstrahlung, die von Byzanz ausging und nachhaltig im slawischen Raum, vor allem also in Rußland und in Serbien, Wirkungen entfaltet hat. Hier war es im besonderen Maße die orthodoxe Kirche, die die römisch-byzantinischen Rechtsvorstellungen vermittelt hat.[57] Im griechischen Zivilgesetzbuch (ZGB) von 1940 sind sich interessanterweise die beiden Hauptwege begegnet, auf denen das römische Recht in die Neuzeit gelangt ist, der wesentlich vor allem schon vom Code civil und vom BGB bestimmte westliche und der von Byzanz vermittelte östliche.
Nach alldem ist es vielleicht etwas übertrieben, im Kern aber durchaus treffend, wenn der Amerikaner Charles Sherman in der Einleitung des 2. Bandes seines breit angelegten Werkes „Roman Law in the Modern World“ hervorhebt:

„In all the codifications of the 19th and 20th centuries there is a unity: The Modern Codes may be regarded as republications, to a large extent, of Justinian's monumental codification of Roman Law - but adapted to modern times and garbed in modern linguistic dresses.“[58]

Dazu sei aus der unübersehbaren Fülle des Materials nur ein Beispiel herausgegriffen: Der römische Jurist Tryphonin, der zum *consilium* des Kaisers Septimius Severus gehörte, erörtert in D. 16,3,31 die Anforderungen, die sich aus der *bona fides,* aus dem Prinzip von Treu und Glauben, ergeben, und wie weit dieses Prinzip reicht:

D. 16,3,31 pr., 1

Tryphoninus libro nono disputationum	*Tryphonin im 9. Buch seiner Erörterungen*
Bona fides quae in contractibus exigitur aequitatem summam desiderat: sed eam utrum aestimamus ad merum ius gentium an vero cum praeceptis	Treu und Glauben, auf die es bei den Verträgen ankommt, verlangen den Maßstab höchster Gerechtigkeit. Beurteilen wir sie aber nach dem bloßen Völkerge-

[57] Siehe dazu L. Burgmann, Das byzantinische Recht und seine Einwirkung auf die Rechtsvorstellungen der Nachbarvölker, in: A. Hohlweg (Hrsg.), Byzanz und seine Nachbarn, Südosteuropa-Jahrbuch 26, 1996, 277-295. Zur Entwicklung des römischen Rechts im byzantinischen Staat, vgl. etwa die Hinweise zur Wirkungsgeschichte des Corpus Iuris Civilis in: O. Behrends - R. Knütel - B. Kupisch - H. H. Seiler a.O. (Anm. 5), XIV-XVI.
[58] Ch. Sherman, Roman Law in the Modern World, Bd. 2, New York 1924^2, 5.

civilibus et praetoriis, veluti reus capitalis iudicii deposuit apud te centum: is deportatus est, bona eius publicata sunt: utrumne ipsi haec reddenda an in publicum deferenda sint? si tantum naturale et gentium ius intuemur, ei qui dedit restituenda sunt: si civile ius et legum ordinem, magis in publicum deferenda sunt: nam male meritus publice, ut exemplo aliis ad deterrenda maleficia sit, etiam egestate laborare debet.

meinrecht oder auch mitsamt den zivilrechtlichen und honorarrechtlichen Vorschriften? Zum Beispiel hat ein im Strafverfahren für Kapitalverbrechen Angeklagter bei dir Hundert hinterlegt. Er ist danach lebenslänglich verbannt worden; sein Vermögen wurde eingezogen. Müssen diese Hundert ihm zurückgegeben werden oder müssen sie der öffentlichen Hand zur Einziehung überlassen werden? Wenn wir allein auf das Natur- und Völkergemeinrecht abstellen, müssen sie dem zurückgegeben werden, der sie hingegeben hat, wenn aber auch auf das Zivilrecht und die durch die Gesetze geschaffene Ordnung, dann sind sie vielmehr der öffentlichen Hand zur Einziehung zu überlassen. Denn wer sich im Hinblick auf das Gemeinwesen in übler Weise hervorgetan hat, der muß, um bei Verbrechen jedermann als abschreckendes Beispiel zu dienen, auch an bitterer Armut leiden.

§ 1 Incurrit hic et alia inspectio, bonam fidem inter eos tantum, inter quos contractum est, nullo extrinsecus adsumpto aestimare debemus, an respectu etiam aliarum personarum, ad quas id quod geritur pertinet? exempli loco latro spolia quae mihi abstulit posuit apud Seium inscium de malitia deponentis: utrum latroni an mihi restituere

§ 1 Es kommt hier noch eine andere Überlegung hinzu: Haben wir Treu und Glauben nur im Verhältnis zwischen denen zu beurteilen, die kontrahiert haben, und ohne etwas außerdem heranzuziehen oder auch im Hinblick auf außenstehende Personen, die das Geschäft, das vorgenommen wird, etwas angeht? Beispielsweise hat ein Straßenräuber die Beu-

[59] Die entsprechende Aussage des Marcellus (aus dem 6. Buch seiner Digesten) führt auch Ulpian in D. 16,3,1,39 an.

Seius debeat? si per se dantem accipientemque intuemur, haec est bona fides, ut commissam rem recipiat is qui dedit: si totius rei aequitatem, quae ex omnibus personis quae negotio isto continguntur impletur, mihi reddenda sunt, [quo] <quae> facto scelestissimo adempta sunt. et probo hanc esse iustitiam, quae suum cuique ita tribuit, ut non distrahatur ab ullius personae iustiore repetitione, quod si ego ad petenda ea non veniam, nihilo minus ei restituenda sunt qui deposuit, quamvis male quaesita deposuit, quod et Marcellus in praedone et fure scribit...

te, die er mir geraubt hat, bei Seius, der von dem verbrecherischen Tun des Hinterlegers keine Kenntnis hatte, hinterlegt. Muß Seius dem Räuber oder mir herausgeben? Stellen wir auf den Geber und den Empfänger für sich allein ab, so entspricht es Treu und Glauben, daß derjenige die [dem anderen] anvertraute Sache zurückerhält, der sie hingegeben hat, stellen wir ab auf die Gerechtigkeit der gesamten Angelegenheit, die alle Personen erfaßt, die von diesem Geschäft berührt werden, so ist mir zurückzugeben, was mir durch die so verbrecherische Tat entrissen worden ist. Und ich halte es für zutreffend, daß die [wahre] Gerechtigkeit die ist, welche jedem das Seine so gewährt, daß es von der gerechteren Rückforderung irgendeiner anderen Person nicht freigehalten wird. Komme ich aber nicht, um meine Sachen zurückzufordern, so sind sie demjenigen, der sie hinterlegt hat, mag er auch in übler Weise erworbenes Gut hinterlegt haben, ungeachtet dieses Umstandes zurückzugeben. Das schreibt auch Marcellus im Hinblick auf einen bösgläubigen Besitzer und einen Dieb...[59]

Im Anfangsstück (*principium*) legt der Jurist dar, daß die Gerechtigkeit, die über eine Bewertung nach der *bona fides*, also nach Treu und Glauben, verwirklicht werden soll, nach der gesamten Rechtsordnung zu bestimmen ist.[60] Das heißt, daß sie nicht nur nach dem Naturrecht - dem

[60] Siehe dazu M. Kaser, Ius gentium, Köln u.a. 1993, 121-122; M. Bretone, Geschichte des römischen Rechts, München 1992, 230-231.

Recht, das die Natur alle Lebewesen gelehrt hat[61] -, und nicht nur nach dem damit weitestgehend übereinstimmenden Völkergemeinrecht (*ius gentium*), welches von allen menschlichen Völkerschaften befolgt wird, also allen Menschen gemeinsam ist,[62] zu erschließen ist. Vielmehr sind auch die Bestimmungen des nur für die römischen Bürger geltenden Bürgerlichen Rechts, des *ius civile*, und die vom Prätor (dem römischen Justizmagistrat) in Kraft gesetzten Rechtssätze, das sog. Honorarrecht, in die Bewertung einzubeziehen. Tryphonin veranschaulicht dies an dem Beispiel, daß jemand einem Dritten Hundert in Verwahrung gegeben hat und später wegen eines Kapitalverbrechens zur Deportation verurteilt worden ist, was den Verlust des römischen Bürgerrechts nach sich zog.

Der Verwahrungsvertrag ist ein Vertrag, bei dem sich die Verpflichtung des Schuldners, hier: des Verwahrers, nach der (bei diesem Vertrag besonders sensiblen) *bona fides* bestimmt[63] und der auch nach dem Völkergemeinrecht bindend ist. Trotz des Verlusts des Bürgerrechts hätte der Verurteilte (als *peregrinus*) also weiterhin den vertraglichen Rückgabeanspruch. Tryphonin versagt diesen Anspruch jedoch, weil es nach bürgerlichrechtlicher Betrachtungsweise und nach der Rechtsordnung geboten sei, das Geld zu konfiszieren, und er führt zur Rechtfertigung des Vorrangs dieser Rechtsbestimmungen gegenüber dem Völkergemeinrecht den Strafzweck der Generalprävention an.[64] Man kann dies dahin zusammenfassen, daß das elementare Prinzip der Vertragstreue übergeordneten Werten weichen muß; doch bleibt für jeden Einzelfall zu prüfen, was als übergeordneter Wert anzuerkennen ist.

Für unseren Zusammenhang wichtiger noch sind die Ausführungen in § 1. Hier gelangt Tryphonin zu dem Ergebnis, daß bei einer Beurteilung im Rahmen der *bona fides* auch die Rechte Dritter zu berücksichtigen sind, und er exemplifiziert dies am Beispiel der Pflichtenkollision des Verwahrers, der gutgläubig eine geraubte Sache von dem Räuber in Verwahrung genommen hat: Muß er nach Aufdeckung des Sachverhalts zu seinem mit Abschluß des Verwahrungsvertrages gegebenen Wort stehen und dem Räuber die Sache zurückgeben oder muß er sie dem Eigentümer herausgeben? Das Problem ist zugleich ein philosophisches; Cicero erör-

---

[61] D. 1,1,1,3; Inst. 1,2 pr.; die Wurzeln liegen in der griechischen Philosophie, vgl. Aristoteles, Politica 1,2,1-2; Cicero, De officiis 1,11.

[62] D. 1,1,1,4; Inst. 1,2,1; Inst. 1,2,11 sowie Gai. 1,1 (*quod vero naturalis ratio inter omnes homines constituit, id apud omnes populos peraeque custoditur vocaturque ius gentium, quasi quo iure omnes gentes utuntur*).

[63] Gai. 4,47. Näheres bei R. Knütel, Zum Pflichtenkonflikt des Verwahrers, in: R. Vigneron (Hrsg.), Mélanges F. Sturm, Lüttich 1999, unter VII.

[64] Vgl. den ähnlichen Fall bei Cicero, De off. 3,95 (keine Rückgabepflicht, wenn der Hinterleger das Vaterland mit Krieg überzieht); vgl. ferner Cic. De off. 2,28.

tert es an der Frage, ob der Verwahrer das in Verwahrung genommene Schwert dem Hinterleger auch dann herausgeben muß, wenn dieser inzwischen dem Wahnsinn verfallen ist. Cicero verneint die Frage, weil es inhonest sei, ein Versprechen *commutata utilitate* zu erfüllen, wenn also dessen Sinn und Zweck sich verändert habe.[65]

Tryphonin knüpft an den Grundsatz der regelnden Gerechtigkeit an, das *suum cuique tribuere*, mit dem der etwas jüngere Spätklassiker Ulpian überhaupt die Gerechtigkeit definiert hat,[66] und das wir über Cicero und die Stoa bis auf Aristoteles und noch weiter, auch in die nichtgriechische Antike, zurückverfolgen können.[67] Das Gebot „jedem das Seine" hat, was bislang für unseren Text noch kaum beachtet worden ist, zwei Ausformungen:[68] Es kann den Bereich der verteilenden Gerechtigkeit meinen (*iustitia distributiva*), bei der es um die Herstellung der Gleichheit nach der Würdigkeit des Einzelnen geht („geometrische Gleichheit"); so *erhält* jeder das Seine.[69] Es kann aber auch den Bereich der regelnden Gerechtigkeit (*iustitia correctiva*) mit dem Ziel der Herstellung „arithmetischer Gleichheit" kennzeichnen, nämlich als Sanktion eines unfreiwilligen „Austauschs", wie er sich bei den Obligationen aus Delikten ergibt, insbesondere also im Falle des Diebstahls oder der Körperverletzung.[70]

Nach der regelnden Gerechtigkeit ist entscheidend, daß der unfreiwillige, der erzwungene „Austausch" durch Abgabe von der Gewinnseite an die Verlustseite ausgeglichen wird, indem der Richter „von dem unge-

---

[65] Cic., De off. 3,25,95; vgl. 1,10,31; weiteres bei D. Nörr, Rechtskritik in der römischen Antike, München 1974, 120 m. Anm. 122.

[66] D. 1,1,10 pr.: *Iustitia est constans et perpetua voluntas ius suum tribuendi,* dazu W. Waldstein, Zu Ulpians Definition der Gerechtigkeit, in: H.H. Jakobs - B. Knobbe-Keuk - E. Picker - J. Wilhelm (Hrsgg.), Festschrift W. Flume, Bd. 1, Köln 1978, 213ff.

[67] Aristoteles, Nik. Ethik 5,7. - Reiche Nachweise bei W. Waldstein a.O. (Anm. 66) 216 ff.

[68] Die Kritik von F. Wieacker, Römische Rechtsgeschichte, Bd. I, München 1988 (= HAW 10.3.1), 510 Anm. 44 („mit offenbarem, doch unmotiviertem Rückgriff auf Ulp. D. 1,1,10 pr.", zugleich mit Verdacht der Unechtheit) ist deshalb nicht zu teilen; für Echtheit auch D. Nörr a.O. (Anm. 63) 120 m. Anm. 122; O. Behrends, Überlegungen zum Vertrag zugunsten Dritter, Studi in onore C. Sanfilippo, Bd. 5, Mailand 1984, 50-51; M. Bretone a. O. (Anm. 60) 231; 336-337, zurückhaltend I. Reichard, Die Frage des Drittschadensersatzes im klassischen römischen Recht, Köln 1993, 188 Anm. 88 m. weiteren Nachweisen. Weiters bei R. Knütel a.O. (Anm. 63) unter IV.3.

[69] Eine sehr treffende Kennzeichnung gibt Perikles bei Thukydides 2,37,1.

[70] Aristoteles, Nik. Ethik 5,5-7; dazu U. Manthe, Beiträge zur Entwicklung des antiken Gerechtigkeitsbegriffes I: Die Mathematisierung durch Pythagoras und Aristoteles, SZ 113, 1996, 3-7.

rechten Gewinn (des Täters) wieder etwas wegnimmt".[71] Dies geschieht dadurch, daß er dem Täter aufgibt, die Sache dem Eigentümer herauszugeben, oder daß er ihn auf den genauen Schadensbetrag verurteilt. Entsprechendes gilt bei Verträgen, wenn ein Teil einen freiwillig in Gang gesetzten „Austausch" nicht vereinbarungsgemäß vollzieht; auch dann verlangt die *iustitia* correctiva die Durchsetzung der Vertragspflicht im Verwahrungsfall, also die Rückgabe der hinterlegten Sache.[72] Auf diese Weise *behält* jeder das Seine.

Das Argument Tryphonins ist nach alldem unter Berücksichtigung des im *principium* bereits gewonnenen Ergebnisses, daß der Grundsatz der Vertragstreue unter Umständen übergeordneten Werten zu weichen hat, dahin zu verstehen, daß dem Hinterleger zwar das Seine gewährt, also grundsätzlich die Sache herausgegeben werden muß; doch steht dies unter dem Vorbehalt, daß ein besser gerechtfertigtes Herausgabeverlangen - wie das des Eigentümers - dadurch nicht verkürzt wird. Nimmt der zu benachrichtigende Eigentümer freilich sein Recht nicht wahr, so ist die vertragliche Herausgabepflicht auch einem Räuber gegenüber zu erfüllen, denn die Gesetze schützen, wie Seneca sagt, auch diejenigen, die sich am meisten gegen sie vergangen haben[73]

Hugo Grotius (1583-1646), der „Vater des Völkerrechts", ist an drei Stellen seines wahrhaft epochemachenden Werkes *De iure belli ac pacis libri tres* (1625) auf unseren Text eingegangen (II 10,1,4; II 13,15,2; II 16,26,2.) und hat die Entscheidung Tryphonins mit dem Argument der Aufrechterhaltung der Eigentumsordnung präzisiert: Nachdem das Eigentum in der Rechtsgemeinschaft einmal eingeführt ist, ergibt sich daraus die Konsequenz, daß es Unrecht wäre, dem Eigentümer, sofern er bekannt ist, seine Sache nicht zurückzugeben. Mit anderen Worten: Die Anerkennung des Eigentums impliziert für die Mitglieder der Rechtsgemeinschaft die Pflicht, im Rahmen des Möglichen zu bewirken, daß die Sachen in die Gewalt der Eigentümer zurückgelangen.

Es handelt sich bei unserem Fall der Pflichtenkollision nach alldem um eine Problematik, die schwieriger ist, als man auf den ersten Blick vermutet. Dringt man näher in sie ein, so zeigt sich, daß die Lösung Tryphonins wertungsmäßig am meisten überzeugt. Sie erweist zugleich, wie das ethisch aufgeladene Prinzip der *aequitas* in positives Recht umgesetzt

---

[71] Aristoteles, Nik. Ethik 5,7 (p. 1132 a); F. Dirlmeier, Nikomachische Ethik (Übersetzt und kommentiert), Stuttgart 1991[9], 103; Manthe a.O. (Anm. 70) 6.

[72] Vgl. U. Manthe a.O. (Anm.70) 5f.; R. Knütel a.O. (Anm. 63) unter IV.3.

[73] Seneca, De beneficiis 4,28,5 (*Ius et furi dicitur; ...sua repetunt etiam, qui aliena rapuerunt; ...legum praesidio, qui plurimum in illas peccaverunt, proteguntur*).

worden ist.[74] Es ist deshalb kein Wunder, daß wir die Lösung Tryphonins in den meisten modernen Gesetzbüchern wiederfinden. Der Code civil bringt sie geradezu in französischer Übersetzung in Art. 1938:

„Il ne peut pas exiger de celui qui a fait le dépôt, la preuve qu'il était propriétaire de la chose déposée.
Néanmoins, s'il découvre que la chose a été volée, et quel en est le véritable propriétaire, il doit dénoncer à celui-ci le dépôt qui lui a été fait avec sommation de le réclamer dans un délai déterminé et suffisant. Si celui auquel la dénonciation a été faite, néglige de reclamer le dépôt, le dépositaire est valablement déchargé par la tradition qu'il en fait à celui duquel il l'a reçu."

Wie eine Übersetzung ins Spanische liest sich Art. 2215 des argentinischen Código civil v. 1869:

„El depositario no puede exigir que el depositante pruebe ser suya la cosa depositada. Si llega sin embargo a descubrir que la cosa ha sido hurtada, y quien es su dueño, debe hacer saber a éste el depósito para que lo reclame en un corto término. Si el dueño no lo hiciere asi, el depositario debe entregar el depósito al depositante."

Und wie eine Übertragung ins Englische erscheint der Art. 2950 des Louisiana Civil code von 1825/1870:

„He can not require him who made the deposit to prove that he was the owner of the thing. Yet if he discovers that the thing was stolen and who the owner of it is, he must give him notice of the deposit, requiring him to claim within due time. If the owner, having received due notice, neglects to claim the deposit, the depositary is fully exonerated on returning it to the person from whom he received it."

Entsprechende Bestimmungen enthalten beispielsweise die Zivilgesetzbücher von Belgien (Art. 1938), Spanien (Art. 1771), Italien (Art. 1778), Portugal (Art. 1192, 3°), Chile (Art. 2183, 2233), Mexiko (Art. 2523, 2524) und Guatemala (Art. 1988, 2°; 1989, modifiziert). Das BGB hat von einer entsprechenden Regelung abgesehen. Dies hat dazu geführt, daß die bis 1900 anerkannte Lösung des Problems mittlerweile wieder umstritten ist.[75]

---

[74] Vgl. O. Behrends a.O. (Anm. 68) 50 Anm. 110.

[75] Näheres dazu bei R. Knütel a.O. (Anm. 63) unter VI; zum Fall der Verpfändung siehe BGHZ 73, 317 ff. (1979). Vgl. im übrigen H. O. de Boor, Die Kollision von Forderungsrechten, Berlin-Wien 1928, 89-93 („Ein so einfacher Fall so hoffnungslos kontrovers", 90; „eine gesetzliche Kollisionsnorm wäre erwünscht gewesen"; 92).

Um das Bild abzurunden, knüpfen wir an den oben gegebenen Hinweis an, daß auch England von Einflüssen des römischen Rechts nicht frei geblieben ist. Diese sind im 12. und 13. Jh. recht gut faßbar und verbinden sich vor allem mit den Namen Vacarius, Bracton, Glanvill; doch haben sie insgesamt wohl nur geringe Nachwirkungen gehabt.[76] Freilich bestand auch in der Folgezeit ein ständiger intellektueller Kontakt; juristische Entwicklungen auf dem Kontinent sind in England nicht unbeachtet geblieben. Daß die berühmten - erstmals 1765 - 70 erschienenen - „Commentaries on the Laws of England" von William Blackstone nach dem System der Institutionen aufgebaut sind und mannigfaltige Verweisungen auf das *Corpus Iuris Civilis,* insbesondere auf die Institutionen, enthalten, ist deshalb ebensowenig überraschend wie der Umstand, daß in (einer bislang wohl unterschätzten Zahl von) zeitgenössischen Urteilen mehr oder minder unverhüllt Sätze des römischen Rechts herangezogen werden.[77] Es ist überdies faszinierend zu sehen, wie viel an Rechtsregeln - und damit an gemeinsamen Prinzipien - und an Termini technici römischen Ursprungs im englischen Recht noch heute gegenwärtig ist.[78]

In den Vereinigten Staaten hat es vor allem in der Zeit von 1790 bis etwa 1825 zahlreiche Anknüpfungen an das römische Recht und die kontinentale Rechtswissenschaft gegeben. Sie entsprangen der Bewunderung, die die damaligen Richter dem römischen Recht und seiner Rationalität entgegenbrachten, und finden sich insbesondere dort, wo das Common law lückenhaft erschien, zur Ausfüllung; wo es zu hart erschien (wie etwa bei der *caveat emptor*-rule), zur Überwindung des Common law; ferner bei der Berufung auf die (vor allem in der Naturrechtsepoche weithin aus dem antiken Stoff entwickelten) *general principles* und schließlich zur zusätzlichen Unterstützung einer sich schon nach dem Common law

---

[76] Siehe die kurze Darstellung bei G. Wesenberg - G. Wesener, Neuere deutsche Privatrechtsgeschichte, Wien 1985[4], 75-79 mit weiteren Nachweisen- Zu Bracton neuerdings H. H. Jakobs, De similibus ad similia bei Azo und Bracton, Frankfurt a.Main 1996.

[77] Vgl. etwa R. Zimmermann, Das römisch-kanonische ius commune als Grundlage europäischer Rechtseinheit, JZ 47, 1992, 8; 15 - 18; ders., Römisches Recht und europäische Rechtseinheit, in: H. Ludwig a.O. (Anm. 34) 151; 162-168; ders., „Heard melodies are sweet, but those unheard are sweeter", AcP 193, 1993, 121-173; ders., Usus Hodiernus Pandectarum, in: R. Schulze (Hrsg.), Europäische Rechts- und Verfassungsgeschichte, Berlin 1991, 61; 73 - 78.- Zu sachlichen Entsprechungen vgl. etwa W. W. Buckland - A. D. McNair, Roman Law and Common Law. A Comparison in Outline, (hrsg. v. F.H. Lawson), Cambridge 1965[2] sowie R. Zimmermann, The Law of Obligations. Roman Foundations of the Civilian Tradition, Cape Town u.a. 1990.

[78] Vgl. H. Broom, A Selection of Legal Maxims, London 1939[10], hrsg. v. R.H. Kersley, Nachdruck: Karachi 1985, mit überreichen Belegen aus der englischen Rechtsprechung.

ergebenden Lösung.[79] Doch finden sich auch in unserem Jahrhundert gelegentlich Bezugnahmen auf das römische Recht. Ein einfaches Beispiel aus dem letztgenannten Bereich mag die Bezugnahme auf die Regel *pater est quem nuptiae demonstrant* (Paul. D. 2,4,5) in einem Urteil von 1959 des Wyoming Supreme Court sein, in dem Justice Blume ausführt: „No principle of law is more firmly established than the principle that every child born in wedlock is presumed to be legitimate. It was a maxim of Roman law, and one which the common law copies ...".[80]

Einige der während der Blütezeit im vergangenen Jahrhundert ergangenen einschlägigen Urteile sind bis auf den heutigen Tag berühmt, wie etwa der 1805 vom Supreme Court von New York entschiedene Fall *Pierson v. Post*, in dem es um das Eigentum an einem am Strand von Long Island erlegten Fuchs ging. Das Gericht entschied den Fall unter Berufung auf europäische Autoritäten, insbesondere aber unter Bezugnahme auf Justinians Institutionen (Inst. 2,1,13) zugunsten dessen, der den Fuchs erlegt und an sich genommen hatte, und gegen den, der das Tier aufgestöbert hatte und ihm dicht auf den Fersen gewesen war.[81] In einem Case-book wird den amerikanischen Studenten die Bedeutung der Entscheidung mit der Parallele veranschaulicht: „He is to the Law of Property what ‚*Gallia est omnis divisa...*' is to Latin".[82]

Im ganzen ergibt sich für die Auswirkungen römisch-rechtlicher Einflüsse in den Vereinigten Staaten ein buntscheckiges Bild. Am deutlichsten spürbar sind sie als Begleiterscheinung der spanischen und der französischen Rechte in Louisiana. In den bis 1848 zu Mexiko gehörenden Staaten Texas, New Mexico, Arizona, Nevada, Utah, California und (zum Teil) Colorado sind über die spanischen Rechte vermittelte Einflüsse ebenso erkennbar wie Spuren im Gefolge des französischen Rechts in Michigan, Wisconsin und Illinois oder im Gefolge des römisch-holländischen Rechts in New York.[83] Freilich haben das römische Recht und

---

[79] Siehe R.H. Helmholz, Use of the Civil Law in Post-Revolutionary American Jurisprudence, Tulane Law Review 66, 1991/92, 1649 - 1684 mit reichen Nachweisen.- Für Louisiana (dazu o. nach Anm. 51) vgl. Sh. Herman, Der Einfluß des römischen Rechts auf die Rechtswissenschaft Louisianas vor dem amerikanischen Bürgerkrieg, SZ 113, 1996, 293-345.

[80] *Peters v. Campbell*, 345 P 2d 234; 238 (1959), zit. bei H. D. Evjen, Rome on the Range: Roman Law and Justice Blume of Wyoming, SZ 97, 1980, 213; 214 Anm. 3.

[81] Dazu R. Knütel, Rechtseinheit in Europa und römisches Recht, ZEuP 2, 1994, 244; 270 - 273 mit weiteren Nachweisen; ders., Influences of the Louisiana Civil Code in Latin America, Tulane Law Review 70, 1996, 1445; 1471-1474.

[82] A. J. Casner - W. B. Leach, Cases and Text on Property, Boston-Toronto 1969^{2}, 10.

[83] H. Milton Colvin, Roman and Civil Law Elements in the Sources of the Law of the United States, in: Studi in onore A. Albertoni, Bd. 3, Padua 1938, 113; 120-133.

das aus ihm erwachsene *ius commune* nicht nur in den Rechten einzelner Staaten der USA ihre Spuren hinterlassen, sondern auch in der amerikanischen Erklärung der Menschenrechte von 1776 und in der Bill of Rights von 1791, den zehn Zusatzartikeln zur amerikanischen Verfassung von 1789. Diese sind stark vom europäischen Naturrechtsdenken beeinflußt, das sich seinerseits viele Errungenschaften des *ius commune* zu eigen gemacht hat, vor allem die dort ausgeformten fundamentalen Rechtswerte Freiheit und Eigentum. Konkrete Ausformungen sind etwa die den Einzelnen schützenden Prinzipien *nemo tenetur se ipsum accusare*[84] oder *de eadem re ne bis agatur.*[85] Hinzu kommen beispielsweise der Grundsatz *nulla poena sine lege*[86] oder - zur Sicherung einer politischen Mitwirkung - die Maxime *quod omnes tangit debet ab omnibus approbari.*[87] Es ist also keineswegs so, wie heute aufgrund einer Fixierung auf die anglo-amerikanische Welt so leicht angenommen wird, daß wir aus den von den englischen Staatstheoretikern John Locke und Thomas Hobbes entwickelten Konzepten und aus den menschenrechtlichen Garantien der nordamerikanischen Verfassung die entscheidenden Einsichten erfahren hätten; das weitaus meiste ist bereits in unserer eigenen Rechtstradition angelegt,[88] und es zeigt sich auch im Privatrecht gelegentlich, daß wir eine im römischen Recht wurzelnde Regelung in einer schon im kontinentalen Recht angelegten Umformung aus den Vereinigten Staaten „reimportieren“.[89] Es ist deshalb alles andere als überraschend, wenn ein

[84] Antoninus (Caracalla) C. 2,1,4 (a. 212); Diocletianus C. 4,20,7 (a. 293), ferner Paulus D. 50,17,142 (*Qui tacet, non utique fatetur*) einerseits und The 5th Amendment andererseits: „... nor shall be compelled in any criminal case to be a witness against himself ...“.

[85] *Lex Acilia* vs. 56-57 (FIRA I, S. 96); Papinian D. 48,16,4,1 (*post abolitionem idem crimen ab eodem in eundem instaurari non potest*) und The 5th Amendment: „...nor shall any person be subject for the same offence to be twice put in jeopardy of life and limb“.

[86] In Anknüpfung an Ulpian D. 50,16,131,1 (*poena non irrogatur, nisi quae quaque lege vel quo alio iure specialiter huic delicto imposita est*); D. 11,7,14,14.

[87] Liber Sextus 5,12,29 in Anknüpfung an Iustinianus C. 5,59,5,2 (a. 531; zur Zustimmung bei Mitvormündern); vgl. dazu Gaines Post, Studies in Mediaeval Legal Thought, 1964 (aus 1946), 163ff.; Y. Congar, Droit ancien et structures ecclésiales, London 1982, II und 210ff. (aus 1958); H. Hattenhauer, Das Recht der Heiligen, Berlin 1976, 92ff.

[88] Das hebt auch G.C.J.J. van den Bergh, Ius commune. A History without Future, in B. de Witte C. Forder (Hrsg.), The common law of Europe and the future of legal education, Deventer 1992, 593; 602-604 hervor.

[89] So etwa die auf Justinian (C. 7,47,1, a. 531) zurückgehende, von Dumoulin und Pothier entwickelte, 1854 nach England übernommene und von dort nach Nordamerika gelangte „contemplation rule“, die für den Bereich des internationalen Handels-

amerikanischer Wissenschaftler aufgrund eines Vergleichs „The Bill of Rights and Roman Law“ vor kurzem zu der Einsicht gelangt ist, daß die Römer zwar noch nicht so weit waren wie die Amerikaner, aber: „In short, the Romans had developed a reasonable system of government and justice to protect the individual in varying degrees, be he citizen, foreigner, or even slave“.[90]

3. Römisches Recht und europäische Rechtseinheit

Wie erwähnt zerbrach mit dem Aufkommen der nationalen Gesetzbücher vor rund 200 Jahren die bis dahin ungeachtet ihres Variationsreichtums bestehende Rechtseinheit. Doch zeigte bereits unser Eingangsbeispiel zur Regel *patere legem quam fecisti*, daß das neuerliche Zusammenwachsen Europas zu Rückgriffen auf das vorkodifikatorische *ius commune* geradezu einlädt. In der Praxis europäischer Gerichte, insbesondere des EuGH, ist dies nicht selten zu beobachten, und es sind vor allem zwei Umstände, die diese Wiederanknüpfungen begünstigen, ein methodischer und ein materiell-rechtlicher.

Der erste betrifft die juristische Methode. Von den römischen Juristen haben wir die rationale Rechtsfindung durch das Denken in Voraussetzung und Rechtsfolge („wenn ..., dann ...“) gelernt, die Orientierung an rechtlichen Prinzipien und das Denken in systematischen Zusammenhängen, auch wenn die römischen Juristen ihr Recht nicht, wie das im heutigen Recht der Fall ist, in ein systematisches Ordnungsgefüge gebracht haben. Auf diesen Grundlagen hat sich dann im Laufe der Rezeption ein wissenschaftlich arbeitender professioneller Juristenstand herausgebildet, dessen Methode die noch heute geübte ist. Wie wertvoll dies für die Rechtsfindung unter Richtern ist, die von verschiedenen Rechtsordnungen her kommen, hat ein Richter des EuGH vor einiger Zeit in einem Artikel betont, in dem es u.a. heißt:

„In Wahrheit ist die gemeinsame Grundlage viel gefestigter, als sich von außen her annehmen läßt. Mag die Auseinandersetzung in der Sache auch noch so heftig sein, sind sich die Richter doch der Methode bewußt, die alle miteinander verbindet und eine sinnvolle Diskussion erst ermöglicht ... Aus ihnen (sc. den Schlußanträgen des Generalanwalts) läßt sich ablesen, daß am Gerichtshof eine gemeinsame Methode üblich ist. Die Auslegung hält sich an überlieferte Grundsätze ... Aufgrund zahlreicher Gespräche mit den Kollegen liegt die Annahme nahe, daß die juristische

---

kaufs aufgrund von Art. 74 des CISG von 1980 auch in der Bundesrepublik gilt, vgl. R. Knütel a.O. (Anm. 81) 273.

[90] J. Plescia, The Bill of Rights and Roman Law, Bethesda, Austin 1995, 115.

Ausbildung nicht ganz so zersplittert ist, wie man gemeinhin voraussetzt. Sie erzieht offenbar in jedem Mitgliedstaat der Europäischen Gemeinschaft zu wissenschaftlichem Arbeiten...Ich schließe daran die Folgerung an, daß ohne die Weitergabe der Geschichte einer in Europa herausgebildeten Rechtswissenschaft und der darauf beruhenden Rechtspraxis die geschilderte Gemeinsamkeit nicht denkbar wäre."[91]

Der zweite Umstand wird durch die allgemeinen Rechtsgrundsätze begründet. In Art. 215 Abs. 2 des Vertrages zur Gründung der Europäischen Gemeinschaft, des EGV (früher: EGWV) und in Art. 188 Abs. 2 des Euratom-Vertrages ist gleichlautend bestimmt: „Im Bereich der außervertraglichen Haftung ersetzt die Gemeinschaft den durch ihre Organe oder Bediensteten in Ausübung ihrer Amtstätigkeit verursachten Schaden nach den allgemeinen Rechtsgrundsätzen, die den Rechtsordnungen der Mitgliedstaaten gemeinsam sind". Wenngleich beide Artikel nur die Haftung für Delikte betreffen, kommt in ihnen, wie man schon früh erkannt hat, ein genereller Rechtsgedanke zum Ausdruck, daß nämlich, soweit spezielle Rechtsnormen (Rechtsverordnungen oder Richtlinien) fehlen und mit ihrer Auslegung oder analogen Anwendung nicht weiter zu kommen ist, das Gemeinschaftsrecht durch Rückgriff auf die „allgemeinen Rechtsgrundsätze, die den Rechtsordnungen der Mitgliedstaaten gemeinsam sind", zu ermitteln ist. Da die Kodifikationen der kontinentaleuropäischen Mitgliedstaaten, wie dargetan, aus dem römischen Recht und dem *ius commune* entstanden sind, haben sie natürlich weitestgehend die allgemeinen Prinzipien dieser Rechte übernommen. Der Rückgriff auf die gemeinsamen allgemeinen Rechtsgrundsätze führt deshalb, auch wenn für ihre Ermittlung die nationalen Rechte den Ansatzpunkt bilden, in der Sache häufig auf die Maximen des *ius commune* und mit diesem überwiegend ins römische Recht zurück.[92]

Man ist sich heute darüber einig, daß solche gemeinsamen Rechtsgrundsätze im Wege einer „wertenden Rechtsvergleichung" zu ermitteln sind, bei der also nicht der kleinste gemeinsame Nenner gilt, sondern die gegebenenfalls behutsam weiterzubildenden gemeinsamen Grundsätze den Ausschlag geben müssen, und man ist sich des weiteren einig, daß solche „allgemeinen Grundsätze" nicht nur im Bereich des Deliktsrechts, sondern überall im Europarecht gefunden werden können.
Die zahlreichen inzwischen herausgearbeiteten „allgemeinen Rechtsgrundsätze" sind in erster Linie solche, die sich aus den Strukturprinzipi-

---

[91] M. Zuleeg, Nachwort, in: R. Schulze (Hrsg.), Europäische Rechts- und Verfassungsgeschichte, Berlin 1991, 248-249.
[92] Näheres dazu bei R. Knütel a.O. (Anm. 11) 769-778.

en der Europäischen Union, wie Demokratie, Rechtsstaatlichkeit, Sozialstaatlichkeit, Schutz von Grund- und Menschenrechten etc., ergeben, wie zum Beispiel die Grundsätze der Verhältnismäßigkeit, der Rechtssicherheit und des Vertrauensschutzes, der Rechtsklarheit oder des rechtlichen Gehörs (*audiatur et altera pars*) und des *ne bis in idem*. Schon diese Rechtssätze haben ihre tiefen historischen Wurzeln. Sehr treffend und sehr knapp zugleich hat der Generalanwalt Trabucchi in seinen Schlußanträgen in der Rechtssache 4/73, in der der EuGH hervorgehoben hat, daß die Grundrechte zu den allgemeinen Rechtsgrundsätzen gehören, die Dinge auf den Punkt gebracht:

„Die Achtung der Freiheit und des Eigentums, die Beachtung des Gleichheitsgrundsatzes, des Grundsatzes der Nichtdiskriminierung und der Verhältnismäßigkeit ... sind Bestandteil der Rechtsauffassung, die dem gesamten Gemeinschaftssystem den Rahmen gibt und für es bestimmend ist ... Dem Wesen nach handelt es sich immer um jene Grundsätze, *quarum causa omne ius constitutum est.*[93] Wir finden sie in den antiken Rechtsordnungen als *ratio scripta* des menschlichen Zusammenlebens, wir finden sie in den Kodifizierungen des 19. Jahrhunderts, die gerade konzipiert wurden, um die Gültigkeit solcher Aussagen in Artikeln festzulegen; wir finden sie heute in noch feierlicherer Form in den modernen Verfassungen vor ... ."[94]

Auf diese Weise bildet sich über die allgemeinen Rechtsgrundsätze allmählich eine Art „Allgemeiner Teil" des Gemeinschaftsrechts heraus; bildlich gesprochen sind die allgemeinen Rechtsgrundsätze die Dachbalken der europäischen Rechtsordnung, die sich wie ein Dach über die nationalen Rechte wölbt und denen gegenüber sie den Vorrang hat.

Nehmen wir als Beispiel den Fall *Rudolf Misset/Rat der Europäischen Gemeinschaften*. Der beim Rat tätige Beamte Misset erfuhr am 20.2. 1986, daß der Generalsekretär dieses Organs eine von ihm, Misset, eingelegte Beschwerde zurückgewiesen hatte. Nach dem Beamtenstatut der EG hatte er das Recht, gegen diesen Bescheid innerhalb einer Frist von drei Monaten Klage einzureichen. Seine Klage ging am 21.5.1986 beim EuGH ein, und damit ergab sich die Frage, wie sich nach Gemeinschaftsrecht die Zeitspanne von drei Monaten berechnet. Misset trug im wesentlichen vor, der Fristablauf habe einen Tag nach dem Bekanntgabetag begonnen, also am 21.2. Die Frist von drei Monaten reiche bis zum 21.5.; erst dann sei die Frist abgelaufen.

---

[93] Es handelt sich um ein Zitat von D. 1,5,2: *hominum causa omne ius constitutum est.*

[94] Siehe zu alldem die Nachweise zu den Urteilen und Schlußanträgen sowie zu den römisch-rechtlichen Grundlagen bei R. Knütel a.O. (Anm. 11) 770; 777.

Der EuGH hatte den Rat, die Kommission und das Europäische Parlament ersucht, ihre Praxis bei der Berechnung der Frist für die Verwaltungsbeschwerde darzustellen. Er hatte daraufhin sehr unterschiedliche Antworten erhalten. Der Generalanwalt Mancini resümiert: „Alles in allem ein schönes Durcheinander ... man muß also ab ovo anfangen". Dies tut er, indem er an den Wortlaut der Verfahrensordnung des EuGH (Art. 81 § 1) anknüpft: „Die Fristen für die Erhebung von Klagen gegen Maßnahmen der Organe beginnen am Tag nach der Bekanntgabe an den Betroffenen." Mancini hebt hervor, diese Regelung übernehme „den althergebrachten Grundsatz *dies a quo non computatur in termino.*"[95] Der *dies a quo*, der Anfangstag, in den das Ereignis fällt, wird nicht in die Frist einberechnet. Im Fall wäre folglich der 20.2. nicht einzurechnen; die Frist begann also erst am 21.2. Steht der Anfang der Frist fest, so ist auch das Ende sicher. Der letzte Tag der Frist, der *dies ad quem*, muß bei einer Berechnung nach Monaten auf den Ablauf des Tages fallen, der im späteren Monat dem entspricht, in den das Ereignis gefallen war, hier bei drei Monaten also auf den 20.5. Mit ihm vollendet sich der Ablauf einer früher an einem 21. angelaufenen Monatsfrist. Der Generalanwalt findet diese Berechnung bestätigt in der Regel: *dies ad quem computatur in termino*; der Endtermin wird also eingerechnet.

Bemerkenswert ist, wie der Generalanwalt im einzelnen argumentiert: Er setzt - wie gesagt - beim Wortlaut des Art. 81 § 1 der Verfahrensordnung des EuGH an, erkennt in ihr den Ausdruck eines althergebrachten Grundsatzes, erklärt diesen von der Ratio her als der Billigkeit entsprechend und betrachtet dann die verschiedenen nationalen Rechtssysteme. Hier erkennt er, daß die Regel in der französischen Zivilprozeßordnung von 1975 (Art. 641), im deutschen BGB (§§ 187 Abs. 1, 188 Abs. 2) und im griech. ZGB (Art. 243) festgelegt ist, daß sie aber auch in Belgien, Dänemark, Spanien, Italien, Portugal, Luxemburg, den Niederlanden und sogar dem Vereinigten Königreich gilt.[96] Das Fazit ist also, daß ein althergebrachter Rechtsgrundsatz, der praktisch in allen Mitgliedstaaten Geltung erlangt hat, die Auslegung der gemeinschaftsrechtlichen Norm bestimmt. Der EuGH ist dem gefolgt; Missets Klage wurde als unzulässig abgewiesen.

Es bleibt die Frage, wie es zu dieser Regel gekommen ist. Zwei grundsätzliche Möglichkeiten der Fristenbestimmung kommen in Betracht: Entweder stellt man auf den konkreten Moment des Anfangstages ab, etwa 15.00 Uhr, und läßt die Frist bis zu diesem Moment des Endtages

[95] Slg. 1987, 228.- *In termino* ist „Neulatein"; *terminus* ist eigentlich der Grenzstein.

[96] Irland folgt diesem Grundsatz nicht, rechnet dafür aber den letzten Tag nicht ein, so daß sich dieselbe Frist ergibt.

laufen. In den Quellen wird dies *a momento ad momentum computare* genannt (D. 4,4,3,4), was man als „Naturalkomputation“ bezeichnet. Diese Methode hat den Vorteil der Genauigkeit, empfiehlt sich aber nicht für den gewöhnlichen Verkehr. Denn bei Ereignissen pflegt man - abgesehen von ganz außergewöhnlichen - zwar den Tag, nicht aber die Stunde oder gar die Minute festzuhalten.[97] Schon die Römer sind deshalb dazu übergegangen, bei der Berechnung von Fristen als kleinste Zeiteinheit grundsätzlich den Tag festzusetzen,[98] was gewöhnlich als „Zivilkomputation“ bezeichnet wird. Was nun im Rahmen dieser Berechnung nach Tagen den Fristbeginn angeht, so sind die römischen Quellen uneinheitlich, in manchen wird der *dies a quo* einbezogen - überwiegend nimmt man an, die Römer hätten ihn im Regelfall einbezogen -,[99] in manchen wird er dagegen (wie heute) nicht einbezogen. Zu diesen letztgenannten Texten gehört das Fragment

D. 50,17,101

Paulus libro singulari de cognitionibus	*Paulus in der Einzelschrift über außerordentliche Gerichtsverfahren*
Ubi lex duorum mensum fecit mentionem, et qui sexagensimo et primo die venerit, audiendus est: ita enim et imperator Antoninus cum divo patre suo rescripsit.	Wo das Gesetz zwei Monate nennt, muß auch der gehört werden, der am 61. Tage auftritt: So hat nämlich der Kaiser Antoninus (Caracalla) mit seinem vergöttlichten Vater (Septimius Severus) entschieden.

Aus diesem Text haben die Kommentatoren des 14. und 15. Jahrhunderts - zumal da er im Titel der Rechtsregeln steht - den Grundsatz *dies a quo non computatur* abgeleitet.[100] Denn wenn ein 61. Tag hinzukommt, wird

[97] F. Regelsberger, Pandekten I, Leipzig 1893, 456.

[98] Vgl. D. 50,16,134 (*Quia annum civiliter non ad momenta temporum, sed ad dies numeramus*), B. Windscheid - Th. Kipp, Lehrbuch des Pandektenrechts, Bd. 1, Frankfurt 1906[9] (Nachdruck Aalen 1963), 533 m. Fußn. 6.

[99] F. Regelsberger a.O. (Anm. 97) 458; B. Windscheid - Th. Kipp a.O. (Anm. 98) 534; dies wird in den Kommentaren zu § 187 BGB noch heute als *die* (also die einheitliche) römische Lösung bezeichnet, zuletzt etwa von Staudinger - Werner, BGB, 1995[13], § 187 Rdnr. 2.- Anders insbes. F.C. v. Savigny, System des heutigen röm. Rechts IV, Berlin 1841, 347 ff.; 364ff.

[100] H. Roland - R. Boyer a.O. (Anm. 3), 162 - 163.

der erste Tag offenbar nicht mitgezählt.[101]- Die letzte und entscheidende Frage ist, warum sich die Regel *dies a quo non computatur* so allgemein durchgesetzt hat. Der Generalanwalt Mancini sagt, eine andere Entscheidung wäre unbillig.[102] Aber worin liegt die Billigkeit der Regel? Sie ergibt sich aus der Festlegung auf den Grundsatz der Zivilkomputation: Wenn mit ihr der Tag als ein stets in gleicher Weise begrenzter Zeitraum von Mitternacht zu Mitternacht maßgeblich ist, dann ergibt sich mit Notwendigkeit das Folgeproblem, wie man es bei Eintritt des Ereignisses - etwa um 15.00 Uhr - mit dem Resttag, den letzten neun Stunden, halten soll. Rechnet man diesen Resttag schon ein, so wird die Frist um ein Stück, hier um 15 Stunden, verkürzt; rechnet man ihn nicht ein, so wird die Frist um den Resttag, hier um neun Stunden, verlängert. Bei der Wahl dieser Alternative erscheint es evident billiger und gerechter, der verlängernden Berechnungsweise den Vorzug zu geben.[103] Unsere Regel beruht nach alldem darauf, daß ein vernünftiger Grundsatz, die Zivilkomputation, durch eine Billigkeitsregel konkretisiert wird.

V. Zur Eigenart römischer Rechtsfindung

1. Haben wir nach alldem einige Eindrücke vom römischen Recht und vor allem von seinem Nachleben gewonnen, so bleibt die wesentliche Frage, wie es sich erklärt, daß man seit Jahrhunderten und inzwischen nahezu weltweit auf das römische Recht zurückgreift oder sich mehr oder weniger bewußt seiner rechtlichen Lösungen bedient. Die Antwort ergibt sich sicherlich aus der Art und Weise, wie die römischen Juristen ihr Recht entwickelt haben und aus den Werten, von denen sie sich dabei haben leiten lassen. Wir müssen uns hier auf nur wenige Bemerkungen beschränken.

2. Von der Methode der rationalen Rechtsfindung war bereits die Rede. Mit ihr hängt die Fähigkeit zusammen, das Wesentliche vom Unwesentlichen zu scheiden. Die meisterhafte Ausgestaltung der römischen Klagformeln liefert dafür eindrucksvolle Beispiele; doch ist die römische Rechtsliteratur überhaupt dadurch gekennzeichnet, daß die Juristen un-

---

[101] Vgl. B. Windscheid - Th. Kipp a.O. (Anm. 98) 535 Fußn. 12.- Hier wird deutlich, daß auch unsere Bestimmung, den Monat als Zeitraum von 30 Tagen zu verstehen, auf die Römer zurückgeht, B. Windscheid - Th. Kipp a. O. (Anm. 98) 538 m. Fußn. 20.

[102] Slg. 1987, 229.

[103] Vgl. etwa Gebhard im Vorentwurf (= Vorlagen der Redaktoren für die 1. Kommission zur Ausarbeitung des Entwurfs des BGB, 1876-1887), hrsg. v. W. Schubert, Bd. I/2 (Allg. Teil), Berlin 1981, 292 (neue Zählung).

glaublich schnell zum Kern des Rechtsproblems vordringen und alles Überflüssige beiseite lassen. Ein Beispiel mag sein

D. 21,3,3 pr., 1

Hermogenianus libro sexto iuris epitomatorum
Exceptio rei venditae et traditae non tantum ei cui res tradita est, sed successoribus etiam eius et emptori secundo, etsi res ei non fuerit tradita, proderit: interest enim emptoris primi secundo rem non evinci. 1. Pari ratione venditoris etiam successoribus nocebit, sive in universum ius sive in eam dumtaxat rem successerint.

Hermogenian im 6. Buch der Auszüge aus dem Recht
Die Einrede, daß die Sache verkauft und übergeben ist, wird nicht nur demjenigen von Nutzen sein, dem die (Kauf-)Sache übergeben ist, sondern auch dessen Rechtsnachfolgern und dem zweiten Käufer, wenngleich diesem die Sache nicht übergeben worden ist: Der erste Käufer hat nämlich ein Interesse daran, daß dem zweiten die Kaufsache nicht evinziert wird. 1. Aus dem gleichen Grunde wird sie (sc. die Einrede) auch den Rechtsnachfolgern des Verkäufers entgegenstehen, sei es, daß sie in die gesamte Rechtsstellung, sei es, daß sie nur in das Eigentumsrecht an der Sache einrücken.

Ein Verkäufer/Eigentümer übergibt die Kaufsache dem Käufer, ohne die gebotene förmliche Übereignung durch *mancipatio* vorzunehmen. Der Käufer verkauft sie sogleich an einen Dritten weiter, dem er sie ebenfalls ohne förmliche Übereignung übergibt. Der Verkäufer kann die Sache nicht kraft des bei ihm verbliebenen Eigentums vom Dritten herausverlangen: Würde er die Sache von seinem Käufer herausverlangen, so könnte dieser ihm die Einrede entgegensetzen, daß er, der Verkäufer, ihm die Kaufsache verkauft und übergeben habe. Der Dritte (als Käufer des Käufers) hat diese Einrede an sich nicht, weil der Verkäufer/Eigentümer die Sache ja nicht ihm verkauft und übergeben hat. Könnte der Verkäufer aber die Sache von ihm herausverlangen, so könnte der Dritte bei seinem Verkäufer (dem ersten Käufer) Regreß - in Rom: in Höhe des doppelten Kaufpreises - nehmen und der erste Käufer könnte wiederum aus dem

Kaufvertrag vom Verkäufer/Eigentümer Lieferung der Sache an sich verlangen und sie dann möglichst wieder dem Dritten überlassen. Es käme also zu einem endlosen Kreislauf.
Dies und der Gedanke, daß der Verkäufer das Interesse seines Käufers respektieren muß, dem Dritten gegenüber nicht (wenn dieser es verlangt) den doppelten Kaufpreis zahlen zu müssen, rechtfertigt es, die Einrede der verkauften und übergebenen Sache auch dem Dritten zu gewähren, wenn der Verkäufer/Eigentümer von ihm Herausgabe verlangt. Es ist bemerkenswert, daß das Reichsgericht 1922 einen entsprechenden Fall unter Berufung auf dieses Fragment im gleichen Sinne entschieden und immerhin drei Druckseiten zur Begründung benötigt hat.[104]

Die Aussage des § 1 geht dahin, daß auch Einzel- und Gesamtrechtsnachfolgern, obwohl sie persönlich die Sache nicht übergeben haben, die Einrede entgegensteht, mögen sie die Sache vom ersten Käufer oder vom Dritten herausverlangen. Diesen Fall hat der Bundesgerichtshof 1984 mit gleichem Ergebnis entschieden; seine Begründung nimmt gleichfalls drei Seiten in Anspruch.[105] Bei diesen Relationen wird die gedrängte Kürze römischer Rechtsdarstellung besonders augenfällig.

Hinzu kommt das römische Streben nach Einfachheit und Klarheit. Es führt zu einer gewissen Sparsamkeit in der Ausbildung und Verwendung der Rechtsinstitute.[106] So erscheint beispielsweise das altertümliche Übertragungsgeschäft der *mancipatio* in vielfältigsten Anwendungsformen, zum Beispiel zur Testamentserrichtung oder zur Begründung der personenrechtlichen Gewalt des Ehemannes über die Frau, und es erscheint zudem als Teilstück ganz anderer Rechtsakte, wie etwa der Entlassung aus der Hausgewalt (*emancipatio*) oder der Adoption. Grundlegende Zusammenhänge werden dadurch leicht erkennbar und begreiflich. Noch Justinian betont wiederholt die Einfachheit als Ideal guter Gesetzgebung.[107]

Kennzeichnend für die Art römischer Rechtsfindung ist überdies die pragmatische Sicht. Ist beispielweise eine Schuld zu einem bestimmten

---

[104] RGZ 105, 19-24.

[105] BGHZ 90, 269; 270-273.

[106] Näheres dazu in der faszinierenden Schrift von F. Schulz, Prinzipien des römischen Rechts, Berlin 1934, Nachdruck 1954, 45-56, ebd. 45 ein Zitat von J. Austin aus dessen Lectures on Jurisprudence: „Turning from the study of English to the study of Roman law, you escape from the empire of Chaos and darkness to a world, which seems by comparison the region of order and light.“

[107] Vgl. z.B. Inst. 2,23,7: *nobis in legibus magis simplicitas quam difficultas placet* (uns gefällt bei Gesetzen mehr das Einfache als das Komplizierte); Inst. 3,2,3 a: *simplicitatem legibus amicam amplexa* (aus Liebe zur Einfachheit, die der Gesetze Freundin ist).

Zeitpunkt fällig, verstehen die römischen Juristen das dahin, daß zwar der Gläubiger nicht vorher fordern, der Schuldner im Grundsatz aber vorher erfüllen darf: *diei adiectio pro reo esse, non pro stipulatore*, Ulp. D. 45,1,41,1. Diese Lösung ist in § 271 Abs. 2 BGB und in die meisten Zivilgesetzbücher übernommen; ihr liegt der einfache Gedanke zugrunde, daß die frühere Leistung die bessere ist,[108] und damit die auf Publilius Syrus zurückgehende Alltagsweisheit *bis dat qui cito dat.*[109] Oder ein Beispiel aus dem öffentlichen Recht: Ulpian berichtet zur Frage, ob ein Statthalter Geschenke annehmen darf, in

D. 1,16,6,3

Ulpianus libro primo de officio proconsulis
Quam rem divus Severus et imperator Antoninus elegantissime epistula sunt moderati, cuius epistulae verba haec sunt: 'Quantum ad xenia pertinet, audi quid sentimus: vetus proverbium est: οὔτε πάντα οὔτε πάντοτε οὔτε παρὰ πάντων. nam valde inhumanum est a nemine accipere, sed passim vilissimum est et omnia avarissimum'.

Ulpian im 1. Buch über das Amt des Prokonsuls
Zu dieser Frage haben der vergöttlichte Kaiser Septimius Severus und der Kaiser Antoninus [Caracalla] in einem Brief in höchst treffender Weise eine Regel gegeben; die Worte dieses Briefes lauten: 'Soweit es die Geschenke betrifft, höre, was wir für richtig halten: Es gibt ein altes [griechisches] Sprichwort: Weder alles noch alle Zeit noch von aller Welt. Denn es ist wenig menschlich, von niemandem etwas anzunehmen; aber unterschiedslos zu nehmen, ist sehr verächtlich, und alles zu nehmen, sehr habgierig'.

Bemerkenswert ist ferner, daß die römischen Juristen sich stark von der natürlichen Anschauung leiten lassen: Da die Adoption die Natur nachahmt (*adoptio naturam imitatur*), muß der Adoptierende um ein volles Mündigkeitsalter, also 18 Jahre, älter sein als der Adoptierte (D. 1,7,40,1; Inst. 1,11,4). Daß 1982 in Bielefeld jemand einen um elf Jahre Älteren als Kind annehmen und 1973 in Wisconsin ein 29jähriger Sohn sogar

[108] Gai. Inst. 3,113; Iust. Inst. 3,20,5.
[109] Näheres dazu bei R. Knütel a.O. (Anm. 34) 54-55.

seine 53jährige Mutter adoptieren durfte,[110] zeigt, wie sehr wir Gefahr laufen, uns von der natürlichen Anschauung zu entfernen. Oder: Bäume werden erst dann Bestandteile des Grundstücks, wenn sie in dieses ihre Wurzeln geschlagen haben (Gai. D. 41,7,13; Inst. 2,1,31); das BGB (§ 94 Abs. 1 S.2) läßt sie dagegen, anders als etwa das österreichische Recht (§ 420 S.2 ABGB), bereits mit Einpflanzen in das Eigentum des Grundeigentümers übergehen.[111] Oder es werden bei den Tieren unterschieden - und dementsprechend Eigentumserwerb und -verlust differenzierend behandelt - die wilden Tiere (*ferae bestiae*), die gezähmten und die Haustiere (Gai. D. 41,1,3,1 u. 2; D. 41,1,5 pr.-6; Inst. 2,1,12-16), eine Unterscheidung die auch für das Zollrecht der EU noch maßgeblich ist.[112] Die Orientierung an der Natur, die für die römischen Juristen den Ausgangspunkt bildet, ist einer der Hauptgründe dafür, weshalb die Lösungen des römischen Rechts weithin unmittelbar einleuchten und so oft als zeitlos gültig erscheinen.

VI. Wesentliche Leitwerte in Stichworten

Als entscheidend kommt zu alldem hinzu die Orientierung an leitenden Werten und Prinzipien, über die das ermittelt wird, was der *aequitas*, der Gerechtigkeit, entspricht. Wir müssen uns hier auf Stichworte beschränken. Genannt seien die *fides*, die Treue gegenüber dem gegebenen Wort,[113] die die Römer schon früh zur Anerkennung formloser Verträge führt; ferner die *libertas*, die sowohl im römischen Verfassungsrecht als auch im Strafrecht[114] und im Privatrecht von schlechthin grundlegender Bedeutung ist und zu einer stark individualistischen Gestaltung des Privatrechts geführt hat.[115] Zu nennen ist des weiteren die *humanitas*, die etwa im Familienrecht bedeutsame Beschränkungen der absoluten Gewalt des Hausvaters, der *patria potestas*, rechtfertigt und im übrigen Pri-

[110] Sie dazu R. Knütel a.O. (Anm. 81) 260-261 mit weiteren Nachweisen.

[111] Näheres dazu bei R. Knütel, Von Wurzeln und Stämmen, in: E. Becker-Eberhard - W. Gerhardt - E. Schilken (Hrsgg.), Festschrift H. F. Gaul, Bielefeld 1997, 317-334.- Auch vom Fluß losgerissene Grundstücksteile werden erst dann Eigentum des Anliegers, bei dem sie angetrieben werden, wenn die auf dem Teil befindlichen Bäume Wurzeln in dessen Erdreich getrieben haben, vgl. D. 41,1,7,2; Inst. 2,1,21.

[112] Siehe EuGH Slg. 1973, 1587ff. (Rs. 149/73) mit den eleganten Schlußanträgen des GA Trabucchi, 1595-1596.

[113] Vgl. aus der Fülle der juristischen wie außerjuristischen Belege nur Iavolenus D. 19,2,21: *bona fides exigit, ut quod convenit fiat*. Näheres bei F. Schulz a. O. (Anm. 106) 151-161.

[114] Zu *nulla poena sine lege* s.o. Anm. 86; ferner Ulp.D. 48,19,18: *Cogitationis poenam nemo patitur.*

[115] Auch dazu F. Schulz a.O. (Anm. 106) 95-127.

vatrecht vielfach zu Entscheidungen führt, die abmildern oder vermeiden, was sich nach strenger rechtlicher Konsequenz ergäbe, und die einen besonderen Ausdruck in der Handhabung und Ausgestaltung des Sklavenrechts findet.[116] In diesem Bereich werden insbesondere die Kaiser aktiv; sie unterbinden etwa willkürliche Quälereien von Sklaven als rechtsmißbräuchlich oder - um ein Beispiel zu nennen, das uns in anderem Gewande bis zur Wiedervereinigung vertraut war - Claudius erklärt den Sklaven für frei, der wegen Alters oder Krankheit von seinem Eigentümer verstoßen worden war.[117] Es dürfte nicht zu fernliegen, die Parallele zu einem Staat zu ziehen, der seine Herrschaft erst an den nicht mehr arbeitsfähigen Bürgern aufgibt, nur Rentnern also die Ausreise in die Freiheit gestattet.

Anzuführen sind des weiteren der Schutz der Persönlichkeit durch das sehr weit gefaßte Injurien-Delikt und zusätzliche Klagen - ein Bereich, in dem die Römer erkennbar sensibler waren als wir -, der Schutz Schwacherer, wie der Unmündigen, der Minderjährigen und der Geisteskranken, der in Rom so prononciert entwickelte Schutz des Eigentums, der zugleich der Sicherung von Freiheit und Unabhängigkeit des Bürgers dient, der Besitzschutz zur Sicherung der allgemeinen Friedensordnung etc.

Hinzu kommen schließlich Prinzipien, die bereits Konkretisierungen der Gerechtigkeit darstellen (wie die anfangs angeführte Maxime *patere legem quam fecisti*) oder die unumgänglicher Ausgangspunkt der rechtlichen Betrachtung sein müssen, wie etwa die Regel *quod nullius est, id ratione naturali occupanti conceditur*[118] oder *casum sentit dominus* und *accessio cedit principali.*[119]Eine bislang unterschätzte Bedeutung hat die in diesen Zusammenhang gehörige Maxime *nam et commodum eius esse debet, cuius periculum est* - denn wer die Gefahr trägt, der muß auch den Vorteil haben (Inst. 3,23,3 a.E.). Die Juristen loten - oft durch die Bildung von Extremfällen - die Tragweite derartiger Prinzipien aus, grenzen diese gegeneinander ab und gelangen so beispielsweise für eine Insel zu unterschiedlichen Lösungen, je nachdem ob sie im Meer entsteht oder im Fluß oder ob sie nur eine schwimmende Insel ist. Alldas hat seine bei näherem Hinsehen immer wieder faszinierende Logik.

---

[116] F. Schulz a.O. (Anm. 106) 128-150.- Ein Beispiel s.o. bei Anm. 20 (Lex Barbarius Philippus) sowie das soeben genannte Reskript in D. 1,16,6,3.
[117] Mod. D. 40,8,2; Sueton, Claudius 25,2.
[118] Vgl. Gai. D. 41,1,3 pr.; 41,1,7,3; Inst. 2,1,12; 2,1,18; 2,1,22.
[119] Ulp. D. 34,2,19,13; Gai. D. 33,8,2.

VII. Schlußbemerkung

Wenn uns all das so überaus vertraut vorkommt, so liegt das daran, daß diese Werte weitestgehend auch die unseren sind. Unser Bild vom Menschen, seiner individuellen Freiheit und seiner Stellung in der menschlichen Gesellschaft ist sehr entscheidend in der Antike geprägt worden; mit unserem Denken über das, was Recht und Unrecht ist, verhält es sich nicht anders. Wir können deshalb Gottfried Wilhelm Leibniz nur zustimmen, wenn er schreibt:[120]

„nullus autem extet liber legum in orbe terrarum, qui plures dubitationes definierit, in quo plus ubertatis, cum subtilissimae profunditatis incredibili velocitate coniunctum sit, quam in Romani Iuris Corpore, Digestis praesertim, cernimus et mirum non est potissimas Gentes Europaeas tamdiu eo se iure regi passas esse.“

[120] In einem um 1670 verfaßten Brief; Leibniz, Sämtliche Schriften und Briefe (hg. von der Akademie der Wissenschaften Berlin), 2. Reihe, Bd. 1, Darmstadt 1926, 50.

ZUM PFLICHTENKONFLIKT DES VERWAHRERS*

Rolf KNÜTEL

I

Die Metapher : « The Modern Codes may be regarded as republications, to a large extent, of Justinian's monumental codification of Roman Law – but adapted to modern times and garbed in modern linguistic dresses » (1), bringt nicht nur eine heutzutage nahezu vergessene Wahrheit zum Ausdruck. Vielmehr macht sie zugleich anschaulich, daß die Arbeit am römischen Recht ihre natürliche Fortsetzung in der Rechtsvergleichung findet. Es war diese Erfahrung, aus der heraus **Fritz Sturm** bei unserer ersten Begegnung meinte, man solle das so eindrucksvolle Nachleben des römischen Rechts in den ausländischen Rechtsordnungen stets im Auge behalten. So bietet es sich an, in der ihm darzubringenden Festgabe den Blick auf ein interessantes Fragment zu lenken, das in zahlreichen neuzeitlichen Kodifikationen fortlebt und dessen Nachwirkungen auch im deutschen Zivilrecht erkennbar sind.

II

1. « Dans une matière où les principes sont fixés depuis longtemps, il s'agissait non de créer des règles, mais de recueillir celles dont un long usage a démontré la justice et l'utilité ; c'est ce que nous faisons dans le projet de loi qui vous est soumis. » Mit dieser Einleitung nahm der Staatsrat und Regierungssprecher **Réal** am 9. März 1804 seine Darlegung der Motive zum Titel « Du dépôt et du séquestre » des späteren Code civil vor dem Corps legislatif auf (2). Nach einer stichwortartigen Kennzeichnung des Verwah-

(*) J.-F. Gerkens/H. Peter/P. Trenk-Hinterberger/R. Vigneron (Hrsg.), Mélanges Fritz Sturm, Bd. 1, Éditions Juridiques de l'Université de Liège, Lüttich 1999, 239 – 265.

(1) Ch. Ph. SHERMAN, *Roman Law in The Modern World* II^2, New York 1924, 5.

(2) LOCRÉ, *Législation civile, commerciale et criminelle ou Commentaire et complément des Codes Français* VII, Brüssel 1836, 317.

rungsvertrages erläuterte er des näheren die Pflichten des Verwahrers und bemerkte dazu abschließend, die extreme Einfachheit dieser Regeln (zu den Verwahrerpflichten) habe insoweit Kontroversen (im Staatsrat) ausgeschlossen. « Was aber », so fuhr er fort, « wenn der Verwahrer erfährt, daß die ihm zur Verwahrung übergebene Sache dem Hinterleger nicht gehört ; was muß er tun, und wie ist in diesem Fall die Rückgabe zu bewerkstelligen ? » Diese Frage – die einzige, die einige Schwierigkeit bereitet habe – sei mit Sorgfalt erörtert worden und habe in dem vorgelegten Art. 24 des Entwurfs ihre Lösung gefunden (3). Dieser Art. 24 ist dann später in den Code civil eingegangen als Art. 1938, dessen 2. Absatz die uns interessierende Frage regelt :

> **Art. 1938.** – *Il ne peut pas exiger de celui qui a fait le dépôt, la preuve qu'il était propriétaire de la chose déposée.*
>
> *Néanmoins, s'il découvre que la chose a été volée, et quel en est le véritable propriétaire, il doit dénoncer à celui-ci le dépôt qui lui a été fait avec sommation de le réclamer dans un délai déterminé et suffisant. Si celui auquel la dénonciation a été faite, néglige de réclamer le dépôt, le dépositaire est valablement déchargé par la tradition qu'il en fait à celui duquel il l'a reçu* (4).

2. **Réal** berichtete dazu, einige hätten zu der Ansicht geneigt, in dem genannten Fall jegliche Rückgabe an den Hinterleger zu untersagen ; doch habe man es für vorzugswürdig gehalten, die Rückgabe für gültig zu erklären, wenn sie an den Hinterleger erst erfolgt sei, nachdem der Verwahrer dem Eigentümer von der Verwahrung Anzeige gemacht und ihn (erfolglos) aufgefordert habe, seinen Anspruch auf die Sache binnen angemessener Frist geltend zu machen. Denn mit dieser Anzeige werde der Moral und der Gerechtigkeit Genüge getan (5). Wenn aber derjenige, dem die Anzeige gemacht worden sei, sich nicht beeile, müsse das Gesetz vermuten, Hinterleger und Eigentümer hätten sich arrangiert. Jedenfalls

---

(3) *Réal* bei LOCRÉ, 318.

(4) In der Version des Badischen Landrechts v. 1809, Art. 1938 : *An den, der die Sache in Verwahr gab, kann er den Beweis des Eigenthums niemals fordern.*

Entdeckt er gleichwohl, daß die Sache entwendet worden, und wer deren wahrer Eigenthümer sey, so ist er verbunden, die bei ihm geschehene Hinterlegung diesem kund zu thun, und ihn urkundlich aufzufordern, daß er in einer bestimmten und hinlänglichen Frist sie in Anspruch nehme.

Versäumt dieser darauf solches, so wird der Aufbewahrer aller Verbindlichkeit dadurch gültig entledigt, daß er sie demjenigen übergibt, von dem er sie empfangen hat.

(5) « Cet avertissement satisfait à la morale et à la justice... », *Réal* bei LOCRÉ, 319.

könne nicht angenommen werden, daß der Verwahrer zu mehr verpflichtet sei, weder dazu, weitere Untersuchungen anzustellen, die ihn persönlich einer Schadensersatzhaftung (aus Verzug gegenüber dem Hinterleger) aussetzen könnten, noch dazu, die Last der Verwahrung auf unabsehbare Zeit zu tragen (6).

Die voraufgegangenen Diskussionen im Conseil d'État am 19.1.1804 waren etwas substanzreicher, als der Bericht **Réals** erkennen läßt. Vor allem ging es um die Frage, wie die Anzeige des Verwahrers zu gestalten und ob sie nicht besser an die Behörde zu richten sei. **Jean-Etienne Portalis**, der den Titel über die Verwahrung vorgelegt hatte, trug die Argumente vor, die für die Beschränkung auf eine bloße Anzeige an den Eigentümer verbunden mit der erwähnten Aufforderung sprachen. Und das Begehren, den einschlägigen Absatz überhaupt wegzulassen, wurde vom Vorsitzenden, dem Konsul **Cambacérès**, mit dem Hinweis zurückgewiesen, daß es doch erstaunlich wäre, wenn man eine Regel, die zu allen Zeiten bestanden habe und von allen Juristen anerkannt sei, im Code civil nicht fände. Es ist zweckmäßig, den Diskussionsbericht im Wortlaut wiederzugeben :

> « **13.** – M. REGNAUD (de Saint-Jean-d'Angely) dit qu'il serait extraordinaire, lorsque le propriétaire diffère de retirer la chose, de permettre au dépositaire de la remettre à celui qu'il saurait l'avoir volée. Il serait plus convenable de l'obliger à faire sa déclaration à un officier public.
>
> M. BIGOT-PRÉAMENEU dit que cette disposition est fondée sur ce que le propriétaire a eu un temps suffisant pour faire valoir ses droits.
>
> M. PORTALIS dit qu'il est possible qu'il y ait eu des arrangements entre les parties ; alors, pourquoi dénoncer un délit dont elles ont voulu effacer les traces, et qui ne blesse que des intérêts privés ; qui peut-être même n'a jamais existé ; car il n'est pas certain que les ren seignemens donnés au dépositaire fussent vrais. Il suffit donc que le propriétaire soit averti ; c'est à lui d'agir : s'il garde le silence, le dépositaire n'est pas obligé de veiller à ses intérêts avec plus de soin que lui-même. Le dépositaire ne doit pas s'exposer à diffamer mal // à propos un citoyen, ni à se voir poursuivi comme calomniateur.
>
> M. REGNAUD (de Saint-Jean-d'Angely) objecte que la sommation que l'article oblige de faire au propriétaire suffit pour divulguer le délit.
>
> M. PORTALIS répond qu'une sommation n'est pas un acte public. Elle ne va pas au-delà des parties. Le tiers interposé entre elles n'est là que comme le moyen de communication exigé par la loi.

---

(6) *Réal* bei LOCRÉ, 319.

D'ailleurs, on est maître de la rédaction d'un acte semblable, et dès-lors on peut écarter toute énonciation trop positive, et dire, par exemple, que, faute de réclamation, on rendra le dépôt à celui qui l'a confié. Au contraire, dans la déclaration faite à un officier public, on est forcé d'expliquer les faits et de nommer les personnes.

M. CRETET dit qu'on pourrait se borner à obliger le dépositaire d'avertir, sans l'astreindre à faire une sommation.

M. TREILHARD répond qu'il est nécessaire que l'avertissement soit légalement constaté.

M. DEFERMON demande la suppression de cette partie de l'article. Elle lui paraît inutile, et même elle pourrait quelquefois exposer le dépositaire à l'accusation de recel. En la retranchant, tout marchera naturellement et sans aucun embarras.

Le consul CAMBACÉRÈS dit que la règle consacrée par l'article a existé dans tous les temps, et est admise par tous les jurisconsultes. On s'étonnerait de ne pas la retrouver dans le code civil.

14. – L'article est adopté. » (7).

III

Da der Code civil das Gesetzbuch ist, das am häufigsten zum Vorbild genommen wurde, nimmt es nicht wunder, daß sich Vorschriften, die dem Art. 1938 Abs. 2 Cc entsprechen, in zahlreichen Gesetzbüchern finden. Eine Auswahl mag genügen.

Von Anfang an galt der Art. 1938 in Belgien (Art. 1938 Ccbelge) ; das niederländische Burgerlijk Wetboek v. 1838 brachte in Art. 1757 eine Übersetzung des Art. 1938 Cc ; doch ist die Bestimmung im 9. Titel von Buch 7 des NWB nicht mehr enthalten.

In der Neuen Welt fand die erste Übernahme in Art. 20 Buch III, Titel 11 des Louisiana Digest von 1808 statt, die in Art. 2950 des Louisiana Civil Code von 1825/1870 bis auf den heutigen Tag fortbesteht :

Art. 2950. – *He can not require him who made the deposit to prove that he was the owner of the thing. Yet if he discovers that the thing was stolen and who the owner of it is, he must give him notice of the*

(7) LOCRÉ, 310f.

deposit (8), *requiring him to claim within due time. If the owner, having received due notice, neglects to claim the deposit, the depositary is fully exonerated on returning it to the person from whom he received it.*

Wie eine Übersetzung ins Spanische liest sich im argentinischen Código civil von 1869 der

Art. 2215. – *El depositario no puede exigir que el depositante pruebe ser suya la cosa depositada. Si llega sin embargo a descubrir que la cosa ha sido hurtada, y quien es su dueño, debe hacer saber a éste el depósito para que lo reclame en un corto término. Si el dueño no lo hiciere así, el depositario debe entregar el depósito al depositante* (9).

Der spanische Código civil von 1889 weicht von dieser Regelung nur insoweit ab, als er dem Eigentümer eine Monatsfrist setzt :

Art. 1771. – *El depositario no puede exigir que el depositante pruebe ser propietario de la cosa depositada.*

Sin embargo, si llega a descubrir que la cosa ha sido hurtada y quién es su verdadero dueño, debe hacer saber a éste el déposito.

Si el dueño, a pesar de esto, no reclama en el término de un mes, quedará libre de toda responsabilidad el depositario, devolviendo la cosa depositada a aquel de quien la recibió (10).

Der portugiesische Código civil v. 1966 verkürzt die Frist für den Eigentümer auf 14 Tage :

Art. 1192. – 3. *Se chegar ao conhecimento do depositário que a coisa provém de crime, deve participar imediatamente o depósito à pessoa a quem foi subtraída ou, não sabendo quem é, ao Ministério Público ; e só poderá restituir a coisa ao depositante se dentro de*

(8) Die einzige Abweichung besteht darin, daß es in Art. 20 III 11 des Louisiana Digest heißt : « he must give notice to him of the deposit ».

(9) Der Gesetzesredaktor *Dalmacio Vélez-Sarsfield* verweist in der Anmerkung zu Art. 2215 Cc.arg. auf die l. 6 V 3 der Siete Partidas von 1256/65 (wo der 3. Fall dieser *lex* dem Fragment D.16.3.31.1 nachgebildet ist, wie *Gregorio Lopez* in seiner klassisch gewordenen Glossierung [seit 1555] hervorhebt), ferner auf die l. 6 III 15 des Fuero Real v. 1255 ; auf D.16.3.1.39 sowie u.a. auf Art. 1938 Cc. und Art. 1757 des niederl. BW.

(10) In Art. 1675 des Entwurfs von Florencio García Goyena (*Concordancias, motivos y comentarios del Código civil español*, Madrid 1852, Nachdr. Zaragoza 1974), dem der Art. 1771 nachgebildet ist, war vorgesehen, daß der Verwahrer den Eigentümer auffordert, sein Recht innerhalb einer vom Verwahrer bestimmten, ausreichenden Frist geltend zu machen – dies, weil angesichts der unterschiedlichen Umstände des Einzelfalles eine gesetzlich fixierte Frist zu Unzuträglichkeiten führen könnte. García Goyena hebt zugleich hervor, daß er mit seinem Artikel der Lösung von D.16.3.31.1 gefolgt sei, sie aber um die rechtliche Verpflichtung des Verwahrers erweitert habe, dem Eigentümer Anzeige zu machen.

quinze dias, contados da participação, ela não lhe for reclamada, por quem de direito.

Und der italienische Codice civile von 1942 beschränkt sie sogar auf (bestenfalls) zehn Tage :

Art. 1778. – *Il depositario, se scopre che la cosa proviene da un reato e gli è nota la persona alla quale è stata sottratta, deve denunziarle il deposito fatto presso di sè.*

Il depositario è liberato se restituisce la cosa al depositante decorsi dieci giorni dalla denunzia senza che gli sia stata notificata opposizione.

Nur acht Tage räumt der mexikanische Código civil von 1928 ein, der wahlweise auch die Anzeige an die zuständige Behörde vorsieht .

Art. 2523. – *Si después de constituído el depósito tiene conocimiento el depositario de que la cosa es robada y de quién es el verdadero dueño, debe dar aviso a éste o a la autoridad competente, con la reserva debida.*

Art. 2524. – *Si dentro de ocho días no se le manda judicialmente retener o entragar la cosa, puede devolverla al que la depositó, sin que por ello queda sujeto a responsabilidad alguna.*

Nur noch die Anzeige an das Gericht wird dem Verwahrer durch den guatemaltekischen Código civil von 1964 aufgegeben :

Art. 1988. – *El depositario non debe restituir el depósito a la misma persona de quien lo recibió :*

2° – Si aparece que la cosa pertenecía a otra persona, o que había sido robada ; ...

Art. 1989. – *En el caso segundo del artículo anterior, el depositario está obligado a dar cuenta inmediatamente al juez, para lo que proceda ; ...*

Die entsprechende Situation kann sich natürlich auch bei anderen Verträgen ergeben, nämlich solchen, die jemanden berechtigen, eine fremde Sache zu benutzen oder als Sicherheit in Besitz zu haben (11). Dementsprechend hat **Andrès Bello** im chilenischen Código civil von 1855 die Grundregelung bei der Leihe getroffen und bei der Verwahrung darauf verwiesen :

Art. 2183. – *El comodatario no tendrá derecho para suspender la restitución, alegando que la cosa prestada no pertenece al comodante ;*

(11) Zum Fall des Pfandvertrages s. unten VI.

salvo que haya sido perdida, hurtada o robada a su dueño, o que se embargue judicialmente en manos del comodatario.

Si se ha prestado una cosa perdida, hurtada o robada, el comodatario que lo sabe y no lo denuncia al dueño, dándole un plazo razonable para reclamarla, se hará responsable de los perjuicios que de la restitución se sigan al dueño.

Y si el dueño no la reclamare oportunamente, podrá hacerse la restitución al comodante.

El dueño por su parte tampoco podrá exigir la restitución sin el consentimiento del comodante, o sin decreto de juez (12).

Art. 2233. – *Las reglas de los artículos 2181 hasta 2185, se aplican al depósito.*

IV

1. Grundlage des Art. 1938 Cc und der anderen genannten Artikel ist ein berühmter Text aus dem Digestentitel : « *Depositi vel contra* », in dem der Jurist Tryphonin, der zum *consilium* des Kaisers Septimius Severus gehörte, die Anforderungen und die Tragweite der *bona fides* beim *depositum* erörtert, D.16.3.31.1 (13). Wir geben das Fragment 31 insgesamt wieder, zunächst das *pr.* :

Tryphoninus libro nono disputationum	*Tryphonin im 9. Buch seiner Erörterungen*
Bona fides quae in contractibus exigitur aequitatem summam desiderat : sed eam utrum aestimamus ad merum ius gentium an vero cum praeceptis civilibus et praetoriis ? veluti reus capitalis iudicii deposuit apud te centum : is deportatus est,	Wird in Verträgen die Wahrung von Treu und Glauben gefordert, so verlangt das den Maßstab höchster Gerechtigkeit. Beurteilen wir diese Gerechtigkeit aber nach dem bloßen Völkergemeinrecht oder auch unter Einschluss der zivilrechtlichen und honorarrechtlichen Vorschriften ? Zum Beispiel hat ein im Strafverfahren für Kapitalverbrechen Angeklagter bei dir

(12) In Anlehnung an Art. 2183 Cc.Chile gibt auch Art. 2277 Cc.Arg. dem Entleiher das Recht, die Rückgabe von Sachen zu verweigern, die dem wahren Eigentümer abhandengekommen oder sogar geraubt worden sind ; freilich ohne Verweisung auf Art. 2215 Cc.Arg. (o. zu Fn.9). Vergleichbar der Cc.Colomb. Art. 2208 (zur Leihe), 2257 (Verwahrung), 2415 (Pfandvertrag).

(13) Daß Art. 1938 Cc. auf D.16.3.31.1 zurückgeht, ist evident und nie bezweifelt worden, vgl. nur Chr. D. ERHARD, *Napoleons I bürgerliches Gesetzbuch*, Leipzig 1808 (mit den Parallelstellen von H. DARD) 527 mit Fn.3 ; O. LE CLERCQ, *Le droit romain dans ses rapports avec le droit français etc.* VI, Lüttich 1811, 467.

bona eius publicata sunt : utrumne ipsi haec reddenda an in publicum deferenda sint ? si tantum naturale et gentium ius intuemur, ei qui dedit restituenda sunt : si civile ius et legum ordinem, magis in publicum deferenda sunt : nam male meritus publice, ut exemplo aliis ad deterrenda maleficia sit, etiam egestate laborare debet.

Hundert hinterlegt. Er ist danach lebenslänglich verbannt worden ; sein Vermögen wurde eingezogen. Müssen diese Hundert ihm zurückgegeben werden oder müssen sie an die öffentliche Hand abgeführt werden ? Wenn wir allein auf das Natur- und Völkergemeinrecht abstellen, müssen sie dem zurückgegeben werden, der sie hingegeben hat, wenn aber auch auf das bürgerliche Recht und die allgemeine gesetzliche Ordnung, dann sind sie an die öffentliche Hand abzuführen. Denn wer sich im Hinblick auf das Gemeinwesen eines Verbrechens schuldig gemacht hat, der muß bittere Armut leiden, damit durch sein Beispiel andere von Verbrechen abgeschreckt werden.

Im *principium* legt der Jurist dar, daß die Gerechtigkeit, die über eine Bewertung nach der *bona fides*, also nach Treu und Glauben, verwirklicht werden soll, nach der gesamten Rechtsordnung zu bestimmen ist (14). Das heißt, daß sie nicht nur nach dem Naturrecht – dem Recht, das die Natur alle Lebewesen gelehrt hat (15) – und nicht nur nach dem damit weitestgehend übereinstimmenden Völkergemeinrecht (*ius gentium*), welches von allen menschlichen Völkerschaften befolgt wird, also allen Menschen gemeinsam ist (16), zu erschließen ist. Vielmehr sind auch die Bestimmungen des nur für die römischen Bürger geltenden Rechts, des *ius civile*, und die vom Prätor in Kraft gesetzten Rechtssätze, in die Bewertung einzubeziehen. Tryphonin veranschaulicht dies an dem Beispiel, daß jemand einem Dritten Hundert in Verwahrung gegeben hat und später wegen eines Kapitalverbrechens zur Deportation

(14) Siehe dazu etwa F. SENN, *De la justice et du droit*, Paris 1927, 45 Fn.1 (46), 78 Fn.2 ; G. LOMBARDI, *Sul concetto di « ius gentium »*, Rom 1947, 169ff. (mit älterer Lit. und der Annahme entscheidender justinianischer Textveränderungen) ; M. KASER, *Ius gentium*, Köln 1993, 121f. ; M. BRETONE, *Geschichte des römischen Rechts*, München 1992, 230f., vgl. auch H.T. KLAMI, *Sacerdotes iustitiae*, Turku 1978, 75f.

(15) D.1.1.1.3 ; Inst.1.2pr. ; die Wurzeln liegen in der griechischen Philosophie, vgl. Aristot., *Politeia* 1.2.1-2 ; Cic., *De off.*1.11. Vgl. auch Isidor., *Etymol.*5.4.1 und 2 sowie unten Fn.86.

(16) D.1.1.1.4 ; Inst.1.2.1 ; Inst.1.2.11 sowie Gai.1.1.

verurteilt worden ist, was den Verlust des römischen Bürgerrechts nach sich zog.

Der Verwahrungsvertrag ist ein Vertrag, bei dem sich die Verpflichtung des Schuldners, hier : des Verwahrers, nach der (bei diesem Vertrag besonders sensiblen) *bona fides* bestimmt (17) und der auch nach dem Völkergemeinrecht bindend ist. Trotz des Verlusts des Bürgerrechts hätte der Verurteilte (als *peregrinus*) also weiterhin den vertraglichen Rückgabeanspruch. Tryphonin versagt diesen Anspruch jedoch, weil es nach bürgerlichrechtlicher Betrachtungsweise und nach der Rechtsordnung geboten sei, das Geld zu konfiszieren, und er führt zur Rechtfertigung des Vorrangs dieser Rechtsbestimmungen gegenüber dem Völkergemeinrecht den Strafzweck der Generalprävention an (18). Man kann dies dahin zusammenfassen, daß das elementare Prinzip der Vertragstreue übergeordneten Werten weichen muß ; doch bleibt für jeden Einzelfall zu prüfen, was als übergeordneter Wert anzuerkennen ist.

2. Für unseren Zusammenhang kommt es auf die Ausführungen in § 1 an :

§ 1 Incurrit hic et alia inspectio. bonam fidem inter eos tantum, <*inter*> (19) *quos contractum est, nullo extrinsecus adsumpto aestimare debemus, an respectu etiam aliarum personarum, ad quas id quod geritur pertinet ? exempli loco latro*

§ 1 Es kommt hier noch eine andere Überlegung hinzu : Haben wir Treu und Glauben nur im Verhältnis zwischen denen zu beurteilen, die kontrahiert haben, und ohne außervertragliche Umstände heranzuziehen, oder auch im Hinblick auf dritte Personen, die das Geschäft, das vorgenommen wird, etwas angeht ? Beispielsweise hat ein Straßenräuber die Beute (20), die er mir

(17) Gai.4.47. – Zu *fides* s. auch unten VII.

(18) Vgl. den ähnlichen Fall bei Cic., *De off.*3.95 (keine Rückgabepflicht, wenn der Hinterleger das Vaterland mit Krieg überzieht) ; s. ferner Cic., *De off.*2.28 (*nisi enim multorum impunita scelera tulissemus...*). Vgl. auch Ulp. D.10.2.4.1.

(19) Mit dem Codex Parisinus (vgl. MOMMSEN, *Dig. ed. maior*, Berlin 1868, *ad h.l.*) und den Vulgatausgaben ist *inter* einzufügen.

(20) Daß *spolia* hier die Kleidung bedeute, wie G. NOODT, *Opera omnia* II, Leiden 1724, 366 unter Berufung auf Ulp. D.48.20.6 (und Tertull., *De resurrect. carn.* c. 4) annimmt, ist nicht gesichert ; eher wird allgemein die Beute oder geraubtes Gut gemeint sein, so z.B. B. BRISSONIUS, *De verborum quae ad ius civile pertinent significatione*, ed. J.G. HEINECCIUS, Halle-Magdeburg 1743, 1267 *s.v. spolia* 2 ; H. HEUMANN/E. SECKEL, *Handlexikon zu den Quellen des röm. Rechts*[9], Jena 1907, 551 *s. v. spolia* 2 (jew. zu fr. 31.1). – H.L.M.J. SCHUURMANS/J.E. SPRUIT übersetzen mit « zijn buit (seine Beute) », präzisieren in der Frage dann allerdings : « Moet Seius de kleren (= die Kleider) aan de dief of aan mij teruggeven ? »

spolia quae mihi abstulit posuit apud Seium inscium de malitia deponentis : utrum latroni an mihi restituere Seius debeat ? si per se dantem accipientemque intuemur, haec est bona fides, ut commissam rem recipiat is qui dedit : si totius rei aequitatem, quae ex omnibus personis quae negotio isto continguntur impletur, mihi reddenda sunt, [quo] <quae> (21) *facto scelestissimo adempta sunt. et probo hanc esse iustitiam, quae suum cuique ita tribuit, ut non distrahatur ab ullius personae iustiore repetitione. quod si ego ad petenda ea non veniam, nihilo minus ei restituenda sunt qui deposuit, quamvis male quaesita deposuit. quod et Marcellus in praedone et fure scribit.*

geraubt hat, bei Seius hinterlegt, der von der Übeltat des Hinterlegers keine Kenntnis hatte. Muß Seius dem Räuber oder mir herausgeben ? Stellen wir auf Geber und Empfänger für sich allein ab, so entspricht es Treu und Glauben, daß die [dem anderen] anvertraute Sache derjenige zurückerhält, der sie hingegeben hat ; stellen wir auf die Gerechtigkeit der gesamten Angelegenheit ab, die alle Personen erfaßt, die von diesem Geschäft berührt werden, so ist mir zurückzugeben, was mir durch die höchst verbrecherische Tat entrissen worden ist. Und ich halte es für zutreffend, daß die [wahre] Gerechtigkeit die ist, welche jedem das Seine so gewährt, daß keinem anderen eine gerechtere Rückforderungsklage beeinträchtigt wird (22). Komme ich aber nicht, um meine Sachen zurückzufordern, so sind sie demjenigen, der sie hinterlegt hat, mag er auch in übler Weise erworbenes Gut hinterlegt haben, ungeachtet dieses Umstandes zurückzugeben. Das schreibt auch Marcellus im Hinblick auf einen bösgläubigen Besitzer und einen Dieb (23).

si tamen ignorans latro cuius filio vel servo rem abstulisset apud patrem dominumve eius (24) *deposuit ignoran-*

Wenn jedoch der Räuber in Unkenntnis davon, wessen Sohn oder Sklaven er die Sache weggenommen hatte, diese bei dem ahnungslosen Hausvater oder Sklavenei-

---

(21) Brenkmann (in G.C. Gebauer/G.A. Spangenberg, *Corpus Iuris Civilis*, Göttingen 1776) ad h.l. Fn.12 will *quo* in *cui* emendieren (an dessen Stelle sei [durch Hörfehler ?] ein *qui* getreten, das durch Verschreiben in der Florentina zu *quo* geworden sei), vgl. auch A. Schulting, *Notae ad Digesta seu Pandectas* III, Leiden 1820, 322f. Fn.3 ; Mommsen, *Dig.* (o. Fn.19), *ad h.l.* – Auch wird erwogen, *quo* in die altlateinische Form *quoi* (i. S. von *cui*) zu verbessern oder in ein kausales *quod.* Näher liegen dürfte es jedoch, in Anknüpfung an das voraufgehende *spolia quae* mit Haloander und einigen Vulgatausgaben in *quae* zu verbessern. Vgl. zu alldem Brenkmann aaO.

(22) Zur Übersetzung s.u. bei und nach Fn.32.

(23) Die entsprechende Aussage des Marcellus (aus dem 6. Buch seiner Digesten) führt auch Ulpian in D.16.3.1.39 an. Vgl. auch unten Fn.47.

(24) Mommsen (o. Fn.19), *ad h.l.*, vermutet in Anlehnung an das Basilikenscholion Scheltema Nr. 3 zu Bas.13.2.31 (*Basilicorum libri LX*, Groningen 1956, II, 694

tem, nec ex iure gentium consistet depositum, cuius haec est potestas, ut alii <aliena> (25), *non domino sua ipsius res quasi aliena, servanda detur. et si rem meam fur, quam me ignorante subripuit, apud me etiamnunc delictum eius ignorantem deposuerit, recte dicetur non contrahi depositum, quia non est ex fide bona rem suam dominum praedoni restituere compelli. sed et si etiamnunc ab ignorante domino tradita sit quasi ex causa depositi, tamen indebiti dati condictio competit.*

gentümer hinterlegt, so kommt auch nach Völkergemeinrecht kein Verwahrungsvertrag zustande, weil dessen Wesen darin besteht, daß einem anderen eine fremde Sache, nicht aber einem Eigentümer seine eigene Sache als eine fremde in Obhut gegeben wird. Und wenn ein Dieb meine Sache, die er gestohlen hat, ohne daß ich es gemerkt habe, bei mir, der ich auch jetzt von seiner Straftat noch nichts weiß, hinterlegt, dann wird man zutreffend sagen, daß ein Verwahrungsvertrag nicht zustande kommt, weil es Treu und Glauben nicht entspricht, einen Eigentümer zuzwingen, seine Sache einem « Räuber » herauszugeben. Aber auch wenn der Eigentümer noch immer in Unkenntnis der Lage die Sache aufgrund des vermeintlichen Verwahrungsvertrages herausgegeben hat, so steht ihm doch die Kondiktion auf das zu, was geleistet, aber nicht geschuldet wurde.

Tryphonin gelangt zu dem Ergebnis, daß bei einer Beurteilung im Rahmen der *bona fides* auch die Rechte Dritter zu berücksichtigen sind, und er exemplifiziert dies am Beispiel der Pflichtenkollision des Verwahrers, der gutgläubig eine geraubte Sache für den Räuber in Verwahrung genommen hat : Muß er nach Aufdeckung des Sachverhalts zu seinem mit Abschluß des Verwahrungsvertrages gegebenen Wort stehen und dem Räuber die Sache zurückgeben oder muß er sie dem Eigentümer herausgeben ? Das Problem ist zugleich ein philosophisches ; Cicero erörtert es an der Frage, ob der Verwahrer das in Verwahrung genommene Schwert dem Hinterleger auch dann herausgeben muß, wenn dieser inzwischen dem Wahnsinn verfallen ist. Cicero verneint die Frage, weil es

= HEIMBACH, Leipzig 1833-1870, II, 57 [58 o.]), statt *apud patrem dominumve eius* habe im klassischen Text *apud eum* gestanden. Das ergibt, da es der überlieferten Präzisierung nicht bedürfte, zweifellos einen eleganteren Text, ist allerdings keine Emendation mehr, sondern die Annahme einer nachklassischen oder justinianischen Interpolation. Für Letzteres, da das Fragment ohnehin insgesamt justinianischer Redaktion unterworfen sei, G. LOMBARDI (o. Fn.14) 173 Fn.3.

(25) Vgl. MOMMSEN, *Dig. ed. maior*, ad h.l.

inhonest sei, ein Versprechen *commutata utilitate* zu erfüllen, wenn also dessen Sinn und Zweck sich verändert habe (26).

3. Tryphonin knüpft an den Grundsatz der regelnden Gerechtigkeit an, das *suum cuique tribuere*, mit dem der etwas jüngere Spätklassiker Ulpian überhaupt die Gerechtigkeit definiert hat : *Iustitia est constans et perpetua voluntas ius suum tribuendi* (D.1.1.10pr., vgl. Inst.1.1pr.) (27).

Die Echtheit dieser Begründung ist allerdings noch immer umstritten. **Franz Wieacker** hat in seiner Rechtsgeschichte von 1988 gemeint, mit Grund verdächtigt werde « wohl auch Tryphonins (jedenfalls philosophisch-rhetorische, nicht fachjuristische) Deklamation zum Pflichtenkonflikt des Depositars (D.16.3.31.1 *et probo hanc esse iustitiam quae suum cuique ita tribuit* (28) etc. ; mit offenbarem, doch unmotiviertem Rückgriff auf Ulp. D.1.1.10pr.) » (29). Doch ist die Klassizität des Textes in den letzten Jahrzehnten zunehmend verteidigt worden (30). **Okko Behrends** hat treffend hervorgehoben, die Kritik beachte nicht, daß Tryphonin « sich hier einem Problem stellt, das die Ethisierung des rechtspolitischen Prinzips der *aequitas* seit Celsus und besonders seit Papinian tatsächlich aufgeworfen hatte : Wie weit sollte das nun auch wirklich in positives Recht umgesetzt werden ? » (31) Tryphonin erreicht diese Umsetzung vermittels der rechtsschöpferischen Kraft der *bona fides*, und er bietet für das, was dieser *bona fides*

(26) Cic., *De off.*3.95 ; vgl. 1.31 ; das Beispiel findet sich bereits bei Plato, *Politeia* I 331 c und e ; entsprechend Ambros., *De off. ministror.*1.50.254. Vgl. auch F. SENN (o. Fn.14) 44f. ; D. NÖRR, *Rechtskritik in der römischen Antike*, 1974, 120 mit Fn.122.

(27) Vgl. Cic., *De off.*2.73 ; 2.78.

(28) Im Zitat irrtümlich : *contribuit*.

(29) F. WIEACKER, *Römische Rechtsgeschichte* I, München 1988, 510 Fn.44 ; s. auch G. LOMBARDI (o. Fn.14) 174f. (« essenzialmente giustinianeo ») ; M. MARRONE, *La legittimazione passiva alla « rei vindicatio »* (Corso), Palermo 1970, 101 m. w. Nachweisen in Fn.149, der vor allem die « considerazioni di equita e di giustizia » verdächtigt.

(30) Vgl. insbes. D. NÖRR (o. Fn.26) 120 ; M. BRETONE (o. Fn.14) 231, 336-337 ; M. KASER (o. Fn.14) 122ff. (der damit von seinen Verdächtigungen in *ZSS* 70 [1953] 154 Fn.82 [« ein seit langem entlarvter nachklassischer Schultraktat »], vgl. auch ders., *Das Röm. Privatrecht* I^2, München 1971, 194 Fn.1 und 6, abgerückt ist) ; zurückhaltender I. REICHARD, *Die Frage des Drittschadensersatzes im klassischen röm. Recht*, Köln 1993, 188f. Fn.88.

(31) BEHRENDS, *Überlegungen zum Vertrag zugunsten Dritter*, in *St. Sanfilippo* V, Mailand 1984, 50 Fn.110.

entspricht, eine Begründung, deren eigentlicher Sinn für unseren Text wohl noch nicht hinreichend klar gesehen worden ist.

Für die Schwierigkeit, den exakten Sinn der Begründung zu erfassen, ist kennzeichnend, daß sich zwei – in der exegetischen Literatur offenbar noch nicht beachtete – unterschiedliche Übersetzungen des entscheidenden Passus finden : Die eine bezieht das *suum cuique* gedanklich auf den Eigentümer und die *iustior repetitio* auf den Hinterleger ; die andere geht davon aus, daß der Eigentümer die *iustior repetitio* hat und das *suum cuique* den Hinterleger betrifft. Den ersten Weg haben **R. Schneider** und **C.E. Otto** gewählt : « und ich bin der Meinung, daß dies [die wahre] Gerechtigkeit sei, welche einem Jeden das Seine so zutheilt, dass es [ihm] nicht durch die gerechtere Zurückforderung irgend einer Person entzogen wird » (32). Dem zweiten Weg folgen zum Beispiel **Scott** (« I believe that to be justice which gives to every one his own, in such a way that any person who has a better claim may not be deprived of it ») (33) und **Bretone**, in dessen deutscher Ausgabe der Rechtsgeschichte der Passus wie folgt übersetzt ist : « Ich sehe ein, daß die Gerechtigkeit darin besteht, jedem das Seine zuzuteilen, aber so, daß die gerechtere Forderung eines anderen nicht vereitelt werde » (34).

(32) In : C.E. Otto/B. Schilling/C.F.F. Sintenis, *Das Corpus Juris Civilis in's Deutsche übersetzt etc.* II, Leipzig 1831, 267. Ganz in diesem Sinne auch R. Evans Jones in : Th. Mommsen/P. Krueger/A. Watson, *The Digest of Justinian* II, Philadelphia (Pennsylvania) 1985, 478 : « that this is justice which gives to each his own in such a way that it is not removed from any person with a more just claim ». S. ferner Marrone (o. Fn.29) 92.

(33) S.P. Scott, *The Civil Law* IV, Cincinnati 1932, Nachdr. New York 1973, 302.

(34) M. Bretone (o. Fn.14), (übersetzt v. B. Galsterer), 231 (entsprechend im italienischen Original). – Entsprechend auch I.L. García del Corral, *Cuerpo del derecho civil romano* I, Barcelona 1889, 843 (« la justicia, la cual dá á cada uno lo suyo, de suerte que no sea segreado de la reclamación más justa de alguna persona ») sowie H.L.M.J. Schuurmans/J.E. Spruit, in : J.E. Spruit/R. Feenstra/K.E.M. Bongenaar, *Corpus Iuris Civilis* III, Zutphen-'s-Gravenhage 1996, 341. – In diese Richtung hatte bereits Hugo Grotius in seiner Anmerkung zu *ut non distrahatur* gewiesen : *Ut si intelligatur, alium quam cujus ad hoc usque putatum est, id justius repetere, ei potius tribuamus* (*De Jure Belli ac Pacis libri tres*, Amsterdam 1712, 341 [zu II 10, 4]), demgemäß auch die Übersetzung von W. Schätzel, Hugo Grotius, *De Jure Belli ac Pacis*, Tübingen 1950, 230 und 300 : « Ich billige diejenige Gerechtigkeit, welche jedem das Seine so gibt, daß es der gerechten Zurückforderung eines anderen nicht entzogen wird ».

Zugunsten der erstgenannten Interpretation spricht auf den ersten Blick, daß sie, da doch offensichtlich der Eigentümer geschützt werden soll, zu einer klaren Lösung in eben diesem Sinne führt. Ihr bereitet freilich die *iustior repetitio* Schwierigkeiten, die sie mit Blick auf die konkrete Situation abschwächen müßte als die nur « vermeintlich » gerechtere Rückforderung des Diebes oder die sie – da im Latein ja nicht selten der Komparativ gesetzt wird, wenn das Deutsche den Positiv gebraucht – einfach als die « an sich gerechtfertigte Rückforderung » (die ja auch dem Dieb als Hinterleger zusteht) wiedergeben müßte. Doch sind das Notlösungen. Es bleibt dann noch die in dem *non distrahatur ab....repetitione* liegende Schwierigkeit. Bei der ersten Interpretation müßte *repetitione* als *ablativus instrumentalis* verstanden werden, dazu paßt aber nicht die Präposition *ab*, die hier für einen *abl. separativus* spricht (35). In Verbindung mit diesem muß *distrahi* hier eine besondere Bedeutung haben. **Brissonius** versteht es im Sinne von *avocari, impediri*, und auch **Heumann/Seckel** sehen es kaum anders : « zurückhalten, abhalten, hindern » (36).

Die zweite Interpretation vermeidet diese Schwierigkeiten. In ihrem Sinne müßte nach den eben angestellten Überlegungen eine möglichst genaue Übersetzung etwa lauten : « daß die [wahre] Gerechtigkeit die ist, welche jedem das Seine so gewährt, daß es von der gerechteren Rückforderung irgendeiner anderen Person nicht ferngehalten wird », mit anderen Worten, daß es dieser nicht entgegensteht. Das setzt allerdings voraus, daß das *suum cuique* auch für einen Räuber als Hinterleger passen kann.

Das Gebot des *suum cuique tribuere* können wir über Cicero und die Stoa bis auf Aristoteles und sogar noch weiter zurückverfolgen (37). In der Nikomachischen Ethik unterscheidet Aristoteles zwischen der allgemeinen Gerechtigkeit, die auf die Einhaltung der Gesetze und die Beachtung der Gleichheit gerichtet ist, und der

(35) Weil sie, wenn *agens* eine Sache ist, beim *instrumentalis* fehlen müßte, vgl. nur H. Menge, *Repetitorium der latein. Syntax und Stilistik*[20] (Bearb. H. Thierfelder), Darmstadt 1993, 71ff.

(36) Brissonius (o. Fn.23) 345 *s.v. distrahere* 4 ; Heumann/Seckel (o. Fn.23) 154 *s.v. distrahere* 4 (beide nur zu fr. 31.1).

(37) Cic., *De fin.*5.65 ; *De inv.*2.160, vgl. Macr., *In somn.*1.8.7 i.f. Vgl. auch F. Senn (o.Fn.14) 19ff. ; W. Waldstein, *Zu Ulpians Definition der Gerechtigkeit (D.1.1.10pr.)*, in *Festschrift Werner Flume* I, Köln 1978, 216ff. (mit Belegen auch aus der nichtgriechischen Antike) ; U. Manthe, *Beiträge zur Entwicklung des antiken Gerechtigkeitsbegriffes* II, in *ZSS* 114 (1997) 1ff., 11f.

besonderen. Die besondere Gerechtigkeit gliedert sich in die beiden Unterarten der verteilenden Gerechtigkeit (*iustitia distributiva*) (38) und der regelnden Gerechtigkeit (*iustitia correctiva sive commutativa*) (39). Beide Unterarten sind Ausformungen des Gebots, jedem das Seine zu gewähren. Im Bereich der « verteilenden Gerechtigkeit » geht es um die Herstellung der Gleichheit bei der Verteilung der Güter, und zwar nach dem Maßstab der Würdigkeit des einzelnen Menschen. Gleich Würdige werden in gleichem Umfang bedacht, Personen ungleicher Würdigkeit in unterschiedlichem Maße. So erhält jeder das Seine (40) und insofern verwirklicht die verteilende Gerechtigkeit die geometrische Gleichheit.

Wichtiger ist für unseren Zusammenhang die « regelnde Gerechtigkeit ». In ihrem Bereich geht es um die Bewahrung der Gleichheit, und zwar in dem Sinne, daß bei einem (im weitesten Sinne verstandenen) Austausch von Gütern entweder das freiwillig bestimmte Austauschverhältnis eingehalten oder das unfreiwillig (etwa durch Diebstahl oder Körperverletzung) entstandene Austauschverhältnis durch Rückgewähr oder Schadensersatz zum Ausgleich gebracht wird. Auf diese Weise behält jeder das Seine, und es wird die arithmetische Gleichheit verwirklicht (41).

Nach der regelnden Gerechtigkeit ist also entscheidend, daß der unfreiwillige, der erzwungene « Austausch » durch Abgabe von der Gewinnseite an die Verlustseite ausgeglichen wird, indem der Richter « von dem ungerechten Gewinn (des Täters) wieder etwas wegnimmt » (42). Dies geschieht dadurch, daß er dem Täter aufgibt, die Sache dem Eigentümer herauszugeben, oder daß er ihn auf den genauen Schadensbetrag verurteilt. Dies läßt daran denken, daß Tryphonin mit dem Hinweis auf das *suum cuique* den Eigentümer im Auge gehabt habe. Doch bleibt zu berücksichtigen, daß ein

(38) *Eth.Nic.*5.7 p. 1131 b 18-20 ; 5.8 p. 1130 b 30 – 1131 a 9.

(39) *Eth.Nic.*5.5 p. 1131 a 1 ; 5.7 p. 1131 b 25 ; 5.8 p. 1132 b 24-25. – Sehr klar sind diese Zusammenhänge jüngst durch U. MANTHE, *Beiträge zur Entwicklung des antiken Gerechtigkeitsbegriffs I : Die Mathematisierung durch Pythagoras und Aristoteles*, in *ZSS* 113 (1996) 1, 3ff. herausgearbeitet worden ; die folgenden Ausführungen beruhen darauf.

(40) MANTHE, *op. cit.* (oben Fn.39) 4, mit Aristoteles-Belegen. Vgl. ferner F. SENN (o. Fn.14) 19ff. – Eine treffende Kennzeichnung gibt Perikles bei Thuk.2.37.1.

(41) MANTHE, *op. cit.* (oben Fn.39) 4ff. mit Belegen.

(42) ARISTOT., *Eth.Nic.*5.7 p. 1132 a ; F. DIRLMEIER, *Nikomachische Ethik*[9] (übersetzt und kommentiert), Berlin 1991, 103 ; MANTHE, *op. cit.* (oben Fn.39) 6.

unfreiwilliger Austausch auch dann vorliegt, wenn ein Vertragsteil einen freiwillig in Gang gesetzten Austausch nicht ordnungsgemäß vollzieht. Aristoteles bringt das Beispiel, daß jemand gezwungenermaßen, also unfreiwillig, eine hinterlegte Sache nicht zurückgibt (43). Daraus ergibt sich, wie **Manthe** treffend hervorhebt, daß der Verwahrer, der freiwillig (willentlich) die hinterlegte Sache nicht zurückgibt, eine ungerechte Handlung begeht, die für den Vertragspartner unfreiwillig ist ; « die Verwahrung ist zwar ein freiwilliges Austauschverhältnis, die Nichterfüllung der Rückgabepflicht gehört aber zu den unfreiwilligen Austauschverhältnissen, da nur der Schuldner freiwillig handelt (p. 1136 a 1), nicht aber der Gläubiger (p. 1136 b 6) » (44).

Die *iustitia correctiva* gebietet also ohne weiteres auch, daß der Verwahrer dem Hinterleger gegenüber von einer ungerechten Handlung absieht und dem Hinterleger das Seine gewährt, die Sache also herausgibt. Mit der Bezugnahme auf die *iustitia quae suum cuique tribuit* kann Tryphonin also unbedenklich das Rückforderungsrecht des Hinterlegers gemeint haben, für das es ja nicht darauf ankommt, ob der Hinterleger Eigentümer ist. Auch im Rahmen des *suum cuique* gibt es also Abstufungen. Der gerechte Rückforderungsanspruch des Hinterlegers schließt das gerechtere Herausgabebegehren des Eigentümers nicht aus, aber er steht jedenfalls bei deliktischem Erwerb des Hinterlegers gegenüber dem des Eigentümers zurück. Bei dieser Abwägung kommt dem Eigentümeranspruch der höhere Rang zu, eine Wertung, die auch bei Cicero anklingt : *Hanc enim ob causam maxime, ut sua tenerentur, res publicae civitatesque constitutae sunt* (45).

Die Argumentation Tryphonins ist nach alldem nicht etwa als unmotivierter Rückgriff auf Ulpian D.1.1.10pr. beiseitezuschieben ; sie ist vielmehr unter Berücksichtigung des im *principium* bereits gewonnenen Ergebnisses, daß der Grundsatz der Vertragstreue unter Umständen übergeordneten Werten zu weichen hat, dahin zu verstehen, daß auch der Verwahrer, der erfährt, daß die Sache geraubt ist, als ein der Gerechtigkeit verpflichteter Mensch mehr dazu beizutragen hat, daß die Gerechtigkeit verwirklicht wird. Zwar muß er dem Hinterleger das Seine gewähren, also des-

(43) *Eth.Nic.*5.10 p. 1135 b 6-8.
(44) MANTHE, *op. cit.* (oben Fn.39) 5f. Fn.21.
(45) *De off.*2.73.

sen Rückforderung nachkommen; doch muß er dem gerechteren Begehren des Eigentümers entsprechen, wenn dieses geltend gemacht wird, und folglich vorrangig dem Eigentümer das Seine gewähren. Insoweit ist der Schutz des Eigentums ein der vertraglichen *fides* übergeordneter Wert. Tryphonins Begründung ist deshalb auch nicht als eigenständige Präzisierung der als unbefriedigend empfundenen philosophischen Allgemeinformel des *suum cuique tribuere* zu verstehen (46), sondern als die Bezugnahme auf die konkrete Ausformung dieses Gebots, nämlich auf die *iustitia correctiva*, innerhalb derer eine Rangfolge möglich ist. Den Vorrang hat der verletzte Eigentümer. Nimmt er freilich sein Recht nicht wahr, so ist die vertragliche Herausgabepflicht auch einem Räuber gegenüber zu erfüllen, denn die Gesetze schützen, wie Seneca sagt, auch diejenigen, die sich am meisten gegen sie vergangen haben (47).

4. Problematisch ist allerdings, auf welchem Wege nach Tryphonins Ansicht der Eigentümer sein Recht wahrzunehmen hat. Die Formulierung *quod si ego ad petenda ea non veniam* zeigt, daß er eine Klage des Eigentümers vor Augen hat. Bei dieser Klage könnte es sich um eine *actio depositi utilis* handeln (48). Dafür sprechen die Ausweitungen der *actio depositi*, die in Paul. Sent.2.12.8 = Coll.10.7.8 als *utilis actio depositi* dem Deponenten gegen den Unterdepositar gewährt wird (49). Auch in Diocl. C.3.42.8.1 (a. 293) wird sie *propter aequitatis rationem* einem Dritten als *actio utilis* zugebilligt, der aus einer Vereinbarung von Hinterleger und Verwahrer berechtigt sein sollte, die Herausgabe zu verlangen, der aber nicht Erbe des Hinterlegers geworden war; doch besteht ein erhebliches Verdachtsmoment gegen die Echtheit der *actio utilis* in dieser Konstitution (50).

---

(46) Was jedoch F. GALLO, *Diritto e giustizia nel titolo primo del Digesto*, in *SDHI* 54 (1988) 29 Fn.102 vermutet.

(47) Sen., *De benef.*4.28.5 (*Ius et furi dicitur; ... sua repetunt etiam, qui aliena rapuerunt; ... legum praesidio, qui plurimum in illas peccaverunt, proteguntur*).

(48) Dafür BEHRENDS (o. Fn.31) 50f.; KASER (o. Fn.14) 123f.; REICHARD (o. Fn.30) 189 Fn.88.

(49) Was nach Analogie der §§ 556 Abs. 3, 604 Abs. 4 BGB auch für das Rückforderungsrecht des Hinterlegers aus § 695 BGB zu befürworten ist, vgl. F. ENDEMANN, *Lehrbuch des Bürgerl. Rechts* I^{9}, Berlin 1903, 1163 Fn.19; F. LEONHARD, *Besonderes Schuldrecht des BGB*, München-Leipzig 1931, 264.

(50) Auf beide Texte verweist BEHRENDS; KASER nennt dagegen nur Paul. Sent.2.12.8 (o. Fn.14). Dies wird sich damit erklären, daß KASER (*Zur Methodologie*

In der Situation von Paul.Sent.2.12.8 hat der Kläger aber immerhin die Hauptverwahrung abgeschlossen ; in C.3.42.8.1 ist – von der Echtheitsfrage einmal abgesehen – der Kläger wenigstens in einem (an sich unwirksamen) *pactum* zum Verwahrungsvertrag als Rückgabeberechtigter bestimmt worden. Demgegenüber steht in unserem Falle der Beraubte dem *depositum* ganz fern. Hier eine *utilis actio depositi* zu gewähren, erscheint deshalb als ein noch kühnerer Schritt als in den genannten Fällen. In Betracht zu ziehen ist deshalb eine näherliegende andere Klage, die *rei vindicatio*, die **Matteo Marrone** als die hier überhaupt einzig in Betracht kommende angesehen hat (51). Zwar haben einige, vor allem Pegasus – wie Ulpian in D.6.1.9 berichtet – die Passivlegitimation nur für Interdiktenbesitzer bejaht, für bloße Detentoren dagegen verneint und dies in erster Linie am Verwahrer exemplifiziert. Dem hat Ulpian allerdings entgegengesetzt: *puto autem ab omnibus qui tenent et habent restituendi facultatem, peti posse.* Wie **Marrone** herausgearbeitet hat, geht die (nicht zu verdächtigende) Lehre Ulpians dahin, daß der Detentor die faktische, aber auch die rechtliche *facultas restituendi* haben muß, die vorliegt, wenn der Detentor gegenüber dem Kläger verfügungsberechtigt erscheint. Das heißt, daß der hinter dem Detentor stehende Besitzer die Herausgabe (und damit die Defension im Herausgabeprozeß) gegen sich gelten lassen muß (52). Dies ist dann der Fall, wenn weder der beklagte Detentor noch irgendein prozeßfremder Dritter durch die Herausgabe an den Kläger einen juristisch beachtlichen Nachteil erleidet.

Hält man sich an diese Voraussetzungen der jüngeren Lehre zur Passivlegitimation bei der *rei vindicatio*, so zeigt sich, daß sie im

---

der römischen Rechtsquellen-Forschung, Wien 1972, 84 Fn.188 a ; 93 Fn.229) den entscheidenden Schlußsatz in C.3.42.8.1 wegen des Fehlens bei Thalelaeus für itp. hält (im Anschluß an D. Simon, *Aus dem Codexunterricht des Thalelaios*, in *RIDA* 17 [1970] 290f. ; was auch P. Krüger, *Über wirkliche und scheinbare Überlieferung vorjustinianischen Wortlauts im Kommentar des Thalelaeus zum Codex Iustinianus*, in *ZSS* 36 [1915] 94 bereits angenommen hatte) ; vorsichtiger M. Kaser, *Das römische Privatrecht* II², München 1975, 62 Fn.9 ; 372 Fn.32 (« wohl itp. »).

(51) *Corso* (o. Fn.29) 101f., s. auch Marrone, in *ED* 41 (1989) *s.v. rivendicazione*, 18 (des Sdr.) nach Fn.97.

(52) M. Marrone, *La 'facultas restituendi' di D. 6,1,9 (Ulp. 16 ad edictum)*, in *Studi in onore di Gioacchino Scaduto* III, Padua 1970, 533ff. ; Ders., *Corso* (o. Fn.29) 73ff., insbes. 78ff. ; Ders., in *ED* (o. Fn.51) 18, zustimmend etwa M. Kaser, *Nochmals über Besitz und Verschulden bei den 'actiones in rem'*, in *ZSS* 98 (1981) 92ff., insbes. 95ff. ; vgl. auch ders., *RP* II² (o. Fn.50) 594.

Falle des fr. 31.1 gegeben sind (53). Denn würde der Verwahrer dem vindizierenden Eigentümer die Sache herausgeben, so würde er dem Hinterleger weder aufgrund der *vindicatio* haften, die der räuberische Hinterleger von vornherein nicht hätte, noch aufgrund der *actio depositi* (54). Denn würde der Hinterleger die *in factum* konzipierte Formel beantragen, so wäre schon das Tatbestandsmerkmal « *eamque **dolo malo** N^iN^i A^o A^o redditam non esse* » (Gai.4.47) zu verneinen, wenn der Verwahrer die Sache aufgrund des richterlichen *arbitrium* dem vindizierenden Eigentümer herausgegeben hat. Würde der Hinterleger sich auf die *in ius* konzipierte Formel stützen, so hätte nach einer derartigen Herausgabe an den Eigentümer der Richter der *actio depositi* nicht annehmen können, daß dem klagenden Hinterleger/Räuber insoweit *ex fide bona* (Gai.4.47) noch irgendetwas geschuldet sei.

5. Steht damit die tatsächliche und rechtliche *facultas restituendi* und folglich die Passivlegitimation des für den « Räuber » (als dem Prototyp des bösgläubigen Besitzers) Verwahrenden fest, so drängt sich die Annahme auf, daß Tryphonin aufgrund seiner Überlegungen, die mehr Kohärenz und Tiefgang aufweisen, als allgemein angenommen wird, die Lösung darin sah, daß der Eigentümer die Vindikation gegen den Verwahrer anstrengen (55) und der Beklagte dann nach dem richterlichen Zwischenbescheid restituieren mußte. Voraussetzung dafür war allerdings, daß der Verwahrer den beraubten Eigentümer überhaupt davon in Kenntnis setzte, wo er seine geraubte Sache verfolgen könne – und ebendies sinnt Tryphonin dem Verwahrer aufgrund der *bona fides* an. Denn diese gebietet auch Interessen Dritter, die die Angelegenheit etwas angeht, zu berücksichtigen. Damit ist die Ausgangsfrage *an respectu aliarum personarum...bonam fidem aestimare debemus* beantwortet. Voraussetzung war freilich weiterhin, daß der

(53) Nur erwähnt sei, daß auch in Diocl. C.3.42.8pr. (a. 293) eine Vindikation gegen einen Verwahrer, bei dem der Prekarist hinterlegt hatte, gewährt wird, dazu MARRONE (o. Fn.29, *Corso*) 104ff. Für eine Echtheit der Vindikation in c. 8 pr. hatte sich MARRONE bereits in *Actio ad exhibendum*, in *Annali Palermo* 26 (1957) 336, 355, 575ff. ausgesprochen.

(54) MARRONE (o. Fn.29, *Corso*) 102f. (dort auch zum Folgenden); vgl. auch ders. (o. Fn.51, *ED*) 18.

(55) Vgl. die Hervorhebungen *iustiore repetitione* und *si ego ad petenda non veniam*. Daß die Begriffe *petere* und *petitio* vor allem für die dinglichen Klagen gebraucht werden, ist bekannt, vgl. HEUMANN/SECKEL (o. Fn.23) 428f. *s.v. petere* 4 b.

benachrichtigte Eigentümer dann auch auf den Plan trat und die Initiative ergriff.

Da es einer zusätzlichen Erörterung des Schlußteils von fr. 31,1, der eine interessante auf eine teleologische Reduktion hinauslaufende Begründung für die Unwirksamkeit von Verwahrungsverträgen, die unwissentlich über eigene Sachen geschlossen wurden, und eine besondere *condictio possessionis* (56) enthält, für unsere Zwecke nicht bedarf, kommen wir noch einmal auf das Nachleben des Textes in der Neuzeit zurück.

V

Hugo Grotius (1583-1646), der « Vater des Völkerrechts », ist an drei Stellen seines wahrhaft epochemachenden Werkes *De iure belli ac pacis libri tres* (1625) auf unseren Text eingegangen (57) und hat in der Entscheidung Tryphonins eine Bestätigung der allgemeinen Pflicht zur Wahrung der Eigentumsordnung erblickt: Nachdem das Eigentum in der Rechtsgemeinschaft einmal eingeführt ist, ergibt sich daraus die Konsequenz, daß es Unrecht wäre, dem Eigentümer, sofern er bekannt ist, seine Sache nicht zurückzugeben (58). Mit anderen Worten: Die Anerkennung des Eigentums impliziert für die Mitglieder der Rechtsgemeinschaft die Pflicht, im Rahmen des Möglichen zu bewirken, daß die Sachen in die Gewalt der Eigentümer zurückgelangen (59).

Ersichtlich hat daran **Pothier** angeknüpft, wenn er zur « belle loi de Triphonin » hervorhebt : « En ce cas, l'obligation que le dépositaire a contractée envers celui qui lui a donnée la chose en dépôt, doit céder à une autre obligation plus forte, que la loi naturelle impose au dépositaire, de rendre la chose à celui à qui elle appartient » (60). **Pothier** führt dann aus, daß der Verwahrer den Anforderungen der Gerechtigkeit entspricht und dem nachkommt, was

(56) Dazu zuletzt Hinweise bei M. MÜLLER-EHLEN, *Hereditatis petitio*, Köln 1998, 94 Fn.24.

(57) II 10,1,4 ; II 16,26,2 sowie (zur Rückgabepflicht auch gegenüber dem Räuber) II 13,15,2.

(58) II 10,1,2 : ... *introducto dominio haec quasi societas inter dominos contracta est, ut qui rem alienam in sua haberet potestate, eam domino redderet.* Vgl. auch II 16,26,2 i.f. Das erinnert an Cic., *De off.*2.73 (o. Fn.45).

(59) Grotius II 10,1,2 i.i.

(60) Œuvres de POTHIER, ed. SIFFREIN VI, Paris 1821, 35 (Dépôt n° 51).

man dem Eigentümer der Sache schuldet, wenn er dem Eigentümer anzeigt, daß er die gestohlene Sache in Händen hat ; dann könne er abwarten, bis der Eigentümer die Angelegenheit mit dem Hinterleger ausgefochten und die richterliche Herausgabeanordnung an sich, den Eigentümer, erwirkt habe. Da auch **Domat** diese Lösung, sofern das Eigentum des Dritten außer Zweifel stand, aus dem Fragment 31,1 übernommen hatte (61), drängte es sich auf, die Lösung des Pflichtenkonflikts im Code civil festzuschreiben.

VI

1. Das BGB enthält dagegen keine Bestimmung zu dieser Problematik. In den gesamten Materialien wird das Fragment D.16.3.31.1 überhaupt nur im Zusammenhang mit der Besitzkondiktion angeführt (62). Obgleich im Vorentwurf (der hier den Dresdener Entwurf zugrundelegt) der Art. 1938 Cc und auch eine entsprechende Regelung des Hessischen Entwurfs bei der Hinterlegung abgedruckt sind (63), findet sich weder in diesem Zusammenhang noch bei den Ausführungen zur Leihe oder zur Miete ein Hinweis auf unseren Fall. Das wird sich dadurch erklären, daß weder das Preuß. ALR von 1794 noch das Sächs. BGB von 1863 noch der Dresdener Entwurf von 1866 den Fall regelten. § 69 I 14 (Vom Verwahrungsvertrage) ALR bestimmte vielmehr : « Der Verwahrer kann also unter dem Vorwande, daß einem Andern ein besseres Recht auf die Sache zustehe, dieselbe dem Niederleger nicht vorenthalten » (64). Die Behauptung eines Dritten, Eigentümer zu sein, hatte der Verwahrer nur zu beachten, wenn ihm gegenüber ein Arrest ausgebracht war ; daraufhin mußte er die Sache bei Gericht abliefern, § 70 I 14 ALR (65).

(61) J. Domat, *Les loix civiles dans leur ordre naturel* I², Paris 1745, 276f. (I 6,1,5).

(62) Die Vorentwürfe der Redaktoren zum BGB (Hrsg. W. Schubert), *Sachenrecht* I, Berlin 1982 (aus 1876-1888) 559 (neu) Fn.2.

(63) Vorentwürfe (o. Fn.62), *Schuldrecht* II, Berlin 1980, 1035f.

(64) Analog bei der Leihe, § 247 I 21 ALR.

(65) Vgl. H. Dernburg, *Lehrbuch des preuß. Privatrechts* II⁴ (*Obligationenrecht*), Halle 1889, 651 mit Fn.30 (und mit Hinweis auf das abweichende fr. 31.1), vgl. auch den Vorentwurf (o. Fn.63) 503. – Für grundsätzliche Fortgeltung der Lösung von D.16.3.31.1 im Fall der Leihe dagegen C.F. Koch, *Das Recht der Forderungen* III², Berlin 1859, 428.

2. Soweit es um die Verwahrung und die Leihe im BGB geht, haben sich – was naheliegt – zwei (in etwa gleichgewichtige) Meinungsrichtungen gebildet. Während die eine dem vertraglichen Herausgabeanspruch (§ 695 bzw. § 604 BGB) grundsätzlich den Vorrang gibt, hält die andere die Vindikation für den im Prinzip stärkeren Anspruch. Nach der erstgenannten Ansicht kann der Verwahrer dem Hinterleger grundsätzlich nicht entgegenhalten, ein Dritter sei Eigentümer oder der Hinterleger habe kein Besitz- oder Zurückbehaltungsrecht (66). Den unmittelbaren Besitzer treffe nämlich grundsätzlich kein Verschulden im Sinne der §§ 989, 990 BGB, wenn er die Sache an denjenigen zurückgebe, von dem er sie erhalten habe. Gerade dies ist bei den Gesetzesberatungen allerdings nicht anerkannt worden (67). Immerhin wird auch von dieser Ansicht heute anerkannt, daß es in Ausnahmefällen, in denen die Voraussetzungen der §§ 990, 989 BGB vorliegen, dem unmittelbaren Besitzer nicht zuzumuten ist, die Sache dem Eigentümer vorzuenthalten, insbesondere wenn er « nachträglich erfährt, daß er vom Dieb geliehen habe » (68).

---

(66) RG Juristische Wochenschrift (= JW) 1925, 472f. ; von Tuhr, *Der Allg. Teil des Deutschen Bürgerl. Rechts* II/2, Berlin 1918, 579 (unter Zurückweisung der « unklaren Erörterung » in D.16.3.31.1) ; Oertmann, *BGB*[5], Berlin 1929, § 695 Fn.2 b α (« unstatthafte *exceptio de iure tertii* ; mit Hinweis auf D.16.3.31.1 ») ; Enneccerus/Lehmann, *Schuldrecht*[15], Tübingen 1958, 713 ; RGRK-Krohn , *BGB*[12], Berlin 1978, § 695 Rz. 3 ; Palandt/Thomas, *BGB*[56], München 1997, § 695 Rz. 1 sowie (zur Leihe) etwa Soergel/Kummer, *BGB*[12], Stuttgart 1997, § 604 Rz. 8. – Siehe auch die Darlegung des Streitstandes in BGHZ 73, 317, 321 (dazu u. nach Fn.74). – Demgegenüber will H.O. de Boor, *Die Kollision von Forderungsrechten*, Berlin 1928, 89ff., 91 es der Willkür des Verwahrers anheimstellen, an wen er leistet ; ebenso H. Wieling, *Sachenrecht* I, Berlin-Heidelberg 1990, 539 sowie H.-M. Müller-Laube, *Herausgabepflicht und Rückgewährschuld*, in *AcP* 183 (1983) 215, 230ff., der von der Wahlfreiheit des Verwahrers ausgeht, die Rückgabe an den Hinterleger aber für ratsamer hält.

(67) Ein Antrag : Der Besitzer ist dem Eigentümer « nicht verantwortlich, wenn die Uebergabe (sc. die Rückgabe) auf Grund des Rechtsverhältnisses erfolgt, auf Grund dessen der Besitzer den Besitz erworben hat », wurde in der 2. Kommission verworfen und die Frage Wissenschaft und Praxis überlassen, *Protokolle der Kommission für die zweite Lesung des Entwurfs des BGB* III, Berlin 1899, 337, 342.

(68) Soergel/Kummer (o. Fn.66) § 604 Rz. 8 (zum Entleiher) mit Hinweis auf BGHZ 5, 337ff. Dort konkurrierten der Herausgabeanspruch des Eigentümers und ein Anspruch des Verkäufers einer gestohlenen Sache aus §§ 440 Abs. 1, 326, 327 S.1, 346 S.1 BGB. Der BGH nahm an, daß « der Eigentumsanspruch stärker » ist, weil er auch gegenüber dem Verkäufer durchgreife (340f.). – Anders seinerzeit C. Crome, *System des Deutschen Bürgerl. Rechts* II, Tübingen 1902, 747 Fn.25 : « ...braucht der Verwahrer, wenn er entdeckt, daß die Sache gestohlen ist, den

Die andere Meinung sieht den Anspruch des Eigentümers als den grundsätzlich stärkeren an. Nach ihr kann sich der Verwahrer deshalb gegenüber dem Rückgabeanspruch des Hinterlegers (§ 695 BGB) immer dann auf das Eigentum des Dritten berufen, wenn der Hinterleger diesem gegenüber weder zum Besitz berechtigt ist noch ein Zurückbehaltungsrecht geltend machen kann (69). Es ist evident, daß diese Lehre in der Tradition von Tryphonin D.16.3.31.1 steht, und es ist kennzeichnend, daß sie mit Nachdruck auf den Grundsatz von Treu und Glauben (§ 242 BGB), also die *bona fides,* Bezug nimmt und auch auf die *iustior repetitio* des Eigentümers verweist : « Keinesfalls darf der Rechtsmangel des Verleihers dem Entleiher zum Schaden gereichen (70). Darin liegt die Grenze des Rückgabeanspruchs des Verleihers. Sie ergibt sich aus § 242[...]. In der Berufung des Entleihers auf das ihm gefahrdrohende Recht eines Dritten (sc. des Eigentümers) liegt keine unzulässige *exc. ex iure tertii*, sondern die Geltendmachung einer konkurrierenden, und zwar im Range vorgehenden Pflicht » (71). Dies muß auch weiterhin als die richtige Wertung erscheinen. Der Hinterleger kann deshalb, wenn er dem Eigentümer gegenüber weder zum Besitz berechtigt ist noch ein Zurückbehaltungsrecht hat, vom Verwahrer nur Herausgabe an den Eigentümer verlangen.

---

wahren Eigentümer nicht zur Geltendmachung seines Eigenthumsanspruchs aufzufordern (wie nach Art. 1938 Code Nap.) ».

(69) L. RAAPE, *Anmerkung zu RG Urt. v. 7.10.1924*, in *JW* 1925 ; 472f. ; ihm folgend STAUDINGER/RIEDEL, *BGB*[11], Berlin 1955, § 604 Rz. 6 (jeweils zur Leihe) ; STAUDINGER/NIPPERDEY, *BGB*[11], Berlin 1958, § 695 Rz. 8, 10 ; MünchKomm.-HÜFFER, *BGB*[3], München 1997, § 695 Rz. 8, 9 ; MünchKomm.-KOLLHOSSER, *BGB*[2], München 1988, § 604 Rz. 8 ; ERMAN/SEILER, *BGB*[9], Münster 1993, § 695 Rz. 4 sowie (mit unpassender Analogie zu § 34 S.1 StGB) STAUDINGER/REUTER, *BGB*[13], Berlin 1996, § 604 Rz. 5, § 695 Rz. 6. Vgl. auch die Nachweise bei MÜLLER-LAUBE (o. Fn.66) 218 Fn.1 und 2.

(70) Weil er sich bei Rückgabe an den Hinterleger der Gefahr eines Schadensersatzanspruchs des Eigentümers aus §§ 990, 989 BGB aussetzt. Wie weit die zur Vermeidung einer Schadensersatzpflicht gebotene Prüfungspflicht des Verwahrers reicht, ist umstritten. Einigkeit dürfte aber darüber bestehen, daß der Verwahrer an den Hinterleger nicht herausgeben darf, wenn er sichere Kenntnis davon hat, daß dieser die Sache dem Eigentümer gestohlen hat, vgl. o. Fn.68 und Fn.69.

(71) RAAPE, 473, wörtlich übernommen von STAUDINGER/RIEDEL, § 604 Rz. 6, vgl. ferner MünchKomm.-KOLLHOSSER, § 604 Rz. 8 (« nach Treu und Glauben kann der Verleiher vom Entleiher aber eine solche Selbstgefährdung nicht verlangen... ») ; MünchKomm.-HÜFFER, § 695 Rz. 9 (alle o. Fn.69).

3. Ergänzend ist auf die im Falle der Klagerhebung bestehenden Möglichkeiten hinzuweisen: Klagt der Hinterleger gegen den Verwahrer auf Rückgabe, so hat der Eigentümer das Recht zur Hauptintervention, § 64 ZPO. Verklagt dagegen der Eigentümer den Verwahrer auf Herausgabe, so bietet sich für diesen die *laudatio auctoris* nach § 76 ZPO an, also der Weg, den Hinterleger als mittelbaren Besitzer zu benennen und in einer Streitverkündungsschrift dessen Ladung zur Erklärung zu beantragen – eine Berechtigung übrigens, die sich erst im nachklassischen Zivilprozeß herausgebildet hat (72), Tryphonin also noch nicht bekannt war. Übernimmt der benannte Hinterleger daraufhin den Prozeß, § 79 Abs. 3 S.1 ZPO, so ist der Verwahrer auf Antrag von der Klage zu entbinden, § 79 Abs. 4 S.1 ZPO, und grundsätzlich berechtigt, die Sache nunmehr dem verklagten Hinterleger zu überlassen.

4. **Heinrich Dernburg** hatte die von Tryphonin in D.16.3.31.1 gebotene Lösung auf den Fall übertragen, in dem der Pfandgläubiger dem (aus dem verwahrungsähnlichen gesetzlichen Schuldverhältnis erwachsenden) Rückgabeanspruch des Verpfänders (§ 1223 BGB) und der konkurrierenden Vindikation ausgesetzt ist, sofern der Eigentümer « sein Eigentum derart dartut, daß dem Pfandnehmer begründeter Zweifel an dessen Recht nicht bleiben kann » (73). Diese Ansicht entwickelte sich zur herrschenden Meinung (74) ; doch hat der Bundesgerichtshof in einem Urteil vom 14.2.1979 (BGHZ 73, 317 ff.) den prinzipiellen Vorrang der Vindikation vor dem Rückgabeanspruch des § 1223 BGB verneint. Da der Pfandgläubiger seine Forderung nur Zug um Zug gegen Rückgabe der Pfandsache durchsetzen könne, werde es zu Verzögerungen bei der Befriedigung seiner pfandgesicherten Forderung führen, wenn vor der Rückgabe der Pfandsache die Rechtsbeziehungen zwischen dem Verpfänder und dem Eigentümer geklärt werden müßten, zumal da der Pfandgläubiger aus eigener Sachkenntnis

(72) Konstantin C.3.19.2pr. und 1 (a. 331), vgl. L. WENGER, *Institutionen des römischen Zivilprozeßrechts*, München 1925, 83 ; M. KASER/K. HACKL, *Das römische Zivilprozeßrecht*[2], München 1996, 569 m.w. Lit.

(73) DERNBURG, *Das Bürgerliche Recht* III[4] (Sachenrecht), Halle 1908, 910 Fn.4.

(74) Siehe nur M. WOLFF/L. RAISER, *Sachenrecht*[10], Tübingen 1957, 710, 709 (analog § 986 ; « das interne Verhältnis strahlt nach außen, wenn der Pfandgläubiger es kennt ») ; im Ergebnis auch R. SCHMIDT, *Unechte Solidarität*, in *Jher.Jb* 72 (1922) 112ff. – Weitere Nachweise in *BGHZ* 73, 317ff., 322.

dazu nicht in der Lage sei (75). Daß damit das Interesse des Pfandgläubigers an schneller Einziehung seiner Forderung über das elementare Gebot des Eigentumsschutzes gestellt wird, ist jedenfalls dann bedenklich, wenn der Eigentümer der Verpfändung nicht zugestimmt und der Pfandgläubiger – wie im Falle des Bundesgerichtshofs – das Pfand « nur » gutgläubig erworben hat. Wenn die Rechtsordnung ihm durch die Möglichkeit des gutgläubigen Erwerbs des Pfandrechts (das er selbstverständlich bei Pfandreife verwerten kann) zu Lasten des Eigentümers bereits schützt, ist schwer einzusehen, weshalb dieser Schutz nochmals zu Lasten des Eigentümers erweitert werden soll, zumal aus Gründen, die auf der « Forderungsebene » liegen. Wenn der Bundesgerichtshof meint, durch seine Lösung werde der Eigentümer nicht rechtlos gestellt, weil er sich mit seinem Herausgabeverlangen an den Verpfänder halten könne, so ist das nur ein schwacher Trost. Denn daß die Sache bei einem Besitzer, der sie schon einmal ohne Kenntnis des Eigentümers verpfändet hat, in unsicheren Händen ist, dürfte außer Zweifel stehen. Grundsätzlich sollte man deshalb auch in diesen Fällen vom « Vorrang » des Eigentümers ausgehen und den Herausgabeanspruch des nicht zum Besitz berechtigten Verpfänders dahin modifizieren, daß dieser nach § 986 Abs. 1 S.2 BGB analog nur Herausgabe an den Eigentümer verlangen kann (76).

Immerhin hat der Bundesgerichtshof hervorgehoben, daß sich Grenzen der Pflicht des Pfandgläubigers zur Rückgabe an den Verpfänder « im Einzelfall unter dem Gesichtspunkt von Treu und Glauben (§ 242 BGB) ergeben » können (77). Man wird deshalb annehmen dürfen, daß auch der Bundesgerichtshof in Fällen, in

(75) *BGHZ* 73, 322f. ; zustimmend unter anderem STAUDINGER/WIEGAND, *BGB*[12], Berlin 1981, § 1223 Rz. 15 ; ERMAN/K. KÜCHENHOFF, *BGB*[9], Münster 1993, § 1223 Rz. 1, auch – wovon ich Abstand nehme – R. KNÜTEL, *Pfandrecht an beweglichen Sachen*, in W. GERHARDT (Hrsg.), *Lexikon des Rechts, Sachenrecht*, Neuwied 1995, 181.

(76) Im Ergebnis ebenso H. WESTERMANN/K.-H. GURSKY, *Sachenrecht* I[6], Heidelberg 1990, 469f. m.w.Lit. Vgl. auch *BGHZ* 5, 340 (o. Fn.68). – Andernfalls müßte man dem aus der Forderung klagenden Pfandgläubiger gegenüber dem Zurückbehaltungsrecht des Verpfänders/Schuldners aus § 273 BGB die Arglisteinrede gewähren, wenn dieser dem Eigentümer gegenüber nicht zum Besitz berechtigt ist. – Demgegenüber sprechen sich DE BOOR, 93 ; MÜLLER-LAUBE, 230ff. und WIELING, 539 (weil « Gründe für die Bevorzugung des einen oder anderen Anspruchs ... nicht auszumachen » seien), 702 (alle o. Fn.66) für eine freie Wahl des Pfandgläubigers aus, welchen Anspruch er erfüllen wolle.

(77) *BGHZ* 73, 323, dem die o. Fn.75 genannten Autoren auch insoweit folgen.

denen der Pfandgläubiger feststellt, daß der Verpfänder sich die verpfändete Sache durch Straftat (78), etwa durch Unterschlagung, zugeeignet oder – bei Inhaberpapieren – diese durch Diebstahl erlangt hat, den Anspruch des Eigentümers wie Tryphonin D.16.3.31.1 als die *iustior petitio* ansehen würde.

VII

1. Wenn hervorgehoben wird, die Frage, ob an den Hinterleger oder an den Eigentümer herauszugeben sei, sei « kein spezielles Problem des Verwahrungsvertrages » (79), so ist das aus heutiger Sicht schwerlich zu bezweifeln. Daß der juristische Ausgangstext für die Problematik mit Tryph. D.16.3.31.1 aber gerade die Verwahrung betrifft, ist kein Zufall. Da es in der Antike kaum Möglichkeiten zu verhältnismäßig sicherer Hinterlegung bei gewerbsmäßig spezialisierten Instituten gab, wie heute etwa in Banktresoren, und um den Besitz von Wertsachen gewöhnlich kein Aufhebens gemacht wird, war die diskrete Hinterlegung bei Freunden oder als besonders vertrauenswürdig erkannten Personen die Regel. Kamen diese Verwahrer ihrer Rückgabepflicht gegenüber dem – typischerweise in Beweisnot befindlichen (80) – Hinterleger nicht nach, so galt dies als ein besonders schwerer Verstoß gegen die *fides*, als *perfidia*, wurde mit dem Vertrage doch zugleich die Freundschaft gebrochen (81). Vor diesem Hintergrund versteht es sich, daß die Rückgabepflicht und ihre möglichen Einschränkungen in der antiken Pflichtenlehre eine wichtige Rolle spielten (82).

---

(78) Ohne daß diese ein Abhandenkommen i.S. des § 935 begründen würde.

(79) U. HÜFFER (o. Fn.69) § 695 Rz. 9.

(80) Vgl. Quint., *Decl.*245*(Depositi infitiator) : ... depositum eo magis vindicandum, quod fere secreta sunt citra probationem.* Vgl. auch *Decl.*312 *(Heres de deposito) : Cum quidem aliquis dicat « deposui apud te, scis ipse », quid aliud videtur advocare, quam deos testes ?* – Vgl. auch Iuv., *Satur.*5.13, 106ff. (und Fn.81).

(81) Vgl. (wenngleich zum Mandat) Cic., *Pro S.Rosc.*111 : ... *idcirco turpis haec culpa est, quod duas res sanctissimas violat, amicitiam et fidem [...]. Perditissimi est igitur hominis simul et amicitiam dissolvere et fallere eum qui laesus non esset, nisi credidisset.* Vgl. ferner Iuv., *Satur.*5.13.13-16 (Der Freund hat die ihm von Calvinus anvertrauten 10.000 HS unterschlagen) : *Tu [...] spumantibus ardens visceribus, sacrum tibi quod non reddat amicus depositum ?* Siehe auch ebda. l. 106-111 (Angebot des Eides, das Geld nicht erhalten zu haben).

(82) Siehe die Nachweise o. Fn.18 und 26 ; ferner etwa Sen., *De benef.*4.10.1 (*depositum reddere per se res expetenda est*), vlg. auch 3.7.2.

2. Auch im Alten Testament werden dem vertragsbrüchigen Verwahrer Rückgabe und Sühne auferlegt (83); die Christen Kleinasiens gaben eidliche Versprechen unter anderem dahin ab *ne depositum appellati abnegarent* (84), und der hl. Ambrosius etwa hebt in *De officiis ministrorum*, der ersten zusammenfassenden Darstellung christlicher Ethik, die Gottgefälligkeit des Dienstes hervor, in Verwahrung zu nehmen, was der Hinterleger zu verlieren fürchtet, und er folgert : *Officium est igitur depositum servare ac reddere* (85). Isidor von Sevilla schließlich zählt die Rückgabe hinterlegten Gutes zu den Elementargeboten des Naturrechts (86).

3. Wegen dieses Gebots für den Depositar, die Vertragstreue in besonderem Maße zu wahren, war die Frage, die Tryphonin in D.16.3.31.1 ; zu entscheiden hatte, wesentlich problematischer, als es uns heute erscheinen mag, die wir uns dieser Pflichtenintensität im Verwahrungsverhältnis kaum noch bewußt sind. Umso bemerkenswerter ist es für uns, daß der Jurist dennoch in seiner Wertung das Recht des Eigentümers über den Anspruch des Hinterlegers stellt, jedenfalls des bösgläubigen. Darüber hinaus ist ein anderer bei der Betrachtung des Tryphonin-Fragments zutage getretener Umstand bemerkenswert. Der Verfasser unseres Eingangssatzes hat ihn – vielleicht etwas zu sehr generalisierend – wie folgt formuliert : « The Roman jurists breathed deeply the pure air of ethics ; they taught the never-to-be-forgotten truth that law and ethics are very closely related. An acquaintance with the loftiest system of jurisprudence the world has ever seen cannot fail to give first of all an enormous uplift to character » (87).

---

(83) Lev.5.20ff. ; vgl. Ex.22.6f., vgl. dazu etwa H.J. BOECKER, *Recht und Gesetz im Alten Testament und im Alten Orient*, Neukirchen 1976, 146ff. mit Hinweis auf die strengeren Bestimmungen im Codex Hammurabi, 85f.

(84) Plin., *Epist.*10.96.7.

(85) Ambros., *De off.ministror.*1.50.253f.

(86) *Etymol.*5.4.2 : *Ius naturale est [...] ut [...] Item depositae rei vel commendatae pecuniae restitutio.* Vgl. auch o. zu Fn.15.

(87) SHERMAN (o. Fn.1) I^3, New York 1937, 4 (in Anknüpfung an Ulp. D.1.1.1pr. und 1).

Von befreiten Vögeln, schönen Schläferinnen und hüpfenden Hunden*

Oder: Exempla docent

Professor Dr. Rolf Knütel, Bonn

Dass in einer so alten Wissenschaft wie der Jurisprudenz auch Beispiele eine sehr lange Tradition haben können, ist heutzutage kaum noch bekannt. Das beruht zum einen darauf, dass spätere Generationen oft bewährte Beispiele den eigenen Lebensverhältnissen angepasst und damit ihre Herkunft verschleiert haben, zum anderen darauf, dass das zivilistische Forschungsinteresse unserer Zeit der Wissenschaft, die vor dem BGB gewesen ist, nicht mehr die gebotene Beachtung zuteil werden lässt. Doch führt auch die Geschichte der Beispiele zu bisweilen überraschenden Einsichten. Zudem wurde seit jeher Verständnis leichter durch Beispiele vermittelt.

I. Einführung

Wir alle brauchen sie, die Beispiele, und der Jurist in besonderem Maße – wird doch generalisiertes Wissen vorzüglich durch den Vergleich von Beispielen gewonnen. Beispiele dienen uns zum Erwerb unseres Wissens, zu dessen Organisation und dessen Anwendung. Wie die Lernpsychologie herausgefunden hat, werden in der Alternative, dass Wissen methodisch entweder über die Anführung von Beispielen oder die Darlegung von Prinzipien vermittelt wird, im Regelfall deutlich die Beispiele bevorzugt; der menschliche Verstand spricht sogar dann stärker auf Beispiele an, wenn diese schwach, im Zusammenhang mit ihnen die Prinzipien dagegen gut dargestellt werden[1]. Offenbar hängt das damit zusammen, dass Beispiele unmittelbare Anschauung verschaffen und ein „kurzschlüssiges" Erfassen der zu Grunde liegenden Regel, Struktur oder Problematik erlauben – wie bei einem guten Witz die Pointe.

Neben der *Lernfunktion* zeichnen Beispiele sich durch zwei weitere Grundfunktionen aus[2]: Mit der *Kontrollfunktion* ist die Strategie gemeint, komplexe Aufgaben, für de-

---

* Juristische Schulung 41 (2001) 209 – 217.

1 *Reimann*, Lernprozesse beim Wissenserwerb aus Beispielen, 1997, S. 28 f. (nach *LeFevre/Dixon*) – Abkürzungen: D. = Digesten; SavZRG (rom. Abt.) = Zschr. der Savigny-Stiftung für Rechtsgeschichte, Romanist. Abt. – Nur mit Verfassernamen und Band werden angeführt: *Crome*, System des Dt. Bürgerlichen Rechts 1, 1900; II, 1902; III, 1905; *Dernburg*, Das bürgerliche Recht des Dt. Reichs und Preußens I, 3. Aufl. (1906); II/2, 4. Aufl. (1909); III, 4. Aufl. (1908); *Endemann*, Lehrb. des Bürgerlichen Rechts I, 9. Aufl. (1903); II/1, 8./9. Aufl. (1905); *Oertmann*, BGB I, 3. Aufl. (1927); II/1, 5. Aufl. (1928); II/2, 5. Aufl. (1929); *Planck*, BGB I, 4. Aufl. (1913); II/1, 4. Aufl. (1914); III/1, 5. Aufl. (1933), und *Wieling*, SachenR I, 1990.

2 *Reimann* (o. Fußn. 1), S. 32 ff.

ren Lösung ein leitender Plan nicht bekannt ist, dadurch zu bewältigen, dass die sich auf den jeweiligen Gedankenebenen stellenden Alternativen an Beispielen durchgespielt und damit der Suchraum für die richtige Lösung kontinuierlich eingeschränkt wird. Bei der *Interpretationsfunktion* schließlich geht es darum, (abstrakte) Begriffe durch Referenzbeispiele aufzuschlüsseln und damit ihre Reichweite zu veranschaulichen. In diesem Zusammenhang ist nicht selten – auch in den Naturwissenschaften – zu beobachten, dass zu hohe Abstraktionen von vornherein vermieden und stattdessen Standardbeispiele verwendet werden. So vermieden etwa die römischen Juristen den Begriff der „aufschiebenden Bedingung" (§ 158 I BGB), *condicio suspensiva*, und bedienten sich stattdessen der Standardbeispiele: „wenn das Schiff aus Asien kommt" oder: „wenn Titius Konsul wird".

Dass in einer Disziplin mit einer so großen und langen Tradition wie der Jurisprudenz auch Beispiele oder Fälle – die Grenzen sind fließend – ihre Geschichte haben, ist in unserer Zeit des Präjudizienkults in Vergessenheit geraten.

[210] Das Anschauungsmaterial aus der Rechtsprechung des *BGH* und des *RG* soll „an die Stelle der erdachten Beispiele aus der Märchenwelt ... getreten" sein, die bis in die Mitte des vorigen Jahrhunderts verbreitet waren[3]. Doch bleibt erstens zu berücksichtigen, dass vielen unserer Normen anschauliche Fälle zu Grunde liegen, die sich in fernen Zeiten ereignet haben. Beispielsweise haben die Vertrauensschutzbestimmungen der §§ 1310 II BGB, 14 BBG, 50 BNotO allesamt ihre gemeinsame Wurzel in dem berühmten Fall, dass um 39 v. Chr. der entlaufene Sklave *Barbatius Philippus* unerkannt in Rom zum Prätor, also dem für die Justizangelegenheiten zuständigen Oberbeamten, gewählt wurde[4]. Seitdem wurde die Frage diskutiert, ob Rechtsakte wirksam sind, die von jemandem gesetzt wurden, der, ohne wirksam bestellt zu sein, ein öffentliches Amt tatsächlich ausübte. Oder: Die *actio iniuriarum*, die von den BGB-Vätern seinerzeit verschmähte, inzwischen aber längst wieder etablierte Klage wegen Persönlichkeitsverletzung, wurde, wie *Gellius* in den Attischen Nächten (20,1,13) berichtet, als Reaktion auf die Unverschämtheit des *Lucius Veratius* eingeführt, der alle ihm begegnenden Passanten ohrfeigte und ihnen die seinerzeit zu entrichtende feste Bußsumme sogleich durch seinen ihm auf dem Fuße folgenden Sklaven auszahlen ließ.

Und zweitens lebt in dem, was uns heute „märchenhaft" oder als Erfindung professoraler Stubengelehrsamkeit erscheint, manches fort, was zu seiner Zeit Realität war – nicht selten bittere Realität, wenn wir an das Sklavenrecht denken – und von späteren Generationen nur den veränderten Verhältnissen angepasst wurde, um das Beispiel für das unverändert fortbestehende juristische Sachproblem beibehalten zu können. So finden sich noch heute in der juristischen Literatur manche Beispiele, die letztlich auf Fälle oder *exempla* zurückgehen, die von den römischen Juristen (also in der Zeit

3 So *Heldrich*, ZRP 2000, 498.
4 D. 1, 14, 3, dazu *Knütel*, in: Festschr. f. Mikat, 1989, S. 345 ff.

von etwa 50 vor bis 250 nach Chr.) gebildet und in den Digesten, dem Herzstück des Corpus Iuris Civilis[5], überliefert sind.

Das ist auch nicht verwunderlich. Da die abstrakten Regeln und Begriffe des BGB durch die großartigen Leistungen der deutschen Juristen im 19. Jahrhundert zum weit überwiegenden Teil aus den Quellen des römischen Rechts entwickelt worden sind, drängte es sich nach dem 1.1.1900 geradezu auf, für die Interpretation dieser Regeln und Begriffe auf den zu Grunde liegenden Erfahrungsschatz des römischen Rechts zurückzugreifen, also gleichsam das Knochengerüst des BGB anzureichern mit dem Fleisch des „gemeinen Rechts" (wie das römische Recht in seiner damaligen modifizierten Geltung genannt wurde)[6]. Das hierbei zu beobachtende und kaum bekannte Phänomen der „Tradition von Beispielen" wollen wir an einem Dutzend recht einfacher Beispiele aus den ersten drei Büchern des BGB veranschaulichen.

II. Allgemeiner Teil

1. Stillschweigende Willenserklärung

Recht bekannt ist das Beispiel für die „stillschweigende" Willenserklärung: Ein Gläubiger, der Zinsen für die Zukunft entgegennimmt, verlängert damit die Laufzeit des Darlehens. Das Beispiel findet sich bei *Dernburg*, *v. Tuhr* und *Flume*, jeweils mit Hinweis auf die antike Quelle, ferner bei *Enneccerus/Nipperdey* und *Larenz*[7]. Die Quelle ist D. 2, 14, 57 pr. (*Florentinus im 8. Buch seiner Institutionen*):

„Qui in futurum usuras a debitore acceperat, tacite pactus videtur, ne intra id tempus sortem petat." Wer vom Schuldner Zinsen für die Zukunft entgegengenommen hat, wird so angesehen, als habe er stillschweigend vereinbart, dass er das Kapital innerhalb der entsprechenden Zeit nicht einklagen wird.

Bei der Darstellung der ausdrücklichen und der stillschweigenden Erklärung des Willens hat selbstverständlich auch *Savigny* dieses Fragment ausgewertet. Seine Lehre zur stillschweigenden Erklärung ist in Art. 918 des argentinischen Codigo civil von 1869 Gesetz geworden. Zu den noch heute in den Gesetzesausgaben mitabgedruckten Fußnoten hat der Gesetzesredaktor *Dalmacio Vélez Sarsfield* auf *Savigny* verwiesen und *Florentins* Beispiel angeführt, womit die grundlegende Bedeutung dieses Textes hervorgehoben wird.

---

5 Standardausgabe *Mommsen/Krüger*, Corpus Iuris Civilis, verschiedene Nachdr. der 12. Aufl. (1911), ferner *Behrends/Knütel/Kupisch/Seiler* (Hrsg.), Corpus Iuris Civilis, Text und Übersetzung, I (Institutionen), 2. Aufl. (1977); II (Digesten 1-10), 1995; III (Digesten 11-20), 1999. Hieraus sind die Übersetzungen der einschlägigen Texte übernommen; die Originaltexte sind aus Platzgründen nur zu D. 2, 14, 57 pr. (s. sogl.) und D. 18, 1, 8, 1 (Fußn. 21) wiedergegeben.

6 Dies gilt umso mehr als das BGB die Rechtskontinuität wahren und „nur" das seinerzeit bestehende Recht vereinheitlichen, vereinfachen und modernisieren sollte, s. das Gutachten der sog. Vorkommission von 1874 (BR-Dr. Nr. 54), abgedr. bei *Jakobs/Schubert*, Die Beratung des BGB I, 1978, S. 170.

7 *Dernburg* I (o. Fußn. 1), S. 443 Fußn. 7; *v. Tuhr*, Allg. Teil II/1, 1914 (Nachdr. 1957), S. 418 Fußn. 106; *Flume*, Allg. Teil II (Rechtsgeschäft), 4. Aufl. (1992), S. 69, 73, 75; *Enneccerus/Nipperdey*, Allg. Teil, II, 15. Aufl. (1960), S. 944; *Larenz/Wolf*, Allg. Teil, 8. Aufl. (1997), § 28 Rdnr. 41, S. 544 f. – Vgl. ferner zum Text *Wacke*, SavZRG (rom. Abt.) 90 (1973), 257 f.; *Luig*, Rechtshistorisches Journal 5 (1986), 293 f. – Ein vergleichbarer Fall ist *OLG Hamm*, NJW 1987, 2089 (2090 r. Sp.).

2. Früchte

Der 4. Titel des 7. Buches der Digesten betrifft den Problemkreis „Auf welche Weise der Nießbrauch oder das Gebrauchsrecht verloren geht". Das vorletzte Fragment dieses Titels ist D. 7, 4, 30 (*Gaius* im 7. Buch zum Provinzialedikt):

> „Fleisch und Häute von totem Vieh gehören nicht zu den Früchten, weil durch den Tod eines Tieres der Nießbrauch erlischt."

Die Lösung ist zwingend: Mit dem Untergang der Sache muss auch das Recht, aus ihr die Nutzungen zu ziehen, erlöschen[8]. § 99 I BGB lautet: „Früchte einer Sache sind die Erzeugnisse der Sache und die sonstige Ausbeute, welche aus der Sache ihrer Bestimmung gemäß gewonnen wird." An dem Wortlaut der nahezu gleichlautenden Vorschrift des 1. Entwurfs (§ 792 Nr. 1 E I) hatte *Karl Cosack* beanstandet, danach sei auch das Fleisch eines Mastochsen als Frucht des Ochsen anzusehen[9]. Zu dieser Kritik ist er offensichtlich durch die Erinnerung an D. 7, 4, 30 veranlasst worden. Die 2. Kommission und die Redaktionskommission haben demgegenüber jedoch keinen Änderungsbedarf gesehen, weil die Kritik auf einer unrichtigen Auffassung des Begriffs der Ausbeute beruhe[10], der – wie zu ergänzen ist – voraussetzt, dass die Sache als solche erhalten bleibt. So wurde aus § 792 Nr. 1 E I der § 99 I BGB, und so kam es dazu, dass zu § 99 I BGB allgemein hervorgehoben wird, dass „das Fleisch des Mastochsen nicht Frucht des Mastochsen" ist[11]. [211]

III. Schuldrecht

1. Überholende Kausalität

Im Bereich des Schuldrechts wird zur Problematik der „überholenden Kausalität" häufig das Beispiel angeführt: „Ein Frachtführer verlädt die Ware vertragswidrig auf das Schiff A anstatt auf das Schiff B; hierauf geht zuerst das Schiff A und nachher auch das Schiff B mit der Ladung unter"[12]. Das Beispiel ist übernommen aus der „unsterblichen lex"[13] D. 14, 2, 10, 1 (*Labeo* im 1. Buch der von *Paulus* ausgewählten „Überzeugenden Rechtssätze"):

---

8 S. dazu zuletzt *Cardilli*, La nozione giuridica di fructus, Neapel 2000, S. 253 m. w. Lit.

9 Zusammenstellung der gutachtlichen Äußerungen, III, S. 24 f.

10 Vgl. Prot. III, 1899, S. 23 f.; *Küntzel*, Gruch. 41 (1897), 148 f.

11 So *Enneccerus/Nipperdey* I (o. Fußn. 7), S. 818; ferner *Planck/Strecker* I (o. Fußn. 1), § 99 Anm. 2 b; *Endemann* I (o. Fußn. 1), S. 250 Fußn. 3; *Oertmann* I (o. Fußn. 1), § 99 Anm. 2 b; *Cosack/Mitteis*, Lehrb. d. Bürgerlichen Rechts I, 8. Aufl. (1927), S. 139; *Staudinger/Dilcher*, BGB, 13. Aufl. (1995), § 99 Rdnr. 6; *Soergel/Mühl*, BGB, 12. Aufl. (1987), § 99 Rdnr. 9; *Palandt/Heinrichs*, BGB, 60. Aufl. (2001), § 99 Rdnr. 2; *Medicus*, Allg. Teil, 7. Aufl. (1997), Rdnr. 1204, sowie *Wieling* I (o. Fußn. 1), S. 103 („Rindfleisch keine Frucht des Rinds", m. Hinw. auf D. 7, 4, 30).

12 *Planck/Siber* II/1 (o. Fußn. 1), § 249 Anm. 4 b (S. 76 f.), s. ferner *Oertmann* II/1 (o. Fußn. 1), Vorb. § 249 Rdnr. 4 c (S. 55 u.); *ders.* II/2 (o. Fußn. 1), § 447 Rdnr. 5 c; *Blomeyer*, Allg. SchuldR, 4. Aufl. (1969), S. 177 f., und *Neuner*, AcP 133 (1931), 286 Fußn. 38, vgl. auch *Staudinger/Werner*, BGB, 10./11. Aufl. (1967), Vorb. § 249 Rdnr. 55; *Hermann Lange*, AcP 152 (1952/53), 154 Fußn. 5 (alle m. Hinw. auf den Digesten-Text).

13 *Raape*, AcP 141 (1935), 92.

„Wenn du ein Schiff zu dem vertraglichen Zweck gechartert hast, dass deine Waren mit ihm befördert werden sollen, und der Kapitän diese Waren ohne Not auf ein schlechteres Schiff umgeladen hat, obwohl er wusste, dass du das nicht wolltest, dann hast du, wenn die Waren mit dem Schiff, mit dem sie schließlich befördert wurden, untergegangen sind, gegen den Kapitän des ersten Schiffes die Klage aus der Schiffscharter. *Paulus*: In Wahrheit gilt das Gegenteil, sofern nur beide Schiffe auf dieser Fahrt untergegangen sind und dies auch nicht auf Vorsatz oder Fahrlässigkeit der Besatzung zurückzuführen ist …“[14].

Der zur Zeit des Augustus wirkende Jurist *Labeo* bejahte die vertragliche Haftung des Kapitäns offenbar auf Grund eines Gedankens, den man später verallgemeinernd als *versari in re illicita* bezeichnete[15]: Wer sich auf unerlaubtes Gebiet begibt, muss für sämtliche Folgen einstehen, mögen sie auch durch bloßen Zufall entstanden sein[16]. Analog der Haftungssteigerung, die im Falle des Schuldnerverzuges, also bei der Pflichtverletzung in zeitlicher Hinsicht, eintritt, § 287 S. 2 BGB[17], führt auch die schuldhafte Verletzung einer wesentlichen Vertragspflicht, in der Sache also eine positive Forderungsverletzung, wie sie hier durch das vertragswidrige Beladen des schlechteren Schiffes erfolgt, zur Zufallshaftung[18]. *Labeo* wird angenommen haben, dass die einmal begründete strenge Haftung durch spätere Ereignisse nicht mehr beseitigt wird (jedenfalls solange dies Frachtgut nicht auf das vertraglich vorgesehene Schiff umgeladen ist). Dem hat der etwa 150 Jahre später lebende Jurist *Paulus* den Gedanken der sog. überholenden Kausalität entgegengesetzt: Wenn der Gläubiger auch bei vertragsgemäßem Verhalten des Schuldners denselben Schaden erlitten (und keine Ansprüche gegen Dritte erlangt) hätte, wäre es ungerecht, den Schuldner haften zu lassen. Eine solche Ungerechtigkeit konnte und musste der Richter auf Grund seines weiten Beurteilungsermessens im *bonae fidei iudicium* vermeiden. Diese Auffassung hat sich jedenfalls für den Fall der Umladung auch im heutigen Recht durchgesetzt. Denn D. 14, 2, 10, 1 ist (zusammen mit dem Fragment D. 19, 2, 13, 1) das Vorbild geworden für die Bestimmung des § 565 I HGB (und des § 44 BinnSchG)[19]:

„Der Verfrachter ist nicht befugt, ohne Erlaubnis des Befrachters die Güter in ein anderes Schiff zu verladen. Handelt er dieser Vorschrift zuwider, so ist er für jeden daraus entstehenden Schaden verantwortlich, es sei denn, dass der Schaden auch entstanden und dem Befrachter zur Last gefallen sein würde, wenn die Güter nicht auf ein anderes Schiff verladen worden wären.“

14 *Paulus* bringt im Anschluss weitere Beispiele, in denen die Zufallshaftung auf Grund vertragswidriger Umladung in concreto nicht eingreift. – Zuletzt eingehend zum Text *Gerkens*, Aeque perituris, Lüttich 1997, S. 232 ff., 242 ff., der allerdings die Haftungssteigerung infolge der Umladung missversteht, indem er unterstellt, es müsse dann mit Umladung bereits Unmöglichkeit gegeben sein.

15 Vgl. *Knütel*, SavZRG (rom. Abt.) 100 (1983), 416 (418 in Fußn. 329).

16 *Versanti in re illicita omnia imputantur quae sequuntur ex delicto*: Wer sich im verbotenen Bereich aufhält, dem wird alles zugerechnet, was sich aus seiner unerlaubten Handlung ergibt. S. dazu *Liebs*, Lateinische Rechtsregeln und Rechtssprichwörter, 6. Aufl. (1998), S. 238 f.; *Wacke*, in: Festschr. f. H. Hübner, 1984, S. 691 ff.

17 Zur Herkunft des § 287 S. 2 BGB aus dem römischen Recht (D. 30, 47, 6: Das verkaufte Grundstück versinkt in der sich auftuenden Erdspalte) s. *Knütel*, NJW 1993, 900 f.

18 Das BGB setzt dies z. B. im Falle der unerlaubten Weitergabe an einen Untermieter (§ 549 BGB) voraus, Mot. II, 1888, S. 397. – Zum Quasikontrakt der Geschäftsführung ohne Auftrag s. § 678 BGB.

19 S. *Knütel*, SavZRG (rom. Abt.) 100 (1983), 417 f. in Fußn. 328 – Vgl. auch § 447 II BGB.

Im modernen Seefrachtgeschäft ist das Verbot des § 565 HGB allerdings regelmäßig abbedungen. Es erklärt sich aus den Gegebenheiten der Segelschiffzeit, zu der die Schiffe nach Größe, Ausrichtung, Leistung etc. weit weniger vergleichbar waren als die heutigen Frachter und Containerschiffe, zumal die einer Linie.

2. *Hoffnungskauf*

Der Kauf eines Fischzuges ist eines der überkommenen Schulbeispiele für den Hoffnungskauf (*emptio spei*)[20]. Es ist übernommen aus D. 18, 1, 8, 1 (*Pomponius* im 9. Buch zu *Sabinus*):

„Manchmal kann jedoch ein Kauf auch ohne Sache angenommen werden, zum Beispiel wenn man gewissermaßen Würfelglück [eine Chance] kauft. Dies ist der Fall, wenn ein künftiger Fang von Fischen oder Vögeln gekauft wird oder das, was jemand von den unter das Volk geworfenen Geschenken erlangt. Hier wird nämlich ein gültiger Kauf geschlossen, auch wenn nichts gefangen oder aufgefangen wird, weil es sich um den Kauf einer Hoffnung handelt. Und wenn das, was jemand von den bei einem bestimmten Ereignis unter das Volk geworfenen Geschenken erlangt hat, [von einem Dritten beim Käufer] evinziert wird, entstehe daraus keine Verbindlichkeit aus dem Kauf, weil dies als vereinbart anzusehen ist“[21].

Der Jurist *Pomponius* kommentiert den Grundsatz, dass ohne eine Sache (*res*), die verkauft werden soll, ein Kauf nicht angenommen werden kann. Er legt dar, dass *res* in diesem Sinne auch künftige Sachen sind, wie z. B. die künftige Ernte, und dass dieser Kauf (die *emptio rei speratae*) als bedingter Kauf aufzufassen ist (D. 18, 1, 8 pr.). Danach führt er aus, dass das Erfordernis, wonach die Sache beim Kaufabschluss (existent und) präsent sein muss, noch weiter eingeschränkt, ja bereits aufgegeben ist, weil auch eine bloße Chance oder Hoffnung schon Kauf- „Sache“ sein kann. Offenbar hat die Anerkennung des Kaufs einer künftigen Sache die Anerkennung auch des Hoffnungskaufs nach sich gezogen. Das führt zu einer gewissen „Deformation“ des Kaufvertrages als Geschäftstyp und macht zugleich anschaulich, wie die römischen Juristen im Wege der *interpretatio* die Tragweite ihrer Rechtsregeln und Rechtsinstitute ausgelotet haben[22]. [212]

Am interessantesten ist in D. 18, 1, 8, 1 übrigens nicht das recht einfache Beispiel des Fischfangs, sondern das der ausgeworfenen Geschenke. Bei festlichen Anlässen wurden von den Kaisern im Circus, im Amphitheater, auf Fest- oder Triumphzügen Tausende und Abertausende von Geschenken in die Menge geworfen, so etwa von *Nero* 69 n. Chr. während eines Festes „an jedem Tag tausend Vögel aller Art, vielfältige Lebensmittel, Getreidemarken, Kleidungsstücke, Gold, Silber, Juwelen, Perlen, Gemälde, Sklaven, Zugtiere, selbst gezähmte

20 So bei *Enneccerus/Lehmann*, SchuldR, 15. Aufl. (1958), S. 406, sowie *Endemann* I (o. Fußn. 1), S. 932 Fußn. 16 („heute [1903] noch z.B. an der Ostsee üblich, dass bei Ausfahrt der Schifferböte der Aufkäufer mit den Fischern vereinbart: für den heutigen Fang zahle ich 70 Mark“); *Dernburg* II/2 (o. Fußn. 1), S. 10 f.; *Crome* II (o. Fußn. 1), S. 408 m. Fußn. 22; *Oertmann* II/2 (o. Fußn. 1), Vorb. § 433 A. 1 b, S. 525; *Heck*, Grundriss des SchuldR, 1929, S. 253; *Soergel/Huber*, BGB, 12. Aufl. (1991), Vorb. § 433 Rdnr. 75.

21 *Aliquando tamen et sine re venditio intellegitur, veluti cum quasi alea emitur. quod fit, cum captum piscium vel avium vel missilium emitur: emptio enim contrahitur etiam si nihil inciderit, quia spei emptio est: et quod missilium nomine eo casu captum est si evictum fuerit, nulla eo nomine ex empto obligatio contrahitur, quia id actum intellegitur.*

22 S. *Knütel*, SavZRG (rom. Abt.) 117 (2000), 451.

(wilde) Tiere, zuletzt sogar Schiffe, Mietshäuser und Ländereien"[23]. Natürlich können nicht alle diese Gegenstände „geworfen" werden. Man bediente sich stellvertretender Wertmarken (*tesserae*) in Form von kleinen Tierköpfen, Münzen, Holzkugeln mit entsprechenden Kennzeichnungen. Dass dadurch ein ungeheures Gedränge ausgelöst wurde, bei dem nicht selten Menschen zu Tode kamen, und dass wohlhabende Bürger deshalb auf den Ausweg verfielen, starken Männern, die sich in das Getümmel wagten, von vornherein das abzukaufen, was sie fangen würden, all das ist gut begreiflich. Bei der keineswegs selbstverständlichen Einordnung dieser Geschäfte als Kaufverträge war für die römischen Juristen sicherlich der Umstand von großer Bedeutung, dass auf diese Weise zur Durchsetzung der wechselseitigen Verpflichtungen die Kaufklagen verwendet werden konnten. Daraus ergab sich, wenn etwa die Soldaten des späteren Triumphators einem römischen Bürger in der Provinz das später ausgeworfene Gut entrissen hatten, das Folgeproblem, ob den Hoffnungsverkäufer eine Eviktionshaftung treffen könnte.

Beim Verkauf des künftigen Fischzuges konnte sich, da es um herrenlose Sachen ging, diese Frage nicht stellen. Allerdings konnte hier die andere Frage auftreten, ob dem Käufer nämlich außer den Fischen auch andere Gegenstände geschuldet wurden, die sich im Netz verfingen, wie etwa in dem berühmten Fall, wo ein goldener Dreifuß von großem Gewicht in das Netz geriet[24]. Damit auch in dieser Frage Klarheit bestehe, ist der Art. 2451 des Louisiana Civil Code (i. d. F. v. 1870) mit Wirkung vom 1.1.1995 entsprechend erweitert worden. Er bestimmt nunmehr: „A hope may be the object of a contract of sale. Thus, a fisherman may sell a haul of his net before he throws it. In that case the buyer is entitled to whatever is caught in the net, according to the parties' expectations, and even if nothing is caught the sale is valid." Das ist sachlich durch das Ausgleichsprinzip gerechtfertigt. Denn wer die Gefahr trägt, nichts zu bekommen, muss auch den Vorteil erlangen, wenn mehr gefischt wird als erwartet.

3. *Mangelfolgeschäden*

Beispiele aus den Digesten bleiben als solche bekannt, wenn sie einer Gesetzesbestimmung zu Grunde liegen, die unbefriedigend ausgefallen ist oder doch als unbefriedigend empfunden wird. Dies gilt etwa[25] für die vielerörterte Problematik, ob in den §§ 463 (S. 2), 480 II zwischen Mangel- und Mangelfolgeschäden zu unterscheiden und inwieweit gegebenenfalls Ersatz auch für Mangelfolgeschäden zu leisten ist. Hierzu wird in der Diskussion sehr häufig auf das Ausgangsfragment D. 19, 1, 13 pr. mit den dort überlieferten Beispielen *Julians* zurückgegriffen, dass das verkaufte kranke Tier beim Käufer die Herde ansteckt oder dass der Mangel des verkauften

23 *Sueton*, Nero 11, 2; Näheres zu alldem bei *Knütel*, SavZRG (rom. Abt.) 117 (2000), 448 ff.

24 In allerdings nicht einheitlicher Weise überliefert von *Valerius Maximus* 4,1,7; *Plutarch Solon* 4; *Diogenes Laertius* 1, 1, 27-28. Da die Fischer sich weigerten, den Dreifuß denen zu übergeben, die den Fischzug gekauft hatten, wurde das delphische Orakel befragt. Pythia gab den Bescheid, der Dreifuß gebühre dem weisesten Manne. So wurde er *Thales* als dem ersten der 7 Weisen überreicht. Dieser gab ihn weiter an *Bias*, der weiser sei; *Bias* sandte ihn einem angeblich Weiseren und so ging er reihum, bis als siebter *Solon* ihn erhielt. *Solon* aber erklärte den delphischen Apoll für den Weisesten und schickte den Dreifuß nach Delphi.

25 Ein bemerkenswertes anderes Beispiel findet sich zu § 265 BGB, dessen Interpretation durch den von *Papinian* in D. 46, 3, 95, 1 gebildeten Fall bestimmt worden ist, s. dazu *Knütel*, ZEuP 2 (1994), 266 f.

Balkens zum Einsturz des Hauses führt[26]. *Julian* hatte danach unterschieden, ob der Verkäufer Kenntnis von dem Mangel hatte. War dies der Fall, so hat er alle Schäden zu ersetzen, die dem Käufer infolge des Kaufs entstanden sind, andernfalls nur den Betrag, um den der Käufer bei Kenntnis günstiger gekauft hätte.

4. Arglist des Verkäufers

Auch modern erscheinende Beispiele haben bisweilen alte Wurzeln. So hat sich in der Rechtsprechung des *BGH* als ein Beispiel für arglistiges Verhalten die Fallgruppe der „Erklärungen ins Blaue hinein" herausgebildet[27]. Eine solche Erklärung liegt vor, wenn der Verkäufer zu Fragen, deren Beantwortung erkennbar maßgebliche Bedeutung für den Kaufentschluss seines Kontrahenten hat, ohne tatsächliche Grundlage oder ohne jegliches dafür erforderliche Wissen – also „ins Blaue hinein" – (objektiv) unrichtige Angaben macht. Ob wir es hier mit einer Wiederanknüpfung oder nicht vielmehr mit einer nochmaligen „Erfindung" zu tun haben, mag dahinstehen; in der Sache handelt es sich – mögen die Fälle auch erst im Gebrauchtwagenhandel wieder akut geworden sein – jedenfalls um nichts Neues:

D. 19, 1, 13, 3 (*Ulpian* im 32. Buch zum Edikt): „Was gilt jedoch, wenn der Verkäufer zwar nicht wusste, dass der Sklave ein Dieb ist, aber versichert hat, dass er tüchtig und zuverlässig sei und ihn [darum] teuer verkaufte. Wir wollen sehen, ob er aus Kauf haftet. Und ich meine, dass er haftet. Allerdings hat er den Mangel nicht gekannt. Aber er hätte nicht leichtfertig versichern dürfen, was er nicht wusste. Folglich besteht zwischen diesem und dem, der den Mangel kennt, kein großer Unterschied: Wer nämlich den Mangel kennt und geschwiegen hat, hätte darauf hinweisen müssen, dass der Sklave ein Dieb ist; (*hic non debuit facilis esse ad temerariam indicationem* =) der andere hätte nicht leichtfertig eine Behauptung „ins Blaue hinein" aufstellen dürfen."

Die Übersetzung der *temeraria indicatio* ist zwar zielsprachlich ausgefallen, also in Anlehnung an die neue Formulierung der Rechtsprechung; doch trifft sie ohne weiteres die Bedeutung „aufs Geratewohl geschehend", „unüberlegt", die das Adjektiv *temerarius* hat.

5. Unteilbare Sachen

Klar erkennbar ist das Nachleben von D. 10, 3, 19, 1 (*Paulus* im 6. Buch zu *Sabinus*):

„Im Hinblick auf eine gemeinsame Eingangshalle zweier Häuser kann ein Teilungsrichter gegen den Willen eines der beiden Eigentümer nicht eingesetzt werden, weil jeder, der wegen der Eingangshalle [für die Eigentumszuweisung] zu bieten gezwungen wird, gegebenenfalls einen

26 S. etwa (alle unter Bezugnahme auf D. 19, 1, 13 pr.) *Dernburg* II/2 (o. Fußn. 1), S. 70 Fußn. 4; *Flume*, Eigenschaftsirrtum und Kauf, 1948, S. 58 Fußn. 16, 61 f., 63; *Kaser*, JuS 1967, 343; *Staudinger/Honsell*, BGB, 12. Aufl. (1978), § 482 Rdnr. 11; *Erman/Weitnauer*, BGB, 7. Aufl. (1981), Vorb. § 459 Rdnr. 22 (nicht in 9. Aufl.); *Esser/Weyers*, SchuldR II, 7. Aufl. (1991), S. 70 m. Fußn. 11; *Fikentscher*, SchuldR, 7. Aufl. (1984), S. 343 (nicht in 8. Aufl.); *Medicus*, in: Festschr. f. Kern, 1968, S. 318; *Jakobs*, Gesetzgebung im Leistungsstörungsrecht, 1985, S. 111 ff., 116 Fußn. 250.

27 *BGHZ* 63, 382 (388) = NJW 1975, 642 (645); *BGH*, NJW 1981, 1141 (1142); s. dazu nur *Soergel/Huber* (o. Fußn. 20), § 476 Rdnr. 25 m. reichen Nachw.

Kaufpreis wie für das gesamte Haus einsetzen muss, wenn er nämlich sonst keinen Zugang hat."

Im römischen Recht wurde die Teilung gemeinschaftlicher Sachen im Rahmen der Klage auf Teilung der Gemeinschaft (*actio communi dividundo*) vom Richter durchgeführt, der rechtsgestaltend Eigentum zuweisen und zu Ausgleichszahlungen verurteilen konnte. Im Hinblick auf die gemeinsame Anlage, die für die im Allein-[213] eigentum der Miteigentümer stehenden Häuser nur dienende Funktion hat, ist das Teilungsverfahren jedoch ausgeschlossen. Denn der Miteigentümer, der sich das Alleineigentum an der Eingangshalle zuweisen lassen will, müsste einen zusätzlichen Ausgleich in Höhe des Wertes des anderen Hauses entrichten, ohne dieses, da es nicht Gegenstand des Teilungsverfahrens ist, zu erwerben. Das wäre absurd. Hierzu hat der *Bayerische Oberste Gerichtshof* in einem Urteil v. 30.6.1875 ausgeführt:

„Das in der allegirten Digestenstelle [D. 10, 3, 19, 1] ausgeprägte Princip hat in der gemeinrechtlichen Doktrin und Praxis Anerkennung und Anwendung gefunden auf gemeinschaftliche Eingänge und Hausgänge eines unter Mehreren real abgeteilten Hauses, auf gemeinschaftliche Scheuertennen, gemeinschaftliche Schwellen, auf welchen die Mauer des Hauses ruht, und auf gemeinschaftliche Hofräume, wenn diese von der Art sind, dass sie bei einer Theilung nicht mehr als Höfe zum Einfahren, Eingehen u. s. w. benützt werden könnten ..."[28].

An diese Entscheidung haben schon die frühen Kommentierungen zu § 752 BGB bei der Darstellung angeknüpft, welche Gegenstände unteilbar sind. Inzwischen gehört das Beispiel längst zum Traditionsgut der einschlägigen Kommentierungen. In der letzten Ausgabe des *Staudinger* erscheint es in folgender Gestalt:

„Unteilbar sind auch gemeinschaftliche Eingänge, Einfahrten, Hofräume, Scheunentennen, wenn sie nach der Teilung nicht mehr in der bisherigen Weise benutzt werden können"[29].

6. Sachbeschädigung

Beispiele können eine Problematik betreffen, die sich in verschiedenen Rechtsgebieten stellt. Dass ein Beispiel, das im Zivilrecht seine Dienste getan hat, im Strafrecht Bedeutung behalten hat, zeigt sich sehr anschaulich bei der Sachbeschädigung, zu der vorauszuschicken ist, dass sie in Rom grundsätzlich nur zivilrechtliche, nicht aber strafrechtliche Sanktionen auslöste. In dem beliebten Lehrbuch des Strafrechts von *Wessels* ist zu lesen:

„Wer etwa einheimische Singvögel aus dem Käfig des Züchters entweichen lässt, den goldenen Trauring der jungvermählten Konkurrentin in einen Fluss wirft, … setzt sich zwar einem Schadensersatzanspruch nach § 823 BGB aus, macht sich aber nicht nach § 303 [StGB] strafbar (so die h. M.) …"[30].

---

28 SeuffBl 41 (N.F. 21), 1876, 329, bestätigt unter Berufung auf D. 10, 3, 19, 1 durch *BayObGH*, SeuffBl 43 (N.F. 23), 1878, 286.

29 *Staudinger/Langhein*, BGB, 13. Aufl. (1996), § 752 Rdnr. 18, ausführlicher noch die früheren Auflagen, etwa *Staudinger/Kober*, 7./8. Aufl. (1912), § 752 Anm. 2 d. – S. ferner *Soergel/Hadding*, BGB, 11. Aufl. (1985), § 752 Rdnr. 7; *Karsten Schmidt*, in: MünchKomm-BGB, 3. Aufl. (1997), § 752 Rdnr. 13; *Erman/Aderhold*, BGB, 9. Aufl. (1993), § 752 Rdnr. 4.

30 *Wessels/Hillenkamp*, BT, 21. Aufl. (1999), S. 11 Rdnr. 32.

Vogel und Ring sind – interessanterweise sogar in ihrer Verbindung als Doppelbeispiel – fest etabliert in der strafrechtlichen Diskussion zu den Voraussetzungen der Sachbeschädigung. Schon das *RG* hatte sie 1890 als Beispiele dafür angeführt, dass es keine Sachbeschädigung sei, wenn „nicht die Sache selbst, sondern nur das Verhältnis des Eigentümers zur Sache verändert, insbesondere, wenn dem Berechtigten die Sache durch eine mit ihr vorgenommene Ortsveränderung entzogen wird (z. B. durch Fliegenlassen eines eingesperrten Vogels, Werfen eines Ringes in den Abgrund)"[31].

Die Variationen hierzu halten sich in Grenzen. Oft ist es einfach der „fremde Vogel"[32], gelegentlich der „Kanarienvogel"[33], der als nicht einheimischer Vogel seine Freiheit freilich nicht überleben und seinen „Freilasser" deshalb zum Täter einer Sachbeschädigung werden ließe. Statt des Fliegenlassens eines Vogels oder neben diesem findet sich auch das „Entlaufenlassen eines Haustieres"[34] oder das „Laufenlassen von eingefangenem Wild"[35]. An Stelle des im Fluss gelandeten goldenen Traurings dient als Beispiel – das durch *Goethes* ‚König in Thule' oder *Schillers* ‚Taucher' vielleicht mitinspiriert ist – auch „der ins Meer geschleuderte goldene Becher"[36] oder auch „seinerzeit die Versenkung des Nibelungenschatzes in den Rhein"[37] – ein Exempel, das in den neueren Auflagen allerdings das Schicksal dieses Schatzes teilt, nämlich nicht mehr auffindbar ist. In ihren Niederungen bietet die Praxis den Vergleichsfall, „dass die Angeklagte während einer Dienstleistung beim Dampfschiffrestaurateur F. diesem gehöriges Küchengerät, drei Puddingformen und zwei Emailletöpfe, in den Rhein geworfen hat, um der Mühe und Unannehmlichkeit des ihr obliegenden Reinigens zu entgehen", womit, wie 1904 das *RG* erkannte, eine strafbare Sachbeschädigung gegeben war, weil „zu beachten ist, dass erfahrungsgemäß derartige Gegenstände nicht bloß durch unausgesetzte chemische Einwirkung des Wassers in ihrer Substanz verändert werden – Rostbildung –, sondern dass auch das fließende Wasser und das von ihm mitgeführte Geröll auf mechanischem Wege ihre Unversehrtheit zu beeinträchtigen und ihre Beschädigung und endliche Zerstörung herbeizuführen geeignet sind"[38].

Für das Zivilrecht war bei Inkrafttreten des BGB bereits ausgemacht, dass schon die Entziehung des Sachbesitzes eine Eigentumsverletzung i. S. des § 823 I BGB darstellt; hier haftet, „wer z. B. den Käfig des Kanarienvogels öffnet und dadurch, dass der Vogel entflieht, einen Vermögensschaden anrichtet"[39]. Denn schon die römischen

31 *RGSt* 20, 182 (185).

32 *Maurach/Schroeder/Maiwald*, BT I/1, 8. Aufl. (1995), S. 391 Rdnr. 19. „Einheimische Vögel" bei *Wolff*, in: LK, 10. Aufl. (1988), § 303 Rdnr. 9; nur: „Vogel", in: *v. Liszt/Eb. Schmidt*, Lehrb. d. Dt. StrafR, 25. Aufl. (1927), S. 643; *Wolf*, in: Die Reichsgerichtspraxis im dt. Rechtsleben V, 1929, S. 69; *Kohlrausch/Lange*, StGB, 43. Aufl. (1961), § 303 Anm. III; *Welzel*, Das dt. StrafR, 8. Aufl. (1963), S. 306; *Schönke/Schröder*, StGB, 25. Aufl. (1997), § 303 Rdnr. 8 b.

33 *Wolf* (o. Fußn. 32), S. 51.

34 So *Schönke/Schröder* (o. Fußn. 32), § 303 Rdnr. 8 b.

35 *Wolff*, in: LK (o. Fußn. 32), § 303 Rdnr. 9.

36 *Wolf* (o. Fußn. 32), S. 51, vgl. S. 69: in fließendes Wasser geworfene Gold- und Silbergegenstände; vgl. auch *v. Liszt/Eb. Schmidt* (o. Fußn. 32), S. 643 (Versenken in die See).

37 *Maurach*, BT, 5. Aufl. (1969), S. 191.

38 *RG*, GA 51 (1904), 182 f.

39 *Endemann* I (o. Fußn. 1), S. 1261 Fußn. 20. Vgl. auch *Isaac/Sieburg*, AutomobilG, 2. Aufl. (1931), § 7 Anm. II G 3 c, S. 154 („Beschädigung eines Käfigs, aus welchem Tiere entweichen", mit den Quellen

Juristen hatten in diesen Fällen die zivilrechtliche Haftung des Täters bejaht, und im gemeinen Recht hatte sich daran nichts Wesentliches geändert[40]. Sehr verändert waren jedoch die tatsächlichen Umstände. In der Antike war der praktisch bedeutsame Fall der, dass jemand einen gefesselten Sklaven losband, damit er fliehen konnte. Der Schaden konnte beträchtlich sein. Denn auch wenn der Sklave wieder ergriffen und an den Eigentümer zurückgegeben werden konnte, änderte dies nichts daran, dass er nunmehr ein „Ausreißer" (*fugitivus*) war, also einen Mangel aufwies, der seinen Wert erheblich beeinträchtigte. In *Justinians* Institutionen von 533 n. Chr., die ersichtlich auch hier das Recht der klassischen Zeit wiedergeben[41], lautet das Schlussstück des letzten Paragraphen des Sachtitels zur *Lex Aquilia*, Inst. 4, 3, 16:

„… wenn aber jemand einen fremden Sklaven von einer Brücke oder vom Ufer in den Fluss stößt und wenn dieser er-[214]trinkt, so kann man unschwer erkennen, dass er, indem er stieß, den Schaden durch körperliche Einwirkung verursacht hat und deswegen unmittelbar auf Grund der Lex Aquilia haftet. Wenn jedoch der Schaden nicht durch körperliche Einwirkung zugefügt wird und auch kein Körperschaden vorliegt, sondern jemandem auf andere Weise ein Schaden entstanden ist, so haftet der Schuldige, weil weder die unmittelbare noch eine analoge Klage nach der Lex Aquilia in Betracht kommt, nach allgemeiner Meinung mit einer auf den Sachverhalt zugeschnittenen Klage; wie zum Beispiel, wenn jemand aus Mitleid einem fremden Sklaven die Fesseln löst, damit er fliehen kann."

Im 3. Kapitel der *Lex Aquilia*, einem Vorläufer unseres § 823 I BGB, ging es um die widerrechtliche Beschädigung fremder Güter (abgesehen von der Tötung eines fremden Sklaven oder Herdentieres) durch Verbrennen, Zerbrechen oder Zerreißen (D. 9, 2, 27, 5)[42]. Voraussetzung war ein *damnum corpore corpori datum* (Gai. 3, 219), also dass der Täter die Beschädigung in unmittelbarem Einwirken seiner Person auf die zerstörte oder beschädigte Sache (unrechtmäßig und schuldhaft) verursacht hatte. Dies wird im Fall des Losbindens des Sklaven verneint: Auch eine analoge, also in Anlehnung an die *actio legis Aquiliae* gebildete Klage wird dem Geschädigten versagt; vielmehr wird ihm – was im Ergebnis freilich auf dasselbe hinausläuft – eine nach dem konkreten Sachverhalt gebildete Klage (*actio in factum*) gewährt.

Es versteht sich, dass der Fall seit dem Hohen Mittelalter vom rein Tatsächlichen her kaum noch als zeitgerecht empfunden wurde. Da er aber ein privat- wie strafrechtlich interessantes Problem aufwarf, bot es sich an, den Sklaven durch ein Tier zu ersetzen und die fehlende Bewegungsfreiheit statt durch die (bei Tieren wenig passende) Fesselung nunmehr durch die Einsperrung im Käfig zu veranschaulichen[43]. Da aber der Bürgersmann gewöhnlich in Käfigen vor allem Vögel und Hunde hält, erklärt es sich leicht, wie die juristische Phantasie vom Sklaven zwar nicht auf den Hund (denn dieser würde zum Halter zurückkehren, wenn er überhaupt fortliefe), wohl aber auf den Singvogel kommen musste.

S. 153 Fußn. 38).

40 Vgl. nur *Windscheid/Kipp*, Lehrb. des PandektenR II, 9. Aufl. (1906), S. 973 f.

41 Erschließbar aus dem dieselbe Problematik behandelnden Fragment D. 4, 3, 7, 7.

42 Vgl. *Kaser*, Das Röm. PrivatR I, 2. Aufl. (1971), S. 161, 620.

43 So etwa bei *v. Jhering*, Geist des röm. Rechts 11/2, 8. Aufl. (1954, Nachdr.), S. 426.

Mit einer *actio in factum* wurde auch der Fall des in den Fluss geworfenen goldenen Ringes von *Servius*, einem Altersgenossen *Ciceros*, gelöst, also bereits im 1. Jahrhundert v. Chr.: D. 19, 5, 23 (*Alfenus* im 3. Buch seiner von *Paulus* ausgewählten Digesten):

„Als zwei am Ufer des Tibers spazieren gingen, zeigte der eine dem anderen, der mit ihm ging, auf dessen Bitten seinen Ring, damit er ihn sich näher ansehen könne. Diesem entfiel der Ring und rollte in den Tiber. Er [*Servius Sulpicius*] hat gutachtlich entschieden, gegen ihn könne mit einer auf den Sachverhalt zugeschnittenen Klage vorgegangen werden“[44].

Immerhin, so möchte man denken, könnten als originelle Beispiels-Variationen jüngeren Datums noch das „Laufenlassen von eingefangenem Wild“ oder „der ins Meer geschleuderte goldene Becher“ verbleiben. Doch ist auch dieses Terrain bereits seit der Antike besetzt. Dies zeigt ein berühmter Text, der in seinem Mittelstück zahlreiche Distinktionen enthält. Für unseren Zusammenhang genügt es, den Anfangs- und den Schlussteil zu betrachten von D. 41, 1, 55 (*Proculus* im 2. Buch seiner Briefe):

„In einer Schlinge, die du zur Jagd gelegt hattest, hat sich ein Eber verfangen. Als er dort festhing, habe ich ihn herausgenommen und weggetragen. Nimmst du nun an, dass ich deinen Eber weggetragen habe? Und wenn du meinst, er habe dir gehört: Hättest du dann, wenn ich ihn hätte in den Wald entkommen lassen, das Eigentum verloren oder behalten? Und ich frage, welche Klage du gegen mich hättest, wenn du das Eigentum verloren hättest, ob vielleicht eine nach dem Sachverhalt gebildete Klage zu geben ist … Er [*Proculus*] hat den Bescheid erteilt: … Der entscheidende Punkt aber ist meiner Meinung nach der, dass der Eber, wenn er in meine Gewalt gekommen ist, mein Eigentum geworden ist. Wenn du aber dem Eber, der bereits mein Eigentum war, die natürliche Freiheit wiedergegeben hast und ich damit das Eigentum verloren habe[45], muss mir eine nach dem Sachverhalt gebildete Klage gegeben werden, wie ja auch entschieden wurde, als auf dem Schiff jemand den Becher eines anderen ins Meer geworfen hatte“[46].

Vielleicht geht die Entscheidung des Becher-Falles auf *Sabinus*, einen Zeitgenossen des *Proculus*, zurück. Jedenfalls hat um die Mitte des 2. Jh. n. Chr. der Jurist *Pomponius* in seinem Kommentar zu *Sabinus* in dem Fall, dass „jemand einen fremden silbernen Becher nicht in gewinnsüchtiger Absicht, sondern um Schaden zuzufügen, ins tiefe Meer schleudert“, entschieden, es sei eine auf den Sachverhalt zugeschnittene Klage zu erheben (D. 19, 5, 14, 2). Auch das Laufenlassen des gefangenen Ebers löst also ebenso wie der Becherwurf eine zivilrechtliche Haftung aus, allerdings auch bei *Proculus* nur über eine auf den Sachverhalt zugeschnittene Klage.

---

44 Möglicherweise hat dieser Fall auch das Beispiel für ein nur mit unverhältnismäßigen Aufwendungen zu behebendes Unvermögen angeregt: „*B* hat dem *A* einen Ring zu beschaffen, der etwa 100 M wert ist. Der Ring fällt in einen See mit Sandboden, Stelle unbekannt ….“ (*Heck* [o. Fußn. 20], S. 89; *Huber*, ZIP 2000, 2146 m. Fußn. 67, vgl. auch *ders.*, in: Festschr. f. F. Gaul, 1997, S. 233 f.). Hat *B* dies nicht zu vertreten, so wird er frei. Anders allerdings, wenn ihm das Glück des *Polykrates* widerfährt.

45 Vgl. § 960 II BGB sowie u. Fußn. 48.

46 Einzelheiten zum Fragment bei *Krampe*, Proculi epistulae, 1970, S. 65 ff. – Dass dies auch für das geltende Recht zutreffend sei, insbesondere zur Besitzbegründung, heben hervor *Endemann* II/1 (o. Fußn. 1), S. 186 Fußn. 6; 195 Fußn. 9; *Crome* III (o. Fußn. 1), S. 39 m. Fußn. 5; *Dernburg* III (o. Fußn. 1), S. 48 Fußn. 1; vgl. auch *Wolff/Raiser*, SachenR, 10. Aufl. (1958), S. 39 m. Fußn. 4; *Planck/Brodmann* III/1 (o. Fußn. 1), § 854 Anm. 2 (S. 40).

Begleitmusik aus der neuzeitlichen Praxis lässt sich auch hier vernehmen: In dem irischen Fall *Purcell v. Minister of Finance*[47] waren Aalreusen, die im Fergus River angebracht waren, mutwillig zerstört worden, so dass die Aale wieder entkommen konnten. Die irischen Richter ermittelten, indem sie bis auf *Blackstone* (1723-1780) zurückgingen, die „fundamental common law rule", dass ein wildes Tier nur so lange im Eigentum dessen bleibt, der es gefangen hat, wie es nicht dem Gewahrsam entkommen ist und seine natürliche Freiheit wiedererlangt hat[48], und sie konnten deshalb im Schicksal der Aale eine ersatzpflichtige „destruction" erkennen. Und es hat die Gerichte auch beschäftigt, dass eine Reisende während einer Schiffsreise dafür ursächlich wurde, dass dem Begleiter „eine wertvolle Uhr aus der Hand fiel" und im Wasser versank. Dass die Uhr, „die für den Besitzer unauffindbar auf dem Meeresgrund liegt und zu deren Bergung sich niemand gegen ein vertretbares Entgelt bereit erklärt, ... trotz möglicher Funktionsfähigkeit wirtschaftlich gesehen wertlos" ist, begründet einen „versicherungsrechtlichen Sachschaden"[49].

Nach alldem bleiben, ohne dass es weiterer Erläuterungen bedürfte, zwei Umstände zu registrieren. Erstens die Zusammenschau der beiden Fälle: das Doppelbeispiel. Es erklärt sich von den Sachkategorien her. Die römischen Juristen unterschieden zwischen den *res immobiles* (den unbeweglichen Sachen, also Liegenschaften), den *res se moventes* (den sich bewegenden Sachen) und den *res mobiles* (den beweglichen Sachen). Da bei unbeweglichen Sachen eine Entziehung „durch eine mit ihr vorgenom-[215]mene Ortsveränderung" ausscheidet[50], kommen nur die beiden anderen Kategorien in Betracht: Bei einer *res se movens* genügt es, wenn der Täter sie „laufen lässt", ohne dass er sie zu berühren bräuchte. Bei der *res mobilis* muss er sie dagegen ergreifen und bewirken, dass der Eigentümer nicht mehr an sie herankommt; hier muss er also unmittelbar auf sie einwirken[51], und die Besonderheit liegt nur darin, dass er dies tut, ohne ihre Substanz zu beeinträchtigen. Der Fall der sich bewegenden Sache ist also der an sich problematischere. Wie klar die römischen Juristen die strukturellen Zusammenhänge erkannt haben, wird daran deutlich, dass sich an der Zusammenschau von *Proculus* bis *Wessels* nichts geändert hat.

Als ein zweiter und gewichtigerer Umstand ist die auffällige Konstante zu nennen: Eine direkte Anwendung der *actio legis Aquiliae* lehnten die römischen Juristen mangels eines *damnum corpore corpori datum* ab und gewährten stattdessen eine besondere Klage, die im Ergebnis auf eine Analogie hinausläuft. Für die im Strafrecht heute herrschende Meinung bietet das eine bemerkenswerte Bestätigung: Sie muss, da es um Strafe geht, das Analogieverbot einhalten und darf daher nur in den Fällen des *damnum corpori datum*, der wirklichen durch positive äußerliche Einwirkung erfolgten Sachbeschädigung also, die Strafbarkeit bejahen; der fortgeschrittenen Entwicklung im Zivilrecht darf sie nicht folgen.

---

47 [1939] I.R. 115 (High Court and Supreme Court), dazu *Osborough*, The Irish Jurist 25-27 (1990-1992), 257 ff.

48 *Blackstone* hat die Regel aus dem römischen Recht (Gai. D. 41, 1, 3, 2 = Inst. Just. 2, 1, 12) übernommen, s. *ders.*, Commentaries on the Laws of England, ed. Portland 1807, Rd. 2, S. 391 f. („A maxim which is borrowed from the civil law").

49 *OLG Karlsruhe,* Recht u. Schaden 1996, 302.

50 Vgl. o. zu Fußn. 31.

51 Vgl. o. nach Fußn. 42.

IV. Sachenrecht

1. Besitzerwerb

Zum Erwerb des Besitzes bedarf es nach herrschender Ansicht eines Besitzbegründungswillens. Da es nur auf den natürlichen Willen ankommt, kann diesen Willen auch ein Geschäftsunfähiger haben, nicht aber ein Bewusstloser. *Fritz Baur* veranschaulicht: „Dagegen erwirbt die schöne Schläferin, der ein Verehrer einen Rosenstrauß in die Hand gibt, den Besitz erst, wenn sie sich nach dem Erwachen entschließt, den Strauß zu behalten“[52]. Etwas prosaischer wird bei *Harry Westermann* „einem Schlafenden ein Brief in die Tasche gesteckt“[53] – was die Anschlussfrage aufkommen lässt, ob damit möglicherweise die im Brief verkörperte Willenserklärung zugegangen ist (§ 130 I BGB). Vorbild ist D. 41, 2, 1, 3 (*Paulus* im 34. Buch zum Edikt):

„Ein Geisteskranker und ein Mündel können ohne förmliche Zustimmung des Vormunds keinen Besitz begründen, weil ihnen der Besitzwille fehlt, mögen sie körperlich auch noch so sehr die Sache berühren, wie zum Beispiel, wenn jemand einem Schlafenden etwas in die Hand legt. Aber das Mündel kann [jedenfalls] mit förmlicher Zustimmung des Vormunds Besitz begründen. *Ofilius* und der jüngere *Nerva* meinen freilich, ein Mündel könne auch ohne förmliche Zustimmung des Vormunds Besitz begründen. Es handele sich dabei nämlich um eine faktische, nicht um eine rechtliche Angelegenheit. Diese Ansicht kann man akzeptieren, wenn das Mündel ein Alter erreicht hat, in dem es des Vernunftgebrauchs fähig ist.“

Bewegender wäre freilich ein Beispiel aus einer wesentlich älteren Tradition: *Benjamin* war nicht Besitzer des silbernen Bechers, den, und seine Brüder nicht Besitzer des Geldes, das *Joseph* in ihre Getreidesäcke legen ließ, während sie schliefen (1. Mos. 44,1-31).

2. Eigentumsaufgabe

Zum Repertoire der Kommentierungen zu § 959 BGB gehört der Hinweis, dass das Eigentum nicht aufgegeben wird an „Sachen, die sich an Bord eines Schiffes befinden und zur Erleichterung desselben ausgeworfen werden“[54], nämlich in Seenot. Das Beispiel wird in den Digesten mehrmals angeführt und anschaulich auch in den Institutionen (Inst. 2, 1, 48):

„Anders verhält es sich mit den Sachen, die bei Unwetter auf See über Bord geworfen werden, um das Schiff leichter zu machen. Denn diese verbleiben den Eigentümern, weil man sie offensichtlich nicht in der Absicht über Bord wirft, sie nicht mehr haben zu wollen, sondern weil man zusammen mit dem Schiff besser der Seenot entkommen will. Wer darum solche Sachen,

---

52 *Baur/Stürner*, SachenR, 10. Aufl. (1992), S. 56.

53 SachenR, 4. Aufl. (1960), S. 69; ebenso 6. Aufl. (1990), hrsg. v. *Gursky* I, S. 101. Der Schulfall findet sich ferner bei *Staudinger/Bund*, BGB, 13. Aufl. (1995), § 854 Rdnr. 19; *Wieling* I (o. Fußn. 1), S. 136 (mit D. 41, 2, 1, 3) und *Endemann* II/1 (o. Fußn. 1), S. 176 Fußn. 7 („im epileptischen Traumzustand Befindlicher“).

54 S. (jeweils zu § 959) *Dernburg* III (o. Fußn. 1), S. 379; *Biermann*, BGB, 13. Aufl. (1914), Anm. 1 b; *Planck/Brodmann* III/1 (o. Fußn. 1), Anm. 1 a; *Staudinger/Gursky*, BGB, 13. Aufl. (1995), Rdnr. 3; *Quack*, in: MünchKomm-BGB, 3. Aufl. (1997), Rdnr. 5.

wenn sie von der See auf den Strand geworfen werden oder noch in offener See treiben, an sich bringt und sie in gewinnsüchtiger Absicht beiseite schafft, der begeht einen ‚Diebstahl'. Solche Sachen unterscheiden sich offenbar nicht wesentlich von den Sachen, die von einem fahrenden Wagen herabfallen, ohne dass die Eigentümer es bemerken"[55].

Auch hier haben die römischen Quellen manchen Gesetzgeber veranlasst, im Zivilgesetzbuch die Regel festzuschreiben, dass das Eigentum beim Seewurf nicht verloren geht, so etwa in Chile (Art. 624 III) und Argentinien (Art. 2528).

3. Notstand

Der Seewurf gibt, da es sich um einen Fall des Notstands handelt, Anlass, ein berühmtes anderes Beispiel anzuführen, das den Gesetzgeber zu einer Korrektur veranlasst hat. *Larenz* bringt im Anschluss an *von Tuhr* den Fall, „dass ein Haus brennt und die Flammen auf das Nachbarhaus überzugreifen drohen. Der Nachbar dürfe dann, so meint man, ohne ersatzpflichtig zu werden, gemäß § 228 das brennende Haus einreißen, um das Übergreifen der Flammen zu verhindern. Stehe aber in der Reihe zwischen dem brennenden Haus und seinem Haus ein drittes Haus, das noch nicht Feuer gefangen hat, so dürfe er dieses Haus nur unter der Voraussetzung des § 904, also wenn dessen Wert unverhältnismäßig geringer ist als der des eigenen, niederreißen und habe überdies Schadenersatz zu leisten"[56]. Das Beispiel vom Abriss des noch nicht brennenden Nachbargebäudes, das auch von vielen anderen Autoren angeführt wird[57], geht zurück auf „die berühmte Stelle"[58] D. 9, 2, 49, 1 (*Ulpian* im 9. Buch seiner Erörterungen):

„Wenn gesagt wird, die *Lex Aquilia* verfolge einen widerrechtlich zugefügten Schaden, muss das so aufgefasst werden, dass der Schaden dann als widerrechtlich angesehen wird, wenn er zugleich ein Unrecht darstellt, also nicht dann, wenn die Schadenszufügung unter übermächtigem Zwang geschah, wie *Celsus* hinsichtlich dessen schreibt, der ein Nachbarhaus abgerissen hat, um einen Brand abzuwehren; in diesem Fall schreibt er, entfällt nämlich die Klage nach der *Lex Aquilia*. Denn jener hat das Nachbarhaus in berechtigter Furcht, das Feuer werde bis zu ihm [216] gelangen, abgerissen. Und gleichgültig, ob das Feuer ihn noch erreicht hat oder ob es schon vorher gelöscht wurde, entfällt nach seiner Ansicht die Klage nach der *Lex Aquilia*[59]".

Celsus hatte die deliktische Haftung nach der *Lex Aquilia* verneint, weil es an der Widerrechtlichkeit fehle; dringende Notwendigkeit schließe die Widerrechtlichkeit aus. Damit blieb, da eine andere Anspruchsgrundlage nicht bestand, der betroffene Nachbar auf seinem Schaden sitzen. Ebenso hatte in einem vergleichbaren Fall zum

---

55 Aus D. 41, 1, 9, 8; s. auch D. 14, 2, 2, 8; D. 14, 2, 8; D. 41, 7, 7; D. 47, 2, 43, 11 – Der Begriff des Diebstahls (*furtum*) ist im römischen Recht wesentlich umfassender als im heutigen.

56 *Larenz/Wolf* (o. Fußn. 7), § 19 Rdnr. 40, S. 378 f.; *v. Tuhr* II/2, 1918 (o. Fußn. 7), S. 558.

57 Vgl. etwa noch *Planck/Knoke* I (o. Fußn. 1), § 228 Anm.1 c; *Oertmann* I (o. Fußn. 1), § 228 Anm. 2 a (S. 797); *Enneccerus/Nipperdey* (o. Fußn. 7), S. 1457 Fußn. 9; *Staudinger/Seufert*, BGB, 11. Aufl. (1956), § 904 Rdnr. 13, sowie zuletzt (mit den Quellen) *Staudinger/Seiler*, BGB, 12. Aufl. (1989), § 904 Rdnr. 10.

58 Hinweis darauf auch bei *Endemann* I (o. Fußn. 1), S. 443 Fußn. 28; *Crome* I (o. Fußn. 1), S. 537 Fußn. 18; *Hueck*, JhJb. 68 (1919), 205 pass.; *Staudinger/Seiler* (o. Fußn. 57), § 904 Rdnr. 10.

59 Näheres dazu bei *Wacke*, SavZRG 106 (1989), 498 f. – Parallelen in D. 43, 24, 7, 4 und D. 47, 9, 3, 7.

gemeinen Recht auch das *RG* entschieden (RGZ 5, 160 ff. von 1881). Die Verfasser des BGB haben dies mit Recht für unerträglich gehalten und deshalb zu dem hier interessierenden Fall des sog. aggressiven Notstands die Regelung des § 904 mit der einschränkenden Voraussetzung geschaffen, der befürchtete Schaden müsse unverhältnismäßig groß sein, und sie haben dem betroffenen Eigentümer einen „Schadensersatzanspruch" gewährt, der in Wirklichkeit ein bürgerlichrechtlicher Aufopferungsanspruch ist. Dabei wurde unter Bezugnahme auf unser Beispiel („Einreißen eines Gebäudes bei Feuersgefahr") und vergleichbare Fälle aus den Digesten klargestellt, dass der Bedrohte eine (aggressive) Notstandshandlung auch zum Schutze seines Eigentums vornehmen kann[60]. Damit wurde zugleich die Schieflage bereinigt, dass beim Seewurf den Eigentümern der aufgeopferten Güter von den übrigen Ladungsbeteiligten im Verfahren der Großen Haverei (§§ 700 ff. HGB) ein Schadensausgleich geleistet wird, für Eigentümer, deren Gut in anderen Fällen des aggressiven Notstands beschädigt oder zerstört wird, ein Schadensausgleich dagegen nicht vorgesehen ist. Unser Beispielsfall hat diesen Wandel jedoch überlebt, nur sind bei ihm jetzt engere Voraussetzungen für die Notstandshandlung und die Rechtsfolge des Ausgleichanspruchs zu beachten.

Allerdings ist mittlerweile zu § 228 die Auffassung im Vordringen begriffen, dass auch eine *mittelbar* von der beschädigten Sache ausgehende Gefahr genügen kann. Danach kann auch eine Sache, die nur das Medium bildet, welches die drohende Gefahr weiterleitet, zur Abwendung der Gefahr beschädigt oder zerstört werden, sofern der Schaden nicht außer Verhältnis zu der Gefahr steht[61], und zwar ohne dass für den betroffenen Eigentümer ein Ausgleichsanspruch entsteht. Damit stünden wir insoweit wieder bei der Lösung des *Celsus*, an der aber gerade das Fehlen eines Ausgleichsanspruchs unbefriedigend ist. Es bleibt zu erwägen, dem Eigentümer des Mediums, im Beispiel demjenigen des dazwischenliegenden Hauses, dann, wenn es im noch unbeschädigten Zustand sogar unter den erleichterten Voraussetzungen des § 228 niedergerissen werden durfte, erst recht den Ausgleichsanspruch nach § 904 S. 2 analog zuzubilligen.

4. Verwendungsersatz

Ein letztes Beispiel sei der „hüpfende Hund": Im Anschluss an *Endemann* veranschaulicht *Medicus*: „Der redliche Besitzer *B* dressiert den Hund des *E* mit hohen Kosten. Da der Hund jetzt Kunststücke auszuführen vermag, würde ein Zirkus für ihn einen hohen Preis zahlen. *E* ist aber Bauer und braucht den Hund zur Bewachung; die Kunstfertigkeit des Hundes nutzt *E* nichts." … „So mag etwa der dressierte Hund … für den Bauern, dem er gehört, als Wachhund wertlos geworden sein: Er macht vor

60 Prot. VI, 1899, S. 212 ff., 217. – Näheres dazu bei *Hatzung*, Dogmengeschichtliche Grundlagen u. Entstehung des zivilrechtlichen Notstands, 1984, S. 43 ff.

61 So im Anschluss an *RGZ* 143, 382 (387); *OGHZ* 4, 99 etwa *Erman/Hefermehl*, BGB, 9. Aufl. (1993), § 228 Rdnr. 3; *Staudinger/Werner*, BGB, 13. Aufl. (1995), § 228 Rdnr. 10; *Larenz/Wolf* (o. Fußn. 56), Rdnrn. 38-40. Vgl. auch *Hatzung* (o. Fußn. 60), S. 176 ff.

Einbrechern Männchen, statt sie zu beißen“[62]. Auch *Wieling* fragt: „Wenn der Besitzer eines Blindenhundes diesen zum Jagdhund ausbilden lässt, so liegt eine objektive Wertsteigerung vor [?]; der blinde Eigentümer aber kann davon keinen Gebrauch machen. Muss er dennoch die objektive Wertsteigerung ersetzen?“[63].

Dem liegt der in den Quellen mehrfach erörterte Fall zu Grunde, dass ein gutgläubiger Besitzer einen Sklaven hat ausbilden lassen[64]. Vorausgeschickt sei dazu, dass im römischen Recht dem Besitzer, der in der irrtümlichen Annahme, die Sache gehöre ihm, Verwendungen auf sie erbracht hatte, dadurch geholfen wurde, dass ihm die Einrede der Arglist (*exceptio doli*) gegenüber der Herausgabeklage des Eigentümers und damit praktisch ein Zurückbehaltungsrecht gewährt wurde: Man nahm an, ein Eigentümer handele arglistig, wenn er seine Sache herausverlange, ohne dem gutgläubigen Besitzer die notwendigen oder nützlichen Verwendungen zu ersetzen[65]. Dass dem Besitzer, abgesehen von Sonderfällen (etwa wenn die Voraussetzungen der Geschäftsführung ohne Auftrag gegeben waren) kein eigenständiger Anspruch wegen seiner Verwendungen zuerkannt wurde[66], erklärt sich daraus, dass das Eigentumsrecht für seinen Inhaber nur Rechte, nicht aber Verpflichtungen begründen kann. Von dieser Grundlage her ist das Konzept der §§ 994 ff., 997, 1000 ff. BGB zu verstehen. Aufschlussreich sind die verketteten Fragmente aus dem Digesten-Titel D. 6, 1 ‚Über die Vindikation‘:

D. 6, 1, 27, 5 (*Paulus* im 21. Buch zum Edikt): „Hat der Besitzer vor Prozessbegründung Aufwendungen auf die herausverlangte Sache gemacht, müssen diese kraft der Einrede der Arglist berücksichtigt werden, falls der Kläger darauf beharrt, seine Sache ohne Erstattung der Aufwendungen herauszuverlangen. Gleiches gilt auch, wenn der Besitzer … auf einem unbebauten Grundstück, das dem Kläger gehörte, infolge Irrtums ein Gebäude errichtet hat, es sei denn, der Kläger sei bereit, die Wegnahme des Gebäudes zu gestatten … Hast du aber meinen Sklavenjungen ausgebildet, als du sein Besitzer warst, kann nach Ansicht des *Proculus* nicht das gleiche gelten; weil ich meinen Sklaven nicht zu entbehren brauche und ja auch nicht der gleiche Rechtsbehelf angewendet werden kann, den wir bezüglich des Grundstücks nannten“;

D. 6, 1, 28 (*Gaius* im 7. Buch zum Provinzialedikt): „… etwa wenn du ihn zum Maler oder Bücherabschreiber hast ausbilden lassen. Wie man sagt, kann vom Richter nur dann eine Schätzung vorgenommen werden“,

D. 6, 1, 29 (*Pomponius* im 21. Buch zu *Quintus Mucius*): „… wenn du ihn verkaufen willst und wegen seiner Kunstfertigkeit einen Mehrerlös erzielen wirst“

---

62 *Medicus*, Bürgerliches Recht, 18. Aufl. (1999), Rdnrn. 879, 880 (S. 652, 654); *Endemann* II/1 (o. Fußn. 1), S. 603 Fußn. 26. Vgl. dazu auch *Jakobs*, AcP 167 (1967), 357 ff.

63 *Wieling* I (o. Fußn. 1), S. 587.

64 S. D. 6, 1, 27, 5 – D. 6, 1, 30; D. 13, 7, 25; D. 25, 1, 8. Vgl. auch *Jakobs* (o. Fußn. 62), 357, 361 Anm. 28, 362 Anm. 30.

65 Dem bösgläubigen Besitzer wurde die Einrede nur wegen werterhöhender Verwendungen zugebilligt (D. 5, 3, 38), im Übrigen war er auf das Wegnahmerecht beschränkt.

66 Auch nicht aus ungerechtfertigter Bereicherung, weil die Kondiktion ein (bereicherndes) Geschäft voraussetzte, D. 12, 6, 33.

D. 6, 1, 30 (*Gaius* im 7. Buch zum Provinzialedikt): „... oder wenn der Kläger vorher aufgefordert worden war, die Kosten zu erstatten, und die Arglisteinrede erhoben ist, weil er dies unbeachtet ließ".

Es zeigt sich also, dass die Wissenschaft vom Sklaven auf den Hund gekommen ist[67]. Warum der Hund aber weiterhin ein gutes Beispiel ist, lässt der erste Text erkennen: Anders als beim Hausbau auf fremdem Grund scheidet hier der (ohnehin wenig tröstliche) Ausweg eines Weg-[217]nahmerechts (vgl. § 997 BGB) von vornherein aus. Was schließlich die rechtliche Problematik angeht, so nimmt die heute herrschende Meinung an, der Eigentümer müsse dem gutgläubigen Besitzer Verwendungen, die objektiv gesehen nützlich sind, bis zur Höhe des gesteigerten Verkehrswertes ersetzen und zu diesem Zwecke die Sache notfalls verkaufen[68]. Demgegenüber haben die römischen Juristen und dementsprechend das gemeine Recht sich für eine objektiv-individuelle Beurteilung ausgesprochen, nach der der Richter bei der Festlegung des Verwendungsersatzes auch zu berücksichtigen hat, inwieweit die Werterhöhung für den Eigentümer nach dessen persönlichen Verhältnissen von Nutzen ist. Ein Hauptargument war, dass es ungerecht sei, wenn der Eigentümer gezwungen wäre, wegen der Höhe der Verwendungen den Sklaven zu verlieren, sei es dadurch, dass seine Herausgabeklage auf Grund der Einrede der Arglist abgewiesen werden müsste, sei es dadurch, dass er gezwungen wäre, den Sklaven zu verkaufen. In D. 13, 7, 25 (wo der Besitzer Sklaven in Kunstfertigkeiten unterwiesen hat) resümiert *Ulpian*: Der Richter hat hier also einen Mittelweg zu finden, so dass weder ein besonders empfindlicher Eigentümer noch ein allzu aufdringlicher Besitzer rechtliches Gehör finden darf.

Demgegenüber nahm man für das BGB offenbar wegen des Wortlauts des § 996 („und der Wert der Sache ... erhöht ist") schon bei dessen Inkrafttreten an, nunmehr sei der Verwendungsersatz nach einem rein objektiven Maßstab zu berechnen[69]. Doch ist zumindest sehr zweifelhaft, ob dies wirklich die Absicht der Gesetzesverfasser war. Die 1. Kommission hatte darauf abgestellt, ob der Eigentümer durch die Zurückerlangung der Sache aus dem Vermögen des Besitzers bereichert sei (§ 936 E I), und die Bereicherung unter Berücksichtigung „der individuellen gesamten Vermögenslage" des Eigentümers bestimmen wollen. Es ist nicht erkennbar, dass die 2. Kommission diesen Ansatzpunkt verlassen wollte, als sie die (von der Kommission des Reichsjustizamtes) veränderte Formulierung übernahm, nach der der Wert der Sache infolge der nützlichen Verwendung erhöht sein muss[70]. Es zeigt sich hier übrigens ein Umstand, der häufiger zu beobachten ist: Zu Kontroversen bei der Auslegung des BGB ist es insbesondere dort gekommen, wo der Gesetzgeber sich wirklich oder vermeintlich vom gemeinen Recht abgewandt hat.

---

67 Die sprichwörtliche Redensart erklärt sich daher, dass man in früherer Zeit zur Abschreckung von Dieben oft bissige Hunde auf den Boden von Geldtruhen malte, s. *Röhrich*, Lexikon der sprichwörtlichen Redensarten III, 2. Aufl. (1995), S. 756.

68 S. *Staudinger/Gursky*, BGB, 13. Aufl. (1993), § 996 Rdnrn. 4-7 m. w. Nachw.

69 So etwa *Endemann* II/1 (o. Fußn. 1), S. 603; *Crome* III (o. Fußn. 1), S. 418 u. Fußn. 35; *Biermann* (o. Fußn. 54), § 996 Anm. 1.

70 S. dazu *Jakobs* (o. Fußn. 64), AcP 167 (1967), 357 ff.; *Wieling* I (o. Fußn. 1), S. 587 ff., beide mit den Materialien, dazu *Jakobs/Schubert* (o. Fußn. 6), SachenR I, 1985, S. 811 ff. (813), 89 ff., 822 f.

V. Schlussbemerkung

Die 2. Tetralogie des Rhetors *Antiphon von Ramnos* (um 480-411 v. Chr.) hat den „Speerwerfer-Fall" zum Gegenstand: Während mehrere Jünglinge im Stadion den Speerwurf üben, läuft unversehens ein Knabe auf die Bahn, um Speere aufzusammeln. Er wird von einem Speer tödlich getroffen. Gut 600 Jahre später wird der Fall von *Ulpian* im 18. Buch seines Ediktskommentars erörtert (D. 9, 2, 9, 4). Weitere 300 Jahre später spielt das Geschehen in *Justinians* Institutionen (Inst. 4, 3, 4) auf dem Exerzierplatz, wo Soldaten mit Wurfspießen üben. Nach weiteren 1000 Jahren geht es (in erkennbarer Anknüpfung an *Ulpian*) in Art. 172 der Bambergischen Halsgerichtsordnung von 1507 und in Art. 146 der Peinlichen Gerichtsordnung Kaiser *Karls V.* von 1532 darum, dass jemand zur Unzeit einem Armbrustschützen „an einer Zielstatt … unter den Schuss läuft". 500 Jahre später sieht das Lettische Zivilgesetzbuch von 1937 einen Haftungsausschluss gegenüber demjenigen vor, der „sich während militärischer Schießübungen an dem Schießplatz befunden hat, sofern das Militär die für diese Fälle herausgegebenen Spezialverordnungen befolgt hat" (Art. 1777). Der heute leider alltägliche Fall ist nicht, dass jemand einem Speerwerfer in die Wurf- oder einem Schützen in die Schussbahn läuft, sondern der, dass er einem Autofahrer in die Fahrbahn läuft. Die Frage, ob dann die Gefährdungshaftung des Fahrzeughalters (oder die Verschuldenshaftung des Fahrers) ausgeschlossen ist, entscheiden wir nach den Kriterien des § 7 II (oder § 18 I 2) StVG, und damit nach Kriterien, deren Wesentlichkeit schon *Antiphon* erkannt hatte[71].

Es zeigt sich sehr oft, dass sich zwar die tatsächlichen Verhältnisse ändern, das juristische Problem aber das gleiche bleibt[72]. Dem entspricht es, dass von der Wissenschaft auch die Beispiele, die sich bei der Bewältigung eines Problems bewährt haben, den veränderten Verhältnissen mehr oder weniger erfolgreich angepasst werden. Dadurch werden sie „merkwürdig" – merkwürdig allerdings zugleich im alten Sinne von „(be-)merkenswert". – Wie sich ergab, sind einige unserer Beispiele andernorts in die Zivilgesetzbücher aufgenommen worden. Die Verfasser des BGB waren demgegenüber (insbesondere auch im Hinblick auf das überaus detailfreudige Preußische Allg. Landrecht von 1794) bestrebt, jegliche Kasuistik – und damit erst recht Beispiele – zu vermeiden[73]. Man mag darüber streiten, ob ein solches Prinzip – zumal bei rigoroser Anwendung – angemessen ist; denn oft zeigt sich, dass Beispiele die wahre Bedeutung und den Geist einer Vorschrift ans Licht bringen[74]. Jedenfalls hat dieses Bestreben der Gesetzesverfasser dazu geführt, dass überaus viel an Kasuistik

71 Näheres dazu in einer demnächst erscheinenden Festschrift. – Zum Kegeljungen, der auf der Kegelbahn getroffen wird, s. *RG*, Das Recht 1914 Nr. 1836.

72 Vgl. auch D. 1, 14, 3 (o. Fußn. 4): Aus dem Putativ-Prätor wurde nach 1563 (Tridentiner Konzil) der Putativ-Pfarrer, seit dem Kulturkampf der Putativ-Standesbeamte, seit dem ReichsbeamtenG v. 1937 (§ 34) der Putativ-Beamte etc.

73 Zu den Richtlinien, die die Verfasser des BGB bei ihrer Arbeit befolgt haben, s. *Jakobs*, Wissenschaft und Gesetzgebung im bürgerlichen Recht, 1983, S. 136 ff., 145 ff. – Eine der wenigen Ausnahmen ist § 98 Nr. 1 BGB.

74 *Montt* in der Regierungsbotschaft zum chilenischen Código civil v. 1855 (Ausgabe 1981, S. 29): „Los ejemplos ponen a la vista el verdadero sentido y espíritu de una ley en sus aplicaciones".

und Beispielen aus dem früheren Recht in die Interpretation des BGB eingeflossen ist[75]. Vermittelt wurde dieser Einfluss durch die großen Lehrwerke aus dem frühen 19. Jh., also die mehrbändigen Lehrbücher, vor allem von *Dernburg*, *Endemann*, *Enneccerus* und *Crome*, und die Kommentare, insbesondere von *Planck*, *Oertmann* und *Staudinger*[76], sowie durch die Judikatur des *RG*, das weitgehend am früheren Recht mit der Begründung festgehalten hat, das BGB lasse eine grundsätzliche Änderung des bisherigen Rechts nicht erkennen[77]. Das hat wesentlich dazu beigetragen, dass den deutschen Juristen über die (ja weithin dem gemeinen Recht entsprechenden) Regelungen des BGB hinaus manches von dem Rechtswissen aus der gemeinsamen europäischen Tradition bekannt geblieben ist, mögen sie sich dessen auch längst nicht mehr bewusst sein.

75 Vgl. *Knütel*, in: *Ludwig* (Hrsg.), Die Antike in der europäischen Gegenwart, 1993, S. 62 ff.

76 Vgl. die Nachw. o. Fußn. 1. Von wesentlicher Bedeutung war auch die ausgezeichnete vergleichende Darstellung des neuen Rechts von *Th. Kipp* in *Windscheids* Lehrb. d. PandektenR (8. Aufl. [1900]; 9. Aufl. [1906]). Auch *v. Tuhrs* Allg. Teil ist zu nennen (o. Fußn. 7), aus neuerer Zeit *Flumes* Allg. Teil (o. Fußn. 7) und *Wielings* SachenR (o. Fußn. 1).

77 Vgl. etwa *RGZ* 57, 392 (395) (von 1904) und (zum Recht am eingerichteten und ausgeübten Gewerbebetrieb) *RGZ* 58, 24 (29 f.) (von 1904) unter Bezugnahme auf *RGZ* 28, 238 (247 ff.) (von 1890, Sächsisches Recht). Ausdrückliche Anknüpfung an D. 21, 3, 3 pr. noch in *RGZ* 105, 19 (24) (von 1922).

Zu den Gleichnissen des Art. 146 der Peinlichen Gerichtsordnung Kaiser Karls V.*

ROLF KNÜTEL

I. Reversio ad propositum

Vor einigen Jahren erörterte der verehrte Jubilar in einem Rigorosum, in dem wir gemeinsam prüften, mit den Kandidaten den Art. 146 der Peinlichen Gerichtsordnung Kaiser Karls V., der Constitutio Criminalis Carolina v. 1532 (CCC)[1]. Er erweckte damit das besondere Interesse des Romanisten, denn die beiden dort angeführten „Gleichnisse" vom Balbierer, der beim Bartscheren „die Gurgel wider seinen Willen abschneidet", und vom Schützen, der „zu dem gewöhnlich Blatt schießt, und es läuft ihm einer unter den Schuß", zählen zu den berühmten Fällen aus Justinians Digesten. Der Anlaß verlockt dazu, dem Septuagenarius eine Fortsetzung des damaligen Gesprächs anzubieten.

II. Die römische Überlieferung

1. Die Quellen D. 9,2,9,4; D. 9,2,11 pr.

Die beiden Gleichnisse sind zwei Fragmenten entnommen, die sich, getrennt nur durch einen kurzen Paulus Auszug, im Sachtitel zur *Lex Aquilia* von 286 v. Chr. finden, einer Vorläuferin unseres § 823 Abs. 1 BGB. Beide Fragmente entstammen dem Ediktskommentar des 223 n. Chr. bei einem Prätorianeraufstand umgekommenen Juristen Ulpian.

D. 9,2,9,4	*Ulpian im 18. Buch zum Edikt*
Sed si per lusum iaculantibus servus fuerit occisus, Aquiliae locus est: sed si cum alii in campo iacularentur, servus	Wurde aber ein Sklave dadurch getötet, daß Leute während eines Spieles Speere warfen, so kommt die *Lex Aquilia* zur Anwendung. Wenn aber Sportler auf einem Sportplatz Speere

* F. Dorn/J. Schröder (Hrsg.), Festschrift für Gerd Kleinheyer zum 70. Geburtstag, C.F. Müller, Heidelberg 2001, 353 – 370.

1 Text unten V.

per eum locum transierit, Aquilia cessat, quia non debuit per campum iaculatorium iter intempestive facere. qui tamen data opera in eum iaculatus est, utique Aquilia tenebitur:

warfen und der Sklave gerade über dieses Gelände ging, entfällt die *Lex Aquilia*, weil er nicht zur Unzeit ein dem Speerwerfen dienendes Gelände hätte überqueren dürfen. Wer jedoch absichtlich mit dem Speer auf ihn geworfen hat, haftet auf jeden Fall nach der *Lex Aquilia*;

D. 9,2,10
nam lusus quoque noxius in culpa est.

Paulus im 22. Buch zum Edikt
denn auch gefährliches Spiel begründet Verschulden.

D. 9,2,11 pr.
Item Mela scribit, si, cum pila quidam luderent, vehementius quis pila percussa in tonsoris manus eam deiecerit et sic servi, quem tonsor radebat, gula sit praecisa adiecto cultello: in quocumque eorum culpa sit, eum lege Aquilia teneri. Proculus in tonsore esse culpam: et sane si ibi tondebat, ubi ex consuetudine ludebatur vel ubi transitus frequens erat, est quod ei imputetur: quamvis nec illud male dicatur, si in loco periculoso sellam habenti tonsori se quis commiserit, ipsum de se queri debere.

Ulpian im 18. Buch zum Edikt
Ebenso schreibt Mela: Als einige Ball spielten und dabei einer den Ball mit Wucht auf die Hände eines Barbiers schleuderte und dadurch die eine Hand nach unten drückte, wurde die Kehle eines Sklaven, den der Barbier gerade rasierte, von dem angesetzten Rasiermesser durchschnitten: Derjenige von den Beteiligten hafte nach der *Lex Aquilia*, den Verschulden treffe. Proculus meint, den Barbier treffe Verschulden. Und in der Tat, wenn er dort rasierte, wo man gewöhnlich spielte oder lebhafter Verkehr herrschte, gibt es etwas, was ihm vorgeworfen werden kann. Doch könnte man nicht zu Unrecht auch folgende Meinung vertreten: Vertraut sich jemand einem Barbier an, der seinen Sessel auf einem gefährlichen Platz aufgestellt hat, so muß er sich bei sich selbst beklagen[2].

2 Übersetzungen nach *Behrends/Knütel/Kupisch/Seiler* (Bearb.: *P. Apathy*), Corpus Iuris Civilis. Text und Übersetzung, Bd. 2 (Digesten 1-10), 1995, S. 738 f.

2. Der Barbier-Fall

Zwar ist das Unglück im Barbier-Fall sehr ungewöhnlich; die allgemeinen Umstände sind es jedoch nicht. Nur bessere Barbiere betrieben in der Antike ihr Gewerbe in Stuben oder sogar eleganten Salons, die einfacheren, von denen sich die weniger Vornehmen rasieren oder frisieren ließen, stellten ihre Stühle im Freien auf. Im Vorderen wie im Fernen Orient ist das auch heute noch zu sehen. Daß für die Aufstellung belebte Straßen, Plätze oder auch Spielplätze bevorzugt waren, liegt auf der Hand, fanden die Barbiere doch mehr Beachtung und gleichzeitig die Kunden eine gewisse Unterhaltung beim Zuschauen, sei es während der Rasur, sei es beim Warten[3].

Wie die *pila*, ein kleiner mit Haaren gestopfter und mit farbigen Lappen benähter Stoffball[4], auf den Handrücken des Barbiers geriet, ist nicht sicher. Vermutlich wurde der Ball mit einem Stock geschlagen[5], vielleicht aber auch nur mit der Hand[6].

Wie Fabius Mela, ein unter Augustus wirkender Jurist, seinen Fall entschieden hat, wird leider nicht mitgeteilt. Immerhin hat er die Weichen für die Lösung gestellt: Es hafte nach der *Lex Aquilia* (die in ihrem 1. Kapitel im Fall der widerrechtlichen Tötung eines fremden Sklaven oder Haustieres eine Schadensersatzpflicht statuiert), derjenige, bei dem die Schuld liege. Wahrscheinlich machte Mela dazu nähere Ausführungen; doch hat entweder schon Ulpian davon abgesehen, davon zu berichten, oder die Kompilatoren haben einen solchen Bericht aus Ulpians Text gestrichen.

Daß Mela demjenigen, der den Ball schlug, die Schuld gegeben hat – was als eine erste Lösung des Falles in Betracht kommt[7] –, ist wenig glaubhaft. Aus dem Umstand, daß der Schlag *vehementius*, also „ziemlich heftig" oder auch „allzu heftig" erfolgt war, läßt sich Hinreichendes nicht ableiten. Wenn überhaupt, dann hätte Mela, da der Ballspieler nur eine mittelbare Ursache für den Tod gesetzt hatte, nach der damaligen Praxis der Juristen eine auf den Sachverhalt abgestellte Klage (*actio in factum*) nach der *Lex Aquilia* befürworten müssen; doch zieht er nur die direkte Klage gegen den Schuldigen in Betracht. Überdies

---

3 Vgl. *Chr. Wollschläger*, Das eigene Verschulden des Verletzten im röm. Recht, SZ 93 (1976), S. 113; *A. Wacke*, Unfälle bei Sport und Spiel im röm. u. gelt. Recht, in: Stadion, Bd. 3 (1978/79), S. 13.

4 *J. Marquardt*, Das Privatleben der Römer, Bd. 2, 2. Aufl. 1886, Nachdr. 1975, S. 841 ff.

5 Die *pila percussa* ist genaugenommen der „geschlagene Ball", s. *Wacke* (o. A. 3), S. 13 f. m.w.N.

6 So *Wollschläger* (o. A. 3), S. 132.

7 Dafür *A. Watson*, The Law of Obligations in the Later Roman Republic, 1965, S. 242 Fn. 4; S. *Schipani*, Responsabilità ex lege Aquilia. Criteri di imputazione e problema della culpa, Turin 1969, S. 329 ff., 332 Fn. 31. – Daß Mela die Haftung des Ballspielers erörtert hat, dürfte allerdings sicher sein, vgl. *W. Kunkel*, Exegetische Studien zur aquilischen Haftung, SZ 49 (1929), S. 177 f.

läßt sich dem *item*, mit dem Ulpian den Bericht des Falles einleitet, entnehmen, daß es um denselben Grundgedanken wie im zuvor erörterten Speerwerfer-Fall geht: Die sportliche Betätigung auf einem Sportplatz begründet – abgesehen von vorsätzlichen Schädigungen – keinen Verschuldensvorwurf, und zwar auch dann nicht, wenn jemand im Eifer des Gefechts oder bei dem Versuch, die eigene Kraft zu messen, einen Dritten verletzt hat.

Da Ulpian für die zweite mögliche Lösung, nach der das Verschulden beim Barbier liegt, als Gewährsmann Proculus anführt, also einen um eine knappe Generation jüngeren Juristen als Mela[8], ist anzunehmen, daß Mela eine Entscheidung in diesem Sinne nicht befürwortet hatte[9]. Trifft dies zu, so ist es nicht unwahrscheinlich, daß Mela sich bereits für die dritte Lösung ausgesprochen hat, die Ulpian im Schlußstück des Fragments anführt, zumal ohne einen anderen Juristen als den Vater dieser Lösung zu benennen. Nach dieser dritten Lösung ist der zwischen bewußter Selbstgefährdung und Mitverschulden schillernde Gedanke des *de se queri debere* entscheidend: Der Sklave hätte sich nicht in der Gefahrenzone rasieren lassen dürfen.

In jüngerer Zeit hat die Ansicht die Oberhand gewonnen, daß entgegen der herrschenden Auffassung im Gemeinen Recht die römischen Juristen kein Prinzip der *culpa*-Kompensation gekannt haben, wonach ein mitwirkendes Verschulden des Verletzten die Haftung des Täters ausgeschlossen hätte[10]. Nicht römisch ist auch der heute maßgebliche Gedanke, den Schaden zwischen Schädiger und Geschädigtem aufgrund einer Abwägung ihrer Verursachungs- und Verschuldensbeiträge aufzuteilen, wie das in § 254 BGB Gesetz geworden ist; dieses Konzept geht vielmehr auf die Aufklärungsphilosophie Christian Wolffs zurück[11].

Die dritte Lösung des Barbier-Falles geht also dahin, daß der Eigentümer sich die Selbstgefährdung seines Sklaven zurechnen lassen muß und infolgedessen keinen Ersatz erhält. Eine vergleichbare Regelung enthält § 846 BGB, der für den Fall, daß der Getötete die Entstehung des Schadens mitverschuldet hat, im Hinblick auf den Ersatzanspruch der Hinterbliebenen den § 254 für anwendbar erklärt.

---

8 Proculus, der 33 n.Chr. Schulhaupt der nach ihm benannten Rechtsschule der Prokulianer wurde, könnte zwischen 20 und 10 v.Chr. geboren sein, s. *W. Kunkel*, Herkunft und soziale Stellung der röm. Juristen, 2. Aufl. 1967, S. 125 f.

9 Vgl. auch *P. Krüger*, Geschichte der Quellen und Litteratur des Röm. Rechts, 2. Aufl. 1912, S. 160 m. Fn. 49 (Proculus berichtigt Mela).

10 Siehe insbesondere *Th. Mayer-Maly*, De se queri debere, officia erga se und Verschulden gegen sich selbst, Fschr. Kaser, 1976, S. 249; *Wollschläger* (o. A. 3), S. 133 f., 136 f. – Dies gilt ungeachtet der Regel von D. 50,17,203: *Quod quis ex culpa sua damnum sentit, non intellegitur damnum sentire.*

11 *P. Aumann*, Das mitwirkende Verschulden in der neueren juristischen Dogmengeschichte, Diss. Hamburg 1964, S. 42 ff.; *K. Luig*, Überwiegendes Mitverschulden, Ius commune 2 (1969), S. 231; *Wollschläger* (o. A. 3), S. 115.

Ulpian hält diese dritte Entscheidung für „nicht schlecht" (*nec male dicatur*); im Grundsatz folgt er jedoch der zweiten, also der Ansicht des Proculus[12], die das für den Fall entscheidende zurechenbare Verschulden darin sieht, daß der Barbier an einem Platz rasierte, wo man gewöhnlich spielt oder wo lebhafter Verkehr herrscht. Diese Lösung hat etwas unmittelbar Einleuchtendes, zumal da gerade aufgrund des Umstandes, daß der Barbier seinen Stuhl dort aufgestellt hat, wo es möglicherweise gefährlich werden kann, Kunden gewöhnlich vertrauensvoll den Schluß ziehen, es werde schon nichts passieren, weil andernfalls der Barbier dort seine Dienste nicht anbieten würde. Wie sich zeigen wird, hat auch Johann von Schwarzenberg diese zweite Lösung als die beste angesehen.

3. Der Speerwerfer-Fall

Nicht ganz so ungewöhnlich erscheint das Geschehen im Speerwerfer-Fall (D. 9,2,9,4). Daß der Sklave zu Tode kam, wird umso eher begreiflich, wenn man berücksichtigt, daß in der Antike beim Speerwurf eine erheblich größere Wucht und Weite erzielt werden konnte als heute, weil man sich einer um den Speerschaft gewickelten Lederschlinge bediente, die die Wurfkraft des Armes verstärkte und durch die der Speer in eine rotierende Längsbewegung versetzt wurde[13]. Die juristische Bewältigung des Falles ist, da vernünftigerweise nur das Verhalten von zwei Personen in Betracht kommt, einfacher als im Barbier-Fall. Sie wird durch zwei Unterscheidungen erreicht, zunächst nach dem Unfallort: Haben die Spieler an einem von der Allgemeinheit benutzten Ort geübt oder ihren Wettkampf ausgetragen, so haftet der Werfer nach der *Lex Aquilia* (Kap. 1) aufgrund seines Verschuldens; denn – wie Paulus es auf den Punkt gebracht hat, dessen Begründung die Kompilatoren deshalb eingeflochten haben – schon das gefährliche Spiel (am falschen Ort) begründet das Verschulden. Anders verhält es sich, wenn der Wettkampf auf einem Sportplatz stattfindet, also einem für jedermann erkennbar für Wurfübungen und Wettkämpfe be-

12 Vgl. *Schipani* (o. A. 7), S. 420 ff. (der die 3. Lösung für interpoliert hält). Die Annahme, Ulpian habe sich letztlich der dritten Lösung angeschlossen (so *Aumann* [o. A. 11], S. 6 f. m. Fn. 1; *U. v. Lübtow*, Untersuchungen zur lex Aquilia de damno iniuria dato, 1971, S. 107 [mit entsprechender Interpolationsbehauptung]; *Wacke* [o. A. 3], S. 14), müßte voraussetzen, er habe es bei Barbieren für eine sozialadäquate Gefährdung gehalten, daß sie (aus den o. bei A. 3 genannten Gründen) ihre Stühle an gefährlichen Plätzen aufstellten. Das paßt aber nicht zu der nachdrücklichen Zustimmung, die Ulpian gegenüber der Ansicht des Proculus äußert (*et sane est ... quod ei imputetur*). – Die Annahme, Ulpians Stellungnahme sei aus dem Text nicht zu rekonstruieren (so *Kunkel* [o. A. 7], S. 177; *Luig* [o. A. 11], S. 194), beruht auf der zu weit gehenden interpolationskritischen Vermutung, der Text sei „verstümmelt". Sehr weitgehende Interpolationsannahmen auch bei *F. Schulz*, Prinzipien des röm. Rechts, 1934, S. 41 f. m. Fn. 86 und *v. Lübtow*, S. 106 f. – Mit Kürzungen ist freilich zu rechnen.

13 *Wacke* (o. A. 3), S. 9 m.w.N.

stimmten Gelände. Hier ist, sobald Übungen stattfinden, die Gefahr evident, und es ist für jedermann ein Gebot eigenen Interesses, ihr aus dem Weg zu gehen.

Innerhalb dieser zweiten Möglichkeit wird dann nochmals unterschieden: Auch auf dem Sportplatz ist eine Haftung nach der *Lex Aquilia* jedenfalls dann gegeben, wenn jemand den Speer absichtlich (*data opera*) auf den das Gelände überquerenden Sklaven geworfen hat. Denn die Selbstgefährdung kann gegenüber vorsätzlichem Handeln nicht ins Gewicht fallen[14]. *Data opera* ist in diesem Zusammenhang nicht eng zu verstehen; außer dem *dolus eventualis* waren vermutlich auch die Fälle der bewußten Fahrlässigkeit (*luxuria*) erfaßt, etwa wenn ein Spieler im Scherz nach dem Sklaven geworfen hat, nur um ihn zu erschrecken[15].

4. Inst. 4,3,4

Leicht verändert ist der Speerwerfer-Fall auch in Justinians Institutionen von 533 n.Chr. übernommen worden. Aus Ulpians spielerisch ihre Kraft messenden Sportlern sind dort Soldaten geworden und es wird danach unterschieden, ob sich der Unfall auf dem Übungsplatz oder an einem anderen Ort ereignet hat.

Inst. 4,3,3

Ac ne is quidem hac lege tenetur, qui casu occidit, si modo culpa eius nulla invenitur: nam alioquin non minus ex dolo quam ex culpa quisque hac lege tenetur.	Und es haftet nach diesem Gesetz auch nicht, wer zufällig tötet, vorausgesetzt nur, daß sich bei ihm keinerlei Verschulden findet. Im übrigen haftet man nach diesem Gesetz für Vorsatz ebenso wie für Fahrlässigkeit.

Inst. 4,3,4

Itaque si quis, dum iaculis ludit vel exercitatur, transeuntem servum tuum traiecerit, dinstinguitur. nam si id a milite quidem in campo eoque, ubi solitum est exercitari, admissum est, nulla	Deshalb wird, wenn jemand, der mit Wurfspießen spielt oder übt, deinen gerade vorbeigehenden Sklaven durchbohrt, unterschieden: Hat das nämlich ein Soldat auf dem Exerzierplatz getan oder dort, wo gewöhnlich

14 So wird auch zu § 254 BGB angenommen, daß bei Vorsatz des Schädigers ein fahrlässiges Mitverschulden des Geschädigten in der Regel außer Betracht bleibt, s. etwa BGHZ 98, 148, 158 f.; BGH NJW 1980, 1518, 1519; 1992, 310, 311. – Dementsprechend wurde auch im gemeinen Recht die sog. *culpa*-Kompensation bei *dolus* des Täters verneint, s. *Windscheid/Kipp*, Lehrbuch des Pandektenrechts, Bd. 2, 9. Aufl. 1906, S. 64 f. (unter Hinweis auf D.9,2,9,4 [*utique*] und D. 19,1,45,1 a.E.), vgl. *P. Oertmann*, BGB, 5. Aufl. 1928, § 254 Anm. 2 b α (S. 82). Vgl. auch u. A. 60.

15 *Wacke* (o. A. 3), S. 10.

culpa eius intellegitur: si alius tale quid admisit, culpae reus est. idem iuris est de milite, si is in alio loco, quam qui exercitandis militibus destinatus est, id admisit.	geübt wird, so wird bei ihm kein Verschulden angenommen. Hat ein anderer so etwas getan, dann ist er wegen Verschuldens verantwortlich. Dasselbe gilt für den Soldaten, der dies an einem anderen als an dem für die Ausbildung von Soldaten bestimmten Ort begangen hat[16].

Bei alldem bleibt zu beachten, daß es sich jeweils darum handelt, ob wegen fahrlässiger Tötung eines fremden Sklaven (oder Haustieres) die Deliktsbuße nach dem 1. Kapitel der *Lex Aquilia* verlangt werden kann. Es geht also um eine zivilrechtliche Sanktion. Dagegen war eine strafrechtliche Verantwortlichkeit im Falle der nur fahrlässigen Tötung eines freien Menschen nicht gegeben[17]. In C. 9,16,1 pr. (von 215 n.Chr.) ordnet Caracalla in einem Falle, in dem ein Soldat fahrlässig den Tod eines anderen verursacht hatte, (nur) eine disziplinarrechtliche Ahndung an und hebt sodann hervor (§ 1): „Ein Verbrechen ist nämlich nur dann begangen, wenn auch die verbrecherische Absicht gegeben ist. Dagegen ist das, was mehr durch unvorhergesehenen Zufall als durch Vorsatz geschieht, in aller Regel dem Schicksal, nicht aber einem [Menschen als] Vergehen anzulasten“[18].

III. Die griechische Überlieferung

1. Plutarch, Perikles 36

Der Speerwerfer-Fall hat allerdings eine noch ältere Tradition. Plutarch überliefert, Perikles (um 490–429 v.Chr.) habe, als ein Fünfkämpfer unabsichtlich den Epitimos von Pharsalos mit dem Speer getroffen und getötet habe, einen ganzen Tag darauf verwendet, mit Protagoras (um 485–415 v.Chr.) die Frage zu erörtern, wer bei diesem Unglück nach strenger rechtlicher Beurteilung als der Schuldige angesehen werden müsse, der Speer oder eher derjenige, der ihn geschleudert hat oder die Kampfrichter[19]. Die Einbeziehung des Speeres in diese Diskussion wird vor dem Hintergrund begreiflich, daß es in Athen am Prytaneion ein Mordgericht gab, das in Fällen der Tötung durch ein Tier oder durch eine Sache und vielleicht auch dann zuständig war, wenn der Täter unbe-

16 Übersetzungen nach *Behrends/Knütel/Kupisch/Seiler* (o. A. 2), Bd. 1 (Institutionen), 2. Aufl. 1997, S. 218 f. – Zum Verhältnis zu D. 9,2,9,4 vgl. *Schipani* (o. A. 7), S. 454 f.

17 *Th. Mommsen*, Röm. Strafrecht, 1899, Neudr. 1955, S. 839.

18 C. 9,16,1,1: *Crimen enim contrahitur, si et voluntas nocendi intercedat. ceterum ea, quae ex improviso casu potius quam fraude accidunt, fato plerumque, non noxae imputantur.*

19 Plutarch, Vitae parallelae, Perikles 36.

kannt war. Dieses Gericht ist im Laufe der Zeit vermutlich verwendet worden, um in Fällen einer „willenlosen", also unvorsätzlichen Tötung den Erfolg von der handelnden Person auf das Werkzeug „abzulenken"; „die ‚fahrlässige' Tötung erscheint in Griechenland zuerst im Gewande der Verursachung durch ein Werkzeug"[20]. Dem Speer hätte also der Prozeß gemacht werden können, und im Falle der Verurteilung hätte er aus Attika weggeschafft werden müssen[21].

2. Antiphon, 2. Tetralogie

Von den Argumenten und dem Ergebnis der Diskussion zwischen Perikles und Protagoras teilt Plutarch leider nichts mit. Die Problematik wird jedoch auch von Antiphon von Ramnos (um 480–411 v.Chr.) in der 2. Tetralogie behandelt[22]. In den dort abwechselnd vorgetragenen zwei Anklage- und zwei Verteidigungsreden werden die leitenden Gedanken klar herausgearbeitet. Während es in der ersten Tetralogie um die absichtliche Tötung (*adikia*) geht, handelt die zweite von der unbeabsichtigten (*hamartia*) und die dritte von der durch unglücklichen Zufall eingetretenen (*atychia*). Die Parallele zur römischen Dreiteilung von *dolus, culpa* und *casus* drängt sich auf[23].

In der 2. Tetralogie geht es um den folgenden Sachverhalt[24]. Während mehrere Jünglinge im Gymnasion den Speerwurf üben, läuft ein Knabe, der die Speere aufsammeln soll, im falschen Augenblick auf den Platz und wird von einem Speer tödlich getroffen. Der Jüngling, der geworfen hatte, wird von dem Vater des Getöteten vor den Epheten beim Palladion wegen unbeabsichtigter Tötung verklagt. Die Strafe wäre eine Verbannung auf Zeit. Um ihr zu entgehen, mußte argumentiert werden, der Angeklagte sei überhaupt nicht Täter.

Der Ankläger trägt zunächst nur die Fakten vor und verlangt Gerechtigkeit. Die Kürze der Anklage soll den Eindruck vermitteln, die Rechtslage sei so klar, daß eine Verteidigung von vornherein überflüssig sei. Der Speerwerfer wird von seinem Vater verteidigt. Dieser bestreitet die Fakten nicht, macht aber geltend, sein Sohn habe zwar den Speer geworfen, um zu üben; aber er habe kei-

20 S. *Condanari-Michler*, Über Schuld und Schaden in der Antike, Scritti in onore di C. Ferrini, Bd. 3, Mailand 1948, S. 48.

21 *D. Nörr*, Causa mortis, 1986, S. 68. Vgl. auch *D.M. MacDowell*, Athenian Homicide Law, Manchester 1963, Repr. 1966, S. 74, 85 ff.

22 Die umstrittene Frage, ob und inwieweit Antiphon Verfasser der Tetralogien ist, bleibt hier außer Betracht, vgl. dazu etwa *M. Gagarin*, Antiphon. The Speeches, Cambridge 1997, S. 7 ff.

23 *Condanari-Michler* (o. A. 20), S. 55.

24 Ausgabe *Fr. Blass/Th. Thalheim*, Antiphon. Orationes et fragmenta, ed. stereotypa, 1966, S. 28 ff.; *Gagarin* (o. A. 22), S. 54 ff., 144 ff. Weiteres dazu bei *A. Pernice*, Parerga, SZ 17 (1896), S. 241 f.; *R. Maschke*, Die Willenslehre im griech. Recht, 1926, S. 73-78; *Condanari-Michler* (o. A. 20), S. 55 ff.; *Wollschläger* (o. A. 3), S. 128 f. m.w.N.; *D. Daube*, Roman Law, Edinburgh 1969, S. 168 ff.

nen Fehler gemacht und auch nicht getötet. Er würde sich schuldig gemacht haben, wenn er den Speer über die Abgrenzung hinaus geworfen und dann den Knaben getroffen hätte. Da er dies aber gerade nicht getan, vielmehr vollkommen regelgerecht geworfen habe, sei er unschuldig. Es sei der Knabe gewesen, der einen Fehler gemacht habe. Indem er in die Bahn des richtig geworfenen Speers gelaufen sei, habe er den Speer daran gehindert, sein Ziel zu erreichen, und sich damit selbst getötet.

Die Anklage appelliert daraufhin an das Mitleid mit dem Opfer, hebt die Notwendigkeit der Sühne für die Tat hervor und setzt der hypothetischen Argumentation der Verteidigung ihrerseits die Ableitung entgegen, der Jüngling würde unschuldig sein, wenn er überhaupt nicht geworfen hätte; da er aber geworfen habe, sei er schuldig. Zudem entrüstet sie sich über die Annahme, der Knabe habe sich selbst getötet, dreht dann aber auch dieses Argument um, indem sie hervorhebt, wenn der Knabe einen Fehler gemacht habe, so sei er durch seinen Tod gestraft, dann aber dürfe auch der Speerwerfer, der ja unbestreitbar seinen Anteil am Tode des Knaben hatte, nicht straflos ausgehen. Ferner hebt die Verteidigung hervor, der Speerwerfer habe zwar keine Tötungsabsicht gehabt; man könne aber immer noch eher sagen, diese Absicht habe bestanden, als daß man etwa behaupten könnte, der Jüngling habe weder geworfen noch getötet. Mit dem letztgenannten Argument leitet Antiphon die folgenreiche Erörterung ein, ob nicht doch ein Unterschied zwischen dem Werfen und dem Töten besteht. Das wäre der Fall, wenn der Wurf ein Zufall wäre, und Antiphon läßt den Kläger deshalb auf die *atychia* eingehen. Hierbei trennt er den durch göttliche Fügung bewirkten Zufall (der Strafe für eine Sünde sein kann) von dem durch menschliches Versehen herbeigeführten, welcher demjenigen zuzurechnen sei, dem das Versehen unterlaufen ist.

Die 2. Verteidigungsrede knüpft hieran an, geht zunächst aber nochmals darauf ein, wer überhaupt Handelnder war. Dies sei der unvorsichtige Knabe; bei ihm liege das Versehen, und er habe sich deshalb selbst getötet. Die Möglichkeit, daß der Lehrer, der das Einsammeln der Speere angeordnet hatte, den Tod herbeigeführt haben könnte, wird in Betracht gezogen, aber nicht weiter verfolgt; denn die Hauptaussage, der Knabe habe sich selbst getötet, wäre dadurch nur geschwächt worden. Der Speerwerfer schließlich habe niemanden durch die Bahn laufen sehen, ihm könne deshalb auch kein Versehen zur Last fallen.

Antiphons Speerwerfer-Fall ist in zweierlei Hinsicht bemerkenswert. Erstens zeigt er zur Problematik des mitwirkenden Verschuldens, daß es nach der antiken Betrachtungsweise darauf ankam, bei konkurrierendem Verschulden mehrerer möglicher Täter denjenigen zu ermitteln, bei dem d i e Schuld lag, und zwar die Alleinschuld[25]. Es kam deswegen für die Verteidigung entscheidend darauf an darzulegen, daß der zu Tode gekommene Knabe sich selbst getötet

25 Vgl. *Wollschläger* (o. A. 3), S. 129.

hatte. In diesem Sinne ist auch Ulpians Entscheidung im Speerwerfer-Fall (D. 9,2,9,4, 2. Alt.) zu verstehen: Allein dem Sklaven wird der Vorwurf gemacht, daß er das Spielfeld zur falschen Zeit überquerte; der Speerwerfer verhielt sich einwandfrei; ihn trifft kein Verschulden[26]. Mit dem Gedanken der *culpa*-Kompensation läßt sich das nicht erklären[27].

Zweitens ist der Antiphon-Text wohl die älteste griechische Quelle zur Fahrlässigkeit überhaupt. In ihm begegnen wir der (vermutlich schon älteren) Unterscheidung zwischen der Handlung, die gewollt ist, und dem Erfolg, der nicht gewollt ist, mit der Anschlußfrage, ob der Erfolg dennoch zurechenbar ist[28]. Im übrigen ist eine Untersuchung des Wortes *hamartia* zu dem Ergebnis gelangt, daß die älteste Bedeutung die des Nichterreichens eines mit einer Wurfwaffe zu treffenden Zieles ist[29]. Es wird kein Zufall sein, daß die Rhetorik von dieser Ursprungsbedeutung des Wortes her das Schulbeispiel des Speerwerfers bildete und daran den Begriff der Schuld entwickelte, die nicht im Willen, sondern in einem „Versehen" begründet war[30].

Daß Antiphons Tetralogien von der römischen Jurisprudenz zur Kenntnis genommen wurden, daß folglich ein Zusammenhang zwischen dem Speerwerfer-Fall bei Antiphon und dem bei Ulpian (D. 9,2,9,4) besteht, ist sehr wahrscheinlich[31]. Für die besonders wichtige Endphase der römischen Republik ist nicht nur davon auszugehen, daß bereits im Schulunterricht in seinen damaligen Formen die Grundlagen der allgemein sehr geachteten Rhetorik vermittelt wurden[32], sondern auch davon, daß trotz eines grundsätzlichen Konflikts enge Verflechtungen von Jurisprudenz und Rhetorik bestanden. So hat sich insbesondere Servius Sulpicius, den der mit ihm befreundete Cicero für den besten Juristen überhaupt hielt, intensiv in die Rhetorik eingearbeitet und sich auf Rhodos zum Gerichtsredner ausbilden lassen, ehe er dann beschloß, lieber der Erste in der zweiten Disziplin (sc. der Jurisprudenz) zu werden als der Zweite in der ersten (sc. der Rhetorik)[33]. Sein umfangreiches, zum guten Teil durch die *digesta* seines Schülers Alfenus überliefertes Werk hat sehr nachhaltigen Einfluß auf die späteren Juristen gehabt, auch wenn es vermutlich dem Spätklassiker Ulpian unmittelbar nicht mehr vorlag[34]. Zwei Paragraphen aus den Digesten des Alfenus legen überdies die Annahme nahe, daß ein Zusammenhang

26 *Schipani* (o. A. 7), S. 420; *Wollschläger* (o. A. 3), S. 127.
27 Zutreffend *Wollschläger* (o. A. 3), S. 127 ff.; vgl. auch oben zu A. 10.
28 *Maschke* (o. A. 24), S. 75; *Condanari-Michler* (o. A. 20), S. 57; *Wollschläger* (o. A. 3), S. 129 sowie (kritisch) *Daube* (o. A. 24), S. 170 ff.
29 *O. Hey*, Hamartia, Philologus 83 (1927), S. 1 ff., 8, 137 ff.
30 So *Condanari-Michler* (o. A. 20), S. 57.
31 *Wollschläger* (o. A. 3), S. 129 f.
32 Vgl. etwa Cicero, De oratore 1,57,244 (*in hoc genere pueri apud magistros exercentur omnes*), s. *F. Schulz*, Geschichte der röm. Rechtswissenschaft, 1961, S. 64 mit Fn. 3.
33 Cicero, Brutus 41,151, vgl. auch 152-153.
34 Zu Servius-Zitaten bei Ulpian vgl. *O. Lenel*, Palingenesia iuris civilis, Bd. 2, 2. Aufl. 1889, Neudr. 1960, Sp. 322 ff.

mit den Problemen besteht, die in Antiphons 3. Tetralogie erörtert werden[35]. Im übrigen ist in den letzten Jahren immer deutlicher geworden, daß die Einflüsse der griechischen Philosophie und Rhetorik auf die römischen Juristen bedeutender waren, als man bis weit in die Mitte des vergangenen Jahrhunderts hinein angenommen hatte[36].

IV. Die Rezeption im Klagspiegel

Die in unseren Fragmenten erörterten Fälle haben Eingang gefunden in „das älteste und umfassendste Kompendium des Römischen Rechts in deutscher Sprache“[37], den sogenannten Klagspiegel. Dieser ist vermutlich das Werk eines Stadtschreibers und dürfte um 1400–1425 in Schwäbisch-Hall geschrieben worden sein[38].

Das Werk zerfällt in zwei Traktate, von denen der ausführlichere erste zivilrechtlichen Inhalts ist, während der zweite das Straf- und Strafprozeßrecht zum Gegenstand hat. Ein erster Druck fällt in die siebziger Jahre des 15. Jh.; nach vier weiteren Drucken haben die ab 1516 von Sebastian Brant unter dem Titel „Der Richterlich Clagspiegel“ besorgten Neuauflagen die Verbreitung des Werkes maßgeblich gefördert. Brants Korrekturen und Änderungen sind allerdings „höchst unbedeutend“[39]. Im Klagspiegel werden die beiden Fälle im ersten Traktat unter dem Titel „*De actione legis aquilie.* Wider den, der schaden thut“ im Zusammenhang der Haftung für Fahrlässigkeit (*culpa*, unfleiß) angeführt. Wir geben den Text mitsamt den beiden vorausgehenden Abschnitten wieder[40]:

> „Item es wirt entschuldiget von unfleiß der / der von des andern Impulsu / in Latin ungestümigkeit / oder uß krafft und gewalt des winds schaden hat gethon[41].

35 Alf. D. 9,2,52 pr. (ärztlicher Kunstfehler bei der Behandlung eines Verletzten) und § 1 (Notwehrexzeß; wohl Responsum des Servius), s. dazu *Wollschläger* (o. A. 3), S. 129-131. Näheres zur 3. Tetr. bei *Maschke* (o. A. 24), S. 78 ff.

36 Siehe nur *M. Kaser*, Das römische Privatrecht, Bd. 2, 2. Aufl. 1975, S. 7 f.; *F. Wieacker*, Röm. Rechtsgeschichte, Bd. 1, 1988, S. 662 ff., 669 ff.; vgl. auch *M. Hillgruber*, *Scriptum* und *voluntas* in der Rechtswissenschaft der röm. Republik, Museum Helveticum 52 (1995), S. 170 ff.; *A. Bürge*, Römisches Privatrecht, 1999, S. 104 ff.

37 *R. Stintzing*, Geschichte der populären Literatur des römisch-kanonischen Rechts in Deutschland, 1867, Neudr. 1959, S. 352 ff., übernommen von *B. Koehler*, Art. Klagspiegel, in HRG, Bd. 2 (1978), Sp. 857.

38 *Stintzing* (o. A. 37), S. 352 ff.; *ders.*, Geschichte der Deutschen Rechtswissenschaft, 1. Abt., 1880, S. 43 ff; *Koehler*, (o. A. 37), Sp. 855.

39 *Stintzing* (o. A. 37), S. 337 ff. (340).

40 Ausgabe Seb. Brant, Straßburg 1538, LXXXVII v. – E. *Brunnenmeister*, Die Quellen der Bambergensis, 1879, S. 172 führt die Fälle nach der Ausgabe Schönsperger, Augsburg 1497 an; die geringfügigen Abweichungen betreffen vor allem die Schreibweise. – Die Siglen sind aufgelöst.

41 Vgl. D. 9,2,29,2 u. 3.

Item / das entschuldigt alleyn nit von unfleiß / so er spricht / ich habs nit gewißt / wann man jm mag zuzelen / das ers solt gewißt haben / oder sunst etwas anders bewart solt haben / als nim war / mir zimpt zu schlagen den der mich schlecht / und als ich jn wolt schlagen / schlug ich ein andern. Und alhie soltu nemen auch den leichsten unfleiß[42].

Item / underweilen wirt nit klagt auß unfleiß / wann ein unfleiß mit dem andern conpensiert unn vergleicht würt / unn auch wo auff ein teyl argerlist / unn dem anderen teyl unfleiß ist / so überwigt argerlist den unfleiß / und darumb kumpt underweilen alleyn argerlist in diser klage / und das ist darumb / wann der unfleiß ist deshalben / der den schaden gelitten hat. Als nim war / wo vil schützen schiessen auf eim plane / unnd ein eygen mensch[43] ist über den plan gangen / und geschossen worden / der ist nit pflichtigt der geschossen hat / wann es sol keyner zu unzeyten über ein sollichen plan gehn / welcher aber sollichs mit fleiß gethon hat / der ist pflichtig. Wann ein yeglicher schädlicher schimpff oder kurtzweil felt in unfleiß und in schuld.

Item wo auch / so etlich vil deshalben[44] spielen inn einer gassen oder statt / wo solchs auß gewonheyt gespielt wirt / unn einer jm ein scherer scheren ließ / und so der ball ungestümigklich oder mit gewalt geschlagen / und in des scherers handt geworffen / und die käle jm abgeschnitten wird / unn dz scharsach dem scherer empfallen ist / es ist weder der scherer / weder der werffer / noch der schlager schuldig / es sy dann solchs geschehen mit fleiß / wann solchs mag dem zugezelt werden / der sich so gar an ein sorgklich oder schädlich stat dem scherer empfohlen hat".

Die von Brant aus dem Text an den Rand versetzten Allegationen zum letzten Abschnitt führen auf D. 9,2,9,4; D. 9,2,11 pr. und D. 9,2,52,4. Zum vorletzten Abschnitt findet sich die Randglosse *Ludus noxius in culpa est*; sie gibt D. 9,2,10 wieder und signalisiert, worauf die Aussage beruht, daß „schädlicher schimpff oder kurtzweil" der Fahrlässigkeit und Schuld unterfallen.

Daß die Ausführungen von den einschlägigen Digestentexten in allem Wesentlichen abhängen, ist evident. Vermittelt ist diese Abhängigkeit wahrscheinlich durch Roffredus, De libellis iuris civilis[45], der überhaupt die Grundlage des 1. Traktats bildet[46].

---

42 Vgl. D. 9,2,45,4.

43 Also ein Sklave. Zwar weist der Verfasser des Klagspiegels wiederholt darauf hin, daß „eygen menschen sein in teutsch Landen nit", ohne daß ihm jedoch eine Abgrenzung gegenüber den deutschen Hörigen gelingt, s. *Stintzing* (o. A. 37), S. 369 ff.

44 Die Ausgabe Schönsperger 1497 hat „deshalb". Vermutlich handelt es sich um einen alten Druckfehler für „den ball", vgl. *Brunnenmeister* (o. A. 40), S. 172.

45 Zu Roffredus de Epiphanis aus Benevent (um 1170 – nach 1244) s. *F.C. v. Savigny*, Geschichte des römischen Rechts im Mittelalter, Bd. 5, 2. Aufl. 1850, S. 184 ff. Sein Werk De libellis iuris civilis lehnt sich an den Arbor actionum des Johannes Bassianus (2. Hälfte des 12. Jh.) an; zu diesem s. *Savigny*, Bd. 4, 2. Aufl. 1850, S. 289 ff., 298 ff.

46 *Stintzing* (o. A. 37), S. 360 ff. Daneben sind im Bereiche der *lex Aquilia* auch Anknüpfungen an das Speculum iudiciale von ca. 1290 des Guilelmus Durantis (1237–1296) erkennbar, *Stintzing* (o. A. 37), S. 399.

Der Verfasser des Klagspiegels unterscheidet zwischen höherer Gewalt, „unfleiß“ (Fahrlässigkeit), zu dem er auch „leichsten unfleiß“ kennt, und „argerlist“ (Vorsatz). Er kennt bereits eine *culpa*-Kompensation, und er schließt sie in Anknüpfung an D. 9,2,9,4, dessen Schlußstück *qui tamen data opera in eum iaculatus est, utique Aquilia tenebitur* er offensichtlich eng versteht, bei Vorsatztaten aus.

Danach, ob jemand etwa nach einem Vogel auf einem Wege wirft oder schießt, wo gewöhnlich niemand geht, oder auf einem Wege, auf dem „die Leute allzeit zu gehen pflegen“, wird übrigens bereits in älteren Rechten unterschieden, um zu bestimmen, ob der Täter des Totschlags schuldig ist oder nicht, etwa im Schwabenspiegel (Normalform, ca. 1275/76) Kap. 182 oder im Freisinger Stadtrechtsbuch von 1328 Kap. 119 („... wann wo dy leut albeg gennt da sol nyemand werffen oder schiessenn“). Die im Kontext dieser Bestimmungen stehenden Straftatbestände, etwa zum Baumausschneider oder zum Fallgrubenbauer (Kap. 183, 181 Schwabenspiegel; kap. 119, 118 Freisinger RB), machen allerdings deutlich, daß auch hier die Fälle aus dem Bereich der *Lex Aquilia* nachwirken (vgl. D. 9,2,28 pr. u. 1; D. 9,2,31).

V. Art. 172 der Bambergensis und Art. 146 der Carolina

Die Ausführungen des Klagspiegels zur *culpa* sind (wie auch die zum Versuch und zur Notwehr[47]) Vorbild geworden für die Bambergische Halsgerichtsordnung von 1507 des Johann von Schwarzenberg (1465–1528)[48], und zwar für den Art. 172 der Bambergensis[49]. Stintzing weist darauf hin, daß bei Erscheinen der Bambergensis schon fünf gedruckte Ausgaben des Klagspiegels vorlagen und daß sich noch die Spur einer Handschrift in der Bamberger Bibliothek befindet. „Einem Manne wie Schwarzenberg wird dieses Werk nicht entgangen sein; vielmehr mußte es gerade ihm, der sich unmittelbar aus den Quellen nicht belehren konnte (sc. mangels Vertrautheit mit der lateinischen Sprache), ein sehr willkommenes Hülfsmittel bieten, um sich mit ihrem Inhalte bekannt zu machen“[50].

Da der Art. 172 der Bambergensis bald darauf unverändert als Art. 146 in die Carolina von 1532 übernommen worden ist, beschränken wir uns darauf, diesen Art. 146 wiederzugeben:

---

47 Hinweise zu beiden bei *Stintzing* (o. A. 37), S. 398 ff., 400 ff.

48 Zu ihm etwa *Erik Wolf*, Große Rechtsdenker der deutschen Geistesgeschichte, 4. Aufl. 1963, S. 102 ff.; *G. Kleinheyer/J. Schröder*, Deutsche und Europäische Juristen aus neun Jahrhunderten, 4. Aufl. 1996, S. 364 ff. (Bearb.: *B. Pahlmann*).

49 *Brunnenmeister* (o. A. 40), S. 172.

50 *Stintzing* (o. A. 37), S. 400. Vgl. auch *H. Hälschner*, Das preußische Strafrecht, Bd. 1, 1855 (Neudr. 1975), S. 90.

„Von vngeuerlicher entleibung die wider eynes thätters willen geschicht ausserhalb eyner notweer.

Item so eyner eyn zimlich vnuerbotten werck an eynem end oder ort da solch werck zu üben, zimlich ist thut, vnd dardurch von vngeschichten gantz vngeuerlicher weiß, wider des thätters willen jemandt entleibt, der selbig würd inn vil weg, die nit müglich zu benennen sein entschuldigt, Vnnd damit diser fall dester leichter verstanden, setzen wir dise gleichnuß. Eyn balbirer schiert eynem den bart inn seiner stuben, als gewonlich zu schern ist, vnd würd durch eynen also gestossen oder geworffen, daß er dem so er schiert, die gurgel wider seinen willen abschneidet, Eyn ander gleichnuß, so eyn schütz inn eyner gewonlichen zilstatt steht, oder sitzt, vnd zu dem gewonlichen blatt scheust, vnd es laufft jm eyner vnder den schuß, oder jm lest vngeuerlicher weiß vnnd wider sein willen sein büchs oder armbrust, ehe vnd er recht anschlecht vnd abkompt, vnnd scheust also jemandt zu todt, dise beyde seind entschuldigt. Vnderstünd sich aber der balbirer an der gassen oder sunst an eyner vngewonlichen statt jemandts zu schern, oder der schütz an eyner dergleichen vngewonlichen statt, da man sich versehen mocht daß leut wanderten, zu schiessen, oder hielt sich der schütz inn der zilstatt vnfürsichtiger weiß, vnnd würde also von dem balbirer, oder dem schützen, als obsteht, jemandt entleibt, der thätter keyner würd gnug entschultigt, Aber dannocht ist mer barmhertzigkeit bei solchen entleibungen, die vngeuerlich auß geylheyt oder vnfürsichtigkeyt, doch wider des thätters willen geschehen, zuhaben, dann was arglistig und mit Willen geschicht, Vnd wo solche entleibung geschehen, sollen die vrtheiler bei den verstendigen so es vor jn zu schulden kompt, der straff halb radts pflegen.

Auß disen obangezeygten gleichnussen, mag inn andern vnbenanten fellen eyn verstendiger wol mercken vnnd erkennen, was eyn vngeuerliche entleibung ist, vnd wie die entschuldigung auff jr tregt. Vnnd nach dem dise fell offt zu schulden kommen, vnd durch die vnuerstendigen darinnen etwo gar vngleich gericht wirdet, ist die angezeygt kurtz erklerung vnd warnung derhalb auß guten vrsachen geschehen, damit der gemeyn mann etwas verstandts der rechten darauß nem, Jedoch haben dise fell zu zeitten gar subtil vnderschiedt, die dem gemeynen mann, so an den peinlichen gerichten sitzen verstendig oder begrifflich nit zu machen sein, hierumb sollen die vrtheyler inn disen obgemelten fellen allen (wann es zu schulden kompt) angezeygter erklerung halb, der vorgemelter verstendiger leut radt nit verachten, sonder gebrauchen“[51].

Die römischen Juristen leiteten aus der Kasuistik die grundlegenden Gedanken und Zusammenhänge ab; Schwarzenberg übernimmt diese Ableitungen im Ergebnis und führt dann die römischen Fälle als Beispiele an, um „dem gemeinen Mann, so an den peinlichen Gerichten sitzen“, das rechte Verständnis dieser Ableitungen zu vermitteln, um also auch dem nicht gelehrten Richter die maßgebliche Unterscheidung, die das Gesetz trifft, verständlich zu machen. Von dem Mittel, durch Beispiele zu veranschaulichen, wird übrigens in den

---

51 Text nach *G. Radbruch*, Die Peinliche Gerichtsordnung Kaiser Karls V von 1532 (Carolina), 6. Aufl., hrsg. v. Arthur Kaufmann, 1975, S. 95 f. (dort ohne Absatz).

Leyes de Partidas Alfons des Weisen v. 1265 viel Gebrauch gemacht und von den jüngeren Kodifikationen etwa im chilenischen Código civil, denn die „Beispiele bringen die wahre Bedeutung und den Geist einer Vorschrift ans Licht“[52].

Schwarzenberg unterscheidet die straflos bleibende zufällige, die „entschuldigte“ Schädigung von der vorsätzlichen (der „arglistig und mit Willen“ geschehenen) und der fahrlässigen, „unfürsichtiger weiß“ begangenen Tat, für welche er „mer barmhertzigkeit“, also jedenfalls Strafmilderung vorsieht. Er übernimmt damit für die staatliche Strafe das Prinzip der Schuldhaftung. Darin liegt gewiß ein großes Verdienst[53]; doch zeigte sich, daß er insoweit bereits ein wohlbestelltes Feld vorfand.

Bemerkenswert ist ferner, daß Schwarzenberg sich in dem Fall, daß der Barbier an der Gassen oder sonst an einer ungewöhnlichen Stätte jemanden schert, vom Klagspiegel distanziert. Während dieser der von Ulpian für „nicht schlecht“ gehaltenen Lösung eines Haftungsausschlusses aufgrund der Selbstgefährdung des Kunden gefolgt war, kehrt Schwarzenberg zu der Ansicht des Proculus zurück, der die Fahrlässigkeitshaftung des Barbiers bejaht hatte. Schwarzenberg gelangt damit zur Strafbarkeit wegen fahrlässiger Tötung. Daraus läßt sich folgern, daß er, vermutlich beraten durch seinen Mitarbeiter, den gelehrten Juristen Leonhard von Egloffstein[54], sich Kenntnis vom Text des Digestenfragments D. 9,2,11 pr. und offenbar auch der weiteren einschlägigen Fragmente verschafft[55] und sich auf dieser Grundlage sehr bewußt gegen den Klagspiegel entschieden hat.

Darin, daß er die fahrlässige Tötung überhaupt zu einem Straftatbestand macht, folgt er der von den Glossatoren und Kommentatoren[56] ebenso wie im

52 *M. Montt* in seinem Bericht für die Annahme des chilen. Código civil, s. *D. Nelle*, Entstehung und Ausstrahlungswirkung des chilen. Zivilgesetzbuchs von Andrés Bello, 1988, S. 107 Fn. 184.

53 *Eb. Schmidt*, Einführung in die Geschichte der deutschen Strafrechtspflege, 3. Aufl. 1965, S. 117 f. mit Hinweis auf Art. 146 CCC und die „Beispiele, die den Digesten entlehnt sind“; *Erik Wolf* (o. A. 48), S. 119 f.; *H. Conrad*, Deutsche Rechtsgeschichte, Bd. 2, 1966, S. 409 (mit Art. 146 CCC). Siehe auch schon *Hälschner* (o. A. 50), S. 87 f., 94 f.

54 Zu den zu vermutenden Einflüssen dieses Juristen auf die Bambergensis s. *W. Trusen* in: P. Landau/Fr. Chr. Schröder (Hrsg.), Strafrecht, Strafprozeß und Rezeption, 1984, S. 101 ff.

55 Vgl. *Brunnenmeister* (o. A. 40), S. 173.

56 Vgl. o. A. 45. Näheres bei *W. Engelmann*, Die Schuldlehre der Postglossatoren, 1895, Neudr. 1965, S. 186, 224 ff., vgl. auch S. 209 (Vivianus zu D. 9,2,11 pr.); *ders.*, Irrtum und Schuld nach der italienischen Lehre und Praxis des Mittelalters, 1922, Neudr. 1975, S. 37 f. m. Fn. 2 („Die italien. Juristen lehren die analoge Anwendung der Bestimmungen zivilrechtlicher Deliktshaftung, insbes. der *l. Aquilia* auf das Strafrecht, was Binding als bedeutende Leistung des Verfassers des Klagespiegels anerkennt ...“), S. 257. S. auch *K.F. Roßhirt*, Geschichte und System des deutschen Strafrechts, Bd. 2, 1839, Neudr. 1996, S. 193 f., 214 ff. – Vgl. noch o. A. 53.

Kirchenrecht[57] entwickelten Ansicht. Doch kann das an dieser Stelle nicht weiter ausgeführt und auch das Schicksal unserer Gleichnisse in den späteren Jahrhunderten nicht weiter verfolgt werden. Daß sie präsent blieben, ist jedoch sicher; beispielsweise finden sie sich geradezu erwartungsgemäß unter den zahlreichen *exempla*, die Carpzov in seiner berühmten Practica nova zum *homicidium culpa commissum* anführt, das heißt *quando occidens non quidem habet animum dolosum occidendi aut vulnerandi, culpa tamen interveniente vel praecedente aliquem interficit: ... Aut si tonsor in via publica, aut ubi homines ex consuetudine tonderi non solent, quem radat: Aut miles, Sagittarius, Sclopetarius, sive Bombardarius in alio loco, quam qui ad exercitandum datum est, ut qua vulgo iter fit, ejaculatus fuerit ... Certe si quis ab eo tonsore, vel milite occidatur, culposum dicitur committi homicidium*[58].

VI. Späte Spuren

Verblassende Spuren unserer Beispiele lassen sich, wenn man von der weiterhin intensiven romanistischen Fachdiskussion absieht, auch im Bereiche des allgemeinen Zivilrechts noch erkennen. Daß sie im 19. Jahrhundert auch in der Praxis noch eine beachtliche Rolle spielten, versteht sich angesichts der Geltung und Bedeutung des gemeinen Rechts von selbst.

Beispielsweise stützte das Obertribunal Stuttgart seine Entscheidung zu einer Pferde-Kollision hauptsächlich auf den Barbier-Fall: „Der Kläger hatte ein Pferd auf öffentlicher Straße inmitten einer Stadt, also an einem Orte aufgestellt, der vorzugsweise zum Verkehr von Tieren und Fuhrwerken bestimmt war und wo, zumal an einem Markttage, auch außergewöhnliche Vorkommnisse irgend welcher Art möglich waren. Er hatte sein Pferd, wie das fr. 11 pr. ad leg. Aquil. 9.2 besagt, an einem *frequens transitus ... in loco periculoso*, also gleichsam in die Gefahr hineingestellt“[59]. Das Pferd des Beklagten war durchgegangen und rannte führerlos durch die Straßen. Als es sich dem an einem Wagen angespannten Pferd des Klägers näherte, machte dieses „einen Seitensprung quer in die Straße hinein“, stieß mit jenem zusammen und ging an der dadurch entstandenen Verletzung ein. Das Gericht sah in der Nachlässigkeit des Klägers, der an dem gefährlichen Ort „keinen obligaten Wächter für sein Pferd

57 Deutlich erkennbar im 12. Titel des 5. Buchs der Dekretalen, z.B. c. 12 X *de homicidio (Homicidium causale imputatur ei qui dedit operam rei licitae, si non adhibuit diligentiam quam debuit)*. Näheres bei *St. Kuttner*, Kanonistische Schuldlehre von Gratian bis auf die Dekretalen Gregors IX, 1935, S. 200 ff., 213 ff. pass.

58 Practicae Novae Imperialis Saxonicae Rerum Criminalium Pars I., ed. Leipzig-Frankfurt 1645, Quaest. XVII n. 8 und 9.

59 ObTrib. Stuttgart, Urt. v. 26.2.1875, Seuff. A. 32 Nr. 44, zit. nach Seuff. A., 3. ausgewählte Ausgabe (hrsg. v. *H.F. Schütt*), Bd. 3, 1901, S. 537.

aufgestellt" hatte, eine das mögliche Verschulden des Beklagten kompensierende eigene Schuld.

Dem knapp geschilderten Speerwerfer-Fall (und anderen Fragmenten) entnahm zum Beispiel das Reichsoberhandelsgericht, daß bei konkurrierendem Verschulden eine *culpa*-Kompensation nur dann ausscheidet, wenn der Schädiger vorsätzlich, nicht auch dann, wenn er grob fahrlässig gehandelt hat[60].

Der waffentechnische Fortschritt, der schon in Bambergensis und Carolina zur Ersetzung der Speere durch Büchse oder Armbrust geführt hatte, wird auch zu Anfang des 20. Jahrhunderts beachtet: Endemann läßt den Fall auf einem Schießplatz spielen („A läuft über einen abgesteckten Schießplatz, ohne die angebrachten Warnungszeichen zu beachten")[61], und auch bei Oertmann ist ein Nachklang erkennbar: Jemand geht (sogar) „absichtlich in die Schußweite eines Jägers, einer militärischen Übung"[62]. Zudem hat der Speerwerfer-Fall (inspiriert vermutlich durch Inst. 4,3,4) auch im 20. Jahrhundert noch gesetzgeberische Weihen erhalten: In § 1777 des Lettischen Zivilgesetzbuchs von 1937 heißt es: „Der Geschädigte kann nicht Ersatz desjenigen Schadens verlangen, den er dadurch erlitten hat, daß er sich während militärischer Schießübungen an dem Schießplatz befunden hat, sofern das Militär die für diese Fälle herausgegebenen Spezialverordnungen befolgt hat"[63].

Bei näherem Hinsehen zeigt sich – wie so oft –, daß der antike Fall oder genauer: die durch ihn exemplifizierte Problematik auch in ganz anderen Gewändern noch immer gegenwärtig ist. Antiphons Speere einsammelndem Knaben läßt sich der bekannte Kegeljunge an die Seite stellen, der beim Aufsetzen der Kegel von einer Kugel getroffen und verletzt wird. Er war bei dem Unfall „um ½ 11 Uhr abends müde" und „auch nicht mehr geistig so frisch, um ... die nötige Vorsicht zu üben". Das Reichsgericht hat ihm wegen Verletzung des Kinderschutzgesetzes v. 1903 als Schutzgesetz einen Schadensersatzanspruch nach § 823 Abs. 2 gegen den Wirt zugesprochen[64].

Am häufigsten dürften jedoch die Fälle sein, in denen ein Kind oder ein Passant statt einer Kugel in die Schußbahn einem Kraftfahrzeug in die Fahrbahn läuft. Und wenn sich nach einem solchen Unfall die Frage stellt, ob die

---

60 ROHGE 20, 397, 398, Urt. v. 22.6.1876. Vgl. o. A. 14.

61 *Fr. Endemann*, Lehrbuch des Bürgerlichen Rechts, Bd. 1, 9. Aufl. 1903, S. 757 Fn. 9 (mit Hinweis auf D. 9,2,9,4 und Inst. 4,3,4 [err. 3,4,4]). Auch *Enneccerus/Lehmann*, Schuldrecht, 15. Bearb. 1958, S. 76 Fn. 1 weisen auf D. 9,2,9,4 hin.

62 *Oertmann* (o. A. 14), § 254 Anm. 2 b γ, S. 83.

63 Übersetzung nach der vom Lettischen Justizministerium veranstalteten deutschen Ausgabe, 1937. – Das während der Okkupationen nie förmlich außer Kraft gesetzte Zivilgesetzbuch findet seit der Wende wieder Anwendung. – Nicht nur in unserem Zusammenhang werden in diesem Gesetzbuch deutliche Anlehnungen an Justinians Institutionen erkennbar.

64 RG, Das Recht 1914 Nr. 1836 (Urt. v. 24.3.1914). Dem entspräche bei Antiphon die Verurteilung des Lehrers.

Ersatzpflicht des Halters nach § 7 Abs. 2 StVG ausgeschlossen ist, weil „der Unfall durch ein unabwendbares Ereignis verursacht" worden ist, und wenn dies „insbesondere dann gilt, wenn das Ereignis auf das Verhalten des Verletzten ... zurückzuführen ist und sowohl der Halter als der Führer des Fahrzeugs jede nach den Umständen des Falles gebotene Sorgfalt beobachtet hat"[65], dann stehen wir vor eben den Schwerpunkten, die schon die Verteidigung in Antiphons 2. Tetralogie als maßgeblich herausgearbeitet hat: Der Verletzte hat sich selbst getötet, während der Speerwerfer sich vollkommen regelgerecht verhalten hat.

1902 hat Heinrich Dernburg auf die Frage: „Wer aber führt uns in dem Chaos der Präjudizien?" die Antwort gegeben: „Nur die leitenden Prinzipien, welche uns die geschichtliche Entwicklung des Rechtes zu erkennen lehrt, können uns die Beherrschung ermöglichen"[66]. Das war schon vorher wahr und es ist auch im Jahre 2001 nicht weniger wahr geworden.

---

65 Ob das Verhalten des Verletzten verschuldet ist oder nicht, spielt für § 7 StVG keine Rolle, wohl aber für § 9 StVG.

66 *H. Dernburg*, Pandekten, Bd. 1, 7. Aufl. 1902, S. VI, VII. – Zu Dernburg zuletzt *K. Luig*, Heinrich Dernburg (1829-1907). Ein ‚Fürst' der Spätpandektistik und des preußischen Privatrechts, in: Heinrichs/Franzki/Schmalz/Stolleis, Deutsche Juristen jüdischer Herkunft, 1993, S. 231 ff.

Particularis enim solutio rarum est ut incommoda sit

Zur Fragwürdigkeit des Teilleistungsverbots (§§ 266 BGB, 1415 ABGB)*

Rolf Knütel, Bonn

I. 1. Das plattdeutsche Märchen „De Koopmannssöhn", das zu Anfang des 20. Jahrhunderts von einem Tagelöhner in Ostholstein erzählt wurde, beginnt damit, daß ein Kaufmannssohn in eine fremde Stadt kommt. Er sieht: „dar hebbt se en doden Minschen in'n Schosteen ophängt", man hat einen Toten im Schornstein aufgehängt. Er fragt den Wirt, was das zu bedeuten hat. „Ja", sagt der Wirt, „der Mann ist so viel schuldig gewesen und hat seine Schuld nicht bezahlen können. Und dann ist das so, wenn er tot ist, dann können sie ihn im Schornstein aufhängen, daß er vertrocknen (‚verdrögen') muß". Der Kaufmannssohn bezahlt die Schuld des Toten und läßt ihn begraben. Später hilft der dankbare Tote ihm, so daß er die Hand der Königstochter und damit das Königreich gewinnen kann[1].

In dem jugoslawischen Märchen „Die wundersame Kirche" nimmt der jüngste von drei Zarensöhnen, die ausgezogen waren, um dem Vater einen Wundervogel zu bringen, Quartier in einer Schenke. Beim Abendbrot „blickte er in den Schornstein und sah darin einen Menschen, der zum Räuchern aufgehängt worden war". Auf seine Frage erzählt ihm der Wirt: „Dieser Mann war ein großer Kartenspieler und hat sein ganzes Vermögen verspielt. Schließlich hat er auch noch sein Leben aufs Spiel gesetzt und es verloren. Deshalb haben ihn seine Spielgefährten gefaßt und hier im Schornstein aufgehängt". Der Zarensohn bezahlt die Schulden und läßt den Toten bestatten. Dieser rettet ihn daraufhin aus vielen Gefahren bis hin zum glücklichen Ende[2].

Auch in dem gegen Ende des 19. Jahrhunderts aufgezeichneten lettisch-litauischen Märchen „Die Leiche", hängt hinter dem Ofen an einem Strick eine getrocknete Leiche. Ein Knecht zerschlägt mit seinem Schwert den Strick und bestattet den Leichnam. Der Tote erscheint ihm daraufhin ebenfalls als Nothelfer[3]. Das Motiv für

* M. J. Schermaier/J. M. Rainer/L. C. Winkel (Hrsg.), *Iurisprudentia universalis.* Festschrift für Theo Mayer-Maly zum 70. Geburtstag, Böhlau, Köln/Weimar/Wien 2002, 337 – 355.

1 W. Wisser, Plattdeutsche Märchen, Düsseldorf/Köln 1970, 110 ff. – Eine Parallele findet sich in einer Oberwalliser Erzählung, von der M. Lüthi, So leben sie noch heute, Betrachtungen zum Volksmärchen, Göttingen 1969, 93 ff. berichtet.

2 J. Schütz, Volksmärchen aus Jugoslawien, Düsseldorf/Köln 1960, 159, 161 f.

3 F. von der Leyen / P. Zaunert, Lettisch-litauische Volksmärchen, Jena 1904, 68 ff.

den befremdlichen Umgang mit der Leiche wird hier nicht erklärt. Es heißt lediglich, böse Menschen hätten den Unglücklichen seinerzeit aufgehängt und so habe er keine Grabesruhe gefunden.

Wir lassen es bei diesen Beispielen bewenden[4]. Sie sind keine Einzelfälle. Viele Märchen erzählen davon, daß ein junger Wanderer seine ganze Barschaft hingibt und einen Leichnam, der wegen der zu Lebzeiten begründeten Schulden ausgepeitscht, geräuchert, bespieen oder sonst entehrt wird, loskauft und begraben läßt. Später erfährt der selbstlose Wanderer dann die Hilfe des dankbaren Toten[5].

2. In Märchen kommen oft uralte Rechtsvorstellungen zum Vorschein. Daß in der Regel darauf hingewiesen wird, der Tote habe Schulden hinterlassen, zeigt, daß von einer Haftung des Leichnams für die Schulden auszugehen ist. Dies führt uns in die Tiefen der Vergangenheit zurück, unter anderem zur Zwangsvollstreckung der XII-Tafel-Zeit (450/449 v.Chr.). Damals ging die Zwangsvollstreckung in die Person des Schuldners, nicht wie heute nur in dessen Vermögen[6]. Dazu paßt, daß – wie in den genannten Märchen beschrieben – der tote Schuldner in den Kamin gehängt wird: Der Gläubiger räuchert ihn und schafft sich so ein dauerhaftes Pfand, um auf diese Weise Druck auf die sakralrechtlich zur Bestattung verpflichtete Sippe des Schuldners auszuüben[7].

Wenn der Schuldner binnen 30 Tagen nach Verurteilung, den *dies iusti,* nicht gezahlt hatte, kam es zur Vollstreckung. Der Gläubiger erhob vor dem Prätor die Vollstreckungsklage, die *legis actio per manus iniectionem*, und legte förmlich Hand an den Schuldner[8]. Wenn feststand, daß der Schuldner verurteilt war, ferner daß er binnen

4 Auf sie weist hin O. Kahn, Die Personalexekution der 12 Tafeln in den Volkserzählungen, Botha's Hill, Natal (o. J., Selbstverlag) 21, dazu O. Behrends, Rezension, in: SZ 96 (1979) 352 ff. und sogl.

5 Näheres zu diesem Märchentyp bei M. Lüthi, So leben sie noch heute. Betrachtungen zu den Volksmärchen, Göttingen 1969, 85 ff.

6 Demgegenüber meint O. Behrends, Der Zwölftafelprozeß, Göttingen 1974, 145 m. Anm. 162; ders. (o. Anm. 4), 352, hier gehe es um die Verfolgung eines (deliktischen) Unrechts mit Strafe und Friedlosigkeit und dies sei in dem privat- und haftungsrechtlich gedachten Zwölftafelrecht gerade nicht möglich. – Doch kommt es in den Märchen nicht darauf an, daß ein Vollstreckungsverfahren stattgefunden hat; entscheidend ist, daß der Schuldner mit seiner Person haftete und seine Person auch nach seinem Tode noch als Pfand dienen konnte. – Wenn Behrends darauf verweist, daß die Gläubiger nach einer Zerstückelung des Leichnams nach Sakralrecht den Toten hätten beisetzen müssen (Zwölftafelprozeß, S. 144 Anm. 159), so wäre die vorherige Zerstückelung des Leichnams, die ja ersichtlich die Gläubiger sichern soll, von vornherein sinnlos. – Das Sprichwort „Wer nichts im Beutel hat, muß mit der Haut bezahlen" (J. F. Eisenhart, Grundsätze der deutschen Rechte in Sprüchwörtern, Helmstedt 1759, 392 ff.; E. Graf / M. Dietherr, Deutsche Rechtssprichwörter, 2. Aufl., Nördlingen 1869, Neudr. Aalen 1975, 321) betrifft allerdings die Deliktsbußen.

7 Herodot II 136 berichtet, daß unter dem ägyptischen König Asychis (Schepses-kaf [um 2480 v.Chr.]?) ein Gesetz erging, daß man gegen Verpfändung der Mumie des eigenen Vaters Darlehen aufnehmen dürfe.

8 Einzelheiten zum Verfahren beim M. Kaser / K. Hackl, Das röm. Zivilprozeßrecht, 2. Aufl., München 1996, 131 ff.

30 Tagen nicht gezahlt hatte und daß die Lösungssumme, also der Betrag, durch dessen Zahlung der Haftende gelöst werden konnte, für ihn festgesetzt war, dann bestätigte der Prätor die Handanlegung, und der Gläubiger durfte den Schuldner in sein Haus abführen. Dort mußte er ihn 60 Tage gefangen halten, damit er von Dritten ausgelöst werden konnte. Nach Ablauf dieser Frist mußte der Gläubiger den Schuldner an drei aufeinanderfolgenden Markttagen zum Prätor auf das *comitium* führen und die Höhe der Lösungssumme öffentlich verkünden. Wurde der Schuldner nicht ausgelöst, so konnte der Gläubiger ihn ins Ausland (*trans Tiberim*), also in die Sklaverei, verkaufen oder – nach allgemeiner, aber nicht ganz unbestrittener Ansicht – ihn töten; gab es mehrere Gläubiger, so konnten sie sich verhältnismäßige Anteile aus dem Leichnam herausschneiden[9]. Von einem konkreten Fall, in dem diese Tötung und Zerstückelung vorgekommen wäre, haben wir jedoch keine Informationen.

3. In einer Zeit – und damit kommen wir zu der Regelung des Teilleistungsverbots in den §§ 266 BGB, 1415 S. 1 ABGB –, in der die Zwangsvollstreckung in den Körper des Schuldners bis hinein in dessen Leichnam erfolgte und der Gläubiger den Schuldner in seine Haft zu nehmen ermächtigt wurde, um Druck auf die Sippe des Schuldners auszuüben, in einer solchen Zeit muß es selbstverständlich gewesen sein, daß ein Gläubiger, der einen Schuldner mit der Lösungssumme von 1000 in seiner Schuldhaft hat und dem ein Dritter 300 bietet, diese nicht anzunehmen und erst recht den Schuldner nicht aus der Schuldhaft freizugeben braucht. Hier liegen offenbar die Wurzeln des Satzes, daß Teilleistungen nicht zu teilweiser Befreiung führen und daß der Gläubiger sie deshalb nicht anzunehmen braucht.

Auch nachdem die Schuldknechtschaft und mit ihr die Personalvollstreckung 326 v.Chr. durch die *lex Poetelia de nexis* abgeschafft worden war – womit, wie Livius (VIII 28) sagt, der römischen Plebs zum zweiten Mal die Freiheit geschenkt wurde –, haben die Römer offenbar am Teilleistungsverbot festgehalten[10]. Begünstigt wurde dies dadurch, daß sie vor dem 3. Jahrhundert eine formlose Zahlung vermutlich noch nicht anerkannten; vielmehr wird eine Zahlung nur dann schuldtilgende Wirkung gehabt haben, wenn zugleich eine *acceptilatio* als erfüllungsbegleitendes Quittungsgeschäft vorgenommen worden war[11]. Kennzeichnend ist, daß bei der *acceptilatio,* die später Erlaßgeschäft geworden ist, der Schuldner den Gläubiger fragt: *Quod ego tibi promisi habesne acceptum?* und der Gläubiger antwortet: *Habeo.* Bei einer Teilzahlung kam nicht in Betracht, daß der Gläubiger *Habeo* antwortete. Bemerkenswerterweise

9 So die herrschende Ansicht aufgrund des Zwölftafelsatzes bei Gell. 20,1,47/48 (*partis secanto*) s. die Lit. bei Kaser / Hackl (o. Anm. 8) 143 Anm. 82, 144 Anm. 90 (die selbst zweifeln) sowie D. Flach, Die Gesetze der frühen römischen Republik, Darmstadt 1994, 126 Anm. 95, der selbst den Passus dahin versteht, daß die Gläubiger von den Rohkupferklumpen, die sie aus dem Verkauf des Schuldners erlöst hatten, Stücke abschneiden sollten.

10 Den Grundsatz bestätigt, daß die *lex Licinia* von 367 die Rückführung von Krediten in drei Jahresraten gestattete, Livius 6,35,4.

11 S. dazu R. Knütel, Zum Prinzip der formalen Korrespondenz, in: SZ 88 (1971) 87 ff.

berichtet noch Gaius, daß in der klassischen Zeit eine Kontroverse bestand, ob es überhaupt möglich war, die *acceptilatio,* die zu seiner Zeit längst reines Erlaßgeschäft geworden war, für einen Teil der Schuld vorzunehmen (Gai. inst. 3,172).

II. 1. Ob man aber auch in der klassischen Zeit noch annahm, dem Schuldner seien Teilleistungen nicht gestattet, ist entgegen der bislang wohl einhelligen Ansicht durchaus zweifelhaft. Der wichtigste Text ist D. 22,1,41,1, Modestin im 3. Buch der Rechtsgutachten:

> Lucius Titius cum centum et usuras aliquanti temporis deberet, minorem pecuniam quam debebat obsignavit: quaero, an Titius pecuniae quam obsignavit usuras praestare non debeat. Modestinus respondit, si non hac lege mutua pecunia data est, uti liceret et particulatim quod acceptum est exsolvere, non retardari totius debiti usurarum praestationem, si, cum creditor paratus esset totum suscipere, debitor, qui in exsolutione totius cessabat, solam partem deposuit.

> Lucius Titus, der hundert nebst Zinsen für eine bestimmte Zeit schuldete, versiegelte [und hinterlegte] einen geringeren Betrag als er schuldete. Ich frage an, ob Titius für das Geld, das er versiegelte, keine Zinsen zu zahlen braucht. Modestin hat das Gutachten erteilt, sofern das Darlehen nicht mit der Bestimmung gewährt worden sei, daß das empfangene Geld auch teilweise zurückgezahlt werden darf, werde die Zinspflicht hinsichtlich der gesamten Schuld nicht aufgehalten, wenn der Schuldner, der mit der Zahlung des Ganzen säumig ist, ungeachtet der Bereitschaft des Gläubigers, das Ganze entgegenzunehmen, nur einen Teilbetrag hinterlegt habe.

Seit Jahrhunderten entnimmt man dem Fragment nahezu einmütig, der Schuldner sei mangels anderer Abrede zu Teilleistungen nicht berechtigt. Erschlossen wird dies aus der Rechtsfolge, für die Modestin sich ausspricht: Daß der Schuldner selbst dann die Zinsen in vollem Umfang weiterzahlen müsse, wenn er einen Teilbetrag entrichtet oder insoweit ein Erfüllungssurrogat, wie etwa die Hinterlegung[12], erbracht habe, beruhe darauf, daß mangels Wirksamkeit der Teilleistung der gesamte Schuldposten noch offenstehe.

Diese Ableitung ist jedoch keineswegs so sicher, wie es auf den ersten Blick erscheint. Hervorzuheben ist, daß Modestin sich nur zu der auf die Zinsen gerichteten Forderung äußert. Zinsen konnten beim Darlehen (*mutuum*) nur verlangt werden, wenn der Kreditgeber sie sich vom Kreditnehmer stipulationsweise hatte versprechen lassen (Iul.-Afr. 8 quaest. D. 19,5,24)[13]. Zumeist wurde die Verpflichtung zur Rückzahlung, die aus dem *mutuum* als Realkontrakt mit der Auszahlung des Geldes entstanden war, in eine (Haupt-)Stipulation aufgenommen[14] und an diese dann die Zinsstipulation angeschlossen. Davon, jedenfalls aber vom Abschluß einer Zinssti-

---

[12] Zur Wirkung der *depositio* im klassischen Recht s. M. K a s e r, Das römische Privatrecht (= RP), Bd. 1, 2. Aufl., München 1971, 639 f., R. V i g n e r o n, Offerre aut deponere, Lüttich 1979, 57 ff.

[13] K a s e r, RP 1 (o. Anm. 11) 497 m. Anm. 34.

[14] K a s e r, RP 1 (o. Anm. 11) 531 f. m. Anm. 22; d e r s., Mutuum und Stipulatio, in: Eranion G.S. Maridakis, Bd. 1, Athen 1963, 155 ff.

pulation[15], ist auch im Falle von D. 22,1,41,1 auszugehen, weil es andernfalls an jeglicher Pflicht des Kreditnehmers zur Zinszahlung fehlen würde.

Vor diesem Hintergrund erklärt sich auch die oft als unecht verdächtigte *lex*, die eine Rückzahlung in Raten erlaubt und deren Nichtvorliegen Modestin zur Voraussetzung seines Gutachtens macht[16]. Er wird dabei an eine Klausel in der Hauptstipulation gedacht haben. Der Wortlaut *si non hac lege mutua pecunia data est* steht nicht entgegen, weil es sich um einen ungenauen Sprachgebrauch handeln kann. Aber selbst wenn es sich anders verhielte und Modestin an den Fall gedacht haben sollte, daß die Abrede bei der Darlehenshingabe getroffen und in der anschließenden Stipulation nicht wiederholt worden wäre, so wäre sie doch nach der spätklassischen Auslegungsmaxime *pacta in continenti facta stipulationi inesse creduntur* (Paul. 3 quaest. D. 12,1,40)[17] in die Stipulation hineininterpretiert worden.

Es muß folglich um die Auslegung einer Stipulation gegangen sein. Über deren Wortlaut sind wir nicht informiert. Nicht problematisch wäre es, wenn der Gläubiger Strafzinsen stipuliert hätte, wie etwa in Paul. 3 quaest. D. 12,1,40: *si die supra scripta summa Publio Maevio...data soluta...non erit tunc eo amplius, quo post solvam, poenae nomine in dies triginta inque denarios centenos singulos dari stipulatus est Publius Maevius, spopondi ego Lucius Titius* (Publius Maevius hat stipulationsweise gefragt, ob dann, wenn an dem oben genannten Termin der Betrag dem Publius Maevius...weder gezahlt noch auf andere Weise geleistet...wird, für die Zeit, die ich später leiste, als Strafe für je 30 Tage und für je 100 Denare je ein Denar gezahlt wird [also 12 %]; ich, Lucius Titius, habe dies gelobt)[18]. Bei Strafzinsen ergibt sich in aller Regel schon aus dem Wortlaut, daß eine Teilerfüllung den Verfall der Stipulation nicht verhindert oder anteilig beschränkt. Denn die Verfallsbedingung *si die supra scripta summa...data soluta non erit* ist auch im Falle der Zahlung oder Hinterlegung eines Teilbetrages verwirklicht, da ja nicht die Summe, also die ganze Summe, gezahlt worden ist. Diese Auslegung ist mehrfach überliefert, vor allem im Zusammenhang mit Erbfällen[19].

---

15 Vgl. F. Schwarz, Die Grundlage der condictio im klass. röm. Recht, Münster/Köln 1952, 290.

16 Als unecht wird der Passus *si non hac lege – exsolvere* z.B. verdächtigt von G. Grosso, Il sistema romano dei contratti, 3. Aufl., Turin 1963, 175 f.; Kaser, Eran. Maridakis (o. Anm. 13) 178 Anm. 81 m. weit. Lit.

17 Dazu R. Knütel, Stipulatio und pacta, in: FS Kaser (hg. v. D. Medicus/H.H. Seiler), München 1976, 201 ff.

18 Um ein Strafzinsversprechen (für einen offenbar kurzfristig gegebenen Kredit) geht es auch in Paul. 3 quaest. D. 45,1,126,2.

19 Pomp. 26 Sab. D. 45,1,5,3a; Paul. 23 ed. D. 10,2,25,13; Paul. 75 ed. D. 45,1,85,6 sowie (wenngleich dort das Ergebnis anders ausfällt) Ulp. 77 ed. D. 2,11,9,1. S. zu alldem R. Knütel, Stipulatio poenae, Köln/Wien 1976, 82 ff. – Abweichend schloß das ALR (§ 296 I 5) bei Teilleistungen den Strafverfall grundsätzlich aus und verwies den Gläubiger auf den Interesseersatz.

Einfache Zinsstipulationen spiegeln sich in den siebenbürgischen *testationes* wider (unabhängig von der Frage, ob dort wirklich Stipulationen abgeschlossen wurden), z.B. *et eorum (sc. denariorum sexaginta) usuras ex hac die in dies tringinta centesimas singulas dari fide rogavit Iulius Alexander, dari fide promisit Alexander Caricci* (und für sie [d.h. die sechzig Denare] von diesem Tage an für jeweils dreißig Tage ein Prozent Zinsen zu zahlen, hat Iulius Alexander [den Alexander Caricci] auf Ehre befragt und Alexander Caricci auf Ehre versprochen)[20]. Doch führt auch hier die Auslegung dazu, daß für die sechzig Denare die monatlichen Zinsen so lange zu entrichten sind, wie nicht dieses Kapital insgesamt, also bis zum letzten Denar, an den Darlehensgläubiger zurückgezahlt ist[21]. Bei dieser Sicht erklärt sich Modestins Entscheidung aus einer Auslegung der Zinsstipulation, ganz so wie bei der Strafzinsstipulation und vergleichbar wie beim Pfand, wo nach dem Prinzip der ungeteilten Pfandhaftung[22] auch nach einer Teilerfüllung grundsätzlich das Pfand insgesamt noch für die Restschuld haftet. Es ist deshalb auch verständlich, daß Modestin davon absieht, den genauen Wortlaut der Stipulation anzuführen.

Nach alldem bietet das Fragment D. 22,1,41,1, das die Wirkung einer Teilzahlung nur im Hinblick auf die Zinsen, nicht im Hinblick auf die Hauptschuld zum Gegenstand hat, keine verläßliche Grundlage für die Annahme, im klassischen Recht seien dem Schuldner Teilleistungen grundsätzlich nicht gestattet gewesen[23].

2. Das zweite für unseren Zusammenhang maßgebliche Fragment ist D. 12,1,21, Julian im 48. Buch seiner Digesten:

> Quidam existimaverunt neque eum, qui decem peteret, cogendum quinque accipere et reliqua persequi, neque eum, qui fundum suum diceret, partem dumtaxat iudicio persequi: sed in utraque causa humanius facturus videtur praetor, si actorem compulerit ad accipiendum id quod offeratur, cum ad officium eius pertineat lites deminuere.

> Einige Juristen haben angenommen, weder sei derjenige, der Klage auf zehn erhebt, gezwungen, fünf anzunehmen und die Klage auf den Rest zu beschränken, noch dürfe derjenige, der sein Eigentum an einem Grundstück geltend macht, gezwungen werden, nur noch einen Teil gerichtlich weiter zu verfolgen. Aber in beiden Fällen wird der Prätor ersichtlich menschlicher handeln, wenn er

---

20 FIRA III (hg. v. V. Arangio-Ruiz), 2. Aufl., Florenz 1969, Nr. 122 = C. G. Bruns, Fontes iuris romani antiqui, 7. Aufl., Tübingen 1909, Nr. 153.2, vgl. auch FIRA III Nr. 123 = Bruns 153.1. – Die Darlehensverträge der Tab. Pomp. Sulp. weisen keine Zinsstipulationen auf, s. G. Camodeca, Tabulae Pompeianae Sulpiciorum, Rom 1999, Bd. 1, 133 m. Anm. 25.

21 Vgl. A. Alciat, Opera omnia, Bd. 1, Frankfurt 1617, 290 (*Habet enim promissio usurarum conditionem, si sors persoluta non sit*); H. Donellus, Opera omnia, Bd. 4, Lucca 1764, XVI c. XI § XVI; F. C. v. Savigny, Das Obligationenrecht als Theil des heutigen Römischen Rechts, Bd. 1, Berlin 1851, 323. – Die kompliziertere Rechtslage im geltenden Recht ergibt sich aus den Bestimmungen des § 609 a BGB a.F. = § 489 BGB 2002.

22 Dazu A. Wacke, Ungeteilte Pfandhaftung, in: Index 3 (1972) 454 ff., der S. 480 f., 488 treffend hervorhebt, daß die ungeteilte Pfandhaftung sich nicht notwendig daraus ergibt, daß dem Schuldner Teilleistungen nicht erlaubt seien.

23 So sieht es offenbar auch v. Savigny, (o. Anm. 20) 22 f. m. Anm. c. S. dazu auch u. IV. 3.

den Kläger zwingt anzunehmen, was man ihm anbietet, da es zur Amtspflicht des Prätors gehört, Streitigkeiten [dem Umfang nach] zu verringern.

Zugunsten der Annahme, der Gläubiger habe Teilleistungen nicht anzunehmen brauchen, spricht das Fragment dann, wenn man die entscheidende Aussage als unecht ansieht oder wenn man den Text als Ausnahme begreift, die die Regel bestätigt. In der modernen Romanistik hat die erstgenannte Auffassung die Oberhand gewonnen; sie geht davon aus, das Schlußstück *sed in utraque causa rell.* sei interpoliert[24].

Das ist jedoch wenig glaubhaft, schon weil dann das Anfangsstück (*quidam existimaverunt*) in der Luft hinge. Nach dem Bericht der Meinung der *quidam* wird Julian zu dieser Meinung Stellung bezogen haben und dies vermutlich eher kritisch. Dafür spricht auch das mit unserem Text im Zusammenhang stehende, ebenfalls aus dem 48. Buch von Julians Digesten stammende Fragment D. 5,4,8, in dem der Jurist einem Erbschaftsbesitzer gestattet, die Erbschaft nur zu dem von ihm selbst beanspruchten Anteil zu verteidigen. Ferner ist der vernünftige Gedanke, daß es Aufgabe des Prätors ist, Streitigkeiten zu entlasten oder zu beenden, auch anderweit für die klassische Zeit bezeugt[25]. Wir würden ihn heute als Ausdruck des Gebots der Prozeßökonomie erfassen; doch läßt die Bezugnahme auf die *humanitas* eher daran denken, daß Julian (wie bei Ulp. 18 Sab. D. 7,1,13,3) die menschenfreundliche Aufgabe der Streitschlichtung im Auge hatte.

Eher ist deshalb die altüberkommene Einordnung des Textes in dem Sinne in Betracht zu ziehen, daß die *quidam* am allgemeinen Grundsatz der Unstatthaftigkeit von Teilleistungen auch bei der Prozeßbegründung noch festhalten, während Julian hier zur Beschränkung der Rechtsstreitigkeiten eine Ausnahme macht[26]. Doch ist auch diese Interpretation nicht so sicher, wie sie auf den ersten Blick erscheint. Denn die

---

24 Vgl. z.B. C. Ferrini / G. Grosso, Manuale di Pandette, 4. Aufl., Mailand 1953, 488 Anm. 4; H. Siber, Römisches Privatrecht, 1928, 272; S. Solazzi, L'estinzione dell'obbligazione, 2. Aufl., Neapel 1935, 94 f. m. weit. Lit.; Kaser, RP 1 (o. Anm. 11) 637 Anm. 23; G.G. Archi, Ait praetor: Pacta conventa servabo, in: Archi, Scritti di diritto rom., Bd. 1, Mailand 1981, 491 Anm. 25. Für die Interpolation hatte sich schon Faber ausgesprochen, s. Bull. 13 (1900) 225.- Für Echtheit L. Lombardi, Aperçus sur la compensation chez les juristes classiques, in: Bull. 66 (1963) 74 Fn. 78; T. Giaro, De ponte oder De monte, in: Labeo 36 (1990) 207 m. Anm. 107. Ohne Beanstandung P. Voci, Le obbligazioni romane, Bd. I/1, Mailand 1969, 304 Anm. 23; M. Brutti, La problematica del dolo processuale nell'esperienza romana, Bd. 2, Mailand 1973, 459 Anm. 158.

25 Vgl. Sen. contr. 7,7,10: *Hoc erat itaque praeceptum eius, quaedam declamatorem tamquam praetorem facere debere minuendae litis causa* (Sein [sc. des Rhetors Latro] Anliegen war es deshalb, daß der Rhetor wie der Prätor einiges zur Entlastung des Rechtsstreits beitragen müsse), worauf schon Cujaz, Opera, Bd. 6, Neapel 1722, 330, hinweist. S. ferner Ulp. 13 ed. D. 4,8,3,1 (*quod studeret lites finiri, sc. praetor*); Iul.-Ulp. D. 7,1,13,3 sowie R. Düll, Zur Diszeptationstätigkeit des röm. Jurisdiktionsmagistrats, in: SZ 80 (1963) 394 f.

26 So A. Vinnius, Institutionum Imperialium Commentarius, Bd. 2, Venedig 1793, 191 (ad Inst. 3,30 pr. Nr. 6 i.f.); B. Windscheid / Th. Kipp, Lehrbuch des Pandektenrechts, Bd. 2, 9. Aufl., Frankfurt/M. 1906, 422 f. m. Anm. 20 m.w.N. S. auch Lombardi (o. Anm. 23) 74 Anm. 78 und Knütel (o. Anm. 18) 84 Anm. 14.

Auffassung der *quidam* könnte sich auch in etwas anderer Weise erklären als durch das bloße Beharren auf einem Grundsatz des Verbots von Teilleistungen.

Für die Erklärung kommt es jedenfalls entscheidend auf den Grund an, weshalb die Kontroverse entstanden ist. Leider sind darüber nur Vermutungen möglich. Denkbar ist ein Zusammenhang mit den Streitwertgrenzen. Beispielsweise war für die *hereditatis petitio* und wohl auch für die *querela inofficiosi testamenti* ab einem Mindeststreitwert von 100.000 HS das Zentrumviralgericht zuständig, bei einem geringeren Streitwert dagegen der Einzelrichter[27]. Auch war bei Sachen von geringem Streitwert die Appellation ausgeschlossen[28]. Es kam also in Betracht, daß dem klagbereiten Gläubiger aus dem Angebot einer Teilleistung, wenn er dieses hätte annehmen müssen, Nachteile erwuchsen, wie etwa der Verlust der Möglichkeit, vor einem höher angesiedelten Gericht zu klagen oder Berufung einzulegen. Vor diesem Hintergrund könnte die Lehre der *quidam* dahin gegangen sein, daß der Gläubiger eine Teilleistung dann zurückweisen dürfe, wenn seine Interessen durch sie beeinträchtigt werden. Dabei wäre als Grundsatz nicht die Unerlaubtheit, sondern gerade die Erlaubtheit von Teilleistungen vorausgesetzt, soweit nicht ausnahmsweise die Teilleistung dem Interesse des Gläubigers zuwiderläuft. Bei dieser Sicht hätte Julian der menschenfreundlichen Streitbeschränkung einen höheren Rang beigemessen als einer möglichen Interessebeeinträchtigung auf seiten des Klägers.

3. Sichere Schlüsse erlaubt auch nicht D. 40,7,4,6, Paulus im 5. Buch zu Sabinus:

> Item si decem heredi dare iussus fuerit, heres etiam per partes accipere favore libertatis cogendus est.

> Wenn ferner dem Sklaven im Testament die Freiheit für den Fall erteilt ist, daß er dem Erben zehn zahlt, ist der Erbe zu Gunsten der Freiheit genötigt, auch Teilzahlungen anzunehmen.

Für die Zahlungen, die einem bedingt Freigelassenen auferlegt sind, gelten im Prinzip die allgemeinen Regeln, die freilich durch Sonderbestimmungen modifiziert sind[29]. Die dem Statuliber *favore libertatis* besonders eingeräumte Möglichkeit, *condicionis implendae causa* in Raten zu zahlen, legt deshalb den Rückschluß nahe, daß ein derartiges Recht im allgemeinen für einen Schuldner nicht bestand. Gut möglich ist aber auch die andere Erklärung, daß in fr. 4,6 die Macht des Eigentümers, dem es im Verhältnis zum Sklaven freisteht, die Zahlungsmodalitäten zu diktieren, zugunsten des bedingt

---

27 Kaser / Hackl (o. Anm. 8) 53 f. In den Stadtgemeinden der Provinzen waren, wie Kap. 84 der *lex Irnitana* erkennen läßt, die lokalen Munizipalmagistrate zuständig für gewöhnliche Zivilprozesse mit einem Streitwert bis 1000 Sesterzen; Verfahren mit höherem Streitwert mußten dagegen vor dem Statthalter geführt werden, s. Kaser / Hackl, 182 f., s. auch F. Lamberti, Tabulae Irnitanae, Neapel 1993, 148 ff.

28 Vgl. Ulp. 8 disp. D. 49,1,10,1; Kaser / Hackl (o. Anm. 8) 506.

29 W. W. Buckland, The Roman Law of Slavery, Cambridge 1908, Reprint New York 1969, 498.

Freien eingeschränkt werden soll.

Damit zeigt sich, daß die wichtigsten einschlägigen Quellen zwar dahin verstanden werden können, es habe der Grundsatz gegolten, daß der Schuldner zu Teilleistungen nicht berechtigt ist; doch ist zugleich deutlich geworden, daß starke, ja, die wohl stärkeren Gründe gegen diese Ableitung sprechen.

III. 1. Dessenungeachtet war es in der mittelalterlichen Jurisprudenz schon seit der Glosse herrschende Ansicht, daß der Schuldner gegen den Willen des Gläubigers zu Teilleistungen nicht berechtigt sei, weil eine Erfüllung nach und nach dem Gläubiger meist lästig sei. Alciat berichtet: *Concludunt (sc. ex fr. 21) regulariter Doctores creditorem invitum non cogi, ut particularem solutionem recipiat: quia incommoda plerumque est huiusmodi minutatim facta solutio*[30]. Diese Begründung geht zurück auf D. 10,2,3, Gaius im 7. Buch zum Provinzialedikt:

> Plane ad officium iudicis nonnumquam pertinet, ut debita et credita singulis pro solido aliis alia adtribuat, quia saepe et solutio et exactio partium non minima incommoda habet...
>
> Freilich wird es bisweilen zur Amtspflicht des Richters gehören, Schulden und Forderungen einzelnen Erben ganz, anderen dafür etwas anderes zuzuweisen, weil häufig Teilerfüllung und Teileinziehung nicht geringe Unbequemlichkeiten nach sich ziehen...

Von dem genannten Grundsatz wurden verschiedene Ausnahmen anerkannt, deren Zahl im Laufe der Jahrhunderte immer geringer geworden ist. Alciat zählt auf der Basis der *communis opinio* und abgesehen vom Einverständnis des Gläubigers[31] insgesamt sechs auf: 1. wenn der Schuldner teils bestreitet, teils anerkennt (Iul. 48 dig. D. 12,1,21)[32], 2. wenn einem Statuliber eine Zahlung auferlegt ist (Paul. 5 Sab. D. 40,7,4,6), 3. bei den Zinszahlungen der Pächter von Grundstücken der kaiserlichen Domänen (Arc.-Honor. C. 11,65,5, a. 399) und von Erbpächtern, 4. bei der Aufrechnung (Alex. C. 4,31,5, a. 229)[33], 5. beim Gestellungsversprechen (Ulp. 77 ed. D. 2,11,9,1) und 6. bei einem in Vermögensverfall geratenen Schuldner, der wenigstens insoweit zahlen muß, wie er dazu in der Lage ist (Authenticum zu C. 8,42[43], 16 = Nov. 4 c. 3 pr.)[34].

---

30 Opera (o. Anm. 20) 289 mit Hinweis auf Gai. 7 ed. prov. D. 10,2,3 (s. im Text). Zu Alciats abweichender Ansicht s. sogl. unter IV.

31 Dazu werden auch die Fälle Iust. C. 10,22,5 (a. 528); Ulp. 27 ed. D. 13,4,2,4 und Ulp. 43 Sab. D. 46,3,5,1 gezählt.

32 Vgl. dazu heute die Bestimmung des § 307 Abs. 1 ZPO, aus der sich jedoch nicht ergibt, daß der Gläubiger eine teilweise Erfüllung auch gegen sein Interesse hinnehmen muß, s. Vorentwurf (= Vorlagen der Redaktoren für die 1.Kommission zur Ausarbeitung des Entwurfs eines BGB), hg. v. W. Schubert, Bd. II/1, Berlin/New York 1980, 778.

33 Vgl. § 389 BGB („soweit sie sich decken") als Ausnahme von § 266 BGB.

34 Vgl. §§ 757 Abs. 1 ZPO, 187 Abs. 2 InsO (früher § 149 KO).

V o e t[35] nennt noch fünf Ausnahmen, nämlich die Fälle 1 bis 3 sowie das *beneficium divisionis* der Mitbürgen und Mitvormünder[36] und die Forderungsteilung im Erbfall (*nomina ipso iure divisa*)[37]. In der Literatur des 19. Jh. wird dagegen in der Regel nur noch auf den Ausnahmefall von D. 12,1,21, daß der eine Teil der Forderung liquide, der andere illiquide ist[38], hingewiesen und gelegentlich zusätzlich auf die Fälle des *beneficium competentiae*[39]. Der Grundsatz hatte sich im Laufe der Jahrhunderte so fest etabliert, daß die Ausnahmen unwesentlich geworden waren.

2. Mit wachsender Emanzipation von den Texten des *Corpus Iuris* wurden im Laufe der Jahrhunderte zusätzliche Rechtfertigungen für den Grundsatz entwickelt, daß der Gläubiger Teilleistungen nicht anzunehmen braucht. Zu den wesentlichen Rechtfertigungen hat A l o i s B r i n z in einer Fußnote zu dem Satz: „Schwieriger ist es, den inneren Grund dieses Satzes [sc. des Teilleistungsverbots] anzugeben," knapp und kritisch Stellung bezogen:

> „Sagt man, die Forderung gehe auf ein ‚ungetrenntes Ganzes' (G r u c h o t)[40], so folgt nicht, daß sie auch auf ein u n t r e n n b a r e s Ganze gehe; sagt man in Einem Athem, mit dem bloßen Theile werde aliud pro alio gezalt, so verwechselt man Qualität mit Quantität; das angebliche ‚Postulat der Natur' aus welchem D o n e l l u s (...)[41] argumentirt: ut quomodo quidque contractum sit eodem modo et dissolvatur (...)[42] – geht auf die Form, nicht den Inhalt der solutio und ist an sich problematisch. Wollte man sich aber auf das Interesse des Gläubigers stützen, so ließen sich Fälle denken, in denen ein solches fehlt. S a v i g n y ' s (u. A l c i a t ' s) abweichende Meinung möchte darnach mehr äußerlich als innerlich verlassen sein."[43]

Mit dem Schlußsatz meint B r i n z, daß S a v i g n y mit seiner Ansicht zwar äußerlich allein dasteht, daß er in der Sache aber die besseren Gründe haben dürfte.

---

[35] V o e t, Commentariorum ad Pandectas libri quinquaginta, Bd. 5, Venedig 1852, 831 (10 zu D. 46,3). Vgl. auch S. S t r y k, Specimen usus moderni Pandectarum, Opera, Bd. 15, Florenz 1841, 1053.

[36] Gai. inst. 3,121, 121 a, 122; Paul. sent. 1,20; Gai. 8 ed. prov. D. 46,1,26; Ulp. 36 ed. D. 27,3,1,10-12; Pap. 12 quaest. D. 26,7,38 pr.

[37] XII Tab. 5,9; Gord. C. 3,36,6 (-) sowie Paul. 75 ed. D. 45,1,85,1; Gai. 7 ed. prov. D. 10,2,3; Val.-Gall. C. 10,16,2 (a. 260).

[38] C.F.F. S i n t e n i s, Das praktische gemeine Civilrecht, Bd. 2, 3. Aufl., Leipzig 1868, 56 m. Anm. 41; W i n d s c h e i d / K i p p (o. Anm. 25) 422.

[39] So etwa J.F.L. G ö s c h e n, Vorlesungen über das gemeine Civilrecht, Bd. 2, 2. Aufl., Göttingen 1843, 126 f.; C.F. K o c h, Das Recht der Forderungen, Bd. 1, 2. Aufl. 1858, 400 (mit „Ausnahmen aus s.g. gerechten Gründen, z.B. bei Kriegskalamitäten"); J.A. G r u c h o t, Die Lehre von der Zahlung der Geldschuld nach heutigem dt. Rechte, 1871, 111 ff. (mit Hinweis auf das Wechselrecht, Art. 38 ADWO [s. heute Art. 39 II WG und Art. 34 II ScheckG]).

[40] (o. Anm. 38) 111 und dort Angeführte.

[41] Opera (o. Anm. 20) XVI c. XI § XVI.

[42] D o n e l l u s verweist auf Paul. 65 ed. D. 50,17,153.

[43] A. B r i n z, Lehrbuch der Pandekten, Bd. 2/1, 2. Aufl., Erlangen 1879, 446 Anm. 31.

IV. 1. Nachdrückliche Bedenken gegenüber dem seinerzeit bereits fest etablierten Grundsatz der Unstatthaftigkeit von Teilleistungen erhob als erster Philippus Decius (1454-1536), ein Mann von „ungemeine[m] Ruhm", dem es gelang, „überall seine Collegen zu verdunkeln"[44]. Er machte insbesondere geltend[45], erstens sei die in Iul. 48 dig. D. 12,1,21 angeführte *ratio*, Rechtsstreitigkeiten zu verringern, eine allgemeine, und es sei auch absurd, jemanden, der auf eine Forderung nur einen Teil anbiete und sie im übrigen bestreite, besser zu stellen als einen Schuldner, der die gesamte Schuld anerkenne (zunächst aber nur einen Teil anbiete). Zweitens werde die Unbequemlichkeit einer Teilerfüllung in Gai. 7 ed. prov. D. 10,2,3 für den Fall betont, daß die Verbindlichkeit durch Erbgang auf mehrere Erben aufgeteilt werde. Die Unbequemlichkeit, sich künftig mit mehreren Teilschuldnern auseinandersetzen zu müssen, sei aber eine ganz andere als die, von einem und demselben Schuldner die Leistung in Teilen zu erhalten. Drittens könne der Gläubiger zwar eine nicht zur rechten Zeit oder nicht am rechten Ort angebotene Leistung zurückweisen (Afr. 8 quaest. D. 46,3,39); doch liege es bei einer Teilleistung anders, weil sie, soweit sie reiche, schon dem Interesse des Gläubigers entspreche und deshalb viel eher zuzulassen sei. Viertens lasse die freiheitsbegünstigende Auslegung zur Erfüllung der Bedingung in Paul. 5 Sab. D. 40,7,4,6 kein *argumentum e contrario* im Hinblick auf die Fälle zu, in denen es um die Erfüllung einer Verpflichtung und nicht einer Bedingung gehe.

2. Es war dann Andreas Alciat (1492-1550), der Begründer der humanistischen Jurisprudenz, ein *vir summi ingenii et auctoritatis*[46], der als erster die Ansicht vertrat, das gegenteilige Prinzip sei richtig: Grundsätzlich sei der Schuldner berechtigt, auch gegen den Willen des Gläubigers Teilleistungen zu erbringen[47]. Sechs Argumente führt Alciat an[48]:

Erstens bekämpft er ähnlich wie Decius die enge Auslegung der *lex* 21 (D. 12,1), zu der die *communis opinio* gelangt war, weil sie diese als Ausnahmebestimmung verstand, und er veranschaulicht an mißlichen Konsequenzen, daß die *ratio* der *lex* gebietet, ihren Wortlaut nicht restriktiv aufzufassen.

Zweitens könne auch der Hauptgrund der allgemeinen Ansicht niemanden überzeugen. Denn es sei selten, daß eine Teilleistung lästig ist (*particularis enim solutio rarum*

[44] F.C. v. Savigny, Geschichte des römischen Rechts im Mittelalter, Bd. 6, 2. Aufl. 1850, Nachdr. Bad Homburg 1961, 374 ff. (390 f.).

[45] Ph. Decius, Super Digesto et Codice...in Primam ac Secundam ff. Veteris necnon in Primam at Secundam Codicis Commentaria amplissima, Lyon 1538, 73 (zu D. 12,1,21).

[46] So A. Vinnius (o. Anm. 25) 190. – Zu Alciat etwa J. Otto, Alciatus, in: Juristen (hg. v. M. Stolleis), 2. Aufl. 2001, 27 ff.

[47] Alciat (o. Anm. 20) 290 Rz. 18: *Putaverim igitur secundum legis nostrae (sc.* D. 12,1,21) *verba, constituendam generaliter regulam, ut particularis solutio invito creditore admittatur.* Vgl. auch ebda. 289 Rz. 12.

[48] Siehe 289, 290 Rz. 12-17.

est ut incommoda sit), sofern es sich nicht gerade um allzu kleine Raten oder darum handele, daß die Teilbeträge von mehreren Personen eingezogen werden müssen. Nicht in der Teilleistung liege ein Nachteil, sondern gegebenenfalls darin, daß die Zahlung des Restes verweigert werde.

Drittens seien die Stipulationen auf Übereignung einer *quantitas* in jeder Hinsicht, also auch bei der Erfüllung teilbar, Paul. 12 Sab. D. 45,1,2,1. Mangels Einschränkungen in dieser *lex* müsse demnach auch eine Teilerfüllung gegen den Willen des Gläubigers möglich sein.

Viertens erwiese sich andernfalls die Bestimmung der XII Tafeln, daß die Verpflichtungen des Erblassers mit Erbfall *ipso iure* unter den Erben aufgeteilt sind[49], als ungerecht. Nur wenn man einräume, daß schon der Erblasser zur Teilleistung berechtigt gewesen sei, lasse sich die Annahme vermeiden, das Recht des Gläubigers habe sich auf Grund der Person der Erben verschlechtert.

Fünftens sei nicht einzusehen, weshalb das Privileg der Pächter und Erbpächter von Fiskalgrundstücken[50] nicht erst recht für Pächter von Privatland gelten sollte.

Sechstens schließlich hebt Alciat hervor, daß es richtig sei, daß der Gläubiger auch gegen den Willen des Schuldners auf einen Teilbetrag klagen kann, und er fragt: Warum sagen wir dasselbe nicht auch umgekehrt, daß nämlich auch der Schuldner gegen den Willen des Gläubigers rechtswirksam eine Teilleistung erbringen kann?[51]

3. Der nächste höchst prominente Vertreter der Lehre von der Teilleistungsbefugnis des Schuldners ist erst Friedrich Carl v. Savigny (1779-1861), der im 1. Bande des Obligationenrechts nach der Darlegung, daß der Gläubiger die Obligation teilen kann, betont:

> „Umgekehrt kann der Schuldner die Obligation theilen, indem er theilweise erfüllt." Daß „der Schuldner durch einseitige Willkür eine solche Rückzahlung [sc. durch Teilzahlungen] vornehmen könne ... (sei) ... durch zwei Umstände gerechtfertigt. Erstlich dadurch, daß der Gläubiger von seiner Seite jederzeit die ganze Schuld einfordern kann. Zweitens dadurch, daß die wichtigsten Nachtheile, die ihn treffen könnten, durch besondere Vorschriften abgewendet werden. Denn der Zinsenlauf für das ganze Kapital soll fortdauern, unvermindert durch die Rückzahlung (c); und eben so soll das ganze Pfand fortwährend haften, so lange auch nur noch ein Theil der Schuld ungetilgt übrig ist (d)"[52].

Doch hat auch Savigny, der, wie er sagt, die ganze Frage „nur beiläufig berührt" hat,

---

[49] Siehe o. zu Anm. 36.

[50] Vgl. o. nach Anm. 31.

[51] Gegen Alciat wenden sich z.B. Donellus (o. Anm. 20) XVI c. XI §§ XVI, XVII (maßgeblich sei Diocl. C. 8,42,9 [a. 286]: *Obsignatione totius debitae pecuniae solemniter facta liberationem contingere manifestum est*....Doch steht das einer Anerkennung von Teilleistungen nicht entgegen. Vgl. auch o. zu Anm. 40); Vinnius (o. Anm. 25) 190 (ad Inst. 3,30 pr.).

[52] Savigny (o. Anm. 20) 322 f. mit Hinweisen auf D. 12,1,21 sowie (c) D. 22,1,41 und (d) D. 20,1,19; D. 21,2,65.

außer der verhaltenen Zustimmung von B r i n z[53] keine Gefolgschaft gefunden.

V. 1. Trotz dieser zwar sehr gewichtigen, aber doch sehr wenigen Gegenstimmen blieb die *communis opinio* über die Jahrhunderte konstant. Es verwundert deshalb nicht, daß der Grundsatz der Unstatthaftigkeit von Teilleistungen ohne weiteres Aufnahme in die Gesetzbücher fand, in §§ 6, 8 IV 14 des Codex Maximilianeus Bavaricus Civilis v. 1756[54], in § 57 I 16 ALR v. 1794 und in § 1415 S.1 ABGB v. 1811 sowie § 695 SächsBGB v. 1863/65.

Auch der Code civil v. 1804 hält in seinen Artt. 1244, 1220 im Ausgangspunkt an diesem Grundsatz fest[55], schränkt ihn jedoch durch die Ermächtigung des Richters ein, dem Schuldner Teilzahlungen zu bewilligen (délai de grâce). Ursprünglich war vorgesehen, daß der Richter von dieser Möglichkeit „en considération de la position du débiteur, et en usant de ce pouvoir avec une grande réserve“ Gebrauch machen sollte (Art. 1244 Abs. 2 Cc 1804). Aufgrund von Änderungen in den Jahren 1936 und 1985 bestimmt nunmehr Art. 1244-1 Abs. 1 Cc, daß der Richter in Anbetracht der Situation des Schuldners und unter Berücksichtigung der Belange des Gläubigers die Zahlung der fälligen Beträge bis zu zwei Jahre lang aufschieben oder Ratenzahlung bewilligen kann. Dies kommt einem Mittelweg zwischen einer grundsätzlichen Unstatthaftigkeit und einer grundsätzlichen Statthaftigkeit von Teilleistungen nahe.

2. a) Die Lösung über die richterliche Ermächtigung, Teilzahlungen zu bewilligen, hat sich jedoch nicht durchgesetzt[56]. In nahezu allen heute geltenden Zivilrechtskodifikationen wird, soweit sich eine einschlägige Regelung findet, wie in §§ 1415 S. 1 ABGB, 266 BGB allgemein bestimmt, daß der Schuldner zu Teilleistungen nicht berechtigt ist[57]. Verschiedentlich wird darüber hinaus in einem zweiten Absatz bestimmt, daß der Gläubiger, wenn der Schuldner die Forderung nur zum Teil anerkennt, gehalten ist, die Leistung auf diesen (liquiden) Teil anzunehmen[58]. Daß hier

---

53 Siehe o. zu Anm. 42.

54 In seinen Anmerkungen über den Codicem erläutert W.X.A. v. K r e i t t m a y r zwar die Ausnahmen, nicht aber den Grundsatz, Bd. 4, 2. Aufl., München 1821, 667 f.

55 T r e i l h a r d, in: L o c r é, Législation civile, commerciale et criminelle, Bd. 7, Brüssel 1836, 91.

56 Für das BGB beruht das darauf, daß 1877 gerade durch § 14 Nr. 4 EGZPO die Vorschriften über die Bewilligung von Moratorien und die richterliche Gewährung von Zahlungsfristen außer Kraft gesetzt worden waren, vgl. Vorentwurf (o. Anm. 31) 778 f.; H.H. Jakobs/W. Schubert, Die Beratung des BGB. Recht der Schuldverhältnisse I (§§ 241 bis 432), Berlin/New York 1978, 172.

57 So etwa in Artt. 1591 CcChile v. 1855; 673 CcArg. v. 1869; 1649 CcKolumb. v. 1887; 1169 CcSpan. v. 1889; 69 SchwOR v. 1911 (vgl. Art. 78 OR v. 1881); 889 CcBras. v. 1916; 2078 CcMex. v. 1928; § 1832 Lett. ZGB v. 1937; Artt. 316 GriechZGB v. 1940; 1181 CcIt. v. 1942; 763 CcPort. v. 1966; 1387 CcGuatm. v. 1970; 1221 CcPeru v. 1984; 1861 Louisiana Civil Code v. 1870 (i.d.F. v. 1985); Art. 6: 29 Niederl. NBW v. 1992; § 72 VertragsG ChinVR v. 1999, vgl. auch § 460 S.1 Korean. ZGB v. 1960.

58 So in Artt. 1169 CcSpan. v. 1889; 2078 CcMex. v. 1928; 1387 CcGuatm. v. 1970; 1221 CcPeru v. 1984; 1861 Louisiana Civil Code v. 1870 (i.d.F. v. 1985) sowie in Art. 69 SchwOR v. 1911 („Der

Julians Entscheidung in D. 12,1,21 nachwirkt, liegt auf der Hand.

b) Auch im angloamerikanischen Rechtskreis ist der Schuldner grundsätzlich zu Teilleistungen nicht berechtigt, weder nach englischem[59] noch nach schottischem[60] oder US-amerikanischem[61] Recht. Immerhin meint Harvey McGregor in seinem Entwurf eines Contract Code, diese Regel sei „not really self-evident"[62].

Für Verträge, auf die der Sale of Goods Act 1979 Anwendung findet, wird die Regel in s. 31 (1) ausgesprochen: „Unless otherwise agreed, the buyer of goods is not bound to accept delivery of them by instalments". Nach § 2-601 des amerikanischen UCC kann der Käufer, wenn die Ware oder das Angebot „fail in any respect to conform to the contract", das Ganze zurückweisen.

3. Doch ist auch der schuldnerfreundlichere Grundsatz der Erlaubtheit von Teilleistungen nicht ohne gesetzgeberische Anerkennung geblieben. Immerhin bestimmt das polnische Zivilgesetzbuch von 1964 in seinem Art. 450: „Der Gläubiger darf die Annahme einer Teilleistung nicht ablehnen, auch wenn die gesamte Forderung schon fällig ist, es sei denn, daß die Annahme einer solchen Leistung sein gerechtfertigtes Interesse verletzt".

Diese Bestimmung beruht auf dem Gedanken, die Erfüllung der Verbindlichkeit zu sichern, und zwar aus der vernünftigen Erwägung heraus, daß in der Regel auch die nur teilweise Erfüllung nützlicher ist als eine infolge der Zurückweisung eintretende vollständige Nichterfüllung. Vor allem sei in vielen Fällen eine Teilleistung keine (Teil-)Erfüllung, die das berechtigte Interesse des Gläubigers verletze[63].

VI. Die Regelung des § 266 BGB („Der Schuldner ist zu Teilleistungen nicht berechtigt") war im Gesetzgebungsverfahren keineswegs unangefochten. v. Kübel hatte aus der Verpflichtung des Schuldners, gerade dasjenige zu leisten, was von ihm geschuldet wird, abgeleitet, daß der Gläubiger regelmäßig nicht zur Annahme einer Teilleistung genötigt werden kann; im übrigen hatte er sich auf das gemeine Recht

Gläubiger braucht eine Teilzahlung nicht anzunehmen, wenn die gesamte Schuld feststeht und fällig ist"), wo sich dies aus der Voraussetzung, daß die ganze Schuld feststeht, ergibt, s. R.H. Weber in: Berner Komm., Bd. VI/1/4, Bern 1983, Art. 69 Rz. 32-34, 38.- Dagegen meinte F.Ph. v. Kübel im Vorentwurf (o. Anm. 31) 778, es sei überhaupt nicht einzusehen, warum das teilweise Anerkenntnis eine ausnahmsweise Verpflichtung des Gläubigers zur Annahme einer Teilleistung begründen sollte.

59 Halsbury's Laws of England, Bd. 9/1, 4. Aufl., London 1998, para 974 m. Rspr. in Anm. 7.

60 W.W. McBryde, The Law of Contract in Scotland, Edinburgh 1987, para 22-18 m. Hinweis auf *Wilson's Tr. v. Watson & Co.* (1900) 2 F 761, 770.

61 S. etwa (zu Geldschulden) A.L. Corbin, Corbin on Contracts, Bd. 5 A (S. 1122-1251), St. Paul, Minn. 1964, § 1235 (3) m. (überraschend reicher) Rspr.

62 Contract Code Drawn up on Behalf of the English Law Commission, Mailand 1993, 50.

63 W. Czachórski, Il diritto delle obbligazioni. Profili generali, Camerino 1980 (Übersetzung der Ausgabe Warschau 1978), 199.

und die neueren Gesetzgebungen berufen[64].

In der 1. Kommission blieb dieser Grundsatz unangefochten; in der 2. Kommission wurde jedoch ein Zusatz beantragt, der die Regel zur Ausnahme gemacht hätte: „Zur Annahme einer Theilzahlung ist der Gläubiger verpflichtet, wenn dieselbe seinem Interesse nicht widerstreitet"[65].

Doch wurde der Antrag abgelehnt, weil dies zu weit größeren Schikanen des Schuldners gegenüber dem Gläubiger Anlaß bieten könne als sie dem Gläubiger aufgrund eines Teilleistungsverbots gegenüber dem Schuldner möglich seien. Denn die „Zurückweisung einer unvollständigen Zahlung, bei der vielleicht nur ein geringer Betrag fehle, sei keineswegs immer oder auch nur in der Mehrzahl der Fälle Chikane, sondern komme fast nur dann vor, wenn der Gläubiger bei Annahme der unvollständigen Zahlung befürchten müßte, den fehlenden Betrag ohne unverhältnismäßige Weiterungen nicht erlangen zu können, und sei in solchen Fällen das einzige Mittel, den Gläubiger gegen willkürliche Verkürzung seines Rechtes wirksam zu schützen"[66].

Überzeugen kann das keineswegs. Erstens ist es schon bedenklich, eine auf objektiven Interessenausgleich zu richtende Vorschrift vor allem danach zu treffen, welcher Seite die effektiveren Mißbrauchsmöglichkeiten eröffnet werden. Und zweitens wäre gerade das angeführte Beispiel, daß der Schuldner bewußt einen geringen Betrag in der erkennbaren Hoffnung offenläßt, der Gläubiger werde diesen nicht einklagen, ein Fall, in dem die Annahme der Teilzahlung dem Interesse des Gläubigers widerstreitet.

Der abgelehnte Antrag ist im Bundesrat von Bremen wieder aufgegriffen worden, weil eine Vorschrift, wonach der Gläubiger „*stets* die Teilleistung zurückweisen dürfe, weder dem geltenden Recht noch den Bedürfnissen des Verkehrs entspreche. Insbesondere könne der überseeische Handel, bei welchem stets der Verlust oder die Beschädigung eines Teils des Kaufgegenstandes zu besorgen sei, einen solchen Satz nicht ertragen, der dem Käufer gestatten würde, auf Kosten des Verkäufers zu spekulieren"[67]. Im Justizausschuß des Bundesrats fand sich jedoch keine Mehrheit für diesen Vorschlag.

VII. 1. Die *ratio* des § 266 BGB wird heutzutage, soweit sie überhaupt angeführt wird, durchweg darin gesehen, den Gläubiger vor den Belästigungen zu schützen, die

64 Vorentwurf (o. Anm. 31) 777 f., vgl. auch Motive zu dem Entwurfe eines BGB, 2. Aufl., Berlin 1896, 33.

65 Protokolle der Kommission für die 2. Lesung des Entwurfs des Bürgerlichen Gesetzbuchs, Bd. 1, 1897, 305; Jakobs/Schubert (o. Anm. 55) 173.

66 Protokolle (o. Anm. 64) 305 f.

67 Jakobs/Schubert (o. Anm. 55) 173.

eine in Teilen erfolgende Tilgung der Schuld mit sich bringen kann[68]. Diese Rechtfertigung, die in den Gesetzesmaterialien kaum anklingt[69], geht auf das Urteil RGZ 79, 359, 361 (von 1912) zurück, in dem das Reichsgericht ersichtlich an das gemeine Recht anknüpft. Unverkennbar ist die Fortwirkung von D. 10,2,3 (o. III. 1), wo es freilich um den Sonderfall der Forderungsaufteilung auf mehrere Schuldner geht.

2. „Daß dieser Normzweck Einschränkungen des Grundsatzes notwendig macht, versteht sich fast von selbst“[70]. Mittlerweile haben die Einschränkungen, sei es, daß sie durch restriktive Interpretation, sei es, daß sie über den Grundsatz von Treu und Glauben verwirklicht werden, ein solches Gewicht erlangt, daß sie die Regel des § 266 BGB zur Ausnahme machen. So ist – ganz abgesehen von den Besonderheiten des Arbeitsrechts[71] – insbesondere beim Erwerb größerer Mengen von Getreide, Kohlen, Öl, Ziegeln etc., in Fällen also, in denen die vollständige Leistung vom Schuldner aus technischen Gründen oft nur in mehreren Lieferungen erfolgen kann, aus § 266 BGB regelmäßig keine Zurückweisungsbefugnis gegenüber Teillieferungen herzuleiten, sofern diese von mittlerer Art und Güte sind[72]. Auch bei Teilzahlungen auf unbestrittene Geldforderungen sind, zumal wenn es um größere Beträge im Überweisungsverkehr geht, „Belästigungen“ des Gläubigers so gut wie ausgeschlossen[73]. Dazu paßt, daß im Verbraucherkreditrecht die Regel des § 266 BGB gegenüber dem im Rückzahlungsverzug befindlichen Verbraucher ausdrücklich außer

---

68 S. etwa BAG VersR 1975, 937, 939; L. Enneccerus / H. Lehmann, Recht der Schuldverhältnisse, 15. Bearb., Tübingen 1958, 98; J. Gernhuber, Die Erfüllung und ihre Surrogate, Tübingen 1983, 145; W. Selb, in: Staudinger, BGB, 12. Aufl., Berlin 1979, § 266 Rz. 3; M. Wolf, in: Soergel, BGB, 12. Aufl., Stuttgart 1990, § 266 Rz. 1; W. Krüger, in: MünchKomm., 4. Aufl., München 2001, § 266 Rz. 1; H. Heinrichs, in: Palandt, BGB, 60. Aufl., München 2001, § 266 Rz. 1 a. Demgegenüber findet sich die Ableitung aus der Leistungspflicht des Schuldners (s.o. vor Anm. 62) wieder bei R. Alff, in: RGRK-BGB, 12. Aufl., Berlin/New York 1976, § 266 Rz. 1.

69 In Protokolle 1, 305 f. ist nur von „Chikane“ die Rede (o. nach Anm. 64).

70 So treffend Gernhuber (o. Anm. 67) 145; F. Leonhard, Allg. Schuldrecht des BGB, München/Leipzig 1929, 244 („bedarf erheblicher Einschränkungen“); s. a. R. Dubischar, in: Alternativkommentar z. BGB, Bd. 2, Neuwied/Darmstadt 1980, § 266 Rz. 1: „Man kann heute kaum noch davon reden, daß das ‚Verbot' von Teilleistungen dem Gläubiger ‚Belästigungen' ersparen wolle“.

71 S. z.B. BAG NJW 1985, 2156, 2158 (keine Anwendbarkeit des § 266 BGB auf die durch Teilnahme an einem zulässigen Streik eingeschränkten Arbeitsleistungen des Arbeitnehmers); LAG Rheinland-Pfalz NZA 1992, 169, 170; W. Gitter, Arbeitsrechtliche Probleme der stufenweisen Wiedereingliederung arbeitsunfähiger Arbeitnehmer, ZfA 26 (1995) 123, 163, 169 ff. (keine Anwendbarkeit bei Teilarbeitsunfähigkeit).

72 Gernhuber (o. Anm. 67) 146; K. Larenz, Lehrbuch des Schuldrechts, Bd. 1, 14. Aufl., München 1987, 190. Vgl. auch P. Oertmann, BGB, Schuldverh., Bd. 1, 5. Aufl., Berlin 1928, § 266 Anm. 1 b (Vertragsauslegung).

73 Gernhuber (o. Anm. 67) 147; Wolf, in: Soergel (o. Anm. 67) § 266 Rz. 15 („Bei Geldleistungen ... häufig ... Zurückweisung ... treuwidrig“); vgl. schon H. Siber, in: Planck's Komm. z. BGB, 4. Aufl., Berlin 1914, § 266 Anm. 3.

Kraft gesetzt ist, § 497 Abs. 3 S. 2 BGB 2002[74], und daß der Kreditnehmer nach § 489 BGB 2002 unter bestimmten Voraussetzungen das Darlehen auch teilweise kündigen kann.

Ferner hat inzwischen die Auffassung die Oberhand gewonnen, daß der Gläubiger, insbesondere der Geschädigte im Streit mit dem Haftpflichtversicherer des Schädigers, auch dann, wenn die Höhe der Forderung strittig ist, der Schuldner aber annehmen durfte, er leiste alles, was er schulde, grundsätzlich gehalten ist, eine Zahlung in Höhe des vom Schuldner anerkannten Teils entgegenzunehmen und seine Klage auf den streitigen Restbetrag zu beschränken[75] – womit auch für Deutschland eine gewisse Wiederkehr der Lösung Julians in D. 12,1,21 zu verzeichnen ist[76].

3. Vor allem im Zusammenhang mit diesen Fällen hat sich die allgemein verwendete Formel herausgebildet, die Zurückweisung einer Teilleistung durch den Gläubiger sei nicht nur bei Rechtsmißbrauch, § 226 BGB, oder im Falle des § 826 BGB unzulässig, sondern „stets dann, wenn dem Gläubiger bei verständiger Würdigung der Lage des Schuldners und seiner eigenen schutzwürdigen Interessen die Annahme der Teilleistung zuzumuten ist, seine Ablehnung also gegen Treu und Glauben verstieße (§ 242)“[77]. Das aber bedeutet, daß der Gläubiger, wenn er die Zurückweisung einer Teilleistung anerkannt wissen und den Annahmeverzug vermeiden will, in der Regel darlegen muß, daß die Entgegennahme der Teilleistung sein Interesse beeinträchtigen würde. Die wichtige Konsequenz daraus ist, daß im Grundsatz der Schuldner seine Verpflichtung in Teilleistungen erfüllen und der Gläubiger diese nur im Falle der Interessebeeinträchtigung zurückweisen darf. Denn die Teilleistung als solche ist, wie mit Alciat (o. IV 2) zu betonen ist, in der Regel nicht lästig, auch nicht in unseren Tagen. Damit wird deutlich, daß sich das heutige gelebte Recht von einer Rechtsregel gelöst hat, deren Ursprünge in eine uns märchenhaft gewordene Zeit zurückreichen und deren Überprüfung seit bald tausend Jahren ansteht: In der Sache wird die, wie im Verlaufe unserer Betrachtungen deutlich geworden sein dürfte,

---

[74] Zuvor § 11 Abs. 3 S. 2 VerbrKrG. Zu den weiteren gesetzlichen Ausnahmen s.o. Anm. 31-33, 38.

[75] OLG Düsseldorf NJW 1965, 1763 f.; OLG Hamm VersR 1967, 383; OLG Stuttgart VersR 1972, 448, 449; vgl. auch BGH NJW 1973, 2202, 2204 (Enteignungsentschädigung); Gernhuber (o. Anm. 67) 147 f. m.w.N.; Heinrichs, in: Palandt (o. Anm. 67) § 266 Rz. 9; Dubischar, in: AK (o. Anm. 69) § 266 Rz. 1

[76] Vgl. o. II.2 und Anm. 57 a.E. Vom Wegfall der gemeinrechtlichen Regel sprechen dagegen noch unter Hinweis auf D. 22,1,41,1, womit jedoch D. 12,1,21 gemeint ist, Enneccerus/Lehmann (o. Anm. 67) 98 m. Anm. 2 u. Werner, in: Staudinger, BGB, 10./11. Aufl., Berlin 1967, § 266 Rz. 10.

[77] So Alff in: RGRK (o. Anm. 67) § 266 Rz. 1, 7; s. ferner BGH VersR 1954, 298; OLG Stuttgart VersR 1972, 448, 449; OLG Karlsruhe FamRZ 1985, 955, 956; Heinrichs, in: Palandt (o. Anm. 67) § 266 Rz. 9; M. Vollkommer, in: Jauernig, BGB, 9. Aufl., München 1999, § 266 Rz. 10. Sehr weitgehend bereits Leonhard (o. Anm. 69) 244 („Teilzahlung ist überhaupt nur insoweit verboten, als sie eine willkürliche Teilung enthält“).

besser begründete entgegengesetzte Regel praktiziert.

Sehr bemerkenswert ist, daß auch die „Grundregeln der internationalen Handelsverträge“, die sog. UNIDROIT-Prinzipien, den altüberkommenen Grundsatz aufgeben – und dies sogar für das schneidige Handelsrecht –, indem sie in Art. 6.1.3 Abs. 1 bestimmen: „Der Gläubiger kann das Angebot einer Teilleistung zur Leistungszeit auch dann zurückweisen, wenn ein solches Angebot mit einer Zusicherung hinsichtlich des ausstehenden Teils der Leistung verbunden ist, außer wenn der Gläubiger kein berechtigtes Interesse daran hat, so zu handeln“[78]. Die Formulierung suggeriert zwar noch, es werde am Grundsatz des Verbots von Teilleistungen festgehalten; der Schlußsatz zeigt jedoch, daß der Gläubiger das Zurückweisungsrecht nur bei Beeinträchtigung berechtigter Interessen, also nicht grundsätzlich hat.

Der Wortlaut sowohl der in der deutschen Praxis verwendeten Formel (o. Anm. 76) als auch des Art. 6.1.3 der UNIDROIT-Prinzipien ist offenbar durch das bislang herrschende Prinzip veranlaßt und bringt zugleich zum Ausdruck, daß im Streitfall der Schuldner, weil er sich auf die (formale) Ausnahme beruft, beweisen müßte, daß der Gläubiger kein berechtigtes Interesse an einer Zurückweisung hat oder hatte. Wenn man aber in der Sache das Prinzip des Teilleistungsverbots aufgibt, dann sollten daraus auch die Konsequenzen gezogen werden, insbesondere die, daß der Gläubiger die Beeinträchtigung seines Interesses durch eine Teilleistung nicht nur darzulegen, sondern auch zu beweisen hat, zumal da er insoweit ohnehin „näher dran“ ist.

Damit kommt es schließlich auch zu der Parität von Gläubiger und Schuldner, die für Alciat und Savigny ganz selbstverständlich war: So wie der Gläubiger die Forderung teilweise einziehen, ausklagen oder abtreten kann, muß grundsätzlich auch der Schuldner sich durch Teilleistungen befreien können. Demnach muß auch eine Teilleistung vor Fälligkeit möglich sein (§ 271 Abs. 2 BGB), allerdings unter der zweifachen Voraussetzung, daß sie weder das Interesse des Gläubigers beeinträchtigt (§ 266 BGB) noch ihm während einer vorübergehenden Annahmeverhinderung angeboten wird (§ 299 BGB).

4. Auf Einzelheiten zur Tragweite der heutigen §§ 266 BGB, 1415 ABGB kam es nicht an; vielmehr ging es darum, die Rechtfertigung des heute fest etablierten Grundsatzes vom Teilleistungsverbot aufgrund einer Betrachtung seiner historischen Entwicklung zu überprüfen – dies zugleich in der Hoffnung, mit unserem Versuch wenigstens teilweise den Ansprüchen des verehrten Jubilars gerecht zu werden, der die Verbindung von rechtshistorischer und rechtsdogmatischer Analyse so meister-

78 S. den Abdruck in: Europäische Vertragsrechtsvereinheitlichung und deutsches Recht, hg. v. J. Basedow, Tübingen 2000, 251, 269, dazu W. Ernst, Die Verpflichtung zur Leistung, ebda. 29, 144. Die Principles of European Contract Law der sog. Lando-Kommission (abgedruckt ebda. 218 ff.) enthalten keine Bestimmung zur Teilleistung, worin ebenfalls eine Distanzierung gegenüber dem überkommenen Teilleistungsverbot zum Ausdruck kommen dürfte.

haft beherrscht[79].

Die Ergebnisse lassen sich in drei Sätzen zusammenfassen: Das Teilleistungsverbot wird seine Ursprünge im älteren römischen Recht haben; in den Quellen des klassischen römischen Rechts findet es jedoch keine sichere Stütze mehr. Dennoch hat es sich aufgrund einseitiger dogmatischer Quelleninterpretation trotz gewichtiger Bedenken im Verlaufe des letzten Jahrtausends weltweit durchgesetzt. Obgleich es als Grundsatz heutzutage nicht in Zweifel gezogen wird, findet doch die Praxis mittlerweile dahin, daß im Prinzip dem Schuldner Teilleistungen gestattet sind, sofern sie nicht das Interesse des Gläubigers beeinträchtigen.

---

[79] Siehe etwa Mayer-Malys Studien zum Rechtsirrtum (in: Ius humanitatis [FS Verdroß z. 90. Geb.], 1980, 147 ff.; AcP 170 [1970] 133 ff.; HRG Bd. 4, 1990 [1986], 302 ff.), zum Wiederkauf (in: FS Wieacker z. 70. Geb., 1978, 424 ff.) oder zur *laesio enormis* (in: FS Larenz z. 80. Geb., 1983, 395 ff.).

*Verlöbnis einst und heute**

Rolf Knütel

I. Die römischen Sponsalia

1. Die älteste Überlieferung

Suchen wir in unserer rechtshistorischen Tradition die Ursprünge des Verlöbnisses zu erkennen, so haben wir den Ausgang von einem Text aus dem Werk *De lingua Latina* des Marcus Terentius Varro (116-27 v.Chr.) zu nehmen, dessen Cognomen Varro sich, wie oft vermutet, von *varo*, Einfaltspinsel, herleiten mag, der aber schon in der Antike als der größte römische Gelehrte galt. *De lingua Latina* stammt zwar erst aus dem ersten vorchristlichen Jahrhundert, teilt jedoch weithin wesentlich ältere Zustände mit – und dies offenbar auch in unserem Zusammenhang:[1]

De lingua Latina 6,69-70 ... Spondet enim qui dicit a sua sponte ‚spondeo'; <qui> spo<po>ndit, est sponsor; qui <i>dem <ut> faciat obligatur sponsu, consponsus. 70. Hoc Naevius significat cum ait ‚consponsi'. Spondebatur pecunia aut filia nuptiarum causa ...

... Es gelobt nämlich, wer aus eigenem Antrieb sagt: „Ich gelobe" (*spondeo*); wer gelobt hat, ist Sponsor; wer durch Gelöbnis verpflichtet wird, dasselbe zu tun, ist Konsponsor. 70. Dies meint Naevius, wenn er „Konsponsoren" sagt. Geld oder die Tochter wurde zum Zweck der Heirat gelobt ...

Es geht Varro darum, die Bedeutung des Verbs *spondere* und seiner Derivate zu erläutern. *Spondere* ist ein eidliches Versprechen, das seine Bindungswirkung ursprünglich aus der Sakrationsfolge zog, also daraus, daß derjenige, der ein derartiges Versprechen brach, der Schwurgottheit verfiel und friedlos wurde.[2] Doch wurde diese sakralrechtliche Sanktion schon früh von der privatrechtlichen Verfolgbarkeit verdrängt, die bereits in den XII Tafeln aus dem 5. Jh. v.Chr. zugrundegelegt ist. Von *spondere* leitet sich auch der römische Name des Verlöbnisses ab, *sponsalia*. Wie diese *sponsalia* zustandekamen, läßt unser Varro-Text erkennen. Wenn es am Ende heißt, daß „Geld oder die Tochter" zum Zweck der Heirat gelobt wurden, so muß dies das Versprechen des Brautvaters sein. Es ist als Wahlschuld gefaßt, so daß der Gläubiger jedenfalls auf die Geldsumme klagen konnte. Dies spricht für ein hohes Alter des Formulars; denn ursprünglich konnte vermutlich nur auf *certa pecunia*, bestimmte Geldsummen, geklagt werden.[3]

---

* H.-P. Mansel/Th. Pfeiffer/H. Kronke/Chr. Kohler/R. Hausmann (Hrsg.), Festschrift für Erik Jayme, Bd. 2, Sellier, München 2004, 1487 – 1500.

1 *Henryk Kupiszewski*, Das Verlöbnis im altrömischen Recht, Zschr. der Savigny-Stiftung für Rechtsgeschichte, Romanistische Abteilung (= SZ), 77 (1960) 125, 127 m.w.N.

2 *Max Kaser*, Das römische Privatrecht, 1. Bd., 2. Auflage 1971, 168 f.

3 *Max Kaser*, Die Stipulationsklausel ‚quanti ea res erit', SZ 90 (1973) 205 ff. Zu Zweifeln gegenüber dieser überkommenen Ansicht s. *Max Kaser/Karl Hackl*, Das römische Zivilprozeßrecht, 2. Aufl. 1996, 110 f. m. n. 121 und Lit.

Da Varro im Gesamtzusammenhang seiner Ausführungen (De l. L. 6,69-72) wahrscheinlich das Verlöbnis vor Augen hat,[4] können wir auch aus dem Anfangsteil (§ 69) für dieses Folgerungen ableiten. Bezogen auf das Verlöbnis muß der erste Satz den Brautvater betreffen, der sich regelmäßig als erster zur Herbeiführung des künftigen Eheschlusses durch Übergabe der Tochter verpflichtete. Der zweite Teil zu demjenigen, der sich auf dasselbe (*idem*) – Herbeiführung des künftigen Eheschlusses – verpflichtete und *consponsus* genannt wird, muß dann die andere Seite meinen. Zwar ist *sponsus* der Verlobte (als derjenige, der als Gewaltunterworfener versprochen worden ist); dieser kann jedoch wegen der Vorsilbe *con* nicht gut in Betracht kommen. Es muß also der Gewalthaber des Ehemannes gemeint sein.[5] Unser ältestes Zeugnis läßt demnach erkennen, daß die *sponsalia* dadurch zustandekamen, daß die Gewalthaber der Kinder sich wechselseitig durch *sponsio* verpflichteten, der eine, die Tochter in die Ehe zu geben, der andere, daß der Sohn sie heimführen wird.

Dazu ist daran zu erinnern, daß Kinder in der *patria potestas* ihres *paterfamilias* standen, solange dieser lebte oder solange sie nicht emanzipiert, d.h. aus der Hausgewalt entlassen waren. Bei Frauen führte die Emanzipation jedoch dazu, daß sie sogleich einen Vormund bekamen (den sog. Geschlechtsvormund; *tutor mulieris*). Ferner ist daran zu erinnern, daß in Rom bis in die späte Republik hinein mit der Eheschließung regelmäßig die Übertragung der Frau durch ihren Gewalthaber in die *manus*-Gewalt des Ehemannes oder seines *paterfamilias* verbunden wurde. Die Verlöbnissponsion des Brautvaters hatte deshalb auch die Verpflichtung zum Gegenstand, dem zukünftigen Ehemann oder dessen *paterfamilias* die personenrechtliche Gewalt über die Frau zu verschaffen.[6] Das dafür zuständige Geschäft war eine besondere Form der Manzipation, die *coemptio*, deren Name an die Urform eines Brautkaufs denken läßt.

2. *Entwicklungen in der späten Republik und im Prinzipat*

Die Geschichte des Verlöbnisses ist zugleich die Geschichte der fortschreitenden Verselbständigung der Verlobten, erwartungsgemäß zunächst auf seiten des Bräutigams. War er *sui iuris*, gewaltfrei, also sein eigener Herr, so schloß er die Verlöbnissponsionen mit dem Brautvater ab. Das muß schon früh möglich und im 1. Jh. v. Chr. geradezu selbstverständlich gewesen sein. Ein Text, in dem Aulus Gellius den Juristen Servius, einen Freund Ciceros, ausschreibt, bestätigt dies:

Aulus Gellius, Noctes Atticae 4,4,1

Sponsalia in ea parte Italiae, quae Latium appellatur, hoc more atque iure solita fieri scripsit Servius Sulpicius in libro, quem scripsit *de dotibus*: 'Qui uxorem' inquit 'ducturus erat, ab eo, unde ducenda erat, stipulabatur eam in matrimonium datum, ductum iri qui ducturus erat, itidem

Servius Sulpicius [† 43 v.Chr.] schrieb in dem Buch, das er über die Arten der Mitgift verfaßte, ein Verlöbnis komme in dem Teil von Italien, der Latium heißt, nach Recht und Sitte gewöhnlich wie folgt zustande: „Wer eine Frau zu heiraten beabsichtigte", so sagt er, „ließ sich von demjenigen, von

---

[4] *Kupiszewski* SZ 77 (1960) 131 f.– *Riccardo Astolfi*, Il fidanzamento nel diritto romano, 3. Auflage 1994, 6 ff. geht darauf nicht näher ein.

[5] *Kupiszewski* SZ 77 (1960) 132 f. *Consponsus* muß also ein Synonym für *sponsor* sein.

[6] *Kupiszewski* SZ 77 (1960) 157 ff.

spondebat. Is contractus stipulationum sponsionumque dicebatur 'sponsalia'. Tunc, quae promissa erat, 'sponsa' appellabatur, qui spoponderat ducturum, 'sponsus'. Sed si post eas stipulationes uxor non dabatur aut non ducebatur, qui stipulabatur, ex sponsu agebat. Iudices cognoscebant. Iudex quamobrem data acceptave non esset uxor quaerebat. Si nihil iustae causae videbatur, litem pecunia aestimabat, quantique interfuerat eam uxorem accipi aut dari, eum, qui spoponderat, <ei> stipulatus erat, condemnabat.'

dem er sie heimführen wollte, versprechen, daß sie ihm zur Ehefrau gegeben wird; derjenige, der sie heimzuführen beabsichtigte, gelobte ebenfalls, [nämlich:] sie heimzuführen". Dieses durch Versprechen und Gelöbnisse zustandegebrachte Abkommen wurde *sponsalia*, Verlöbnis, bezeichnet. Dann wurde diejenige, die versprochen worden war, Verlobte, *sponsa*, genannt, und derjenige, der versprochen hatte, sie heimzuführen, Verlobter, *sponsus*. Wenn aber nach diesen Stipulationen die Frau nicht übergeben oder nicht heimgeführt wurde, klagte derjenige, der sich hatte versprechen lassen, aus der Sponsion. Darüber war von Richtern zu erkennen. Der Richter untersuchte, weshalb die Frau nicht übergeben oder nicht genommen worden war. War kein gerechtfertigter Grund ersichtlich, so schätzte er den Streitwert in Geld und verurteilte den, der gelobt hatte, zugunsten dessen, der sich hatte versprechen lassen, auf das Interesse daran, diese Frau zu erhalten oder zu übergeben".

Hier werden als Parteien des Verlöbnisses der – offensichtlich gewaltfreie – heiratswillige Mann und der Gewalthaber der Frau genannt. Auch hier haben wir es mit wechselseitigen Sponsionen zu tun, freilich ohne alternatives Zahlungsversprechen, denn dann wäre die richterliche Schätzung nicht angebracht. Vermutlich handelt es sich deshalb um jüngere Versprechensformen.[7] Überliefert ist auch die wohl noch jüngere Form, daß allein der Gewalthaber der Frau dem Freier verspricht, er werde sie ihm zur Frau geben.[8] Dies zeigt das erste Fragment im Digestentitel über das Verlöbnis, ein Text, der in die Mitte des 2. Jh. n. Chr. fällt. D. 23,1,1 (Florentin im 3. Buch seiner Institutionen): *Sponsalia sunt mentio et repromissio nuptiarum futurarum*: Das Verlöbnis ist der Antrag und das [daraufhin in der Regel nur vom Gewalthaber der jungen Frau] erteilte förmliche Versprechen künftiger Heirat.

Hierbei ist *mentio* terminus technicus für die Brautwerbung, den Antrag.[9] Übrigens rührt noch unsere Formel für den Antrag: „Ich bitte Sie um die Hand Ihrer Tochter" vom römischen Eheschließungsritus her, nach dem nämlich die Braut dem Manne zugeführt und ihre rechte Hand in seine rechte gelegt wurde (*dextrarum iunctio*).[10] Aber schon beim Verlöbnis ging es nicht ohne die Hand der Verlobten ab. Denn nach uralter Sitte, die aus dem semitischen Rechtskreis inspiriert sein dürfte,[11] zog der Verlobte nach der oder den

---

[7] *Kaser* (Fn. 2) 76 m. n. 33.

[8] *Kaser* (Fn. 2) 76.

[9] P.G.W. *Glare* (Hg.), Oxford Latin Dictionary, 1982, Neudr. 1985, 1100 s.v. mentio 2.

[10] *Joachim Marquardt*, Das Privatleben der Römer, Bd. 1, 2. Aufl. 1886, Neudr. 1975, 49 f.

[11] Vgl. schon 1. Mos. 38.18: Juda gibt der Thamar Ring, Schnur und Stab als Pfand.

Sponsionen vom 4. Finger seiner linken Hand seinen eisernen Ring (*anulus ferreus*) ab und steckte ihn an den gleichen Finger seiner Braut.[12] Bei *Tertullian*, also Ende des 2. Jh., ist aus dem eisernen Ring ein goldener geworden,[13] und *Isidor von Sevilla* (etwa 570-636) erklärt, daß dieser Ring am 4. Finger ein Pfand des Herzensbundes sei.[14] Das ist im Lichte einer Notiz bei *Aulus Gellius* zu verstehen, aus der wir erfahren, daß die Römer diesen Brauch von den Griechen haben und diese ihn wiederum von den Ägyptern, die – aufgrund der bei ihnen üblichen anatomischen Sektionen – festgestellt hätten, daß vom 4. linken Finger ein *nervus tenuissimus…ad cor hominis pergere ac pervenire*, daß von dort also ein hauchdünner Nerv zum menschlichen Herzen gehe – und dort auch ankomme.[15]

Auch wenn dieser Grund längst in Vergessenheit geraten ist, hat der Verlobungsring bis auf den heutigen Tag an Beliebtheit nichts eingebüßt. An sich war der Ring ein Mittel, mit dem jemand sich für den Fall des Wortbruchs selbst verpfändete.[16] In historischer Zeit kommt er im östlichen Mittelmeerraum außer beim Verlöbnis vor allem als *arrha* beim Kauf vor: Wer nicht erfüllte, verlor den Ring. In Rom bedurfte es dessen weder beim Kauf noch – weil man über die Sponsionen ja bereits eine Bindungswirkung erzielte – beim Verlöbnis. In Rom war die *arrha* nur Beweiszeichen für den Vertragsabschluß,[17] wie im Grundsatz noch heute die (offenbar reformresistente) Draufgabe nach § 336 Abs. 1 BGB. In dieser Funktion als Beweiszeichen hat der Verlobungs-Ring in deutschen Landen, seit die Verlobung durch bloßen Konsens und damit auch heimlich abgeschlossen und seit sie sogar ausgeklagt werden konnte, eine nicht geringe Bedeutung gehabt und zu dem Rechtssprichwort geführt: „Ist der Finger beringet, so ist die Jungfrau bedinget".[18]

Zweierlei bleibt für das Verlöbnis in Rom noch hervorzuheben: Erstens, daß sich schon in der ausgehenden Republik die Einhaltung der Sponsionsform verliert; in der Kaiserzeit begnügt man sich mit jedem mündlich oder schriftlich unter An- oder Abwesenden erteilten wechselseitigen Eheversprechen. Der Digestentitel über das Verlöbnis (D. 23,1), der mit seinen 18 Fragmenten vom Umfang und vom juristischen Gehalt her ziemlich bescheiden ausgefallen ist, läßt das deutlich erkennen, etwa in Fragment 4: „Es genügt die formlose Einigung, der *nudus consensus*, um ein Verlöbnis zu begründen". Waren der Mann und die Frau gewaltfrei, so konnten sie die Verlobung selbst eingehen, sofern der Vormund der Frau zustimmte; doch konnte die Frau beim Prätor beantragen, ihn zur Erteilung zu zwingen. Waren beide gewaltunterworfen, so konnten ihre *patresfamilias* sie nicht gegen ihren Willen verloben (Iul. D. 23,1,11). Die Verlobung ist also immer mehr ein Geschäft der Verlobten selbst geworden.

Zweitens bleibt hervorzuheben, daß auch die Klagbarkeit des Verlöbnisses schon in der Republik weggefallen ist.[19] Eine Verurteilung zur Eingehung der Ehe wäre in Rom wegen

---

12 *Plinius*, Naturalis historia 33,4,12 spricht von dem *anulus ferreus sine gemma*, der der Verlobten dargeboten wurde (eiserner Ring ohne Edelstein). *Juvenal* spielt auf das Pfand an, welches der Verlobte an den Finger der Braut steckte, Saturae 6,27.

13 *Tertullian*, Apologeticum 6 (aus 197).

14 De ecclesiasticis officiis 2,20,8; s. auch Etymologiae 19,32,4.

15 *Gellius*, Noctes Atticae 10,10, vgl. *Macrobius*, Saturnalia 7,13,7 (um 400 n.Chr.).

16 *Fritz Pringsheim*, The Greek Law of Sale, 1950, 335 f., 342 f.

17 Gai. D. 18,1,35 pr.; Gai. 3,139; *Kaser* (Fn. 2) 547 f.

18 *Samuel Stryk*, Dissertationum juridicarum etc., Ausgabe Florenz 1839, Bd. 8, Sp. 374 (Disputatio 12, Joh. Henricus Pagenstecher, 1704). Daß der Ring bei der germanischen Verlobung römischer Import war, erkennt auch *Otto von Gierke* an (bei *Pringsheim* [Fn. 16] 342 n. 2).

19 *Kaser* (Fn. 2) 76, 312.

des Grundsatzes der Verurteilung nur auf Geld (Geldkondemnation) ohnehin nie in Betracht gekommen; aber auch die Schadensersatz-Sanktionen, die *Servius* aus Latium noch kannte, fielen weg. Man berief sich auf die Ehefreiheit als ein überkommenes Prinzip: *Libera matrimonia esse antiquitus placuit*, von alters her gilt, daß die Ehe frei sein soll (Alexander Severus C. 8,38,2 aus 223). Deshalb wurde auch indirekter Zwang, etwa durch Vertragsstrafenversprechen, als unzulässig angesehen. Das kommt bei *Papinian* in D. 35,1,71,1 zum Ausdruck:

D. 35,1,71,1 (Papinian im 17. Buch der Rechtsfragen)

Titio centum relicta sunt ita, ut Maeviam uxorem quae vidua est ducat: condicio non remittetur et ideo nec cautio remittenda est. huic sententiae non refragatur, quod, si quis pecuniam promittat, si Maeviam uxorem non ducat, praetor actionem denegat: aliud est enim eligendi matrimonii poenae metu libertatem auferri, aliud ad [testamentum] <matrimonium> certa lege invitari.

Titius sind hundert unter der Bedingung vermacht worden, daß er Maevia, die unverheiratet ist, heiratet. Die Bedingung ist nicht als [wegen Sittenwidrigkeit] unbeachtlich anzusehen und die Sicherheitsleistung [zur Sicherung von bedingten oder befristeten Vermächtnissen] ist [dem Erben] nicht zu erlassen. Dieser Ansicht steht nicht entgegen, daß der Prätor die Klage verweigert, wenn jemand Geld für den Fall stipulationsweise verspricht, daß er Maevia nicht heiratet. Es ist nämlich eine Sache, die freie Wahl der Ehe durch die Furcht vor dem Verfall einer Vertragsstrafe zu beseitigen, und eine andere, durch eine bestimmte letztwillige Verfügung zur Ehe einzuladen.

Das Fragment zeigt – wie auch andere[20] –, daß gegen Ende des 2. Jh.'s auch ein indirekter Zwang zur Eingehung der Ehe als sittenwidrig angesehen wurde; es ist Vorläufer unseres § 1297 Abs. 2 BGB geworden – ebenso wie für Art. 91 Abs. 2 des Schweizer ZGB. Anders entschieden hatte § 113 II 1 ALR: Ist auf den Fall des Rücktritts eine Conventionalstrafe verabredet, so muß diese noch außerdem entrichtet werden.

II. Entwicklungen seit dem Hohen Mittelalter

Seit der Spätantike ist das Eherecht und damit auch das Verlöbnisrecht bekanntlich immer stärker durch die Kirche bestimmt worden. Die Entwicklung kann hier nicht dargestellt, nicht einmal skizziert werden. Wie in so vielen anderen Bereichen schloß sich die Kirche auch hier in ihren Rechtsgrundsätzen dem römischen Recht an und ließ den bloßen, auch nur formlos geäußerten Willen der Partner für den E h e s c h l u ß genügen[21] – ganz so, wie es *Ulpian* in D. 50,17,30 formuliert hatte: *Nuptias non concubitus, sed consensus*

[20] Paul. D. 45,1,134 pr. (wechselseitige Strafversprechen der Eltern); Scholia Sinaitica 4; Leo C. 5,1,5,6 (aus 472): *cum in contrahendis nuptiis libera potestas esse debet.*

[21] *Emil Friedberg*, Das Recht der Eheschließung in seiner geschichtlichen Entwicklung, 1865, Neudr. 1965, 6 m. n. 6, 202.

facit – nicht der Beischlaf, sondern der Konsens begründet die Ehe.[22] Da es um das Seelenheil der Ehepartner, um das von ihnen gespendete Sakrament ging, war es für die Kirche von vornherein selbstverständlich, daß dieser Konsens nur der der Partner sein konnte, nicht der etwaigen Gewalthaber.[23] Die Auffassung setzte sich bis zum 12. Jh. auch in den Territorialrechten durch („Konsensehe").[24]

Zugleich hatte die Kirche aus dem römischen Recht das formfreie, genauer: das während des Prinzipats formfrei gewordene Verlöbnis übernommen. Ulp. D. 23,1,4 pr.: *Sufficit nudus consensus ad constituenda sponsalia.* Dieser Verzicht auf jegliche Form bei beiden Akten führte zu erheblicher Rechtsunsicherheit. Denn angesichts der Unscheidbarkeit der Ehe mußte die Frage, ob nur oder noch eine Verlobung oder schon eine Ehe besteht, außerordentliche Bedeutung erlangen. Da die Formlosigkeit des Eheschlusses auch in anderen Hinsichten zu gravierenden Mißständen geführt hatte – z.B. zu schwer kontrollierbaren Mehrfachehen aufgrund heimlicher Eheschlüsse –, wurden am 11. Nov. 1563 auf dem Tridentiner Konzil Ehen künftig nur dann noch als wirksam anerkannt, wenn sie *in facie ecclesiae*, vor der Kirchentür also, vor dem Pfarrer oder einem anderen Priester und zumindest vor zwei Zeugen geschlossen wurden. Doch war die Problematik damit nur entschärft, aber nicht erledigt; die ältere Lehre wirkte weiter.

Es hatte sich nämlich zur Abgrenzung, ob die Partner sich nur verlobt oder schon verheiratet hatten, die Lehre von den *sponsalia de praesenti* und denen *de futuro* gebildet, die sich von der Sache her geradezu aufdrängt. Waren die Partner übereingekommen, sich von jetzt an (*de praesenti*) als Ehegatten anzuerkennen, so war eine Ehe zustandegekommen; hatten sie sich dagegen nur ein Versprechen für die Zukunft (*de futuro*) gegeben, so handelte es sich um ein Verlöbnis.

In der Dekretale Gregors IX. aus der Zeit von 1227-1234 wird diese Lehre in aller Deutlichkeit dargelegt (c. 31 X. *de sponsalibus et matrimoniis,* 4.1). So klar die Abgrenzung in der Theorie ist, so schwierig ist sie in der praktischen Umsetzung; man denke nur daran, daß die präsentische Formulierung: „Ich nehme dich zur Frau" nach den Umständen ohne weiteres futurischen Sinn haben kann. Luther kritisiert die Lehre in seiner Schrift „Von Ehesachen" aus dem Jahre 1530 denn auch als „ein lauter Narrenspiel", folgt ihr aber dennoch im wesentlichen:

Gleich wie sie auch ein lauter narren spiel getrieben haben / cum verbis de presenti vel de futuro / Damit haben sie auch viel Ehe zurissen / die nach yhrem recht gegolten hat und gebunden / die nichts gegolten hat / Denn diese wort / Ich wil dich zum weibe haben / odder ich wil dich nemen / Ich wil dich haben / Du solt mein sein / und der gleichen / haben sie gemeiniglich / verba de futuro genennet / und fur gegeben / der mans name solt also sagen / Accipio te in uxorem / Ich neme dich zu meinem weibe / der weibs name also / Ich neme dich zu meinem eheman. Und haben nicht gesehen noch gemerckt / das dis nicht ym brauch ist deudsch zu reden / wenn man de presenti redet. Sondern das heisst de presenti geredt / Ich wil dich haben / Ego volo te habere / est presentis temporis non futuri. Darumb redet kein Deudsch mensch von zu kunfftigem verlöbnis / wenn er spricht / Ich wil dich haben / odder nemen. Denn man spricht nicht / Ich werde dich haben / wie sie gaugkeln / mit dem / Accipiam te / Sondern / Accipio te / heisst eigentlich auff Deudsch / Ich wil dich nemen / odder haben / Und wird verstanden de presenti / das er itzt mit solchen worten / ia spricht / und seinen willen darein gibt.

---

[22] Siehe auch Ulp. D. 24,1,32,13; D. 35,1,15.

[23] Vgl. etwa *Hermann Conrad*, Deutsche Rechtsgeschichte, Bd. 1, 2. Auflage 1962, 403.

[24] *Conrad* (Fn. 23) 402.

Ja ich wüste selbs nicht wol / wie ein knecht odder magd solten odder kundten ynn Deudscher sprache per verba de futuro sich verloben / Denn wie man sich verlobet / so lauts per verba de presenti / und sonderlich weis der pobel von solcher behender grammatica nichts / das accipio und accipiam zweierley sey / Er feret daher nach unser sprachen art / und spricht /Ich wil dich haben / Ich wil dich nemen / Du solt mein sein. etc. Da ist itzt die stunde ia gesagt / on weiter auffzug odder bedencken. Das lies ich wol verba de futuro heissen / wenn ein conditio / anhang odder auszug da bey gesetzt würde / Als ich wil dich haben / wo du mir wilt zu gut zwey odder ein iar harren / Item ich wil dich haben / so du mir hundert gulden mit bringest / Item / so deine odder meine eltern wollen / und der gleichen / Inn solchen worten wird der wille nicht frey dar zu geben / sondern auffgeschoben und an etwas verbunden / das ynn seiner macht nicht stehet / Und darumb er auch damit zugleich bekennet / das ers itzt noch nicht thun konne / und sein wille noch nicht frey sey / darumb bindet auch solch verlöbnis nicht / als per verba de presenti.[25]

Die vortridentinische Kanonistik hatte wie folgt unterschieden: Wurde der Konsens *de praesenti* unbedingt und öffentlich geäußert, so handelte es sich um eine Ehe; war er bedingt (Beispiel [Luther]:[26] „Ich will dich haben, so du mir hundert Gulden mit bringest") oder sonst klar *de futuro* formuliert oder war er heimlich (d.h. meist: ohne Einwilligung der Eltern) zustandegekommen, so war ein Verlöbnis gegeben. Mit Vollzug des Beischlafs, der *copula carnalis*, wandelte sich dieses jedoch in eine Ehe um, auch wenn es bedingt gewesen war.[27]

Da Luther als *sponsalia de futuro* nur die bedingten und die heimlichen – weil diese durch die fehlende Einwilligung der Eltern bedingt waren –, ansah, kam es bei ihm und damit im Protestantismus zu einer deutlichen Ausweitung der *sponsalia de praesenti*, also der Eheschlüsse, was die Unzuträglichkeiten dieser Abgrenzungen noch vermehrte.[28] Da nicht alle protestantischen Kirchenordnungen des 16. Jh. die kirchliche Trauung für zwingend erklärten und die Sponsalienlehre unter den protestantischen Theologen und Juristen des 16. und 17. Jh. weiterhin zahlreiche Anhänger hatte, entwickelte sich in den protestantischen Gebieten die Auffassung, daß die kirchliche Trauung nur ein *bestätigender* Akt für die durch das Verlöbnis bereits begonnene Ehe sei.[29] Interessanterweise knüpft sich daran die Konsequenz, daß ein Teil vom anderen verlangen kann, bei dieser Bestätigung mitzuwirken, sich also trauen zu lassen. Hierher gehört das Phänomen der Zwangstrauungen, die sich bis in die Mitte des 19. Jh. (zuletzt wohl in Neuvorpommern) gehalten haben.[30] Ein anschauliches Beispiel bietet das Trauungsbuch der Stadt Müllheim in Baden zum 6. Nov. 1737:[31]

---

25 So die Ausgabe Wittenberg 1530, B III v, B IV r; leichter zugänglich in D. *Martin Luthers* Werke. Kritische Gesamtausgabe, Bd. 30, 1910, 211 f.

26 S. zu n. 25.

27 *Friedberg* (Fn. 21) 209 f.

28 *Friedberg* (Fn. 21) 210; *Helmut Coing*, Europäisches Privatrecht, Bd. 1, 1985, 229 f.

29 *Friedberg* (Fn. 21) 303, s. auch 221. In vielen Kirchenordnungen und in der Praxis des 16. Jh. gehen die Begriffe durcheinander; Verlöbnisse werden vielfach geradezu als „Ehe" bezeichnet.

30 *Friedberg* (Fn. 21) 300 (zuletzt 1842, 1845); *Coing* (Fn. 28) 230.

31 Abgedruckt bei *Wilhelm Ebel*, Curiosa iuris germanici, 1968, 71 (aus der Zschr. f.d. Geschichte des Oberrheins 28 [1876] 127).– Weiteres zu Zwangstrauungen etwa bei *Johann Christian Lünig*, Codex Augusteus oder Neuvermehrtes Corpus iuris Saxonici, Bd. 1, 1724, 1011 (Reskript des sächsischen Kurfürsten Christian II von 1607); *Justus Henning Boehmer*, Jus ecclesiasticum protestantium, Bd. 3, Halle 1736, 1116 ff. (Lib. IV, tit. 1, § LIV).

„1737 den 6. Novembris ist Johannes Meyer von Mengen auff Serenissimi hohen Befehl in der Kirchen allhier von dem Herren Diacono Zanden mit Barbara Pfisterin, welche Meyer *sub promissione matrimonii* geschwängert, copulirt worden, und weill ersagter Meyer die Pfisterin absolute nicht heurathen wollen, ist er von 4 Wächtern *armata manu* in die Kirchen geführt, zum Altar hingeschleppt, seine Hand mit Gewalt in die Hand der Pfisterin eingeschlagen worden, und da er beständig ‚Nein' sagte: ‚Ich will sie nicht', etc., hat Herr Diaconus *ex mandato Serenissimi* ‚Ja' gesagt."

Weitverbreitet ist heutzutage die Vorstellung, diese Zwangsehen seien eine Erfüllung in Natur der im Verlöbnis übernommenen Verpflichtung, modernrechtlich gesprochen also gerade die Fälle, die § 1297 Abs. 1 BGB verhindern will. Das ist jedoch weithin nicht zutreffend. Denn in den meisten Fällen war nach damaliger Anschauung die Ehe bereits geschlossen. Die Zwangstrauungen rechtfertigen sich offenbar aus der Lehre, daß die Ehe aus einer angefangenen (sog. *matrimonium inchoatum*) erst durch priesterliche Trauung (*copula sacerdotalis*) zu einer vollendeten wird, zu einem *matrimonium consummatum*, in der beide ein Leib und ein Fleisch sind.[32] Diese Wirkung trat freilich auch aufgrund des Beischlafs, der *copula carnalis*, ein. Angesichts dessen ist es sehr auffällig, daß die Zwangstrauungen gerade in Fällen vorgenommen wurden, in denen die Frauen geschwängert worden waren. Dies wird sich daraus erklären, daß in diesen Fällen ein besonderes Bedürfnis nach Publizität bestand. In der Regel gingen hier vermutlich heimliche Verlobungen voraus, bei denen es zum Verkehr gekommen war. Durch die Zwangstrauung wurde dem Manne dann die Möglichkeit abgeschnitten, den Eheschluß und damit die Ehelichkeit des Kindes oder seine Unterhaltspflicht zu leugnen.[33]

Doch wurde dies offenbar nicht durchweg so grundsätzlich gesehen. In Goethes Amtlichen Schriften findet sich ein Reskript von Carl August von Sachsen-Weimar in einer „Ehe-Verspruchs-Sache" v. 3. April 1781.[34] Ein Lieutenant v. Griesheim hatte einer Frau die Ehe versprochen und sie geschwängert. Das Konsistorium zu Weimar hatte entschieden, der Ehezwang sei auszuüben. Der Herzog hatte (aufgrund seiner staatlichen Oberaufsicht über die Kirche) dazu in einem vorangegangenen Reskript bestimmt, der Lieutenant solle der Frau eine Abfindung von 100 Talern zahlen und sie solle sich damit begnügen und allen fernern Ansprüchen an v. Griesheim entsagen. In dem zweiten Reskript v. 3. April 1781, in dem der Herzog diese Entschließung bekräftigt, stammt der rechtfertigende Schlußpassus von Goethe: „...lassen wir es um so mehr bey der einmal gefassten Entschliessung bewenden, da voraus zu sehen ist, daß auf iede andre Weise nur Aegerniss mit Aegerniss ohne Entzweck gehäuft werden werde; Und begehren demnach gnädigst Ihr wollet solches beyden Theilen zu ihrer Nachachtung bekannt machen". Da nach Kirchenrecht die Ehe bereits zustandegekommen sein mußte, ist die Entscheidung in der Sache höchst fragwürdig, im Ergebnis freilich durchaus human. Man versteht, warum das Konsistorium sich mit dem ersten Reskript nicht zufrieden gegeben hatte. Im übrigen hing es in den protestantischen Ländern stets von der örtlich geltenden Kirchenordnung ab, ob und

---

32 *Friedberg* (Fn. 21) 303.

33 Überdies ist nach katholischem Eherecht bei einem *matrimonium consummatum* eine Trennung dem Bande nach (anders als beim *matrimonium inchoatum*) nicht möglich.

34 Siehe *Willy Flach*, Goethes Amtliche Schriften, Bd. 1, 1950, 74; dazu *Gertrud Schubart-Fikentscher*, Goethes Amtliche Schriften, 1977, 29.

unter welchen Voraussetzungen von jedem der „Verlobten" ein Vollzug der kirchlichen Trauung verlangt werden konnte.[35]

Erst im Verlauf des 18. Jh. wird in den protestantischen Staaten allmählich durch Gesetz die kirchliche Eheschließung angeordnet; erst von da ab kann man auch hier von einer kirchlichen Ehe s c h l i e ß u n g sprechen,[36] und erst von da ab gewinnt das Verlöbnis seine Selbständigkeit gegenüber dem Eheschluß zurück. Wir können nach alldem resümieren, daß es seit dem späten Mittelalter bis ins 18. Jh. hinein eine gefährliche Sache war, sich zu verloben; man konnte schneller verheiratet sein als man dachte.

III. Die Entstehung des Verlöbnisrechts im BGB

Die „Selbständigkeit" des Verlöbnisses gegenüber dem Eheschluß ergab sich natürlich in aller Deutlichkeit, nachdem durch das Personenstandsgesetz v. 1875 die obligatorische Zivilehe eingeführt worden war. Paradoxerweise ist die Entwicklung jedoch dahin gegangen, daß das Verlöbnis seitdem immer mehr an Bedeutung verloren hat. *Gottlieb Planck*, der Verfasser des mit eindrucksvoller Umsicht und Detailkenntnis verfaßten Vorentwurfs zum Familienrecht, hob, als er 1878-79 die Ausführungen zum Verlöbnis formulierte,[37] bereits mehrfach hervor, daß die Rechtsentwicklung „unverkennbar das Bestreben <zeigt>, zu Gunsten des Prinzips der Freiheit der Ehe die rechtlichen Wirkungen des Verlöbnißvertrages einzuschränken und damit die rechtliche Bedeutung des letzteren abzuschwächen".[38]

Planck persönlich, so läßt sich vermuten, hätte im Sinne dieser Rechtsentwicklung am liebsten ganz von einer gesetzlichen Regelung des Verlöbnisses abgesehen – wie dieses ja auch schon im Code civil nicht mehr geregelt war. Ausgangspunkt war für ihn der Wille der sich Verlobenden. Er hebt dazu u.a. hervor: „Die sonst gewöhnlichen Ausdrucksweisen, deren Sinn im wesentlichen auf die Frage: Willst du meine Frau werden? und die bejahende Antwort dieser Frage hinausläuft, lassen an sich ebenso wohl die Deutung zu, daß die Verlobten sich nur ihre Liebe und ihre übereinstimmende Absicht, die Ehe eingehen zu wollen, erklären, ohne daran zu denken, eine obligatorische Verpflichtung dazu übernehmen zu wollen. Das Verhältniß ist in diesem Fall rechtlich das gleiche, wie in anderen Fällen, wo die Abschließung eines an eine bestimmte Form gebundenen Vertrages beabsichtigt wird und die Kontrahenten sich, ehe sie die Form, z.B. die gerichtliche Aufnahme, vollziehen, über den materiellen Inhalt vollständig vereinigen, nur daß bei dem Verlöbniß noch das durch die soziale Sitte anerkannte...nähere faktische Verhältniß der Verlobten hinzutritt".[39]

Aus diesem Grundgedanken heraus weist *Planck* von vornherein die Lösung zurück, den Brautstand als ein die Ehe vorbereitendes Zustandsverhältnis, als ein Statusverhältnis zu erfassen, wie das in einigen Rechten geschehen war, vor allem, um den Brautstandskin-

---

[35] Vgl. *Coing* (Fn. 28) 230 f.– Kennzeichnend beklagt *Justus Henning Boehmer*, Ius ecclesiasticum protestantium, Bd. IV/1, Halle-Magdeburg 1743-54, § 24: *Utinam protestantes eandem doctrinam* (die tridentinische Eheform) *amplexi fuissent!*

[36] *Friedberg* (Fn. 21) 139 f.; 303 f.; vgl. *Coing* (Fn. 28) 230 f.

[37] *Werner Schubert* (Hg.), Die Vorentwürfe der Redaktoren zum BGB. Familienrecht, Bd. 1, 1983, XIV.

[38] *Gottlieb Planck* bei *Schubert* (Fn. 37) 182 (neue Seitenzählung), s. auch Motive zu dem Entwurfe eines Bürgerlichen Gesetzbuches für das Deutsche Reich, Bd. 4, 2. Auflage 1896, 2.

[39] *Planck* (Fn. 38) 181, vgl. auch 185.

dern eine besondere rechtliche Stellung zu verschaffen.[40] Auf die Begründung eines solchen Status gehe der Wille nicht. Sofern überhaupt, lasse sich das Verlöbnis nur mit der Auffassung des gemeinen Rechts „als ein auf die künftige Eingehung einer Ehe gerichteter Vertrag" verstehen, und zwar als ein obligatorisch wirkendes *pactum de contrahendo*, auch wenn Gegenstand der vorzunehmenden Handlung die Begründung eines familienrechtlichen Verhältnisses (und nicht ein bloßer Vertragsabschluß) sei. Überdies stehe dieses *pactum* wie die Vorabreden bei formbedürftigen Verträgen unter dem Vorbehalt, völlig frei zurücktreten zu können.[41]

Planck räumt jedoch ein, daß „nach der in Deutschland herrschenden Sitte...das Verlöbniß als ein die Verlobten in der Art bindender Akt angesehen wird, daß sie einerseits zu *fides sponsalitia* und andererseits zur wirklichen Abschließung der Ehe verpflichtet sind".[42] Es war die Rücksicht darauf, „daß die deutsche Sitte eine Verlobung mit bindender Kraft...überhaupt kennt", die *Planck* bewog, der Verlobung im Gesetzbuch rechtliche Anerkennung zuteil werden zu lassen. Diese Anerkennung fiel freilich recht bescheiden aus, weil *Planck* sich davon leiten ließ, „daß nach dem Prinzipe der Freiheit der Ehe und der Natur des auf gegenseitiger Zuneigung und gegenseitigen Vertrauens beruhenden Verlöbnißvertrages es jedem der Verlobten freistehen muß, jeder Zeit durch einseitigen Rücktritt das Verlöbniß auch formell aufzuheben".[43] Das war seinerzeit eine durchaus fortschrittliche Ansicht.

Auf dieser Grundlage schuf *Planck* einen konzentrierten „prinzipiellen" Vorentwurf, der aus nur drei Paragraphen bestand und zwei Kernaussagen enthielt, nämlich erstens: Das Verlöbnis begründet keine Verpflichtung, die Ehe einzugehen, und zweitens: Bei einem Rücktritt vom Verlöbnis gibt es keinen Schadensersatz, auch nicht das negative Interesse.

Die zweite Kernaussage wurde von der 1. Kommission verworfen, die den § 1298 (negatives Interesse) beschloß – den sie übrigens aus dem „eventuellen" Vorentwurf übernahm, den *Planck* realistischerweise gleich mitgeliefert hatte. Die erste Kernaussage wurde von der 2. Kommission aufgrund heftiger Kritik in der Öffentlichkeit umgestoßen. Die 1. Kommission hatte mit *Planck* an den Anfang den Satz gestellt: „Der auf die künftige Abschließung einer Ehe gerichtete Vertrag (Verlöbniß) begründet weder einen Anspruch auf Vollziehung der Ehe noch auf die Entschädigung wegen Nichterfüllung oder einseitigen Rücktritts vom Verlöbnisse". Kritiker, wie *Hinschius*, *Otto v. Gierke*, *v. Scheurl*, meinten, das verletze das Rechtsbewußtsein des deutschen Volkes, „den guten Geschmack und das sittliche Gefühl". *Gierke*, auf dessen Anregung der Wortlaut unseres § 1297 Abs. 1 zurückzugehen scheint, meinte, daß ein solcher Satz „fast wie eine Aufforderung zur Entlobung klinge".[44]

Insgesamt zeigt die Gesetzgebungsgeschichte, daß die Regelung des Verlöbnisrechts nur zögerlich angegangen wurde, daß man zwar ein Rechtsbewußtsein im Volke konstatierte, sich aber über die Grundlagen – Pflicht zur Vollziehung der Ehe? Schadensersatzpflicht? – nicht mehr sicher war.

[40] Vgl. § 59 Zürcher GB, § 1578 Sächs. BGB.

[41] *Planck* (Fn. 38) 180 f.

[42] *Planck* (Fn. 38) 181.

[43] *Planck* (Fn. 38) 182.

[44] Zusammenstellung der gutachtlichen Äußerungen zum BGB, Bd. 4, 1890, Neudr. 1967, 11 f.

IV. Und heute?

1. Zur praktischen Bedeutung des Verlöbnisses

Das Rechtsbewußtsein des Volkes und die deutsche Sitte, die *Planck* und den BGB-Verfassern so wichtig waren, haben sich verändert, und zwar recht deutlich. Jungen Leuten ist die Vorstellung, ein Verlöbnis begründe eine irgendwie geartete Pflicht zum Eheschluß, fremd; Studenten beiderlei Geschlechts müssen lachen, wenn sie erstmals den Text des § 1297 Abs. 1 hören. Laut Umfrage des Allensbacher Instituts hielten es 1987 nur noch 51% aller Befragten für angebracht, daß sich Heiratswillige offiziell verloben. Nach Auskunft desselben Instituts waren es bei der letzten Umfrage 1996, also nur 9 Jahre später, nur noch 41%, und in der Altersgruppe von 16-29 Jahren lediglich 33%, während 40% für „*nicht verloben*" waren – was wohl erstmals die Mehrheit in einer Altersklasse ist – und 27% unentschieden blieben.[45] Und fragen wir uns selbst: Wann haben wir das letzte Mal eine Verlobungsanzeige erhalten?

Auf die geringe praktische Bedeutung des Verlöbnisses wird denn auch oft hingewiesen, ebenso auf den Hauptgrund, den Wegfall der besonderen Schutzbedürftigkeit der Frau infolge ihrer sozialen und rechtlichen Gleichstellung, der Veränderungen im Arbeitsleben und infolge der gewandelten Sexualmoral.[46] Auch der Gesetzgeber hat zum Ausdruck gebracht, daß ihm diese Entwicklung nicht entgangen ist: Nach dem Eheschließungsrechtsgesetz (welch ein Name!), das zum 1.7.1998 die Reste des Ehegesetzes mit Modifikationen in das BGB zurückgeführt und übrigens auch § 1300 aufgehoben hat, erklären nicht mehr – wie zuvor in § 13 EheG – „die Verlobten", sondern nunmehr in § 1310 die „Eheschließenden" vor dem Standesbeamten, die Ehe miteinander eingehen zu wollen. Im Personenstandsgesetz (§§ 4 ff.) agieren dagegen weiterhin Verlobte beim Standesbeamten.– Auch der Umstand, daß das Lebenspartnerschaftsgesetz v. 16.2.2001 ein dem Verlöbnis entsprechendes Rechtsinstitut nicht kennt, erklärt sich wohl mit der geringen praktischen Bedeutung.[47]

2. Die gesetzliche Regelung

Die Umbenennung der Verlobten in „Eheschließende" in § 1310 BGB ist vom Gesetzgeber damit begründet worden, daß „der Eheschließung heute nicht mehr mit der früheren Selbstverständlichkeit eine formale Verlobung vorausgeht".[48] Dem ist das – schon ältere – Argument entgegengehalten worden, spätestens mit der Terminvereinbarung für die Eheschließung beim Standesamt (§ 4 PStG) würden die Heiratswilligen zu Verlobten;[49] *Strätz*

[45] Allensbacher Jahrbuch der Demoskopie 1993-1997, Bd. 10, 1997, 243. Weder das Allensbacher Institut noch das Statistische Bundesamt verfügen über neuere Statistiken.

[46] Vgl. Bundesrats-Drucksache 13/4898, 15 und etwa *Dieter Schwab*, Familienrecht, 9. Auflage 1999, 21 Rz. 32; *Gerhard Hohloch*, Familienrecht, 2002, 147 Rz. 233.

[47] §§ 1297-1302 sind nicht entspr. anwendbar, *Gerd Brudermüller*, in: Palandt, Kommentar zum BGB, 61. Auflage 2002, LPartG Einl. Rz. 4. Denn die Parallelregelungen und zahlreichen Verweisungen auf das Eherecht lassen auf eine bewußte Lücke schließen.

[48] Bundesrats-Drucksache 13/4898, 15.

[49] *Thilo Ramm*, Familienrecht, Bd. 1, 1984, 492; *Bosch*, FamRZ 1997, 71; *Hans-Wolfgang Strätz* in: Staudinger, Kommentar zum Bürgerlichen Gesetzbuch, 13. Bearb. 2000, § 1297 Vorbem. 62 („faktische Unausweichlichkeit des Verlöbnisses"); *Palandt/Brudermüller* (Fn. 47) § 1310 Vorbem. 1 c

meint deshalb sogar: „Eine Eheschließung ohne Verlöbnis ist rechtlich undenkbar".[50] Doch ist das, wie schon *Planck*[51] gesehen hat, irrig: Parteien, die einen formbedürftigen Vertrag vorbereiten, verpflichten sich nicht konkludent, ihn auch wirklich abzuschließen. Andernfalls wären auch die Funktionen der Formvorschriften, wie Warnung, Beratung etc., obsolet. Der Entschluß zu heiraten und die Übernahme irgendeiner Verpflichtung, dies auch wirklich zu tun, fallen also nicht notwendig zusammen.

Man gewinnt den Eindruck, daß in der familienrechtlichen Doktrin eine Tendenz besteht, die man als *favor sponsalium* kennzeichnen könnte, als das Bestreben, möglichst ein Verlöbnis zu bejahen,[52] um die Rechtsfolgen anwenden und damit die – das ist wohl noch immer der häufigere Fall – sitzengelassene Braut schützen zu können. Werfen wir deshalb einen kurzen, notwendigerweise arg oberflächlichen Blick auf die Bestimmungen des Verlöbnisrechts!

a) § 1297 Abs. 1, ein Echo längst vergangener Epochen, ist dem heutigen Rechtsbewußtsein entbehrlich.

b) § 1297 Abs. 2, der eine Vertragsstrafe für den Fall der Nichtheirat für nichtig erklärt, ist eine Reaktion auf § 113 II 1 ALR.[53] Die Nichtigkeit ließe sich heute ohne weiteres auf § 138 BGB stützen – und dies wird erforderlich werden, wenn etwa Herr A sich von seinem Freund ein Strafversprechen für den Fall hat erteilen lassen, daß dieser die geplante Lebenspartnerschaft nicht eingeht.

c) § 1301 gewährt, wenn die Eheschließung unterbleibt, einen Anspruch auf Rückgabe der Geschenke und des zum Zeichen des Verlöbnisses Gegebenen, also der „Draufgabe" (*arrha sponsalicia* [vgl. § 337 Abs. 2]) oder des Mahlschatzes. Anerkanntermaßen handelt es sich um einen Sonderfall der *condictio ob rem*, auf den auch deren Ausschlußtatbestand, der § 815, analog paßt.[54] So sah es die 1. Kommission, die ausdrücklich den Zusammenhang zu § 812 Abs. 1 S.2, 2. A. (i.d.F. des § 742 E I) und das Eingreifen des § 815 (i.d.F. des § 743 Nr. 2 E I) hervorhob.[55] § 1301 ist deshalb mehr aus Gründen der Klarstellung geschaffen worden, jedenfalls der S.1. Wesentlicher war die Ausnahme, nämlich die Auslegungsregel des S.2, wonach die Rückforderung bei Tod eines Verlobten *im Zweifel* ausgeschlossen sein soll, denn das gemeine Recht und das preußische entschieden insoweit anders (§ 123 II 1 ALR).[56] Doch ist der Zweifelsregelung in jedem Falle ja die Auslegung vorgeschaltet, so daß sich das Gewicht der Zweifelsregelung in Grenzen hält.

d) § 1302 bestimmt für die Ansprüche auf Rückgabe der Geschenke und auf Schadensersatz eine Verjährungsfrist von zwei Jahren ab Auflösung des Verlöbnisses. Die kurze Verjährung ist sachgerecht wegen der Schwierigkeit, die in Betracht kommenden im In-

---

(idR); *Thomas Rauscher*, Familienrecht, 2001, 64 Rz. 102; AG Neumünster FamRZ 2000, 818.– Dagegen *Andreas Wacke* in: Münchener Kommentar zum Bürgerlichen Gesetzbuch, § 1297 Rz. 3.

50 *Staudinger/Strätz* (Fn. 49).§ 1297 Vorbem. 62.

51 S. o. zu n. 41.

52 Dies auch angesichts der Behauptung, ein Verlöbnis sei nur dann zu verneinen, wenn die Beteiligten „ausdrücklich vereinbaren und deutlich machen, daß sie sich nicht binden wollen" (so aber AG Neumünster FamRZ 2000, 817, 818).

53 Dazu o. S. 1473 nach n. 20, vgl. Motive (Fn. 38), 3.

54 BGHZ 45, 258, 265 f. (1966), was freilich sehr strittig ist, *Staudinger/Strätz* (Fn. 49) § 1301 Rz. 14-18; ablehnend auch *Planck* (Fn. 38) 191 (wegen des Strafcharakters und weil durch das Verlöbnis keine Pflicht begründet werde – doch sah die 1. Kommission dies anders, u. n. 56).

55 Motive (Fn. 38) 7 mit dem Vorentwurf (Fn. 37) 191 (abgesehen von *Plancks* Meinung zu § 815).

56 Motive (Fn. 38) 7; Vorentwurf (Fn. 37) 190 f.

nern der Familie sich ereignenden Vorgänge nach längerer Zeit zu ermitteln und schikanösen Ansprüchen vorzubeugen. Nachdem aber die allgemeine Verjährungsfrist auf drei Jahre abgesenkt ist (§§ 195, 199 BGB), ist die frühere Sonderstellung des § 1302 gegenüber der 30jährigen Regelfrist entfallen. Statt der zwei Jahre könnte der Gesetzgeber die Regelfrist von drei Jahren auch hier vorsehen.

e) § 1298 mit dem Annex des § 1299 ist sicherlich die wichtigste Bestimmung. § 1298 ordnet die Schadensersatzpflicht des Verlobten an, der vom Verlöbnis zurücktritt, ohne einen wichtigen Grund zu haben. Er hat dem anderen Verlobten und dessen Eltern sowie Dritten, die anstelle der Eltern handelten, den Schaden zu ersetzen, der daraus entstanden ist, daß sie in Erwartung der Ehe Aufwendungen gemacht haben oder Verbindlichkeiten eingegangen sind, und darüber hinaus dem anderen Verlobten auch die Schäden, die dieser dadurch erleidet, daß er in Erwartung der Ehe sonstige sein Vermögen oder seine Erwerbsstellung berührende Maßnahmen getroffen hat – kurzum das negative Interesse.

Aus heutiger Sicht läßt sich § 1298 – was für die Gesetzesverfasser noch nicht klar war – ohne weiteres als ein Fall der culpa in contrahendo verstehen, zumal angesichts des neuen § 311 Abs. 2 (Nr. 2). Man war sich in der 2. Kommission darüber nicht einig, ob das Verlöbnis eine rechtliche oder sittliche Pflicht zur Eheschließung begründet oder überhaupt keine Pflicht.[57] Geht man von einer solchen Pflicht aus, so dürfte man bei Verletzung derselben im Grundsatz zwar einen Anspruch auf das positive Interesse erwarten. Wenn aber das Verlöbnis eine Rechtspflicht zur Eheschließung erzeugt, diese jedoch nicht durchsetzbar ist, im übrigen auch jederzeit durch Rücktritt beseitigt werden kann, dann kann eine Haftung auf das positive Interesse konsequenterweise nicht bestimmt werden. Anderenfalls würde die Ehefreiheit faktisch konterkariert; eine ernstgemeinte Freiheit der Eheschließung läßt einen Anspruch auf das positive Interesse nicht zu.

Die Interessenlage stellt sich hier ähnlich dar wie etwa in den Fällen von § 179 Abs. 2 und 3. Besteht gegen den *falsus procurator* zwar grundsätzlich (§ 179 Abs. 1) ein Anspruch auf das Erfüllungsinteresse, so muß von diesem Anspruch doch abgesehen werden, wenn er den Mangel seiner Vertretungsmacht nicht kannte, so daß die Haftung nur auf das negative Interesse geht, oder, wenn er minderjährig war, ganz entfällt. Gegenläufige Interessen führen also zur Abweichung vom Grundsatz der Haftung auf das positive Interesse. Es wäre deshalb keine Singularität, den Schadensersatzanspruch bei Verletzung einer Rechtspflicht zur Eheschließung auf das negative Interesse zu beschränken.

Im übrigen drängt sich als Vergleichsfall aus dem Bereich der culpa in contrahendo der des grundlosen Abbruchs von Vertragsverhandlungen auf. Wer berechtigtes Vertrauen auf das Zustandekommen eines Vertrages erweckt hat, dann aber ohne triftigen Grund die Vertragsverhandlungen abbricht, hatte zwar nicht die Pflicht, den Vertrag abzuschließen, haftet aber dennoch auf das negative Interesse. Wer dadurch, daß er sich verlobt hat, berechtigtes Vertrauen auf das Zustandekommen der Ehe erweckt hat, dann aber vom Verlöbnis grundlos zurücktritt, hat sogar seine Rechtspflicht zur Eheschließung verletzt. Man wird gegen ihn also erst recht einen Anspruch auf das negative Interesse zubilligen müssen. Doch dürfte das Ergebnis auch dann nicht anders sein, wenn man eine Rechtspflicht zur Eheschließung nicht anerkennen wollte.

Die weitere Besonderheit des § 1298 ist, daß er den Eltern und bestimmten Dritten Schadensersatzansprüche eröffnet. Dieser Gedanke ist aus § 1581 des Sächsischen BGB von 1863 übernommen. Danach standen außer dem betroffenen Verlobten Schadenser-

---

[57] Protokolle der Kommission für die zweite Lesung des Entwurfs des Bürgerlichen Gesetzbuchs, Bd. 4, 1897, 1 ff.

satzansprüche auch denen zu, deren Einwilligung dieser zu dem Verlöbnisse bedurfte, also den Eltern, bei deren Tod den Voreltern, und zwar auch bei Volljährigkeit der Nupturienten (§ 1571). Hier waren zum Zwecke familiärer Kontrolle die Eltern in den Vertragsabschluß einbezogen, und das konnte es rechtfertigen, ihnen Ansprüche zu eröffnen – zumal da bei Töchtern, die seinerzeit ja nicht ohne weiteres zu verdienen pflegten, es überhaupt in der Regel die Eltern waren, die Unkosten hatten.

Das ist heute zumeist anders. Wenn aber die Verlobten ihr Verlöbnis den Eltern offenbaren, dann tun sie das im Normalfall, um die Zustimmung und die Förderung ihres Planes durch die Eltern zu erfahren, und damit schafft jeder gegenüber den Eltern ein gewisses Vertrauen. Dies kann es rechtfertigen, die Eltern als in den Schutzbereich des Verlöbnisses einbezogen anzusehen – und es ist seit BGHZ 66, 54 („Salatblatt") auch herrschende Ansicht, daß Dritte von einem Angehörigen in den Schutzbereich der culpa in contrahendo einbezogen sein können, also, wie zu folgern ist, auch in den Schutzbereich der Verpflichtungen aus dem Verlöbnis.[58]

f) § 1299 schließlich besagt, daß dann, wenn ein Verlobter durch sein Verschulden dem anderen einen wichtigen Grund zum Rücktritt gibt, er dem anderen und dessen Eltern bei Rücktritt zum Schadensersatz verpflichtet ist. Auch das ist allerdings nur Ausdruck eines allgemeinen Grundgedankens, wie an § 628 Abs. 2 BGB und etwa an § 89 a Abs. 2 HGB (zum Handelsvertreter) erkennbar ist.

3. *Schlußbemerkung*

Nach alldem ließe sich heutzutage auch ohne die Spezialregelungen zum Verlöbnisrecht auskommen. Doch folgt daraus nicht notwendig, daß sie, die sie ja immerhin brauchbare Konkretisierungen bieten, bei Gelegenheit aufgehoben werden sollten. Nur ist der Schutz, den sie vorsehen, nicht mehr ein so besonderer, daß man seinetwegen Verlöbnisse konstruieren müßte, wo es keine gibt.

Das Verlöbnis hat eine lange Geschichte. Überspitzt gesagt: Aus einem Rechtsakt zur Sicherung der Übertragung personenrechtlicher Gewalt, aus einem Geschäft handfester Familienpolitik der *patresfamilias* ist seit dem Spätmittelalter ein Mittel geworden, sittlich geordnete Verhältnisse zu sichern, und heute ein Institut übriggeblieben, das zur Hauptsache dazu dient, Fehlinvestitionen in Zukunftserwartungen auszugleichen. Unser Verlöbnisrecht ist sterbendes Recht.

---

[58] Der unglücklich formulierte § 311 Abs. 3 BGB n.F., der Schuldverhältnisse zu Dritten betrifft, ist nicht einschlägig und vermöchte § 1298 insoweit nicht zu ersetzen, weil er nur Ansprüche gegen den Dritten bestimmt. In unserem Fall geht es jedoch um Ansprüche des Dritten (der Eltern).

Der Wettlauf der Okkupanten*

ROLF KNÜTEL

1. Augustin von Leyser

„... und da ich ... auch juristische Dinge gerne trieb, besonders weil sie sich auf menschliche Verhältnisse beziehen: so hatte ich Leysers Meditationen von einem Ende zum andern durchgelesen. Der Mann gefiel mir wegen seines geistreichen Menschenverstandes gar zu wohl und seine Dissertationen kamen mir so lebendig vor, daß ich wohl daraus manchen Stoff zu Romanen und Schauspielen hätte herausziehen mögen: denn die poetischen Formen waren leider die einzigen, unter denen ich mir etwas zueignen konnte". Es war Goethe[1], der mit diesen Worten seine Wertschätzung für Augustin Reichsfreiherr von Leyser (1683-1752) zum Ausdruck brachte. Leyser, der auch bei unserem Freunde Klaus Luig hohe Anerkennung gefunden hat, war einer der bedeutendsten und angesehensten Juristen des 18. Jahrhunderts, überhaupt „einer der geistreichsten Praktiker der deutschen Rechtswissenschaft"[2]. 1707 wurde er außerordentlicher Professor in Wittenberg, seit 1712 war er Professor für *ius publicum* und alsbald Ordinarius in Helmstedt, ab 1729 dann Ordinarius in Wittenberg, zugleich braunschweigischer Hofrat, Direktor des geistlichen Konsistoriums, Erster Beisitzer am Hofgericht und Schöppenstuhl u. a. m. Sein Ansehen gründet sich vor allem auf die berühmten *Meditationes ad Pandectas*. In dieser der Legalordnung der Digesten folgenden Sammlung handelt Leyser die Materien der Digestentitel auf der Grundlage des tradierten Stoffs und juristischen Bildungsguts und unter Auswertung zahlloser Urteile, Dissertationen und Gutachten aus seiner eigenen Praxis in 575 Specimina ab, klar, anschaulich und sehr selbständig[3].

In diesen Meditationen erweist Leyser sich als ein typischer Vertreter des jüngeren aufgeklärten *usus modernus*, geleitet von den Wertungen des älteren ethisch gebundenen Vernunftrechts der Schule von Pufendorf und Chri-

---

* H.-P. Haferkamp/T. Repgen (Hrsg.), Usus modernus pandectarum. Römisches Recht, Deutsches Recht und Naturrecht in der Frühen Neuzeit. Klaus Luig zum 70. Geburtstag, Rechtsgeschichtliche Schriften Bd. 24, Böhlau, Köln/Weimar/Wien 2007, 75 – 107.

1 Werke, Sophienausgabe, I. Abt., Bd. 27, 1889, S. 399 (Dichtung und Wahrheit, Zusatz).

2 E. LANDSBERG in: R. Stintzing / E. Landsberg, Geschichte der deutschen Rechtswissenschaft, Abt. III/1, 1898, Neudruck 1957, S. 206, vgl. 214; dort auch Näheres zu Leysers Leben und Wirken.

3 Das 1717-1748 in 11 Bänden erschienene Werk umfasst in der Ausgabe Halle 1772 acht, Frankental 1778-1783 dreizehn Bände (mit Supplementa und einer Darstellung seiner Vita, Bd. 13, S. 323 ff.).

stian Wolff[4]. Vieles ist aufgrund der Erörterung in den *Meditationes* den späteren Generationen präsent geblieben[5]; manche seiner bisweilen recht freien Entscheidungen oder Lehren sind für die weitere Entwicklung bestimmend geworden, wie insbesondere seine Doktrin von der *clausula rebus sic stantibus*[6], die in ihrer fortentwickelten Form als „Geschäftsgrundlage“ durch die Schuldrechtsreform mit Wirkung ab 2002 Eingang in das BGB (§ 313 n. F.) gefunden hat.

Im Grundsatz hielt Leyser jedoch an der Geltung des rezipierten römischen Rechts in der im *usus modernus* entwickelten Gestalt fest, insbesondere gegenüber naturrechtlich motivierten Abweichungen und Rückgriffen auf ältere germanische Rechte und Gebräuche[7]. Zwar habe, sagt er, auch das römische Recht seine Mängel und Absonderlichkeiten. Das Beste sei aber immer das, was die geringsten und wenigsten Irrtümer aufweise, und er habe bislang kein Recht gesehen, das besser und genauer oder tiefdringender sei als das römische[8].

Ein anschauliches Beispiel für diese Haltung bieten Leysers Ausführungen zur Aneignung, *occupatio*, im Specimen 439[9]. Sie bieten sich auch deshalb an, weil wir in ihnen auf ein Problem stoßen, das seit der Antike – mögen sich auch die tatsächlichen Umstände geändert haben – bis auf den heutigen

---

4 So K. LUIG, LEYSER, AUGUSTIN, in: M. Stolleis (Hrsg.), Juristen. Ein biographisches Lexikon, 2001, S. 388; DERS., Richterkönigtum und Kadijurisprudenz im Zeitalter von Naturrecht und Usus modernus: Augustin Leyser (1683-1752), in: K. Luig / D. Liebs (Hrsg.), Das Profil des Juristen in der europäischen Tradition, 1980, S. 294 ff., 314.

5 Beispielsweise der Fund der Pompeius - Statue, die unter der Grundstücksgrenze verborgen lag (vgl. Spec. 442, med. III; Bd. 7, Halle 1772, S. 38 f.). Der Fall hat offenbar die Bestimmungen der §§ 92 I 9 ALR; 235 SächsBGB v. 1863/65 veranlasst, vgl. H. DERNBURG, Das bürgerliche Recht, Bd. 3 (Das Sachenrecht), 4. Aufl. 1908, S. 412 Fn. 16. Zum Fall s. auch R. KNÜTEL, Gegenstände im Grenzgelände, FS D. Medicus, 1999, S. 259 f.

6 Spec. 40, med. IV: *Omne pactum, omnis promissio, rebus sic stantibus, intelligenda est* (Bd. 1, Frankental 1778, S. 411); Übersetzung der einschlägigen Ausführungen bei K. KROESCHELL, Deutsche Rechtsgeschichte 3 (seit 1650), 1989, S. 16. Vgl. auch LUIG (o. Fn. 4, Richterkönigtum), S. 325 f.

7 Vgl. LUIG (o. Fn. 4), S. 388 und Richterkönigtum, S. 314, 322 f., 329 ff., 332 f.

8 So LEYSER in seinem De variationibus et retractationibus iureconsultorum liber singularis von 1737 cap. XIV (in: Meditationes, Bd. 13, Frankental 1783, S. 243 ff., 247). Dort führt er ein längeres Zitat aus Melanchthons Oratio de Legibus an, das sich an die Jüngeren (*iuniores*) wendet, die das römische Recht tadeln und davon träumen, sie könnten neue Gesetze schaffen, und das mit den Worten endet: *etiamsi iuniores nondum videant, tamen senioribus et peritis credant, non temere leges sapientum et peritorum judiciis latas, receptas, comprobatas, mutandas esse* (S. 248; auch wenn die Jüngeren dies noch nicht erkennen, mögen sie dennoch den Älteren und Erfahrenen glauben, daß man die durch die Entscheidungen der Weisen und Erfahrenen entwickelten, übernommenen und anerkannten Gesetze nicht blindlings ändern darf).

9 Eine Dissertation von A. F. FALCKNER aus 1727, der Helmstedter Zeit.

Tag besteht, das bei Leyser eine beachtliche Klärung erfahren hat[10] und zu dem sich die zumeist nicht hinreichend erfasste Lösung des römischen Rechts als die sachgerechteste erweist: das Problem des Wettlaufs der Okkupanten.

2. Der Speer im Stadttor

Der wohl älteste Fall findet sich bei Plutarch in den *Quaestiones Graecae*[11]: Bürger von Andros und Bürger von Chalkis (auf Euböa) segelten nach Thrakien, genauer: nach der Halbinsel Chalkidike, um dort Kolonien zu gründen. Vereint bemächtigten sie sich aufgrund Verrats der Stadt Sane. Als sie erfuhren, dass die Barbaren die (später sog.) Stadt Akanthos verlassen hatten, sandten sie zwei Kundschafter aus. Als diese sich der Stadt näherten und feststellten, dass alle Feinde geflohen waren, rannte der Kundschafter aus Chalkis los, um die Stadt für seine Polis in Besitz zu nehmen. Der andrische Kundschafter erkannte, dass er ihn im Lauf nicht einholen konnte; er schleuderte deshalb seinen Speer, und als dieser sich aufgrund des kraftvollen Wurfs in das Stadttor hineingebohrt hatte, rief er laut, dass mit diesem Speer die Stadt für die Söhne von Andros zuerst in Besitz genommen worden sei. Es kam daraufhin zwischen Andros und Chalkis zum Streit. Diesen ließen die beiden Poleis durch ein Schiedsgericht, gebildet von Eretria (auf Euböa), Samos und Paros, entscheiden. Die Eretrier und die Samier entschieden zugunsten von Andros, die Parier zugunsten von Chalkis. Wegen dieser Gegenstimme von Paros waren die Andrier so verärgert, daß sie gegen die Parier einen feierlichen Eid ablegten, sie würden einem Bürger von Paros niemals eine Frau in die Ehe geben und auch niemals von ihnen eine parische nehmen.

Das Ereignis fällt in die Zeit der großen griechischen Kolonisation (750-550 v. Chr.), und da das Schiedsverfahren vor der Gründung von Akanthos durch das siegreiche Andros stattgefunden haben muss, wird der Schiedsspruch in der Zeit zwischen 655 und 650 v. Chr. anzusetzen und damit der älteste uns aus der griechischen Welt überlieferte sein[12].

---

10 Deshalb kann DERNBURG (o. Fn. 5), S. 379 Fn. 14 auch für die Rechtslage nach dem BGB auf LEYSER, Meditationes, Spec. 439, med. II verweisen.

11 Quaestiones Graecae 30, in: Plutarch's Moralia with an English Translation by F. C. BABBITT, Bd. IV, 1936, Repr. 1957 (Loeb Classical Library), S. 210-213.

12 Dazu A. RAEDER, L'Arbitrage international chez les Hellènes, 1912, S. 16 f.; L. PICCIRILLI, Sull'arbitrato fra Calcide e Andro e alcuni aspetti del diritto coloniale greco, Bull. 72 (1969) 2 ff.; DERS., Gli arbitrati interstatali greci, Bd. 1, 1973, S. 7 ff. (10). – Dass mehrere Städte als Schiedsrichter angerufen wurden, war auch später keine Sel-

Dass eine Inbesitznahme durch den Speer als Herrschaftssymbol für hinreichend gehalten wurde, ist bemerkenswert. Auch in der frühen Neuzeit sind symbolische Inbesitznahmen zeitweilig als für eine *occupatio* genügend anerkannt worden, wofür entscheidend war, dass Papst Alexander VI in der Bulle *Inter caetera* 1493 erklärt hatte, dass er den von ihm belehnten Königen von Portugal und von Spanien die in der neuen Welt entdeckten oder noch zu entdeckenden Gebiete „schenke, überlasse und zuweise“ (*donamus, concedimus, assignamus*). Daraus ist der Gebietserwerbstitel der frühesten Entdeckung abgeleitet worden, der freilich nie unbestritten war[13]. Im heutigen Völkerrecht werden dagegen nur Okkupationen anerkannt, die sich auf die Errichtung einer effektiven Herrschaftsausübung im besetzten Territorium gründen[14].

Leyser hat die Lösung der *intricatissima lis*, die Plutarch überliefert, nicht überzeugt. Er entwickelt im Specimen 439 zunächst die Voraussetzungen der *occupatio* als Eigentumserwerbsgrund im allgemeinen. Er geht von der im gemeinen Recht überwiegenden, aber keineswegs unbestrittenen Definition aus: *Definitur occupatio adprehensio animo dominii facta*, also als Ergreifung mit Eigentumserwerbswillen. Daran vermisst er jedoch etwas Entscheidendes. Hören wir ihn: „Es macht nämlich nicht, wer eine *res nullius* oder *hostilis* ergreift oder, wenn es sich um Land handelt, dieses betritt, die Sache sogleich zu seiner eigenen, mag er dies auch wollen. Nimm an, ein Pirat entdecke mit seinem kleinen Schiff ein großes Meer, das bislang unbekannt und ohne Eigentümer war, er fahre hinein und erkläre es zu seinem Eigentum. Unterstelle etwa, ein Fischer lege mit seinem kleinen Kahn an einem sehr großen Land ohne Einwohner an und erkläre durch Errichtung zahlreicher Zeichen seinen Willen, das Eigentum zu erwerben. Glaubst du etwa, sie beide seien durch Ergreifung, *adprehensio*, Eigentümer geworden und könnten andere von der Nutzung dieses Meeres oder Landes ausschließen? Ich glaube, niemand wird das sagen. Was fehlt also? Die *redactio in potestatem*, die Errichtung der tatsächlichen Gewalt, die das Naturrecht ebenso wie das Zivilrecht für einen Eigentumserwerb voraussetzen. Nimm des weiteren an, ein Bauer stoße auf eine neue, bislang verborgene Gold- oder Silberader, die sich über einige Morgen Land und Meilen ausdehnt, und er nimmt diese ganze Ader für sich allein in Anspruch. Die anderen werden ihm dies nicht neiden und begierig sein; doch werden sie – abgesehen von dem Teil, den er zu

---

tenheit, vgl. RAEDER, S. 253f., 257, ebensowenig wie die Regel, daß die Stimmenmehrheit entschied, wenngleich Einstimmigkeit die Regel war, RAEDER, S. 307.

13 G. GREWE, Epochen der Völkerrechtsgeschichte, 1984, S. 149 ff., 153 ff., 294 ff., 297; K.-H. ZIEGLER, Völkerrechtsgeschichte, 1994, S. 152.

14 F. BERBER, Lehrbuch des Völkerrechts, Bd. 1, 1975, S. 368 f.; K. IPSEN, Völkerrecht, 4. Aufl. 1999, S. 255 f. (Rz. 23.30); I. SEIDL-HOHENFELDERN / T. STEIN, Völkerrecht, 10. Aufl. 2000, S. 210. Zu den römischrechtlichen Ursprüngen dieser Lehre s. GREWE (o. Fn. 13), S. 154 ff., 298.

seinem Eigentum (*iuris sui*) gemacht hat – sich von den übrigen Teilen, die zu beherrschen er nicht imstande war, nicht abhalten lassen. Noch klarer ist die Sache bei der Okkupation im Kriege (*occupatio bellica*). Für diese reicht es jedenfalls nicht aus, den Eigentumserwerbswillen auf die Sache zu richten, sondern es ist darüber hinaus die Gewalterrichtung erforderlich. Wenn es sich also so verhält, kennzeichne ich – sagt Leyser – die *occupatio* besser so, dass sie die Handlung ist, durch die eine *res nullius vel hostilis* in unsere Gewalt gebracht wird oder dass sie so sehr in unsere Rechtsmacht fällt, dass wir nach Belieben über sie bestimmen und die Vorteile aus ihr ziehen können. Die natürliche Vernunft führt zu dieser Definition und die Zivilrechtsordnungen bestätigen sie“[15].

In der Tat hält Leyser sich mit seiner Auffassung von der Okkupation im Rahmen des Hergebrachten.[16] Das von den Eretriern und den Samiern bestimmte Schiedsurteil musste er deshalb ablehnen. Mit Pufendorf[17] hält Leyser die Ansicht der Parier für die richtigere. Der schnellere Kundschafter von Chalkis sei als erster in die Stadt eingedrungen, und weil er sie in seine Gewalt gebracht habe, habe er die Möglichkeit gehabt, den anderen Kundschafter zurückzuschlagen und am Betreten der Stadt zu hindern.[18]

Allerdings gab es noch eine naturrechtlich begründete dritte Ansicht, die Leyser als die schwächste (*infirmissima*) zurückweist. Sie ist von dem Thomasius-Schüler Gottlieb Gerhard Titius (1661-1714) mehrfach dargelegt und in seinen *Juris privati romano-germanici libri XII* von 1709 klar wiedergegeben worden. Titius führt dort aus[19]:

> § 13 „Nach der Vernunft steht aber ohne weiteres fest, daß nach dem Willen Gottes die allen zugänglichen oder niemandem gehörenden Sachen durch *occupatio* in das Eigentum gelangen, und zwar, so, wie die *regulae socialitatis* dies verlangen, und deshalb war es noch nie rechtens, wenn jemand alles zu seinem Eigentum erklären wollte. Hält jemand jedoch Maß bei der Aneignung, dann verleiht die gelobte Ordnung Gottes der Okkupation die Kraft des Eigentumserwerbs, so daß es nicht erforderlich ist, zu diesem Zweck die Zustimmung der anderen zu vermuten oder irgendeine allgemeine Vereinbarung des Menschengeschlechts zu ersinnen und ihm zu unterstellen, weil sie erstens nicht erforderlich, zweitens überdies ganz unglaubwürdig ist.
>
> § 14 Auch ist zu beachten, daß zum Eigentumserwerb die Okkupation nicht einfach [als solche] erforderlich ist, sondern eigentlich als Mittel, den an-

15 Spec. 439, med. I, Halle 1772, S. 2 f.

16 Siehe dazu u. nach Fn. 27, 30, 32 u. zu Fn. 42.

17 De Jure naturae et gentium libri VIII, ed. G. MASCOVIUS, Bd. 1, Frankfurt/Leipzig 1759, Buch IV, cap. 6, § 8 (S. 105).

18 Spec. 439, med. III, 1772, S. 7.

19 Buch 3, cap. 5, §§ 13-15. Vom Abdruck des lateinischen Originals sehen wir ab.

deren den Willen dessen erkennbar zu machen, der das Eigentum erwerben will; daher sind auch andere Handlungen von ihm, die gleichfalls seinen Willen erkennbar machen, so wirksam wie die Okkupation. Die Verwundung und Verfolgung verschafft also das Eigentum am wilden Tiere (...) ebenso wie die Okkupation, D. 41,1,5,1. Die gegenteilige Ansicht, die sich bei den Römern durchsetzte (Inst. 2,1,13), betrifft [nur] das positive Recht ...

§ 15 Ferner hat die Okkupation vor anderen Handlungen, die den Erwerbswillen (*animus habendi*) erkennbar machen, wie dem Entdecken, dem Schleudern eines Speeres und Ähnlichem keinen Vorrang von Natur aus, und wenn mehrere beim Erwerb einer Sache konkurrieren, verschafft deshalb weder das Entdecken noch die *occupatio* noch das Schleudern eines Speeres einem allein das Eigentum, vielmehr gehört die Sache allen gemeinsam, mögen andere auch anders darüber denken, s. Pufendorf, Buch 4, Kap. 6, § VIII. ...“

Titius geht also davon aus, dass ein jeder sich herrenlose Sachen aneignen kann; doch unterwirft er die Aneignung den Regeln der *socialitas*, die wir mit Klaus Luig als „Leben in der Gemeinschaft“ übersetzen können.[20] Die *socialitas* ist als oberstes naturrechtliches Prinzip bekanntlich von Pufendorf daraus abgeleitet worden, dass – vereinfacht gesagt – einerseits der Mensch auf die Hilfe von seinesgleichen angewiesen ist und andererseits jeder die Möglichkeit hat, dem anderen zu schaden. Die vernünftige Betrachtung der menschlichen Natur gebietet deshalb als obersten Grundsatz, dass ein jeder nach Kräften die Fähigkeit zur *socialitas* erwerben und betätigen muss, diese verstanden als *ejusmodi dispositio[-] hominis erga quemvis hominem, per quam ipsi benevolentia, pace et caritate, mutuaque adeo obligatione conjunctus intellegitur*.[21] Daraus folgt als eine erste Hauptpflicht, daß ein jeder darauf bedacht sein muss, dem anderen nützlich zu sein: *Homo hominis commoda promovere debet*.[22]

Auf der Grundlage dieser Rechtslehre werden die Folgerungen von Titius, denen sich Nikolaus Hieronymus Gundling (1671-1729), ebenfalls ein Thomasius-Schüler, angeschlossen hat[23], verständlich. Es entspricht der *so-*

---

20 LUIG im Anhang zu seiner Übersetzung: S. VON PUFENDORF, Über die Pflicht des Menschen und des Bürgers nach dem Gesetz der Natur, 1994, S. 220.

21 PUFENDORF (o. Fn. 17), II, 3, 15, dort auch die Folgerungen: *Diximus autem cuilibet homini socialitatem colendam et actu excercendam quantum in se ... Omnia, quae ad istam socialitatem necessario faciunt, jure naturali praecepta ... intellegi.*

22 PUFENDORF (o. Fn. 17), III, 3, 1 (S. 248); dort auch zu den weiteren *officia humanitatis*. Vgl. ferner PUFENDORF, De officio hominis et civis juxta legem naturalem libri II, 1673, I, 8,1 (in der Übersetzung von K. LUIG [o. Fn. 20], S. 82).

23 In: Gundlingiana, Bd. VII, Halle 1723, 31. Stück, S. 1, 5 ff. – THOMASIUS selbst, dessen Erörterungen zur Okkupation weniger klar erscheinen, hat die uns interessierende Problematik nicht behandelt, s. CH. DONAHUE JR., Noodt, Titius and the Natural Law

cialitas, dem anderen nützlich zu sein und ihn nicht zu benachteiligen. Hat er seinen Erwerbswillen kundgetan, so ist dieser zu respektieren. Konkurrieren mehrere, so haben sie, da von Natur aus alle gleich, auch gleiches Recht. Der „Zufall", wer die Sache dann tatsächlich als erster ergreift, kann – da das Ergreifen im Sinne der *socialitas* zum Nutzen aller Beteiligten geschieht – nicht maßgeblich sein. Nach alldem ergab sich für Titius und Gundling als die allein richtige Lösung, daß Andros und Chalkis gemeinsam die Stadt Akanthos okkupiert und deshalb die Mitherrschaft erlangt hatten.

Wir lassen beiseite, dass diese Lösung auch mit anderer Begründung gerechtfertigt wurde – wie etwa von Johannes Barbeyrac mit der Annahme, die Kundschafter seien gleichzeitig ausgesandt worden, um die Stadt gemeinsam zu okkupieren[24] – und wenden uns wieder Leyser zu. Für ihn beruht die Begründung, die Kundschafter seien zur gemeinsamen Okkupation ausgesandt worden, auf einer unsicheren *conjectura mera*, und der Lösung des Titius setzt er das im *ius commune* überlieferte und von ihm präzisierte Verständnis der *occupatio* entgegen: Der Speerwerfer habe die Stadt nicht in seine Gewalt gebracht. Denn wer lediglich erkläre, er werde die Sache okkupieren, habe damit noch nicht die Gewalt über sie erlangt.[25] Auf die von Titius vorgetragene naturrechtliche Argumentation und ihre Schwächen, etwa dass sie mangels klarer Abgrenzungen zusätzliche Streitigkeiten geradezu vorprogrammiert – auf all das hat Leyser sich nicht eingelassen. Dies gilt auch im Fall des verendeten Wals, den Leyser zur Veranschaulichung der Voraussetzungen einer wirksamen Okkupation schon vor dem Fall vom Speer im Stadttor dargestellt hatte.

3. Der Wal in der Elbe

Der Fischer Johann Schwarze hatte in aller Frühe als erster einen riesengroßen Wal entdeckt, der tot in der Elbe dahintrieb. Er fuhr mit seinem Kahn an den Wal heran, packte ihn an, konnte ihn wegen seiner Größe aber nicht abschleppen und ans Ufer ziehen. Er brach deshalb zwei Zähne heraus, schnitt ein Stück Speckfleisch ab, ließ den Wal im Wasser treiben und kehrte nach Haus zurück. Bald darauf kamen die beiden späteren Kläger als Passagiere

School: The Occupation of Wild Animals and the Intersection of Property and Tort, in: J. A. Ankum / J. E. Spruit / F. B. J. Wubbe (Hrsg.), Satura Feenstra, 1985, S. 616 f.

24 So in der Anmerkung b) zu PUFENDORF (o. Fn. 17), IV, 6, 8 (S. 105). Auch GUNDLING führt dies an (o. Fn. 23), S. 29.

25 Spec. 439, med. III, S. 7.

auf einem den Schiffern Kock gehörenden Ewer an der Stelle vorbei. Sie haben, wie es im Helmstedter Urteil heißt, das Leyser wiedergibt[26],

> „...einen grossen Fisch, welcher jedoch bereits angehauen, und ein Stück Speck nebst zwey Zähnen davon genommen gewesen, in dem Wasser treibend gefunden, und selbigen mit Stricken an ihren Ever befestigt, in der Meynung, ihn mit nach Freyburg, als ihrer Wohnstadt, zu nehmen. Es seynd aber Beklagte (sc. mehrere Fischer aus Johann Schwarzes Dorf) mit ihren Fahrzeugen ... dazwischen gekommen, haben vorgegeben, der Fisch sey bereits von einem ihrer Nachbarn, Johann Schwarzen, angehauen, [die Fischer haben] sich also desselben mit angemasset, und ihn auf das feste Land gezogen, da denn Klägere als übermannet zurückgewichen und an das Land / getreten, ihre Schiffere [also die beiden Ewereigentümer Kock] hingegen mit den Beklagten Gesellschaft gemacht, sich ihren Antheil an den Fisch von selbigen bezahlen lassen, und dafür den Proceß gegen Klägere führen zu helfen versprochen: Darauf haben Klägere Klage erhoben, und nach einige Jahre lang geführten Proceß endlich das Urtheil, daß Beklagte ihnen vier Sechstheile des Fisches *cum omni caussa* und den verursachten Unkosten erstatten sollen, erhalten". Dieses Urteil des *Tribunal regium* in Stade haben die verklagten Fischer angefochten, und so gelangten die Akten an die Helmstedter Juristenfakultät. Diese bestätigte das Stader Urteil (vom 2. Oktober 1724), hauptsächlich weil die „*occupatio* nichts anders ist, als *redactio in potestatem suam*, und denn Johann Schwarze, nach der Beklagten eigenem Geständnisse, den Fisch nicht an das Land bringen können, sondern in den Wasser treiben lassen, mithin durch Abschneidung eines Stück Specks und Ausbrechung zweyer Zähne von solchem Fische keineswegs Herr geworden"[27].

Leyser hebt dazu vor der Wiedergabe des Urteils hervor, nach den Grundsätzen, die er oben (in spec. 439, med. I) entwickelt habe, könnten die Handlungen des Fischers Schwarze nicht als *vera occupatio* angesehen werden, weil er den Wal nicht in seine Gewalt gebracht habe, sondern ihn im Wasser treibend zurückließ, und deshalb noch viel dazwischenkommen konnte, dass er bei der Rückkehr den Wal nicht wiedererfinden könnte. Dafür bezieht Leyser sich auf Inst. 2,1,13, den (sogleich anzusprechenden) berühmten Jagdfall.

Von den weiteren fünf Gründen, die die Beklagten außer der Berufung auf die angebliche Okkupation durch Schwarze geltend machten, ist hier nur noch der erwähnenswert, dass – wenn schon Schwarze nicht Eigentümer geworden sein sollte – dann doch nicht die Kläger, sondern die Schiffer Kock das Eigentum erlangt hätten, weil das Tier auch mit ihrer Hilfe an ihrem Ewer festgebunden worden war. Das wird im Helmstedter Urteil wie folgt zurückgewiesen: „alldieweil ... 5) der Fisch nicht von dem Ever, sondern von den darin befindlichen Leuten *occupiret* worden, also die Eigenthümer des Evers, welcher bey der *Occupation* nur zum *Instrumente* gedienet, ihnen [sc. den Klägern durch mögliche Übereignung] kein grösseres Recht an dem Fi-

---

26 Spec. 439, med. II (S. 4 f.).

27 A. a. O. S. 5.

sche zuschreiben können, als welches derjenige, mit dessen Flinte ein Wild geschossen worden, behaupten mag."[28]

Nach alldem ist zweierlei festzuhalten:

Erstens ging es hier um einen Fall, in dem die Okkupation durch den ersten Entdecker Schwarze nicht vollzogen, der Wal also weiterhin *res nullius* und damit eine Okkupation durch die Kläger möglich war. Auch war Schwarze nicht bei einer der Okkupationshandlung von den Klägern beeinträchtigt worden. Dass der Fall nach BGB ebenso zu entscheiden wäre, betont Dernburg[29].

Zweitens wird der Gedanke an eine symbolische Okkupation, die man in der Markierung durch die Herausnahme von Teilen erblicken könnte und die nach der Lehre von Titius[30] für den Eigentumserwerb genügen würde, ohne weiteres zurückgewiesen, weil es an der *redactio in potestatem* fehlte. Es war dies die logische Konsequenz aus Leysers grundsätzlichen Überlegungen, die wir oben kennengelernt haben. Und es waren diese Leysersche Konzeption und die beiden Fälle vom Speer im Stadttor und dem Wal in der Elbe, wie Förster/Eccius und Dernburg anmerken[31], Vorbild für die Redaktoren des ALR, als sie die Bestimmungen der §§ 9 und 10 des Titels I 9 schufen:

> § 9 Wer eine herrenlose, dem Staate nicht vorbehaltene Sache wirklich [!] in seine Gewalt bringt, der wird von dem Augenblicke an, da solches geschieht, Eigenthümer der Sache.
>
> § 10 Absicht und bloßes Bestreben aber, sich eine herrenlose Sache zuzueignen, ist zur Erwerbung des Eigenthums derselben noch nicht hinreichend.

Dem ist, wie schon bei Johow im Vorentwurf angelegt, das BGB gefolgt[32].

---

28 A. a. O. S. 6.

29 H. DERNBURG (o. Fn. 5), S. 379 m. Fn. 14.

30 Siehe o. nach Fn. 19, insbes. § 13 von Buch III, 5 seiner *Juris Privati libri XII.*

31 F. FÖRSTER / M.E. ECCIUS, Preußisches Privatrecht, Bd. 3, 6. Aufl. 1892, S. 202 Fn. 2; H. DERNBURG, Lehrbuch des Preußischen Privatrechts, Bd. 1, 4. Aufl. 1884, S. 572 Fn. 2.

32 Die Vorlagen der Redaktoren für die erste Kommission zur Ausarbeitung des Entwurfs eines Bürgerlichen Gesetzbuchs, hrsg. v. W. SCHUBERT, Sachenrecht, Bd. 1 (Verf. R. JOHOW, 1876ff.), 1982, S. 963 (neue Zählung), vgl. auch Motive zu dem Entwurfe eines Bürgerlichen Gesetzbuches, Bd. 3, 2. Aufl. 1896, S. 369.

4. Das verwundete Wild

4.1. Die Lehren der *iuris periti*

Für die Ermittlung der Voraussetzungen einer wirksamen Aneignung spielen auch bei Leyser zwei Texte aus dem Corpus Iuris eine maßgebliche Rolle: Inst. 2,1,13 und die ausführlichere Vorlage Gaius (*2 rerum cottidianarum*) D. 41,1,5,1. Aus dem ersten ergibt sich klar die Entscheidung Justinians:

Inst. 2,1,13

> Illud quaesitum est, an, si fera bestia ita vulnerata sit, ut capi possit, statim tua esse intellegatur. quibusdam placuit statim tuam esse et eo usque tuam videri, donec eam persequaris, quodsi desieris persequi, desinere tuam esse et rursus fieri occupantis. alii non aliter putaverunt tuam esse, quam si ceperis. sed posteriorem sententiam nos confirmamus, quia multa accidere solent, ut eam non capias.

> Man hat gefragt, ob ein wildes Tier, wenn es so verwundet ist, daß es gefangen werden kann, sofort als dein Eigentum anzusehen ist. Manche haben gemeint, es gehöre sofort dir und bleibe solange dein Eigentum, wie du es verfolgst; wenn du aber die Verfolgung aufgebest, höre es auf, dein Eigentum zu sein, und werde Eigentum dessen, der es sich als nächster aneigne. Andere haben angenommen, das Tier werde erst dann dein Eigentum, wenn du es fängst. Wir entscheiden uns für die letztgenannte Ansicht, weil oft mancherlei dazwischenkommt und du das Tier doch nicht fängst.

Die erste hier überlieferte Ansicht sprach das Eigentum am verwundeten Wild dem Verfolger schon während der Verfolgung zu. Sie ist, wie sich aus der Vorlage Gai. D. 41,1,5,1 ergibt, von C. Trebatius Testa, einem Freund und juristischen Berater des Caesar und des Augustus, vertreten worden, der auch gleich die wesentliche Konsequenz gezogen hat: Es begeht einen Diebstahl (*furtum*), wer dem Jäger das verwundete Tier während der Verfolgung „wegschnappt".[33] Da der Täter in dieser Situation auf frischer Tat betroffen wird, wäre die *actio furti manifesti* einschlägig, die sich auf den vierfachen Wert der gestohlenen Sache richtet; darüber hinaus wäre konsequenterweise die *rei vindicatio* zugunsten des Verfolgers zu bejahen, die mit der Diebstahlsklage ohne weiteres gehäuft werden konnte. Nach dieser ersten Auffassung trifft den Störer der Erwerbshandlung folglich eine harte Sanktion.

Justinian hat sich jedoch zu der zweiten Lehre bekannt, die schon in der Klassik von den meisten Juristen vertreten wurde[34]: Um das Eigentum zu erlangen, muss der Jäger das Tier in seine tatsächliche Gewalt bekommen

33 Gai. D. 41,1,5,1 ... *itaque si per hoc tempus quo eam persequimur, alius eam ceperit eo animo, ut ipse lucrifaceret, furtum videri nobis eum commisisse.*

34 Die *alii* von Inst. 2,1,13 waren die meisten (*plerique*), s. Gai. D. 41,1,5,1.

haben. Dass sich auf der Grundlage dieser Ansicht eine gerade in sachenrechtlichen Zusammenhängen sehr wichtige Klarheit und Erkennbarkeit der Rechtslage ergibt, liegt auf der Hand. Es war denn auch die Unsicherheit des „wirklichen“ Erwerbs, die für die Ablehnung der ersten Ansicht den Ausschlag gab: *quia multa accidere solent, ut eam non capias.*

An welche Situationen hierbei zu denken ist, zeigt die Paraphrase des Theophilus zu Inst. 2,1,13:

> „Es kam folgende Frage auf: Ein Hirsch oder ein wilder Eber wurde von mir so verwundet, daß er leicht zu fangen war. Einige sagen, daß dieses Tier sofort mein Eigentum wird. Andere waren demgegenüber der Ansicht, daß das von mir getroffene Tier im Augenblick der Zufügung der Hauptwunde mein Eigentum wird, freilich nur, solange ich das Tier verfolge. Wenn ich aber von seiner Verfolgung ablasse, hört es wieder auf, mein Eigentum zu sein, und gehört demjenigen, der es [dann] ergreift. Es kam eine dritte Meinung auf von einigen, die sagten, daß ich nach der Verwundung des Tieres nur dann dessen Eigentümer werde, wenn ich es ergreife. Und diese dritte Meinung bestätigt unser Kaiser, indem er folgenden Entscheidungsgrund noch hinzufügt: Er sagt nämlich, daß in der Zwischenzeit viel geschehen kann, das mich daran hindert, das besagte Tier zu fangen: Denn es kann geschehen, daß mir ein wildes Tier in die Quere kommt und mich daran hindert, die Verfolgung [des gejagten Tieres] fortzusetzen, oder das von mir verwundete Wild raubt, oder auch daß ich bei der Verfolgung in unwegbares Gelände gerate und deshalb das [gejagte] Tier nicht [weiter] suchen kann“.[35]

Bemerkenswerter noch als die Veranschaulichung der Erwerbshindernisse ist der bislang offenbar noch unbeachtet gebliebene Umstand, dass Theophilus gleich zu Anfang einer allererste und vermutlich älteste Lehre nennt, nach der es genügte, dass der Jäger dem Wild eine Hauptwunde zugefügt hatte, also eine so schwere, dass das Tier leicht zu fangen war. Dem liegt wohl die Erwägung zugrunde, dass der Jäger mit der Zufügung der Wunde das Tier als „das seine“ gekennzeichnet hat und sich mit der Verfolgung Zeit lassen kann, weil die Blutspur ihn zu ihm führen wird.[36]

---

35 THEOPHILUS, Institutionum Graeca paraphrasis Theophilo antecessori vulgo tributa, hrsg. von C. FERRINI, 1884 (Nachdr. 1967), Bd. 1, S. 101 f. (nach Inst. 2,1,13). Wir lassen es auch hier bei einer Übersetzung bewenden.

36 R. KNÜTEL, Von schwimmenden Inseln, wandernden Bäumen, flüchtenden Tieren und verborgenen Schätzen, in: R. ZIMMERMANN / R. KNÜTEL / J. P. MEINCKE, Rechtsgeschichte und Privatrechtsdogmatik (Fschr. H. H. Seiler), 1999, S. 568 (dort auch zu den möglichen besitzrechtlichen Vorstellungen dieser Lehre). – G. NOODT, Opera omnia, Leyden 1724, S. 43 f. nimmt an, es habe eine ältere Lehre gegeben, die gemeinschaftlichen Erwerb angenommen habe, wenn etwa zwei Personen am Meeresstrand etwas finden, das der eine zuerst gesehen, der andere aber zuerst ergriffen hat, und er führt dafür an Seneca ad Lucilium 117; Phaedrus 5,6; Plautus, Rudens 4,3 vs. 76, dazu DONAHUE JR. (o. Fn. 39), S. 48 ff. – In der Novelle 70 Leos des Weisen (Ausgabe P. NOAILLES / A. DAIN, Les novelles de Léon VI Le Sage, 1944, S. 252 ff.) ist ein gemeinsamer Erwerb vorgesehen, wenn Reisegefährten, wie es häufig vor-

Wie sich zeigte, beschränkte Trebatius sich nicht auf die sachenrechtliche Seite, die Frage des Eigentumserwerbs, sondern bezog mit der *actio furti* die schuldrechtliche ein. Sehr häufig übersehen wird, dass auch die von Justinian mit Gesetzeskraft versehene Lehre[37] ihr schuldrechtliches Seitenstück hat, nämlich in der *actio iniuriarum*, der Klage wegen Personenverletzung, die auf die Zahlung einer vom Richter nach den Umständen des Einzelfalls zu schätzenden Buße gerichtet ist. In D. 47,10,13,7 wirft Ulpian die Frage auf, ob ich jemanden, der mich daran hindert, im Meer zu fischen oder ein Fischernetz zu ziehen, mit der *actio iniuriarum* belangen kann. Und er führt aus, dass manche Juristen der Ansicht sind, ich könne klagen. Dazu weist er darauf hin, von Pomponius und den meisten werde angenommen, dass es sich ähnlich verhalte wie bei demjenigen, der daran gehindert wird, in ein öffentliches Bad zu gehen oder auf einem öffentlichen Schauplatz im Theater zu sitzen oder auf irgendeinem anderen öffentlichen Platz sich zu bewegen, zu sitzen oder zu plaudern, oder wenn jemand es nicht zulässt, dass ich von meiner eigenen Sache Gebrauch mache; denn auch er kann mit der *actio iniuriarum* belangt werden. Ulpian fragt dann weiter, was zu sagen sei, wenn ich jemanden hindere, vor meinem Haus oder vor meinem Palast zu fischen: D. 47,10,13,7 (Ulpian im 57. Buch zum Edikt):

> … Me iniuriarum iudicio teneri an non? Et quidem mare commune omnium est et litora, sicuti aer, et est saepissime rescriptum non posse quem piscari prohiberi: sed nec aucupari, nisi quod ingredi quis agrum alienum prohiberi potest. Usurpatum tamen et hoc est, tametsi nullo iure, ut quis prohiberi possit ante aedes meas vel praetorium meum piscari: quare si quis prohibeatur, adhuc iniuriarum agi potest. …

> … Hafte ich mit der *actio iniuriarum* oder nicht? Aber gerade das Meer und auch der Strand stehen allen gemeinsam zu, ebenso wie die Luft[38], und es ist sehr oft von den Kaisern auf Anfrage entschieden worden, dass niemand daran gehindert werden darf zu fischen; aber auch nicht daran, auf Vogelfang zu gehen, mit der Ausnahme nur, dass jemand daran gehindert werden darf, ein fremdes Stück Land zu betreten. Doch hat man sich darüber hinaus angemaßt, wiewohl ohne alles Recht, es dürfe jemand daran gehindert werden, vor meinem Haus oder vor meinem Palast zu fischen. Wenn also jemand daran gehindert wird, kann er noch immer

komme, zufällig über ein Fundstück stolpern. Doch hat das keine Akzeptanz gefunden. Vgl. auch Fn. 42.

37 Justinian hat die Institutionen „mit der vollen Kraft seiner Gesetze" ausgestattet, Constitutio Imperatoriam § 6 (v. 21.11.533).

38 Vgl. Marci. D. 1,8,2,1; Inst. 2,1,1.

mit der *actio iniuriarum* klagen. ...[39]

Die für uns wesentliche Aussage unseres Textes findet eine Bestätigung in dem Ulpian-Fragment (68 ed.) D. 43,8,2,9.[40] Ist die *actio iniuriarum* im Falle von Behinderungen beim Fischen oder beim Vogelfang aber gesichert, so wurde sie gewiss auch dann erteilt, wenn jemand bei der Jagd auf andere Tiere auf öffentlichem Gelände behindert wurde.[41]

Es kann deshalb festgehalten werden, dass sich im römischen Recht zwar die enge Auffassung zur Okkupation durchsetzte, nach der die Begründung der tatsächlichen Sachherrschaft wesentliche Voraussetzung war, dass jedoch Härten, die sich aus dieser Handhabung ergaben, auf dem Weg über die deliktische *actio iniuriarum* ausgeglichen werden konnten.

4.2. Naturrechtliche Lösungen

Während dieses Lösungsmodell des Okkupantenkonflikts im *usus modernus* grundsätzlich beibehalten wurde[42], soweit keine landesherrlichen Vorbehalte (insbesondere hinsichtlich der Jagd) zu beachten waren, kam es im Naturrecht geradezu erwartungsgemäß zu Abweichungen im Sinne der Lehre des Trebatius. Recht schlicht geschieht dies bei Gundling in dessen Institutionenkommentar. Die moralische Missbilligung soll die sachenrechtliche Zuordnung bestimmen:

„So lange ich die Sache noch nicht würcklich in Händen habe / *nondum est occupata. Accidere potest, ut fera aufugiat, ut meam occupationem inanem reddat.* Nach der

39 Näheres zum Fragment bei F. RABER, Grundlagen klassischer Injurienansprüche, 1969, S. 162 ff.; CH. DONAHUE JR., Animalia ferae naturae: Rome, Bologna, Leyden, Oxford and Queen's County, N.Y., in: R. S. BAGNALL / W. V. HARRIS, Studies in Roman Law in Memory of A. A. Schiller, 1986, S. 48 ff.

40 Si quis in mari piscari aut navigare prohibeatur, non habebit interdictum [sc. Ne quid in loco publico], quemadmodum ne is, qui in campo publico ludere vel in publico balineo lavare aut in theatro spectare arceatur: sed in omnibus his casibus iniuriarum actione utendum est.

41 Vgl. DONAHUE (o. Fn. 39), S. 49 f., der in Anknüpfung an den Fall des Ebers in der Schlinge, Proc. (2 ep.) D. 41,1,55, auch die Gewährung einer *actio in factum* für möglich hält. Das ist nicht auszuschließen, wenngleich die *actio in factum* in fr. 55 darauf beruht, dass der Täter dem dem Jäger bereits gehörenden Eber ohne unmittelbare verletzende Einwirkung (die für eine analoge Klage nach der *lex Aquilia* Voraussetzung war) die natürliche Freiheit wiedergab. Vgl. auch Inst. 4,3,16 i. f.

42 Vgl. nur W. A. LAUTERBACH, Collegii theoretico-practici Pandectarum Pars Tertia, Tübingen 1725, Lib. XLI, I, §§ 14, 17, 18, 21 (S. 151 ff.). – Leyser geht in Spec. 439 auf die *actio iniuriarum* nicht ein. Zur Nov. 70 Leos des Weisen (o. Fn. 36) bemerkt er nur kurz: „*Hoc quippe juris non est, sed benignitatis merae. Si jus spectes, etiam ex comitibus itinerum is rem suam facit qui primus eijus possessionem adprehendit*", Spec. 439, med. II i. f. (mit D. 41,1,1,1).

Etymologie und dem *Raffinement* hat CAJUS recht. Allein *TREBATII* Meynung ist der Vernunfft und der Natur der *Occupation* weit gemäßer / wenn er saget: *Fera a me vulnerata, dummodo persequar, mea est, occupata est a me*, der andere hat kein Recht / mich an der Verfolgung zu verhindern, und ob schon die *Occupation nondum perfecta, sed duntaxat incepta* ist / so ist doch schon dieses genug. Der Haase ist von mir angeschossen, der andere schiesset ihn weg, ist das erlaubet? Es würde doch einen jeden verdriessen, wenn ihn alsdenn ein anderer haben sollte. *Illum persequor adhuc, non derelinquo. TREBATIUS war so tumm* nicht / er raisonnirte hier en honnête homme …"[43]

Das ALR hat versucht, die Problematik dieser Fälle auf andere Weise zu lösen, dem Eingreifenden nämlich dadurch die Lust zum Eingriff zu nehmen, dass ihm die Beute vorenthalten wird:

ALR § 12 I 9: „Wer einen Andern in seinen zur Besitzergreifung gemachten Anstalten durch unerlaubte Handlungen stört, der kann selbst die Sache nicht in Besitz nehmen."

§ 13 I 9: „Ein gleiches gilt gegen den, welcher den Andern, um ihn an der Besitzergreifung zu hindern, in seiner Freiheit zu handeln ohne Recht einschränkt."

Diese Lösung ist aber nicht glücklich: Die Kommentierung von Koch (zu § 12)[44] macht dies deutlich:

„Er selbst [sc. der Störer] erwirbt also das Eigenthum nicht, aber der Verhinderte hat es gleichfalls nicht erworben, denn es fehlt ihm eben an der Erwerbung. Dieser kann mithin unmöglich als primus occupans angesehen und für berechtigt gehalten werden, die Sache zu vindizieren. Eine andere Frage ist es, ob er ein Forderungsrecht gegen den Hindernden und welches? erworben habe. Ist die hindernde Handlung eine an sich unerlaubte, so hat der Verhinderte allerdings die Deliktsklage auf Herausgabe der Sache, wenn der Beklagte sie hinter sich [also im Besitz] hat, oder auf Schadloshaltung wegen der nicht mehr bei ihm befindlichen Sache."

---

43 N. H. GUNDLING, Gründlicher Discours Uber die Institutiones D. Justiniani, wie solcher aus dessen Munde mit begieriger Feder anfänglich zu Papier gebracht, und hernach zum Druck befördert worden, 3. Aufl., Frankfurt/M. 1739, S. 275 Fn. 19. Viel einlässlicher DERS. in den Gundlingiana (o. Fn. 23), S. 5 ff. – Einen Erwerb durch Erblicken mit Aneignungswillen (*adprehensio oculis et affectu*) halten, sofern der Erwerber die *facultas apprehendendi* hat, unter Berufung auf Paul. D. 41,2,1,21 für möglich S. COCCEJI, Ius civile controversum, Bd. II, 4. Aufl., Frankfurt, Leipzig 1729, ad Lib. XLI, Tit. I, qu. 1 sowie (bei leblosen Sachen) H. BERGER, Oeconomia Iuris ad usum hodiernum, 2. Aufl., Leipzig 1719, S. 233 f. (*ita tamen, ut is, qui prior vidit, et, animo apprehendendi, alteri ostendit, eidem merito anteferatur*). D. 41,1,1,21 betrifft jedoch den Erwerb durch *longa manu traditio*; auf die *occupatio* ist das nicht übertragbar, vgl. F. C. GESTERDING, Ausführliche Lehre vom Eigenthum, Greifswald 1817, S. 69 f.

44 C. F. KOCH, Allgemeines Landrecht für die Preußischen Staaten, Bd. 1, 6. Aufl. 1874 (bearbeitet von F. FÖRSTER / R. JOHOW / P. HINSCHIUS / A. ACHILLES / A. DALCKE), S. 414 Fn. 8.

Kühn ist Kochs Lösung für den Fall, dass die Handlung des Störers kein Delikt war: „Ist die Handlung an sich nicht unerlaubt, so ist die analoge Vindikationsklage aufgrund des § 25 Tit. 10, verb. mit § 13 d.t. anwendbar.“[45] Damit wird es am Ende dann doch so gesehen, als habe der erste Verfolger das Eigentum erworben.

Das BGB hat diese Lösung nicht übernommen; Johow verwarf sie im Vorentwurf, weil sie auf nicht zu billigenden moralischen Gesichtspunkten beruhe und weil sie überflüssig sei[46]. Nach dem BGB bleibt es also zwischen der klaren Abgrenzung des Okkupationstatbestandes (im Sinne der Entscheidungen von Inst. 2,1,13 und D. 41,1,5,1 wie auch der Anforderungen Leysers) und dem möglichen Ausgleich über Schadensersatzansprüche aus Delikt (§§ 823 ff. BGB)[47].

4.3. Fuchs und Wolf: Long Island und Wisconsin

Gleiche oder vergleichbare Probleme ergeben sich natürlich auch andernorts, oft aber ohne dass die in Rom entwickelte, die sachen- und die schuldrechtliche Seite verbindende Lösung erreicht wird. Richten wir den Blick auf die Vereinigten Staaten! Berühmt geworden ist der Fall *Pierson v. Post* v. 1805, die Fuchsjagd von Long Island[48]. Seine Bedeutung wird den American Law Students in einem Casebook veranschaulicht durch den Vergleich: „... he is to the law of Property what *'Gallia est omnis divisa ...'* is to Latin“.[49] In der Klageschrift hieß es: „... that Post, while hunting, chasing, and pursuing a

---

45 § 25 I 10: Auch der, welcher zur Zeit der Eintragung oder Uebergabe den früher entstandenen Titel eines Andern weiß, kann zum Nachtheile desselben die früher erhaltene Eintragung oder Uebergabe nicht vorschützen“. – Zu § 13 I 9 s. oben nach Fn. 31.

46 JOHOW (o. Fn. 32), S. 963, vgl. auch Motive (o. Fn. 32), S. 369; H. J. WIELING, Sachenrecht, Bd. 1, 2. Aufl. 2006, S. 480 mit Fn. 26.

47 JOHOW (o. Fn. 32), S. 963: „... es genügt, daß der Gehinderte sich in Gemäßheit der Bestimmungen über Forderungen aus unerlaubten Handlungen an den Hindernden halten kann.“; F. ENDEMANN, Lehrbuch des Bürgerlichen Rechts, Bd. 2/1, 8./9. Aufl. 1905, S. 195 m. Fn. 7, 562 m. Fn. 13; H. DERNBURG (o. Fn. 5), S. 62, 402 Fn. 10; M. WOLFF, Lehrbuch des Bürgerl. Rechts, Sachenrecht, 9. Bearb. 1932, S. 270 Fn. 5 = M. WOLFF / L. RAISER, Sachenrecht, 10. Bearb. 1957, S. 306 Fn. 5; G. PLANCK / E. BRODMANN (u. Fn. 67), § 958 Anm. 2; STAUDINGER / K. H. GURSKY, BGB, Std. 2004, § 958 Rz. 8; WIELING (Fn. 46), S. 480. – Zu KEGEL s. u. Fn. 50.

48 *Pierson v. Post*, 3 Caines 175 (N.Y. Sup. Ct.) 1805 = 7 Am Dec. 264 (1886), wonach hier zitiert ist. Eingehende Erörterung des Falls und seiner historischen Verwurzelung durch CH. DONAHUE JR. (o. Fn. 23), S. 609 ff. und DERS. (o. Fn. 39), S. 39 ff. Elegante Darstellung bei G. KEGEL, Von wilden Tieren, zerstreuten Leuten und versunkenen Schiffen, FS. v. Caemmerer, 1978, S. 151 ff., s. ferner R. KNÜTEL (o. Fn. 36), S. 566.

49 A. J. C. CASNER / W. B. LEACH, Cases and Texts on Property, 2. Aufl. 1969, S. 10.

fox with his dogs, and when in view of the animal, Pierson knowing the fox was so hunted and pursued, did, in sight of Post, kill and carry it off". Pierson hatte also dem Post den Fuchs vor der Nase weggeschnappt. Die Richter des New York Supreme Court wiesen die Klage des Post, der in der 1. Instanz noch obsiegt hatte, ab. Sie ließen es mehrheitlich[50] nicht genügen, dass jemand das Tier in Reichweite oder „a reasonable prospect … of taking" habe. Vielmehr folgten sie „for the sake of certainty, and preserving peace and order in society", also weil es auf klare Verhältnisse ankomme, der justinianischen Lösung in Inst. 2,1,13 und beriefen sich ferner auf Autoritäten der europäischen Rechtsgeschichte wie Fleta, Bracton, Pufendorf und Bynkershoek. Bloße Unfreundlichkeit oder Unhöflichkeit Piersons müsse Post hinnehmen. Ganz übersehen haben die Richter bei alldem, dass dies nur die halbe Lösung war: denn nach römischem Recht hätte Post mit der *actio iniuriarum* gegen Pierson vorgehen können – womit die Angelegenheit wohl ein weniger „verdrießliches" Ende genommen hätte.[51]

In dem Fall *Liesner v. Wanie* hat demgegenüber 1914 der Supreme Court of Wisconsin im Sinne der Lehre des Trebatius entschieden. Die Kläger hatten einem Wolf eine tödliche Verletzung beigebracht und waren ihm recht nahe auf der Spur, so dass es unwahrscheinlich, wenn nicht gar unmöglich war, dass er ihnen noch entgehen konnte. Der Beklagte war jedoch dazwischengekommen, hatte das Tier mit einem gezielten Schuss zur Strecke gebracht und an sich genommen. Das Gericht entschied zugunsten der Kläger: „When a wild animal is brought under control of a person, so that actual possession is practically inevitable, a vested property interest accrues, which cannot be divested by another intervening and killing it; and hence, where plaintiffs had mortally wounded a wolf, were in vigorous pursuit thereof, and would in a few moments have had actual possession, when defendant interfered firing the shot which ended its life, the ownership of the wolf was in plaintiffs … such is the law of the chase by common law principles, differing from the more ancient civil law …"[52].

Dass die hier wieder hervortretende Lehre des Trebatius sich auch im spanischen Rechtskreis (zudem in Frankreich) erhalten und praktisch überall in Lateinamerika die Oberhand gewonnen hat, etwa in Chile und Argenti-

---

50 J. LIVINGSTONE, sprach sich demgegenüber im Sinne der Lehre des Trebatius aus und machte deshalb „den *Fuchs schlecht* … und den *Jäger gut*", KEGEL (o. Fn. 48), S. 152, der auch für das geltende deutsche Recht diese Lösung als die bessere ansieht, dagegen W. ERNST, Anm. zu BGH Urt. v. 24.6.1987, JZ 1988, 360.

51 Wie CASNER / LEACH (wiedergegeben von G. KEGEL [o. Fn. 48], S. 151 Fn. 13) mitteilen, erwuchsen jeder Partei mehr als 1000 £ Prozesskosten „which required the family of one litigant to sell his home to the family of the other to get out of the debt".

52 *Liesner et al. v. Wanie*, 156 Wis 16, 145 N.W. (= Northwestern Reporter) 374 (1914).

nien[53], ist bemerkenswert. Seinen Ursprung hat dies in einer gewohnheitsrechtlich begründeten Abweichung von den Siete Partidas aus dem 13. Jh. Diese hatten zwar die Bestimmungen von Inst. 2,1,13 übernommen (§ 21 III 28 S. P.); doch hat sich die justinianische Lösung gegenüber dem offenbar älteren Gewohnheitsrecht, auf das schon frühe Glossen zu § 21 III 28 verweisen, nicht durchzusetzen vermocht.

Aus der Gruppe mehrerer weiterer Fälle sei allein noch angeführt *Young v. Hichens* von 1844.[54] Young hatte einen Schwarm von rund zwei Millionen Makrelen mit seinem Netz bis auf eine Lücke von etwa 13 m eingeschlossen, die er umgehend mit einem Stopnetz schließen wollte. Bis dahin schlugen seine Leute von zwei Booten aus vor der Öffnung das Wasser auf, um die Fische vom Entweichen abzuschrecken. Hichens sah, dass die Lücke noch nicht geschlossen war, drängte sich mit seinem Boot durch sie hindurch in den Innenbereich und fischte dort mit seinem Netz die Makrelen ab. Young verklagte ihn wegen trespass auf Schadensersatz.

Die drei Richter der Queens Bench wiesen die Klage ab. Es genüge nicht, dass der Kläger „a strong probability of complete capture" gehabt habe, worauf die Anwälte des Klägers (im Sinne der Lehre des Trebatius) abgestellt hatten. Vielmehr hätte er „actual power" über die Fische erlangt haben müssen, woran es gefehlt habe, weil die Fische noch durch die Öffnung hätten entweichen können, auch wenn insoweit nur ein „small risk" bestanden habe. Lord Denman, C. J., hob immerhin hervor, Young habe möglicherweise eine Klage aus Delikt. In der Tat wäre das der geeignete Ausgleich für Hichens rücksichtslose Aktion, mit der er Young „ins Handwerk pfuschte" und dessen Vorbereitungen zunichte machte. Hierzulande wäre dies ein klarer Fall des § 826 BGB.

53 Art. 618 CcChile: No es lícito a un cazador o pescador perseguir al animal bravío que es ya perseguido por otro cazador o pescador; si lo hiciere sin su consentimiento, y se apoderare del animal, podrá el otro reclamarlo como suyo. – Art. 2541 CcArg.: Mientras el cazador fuese perseguiendo al animal que hirió, el que lo tomase deberá entregárselo. Die entsprechende Bestimmung in Art. 595 Cc Brasil. v. 1916 ist in den neuen Cc v. 2002 nicht aufgenommen worden.

54 *Young v. Hichens*, 6 Q. B. 607, 115 E.R. 228 (1844), dazu etwa KEGEL (o. Fn. 48), S. 153 f.

5. Der Kampf um den Wal

5.1. Vorbemerkungen

Von besonderer Bedeutung ist oder war die Okkupationskonkurrenz beim Walfang. Denn häufig verriet sich ein Wal durch seine wie der Rauch aus einem Schornstein weit sichtbare Atemsäule mehreren der im Fanggebiet kreuzenden Walfangschiffe zugleich. Von diesen aus wurde dann auf den Fang- und Alarmruf des Mannes im „Krähennest" sofort und in größter Eile mit der Jagd begonnen, ging es doch um sehr erhebliche Werte. Das Gewicht eines ausgewachsenen Blauwals macht ca. 150 t aus, was dem Gewicht von 25 starken Elefanten entspricht. Der aus dem Walspeck gewonnene Tran hatte in früheren Jahrhunderten große wirtschaftliche Bedeutung, vor allem als Nahrungsmittel, als Schmierstoff und als Betriebsstoff für die Öllampen.

Schon im 12. Jh. betrieben die Basken Walfang in der Biskaya; im Laufe der Zeit weiteten sie ihr Jagdgebiet bis nach Island, Norwegen und sogar bis Neufundland aus. Seit Ende des 16. Jh. wurden sie allmählich von den Engländern und den Niederländern verdrängt, die das Hauptfanggebiet nach Spitzbergen und Grönland verlagerten. Die norddeutschen Städte, vor allem Hamburg, kamen Anfang des 17. Jh. hinzu. Die Niederländer verloren gegen Ende des 18. Jh. ihre führende Stellung; im 19. Jh. unterhielten die Nordamerikaner die weitaus größte Walfangflotte.[55]

5.2. „Grönländisches Recht"

Für den Walfang auf der nördlichen Halbkugel, also im Nordmeer, in der Arktis, bis hinab zu den Azoren hatten sich Regeln herausgebildet, die in wesentlichen Inhalten schon von den Basken stammten, später maßgeblich von den Niederländern bestimmt wurden und im Laufe der Jahrhunderte die Kraft eines Gewohnheitsrechts erlangten. Diese Regeln, die vor allem Hilfeleistungen und Bergungslöhne bei Schiffbruch und den Eigentumserwerb beim Walfang betrafen, wurden „Grönländisches Recht" genannt, offenbar im Hinblick auf das Hauptfanggebiet.

Ausgangspunkt war natürlich, dass auf einen lebenden und noch nicht harpunierten Wal jeder Jagd machen durfte. Wichtigster Grundsatz war je-

---

55 Näheres zu alldem bei C. H. HUDTWALCKER, Walfang, 1937, S. 43 ff., 49 ff., 53 ff., 56 ff., zum deutschen Walfang detailliert W. OESAU, Schleswig-Holsteins Grönlandfahrt auf Walfischfang und Robbenschlag vom 17.-19. Jh., 1937; DIES., Hamburgs Grönlandfahrt auf Walfischfang und Robbenschlag vom 17.-19. Jh., 1955.

doch, dass ein Wal demjenigen Walfänger gehörte, der das Tier mit seiner Harpune zuerst getroffen hatte, sofern die mit dem Wurf oder Schuss geschaffene Verbindung über das Fangseil bis zum Tod des Wales bestehen blieb.[56] Das Festschießen der Harpune wurde von der erfolgreichen Schaluppe dem Mutterschiff und von diesem durch Hissen einer großen Flagge den in der Nähe liegenden Walfängern angezeigt, zum Zeichen, dass der Wal von jetzt ab in das Eigentum dieses Fängers gelangt sei. Brach aber die Harpune oder riss das Seil, löste sich also die Verbindung, so konnte der nächste, der sich an der Jagd beteiligt hatte, das Eigentum erwerben, allerdings ebenfalls nur unter der Voraussetzung, dass er den Wal bis zum Ende am Seil zu halten vermochte[57]. Die Einmischung Dritter bei Fang und Bergung eines Wales wird für den ersten Jäger deshalb eher eine willkommene Hilfe gewesen sein, vorausgesetzt, sein Seil hielt. Im Ergebnis läuft dies auf die von Justinian in Inst. 2,1,13 für maßgeblich bestimmte Lösung hinaus[58], was sich ohne weiteres aus der Rechtstradition der beteiligten Nationen erklärt. Wurde allerdings ein Wal aus den Schaluppen zweier oder mehrerer Walfangschiffe gleichzeitig harpuniert, so wurde die Beute geteilt.[59]

5.3. „Fischrecht" oder „Amerikanisches Recht"

In der Südsee und Antarktis galten vom „Grönländischen Recht" abweichende Regeln, die als „Fischrecht der Südsee" oder – da entscheidend von den Nordamerikanern beeinflusst – „Amerikanisches Recht" genannt werden. Danach ist maßgeblich die Regel „The iron holds the whale": Wer die erste Harpune in den Wal warf oder schoss, wurde auch dann Eigentümer, wenn das Seil riss, der Wal entkam und später von einem anderen Walfänger erlegt wurde. Meldete sich der erste Walfänger und wies er seinen Anspruch durch die im Körper steckende Harpune mit dem Namen oder den Initialen seines

56 M. LINDEMANN, Die gegenwärtige Eismeer-Fischerei und der Walfang, Abh. d. Dt. Seefischerei-Vereins, Bd. 4, 1899, S. 89; OESAU (o. Fn. 55; 1937), S. 87 (mit C. F. POSSELT, Über den grönländischen Wallfischfang, 1796); J. MÜNZING, Die Jagd auf den Wal, 1978, S. 27; A. LEWIS, John Adams and the Whale, in: J. Cairns / O. Robinson (eds.), Critical Studies in Ancient Law, Comparative Law and Legal History, Essays in Honour of Alan Watson, 2001, S. 262.

57 OESAU (o. Fn. 55, 1937), S. 87 (mit Posselt); LEWIS (o. Fn. 66), S. 262. Mit Reißen der Leine erlangte der Wal seine natürliche Freiheit zurück und ging dem Walfänger das Eigentum verloren, Inst.2,1,12; Gai. D. 41,1,3,2 und 5 pr. – Dass dies auch von „English and Scotch whalemen in the Northern fishery" befolgt wurde, wird von J. LOWELL in einem Urteil des District Court, D. Massachusetts von 1872 hervorgehoben (s. u. Fn. 61).

58 Vgl. LEWIS (o. Fn. 56), S. 262.

59 OESAU, S. 87 (mit Posselt).

Schiffs nach, so musste ihm der Fang herausgegeben werden. Meldete er sich erst, während der Wal vom zweiten schon zerlegt wurde, so galt die Regel, dass alles, was bereits binnenbords ist, dem zweiten gehört, alles, was noch außenbords ist, dem ersten.[60] Amerikanische Gerichte gingen dazu über, diese „customs" auch beim Walfang in anderen Regionen zugrundezulegen, weil sie unter den Walfängern „fully established" und „in order to prevent dangerous quarrels" vorrangig zu beachten seien gegenüber der „rule of the common law, borrowed probably from the Roman law … that the property in a wild animal is not acquired by wounding him, but that nothing short of actual and complete possession will avail".[61] Damit wird hier der Konkurrenzkonflikt in einer Weise gelöst, die der vermutlich ältesten überlieferten Lehre nahe kommt, nach der es nämlich genügte, dass der erste Jäger dem Wild eine Hauptwunde beigebracht und es damit als seines gekennzeichnet hatte.[62] Immerhin ist auch die amerikanische Regel darauf angelegt, einen Okkupantenkonflikt von vornherein zu vermeiden. Ob es aber gerecht ist, einem Fänger die gesamte Beute abzusprechen, wenn er einen Wal erlegt hatte, der nicht erkennbar schon durch fremdes Eisen gekennzeichnet war, ist eine andere Frage. Walfänger haben sich in solchen Fällen sicher oft über die Markierung hinweggesetzt, wenn das erste Schiff nicht am Wal geblieben war.

6. Der Geldtopf hinter der Mauer

Unsere Problematik ergibt sich auch beim Schatzfund. Einen solchen Fall hatte das Reichsgericht 1895 zu entscheiden[63], und es entschied ihn schon unter Berücksichtigung des BGB. Den Sachverhalt gibt es wie folgt wieder:

> „Anfangs October 1891 ließ der Beklagte B. in dem Keller seines Hauses durch Maurermeister T. eine bauliche Veränderung vornehmen. T. übertrug die Ausführung seiner Arbeiten dem Kläger O. [sc. seinem Arbeiter] … Am 7. October 1891 hackte der Kläger, vor der etwa 1,50 m hohen Kellerwand stehend, mit einer Picke in dieselbe hinein, um für die Aufmauerung durch Lösung von Erdreich Raum zu gewinnen. Ei-

---

60 W. OESAU, Die deutsche Südseefischerei auf Wale im 19. Jh., 1939, S. 36.

61 So J. LOWELL, in *Swift et al. v. Gifford*, District Court, D. Massachusetts, 1872, in: The Federal Cases 23, 558 (Case No. 13,696) im Anschluß an J. SPRAGUE (in *Bourne v. Ashley*, 1863, unveröffentlicht) in einem Rechtsstreit zwischen zwei amerikanischen Walfängern um den Wert eines im Ochotskischen Meer erlegten Wales, den der Kläger getötet und geborgen, dann aber dem Beklagten herausgegeben hatte, dessen Harpune aufgrund eines früheren Fangversuchs im Wal festhing. Ferner *Ghen v. Rich*, District Court, D. Massachusetts, 1881, 8 F. 159.

62 Siehe o. zu Fn. 35-36 (Theoph. 2,1,13).

63 RG SeuffBl. 13 (Ergänzungsband) 401 (III. CS. 71/95 v. 7.6.1895) = SeuffA. 51 Nr. 9 (nicht in RGZ).

nige Schritte rückwärts von ihm und der Erdwand standen, an der Arbeit nicht theilnehmend, der Beklagte B. und der Zeuge W. In Folge des von dem Kläger gegen die Erdwand geführten Pickenschlages wurde Erdreich abgelöst und fiel herunter. Ein Theil eines in der Erdwand versteckten mit verrostetem Draht umwundenen thönernen Topfes wurde sichtbar und auch von dem Kläger O. wahrgenommen. Der Kläger führte weiter einen Schlag durch die Topfwandung hindurch in das in dem Topfe befindliche Metallgeld, erkannte den Geldklang und wurde des Vorhandenseins eines Schatzes sich bewußt. Dieselben Wahrnehmungen hat der hinter dem Kläger stehende Beklagte gemacht und in demselben Augenblicke das gleiche Bewußtsein von der Offenlegung eines Schatzes erlangt. Er ist auf den Topf hinzugesprungen, hat seine Frau herbeigerufen. Der Kläger ließ es ruhig geschehen, daß der Schatz in der Schürze der Frau geborgen wurde und in den Besitz des Beklagten gelangte. – Jede der Parteien will als Finder gelten … ".

Sodann verweist es auf die Motive, die zum Fund sagen und zum Schatzfund darauf verweisen[64]: „Ueber den Fall der Konkurrenz mehrerer Personen, welche die Rechte als Finder in Anspruch nehmen, giebt der Entwurf hier ebensowenig eine Vorschrift, wie bei der Zueignung. Eine Bestimmung zum Nachtheile des Finders, welcher in der Ergreifung der Inhabung dem Entdecker zuvorkommt, wie solche im preuß., sächs. und österr. Rechte sich findet, ist theils nicht gerechtfertigt, theils überflüssig, da für den Fall einer unerlaubten Handlung die Vorschriften der §§ 704, 705 [= 823 ff. BGB] genügen".[65]

Das Reichsgericht kommt dann jedoch in der Anwendung des § 898 E II (= § 984 BGB) ohne die Deliktsvorschriften aus. Es trennt sehr treffend zwei Fragen. Die erste ist: Wer ist der Finder des Schatzes? Dies sei der „Entdecker". Also liege der Sinn der zugunsten des Finder/Entdeckers bestehenden Rechtsnormen darin, dass demjenigen zugewendet werden soll, dessen Tätigkeit die unmittelbare Ursache ist, dass der Schatz der Verborgenheit entrückt wird und infolgedessen wieder in den menschlichen Verkehr gelangt. Im Konkurrenzstreit weichen müsse folglich der bloße Bemächtiger, der die vom Entdecker geschaffene Aufdeckung ausgenutzt hat.

Die zweite Frage war, ob nicht der Beklagte „Mitentdecker" ist, weil er bei der Entdeckung anwesend war und sie miterlebte. Doch wird das abgelehnt: „Die Thätigkeit des Entdeckens kann je nach Lage des Falles sich verschieden gestalten. Gewöhnlich muß die verbergende Hülle mit mehr oder weniger Mühe abgestreift werden. Dann gehört dieses Abstreifen zum Entdecken und kann ein unthätiger Zuschauer, welcher nur die Bloslegung gleichzeitig wahrnimmt, nicht als Mitentdecker angesehen werden"[66]. Dem Kläger wurde demgemäß die volle Entdecker-Schatzhälfte zugesprochen[67].

---

64 Motive, Bd. III, S. 384, 390.

65 Vgl. o. Fn. 47.

66 RG SeuffBl. 13 (Ergbd.), S. 404. – Zur Frage des „Nachentdeckens" s. einerseits den von J. A. D. KIND, Quaestiones forenses, Bd. 2, 2. Aufl. Leipzig 1807, cap. LXXXII

7. Die Brieftasche zwischen den Bäumen

7.1. Die Konkurrenz mehrerer Finder

Wie beim Schatzfund, so kann sich das Konkurrenzproblem beim einfachen Fund stellen. Martin Wolff hat in seinen „Zivilrechtsfällen“ den folgenden Fall berichtet[68]:

> „Über folgenden Rechtsstreit hatte vor einiger Zeit ein Berliner Gericht zu urteilen: Ein Kremser, der an einem schönen Sommertage eine Gesellschaft nach dem Grunewald hinausführte, mußte am Ende der Königsallee und der Hagenstraße still halten, um einen Straßenbahnwagen und einige Automobile vorüberfahren zu lassen. Während dieses Aufenthalts sah der Kutscher des Kremsers, Reinhold, zwischen den Bäumen einen braunen Gegenstand liegen. Er sagte zu dem neben ihm sitzenden 10-jährigen Ernst Bremer: „Du, klettere doch mal runter und hebe das Ding dort auf.“ Ernst steigt vom Bock, nimmt die Sache auf: es ist eine Brieftasche; er öffnet sie: sie enthält 14 Tausendmark-Scheine. Er steigt mit der Brieftasche wieder auf, weigert sich aber, sie dem Reinhold auszuhändigen. Erst als Reinhold zornig wird und mit Ohrfeigen droht, gibt Ernst nach. Von den Insassen des Kremsers hat niemand den Vorfall beobachtet. Am nächsten Tage bringt Reinhold die Tasche dem Verlierer, dessen Name und Stand aus ihr ersichtlich war und dessen Adresse er mit einiger Mühe auf dem Einwohnermeldeamt ermittelte: es war ein in einer Pension wohnhafter Holländer, Kaufmann J. van der Helden. Dieser zahlte dem Reinhold hocherfreut 700 RM. als Finderlohn. Ernst Bremer aber erzählte den Sachverhalt am nächsten Tage

---

(S. 415 ff.) mitgeteilten Fall, in dem ein Schaf alte Goldmünzen freigescharrt hatte und die beiden Hüter der Herde nur die Münzen *quatenus sine diligentiore investigatione in oculos incurrebant* ergriffen und unter sich geteilt hatten, *paulo post* die Frau des Dienstherren hinzueilte, dann ihren Mann herbeirief, der bei weiterem Graben nicht erfolglos blieb. Das Sächsische Oberste Tribunal kam 1797 zu dem Ergebnis, der Dienstherr brauche den später (auf seinem Grundstück) gehobenen Schatz, weil es sich um eine selbständige Entdeckung handele, nicht mit den Hütern zu teilen. Andererseits PrObTrib. 54 (1866) 33 ff.: Der Kläger hatte dem Verklagten kundgegeben: „Herr Lehrer, ihre Schweine wühlen Pistolen auf.“ Nach dem Einsammeln der zunächst ausgewühlten Goldmünzen brachte der Beklagte „durch immer tieferes Wühlen andere und zuletzt das Töpfchen mit Münzen an´s Licht.“ Das ObTrib. sah dies noch als einheitlichen Vorgang aufgrund der Entdeckung des Klägers an und sprach diesem deshalb die Hälfte am gesamten Schatz zu. Krit. dazu DERNBURG (o. Fn. 5), S. 412 Fn. 13.

67 Zustimmend G. PLANCK / E. BRODMANN, BGB, 5. Aufl. 1933, § 984 Anm. 2a. – Nicht angesprochen wurde die Frage, ob nicht der Arbeitgeber Maurermeister T. als möglicher Entdecker in Betracht kam. Soweit ein Arbeiter auch auf mögliche Schätze Acht zu geben hat, findet er für den Arbeitgeber oder dessen Auftraggeber, sofern dieser den Hinweis erteilt hat, vgl. RGZ 70, 308; BGHZ 8, 136 (Kino-Fall); 103, 101, 107 ff. Im *ius commune* war es nicht anders, vgl. SächsObTrib. bei KIND (o. Fn. 66), S. 418 f.

68 TH. KIPP / M. WOLFF, Zivilrechtsfälle, 2. Aufl. 1928, Fall Nr. 137, S. 82 f.

seinem Vater. Dieser klagt namens seines Sohnes gegen Reinhold auf Herausgabe des erlangten Geldes, dessen Höhe er von dem Verlierer erfahren hatte. Mit Recht?“

Anspruch auf den Finderlohn hat der Finder, § 971 BGB. Finder ist, „wer eine verlorene Sache findet und an sich nimmt“, § 965 Abs. 1 BGB. Da der Fund anders als der Schatzfund vom Gesetzgeber als ein gesetzliches Geschäftsbesorgungsverhältnis ausgestaltet worden ist und ein Geschäft des Verlierers nur besorgen kann, wer die verlorene Sache in seine Obhut nimmt, geht die herrschende Meinung mit dem Wortlaut des § 965 BGB zu Recht davon aus, dass Finder nur derjenige ist, der die Sache nach ihrer Wahrnehmung an sich nimmt.[69] Dies trifft für den 10jährigen Ernst zu, sofern er nicht als Besitzdiener des Kutschers Reinhold gehandelt und damit als dessen verlängerter Arm für diesen gefunden hat. Dann müsste er sich jedoch im Rahmen eines sozialen Abhängigkeitsverhältnisses der Weisungsgewalt des Reinhold unterworfen haben. Mag es auch genügen, dass ein solches Abhängigkeitsverhältnis rein tatsächlich besteht und dass es von kurzer Dauer ist, so kann es für die Begründung dieses Verhältnisses doch schwerlich ausreichen, dass jemand nur einer einmaligen Aufforderung Folge leistet, dies zudem nicht vollständig, wie die Inhaltsüberprüfung und die spätere Herausgabeverweigerung zeigen. Nimmt man an, Ernst habe die Brieftasche zunächst nur vorläufig aufgenommen, um sie zu betrachten, so hat er sie damit noch nicht „an sich genommen“[70], also auch nicht als (unterstellter) Besitzdiener für Reinhold. Als er bei der Betrachtung den Wert des Fundes erkannte, nahm er, wovon im Zweifel ohnehin auszugehen ist, die Brieftasche für sich selbst als Finder an sich.

Betrachten wir also Ernst als Finder und gehen wir davon aus, dass er diese Stellung nicht dadurch verlor, dass Reinhold ihm die Sache abnötigte. Ernst hatte mithin Anspruch auf den Finderlohn, § 971 BGB. Dieser Anspruch ist jedoch durch die Zahlung des Verlierers van der Helden an Reinhold als den Überbringer der Fundsache nach § 851 BGB analog erloschen.[71] Dies hat grundsätzlich zur Folge, dass Ernst den vom gutgläubigen Verlierer an Reinhold gezahlten Betrag von diesem nach § 816 Abs. 2 BGB kondizieren kann.

---

69 PLANCK / BRODMANN (o. Fn. 67), § 965 Anm. 1b; F. BAUR / R. STÜRNER, Lehrbuch des Sachenrechts, 16. Aufl. 1992, § 53g II 2 (S. 577); WIELING (o. Fn. 46), S. 504.

70 Vgl. PLANCK / BRODMANN (o. Fn. 67), § 965 Anm. 1 b (mit Protokolle, Bd. 3, 1899, S. 258); WOLFF / RAISER (o. Fn. 47), S. 306 m. Fn. 6; WIELING (o. Fn. 46), S. 505.

71 Die Analogie ist durch ein *argumentum a fortiori* gerechtfertigt, denn wenn das Gesetz sogar einen Delinquenten, der dem Besitz vertraut, als schutzwürdig ansieht, so muss ein Verlierer im gleichen Vertrauen erst recht geschützt werden, so M. WOLFF (o. Fn. 47), S. 275 m. Fn. 27 = WOLFF / RAISER (o. Fn. 47), S. 311 m. Fn. 28; PLANCK / BRODMANN (o. Fn. 67), § 972 Anm. 5; STAUDINGER / H. BERG, BGB, 11. Aufl. 1956, § 971 Rz. 3; H. WESTERMANN / K.-H. GURSKY, Sachenrecht, 7. Aufl. 1998, § 59 II 4 c (S. 479).

Müsste Reinhold diesen Anspruch erfüllen, so stünde fest, dass Ernst ihn geschädigt hat, indem er ihm die Möglichkeit nahm, die Brieftasche an sich zu nehmen und den Anspruch auf den Finderlohn zu erlangen. Reinhold hatte als erster die Fundsache gesehen und seinen Willen erkennen lassen, sie an sich zu nehmen. Ernst ist ihm zuvorgekommen, indem er die Tatsache ausnutzte, dass Reinhold den Kutschersitz nicht verlassen durfte. Da ein solches Handeln nach überkommener Anschauung anstößig und mit den guten Sitten nicht vereinbar ist, würde Reinhold gegen Ernst, von dessen Einsichtigkeit (§ 828 Abs. 3 BGB) und Vorsatz auszugehen ist, ein Schadensersatzanspruch aus § 826 BGB mit dem Ziel zustehen, so gestellt zu werden, wie wenn er, Reinhold, sei es auch durch die Hilfe Dritter, Finder geworden und so belohnt worden wäre, wie er tatsächlich belohnt wurde. Der mögliche Anspruch aus § 826 BGB begründet folglich einen Einwand missbräuchlicher Rechtsausübung (*dolo petit* [illegible]), der den Anspruch aus § 816 Abs. 2 BGB ausschließt.[72]

Wer einem anderen, der eine Fundsache als erster wahrgenommen hat und sie an sich nehmen will, zuvorkommt, wird zwar Finder, handelt nach überkommener Anschauung aber in der Regel anstößig.[73] Mithin hat sich auch bei der Konkurrenz mehrerer Finder die Lösung durchgesetzt, dass sachenrechtlich die Erlangung der tatsächlichen Gewalt über die Sache maßgeblich ist, Schädigungen bei der Erlangung dieser Gewalt jedoch schuldrechtlich nach Deliktsrecht ihren Ausgleich finden. Dies entspricht dem expliziten Willen des Gesetzgebers, der zugleich andere Lösungsansätze verwarf.

7.2. Abweichende Lösungen

Im § 173 des Vorentwurfs war als Regelung vorgesehen:

> Wird der erste Entdecker einer verlorenen Sache an der von ihm beabsichtigten sofortigen Inbesitznahme durch die Dazwischenkunft einer anderen Person gehindert, so

---

72 Daß dies die Lösung Martin Wolffs war, lässt eine Zusammenschau der einschlägigen Anmerkungen in seinem Lehrbuch vermuten. Zu demselben Ergebnis käme man freilich auch, wenn man Ernst als Besitzdiener qualifizieren wollte. Dann hätte Reinhold durch ihn den Fundbesitz erlangt; mit seiner Emanzipation zum Eigenbesitzer hätte Ernst ihm diesen Besitz entzogen, wogegen er sich sogar mit Gewalt hätte wehren können (§ 859 Abs. 2 BGB). Reinhold wäre dann von vornherein rechtmäßiger Empfänger des Finderlohns gewesen.

73 DERNBURG (o. Fn. 5), S. 402 Fn. 10; WOLFF (o. Fn. 47), S. 270 Fn. 5 = WOLFF / RAISER, S. 306 Fn. 5; STAUDINGER / BERG (o. Fn. 71), § 965 Rz. 22 sowie (einschränkend) PLANCK / BRODMANN (o. Fn. 67), § 965 Anm. 1b (S. 538). WESTERMANN / GURSKY (o. Fn. 71), S. 476; ferner WIELING (o. Fn. 46), S. 504 Fn. 45 (gegen die Annahme, § 826 sei in solchen Fällen immer anzuwenden).

> geht er in Ansehung der Finderrechte auf Erlangung des Eigenthums und auf Fundlohn der anderen Person vor.[74]

Die Regelung beruhte auf der Erwägung, der erste „Entdecker“ der Fundsache erwerbe sich das größere Verdienst um die Sache und es sei deshalb angemessen, ihn bei dem möglichen späteren Eigentumserwerb zu bevorzugen.[75] Die 1. Kommission hielt die Voraussetzung „der erste Entdecker“ für zu unbestimmt und sah die Regelung auch als innerlich nicht gerechtfertigt an, zumal da man bei der Aneignung von der Aufnahme einer entsprechenden Vorschrift[76] abgesehen habe.[77] Damit waren auch die Lösungsansätze anderer Kodifikationen zurückgewiesen.

Das ALR hatte in § 67 I 9 vorgesehen, dass dann, wenn „mehrere bei einem Funde gegenwärtig gewesen sind … im Falle eines darüber entstehenden Streites, die Person des eigentlichen Finders, nach den §§ 9-13 bestimmten Grundsätzen ausgemittelt werden“ muss. Damit war vor allem auf die unbefriedigende Regelung des § 12 I 9 ALR[78] verwiesen, dass der Störer vom Erwerb der Finderrechte ausgeschlossen war. – Das ABGB bestimmt demgegenüber den ersten Entdecker und den ihm zuvorkommenden Erwerber des Besitzes an der Fundsache zu Mitfindern, die gleiche Verbindlichkeiten und Rechte haben, § 394. Diese Regelung mag durch Noodt oder die Novelle 70 Leos des Weisen inspiriert sein[79], ist aber sehr schematisch und geeignet, den ersten Entdecker zu benachteiligen.
Das sächsische BGB von 1863/65 schließlich bestimmte in § 241:

> Als Finder wird auch Derjenige angesehen, welcher den verlorenen Gegenstand zu ergreifen im Begriffe war, selbst wenn ein Anderer ihn daran hinderte, um ihm den Gegenstand zu entziehen.

Ebenso wie die präzisere Regelung des § 173 VorE Sachenrecht läuft diese Bestimmung auf die Anerkennung eines Finders ohne tatsächliche Sachherrschaft hinaus, was gleichsam eine Wiederkehr der Lehre des Trebatius im Fundrecht ist, zumal da „auch Derjenige“ nicht Mitfinderschaft, sondern (im Sinne von „sogar allein Derjenige“) die alleinige Finderschaft kennzeichnen soll. Für eine derartige Begünstigung des (ersten) Finders hat sich Wilhelm ausgesprochen: „Der Finder braucht sich nicht beiseite stoßen und den Gewalttäter mit der Sache davonziehen zu lassen. Er kann von diesem die Sache

---

74 VorE Sachenrecht 1 (o. Fn. 32), S. 42 (neue Zählung).

75 VorE Sachenrecht 1 (o. Fn. 32), S. 1005.

76 Siehe dazu o. zu Fn. 46, 47, vgl. auch zu Fn. 65.

77 H. H. JAKOBS / W. SCHUBERT (Hrsg.), Die Beratung des Bürgerlichen Gesetzbuchs. Sachenrecht 1 (§§ 854-1017), 1985, S. 740; Motive (o. Fn. 32), S. 384.

78 Siehe dazu o. vor und zu Fn. 44.

79 Siehe oben Fn. 36.

herausverlangen und hat sie dann auch an sich genommen."[80] Ein solcher Herausgabeanspruch lässt sich freilich nicht aus einer „Finderposition" (aufgrund des bloßen Wahrnehmens und Ergreifenwollens), sondern nur aus Delikt (§§ 826 i.V.m. 249 BGB)[81] herleiten. Zudem: *Multa accidere possunt*, dass der „Finder" die Fundsache nicht in seinen Besitz bringen kann. Sollte er dennoch Aufwendungsersatz verlangen können, weil er zuvor schon nach dem Empfangsberechtigten gesucht hat (§ 970 BGB)? Die Schwäche der von § 241 SächsBGB, § 173 VorE Sachenrecht und Wilhelm vorgesehenen Lösungen liegt darin, dass sie die Problematik schon und allein sachenrechtlich zu bewältigen suchen, obwohl es um die Bewertung missbilligter Verhaltensweisen geht. Mit der Systematik des BGB und dem Willen des Gesetzgebers steht das nicht im Einklang.

7.3. Der Geldbeutel am Bach

Auf eine Variation zur Konkurrenz beim Fund stoßen wir in Jherings Zivilrechtsfällen:

> „A, B und C gehen an einem Bache spazieren. Jenseits sieht A einen Geldbeutel auf der Erde liegen; er teilt seine Entdeckung den beiden andern mit, B pfeift dem Hunde des C und läßt ihn den Beutel apportieren. Wie der Hund mit dem Beutel zurückschwimmen will, hetzt D, der am andern Ufer spaziert, seinen Hund auf ihn und bekommt infolge davon den Beutel. Jeder beansprucht den Beutel, A, weil er ihn zuerst gesehen, B, weil er durch den Hund des C als Stellvertreter Besitz erworben, C, weil der Hund ihm gehört, D, weil er ihn zuerst erhalten hat. Wer kann den Beutel verlangen?" [82]

Offensichtlich hatte jemand den Geldbeutel verloren. Dieser war mithin besitzlos, aber nicht herrenlos, so dass es um einen Fund geht. Für die Frage, wer Finder ist, kommt es darauf an, ob B mit dem Beginn des Apportierens durch den Hund des C den Geldbeutel bereits „an sich genommen" hat. Ist der Hund des C zuverlässig und gehorcht er auch den Befehlen des B, so hat B den Besitz erworben und ist somit Finder. An diesem Ergebnis würde sich durch den rechtswidrigen Eingriff des D nichts ändern. B hätte einen Herausgabeanspruch gem. §§ 823 Abs. 1, 249 Abs. 1 BGB wegen Verletzung seines Besitzes.

---

80 J. WILHELM, Sachenrecht, 2. Aufl. 2002, S. 408 Rz. 1051. – Zum sächsischen Recht s. E. SIEBENHAAR / H. SIEGMANN, Commentar zu dem bürgerlichen Gesetzbuch für das Königreich Sachsen, Bd. 1, 1864, § 241, S. 231.

81 Da mit dem Entdecken kein ausschließliches Recht auf Besitzerwerb verbunden ist, fehlt es für § 823 Abs. 1 BGB an einem Recht, in das eingegriffen wäre, vgl. ENDEMANN (o. Fn. 47), S. 568 Fn. 6.

82 R. V. JHERING / TH. KIPP, Zivilrechtsfälle, 12. Aufl. 1913, Nr. 44, S. 85.

Wäre dagegen ungewiss, ob der Hund des C den ins Maul genommenen Beutel dem B apportiert, so hätte B noch nicht die tatsächliche Gewalt erlangt. Erst D hätte die Sache an sich genommen und wäre damit Finder; doch wäre er einem Schadenersatzanspruch des B aus §§ 826, 249 Abs. 1 BGB ausgesetzt. Dass der Hundehalter C nicht Mitfinder sein kann, ließe sich mit einem Argument verdeutlichen, wie es bereits von der Helmstedter Juristenfakultät im Walfall verwendet worden ist: So wie derjenige, mit dessen Gewehr ein anderer ein herrenloses Tier erlegt, nicht Miteigentümer wird, so wird es auch nicht der Hundeeigentümer, dessen Hund von einem anderen als „Instrument" zum Funderwerb eingesetzt wird.

8. The Home Run Ball

Am 7. Oktober 2001 stellte Barry Bonds von den San Francisco Giants einen neuen Baseball-Rekord in der amerikanischen Major League Baseball (MLB) auf: Ihm gelang innerhalb einer Saison (2001) der 73. Home Run. Ein Home Run wird erzielt, wenn es dem Schlagmann (Batter) der angreifenden Mannschaft gelingt, den vom Werfer (Pitcher) der verteidigenden Mannschaft zu deren Fänger (Catcher) geworfenen Ball mit seinem Schläger wegzuschlagen und dann alle vier Laufmale (Bases) abzulaufen, also die Home Plate zu erreichen, bevor er von der verteidigenden Mannschaft „out" gemacht wird. Home Runs werden überwiegend dadurch erzielt, dass der Ball über die Spielfeldbegrenzung geschlagen wird, in die Zuschauerränge oder sogar über das Stadion hinaus, so dass er für die verteidigende Mannschaft unerreichbar wird. Die über das Spielfeld hinaus geschlagenen Bälle werden als mit dem Schlag derelinquiert angesehen, so dass sie zur Aneignung frei sind.[83]

Der Rekord, dessen Dimension etwa dadurch deutlich wird, dass die 1927 aufgestellte Marke von 60 Home Runs erst 1961 auf 61 erhöht wurde, – dieser Rekord hatte in der Luft gelegen. Vermutungen kursierten, ein 73. Home Run Ball könne über eine Million Dollar wert sein. Fans besuchten die Website der Giants, aus der sich ergab, dass die meisten der von Bonds geschlagenen Bälle in der Arcade Section, einer reinen Stehplatzzone, landeten.

Barry Bonds kam schon im ersten Spielabschnitt zum Schlag und tatsächlich ging der Ball, der zum 73. Home Run führte, in der Arcade Section nieder. Dort streckte Alex Popov seine Hand so weit aus, dass der Ball in den oberen Bereich am Fingerrand seines Hallenbaseball-Handschuhs fiel. Doch stürzten sich in diesem Augenblick eine Menge Leute auf Popov, der zu Fall

83 Dazu P. FINKELMAN, Fugitive Baseballs and Abandoned Property: Who Owns the Home Run Ball?, Cardozo Law Review 23 (2002) 1609, 1616 ff.

kam, „while still in the process of attempting to complete the catch". Popov wurde gepackt, geschlagen und getreten; einige versuchten, unter ihn auf seinen Handschuh zu greifen; über ihm lagen andere in Schichten, so dass er kaum noch Atem holen konnte. Vieles hiervon und von den weiteren Ereignissen wurde von einem Kameramann aufgenommen, der sich in der Nähe aufgestellt hatte. Auf dem Film war jedoch nicht erkennbar, welche konkreten Personen für Tätlichkeiten gegenüber Popov verantwortlich waren.

Zu einem nicht mehr aufklärbaren Zeitpunkt war der Ball aus oder von dem Handschuh weggelangt und auf dem Boden fortgerollt. Dort sah ihn Patrick Hayashi, der, ohne dass er sich in irgendeiner Weise schuldig gemacht hätte, in dem Getümmel ebenfalls zu Boden gerissen worden war. Hayashi ergriff den Ball, kam wieder auf die Beine und steckte ihn in seine Hosentasche. Erst als der Kameramann den Apparat auf ihn gerichtet hatte, zog er den Ball hervor und hielt ihn für alle sichtbar hoch. Er weigerte sich, den Ball an Popov herauszugeben, und ließ sich von Security guards in Sicherheit bringen.

Alsbald kam es zu dem Verfahren *Popov v. Hayashi* vor dem Superior Court of California.[84] Von den verschiedenen Klagerechten, die Popov geltend machte, zog das Gericht (da das anglo-amerikanische Recht die Vindikation nicht kennt) nur die action for conversion näher in Betracht. Conversion ist die unrechtmäßige Ausübung einer Sachherrschaft über das Eigentum eines anderen. Die Klage ist deliktischen Ursprungs (tort of conversion), aber verschuldensunabhängig. Sie setzt eine Beeinträchtigung des klägerischen Eigentums durch Vorenthaltung voraus, was als „Unterschlagung" aufgefasst wird. Die auf Schadenersatz gerichtete action for conversion hatte mithin zur Voraussetzung, dass Popov sich den Ball angeeignet hatte; dafür kam es darauf an, ob er als erster den Besitz (possession) am Ball erlangt hatte. Popov behauptete dies, Hayashi bestritt es: „The parties fundamentally disagree about the definition of possession", natürlich.

Die Besitzfrage bereitete dem Gericht erhebliche Schwierigkeiten. Zu seiner Unterstützung veranstaltete es ein Diskussionsforum mit vier „distinguished law professors", um die Definition der possession und ihre Anwendung auf den Fall zu klären. Das Ergebnis war (ebenso natürlich): „The professors also disagreed". In der im Urteil in wesentlichen Zügen wiedergegebenen Diskussion treten die alten Lehren wieder hervor. Zum einen wurde die – der Entscheidung Justinians[85] entsprechende – Ansicht vorgetragen: „A ball is caught if the person has achieved complete control of the ball at the point in

84 Urteil v. 18.12.2002, *Popov v. Hayashi* (Hon. Kevin M. McCarthy), 2002 WL (= Westlaw) 31833731. Näheres dazu bei F. BRANDSMA, 'Baseball' en het Romeinse Recht, Tijdschrift voor Antilliaans Recht – Justicia 2004 nr. 1, S. 1 ff. Herrn Prof. Brandsma, Groningen, verdanke ich die Hinweise auf den Fall und diesen Artikel.

85 Inst. 2,1,13 (o. IV 1).

time that the momentum of the ball and the momentum of the fan while attempting to catch the ball ceases."[86] Zum anderen wurde im Sinne der Lehre des Trebatius argumentiert: „that possession occurs when an individual intends to take control of a ball and manifests that intent by stopping the forward momentum of the ball whether or not complete control is achieved."[87] Richter McCarthy meinte: „These rules are contextual in nature … they are influenced by the customs and practice of each industry." Der Grund, dass in den Fällen von Jagd, Fischfang und Bergung von Wracks eine absolute Beherrschung und Kontrolle nicht gefordert werde, sei „that such a rule would be unworkable and unreasonable … It is impossible to wrap ones arms around a whale, a fleeing fox or a sunken ship." So anschaulich dieses Bild auch sein mag, die Sache trifft es nicht, zeigte sich doch beim Walfang in der Arktis wie bei der Fuchsjagd, dass eine solche Regel brauchbar und vernünftig ist, zumal wenn sie gegebenenfalls deliktsrechtlich ergänzt wird.

Für den Baseball folgt Richter McCarthy jedoch „Gray's rule"[88], mithin Justinians Entscheidung: „Not only is it physically possible for a person to acquire unequivocal dominion and control of an abandoned baseball, but fans generally expect a claimant to have accomplished as much. The custom and practice of the stands creates a reasonable expectation that a person will achieve full control of a ball before claiming possession. There is no reason for the legal rule to be inconsistent with that expectation" – womit Brauch und Übung der Fans auf den Rängen tragende Grundlage für den Tatbestand der Aneignung eines baseball werden. Eine solche Sachherrschaft konnte Popov nicht beweisen; Hayashi war also Eigentümer des Balls geworden.

Der Umstand, dass sich unter den Fans auf den Rängen aber auch „wrongdoers" und „bandits" befinden, die vor „brute force" nicht zurückschrecken, führt den Richter in das nächste Problem: Popov war von rücksichtslosen Konkurrenten gewaltsam daran gehindert worden, die tatsächliche Sachherrschaft zu erlangen. „We are a nation governed by law, not by brute force", und es könne deshalb nicht sein, dass das Ergebnis dieses Falles durch Gewalt diktiert werde.

Unter dem Druck, Popov vor den Folgen der Gewalt schützen zu müssen, knüpft Richter McCarthy daran an, dass eine action for conversion auch geltend gemacht werden kann, wenn der Kläger nur „the right to possession" hat, und er schafft sich aus dieser Beobachtung die folgende rule: „Where an actor undertakes significant but incomplete steps to achieve possession of a

86 So Prof. Brian Gray (u. a. unter Berufung auf *Pierson v. Post* und *Young v. Hichens*), was Hayashi sich zu eigen machte.

87 So die Professoren Paul Finkelman und Roger Bernhardt, die sich vor allem auf die Entscheidungen zu Fällen der Jagd (u.a. *Liesner v. Wanie*), des Fisch- und Walfangs (u. a. *Young v. Hichens; Swift v. Gifford*) und der Bergung von Wracks (Nachweise im Urteil Fn. 30) stützten, was Popov übernahm.

88 Vgl. o. Fn. 86.

piece of abandoned personal property and the effort is interrupted by the unlawful acts of others, the actor has a legally cognizable pre-possessory interest in the property. That pre-possessory interest constitutes a qualified right to possession which can support a cause of action for conversion.“ Dem durch die Konkurrenten Gehinderten wird also ein qualifiziertes Recht an der Sache zuerkannt. Dieses entsteht allein durch eine mit dem Ziel der Besitzerlangung vorgenommene Handlung, wenn diese Handlung durch rechtswidrigen Eingriff Dritter abgebrochen wird! Das ist eine nicht einzuordnende Novität,[89] die dadurch gekennzeichnet ist, dass das qualified pre-possessory interest als eine (dingliche) Belastung des herrenlosen Balles verstanden wird,[90] so dass der Ball nur mit dieser Belastung („a cloud on its title“) in das Eigentum Hayashis gelangen konnte.

Es blieb dann die weitere Frage, in welchem Verhältnis Hayashis Eigentum und Popovs eigentümliche Berechtigung stehen. Richter McCarthy nimmt vorweg: „Each man has a claim of equal dignity as to the other.“ Diese gleiche Dignität führt ihn dazu, nach dem „concept of equitable division“, das „its roots in ancient law“ habe,[91] beiden das gleiche Recht am Ball zuzusprechen, Popovs action for conversion also nur zur Hälfte stattzugeben. Zur Durchführung dieser Entscheidung bestimmte er, der Ball sei zu verkaufen und der Erlös zu teilen – was auch hier zu einem verdrießlichen Ende führte: Die Versteigerung am 25.6.2003 erbrachte insgesamt „magere“ 450.000 $; Popovs Anwalt ließ dessen Anteil pfänden; seine Honorarforderung belief sich auf 473.000 $.

Das Urteil zeigt in exemplarischer Weise die Mängel und Gefahren einer rein sachenrechtlichen Lösung des Okkupantenkonflikts. Der Richter war darauf aufmerksam gemacht worden, das aus dem Angriff der Konkurrenten auf Popov entstandene Problem löse sich in der Weise, dass Popov die Angreifer zu verklagen habe. Er hielt dies für nicht durchführbar, erstens weil es unmöglich sei, unter den Handelnden die Deliktstäter von den unfreiwillig Hineingezogenen zu trennen, und zweitens weil Popov für Schadensersatzansprüche hätte beweisen müssen, dass er ohne die Tätlichkeiten den Erwerb des Besitzes am Ball vollendet hätte, was jedoch unmöglich sei.[92] Das erste

---

89 Erstaunen auch bei BRANDSMA (o. Fn. 84), S. 13 („merkwaardige zaak“). S. auch u. Fn. 93. – Ähnlichkeiten immerhin bei Walfang (o. 5.3) und Fund (o. 7.2).

90 Dass eine herrenlose Sache durch beschränkt dingliche Rechte belastet sein kann, ist freilich ohne weiteres möglich, etwa wenn ein Eigentümer seine nießbrauchsbelastete Sache derelinquiert.

91 Unter Berufung auf R. H. HELMHOLZ, Equitable Division and the Law of Finders, Fordham Law Review 52 (1983) 312 ff., 315, und mit der Erwägung, es bestehe kein Grund, dasselbe Heilmittel wie bei der römischen Schatzteilung nicht auch in concreto anzuwenden, ferner unter Hinweis auf zwei Urteile, in denen Vermengungsbeteiligte und Mitfinder gleichbehandelt werden.

92 Vgl. Fußnote 34 des Urteils.

Bedenken wäre – jedenfalls nach deutschem Recht – aufgrund der Regeln zur alternativen Täterschaft (§ 830 Abs. 1 S. 2 BGB) entkräftet, das zweite ist nicht begreiflich. Denn wenn der Richter nicht davon ausgegangen wäre, daß Popov mit großer Wahrscheinlichkeit den sicheren Besitz erlangt hätte, hätte er erst recht keinen Anlass gehabt, Popov ein qualified pre-possessory interest zuzubilligen. Sollte Popovs Besitzerwerb nicht sehr wahrscheinlich gewesen sein, so wären seine Bemühungen im Hinblick auf den Ball von vornherein nicht schützenswert[93], es könnte dann nur um Schadensersatzansprüche gegen die Täter wegen möglicher Körper- oder Kleidungsschäden gehen. Überhaupt ist es geradezu unsinnig, einer Beweisnot im schuldrechtlichen Zusammenhang durch die Anerkennung einer Art von beschränkt dinglichem Recht auf sachenrechtlichem Gebiet abhelfen zu wollen. Nicht die deliktisch handelnden Täter traf eine Sanktion; vielmehr wurde der Ausgleich auf einen „unschuldigen" Dritten abgewälzt: Hayashi wurde in seinem Erwerb verkürzt.

Die klare und einfache Lösung wäre demgegenüber die Anerkennung von Hayashis uneingeschränktem Eigentumserwerb gewesen und die Zubilligung von Deliktsansprüchen gegen die rücksichtslosen „wrongdoers" und „bandits".

9. Die Einfahrt in die Lücke

Seit langem schon ist der Kampf um die Parklücke zu einem Alltagsphänomen geworden. Nicht unwesentlich hat dazu die Rechtsprechung beigetragen. Sie hatte sich auf den Prioritätsgrundsatz festgelegt, wonach demjenigen bei der Einfahrt in die Parklücke der „Vortritt" zukommt, der sie zuerst zu besetzen vermag, der bei Entstehen der Lücke also die bessere Einfahrtposition hat. Dass ein anderer erkennbar bereits auf das Freiwerden gewartet habe, sei unerheblich; das Warten an einer noch besetzten Parkstelle verschaffe keine Anwartschaft.[94] Diese Rechtsprechung ist, wenngleich zu ihren Gunsten verkehrstechnische Gründe angeführt werden konnten – etwa dass sie einem den fließenden Verkehr behindernden Warten in der 2. Reihe entgegenwirkt – viel kritisiert worden, weil sie rücksichtsloses und einfachste An-

---

93 Für nicht verständlich hält auch BRANDSMA (o. Fn. 84), S. 13 f. das Ausweichen in das qualifizierte Recht an der Sache und fragt, ob vielleicht das große Medieninteresse an dem Urteil den Richter in seinem Ballon voll heißer Luft vom Boden hat abheben lassen.

94 So OLG Düsseldorf VerkMitt. 1987, 52 (krit. dazu H. JANISZEWSKI, Überblick über neue Entscheidungen in Verkehrsstraf- und Bußgeldsachen, NStZ 1987, 114 f.); BayObLG NJW 1977, 115 f.; OLG Hamm DAR 1969, 274.

standsregeln missachtendes Verhalten belohne und damit das in § 1 Abs. 1 StVO normierte Gebot der Rücksichtnahme ganz außer Acht lasse, darüber hinaus auch das des § 1 Abs. 2 StVO, Behinderungen anderer zu vermeiden.[95]

Der Verordnungsgeber hat dem Rechnung getragen und durch VO v. 23.3.1988 in § 12 StVO einen neuen Abs. 5 eingefügt:

> An einer Parklücke hat Vorrang, wer sie zuerst unmittelbar erreicht; der Vorrang bleibt erhalten, wenn der Berechtigte an der Parklücke vorbeifährt, um rückwärts einzuparken oder wenn er sonst zusätzliche Fahrbewegungen ausführt, um in die Parklücke einzufahren. Satz 1 gilt entsprechend für Fahrzeugführer, die an einer freiwerdenden Parklücke warten.

Wenn mehrere auf das bevorstehende Freiwerden einer Parklücke warten, ist nunmehr also derjenige, der sich dort in verkehrsgerechter Weise zuerst einfahrbereit aufgestellt hat, auch dann bevorrechtigt, wenn ein anderer in die Lücke nach ihrem Freiwerden schneller einfahren könnte.[96] Die Bestimmung des § 12 Abs. 5 StVO ist bußgeldbewehrt (§§ 24 StVG, 49 Abs. 1 Nr. 12 StVO); zugleich ist sie „Schutzgesetz" i. S. des § 823 Abs. 2 BGB. Es ergibt sich folglich auch hier die Situation, dass der unter Verstoß gegen § 12 Abs. 5 StVO Einparkende zwar (sachenrechtlich) den Besitz an der Fläche erlangt, aufgrund seiner rücksichtlosen Benachteiligung des Konkurrenten jedoch (schuldrechtlich) auf Schadenersatz haftet – etwa wenn der Andere aufgrund der Behinderung einen Geschäftsabschluss versäumt. Auch solche Schäden werden vom Schutzzweck der Norm erfasst.

10. Schluss

Es ist ein groß Ergetzen, sich in Leysers Schriften zu versetzen, zu schauen, was vor uns der weise Mann gedacht und was wir daraus gemacht. Leysers Interesse am besonderen Fall und die praktische Vernunft, mit der er die Probleme auf der Grundlage des bewährten gemeinen Rechts erfasst, sind auch zur Okkupation in seinen Meditationen hervorgetreten. Wir sahen, dass seine Klärungen zum Tatbestand der Okkupation gegenüber naturrechtlich inspirierten Neuerungsversuchen Wirkung entfaltet haben; wir sind meditati meditationibus auf eine Problematik gestoßen, die aufgrund des menschlichen Erwerbsstrebens zeitlos erscheint und in einigen typischen, aber auch in

95 Vgl. JANISZEWSKI (o. Fn. 94), S. 115.

96 H. JANISZEWSKI / J. JAGOW / M. BURMANN / R. HESS, Straßenverkehrsrecht, 19. Aufl. 2006, § 12 StVO Rz. 78.

manchen neuartigen Sachverhalten immer wieder hervortritt, den Wettlauf der Okkupanten.

Von den verschiedenen juristischen Bewältigungsversuchen, die zu dieser Problematik im Laufe von mehr als zwanzig Jahrhunderten unternommen worden sind und die sich in den hier dargestellten Lehren nicht erschöpfen werden, haben sich vor allem zwei von den römischen Juristen klar entwickelte Lösungen bewährt, die den Konflikt beide danach entscheiden, welcher Konkurrent als erster den Besitz erlangt. Sie unterscheiden sich aber darin, wann dies der Fall sein soll. Während die Lehre des Trebatius über den Besitzerwerb nach einem „Wahrscheinlichkeitstest“ befindet, sieht die von Justinian übernommene herrschende Klassikerlehre den „Freiheitstest“ als maßgeblich an[97], also die Erlangung der tatsächlichen oder wirklichen Herrschaft über die damit nicht mehr freie Sache. Obwohl klare Linien sich nicht ziehen lassen, sieht es doch danach aus, dass die Lehre des Trebatius in der Neuen Welt insgesamt auf mehr Akzeptanz stößt als in der Alten, in der Justinians Entscheidung zugunsten klarer Verhältnisse die Oberhand behalten hat.

Bei einer Betrachtung im Lichte der Konfliktsituationen stellt sich heraus, dass Roms Modell, die sachenrechtliche Seite nach der Erlangung der tatsächlichen Sachherrschaft zu beurteilen, sie jedoch mit der Möglichkeit schuldrechtlichen Ausgleichs durch das Deliktsrecht zu verbinden, die angemessensten Konfliktlösungen gewährleistet[98]. In Fortsetzung unserer langen, ebenso freundschaftlich wie ausdauernd geführten Diskussion[99] sei an Klaus Luig im Hinblick auf unser heutiges Recht die Frage gerichtet, ob Rom uns nicht auch hier oder jedenfalls hier die beste Lösung bietet.[100]

---

97 So die von KEGEL (o. Fn. 48), S. 150 ff. verwendeten Kennzeichnungen.

98 Siehe o. bei Fn. 41 (*fera bestia*), 47 (BGB), 51 (Fuchsjagd), 54 (Makrelenfang), 72 (Brieftasche), 82 (Geldbeutel), 92 (Home Run Ball).

99 S. etwa K. LUIG, Digesten und Dogmatik, Rechtshistor. Journal 5 (1986) 290 ff.; DERS. The History of Roman Private Law and the Unification of European Law, ZEuP 5 (1997) 405 ff., 410 ff.; DERS., Laudatio, Jahrbuch 1998 der NW Akademie d. Wiss., 1999, S. 107 ff.; DERS., Was kann die Rechtsgeschichte der Rechtsvergleichung bieten?, ZEuP 7 (1999) 521 ff.

100 Herrn Assessor Sebastian Lohsse danke ich für Gesprächsbereitschaft, Kritik und Hilfe.

1.2. Römisches Recht*

Rolf Knütel[1]

1.2.1. Zur Etymologie der römischen Juristen

(1) Natürlich haben schon die alten Römer über ihre Sprache und ihre Rechtsbegriffe nachgedacht. Beginnen wir deshalb mit einigen Beispielen aus ihrer Etymologie. Daß diese bisweilen auch unsere Sprache beeinflußt hat, zeigt das erste Beispiel: Nach § 804 Abs. 2 ZPO gewährt das Pfändungspfandrecht dem Gläubiger „... dieselben Rechte wie ein durch Vertrag erworbenes Faustpfandrecht“. Der Begriff *Faustpfand*, der wohl erst seit dem 17. Jh. aufgekommen ist,[2] erklärt sich gewiß als Übernahme der etymologischen Erklärung des Gaius in D.[3] 50,16,238,2:[4] *‚Pignus' appellatum a pugno, quia res quae pignori dantur, manu traduntur*; „Pfand, *pignus*, ist nach Faust, *pugnus*, benannt worden, weil die Sachen, die zum Pfand gegeben werden, mit der Hand übergeben werden“ – worauf Gaius den Hinweis folgen läßt, zutreffend nähmen deshalb einige an, das Pfand werde eigentlich [nur] an einer beweglichen Sache bestellt. Man ist sich heute darüber einig, daß diese Herleitung – wie nahezu alle etymologischen Ableitungen der römischen Juristen – sprachgeschichtlich falsch ist, *pignus* vielmehr von *pangere* (urspr. *pagere*), ‚festmachen, befestigen', herrührt.[5]

(2) Das römische Darlehen heißt *mutuum*; als Realvertrag kommt es zustande, wenn der Gläubiger dem Schuldner das Geld auszahlt, also übereignet. Gaius (3,90) erklärt hierzu: *Unde etiam ‚mutuum' appellatum est, quia, quod ita tibi a me datum est, ex meo tuum fiat*[6] – „daher heißt das Darlehen auch *mutuum*, weil das, was dir von mir in der Weise gegeben worden ist, von Mein [*meum*] Dein [*tuum*] wird.“

---

* R. Fischer (Hrsg.), Sprache und Recht in großen europäischen Sprachen. Juristische Begriffsbildung im Spannungsfeld zwischen Fachsprachlichkeit und allgemeiner Verständlichkeit. Beiträge vom interdisziplinären Symposium am 23./24.4.2009 an der Universität Regensburg, Universitätsverlag Regensburg, Regensburg 2010, 33 – 54.

[1] Auf ausdrücklichen Wunsch des Autors in alter Rechtschreibung abgedruckt.

[2] Er fand sich auch in den §§ 40, 41 der Konkursordnung v. 1877.

[3] Abkürzungen: C. = Codex Iustinianus (Kaiserkonstitutionen vom 2. Jh. n. Chr. [Hadrian] bis 534; Teil des Corpus iuris Civilis [= CIC]); D. = Digesten (v. 533 n. Chr.; Fragmente aus den Schriften der klassischen Juristen, Teil des CIC); Inst. = Institutionen Justinians (v. 533, Lehrbuch; Teil des CIC); Gaius = Institutionen des Gaius (v. ca. 160 n. Chr.; Lehrbuch). – Weitere Abkürzungen nach Kaser / Knütel [19]2008, XIII–XVIII.

[4] Windscheid / Kipp [9]1906, 1127 Fn. 3; vgl. Wolff / Raiser [10]1957, 517, Fn. 1; Wieling [2]2006, Bd. 1, 693.

[5] Windscheid / Kipp [9]1906, 1125, Fn. 1; Wolff / Raiser [10]1957, 517, Fn. 1; ablehnend freilich Walde / Hofmann [3]1954, 301 f. (die an eine Wurzelform *pig-*, *pik-* ‚stecken, stechen' denken).

[6] Vgl. auch Paulus D. 12,1,2,2; Nonius Marcellus (ed. Lindsay), p. 439, 20 M; Inst. Just. 3,14 pr.; Isidor, *Etymologiae* 5,25,18.

Philologisch ist das unannehmbar; vielmehr liegt eine Herkunft von *mutare*, ‚ändern, vertauschen, wechseln' auf der Hand.[7]

(3) Aulus Gellius schreibt in seinen *Attischen Nächten* (7,12,1–2), er könne sich nicht erklären, wie ein so hochgebildeter Mann wie Servius – bei dem wir in der Mitte des ersten Jh. v. Chr. stehen – geschrieben habe, das Wort *testamentum* sei ein *verbum duplex*, ein doppeltes, also ein aus zwei Wörtern zusammengesetztes: *nam compositum dixit a mentis contestatione,*[8] „denn er sagt, es sei aus der Bezeugung, *contestatio* (worin die Testamentszeugen, *testes*, enthalten sind) *mentis*, des Sinnes – oder: des Willens – zusammengesetzt." Das ist sprachlich falsch, sachlich aber richtig.[9] Wie schon Gellius mit Hinweis auf *calciamentum*, *paludamentum*, *pavimentum*, *vestimentum* (‚Schuhwerk, Mantel, Estrichboden, Kleidung') kritisiert hat, handelt es sich bei *-mentum* um ein Suffix, das eine Instrumentalisierung kennzeichnet, und bei *testamentum* um ein Verbalsubstantiv zu *testari,* ‚bezeugen'.[10]

(4) Daß Servius dies nicht erkannt haben sollte, ist ebensowenig vorstellbar wie etwa, daß sein Zeitgenosse Cicero die Ableitung für bare Münze genommen hat, die er selbst zu *assiduus* in den Topica (2,10) bringt. Dort geht es um die logisch geordnete Erschließung von Argumenten, zu denen einen „Hauptsitz" die Gruppe *ex nota* bildet, d.h. aus der Etymologie, in der *ex verbi vi argumentum aliquod elicitur*, „aus der Wortbedeutung irgendein Argument hervorgebracht oder: hervorgelockt wird", zum Beispiel:

Cum lex assiduo vindicem assiduum esse iubeat, locupletem iubet locupleti; is est enim assiduus, ut ait Lucius Aelius, appellatus ab asse dando.	Wenn das Gesetz – hier das Zwölftafelgesetz[11] – gebietet, daß vindex [also Vollstreckungsintervenient] für einen ansässigen Bürger nur ein ansässiger Bürger sein kann, gebietet es, daß ein Wohlhabender für einen Wohlhabenden [als Helfer] interveniert. Dieser wird nämlich, wie Lucius Aelius [Stilo, ca. 154-91 v. Chr.] sagt, ansässiger Bürger genannt, weil er Geld zahlen kann – assiduus ab asse dando.

Auch hier gilt: Sprachlich falsch, sachlich aber richtig. Denn ein Intervenient, der den Beginn der Zwangsvollstreckung in die Person des Schuldners durch sein Dazwischentreten (durch *manum depellere*) vorerst abbricht, mußte zum Schutze

---

[7] Georges / Georges [12]1969, Bd. II, Sp. 1076, s.v. *mutuus*; Kaser [2]1971, 170, Fn. 1.

[8] Vgl. auch *Ulpiani regulae* 20,1 (*Testamentum est mentis nostrae iusta contestatio, in id solemniter factum, ut post mortem nostram valeat*); Modestinus D. 28,1,1; Inst. 2,10 pr., dazu Kübler [5]1934, 985 s.v. *testamentum*; Avenarius 2005, 380 f.

[9] So etwa Weiss [2]1949, 498 f.; Biondi 1965, Bd. 1, 202.

[10] Ähnlich wie *augmentum* oder *documentum* zu *augere* und *docere*, vgl. Weiss [2]1949, 498.

[11] XII-Tab. 1,4: *Adsiduo vindex adsiduus esto; proletario iam civi quis volet vindex esto.*

des Vollstreckungsgläubigers zahlungskräftig sein. Cicero muß klar gewesen sein, daß *assiduus* durch Assimilation von *adsiduus* entstanden[12] und aus *adsidere*, ‚bei jemandem sitzen, seinen Aufenthalt haben', abgeleitet ist.

(5) Angesichts dieses Befundes, der sich vertiefen ließe, wird deutlich, daß die vielgeschmähten Etymologien[13] der römischen Juristen von einem ganz anderen Grundverständnis als die moderne Sprachwissenschaft ausgehen. Sie wollen nicht durch historisch-genetische Ableitungen oder durch strukturelle Analysen die Bedeutung der Wörter erschließen, sondern durch Vergleichung der Ähnlichkeiten im Klang und auch in der Schreibweise sowie durch Betrachtung der Wortzusammensetzungen (wie etwa beim *testamentum* als *verbum duplex*) das Wesentliche erkennen. Dahinter steht die stoische Lehre, nach welcher die Wortzeichen die seienden Dinge nachahmen wollen und sich in den Wörtern deshalb die wahre Natur, die Physis, der durch sie bezeichneten Dinge abbildet.[14] Es ist deshalb kein Zufall, wenn die antiken Etymologien zwar kaum sprachlich, aber doch sachlich vielfach das Richtige treffen. Daß sie häufig auch als mnemotechnische Hilfen erscheinen, ist ein weiterer Grund für ihre Beliebtheit in der Antike.

1.2.2. Zur Entwicklung des römischen Rechts

(1) Es ist an der Zeit, einige knappe zeitliche Hinweise zum römischen Recht einzuflechten. Gemeinhin unterscheiden wir in dessen Entwicklungsgeschichte vier Abschnitte, einen ersten, der bei der Stadtgründung (753) einsetzt, uns aber eigentlich erst juristischen Boden unter die Füße bringt mit der XII-Tafel-gesetzgebung von 450/449 v. Chr., die *fons omnis publici privatique iuris*[15] wurde. Dieser erste Abschnitt, die archaische Periode, reicht bis in das 3. Jh. v. Chr.; überwiegend läßt man ihn mit oder vor den *leges Liciniae Sextiae* von 367/66 v. Chr. enden, dem Gesetzespaket, das zugleich die Verfassungsgrundlage der späten Republik enthält.

(2) Im zweiten Abschnitt, der sog. Vorklassik, die mit Beginn des augusteischen Prinzipats endet, führt der Einfluß des Hellenismus, vor allem die Übernahme der dialektischen Methode, zur allmählichen Herausbildung einer von Laienjuristen – also nicht mehr allein von Priestern – betriebenen juristischen Fachwissenschaft, die ab dem späten 2. Jh. immer besser erkennbar wird.

---

[12] Die ursprüngliche Form in den XII-Tafeln war vermutlich *adsiduus*, vgl. Riccobono 1968, 27.
[13] Schulz (1961, 152) etwa attestiert ihnen, sie hätten eine „unerfreuliche Rolle gespielt".
[14] Wieacker 1988, 654 f.
[15] "Quelle allen öffentlichen und privaten Rechts"; Livius, *Ab urbe condita* 3,34,6.; Cic., *de orat* 1,44,195.

(3) Die Zeit des Prinzipats, mag man sie 235 mit dem Tod des Alexander Severus oder einige Jahre später mit dem Tod des Juristen Modestinus enden lassen, ist der Abschnitt, in dem die römische Rechtswissenschaft zu ihrer höchsten Blüte gedieh; wir bezeichnen sie als die (juristische) Klassik.

(4) Es schließt sich als ein Zeitalter des Niedergangs die Nachklassik an, die man spätestens mit Beginn der Herrschaft Justinians in Ostrom (527-565) als beendet ansehen sollte. Dank der in den oströmischen Rechtsschulen bewahrten Rechtsliteratur und der wachgehaltenen Rechtskenntnis konnte in der Zeit von 528-534 das *Corpus Iuris Civilis* geschaffen werden, das aus den drei Teilen Digesten – dem Herzstück –, Institutionen und Codex besteht und an das sich noch eine umfangreiche Novellengesetzgebung Justinians angeschlossen hat. Das in diesem Corpus überlieferte römische Recht ist eines der drei konstituierenden Elemente Europas geworden und für uns auch, soweit es um die juristische Begriffsbildung geht, die Haupterkenntnisquelle. Die zweitwichtigste Quelle sind die Institutionen des Gaius aus der Zeit um etwa 160 n. Chr., das einzige fast vollständig überlieferte Lehrbuch aus der Antike, das erst 1816 von Barthold Georg Niebuhr auf einer Palimpsesthandschrift in der Bibliothek des Domkapitels zu Verona entdeckt worden ist.

1.2.3. Begriffsbildungen in der archaischen Zeit

(1) Die XII-Tafeln von 450/449 v. Chr. regeln in unvollkommenen, wuchtig-lapidaren Sätzen die Materien Prozeß und Vollstreckung, Hausgewalt und Erbgang, Umsatz- und Kreditgeschäfte sowie Privatdelikte und Materien der öffentlichen Ordnung, wie Bau- und Nachbarrecht, Bestattungs- und Vereinigungswesen. Es versteht sich, daß sie schon entwickelte Begriffe und Rechtsinstitute kennen und auch voraussetzen. Diese Begriffe und Institute sind in vielem „Bausteine“ für die Erfindung neuer Rechtsakte und Rechtsfiguren geworden. Noch deutlich erkennbar sind sie in Anknüpfung an die ursprünglich wesentlichen Handlungen, bisweilen unter Einbeziehung des Orts der Handlungsvornahme, gebildet worden und dadurch sehr anschaulich geblieben. Einige Beispiele mögen dies illustrieren.

(2) In die Zeit vor den XII-Tafeln fällt sicher die älteste Adoptionsform, die *adrogatio*. Sie betraf den Fall, daß ein Gewaltfreier, also jemand, der sein eigener Herr ist, in die *patria potestas*, die väterliche Gewalt, eines anderen aufgenommen wird. Diese Aufnahme erfolgte durch Beschluß der Volksversammlung (der *comitia curiata*), mithin durch Einzelfallgesetz. Der Gesetzesantrag heißt *rogatio* (von *rogare*, ‚fragen, ersuchen, bitten'), und daher leitet sich der Name *adrogatio* oder assimiliert *arrogatio*[16] ab und davon wieder (über das Französische) unser „arrogant“, weil jemand, der sich einen anderen „beifragt“, sich über diesen erhebt.

---

[16] S. etwa Gellius, N.A. 5,19,1–9; Kaser ^{2}1971, 66.

(3) Auch *ius* reicht über die XII-Tafeln zurück. Ohne daß wir auf die Unmengen von Literatur zu diesem Begriff eingehen müßten, läßt sich sagen, daß das Wort wahrscheinlich dem religios-sakralen Bereich entstammt und das befriedete Verhältnis des Menschen zu den göttlichen (oder dämonischen) Mächten bezeichnet und daß es sich später im Schwerpunkt in den profanen Bereich verlagert hat, auch hier in der Ausgangsbedeutung von ‚religios unbedenklich', also ‚erlaubt' und deshalb ‚wirksam'.[17] Mit fortschreitender Verweltlichung ist daraus dann die formelle und materielle „Rechtmäßigkeit" geworden. Auch der Gegenbegriff *iniuria*, ‚Unrecht, Unrechtmäßigkeit, Widerrechtlichkeit', kommt in den XII-Tafeln mehrfach vor.

Da der Ort, an dem vornehmlich über die Frage des *ius* entschieden wird, das Gericht, die Gerichtsstätte ist, hat *ius* schon in dieser frühen Zeit auch die Bedeutung von Gerichtsstätte erlangt.[18] Davon leiten sich die mündliche Ladung vor Gericht, *in ius vocatio*, und die förmliche Befragung vor Gericht (genauer: vor dem Prätor als dem Gerichtsherrn), die *interrogatio in iure*, ebenso ab wie etwa die *in iure cessio*, das ‚Zurückweichen an der Gerichtsstätte' oder – von der Funktion her formuliert – die ‚Abtretung vor Gericht'. Diese Abtretung erfolgte in der Weise (vgl. Gaius 2,24), daß der Erwerber vor Gericht wie ein Kläger bei der alten (Spruchformel-)Klage auf Herausgabe einer Sache sein Eigentum an dieser Sache behauptete (z. B. *hunc ego hominem ex iure Quiritium meum esse aio, secundum suam causam, sicut dixi, ecce tibi vindictam inposui*, „daß dieser Sklave nach dem Recht der Quiriten mir gehört, behaupte ich; gemäß seiner rechtlichen Lage habe ich, so wie ich es gesagt habe, sieh hier vor deinen Augen, [ihm] den Stab angelegt").[19] Wenn der Beklagte nun – statt die Gegenbehauptung, er sei der Eigentümer, mit demselben Ritual aufzustellen – sich auf die Behauptung des Klägers hin ausschwieg, wurde er, weil Schweigen vor Gericht als Zugeständnis galt, verurteilt, d.h. der Prätor sprach dem Kläger das Eigentum zu. Ebenso wie ein Beklagter verhielt sich der Veräußerer bei der *in iure cessio*: Er schwieg sich auf die Eigentumsbehauptung des Erwerbers hin aus (oder stimmte dieser Behauptung zu), und der Prätor bestätigte daraufhin durch seinen „Beispruch", *addictio*, die Eigentumsbehauptung des Erwerbers. Der Beginn eines dinglichen Prozesses ist also zu einem Privatrechtsgeschäft unter staatlicher Mitwirkung umfunktioniert

[17] S. nur Behrends 1970, 13 ff. (mit Knütel, ZRG RA 88 [1971], 527 ff.); Kaser ²1971, 24 f. m.w.N., auch zur Etymologie, die überwiegend heute in einer Wurzel **ieu*, die Reinheit ausdrückt, gefunden wird, vgl. auch altindisch *yōh*, ‚Heil'.

[18] Vgl. Paulus D. 1,1,11 (*locus in quo ius redditur*); Ulpianus D. 11,1,4,1; Kaser ²1971, 25.

[19] Von Quirinus, dem Beinamen des Romulus, abgeleitete Bezeichnung der Römer, vgl. etwa Inst. 1,2,2. – Die Anlegung des Stabes (*vindicta*) wird als symbolische Gewalthandlung, als Ausdruck der Herrschaft, zu verstehen sein, wie auch *vindicare*, *vindicta*, *vindex* etc. nach überwiegender Ansicht sich aus einem *vim dicere*, ‚Gewalt ansagen', erklären, s. Walde / Hofmann ³1954, II, 793; Kaser / Hackl ²1996, 96 mit Fn. 41 (und weiterer Lit.).

worden[20] und damit ein „nachgeformtes Rechtsgeschäft“ geworden – etwas typisch Römisches.[21] Unsere heutige Zession hat hier ihre uralte Wurzel.

Die weiteren Verbindungen mit *ius* erklären sich ohne weiteres: *iudex*, ‚der Richter‘, von *ius* und *dicere*; ebenso *iudicare*, ‚Recht sprechen, urteilen‘, und *iudicium*, was sowohl ‚Urteilsspruch‘ als auch ‚Prozeß‘ bedeuten kann – übrigens ist *processus* für ein Gerichtsverfahren nicht römisch;[22] ferner *iurisdictio*, ‚Rechtsprechung und Gerichtsbarkeit‘, auch klar von *ius* und *dicere*. Für „Jurist“ (allein) gibt es kein Vorbild,[23] statt dessen: *iuris peritus* oder *iuris consultus*.

(4) An diesen Beispielen – etwa an der *in ius vocatio* und der *in iure cessio* – wird, wie schon hervorgehoben, erkennbar, daß die Begriffsbildung an Handlungen anknüpft: an die tatsächlichen – wie bei dem *vocare in ius* – aber auch an diejenigen, die in einem Verhalten „eigentlich“ zum Ausdruck kommen – so wie bei der *in iure cessio*, wo in dem bewußten Schweigen des bisherigen Rechtsinhabers auf die Rechtsbehauptung des Erwerbers „eigentlich“ ein „Zurückweichen“ liegt. Daß in den Rechtsbegriffen die tatsächlichen Handlungen oder die im tatsächlichen Handeln „eigentlich“ enthaltenen Handlungen abgebildet werden, ist ein ausgesprochen typisches, allerdings auch nicht sonderlich überraschendes Phänomen.

(5) Ein – wie sich zeigen wird – auch in anderer Hinsicht wichtiges Beispiel ist die *mancipatio*, die uns in den XII-Tafeln schon in ihrer dritten und letzten Entwicklungsstufe begegnet. Sie ist ein förmliches Übereignungsgeschäft für bestimmte, in einer bäuerlichen Wirtschaftsordnung wesentliche, Gegenstände geworden: Vor fünf mündigen römischen Bürgern als Zeugen und vor einem Waagehalter erklärte der Erwerber beispielsweise eines Sklaven: *Hunc ego hominem ex iure Quiritium meum esse aio isque mihi emptus esto hoc aere aeneaque libra* (Gaius 1,119), „daß dieser Sklave nach dem Recht der Quiriten mir gehört, behaupte ich, und er soll mir gekauft sein mit diesem Kupferstück und mittels der bronzenen Waage.“ Darauf schlägt der Erwerber mit dem Kupferstück an die Waage und gibt das Kupferstück demjenigen, von dem er durch Manzipation erwirbt, sozusagen anstelle des Kaufpreises (Gaius 1,119).

Der Name des Geschäfts ist aus *manus* und *capere* gebildet (Gaius 1,121: *unde etiam ‚mancipatio‘ dicitur, quia ‚manu‘ res ‚capitur‘*, „deshalb sagt man übrigens ‚Manzipation‘, weil die Sache mit der Hand [*manus*] ergriffen wird“ [*capitur*]). Gaius gibt den zu vermutenden Ausgangspunkt wieder: Der Erwerber erlangt durch seinen Zugriff das Eigentum, d.h. durch einseitigen Akt, wie wenn die Sache

[20] S. nur Kaser ²1971, 48 f. – Den XII-Tafeln ist die *in iure cessio* bekannt, Paulus, *Fragmenta Vaticana* 50.
[21] Begriff von Rabel, ZRG RA 27 (1906), 290 ff.; 28 (1907), 311 ff. = Rabel 1971, 9 ff.
[22] Kaser / Hackl ²1996, 1, Fn. 1.
[23] Das „deutsche“ Wort wurde wohl erst durch Hugo von Trimberg, *Der Renner* (um 1300), allgemein geläufig, vgl. Genzmer 1954, 307.

herrenlos wäre. Der bisherige Eigentümer und Veräußerer wird dazu – möglicherweise von Anfang an – vor den fünf Zeugen geschwiegen haben. Schon früh wird er sich dieses Schweigen haben „abkaufen“ lassen, und daraus entwickelte sich das Geschäft zu einem Barkauf, bei dem, wie sich aus der Hinzuziehung des Waagehalters (*libripens*) ergibt, der wirkliche Kaufpreis entrichtet, d.h. dem Verkäufer „zugewogen“ wurde. Dieses Zuwiegen weist auf eine Zeit, in der gemünztes Geld noch nicht in Umlauf war und man sich mit Kupferbarren behalf, für deren Wertschätzung es eines Fachmanns bedurfte. Im Lauf der Zeit ist, wie die Verwendung nur noch des Kupferstücks zeigt, aus dem zuvor wirklichen Kauf eine *imaginaria venditio* geworden, in der Sache also ein Übereignungsgeschäft, das als – fiktiven – Erwerbsgrund den Kauf mit einem symbolischen Kaufpreis nennt, aber zu jedweder Übereignung ohne Rücksicht auf den zugrundeliegenden Vertrag verwendet werden konnte, also etwa zur Erfüllung eines Stipulationsversprechens, zur Bestellung einer Mitgift, zur Vornahme einer Schenkung.

Kurzum: Die *mancipatio* hatte sich zu einem abstrakten Übereignungsgeschäft entwickelt. In dieser Eigenschaft ist sie „Baustein“ mehrerer anderer Geschäfte geworden, etwa der *emancipatio*, der Entlassung eines Hauskindes aus der väterlichen Gewalt, die bei Haussöhnen durch drei Manzipationen sowie drei Remanzipationen (also manzipationsweise vorgenommenen Rückübertragungen) und einer Freilassung oder auch einer Remanzipation und drei Freilassungen vollzogen wurde. Im Übrigen ist die *emancipatio* ebenfalls ein römischer Rechtsbegriff, der in unserer Allgemeinsprache fortlebt, sei es auch mit veränderten Konnotationen.

Auch für die Adoption (von *optare*, ‚wählen, wünschen’), durch die ein Hauskind als Kind in die Hausgewalt eines anderen Hausvaters übertragen wurde, bildete die *mancipatio* einen tragenden Baustein. Die Adoption verlief ähnlich wie die Emanzipation, wurde am Ende aber statt mit einer Freilassung mit einer *in iure cessio* abgeschlossen, bei der der Adoptierende im Hinblick auf den zu Adoptierenden ein *filium meum esse* behauptete. Weiter zu nennen wären etwa für das Familienrecht die *coemptio*, ein Manzipationsgeschäft, durch das die Frau in älterer Zeit regelmäßig in die Personengewalt des Ehemanns, in dessen *manus* – verstanden als schützende Hand – übertragen wurde (wobei der Name *coemptio* an einen ursprünglichen Brautkauf denken läßt). Für das Erbrecht ist die *mancipatio familiae* anzuführen, also die durch Manzipationsgeschäft vorgenommene Verfügung über das ganze Vermögen (*familia*) an einen Treuhänder, den *familiae emptor*, dem durch einseitige Zusatzbestimmungen des künftigen Erblassers aufgegeben wurde, wem nach dem Tod des Erblassers dieses Vermögen und seine Gegenstände zufallen sollen. Dies ist das *testamentum per aes et libram*, durch Kupferstück und Waage also, aus dem sich die späteren Testamente des Zivil- und des prätorischen Rechts entwickelt haben. Sehr deutlich wird an diesem Beispiel, daß die Römer ihr Recht aus verhältnismäßig wenigen Grundformen entwickelt haben und daß auch die Begriffe dieser Grundformen vielfach als Variationen der Ableitungen wiederkehren (*emancipatio*, *remancipatio*, *mancipatio familiae*).

1.2.4. Begriffsbildungen und Entwicklungen in vorklassischer und klassischer Zeit

(1) Für die Entwicklungen in der vorklassischen und der klassischen Zeit – in begriffsgeschichtlicher Hinsicht läßt sich eine klare Zäsur zwischen diesen Perioden nicht ziehen – gehen wir am besten von dem Gesamteindruck aus, den Max Kaser in seinem Handbuch wie folgt formuliert hat:

> Ihre B e g r i f f s b i l d u n g (sc. die der Juristen) ist noch nicht durch ein geschlossenes System bestimmt, sondern begnügt sich mit der Formung eines Komplexes sorgsam aufeinander abgestimmter ‚Rechtsfiguren', die den praktischen Anforderungen genügen. In ihrem mangelnden Abstraktionsbedürfnis zeigen die Juristen eine – allerdings bisweilen überschätzte – Abneigung gegen feste Regeln und Definitionen. Ihre T e r m i n o l o g i e ist noch beweglich und von der Starrheit unserer modernen Systeme mit ihren technischen Ausdrücken weit entfernt. (Kaser ²1971, 182)

Zwei Aussprüche römischer Juristen mögen diesen Gesamteindruck stützen: Im hohen Prinzipat sagt Iavolenus (*libro decimo epistularum*) D. 50,17,202: *Omnis definitio in iure civili periculosa est: parum (rarum?) est enim, ut non subverti posset*, „jede Begriffsbestimmung im bürgerlichen Recht ist gefährlich; denn es gibt keine genügende Sicherheit (es ist selten?), daß sie nicht auf den Kopf gestellt werden kann."

Und im frühen 3. Jh. schreibt Paulus (*libro sexto decimo ad Plautium*) D. 50,17,1: *Regula est, quae rem quae est breviter enarrat. non ex regula ius sumatur, sed ex iure quod est regula fiat*, „eine Regel ist, was einen Sachverhalt kurz beschreibt. Nicht aus der Regel wird das Recht entnommen; vielmehr wird aus dem geltenden Recht die Regel gebildet."[24]

(2) Sehen wir nun näher auf die Entwicklung des juristischen Vokabulars, so liegen die entscheidenden Fortschritte in der vorklassischen Zeit. Wie bereits angedeutet, erklärt sich dies aus der Übernahme der Dialektik in die Rechtswissenschaft. Bei dieser Methode geht es um das Studium der Gattungen (*genera* und *species*). Diese sollen erkannt werden, einerseits durch Unterscheidung (*differentia*, *diairesis*) und andererseits durch ‚Synthese des Mannigfaltigen' (*synagogé*, *synthesis*), um auf diese Weise Prinzipien zu erschließen, die für verschiedene Gattungen gelten und die das Verständnis der Einzelerscheinungen ermöglichen.[25] Ohne *definitio*,

---

[24] Aus der überreichen Literatur seien lediglich Schmidlin 1970 und Nörr 1972, 18 ff. genannt.

[25] Schulz 1961, 73. – Cicero beschreibt diese Methode anschaulich in *Brutus* 41,152 (zu Servius, der durch ihre Anwendung zum hervorragenden Juristen seiner Zeit geworden sei): *eam ... artem, quae doceret rem universam tribuere in partis, latentem explicare definiendo, obscuram explanare*

‚Abgrenzung, Begriffsbestimmung und -erläuterung', ließ sich dies natürlich nicht bewerkstelligen.

(3) Beispielsweise unterschied Quintus Mucius Scaevola (Konsul 95 v. Chr.) in seinen 18 Büchern zum *ius civile* fünf *genera* der Vormundschaft (*tutela*), eine Generation nach ihm Servius drei davon (Gaius 1,188). Es ist zwar nicht überraschend, aber doch bemerkenswert, daß an die Arbeit des Vorklassikers Servius noch über 250 Jahre später der Spätklassiker Paulus anknüpft, um in seiner Kommentierung des Vormundschaftsrechts den Begriff *tutela* zu definieren und den Namen zu erklären:

D. 26,1,1 pr.-1

PAULUS libro trigesimo octavo ad edictum	PAULUS im 38. Buch zum Edikt
Tutela est, ut Servius definit, vis ac potestas in capite libero ad tuendum eum, qui propter aetatem sua sponte se defendere nequit, iure civili data ac permissa. 1. Tutores autem sunt qui eam vim ac potestatem habent, exque re ipsa nomen ceperunt: itaque appellantur tutores quasi tuitores atque defensores, sicut aeditui dicuntur qui aedes tuentur.	Die Vormundschaft ist, wie Servius definiert, die Macht und Gewalt über einen freien Menschen, die vom Zivilrecht gegeben und gewährt wird, um den zu schützen, der sich wegen seines Alters nicht selbst verteidigen kann. 1. Vormünder sind diejenigen, die diese Macht und Gewalt innehaben; und aus eben dieser Aufgabe haben sie auch ihren Namen erhalten. Sie heißen nämlich tutores, Vormünder, weil sie tuitores, Beschützer, und Verteidiger sind, ebenso wie aeditui, Tempelwärter, diejenigen genannt werden, die aedes, Tempel, schützen.[26]

Über die erwähnten Unterscheidungen der *genera tutelae* durch Quintus Mucius und Servius wissen wir zwar nichts Näheres; doch dürfte sicher sein, daß sie die später gebräuchlichen Begriffe verwendet haben. Freilich waren schon im altrömischen Recht die Vormundschaft über Frauen, die *tutela mulierum*, und die über Unmündige, die *tutela impuberum*, bekannt. Innerhalb dieser

interpetando, ambigua primum videre, deinde distinguere, postremo habere regulam, qua vera et falsa iudicarentur et quae quibus propositis essent quaeque non essent consequentia. hic enim attulit hanc artem omnium artium maxumam quasi lucem ad ea, quae confuse ab aliis aut respondebantur aut agebantur – jene Kunst ..., die da lehrt, einen allgemeinen Begriff in seine Teile zu zerlegen, einen verborgenen durch nähere Bestimmungen zu erklären, einen dunklen durch Erläuterungen verständlich zu machen; Zweifelhaftes zunächst zu erkennen und dann durch Unterscheidung zu klären; schließlich eine Regel zu haben, nach der ‚richtig' und ‚falsch' beurteilt werden, und ebenso, was aus bestimmten Voraussetzungen folgt und was nicht. Er war es, der diese Kunst, die bedeutendste unter allen Künsten, wie ein Licht hineintrug in das, was andere in Rechtsgutachten und Rechtshandlungen in methodisch ungeordneter Weise betrieben. S. auch Cic. *Orator* 4,16.

[26] Übersetzung nach Knütel / Kupisch / Seiler / Behrends [K.-H. Ziegler] 2005, Bd. IV (Digesten 21–27), 343. Aus Behrends / Knütel / Kupisch / Seiler, CIC, Bde. II (D. 1–10) u. III (D. 11–20) sind auch die weiteren Übersetzungen entnommen.

Vormundschaften wurde weiter unterschieden zwischen dem gesetzlich (nach den XII-Tafeln 5,6) berufenen *tutor legitimus* sowie dem durch Testament des Vaters, sei es der Frau, sei es des Unmündigen, berufenen *tutor testamentarius* (zu dem nicht ganz sicher ist, ob die XII-Tafeln ihn schon kennen)[27] und – seit einer *lex Atilia* (wohl von 210 v. Chr.) – dem vom Magistrat, also von Amts wegen bestellten *tutor Atilianus*. Wie wir an alldem sehen, erfolgt die Differenzierung durch Zusätze, die entweder an den Aufgabenbereich – Vormundschaft über Frauen oder Unmündige – oder an den adjektivisch bezeichneten Berufungsgrund – Gesetz, Testament, magistratische Bestellung – anknüpfen, was alles deswegen wichtig ist, weil Rechte und Pflichten all dieser Vormünder unterschiedlich ausgestaltet sind.

(4) Zwar hat Justinian abgestorbene Rechtsinstitute, wie etwa *mancipatio* und *in iure cessio*, nicht in seine Kodifikation aufgenommen und auch im übrigen manche Veränderungen und Vereinfachungen vorgenommen. Dennoch sind weit überwiegend die Rechtsinstitute und -begriffe in den Konturen, die sie in Vorklassik und Klassik erlangt haben, in seine Gesetzgebung eingegangen und haben deshalb Recht und Rechtssprache bis auf unsere Zeit beeinflussen können. Viele der Begriffe lassen ihre Herkunft noch deutlich erkennen. Aus der Fülle des Materials greifen wir zur Veranschaulichung einige Beispiele aus den Kernbereichen des Bürgerlichen Rechts heraus.

1.2.5. Sachenrecht

(1) Im Sachenrecht kommt *proprietas*, ‚Eigentum', sicher von *proprius*, ‚eigen, eigentümlich', dessen Etymologie unsicher ist.[28] Daneben steht austauschbar *dominium*, worin stärker der Aspekt des Beherrschens zum Ausdruck kommt (von *dominari*, ‚herrschen').[29]

Die Institute des rechtsgeschäftlichen Eigentumserwerbs lassen die Handlungsvorgänge gut erkennen: Von *mancipatio* und *in iure cessio* war bereits die Rede, hinzu kommt die formlose Übergabe in Vollzug eines Rechtsgrundes (*causa*), die *traditio*, die aus *trans*, ‚über', und *dare*, ‚geben', gebildet ist. Entsprechend liegt es bei dem originären Eigentumserwerb der *usucapio*; sie ist die Ersitzung, ein „Erwerben durch Gebrauch" (*usu capere*) über eine bestimmte Zeit.[30] Daneben gab es eine Ersitzung durch *longi temporis praescriptio*, durch die Einrede des langfristigen Besitzes. Sie hat sich aus einer „Verspätungseinrede" des vom Eigentümer auf Herausgabe verklagten Besitzers entwickelt; diese Einrede

---

[27] Kaser ²1971, 89, Fn. 31 m.w.N. – Dieser Vormund wird gelegentlich auch *tutor dativus* bezeichnet.

[28] Dazu Walde / Hofmann ³1954, II, 373 f.

[29] Nicht von *domare*, ‚zähmen, bändigen', Walde-Hofmann ²1954, I, 367.

[30] Vgl. Modestinus D. 41,3,3, *Usucapio est adiectio (adeptio?) dominii per continuationem possessionis temporis lege definiti*, „die Ersitzung ist eine Hinzufügung des Eigentums [zum Besitz] (oder: ein Erwerb des Eigentums) durch ununterbrochene Fortdauer des Besitzes während der gesetzlich bestimmten Zeit."

wurde in der schriftlichen Klagformel vorangestellt (‚*ea res agatur* ...'), daher der Name *prae-scriptio*.

(2) Die Vermengung fester Stoffe, etwa von Getreide, heißt *confusio*, von *confundere*, ‚zusammenschütten' oder ‚-gießen'. Dagegen hat sich für die Verbindung von Sachen mit einem Grundstück oder mit einer anderen Sache keine zusammenfassende Bezeichnung gebildet; nur für die einzelnen Vorgänge finden sich Substantive, wie *aedificatio* (von *aedes* und *facere*) für die Errichtung eines Gebäudes, oder *ferruminatio* für das Anschweißen, oder nur Verben, wie etwa beim Anlöten, *adplumbare*. Auch für die Vermischung von Flüssigkeiten haben wir in den juristischen Quellen nur das Verb *commiscere*, nicht das Substantiv *commixtio*, und ebenso verhält es sich bei der Verarbeitung (*speciem facere*, aber noch nicht *specificatio*) und sogar bei dem ältesten Erwerbsgrund, der Aneignung: Die juristischen Quellen haben nur *occupare* (von *ob* und *capere*) und verstehen damit mehr die Handlung als den Erfolg. Auch für den Gegenbegriff der Eigentumsaufgabe ist es bei dem Verb *derelinquere* (‚zurücklassen, verlassen') verblieben; *derelictio* ist den Rechtsquellen fremd. In diesem Bereich ist die Begrifflichkeit nach alldem nur unvollkommen geblieben.[31]

(3) Bei den beschränkt dinglichen Rechten (an fremder Sache) sind neben dem bereits genannten *pignus*[32] die *servitus* und der *ususfructus* zu nennen. Zum ersten Begriff ist ‚Dienstbarkeit' die treffende Lehnübersetzung, wenn man davon absieht, daß in Rom nur die Grunddienstbarkeit gemeint ist. Zugrunde liegt bei den römischen Juristen die Vorstellung, daß das eine Grundstück dem anderen ‚diene'[33], *servire*; ein Konzept, das vermutlich an Vorbilder aus dem Sklavenrecht anknüpft.[34] Auch zum zweiten Begriff, dem *ususfructus*, paßt die Lehnübersetzung ‚Nießbrauch', geht es doch um den Gebrauch (*usus*) und das Genießen der Früchte (*fructus*).[35] Bisweilen wird der Nießbrauch auch nur *fructus* genannt,[36] obwohl das Wort in der Regel ‚Frucht' bedeutet. Daneben findet sich *usus* allein; dann dient das Wort zur Kennzeichnung eines bloßen Gebrauchsrechts. Die Terminologie gibt in diesen Fällen mithin den Inhalt der Berechtigung wieder.

---

[31] Zu diesen Fällen s. Kaser 1965, Bd. 1, 109–111.

[32] Siehe oben 1.2.1. – Für das besitzlose Pfand, überwiegend also das Grundstückspfand, wird im Laufe der klassischen Zeit die dem Griechischen entlehnte Bezeichnung *hypotheca* die üblichere, vgl. Kaser ²1971, 463.

[33] Vgl. Grosso 1969, 53, 77 ff.; Kaser ²1971, 440 m. Fn. 3.

[34] So Biondi 1965, 192.

[35] Abweichend Biondi 1965, 194 ff., der *usus* hier als Besitz versteht.

[36] Finkenauer 2009, 334, Fn. 123 (zu Papinianus D. 24,1,52,1).

1.2.6. Schuldrecht

(1) Auf eine sehr anschauliche Terminologie stoßen wir auch im Schuldrecht: *Obligatio* leitet sich ab von *ligare*, ‚binden, zusammenbinden, festbinden'; unsere „Verbindlichkeit" ist Lehnübersetzung dazu. In der berühmten Definition in Justinians Institutionen (3,13 pr.) wird die Obligation treffend als *iuris vinculum*, ‚rechtliche Fessel', bezeichnet (Inst. 3,13 pr.): *Obligatio est iuris vinculum, quo necessitate adstringimur alicuius solvendae rei secundum nostrae civitatis iura*; „das Schuldverhältnis ist eine rechtliche Fessel, durch die uns der Zwang auferlegt wird, nach dem Recht unseres Gemeinwesens eine Schuld zu erfüllen" (genauer: eine Angelegenheit, aus der sich eine Verpflichtung ergibt, zu regeln).[37] Das weist hin auf die Zwangsvollstreckung im altrömischen Prozeß, die nicht in das Vermögen, sondern in die Person des Schuldners ging: Der Gläubiger durfte den Schuldner, der 30 Tage nach Verurteilung nicht gezahlt hatte, mit Ermächtigung des Prätors in sein Haus abführen und gefesselt halten.[38] Ganz bildlich ist deshalb auch der Begriff *solutio* für die Erfüllung der Verbindlichkeit; er ist Deverbativum von *solvere*, ‚lösen', und zwar aus der Fesselung. Auch *liberatio*, ‚Befreiung', kommt häufig vor, nämlich aus der Bindung der Obligation.

(2) Ähnlich liegt es bei dem altrömischen Darlehensgeschäft des *nexum*, das als eine Art Selbstverpfändung durch ein Geschäft mit Kupfer und Waage wie die Manzipation zu verstehen ist: Zuwägung des Geldes gegen Erwerb einer pfandmäßigen Zugriffsgewalt auf die Person des Schuldners. Der Name *nexum* kommt von *nectere*, ‚knüpfen, binden', und das Erfüllungsgeschäft dazu heißt *solutio per aes et libram*, ‚Lösung durch Kupfer und Waage', oder auch *nexi liberatio*; es ist später ein Erlaßgeschäft ohne effektive Rückzahlung geworden.[39]

(3) Auch in *contractus* von *con-trahere*, ‚zusammenziehen', tritt der Bindungsgedanke hervor. Man vermutet, *contrahere* habe das „sich Zuziehen einer Haftung" gemeint.[40] Dafür spricht, daß das Verb auch bei der Begründung einer deliktischen Haftung verwendet wird: *crimen* und *delictum contrahere*. Da das „sich Zuziehen einer Haftung" aber doch eine für die Frühzeit ungewöhnliche Abstraktion wäre, wird auch die Deutung „den Knoten bei der Fesselung des Schuldners zuziehen" vertreten.[41] Erst im Lauf der klassischen Periode verfestigen sich *contrahere, contractus* im Sinne von ‚Vertrag schließen' und ‚Vertrag'. Und es

---

[37] Vgl. Kaser / Knütel [19]2008, 171 (Rz 32.1).

[38] XII-T. 3,3 (*Ni iudicatum facit ... secum ducito, vincito aut nervo aut compedibus XV pondo ...* „erfüllt er seine Urteilsschuld nicht ..., soll er [der Gläubiger] ihn mit sich führen, fesseln, entweder mit einem Strick oder mit Fußfesseln im Gewicht von 15 Pfund". – Lit. bei Kaser / Hackl ²1996, 142 f. m. Fn. 77. Vgl. auch Nelson / Manthe1999, III, 73 f.

[39] S. dazu nur Kaser / Knütel [19]2008, 213, 283 f. (Rz 39.1–2, 52.5–7).

[40] Kaser ²1971, 525 m.w.N. – Vgl. auch Nelson / Manthe 1999, III, 41 ff., 444 ff.

[41] So v. Lübtow 1951, 253 (vgl. Kaser ²1971, 523 Fn. 6); vgl. auch Biondi 1965, 199 (mit Bonfante): Zusammengezogen wird das *vinculum*.

spielte hierbei eine wichtige Rolle, daß in den Begriff *contractus* das Element der vertraglichen Einigung hineingelegt wurde. Aufschlußreich ist:

D. 2,14,1,3	
ULPIANUS libro quarto ad edictum	ULPIAN im vierten Buch zum Edikt
Conventionis verbum generale est ad omnia pertinens, de quibus negotii contrahendi transigendique causa consentiunt qui inter se agunt: nam sicuti convenire dicuntur qui ex diversis locis in unum locum colliguntur et veniunt, ita et qui ex diversis animi motibus in unum consentiunt, id est in unam sententiam decurrunt. adeo autem conventionis nomen generale est, ut eleganter dicat Pedius nullum esse contractum, nullam obligationem, quae non habeat in se conventionem, sive re sive verbis fiat: nam et stipulatio, quae verbis fit, nisi habeat consensum, nulla est.	Das Wort *conventio*, Übereinkommen, Einigung, Vertrag, ist ein allgemeines und erfaßt alle Fälle, in denen diejenigen, die miteinander rechtlich zu tun haben, im Abschluß oder in der Erledigung eines Rechtsgeschäfts übereinstimmen. Denn wie man bei denen von *convenire*, zusammenkommen, spricht, die sich von verschiedenen Orten aus an einem Ort versammeln und dort zusammenkommen, so [spricht man von Zusammenkommen] auch bei denen, die anfangs von verschiedenen Absichten bewegt am Ende in ein- und demselben übereinstimmen, das heißt zu einer einheitlichen Meinung gelangen. Der Begriff *conventio*, ‚Übereinkommen, Einigung, Vertrag', ist aber derart allgemein, daß Pedius treffend sagt, es gebe keinen Vertrag, kein Schuldverhältnis, das nicht ein Übereinkommen in sich trage, mag es durch Sachhingabe oder durch Worte zustandekommen. Denn auch die Stipulation, die durch Worte zustandekommt, ist, wenn sie keinen Konsens enthält, nichtig.

Ulpian erläutert und veranschaulicht den weiten Begriff *conventio*, der sich ableitet aus *con-venire*, ‚zusammen-, übereinkommen'. Am Ende sieht der Jurist das Wesentliche der *conventio* dann mit dem älteren Juristen Pedius (1. Hälfte des 2. Jh. n. Chr.) im *consensus*, ‚der Willensübereinstimmung', ‚der Willenseinigung'. Auch wir sprechen, vor allem im Völkerrecht, noch von Konvention oder allgemein von Übereinkommen.

(4) Zu den einzelnen Verträgen müssen wir uns auf wenige Worte beschränken. Die *stipulatio* ist ein förmliches Schuldversprechen durch Austausch von Frage und Antwort, z. B. *Pamphilum mihi dari spondesne? Spondeo*, „Daß mir der Sklave Pamphilus übereignet wird, gelobst du das"? „Ich gelobe es". Die Worterklärung ist unklar und sehr umstritten. Ableitungen von *stipula*, ‚Halm'[42], oder *stipes*, ‚Stäbchen', als ursprünglich beim Vertragsschluß verwendete Symbole einer Fesselung oder einer Selbstübergabe werden ebenso vertreten wie die in den Quellen[43] gleichfalls anzutreffenden Erklärungen aus *stips*, ‚Geld'[44], oder aus

[42] Isidor, *Etymologiae* 5,24,30.
[43] *Pauli sententiae* 5,7,1; Inst. 3,15 pr.
[44] Varro, *De lingua Latina* 5,182; Festus, *De verborum significatu* (ed. Lindsay), S. 379, 412.

stipulus, was im Altlatein die Bedeutung von ‚fest' hat, *stipulatio* also als Befestigung.[45]

Gegenakt ist die *acceptilatio*, von *accipere*, ‚entgegennehmen, empfangen', ein gleichfalls förmliches Geschäft: Der Schuldner fragt: *Quod ego tibi promisi, habesne acceptum?*; „Was ich dir versprochen habe, hast du das erhalten?", und der Gläubiger antwortet: *Habeo*; „ich habe es". Ursprünglich begleitete dieses Geschäft die tatsächliche Erfüllung; aber es wandelte sich vermutlich schon im 3. Jh. v. Chr. zum Erlaßgeschäft.

(5) Der deutsche Begriff ‚Kauf' leitet sich von *caupo* ab, dem Schank- und Herbergswirt, der in seiner Herberge, *caupona*, auch verkaufte. Der römische Kauf wird mit dem Doppelausdruck *emptio venditio* bezeichnet, womit die beiden Handlungen erfaßt werden, das *emere* des Erwerbers und das *vendere* des Verkäufers. *Emere* hatte ursprünglich nur die allgemeine Bedeutung von ‚nehmen'[46], also ohne Beziehung auf einen Kauf. Schon im altrömischen Recht erlangt es die Bedeutung von ‚aus Rechtsgründen erwerben', und in der Manzipationsformel *isque mihi emptus esto* (s. o. 1.2.3.(5)) hat es bereits die Bedeutung von ‚gekauft'. Das *vendere* des Verkäufers erklärt sich aus *venum dare*, das schon in den XII-Tafeln bezeugt ist,[47] mithin aus einem „zum Verkauf hingeben"; *venum* ist ein lokaler Akkusativ der Richtung, der im Altlatein noch verbreitet war.[48]

(6) Schneller erfaßbar ist der Doppelausdruck, mit dem die Verträge Miete/Pacht sowie Dienst-/Arbeitsvertrag und Werkvertrag bezeichnet werden: *locatio conductio*. Sie wird als einheitlicher Vertrag verstanden. *Locator* ist, wer etwas „wohin stellt", bei Miete und Pacht überläßt er dem anderen die Sache zum Gebrauch und – bei der Pacht – auch zur Nutzung; beim Dienst- und Arbeitsvertrag gewährt er ihm die Verfügung über die eigene Person und Arbeitskraft – er „verdingt sich" – ; beim Werkvertrag stellt er dem anderen (als Besteller) die Sache hin, damit dieser sie bearbeite. Dementsprechend ist *conductor*, wer das verdungene Objekt „mit sich führt" (*con-ducere*), also die Miet-/Pachtsache, die dienstpflichtige Person und die (von ihm als Unternehmer) zu bearbeitenden Sachen in seine faktische Verfügungsgewalt nimmt.[49] Bei alldem zeigt sich die deutliche Orientierung am tatsächlichen Handeln.

Mandatum ist der Auftrag. Isidor von Sevilla erklärt dies: *Mandatum dictum, quod olim in commisso negotio alter alteri manum dabat*; „Mandat ist gesagt

[45] Vgl. Kaser 1971, 169 m. A. 35.

[46] Festus, *De verborum significatu* (ed. Lindsay), S. 332, s.v. redemptores: *nam antiquitus ‚emere' pro accipere ponebatur*; „denn in alten Zeiten wurde *emere* für entgegennehmen gesagt"; Weiteres bei Nelson / Manthe 1999, III, 249 f.

[47] XII-T. 4,2 (*Si pater ter filium venum duit* ..., "wenn der Vater den Haussohn dreimal zum Verkauf gibt").

[48] Nelson / Manthe 1999, III, 252.

[49] S. nur Kaser / Knütel [19]2008, 240 (Rz 42.4); ferner Fiori 1999, 11 ff.

worden, weil einst bei dem vereinbarten Geschäft der eine dem anderen die Hand gab“ (*Etymologiae* 5,24,20). Doch ist das sehr zweifelhaft;[50] die Erklärung paßt wohl eher zu den eingangs genannten Etymologien.

(7) Die *societas* ist hauptsächlich die Gesellschaft; der Begriff kann aber auch die schlichte Bruchteilsgemeinschaft (die primär *communio* heißt) oder auch Vereinigungen mit körperschaftlichen Elementen, wie die *societas Publicanorum*, die Gesellschaft der Steuerpächter, kennzeichnen oder auch – untechnisch, aber hübsch – zur Kennzeichnung der Ehe als *societas omnis vitae*[51] Verwendung finden. Das Wort ist eine Ableitung von *socius*, ‚Gesellschafter, Genosse, Gefolgsmann', ein Wort, das zumeist auf *sequi*, ‚folgen, begleiten', zurückgeführt wird.[52]

(8) Waren dies die vier sog. Konsensualverträge, die durch bloßen *consensus* der Parteien zustandekamen, so seien auch die vier Realverträge, die durch Hingabe einer *res*, ‚Sache', geschlossen wurden, kurz gestreift. Vom *mutuum* (‚Darlehen') war bereits die Rede (1.2.1.(2)), auch vom *pignus* (1.2.1.(1)), das hier als das mit Verpfändung entstehende Schuldverhältnis zwischen Verpfänder und Pfandgläubiger zu verstehen ist; hinzu kommt die Leihe, das *commodatum*. Das Wort ist gebildet aus dem Partizip von *commodare*, ‚aus Gefälligkeit auf Zeit etwas hergeben'. Darin steckt das Adjektiv *commodus*, von *com-modus*, ‚angemessen, zweckmäßig, bequem, gefällig'. Die Natur des Gefälligkeitsvertrages war für die – in Rom wie heute ja unentgeltliche – Leihe mithin namensbildend. Gleichfalls aus einem Partizip gebildet ist das *depositum*, von *de-ponere*, also ‚niederlegen', und zwar zur Verwahrung bei einem anderen. Der Name läßt wieder die zugrundeliegende Handlung erkennen, die uns als „hinterlegen“ geläufig ist.

Gaius weist in seinen Institutionen (3.91) darauf hin, daß auch jemand, der eine nicht geschuldete Leistung entgegennimmt, *re obligatur*, durch Sachhingabe (wie bei einem Realvertrag) verpflichtet wird, mit der Folge, daß *ei condici potest*, bei ihm kondiziert werden kann, wie wenn er ein Darlehen empfangen hätte. Auf die von Gaius angeführte Kondiktionsklage geht es zurück, daß die Bereicherungsansprüche noch heute als ‚Kondiktionen' bezeichnet werden. Der Name ist von *con-dicere* abgeleitet, was nicht allein ‚etwas gemeinsam verabreden, sich über etwas verständigen' meint, sondern auch ein bestimmendes Ankündigen. In diesem letztgenannten Sinn hat *condicere* die juristisch-technische Bedeutung ‚vor Gericht laden, auf gerichtlichem Weg fordern', und diese Bedeutung ist schon im Zusammenhang mit einer abstrakten, den Verpflichtungsgrund des Beklagten

---

[50] Vgl. Walde / Hofmann ³1954, II, 25 (2. mando). Nicht geglückt ist übrigens die Übersetzung von Möller 2008, 178 (Ein Auftrag wird genannt, was einst bei einem vereinbarten Geschäft der eine dem anderen in die Hand versprach).
[51] Paulus D. 23,2,1; Tryphoninus D. 42,1,52.
[52] Vgl. Walde / Hofmann ³1954, II, 551; Wegner 1969 (non vidi); demnächst Fleckner, voraussichtlich 2010 (2. Teil, 1. Kap. § 1).

nicht nennenden Klage belegt, die in das 3. Jh. v. Chr. zurückreichen dürfte, die sog. *legisactio per condictionem*. Bei dieser hatte der Kläger, wenn der Beklagte im ersten Termin vor dem Prätor bestritt, dem Kläger zu schulden, den Beklagten zu einem neuen Verhandlungstermin vor dem Prätor zum Zweck der Richtereinsetzung auf den 30. Tag förmlich zu laden, dies mit den Worten: *Quando tu negas, in diem tricensimum tibi iudicis capiendi causa condico*; „weil du leugnest, sage ich dir den 30. Tag an, um einen Richter zu erhalten" (Gaius 4,17 b). Mithin läßt auch das Verbalsubstantiv *condictio* noch deutlich eine Handlung erkennen, die freilich nicht in einem Klagen, sondern in einem Laden vor Gericht liegt.[53]

Im Zusammenhang mit den Realkontrakten finden wir auch Hinweise zum Verb *credere*, wovon der *creditor*, ‚Gläubiger', abgeleitet ist. Es gab im Edikt des Prätors einen Abschnitt („Titel") *De rebus creditis*, ‚Über anvertraute Sachen'. Gleich zu Anfang seiner Kommentierung bringt Ulpian eine Erläuterung, in der er sich auf den Juristen Celsus (*filius*, unter Hadrian) beruft:

D. 12,1,1,1	
ULPIANUS libro vicensimo sexto ad edictum	ULPIAN im 26. Buch zum Edikt
Quoniam igitur multa ad contractus varios pertinentia iura sub hoc titulo praetor inseruit, ideo rerum creditarum titulum praemisit: omnes enim contractus, quos alienam fidem secuti instituimus, conplectitur: nam, ut libro primo quaestionum Celsus ait, credendi generalis appellatio est: ideo sub hoc titulo praetor et de commodato et de pignore edixit. nam cuicumque rei adsentiamur alienam fidem secuti mox recepturi quid, ex hoc contractu credere dicimur. rei quoque verbum ut generale praetor elegit.	Da der Prätor nämlich zahlreiche rechtliche Regelungen, die unterschiedliche Vertragsverhältnisse betreffen, unter diesen Ediktstitel gestellt hat, hat er ihn aus eben diesem Grund unter der Bezeichnung *Über anvertraute Sachen* vorangestellt; dieser Titel umfaßt nämlich alle Verträge, die wir im Vertrauen auf die Vertragstreue des anderen [durch Hingabe von Sachen im Interesse des Empfängers] eingehen; denn, wie Celsus im 1. Buch der Rechtsfragen sagt, ist ‚anvertrauen', credere, eine allgemeine Bezeichnung. Daher hat der Prätor unter diesem Ediktstitel [neben dem Darlehen] auch über die Leihe und über das Pfand Bestimmungen getroffen. Denn wenn wir mit irgendeiner rechtsgeschäftlichen Sachhingabe einverstanden sind und dabei der Vertragstreue des anderen in der Weise vertrauen, daß wir [von ihm] alsbald etwas zurückerhalten, sagt man, daß wir [ihm etwas] aufgrund dieses Vertrages ‚anvertrauen'. Auch das Wort *Sache* hat der Prätor wegen seiner allgemeinen Bedeutung gewählt.[54]

Creditor ist also jemand, der einem anderen etwas anvertraut und ihm damit seinen Glauben schenkt.[55] Unser Wort ‚Gläubiger' erweist sich damit gleichfalls als Lehnübersetzung. Auch beim Wort ‚Schuldner' ist es nicht anders; es kommt von

[53] S. dazu Kaser / Hackl ²1996, 111 f.; Manthe 1993, 69 ff., Fn. 10–15; Nelson / Manthe 1999, III, 84 f.

[54] Vgl. dazu auch Nelson / Manthe 1999, III, 454 f.

[55] Vgl. auch Walde / Hofmann ³1954, I, 286 f.

debitor und damit von *debere*, ‚sollen, müssen, schulden'. *Debere* wird zurückgeführt auf *de-habere* i.S.v. ‚zurück- oder vorenthalten', so wie *praebere*, ‚gewähren', welches aus *prae-habere*, ‚vorhalten, darreichen', entstanden sein soll.[56]

Wir lassen alles andere nun beiseite, wie etwa den Bereich der Haftung aus Delikt, Straftat, was im Stamm das Wort *linguere* (*linguo*, *lictum*) hat, ein Verb mit den Bedeutungsgehalten von ‚lassen, bleiben' oder ‚sein lassen, zurücklassen, verlassen'. Zusammen mit dem Präfix *de-* besagt es (in intransitiver Anwendung), daß etwas fehlt, auch im übertragenen Sinne, daß jemand in seiner Pflicht fehlt, sich versieht, sich vergeht.[57]

1.2.7. Anhang: Familien- und Erbrecht

(1) Auch im Familienrecht, in dem der Begriff *familia* übrigens noch plausibler Herleitung bedarf,[58] lassen sich unsere Beobachtungen vertiefen. Von *adrogatio* und *adoptio* war die Rede. Handlungsorientierte Begriffe finden sich ferner – um nur zwei Beispiele zu nennen – bei der Verlobung, den *sponsalia*, von *spondere*, ‚geloben'; es wird ursprünglich also um wechselseitige Gelöbnisse von Brautvater und Bräutigam gegangen sein[59] – und bei der Scheidung, *divortium*, von *divertere*, ‚sich abwenden, sich den Rücken zukehren, auseinandergehen'.

(2) Zum Erbrecht erinnern wir an das *testamentum*. Wenn wir von der Gesamtrechtsnachfolge des Erben, von der Universalsukzession sprechen (zu § 1922 BGB), so übernehmen wir das römische Bild von *succedere in locum* oder *in universum ius defuncti*[60], ebenso etwa bei der Ausschlagung der Erbschaft nach dem *repudiare* (oder: *omittere*) *hereditatem*. In einer der jüngsten Einrichtungen des römischen Erbrechts, dem seit Augustus anerkannten *fideicomissum*, erklärt sich der Begriff daraus, daß der Erblasser es der Gewissenhaftigkeit (*fides*) des Erben, eines Vermächtnisnehmers oder eines von Todes wegen von ihm Beschenkten anvertraut (*committere*), eine Bitte zu erfüllen, die regelmäßig dahin geht, einem Dritten eine Leistung zu erbringen, etwa die Übereignung einer Sache, die Zahlung von Geld etc. Im Lauf der Zeit wurde anerkannt, daß der Dritte aus einer derartigen Bitte einen Anspruch auf Erfüllung gegen den beschwerten Erben, Vermächtnisnehmer oder Beschenkten erlangte.

---

[56] Walde / Hofmann ³1954, I, 326.
[57] Georges / Georges ¹²1969, I, Sp. 2018 s.v. *delinquo*.
[58] Walde / Hofmann ³1954, I, 452 (von *famulus*, ‚Diener', zu *familia*, ‚Gesinde'?); aus jüngerer Zeit Mayer-Maly 2001, 261 ff. und Seiler 2001, 437, 439 ff. – Ausgangspunkt ist Ulpians Worterklärung in D. 50,16,195 (im Titel *De verborum significatione*).
[59] Varro, *De lingua Latina* 6,69–70, vgl. dazu nur Knütel 2004, Bd. 2, 1487 f.
[60] Vgl. Kaser ²1971, 223, 673 m.w.N.

1.2.8. Schlußbemerkungen

(1) Von Cicero stammt die Bemerkung, in seinen Ursprüngen leite das Recht sich ersichtlich von der Natur ab: *initium ... eius* (sc. *iuris*) *ab natura ductum videtur* (*De inventione* 2,22,65). Die aus natürlicher Anschauung der Lebensvorgänge entwickelten Figuren, Akte und Regeln des Rechts lassen, wie wir sahen, in ihren Namen sehr weitgehend noch das Wesentliche erkennen, jedenfalls das ursprünglich Wesentliche.

So ist *infans* ein Kind, das *fari non potest*, ‚(noch) nicht sprechen kann', nämlich die Formelworte, etwa bei Manzipation oder Stipulation. Wir sahen, daß die Begriffsbildung außer an Eigenschaften, wie beim *tutor*, der schützt, beim *curator*, der Sorge walten läßt, oder bei der *proprietas*, die „Eigentümliches" kennzeichnet, vor allem an Handlungen und Vorgänge anknüpft, wofür nur einige Beispiele in die Erinnerung gerufen seien: *adrogare, vindicare, obligare, convenire* oder die Substantive *in ius vocatio, in iure cessio, mancipatio, traditio*. Bisweilen sind begriffsbestimmend auch Inhalt und Rechtsmacht, die ein Recht gewährt, wie etwa beim Nießbrauch, dem *ususfructus*, und überhaupt bei den Dienstbarkeiten, den *servitutes*, beispielsweise *iter, actus, via, aquaeductus, aquae haustus*, ‚Durchgangs-, Viehtrift-, Wege-, Wasserleitungs- und Wasserschöpfrecht'.

(2) Den soeben genannten Begriffen ‚Nießbrauch', ‚Dienstbarkeit', ‚Wegerecht' sieht man nicht an, daß es sich um Lehnübersetzungen handelt. Das mag es rechtfertigen, abschließend darauf hinzuweisen, daß mit den verschiedenen Rezeptionsschüben seit dem Hohen Mittelalter überaus, ja prägend Vieles aus dem antiken römischen Recht in unser heutiges Recht gelangt ist und damit natürlich auch aus der römischen Rechtsterminologie.[61]

In der heutigen Gesetzessprache leben manche Fremdwörter fort, beispielsweise *Person, Familie, Hypothek, Testament, Inventar, Fiskus*. Weitaus häufiger sind jedoch Lehnwörter und insbesondere Lehnübersetzungen, wie zum Beispiel ‚Privatrecht' (*ius privatum*), ‚Bürgerliches Recht' (*ius civile*), ‚Öffentliches Recht' (*ius publicum*), ‚Völkerrecht' (*ius gentium*, das allerdings besser mit ‚Völkergemeinrecht' übersetzt wird), ‚Minderjähriger' (*minor viginti quinque annis*), die bereits genannten Begriffe ‚Schuldner', ‚Gläubiger', ‚Verbindlichkeit', ferner etwa ‚Schuldnerverzug' und ‚Annahmeverzug' (*mora debitoris, mora accipiendi*), ‚Erbeinsetzung' (*heredis institutio*), ‚Schenkung von Todes wegen' (*donatio mortis causa*), ‚böser und guter Glaube' (*mala* und *bona fides*), ‚notwendige und nützliche Verwendungen' (*impensae necessariae, utiles*), ‚Beweislast' (*onus probandi*), ‚Berufung' (*appellatio*) und selbst Eigenartiges, wie z. B. in § 277 BGB die „Sorgfalt ..., welche er [der Schuldner] in eigenen Angelegenheiten anzuwenden pflegt" (*diligentia quam in suis rebus adhibere solet* [sc. *debitor*]). Es kann deshalb nicht verwundern, daß auch einige Paragraphen des

[61] Nachweise und Quellenangaben zu den folgenden Beispielen lassen sich größtenteils erschließen über das Sachregister von Kaser / Knütel [19]2008, 441–464. – Vgl. ferner Wacke 1990, 877, 879 ff.

BGB geradezu als Übersetzungen ihrer Vorlage aus dem *Corpus iuris civilis* erscheinen.[62]

Aber auch neben der Gesetzessprache haben sich sehr weitgehend Begriffe des antiken römischen Rechts – und natürlich auch diesem angepaßte Begriffe und Wendungen aus der Zeit, in der das Latein noch die juristische Fachsprache war,[63] – in der juristischen Fach- und Umgangssprache erhalten. Bei einigen wird sogar an der lateinischen Version festgehalten. Beispiele sind etwa der *nasciturus* (‚das Kind im Mutterleib'), der *dolus* (‚Arglist'), die (oft fehlverwendete) *actio pro socio* (‚Klage als Gesellschafter') im Gesellschaftsrecht, auch einige Rechtssprichwörter, wie – auch dies nur eine Auswahl[64] – *falsa demonstratio non nocet* [*cum de corpore constat*] (nach Gaius D. 35,1,17 pr., ‚eine falsche Bezeichnung schadet nicht [wenn die Sache feststeht]'); *tres faciunt collegium* (nach Neratius-Marcellus D. 50,16,85; ‚drei bilden einen Verein', vgl. § 73 BGB); *dolo facit qui petit quod (statim) redditurus est* (Paulus D. 44,4,8 pr. = D. 50,17,173,3, ‚arglistig handelt, wer verlangt, was er demnächst zurückzugeben hat',[65]) oder das Verbot des *venire contra factum proprium* [*nemini licet*] (nach Ulpian D. 1,7,25 pr.; ‚sich mit dem eigenen Verhalten in Widerspruch zu setzen [ist niemandem erlaubt]'). – Hinzu kommen die so zahlreichen Begriffe, die als Fremdwörter ohne weiteres erkennbar sind. Schon genannt wurden ‚Obligation', ‚Kontrakt', ‚Konsens', ‚Depositum', ‚Mandat', ‚Kondiktion', ‚Vindikation'; hinzu kommen etwa ‚Dissens', ‚Offerte', ‚Kondition', ‚Mentalreservation', ‚Fiktion', ‚Klausel', ‚Kompensation', ‚Delikt', ‚Universalsukzession', ‚Kurator', ‚Akzept' usw.; die Fälle würden eine lange Liste bilden.

(3) Es wäre eine reizvolle, über unser Thema aber weit hinausgehende Aufgabe, die einzelnen Entwicklungen zu erschließen, die zu dem prägenden Einfluß der römischen Rechtsterminologie auf die deutsche Rechtssprache geführt haben. Gewiß hat es, worauf schon Hans Hattenhauer hingewiesen hat[66], eine Rolle gespielt, daß die großen Gesetze des Alten Reichs im 16. Jh., etwa die Reichskammergerichtsordnungen, Reichspolizeiordnungen und die Peinliche Gerichtsordnung Kaiser Karls V, die *Constitutio Criminalis Carolina* v. 1532, in deutscher Sprache erlassen wurden, obwohl sie von gelehrten Juristen verfaßt waren. Diese Juristen standen vor der Notwendigkeit, römischrechtliche

[62] Beispielsweise § 162 Abs. 1 nach Ulpianus D. 50,17,161; §§ 2089, 2090 nach Inst. 2,14,7; bis zur Schuldrechtsreform § 306 a.F. („Ein auf eine unmögliche Leistung gerichteter Vertrag ist nichtig") nach Celsus D. 50,17,185 (*Impossibilium nulla obligatio est*).

[63] Zum Beispiel „unregelmäßige Verwahrung" (§ 700 BGB) nach *depositum irregulare*, „Besitzkonstitut" (§ 930 BGB) nach *constitutum possessorium*, ferner zur Kennzeichnung *brevi manu traditio* (zu § 929 S. 2 BGB), *lucidum intervallum* (zu § 105 BGB).

[64] Weiteres bei Liebs 2007 (natürlich unter Einbeziehung vieler Rechtsregeln zu früheren Rechtszuständen).

[65] Das ist auch ohne das heute eingefügte *statim* selbstverständlich. – Die römische Regel wird sogar im verbreitetesten Praktikerkommentar noch in ihrer lateinischen Fassung wiedergegeben, Palandt / Heinrichs, [66]2007, § 242 Rz 52 (dort Rz 55 auch das *venire contra factum proprium*).

[66] Hattenhauer 1987, 6. Das Schwergewicht der Studie liegt auf den späteren Entwicklungen.

Terminologie in Begriffe und Wendungen zu übertragen, die den Normadressaten vertraut oder jedenfalls verständlich waren. Hinzu kamen die durch humanistischen Reformgeist, Wissensdrang und Ausbildungsnotwendigkeiten – die Lateinkenntnisse der Scholaren ließen wohl mehr als oft zu wünschen übrig – veranlaßten Übersetzungen, vor allem der Institutionen, beginnend mit Thomas Murners Ausgabe von 1519 (weitere erschienen 1520, 1536 und 1537),[67] aber auch des *Codex Iustinianus*, freilich nur der ersten beiden Bücher, durch Martin Pegius.[68] In diesen frühen Übersetzungen aus dem 16. Jh. findet sich bereits manche Lehnübersetzung, die in unsere Rechtssprache eingegangen ist.[69] Man hatte, um es mit dem Vorspruch Sebastian Brants im *Richterlich Clagspiegel* von 1516 zu sagen,[70] begonnen, „teutsch" zu reden „mit lateinischer Zungen":

„Darumb hab man der wort wol acht

Die auß latein seindt teütsch gemacht".

Quellenverzeichnis

Avenarius, Martin, *Der pseudo-ulpianische liber singularis regularum. Entstehung, Eigenart und Überlieferung einer hochklassischen Juristenschrift*, Göttingen 2005.

Behrends, Okko, „Ius und ius civile. Untersuchungen zur Herkunft des ius-Begriffs im römischen Zivilrecht," in: D. Liebs (Hrsg.), *Sympotica F. Wieacker*, Göttingen 1970, 11–58.

Behrends, Okko / Knütel, Rolf / Kupisch, Berthold / Seiler, Hans Hermann (Hrsg.), *Corpus Iuris Civilis* (CIC), Bd. I (*Institutionen*), Heidelberg ^{2}1997, UTB ^{3}2007, Bd. II (*Digesten 1–10*), *Text und Übersetzung*, Heidelberg 1995, Bd. III (*Digesten 11–20*), *Text und Übersetzung*, Heidelberg 1999, Bd. IV (*Digesten 21–27*), *Text und Übersetzung*, Heidelberg 2005.

Biondi, Biondo, „La terminologia romana come prima dommatica giuridica", in: *Scritti giuridici*, Bd. 1, Mailand 1965, 181–212.

Finkenauer, Thomas, „Stipulation und Geschäftsgrundlage", *Zeitschrift der Savigny-Stiftung für Rechtsgeschichte* (*ZRG RA*) 126 (2009), 305–357.

Fiori, Roberto, *La definizione della locatio conductio: Giurisprudenza romana e tradizione romanistica*, Neapel 1999.

Fleckner, Andreas M., *Antike Kapitalvereinigungen*, Dissertation 2009, Veröffentlichung voraussichtlich 2010.

[67] Näheres dazu sowie zur Rolle der Institutionen im 16. Jh. und zu den weiteren Übersetzungen der Zeit (O. Fuchsberger, zuerst 1536; J. Köbel, 1537; J. Gobler, zuerst 1551) bei B. Kupisch ^{2}1997, I, 289 ff., 292 ff.

[68] Codex Iustiniani: „Das ist Großbuch der Rechtlichen satzungen des hochlöblichsten und weitberhümbtesten Kaysers und Gesetzgebers Iustiniani ...", Ingolstadt 1566.

[69] Etwa bei Pegius zu C. 2,4,11 i.f. zur *restitutio in integrum* die „widereinsatzung in vorigen stand". Murner übersetzt z. B. „väterliche Gewalt" (für *patria potestas*), „annemungen an statt der Kinder" (für *adoptiones*); er kennt „mynderierige" etc.

[70] Mir vorliegend Ausgabe Straßburg 1536. S. auch Hattenhauer 1987, 6. – Der Klagspiegel ist vermutlich das Werk eines Stadtschreibers und um 1400-1425 in Schwäbisch-Hall geschrieben. Nach dem Erscheinen von fünf Ausgaben besorgte S. Brant ab 1516 verschiedene Neuauflagen mit unbedeutenden Korrekturen und Änderungen.

Genzmer, Erich, „Hugo von Trimberg und die Juristen", in: *L'Europa e il diritto romano, Studi in memoria di Paolo Koschaker*, Bd. 1, Mailand 1954, 291–336.

Georges, Karl Ernst / Georges, Heinrich, *Ausführliches lateinisch-deutsches Handwörterbuch*, Bd. II, Darmstadt ^{12}1969.

Grosso, Giuseppe, *Le servitù prediali nel diritto romano*, Turin 1969.

Hattenhauer, Hans, *Zur Geschichte der deutschen Rechts- und Gesetzessprache* (Sitzungsberichte der Joachim Jungius-Gesellschaft der Wissenschaften e.V., Hamburg, Jahrgang 5, Heft 2), Göttingen 1987.

Kaser, Max, „Zur juristischen Terminologie der Römer", in: *Studi in onore di Biondo Biondi*, Bd.1, Mailand 1965, 95–142.

Kaser, Max., *Das römische Privatrecht*, Bd. 1, *Das altrömische, das klassische und vorklassische Recht* (= RP 1^2), München ^{2}1971.

Kaser, Max / Hackl, Karl, *Das römische Zivilprozeßrecht*, München ^{2}1996.

Kaser, Max / Knütel, Rolf, *Römisches Privatrecht*, München ^{19}2008.

Knütel, Rolf, „Verlöbnis einst und heute", in: Mansel, Heinz-Peter et al. (Hrsg.), *Festschrift für Erik Jayme*, Bd. 2, München 2004, 1487–1500.

Knütel, Rolf et al., *Corpus Iuris Civilis, Text und Übersetzung*, Bd. IV (*Digesten* 21–27), Heidelberg 2005.

Kübler, Bernhard, „testamentum", in: *Paulys Realencyclopädie der class. Altertumswissenschaft* (= RE) 5A, ^{5}1934, Sp. 966–1010.

Kupisch, Berthold, „Zur Wirkungsgeschichte der Institutionen", in: Behrends, Okko / Knütel, Rolf / Kupisch, Berthold / Seiler, Hans Hermann (Hrsg.), *Corpus Iuris Civilis*, Bd. I, *Institutionen*, Heidelberg ^{2}1997, 289–298.

Liebs, Detlef (Hrsg.), *Lateinische Rechtsregeln und Rechtssprichwörter*, München ^{7}2007.

von Lübtow, Ulrich, „Betrachtungen zum gajanischen Obligationenschema", in: Moschetti, G. (Hrsg.), *Atti del Congresso internazionale di diritto romano e di storia del diritto Verona 27-28-29-IX-1948*, Bd. 3, Mailand 1951, 239–264.

Manthe, Ulrich, „Stilistische Gemeinsamkeiten in den Fachsprachen der Juristen und Auguren der Römischen Republik", in: Zimmermann, K. (Hrsg.), *Der Stilbegriff in den Altertumswissenschaften*, Rostock 1993, 69–74.

Mayer-Maly, Theo, „familia", in: Knothe, Hans Georg / Kohler, Jürgen (Hrsg.), *Status Familiae. Festschrift Andreas Wacke*, München 2001, 261–265.

Möller, Lenelotte (Übers.), *Die Enzyklopädie des Isidor von Sevilla*, Wiesbaden 2008.

Nelson, Hein L. W. / Manthe, Ulrich, *Gai Institutiones III 88-181, Text und Kommentar*, Berlin 1999.

Nörr, Dieter, „Spruchregel und Generalisierung", *ZRG RA 89* (1972), 18 ff.

Palandt, Otto, Bearbeiter: Heinrichs, Helmut, *Bürgerliches Gesetzbuch*, München ^{66}2007.

Rabel, Ernst, „Nachgeformte Rechtsgeschäfte. Mit Beiträgen zu den Lehren von der Injurezession und vom Pfandrecht", *ZRG RA* 27 (1906), 290–335.

Rabel, Ernst, *Gesammelte Aufsätze*, Bd. IV, Tübingen 1971, 9–104.

Riccobono, Salvatore (Hrsg.), *Fontes Iuris Romani Anteiustiniani* (FIRA), Bd. 1, *Leges*, Florenz ^{2}1968.

Schmidlin, Bruno, *Die römischen Rechtsregeln*, Köln 1970.

Schulz, Fritz, *Geschichte der römischen Rechtswissenschaft*, Weimar 1961.

Seiler, Hans Hermann, „Familia und Familienrecht oder: Familienrecht ohne Familie? Eine rechtshistorische Betrachtung", in: Knothe, Hans Georg / Kohler, Jürgen (Hrsg.), *Status Familiae. Festschrift Andreas Wacke*, München 2001, 437–449.

Wacke Andreas, „Lateinisch und Deutsch als Rechtssprachen in Mitteleuropa", NJW 43 (1990), 877–886.

Walde, Alois / Hofmann, J.B., *Lateinisches etymologisches Wörterbuch*, Heidelberg ^{3}1954.

Wegner, Martin, *Untersuchungen zu den lateinischen Begriffen ‚socius' und ‚societas'*, Göttingen 1969.

Weiss, Egon, *Institutionen des römischen Privatrechts*, Stuttgart ^{2}1949.

Wieacker, Franz, *Römische Rechtsgeschichte*, Bd. 1, München 1988.
Wieling, Hans Josef, *Sachenrecht,* Bd. 1, *Sachen, Besitz und Rechte an beweglichen Sachen*, Berlin ²2006.
Windscheid, Bernhard, (bearb. von) Kipp, Theodor, *Lehrbuch des Pandektenrechts*, Bd. I, Leipzig ⁹1906.
Wolff, Martin / Raiser, Ludwig, *Sachenrecht*, Tübingen ¹⁰1957.

D

Historische Rechtsvergleichung

AUGUSTO TEIXEIRA DE FREITAS E IL *PERICULUM* NELLA COMPRAVENDITA *

ROLF KNÜTEL

SOMMARIO: 1. Introduzione. - I. Il problema. - II. Il contributo di Teixeira de Freitas. Osservazioni generali. — 2. La normativa degli art. 537 e 538 della *Consolidação*. - I. Le basi romanistiche. - II. Le annotazioni critiche di Teixeira de Freitas: *a*) La compravendita condizionata, art. 538; *b*) La compravendita non sottoposta a condizioni, art. 537. — 3. Lo sviluppo delle diverse soluzioni fino all'*Esboço*. - I. Il periodo anteriore all'epoca della Scuola del diritto naturale. - II. Hugo Grotius e Samuel Pufendorf. - III. Le codificazioni del diritto naturale e la loro influenza: *a*) Il principio romano; *b*) Il principio germanico della *traditio*; *c*) La soluzione francese. - IV. La legislazione in America Latina prima dell'*Esboço*. — 4. Gli artt. 903, 2024 dell'*Esboço* e la loro influenza su altri codici. - I. Le principali disposizioni. - II. L'influenza su altri codici: *a*) Codici non influenzati; *b*) Codici influenzati; *c*) Sviluppi generali. — 5. Le argomentazioni. - I. La regola *res perit domino*: *a*) Il richiamo a questa regola; *b*) Critica. - II. La irrilevanza della regola *debitor rei certae eius interitu liberatur*. - III. Considerazioni d'equità: *a*) Il sinallagma funzionale; *b*) La reciprocità delle obbligazioni; *c*) Il possesso della cosa oggetto della compravendita; *d*) Considerazioni di praticabilità. — 6. Altre innovazioni apportate da Teixeira de Freitas. - I. La compravendita condizionata: *a*) Il perimento della cosa; *b*) Il deterioramento della cosa. - II. I miglioramenti. - III. Osservazioni finali.

1. *Introduzione*

I. *Il problema.* — Accade che la cosa venduta perisca o si deteriori dopo la conclusione del contratto, ma prima della consegna al compratore. Si pone allora la questione se il compratore debba, ciò nonostante, pagare (tutto) il prezzo. Questo è il problema del rischio nella compravendita. In materia, si sono sviluppate essenzialmente tre soluzioni [1].

a) Secondo il principio romano (*periculum est emptoris*), il compratore, sebbene non sia ancora proprietario, sopporta il cosiddetto rischio del prezzo; egli deve quindi pagare.

b) Secondo il principio cosiddetto della *traditio*, o germanico, invece, il compratore sopporta il rischio solo a partire dal momento della consegna (che non deve necessariamente renderlo proprietario); se l'oggetto perisce prima, il suo dovere di pagamento viene meno.

* S. Schipani (Hrsg.), Augusto Teixeira de Freitas e il diritto latinoamericano, Cedam, Padua 1988, 489 – 506.

[1] Non sono prese qui in considerazione altre soluzioni pensabili che però non hanno trovato riconoscimento alcuno. Ad esempio, durante l'*usus modernus pandectarum* più volte è stata ritenuta giusta ed equa la ripartizione dei danni (S. Stryk, J. Brunnemann), v. von KREITTMAYR, *Anmerkungen über den Codicem Maximilianeum Bavaricum Civilem*, IV, München, 1765, 1455.

c) La terza soluzione vuole eliminare, praticamente dall'inizio, il presupposto della problematica, sostenendo che il compratore diventa proprietario già con la conclusione della compravendita. Questa è la soluzione del *Code civil* francese.

II. *Il contributo di Teixeira de Freitas. Osservazioni generali.* — Questo complesso di questioni rappresenta uno dei più famosi problemi del diritto delle obbligazioni. Esso ha affascinato i più grandi giuristi dell'età moderna e non fa meraviglia che anche un giurista così illustre come Augusto Teixeira de Freitas, vi abbia dedicato particolare attenzione. E, come suo costume, egli ha dato anche in questo campo un contributo molto originale. Egli ha abbandonato il principio romano, che ai suoi tempi vigeva in tutta l'area di diritto (*Rechtskreis*) ibero-americano, e si è deciso a favore del principio germanico.

Nelle pagine seguenti verranno approfondite queste vicende. Lasciatemi prima dire che non è un caso che proprio un ammiratore tedesco del grande giurista brasiliano rivolga il suo sguardo su questo complesso di questioni: il cosiddetto principio germanico trae origine infatti dall'area di diritto tedesco, e Teixeira de Freitas, come del resto anche Clóvis Beviláqua, conosceva molto bene la scienza tedesca contemporanea del diritto. Ciò emerge con chiarezza, per esempio, già da un rapido sguardo alle numerose citazioni di autori tedeschi, o anche dal fatto che il codice civile brasiliano, al contrario della maggior parte delle altre codificazioni, dispone di una « Parte Generale » proprio come il codice civile tedesco. Non senza ragione Teixeira de Freitas è stato chiamato il « Savigny americano »[2].

2. *La normativa degli art. 537 e 538 della Consolidação*

I. *Le basi romanistiche.* — L'art. 537 della *Consolidação* recita:

« *Tanto que a venda é perfeita toda a perda, que sobrevem à cousa vendida, ainda mesmo antes da entrega, é por conta do comprador* ».

Teixeira de Freitas doveva porre a base della *Consolidação* il diritto allora in vigore, che era costituito dalle regie *Ordenações Filipinas*[3], che rimasero valide fino all'entrata in vigore del codice civile brasiliano l'1/1/1917. Le *Ordenações* e la *Consolidação* seguono, riguardo al nostro problema, il principio del diritto romano; sono cioè in rapporto straordinariamente stretto col diritto romano. Ciò diventa evidente, se si considera il più

[2] H. VALLADÃO, *Der Einfluss des deutschen Rechts auf das brasilianische Zivilgesetzbuch (1857-1922)*, Rio de Janeiro, 1973, 4. Per esempio, Vélez Sársfield ha fatto il confronto tra Savigny e Freitas, cfr. RODRIGO OCTAVIO, *La codification du droit au Brésil*, Paris, 1932, 27.

[3] *Ord.*, L. 4° T. 8° pr., nello stesso recita l'art. 206 *Cod. do Comércio* (1850).

importante dei relativi frammenti del Digesto: Paul. *D.* 18, 6, 8 pr.[4]. In esso, è formulata la regola *perfecta emptione periculum ad emptorem respicit* e viene discusso il problema di quando la *emptio* sia *perfecta*, soprattutto con riferimento alla compravendita condizionata. A tale proposito il giurista Paolo, al termine del frammento, giunge alla distinzione secondo la quale, pendente la condizione (sospensiva), il perimento della cosa va a carico del venditore, mentre un semplice deterioramento invece, va a danno del compratore. In totale conformità con ciò, nelle *Ordenações*, e nella *Consolidação* che le segue, viene espressa[5] dapprima la norma generale dell'assunzione del rischio (con il criterio del perfezionamento del contratto) e poi viene compiuta la menzionata distinzione relativa alla compravendita condizionata[6].

II. *Le annotazioni critiche di Teixeira de Freitas: a) La compravendita condizionata, art. 538.* — È da sottolineare che Teixeira de Freitas nella nota all'art. 538 fa riferimento al frammento *D.* 18, 6, 8 pr. ed evidenzia che la distinzione tra perimetro e deterioramento dell'oggetto appare contraddittoria. Egli ritiene che la distinzione, si giustifichi con il principio della retroattività della condizione, in base al quale il contratto sarebbe da considerarsi convenuto senza condizioni il giorno della conclusione di esso. Ma se la retroattività della condizione fosse il punto di vista decisivo, allora il compratore dovrebbe, se si verifica la condizione, sostenere il rischio retroattivamente anche in caso di totale perdita della cosa. È possibile che Freitas abbia supposto che la retroattività sia possibile solo se l'oggetto del contratto è ancora disponibile al momento del verificarsi della condizione, perché un contratto valido, oltre all'accordo e alla causa, presuppone sempre l'esistenza di un oggetto del contratto[7]. Questa però sarebbe di certo una

[4] D. 18, 6, 8 pr. Paul 33 ed: *Necessario sciendum est, quando perfecta sit emptio: tunc enim sciemus, cuius periculum sit: nam perfecta emptione periculum ad emptorem respiciet, et si id quod venierit appareat quid quale quantum sit, sit et pretium, et pure venit, perfecta est emptio: quod si sub condicione res venierit, si quidem defecerit condicio, nulla est emptio, sicuti nec stipulatio: quod si exstiterit, Proculus et Octavenus emptoris esse periculum aiunt: idem Pomponius libro nono probat. quod si pendente condicione emptor vel venditor decesserit, constat, si exstiterit condicio, heredes quoque obligatos esse quasi iam contracta emptione in praeteritum. quod si pendente condicione res tradita sit, emptor non poterit eam usucapere pro emptore. et quod pretii solutum est repetetur et fructus medii temporis venditoris sunt (sicuti stipulationes et legata condicionalia peremuntur), si pendente condicione res existincta fuerit: sane si exstet res, licet deterior effecta, potest dici esse damnum emptoris.* Oggi è certo che questo testo non si deve ad interpolazione giustinianea, ma che riproduce, in tutte le sue parti essenziali, il diritto classico, vedi M. Kaser, *Das römische Privatrecht*², I, München, 1971, 552 s.; W. Ernst, *Periculum est emptoris*, in *ZSS* 99, 1982, 221 ss., 225 ss. L'influenza nella storia del diritto privato è comunque indipendente dal problema della genuinità.

[5] *Ord.* L. 4° T. 8° pr. *Consolidação* art. 537.

[6] *Ord.* L. 4° T. 8° § 1° e 2° rispettivamente art. 538 § 1° e § 2°.

[7] Questa idea sta per esempio alla base dell'art. 1182 co. 2 del *Code civil*; dell'art. 1820 del Codice civile cileno e dell'art. 1465 co. 4 del Codice civile italiano.

forzatura poco coerente del concetto di retroattività, che presumibilmente deriva dalla premura di salvaguardare il risultato delle fonti romane. Che questa distinzione non sia parsa convincente a Freitas, viene comunque confermato dal fatto che egli l'ha respinta nell'*Esboço* (art. 903, 911). Alla base delle fonti romane, e quindi anche del frammento *D.* 18, 6, 8 pr., sta tuttavia un'altra immagine del negozio giuridico condizionato. Secondo tale immagine, la condizione riguarda l'atto legale stesso e non gli effetti giuridici [8], come siamo abituati a pensare oggi. I Romani ritengono quindi che la compravendita, prima del verificarsi della condizione, non sia ancora conclusa. Per questo motivo il perimento dell'oggetto può anche andare solo a carico del proprietario (che non è ancora « venditore »), e senza un oggetto esistente non può realizzarsi neanche più tardi una compravendita. Per questo motivo il perimento della cosa « *pendente condicione* », viene risolta secondo la regola del rischio della cosa (*res perit domino*), non secondo la regola del rischio del prezzo (*periculum est emptoris*) [9].

Diversamente ci si comporta per il semplice deterioramento della cosa. Qui la cosa comprata rimane disponibile [10], e, col verificarsi della condizione, può perciò realizzarsi su di essa la compravendita. E il compratore, poiché ha comprato proprio questa cosa specifica, deve prenderla anche se essa nel frattempo si è deteriorata [11]. Egli potrebbe avere delle pretese contro il venditore a causa del deterioramento solo se sussistesse un particolare motivo di imputazione. Ciò esigerebbe evidentemente la *culpa* del venditore [12] e quindi porterebbe fuori della problematica della assunzione del rischio, che presuppone proprio che non ci sia *culpa.*

Si vede, senza bisogno di ulteriori approfondimenti, che la normativa romana in proposito è coerente, ma si basa su un particolare concetto del negozio condizionato. Ad un osservatore dell'età moderna, per il quale questo concetto non è più presente, tale normativa deve invece apparire contraddittoria. Teixeira de Freitas ha evidenziato energicamente tale contradditorietá.

Anche se egli ha ancora tentato di superarla nella *Consolidação*, si può però presumere che la sentisse come « un punto debole » nella teoria romana del rischio.

b) *La compravendita non sottoposta a condizioni, art. 537.* — La posizione di Teixeira de Freitas al riguardo è molto più facile da presumere in quanto egli presenta in un altro punto una critica molto più chiara alla relativa massima romana. Nella sua annotazione all'art. 537, mette in risalto

8 Lo ha dimostrato FLUME, *Der bedingte Rechtsakt nach den Vorstellungen der römischen Klassiker*, in *ZSS*, 92, 1975, 69 ss. È merito di Ernst averlo riferito anche al regime della vendita condizionata.

9 ERNST, *op. cit.*, 221 ss., 225 ss.

10 *Sane si existet res*, D. 18, 6, 8 pr. i.f.

11 ERNST, *op. cit.*, 223 s.

12 Per la responsabilità per colpa del venditore v. Serv.-Alf. *D.* 18.6.12 e KNÜTEL, « *Die Haftung für Hilfspersonen im römischen Recht* », in *ZSS*, 100, 1983, 348 ss. Qui si lascia da parte il problema della responsabilità per custodia.

che questa massima è in contraddizione con la regola *res suo domino perit*, in quanto (secondo il diritto brasiliano) la proprietà passa all'altra parte solo con la *traditio* [13].

Possiamo con ciò stabilire un risultato intermedio: già nella *Consolidação*, Freitas fa delle riserve nei confronti della disciplina normativa romana del rischio, vigente nella compravendita. Si dimostrerà che queste riserve lo hanno condotto ad abbandonare questa massima nell'*Esboço* in favore del principio germanico. Per poter giudicare l'autonomia del giurista in questo cambiamento, è necessario un breve sguardo sul 'panorama circostante', cioè sullo sviluppo e sullo stato del nostro problema all'epoca in cui Teixeira creò il suo *Esboço*.

3. *Lo sviluppo delle diverse soluzioni fino all'*Esboço

I. *Il periodo anteriore all'epoca della Scuola del diritto naturale.* — Nella storia del nostro problema, l'epoca della Scuola del diritto naturale è di importanza decisiva. Sino alla comparsa del diritto naturale, il principio del diritto romano (*periculum est emptoris*) era dominante nelle più importanti aree giuridiche (*Rechtskreise*).

Delle *Ordenações Filipinas* si è già parlato sopra [14]. In Spagna, tanto nel *Fuero Real* [15] quanto nelle famose *Leyes de Partidas* [16], si sosteneva l'immediato trasferimento del rischio al compratore. Lo stesso criterio era in vigore nell'*ancien droit* francese [17] ed era quasi prevalente nell'area di diritto tedesco. In quest'ultima c'erano poi, in verità, una serie di diritti particolari che erano sorti nelle terre tedesche prima della recezione del diritto romano e che seguivano la regola che il rischio passava al compratore solo con la consegna dell'oggetto comprato [18].

II. *Hugo Grotius e Samuel Pufendorf.* — Con l'avvento delle concezioni del diritto naturale, le cose tuttavia si misero in movimento. Hugo Grotius, il fondatore della Scuola del diritto naturale, riteneva più semplice trasmettere la proprietà al compratore giá con la conclusione della compravendita. Per il caso che direttamente ci interessa, quando cioè la compravendita non viene adempiuta immediatamente, Grotius pensava che il venditore dovesse sostenere il rischio fino al passaggio della proprietà [19].

[13] V. *Consolidação* art. 537 n. 30 con art. 534 n. 27 (art. 908 :*Traditionibus dominia rerum non nudis pactis transferuntur*).

[14] Vedi sopra, *Ordenações Filipinas* del 1603. Per quanto riguarda le loro basi romanistiche, v. S. A. B. MEIRA, *Sobrevivência do direito romano no Brasil*, in *Études Macqueron*, Aix-en-Provence, 1970, 487 ss.

[15] Ley 17 tít. 10 lib. 3 (del 1255).

[16] Ley 23 tít. 5 part. 5 (circa del 1260).

[17] R. J. POTHIER, *Oeuvres* (ed. Dupin), II, Paris, 1823, 139 ss. (n. 308 ss.).

[18] Così negli statuti di Lubecca, Vienna, Praga, Riga, cfr. KÜBEL (*infra*, nt. 50). 1039 s.

[19] *De iure belli ac pacis libri III* (ed. Amsterdam, 1712), II, 12. 15, 1 (*Quod si*

Anche Samuel Pufendorf [20] criticò, e dettagliatamente, il principio romano dell'assunzione del rischio: esso sarebbe in contrasto con la regola *res perit domino.* E neanche si capirebbe la *ratio* per cui il rischio debba essere sostenuto dal compratore, che dal canto suo potrebbe aver già adempiuto, invece che dal venditore, che ancora non abbia adempiuto. Pufendorf approva in sostanza il principio germanico; approda però nel dettaglio a soluzioni differenziate. Soprattutto fa sostenere il rischio a quella parte contrattuale, cui sono riconducibili i motivi che non hanno permesso l'adempimento tempestivo della compravendita [21].

III. *Le codificazioni del diritto naturale e la loro influenza.* — Nell'epoca delle codificazioni del diritto naturale troviamo tutte e tre le soluzioni precedentemente citate.

a) Il principio romano. — Al principio romano si attiene ancora il più antico di questi codici, il *Codex Maximilianeus Bavaricus civilis* del 1765 (IV, 3, 11). Ciò non sorprende poiché questa legge rimane legata al diritto comune romano più di tutte le altre codificazioni del diritto naturale [22]. Nel XIX secolo anche il codice civile dei Paesi Bassi del 1838 segue negli articoli 1496, 1273 la regola romana dell'assunzione del rischio.

b) Il principio germanico della traditio. — Alla rottura con l'assetto normativo in vigore sino a quel momento si perviene nell'*Allgemeines Landrecht für die Preußischen Staaten* (*ALR*) del 1794: secondo i §§ 94, 95, 100 I 11; §§ 364, 365 I 5, il rischio passa al compratore solo con la consegna (che gli procura la proprietà) [23]. Il principale redattore della legge, Carl Gottlieb Suarez [24], adduceva a favore di questa tesi tre ragioni principali: in primo luogo l'immediato passaggio di rischio del diritto romano contraddirebbe la regola *casum sentit dominus*; in secondo luogo sarebbe

actum sit, ne statim dominium transeat, obligabitur venditor ad dandum dominium, atque interim res erit commodo et periculo venditoris). Per il principio germanico Grozio rimanda ad una osservazione di Teofrasto (citato da Stobeo), il quale riferisce che nella maggior parte degli antichi diritti greci, il venditore, fino alla consegna, doveva assumersi il rischio. Secondo Grozio, si tratta semplicemente di una norma del diritto positivo, quando viene addossato il rischio della cosa al compratore, già prima dell'acquisto della proprietà.

20 *De iure naturae et gentium libri VIII* (ed. Frankfurt/Leipzig, 1759), V, 5, 3.

21 Cfr. A. WATSON, *Legal Transplants*, Edinburg, 1974, 83 s., e G. HÄGER, *Die Gefahrtragung beim Kauf*, Frankfurt/M., 1982, 40.

22 Cfr. O. STOBBE, *Geschichte der deutschen Rechtsquellen*, II, Braunschweig, 1864 (rist. Aalen 1965), 444 s. Il legislatore, W. A. von Kreittmayr accetta la regola dell'assunzione del rischio come deroga del principio *res perit suo domino*, cfr. oltre al § 11 citato, KREITTMAYR, *op. cit.*, 1455.

23 Limiti nella vendita *per aversionem*, §§ 117, 120, I 11 *ALR*. Riguardo al *ALR* sbaglia WATSON, *op. cit.*, 83.

24 Con tutta probabilità egli (nonostante il nome) non è di origine spagnola; si deve piuttosto pensare ad una latinizzazione del cognome tedesco « Schwarz », cfr. A. STÖTZEL, *Carl Gottlieb Suarez*, Berlin, 1855, 7 ss.

incompatibile con la natura del contratto sinallagmatico; in terzo luogo infine sarebbe iniquo gravare del rischio il compratore che in mancanza del possesso non può ancora prendere alcun provvedimento per proteggere l'oggetto [25].

Anche l'*Allgemeines Bürgerliches Gesetzbuch* austriaco del 1811 (*ABGB*) seguiva questa soluzione, §§ 1064, 1048, 1049 [26]. A favore di essa venivano prese in considerazione, oltre al principio *res perit domino*, riflessioni di ordine pratico e in particolare le difficoltà di prova per il compratore: la rovina dell'oggetto prima della consegna infatti è spesso dovuta a colpe del venditore, ma ciò solo difficilmente può essere provato dal compratore. A ciò si aggiungeva la considerazione, 'educativa', di stimolare, tramite la sopportazione del rischio, il venditore ad una custodia particolarmente accurata sino alla consegna [27].

c) *La soluzione francese.* — Una terza strada prese la più influente delle codificazioni del diritto naturale, il *Code civil* del 1804. Secondo le sue norme, già con la conclusione del contratto di vendita la proprietà passa al compratore e con essa anche il rischio (art. 1624, 1138, 1583, 711). Esso non è più però il rischio del prezzo, ma il *periculum rei*; i redattori francesi della legge hanno voluto esplicitamente dare validità al principio *res perit domino* anche in questo ambito [28].

Nel risultato, questa soluzione coincide con la ripartizione romana del rischio: in entrambi i casi dal momento della conclusione del contratto, il compratore sopporta lo svantaggio di un fortuito perimento della cosa. Ciò nonostante le due soluzioni si basano su principi differenti e sono da tenere distinte: se per esempio il trasferimento della proprietà viene rinviato dalle parti, secondo il diritto romano è naturalmente il compratore ad assumere il rischio, secondo quello francese invece esso rimane al venditore in quanto proprietario [29]. Da ciò emerge chiarament che il *Code civil* ha attuato i concetti fondamentali di Hugo Grotius [30].

La soluzione del *Code civil* venne fatta propria tra l'altro, dai codici delle Due Sicilie (art. 1092, 602), della Sardegna (art. 1229, 680), del Vallese (art. 839, 501) e anche della Louisiana [31]. Fra l'altro anche in Inghil-

[25] C. G. SUAREZ, *Amtliche Vorträge bei der Schluß-Revision des Allgemeinen Landrechts*, in *Jahrbücher für die preußische Gesetzgebung, Rechtswissenschaft und Verwaltung*, 41, 1833, 16 s., cfr. anche C. F. KOCH, *Das Recht der Forderungen nach Gemeinem und Preußischem Recht*², I, Berlin, 1858, 216 ss.

[26] Così pure il *Civil-Gesetzbuch für die Stadt und Republik Bern* del 1824-1831 (art. 808) (fortemente influenzato dall'*ABGB*) che è stato preso come modello per altri cantoni.

[27] F. von ZEILLER, *Commentar über das allgemeine bürgerliche Gesetzbuch*, Wien/Trieste, 1812, III/1, 343 s.

[28] P. A. FENET, *Recueil complet des travaux préparatoires du Code civil*, 1827, rist., Osnabrück, 1968, 13, 230, 320; PLANIOL-RIPERT-ESMEIN, *Traité pratique de droit civil français*², VI/1, Paris, 1952, 564 (n. 414).

[29] PLANIOL-RIPERT-ESMEIN, *op. cit.*, 565.

[30] V. *supra*, 3, II.

[31] Art. 1898 c. 2, 1919, 2252, 870, 1909, 2465 (secondo la numerazione odierna).

terra si è approdati ad una soluzione che nel risultato coincide con essa [32].

IV. *La legislazione in America Latina prima dell'*Esboço. — Di questi tre modelli di soluzione del nostro problema, solo il primo e l'ultimo avevano trovato un seguito in America Latina fino alla comparsa dell'*Esboço*. Andrés Bello mise a base del *Código civil* cileno del 1857 il principio del diritto romano (art. 1820), e questa soluzione fu assunta — come del resto tutta la codificazione cilena quasi *in complexu* — immediatamente in Ecuador (art. 1726 *Cód. civ.* del 1860) e in El Salvador (art. 1624 della vecchia redazione, *Cód. civ.* del 1860).

La soluzione del *Code civil* era stata accolta invece nell'antico codice civile boliviano del 1830 (art. 729), che notoriamente si basava in maniera straordinariamente stretta sul codice francese. Lo stesso vale per il primo codice civile peruviano del 1852 (art. 1300, 1315, 1316)

4. *Gli artt. 903, 2024 dell'*Esboço *e la loro influenza su altri codici*

I. *Le principali disposizioni.* — Nel suo *Esboço*, Teixeira de Freitas si allontanò dall'assetto normativo in vigore sino ad allora e optò per il principio germanico, « *adoptando la buena legislación de los Códigos Prusiano y Austriaco* », come dice nella motivazione all'art. 903. Freitas fa assumere il rischio del perimento della cosa al venditore sino alla consegna (che procura la proprietà) (art. 903 n. 1), e addossa pure al venditore fino a quel momento il rischio di deterioramento (art. 903 n. 3) [33].

Di conseguenza poi, attribuisce al venditore anche i miglioramenti interinali dell'oggetto e i frutti da questi ricavati (art. 903 n. 5 e 6). Il citato art. 903 contiene le norme fondamentali per le obbligazioni di d a r e, cioè che hanno come oggetto la costituzione o il trasferimento di diritti reali su cose specifiche. Ad esse fa rinvio poi Freitas, per le obbligazioni su oggetti indeterminati e non fungibili (art. 912 n. 3), per l'obbligazione generica (art. 924) e per l'obbligazione alternativa (art. 957 n. 6), una volta che in questa sia stata individuata la cosa oggetto della prestazione. E finalmente egli pone espressamente in rilievo questa partizione del rischio per la compravendita nell'art. 2024 [34]. Prima di valutare l'essenziale di questa normativa, gettiamo uno sguardo sugli effetti che essa ha prodotto nell'ambito latinoamericano.

II. *L'influenza su altri codici: a) Codici non influenzati.* — Come è da aspettarsi, gli effetti di queste nuove soluzioni per l'ambito latinoameri-

[32] *Sale of Goods Act 1979* c. 54 (corrispondente al *Sale of Goods Act 1893*), cfr. HAGER, *op. cit.*, 59 s.

[33] Altrettanto nella vendita condizionata se la condizione interviene, art. 911.

[34] Art. 2024: « *Mientras el vendedor no hiciere tradición de la cosa vendida, corren de su cuenta todos los riesgos de la misma como sus frutos ó accesiones, siempre que non haya habido convención expresa en contrario, ó que el comprador no quede constituído en mora al efecto de recibirla* ».

cano si manifestano solo gradatamente. La maggior parte dei codici civili sudamericani ripresero la soluzione del diritto romano, probabilmente a causa della influenza del *Código civil* di Andrés Bello [35]. Un secondo gruppo seguì il modello francese [36].

b) *Codici influenzati.* — La normativa prevista da Teixeira de Freitas nell'*Esboço* fu invece ripresa essenzialmente in Argentina [37], in Paraguay [38] e in Brasile [39]. In El Salvador, il *Código civil* del 1860, orientato sul modello cileno, conteneva dapprima la soluzione del diritto romano. Poi la legge fu cambiata nel 1902 e la ripartizione del rischio fu regolata nel senso definito da Teixeira de Freitas [40]. Anche il codice civile guatemalteco del 1964 per quanto concerne il rischio, si è deciso in questo senso [41].

Una posizione intermedia degna di nota prende infine il codice civile dell'Uruguay (del 1869): per la compravendita esso definisce la ripartizione del rischio secondo il principio del diritto romano [42], per la permuta invece, in forza della specifica prescrizione dell'art. 1774, fa passare il rischio solo con la consegna. La differenza non si basa su oggettivi motivi giuridici, ma su una svista: Acevedo, il « Teixeira de Freitas uruguaiano », aveva optato, nel suo progetto preliminare, per il modello di Freitas, cioè per il principio della *traditio.* I redattori dell'edizione definitiva del codice optarono invece per la soluzione del diritto romano. Essi però trascurarono di cambiare il progetto di Acevedo anche in materia di permuta [43].

c) *Sviluppi generali.* — Se cerchiamo di cogliere in sintesi i più recenti sviluppi delle soluzioni del nostro problema, notiamo che la soluzione del diritto romano pare aver perso terreno. I codici entrati in vigore dalla metà del nostro secolo non lo hanno ripreso [44] e, laddove esso è ancora in vigore,

35 In questo senso (oltre all'art. 1820 del c.c. cileno) i codici di Colombia (1887; art. 1876; Cuba (1890; art. 1452); Puerto Rico (1902, 1911, 1930; 31 *LPRA* § 3191); Honduras (1906; art. 1353); Perù (1936; art. 1318); Venezuela (1912; art. 1344). Per l'Ecuador e El Salvador, v. *supra,* § IV.

36 Costa Rica (1888; art. 699, 833); Nicaragua (1904; art. 2495, 2579); Bolivia (1976; art. 579).

37 Art. 578, 580, 582 cc. 1869/71.

38 Art. 578, 580, 582 cc. 1877.

39 Art. 865, 866, 868, 1127 cc. 1916. Questa soluzione è stata adottata pure da J. Felício dos Santos, *Projecto do Código civil brasileiro* (ed. Rio de Janeiro 1950) art. 547, 2025, 2028, da A. Coelho Rodriguez, *Projeto do Código civil brasileiro* (ed. Brasília, DF, 1980) art. 469, 593 e da C. Beviláqua art. 1010-1014 (*Código civil brasileiro, trabalhos relativos à sua elaboração*, I, Rio de Janeiro, 1917, 216).

40 Art. 1624 della nuova redazione.

41 Art. 1813.

42 Art. 1335, 1557 cc.

43 J. Peirano Facio, *Derecho civil, Curso de contratos* II, Montevideo, 1961, 107.

44 Per la prima metà di questo secolo v. *supra* nt. 35. Merita un rilievo particolare anche il diritto svizzero delle obbligazioni (Obligationenrecht) del 1911 (art. 185), in cui la normativa adottata è un compromesso tra la soluzione francese ed il principio germanico (seguito per il passaggio di proprietà), cfr. Hager, *op. cit.*, 56.

viene ampiamente criticato [45], soprattutto perché contraddice la regola *res perit domino* [46].

I sostenitori della soluzione francese sono aumentati. Il codice civile italiano del 1942 [47] la segue per contratti « con effetti traslativi o costitutivi » ed a questo si è riallacciato il codice civile boliviano del 1976 [48]. Il codice civile portoghese del 1966 ha ridotto l'ambito di applicazione del principio francese, che era in vigore in Portogallo sino ad allora, ed ha stabilito che il venditore assume il rischio, se la consegna viene rimandata nel suo interesse [49].

Ancora maggior seguito ha trovato il principio germanico, specialmente nell'ambito dell'unificazione internazionale del diritto. Il codice civile tedesco del 1896/1900 (*BGB*) lo ha accolto [50]; le leggi scandinave della compravendita lo seguono [51], e ugualmente l'*Uniform Commercial Code* nordamericano (1962) [52]. Con modifiche, questo principio è confluito nella « Legge uniforme sulla vendita internazionale di cose mobili » (dell'Aia) [53], che dal 1964 è stata ratificata negli Stati dell'Europa occidentale e ultimamente nel diritto delle Nazioni Unite sulla vendita internazionale, del 1980 (*CVIM*) [54]. Tra gli Stati latinoamericani, il Cile per primo ha ratificato questo accordo [55]. Con ciò il principio germanico ha preso piede anche nel Paese latinoamericano dal quale era partita la più forte tendenza all'accoglimento della regola del diritto romano sull'assunzione del rischio.

La situazione è quindi mutata e possiamo osservare che il principio germanico al giorno d'oggi guadagna gradatamente la supremazia. Teixeira de Freitas, per il fatto di aver introdotto per primo questo principio nella sfera del diritto latinoamericano, si è posto a capo dello sviluppo successivo del diritto.

[45] V., per es., A. VALENCIA ZEA, *Derecho civil IV, De los contratos*³, Bogotà, 1970, 9; MANRESA Y NAVARRO - J. M. BLOCH, *Comentarios al código civil espanol*, X, I⁶, Madrid, 1969, 148; CASTAN TOBEÑAS, *Derecho civil espanol*, IV⁹, Madrid, 1961, 100.

[46] A. VALENCIA ZEA, *op. cit.*; F. FUEYO LANERI, *Derecho civil*, IV, 2, Santiago, 1958, n. 636.

[47] Art. 1465; altrettanto sul cc. italiano del 1865 art. 1480, 1125.

[48] Art. 579.

[49] Art. 296 n. 1, 2 nella redazione del 1966.

[50] §§ 323, 446 *BGB*. Una motivazione molto attenta della decisione a favore di questo principio è contenuta nel cosiddetto « Progetto preliminare » (« *Vorlagen der Redaktoren für die 1. Kommission zur Ausarbeitung des Entwurfs eines BGB* ») *Schuldrecht*, 3, Berlin-New York, 1980 (del 1876) (ed. W. SCHUBERT), 1037-1083 (redattore VON KÜBEL).

[51] Legge svedese sulla compravendita del 1905, legge danese del 1906, legge norvegese del 1907, ogni volta art. 17, inoltre T. ALMÉN, *Das skandinavische Kaufrecht*, I, Heidelberg, 1922, 196 ss.

[52] Cfr. § 2 - 509, 2 - 510 *UCC* (che è in vigore in tutti gli stati nordamericani eccezione fatta per la Louisiana), cfr. HAGER, *op. cit.*, 61 s.

[53] Art. 97 co. 1 (se ci sia stata la prestazione).

[54] *Convención de las Naciones Unidas sobre los contratos de compraventa internaciónal, de mercaderías* (Viena, 1980), art. 69 co. 1 (« *el riesgo se transmitirá al comprador cuando éste se haga cargo de las mercaderías* ») insieme con gli art. 66 ss.

[55] Cfr. P. SCHLECHTRIEM, *Einheitliches UN-Kaufrecht*, Tübingen, 1981, 4.

5. *Le argomentazioni*

I. *La regola* res perit domino: *a*) *Il richiamo a questa regola.* — A fondamento della sua decisione in favore del principio della *traditio*, Teixeira de Freitas si è richiamato in primo luogo alla regola *res perit domino*[56]. Come abbiamo visto, anche Pufendorf ha addotto tale motivo che è stato decisivo per i redattori del *Code civil*, e Suarez e Zeiller hanno perciò introdotto il principio germanico rispettivamente nel *ALR* prussiano e nel *ABGB* austriaco[57]. Dopo Freitas la regola è stata invocata anche da Vélez Sarsfield[58] e da Clóvis Beviláqua[59] come motivo decisivo per accettare la ripartizione del rischio proposta da Freitas. Anche l'odierna critica al sistema del diritto romano in Cile si fonda ancora su questa regola[60].

b) *Critica.* — Questa giustificazione del principio della *traditio* non è però così convincente come potrebbe apparire a prima vista. È chiaro che essa non va considerata decisiva ai fini del nostro problema in tutti quegli ordinamenti in cui la *traditio* porta al trasferimento del rischio ma non necessariamente contemporaneamente all'acquisto di proprietá[61]. Merita attenzione il fatto che il diritto romano non conosce il principio *res perit domino* nel diritto relativo alla compravendita, come risulta chiaramente dalla regola *periculum est emptoris.* Soltanto in una costituzione di Diocleziano (*C.* 4, 24, 9 all'inizio) si fa cenno al principio *res perit domino*[62], e segnatamente a proposito del pegno, dunque non in relazione ad un contratto sinallagmatico rivolto al trasferimento della proprietà.

Con ciò si è menzionato il punto di vista decisivo e già messo in rilievo da Pothier[63]: la regola *res perit domino* riguarda casi nei quali la proprietà è stata trasferita all'altra parte contraente solo per un possesso provvisorio (in uso, per garanzia ecc.), ma non i casi in cui — come nella compravendita — la proprietà è inclusa come la principale prestazione di una parte

[56] *Esboço*, Osservazioni all'art. 903 n. 1 (anche *res suo domino perit; casum sentit dominus*). Nella nota all'art. 924, Freitas fa rilevare che questa regola vale anche per le « *obligaciones de dar cantidades* », se la quantità è stata sì individuata, ma non ancora consegnata.

[57] V. *supra* alle nt. 20, 28, 24, 26.

[58] Nota all'art. 578 del c.c. argentino.

[59] *Observação* 1 all'art. 865 del c.c. brasiliano, *Código civil comentado*, IV^{4}, Rio de Janeiro, 1934, 11.

[60] V. *supra* alla nt. 46. Cfr. anche lo *Estudio preliminar* (26) del *Código civil* di El Salvador.

[61] Sul rifiuto della regola dell'assunzione del rischio nella fase di redazione del *BGB*, v. VON KÜBEL, *op. cit.* (*supra* n. 50) 21; per il *UCC* v. HAGER, *op. cit.*, 61 s. Anche la normativa del c.c. guatemalteco (1964) si basa su aspetti diversi, *Motivos*, (ed. 1975) n. 9, p. 110 ss. V. anche E. RABEL, *Das Recht des Warenkaufs*, II, Berlin-Tübingen, 1958, 293 ss., 309 ss.

[62] Cfr. D. LIEBS, *Lateinische Rechtsregeln und Rechtssprichwörter*, München, 1982, 190 (R 49).

[63] *Op. cit.* (*supra* n. 17) 140 (n. 308). Cfr. anche KOCH, *op. cit.* (*supra* n. 25) 199 ss., 202 ss., 217 s.

nel sinallagmatico rapporto contrattuale [64]. Nella compravendita la regola dell'assunzione del rischio potrebbe essere « legata » alla proprietà, solo ove su entrambi i complessi — acquisto della proprietà e sopportazione del rischio — si potesse decidere secondo gli stessi criteri di valutazione. Ma non è questo il caso.

Il problema dell'acquisto della proprietá concerne i rapporti nei confronti di terzi estranei, mentre la sopportazione del rischio concerne la regolamentazione del rapporto sinallagmatico tra le parti contraenti. La differenza potrebbe venire chiarita considerando che non ci sarebbe nessuna contraddizione logica, se i frutti di una cosa, nei confronti dell'esterno, venissero attribuiti all'alienante — questi ne diventasse dunque proprietario —, mentre egli nel contempo restasse obbligato a trasferirli all'acquirente. Del resto anche Teixeira de Freitas si è espressamente pronunciato contro il principio francese di equiparare obbligazioni nascenti dal contratto ed effetti reali [65]. L'opinione secondo cui esisterebbe uno stretto collegamento tra trasferimento del rischio e problema della proprietà non si può neanche motivare rilevando che già con il passaggio di proprietà il venditore avrebbe adempiuto al suo dovere contrattuale essenziale, meritandosi così il prezzo [66]. Infatti — come, per esempio, è messo in evidenza nelle motivazioni relative al codice civile guatemalteco [67] — per il compratore decisiva in primo piano non è la formale proprietà, ma la possibilità di utilizzazione della *res*, legata al possesso. Ciò viene confermato dalla frequenza con cui nella pratica ci si avvale del riservato dominio, nei paesi in cui questo è permesso [68]. Del resto, anche le regole della garanzia per evizione si fondano su questa ipotesi [69].

Ciò premesso, appare certo che la frase *res perit domino* non può costituire un fondamento per la sopportazione del rischio in quei contratti in cui la proprietà è oggetto di prestazione nell'ambito di un sinallagma [70].

II. *La irrilevanza della regola* debitor rei certae eius interitu liberatur. — Teixeira de Freitas ha inoltre ritenuto, a difesa del principio della *traditio*, che a questo non osti la regola secondo la quale il debitore di una

[64] Cfr. HAGER, *op. cit.*, 43, 67.

[65] *Esboço*, art. 903 n. 1 in nota, come pure in modo esauriente nella introduzione alla *Consolidação*, CLXXII ss.

[66] All'incirca così J. DEPREZ in *Jurisclasseur, Droit civil, art. 1136-1145, fasc. I*, n. 28; in senso opposto: MAZEAUD - M. DE JUGLART, *Leçons de Droit civil*, II, 1[5], Paris, 1973, n. 1118 come pure HAGER, *op. cit.*, 68.

[67] *Motivos* (ed. Guatemala C. A., 1975), n. 9, p. 112. Vedi anche E. RABEL, *op .cit.*, 295, 349.

[68] HAGER, *op. cit.*, 68.

[69] Altrimenti non sarebbe giusto far dipendere la responsabilità del venditore per evizione dal fatto che l'acquirente perda il possesso.

[70] Questo parere sta pure alla base del c.c. italiano del 1942 (art. 1465) come pure del progetto per il nuovo c.c. olandese (*ONBW*, 7.1.2.2.1.). Cfr. anche E. RABEL, *op. cit.*, 294 ss.

cosa specifica è liberato in conseguenza del perimento accidentale di essa [71].

In ciò si deve concordare con Freitas pienamente. L'argomentazione usata indica inoltre ch'egli ha ben chiara la differenza tra rischio della prestazione e rischio del prezzo (o della controprestazione), differenza che ai suoi tempi non era ancora per niente evidente. Che il debitore sia liberato per il perimento accidentale della cosa è solo un problema che riguarda il rischio della prestazione: il debitore viene liberato dall'obbligo di fornire ancora la cosa dovuta. Ma ciò non dà ancora una soluzione al problema se il compratore (della prestazione così venuta meno) debba o no fornire la sua controprestazione — chi debba cioè sopportare il rischio del prezzo. Naturalmente, riconoscendo quanto ora precisato, si è solamente eliminata una possibile obiezione contro il principio della *traditio*, però non si è trovata nessuna argomentazione a vantaggio dell'una o dell'altra normativa.

III. *Considerazioni d'equità.* — Contro la regola *periculum est emptoris*, Teixeira de Freitas ha sostenuto come essa sia « *injusta* » [72]. Questo è del resto un argomento molto generico, ma tuttavia ci sono numerose considerazioni che fanno apparire il principio romano della assunzione del rischio come iniquo.

a) Il sinallagma funzionale. — Una particolare configurazione dell'equità è il sinallagma funzionale nel contratto con prestazioni corrispettive, ed esso potrebbe in effetti condurre all'argomento decisivo a favore del principio germanico.

Nei commenti alla regola *res perit domino* risultava già che il sinallagma funzionale è da prendere in considerazione nella ripartizione del rischio e che l'essenziale per il compratore è ottenere l'effettivo possesso della cosa [73]. Se si collegano ora tra loro questi punti di vista, ne risulta che il prezzo spetta al venditore solo se lui procura al compratore l'effettivo possesso, e ciò non è che un'altra formulazione della regola secondo cui fino alla consegna della cosa, il venditore deve sopportare il rischio [74].

Il riconoscere che possesso effettivo e pagamento del prezzo nella compravendita sono strettamente connessi, non è del resto una novità. Da lungo tempo ciò si è affermato in relazione con un'altra questione: fin da Dumoulin in poi [75] è patrimonio certo del diritto francese (art. 1631 c.c.), ed oggi anche della maggior parte dei codici civili latino-americani [76], che

71 *Esboço*, art. 903 n. 1 in nota. Nell'art. 1228 dell'*Esboço*, Freitas ha fissato questa norma.

72 *Esboço*, art. 903 n. 1 in nota.

73 Vedi *supra* 5, I, b.

74 Cfr. HAGER, *op. cit.*, 68 s.

75 C. DUMOULIN, *De eo quod interest*, n. 68 ss., cfr. l'esauriente descrizione in R. J. POTHIER, *op. cit.*, 31 ss. (n. 69).

76 Diversi naturalmente — sul modello spagnolo — i codici civili di Puerto Rico, Cuba, Honduras, Panama, Perù e Costa Rica.

in caso di evizione va in ogni caso rimborsato al compratore il prezzo pagato, anche se il danno procurato con l'evizione è di ammontare sostanzialmente inferiore — e ciò proprio a causa dell'indissolubile connessione fra effettivo procurare il possesso e pagamento del prezzo: ciò viene anche espresso dicendo che il procurato possesso è la *causa* del pagamento del prezzo [77].

Del resto, questo stretto nesso tra le prestazioni correspettive nei contratti sinallagmatici e i problemi in discussione relativi alla sopportazione del rischio, è riconosciuto anche in Francia [78] e nei paesi che si rifanno al modello francese [79]. La ripartizione del rischio nella compravendita viene considerata solo come una eccezione a questo principio — cosa che naturalmente non convince, come si è dimostrato.

b) La reciprocità delle obbligazioni. — La soluzione del diritto romano è stata un tempo difesa con la motivazione che l'assunzione del rischio da parte del compratore rappresentasse il giusto compenso, per il fatto che il venditore non poteva più alienare la cosa una volta venduta, e che di conseguenza non poteva più cautelarsi in questo modo contro gli svantaggi derivanti dal perimento della cosa [80]. Ma così non si riconosce che il venditore ha assunto l'obbligo proprio nel suo interesse, per poter cioè ottenere un prezzo per la sua cosa. E inoltre non emerge un corrispondente pregiudizio del venditore che equipari le posizioni, perché anche il compratore dal canto suo è vincolato nello stesso modo dal contratto, né può recedere e rivolgersi ad un terzo per comprare a prezzo più basso.

c) Il possesso della cosa oggetto della compravendita. — Un'ulteriore considerazione di equità sta in ciò che quella parte contraente che gode il possesso della cosa si trova anche nella situazione di poter provvedere al suo mantenimento ed alla sua salvaguardia. Inoltre anche l'incentivo per il venditore a preoccuparsi per la sicurezza della *res* sarebbe indebolito qualora egli non incorresse in alcun pregiudizio in conseguenza del perimento accidentale della cosa. Con ciò si è giá nell'ambito delle considerazioni di praticabilità, sulle quali ci si potrebbe soffermare brevemente.

d) Considerazioni di praticabilità. — Secondo la soluzione preferita da Teixeira de Freitas che si affida al principio germanico, la questione della colpa del venditore, che spesso è assai difficile da provare, perde molto del suo interesse. Poiché il compratore non è più obbligato al pagamento del prezzo, è così evitata ogni controversia circa il problema della colpa.

77 *Encyclopédie Dalloz*, V, *Vente* (*Obligations du vendeur*), n. 400, cfr. anche R. J. Pothier, *op. cit.*, 31 ss. (n. 69).

78 Planiol-Ripert-Esmein, *Droit civil*, VI², Paris, 1952, n. 413 con ulteriori citazioni.

79 Così espressamente l'art. 1464 del c.c. italiano e l'art. 577 del c.c. boliviano (nuova redazione).

80 Cfr. le considerazioni nel *Vorentwurf* (v. Kübel, *op. cit. supra* n. 50), 11 ss. Vi si trovano anche molti degli aspetti considerati in seguito.

Tale soluzione appare superiore anche nei frequenti casi di vendita di cose determinate solo nel genere: mentre i sistemi che collegano il trasferimento del rischio al perfezionamento del contratto trovano difficoltà ad individuare il momento appropriato per il trasferimento del rischio, il principio della *traditio* fornisce anche in questi casi criteri più facilmente determinabili.

Così pure si evitano problemi in quei casi di vendita di cosa specifica, nei quali il prezzo può essere calcolato solo con la misurazione o la pesatura, mentre secondo gli altri due sistemi sorge nuovamente il problema in quale momento il contratto sia realmente perfezionato.

Lo stesso vale per i casi in cui il venditore aliena la cosa a diversi compratori, cioè più volte. Il principio germanico risolve anche questi casi in modo soddisfacente, mentre secondo gli altri sistemi sono necessarie norme particolari.

Da tutto ciò risulta che Teixeira de Freitas avrà avuto buoni motivi per definire « *injusta* » la soluzione del nostro problema secondo il diritto romano e per respingerla.

6. *Altre innovazioni apportate da Teixeira de Freitas*

Insieme alla decisione a favore del principio della *traditio*, il nostro giurista ha introdotto delle innovazioni, sulle quali vogliamo brevemente intrattenerci.

I. *La compravendita condizionata: a) Il perimento della cosa.* — La decisione a favore del principio germanico ha facilitato la soluzione del problema della vendita *sub condicione*: Teixeira de Freitas infatti si pronunzia a favore di questo principio anche per la vendita condizionata (art. 902), e prevede nell'art. 911 l'effetto retroattivo del verificarsi della condizione. Di conseguenza nel caso in cui la cosa perisca prima del verificarsi della condizione, si porrebbe solo l'alternativa, se la cosa sia già stata consegnata. Solo in questo caso è il compratore a sopportare il rischio. Questa sarebbe una innovazione sia nei confronti del diritto romano (D. 18, 6, 8 pr.) e conseguentemente del diritto cileno (c.c. art. 1820), sia rispetto al *Code Civil* francese, che prima di verificarsi della condizione fa sopportare all'alienante (come proprietario) il rischio del perimento (art. 1182 co. 2). È vero che Teixeira de Freitas non si dichiara espressamente per questa soluzione [81]; ma forse originariamente nell'*Esboço* aveva previsto ulteriori precisazioni per questa tesi [82]. Il codice civile brasiliano è tornato all'antica soluzione e in caso di condizione pendente mette il perimento della cosa a carico del venditore (art. 865 co. 1).

[81] Li si deve desumere — come accennato — dagli art. 902, 911.

[82] L'art. 903 dell'*Esboço* contiene sei numeri, ma Freitas indica nella sua nota i numeri 8 e 9, con cui vuole invece alludere ai nn. 5 e 6. È possibile che Freitas avesse in un primo momento previsto delle disposizioni sulla vendita condizionata ai numeri 5, 6, 7, poi cancellati.

b) *Il deterioramento della cosa.* — Per il deterioramento della cosa venduta sotto condizione sospensiva vale per Freitas quanto segue: se la cosa viene danneggiata casualmente dopo la consegna e prima del verificarsi della condizione, ciò va a carico del compratore, se più tardi si verifica la condizione. Al contrario se il danno avviene prima della consegna, questo va a pregiudizio del venditore. Infatti il compratore ha diritto di scelta, cioè di rescindere il contratto o di pretendere una proporzionale diminuzione del prezzo (art. 903 n. 3 con gli art. 902, 911).

Se la cosa si deteriora durante la pendenza della condizione, il codice civile francese prevede solo l'alternativa che il compratore possa recedere, oppure che possa senz'altro pretendere la cosa alle condizioni della compravendita, dunque senza diminuzione di prezzo (art. 1182 co. 3 cc.)[83].

Teixeira de Freitas ha sviluppato questa soluzione per il principio germanico molto giustamente, in quanto egli — sia nella vendita condizionata, sia in quella non sottoposta a condizione — accorda al compratore il diritto di scelta, fra rescindere il contratto o pretendere una diminuzione del prezzo, e questa è la conseguenza del fatto che il venditore sopportava ancora il rischio. Non sorprende il fatto che questa felice soluzione sia stata recepita da Vélez Sársfield (art. 582 cc. argentino) e da Clóvis Beviláqua (v. art. 866 cc. brasiliano)[84].

II. *I miglioramenti.* — Anche sulla questione, del resto non molto frequente nella prassi, di come si ripercuotano i successivi miglioramenti alla cosa oggetto del negozio, Teixeira de Freitas si è espresso in maniera conseguenziariamente conforme alla regola dell'assunzione del rischio, sostenendo che i miglioramenti che si verifichino prima della *traditio* vanno calcolati a vantaggio del venditore: questi può chiedere perciò un prezzo più alto. L'acquirente non è però tenuto ad accettare, e, se si rifiuta di pagare il prezzo più elevato, il venditore può recedere (art. 903 n. 5). Anche questa soluzione è stata recepita nei codici dell'Argentina (art. 582) e del Brasile (art. 868).

L'autonomia del nostro giurista riappare particolarmente chiara anche in questo problema di dettaglio. Infatti nell'ambito del principio germanico[85], la questione non era mai stata decisa in questo senso. Anzi, l'*ALR*,

[83] Al diritto romano era invece sconosciuto il recesso (cfr. D. 18, 6, 8 pr. i.f.) e altrettanto al c.c. cileno, art. 1820.

[84] *Esboço* art. 903 n. 3; cfr. art. 925 n. 2; Beviláqua art. 1012 (*Código civil brasileiro, trabalhos relativos à sua elaboração*, I, Rio de Janeiro, 1917, 216), *Projecto revisto* art. 1014. Una disposizione paragonabile conteneva già il c.c. olandese del 1838 (art. 1300 co. 3), benché esso seguisse il principio romano (v. *supra*, *post* n. 22).

[85] Il quasi contemporaneo *(Dresdener) Entwurf eines allgemeinen deutschen Gesetzes über Schuldverhaltnisse* (ed. B. Francke, Dresda, 1866) stabiliva inoltre all'art. 429 co. 2 che il venditore potesse pretendere un « compenso » per l'incremento verificatosi prima della consegna della cosa; la commissione non aveva assolutamente preso in considerazione il diritto di recesso per il venditore. In riferimento al *ABGB* (v. *supra*, n. 27) Nippel, *Erläuterung des ABGB*, VII, Vienna, 1834, § 1050 n. 2, si è per la prima volta espresso

al quale Freitas in questo punto ha fatto principalmente riferimento come ricordato (*supra*, e n. 33), conteneva la disposizione opposta, cioè che accrescimenti e incrementi naturali spettano al compratore (§ 108 I 11) — una soluzione accolta anche dal codice civile guatemalteco (1964, art. 1333). Se si confrontano l'un l'altra queste due diverse soluzioni, ne risulta che la cosa migliore è collegarle tra loro. Infatti entrambe hanno un loro nucleo giusto.

La soluzione preferita da Teixeira de Freitas corrisponde all'antico principio di giustizia commutativa *cuius est periculum eius et commodum*[86]. Naturalmente c'è il pericolo che una tale facoltà del venditore possa dar luogo a controversie — che il venditore possa essere tentato di sostenere che la cosa ha avuto miglioramenti successivi, proprio per ottenere un prezzo più elevato. Questo problema viene però sostanzialmente appianato se (aderendo alla soluzione prussiana e gualtemalteca) i mutamenti della cosa, sopravvenuti per cause naturali o per il semplice trascorrere del tempo (per esempio, la crescita), vengono sottratti al regime dell'assunzione del rischio e li si lasciano valere pro e contro[87] il compratore. A favore di questa tesi sta anche il fatto che mutamenti dovuti a cause naturali o temporali possono giá essere previsti al momento della conclusione del contratto, e perciò si deve presumere che nella determinazione del prezzo tali fattori siano già stati calcolati.

Per questa problematica, non rilevano poi neppure i motivi che più sopra sono stati riconosciuti decisivi per la ripartizione del rischio. Infatti, non viene coinvolta la relazione delle prestazioni correspettive poiché — come già accennato — questi mutamenti per lo più sono già stati considerati nel contratto. Dato che questi mutamenti insorgono indipendentemente dall'agire umano, è esclusa la possibilità che il mutamento intervenuto sia stato procurato per colpa di chi ha la custodia della cosa. La circostanza, quale sia la parte che eserciti l'effettivo potere sulla cosa, non fornisce qui una risposta al problema di chi debba in tutta equità sopportare il rischio.

Quando invece non si tratti di miglioramenti naturali, o dovuti al decorrere del tempo, cioè per tutti gli altri casi, la soluzione tratta da Teixeira de Freitas è l'unica effettivamente giusta. Si immagini che, su di un terreno venduto come desertico, sgorghi a seguito di un terremoto una sorgente; che una superficie destinata ad agro sia improvvisamente dichiarata terreno edificabile dalle autorità; che si formi un terreno alluvionale; che muti la legislazione sui generi alimentari, cosicché la cosa venduta venga utilizzata per la produzione di altri prodotti, ecc.; in tutti questi casi, circostanze esterne imprevedibili fanno sì che la dimensione o la qualitá della cosa venduta si mutino in modo sostanziale per la sua valutazione.

a favore di un aumento del prezzo in caso di miglioramenti della cosa prima della consegna, ma neanche lui ha preso in considerazione un diritto di recesso.

[86] *Inst. Just.* 3, 23, 3 *i.f.*; D. 50, 17, 10; *Ley de Partida* 29 tit. 33 part. 7.

[87] Così espressamente le motivazioni all'art. 1333 del c.c. guatemalteco (*Motivos*, Guatemala C. A., 1975, 112).

In questi casi, è in primo luogo la regola del collegamento tra *periculum* e *commodum*[88] che dà ragione alla soluzione di Freitas. In secondo luogo, si tratta di situazioni nuove che non erano prevedibili al momento della conclusione del contratto e di fatto non erano previste. A tal proposito, anche secondo le regole sulla modificazione della « *Geschäftsgrundlage* » (presupposti del negozio giuridico) si dovrebbe giungere al risultato che il contratto deve essere adeguato alla nuova situazione. Ne conseguirebbe un aumento del prezzo della cosa venduta. Poiché questo aumento non può essere imposto contro la volontà dell'acquirente deve sussistere la possibilità della risoluzione del contratto.

Da ciò risulta chiaro che in queste situazioni ci troviamo di fronte a casi particolari di cambiamento dei 'presupposti' del negozio. Al tempo di Teixeira de Freitas questo istituto non era ancora in discussione nell'America Latina ed è caratteristica la sicurezza con cui Teixeira de Freitas[89] ha creato delle norme che come principio corrispondono alle regole che noi abbiamo sviluppato solo nel nostro secolo riguardo al cambiamento dei 'presupposti' del negozio.

III. *Osservazioni finali.* — Per quanto concerne i miglioramenti della cosa venduta, nel diritto civile tedesco moderno non si trova alcuna norma di legge e neanche in letteratura si trova alcun commento che porti più lontano. Si può considerare questo un piccolo esempio del fatto che Teixeira de Freitas era molto avanti per il suo ed anche per i nostri tempi. È certo, e risulta chiaro dalla nostra problematica, che Teixeira de Freitas ha subìto l'influenza decisiva della giurisprudenza dell'Europa continentale, dall'età romana al XIX secolo. È altrettanto certo che, d'altro lato, la sua opera così ampia e completa, a prescindere dalla sua influenza nell'America Latina, contiene ricchi stimoli, validi anche per la odierna scienza europea del diritto civile[90] *.

[88] V. *supra*, n. 86.

[89] Oltre che per i miglioramenti ciò vale del resto anche per i deterioramenti della cosa oggetto dell'acquisto *supra*, 16, I, b citati.

[90] Come esempio voglio citare il fatto che sull'onda dell'interesse destata in me da Teixeira de Freitas, ho studiato il problema dei *commoda ex rei vendita* per il diritto civile tedesco in vigore, v. R. Knütel, *Von Landanschwemmungen und Schätzen: Die commoda ex rei vendita und §446 BGB*, in *Festschrift Heinz Hübner*, Berlin-New York, 1984, 551 ss. Anche secondo il *BGB* è da ritenere che il venditore, in caso di miglioramento della cosa, in sostanza possa vantare un diritto ad aumentare il prezzo e che in caso di mancato accordo col compratore possa recedere dalla vendita. Quando però il compratore abbia già disposto in merito alla cosa, il venditore, in caso di recesso deve rifondergli il danno dell'affidamento (interesse negativo).

* Il mio assistente Dietrich Nelle mi è stato di sostanziale aiuto in entrambe le stesure di questa relazione, ed anche qui colgo l'occasione per porgergli i miei più cordiali ringraziamenti.

*Preußisches Recht im argentinischen Código civil von 1869**

von ROLF KNÜTEL

A. Einführung

Bestimmt vor allem durch die Persönlichkeit Friedrichs des Großen hat das Preußen des 18. Jahrhunderts als ein vernünftig und effektiv, philosophisch und tolerant, kurzum als ein fortschrittlich regiertes Staatswesen auch außerhalb des Reichs Beachtung, Anerkennung und auch Sympathien gefunden. Das ist bekannt.[1] Wenig bekannt und erschlossen sind demgegenüber die Wirkungen, die die bedeutendste gesetzgeberische Leistung des preußischen aufgeklärten Absolutismus, das Allgemeine Landrecht von 1794 (ALR), außerhalb des deutschen Sprachraums gehabt hat.

---

* E. Jayme/A. Laufs/K. Misera/G. Reinhart/R. Serick (Hrsg.), Festschrift für Hubert Niederländer zum 70. Geburtstag, Carl Winter, Heidelberg 1991, 41 – 56.

[1] Insbesondere bekannt ist das Loblied MIRABEAUS, *De la monarchie prussienne sous Frédéric le Grand* (mit MAUVILLON), 7 Bde., London 1788, sowie seine *Histoire secrète de la cour de Berlin*, 2 Bde., o. O. 1789.

Stand das ALR auch nahezu von Anfang an im Schatten des französischen *Code civil* von 1804 (CCF) und seit der frühen Mitte des 19. Jahrhunderts zugleich im Schatten des deutschen Pandektismus, und kam es wegen seiner eingeschränkten Übersichtlichkeit, seiner „Dicke und Weitläufigkeit“ einem (der deutschen Sprache überhaupt mächtigen) ausländischen Juristen nicht gerade entgegen, so sind seine Wirkungen doch nicht ganz unbeachtlich geblieben.

Schon 1803 war es ins Französische übersetzt worden[2]; der *Code* hat nach seinem Modell vor allem die (beschränkte) Adoption eingeführt[3]. Weitere Wirkungen hat das ALR in Südamerika entfaltet, wie die Leitkodifikationen von Chile, Argentinien und Brasilien zeigen. Andrés BELLO hat sich bei seinen Arbeiten zum chilenischen *Código civil* von 1855 etwa bei der Einführung eines Liegenschaftsregisters oder beim mitwirkenden Verschulden auf das preußische Recht berufen[4]. Im brasilianischen *Código civil* von 1916 ist beispielsweise die Anerkennung der Rechtspersönlichkeit des *nasciturus* (Art. 63 CCBras) stark vom ALR (§ 10 I 1) beeinflußt, und es geht die Gefahrtragungsregel beim Kauf, die unter Abkehr vom römischen Prinzip des *periculum est emptoris* dem Traditionsprinzip folgt (Art. 865 CCBras), entscheidend auf das ALR (§§ 95, 100 I 11; 364, 365 I 5) zurück, dessen Lösung Augusto TEIXEIRA DE FREITAS in seinen berühmten *Esboço* von 1864 übernommen hatte[5]. Beachtlich sind auch die Einflüsse auf den argentinischen *Código civil* von 1869 (CCArg), auf den wir uns im folgenden beschränken wollen[6].

[2] *Code général pour les États Prussiens traduit en français par les membres du bureau de la législation étrangère et publié par ordre du Ministre de la justice* (5 Bde., Paris 1801/3). Die Übersetzungen in die lateinische (1800) und (wegen der östlichen Gebiete) in die polnische Sprache (1826ff.) haben im Westen offenbar nicht nachgewirkt.

[3] Art. 304ff. CCF; sie war im *Ancien régime* nicht anerkannt und bei den Gesetzgebungsarbeiten sehr umstritten; man rechnet mit der Einflußnahme Napoleons. S. BERLIER, *Exposé des motifs de la loi sur l'adoption*, in P. A. FENET, *Recueil complet des travaux préparatoires du Code civil*, Bd. 10, 1827, Nachdr. 1968, S. 420ff., 422, s. auch S. 247ff., 249.

[4] Er nimmt in seinen Entwürfen konkret auf das ALR Bezug zu den Art. 9; 13; 76; 180; 442; 443; 497; 500; 508; 574; 984; 987; 1079; 1190; 1211; 1480; 1634; 2330; 2407 und 2427 (lt. frdl. Hinweis von Ref. H.-U. WILSING), s. Andrès BELLO, *Obras completas* XII, XIII (Caracas 1954/5, m. Einf. und Anm. v. P. LIRA URQUIÈTA, vgl. auch dessen Vorbem. vor Art. 280, 338, 473, 670 [Liegenschaftsregister], 2492). – Zum mitwirkenden Verschulden (Art. 2330) betrifft BELLOs einziger Hinweis den § 19 I 6 ALR (statt 2199).

[5] Art. 221 (*nasciturus*), 908, 2024 *Esboço* v. 1864 (Neudr. Brasilia 1983). – Zur Übernahme der Gefahrtragungsregel s. des Näheren KNÜTEL, in: *Augusto Teixeira de Freitas e il diritto latino-americano* (hgg. v. S. SCHIPANI), Padua 1988, S. 489ff.; ders., Fs. Hübner, 1984, S. 558f.

[6] Die folgende Studie geht auf einen auf dem *Congresso internazionale 'Dalmacio Vélez Sarsfield e il diritto latinoamericano'* (Rom 1986) gehaltenen Vortrag zurück und bringt wesent-

B. Die Anknüpfungen an das preußische ALR

I. VÉLEZ SARSFIELD und der argentinische *Código civil*

Einige wenige Artikel des CCArg sind Übersetzungen von Paragraphen des ALR; einige andere Artikel geben inhaltlich Lösungen des ALR wieder. Nähere Aufschlüsse lassen sich dazu aus der Gesetzgebungsgeschichte und den Anmerkungen des Gesetzesredaktors gewinnen.

Am 20. Oktober 1864 wurde der argentinische Jurist und Politiker Dalmacio VÉLEZ SARSFIELD[7] von der argentinischen Regierung beauftragt, ein Zivilgesetzbuch für die Republik Argentinien zu entwerfen. Er hat diesen Auftrag sehr zügig erfüllt: Schon am 21. Juni 1865 legte er den Entwurf für das erste Buch (Personen- und Familienrecht) vor, Anfang 1867 den für das zweite, das Obligationenrecht, Januar 1868 den für das dritte, das Sachenrecht, und im August 1869 schließlich den für das vierte Buch, das Erbrecht[8]. Das Werk wurde durch Gesetz vom 25. 9. 1869 zum 1.1. 1871 als *Código civil* in Kraft gesetzt.

Der Regierungsauftrag war auch dahin gegangen, zu den einzelnen Artikeln Anmerkungen zu verfassen. Diese sollten erkennbar machen, inwieweit die neuen Artikel mit den damals geltenden argentinischen Gesetzen und mit den Gesetzbüchern der bedeutendsten Nationen im Einklang oder im Widerspruch stehen[9]. In diesen recht unterschiedlich gestalteten[10] Anmerkungen, die noch heute zusammen mit dem offiziellen Gesetzestext publiziert werden und eine wichtige Erkenntnisquelle darstellen, hat VÉLEZ SARSFIELD mehr oder weniger knapp seine Entscheidungen zu juristischen Streitfragen erläutert und zum großen Teil deutlich gemacht, inwieweit er Regelungen des einheimischen Rechts, des römischen Rechts oder ausländischer Kodifikationen zum Vorbild nahm oder sich gegen sie entschied.

liche Ergebnisse der ausführlichen italienischen Fassung, die in den von S. SCHIPANI herauszubringenden Kongreßakten erscheinen soll.

[7] Zu seinem Leben (18. 2. 1800–30. 3. 1875) s. E. MARTINEZ PAZ, *Dalmacio Vélez Sarsfield y el Código Civil Argentino*, Córdoba/Arg. 1916; A. CHANETON, *Historia de Vélez Sarsfield*, Buenos Aires 1937, Nachdr. Buenos Aires 1969 (hiernach zit. = CHANETON). – Nur mit Namen zitiert werden im folgenden: J. CABRAL TEXO, *Historia del Código civil Argentino*, Buenos Aires 1920; P. LÉON, *El Código de Prusia como fuente del Código Civil Argentino*, Córdoba/Arg. 1946. – 1856/7 hatte VÉLEZ zusammen mit dem Uruguayer Edoardo ACEVEDO bereits den argentinischen *Código de Comercio* v. 1862 geschaffen.

[8] *Proyecto del Código civil para la República Argentina por el doctor Don Dalmacio Vélez Sarsfield*, Buenos Aires, Libro 1 (1865), Libro 2 – Secc. 3 (1867), Libro 3 (1868), Libro 4 (1869). Einzelheiten bei CABRAL TEXO S. 110, 122, s. auch CHANETON S. 361 m. Fn. 9.

[9] Schreiben des Justizministers E. COSTA v. 20. 10. 1864, abgedr. bei CABRAL TEXO S. 77ff.

[10] Eine Typologie bei L. MOISSET DE ESPANÉS, *Studi Sassaresi*, Bd. 5 (ser. III), Mailand 1981, S. 445ff.

II. Einflüsse des ALR. Allgemeines

Wie schnell erkennbar ist, war der CCF von größtem Einfluß. Doch werden auch das österreichische ABGB von 1811 und das ALR des öfteren angeführt, bisweilen sogar der *Codex Maximilianeus Bavaricus civilis* von 1756.

Zum ALR finden sich insgesamt 73 ausdrückliche Hinweise[11]. Gliedert man diese weiter auf, so ergibt sich, daß die Bestimmungen des ALR in 45, also knapp zwei Dritteln der Fälle mit den jeweiligen argentinischen Normen im wesentlichen übereinstimmen. In zwölf Fällen werden die Lösungen des ALR abgelehnt. In weiteren elf Fällen werden sie modifiziert, wobei als bloße Modifizierung etwa die unterschiedliche Länge von Fristen oder Abweichungen bei einzelnen Formerfordernissen anzusehen sind. In vier Fällen handelt es sich schließlich um ganz allgemeine Hinweise, in einem um eine irrtümliche Angabe[12]. In 13 der insgesamt 73 Hinweise wird die einschlägige Norm des ALR als einzige Gesetzesbestimmung angeführt[13], davon in drei Fällen zusammen mit Hinweisen auf die Literatur[14].

Der Einfluß des ALR ist freilich nicht nur nach den erwähnten 73 ausdrücklichen Hinweisen zu beurteilen. Denn erstens werden nicht alle Fälle, in denen der CCArg dem ALR folgt, in den Fußnoten genannt[15], und zweitens lassen sich aus den Fußnoten die *mittelbaren* Einflüsse des ALR (u. C I 2) nicht oder jedenfalls nicht ohne weiteres erkennen. Andererseits enthält der CCArg sehr häufig in der Substanz dieselben Regelungen wie das ALR, ohne daß dies hervorgehoben wird oder hervorhebenswert gewesen wäre. In den meisten dieser Fälle haben beide Gesetzgebungen parallel aus der gemeinsamen Quelle des römischen Rechts geschöpft[16].

III. Die Erschließung des preußischen Rechts durch VÉLEZ SARSFIELD

1. Die hauptsächliche Überlieferungskette

Da VÉLEZ SARSFIELD die deutsche Sprache nicht beherrschte, drängt sich die Frage auf, aus welchen Quellen er seine Kenntnisse zum preußischen Recht gewann. Hierzu besteht noch Unklarheit. Pedro LÉON kam in seiner

[11] Für die Zusammenstellung im einzelnen sei auf die o. Fn. 6 genannten Kongreßakten verwiesen, vgl. auch u. Fn. 12–14, 55–57.

[12] Zu Art. 2154 CCArg enthält § 1083 I 11 ALR (und auch § 1084) nicht die entsprechende Regelung. – Allgemeine Hinweise in den Noten zu Art. 731, 3477, 3586, 3847 CCArg.

[13] S. zu Art. 4; 900; 902; 906; 909; 911; 1180; 1642; 1979; 3663 CCArg.

[14] Art. 14 Nr. 4; 926; 2060 CCArg.

[15] Z. B. wird die geradezu wörtliche Entsprechung von Art. 903 CCArg und § 7 I 3 ALR nicht genannt. Auch gleicht Art. 3568 CCArg dem § 490 II 2 ALR (sog. „Schoßfall"), obgleich sich nur zu Art. 3567 CCArg ein Hinweis findet.

[16] Z. B. gleicht Art. 20 CCArg dem § 12 Einl. ALR; beide geben die Rechtsregel wieder: *Ignorantia iuris nocet* (D. 22.6.9 pr., vgl. D. 22.6.2).

Arbeit über das ALR als Quelle des CCArg zu dem Ergebnis, VÉLEZ habe die Bestimmungen des ALR aus der spanischen Übersetzung der ersten Auflage der *Concordance* von Anthoine DE SAINT-JOSEPH erschlossen[17]. Doch wird auch darauf hingewiesen, daß VÉLEZ die *Concordancias* von GARCÍA GOYENA viel benutzt hat[18]. Wie zu zeigen sein wird, gehört für den Regelfall beides zusammen. Doch seien zuvor einige Bemerkungen über die erwähnten Werke eingeflochten.

Anthoine DE SAINT-JOSEPH, ein französischer Richter, brachte 1840 eine rechtsvergleichende Übersicht heraus, in der er den Artikeln des CCF tabellarisch, ins Französische übersetzt und oft gekürzt die Parallelbestimmungen der seinerzeit wichtigsten Kodifikationen gegenüberstellte, insbesondere die Zivilgesetzbücher des Königreichs beider Sizilien von 1819, des Staates Louisiana von 1824, des Königreichs der Niederlande von 1838, den Cc Albertino (Piemont, von 1837) und die deutschen Kodifikationen, nämlich den *Codex Maximilianeus Bavaricus Civilis* von 1756, das preußische ALR[19] und das ABGB von 1811. Diese Übersicht, die *Concordance entre les codes civils étrangers et le Code Napoléon*, erschloß den Kodifikatoren der Mitte des 19. Jahrhunderts die ausländischen Gesetzesquellen und wurde für sie damit zu einem entscheidenden Hilfsmittel. Sie erschien 1840 und 1842[20]; die zweite Auflage kam in wesentlich erweiterter und veränderter Form 1856 heraus[21]. Zu der

[17] P. LÉON (o. Fn. 7) S. 38ff., vgl. auch K. H. NADELMANN, RabelsZ 20, 1955, 501 („Ohne Berücksichtigung dieser Tabellen [sc. von SAINT-JOSEPH] kann die Gesetzgebungsarbeit z. B. in Argentinien gar nicht richtig verstanden werden").

[18] Z. B. von CHANETON S. 398 und MOISSET DE ESPANÉS (o. Fn. 10) S. 449f., 473 (der zugleich auf die 2. Aufl. der *Concordance* von SAINT-JOSEPH aus dem Jahre 1856 hinweist, freilich mit Zweifeln, und auf den – hinsichtlich des preußischen Rechts nicht ergiebigen – *Proyecto de un Código Civil para el Estado Oriental del Uruguay* von E. ACEVEDO, Montevideo 1852). – VÉLEZ hatte selbst darauf hingewiesen (u. Fn. 25).

[19] Dieses stark gekürzt. Vermutlich hat SAINT-JOSEPH die Übersetzung von 1801/3 (o. Fn. 2) benutzt. Ein Exemplar von dieser Übersetzung befand sich seit 1857 in der Nationalbibliothek in Buenos Aires, doch kannte VÉLEZ dieses offensichtlich nicht, s. LÉON S. 38f.

[20] Hier zugrundegelegt ist die 1. Ausgabe (Paris, Leipzig 1840, Quart), von der sich die 2. (Brüssel 1842, Oktav) in der Seitenzählung und bisweilen in den tabellarischen Gegenüberstellungen unterscheidet. Die *Concordance* findet sich entsprechend den jeweils behandelten Materien auch in den einzelnen Bänden von DURANTON, *Cours de droit français suivant le Code civil*, 12 Bde., 4. Aufl. Brüssel 1841.

[21] 4 Bde. (Paris 1856). Sie wurde nach SAINT-JOSEPHs Tod (1853) von seinem Sohn Arthur Anthoine DE SAINT-JOSEPH unter Mitwirkung von Jules BERGSON vollendet und herausgegeben. Dort ist das ALR wegen seiner *„infinité de dispositions"* aus der synoptischen Konkordanz herausgenommen und überarbeitet und ebenfalls stark gekürzt (mit neuer Gestaltung der zusammenfassenden Paragraphenangaben) erst im 3. Band (S. 191–277) wiedergegeben. In der Synopse des 1. Bdes. wird es durch das gemeine Recht, wie es in Deutschland galt, ersetzt; BERGSON hatte dieses aus den Werken vor allem SAVIGNYs, RUDORFFs, HOLTIUS, MITTERMAIERS und EICHHORNS zusammengestellt.

ersten Auflage besorgten VERLANGA DE LA HUERTA und MUÑIZ MIRANDA eine spanische Übersetzung, die unter etlichen Fehlern leiden soll[22].

Florencio GARCÍA GOYENA, ein spanischer Jurist und Politiker (1783–1853), kehrte nach dem Tode Ferdinands VII. 1833 aus dem Exil zurück und wurde 1847 Justizminister. Ab 1846 leitete er die (zweite) Redaktionskommission zur Schaffung eines spanischen *Código civil.* 1851 legte er den Entwurf nebst ausführlichen Motiven vor, die *Concordancias, Motivos y Comentarios del Código civil Español*[23]. Sie haben dem spanischen *Código civil*, der nach mehreren weiteren Anläufen erst 1899 in Kraft gesetzt wurde, wesentliche Impulse gegeben und die südamerikanischen Zivilgesetzbücher stark beeinflußt.

VÉLEZ SARSFIELD hatte in seiner Bibliothek ein Exemplar von GOYENAS *Concordancias*[24], und er hat auch oft deutlich gemacht, daß er sich sehr stark auf dieses Werk gestützt hat[25]. Da nun nicht zu bezweifeln ist, daß GARCÍA GOYENA seinerseits die Kenntnis der ausländischen Rechtsordnungen aus der *Concordance* von SAINT-JOSEPH – sei es auch in der spanischen Übersetzung – gewonnen hat[26], ist es sicher, daß VÉLEZ die Regelungen des ALR im allgemeinen auf dem Wege über SAINT-JOSEPH und über GOYENA vermittelt worden sind. Bewiesen wird diese Annahme durch Fälle ungenauer oder fehlerhafter Zitierung. Es mag genügen, hierzu drei Beispiele anzuführen.

22 D. F. VERLANGA DE LA HUERTA/D. J. MUÑIZ MIRANDA, *Concordancia entre el Código Civil Francés y los Códigos Civiles Estrangeros*, 2. Aufl. Madrid 1847. Mir nicht zugänglich. Dort ist z. B. das Hypothekengesetz des Kantons Genf eines des Kantons Genua geworden. Vgl. LÉON S. 40 mit Fn. 57; CHANETON S. 380 Fn. 2. – Ob GOYENA diese Übersetzung benutzt hat, muß offenbleiben.

23 Madrid 1852 (4 Bde.), Neudruck Barcelona 1973 (2 Bde.) sowie Zaragoza 1974 (1 Bd.). Die letzte Ausgabe wird hier zugrundegelegt; die Zitate betreffen die einzelnen Artikel. Einzelheiten bei SCHOLZ in COING, Hdb. der Quellen und Literatur der neueren europ. Privatrechtsgeschichte, Bd. III/1, 1982, S. 498f., 506ff.

24 *Catálogo de la Donanción del Dr. Dalmacio Vélez Sarsfield*, Córdoba/Arg. 1980, Nr. 228, s. J. M. CASTÁN VÁZQUEZ, *Los libros jurídicos españoles consultados por Vélez Sarsfield*, in: *Estudios en homenaje al G. A. Borda*, Buenos Aires 1985, S. 5 des Sdr.

25 S. sein Begleitschreiben vom 21. 6. 1865 an den Justizminister E. COSTA anläßlich der Präsentation des 1. Bandes des *Proyecto* (abgedruckt bei CABRAL TEXO S. 110ff.): „*Me he servido principalmente del Proyecto de código civil para España del señor Goyena, del Código de Chile, que tanto aventaja a los códigos europeos e sobre todo del Proyecto de código civil que está trabajando para el Brasil el señor Freitas, de cual he tomado muchísimos artículos.*" – In den Noten zum CCArg führt VÉLEZ 83mal GOYENAS Concordancias an (nach der Aufstellung von CASTÁN VÁZQUEZ [o. Fn. 24] S. 5 in Fn. 24). – Zu FREITAS s. u. Fn. 27.

26 Vgl. SCHOLZ (o. Fn. 23) S. 500. Kennzeichnend ist, daß GOYENA von den ausländischen Gesetzen eben die anführt, die SAINT-JOSEPH in der 1.Aufl. seiner Konkordanz zusammengestellt hatte (abgesehen vom römischen Recht).

(1) Art. 4 orig. CCArg lautete in der (1968 aufgehobenen) Originalfassung: „*Las leyes que tengan por objeto aclarar o interpretar otras leyes, no tienen efecto respecto a los casos ya juzgados*". Diese Bestimmung modifiziert das Prinzip, daß Gesetze keine rückwirkende Kraft haben. Diesen Grundsatz hatte VÉLEZ im vorangehenden Art. 3 orig. unter Berufung auf den *Esboço* von TEIXEIRA DE FREITAS[27] und unter Berufung auf SAVIGNYs System[28] ausgesprochen. Doch sollen in Ausnahme von diesem Grundsatz interpretierende Gesetze auf alle noch nicht rechtskräftig entschiedenen Rechtsfälle Anwendung finden.

Die *nota* zu Art. 4 orig. CCArg nennt lediglich „*Cód. de Prusia, arts. 14 al 21*". Das ist sehr ungenau, denn allein einschlägig ist § 15 Einl.ALR: „Die von Seiten des Gesetzgebers nöthig befundene und gehörig publizierte Erklärung eines ältern Gesetzes aber gibt, in allen noch zu entscheidenden Rechtsfällen den Ausschlag".

Aber bereits SAINT-JOSEPH hatte die einzelnen Paragraphen der Einleitung in Gruppen zusammengefaßt und in dem hier interessierenden Zusammenhang das ALR wie folgt wiedergegeben: „*14 à 21. Les lois interprétatives doivent être appliquées dans les contestations pendantes.*"[29]. Schon hieraus konnte der einschlägige § 15 Einl. ALR also nicht mehr erschlossen werden. GOYENA führte dies in seinem Entwurf an, ohne noch deutlich zu machen daß die Bestimmungen aus der Einleitung stammen: „*según los 14 al 21 Prusianos, 'las leyes interpretativas deben aplicarse á las contestaciones pendientes*'"[30]. VÉLEZ hat dies dann in abweichender Formulierung in seinen Art. 4 übernommen.

Die Anregung, Bestimmungen zur Rückwirkung zu schaffen, hatte er von TEIXEIRA DE FREITAS empfangen, der zu Art. 1 des *Esboço* einerseits auf SAVIGNYs klärende Ausführungen im achten Bande des Systems und andererseits auf den unbefriedigenden Stand der französischen Literatur zum Rückwirkungsverbot hingewiesen hatte. VÉLEZ hat sich von SAVIGNYs Darstellung überzeugen lassen[31], und man wird annehmen dürfen, daß er zur Ein-

[27] Der von 1860–1865 publizierte, unvollständig gebliebene *Esboço* von Augusto TEIXEIRA DE FREITAS (1816–1883) ist ein Vorentwurf und die wichtigste Quelle des CCBras von 1916. Neuausgaben erfolgten 1952 (Rio de Janeiro) und – hier benutzt – 1983 (Brasilia).

[28] SAVIGNY, System des heutigen röm. Rechts, Bd. 8, Berlin 1849, S. 368ff. Hier wird diese Ausgabe zugrundegelegt. – VÉLEZ besaß die französische Ausgabe von 1855–1860 (vgl. R. ZORRAQUIN BECÚ in: *Libro del Centenario del Código de Comercio* [Buenos Aires 1966], S. 25 Fn. 43). Zu Art. 945 nennt er den französischen Titel, zu den Art. 918, 925, 926 beispielsweise den spanischen. Eine spanische Ausgabe erschien 1856.

[29] *Concordance* (1840) S. 1. Es folgen weitere Sätze zum Inhalt der §§ 14–21 Einl. ALR. – Da die 2. Aufl. v. 1856 den Paragraphen unter der Zählung „*19 à 21*" bringt (Bd. III S. 191), ist sicher, daß VÉLEZ sie hier nicht benutzt hat.

[30] GOYENA (o. Fn. 23) S. 4 (zu Art. 3).

[31] S. seine Anm. zu Art. 3 orig. CCArg.

führung des Art. 4 orig. durch SAVIGNYs Bemerkung angeregt wurde: „Die Rückanwendung auslegender Gesetze hat im Preußischen Recht Anerkennung gefunden, und zwar mit Recht als bleibende, für alle Zeiten gültige Regel“[32]. In der Sache findet sich der Gedanke der Rückwirkung auslegender Gesetze freilich bereits bei Justinian (C. 1.17.2.23; Nov. 19 praef. i. f.).

(2) Besonders deutlich wird die Überlieferungskette bei Art. 570 CCArg. In Abweichung von der Maxime *diei adiectio pro reo est* bestimmt diese Vorschrift, daß die Zahlungszeit grundsätzlich für beide Parteien maßgeblich ist. VÉLEZ führt in der *nota* zu Art. 570 u. a. an: „*En contra: Cód. Francés, art. 1140 – de Nápoles, 2048 – Sardo 1278. Conforme con el artículo: el Cód. de Prusia, art. 757. … aceptamos la resolución del Cód. de Prusia*“. Der einschlägige Artikel des CCF ist jedoch Art. 1187, und Ausgangspunkt im preußischen Recht sind die §§ 757, 758 I 11 ALR, wobei vor allem § 758 bestimmt, daß der Darlehensschuldner vor Zeitablauf dem Gläubiger die Zahlung nicht aufdrängen darf.

Die Irrtümer sind von SAINT-JOSEPH veranlaßt. Dieser hat die Regelungen der §§ 757–759 zusammengefaßt und als § 757 ausgewiesen (S. 99). Den Titel (XI) hat er zutreffend auf S. 98 unten angegeben, doch hat GOYENA offenbar nur den Titel von S. 98 *oben* (XXI) gesehen und ist so zu dem folgenden Fehlzitat gekommen: „*El 757 Prusiano, sección 1, titulo 21, niega absolutamente este derecho al deudor*“. Daran muß sich VÉLEZ orientiert haben. Das wird zugleich durch das Fehlzitat des Art. 1140 CCF (statt 1187) erwiesen. Denn es sind statt der bei GOYENA dem Gesetzbuch jeweils vorangestellten Artikelangaben irrtümlich die ihm folgenden Artikel, die sich schon auf das nächste Gesetzbuch beziehen, übernommen worden[33].

Ausgangspunkt waren, wie erwähnt, besondere Bestimmungen des ALR aus dem Recht des Darlehens; sie haben zur allgemeinen Regel des Art. 570 CCArg geführt. Demgegenüber war die allgemeine Bestimmung für Geldzahlungen der § 56 I 16 ALR; für die Erfüllung durch andere Leistungen, zum Beispiel durch Sachübergabe, war es der § 241 I 5 ALR. Beide Bestimmungen sprachen dem Schuldner das Recht ab, vor der Zeit zu leisten. Sie waren während des Gesetzgebungsverfahrens in Preußen umstritten. Doch hielt SUAREZ, der Gesetzesverfasser, für entscheidend, daß der Gläubiger oft ein wichtiges Interesse haben könne, die Leistung nicht anzunehmen, zum Beispiel in einer belagerten Stadt, auf See bei einem Sturm etc.[34].

[32] System, Bd. 8, Berlin 1849, S. 514. – FREITAS hatte insoweit keine Bestimmung vorgesehen.

[33] GOYENA führt zu seinem Art. 1047 (S. 564) an: „*1187 Francés, 1140 Napolitano, 2048 de la Luisiana…*“.

[34] C. F. KOCH, Das Recht der Forderungen nach Gem. und nach Preuß. Rechte, Bd. 1, 2. Aufl. Berlin 1858, S. 464f. Anders nur bei Legaten (§ 330 I 12 ALR). – SAINT-JOSEPH (S. 71) führt § 56 I 16 ALR an, GOYENA dagegen nicht.

Auch VÉLEZ SARSFIELD hielt das Interesse des Gläubigers für entscheidend, der – wie er in der *nota* zu Art. 570 CCArg anführt – beispielsweise nicht vorbereitet sein kann, einige Stücke Großvieh oder ein Schiff vor der Erfüllungszeit anzunehmen. VÉLEZ bewertet dieses Gläubigerinteresse höher als den Grundgedanken des römischen Rechts, daß der Schuldner möglichst jederzeit das Recht haben soll, sich zu befreien, und daß die frühere Leistung grundsätzlich als die bessere angesehen werden muß (Gai. 3.113 = Inst. 3. 20.5).

(3) Einen weiteren Beleg bietet der Art. 1180 CCArg, der den Grundsatz *locus regit actum* für Verträge ausspricht. Das ALR hat die Regel in § 111 I 5: „Die Form eines Vertrages ist nach den Gesetzen des Orts, wo er geschlossen worden, zu beurtheilen". SAINT-JOSEPH fügt in der Übersetzung *„à peine de nullité"* hinzu[35], und GOYENA hebt (zu seinem Art. 1001) hervor, das ALR bestimme: *„La forma de un contrato debe, so pena de nulidad, ser conforme á las leyes del lugar de su redacción"*. Von daher hat VÉLEZ, der die Regel bereits in den Art. 12 und 950 CCArg ausgesprochen hatte[36], sich anregen lassen und zugleich das in seiner *nota* zutage tretende Fehlzitat zum Titel (§ 115 I *4*) übernommen.

Die Beispiele ließen sich erweitern: Die Durchsicht der übrigen 70 Hinweise auf das preußische Recht bestätigt, daß VÉLEZ SARSFIELD dessen Regelungen regelmäßig aus GOYENA erschlossen hat, der seinerseits weitestgehend von SAINT-JOSEPH abhängig ist[37]. Es gibt jedoch einige Ausnahmen und insbesondere einen Bereich unmittelbarer Anknüpfung.

2. Die unmittelbare Anknüpfung in den Art. 896ff.

In den Art. 896ff. CCArg geht es um die allgemeine Lehre von den Handlungen; in den Anmerkungen wird sechsmal ausschließlich auf das ALR Bezug genommen. Über FREITAS[38] war VÉLEZ darauf aufmerksam geworden, daß das ALR als erstes Gesetzbuch allgemeine Regelungen zu den Handlungen und den daraus entstehenden Folgen entwickelt hat, also insbesondere zum Willensmoment, zum Verschulden, zur Kausalität etc. VÉLEZ hat sich daraufhin den einschlägigen dritten Titel des ersten Teils von José Fran-

[35] *Concordance* (1840) S. 64. – Da die 2. Aufl. (1856) die Regel (ohne diesen Zusatz) unter *„109 à 115"* einordnet, kann VÉLEZ sie auch hier nicht benutzt haben.

[36] In enger Anlehnung an GOYENA Art. 10 (jedoch unter Weglassung der Testamente, bei denen der Satz umstritten war). GOYENA wird durch Art. 10 C. Louisiana inspiriert sein. Vgl. auch LÉON S. 44 (verkürzend).

[37] Dies erweist auch die o. Fn. 11 erwähnte Übersicht.

[38] Aus dessen *Esboço* (Anm. zu Art. 431) zitiert VÉLEZ in der *nota preliminar* zu den Art. 896ff.

cisco LÓPEZ übersetzen lassen, die §§ 1–49 I 3 ALR also *direkt* für seine Arbeit ausgewertet[39].

Seine Anmerkungen zu den einschlägigen Artikeln machen dies auch deutlich: Das ALR wird hier stets allein angegeben, nämlich zu Art. 900 (Zurechnung) der § 3 I 3 ALR, zu Art. 902 (abgestufte Verantwortlichkeit) der § 9 I 3 ALR, zu Art. 906 (orig.) (*casus dolo vel culpae subordinatus*) die §§ 10ff. I 3 ALR, wobei der § 13 gemeint ist; zu Art. 909 (*culpa in abstracto, culpa in concreto*) die §§ 24, 25 I 3 ALR und zu Art. 911 (Handlungsfreiheit) die §§ 27, 28 I 3 ALR.

Doch ist in diesem Bereich wesentlich mehr aus dem ALR in den CCArg geflossen, als die Angaben in den Fußnoten ausweisen. So ist Art. 901 (unmittelbare und mittelbare Folgen) nach den §§ 4, 5, 6 I 3 ALR formuliert, der Art. 903 (Zurechnung unmittelbarer Folgen) ist geradezu eine wörtliche Übersetzung des § 7 I 3 ALR. Art. 903 (Zurechnung mittelbarer Folgen) stellt sich als eine Zusammenfassung der §§ 8 und 10 I 3 ALR dar, und Art. 905 (grundsätzlich keine Zurechnung zufälliger Folgen) ist aus den §§ 11 und 12 I 3 gebildet worden. Art. 910 (Handlungsfreiheit) beruht auf § 26 I 3 ALR, und Art. 912 (Freiheitsrestriktion) folgt schließlich dem § 29 I 3 ALR. Demnach gehen in der Handlungslehre die Art. 900–906, 909–912 direkt auf das ALR zurück[40]. Im übrigen hat VÉLEZ sich, wie in seinen Anmerkungen auch zum Ausdruck kommt, auch in diesem Bereich an FREITAS orientiert[41] und zur Willenserklärung im besonderen Maße an SAVIGNY[42].

3. Weitere Quellen

Wie schon bei dem Hinweis auf die allgemeine Handlungslehre des ALR (Tit. I 3) deutlich wurde, hat VÉLEZ preußisches Recht auch aus dem *Esboço* von FREITAS erschlossen. Dies bestätigt sich in drei weiteren Fällen, insbeson-

[39] CABRAL TEXO S. 101; CHANETON S. 366 Fn. 18; LÉON S. 5, s. auch S. 39, 40f., 43.

[40] Auch Art. 919 (Stillschweigen) dürfte außer durch SAVIGNY (s. Fn. 42) zugleich durch § 61 I 4 ALR angeregt sein.

[41] So knüpft Art. 900 außer an § 3 I 3 ALR an Art. 445 des *Esboço* an; Art. 907 (orig.; Billigkeitshaftung) an Art. 3456 *Esboço*; Art. 908 (Haftung Aufsichtspflichtiger) an Art. 843, 3456 *Esboço*; Art. 913, 914 (Willensmanifestation) an Art. 445, 446 *Esboço*.

[42] So stimmt Art. 915 („*La declaración de la voluntad puede ser formal o non formal, positiva o tácita, o inducida por una presunción de la ley*“) nahezu völlig überein mit SAVIGNYs Darstellung in System, Bd. 3, Berlin 1840, S. 237f.: „Sie kann förmlich oder formlos seyn; ausdrücklich oder stillschweigend; wirklich vorhanden oder fingiert, das heißt vermöge einer Rechtsregel als vorhanden anzusehen“. Der Art. 916 (förmliche Erklärungen) ist gleich anschließend (S. 238) vorgezeichnet, Art. 917 (ausdrückliche Willenserklärung) auf S. 243, Art. 918 (stillschweigende Willenserklärung) auf S. 245, Art. 919 (Stillschweigen) auf S. 248f. etc. Auch an anderen Stellen ist dies zu beobachten, beispielsweise stellt Art. 945 (*actos jurídicos*) eine fast wörtliche Übersetzung von System, Bd. 3, S. 3 dar.

dere bei Art. 63 CCArg zum *nasciturus*[43]. Daneben hat VÉLEZ zu seinen Darlegungen über die Grundsätze der Inhaberpapiere seine Kenntnis der „*legislación de Prusia*“ aus SAVIGNYs Obligationenrecht gewonnen[44]. Es bleiben dann noch fünf Fälle, in denen eine Information über GOYENA, FREITAS oder SAVIGNY ausscheidet und sich als nächstliegende Erklärung die direkte Benutzung der *Concordance* von SAINT-JOSEPH anbietet[45].

C. Die Einflüsse im einzelnen

I. Das ALR als alleiniger Anknüpfungspunkt

1. Offenliegende Anknüpfungen

Hält man sich an die Angaben in den Anmerkungen, so bilden die allgemeinen Lehren zu den Handlungen den Hauptbereich, in dem preußisches Recht den CCArg geprägt hat. Freilich stellen sich die Normen des ALR zum Willensmoment, zum Verschulden, zur Kausalität und zur Schadenshaftung als Früchte des *Usus modernus* und des Naturrechts dar; zum großen Teil sind sie bereits in der Kasuistik des römischen Rechts angelegt. Als Verallgemeinerungen sind sie teilweise eher bedenklich, wie etwa die schwierige Unterscheidung zwischen den unmittelbaren und den mittelbaren Folgen einer Handlung (§§ 4, 5, 6 I 3 ALR), die VÉLEZ in Art. 901 CCArg übernommen hat.

Abgesehen von diesem wichtigen Bereich, in dem das ALR noch heute die Interpretation der einschlägigen Artikel des argentinischen *Código civil* nachhaltig beeinflußt[46], geht es in den übrigen acht Fällen, in denen VÉLEZ einzig auf das ALR Bezug nimmt oder allein diesem Gesetz folgt, um bloße Detailregelungen: In vier Fällen handelt es sich darum, daß das ALR römischrechtliche Gedanken verallgemeinert oder sonst eine anerkannte Doktrin ins Gesetz übernommen hatte, nämlich bei der Rückwirkung interpretierender

43 Art. 14 Nr. 4 (*Esboço* Art. 5 Nr. 4); 63 (*Esboço* 53, 221) und zu dem (Tit. II 6 ALR meinenden) Hinweis vor Buch 1, Secc. 1, Tit. 1 CCArg (*Esboço* zu Art. 272).

44 *Nota* zu Art. 731 Nr. 6 CCArg (vgl. SAVIGNY, Obligationenrecht, Bd. 2, Berlin 1853, §§ 62–70, S. 92ff., 127f.).

45 So zu Art. 270 (keine Ausstattungspflicht; gegen §§ 232, 233 II 2 ALR); 926 (Qualitätsirrtum, mit der Definition von §§ 4, 5 I 2 ALR, wörtl.); 943 (gegen die *laesio enormis* und §§ 59, 60, 69, 250 I 11 ALR); 1071 orig. (*qui suo iure utitur*, mit § 94 Einl., wörtl.) und 325 orig. CCArg (wo entgegen Art. 340 CCF [„*La recherche de la paternité est interdite*“] mit §§ 617ff. II 2 ALR die Abstammungsklage des nichtehelichen Kindes zugelassen wurde). Da im letzten Fall weitere Gestze angeführt werden, die sich nur in der 2. Aufl. der *Concordance* von SAINT-JOSEPH finden, muß hier diese benutzt worden sein.

46 S. etwa die Korrektur des Redaktionsversehens bei Art. 901 S. 1 nach § 4 I 3 ALR („*que acostumbran suceder*“), vgl. SANTOS CIFUENTES in BELLUSCIO, *Código Civil*, Bd. 4, Buenos Aires 1982, Art. 901 Anm. 9 a, dort (Anm. 9 c) auch weiteres.

Gesetze (Art. 4 orig.), bei der Regel *locus regit actum* (Art. 1180)[47], beim *favor negotii* (Art. 14 Nr. 4)[48] und bei der Fortsetzungspflicht, die den Beauftragten trotz Kündigung zur Schadensvermeidung treffen kann (Art. 1979)[49]. In zwei Fällen nahm VÉLEZ das ALR zum Vorbild, weil es sich gegen die bisherige Rechtstradition entschieden hatte, im Art. 570 gegen die Regel *diei adiectio pro reo* (oben nach Fn. 32) und im Art. 1622 gegen die *relocatio tacita*[50], und in einem weiteren Fall, beim Fremdentestament (Art. 3663), weil es offenbar erstmals eine Bestimmung zu diesem gerade für Einwanderungsländer wichtigen Problem getroffen hatte[51]. Hinsichtlich der Vergütungsgefahr beim Werkvertrag schließlich (Art. 1642) glaubte VÉLEZ, dem ALR eine generelle Entscheidung dieser für das römische Recht zweifelhaften und umstrittenen Problematik entnehmen zu können. Doch handelt es sich lediglich um die sehr bedenkliche Verallgemeinerung einer Sonderregelung aus dem ALR, das insoweit einem anderen Grundsatz folgte[52].

2. Verdeckte Anknüpfungen

Mit Beeinflussungen des CCArg durch das ALR ist allerdings auch dort zu rechnen, wo die Anmerkungen keine Hinweise geben. Denn es finden sich Fälle mittelbarer Beeinflussung, also solche, in denen VÉLEZ einem Autor folgt, der seinerseits seine Lösung aus dem ALR geschöpft hatte. Für zumindest zwei Bereiche steht dies im Hinblick auf TEIXEIRA DE FREITAS fest.

So hat VÉLEZ sich bei der Lehre von den Personen vor allem auf FREITAS (und SAVIGNY) gestützt. FREITAS seinerseits hat sich an das ALR angelehnt und beispielsweise mit § 13 I 1 ALR den Beweis für die Lebendgeburt darin gesehen, daß Zeugen einen Schrei des Kindes vernommen haben[53]. VÉLEZ

47 Zu beidem s. o. nach Fn. 27 und bei Fn. 35.

48 §§ 26, 35 Einl. ALR, erörtert bei SAVIGNY, System, Bd. 8, 1849, insbes. S. 143f. mit dem Hinweis, eine gleichartige Bestimmung lasse sich in den Gesetzen jedes Staates denken, woran FREITAS anknüpft, von dem dann VÉLEZ die Regelung übernahm (vgl. o. Fn. 43).

49 Nach § 172 I 13 ALR, der insoweit den römischrechtlichen Gedanken (D. 17.1.22.11; 27.2; I.3.26.11) weiterführt.

50 Nach § 325 I 21 ALR gegen D. 19.2.13.11; 14. Doch ist die dogmatisch schwer einzuordnende Lösung des Art. 1622, daß der mit Fristablauf beendete Vertrag (Art. 1604 Nr. 1, 1609 CCArg) bis zur jederzeitigen Beendigung fortwährt, für den Hauptbereich der Landpacht inzwischen außer Kraft gesetzt (Art. 20 des Gesetzes 13.246).

51 An § 126 I 12 orig. ALR anknüpfend, aber mit so erhöhten Anforderungen (2 Dolmetscher, 3 sprachkundige Zeugen), daß die BGB-Verfasser den Art. 3663 von vornherein als Vorbild ausschieden, s. Die Vorlagen der Redaktoren etc., hgg. v. W. SCHUBERT, Erbrecht, Bd. 1, Berlin/New York 1984, S. 545 Fn. 1.

52 Nach § 917 I 11 ALR (zu fungiblen Arbeitsleistungen, etwa von Tagelöhnern). Als Grundsatz für den Werkvertrag bestimmte § 960 I 11 ALR die Vergütungsgefahr des Unternehmers.

53 *Esboço* zu Art. 225.

folgt dem in Art. 73 CCArg. Der wohl wichtigste dieser verdeckten Einflüsse findet sich zur Gefahrtragung beim Kauf, zu dem FREITAS die Gefahrtragungsregel des ALR und des ABGB in den *Esboço* übernommen hatte (oben Fn. 5). Wie die Art. 1416, 1417, 578, 580 CCArg zeigen, ist VÉLEZ dem gefolgt.

II. Römisches Recht, ALR und CCArg

Wie erwähnt ist VÉLEZ in knapp zwei Dritteln der 73 Fälle, in denen er das ALR, sei es allein, sei es zusammen mit anderen Gesetzen anführt, dessen Lösung gefolgt. Weit überwiegend handelt es sich bei diesen Übereinstimmungen um Fälle, in denen das ALR lediglich die Lösungen des römisch-gemeinen Rechts wiedergibt[54], bei denen es also bestenfalls mitwirkender Faktor für die Übernahme in den CCArg gewesen sein kann[55]. Verschiedentlich entscheidet VÉLEZ allerdings auch mit dem ALR gegen die römischrechtliche Überlieferung[56], seltener umgekehrt mit dem römischen Recht gegen das ALR[57]. Bei alldem liegt der Schwerpunkt im Schuldrecht; daß sich zum Sachenrecht kein einziger Hinweis auf das ALR findet, wird daran liegen, daß GOYENA im Sachenrecht (Art. 379ff.) das ALR (und auch das ABGB) nicht berücksichtigt.

Übergreifende Konzepte sind bei der Auswahl nicht recht erkennbar, wie überhaupt VÉLEZ SARSFIELDs Bestreben, die jeweils angemessenste Lösung zu übernehmen, dazu geführt hat, daß die Regelungen der einzelnen Materien im CCArg hier und da etwas eklektisch erscheinen. Zu zwei Bereichen läßt sich bei unserem Fragenkreis allerdings eine allgemeine Tendenz erkennen.

[54] Das ja überhaupt die breite Grundlage des ALR bildet, vgl. nur C. G. SUAREZ, Vorträge über Recht und Staat, hgg. v. H. CONRAD u. G. KLEINHEYER, 1960, S. 226f., 595, 599–601; H. HATTENHAUER (Hrsg.), Allg. Landrecht für die Preuß. Staaten v. 1794, 1970, Einf. S. 20.

[55] S. etwa Art. *4 orig.* (o. bei Fn. 27); *19* (§ 193 I 5 ALR; D. 2.11.4.4); *178 orig.* (14, 968 II 1; D. 23.2.36; 59; 64 pr., 1); *309 orig.* (90, 91, 266 II 2; D. 37.12.5; C. 1.4.12); *374* (413, 366, 367 I 16; D. 2.15.8; C. 2.4.8); *624* (843 I 11; 19.1.49.1; 46.3.5.2; 43); *832* (405, 410, 393 I 16; D. 2.15.1; C. 2.4.38); *909* (24, 25 I 3; D. 16.3.32; 17.2.72 etc.); *1180* (o. bei Fn. 35, vgl. D. 21.2.6; 22.5.3.6; C. 6.32.2); *1522* (383 I 21; D. 19.2.13.7; 15.2; 33; 34 etc.); *1530* (446 I 21; D. 19.2.11.2; 13.7); *1652* (245, 246 I 17; D. 17.2.29.2); *1946* (85 I 13; D. 46.3.56); *1956* (83 I 13; 30.70.2; 17.1.55); *1979* (172 I 13; D. 17.1.22.11; 27.2; I.3.26.11); *1995* (277, 278 I 14; D. 46.1.8.7; 9; 34; I.3.20.5); *2012, 2013 Nr. 5, 6* (283, 297ff. I 14; Nov. 4.1); *2033* (342ff., 349 I 14; D. 17.1.29.3); *2285* (231, 232 I 21; D. 43.26.1 pr.); *3664* (133ff. I 12; I.2.10.9–11); *3947* (501 I 9; D. 41.3.1; 3).

[56] S. etwa Art. *570* (o. nach Fn. 32, 49); *1622* (o. Fn. 50); *1758* (278, 280 I 17; D. 17.2.4.1; 59 pr.; 65.9); *3614* (17ff. I 12; D. 28.1.5; I.2.12.1); *3663* (o. Fn. 51; vgl. C. 5.28.8; 6.23.21.6; 7.2.14); *3710* (256ff. I 12; D. 50.17.7; I.2.14.5).

[57] Art. *1496* (366, 371, 373 I 21; C. 4.65.10; I.3.24.6); *1583* (309 I 21; C. 4.65.6; D. 19.2.30 pr.; 58 pr.; 60 pr.).

III. Leitgedanken

1. Der Erziehungszweck im ALR

Einer der wesentlichsten Zwecke, die das ALR verfolgt, besteht darin, die Ausbildung des einzelnen nach seinen Fähigkeiten möglichst zu fördern. SUAREZ, der Hauptredaktor, sieht als „die großen und wichtigen Zwecke der bürgerlichen Gesellschaft", also des Staates, an, erstens die Sicherheit des Eigentums und der Rechte für jeden einzelnen durch die vereinigten Kräfte aller, zweitens den ungestörten Gebrauch der natürlichen Freiheit eines jeden, soweit dies mit der Sicherheit und Freiheit der übrigen vereinbar ist, und drittens die Erleichterung der Mittel und Gelegenheiten zur Förderung des Privatwohlstandes durch Veranstaltungen zur Ausbildung des Verstandes und Herzens[58]. Dem liegt im wesentlichen die Pflichtenlehre Christian WOLFFs zugrunde. Danach verpflichtet schon das Naturgesetz den einzelnen, sich zu vervollkommnen und – da dies mit vereinten Kräften besser möglich sei – zugleich zur Vervollkommnung anderer beizutragen[59]. Der Abschluß des Gesellschaftsvertrages ändert nach WOLFF daran nichts, stellt vielmehr auch die Regenten und Staaten unter das allumfassende Gebot der Vervollkommnung.

Daraus erklärt es sich, daß das ALR die Eltern verpflichtet, ihre Kinder zu künftigen brauchbaren Mitgliedern des Staates zu erziehen, indem sie sie in einer nützlichen Wissenschaft, Kunst oder einem Gewerbe ausbilden lassen (§ 108 II 2). Deshalb gewährt das ALR auch Söhnen, die sich selbständig machen, und Töchtern, die sich verheiraten, einen Anspruch auf Ausstattung zur ersten Einrichtung des Betriebes oder Haushalts (§§ 232, 233 II 2)[60]. Demgegenüber lehnt VÉLEZ derartige Ansprüche ab (Art. 270 CCArg) und bleibt damit in der vom Leitbild der *patria potestas* geprägten Tradition. Dazu paßt, daß er zugleich daran festhält, daß Eltern, die ihre Zustimmung zum Eheschluß des Kindes verweigern, die Gründe dafür nicht anzugeben brauchen und daß ihre Entscheidung auch nicht angefochten werden kann (Art. 170 orig. CCArg). Demgegenüber berücksichtigt das ALR wieder stärker die Selbstentfaltung und Selbstvervollkommnung des Kindes, das gegen eine verweigerte Zustimmung den Richter anrufen kann (§§ 68ff. II 1)[61].

58 SUAREZ (o. Fn. 54) S. 64f.

59 S. nur die Zusammenfassungen bei Chr. WOLFF, *Institutiones Juris Naturae et Gentium* (Halle, Magdeburg 1754), §§ 43, 44, 52, 103ff., 133, 971f., 1069, 1093ff.

60 Vergleichbar zur Mitgift D. 23.2.19; C. 5.11.7.2.

61 Als Vorläufer kann D. 23.2.19 angesehen werden.

2. Freiheitssicherung

Der leitende Gedanke des ersten Teils des ALR ist „der Grundsatz der möglichsten Freiheit", also der größtmöglichen[62]. Auch dies entspricht dem erwähnten aufklärerischen Leitbild von der Erziehung des Individuums zur Freiheit und damit zum Glück. Es ist dieser Freiheitsgedanke, der dazu geführt hat, daß das ALR die allgemeinen Regeln der Handlungslehre kodifiziert hat, und es ist kennzeichnend, daß die Quintessenz der Freiheit im Handlungsbegriff gefunden wird. Der erste Satz der Handlungslehre lautet: „Sollen aus Handlungen Rechte entstehn, so müssen die Handlungen frei sein" (§ 1 I 3 ALR), und der zweite Satz sichert die Gedankenfreiheit: „Nur äußere freie Handlungen können durch Gesetze bestimmt werden". Daraus leiten sich die anschließenden Bestimmungen ab, wie etwa die freiheitssichernde Regelung, daß der Handelnde für mittelbare Folgen seiner Handlung nur dann einzustehen hat, wenn er sie bei gebotener Aufmerksamkeit voraussehen konnte (so die §§ 8, 10 I 3 ALR, die Vorbilder des Art. 904 CCArg).

3. VÉLEZ SARSFIELDs Entscheidungen

VÉLEZ SARSFIELDs Haltung erscheint dort als konservativ, wo es um Ehe und Familie geht, wie bei der Versagung von Ausstattungsansprüchen (Art. 270 CCArg) und beim Ausschluß von Anfechtungsrechten des Kindes gegen die verweigerte Zustimmung zum Eheschluß (Art. 170 orig. CCArg) deutlich wird. Dies zeigt sich auch daran, daß VÉLEZ sich zugleich gegen die beiden wesentlichen Neuerungen entschied, zu denen der *Code civil* nach dem Vorbilde des ALR gelangt war.

Das ALR erlaubte kinderlosen Eheleuten, im gegenseitigen Einvernehmen eine vollständige Scheidung (*a vinculo*) durch Richterspruch zu erwirken, § 716 II 1 ALR[63]. Dem folgte der CCF von 1804 in Art. 233, doch wurde diese Bestimmung schon 1816 aufgehoben. Demgegenüber schloß VÉLEZ schon eine einverständliche Trennung der Eheleute auch ohne Auflösung des ehelichen Bandes (*separación personal*) aus, Art. 200 orig. CCArg.

Auch hat das ALR erstmals unter den neuzeitlichen Kodifikationen die Adoption zugelassen, sie in ihren Wirkungen allerdings im wesentlichen auf das Verhältnis des Adoptierenden zum Adoptierten beschränkt (§§ 666ff. II 2 ALR), was entsprechende Regelungen im *Code civil* inspiriert hat, Art. 343ff. CCF von 1804 (oben Fn. 3). Doch sah VÉLEZ davon ab, das Institut in den

[62] So der Redaktor E. F. KLEIN, s. HATTENHAUER (o. Fn. 54) S. 30f.; vgl. auch H. CONRAD in W. HUBATSCH (Hrsg.), Absolutismus, 1973, S. 320, 322f., 352f. pass.

[63] Auch dies ist Frucht der Aufklärung, s. nur Chr. WOLFF (o. Fn. 59) § 871. Vgl. auch H. HATTENHAUER, Grundbegriffe des Bürgerl. Rechts, München 1982, S. 145ff.

CCArg aufzunehmen, weil es zwar in Rom eine vollkommene Regelung erfahren habe, im ALR und im CCF dagegen auf eine persönliche Beziehung zwischen Adoptierenden und Adoptierten beschränkt und insoweit wissenschaftlich noch nicht hinreichend geklärt sei[64].

Soweit es demgegenüber um die Handlungsfreiheit geht, wird man annehmen dürfen, daß VÉLEZ die Regelungen nicht deshalb bejahte, weil er der Pflichtenlehre der späten Aufklärung gefolgt wäre[65], sondern offensichtlich weil deren Ergebnisse insoweit mit Grundanliegen eines Liberalismus landläufigen Verständnisses übereinstimmten. Es ist wohl kennzeichnend, daß er die *laesio enormis* verwirft und dafür anführt, ihre Anerkennung bedeute, daß man insoweit aufhöre, selbstverantwortlich zu handeln[66]. Ebenso kennzeichnend ist, daß er bei der Umschreibung der Rechte des Eigentümers ausdrücklich hervorhebt, das Eigentum gebe auch das Recht, die Sache zu verschlechtern und zu zerstören (Art. 2513 urspr. CCArg)

Dagegen hatte das ALR im Streben nach materialer Vertragsgerechtigkeit dem Käufer (nicht aber dem Verkäufer) im Falle der *laesio enormis* ein Aufhebungsrecht zugebilligt (§§ 58ff. I 11 ALR). Auch findet sich im ALR keine Bestimmung, in der ein Zerstörungsrecht des Eigentümers ausgesprochen wird; § 9 I 8 ALR nennt vielmehr nur die Rechte, die Sache zu besitzen, sie zu gebrauchen und sich ihrer zu begeben, also das Eigentum an ihr aufzugeben. Auch das führt über WOLFFs Naturrechtslehre, nach der ein *abusus rei suae* nach der *lex naturalis* unerlaubt ist[67], zurück in das römische Recht[68], das bei der rechtsvergleichenden Arbeit wie bei der Erschließung des geltenden Rechts als Grundlage immer wieder hervortritt. Es bleibt damit, so hat der verehrte Jubilar, der ihm sein wissenschaftliches Hauptinteresse gewidmet hat, mit Nachdruck betont, nicht nur von historischem, sondern auch von aktuellem Interesse.

[64] VÉLEZ in seinem Begleitbrief v. 21. 6. 1865 (o. Fn. 25) bei CABRAL TEXO S. 114f.
[65] Überhaupt war er philosophischen Lehren gegenüber sehr reserviert, vgl. MARTINEZ PAZ (o. Fn. 7) S. 112f.
[66] S. die lange *nota* nach Art. 943 CCArg.
[67] *Institutiones* (o. Fn. 59) §§ 202, 195, 198, vgl. auch MAYER-MALY, Fs. Hübner, 1983, S. 154.
[68] Gai. 1.53: *male enim nostro iure uti non debemus.*

*Einflüsse des Louisiana Civil Code in Lateinamerika**

Rolf Knütel

1. [*Einführung. Ein Beispiel*[1]]. — Die Technik verändert die Welt; an den juristischen Problemen ändert sie jedoch verhältnismäßig wenig. In den letzten Jahren haben die Zeitungen des öfteren die Meldung gebracht, im Jumbo-Jet sei ein Kind geboren worden. In der Zeit der Segel- und Dampfschiffe war es nicht selten, daß eine Frau während der Überfahrt auf dem Schiff ein Kind zur Welt brachte. An diese Zeiten denken wir zurück, wenn wir Art. 2753 des Louisiana Civil Code (= Art. 2724 LaCC 1825) lesen:

The price of a passage agreed to be paid by a women [woman], for going by sea from one country to another, shall not be increased in case the woman has a child during the voyage, whether her pregnancy was known or not by the master of the ship.

Dieser Artikel ist nun keineswegs eine « Erfindung » der Redaktoren des Louisiana Civil Code oder seines Vorläufers, des Louisiana Digest von 1808 (Art. 62 L. III Tit. 8). Der Louisiana Civil Code ist vielmehr nur eine Zwischenstation auf dem Weg, den der in Art. 2753 enthaltene Rechtsgedanke um die Welt nimmt. Wir können ihn zu seinem Ursprung ebenso zurückverfolgen wie seinen weiteren Weg in ein sehr berühmtes Gesetzbuch Südamerikas.

Ursprung ist der Digestentext

D. 19.2.19.7 (Ulp. 32 *ad ed.*). Si quis mulierem vehendam navi conduxisset, deinde in nave infans natus fuisset, probandum est pro infante nihil deberi, cum neque vectura eius magna sit neque his omnibus utatur, quae ad navigantium usum parantur[2].

Ulpians Entscheidung zu der Schwangeren auf dem Schiff erklärt sich durch eine Interpretation der *formula* der *actio conducti*: Sie gebot dem Richter zu entscheiden, was der Besteller, hier die reisende Frau, dem Unternehmer, hier dem Schiffer, nach Treu und Glauben (*ex fide bona*) schuldete[3]. Und nach Treu und Glauben ist es in der Tat so, daß die Beförderung des Säuglings « nicht ins Gewicht fällt » und daß er von dem, was für die Passagiere zubereitet wird, also vom Essen, keinen Gebrauch macht; er hat andere « Quellen », die ihn speisen.

Einer der berühmtesten französischen Juristen, Robert Josèphe Pothier (1699-1772), dessen Arbeiten vor allem das Vertragsrecht des französischen Code civil (= Cc) entscheidend bestimmt haben, hat zu Ulpians Entscheidung hervorgehoben, es mache keinen Unterschied, ob der Schiffer die Schwangerschaft gekannt habe oder nicht[4]. Danach war eine entspre-

* Index, Quaderni camerti di studi romanistici 25 (1997) 117 – 143.

chende Vorschrift in dem 1800 publizierten Projet du gouvernement de Code civil vorgesehen:

Le prix du passage par mer, d'une femme, d'un pays à un autre, n'augmente pas, quoiqu'elle accouche dans la traversée, soit que le maître sût ou ignorât qu'elle était enceinte [5].

Da der Code civil jedoch nicht zu viele Detailregelungen enthalten sollte, wurde die Bestimmung zwar nicht in dieses Gesetzbuch aufgenommen; das Projekt von 1800 wurde jedoch zu ungefähr 70% dem Louisiana Digest von 1808 und den späteren Versionen des Louisiana Civil Code zugrundegelegt [6], und auf diesem Wege gelangte die Bestimmung in den heutigen Louisiana Civil Code.

Aus diesem Gesetzbuch hat Andrès Bello (1781-1865), das venezolanisch-chilenische Universalgenie — Literat, Philologe, Naturwissenschaftler, Diplomat, Jurist —, die Bestimmung in den Código civil de la República de Chile von 1855 aufgenommen. Dieses Gesetzbuch gilt als die erste grundlegende und eigenständige und zugleich als die sprachlich bestgelungene Privatrechtskodifikation Lateinamerikas [7]. Der Art. 2017 Ch.CC lautet:

El precio de la conducción de una mujer no se aumenta por el hecho de parir en el viaje, aunque el acarreador haya ignorado que estaba encinta.

Bello weist in seinen (zumeist sehr knappen) Anmerkungen ausdrücklich und ausschließlich auf den Art. 2724 LaCC (1825) als seine Vorlage hin [8]. Angesichts der langen Küste Chiles kann man sich gut vorstellen, daß Bello die Regelung des Artikels für praktisch wichtig hielt.

Wir machen bei dieser Gelegenheit noch darauf aufmerksam, daß der antike Text Ulpians zugleich ein gutes Beispiel dafür bietet, wie sehr römisches Rechtsdenken unser heutiges Rechtsdenken beeinflußt hat. Wir halten es heute für geradezu selbstverständlich, daß für Kinder bis zum vollendeten 4. oder — so im internationalen Eisenbahnverkehr [9] — 5. Lebensjahr nichts bezahlt werden muß, wenn sie ein öffentliches Verkehrsmittel in Begleitung ihrer Eltern benutzen. Doch rührt das daher, daß man diese Bestimmung schon in der ersten Hälfte des vergangenen Jahrhunderts in den frühesten Eisenbahn-Betriebs-Reglements getroffen hat, und zwar veranlaßt durch den Ulpian-Text.

2. [*Zur Kenntnis lateinamerikanischer Kodifikatoren vom LaCC*]. — Vor dem Hintergrund dieses besonders anschaulichen Beispiels dafür, wie Bestimmungen des Louisiana CC die Kodifikationen Lateinamerikas beeinflußt haben, fragen wir uns, wie sich dieser Einfluß erklärt. Dabei geht es genau genommen um zwei Fragen, nämlich um die eine — mehr praktische —, wie die Gesetzesverfasser lateinamerikanischer Gesetzbücher überhaupt Kenntnis von den Bestimmungen des LaCC erlangen konnten,

und um die andere, warum sie es für nützlich oder angemessen hielten, dieses Gesetzbuch bei ihrer Arbeit auszuwerten. Im Anschluß daran wollen wir dann auf die drei wichtigsten Kodifikationen Südamerikas schauen und versuchen, konkrete Einblicke zu gewinnen.

Fortuné Anthoine de Saint-Joseph war ein fleißiger Mann, der trotz seiner Kontakte zu höchsten Kreisen — seine Tanten waren Gattinnen von Joseph Bonaparte und General Bernadotte —, über die Position des Richters an einem erstinstanzlichen Gericht in Paris nicht hinausgelangte [10]. Seine wichtigste Leistung ist die « Concordance entre les Codes civils étrangers et le Code Napoléon ». Sie erschien erstmals 1840 [11], wenig verändert nochmals 1842 [12]. In dieser Concordance stellt Anthoine de Saint-Joseph neben dem Code civil, dessen Artikel auf der linken Spalte (des öfteren gekürzt) abgedruckt sind, in französischer Sprache die wichtigsten damaligen Kodifikationen synoptisch dar, also jeweils insoweit, wie sie die von den Artikeln des Code civil bestimmten Sachkomplexe geregelt haben. Hauptsächlich werden in dieser Concordance dargestellt der Civil Code des Königreichs Beider Sizilien (Regno delle Due Sicilie; von 1819); der Louisiana Civil Code von 1825, der Codice civile Albertino von 1837 (Piemont) sowie der Civil Code des Königreichs der Niederlande (1838), der Codex Maximilianeus Bavaricus Civilis (1756, Bayern), das österreichische Allgemeine Bürgerliche Gesetzbuch (ABGB, 1811) und das preußische Allgemeine Landrecht (ALR, 1794).

Diese Concordance verschaffte den Gesetzesverfassern in der Mitte des 19. Jahrhunderts einen überaus nützlichen Überblick über die damals geltenden Zivilrechtskodifikationen und wurde für sie damit zu einem entscheidenden Hilfsmittel [13]. Zu der ersten Auflage besorgten Verlanga de la Huerta und Muñiz Miranda eine spanische Übersetzung, die unter wesentlichen Fehlern leiden soll [14]. 1856 schließlich kam eine stark veränderte und erweiterte Neuauflage in 4 Bänden heraus; sie wurde nach Saint-Josephs Tod von seinem Sohn Arthur Anthoine de Saint-Joseph unter Mitwirkung von Jules Bergson vollendet [15] Der Louisiana Civil Code (1825) wird dort in Band 2, S. 459-573 gekürzt wiedergegeben.

Der Art. 2724 des LaCC (1825) mit der Regelung zur Geburt auf dem Schiff ist in der Synopse [16] auf S. 95 wiedergegeben. Es ist gut möglich, daß Andrés Bello über diese Concordance auf den Artikel des LaCC gestoßen ist. Möglich und wohl noch wahrscheinlicher ist aber, daß er den Artikel 2724 LaCC (1825) aus einem anderen Werk erschlossen hat, das er nach seinem eigenen Bekundungen sehr viel benutzt hat, nämlich aus García Goyena.

Florencio García Goyena, ein spanischer Jurist und Politiker (1783-1853), kehrte nach dem Tod des Königs Ferdinand VII. 1833 aus dem Exil zurück und wurde 1847 spanischer Justizminister. Ab 1846 leitete er die zweite Redaktionskommission zur Schaffung eines spanischen Código civil. 1851 legte er den Entwurf nebst ausführlichen Motiven vor, die « Concordancias. Motivos y Comentarios del Código civil Español » [17]. Sie haben dem spanischen Código civil, der nach mehreren weiteren Anläufen erst 1889 in Kraft gesetzt wurde, sehr wesentliche Impulse gegeben und die Arbeit an den südamerikanischen Zivilgesetzbüchern stark beeinflußt.

Zu Art. 1543 seines Entwurfs bringt García Goyena[18] den Hinweis, daß der LaCC in Art. 2724 bestimmt, daß der Preis einer Schiffspassage sich nicht vergrößert, wenn eine Frau auf der Fahrt niederkommt, gleichgültig ob der Kapitän von der Schwangerschaft gewußt habe. Hier ist also ebenfalls der maßgebliche Inhalt des Art. 2724 wiedergegeben und zusätzlich auch auf dessen Ableitung aus D. 19.2.19.7 hingewiesen. Andrés Bello kann hier die Anregung für seinen Art. 2017 Ch.CC bekommen haben.

Es ist wichtig, diese beiden Werke, Saint-Josephs Concordance und García Goyenas Concordancias, im Auge zu behalten; beide Werke sind das hauptsächliche Transportmittel für den Export von Bestimmungen des Louisiana Civil Code nach Lateinamerika und natürlich auch — worauf Shael Herman vor einiger Zeit hingewiesen hat[19] — zurück in die Alte Welt, nach Spanien und Europa überhaupt. Zusätzlich ist darauf hinzuweisen, daß García Goyena seine Kenntnis von den ausländischen Kodifikationen der damaligen Zeit, die er nahezu zu jedem der vorgeschlagenen Artikel neben den wichtigsten römisch-rechtlichen Texten anführt, praktisch ausschließlich aus Saint-Josephs Concordance gewonnen hat. Dies läßt sich aus Fehlern, die ihm bei der Übernahme von Artikeln aus Saint-Josephs Concordance unterlaufen sind, sicher beweisen[20].

Die Frage, warum die lateinamerikanischen Gesetzgeber bei ihrer Arbeit sich auch über die Bestimmungen des Louisiana Civil Code informiert haben, ist ziemlich einfach zu beantworten. Erstens konnte man von den Regelungen des LaCC verhältnismäßig leicht Kenntnis erlangen; Saint-Joseph (oder Verlanga de la Huerta - Muñiz Miranda) und García Goyena waren den südamerikanischen Kodifikatoren bekannt[21]. Zweitens ist der LaCC auch in der Fassung von 1825 noch das erste Zivilgesetzbuch der Neuen Welt[22]; das mußte ihn zu einem Orientierungspunkt für die jungen Staaten Lateinamerikas machen, die nach Erkämpfung ihrer Unabhängigkeit ihre staatliche Selbständigkeit auch durch ein eigenes Zivilgesetzbuch zum Ausdruck zu bringen suchten. Drittens spielten gewiß auch Gemeinsamkeiten der Rechtsentwicklung eine Rolle. In Louisiana war seit 1769 die wenig übersichtliche Masse des spanischen Rechts in Kraft gesetzt worden, das — mit wesentlichen Einschränkungen für Brasilien — auch in Lateinamerika das hergebrachte Recht war. Und in Louisiana war dieses Recht mit dem seinerzeit modernsten Gesetzbuch verbunden worden, dem vom Pathos der Revolution und der neu errungenen Volkssouveränität bestimmten Code Napoléon von 1804, sei es auch in der « Vorform » des Projet du gouvernement von 1800.

Es ist ohne weiteres begreiflich, daß der Code Napoléon oder Code civil in den jungen Staaten Lateinamerikas die stärksten Eindrücke hinterließ und nachhaltigste Nachahmung fand[23]. Es überrascht daher nicht, daß die ersten nationalen Zivilrechtskodifikationen Lateinamerikas ungeachtet einiger Erweiterungen um Regelungen aus den altspanischen Rechten zum größten Teil wörtliche Übersetzungen des Code civil waren, wie der Código Santa Cruz (1830) und der Código General von Costa Rica (1841) [24]. Hält man sich diesen geradezu beherrschenden Einfluß des französischen Code civil (= Cc) vor Augen und berücksichtigt man, daß auch die Artikel des LaCC recht weitgehend mit denen des Cc übereinstimmen, so wird begreiflich, daß in den Augen der südamerikanischen Kodifikatoren im Regelfall der Cc den LaCC verdrängte. Der LaCC wurde für sie in der Regel erst dann interessant, wenn er eine Regelung enthielt, die nicht schon im Cc enthalten war. Auch insoweit ist unser Fall von der Geburt auf dem Schiff (Art. 2724 LaCC 1825) ein typisches Beispiel.

3. [*LaCC und ChCC*]. — Von den drei wichtigsten Zivilgesetzbüchern Lateinamerikas ist der chilenische Código civil von Andrés Bello von 1855 (= ChCC) der älteste. Er hat nachhaltige Einflüsse auf spätere lateinamerikanische Kodifikationen gehabt; der Código civil von Ecuador (1857) und der Código civil von Kolumbien (1873/87) haben ihn fast wörtlich übernommen. Entsprechendes gilt für den Código civil von El Salvador (1859), in dem freilich viele Teile weggelassen sind und der deshalb erheblich kürzer ausfällt. Auch von den übrigen Kodifikationen ist viel von den Änderungen, die der ChCC gegenüber dem französischen Cc eingeführt hat, übernommen worden [25].

Bello hat in den verschiedenen Gesetzesentwürfen mehrfach auf den LaCC verwiesen. Aus den Anmerkungen, die in seinen Obras completas zusammengestellt sind, ergeben sich 19 ausdrückliche Hinweise; die Herausgeber haben aus den Beobachtungen, die sie bei der Zusammenstellung des Materials gemacht haben, sechs weitere Hinweise gegeben [26]. Wir verweisen dafür auf die Zusammenstellung, die wir als Anlage 1 vorlegen. Aus dieser Zusammenstellung läßt sich Folgendes ersehen.

Zunächst hat Bello vom LaCC den Gedanken übernommen, in einem besonderen Abschnitt häufig vorkommende Begriffe zu definieren (Art. 25 51). Von den neuzeitlichen Gesetzen enthielt nur der LaCC (1825: Art. 1822 ss.) einen derartigen Abschnitt; P. Lira Urquieta hat in Bellos Vorentwürfen Hinweise dafür gefunden, daß Bello sich bei der Schaffung dieses Titels vom LaCC leiten ließ [27]. Gewißlich war Bello sich zugleich dessen bewußt, daß auch die großen Kodifikationen der Antike und des Mittelalters einen Titel über Definitionen enthielten (Tit. 50.16: *De verborum significatione* in Justinians Digesten; Tit. 2.2 der Basiliken, Tit. 5.40 des liber X im Corpus Iuris Canonici; Tit. VII 23 der Siete Partidas).

Was die weiteren Einflüsse angeht, so wird der LaCC in drei Fällen neben anderen Gesetzen nur deshalb angeführt, um zu unterstreichen, daß es sich um eine allgemeine oder jedenfalls sehr weitgehend anerkannte Regelung handelt. Dies gilt für die Ehelichkeitsvermutung und die möglichen Schwangerschaftszeiten, die für die Ehelichkeit eines Kindes von Bedeutung sind, Art. 76 (Geburt zwischen dem 180. und 300. Tag seit der Zeugung), 180 ChCC, sowie für die Frist von 270 Tagen, die eine

Frau nach Auflösung der Ehe bis zur Eingehung einer neuen Ehe als Wartezeit zu wahren hat, Art. 128 ChCC [28].

Am häufigsten sind die Fälle, in denen Bello den Lösungen des LaCC folgt, weil diese sich im französischen Cc nicht finden — wie unsere Schwangere auf dem Schiff — oder ihnen von der Formulierung oder vom Inhalt her überlegen sind. Aus den altspanischen Foralrechten stammt die Regelung, daß ein Tutor als Aufwendungsersatz 10% der Einkünfte des Vermögens einbehalten kann, das seiner Verwaltung unterliegt. Der (inzwischen aufgehobene) Art. 342 LaCC 1825 hatte diese pauschale Regelung, die der Cc nicht kennt, beibehalten, und dies hat Bello darin bestärkt, sie auch in den Art. 526 ChCC aufzunehmen, wo sie noch heute gilt. — Aus dem römischen Recht stammt die Unterscheidung zwischen der Vormundschaft für Unmündige (*tutela*) und der Pflegschaft für Minderjährige (*cura*). Der Cc hatte diese Pflegschaft abgeschafft, der LaCC hatte sie jedoch beibehalten, Art. 357 ff. LaCC 1825. Auch Bello sah sich durch diesen Umstand darin bestärkt, an den beiden überlieferten Instituten festzuhalten, die er in starker Anlehnung an das römische Recht regelte, Art. 338 ff. ChCC.

Im übrigen übernahm er in diesem Bereich auch den dem Cc noch nicht bekannten fortschrittlichen Gedanken des Art. 279 (1825) = 261 LaCC, wonach auch ein nichtehelicher Elternteil dem Kind testamentarisch einen Vormund bestellen kann, Art. 359 ChCC. Von der fortschrittlicheren Lösung des LaCC ließ Bello sich auch bei der Frage der Feststellung einer nichtehelichen Vaterschaft leiten. Während der Cc eine solche Feststellung mit dem berühmten Satz « La recherche de la paternité est interdite » (Art. 340 Cc 1804) verbot, ließ Art. 226 LaCC 1825 sie immerhin für freigeborene weiße Kinder und für freigeborene farbige (sofern als Vater ein Farbiger in Anspruch genommen wurde) zu. In Anlehnung daran gewährte auch Bello ein Recht, die Vaterschaft feststellen zu lassen, allerdings ausschließlich zu dem Zweck, den Unterhalt des Kindes zu sichern, Art. 280 ChCC 1855. Die Entwicklung ist über diese Beschränkungen bekanntlich hinweggegangen.

Einen Schwerpunkt der Verweisungen auf den LaCC bildet der Komplex der Art. 1241-1245 ChCC. Dort geht es um Einzelheiten der *pro herede gestio*, also der Problematik, an welchen Handlungen erkennbar ist, ob jemand eine ihm angefallene Erbschaft angenommen hat. Das ist etwa zu bejahen, wenn jemand eine Handlung vornimmt, die notwendig voraussetzt, daß er Erbe sein will (Art. 1241 ChCC; er überweist etwa die Erbschaftssteuer), nicht aber, wenn er eine dringende Erhaltungsmaßnahme trifft, etwa eine gebrochene Wasserleitung reparieren läßt. Zwar enthält schon der Cc (Art. 774 ff.) hierzu nähere Regelungen; doch erscheinen die entsprechenden Bestimmungen des LaCC detaillierter und klarer. Dies wird der Grund dafür sein, daß Bello in diesem Bereich ausschließlich auf den LaCC Bezug nimmt; einige seiner Artikel sind geradezu wörtliche Übersetzungen aus dem LaCC [29].

Auch zum *error in substantia* (Art. 1454 ChCC) hat Bello sich den genauer formulierten Regelungen der Art. 1837-1839 LaCC 1825 angeschlossen [30]. Eine klarere Aussage als der Cc (Art. 2132, 2148) bringt der LaCC überdies zum mortgage, indem er sagt, daß es auch künftige Verbindlichkeiten sichern kann (mortgage may secure future obligations), Art. 3259, 3260 (1825) = 3298 LaCC. Deshalb hat Bello sich auch für seine entsprechende Regelung zum Pfandrecht in Art. 2413 ChCC allein auf den LaCC gestützt.

In zwei weiteren Bereichen hatte Bello erwogen, Bestimmungen in Anknüpfung an die Regelungen des LaCC zu treffen, nämlich zu Fragen der Inventarerrichtung durch den Erben und zur Deliberationsfrist [31]. Auch hatte Bello zu Art. 2197 ChCC (Zustandekommen des Darlehens mit Auszahlung) ursprünglich den Zusatz vorgesehen, daß jemand, der den Empfang des Geldes in einer öffentlichen Urkunde bestätigt hat, mit der *exceptio non numeratae pecuniae* nicht gehört werden darf. Vorbild war ihm hierbei die in Art. 1341 Cc und in Art. 2256 (1825) = 1848 LaCC ausgesprochene Regel [32].

Gegen Entscheidungen des LaCC hat Bello sich in zwei Fällen ausgesprochen: Er hat (mit Art. 513-515 Cc 1804 und) entgegen Art. 413 (1825) = 426 LaCC an der aus dem römischen Recht übernommenen Möglichkeit einer Entmündigung wegen Verschwendungssucht festgehalten, Art. 442 ff. ChCC. Des weiteren hat er in Art. 210 ChCC 1855 entgegen Art. 331 Cc und Art. 217 (1825) = 198 LaCC die Möglichkeit vorgesehen, auf die Wirkung der Legitimation eines Kindes durch nachfolgenden Eheschluß zu verzichten. Die Bestimmung ist inzwischen jedoch aufgehoben worden.

In den restlichen Fällen, die aufgrund der ausdrücklichen Hinweise auf den LaCC erkennbar sind, geht es darum, daß Bello zu einfacheren Regelungen gegenüber dem LaCC gefunden hat, so bei der klareren Trennung der Schenkungen von Todes wegen und unter Lebenden (Art. 1386 ff. ChCC gegenüber Art. 893 ff. Cc; Art. 1453 ff. [1825] = 1467 ff. LaCC); bei der Normierung der prescripción (Art. 2492 ff. ChCC gegenüber Art. 2219 ff. Cc; Art. 3420 ff. [1825] = 3445 LaCC) und der Arglist (*dolus*; Art. 1458 gegenüber Art. 1841, 1842 LaCC 1825, die in den heutigen Art. 1953-1957 bekanntlich wesentlich verbessert sind). Komplizierter ausgefallen sind dagegen seine Regelungen zur Problematik verschollener Personen (Art. 80 ff. ChCC gegenüber Art. 45 ff. [1825] LaCC).

Über die bislang betrachteten Fälle, in denen wir an ausdrückliche Hinweise anknüpfen konnten, ist mit verdeckten Einflüssen zu rechnen. Diese Einflüsse können über García Goyena vermittelt sein, auf den Bello sich oft gestützt hat und der den LaCC bei der Anfertigung seiner Concordançias stark berücksichtigt hat. Beispielsweise hat im Kaufrecht der LaCC — anders als der Cc — ein besonderes Chapter 5 « At whose risk the thing is, after the sale is completed » (Art. 2467 ff. = 2442 ff. LaCC 1825), ehe die Verpflichtungen des Verkäufers und des Käufers behandelt werden. Auch Goyena hat diesen Aufbau [33], und er findet sich auch im

ChCC (Art. 1817-1823) [34]. Es ist gut möglich, daß Bello zu diesem Aufbau durch den LaCC angeregt wurde. Er kann darauf über Goyena oder auch über Saint-Joseph aufmerksam geworden sein. Er kann aber auch aus dem LaCC von 1825 direkt die Anregung geschöpft haben. Denn es ist ziemlich sicher, daß er ein Exemplar davon gehabt haben muß [35].

Weitere Beispiele: Bello bringt im Titulo preliminar einen besonderen Abschnitt (§ 4) über die Gesetzesauslegung (Art. 19-24 ChCC), für den offensichtlich das entsprechende Kapitel 2 (Interpretation of laws) des Preliminary Title des LaCC (Art. 13-18 LaCC 1825, heute Art. 9-13 LaCC) das Vorbild ist. Es ist wohl kennzeichnend, daß in beiden Gesetzen als erste Interpretationsregel die berühmte « sens clair-Doktrin » normiert wird (Art. 13 LaCC 1825 [heute Art. 9]; Art. 19 ChCC), die aus dem römischen Testamentsrecht stammt, also ursprünglich zur Auslegung von Willenserklärungen formuliert wurde [36]. Sowohl der Cc (Art. 1131) als auch der ChCC (Art. 1467) verlangen für die rechtsgeschäftliche Begründung einer Obligation einen echten und erlaubten Verpflichtungsgrund (cause). Hierzu ist beobachtet worden, daß Bellos Definition der cause (« Se entiende por causa el motivo que induce al acto o contrato ») der früheren des LaCC von 1825 (Art. 1887) [37] entspricht [38]. Auch im Erbrecht finden sich Entsprechungen. Insbesondere lehnen sich die Regeln des ChCC (Art. 1011 ff.) über die Errichtung von Testamenten eng an die Bestimmungen der Art. 1570 ff. (1825) = 1577 LaCC an [39].

Auffällig ist schließlich, um ein letztes Beispiel zu nennen, daß der LaCC von 1825 in den Art. 418-438, also am Ende des 1. Buches, juristische Personen behandelte. Die Regelungen waren schon im letzten Titel (X) des 1. Buches des Louisiana Digest enthalten, und es ist sehr gut möglich, daß die Bildung dieses Titels X durch Blackstones Commentaries inspiriert worden ist [40]. Der Code civil von 1804 normiert diese Materie dagegen noch nicht. Auch Bello regelt am Ende des 1. Buches diese Materie (De las personas juridicas, Art. 545-564) — was als eine sehr fortschrittliche Neuerung verstanden wurde [41]. Es drängt sich der Gedanke auf, daß Bello, obwohl er in diesem Bereich keinen einzigen Hinweis gibt, hier an das Vorbild des LaCC 1825 anknüpfte. Da weder Saint-Joseph die Artikel des LaCC wiedergibt [42] noch Goyena (Art. 33) auf den LaCC hinweist, zeigt sich übrigens auch hier, daß Bello ein Exemplar des LaCC 1825 gehabt haben muß.

4. [*LaCC und BrasCC*]. — In Brasilien wurde 1855 der hochgelehrte Rechtsanwalt Augusto Teixeira de Freitas (1816-1883), der berühmteste Jurist Brasiliens und vielleicht ganz Südamerikas [43], mit der Aufgabe betraut, das in Brasilien geltende Recht in einer systematischen Zusammenfassung darzustellen. Er legte dazu schon 1857 die Consolidaçao das Leis Civis vor, ein Werk, das ihn mit einem Schlage berühmt machte und das bis zum Inkrafttreten des brasilianischen Código civil (= BrasCC) praktisch die Autorität eines Gesetzbuchs erlangte.

Aufgrund dieser Leistung erhielt Teixeira de Freitas von der brasilianischen Regierung den weiteren Auftrag, einen Entwurf für ein brasilianisches Gesetzbuch zu erarbeiten. Von 1860 bis 1864 legte er einen trotz seiner 4908 Artikel unvollendet gebliebenen Entwurf vor, den Esboço do Código civil [44]. Dieser zerfällt in einen allgemeinen Teil (Personen, Sachen, Tatsachen) und in einen besonderen Teil mit einem Buch über die persönlichen Rechte (sowohl in Bezug auf die Familie als auch in Bezug auf das bürgerliche Leben, also die Obligationen), einem weiteren Buch über die Sachenrechte und einem dritten Buch über Verfügungen über Sachenrechte und persönliche Rechte, einschließlich der Erbschaften. Da Teixeira de Freitas diesen Entwurf noch umgestalten und über das Zivilrecht hinaus das gesamte Privatrecht einarbeiten wollte, kam es zu einem Zerwürfnis mit der Regierung, und der Vertrag über die Ausarbeitung des Entwurfs wurde 1872 beendet.

In den folgenden Jahrzehnten entstanden dann weitere Entwürfe durch Felicio dos Santos, Coelho Rodrigues und Clovis Bevilaqua, die schließlich zu dem sehr stark vom deutschen Bürgerlichen Gesetzbuch von 1896 beeinflußten brasilianischen Código civil führten, der 1916 in Kraft trat. Zu dieser Zeit hatte der LaCC trotz der wesentlichen Umarbeitung, die zu seiner Neufassung von 1870 führte, schon viele Jahresringe angesetzt. Unmittelbare Einflüsse auf das endgültige Gesetzbuch Brasiliens sind kaum erkennbar. F. C. Pontes de Miranda [45] hat zur Herkunft der 1807 Artikel des Gesetzbuchs und der 21 Artikel seiner Einführung eine Gruppierung gebildet, in der der LaCC nicht vorkommt [46]. Von den ausländischen Rechten hat den stärksten Anteil der französische Code civil mit 172 Normen, bei denen es sich im wesentlichen aber nur um modern gefaßte römisch-rechtliche Gedanken handelt. Unmittelbar aus dem römischen Recht wurden übrigens noch 19 Rechtssätze entnommen. Aus dem Esboço von Teixeira de Freitas gelangten immerhin 189 Bestimmungen in den BrasCC [47]; der Esboço hatte für die spätere Gesetzgebungsarbeit eine sehr wesentliche Grundlage gebildet.

Im allgemeinen Teil seines Esboço hatte Teixeira de Freitas den LaCC gelegentlich berücksichtigt; insgesamt führt er (außer einem allgemeinen Hinweis auf Buch 1 Titel X) 15 Artikel des LaCC unter den Grundlagen für seine Entwurfsbestimmungen an (Anlage 2). Hier liegt der Schwerpunkt bei den juristischen Personen. Freitas hatte klar erkannt, daß zu dieser Materie in den neuzeitlichen Gesetzen Regelungen allein im preußischen ALR (II. Teil 6. Tit.), im LaCC 1825 Buch I Tit. X und im ChCC (Lib. I, tit. XXXIII) getroffen waren (übrigens auch in § 26 österr. ABGB). Dies und vor allem die grundlegende Lehre, die Savigny im 2. Bande seines Systems des heutigen Römischen Rechts zur juristischen Person entwickelt hatte, bildete die Grundlage für Freitas' Titel über « Das pessoas de existencia ideal » (also der Personen, die nur kraft Vorstellung existieren). In der Ausgestaltung seiner Artikel hat Freitas sich teilweise eng an die Vorbilder des LaCC angelehnt [48]. Da seine Vorschläge die Ausgestaltung einiger entsprechender Artikel des BrasCC beeinflußt haben, ergeben sich hier zugleich einige Anhaltspunkte für Nachwirkungen des LaCC, vor allem im Bereich der Art. 17, 20 und 21 des BrasCC [49]. Überdies hat sich der argentinische Gesetzesverfasser Vélez Sarsfield die Vorschläge von Freitas für die Regelungen zur juristischen Person im 1. Titel des Personenrechts (Buch 1) im ArgCC sehr weitgehend zu eigen gemacht.

Im übrigen hat Freitas den LaCC (Art. 413) zum Vorbild dafür genommen, die Entmündigung wegen Verschwendung abzuschaffen (Art. 40 Esboço), die einen unverhältnismäßigen Eingriff in das kostbare Gut der persönlichen Freiheit darstelle. Auch in dem Gedanken, daß emanzipierten Minderjährigen Beschränkungen bei rechtsgeschäftlichen Verpflichtungen aufzuerlegen seien, folgte Freitas dem LaCC. Während dieser aber individuell die Grenze bei einem Jahreseinkommen des Emanzipierten zieht (Art. 374 [1825] = 371 LaCC), wollte Freitas generell die Summe oder den Wert von 500 Milreis als Grenze festlegen. Des weiteren wollte Freitas (Art. 139, 140) mit dem LaCC (Art. 3522 N° 12 [1825] = 3556 N° 12) auch die unterschiedlichen Definitionen der Familie festschreiben. Keiner dieser drei Vorschläge ist jedoch im BrasCC verwirklicht worden.

Zum *nasciturus* besteht bekanntlich die Alternative: Entweder beginnt die menschliche Existenz schon mit der Zeugung — dann ist es selbstverständlich, daß der *nasciturus* schon Rechte haben kann — oder sie beginnt erst mit der Geburt — dann ist es zweckmäßig und konsequent, dem Kinde mit einer Fiktion in der Weise zu helfen, daß es, soweit es um seine Vorteile geht, als für die Zeit nach Zeugung bereits geboren gilt. Die letztgenannte Lösung haben in Anknüpfung an die römisch-rechtliche Regel *nasciturus pro iam nato habetur quotiens de commodis eius agitur* (cf. D. 1.5.7; D. 50.16.231) die meisten Zivilgesetzbücher übernommen, auch der LaCC Art. 29 (1825), vgl. 26 LaCC 1987. Freitas (Art. 221) weist darauf hin, bekennt sich aber mit dem preußischen ALR von 1794 [50] und unter Berufung auf Savigny zu der erstgenannten Lösung, die die menschliche Existenz schon mit der Zeugung beginnen läßt. Der BrasCC äußert sich zwar vorsichtiger [51]; doch bringt Vélez Sarsfield ebenfalls unter Berufung auf Savigny für den argentinischen Código civil (Art. 70 ArgCC) die von Freitas verfochtene Lösung. Damit stehen wir bei Argentinien.

5. [*LaCC und ArgCC*]. — Der argentinische Rechtsanwalt und Politiker Dalmacio Vélez Sarsfield (1800-1875) [52] wurde am 20. Oktober 1864 von der argentinischen Regierung beauftragt, ein Zivilgesetzbuch für die Republik Argentinien zu entwerfen. Er hat diesen Auftrag sehr zügig erfüllt: Schon am 21. Juni 1865 legte er den Entwurf für das erste Buch (Personen- und Familienrecht) vor, Anfang 1867 den für das zweite, das Obligationenrecht, im Januar 1868 den für das dritte, das Sachenrecht, und im August 1869 schließlich den für das vierte Buch, das Erbrecht [53]. Das Werk wurde durch Gesetz vom 29.9.1869 zum 1.1.1871 als Código civil in Kraft gesetzt.

Der Regierungsauftrag war auch dahin gegangen, zu den einzelnen

Artikeln Anmerkungen zu verfassen. Diese sollten erkennbar machen, inwieweit die neuen Artikel mit den damals geltenden argentinischen Gesetzen und mit den Gesetzbüchern der bedeutendsten Nationen im Einklang oder im Widerspruch stehen [54]. In diesen recht unterschiedlich gestalteten Anmerkungen, die noch heute zusammen mit dem offiziellen Gesetzestext publiziert werden und eine wichtige Erkenntnisquelle darstellen, hat Vélez Sarsfield mehr oder weniger knapp seine Entscheidungen zu juristischen Streitfragen erläutert und zum Teil deutlich gemacht, inwieweit er Regelungen des einheimischen Rechts, des römischen Rechts oder ausländischer Kodifikationen zum Vorbild nahm oder sich gegen sie entschied.

Vélez Sarsfield hat seine Kenntnisse zu fremden Rechtsordnungen in besonders großem Maße aus García Goyenas Concordancias geschöpft, der — wie dargetan — seinerseits wieder von Saint-Joseph abhängig ist; doch muß Vélez Sarsfield die Konkordanzen von Saint-Joseph ergänzend auch unmittelbar benutzt haben [55]. Wie intensiv Vélez diese Werke ausgewertet hat, zeigt sich an der Fülle seiner Nachweise in den Anmerkungen zum ArgCC. Mit etwa 265 Nachweisen, die in unserer Anlage 3 zusammengestellt sind [56], schneidet der LaCC hierbei ausgesprochen gut ab [57]. Es liegt auf der Hand, daß die Fülle dieses Materials hier nicht bewältigt werden kann. Wir beschränken uns deshalb auf einige Hauptgesichtspunkte.

Die Nachweise zum LaCC sind auf alle vier Bücher des ArgCC verteilt; drei entfallen auf die Titulos preliminares, 24 auf das 1. Buch (Art. 30-494; Personen- und Familienrecht), 95 auf das 2. Buch (Art. 495-2310; Obligationenrecht), 95 auf das 3. Buch (Art. 2311-3261; Sachenrecht) und 48 auf das 4. Buch (Art. 3262-4051; Gemeinsame Regeln zu dinglichen und persönlichen Rechten; Erbrecht). Weit überwiegend werden die Artikel des LaCC zusammen mit den Artikeln anderer Kodifikationen — vor allem des Cc — zustimmend angeführt; der ArgCC übernimmt, wie sich daran zeigt, bewährte und weithin anerkannte Regelungen. Dies gilt vor allem im Obligationenrecht (2. Buch).

Des öfteren wird, wenn eine nähere Auseinandersetzung erfolgt, in den Anmerkungen der Text oder der wesentliche Inhalt eines Artikels des LaCC 1825 (in spanischer Sprache) wiedergegeben [58]. Betrachtet man die Anmerkungen, in denen Vélez als einzige Kodifikation den LaCC anführt, also nur dessen Artikel zitiert — sie sind in der Anlage 3 kursiv wiedergegeben —, so stellt man fest, daß er in diesen Fällen den entsprechenden Artikel des LaCC oft nahezu wörtlich übernommen hat. So stellt schon Art. 12 (zum Grundsatz *locus regit actum*) eine wörtliche Übersetzung des Art. 10 (1) LaCC 1825 dar [59]. Eine noch heute bestehende wörtliche Übereinstimmung zeigt sich auch bei Art. 483 ArgCC, der aus Art. 410 (1825) = 423 LaCC übernommen ist und es nur unter erschwerten Voraussetzungen gestattet, einen Entmündigten außer Landes zu verbringen.

Die meisten dieser Fälle finden sich jedoch im 3. Buch (Sachenrecht). Hier gibt es ausgesprochene Schwerpunkte. Die nachbarrechtlichen Bestimmungen zu Anlagen an Grenz- oder Kommunmauern, wie Kamine,

Öfen, Brunnen, Dunggruben etc., sind in den Art. 2621-2624 in großenteils wörtlicher Übernahme der Art. 688-691 des LaCC 1825 formuliert worden, der hier noch übersichtlicher war als Art. 674 Cc. Gleiches gilt für die Normen zu gemeinsamen Zäunen, Hecken etc., zu denen die Art. 2742 und 2743 ArgCC den Art. 683, 684 LaCC 1825 nachgebildet sind. Da die Bestimmungen des LaCC von 1825 inzwischen in Art. 662 und 685 wesentlich vereinfacht sind, ergibt sich hier die Besonderheit, daß in Argentinien noch heute alte Regelungen aus Louisiana gelten, die in Louisiana selbst außer Kraft gesetzt worden sind. Doch entspricht in diesem Bereich beispielsweise noch heute Art. 2725 ArgCC zur Errichtung einer Kommunmauer (common wall servitude) praktisch wörtlich dem heutigen Art. 673 (= 671 [1825]) LaCC.

Ein weiterer Schwerpunkt findet sich bei den Servituten. Hier ist Entsprechendes zu beobachten. Art. 3003 ArgCC gibt den Inhalt der Art. 750-754 (1825) LaCC wieder, der sich heute (ebenfalls vereinfacht) in den Art. 731-734 findet. Vereinfacht sind heute in Art. 735 (Persons acquiring servitude) die ausführlicheren Einzelbestimmungen, die in den Art. 755-760 des LaCC 1825 enthalten waren. In den Art. 3012-3016 ArgCC bestehen dagegen eben diese detaillierten Regelungen noch heute fort. Des weiteren entspricht Art. 3021 ArgCC dem Art. 775 (1825), also dem vereinfachten heutigen Art. 750, und praktisch wörtlich stimmen noch heute Art. 3011 (vgl. auch Art. 3044) ArgCC und Art. 730 (= Art. 749 [1825]) LaCC überein.

Bei den Normen zum Recht des Notwegs (Right of Passage) ergibt sich derselbe Eindruck (vgl. Art. 3068 ff. ArgCC einer- und Art. 696 ff. [1825] und die vereinfachten Art. 689 ff. LaCC andererseits), und er bestätigt sich erneut im Bereiche von Pfandrecht/Sicherungsübereignung (mortgage), wo von den vielen Entsprechungen nur etwa die genannt seien, die zum noch nicht registrierten Pfand zwischen den weitgehend übereinstimmenden Art. 3135 ArgCC und Art. 3314-3316 (1825) = 3342-3344 LaCC sowie Art. 3142 ArgCC und Art. 3329 (1825) = 3365 LaCC bestehen.

Natürlich finden sich auch Fälle, in denen die Lösungen des LaCC abgelehnt werden. So betrachtet es Vélez Sarsfield beispielsweise als Rückschritt, daß der LaCC (Art. 357 ff. [1825]) den *curator* für Minderjährige (statt des Tutors) beibehalten hat[60]. Als überholt hat er auch die von Art. 2301 (1825) = 2321 LaCC unter eingeschränkten Voraussetzungen eingeräumte Möglichkeit einer *noxae deditio* bei Tierschäden angesehen, Art. 1131 ArgCC. Bei Art. 1725 ArgCC weist er auf ein Mißverständnis in Art. 2833 LaCC 1825 hin. Danach sollte der Gesellschafter nicht für Folgen von Handlungen haften, die er in good faith vorgenommen hatte, womit vermutlich die *diligentia quam in suis* gemeint war. Vélez weist dies zurück, weil jemand auch *bona fide* und dennoch mit *culpa* oder *neglegentia* handeln könne. Der heutige Art. 2809 LaCC vermeidet die Bezugnahme auf good faith.

Natürlich ist auch, daß Vélez in manchen Punkten über die vom

LaCC getroffenen Lösungen hinausging. Wir sahen dies bereits beim *nasciturus* [61]. Beispielsweise hat er auch in (dem inzwischen aufgehobenen) Art. 325 den nichtehelichen Kindern das uneingeschränkte Recht eingeräumt, gegen ihre leibliche Eltern auf Feststellung der Vater- oder Mutterschaft zu klagen (entgegen Art. 226 LaCC 1825). Das war auch gegenüber Bello ein deutlicher Schritt nach vorn.

Der Gesamteindruck aus alldem geht dahin, daß Vélez Sarsfield von den drei großen Kodifikatoren Südamerikas derjenige ist, der sich am stärksten an den Normen des LaCC orientiert hat. Er war stärker als Andrés Bello bestrebt, auch für Sonderfälle und Details Regelungen bereitzustellen. Der LaCC, der mehr an klar formulierten Detailregelungen enthält als der Cc, wird deshalb Vélez Sarsfield besonderes Interesse gefunden haben. Dies wird im Bereiche des Sachenrechts (Buch 3) besonders deutlich. Bei alldem bleibt eines jedoch zu beachten: Im Regelfall knüpften die genannten Detailregelungen des LaCC von 1825, die ganz überwiegend ja auf den Projet du gouvernement zum Cc zurückgehen, an die Kasuistik des römischen Rechts an. Es sind also weithin im römischen Rechts entwickelte Gedanken, die über die louisianische Kodifikation « in moderne Sprachgewänder gekleidet » (« garbed in modern linguistic dresses »), wie Charles Sherman so treffend gesagt hat [62], Eingang in den ArgCC gefunden haben [63].

Ein typisches Beispiel ist die Bestimmung des Art. 3670 ArgCC. Danach kann ein unter besonderen Förmlichkeiten verschlossenes Testament (testamento cerrado), wenn eine der erforderlichen Formvorschriften nicht eingehalten worden ist, als holographisches Testament aufrechterhalten werden, wenn es vom Testator jedenfalls geschrieben und unterzeichnet worden ist. Vélez verweist für diesen Artikel auf das Vorbild des Art. 1583 (1825) = 1590 LaCC. Zugleich weist er für diesen Fall einer Konversion aber auch darauf hin, daß bereits im römischen Recht im Hinblick auf das Verhältnis des Testaments nach allgemeinem Recht einerseits zu dem von den Formvorschriften weithin befreiten Soldatentestament andererseits dieselbe Lösung getroffen wurde, und er zitiert dafür aus D. 29.1.3 den Passus: *Nec credendus est quisquam genus testandi eligere ad impugnanda sua iudicia, sed magis utroque genere voluisse propter fortuitos casus.*

6. [*Schlußbetrachtungen*]. — Unsere Betrachtungen der Einflüsse des LaCC 1825 in Lateinamerika ließen sich vertiefen, wenn wir unser Augenmerk zusätzlich auf die geistigen Strömungen und die wirtschaftlichen Entwicklungen des 19. Jahrhunderts richten würden. So hängt das wachsende Bedürfnis, die juristische Person zu regeln, sicherlich mit dem Kapitalbedarf zusammen, der in der Neuen Welt für die Plantagenwirtschaft, aber auch für den Überseehandel, die Ansätze für eine Industrialisierung, den Aufbau von Verkehrsnetzen etc. bestand. Und so tritt uns beispielsweise in den unterschiedlichen Regelungen, etwa zum Recht auf die Feststellung der Vaterschaft oder zur Entmündigung wegen Verschwendung,

der Konflikt zwischen dem vordringenden Liberalismus und den konservativen, stärker auf den Schutz der Familie und ihres Vermögens gerichteten Anschauungen entgegen. Doch wollen wir diese Zusammenhänge beiseitelassen und unsere Betrachtungen mit zwei ergänzenden Hinweisen beschließen.

Wie wir sahen, ist der vom Geist des römischen Rechts und des civil law geprägte LaCC ein « Transportmittel » gewesen, durch das die Früchte und Ergebnisse dieses Rechtsdenkens den seinerzeit jungen südamerikanischen Staaten vermittelt wurden. Natürlich ist der LaCC nur eines von mehreren « Transportmitteln » gewesen. Die wichtigsten waren bekanntlich die altspanischen Rechte und der französische Code civil, dessen Artikel ja zum weit überwiegenden Teil aus dem Stoff des römischen Rechts geschaffen worden sind [64] — die Redaktoren des Cc haben selbst offen bekannt, daß sie durch das römische Recht und seine Maximen « reich und stark geworden sind » [65]; später kommen die Einflüsse der französischen Doktrin und der deutschen « Historischen Rechtsschule » (insbesondere Savigny) hinzu.

Der Cc ist beispielsweise sowohl für Louisiana als auch für Südamerika das Transportmittel für eine recht merkwürdige, weil inkonsequent erscheinende Lösung des römischen Rechts gewesen. Es geht um die als schwierig geltende Regelung, die sich heute in Art. 1814 LaCC (= Art. 2066 LaCC 1825) findet und zu der A. N. Yiannopoulos in seinen Erläuterungen bedauert, daß sie auch in der europäischen Doktrin kaum erörtert wird:

« When the choice belongs to the obligor, if all the items of performance contemplated in the alternative obligation have become impossible and the impossibility of one or more is due to the fault of the obligor, he is liable for the damages resulting from his failure to render the last item that became impossible ».

Es ist für uns nicht von Bedeutung, daß heute Schadensersatz für die letzte Sache verlangt werden kann, während in den Versionen von 1825 und 1870 (Art. 2071) als Rechtsfolge noch bestimmt war, der Schuldner hafte auf den Wert der Sache, deren Leistung zuletzt unmöglich geworden ist. Diese letztgenannte Regelung hat auch in die südamerikanischen Gesetzbücher Aufnahme gefunden, zum Beispiel in Art. 1502 ChCC, in Art. 639 ArgCC und in Art. 886 BrasCC [66]. Alle diese Artikel gehen auf Art. 1193 Cc zurück. Nehmen wir dazu das Beispiel, daß jemand — etwa durch Vermächtnis — verpflichtet ist, eines seiner beiden Reitpferde A oder B dem Gläubiger zu übereignen. Das Tier A geht durch Verschulden des Schuldners ein; er hat ihm verdorbenes Futter gegeben. Danach wird das Tier B von Unbekannten gestohlen oder getötet.

Art. 1193 Cc spricht in Absatz 1 zunächst das Prinzip aus: Hat bei der Alternativobligation der Schuldner die Wahl und geht eine der geschuldeten Sachen unter — sei es auch infolge eines Verschuldens des

Schuldners —, dann beschränkt sich das Schuldverhältnis auf die übrig gebliebene Sache. Nach der Vergiftung von A wurde also nur noch B geschuldet. Dies ist die Folge einer einfachen Regel zur sogenannten « Leistungsgefahr ». Die Leistungsgefahr ist die Gefahr, noch einmal leisten zu müssen, wenn die zur Erfüllung vorgesehene Leistung unmöglich wird. Bei der Gattungsschuld trägt der Schuldner diese Gefahr: Gehen die Gattungsstücke unter, mit denen er erfüllen wollte, so muß er sich andere besorgen und diese dem Gläubiger liefern. *Genus perire non censetur*, sagten die mittelalterlichen Juristen: Es wird nicht angenommen, daß die Gattung untergeht. Bei der Speziesschuld trägt dagegen der Gläubiger die Leistungsgefahr (*res perit creditori*; die Sache geht zu Lasten des Gläubigers unter). Wenn also das allein geschuldete Stück, etwa ein bestimmtes Bild, verkauft und durch Blitzschlag vernichtet wird, wird der Schuldner frei und der Gläubiger geht leer aus. Zwischen diesen beiden Schuldarten liegt die Wahlschuld: Hier trägt zunächst der Schuldner die Leistungsgefahr: Geht A unter, so muß er B leisten. Erst wenn nur noch B übrig ist, geht die Leistungsgefahr auf den Gläubiger über. Hier gilt also: *Res ultima perit creditori*: erst die letzte Sache geht zu Lasten des Gläubigers unter. Diese Regel spricht Art. 1193 Abs. 1 Cc aus, und der heutige Art. 1812 (1) LaCC folgt ihm darin. Der interessante Art. 1193 Abs. 2 Cc bringt nun eine Modifizierung. Er lautet:

« Si toutes deux sont péries, et que le debiteur soit en faute à l'égard de l'une d'elles, il doit payer le prix de celle qui a péri la dernière ».

Denken wir an unseren Beispielsfall: A war untergegangen. Damit hatte sich die Alternativobligation zu einer einfachen Obligation verwandelt: Nur B war noch geschuldet. B ging dann aber durch Zufall unter (Diebstahl oder Eingriff durch Dritte), und dazu gilt seit alters die Maxime *casus a nullo praestantur*: Für Zufall steht niemand ein [67]. Danach hätte unser Schuldner, dessen Schuld ja nur noch auf Leistung von B ging, frei werden müssen.

Daß Art. 1193 (2) Cc und mit ihm Art. 1814 (1) LaCC und die meisten Zivilgesetzbücher in Südamerika wie in Europa [68] anders entscheiden, beruht auf einem Text aus Justinians Digesten, D. 46.3.95.1. Dort entscheidet Papinian [69] am Beispiel von Sklaven, dem Schuldner sei das schuldhafte Verhalten bezüglich des A zuzurechnen und er müsse deshalb Ersatz leisten [70]. Der Grund für seine Entscheidung liegt bei der Leistungsgefahr: Wenn der Schuldner es bei der Alternativobligation verschuldet, daß die Sache A untergeht, so schiebt er — weil sich das Schuldverhältnis jetzt auf B konzentriert, also zur Speziesschuld wird — damit dem Gläubiger die Leistungsgefahr zu. Da er es verschuldet hat, daß dieser Nachteil der Gefahrtragung auf den Gläubiger überging, darf er dann, wenn sich diese Gefahr hernach verwirklicht, daraus nicht den Vorteil der Befreiung ziehen. Dabei wirkt sich der Umstand, daß der Schuldner die Sache B von Anfang an hätte wählen können (und durch ihren zufälligen Untergang dann frei geworden wäre), nur insoweit aus, daß er nicht mehr zu zahlen braucht als den Wert von (oder Schadensersatz für) B, worauf sich die Schuld beschränkt hatte. Auch wäre es ja absurd, wenn der Schuldner darauf nur dann haften würde, wenn er auch die zweite Sache schuldhaft zerstört hätte [71].

Es zeigt sich also, daß eine auf den ersten Blick sehr kompliziert erscheinende Detailregelung, die wegen ihrer Besonderheit Eingang in die meisten Zivilgesetzbücher gefunden hat, sich letzlich aus sehr einfachen Prinzipien — hier den Prinzipien der Gefahrtragung — erklärt. Das ist für das römische Recht nicht untypisch. Des weiteren zeigt unser Beispiel: Haben wir den Grundgedanken einer Lösung des römischen Rechts verstanden, dann ist es uns ganz wesentlich erleichtert, die entsprechende Regelung in unseren modernen Kodifikationen zu verstehen und schon bei der Gesetzeslektüre zu erkennen, in welch großem Ausmaße diese Grundgedanken von Kodifikation zu Kodifikation weitergegeben worden sind.

Es ist nun aber keineswegs so, daß römische Recht nur einheitliche Lösungen gekannt hätte; vielmehr blieben überaus viele Fragen, auch solche grundsätzlicher Art, kontrovers, und zwar noch am Ende der klassischen Periode, das man meist mit dem Tode des Alexander Severus im Jahre 235 n.Chr. ansetzt. Auch Justinian (527-565 n.Chr.) hat die Streitfragen nicht alle beseitigt. Wir wollen mit einem Beispiel dafür enden, daß für ein berühmtes Problem eine dem römischen Recht entlehnte Lösung in Nordamerika Anerkennung gefunden und daß sich auch in Lateinamerika eine römischrechtliche Lösung durchgesetzt hat, die freilich ganz anders ausfällt. Nehmen wir die allbekannte Fuchsjagd von Long Island [72] und lassen wir dabei außer acht, daß wilde Tiere (wildlife) heutzutage durch Spezialgesetze zum guten Teil in staatliches Eigentum gestellt und nicht länger *res nullius* sind. In dem 1805 vom Supreme Court von New York entschiedenen Fall Pierson v. Post ging es um folgendes:

« The declaration stated that Post, being in possession of certain dogs and hounds under his command, did, ' upon a certain wild and uninhabited, unpossessed and waste land, called the beach, find and start one of those noxious beasts called a fox ', and whilst there hunting, chasing and pursuing the same with his dogs and hounds, and when in view thereof, Pierson, well knowing the fox was so hunted and pursued, did, in the sight of Post, to prevent his catching the same, kill and carry it off » [73].

Die Richter des Supreme Court wiesen Posts Schadensersatzklage ab. Es ging um das Problem, ob für den Eigentumserwerb durch Aneignung das tatsächliche Ergreifen des herrenlosen Tieres erforderlich ist, es also seiner Freiheit beraubt werden muß, oder ob es für den Eigentumserwerb schon genügt, daß jemand das Tier in Reichweite mit Aneignungsabsicht verfolgt oder a reasonable prospect hat, es zu ergreifen. « For the sake of certainty, and preserving peace and order in society » schloß sich das Gericht der ersten Auffassung an und berief sich dafür auf Autoritäten der europäischen Rechtsgeschichte, wie etwa Fleta, Bracton, Pufendorf und Barbeyrac, vor allem aber auf Justinians Institutionen (Inst. 2.1.13), also römisches Recht. Dort heißt es (entlehnt aus D. 41.1.5.1):

> Man hat gefragt, ob ein wildes Tier, wenn es so verwundet ist, daß es gefangen werden kann, sofort als dein Eigentum anzusehen ist. Manche haben gemeint, es gehöre dir und bleibe solange dein Eigentum, wie du es verfolgst, wenn du aber die Verfolgung aufgebest, höre es auf, dein Eigentum zu sein, und werde Eigentum dessen, der es sich als nächster aneigne. Andere haben angenommen, das Tier werde erst dann dein Eigentum, wenn du es fängst: Wir entscheiden uns für die letztgenannte Ansicht, weil oft mancherlei dazwischenkommt und du das Tier doch nicht fängst (*. . . sed posteriorem sententiam nos confirmamus, quia multa accidere solent, ut eam non capias*).

Nach römischem Recht hätte Post demnach kein Eigentum am Fuchs gehabt, und nach dem auf das römische Recht zurückgehenden Art. 3412 LaCC wäre ebenso zu entscheiden. Nach römischem Recht hätte allerdings Post mit der *actio iniuriarum* wegen Persönlichkeitsverletzung auf Bußzahlung gegen Pierson klagen können (cf. D. 47.10.13.7) [74]. Das New Yorker Gericht hat dies übersehen, weil es allein auf die Eigentumsfrage abgestellt hat.

Die von Justinian zurückgewiesene Lehre hat sich jedoch im alten Italien und im spanischen Rechtskreis erhalten, und sie hat praktisch überall in Lateinamerika die Oberhand gewonnen, insbesondere in Art. 617 ChCC, wonach anzunehmen ist, daß der Jäger Eigentümer des verletzten Tieres von dem Augenblick an ist, in dem er es so schwer verletzt hat, daß es ihm nicht leicht entkommen kann, und solange er es verfolgt [75]. Die Wurzeln dieser Lösung liegen in einer gewohnheitsrechtlich begründeten Abweichung von den Siete Partidas aus dem 13. Jahrhundert. Diese waren zwar ganz der Lösung von Inst. 2.1.13 gefolgt (21 Siete Part. III tit. 28); doch hat sich diese Lösung gegenüber dem offenbar schon früher bestehenden älteren Gewohnheitsrecht nicht durchzusetzen vermocht. Es ist nun hochinteressant, daß dieselbe Entscheidung in der Sache auch der Supreme Court of Wisconsin im Fall Liesner v. Wanie getroffen hat [76]. Hier hatten die Kläger einem Wolf eine tödliche Verletzung beigebracht und waren ihm recht nahe auf der Spur, so daß es unwahrscheinlich, wenn nicht gar unmöglich war, daß er ihnen noch entgehen konnte. Der Beklagte war jedoch dazwischengekommen, hatte das Tier mit einem gezielten Schuß zur Strecke gebracht und an sich genommen. Das Gericht entschied zugunsten der Kläger:

> « When a wild animal is brought under the control of a person, so that actual possession is practically inevitable, a vested property interest accrues, which cannot be divested by another intervening and killing it;

and hence, where plaintiffs had mortally wounded a wolf, were in vigorous pursuit thereof, and would in a few moments have had actual possession, when defendant interfered by firing the shot which ended its life, the ownership of the wolf was in plaintiffs ».

Zwar nahm das Gericht an, diese Entscheidung sei die des common law und nicht die des römischen Rechts [77]; doch sahen wir, daß es die lateinamerikanische und (vor Justinians Machtspruch) die eine der Lösungen des klassischen römischen Rechts ist. Genau besehen waren es wahrscheinlich sogar zwei Lehren, die der von Justinian befürworteten gegenüberstanden [78]. Beide verlangten, daß der Kläger das Tier erheblich verwundet haben mußte. Die eine ließ es für den sofortigen Eigentumserwerb genügen, daß der Jäger das Tier so verwundet hatte, daß es leicht gefangen werden konnte; sie stellte also auf die Aussicht der unmittelbar bevorstehenden Erlangung der Gewalt über das Tier ab. Die zu vermutende zweite Ansicht gab dem Jäger das Eigentum, wenn er dem Wild die entscheidende Wunde zugefügt hatte und ihm jedenfalls auf der Spur blieb; sie ließ es also nicht auf den unmittelbar zu erwartenden Zugriff ankommen. Nach tödlicher Verwundung kann der Jäger geruhsamer verfolgen; das Wild wird ihm nicht mehr entgehen.

All das ist nicht nur als Detail interessant. Denn dahinter steht die ganz allgemeine und praktisch hochbedeutsame Frage, was die maßgeblichen Kriterien dafür sind, um eine Sache im Besitz zu haben. Während sich bei Justinian (Inst. 2.1.13) und infolgedessen etwa in Deutschland, Italien und zum Teil auch in Nordamerika als das maßgebliche Kriterium die tatsächlich errichtete Gewalt, also eine an die reale Lage anknüpfende Betrachtung durchgesetzt hat, hat sich in Lateinamerika in diesem Bereich eine an die Persönlichkeit und ihre Respektierung anknüpfende Betrachtungsweise erhalten. Nach dieser Betrachtungsweise muß eine Person bereits das im Besitz haben, was ein anderer ihr ohne eine Personenverletzung, also ohne sie in ihrem sozialen Geltungsanspruch zu verletzen, nicht mehr streitig machen kann.

Die Jagdfälle machen deutlich: Nahezu alle Lösungen bürgerlichrechtlicher Probleme, wo immer wir ihnen in der Welt begegnen, finden sich bereits im römischen Recht; nicht selten begegnen wir dort sogar noch mehr Lösungen, als wir in den modernen Rechten finden. Das römische Recht ist keine einheitliche Masse von Rechtsregeln oder gar von normierten Artikeln; es ist kein geschlossenes System, sondern ein kaum erschöpflicher Thesaurus rechtswissenschaftlicher Erfahrung, die von praktischer Anschauung und vernünftigen Maximen geprägt ist. Die römischen Rechtseinrichtungen, die römischen Maximen und die römischen Lösungen rechtlicher Probleme wandern um die Welt, von Rom nach Frankreich und Spanien, von dort nach Louisiana, von Louisiana nach Lateinamerika, und sie wirken von dort nach Louisiana und nach Europa zurück. Sie mögen ihre Kleider wechseln, doch in der Substanz bleiben sie römisch. Es liegt gerade hier in New Orleans nahe, an das Wort eines der größten französischen Rechtsdenker zu erinnern: Im *l'Esprit des lois* (XI 13) sagt Montesquieu: « On ne peut jamais quitter les Romains ».

Bonn. ROLF KNÜTEL

1. Der Beitrag ist die leicht gekürzte Fassung eines Vortrags (*Latin America Codifications and the Influence of the Louisiana Civil Code*), den ich auf Einladung des Direktors des Eason-Weinmann Center for Comparative Law, Herrn Professor A. N. Yiannopoulos, Tulane University, auf dem von diesem Center am 22. und 23. September 1995 in New Orleans veranstalteten Kolloquium « *The Romanist Tradition in Louisiana: Legislation, Jurisprudence, and Doctrine* » gehalten habe. Die englische Version ist in *Tulane Law Review* 70 (1996) 1445 ff. erschienen. 2. Ob es sich um eine Sklavin handelt, bleibt ungewiß. - Vgl. zu den Nachwirkungen des Textes R. Knütel, *Römisches Recht und deutsches Bürgerliches Recht*, in W. Ludwig (Hrsg.), *Die Antike in der europäischen Gegenwart*, Veröffentlichung der Joachim Jungius-Gesellschaft der Wissenschaften 72 (Göttingen 1993) 43, 68 f. - Zu dem törichten Versuch einer deutschen Schulbuchkommission, zu diesem Text die Menschenwürde zu verteidigen, s. A. Wacke, *ZSS.* 109 (1992) 577. 3. Siehe die Formel bei O. Lenel, *Edictum perpetuum*[3] (Leipzig 1927) 300. 4. Pothier (hrsgg. v. M. Siffrein), *Oevres* Bd. 4 (Paris 1821) 485 (n. 409). 5. P. A. Fenet, *Recueil complet des travaux préparatoires du Code civil* Bd. 2 (Paris 1827, Nachdr. Osnabrück 1968) 367 (Art. 121). - Art. 62 Buch III Tit. 8 des Louisiana Digest v. 1808 (Nachdr. Bâton Rouge 1971) hat (abgesehen von fut enceinte statt était) denselben Wortlaut. 6. Vgl. Arminjon-Nolde-Wolff, *Traité de droit comparé* Bd. 1 (Paris 1950) 179; Yiannopoulos, in *Louisiana Civil Code* (1994 Edition West) xxviii. - Da diese Artikel aber — ebenso wie die meisten entsprechenden des spanischen Rechts — größtenteils dem römischen Recht entstammen, läßt sich aus dieser prozentualen Angabe nicht ableiten, es habe sich das französische Recht gegenüber dem spanischen durchgesetzt. Die bekannte einschlägige Kontroverse zwischen R. Batiza und R. Pascal kann hier dahinstehen (dazu mit den maßgeblichen Nachweisen kurz Yiannopoulos xxviii-xxix). 7. Cf. nur W. Paul, Art. *Bello*, in M. Stolleis (Hrsg.), *Juristenlexikon* (München 1995) 75 f. 8. *Obras completas de Andrés Bello* (hrsgg. v. R. Caldera - A. Mijares et al.) Bd. 13 (Caracas 1955) 755 (err. C. L. 1724 statt 2724). 9. Cf. Art. 13 § 1 COTIF. v. 9.5.1980. 10. Näheres zu ihm bei Olivier Motte, *Lettres inédites du juristes français du XIXe siècle conservées dans les archives et bibliothèques allemandes* Bd. 1 (Bonn 1989) 177 ff. 11. Paris/Leipzig, Quart-Format. 12. Brüssel, Oktav-Format. - Die Concordance befindet sich entsprechend den jeweils behandelten Materien auch in den einzelnen Bänden von Duranton, *Cours de droit français suivant le Code civil*[4], 12 Bde. (Brüssel 1841). 13. Vgl. auch K. H.

Nadelmann, « *Kritische Notiz zu den Quellen der Rechte Süd- und Mittelamerikas* », *RabelsZeitschr.* 20 (1955) 501. 14. Verlanga de la Huerta - Muñiz Miranda, *Concordancia entre el Código Civil Francés y los Códigos Civiles Extrangeros*[2] (Madrid 1847). Mir nicht zugänglich. 15. 4 Bde. (Paris 1856). 16. Hier zitiert nach der 1. Aufl. 1840. 17. (Madrid 1852) 4 Bde.; (Nachdr. Barcelona 1973) 2 Bde.; (Zaragoza 1974) 1 Bd. Diese letzte Ausgabe wird hier zugrundegelegt. 18. 806. 19. S. Herman, *Louisiana's Contribution to the 1852 Projet of the Spanish Civil Code*, *Louisiana Law Review* 42 (1982) 1509, 1512 ff. 20. Dazu R. Knütel, *Influenza dell'Allgemeines Landrecht prussiano del 1794 sul Código Civil Argentino del 1869*, in S. Schipani (Hrsg.), *Dalmacio Vélez Sarsfield e il diritto latinoamericano* (Padua 1991) 79, 93 m. Fn. 68. 21. Beispielsweise hat Vélez Sarsfield, der Verfasser des argentinischen Código civil v. 1869, in einem Brief vom 21.6.1865 an den Justizminister E. Costa betont, er habe sich hauptsächlich auf den Proyecto von Goyena, das Gesetzbuch von Chile (Bello) und auf den Entwurf von Freitas für ein brasilianisches Zivilgesetzbuch gestützt, s. den Brief bei J. Cabral Texo, *Historia del Código civil Argentino* (Buenos Aires 1920) 110 ff. - Wie die Anmerkungen zum ArgCC zeigen, hat Vélez Sarsfield auch Duranton (o. Fn. 12) viel benutzt. - Den « überragenden Einfluß » der Synopse auf den ChCC betont beispielsweise auch D. Nelle, *Entstehung und Ausstrahlungswirkung des chilenischen Zivilgesetzbuchs von Andrés Bello* (Frankfurt/M. 1988) 222, 260. 22. Von 1825 ist auch der Code civil von Haiti, von 1829 dann der Código civil von Oaxaca, von 1830 der Código Santa Cruz (Bolivien) - um nur die drei nächstfolgenden zu nennen. 23. Vgl. Nelle (o. Fn. 21) 63. 24. Ganz abgesehen von dem Code civil von Haiti (1825), der den Code civil nur sehr geringfügig modifizierte. - Näheres zu alldem bei Nelle (o. Fn. 21) 62 ff. mit weiterer Literatur. 25. Vgl. dazu B. Bravo Lira, *Difusión del Código civil de Bello en los paises de derecho castellano y portugues*, in O. Sambrano Urdaneta (u. Fn. 27) 343-373; Nelle (o. Fn. 21) 258 f. 26. Siehe die *Obras completas de Andrés Bello* (o. Fn. 8) vol. 12 (Caracas 1954) und vol. 13 (Caracas 1955). Die beiden Bände sind ausschließlich dem ChCC gewidmet. Die Anmerkungen hat Pedro Lira Urquieta zusammengestellt. 27. *Obras completas* vol. 12, 44 Fn. *. Auf den Zusammenhang weist auch hin: A. Guarneri, *Il código civil cileno e i suoi modelli: Alcune osservazioni*, in O. Sambrano Urdaneta (Hrsg.), *Andrés Bello y el derecho latinoamericano* (Caracas 1987) 382. 28. Art. 134 LaCC 1825 hatte mit Art. 228 Cc 1804 zehn Monate vorgesehen. 29. Zum Beispiel ist Art. 1241 ChCC gebildet nach Art. 982 (1825) = 988 LaCC; Art. 1242 ChCC nach Art. 983 (1825) = 989 LaCC; Art. 1243 ChCC nach Art. 988 (2) (1825) = 994 (2) LaCC (= Art. 779 Cc); Art. 1244 ChCC nach Art. 993 (1825) = 999 LaCC. 30. Sie sind heute zusammengefaßt in Art. 1950 LaCC. 31. Siehe Art. 1027, 1028, 1043 (1825) = Art. 1034, 1035, 1050 LaCC und Bellos Verweisungen zu den Art. 1424, 1425, 1430 seines Projecto del Código civil del año 1853. 32. Sie ist übrigens eine Verschärfung der Regel aus Justinians Institutionen (3.21 un.) und aus l. 9 I Siete Part. V. 33. Concordancias lib. III tit. 7 cap. 3 (Art. 1382). 34. Lib. 3 tit. XXIII § 5. - Auf den Zusammenhang macht auch Nelle (o. Fn. 21) 97 aufmerksam. 35. Dies ergibt sich aus seinem Hinweis zu Art. 76 ChCC. Während Saint-Joseph (13) und Goyena nur auf Art. 203 LaCC 1825 (= Art. 184) verweisen, führt Bello die Art. 205 und 206 des LaCC 1825 an; er muß demnach einen selbständigen Text gehabt haben. Siehe auch u. bei Fn. 42. 36. Paulus, D. 32.25.1: *Cum in verbis nulla ambiguitas est, non debet admitti voluntatis quaestio*; Saint-Joseph (1) und García Goyena bringen die Regel nicht. 37. Mittlerweile geändert, Art. 1967 LaCC. 38. Nelle (o. Fn. 21) 126 Fn. 106, 223. 39. Nelle, 223. 40. Dies vermutet J. W. Cairns, *Blackstone, an English Institutist: Legal Literature and the Rise of the Nation State*, *Oxford Journal of Legal Studies* 4 (1984) 349-350 m. Fn. 208; 358; ders., *The 1808 Digest of Orleans and 1866 Civil Code of Lower Canada: An Historical Study of Legal Change* (unveröffentlichte PhD Thesis, Edinburg 1980) 559 m. Fn. 218. - Blackstone widmet das letzte Kapitel von Buch 1 (Of the Rights of Persons) seiner Commentaries der Materie « *Of Corporations* ». Die handschriftlichen Quellenangaben im De la Vergne-Exemplar des Louisiana Digest (o. Fn. 5) betreffen freilich nur Justinians Digesten, die Siete Partidas sowie französische und spanische Autoren. 41. So Lira Urquieta, in *Obras completas* Bd. 12 (o. Fn. 8) 383. 42. 25, mit der erstaunlichen Begründung: « On n'a cru nécessaire de les reproduire, comme n'ayant aucun trait au droit civil proprement dit ». 43. Zu ihm S. A. Meira, *Teixeira de Freitas. O Jurisconsulto do Império* (Rio de Janeiro 1979); W. Paul (o. Fn. 7) 608. 44. Der wohl letzte Nachdruck ist vom Ministério da Justicia veranlaßt (Brasilia 1983) 2 Bde. 45. In K. Heinsheimer (Hrsg.), *Zivilgesetze der Gegenwart* Bd. 3. *Brasilien. Código civil* (Mannheim/Berlin/Leipzig 1928) xl. 46. Nach einer raschen Durchsicht des Kommentars des Verfassers des letzten Entwurfs sieht es so aus, daß unter den zahlreichen rechtsvergleichenden Hinweisen der LaCC nicht vorkommt, s. Clovis Bevilaqua, *Código civil commentado*[7], 2 Bde. (Rio de Janeiro 1940). 47. Pontes de Miranda (o. Fn. 45) xl. 48. Bisweilen mit ergänzendem Hinweis auf die römisch-rechtlichen Grundlagen, etwa bei Art. 296, 297 auf D. 3.4.7.1 (*Si quid universitati debetur, singulis non debetur*) oder bei Art. 298, 299 auf D. 35.1.97. 49. Vgl. die Hinweise auf Freitas bei diesen Artikeln durch Bevilaqua in seinem Kommentar (o. Fn. 46) unter der Rubrik « *Projectos* ». 50. ALR § 10 1 Tit. 1: « Die allgemeinen Rechte der Menschheit gebühren auch den noch ungebornen Kindern, schon von der Zeit ihrer Empfängniß ». 51. Art. 4 BrasCC: « Die bürgerliche Persönlichkeit des Menschen beginnt mit der lebenden Geburt; doch nimmt das Gesetz von der Empfängnis an die Rechte der Leibesfrucht unter seinen Schutz ». 52. Zu seinem Leben s. E. Martinez Paz, *Dalmacio Vélez Sarsfield y el Código Civil Argentino* (Cordoba/Arg. 1916); A. Chaneton, *Historia de Vélez Sarsfield*

(Buenos Aires 1937, Nachdr. Buenos Aires 1969); W. Paul (o. Fn. 7) 633 f. (Art. Vélez Sarsfield). 53. Proyecto del Código civil para la República Argentina por el doctor Don Dalmacio Vélez Sarsfield, Buenos Aires, Libro I (1865), Libro 2 - Secc. 3 (1867); Libro 3 (1868); Libro 4 (1869). Einzelheiten bei Cabral Texo (o. Fn. 21) 110, 122, s. auch Chaneton (o. Fn. 47) 361 m. Fn. 9. 54. Schreiben des Justizministers E. Costa v. 20.10.1864, abgedruckt bei Cabral Texo (o. Fn. 21) 77 ff. 55. Siehe o. Fn. 21 sowie R. Knütel (o. Fn. 20) 93 ff. 56. Unwesentliche Bemerkungen sind weggelassen. - Für entscheidende Mithilfe bei der Zusammenstellung der Übersichten in *Anlage* 2 und 3 danke ich meinem Mitarbeiter Markus Goetzmann. 57. Das preußische ALR v. 1794 kommt demgegenüber nur auf 73 Zitierungen, s. dazu Knütel (o. Fn. 20) 80 und die Übersicht 103-108. - Eine sehr nützliche Aufstellung zu den von Vélez zitierten Texten des *Corpus Iuris Civilis* bietet A. Díaz Bialet, *La transfusión del derecho romano en la Argentina*, in S. Schipani (Hrsg.), *Diritto romano, codificazioni e sistema giuridico latino-americano* [= *Studi Sassaresi* Bd. V] (Mailand 1981) 295-315. 58. Zum Beispiel zu Art. 72, 451, 470, 522, 629, 1622, 1646, 1725 (dazu unten nach Fn. 59). 59. Vélez Sarsfield verweist hier — ebenso wie zu den inzwischen aufgehobenen Art. 160-163 ArgCC, die mit Art. 2370 ff. LaCC 1825 übereinstimmen — zusätzlich auf J. Story's Conflict of Laws. 60. Art. 377 ArgCC Anmerkung. - Die Regelung zum Aufwendungsersatz für den Tutor in Höhe von 10% (s.o. nach Fn. 28) übernahm Vélez (ebenso wie Bello) in den noch heute gültigen Art. 451 ArgCC. 61. Oben nach Fn. 50. 62. *Roman Law in the Modern World* Bd. 2 (New York 1924) 5. 63. Im Hinblick auf die Einflüsse des preußischen ALR ist dasselbe Fazit zu ziehen, s. R. Knütel (o. Fn. 20) 104 mit der Übersicht 105 ff. 64. Siehe etwa O. Le Clerq, *Le droit romain dans ses rapports avec le droit français et les principes des deux législations* 8 Bde. (Liège 1810-1812). 65. So der Tribun Faure anläßlich der Präsentation der Normen des Cc über das Eigentum: *N'hésitons point à le dire, c'est aux Romains que nous aurons le plus d'obligations pour le perfectionnement de notre législation. Nous sommes devenues riches de leur science, forts de leur maximes*, bei P. A. Fenet (o. Fn. 5), Bd. 11 (Paris 1828) 152. 66. Zu der Modifizierung in Art. 1502 ChCC s. R. Knütel, *Normativas paralelas en el derecho de obligaciones*, in O. Sambrano Urdaneta (o. Fn. 27) 465 ff. 67. Nach Paulus D. 50.17.23 i.f. 68. Siehe außer den zu Fn. 66 genannten Gesetzbüchern etwa Art. 311 GriechCC; Art. 1190 ItalCC; Art. 1135 SpanCC. 69. Zu ihm zuletzt R. Knütel, Art. *Papinianus*, in M. Stolleis (o. Fn. 7) 473 f. 70. Dazu aus der jüngeren Literatur A. Wacke, *Zum dolus-Begriff der actio de dolo*, in *RIDA*. 27 (1980) 365 ff.; R. Zimmermann, *The Law of Obligations. Roman Foundations of the Civilian Tradition* (Cape Town-Johannesburg 1990) 666 f. 71. Siehe zu dieser Deutung R. Knütel, *Rechtseinheit in Europa und römisches Recht, Zeitschrift für Europäisches Privatrecht* (*ZEuP*) Bd. 2 (1994) 265 ff. 72. Pierson v. Post, 3 Caines 175 (N.Y.

Sup. Ct.) 1805. - Eingehende Erörterung des Falles und seiner historischen Verwurzelung bei Charles Donahue jr., *Animalia ferae naturae: Rome, Bologna, Leyden, Oxford and Queen's County, N.Y.*, in Roger S. Bagnall et al. (Hrsg.), *Studies in the Roman Law in Memory of A. Arthur Schiller* (1986) 39 ff.; Ders., *Noodt, Titius, and the Natural Law School: The Occupation of Wild Animals and the Intersection of Property and Tort*, in J. A. Ankum et al. (Hrsg.), *Satura Roberto Feenstra oblata* (Freiburg/ Schweiz 1985) 609 ff. 73. Vgl. A. J. Casner - W. B. Leach, *Cases and Text on Property*[2] (Boston/Toronto 1969) 10. 74. Cf. Donahue (o. Fn. 72) 48 ff. 75. Siehe des weiteren Art. 2541 ArgCC (« Solange der Jäger das Tier verfolgt, das er verwundet hat, muß derjenige, der es ergriffen hat, es ihm übergeben »; ausweislich der nota von Vélez Sarsfield im bewußten Gegensatz zu Inst. 2.1.13 und den Siete Partidas); 595 BrasCC; 714 UrugCC; 859-861 MexCC. 76. Liesner et al. v. Wanie 156 Wis 16, 145 N.W. 374 (1914). 77. « Such is the law of the chase by common law principles, differing from the more ancient civil law which postponed the point of vested interest to that of actual taking ». 78. Dies ist erschließbar aus Theophilus 2.1.13. Ausgabe E. Contardo Ferrini, *Institutionum graeca paraphrasis Theophilo antecessori vulgo tributa* Bd. 1 (Berlin 1884, Nachdr. Aalen 1967) 101. [R. K.]

ANLAGE 1

Seite	ChCC		LaCC 1825
Obras I			
44 ff.	Art. 25-51	(Hrsg.) Begriffsbestimmungen	Art. 3522 ff.
76 f.	Art. 76	Vaterschaftsvermutung	Art. 205, 206 (jetzt 184, 185)
78	Art. 80	Abwesenheitspflegschaft Todeserklärung	Art. 45 (47, 54)
115	Art. 128	(Hrsg.) Wiederverheiratung, Wartezeit	Art. 134
148	Art. 180	Vaterschaftsvermutung	Art. 203 (cf. 184)
169	Art. 202, 210	Legitimation durch nachfolgende Ehe	Art. 217 (198)
215	Art. 280 ff.	(Hrsg.) Rechte nichtehelicher Kinder	Art. 226 (cf. 208)
253	Art. 338 ff.	(Hrsg.) Vormund, Pfleger	Art. 357 ff.
262	Art. 359, 355	Nichehel. Kind, Vormundschaft	Art. 279 (261)
309, 311	Art. 442	Verschwendungssucht	Art. 413 (426)
369	Art. 526	(Hrsg.) Vormund: Aufwendungsersatz	Art. 342 (—)
Obras II			
248	Art. 1241	*pro herede gestio*	Art. 982, 984, 985, 995
248	Art. 1242	*pro herede gestio*	Art. 993
249	Art. 1243	*pro herede gestio*	Art. 990-992, 995
249	Art. 1244	*pro herede gestio*	Art. 993
250	Art. 1245	*pro herede gestio*	Art. 1004
253	[Proy. 1853 Art. 1424]		Art. 1027 (1034)
253	[Proy. 1853 Art. 1425]		Art. 1028 (1035)
259	[Proy. 1853 Art. 1430]		Art. 1043 (1050)
347	Art. 1386 f.	(Hrsg.) Schenkungen *inter vivos*	Art. 1453 ff. (1467 ff.)
392	Art. 1454	*error in substantia*	Art. 1837-1839 (cf. 1950)
394	Art. 1458	Arglist (*dolus*)	Art. 1841, 1842 (cf. 1953-1957)
755	Art. 2017	Geburt auf Schiff	Art. 2724 (2753)
851	Art. 2197 (—) [Proy. 1853]	Kein Beweis gegenüber dem Inhalt unterschriebener Urkunden	Art. 2256 (1848)
966	Art. 2413 [+ Proy. Ined. 2601 b]	Sicherungsfähige Verbindlichkeit	Art. 3259, 3260 (3298)
1017	Art. 2492 ff.	(Hrsg.) Prescripción	Art. 3420 ff. (3445 ff.)

ANLAGE 2

Seite	Esboço Brasil		LaCC 1825
31	Art. 40	(Verschwendungssucht)	Art. 413
43	Art. 71 N° 4	(Eingeschränkte Geschäftsfähigkeit von für volljährig Erklärten)	Art. 374 (jetzt 371)
59	Art. 139, 140	(Definition: Familie)	Art. 3522 N° 12 (3506 N° 12)
83	Art. 221	(*nasciturus*)	Art. 29 (26)
97	Art. 272	(Gesellschaften; Jur. Personen)	Buch I, Titel X
109	Art. 290, 291	(Gesellschaften; Jur. Personen)	Art. 429, 430
109	Art. 292	(Gesellschaften; Jur. Personen)	Art. 436
109	Art. 293	(Gesellschaften; Jur. Personen)	Art. 435
110	Art. 294	(Gesellschaften; Jur. Personen)	Art. 425
110	Art. 296, 297	(Gesellschaften; Jur. Personen)	Art. 427, 428
110	Art. 298, 299	(Gesellschaften; Jur. Personen)	Art. 424
110	Art. 300	(Gesellschaften; Jur. Personen)	Art. 434
111	Art. 307, 308	(Gesellschaften; Jur. Personen)	Art. 437
112	Art. 312	(Gesellschaften; Jur. Personen)	Art. 438

ANLAGE 3

ArgCC	LaCC (1825)	ArgCC	LaCC (1825)
Tit. prelim.		Buch 2	
12	10	501	1891
17	3	510	1907
18	12	522	1928
Buch 1		619	2884
30	418-438	629	1920, 1921
54	*413*	709, 710	2091
63	29	725	2127, 2128
72	948, 917	730	2132
160-163	*2370*	747	2153
250	207	818	2204
325	226	820	2205
343	914	821	2210
377	357	832	3038
383	275	835	3040
389	282	850	3045
394	279	859	3050
416	343	860	3049
424	341	862	2214
443	345, 348	923	1813
450	327	931	1844
451	342	936-938	1845-1847
456	3003	941	1844
462	352	943	2567
464	352	979	2231
466	353	987	2232
470	384, 385	993	2233
473	394	995	2235
475	361, 362	1033	2241
483	*410*	1061	2252

ArgCC	LaCC (1825)	ArgCC	LaCC (1825)
1065	2252	2216	2925, 2926
1113	2299	2240	2881
1131	2301	2251	2892
1204	2041	2255	2862, 2863
1276	2373	2269	2870, 2871
1294	2399	2270	2873
1324	489	2278	2874
1380	2545	2281	2876
1381	Gen. Ref.	2283	2877
1389	2561	2284	2878
1390	2562	2286	2880
1432	2041	Buch 3	
1492	2637	2353	2304
1497	2703	2356	495
1572	2693	2423	494
[illegible]	2658, 2659	2445	3107
1646	2733	2447	3100
1651	Gen. Ref.	*2456*	*3412*
1677	2810	2507	482
1681	2838	2509	487
1692	2839	2510	488
1725	2833	2511	489
1741	2855, 2856	2567-2570	517, 518
1747	2844	2572	501
1797	1529	2583	503
1831	1494	2587	499
1842	1521	2594	513
1850	1546	2595	515
1858	1547	2596	523
1865	1547	2600	520
1866	1549	*2616*	*666*
1867	1951	2621	688, 691
1868	1556	*2622*	*689*
1909	2973, 2974	2623	690
1949	2991	*2624*	*691*
1950	2994	2630	694
1956	2992	2646	656
2001	3012	2653	656
2012	3014	2654	692
2026	3026	2660	693
2030	3021	2722	674
2032	3023	2723	675
2043	3031	*2725*	*671*
2046	3032	2730	681
2050	3031	2731	676
2097	2477	2732	677
2099	2480	2733	678
2101	2481	*2742*	*683*
2118	2482	*2743*	*684*
2125	2487	2807	525
2141	1422	2808	526
2142	1426	*2811*	*528*
2164	2496, 2497	2838	533
2182	Gen. Ref.	2846	525
2208	2911	*2855*	*552*

ArgCC	LaCC (1825)	ArgCC	LaCC (1825)
2856	557	3231	3135, 3136
2857	557	3233	3188
2863	536	*3235*	*3130*
2864	538	Buch 4	
2865	540	3279	867
2866	545	3291	960
2880	584, 585	*3304*	*968*
2894	572	3305	963
2897	*581*	3316	1001
2902	587	*3317*	*980, 1009*
2920	601	3319	982
2937	609	3331	1022
2953	628, 634, 636, 637	3345	1010
2967	*624, 625*	3371	1047
2987	*738*	3433	1397
2993	766	3482	1318
3003	*750-754*	*3502*	*1378*
3011	*749*	3508	1426
3012	755	3514	1225
3013	*756*	3547	881
3014	*757*	3552	896
3016	*760*	3560	Gen. Ref.
3017	761	3561	895
3018	770	3607	1564
3021	*775*	3618	1566
3037	773	3664	1585, 1586
3044	*749*	3666	1577, 1578
3045	818	3667	1578
3053	780, 781	3670	1583
3055	801, 802	3672-3674	1590
3056	802	3679	1594
3057	808	3692	1648, 1650
3059	786	3741	1478
3061	897	3745	1611, 1612
3062	798	3746	1616
3063	792	3752	1632
3068	696	3827	1685
3073	*697*	3828	1688
3074	696	3872	1676
3075	*698*	*3891*	*3184*
3077	697	*3897*	*3190*
3122	*3266*	3947	3420
3125	3268	3948	3421, 3422
3135	*3316*	3958	3486
3142	*3329*	3962	3428
3149	*3319*	3963	3429
3150	*3320*	3964	3426
3151	3333	3984	3483
3201	*3337*	3986	3484
3202	*3340*	3999	3435
3203	*3343*	4002	3443
3205	3129	4008	3447, 3448
3224	3132	4010	3449
3225	3134	4015	3465, 3466
3228	3134	*4018*	*3515*
3229	3131		

VON WURZELN UND STÄMMEN*

von Rolf Knütel, Bonn

I.

In diesen Jahren, in denen die Verkündung des Bürgerlichen Gesetzbuchs gerade 100 Jahre zurückliegt und für seine Geltung dasselbe und wichtigere Jubiläum bevorsteht, wird besonders deutlich, daß die deutschen Juristen mit ihrem guten alten BGB im allgemeinen sehr zufrieden sind. Seine ausgereifte Dogmatik, seine begriffliche Präzision, seine Offenheit für neue Wertungen, um nur einige Eigenschaften zu nennen, haben sich

*) E. Schilken/E. Becker-Eberhard/W. Gerhardt (Hrsg.), Festschrift für Hans Friedhelm Gaul zum 70. Geburtstag, Ernst und Werner Gieseking, Bielefeld 1997, 317 – 334.

bewährt und wesentlich zu seiner Alterungsbeständigkeit beigetragen. Viel Anerkennung findet die Arbeit der Gesetzesverfasser, „handelt es sich doch um die wohl großartigste Leistung der deutschen Rechtskultur“[1]), die sie vollbracht haben.

Bei all dieser Zufriedenheit und bei allem Lob findet freilich zu wenig Beachtung, was die Väter des BGB überhaupt in den Stand versetzt hat, ihr großartiges Werk zu schaffen, und welcher Stoff ihnen zur Verfügung stand, es zu formen. Es ist dies vor allem die Hochblüte, zu der die deutsche Rechtswissenschaft im vergangenen Jahrhundert durch die Historische Rechtsschule und die Pandektistik gelangt ist, und es sind dies die von ihr neu erschlossenen Quellen des gemeinen Rechts und damit in der Sache sehr weitgehend des antiken römischen Rechts. Noch heute gründet sich die Mehrzahl der Normen des BGB auf Lösungen des römischen Rechts und noch heute wird – was der Zivilrechtswissenschaft unserer Tage fast völlig aus dem Blick geraten ist – auch die Interpretation dieser Normen wesentlich durch die Diskussionen der römischen Juristen und der seit dem hohen Mittelalter darauf aufbauenden Juristen bis hin zu den Pandektisten bestimmt[2]). Das ist nicht etwa nur dort der Fall, wo in den Kommentierungen lateinische Begriffe auftauchen, wie etwa die Regel *dolo facit* etc. (aus D. 50,17,173,3 = D. 44,4,8 pr.) bei § 242 BGB oder das *commodum ex negotiatione* bei § 281 BGB[3]), sondern in zahllosen anderen Zusammenhängen.

Man wird deshalb sagen können, daß „Stammbaum“ des BGB das *Corpus iuris civilis* ist, welches im Reichtum seiner juristischen Gehalte allerdings jede neuzeitliche Kodifikation um ein Vielfaches übertrifft. Sprechen wir schon vom „Stammbaum“, so bietet es sich an, die Zusammenhänge sogleich am schlichten Beispiel der zivilrechtlichen Erfassung der Bäume zu veranschaulichen. Wir müssen uns allerdings auf die allgemeine Frage nach der Eigentumslage beschränken und speziellere Probleme, insbesondere der Grenzbäume, beiseite lassen. Dabei möchten wir hoffen, daß der verehrte und geschätzte Jubilar, den seine tiefdringenden Studien immer wieder zu den wichtigen Weichenstellungen im 19. Jahrhundert zurückgeführt haben, geneigt ist, uns auf dem Wege in die Vergangenheit zu folgen.

---

[1]) *H. Köhler* in: Bürgerliches Gesetzbuch, Faksimileausgabe anläßlich der Verkündung des BGB vor 100 Jahren, 1996, Einführung, S. 3*. – Aus der weiteren Lit. vgl. nur *M. Schmoeckel*, 100 Jahre BGB: Erbe und Aufgabe, NJW 1996, 1697 ff. (wo mit dem Codex Iustinianus offenbar das Corpus Iuris Civilis gemeint und mit einer Fehlaussage [„nur als Quelle der Inspiration“] verbunden ist, S. 1704); *R. Stürner*, JZ 1996, 741 ff.

[2]) Eine nahezu abgeschlossene Sammlung der in den Materialien zum BGB angeführten Quellen des römischen Rechts ergibt mehr als 3.500 Nachweise. Hinzu kommen überaus viele Bezugnahmen auf das gemeine (und das römische) Recht, bei denen die Gesetzesredaktoren sich mit den bloßen Hinweisen auf die Literatur zum gemeinen Recht begnügt haben, insbesondere mit den Hinweisen auf das führende Lehrbuch von *B. Windscheid.*

[3]) Der Begriff ist in Anknüpfung an die Erörterungen des Paulus in D. 18,4,21 gebildet, dazu aus jüngerer Zeit *H. G. Ullrich*, Doppelverkauf und stellvertretendes *commodum* (Von D. 18,4,21 zu § 281 BGB), Diss. Bonn 1990; *H. H. Jakobs, lucrum ex negotiatione,* 1993 (dem ich in vielen Punkten nicht folgen kann); *I. Reichard,* Die Frage des Drittschadensersatzes im klass. röm. Recht, 1993, 77 ff. m. w. Lit. – Weitere Beispiele dazu bei *R. Knütel*, Römisches Recht und deutsches Bürgerliches Recht, in: *W. Ludwig* (Hrsg.), Die Antike in der europäischen Gegenwart (Veröff. der Joachim Jungius-Gesellschaft Nr. 72), 1993, S. 43 ff.

II.

1. „Die Lage der Wurzeln ist irrelevant; vielmehr kommt es darauf an, wo der Stamm aus der Erde heraustritt" – dieser Hinweis gehört bis auf den heutigen Tag zum Standard der Erläuterungen und Kommentierungen zu § 923 BGB, wo es um den Grenzbaum geht[4]). Da seit Inkrafttreten des BGB niemand die Ansicht vertreten hat, die Lage der Wurzeln sei entscheidend, kann dieser Hinweis nur der Nachhall einer alten Kontroverse sein. So ist es in der Tat: Im gemeinen Recht war umstritten, ob das Stammprinzip gelte oder das Wurzelprinzip.

2. Die Verfechter des Stammprinzips beriefen sich auf das Digestenfragment

D. 47,7,6,2 Pomponius im 20. Buch zu Sabinus

Si arbor in vicini fundum radices porrexit, recidere eas vicino non licebit, agere autem licebit non esse ei ius (sicuti tignum aut protectum) inmissum habere. si radicibus vicini arbor aletur, tamen eius est, in cuius fundo origo eius fuerit.

Wenn der Baum seine Wurzeln in das Grundstück des Nachbarn ausgestreckt hat, darf der Nachbar sie nicht abschneiden; doch kann er darauf klagen, der andere habe nicht das Recht, [die Wurzeln] (vergleichbar einem [hinüberragenden] Balken oder Vordach) [in das Nachbargrundstück] hineinragen zu lassen. Ernährt sich der Baum des [anderen] Nachbarn durch die [auf das Nachbargrundstück getriebenen] Wurzeln, so gehört er dennoch demjenigen, in dessen Grundstück er seinen Ursprung hat.

Der Text, der in den Titel „Über die Klage wegen heimlich gefällter Bäume" (D. 47,7) eingerückt ist[5]), versagt dem Nachbarn das ihm heute durch § 910 Abs. 1 S. 1 BGB eingeräumte (erweiterte Selbsthilfe-)Recht, die eingedrungenen Wurzeln abzuschneiden, und verweist ihn statt dessen auf die *actio negatoria,* den Vorläufer unseres § 1004 BGB. Dahinter steht der Gedanke, daß der betroffene Nachbar durch die Kappung der möglicherweise lebenserhaltenden Wurzeln nicht von sich aus über die Existenz des Baumes sollte entscheiden dürfen.

Der Hinweis im zweiten Satz rundet den Gedanken ab: Der Umstand, daß die nahrungssichernden Wurzeln in das Grundstück des betroffenen Nachbarn eingedrungen sind, macht diesen nicht zum Baumeigentümer und – wie daraus zu folgern ist – gibt ihm deshalb nicht das Recht, qua Baumeigentümer über den Baum zu bestimmen und dessen Wurzeln abzuschneiden, womit der Abwehrklage von vornherein der Boden entzogen wäre.

---

[4]) *Dernburg,* Sachenrecht, 4. Aufl. 1908, S. 289; *M. Wolff,* Sachenrecht, 9. Bearb. 1932, S. 181; *M. Wolff/L. Raiser,* Sachenrecht, 10. Bearb. 1957, S. 207 Fn. 8; *Biermann,* Kommentar zum BGB, Sachenrecht, 3. Aufl. 1914, § 923 A. 1 a; *Planck /Strecker,* Kommentar zum BGB, Bd. 3, Sachenrecht, 5. Aufl. 1933, § 923 A. 1; *Staudinger/Seuffert,* Kommentar zum BGB, Bd. III/1, 11. Aufl. 1956, § 923 Rz. 1; *Staudinger/Beutler,* Kommentar zum BGB, 12. Aufl. 1989, § 923 Rz. 2; *RGRK-BGB / Augustin,* Bd. III/1, 12. Aufl. 1979, § 923 Rz. 2; *MK/Säcker,* BGB, Bd. 4, 2. Aufl. 1986, § 923 Rz. 2; *Palandt/Bassenge,* BGB, 55. Aufl. 1996, § 923 Rz. 1, ferner etwa *Dehner,* Nachbarrecht im Bundesgebiet (ohne Bayern), 6. Aufl. 1982, S. 320, 474; *Gaisbauer,* BlGBW 1973, 31; OLG München NJW-RR 1992, 1369 (= AgrarR 1994, 27 f.). – Näheres u. V 1, insbes. zu Fn. 55.

[5]) Einzelheiten zum Text bei *A. Bignardi,* Index 12 (1983/84) 465, 485 ff. – S. zudem u. V 2 (bei Fn. 56–60).

Dieser Text ist der einzige, der auf das Stammprinzip schließen läßt. In ihm kommt bereits zum Ausdruck, daß es eine andere Meinung gegeben haben muß. Diese Gegenmeinung ist häufiger belegt.

3. a) Besonders aussagekräftig ist ein Text, der sowohl in Justinians Institutionen (2,1,31) als auch mit leichten Abweichungen in den Digesten überliefert ist. Wir blicken zunächst auf den Digestentext und heben die wesentlichen Abweichungen vom Institutionentext hervor.

D. 41,1,7,13 Gaius im 2. Buch ‚Alltägliche Dinge oder Goldene Worte'

Si alienam plantam in meo solo posuero, mea erit: ex diverso si meam plantam in alieno solo posuero, illius erit: si modo utroque casu radices egerit: antequam enim radices ageret, illius permanet, cuius et fuit. *his conveniens est, quod quidam ⟨putant⟩*[6]) *si vicini arborem ita terra presserim*, ut in meum fundum radices egerit, meam effici arborem: rationem enim non permittere, ut alterius arbor intellegatur, quam cuius fundo radices egisset. et ideo prope confinium arbor posita, si etiam in vicinum fundum radices egerit, communis *est.*

Wenn ich eine fremde Pflanze auf meinem Grundstück eingepflanzt habe, wird sie mein Eigentum, und wenn umgekehrt ich meine eigene Pflanze auf einem fremdem Grundstück einpflanze, wird sie Eigentum von dessen Eigentümer, in beiden Fällen allerdings nur, wenn sie Wurzeln geschlagen hat. Bevor sie nämlich Wurzeln geschlagen hat, verbleibt sie im Eigentum dessen, der Eigentümer war. *Hiermit steht im Einklang, daß – wie einige annehmen – dann, wenn ich einen Baum des Nachbarn derart mit einer Erdanschüttung versehe*, daß er Wurzeln in mein Grundstück treibt, dieser Baum in mein Eigentum übergeht: Denn die Rechtsvernunft läßt es nicht zu, einen Baum als Eigentum eines anderen anzusehen als desjenigen, auf dessen Grundstück er seine Wurzeln geschlagen hat. Und daher steht ein nahe der Grenze[7]) gepflanzter Baum in gemeinschaftlichem Eigentum, wenn er seine Wurzeln auch in das Grundstück des Nachbarn getrieben hat.

In allen drei Fällen kommt es aufgrund menschlicher Tätigkeit zu einer Änderung des Eigentums an der Pflanze. Die Grundaussage wird in den ersten beiden Fällen klar: Eine Pflanze wird mit Verwurzelung Bestandteil des Grundstücks, gleichgültig ob jemand eine fremde Pflanze auf eigenem oder eine eigene auf fremdem Grundstück pflanzt. Das ist eine natürliche Konsequenz des Grundsatzes *superficies solo cedit:* „Was am Boden ‚zu oberst gemacht ist', weicht dem Boden", wird also vom Bodeneigentum erfaßt[8]). Dieses Prinzip ist, wenngleich es keine zwingende juristische Wahrheit darstellt, eine bestimmende Regel des römischen Rechts geworden, die auch vom BGB – ebenso wie etwa vom französischen Code civil von 1804, vom österreichischen ABGB von 1811 und vom schweizerischen ZGB von 1907 – grundsätzlich

---

[6]) So oder ähnlich wird man mit *P. Krüger*, Digesta, Editio stereotypa, zu ergänzen haben.

[7]) Dazu u. V 3.

[8]) Ausdrücklich Gai Epitome 2,1,4 (FIRA II 242): *Item regulariter constitutum est, ut superposita inferioribus cedant . . . vel si aliquis in agro nostro arbores aut vineas vel plantas quascumque posuerit, similiter superficies solo cedat* . . . Vgl. auch Inst. 2,1,32 = Gai. D. 41,1,9 pr. (*plantae solo cedunt*). Zum Rechtsgrundsatz Näheres bei *J. P. Meincke*, Superficies solo cedit, SZ 88 (1971) 136 ff.

befolgt wird[9]). Der dritte Fall ist der Extremfall: Ego versieht den Baum seines Nachbarn dergestalt mit einer Erdanschüttung (*si vicini arborem ita terra presserim*)[10]), daß er sich „umorientiert“ und seine Wurzeln nunmehr in das Grundstück des Ego treibt. Dem Sinnzusammenhang nach müssen alle wesentlichen Wurzeln, die Hauptwurzeln, gemeint sein, so daß sich die Frage stellt, was für das Eigentum am Baum entscheidend ist, die Lage der Wurzeln oder der Stand des Stammes. Das Digestenfragment enthält hierzu eine entschiedene Aussage zugunsten des Wurzelprinzips.

b) Dasselbe zeigt der im entscheidenden dritten Fall allerdings abweichende Paralleltext in den Institutionen:

Inst. 2,1,31

Si Titius alienam plantam in suo solo posuerit, ipsius erit: et ex diverso si Titius suam plantam in Maevii solo posuerit, Maevii planta erit, si modo utroque casu radices egerit. antequam *autem* radices egerit, eius permanet, cuius et fuerat. *adeo autem ex eo, ex quo radices agit planta, proprietas eius commutatur, ut, si vicini arborem ita terra Titii presserit,* ut in eius fundum radices ageret, Titii effici arborem dicimus: rationem etenim non permittere, ut alterius arbor esse intellegatur, quam cuius in fundum radices egisset. et ideo prope confinium arbor posita, si etiam in vicini fundum radices egerit, *communis fit.*

Wenn Titius eine fremde Pflanze auf seinem Grundstück gepflanzt hat, wird sie sein Eigentum, und wenn umgekehrt Titius eine eigene Pflanze auf dem Grundstück des Maevius gepflanzt hat, wird sie Eigentum des Maevius, in beiden Fällen allerdings nur, wenn sie Wurzeln geschlagen hat. Bevor sie aber Wurzeln geschlagen hat, verbleibt sie im Eigentum dessen, der Eigentümer war. *Daß das Eigentum an der Pflanze sich ändert, wenn sie Wurzeln geschlagen hat, geht sogar so weit, daß wir folgendes sagen: Wenn Erde des Titius einen Baum des Nachbarn so ‚drückt‘,* daß er auf dem Grundstück des Titius Wurzeln schlägt, wird der Baum Eigentum des Titius. Denn die Rechtsvernunft läßt es nicht zu, einen Baum als Eigentum eines anderen anzusehen als desjenigen, in dessen Grundstück er Wurzeln geschlagen hat. Und darum wird ein nahe der Grenze gepflanzter Baum gemeinschaftliches Eigentum, wenn er seine Wurzeln auch in das Grundstück des Nachbarn getrieben hat.

Hier wird der dritte Fall als reiner Naturvorgang wiedergegeben: Die Erde des Titius drückt einen Baum derart, daß seine Wurzeln – auch hier ist an die Hauptwurzeln zu denken[11]) – in das Grundstück des Titius „hinüberwandern“.

c) Es bereitet gewisse Schwierigkeiten, sich dies vorzustellen.

Paul Krüger[12]) hat gemeint, eigentlich erwarte man, daß es (statt *arborem ita terra Titii presserit*) heiße *ita terram Titius presserit,* daß also Titius den Baum des Nachbarn so fest mit Erde bedeckt habe, daß er seine Wurzeln in sein Grundstück getrieben habe. Dafür

---

[9]) Vgl. §§ 94, 946 BGB sowie u. III 2 a, IV 1. – Zum schweiz. ZGB s. Artt. 667 Abs. 2 sowie 671 Abs. 1 und 678 Abs. 1, jew. i.V.m. 642 Abs. 1; doch ist der Grundsatz verschiedentlich durchbrochen, vgl. Art. 675 und Artt. 673, 678 Abs. 1 ZGB (wonach der Boden der *superficies* weicht, gegebenenfalls also dem Baumeigentum, vgl. nur *F. F. Forni,* La superficie delle piantagioni, Lugano 1946, S. 110 ff.

[10]) *Terra premere* kann sogar die Bedeutung von ‚einpflanzen‘ haben, s. Oxford Latin Dictionary, ed. *Glare,* Nachdr. 1985, S. 1452, s.v. premo 14 d (‚to bury in the ground, to plant‘, mit Hinweis auch auf unseren Text, S. 1453).

[11]) So auch *Göppert,* Über die organischen Erzeugnisse, 1869, S. 153; *Th. C. Sandars,* The Institutes of Justinian, 10. Aufl. 1900, S. 108 (zu § 31).

[12]) In der Anm. zu Inst. 2,1,31 seiner Institutionen-Ausgabe, 4. Aufl. 1921, S. 39 Fn. 2.

verweist *Krüger* (außer auf das *presserim* im Digestentext, das das menschliche Handeln bestätige) auf Plinius, Historia naturalis 17,13, wo es aber um abgerissene oder abgeschnittene, also verselbständigte Stecklinge geht, die in den Boden gesteckt werden und Wurzeln schlagen, und auf das Fragment Ven. D. 43,24,22 pr. Dort wird jedoch ein Weinstock vom Nachbarn auf das eigene Grundstück herübergezogen. Mit dem überlieferten Wortlaut des Institutionentextes läßt sich all das nicht vereinbaren.

J. E. Spruit und *K. E. M. Bongenaar* haben in ihrer neuen Institutionenübersetzung ins Niederländische[13]) den Text im folgenden Sinn wiedergegeben: „Wenn ein Baum vom Nachbarn so dicht an den Grund des Titius angelehnt ist (zo dicht tegen de grond van Titius aanstaat), daß er in dessen Parzelle Wurzeln getrieben hat . . .“[14]). Dabei wird offenbar vorausgesetzt, daß der Eigentümer den Baum neu eingepflanzt hat und daß dieser von vornherein seine Wurzeln in das Nachbargrundstück getrieben habe. Dagegen spricht jedoch, daß es nicht *arbor terram presserit* heißt, sondern *arborem terra presserit;* die Erde ist Subjekt, der Baum Objekt, und für *premere* ist die Bedeutung eines ‚Sich Anlehnens‘ wohl auch nicht bezeugt.

Bei unserer Institutionen-Übersetzung haben wir seinerzeit gemeint, es lasse sich kaum aufklären, welchen tatsächlichen Vorgang der Jurist vor Augen gehabt habe, und wir haben deshalb *arborem ita terra presserit* möglichst wortnah übersetzt: „Erde einen Baum . . . so fest bedeckt . . .“ und in einer Fußnote unserer Verwunderung Ausdruck gegeben: „Wie der ausgewachsene Baum auf das Nachbargrundstück gelangt ist, ob durch Umpflanzen (vgl. D. 41,1,7,13), durch Herüberwachsen des Wurzelwerks oder auf andere Weise, bleibt ungewiß“[15]).

Bei erneuter Überprüfung gewinne ich den Eindruck, daß man den Text beim Wort nehmen kann. *K. A. v. Vangerow*[16]) war der Ansicht, es werde vorausgesetzt, „daß der Baum sich selbst allmählich auf das andere Grundstück herübergezogen hat, was bei abschüssigem Boden sehr leicht möglich ist“. *Vangerow* geht also davon aus, der Stamm sei auf das andere Grundstück „gewandert“. So weit geht die Aussage des Textes jedoch nicht; er besagt nur, daß die Wurzeln in das Nachbargrundstück eingedrungen sind. Das ist bei einer Hanglage gut möglich[17]), und *premere* kann außer „drücken“ unter anderem auch die Bedeutung haben, daß jemand unter Druck gesetzt, zu einem Verhalten gedrängt oder angetrieben wird. In diesem Sinne könnte der bessere Boden des Unterliegers den Baum veranlaßt haben, gerade dorthin seine Hauptwurzeln zu treiben.

Im Salzburger ‚Haus der Natur‘ ist übrigens eine Fichte ausgestellt, die in gut drei Metern Höhe des Stammes nochmals voll Wurzeln ausgetrieben hat; die alten waren zuvor verdorrt[18]). Der neue Wurzeltrieb wurde durch einen Erdrutsch veranlaßt, durch den das alte Wurzelwerk weitgehend aus dem Boden gerissen worden war. Hier kann man sich gut vorstellen, daß der Stamm mit dem ab-

---

13) *J. E. Spruit/K. E. M. Bongenaar,* Corpus Iuris Civilis, Tekst en Vertaling, I, Instituten, 1993, S. 63.

14) Zustimmend *R. Feenstra,* ZEuP 4 (1996) 186.

15) *Behrends/Knütel/Kupisch/Seiler,* Corpus Iuris Civilis, Text und Übersetzung, I, Institutionen, 1990, 53 (= Taschenbuch-Ausgabe, 1993, 53). In der Neuauflage 1997 wird statt dessen in der Fußnote auf den Paralleltext Gai. D. 41,1,7,13 und das entgegenstehende Fragment Pomp. D. 47,7,6,2 verwiesen, S. 55.

16) Lehrbuch der Pandekten, Bd. 1, 7. Aufl. 1863, S. 635.

17) Professor *Gero Dolezalek* berichtet mir, daß auf diese Weise ein Birnbaum von seinem Grundstück auf das Nachbargrundstück „gewandert“ sei.

18) Darauf hat mich Herr cand. iur. Bernd Classen, Bonn, aufmerksam gemacht.

gestorbenen alten Wurzelstock noch auf dem Grundstück des Oberliegers festhängt, seine neuen Wurzeln aber beim Unterlieger geschlagen hat. Man könnte auch daran denken, daß bei Luftwurzelbäumen, wie etwa dem Banyon Tree in Hemingways Garten in Key West oder der großartigen Mörderfeige *(ficus magnolia)* vor dem Palazzo Steri Chiaramonte in Palermo oder überhaupt bei den Bäumen der Mangrovenwälder, aus den Luftwurzeln Stämme werden, die von sich aus weitere Wurzeln schlagen, während der alte Stamm abstirbt. In unserem Fall geht es jedoch, wie auch der sogleich anzuführende Theophilus-Text zeigt, um im Erdreich vorandringende Wurzeln. – Die „springenden Alleebäume" müssen wir von alldem freilich fernhalten[19]).

d) Die in den Institutionen vorausgesetzte Situation ist also keine so unwahrscheinliche, wie man auf den ersten Blick annehmen möchte. Ob sie erst von den Verfassern der Institutionen (Tribonian, Dorotheus und Theophilus, vgl. Const. Imperatoriam § 3) in den Gaius-Text gebracht worden ist, ob also der Digestentext dem Original nähersteht, ist eine schwierige, für das rechtliche Problem aber nicht maßgebliche Frage. Immerhin stellt Theophilus in seiner griechischen Institutionenparaphrase die Situation ebenfalls als Naturvorgang dar. Der interessierende Passus läßt sich wie folgt übersetzen:

‚. . . Sobald aber die besagte Pflanze Wurzeln geschlagen hat, geht das Eigentum an ihr auf den Eigentümer des Grundstücks über, auf dem sie steht. Natürlich kam im Anschluß daran die folgende Frage auf: Mein Grundstücksnachbar hatte am Ende seines Grundstücks in der Nähe meines Grundstücks einen Baum. Es ereignete sich, daß die Wurzeln dieses Baumes allmählich unter der Erdoberfläche vorankrochen und mein Grundstück erreichten, meine Erde ergriffen und sich aus ihr ernährten. Zu der insoweit aufgekommenen Streitfrage setzte sich die Ansicht durch, daß der Baum in mein Eigentum übergegangen ist. Denn die natürliche Vernunft läßt es nicht zu, daß der Baum einem anderen gehört als demjenigen, in dessen Grund und Boden er seine Wurzeln hat . . .'[20]).

Theophilus und damit den Institutionenverfassern könnte, wie die zusätzlichen und offensichtlich zutreffenden Informationen vermuten lassen, eine ausführlichere Version der *Res cottidianae* vorgelegen haben als der Digestenkommission. Überhaupt lassen die Abweichungen, die sich zwischen den aus den *Res cottidianae* entnommenen Digestenfragmenten und den entsprechenden Paragraphen der Institutionen ergeben, die Vermutung aufkommen, daß unterschiedliche Manuskripte der *Res cottidianae* im Umlauf waren[21]). Wie dem auch sei: Beide Variationen des dritten Falles erscheinen reizvoll. Die Digestenversion mag, weil der Nachbar selbst durch seine lenkende Hand die Umorientierung der Wurzeln auf sein Grundstück und damit seinen Eigentumserwerb veranlaßt

---

[19]) Sie springen mit besonderer Vorliebe solchen Autofahrern in den Weg, die – etwa nach dem Besuch des Oktoberfestes – viel langsamer reagieren als andere, also gegen die Tücken der Alleebäume so gut wie wehrlos sind, wie *H. Rosendorfer,* Die springenden Alleebäume (1996, dtv), S. 1 ff., ergründet hat.

[20]) Theophilus: Institutionum Graeca paraphrasis Theophilo antecessori vulgo tributa (ed. *E. C. Ferrini*), 1884 (Nachdr. 1967), Bd. 1, S. 111 (nach Inst. 2,1,31).

[21]) So *C. Ferrini,* Opere, Bd. 2 (ed. *E. Albertario*), Mailand 1929 [aus 1889], 200 f. (der die Institutionenvorlage für die schlechtere hält); *V. Arangio-Ruiz,* Studi Bonfante, Bd. 1, Mailand 1930, 493, 508 f., 511, 520 pass. (mit der umgekehrten Annahme); dagegen allerdings *H. L. W. Nelson,* Überlieferung, Aufbau und Stil von Gai institutiones, Leiden 1981, S. 311 ff., 319 ff., der eine (seit langem diskutierte Streitfrage klärend) darlegt, daß die *Res cottidianae* auf Gaius zurückgehen werden (zustimmend etwa *Kaser,* Ius gentium, 1993, S. 93 ff.), sich zur Frage unterschiedlicher Versionen der (schon in den Digesten unter verschiedenen Titeln zitierten) *Res cottidianae* jedoch auf nicht zwingende allgemeine Erwägungen stützt. Zurückhaltend demgegenüber auch *Wieacker,* SZ 100 (1983), 636 ff.

hat, noch problematischer erschienen sein als die der Institutionen[22]); doch läßt sich nicht einmal ausschließen, daß der ursprüngliche Gaius-Text sogar beide Beispiele enthielt[23]).

e) Jedenfalls enthalten beide Texte eine entschiedene Aussage zugunsten des Wurzelprinzips, und sie führen zugleich als dessen Rechtfertigung die *ratio* an, die juristische Vernunft. Sie erschöpft sich nicht in der schlichten Erwägung, die sich (in Anlehnung an § 93 BGB) zunächst aufdrängt, daß nämlich eine Pflanze, wenn sie im Boden erst einmal verwurzelt ist, durch die Trennung in der Regel so sehr Schaden nimmt, daß sie eingeht. Vielmehr ist für sie maßgeblich, daß die Pflanze, sobald sie verwurzelt ist, ihre Kraft aus dem Boden gewinnt und diesen gegebenenfalls aussaugt. Doch ist auch dieser Gesichtspunkt, auf den zurückzukommen ist, noch nicht der juristisch wesentliche[24]). Für die juristische Betrachtung ist vielmehr entscheidend, daß diese dem Bodeneigentümer nachteilige Einwirkung auf sein Eigentum die Anwendung des Ausgleichsprinzips gebietet[25]): *Secundum naturam est, commoda cuiusque rei eum sequi, quem sequentur incommoda* (Paulus D. 50,17,10), es entspricht der natürlichen Gerechtigkeit, daß die Vorteile einer jeden Sache dem zufallen, dem auch die Nachteile zufallen[26]). Oder, wie die (von Dinus in Anknüpfung an die römischen Quellen formulierte) Regel des Kirchenrechts es faßt: *Qui sentit onus, sentire debet commodum, et contra*[27]), wer die Last verspüren muß, muß den Vorteil auch verspüren, und umgekehrt.

4. Eine zusätzliche Stütze des Wurzelprinzips findet sich bei dem Spätklassiker Paulus:

D. 41,1,26,1 Paulus im 14. Buch zu Sabinus

Arbor radicitus eruta et in alio posita priusquam coaluerit, prioris domini est, ubi coaluit, agro cedit, et si rursus eruta sit, non ad priorem dominum revertitur: nam credibile est alio terrae alimento aliam factam.	Ein Baum, der mit den Wurzeln aus der Erde herausgerissen und auf anderem Boden eingepflanzt wird, gehört, solange er nicht angewachsen ist, dem früheren Eigentümer; sobald er angewachsen ist, weicht das Eigentum [am Baum] dem Eigentum am Boden, und wenn er erneut herausgerissen wird, kehrt es nicht zum früheren Eigentümer zurück. Denn es ist glaubwürdig, daß der Baum kraft der anderen Ernährung aus der Erde [des zweiten Grundstücks] ein anderer geworden ist.

---

22) Den Institutionentext hält für die bessere Version *Göppert* (o. Fn. 11), S. 152 f. m. Fn. 9 unter Hinweis auf die Überlieferung in den Basiliken 50,1,6,13 (*Scheltema* A VI 2320; *Heimbach* V 38), wo es aber lediglich abgekürzt heißt, daß der Baum, der seine Wurzeln in das Nachbargrundstück treibt, dem Nachbarn gehört.

23) So *Ferrini* (o. Fn. 20), S. 358 [aus 1901].

24) Übrigens war es nach Plutarch (Solon 23,7) Sinn der von Plato in seinem Agrarkodex vorgesehenen Pflanzabstände zur Grundstücksgrenze, das Hinüberwachsen der Wurzeln auf das Nachbargrundstück und die Entziehung von Wasser und Nährstoffen zu verhindern, vgl. *E. Klingenberg,* Platons Nomoi Georgikoi und das positive griechische Recht, 1976, S. 57. – Zu Aristoteles s. u. IV b zu Fn. 33.

25) Vgl. den Hinweis bei *J. G. Heineccius,* Recitationes in Elementa iuris civilis secundum ordinem Institutionum, Bd. 1, Neapel 1824, S. 329. – Siehe auch sogleich zu Paul. D. 41,1,26,1.

26) Der Grundsatz ist in verschiedenen Ausprägungen überliefert (vgl. etwa Inst. 3,2,7 a.E.), vgl. insbesondere Inst. 3,23,3: *nam et commodum eius esse debet, cuius periculum est,* denn wer die Gefahr trägt, der muß auch den Vorteil haben. Weitere Versionen bei *D. Liebs,* Lateinische Rechtsregeln und Rechtssprichwörter, 5. Aufl. 1991, Q 46, R 7 und U 8.

27) Liber Sextus 5,13,55.

a) Auffällig ist der begründende Schlußsatz. Denn es erscheint banal, daß der Bodeneigentümer mit Verwurzelung am neuen Standort das Baumeigentum erlangt und dieses durch den Realakt erneuten Herausreißens (und gegebenenfalls der Rückverpflanzung an den alten Platz vor nochmaliger Verwurzelung) nicht wieder verliert. *Fritz Schulz* hat zu unserem Text denn auch gemeint: „an almost incredible piece of academic pedantry"[28]). Frage und Antwort werden jedoch vor dem Hintergrund der Regel zum eingebauten Balken (*tignum iunctum*) verständlich. Nach einer Regel des Zwölftafelgesetzes von 450 (6,8) konnten fremde Balken, selbst gestohlene, so lange nicht vindiziert werden, wie das Gebäude stand, in das sie eingefügt waren. Das während dieser Zeit ruhende Eigentum am Balken lebte bei Abbruch oder sonstiger Zerstörung wieder auf; der (frühere) Eigentümer konnte sodann vindizieren[29]). Kraft extensiver Interpretation des Begriffs *tignum* galt dies für alles Baumaterial (*omnis materia,* Ulp. D. 47,3,1,1). Vermutlich hat Paulus in unserem Fragment einen entsprechenden Gedanken für die Fälle der ‚Verbindung' eines fremden Baumes mit dem Grundstück zurückweisen wollen.

b) Allgemein ist anzunehmen, daß eine Sache dieselbe bleibt, solange sie ihre Gestalt nicht wesentlich ändert. Für Lebewesen gilt dies in besonderem Maße, wie Servius, ein Zeitgenosse Ciceros, mit einem argumentum ad absurdum begründet hat: ‚Wenn also jemand meinen sollte, daß durch den Austausch der Teile eine andere Sache entstehe, würde daraus folgen, daß aus demselben Grund selbst wir nicht die dieselben wären, die wir vor einem Jahr gewesen sind, weil wir, wie die Philosophen sagen würden, aus unendlich vielen kleinen Teilen bestehen, die täglich unseren Körper verlassen, während andere von außen an ihre Stelle treten. Wenn daher die Gestalt einer Sache als dieselbe bestehen bleibt, muß sie auch als dieselbe Sache angesehen werden' (bei Alfen D. 5,1,76)[30]).

Der Hinweis auf die Philosophen betrifft die Atomlehre Demokrits und Epikurs[31]). Nach der Ansicht des Paulus soll dies bei Bäumen jedoch nicht gelten. Auch dahinter steht, wie *Paul Sokolowski*[32]) dargetan hat, griechische Philosophie, nämlich die Naturphilosophie des Aristoteles, der in der Meteorologie (IV 8, p. 384 b 30) feststellt: ‚Aus

---

[28]) Classical Roman Law, Oxford 1951 (Nachdr. Aalen 1992), S. 364 m. S. 367. – *Schulz* meint, man müsse sich darüber hinaus vorstellen, daß der erste Eigentümer zum Ausgleich der Bereicherung nicht einmal eine *condictio* gegen den verpflanzenden Neueigentumer habe; nur bei Bösgläubigkeit des Verpflanzenden habe es die *actio furti* gegeben. Doch gaben vermutlich schon die alten Juristen (Alfenus Varus, später Nerva) dem früheren Eigentümer des Baumes die *rei vindicatio* in analoger Anwendung gegen den neuen Eigentümer, Ulp. D. 6,1,5,3 (und nicht diesem gegen einen Dritten, wie wir in der Übersetzung des fr. 5,3 deshalb angenommen haben, weil Ulp. D. 39,2,9,2 die Vindikation ausschließt, *Behrends/Knütel/Kupisch/Seiler,* Corpus Iuris Civilis II, 1995, S. 557); *C. Ferrini/G. Grosso,* Manuale di Pandette, 4. Aufl. Mailand 1953, S. 295 Fn. 6; *M. Kaser,* Römisches Privatrecht, Bd. 1, 2. Aufl. 1971, S. 431; *E. Valiño,* Actiones utiles, Pamplona 1974, S. 228; *H. Wieling,* JZ 1985, 512.

[29]) Ulp. D. 47,3,1, pr., vgl. *Kaser* (o. Fn. 28), S. 138 f., 430 jew. m. w. Lit.; *H. Wieling* (o. Fn. 28), S. 512 f.

[30]) Zur stoischen Herkunft des Textes, der auch das Schiff als Paradigma der Sachidentität trotz Wechsels der Teile enthält, s. *F. Wieacker,* Röm. Rechtsgeschichte, Bd. 1, 1988, S. 649. – Weiteres zum fr. 76 bei *R. Knütel,* (o. Fn. 2), S. 62 ff. (mit Hinweisen auf Versuche, sich in der Verarbeitungslehre des BGB über diese von der Natur der Sache gebotene Anschauung hinwegzusetzen, AG Kamenz NJ 1948, 83 [‚aus einem toten Pferd ein lebendiges gemacht']; OLG Frankfurt in BGH NJW 1978, 697 f. [‚Jungkälber zu schlachtreifen Kälbern verarbeitet']).

[31]) Vgl. Cicero, de finibus bonorum et malorum 1,17/18.

[32]) Die Philosophie im Privatrecht, Bd. 1, 1907, S. 150, 543 f.

Wasser und Erde nun bestehen die homogenen Körper, nämlich (die Gewebe) in Pflanzen und animalischen Wesen . . .'[33]). Da die Pflanze sich nach Aristoteles aus dem Boden ohne jeglichen Verdauungsprozeß nährt, erhält sie ihre Substanz unmittelbar aus dem Erdreich, sobald sie ihre nahrungsvermittelnden Wurzeln geschlagen hat, und es läßt sich hieraus schließen, daß sie „durch die Einwurzelung dem Erdboden, auf welchem sie steht, homogen wird"[34]). Es ist deshalb anzunehmen, daß Paulus gestuft in der Weise argumentiert, daß erstens das Eigentum mit der Verwurzelung auf den Bodeneigentümer übergeht und daß zweitens dieses Eigentum (bis zu einer anderweiten Verwurzelung) schon deshalb nicht auf einen früheren Eigentümer zurückfallen kann, weil der Baum nicht mehr der alte ist: der dem früheren Eigentümer gehörige existiert nicht mehr. Für dieses zweite Argument führt der Jurist Erkenntnisse einer anderen Wissenschaft an, zu deren Überprüfung er – wie das leicht distanzierende *credibile est* erkennen läßt – sich keine volle Sachkenntnis beimißt oder die er nicht durchweg für sicher hält[35]).

5. Wir können nach alldem unseren Blick auf das römische Recht mit dem Ergebnis abschließen, daß die Eigentumslage an Bäumen sich prinzipiell nach der Regel *superficies solo cedit* bestimmte, daß aber im Extremfall, wenn die Lage von Stamm und Wurzeln auseinanderfiel, nach offenbar herrschender Ansicht die Wurzellage maßgeblich war. Doch zeigte D. 47,7,6,2, daß es eine auch in diesen Fällen das Stammprinzip befürwortende Gegenansicht gab, die (zumindest) von Pomponius vertreten wurde.

III.

1. Zweifel, ob man an diesen römisch-rechtlichen Lösungen auch in aufgeklärten Zeiten noch festhalten sollte, ergaben sich insbesondere bei den Beratungen zum Code civil von 1804 (= Cc). Die Zweifel waren veranlaßt durch *Hugo Grotius.* Dieser hatte in seinem Werk ‚Vom Recht des Krieges und des Friedens' gemeint, der von den römischen Juristen für entscheidend gehaltene Umstand, daß die Pflanzen ihre Kraft aus dem Boden ziehen, sei zu einseitig. Denn wenn eine bereits existente Sache weiterhin ernährt werde, dann mache das nur einen Teil aus. Und ebenso wie dem Bodeneigentümer deshalb aufgrund der Nahrungsaufnahme durch den Baum ein gewisses dingliches Recht erwachse, so verliere der Eigentümer des Baumes naturrechtlich (*naturaliter*) allein deswegen sicherlich nicht sein Eigentum. Es müsse deshalb Miteigentum eintreten (*quare . . . communio locum habebit*)[36]).

---

[33]) Aristoteles, Meteorologie. Über die Welt, übersetzt v. *H. Strohm,* 1970, S. 104.

[34]) *Sokolowski* (o. Fn. 32), S. 148 f. m. weiteren Aristoteleszitaten in Anm. 365 (S. 542); vgl. auch *H. Dernburg/P. Sokolowski,* System des Röm. Rechts, Bd. 1, 8. Aufl. 1911, S. 354 Fn. 9.

[35]) Vgl. *Sokolowski* (o. Fn. 32), S. 150, 543 f.

[36]) *Grotius,* De iure belli ac pacis libri tres (1625; hier nach ed. Amsterdam 1712), II 8 § XXII. In seinem (andere Ziele verfolgenden) Standardwerk Inleidinge tot de Hollandsche Rechts-Geleerdheid (1631, zit. ed. *F. Dovring/H. F. W. D. Fischer/E. M. Meijers,* Leiden 1952) stellte er vorbehaltlos die Wurzeltheorie dar (II 10, 10). – *Grotius* folgten ‚quelques autres publicistes célèbres', wie *Portalis* in dem Exposé des motifs zum Titel de la Propriété in einer Sitzung des Corps législatif vorgetragen hat, s. *P. A. Fenet,* Recueil Complet des Travaux Préparatoires du Code civil, Bd. 11, 1828 (Nachdr. Osnabrück 1968), S. 111, 125 f. = *Locré,* Législation civile, commerciale etc., Bd. 4, 1836, S. 81 Nr. 20.

Die Kommission wies diese Lehre jedoch unter Berufung auf den nicht minder berühmten Naturrechtler *Samuel Pufendorf* zurück. Dieser hatte dargelegt, die den römischen Rechtsregelungen eigene *ratio* habe Bestand: Es sei in ihnen nämlich nicht darum gegangen, dem Pflanzeneigentümer den Schaden des Sachverlustes aufzubürden, denn jedenfalls der Gutgläubige erhalte Ersatz seiner Verwendungen. Vielmehr hätten sie es vermeiden wollen, jemanden zu zwingen, ohne seine Kenntnis oder gegen seinen Willen mit einem anderen in einer Miteigentumsgemeinschaft zu verbleiben, ließen diese Sachverbindungen doch angemessene Teilungen (der Früchte etc.) kaum zu. Es sei deshalb nur die Frage, wem von beiden Eigentum an der gesamten Sache (verbunden mit der Ausgleichspflicht) zuzuerkennen gerechter sei, dem Bodeneigentümer oder dem Pflanzeneigentümer. Da es nun sehr häufig so sei, daß im Boden fest Verwurzeltes nicht gut herausgegeben werden und ohne den Boden auch keineswegs am Leben erhalten werden könne und da es in der Tat unangemessen sei, wenn der unveränderlich bestehende Boden einer nur auf Zeit existierenden Pflanze weichen müsse, sei im Ganzen entschieden worden, daß Eingepflanztes dem Eigentum am Boden (unbeschadet der Ausgleichspflicht) weiche[37]).

Dies bestärkte den französischen Gesetzgeber, am römischrechtlichen Prinzip *superficies solo cedit* festzuhalten[38]), das zugleich als (wichtigster Fall des) ‚droit d'accession' verstanden und gekennzeichnet wird. Überhaupt ist bemerkenswert, mit welcher Nachdrücklichkeit die Verfasser des Code civil, die gerade in guten Regeln zum Eigentum das größte Ruhmesblatt staatlicher Gesetzgebung erblickten[39]), hervorgehoben haben, wie sehr sie sich im Titel ‚De la propriété' auf das Wissen und die Maximen der Römer hätten stützen können; der Tribun *Grenier* hat dies damit begründet, man habe hier die Entscheidungen aus der équité naturelle, der natürlichen Gerechtigkeit, gewinnen müssen und dies habe am besten das römische Volk vermocht[40]).

2. a) Dementsprechend wird die Regel *superficies solo cedit* in Art. 552 Abs. 1 Cc statuiert (‚La propriété du sol emporte la propriété du dessus et du dessous') und sie spiegelt sich in der Vermutung des Art. 553 wider, derzufolge alle Bauten und Pflanzen auf einem Grundstück vom Grundeigentümer auf seine Kosten hergestellt sind und ihm gehören. Ferner liegt das Akzessionsprinzip den Artt. 554, 555 zugrunde, die an D. 40,1,7,13 und Inst. 2,1,31 (o. II 3) anknüpfen: Art. 554 betrifft den Fall, daß der Bodeneigentümer Material oder Pflanzen verwendet, die ihm nicht gehören. Er wird Eigentümer kraft Akzession, selbst wenn er bösgläubig ist[41]); ein Wegnahmerecht des Material- oder Pflanzeneigentümers ist ausdrücklich ausgeschlossen. Art. 555 trifft für

---

[37]) *Pufendorf*, De Jure Naturae et Gentium libri octo, ed. *G. Mascovius*, Frankfurt/Leipzig 1759, Bd. 2, S. 114 f. (IV 2 § 5).

[38]) Was *Portalis* (o. Fn. 36) , S. 126 f. (bei *Fenet*) klar ausgesprochen („nous sommes remontés au droit romain") und auch zur Regelung des Verwendungsersatzes hervorgehoben hat („nous avons suivi l'esprit des lois romaines"). Vgl. auch *Faure* in der Communication Officielle au Tribunat (bei *Fenet*), S. 138 f., 141 f.

[39]) Ausdrücklich *Faure* (o. Fn. 38), S. 152; s. auch *Grenier* in seinem Discours vor dem Corps Législatif (*Fenet*), S. 158.

[40]) Bei *Fenet*, Bd. 11, S. 164.

[41]) *Faure*, Rapport fait au Tribunat, in: *Locré* (o. Fn. 36), S. 88 f. Nr. 13; *Demolombe*, Cours de Code civil, Bd. 5, 1854, S. 221 Nr. 658; *G. Baudry-Lacantinerie*, Précis de droit civil, Bd. 1, 14. Aufl. 1926, S. 666; *Aubry et Rau/P. Esmein*, Droit civil français, Bd. 2 (Sec. Partie: Des Biens), 7. Aufl. 1961, S. 354 f.

den umgekehrten Fall (jemand verwendet ihm gehörige Materialien oder Pflanzen auf fremdem Grund) die Bestimmung, der Grundeigentümer könne das Eigentum gegen eine näher geregelte Geldzahlung behalten oder vom bösgläubigen Verwender die Entfernung auf dessen Kosten verlangen[42]).

b) Der Code civil enthält keine Definition des Grenzbaums. Er legt aber das Stammprinzip dadurch als selbstverständlich zugrunde, daß er in Art. 673 den auf mehreren Grundstücken wurzelnden Baum als Problem des ‚Überhangs' behandelt, und nicht als Grenzbaum im gemeinsamen Eigentum der Nachbarn, wie es dem Wurzelprinzip entspräche. Ferner korrespondiert die Formulierung „les arbres qui se trouvent *dans* la haie" in Art. 670 eher mit dem Stammprinzip[43]). Während das ältere Schrifttum noch ausdrücklich betont, daß der Code das Eigentum nach dem Ort bestimme, wo der Stamm hervortrete und daß das römische Recht dagegen dem Wurzelprinzip gefolgt sei[44]), sehen die Autoren unseres Jahrhunderts von einer solchen Klarstellung offenbar ab.

Im übrigen ist dem Wurzelprinzip auch dadurch die Grundlage entzogen, daß das französische Schrifttum[45]) die Formulierung ‚faire des plantations' in Artt. 554, 555 wohl überwiegend und in bewußter Abgrenzung zum römischen Recht dahin auslegt, daß es nicht auf den schwerer verifizierbaren Zeitpunkt des Wurzelschlagens ankomme. Das Eigentum geht daher (wie nach § 94 Abs. 1 S. 2 BGB) bereits mit dem Einpflanzen über.

c) Eine bedeutende Ausnahme vom Akzessionsprinzip bildet jedoch der weitverstandene ‚droit de superficie'. Durch Vereinbarung zwischen dem Bodeneigentümer und einem Dritten kann Sondereigentum dieses Dritten an allen Bauten und Pflanzen oder an einigen von ihnen, ja selbst an bestimmten einzelnen Bäumen entstehen[46]). Denkbar ist auch der Erwerb dieses Sondereigentums im Wege der Ersitzung (prescription)[47]). Gestützt wird dieses Superfiziarrecht auf Art. 553, der ausdrücklich die Möglichkeit vorsieht, die Vermutung, der Bodeneigentümer sei Eigentümer auch der Bauten und Pflanzen, zu widerlegen[48]). Das Sondereigentum an der Superfizies ist propriété immobilière und kann daher auch hypothekarisch belastet werden[49]). Von Natur aus ist es wie jedes Eigentumsrecht ein dauerndes; es kann aber auch auf Widerruf oder – so zumeist in der Praxis (z.B. bei Pacht mit Baugestattung) – auf Zeit bestellt werden. Ungeachtet der unterschiedlichen dogmatischen Grundlage ergeben sich in den Wirkungen Parallelen zu § 95 BGB.

IV.

1. Auch das österreichische ABGB v. 1811 folgt dem Prinzip *superficies solo cedit.* Für Bauten auf einem Grundstück bei Auseinanderfallen von Material- und Bodeneigentümer

---

[42]) Näheres zu Art. 555 bei *Faure* (o. Fn. 41), S. 89 Nr. 14; *Baudry-Lacantinerie* (o. Fn. 41), S. 667 ff.; *Aubry et Rau/Esmein* (o. Fn. 41), S. 355 ff.

[43]) So *Duranton*, Cours de droit français suivant le Code civil, Bd. 3, 4. Aufl. 1841, S. 139 Nr. 380 (zu Art. 673 a.F., abgedruckt ebda. S. 452). Die heutige Fassung der Artt. 666 ff. beruht auf einem Gesetz v. 20. 8. 1881.

[44]) So (mit Hinweis auf Inst. 2,1,31) *Duranton* (o. Fn. 43), S. 139 Nr. 380; *Demolombe* (o. Fn. 41), Bd. 6, 1856, S. 182 Nr. 483 (zu Art. 673 a.F.).

[45]) *Demolombe* (o. Fn. 41), S. 222 f. Nr. 667 unter Hinweis auf abweichende ältere Meinungen; *Baudry-Lacantinerie* (o. Fn. 41), S. 666; *Aubry et Rau/Esmein* (o. Fn. 41), S. 354 m. Fn. 2.

[46]) S. dazu *Baudry-Lacantinerie,* S. 664 f.; *M. Picard* in: *M. Planiol/G. Ripert,* Traité pratique de droit civil français, Bd. 3, 2. Aufl. 1952, S. 324 ff.; *Aubry et Rau/Esmein,* S. 592 ff.

[47]) *Demolombe,* S. 219 Nr. 654; *Baudry-Lacantinerie,* S. 664.

[48]) *Baudry-Lacantinerie,* S. 664; *Picard* (o. Fn. 46), S. 325.

[49]) *Picard,* S. 325; *Aubry et Rau/Esmein,* S. 593 f.

folgt dies aus den §§ 417, 418 S. 1, 419 S. 1. Der § 420 erklärt diese Bestimmungen für entsprechend anwendbar bei Einpflanzungen und Auseinanderfallen von Pflanzen- und Bodeneigentümer. § 420 S. 2 folgt auch insofern dem römischen Recht, als der Eigentumserwerb erst eintritt, wenn die Pflanze Wurzeln geschlagen hat. Aus dem Ur-Entwurf ergibt sich, daß dieses Erfordernis bewußt beibehalten wurde und daß die befürchteten praktischen Schwierigkeiten, den jeweiligen Zeitpunkt des Wurzelschlagens zu ermitteln, als unbegründet angesehen wurden, zumal da eine Pflanze, die noch nicht Wurzeln gefaßt habe, leicht abgesondert werden könne[50]). Doch kennt auch das österreichische Recht Durchbrechungen des Akzessionsprinzips[51]).

2. Die Geltung des Stammprinzips wird in § 421 S. 1 ABGB ausdrücklich bestimmt: „Das Eigentum eines Baumes wird nicht nach den Wurzeln, die sich in einem angrenzenden Grunde verbreiten, sondern nach dem Stamme bestimmt, der aus dem Grunde hervorragt“. Mit der Schaffung dieser Norm wollte man bewußt von dem Wurzelprinzip, das man klar als das der römischen Juristen erkannte, abrücken[52]). Im Schrifttum ist diese Entscheidung nicht kritisiert worden; *v. Stubenrauch* hat sie mit dem Praktikabilitätsgesichtspunkt gerechtfertigt, daß das Stammprinzip Ausgrabungen zum Zwecke der Eigentumsbestimmung vermeidet[53]).

V.

1. Zum BGB ist es, wie bereits hervorgehoben[54]), von Anbeginn an einhellige Ansicht gewesen, daß sich das Eigentum am Baum nach dem Stammprinzip bestimmt. Demgemäß kommt es für den Grenzbaum i.S. des § 923 BGB darauf an, ob die Grenze durch den Stamm des Baumes verläuft, und nicht darauf, wo der Baum wurzelt. Innerhalb dieses Stammprinzips wiederum wird nahezu einhellig angenommen, entscheidend sei, ob der Baum dort, „wo er aus der Erde kommt“ (§ 104 VorE), von der Grenze durchschnitten werde[55]).

---

[50]) *J. Ofner*, Der Ur-Entwurf und die Berathungs-Protokolle des Österr. ABGB, Bd. 1 (Wien 1889), S. 274 f. zu § 154 Ur-E.

[51]) So enthält § 418 S. 3 ABGB für Bauten auf fremdem Boden einen Ausnahmefall, in dem der Boden der *superficies* weicht (Kenntnis des Grundeigentümers vom Bau, Redlichkeit des Baufuhrers). Doch hat schon *Zeiller* (Commentar, Bd. 2, Wien, Triest 1912, S. 210 f.) klargestellt, daß diese Ausnahmebestimmung mangels vergleichbarer Wertverhältnisse bei Bepflanzungen nicht in Betracht kommt, die Verweisung in § 420 also nicht auf § 418 S. 3 bezogen werden darf. – Auch bleiben nur vorübergehend gesetzte Pflanzen (Baumschulen) – wie in § 95 BGB – selbständig. – Ein Relikt findet sich in Tirol, wo Obstbäume, an denen vor Inkrafttreten des Grundbuchsgesetzes für Tirol v. 1897 Sondereigentum bestand, weiterhin rechtlich selbständige Sachen sind oder (heute wohl) waren. Vgl. zu alldem nur *Klang*, in: *Klang*, Kommentar z. ABGB, Bd. 2, 2. Aufl. Wien 1950, und *P. Rummel/K. Spielbüchler*, Kommentar z. ABGB, Bd. 1, Wien 1983, jew. § 420 Anm. 1 u. 2.

[52]) *Ofner* (o. Fn. 50), S. 275 zu § 155 Ur-E

[53]) Commentar z. österr. ABGB, Wien 1854, §§ 421, 422 Anm. 1 (nicht mehr in 8. Aufl. 1902).

[54]) S. o. zu Fn. 4.

[55]) So auch *Johow* im VorE, Sachenrecht, Bd. 1, 1880, Nachdr. 1982, hgg. v. *W. Schubert*, S. 698 (neue Zählung); *Luks*, Gruchot 60 (1916) 975, 980. – Auf das „Aus-der-Erde-Treten“/„Aus-dem-Boden-Treten“ stellen ab Motive, Bd. 3, 1888, S. 278; OLG München NJW-RR 1992, 1369 (= AgrarR 1994, 27 f.) sowie *Dernburg, Biermann, M. Wolff, M. Wolff/L. Raiser, Staudinger - Seufert, Staudinger/Beutler, RGRK-BGB/Augustin, MK/Säcker, Palandt/Bassenge, Gaisbauer, Dehner* (alle o. Fn. 4) sowie (ohne sachlichen Unterschied) *Planck/O. Strecker*, BGB,

2. Die entscheidende Weiche wurde bereits im Vorentwurf gestellt, wo *Johow* behauptete: „In dem bestehenden Rechte herrscht fast ausnahmslos der Grundsatz, daß ein Baum Theil desjenigen Grundstücks sei, aus dessen Boden der Stamm hervorkommt, mögen auch die Wurzeln sich auf das Nachbargrundstück hin erstrecken. So entscheidet das römische Recht . . .“[56]). Für das römische Recht verwies *Johow* auf D. 47,7,6,2 (o. II 2) mit der zusätzlichen Bemerkung: „Zweifelhaft ist der Sinn des Schlußsatzes in“ D. 41,1,7,13 und Inst. 2,1,31 (o. II 3). Ferner führte *Johow* für das Stammprinzip insbes. § 285 I 9 ALR, § 421 ABGB, § 361 SächsBGB an sowie – dies zu Unrecht uminterpretierend – § 18 BayLandR II 3.

Wie sich zeigte, folgten die römischen Juristen überwiegend dem Wurzelprinzip, und auch im gemeinen Recht, das *Johow* vor allem gemeint haben wird, war die Frage kontrovers. Zwar befürwortete die Mehrheit der Pandektisten unter Berufung auf D. 47,7,6,2 das Stammprinzip[57]); doch gab es gewichtige Gegenstimmen, insbesondere *Windscheid*[58]), und die Geltung des Wurzelprinzips entsprach in älterer Zeit überhaupt der herrschenden Ansicht[59]). Das dieser Ansicht unbequeme Pomponius-Fragment D. 47,7,6,2 (o. II 2) hatte man vielfach mit der Unterstellung aus dem Wege geräumt, es handle sich nur um Ausläufer des Wurzelsystems, die auf den fremden Boden gestreckt seien und mit denen der Baum „gewissermaßen von der Erde des Nachbarn nascht“[60]).

Daß im 19. Jahrhundert die herrschende Ansicht auf das Stammprinzip umgeschwenkt war und *Johow* es sich insoweit recht einfach machte, erklärt sich vermutlich aus reinen Praktikabilitätserwägungen. In den Beratungen der 1. Kommission[61]) wurde das Stammprinzip – ebenso wie im weiteren Verfahren – nicht mehr in Frage gestellt. In der „Vorläufigen Zusammenstellung zu den einzelnen Materien des Sachenrechts“ wurde die von

---

5. Aufl. 1933, § 923 Anm. 1 („an die Oberfläche treten“); *Soergel/J. F. Baur,* BGB, 12. Aufl. 1989, § 910 Rz. 2 („aus dessen Grundstück der Stamm heraustritt“) – Zu AG Nordenham NJW-RR 1992, 1368 s.u. zu Fn. 66.

[56]) VorE aaO. S. 698.

[57]) Vgl. etwa *A. F. J. Thibaut,* System des Pandekten-Rechts, 9. Aufl. 1846, Bd. 1, S. 228; *K. A. v. Vangerow* (o. Fn. 16); *F.G. Puchta,* Pandekten, 12. Aufl. 1877, hgg. v. *Th. Schirmer,* § 164 Fn. 1. (S. 248); *O. v. Wächter,* Pandekten, Bd. 2, 1881, S. 128 („aber nicht unbestritten“), ferner *F. Endemann,* Lehrbuch d. Bürgerl. Rechts, Bd. II/1 (Sachenrecht), 8./9. Aufl. 1905, S. 460 m. Fn. 32 („ebenso das bisherige Recht“).

[58]) *B. Windscheid,* Lehrbuch des Pandektenrechts, Bd. 1, 4. Aufl. 1875, § 188 Fn. 7; 9. Aufl. 1906, hgg. v. *Th. Kipp,* § 188 Fn. 7 (S. 973); auch *Göppert* (o. Fn. 11), S. 152 ff. (der aus praktischen Gründen freilich dem Stammprinzip den Vorzug geben würde, S. 155).

[59]) Vgl. nur oben zu *Grotius, Duranton, Ofner* (o. zu Fn. 36, 44, 52) und etwa *U. Huber,* Praelectionum Juris Civilis tomi III (ed. Frankfurt/Leipzig 1749), Bd. 1, S. 109 f. (II 1 § 41); *Heineccius* (o. Fn. 25), S. 329 (freilich mit deutlicher Kritik: *Satis subtiliter enim Romani Icti philosophantur . . . Sed Originis Germanicae gentes tam subtiliter non ratiocinantur. Non est civile, arborum radices fodiendo denudare, ut adpareat ex cuius solo succum attrahant).*

[60]) So noch *Sokolowski* (o. Fn. 32), S. 544; *P. Bonfante,* Corso di diritto rom., Bd. II/2, Rom 1926 (Nachdr. Mailand 1968), S. 86 (Nachdr. S. 115 f.); früher etwa *A. Vinnius,* In quattuor libros Institutionum Imp. Commentarius, ed. Venedig 1793, ad 2,1,31 (S. 156); ähnlich auch *F. C. Gersterding,* Lehre vom Eigenthum, 1817, S. 242. – Seit der historischen Betrachtung der Quellen wird auch vermutet, der (insoweit störende) Schlußsatz *si radicibus* rell. sei unecht, so z.B. *Ferrini/Grosso* (o. Fn. 28), S. 296 Fn. 7; doch ist das kaum glaubhaft.

[61]) Siehe *H. H. Jakobs/W. Schubert,* Die Beratung des BGB, Sachenrecht 1, 1985, S. 517; Motive, Bd. 3, 1888, S. 278 (wo in Fn. 1 zum römischen Recht allein D. 47,7,6,2 (err. 6,3) angeführt wird.

§ 104 VorE vorgesehene Legaldefinition („d.h. dessen Stamm da, wo er aus der Erde kommt, von der Grenzlinie durchschnitten wird") als entbehrlich in Parenthese gesetzt[62]). In den weiteren Fassungen des Grenzbaum-Paragraphen ist die Definition dann nicht mehr enthalten[63]).

3. Es ist überraschend, daß, nachdem man zuvor jahrhundertelang mit dem Wurzelprinzip „gelebt hatte", seit Anfang des 19. Jahrhunderts der völlige Umschwung zugunsten des Stammprinzips einsetzte. Wie erwähnt, ist dafür kaum mehr als ein Praktikabilitätsargument ursächlich gewesen[64]). Dieses verliert allerdings an Gewicht, wenn man berücksichtigt, daß mit dem Wurzelprinzip nur dann ernst zu machen wäre, wenn praktisch alle oder doch klar abgrenzbare Hauptwurzeln in das Nachbargrundstück eingedrungen sind. Das Wurzelprinzip ist in erster Linie vom Extremfall her gedacht, um die Tragweite der Regel *superficies solo cedit* zu bestimmen, nicht aber dazu, gegebenenfalls (wenn ein Baum in der Nähe mehrerer aneinanderstoßender Grundstücksgrenzen steht) eine Vielzahl von kleinen Miteigentumsquoten zu rechtfertigen. Es wird in den Schlußsätzen in Gaius D. 41,1,7,13 und Inst. 2,1,31 vorausgesetzt sein, daß der Baum hinreichend identifizierbare Hauptwurzeln in das Nachbargrundstück getrieben hat.

Zudem zeigt sich, daß das Argument, das Stammprinzip erleichtere die schnelle Erkennbarkeit der Eigentumsverhältnisse, die Lebenswirklichkeit keineswegs so trifft, wie man zunächst annehmen möchte. Denn in der Praxis wird deutlich, daß das Stammprinzip in den kritischen Fällen eines atypischen Baumwuchses, in den Testfällen also, schwieriger zu handhaben ist als das Konkurrenzmodell: So mußte das OLG München[65]) „präzisieren", es komme auf eine „natürliche Betrachtungsweise" an, es sei nicht nach Stamm, Stammfuß und Wurzelanläufen zu unterscheiden. Für die Ermittlung der Frage, wo der Baum bei dieser natürlichen Betrachtungsweise aus der Erde trete, stützte das OLG sich dann aber sicherheitshalber auf das Sachverständigengutachten eines Diplomingenieurs! Das AG Nordenham hatte über eine Weide zu entscheiden, die *unmittelbar nach* dem Austritt aus der Erde von der Grenze „wegkroch". Dieser Fall bewog das Gericht, entgegen der üblichen Definition auf die Lage des Stammes erst nach dem Austreten aus dem Boden abzustellen[66]).

4. a) Die Entscheidung für das Stammprinzip hat eine zwar nicht zwingende, aber doch recht naheliegende Folgeregelung nach sich gezogen, die nicht unbedenklich ist, den § 94 Abs. 1 S. 2 BGB: „... eine Pflanze wird mit dem Einpflanzen wesentlicher Bestandteil des Grundstücks".

---

62) *Jakobs/Schubert*, S. 518.

63) RedVorl. § 840, ZustSachR § 838, KE § 838, E I § 855, E II § 836, E IIrev § 908, E III § 907.

64) Vielleicht kommen Reminiszenzen deutscher Lokalrechte hinzu, vgl. *Heineccius* (o. Fn. 59) und den Hinweis von *Johow* (o. Fn. 56) auf den Sachsenspiegel (II 52: *sve de wortelen in deme hove hevet*), der in unserer Frage keineswegs klar zugunsten des Stammprinzips spricht.

65) NJW-RR 1992, 1369.

66) NJW-RR 1992, 1368. – Die Begründung des Gerichts, im Zweifel sei zugunsten der bedrohten Natur und damit gegen die Einordnung als Grenzbaum zu entscheiden, ist nicht durchdacht. Denn bei anderer Sachverhaltsgestaltung kann das Abstellen auf den Stamm *nach* dem Austreten aus der Erde zur Einordnung als Grenzbaum und damit zur Anwendung des ‚baumfeindlichen' § 923 Abs. 2 S. 1 BGB führen. – Die anderen in jüngerer Zeit ergangenen Entscheidungen zum Grenzbaum beschäftigen sich überwiegend mit nachbarlichen Streitigkeiten über dessen Beseitigung, LG München II NJW 1976, 973; AG Büdingen NJW 1980, 193; AG Sinsheim NJW 1987, 1142; AG Haßfurt NJW-RR 1988, 525.

b) Diese Bestimmung wurde erst in der 2. Kommission beschlossen. § 8 Abs. 2 des Vorentwurfs von *Johow* hatte gelautet: „Samen wird mit dem Aussäen, Pflanzen werden, wenn sie Wurzel gefaßt haben, Bestandtheil des Grundstücks“[67]). Zur Begründung wird im Hinblick auf die Pflanzen kurz angeführt: „Daß Pflanzen ihre besondere Existenz noch nicht dadurch verlieren, daß sie in den Boden gesteckt werden, sondern erst durch das Entstehen einer physiologischen Verbindung mit dem Boden durch Wurzelfassen, ist allgemein anerkannt. § 32 J. de rer. div. (2,1): . . . *plantae quae terra coalescunt, solo cedunt*[68]); preuß. A.L.R. I. 9 § 275; bayr. Entw. I Art. 102; sächs. B.G.B. § 285; österr. B.G.B. § 420“[69]).

In der 1. Kommission wurde dies als „nicht zweifelhaft“ angesehen[70]) und § 784 Abs. 2 des 1. Entwurfs übernahm deshalb (mit Umstellung auf den Singular) die im VorE vorgeschlagene Bestimmung: „. . . eine Pflanze wird, wenn sie Wurzel gefaßt hat, wesentlicher Bestandtheil des Grundstückes“.

Die 2. Kommission beschloß, dies im Sinne der heute geltenden Regelung zu ändern. „Theoretisch“ sei es zwar das Richtige, Pflanzen „zu wesentlichen Bestandtheilen des Grundstücks erst dann werden zu lassen, wenn sie durch Wurzelschlagen mit dem Grundstück in organische Verbindung getreten seien . . . Diesen theoretisch richtigen Standpunkt aus Zweckmäßigkeitsgründen (zu) verlassen . . . empfehle sich“ jedoch. „Für die Entscheidung der Frage, ob eine Pflanze Wurzel gefaßt habe, fehle es an jedem äußeren Anhalt; auch die Wissenschaft sei außer Stande, sie im einzelnen Falle mit Sicherheit zu entscheiden. Mache man die Bestandtheilseigenschaft vom Anwurzeln abhängig, so entstehe die Gefahr, daß die Pflanzen, von denen man in irriger Weise annehme, daß sie noch nicht Wurzel gefaßt hätten, auf Grund des an ihnen fortbestehenden Sonderrechts aus dem Boden herausgenommen und dadurch zerstört würden. Es sei deshalb zweckmäßiger, die Pflanze mit dem Einpflanzen zum wesentlichen Bestandtheile des Grundstücks werden zu lassen. Dieser Zweckmäßigkeitserwägung gegenüber müsse die Rücksicht auf das geltende Recht und auf die unter Umständen unbilligen Ergebnisse, zu welchen diese Vorschrift führen könne, zurücktreten“[71]).

c) Derartige Zweckmäßigkeitsgründe hat der österreichische Gesetzgeber als nicht durchschlagend erachtet[72]). Es ist auch nicht erkennbar, daß die auf die Verwurzelung abstellende Regelung des § 420 S. 2 ABGB in Österreich zu nennenswerten praktischen Schwierigkeiten geführt hätte. Dem Praktikabilitätsargument dürfte deshalb kein erhebliches Gewicht zukommen, zumal da es zu den verschiedenen Pflanzenarten Erfahrungswerte dazu geben dürfte, in welchem Zeitraum es nach der Einpflanzung zur Verwurzelung kommt.

---

[67]) VorE Sachenrecht 1 (o. Fn. 55), S. 16 (neue Z.).

[68]) Das Zitat betrifft Inst. 2,1,32 (Pflanzen, die in der Erde verwurzelt sind, gehören zum Grundstück).

[69]) VorE a.a.O. S. 169.

[70]) S. Motive, Bd. 3 (1888), S. 46 („da das geltende Recht von der natürlichen Auffassung ausgeht . . .“; das Weitere stimmt mitsamt den Zitaten mit dem VorE überein); *Jakobs/Schubert* (o. Fn. 61), Allg. Teil, Teil 1, 1985, S. 439 f.

[71]) Protokolle, Bd. 3, 1899, S. 8 f.; s. auch *Jakobs/Schubert* (o. Fn. 61), S. 483, 489, 492. – Vgl. auch *H. J. Wieling*, Sachenrecht, Bd. 1, 1990, S. 80 f.

[72]) S.o. bei Fn. 50.

Gegenüber stehen dem die „unter Umständen unbilligen Ergebnisse“, zu denen – wie die 2. Kommission eingeräumt hat – das Abstellen auf die bloße Einpflanzung führen kann. Unbillig ist sicherlich die Verkürzung des Eigentumsschutzes, zu der § 94 Abs. 1 S. 2 gegenüber demjenigen führt, dem sein Eigentum durch den bloßen Realakt des Verpflanzens genommen werden kann. Das Verpflanzen allein verändert die Sache nicht[73]), und der kondiktionsrechtliche Ausgleich (§§ 946, 951 [mit der Einschränkung des Abs. 1 S. 2], 812 Abs. 1 S. 1, 2. A. BGB) hat ebenso wie der deliktsrechtliche (§§ 823, 249 S.1 oder §§ 989 ff. BGB) seine Schwächen. Immerhin wird die Verkürzung des Eigentumsschutzes gemildert durch den (schuldrechtlichen) Wegnahmeanspruch aus § 951 Abs. 2, der gem. § 951 Abs. 2 S. 1 i.V.m. § 997 Abs. 1 S. 1 („so kann er sie abtrennen und sich aneignen“) mit einem Aneignungsrecht verbunden ist und jedem zusteht, der durch die Sachverbindung ein Recht an der Sache verloren hat[74]). In dem Sachverhalt von D. 41,1,26,1 (o. II 4) würde der Eigentümer heute zwar bereits mit der Verpflanzung sein Eigentum verlieren, es jedoch, wenn er in die Lage kommt, den Baum wieder herauszureißen, sogleich zurückerlangen.

Dem Zweckmäßigkeitsgrund steht ferner der Umstand gegenüber, daß mit der Regelung des § 94 Abs. 1 S. 2 BGB die „natürliche Anschauung“, die für das römische Recht kennzeichnend oft den Ausgangspunkt darstellt, aufgegeben worden ist. Das sollte nicht leicht genommen werden. Je weiter sich gesetzliche Bestimmungen von ihr und von dem entfernen, was sich aus der Natur der Sache ergibt, um so mehr werden sie zu bloß instrumentalen Regelungen, die zwar „gehandhabt“, aber kaum noch mit dem rechten Verständnis für die wirklichen Zusammenhänge angewendet werden. Daß es ohne das Verständnis dieser Zusammenhänge, also des Wesentlichen, immer schwerer werden wird, sich in dem Wirrwarr der modernen Normenkomplexe zurechtzufinden, wird weiterer Ausführung nicht bedürfen.

5. Bei der Betrachtung des römischen Rechts wurde deutlich, daß die römischen Juristen den noch heute geltenden Grundsatz *superficies solo cedit* als das auch für Bäume maßgebliche Prinzip ansahen, daß sie das Eigentum aber erst mit der Verwurzelung des Baumes auf den Grundstückseigentümer übergehen ließen. Am Extremfall, daß der Baum an der Grenze steht, seine Wurzeln, jedenfalls die Hauptwurzeln, aber in das Nachbargrundstück getrieben hat, diskutierten sie die Frage, ob für das Eigentum am Baum die Lage des Stammes oder der Wurzeln maßgeblich ist. Sie entschieden sich überwiegend für das Wurzelprinzip, weil der Baum durch die Wurzeln seine Nahrung aus dem Boden zieht und weil nach dem Ausgleichsprinzip derjenige, aus dessen Boden die Kraft gezogen wird, für diesen Nachteil auch den Vorteil haben muß (o. II 3 e). Der Umstand, daß das BGB aus Praktikabilitätserwägungen dem Stammprinzip folgt, also für die Eigentumslage maßgeblich sein läßt, wo der Stamm aus dem Boden heraustritt, und daß es aus zusätzlichen Gründen der Praktikabilität für die Grundstücksverbindung darüber hinaus nicht einmal mehr die Verwurzelung maßgeblich sein, sondern das bloße Einpflanzen genügen

73) Anders etwa eine Verarbeitung.

74) *Wieling* (o. Fn. 71) § 11 II 5 c, aa, S. 439 f. Das Wegnahmerecht ist nicht nur einem mit der Vindikation Belangten eingeräumt, s. außer *Wieling* a.a.O. nur *Palandt/Bassenge* (o. Fn. 4) § 951 Rz. 25 m.w.N., anders – die Verkürzung durch § 94 Abs. 1 S. 2 folglich nicht mildernd – insbes. BGHZ 40, 272, 280 ff. (bloße Erweiterung von § 997).

läßt, hat zur Folge, daß dem sich allein am modernen Recht orientierenden Juristen wesentliche Zusammenhänge nicht mehr erkennbar sind. Bleiben wir im Bilde: „The curious unexpressed assumption that you can understand trees by dissecting fruits and ignoring roots should be energetically exposed for the barbarous fallacy that it is“[75]).

[75]) So der Chief Justice of South Australia *J. J. Bray*, ‚A Plea for Roman Law', Adelaide Law Review 9 (1983-1985) 51. – Meinen Assistenten, Frau Dr. Martina Müller-Ehlen und Herrn Dr. Ingo Reichard, danke ich für hilfreiche Unterstützung bei der Erschließung des Materials für diese Skizze.

Dereliktion zur Aneignung?*

ROLF KNÜTEL

Inhaltsverzeichnis

I. Jüdisches Recht

1. Preisgabe zugunsten einer Person

In der Mischna des Traktats *Nedarim* (Gelübde) VI, 8 des babylonischen Talmud findet sich der folgende Fall, in dem vorausgesetzt ist, daß es dem B durch ein Gelübde verboten ist, irgendwelche Vorteile von A entgegenzunehmen (und möglicherweise auch A, dem B irgendwelche zu gewähren):

> „Wenn sie zusammen unterwegs sind und jener nichts zu essen hat, so gebe er es schenkungsweise einem anderen, sodann ist es diesem erlaubt; ist niemand mit ihnen, so lege er es auf einen Felsblock oder auf eine Mauer und

* W. Wiegand/Th. Koller/H. P. Walter (Hrsg.), Tradition mit Weitsicht. Festschrift für Eugen Bucher zum 80. Geburtstag, Stämpfli/Schulthess, Bern/Zürich 2009, 351 – 373.

> spreche: Dies sei jedem, der es wünscht, preisgegeben, sodann kann jener es nehmen und essen; R. Jose verbietet dies"[1].

Der Traktat *Nedarim* beruht als Auslegung auf *Numeri* (= 4. Mos.) 30, 3-16, deren Eingang (vs. 3) Buber/Rosenzweig übersetzen:

> „Wenn ein Mann IHM ein Gelübde gelobt
> oder schwört einen Schwur, seiner Seele eine Bindung zu überbinden,
> darf er nicht preisgeben seine Rede,
> allwie es aus seinem Munde fuhr, soll er tun"[2].

Gelübde waren bindend; im alten Israel dienten sie als beliebtes Mittel, sich vom Genuß erlaubter Freuden oder Vorteile auszuschließen und – je nach Fassung des Gelübdes – auch andere daran zu hindern, irgendwelche Vorteile von dem Gelobenden entgegenzunehmen. Die Rabbinen hatten offenbar Vorbehalte gegenüber dieser Praxis und neigten deshalb zu restriktiver Interpretation derartiger Gelübde[3].

Im hier interessierenden Passus werden zwei Auswege aus einer Notlage gewiesen. Einer der beiden Weggefährten, also B, wenn wir bei unserer Kennzeichnung bleiben, hat nichts zu essen, während der andere, A, über Nahrungsmittel verfügt, die B von ihm jedoch wegen eines entgegenstehenden Gelübdes nicht annehmen kann. Der erste Ausweg besteht darin, einen Dritten einzuschalten, dem A die Mittel überläßt und der sie als Eigentümer dann dem B schenkt. Nach dem Mischna-Text zu urteilen, stieß dies auf keinerlei Bedenken. Bei dem für unseren Zusammenhang wichtigen zweiten Ausweg ist die Situation verschärft und der erste Ausweg verschlossen: A und B ziehen nur zu zweit durch wüstes, jedenfalls einsames Gelände. In diesem Fall soll A die Nahrungsmittel auf einem Felsblock oder auf einem Mauerstück ablegen, so daß sie nicht als (unabsichtlich) verloren erscheinen,

1 Der Babylonische Talmud, neu übertragen durch LAZARUS GOLDSCHMIDT, Bd. V, Berlin 1931, S. 455 (*Nedarim* IV, 8 [Fol. 43 a]). – Etwas klarer die englische Übersetzung, etwa von HERBERT DANBY, The Mishnah Translated from the Hebrew etc., London 1933 (Repr. 1954), S. 270: „If they were on a journey together and the first man had naught to eat, the other may give the food to a third person as a gift and the first is permitted to use it. If there was none other with them he may lay the food on a stone or on a wall and say, 'This is ownerless property for all that wish', and the other may take and eat it. But this R. Jose forbids". Auch im palästinensischen Talmud („Yerushalmi") werden Fall und Problematik im Traktat *Nedarim* erörtert (4. Abschnitt, X. Halacha, Gemara), s. Jerushalmi. Der palästinensische Talmud, Nedarim Gelübde, übersetzt u. interpretiert v. CHARLES HOROWITZ, 2. unveränd. Aufl., Tübingen 1983, S. 54 ff. – Abkürzungen: DAVID DAUBE, Derelictio, Occupatio and Traditio: Romans and Rabbis, The Law Quarterly Review 77 (1961) 382-389 = CALUM M. CARMICHAEL, Collected Works of David Daube, Bd. 1 (Talmudic Law), Berkeley 1992, S. 235-243, hiernach zit.: DAUBE.

2 Die fünf Bücher der Weisung verdeutscht von MARTIN BUBER gemeinsam mit FRANZ ROSENZWEIG, 10. Aufl., Heidelberg 1981, S. 453 f.

3 H. FREEDMAN in: I. EPSTEIN, The Babylonian Talmud Translated into English etc. (= Soncino Talmud), Seder (= Ordnung) *Nashim* Bd. 3, London 1936, Repr. 1978, S. XI.

und er soll dazu eine allgemeine Eigentumsaufgabe zugunsten eines jeden, der will, erklären. Dann soll B ohne Verbotsverstoß die Nahrung an sich nehmen und verspeisen können. Es geht also um die Verbindung von Dereliktion und Okkupation. Sie wird deshalb als nicht anstößig angesehen, weil die Okkupation ein originärer Eigentumserwerbstatbestand ist[4], B also nicht von A empfängt.

Doch war diese Lösung nicht unangefochten. Rabbi Jose hielt sie für verbotswidrig, weil er sie, wie in der Gemara sogleich klargestellt wird, einer Schenkung gleichsetzte: „Er ist der Ansicht, die Preisgabe gleiche der Schenkung, wie die Schenkung erst dann [erfolgt], wenn sie aus dem Besitze des Gebers in den Besitz des Empfängers kommt, ebenso die Preisgabe, erst wenn sie in den Besitz des Erwerbenden kommt“[5].

Abgesehen von dieser Lehre, auf die zurückzukommen ist, war die Lösung des zweiten Auswegs durchweg anerkannt. Allerdings ging die allgemeine Auffassung dahin, daß eine Dereliktion grundsätzlich nur wirksam sei, wenn sie uneingeschränkt erklärt und vollzogen wurde[6]. Zwar bestand im 1. Jh. n. Chr. ein Schulenstreit: Während die Schule des Schammai eine Preisgabe zugunsten von Personengruppen, wie den Armen und den Fremden, anerkannte, nahm die Schule des Hillel an, wenn nicht auch die Reichen einbezogen seien, die Preisgabe also nicht uneingeschränkt erfolge, handele es sich nicht um derelinquiertes Gut[7]. Die Schammaïten konnten sich auf Leviticus (= 3. Mos.) 19, 9-10 stützen, wonach Erntereste auf Land und Weinberg „dem Armen und dem Fremdling“ zu überlassen sind. Für die Hilleliten war dagegen wesentlich, daß von den Siebentjahresfrüchten Arme und Reiche essen durften; diese Früchte waren ihnen „Leitbild“ des Freiguts[8]. Um die

4 Vgl. DAUBE, S. 240.

5 *Nedarim*, Fol. 43a in der Übersetzung von GOLDSCHMIDT (o. Fn. 1), Bd. V, S. 455. Vgl. DAUBE, S. 238, 240 f.

6 GEORGE HOROWITZ, The Spirit of Jewish Law, 1953, 2nd Repr., New York 1973, S. 358.

7 Peah VI, 1 (Übersetzung DANBY [o. Fn. 1], S. 16: „The School of Shammai say: [If produce is proclaimed] ‘ownerless’ for the benefit of the poor it is deemed ownerless [and Tithe-free]. And the school of Hillel say: It can only be deemed ownerless [and Tithe-free] if it is proclaimed ownerless [equally] for the of the rich as in the Year of Release“, bei GOLDSCHMIDT, Bd. I, S. 302; Soncino-Ausgabe [o. Fn. 3], Bd. Seder *Zera'im* (II), S. 29). Ferner Baba Metzia 30b (GOLDSCHMIDT, Bd. VII, S. 531; Soncino-Ausgabe, Seder *Nezekin* Bd. I, S. 187), dazu u. 2.

8 Vgl. Fn. 7. Das Siebentjahr ist für das Land das Sabbatjahr, während dessen Anbau und Ernte ruhen; doch dürfen die Früchte verzehrt werden (Exodus [= 2. Mos.] 23, 10-11; Leviticus [= 3. Mos.] 25, 4-6). Diese Früchte sind zehntfrei und zu ihnen ist gesagt, daß sie von allen genossen werden dürfen. Daraus haben die Hilleliten geschlossen, sie seien Freigut (anders als die nach ihrer Ansicht zehntpflichtigen Erntereste während der sechs Bewirtschaftungsjahre, die den Armen zugewiesen waren). – Einblicke in die Diskussion bietet der palästinensische Talmud („Yerushalmi“) im Traktat Pea (Per. 6,1) 19b, 17-34, s. M. HENGEL/H.P. RÜGER/P. SCHÄFER (Hrsg.), Übersetzung des Talmud Yerushalmi, Bd. I/2, Pea Ackerecke, übersetzt v. GERD A. WEWERS, Tübingen 1986, S. 137 f. – S. ferner ISAAC

Mitte des 2. Jh. hatte die Lehre der Hilleliten sich durchgesetzt[9], wenngleich aufgrund der Quellenlage (Exod. 23, 11; Lev. 19, 10) die Möglichkeit einer „Preisgabe“ zugunsten der Armen anerkannt blieb[10].

Nach alldem läßt sich zu unserem Ausgangsfall resümieren, daß die Dereliktion, wie es den Anforderungen entsprach, uneingeschränkt erklärt wurde („jedem, der es wünscht“) und es allein in der tatsächlichen Lage begründet war, daß B als einzig möglicher und erwartungsgemäßer Okkupant in Betracht kam. Daß – außer der erwähnten Tendenz zu restriktiver Interpretation[11] – wesentliche Grundlage der Lösung das Bestreben gewesen sei, die Not des Nahrungslosen zu lindern[12], ist wahrscheinlich, zumal da nach rabbinischem, nicht aber nach altem Recht die Dereliktion (grundsätzlich) vor drei Personen zu erklären war (so daß bei Okkupation von seiten der einen noch zwei Personen als Zeugen blieben)[13]

2. Preisgabe unter Ausschluß einer Person

Der „Gegenfall“ findet sich im Traktat Baba Metzia (30b) des babylonischen Talmud:

> Rabbi Jishmael ben Rabbi Jose befand sich einst unterwegs und begegnete einem Manne, der ein Bündel Holz trug. Nachdem dieser es abgesetzt und ausgeruht hatte, sprach er: [Hilf] mir es hochheben. Jener fragte: Wieviel ist es wert? Dieser erwiderte: Einen halben Zuz. Da gab er ihm einen halben Zuz und gab [das Holz] preis. Dieser aber nahm es in Besitz. Hierauf [als er ihn wiederum aufforderte, es ihm hochheben zu helfen] gab ihm jener wiederum einen halben Zuz und gab [das Holz] preis. Als er aber bemerkte, daß dieser es wiederum in Besitz nehmen wolle, sprach er zu ihm: Für alle Welt habe ich es preisgegeben, für dich aber nicht. – Gilt es denn in einem solchen Falle als Freigut, wir haben ja gelernt: Die Schule Schammais sagt, ist es nur für Arme freigegeben, so gilt es als Freigut; die Schule Hillels sagt, Freigut sei es nur dann, wenn es wie [Feldfrüchte] im Erlaßjahre für arm und reich

HERZOG, The Main Institutions of Jewish Law, Bd. 1, 1936, Ausgabe London u. New York 1980, S. 289.

9 DAUBE, S. 239 f. – Zu den weiteren Entwicklungen s. HERZOG (Fn. 8), S. 289 ff., der hervorhebt, daß die Uneingeschränktheit (universality) der Preisgabe allgemein anerkannt sei, mit Ausnahme der „great seventeenth-century authority, R. Ezekiel Landau“, der eine Preisgabe für wirksam hielt, die in Gegenwart von einer oder mehreren Personen mit der Absicht erklärt werde, daß die eine oder die mehreren Personen das Eigentum erwürben (S. 292).

10 HERZOG (Fn. 8), S. 289 Fn. 1.

11 Siehe o. zu Fn. 3.

12 So DAUBE, S. 240.

13 Babylon. Talmud, *Nedarim* 45a (GOLDSCHMIDT V, S. 456; Soncino-Ausgabe [wie Fn. 3], S. 141); palästinen. Talmud (wie Fn. 1), S. 56 sowie HOROWITZ (Fn. 6), S. 358; HERZOG (o. Fn. 8), S. 291.

freigegeben ist!? – Vielmehr R. Jishmael b. R. Jose hatte es für alle Welt freigegeben, nur hielt er ihn durch leere Worte zurück[14].

Die zweite Preisgabe war uneingeschränkt und damit wirksam erklärt. Die zusätzliche Bemerkung: „Für alle Welt habe ich es preisgegeben, für dich aber nicht" war dagegen unwirksam,[15] auch wenn sie *in continenti* mit der (zweiten) Preisgabe gemacht wurde. Denn in dieser Bemerkung liegt zwar ein Widerruf, der aber schon deshalb unbeachtlich bleibt, weil er sich als eine eingeschränkte Preisgabeerklärung darstellt, die als solche nicht (mehr) als gültig anerkannt wurde. Die Bemerkung des Rabbi Jishmael, der ob seiner Leibesfülle[16] begreiflicherweise wenig Neigung verspürt haben wird, sich nach dem Holzbündel zu bücken, wird deshalb als bloßer Versuch („leere Worte") abgetan, den Mann von erneuter Aneignung abzuhalten.

David Daube war der Ansicht, die in der Gemara überlieferte Erklärung werde dem Rabbi Jishmael nicht gerecht. Er war, wie die Gemara auch sagt, Sohn des Rabbi Jose (ben Halaphta),[17] dessen Lehren er weithin in großer Loyalität folgte. Da an unserem Eingangsfall deutlich wurde, daß R. Jose die Dereliktion wie eine Schenkung erfaßte und dazu keine Einschränkung gemacht wird, vermutet Daube, R. Jose habe jede Dereliktion in dieser Weise eingeordnet und auch R. Jishmael habe sich von dieser Konstruktion leiten lassen, zumal da nur bei ihrer Annahme dessen „way of dealing with the wily fellow makes sense". R. Jishmael habe die Preisgabe also konstruiert „as an offer of a gift *incertae personae*", als Schenkungsofferte an eine unbestimmte Person, und von einer solchen Offerte könnte eine bestimmte Person ausgeschlossen werden, sei es auch in zusammenfassender Weise. Während der (rund 300 Jahre währenden) Diskussionen, die zur Gemara führten, habe man diese Lehre aus den Augen verloren oder aus Harmonisierungsgründen unterdrückt[18].

Es ist gewiß möglich, daß auch R. Jishmael sich von der dargelegten Konstruktion hat leiten lassen. Man müßte es dann so sehen, daß er mit der (zweiten) Preisgabe eine Art „Fächerofferte" an jedermann abgab und in dem Augenblick, als der andere zur Annahme durch Besitzergreifung ansetzte, die an diesen gerichtete Einzelofferte widerrief. Bedenklich bleibt allerdings, daß sich außer der sehr bemerkenswerten Notiz zu R. Joses Ansicht im Fall der beiden Weggefährten in der gesamten weiteren Überlieferung offenbar kein

14 Nach der Übersetzung von GOLDSCHMIDT (Fn. 1), Bd. VII, S. 531; in der Soncino-Ausgabe Seder *Nezekin*, Bd. 1, S. 187 (H. FREEDMAN).

15 FREEDMAN (Fn. 14), S. 388 Fn. 1; DAUBE, S. 238.

16 Baba Metzia 84a, vgl. GOLDSCHMIDT, Bd. VII, S. 531 Fn. 296.

17 Dieser zählte zur dritten Generation der Tannaïm (die in der Mischna zitierten Weisen), die in die Zeit um 130-160 n. Chr. fällt, vgl. HERMANN L. STRACK, Einleitung in Talmud und Midraš, 5. Aufl., München 1921, S. 128, 129, 131 u.

18 DAUBE, S. 237 f.

Hinweis auf diese Lehre findet – obwohl Fragen des unentgeltlichen Erwerbs in nicht geringem Maße die Aufmerksamkeit der Rabbinen fanden. Festeren, aber keineswegs sicheren Boden zu diesen Fragen erlangt man im römischen Recht.

II. Römisches Recht

1. Zur Ausgangslage

Zu den Wirkungen der Dereliktion bestehen im römischen Recht viele Ungewißheiten[19], auf die näher einzugehen hier nicht erforderlich ist. Immerhin dürfen zwei Umstände als gesichert gelten.

Erstens wurden die bei festlichen Anlässen, etwa Triumphzügen oder im Amphitheater, in die Menge geworfenen Sachen (*missilia*) nicht als dereliquiert angesehen, sondern als mit dem Wurf einer unbestimmten Person zum Erwerb angeboten. Dies zeigt ein sicher klassisches Recht wiedergebender Text aus Justinians Institutionen:

Inst. 2,1,46

Hoc amplius interdum et in incertam personam collocata voluntas domini transfert rei proprietatem: ut ecce praetores vel consules, qui missilia iactant in vulgus, ignorant, quid eorum quisque excepturus sit, et tamen, quia volunt quod quisque exceperit eius esse, statim eum dominum efficiunt.

Darüber hinaus überträgt bisweilen sogar der an eine unbestimmte Person gerichtete Wille des Eigentümers das Eigentum an einer Sache: Prätoren oder Konsuln zum Beispiel, die Geschenke unter das Volk werfen, wissen nicht, wer was davon auffangen wird; doch weil sie wollen, daß das, was jeder auffängt, sein Eigentum wird, machen sie ihn sofort zum Eigentümer.[20]

19 Näheres etwa bei KARL RITTER V. CZYHLARZ, Die Eigenthumserwerbsarten des Pandectentitels de adquirendo rerum dominio 41,1, Bd. 1, Erlangen 1887, S. 106 ff.; HUGO KRÜGER (u. Fn. 26); MAX KASER, Das römische Privatrecht, Bd. 1, 2. Aufl., München 1971, S. 426 m. w. N., dazu LETIZIA VACCA, 'Derelictio' e acquisto delle 'res pro derelicto habitae', Mailand 1984, mit Rezension HANS WIELING, SZ 103 (1986) 556; ferner HANS ANKUM, Pomp. D. 41,7,5 pr.: Die occupatio einer res mancipi derelicta etc., SZ 103 (1986) 248 ff.

20 Übersetzung nach O. BEHRENDS/R. KNÜTEL/B. KUPISCH/H.H. SEILER, Corpus Iuris Civilis. Text und Übersetzung, TB, 3. Aufl., Heidelberg 2007, S. 57. – Der Text ist auch als Auszug aus Gaius (im 2. Buch 'Alltägliche Dinge oder goldene Worte') in D. 41,1,9,7 überliefert, womit wir, wenn Gaius wirklich der Verfasser ist, in der Mitte des 2. Jh. n. Chr. stehen. – Zur Sache s. etwa FERENC BENEDEK, Iactus missilium, in: Sodalitas. Scritti in onore di Antonio Guarino, Bd. 5, Neapel 1984, S. 2109 ff., auch zum anschließenden Text Inst. 2,1,47 (S. 2112 f.).

Zweitens ist gesichert, daß zu den Wirkungen der Dereliktion eine Kontroverse zwischen den Rechtsschulen der Sabinianer und der Prokulianer bestand:

D. 41,7,2 pr., 1 Paulus im 54. Buch zum Edikt

Pro derelicto rem a domino habitam si sciamus, possumus adquirere. § 1. Sed Proculus non desinere eam rem domini esse, nisi ab alio possessa fuerit: Iulianus desinere quidem omittentis esse, non fieri autem alterius, nisi possessa fuerit, et recte.	Eine vom Eigentümer derelinquierte Sache können wir, wenn wir darum wissen, in unser Eigentum bringen. § 1. Aber Proculus [sagt], diese Sache gehöre erst dann dem Eigentümer nicht mehr, wenn sie von einem Dritten in Besitz genommen worden sei; Julian [sagt dagegen], sie gehöre zwar dem Preisgebenden nicht mehr; einem Dritten gehöre sie aber erst dann, wenn sie [von ihm] in Besitz genommen worden sei, und das zu Recht.

Proculus, Haupt der nach ihm benannten Rechtsschule in der ersten Hälfte des 1. Jh. n. Chr., ließ einen Eigentumsverlust des Derelinquierenden erst mit der Okkupation durch den Dritten eintreten; er maß dem einseitigen Dereliktionsakt also keine das Eigentum aufhebende Wirkung bei – die Parallele zur Lehre des Rabbi Jose (Fn. 5) und wohl auch des R. Jishmael liegt auf der Hand. Offenbar konstruierte Proculus deshalb die Dereliktion wie die Fälle des *iactus missilium* als Traditionsofferte, nur mit dem Unterschied, daß diese sich nicht mehr an eine noch überschaubare Menge richtet, sondern der „gesamten unbekannten Menschheit gegenüber" abgegeben wird[21].

Demgegenüber setzte sich jedoch unter dem bestimmenden Einfluß Julians, der in der ersten Hälfte des 2. Jh. Schulhaupt der Sabinianer war, die Auffassung durch, daß der Eigentumsverlust bereits mit dem Vollzug der Dereliktion eintritt, also mit Besitzaufgabe in Dereliktionsabsicht. Für diese Auffassung sprachen nicht nur die unterschiedlichen Situationen – bei den *missilia* werden die (oft wertvollen)[22] Sachen der Menge zugeworfen, bei

[21] So ALFRED PERNICE, Parerga, SZ 5 (1884) 109; zust. CZYHLARZ (Fn. 19), S. 109, 116. Hinweise auf diese Konstruktion finden sich auch in dem vieldiskutierten, schwierigen Fragment Pomp. D. 41,7,5,1 und in Inst. 2,1,47 (*Qua ratione*). – Man fühlt sich an die konstruktive Erfassung der Gattungsschuld als eine auf alle vorhandenen Stücke der Gattung erweiterte Wahlschuld erinnert, s. dazu M. KASER/R. KNÜTEL, Römisches Privatrecht, 19. Aufl., München 2008, Rz 34.23, S. 185 f.

[22] Den römischen Kaisern war nichts zu teuer. Sueton (Nero 11,2) berichtet beispielsweise, daß Nero während eines mehrtägigen Festes an allen Tagen in die Menge werfen ließ: tausende Vögel aller Art, vielfältige Lebensmittel, Getreidemarken, Kleidungsstücke, Gold, Silber, Juwelen, Perlen, Gemälde, Sklaven, Zugtiere, selbst gezähmte (wilde) Tiere, zuletzt

einer Dereliktion werden die Sachen weggeworfen –, sondern auch die sachgerechten Ergebnisse: Mit der Dereliktion eines Sklaven oder eines Tieres erlosch die Noxalhaftung des Eigentümers[23], und durch spätere Delikte des Sklaven vor dessen Aneignung durch einen Dritten konnte sie nicht mehr begründet werden; des weiteren kam ein Erwerb, den der Sklave nach Eigentumsaufgabe machte, dem Eigentümer nicht mehr zugute etc.[24]

Von den um die Wende zum 3. Jh. und in dessen ersten Jahrzehnten wirkenden Spätklassikern wird die siegreiche sabinianische Lehre bestätigt: Paulus D. 41,7,2,1 folgt Julian ausdrücklich (*et recte*), und Ulpian D. 41,7,1 rechtfertigt die Lehre mit einem Hinweis auf das Konträraktprinzip: „Wenn eine Sache derelinquiert ist, hört sie sofort (*statim*) auf, uns zu gehören, und sie wird sofort (*statim*) Eigentum des Okkupanten, weil Sachen auf dieselben Weisen aufhören, unser Eigentum zu sein, wie sie in unser Eigentum gelangen." Die Dereliktion war damit ein eigenständiger Rechtsakt geworden.

2. Dereliktion zur Gläubigerbenachteiligung

Ist damit eine für uns hinreichende Grundlage zur Dereliktion im römischen Recht gewonnen, so können wir uns dem einzigen überlieferten Fall der Eigentumsaufgabe zugunsten eines Dritten zuwenden:

D. 42,8,5 Gaius im 26. Buch zum Provinzialedikt

sed et si rem suam pro derelicto habuerit, ut quis eam suam faciat.	aber auch wenn jemand seine Sache derelinquiert, damit jemand anders sie sich aneignet.

Das Fragment ist in den Digesten-Titel D. 42,8 eingereiht: *Quae in fraudem creditorum facta sunt ut restituantur* – Daß rückgängig gemacht wird, was zum Nachteil der Gläubiger vorgenommen wurde. Voran geht unserem Fragment 5 der Paulus-Text D. 42,8,4: „Daß zum Nachteil handelt, ist auch von demjenigen anzunehmen, der nicht das tut, was er tun muß, das heißt, wenn er die Dienstbarkeiten nicht ausübt" – die, wie zu ergänzen ist, daraufhin (nach zwei Jahren) infolge von *non usus* erlöschen.

Es geht also um einen Fall der Gläubigerbenachteiligung, und es ist vorausgesetzt, daß ein Gemeinschuldner sein Vermögen, das im Wege der *vendi-*

sogar Schiffe, Mietshäuser und Ländereien. – Für diese größeren Sachen wurden *tesserae* geworfen. Näheres bei R. KNÜTEL, Hoffnungskauf und Eviktionshaftung, SZ 117 (2000) 445 ff.

23 Julian bei Ulpian D. 9,4,38,1.

24 Javolen D. 45,3,36 (Stipulation durch den Sklaven). – Ferner entfiel etwa die Reparaturpflicht aufgrund der *servitus oneris ferendi*, Labeo-Ulpian D. 8,5,6,2. Näheres zu den Unterschieden bei CZYHLARZ (Fn. 19), S. 120 ff.

tio bonorum verwertet worden ist[25], zuvor zum Nachteil der Gläubiger verkürzt hatte. Dies hatte er offenbar in der Weise getan, daß er in Abstimmung mit einem Freund oder Vertrauensmann eine wertvolle Sache aus seinem Vermögen derelinquiert und es damit dem anderen ermöglicht hatte, sie sich anzueignen[26], möglicherweise, um später an diesem Erwerb beteiligt zu werden.

Damit ergab sich die Frage, ob die benachteiligten Gläubiger (oder einer von ihnen) mit dem *interdictum fraudatorium* von dem Vertrauensmann Herausgabe der okkupierten Sache verlangen konnten, um auch diese zu verwerten. Das Interdikt wegen betrügerischer Veräußerungen erhielt nach der *venditio bonorum* jeder benachteiligte Vollstreckungsgläubiger gegen denjenigen, der aus den fraudatorischen, also bewußt schädigenden Handlungen des Gemeinschuldners wissentlich etwas erlangt hatte[27]. Hätte der Gemeinschuldner die Sache dem Vertrauensmann schenkweise übergeben, so wäre das Interdikt nach seinem Wortlaut ohne weiteres einschlägig gewesen, denn der andere hätte aus einem *facere fraudandi causa* des Gemeinschuldners wissentlich aus dessen Vermögen erworben; es bestünde kein Problem. Das Problem ergab sich vielmehr erst daraus, daß Gaius, der sich den Sabinianern zurechnete und der auf Julian folgenden Generation angehörte, die Dereliktion als solche anerkannte: Der Vertrauensmann hatte demnach die Sache durch den originären, seine rechtliche Kraft aus sich selbst schöpfenden Akt der Okkupation, nicht aber aus dem Handeln des Gemeinschuldners erlangt[28]. Es ist nach alldem davon auszugehen, daß Gaius den Fall nicht als den einer Veräußerung erfaßte, sondern als eine Dereliktion mit anschließender Okkupation, daß er aber das *interdictum fraudatorium* nach dessen Sinn und

25 Zu dieser Gesamtvollstreckung s. nur MAX KASER/KARL HACKL, Das römische Zivilprozeßrecht, 2. Aufl., 1996, S. 388 ff., 394 ff.

26 So verstehen den Fall auch H. KRÜGER, Derelictio und usucapio, in: PETER G. VALLINDAS (Hrsg.), Mnemosyna Pappulias, Athen 1934, S. 171 und DAUBE, S. 241. Vgl. auch JOACHIM JOHANNES MEYER-COLLINGS, Derelictio, Kallmünz 1932, S. 27, 36, 56.

27 KASER (Fn. 19), S. 252; zum Wortlaut des Interdikts s. OTTO LENEL, Das Edictum perpetuum, 3. Aufl., Leipzig 1927, 2. Neudr. Aalen 1974, S. 495 ff.; zu den weiteren Einzelheiten s. XAVIER D'ORS, El interdicto fraudatorio en el derecho romano clásico, Rom-Madrid, 1974 (der zum Fragment 5 keine näheren Ausführungen bringt, S. 125).

28 Daß Gaius von einer echten Dereliktion ausgeht, nehmen auch KRÜGER (Fn. 26), S. 171 und DAUBE, S. 241 f. an. Es wird der Sichtweise des Gaius deshalb nicht gerecht, seine Entscheidung wie folgt zu erklären: „In dem Moment, in dem der Schuldner in fraudem creditorum so derelinquiert, daß nur eine bestimmte ihm bekannte Person okkupieren kann, liegt keine traditio incertae mehr vor", so MEYER-COLLINGS (Fn. 26), S. 27, der überhaupt in den Fällen von Dereliktion und Okkupation einen derivativen Rechtserwerb behauptet. – Zu pauschal deshalb auch HEINRICH SIBER, Römisches Privatrecht, Bd. 2, Berlin 1928, Neudr. Darmstadt 1968, S. 73 Fn. 2: „Die Römer kennen keine Eigentumsaufgabe zugunsten einer bestimmten Person und kein ausschließliches Aneignungsrecht einer solchen".

Zweck auch auf diesen Fall erstreckte[29]. Wir würden von analoger Anwendung sprechen.

III. Preußisches Recht

Im detailverliebten Allgemeinen Landrecht für die Preußischen Staaten v. 1794 findet sich im 9. Titel des 1. Teils ein Siebenter Abschnitt: „Von Preis gegebenen Sachen oder Geldern". Von den sieben Paragraphen gehen uns die ersten fünf an:

> § 343. Die Erwerbung von Sachen oder Geldern, die in der Absicht ausgeworfen werden, daß der, welcher sie in Besitz nimmt, Eigenthümer davon werden solle, geschieht nach den Regeln der ursprünglichen Besitzergreifung.
>
> § 344. Dergleichen Sachen und Gelder werden so lange, bis sie wirklich in Besitz genommen worden, als herrenlos angesehen.
>
> § 345. Hat jedoch Jemand Sachen oder Gelder nur für gewisse Personen Preis gegeben, so können auch nur diese das Eigenthum durch Besitznehmung erwerben.
>
> § 346. Diese haben daher das Recht, alle Anderen von der Besitzergreifung auszuschließen, und die dazu erforderlichen Anstalten vorzukehren.
>
> § 347. Haben Andere, denen die Sachen oder Gelder nicht bestimmt waren, sich deren bemächtigt, so kann sie der vorige Eigenthümer von ihnen zurückfordern.

Für die Fälle ausgeworfener Sachen entscheidet sich das ALR in den §§ 343 ff. I 9 gegen die im Römischen Recht zum *iactus missilium* entwickelte Traditionstheorie, also zugunsten eines originären Erwerbs. Der „wichtige praktische Unterschied zwischen dem R. R. und dem A.L.R." wird in dem Kommentar von Koch mit dem (wenig praktischen) Beispiel veranschaulicht: „Nach dem L.R. kann Jemand sein ganzes Vermögen auf diese Weise an Andere übertragen, indem er z.B. Staatspapiere Preis giebt für gewisse Personen, er vollzieht dadurch keine Veräußerung im juristischen Sinne, mithin ist die darauf folgende (originäre) Erwerbung unanfechtbar"[30].

Koch hält sich mit diesem Beispiel, das dem § 345 I 9 zuzuordnen ist, an das Konzept des Gesetzes, das in § 343 einen Eigentumswechsel durch Dereliktion zugunsten gewisser Personen mit anschließender Aneignung durch diese ausdrücklich vorsieht. Demgegenüber nehmen Förster/Eccius und

[29] So auch DAUBE, S. 242. – Zur Parallele im heutigen Recht s. u. bei Fn. 57, 58.

[30] C. F. KOCH, Allgemeines Landrecht für die Preuß. Staaten, Bd. 1, 6. Aufl., Berlin 1874, S. 463 Fn. 1 (zu § 343 I 9).

Dernburg an, habe der Eigentümer „die Sache nur gewissen Kategorien von Personen zur Besitznahme offen gestellt, so liegt hierin keine Dereliktion, sondern eine bedingte Tradition ...“[31]. Diese Abweichung erklärt sich außer durch den Einfluß des gemeinen Rechts vermutlich aus einem Mißverständnis. Da nach § 347 I 9 der „vorige Eigenthümer“ (der vielmehr der unveränderte ist)[32] mit der Vindikation gegen diejenigen vorgehen kann, die sich, ohne zu der begünstigten Gruppe zu gehören, der Sachen bemächtigt haben, liegt allerdings die Folgerung nahe, der Eigentümer sei deshalb weiterhin Eigentümer geblieben, weil er diesen Personen gegenüber keine Übereignungsofferte abgegeben habe. Doch ist der Regelung des ALR gemäß allein die, wie sich zeigen wird, „besondere“ Konstruktion, daß der Eigentümer die Sachen nur unter der Bedingung preisgegeben hat, daß jemand aus der vorgesehenen Gruppe sie sich aneignet, daß er also, wenn es daran fehlt, mangels wirksamer Dereliktionserklärung Eigentümer geblieben ist[33].

Festzuhalten bleibt demnach, daß das ALR die Möglichkeit vorsah, durch eine beschränkte Dereliktion mit anschließender Okkupation einen originären Eigentumserwerb herbeizuführen.

IV. Argentinisches Recht

1. Die Regelungen des Art. 2529 Cc

Beherzigen wir weisen Rat[34] und richten den Blick auf Lateinamerika! Schnell wird deutlich, daß die drei großen Gesetzesverfasser unseren Fragenkreis nicht unbeachtet gelassen haben. Zum *iactus missilium* hat sich Andrés

31 So HEINRICH DERNBURG, Lehrbuch des Preußischen Privatrechts, Bd. 1 (Die Allgemeinen Lehren und das Sachenrecht des Privatrechts Preußens und des Reichs), 4. Aufl., Halle a. S. 1884, S. 582 (dort Zitat) m. Fn. 8 (dort: „Z.B. es werden Drucksachen bei einem wissenschaftlichen Kongresse ausgelegt, welche jedes Mitglied des Kongresses, das sich für dieselben interessiert, an sich nehmen kann. Nichtmitglieder würden durch die Ansichnahme nicht Eigenthümer.“); FRANZ FÖRSTER/M.E. ECCIUS, Preußisches Privatrecht, Bd. III, 6. Aufl., Berlin 1892, S. 207 Fn. 25 („In diesem Fall schließt sich das A.L.R. der Traditionstheorie ... an.“).

32 KOCH (Fn. 30), S. 463 Fn. 2 (zu § 347).

33 Zutreffend KOCH (Fn. 30), S. 463 Fn. 2. Nicht verfangende Bedenken gegenüber dieser Konstruktion bei MEYER-COLLINGS (Fn. 26), S. 41.

34 Gemeint ist natürlich der, den der verehrte Jubilar in seinem Vortrag „Zu Europa gehört auch Lateinamerika!“ (ZEuP 12 [2004] 515-547) vortrefflich veranschaulicht und am Ende zusammengefaßt hat: „Alle Weltgegenden, welche in kontinentaleuropäischer Tradition wurzeln, sollten in die Betrachtung einfließen. Die Regionen, in denen man Spanisch oder Portugiesisch spricht, würden den wichtigsten Beitrag liefern“. Vgl. auch R. KNÜTEL in: SANDRO SCHIPANI (Hrsg.), Augusto Teixeira de Freitas e il diritto latinoamericano, Padua 1988, S. 506: „È ... certo che ... la sua opera (sc. Freitas) così ampia e completa, a prescindere dalla sua influenza nell'America Latina contiene ricchi stimoli, validi anche per la odierna scienza europea del diritto civile“.

Bello im chilenischen Código civil v. 1855 wie das ALR für die Okkupationstheorie entschieden (Art. 624 Abs. 2)[35], und Dalmacio Vélez Sarsfield hat im argentinischen Código civil, der seit 1871 in Geltung steht, zu unserem Problem die gesetzliche Regelung getroffen in

> Art. 2529. Si las cosas abandonadas por sus dueños lo fueren para ciertas personas, esas personas únicamente tendrán derecho para apropiárselas. Si otros las tomaren, el dueño que las abandonó tendrá derecho para reivindicarlas o para exigir su valor.

Die Bestimmung ist im Zusammenhang zu sehen mit

> Art. 2527. Son susceptibles de apropiación por la occupación, los animales de caza, los peces de los mares y ríos ... el dinero y cualesquiera otros objetos voluntariamente abandonados por sus dueños para que se los apropie el primer ocupante, los animales bravíos o salvajes y los domesticados, que recuperen su antigua libertad.

Art. 2527 enthält die allgemeine Regelung zum Okkupationserwerb im Hinblick auf die *res nullius* und die *res derelictae*; zu diesen werden „Geld und welche Objekte auch immer“ genannt, die von den Eigentümern zur Aneignung durch den *primus occupans* preisgegeben werden. Erfaßt sind, da es insoweit an näherer Bestimmung fehlt, die Fälle der uneingeschränkten Preisgabe sowie der zugunsten unbestimmter Personen, wie etwa beim Wurf in die Menge[36].

Demgegenüber betrifft Art. 2529 nur die Fälle, in denen die Dereliktion zugunsten bestimmter Personen erfolgt. Hierzu ist etablierte Ansicht, daß es sich um einen abgeleiteten Rechtserwerb handelt, und es wird deshalb der *abandono traslativo* des Art. 2529 dem verzichtenden, dem *abandono abdicativo* des Art. 2527 gegenübergestellt[37]. Das ist, wie sich zu § 345 I ALR zeigte, nicht zwingend, erklärt sich aber wahrscheinlich aus dem Gewicht der Tradition des *ius commune*.

35 „Se adquieren del mismo modo las cosas cuya propiedad abandona su dueño, como las monedas que se arrojan para que las haga el primer ocupante“. Der mismo modo ist, wie sich aus Abs. 1 ergibt: apoderándose de ellas.

36 Woran zu denken im Fall des *dinero* naheliegt, vgl. etwa JOSÉ OLEGARIO MACHADO, Exposición y comentario del Código civil Argentino, Bd. VI, Buenos Aires 1922, S. 515 („como sucede con el dinero que se arroja a la multitud con ocasión de alguna fiesta“).

37 So JORGE JOAQUÍN LLAMBÍAS/JORGE H. ALTERINI, Código civil anotado, Bd. IV-A, Buenos Aires 1981, Art. 2529 Anm. 1 mit Lit. (pues se trataría de una cesión), ferner MATEO GOLDSTEIN/MANUEL OSSORIO Y FLORIT, Código civil y leyes complementarias, Buenos Aires 1961, Art. 2529 Anm. („Si el abandono se opera a favor de persona determinada, existe una oferta con destino expreso, que sólo beneficia a aquél a quien fue dirigida. Aun antes de la aceptación nadie puede apropiarse el objeto ... “); ALBERTO J. BUERES/ELENA I. HIGHTON, Código civil y normas complementarias, Bd. V, Buenos Aires 1997, Art. 2529 Anm. 1 – Nichts zur Frage bei OLEGARIO MACHADO (Fn. 36).

2. Die Vorlage in Art. 4128 des Esboço und deren Vorbild

Zwar führt Vélez die Vorlage nicht an, nach der er den Art. 2529 gestaltet hat; doch steht außer Zweifel, daß dies der Art. 4128 des Esboço war[38], womit wir bei dem dritten großen Juristen stehen, dem Brasilianer Augusto Teixera de Freitas.

> Esboço Art. 4128. Se tais coisas só forem abandonadas a certas pessoas, essas pessoas unicamente terão direito para apreendê-las, e poderão impedir que outros as apreendam.
> Se outros as apreenderem, o dono que as abandonou conservará o dominio delas, e terá direito para reivindicá-las, ou para exigir seu valor.[39]

In der (von Freitas erarbeiteten) Consolidação das Leis Civis v. 1858 findet sich kein Vorbild für den Art. 4128 des Esboço. Auch hat diese Bestimmung nicht Eingang in den brasilianischen Código civil v. 1916 gefunden, mithin gleichfalls nicht in den Novo Códico civil v. 2002[40]. Im Kommentar von Clovis Bevilaqua, dem Mitverfasser des Código civil v. 1916, ist durch Freitas' Vorschlag offenbar die kleine Anmerkung veranlaßt: „Quando o abandono, ou renúncia, é feito na intenção de beneficiar alguém, ha doação. Consequentemente, se outrem se apoderar da coisa abandonada, não a terá adquirido"[41] – womit sich wieder die Lösung im Sinne der Traditionstheorie ergibt.

Was die Vorlage für den Art. 4128 des Esboço war, ist nicht geklärt; doch darf man es für sehr wahrscheinlich halten, daß Freitas sich auf die §§ 345-347 I 9 ALR gestützt hat. Die Ähnlichkeiten sind bemerkenswert und werden bei dem Hinderungsrecht der Begünstigten aus § 346 I 9, das Freitas übernahm[42], besonders deutlich. Auch dürften sich in anderen zeitgenössischen Kodifikationen keine vergleichbaren Bestimmungen finden. Überdies steht fest, daß Freitas mit dem ALR gearbeitet hat. Zu den ersten Partien des Es-

38 Vgl. OLEGARIO MACHADO (Fn. 36), S. 518 zu Art. 2529; BALDOMERO LLERENA, Concordancias y comentarios del Código civil Argentino, Bd. VII, 3. Aufl., Buenos Aires 1931, zu Art. 2529.

39 AUGUSTO TEIXEIRA DE FREITAS, Código civil. Esboço, 1860, Neudr. herausgegeben vom Ministerio da Justiça, Brasilia 1983, Bd. 2, S. 580. – „Werden solche Sachen nur zugunsten bestimmter Personen derelinquiert, so haben allein diese Personen das Recht, sie an sich zu nehmen, und sie können verhindern, daß andere sie an sich nehmen. – Wenn andere sie an sich nehmen, wird der Eigentümer, der sie derelinquiert hat, das Eigentum an ihnen behalten und das Recht haben, sie herauszuverlangen oder ihren Wert zu fordern".

40 Vgl. Art. 592 Cc 1916 und die gekürzte Neufassung in Art. 1263 Novo Cc 2002.

41 C. BEVILAQUA, Código Civil dos Estados Unidos do Brasil, 7. Aufl. (edição histórica), 1940, Neudr. Rio de Janeiro 1975, Art. 592 Anm. 3 (S. 1069). – „Wenn die Preisgabe oder der Verzicht in der Absicht erfolgte, jemandem eine Wohltat zu erweisen, handelt es sich um Schenkung. Bemächtigt sich jemand anders der preisgegebenen Sache, erwirbt er folglich nichts."

42 Nicht aber Vélez, worauf auch MACHADO (Fn. 36), S. 518 f. hinweist.

boço gibt er noch reichlich Auskunft über seine „Motive“[43]; und beim Durchblättern der ersten hundert Seiten fallen ein gutes Dutzend ausdrückliche Hinweise auf den „Cód. da Prussia“ ins Auge[44].

V. Deutsches Recht

Das deutsche Bürgerliche Gesetzbuch von 1896 trifft in den §§ 958, 959 die grundsätzlichen Regelungen zur Aneignung von beweglichen Sachen und zur Aufgabe des Eigentums an ihnen[45]. Die Bestimmungen folgen dem Vorbild des römisch gemeinen Rechts, somit der sabinianischen Lehre.

1. Die rechtliche Problematik der Dereliktion zugunsten Dritter

In Literatur und Rechtsprechung ist man sich einig, daß es eine Dereliktion zugunsten einer Person oder einer Personengruppe nicht geben kann. Im wesentlichen finden sich zwei Begründungen, die einander ergänzen, von denen zumeist aber nur eine angeführt wird. Die erste geht dahin, die Dereliktion erfordere eine uneingeschränkte Aufgabe des Eigentums, einen „Verzicht schlechthin“[46]. Die zweite hält die Dereliktion zugunsten einer bestimmten Person deshalb für nicht möglich, weil in einer solchen Eigentumsaufgabe eine Übereignungsofferte an diese Person liege[47]. Diese Begründung ist aller-

[43] Im weiteren Verlauf werden die Hinweise dann immer spärlicher und kommen in der zweiten Hälfte praktisch nicht mehr vor.

[44] S. etwa S. 3, 4, 7, 12, 19, 59, 60, 67, 76, 84, 86, 87, 97; die Códigos alemães auf S. 83. – Zu seiner Übernahme der preußischen wie der österreichischen Regelung zur Gefahrtragung beim Kauf in Art. 903, 2024 des Esboço („adotando a boa legislação dos Códigos Prussiano e Austriaco“, S. 211) s. KNÜTEL (Fn. 34), S. 489, 496 ff.

[45] § 958 [Eigentumserwerb an beweglichen herrenlosen Sachen] (1) Wer eine herrenlose bewegliche Sache in Eigenbesitz nimmt, erwirbt das Eigentum an der Sache. (2) Das Eigentum wird nicht erworben, wenn die Aneignung gesetzlich verboten ist oder wenn durch die Besitzergreifung das Aneignungsrecht eines anderen verletzt wird. – § 959 [Aufgabe des Eigentums] Eine bewegliche Sache wird herrenlos, wenn der Eigentümer in der Absicht, auf das Eigentum zu verzichten, den Besitz der Sache aufgibt.

[46] RMilGE (= Entscheidungen des Reichsmilitärgerichts) 2, 96 f., 99 (v. 1901; „Absicht des Eigenthümers erforderlich, das Eigenthum schlechthin, nicht nur zu Gunsten einer bestimmten Person, aufzugeben“); RMilGE 3, 10, 12 (v. 1902, Bestätigung); RGZ 83, 223, 229 (v. 1913, Bonifacius-Verein); für die Schweiz BGE 69 II 223, 227 (v. 1943, Miteigentumsanteil) sowie etwa G. PLANCK/E. BRODMANN, BGB, 5. Aufl., Berlin, Leipzig 1933, § 959 Anm. 1a.

[47] ANDREAS VON TUHR, Der Allgemeine Teil des Deutschen Bürgerlichen Rechts, Bd. II/1, Berlin 1914, Neudr. 1957, S. 41 Fn. 37 („Anders wenn die Dereliktion vom Eigentumserwerb des B abhängig gemacht ist; dann liegt aber nicht Dereliktion und Aneignung, sondern Übertragung des Eigentums vor“); STAUDINGER/K.-H. GURSKY, BGB, 13. Bearb., Berlin 1995, § 959 Rz 4; HANNS PRÜTTING in: H. PRÜTTING/G. WEGEN/G. WEINREICH, BGB Kommentar, 3. Aufl., Köln 2008, § 959 Rz 3; PALANDT/P. BASSENGE, BGB, 66. Aufl.,

dings nicht zureichend, weil Fälle denkbar sind, in denen der Verfügende eine Übereignung sehr bewußt und erkennbar vermeiden will, die Auslegung im Sinne einer Übereignungsofferte also ausscheidet und nur die Alternative bleibt, die Dereliktion zugunsten des Dritten für unwirksam zu halten oder als wirksam anzuerkennen. Zugunsten der Wirksamkeit ließe sich in Betracht ziehen, eine Dereliktion könne, da Rechtsgeschäft, von einer Bedingung abhängig gemacht werden, mithin auch von der, daß der bestimmte Dritte sich die Sache aneigne[48].

Allerdings wird von vielen angenommen, die Dereliktion könne „aus dem gleichen Grund wie Gestaltungsrechte nicht unter einer Bedingung oder Befristung erklärt werden, damit Unsicherheiten im Rechtsverkehr vermieden werden"[49]. Eine generelle Bedingungsfeindlichkeit ist jedoch mit diesen Hinweisen nicht zu rechtfertigen. Die Rechtssicherheit verlangt keineswegs eine solche im Gesetz nicht vorgesehene Beschränkung[50] des Eigentümers in seinen auch verfassungsrechtlich (Art. 2 Abs. 1 GG) geschützten Möglichkeiten privatautonomer Gestaltung, zumal da es an schwerwiegenden Gegeninteressen fehlt. Denn das Vertrauen auf eine wirksame Dereliktion und damit in der Regel auf einen unentgeltlichen Erwerb durch den Okkupierenden ist – wie generell außerhalb der Verkehrsgeschäfte – wenig schützenswert. Auch geht der Vergleich mit der Bedingungsfeindlichkeit der Ausübung von Gestaltungsrechten fehl, weil – anders als in diesen Fällen – die Dereliktion keinen

München 2007, § 959 Rz 1; JOHANN KINDL in: H. G. BAMBERGER/H. ROTH, Komm. z. BGB, 2003, § 959 Rz 2.

48 Vgl. MünchKomm-F. QUACK, BGB, 4. Aufl., München 2004, § 959 Rz 8 („Mit der bedingten Eigentumsaufgabe lassen sich ähnliche Wirkungen erreichen wie mit der Eigentumsaufgabe zugunsten bestimmter Personen").

49 So HANS JOSEF WIELING, Sachenrecht, Bd. 1, 2. Aufl., Berlin-Heidelberg-New York 2006, S. 486. Für Bedingungsfeindlichkeit ebenfalls PLANCK/BRODMANN (Fn. 46), § 959 Anm. 4 („durch die Natur des Rechtsgeschäfts ausgeschlossen"), STAUDINGER/K.-H. GURSKY (Fn. 47), § 959 Rz 1; dagegen etwa M. WOLFF/L. RAISER, Sachenrecht, 10. Bearbeitung, Tübingen 1958, S. 290 Fn. 10; SOERGEL/M. HENSSLER, BGB, 13. Aufl., Stuttgart 2002, § 959 Rz 2; MünchKomm-F. QUACK (Fn. 48), § 959 Rz 8; K. MÜLLER, Sachenrecht, 4. Aufl., Köln 1997, S. 850.

50 Sie ist weder im Wortlaut des § 959 noch in dem des § 928 (für die Aufgabe des Eigentums an einem Grundstück) enthalten. Daß die herrschende Meinung dessen ungeachtet die Erklärung der Eigentumsaufgabe in § 928 (mit Recht) für bedingungsfeindlich hält, beruht auf dem besonderen Grund, daß der Hauptzweck der Grundbucheinrichtung „darin besteht, daß stets der gegenwärtige Eigenthümer durch das Grundbuch nachgewiesen wird, der bedingt Berechtigte aber vor Erfüllung der Bedingung nicht Eigenthümer ist, seine Eintragung mithin dem gedachten Zwecke widerstreiten würde" (Motive, Bd. 3, 2. Aufl., Berlin 1896, S. 318 f., zum späteren § 925 Abs. 2 BGB). – Nicht vergleichbar ist auch die in dem (mit Wirkung zum 1.1.2008 aufgehobenen) § 866 Abs. 1 HGB bestimmte Bedingungsfeindlichkeit der Abandonerklärung des gegen die Gefahren der Seeschiffahrt Versicherten gegenüber dem Seeversicherer, für welchen Rechtsklarheit bestehen muß, damit er die mit dem Abandon verbundene Abtretung der Rechte, die dem Versicherten in Ansehung des versicherten Gegenstandes zustehen, in der gebotenen Eile durchsetzen kann.

Eingriff in die Rechtsposition eines (der Ausübung des Gestaltungsrechts unterworfenen)[51] Dritten darstellt.

Läßt sich nach alldem eine generelle Bedingungsfeindlichkeit der Dereliktion nach § 959 BGB nicht halten, so ergibt sich die Unwirksamkeit der besonderen Bedingung, daß das Eigentum wirksam nur dann aufgegeben sein soll, wenn ein bestimmter Dritter sich die Sache aneignet, doch aus einem allgemeinen Gesichtspunkt: Beispielsweise kann ein Nießbrauch zwar durch Ausschluß einzelner Nutzungen beschränkt werden, § 1030 Abs. 2 BGB; er „kann aber nicht in der Beschränkung auf nur einzelne Nutzungen begründet werden“[52], etwa auf die Benutzung eines Weges über das zu belastende Grundstück. Denn ein solches Recht allein müßte als beschränkte persönliche Dienstbarkeit (§ 1090 BGB) bestellt werden. Es ergibt sich aus der Typengebundenheit der sachenrechtlichen Institute, daß die Parteien ein Institut nicht so verändern können, daß in der Sache ein anderes dadurch ersetzt wird, und es liegt auf der Hand, daß eine solche Veränderung auch nicht auf dem Umweg über eine Bedingung herbeigeführt werden kann. Der Typengebundenheit entsprechen die rechtsgeschäftlichen Handlungsformen: Nur durch die jeweils vorgesehenen Rechtsgeschäfte, wie etwa durch Einigung und Eintragung, § 873 BGB, können die erstrebten Rechtswirkungen herbeigeführt werden. Demzufolge müssen rechtsgeschäftliche Übereignungen beweglicher Sachen nach den Bestimmungen der §§ 929 ff. BGB vorgenommen werden, und es kann nicht die Dereliktion durch Beifügung einer Bedingung so umfunktioniert werden, daß sie die Aufgabe einer rechtsgeschäftlichen Übereignung übernimmt. Es folgt mithin aus den Strukturprinzipien des Sachenrechts, daß eine Dereliktion in der Weise, daß sich nur eine bestimmte Person die Sache aneignen darf, juristisch nicht möglich ist, auch nicht auf dem Wege über die Einfügung einer entsprechenden Bedingung; diese würde zur Nichtigkeit des Rechtsgeschäfts Dereliktion führen[53]. Für die Richtigkeit dieses Ergebnisses spricht, daß in den beiden Rechtsordnungen, in denen das Problem erörtert worden ist, der jüdischen wie der römischen, sich in freier Diskussion die Lehre (der Hilleliten und der Sabinianer) durchgesetzt hat, die eine Dereliktion nur bei einer Preisgabe für jedermann anerkannte. Nur bei abweichender Ausgestaltung der Dereliktion durch den Gesetzgeber, wie dies in Preußen und Argentinien geschehen ist, kann sich die rechtliche Möglichkeit und Absicherung der Eigentumsaufgabe zugunsten eines Dritten ergeben. Ohne derartige Sonderregelungen, aus den allgemeinen Prinzipien allein, läßt

[51] Zu diesem gestaltungsrechtstypischen Umstand s. EDUARD BÖTTICHER, Gestaltungsrecht und Unterwerfung im Privatrecht, Berlin 1964, S. 7 ff.

[52] RGZ 164, 196, 199 (v. 1940), OLG Celle OLGE 6, 121, s. auch PLANCK/BRODMANN (Fn. 46), § 1030 Anm. 2.

[53] Ob gemäß § 140 BGB die Umdeutung in eine Übereignung möglich ist, hängt davon ab, ob die Voraussetzungen der §§ 929 ff. gegeben sind.

sie sich, solange man die Dereliktion mit den Sabinianern als eigenständiges Geschäft versteht, nicht begründen.

2. Fallgruppen einer Dereliktion zugunsten Dritter

Aus alldem folgt allerdings nicht, daß Dereliktionen zugunsten Dritter unbeachtlich sind. Vielmehr sind sie wirksam und der Dritte wird durch Okkupation Eigentümer, sofern die Eigentumsaufgabe als solche, also (jedenfalls) grundsätzlich zu jedermanns Zugriff erfolgt ist und der vorgesehene Dritte sich die Sache tatsächlich als erster angeeignet hat.

a) Dereliktion ohne Kenntnis des Okkupanten

Eine erste Fallgruppe ergibt sich mit Selbstverständlichkeit aufgrund der Situationen, in denen ein Eigentümer sein Recht zu einem Zeitpunkt aufgibt, zu dem er erwarten kann, daß der ausersehene Dritte die Sache als erster okkupieren wird, und in denen der Dritte ohne Kenntnis davon, daß die Sache zu seinen Gunsten preisgegeben wurde, sich diese aneignet. Es fehlt dann einerseits an einem einverständlichen Handeln, andererseits liegen die Voraussetzungen für eine wirksame Dereliktion und Okkupation (§§ 959, 958 BGB) vor. Ein Eigentümer kann also die tatsächliche Situation ausnutzen, um zugunsten eines Dritten zu derelinquieren; er geht dabei allerdings das Risiko ein, daß unerwartet ein anderer dazwischen kommt und sich die Sache vor dem Ausersehenen aneignet[54], ebenso das Risiko, daß ein Dazwischenkommender, etwa bei oder nach der Untersuchung der Sache, diese beschädigt, ohne daß er schadenersatzpflichtig wird.

b) Dereliktion mit Kenntnis des Okkupanten

Es kann sich aber auch so wie in unserem Ausgangsfall verhalten, daß also eine Dereliktion („für jeden, der es wünscht") vollzogen wird und der ausersehene Dritte in Kenntnis dieser allgemeinen Eigentumsaufgabe als erster okkupiert. Grundsätzlich ist auch dieser Erwerb als ein originärer wirksam, mitsamt den sich aus ihm ergebenden Rechtsfolgen. Wäre die derelinquierte Sache zum Beispiel mit einem Nießbrauch belastet (ohne daß die Sache dem Nießbraucher abhanden gekommen ist), so wäre dieses Recht durch die Dere-

[54] Vgl. A. V. TUHR (Fn. 47), S. 41 Fn. 37 („Originär ist der Erwerb durch Okkupation selbst dann, wenn A die Sache in der Erwartung und zu dem Zweck derelinquiert, daß B sie okkupieren soll; A verliert sein Eigentum auch dann, wenn diese Erwartung nicht in Erfüllung geht").

liktion nicht aufgehoben worden[55] und der Okkupant hätte nur das belastete Eigentum erlangt. Wollte man den Vorgang dagegen entgegen dem Willen des früheren Eigentümers als Übereignung auffassen, so hätte der Erwerber derivativ und gutgläubig lastenfrei erworben[56].

Ausnahmsweise können in einem solchen Fall die Dereliktion und die Aneignung aufgrund besonderer Bestimmungen jedoch unwirksam oder angreifbar sein. So wäre wie bei Gai. D. 42,8,5 (o. II 2) die Dereliktion nach §§ 4 Abs. 1, 11 Abs. 1 AnfG v. 1994 mit der Folge anfechtbar, daß der Okkupant die erlangte Sache dem Gläubiger zur Verfügung zu stellen hat, soweit es zu dessen Befriedigung erforderlich ist, allerdings nur, wenn er weiß oder den Umständen nach wissen muß, „daß die unentgeltliche Leistung die Gläubiger benachteiligt" (§ 11 Abs. 2 AnfG)[57]. Entsprechend verhält es sich mit der Insolvenzanfechtung gem. §§ 129 Abs. 1, 134 Abs. 1, 143 Abs. 2 InsO v. 1994[58].

c) Restituierende Dereliktion?

Des weiteren kann eine Dereliktion zugunsten eines Dritten schadenersatzrechtlich geboten sein. Doch wird das höchst selten in Betracht kommen. Von vornherein nicht zu denken ist an den lebensfernen Fall des reuigen Wilderers, der dem Jagdberechtigten die Beute bringt. Denn wegen des ausschließlichen Aneignungsrechts des Jagdberechtigten konnte der Wilderer nicht okkupieren. – Ernst Zitelmann hat auf eine Naturalrestitution (§ 249 S. 1 BGB) durch Dereliktion in dem makabren Fall zurückgegriffen, daß ein von einer Kugel getroffener Soldat sogleich bewußtlos geworden und dann von einem Arzt operiert worden ist, der sich die Kugel aneignet:

> „Der Verwundete ist Besitzer, auch wenn er bewußtlos ist (§ 854). Der Arzt, der die Kugel herausnimmt, handelt natürlich nicht rechtswidrig, er wird aber auch nicht Besitzer der Kugel, sondern ist nur Besitzdiener. Wenn er die Kugel aber für sich nimmt, so handelt er rechtswidrig: er übt verbotene Eigen-

[55] Allgemein anerkannt, vgl. etwa PLANCK/BRODMANN (Fn. 46) § 959 Anm. 4; WIELING (Fn. 49), S. 587, 503. – Ebenso bereits im römischen Recht (Ulpiani regulae 1, 19, Iustinianus C. 7,15,1 pr. [v. 530]), im jüdischen (HOROWITZ [Fn. 6], S. 358) und im preußischen (FÖRSTER/ECCIUS [Fn. 31], S. 341).

[56] § 936 BGB. Daß der Erwerber einer Kondiktion des Nießbrauchers ausgesetzt wäre (§ 816 Abs. 1 S. 2 BGB), bleibt zu berücksichtigen.

[57] Vgl. MICHAEL HUBER, Anfechtungsgesetz, 9. Aufl., München 2000, § 4 Rz 16.

[58] So im Anschluß an ERNST JAEGER/WOLFRAM HENCKEL, Konkursordnung, Großkommentar, 9. Aufl., Berlin-New York 1997, § 29 KO Rz 16; zur InsO MICHAELA WEIS in: H. HESS/M. WEIS/R. WEINBERG, Kommentar zur Insolvenzordnung, Bd. 1, 2. Aufl., Heidelberg 2001, § 129 Rz 62. Daß vom Begriff der „unentgeltlichen Leistung" i.S.d. § 134 InsO auch die Aufgabe des Eigentums mit dem Zweck, einem anderen die Aneignung zu ermöglichen, erfaßt wird, betont auch HERIBERT HIRTE in: WILHELM UHLENBRUCK, Insolvenzordnung, 12. Aufl., München 2003, § 134 Rz 6.

> macht und ist nach § 823 demjenigen, dem er den Besitz entzogen hat, zum Schadensersatz verpflichtet. Diesen leistet er durch Herstellung, er muß also die Kugel wieder derelinquieren, und zwar derart, daß der Verwundete (oder seine Erben, § 857 BGB) sie tatsächlich vor anderen sich aneignen kann; das bedeutet vereinfacht: er ist verpflichtet, das Eigentum an der Kugel auf den Verwundeten zu übertragen"[59].

Eine Dereliktion in der Weise, daß sich der (von uns gesund gewünschte) Soldat die Kugel tatsächlich vor anderen aneignen kann, läuft – wie auch Zitelmann sieht – darauf hinaus, daß der Arzt verpflichtet ist, sogleich das Eigentum an der Kugel auf den Soldaten zu übertragen. Richtiger dürfte es aber sein, überhaupt von der wohl allgemeiner Rechtsüberzeugung entsprechenden Annahme auszugehen, daß das im Körper des Verwundeten befindliche Geschoß dessen Eigentum geworden ist[60].

In Betracht kommen in dieser Gruppe die Fälle des Wettlaufs der Okkupanten[61]: Hat zum Beispiel A den B bei der Aneignung eines derelinquierten wertvollen Baseballs in sittenwidriger Weise vorsätzlich benachteiligt und den Ball an sich gebracht, so muß er zwar grundsätzlich dem B gem. §§ 826, 249 BGB nur die Möglichkeit verschaffen, sich den Ball unter den Wahrscheinlichkeiten, die seinerzeit bestanden, anzueignen. Da sich das angesichts der Verhältnisse in einem voll besetzten Baseball-Stadion nicht realisieren läßt und da eine Ersatzpflicht ohnehin nur bei konkreter Erwerbsaussicht zu bejahen ist, wird auch in einem solchen Fall anzunehmen sein, daß A dem B den Ball zu übereignen hat. Eine Abwicklung über Dereliktion und Okkupation durch den Gläubiger dürfte kaum praktisch werden.

d) Okkupationsbegleitende Dereliktion

In einem strafrechtlichen Übungsbuch ist neben einigen anderen Handlungen des Täters die folgende zu würdigen:

> Auf dem Gang zur Kasse (sc. des Selbstbedienungsladens) konnte H. einer wertvollen Meerschaumpfeife nicht widerstehen. Als er sich unbeobachtet fühlte, steckte er diese in seine Manteltasche, wobei ihm allerdings entgangen war, daß der Geschäftsinhaber K das Einstecken der Pfeife beobachtet

59 ZITELMANN, Die Kugel in der Wunde, Das Recht 17 (1913) Sp. 163, dazu die Glosse (von N.N.) in: Rechtshistorisches Journal 19 (2000) 502 ff. mit dem Hinweis auf einen „Streit, der in bulgarischen Spitälern zwischen Ärzten und Soldaten um die aus den Wunden entfernten Geschosse entstanden sein soll".

60 WOLFF/RAISER (Fn. 49), S. 289 Fn. 7; STAUDINGER/K.-H. GURSKY (o. Fn. 47), § 959 Rz 3.

61 Vgl. dazu R. KNÜTEL, Der Wettlauf der Okkupanten, in: HANS-PETER HAFERKAMP/ TILMAN REPGEN (Hrsg.), Usus modernus pandectarum, Fschr. K. Luig, Köln-Weimar-Wien 2007, S. 75 ff., zum (anders gelagerten) Baseball-Fall ebda. S. 101 ff.

hatte. Aus Mitleid mit dem verhärmten Aussehen des H. unternahm K aber nichts[62].

In der Musterlösung wird dazu ausgeführt, das Verhalten des K sei als Dereliktion nach § 959 BGB zu bewerten. Die Aufgabe des Besitzes könne auch dadurch erfolgen, daß der Besitzer die Besitzergreifung durch einen anderen zustimmend geschehen läßt, zugleich liege darin ein Indiz des von § 959 BGB geforderten Eigentumsverzichtes. „Durch das Verhalten des K" sei die Pfeife herrenlos geworden, so daß das für den Diebstahlstatbestand des § 242 StGB erforderliche Merkmal der Fremdheit der Sache entfalle. H sei demnach nur wegen versuchten Diebstahls strafbar[63].

Versteht man die Situation dahin, daß das Einverständnis des K bereits beim beobachteten Einstecken der Pfeife, bei der Ansichnahme, vorlag, so fehlt es schon am Gewahrsamsbruch. Die durch das bewußte Untätigbleiben des K bekundete Dereliktion würde die Okkupationshandlung begleiten und zur Folge haben, daß das Tatbestandsmerkmal des § 242 StGB, daß die Sache eine fremde ist, entfällt.

e) Dereliktion bei Besitz eines Dritten

Möglich ist aber auch, daß im geschilderten Fall K den Entschluß, dem H die Pfeife nicht mehr abzunehmen, erst in dem Augenblick gefaßt hat, als H den Laden verließ. Er hätte auch dann unabhängig davon, ob der Diebstahl schon vor dem Passieren der Kasse vollendet war oder nicht, sein Eigentum aufgegeben. Da H beim Verlassen des Ladens den bereits begründeten Gewahrsam als gesichert betrachtet und damit seinen Aneignungswillen bestätigt haben dürfte, wäre auch in dieser Konstellation von einer wirksamen Okkupation auszugehen.

Zwar ist nach einer älteren Lehre außer der Bekundung des Dereliktionswillens erforderlich, daß eine Besitzaufgabe in der Weise erfolgt, daß die Sache besitzlos wird, „damit Besitz- und Eigentumslage übereinstimmen"[64]. Sei es bereits zu einem unfreiwilligen Besitzverlust gekommen, könne der Eigentümer sich der tatsächlichen Gewalt nicht mehr entledigen, folglich nicht mehr derelinquieren, „denn der verlorene Besitz kann nicht mehr aufgegeben werden"[65]. Demgegenüber läßt die heute herrschende Ansicht es im

62 K. H. GÖSSEL, Strafrecht mit Anleitungen zur Fallbehandlung und zur Subsumtion etc., 8. Aufl., Heidelberg 2001, Fall 12, S. 199 ff.

63 GÖSSEL, S. 204 f.

64 So HARRY WESTERMANN, Sachenrecht, 4. Aufl., Karlsruhe 1960, S. 288 (§ 58 II 2b); früher etwa F. ENDEMANN, Lehrbuch des Bürgerlichen Rechts, Bd. II/1, 8./9. Aufl., Berlin 1905, S. 560 Fn. 4 (vgl. u. Fn. 68).

65 HERMANN EICHLER, Institutionen des Sachenrechts, Bd. II/1, Berlin 1957, S. 54. – So für das gemeine Recht auch CZYHLARZ (Fn. 19), S. 90 Fn. 39.

Falle des bereits eingetretenen Besitzverlusts genügen, daß der Dereliktionswille dem Besitzverlust nachfolgt, sofern er nur hinreichend deutlich bekundet wird[66] – mit Recht; denn das Publizitätsprinzip gilt nicht uneingeschränkt; eine Verfügung über bewegliche Sachen setzt nicht notwendig eine Veränderung der unmittelbaren Besitzlage voraus, wie insbesondere § 929, S. 2 BGB (*brevi manu traditio*) zeigt, auf den in diesem Zusammenhang zumeist verwiesen wird. Überdies ist eine Dereliktion in den Fällen des sog. offenen Besitzes (am Holzstapel im Wald) durch bloße Bekundung des Aufgabewillens möglich, ohne daß dies an der von außen erkennbaren Besitzlage etwas ändert[67]. Fehlender Besitz verhindert eine Dereliktion folglich nicht, sondern erleichtert sie. Es kommt für ihre Wirksamkeit auch nicht darauf an, ob dem Eigentümer bekannt ist, an wen er den Besitz verloren hat, denn er braucht die Dereliktion nicht dem Besitzer gegenüber zu erklären. Sie wirkt sich allerdings unmittelbar zugunsten dieses Dritten aus, wenn er die Sache im Eigenbesitz hat, § 958 BGB.

Zu einer Dereliktion, die sich primär zugunsten eines Dritten auswirkt, kommt es schließlich auch dann, wenn der Eigentümer mittelbarer Besitzer ist. Daß eine Eigentumsaufgabe auch in diesem Fall möglich ist, steht außer Frage; umstritten sind allerdings die Voraussetzungen. Die engste Auffassung wurde insbesondere von Endemann[68] vertreten, der verlangte, eine Dereliktion müsse die Sache in dem Sinne herrenlos machen, „daß jeder Beliebige die Aneignungsfreiheit hat", und daraus folgerte: „Die einem Besitzmittler ... gegenüber abgegebene Erklärung: machen Sie mit der Sache, was Sie wollen, kann Schenkungsangebot oder die Ermächtigung zur Besitzaufgabe an der derelinquierten Sache enthalten; herrenlos wird die Sache jedenfalls erst mit dem Vollzuge der Besitzaufgabe"[69]. Demgegenüber hält eine häufiger vertretene Lehre es für erforderlich, daß der mittelbare Besitzer mit dem unmittelbaren einen Erlaßvertrag über den Herausgabeanspruch abschließt[70] – was allerdings nur zur Beendigung des Besitzmittlungsverhältnisses führen würde.

66 JOH. BIERMANN, Sachenrecht, 3. Aufl., Berlin 1914, § 959 Anm. 1b; PLANCK/BRODMANN (Fn. 46), § 959 Anm. 3 (unter Aufgabe der früheren Ansicht, die Dereliktion sei in diesem Fall unmöglich); WOLFF/RAISER (Fn. 49), S. 290, vgl. S. 49; WIELING (Fn. 49), S. 485; ERMAN/F. EBBING, BGB, 12. Aufl., Köln 2008, § 959 Rz 5; KINDL in: BAMBERGER/ROTH (Fn. 47), § 959 Rz 4.

67 Ebenso wie das bei der Übereignung der im offenen Besitz befindlichen Sachen der Fall ist, §§ 929 S. 1, 854 Abs. 2 BGB.

68 S.o. Fn. 64. Vgl. auch BIERMANN (Fn. 66), § 959 Anm. 1a („solange der vermittelnde Besitzer im Besitz bleibt, ist hier nur eine traditio brevi manu (§ 929 Satz 2), also eine Eigentumsübertragung auf den vermittelnden Besitzer möglich"); EICHLER (Fn. 65), S. 54 u.

69 Vgl. auch MünchKomm-QUACK (Fn. 48), § 959 Rz 11 u. SOERGEL/HENSSLER (Fn. 49), § 959 Rz 5, die verlangen, daß der mittelbare den unmittelbaren Besitzer zur Besitzaufgabe veranlaßt.

70 WOLFF/RAISER (Fn. 49), S. 290 (ebenso schon WOLFF in der 9. Bearb., Marburg 1932, S. 253); PLANCK/BRODMANN, § 959 Anm. 3; ROLF SERICK, Der Eigentumsvorbehalt, Bd. 1, Heidelberg 1963, S. 437; dagegen PALANDT/BASSENGE (Fn. 47).

Überwiegend wird heute jedoch angenommen, es genüge eine an den Besitzmittler gerichtete Verzichtserklärung[71].

Richtig ist demgegenüber, daß der mittelbare Besitzer zweierlei zu bewirken hat. Erstens muß er seine „Besitzposition" gegenüber dem Besitzmittler beenden, was – da diese Position ihn nur begünstigt[72] – durch einseitige Erklärung möglich ist. Zweitens muß er den Willen, sein Eigentum aufzugeben, zum Ausdruck bringen. Im Regelfall ergibt sich dies bereits aus der Erklärung über die Beendigung des mittelbaren Besitzes. Aus den besitzrechtlichen Positionen der Beteiligten läßt sich zwar nicht ableiten, daß die Bekundung der Eigentumsaufgabe gerade dem Besitzmittler gegenüber erfolgen muß[73]. Doch begründet die schuldrechtliche Beziehung, die dem mittelbaren Besitz in der Regel zugrunde liegt, der Miet- oder Verwahrungsvertrag etwa, eine Pflicht des mittelbaren Besitzers, dem Besitzmittler auch von der Eigentumsaufgabe Kenntnis zu geben, damit diesem nicht durch Aufwendungen für Verwahrung und Erhaltung der Sache Unkosten erwachsen, die sich für ihn als unnütz erweisen, wenn er am Erwerb der Sache nicht interessiert ist. Auch bei der Eigentumsaufgabe durch den mittelbaren Besitzer handelt es sich deshalb regelmäßig um eine Dereliktion zugunsten eines Dritten, weil der bisherige Besitzmittler geradezu notwendigerweise der erste ist, der darüber befinden kann, ob er sich die Sache aneignet oder den Besitz an ihr aufgibt. Ein absonderlicher Umweg würde ihm dagegen nach der ersten Lehre (Fn. 68) angesonnen, wenn er zunächst den unmittelbaren Besitz aufgeben müßte und ihn gleich darauf mit Eigenbesitzwillen wieder begründen könnte.

VI. Schlußbemerkung

Da wir die in der Lebenswirklichkeit häufigsten Fälle, in denen es zu Eigentumsaufgabe und Aneignung kommt, beiseite lassen können[74], kehren wir

[71] So K.-H. GURSKY in: WESTERMANN, Sachenrecht, 7. Aufl., Heidelberg 1998, S. 471 f.; STAUDINGER/GURSKY (Fn. 49), § 959 Rz 6; ERMAN/F. EBBING (wie Fn. 66); KINDL (wie Fn. 66) sowie WIELING (Fn. 49), S. 485 (der für nicht erforderlich hält, daß die Kundgabe gerade gegenüber dem Besitzmittler erfolgt).

[72] Indem sie ihm die Zurechnung von Rechtsfolgen (etwa Ersitzung) ermöglicht; Näheres dazu in der grundlegenden Untersuchung von GUIDO BÖMER, Besitzmittlungswille und mittelbarer Besitz, Tübingen 2008.

[73] Treffend WIELING (Fn. 71).

[74] Für die hier interessierende Problematik finden sich in den einschlägigen Diskussionen in Literatur und Rechtsprechung keine weiteren Überlegungen. S. nur HERBERT GRZIWOTZ, Zivilrechtliche Probleme bei der Aneignung von Müll – Der Müll in Nachbars Tonne, MDR 2008, S. 726 ff.; LG Ravensburg NJW 1987, S. 3142 (keine Eigentumsaufgabe an zum Sperrmüll zur Vernichtung gegebenen Bildern); OLG Saarbrücken NJW-RR 1987, 500 ff. (Altkleidersäcke mit Aufschrift). Naturgemäß geht es auch hier in erster Linie um die Abgrenzung von Dereliktion und Übereignungsangeboten an den Träger der Müllabfuhr, den Veranstalter karitativer Sammlungen etc. In die Abgrenzung einzubeziehen ist vor allem die

zum Ausgangspunkt zurück und beschließen unsere Betrachtungen mit einem weiteren Blick in den Talmud. Im Traktat Berakhoth (Von den Segenssprüchen) überliefert die Gemara das Wort eines Schriftgelehrten, dem wir bereits begegnet sind: „R. Jishmael sagte: Wer weise werden will, befasse sich mit dem Zivilrecht, denn du hast in der Tora kein [umfassenderes] Gebiet als dieses; es ist wie eine unversiegbare Quelle.“[75] Möge der verehrte Jubilar zu seiner wie zu unserer Freude aus der Quelle des Zivilrechts weiterhin Weisheit schöpfen!

durch § 3 Abs. 1 AbfallbeseitigungsG dem Abfallbesitzer auferlegte Überlassungspflicht an den Entsorgungsträger.

75 Berakhoth Fol. 63b, in der Übersetzung von L. GOLDSCHMIDT (Fn. 1), Bd. I, S. 289. – Statt „Zivilrecht“ wäre wörtlich „Geldurteile“ zu sagen, also alles, was mit Geldzahlung zusammenhängt oder durch sie ausgeglichen wird.

E

Biblica

« Der Schatz im Acker » und « die bösen Weingärtner ». Bibelgleichnisse im Lichte zeitgenössischer Rechtsanschauungen *

Rolf Knütel

I

Einführung

1. Befaßt ein Jurist sich mit biblischem Geschehen, so kann er rasch erkennen, daß auch von seinem Fache her Verständnishilfen gewonnen werden können. Nicht selten erscheinen uns Heutigen ja Begebenheiten und Erzählungen der Heiligen Schrift als merkwürdig, als unwahrscheinlich, bisweilen sogar als absurd und als unverständlich. Doch liegen den Merkwürdigkeiten nahezu durchweg besondere Umstände zugrunde, die uns aus dem Blick geschwunden sind, den zeitgenössischen Hörern aber wohlvertraut waren. Häufig waren es juristische Gegebenheiten, die das Handeln der Beteiligten in den überlieferten Texten bestimmten. Sich die Rechtsanschauungen der biblischen Zeit zu vergegenwärtigen, verheißt deshalb wichtige Aufschlüsse für ein besseres Verständnis der überlieferten Texte — für ein Verständnis, das dann bei der anschließenden Suche nach dem Offenbarten Hilfen bieten kann. Wir wollen dies an zwei berühmten Gleichnissen Jesu zu veranschaulichen versuchen [1].

2. Hinsichtlich der um die Zeitenwende geltenden Rechtszustände lassen sich Aufschlüsse vor allem aus dem babylonischen *Talmud* gewinnen. Der *Talmud* (« Lehre ») besteht aus zwei Teilen, der *Mischna* und der *Gemara.* Methodisch gesehen ist er Bibelauslegung; er enthält das Wissen und die Ordnungen, die das Judentum durch die Rabbinen in langen Jahrhunderten auf der Basis der *Tora* (« Weisung »), d. h. der fünf Bücher Moses, zu allen Lebensbereichen entwickelt hat. Der babylonische *Talmud* ist etwa um 500 n. Chr. abgeschlossen worden; der in ihm überlieferte (Rechts-)Stoff reicht in Einzelpunkten jedoch bis in die Zeit der Rückkehr aus dem babylonischen Exil (ca. 450 v. Chr.) zurück.

Die hebräisch geschriebene *Mischna* (« Wiederholung ») wurde um 200 n. Chr. von Rabbi Jehuda, dem « Fürsten », aus dem bis dahin erwachsenen und in den Lehrhäusern gesammelten Traditionsstoff zusammengestellt, und zwar in 6 nach Sachgebieten gegliederten « Ordnungen », die aus insgesamt 63 « Traktaten » bestehen. Die *Mischna* wurde zur verbindlichen Lehre und zugleich zum Ausgangspunkt der rabbinischen Lehrdebatten in den Lehrhäusern Babyloniens und Palästinas. Die Ergebnisse dieser rund dreihundertjährigen Diskussionen sind in der überwiegend aramäischen *Gemara* (« Vollendung », « Gelerntes ») zusammen-

* Index, Quaderni camerti di studi romanistici 15 (1987) 111 – 130.

getragen, wobei der wesentlich wichtigere babylonische *Talmud* den babylonischen Ertrag mit der *Mischna* verbindet, der palästinensische (oder Jerusalemer) den der dortigen Schulen [2]. In die *Gemara* ist manches von dem wieder eingeflossen, was Jehuda bei der Redaktion der *Mischna* ausgeschieden hatte (Baraita, « Draußenbefindliches »); auch insoweit erlaubt sie nicht selten den Rückschluß auf ältere Rechtszustände.

Alsbald nach seinem Abschluß wurde der Talmud durch den byzantinischen Kaiser Justinian (527-565), der die Zusammenstellung des *Corpus iuris civilis* veranlaßt hat, verboten. In den folgenden Jahrhunderten gestattete erst Papst Leo X. (1513-1521) im Jahre 1520 die Drucklegung, doch kam es schon drei Jahre später erneut zu Verbot und Vernichtung. So hat das Werk außerhalb des Judentums kaum Beachtung finden können. Daß sein Reichtum an rechtlichen Aussagen den Juristen weithin entgangen ist, wird deutlich, wenn wir das juristisch besonders interessante Gleichnis vom Schatz im Acker betrachten.

II

Der Schatz im Acker

1. Das Gleichnis, dem das vom Perlenkaufmann folgt, lautet bei Matthäus 13.44-46 [3]:

> Mit dem Himmelreich ist es wie mit einem Schatz, der in einem Acker vergraben war. Ein Mann entdeckte ihn, grub ihn aber wieder ein. Und in seiner Freude verkaufte er alles, was er besaß, und kaufte den Acker. (45) Auch ist es mit dem Himmelreich wie mit einem Kaufmann, der schöne Perlen suchte. (46) Als er eine besonders wertvolle Perle fand, verkaufte er alles, was er besaß, und kaufte sie.

Den Juristen hat das Gleichnis seit jeher Schwierigkeiten bereitet. Zumeist wird angenommen, im jüdischen Recht sei der Schatz Grundstücksbestandteil gewesen, habe mithin dem Grundstückseigentümer gehört [4]: Warum sonst sollte der Finder das Grundstück gekauft haben? Die dann entstehende Schwierigkeit, daß der Finder den unwissenden Verkäufer unredlich übervorteilt haben müßte, hat man durch Rückgriff auf die *laesio enormis* zu überwinden versucht. Nach diesem (vom BGB abgeschafften, aber beispielsweise in § 934 österr. ABGB und Art. 1674 Code civil fortgeltenden) römischrechtlichen Institut der « Verkürzung über die Hälfte » konnte der Verkäufer den Vertrag rückgängig machen, wenn der Kaufpreis geringer war als die Hälfte des gemeinen Werts der Kaufsache, hier also des « Schatzgrundstücks » [5]. Doch würde dieser Behelf des Verkäufers nichts daran ändern, daß der Käufer bei seinem Unternehmen, das Himmelreich zu erwerben, unredlich vorgegangen wäre. Um diese mißliche Konsequenz zu vermeiden, ist bisweilen angenommen worden, der Schatz könne denn doch nicht Grundstücksbestandteil gewesen sein[6] — was übrigens nach heutigem bürgerlichen Recht außer Zweifel steht[7].

2. Im theologischen Schrifttum hält man sich mit diesen Skrupeln gemeinhin nicht auf. Beispielsweise merkt Jeremias[8] nur kurz an: « Über die Rechtslage wird nicht reflektiert; es wird vielmehr geschildert, wie der Durchschnittsmensch handelt ». Und Eta Linnemann schreibt in ihrer an sich durchaus förderlichen Einführung sogar: « Alle Bemühungen, das Verhalten des Schatzfinders moralisch zu bewerten oder an der Rechtslage zu messen, sind müßig. Daß es moralisch nicht hundertprozentig einwandfrei ist, spielt ebenso wenig eine Rolle wie die Frage, ob der Finder formalrechtlich korrekt handelt oder nicht. Es ist Regie des Erzählers, daß der Finder den Schatz nicht einfach an sich nimmt, sondern ihn wieder eingräbt, um ihn zusammen mit dem Acker zu erwerben. Nur so kann bei diesem Stoff der Vergleichspunkt herauskommen »[9].

Sie meint, der Vergleichspunkt mit dem Perlenkaufmann liege darin, daß alles verkauft, also der ganze Einsatz erbracht werden müsse. Aber dann müßte der Zweck die Mittel heiligen. Überdies möchte man denken, daß die Zuhörer Jesu so gewitzt waren, daß sie den Schatz lieber sogleich gehoben, das Himmelreich also auf direktem Wege zu erfassen gesucht hätten. Das Entscheidende wäre ihnen also in einer zumindest wenig beeindruckenden, von ihnen so schwerlich akzeptierten Weise[10] nahegebracht worden.

3. *a*) Aber es wird sich zeigen, daß gerade die verschmähten juristischen Aspekte das Entscheidende, den geforderten ganzen Einsatz[11], klar zu begründen vermögen, ja, daß sie sogar das Ausmaß dessen, was Jesus seinen Hörern ansinnt, besonders augenfällig machen. Wir können uns die Zusammenhänge erschließen, wenn wir den Blick vom Fundrecht über die Stellung des Ackereigentümers und über das Kaufrecht bis zum Verhältnis von Eigentümer und Finder wandern lassen.

b) Sonderregeln zum Schatzfund enthielt der *Talmud* nicht; es ist deshalb vom allgemeinen, aber besonders ausgeformten Fundrecht auszugehen. Nach diesem kam es wesentlich darauf an, ob die Fundsache ein Kennzeichen aufwies, etwa einen Knoten, eine Scherbe in einem Feigenkuchen, den turmartigen Aufbau dreier Münzen etc.[12]. Da der Eigentümer über das Kennzeichen ermittelt werden konnte, mußte der Finder die Sache an drei Festen und sieben Tage nach dem letzten Fest in Jerusalem ausrufen; später nach der Zerstörung des Tempels (70 n. Chr.) ließ man das Ausrufen in Versammlungs- und Lehrhäusern, noch später das unter den Anwohnern des Fundortes zu[13]. Einfach — also nicht turm- oder leiterartig — aufeinanderliegende Münzen brauchten hingegen grundsätzlich nicht ausgerufen zu werden[14]; hierzu könnte unser Schatz passen[15].

Auch der Fundort konnte ein Kennzeichen sein. Der *Talmud* unterscheidet beispielsweise zwischen dem Fund auf Misthaufen, auf Steinhaufen, in alten und neuen Wänden (hierbei weiter, ob in der inneren oder der äußeren Hälfte), in Mietshäusern, im Laden etc.[16]. Hingegen bestanden für den Fund im ordinären Acker keine Sonderregeln. Fundrechtlich haben wir es nach alldem mit einem offensichtlich unkomplizierten Beispiel zu tun.

c) Hinsichtlich der Stellung unseres Ackereigentümers und Verkäufers ist hervorzuheben, daß er weder Eigentümer noch Besitzer des Schatzes war. Auch nach jüdischem Recht war wie heute der Schatz nicht Bestandteil des Ackers. Wir werden sogleich sehen, daß Mobilien grundsätzlich ihre Selbständigkeit behielten, sogar Grundstücksverbindungen und Einpflanzungen. Wie also sollten der Grundstückseigentümer oder seine Rechtsvorgänger das Eigentum erlangt haben, da doch eine Übereignung evident ausscheidet[17]? In der Literatur wird freilich darauf hingewiesen, daß nach dem Traktat Kidduschin mit Immobilien zugleich die Mobilien erworben werden[18]. Doch ist dies eine unzutreffende Verallgemeinerung aus einer besonderen « Kunstform » der Übereignung, die insbesondere zu Zwecken der Sicherheitsbestellung und der Einziehungsermächtigung entwickelt wurde. Danach konnte man Eigentum an beweglichen Sachen dadurch übertragen, daß man diese geistig (nicht notwendig räumlich!) zu einer Art « Zubehör » eines — sei es auch noch so kleinen — Grundstücks oder Grundstücksteils[19] machte und dann dieses Grundstückseigentum auf den Erwerber übertrug. Für die Grundstücksübereignung gab es nämlich eine erleichterte Form, nach der dem Erwerber mit der Aushändigung einer bloßen Übereignungsurkunde das Grundeigentum verschafft werden konnte — und damit zugleich das Eigentum an allen damit (geistig) verbundenen Mobilien, wo immer sie sich auch befanden[20]. Das Stück Boden ist also nur das Vehikel, um Mobilien zu übertragen, die im Augenblick nicht körperlich übergeben werden konnten. Doch ist evident, daß diese Übertragungsform nicht für Schätze paßt, von denen der Veräußerer nichts weiß, die er mit dem Grundeigentum also nicht (geistig) verbunden haben kann.

d) War der Verkäufer nicht Eigentümer des Schatzes, so bleibt die Frage, ob er nicht beim Kauf übervorteilt worden ist, weil er um den bloßen Ackerpreis den « Schatzacker » hinzugeben veranlaßt wurde. Vom heutigen Recht her könnte man überlegen, ob der Verkäufer um eine « Fundaussicht »[21] betrogen wurde, steht nach unserem Recht doch dem Grundstückseigentümer das hälftige Miteigentum am gehobenen Schatz zu (§ 984 BGB). Aber diese Regelung, die auf ein Dekret des Kaisers Hadrian zurückgeht[22], ist dem *Talmud* unbekannt. Der Grundeigentümer stand im Hinblick auf den Schatz nicht anders da als jeder Dritte. Es kommt hinzu, daß allein der Acker verkauft war, nicht etwa der Schatz. Der Gedanke an die erwähnte *laesio enormis* hat schon deshalb auszuscheiden, ganz abgesehen davon, daß das vergleichbare Institut des jüdischen Rechts bei Grundstücksveräußerungen keine Anwendung fand[23].

Daß der Schatz nicht Kaufgegenstand war, ist doppelt zu begründen. Erstens kann man nach jüdischer Vorstellung das, was man nicht besitzt, auch nicht verkaufen [24], und unser Ackerverkäufer war nicht Besitzer des Schatzes, weil er von diesem nichts wußte. Zweitens sahen die Juden den Kaufgegenstand außerordentlich eng: Grundsätzlich war allein die bezeichnete Sache verkauft. Ging es um ein Haus, so ist ein zehn Handbreiten hohes Dach nicht ohne weiteres mitverkauft; ging es um ein Feld, so sind von den Steinen nur die verkauft, die Funktionen erfüllen (Stützen, Wälle etc.); auch ein dort befindlicher Brunnen oder eine Zisterne ist grundsätzlich nicht mitverkauft, auch nicht jeder Baum etc. [25]. Auch deshalb wäre anzunehmen, daß der Ackerverkauf den Schatz nicht erfaßte. Es bestehen mithin keine Anhaltspunkte dafür, daß unser Finder den Eigentümer beim Ackerkauf übervorteilt hat. Jeder Dritte hätte den Schatz finden und — *in concreto* vermutlich ohne Ausrufen — behalten können; warum also auch nicht unser Finder?

e) Vollends klar wird sein Handeln, wenn wir nun auf sein Verhältnis zum Eigentümer sehen. Wie allgemein angenommen wird, war er vermutlich Tagelöhner [26]. Dafür spricht nicht allein, daß die Bearbeitung der Felder durch Einsatz von Tagelöhnern sehr häufig war, daß unser Finder offensichtlich mit Wissen des Eigentümers auf dessen Acker arbeitete und daß er so arm war, daß er seine gesamte Habe verkaufen mußte, um den Acker erwerben zu können. Vielmehr wird diese Annahme wesentlich dadurch bestätigt, daß der Handlungsablauf dann sehr gut begreiflich wird. Als Tagelöhner hätte unser Finder nämlich nicht für sich sondern nur für seinen Arbeitgeber, den Ackereigentümer, finden können. Bekannt ist der Fall, in dem eine Platzanweiserin einen Brillantring fand, als sie — wie es ihren Aufgaben entsprach — nach Schluß der Vorstellung den Kinoraum auf liegengebliebene Gegenstände hin durchsah. Der BGH [27] hat hierzu entschieden, « Finder » im Rechtssinne sei der Kinounternehmer, die Platzanweiserin sei nur Besitzdienerin (§ 855 BGB). Besitzdiener erwerben und finden im Rahmen ihres Aufgabenkreises aber allein für den Besitzer. Ebenso ist es beim Schatzfund [28], und ebenso war bereits nach jüdischem Recht zu entscheiden. In drei Stellen der *Gemara* wird auf einen entsprechenden älteren Lehrsatz, der offenbar in die Zeit vor 200 n. Chr. zurückreicht, hingewiesen [29]. Der eine Hinweis lautet (in Goldschmidts Übersetzung): « Raba wandte gegen R. Nahmann ein: Der Fund eines Löhners gehört ihm selber, dies nur dann, wenn der Arbeitgeber zu ihm gesagt hat, daß er heute bei ihm jäte, daß er heute bei ihm grabe, wenn er ihm gesagt hat, daß er heute bei ihm Arbeit verrichte, so gehört der Fund dem Arbeitgeber!? Vielmehr, erwiderte R. Nahmann, das ist kein Einwand, das eine, wenn er es hochgehoben hat, das andere, wenn er es nur angeschaut hat » [30].

Im Zusammenhang des Textes geht es um das Prinzip, daß der Arbeitgeber den Tagelöhner in Geld bezahlen muß und nicht etwa auf Naturalien ausweichen darf. Einschränkungen des Grundsatzes werden jedoch für Fälle vorgesehen, in denen das durch Arbeit Erlangte dem Arbeitgeber nicht gehörte, beispielsweise weil dem Tagelöhner die Arbeit bei einem Dritten zugewiesen war. Raba (3./4. Jhdt.) brachte hierzu den überlieferten Satz zum Fund durch den Tagelöhner ein. Danach wird der Tagelöhner Eigentümer, wenn er nur spezielle Arbeiten vorzunehmen hat, wie Jäten [31] und Graben; denn der Fund liegt außerhalb dieser Aufgaben. Wenn der Aufgabenbereich dagegen ganz weit ist und unspezifiziert die Arbeit für den Arbeitgeber umfaßt, so wird dieser Eigentümer einer während der Arbeit gefundenen Sache.

Demgegenüber hat der Rabbi Nahmann (ben Jakob, 4. Jhdt.) eingeschränkt, daß das Gefundene nur dann ins Eigentum des Arbeitgebers gelange, wenn der Tagelöhner es auch aufgehoben hat, nicht aber wenn er es nur betrachtet (oder: bewacht) hat. Hiermit wird auf einen ganz entscheidenden Punkt hingewiesen: Es bedurfte einer Eigentumserwerbshandlung, und bei Mobilien war die allgemeine Erwerbshandlung das Auf- oder Hochheben der Sache um eine oder drei Handbreiten [32]. Ein Schatz mußte demzufolge im wahrsten Sinne des Wortes « gehoben » werden. Unser Tagelöhner fand den Schatz und verbarg ihn deckte ihn also wieder zu [33]. Wesentlich und kennzeichnend zugleich ist, daß gerade nicht gesagt wird, er habe den Schatz aufgehoben. Der Arbeitgeber wurde damit jedenfalls nicht Eigentümer; der Schatz blieb vorerst herrenlos.

Bemerkenswert ist zudem der zweite *Gemara*-Text, der den Fund durch Tagelöhner behandelt und in dem gleichfalls an den oben [34] bereits wiedergegebenen Grundsatz angeknüpft wird: « Raba wandte gegen R. Nahmann ein: ... wenn er aber zu ihm gesagt hat, daß er heute für ihn arbeite, so gehört der Fund dem Hausherrn!? Dieser erwiderte: Anders verhält es sich bei einem Löhner, dessen Hand der des Hausherrn gleicht. Raba sagte ja aber, ein Löhner könnte sogar in der Mitte des Tages zurücktreten!? Dieser erwiderte: So lange er nicht zurückgetreten ist, gleicht seine Hand der Hand des Hausherrn » [35].

R. Nahmann verwendet das hübsche Bild, daß — modern gesprochen — der Besitzdiener die verlängerte Hand des Besitzers ist, und er stellt klar, daß der Eigentumserwerb für den Besitzer so lange eintritt, wie die Besitzdienerstellung währt. Die Frage Rabas war nämlich dahin gegangen, ob nicht der Tagelöhner, weil er jederzeit (beispielsweise schon zur Mittagszeit) kündigen kann, als so selbständig angesehen werden muß, daß er den Fund für sich erwirbt [36]. Diese Frage ist schon deshalb sehr bemerkenswert, weil sie auf dem Gedanken beruht, der Arbeiter könne ja sogleich aufhören und dann den Fund für sich erwerben — eine offenbar geläufige Vorstellung! Diese Möglichkeit ergab sich aus der Besonderheit des talmudischen Arbeitsrechts, daß Arbeiter ihren Dienst jederzeit quittieren konnten [37].

Ein echter Tagelöhner (poel) machte sich dadurch nicht einmal schadensersatzpflichtig. Im Gegenteil: Hatte er sich beispielsweise für einen Tag zu 8 Zuz verdungen, beendete er zur Mittagszeit das Arbeitsverhältnis, und gelang es dem Arbeitgeber dann, für die zweite Hälfte des Tages noch einen Arbeiter für 3 Zuz zu engagieren, so mußte er den ersparten einen Zuz sogar dem früheren Tagelöhner auskehren! Nur ein Akkordarbeiter (kablan) lief das Risiko, bei vorzeitiger Arbeitsbeendigung die Mehrkosten einer Ersatzkraft tragen zu müssen [38].

4. *a*) Sehen wir unseren Arbeiter also als Tagelöhner an, dann wird seine Handlungsweise voll und ganz begreiflich [39]: Der Schatz gehörte dem Ackereigentümer nicht; auch bestand für ihn kein Erwerbs- oder Anteilsrecht. Der Tagelöhner war nicht verpflichtet, den Schatz für ihn zu ergreifen. Er hebt ihn nicht auf und vermeidet so einen Erwerb seines Arbeitgebers. Vielmehr deckt er ihn wieder zu, bricht sofort seine Arbeit ab, wozu er ohne weiteres berechtigt war, und veräußert all seine Habe, um den Acker kaufen zu können. Auch brauchte er beim Kauf von dem Schatz, der nicht Gegenstand dieses Geschäfts war, nichts zu sagen.

b) Es bleibt dann eine letzte wichtige Frage: Warum kauft unser Finder überhaupt noch den Acker? Jeder Dritte hätte, ohne Eigentümer des Ackers zu sein, den Schatz für sich erwerben können [40]; warum nicht auch unser Finder, der in der Nacht oder am nächsten Tage hätte zurückkehren können [41]? Offenbar erklärt sich seine Handlungsweise dadurch, daß er keine Zeit verlieren will! Er löst sofort sein Vertragsverhältnis, ist somit nicht mehr « verlängerte Hand » seines Arbeitgebers. Unmittelbar darauf verkauft er alle seine Habe und erwirbt sogleich den Acker, um noch zur selben Stunde den Schatz heben zu können. Nur über den raschen Erwerb des Ackers war es ihm möglich, sich den Schatz schnellstens zu sichern. Ohne den Kauf hätte er schwerlich ungestört vom Eigentümer oder etwaigen Tagelöhnern den Schatz noch an demselben Tag heben können; ein anderer hätte ihm zuvorkommen können.

5. Damit stehen wir beim Theologischen. Auf unser Gleichnis folgt direkt das vom Perlenkaufmann. Dabei ist zweifelhaft, ob der Vergleichspunkt im unschätzbaren Wert des Fundes, der den Menschen ganz erfaßt, liegt oder im Ereignis des Entdeckens — zufällig beim armen Tagelöhner, als Ergebnis steten Suchens beim reichen Kaufmann? — oder eher bei dem Handeln des von der Freude überwältigten Finders [42], der alles einsetzt, um das Eine zu erlangen. Immerhin dürfte aber sicher sein, daß beide Entdeckungen, die des Schatzes wie die der Perle, « einmalige Gelegenheiten » [43] sind, die zu nutzen man bereit sein muß, sofort zu handeln und alles einzusetzen. Georg Eichholz [44] hat unter Vorbehalten zur rechtlichen und moralischen Bewertung zum Verhalten unseres Finders resümiert: « In Wirklichkeit handelt er höchst vernünftig, einzig vernünftig. Seine Transaktion hat in jedem Sinn Hand und Fuß. Was ihn beflügelt und den nächsten Tag kaum abwarten läßt, ist die Freude, in der er weiß, was er tut ».

Nach Betrachtung der rechtlichen Zusammenhänge bleibt dies nur zu unterstreichen und dahin zu ergänzen, daß das Handeln zugleich in rechtlicher (wie auch in moralischer) Hinsicht völlig korrekt ist[45]. Zudem wird aus den juristischen Zusammenhängen ein in der theologischen Literatur noch etwas vernachlässigter Aspekt[46] gut faßbar, nämlich das Spontane und das Unverzügliche des Handelns unseres Finders, dem es angesichts der einmaligen Gelegenheit nur noch um das Eine geht — das Himmelreich zu erwerben.

III

Die bösen Weingärtner

1. Als das hinsichtlich der tatsächlichen Situation « schwierigste Gleichnis »[47] gilt das von den « bösen Weingärtnern ». Es ist in vier unterschiedlichen Versionen überliefert, von denen keine frei von Mangeln und Ungewißheiten ist. Die älteste Fassung hat Markus 12.1-9.

Jesus begann, zu ihnen in Form von Gleichnissen zu reden: Ein Mann legte einen Weinberg an, zog ringsherum einen Zaun, hob eine Kelter aus und baute einen Turm. Dann verpachtete er den Weinberg an Winzer und reiste in ein anderes Land. (2) Als nun die Zeit dafür gekommen war, schickte er einen Knecht zu den Winzern, um bei ihnen seinen Anteil an den Früchten des Weinbergs holen zu lassen. (3) Sie aber packten und prügelten ihn und jagten ihn mit leeren Händen fort. (4) Darauf schickte er einen anderen Knecht zu ihnen; auch ihn mißhandelten und beschimpften sie. (5) Als er einen dritten schickte, brachten sie ihn um. Ähnlich ging es vielen anderen; die einen wurden geprügelt, die anderen umgebracht. (6) Schließlich blieb ihm aber nur noch einer: sein geliebter Sohn. Ihn sandte er als letzten zu ihnen, denn er dachte: Vor meinem Sohn werden sie Achtung haben. (7) Die Winzer aber sagten zueinander: Das ist der Erbe. Auf, wir wollen ihn töten, dann gehört sein Erbgut uns. (8) Und sie packten ihn und brachten ihn um und warfen ihn aus dem Weinberg hinaus. (9) Was wird nun der Besitzer des Weinbergs tun? Er wird kommen und die Winzer töten und den Weinberg anderen geben.

Für den heutigen Zeitgenossen ist der Handlungsablauf kaum zu begreifen: Der Herr des Weinbergs, der trotz seiner immer schlechteren Erfahrungen den zweiten, den dritten Knecht und dann sogar den Sohn schickt, « handelt schlechthin wie ein Verrückter »[48]. Oder ein anderes Zitat: Man macht « sich doch Gedanken über den gesunden Menschenverstand des Herrn »[49]. Nicht besser steht es mit der als absurd erscheinenden Hoffnung der Weingärtner, durch die Tötung des Sohnes dessen Erbe zu erlangen.

2. Bei der Interpretation geht man deshalb seit langem davon aus, es handle sich um eine Allegorie[50], bei der die « Bildhälfte » — der

Geschehensablauf — von der « Sachhälfte » — dem eigentlich Gemeinten — her konstruiert worden sei [51]. Eigentlich gemeint seien in der von Jesus in den letzten Tagen in Jerusalem gebildeten Allegorie nämlich mit den Weingärtnern die religiösen Führer der Juden; der Weinberg sei Israel, der Grundherr Gott, die Knechte die Propheten und der Sohn sei Jesus, der den Führern des Volkes ihre Tötungsabsicht entgegenhalte und Gottes Gericht androhe, nämlich die Vertreibung (durch die römische Besatzungsmacht) [52]. Doch soll es hier nicht um diese sehr einleuchtende Deutung gehen, sondern um die « Bildhälfte ». Hierzu neigt man in der neutestamentlichen Wissenschaft erst seit verhältnismäßig wenigen Jahren stärker zu der Annahme, daß den zeitgenössischen Hörern der merkwürdige Handlungsablauf nicht so wirklichkeitsfremd erschienen ist wie uns. Man hat dafür auf die wirtschaftlichen und sozialen Verhältnisse der Zeitenwende aufmerksam gemacht, insbesondere auf die erheblichen Spannungen zwischen den — vielfach in fernen Städten lebenden [53] — Großgrundbesitzern und ihren bedrängten Pächtern. Weiter hat man hingewiesen auf die außerordentliche Bedeutung des Weinbaus, auf die Verarmung und Verschuldung der einfachen Landbevölkerung und auf die Unzuverlässigkeit der gegen ihre Grundherren oft rebellierenden Pächter [54]. Noch besser verständlich wird der konkrete Handlungsablauf freilich, wenn wir auch die juristischen Zusammenhänge zu erschließen versuchen [55].

3. Zuvor bedarf es jedoch einer kurzen Klarstellung zu den wichtigsten Abweichungen unserer vier Textversionen. Bei Markus, den wir zum Ausgang genommen haben, wurde der dritte Knecht bereits getötet [56], bei Lukas (20.9-19) wird er « nur » blutig geschlagen. Nach Matthäus (21.33-41) werden vor dem Sohn nur zweimal Knechte gesandt, allerdings mehrere, und es kommt jedes Mal zu Tötungen. Im Thomas-Evangelium (65) schließlich kommen zwei einzelne Knechte vor, die am Leben bleiben. Überdies wird der Sohn bei Markus innerhalb, bei Lukas und Matthäus außerhalb des Weinbergs getötet; das Thomas-Evangelium hat keine Angabe [57].

4. Hinsichtlich des Verhältnisses zwischen dem Herrn und den Weingärtnern ist davon auszugehen, daß der Herr der Eigentümer des mit viel Sorgfalt eingerichteten Weingartens war. Bei den Weingärtnern handelt es sich offenbar um Kleinpächter, sog. arisim [58]. Dies war die verbreiteteste Form der Pacht, die auch häufig von mehreren Pächtern gemeinsam eingegangen wurde [59]. Ein aris ist dem römischen *colonus partiarius* vergleichbar, also ein Teilpächter, der von der jeweiligen Ernte einen bestimmten Anteil — etwa ein Viertel, ein Drittel oder die Hälfte — qua Pachtzins zu leisten hatte [60].

5. *a*) Ein Weinberg wirft — damals wie noch heute — einen die Aufwendungen kompensierenden Ertrag regelmäßig erst im vierten Jahr

ab; vorher bringt er mithin Verlust. Im Gleichnis heißt es nun, daß der Herr, « als die Zeit gekommen war », einen Knecht schickte, um seinen Anteil an den Früchten holen zu lassen. Wann dies war, ist zweifelhaft. Es könnte das erste oder auch das fünfte Jahr gewesen sein.

b) Im Laufe des ersten Jahres wäre zwar von den Weinstöcken noch keine Ernte zu erwarten. Aber es war allgemein üblich und wurde übrigens auch von den römischen Agrarschriftstellern empfohlen [61], in den Räumen zwischen den Reihen der Rebstöcke andere Pflanzen zu ziehen, etwa Gemüse oder auch Bäume (Oliven, Feigen o.ä.) [62]. Freilich mußten dann erweiterte Mindestabstände zwischen den Rebstöcken (ca. 4 m) eingehalten werden. Geht man von dieser Situation aus, so konnte schon im ersten Jahr ein Anteil verlangt werden, beispielsweise von der Gemüseernte [63].

c) Es ist jedoch zu berücksichtigen, daß ein streng beachtetes Verbot bestand, von jungen Bäumen in den ersten drei Jahren die Früchte zu essen; im vierten Jahr war die Frucht Gott geweiht und damit *extra commercium*. Erst im fünften Jahr war ihr Genuß erlaubt (3. Mos. 23-25) [64]. Auch Weinstöcke waren « Bäume » im Sinne dieses Verbots [65], so daß ihre Früchte erst im fünften Erntejahr der wirtschaftlichen Verwertung zugänglich waren. Dies spricht dafür, daß der erste Knecht auch erst im fünften Jahr geschickt wurde.

6. *a*) Allerdings ergeben sich dann Probleme zu einem für die Einschätzung der « Bildhälfte » ganz entscheidenden Punkt, nämlich dem der Ersitzung: Könnten die Pächter dann nicht schon das Eigentum am Weinberg ersessen haben [66]? Im jüdischen Recht gab es die recht schillernde Figur der Besitzergreifung (« hazakah ») die in einer ihrer Bedeutungen in etwa mit unserer Ersitzung vergleichbar ist. Diese hatte zwei Hauptvoraussetzungen: Erstens mußte der Besitzer das Grundstück drei Jahre lang ohne Unterbrechung genutzt oder — was in kürzerer Zeit möglich war — drei Ernten für sich selbst — also nicht in Anerkennung fremden Eigentums — eingebracht haben, und zweitens mußte er einen Erwerbstitel (Kauf, Schenkung, Erbschaft) geltend machen (nicht aber beweisen) [67]. Im Unterschied zum römischen und zum heutigen Rechte [68] kam es auf die Gutgläubigkeit des Besitzers nicht an! Er ersaß vielmehr gegen den Eigentümer, und der Grundgedanke war, daß der Eigentümer bei jeder Ernte Veranlassung habe, gegen die Benutzungsweise des Besitzers vorzugehen; tue er dies nicht, so verfestige sich die Stellung des Besitzers [69]. Dementsprechend wurde die Berufung auf den Erwerbstitel dann versagt, wenn der Eigentümer formellen Protest eingelegt hatte oder wenn dieser Protest entbehrlich war, weil z. B. schon das Verhalten des Besitzers gegen seine Eigentümerstellung sprach [70].

Nach der *Mischna* ist der Teilpächter allerdings ausdrücklich von der Ersitzung ausgeschlossen [71]. Aber das hat zur Voraussetzung, daß er auch tatsächlich als aris aufgetreten war. Nicht selten werden die arisim sich jedoch zu Eigentümern emanzipiert haben [72]; die Eigentümer waren deshalb stets in Sorge und sehr darauf bedacht, jeweils ihren Ernteanteil zu erhalten, sei er auch noch so gering [73].

b) Die Frage ist nun, wann bei neuangelegten Weinbergen die Ersitzung beginnt. Leider bestehen hierzu viele Ungewißheiten. Gesichert ist immerhin die Lehre des R. Jehuda, daß nicht ersitzt, wer während der ersten drei Jahre von den Früchten eines neuangelegten « Baumfeldes » ißt [74]. Einen Umkehrschluß dahin, daß schon ersitzt, wer während der drei Jahre vom Fruchtgenuß absieht, erlaubt dies allerdings nicht. Denn wer eine fruchttragende Sache drei Jahre innehat, muß daraus auch die reifen Früchte für sich gezogen haben, wenn sein (Ersitzungs-)Besitz Anerkennung finden soll [75]. R. Jehuda hat jedoch die Ersitzung offenbar in dem Fall anerkannt, daß jemand Schößlinge der Weinstöcke in den ersten Jahren geschnitten und verfüttert hatte [76]; er sah hierin folglich keine Früchte im Sinne des Verbots von 3. Mos. 23-25. Dies läßt vermuten, daß er dann auch die Ernte von Gemüse in den Zwischenräumen der Weinstöcke als ersitzungsbegründenden Fruchtgenuß anerkannt hat.

c) Unser Gleichnis sagt zu alldem nichts, und es liegt deshalb näher, vom damals allgemein Üblichen, also von einer Mischbepflanzung, auszugehen. Der erste Knecht dürfte dann schon im ersten Jahr erschienen sein, um den Anteil an der Gemüseernte zu fordern [77]. Doch bleibt sehr zu betonen, daß sich im weiteren nichts Wesentliches ändern würde, wenn wir von ausschließlichem Weinanbau und einem Lauf der Ersitzungsfrist vom vierten Jahr ab ausgingen. Es liegt, wie wir damit erkennen, eine geradezu geniale Vereinfachung darin, den näheren Zeitpunkt offen zu lassen und nur von der « dafür gekommenen Zeit » [78] zu sprechen.

7. *a*) Der erste Knecht wird geprügelt und mit leeren Händen fortgejagt. Ganz Ähnliches können wir einem 259 v. Chr. verfaßten Brief aus den Zenon-Papyri entnehmen. Dort wird vom Schuldner in Galiläa, bei dem zwei Beauftragte für ihren Herrn in Ägypten die Schuld eintreiben sollten, gesagt, er sei « gegen sie handgreiflich geworden und habe sie aus dem Dorfe gejagt » [79]. Vermutlich haben unsere Weingärtner ebenso wie der damalige Schuldner darauf spekuliert, daß der Herr fern sei und es nicht so rasch zum Prozeß kommen lassen werde. Im übrigen war unser « Knecht », wie wir ihn nach dem eingebürgerten Sprachgebrauch bislang bezeichnet haben, in Wirklichkeit ein Sklave (δοῦλος), sei es auch von der besseren Art der Schuldknechte. Als solcher konnte er nur Bote sein; die Forderung des Herrn durchzusetzen war er nicht imstande [80]. Ob die arisim an ihn leisteten, hing insoweit von ihrem guten Willen ab. Diesen brachten sie nicht auf [81].

b) Der Herr sendet den zweiten Knecht. Offenbar geschah dies im zweiten Jahr [82] oder jedenfalls nach der zweiten Ernte — auch hier bleibt das nicht Wesentliche ausgespart. Denn wäre es noch um den Anteil an der ersten Ernte gegangen, dann wäre es wenig sinnvoll, erneut einen

Sklaven zu schicken, der nicht mehr ausrichten könnte als der erste. Vielmehr hätte es sich dann empfohlen, jemanden zu bestellen, der formellen Protest[83] einlegen und einen Prozeß führen könnte.

Freilich wird ein in der Ferne lebender Verpächter in der Regel gezögert haben, einen Prozeß anzustrengen Denn die Rechtspflege ging in den unruhigen Ostprovinzen wohl nicht selten den Weg des geringsten Widerstandes[84], und bei den damaligen Gerichten, den « Kleinen Synhedrien », die mit 23 juristisch meist nicht besonders geschulten Ortsältesten besetzt waren, befanden die Einheimischen sich *de facto* gewiß im Vorteil.

c) Nachdem die Mission auch des zweiten Knechtes an der handgreiflichen Abweisung durch die arisim gescheitert war, schickt der Herr — wenn wir der Markus-Version folgen — den dritten Knecht. Aus den erwähnten Gründen wird es nunmehr um das dritte Jahr oder die dritte Ernte gehen, und noch immer hat der Herr es nicht zum Protest und zum Prozeß kommen lassen. Nicht nur von der Erzähltechnik her sondern auch nach unseren bisherigen Beobachtungen ist das überraschend, hätte doch mit der erfolgreichen Abweisung des dritten Knechts bereits die Ersitzung eingetreten sein müssen! Die Klimax liegt jedoch eindeutig auf dem vierten und letzten Versuch.

8. *a*) Entscheidende Aufhellung ermöglicht jedoch ein Hinweis aus dem Anfangsteil des Gleichnisses: Nach der Einrichtung des Weinbergs reiste der Eigentümer « in ein anderes Land », und es dürfte sich hierbei in der Tat um eine Reise ins Ausland handeln, jedenfalls in weite Ferne[85]. Die « Dreijahres-Regel » für den « Ersitzungsbesitz » galt jedoch grundsätzlich nur in Israel, und sie setzte voraus, daß es dem Eigentümer möglich gewesen war, formellen Protest einzulegen[86]. Die einschlägigen Diskussionen der Rabbinen des 3. Jahrhunderts zeigen einerseits Tendenzen, die Dreijahresfrist auch gegenüber Eigentümern im Ausland anzuwenden[87], und andererseits Bestrebungen, die Ersitzung in Fällen der Unzumutbarkeit eines Protestes auszuschließen. Dabei waren die Protestmöglichkeiten im Laufe der Zeit verbessert worden: Anerkannt wurde der Protest vor Zeugen und sogar der *in absentia*, der also nicht mehr in Anwesenheit des Okkupanten erfolgte. Hingegen war der Protest ursprünglich sehr wahrscheinlich beim Gericht der belegenen Sache anzubringen[88].

Angesichts dessen wird es glaubhaft, daß um die Zeitenwende der im Ausland lebende Eigentümer dadurch begünstigt war, daß der Lauf der Dreijahresfrist gegen ihn erst einsetzte, wenn er von der Anmaßung des Okkupanten erfuhr[89]: Ihm mußte — anders als bei Einheimischen — die Zeit für die erforderliche Anreise zum Gericht zur Frist hinzugerechnet werden. Die Rechtsvergleichung bietet Parallelen: So sah die aus hellenistischen Vorbildern erwachsene römische *longi temporis praescriptio* für die Ersitzung von Provinzialgrundstücken *inter praesentes* eine Frist von zehn Jahren vor, *inter absentes* — wenn Besitzer und Eigentümer nicht in derselben Gemeinde wohnten — betrug die Frist dagegen 20 Jahre[90].

b) Damit wird die Handlung verständlich; der vierte Appell an die Weingärtner wird wahrlich der entscheidende! Zwar nimmt man in der Literatur verschiedentlich an, in der Urform des Gleichnisses habe es keinen dritten Knecht gegeben; vielmehr sei als dritter der Sohn geschickt worden[91]. Verwiesen wird dafür — außer auf die jüngeren Überlieferungen bei Matthäus und im Thomas-Evangelium — vor allem auf die Verletzung der volkstümlichen Stilregel der Dreiheit (« règle de tri »), die Jesus sonst in seinen Gleichnissen einhalte. Aber wir haben es hier mit dem einzigen Gleichnis zu tun, in dem Jesus — zumal an den letzten Tagen — sich und seine Bestimmung zum Thema der « Sachhälfte » macht. Deshalb muß es als geradezu signifikant erscheinen, daß er auch durch den überraschenden Ausbruch aus der Regel des Erzählstils augenfällig macht, daß von einem Geschehen die Rede ist, das alle bisherigen Kategorien sprengt. Und das verwendete Bild vermag, wie wir aus den juristischen Zusammenhängen erschlossen haben, den viermaligen Appell voll und ganz zu tragen! Deshalb sollten wir diese in der Tat meisterhafte Verknüpfung der Sachhälfte mit dem Bild des unrechten Versuchs, über eine Ersitzung das Eigentum, also die umfassende Herrschaft am Weinberg zu erlangen, getreu der Überlieferung Jesus zuschreiben und nicht bei einem Anonymus der Traditionsgeschichte vor Markus suchen. Matthäus wird dieser Aspekt mitsamt der juristischen Seite nicht gegenwärtig gewesen sein.

9. *a*) An vierter Stelle also schickt der Herr seinen eigenen Sohn. Seine Erwägung: « Vor ihm werden sie Achtung haben », ist vor dem gesellschaftlichen wie auch vor dem rechtlichen Hintergrund verständlich. Denn der Sohn war imstande, formellen Protest vor Zeugen einzulegen[92], und er konnte Klage gegen die Weingärtner erheben. Allerdings gab es, wie oben bereits angedeutet wurde, keine Einziehungsermächtigung und auch keine Einziehungsvollmacht. Nur ein Forderungsinhaber konnte seinerzeit die Forderung rechtlich durchsetzen. Sollte ein anderer dies übernehmen, so mußte ihm die Inhaberschaft zumindest teilweise übertragen werden[93]. Wollte der Herr nicht selbst tätig werden, so drängte es sich auf, den Sohn handeln zu lassen.

b) Von daher eröffnet sich auch der Zugang zu der erstaunlichen Erwartung, die von den arisim gehegt wird: « Das ist der Erbe. Auf, wir wollen ihn töten, dann gehört sein Erbgut uns! » Markus verwendet die Worte κληρονόμος und κληρονομία, was in erster Linie « Erbe » und « Erbschaft » heißt, aber auch allgemeiner « Erwerber » und « Besitztum » bedeuten kann[94]. Wenn die Weingärtner davon ausgingen, der Sohn werde die Forderungen eintreiben, so mußte er ihnen hinsichtlich des Weinbergs und der Forderungen[95] als der zumindest anteilig Berechtigte erscheinen, folglich als « Erwerber » nach dem Vater, als Rechtsnachfolger. Wenn sie ihn mundtot machten, konnte es zu Protest und

Prozeß nicht kommen, und die Ersitzungsfrist würde ablaufen, ehe der ferne Vater (dann als Erbe des Sohnes) noch eingreifen könnte [96]. Aber auch, wenn wir die erwähnten Begriffe enger als Erbe und Erbschaft verstehen müßten, ließe sich annehmen, daß die Winzer den augenblicklich vielleicht nur zu einem Bruchteil berechtigten Sohn als den künftigen Erben ansehen, dessen (späteres) Erbe, soweit es um den Weinberg geht, sie schon jetzt an sich reißen könnten, wenn sie für einen protestfreien Ablauf der Ersitzungsfrist sorgten.

10. Die — juristisch gesehen — letzte Frage mag dahin gehen, ob der Herr denn rechtens handelte, wenn er kam und die Pächter tötete. Dazu steht fest, daß ein Eigentümer auch auf sehr gewalttätige Weise Selbsthilfe üben durfte. In der *Gemara* wird erörtert, daß man sein Recht selbst in die Hand nehmen, dem anderen die Zähne einschlagen und dabei erklären könne: « Ich ergreife Besitz von dem, was mein ist » [97]. Und aus den Papyri kennen wir Vertragsklauseln, nach denen die Pächter bei Verletzung ihrer Vertragspflichten vom Pachtland vertrieben und bisweilen sogar gefangengesetzt werden durften [98]. Auch insoweit erscheint das Bild somit vom Juristischen her als passend.

11. Nach alldem muß die vielbeanstandete « Bildhälfte » unseres Gleichnisses in der Markus-Überlieferung in anderem Licht erscheinen. Es ist nicht so, daß der Vergleich mit der Wirklichkeit negativ ausfalle; das Bild ist vielmehr durchaus real [99]. In seinem sich dramatisch steigernden Aufbau und in seiner Verknüpfung von bildlichem und sachlich gemeintem Geschehen zeugt es von vollendeter Meisterschaft. Der Gedanke, über den besonderen Fall einer Ersitzung gegen den im Ausland lebenden Eigentümer juristisch treffend und plausibel einen sogar viermaligen Appell an die bösen Weingärtner zu schildern und damit die nahezu unbegreifliche Langmut des Herrn gegenüber den Führern Israels zu verbildlichen, muß uns als wahrlich meisterhaft erscheinen; er bestätigt zugleich, was schon beim « Schatz im Acker » deutlich wurde, nämlich wie vollkommen Jesus die Lehre beherrschte.

IV

Schlussbemerkung

Der Ertrag braucht nicht aufgelistet zu werden. Es dürfte sich erwiesen haben, daß über die Einbeziehung juristischer Hintergründe Bedenken gegenüber Ablauf und Bewertung der berichteten Handlungen aufgelöst und vielleicht nicht ganz unbeachtliche Verständnishilfen gewonnen werden können. Man wird eine Erkenntnis von Gustave Flaubert unterschreiben können: « Wenig Wissen entfernt vom Glauben, viel führt zum Glauben zurück ».

Bonn. Rolf Knütel

1. Erstveröffentlichung in *Juristische Schulung* 26 (1986) 950 ff. - Es handelt sich um Teile aus gelegentlich gehaltenen Vorträgen. Hinweise auf heutiges Recht sollen als Verständnishilfe dienen. Aus Vereinfachungsgründen ist die *Einheitsübersetzung zum Neuen Testament* (1980) zugrunde gelegt. Für die Literatur ist in erster Linie hinzuweisen auf die grundlegenden Exegesen von Derrett, *Law in the New Testament* (London 1970) 1 ff., 286 ff. Nur mit Verfassernamen werden außerdem angeführt: Ben-David, *Talmudische Ökonomie* I (Hildesheim/New York 1974); Eichholz, *Gleichnisse der Evangelien* (1971); Hengel, *Ztschr. f. neutestamentliche Wissenschaft* 59 (1968) 1 ff.; Herzog, *The Main Institutions of Jewish Law*[2] I (*Property*), II (*Obligations*) (London 1965/80); Horowitz, *The Spirit of Jewish Law* (New York Repr. 1973); Jeremias, *Die Gleichnisse Jesu*[9] (1977); Jülicher, *Die Gleichnisreden Jesu* II (1899); Linnemann, *Gleichnisse Jesu*[6] (1975); Snodgrass, *The Parable of the Wicked Tenants* (1983). 2. Zitierweise : M = *Mischna*; die einzelnen Traktate des babylonischen *Talmuds* werden nur bei erstmaligem Zitat vollständig genannt, zugleich unter Hinweis auf die Fundstelle in der deutschen Übersetzung von Goldschmidt, *Der Babylonische Talmud*, XII Bde. (1929-36 [= Gs.]) und in der wichtigeren von Epstein in der Soncino Press herausgegebenen englischen, *The Soncino Talmud*, XVIII Bde. (London 1935-52 [= Sonc.]). Einführungen: R. Mayer, *Der Babylonische Talmud* (4. u. spät. Aufl., 1978); Stemberger, *Der Talmud* (1982) sowie bei Horowitz (o. Fußn. 1) 1 ff. 3. Verwildert auch im (1945 entdeckten) Thomas-Evangelium, Log. 109 bzw. 76 (hrsg. von Guillaumont u. a. 1959). Vergleichbares Glück wünscht sich Horaz, *Satirae* II 6.10. 4. So schon der « Vater des Natur- und des Völkerrechts », Hugo Grotius (1583-1645), *De iure belli ac pacis libri III* (Ausgabe Amsterdam 1712) II 8.7; Pufendorf, *De jure naturae et gentium libri VIII* (Ausgabe Frankfurt-Leipzig 1779) V 3.3, 229 (keine Aufklärungspflicht des Käufers) sowie etwa Hill, *Treasure Trove in Law and Practice* (Oxford 1936, Nachdr 1980) 2; Rotondi, *Scritti giuridici* III (Mailand 1922) 345 Fußn. 2; Kreller, *Grundlehren des Gemeinen Rechts* (Wien 1950) 193; Dauvillier, *RIDA.* 4 (1957) 111, 113, 115; Nörr, *ZSS.* (*Rom. Abt.*) 78 (1961) 129, auch Mayer-Maly, *Studies in Justinian's Institutes in Memory of J. A. C. Thomas* (London 1983) 112. 5. Dabei ist auffällig, daß die Juristen auf das ihnen bestens bekannte Gleichnis nicht hinweisen, sondern den Schatzfund nach Übereignung an den Käufer als Fall für sich erörtern, s. nur Alciat (1492-1550), *Parergon libri XII* (*Opera omnia* IV [1617]) VII cap. 1 c. 393; Cujaz (1522-90), *Op. omnia* VII (Prato 1839) c. 559 (*ad* D. 6.1.67). 6. So Barbeyrac und Hertius zu Pufendorf (o. Fußn. 4), 229 Fußn. a bzw. b (also nicht mitverkauft, also auch keine *laesio enormis*). 7. S. nur Endemann, *Lehrb. d. Bürgerl. Rechts* II/1[8/9] (1905) 574. Daher keine Geltung der §§ 953, 93, 946, 94 BGB etc. 8. S. 197, entsprechend Eichholz (o. Fußn. 1) 117. 9. S. 104. Noch extremer etwa J. Dupont, *New Test. Studies* 14 (1967/68)

413 Fußn. 2 (« les questions ... sont évidemment sans importance »). 10. Doch ist gerade die erwartete Billigung des Verhaltens durch die Zuhörer wesentlich, s. nur Dupont (o. Fußn. 9) 414, 415 f. 11. S. dazu auch Eichholz (o. Fußn. 1) 113 f. m. w. Nachw. 12. Baba Mezia (= Bm) II 1, 2 (M), 21 b, 23 a, 25 a = Gs. 494, 496 f., 501 f., 509 ff. = Sonc. 130, 132 f., 141 f., 155 f. 13. Bm 28 b = Gs. 523 = Sonc. 176; Horowitz (o. Fußn. 1) 361. 14. Bm II 2 (M), 25 a = Gs. 509 ff. = Sonc. 155 ff. 15. Wenn er nicht sogar von den Amoritern, den vorisraelitischen Einwohnern, stammte, was eine Ausrufung entbehrlich machte, arg. Bm 25 b = Gs. 513 = Sonc. 160, vgl. Derrett (o. Fußn. 1) 7. 16. MBm II 3.1-2, 4 = Gs. 511 ff. = Sonc. 158 ff. 17. S. Derrett (o. Fußn. 1) 8. Ersitzung (nur bei Grundstücken, s. Horowitz [o. Fußn. 1] 346 f.) scheidet auch deshalb aus, weil man nicht besitzt, was man nicht kennt. Vgl. auch D. 41.2.3.3: *Is enim qui nescit non possidet thesaurum, quamvis fundum possideat.* 18. Kidduschin (= Kid) I 3 (M) und 26 b = Gs. 591, 593 f. = Sonc. 124, 127 f.; darauf stützen sich Dauvillier (o. Fußn. 4) 111 ff., und Jeremias (o. Fußn. 1) 198 Fußn. 1. 19. Z. B. einer Türschwelle, Baba kamma (= Bk) 104 b = Gs. 359 f. = Sonc. 605. 20. S. dazu Horowitz (o. Fußn. 1) 350 ff., s. auch 344 f.; zu den anderen Übereignungsformen ebda. 359 ff., 348 ff. 21. Heck, *SachenR.* (1930) 271; « Anwartschaft » erst ab Entdeckung, Wolff-Raiser, *SachenR.* (10. Bearb., 1957) 317. 22. Inst. 2.1.39. 23. S. Horowitz (o. Fußn. 1) 365 f.; Herzog, II (o. Fußn. 1) 122. 24. Maimonides, *Code* (= Mischneh Torah) XII/1 (Transl. I. Klein) (New Haven 1955^2) c. XXII, 79 f.; Horowitz (o. Fußn. 1) 363; Herzog II (o. Fußn. 1) 61, 65 f.; Derrett (o. Fußn. 1) 8 m. Fußn. 2. Daher z. B. kein wirksamer Verkauf der künftigen Ernte. 25. Baba batra (= Bb) IV 1-2; 8-9 (M) = Gs. 176 ff., 192 f. = Sonc. 247 ff., 273. Anders, wenn mit der Klausel « vom Abgrunde des Erdbodens bis zur Höhe des Himmels » verkauft ist. Vgl. auch Ben-David (o. Fußn. 1) 199 f. 26. So z. B. Jülicher (o. Fußn. 1) 582; Dauvillier (o. Fußn. 4) 107; Derrett (o. Fußn. 1) 9 f., 13 (m. w. Abgrenzungen); Linnemann (o. Fußn. 1) 104 m. Fußn. 2; Eichholz (o. Fußn. 1) 115 f., vgl. auch Jeremias (o. Fußn. 1) 197. 27. BGHZ 8, 130 = NJW 6 (1953) 419 f., Wolff-Raiser (o. Fußn. 21) 306 Fußn. 7. 28. RGZ 70, 308 (310 f.) = JW (1909) 191 f.; OLG Hamburg, SeuffA 60 Nr. 171 S. 323 ff. Vgl. auch § 401 S. 2 ABGB und § 93 I 9 ALR. 29. Eine Baraita. S. außer den sogleich (Fußn. 30, 35) genannten Stellen Bm 12 b = Gs. 464 = Sonc. 69. 30. Bm 118 a = Gs. 858 = Sonc. 670 f. 31. Die Unkrautvernichtung war von erheblicher Bedeutung, Prenzel, *Über die Pacht im antiken hebräischen Recht* (1971) 20. 32. Bb 76 a, b; 86 a = Gs. 214 ff., 239 ff. = Sonc. 306 ff., 350 sowie z. B. Kid. 22 b (R. Simon: « durch Hochheben erwirbt man immer »), 25 b (R. Zera: « Hochheben bei einem Elefanten dadurch, daß man ihm vier Gegenstände unter die Füße legt ») pass. = Gs. 581, 591 = Sonc. 109, 124; weitere

bei Derrett (o. Fußn. 1) 6 Fn. 2; s. auch Herzog I (o. Fußn. 1) 163, 177 f.; Horowitz (o. Fußn. 1) 349. Wo dies nicht möglich oder üblich war, mußte der Erwerber die Sache (auf seinem Grundstück) an sich ziehen oder sie mußte vom Veräußerer dem Erwerber auf öffentlichem oder in dritter Hand befindlichem Grund abgeliefert werden. 33. Die Einheitsübersetzung « grub ihn aber wieder ein » geht deshalb fehl, κρύπτειν heißt verbergen, nicht vergraben (κατορύττειν). 34. Zu Fußn. 29. 35. Bm 10 a = Gs. 456 = Sonc. 52 f. 36. Vgl. Daiches zu Bm 10 a Sonc. S. 53 Fn. 4. 37. Abgeleitet aus 3. Mos. 25.55: « Denn die Kinder Israel sind meine Knechte » (also nicht Knechte von Knechten), Bm 10 a = Gs. 456 = Sonc. 53. S. dazu Horowitz (o. Fußn. 1) 536 f.; Herzog II (o. Fußn. 1) 173. 38. Bis zur Höhe seines vereinbarten Entgelts. S. Horowitz und Herzog (beide o. Fußn. 37). Eine Übersicht über die verschiedenen Arten von Arbeitern und Pächtern gibt Ben-David (o. Fußn. 1) 60. 39. Auch dann, wenn er Akkordarbeiter gewesen sein sollte. 40. S. o. nach Fußn. 25. 41. Derrett (o. Fußn. 1) 12 denkt daran, daß der Finder als Ackereigentümer eine faktisch sicherere Position an dem Schatz erlangte und bei dessen Verwertung nicht auf Schwierigkeiten stieß. 42. Worauf insbesondere Jeremias (o. Fußn. 1) 199 hingewiesen hat; dem folgen Linnemann (o. Fußn. 1) 105 f. (s. o. II 2); Dupont (o. Fußn. 9) 414 f.; Eichholz (o. Fußn. 1) 118 f. 43. Linnemann (o. Fußn. 1) 106 ff.; zust. Dupont (o. Fußn. 9) 114. 44. S. 119 m. S. 117. 45. Womit einer Deutung als « Groteske » (« noch einer, der unrecht handelt, kann euch lehren, wie es um Gottes Herrschaft bestellt ist », so Schniewind, *Das Evangelium nach Matthäus*[11] [1964] 112) der Boden entzogen ist. 46. S. freilich Jülicher (o. Fußn. 1) 584 (« gewiss sofort »). 47. Dodd, *The Parables of the Kingdom* (Welwyn 1935, Repr. 1958) 124. 48. So Hirsch, *Frühgeschichte des Evangeliums*[2] I (1951) 129. 49. Schoedel, in: Harnisch (Hrsg.), *Gleichnisse Jesu* (1982) 388; s. z. B. noch Kümmel, in *Aux sources de la tradition chrét.* (*Mél. M M. Goguel*) (Neuchâtel-Paris 1950) 123 (« psychologisch unverständlich »). 50. Die verhüllend anderes sagt als die Wahrheit, die sie meint, s. (zur Abgrenzung von Gleichnis und Parabel, die einen typischen Zustand/Vorgang bzw. einen interessanten Einzelfall erzählen, um zu überzeugen) nur Linnemann (o. Fußn. 1) 13, 15 f. (bei den Weingärtnern freilich für Parabel, S. 17). 51. S. etwa Jülicher (o. Fußn. 1) 402 f.; Kümmel (o. Fußn. 49) 124, 128 m. w. Nachw. 52. S. nur (ungeachtet der Abweichungen) Jülicher (o. Fußn. 1) 385 ff., 402 ff.; Dodd (o. Fußn. 47) 126 ff.; Jeremias (o. Fußn. 1) 68, 74 f.; Hengel (o. Fußn. 1) 34, 37 f.; krit. jedoch Snodgrass (o. Fußn. 1) 74 f., 97 passim. 53. Wie etwa der jüdische Historiker Flavius Josephus (37-ca. 95 n. Chr.), der in leitender Staatsstellung in Galiläa tätig war und später ständig in Rom lebte. 54. S. Dodd (o. Fußn. 47) 125 f.; Jeremias (o. Fußn. 1) 72, 73 m. Fußn. 1 und besonders eingehend Hengel (o. Fußn. 1) 19 ff., zugleich (12 ff., 25 ff.) mit Auswertung der anschauliche Parallelen bietenden Zenon-Papyri (PSI 6 [1920] n. 594, aus 261-246 v. Chr.), Snodgrass (o. Fußn. 1) 35 ff. 55. Dazu insb. Derret (o. Fußn. 1) 286 ff. (Erstveröffentlichung in *RIDA*. 10 [1963] 11 ff.) sowie Bammel, *RIDA*. 6 (1959) 11 ff. Wenig sachnah sind die juristischen Bemerkungen bei Dombois, *NZschr. f. Syst. Theol. u. Rel-Phil.* 8 (1966) 361 ff. 56. Und — was nach einem Zusatz aussieht (vgl. Jeremias [o. Fußn. 1] 69) — « viele andere » (5 b). 57. Näheres zu diesen und weiteren Abweichungen etwa bei Jülicher (o. Fußn. 1) 385 ff.; Léon-Dufour, *Sciences Eccl.* 17 (1965) 365 ff.; Dehandschutter, *Bibl. Eph. Theol. Lovaniens.* 34 (1974) 203 ff. (Thomas-Evangelium von Lukas abhängig). 58. Strack-Billerbeck *Das Evangelium nach Matthäus erläutert aus Talmud und Midrasch* I^7 (1978) 869, 871 f.; Nörr (o. Fußn. 1) 131 f.; Derrett (o. Fußn. 1) 291, zust. Hengel (o. Fußn. 1) 11 Fußn. 41; s. auch Dombois (o. Fußn. 55) und Prenzel (o. Fußn. 31) 5 Fußn. 2 (63). 59. Vor allem bei Großgrundbesitz, vgl. Hengel (o. Fußn. 1) 17 (mit rabbinischen Gleichnissen); Ben-David (o. Fußn. 1) 62 f. 60. Horowitz (o. Fußn. 1) 335; Ben-David (o. Fußn. 1) 63 f. Anders der hoker (von vornherein bestimmte Fruchtmenge) und der soker (Zins in Geld), beides Pächter größerer Ländereien. 61. Columella, *De re rustica* V 6.11; *de arboribus* XVI 2. 62. Vgl. etwa Lukas 13.6-9 sowie Strack-Billerbeck (o. Fußn. 58) 873 (f. g.) 875; Dalmann, *Arbeit und Sitte in Palästina* IV (1935) 315 f., 327 f.; Ben-David (o. Fußn. 1) 108 f.; Herrmann, *Studien zur Bodenpacht im Recht der graeco-ägyptischen Papyri* (1958) 73. 63. Strack-Billerbeck (o. Fußn. 58) 872, 875; Derrett (o. Fußn. 1) 295 ff. 64. Vgl. Derrett (o. Fußn. 1) 290. 65. Vgl. Pea VII 3-7, insb. 6 = Gs. 305 = Sonc. 37 ff. 66. Darauf hat vor allem Derrett (o. Fußn. 1) 296 abgestellt, krit. dazu Piattelli, *Iura* 23 (1972) 138 f.; Snodgrass (o. Fußn. 1) 38 Fn. 33. 67. Hauptquelle: Bb III 28 a und ff. = Gs. 104 ff. = Sonc. 138 ff. S. Kohler, *Zschr. Rvgl.* 20 (1907) 205; Horowitz (o. Fußn. 1) 328 f., 346 ff.; Herzog (o. Fußn. 1) 226, 228 ff.; Sperber, *RIDA*. 19 (1972) 32 ff., 40 f. Zu vierteljährlich möglichen Ernten war kontrovers, ob die Mindestfrist 18 oder 14 Monate betrug; bei einem « Baumfeld » mit 3 verschiedenen Früchten genügte sogar ein Jahr. 68. § 937, doch s. die Einschränkungen bei Grundstücken, §§ 900, 927 BGB. 69. Länger als drei Jahre brauchten Urkunden nicht aufbewahrt zu werden, Bb 29 a = Gs. 107 = Sonc. 142. 70. Vgl. u. Fußn. 75. 71. MBb III 3 = Gs. 133 = Sonc. 181. Zum Streit um die Tragweite dieses Ausschlusses unter den Rabbinen s. Sperber (o. Fußn. 67) 36 f. (zu Bb 3.5 des pal. Talmuds). 72. Dies ist häufig Gegenstand der Betrachtung, vgl. Bb 46 b = Gs. 142 f. = Sonc. 195 f. (Pächter setzt eigenmächtig Unterpächter für sich ein); Bb 35 b = Gs. 119 = Sonc. 159; 40 b (!) = Gs. 129 = Sonc. 174; Bm 110 a = Gs. 828 f. = Sonc. 628 f. S. Derrett (o. Fußn. 1) 300 f. m. w. Nachw.; Snodgrass (o. Fußn. 1) 38, auch Bammel (o. Fußn. 1) 14. 73. Vgl. u. Fußn. 80 (2 Feigen). 74. Bb

36 a = Gs. 120 = Sonc. 160, vgl. Kethuboth (= Keth.) 80 a = Gs. 257 (mißverständlich) = Sonc. 503. Dazu Fn. 75. 75. Grundsätzlich keine Anerkennung bei Aberntung unreifer Früchte, weil dies Mangel des Eigentums indiziert, Bb 36 a (o. Fußn. 74). 76. Keth. 80 a (o. Fußn. 74): Der Mann kann Ersatz für Verwendungen auf das (für ihn nicht ersitzbare) Frauengut nur dann verlangen, wenn er aus diesem keinerlei Nutzung gezogen hat (M. Keth. VIII 5.2 = Gs. 256 f. = Sonc. 502). Darin, daß R. Jehuda zu den Nutzungen in diesem Sinne auch die in den ersten Jahren verfütterten Schößlinge rechnet, sieht die *Gemara* eine Bestätigung seines Grundprinzips zur Ersitzung. Vgl. Slotji, Sonc. 503 i. d. Anm. 77. S. Derrett (o. Fußn. 1) 295 f.; für 5. Jahr Piattelli (o. Fußn. 66) 138 f. 78. So Markus und Lukas (τῷ καιρῷ): « Erntezeit » bei Matthäus. 79. Zenon-Pap. Bd. 1 (1925, ed. C. C. Edgar) Nr. 5908, s. Hengel (o. Fußn. 1) 26. 80. In der Parabel vom Priester mit dem Feigengarten weigert sich der Pächter, dem Diener des Priesters die verlangten zwei Feigen zu geben: « Wer ist der Eigentümer dieses Gartens? Geh zurück an deine Arbeit! ». Midrasch Rabbah, *Exodus* XV 19 (ed. Sonc. [1983^3] 184). Vgl. auch M. Schebuot IV 12 = Gs. 343 = Sonc. 201 (keine Fähigkeit, Zeugen zu laden). S. auch Bammel (o. Fußn. 55) 5. 81. Daß sie möglicherweise Gegenansprüche hatten, weil Verpächter bisweilen Ausgleich zahlten, solange das Land keinen Gewinn abwarf (so Derrett [o. Fußn. 1] 292, 297 f.), ist kaum anzunehmen; ihr Handeln erscheint von Anbeginn an als Unrecht. Vgl. Léon-Dufour (o. Fußn. 57) 376; Snodgrass S. 38 Fn. 33. 82. Derrett (o. Fußn. 1) 298. 83. Vgl. dazu o. bei Fußn. 69. 84. Hengel (o. Fußn. 1) 26; Snodgrass (o. Fußn. 1) 36 f. 85. Mk. 12.1: καὶ ἀπεδήμησεν; für « Ausland » etwa Jeremias (o. Fußn. 1) 73, Hengel (o. Fußn. 1) 21, vgl. auch Jülicher (o. Fußn. 1) 388; Kümmel (o. Fußn. 49) 122 Fußn. 110. 86. Bb 38 a - 40 b = Gs. 124 ff. = Sonc. 167 ff.; Horowitz (o. Fußn. 1) 347; Sperber (o. Fußn. 67) 33 ff. Z. B. nicht bei Unterbrechung der Verkehrswege. 87. MBb III 2 (R. Jehuda zu Spanien) = Gs. 124 = Sonc. 167. 88. S. Sperber (o. Fußn. 67) 39 m. Nachw. (Gulak). 89. So Derret (o. Fußn. 1) 301 f. (« privilege of notice »). 90. Kaser, *Das Röm. PrivatR.* I (1971^2) 424 f. m. Quellen. S. auch Derrett (o. Fußn. 1) 301 f. m. Hinweis auf indisches Recht. Vgl. zum langobardischen Recht das *Ed. Rothari* C. 227 (v. 643) (5 Jahre *inter praesentes*). 91. Dodd (o. Fußn. 47) 129; Hengel (o. Fußn. 1) 6 m. w. Nachw., 8 f., 27, 30. Glaubhaft ist allerdings die Annahme, Mk. 12.5 b sei spätere Zutat (o. Fußn. 56), allgemeiner Unechtheitsverdacht bei Jülicher (o. Fußn. 1) 406; krit. Kümmel (o. Fußn. 49) 122 f. m. Fußn. 12, 124 f. (dazu o. Fußn. 51). 92. Mit der Erklärung: « Jener ist ein Räuber, denn er hält mein Grundstück in räuberischer Art, und morgen will ich ihn vor Gericht fordern », Bb 38 b - 39 a, b = Gs. 126 = Sonc. 169, vgl. Derrett (o. Fußn. 1) 302, Hengel (o. Fußn. 1) 30 m. Fußn. 97; Snodgrass (o. Fußn. 1) 37. 93. Bk 70 a (Formel: « Geh, prozessiere, gewinne

und ziehe für dich ein! ») = Gs. 240 = Sonc. 402; Bk. 104 b = Gs. 359 f. = Sonc. 605; Horowitz (o. Fußn. 1) 546 f.; Derrett (o. Fußn. 1) 303, 306; Snodgrass (o. Fußn. 1) 37. 94. Vgl. Bammel (o. Fußn. 55) 13 Fn. 10; Nörr (o. Fußn. 4) 125 Fn. 170; Derrett (o. Fußn. 1) 306; Snodgrass (o. Fußn. 1) 39. 95. Vgl. dazu o. bei Fußn. 18. Der Übertragung mittels Grundstücks (und mitsamt diesem) waren auch Forderungen zugänglich, Bk 104 b = Gs. 360 = Sonc. 605. 96. Vgl. Nörr (o. Fußn. 4) 125 Fn. 170; Derrett (o. Fußn. 1) 306. 97. Bk 27 b = Gs. 91 f. = Sonc. 145. 98. BGU 1121 (v. 5 v. Chr.); P. Mur. 24 (133 n. Chr.), w. bei Herrmann (o. Fußn. 62) 149 f. 99. Derrett (o. Fußn. 1) 308; Snodgrass (o. Fußn. 1) 37, anders etwa Linnemann (o. Fußn. 1) 37, und die o. Fußn. 48, 49, 51 Nachgewiesenen. [R. K.]

Christliche Zahlensymbolik im Digestenplan*

I. Daß es 50 Bücher an der Zahl sind, die die Digesten ausmachen, erscheint uns Heutigen, die wir im Dezimalsystem aufgewachsen sind, als eine dem Werk gut anstehende runde Summe. Daß aber das 50. Buch mit einem 17. Titel endet, will zu diesem Eindruck nicht recht passen, zumal da gerade dieser 17. Titel von seinem Inhalt her ganz den Anschein erweckt, daß er einen krönenden Abschluß bildet. Daß überdies Justinian selbst bekundet:

> Et in septem partes eos (sc. quinquaginta libros) digessimus, non perperam neque sine ratione, sed in numerorum naturam et artem respicientes et consentaneam eis divisionem partium conficientes (c. Tanta § 1 i. f.)[1]),

muß die Neugier wecken, von welcher Zahlenmystik oder -symbolik der Kaiser sich hat leiten lassen.

II. Schon Duaren hat gemeint, der Hinweis beruhe auf dem alten Aberglauben, nach der die Sieben etwas Göttliches und Heiliges habe[2]); Spangenberg ist dem gefolgt[3]).

Franz Hofmann hat in einer etwas einläßlicheren Studie daran anknüpfend und zugleich unter Einbeziehung der Zahlen 3, 4, 12 und 50, die von Justinian gleichfalls mit Vorliebe genannt werden, die Auffassung vertreten, es sei hier neupythagoreische Zahlenmystik im Spiele[4]).

In unserem Jahrhundert hat die Frage wenig Aufmerksamkeit auf sich gezogen. V. Sinaiski[5]) hat versucht, die Zahlen der Bücher in Justinians Digesten aus den Beziehungen zum Kalender zu deuten. B. H. Stolte hat bei der Darlegung seiner Ansicht, die *partes* hätten nur zu Unterrichtszwecken gedient, aber zugleich die Einheiten gebildet, in denen die jeweilige Vervielfältigung des Textes vonstatten gegangen sei, Justinians Hinweis auf die *numerorum natura et ars* offengelassen[6]).

III. Man wird Justinians auffälliger Erklärung, er habe sich von der *numerorum natura et ars/ἀρμονία* leiten lassen, Glauben schenken dürfen. So, wie er sein Werk selbst immer wieder als vollkommen lobt[7]), scheint er mit seinem Hinweis auf die Zahlen auf gewisse Harmonie- und Vollkommenheitsvorstellungen anzuspie-

---

*) Zeitschrift der Savigny-Stiftung für Rechtsgeschichte, Romanistische Abteilung 113 (1996) 422–430.

[1]) Entsprechend c. *Δέδωκεν* § 1 i. f.: *καὶ εἰς ἑπτὰ τοῦτο διαθέμενοι πραγματείας, καὶ τοῦτο οὐ παρέργως, ἀλλὰ τῆς τῶν ἀριθμῶν φύσεώς τε καὶ ἁρμονίας στοχασάμενοι.*

[2]) Omnia quae quidem hactenus edita fuerunt Opera, Frankfurt 1607, S. 2 (in primam partem Pand. enarratio meth. c. 3). Weitere ältere Erklärungsversuche (Drosäus; Gendräus) bei Bluhme, Zschr. f. geschichtl. Rechtswissenschaft 4 (1818) 357f. Fn. 8, der von einer eigenen Deutung absieht (S. 364).

[3]) Einleitung in das Römisch-Justinianische Rechtsbuch, 1817, S. 44f.

[4]) Zschr. f. Rechtsgeschichte 11 (1873) 340–351 (343). Im folgenden zit.: Hofmann.

[5]) St. Albertoni 1, 1935, S. 179ff.; skeptisch dazu Wenger, Die Quellen des röm. Rechts, 1953, S. 581 Fn. 41 sowie Scheltema, in: Vrijdheid en recht, Opstellen aangeb. E. H. s'Jacob, 1975, 227, 231, der einen Zusammenhang mit einer Planung auf Justinians 50. Geburtstag am 11. 5. 532 für denkbar hält (S. 233).

[6]) Subseciva Groningana 1 (1984) 69ff., 73: Whatever that may be. – Vgl. noch die Lit.-Hinweise bei Wenger (o. Fn. 5) 581 Fn. 41 und die Bemerkung bei R. Zimmermann, The Law of Obligations, 1990, S. 15 Fn. 79.

[7]) Vgl. etwa c. Omnem pr., 2, 11; c. Tanta § 8c.

len. Was nun den unmittelbaren Zusammenhang angeht, in dem er seinen Hinweis gibt, so wird die Gliederung der Digesten in sieben Teile des näheren in den Konstitutionen *Δέδωκεν* (§§ 2–8 c) und Tanta (§§ 2–8 c) dargelegt. Daraus ergibt sich folgendes Bild:

pars I	(πρῶτα)	libri 1–4 = 4 Bücher
pars II	(de iudiciis)	libri 5–11 = 7 Bücher
pars III	(de rebus)[8])	libri 12–19 = 8 Bücher
pars IV	[10 singularium libri]	libri 20–27 = 8 Bücher
pars V	[7 de legatis et fideicommissis]	libri 28–36 = 9 Bücher
pars VI	[2 de bonorum possessionibus...]	libri 37–44 = 8 Bücher
pars VII		libri 45–50 = 6 Bücher

Daß diese Aufteilung mit Justinians Studienreform zusammenhängt, bringt der Kaiser in der c. Omnem §§ 2–5 zum Ausdruck, und zwar mit ausdrücklicher Hervorhebung in § 5 (*secundum septem partium distributionem*). Doch kann sich der Sinn der Aufteilung darin nicht erschöpfen. Nach der Studienordnung war vorgesehen:

1. Jahr:	Institutionen und pars 1: D. 1–4 (πρῶτα)
2. Jahr:	a) D. 5–11 (p. 2: *de iudiciis*) sowie aus p. IV und V: D. 23, 26, 28, 30 oder
	b) D. 12–19 (p. 3: *de rebus*) sowie aus p. IV und V: D. 23, 26, 28, 30[9])
3. Jahr:	a) D. 12–19 (p. 3: *de rebus*) sowie aus p. IV: D. 20, 21, 22 oder
	b) D. 5–11 (p. 2: *de iudiciis*) sowie aus p. IV: D. 20, 21, 22[10])
4. Jahr:	Rest aus p. IV u. V: D. 24, 25, 27, 29, 31–36[11]).

Damit waren am Ende des 4. Jahres die 17 Bücher der *partes* IV, V (c. Omnem § 5) sowie die *partes* I–III durchgenommen, insgesamt also die ersten 36 Bücher. Im 5. Jahr bildete der Codex den Gegenstand des Unterrichts (c. Omnem § 5); die letzten 14 Bücher der Digesten (*partes* VI, VII) blieben dem späteren Selbststudium überlassen.

Wäre die Studienordnung für die Bildung der sieben Teile entscheidend gewesen, so hätte man die Teile aller Wahrscheinlichkeit nach anders gruppiert und es vermieden, daß nur einzelne Bücher aus den verschiedenen *partes* in einem Studienjahr zu erörtern waren. Die *partes*-Bildung wird deshalb primär auf anderen Gründen beruhen; sie könnte mit bereits existierenden Teilausgaben zusammenhängen, auf die bei der Exzerpierung zurückgegriffen werden konnte[12]). Doch würde das nicht ausschließen, daß Justinian mit der Siebenzahl besondere Vorstellungen verbunden hat.

IV.1. Zwei Reflexe der Aufteilung in *septem partes* finden sich in dem von der Florentina überlieferten *Index titulorum*. Der erste[13]) zeigt sich daran, daß in der

---

[8]) Nur diese drei *partes* haben eigene Namen; sie waren offensichtlich schon vor Justinians Studienreform zu Ulpians Ediktskommentar (vgl. Lenel, SZ 34 [1913] 382 ff.) gebildet worden, c. Omnem § 1. Damit erklärt sich auch, daß nur sie ganz summarisch genannt, die späteren Teile dagegen inhaltlich detailliert dargelegt werden, vgl. Kübler, Geschichte d. Röm. Rechts, 1925, S. 406 (Übersicht dort S. 403); Wieacker, Textstufen klassischer Juristen, 1975, S. 129 m. Fn. 49.

[9]) C. Omnem § 3.

[10]) Zwar nennt c. Omnem § 4 nur D. 20 und 21; doch setzt sie in § 5 drei Bücher voraus. Vgl. auch c. Dedoken § 5; c. Tanta § 5.

[11]) C. Omnem § 5. Vgl. Kübler (o. Fn. 8), S. 432. – Zu den einschlägigen byzantinischen Traktaten (Mommsen, ed. maior, Praef. VI, VII) s. M. Th. Fögen, Fontes minores 5 (1982) 1 ff.

[12]) Näheres dazu bei Wieacker (o. Fn. 8), S. 129 ff.; Stolte (o. Fn. 6), S. 74 ff.

[13]) Vgl. auch Stolte (o. Fn. 6), S. 74.

Subskription nach dem Ende des 5. Buches neben der Digestenzählung auch die Zählung innerhalb der *partes* angeführt wird: *Explicit ex ordine digestorum liber quintus, de iudiciis liber primus* (es endet nach der Ordnung der Digesten das fünfte Buch, das erste Buch über die Gerichtsverfahren)[14]). Diese Doppelzählung wird in den *partes* II und III *(de rebus)* fortgeführt; in *pars* IV hat sie die *singularium libri* zum Gegenstand, die allerdings bis einschließlich Buch 29 gehen, also auch in die ersten beiden Bücher von *pars* V hineinreichen. Ab Buch 30 bis ans Ende von Buch 36 (also der *pars* V) lautet die (nur lückenhaft durchgehaltene) Zweitzählung *de legatis et fideicommissis;* in der *pars* VI schließlich reicht die Zweitzählung (*de bonorum possessionibus*) nur bis Buch 38 einschließlich. Ungeachtet dieser Inkongruenzen, vor allem bei den *singularium libri,* tritt in der Doppelzählung die Aufgliederung in sieben Teile jedoch deutlich zutage.

2) Ein bislang offenbar noch nicht beachteter zweiter Reflex dieser Aufgliederung, der zugleich ein gewisses Harmonieempfinden erkennen läßt, zeigt sich in der Plazierung von *feliciter.* Der *Index titulorum* beginnt: *Feliciter incipit liber primus!* und endet: *Explicitus est ex ordine digestorum liber quinquagensimus feliciter.* Der Index wird mithin von dem Wort *feliciter* eingerahmt. *Feliciter* als Eingangs- und häufiger noch als Schlußwort ist typisch christlich. Der hl. Hieronymus bekundet, ebenso wie die Juden das Ende eines Buches mit *amen, sela* oder *schalom* markierten, so verwendeten die Christen hierfür *feliciter*[15]). Dies bedeutet soviel wie 'Glückauf' oder 'Glück und Heil' und ist in der Regel nicht mit dem anschließenden Satz zusammenzulesen[16]). Doch gibt es Ausnahmen, vor allem seit dem Übergang von den Buchrollen auf Codices, mit dem das Wort *explicit* die Bedeutung 'es endet' gewinnt; *feliciter* kann dann adverbial zu verstehen sein. Für den *Index titulorum,* der die seltene, aber korrektere Form *explicitus est*[17]) oft verwendet, ist dieses Verständnis näherliegend. Aber ungeachtet dieser Frage steht fest, da mit *feliciter* am Anfang und am Ende zum Ausdruck gebracht werden soll, daß es sich bei der Gesamtheit der Titel und damit zugleich bei dem durch sie gekennzeichneten Werk der Digesten um eine glücklich vollendete Einheit handelt.

Davon abgesehen kommt *feliciter* innerhalb des Index nur noch viermal vor, nämlich in den Expliciten nach den Büchern 4, 11, 19 und 27. Daß dies nicht willkürlich, sondern sehr bewußt geschehen ist, ergibt sich daraus, daß diese *feliciter*-Bekundungen jeweils am Ende des letzten Buches einer *pars* stehen; die ersten vier *partes* werden also besonders hervorgehoben; *feliciter* signalisiert den glückhaften Abschluß eines Abschnitts.

Auffällig ist überdies, daß — außer nach Buch 18 und Buch 22 — nach den Büchern 29—35 jeweils das Explicit überhaupt fehlt. Das mag sich mit dem inneren

---

[14]) Daß der Genitiv *digestorum* nicht auf *liber* zu beziehen ist (etwa: Es endet nach der allgemeinen Zählung das fünfte Buch der Digesten), erweist die Subskription zu Buch 37: *Explicit ex ordine digestorum trigensimus septimus.*

[15]) Hieronymus, epist. 28, 4 (vgl. Mart. 11, 107, 1), rec. I. Hilberg, pars I (Ep. I—LXX), in: CSEL (vgl. u. Fn. 23), Bd. 54, 1910, S. 229.

[16]) Eine Buchrolle glücklich ein- oder auszurollen gäbe keinen Sinn. — Die Selbständigkeit wird in den Handschriften verschiedentlich durch Setzung eines Punktes nach *feliciter* signalisiert, was im *Index titulorum* jedoch nicht der Fall ist.

[17]) Vgl. Georges, Handwörterbuch, Sp. 2588 s. v. *explicit liber;* vgl. auch S. Dahl, Geschichte des Buches, 2. Aufl. 1941, S. 40.

Zusammenhang der Materien erklären. Erst nach Buch 36 – und nach allen späteren Büchern – wird ein solcher Vermerk wieder gegeben, allerdings ohne den Schmuck des *feliciter*, den man gerade nach dem 36. Buch besonders erwartet, handelt es sich doch um das Ende der *pars* V und zugleich der Digestenmaterien, die nach der Studienordnung zu bewältigen waren.

3. Eines näheren Eingehens auf die schwierige Frage nach dem Verhältnis des *Index titulorum* zum Digestentext wird es hier nicht bedürfen, denn es ist jedenfalls auszuschließen, daß die Zweitzählung und die *feliciter*-Bekundungen Erfindungen des Schreibers des Index sind. Die ausformulierten Hinweise, daß ein Buch beendet ist und ein neues beginnt, sind für eine Titelzusammenstellung nicht geboten und auch kaum zweckmäßig. Die Incipit- und Explicit-Hinweise werden dagegen gut begreiflich, wenn man sich vorstellt, daß der Index dadurch zustandegekommen ist, daß er aus dem Text der Digesten zusammendiktiert oder zusammengeschrieben wurde, um diesem dann vorangestellt zu werden. Auch die Florentina enthält zwischen den meisten Büchern derartige Inskriptionen und Subskriptionen in vielen Varianten und häufig mit *feliciter*-Vermerk[18]). Sie stimmen mit denen des *Index titulorum* aber kaum überein. Darf man den Codex Florentinus als die authentische Version ansehen, so müßte der *Index titulorum* aufgrund seiner nicht wenigen Abweichungen sogar aus einem älteren Exemplar gezogen sein. Wie dem auch sei: In jedem Falle bestätigt der *Index titulorum*, daß die Aufteilung *in septem partes* ernst genommen wurde und nicht der bloßen Orientierung über den Studienplan diente.

V.1. Kehrt man nach diesen Beobachtungen zur Ausgangsfrage zurück, von welcher Zahlenmystik oder -symbolik Justinian sich hat leiten lassen, so muß es sich aufdrängen, daß heidnische Zahlenspekulationen grundsätzlich auszuscheiden haben. Es ist kaum vorstellbar, daß ein Kaiser, der sein Werk, die Digesten, unter Anrufung der Hilfe Gottes in Auftrag gibt (*nostros animos ad dei omnipotentis erigimus adiutorium*)[19]), der es später im Namen Jesu Christi publiziert (c. *Δέδωκεν* R., c. Tanta R.) und der seinen Dank an Gott zu betonen nicht müde wird[20]), daß ein solcher Kaiser sich bei der Anordnung dieses Werkes von heidnischen Mystizismen leiten läßt. Sein Hinweis auf die Natur und die Harmonie der Zahlen kann deshalb kaum etwas anderes als ein christlich geläutertes Zahlenverständnis meinen. Daß das Christentum wie in so manchen Bereichen[21]) so auch an heidnische Erkenntnisse oder Spekulationen der in der Antike sehr beliebten Zahlenmystik angeknüpft hat, ändert daran nichts, wenn der im Christentum gefundene oder aufgepfropfte Sinn der maßgebliche bleibt.

Von den Versuchen im Christentum der Antike und überhaupt, Geheimnis und Bedeutung wesentlicher Zahlen zu erschließen, ist der berühmteste wohl der des hl. Augustinus in seinem Brief aus dem Jahre 400 an einen nicht näher identifizierbaren Januarius. Von vornherein bemerkenswert ist, daß es darin vorrangig um die Zahlen 7, 50 und auch 17 geht.

---

[18]) Wiedergegeben sind die oft von F^2 ergänzten, variierenden Vermerke bei Mommsen, ed. maior, und bei Mommsen/Krüger, ed. stereotypa, jeweils im Apparat zum *Index titulorum*.

[19]) Vgl. c. Deo auctore pr. sowie §§ 5, 12, 14.

[20]) S. etwa c. *Δέδωκεν* und Tanta, jeweils pr., §§ 12, 19, 23.

[21]) S. etwa E. Stemplinger, Antiker Aberglaube in modernen Ausstrahlungen, 1922.

Man darf es, wie vor dem Blick auf Augustins Erläuterungen einzuflechten ist, für höchstwahrscheinlich halten, daß Justinian von diesem – von vornherein mit der Absicht der Veröffentlichung verfaßten – Brief oder jedenfalls von seinem wesentlichen Inhalt Kenntnis hatte. Justinians Selbstverständnis als von Gott eingesetzter Kaiser und Herr der Kirche, seine zahlreichen Kirchengesetze und seine theologischen Schriften machen deutlich, daß er theologische Fragen mit der größten Aufmerksamkeit verfolgte. Es ist deshalb ganz natürlich, daß er sich in seinen theologischen Schriften auf den hl. Augustinus beruft[22]). Wenn er Natur und Harmonie der Zahlen beschwört, wird er deshalb auch mit den vom hl. Augustinus hierzu entwickelten Grundlagen vertraut gewesen sein, die sich nicht nur in dem erwähnten Brief – dort freilich besonders einläßlich –, sondern auch an vielen anderen Stellen in dessen Schriften und in vielem auch bei anderen Kirchenvätern finden.

In dem Brief an Januarius[23]) hebt Augustin – jeweils unter Darlegung der biblischen Anknüpfungspunkte – hervor, die Siebenzahl habe in der Heiligen Schrift gewöhnlich die Bedeutung einer gewissen mystischen Vollkommenheit[24]); sie bezeichne oft die Gesamtheit, weshalb sie auch der Kirche als dem Vorbild jeder Gesamtheit gegeben sei[25]). Er führt die sieben Gemeinden und die sieben Geistwesen der Johannes-Offenbarung (I 4), die Zerstörung Jerichos, nachdem siebenmal die Bundeslade um die Stadt getragen war (Jos. 6, 13, 15–16, 20), und insbesondere die sieben Tage der Schöpfungsgeschichte an, deren siebter Tag keinen Abend nennt, da er Ruhe ohne Ende bedeute[26]). Er verweist darauf, daß von den Geboten des Dekalogs die ersten drei sich auf Gott, die anderen sieben sich auf den Nächsten, das heißt den Menschen beziehen, weil „das ganze Gesetz in zwei Geboten enthalten ist"[27]), und er unterstreicht, daß die Schöpfung durch die Siebenzahl bezeichnet wird (*creatura quae septenario figuratur,* XV 28).

---

[22]) Vgl. in der Ausgabe von Ed. Schwartz, Drei dogmatische Schriften Iustinians, 1939, etwa (aus Justinians Schreiben gegen die drei Capitel) S. 49 Z. 31; 54 Z. 33; 68 Z. 11 u. 18 und (aus dem Edikt über den rechten Glauben) S. 108–109 Z. 27–30 f. – Zu möglichen Einflüssen Augustins auf die Nov. 123 c. 38 (546) s. A. Schultze, Augustin und der Seelteil des german. Erbrechts, 1928, S. 191 ff. und dazu E. F. Bruck, SZ 50 (1930) 663 f.

[23]) S. Aureli Augustini operum sectio II, S. Augustini Epistulae, rec. Al. Goldbacher, pars II (Ep. XXXI–CXXIII), in: Corpus Scriptorum Ecclesiasticorum Latinorum (= CSEL), Bd. 33, 1898, S. 169 ff. (Brief Nr. 55). – Eine nützliche Übersetzung bietet A. Hoffmann, Des Hl. Kirchenvaters Aurelius Augustinus ausgewählte Briefe (Bibliothek der Kirchenväter, hgg. v. Bardenhewer/Schermann/Weymann), 1917, S. 217 ff.

[24]) Brief 55 III 5 (l.c. p. 175): *quia enim septenarius numerus solet in scripturis ad quandam perfectionem mysticus apparere.* Vgl. auch De civitate Dei XI, 31; XVII, 4; XX, 5 (rec. E. Hoffmann, CSEL 40 pars I, 1899, S. 559; pars II, 1900, S. 214, 432 f.).

[25]) IV 9 (l. c. p. 179 seg.): *propter ipsum numerum septenarium, quo universitatis significatio saepe figuratur, qui etiam ipsi ecclesiae tribuitur instar universitatis.* Vgl. auch De civ. Dei XVII, 4 (CSEL 40 II, S. 214).

[26]) Ähnlich etwa auch in De civ. Dei XI, 31 (CSEL 40 I, S. 559 f.) sowie der hl. Ambrosius in seinem Lukaskommentar VIII 23 (rec. C. Schenkl, CSEL 32 IV, 1902, S. 401 f.).

[27]) XI 20 (p. 190): *Hinc est quod etiam in tribus primis praeceptis decalogi, quae ad deum pertinent – cetera enim septem ad proximum pertinent, id est ad hominem, quia in duobus praeceptis tota lex pendet.* – Die Begründung nimmt auf Matth. 22, 40 Bezug.

Augustins Bezugnahmen und Deutungen, die sich um zahlreiche Beispiele aus der christlichen Tradition erweitern ließen, bestätigen den verbreiteten Eindruck, daß die Sieben „das Zeichen der Ganzheit, Fülle und Vollkommenheit" ist; diesen Sinn hatte sie schon in der babylonischen und israelitischen Religion, „und in diesem Sinne wird sie auch von den Griechen und von Augustinus übernommen"[28]).

3. Da nicht anzunehmen ist, daß Justinian mit seinem eingangs angeführten Hinweis nur die Sieben meint[29]), drängt sich sogleich die Frage nach der Fünfzig auf. Daß die Digesten in 50 Bücher eingeteilt werden sollten, hat Justinian bereits bei der Beauftragung Tribonians in der *c. Deo auctore* § 5 (a. 530) wiederholt ausgesprochen. Da zunächst auch die Kaisergesetze in den *quinquaginta decisiones* zusammengefaßt waren, dürfte feststehen, daß Justinian auch der Fünfzig eine besondere Bedeutung beigemessen hat[30]).

Der hl. Augustinus führt in Anknüpfung an die 50 Tage, die zwischen dem mitzuzählenden ersten Ostertag und Pfingsten liegen, aus, daß der 50. Tag noch eine andere geheimnisvolle Bedeutung hat. Denn siebenmal sieben ergäben 49, und wenn man an den Anfang zurückkehre, also auf den achten Tag, der zugleich der erste ist, dann würden die fünfzig Tage voll, die nach der Auferstehung des Herrn nicht mehr als das Sinnbild der Mühsal, sondern schon als das der Ruhe und Freude gefeiert würden[31]).

Für das Verständnis der Fünfzig ist demnach der Umstand wesentlich, daß der Abschluß einer Periode erst mit Einsetzen einer neuen Periode feststeht; Sonntag ist zugleich der 1. und der 8. Tag[32]). Die in der Sieben symbolisierte und durch die Potenzierung vollkommen gesteigerte Vollkommenheit ist erst mit dem Eintritt des Neuanfangs erreicht, der zugleich – deshalb ist der 50. Tag ein *dies quietis et laetitiae* – aus der alten Welt der ewigen Wiederkehr näher an die verheißene Welt Gottes führt[33]). Mit dem Dezimalsystem hat all das nichts zu tun. Vielmehr handelt es sich

---

[28]) J. Hasenfuss, Art. Zahlensymbolik, in: Lexikon f. Theologie und Kirche (hgg. v. J. Höfer/K. Rahner), Bd. 10, 1965, Sp. 1304 m. w. Beisp. – S. auch Gellius N. A. 3, 10; Macrobius in Somn. Scipionis I 6; W. K. Roscher, Die Sieben- und Neunzahl im Kultus und Mythus der Griechen (Abh. Sächs. Ak. d. Wiss. Bd. 24), 1904; F. P. Hager, Art. Hebdomaden, in: Hist. Wörterbuch d. Philosophie (hgg. v. J. Ritter), Bd. 3 (1974), S. 1022 f.; H. Meyer/R. Suntrup, Lex. d. mittelalterl. Zahlenbedeutungen, 1987, 480 u. Zimmermann (o. Fn. 6), S. 15 Fn. 82 m. w. N.

[29]) Anders Bluhme (o. Fn. 2), S. 357 Fn. 8, dagegen schon Hofmann, S. 346 f., vgl. auch Zimmermann (o. Fn. 6), S. 15 m. Fn. 79. Nicht nur der Plural (*τῶν ἀριθμῶν; numerorum*) spricht dagegen, sondern auch die Anknüpfung *πρὸς τὴν ὅλην τῆς συντάξεως ἁρμονίαν* im Zusammenhang mit dem 50. Buch (c. *Δέδωκεν* § 8 c. i. f.) und überhaupt die Beobachtung, welche Sorgfalt auf den Digestenplan verwendet worden ist. – S. auch Scheltema (o. Fn. 5), S. 228.

[30]) Vgl. Bluhme (o. Fn. 2), S. 356 Fn. 7: Lieblingszahl; zust. Scheltema, S. 231.

[31]) XV 28 (l. c. p. 202): *qui dies quinquagenarius habet alterum sacramentum, quod septies septeni quadraginta novem fiunt, et, cum reditur ad initium, quod est octavus, qui et primus dies quinquaginta complentur, qui celebrantur post domini resurrectionem iam in figura non laboris sed quietis et laetitiae.* – Zur Fünfzig als *numerus mysticus* s. auch Ambrosius III 16 (o. Fn. 26), S. 110; mehr bei Meyer/Suntrup (o. Fn. 28), Sp. 735 ff.

[32]) Dies hatte Augustinus zuvor im 55. Brief (XIII 23) hervorgehoben.

[33]) Augustinus gibt in diesem Zusammenhang den Psalm 84,5 (Selig die in Deinem Hause wohnen ...) wieder.

– worauf Augustinus selbst hinweist (XVI 29, 30) – um die christliche Übernahme des jüdischen Erntedankfestes, das die durch das Passahfest eröffneten sieben Erntewochen abschloß und das nach der Zerstörung des Tempels auf die Gesetzgebung auf dem Berge Sinai bezogen wurde. Der Grundgedanke steht auch hinter dem „Jubeljahr“ des alten Israel, als das jedes 50. Jahr begangen wurde (3. Mos. 8–13).

Vor diesem Hintergrund ist es nicht unwahrscheinlich, daß auch die Festlegung der Digesten auf gerade 50 Bücher die Vollendung und Vollkommenheit dieser Sammlung zum Ausdruck bringen soll. Justinian hebt selbst hervor *in quinquaginta libros omne quod utilissimum erat collectum est,* und er rechtfertigt den bezeichnenden Namen Pandekten damit, die Sammlung enthalte *omnes disputationes et decisiones legitimas*[34]). Überdies fällt vor allem in der c. *Δέδωκεν* auf, daß der Hinweis auf die „Harmonie“ der Zahlen, der vor der Darstellung des Inhalts der Digesten gegeben wird (§ 1 i. f.), am Ende dieser Darstellung wieder aufgenommen wird, indem das letzte Buch als das fünfzigste „hinsichtlich der wohlbedachten Ordnung der ganzen Zusammenstellung“ (*πρὸς τὴν ὅλην τῆς συντάξεως ἁρμονίαν*) bezeichnet wird[35]).

4. Außer dem 50. Buch weist nur das 38. Buch 17 Titel auf. Es kann dahinstehen, wie sich dort diese Titelzahl erklärt, ob mit den Verknüpfungen der Materien, ob mit dem Umstand, daß mit dem 38. Buch die letzte Gruppe der Zweitzählung (*de bonorum possessionibus*...) endet oder aus anderen Gründen. Jedenfalls muß es signifikant erscheinen, daß gerade das 50. Buch mit einem 17. Titel endet. Im Zusammenhang mit einem gewissen Abschluß erscheint die Siebzehn im übrigen auch in c. Omnem § 5: Wenn die Studenten, verheißt Justinian, auch die siebzehn Bücher der *partes* IV und V durchgearbeitet haben, werden sie *iuvenes perfecti et ad omne opus legitimum instructi* sein.

Auch zur Siebzehn gibt es eine lange vorchristliche Tradition. Aristoteles soll hervorgehoben haben, daß der Hexameter in der Regel aus siebzehn Silben besteht[36]); dies entspricht den beiden Mittelsaiten der Lyra, die im Verhältnis 9:8, des einfachen Intervalls, zueinander stehen[37]). Augustins Erklärung der Siebzehn ist ersichtlich von dem Bemühen geleitet, die Überlieferung im christlichen Sinne umzudeuten. Er multipliziert die Zahl 50 mit der Drei, nimmt wegen der Erhabenheit der Trinität die Dreizahl hinzu und knüpft dann an den Bericht im 21. Kapitel des Johannes-Evangeliums an, wonach Jesus nach der Auferstehung die Jünger geheißen hat, das Netz zur Rechten des Schiffes auszuwerfen, in dem sich dann 153 große Fische fingen (Joh. 21, 11). Den dort gegebenen Hinweis *et cum tanti essent, non est scissum rete* begründet Augustin damit, daß in dem neuen Leben, auf das Jesus hinweise, der Mensch vollkommen und in Ruhe, „geläutert an Leib und Seele durch das keusche

---

[34]) C. Tanta § 1, vgl. c. *Δέδωκεν* § 1. – Der Gedanke kommt in diesen Einführungskonstitutionen wiederholt zum Ausdruck, vgl. etwa §§ 12, 17 und schon c. Deo auctore §§ 1, 4, 5 (*et in libros quinquaginta ... totum ius digerere*), 14 sowie c. Imperatoriam § 4.

[35]) Vgl. auch Hofmann, S. 347.

[36]) So F. C. Endres/A. Schimmel, Mysterium der Zahl (Zahlensymbolik im Kulturvergleich), 7. Aufl. 1993, S. 237. Aus den Aristotelestexten, in denen *ἑξάμετρον* vorkommt, läßt sich dies allerdings nicht verifizieren.

[37]) Philolaos fr. 44 B 6 bei Diels/Kranz, Die Fragmente der Vorsokratiker, Bd. 1 (1937) p. 409, 10–410, 3, s. dazu auch Manthe (in diesem Band) bei Fn. 75f., ferner F. C. Endres/A. Schimmel (o. Fn. 36) S. 237.

Wort des Herrn, ein im Feuer geläutertes, siebenfach erprobtes Silber" (Ps. 11, 7)[38]) sein und als Lohn den Zehner (sc. den Denar der Arbeiter im Weinberg)[39]) empfangen werde. Dies ergebe Siebzehn und diese Zahl führe, wenn man sie ins gleichschenklige Dreieck erhebe (so daß jede Seite 17 Punkte hat und die Innenfläche mit parallel laufenden Punktreihen versehen ist, die in Richtung auf die Winkelspitzen jeweils um einen Punkt abnehmen), auf die Zahl 153. Er hebt dann noch hervor, daß die Addition aller in der Siebzehn enthaltenen Zahlen mitsamt der Siebzehn die Summe von 153 ergebe[40]).

Danach ist die Siebzehn also die Kombination der Sieben der Läuterung und der Zehn des Lohnes[41]). Vor diesem Hintergrund kann der 17. Titel eines als vollkommen gedachten Werkes verstanden werden als eine Zusammenstellung der geläuterten, also aus dem gesamten Stoff destillierten Rechtserfahrungen[42]), die zugleich als zusätzlicher Lohn der Mühen, einen neuen Gesamtbau des Rechts zu errichten, angefallen sind. Daß dieser Bau von gerade 17 Personen errichtet wurde, ist vermutlich kein Zufall; die Digestenkommission bestand (Tribonian eingeschlossen) aus siebzehn Mitarbeitern (c. *Δέδωκεν* § 9, c. Tanta § 9).

Vielleicht spielt aber auch noch ein zweiter Zusammenhang eine Rolle. In der c. Imperatoriam bekundet Justinian – offenbar in Anlehnung an ein schon von Livius (31, 1, 5) verwendetes Bild –, er habe das geradezu aussichtslos erscheinende Unternehmen, nämlich in den Digesten das gesamte alte Recht zusammenzufassen, sozusagen ein tiefes Meer durchschreitend dank der Gunst des Himmels soeben vollendet (*quasi per medium profundum euntes caelesti favore iam adimplevimus*)[43]). Mit Abschluß des 17. Titels von Buch 50 war das Meer durchschritten. Von der rettenden Macht Gottes handelt der Psalm 17 der Vulgata (heute Ps. 18). Im 17. Vers dieses 17. Psalms heißt es: Er streckte die Hand aus der Höhe; er griff nach mir; er zog mich heraus aus den großen Wassern[44]).

---

[38]) … *eloquia Domini eloquia casta argentum igne examinatum probatum terrae purgatum septuplum* … (Vulgata).

[39]) Matth. 20, 2; 9–10; 13.

[40]) XVII 31 (p. 205 seqq.) … *tunc homo perfectus et quietus. purgatus in anima et corpore per eloquia domini casta, argentum igne examinatum terrae, purgatum septuplum accipiet mercedem denarium, ut sint decem et septem. nam et in hoc numero sicut in aliis multiplices figuras exhibentibus sacramentum mirabile reperitur … nam et ipse numerus decem et septem surgens in trigonum centum quinquaginta trium summam complet. Ab uno utique usque ad decem et septem surgens omnes medios adde et invenies … adde ita ceteros et ipsum septimum decimum, fiunt centum quinquaginta tria.* – Vgl. auch Fn. 41. – Ein Bild des Dreiecks bei Hoffmann (o. Fn. 23), S. 247 Fn. 6. Weiteres bei Meyer/Suntrup (o. Fn. 28), Sp. 661 ff.

[41]) Dem entspricht es, wenn Augustinus an anderer Stelle die Siebzehn als die Summe der Zehnzahl des Gesetzes und der Sieben des Heiligen Geistes bezeichnet, Tract. in Ioh. CXXII, 8, in: Corpus Christianorum, Series Latina, XXXVI: Aurelii Augustini Opera, pars VIII, Turnholti 1954, S. 673 f. Dort werden auch die 50 und (in zweierlei Weise) die 153 nochmals erläutert.

[42]) Daß die gesamte Rechtsordnung gereinigt und neu geordnet worden ist (*purgata et composita*), hebt etwa c. Omnem pr. hervor.

[43]) Einen Vergleich der Rechtsordnung mit den Wassern bringt auch c. Omnem § 2, wo die Institutionen als ein klarer See bezeichnet werden, der aus der Zusammenleitung getrübter Quellen gebildet worden ist.

[44]) … *misit de summo et accepit me adsumpsit me de aquis multis* …

VI. Natürlich sind die vorgetragenen Vermutungen spekulativ. Aber sie dürften doch deutlich machen, daß offensichtlich auch die Konstruktion des Digestenbaus Sinngehalte zum Ausdruck bringen soll. Zudem geben Justinian und Tribonian manche Hinweise auf die durchdachte Ausgestaltung des Werkes. Zu erinnern ist beispielsweise an ihre Freude über die *bellissima machinatio* (c. Omnem § 5), mit der sie Papinian den *Papinianistae* in den Eingangsfragmenten der Titel 1, 2 und 4 – 6 des 20. Buches entgegentreten lassen. Des weiteren etwa wird zur *partes*-Gliederung hervorgehoben, die *pars* IV bilde den Nabel (eigentlich: Rollenstab, *umbilicus,* c. Tanta § 5) oder das Herzstück (*μέσον τοῦ παντός*, c. *Δέδωκεν* § 5) der gesamten Ordnung des Werkes und sei deshalb mit den schönsten und nützlichsten Rechtssätzen versehen. Zwar hat die *pars* IV nur 8 Bücher, wie aber Franz Hofmann[45]) gesehen hat, enthalten die drei inneren *partes* (III – V) mit 25 Büchern ebenso viele wie die vier äußeren. Auch das kann eine *machinatio* sein. Die 4 Bücher der πρῶτα – ebenso wie die der Institutionen, die ja nicht zufällig *elementa* benannt sind (c. Imperatoriam § 4; Inst. pr.; c. Tanta §§ 11, 23) – lassen an die pythagoreische Lehre von der Vier als der Zahl der wiedervergeltenden Gerechtigkeit[46]) denken, eine Zahl, die auch im Christentum von ganz hervorragender Bedeutung ist[47]). Diesen und andere Anknüpfungspunkte – etwa die Zwölf im Codex als Zahl der Vollständigkeit[48]) – weiter zu verfolgen, würde jedoch über das bescheidene Anliegen unserer Skizze hinausgehen, darauf aufmerksam zu machen, daß sich hinter Justinians Hinweis auf die Natur und Harmonie oder Theorie der Zahlen mehr verbergen dürfte, als gemeinhin angenommen wird. Am Ende der Antike nahm die Zahlenmystik einen erstaunlichen Aufschwung. Auch die Kirchenväter konnten sich ihrer Faszination nicht entziehen. Justinian wird es kaum anders ergangen sein.

Bonn Rolf Knütel

---

[45]) (o. Fn. 4), S. 345.

[46]) Näheres dazu eindrucksvoll entwickelt bei Manthe (in diesem Bande), vgl. auch Hofmann, S. 347 f.

[47]) In der Bibel drückt die Vier zumeist Totalität und Universalität aus, Balz in: Theologisches Wörterbuch zum Neuen Testament, begr. v. G. Kittel, hgg. v. G. Friedrich, 8. Bd. 1969, S. 131; Meyer/Suntrup (o. Fn. 28), Sp. 332 ff.; vgl. etwa die vier Paradiesströme (1. Mos. 2, 10 – 14) und die Kennzeichnung des himmlischen Jerusalems als eine viereckige Stadt (*πόλις τετράγωνος;* Apk. 21, 16). – Zu Justinians „delight in the number four" s. auch Zimmermann (o. Fn. 6), S. 14 f. – Da die Novellen über Justinians Kodifikationsplan hinausgehen, sind die vier Teile des Corpus Iuris entgegen B. Großfeld, Zeichen und Zahlen im Recht, 1993, S. 112 (der auf S. 97 richtiger auf die Bedeutung der Drei hinweist), in diesem Zusammenhang ohne Belang.

[48]) Vgl. nur die zwölf Stämme Israels als die Zusammenfassung des alttestamentlichen Gottesvolkes, Rengstorf in: Theologisches Wörterbuch zum Neuen Testament, hgg. v. G. Kittel, 2. Bd. 1950, S. 323, und das wiederholte Auftauchen der Zahl zwölf in der Beschreibung des neuen Jerusalem, Apk. 21, 12. 14. 16. 20 f.

Das Opfer der Ehefrau
– Augustin, De sermone Domini in monte 1,16,50 – *

ROLF KNÜTEL

I.

1. Der Fall hätte einen bewegenderen Drehbuchstoff geliefert als die vergleichsweise seichte Geschichte, die der amerikanische Spielfilm „Ein unmoralisches Angebot" (Indecent Proposal) von 1992 erzählt, welcher – so die Werbung – aufgrund seiner provokativen Grundidee für weltweite Diskussionen gesorgt haben soll. Dort hatte ein Architekt, dessen Geschäfte schlecht gingen, bei dem Versuch, zusammen mit seiner Frau in Las Vegas sich den Reichtum zu erspielen, seine letzten Cents verspielt. In dieser deprimierenden Situation bietet ihm ein Millionär, wenn er eine Nacht mit der schönen Ehefrau verbringen darf, eine Million Dollar. Nach einigem Zögern gehen die Eheleute auf das Angebot ein. Es kommt zu Problemen, weil der Millionär so unsympathisch nicht ist; doch werden sie überwunden, so daß die Geschichte ihr Happy-End findet.

Viel dramatischer der antike Fall: Die Staatsmacht greift ein, der zahlungsunfähige Ehemann hat den Tod vor Augen, die sich opfernde Ehefrau wird betrogen, der Funktionär spricht sich selbst das Urteil. Es fehlt nur, daß die Frau sich entleibt; doch spielt das Geschehen erst in der Spätantike.

2. Berichtet wird der Fall vom hl. Augustin (354–430) in dem Traktat über die Bergpredigt. Der Aufmerksamkeit der Rechtshistoriker scheint er bislang entgangen zu sein,[1] wenngleich sich hier und da Hinweise auf das *iudicium quoddam memorabile in causa adulterii*[2] oder auf das „salomonische Urteil"[3] des Acindynus finden, das von Augustin überliefert wird. Vielleicht liegt das daran, daß man den Fall für nicht glaubhaft hält. Doch wäre das sicher unrichtig. Der Fall dürfte sich wirklich zugetragen haben; seine juristische Lösung ist im Lichte des nachklassischen römischen Rechts durchaus bemerkenswert,

* H.-G. Knothe/J. Kohler (Hrsg.), Festschrift für Andreas Wacke zum 65. Geburtstag, C.H. Beck, München 2001, 211 – 228.

[1] Eine Ausnahme bildet der Vortrag von *F. Martroye* in: Bulletin de la Société Nationale des Antiquaires de France, Paris 1916, S. 210–214, im folgenden abgekürzt: *Martroye*.

[2] So in der Prosopographie in *J. Gothofredus*, Codex Theodosianus, Bd. VI/2, hrsg. v. D. Ritter, Leipzig 1745, Nachdr. 1975, S. 35 s. n. Acindynus.

[3] So O. *Seeck*, Art. Akindynos, in RE, Bd. 1, 1894, Sp. 1170.

und das Geschehen erweckt den Eindruck, daß es unter den gebildeten Schichten des antiken Mittelmeerraumes „für weltweite Diskussionen gesorgt haben“ könnte – weshalb es etwas verwundert, daß sich sonst offenbar kein Widerhall von ihm findet. Es obsiegt das Gute und Gerechte. Da die Suche danach Triebfeder des ebenso unermüdlichen wie ertragreichen Schaffens des Freundes Andreas Wacke ist, nehmen wir an, daß der Fall seine Neugier erweckt.

II.

1. Es geht um das Schlußstück des 16. Kapitels (im 1. Buch des Traktats). Nachdem Augustin auf der Grundlage von Matthäus 5,31–32[4] dargelegt hatte, daß einzig die Unzucht, *fornicatio*, es rechtfertigt, die Frau aus der Ehe zu entlassen, geht er im 16. Kap. der Frage nach, was alles unter den Begriff der *fornicatio* fällt, nur die fleischliche Unzucht, oder aber viel weiter gehend jede *illicita corruptio*, wie etwa Götzendienst, Habsucht und überhaupt jede Übertretung des Gesetzes wegen unerlaubter Begierde. Augustin spricht sich für diese weite Auslegung aus, hat sie später jedoch eingeschränkt.[5] Nach einigen Exkursen erläutert er sodann, weshalb ein Ehebruch auch vorliegt, wenn jemand eine Frau heiratet, die von ihrem Ehemann aus der Ehe entlassen worden ist,[6] um sich dann der abschließenden Frage zuzuwenden, ob eine *fornicatio* nicht etwa dann ausscheide, wenn die Frau, sei es wegen eigener Unfruchtbarkeit oder mangelnder Bereitschaft zum Beischlaf, damit einverstanden sei, daß der Mann mit einer anderen (unverheirateten und auch nicht aus der Ehe entlassenen) Frau verkehre. Zwar finde sich, so führt er aus, in der Geschichte des Alten Testaments dafür manch ein Beispiel; doch bestünden nach dem mittlerweile kraft göttlicher Vorsehung erreichten Entwicklungsstand wichtigere Vorschriften: Aus dem Wort des Apostels Paulus im 1. Korintherbrief (7,4): „Nicht die Frau verfügt über ihren Leib, sondern der Mann. Ebenso verfügt nicht der Mann über seinen Leib, sondern die Frau“ (*Mulier sui corporis potestatem non habet sed vir; similiter autem et vir sui corporis potestatem non habet*

[4] „Ferner ist gesagt worden: Wer seine Frau aus der Ehe entläßt, muß ihr eine Scheidungsurkunde geben. Ich aber sage euch: Wer seine Frau entläßt, obwohl kein Fall von Unzucht vorliegt, liefert sie dem Ehebruch aus; und wer eine Frau heiratet, die aus der Ehe entlassen worden ist, begeht Ehebruch.“

[5] *J. Peters*, Die Ehe nach der Lehre des hl. Augustinus, 1918, S. 47 ff. mit Hinweis auf Augustins Retraktationen 1,19.

[6] De sermone Domini in monte 1,16,48, vgl. *Peters*, S. 48. Im Ergebnis läßt Augustin eine Scheidung zu, schließt eine Wiederverheiratung des schuldigen oder unschuldigen Teils jedoch aus.

sed mulier) sei nicht etwa zu folgern, das Einverständnis der Ehefrau schließe den Ehebruch aus, wenn der Mann mit einer anderen verkehre. Diese Folgerung dürfe nämlich nicht gezogen werden, „weil man sonst konsequenterweise annehmen müsse, dasselbe dürfe mit Erlaubnis des Mannes auch die Frau tun, was nach dem Empfinden aller ausgeschlossen ist" (*ne hoc etiam femina viro permittente facere posse videatur, quod omnium sensus excludit*).

2. Es folgt

De sermone Domini in monte 1,16,50:[7]

Quamquam nonnullae causae possint existere, ubi et uxor mariti consensu pro ipso marito hoc facere debere videatur, sicut Antiochiae factum esse perhibetur ante quinquaginta ferme annos Constantii temporibus. Nam Acindinus tunc praefectus, qui etiam consul fuit, cum quendam librae auri debitorem fisci exigeret nescio unde commotus – quod plerumque in istis potestatibus periculosum est, quibus quodlibet licet vel potius putatur licere –, comminatus est iurans et vehementer adfirmans quod, si certo die quem constituerat memoratum aurum non exsolveret, occideretur. Itaque cum ille teneretur inmani custodia, nec se posset debito illo expedire, dies metuendus imminere et propinquare coepit.

Bisweilen können jedoch Umstände eintreten, in denen eine Frau auch als verpflichtet angesehen werden kann, bei Zustimmung ihres Ehemannes dies gerade für den Mann zu tun, wie sich das in Antiochia vor ungefähr fünfzig Jahren zu Zeiten des Constantius zugetragen haben soll. Als nämlich Acindynus, seinerzeit Statthalter – er war auch Konsul –, von jemandem die Schuld eintrieb, der dem Fiskus ein Pfund Gold schuldete, stieß er – ich weiß nicht aus welchem Beweggrund; das ist ja meist das Gefährliche an solchen Machthabern, denen alles erlaubt ist oder vielmehr vermeintlich erlaubt ist – die Drohung aus, die er beschwor und mit allem Nachdruck bekräftigte, der Mann werde hingerichtet, wenn er bis zu dem Termin, den er ihm bestimmt hatte, das erwähnte Gold nicht geleistet habe. Und da nun der Mann in grausame Haft genommen wurde und sich von der Schuld nicht befreien konnte,

[7] Text nach Corpus Christianorum XXXV, Aurelii Augustini Opera, Pars VII/2, De sermone etc., ed. *A. Mutzenbecher*, Turnholt 1967, p. 55 s. – Übersetzungen des Passus bei *Martroye*, S. 210 f. (frz.); *J. J. Jepson*, St. Augustine. The Lord's Sermon on the Mount, Westminster/Maryland, 1948, S. 59–61 sowie *Ph. Schaff* (Hrsg.), Post-Nicene Fathers of the Christian Church, Series I, vol. VI, Std. Mai 1999 (http://www.ccel.org/fathers 2/NPNF1-01/npnf1-01-01.htm) (engl.).

Et forte habebat uxorem pulcherrimam sed nullius pecuniae, qua subvenire posset viro. Cuius mulieris pulchritudine cum quidam dives esset accensus, et cognovisset maritum eius in illo discrimine constitutum, misit ad eam pollicens pro una nocte, si ei misceri vellet, se auri libram daturum. Tum illa, quae sciret non se habere sui corporis potestatem sed virum suum, pertulit ad eum dicens paratam se esse pro marito id facere, si tamen ipse coniugalis corporis dominus, cui tota illa castitas deberetur, tamquam de re sua pro vita sua vellet id fieri.

Egit ille gratias et ut id fieret imperavit, nullo modo iudicans adulterinum esse concubitum, quod et libido nulla et magna mariti caritas se volente et iubente flagitaret. Venit mulier in villam illius divitis. Fecit quod voluit inpudicus. Sed illa corpus nonnisi marito dedit non concumbere, ut solet, sed vinere cupienti. Accepit

kam der schreckliche Termin bedrohlich nah und näher.

Der Zufall wollte es nun, daß er eine wunderschöne Frau hatte, jedoch ohne irgendwelches Vermögen, mit dem sie ihrem Mann hätte zu Hilfe kommen können. Als ein reicher Mann, der aufgrund ihrer Schönheit in Begehrlichkeit zu dieser Frau entflammt war, erfahren hatte, daß ihr Ehemann in diese gefährliche Lage geraten war, schickte er ihr eine Botschaft mit dem Angebot, ihr für eine Nacht, wenn sie bereit sei, sich ihm hinzugeben, ein Pfund Gold zu geben. Im Wissen, daß die Herrschaft über ihren Leib nicht ihr, sondern ihrem Ehemann zusteht, gab sie diesem daraufhin Nachricht und erklärte sich bereit, dies für den Ehemann zu tun, jedoch nur, wenn er selbst, der er kraft der Ehe Herr ihres Leibes sei und dem ihre Keuschheit ungeteilt gebühre, wolle, daß dies geschehe, ganz so, wie wenn er über eine ihm gehörende Sache zur Rettung seines Lebens verfüge. – Er dankte ihr und ordnete an, es solle geschehen, in der Meinung, der Beischlaf sei in keiner Weise ehebrecherisch, weil ihn nicht die Begierde verlange, sondern gerade die große Liebe zum Ehemann, der dies selbst wolle und bestimme. Die Frau ging in das Haus jenes reichen Mannes. Sie tat, was der Schamlose wollte. Aber sie gab ihren Leib nur ihrem Ehemann, der nicht wie gewöhnlich sich zu ihr zu legen, sondern zu leben begehrte. Sie erhielt

aurum. Sed ille qui dedit fraude subtraxit quod dederat, et subposuit simile ligamentum cum terra. Quod ubi mulier iam domi suae posita invenit, prosilivit in publicum eadem mariti caritate clamatura quod fecerat, qua facere coacta est. Interpellat praefectum, fatetur omnia, quam fraudem passa esset ostendit. Tum vero praefectus primo sibi reus, quod suis minis ad id ventum esset, pronuntiat, tamquam in alium sententiam diceret, de Acindini bonis auri libram fisco inferendam, illam vero mulierem dominam in eam terram unde pro auro terram accepisset induci.

das Gold. Aber der, der es gab, entwendete ihr durch Betrug, was er gegeben hatte, und unterschob ihr ein ähnliches Gebinde mit Erde. Das entdeckte die Frau erst, als sie schon wieder zu Hause angelangt war. Sie stürzte hinaus auf die Straße, um herauszuschreien, was sie getan hatte, getrieben von derselben Liebe zu ihrem Ehemann, von der sie zuvor getrieben war, es zu tun. Sie bestürmt den Statthalter, bekennt alles und zeigt ihm, was für einen Betrug sie erlitten hat. Daraufhin aber spricht der Statthalter zunächst sich selbst schuldig, weil es aufgrund seiner Androhungen dahin gekommen sei, und verkündet, wie wenn er einen anderen verurteilte, daß aus dem Vermögen des Acindynus ein Pfund Gold in die Kasse des Fiskus gezahlt, die Frau aber als Eigentümerin auf das Stück Land geführt werden soll, von dem sie die Erde statt des Goldes erhalten hatte.

Nihil hinc in aliquam partem disputo. Liceat cuique existimare quod velit; non enim de divinis auctoritatibus deprompta historia est. Sed tamen narrato facto non ita respuit hoc sensus humanus quod in illa muliere viro iubente commissum est, quemadmodum antea, cum sine ullo exemplo res ipsa poneretur, horruimus.

Ich mache nichts hiervon zum Gegenstand einer Erörterung in dieser oder jener Richtung. Jeder mag sich dazu denken, was er will, ist die Geschichte doch keiner Quelle von göttlicher Autorität entnommen. Nachdem der Fall aber dennoch erzählt ist, mißbilligt das menschliche Moralempfinden das, was an jener Frau auf Verlangen ihres Ehemannes verübt worden ist, nicht mehr in dem Maße, wie es uns vorher, als die Sache ohne Beispiel vorgetragen wurde, mit Schaudern erfüllt hat.

Sed in hoc evangelii capitulo nihil fortius considerandum est quam tantum malum esse fornicationis, ut cum tanto vinculo sibi coniugia constringantur, haec una causa solutionis excepta sit. Quae sit autem fornicatio, iam tractatum est.

Nichts aber ist in diesem Abschnitt des Evangeliums stärker zu beachten, als daß das Übel der Unzucht so groß ist, daß sie, obwohl die Eheleute mit einem so festen Band miteinander verbunden sind, allein und ausnahmsweise als Auflösungsgrund anerkannt worden ist. Was aber Unzucht ist, wurde bereits erörtert.

III.

Septimius Acindynus ist durchaus kein Unbekannter.[8] Er war Sohn eines gleichnamigen *praefectus urbi* und tritt erstmals als *vicarius Hispaniarum* in der Zeit von 317 (324?) – 326 in Erscheinung (CIL II 4107). Von 338–340 war er *praefectus praetorio Orientis.*

Kaiser Konstantin d. Gr. (306–337) hatte im Anschluß an die diokletianischen Reformen das Reichsgebiet in vier Präfekturen aufgeteilt, *Italia* und *Gallia* im Westen, *Illyricum* und *Oriens* im Osten, seine drei Söhne zu Caesaren ernannt und die Regierung des Reichsgebiets mit ihnen geteilt. Den *Oriens* (einschließlich Ägypten), *Asia* und *Pontus* hatte Constantius erhalten und auch nach dem Tode Konstantins behalten.[9] Als die zivilen Stellvertreter ihres Kaisers standen *praefecti praetorio* an der Verwaltungsspitze der jeweiligen Präfektur; sie zählten zu den bedeutendsten Amtsträgern des spätantiken Reiches und verfügten über umfassende Kompetenzen in Verwaltung, Verkehr, Wirtschaft und Finanzen und damit insbesondere auch in der Steuerverwaltung.[10]

Von den Präfekten erlangte der *p. p. Orientis* aufgrund des kulturellen Niveaus und der Wirtschaftskraft seines Gebietes oft eine besondere Machtstellung. Für Acindynus ergab sich allerdings eine Beschränkung daraus, daß neben ihm und länger als er Domitius Leontius *praefectus Orientis* war (nachweisbar bis zum 6. 7. 344). Die durchschnittliche Amtsdauer der *praefecti* lag

---

[8] *Seeck* (o. Fn. 3), Sp. 1169 f.; *A. H. M. Jones/J. R. Martindale/J. Morris*, The Prosopography of the Later Roman Empire, Bd. 1, 1971, S. 11; *T. D. Barnes*, ZPE 94, 1992, S. 253.

[9] In Konstantins letzten Regierungsjahren wurden es 5 Präfekturen, mit seinem Tode wieder 4, später teilweise nur 3, s. dazu *F. De Martino*, Storia della costituzione romana, Bd. 5, 2. Aufl. Neapel 1975, S. 292 f. – Vgl. ferner *O. Seeck*, Geschichte des Untergangs der antiken Welt, Bd. 2, 2. Aufl. 1921, Nachdr. 1966, S. 70 ff., 511.

[10] Zu den *praefecti praetorio* s. etwa *De Martino* (o. Fn. 9), S. 295 ff.; zur Bedeutung in der Finanzverwaltung S. 428 ff.

bei zwei bis drei Jahren; bei Acindynus bestätigt sich diese Regel. Auch wurden die *praefecti praetorio* häufig mit dem Konsulat ausgezeichnet, was bei Acindynus ebenfalls zutrifft; ihm wurde dieser Rang als *consul prior* im Jahre 340 verliehen. Als Präfekt wirkte er hauptsächlich in Antiochia am Orontes, der berühmten alten Hauptstadt der Provinz Syrien, die in ihrer wechselvollen Geschichte für das Christentum hervorragende Bedeutung erlangt hat.[11] Vermutlich war der sich lange hinziehende Perserkrieg die Ursache, daß Constantius sich zumeist in Antiochia festgehalten sah und mit ihm Acindynus als sein Präfekt. Nach alldem war Acindynus sicherlich eine der wichtigsten und einflußreichsten Persönlichkeiten seiner Zeit.

IV.

Daß Acindynus sich selbst zur Zahlung der Schuld des Ehemannes an den Fiskus verurteilte, ist gut begreiflich. Er hätte den Ehemann nicht inhaftieren dürfen.

1. Schon in der Kaiserzeit, vor allem aber in der Spätantike griffen Gläubiger, allen voran die Steuereintreiber, zu immer gewaltsameren Mitteln, um den Schuldnern die tatsächlich oder angeblich geschuldeten Leistungen abzupressen. Freiheitsberaubungen und die Überführung in private oder öffentliche Gefängnisse verbunden mit übelsten und brutalsten Drangsalierungen kamen in diesem Zusammenhang ungeachtet verschiedener Verbote[12] erschreckend häufig vor. Insbesondere Kaiser Konstantin hat diese Mißstände bekämpft. In einer am 3. November 314 in Trier erlassenen Konstitution hat er es für „ganz und gar nicht rechtens" (*minime fas*) erklärt, daß jemand, der in Zivilsachen Berufung eingelegt hat, die Qualen des Gefängnisses oder irgendeine andere Art von Ungerechtigkeit oder Folterungen oder überhaupt Mißachtungen seiner Person erduldet.[13] In einem am 31. Januar 320 in Sofia (*Serdica*) gefertigten

---

[11] Vielleicht ist es kein Zufall, daß man dort die Jünger erstmals „Christen" nannte, Apostelgeschichte 11,26.

[12] Vgl. etwa (zur *lex Fabia* gegen den Menschenraub, die freilich nicht in den Provinzen galt) Call. D. 48,15,6,2 und Coll. 14,3,4 (wo in erster Linie an die Staatspächter zu denken ist, *Mommsen*, Röm. Strafrecht, 1899, Nachdr. 1955, S. 780 Fn. 8), ferner (zu verurteilten Schuldnern) Alex. C. 7,71,1 (223; *ne iudicati detrahantur in carcerem*); Lic. Ruf. D. 42,1,34 sowie (für Ägypten) das Edikt des Tiberius Iulius Alexander cap. 4 (68 n. Chr., FIRA I Nr. 58, S. 318; *Girard/Senn*, Les lois des Romains, 7. Aufl., hgg. v. *V. Giuffrè*, Neapel 1977, Nr. VII 7, S. 39). Zu späteren Quellen s. im Text und *O. Robinson*, RIDA 15, 1968, S. 389, 391 ff. sowie (anschaulich und mit reichen Belegen) *J.-U. Krause*, Gefängnisse im Röm. Reich, 1996, S. 156 ff. (dazu *Klingenberg*, SZ 115, 1998, S. 615, 619).

[13] CTh. 11,30,2 (314) = C. 7,62,12. Zu Konstantins Maßnahmen zur Verbesserung der Haftbedingungen vgl. *A. Lovato*, Il carcere nel diritto penale rom., Bari 1994, S. 171 ff., 186.

Edikt verbietet Konstantin sodann derartige Drangsalierungen bei der Eintreibung von Steuerforderungen. Es ist dieses im ganzen Reich geltende Verbot, das Acindynus verletzte.[14] Leider ist „bei dieser verzweifelten Stelle“[15] der für unseren Zusammenhang wesentliche Passus wenig klar.

CTh. 11,7,3 = C. 10,19,2

Imp. Constantinus A. *ad populum*

Nemo carcerem plumbatarumque verbera aut pondera aliaque ab insolentia iudicum repperta supplicia in debitorum solutionibus vel a perversis vel ab iratis iudicibus expavescat. Carcer poenalium, carcer hominum noxiorum est officialium et cum denotatione eorum iudicum, quorum de officio cohercitiores esse debebunt, qui contra[16] hanc legem admiserint. Securi iuxta eam[17] transeant solutores: vel certe, si quis tam alie-

Niemand soll im Zusammenhang mit der Bezahlung von Steuerschulden befürchten müssen, von abartigen oder jähzornigen Statthaltern ins Gefängnis geworfen, durch Knuten mit Bleikugeln oder durch Martergewichte gezüchtigt zu werden oder anderen von der Überheblichkeit der Statthalter erfundenen Peinigungen ausgesetzt zu sein. Die Gefängnisse sind für diejenigen da, die strafwürdig sind, Gefängnisse sind für verbrecherische Menschen sowie für diejenigen niederen Beamten, die gegen dieses Gesetz verstoßen haben (verbunden mit dem Ansehensverlust ihrer Statthalter, deren Amtspflicht es sein mußte, die zu Gewalttätigen in Schranken zu halten). Die Steuerzahler mögen deshalb dort[18] unbesorgt vorbeigehen, mit dem Vorbehalt natürlich, daß jemand, dem

[14] Darauf weist auch *Martroye*, S. 212 hin.

[15] So *Sintenis* in: *Otto/Schilling/Sintenis*, Das Corpus Iuris Civilis in's Deutsche übersetzt, Bd. 6, 1832, S. 437 Fn. 86 (zu C. 10,19,2). Siehe auch u. Fn. 23.

[16] Der verderbte Text ist am besten mit *Gothofredus* wie folgt zu restituieren: … officialium (cum denotatione eorum iudicum quorum de officio coercere citatiores esse debebat) qui [sc. officiales] contra …

[17] eam] eum? Vgl. dazu Fn. 18.

[18] Ganz unklar ist, was mit dem Demonstrativum *eam* gemeint ist. Cujaz hatte es auf *legem* bezogen; Gothofredus verbessert in *eum* und bezieht es auf das Gefängnis (*carcerem*); Bynkershoek ersetzt es (mit der Überlieferung in C. 10,19,2) durch *praesidem* und verweist dafür auch darauf, daß der Statthalter nach CTh. 11,1,25 (401) = C. 10,16,11 für die Einziehung der Steuern verantwortlich war (vgl. o. Fn. 10). Siehe zu alldem den (erweiterten) Gothofredus-Kommentar zum CTh. (o. Fn. 2) Bd. 4, S. 71–74. – *Mommsen* schließlich streicht *eam* (CTh. ad h. l.).

nus ab humano sensu est, ut hac indulgentia ad contumaciam abutatur, contineatur aperta et libera et in usus hominum constituta custodia militari. Si in obdurata nequitia permanebit, ad res eius omnemque substantiam cives eius accedant, solutionis obsequio cum substantiae proprietate suscepto. Qua facultate praebita omnes fore credimus proniores ad solvenda ea, quae ad nostri usus exercitus pro communi salute poscuntur.

menschliche Gesinnung so fremd ist, daß er diese Vergünstigung dazu mißbraucht, sich der Steuerzahlung zu entziehen, in die offene, freie und zur Verwendung für [nicht strafwürdige] Menschen eingerichtete militärische Haft zu nehmen ist. Verharrt er in verstockter Nichtswürdigkeit, so sollen seine Mitbürger sich seiner Sachen und seines gesamten Vermögens bemächtigen,[19] indem mit dem Eigentum an den Vermögensgegenständen die Last übernommen wird, [seine Steuerschuld] zu bezahlen. Mit der Verleihung dieser Befugnis werden alle, wie wir annehmen, um so bereitwilliger sein, das zu zahlen, was zugunsten des Allgemeinwohls für den Bedarf unseres Heeres aufgebracht werden muß.

Dat. ‹prid.› Kal. Feb. Constantino A. VI et Constantino Caes. conss.

Gegeben am 31. Januar 320 unter dem 6. Konsulat des Konstantin Augustus und dem 1. Konsulat des Constantius Caesar.

Sicherlich wurde dieses Verbot nicht überall beachtet; es mußte deshalb nach mehreren Jahren, möglicherweise schon 337, erneuert werden:

CTh. 11,7,7

Impp. Constantius et Constans AA. Bibulenio Restituto praesidi Sardiniae

Die Kaiser Constantius und Constans an Bibulenius Restitutus, Statthalter von Sardinien

Provinciales pro debitis plumbi verbera vel custodiam carceris minime sustinere oportet, cum hos cruciatus non insontibus, sed noxiis constitutos esse noscatur;[20] satis

Die Provinzbewohner dürfen wegen ihrer Steuerschulden nicht mit Bleiknuten ausgepeitscht oder in Gefängnishaft genommen werden, denn diese Qualen sind bekanntlich

[19] C. 10,19,2 hat *exactor accedat* statt *cives accedant*; an die Stelle der Mitbürger (Kurialen) ist also der Steuereintreiber getreten. Das Zugriffsrecht der Kurialen erklärt sich aus ihrer Haftung für das festgelegte Gesamtsteueraufkommen der Gemeinde.

[20] Insoweit nicht in C. 10,21,2, wo im übrigen klargestellt ist, daß es um einen *debitor annonarum* ging. Im Jahre 383 regeln Gratian, Valentinian und Theodosius II die Steuer-

vero sit debitorem ad solvendi necessitatem capione pignorum conveniri.	nicht für Unschuldige, sondern für Verbrecher bestimmt. Vielmehr soll es für einen [säumigen] Steuerschuldner genügen, daß er zur Erfüllung seiner Leistungspflicht durch Pfandnahme angehalten wird.
Dat. VIII Id. Dec. Thessal. Constantio VI et Constante III AA. conss.	Gefertigt am 6. Dezember 337 (?)[21] zu Thessalonica unter dem 6. Konsulat des Constantius Augustus und unter dem 3. Konsulat des Constans Augustus.

Die zögerliche Umsetzung wird sich, abgesehen von Informationsdefiziten, auch daraus erklären, daß die dem Fiskus gegen einen Privatmann zustehenden Forderungen von Anbeginn an von dem zuständigen Imperiumsträger eingezogen wurden, der zu diesem Zweck sein Koerzitionsrecht ausüben, mithin auch den Schuldner festsetzen konnte.[22] Im übrigen ist Konstantins Verbot im Jahre 379 von den Kaisern Gratian, Valentinian und Theodosius dahin eingeschränkt worden, daß ein Schuldner des Fiskus (aber auch privater Gläubiger) zur Zahlung „durch die angemessene und verdiente Strenge der anzuwendenden Strafmaßnahmen" (*congrua atque dignissima suppliciorum acerbitate*) gezwungen werden kann, CTh. 4,20,1. Justinian ist dem nicht gefolgt.

2. Da in unserem Fall nicht zu vermuten ist, daß der Ehemann sich der offenbar feststehenden Zahlungspflicht entziehen wollte, hätte Acindynus ihn nicht inhaftieren dürfen. Wenn Augustin sagt, die Haft sei *immanis*, grausam, schrecklich, furchtbar, gewesen, so wird es um die Gefängnishaft (*custodia carceris*) gegangen und vielleicht auch von Marterwerkzeugen Gebrauch gemacht worden sein. Acindynus hatte deshalb sicher gegen das Verbot Konstantins in CTh. 11,7,3 und möglicherweise auch gegen das seiner Nachfolger in CTh. 11,7,7 verstoßen. Welche Folgen das für ihn im einzelnen haben konnte, bleibt zwar unsicher. In CTh. 11,7,3 ist – ungeachtet aller Ungewißheiten bei der Rekonstruktion des einschlägigen Passus[23] – für die Statthalter zumin-

erhebung in der Weise, daß der Provinzstatthalter bei *potentes* die Steuern einzieht, der *decurio* bei den Kurialen und der *defensor civitatis* bei kleinen Landbesitzern, CTh. 11,7,12 (383), vgl. dazu *Wacke*, ANRW, Bd. II 13, 1980, S. 585.

[21] Die Datierung ist unsicher. Statt 353 (oder 346) befürwortet *Seeck*, Regesten, 1919, Nachdr. 1964, S. 91 in Anknüpfung an CTh. 11,9,2 das Jahr 337, ebenso *Lovato* (o. Fn. 13), S. 187 m. Fn. 34. – Vgl. auch *Krause* (o. Fn. 12), S. 163.

[22] Paul. D. 48,13,11,6; *Mommsen*, Strafrecht (o. Fn. 12), S. 1023 Fn. 5.

[23] Siehe dazu o. Fn. 16. – Cujaz hat bekannt, sich des öfteren vergeblich um eine Wiederherstellung des Textes bemüht zu haben, vgl. *Bynkershoek* bei *Gothofredus* (o. Fn. 2), Bd. 4, 1740, S. 73.

dest eine *denotatio* vorgesehen, also jedenfalls ein kaiserlicher Tadel verbunden mit einem Ansehensverlust.[24] Aller Wahrscheinlichkeit nach hätte schon dies Acindynus Amt und Würde gekostet, zumal da in seinem Fall erschwerend zu berücksichtigen wäre, daß er selbst als *praefectus praetorio* den Ehemann schwer bedroht und ins Gefängnis hatte werfen lassen.[25] Die *denotatio* war dagegen an sich für die Fälle vorgesehen, in denen der Statthalter sich „nur" der Unterlassung schuldig gemacht hatte, die schweren Übergriffe seines Personals zu unterbinden.

Allerdings läßt der überlieferte Wortlaut von CTh. 11,7,3 auch den Schluß zu, den Statthaltern selbst habe bei Zuwiderhandlung außer der *denotatio* auch die Gefängnishaft gedroht.[26] Das würde allerdings eine doppelte Ausnahme voraussetzen, zum einen, daß die Gefängnishaft hier als Strafe zu verstehen ist,[27] zum anderen, daß eine solche Maßnahme auch gegenüber hochgestellten Mitgliedern der Oberschicht getroffen worden wäre.[28] Wie dem auch sei: In jedem Falle hatte Acindynus Anlaß zu einer Wiedergutmachung.

Daß er sich selbst verurteilt, die Steuerschuld des Ehemannes zu bezahlen, stellt eine Art von „tätiger Reue" dar. Zwar ließ sich das, was geschehen war, nicht mehr ungeschehen machen,[29] aber aus der verzweifelten Lage, in die Acindynus den Ehemann (und mit ihm die Frau) gebracht hatte, konnte er ihn befreien. Hierfür konnte die bloße Entlassung aus dem Gefängnis schwerlich genügen, weil dem Mann durch die Inhaftierung die Möglichkeit genommen war, das in seinen Kräften Stehende zu tun, um die erforderliche Summe aufzubringen. Dadurch, daß Acindynus die Bezahlung der Steuerschuld übernahm, löste er das Problem, und da er mit der Bezahlung selbst ein Opfer

---

[24] *Gothofredus* (o. Fn. 2), S. 72 f. legt dar, daß die *denotatio* zum Makel der *ignominia* geführt habe, also zum Verlust des guten Namens; insoweit stimmt dem *Bynkershoek*, ebda. S. 74, zu.

[25] Vgl. CTh. 11,39,10 i. f. (385?) = C. 1,3,8,1; Nov. Valent. 23,5 (447) l. 35: *scelus omne gravius facit claritudo personae* (der hohe Rang einer Person macht ihr Verbrechen noch schlimmer). Vgl. auch Juvenal, Saturae 8, 140/141.

[26] So *Bynkershoek* bei *Gothofredus* (o. Fn. 2), S. 74; *K. L. Noethlichs*, Beamtentum und Dienstvergehen (Zur Staatsverwaltung in der Spätantike), 1981, S. 136 f.

[27] Was römischer Auffassung grundsätzlich nicht entspricht, vgl. Ulp. D. 48,19,8,9: *Carcer enim ad continendos homines, non ad puniendos haberi debet*; dazu *Lovato* (o. Fn. 13), S. 93 ff.; *Knütel*, Iura 45, 1994 [1997], S. 163 ff.; *Völkl*, SZ 114, 1997, S. 610 ff.

[28] Immerhin kamen Inhaftierungen von Angehörigen der führenden Stände in der Spätantike häufiger vor, *Krause* (o. Fn. 12), S. 180 ff.

[29] Nach heutigem Verständnis setzt die tätige Reue als persönlicher Strafaufhebungsgrund im Prinzip voraus, daß der Täter die Vollendung der Tat verhindert, also den Erfolgseintritt, § 24 Abs. 1 StGB. Ein Verhalten nach der Tat, besonders das Bemühen, den Schaden wiedergutzumachen, sowie das Bemühen des Täters, einen Ausgleich mit den Verletzten zu erreichen, ist jedoch bei der Strafzumessung zu berücksichtigen, § 46 Abs. 2 StGB.

brachte, konnte er die Hoffnung haben, daß sein reuiges Verhalten auf den Kaiser Constantius um so mehr Eindruck machen und ihn von einer Bestrafung überhaupt abhalten würde. Wenngleich sich zur Berücksichtigung der tätigen Reue im römischen Recht ein differenziertes Bild ergibt, so ist doch im spätantiken Kaiserrecht das „Heilmittel der Reue" gewöhnlich beachtet worden.[30] Dennoch ist nicht auszuschließen, daß der Vorfall für Acindynus böse Folgen gehabt hat. Denn für die Zeit nach dem 24. August 440 haben wir keine Nachrichten mehr über ihn, und wenn man Augustins Bericht beim Wort nimmt, daß Acindynus bereits Konsul war, so kann sich der Fall erst im Jahre 440 zugetragen haben.

V.

1. Überraschend ist auch die zweite Entscheidung des Acindynus: Die Frau ist als Eigentümerin[31] auf das Grundstück zu führen, von dem sie die Erde statt des Goldes erhalten hatte. Sie soll mithin in den Besitz des Grundstücks gesetzt werden.[32] Dies läßt sich nicht etwa als die Vollstreckung eines Urteils begreifen;[33] denn ein Prozeß (in den der reiche Dritte hätte einbezogen werden müssen) hatte nicht stattgefunden. Es kann sich deshalb nur um eine vom *praefectus praetorio* kraft seiner Imperiumsgewalt angeordnete Maßnahme handeln. Daß diese Gewalt Besitzeinweisungen erlaubte, steht außer Frage, und es wäre auch keineswegs zu beanstanden, daß ein Präfekt eine Besitzeinweisung anordnet, wenn er sich davon überzeugt hat, daß dies der Rechtslage entspricht. Der Betroffene hat (jedenfalls rechtlich) die Möglichkeit, durch Klage gegen den Eingewiesenen die Rechtslage überprüfen zu lassen.

2. Da der Besitz grundsätzlich dem Eigentümer zusteht, kommt in Betracht, daß Acindynus davon ausging, die Frau sei bereits Eigentümerin des Grundstücks. Provinzialgrundstücke wurden durch formlose Übergabe (*tra-*

---

[30] *W. Waldstein*, Fschr. H. R. Klecatsky, Wien 1979, S. 993 ff., 1008 zu Val.-Theodos.-Arcad. CTh. 16,7,4,1 (391) = C. 1,7,3,3, wo die Rede ist vom „Heilmittel der Reue, die bei anderen Verbrechen gewöhnlich von Nutzen ist" (*remedium paenitentiae quae solet aliis criminibus prodesse*); dort S. 1000 ff. u. a. auch zu Gai. D. 47,8,5; Ulp. D. 47,2,66; Valer.-Gall. C. 9,22,8 (259).

[31] Daß *dominam* technisch zu verstehen ist, merkt *Nonnoi*, Sant'Agostino e il Diritto Romano, Riv. it. per le scienze giur. 9, 1934, S. 531, 586 m. Fn. 1 an. Doch geht es genaugenommen um das eigentumsähnliche Besitz- und Nutzungsrecht an Provinzialland.

[32] Die Verben *inducere* und *introducere* kennzeichnen häufig, daß jemand zum Zwecke des Besitzerwerbs auf ein Grundstück geführt wird; vgl. *Heumann/Seckel*, Handlexikon zu den Quellen des röm. Rechts, 11. Aufl. 1971, S. 261, 286 s. h. vv.

[33] Anders *Martroye*, S. 214, der von einem „geistreichen Urteil" (spirituelle sentence) und der ausgeschlossenen Berufung (appel) spricht.

ditio) veräußert (Gai. 2,19 u. 21). Die *traditio* war grundsätzlich die einverständliche körperliche Übergabe, durch die der Erwerber den tatsächlichen Besitz an der Sache erlangte. In unserem Fall kann eine Übergabe nur in symbolischer Form durch Übergabe der Erde erfolgt sein, die in dem Gebinde enthalten war. Vor allem aus Gai. 4,17 und Gellius, Noctes Atticae 20,10,9 wissen wir, daß es im Verfahren der *legis actio in rem* (in dem um die Herausgabe einer Sache gestritten wurde) im Falle, daß es um ein Grundstück ging, für das Erfordernis, daß die streitbefangene Sache an der Gerichtsstätte präsent sein mußte, ausreichend war, wenn eine Erdscholle aus diesem Grundstück (*gleba ex fundo*) dem Prätor vorgelegt wurde.[34] Die Erdscholle diente als Symbol für das ganze Grundstück.

Ob aber für die *traditio* als Eigentumserwerbsakt die symbolische Übergabe einer bloßen Erdscholle genügte, ist jedenfalls aus der Sicht des Rechts der klassischen Periode sehr zweifelhaft; an einem konkreten Beleg fehlt es offenbar, obschon der Gedanke, daß die Übergabe von Grundstücksbestandteilen, insbesondere von Gräsern und Erdschollen, eine Unterwerfung und eine Rechtsübertragung symbolisiert, dem römischen und den von ihm insoweit möglicherweise beeinflußten germanischen Volksrechten nicht fremd ist.[35] Der Hinweis, daß auch die bloße Übergabe der Schlüssel als *traditio* der eingeschlossenen Sache anerkannt worden sei,[36] ändert nichts an diesen Zweifeln. Denn kraft der Übergabe der Schlüssel ist der Erwerber in der Lage, die tatsächliche Sachherrschaft über die eingeschlossene Sache auszuüben; die Übergabe einer Erdscholle würde dagegen noch keine Gewaltausübung ermöglichen.

Jedoch haben bereits die klassischen Juristen die Voraussetzungen der *traditio* sehr eingeschränkt.[37] In der Nachklassik ging die Entwicklung dann da-

---

[34] Siehe dazu nur *Kaser/Hackl*, Das röm. Zivilprozeßrecht, 2. Aufl. 1996, S. 101 f. – Vgl. auch Festus Linds. S. 516 s. v. Vindiciae (illae ‹glebae› quae).

[35] Vgl. Plinius, Naturalis historia 22,4,8: *namque summum apud antiquos signum victoriae erat herbam porrigere victos, hoc est terra et altrice ipsa humo et humatione etiam cedere, quem morem etiam nunc durare apud Germanos scio* (bei den Alten galt nämlich als höchstes Zeichen des Sieges, daß die Besiegten Gräser darbrachten, das heißt, das Land, selbst das nährende Erdreich und sogar ihre Grabstätte abtraten, ein Brauch, der meines Wissens bei den Germanen auch jetzt noch besteht). Vgl. *J. Grimm*, Deutsche Rechtsaltertümer, Bd. 1, 4. Aufl. 1899, Nachdr. 1983, S. 156 f. (mit Quellen zum *tradere per herbam vel terram*) und etwa *K. Haff*, Institutionen des deutschen Privatrechts, Bd. 1, 1927, S. 156 („Schollenwurf noch bis ins 16. Jahrhundert").

[36] So *Martroye*, S. 213 mit Hinweis auf Gai. D. 41,1,9,6 (= Inst. 2,1,45).

[37] Anschaulich dargelegt von *A. Wacke*, Das Besitzkonstitut als Übergabesurrogat in Rechtsgeschichte und Rechtsdogmatik, 1974, S. 8 ff. So ließ man es bei Grundstücken und überhaupt Sachen, die wie Säulen wegen ihrer Größe und ihres Gewichts nicht oder nur schwer bewegt werden konnten, zu, daß die Parteien sich *in re praesenti*, in Gegenwart der Sache, über den Besitzübergang einig waren, Paul. D. 41,2,1,21. In den Fällen der *brevi*

hin, daß es im allgemeinen für den Eigentumserwerb einer *traditio* überhaupt nicht mehr bedurfte, auch wenn diese zumeist beim Kaufabschluß vollzogen und auch beurkundet wurde.[38] Entscheidend für den Eigentumsübergang wurde jetzt vielmehr, daß ein schuldrechtliches Erwerbsgeschäft zustande kam, insbesondere ein Kauf. Für den Grundstückskauf (und damit für den Eigentumsübergang) hatte Konstantin im Februar 337 allerdings die Wirksamkeitsvoraussetzung eingeführt, daß der Käufer beim Kauf seine Steuerpflicht anerkannte und die Nachbarn als Zeugen (für das Eigentum des Verkäufers) hinzugezogen wurden.[39] Doch wurden diese Erfordernisse in der Praxis vielfach nicht beachtet oder umgangen.[40] Es ist folglich gut möglich, daß Acindynus einen Eigentumserwerb der Ehefrau anerkannte, ohne daß es einer wirklichen oder symbolischen *traditio* bedurft hätte. Entscheidend für einen Eigentumserwerb war demnach, ob eine „Kausalbeziehung“ zustande gekommen war, die einen Eigentumswechsel implizierte.

3. Was dieses mögliche Vertragsverhältnis zwischen der Ehefrau und dem reichen Dritten angeht, so liegt es zwar auf den ersten Blick nahe, an eine Schenkung zu denken.[41] „Geschenkt“ war jedoch allenfalls das Gold, nicht das Grundstück. Hierzu ist zu beachten, daß der Dritte, obwohl seine Vereinbarung mit der Frau wegen Sittenwidrigkeit nichtig war, das Gold nicht hätte zurückverlangen können. Denn die Kondiktion ist ausgeschlossen, wenn die Sittenwidrigkeit sowohl auf seiten des Gebers als auch des Empfängers vorliegt oder wenn sie – sofern man das Handeln der Ehefrau als nicht sittenwidrig ansieht – allein beim Geber liegt.[42] Wenn der Dritte aber Gold an sich genommen hat, das der Frau zustand, und ihr dafür Erde überlassen hat, dann läßt sich dies dahin interpretieren, daß er die Erde gegen Entgelt abgeben, also verkaufen wollte. Angesichts der Wertlosigkeit des Erdklumpens kann allerdings vernünftigerweise nur in Betracht kommen, daß die Erde nur das „Erkennungszeichen“ für das Grundstück darstellt, aus dem sie entnommen worden war. Insoweit also dürfte sich für Acindynus eine Anknüpfung an die oben angeführte Symbolik aufgedrängt haben.

---

manu traditio und des *constitutum possessorium* hat man dann sogar gänzlich von den Erfordernissen der Sachpräsenz und der Übergabe abgesehen.

[38] *E. Levy*, West Roman Vulgar Law. The Law of Property, Philadelphia 1951, S. 134 f.; *Kaser*, Das römische Privatrecht, Bd. 2 (Die nachklassischen Entwicklungen), 2. Aufl. 1975, S. 280 m. w. N.

[39] Fragmenta Vaticana 35, teilw. = CTh. 3,1,2 (337) = Brev. 3,1,2, dazu *Levy*, S. 128 ff.; *Kaser* (o. Fn. 38), S. 277 f.

[40] *Levy*, S. 130; *Kaser*, S. 277 m. Fn. 31.

[41] So *Martroye*, S. 213. Dies würde im Hinblick auf die von Konstantin eingeführten Formvorschriften zu Schwierigkeiten führen, Fragmenta Vaticana 249 (3. 2. 323), verändert in CTh. 8,12,1 (pr. = CTh. 3,30,2) = C. 8,53,25.

[42] Paul.-Ulp. D. 12,5,3 u. 4 pr.–3. – Dies ist Grundlage des § 817 S. 2 BGB.

Demgegenüber ergibt sich ein Bedenken nicht daraus, daß der Dritte nicht den Willen, der Frau etwas zu verkaufen, sondern nur die Absicht hatte, sie zu hintergehen. Denn darauf würde er sich nicht berufen dürfen: *Nemo auditur propriam turpitudinem allegans*, niemand wird (vor Gericht) angehört, der sich auf seine eigene Schandtat beruft. Zwar wurde diese zeitlos aktuelle Maxime[43] erst im mittelalterlichen Kirchenrecht geprägt; doch reichen ihre Wurzeln deutlich erkennbar in das römische Recht, insbesondere das Kaiserrecht zurück.[44] Der Rechtsgedanke dieser Regel wird Acindynus deshalb bekannt gewesen sein. Abzustellen ist demnach auf den Aussagewert, welcher der Handlung des Dritten bei der Annahme zukommt, daß er sich redlich verhalten hat. Diese Interpretation führt zu der Annahme, daß er das Grundstück für das Gold hingeben wollte. Daß Acindynus bei dieser die Ehefrau begünstigenden Interpretation ihr Einverständnis unterstellen konnte, dürfte sich von selbst verstehen. Und schließlich dürften sich auch keine Einwände gegen die Annahme ergeben, daß die von Konstantin eingeführten Wirksamkeitsvoraussetzungen für den Grundstückskauf[45] nicht für einen Fall wie den gedacht waren, den Acindynus zu entscheiden hatte.

Ließ es sich also begründen, daß es zwischen der Ehefrau und dem Dritten zu einem Kauf des Grundstücks, aus dem die Erde stammte, gekommen war, so war nach nachklassischem Rechtsverständnis zugleich anzunehmen, daß die Ehefrau Eigentümerin dieses Grundstücks geworden war. Danach kann man es wörtlich nehmen, wenn Augustin berichtet, daß die Frau als Eigentümerin auf das Grundstück zu führen sei (*mulierem dominam in eam terram induci*) und nicht etwa zum Zwecke erst des Eigentumserwerbs durch Besitzerlangung. Und auch der Umstand schließlich, daß Acindynus sich nicht darauf beschränkt festzustellen, daß die Frau Eigentümerin des Grundstücks ist, sondern sogleich die Besitzeinweisung der Frau verfügt, entspricht ganz nachklassischem Denken, wonach ein Verkäufer, der bereits den Kaufpreis eingestrichen hat, mit allen Mitteln zur Übergabe der verkauften Sache zu zwingen ist.[46]

---

43 Zu ihrer Wiederkehr in der Rechtsprechung des EuGH vgl. *Knütel*, JuS 1996, S. 774.

44 Siehe Carac. C. 7,16,1 (aus 212–214); Alex. C. 7,8,5 (223); Diocl. C. 7,75,4 (293); C. 8,55(56),4 (293); C. 2,4,30 (294), des näheren dazu *F. Sturm*, Mémoires de la Société pour l'Histoire du Droit, 1970/71, S. 289 ff.

45 Siehe o. zu A 39.

46 Wenngleich im Westen: Interpretatio z. d. Paulussentenzen (ed. *M. Kaser/F. Schwarz*, 1956, S. 13) zu 1,13,4: *Si eam rem quam aliquis accepto pretio facta venditione distraxit, tradere distulerit, ad traditionem rei, quam vendidit, omnibus modis compellendus est.* Vgl. dazu *Levy* (o. Fn. 38), S. 134. Der Gedanke, daß der Käufer sich selbst in den Besitz der Kaufsache setzen darf, ist im übrigen auch für den Osten belegt, vgl. *F. Pringsheim*, The Greek Law of Sale, 1950, S. 317–326 (insbes. zu BGU 1127 [19 v. Chr.], 1129 u. 1131 [beide 13 v. Chr.], 1158 [9 v. Chr.]).

VI.

1. Augustin berichtet von dem Fall, um zu veranschaulichen, daß es Situationen geben kann, in denen es weniger verwerflich erscheint, wenn eine Frau sich einem Dritten hingibt. Daß er sich selbst eines Urteils hierzu enthielt, ist auffällig. Man hat dies u. a. darauf zurückführen wollen, daß seine „Bekehrung" erst kurz zurückgelegen habe.[47] Aber das ist nicht plausibel. Die Bekehrung, die ihn eine Verbindung von Philosophie und katholischem Christentum gewinnen und – erleuchtet durch den Blick auf Römer 13,13/14 – Distanz zur körperlichen Begierde finden ließ, fällt in den späten August des Jahres 386, den Traktat *De sermone Domini* hat Augustin dagegen erst 394 verfaßt.[48]

Ebensowenig hilft die Annahme weiter, Augustin habe seinerzeit nicht den rechten Begriff von der Ehe gehabt, die den Eheleuten nicht ohne weiteres den Verzicht auf eheliche Rechte erlaube.[49] Denn es geht bei der Stellungnahme Augustins nicht um die Frage, ob ein Ehepartner eheliche Rechte einem anderen zur Ausübung überlassen kann, was Augustin sicher ausgeschlossen hat, sondern darum, ob es moralisch verwerflich ist, wie die Eheleute sich in der hoffnungslosen Lage verhalten haben, in die sie geraten waren. Daß Augustin sich zu einer Verurteilung nicht bereit findet, zeugt von Toleranz und Lebensnähe,[50] nimmt er doch die Erfahrung hin, daß Not kein Gebot kennt.[51] Deshalb schied übrigens auch eine Bestrafung des Ehemannes

[47] *Peters* (o. Fn. 5), S. 26.

[48] Dazu *Peter Brown*, Augustinus von Hippo, erweit. Neuausgabe 2000, S. 73 ff., 85 ff. (92), 542, 543.

[49] *Peters* (o. Fn. 5), S. 26.

[50] Beides ist offensichtlich aus seiner Lebenserfahrung erwachsen. Er hatte sich von Leidenschaft erfüllt 372 eine Konkubine genommen, zu „einem Bund wollüstiger Liebe", wie er später sagte, die ihm einen Sohn Adeodatus gebar. Er entließ sie im Jahre 385, um sich mit einer jungen, reichen Erbin zu verloben. Doch kam es infolge seiner Bekehrung nicht mehr zum Eheschluß. Er entschloß sich zur Enthaltsamkeit, doch plagten ihn noch lange erotische Träume. Vgl. zu alldem *Brown* (o. Fn. 48), S. 32 f., 52 f., 96 f., 148, 157 pass. Die Einordnung des Konkubinats, in dem die Partner sich die Treue halten, zwischen eheähnlicher Gemeinschaft und ehebrecherischer Sünde hat ihm erhebliche Schwierigkeiten bereitet, s. *De bono coniugali* 5 (aus 401), bei *Brown* S. 74. Bemerkenswert ist beispielsweise, wie gelassen er in einem neuentdeckten Brief den Fall beurteilte, in dem ein junger Geistlicher eine Nonne verführt hatte, s. *P. Brown*, Die Keuschheit der Engel, 1991, S. 405, 543; dort auch Näheres zum Verhältnis Augustins zur Sexualität, S. 395 ff.; dazu auch *D. G. Hunter*, Augustinian Studies 25, 1994, S. 153 ff.

[51] Vgl. Curtius, Hist. Alexandri 7,7,10 (*necessitas ante rationem est*); Publilius Syrus (Beckby) N 23 (*necessitas dat legem, non ipsa accipit*). – Zur Berücksichtigung der *necessitas* s. *T. Giaro*, Excusatio necessitatis nel diritto rom., Warschau 1982; Beispiele aufgrund der Verarmung in der Spätantike S. 99 f., etwa Constantinus C. 4,43,2 (329; Gestattung des Kindesverkaufs), vgl. CTh. 11,27,2 (322).

wegen Kuppelei (*lenocinium*) aus, zu deren Tatbeständen der Fall gehörte, daß ein Ehegatte aus der Unzucht des anderen Gewinn zog.[52]

Immerhin geht Augustin, wie sich aus seiner einläßlichen Schilderung ergibt, von sehr engen Voraussetzungen aus, vor allem von der, daß der Ehemann in akuter Lebensgefahr schwebt und eine Rettung nicht zu erwarten ist. Zugleich versichert sich die Ehefrau des Einverständnisses des Mannes, womit diesem die Entscheidung überlassen, aber auch die Möglichkeit eines nachträglichen Ehebruchsvorwurfs genommen[53] und letztlich die gemeinsame Verantwortung beider für die Ehe berücksichtigt wird. Schließlich läßt die Frau die unzüchtige Handlung teilnahmslos über sich ergehen, allein an ihren Ehemann denkend, wobei vielleicht die alte Vorstellung mitspielt, daß die Gedanken der Frau das Wesen des Kindes bestimmen.[54]

2. In seiner „Geistlichen Wiese" gibt Johannes Moschos, ein 634 (oder vielleicht schon 619) verstorbener Wandermönch, eine Geschichte wieder, die ihm der Presbyter Eusebios in Askalon erzählt hat.[55] Ein Kaufmann hatte bei einem Schiffbruch nur das nackte Leben retten können. Er wurde von seinen Gläubigern ergriffen und ins Gefängnis geworfen. Sein Haus wurde von ihnen geplündert; selbst die Kleider seiner Frau nahmen sie weg. Die Frau, angsterfüllt, traurig und völlig mittellos, konnte ihrem Mann keine Nahrung bringen. Als sie eines Tages klagend bei ihrem Mann im Gefängnis saß, trat ein reicher Mann herein, um den Gefangenen Almosen zu geben. Als er die bei ihrem Manne sitzende Frau erblickte, entbrannte er in Liebe zu ihr, denn sie war wunderschön. Durch den Schließer ließ er ihr ausrichten, sie möge zu ihm kommen. Hilfe erwartend geht sie freudig zu ihm. Er nimmt sie beiseite und sagt: „Was hast du und weshalb bist du hier?" Sie erzählt ihm alles, und er sagt: „Wenn ich die Schulden bezahle, schläfst du dann diese Nacht bei mir?" In ihrer Schönheit und Züchtigkeit entgegnet sie ihm: „Ich habe gehört, Herr, daß der Apostel sagt, die Frau habe nicht Herrschaft über ihren Leib, sondern der Mann. Erlaubt also, Herr, daß ich meinen Mann frage, und was er anordnen wird, werde ich tun." Sie ging und erzählte alles ihrem Manne. Dieser

---

52 Tryph. D. 4,4,37,1; Pap. (?) D. 48,5,9 pr.; Ulp. D. 48,5,2,2; D. 48,5,30,3 und (einmaliger Verstoß genügt) 4.

53 Dementsprechend schlossen die früheren §§ 42 Abs. 2 EheG und (zuvor) 1565 Abs. 2 BGB (in Übereinstimmung mit dem kanonischen und dem gemeinen protestantischen Eherecht) das Recht auf Scheidung für den Ehegatten aus, der dem Ehebruch zugestimmt hatte.

54 Wie bei Persinna in Heliodors Chariklea (Äthiopika) oder Charlotte in Goethes Wahlverwandtschaften, ganz abgesehen von Sternes unglücklichem Tristram Shandy.

55 *J. P. Migne*, Patrologiae cursus completus, Bd. 87/3, 1865, Sp. 3067–3070; nicht aufgenommen in die Auswahl: Blühende Wüste (Aus dem Leben palästinensischer und ägyptischer Mönche des 5. u. 6. Jh.), hrsg. v. S. Feldhohn, 1957; eine französische Übersetzung jedoch in *M.-J. Rouët de Journel*, Jean Moschus – Le pré spirituel, Paris 1960, S. 252 ff.

sehr kluge und seiner Frau in tiefster Liebe verbundene Mann ließ sich von der Hoffnung und dem Verlangen, den Qualen des Gefängnisses zu entrinnen, nicht hinreißen, sondern sagte unter Tränen aufstöhnend: „Geh, geh, Schwester, erteile dem Manne eine Absage. Denn ich hoffe auf unseren Herrn Jesus Christus, der uns nicht verlassen wird." Sie ging hinaus und schickte den Mann fort mit den Worten: „Ich habe es meinem Mann gesagt, und er will es nicht."

Zu dieser Zeit war aber ein Räuber in das Gefängnis geworfen worden, noch ehe der Kaufmann dort eingekerkert wurde. Er hört das Gespräch zwischen dem Mann und der Frau und ist – was näher beschrieben wird – beeindruckt von ihrer Anständigkeit und Sittenreinheit; seine eigene Schlechtigkeit und Gottvergessenheit, die ihn zum Mörder haben werden lassen, werden ihm dadurch um so mehr bewußt. Durch das Fenster seiner Zelle spricht er beide an, erklärt, daß er wegen seiner Verbrechen vor der Hinrichtung steht, und bekennt, daß er durch ihren aus Sittenreinheit getroffenen Beschluß von Reue ergriffen sei. Er verrät ihnen, wo er sein Geld vergraben hat; sie sollten davon ihre Schulden begleichen, den Rest für sich behalten und für ihn beten, damit ihm vergeben werde. Die Hinrichtung findet nach wenigen Tagen statt. Die Frau gräbt das Geld aus und zahlt den Gläubigern, damit es nicht auffällt, in Teilbeträgen die geschuldeten Summen zurück. Dann führt sie ihren Mann aus dem Kerker zurück in die Freiheit.

Obwohl mit Händen zu greifen, wird die Botschaft, die diese Erzählung – wie auch andere[56] – vermitteln soll, am Ende ausdrücklich ausgesprochen: So wie beide dem Wort unseres Herrn Jesus Christus treu geblieben sind, so hat auch er an ihnen sein Erbarmen herrlich gezeigt.

Meist entstehen solche Erzählungen vor dem Hintergrund trauriger und bitterer Wirklichkeiten. Um so bereitwilliger möchte man deshalb an den Sieg des Guten und Gerechten glauben.

---

[56] Verkürzt und abgeändert bringt Johannes Moschos sie auch in der Erzählung vom Leben des Kaufmanns Moschos aus Tyros (*Migne*, Bd. 87/3, 1865, Sp. 3061–3064; französische Übersetzung bei *M.-J. Rouët de Journel* [o. Fn. 55], S. 247 ff.). Dort will die Frau, nachdem der Mann durch Schiffbruch alles verloren hat und ins Gefängnis geworfen worden ist, sich prostituieren, um ihm Nahrung bringen zu können. Moschos nimmt sie mit zum Abendessen; doch sie verschmäht die Speisen, bricht in Tränen aus und erzählt von ihres Mannes und ihrem Unglück. Da schenkt Moschos ihr großmütig die erforderlichen fünf Pfund Gold, um die Schulden des Mannes zu tilgen.

Ungerechter, gerissener oder kluger Haushalter? [*]

*Zu den juristischen Hintergründen von Lukas 16,1–8**)

Von

Rolf Knütel

Zusammenfassung: Noch heute ist sehr unklar und umstritten, wie die Handlungen im Fall des ungerechten Haushalters, eines der berühmtesten Gleichnisse Jesu, zu verstehen sind. Eine Analyse der Rechtslage, die in ihren wesentlichen Zügen den zeitgenössischen Hörern bekannt gewesen sein wird, kann mit der Annahme, daß verbotene Zinsgeschäfte den Hintergrund bilden, alle Umstände des auf das Wesentliche reduzierten Sachverhalts in einen plausiblen Zusammenhang bringen. Dies gilt auch für das zunächst sehr überraschende Lob durch den Dienstherrn, das sich aus dem (hier offenbar noch nicht beachteten) Rechtsgedanken der ‚tätigen Reue' erklärt.

I.

1. Das Gleichnis van de onrechtvaardige rentmeester, vom ungerechten Haushalter, of the Unjust Steward, wie es traditionell bezeichnet wird, gilt als „one of the most difficult of Jesus' parables to understand"[1]) oder sogar als

[*] Zeitschrift der Savigny-Stiftung für Rechtsgeschichte, Romanistische Abteilung 131 (2014) 1 – 22.

*) Der Untersuchung liegt das durchgesehene Manuskript des Antrittsvortrags zugrunde, den ich am 14. Februar 2011 in der Koninklijke Nederlandse Akademie van Wetenschappen in Amsterdam gehalten habe.

[1]) C.H. Pickar, The Unjust Steward (Lk. 16:1–9), Catholic Biblical Quarterly 1 (1939) 250; D.L. Bock, Luke, II (9:51–24:53), Michigan 1996, S. 1323. – Abkürzungen: Die einzelnen Traktate des babylonischen Talmuds werden nur bei erstmaligem Zitat vollständig genannt, zugleich unter Hinweis auf die Fundstelle in der deutschen Übersetzung von Lazarus Goldschmidt, Der Babylonische Talmud, 12 Bde., 1929–36 [= Gs.] und in der von Isidore Epstein in der Soncino Press herausgegebenen englischen, The Soncino Talmud, 18 Bde., 1935–52 [= Sonc.]. – Nur mit Namen werden angeführt: J.D.M. Derrett, Fresh Light on St Luke XVI.I The Parable of the Unjust Steward, New Testament Studies 7 (1960) 198–219 = ders., Law in the New Testament, 1970, S. 48–77 [= Derrett]; Joh. Herrmann, Rechtsgeschichtliche Überlegungen zum Gleichnis vom ungerechten Verwalter (Luk. 16,1–8), TR 38 (1970) 389 = ders., Kleine Schriften zur Rechtsgeschichte, 1990,

„la plus difficile que Jésus ait prononcé“[2]). Die Verständnisschwierigkeiten kommen auch darin zum Ausdruck, daß es mittlerweile neue Namen erhalten hat, „das Gleichnis vom klugen Verwalter“ in der Einheitsübersetzung, „die Geschichte vom gerissenen Verwalter“ in der Zürcher Bibel. Das Gleichnis, dessen Bildhälfte wir zu klären versuchen wollen, ist allein in Lukas 16,1–8 überliefert; es lautet in seiner griechischen Überlieferung (Nestle/Aland) und nach der neuen Einheitsübersetzung:

1 Ἔλεγεν δὲ καὶ πρὸς τοὺς μαθητάς· ἄνθρωπός τις ἦν πλούσιος ὃς εἶχεν οἰκονόμον, καὶ οὗτος διεβλήθη αὐτῷ ὡς διασκορπίζων τὰ ὑπάρχοντα αὐτοῦ. 2 καὶ φωνήσας αὐτὸν εἶπεν αὐτῷ· τί τοῦτο ἀκούω περὶ σοῦ; ἀπόδος τὸν λόγον της οἰκονομίας σου, οὐ γὰρ δύνῃ ἔτι οἰκονομεῖν. 3 εἶπεν δὲ ἐν ἑαυτῷ ὁ οἰκονόμος· τί ποιήσω, ὅτι ὁ κύριός μου ἀφαιρεῖται τὴν οἰκονομίαν ἀπ’ ἐμοῦ; σκάπτειν οὐκ ἰσχύω, ἐπαιτεῖν αἰσχύνομαι. 4 ἔγνων τί ποιήσω, ἵνα ὅταν μετασταθῶ ἐκ τῆς οἰκονομίας δέξωνταί με εἰς τοὺς οἴκους αὐτῶν. 5 καὶ προσκαλεσάμενος ἕνα ἕκαστον τῶν χρεοφειλετῶν τοῦ κυρίου ἑαυτοῦ ἔλεγεν τῷ πρώτῳ· πόσον ὀφείλεις τῷ κυρίῳ μου; 6 ὁ δὲ εἶπεν· ἑκατὸν βάτους ἐλαίου. ὁ δὲ εἶπεν αὐτῷ· δέξαι σου τὰ γράμματα καὶ καθίσας ταχέως γράψον πεντήκοντα. 7 ἔπειτα ἑτέρῳ εἶπεν· σὺ δὲ πόσον ὀφείλεις; ὁ δὲ εἶπεν· ἑκατὸν κόρους σίτου. λέγει αὐτῷ· δέξαι σου τὰ γράμματα καὶ γράψον ὀγδοήκοντα. 8 καὶ ἐπῄνεσεν ὁ κύριος τὸν οἰκονόμον τῆς ἀδικίας ὅτι φρονίμως ἐποίησεν· ὅτι οἱ υἱοὶ τοῦ αἰῶνος τούτου φρονιμώτεροι ὑπὲρ τοὺς υἱοὺς τοῦ φωτὸς εἰς τὴν γενεὰν τὴν ἑαυτῶν εἰσιν.

1: Jesus sagte zu den Jüngern: Ein reicher Mann hatte einen Verwalter. Diesen beschuldigte man bei ihm, er verschleudere sein Vermögen. 2: Darauf ließ er ihn rufen und sagte zu ihm: Was höre ich über dich? Leg Rechenschaft ab über deine Verwaltung! Du kannst nicht länger mein Verwalter sein. 3: Da überlegte der Verwalter: Mein Herr entzieht mir die Verwaltung. Was soll ich jetzt tun? Zu schwerer Arbeit tauge ich nicht, und zu betteln schäme ich mich. 4: Doch – ich weiß, was ich tun muss, damit mich die Leute in ihre Häuser aufnehmen, wenn ich als Verwalter abgesetzt bin. 5: Und er ließ die Schuldner seines Herrn, einen nach dem andern, zu sich kommen und fragte den ersten: Wie viel bist du meinem Herrn schuldig? 6: Er antwortete: Hundert Fass Öl. Da sagte er zu ihm: Nimm deinen Schuldschein, setz dich gleich hin und schreib „fünfzig“. 7: Dann fragte er einen andern: Wie viel bist du schuldig? Der antwortete: Hundert Sack Weizen. Da sagte er zu ihm: Nimm deinen Schuldschein und schreib „achtzig“. 8: Und der Herr lobte die Klugheit des unehrlichen Verwalters und sagte: Die Kinder dieser Welt sind im Umgang mit ihresgleichen klüger als die Kinder des Lichtes[3]).

S. 337 [= Herrmann]; G. Horowitz, The Spirit of Jewish Law, 1953, 2nd Repr. New York 1973 [= Horowitz]; Chr. Kähler, Jesu Gleichnisse als Poesie und Therapie, 1995 [= Kähler]. – Weitere Abkürzungen nach M. Kaser, Das römische Privatrecht, Bd. 1, 2. Aufl. 1971, S. XIX–XXX.

[2]) L. Bonnet bei G. Gander, Le procédé de l’économe infidèle, décrit Luc 16,5–7, est il répréhensible ou louable?, Verbum Caro 7 (1953) 128.

[3]) Ob Vers 8 und auch noch Vers 9 zum Gleichnis gehören, ist umstritten, s. u. Fn. 9, 10.

9 Καὶ ἐγὼ ὑμῖν λέγω, ἑαυτοῖς ποιήσατε φίλους ἐκ τοῦ μαμωνᾶ τῆς ἀδικίας, ἵνα ὅταν ἐκλίπῃ δέξωνται ὑμᾶς εἰς τὰς αἰωνίους σκηνάς.

9: Ich sage euch: Macht euch Freunde mit Hilfe des ungerechten Mammons, damit ihr in die ewigen Wohnungen aufgenommen werdet, wenn es [mit euch] zu Ende geht.

2. In der Tat ist der Handlungsablauf sehr überraschend und auf den ersten Blick kaum zu begreifen: Es sieht danach aus, als werde ein Verwalter, der hinter dem Rücken seines Gutsherrn dessen Forderungen im Zusammenwirken mit den Schuldnern herabsetzt, indem er die Schuldurkunden verfälscht, mithin seinen Herrn betrügerisch schädigt – als werde ein solcher Verwalter für sein kriminelles Handeln gelobt.

Dies ist in der theologischen Literatur das dominierende Verständnis und zugleich der Ausgangspunkt für die Erklärung des Gleichnisses. In der Deutung folgt, wie gesagt wird, „die Mehrzahl der Forscher"[4]) Joachim Jeremias, der gemeint hat:

„Dieser Mann [*sc.* der Verwalter] war φρονίμως (V. 8a), d. h. er hat die kritische Situation erfaßt. Er hat die Dinge nicht laufen lassen, er hat gehandelt in letzter Minute, ehe das drohende Unheil über ihn hereinbrach, – gewiß skrupellos betrügerisch (τῆς ἀδικίας, V. 8), Jesus beschönigt das nicht, aber darauf kommt es hier nicht an – er hat kühn, entschlossen und klug gehandelt, sich eine neue Existenz gebaut. Klug sein, das ist die Forderung der Stunde auch für Euch! Alles steht auf dem Spiele!"[5]).

Es soll also „das entschiedene Handeln des untreuen Gutsverwalters … als Modell für den Christen dienen"[6]). Die Pointe auf der Bildseite sei: „Auch in einer plötzlich aussichtslosen Lage gewinnt der Gewitzte durch seinen rücksichtslosen, kühnen Entschluß Freiheit bzw. eine neue Lebensmöglichkeit"[7]).

---

[4]) T. Schramm/K. Löwenstein, Unmoralische Helden, Anstößige Gleichnisse Jesu, 1986, S. 20 Fn. 16 (S. 167); vgl. auch Kähler, S. 142 m. Fn. 448.

[5]) J. Jeremias, Die Gleichnisse Jesu, 9. Aufl. 1977, S. 181. Vgl. auch die Kommentierung von U. Wilckens, Das Neue Testament, 11. Aufl. 1998, S. 270f.: „Das Gleichnis ist unter allen sonstigen Gleichnissen Jesu eigenartig: Ein skandalöser Betrug wird zum Bild für die rechte Einstellung zum Gottesreich! … Der Herr lobt seinen Verwalter, statt ihn zu tadeln."

[6]) C. Mira Paz, Das Problem von Struktur und Komposition, Pragmalinguistische Analyse von Lukas 16, in: R. Dillmann/M. Grilli/C. Mira Paz, Vom Text zum Leser, Theorie und Praxis einer handlungsorientierten Bibelauslegung, 2002, S. 116 (mit Jeremias); K. Erlemann, Das Bild Gottes in den synoptischen Gleichnissen, 1988, S. 153 („die Raffinesse, mit der sich der Verwalter die Zukunft sichert, gibt den Ausschlag").

[7]) Kähler, S. 142; I.K. Madsen, Die Parabeln der Evangelien und die heutige Psychologie, 1936, S. 61.

Auch Gustav Radbruch liegt auf dieser Linie, wenn er resümiert: „Und wenn in großartigem Sarkasmus das betrügerische Verhalten des ungerechten Haushalters zum Gleichnis gewählt wird für die Vorbereitung auf die Rechenschaft vor Gott, so kommt … nur mit um so schneidenderer, fast erdrückender Schärfe Jesu Ansicht von der Wesenlosigkeit rechtlicher Wertung zum Ausdruck“[8]).

3. Für diese Deutung, die Endzeiterwartungen der Hörer des Gleichnisses unterstellt, ist wesentlich, daß sie das Gleichnis mit Vers 7 enden läßt, das Lob in Vers 8a also nicht mehr dazunimmt. Demgegenüber meinen wir, daß das Lob unerläßlich zum Gleichnis, zu der uns interessierenden Bildhälfte gehört; Jesus läßt es den Gutsherrn sprechen, nicht ist er selbst der lobende Herr[9]). Überhaupt drängen sich schwere Bedenken gegen die soeben vorgetragene theologische Interpretation auf. Soll wirklich ein Krimineller, der sich durch einen kühn-dreisten neuerlichen Betrug aus der Affäre zu ziehen versucht, des Lobes würdig sein[10])? Allein und wertungslos wegen seines

[8]) G. Radbruch, Rechtsphilosophie, 5. Aufl. 1956, S. 192.

[9]) Anders (in V. 8a sei Jesus mit Kyrios gemeint) etwa Jeremias, Die Gleichnisse Jesu (o. Fn. 5), S. 42f.; Kähler, S. 142 Fn. 448; M. Wolter (u. Fn. 10).

[10]) Nach dem Verständnis in der Literatur läßt der Verwalter seinen früheren Betrügereien eine Veruntreuung im großen Stil folgen, vgl. etwa Kähler, S. 140f.; E. Reinmuth, Der beschuldigte Verwalter Lk 16,1–8, in: R. Zimmermann (Hg.), Kompendium der Gleichnisse Jesu, 2007, S. 635. Um einen solchen Widerspruch zu eliminieren, hat man einen doppelten Übersetzungsfehler aus dem (durch Rückübersetzung rekonstruierten) aramäischen Basistext vermutet, in dem die Schlüsselworte *barech* außer „loben“ auch „verfluchen“ und *arum* außer „klug“ auch „hinterlistig“ bedeuten können, so daß die eigentliche Aussage sei: „Und der Herr fluchte dem betrügerischen Verwalter, weil er hinterlistig gehandelt hatte“, so etwa G. Schwarz, „… lobte den betrügerischen Verwalter?“ (Lukas 16,8a), Biblische Zeitschrift [BZ] 18 (1974) 94–95; P. Lapide, Ist die Bibel richtig übersetzt?, 3. Aufl. 1989, S. 92. Doch ist, wie sich zeigen wird, für das Verständnis des Gleichnisses das Lob von entscheidender Bedeutung. Es sollte deshalb auch nicht heruntergespielt werden, wie etwa von F. Bovon, Das Evangelium nach Lukas, in: Evangelisch-Katholischer Kommentar zum Neuen Testament [EKK] III/3, 2001, S. 78 („der Herr den Verwalter … nur dafür lobt, mit Verstand gehandelt zu haben, das heißt zu seinen eigenen Gunsten und zu seinem Gewinn … Als guter Verlierer verbeugt sich der … Herr vor der Klasse seines Verwalters“). – Dementsprechend ist auch die Lösung zurückzuweisen, die Vers 8 vom Gleichnis trennt (dessen Erzählung dann ein offenes Ende haben muß) und in dem in Vers 8a sprechenden *kyrios* Jesus erblickt, so M. Wolter, Das Lukasevangelium, Hdb. zum Neuen Testament, V, 2008, S. 544. Die für diese Interpretation grundlegende Annahme: „Der reiche Mann würde den Verwalter jetzt genau dafür loben, wofür er ihn zuvor entlassen hatte“, wird dem nachträglichen Verhalten des Verwalters nicht gerecht, und wir werden deshalb auch

schnellen Handelns und ganz ohne Rücksicht auf menschliches Recht? Wir können nicht glauben, daß uns eine solche Botschaft von Jesus nahegebracht werden sollte, von dessen geradezu vollkommenem Rechtswissen wir Zeugnisse haben[11]). Es ist deshalb nicht nur verlockend, sondern auch geboten, die Bildhälfte unseres Gleichnisses näher zu untersuchen.

II.

1. Man ist sich im wesentlichen und mit Grund darüber einig, daß der *kyrios* unseres Gleichnisses ein Großgrundbesitzer ist, ein Grundherr, der zur Leitung seines Wirtschaftsbetriebes einen *oikonomos* eingesetzt hat, unseren Verwalter. Es ist ein schon in der Antike oft begegnendes Phänomen, daß vermögende Grundherren sich überwiegend in der Stadt aufhalten und die Bewirtschaftung ihrer Güter erfahrenen und zuverlässigen Verwaltern überlassen, seien diese freie Personen, Freigelassene oder Sklaven. In unserem Gleichnis spricht der Umfang der Geschäfte, die der Verwalter mit den Schuldnern vornimmt[12]), für einen großen Wirtschaftsbetrieb; das Auftreten und die selbständige Zukunftsplanung des Verwalters lassen erkennen, daß er ein freier Mann ist[13]). Solche Verwalter hatten, wie es schon ihr Aufgabenbereich mit sich brachte, eine sehr selbständige Stellung; sie mußten für ihren Herrn handeln können.

2. Damit ergibt sich die Frage, kraft welcher Rechtsmacht unser Verwalter handelte. Im Talmud wird mehrfach die Regel angeführt „Der Vertreter eines Menschen ist wie er selbst"[14]). Danach liegt es nahe, an eine rechts-

---

eine „extreme Unwahrscheinlichkeit einer solchen Reaktion" (S. 544), *sc.* des Lobes, nicht annehmen können.

[11]) Vgl. R. Knütel, ‚Der Schatz im Acker' und ‚die bösen Weingärtner', Bibelgleichnisse im Lichte zeitgenössischer Rechtsanschauungen, JuS 26 (1986) 950ff. = Index 15 (1987) 111ff. – Unser Gleichnis dürfte dies bestätigen.

[12]) Siehe dazu u. vor Fn. 23.

[13]) So auch die meisten, vgl. etwa D. Nörr, Die Evangelien des Neuen Testaments und die sog. hellenistische Rechtskoine, ZRG RA 78 (1961) 126 Fn. 174, 130; auch H.L. Strack/P. Billerbeck, Kommentar zum Neuen Testament aus Talmud und Midrasch, Bd. 2, 5. unveränd. Auflage 1969, S. 217; abweichend Bock, Luke II (o. Fn. 1), S. 1327 Rz 16:1 („The steward may have been a slave …"), wohl auch Mira Paz, Struktur und Komposition (o. Fn. 6), S. 113 („In der Mehrheit der Fälle … Sklaven …"). Aber wie sollte ein Sklave an eine Aufnahme in den Häusern der Schuldner denken? – Nicht weiterführend W. Erdmann, Ein römischer procurator omnium bonorum in Judäa z. Z. Christi?, ZRG RA 64 (1944) 370, der seine Frage bejaht und behauptet, das Gleichnis betreffe „rein römische Verhältnisse" (S. 373).

[14]) Baba Mezia 96a (Gs. VII, S. 777: „R. Jonathan sagte: Wir finden überall, daß der Vertreter eines Menschen ihm selber gleiche"; Sonc. IV/1, S. 556: „Rabbi

geschäftlich erteilte direkte Vertretungsmacht zu denken, nach der also die Wirkungen des Vertreterhandelns unmittelbar in der Person des Vertretenen eintreten. Daß es diese fortschrittliche Rechtsfigur der direkten Vertretung im jüdischen Recht zumindest in bestimmten Fallgruppen gegeben hat, kommt auch darin zum Ausdruck, daß etwa der Erwerb aus einem Kauf durch den Vertreter sogleich beim Vertretenen erfolgt, ohne daß es also irgendwelcher Übertragungsakte zwischen Vertreter und Vertretenem bedurft hätte[15]). Mögen hinsichtlich der Tragweite der Anerkennung einer direkten Stellvertretung schon in der damaligen Zeit auch Ungewißheiten bleiben, so ließe sich in den meisten Fällen die Wirkung der Rechtshandlungen des *oikonomos* für das Vermögen des Grundherrn doch auch über die in der Antike geläufige Figur der „Ermächtigung" begründen, wonach der Verwalter berechtigt wäre, im eigenen Namen Verfügungen über das Vermögen des Grundherrn zu treffen[16]).

Können wir demnach von einer Berechtigung des *oikonomos*, für den *kyrios* zu handeln, ausgehen, so gilt das doch nur so lange, wie der Verwalter sein Amt innehat. Hierzu bestehen Unsicherheiten in der Literatur; doch wird überwiegend angenommen, der Herr habe die Entlassung nur erst angekündigt, nicht aber schon ausgesprochen[17]). Der Wortlaut des Gleichnisses hilft nur wenig weiter; die Verbformen sind präsentisch in Vers 2 wie in Vers 3 (V. 2: οὐ γὰρ δύνῃ [nach einigen Mss. jedoch futurisch δύνησῃ] ἔτι οἰκονομεῖν) und V. 3: ὅτι ὁ κύριός μου ἀφαιρεῖται τὴν οἰκονομίαν).

Jonathan said: We find in the whole Torah that a man's agent is [legally] as himself"); Kiddushim 41b. Weitere Nachweise bei M. Cohn, Die Stellvertretung im jüdischen Recht, ZvglRW 36 (1920) 133ff.; Horowitz, S. 538; Derrett, S. 201 = 52.

[15]) Baba Kamma 102b (Gs. VII, S. 353f.; Sonc. IV/1, S. 594ff.); Horowitz, S. 538. Siehe ferner A. Gulak, Das Urkundenwesen im Talmud, 1935, S. 137f.; Cohn, Stellvertretung (o. Fn. 14), S. 124ff.; K. Ballerstedt, Zur Haftung für culpa in contrahendo bei Geschäftsabschluß durch Stellvertreter, AcP 151 (1950/51) 514 Fn. 34.

[16]) Daran denken bei den Schulderlassen des *oikonomos* Nörr, Die Evangelien (o. Fn. 13), S. 130; Herrmann, S. 396ff. = Kleine Schriften 344f.

[17]) Derrett, S. 204 = 55; Th. Hoeren, Das Gleichnis vom ungerechten Verwalter (Lukas 16,1–8a), Fs. Hans Kiefner zum 65. Geb., 1994, S. 113; B. Kollmann, Jesus als jüdischer Gleichnisdichter, New Test. Studies 50 (2004) 468; Kähler, S. 139; Reinmuth, Der beschuldigte Verwalter (o. Fn. 10), S. 635, 638, 642f. Für die sofortige Kündigung allerdings Madsen, Die Parabeln der Evangelien (o. Fn. 7), S. 58, 60, auch Herrmann, S. 396ff. = Kleine Schriften 344f., der deshalb einen Schutz der gutgläubigen Schuldner postuliert – für unentgeltlichen Gewinn? Widersprüchlich Erlemann, Das Bild Gottes (o. Fn. 6), S. 152 („Entlassung wird nicht in Frage gestellt"), S. 153 („offensichtlich mit Amtsbefugnis ausgestattet").

Immerhin wird für die Beendigung der Anstellung keine Vergangenheitsform verwendet. Auch wäre in V. 4 genauer zu übersetzen: wenn ich ... abgesetzt sein werde (μεταστα θῶ). Hinzu kommt die Erfahrungstatsache, die sich bei Entlassungen aus dem Dienst zeigt, daß nämlich vor der Beendigung Rechnung gelegt werden muß; der Geschäftsherr behält solange seine vertraglichen Rechte[18]). Zudem können wir davon ausgehen, daß die Erlaßgeschäfte, die der Haushalter mit den Schuldnern abschließt, gewisse Wirkungen haben; ein Lob des Kyrios für ein unbeachtliches Handeln des Verwalters wäre kaum begreiflich[19]).

3. Betrachten wir nun die Geschäfte und zunächst die Forderungen, um die es geht. Sie haben Weizen und Öl zum Gegenstand und werden anteilig herabgesetzt. Daraus schließen manche, es handle sich um Pachtzinsforderungen, und zwar aus partiarischer Pacht, bei der die Pächter statt des Pachtzinses einen bestimmten Ernteanteil zu leisten hatten[20]). Aber abgesehen davon, daß es sich dann angeboten hätte, statt von *chreopheiletai* gleich von *misthotai* zu sprechen, lassen sich bei dieser Annahme die unterschiedlichen Abschläge nicht gut erklären: Sollte ein Teilpächter bei der zeitaufwendigeren Ölgewinnung sogar die Hälfte der Ernte schulden?; gleiches gilt für die Höhe der geschuldeten Beträge[21]). Der wohl entscheidende Grund wird sich alsbald noch zeigen.

Näher liegt es, von Naturaldarlehen auszugehen[22]), von Verträgen also, in denen der Darlehensgeber Naturalien, wie etwa Weizen, mit der Abrede dem Darlehensnehmer überläßt, daß dieser nach Ablauf der vereinbarten Zeit die gleiche Menge von gleicher Gattung Weizen zurückzugeben hat. Es handelt sich um einen Gebrauchsüberlassungsvertrag mit der Besonderheit, daß der Darlehensnehmer Eigentum an den ihm überlassenen Sachen erlangt. Im Wirtschaftsleben ist eine solche Gebrauchsüberlassung in aller Regel nicht

---

18) Vgl. Derrett, S. 203f. = 54f.

19) Vgl. E. Schrage, Is in de gelijkenis van de onrechtvaardige rentmeester sprake van een contractus litteris?, FS P. J. Verdam, Deventer 1971, S. 194.

20) So etwa Madsen, Die Parabeln der Evangelien (o. Fn. 7), S. 56 (weil man so große Partien nicht leiht), 61; Kollmann, Jesus als jüdischer Gleichnisdichter (Fn. 17), S. 469; Gander, Le procédé (o. Fn. 2), S. 130, 132. „Denkbar" nach Herrmann, S. 400 = Kleine Schriften 348.

21) Vgl. Bock, Luke II (o. Fn. 1), S. 1330 Rz 16:6: „They are probably outsiders, since the amounts owned show that the debtors are wealthier than tenant farmers would be ..."

22) Derrett, S. 211ff. = 65ff.; Herrmann, S. 400 = Kleine Schriften 348 („wahrscheinlich"), vgl. J. A. Fitzmyer, The Gospel According to Luke (X–XXIV), New York 1964, 3. Neudr. 1986, S. 1097f.

umsonst; sie erfolgt gegen Entgelt, den Zins. Wenn wir also Naturaldarlehen in Betracht ziehen, drängt sich sogleich die Frage nach dem Zins auf, sofern es nicht um kleine Gefälligkeiten, sondern um „ins Gewicht fallende“ Mengen geht. Das ist hier der Fall: Die 100 *bat* oder *cadus* Öl sind 3.914 l, also rund 4 m^3 (mithin etwas weniger als heute drei Standardöltanks à 1.500 l fassen), und die 100 *kor* Weizen sind in 40.000 l Getreide umzurechnen – rund die Füllmenge eines Tankwagens[23]).

Zwar ist von Zinsen im Gleichnis nicht die Rede; doch versteht es sich nahezu von selbst, daß es ohne sie nicht gegangen sein wird. Sie sind denn auch leicht zu entdecken, wenn man auf das Weizenbeispiel schaut: Von 100 *kor* werden 20 gestrichen, so daß achtzig bleiben. Die 20 *kor* machen 25 % der verbleibenden 80 aus, und es läßt sich feststellen, daß 25 % für Weizen ein gut möglicher Zinssatz war. Freilich schwankten die Getreidezinsen in der gesamten Antike stark; in Altbabylon etwa lag der Geldzins bei 25 %, der Getreidezins bei 50 %; in Neubabylon der gesetzliche Zins für Geld wie für Weizen bei 25 %[24]). Diese Gleichheit erklärt sich daraus, daß Weizen in Agrargesellschaften weithin als Ersatzwährung fungierte. Im ptolemäischen Ägypten lag der gesetzliche Zinsfuß für Geld bei 2 % im Monat, also 24 % im Jahr, eigentlich sogar 25 %, weil auf ein Normaljahr mit 12 Monaten jeweils ein Schaltjahr mit 13 Monaten folgte. Es mußten deshalb auf eine Mine Kapital in zwei Jahren 25 mal 2 Drachmen Zins gezahlt werden[25]). Man kann sich also vorstellen, daß ein Weizengläubiger sich mit 25 % (in Palästina) zufriedengab.

Im ptolemäischen Ägypten war der für Weizen und überhaupt für Naturaldarlehen übliche Zinssatz freilich das Hemiolion, das zwischen einem Strafzuschlag und einem Pauschalzins changiert[26]). Es besteht in der Hälfte des ausgeliehenen Ganzen, macht also 50 % aus – und das unabhängig von der

---

[23]) In Deutschland für maximal 45.200 l Öl zugelassen. – Etwas geringere Mengen errechnet G. Dalman bei Jeremias, Die Gleichnisse Jesu (o. Fn. 5), S. 180: „100 Bath = 36,5 hl Öl (als Ertrag von 146 Ölbäumen und einer Schuldsumme von etwa 1000 Denaren entsprechend) und 100 *kor* = 364,4 hl Weizen = 550 Zentner, die dem Ertrag von 42 Hektar und einer Schuldsumme von etwa 2.500 Denaren entsprechen. – Der Nachlaß (18 hl Öl, 73 hl Weizen) ist wertmäßig in beiden Fällen ungefähr gleich, da Öl viel teurer ist als Weizen; in Geldwert ausgedrückt beträgt er 500 Denare.“

[24]) R. P. Maloney, Usury and Restrictions on Interest-Taking in the Ancient Near East, Catholic Biblical Quarterly 36 (1974) 16.

[25]) Joh. Herrmann, Zinssätze und Zinsgeschäfte im Recht der gräko-ägyptischen Papyri, JJP 14 (1962) 24.

[26]) Vgl. nur H.-A. Rupprecht, Untersuchungen zum Darlehen im Recht der graeco-aegyptischen Papyri der Ptolemäerzeit, 1967, S. 77 m. w. N.

Nutzungsdauer des Kapitals[27]). Dieser Zinssatz hat sich bei Naturaldarlehen auch in der römischen Zeit erhalten[28]).

Instruktiv ist der vermutlich aus 97 v. Chr. stammende Papyrus Par. 7[29]). Er enthält den Vertragsschluß zwischen dem Sohn eines verstorbenen Kreditgebers und der Tochter des ebenfalls verstorbenen Kreditnehmers. Verkürzt heißt es: Es gibt Harsiesis, Sohn des Horus, ... der Asklepias, Tochter des Panas, ein Darlehen von zweiundzwanzig Artaben Weizen unverzinslich ... Dies ist das Darlehen, welches sie ... erhalten zu haben bekennt; dasselbe tritt an die Stelle des Darlehens von 14 Artaben, welches früher ihr vorgenannter Vater Panas dem Vater des Harsiesis laut ägyptischem Schuldschein (*symbolaion*) schuldig war.

Es geht also um eine Ausgangsschuld von 14 Artaben[30]), die durch die Hinzurechnung von Zinsen und Säumniszuschlag in eine Neuschuld von 22 1/2 Artaben umgewandelt und in dieser Höhe als neu gegebenes Darlehen versprochen wird, also um einen sog. Zinskapitalisierungsvertrag[31]). Beachtenswert ist, daß von einer Zinsberechnung nicht die Rede ist und daß also der schriftlichen Fixierung selbst schon verpflichtende Kraft beigemessen wurde; L. Mitteis nimmt deshalb an, „dass die griechische Praxis einen wahren Literalvertrag kannte“[32]).

Insbesondere fiktive Darlehensverträge sind in dieser Form der Schuldurkunde abgeschlossen und zu unterschiedlichen Zwecken verwendet worden (etwa auch zur „Sicherung“ des Kaufpreisanspruchs beim Lieferungskauf – unser „Vereinbarungsdarlehen“). Weithin sind diese Urkunden abstrakt gefaßt; sie enthalten also keinen Hinweis auf das wirklich zugrundeliegende Geschäft; auch im jüdischen Recht wird das nicht erforderlich gewesen

---

[27]) Näheres dazu bei H. Kühnert, Zum Kreditgeschäft in den hellenistischen Papyri Ägyptens bis Diokletian, Diss. Freiburg 1965, S. 50ff.; Herrmann, Zinssätze (o. Fn. 25), S. 27 Fn. 25.

[28]) M. Kaser, Röm. Privatrecht, II, 2. Aufl. 1975, S. 341; L. Mitteis, Reichsrecht und Volksrecht in den östl. Provinzen des röm. Kaiserreichs, 1891, Neudr. 1963, S. 513; Kühnert, Kreditgeschäft (Fn. 27), S. 53f. – Vgl. Const. CTh. 2,33,1 von 325.

[29]) UPZ II 190; MChr 225. Dazu Mitteis, Reichsrecht (o. Fn. 28), S. 473; G. Thür, Marginalien zum fiktiven Darlehen, FS R. Knütel, 2009, S.1276 f., s. auch Kühnert, Kreditgeschäft (o. Fn. 27), S. 30; Rupprecht, Darlehen (o. Fn. 26), S. 122f.

[30]) Persisch-ptolemäisches Trockenmaß, das zwischen 26 und 51 Choinikes (Tagesrationen eines Mannes von jeweils gut 1 l) schwankt.

[31]) Mitteis, Reichsrecht (o. Fn. 28), S. 474; vgl. P. Gröschler, Mutuum cum stipulatione, TR 74 (2006) 267ff..

[32]) Mitteis, Reichsrecht (o. Fn. 28), S. 474; Schrage, Onrechtvaardige Rentmeester (o. Fn. 19), S. 192, 197.

sein[33]). Abstrakte Schuldurkunden sind besonders geeignet, die wirklichen Abreden zu verschleiern und damit auch Zinszuschläge; sie geben ja nur die eine geschuldete Gesamtsumme an, die an sich[34]) schnell und einfach ausgeklagt werden konnte. Treffend ist auch beobachtet worden, daß insbesondere bei Darlehen, die – wie in dem genannten Papyrus von 97 v. Chr. – in den Schuldurkunden als „zinslos“ bezeichnet werden, der Verdacht besteht, daß darin die wahren Bedingungen der Darlehensgewährung verschleiert wurden[35]).

Beim Öl-Schuldner wird die Menge von 100 *bat* auf 50 herabgesetzt. Nehmen wir diese 50 als den Ausgangsbetrag, so hätten wir eine Zinsmenge, die genau 100 % ausmacht. Das ist zwar überraschend, erweist sich aber gerade als Bestätigung unserer Vermutung. Angenommen, es sei das bei Öl ebenfalls übliche Hemiolion[36]) auf die Summe aufgeschlagen worden, so daß ursprünglich 75 *bat* beurkundet waren. Es könnte der Schuldner mit der Rückgewähr dieser Menge in Verzug geraten sein oder sonst um Verlängerung des Darlehens gebeten haben, der Verwalter könnte sich dazu bereitgefunden und (wie in dem oben angesprochenen Papyrus Par. 7) die alte Schuld auf eine neue über 100 *bat* umgestellt haben. Konsequent wäre dann zwar ein Zuschlag in Höhe eines weiteren Hemiolion (37½), so daß sich 112½ *bat* ergäben. Doch erklärt sich die Begrenzung ohne weiteres aus der Regel des *ne ultra alterum tantum,* nach der der Zinslauf enden muß, wenn der Betrag der nicht gezahlten Zinsen die Höhe des Kapitals (von 50) erreicht. Nach Diodor (1,79,2) hatte König Bokchoris (725–720?) ein entsprechendes Gesetz in Kraft gesetzt, das auch im ptolemäischen Recht noch bestand und in den Papyri häufig hervortritt[37]). Der Blick auf die Praktiken der Darlehensvergabe in Ägypten, die in Palästina ebenfalls geübt worden sein dürften, macht nach alldem plausibel,

---

[33]) Herrmann, S. 348 m. Nachw. (so auch Urkunden aus der Wüste Juda).

[34]) Näheres unten nach Fn 49.

[35]) Herrmann, S. 349; ders., Zinssätze, JJP 14 (o. Fn. 25), S. 30; Rupprecht, Darlehen (o. Fn. 26), S. 85. Zur altorientalischen Praxis s. G. Pfeifer, Fortschritt auf Umwegen – Umgehung und Fiktion in Rechtsurkunden des Altertums, 2013, S. 15–21.

[36]) Vgl. die Nachweise o. Fn. 26; Kaser, RPR II (o. Fn. 28), S. 341. – Derrett, S. 215f. = 69ff. kann zugunsten einer Verzinsung von 100 % und mehr bei Öl nur auf Verhältnisse im alten und im mittelalterlichen Indien verweisen.

[37]) Rupprecht, Darlehen (o. Fn. 26), S. 89 (vgl. zudem S. 103f.); E. Seidl, Ägyptische Rechtsgeschichte der Saiten- und Perserzeit, 2. Aufl., 1968, S. 65; ders., Rechtsgeschichte Ägyptens als römischer Provinz, 1973, S. 198. – Vgl. auch den griechischen Fall Scaev. D. 32,37,5 sowie Ant. C. 4,32,10; Iust. C. 4,32,27,1 (529); Nov. 121,2 (535). Zur altorientalischen Praxis s. G. Pfeifer, Fortschritt auf Umwegen – Umgehung und Fiktion in Rechtsurkunden des Altertums, 2013, S. 15–21.

daß es sich bei den Geschäften des Verwalters mit den zusammengerufenen Schuldnern um den Erlaß von Zinsen aus Naturaldarlehen handelte, beim Weizen um den (wohl am Geldzins orientierten) Jahreszins, beim Öl um die aufgelaufene Zinshöchstmenge. Die unterschiedlichen Zahlen müßten den Zuhörern unmittelbar eingeleuchtet haben.

Nach den uns mitgeteilten Umständen waren diese Erlaßgeschäfte an sich wirksam, auch nach jüdischem Recht. Nach diesem konnte der teilweise ebenso wie der vollständige Erlaß einer Forderung grundsätzlich formlos durch bloßen Konsens herbeigeführt werden[38]). Das ist der Fall, wenn ein Schuldner auf Weisung seines Gläubigers (oder dessen Vertreters) den geschuldeten Betrag auf der Schuldurkunde – die ihm hier vom *oikonomos* vorgelegt worden ist –, herabsetzt. Zwar war bei vor Zeugen errichteten Schuldurkunden grundsätzlich auch ein Erlaß in Schriftform vor Zeugen geboten; doch ließ man es genügen, wenn wenigstens Zeugen die Erklärung des Erlasses vernommen hatten. Daran fehlte es nicht, denn der *oikonomos* hatte nicht nur die beiden, sondern alle, jeden einzelnen Schuldner des Herrn, zusammengerufen (ἕνα ἕκαστον τῶν χρεοφειλετῶν τοῦ κυρίου, V. 5).

Auch bestand, wie wir sahen, die Vertretungsmacht des Verwalters noch. Sie umschloß ohne weiteres die Begründung und Aufhebung von Forderungen, auch in der Schlußphase der Verwaltung. Zudem ist das Gebot an den Haushalter, Rechnung zu legen (*logon didonai*), mehr als eine bloße Aufforderung, die Unterlagen herauszugeben[39]); vielmehr ist darüber hinaus eine überprüfbare Aufstellung von Einnahmen und Ausgaben mitsamt dem Stand des Kontos oder der Konten vorzulegen und alles aus der Geschäftsführung Erlangte herauszugeben. Deshalb enthält eine Aufforderung zur Rechnungslegung implizit und erkennbar auch das Verlangen, der Verwalter möge die Geschäftsführung im Rahmen des Zumutbaren „in Ordnung bringen" – schon damit es möglich ist, Herauszugebendes zu leisten und den Wert noch offener Forderungen, die wahre Belastung durch möglicherweise strittige Verbindlichkeiten etc., kurzum die Angaben der Abrechnung realistisch zu beurteilen[40]).

---

[38]) Horowitz, S. 481f. (§ 259); I. Herzog, The Main Institutions of Jewish Law, II, London 1980, S. 229ff.; s. auch Schrage, Onrechtvaardige Rentmeester (o. Fn. 19), S. 195f.

[39]) So jedoch Madsen, Die Parabeln der Evangelien (o. Fn. 7), S. 58 („Rechenschaft abfordert, d. h. die Pachtscheine … verlangt"); Kähler, S. 139 („nur noch die Geschäftsunterlagen abverlangt").

[40]) Es ist deshalb zumindest voreilig zu behaupten: „Es geht um einen Betrug …, denn es liegt kein Auftrag zu solchem Handeln vor", so Erlemann, Das Bild Gottes (o. Fn. 6), S. 153 Fn. 343.

4. Diese an sich wirksamen Erlasse werden – wie dargetan – in der Literatur als kriminelle Akte angesehen, als Betrug zum Nachteil des *kyrios*. Aus rechtshistorischer Sicht ist eine solche Beurteilung jedoch ohne Fundierung. Denn es geht um Zinsen, und bekanntlich ist es im Pentateuch und damit in der Toráh mehrfach verboten, Zinsen zu nehmen, so im Deuteronomium 23, 20–21: „Du sollst von deinem Bruder keine Zinsen annehmen, weder Zinsen für Geld noch Zinsen für Speise noch Zinsen für irgendetwas, wofür man Zinsen nehmen kann. 21. Von einem Ausländer darfst du Zinsen nehmen, von deinem Bruder aber sollst du keine Zinsen nehmen, damit der Herr, dein Gott, dich segnet in allem, was du unternimmst, in dem Land, in das du ziehst, um es in Besitz zu nehmen"[41]). Nach Ezechiel wird, wer „gegen Zins gibt und Aufschlag nimmt, ... nicht am Leben bleiben ... er muss sterben" (17, 13). Doch wurde dies nur als religiöse, nicht als rechtliche Sanktion aufgefaßt; dessenungeachtet nahmen die Rabbinen das Verbot überaus ernst und entwickelten in kontroversen Diskussionen ein sehr detailreiches Zinsverbotsrecht, das einerseits extensive Tendenzen aufwies, indem dem Verbot schon Geschäfte unterworfen wurden, in denen auch nur der „Staub", ein bloßes „Staubkorn" von Zinsen in Betracht kam, in dem andererseits aber kein Anspruch, sondern nur Zwang zur „freiwilligen" Rückgewähr von verbotswidrig gezahlten Zinsen anerkannt war[42]). Die Verletzung des Verbots zog gewisse infamierende Wirkungen nach sich, z.B. die Unfähigkeit, ein Richteramt zu bekleiden (Sanhedrin III, 3; 24b), und hatte zivilrechtlich vor allem die Nichtigkeit der Zinsabrede zur Folge[43]). Angesichts dieser Nichtigkeit erweist sich, daß weder der Grundherr noch der Verwalter Anspruch auf die Zinsbeträge hatten, die auf den Schuldurkunden herausgestrichen wurden. Das führt zu der Frage, weshalb der Verwalter dann überhaupt noch die Erlaßgeschäfte vorgenommen hatte.

5. Die Dinge liegen etwas komplizierter, soweit es um Naturaldarlehen ging. Denn es lag in der Natur auch dieser Darlehen, daß der Darlehensgeber

---

[41]) Nach der Zürcher Bibel, Ausgabe 2007. – Siehe ferner Ex. 22,24; Lev. 25,36–37 („Du sollst von ihm [*sc.* deinem Bruder] weder Zins noch Zuschlag nehmen, sondern dich vor deinem Gott fürchten, so daß dein Bruder neben dir leben kann. 37. Du sollst von ihm keinen Zins oder Zuschlag verlangen, wenn du ihm Geld oder Nahrung gibst").

[42]) Vgl. die Darstellungen bei Horowitz, S. 486ff.; Herzog, Institutions of Jewish Law (o. Fn. 38), S. 135f.; J. H. Rappaport, Das Darlehen nach talmudischem Recht, ZvglRW 47 (1932) 316ff.

[43]) Baba Mezia V 6; 72b (Gs. S. 681 = Sonc. S. 416: „Die Weisen sagen, er erhalte den Stammbetrag [das Kapital], nicht aber die Zinsen"), vgl. Rappaport, Darlehen (o. Fn. 42), S. 131f.

Zinsgewinne machen und den Darlehensnehmer bewuchern konnte. Da der Zweck des Zinsverbots ist, daß ein Israelit den anderen nicht ausbeuten soll, man aber nur denjenigen ausbeuten kann, der etwas braucht, das er nicht hat und sich deshalb beschaffen muß, sind Naturaldarlehensverträge dann für unbedenklich gehalten worden, wenn der Darlehensnehmer schon etwas von der Gattung, etwa Weizen, hat, aus der er ausleihen will[44]). Da die meisten über Weizen wegen der Aussaat oder um Brot zu backen, verfügten und auch über Öl wegen der Lampen und Speisen, konnten über die täglichen Verbrauchsgüter, vor allem Weizen, Wein und Öl, Darlehensverträge abgeschlossen werden, zumal da man es nach anfänglichem Streit genügen ließ, daß der Darlehensnehmer statt der gleichen wie die aufzunehmende Menge nur eine Sea Weizen[45]) oder auch nur einen Tropfen Öl hatte[46]). Daß die Verträge unseres Verwalters diesem Erfordernis entsprachen, ist nicht zu bezweifeln.

Die Rabbinen, vor allem der Schule Hillels (ca. 60 vor bis 20 n. Chr.), gingen über diese Anforderungen jedoch weit hinaus. Wir hörten schon von der Theorie des Zinsstaubs. Sie galt für alle Kreditgeschäfte, also auch Weizendarlehen. So wurde ein solches Darlehen für ungültig erachtet, wenn jemand es mit der Abrede aufgenommen hatte, die entsprechende Weizenmenge zur Erntezeit zurückzugewähren. Denn der Weizen könnte im Preis steigen und es würde damit bei der Rückgewähr zu einem Gewinn des Darleihers und folglich zu einem Verstoß gegen das Zinsverbot kommen[47]). Einen (umständlichen) Ausweg fand man darin, daß im Zeitpunkt der Überlassung des Weizens an den Empfänger der Wert festgestellt werden mußte und daß zum Zeitpunkt der vereinbarten Rückgewähr der Darlehensnehmer im Falle einer Wertsteigerung den veranschlagten Wert zahlen oder bei gefallenem Preis entsprechenden Weizen zurückgeben konnte[48]). Doch konnte sich diese strenge Auffassung nicht durchsetzen; im 3. Jh. entschieden die Weisen, man dürfe

[44]) Rappaport, Darlehen (o. Fn. 42), S. 350ff.; E. Klingenberg, Das israelitische Zinsverbot in Torah, Mišnah und Talmud (= Abh. d. AdW. Mainz, Geistes- u. Sozialwiss. Kl., Nr. 7), 1977, S. 66ff.

[45]) A. Ben David, Talmudische Ökonomie, Die Wirtschaft des jüdischen Palästina zur Zeit der Mischna und des Talmud, 1974, S. 334ff.; 1 Sea = 13,4 Liter.

[46]) So die Gemara zu Baba Mezia V, 9 (75a; Gs., S. 692 = Sonc., S. 432f.); vgl. Rappaport, Darlehen (o. Fn. 42), S. 350f.; Klingenberg, Zinsverbot (o. Fn. 44), S. 68.

[47]) Baba Mezia V, 9 (fol. 75a) (Gs., S. 692 = Sonc., S. 432); E. Cohn, Der Wucher im Talmud, seine Theorie und Entwicklung, ZvglRW 18 (1905) 41ff.; Klingenberg, Zinsverbot (o. Fn. 44), S. 66f.

[48]) Baba Mezia V, 9 (fol. 75a).

ohne besondere Vereinbarung [über den Wert] ausleihen und ohne besondere Vereinbarung zurückgeben[49]).

Zu Jesu Zeit dürfte Hillels Lehre dagegen die herrschende gewesen sein. Von Wertvereinbarungen erfahren wir in dem Gleichnis jedoch nichts, vermutlich deshalb, weil es nicht darauf ankam. Das wird sich damit erklären, daß diese Voraussetzung nicht eine des biblischen, sondern eine des sog. „rabbinischen Zinses“ ist, also der das Zinsverbot ausdehnenden rabbinischen Lehre. Zwar beeinflußten die rabbinischen Lehren die Rechtsprechung; doch blieben die Gerichte – hier waren die mit 23 Ortsältesten besetzten kleinen Synhedrien zuständig – gegenüber den Ausweitungen des Zinsverbots offenbar zurückhaltend und sahen ohne weiteres nur ausdrückliche Zinsvereinbarungen als unwirksam an[50]).

Forderungen aus Naturaldarlehen konnten deshalb, wenn in der Schuldurkunde – wie in aller Regel – von Zinsen nichts zu erkennen war, mit Erfolg vor den Gerichten durchgesetzt werden. Es ist wohl nicht selten vorgekommen und auch in unserem Gleichnis gut denkbar, daß ein Gelddarlehen gewährt, nach dessen Umwandlung in ein Naturaldarlehen, dann aber in einer Schuldurkunde die Rückgewähr eines bestimmten Quantums Weizen versprochen wurde, in welchem die Zinsen schon enthalten waren. Für eine derartige Praxis des verhüllten Fruchtwuchers finden sich manche Belege[51]).

6. Außer diesen Besonderheiten im Zinsrecht ist auch im Vertretungsrecht eine wichtige Ausnahme zu beachten. Es gilt gegenüber dem Grundsatz „Der Vertreter eines Menschen ist wie er selbst“[52]) das einschränkende Prinzip: „Es gibt keinen Vertreter für Überschreitungen“, nämlich von Verboten der Toráh (und der Halakah), seien sie religiöser und ritueller Art, sei-

---

[49]) Baba Mezia V, 9 (fol. 75a) (Gs., S. 692 = Sonc., S. 433); Cohn, Wucher (o. Fn. 47), S. 64ff.; Rappaport, Darlehen (o. Fn. 42), S. 350f.; Klingenberg, Zinsverbot (o. Fn. 44), S. 68.

[50]) Derrett, S. 207f. = 60f.

[51]) Pap. Reinach 1, vgl. H. J. Wolff, Vorlesungen über Juristische Papyruskunde, hgg. v. J. G. Wolf, 1998, S. 133; ferner Diocl. et Max. C. 4,2,5 v. 293 (*si pro pecunia numerata oleum susceptum instrumento sit collatum*), dazu E. Rabel, Nachgeformte Rechtsgeschäfte, ZRG RA 28 (1907) 320 Fn. 3; H. Kreller, Zur Geschichte der exc. non numeratae pecuniae, Studi Riccobono, II, 1936, S. 298; E. Levy, Die querela non numeratae pecuniae, ZRG RA 70 (1953) 239 („hatten sie [*sc.* die Petenten], vermutlich um den Gläubiger gegen die damalige Währungsinflation sicherzustellen, statt des Geldes ein Quantum Öl empfangen zu haben bescheinigt“); doch s. auch W. Ernst, Gattungskauf und Lieferungskauf im röm. Recht, ZRG RA 114 (1997) 280 (hinter der Empfangsquittung stehe ein Gattungskauf).

[52]) Vgl. o. zu Fn. 14.

en sie straf- oder zivilrechtlicher Natur. Kurz: Es gibt keine Vertretung im Unrecht[53]). Unser *oikonomos* könnte folglich weder bei der (unwirksamen) Vereinbarung noch bei der Einziehung von Zinsen den *kyrios* vertreten.

Damit erweist sich, daß der Verwalter bei den Zinsgeschäften allein für sich und zu seinem eigenen Vorteil handelte. Wir können damit auch eine konkretere Vorstellung von den Anschuldigungen gewinnen, die dem *kyrios* hinterbracht wurden. Es heißt zu Anfang des Gleichnisses: und dieser ward beschuldigt, die Güter desselben zu „verstreuen" (ὡς διασκορπίζων τὰ ὑπάρχοντα αὐτοῦ, V. 1b). διασκορπίζω hat die Bedeutung von ausstreuen, verstreuen, verschwenden, läßt sich aber auch als falscher, unrechter Umgang mit Gegenständen, wie etwa dem Vermögen des *kyrios*, verstehen[54]). Das Verb erfaßt also auch eine dienstvertragswidrige Verwendung anvertrauten Vermögens zur Erlangung von Zinsgewinnen. Und eben deshalb ist der Täter ein οἰκονόμος τῆς ἀδικίας, ein „Verwalter der Ungerechtigkeit", wie er am Ende bezeichnet wird[55]).

7. Wir können nach alldem festhalten: Der Haushalter handelte bei seinen Zinsgeschäften außerhalb seiner Vertretungsmacht. Auf vereinbarte Zinsen hatte der *kyrios* mithin keinen Anspruch. Er wurde durch das Handeln des Verwalters und insbesondere durch den Erlaß der Zinsanteile also nicht geschädigt – und man kann deshalb keineswegs von „Betrug" oder „krimineller Handlung" des *oikonomos* zum Nachteil des *kyrios* sprechen. Zwar verletzte der Verwalter seinen Dienstvertrag durch die Verwendung des fremden Vermögens für eigene Zwecke; aber das allein schädigte den Dienstherrn nicht, der ja weiterhin das Kapital von den Schuldnern zurückerhalten wird. Auf einem anderen Blatt steht, daß den Verwalter die oben (nach Fn. 41) genannten Sanktionen wegen des Wuchers treffen müßten.

Nach alldem hätte der Verwalter die Forderungen als solche aus Naturaldarlehen mitsamt dem Zinsaufschlag, der aus der Schuldurkunde ja nicht ersichtlich war, vor Gericht durchsetzen können, allerdings nur wenn die Schuldner nicht beweisen konnten, daß in den Forderungen ein Zinsanteil enthalten war. Dies aber dürfte im Einzelfall schwierig und für die Schuldner auch nicht ohne weiteres erstrebenswert gewesen sein, weil sie nicht erwarten konnten, künftig noch Kreditgeber zu finden. Der Verwalter hätte also gute Aussichten, die Forderungen ungeachtet ihrer teilweisen Nichtigkeit, mit oder ohne Ein-

[53]) Kiddushim II.1 (42b) (Gs., S. 649f. = Sonc., S. 212); Baba Mezia I, I, II (8a) (Gs., S. 449 = Sonc., S. 37); M. Cohn (o. Fn. 14), S. 139; Herzog, Institutions of Jewish Law (o. Fn. 38), S. 151; Horowitz, S. 545f.; Derrett, S. 201f. = 52f.

[54]) Erlemann, Das Bild Gottes (o. Fn. 6), S. 152 Fn. 339.

[55]) S. auch u. nach Fn. 72.

schaltung des Gerichts, in voller Höhe einziehen zu können, und er hätte den Zinsanteil, der dem Dienstherrn aus mehreren Gründen nicht geschuldet war, in die eigene Tasche stecken können. Es ist zu vermuten, daß sich auf diese Weise manch ein Verwalter bereichert hat.

8. Die entscheidenden Aspekte der bislang vorgetragenen Deutung hat John Duncan M. Derrett 1961 im 7. Band der New Testament Studies entwickelt. Insbesondere hat er den Gedanken, es könne sich im Gleichnis um den Erlaß von Zinsen handeln, in detaillierter Untersuchung auf der Grundlage des jüdischen Rechts plausibel gemacht. In unserer Überprüfung sind wir mit hier und da abweichenden oder vertiefenden Akzenten zur Bestätigung seines Ergebnisses gelangt.

Die theologische Wissenschaft hat sich ungeachtet gelegentlicher freundlicher Worte von Derretts Untersuchung allerdings nicht beirren lassen, dafür jedoch nur Gründe anzuführen vermocht, die – vorsichtig gesagt – der Sache kaum gerecht werden. Im wesentlichen sind es zwei Argumente oder besser: Gesichtspunkte, die ins Feld geführt werden. Erstens: Diese Deutung sei eine „verharmlosende Interpretation einer unmoralischen Geschichte“[56]) oder mit anderen Worten: „Diese Lösung ist zwar möglich [!], aber sie nimmt der Parabel ihre charakteristische, provozierende Spitze, die den Hörer zum Nachdenken anregt. Die Parabeln Jesu sind nicht so harmlos; sie sind keine erbaulichen Geschichten“[57]). Es liegt auf der Hand, daß diese Art, eine Ablehnung zu begründen, nichts anderes ist als Ausdruck der mangelnden Bereitschaft, die Grundlagen der eigenen Interpretation zu überprüfen.

Zweitens wird angeführt, die „ambiguity of the legal position“ könne nicht „the crucial factor for the interpretation of the parable“ sein, weil es unwahrscheinlich sei, daß diese überliefert worden wäre „without the addition of some kind of explanation of the legal matter which alone makes it intellegible“[58]). Dies ist die Frage, ob die damaligen Hörer die

---

[56]) So etwa T. Schramm/K. Löwenstein, Unmoralische Helden, Anstößige Gleichnisse Jesu, 1986, S. 117: „… gelingt es Derrett nicht, aus den Protagonisten Charakter von tugendhafter, edler Gesinnung zu machen“; S: 118: „Von einem … Gesinnungswandel [*sc.* des Haushalters] ist aber in der Geschichte nichts zu spüren: Es geht dem Entlassenen doch einzig darum, seine Haut zu retten“. – Den Autoren geht es wohl mehr darum, einen Anwendungsfall für ihre Sammlung „Anstößige Gleichnisse Jesu“ zu retten.

[57]) Mira Paz, Struktur und Komposition (o. Fn. 6), S. 115.

[58]) B. Lindars, Jesus and the Pharisees, in: E. Bammel/C.K. Barrett/W.D. Davies (Hgg.), Donum gentilicium, New Testament Studies in Honour of David Daube, Oxford 1978, S. 55; Bovon, Das Evangelium nach Lukas (o. Fn. 10), S. 77 („trotz des Reizes dieser Hypothese“ ablehnend, weil die Ungerechtigkeit des

Problematik des Gleichnisses verstanden haben. Nach Lukas hat Jesus das Gleichnis seinen Jüngern erzählt; bei ihnen wird man dieses Verständnis jedenfalls der wesentlichen Zusammenhänge erwarten können. Es ist aber möglich und auch wahrscheinlich, daß das Gleichnis für die Öffentlichkeit bestimmt war, sei es, daß Jesus selbst es auch öffentlich vorgetragen hat, sei es, daß dies im Verkündigungsauftrag an die Jünger lag. Auf die Frage, ob also die einfache Landbevölkerung im damaligen Palästina erfassen konnte, worum es in dem Gleichnis ging, gibt es eine schöne Antwort. Ein Missionar hat 1951 eine Skizze zu unserem Gleichnis publiziert und darin berichtet:

> „Now in the part of South India in which I live, if a villager were asked, ‚How much owest thou unto my Lord?', and answered ‚a hundred measures of wheat', that figure would certainly include interest, which interest would normally have been reckoned at non less than one-fourth of the quantity borrowed. He would mean that he had borrowed eighty measures, and agreed to repay a hundred. The inference suggests itself that what the steward was actually doing was not falsifying accounts but remitting interest"[59]).

Es muß also erstmals ein indischer Bauer dem Missionar den entscheidenden Ansatzpunkt, den Schlüssel für das Verständnis gegeben haben. Wir können davon ausgehen, daß auch im damaligen Palästina die Bauern sehr wohl im Bilde waren, um was es in dem Gleichnis ging, werden derartige Machenschaften von Verwaltern ihnen doch aus ihrem Alltag geläufig gewesen und wird auch dieser Umstand Jesus veranlaßt haben, ein solches Beispiel zu wählen. Festzustellen ist damit, daß in der theologischen Wissenschaft eine intensivere Auseinandersetzung mit Derretts Erklärung der Bildhälfte unseres Gleichnisses bislang kaum stattgefunden hat, mag ihm auch konzediert worden sein: „Er eckt auch am wenigsten am Text der Parabel an"[60]).

Verwalters nicht nur in der Verschwendung der Güter seines Herrn, sondern auch im Fälschen der Dokumente bestand). Vgl. auch Hoeren, Gleichnis (o. Fn. 17), S. 112 („ungeeignete Quellen", keine Erwähnung von Wucherzinsen). Der eigenen Deutung legt Hoeren zugrunde, daß nach Lev. 25,3–4 und Deut. 15,1–2 Gläubiger jedes 7. Jahr zu einem Erlaß (*shemitta*) gehalten waren – ein Gebot, das im 1. Jh. n. Chr. unter Einfluß des Rabbi Hillel dadurch eingeschränkt wurde, daß Gläubiger durch einseitige Erklärung (*prosbol*) einen Erlaß ausschließen konnten, was zum Verschwinden des Gebots geführt habe. Der Verwalter sei von dem Herrn gelobt worden, weil er sich mit den Teilerlassen zugunsten der überschuldeten Pächter für die Priorität des sozialeren religiösen Rechts gegenüber dem weltlichen Vertragsrecht entschieden habe.

[59]) C.B. Firth, The Parable of the Unrighteous Steward (Luke xvi. 1–9), Expository Times 63 (1951–52) 93, 94; Hinweis auch bei Derrett, S. 214 = 69.

[60]) So M. Krämer, Das Rätsel der Parabel vom ungerechten Verwalter, Zürich 1972, S. 63. Weithin folgt Derretts Ausführungen Fitzmyer, Gospel According to

Als Zwischenbemerkung sei dazu eingeflochten, daß die Darstellungen und Erörterungen in den Texten der antiken Wissenschaften weithin sehr auf das Wesentliche reduziert, von allem (seinerzeit) Selbstverständlichen freigehalten, die mitgeteilten Umstände bis in die Details deshalb aber um so genauer zu nehmen und im stimmigen Zusammenhang zu erfassen sind. Wie Cicero (fam. 7,21) sagt: *cogitare debebis nullam artem sine interprete et sine aliqua exercitatione percipi posse.* In den Anforderungen, was in einem antiken Text gesagt sein mußte, können nicht unsere Maßstäbe und Vorkenntnisse entscheidend sein.

III.

1. Nach dem hier vorgetragenen Verständnis der Bildhälfte ist es nicht mehr überraschend, daß der *kyrios* den *oikonomos* für sein Handeln lobt, was übrigens nicht im Geheimen stattfand: Dem Verwalter mußte von vornherein klar sein, daß die Erlaß-Aktion dem Herrn nicht verborgen blieb; sie lag ja schon deshalb zutage, weil sich die Abänderung aus den Urkunden ergab.

Der Herr lobt den Haushalter, weil er – sei es auch unter dem Druck der Verhältnisse – seine Geschäftsführung in Ordnung gebracht und nachträglich seine „Überschreitungen des Zinsverbots" zurückgenommen hat. Zwar waren bei genauer Betrachtung die Erlaßgeschäfte rechtlich nichtig, weil der Zinsanteil nicht geschuldet war; doch bestand rein tatsächlich für den Verwalter die gute Aussicht, die Zinsanteile zu erlangen. Aber diese Aussicht wurde durch die Korrekturen auf den Schuldscheinen zerstört, und dies, obwohl der Verwalter die Zinsen in seiner Situation besonders gut hätte brauchen und

Luke (o. Fn. 22), S. 1097, der die Zuschläge als Zinsen oder (jedenfalls) als vom Herrn geduldete Kommission des Verwalters ansieht. – Eine nähere Auseinandersetzung mit Derrett und Fitzmyer unternimmt allerdings J. S. Kloppenborg, The Dishonoured Master (Luke 16,1–8a), Biblica 70 (1989) 474ff., der außer dem Fehlen eines ausdrücklichen Hinweises auf die Zins-Komponente (S. 481f.) hauptsächlich die Frage des Statthalters: „Wie viel bist du *meinem Herrn* schuldig?" anführt (was nichts beweist, weil formal der Herr Inhaber der gesamten Forderung war), die Zinssätze bestreitet (S. 483f.), ebenso ein entsprechendes Verständnis der Hörer, die nicht erkennen könnten, daß der Haushalter in Befolgung von in der Praxis ignorierten Gesetzen handelt, und der schließlich als „the natural implication of the story" ohne weiteres zugrunde legt „that the steward's actions are injurious to the master's interests" (S. 486). Kloppenborg selbst sieht nach dieser Kritik das zentrale Problem darin, Ehre und Ansehen des Grundherrn in der Gesellschaft seien dadurch beschädigt, daß er seinen verschwenderischen und betrügerischen Verwalter erkennbar nicht im Griff habe; die Reaktion des Herrn erkläre sich als eine Art „laughing at his own honour" (S. 492), womit er die gesellschaftlichen Wertvorstellungen in Zweifel gezogen habe.

sich damit noch eine Weile über Wasser halten können. Die Rückkehr zum rechtmäßigen Handeln war für ihn mit einem Opfer verbunden.

2. Mit diesem Verständnis ist es jedoch nicht getan. Denn die wahre Dimension des Lobes, das der Herr dem Haushalter spendet, wird erst deutlich, wenn man es in einen bislang offenbar noch unerkannten Zusammenhang stellt. Der Fall unseres Gleichnisses ist, wie bereits angedeutet, kein singulärer. Von einem vergleichbaren zeitgenössischen Vorkommen berichtet Tacitus für das Jahr 33 n. Chr. in seinen Annalen[61]). In diesem Jahr häuften sich in Rom die Anklagen wegen Zinswuchers; nach einem von Caesar als Diktator bestimmten Gesetz war Zinswucher strafbar[62]). Wegen der großen Zahl von Angeklagten befaßte der mit der Abwicklung der Strafverfahren betraute Prätor Gracchus den römischen Senat mit der Angelegenheit. Die Senatoren, von denen ein jeder in irgendeiner Weise des Zinswuchers schuldig war, gerieten in Angst und richteten ein Gnadengesuch an den Kaiser. Tiberius gewährte Gnade unter der Bedingung, daß die Schuldigen binnen anderthalb Jahren ihre Vermögensangelegenheiten den Bestimmungen des genannten Gesetzes gemäß in Ordnung brächten. Dies ist dahin zu verstehen, daß die Senatoren die Folgen beseitigen mußten, die sich aus ihren Gesetzesverstößen ergaben, überhöhte Zinsen also zurückzuzahlen oder zu erlassen hatten[63]).

Damit tritt in dem Fall der Rechtsgedanke der „tätigen Reue“ hervor, dem wir im römischen Recht des öfteren begegnen: Wer beispielsweise einen flüchtigen Sklaven verbarg, wurde aufgrund eines unter Mark Aurel ergangenen Senatsbeschlusses mit einer Geldstrafe belegt; doch gewährte der Senat einem Täter, der den Sklaven noch innerhalb von zwanzig Tagen dem Eigentümer oder den Magistraten auslieferte, Gnade, was sein verbotswidriges vorheriges Verhalten anging (*venia in ante actum*), Ulpian D. 11,4,1,1. Oder: Ein Ehemann hatte bei der Niederschrift des von seiner Frau errichteten Testaments ein Vermächtnis zu seinen Gunsten dazugeschrieben. Dazu hat der Kaiser Alexander Severus auf Anfrage entschieden, zwar sei die Strafe nach der *lex Cornelia* wegen Fälschung verwirkt; doch komme eine Begnadigung in Betracht, nämlich – wie zu ergänzen ist – nach den Umständen des Falles, etwa wenn der Mann nicht angenommen hat, was er sich (unwirksam)

---

61) Tac. Ann. 6, 16.

62) *Lex de modo credendi possidendique intra Italiam*, Tac. Ann. 6, 16; sie schuf vermutlich eine *quaestio perpetua*; Näheres ist nicht bekannt.

63) W. Waldstein, Zur Beachtlichkeit der tätigen Reue im römischen und im modernen Strafrecht, FS H.R. Klecatsky, Wien 1979, S. 1004; vgl. auch Chr. Knütel, Tätige Reue im Zivilrecht, 2000, S. 17.

zugeschrieben hatte[64]). Wir sehen von weiteren Beispielen ab und verweisen zum Beleg, daß wir es mit einem Rechtsgedanken allgemeiner Natur zu tun haben, auf eine Konstitution der Kaiser Valentinian, Theodosius und Arcadius aus dem Jahre 391. Darin geht es um Sanktionen gegen diejenigen, die vom christlichen Glauben abfallen. Am Ende heißt es in der Konstitution: „Denn Strauchelnden und Irrenden kommt man zu Hilfe, den Verlorenen aber – und das sind die, welche die heilige Taufe entweihen – wird Nachsicht wegen Reue, die bei anderen Vergehen gewöhnlich hilfreich ist, keinesfalls gewährt“: *nullo remedio paenitentiae, quae solet aliis criminibus prodesse succurritur*[65]).

Unter „tätiger Reue“ verstehen wir die Fälle, in denen der Täter nach formell vollendeter Straf- oder Unrechtstat „tätig wird“, indem er die Folgen seiner Tat freiwillig wieder beseitigt, insbesondere wenn er den aus seiner Tat entstandenen Schaden wiedergutmacht. In den modernen Strafgesetzbüchern wird die tätige Reue, wenn auch in unterschiedlicher Ausgestaltung, als Strafmilderungs- oder auch Strafaufhebungsgrund berücksichtigt[66]), und auch im Privatrecht gibt es manche Anwendungsfälle[67]). Überdies finden sich Parallelbestimmungen: Wer beispielsweise nach einer Unfallflucht innerhalb von 24 Stunden freiwillig die erforderlichen Feststellungen nachträglich ermöglicht, kann straffrei ausgehen und behält den Versicherungsschutz[68]).

---

[64]) C. 9,23,4 (a. 225) mit Alexander C. 9,23,3 (a. 223); dazu Waldstein (o. Fn. 63), S. 1006, der auch auf die (spätere) Version in den Basiliken 60,41,62 (Heimbach V 801 = Scheltema A VIII 3028) hinweist, wonach die Strafe bei Nichtannahme vorbehaltlos entfällt. – Zu einem Gesetz aus Ilion (ca. 280 v. Chr.) s. Chr. Koch, ZRG RA 113 (1996) 41, 51.

[65]) Cod. Theod. 16,7,4,1 = C. 1,7,3,3 (hier *adesse* statt *prodesse*).

[66]) Vgl. etwa § 167 Abs. 2 österr. StGB v. 1974: „Dem Täter kommt tätige Reue zustatten, wenn er, bevor die Behörde (…) von seinem Verschulden erfahren hat, wenngleich auf Andringen des Verletzten, so doch ohne hierzu gezwungen zu sein, 1. den ganzen aus seiner Tat entstandenen Schaden gutgemacht oder 2. sich vertraglich verpflichtet, dem Verletzten binnen einer bestimmten Zeit solche Schadensgutmachung zu leisten.“ Im deutschen StGB (in der Fassg. v. 1998) wird der Begriff der tätigen Reue für (zahlreiche) Fälle verwendet, in denen der Täter (vor Vollendung) „freiwillig die weitere Ausführung der Tat aufgibt oder sonst die Gefahr / den Erfolg abwendet / den von ihm verursachten Zustand beseitigt“ (§§ 314a, 320, 330b, vgl. auch § 24). Weitere (teilweise überholte) Einzelheiten bei Waldstein, Tätige Reue (o. Fn. 63), S. 995ff.

[67]) Dazu eingehend Chr. Knütel in der o. Fn. 63 genannten Abhandlung.

[68]) Vgl. § 142 Abs. 4 dt. StGB (ein Fall des Handelns nach vollendeter Tat) sowie Chr. Knütel, Tätige Reue (Fn. 63), S. 76ff. mit Einzelheiten zum Versicherungsschutz, ferner § 28 Abs. 2 VVG.

Kommen wir zurück zum römischen Recht! Wir sahen, daß die tätige Reue im Prinzip wie in Einzelfällen als Grund dafür anerkannt war, dem Täter gegenüber Gnade walten zu lassen. Dies konnte auch in Form einer bedingten Begnadigung des reuigen Täters geschehen, wie sich bei der Entscheidung des Tiberius gegenüber den wuchernden Senatoren zeigt. Die Motive der Beachtlichkeit der tätigen Reue liegen auf der Hand: Der Täter hat den Schaden wiedergutgemacht oder den Schadenseintritt durch sein nachträgliches Wohlverhalten überhaupt schon verhindert[69]); er hat sich damit den Geboten des Rechts unterworfen und durch sein freiwilliges Handeln seine Reue erwiesen. Unter diesen Umständen fällt seine Rechtsverletzung weniger oder auch gar nicht mehr ins Gewicht. Überdies ist – generalpräventiv gesehen – die Berücksichtigung einer tätigen Reue in der Entscheidungspraxis für den Täter eine „goldene Brücke“, zu rechtstreuem Verhalten zurückzufinden; das *remedium paenitentiae*, von dem die Kaiser Valentinian, Theodosius und Arcadius sprechen (o. Fn. 66), ist eine Art „Belohnungszusage“ für diejenigen, die sich auf das rechte Handeln besinnen.

Daran ist mit dem berühmten Wort des Juristen Ulpian († 223 n. Chr.) anzuknüpfen, daß es der Gerechtigkeit dient, die Menschen nicht nur durch Furcht vor Strafe, sondern auch durch Verheißen von Belohnung zum Guten zu führen: *iustitiam namque colimus* [sc. *iuris prudentes*] ... *bonos non solum metu poenarum verum etiam praemiorum quoque exhortatione efficere cupientes*[70]). Ulpian beruft sich hierfür auf die *vera philosophia*, und dies ist in der Regel die vor allem über Cicero nach Rom vermittelte Philosophie der Stoa, deren Gedanken in dem hier interessierenden Zusammenhang freilich auf Plato zurückgehen[71]). Wir können daraus schließen, daß es sich, was die Erziehung des Menschen zum Guten angeht, um eine in gebildeten Kreisen recht verbreitete Vorstellung handelte, die angesichts des nicht zu unterschätzenden Gedankenaustauschs und Informationsflusses im antiken Mittelmeerraum auch in Palästina nicht unbeachtet gewesen sein kann. Bekanntlich hat ja die Stoa in manchem „dem Christentum den Boden vorbereitet“[72]).

[69]) Das Verhindern kommt z. B. bei den zivilrechtlichen Anwendungsfällen der tätigen Reue in Betracht. Verzugsbereinigung (*emendatio morae*) oder bei der Bereinigung nach Verfall einer *stipulatio poenae* oder nach Eintritt einer *lex commissoria*.

[70]) Dig. 1,1,1,1.

[71]) Vgl. G. Falcone, La ‚vera philosophia‘ dei ‚sacerdotes iuris‘, Sulla raffigurazione ulpianea dei giuristi, Annali Palermo 49 (2004) 41 ff.; W. Waldstein, Ulpian D. 1,1,1,1 und 25,4,1,1 in der neuen Digestenübersetzung, ZRG RA 125 (2008) 329 ff. – Vgl. auch Gellius 7,14,4–7; Cic. ad Brutum 16,3 (Solon).

[72]) H. J. Störig, Kleine Weltgeschichte der Philosophie, 11. Aufl. 1970, S. 132;

Der Deutung, Jesus habe sich in unserem Gleichnis von einem Gedanken im Sinne der tätigen Reue leiten lassen, steht, um einen naheliegenden Einwand zu entkräften, nicht entgegen, daß er seinem Gleichnis am Ende in Vers 8a den *kyrios* das Lob dem οἰκονόμος τῆς ἀδικίας erteilen läßt. Da der Schuldenerlaß, wie sich zeigte, keine unrechte Handlung war, kann sich der Genitiv τῆς ἀδικίας nur auf das διασκορπίζειν in Vers 1b beziehen[73]). Im übrigen ändert die tätige Reue des Haushalters auch nichts daran, daß er gegen das Zinsverbot verstoßen hat, also ein Ungerechter ist; die Beseitigung ihrer Folgen macht eine Tat nicht ungeschehen. Doch hat er in tätiger Reue auch klug gehandelt und sich mit dem Erlaß die Schuldner seines Herrn zu Freunden gemacht[74]).

IV.

Es versteht sich, daß das Gleichnis mit unserer Erklärung der Bildhälfte den Reiz des Unbegreiflichen verliert. Aber wir möchten ohnehin nicht glauben, daß Jesus seine Botschaft in den Gleichnissen durch unverständliche Geschichten vermitteln wollte. In seinem „Wörterbuch der Gemeinplätze" hat Gustave Flaubert zu dem Stichwort „science – Par rapport à la Religion" angemerkt: „un peu de science en écarte. Beaucoup y ramène"[75]). Wenig Wissen entfernt vom Glauben. Viel führt dahin zurück.

---

neuerdings F. Richert, Platon und Christus, Antike Wurzeln des Neuen Testaments, 2011 (zu Johannes und Paulus).

[73]) Anders etwa Erlemann, Das Bild Gottes (o. Fn. 6), S. 152 Fn. 344, der den Erlaß als „Betrug am Kyrios" auffaßt, Fn. 343, vgl. auch Bovon, Das Evangelium nach Lukas (o. Fn. 10).

[74]) Vgl. im Ergebnis auch Fitzmyer, Gospel According to Luke (o. Fn. 22), S. 1098: „The master's approval bears on the prudence of the manager who realized how best to use what material possessions were his to ensure his future security. The ‚dishonest manager' thus becomes a model for Christian disciplines."

[75]) G. Flaubert, Bouvard et Pécuchet avec un choix des scénarios, du Sottisier, L'Album de la Marquise et Le Dictionnaire des idées reçues, hgg. v. C. Gothot-Mersch, 1979, S. 551.

F

Ansprachen

*Begrüßungsansprache**

von Rolf Knütel
Dekan der Rechts- und Staatswissenschaftlichen Fakultät
der Rheinischen Friedrich-Wilhelms-Universität

Am 2. Juni 1934 hat Ihnen, sehr geehrter Herr Dr. Schröder, die Rechts- und Staatswissenschaftliche Fakultät der Rheinischen Friedrich-Wilhelms-Universität Bonn die Würde eines Doktors der Rechte verliehen. Seitdem sind fünfzig für Sie außerordentlich ereignisreiche Jahre verstrichen, und Sie begehen Ihr Goldenes Doktorjubiläum. Die Rechts- und Staatswissenschaftliche Fakultät schätzt sich glücklich, in dieser akademischen Feier dieses schöne Jubiläum mit Ihnen begehen zu können.

Im Anfang war die Tat – und das Werk. Nach Ihrem sechssemestrigen Studium in Königsberg, Edinburgh, Berlin und Bonn haben Sie im Oktober 1932 das Erste Juristische Staatsexamen „gut" bestanden und Ihre Dissertation trotz des sofortigen Antritts der Referendarzeit gleichsam als Frühgeburt, nämlich schon nach rund acht Monaten, eingereicht.

Nach deren Begutachtung wurden Sie am 27. Juli 1933 von 15 bis 19 Uhr examiniert, und zwar von den Professoren Exzellenz Göppert – Ihrem Doktorvater –, Dölle, Kipp, der u. a. das heute so gefürchtete Kondiktionsrecht prüfte, und Graf zu Dohna. Sie haben sich überall – und wie schon oben setze ich mich auch hier über etwaige datenschutzrechtliche Skrupel mit der uralten Rechtsregel hinweg, daß Schutznormen nicht gegen den zu Schützenden zu kehren, mithin nicht etwa so zu interpretieren sind, daß der Datengeschützte um sein verdientes Lob gebracht wird –, Sie haben sich also im Rigorosum in allen Fächern „unbedenklich gut" geschlagen, wie die Benotung damals lautete. Die Kommission faßte daraufhin den Beschluß: „Der Kandidat hat die Prüfung bestanden. Das Gesamtprädikat lautet: sehr gut (magna cum laude)." Dazu findet sich im Protokoll ein Hinweis, der wichtig werden sollte: „Das Prüfungsergebnis wurde dem Kandidaten verkündet, die Dissertation nebst Papieren wurde ihm zurückgegeben".

In aller Regel läßt ein Dekan es sich bei Anlässen wie diesem nicht entgehen, die Dissertation, das Erstlingswerk, gebührend zu würdigen und daraus abzuleiten, daß schon damals der junge Doktor zu den schönsten Hoffnungen berechtigte. Doch vermag ich dies aus Gründen

* R. Knütel/H.-P. Schwarz/G. Schröder (Hrsg.), Jurist und Politiker, Politeia 15, Bouvier, Bonn 1985, 7 – 14.

nachträglicher objektiver Unmöglichkeit nicht zu leisten, denn Ihre Arbeit ist untergegangen. Sie behandelte „Die außerordentliche Kündigung von Tarifverträgen“, und damit ein Thema, auf das die künftigen Ereignisse ihre dunklen Schatten bereits vorauswarfen.

Schon am 2. Mai 1933 waren die freien Gewerkschaften beseitigt worden, und das wird Sie gezwungen haben, Ihre Arbeit umgehend abzuschließen. Am 20. Januar 1934 erging dann das Gesetz zur Ordnung der nationalen Arbeit[1]. Durch dieses Gesetz wurden die Tarifvertragsordnung samt den aufgrund dieser Verordnung erlassenen Bestimmungen aufgehoben. Damit hatte Ihre Dissertation ihre Bedeutung für das damals geltende Recht verloren, und es ist begreiflich, daß Sie danach um Befreiung vom Druckzwang nachgesucht haben. Dem Gesuch wurde nach Befürwortung durch die Fakultät vom damaligen Minister für Wissenschaft, Kunst und Volksbildung in Berlin im Mai 1934 entsprochen.

Das Dekanatsbüro hat es damals versäumt – und insofern ist die Fakultät in dieser Angelegenheit von Verschulden nicht frei –, das dem Verfahren zugrundegelegte Exemplar wieder zur Promotionsakte gelangen zu lassen. Das Stück ist ebenso wie Ihr Handexemplar bei Ihrer Ausbombung in Berlin vernichtet worden.

Angesichts dessen mag der eine oder andere sich fragen, ob es sinnvoll ist, ein Doktorjubiläum zu begehen, wenn doch die Arbeit nicht mehr existiert. Dazu ist klarzustellen, daß es heute nicht etwa um die damalige Arbeit geht. Nach der Promotionsordnung kann das Doktordiplom zum 50. Jahrestag der Promotion in feierlicher Weise erneuert werden, wenn dies mit Rücksicht auf die besonderen Verdienste um die Wissenschaft oder das öffentliche Leben – davon haben wir uns leiten lassen – angebracht erscheint. Für das Verständnis dieses Umstandes muß man freilich weit zurückschauen – bis in die mittelalterlichen Universitäten, vor allem nach Bologna. Dort kam es erst im ausgehenden 12. Jahrhundert zur Bildung eines Lehrkörpers, nachdem nämlich die Examina organisiert waren, aufgrund deren die licentia docendi verliehen wurde, also die Lehrbefugnis, wie sich ja vom docere der „Doktor“ ableitet. Mit der Schaffung dieser licentia docendi entwickelte sich zugleich die allgemeine Rechtsanschauung, daß alle diejenigen, die an einer Universität die licentia docendi erhalten haben, den Lehrkörper bilden, das Collegium doctorum.

[1] RGBl. I 45.

Freilich organisierte sich dieses Collegium schon bald zünftig, und es kam deshalb dazu, daß man über den Studienabschluß mit der licentia docendi hinaus noch eine besondere Aufnahmeprüfung in das jeweilige Doktorenkollegium zu absolvieren hatte. Das war mit besonderen Zeremonien verbunden, dem feierlichen Einzug in eine Kirche, der Überreichung von Ring, Barett und Corpus iuris, der Verabreichung des Doktorkusses und mit einem anschließenden Festmahl, natürlich auf Kosten des neuen Doktors.

Nun, der Gedanke des Collegium doctorum hat nachgewirkt, und im Grunde genommen geht es auch heute noch darum, Ihrer fünfzigjährigen Zugehörigkeit zum Bonner Collegium doctorum zu gedenken, und dies angesichts Ihrer hervorragenden Verdienste mit besonderer Anerkennung und Freude.

Innerhalb dieses Collegium sind Sie natürlich eine Ausnahmeerscheinung. Man unterschied seinerzeit nämlich zwischen den doctores non legentes – die also nicht lasen –, den doctores legentes oder auch synonym regentes – das waren diejenigen, die grundsätzlich Vorlesungen hielten – und schließlich den doctores actu regentes, die tatsächlich lasen (meist auf Grund einer besoldeten Stelle)[2]. Für Sie als langjähriges Regierungsmitglied hätte man eine Zwischenkategorie bilden müssen, den doctor regens, non legens. Aber auch non legens wäre sehr zu modifizieren: Zwar haben Sie keine eigentlichen Vorlesungen veranstaltet, aber doch – wovon ich als Student selbst Zeuge geworden bin – zahlreiche Vorträge an Universitäten oder sonst vor akademischem Publikum gehalten. Natürlich fällt dies zur Hauptsache in Ihre Zeit als Innenminister, aber keineswegs ausschließlich in diese Zeit.

Alsbald nach Ihrer Übernahme des Innenministeriums im Oktober 1953 setzen diese Vorträge ein, und der heutige Leser ist immer wieder davon überrascht, wie aktuell viele der Fragen, mit denen Sie sich seinerzeit auseinandergesetzt haben, noch sind oder überhaupt erst geworden sind. Auf dem 3. Deutschen Studententag haben Sie im Mai 1954 unterstrichen, daß die Universität mehr als bloßes Fachwissen, nämlich Einblick in die Gesamtzusammenhänge und Bildung, zu vermitteln hat, und Sie haben betont, daß dies auch gelte angesichts des – ich

[2] *Coing*, Helmut, Handbuch der Quellen und Literatur der neueren europäischen Privatrechtsgeschichte, I, 1973, S. 55, 65.

zitiere – „akademischen Gedränges“, „das an den Hochschulen herrscht und eine solche Erziehungsarbeit unmöglich macht. Hier kann ich“ – so haben Sie damals ausgeführt – „nur an die verantwortlichen Kultusministerien die herzliche und dringende Bitte richten, nach ihren Kräften Erleichterung durch zusätzliche Lehrstühle und Assistentenstellen zu schaffen“[3]. In der heutigen Massenuniversität konzentrieren die Studenten sich – durch den enormen Konkurrenzkampf verstärkt – nahezu ausschließlich darauf, sich „examensrelevantes“ Fachwissen anzueignen, und man kann nur mit Betrübnis registrieren, daß die zahlreichen Reformen es den Universitäten eher nur erschwert haben, ihren erwähnten Aufgaben zu entsprechen.

Sie sind darauf u. a. 1955 bei der Einweihung des Auditorium Maximum der Freien Universität zurückgekommen, wo einer der Kernsätze Ihrer Ansprache lautet:

> „An den Universitäten sollen die Studenten in der zweckfreien Hingabe an wissenschaftliche Probleme zu Menschen gebildet, aber nicht durch pragmatische Wissensansammlung zu Funktionären geschult werden“[4].

Sie haben in jener Zeit die Elite-Diskussion aufgenommen und mehrfach die Berechtigung, Notwendigkeit und Art einer Elite in der Demokratie betont und gekennzeichnet[5] – ein Thema, dessen Bedeutung wir uns gerade in der jüngeren Zeit wieder sehr bewußt geworden sind, und zu dem man sich der Erkenntnis gar nicht verschließen kann, daß die Wettbewerbsfähigkeit der deutschen Wirtschaft eben von der Wettbewerbsfähigkeit der deutschen Wissenschaft abhängt. Und Sie spielen ja auch in Ihrer Rede zum 17. Juni dieses Jahres darauf an, wenn Sie Lehrern und Hochschullehrern nahelegen, auf die Leistungsfähigkeit hinzuwirken[6].

Eine weitere Diagnose, die Sie vor 25 Jahren ausgesprochen haben, macht den heutigen Zeitgenossen betroffen. Ich zitiere wieder: „Es ist

[3] Ms. S. 5, 6 (mschr.).

[4] *Schröder*, Gerhard, Wir brauchen eine heile Welt (Politik in und für Deutschland) hgg. und bearb. v. *Rapp*, Alfred, 1963, 123.

[5] *Schröder*, a. a. O. S. 124; vgl. etwa auch Bulletin der Bundesregierung v. 3. 10. 1959.

[6] 10. Dt. Bundestag, Sten.Prot. 5513 C.

offensichtlich, daß zur Zeit zahlreiche Abiturienten die Hochschule besuchen, die nicht wirklich die Hochschulreife, d. h. das erforderliche Maß an theoretischer Intelligenz mitbringen. Diese Studenten überfüllen die Hochschulen und behindern die begabteren"[7].

Aber auch nach Ihrer Tätigkeit als Innenminister haben Sie wiederholt den Weg in die Universität gefunden. So haben Sie etwa im Juli 1964 in der Kölner Aula vor 1 700 oder sogar 2 500 Studenten – die Berichte schwanken insoweit – über außenpolitische Grundprobleme referiert und diskutiert. Den ausführlichen Zeitungsberichten[8] kann man nicht nur die Überraschung entnehmen, daß Sie sich des Jacketts entledigt haben – von den Studenten mit einem Beifallssturm quittiert –, sondern auch die Bewunderung Ihrer Gabe, die Masse zu bändigen: Die Rede ist von „echt südländischem Beifall", von der „faszinierend logischen Argumentation und sachlichen Diktion"; es wird berichtet: „Überall versteht er es, für die Verstehenden Akzente zu setzen", und in einer Kölner Gazette endet der Bericht wie folgt:

> „Selbst im Tropenklima der Kölner Uni beweist der 2 Stunden stehende Außenminister seine Standfestigkeit. Er gibt törichten Fragen einen positiv aktuellen Trend und läßt sich auch durch Gezische nicht aus der Fassung bringen. Er überzeugt lächelnd seine Gegner und bleibt auch bei harten Fragen – ein Diplomat."

Ein höheres Lob könnte ein doctor legens kaum ernten, und es versteht sich, daß Sie in der bildhaften Sprache des Mittelalters zur lucerna, der Leuchte des Collegium doctorum, avanciert wären.

Und einem rechtswissenschaftlichen Collegium doctorum wäre es natürlich besonders angenehm, konstatieren zu können, daß es recht behalten hat, recht in der Beurteilung der Gaben des damaligen Promovenden. Die Beurteilung war seinerzeit – wie erwähnt – „sehr gut". In dem Votum zu Ihrer Arbeit werden der große Fleiß und der Scharfsinn, den Sie auf die Arbeit verwendet haben, sowie der Umstand, daß Sie über die gesamte bisherige Literatur hinausgelangen, lobend hervorge-

[7] Bulletin der Bundesregierung v. 19. 4.1958; Bulletin BuReg. v. 3. 10. 1959.

[8] S. Kölner Stadtanzeiger v. 22. 7.1964 (daraus das folgende Zitat); Bonner Rundschau v. 22. 7.1964.

hoben. Die Arbeit wird bezeichnet als „schönes Zeugnis von Fähigkeit“, und mit leiser Kritik wird angemerkt, daß die Fülle der beigebrachten Gesichtspunkte Ihnen Anlaß gegeben habe, im Streben nach Kürze etwas „große Ansprüche an den Leser“ zu stellen.

Schon flüchtiges Blättern in alten Zeitungen zeigt, wie treffend die Fakultät damals geurteilt hat. Zur Beurteilung Ihrer geistigen Gaben, sehr geehrter Herr Dr. *Schröder*, finden sich in der Presse zwei Schwerpunkte, nämlich jeweils zur Zeit Ihrer Übernahme des Innen- und hernach des Außenministeriums. Als das Verteidigungsministerium anstand, gab es keine Zweifel mehr.

1952 wird in den Ruhr Nachrichten (v. 27. 6.) noch relativ vorsichtig Ihr Mut gelobt, „eigene Ideen zu haben und auch zu vertreten“ – wozu sich übrigens eine bemerkenswerte Parallele im Manchester Guardian v. 2. 10. 63 findet, wo *Terence Prittie* Sie – wie vorher schon *Herbert Wehner* – an die Seite Stresemanns stellt:

> „And like Stresemann he has complete independence of mind... he has demonstrated that a Foreign Minister can develop his own ideas und modify policies“

– wozu man sich erinnert, daß Sie seinerzeit in England überhaupt eine bessere Presse hatten als in Frankreich.

Doch kehren wir wieder in die Bundesrepublik zurück, so eröffnet bereits 1954 das Sonntags-Blatt (v. 8. 8.) neue Kategorien, indem es Sie kennzeichnet als „Ein eleganter Herkules“, wobei vielleicht mitschwingt, daß Sie schon damals – wie auch später als Außenminister – gar nicht so selten Anerkennung auch von der Opposition fanden. Dazu paßt etwa, daß Allensbach 1972 herausgefunden hat, daß Sie sich des Ansehens von auch 64 % SPD-Wählern erfreuten[9].

In der Süddeutschen (v. 30. 7.55) bewundert *Hans Schuster* Ihren „Hang, organisatorische und juristische Fragen nach allen Seiten auszukosten“ (und Ihren Sinn für eigenwillige Formulierungen). *Walter Henkels* schildert in der FAZ wiederholt (z. B. am 16. 8.58) den „klar reflektierenden Mann“ und dessen „Vorliebe für die analytische Methode“, und selbst „Der Spiegel“ (v. 6. 2. 63) fand Gefallen:

[9] Stuttgarter Zeitung v. 26. 10.1972.

„Er ist ein scharfer Denker, dessen juristisch ausgebildeter Verstand viel schneller reagiert als der eines Durchschnitts-Bonners und dessen Kombinationsgabe ihn zu raffinierten Aktionen ... befähigt".

Walter Fredericia bescheinigt Ihnen in der Deutschen Zeitung (v. 18. 1.63) eine „manchmal fast ans Unsympathische grenzende Logik", und überhaupt haben Sie, wenn Sie mir das Wort verzeihen, spätestens 1962/63 den publizistischen Intelligenztest summa cum laude bestanden: Freund und Feind preisen Ihren Intellekt, und der Unterschied besteht nur darin, daß die einen es mit, die anderen es ohne Vergnügen tun. Und das Bild ist international: Während der Manchester Guardian resümiert: „Lucid, pragmatic and persistent, Schroeder is the best man..." (a. a. O.), erkennt in schweizerischer Betulichkeit „Der Bund" (v. 15. 6.63) in Bern: „Im übrigen ist sein Intellekt scharf genug, um auch überzeugen zu können".

Ich breche hier ab. Ohne jede Schwierigkeit ließen sich die angesprochenen Aspekte beliebig erweitern und an zahllosen Details veranschaulichen, wie etwa zur Vortragskunst an dem auffälligen Umstand, daß und warum die Zeitungen zu Ihren Reden so außerordentlich oft berichten: „Zwischenrufer hatten keine Chance!"[10]. Und es ließe sich ein weiterer Aspekt einbringen, der nach traditioneller Vorstellung zum Doktor gehört, die persönliche Integrität, die zu wahren in manchen Ämtern nicht immer einfach ist. Ich denke, man sollte dies, da heute allenthalben von der Vertrauenskrise die Rede ist, nicht völlig unerwähnt lassen. *Friedrich Karl Fromme* hat das Positive hier in negativer Umschreibung attestiert, indem er zum „Bild, das man sich von Gerhard Schröder macht", mit einem gewissen understatement schreibt, es ist „das Bild eines Politikers, der den großen Vorzug hat, eine Reihe der bei uns als eher dubios empfundenen Eigenschaften des Politikers nicht zu haben"[11]. Oder in der Stuttgarter (v. 26. 10.72) schreibt *Gunter Hofmann* von „Korrektheit vom Scheitel bis zur Sohle", von Ihrem „makellosen Image", und er steigert Sie zum „Image-Ersten".

Doch breche ich ab. Sie haben, sehr verehrter Herr Dr. *Schröder*, Ihren Eintritt in das Collegium doctorum glänzend bestätigt, und man müßte darin für Sie die Kategorie eines doctor regens orationem splendidam

[10] Z. B. Die Rheinpfalz v. 30. 10.1972.
[11] Frankfurter Allgemeine Zeitung v. 17 . 4. 1972.

saepe habens bilden. Ich darf Ihnen namens der Rechts- und Staatswissenschaftlichen Fakultät zu Ihrem Goldenen Doktorjubiläum bestens gratulieren und Ihnen wünschen, daß Sie von Ihrem Wissen, Ihrem Können und Ihren Erfahrungen noch vielfältigste docendi rationes – Lehrstücke – geben mögen!

Das Ende einer Entdeckungsreise [*]

Rolf Knütel[*, **]

1. – Es ist ein Monument, das vor uns liegt, und wir haben allen Anlaß, all denen größten Dank zu bekunden, die dieses Monument errichtet haben. Das gesamte Corpus iuris civilis liegt in 12 Bänden im lateinischen oder griechischen Originaltext nebst einer wohlgelungenen – das wird man nach kritischer Durchsicht von mehr als der Hälfte dieser Bände sagen dürfen – also: in einer wohlgelungenen Übersetzung in die niederländische Sprache vor uns; 8.627 Seiten insgesamt mit jeweils einer lateinischen oder griechischen und einer niederländischen Kolumne! Um alldas voll und ganz erschließen zu können, wünschte ich mir, die niederländische Sprache auch in ihren Feinheiten zu beherrschen. Bedauerlicherweise ist dem nicht so.

Goethe sagt (Ulrich von Hutten folgend): 'Was du ererbt von deinen Vätern hast, erwirb es, um es zu besitzen!'[1]. Zu unserem väterlichen Erbe gehört seit Jahrhunderten das römische Recht – und es gibt keinen besseren, aber auch dornigeren Weg, dieses Erbe zu erwerben, als es in der eigenen Sprache zu erfassen. Denn der Übersetzer ist Diener des Ausgangstextes, keinem kann er ausweichen, kein Problem überspringen, keine Aussage auf die leichte Schulter nehmen. Natürlich ist die Übersetzung – und die hier geleistete in besonderem Maße – nicht nur Freud′ und Leid der Übersetzer, sondern vor allem ein Opfer für die Allgemeinheit; wird diese doch durch die Übersetzung – zumal in der heutigen Bildungslandschaft – überhaupt erst in die Lage versetzt, sich unser Erbe zu erwerben.

Wie hier vermutlich jedem bekannt ist und wie vor kurzem gegen Ende seiner Rede vor dem deutschen Bundestag auch Papst Benedikt XVI. hervorgehoben hat, wird die kulturelle Identität Europas von dreifacher Begegnung gebildet, von 'der Begegnung zwischen dem Gottesglauben Israels, der philosophischen Vernunft der Griechen und dem Rechtsdenken Roms'[2]. Es ist deshalb nicht zu viel gesagt, wenn wir die vor uns liegenden 12 Bände als einen ebenso wichtigen wie wesentlichen Beitrag zur Erkenntnis und zur Wahrung unserer kulturellen Identität rühmen.

2. – Der jüngere Plinius hat in seinen Briefen eine Erfahrung formuliert, auf die Margaret Hewett vor kurzem wieder hingewiesen hat[3]: '*quae legentem fefellissent, transferentem fugere non possunt*' (ep. 7,9,2): Was beim Lesen unbemerkt bleibt, kann einem beim Übersetzen nicht entgehen. In der Tat: Der Übersetzer sieht mehr als ein Leser, und er entdeckt deshalb auch mehr, wenn er denn gründlich arbeitet. Eine Übersetzung ist deshalb zugleich eine

[*] Tijdschrift voor rechtsgeschiedenis – Revue d'histoire du droit 80 (2012) 547 – 553.
* Prof. em. Universität Bonn, Institut für römisches Recht, Adenauerallee 24–42, D-53113 Bonn, Germany; rknuetel@uni-bonn.de.
** Text eines Vortrags, gehalten in Utrecht am 15. November 2011, siehe oben, S. 545.
1 Goethe, *Faust 1*, Z. 682/3 (etwa in der Ausgabe v. A. Schöne, Darmstadt, o.J., S. 43).
2 Papst Benedikt XVI., *Die Ökologie des Menschen*, in: Frankfurter Allgemeine Zeitung v. Freitag, 23. Sept. 2011, Nr. 222, S. 8 i.f.
3 M. Hewett, *Quae legentem fefellissent…*, in: R. van den Bergh (Hrsg.), Ex iusta causa traditum, Essays in honour of Eric H. Pool, Pretoria 2005, S. 163.

Entdeckungsreise und dies allemal bei einem so umfassenden Werk wie dem Corpus iuris civilis, wird darin doch rund ein Jahrtausend mit seinen für das Recht so grundlegenden Entwicklungen mehr oder minder gut erkennbar.

3. – Der Übersetzer taucht ein in den antiken Kosmos; er trifft auf geradezu ewige Probleme. Denn wenn in der Antike jemand den gemieteten Sklaven durch Überbeanspruchung schädigt, wenn er im Mittelalter ein gemietetes Pferd überanstrengt oder heute den Motor eines Mietfahrzeuges durch unsachgemäße Fahrweise verdirbt; juristisch ist es immer dieselbe Frage. Oder der Übersetzer stößt auf Abscheulichkeiten, wie etwa die Strafe der 'Säckung' (*culleus*) für 'Verwandtenmord' (*parricidium*): Der Täter 'wird zusammen mit einem Hund, einem Hahn, einer Schlange und einem Affen in einen ledernen Sack eingenäht und dann in dieser todbringenden Enge ... in das nahe Meer oder in einen Fluß geworfen, so daß er noch bei lebendigem Leib jede Verbindung zu den Elementen verliert und dem Lebenden der Himmel, dem Toten die Erde genommen wird' (Inst. 4,18,6)[4].

4. – Andererseits zeigt sich geradezu überraschend Modernes: Hat etwa ein Verkäufer einen Haftungsausschluß für den Fall der Eviktion vereinbart, den Fall also, daß ein Dritter aufgrund eines besseren Rechts dem Käufer die Sache auf dem Klageweg entzieht, so ist dieser Haftungsausschluß nichtig; denn, so sagt der Jurist Julian im 2. Jh.: 'ein Vertrag nach Treu und Glauben [wie der Kauf] duldet keine Vereinbarung des Inhalts, daß der Käufer die Sache verlieren und der Verkäufer den Kaufpreis behalten kann' (bei Ulpian D. 19,1,11,18). Im Fall der Eviktion bekommt der Käufer also sein Geld zurück, obwohl er das Eviktionsrisiko in der Vertragsklausel übernommen hatte. Das ist als ein Beispiel für 'Verbraucherschutz' schon in der Antike zu verstehen – und die Lösung hat Eingang unter anderem in den Code civil (Art. 1629), den spanischen Código civil (Art. 1477), den italienischen Codice civile (Art. 1477) und seit 2002 für den sog. Verbrauchsgüterkauf auch in das BGB (§§ 435, 475 I) gefunden[5].

5. – Ist dies auch bekannt, so entdeckt ein Übersetzer doch immer wieder wenig Bekanntes oder auch Überraschendes. Einige schlichte Beispiele: Es finden sich etwa mnemotechnische Hilfen bei Labeo (in Pomp. 6 *Sab.*, D. 30,36*pr.*) in einem Schulfall, in dem der Titia alle *textores*, Webersklaven, vermacht werden, sofern der Erblasser sie nicht einem anderen vermacht, und der Plotia alle *vernae*, die im Haus des Erblassers geborenen Sklaven, sofern er sie nicht jemand anders vermacht. Zu *verna* gibt es jedoch auch die Lautverschiebung auf *berna* – wie man etwa auch in Mexiko, wenn man *vino* haben will, *bino* bestellen muß. Es ergeben sich also die Alliterationen: *Titiae textores, Plotiae bernae*. Das ist kein Einzelfall[6].

6. – Auf Spielereien stößt man auch im Hinblick auf Namen. So hat in Cervidius Scaevolas Digesten eine Maevia testamentarisch verfügt: 'Ich will nicht, daß von Iulius Paulus – die Florentina hat sogar Iulianus Paulus – eine Abrechnung wegen der Vormundschaft verlangt wird, die er zusammen mit Antistius Cicero geführt hat ...'. Sollte Scaevola hier den Namen seines Schülers Iulius Paulus – oder eine Kombination der Namen von Julian und Paulus – als fiktiven Namen, als 'Spielnamen', verwendet haben, ebenso wie eine Kombination des Gentilnamens des Juristen Marcus Antistius Labeo (oder sogar von dessen Vater Pacuvius Antistius Labeo) mit dem Cognomen des großen Redners?[7]. Merkwürdigerweise heißen die Vormünder in der Parallelüberlieferung in Scaevolas Responsen (3 *resp.*, D. 34,3,31,2) Publius

[4] Näheres bei Th. Mommsen, *Römisches Strafrecht*, Leipzig 1899, Neudruck Berlin 1955, S. 921 ff.

[5] Vgl. etwa M. Kaser / R. Knütel, *Römisches Privatrecht*, 19. Aufl., München 2008, S. 233 (Rz 41.33), ferner S. 236 (Rz 41.42).

[6] Vgl. z.B. Labeo bei Iav. D. 34,5,28 ('Flaccus fullo', 'Philonicus pistor'), vgl. R. Backhaus, *Casus perplexus*, München 1981, S. 64 A. 40.

[7] Vgl. dazu D. Nörr, *Cicero-Zitate bei den klassischen Juristen*, in: Nörr, Historia Iuris Antiqui, Bd. II, Goldbach 2003 (aus 1978), S. 1191 Fn. 9; J. Platschek, *Bemerkungen zu Scaevola, D. 44,4,17,1*, SZ 116 (1999), S. 205 Fn. 34; Th. Rüfner, *Die Geschäfte des Herrn Marius Paulus*, in: H. Altmeppen, I. Reichard, M.J. Schermaier u.a. (Hrsg.), Fschr. R. Knütel, Heidelberg 2009, S. 989.

Maevius und Lucius Titius. So hat sich vielleicht der Herausgeber der posthum edierten Digesten des Scaevola (möglicherweise Tryphonin) den Scherz erlaubt[8]. Solche Fälle sind nicht ganz selten. Beispielsweise begegnet uns bei Pomponius (D. 40,5,34,2) ein Legatar namens Calpurnius Flaccus, der zu seinem Spielnamen offenbar aus einer Kontamination der Namen des Eklogen-Dichters Titus Calpurnius Siculus (Mitte des 1. Jh. n. Chr.) und des Quintus Horatius Flaccus, des Horaz also, gekommen sein dürfte. Bei Marcellus (D. 28,5,54) sind es gleich drei Berühmtheiten, die als Erben und Ersatzerben fungieren: Varro, Sallust und Cornelius, bei welchem angesichts der zuvor Genannten vermutlich an den in Kunst und Wissenschaft hochgebildeten Scipio Aemilianus Africanus minor – 'einer der edelsten Römer der Republik'[9] –gedacht ist. Daneben stoßen wir auch auf recht eigenwillige Spottnamen, die möglicherweise schon vom Erblasser ins Testament diktiert oder geschrieben wurden, wie etwa bei Scaevola (D. 33,7,20,7), wo der Testator ein Vermächtnis seiner 'Schwester Tyranna' zuwendet. Recht überraschend ist allerdings, daß in einem von Ulpian (D. 34,1,3) referierten Reskript eine Erblasserin den Namen 'Favilla' trägt, was meist die oft noch glimmende Totenasche kennzeichnet.

Im Zusammenhang mit den Namen noch ein letztes Beispiel: Bei Pomponius heißt es in D. 29,2,99: '*sanctum Cassium praetorem ... recte pollicitum ...*' Sollte es einen Sanctus Cassius als Prätor gegeben haben? Seit Jahrhunderten ist umstritten, ob es um einen echten oder verschriebenen Namensbestandteil, etwa für Gaius, Statius oder Scantius geht, oder ob es sich nicht vielmehr um ein Adjektiv handelt – wofür sich die neue Übersetzung mit 'De doorluchtige praetor Cassius' entschieden hat. Doch wird, was schon Mommsen gesehen hat, *sanctum* anders, nämlich wie *sancitum* zu verstehen sein, also als Beschluß der Berufungsinstanz Kaiser oder Senat zu einer Entscheidung des Prätors Cassius Longinus[10].

7. – Im Lauf der Übersetzung wird auch ein besonderes Interesse der Juristen an seltenen, bisweilen nahezu unglaublichen Naturphänomenen deutlich. Berühmt und im Recht des Schuldnerverzuges fast aller Gesetzbücher nachwirkend ist der Fall, daß das verkaufte Grundstück in einer Erdspalte (*chasma*) untergeht, während der Verkäufer im Verzug ist – er schuldet dem Käufer Ersatz (Ulp. D. 30,47,6)[11]. Ferner geht es um das Eigentum an wandernden Bäumen[12], um Verwendungsersatz bei Steinbrüchen mit nachwachsenden Steinen[13], des weiteren zudem um das Eigentum an einer wandernden Insel (Proc. D. 41,1,56*pr.*) und sogar an einer schwimmenden Insel (Lab.-Paul. D. 41,1,65,2)[14]. Auch wird der eigenartige Fall bedacht, daß der Lichteinfall auf ein Haus dadurch beeinträchtigt wird, daß das Nachbarhaus abgerissen

[8] Vgl. Nörr (oben, Fn. 7); H.D. Spengler, *D. 34,3,28,4 und D. 34,3,31,2/3*, SZ 110 (1993), S. 642 Fn. 5.

[9] K.E. Georges, H. Georges, *Ausführliches lateinisch-deutsches Handwörterbuch*, 12. Aufl., Hannover 1969, Sp. 1695 s.v. Cornelius. – Auch bei dem parteiverräterisch agierenden Marius Paulus in Ulp. D. 17,1,6,7 läßt sich der Name als Spielname erklären, so Platschek (oben, Fn. 7), S. 205 Fn. 34; Rüfner (oben, Fn. 7), S. 989 f.

[10] Th. Mommsen, *Digesta Iustiniani Augusti* (ed. maior), Bd. I, Berlin 1868 (Nachdruck mit Erweiterungen Frankfurt/M. 2009) ad h.l., App. l. 3. Einzelheiten bei R. Knütel, *Sanctus Cassius Praetor?*, in: H. Dondorp, J. Hallebeek, T. Wallinga, L. Winkel (Hrsg.), Ius Romanum – ius commune – ius hodiernum, Studies in honour of Eltjo J.H. Schrage, Amsterdam – Aalen 2010, S. 237 ff.

[11] Näheres dazu demnächst bei S. Lohsse in einer Abhandlung über die Aequitas Martiniana.

[12] Gai. D. 41,1,7,13; Inst. 2,1,31, auch Ulp. D. 47,7,6,2, s. dazu R. Knütel, *Von schwimmenden Inseln, wandernden Bäumen etc.* in: R. Zimmermann (Hrsg.), Rechtsgeschichte und Privatrechtsdogmatik, Heidelberg 1999, S. 556 ff.

[13] Lab.-Iav. D. 23,5,18*pr.*; Ulp. D. 24,3,7,13: 'nisi tales sint <sc. lapidicinae>, ut lapis ibi renascatur, quales sunt in Gallia, sunt et in Asia' (Hierapolis / Pamukkale in Phrygien?). Dazu R. Lambertini, *Lapis crescere potest*, AG 204 (1984), S. 97, 121 ff.

[14] Näheres bei R. Knütel (oben, Fn. 12), S. 550 ff.; ders., *Betrachtungen zur Rechtsfindung der römischen Juristen* in: J.L. Linares, T. de Montagut, E. Ricart, V. Sansón (Hrsg.), Liber amicorum Juan Miquel, Barcelona 2006, S. 544 ff.

wird[15]. In der Wissenschaft sind solche Fälle als 'practically unimportant, speculative and academic questions' abgetan worden[16]; doch ganz zu Unrecht. Denn es geht den Juristen darum, an den merkwürdigsten Erscheinungen oder Situationen zu testen, wie weit die Tragweite eines Prinzips oder Rechtsgedankens reicht und ab wann ein anderes Prinzip oder eine andere Erwägung maßgeblich wird. Dieses Bestreben hat zur Folge, daß die römischen Juristen sich nicht in Abstraktionen verlieren, sondern in ihren Überlegungen durchweg anschaulich bleiben[17].

8. – Zu einer Entdeckung ganz anderer Art gibt ein Text im 2. Buch der Institutionen Anlaß (Inst. 2,7,4). Es kam offenbar häufig vor, daß ein Sklave zwei Herren gehörte. Was war, wenn der eine ihn freiließ, der andere nicht? Nach klassischem römischem Recht wuchs der (als derelinquiert angesehene) Anteil des Freilassers dem Anteil des anderen an, der damit Alleineigentümer wurde. Justinian sagt dazu: '... eine beispielhaft schlechte Regelung ..., den Sklaven so um seine Freiheit zu betrügen und zugleich humaneren Eigentümern Schaden zuzufügen, härteren Eigentümern dagegen den Gewinn zuwachsen zu lassen'. Er, Justinian, habe diesem 'gleichsam von Gehässigkeit erfüllten Zustand dadurch abgeholfen, daß fortan der Sklave frei sein und dem anderen Eigentümer die Hälfte seines Wertes bezahlen soll. Dazu hat Justinian im Jahre 530 in einer Konstitution Maßstäbe zur Ermittlung des Wertes aufgestellt (C. 7,7,1,5). Auf die Frage, wie Justinian zu dieser Lösung kam, die an christliche *clementia* denken läßt, – auf diese Frage läßt sich eine bemerkenswerte Antwort geben. Sie kommt aus dem jüdischen Recht, wo sie ca. 300 Jahre früher entwickelt wurde: Dort wurde – wie im Babylonischen Talmud überliefert – die Lehre des Rabbi Hillel, einen Tag sei der Sklave frei, den anderen unfrei, durch die Lehre des Rabbi Schammaj überwunden. Dieser lehrte: Der verbleibende Eigentümer sei zur Freilassung gegen Empfang eines Schuldscheins über den Wert seines Anteils zu zwingen, denn andernfalls gälte: 'Eine Sklavin heiraten darf er nicht, da er zur Hälfte Freier ist; eine Freie heirate darf er nicht, da er zur Hälfte Sklave ist. Die Heirat unterlassen darf er aber auch nicht, weil die Welt zur Fortpflanzung geschaffen wurde'[18]. Justinian hat das übrigens nicht davon abgehalten, den Talmud in einer Novelle von 553 (Nov. 146,1) zu verbieten.

Das Beispiel ist auch deswegen bemerkenswert, weil es uns vor die spannende Frage nach dem Informationsfluß im antiken Mittelmeerraum stellt – ein Feld, auf dem noch unendlich viel zu klären und zu entdecken ist.

9. – Andere Beispiele: Eine Frau bringt während einer Schiffspassage ein Kind zur Welt. Muß für das Baby die Passage bezahlt werden? Nein, sagt der Jurist Ulpian, es fällt nicht ins Gewicht... (D. 19,2,19,7). Geburten auf Schiffen kommen heute kaum noch vor, gelegentlich aber im Jumbo-Jet. Wie dem auch sei, Ulpians Entscheidung ist ursächlich dafür geworden, daß Kinder – i.d.R. bis zum 5. Geburtstag[19] – unentgeltlich befördert werden. – An anderer Stelle geht es um eine Geburtsverhinderung: Der Erblasser hatte im Testament bestimmt: 'Wenn die Arethusa drei Kinder zur Welt bringt, soll sie frei sein'. Der Erbe will die Sklavin

[15] Ulp. D. 8,2,17,2: wenn vorher Licht durch Reflexion oder auf ähnliche Weise durch das abgerissene Haus auf das andere geworfen wurde.

[16] So etwa F.W. Maitland, zit. bei H.H. Jakobs, *De similibus ad similia bei Bracton und Azo*, Frankfurt/M. 1996, S. 16 f.

[17] Vgl. R. Knütel, *Betrachtungen* (oben, Fn. 14), S. 527 ff., 553 f.

[18] Gittin IV fol. 41a/41b in Anknüpfung an Jesaja 45,18. – Übersetzung nach L. Goldschmidt, *Der Babylonische Talmud*, Bd. VI, Berlin 1932, S. 311. – Die Bemühungen L. Wengers, *Römisches oder orientalisches Rechtsgut in c. 1 Cod. Inst.7,7 De servo communi manumisso?*, in: Acta Congressus Iuridici Internationalis Romae 12-17 Novembris 1934, Rom 1935, S. 201ff., insbes. 221-229, orientalische und speziell jüdische Einflüsse auf das römische Recht und auf Justinian zurückzuweisen, sind als nicht gelungen anzusehen.

[19] So Art. 13 § 1 COTIF (Convention Concerning International Carriage by Rail) von 1980/87. Den Ausgangspunkt bildeten die Eisenbahn-Betriebsreglements aus der ersten Hälfte des 19. Jh., die insoweit von D. 19,2,19,7 inspiriert waren.

nicht verlieren; er gibt ihr deshalb ein *medicamentum ne conciperet* (Iul.-Ulp. D. 40,7,3,16). Wir fragen uns: Hatten die Römer schon 'die Pille'? Dazu sagt der Jurist Julian nichts – begreiflicherweise. Aber er sagt: Arethusa ist frei, weil der Erbe arglistig den Eintritt der Bedingung vereitelt hat – und wir stoßen damit auf eine uralte Rechtsregel, die sich heute in praktisch allen Gesetzbüchern findet[20].

Auch mit einer 'Schnittgeburt' – entsprechend dem 'Kaiserschnitt', der *sectio Caesarea*, werden wir wiederholt konfrontiert. Ein Gesetz aus der Königszeit, also vor 510 v. Chr., verbot, eine Schwangere, die gestorben ist, zu beerdigen, bevor ihr das Kind aus dem Leib geschnitten worden ist (Marcell. D. 11,8,2). Der ursprüngliche Grund des Verbots ist klar: Zwischen den Gottheiten der Oberwelt (*dii superi*), die die Lebenden schützen, und den Göttern der Unterwelt (*dii inferi*), denen die Totenwacht obliegt, käme es zum Konflikt, wenn ein lebendes Wesen mit der toten Mutter zugleich bestattet würde. Und klar ist auch, daß Roms Mediziner keine chirurgischen Probleme gehabt haben werden, einen der Vorfahren Cäsars durch solchen 'Kaiserschnitt' ans Licht der Welt zu bringen[21].

10. – So sehen wir auch an den Rechtstexten immer wieder, wie fortgeschritten, ja oft, wie modern die Antike schon war. Nichts Menschliches ist den Texten fremd; in der Natur der Sache liegt es allerdings, daß die Erörterung selten von den Edelmütigen ausgeht, viel häufiger dagegen von den Spleenigen, wie etwa dem Senator in Frauenkleidern (D. 34,2,33), den verrückten Erblassern, den grausamen Sklavenhaltern, den wollüstigen Freiern, welche die Tür des Freudenhauses aufbrechen (Ulp. D. 47,2,39), und den Verbrechern aller Art. Doch steht all dies keineswegs im Vordergrund. Vielmehr geht es um die kleinen wie die großen Probleme im menschlichen Miteinander, und das eigentlich und dauerhaft Faszinierende, das dem Übersetzer wie dem Leser immer wieder vor Augen tritt, besteht darin, zu erkennen, wie die römischen Juristen ihre Rechtsordnung Schritt für Schritt nach dem Maß des Menschen geformt haben: '*hominum causa omne ius constitutum*, wie Hermogenian sagt (D. 1,5,2) – und dies in unerreichter juristischer Genialität und geleitet von Werten und Prinzipien, die weitgehend noch die unseren sind, wie etwa *libertas*, *humanitas*, *fides*, Schutz des Schwächeren, Schutz von Besitz und Eigentum, Unverletzlichkeit der Wohnung – auch 'my home is my castle' ist römisches Erbe[22], wie ja überhaupt Wesentliches unserer Menschen- und Grundrechte seine Ursprünge im antiken Rechtsdenken und in den Fortbildungen durch das ius commune hat[23]. Vielleicht hätte ich Beispiele und Details besser dazu und zu höchst ausgefeilten dogmatischen Lösungen der Digestenjuristen bringen sollen. Doch habe ich angenommen, in diesem Kreise hieße das, Eulen nach Athen zu tragen.

11. – Die Zeit gebietet, es bei diesen wenigen Beispielen bewenden zu lassen. Wie gesagt: Ein Monument ist geschaffen. Es ist wohl – nach den fünf Gesamtübersetzungen des 19. Jahrhunderts (Hulot / Berthelot, 1803-1811; Otto / Schilling / Sintenis, 1830 ff.; Foramiti, 1830 ff.; Vignali, 1859 ff. und García del Corral, 1889–1898) sowie der von Samuel Scott (1932) im 20. Jh. vorgelegten – die weltweit siebte Übersetzung des gesamten *Corpus iuris civilis*; aber sie ist zugleich die erste, die die seit langem maßgeblichen und den modernen Standards entsprechenden Ausgangstexte von Theodor Mommsen, Paul Krüger, Rudolf Schöll und Wilhelm Kroll zugrundelegt und diesen Text neben der Übersetzung auch vollständig und verläßlich wiedergibt.

[20] Iul. D. 35,1,24; Ulp. D. 50,17,161. Vgl. z.B. Artt. 1178 Code civil; 1772 Louisiana Civil Code; 537, 538 Argentin. Código civil; 1119 Span. Código Civil; 130 Japan. ZGB; 156 Schweiz. OR; 1359 Codice civile; 129 Brasil. Código civil (= 120 Cc 1916); §§ 162 Abs. 1 BGB; 150 Abs. 1 Korean. BGB etc..

[21] Vgl. D. 28, 2,12; Plinius, Historia naturalis 7,7,47.

[22] Ulp. D. 2,4,21 = D. 50,17,103: 'Nemo de domo sua extrahi debet'; Gai. D. 2,4,18; Cicero, de domo sua 109. Vgl. auch R. Knütel, *Diritto romano, diritto comune, diritto comunitario* etc., Index, 36 (2008), S. 43 ff.

[23] Zu der vertiefenswerten Thematik findet sich Manches bei J. Plescia, *The Bill of Rights and Roman law, A comparative study*, Bethesda 1995; R.A. Baumann, *Human rights in ancient Rome*, London – New York 2000.

Sie bringt damit, da jede Übersetzung zugleich Interpretation ist, der Fachwelt neue Inspirationen, und sie ermöglicht es Interessierten, vor allem interessierten Studenten, Belehrung im Schatzhaus des römischen Rechts zu finden und zu erfahren, was die rationalen Grundlagen unseres Rechts sind – eine Erfahrung, die der gebildete Jurist gewinnen sollte. Doch halten das im alten Europa viele für nicht mehr nötig. Ich führe deshalb einen amerikanischen Studenten an, aus den so fortschrittlichen USA also, der 1992 auf einem Kongreß erklärte, wenn auch als recht einsamer Rufer in der Wüste: 'Offering a course in Roman law is the right, logical thing to do. Refusing to offer a Roman law course or to accept it as legitimate is similar to the Athenians putting Socrates to death: a hasty, irrational act that in the end harms the students most of all. It is true that knowledge of Roman law is not required to become a practicing lawyer today, but it will produce better lawyers. The significance of Roman law rests, as Sir Henry Maine reminded us, in the immensity of the ignorance to which we are condemned by ignorance of Roman law'[24]. – Oder sagen wir es kürzer mit Hermann Kantorowicz: 'Aber – die Digesten lesen und verstehen, heißt Jurist werden'[25].

Doch auch gestandenen Juristen hat die Übersetzung viel zu bieten. Sie mögen es mit Cicero halten, der in *De oratore* den bedeutendsten Redner aus der Generation vor ihm, Licinius Crassus (140–91 v. Chr.), sagen läßt, das Studium des Zivilrechts gewähre einen wunderbaren Reiz und Genuß: '*mira quaedam in cognoscendo suavitas et delectatio*', und welch' ehrenvollere Betätigung könne es für Umgang und Ansehen im Alter geben als die Erläuterung des Rechts: '*senectuti vero celebrandae et ornandae quod honestius potest esse perfugium quam iuris interpretatio*?'[26].

12. – Die niederländische Entdeckungsreise der Übersetzung des Corpus iuris civilis ist beendet. Nachentdeckungen sind wahrscheinlich; denn die Übersetzer werden sich bei der Arbeit manche Frage zu weiterer Vertiefung notiert haben. Wir in Deutschland sind dagegen weiterhin und noch lange auf der Reise, neugierig, weiteres zu entdecken oder doch wiederzufinden. Freilich haben wir nicht die Hoffnung, Spuren von Huschkes Bovigus, dem skurrilsten aller Wesen in der Rechtshistorie, zu erkennen[27]. Auf unserem Weg konsultieren wir gern und dankbar die niederländische Übersetzung, wohl häufiger als die alte deutsche.

Auf der Feier zur Präsentation der deutschen Institutionen-Übersetzung am 11. Mai 1990 in Bonn hat Jop Spruit in seiner Ansprache gesagt: 'Zu wissen, daß in Deutschland mit seiner großen romanistischen Tradition an dem gleichen Unternehmen gearbeitet wird, daß wir immer mit den deutschen Kollegen, die mit den gleichen Problemen kämpfen wie wir, Kontakt aufnehmen können, und die Tatsache, daß aufgrund der guten Beziehungen zu den Redaktionsmitgliedern der deutschen Arbeitsgruppe immer ein Meinungsaustausch über Fragen wissenschaftlicher wie auch materieller Art bezüglich der Ausgabe möglich bleiben wird, all das ist eine große Hilfe für uns in den Niederlanden'[28].

Das hat sich seit langem umgekehrt, längst sind wir die Nehmenden, und ich bekunde

[24] J.J. Hogarty, Tulane Law Review 66 (1992) 1898.

[25] H. Kantorowicz, *Die Epochen der Rechtswissenschaft*, Die Tat, 6 (1914), S. 345 ff., hier S. 348 (= H. Kantorowicz, Rechtshistorische Schriften, hrsg v. H. Coing und G. Immel, Karlsruhe 1970, S. 1 ff., hier S. 4).

[26] De oratore 1,193 und 199, vgl. auch W. Schuller, *Vom Glanz des römischen Rechts*, in: K. Muscheler (Hrsg.), Römische Jurisprudenz – Dogmatik, Überlieferung, Rezeption, Fschr. D. Liebs, Berlin 2011, S. 584.

[27] Für Ph.E. Huschke, *Die Verfassung des Königs Servius Tullius*, Heidelberg 1838, S. 248 ff., 258 f., 716 f. hat sich 'die Nothwendigkeit des Bovigus nach der Natur der civilen Bewegungen ... ergeben'; das Tier habe den Stier, der den Pflug zog, mit Stoßzähnen und Rüssel angetrieben und den Pflug mit dem Schwanz (nach H's späterer Einsicht mit dem Rüssel) regiert. Das Weibchen Boviga mußte nach der Vertreibung aus dem Paradies auf dem Bauch gehen und wurde zur Boa, der großen Schlange.

[28] SZ 108 (1991), S. 707 f.

deshalb gern an dieser Stelle, daß wir die großartige Leistung von Jop Spruit und allen, die an der niederländischen Übersetzung mitgewirkt haben, wahrlich sehr zu schätzen wissen. Ich denke, daß ich den Dank – nicht nur unseren, sondern den der Wissenschaft überhaupt – am besten mit den schönen Worten ausspreche, die Friedrich Carl v. Savigny im Oktober 1816 fand, als Barthold Georg Niebuhr ihm den Fund des Veroneser Gaius-Palimpsests mitgeteilt hatte. Savigny schrieb: 'Ein solcher Fund wäre von jeher mein höchster Stolz gewesen, und ich glaube jedem anderen hätte ich ihn beneidet; Ihnen kann ich ihn nicht beneiden, wem man so viel zu danken hat, dem mag man gerne noch viel mehr schuldig seyn'[29]. Apropos: noch mehr schuldig. Vielleicht nach einer Übersetzung des Codex Theodosianus?

[29] Brief v. 23.10.1816, UB Marburg, Savigny Nachlaß, Ms. 941/4. Der Brief fehlt bei A. Stoll, *Friedrich Carl von Savigny, Leben und Werk in Briefen*, 3 Bde., Berlin 1927–1939; er ist neuerdings aber publiziert in: Cristina Vano, *Der Gaius der Historischen Rechtsschule, Eine Geschichte der Wissenschaft vom römischen Recht*, Frankfurt/M. 2008, S. 274–278.

Grußwort*

Rolf Knütel

I.

Unser Dekan ist Rechtshistoriker. Seiner historischen Neugier verdanken wir es, daß wir uns überhaupt unseres 75jährigen Geburtstages bewußt werden. Daß mir die Ehre zufällt, dazu einige Grußworte auszusprechen, beruht offenbar auf einem Umstand, der nicht durch Verdienst, sondern nur durch Zeitablauf begründet ist: Von der größten Gruppe des Juristischen Fachbereichs, der der Zivilrechtler, bin ich am längsten in dieser Fakultät heimisch. Daß sie mir zur geistigen Heimstatt geworden ist, bekenne ich gern.

Bin ich aufgrund dieses Umstandes hier nun eigentlich als Laudator aufgerufen, so drängt sich natürlich der historische Ansatz auf. Konkret heißt das: Zwar wurden nahezu alle staatswissenschaftlichen Professuren der Universität durch Ministerialverordnung vom 1. Juli 1928 aus der Philosophischen in die Juristische Fakultät überführt und diese in die Rechts- und Staatswissenschaftliche Fakultät umgewandelt. Aber im Grunde war das schon von Anfang an angelegt, seit der Errichtung der Universität im Jahre 1818.

II.

Bekanntlich kam die Juristische Fakultät nach der Errichtung der Universität nur mit Schwierigkeiten „in die Gänge“. Nach dem Weggang Karl Joseph Anton Mittermaiers (1787-1867), des bedeutendsten und berühmtesten der frühen Bonner Juristen, den es nur von 1818 bis 1821 in unserer schönen Stadt hielt und der übrigens von hier aus 1819 das AcP gründete, nach dessen Weggang also waren von den sechs ordentlichen Professuren nur noch zwei besetzt, nämlich von Karl Theodor Welcker, der ebenfalls bald

* 75-Jahr-Feier der Rechts- und Staatswissenschaftlichen Fakultät der Rheinischen Friedrich-Wilhelms-Universität Bonn. Reden am 31. Oktober 2003 in der Aula der Universität, Bonner Akademische Reden 88, herausgegeben vom Archiv der Rheinischen Friedrich-Wilhelms-Universität Bonn, Redaktion F. Engel, Bouvier, Bonn 2004, 19 – 25.

Bonn verließ, und von dem fast tauben Ferdinand Mackeldey (1784-1834), „dessen wissenschaftliche Bedeutung mit seinem zur Schau getragenen Selbstbewußtsein nicht in Einklang stand“ und in dessen Pandektenvorlesung die Studenten mit Hüten und Hunden zu erscheinen und Tabak zu rauchen pflegten[1].

Immerhin – und das ist hier von Interesse – suchte man schon damals, 1820, auf Betreiben Mittermaiers und nochmals Ende 1821 die Berufung des Coburger Appellationsgerichtsrats Lotz zum Ordinarius, besonders für Polizeiwissenschaft, zu erreichen: galt der Vorgeschlagene doch als ein erfolgreicher Pionier der von Adam Smith ausgehenden Nationalökonomie[2]. Es kam nicht dazu, doch zeigt sich, daß es schon in den frühesten Jahren der Fakultät als Bedürfnis empfunden wurde, die Nationalökonomie „ins Boot zu holen“.

Aber noch in ganz anderer Weise zeigt sich, daß bei dem Ereignis, dessen wir heute gedenken, Vorsehung im Spiele war: Ihre Einladungen, meine sehr verehrten Damen und Herren, sind geziert vom Prägesiegel der Fakultät. Dieses ist im Kern 1820 bestimmt und nach der Bewilligung des lateinischen Namens 1828 von dem Berliner Hofmedailleur Jachtmann gestochen worden. Die ministeriell bewilligte Form des unten stehenden Universitätsnamens lautet im Volltext: *Universitas litteraria Friderica Guilelma Rhenana Bonnensis*[3]. Die lateinischen Endungen waren seinerzeit sehr umstritten, statt *Friderica* waren *Fridericia*, *-ciana*, statt *Guilelma*: *Wilhelma, Guilelmia, Guilelmina* verfochten worden. Das abgekürzte Ergebnis entspricht der Weisheit Ciceros, der, befragt, ob eine Inschrift POMPEIUS TERTIUM CONSUL oder POMPEIUS TERTIO CONSUL lauten müsse, die Antwort gab: POMPEIUS TERT. COS.[4]

Litteraria (nicht: *litterarum*) ist weggelassen; *Bonnensis* ist 1951 hinzugekommen. Schon zuvor, nach 1928, war in der Um-

---

1 Friedrich v. Bezold, Geschichte der Rheinischen Friedrich-Wilhelms-Universität von der Gründung bis zum Jahr 1870, Bonn 1920, S. 195 und 149f.

2 Bezold (Fn. 1), S. 197.

3 Karl Theodor Schäfer, Verfassungsgeschichte der Universität Bonn 1818-1960, Bonn 1968, S. 100, 102f., 265ff.

4 Schäfer (Fn. 3), S. 101f.

schrift der Fakultätsname (aufgrund eines Promemorias von Friedrich Heyer) erweitert worden zu *Facultas* – bis 1951: *Ordo – iuris et rerum politicarum*[5].

Das bei weitem Interessanteste ist nun die Figur in der Mitte. Daß unsere Fakultät in einem Beschluß vom Dezember 1951 davon ausging, der Abgebildete sei Justinian, ist sehr überraschend: Nicht nur, daß Justinian ganz anders aussah (wie sein Mosaik in San Vitale in Ravenna zeigt); er hätte nicht die Nomoi in Händen halten dürfen, sondern die Digesta oder das Corpus iuris civilis. Die Nomoi lassen dann zunächst an Plato denken; aber seine Nomoi sind nur ein Idealgesetz – und: ein Philosoph für die Juristische Fakultät?

Es ist denn auch ein anderer, nämlich Solon[6], der athenische Staatsmann und Dichter (ca. 640-560), einer der Sieben Weisen der Antike. Seine Nomoi galten wirklich und haben sogar das römische Zwölftafelrecht beeinflußt. Zugleich erlangte er Ruhm jedoch durch seine erfolgreichen Maßnahmen zur Ankurbelung der seinerzeit darniederliegenden Wirtschaft, wie etwa Schuldenerlaß, Regulierungen zum Grundbesitz, Reform von Münzen und Maßen, Exportverbote für Bodenprodukte (außer Öl), Gewinnung von Arbeitskräften durch Rückkauf von Bürgern, die als Schuldsklaven verkauft worden waren, und durch erleichterte Einbürgerungen etc. Man sieht: Solon ist die historische Persönlichkeit, in der sich Wirtschaftswissenschaftler ebenso gut wie Juristen wiederfinden können. Da erwiesen ist, daß die Juristische Fakultät schon 1820 Solon als ihren „Heiligen" erhalten hat[7], dürfen wir davon ausgehen, daß von Anfang an Vorsehung im Spiele war.

Wäre das dem großen nationalökonomischen Dreigestirn Spiethoff, von Beckerath und Schumpeter damals, 1928, bekannt gewesen – sie hätten in dem Wechsel in unsere Fakultät das Wirken der unsichtbaren Hand erkannt und ihre Bedenken fallengelassen.

---

[5] Schäfer (Fn. 3), S. 265f. und 106.

[6] Schäfer (Fn. 3), S. 270, eine Abbildung des Siegels auf S. 269.

[7] Schäfer (Fn. 3), S. 270 m. w. N.

III.

Es ist mit unserer Verbindung denn ja auch gutgegangen, und nicht nur das: Sie hat sich sogar bewährt. Darüber besteht in unserem Bereich ein Grundkonsens und hoffentlich auch im wirtschaftswissenschaftlichen Fachbereich. Bisweilen wird das ja auch offiziell verlautbart, wie etwa anläßlich der Feier zur Einweihung des Juridicums am 21. November 1967 durch Herrn Kamp – meiner Erwartung nach gleich auch durch Herrn Neumann – und im Augenblick durch mich. Herr Kamp sagte damals:

„Aus meiner eigenen – ich kann sagen: jahrzehntelangen – Zugehörigkeit zur Rechts- und Staatswissenschaftlichen Fakultät der Universität Bonn kann ich allerdings nur berichten, daß die Dietzel-Spiethoffschen Bedenken gegenstandslos gewesen sind; m. E. hat vielmehr der Abstand von Objekt und Methode der beiden Disziplinen die Neutralität und Objektivität der Mitbeurteilung der einen durch die andere Seite – sieht man von spezifischen Fachfragen ab – in der Regel nur günstig beeinflußt. Man beobachtet nüchterner, objektiver, unbeteiligter, sachlicher und sachgemäßer, man sieht aus diesem Abstand heraus stärker das Wesentliche, das Entscheidende in allen allgemeinen Fragen, und das leicht Subjektive, Affekthafte methodischer Richtungen und Meinungen verblaßt doch viel eher im Miturteil ‚der anderen Seite'. Diese Komponente der Wirksamkeit und des Zusammenwirkens von zwei großen Fachdisziplinen – auch, wenn die Größenverhältnisse, repräsentiert durch die Anzahl der Fachvertreter, so unterschiedlich sind wie in der Rechts- und Staatswissenschaftlichen Fakultät der Universität Bonn – hat erfahrungsgemäß ein größeres Gewicht als die Möglichkeit der befürchteten Majorisierung des kleineren durch den größeren Partner"[8].

---

[8] Mathias Ernst Kamp, Nationalökonomen in der Rechts- und Staatswissenschaftlichen Fakultät der Universität Bonn, in: Ernst Friesenhahn/ Max Gutzwiller/ Mathias Ernst Kamp, Juristen und Nationalökonomen an der Universität Bonn (Alma mater: Beiträge zur Geschichte der Universität Bonn 25/26), Bonn 1970, S. 64f.

Soweit das Zitat, das heute – 36 Jahre später – auch zur Beschreibung des Ist-Zustandes noch gut tauglich ist.

Wir lernen voneinander: Seit meiner ersten Fakultätssitzung ist mir das Problem des *traveling salesman* bekannt, und ich habe im Laufe der Jahre die Akzeleration der Lösungsgeschwindigkeit bewundern können. Wir mäßigen einander (um den Ausdruck des Kontrollierens zu vermeiden), und wir wetteifern vielleicht auch ein bißchen miteinander. Dabei nehmen wir Juristen es hin, daß die Höhen eines Nobelpreises uns versagt bleiben werden; doch genießen auch wir es mit großer Freude, wenn einem Mitglied der Fakultät, gehöre es auch dem anderen Fachbereich an, diese herausragende Ehrung widerfährt, und wir hoffen sogar, daß dies nach Reinhard Selten für unsere hochgeschätzten Kollegen keine seltene Ausnahme bleiben möge.

IV.

Wenn ich sagte, daß wir voneinander lernen, so ist das freilich mit dem Vorbehalt zu versehen: soweit wir uns verstehen. Denn die Mathematisierung der Wirtschaftswissenschaften bereitet dem Juristen, der seine Probleme zu verbalisieren pflegt (mag er auch mit seinen Begriffen rechnen können), natürlich Schwierigkeiten. Aber davon abgesehen wird doch schnell deutlich, daß wir uns etwas zu sagen haben, wenn wir miteinander ins Gespräch kommen. Zwei schöne Beispiele möchte ich nicht unterdrücken.

Auf einem Fakultätsabend habe ich einmal über die juristische Interpretation von Bibelgleichnissen vorgetragen[9]. Dabei ging es viel um den Talmud, die rund 2000 Jahre alte jüdische Rechtssammlung, und ich war bemüht, die Aktualität mancher alten Rechtsregelung darzulegen. In der Diskussion brachte Herr Kollege Hildenbrand ein Beispiel aus dem Talmud bei, in dem sich

[9] Ein Teil davon ist publiziert, Rolf Knütel, ‚Der Schatz im Acker' und ‚die bösen Weingärtner', Juristische Schulung (JuS) 26 (1986), S. 950ff. = Index 15 (1987), S. 111ff.

eine Lösung findet, die neuesten spieltheoretischen Erkenntnissen gerecht werde. Es ist der folgende Fall der Mischna im Traktat Kethubot X,IV (Fol. 93 a)[10]:

Im Ausgangsfall hat der Schuldner ein Vermögen von hundert und drei Gläubiger. Der erste hat eine Forderung von 100, der zweite von 200, der dritte von 300. Wie werden sie befriedigt? Antwort: Jeder Gläubiger erhält 33 1/3, also: gleiche Anteile.

Erste Variation: Der Schuldner hat ein Vermögen von 200; die Forderungen sind unverändert. Lösung: Der erste Gläubiger erhält 50, die beiden anderen erhalten 75.

Zweite Variation: Der Schuldner hat *ceteris paribus* ein Vermögen von 300. Lösung: Dann erhält der erste Gläubiger weiterhin 50, der zweite Gläubiger 100 und der dritte Gläubiger 150, insgesamt also jeder die Hälfte.

Das Faszinierende ist, daß hier unterschiedliche Prinzipien zur Anwendung kommen, zunächst die Teilung nach Köpfen, am Ende die nach der Höhe der Forderungen. Bei genauerem Hinsehen zeigt sich das verbindende höhere Prinzip: Es wird so lange nach Köpfen geteilt, bis einer die Hälfte erhält. Dieser scheidet dann aus, und die übrigen teilen nach Köpfen, bis der nächste die Hälfte erhält.

Höchst bemerkenswert ist nun, daß sich die Lösung des dritten Falles auch in den Digesten findet (D. 30, 80; Sabinus/ Julian/ Marcellus), also die Teilung *pro rata crediti*, und zwar ganz entsprechend bei einer Masse von 30 und Forderungen von 10, 20 und 30. *Pro rata crediti* teilen wir auch im heutigen Recht (mit Einschränkungen zugunsten bevorrechtigter Forderungen). Freilich kennen auch wir Juristen wechselnde Berechnungen, etwa beim Finderlohn, der bis zu einem Fundwert von 500,- € 5% beträgt, für alles darüber Hinausgehende dagegen nur 3% (§ 971 Abs. 1 BGB).

---

[10] Übersetzungen etwa in: Lazarus Goldschmidt, Der Babylonische Talmud, Bd. 5, Berlin 1931, S. 297; Isidore Epstein, The Babylonian Talmud. Seder Nashim, Bd. 2, London 1936, S. 589f. (übersetzt von Israel W. Slotki). Zur Analyse s. Robert J. Aumann/ Michael Maschler, Game Theoretic Analysis of a Bankruptcy Problem from the Talmud, Journal of Economic Theory 36 (1985), S. 195ff.

Die Zusammenhänge geben zu vielen Fragen Anlaß: Sind möglicherweise die Fälle 1 und 2 in den Digesten weggeschnitten und ist unsere Rechtstradition dadurch auf die *pro rata*-Lösung beschränkt worden? Wie stand es mit der wissenschaftlichen Kommunikation im antiken Mittelmeerraum? Oder eine Frage, die man jahrhundertelang kaum zu denken wagte: Gibt es Zusammenhänge zwischen Talmud und Digesten?

Es ließe sich von weiteren sehr konkreten Beispielen berichten, wie etwa von der jungen Dame – jetzt Professorin in Stanford –, die nach einem höchst erfolgreichen Studium in unserem Volkswirtschaftlichen Fachbereich im römischen Recht promovierte und viele Vor- oder Fehlurteile überwindend unter Anwendung modernster ökonomischer Methoden herausfand, daß die Römer bei ihren Auktionen zur Vergabe der Steuerpacht und der öffentlichen Aufträge zu einer in ihrer Effizienz herausragenden Lösung gelangt waren, ferner daß die Nachlässe von den Pachtsummen, die der Senat den Steuerpächtern oft gewährte, nicht, wie eine etablierte althistorische Lehre meint, Indiz für die politische Macht der Ritterschaft (der die Steuerpächter entstammen) gegenüber dem Senat waren, sondern sich aus dem einfachen Phänomen des *winner's curse* erklären, usw. usf.[11] *Summa summarum*: Führen wir unser Wissen zusammen, so können wir Kenntnis und Verständnis ganz erheblich erweitern.

Dies gibt mir das Stichwort für die Schlußbemerkung: Möge sich die wissenschaftliche Kommunikation zwischen unseren Fachbereichen erneuern und vertiefen, um die Erkenntnis in unseren Wissenschaften und damit das gemeine Beste zu befördern! Und mögen wir in 25 Jahren vergnügt miteinander ein rundes Jubiläum feiern können!

---

[11] Ulrike Malmendier, Societas publicanorum. Staatliche Wirtschaftsaktivitäten in den Händen privater Unternehmer (Forschungen zum Römischen Recht 49), Köln u. a. 2002.

G

Nachrufe

*Ernst Friesenhahns Lebensweg**
von Dekan Professor Dr. *Rolf Knütel*

I. Gedenken wir großer Persönlichkeiten unserer Geschichte, etwa anläßlich der Wiederkehr ihres 100. oder 200. Geburtstages, so ist unser Gedenken von der Leistung, der Wirkung, dem Ruhm dieser Persönlichkeiten bestimmt, vermischt mit Gefühlen des Dankes und der Freude über den hinterlassenen unvergangenen Besitz. Bei unserer heutigen Gedächtnisfeier befinden wir uns in einer anderen, einer weniger abständigen Lage. Gewiß, wir streben, uns auf Wirken und Leistungen eines großen Mannes zu besinnen; wir wollen seiner Persönlichkeit gedenken, und an dem Gefühl tiefer Dankbarkeit fehlt es wahrlich nicht. Doch sind wir noch befangen von dem sich erneuernden Schmerz, der uns bewegt und bedrückt und der uns bei jedem Versuch einer Würdigung beengt.

Ernst Friesenhahns Lebensweg vollendete sich am 5. August 1984. Zehn Monate liegt dies zurück, und doch haben wir das Empfinden, die Persönlichkeit in ihrer bewunderten geistigen und körperlichen Vitalität – so wie sie uns bis zuletzt immer vor Augen stand – fast noch mit leiblichem Blick zu erfassen. Wenn wir über ihn sprechen, können wir uns von der Kraft seiner persönlichen Ausstrahlung, von der Lebendigkeit unserer Erinnerungen, von der Subjektivität unserer Eindrücke nicht freihalten. Lassen wir uns bei unserem Gedenken von dem Lebensgang leiten, den ein Höherer gelenkt hat! Auf ihn hat *Ernst Friesenhahn* vertraut – in den hoffnungsreichen Zeiten des Werdens, den schweren Jahren des Wartens und den erfolggekrönten Zeiten des Wirkens.

II.1. *Ernst Theodor Matthias Friesenhahn* wurde am 26. Dezember 1901 zu Oberhausen geboren. Er entstammte einer Lehrerfamilie; der Vater war Gymnasialprofessor, der Großvater Lehrer in Boppard, der Urgroßvater Lehrer im Hunsrück. *Ernst Friesenhahn* hat selbst einmal die bescheidenen Verhältnisse seiner Vorfahren geschildert und gemeint, Sparsamkeit und Bescheidenheit seien ihm von daher selbstverständlich gewesen. Es sollte sich zeigen, daß er damit recht gewappnet war.

Seine Mutter verlor er früh. Ostern 1920 legte er am Reformrealgymnasium in Oberhausen das Abitur ab und studierte sodann zwei Semester

* R. Knütel/J. Salzwedel (Hrsg.), In memoriam Ernst Friesenhahn, Alma Mater 59, Bouvier, Bonn 1985, 7 – 21.

Nationalökonomie in Bonn. Die juristische Vorlesung „Grundzüge des Bürgerlichen Rechts“, die er bei dem begnadeten *Martin Wolff* hörte, veranlaßte ihn, von seinem nächsten Semester an Rechtswissenschaft zu studieren, anfangs, im Sommer 1921, in Tübingen und für die restlichen fünf Semester dann wieder in Bonn. Am 24. Juni 1924 bestand er vor dem Justizprüfungsamt Köln das Referendarexamen mit dem Prädikat „gut“, knapp fünf Jahre später folgte das Assessorexamen mit gleicher Note vor dem Landesprüfungsamt in Berlin. Danach war er ein halbes Jahr als Hilfsrichter in Bonn tätig.

2. Die Begegnung, die für *Ernst Friesenhahn* schicksalhaft werden sollte, fällt jedoch noch in die Zeit des Studiums: In seinen beiden letzten Semestern war er dem herausragendsten Genie der Zeit, dem Machiavellisten von so außergewöhnlicher Strahlungskraft begegnet: *Carl Schmitt.* Dessen Vorlesungen und Übungen haben *Ernst Friesenhahn* fasziniert und sein Interesse am öffentlichen Recht erweckt. Von ihm ließ er sich das Doktorthema stellen, und es war dieser *Carl Schmitt,* der eines Nachmittags im Wintersemester 1924/25 vor der Tür seines Doktoranden *Friesenhahn* stand und ihm eine Assistentenstelle anbot. *Friesenhahn* nahm an und wurde vom 1. April 1925 an für vier Jahre Fakultätsassistent, als welcher er hauptsächlich *Carl Schmitt* zuarbeitete.

Neben der Assistententätigkeit versah er den juristischen Vorbereitungsdienst, abgesehen von einer fünfzehnmonatigen Urlaubszeit, in der er den wesentlichen Teil seiner Dissertation „Der politische Eid“ verfaßte. Aufgrund dieser Arbeit und der mündlichen Prüfung von Mitte Februar 1927 wurde er am 15. März 1928 mit dem Gesamtprädikat „sehr gut“ an unserer Fakultät promoviert. Die Dissertation erschien als würdiges Eröffnungsheft der „Bonner Rechtswissenschaftlichen Abhandlungen“. Sie teilt in gewisser Weise das Schicksal ihres Autors, indem sie praktische Wirkung erst beim Aufbau der Bundesrepublik entfaltete. In dem vom Militärgeschichtlichen Forschungsamt herausgegebenen Handbuch „Anfänge Westdeutscher Sicherheitspolitik 1945–1956“ findet sich im ersten Band der Hinweis: „Die Rechtsabteilung stützte sich wesentlich auf die Arbeit von Friesenhahn, Eid“[1]. Und auch der Bayerische Verfassungsgerichtshof und das Bundesverfassungsgericht schöpften später aus diesem Werk[2].

[1] Bd. 1 (1982) 827 Fn. 179.

[2] BayVerfGH 80 II, 94, 97, 99, 102 (aus 1964); BVerfGE 33, 23, 27 = NJW

3. Vom 1. Oktober 1929 ab übernahm *Ernst Friesenhahn* erneut die öffentlich-rechtliche Assistentenstelle an der Fakultät; er hatte sie 6 Jahre (bis zum 30. September 1935) inne, und er assistierte in dieser Zeit bei den öffentlich-rechtlichen Übungen vor allem *Richard Thomas*. Dieser hat ihn am 21. 4. 1932 an unserer Fakultät zur Habilitation für die Fächer Staatsrecht, Verwaltungsrecht, Steuerrecht und Völkerrecht geführt. Die Habilitationsschrift „Grundfragen der Staatsgerichtsbarkeit" war seinerzeit – wie *Thoma* in seinem Votum hervorhob – noch „ein Fragment" von etwa zwei Dritteln des geplanten Umfangs. Zu ihrer Veröffentlichung ist es nicht gekommen, doch findet sich der Kern im „Handbuch des Deutschen Staatsrechts"[3]. Es war das Thema, an dem er sich dermaleinst praktisch bewähren sollte.

III.1. Nach der Habilitation hebt im Leben *Ernst Friesenhahns* ein neuer Abschnitt an. Die Phase des Werdens, des Aufsteigens bricht ab; es folgt die des *Wartens* und des Verzichtens, es folgt – um mit *Chamisso* zu reden – die Not der schweren Zeit, die schwere Not der Zeit. In den frühen dreißiger Jahren hat der Lebensweg *Ernst Friesenhahns* die entscheidende Prägung erfahren; hier hat er ganz zu sich und seinen Prinzipien gefunden.

2. *Ernst Friesenhahn* stand fest im katholischen Glauben; er war ein Mensch von tiefer, doch unaufdringlicher Religiosität. In seinem Werk und in seinem Handeln ist dies spürbar, teils kommt es offen zum Ausdruck, etwa in einem Vortrage von 1950, der in der Erkenntnis gipfelt: „Wo keine Religion ist, haben die Menschenrechte ihre Kraft verloren"[4]. Und in den jüngsten Reden tritt diese Religiosität mit besonderer Deutlichkeit hervor, so in seinem letzten großen Vortrag über „Bewahrung und Bewährung der Verfassung" im September 1982 vor der Görres-Gesellschaft in Bonn[5].

1972, 1183. S. auch *Friesenhahn,* Neuerliche Erwägungen zum politischen Eid (Vortrag anläßlich der Feier des Goldenen Doktorjubiläums am 24. 5. 1978, S. 4 f. [vgl. u. Fn. 22]); *ders.,* Zur Problematik des politischen Eides, Zschr. Schweizer R 121 I (1980) 1, 17 ff. – Zur Rezeption in der Lit. vgl. die Zusammenstellung im Nachdruck der Dissertation (Darmstadt 1979) 142 f. sowie etwa *Stern,* StaatsR, Bd. 1 (2. Aufl. 1984) 371 Fn. 235.

[3] Hgg. v. *Anschütz* und *Thoma*, Bd. 2 (1932) 523 ff. (Staatsgerichtsbarkeit).

[4] Vortrag v. 25. 1. 1950 (Vortragsreihe Universitas), Bericht im Generalanzeiger für Bonn und Umgebung v. 26. 1. 1950.

[5] Jahres- und Tagungsbericht der Görres-Gesellschaft 1982 (1983) 5, 17 ff. – Übrigens ist ohne weiteres begreiflich, daß von den modernen Schriftstellern

Ernst Friesenhahn wußte, daß sein Glaube und seine Überzeugungen, denen judenfeindliche Tendenzen von vornherein zutiefst zuwiderliefen, in den damaligen Zeiten seinem Fortkommen, ja möglicherweise sogar seiner Existenz gefährlich werden mußten. Und auch *Carl Schmitt* wußte dies. Er, der 1928 nach Berlin gegangen, Staatsrat geworden war und sich zum führenden Juristen des Reiches entwickelte, hat es verschiedentlich unternommen, seinen Schüler zu fördern und für die Mitarbeit an jener „Erneuerung des Rechts" zu gewinnen, als die damals der Weg ins Unrecht verbrämt wurde.

3. „Und in der Früh' und frischem Tau der Jugend ist giftger Anhauch am gefährlichsten".

So warnt bekanntlich Laertes die Schwester Ophelia im Hamlet (I 3). Für *Ernst Friesenhahn* kam dieser Anhauch im Sommer 1934: *Carl Schmitt* bot ihm an, die Hauptschriftleitung der unter seiner Herausgeberschaft gleichgeschalteten „Deutschen-Juristen-Zeitung" zu übernehmen, und er wies nachdrücklich darauf hin, „als praktizierender Katholik" habe *Friesenhahn* keine Aussicht, jemals auf einen Lehrstuhl berufen zu werden; er, *Schmitt,* wolle ihn mit diesem Angebote aus dem toten Gleise herausholen. *Ernst Friesenhahn* lehnte ab.

Die Entscheidung war schwer und doch ist sie ihm nicht schwer gefallen. Er stand auf festem Boden, und er hatte das Unrecht und die Unmenschlichkeit der neuen Ideologie erkannt. Der Mut beeindruckt, gegenüber diesem Manne, seinem einst bewunderten Lehrer, der jetzt im Vorzimmer der Macht saß, festzubleiben, „Nein" zu sagen. Schwer wiegen die Opfer, in den besten Jahren für nicht absehbare Zeit die berufliche Erfüllung preiszugeben – *Ernst Friesenhahn* hing mit einer ganz besonderen Liebe am Lehrberuf! – und als Ehemann – knapp 4 Jahre zuvor hatte er sich mit der Arzttochter *Gertrud Kraus* vermählt – das Angebot eines guten gesicherten Einkommens auszuschlagen. Gegenüber stand dem eine ungewiß gewordene Zukunft, eine konstant schwierige und außerordentlich beengte materielle Situation. Aber *Ernst Friesenhahn* hat sich mit dieser Entscheidung seine *Unabhängigkeit,* seine Freiheit errungen. Diese Entscheidung, in der

ihn *Werner Bergengruen* am stärksten angesprochen hat, dessen Romane vom Großtyrannen und von Dr. Carions Prophezeihung gerade ihn tief bewegt haben müssen.

er von seiner Gattin voll bestärkt worden ist, nötigt uns Bewunderung ab.

Wie es seiner Natur entsprach, handelte *Ernst Friesenhahn* auch hierbei in strenger Konsequenz. Ende April 1933 hatte er seinen Antrag auf Aufnahme in die Partei gestellt, in einer ersten Verwirrung und Bestürzung nach der gemeinsamen Beratung der Bonner juristischen Assistenten und Dozenten, denen ohne diesen Schritt die Habilitations- und Berufungsmöglichkeiten abgeschnitten erschienen[6]. Doch hat er, noch ehe die Aufnahme erfolgt war, Mitte September des folgenden Jahres diesen Antrag zurückgezogen. Die Begründung, die in einem Schreiben der Dozentenschaft an den Rektor aus dem Jahre 1937 festgehalten ist, spricht für sich: „Weil der Führer am Parteitag feststellte, daß treue Mitarbeiter am Aufbauwerk auch außerhalb der Partei stehen können“[7]. Gleichzeitig erklärte *Friesenhahn* seinen Austritt aus der braunen Truppe der Partei, in die sich einzugliedern er im November 1933 genötigt worden war.

Damit hatte er Ende 1934 die klare Abgrenzung vollzogen, sich frei gemacht. Auch von *Carl Schmitt* hat er sich wegen dessen Verstrikkung im damaligen System mit Eindeutigkeit losgesagt. Zwar hat er ihn weiterhin als seinen Lehrer anerkannt und nie seine Dankbarkeit dafür verhehlt, daß er von ihm für das öffentliche Recht begeistert worden ist. Doch machten die Entwicklungen eine klare Trennung erforderlich. *Ernst Friesenhahn* zog gerade Linien.

4. *Ernst Friesenhahn* ging nun gestützt von seiner Gattin seinen eigenen Weg und verhielt sich dabei ganz im Sinne der Einsicht, die ein anderer großer „Alleingänger“, *Johann Gottfried Seume,* im Vorwort seines Spaziergangs nach Syrakus anführt:

> „Gegen den Strom der Zeit kann zwar der einzelne nicht schwimmen; aber wer Kraft hat, hält fest, und läßt sich von demselben nicht mit fortreißen“[8].

[6] Vgl. den Hinweis in der Rede zum Goldenen Doktorjubiläum von *Gerhard Schiedermair* am 7. 12. 1979 (1979) 22 sowie *Friesenhahns* dem Prüfungsausschuß der Universität unter dem 10. 11. 1945 abgegebenen Bericht (S. 3 f.; Universitätsarchiv).

[7] Schreiben der Dozentenschaft v. 1. 12. 1937 (Universitätsarchiv).

[8] *Seume*'s Sämmtliche Werke, 2. Bd., 1. Teil (1826) XIII/XIV.

Er selbst, *Friesenhahn,* hat schlicht gesagt: „Wir haben uns durchgeschmuggelt, ohne uns zu verkaufen“[9]. Doch hatte das seine Schwierigkeiten, die nur stichwortartig angedeutet seien.

Schon während der ersten Assistentenzeit waren seine finanziellen Verhältnisse sehr beengt; er mußte die väterliche Familie unterstützen – ein Antrag von 1927 auf Erlaß der einen Hälfte der Promotionsgebühren und auf Stundung der anderen läßt große Entbehrungen erkennen. Dies macht zugleich seine zahlreichen Nebentätigkeiten erklärlich. 1929 übernahm er die Steuerberatung im Verband der deutschen Hochschulen, die er trotz seiner politischen Mißliebigkeit kraft seiner überragenden Sachkompetenz auch im späteren Dozentenbund fortzusetzen vermochte.

Der Fall ist kennzeichnend: Der Reichsdozentenbundführer hatte *Friesenhahn* Ende Oktober 1937 schriftlich seine Bedenken mitgeteilt, weil er Nachrichten erhalten habe, wonach *Friesenhahn* „sich weltanschaulich absolut katholisch gebunden fühle[n] und unter allen Umständen bleiben werde[n]“. In der postwendenden Antwort heißt es:

> „... darf ich Ihnen versichern: *Der* Katholik, der heute noch – angesichts der äußeren Situation, wie sie sich gerade in Ihrem Brief klar abzeichnet, und angesichts der inneren Situation, wie sie sich in den Makeln auf dem Erscheinungsbild der Kirche und den Fehlern und Mißgriffen ihrer Amtsstellen darstellt, – an seinem Glauben festhält, tut dies aus Überzeugung und kann durch Fragen der Karriere o. ä. nicht zum Austritt aus der Kirche bewegt werden“[10].

Ernst Friesenhahn verschwieg sich nicht.

[9] Rede v. 7. 12. 1979 (o. Fn. 6) 22.

[10] Bericht (o. Fn. 6) S. 1, 2. – In der Partei war diese Haltung bekannt, wie sich aus einer Beurteilung vom 4. 10. 38 durch einen Reichsamtsleiter gegenüber dem Gaudozentenbundsführer Erlangen (im Hinblick auf Berufungspläne) ergibt. – Ein primitiver Angriff auf *Friesenhahns* Lehrtätigkeit findet sich im „Westdeutschen Beobachter“ v. 17. 6. 32, S. 3 („... Sie können sich darauf verlassen, daß wir die Aufmerksamkeit gewisser Stellen auf die juristische Fakultät richten werden und daß wir Sie in empfehlende Erinnerung bringen wer-

Seit dem Wintersemester 1928/29 hielt er an der Mittelrheinischen Verwaltungsakademie – bald als Hauptdozent – staats- und verwaltungsrechtliche Veranstaltungen ab, bis ihm „wegen politischer Untragbarkeit" 1941 diese Möglichkeit verschlossen wurde.

Im Sommersemester 1932 nahm er an unserer Alma mater die Lehrtätigkeit auf, die sich bald in einem elf- bis vierzehnstündigen Vorlesungsprogramm niederschlug; seit dem Winter 1935/36 kam ein Lehrauftrag für Steuerrecht der Kölner Fakultät hinzu. Alldies führte zu einem außerordentlich belastenden Vorlesungsprogramm an der Verwaltungsakademie in Bonn, Köln, Koblenz, Trier und Aachen mit vielen Wochentagen täglichen Reisens. Daneben war Assistentendienst zu versehen; wegen der wechselnden, in manchen Semestern sehr geringen Einnahmen aus Vorlesungshonoraren – aus ihnen mußte er den Lebensunterhalt hauptsächlich bestreiten! – mußte *Friesenhahn* an der Assistentenstelle festhalten, obwohl er ihr längst entwachsen war. Und jedes Semester mußten neue Lehraufträge eingeholt werden. Es war die Not der schweren Zeit – und sie schlug sich in einem Magenleiden nieder, das wiederholt zu Arbeitsunterbrechungen und Kuraufenthalten zwang.

Ab November 1937 gelang es dann, einen besoldeten Lehrauftrag[11] auf Dauer für Staats-, Verwaltungs- und Steuerrecht zu erreichen. Am 28. 7. 1938 erfolgte die Ernennung zum nichtbeamteten außerordentlichen Professor, am 1. 11. 1939 die zum außerplanmäßigen Professor unter Belassung des bisherigen besoldeten Lehrauftrags. Möglich wurden diese Ernennungen aufgrund der recht festen Haltung der Fakultät und des Einsatzes Wohlgesonnener, die sich selbst damit Repressalien aussetzten. Die Akten enthalten Mitteilungen, deren Auskünfte zwischen, nicht in den Zeilen stehen und die deshalb von den braunen

den. . ."). – Von einer Prüfungsbeschwerde zeugt die Eintragung vom 20. 1. 38 auf dem Personalblatt, das über Friesenhahn im Reichsministerium für Erziehung und Wissenschaft geführt wurde („als Prüfer bewährt/keine Maßnahmen"); *Friesenhahn* hatte den Sohn einer Parteigröße wiederholt durchfallen lassen. Das Ministerium hatte aus diesem Anlaß auch an der Universität recherchiert.

[11] Mit RM 300,– Die ab 1. 7. 1940 vorgesehene Herabsetzung auf RM 150,– wurde nach dem Protest der Fakultät auf RM 200,– abgemildert.

Entscheidungsträgern nicht durchweg verstanden wurden. Freilich war *Friesenhahn* auch klug genug, seine Ablehnung des Systems nach außen nicht zu deutlich zu demonstrieren.

5. Mit dem verhängnisvollen 9. November 1938, dem Pogrom in der Reichskristallnacht, wurde sich *Ernst Friesenhahn* der Problematik seiner Lehrtätigkeit vollends bewußt: Welchen Sinn konnte es noch haben, Recht und Gesetz zu lehren, wenn die Parteistellen sich nicht einmal an die eigenen nationalsozialistischen Gesetze hielten? Er zog auch hier die Konsequenz und stellte unmittelbar nach diesem Erlebnis das Gesuch um Zulassung zur Rechtsanwaltschaft. Die Zulassung war nur mit sehr erheblichen Schwierigkeiten zu erlangen. Nachdem er durch die in harter Mühe aufgebaute Anwaltspraxis eine wirtschaftliche Grundlage gefunden hatte, schränkte er seine Vorlesungstätigkeit ein und zog sich hauptsächlich auf das unpolitische Steuerrecht zurück. 1942 assoziierte er sich mit dem renommierten Kölner Anwalt Dr. *Ellscheid.* Seine Einnahmen wuchsen über das früher Gekannte hinaus.

6. *Ernst Friesenhahn* hat so das finstere Tal aufrecht durchwandert, durchstanden, und ein Höherer war bei ihm. Schlaglichtartig erhellt dieser Beistand aus der Entwicklung des Rufs aus Königsberg, der ihn 1940 erreichte. Mehrere Fakultäten, wie etwa Halle und Köln, später auch Münster, hatten seine Berufung erwogen, doch konnten sie es nicht wagen, ihn als einen „politisch Unzuverlässigen" überhaupt auf eine Liste zu setzen. In Königsberg war es jedoch gelungen, die Kontrollinstanzen zu überlisten. *Friesenhahn* erhielt einen Ruf auf die Nachfolge *Ernst v. Hippels,* nahm an, schloß in Berlin die Berufungsvereinbarung ab und erzielte Anfang 1941 in Königsberg die weiteren Verständigungen. Doch scheiterte die Ernennung nach einer Wartezeit von neun Monaten dann an dem Veto der Parteikanzlei. *Ernst Friesenhahn* hat selbst bekundet, daß das Übel hier zu seinem Glück ausschlug: In Königsberg hätte er Furchtbares durchmachen müssen, wenn er überhaupt überlebt hätte[12]. Daneben wird auch ins Gewicht fallen, daß die Übernahme einer Professur unter der Gewaltherrschaft ihm später als Bereitschaft, sich zu arrangieren, hätte ausgelegt werden können. Doch hielt die höhere Hand hier ihn selbst an seiner Konsequenz fest.

[12] Vgl. die Rede v. 7. 12. 1979 (o. Fn. 6) 22 f.

IV.1. Die Zeit des *Wirkens* brach an. 1934 hatte *Ernst Friesenhahn* sich seine Unabhängigkeit errungen; jetzt vermochte er sie zu nutzen. Alles stand ihm offen. Verschiedentlich hat er betont, er sei stets gerufen worden, und auch hier werden wir an *Seume* erinnert:

> „Man wirft mir vor, daß ich kein Amt suche... Es gehört zu meinen Grundsätzen, die sich nicht auf lächerlichen Stolz gründen, daß ich glaube, der Staat müsse die Männer suchen für seine Ämter"[13].

Alle kamen auf ihn zu: Noch vor Kriegsende die Kölner Militärregierung mit dem Wunsch, er möge beim Wiederaufbau der deutschen Justiz mitwirken, sodann die Bonner Stadtverwaltung, die amerikanische Militärregierung, die Landesverwaltung und die Universität. Er war einer der wenigen untadeligen Männer der ersten Stunde, der fähig war, sich allen Aufgaben zu stellen.

Diese Fähigkeit verdankte er seinem außerordentlichen Scharfsinn, seinem schneidenden Geist, der ihn in die Lage versetzte, zu ordnen und zu strukturieren, Zusammenhänge zu erkennen und Inkonsequenzen zu vermeiden. Diese analytischen Gaben verbunden mit seiner methodischen Grundeinstellung, der des juristischen Positivismus, versetzten ihn in die Lage, sich unterschiedlichster Aufgaben anzunehmen und sie mit stets gleicher Souveränität zu lösen. Er war Jurist von Geblüt, Verfassungsjurist, und ungeachtet seiner fundierten Bildung und seiner hohen anderen – etwa musischen – Begabungen war die juristische Art die, in der er die außerprivaten Dinge anpackte. Es werden sich von daher die außerordentlichen Erfolge erklären, die ihm auf seinen diversen Betätigungsfeldern beschieden waren, als Professor des Rechts, als Rektor, als Bundesverfassungsrichter, als Präsident des Deutschen Juristentages.

2. Doch ist damit schon vorgegriffen. Nach Wiedereröffnung der Universität wurde der frühere Lehrauftrag für Staats-, Verwaltungs- und Steuerrecht alsbald erneuert. Köln und Bonn warben um *Ernst Friesenhahn;* er entschied sich für Bonn und wurde unter dem 1. Juli mit Wirkung zum 1. April 1946 zum ordentlichen Professor für öffentliches Recht an unserer Fakultät ernannt.

[13] S. o. Fn. 8, S. VIII.

Er stand damit vor der Alternative, entweder sich ganz der Wissenschaft zu verschreiben und lang zurückgestellte Forschungsvorhaben endlich in die Tat umzusetzen oder aber den Wiederaufbau, die durchgreifende Neugestaltung tatkräftig zu betreiben. Die Zeit forderte das Zweite, und *Ernst Friesenhahn* hat sich dem gebeugt und nochmals in wertvollsten Jahren die Forschung zurückgestellt. Die Fakultät hat Anlaß, dies auch heute besonders dankbar hervorzuheben.

Sogleich nach seiner Ernennung wählte die zusammengeschmolzene Fakultät ihn zum Prodekan, bald darauf zum Geschäftsführenden Direktor des Juristischen Seminars, sodann für das akademische Jahr 1947/48 zum Dekan und danach erneut für 1948/49.

Die knappen Protokolle lassen erahnen, mit welch' außerordentlichen Schwierigkeiten zu kämpfen war. Zur Ordnung und Besetzung der Lehrstühle ergaben sich erhebliche Probleme aus dem Zusammentreffen von rückkehrgeneigten vertriebenen Kollegen mit Nachfolgern, die mehr oder weniger Schuld auf sich geladen hatten; Probleme um Neubesetzungen und ungewisse Entnazifizierungen kamen ebenso hinzu wie Schwierigkeiten mit dem im Aufbau befindlichen Ministerium und Eingriffe von seiten der Militärregierung. Ordnungen zu Wahlen, Promotionen, Prüfungen mußten bei nur beschränkt möglichem Rückgriff auf ältere Muster entwickelt werden. Drängende Raum- und Bibliotheksprobleme waren zu bewältigen. Die irreguläre Situation erforderte vielfach neue rechtliche Bewertung, etwa zu Maßnahmen der Besatzungsmächte. Der numerus clausus mit einer Semesterquote von 95 Juristen und 42 Volkswirten schuf Probleme; schriftliche Zwischenprüfungen nach dem vierten Semester wurden für Juristen eingeführt – alldies nur als Stichworte! *Ernst Friesenhahn* hat hier anstrengende Aufbauarbeit vollbracht.

3. Im Februar 1950 wurde *Ernst Friesenhahn* zum Prorektor für den Rest des laufenden und zum Rektor für das kommende akademische Jahr 1950/51 gewählt. Auch hier galt es, harte Aufbauarbeit zu leisten, äußerlich und innerlich[14].

Im Rektorat *Friesenhahns* wurden Klinikbauten vollendet, das Poppelsdorfer Schloß großenteils wiedererrichtet und vor allem der Aufbau des

[14] S. dazu den Bericht des Rektors *Friesenhahn* v. 10. 11. 1951 in der Chronik des Akademischen Jahres 1950/51, S. 7 ff.

Hofgartenflügels – in dem wir uns hier befinden – abgeschlossen. *Friesenhahn* hat aus diesem Anlaß eine große und denkwürdige Einweihungsfeier veranstaltet[15]. Damit fand zugleich das unerfreuliche Exil unserer Fakultät im Godesberger Pädagogium sein Ende.

Besonderes Engagement entwickelte der Rektor *Friesenhahn* darin, eine möglichst große Zahl der 1933 aus dem Amt vertriebenen Professoren wieder in ihre Stellen einzusetzen und auch diejenigen Kollegen, die sich zu einer dauernden Rückkehr nicht imstande sahen, sich ihrer alten Universität aber verbunden fühlten, in anderer Form – etwa als Honorarprofessoren – wieder in die Fakultäten einzugliedern.

Aus der Überzeugung heraus, daß den Universitäten auch eine politische Erziehungsaufgabe zukomme, befaßte er sich intensiv mit der Planung des Studium generale. Er widmete sich der schwierigen, diplomatisches Geschick erfordernden Aufgabe, die wissenschaftlichen Kontakte zum Ausland zu knüpfen und zu erweitern. Der Öffentlichkeitsarbeit der Universität gab er neue Impulse.

Sein Bemühen war auf Verbesserungen der sozialen Lage der damals sechseinhalbtausend Studenten gerichtet, von denen 11 % laufend und fast 50 % gelegentlich erwerbstätig waren.

Es war die Zeit des gemeinsamen Aufbaus; die Mitglieder der Universität zogen an einem Strang, und der Rektor konnte in seinem Bericht hervorheben:

> „Mit der offiziellen Vertretung der Studentenschaft, dem Allgemeinen Studenten-Ausschuß, haben Rektor und Senat in vollem Einvernehmen zusammengearbeitet"[16].

Daß dies möglich war, obwohl die Universität keine Satzung hatte – oder vielleicht weil sie keine hatte –, verdient Beachtung. „Aber es sollen ja auch nicht die Paragraphen das Leben regieren, sondern die Paragraphen sollen aus dem Leben heraus wachsen"[17], hat *Ernst Friesenhahn* dazu damals angemerkt.

[15] Seine Ansprache v. 30. 6. 1951 findet sich in der Chronik (Fn. 14) S. 20 ff.

[16] Chronik (o. Fn. 14) S. 10.

[17] Chronik S. 8.

Vorbereitungen für die Erarbeitung einer Satzung hat er zwar getroffen, doch fand er nicht die Zeit zu weiterreichenden Schritten. Freilich wurde während seiner Zeit die Gründung eines Beirats als Bindeglied zwischen Hochschule und Öffentlichkeit mit dem Ministerium ausgefochten und die Etablierung eines zusätzlichen Verwaltungsrates verhindert[18]. Auch fällt in *Friesenhahns* Rektorat der endgültige Abbau der Kontrolle der Besatzungsmacht über die Universität[19].

4. Am 7. 9. 1951, kurz vor dem Ende seines Rektorats, wurde *Ernst Friesenhahn* zum Richter im Zweiten Senat des Bundesverfassungsgerichts berufen. Diesem gehörte er zwölf Jahre – bis zum 31. 8. 1963 – an. Der Theoretiker der Verfassungsgerichtsbarkeit stand hier vor seiner praktischen Bewährung.

Obgleich die Tätigkeit ihn in zunehmendem Maße in Anspruch nahm und ausfüllte, verfolgte er die Angelegenheiten seiner Fakultät weiterhin mit wachester Aufmerksamkeit. Seine Lehrveranstaltungen nahm er weiterhin wahr, zunächst im vollen Umfang von sechs bis zehn Stunden; seit dem Umzug nach Karlsruhe Ende 1956 ging er dann langsam dazu über, vierzehntägige Seminare zu veranstalten.

Durch all die Jahre zieht sich eine rege Korrespondenz mit den jeweiligen Dekanen – mit Briefen *Friesenhahns,* die voll sind von Anregungen und Fragen, die nicht selten aber auch kritische Zwischenbemerkungen enthalten und die auf jeder Seite von seinem hohen Verantwortungsbewußtsein für die Fakultät und von seiner tiefen und langen Verwurzelung in dieser zeugen. Standen wichtige Entscheidungen an, so ließ er aus dem Karlsruher Exil wissen, wann er in Bonn sein könne. Seinen Mitwirkungsobliegenheiten hat er mit höchstem Pflichtbewußtsein entsprochen. In den Sitzungen vermochte er das Wort an sich zu reißen und die Fakultät im heftigen Plädoyer aufzurütteln, doch verstand er es auch, geduldig dort nachzuhelfen, wo er redliches Bemühen sah.

Es ist kennzeichnend, daß er seine Ernennung zum Bundesverfassungsrichter nicht, wie manch' anderer es getan hätte, zum Anlaß nahm, sein Amt als Mitglied der Verfassungskommission der Universi-

[18] Chronik S. 9; Näheres bei *K. Th. Schäfer,* Verfassungsgeschichte der Universität Bonn 1818–1960 (1968), S. 255 ff., 259 f.

[19] Chronik S. 8 f.; *Schäfer* S. 275.

tät abzuschütteln. Im Gegenteil, er wußte um die Wichtigkeit der Aufgabe und um die Verantwortung, die ihm zugefallen war, und er wurde ihr gerecht.

Karl Theodor Schäfer hebt in seiner „Verfassungsgeschichte der Universität Bonn“[20] hervor, zusammen mit *Werner Richter* falle *Ernst Friesenhahn* der Hauptanteil an der Ausarbeitung der Universitätsverfassung zu – einer Verfassung, die als Leistung von Rang anderen Universitäten als Vorbild gedient hat.

Der Blick in die sehr ausführlichen Protokolle der Verfassungskommission bestätigt diesen Einfluß. Ein Beispiel: Auf der gut zweistündigen Sitzung vom 21. 12. 1957 ging es um Bestimmungen zur Entziehung der venia legendi. Von den 54 Diskussionsbeiträgen der neun Teilnehmer entfallen 18, genau ein Drittel, auf *Ernst Friesenhahn.* Die auf Grund der Diskussion erstellte dreiseitige Empfehlung wird ihm nach Karlsruhe zugeschickt. Er antwortet postwendend mit einem fünfseitigen Kommentar, der reich an Änderungsvorschlägen zu Wortlaut und Substanz ist!

Eigene Entwürfe scheint er hierbei weniger erstellt zu haben. Er sah seine Aufgabe im Lenken und Ordnen, im Anregen und im kritischen Überprüfen – und er gab der Kommission in den langen Jahren ihrer Arbeit die Sicherheit, auf rechtlich festem Boden zu bauen.

Später, als 1967/68 die großen Unruhen ausbrachen, hat er als Mitglied der Verfassungs- und der Verfassungsreformkommission sogar während eines Forschungssemesters seine ganze Arbeitskraft und -zeit der Vorbereitung der Universitätsreform gewidmet.

Es mag diese Kommissionstätigkeit als Beispiel stehen für die große Aktivität, die *Ernst Friesenhahn* in außergewöhnlich vielen Gremien, Ausschüssen, Konferenzen und Vereinigungen entfaltet hat – bis hin zum Deutschen Juristentag. Daß einem Manne von solcher Einsatzbereitschaft, von solcher Tatkraft und Prinzipienfestigkeit hohe Ehrungen, Auszeichnungen und Orden zuteil wurden, liegt auf der Hand.

[20] S. o. Fn. 18, S. 252. Weiteres zu den Vorschlägen und Tätigkeiten *Friesenhahns* als Rektor und als Mitglied der Verfassungskommission findet sich dort über zahlreiche Seiten verstreut. Vgl. auch *Friesenhahn*, Bonner Universitätsblätter, 1979, S. 33.

5. Nach der Rückkehr aus Karlsruhe blieben *Ernst Friesenhahn* bis zur Emeritierung zum Ende des Wintersemesters 69/70 noch einmal sieben Jahre intensiven Lehrens und Forschens an unserer Fakultät. Seine besondere Hingabe in der Lehre, seine echte Freude an ihr hielt bis zur letzten Vorlesung an. Die Klarheit und Anregungskraft seiner temperamentvoll vorgetragenen Vorlesungen haben ihm viel Bewunderung eingetragen und zahlreiche treue Schüler zugeführt. Das Feuerwerk, das ihm damals, 1970!, von Studenten, Assistenten und früheren Hörern dargebracht wurde, spricht für sich. So nimmt es nicht wunder, daß *Ernst Friesenhahn* auch nach der Emeritierung noch Vorlesungen und Seminare abgehalten hat – sowohl in Bonn als auch in Mainz und wiederholt auch an der Basler Fakultät, die ihm 1960 den juristischen Ehrendoktor verliehen hatte.

6. Die Fakultät gedenkt *Ernst Friesenhahns* als des unerschrockenen streitbaren Mannes von vorbildlicher Standhaftigkeit und Geradlinigkeit, als einer moralischen Autorität. Sie gedenkt seiner
als des hochangesehenen Wissenschaftlers von bestechend kritischer Gedankenschärfe,
als des temperamentvollen Lehrers von hohem Rang,
als des fest verläßlichen Kollegen von verzehrender Einsatzbereitschaft,
als des wachsam strengen, ihr geradezu leidenschaftlich verbundenen Hüters ihrer guten Traditionen[21],
als des tiefgläubigen, hartschalig-gütigen Menschen, der – anderen bisweilen unbequem – selbst nie den leichten Weg gegangen ist.

Die Fakultät gedenkt *Ernst Friesenhahns,* der sich um Universität und Staatswesen hohe Verdienste erworben hat, in tiefer und dauerhafter Dankbarkeit, und sie bekundet dies heute an der Stelle, an der sich ehedem die kleine Alte Aula befand, in der *Ernst Friesenhahn* Anfang Mai 1920 von dem Rektor *Fritz Tillmann* immatrikuliert worden ist,
in diesem Festsaal, in dem *Ernst Friesenhahn* so oft als einer der aufmerksamsten Zuhörer saß oder als einer der fesselndsten Redner stand,

[21] Ein besonders schöner Ausdruck dessen ist der Vortrag, den *Friesenhahn* 1967 anläßlich der Einweihung des Juridicum über „Juristen an der Universität Bonn" gehalten hat, s. *Friesenhahn-Gutzwiller-Kamp,* Juristen und Nationalökonomen an der Universität Bonn (Alma mater 25/26) (1970) S. 21 ff.

in dem am 24. Mai 1978 die Feier seines Goldenen Doktorjubiläums stattgefunden hat[22],
in dem er am 8. Mai 1982 seine Lectio aurea[23] gelesen hat
und in dem er die letzte seiner glänzenden Ansprachen gehalten hat, am 18. November 1983 zum Goldenen Doktorjubiläum von *Werner Marx.*

In dieser Ansprache, die nun sein öffentlicher Abschied geworden ist, hat er in den Schlußsätzen bekundet:

> „... ich meine, wir dürfen die Hoffnung nicht aufgeben und müssen uns tapfer den Gefahren und der Herausforderung der Zeit stellen, der *Verantwortung* für die Gemeinschaft bewußt..."[24]

Ernst Friesenhahn war uns hierin Vorbild. Er wird es bleiben[25].

22 Die Reden sind in einem von der Rechts- und Staatswissenschaftlichen Fakultät vervielfältigten Heft publiziert.

23 Staatsgewalt und Rechtskontrolle 1932 und 1982, in: Demokratie in Anfechtung und Bewährung, Fs. Broermann (1982) S. 517 ff.

24 Reden zum 50. Doktorjubiläum von *Werner Marx* (Bonner Akademische Reden 59) (1984) S. 19.

25 Nachrufe auf *E. Friesenhahn* finden sich in dem von *Joseph Listl,* Institut für Staatskirchenrecht der Diözesen Deutschlands, besorgten Heft „Ernst Friesenhahn zum Gedächtnis" (Bonn 1985) (mit Beiträgen von *Listl, Böckle, Steinberger, Isensee, Häberle, Lutter, H. Meyer, Frowein)* sowie bei *Isensee,* NJW 1984, S. 2080; *Ossenbühl,* DÖV 1984, S. 845 f.; *Frowein,* AöR 110 (1985) 99 ff.

Max Kaser (21. 4. 1906–13. 1. 1997)*)

I. Sein Leben hat Max Kaser ganz in den Dienst der Jurisprudenz gestellt. Wiederholt hat er bekundet: „Ich kann nur soviel bekennen, daß ich in meinem ganzen Schaffen nach *Wahrheit* gestrebt habe"[1]). Der Jurist kommt seiner, der juristischen Wahrheit am nächsten, wenn er sich mit dem römischen Rechtsdenken vertraut macht, das uns vor allem im Corpus iuris civilis erhalten ist. Max Kaser hat sich diese Vertrautheit in einer Intensität und in einem Ausmaß erarbeitet, die kaum zu übertreffen sind, und er hat uns als Frucht dieser Arbeit ein Werk hinterlassen, das schon zu seinen Lebzeiten für die Forschung im römischen Recht schlechthin fundamental geworden ist.

Als ihn der Tod am 13. Januar 1997 erlöste, erlosch der letzte Stern des großen Dreigestirns – gebildet von dem etwas älteren Wolfgang Kunkel, dem wenig jüngeren Franz Wieacker und ihm –, von dessen Strahlkraft seit der frühen Mitte unseres Jahrhunderts der Glanz der deutschen Wissenschaft vom römischen Recht ausging. Wir müssen befürchten, daß mit seinem Tode sich eine Epoche der deutschsprachigen Jurisprudenz dem Ende zuneigt. Seit der Rezeption war die Kenntnis des Corpus iuris – dem einen mehr, dem anderen weniger gegeben – nicht nur in deutschen Landen überhaupt das, was „den Juristen" ausmachte. Die im 19. Jahrhundert erreichte Hochphase dieser Kenntnis lief im zweiten Jahrzehnt unseres Jahrhunderts aus. Seitdem hat langsam, aber sicher immer mehr die Praxis, insbesondere die Rechtsprechung, die Entwicklung bestimmt, und die Rechtswissenschaft ist zum größten Teil längst in ihr Fahrwasser geraten. Die Verbindung zu den Grundlagen unseres Rechts, die das Denken unserer Vorväter und unserer Väter noch geprägt haben, ist dem deutschen Juristen heute nahezu abhandengekommen. Demgegenüber war Max Kaser eine Ausnahmeerscheinung und, so wie es aussieht, der letzte reine Romanist.

II. Max Kaser wurde im Jahre 1906 am 21. April[2]) in Wien geboren. Seine Eltern waren der damalige Privatdozent für „Mittlere und Neuere Geschichte" Dr. phil. Kurt Kaser (1870–1931)[3]) und dessen Ehefrau Eugenie, geb. Michniowski, Tochter des Generalmajors Franz Michniowski. Als Erbe der väterlichen Seite treten historische und juristische Neigungen deutlich hervor: Der Großvater, Rechtsanwaltskonzipient Dr. iur. Ludwig Kaser[4]), entstammte einer alten salzburgisch-oberösterreichischen Beamtenfamilie; ein Bruder der Großmutter Hedwig Kaser, geb. Krackowizer, war der in der oberösterreichischen Geschichte sehr bewanderte erste Direktor des Oberösterreichischen Landesarchivs in Linz Dr. iur. Ferdinand Krackowizer. Daß Max Kaser vom Vorbild des Vaters beeinflußt war, zeigt sich in manchem und wird von ihm auch bei der erneuerten Widmung der Neuauflage seiner Erstlingsschrift über „Restituere als Pro-

*) Zeitschrift der Savigny-Stiftung für Rechtsgeschichte, Romanistische Abteilung 115 (1998) XVII – XLVIII.

[1]) So in einer Selbstdarstellung ‚Max Kaser' in: H. Baltl/N. Grass/H. C. Faußner (Hrsg.), Recht und Geschichte, Ein Beitrag zur österreichischen Gesellschafts- und Geistesgeschichte unserer Zeit, 1990, S. 135ff., 148. – Im folgenden abgekürzt als: Selbstdarstellung. Vgl. auch u. A. 100.

[2]) Übrigens dem legendären Gründungsdatum Roms, 21. 4. 753, das von Varro errechnet worden ist, vgl. Censorinus, De die nat. 21, 4ff.

[3]) Zu dessen Leben und Wirken bietet eine sehr einläßliche Würdigung F. Tremel, Zschr. des Histor. Vereines für Steiermark 61 (1970) 231ff. Darauf sei für die einschlägigen Angaben verwiesen. Vgl. ferner die Darstellung in: Österreichisches biographisches Lexikon, Bd. 3 (1815–1950), 1965, S. 251.

[4]) Vgl. zu ihm ebenfalls das Österreich. biograph. Lexikon (o. A. 3), S. 251.

zeßgegenstand" zum Ausdruck gebracht: „Ich gedenke seiner in unwandelbarer Liebe und in tiefer Dankbarkeit dafür, daß er in mir die Neigung zur historischen Forschung erweckt und mir die Wege zum Verständnis geschichtlicher Zusammenhänge gewiesen hat"[5]). Es empfiehlt sich deshalb, einige Nachrichten über den Vater einzuflechten.

Der Großvater hatte schon früh Schauspielunterricht genommen und seine schauspielerischen Neigungen alsbald über seine juristischen gestellt. Nach Engagements in Graz, Olmütz und Köln war er königlich württembergischer Hofschauspieler und Regisseur am Stuttgarter Hoftheater geworden. Der Vater Kurt Kaser hatte deshalb dort das Gymnasium durchlaufen und anschließend in Tübingen, Marburg und wieder in Tübingen studiert, wo er 1892, zum frühest möglichen Zeitpunkt, aufgrund einer Arbeit über „Handelspolitische Kämpfe zwischen England und den Niederlanden 1563–1566" promovierte. Nach zwei Jahren ertragreicher Arbeit im vatikanischen Archiv in Rom kehrte er nach Tübingen zurück, wo er sich mit den sozialen Erschütterungen des beginnenden 16. Jahrhunderts befaßte. Das daraus entstandene, 1899 erschienene Buch „Politische und soziale Bewegungen im deutschen Bürgertum zu Beginn des 16. Jahrhunderts mit besonderer Rücksicht auf den Speyrer Aufstand im Jahre 1512" veranlaßte den Wiener Ordinarius Engelbert Mühlbacher, Kurt Kaser einzuladen, sich mit dieser Arbeit an der Wiener Universität zu habilitieren. Kaser folgte dieser Einladung und habilitierte sich; seine Integration in die Wiener Universität stieß jedoch trotz seiner wissenschaftlichen Leistungen auf Widerstände. Die dessenungeachtet sehr anregenden und fruchtbaren Wiener Jahre fanden mit der Übersiedlung der kleinen Familie nach Graz ihr Ende, wo Kurt Kaser seit dem WS 1908/09 an der Universität als Extraordinarius für mittlere und neuere Geschichte wirkte – und wo Max Kaser seine frühe Jugendzeit verbrachte.

Im Mai 1914 folgte Kurt Kaser einem Ruf auf ein Ordinariat an der Universität von Czernowitz, der Hauptstadt der Bukowina. Während die Familie sich in Bad Ischl im Sommerurlaub befand, brach der Erste Weltkrieg aus und die Russen fielen in die Bukowina ein. Erst nach ihrer Vertreibung im Sommer 1916 wurde der Universitätsbetrieb in Czernowitz wieder eröffnet; doch mußte Kurt Kaser nach wenigen Wochen seine Tätigkeit bereits wieder einstellen, nachdem die Russen abermals in die Bukowina eingebrochen waren. Die Familie übersiedelte daraufhin von Bad Ischl, wo sie derweil verblieben war, nach Salzburg, das mit seiner Studienbibliothek und dem Landesarchiv dem Vater Möglichkeiten zu wissenschaftlicher Arbeit bot. Als nach dem Frieden von Brest-Litowsk v. 3. 3. 1918 die Wiedereröffnung der Czernowitzer Universität verfügt worden war, kehrte die Familie im Herbst des Jahres in ihre dortige unversehrt gebliebene Wohnung zurück. Nach dem Zusammenbruch der österreichisch-ungarischen Monarchie fiel die Bukowina an Rumänien. Die Regierung wollte zwar die Professoren der Universität in den rumänischen Staatsdienst übernehmen, allerdings nur unter der Bedingung, daß diese sich verpflichteten, binnen Jahresfrist ihre Vorlesungen auf Rumänisch zu halten. Da Kurt Kaser dies – wie die anderen deutschsprachigen Professoren – ablehnte, mußte er bereits im Herbst 1919 zurückkehren. Die Erinnerung an die fast zweiwöchige abenteuerliche Bahnfahrt im Viehwagen von dort nach Salzburg, eine wahre Odyssee, ist dem Sohn ebenso in lebhafter Erinnerung geblieben wie die vielfältigen Eindrücke, die er als Dreizehnjähriger während des einen Jahres in Czernowitz erfahren hatte.

---

[5]) Restituere, 2. Aufl. 1967, S. XII.

1920 wurde Kurt Kaser als Honorarprofessor der Universität und der Technischen Hochschule in Graz zugeteilt; 1924 wurde er schließlich zum Ordinarius für „Allgemeine Geschichte der Neuzeit und Wirtschaftsgeschichte" an der Universität Graz berufen, und er hat dort seinen Ruf als hervorragender Wissenschaftler und als mitreißender, stets frei vortragender Redner – wohl ein väterliches Erbe – noch zu steigern vermocht. Die Familie konnte erst 1922 eine Wohnung in Graz finden. So besuchte Max Kaser in der Stadt seiner Kinderjahre, die er als seine eigentliche Heimatstadt ansah, am Grazer Akademischen Gymnasium die letzten beiden Klassen, bis er 1924 die Reifeprüfung mit Auszeichnung bestand.

III. 1. Zögernd, weil er wenig Vorstellung von der Materie hatte, entschloß sich der junge Abiturient, das Studium der Rechtswissenschaften an der Grazer Alma mater aufzunehmen. Die glänzende Institutionen-Vorlesung von Ivo Pfaff erweckte schon vom ersten Tage an sein Interesse am römischen Recht; in der römischen Rechtsgeschichte war Gustav Hanausek sein Lehrer. Sein eigentlicher wissenschaftlicher Lehrer und späterer väterlicher Freund wurde jedoch der außerordentlich vielseitige, durch seine breite Bildung beeindruckende Artur Steinwenter (1888–1959)[6]), dessen Vorlesungen und Übungen durch ihren Stoffreichtum und ihre eindringliche Klarheit den Studenten im 2. und 3. Semester faszinierten. Steinwenter hatte Max Kaser nach der rechtshistorischen Staatsprüfung auf dessen Bitte um eine romanistische Seminararbeit die Aufgabe gestellt, die in Ph. Lotmars Buch „Der unmoralische Vertrag" (1896) verarbeiteten Quellen aus historischer Sicht, insbesondere textkritisch, zu untersuchen. Das Ergebnis veranlaßte Steinwenter, Kaser zu weiterer Arbeit am römischen Recht zu ermuntern. Kaser ist dieser Ermunterung im doppelten Sinne gefolgt: Er ist auf den Themenkreis später mehrfach zurückgekommen[7]). Und er hat sich dem Fach verschrieben, nachdem er im November 1928 mit den ‚mit Auszeichnung' bestandenen Staatsprüfungen und Rigorosen sein Studium abgeschlossen hatte.

2. Ausgestattet mit einem Stipendium des österreichischen Unterrichtsministeriums ging Kaser Anfang 1929 auf Anraten Steinwenters zu dessen Lehrer Leopold Wenger nach München, um an dessen „Institut für Papyrusforschung und antike Rechtsgeschichte" die Arbeit an einer Habilitationsschrift aufzunehmen. Da Wenger kurz zuvor seine „Institutionen des römischen Zivilprozeßrechts" (1925) publiziert hatte, dachte Kaser an ein Thema aus dem römischen Prozeßrecht. Ihn reizte die *litis aestimatio*; doch führten ihn die Vorarbeiten alsbald zu der Vorfrage, wie sich die *litis contestatio* auf den Umfang des Streitgegenstandes auswirkte.

3. Nach einem guten halben Jahr erhielt Max Kaser jedoch das Angebot von Otto Eger[8]) aus Gießen, bei ihm eine Hilfsassistentenstelle zur Entlastung im Lehramt zu übernehmen. Eger suchte aus Gründen deutsch-österreichischer Rechtsvergleichung einen romanistisch interessierten Österreicher und war über die Empfehlungen Wen-

---

[6]) Kasers Nachruf findet sich in SZ 76 (1959) 670ff. (Schr.-Verz. IV 14); zu A. Steinwenter als Gräzist s. G. Thür (in diesem Bande S. 426ff.).

[7]) Insbesondere in SZ 60 (1940) 95ff. (Schr.-Verz. II 17) und in der Monographie: Über Verbotsgesetze und sittenwidrige Geschäfte im röm. Recht, Sitzungsberichte der Österr. Akademie der Wissenschaften, Phil.-hist. Kl., Bd. 312, 1977 (Schr.-Verz. I 15).

[8]) Auf O. Eger (1877–1949) hat Kaser in den Nachrichten der Gießener Hochschulgesellschaft 18 (1949) 94ff. einen Nachruf geschrieben (Schr.-Verz. IV 5) und später nochmals eine Würdigung in: Gundel/Moraw/Press (Hrsg.), Gießener Gelehrte in der 1. Hälfte des 20. Jh., 1982, S. 188ff. gegeben (vgl. Schr.-Verz. V 21).

gers und Steinwenters auf Kaser aufmerksam geworden, der die Stelle zum WS 1929/30 übernahm. Er hat in diesem Schritt zu Recht die entscheidende Wende in seinem beruflichen Leben gesehen. Den Plan, das österreichische Gerichtsjahr zu absolvieren, stellte er zurück und ergriff mit Freuden die Gelegenheit, schon mit 23 Jahren ein akademisches Katheder besteigen zu können, zunächst für eine einstündige Vorlesung über den römischen Zivilprozeß, später auch für die Vorlesungen Römische Rechtsgeschichte und Römisches Privatrecht.

In Gießen, wo er bei Otto Eger sehr freundliche Aufnahme fand und freundschaftliche Kontakte zu den damaligen Dozenten Karl Engisch und Eduard Bötticher knüpfte, gewann er sehr positive Einblicke in das deutsche Universitätsleben, aus dem sein Vater ziemlich genau 30 Jahre zuvor nach Österreich zurückgekehrt war.

IV. 1. 1931 reichte er der Gießener Fakultät seine Habilitationsschrift ein, deren Hauptteil 1932 unter dem Titel „Restituere als Prozeßgegenstand. Ein Beitrag zur Lehre von der materiellrechtlichen Beschaffenheit der in iudicium deducierten Ansprüche im klassischen römischen Recht“ als Bd. 16 in den Münchener Beiträgen erschien[9]). Nach Kolloquium und Probevortrag[10]) wurde ihm am 11. 6. 1931 die Venia legendi für „Römisches Recht und vergleichendes bürgerliches Recht“ erteilt. Im gleichen Jahr erschien sein erster Aufsatz in dieser Zeitschrift über „Besitz und Verschulden bei den dinglichen Klagen“[11]).

2. Während des SS 1931 hatte Kaser zugleich in Frankfurt für den erkrankten Eberhard F. Bruck das Römische Privatrecht gelesen. Aus der Erkenntnis heraus, daß sich für ihn Möglichkeiten für eine akademische Karriere in Deutschland eröffneten, begann er, sich intensiv in das deutsche bürgerliche Recht einzuarbeiten. Die Gelegenheit, sich auf diesem Felde zu bewähren, bot sich schon bald. Durch den Weggang Hans Krellers nach Tübingen war die Professur für Römisches und Bürgerliches Recht in Münster frei geworden und Kaser wurde zum WS 1932/33 mit der Vertretung *cum spe succedendi* betraut. Er hatte sogleich den für Anfänger – sowohl auf Studenten- wie auf Dozentenseite – recht schwierigen Allgemeinen Teil des BGB verbunden mit der Einführung in das Bürgerliche Recht zu übernehmen, und er hat diese Probe gut bestanden. Die Vertretung wurde für das SS 1933 verlängert, und am 21. 10. 1933 wurde er zum planmäßigen Professor für „Römisches und Bürgerliches Recht“ an der Westfälischen Wilhelms-Universität Münster ernannt. 26 Jahre lang, bis Ende September 1959, hatte er bei ständig wachsendem Ansehen diesen Lehrstuhl inne.

V. Das Jahr 1933 brachte eine weitere entscheidende Veränderung: Über den einzigen Bekannten, den er in Münster traf, den damaligen Privatdozenten der Mathematik Gottfried Köthe, einen Grazer, lernte Max Kaser Anfang 1933 die Studentin der Mathematik und Physik Erna Lehnig aus Dortmund kennen. Sie war Tochter eines Sparkassendirektors und stammte von väterlicher Seite aus Westfalen, von mütterlicher aus Pommern. Er heiratete sie noch im selben Jahr unmittelbar vor Weihnach-

---

[9]) 2. um Nachträge erweiterte Aufl. 1967 mit verändertem Untertitel (Schr.-Verz. I 1). Näheres dazu bei Medicus, in diesem Bande, S. 66, 70ff.

[10]) ‚Die Rechtsstellung des unehelichen Kindes im deutschen und österreichischen Recht‘.

[11]) SZ 51 (1931) 92ff. (Schr.-Verz. II 1), auch darauf ist Kaser mehrfach zurückgekommen, mit ersten Einschränkungen schon in Restituere, vor allem aber in SZ 98 (1981) 77ff. mit Nachw. in A. 2 und 3 (Schr.-Verz. II 130).

ten, und wenn er in seiner Selbstdarstellung offen bekennt: „Unsere österreichisch-norddeutsche Verbindung hat sich in vollkommener Harmonie bewährt. In unserer Ehe, aus der ein Sohn[12]) und eine Tochter[13]) hervorgingen, sehe ich den größten Glücksfall meines Lebens“[14]), so entspricht das dem Eindruck, der sich jedem aufdrängen mußte, der das Ehepaar kannte.

Hinter diesem Bekenntnis steht zugleich große Dankbarkeit, die auch in anderer Weise Ausdruck fand. Denn er war sich wohlbewußt, daß er sich nur deshalb ausschließlich auf seine Wissenschaft konzentrieren konnte, weil sie von ihm fernhielt, was ihn in dieser Arbeit stören oder von ihr ablenken konnte. Dies reichte von der Erziehung der Kinder, zu denen er wirklichen Kontakt erst fand, nachdem sie groß geworden waren, über die kleineren Reparaturen im Haushalt bis hin zu Autokäufen und Steuererklärungen. Sie war von großer Tatkraft, liebte das offene, doch nie verletzende Wort und rückte, wenn es einmal angezeigt war, auch zugunsten der Schüler dem Lehrer gegenüber die Dinge ins rechte Licht. Hatte er einmal zu viel erwartet, so mahnte sie: „Vergiß nicht, daß die jungen Leute es heute nicht so einfach haben, wie Du es hattest“. Im Kreise der Assistenten und Schüler genoß sie uneingeschränkte liebevolle Verehrung[15]).

VI. 1. Als junger Ordinarius – lange Jahre war er mit Abstand der jüngste unter den Ordinarien der Münsteraner Fakultät – brachte Kaser in der wissenschaftlichen Arbeit zunächst ein weiteres Stück des ursprünglich weit gefaßten Planes einer Darstellung der *litis aestimatio* zum Abschluß, die Untersuchung nämlich, wie weit das richterliche Ermessen durch Auslegung der Klausel ‚*Quanti ea res est*‘[16]) *(erit, fuit)* festgelegt ist. Er gelangt hier zu Ergebnissen, an denen er im wesentlichen auch später festgehalten hat, daß nämlich die *res* in dieser Klausel nach dem gemeinen Wert, den der herauszugebende Gegenstand zur Zeit der Litiskontestation hatte, zu schätzen war, es also nicht auf den konkreten Schaden beim Kläger ankam: Dieser Grundsatz wurde im Laufe der Zeit allerdings durch Berücksichtigung wertsteigernder Umstände im Einzelfall gelockert und in anderen Fällen auch dadurch, daß die *res* nicht als die streitbefangene Sache, sondern als der ‚Streitgegenstand‘ überhaupt aufgefaßt wurde[17]).

2. a) Es folgt eine Phase der Orientierung. Bis gegen Ende der dreißiger Jahre erledigt Kaser eher kleinere Vorhaben, verfaßt Beiträge für die Realencyclopädie, betätigt sich fleißig als Rezensent und tritt mit Aufsätzen in dieser Zeitschrift, abgesehen vom Band 54 (1934), erst ab 1938 wieder auf den Plan. Ersichtlich hat er sich in diesen Jahren weiter in die Materie eingearbeitet und seine Kenntnisse im deutschen

[12]) Dr. med. Wolfgang Kaser, Verden.

[13]) Frau Eva Gerda Hach, Hamburg. Ihr bin ich für manche zusätzliche Information sehr dankbar.

[14]) Selbstbetrachtung, S. 139.

[15]) In Index 25 (1997) XI findet sich ein Bild des Ehepaares (vom Festakt anläßlich des 70. Geburtstages von Max Kaser).

[16]) So der Titel der 1935 in den Münchener Beiträgen erschienenen Monographie (Schr.-Verz. I 2). – In SZ 90 (1973) 184ff. (Schr.-Verz. II 105) hat Kaser den Gegenstand durch die Untersuchung vertieft, warum und zu welchen Zwecken bestimmte Stipulationen diese Klausel enthalten haben.

[17]) Näheres dazu bei Medicus (o. A. 9), S. 73ff.

Bürgerlichen Recht sowie im Agrarrecht (auf das sich seine Vorlesungstätigkeit erstreckte) vertieft. Zeugnis dieser letztgenannten Beschäftigung ist sein Artikel über „Das Geld im Sachenrecht“ im AcP 143 (1936) 1–27, sein einziger „wirklicher“ Aufsatz zum Bürgerlichen Recht. In ihm schlägt er – mehr *de lege ferenda* als *de lege lata* – vor, statt auf das konkrete Geldstück auf den Geldwert abzustellen, mag dieser in der Gestalt des Geldes oder eines bargeldlosen Zahlungsmittels erscheinen, und darüber hinaus plädiert er dafür, auf die Trennung von berechtigter und unberechtigter Herrschaft über das Geld (also von Eigentum und Besitz) zu verzichten und von der Regel auszugehen, daß das Wertrecht jedem unmittelbaren Besitzer zustehe. Das hat in der Zivilistik zwar keine Anhänger gefunden; doch konnte Kaser später immerhin (treffend) feststellen, daß die seinerzeit dargelegte Problemstellung allgemein Zustimmung gefunden habe, während die Lösungsvorschläge umstritten geblieben seien[18]).

b) Bei dieser Gelegenheit sei der Hinweis eingeflochten, daß die Wirkungen von Kasers Werk auf das moderne Privatrecht ganz unabhängig von diesem Beitrag erheblich und in ihrem Ausmaß noch nicht abzuschätzen sind[19]). Kasers Aufsatz „Der römische Anteil am deutschen bürgerlichen Recht“[20]) hat seinerzeit viel Beachtung gefunden; in BGB-Kommentaren sind Verweisungen auf das Handbuch zu registrieren, und in einer Zeit des Zusammenwachsens der Europäischen Union und überhaupt allgemeiner „Globalisierung“ wächst die Bereitschaft, über eine Rückbesinnung auf die gemeinsamen Ursprünge und damit auf das römische Recht einen erleichterten Zugang zum notwendigen Verständnis fremder Rechtsordnungen zu gewinnen[21]). Das wird einen von Kaser sicher nicht erwarteten Bedeutungszuwachs für das Handbuch mit sich bringen. Zudem – und das dürfte nicht weniger wichtig sein – hat Kaser durch seine methodische Arbeit die Grundlage wiederhergestellt, die historischen Argumentationen zu Problemen des heutigen Zivil- und Zivilprozeßrechts hinreichend verläßliche Anknüpfungspunkte bietet[22]). Doch sind wir damit den Ereignissen weit vorausgeeilt und müssen zunächst den Faden in dunkler und schwerer Zeit wieder aufnehmen.

3. a) Max Kaser war ein ganz und gar unpolitischer Mensch. Gelegentlich ließ er durchblicken, die Politik sei für ihn „ein schmutziges Geschäft“. Sicherlich haben zu diesem Urteil die Erfahrungen aus der Zeit der NS-Herrschaft, die er als „die Unkultur“ zu bezeichnen pflegte, in besonderem Maße beigetragen. Mit Wirkung vom 1. April 1937 wurde er zum Dekan der Juristischen Fakultät der Universität Münster ernannt, und er hat dieses Amt, das recht heikle Aufgaben mit sich brachte, bis ins Jahr 1942 offenbar mit so viel Geschick wahrzunehmen verstanden, daß nicht der Eindruck aufkommen konnte, er bekenne sich zu dem System, das ihm zuwider war. Er hat später zu dieser Tätigkeit geschrieben: „Münster gehörte nicht zu den Universitäten, auf deren Ausrichtung an den Ideen des damaligen Regimes das neue ‚Reichs- und Preußische Ministerium‘ besonderes Gewicht legte, und auch die politische Führung der westfälischen Provinz gehörte, mindestens in ihrer Haltung gegenüber der Universität, zu den gemäßigteren. So konnte auch ich, indem ich mich stets des Einver-

---

[18]) TR 29 (1961) 169 A. 1; vgl. ferner A. Wacke, Bull. 79 (1976) 49 ff., 53 m. A. 19.

[19]) Näheres legt dazu R. Zimmermann dar, in diesem Bande, S. 99 ff., 104 ff.

[20]) JuS 8 (1967) 337 ff. (Schr.-Verz. II 83).

[21]) Vgl. E. Bucher, Aktuelle Juristische Praxis (= AJP, St. Gallen) 1997, 923.

[22]) S. dazu Knütel, in diesem Bande, S. 54 m. A. 97, zudem NJW 1997, 1493.

ständnisses der Kollegen versicherte, darauf achten, daß in den Vorschlägen für die anstehenden Neubesetzungen konservative Kräfte von möglichst hoher fachlicher Kompetenz gewonnen wurden“[23]). Die aus der Zeit unmittelbar nach dem Kriege stammenden „Beurteilungen“, die sich in den Personalakten finden, bestätigen dies.

b) Daß Kaser in der tiefen Überzeugung vom einzigartigen Wert und von der hervorragenden Bedeutung des römischen Rechts sich in einer Zeit, die dem römischen Recht wahrlich nicht günstig gesonnen war, darum bemühte, Forschung und Lehre zu diesem Recht auch im Lichte des Zeitgeistes als unerläßlich darzustellen, ist ebenso naheliegend wie verständlich; über die Fruchtlosigkeit solcher Bemühungen vermochte man volle Klarheit ohnehin erst später zu gewinnen.

Die „Überlebensstrategien“ der damaligen Romanisten werden sehr deutlich in seinem Artikel „Die deutsche Wissenschaft vom römischen Recht seit 1933“[24]). Zwar sind die Bemerkungen zu der „von Deutschland und Italien geführten völkischen Selbstbesinnung“, die Hinweise auf „fremdrassische Einflüsse“ oder zum „wiedererwachten rassischen Bewußtsein des deutschen Volkes“ keine bloßen Worthülsen; doch sind sie aus einer Zeit heraus zu verstehen, in der ein derartiges Vokabular auch von Gegnern des Nationalsozialismus keineswegs als so abschreckend empfunden wurde, wie es uns, die wir volle Kenntnis der entsetzlichen Folgen haben, erscheinen mag. Offenbar sollte um des guten Zweckes willen mit derartigen „Akzentuierungen“ nur das als aktuell dargestellt werden, was ohnehin im Forschungsinteresse lag. Die Interpolationenkritik, die ihre Renaissance seit den Siebzigerjahren des 19. Jahrhunderts der Historisierung der Wissenschaft vom römischen Recht verdankte, ließ sich natürlich auch dadurch „rechtfertigen“, daß sie zur Erkenntnis eines klassischen Rechts zu führen versprach, in dem „die geistige Kraft eines im Kern noch nicht von fremdrassischen Mächten gebrochenen indogermanischen Volkes von einmaliger juristischer Begabung seine höchste Blüte erreicht“ (S. 207). Und das mit der Historisierung zugleich verstärkte Bestreben, die Ursprünge besser zu erschließen, die frühgeschichtliche Forschung also, dient im genannten Licht dazu, „die gemeinschaftlichen Wurzeln aller indogermanischen Rechte bloßzulegen und (sie) gewinnt damit ein wertvolles Zeugnis der römisch-germanischen Rassenverwandtschaft“ (S. 207). Schließlich wird auch der dritte seinerzeit sehr betonte Gesichtspunkt hervorgehoben, die Rezeption habe ihren Schwerpunkt „nicht in der Aufnahme einzelner Rechtssätze und -einrichtungen des materiellen Privatrechts“ gehabt, sondern im methodischen Bereich, in der wissenschaftlichen Durchdringung, von der in der Neuzeit keine Rechtsanwendung absehen könne. Mag dieser Aspekt von Kaser auch zu einseitig in den Vordergrund gerückt worden sein, so ist er doch sicherlich bedeutsam, und er wird auch heute noch vielfach für entscheidend gehalten.

Mutig ist indessen die lobende Einbeziehung der seinerzeit praktisch ‚totgeschwiegenen‘ „Prinzipien des römischen Rechts“ von Fritz Schulz, „die keine der landläufigen Darstellungen des Gegenstandes wiederholen, sondern in scharfer Profilierung die Charakterzüge des römischen Rechts beleuchten wollen und dabei eine Fülle neuer Beobachtungen und wertvoller Anregungen bieten“ (S. 206). Politisch opportun war das seinerzeit nicht[25]).

---

[23]) Selbstdarstellung, S. 139.
[24]) In: Forschungen und Fortschritte 15 (1939) 204–208 (Schr.-Verz. II 16).
[25]) Vgl. nur SZ 114 (1997) 627.

c) Diesem Artikel folgte wenig später die (vermutlich etwas früher verfaßte) kleine Schrift „Römisches Recht als Gemeinschaftsordnung“ (1939). Auch sie hatte offensichtlich zum Ziel, das römische Recht gegen Angriffe zu verteidigen, vor allem gegen den Vorwurf, es sei „individualistisch“. Kaser verweist auf Entsprechungen zwischen dem germanischen und dem römischen Frührecht, und er legt das Schwergewicht seiner Ausführungen auf die strenge Trennung von Recht und Sitte, die sich bis in den Prinzipat erhalten hat. Das Recht als Machtordnung lasse sich nur richtig erfassen, wenn man im Ganzen der Gemeinschafts- oder (synonym) der Lebensordnung zugleich die bestimmende Kraft der Sitte berücksichtige, die die rechtlich unbegrenzten Vollgewalten eingeschränkt habe. Das ist in der Tat nicht zu bezweifeln; eine Ambivalenz ergibt sich nur insoweit, als man sich für die damalige Zeit zu fragen hat, wer die außerrechtlichen Bindungen, die Sitte, bestimmt. Zwar läßt die primäre Auskunft hierzu einen heutigen Leser aufhorchen: „Den Maßstab für das, was sittlich ist, gibt das [illegible] *maiorum* seinen Ausdruck findet und nur die *boni mores* erlaubt, in deren Rahmen sich Tugenden wie *fides* und *disciplina, pietas* und *gratia, reverentia* und *obsequium* entfalten.

An der Vorbildlichkeit einer Gemeinschaftsordnung, deren außerrechtliche Bindungen sich aus derartigen Wertungen ergeben, hat Kaser festgehalten. In der Selbstdarstellung[26]) schreibt er: „Die programmatische Verdammung des römischen Rechts durch die neuen politischen Machthaber regte mich zur Frage an, ob dieses Recht den Vorwurf eines einseitigen Individualismus verdiene. Dem *ius vitae necisque* des Paterfamilias und des Patrons lassen sich immerhin die Beschränkungen durch die Sittenrechtsprechung *(regimen maiorum)* der Censoren und später durch das philosophisch beeinflußte Kaiserrecht entgegenhalten. Vor allem bezeugen die fides-Bindungen römischer Prägung eine vom Gemeinschaftsgeist getragene Rechtsgesinnung, die der Mit- und Nachwelt noch bis herauf zur Gegenwart als Vorbild dienen kann“.

Allerdings ist Kaser in der Abhandlung über die Gemeinschaftsordnung in anderer Weise dem Zeitgeist erlegen. Zur Frage, wie der Eindruck des Individualismus entstanden sei, verweist er darauf, daß mit dem Corpus Iuris der Nachwelt in der Hauptsache nur die Blankette, also die abstrakten Rechtsinstitute und -regeln, ohne die Beschränkungen durch die Sitte überliefert worden seien. Nach der Rezeption hätten sich zwar „die alten deutschen Gemeinschaftsbindungen, die vor allem im Lehenrecht, in den bäuerlichen Leiheverhältnissen und in den städtischen Verbandsformen fortlebten, als stark genug“ erwiesen, „um eine Atomisierung des Volkslebens aufzuhalten“. Erst das 19. Jahrhundert habe sich dem „Extrem einer individualistischen Lebensordnung“ zugewandt, und Recht und Staat hätten ihren Sinn in der Aufgabe erschöpft, die Freiheit des Einzelnen auszugestalten und zu sichern (S. 39). Mag unser Jahrhundert auch ein wesentlich „sozialeres“ geworden sein als das vergangene, so muß diese Einordnung doch aus verschiedenen Gründen als bedenklich einseitig erscheinen. Dieses Negativbild des 19. Jahrhunderts mag übrigens eine der Ursachen für den doch recht bemerkenswerten Umstand sein, daß Max Kaser bei seiner wissenschaftlichen Arbeit die Pandektistik nahezu völlig außer Betracht ließ. Sie erschien ihm in ihrer Konzentration auf die dogmatische Erschließung der Quellen zudem als

---

[26]) (o. A. 1) S. 142.

unhistorisch; erst in späteren Jahren hat er der Pandektistik zunehmend mehr Bedeutung zugemessen, in schriftlicher wie in mündlicher Bekundung[27]).

d) Fragen müssen wir uns schließlich, ob Kaser mit den Hervorhebungen von Zusammenhängen zwischen Rasse und Recht, die er im zuvor genannten Aufsatz ebenso wie in der Schrift über die Gemeinschaftsordnung bringt, nicht gerade die zeitlosen Gerechtigkeitsgehalte und die ethischen Werte, die die Größe des römischen Rechts ausmachen, aufs Spiel gesetzt hat. Da er selbst ein Mann von nicht zu bezweifelnder tiefer Humanität und großer Toleranz war, für den die Ablehnung der „Unkultur" selbstverständlich gewesen sein muß, bieten sich zwei Deutungen an, die wenig wahrscheinliche, daß ihm der Eifer für die gute Sache den Überblick beeinträchtigt hat, oder die sehr viel wahrscheinlichere, daß er davon ausging, das Regime werde sich nicht halten können, und es gelte deshalb, das Fach über die Zeit zu retten[28]). Es spricht für sich, daß Max Kaser nach dem Kriege zu Ernst Levy ein Verhältnis warmherziger Freundschaft fand und daß aus dem Kreise derer, bei denen Betroffenheit am ehesten in Betracht kommen konnte, sich niemand ihm gegenüber reserviert verhielt.

VII. Im Zweiten Weltkrieg wurde er wegen eines Herzleidens zunächst nicht eingezogen. Die Wohnung wurde bei einem verheerenden Luftangriff, in dem auch Paul Krückmann[29]) umkam, am 10. 10. 1943 vernichtet, und die Familie wurde in das östlich von Münster gelegene Dorf Hoetmar evakuiert, wo sie auf einem Bauernhof in einem Zimmer nebst Küche mit dem Rest ihrer Habe und Kasers glücklicherweise geretteter Fachbibliothek eine Bleibe fand. Wenig später wurde Kaser zur Flak eingezogen, nach kurzer Ausbildung jedoch in einen Regimentsstab nach Münster versetzt, wo er im Dienstgrad eines Kanoniers, später eines Gefreiten als Schreiber Verwendung fand; von militärischen Ambitionen war er vollkommen frei. Während dieser Zeit wurde ihm gestattet, wöchentlich zwei Tage Vorlesungen an der Universität zu halten. Dies währte bis in den März 1945, als amerikanische Truppen in das Münsterland eindrangen.

Als Kaser in der Annahme, die Kampfhandlungen im umliegenden Gebiet seien beendet, mit dem Fahrrad nach Hoetmar zurückfuhr, wurde er kurz vor Erreichen des Dorfes von den Amerikanern gefangengenommen. Er kam in verschiedene amerikanische Lager und wurde dann in französische Gefangenenlager verlegt, zunächst an der Atlantikküste, sodann in der Umgebung von Marseille, wo die Lebensbedingungen außerordentlich hart waren und lebensbedrohlich wurden. Nach der Rücküberstellung in ein amerikanisches Lager konnte er sich etwas erholen. Aufgrund seines Herzfehlers wurde er vorzeitig zur Entlassung vorgesehen und konnte Ende Februar 1946 zu seiner Familie nach Hoetmar zurückkehren. Während der Zeit in den französischen Lagern hat er interessierten Mitgefangenen Rechtsunterricht erteilt und

---

27) Vgl. (zu den pfandrechtlichen Forschungen von Dernburg und Manigk) Kaser, Röm. Rechtsquellen und angewandte Juristenmethode, 1986 (aus 1979), S. 124 A. 28, vgl. auch unten (in diesem Bande) S. 64.

28) Daß die Dinge sich auch anders hätten darstellen lassen, zeigt das Beispiel von Paul Koschaker, Die Krise des römischen Rechts und die romanistische Rechtswissenschaft, 1938, etwa S. 85. Freilich war Koschaker der seinerzeit – auch in der internationalen Ausstrahlung – führende deutsche Romanist. – Die Fakultätsakten lassen erkennen, daß er nach dem Zusammenbruch eine günstige Beurteilung über Kaser abgegeben hat.

29) Vgl. zu ihm Kasers Nachruf, SZ 64 (1944) 476ff. (Schr.-Verz. IV 3).

Konzepte für sein nächstes Buch (das altrömische ius) entworfen. Nach Durchführung des seinerzeit üblichen Kontrollverfahrens erhielt er am 24. 7. die Bestätigung durch die Militär-Regierung und konnte zum WS 1946/47 seine Lehrtätigkeit in Münster wieder aufnehmen. Die Zeit der stetig wachsenden Erfolge brach an.

VIII. 1. Schon in den dreißiger Jahren war deutlich geworden, daß von dem bereits mit 27 Jahren zum persönlichen Ordinarius ernannten Max Kaser einiges erwartet werden durfte. In Rufen nach Heidelberg (1937) und nach Freiburg (1939) hatte diese Erwartung ihren Ausdruck gefunden. Die Ablehnung des Heidelberger Rufes wurde in der lokalen Presse sehr dankbar kommentiert[30]), so groß war Kasers Ansehen bereits geworden. Hinter der Ablehnung der beiden Rufe stand letztlich die Erwägung, daß angesichts der politischen Veränderungen und der befürchteten kriegerischen Verwicklungen von den Verhältnissen im konservativen Münster mehr an Sicherheit und ungestörter Arbeitsmöglichkeit erwartet werden konnte als andernorts[31]). Entsprechend wird sich die Ablehnung eines Rufs nach Marburg (1940) erklären.

2. Nach dem Kriege galt es, an den Universitäten die Funktionsfähigkeit der Fakultäten wiederherzustellen – und großenteils die völlig zerstörten Gebäude, was in Münster schon früh gelang. Es waren die Jahre des Wiederaufbaus. Angesehenen Professoren boten sich infolgedessen sehr günstige Möglichkeiten, ihre Arbeitsbedingungen wie auch ihre Bezüge zu verbessern. Max Kaser hatte 1943 die Monographie über „Eigentum und Besitz im älteren römischen Recht" herausgebracht, die als erste Abhandlung der von Hans Kreller, Wolfgang Kunkel und ihm begründeten Publikationsreihe ‚Forschungen zum Römischen Recht' erschienen war[32]); er legte bereits 1949 als nächste Monographie „Das altrömische ius" vor und war (von der unausweichlichen Ausnahme der Jahre 1945 und 1946 abgesehen) alljährlich mit weiteren Arbeiten hervorgetreten[33]). Damit war er zu Anfang der fünfziger Jahre in die erste Reihe der deutschen Romanisten vorgerückt. Es verwundert deshalb nicht, daß viele Fakultäten ihn zu gewinnen versuchten. Rufe ergingen an ihn aus Marburg (1948), Graz (1951), Göttingen (1952), Heidelberg (1956) und Wien (1958). Sie alle lehnte er ab, bis schließlich der Ruf aus Hamburg (1959) kam.

Für die Ablehnungen spielte die Wohnungsfrage eine wichtige Rolle, die wesentlichere aber wohl, daß in Münster, wo die Familie mittlerweile in der Prinz-Eugen-Straße 12 wieder eine angemessene Wohnung gefunden hatte, die Arbeitsbedingungen für Kaser fortwährend verbessert wurden, etwa durch die Bewilligung vorlesungsfreier Semester.

3. Insbesondere wurde Max Kaser in den Bleibeverhandlungen für die Ablehnung des Rufs nach Göttingen (1952) die Errichtung eines „Instituts für Römisches Recht" mit einer Assistenten- und einer Hilfskraftstelle bewilligt. Der wesentliche Bücherbestand konnte durch den Erwerb der Bibliothek Paul Koschakers, der 1951

---

30) Münsterische Zeitung v. 24./25. 4. 1937, Nr. 110.

31) Vgl. Selbstdarstellung S. 139.

32) Die 2. Aufl. kam – um Nachträge erweitert – 1956 heraus. Vgl. dazu insbes. Kasers spätere Überprüfung der Kernthese vom relativen Eigentum in SZ 102 (1985) 1 ff. (Schr.-Verz. II 138) sowie J. M. Rainer in diesem Bande, S. 161 ff.; von den damaligen Rezensionen vor allem F. Wieacker, SZ 67 (1950) 529 ff.; H. J. Wolff, Seminar 7 (1949) 86 ff. und A. Guarino, Iura 1 (1950) 427 ff. Siehe ferner unten X 4 c.

33) Im übrigen ist 1942 in der Zeit ab 1931 bis 1987 (Schr.-Verz. II 147) das einzige Jahr, in dem nur eine Arbeit (Schr.-Verz. II 20) von Kaser publiziert worden ist.

verstorben war, beschafft werden. Damit war eine Forschungsstätte geschaffen, die es Kaser ermöglichte, deutsche Schüler zu gewinnen sowie ausländische Gäste und Schüler aufzunehmen und ihnen Arbeitsmöglichkeiten zu bieten.

Sein wissenschaftlicher Ruf, seine persönliche Ausstrahlung und seine große Stärke, sich jedem einzelnen, der ihn aufsuchte, mit aller Aufmerksamkeit zuzuwenden, führten schnell dazu, daß sich im Münsteraner Institut viele junge Forscher einfanden, deren Arbeiten Max Kaser wesentlich, ja entscheidend förderte. Ebenso anschaulich wie informativ berichten davon Felix Wubbe, einer der ersten von ihnen, und Luigi Labruna. Dieser nennt zugleich die Namen der später durchweg in der romanistischen Wissenschaft zu hohem Ansehen gelangten Schüler-Gäste (Ferdinando Bona, Giuliano Crifò, Adam Wilinski, Henryk Kupiszewski, Vandick Londres da Nóbrega)[34]).

Von den deutschen Schülern der Münsteraner Zeit ist in erster Linie Fritz Schwarzens (16. 7. 1905 – 21. 11. 1974) zu gedenken[35]). Dieser hatte 1924 zunächst das juristische Studium aufgenommen, dann aber klassische Philologie und Vergleichende Sprachwissenschaft studiert und als letzter Doktorand Eduard Nordens 1932 mit einer in lateinischer Sprache verfaßten Arbeit „De scuto quod fertur Hesiodi" promoviert. 1938 hatte er das Jura-Studium wieder aufgenommen und Ende 1943 bei Paul Koschaker mit der Arbeit „Die Rechtswirkungen der lex Falcidia"[36]) auch den juristischen Doktorgrad erworben. Es war geglückt, ihn auf eine Stelle an der Universitätsbibliothek in Münster zu vermitteln, und auf diese Weise abgesichert vermochte er im November 1950 bei Max Kaser mit der Arbeit über „Die Grundlage der condictio im klassischen römischen Recht" (1952) die Venia legendi für Römisches und deutsches bürgerliches Recht zu erwerben; „zwar als mein Habilitand, aber nicht im strengen Sinn als mein Schüler", wie Kaser im Nachruf schreibt. „Denn der um ein Jahr Ältere war, als er zu mir kam, längst eine voll ausgereifte wissenschaftliche Persönlichkeit, als die er mir – namentlich durch seine umfassende philologische Bildung – nicht weniger geben konnte als ich ihm"[37]). Doch hebt auch Fritz Schwarz im Vorwort hervor, wieviel seine Arbeit der steten Anteilnahme und fördernden Kritik Max Kasers verdankt[38]).

Die dann einsetzende Reihe der engeren Schüler beginnt mit Dieter Medicus, dessen Dissertation „Zur Geschichte des Senatus Consultum Velleianum" (1957) die erste von Max Kaser betreute Dissertation zum römischen Recht ist, die in der Forschung besondere Beachtung gefunden hat[39]). Wenig später folgt ihm Hans Hermann Seiler,

[34]) Wubbe in diesem Bande, S. 2ff., Labruna, ebda., S. 22, 27ff.

[35]) Vgl. zu ihm Kasers Nachruf in SZ 92 (1975) 492ff.

[36]) SZ 63 (1943) 314–367.

[37]) SZ 92 (1975) 492f.

[38]) Er war ab WS 1955/56 dann Ordinarius in Mainz, ab 1961 in Marburg.

[39]) Aber nicht die erste überhaupt. Zu nennen sind Hans-Jürgen Kalpers, Natura und ius naturale in der Jurisprudenz der römischen Klassiker, 1952 (vgl. SZ 70 [1953] 513) und Hans-Christian Pietsch, Satisfacere post acceptum iudicium, 1955 (vgl. SZ 73 [1956] 487; die Grundgedanken hatte Pietsch vermutlich im Seminar von Heinrich Siber entwickelt, s. bereits SZ 69 [1952] 427–439). Anzuführen ist ferner Manfred Nitschke, Die Hinterlegung der geschuldeten Leistung im röm. Recht, 1957 (vgl. SZ 75 [1958] 479), publiziert in SDHI 24 (1958) 112ff. Nitschke habilitierte sich dann bei Harry Westermann und wurde Professor für Bürgerliches Recht und Wirtschaftsrecht an der FU Berlin; er erlag schon in jungen Jahren 1977 einem schweren Leiden.

dessen (leider unveröffentlicht gebliebene) Dissertation „Die Systematik der einzelnen Schuldverhältnisse in der neueren Privatrechtsgeschichte“ (1957) in den zweiten und zahlenmäßig stärkeren Bereich der von Max Kaser in Münster ausgegebenen Doktorthemen fällt[40]). Später stieß als Seminarteilnehmer Karlheinz Misera hinzu. Als wissenschaftlicher Mitarbeiter folgte er Kaser – wie Medicus und Seiler – nach Hamburg, kehrte nach einem Jahr aber nach Münster zurück, wo er sich nach Ableistung des Referendardienstes mit der von Kaser angeregten Arbeit über die Ehegattenschenkung bei Dieter Nörr habilitierte.

4. Alsbald nach der Rückkehr aus der Gefangenschaft widmete Max Kaser sich der Ausarbeitung seines Buches über „Das altrömische ius“. Schon Anfang 1948 konnte er dieses aus der früheren Arbeit über Eigentum und Besitz herausgewachsene Werk abschließen; das Vorwort datiert: „Hoetmar, Kr. Warendorf, im Januar 1948“. Einer der leitenden Gedanken der Schrift ist, daß das *ius* vom konkreten, nur für den Einzelfall gefundenen Recht auf dem Wege über die allmähliche Orientierung an Präjudizien in abstrakten, meist noch auf eng begrenzte Tatbestände beschränkten Normen Gestalt gefunden und sich zur allgemein verbindlichen Verhaltensordnung entwickelt habe[41]). Kaser hat die Untersuchung auf das *ius* der altrömischen Periode deshalb beschränkt, weil er – ungeachtet der Frage der genauen Abgrenzung – mit der allgemeinen Auffassung davon ausging, daß es in den Jahrzehnten um die Mitte des 3. Jahrhunderts zu einem grundlegenden Wechsel in Kultur, Wirtschaft und Gesellschaft, also im Bereich der rechtsgestaltenden Kräfte, gekommen war, der die juristischen Einrichtungen, Formen und Denkmethoden in nachhaltigster Weise verändert hat. Da Kaser sich im Rahmen dieses Werkes mit den Anfängen und Frühentwicklungen zahlreicher Einrichtungen des Privatrechts zu beschäftigen hatte, liegt die Vermutung nahe, daß schon damals eine Darstellung auch der weiteren Entwicklungen im Bereiche seiner Vorstellungen lag, zumal da diese sich auf festere Fundamente gründen könnte und seinen Anlagen mehr entsprechen würde. „Das altrömische ius hätte ich später nicht mehr schreiben können“, hat er Anfang der achtziger Jahre bekannt.

5. Die Gelegenheit dazu ließ, wie Karl Hackl jüngst aus dem Briefwechsel zwischen Kaser und Mariano San Nicolò ersehen hat[42]), nicht auf sich warten. San Nicolò hatte nach dem Kriege für das Handbuch der Altertumswissenschaft die Betreuung der „Rechtsgeschichte des Altertums“ übernommen. Nachdem sein Lehrer Leopold Wenger, der 1922 die Bearbeitung des für den Staat der Römer vorgesehenen Bandes übernommen hatte, davon endgültig abgerückt war, wandte sich San Nicolò im Oktober 1948 mit der unverbindlichen Anfrage an Max Kaser, ob dieser grundsätzlich bereit sei, das Privatrecht (mit oder ohne Prozeß) auf etwa 60 Bogen darzustellen. Daß

---

[40]) Aus dem Gebiet der Neueren Privatrechtsgeschichte sind insbesondere zu nennen: Friedr. Karl Everding, Die dogmengeschichtliche Entwicklung der Stellvertretung im 19. Jh., 1951 (vgl. SZ 73 [1956] 487); Heinz Fritsch, Zur neueren Dogmengeschichte der privatrechtlichen Gehilfenhaftung, 1957 (vgl. SZ 74 [1957] 524); Friedhelm Keppmann, Die neuere dogmengeschichtliche Entwicklung der objektiven Tatbestände der §§ 823, 826 BGB, 1958 (vgl. SZ 76 [1959] 650f.); Dieter Brenne, Erbanfall und Erbantrittsprinzip in der neueren deutschen Privatrechtsgeschichte, 1959 (vgl. SZ 77 [1960] 566) und Bernhard Jüttner, Zur Geschichte des Grundsatzes „Kauf bricht nicht Miete“, 1960 (vgl. SZ 78 [1961] 527). – Die rein zivilrechtlichen Dissertationen lassen wir beiseite.

[41]) Altrömisches ius, S. 35ff., 63ff.; vgl. Kaser, RP 1^2, S. 24.

[42]) Hackl in seinem in Index 26 (1998) 1, 9 veröffentlichten Nachruf.

Kaser nach einer Überlegungszeit von nur elf Tagen seine Bereitschaft erklärte, das „Angebot mit ehrlicher Freude und bestem Vorsatz, alle meine Kräfte darauf zu verwenden“[43]), anzunehmen, gibt der erwähnten Vermutung einigen Anhalt.

San Nicolò hatte bei seiner Anfrage zwar mitgeteilt, daß man ein Jahr zuvor Fritz Schulz das Projekt angetragen hatte, daß es aber zu keinem Abschluß gekommen sei; doch war er über die Planungen des Verlages nicht auf dem Laufenden. Dieser trat nämlich im November 1948 und im Januar 1949 nochmals mit Fritz Schulz in Verhandlungen, und San Nicolò war genötigt, den Vorbehalt zugunsten von Schulz Max Kaser mitzuteilen. Dieser schrieb darauf zurück, er sei „durch die Einladung angeregt, bereits ziemlich fest entschlossen, ein Handbuch des römischen Privatrechts, das die(se) historische Seite stärker betont, auf alle Fälle zu schreiben“[44]).

Die Verhandlungen mit Fritz Schulz zerschlugen sich jedoch, weil es für ihn nur darum gehen konnte, das an Clarendon Press verkaufte Manuskript des späteren Classical Roman Law auch in deutscher Sprache erscheinen zu lassen. Infolgedessen trat der C. H. Beck Verlag Mitte 1949 dann doch an Kaser heran, und im Januar 1950 kam es zum Abschluß des Verlagsvertrages, in dem vorgesehen war, das Manuskript schon im Jahre 1953 zum Abschluß zu bringen – eine Zeitplanung, die angesichts des Umfangs der Aufgabe und der in damaliger Zeit enormen Schwierigkeiten, die größtenteils im Ausland erschienene Literatur zu beschaffen, von einem geradezu unglaublichen Optimismus zeugt! Damit stand Max Kaser vor der Aufgabe, die er selbst als „Kernstück meines Lebenswerks“ bezeichnet hat[45]).

Einzelheiten zur Entstehung der Handbücher hat Dieter Medicus geschildert[46]). Geplant war zunächst nur die Darstellung des Privatrechts. Diese sollte in einem Bande zusammengefaßt sein, jedoch im Gegensatz zu allen bisherigen vergleichbaren Werken in erster Linie nicht einem juristisch-systematischen, sondern einem historischen auf die entscheidenden drei Perioden abstellenden Aufbau folgen, also nach dem altrömischen das vorklassische mit dem klassischen Recht und anschließend die nachklassische Entwicklung darlegen. Innerhalb dieses Rahmens hat Kaser dann aber den juristisch-systematischen Aufbau gewählt[47]).

Ungeachtet der Schwierigkeiten der Literaturbeschaffung, die mit Hilfe des Verlages etwas gemildert werden konnten, ging die Arbeit in staunenswerter Geschwindigkeit voran: Bereits im Oktober 1951 steht das altrömische Recht im Rohentwurf, und Kaser kann mit dem nächsten Abschnitt beginnen. Im Dezember 1952 ist das konzentriert geschriebene Manuskript bereits auf 610 Schreibmaschinenseiten angeschwollen, wobei übrigens der Durchschlag der jeweils neu verfaßten Seiten nach wenigen Tagen spätestens außer Haus in einem Tresor deponiert wurde. Kaser hofft, noch Ende 1953 das Manuskript abschließen zu können.

---

43) Hackl, S. 9.

44) Hackl, S. 9.

45) Selbstdarstellung S. 143.

46) In: Juristen im Portrait, Fschr. zum 225jährigen Jubiläum des Verlages C. H. Beck, 1988, S. 447ff. (in Auswertung der Korrespondenz). Diese Darstellung liegt unseren Ausführungen zugrunde.

47) Hierbei hat er, wie er mir einmal erzählte, an Heinrich Sibers Grundriß von 1928 angeknüpft. Doch kann damit nur eine grobe Orientierung gemeint gewesen sein. – Wie sehr er sich der Mängel jeder systematischen Darstellung des römischen Privatrechts bewußt ist, bringt Kaser im Vorwort des 2. Bandes, 2. Aufl. 1975, S. VIf. wie auch des 1. Bandes, 2. Aufl. 1971, S. VII deutlich zum Ausdruck.

Gegen Anfang 1953 mußte er jedoch erkennen, daß der den nachklassischen Entwicklungen zu widmende dritte Teil weit größere Schwierigkeiten mit sich bringt, als zu erwarten war. Aufgrund zahlreicher Arbeiten von Ernst Levy zum Vulgarrecht, der soeben, 1951, sein „West Roman Vulgar Law. The Law of Property“ herausgebracht und bereits die Arbeiten für den Band über das Obligationenrecht aufgenommen hatte[48]), ergab sich, daß vom nachklassischen Recht ein in wesentlichen Teilen neues Bild zu zeichnen war. Max Kaser entschloß sich daraufhin, dem Verlag die Aufteilung des Stoffes in zwei Bände vorzuschlagen, in einen die ersten beiden Abschnitte umfassenden ersten und in einen den nachklassischen Entwicklungen zu widmenden zweiten. Der Verlag hat dem „notgedrungen“ zugestimmt. Kaser hat daraufhin den ersten Teilband noch einmal sehr gründlich und unter Einbeziehung der ständig hinzukommenden Literatur überarbeitet und dabei pro Tag einen Durchschnitt von drei bis zehn Seiten erreicht, wie er im September 1953 dem Verlag mitteilt. Am 21. Juli 1954 kann er das Manuskript dem Verlag zusenden. Nach zweimaligem Korrekturgang und der Anfertigung des umfangreichen Sachregisters, die Kaser als „die widerlichste Arbeit am ganzen Buch“ empfand[49]) (wie er dem Verlag schrieb), erscheint der erste Band im Sommer 1955, rund ein Jahr nach Ablieferung des Manuskripts.

Währenddessen waren die Arbeiten am zweiten Bande fortgeführt worden[50]). Sie waren, wie gesagt, aus vielen Gründen weitaus schwieriger, als zunächst absehbar gewesen war: Eine vergleichbare Darstellung war noch nie unternommen worden; es fehlte jegliches Vorbild. Ferner waren die von der Interpolationenkritik aus den klassischen Texten herausgeschlagenen Bruchstücke hauptsächlich nur als Fremdkörper eliminiert und nur selten positiv in die Rekonstruktion nachklassischer Rechtseinrichtungen oder -regeln umgesetzt worden; sie waren daher nicht geeignet, sich zu einem Mosaik der nachklassischen Rechtszustände zusammenfügen zu lassen. Zudem hatten sich zwar allgemeine Vorstellungen zu den auseinanderlaufenden Entwicklungen im Osten und im Westen gebildet; doch waren sie noch wenig abgesichert; die Textstufenforschung erweckte Hoffnungen, bot aber wenig an gesicherten Aussagen. Die Quellenlage war (und ist) überreich und sehr unübersichtlich. Trotz der höchst verdienstvollen Arbeiten vor allem Ernst Levys bestanden zu den weströmischen Gesetzen und ihren Besonderheiten große Unklarheiten; manche Sammlungen, wie etwa das Syrisch-römische Rechtsbuch, lagen nur in einer überholten Ausgabe vor. Die Novellen mit ihren Schwierigkeiten waren auszuschöpfen, die Texte der Antezessoren (mitsamt den Basiliken) zu berücksichtigen und aus dem weiten Feld der Papyrologie das Wesentliche einzubringen. In manchen Teilbereichen war überhaupt Pionierarbeit zu leisten. Kasers Mut, diese Aufgabe anzupacken, seine Kraft, sie – sei es auch unter Inkaufnahme gewisser Defizite – zu meistern, und die Geschwindigkeit, in der er auch dieses Werk schuf, zeigen deutlich, zu welcher Ausnahmeerscheinung er sich entwickelt hatte.

Hatte Kaser in einem Brief vom Februar 1956 an den Verlag den einigermaßen gesicherten Forschungsstand auf diesem Gebiet noch als „ziemlich trostlos“ bezeichnet,

---

48) Es erschien 1956: E. Levy, Weströmisches Vulgarrecht. Das Obligationenrecht.

49) Kaser erschwerte sich die Arbeit im Interesse des Benutzers dadurch, daß er zu den Stichworten auch Passagen anführt, in denen das Stichwort selbst nicht genannt, die Sache aber behandelt ist.

50) Siehe auch dazu den Bericht von Medicus (o. A. 46), S. 449f.

so konnte er doch schon ein Jahr später von „beträchtlichen Fortschritten" berichten: Der zweite Teilband war, abgesehen vom Schuldrecht, im Rohbau fertiggestellt. Nach einem weiteren Jahr, im März 1958, wurde bereits die Überarbeitung aufgenommen und dann so zügig durchgeführt, daß das Manuskript am 13. Januar 1959 an den Verlag abgehen konnte.

Schon im Februar trafen fast täglich die Korrekturfahnen bei ihm ein. Er sandte sie so zügig zurück, daß alsbald die Korrekturbögen folgen und schon Anfang Juli dem Verlag wieder zur Verfügung gestellt werden konnten. Obwohl die Anfertigung der Register noch mühseliger war als zuvor, weil außer dem Sachregister nun auch das überaus umfangreiche Quellenregister für beide Bände zusammenzustellen war, schickte Kaser sie bereits Anfang August nebst der zweiten Bogenkorrektur zurück. Noch in demselben Jahr, in dem er das Manuskript eingereicht hatte, erschien daraufhin das Buch.

Mögen auch manche Einschränkungen geboten sein, so dürfte eine gewisse Parallelität zum Schaffen des Vaters doch nicht von der Hand zu weisen sein. Kurt Kaser hatte in der von Ludo Moritz Hartmann herausgegebenen „Weltgeschichte in gemeinverständlicher Darstellung" drei Bände übernommen. Davon brachte er schon 1921 den ersten Band „Das späte Mittelalter" (278 S.) als einen der ersten Bände der ganzen Reihe heraus, 1922 folgte bereits der zweite: „Das Zeitalter der Reformation und der Gegenreformation" (220 S.), und 1923 sogleich der dritte: „Die Geschichte Europas im Zeitalter des Absolutismus und der Vollendung des modernen Staatensystems (1660–1789)" (264 S.). Wenn dazu angemerkt wird: „Wieder findet der Leser die Kasersche Prägnanz des Ausdrucks, den feingeschliffenen Stil, die strenge Ordnung in der Gliederung und die gründliche Beherrschung des Stoffes"[51]), so möchte man denken, es sei Max Kaser gemeint (von dessen „drittem Band" noch die Rede sein wird).

Den zweiten Band des Handbuchs hat Max Kaser in dankbarer Verehrung Ernst Levy und damit dem Wissenschaftler gewidmet, von dem er, wie er später einmal bekundete, bei seiner wissenschaftlichen Arbeit „am meisten gelernt" habe. Das Vorwort datiert „Münster, im September 1959"; auf dem Titelblatt wird der Verfasser dagegen genannt: „Max Kaser, o. Professor an der Universität Hamburg".

IX.1. Anfang März 1959 hatte Max Kaser den Ruf auf die ordentliche Professur für Römisches und Bürgerliches Recht an der Universität Hamburg erhalten, die nach der Emeritierung von Erich Genzmer neu zu besetzen war. Was in Fachkreisen zunächst für höchst unwahrscheinlich gehalten wurde, trat ein: Max Kaser nahm diesen (nach der Berufung nach Münster) nunmehr neunten Ruf an. Die Verhandlungen wurden sehr zügig geführt und nahmen eine günstige Entwicklung. Kaser hielt die Münsteraner Fakultät darüber auf dem Laufenden, initiierte Vorbereitungen für die Aufstellung einer Vorschlagsliste für seine Nachfolge, traf Vorsorge für eine Vertretung im Wintersemester und erklärte dann, nachdem er gleichsam sein Münsteraner Haus bestellt hatte, in einem Schreiben vom 26. 8. 1959 die Annahme. Nach vorheriger Information des Dekans gab er dem Rektor der Universität Münster davon in einem Handschreiben Kenntnis, in dem er u. a. hervorhob: Das Motiv ist „nicht Undank gegenüber der Universität, der ich so lange die Treue gehalten habe, sondern der

[51]) Tremel (o. A. 3), S. 245.

Gedanke, in Hamburg Nützlicheres leisten zu können"[52]). Die Hamburger Jahre wurden dann auch die Jahre der vollen Blüte wie reichen Ernte.

Da über diese bis zur Emeritierung am 1. Oktober 1971 währenden zwölf Jahre Götz Landwehr sehr eingehend berichtet[53]), darf unsere Schilderung sich beschränken.

2. Im neuen Umfeld fühlte Max Kaser sich ebenso wie seine Gattin sehr wohl. Klima und Umgang im Kollegenkreis waren ausgesprochen angenehm. Mit dem Ehepaar Felgentraeger hatten die Eheleute Kaser schon vor dem Wechsel nach Hamburg freundschaftliche Kontakte unterhalten; mit Eduard Bötticher traf Kaser auf einen Freund aus der Gießener, mit Hermann Schultze-v. Lasaulx und dem Öffentlichrechtler Gerhard Wacke Bekannte aus der Münsteraner Zeit.

In Wellingsbüttel, einem der bevorzugten Stadtteile, hatte ab Mitte Oktober 1959 im ruhigen Saturnweg eine schöne Villa mit geeignetem, einen guten Überblick über die Straße eröffnenden Arbeitszimmer angemietet werden können. Die Stadtbahn-Verbindung von dort zur am Dammtor gelegenen Universität war günstig.

[illegible] Bedeutung war zudem, daß Kaser zum Geschäftsführenden Direktor des „Seminars für Römisches Recht und Vergleichende Rechtsgeschichte" bestellt wurde. Dieses Seminar war in einer stilvollen alten Villa in der Feldbrunnenstr. 71, etwa acht Gehminuten vom Universitätshauptgebäude entfernt, untergebracht. Seine Bibliothek war mediävistisch recht gut ausgestattet; die zunächst lückenhafte Literatur zum klassischen römischen Recht konnte, da Kaser hinreichende Mittel zur Verfügung gestellt worden waren, schon in den ersten Jahren auf einen guten Stand gebracht werden. Das Seminar konnte sich unter Kasers Leitung deshalb schnell zu einer Keimzelle der internationalen Forschung entwikkeln.

3. Alle diese mit der Ortsveränderung verbundenen Umstände wirkten sich belebend aus und beflügelten Max Kaser bei der Arbeit. Daß er an die zwölf Hamburger Jahre „eine in jeder Hinsicht angenehme Erinnerung" bewahrte[54]), verwundert deshalb nicht.

a) Nach dem Abschluß des 2. Bandes des Handbuchs hatte Kaser begonnen, für die Reihe der Juristischen Kurz-Lehrbücher des Beck-Verlages ein „Römisches Privatrecht" zu verfassen[55]). Durch die für die Handbücher geleistete Arbeit wurde ihm dieses Unternehmen entscheidend erleichtert, und er hat in den Text auch weitgehend die Formulierungen aus den Handbüchern übernehmen können, wegen der Bestimmung des Buches für Studenten jedoch von dem primär historischen Aufbau abgesehen. Das Buch erschien im Oktober 1960, und es erlebte 16 ständig verbesserte und ergänzte Auflagen bis 1992 sowie Übersetzungen ins Englische, ins Niederländische, Finnische, Spanische und ins Japanische[56]).

In den späteren Jahren nahm Kaser die Neuauflagen zum Anlaß, wenn er seine Auffassung geändert oder modifiziert hatte, dies „wenigstens im Studienbuch" zum Ausdruck zu bringen. Daß in der Wissenschaft davon praktisch keine Kenntnis genommen, er vielmehr durchweg an den Aussagen in den Handbüchern festgehalten

---

[52]) Schreiben aus Timmendorfer Strand v. 29. 8. 1959.

[53]) In diesem Bande, S. 10ff. – Auch Luigi Labruna gedenkt der Hamburger Tage, unten S. 22, 26ff.

[54]) Selbstdarstellung, S. 141.

[55]) Vgl. auch Medicus (o. A. 46), S. 450, 452.

[56]) Siehe Schr.-Verz. I 9, vgl. auch Landwehr, in diesem Bande, S. 15.

wurde, hat gelegentlich sein Mißfallen erregt[57]). In der Tat hat sich „der kleine Kaser" im Laufe der Jahre in der Sache zu einem „kleinen Handbuch" entwickelt, mit dem Vorteil, daß er dem Leser sehr vollständige Informationen vermittelt, freilich um den Preis, daß er die heutigen Studierenden in Deutschland, deren Niveau sich umgekehrt proportional zu den Auflagen entwickelt hat, in der Regel überfordert.

b) Nach der Vollendung der Bücher zum Privatrecht rückte für Kaser jedoch ein anderes Vorhaben in den Vordergrund. Schon bei seinen ersten Überlegungen zum Handbuch hatte er vor der Frage gestanden, inwieweit der mit dem Privatrecht ja eng verknüpfte Zivilprozeß einzubeziehen sei. In das Kurz-Lehrbuch hatte er bereits eine sehr gedrängte Darstellung aufgenommen, und er war allmählich zu der Auffassung gekommen, eine Darstellung des römischen Zivilprozeßrechts sei als Ergänzung der Privatrechts-Bände unentbehrlich[58]). Die im Herbst 1960 vom Verlag an ihn gerichtete Frage, ob er für die Handbuch-Reihe nicht auch das römische Zivilprozeßrecht übernehmen wolle, fiel deshalb auf fruchtbaren Boden[59]). Kaser sagt zu und beginnt in seinem Forschungssemester im Winter 1961/62 mit der Ausarbeitung. Auch hier stand er vor erheblichen Schwierigkeiten. Es ging ihm darum, ein Gesamtbild des umfangreichen Stoffes in historischer Entwicklung zu zeichnen; ein Unterfangen, das seit der seinerzeit ziemlich genau hundert Jahre zurückliegenden Darstellung von Moritz August v. Bethmann-Hollweg nicht mehr unternommen worden war; Leopold Wengers Institutionen von 1925 erhoben diesen Anspruch nicht. Das Hauptproblem einer solchen Gesamtdarstellung lag darin, daß unsere Informationen über den tatsächlichen Ablauf vor allem des Legisaktionen-, aber auch des Formularprozesses sehr lückenhaft sind. Dies beruht zum einen darauf, daß die Grundzüge der jeweiligen Verfahren (wie so viele Realien, die uns heute schwer erschließbar sind) bei den Zeitgenossen als bekannt vorausgesetzt wurden, zum anderen darauf, daß bei der Kompilation der Digesten sicherlich viele wertvolle Aussagen gestrichen worden sind, weil sie mit dem Übergang zum Kognitionsprozeß obsolet geworden waren[60]). Kaser war hier in besonderem Maße auf das ihm eigene Einfühlungsvermögen in das rechtliche und soziale Umfeld der jeweiligen Epoche angewiesen, um unter den Hypothesen über die genannten Verfahren die wahrscheinlicheren von den weniger wahrscheinlichen abzuheben.

Ungeachtet der Belastung durch sein Hamburger Dekanat (WS 1962/63, SS 1963) bringt Kaser die Arbeit am Zivilprozeßrecht so kräftig voran, daß er im Mai 1963 dem Verlag davon Kenntnis geben kann, die Rohfassung von drei Vierteln sei inzwischen hergestellt. 1964 ist er bereits mit der Überarbeitung befaßt, und am 28. 7. 1965 schließlich sendet er das Manuskript als Wertpaket an den Verlag „als die Frucht seiner Arbeit aus mehr als fünf Jahren", wie er dazu bemerkt[61]). Die Korrekturarbeiten und die Anfertigung der Register verlaufen in gewohnter Geschwindigkeit, so daß im Jahre 1966 die Trilogie der Handbücher abgeschlossen ist.

c) In die Hamburger Schaffenszeit fällt auch die grundsätzliche Auseinandersetzung mit der Interpolationenkritik. Darüber wird in diesem Bande des näheren be-

[57]) Vgl. auch Selbstdarstellung, S. 146f., Mayer-Maly, SZ 104 (1987) 872f.

[58]) Selbstdarstellung, S. 144.

[59]) Vgl. dazu wieder Medicus (o. A. 46), S. 450f.

[60]) Vgl. nur Kaser, Zur Methodologie der römischen Rechtsquellenforschung, 1972, S. 88ff. sowie das Referat unten (in diesem Bande) S. 51.

[61]) Siehe Medicus (o. A. 46), S. 451.

richtet[62]). Es mag an dieser Stelle deshalb mit den Hinweisen sein Bewenden haben, daß die Interpolationenfrage Max Kaser nach Abschluß des 2. Bandes des Handbuchs (1959) in stetig wachsendem Maße beschäftigt und zu einer grundlegenden Neubesinnung geführt hat. Die Schüler aus seiner Hamburger Zeit haben diesen Entwicklungsprozeß in den Seminaren ebenso wie bei den Diskussionen ihrer eigenen Arbeiten aus nächster Nähe mitverfolgt und sich davon anstecken lassen. Häufig entspann sich aus der Erörterung einer Interpolationenbehauptung eine höchst reizvolle und ergiebige Diskussion der juristischen Sachproblematik, an deren Ende oft herauskam, daß der Text besser war als sein Interpret. Die Mahnungen zur Vorsicht und zu einer Unvoreingenommenheit, die im Grundsatz bereit ist, zunächst alles für möglich zu halten, waren Konstanten, die immer aufs neue die Bemühungen um ein richtiges Verständnis des Textes entfachten.

Mit seinen einschlägigen Beiträgen, insbesondere dem Vortrag „Zur Glaubwürdigkeit der römischen Rechtsquellen (Über die Grenzen der Interpolationenkritik)“ von 1967 und dessen Ausarbeitung in der Schrift „Zur Methodologie der römischen Rechtsquellenforschung“ (1972)[63]), sowie mit seinen Demonstrationen des „quellentreuen“ Ansatzes in den so zahlreichen Einzelstudien hat Max Kaser entscheidend zur Überwindung der exzessiven Interpolationenkritik und zur Etablierung der heutigen Forschungsmethode beigetragen und damit die methodische Grundlage gelegt, den unausschöpflichen Reichtum römischen Rechtsdenkens mit größtem Ertrag zu erschließen.

d) Die radikale Abkehr von der zuvor geübten Methode, in deren Konsequenz wohl niemand seine eigenen früheren Forschungsergebnisse so nachhaltig in Frage gestellt hat wie Max Kaser, ließen in ihm schon früh den Entschluß reifen, seine Handbücher einer grundlegenden Neubearbeitung zu unterziehen. Die Umsetzung dieses Entschlusses fällt für den 1. Band ebenfalls in die Hamburger Zeit, und er hat daran, auch wenn sich hier verläßliche Daten nicht ermitteln lassen, etwa seit 1968 gearbeitet. „Ich habe den ganzen Band neu geschrieben und viele Fassungen, wie ich hoffe, durch treffendere ersetzt“, sagt er im Vorwort der 1971 erschienenen und um rund 130 Textseiten erweiterten Neuauflage[64]), die er selbst als aliud gegenüber der Erstauflage ansah. Diese sehr ausgewogene und durch wesentlich stärkere Differenzierung der Eigenart des römischen Rechts erkennbar näherkommende Darstellung bildet seit ihrem Erscheinen das entscheidende Hilfsmittel für den Zugang zum römischen Privatrecht überhaupt.

4. Erleichtert wurden Kaser diese Leistungen durch ein Entgegenkommen der Hamburger Fakultät, die ihn von den Vorlesungen und Übungen im geltenden Recht freigehalten hat[65]). So konnte er seine Kraft voll und ganz dem römischen Recht widmen. In den Sommersemestern las er die Römische Rechtsgeschichte und veranstaltete donnerstags das Seminar über Römisches Recht; im Wintersemester las er Römisches Privatrecht und hielt die Digestenexegese ab, in der nie mehr als ein Text,

---

[62]) Siehe unten S. 34–65.

[63]) Dazu unten in diesem Bande, S. 39 ff.; vgl. ferner Kaser, Ein Jahrhundert Interpolationenforschung an den römischen Rechtsquellen, 1979, s. auch die Selbstdarstellung, S. 145 f.

[64]) RP I², 1971, S. VII, VIII.

[65]) S. auch Landwehr, in diesem Bande, S. 17 (die Vorlesung über Sachenrecht im SS 1960 blieb eine Ausnahme).

dieser aber in äußerster Gründlichkeit (einschließlich der Bezüge zum geltenden Recht) abgehandelt wurde. An der Exegese beteiligten sich regelmäßig mehr als hundert Studierende, mag die Zahl gegen Semesterende auch meist geschrumpft sein. Als im Wintersemester 1959/60, in Kasers erstem Hamburger Semester also, in der Digestenexegese, an der ich als Zweitsemester teilzunehmen wagte, die erste Hausarbeit (zu D. 19, 1, 6, 1–2) zurückgegeben wurde, müssen über 200 Studenten und Studentinnen zugegen gewesen sein. Leo Raape hatte ein gutes Klima geschaffen.

Seine Vorlesungen waren sehr lehrreich, im Vortrag überaus klar und gut verständlich, im Tonfall freilich wenig abwechslungsreich. Die hervorragende Formulierungskunst war auffallend. Ausländische Gäste haben wiederholt gemeint, die Vorlesung biete zugleich die beste Möglichkeit, gutes Deutsch zu lernen. Der Vortrag blieb stets auf die Sache konzentriert, so daß das für die jeweilige Stunde vorgesehene Programm eingehalten und der Vorlesungsstoff insgesamt sicher bewältigt werden konnte.

Mehr als in den Vorlesungen kam Max Kaser in der Digestenexegese aus sich heraus, vor allem aber im Seminar. Seinen gewaltigen Wissensvorsprung setzte er behutsam und mit solcher Nachsicht ein, daß auch Anfänger den Mut gewannen, sich an den Diskussionen zu beteiligen oder auch nur zu fragen, wenn sie etwas nicht verstanden hatten. Seine persönliche Ausstrahlung war so sehr von Wohlwollen und auch Freude über die Neugier der Teilnehmer und ihr Interesse an den Quellen getragen, daß sich in den Seminarveranstaltungen ein sehr vertrauensvolles Klima für das gemeinsame Bemühen um die Sache entwickeln konnte. Thematisch ging es durchweg um Problemkreise des klassischen Privatrechts[66]). Vorträge namhafter ausländischer Gäste brachten zusätzliche Abwechslung und Anregung[67]). Ihren „gesellschaftlichen Ausklang“ fanden die Seminare im Hause Kaser im Saturnweg und ab 1969 im Hohenzollernring 25, wo die Teilnehmer bei reichlicher Bewirtung Eindrücke vom harmonischen Privatleben des bewunderten „Meisters“ gewinnen und ihn als sehr charmanten Gesellschafter erleben konnten.

5. Über diese Seminare haben, nachdem Dieter Medicus und Hans Hermann Seiler schon in Münster für die Sache gewonnen worden waren, fünf weitere Schüler Max Kasers den Weg in die Wissenschaft gefunden.

Dieter Medicus hatte bereits in Münster den größten Teil der Abhandlung über „Id quod interest“ (1962) verfaßt, mit der er sich 1961 in Hamburg habilitierte. 1965 folgte Hans Hermann Seiler mit der Habilitationsschrift „Der Tatbestand der negotiorum gestio im römischen Recht“ (1968). Die erste romanistische Dissertation in Max Kasers Hamburger Zeit legte Andreas Wacke vor („Actio rerum amotarum“, 1963), der sich 1971 bei Dieter Medicus in Tübingen mit einer Arbeit über die *exceptio doli* habilitierte[68]). Hans-Peter Benöhr, dessen Dissertation „Das sogenannte Synallagma in den

---

[66]) Die einzelnen Themen: Negotiorum gestio, SS 1959; Die römische Irrtumslehre; Sachmängelhaftung beim Kauf, SS 1960; Negotiorum gestio, SS 1961; Die römische negotiorum gestio, WS 1961/62; Der römische Auftrag (mandatum), SS 1963; Grenzfragen aus dem römischen Privatrecht und Zivilprozeßrecht, SS 1964; Die delegatio, SS 1965; Error, SS 1966; Gefahrtragung, SS 1967; Custodia-Haftung, SS 1968; Ausgewählte Fragen des römischen Privatrechts, SS 1969.

[67]) Landwehr, S. 17 nennt nicht alle Referenten; hinzu kommen etwa Juan Miquel und Alan Watson.

[68]) Die Schrift ist bislang leider unveröffentlicht. – Vergleichbar verhält es sich mit Gottfried Schiemann, der 1971 bei Max Kaser mit der Arbeit „Pendenz und Rückwirkung der Bedingung“ (1973) in Hamburg promovierte und sich 1979 bei Dieter

Konsensualkontrakten des klassischen römischen Rechts“ (1965) betraf, war dann der dritte Habilitand, den Max Kaser 1972 aufgrund der Arbeit „Der Besitzerwerb durch Gewaltabhängige im klassischen römischen Recht“ (1972) der Hamburger Fakultät präsentierte. In demselben Jahr wurde Jens Peter Meincke der erste „wissenschaftliche Enkel“[69]) Max Kasers; auch in ihm hatte das Seminar die Liebe zum römischen Recht erweckt, und Max Kaser hatte ihn als Wissenschaftlichen Mitarbeiter gewonnen. Nach einem Ausflug in die steuerrechtliche Praxis habilitierte er sich 1972 bei Hans Hermann Seiler für die Fächer Bürgerliches Recht, Römisches Recht und Steuerrecht[70]). Die vierte von Max Kaser betreute Habilitation war 1972 die von Frank Peters aufgrund der Abhandlung über „Die Rücktrittsvorbehalte des römischen Kaufrechts“ (1973); dieser hatte 1969 mit einer Arbeit über „Das ‚patientiam praestare‘ im klassischen römischen Nachbarrecht“[71]) bei ihm promoviert. Als fünfter und letzter konnte ich mich 1973 mit der Arbeit über die „Stipulatio poenae“ (1976) bei Max Kaser, der seinerseits bereits emeritiert war, in Hamburg habilitieren[72]).

In den Kreis der engeren Schüler ist in Kasers Salzburger Zeit schließlich noch Karl Hackl eingetreten, der sich aufgrund der Abhandlung „Praeiudicium im klassischen römischen Recht“ (1976) bei ihm im WS 1975/76 an der Salzburger Rechtswissenschaftlichen Fakultät habilitiert hat. Sein Interesse am römischen Recht war durch Marianne Meinhart in Linz geweckt worden, die Max Kaser nach dem Tode ihres Lehrers Hans Kreller auf dem Wege zur Habilitation an der Wiener Rechts- und Staatswissenschaftlichen Fakultät „auf das stärkste gefördert“ hat[73]). Er ist ihr eigentlicher Lehrer geworden, und über sie ist auch Peter Apathy, der sich bei ihr an der Linzer Fakultät im WS 1974/75 habilitierte[74]), zu dem Kreis

---

Medicus in München aufgrund der Schrift „Argumente und Prinzipien bei der Fortbildung des Schadensrechts“ (1981) für die Fächer Bürgerliches Recht, Römisches Recht und Privatrechtsgeschichte der Neuzeit, Handelsrecht habilitierte.

[69]) Der zweite Hamburger „wissenschaftliche Enkel“ ist Reinhard Zimmermann, dessen Interesse für das römische Recht von H. H. Seiler geweckt worden ist, bei dem er mit der Arbeit „Richterliches Moderationsrecht oder Totalnichtigkeit?“ (1979) promovierte, der bereits 1981 auf den W. P. Schreiner-Lehrstuhl der Universität Kapstadt berufen wurde und seit 1988 an der Universität Regensburg lehrt.

[70]) Aufgrund der Habilitationsschrift „Das Recht der Nachlaßbewertung im BGB“ (1973); Meinckes Aufsatz „Superficies solo cedit“ hatte Kaser gern angenommen (SZ 88 [1971] 136ff.).

[71]) Veröffentlicht in SDHI 35 (1969) 135–214.

[72]) Nachdem ich 1968 mit der Arbeit „Contrarius consensus“ bei ihm promoviert hatte. – Weitere von Kaser in Hamburg betreute Dissertationen zum römischen Recht sind: Hans Herbert König, Die vor der Ehe bestellte dos nach klassischem römischen Recht, SDHI 29 (1963), 151–237; Wolfgang Grunow, Die Entwicklung der Nachverpfändung im röm. Recht (1968); Klaus Meffert, Die Streitgenossenschaft im klass. röm. Recht (1974). – In das Gebiet der neueren Privatrechtsgeschichte fallen: Peter Aumann, Das mitwirkende Verschulden in der neuen juristischen Dogmengeschichte (1964); Peter Demuth, Garantievertrag und privative Schuldübernahme in der neueren deutschen Privatrechtsgeschichte (1967); Ulf Schomburg, Die Aufhebung der Rechtsgemeinschaft in der neueren Dogmengeschichte (1968). Zu Gottfried Schiemann s. o. A. 68. – In das Zivilrecht fällt (als insoweit einzige Arbeit) Eckhard Hübener, Der gesetzliche Forderungsübergang im System der Rechtsordnung (1968).

[73]) Aufgrund der Schrift: „Die Senatusconsulta Tertullianum und Orfitianum in ihrer Bedeutung für das klassische römische Erbrecht“ (1967); Zitat S. 9.

[74]) Aufgrund der Schrift „Animus novandi“ (1975).

der Max Kaser besonders verbundenen Schüler des deutschen Sprachraums gestoßen.

Von den ausländischen Gästen und Schülern auch aus der Hamburger Zeit berichtet des näheren Luigi Labruna[75]), der fast zwei Jahre lang in Hamburg im Gespräch mit Max Kaser an seinem „Rescriptum divi Pii" (1962) gearbeitet hat. Unter Verweisung darauf seien nur die Namen derer angeführt, die (außer Marianne Meinhart und Peter Apathy) für geraume Zeit in Hamburg bei Max Kaser ihren Forschungen nachgegangen sind: Giovanni Nicosia, Joseph Hofstetter, Andreas Babakos, José Luis de los Mozos, Tullio Spagnuolo Vigorita, Sandro Schipani, Carlo Beduschi, Jahna Danilovic, Adalbert Polacek, Hannu Tapani Klami sowie D. J. Joubert und D. H. van Zyl. Daneben ergab es sich natürlich, daß zahlreiche junge Forscher Max Kaser kurzfristig Besuche abstatteten, um ihn kennenzulernen und mit ihm ihre Arbeitsvorhaben zu erörtern, wie etwa (um nur zwei anzuführen) Sebastiano Tafaro oder Francesco Amarelli. Daß aus dieser gleichsam personalisierten Internationalität des römischen Rechts auch die deutschen Schüler Max Kasers wesentliche Bereicherung erfahren haben und dauerhafte Freundschaften zustandegekommen sind, ist eine Kasers unermüdlichem Wirken zu verdankende glückliche Nebenfolge.

Auf dem Fest, das anläßlich des 80. Geburtstages von Max Kaser am 23.4.1986 in Salzburg veranstaltet wurde, hat Franz Wieacker in seiner Laudatio als eines der bemerkenswertesten Verdienste Max Kasers hervorgehoben, daß dieser eine besonders große Zahl von Schülern, aber keine „Schule" geschaffen habe. Von einer Schule könne man allenfalls in dem Sinne sprechen, daß die Schüler sachlich korrekt und sehr solide am römischen Recht arbeiteten, nicht aber in der Bedeutung, daß sie auf gewisse Theorien oder bestimmte Lehrgebäude eingeschworen seien. Kaser habe so „Proselyten gemacht", aber nicht für sich und seine Lehren, sondern, und das sei etwas Anderes und viel Besseres, für das römische Recht. Auch sei es kennzeichnend, daß alle deutschen Schüler sich im geltenden Recht bewährten.

6. Im Grunde seines Wesens war Max Kaser ein scheuer Mensch, bisweilen sogar etwas ängstlich besorgt. Das Organisieren war, wie auch die Lastenverteilung in der Ehe erkennbar macht, ebenso wenig seine Sache wie der Aufbau von Beziehungsgeflechten, die ihm oder den ihm Nahestehenden irgendwelche Vorteile hätten verschaffen können. Er könne das nicht, sagte er dazu, fast als müsse er sich gegenüber etwaigen Erwartungen entschuldigen. Der Auftritt in großer Runde oder die „große Gesellschaft" reizten ihn nicht und lagen ihm offenbar auch nicht. Er fühlte sich wohl im kleinen Kreise und im persönlichen Gespräch, in dem er durch die natürliche und warmherzige Zuwendung, die er dem anderen entgegenbrachte, sogleich Sympathie erweckte.

Der wütende und intolerante Protest der 68er-Generation mußte ihn, so wie er war, zutiefst betroffen, ihm geradezu Angst machen. Die den Ordinarien damals entgegengeschleuderten Vorwürfe und Anschuldigungen hatten ihn gemessen daran, wie er sein Amt wahrgenommen hatte, persönlich nicht treffen können; doch litt er unter ihnen. Die durch die anschließenden Reformen geschaffenen Strukturen lehnte er ab[76]). Daß er, obwohl er sein Amt bis zur Vollendung des 68. Lebensjahres hätte ausüben können, schon zum 1. Oktober 1971 um seine Emeritierung nachsuchte, hat hier seinen Hauptgrund.

---

75) In diesem Bande, S. 22, 28ff.
76) Vgl. Landwehr, in diesem Bande, S. 20.

Den Plan, nach der Emeritierung nach Österreich überzusiedeln, hatte das Ehepaar Kaser schon seit längerem gefaßt[77]); an seine Verwirklichung war nun zu denken. Am nächsten lag es für Kaser, in das geliebte Graz zurückzukehren, wo seine Schwester lebt.

X.1. Der Juristischen Fakultät der in der Mitte der siebziger Jahre wiedergegründeten Paris-Lodron-Universität Salzburg war 1970 ein dritter Lehrstuhl für Römisches und Bürgerliches Recht bewilligt worden. Als Wolfgang Waldstein und Theo Mayer-Maly erfuhren, daß Max Kaser plante, in seine Heimat Österreich zurückzukehren, setzten sie alles daran, ihn für Salzburg zu gewinnen. Dies gelang in der Weise, daß Kaser zum Honorarprofessor ernannt, mit der Vertretung des neuen Lehrstuhls bis zur Vollendung des 70. Lebensjahres betraut und zugleich zum Mitvorstand des dortigen Instituts für Römisches Recht bestellt wurde. Daß dieses Institut durch den Erwerb der reichen Fachbibliothek gerade Ernst Levys und durch ergänzende Anschaffungen überdurchschnittlich ausgestattet war, hatte für Kaser, der bereits an die Neuauflage des 2. Bandes des Handbuchs dachte, einen zusätzlichen Grund gebildet, sich für Salzburg zu entscheiden.

2. Dort, wo das römische Recht noch eine wesentlich stärkere Stellung im Studienplan einnahm (und noch einnimmt) als in Deutschland, hat er bis 1976 das volle Lehrprogramm wahrgenommen und großen Anklang und Respekt bei den Studenten und Studentinnen gefunden. Zusätzlich trugen das gute Klima in der Fakultät und der freundschaftliche Kontakt unter den Institutsmitgliedern entscheidend dazu bei, daß sich der Ortswechsel auch diesmal auf Max Kaser beflügelnd auswirkte.

Auch hier wurde das „Kaser-Seminar" alsbald zur Institution und weit über Salzburg hinaus bekannt. Zu den Sitzungen, auf denen sowohl namhafte Romanisten des In- und Auslands Gastvorträge hielten, wie auch die Salzburger Römischrechtler, Kaser eingeschlossen, ihre Forschungsergebnisse vortrugen, fanden sich häufig Teilnehmer auch aus Linz, München, Wien, Graz oder anderen Universitäten ein[78]). Und auch hier wurde Max Kaser von jungen Wissenschaftlern aufgesucht, die ihre wissenschaftlichen Vorhaben seiner Anleitung oder Beratung unterstellten, wie etwa Marek Kuryłowicz, Ignazio Buti, Bruce W. Frier, Bruno Huwiler, Alfons Bürge und Carla Masi Doria.

3. Als Hauptwerk dieser dritten Schaffensphase Max Kasers ist die Neuauflage des 2. Bandes des Handbuchs anzusehen. Auch in diesem um rund 170 Textseiten erweiterten Werk ist jeder Satz überdacht worden, und auch hier hat die methodologische Neubesinnung zu einer in vielen Punkten differenzierteren Darstellung geführt. An sich wäre zu erwarten gewesen, daß die Neubesinnung eine Straffung zur Folge hat, da auf ihrer Grundlage viele zuvor als nachklassisch angesehene Entwicklungen bereits in die Klassik und damit in den 1. Band zu verlegen sind. Kaser war sich darüber selbstverständlich im klaren, und er hat sehr häufig bereits im Sachzusammenhang auf die gebotene neue Einordnung hingewiesen. Darüber hinaus hat er dieser Neuauflage 45 Seiten höchst konzentrierter Nachträge zum 1. Band (der 2. Aufl.) beigegeben, in denen ebenfalls die Schwerpunktverlagerung deutlich hervortritt. Das Anschwellen des Textteils findet seine Erklärung jedoch vor allem darin, daß Max Kaser bei dieser

---

77) Selbstdarstellung, S. 141.

78) Vgl. den Bericht von Hackl (o. A. 42).

Neuauflage die Arbeit am Detail wesentlich erweitert hat. Beispielsweise finden sich zur Erschließung sehr schwieriger Einzelfragen, die sich bei einer Übersetzung von Reformkonstitutionen ergeben, die in Justinians Institutionen eingearbeitet worden sind, im Handbuch Hinweise von so staunenswerter Klarheit und Prägnanz, daß der Leser sofort im Bilde ist. Im Augenblick solcher Erfahrung wird der unschätzbare Wert des Handbuchs besonders deutlich.

Doch hat es mit dieser Neuauflage, die 1975 herausgekommen ist, also bereits vier Jahre nach dem Erscheinen der Neuauflage von Band 1, nicht sein Bewenden. Nicht nur, daß Kaser während dieser vier Jahre zugleich andere wichtige Publikationen herausbringt, wie insbesondere die bereits genannte Methodologie[79]); seine Schaffenskraft ist ungebrochen. Er verfaßt die Monographie über die Verbotsgesetze[80]), vertieft sich in *societas* und *pignus* und versieht die in den beiden Bänden „Ausgewählte Schriften" zusammengestellten Aufsätze[81]) mit berichtigenden Nachträgen, überdenkt sie alle also neu.

4. In Salzburg hatte das Ehepaar Kaser zunächst in der Gstättengasse 17 eine „romantische" Wohnung, die an die nackte Felswand stieß, gefunden. Sie war jedoch zu klein und erst, als im August 1973 die neue Wohnung in der Parkstr. 10 gefunden war, konnte der Hauptteil der Bibliothek von Hamburg nach Salzburg verbracht werden. „Auch meine Bücher und die Sonderdrucke sind vollständig geordnet, so daß die Arbeit weitergehen kann", schreibt Max Kaser am 29. 8. Sie konnte dort weitergehen bis Ende Oktober 1980. Es war in dem Seniorenstift, in dem das Ehepaar Kaser sich hatte vormerken lassen, überraschend schnell ein sehr schönes 2 1/2 Zimmer-Appartement frei geworden und beide – wie stets „Herren" schneller Entschlüsse – hatten sich entschieden zuzugreifen. So fand zum November 1980 die Übersiedlung in das Kurstift Mozart in Ainring bei Freilassing, also wieder in die deutsche Bundesrepublik, statt[82]).

In der neuen Bleibe konnte ein schöner Raum mit herrlichem Ausblick als Arbeitszimmer eingerichtet und mit einem Großteil der Bibliothek ausgestattet werden. „Die Landschaft ist höchst angenehm, ich blicke von meinem Schreibtisch auf die Wiesen und Äcker einer noch voll in Betrieb stehenden Landwirtschaft und sehe im Hintergrund die mir von meiner Jugend her vertrauten Salzburger Berge... Vor allem aber: Ich kann hier weiterarbeiten, tue das in gewohntem Eifer und das hält mich frisch"[83]).

5. a) Auch in den Ainringer Jahren hält die gewohnte Schaffenskraft noch lange an; noch immer gilt: *nulla dies sine paginis*[84]). Ursprünglich hatte Kaser noch das Vorhaben erwogen, eine Neuauflage des dem Zivilprozeß gewidmeten 3. Handbuch-Ban-

---

[79]) Vgl. o. zu A. 63.

[80]) 1977, Schr.-Verz. I 15.

[81]) 1976, Schr.-Verz. I 14.

[82]) In einem Brief vom 16. 11. 1980 schreibt Kaser, die Wohnung sei inzwischen in Ordnung. „Das ist nun dank der Umsicht und Tatkraft meiner Frau und der tatkräftigen Hilfe von Freunden inzwischen eingetreten; namentlich Hackl, der ungefähr von jedem Handwerk etwas (und zwar eine ganze Menge) versteht, ...war uns von unersetzlichem Nutzen". Das ist in mehrfacher Hinsicht kennzeichnend; dank Karl Hackls Hilfe war in den „Ainringer Jahren" Kasers Kontakt nach Salzburg, die Versorgung mit Literatur, die Begleitung von Fachkollegen nach Ainring etc. gesichert.

[83]) Brief v. 16. 11. 1980.

[84]) In Abwandlung von Appelles' *nulla dies sine linea* (Plinius, Nat. Hist. 35, 84).

des herauszubringen. Nach geringen Vorarbeiten hat er davon jedoch Abstand genommen; er wollte seine Kräfte nicht mehr an ein solches Großvorhaben binden. 1996, genau dreißig Jahre nach Erscheinen der ersten Auflage, konnte jedoch Karl Hackl die in wichtigen Partien veränderte Neuauflage vorlegen.

b) Kaser findet in dieser Spätzeit wieder zu dem Themenkreis zurück, auf den er während seiner Arbeit über das römische Recht als Gemeinschaftsordnung gestoßen war[85]) und den er in seinem „altrömischen ius" (1949) weiterverfolgt hatte, die Frage nämlich nach dem *ius*-Begriff in seiner Entwicklung, seinen Sinngehalten und seinen Antithesen. Hier untersucht er die Zusammenhänge von *ius* im subjektiven und im objektiven Aspekt[86]), von *ius* als Gegenbegriff zu *mos* und *mores*, worunter bald Sitte, bald Sittlichkeit, bald ein im Herkommen gebildetes Recht verstanden werden kann[87]). Ferner geht er dem Gegensatz von *ius honorarium* und *ius civile* nach[88]), wenig später dem von *ius publicum* und *ius privatum*[89]). „Mit der Rückkehr zu diesem Fragenkreis", bekennt er, „wollte ich das Problem weiterverfolgen, ob und inwieweit das Rechtsdenken der Römer vom *Fallrecht* zum *Rechtssystem* fortgeschritten ist; doch muß ich weiteres nun wohl anderen überlassen"[90]).

c) Daneben ist er auch insoweit auf Fragen zurückgekommen, die ihn seit den vierziger Jahren beschäftigt hatten, als es um das *ius* im subjektiven Sinne geht, vor allem in der Erscheinung des Herrschaftsrechts Eigentum. In drei Abhandlungen dringt er in Verteidigung seiner Lehre von der „Relativität" des Eigentumsschutzes zu einer Lösung vor, in der er, auf die Etappen der Entwicklung abstellend, den allmählichen Übergang zur Denkform des „absolut" geschützten Eigentums nachzeichnet[91]).

d) Seit der Mitte der achtziger Jahre spürt Kaser deutlicher das allmähliche Nachlassen der Konzentration und der Kräfte. Immer häufiger muß er unterbrechen und sich beim Blick auf die Landschaft entspannen. Dennoch verfolgt er den Plan weiter, alle großen „Rechtsschichten" zu untersuchen, also auch das noch ausstehende *ius gentium*. Die Absicht, diesem im Rahmen eines Festschrift-Beitrags nachzugehen, muß er wegen des Umfangs des Materials, aber auch – wie er nicht ohne Selbstvorwürfe erkennt – weil er nicht mehr so arbeiten kann wie früher, aufgeben. Dennoch trotzt er sich noch die Monographie „Ius gentium" (1993) ab, zu der er im Vorwort beklagt, daß ihm die gewünschte Vertiefung nicht mehr gelungen sei; er hatte die mit dem Einfluß der griechischen Philosophie verbundene Dimension erkannt. Dessenungeachtet hat er auch mit diesem Werk unseren Kenntnisstand durch die klare Herausarbeitung maßgeblicher Aspekte wesentlich gefördert, wie etwa zur im *ius gentium* erreichten Verbindung von Wertorientierung und praxisbedingten Anforderungen, zu den Abgrenzungen zum *ius naturale* oder zu den völkerrechtlichen Gehalten.

6. Ebenfalls seit der Mitte der achtziger Jahre hatte sich ein Augenleiden seiner Gattin langsam aber stetig verschlechtert. Zwar verstand sie es hervorragend, sich den-

---

85) S. o. VI 3 c. Vgl. Selbstdarstellung, S. 142.
86) Zum ius-Begriff der Römer, Ess. Beinart 2, 1979, 63 ff. (Schr.-Verz. II 121).
87) In: Kaser, Römische Rechtsquellen und angewandte Juristenmethode, 1986, 1, 23 ff. (aus Fschr. Flume 1, 1978, 101 ff., Schr.-Verz. II 118, überarbeitet).
88) SZ 101 (1984) 1 ff. (Schr.-Verz. II 137).
89) SZ 103 (1986) 1 ff.
90) Selbstdarstellung, S. 142 f.
91) SZ 102 (1985) 1 ff.; SZ 104 (1987) 53 ff.; SZ 105 (1988) 122 ff. (Schr.-Verz. II 138, 142, 143). Vgl. dazu bereits o. A. 32 sowie Selbstdarstellung, S. 143.

noch zurechtzufinden und den wahren Zustand zu überspielen; doch kam eine schwere Arthrose hinzu. So war in den genannten Jahren die Betreuung seiner Ehefrau zu Max Kasers wichtigster Aufgabe geworden. Er hat sich dieser Aufgabe mit vollem Einsatz gewidmet und es als Glück empfunden, daß ihm die Kräfte gegeben waren, ihr mit seiner Hilfe beistehen zu können. Im April 1991, unmittelbar nach seinem 85. Geburtstag, erlag sie einem aggressiven Leiden, das sich erst kurz zuvor herausgestellt hatte.

Für Max Kaser war die Welt damit sehr leer geworden. Er beklagte, seiner Frau nicht mehr helfen und der Wissenschaft nicht mehr dienen zu können. Doch fand er dann noch einmal mit großen Anstrengungen zur Arbeit am *ius gentium* zurück, bei der er, der in allen seinen Publikationen jede Zeile selbst geschrieben hatte, die Unterstützung und Formulierungshilfe des Freundes Wolfgang Waldstein und die Unterstützungen des zum Freund gewordenen Schülers Karl Hackl dankbar entgegennahm.

Nach dem Abschluß dieses Werkes war er erschöpft. Der Erörterung von Fragen des Faches, die er sein Leben lang mit Freude aufgenommen hatte, wich er nunmehr aus; er wußte, daß er nicht mehr das geben konnte, was seinen Maßstäben genügt hätte. Im Frühjahr 1995 zog er sich bei einem Sturz in seiner Wohnung einen Oberschenkelhalsbruch zu. Die Operation verlief im ganzen gut, und nach kurzer Zeit konnten die ersten Gehversuche geübt werden. Er brach diese jedoch ab. Da er weder arbeiten noch irgendjemandem helfen könne, habe er keine Aufgabe mehr.

Am 13. Januar 1997 ist er entschlafen. Seine Schüler und Freunde haben mit ihm einen Lehrer verloren, der in seiner wissenschaftlichen Arbeit unerreichbares Vorbild bleiben wird und den sie in seiner humanen und konzilianten Wesensart als einen väterlichen Freund in ihrer von größter Dankbarkeit und Verehrung geprägten Erinnerung behalten werden.

XI. 1. In Max Kasers Person vereinten sich – und darin liegen die Ursachen für diese herausragende Lebensleistung – beste Voraussetzungen und Tugenden für wissenschaftliches Arbeiten: hervorragende Begabung und ausgezeichnetes Wissen, eiserne Selbstdisziplin und unbändiger Fleiß, bewundernswerte Konzentrationsfähigkeit und außergewöhnliches Gedächtnis, kräftige Gesundheit und vor allem ein unablässiges Streben nach Erkenntnis und Wahrheit.

2. Er bezeichnete sich als einen „mattinalen Menschen". In aller Frühe stand er auf und saß tagtäglich gegen sechs Uhr am Schreibtisch. Er hatte die Gabe, die Arbeit sogleich in aller Konzentration aufnehmen zu können, und er arbeitete bis zur Mittagspause, unterbrochen nur durch das Frühstück und den auf 10.30 Uhr festgelegten Anruf des geschäftsführenden Assistenten oder der Sekretärin zur Information über die eingegangene Post und zur Entgegennahme von Aufträgen. Die Vorlesungsstunden legte er möglichst auf die Zeit von 11.00 – 12.00 Uhr, um rechtzeitig zum Mittagessen zurück zu sein. Das gemeinsame Mittagessen, bei dem das Gespräch in der Erinnerung der Kinder allzu häufig die in der Schule erzielten Noten betraf, war ebenso „heilig" wie die anschließende bis gegen 15.30 Uhr währende Mittagsruhe. Es folgte dann eine weitere Arbeitsphase, in der er freilich nicht so rasch voranzukommen meinte wie am frühen Morgen. Nach dem Abendessen arbeitete er nie, auch nicht in Zeiten höchster Belastung.

Sportliche Aktivitäten waren in diesem Tagesprogramm ebensowenig vorgesehen wie Spaziergänge. Zu diesen kam es auch an Sonn- und Feiertagen nur, wenn die Ehefrau „ein Machtwort sprach“, das allerdings nicht selten dadurch unterlaufen wurde, daß „vorher noch eben eine Idee“ schriftlich festgehalten werden mußte.

3. Max Kaser war sehr musikalisch; er liebte die Musik, ging sehr gern in Konzerte und spielte ausgezeichnet Cello. Schon als Schüler hat er bei Konzerten, die Max Reinhardt in Schloß Leopoldskron bei Salzburg gab, im Orchester mitgewirkt. In den Münsteraner Jahren pflegte er allwöchentlich mit Kollegen Quartett zu spielen. Erst gegen Ende dieser Zeit ließ die Regelmäßigkeit etwas nach. In Hamburg gab er das Musizieren auf, und er hat das damit begründet, daß er es ja doch nur unvollkommen beherrsche. Mit derselben Begründung hat er nach vielen Jahren aufgehört, Bridge zu spielen. Das zeigt einen wohl kennzeichnenden Wesenszug. Er stellte an sich sehr (und auf diesen Feldern gewiß zu) hohe Anforderungen; sein Ziel war die Perfektheit, und es quälte ihn geradezu, daß er sie nicht erreichte.

Es wird darin ein Hauptgrund dafür zu erblicken sein, daß er sich stark auf das römische Privatrecht und den Zivilprozeß konzentriert hat und außerhalb seiner „Römischen Rechtsgeschichte“ auf das Staats- und das Strafrecht nur am Rande eingegangen ist und von Publikationen zu außerrömischen antiken Rechten nahezu ganz abgesehen hat, obwohl er über diese, insbesondere das altgriechische wie auch über die Papyri, gut informiert war[92]). Es wird sich auch aus diesem Wesenszug erklären, daß er seine Schüler vor vorschneller Publikation warnte: Besser nichts statt Unvollkommenes. Vermutlich erklärt sich auf diese Weise auch, weshalb Max Kaser dem geltenden Recht nur die erwähnte eine „wirkliche“ Publikation gewidmet hat; die Arbeit auf beiden Feldern birgt die Gefahr, auf keinem der beiden höchsten Ansprüchen genügen zu können. Daß er dessenungeachtet bei seinen deutschen Schülern darauf geachtet hat, daß sie auch das 2. juristische Staatsexamen absolvierten und zunehmend, daß sie Publikationen auch im geltenden Recht vorlegten, beruhte auf nüchterner Einschätzung der deutschen Verhältnisse und dem Wunsch, sie abgesichert zu sehen. Daß sie auch dort mithielten, erfüllte ihn mit Freude und Genugtuung, zeigte sich doch, daß die Arbeit am römischen Recht und erfolgreiche Betätigung in der Praxis ohne weiteres vereinbar waren.

4. Sein umfassendes Wissen beruhte auf sehr rascher Auffassungsgabe und einem ganz außergewöhnlichen Gedächtnis. In den Zusammenfassungen, die er stets unmittelbar im Anschluß an die Vorträge gab, die in seinem Seminar – sei es von auswärtigen Gästen, sei es von jungen Seminarteilnehmern oder erfahrenen Assistenten – oder auf Rechtshistorikertagen gehalten wurden, gelang es ihm immer wieder, die Dinge gleichsam aus dem Stand noch klarer „auf den Punkt zu bringen“ als der Referent, der sich in der Regel ja lange mit der Thematik beschäftigt hatte, es vermocht hatte.

Sein phänomenales Gedächtnis umfaßte nicht allein die Gehalte der meisten der uns überkommenen antiken Juristentexte, insbesondere der Digesten, und die dazu in der Literatur unseres Jahrhunderts entwickelten Theorien und Interpretationen; vielmehr war in ihm darüber hinaus eine staunenswerte Fülle auch entlegener Details festgehalten. Als wir uns beispielsweise einmal im Zusammenhang mit dem Gleichnis vom ungerechten Haushalter über das Phänomen des verhüllten Fruchtwuchers unterhielten – es mag in der Mitte der achtziger Jahre gewesen sein –, wies er mich darauf hin, daß

---

[92]) Vgl. SZ 64 (1944) 134 ff. Er bedauerte, daß es ihm versagt geblieben sei, seinem Lehrer Steinwenter „in die Vielfalt aller seiner Interessen im weiteren Bereich der antiken Rechtsgeschichte zu folgen“ (Selbstdarstellung S. 136).

sich dazu „eine Bemerkung bei Levy im 70. Band gegen Ende des Aufsatzes finde, zu einer Kaiserkonstitution“. Es handelte sich um Ernst Levys Aufsatz zur *querela non numeratae pecuniae*, der 1953 in SZ 70, S. 214–246 erschienen ist und in dem sich auf S. 239 zu Diocl. C. 4,2,5 der Satz findet: „In Wahrheit hatten sie (sc. die Petenten), vermutlich um den Gläubiger gegen die damalige Währungsinflation sicherzustellen, statt des Geldes ein Quantum Öl empfangen zu haben bescheinigt...“[93]). Auch wenn diese Bemerkung nicht konkret den Fruchtwucher betrifft, so war mir der Hinweis doch schon wegen der Verhüllungsstrategie wertvoll. Ausgestattet mit einem derartigen Gedächtnis brauchte Max Kaser keine Karteien oder Zettelkästen zu führen; ihm genügten, seitdem er sich auf die Gliederung des Handbuchs festgelegt hatte, gebundene Oktavhefte, in denen er zu den jeweiligen Gliederungspunkten oder Fußnoten sich nach der Lektüre einer Publikation Fundstellen oder in knappsten Stichworten die eine oder andere Aussage notierte. Wurden ganze Sätze daraus, so verwendete er die Kurzschrift.

Hinzu kommt eine sprachliche Begabung, die ebenfalls ganz außergewöhnlich war und ihn überhaupt in die Lage versetzte, die reiche internationale Literatur in der ihm eigenen Gründlichkeit zu verarbeiten. In die westeuropäischen Sprachen konnte er sich, sofern er nur ein Wörterbuch zur Hand hatte, in kürzester Zeit einlesen. Als er 1958 zu Gastvorträgen nach Rio de Janeiro eingeladen worden war, wo ihm der erste Ehrendoktor verliehen wurde, hat er auf dem Schiff während der Überfahrt in Unterhaltungen, vor allem beim Bridge, und durch Lektüre so gut Portugiesisch gelernt, daß er in Rio seine Dankadresse in der Landessprache frei zu formulieren vermochte.

5. Wenn Cicero sagt, *omnes trahimur et ducimur ad cognitionis et scientiae cupiditatem (in qua excellere pulchrum putamus)*[94]), so gilt dies für Max Kaser in ganz besonderem Maße. Mit Neuerscheinungen machte er sich sofort vertraut. Die Lektüre nahm er ganz unvoreingenommen auf, in der steten Bereitschaft, fremde Argumente, gleichgültig, wer sie vortrug, ernst zu nehmen und daran die eigenen Ansichten zu überprüfen und gegebenenfalls zu korrigieren. Die große Zahl von insgesamt 233 Rezensionen und Anzeigen, zu denen noch zahlreiche Rezensionsmiszellen und -abhandlungen hinzukommen, erklärt sich aus dieser wahren Wissensbegierde, und sie bezeugt zugleich, soweit es um die Rezensionen und die einschlägigen Miszellen und Abhandlungen geht, das Bemühen, über den von der neuen Arbeit erreichten Erkenntnisfortschritt und über die eigene Sicht der Dinge Klarheit zu gewinnen. „Kaser nahm die Aufgabe des Rezensenten sehr ernst, er übersah nichts, weder das Gute noch etwaige Mängel des rezensierten Buches, nie aber war er in seiner Kritik scharf oder gar verletzend, seine vornehme Denkungsart kommt in seinen Rezensionen deutlicher noch als in anderen Werken zum Ausdruck, immer hob er das Wertvolle an der Arbeit des Autors hervor, stets aber wußte er aus seinem reichen Wissen eine Ergänzung anzubringen, eine Anregung zu geben oder einen Vergleich zu ziehen“[95]) – diese den Vater Kurt Kaser betreffende Äußerung ist für den Sohn in zumindest gleichem Maße kennzeichnend. Auf die Bedeutung von (ernsthaften) Rezensionen für den Wissenschaftsprozeß hat Max Kaser des öfteren hingewiesen, und gelegentlich ließ er im Gespräch einfließen, in manchen Rezensionen stehe Besseres als im rezensierten

93) Mit der Konstitution scheint Kaser sich nicht näher beschäftigt zu haben; der Hinweis in RP I², S. 657 A. 12 betrifft nicht den hier interessierenden Zusammenhang.
94) Cicero, De officiis, 1,18.
95) Tremel (o. A. 3), S. 237f.

Buch[96]). Daß in den Handbüchern mit den Monographien in der Regel zugleich die Rezensionen angeführt werden, ist kein Zufall.

Erkenntnisdrang und Streben nach Perfektheit erklären die für Max Kasers Publikationen so kennzeichnende Gründlichkeit. Alle erreichbare Literatur wird berücksichtigt[97]), nicht nur zitiert, sondern auch (je nach Gewicht mehr oder minder eingehend) verarbeitet; zwar kann sich der erwartete oder plausibel erscheinende Gesichtspunkt schnell finden, doch kann ein anderer Autor eine bessere Beobachtung gemacht oder ein gewichtiges Gegenargument ausgesprochen haben. Trotz der Fülle des verarbeiteten Materials haben Fehlzitate fast den Seltenheitswert von weißen Raben[98]).

„Vor leichtfertigen Behauptungen habe ich mich gehütet“, bekundet er. „Wenn ich aber unüberlegte Hypothesen nachträglich als durch Gegengründe widerlegt erkennen mußte, habe ich ihre Zurücknahme niemals gescheut; ebensowenig, wenn ich mich vereinzelt sogar gezwungen sah, zu früher preisgegebenen Ansichten zurückzukehren“[99]). So hat er viele Themen mehrfach bearbeitet, stets gründlich, aber zunehmend mit einer akribischen Sorgfalt, die kaum je einen der möglicherweise in Betracht kommenden Gesichtspunkte ausließ. Nachdrucke von Büchern oder von Aufsätzen in neuen Sammlungen durften deshalb nicht ohne korrigierende oder weiterführende Anmerkungen erscheinen, und deshalb mußte auch die mit dem Erscheinen des Handbuchs in erster Auflage verbundene Befriedigung über das Erreichte bald umschlagen in das im Laufe der Zeit als immer drängender empfundene Bedürfnis, eine Neuauflage herauszubringen – die dann praktisch zu einem aliud gedieh. Das dem Menschen eigene Suchen und Forschen nach Wahrheit[100]) war dem Vater zur „echten Leidenschaft“ geworden[101]); der Sohn war um nichts weniger von dieser Leidenschaft erfaßt. Nicht seine (bisherige) Ansicht war ihm wesentlich, nicht Wille oder Wunsch, Recht zu behalten. Über den ihm in scherzhafter Übertreibung vorgehaltenen „Vorwurf“, bei ihm habe „immer der Letzte Recht“, hat er sich amüsiert. Wesentlich allein war ihm, der Wahrheit näher zu kommen. Die Augenblicke überströmenden Glücksgefühls, die bei der plötzlichen Erkenntnis hervorbrechen, dem Wahren und Richtigen auf die Spur gekommen zu sein, waren ihm Erfüllung dieser Leidenschaft und gaben ihm den Antrieb, in seinem Streben nicht nachzulassen.

Eines Tages – es war wohl 1972 – besuchte ich Max Kaser im Krankenhaus; er hatte gerade einen kleinen operativen Eingriff überstanden. Mir war nach einigem Bemühen zuvor am späten Abend schlaglichtartig klar geworden, daß sich die seinerzeit viel-

---

[96]) Vgl. zudem Kaser, RZ, 1966, S. VII; RP 1^2, 1971, S. VIII.

[97]) Sicherheitshalber die Register von IVRA und SZ sowie der großen Festschriften durchzusehen, machte er sich zur Pflicht.

[98]) Aufsehenerregend in der Antike schon (Aristoteles, Hist. An. 3,12,1) und noch heute, vgl. W. T. Avery, Corvus Albus, The Classical Journal 48 (1952) 111f.

[99]) Selbstdarstellung S. 148f.; vgl. auch bei Z. Végh, Labeo 19 (1973) 257. – Ein Beispiel sind etwa die wechselnden Stellungnahmen zu Paul. D. 5,3,40 pr.: In SZ 72 (1955) 111 A. 65 hält er das Verkaufsargument für den Teil eines Schulelaborats; in Römische Rechtsquellen und angewandte Juristenmethode 1986 [aber aus 1980], S. 225 A. 43 i.V. m. 222 A. 30 plädiert er für Echtheit und in SZ 98 (1981) 104 A. 96 neigt er wieder zur Annahme der Unechtheit; Einzelheiten zum fr. 40 pr. bei M. Müller-Ehlen, Hereditatis petitio, 1998, S. 376ff., 378f.

[100]) Vgl. etwa Cicero, De officiis 1,13; Lukian, Sämtl. Werke (Wieland-Ausgabe), Bd. II/2, 1789, S. 125f.

[101]) Tremel (o. A. 3), S. 254 spricht von Kurt Kaser als von einem Manne, „der nur eine echte Leidenschaft kannte, der Wahrheit zu dienen“.

verdächtigten Quellen zur *purgatio morae* zu einem stimmigen Gesamtbild zusammenfügen lassen, wenn man den Unterschieden Rechnung trägt, ob es sich um eine Stipulation mit oder um eine ohne ausdrückliche Zeitangabe handelt und ob sie auf ein *dare* oder ein *facere* gerichtet ist. In euphorischem Zustande hatte ich dies dann während der Nacht in einer Fassung zu Papier gebracht, bei der es später im Wesentlichen geblieben ist[102]). Als ich ihm begeistert von dieser „Entdeckung" erzählte, hatte er die Sache ebenso wie die Gemütslage des Besuchers sofort erfaßt und sagte nach einigen beifälligen Worten zur Sache, derartige Erlebnisse seien die schönsten Augenblicke im Leben eines Wissenschaftlers, es sei, wie wenn sich ihm die Strukturen eines Kristalls erschließen; alles trete in klarster geometrischer Ordnung vor das geistige Auge – womit natürlich der atomare Aufbau gemeint war. Nur seien solche Augenblicke nicht häufig; man müsse sehr dafür arbeiten und habe doch keine Garantie.

6. Je klarer man die Dinge erfaßt hat, umso besser kann man sie beschreiben. Von Max Kasers großen Fähigkeiten verdient Hervorhebung auch seine klare Sprache. Sie ist von kunstvoller Schlichtheit, prägnant im Ausdruck, konsequent in der Verwendung der Begriffe und von eleganter Offenheit dort, wo der Erkenntnisstand klare Aussagen (noch) nicht zuläßt. Sieht Kaser Bedenken, hält er sie aber für nicht durchschlagend, so signalisiert er dies dem Leser mit Formulierungen wie „damit ist vereinbar...", „dem steht nicht entgegen, daß..." oder ähnlichen Wendungen. Wenn, wie so oft, Ungewißheiten verblieben, riet er: „Drücken Sie sich vorsichtig aus!" – lieber Richtiges zu vorsichtig, als Unsicheres zu forsch. Die stilistischen Anforderungen, denen er sich unterzog, versuchte er seinen Schülern zu vermitteln – durch bloße Hinweise[103]) oder durch konkrete Formulierungsvorschläge –, und er hat sich die Durchsicht ihrer Arbeiten dadurch bisweilen nicht unwesentlich erschwert.

Die Darstellung ist stets auf die Sache konzentriert. Sie kann sehr einläßlich ausfallen, bleibt jedoch frei von Weitschweifigkeit; diese war ihm zuwider. Auch Exkurse blieben selten. Den Schülern empfahl er, dort, wo es geboten war, zu vertiefen; andererseits machte er ihnen oft recht radikale Kürzungsauflagen. Löste dies Enttäuschungen aus, so rechtfertigte er die Kürzungsgebote, oft verbunden mit dem Appell: „Sie müssen den anderen auch etwas lassen!"

XII.1. Die Lebensleistung Max Kasers umfaßt neben dem überwältigenden schriftstellerischen Werk eine Vielzahl selbstloser Tätigkeiten. In großer Dankbarkeit ist hier insbesondere seiner langjährigen aufopfernden Tätigkeit für diese Zeitschrift zu gedenken. Vom 71. Bande (1954) ab hat er den Rezensionsteil der Romanistischen Abteilung mit größter Gewissenhaftigkeit betreut und eine überaus große Zahl von Rezensionen und Anzeigen selbst verfaßt. Für den 88. Band von 1971 und den 89. Band von 1972 hat er schließlich den Bereich der Aufsätze und Miszellen übernommen[104]). Doch mußte er dann daran denken, seine Kräfte stär-

---

[102]) Stipulatio poenae, 1976, S. 185 ff. (wodurch sich das eine oder andere Versehen erklärt, wie S. 190 A. 20 i. f. der vermutete Wegfall der *condictio furtiva*; klarer dazu I. Reichard in seiner Habilitationsschrift über „Delegation und Novation im klass. röm. Recht", § 7 A. 4 u. 5; § 8 A. 10.

[103]) Etwa daß das (von einem Hamburger verwendete!) Wort ein besser zu vermeidender Austriazismus sei.

[104]) Vgl. die Mitteilungen in SZ 87 (1969) 600 und 89 (1972) 527.

ker zu konzentrieren[105]); die Neuauflage des 2. Bandes des Handbuchs war anzupacken.

Ferner hat Max Kaser die von ihm mitbegründete Reihe der „Forschungen zum römischen Recht“ seit dem 1. Bande von 1943 (seinem „Eigentum und Besitz“) bis zum 36. Bande von 1986 (seinen „Römische[n] Rechtsquellen“) herausgegeben und bis zu seinem Tode die Herausgabe der späteren Bände begleitet[106]). Hinzu kommen die in ihrem Umfang unübersehbaren zahllosen Ratschläge, Hilfen und Korrekturen, die er anderen – weit über die Zahl seiner engeren Schüler hinaus –, die ihn um seinen begehrten Rat baten, in durchweg (wiederum staunenswerter) unverzüglicher Reaktion zuteil werden ließ. In überaus vielen Erstlingsarbeiten, aber auch Habilitationsschriften der letzten sechzig Jahre wird Max Kaser im Vorwort herzlicher Dank bekundet.

2. a) *Solet sequi laus, cum viam fecit labor*:[107]) Die Arbeit bahnt den Weg, dann folgt die Ehre. Ehrungen sind Max Kaser in einem Ausmaß zuteil geworden, das ebenso ungewöhnlich ist wie sein Werk und sein Wirken.

b) Er ist mit Ehrendoktoraten ausgezeichnet worden von den Universitäten Rio de Janeiro (1958), Glasgow (1962), Paris (Sorbonne, 1965), Bordeaux (1966), Graz (1968, rer. pol.), Innsbruck (1970), Pretoria (University of South Africa, 1973), Camerino (1975), Neapel (1991) und Madrid (UNED, 1991). Er wurde als ordentliches (wirkliches) Mitglied gewählt in die Akademien der Wissenschaften in Göttingen (1960) und Wien (1972), als korrespondierendes in die in Wien (1956) und in München (1973) sowie in die British Academy (1977), ferner als Ausländisches Mitglied in die Akademien in Mailand (Istituto Lombardo, 1960), Turin (1960), Neapel (1968)[108]), Rom (Lincei, 1971), Catania (Acc. Mediterranea, 1981), Athen (1988) und schließlich zum Ehrenmitglied in die Society for the Promotion of Roman Studies (1975).

c) Drei Festgaben sind ihm dargebracht worden, zunächst die „Studien im römischen Recht“, die ihm zum 65. Geburtstag von seinen Hamburger Schülern gewidmet wurden[109]), sodann die „Festschrift für Max Kaser zum 70. Geburtstag“[110]) und schließlich die „Iuris Professio. Festgabe für Max Kaser“ (zum 80. Geburtstag)[111]).

Max Kaser hatte eine grundsätzlich positive Einstellung zu Festschriften. „Wie viele schöne Beiträge wären nicht geschrieben worden, wenn nicht der Druck eines

---

[105]) In einem Brief aus Salzburg v. 5. 6. 1972 (an mich) schreibt er von sich: „... daß ich nach langen und schwerwiegenden Überlegungen zu der Einsicht gekommen bin, daß es für mich jetzt der richtige Zeitpunkt ist, um aus der Redaktion der SZ auszuscheiden. Den Band 89 (1972) mache ich selbstverständlich noch fertig ... Aber dann sollen sich jüngere Kräfte um die weitere Betreuung der Zeitschrift kümmern. Die Redigierung des Aufsatzteils macht mehr Mühe, als ich gedacht hatte, und ich meine, daß diese Mühe noch größer sein wird, wenn sich mein Nachfolger darum wird bemühen müssen, die Bände mit qualifizierten Leistungen möglichst auch deutschsprachiger Mitarbeiter zu füllen“.

[106]) Also bis zum 41. Band: Markus Wimmer, Besitz und Haftung des Vindikationsbeklagten, 1995.

[107]) Publilius Syrus, Sententiae S 34.

[108]) Die von Luigi Labruna vorgetragene Laudatio ist abgedruckt in Labeo 38 (1992) 266–268.

[109]) 1973, herausgegeben von D. Medicus und H.H. Seiler.

[110]) 1976, herausgegeben von D. Medicus und H.H. Seiler.

[111]) 1986, herausgegeben von H.-P. Benöhr, K. Hackl, R. Knütel und A. Wacke.

Jubiläums bestanden hätte“, gab er zur Begründung an. Gewidmet worden sind ihm darüber hinaus aus Anlaß seiner Emeritierung der 3. Jahresband der Zeitschrift Index (1972)[112]), ferner zum 70. Geburtstag der 93. Band (1976) dieser Zeitschrift[113]) und zum 80. Geburtstag der 103. Band (1986)[114]).

d) Weitere Auszeichnungen kamen hinzu, etwa das Bundesverdienstkreuz der Bundesrepublik Deutschland, das „Österreichische Ehrenzeichen für Wissenschaft und Kunst“ (1971), die höchste Auszeichnung, die die Republik Österreich für Verdienste um die Wissenschaft zu vergeben hat, und das Goldene Ehrenzeichen des Landes Salzburg (1986).

3. Durch sein Lebenswerk hat Max Kaser uns in der Erkenntnis der römischen Jurisprudenz, Roms kostbarstem Erbe, und in unserem Verständnis für die Entscheidungen der römischen Klassiker weit vorangebracht. Für ihn waren, wie er in dem glänzenden Essay „Zur Methode der römischen Rechtsfindung“[115]) näher ausgeführt hat, die römischen Juristen die genialen Fallrechtler, die kraft ihrer Intuition treffsicher zu den richtigen, im Entscheidenden aufeinander abgestimmten Lösungen fanden und auf diese Weise eine Rechtsordnung schufen, die ungeachtet ihres Reichtums an Kontroversen von Strukturen und Prinzipien bestimmt war, die insgesamt ein harmonisches Ganzes bildeten.

Die innerhalb dieser Annahmen zu Rechtsfindung und Rechtsordnung liegende Spannung könnte sich in der Vorstellung einer prästabilierten Harmonie auflösen. Ob Max Kasers Idealbild von der Methode der römischen Rechtsfindung Bestand haben kann, wird eine der reizvollsten Aufgaben künftiger Forschung sein[116]).

Unbezweifelbar ist demgegenüber, daß wir für diese Forschung und alle weitere Arbeit am römischen Privatrecht entscheidend besser gerüstet sind, seit Max Kaser seine gewaltige Schaffenskraft der Wissenschaft vom römischen Recht gewidmet hat. Vor allem seine methodologischen Arbeiten waren es, die unser Vertrauen in die Texte des Corpus iuris civilis wiederbegründet haben, die Texte, die das abendländische Rechtsdenken so entscheidend geprägt haben. Mit seinen Handbüchern verfügen wir überdies über einen Schlüssel, der es uns auf Dauer wesentlich erleichtert, uns die reichen Gehalte dieser Texte zu erschließen.

Die Handbücher sind zugleich, wie es Giuseppe Grosso mündlich einmal sehr anschaulich gekennzeichnet hat, „das Tal, in dem wir uns alle wiederfinden“. Sie atmen den Geist wahren wissenschaftlichen Strebens und der respektvollen Beachtung der Meinungen und Lehren anderer. Diese werden nicht nur entfaltet; vielmehr versetzt Kaser sich in die gegensätzlichen Positionen und sucht, die bestmögliche Annäherung zu finden. Seine Handbücher sind deshalb durch die Ausgewogenheit der

---

112) S. dazu Z. Végh (o. A. 99), S. 256f.

113) Siehe dort S. VII/VIII mit dem so köstlichen carmen gratulatorium Felix Wubbes zu Max Kasers Tageslauf: *Auctor hora matinali / – vix aurora nascitur, / dormit adhuc Mayer-Maly – / studiis corripitur. / Legit opera aliorum / corrigit, vituperat, / scribit pensum foliorum / quod sibi imposuerat.*

114) Siehe dort S. XI/XII.

115) Nachrichten der Akademie der Wissenschaften in Göttingen, Phil.-hist. Kl., 1962, 2. unveränderte Aufl. 1969. S. Schr.-Verz. II 61.

116) Näheres dazu in dem Nachruf von Okko Behrends, der im Jahrbuch 1997 der Akademie der Wissenschaften in Göttingen erscheinen wird; eine eindringliche Auseinandersetzung mit Kasers Werk, vor allem unter methodologischen Aspekten hat T. Giaro, RJ 16 (1997) 231–357 vorgelegt; vgl. ders., SZ 105 (1988) 180ff.

Stellungnahme gekennzeichnet und haben Max Kaser zu der integrierenden Forscherpersönlichkeit auf dem Gebiete des römischen Rechts werden lassen; er zählt zu den überragenden Romanisten, nicht nur unseres Jahrhunderts[117]).

Seine große Gabe zur Integration wird kein Zufall sein. Kaser ist im alten Österreich geboren. Durch sein Elternhaus ist ihm die altösterreichische Weltläufigkeit, die multikulturelle Weite des Vielvölkerstaats vermittelt worden. Er selbst hat sie im denkbar letzten Augenblick während des frühen Jahres in Czernowitz erspüren können und zugleich ihren durch Nationalismus und Intoleranz bewirkten Untergang erleben müssen.

Das römische Recht ist von den Werten der Humanität, Liberalität und „Urbanität" bestimmt[118]). Es hat sich die Welt erobert wie seinerzeit Rom die antike Welt:

> [*Tu Roma*]
> *fecisti patriam diversis gentibus unam:*
> *profuit iniustis, te dominante, capi,*
> *dumque offers victis proprii consortia iuris*
> *urbem fecisti quod prius orbis erat*[119]).

Dieses Recht zu erforschen und zu bewahren hat Max Kaser sich zur Lebensaufgabe gemacht. Er wirkt weiter durch sein Lebenswerk.

Rolf Knütel

---

[117]) Als bislang bekannt gewordene Würdigungen und Nachrufe sind, außer Medicus (o. A. 46), Hackl (o. A. 42) und Behrends sowie Giaro (beide o. A. 116), H. Ankum, RH 75 (1997) 181–184; ders., Nederlands Juristenblad 1997, 290; G. Hamza, Jogtudományi Kőzlőny 52 (1997) 356–357; R. Knütel, NJW 1997, 1492–1493; J. L. de los Mozos, Revista de derecho privado 1997, 163–165; T. Spagnuolo Vigorita, SDHI 63 (1997) (im Druck); A. Wacke, Seminarios Complutenses de Derecho Romano 9 (1997) (im Druck); K.-H. Ziegler, uni hh 1997 (H. 1) 53 und Th. Mayer-Maly, Almanach der Österr. Akaemie der Wissenschaften 147 (1996/97), 1998, S. 581–585 zu nennen.

[118]) Zu *humanitas* und *libertas* s. insbesondere Fritz Schulz, Prinzipien des römischen Rechts, 1934, S. 128ff., 95ff., 108ff.

[119]) Rutilius Namatianus, De reditu suo 1,63–66; vgl. Vergil, Aeneis 6, 850ff.

Nachruf auf Werner Flume*

Gesprochen am 25. November 2009 in der Nordrhein-Westfälischen Akademie der Wissenschaften und Künste.

„Kolumbus der Rechtswissenschaft", auch: „Feuerkopf senior", vor allem aber: „Jahrhundertjurist" – das waren und sind epitheta ornantia für Werner Flume. In höchstem Ansehen stehend ist er in seinem 101. Lebensjahr am 28. Januar 2009 von uns gerufen worden.

I.

Als Sohn eines Kaufmanns kam Flume am 12. September 1908 in Kamen/Westfalen zur Welt. Wie bei anderen großen Persönlichkeiten des 20. Jahrhunderts gestaltete sich sein Leben in den drei Phasen des Werdens, des Wartens und des Wirkens. Nach dem Abitur (als Primus omnium) am humanistischen Gymnasium Hammonense in Hamm ging er nach Tübingen, um Altphilologie und Geschichte zu studieren. Doch waren die Vorlesungen der Altphilologen nicht nach seinem Geschmack. Als er dagegen die Vorlesung „Grundzüge des bürgerlichen Rechts mit schriftlichen Arbeiten" bei Philipp Heck, dem Haupt der sog. „Interessenjurisprudenz", hörte, stand für ihn nach der ersten Stunde fest: „Das machst Du auch!" Da ihm die juristische Fakultät in Tübingen aber – wie er sagte – sonst nichts Rechtes bot, ging er im 2. Semester nach Bonn, wo der begnadete Fritz Schulz, ein Mann von stupendem Wissen, sein Lehrer wurde. Schon in seinem dritten Semester nahm er, ohne jemals Römisches Recht oder Römische Rechtsgeschichte gehört zu haben, am römischrechtlichen Seminar bei Schulz teil, und damit war der weitere Weg bereits vorgezeichnet.

---

* Jahrbuch 2010 der Nordrhein-Westfälischen Akademie der Wissenschaften und der Künste, Schöningh, Paderborn/München/Wien/Zürich 2010, 153–164.

Im Juli 1930 bestand er mit gutem Erfolg die Erste juristische Staatsprüfung; bereits ein Jahr später, im Juli 1931, promovierte er in Bonn bei Fritz Schulz mit einer ausgezeichneten Dissertation, den „Studien zur Akzessorietät der römischen Bürgschaftsstipulationen", einer reichlich komplizierten Thematik. Zum Wintersemester 1931 ging er dann mit seinem Lehrer an die Universität Berlin. Nach – wir müssen erneut sagen: „bereits" – anderthalb Jahren, zum Sommersemester 1933, reichte er dort seine Habilitationsschrift zum Thema „Eigenschaftsirrtum und Kauf" mit dem Gesuch auf Erteilung der Venien für Römisches und Bürgerliches Recht ein.

Obgleich die Schrift alsbald angenommen war, wurde das Verfahren aufgrund der Intervention des damaligen „Dozentenschaftsführers", eines SA-Sturmführers, abgebrochen. Flume hatte sich mit Nachdruck gegen die Mitwirkung der Dozenten und Assistenten beim Boykott und bei der Entfernung jüdischer Professoren aus dem Dienst ausgesprochen. Habe ich es recht behalten, so sollten ihm noch Brücken gebaut werden, wenn er den Antrag zu gegebener Zeit erneut stellte, aber unter der Betreuung eines anderen Lehrers als Fritz Schulz, der Sohn einer jüdischen Mutter und mit der Tochter eines Rabbiners verheiratet war. Für einen Mann wie Flume kam das nicht in Frage.

II.

Es begannen die Jahre des zunächst entbehrungsreichen Wartens. Flume, seit 1933 verheiratet, absolvierte den – damals nicht bezahlten – juristischen Vorbereitungsdienst, bestand 1936 die Zweite juristische Staatsprüfung und wurde nach Ableistung der erforderlichen Zeit als Anwaltsassessor 1939 als Rechtsanwalt beim Landgericht Berlin zugelassen. Er wurde oder besser: er blieb jedoch Unternehmensjurist. Denn schon im Juni 1934, als er erst ein halbes Jahr Referendar war, hatte der ihn ausbildende Rechtsanwalt, der zum Treuhänder eines Berliner Druck- und Verlagskonzerns bestellt war, ihn mit der Wahrnehmung aller Rechts- und Steuerangelegenheiten dieses Konzerns betraut. – Eine große Aufgabe für den noch Fünfundzwanzigjährigen! Sie sicherte Flume neben monatlichen Zuwendungen seines Anwalts ein gutes Gehalt, das der Konzern ihm zahlte. Vor allem aber wurden mit dieser Tätigkeit Fragen des Gesellschafts-, Steuer- und Arbeitsrechts zu Flumes täglicher Beschäftigung, bald auch Fragen des gesamten Rechnungswesens, dessen Leitung ihm nach kurzer Zeit zusätzlich übertragen wurde. Allmählich wuchs er in die Rolle eines Einzelvertretungsberechtigten Generalbevollmächtigten (mit entsprechendem Einkommen) hinein. Später hatte er die Umstellung der Konzernunternehmen auf kriegswichtige Aufträge durchzuführen, das Verlagsprogramm neu auszurichten, die im Krieg natürlich sehr schwierige Papier- und Materialbeschaffung zu sichern, kurzum: sich um alle wesentlichen Angelegenheiten des Konzerns zu kümmern. Zeitlebens war er dankbar für das Glück, das er infolge des Scheiterns der Habilitation in den Referendardienst gezwungen worden war und über diesen in dem Verlagskonzern eine Stellung gefunden hatte, die in jener unseligen Zeit der eines Professors bei weitem vorzuziehen war und die ihm Anschauung und Beherrschung wichtigster Rechtsgebiete der Unternehmenspraxis vermittelt hatte. Da Flume in seinen Funktionen für den Konzern und dessen Unternehmen lange „unabkömmlich" gestellt war, wurde er erst Ende August 1944 zur Wehrmacht eingezogen.

Nach Monaten in Dänemark wurde er im März 1945 an die Ostfront verlegt, die damals in Schlesien stand. Nach einigen Fronteinsätzen gelang es ihm auf abenteuerliche Weise, sich mit Hilfe eines Raupenschleppers-Ost, den er seiner Division nachbringen sollte, bis zur Kapitulation hinter der Front zu halten. Am 10. Mai geriet er in russische Kriegsgefangenschaft, aus der er vier Tage später fliehen konnte.

Der berufliche Neubeginn gelang Flume 1946 als Justitiar der Hüttenwerke Hörde AG, die später zur Dortmund-Hörder-Hüttenunion fusionierte. Er behielt diese Stelle bis 1949. Zugleich wurde er juristischer Berater des Verlegers und Chefredakteurs des 1946 gegründeten „Handelsblatts". Doch blieb sein eigentliches Ziel die Habilitation. Flume erreichte sie dank der Förderung durch Wolfgang Kunkel, den letzten Inhaber des Bonner Lehrstuhls für Römisches Recht und Bürgerliches Recht, der allerdings 1943 einem Ruf nach Heidelberg gefolgt war. Zugrundegelegt wurde dem Verfahren ein sehr bemerkenswerter Aufsatz von 67 Seiten über „Die Vererblichkeit der suspensiv bedingten Obligation nach klassischem römischem Recht", den Flume schon 1936 in der niederländischen Fachzeitschrift, der Tijdschrift voor Rechtsgeschiedenis (Bd. 14, S. 19-85), herausgebracht hatte. Er erhielt die Venien für Römisches und Bürgerliches Recht aufgrund eben dieser romanistischen Abhandlung und mit Blick auf seine romanistische Dissertation. – Die lange Zeit großartigen Wirkens konnte beginnen.

III.

Nach zwei Jahren als Bonner Privatdozent – u.a. mit einer Digestenexegese von sagenhaften 350 Teilnehmern – folgte Flume im April 1949 einem Ruf auf die romanistische Professur an der Göttinger Georgia Augusta. Er genoss die „Professoren-Jugendzeit" und steigerte zugleich seine wissenschaftliche

Produktion; schon in die Göttinger Zeit fallen einige berühmt gewordene Aufsätze. – 1953 berief ihn die Bonner Fakultät zurück, nicht auf den (nach Kunkels Weggang) noch immer verwaisten romanistischen, sondern auf einen neugeschaffenen und ersten deutschen Lehrstuhl für Bürgerliches Recht und Steuerrecht. Er folgte dem Ruf, um – wie er es ausdrückte – „die romanistisch verankerte rheinische Zivilistik wieder zu beleben", und er gründete sogleich das Bonner Institut für Steuerrecht. 1957 übernahm er dann den romanistisch-zivilistischen Lehrstuhl. Einen verlockenden Ruf nach Heidelberg lehnte er 1959 ab, ebenso spätere Angebote, über einen „sicheren" Platz auf einer Landesliste in den Bundestag und damit in die Politik zu gehen. Die Emeritierung im Herbst 1976 blieb ohne Einfluss auf seine wissenschaftliche Produktion, befreite ihn aber von dem, wie er nicht ohne Koketterie sagte, „lästigen Geschäft" der Vorlesungen.

In seinen legendär gewordenen Vorlesungen, Inszenierungen rechtlichen Denkens, führte er das Auditorium mit geradezu leidenschaftlicher Einsatzfreude, mit aller physischen Energie, mit Temperament und Witz und nicht selten mit beißender Kritik in die Materie ein, nicht deduktiv, sondern induktiv anhand der konkreten Rechtsprobleme, -figuren und -institute. Seine „Vorlesungen" waren berühmt; zeitweise mussten sie wegen des großen Andrangs in ein Kino verlegt werden.

IV.

Flumes Werk ist von ungewöhnlicher Breite, Tiefe und gedanklicher Geschlossenheit, dies in dem Sinne, dass es auf dem Fundament eines klaren Menschenbildes errichtet ist, dem der freien und selbstverantwortlichen Person. Das Œuvre umfasst das Bürgerliche Recht, das Römische Recht, das Gesellschaftsrecht und das Steuerrecht. Grundlegendes hat er zu allen diesen Materien geschrieben. Auf die Rechtsentwicklung in der zweiten Hälfte des vergangenen Jahrhunderts hat er eingewirkt wie nur sehr wenige Rechtswissenschaftler, entdeckend, wiederentdeckend und gestaltend.

1. Besonders publikumswirksam ist Flume durch seine Beiträge zu aktuellen Fragen vor allem des Steuer- und Wirtschaftsrechts im Handelsblatt hervorgetreten. Den Anfang macht am 30.5.1946 ein Artikel „Die Neuregelung der Vermögenssteuer" und es schließen sich im selben Jahr noch weitere 14 Artikel an. Bis 1967 folgen 21 Jahre lang durchschnittlich 20 bis etwa 35 Artikel pro anno; ab 1968 werden es weniger und sie laufen wohl in den

Neunzigern aus. Hinzu kamen zahlreiche Aufsätze zu den genannten Gebieten in der (im selben Verlag herausgebrachten) Zeitschrift „Der Betrieb".

Flume gewann prägenden Einfluss auf das Handelsblatt; er verlangte strenge Fachlichkeit, Sachlichkeit, thematische Tiefe; Inhalt ging vor Amusement, und so fielen auch seine Artikel aus, die freilich an – oft ätzender – Kritik nicht sparten; Flume scheute sich nicht, die Dinge beim Namen zu nennen. Einige Titel: „Besteuerung der Zinsen indiskutabel. Ein ganz abwegiger Vorschlag" (1951); „Wieder ein miserables Gesetz" (1957); „Öffentliche Hand bleibt weit geöffnet" (1964); „Rotstift statt Luxussteuer" (1967); „Die Haushaltspolitik war miserabel" (1965). Hans Mundorf, langjähriger Chefredakteur des Handelsblattes hat resümiert: „Verleger, Redaktionen, Studenten, Gerichte, Regierende sind durch ihn auf seine Art geläutert worden."

2. Flume war, wie dargetan, von Haus aus Römischrechtler, Romanist also im fachinternen Sprachgebrauch; zeitlebens ist die Liebe zum römischen Recht in ihm wach geblieben. In seinem romanistischen Œuvre treten seit seinen ersten Publikationen zwei Schwerpunktbereiche deutlich hervor, deren einer der Irrtum in seinen unterschiedlichen Erscheinungsformen ist. So hat er in „Eigenschaftsirrtum und Kauf" (publiziert 1948, Neudr. 1975) die Lehre entwickelt, die spätklassischen Juristen seien zu der Auffassung gelangt, die Vereinbarung von Käufer und Verkäufer beim Kauf beziehe sich nicht allein auf den konkreten Gegenstand (diesen Ring), sondern auch auf dessen Beschaffenheit (als goldenen oder silbernen), und die Juristen hätten, wenn sie wegen eines error in materia den Kauf als nicht zustandegekommen ansahen, den Grund nicht in einem Auseinanderfallen von Vorstellung und Wirklichkeit hinsichtlich der Beschaffenheit der Kaufsache gesehen, sondern in der Nichtübereinstimmung von Kaufvereinbarung und Wirklichkeit: aliud pro alio venisse videtur.

Diese Erkenntnisse hat Flume in das geltende Recht hineingetragen und infolgedessen den berüchtigten § 119 Abs. 2 BGB entgegen herrschenden Vorstellungen weder als die Regelung eines Motivirrtums noch als die eines Erklärungsirrtums eingeordnet, sondern als die zum „geschäftlichen Eigenschaftsirrtum", als einen Fall also der „Nichtübereinstimmung von Rechtsgeschäft und Wirklichkeit" – und er hat mit diesen Konzepten mehr noch bei den Zivilisten Zustimmung gefunden als bei den Romanisten. Bis heute ist der Problemkreis nicht zur Ruhe gekommen.

War Flume auf das Problemfeld dieses ersten Schwerpunkts bei seiner Hausarbeit für die Erste Staatsprüfung gestoßen, so entdeckte er den zweiten bei der Arbeit an seiner Dissertation, zu der er übrigens 64 Jahr später (in SZ 1996, S. 89f.) mit einer an sich schlichten und eben darum glänzenden Einsicht eine wichtige Modifikation nachgetragen hat. Mit „Entdecken" ist seine Erkenntnis gemeint, das Denken der römischen Juristen sei auf den „Rechtsakt", z.B. den Abschluss des Kaufvertrags oder der Stipulation, bezogen gewesen, nicht wie die heutige Denkweise auf die Rechtsfolgen, also die aus dem Vertragsabschluss entstandene Obligation. Während wir zum aufschiebend bedingten Kauf beispielsweise im geltenden Recht annehmen, der Kauf sei abgeschlossen, nur seien seine Wirkungen noch in Schwebe (§ 158 Abs. 1 BGB), hätten die Römer angenommen, der Kauf sei vor Bedingungseintritt noch überhaupt nicht abgeschlossen. Diese Sicht, diese Orientierung am Rechtsakt, vermag die überlieferten Lösungen verschiedener wichtiger Probleme, etwa die Vererblichkeit der suspensiv bedingten Obligation (in Flumes Habilitationsschrift) oder zur Gefahrtragung, überzeugend zu erklären; sie gerät bei anderen dagegen in Schwierigkeiten. Flume ist auf diesen Fragenkreis im Laufe der Jahre mehrfach zurückgekommen und hat zu ihm noch in seinem 82. Lebensjahr eine faszinierende Monographie „Rechtsakt und Rechtsverhältnis. Römische Jurisprudenz und modernrechtliches Denken" (1990, 176 S.) herausgebracht, in der, wie der Rezensent Mayer-Maly, hervorhob „Flumes Kampfeslust ... um kein Jota schwächer geworden ..., die Schärfe des Gedankens ... ihm vollauf erhalten geblieben" ist (TR 1991, S. 389). Das Buch hat zwar die beachtliche Zustimmung einiger gefunden; weil es aber so anspruchsvoll ist – „die Themen ... <seiner zehn> Paragraphen können an Zelebrität kaum überboten werden" (Mayer-Maly) – wird es wohl seine Zeit brauchen, bis es sich in seinen zwingenden Teilen in der Wissenschaft eingenistet hat. Es ist dies übrigens das Schicksal vieler Lehren Flumes, abgelehnt am Anfang, selbstverständlich geworden am Ende.

3. Richten wir den Blick auf das Zivilrecht, den Schwerpunkt im wissenschaftlichen Wirken Werner Flumes. Im Zentrum steht sein dreibändiges Werk zum Allgemeinen Teil des Bürgerlichen Rechts und in diesem wieder der 2. Band „Das Rechtsgeschäft", erschienen 1965 und in 4. Auflage praktisch unverändert 1992 – von Anfang an ein Klassiker, bedurfte es keiner Überarbeitung und Verbesserung in den Neuauflagen. Drei Wesenszüge geben diesem Werk sein unverwechselbares Profil.

Erstens legt Flume als selbstverständlich zugrunde, dass das 19. und das 20. Jahrhundert zusammengehören; die Rechtswissenschaft wurde im 19. Jh. historisch und deutschsprachig; von dieser Grundlage aus baute sie die Rechtsordnung auf und aus ihr heraus ist diese zu verstehen. Dementsprechend heißt es im Vorwort: „Das vorliegende Buch versucht keinen ‚Neubau' der Lehre vom Rechtsgeschäft, sondern beschränkt sich darauf, die überkommene Lehre kritisch zu überprüfen und nach Kräften weiterzuführen. Es handelt sich insofern um eine Arbeit der geschichtlichen Rechtswissenschaft. Sie legt, um mit den Worten Savignys ... zu sprechen, „darauf das höchste Gewicht, dass der lebendige Zusammenhang erkannt werde, welcher die Gegenwart an die Vergangenheit knüpft, und ohne dessen Kenntnis wir von dem Rechtszustand der Gegenwart nur die äußere Erscheinung wahrnehmen, nicht das innere Wesen begreifen".

Der zweite Wesenszug ist die Ausrichtung der gesamten Darstellung auf das Thema der Privatautonomie. „So eindringlich auch Einzelfragen nachgegangen wird, ... enthält das Buch doch nur Variationen über das eine große Thema der Privatautonomie" (Vorwort). Dem Zeitgeist der sechziger Jahre entsprach das wahrlich nicht. Das BGB mit seinen Verankerungen der Privatautonomie erschien nicht wenigen Vertretern der Privatrechtswissenschaft als Erbstück eines überholten Sozialmodells aus einem längst vergangenen Jahrhundert mit individualistischer Lebensordnung und wertungsloser Begriffsjurisprudenz.

Der dritte Wesenszug schließlich ist die Persönlichkeit des Verfassers, der die Probleme von Grund auf durchdenkt und im Lichte der Tradition und doch in selbstbewusster Selbständigkeit die für unsere Zeit für sachgerecht gehaltene Lösung mitteilt, nicht aufgrund langen Räsonnierens und Argumentierens, sondern dadurch, dass er sie durch Beispiele und Folgenbetrachtung evident macht. Der Leser gewinnt wie bei einem römischen Juristen den Eindruck, Flume habe die Rechtsfiguren vor Augen und sehe, welche Lösung die passende ist – und es erklärt sich wohl aus einer solchen Gabe, dass er, dem jüngeren Celsus vergleichbar, unpassende Lösungsvorschläge bisweilen recht ungehalten oder gar grob beiseite schiebt.

Näheres Eingehen auf die Inhalte seines Werkes verbietet sich an dieser Stelle. Doch seien zur Veranschaulichung oder zur Erinnerung ein Beispiel und einige Stichworte für Lösungen angeführt, die Flume aus der Orientierung an der Privatautonomie gewonnen hat.

Besonders eindrucksvoll ist die schon erwähnte Erkenntnis Flumes, dass die Kaufvertragsparteien die Beschaffenheit der Kaufsache vereinbaren können. Flume hat daraus die Konsequenz gezogen, jede dem Käufer nachteilige Anweichung der Kaufsache von der vereinbarten Beschaffenheit (aber auch ausschließlich solche Abweichung) sei ein Fehler im Sinne des Gesetzes (§ 459 Abs. 1 a. F. BGB). Wurden folglich die Fischtonnen der Ladung des Dampfers Jessica als Walfischfleisch verkauft und sind sie in Wirklichkeit mit Haifischfleisch gefüllt, so ist dieses Haifischfleisch fehlerhaftes Walfischfleisch, und der Käufer kann Wandlung, Minderung oder Schadensersatz verlangen. Man bezeichnet dies im Gegensatz zum früher vorherrschenden objektiven mit Flume als den subjektiven Fehlerbegriff. Er ist mit der Schuldrechtsreform von 2001 Gesetz geworden (§ 434 Abs. 1 S. 1 n. F. BGB). Es sind nämlich die Vertragsparteien, die bestimmen, was in ihrem Verhältnis ein die Verkäuferhaftung begründender Mangel sein soll.

Weiter anzuführen wäre etwa Flumes entschiedene Ablehnung der sog. Anscheinsvollmacht, bei der die fahrlässige Unkenntnis jemandes davon, dass ein Dritter als sein Vertreter auftritt, im Ergebnis einer Bevollmächtigung des Dritten gleichgesetzt wird – ein in der Tat eklatanter Verstoß von Rechtsprechung und überwiegender Lehre gegen das Prinzip der Privatautonomie! (AT II, S. 832ff.). – Oder die Bekämpfung der Lehre von der Geschäftsgrundlage (die mittlerweile freilich ebenfalls Eingang in das Gesetz gefunden hat, § 313 n.F.), zu der das Wesentliche in dem einen Satz gesagt wird: Der entscheidende Umstand „besteht darin, dass die Rechtsprechung sich für befugt erachtet, wegen des Nichtbestehens oder des Wegfalls oder der Änderung der Geschäftsgrundlage „nach Treu und Glauben“ das Rechtsverhältnis abweichend von der vertraglichen Regelung zu gestalten (AT II, S. 496, vgl. 528). – Da die Problematik des Wegfalls der Bereicherung Flume zeitlebens beschäftigt hat, sei noch der Hinweis eingeflochten, dass er mit seiner „Theorie der vermögensmäßigen Entscheidung“ zu der hier wohl schwierigsten Frage eine ebenso bestechende wie für ihn kennzeichnende Lösung entwikkelt hat (etwa in NJW 1970, 1161ff.).

4. Werfen wir einen nur flüchtigen Blick auf das dritte große Arbeitsfeld, das Steuerrecht! Beginnend mit einer berühmt gewordenen Studie über „Steuerwesen und Rechtsordnung“ in der Festschrift R. Smend von 1952 hat Flume immer wieder die Einbindung des Steuerrechts in die allgemeine Rechtsordnung mit Nachdruck betont und in seinen Arbeiten die sich daraus ergebenden Konsequenzen veranschaulicht. Treffend wurde aus Anlass seines 100.

Geburtstages in einer großen Tageszeitung hervorgehoben: „Aus der Steuerrechtswissenschaft hat erst Flume eine Wissenschaft gemacht, die dem Recht verpflichtet ist" (H. Prantl, Süddeutsche Zeitung v. 12.9.2008). Flume ging es vor allem darum, die Privatrechtsordnung vor einer Aushebelung durch Steuergesetze und Steuerrechtsprechung zu bewahren. Nimmt beispielsweise die Erbschaftssteuer den Erbschaftserwerb ganz oder im Übermaß weg, so wird mit dem Erbrecht das Privateigentum als das entscheidende Strukturelement der Rechtsordnung in Frage gestellt. Die von Flume schon früh aus dem Gebot der „Einheit der Rechtsordnung" gezogenen Folgerungen haben nachgewirkt in der Rechtsprechung des Bundesverfassungsgerichts. – Natürlich geht es Flume auch im Steuerrecht um die Privatautonomie als das Prinzip der Selbstgestaltung der Rechtsverhältnisse, die, selbst wenn sie unvollkommen oder unklug ausgefallen ist, als rechtens gilt und von der Finanzverwaltung grundsätzlich zugrundegelegt werden muss. Zugleich wird die hochwichtige Rolle der Formularjurisprudenz betont, trägt doch sie die Verantwortung, dass dem Kaiser nicht mehr gegeben wird, als des Kaisers ist.

Die steuerrechtliche Gesetzgebung und Rechtsprechung in ihrem Werden und Wirken hat Flume jahrzehntelang mit dem sicheren Blick dessen, der die Verhältnisse und Probleme der Praxis kennt, überaus kritisch, aber auch anregend mit seinen Publikationen begleitet, vor allem im „Handelsblatt" und im „Betrieb". Gewiss hat er manche steuerrechtlichen Verirrungen verhindert. Das Niveau der Steuergesetzgebung zu heben, war allerdings auch einem Flume nicht möglich.

5. Auf dem Gebiet des Gesellschaftsrechts konnte Flume seinen letzten großen Triumph erleben. Seine bereits in der Zeit nach 1953 einsetzenden Arbeiten zum Kapitalgesellschaftsrecht waren von solchem Gewicht, dass sie seine Mitarbeit an der großen Aktienrechtsreform von 1965 zur Folge hatten. Die Regelung des faktischen Konzerns (§§ 311ff. AktG 1965) beruht in der Hauptsache auf dem von Flume erarbeiteten Konzept, das sich in der Gesetzgebungsarbeit gegen den von einem so erfahrenen Mann wie Ernst Geßler verfassten Referentenentwurf durchgesetzt hatte.

Den 1983 erschienenen zweiten Teilband von Band I seines Allgemeinen Teils hat Flume der juristischen Person gewidmet. Die üblichen Dimensionen weit sprengend bezieht er auch die juristischen Personen des Handelsrechts, insbesondere GmbH und Aktiengesellschaft, in die Darstellung ein, überdies sogar die Mitbestimmung, und er versteht es, auf dieser Grundlage die

Wesenszüge der juristischen Person in ihren unterschiedlichen Erscheinungsformen und mit ihren gemeinsamen Prinzipien herauszuarbeiten. An praktischer Anschauung fehlte es ihm nicht; nicht aus Zufall war er Mitglied verschiedener Aufsichtsräte.

Vorangegangen war diesem zweiten Teilband bereits 1977 als erster Teilband von Band I die Darstellung der Personengesellschaft. Deren Einbeziehung in ein Lehrbuch zum Allgemeinen Teil war sensationell, bedeutete die Abkehr von einer 170 Jahre zuvor begründeten Tradition und ergab sich aus dem noch sensationelleren Verständnis der Personengesellschaft als „Personengruppe" oder „Personenverband". Zu diesem Verständnis war Flume in der Analyse dieser Gesellschaft in einem 5 Jahre voraufgehenden Aufsatz gelangt. In einer Analyse, die tiefer dringt als die des BGB-Gesetzgebers und die eine zeitgemäße ist, ist in unserer Zeit doch die Betätigung des Individuums in wirtschaftlicher, unternehmerischer Hinsicht in wachsendem Maße eine Betätigung in Verbindung mit anderen, ein Handeln als „Gruppe". Diese als Wirkungseinheit verstandene „Gruppe" bildet gleichsam das Zwischenstück zwischen dem Individuum, dessen Handeln beim „Rechtsgeschäft" in Bd. II im Vordergrund steht, und der juristischen Person (von Band 1 Teil 2), die in ihrer Selbständigkeit gegenüber den Mitgliedern verabsolutiert ist.

Geradezu erwartungsgemäß stieß diese Lehre zunächst auf Ratlosigkeit und Ablehnung. Nur langsam erodierte die Ablehnungsfront. Nach verschiedenen „Richtungsentscheidungen" des zuständigen 2. Zivilsenats des Bundesgerichtshofs (der in früheren Jahren Flumes Arbeiten – vermutlich wegen seiner oft heftigen Kritiken – mit Stillschweigen übergangen hatte) entschied dieser Senat schließlich in einem Grundsatzurteil von 29.1.2001: „Die (Außen-)Gesellschaft bürgerlichen Rechts besitzt Rechtsfähigkeit, soweit sie durch Teilnahme am Rechtsverkehr eigene Rechte und Pflichten begründet" (BGHZ 146, 341 = NJW 2001, 1056). Nochmals: Sensationell – und zugleich typisch für die Rezeption Flumescher Lehre: 30 Jahre waren vonnöten. Das Ergebnis ist nicht nur dogmatisch ein Fortschritt, sondern auch für die Praxis eine Erleichterung, kann die Personengesellschaft nunmehr doch als solche im Rechtsverkehr auftreten, klagen und verklagt werden, ist sie register- und wechselrechtsfähig etc.

V.

Kehren wir nach der Betrachtung des Werkes noch einmal kurz zur Person zurück. Werner Flume war eine herausragende Persönlichkeit, im Umgang aufmerksam und verbindlich, in der Sache kompromisslos. Was er für richtig hielt, vertrat er mit Schärfe; ihn reizte die klärende Auseinandersetzung. Seit 1972 war er Mitglied unserer Akademie. Als seine Aufnahme beantragt wurde, hieß es zur Begründung: „Er wird für Bewegung sorgen wie der Hecht im Karpfenteich", was zu dem Zwischenruf „Und wir sind die Karpfen!" führte, wie Gerhard Kegel (NJW 1988, 2352) berichtet hat. 1974 hat er in unserer Akademie einen schönen Vortrag über „Gewohnheitsrecht und römisches Recht" gehalten, in dem er die Annahme, die Juristen der klassischen Zeit hätten die consuetudo als Rechtsquelle anerkannt, zurückwies. Nach dem Wandel in der Quellenkritik, der in den letzten Jahrzehnten vollzogen worden ist, muss das zweifelhaft bleiben. Im übrigen war Flume Mitglied der British Academy, der Göttinger ebenso wie der Bayerischen Akademie der Wissenschaften und Regensburger Ehrendoktor.

Flume war Einzelkämpfer; für ihn galt Schillers: „Der Starke ist am mächtigsten allein". Und gleich Pilatus (Joh. 19,22) hielt er an Wort und Meinung fest: Quod scripsi, scripsi; Neuauflagen bedurften keiner Verbesserung oder Erweiterung. Herrschende Meinungen, Kritik und Ablehnung beeindruckten ihn nicht – „anders nur Flume" oder sogar „abwegig Flume" waren lange Zeit geradezu kennzeichnende Ablehnungsfloskeln. Er war sich seiner Sache sicher und oft war er es, der am Ende das Feld behauptete.

Flume war der Zuchtmeister der Bonner Fakultät, verantwortungsbewusst, mit hohem Ideal und Anspruch. Wo etwas im Argen lag, rief er zur Ordnung – was nicht nur Freunde schuf –, war er zur Stelle, handelnd und helfend; viele waren und sind ihm dankbar verbunden.

Schweres hatte auch er zu tragen. Ein Sohn, der älteste von fünf Kindern, verstarb im besten Mannesalter. Seine geliebte Frau, der er im finanzwissenschaftlichen Seminar von Schumpeter erstmals begegnet war, hatte im Alter ein langes Siechtum zu durchleiden; aufopfernd und klaglos hat er sie über viele Jahre gepflegt; 1996 verstarb sie. Doch erwies es sich als gütige Fügung, dass er die letzten zehn Jahre mit der Witwe eines alten Studienfreundes teilen konnte; dies gab den Rückhalt, den Traum von der vita longaevi hominis zu verwirklichen.

Sehr bewusst ist er von uns gegangen. Schon sehr geschwächt gab er acht Tage vor seinem Tode auf die Frage nach seinem Namen zur Antwort: „Ich war Werner Flume". Für uns wird Werner Flume gegenwärtig bleiben. Wer ihn erlebt´, vergisst ihn nicht. Er liebte Fontane. Es wird kein Zufall sein, wenn wir in dessen Sprüchen (4, Vers 1) finden, was wie der Leitspruch Werner Flumes erscheint:

„Es kann die Ehre dieser Welt / Dir keine Ehre geben, / was Dich in Wahrheit hebt und hält, / muß in Dir selber leben. ... Das flüchtge Lob, des Tages Ruhm / magst Du dem Eitlen gönnen; / das aber sei Dein Heiligthum: / Vor Dir bestehen können."

Prof. Dr. Rolf Knütel,
Bonn

I tempi di Kaser [*]

Rolf Knütel

I.

«Ich bin Tullio Spagnuolo Vigorita». La porta della stanza dei dottorandi s'era appena aperta; era entrato un giovane uomo, già a prima vista si capiva che era uno straniero. Ricordo ancora chiaramente la situazione. Queste le prime parole con cui si presentò, e lo ha fatto con una allegria e innocenza abbastanza insolite per i nostri usi amburghesi. Correva l'anno 1965, era l'inizio di febbraio, non proprio una buona stagione per Amburgo: a volte la neve e il ghiaccio, di solito – cosí già allora – pioggia, vento. E in tali circostanze fu notevole l'entrata in scena di un allegro giovane, visibilmente privilegiato dal sole del sud.

Il suo ammirato maestro, Francesco De Martino, aveva riconosciuto con chiarezza l'interesse scientifico di Tullio, l'alto livello del suo talento e la sua eccellente preparazione, e lo incoraggiò ad andare presso Max Kaser per seguirne l'insegnamento. Nel suo imponente tributo a Francesco De Martino, Tullio racconta: «E quando, agli inizi del 1965, si trattò di decidere la sede in cui trascorrere un soggiorno di studi in Germania, mi indirizzò [cioè De Martino] senz'altro ad Amburgo da Kaser: non solo per l'amicizia personale, ma soprattutto perché stimava conveniente che movessi i primi passi nel campo del diritto privato, in cui nessuno meglio di Kaser avrebbe allora potuto guidarmi: certo meglio di lui, concluse con quel sorriso franco con cui soleva accompagnare le sue parole, che era ormai assorbito dalla storia costituzionale. Proprio questa, la *sua* storia, mi aveva attratto agli studi romanistici, ma non potrò essergli mai abbastanza grato anche per quel consiglio, da cui è scaturita un'esperienza umana e scientifica tra le piú ricche della mia vita»[1].

Uno o due giorni prima del nostro primo incontro Tullio aveva fatto la sua visita ufficiale a Max Kaser, a casa sua. Allora lo conosceva solo per

[*] Index, Quaderni camerti di studi romanistici 42 (2014) 719 – 725 (aus dem Deutschen übersetzt von Cosimo Cascione).

* Sotto questa rubrica pubblichiamo gli interventi alla *Dies Tullio dicata* del 3 Maggio 2013, svoltasi presso l'Aula Convegni - Diritto romano del Dipartimento di Giurisprudenza fridericiano, in occasione della pubblicazione di *Imperium mixtum. Scritti scelti di diritto romano* di Tullio Spagnuolo Vigorita, «Antiqua, 100» (Napoli, Jovene, 2013). Il ricordo pronunciato da Carla Masi Doria in quella occasione è in *Iura* 62 (2014) 495 ss.; l'intervento di V. Giodice Sabbatelli si può leggere, ampliato, in Ead., *Giuristi, poteri, istituzioni. Scritti di diritto romano* (Bari 2013) 219 ss. [*N.d.R.*].

** Per la traduzione in italiano ringrazio l'amico Cosimo Cascione.

[1] *ZSS*. 121 (2004) 753, 767-768.

fama. A proposito di quel primo appuntamento, le sue impressioni immediate, chi meglio le può raccontare, se non Tullio stesso? Lo ha fatto nei suoi ricordi personali su Max Kaser, riportati in *Studia et Documenta* del 1998, da cui cito: «Ma ancor prima mi ricevette nello studio della sua casa a Wellingsbüttel (Saturnweg 27). Per essere l'inizio di febbraio non faceva troppo freddo; piovigginava, ed io dovetti scontare con quasi un'ora di passeggiata l'anticipo con cui ero giunto sul posto. Mi rincuorò il caffè della signora Erna[2]; e la cordialità del professore, che subito mi sciolse, col suo fluido italiano, dall'imbarazzo del mio balbettio tedesco. Mi chiese dei suoi amici napoletani – mai avrebbe omesso di farlo nelle conversazioni dirette o telefoniche che avremmo avuto negli anni successive –, si informò della mia tesi di laurea e dei miei propositi, organizzò la mia sistemazione. Poi mi intrattenne fino a sera per illustrarmi, direi meglio raccontarmi, chiaro, pacato, coinvolgente, i cardini di quelle idee sulla valutazione delle raccolte giurisprudenziali tardoantiche, che già aveva praticate in numerosi studi, e soprattutto nella prima edizione del *Privatrecht* (1955/1959) in connessione anche con la scelta di un'esposizione trifasica del fenomeno giuridico romano; ma che proprio in quel tempo stava piú compiutamente elaborando, come di lí a poco mostrerebbe il *Zivilprozessrecht* (1966), e poi, ancor meglio, la seconda edizione del *Privatrecht* (1971/1975). Il sereno riconoscimento dei meriti del piú cauto interpolazionismo, il distacco da aspirazioni filologiche mal intese – neppur esso disgiunto dall'ammirazione per l'acume di tanti studiosi del passato –, la consapevolezza sia delle accresciute difficoltà implicite nelle nuove tendenze sia dei rischi di semplificazioni, la fiducia nei giovani e nelle ricerche future. Un pomeriggio memorabile: *pietas*, reverenza, umanità, coscienza innovativa, tolleranza, apertura mentale si intrecciavano in un discorso di straordinario fascino. Gli anni possono aver cancellato molti dettagli e perfino passaggi cruciali, ma hanno certo impresso con crescente intensità nel ricordo i toni che l'animarono e l'emozione che mi trasmisero. Quasi a testimoniare il suo rispetto per idee da cui pure si andava ormai distaccando, mi regalò la *Einführung* di Schulz, stimolandomi ad una delle letture piú affascinanti che mi siano capitate»[3].

Kaser aveva raccomandato a Tullio di occupare, con me, la stanza dei dottorandi, uno spazio appena separato dalla sala di lettura dell'Istituto di Amburgo, in cui si trovavano preziosi libri antichi, nella quale i dottorandi potevano dedicarsi indisturbati alle loro ricerche. Tullio affrontava allora il tema dell'*actio iniuriarum noxalis* – molto probabilmente era stato Kaser stesso a suggergli questo argomento – mentre io, al contempo, lavoravo al problema del *contrarius consensus*. Dato che eravamo quasi sempre da soli nella stanza, potevamo parlare senza disturbare gli altri, per lo piú in tedesco, perché sapevo che Tullio conosceva la mia lingua meglio che io la sua.

Cosí ci siamo avvicinati, abbiamo imparato a conoscerci, spesso con stupore, vicendevolmente. Ad esempio, mi ha confessato in uno dei nostri primi incontri, in una discussione che non risparmiava la politica: «Sono

[2] La venerata moglie di Kaser. [3] *SDHI.* 64 (1998) 623, 624-625.

comunista», cosa che per me, che avevo un'immagine netta del comunismo, plasmata dalle condizioni dell'Unione Sovietica e della cosiddetta (!) Repubblica Democratica Tedesca, apparve quasi incomprensibile. Ma poi ho subito capito che un comunista in quegli Stati, o anche da noi, nella Repubblica Federale, rispetto a un intelletuale comunista in Italia, costituiva una specie del tutto diversa. Ma, pur non essendo stati unanimi sulle cose del mondo, o su ogni punto di vista, ciò non ha impedito che fossimo consapevoli della comunanza di molte delle nostre idee e che molto velocemente siamo diventati ottimi amici. Questo non sorprende: Tullio era un uomo che – come diremmo nella Germania del Nord – «den man einfach mögen mußte», provvisto di un vincente spirito di vivacità. L'amicizia con lui, lo straniero, come mi piace confessare, mi ha arricchito in modo straordinario sotto il profilo umano, del tutto a prescindere dal nostro comune interesse per il diritto romano, sebbene considerato da punti di vista molto differenti.

II.

1. Tullio venne ad Amburgo con una borsa di studio del Banco di Napoli, terminata nel giugno del 1965. Tornato a Napoli, sposò il 20 dicembre di quell'anno la sua affascinante fidanzata Bianca Scopece, senza per questa gioia dimenticare Amburgo. E dunque una doppia felicità si realizzò: vinse per la seconda volta una borsa di studio del Banco di Napoli, per la quale fu fondamentale un lavoro sui contratti bancari nel diritto tedesco, che aveva scritto durante il suo primo soggiorno ad Amburgo e poi rielaborato a Napoli. Inoltre, grazie al sostegno di Kaser, aveva ricevuto una borsa di studio dal Servizio Tedesco di Scambio Accademico (DAAD), per il periodo 1 agosto 1966-31 luglio 1967, incluso un corso di lingua presso il Goethe-Institut. Tullio ne era felice. In una lettera (del 4 aprile 1966), mi scrisse: «Naturalmente sono contentissimo di poter tornare in Germania; finalmente potrò studiare di nuovo il diritto romano: qui non riesco a studiarlo. Soprattutto negli ultimi tempi, il mio lavoro come avvocato mi assorbe l'intera giornata; né d'altra parte vi posso rinunziare, dal momento che è l'unica mia fonte di guadagno». Lasciamo la questione indecisa, come sarebbero andate le cose, se queste sovvenzioni non fossero state approvate. Portiamoci solo alla terza circostanza fortunata: con nostra sorpresa, in poco tempo, sul già allora difficile mercato di Amburgo, si riuscí a trovare un bellissimo appartamento in una casa unifamiliare per la giovane coppia in una zona nella periferia di Amburgo tranquilla e ricca di giardini. Venne quindi il tempo del secondo soggiorno di Tullio presso Max Kaser, quello che, a quanto pare, molto lo incoraggiò a intraprendere la carriera scientifica.

2. Kaser veniva da Münster: dopo aver respinto ben otto chiamate da altre università nel corso degli anni, giunse ad Amburgo nel 1959. I motivi principali del trasferimento furono la ricca vita culturale della metropoli e

il fatto che la Facoltà lo liberò da tutti i corsi in materia di diritto civile, il che era abbastanza insolito per le condizioni tedesche. Kaser poté cosí concentrarsi completamente sul diritto romano. Nel periodo estivo faceva lezione di 'Storia del diritto romano' e teneva un seminario sul diritto romano; nel semestre invernale era in programma il corso di 'Diritto privato romano' e l'esegesi dei *Digesta*. Cosí si spiega il ritmo delle attività di Kaser: già dai primi albori del giorno si sedeva al tavolo di lavoro e a tarda mattinata il suo spirito richiedeva una pausa. Tullio ha seguito tutti questi corsi, cosí regolarmente come gli era possibile o gli sembrava necessario, non solo per approfondire le sue cognizioni di diritto romano, ma anche per migliorare la sua conoscenza della lingua tedesca. Ciò fu possibile perché Kaser presentava la materia in modo molto chiaro e facile da capire, piú o meno come ha usato fare nelle sue pubblicazioni (in particolare nei libri di testo), cosa ripetutamente lodata dai colleghi stranieri. Per inciso, Tullio, dopo questo anno, ha parlato un tedesco perfetto, anche se era probabilmente un po' superato da sua moglie Bianca, che sempre piú si dedicò alle traduzioni.

La parte piú istruttiva e piú interessante di questa attività didattica kaseriana erano certamente i seminari. Nella piccola cerchia di circa 15/18 partecipanti ognuno aveva da preparare una relazione scritta su un tema assegnato a inizio semestre, da presentare e difendere. Tutti dovevano partecipare, con il fine di ottenere la migliore comprensione di un testo del *Corpus iuris*. Kaser costituiva il pubblico piú paziente e indulgente. Solo quando tutti quelli che sapevano di avere qualcosa da dire o da chiedere avevano già parlato, interveniva Kaser, presentando la sua opinione e aprendo dal tesoro della sua vasta conoscenza ulteriori aspetti, ovvero domande di approfondimento, arrotondando in un certo senso l'immagine ottenuta attraverso la discussione o svelando approcci del tutto nuovi.

Erano proprio queste attività che piacevano di piú a Kaser ed erano le piú istruttive e interessanti per i partecipanti. Ogni parola, ciascun minimo lemma di un frammento dei *Digesta* poteva (e può!) essere significativo, le relazioni dogmatiche dovevano essere chiarite e ancora potevano essere sollevati nella discussione problemi di critica interpolazionistica, con riguardo ai quali era chiaro che Kaser stava assumendo gradualmente un atteggiamento piú conservatore rispetto alla critica testuale corrente. Questi seminari hanno di certo acuito le competenze esegetiche anche di Tullio.

3. Anche con lo studio della *actio iniuriarum noxalis* Tullio andò avanti in quell'anno, ma un po' lentamente: ci fu infatti qualche comprensibile distrazione. Quando una volta manifestai l'idea che sarebbe stata buona cosa per la sua carriera, se avesse chiuso questo lavoro durante quel suo soggiorno, rispose, divertito che aveva due fratelli che erano da tempo professori universitari in materie giuridiche e avevano fatto tanto per la scienza, che lui, in quanto terzo, non aveva bisogno di diventare immediatamente professore. Ma ci pensò Kaser a fare in modo che andasse

avanti con uno sprone e in un modo, che tutti i suoi allievi hanno conosciuto e per cui gli sono grati.

Diamo ancora una volta la parola a Tullio stesso: «Ho vissuto poi quell'insegnamento e quell'atmosfera nelle sue lezioni, nei seminari esegetici settimanali, nelle riunioni conviviali che concludevano il semestre, soprattutto nella guida ferma e soccorrevole ai miei primi studi. Di settimana in settimana il professore leggeva e attivamente commentava, correggeva, approvava le pagine che gli presentavo, per lo piú ricevendomi il sabato nella sua abitazione: le sue annotazioni a margine, puntuali, incoraggianti anche quando erano critiche, guidavano la discussione; la sua disponibilità ed apertura rincuoravano il mio iniziale riserbo, talora quasi forzandomi a persuaderlo delle mie idee, sempre ad esporle ed argomentarle senza timori. La stessa mano ferma e discreta moderava i seminari, stimolava il relatore di turno e gli interventi, ammoniva alla cautela o all'audacia che il rigore dell'analisi sorreggesse»[4]. Ascoltando o leggendo queste memorie, si ha l'impressione che il modello di maestro elaborato da Seneca[5], meritevole di ringraziamento e di devozione, sia stato addirittura superato da Kaser. Ne emerge che, come lui stesso ha scritto (lettera del 10 febbraio 1979), «nel caso del Prof. Kaser c'è addirittura un rapporto allievo-maestro». Dopo Giovanni Nicosia, Antonio Babakos e Luigi Labruna è stato uno degli allievi stranieri del maestro di Amburgo, seguito poi da Sandro Schipani e Carlo Beduschi (tralasciando molti altri visitatori che venivano dall'estero), che si recarono ad Amburgo presso Kaser e mantennero il contatto con il Maestro comunicandogli le proprie ricerche[6].

Il dolce pungolo di Kaser e le conversazioni svolte con lui il sabato pomeriggio hanno certamente contribuito al fatto che Tullio è stato in grado di completare nel marzo del 1967 il suo studio sulla *actio iniuriarum noxalis*, come segno tangibile del suo anno amburghese. Purtroppo è apparso solo nel febbraio 1969 in *Labeo*[7]. Si tratta del problema della *verberatio* che Ulpiano, in D. 47.10.17.4-6, pone in connessione con l'*actio iniuriarum* come una possibile forma di 'compensazione' per un attore che aveva subito *iniuria* da uno schiavo. Tullio giunge alla conclusione – per citare solo un risultato significativo – «che la *verberatio* sia stata introdotta dal pretore in base ai motivi equitativi, come prescrizione di favore per il *dominus*, in modo da permettergli di evitare sia il pagamento in denaro sia la perdita del servo in quei casi in cui il carattere meramente morale dell'offesa li faceva apparire inadeguatamente gravosi»[8].

[4] *SDHI.* 64 (1988) 625. [5] *De ben.* 6.17.6-7 (cfr. 6.16.3): *Alter rursus docendo eadem laborem et taedium tulit; praeter illa, quae a praecipientibus in commune dicuntur, aliqua instillavit ac tradidit, hortando bonam indolem erexit et modo laudibus fecit animum, modo admonitionibus discussit desidiam; tum ingenium latens et pigrum iniecta, ut ita dicam, manu extraxit; nec, quae sciebat, maligne dispensavit, quo diutius esset necessarius, sed cupit, si posset, universa transfundere: ingratus sum, nisi illum inter gratissimas necessitudines diligo.* [6] Precise informazioni sugli *Allievi stranieri di Max Kaser* si trovano nel saggio di L. Labruna, pubblicato con questo titolo in *ZSS.* 115 (1998) 22 ss., che tratta anche dei tempi di Münster e Salisburgo. [7] *Labeo* 14 (1969) 33 ss., ma uscito in estratto anticipato nel 1968! [8] *Labeo* 14 (1969) 74.

4. Fu un anno davvero intenso: Tullio e Bianca impararono a conoscere la città e la sua gente, avendo acquisito – come già detto – eccellenti capacità linguistiche. Tullio e io andavamo a pranzo regolarmente alla mensa studentesca con lo svizzero Pio Caroni e lo spagnolo José Luís de los Mozos, che trascorrevano entrambi in quel tempo un soggiorno di ricerca ad Amburgo; e che sono entrambi diventati autorevoli colleghi. Ognuno parlava nella sua lingua, e giungemmo alla conclusione che se la conversazione è interessante, il cibo cattivo fa meno male. Facevamo passeggiate e giocavamo partite di calcio, in cui Tullio era l'attaccante piú veloce, anche se solo per un quarto d'ora.

Si aprí alla cultura tedesca. Nella nostra corrispondenza, nel corso dei decenni successivi, le reciproche richieste di libri desiderati sono una componente quasi costante. Tullio mi riforniva di letteratura italiana; io provvedevo a lui per quella tedesca. Avevamo perfino una fatturazione interna, alla quale abbiamo rinunciato dopo pochi anni: era diventato indifferente, chi avesse investito di piú in quel programma comune. Molto interessante per lui è sempre stato il catalogo della Wissenschaftliche Buchgesellschaft di Darmstadt, in Germania, da cui ha acquistato davvero molto. Era entusiasta della *Montagna incantata* di Thomas Mann. Mi scrisse (in una lettera datata 8 ottobre 1977): «Ho cominciato a leggere 'Der Zauberberg' di Mann, in tedesco. Temevo di non riuscire a superare le difficoltà linguistiche, ma devo dire che mi sottovalutavo. Del resto sono stato aiutato dall'incredibile fascino del romanzo, che mi ha cosí impressionato, direi anzi inquietato, da indurmi spesso a prolungare la lettura perfino di notte. Insomma sto già a tre quarti del libro». Anche i piú semplici piaceri tedeschi riuscivano a trovare favore presso di lui. Cosí mi chiese (in una lettera del 14 maggio 1979): «puoi portarmi … una bottiglia di 'Korn'? So bene che viene considerato un liquore poco elegante in Germania, ma a me piace moltissimo e qui è introvabile».

III.

Due volte è poi venuto nuovamente, con la sua famiglia, ad Amburgo: un mese durante l'estate del 1972, quando ci siamo scambiati le nostre case per le vacanze, e con una borsa di studio della DAAD per agosto e settembre 1973, al fine di portare avanti le sue ricerche in tutta calma. Ma a quel tempo Max Kaser era in pensione, già trasferitosi a Salisburgo.

IV.

Ho parlato brevemente dei primi studi di Tullio nell'ambito del diritto romano. Devo ora dire una parola su uno dei suoi ultimi contributi: il meraviglioso saggio dal titolo *La fermezza di Generido*[9], con il quale ha

[9] H. Altmeppen, I. Reichard, M.J. Schermaier in Verbindung mit W. Ernst, U. Manthe, R. Zimmermann, *Festschrift für R. Knütel* (Heidelberg 2009) 1147 ss., ora an-

partecipato alla *Festschrift* a me dedicata nel 2009: gliene sono particolarmente grato. In esso descrive vividamente e nel dettaglio le rappresaglie adottate in età postcostantiniana dagli imperatori cristiani (in concreto Teodosio I, Arcadio e in particolare Onorio) per sopprimere ed eliminare le sopravvissute credenze pagane e il settarismo cristiano. Tra queste rappresaglie si conta l'esclusione di tutti i non cristiani, o piú precisamente di tutti i funzionari non ortodossi, dai piú alti di uffici civili e militari e dall'accesso alla corte imperiale. Esclusivamente da Zosimo è narrato il piú imponente atto di resistenza di un Generidus, che fu probabilmente titolare di un comando militare regionale (ma secondo Zosimo a Roma). Questi, nel 409 dimostrativamente, depose le sue funzioni e, con il suo senso di giustizia e di fermezza, condusse Onorio ad abrogare l'*Epistola* del 408 (conservata in estratto in CTh. 16.5.42).

È evidente che Zosimo qui vuole lodare un caso di eroismo davanti al trono, che conduce anche tutti noi al rispetto. Tullio ha cercato di avvicinarmi (di avvicinare noi e se stesso) alla persona dell'eroe, ai fatti accaduti in tutta cautela, allo stesso tempo da questo esempio magistrale comprendiamo il suo entusiasmo per il *ius* e la *historia*. Perché – come dice Goethe (*Massime e riflessioni*): «Das Beste, was wir von der Geschichte haben, ist der Enthusiasmus, den sie erregt»[10] («La cosa migliore che riceviamo dalla storia, è l'entusiasmo che suscita»). Tullio ha aggiunto a questo contributo a me rivolto, una dedica lapidaria: «Da un giorno del febbraio 1965, Schlüterstr. 28». È il giorno in cui ci siamo incontrati la prima volta. Oggi, siamo consapevoli della giornata in cui è stato chiamato via da noi. Il dolore per la sua morte prematura, e cosí il ricordo della felicità della nostra amicizia, rimangono costantemente in me.

Bonn. Rolf Knütel

che in T. Spagnuolo Vigorita, *Imperium mixtum. Scritti scelti in diritto romano*, a cura di F. Grelle, C. Masi Doria (Napoli 2013) 483 ss.

[10] *Maximen und Reflexionen* 494, Artemis-Gedenkausgabe, IX (Zürich-Stuttgart 1949) 563.

Schriftenverzeichnis*

I. Bücher (Alleinautor)

1. *Contrarius consensus.* Studien zur Vertragsaufhebung im römischen Recht (Forschungen zum römischen Recht, 24. Bd.), Köln/Graz 1968, XII, 146 S.
(2. Preis bei dem internationalen Wettbewerb um den „Terzo Premio Arangio-Ruiz“ [1970], s. Labeo 16, 1970, 264/65. – Rezensionen: Grosso, SDHI 34, 1968, 403 ff.; Kaden, SZ 86, 1969, 523 ff.; Gandolfi, IVRA 20, 1969, 598 ff.; Burdese, Index 2, 1971, 341 ff. und Ganghoffer, RH 51, 1973, 650 f.)

2. *Stipulatio poenae.* Studien zur römischen Vertragsstrafe (Forschungen zum römischen Recht, 34. Bd.), Köln/Wien 1976, XIII, 385 S.
(Rezensionen: Voci, SDHI 43, 1977, 637 ff.; Humbert, RH 55, 1977, 511 f.; Biscardi, Labeo 24, 1978, 276, 290 ff.; Visky, IVRA 27, 1976 [aber 1979], 164 ff.; Sturm, SZ 97, 1980, 418 ff.)

3. Lain Taustavaihe, Esityöt Ja Tulkinta „Historiallinen Argumentti“ Saksan Siviililakikirjan (Bürgerliches Gesetzbuch, 18.8.1896) Tulkinnassa (= Historischer Hintergrund und Auslegung eines Gesetzes: Historische Argumente bei der Auslegung des Bürgerlichen Gesetzbuchs v. 18.8.1896), Turku 1982, V, 45 S. (Ü: Hannu Tapani Klami)

4. Spaziergänge im römischen Recht (Schriften der europäischen Rechtswissenschaften, Bd. 1), Seoul 2007, 388 S. (S. 1–204 koreanisch [Ü: Yu-Cheol Shin], S. 205–388 deutsch)
(Rezensionen: Wacke, OIR 12, 2008, 163 ff.; E. Seo, Beob sa hak yeongu, jae 38 ho, 2008, 203–214 myeon = Untersuchungen zur Rechtsgeschichte 38, Seoul 2008, 203–214)

---

* Abkürzungen (Zeitschriften, Verlagsort)
AcP: Archiv für die civilistische Praxis (Tübingen); DÖV: Die öffentliche Verwaltung (Stuttgart); FamRZ: Zeitschrift für das gesamte Familienrecht (Bielefeld); Index: Index. Quaderni camerti di studi romanistici. International Survey of Roman Law (Neapel); IVRA: IVRA Rivista internazionale di diritto romano e antico (Neapel); Jur.Bl.: Juristische Blätter (Wien); JR: Juristische Rundschau (Berlin); JuS: Juristische Schulung (München); Labeo: Labeo Rassegna di diritto romano (Neapel); NJW: Neue Juristische Wochenschrift (München); OIR: Orbis Iuris Romani. Journal of ancient Law Studies (Trnava = Tyrnau); ReA: Roma e America. Diritto romano comune – Rivista di diritto dell'integrazione e unificazione del diritto in Europa e in America Latina (Modena); REHJ: Revista de estudios historico-jurídicos (Valparaíso); RH: Revue historique de droit français et étranger (Paris); RIDA: Revue international des droits de l'antiquité (3e Série (Brüssel); SCDR: Seminarios Complutenses de derecho romano. Revista internacional de derecho romano y tradición romanística (Madrid/Barcelona); SDHI: Studia e documenta historiae et iuris (Rom); SZ: Zeitschrift der Savigny-Stiftung für Rechtsgeschichte. Romanistische Abteilung (Wien); TR: Tijdschrift voor Rechtsgeschiedenis. Revue d'histoire du droit. The Legal History Review (Leiden); ZEuP: Zeitschrift für Europäisches Privatrecht (München); ZHR: Zeitschrift für das gesamte Handelsrecht und Wirtschaftsrecht (Heidelberg); ZIP: Zeitschrift für Wirtschaftsrecht (Köln). – Ü: Übersetzer/Übersetzerin.

II. Bücher (Mitherausgeber u. Mitautor)

1. *R. Knütel/H.-P. Schwarz/G. Schröder*: Jurist und Politiker (Politeia 15), Bonn 1985, 39 S.

2. *R. Knütel/J. Salzwedel*: In memoriam Ernst Friesenhahn (Alma mater 59), Bonn 1985, 52 S.

3. *H.-P. Benöhr/R. Knütel/K. Hackl/A. Wacke* (Hrsg.), Iuris Professio. Festgabe für Max Kaser zum 80. Geb., Wien/Köln/Graz 1986, 437 S.

4. *O. Behrends/R. Knütel/B. Kupisch/H. H. Seiler*: Corpus Iuris Civilis (Text und Übersetzung), Bd. I: Institutionen, 1. Aufl., Heidelberg 1990, XX, 301 S.

5. *O. Behrends/R. Knütel/B. Kupisch/H. H. Seiler*: Corpus Iuris Civilis. Die Institutionen, UTB-Taschenbuch Nr. 1764, 1. Aufl. Heidelberg 1993, XX, 267 S.

6. *O. Behrends/R. Knütel/B. Kupisch/H. H. Seiler*: Corpus Iuris Civilis (Text und Übersetzung), Bd. II: Digesten 1–10, Heidelberg 1995, XXVII, 862 S.

7. *O. Behrends/R. Knütel/B. Kupisch/H. H. Seiler*: Corpus Iuris Civilis (Text und Übersetzung), Bd. I: Institutionen, 2., verbesserte und erweiterte Aufl., Heidelberg 1997, XX, 349 S.

8. *O. Behrends/R. Knütel/B. Kupisch/H. H. Seiler*: Corpus Iuris Civilis. Die Institutionen, UTB-Taschenbuch Nr. 1764, 2., verbesserte und erweiterte Aufl., Heidelberg 1999, XX, 296 S.

9. *O. Behrends/R. Knütel/B. Kupisch/H. H. Seiler*: Corpus Iuris Civilis (Text und Übersetzung), Bd. III: Digesten 11–20, Heidelberg 1999, XVIII, 661 S.

10. *R. Zimmermann/R. Knütel/J. P. Meincke* (Hrsg.):
Rechtsgeschichte und Privatrechtsdogmatik (Festschrift für H. H. Seiler), Heidelberg 1999, XX, 722 S.

11. *M. Kaser (†)/R. Knütel*:
a. Römisches Privatrecht, 17. Aufl., München 2003, XX, 530 S.
b. Romersk Privaträtt, Stockholm 2013 (übersetzt von Richard Nordquist)

12. *R. Knütel/S. Nishimura* (Hrsg.): Hundert Jahre Japanisches Zivilgesetzbuch, Köln/Berlin/München 2004, VIII, 399 S.

13. *R. Knütel/B. Kupisch/H. H. Seiler/O. Behrends*: Corpus Iuris Civilis (Text und Übersetzung), Bd. IV: Digesten 21–27, Heidelberg 2005, XVII, 531 S.

14. *M. Kaser (†)/R. Knütel*: Römisches Privatrecht, 18. Aufl., München 2005, XVII, 426 S.

15. *O. Behrends/R. Knütel/B. Kupisch/H. H. Seiler*: Corpus Iuris Civilis. Die Institutionen, UTB-Taschenbuch Nr. 1764, 3., überarbeitete Aufl., Heidelberg 2007, XX, 296 S.

16. *M. Kaser (†)/R. Knütel*: Römisches Privatrecht, 19. Aufl., München 2008, XVIII, 464 S.

17. *R. Knütel/B. Kupisch/Th. Rüfner/H. H. Seiler*: Corpus Iuris Civilis (Text und Übersetzung), Bd. V: Digesten 28–34, Heidelberg 2012, XVII, 704 S.

18. Corpus Iuris Civilis. Die Institutionen. Text und Übersetzung. Übersetzt und bis zur 3. Aufl. herausgegeben von *O. Behrends/R. Knütel/B. Kupisch/H. H. Seiler*, in 4. überarbeiteter Aufl. herausgegeben von *R. Knütel/B. Kupisch/S. Lohsse/Th. Rüfner* [Taschenbuchausgabe] Heidelberg 2013, XIX, 317 S.

19. *M. Kaser (†)/R. Knütel*: Römisches Privatrecht, 20., überarbeitete und erweiterte Aufl., München 2014, XXI, 499 S.

20. *M. Kaser (†)/R. Knütel/S. Lohsse*: Römisches Privatrecht, 21., überarbeitete und erweiterte Aufl., München 2017, XXIX, 518 S.

III. Aufsätze und Lexikonbeiträge

1. Die Inhärenz der *exceptio pacti* im *bonae fidei iudicium*,
SZ 84, 1967, 133–161

2. Die Begründungspflicht bei Kündigungen,
NJW 23, 1970, 121–125

3. Die Polizeipflicht bei Kraftfahrzeugen,
DÖV 1970, 375–380

4. Zum Prinzip der formalen Korrespondenz im römischen Recht,
SZ 88, 1971, 67–104

5. Zur Bedeutung der Kenntnis des Auftraggebers von der Maklertätigkeit für den Provisionsanspruch,
ZHR 135, 1971, 528–538

6. Kauf und Pacht bei Abzahlungsgeschäften im römischen Recht,
in: Studien im römischen Recht (Max Kaser zum 65. Geb. gewidmet von seinen Hamburger Schülern), Hamburger Rechtsstudien 65, 1973, 33–56

7. Weisungen bei Geschäftsbesorgungsverhältnissen, insbesondere bei Kommission und Spedition, ZHR 137, 1973, 285–333

8. Verfallsbereinigung, nachträglicher Verfall und Unmöglichkeit bei der Vertragsstrafe,
AcP 175, 1975, 44–76

9. Der mehrfache Verfall von Kautionen,
SZ 92, 1975, 130–161

10. *Stipulatio* und *pacta*,
in: *D. Medicus/H. H. Seiler* (Hrsg.), Festschrift für Max Kaser (zum 70. Geb.), 1976, 201–228

11. Zur sogenannten Erfüllungs- und Nichterfüllungsfiktion bei der Bedingung,
Jur.Bl. 98, 1976, 613–626

12. Tierhalterhaftung gegenüber dem Vertragspartner?,
NJW 31, 1978, 297–300

13. Zur Frage der sogenannten Diligenzpflichten des Gläubigers gegenüber dem Bürgen,
in: *H. H. Jakobs/B. Knobbe-Keuk/E. Picker/J. Wilhelm* (Hrsg.), Festschrift für Werner Flume (zum 70. Geb.), Bd. 1, 1978, 559–592

14. Die Provisionsteilung bei Mitwirkung mehrerer Makler oder Handelsvertreter (Rückbesinnungen zur Lehre von der Mitkausalität),
ZHR 144, 1980, 289–329

15. Zur *duplex interpretatio* von Allgemeinen Geschäftsbedingungen,
JR 1981, 221–225

16. Der eigene Ehemann – ein von der Bank beauftragter „Hausbesucher"?,
NJW 36, 1983, 1839

17. *In obligatione generis quid est in obligatione?*,
in: Studi in onore di Cesare Sanfilippo (zum 70. Geb.), Bd. 3, Mailand 1983, 351–380

18. § 281 BGB beim Rückgewähranspruch,
JR 1983, 355–356

19. Die Haftung für Hilfspersonen im römischen Recht,
SZ 100, 1983, 340–443

20. Von Landanschwemmungen und Schätzen (Die *commoda ex re vendita* und § 446 BGB),
in: *G. Baumgärtel*/*H. J. Becker*/*E. Klingmüller*/*A. Wacke* (Hrsg.), Festschrift für Heinz Hübner (zum 70. Geb.), 1984, 551–573

21. Probleme des Bürgenregresses,
JR 1985, 6–12

22. Widerruf und Widerrufsbelehrung in § 1b AbzG,
AcP 185, 1985, 308–332

23. Identische Preise im Abzahlungsrecht,
ZIP 6, 1985, 1122–1125

24. Der Skonto beim Abzahlungskauf,
JR 1985, 353–356

25. Scheidungsverzicht und Scheidungsausschlußvereinbarungen,
FamRZ 1985, 1089–1096

26. *Dolus tutoris pupillo non nocet*,
in: *H.-P. Benöhr*/*K. Hackl*/*R. Knütel*/*A. Wacke* (Hrsg.), Iuris Professio. Festgabe für Max Kaser (zum 80. Geb.), 1986, 101–126

27. „Der Schatz im Acker" und „die bösen Weingärtner" – Bibelgleichnisse im Lichte zeitgenössischer Rechtsanschauungen –,
a. JuS 26, 1986, 950–957
b. Index 15, 1987, 111–130
c. „El tesoro escondido en el campo" y los „Malvados viñadores". Parábolas bíblicas a la luz de las conceptiones jurídicas de la época, Ars Iuris [Universidad Panamericana. Facultad de Derecho, México D. F.] 41, 2009, 13–39 (Ü: Luis Carlos Rey Sanfiz)

28. Widerrufsbelehrung und Unterschrift in § 1b AbzG,
ZIP 8, 1987, 273–280

29. Normativas paralelas en el derecho de obligaciones en el Código civil de Andrés Bello, in: *O. Sambrano Urdaneta et al.* (Hrsg.), Andrés Bello y el derecho latinoamericano, Caracas 1987, 459–476 (Ü: Nemesio Vara de Paz)

30. Zum Nutzungszins,
SZ 105, 1988, 514–540

31. Augusto Teixeira de Freitas e il periculum nella compravendita,
in: *S. Schipani* (Hrsg.), Augusto Teixeira de Freitas e il diritto latinoamericano, Padua 1988, 489–506

32. Römisches Recht heute,
in: Rheinische Friedrich-Wilhelms-Universität Bonn, Forschungsbericht 1981–1986, Bd. 1, 1988, 124–138

33. Pfandrecht an beweglichen Sachen,
in: Ergänzbares Lexikon des Rechts (LdR), Sachenrecht (hgg. v. *W. Gerhardt*), 1989, Gr. 15/170, 1–18

34. Pfandrecht an Rechten,
in: Ergänzbares Lexikon des Rechts (LdR), Sachenrecht (hgg. v. *W. Gerhar*dt), 1989, Gr. 15/180, 1–10

35. § 822 BGB und die Schwächen unentgeltlichen Erwerbs,
NJW 42, 1989, 2504–2509

36. Barbatius Philippus und seine Spuren (*Falsus praetor, parochus putativus*, Scheinbeamter),
in: *D. Schwab/D. Giesen/J. Listl/H.-W. Strätz* (Hrsg.), Staat, Kirche, Wissenschaft in einer pluralistischen Gesellschaft, Festschrift für Paul Mikat (zum 65. Geb.), 1989, 345–365 (vgl. Nr. 111)

37. Preußisches Recht im argentinischen Código civil von 1869,
in: *E. Jayme/A. Laufs/K. Misera/G. Reinhart/R. Serick* (Hrsg.), Festschrift für Hubert Niederländer (zum 70. Geb.), 1991, 41–56 (vgl. Nr. 40)

38. Befreite Ehefrauen?
ZIP 12, 1991, 483–499

39. Vendita e trasferimento della proprietà nel diritto tedesco,
a. in: *L. Vacca* (Hrsg), Vendita e trasferimento della proprietà nella prospettiva storico- comparatistica, Atti del Congresso Internazionale Pisa-Viareggio-Lucca 17–21 aprile 1990, Bd. 1, Mailand 1991, 287–304 (Ü: Felice Mercogliano, durchgesehen von Alba Negri)
b. Neuabdruck in: *L. Vacca* (Hrsg.), Vendita e trasferimento della proprietà nella prospettiva storico-comparatistica (Materiali per un corso di diritto romano), Turin 1997, 162–174

40. Influenza dell 'Allgemeines Landrecht' Prussiano del 1794 sul Código civil Argentino del 1869, in: *S. Schipani* (Hrsg.), Dalmacio Vélez-Sarsfield e il diritto latinoamericano, Padua 1991, 79- 108 (vgl. Nr. 37) (Ü: Bianca und Tullio Spagnuolo Vigorita)

41. Bösgläubiger Erblasser – gutgläubiger Erbe,
in: *D. Medicus/H.- J. Mertens/K. W. Nörr/W. Zöllner* (Hrsg.), Festschrift für Hermann Lange (zum 70. Geb.), 1992, 903–937

42. Die *actio finium regundorum* und die *ars gromatica*,
in: *O. Behrends/L. Capogrossi Colognesi* (Hrsg.), Die römische Feldmeßkunst – Interdisziplinäre Beiträge zu ihrer Bedeutung für die Zivilisationsgeschichte Roms, Abhandlungen der Akademie der Wissenschaften in Göttingen, 1992, 285–308

43. Zur Adoption im römischen Recht,
a. in: *F. Gaul* (Hrsg.), Familienrecht in Geschichte und Gegenwart (Symposion aus Anlaß des 80. Geb. von Friedrich Wilhelm Bosch), 1992, 3–21
b. Skizzen zum römischen Adoptionsrecht: *Plena pubertas*, Annahme an Enkels Statt, Erhaltung der Mitgift, Index 22, 1994, 249–265

44. Zum „Zufall“ in § 287 S. 2 BGB,
NJW 46, 1993, 900 f.

45. Das Mandat zum Freikauf,
in: *D. Nörr/S. Nishimura* (Hrsg.), *Mandatum* und Verwandtes (Beiträge zum römischen und modernen Recht), 1993, 353–374 (vgl. Nr. 112)

46. Römisches Recht und deutsches Bürgerliches Recht,
in: *H. Ludwig* (Hrsg.), Die Antike in der europäischen Gegenwart (Veröffentlichung der Joachim Jungius-Gesellschaft der Wissenschaften Hamburg Nr. 72), 1993, 43–70

47. Rechtseinheit in Europa und römisches Recht,
a. ZEuP 2, 1994, 244–276
b. L'unité du droit en Europe et le droit romain,
Revue d'histoire des Facultés de droit et de la science juridique (= RHFDSJ) 19, Paris 1998, 125–165 (Ü: Andreas Nitsch, durchgesehen von Jean-Pierre Coriat)
c. (gekürzt:) Unidad jurídica europea y derecho romano,
in: T. Peralta Escuer (Hrsg.), Derecho y argumentación histórica (Edicions de la Universitat de Lleida), Lérida 1999, 105–124 (Ü: Juan Miquel)

48. Einzelne Probleme bei der Übersetzung der Digesten,
SZ 111, 1994, 376–402

49. Papinian D. 2,14,40,
SZ 111, 1994, 438–443

50. Römisches Recht und Europa,
RIDA 41 Supplement, 1994, 185–223

51. Auslegung des „eindeutigen“ Wortlauts eines gebräuchlichen Prozeßvergleichs,
MDR 1995, 437–440

52. Beiträge in: *M. Stolleis* (Hrsg.), Juristen. Ein biographisches Lexikon. Von der Antike bis zum 20. Jahrhundert,
a. 1. Aufl. 1995
   i. Hermogenianus, S. 282/292
   ii. Modestinus, S. 430–431/443
   iii. Neratius, S. 453–454/465–466

iv. Papinianus, S. 473–474/485–486
v. Paulus, S. 477–478/489–491
vi. Ulpianus, S. 625–626/640–641
b. 2. Aufl. 2001 (Seitenangaben s. zu a)

53. Pfandrecht an beweglichen Sachen,
in: Ergänzbares Lexikon des Rechts. Sachenrecht (hgg. v. *W. Gerhardt*), 2. Aufl. 1995, 169–190 (zugl. 2. Aufl. der Loseblattausgabe)

54. Pfandrecht an Rechten,
in: Ergänzbares Lexikon des Rechts. Sachenrecht (hgg. v. *W. Gerhardt*), 2. Aufl. 1995, 191–203 (zugl. 2. Aufl. der Loseblattausgabe)

55. Luomafa yu minfa fadianhua/Diritto romano e codificazione del diritto civile,
a. in: *Z. Yang/S. Schipani/F. Huang* (Hrsg.), Luomafa, Zhongguofa yu minfa fadianhua/Diritto romano, Diritto cinese e codificazione civile, Beijing 1995, 47–61
b. Derecho romano y codificación del derecho civil,
Revista de Derecho Privado 6 [Num. 16], Mexico 1995, 65–79 (Ü: Jorge Adame Goddard)

56. Papinian D. 20, 4, 1,
in: *R. Feenstra/A. S. Hartkamp/J. E. Spruit/P. J. Sijpesteijn/L. C. Winkel* (Hrsg.), Collatio Iuris Romani (Études déd. à H. Ankum), Bd. 1, Amsterdam 1995, 193–205

57. Latin America Codifications and the Influence of the Louisiana Civil Code
a. Tulane Law Review 70, (New Orleans) 1996, 1445–1480 (Ü: Michael Brix)
b. Einflüsse des Louisiana Civil Code in Lateinamerika,
Index 25, Neapel 1997, 117–143

58. Christliche Zahlensymbolik im Digestenplan,
SZ 113, 1996, 422–430

59. *Ius commune* und Römisches Recht vor Gerichten der Europäischen Union,
a. JuS 36, 1996, 768–778
b. Derecho romano y *ius commune* frente a las cortes de la Union Europea,
ReA [1] 1996, 40–68 (Ü: Yuri Gonzáles Roldàn)
c. Diritto romano e *ius commune* davanti a Corti dell'Unione Europea,
in: *S. Romano/P. Garbarino/F. Goria* (Hrsg.), Nozione, Formazione e Interpretazione del diritto dall'età romana alle esperienze moderne. Ricerche dedicate al Prof. Filippo Gallo, Bd. 3, Neapel 1997, 521–557 (Ü: Riccardo Cardilli)
d. Luoma putongfa he Luomafa dui owzhou lianmeng fayuan de yingxiang,
in: CASS Journal of Foreign Law, Beijing 1998, 40–59 (Ü: Mi, Jian)
e. *Ius commune* y derecho romano en los tribunales de justicia de la Unión Europea,
in: *G. Pereira-Menaut*, Topica. Principios de Derecho y Máximas Jurídicas Latinas, Santiago de Compostela 2001, 15–47 (Ü: Gerardo Pereira-Menaut)

60. Tradurre il „*Corpus iuris*": I problemi della traduzione giuridica,
Index 25, 1997, 1–12 (Ü: Iole Fargnoli)

61. Das Verbraucherkreditgesetz als mißglücktes Gesetz,
in: *U. Diederichsen/R. Dreier* (Hrsg.), Das mißglückte Gesetz, Abhandlungen der Akademie der Wissenschaften in Göttingen, 1997, 62–92

62. La causa nella dottrina dei patti,
in: *L. Vacca* (Hrsg.), Causa e contratto nella prospettiva storico-comparatistica, Turin 1997, 131–144 (Ü: Antonio Saccoccio)

63. mit *Ulrike Malmendier*: Frauenforschung im 18. Jahrhundert: Karl Ferdinand Hommels Studie *De foeminis iuris notitia imbutis* – Über juristisch gebildete Frauen,
in: *W. Schön* (Hrsg.), Gedächtnisschrift für Brigitte Knobbe-Keuk, 1997, 861–877

64. Von Wurzeln und Stämmen,
in: *E. Schilken/E. Becker-Eberhard/W. Gerhardt* (Hrsg.), Festschrift für Hans Friedhelm Gaul (zum 70. Geb.), 1997, 317–331

65. Islas flotantes, árboles errantes, animales fugitivos y tesoros ocultos – sobre el método de los juristas romanos en el desarrollo de reglas jurídicas aún vigentes –
a. REHJ 19, 1997, 15–45 (Ü: Luis Carlos Rey Sanfiz)
b. Arbres errants, îles flottantes, animaux fugitifs et trésors enfouis, RH 76, 1998, 187–214
(Ü: Sabine Gonzalès und Martina Müller-Ehlen)
c. Von schwimmenden Inseln, wandernden Bäumen, flüchtenden Tieren und verborgenen Schätzen (Zu den Grundlagen einzelner Tatbestände originären Eigentumserwerbs),
in: *R. Zimmermann/R. Knütel/J. P. Meincke* (Hrsg.), Rechtsgeschichte und Privatrechtsdogmatik (Festschrift für H. H. Seiler zum 70. Geb.), 1999, 549–577

66. Roms Recht – „und erstaunlich ist es nicht, daß die bedeutendsten europäischen Völker sich der Herrschaft dieses Rechts gebeugt haben",
a. in: *K. Rosen* (Hrsg.), Das Mittelmeer – die Wiege der europäischen Kultur, 1998, 130–173
b. Gudai luomafa yu xiandai falu wenming (Antikes römisches Recht und heutiges Recht), Journal of Comparative Law 64, Beijing 2002, 114–128 (Ü: Tu, Changfeng)

67. „Nicht leichter, aber um so reizvoller" – Zum methodischen Vermächtnis Max Kasers,
SZ 115, 1998, 33–65

68. Gegenstände im Grenzgelände. Zum Anwendungsbereich des § 94 Abs. 1 BGB,
in: *V. Beuthien/M. Fuchs/H. Roth/G. Schiemann/A. Wacke* (Hrsg.), Festschrift für Dieter Medicus (zum 70. Geb.), 1999, 259–282

69. Zum Pflichtenkonflikt des Verwahrers,
in: *J.-F. Gerkens/H. Peter/P. Trenk-Hinterberger/R. Vigneron* (Hrsg.), Mélanges Fritz Sturm (zum 70. Geb.), Bd. 1, Lüttich 1999, 239–265

70. Das Japanische Zivilgesetzbuch und das Römische Recht,
a. (in japanischer Sprache) in: *S. Nishimura/H. Kodama* (Hrsg.), Nippon Minpôten to Seiô-Hôdentô (= Das japanische Zivilgesetzbuch und die europäische Rechtstradition), Fukuoka 2000, 109–167
b. Das Japanische Zivilgesetzbuch und das Römische Recht in: *R. Knütel/S. Nishimura* (Hrsg.), Hundert Jahre Japanisches Zivilgesetzbuch, 2004, 131–184

71. Problemi della traduzione in tedesco dei Digesta di Giustiniano: libri 11–20, ReA 8, 1999, 45–58 (Ü: Massimiliano Vinci)

72. Das Gutachten des Neraz bei Ulpian D. 19,2,19,2,
a. in: *M. Zabłocka/J. Krzynówek/J. Urbanik/Z. Sluzewska* (Hrsg.), Au-delà des frontieres, Mél. Witold Wołodkiewicz, Warschau 2000, 391–407
b. El dictamen de Neracio en Ulpiano D. 19,2,19,2, in: SCDR 16, 2004, 29–47 (Ü: Luis Carlos Rey Sanfiz)

73. Hoffnungskauf und Eviktionshaftung,
a. SZ 117, 2000, 445–453
b. Geringfügig ergänzt in: *É. Jakab/W. Ernst* (Hrsg.), Kaufen nach Römischem Recht. Antikes Erbe in den europäischen Kaufrechtsordnungen, 2008, 139–148

74. Von befreiten Vögeln, schönen Schläferinnen und hüpfenden Hunden oder: *Exempla docent*,
a. JuS 41, 2001, 209–217
b. *Exempla docent*: Uccelli liberati, belle addormentate e cani saltellanti in: Iuris Vincula. Studi in onore di Mario Talamanca, Bd. 4, Neapel 2001, 431–462
(Ü: Nunzia Donadio)

75. Das Opfer der Ehefrau – Augustin, De sermone Domini in monte 1,16,50,
a. in: *H.-G. Knothe/J. Kohler* (Hrsg.), Festschrift für A. Wacke (zum 65. Geb.), 2001, 211–228
b. El sacrificio de la esposa. San Agustín, „De sermone Domini in monte" 1,16,50,
REHJ 27, 2005, 65–81 (Ü: Luis Carlos Rey Sanfiz)

76. Zu den Gleichnissen des Art. 146 der Peinlichen Gerichtsordnung Kaiser Karls V.,
in: *F. Dorn/J. Schröder* (Hrsg.), Festschrift für G. Kleinheyer (zum 70. Geb.), 2001, 353–370

77. Problemas del derecho de obligaciones moderno considerados a la luz de la experiencia jurídica romana,
in: *F. Hinestrosa* (Hrsg.), El contrato en el sistema jurídico latinoamericano. Bases para un código latinoamericano tipo, Universidad Externado de Colombia, II, Bogotá 2001, 121–152

78. Zur Schuldrechtsreform,
NJW 54, 2001, 2519–2521

79. Particularis enim solutio rarum est ut incommoda sit. Zur Fragwürdigkeit des Teilleistungsverbots (§§ 266 BGB, 1415 ABGB),
in: *M. J. Schermaier/J. M. Rainer/L. C. Winkel* (Hrsg.), *Iurisprudentia universalis.* Festschrift für Th. Mayer-Maly (zum 70. Geb.), 2002, 337–355

80. Beziehungsprobleme (Betrachtungen zu D. 23,2,58; D. 23,3,18 und D. 19,2,36),
in: *L. de Ligt/J. de Ruiter/E. Slob/J. M. Tevel/M. van de Vrugt/L. C. Winkel* (Hrsg.), Viva vox iuris romani. Essays in honour of J. E. Spruit, Amsterdam 2002, 243–250

81. Zwei Klauseln aus dem Nießbrauchsrecht,
SZ 119, 2002, 352–358

82. Papinian D. 33,2,24 pr.,
in: *J. Sondel/J. Reszczyński/P. Scislicki* (Hrsg.), Roman Law as a Formative of Modern Legal Systems, Studies in Honour of W. Litewski, Krakau 2003, Bd. 1, 237–245

83. Verlöbnis einst und heute,
in: *H.-P. Mansel/Th. Pfeiffer/H. Kronke/Chr. Kohler/R. Hausmann* (Hrsg.), Festschrift für Erik Jayme, Bd. 2, 2004, 1487–1500

84. Verteilungsgerechtigkeit,
a. in: *H. Haarmeyer/H. Hirte/H.-P. Kirchhof/F. Graf von Westphalen* (Hrsg.), Verschuldung, Haftung, Vollstreckung, Insolvenz. Festschrift für G. Kreft (zum 65. Geb.), 2004, 3–18
b. La justicia distributiva,
in: SCDR 17, 2005, 93–112 (Ü: Luis Carlos Rey Sanfiz)
c. Geringfügig ergänzt in: *J. M. Rainer* (Hrsg.), *Vis ac potestas legum. Liber amicorum* Zoltán Vegh, 2010, 49–64

85. Aus den Anfängen des Vermieterpfandrechts,
in: *E. Schilken/G. Kreft/G. Wagner/D. Eckardt* (Hrsg.), Festschrift für Walter Gerhardt (zum 70. Geb.), 2004, 457–472

86. Zur Rechtsfindung der Römer,
in: *A. Söllner/W. Gitter/R. Waltermann/R. Giesen/O. Ricken* (Hrsg.), Gedächtnisschrift für Meinhard Heinze, 2005, 475–499 (vgl. Nr. 89)

87. Verarbeitung durch Aufzucht und Pflege?,
in: *E. Bucher/C.-W. Canaris/H. Honsell/Th. Koller* (Hrsg.), Norm und Wirkung, Festschrift für Wolfgang Wiegand (zum 65. Geb.), Bern/München 2005, S. 407–420

88. Sobre la interpretación de la estipulación,
in: *J. Adame Goddard* (Hrsg.), Derecho civil y romano, Universidad Nacional Autónoma de México, México 2006, 195–235 (Ü: Carla Huerta Ochoa) (vgl. Nr. 101)

89. Betrachtungen zur Rechtsfindung der römischen Juristen,
in: *J. L. Linares/T. de Montagut/E. Ricart/V. Sansón* (Hrsg.), Liber amicorum Juan Miquel (Estudios romanísticos con motivo de su emeritazgo), Barcelona 2006, 523–555 (vgl. Nr. 86)

90. *Pamphilus inter fanaticos*,
in: *Th. Baums/M. Lutter/K. Schmidt/J. Wertenbruch* (Hrsg.), Festschrift für Ulrich Huber (zum 70. Geb.), 2006, 41–50

91. Rechtsfragen zu den Freilassungsfideikommissen,
in: *Th. Finkenauer* (Hrsg.), Sklaverei und Freilassung im römischen Recht (Symposium für Hans Josef Wieling zum 70. Geb.), 2006, 131–151

92. I compiti della romanistica nel nostro tempo,
in: *E. Stolfi* (Hrsg.), Dieter Nörr e la romanistica europea tra XX e XXI secolo (Atti del Convegno, Torino 26–27 maggio 2005), Turin 2006, 133–152 (Ü: Emanuele Stolfi)

93. L'interpretazione del contratto dalla stipulatio ai codici civili moderni,
ReA 22, 2006, 24–42 (Ü: Emanuela Calore)

94. (in chinesischer Sprache) Freiheitsgewährleistungen im deutschen Bürgerlichen Gesetzbuch,
in: Gesamtausgabe der Aufsätze der Chinesisch-Deutschen Rechtswissenschaft, Bd. 2 (Kongreßakten: The Globalization of Law and the Finding of Jus Commune, Chinese-German-Japanese Colloquium of Law, Beijing, 9.-11.10.2004), Beijing 2006, S. 198–206

95. Schutz der Freiheit im deutschen Bürgerlichen Gesetzbuch von 1896
a. in: *I. Buti/C. Cascione/S. di Salvo/C. Masi Doria/F. Reduzzi/F. Salerno* (Hrsg.), Studii in onore di Luigi Labruna, Bd. 4, Neapel 2007, 2643–2669
b. Chungnam Law Review (Korea) 19, 2008, 403–438 (deutsch), 439–473 (koreanisch, Ü: Yu-Cheol Shin)

96. Der Wettlauf der Okkupanten,
a. in: *H.-P. Haferkamp/T. Repgen* (Hrsg.), *Usus modernus pandectarum*. Römisches Recht, Deutsches Recht und Naturrecht in der Frühen Neuzeit. Klaus Luig (zum 70. Geb.), Rechtsgeschichtliche Schriften Bd. 24, 2007, 75–107
b. Archiv für chinesisch-deutsches Privatrecht 4, 2008, 100–125 (chinesisch, Ü: Tian, Shiyong)

97. Ein vorsichtiger Schenker – Scaev. D. 32,37,3,
SCDR 20–21, 2007–2008, 257–278

98. mit *Sebastian Lohsse*: Pfandrecht an beweglichen Sachen
in: Ergänzbares Lexikon des Rechts. Sachenrecht (hgg. v. *W. Gerhardt*), 3. Aufl. 2008, 27 S. (vgl. Nr. 53)

99. mit *Sebastian Lohsse*: Pfandrecht an Rechten
in: Ergänzbares Lexikon des Rechts. Sachenrecht (hgg. v. *W. Gerhardt*), 3. Aufl. 2008, 15 S. (vgl. Nr. 54)

100. Dereliktion zur Aneignung? (Jüdisches, römisches, preußisches, argentinisches und deutsches Recht)
a. in: *W. Wiegand/Th. Koller/H. P. Walter* (Hrsg.), Tradition mit Weitsicht, Festschrift für Eugen Bucher zum 80. Geb., Bern/Zürich 2009, 351–373
b. Derelizione a scopo di appropriazione?,
Index 43, 2015, 195–217 (Ü: Nunzia Donadio)

101. Zur Auslegung und Entwicklung der Stipulation im klassischen römischen Recht,
in: *M. Avenarius/R. Meyer-Pritzl/C. Möller* (Hrsg.), Ars Iuris, Festschrift für Okko Behrends zum 70. Geb., 2009, 223–257 (vgl. Nr. 88)

102. Diritto romano e unificazione del diritto delle obbligazioni,
ReA 27, 2009, 17–33 (Ü: Massimiliano Vinci)

103. Entstehung und Entwicklung der juristischen Begriffsbildung. 1.2. Römisches Recht,
in: *R. Fischer* (Hrsg.), Sprache und Recht in großen europäischen Sprachen. Juristische Begriffsbildung im Spannungsfeld zwischen Fachsprachlichkeit und allgemeiner Verständlichkeit. Beiträge vom interdisziplinären Symposium am 23./24.4.2009 an der Universität Regensburg, 2010, 33–54

104. *Sanctus Cassius Praetor?* – Bemerkungen zu D. 29,2,99,
in: *J. H. Dondorp/J. J. Hallebeek/T. Wallinga/L. C. Winkel* (Hrsg.), Liber amicorum Eltjo Schrage (zum 65. Geb.), Amsterdam/Aalen 2010, 237–247

105. Neues zu althergebrachten Rechtsfiguren? – Ausfallbürgschaft und Verwirkungsklausel,
in: *Th. Lobinger/R. Richardi/J. Wilhelm* (Hrsg.), Festschrift für Eduard Picker (zum 70. Geb.), 2010, 469–479

106. Papinian D. 31,77,31,
in: *K. Muscheler* (Hrsg.), Römische Jurisprudenz – Dogmatik, Überlieferung, Rezeption, Festschrift für Detlef Liebs zum 75. Geb., 2011, 321–330

107. Anmerkungen zum rechtsgeschäftlichen Eigentumserwerb,
in: *Yu-Cheol Shin/Reinhard Zimmermann* (Hrsg.), 50 Jahre Koreanisches Zivilgesetzbuch. Ein Deutsch-Koreanisches Symposium, Seoul 2011, 311–324

108. in japanischer Sprache: Rechtslexika im Wandel der Zeiten: Fundgruben einst und jetzt,
in: The Institute of Comparative Law in Japan (Hrsg.), 45/3 (Tokyo) 2011, 187–205 (Ü: Hikaru Mori)

109. Von Virius Lupus und seinem Kaiser, Abergläubischem im Testament und denen, die Letzte und Erste zugleich sind – Betrachtungen zu Ulp. D. 28,6,2,4; Pap. D. 28,6,41,8; Afr. D. 28,6,34 pr.,
in: *E. Chevreau/D. Kremer/A. Laguerrière-Lacroix* (Hrsg.), Carmina iuris. Mélanges en l´honneur de Michel Humbert, Paris 2012, 407–418

110. Das Ende einer Entdeckungsreise,
TR 80, 2012, 547–554

111. Barbarius Philippus,
in: Handwörterbuch der antiken Sklaverei (HAS), hrsg. v. *H. Heinen* u. a., CD-Rom-Lieferung I–IV, 2012 (vgl. Nr. 36)

112. Freikauf mit eigenem Geld,
in: Handwörterbuch der antiken Sklaverei (HAS), hrsg. v. *H. Heinen* u. a., CD-Rom-Lieferung I–IV, 2012 (vgl. Nr. 45)

113. Interpretierendes Übersetzen,
in: *M. Armgardt/F. Klinck/I. Reichard* (Hrsg.), Liber amicorum Christoph Krampe zum 70. Geburtstag, 2013, 215–229

114. „Grappling with the Difficult Subjects with which the Roman Lawyers liked to Grapple",
in: *A. Burrows/D. Johnston/R. Zimmermann* (eds.), Judge and Jurist. Essays in Memory of Lord Rodger, Oxford 2013, 195–206 (Ü: Andrew Bell)

115. Constitutio Imperatoriam § 3: *fabulis* oder *tabulis*?
a. in: *F. Sturm/Ph. Thomas/J. Otto/H. Mori* (Hrsg.), Liber amicorum Guido Tsuno, 2013, 169–183
b. Constitutio Imperatoriam § 3: fabulis o tabulis?,
IVRA 62, Neapel 2014, 1–16 (Ü: Francesco Milazzo)

116. Ungerechter, gerissener oder kluger Haushalter? – Zu den juristischen Hintergründen von Lukas 16, 1–8,
SZ 131 (2014) 1–22

117. Personen und Orte – Zu einigen unklaren Realien in testamentarischen Anordnungen,
in: *J. Hallebeek/M. Schermaier/R. Fiori/E. Metzger/J. P. Coriat* (Hrsg.), *Inter cives necnon peregrinos*, Essays in honour of Boudewijn Sirks, 2014, 385–397

118. Paulus und der Erwerb des Käufers *ex causa lucrativa*,
in: *A. Castresana* (Hrsg.), Defectos en el cumplimiento de la prestación: Derecho Romano y derecho privado europeo, (Salamanca) 2014, 109–124

119. *Pacta de lucranda dote*,
in: *P.-I. Carvajal/M. Miglietta* (Hrsg.), Estudios Jurídicos en Homenaje al Profesor Alejandro Guzmán Brito, Bd. 3, (Alessandria) 2014, 47–78

120. *Uxores constrictae*,
in: *R. van den Bergh/G. van Niekerk/P. Pichonnaz/Ph. Thomas/D. Klein/F. Lucrezi/J. Mutton* (Hrsg.), *Meditationes de iure et historia*. Essays in honour of Laurens Winkel = Fundamina. Editio specialis (Pretoria) 2014 (20–1), Bd. 1, 467–477

121. Schädliche Stürze – Juristische Aspekte zu einem leidvollen Phänomen,
in: *C. Meller-Hannich/L. Haertlein/H. F. Gaul/E. Becker-Eberhard* (Hrsg.), Rechtslage – Rechtserkenntnis – Rechtsdurchsetzung, Festschrift für Eberhard Schilken zum 70. Geb., 2015, 43–59

122. Ulpians Katalog unentgeltlicher Zuwendungen,
in: *K. Muscheler/R. Zimmermann* (Hrsg.), Zivilrecht und Steuerrecht, Erwerb von Todes wegen und Schenkung, Festschrift für Jens Peter Meincke zum 80. Geb., 2015, 207–217

123. Zwei Paulus-Fragmente zum Freilassererbrecht nach einem *libertus communis*,
in: *I. Piro* (Hrsg.), Scritti per Alessandro Corbino, Tricase (LE) 2016, Bd. 4, 67–84

124. Salvius Iulianus und die Patronskinder. Betrachtungen zu Ulp. D. 37,14,17,
SZ 134 (2017) 280–309

125. Zur Haftung bei der *actio quod metus causa*,
Index 45 (2017) 594–613

126. Papinian D. 46,3,95 pr.-1 (28 *quaest.*)
in: *Th. Finkenauer/A. J. B. Sirks* (Hrsg.), Interpretationes iuris antiqui. Dankesgabe für Shigeo Nishimura, 2018, 135–149

127. Rudolf von Jhering und die Freude am Rechtsfall
in: Jhering heute: Rudolf von Jhering (1818–1892) (Groninger opmerkingen en mededelingen, 35), Groningen 2018, 73–92

128. Geschenkt und gekränkt. Papinians Gutachten in D. 39,5,31,1
in: *E. Chevreau/C. Masi Doria/J. M. Rainer* (Hrsg.), Liber amicorum: Mélanges en l´honneur de Jean-Pierre Coriat, Paris 2019, 421–436

IV. Rezensionen, Rezensionsabhandlungen und Anzeigen

1. W. P. Hoffmann, Rechtsfragen der Währungsparität, 1969,
JR 1970, 439

2. Sympotica Franz Wieacker (1970),
SZ 88, 1971, 527–534

3. Rolf Birk, Die arbeitsrechtliche Leitungsmacht, 1973,
NJW 1975, 30

4. Reinhold Greiner, Opera Neratii, 1973,
IVRA 25, 1974 (publ. 1977), 145–162

5. Sergio Broise, Animus donandi, 1975,
SZ 95, 1978, 486–490

6. Alfred Söllner, Einführung in die römische Rechtsgeschichte, 2. Aufl. 1980,
NJW 1981, 2626

7. Baumbach-Hefermehl, Wechselgesetz und Scheckgesetz, 13. Aufl. 1981,
JR 1982, 307

8. Georg W. Bandasch, HGB. Gemeinschaftskommentar zum Handelsgesetzbuch, 3. Aufl. 1980,
ZHR 146, 1982, 74–81

9. Eduard Gans, Naturrecht und Universalrechtsgeschichte (Deutscher Idealismus Bd. 2, hgg. von M. Riedel) 1981,
JR 1983, 390 f.

10. Klaus Slapnicar, Gratis habitare. Unentgeltliches Wohnen nach römischem und geltendem Recht, 1981,
AcP 184, 1984, 188–192

11. Friedrich Ebel/Andreas Fijal/Gernot Kocher, Römisches Rechtsleben im Mittelalter (Miniaturen aus den Handschriften des Corpus iuris civilis), 1988,
SZ 107, 1990, 657–663

12. Corpus Iuris Civilis. Tekst en Vertaling onder de redactie van J. E. Spruit/R. Feenstra/K. E. M. Bongenaar, Bd. 1: Institutiones – Instituten, Zutphen, 's-Gravenhage 1993, Bd. 2: Digesta I-X – Digesten 1–10, Zutphen, 's-Gravenhage 1994,
SZ 113, 1996, 431–451

13. Jochen Otto, Bibliothek des Bundesgerichtshofs. Buchbestand und Rechtserfahrung. Ein juristischer Reiseführer durch die Bücherlandschaft Europas in den Epochen gemeinsamen Rechts, 1996,
SZ 114, 1997, 618–624

14. Fritz Schulz, I Principii del Diritto Romano, 2. Aufl. Florenz 1995,
SZ 114, 1997, 627–628

15. Andrea Lovato, Il carcere nel diritto penale dai Severi a Giustiniano, 1994,
IVRA 45, 1994 (publ. 1997), 163–167

16. Corpus Iuris Civilis. Tekst en Vertaling onder de redactie van J. E. Spruit/ R. Feenstra/K. E. M. Bongenaar, Bd. 3: Digesta XI-XXIV – Digesten 11–24, Zutphen, 's-Gravenhage 1996,
SZ 117, 2000, 711–721

17. Leon J. ter Beek, Dolus. Een semantisch-juridische studie (Rechtshistorische reeks van het Gerard Noodt Instituut nr. 44), 2 Bde., Nijmegen 1999,
SZ 119, 2002, 651–653

18. Filippo Briguglio, Fideiussoribus succurri solet (Pubblicazioni del Seminario giuridico della Università di Bologna CXCIV), Mailand 1999,
SZ 119, 2002, 605–607

19. Wolfgang Kunkel, Die römischen Juristen. Herkunft und soziale Stellung. Unveränderter Nachdruck der 2. Aufl. von 1967 mit einem Vorwort von Detlef Liebs, Wien 2001,
SZ 119, 2002, 621–623

20. Max Kaser/Rolf Knütel, Römisches Privatrecht, 17. Aufl., München 2003, XX, 530 S.,
SZ 121, 2004, 683 (Selbstanzeige)

21. Corpus Iuris Civilis. Tekst en Vertaling, onder de redactie van J. E. Spruit/ R. Feenstra/K. E. M. Bongenaar (sowie für diesen in Bd. 5 und Bd. 6) F. B. J. Wubbe
a. Bd. 4: Digesta XXV-XXXIV – Digesten 25–34, Zutphen, 's-Gravenhage 1997, VII, 902 S.
b. Bd. 5: Digesta XXXV-XLII – Digesten 35–42, Zutphen, 's-Gravenhage 2000, IX, 1000 S.
c. Bd. 6: Digesta XLIII-L – Digesten 43–50, Zutphen, 's-Gravenhage 2001, XI, 988 S.
SZ 125, 2008, 721–735

22. Rolf Knütel, Spaziergänge im römischen Recht. Bobmunsa (Verlag der Juristischen Texte), Seoul 2006 [2008], 404 S. (S. 5–218 koreanisch, S. 223–404 deutsch),
SZ 126, 2009, 616 (Selbstanzeige)

23. Max Kaser/Rolf Knütel, Römisches Privatrecht, 19. Aufl., München 2008, XVIII, 464 S.,
SZ 126, 2009, 616 (Selbstanzeige)

24. Michael Braukmann, Pignus. Das Pfandrecht unter dem Einfluß der vorklassischen und klassischen Tradition der römischen Rechtswissenschaft, 2008,
IVRA 58, 2010, 303–319

25. Luigi Labruna, Maestri, amici, compagni di lavoro, Neapel 2007,
SZ 128, 2011, 756–759

26. Elio Dovere (Hrsg.), Munuscula. Scritti in ricordo di Luigi Amirante, Neapel 2010,
SZ 132, 2015, 592–597

27. Tom Walter, Die Funktionen der actio depositi (Freiburger Rechtsgeschichtliche Abhandlungen N. F. 67), Berlin 2012, 497 S.,
SZ 133 (2016) 503–509

28. Neues zur ‚contributory negligence'? A proposito di Emanuel G. D. van Dongen, Contributory Negligence. A Historical and Comparative Study, Leiden-Boston 2014, XXI, 476 p.,
Index 44, 2016, 349–360

29. Römisches Erbrecht: Verständnis- und Übersetzungsprobleme. A proposito di Ulrike Babusiaux, Wege zur Rechtsgeschichte: Römisches Erbrecht, UTB 4302, Köln-Weimar-Wien 2015, 360 S.,
Index 45 (2017) 295–307

V. Urteilsbesprechungen und Anmerkungen

1. Anmerkung zum Urteil des BGH v. 7.1.1971 – VII ZR 9/70 –, BGHZ 55, 128 (Flugreise) = JR 1971, 292;
JR 1971, 293–295

2. Anmerkung zum Urteil des OLG Zweibrücken v. 12.10.1970 – 2 U 33/70 –, NJW 1971, 2077, NJW 1972, 163 f.

3. Anmerkung zum Urteil des BGH v. 6.12.1978 – IV ZR 28/78 –, JR 1979, 368 = NJW 1979, 869;
JR 1979, 369–371

4. Anmerkung zum Urteil des LG Dortmund v. 14.2.1979 – 1 S 261/78 –, NJW 1979, 1711,
NJW 1979, 2050

5. Anmerkung zum Urteil des BGH v. 24.4.1979 – IV ZR 8/78 –, VersR 1979, 645 = NJW 1979, 2096 = JZ 1979, 445 = JR 1980, 18,
JR 1980, 20–22

6. Anmerkung zum Urteil des BGH v. 18.12.1979 – VI ZR 27/78 –, BGHZ 76, 279 = JR 1980, 459 = NJW 1980, 1623,
JR 1980, 462 f.

7. Anmerkung zum Urteil des OLG Düsseldorf v. 8.12.1980 – 5 U 124/80 –, FamRZ 1981, 545; FamRZ 1981, 547 f.

8. Anmerkung zum Urteil des OLG Düsseldorf v. 7.1.1980 – 5 U 27/79 –, NJW 1981, 463 = FamRZ 1981, 1077,
FamRZ 1981, 1079 f.

9. Anmerkung zum Urteil des BGH v. 8.7.1981 – VIII ZR 247/80 –, NJW 1981, 2686 = JR 1982, 19,
JR 1982, 20 f.

10. Anmerkung zum Urteil des BGH v. 25.9.1985 – IV a ZR 22/84 –, BGHZ 95, 393 = JR 1986, 369 = NJW 1986, 177,
JR 1986, 372 f.

11. Kurzkommentar zum Urteil des BGH v. 16.10.1986 – III ZR 92/85 –,
EWiR § 607 BGB 8/86, 1181 f.

12. Kurzkommentar zum Urteil des OLG Köln v. 19.12.1986 – 6 U 198/86 -,
EWiR § 2 HWiG 1/87, 175 f.

13. Kurzkommentar zum Urteil des BGH v. 16.11.1987 – II ZR 131/87 –, ZIP 1988, 241 = WM 1988, 249 = NJW 1988, 1021,
EWiR § 1b AbzG 1/88, 209 f.

14. Anmerkung zum Urteil des BGH v. 3.2.1989 – V ZR 190/87 –, BGHZ 106, 354 = JR 1989, 377 = NJW 1989, 1478,
JR 1989, 378 f.

15. Kurzkommentar zum Urteil des BGH v. 14.6.1989 – VIII ZR 176/88 –, NJW 1990, 44,
EWiR § 1 AbzG 2/89, 1041–1042

VI. Würdigungen und Nachrufe

1. Dr. Gerhard Schröder. Begrüßungsansprache,
in: *R. Knütel/H.-P. Schwarz/G. Schröder* (Hrsg.), Jurist und Politiker (Politeia 15), Bonn 1985, 7–14

2. Wilhelm Krelle zur Zwischenstation am 18.12.1984,
in: Veröffentlichungen des Sonderforschungsbereiches 303 („Information und die Koordination wirtschaftlicher Aktivitäten"), Festkolloquium Wilhelm Krelle, Bonn 1985, 4–7

3. Begrüßungsansprache anläßlich des Goldenen Doktorjubiläums von Friedrich Wilhelm Bosch,
FamRZ 1985, 845–847

4. Ernst Friesenhahns Lebensweg,
in: *R. Knütel/J. Salzwedel* (Hrsg.), In memoriam Ernst Friesenhahn (Alma Mater 59), Bonn 1985, 7–21

5. In memoriam: Heinrich Vogt (1910–1990),
SZ 108, 1991, 679–682

6. Max Kaser zum 90. Geb.,
NJW 1996, 1121

7. Max Kaser †,
NJW 1997, 1492–1493

8. Max Kaser, 21.4.1906 – 13.1.1997,
SZ 115, 1998, XVII–XLVIII

9. Jop Spruit zur Zwischenstation,
Pro Memorie 4, (Hilversum) 2002, 195–197 mit 5 (2003) 223

10. *Senior* oder *senex*? Von Andreas Wacke Erreichtes und Erstrebtes,
OIR 13, Trnava = Tyrnau 2009, 83–89

11. Nachruf auf Werner Flume,
Jahrbuch 2010 der Nordrhein-Westfälischen Akademie der Wissenschaften (und Künste), 2010, 153–164

12. Tullio Spagnuolo Vigorita: I tempi di Kaser,
Index 42, 2014, 719–725 (Ü: Cosimo Cascione)

VII. Fallbesprechungen, Ausbildungsliteratur

1. Literaturschau „Schuldrecht“,
a. JuS 1979, 756–760
b. JuS 1979, 839 f.
c. JuS 1979, 918–920

2. Verfallklausel, verspätetes Angebot und Verzugsbereinigung – BGH NJW 1980, 1043,
JuS 1981, 875–880

3. Jura Klausurenwettbewerb 1983: Sachverhalt und Beurteilung der preisgekrönten Zivilrechtsklausur (Thomas Kremer),
Jura 1984, 271 ff., 276 f.

4. Die gefirnißten Paneele,
JuS 1989, 208–214

VIII. Sonstiges

1. Übersetzung Institutionen: Constitutio Imperatoriam und Erstes Buch in: *O. Behrends/R. Knütel/B. Kupisch/H. H. Seiler* (Hrsg.), Corpus Iuris Civilis (Text und Übersetzung), Bd. I Institutionen, a. Große Ausgabe
a. 1. Aufl. 1990, XIII–XV, 1–44,
b. 2. Aufl. 1997, XIII–XV, 1–45
c. 1. Aufl. 1993, XIII–XV, 1–44, (Taschenbuch-Ausgabe)
d. 2. Aufl. 1999, XIII–XV, 1–45, (Taschenbuch-Ausgabe)
e. 3. Aufl. 2007, XIII–XV, 1–45, (Taschenbuch-Ausgabe)
f. 4. Aufl. 2013, XVII–XIX, 1–46, (Taschenbuch-Ausgabe)

2. Zu dieser Übersetzung,
in: *O. Behrends/R. Knütel/B. Kupisch/H. H. Seiler* (Hrsg.), zit. Nr. 1,
a. Große Ausgabe
i. 1. Aufl. 1990, 263–268,
ii. 2. Aufl. 1997, 273–278
b. 4. Aufl. 2013, 281–286, (Taschenbuch-Ausgabe)

3. Modernes Gesetzesrecht und Institutionen,
in: *O. Behrends/R. Knütel/B. Kupisch/H. H. Seiler* (Hrsg.), zit. Nr. 1,
a. Große Ausgabe
i. 1. Aufl. 1990, 288–295,
ii. 2. Aufl. 1997, 299–333
b. La tavola di corrispondenze tra Istitutiones di Giustiniano e codici moderni, in: ReA 5, 1998, 283–313
c. Taschenbuch-Ausgabe
i. 2. Aufl. 1999, 273–281 (gekürzt)
ii. 3. Aufl. 2007, 273–281 (gekürzt)
iii. 4. Aufl. 2013, 299–307

4. Präsentation des 1. Bandes einer Neuübersetzung des Corpus Iuris Civilis,
SZ 108, 1991, 700–706

5. Grundlagen eines europäischen Privatrechts,
in: Europa als Herausforderung, Europa-Studien an der Universität Bonn (hgg. von der Universität Bonn), 1992, 34–35

6. Übersetzung Digesten:
a. D. 1,5 (*De statu hominum* – Über den Status der Personen),
b. D. 1,6 (*De his qui sui vel alieni iuris sunt* – Über diejenigen, die eigenen Rechts sind, und diejenigen, die dem Recht eines anderen unterstehen),
c. D. 1,7 (*De adoptionibus et emancipationibus et aliis modis quibus potestas solvitur* – Über die Adoptionen, die Entlassungen aus der Hausgewalt und die anderen Gründe, durch die die Hausgewalt endet)
in: *O. Behrends/R. Knütel/B. Kupisch/H. H. Seiler* (Hrsg.), Corpus Iuris Civilis (Text und Übersetzung), Bd. II, Digesten 1–10, 1995, 117–137

7. Intervento: Alcune impressioni in occasione della presentazione dell'archivio FIURIS,
in: Informatica e Diritto (IDG), 1995, 55–60

8. Schriftenverzeichnis Max Kaser,
SZ 115, 1998, 767–783

9. Die erste römisch-rechtliche Tagung an der Deutschen Richterakademie,
SZ 115, 1998, 791–792

10. Erwiderung,
Jahrbuch 1998 der Nordrhein-Westfälischen Akademie der Wissenschaften, 1999, 111–115

11. Einführung (in chinesischer Sprache),
in: Corpus Iuris Civilis, Digesten, Liber Septimus De usu fructu (lateinisch-chinesische Ausgabe), übersetzt von Mi Jian, Beijing 1999, 1–11

12. Übersetzung Digesten: D. 16,3 (*Depositi vel contra* – Über die Klage aus Verwahrung und die Gegenklage),
in: *O. Behrends/R. Knütel/B. Kupisch/H. H. Seiler* (Hrsg.), Corpus Iuris Civilis (Text und Übersetzung), Bd. III, Digesten 11–20, 1999, 330–354

13. Übersetzung Digesten: D. 17,1 (*Mandati vel contra* – Über die Auftragsklage und die Gegenklage),
in: *O. Behrends/R. Knütel/B. Kupisch/H. H. Seiler* (Hrsg.), Corpus Iuris Civilis (Text und Übersetzung), Bd. III, Digesten 11–20, 1999, 355–402

14. mit *Markus Goetzmann*: Register der in den Materialien zum BGB zitierten römischen Rechtsquellen,
in: *R. Zimmermann/R. Knütel/J. P. Meincke* (Hrsg.), Rechtsgeschichte und Privatrechtsdogmatik (Festschrift für H. H. Seiler zum 70. Geb.), 1999, 679–720

15. La Commissione e i „lavori compilatori“ del Quinto premio Boulvert,
Index 30, 2002, [illegible]

16. Vorwort zu Tian Shiyong, Wuquan xingwei lilun yanjiu, Das dingliche Rechtsgeschäft, insbesondere im Vergleich zwischen dem Eigentumserwerb im chinesischen und deutschen Recht, Beijing 2002, 1–8

17. Grußwort,
in: 75-Jahr-Feier der Rechts- und Staatswissenschaftlichen Fakultät der Rheinischen Friedrich-Wilhelms-Universität Bonn. Reden am 31. Oktober 2003 in der Aula der Universität,
Bonner Akademische Reden 88, hgg. vom Archiv der Rheinischen Friedrich-Wilhelms-Universität Bonn, Red. F. Engel, 2004, 19–25

18. Ansprache zur Verleihung des VI. Premio Boulvert am 12. September 2004 in Bonn
a. Index 32, 2004, 669–671
b. SZ 122, 2005, 486–488

19. Die dritte Tagung „Ius commune Europaeum“ an der Deutschen Richterakademie,
SZ 122, 2005, 494–495

20. Übersetzung Digesten:
a. D. 27,2 (*Ubi pupillus educari vel morari debeat et de alimentis ei praestandis* – Wo ein Mündel erzogen werden oder sich aufhalten muß und über den ihm zu leistenden Unterhalt), D. 27,3 (*De tutelae et rationibus distrahendis et utili curationis causa actione* – Über die Vormundschaftsklage, die Klage auf Rechnungslegung und die analoge Klage bei Pflegschaft),
b. D. 27,4 (*De contraria tutelae et utili actione* – Über die Vormundschaftsgegenklage und die analoge Klage)
in: *R. Knütel/B. Kupisch/H. H. Seiler/O. Behrends* (Hrsg.), Corpus Iuris Civilis (Text und Übersetzung), Bd. IV, Digesten 21–27, 2005, 476–498

21. Erläuterungen zum Bild,
in: Corpus Iuris Civilis, Bd. IV (s. Nr. 20), VIII

22. Herausgeber der Zeitschrift der Savigny-Stiftung für Rechtsgeschichte, Romanistische Abteilung,
SZ 125, 2008, 987–989

23. Diritto romano, diritto comune, diritto comunitario oppure „Ius civile" ed Europa comune,
Index 36, 2008, 41–46

24. Worte des Danks,
in: *J. v. Hagen/G. Wagner* u. a. (Hrsg.), Rolf Knütel zum 70. Geburtstag, Bonner Akademische Reden H. 92, Bouvier Bonn 2010, 43–51

25. Übersetzung Digesten:
a. D. 28,1 (*Qui testamenta facere possunt et quemadmodum testamenta fiant* – Wer Testamente errichten kann und wie Testamente errichtet werden müssen),
b. D. 28,2 (*De liberis et postumis heredibus instituendis vel exheredandis* – Über die Einsetzung oder Enterbung von Kindern und nachgeborenen Erben),
in: *R. Knütel/B. Kupisch/Th. Rüfner/H. H. Seiler* (Hrsg.), Corpus Iuris Civilis (Text und Übersetzung), Bd. V, Digesten 28–34, 2012, 1–30

26. Übersetzung Digesten: D. 30 (*De legatis et fideicommissis* – Über die Vermächtnisse und Fideikommisse),
in: Corpus Iuris Civilis, Bd. V (s. Nr. 25), 255–338

27. Erläuterungen zum Bild,
in: Corpus Iuris Civilis, Bd. V (s. Nr. 25), X